Diccionario
de Economía, Comercio y Derecho

Wörterbuch
für den Wirtschafts-, Handels- und Rechtsverkehr

Diccionario económico

Diccionario
de Economía, Comercio y Derecho

Parte 1
Alemán – Español

2ª edición completamente refundida y ampliada

de
Celestino Sánchez

Con la colaboración de
Cornelia Stuckenberger

GABLER

Wirtschaftswörterbuch

Wörterbuch
für den Wirtschafts-, Handels- und Rechtsverkehr

Teil 1
Deutsch – Spanisch

2., völlig neubearbeitete und erweiterte Auflage

von
Celestino Sánchez

Unter der Mitarbeit von
Cornelia Stuckenberger

GABLER

Die Deutsche Bibliothek – CIP-Einheitsaufnahme

Sánchez, Celestino:
Wirtschaftswörterbuch: Wörterbuch für den Wirtschafts-, Handels- und Rechtsverkehr / von Celestino Sánchez. Unter der Mitarb. von Cornelia Stuckenberger. – Wiesbaden: Gabler
Parallelsacht.: Diccionario económico
Teil 1. Deutsch – Spanisch. – 2., völlig neubearb. und erw. Aufl. – 1999
ISBN 3-409-29912-2

1. Auflage 1990

Lektorat: Ute Arentzen

Der Gabler Verlag ist ein Unternehmen der Bertelsmann Fachinformation GmbH.

http://www.gabler.de

Druck und Bindung: Lengericher Handelsdruckerei, Lengerich/Westf.
Printed in Germany

ISBN 3-409-29912-2

Vorwort

Die positive Aufnahme, die dieses Wörterbuch gefunden hat, die zunehmende Internationalisierung des Handels, die stetig wachsende wirtschaftliche Bedeutung der spanischsprachigen Länder und die immer wichtigere Rolle Spaniens in der Europäischen Union machten diese zweite Auflage erforderlich. Besondere Aufmerksamkeit wurde dabei der im Zusammenhang mit der Europäischen Währungsunion stehenden Terminologie sowie der Terminologie aus dem Informatikbereich gewidmet. Auch zahlreiche neue juristischen Termini fanden Aufnahme.

Der Autor dankt den Hinweisen und der Beratung durch Frau Ulrike Dieser und Frau Gabriele Stadelmann, beide Konferenzdolmetscherinnen.

München, im Juli 1999 Celestino Sánchez

Prólogo

La buena acogida dispensada a este diccionario, la progresiva internacionalización del comercio, la creciente importancia de las economías de los países de habla hispana y el papel cada vez mayor desempeñado por España dentro de la Unión Europea han hecho necesario hacer una segunda edición. En ella se ha prestado gran atención a la terminología procedente de la Unión Monetaria Europea y se ha ampliado el vocabulario de la informática. También se ha dado una mayor cabida a los conceptos jurídicos.

El autor agradece las sugerencias y el asesoramiento que le han prestado Ulrike Deiser y Gabriele Stadelmann, intérpretes de conferencias.

Múnich, julio de 1999 Celestino Sánchez

Abkürzungen
Abreviaturas

A	Austria	Österreich
a/c	algo, alguna cosa	etwas
AC	Amércia Central	Mittelamerika
Adj.	adjetivo	Adjektiv
Adm.	administración	Verwaltungswesen
Adv.	adverbio	Adverb
a alg.	a alguien	jemandem, jemanden
Agric.	agricultura	Landwirtschaft
alg.	alguien, alguno	jemand
Angl.	anglicismo	Anglizismus
Arch.	arcaico	veraltet
Arg.	Argentina	Argentinien
Arq.	arquitectura	Architektur
Auto.	automóvil	Kraftfahrzeug(wesen)
Aviac.	aviación	Flugwesen
Bgb.	minería	Bergbau
Bol.	Bolivia	Bolivien
bsd.	especialmente	besonders
bzw.	respectivamente	beziehungsweise
CH	Suiza	Schweiz
Cient.	científico	wissenschaftlich
Col.	Colombia	Kolumbien
Com.	comercio	Handel
Contab.	contabilidad	Rechnungswesen
Constr.	Construcción	Bau(wesen)
Corresp.	correspondencia	Korrespondenz
C.Ri.	Costa Rica	Costa Rica
Dipl.	diplomacia	Diplomatie
E	España	Spanien
Ecu.	Ecuador	Ecuador
EU	Unión Europea	Europäische Union
Electrotec.	electrotécnica	Elektrotechnik
Estad.	estadística	Statistik

etw.	algo	etwas
f	femenino	Femeninum
Fam.	familiar	umgangssprachlich
Ferr.	ferrocarriles	Eisenbahn
Fig.	en sentido figurado	figurativ
Gal.	galicismo	Gallizismus
Gener.	generalmente	allgemein
Ggs.	antónimo	Gegensatz
Guat.	Guatemala	Guatemala
Hist.	histórico	historisch
Hond.	Honduras	Honduras
Inform.	informática	Informatik
jdm.	a alguien (dat.)	jemandem
jdn.	a alguien (ac.)	jemanden
Jur.	jurídico	juristisch
Lat.	latinismo	Latinismus
LA	Latinoamérica	Lateinamerika
Lit.	literario	literarisch
m	masculino	Maskulinum
Méx.	México	Mexiko
Milit.	militar	Militärsprache
n	neutro	Neutrum
Nav.	navegación	Schifffahrt
Nic.	Nicaragua	Nicaragua
od.	o	oder
Pan.	Panamá	Panama
Par.	Paraguay	Paraguay
Parl.	parlamento	Parlament
p. ej.	por ejemplo	zum Beispiel
Pey.	peyorativo	pejorativ
pl	plural	Plural
Polit.	política	Politik
Pop.	popular	umgangssprachlich
Pref.	prefijo	Vorsilbe

Publ.	publicidad	Werbung
P.Ri.	Puerto Rico	Puerto Rico
R.F.A.	República Federal de Alemania	Bundesrepublik Deutschland
Seg.	seguros	Versicherungswesen
Sociol.	sociología	Soziologie
Statist.	estadística	Statistik
Suf.	sufijo	Nachsilbe
Syn.	sinónimo	Synonym
Teléf.	teléfono	Telefon
Tipo.	tipografía	Druckwesen, Typographie
Transp.	Transportes	Transportwesen, Verkehr
Tur.	turismo	Fremdenverkehr
TV	televisión	Fernsehen
u/c	una cosa	etwas
Urug.	Uruguay	Uruguay
Venez.	Venezuela	Venezuela
→	véase	siehe

A

à, ***20 Stück, ~ 2 Mark*** 20 unidades (ejemplares piezas) a 2 marcos; ***~ 10 DM*** a 10 marcos (el ejemplar, la unidad, la pieza)

A (Austria) (letra indicadora de la nacionalidad)

a. a. ad acta

A. A. → Auswärtiges Amt

a. c. 1. → a conto **2.** → anni currentis

a conto → a konto

a conto Zahlung → Akontozahlung

a. D. (außer Dienst) jubilado; retirado; ex

a dato a contar desde hoy

a. d. D. (auf dem Dienstweg) por vía jerárquica

A1 (*od.* 1a) primera clase; primera calidad; grado A

A/O abril/octubre (vencimientos de los pagos de intereses de los empréstitos)

a vista a la vista

AAB → Allgemeine Ausführungsbestimmungen

ab 1. (Ortsbestimmung) a partir de; salida; partida; ***~ Bahnhof*** franco estación; ***~ dort*** entregado en esa; ***~ Fabrik*** → ab Werk; ***~ hier*** (desde) aquí; loco; ***~ Kai*** (unverzollt) ex, franco muelle; puesto en el muelle (derechos de aduana no incluidos); ***~ Kai-Lieferung*** puesto en el muelle; ***~ Lager*** franco almacén; puesto, vendido en almacén; ***~ Hamburg*** desde Hamburgo; ***~ Waggon*** franco sobre el vagón (f.s.v.); ***~ Werk*** ex fábrica; vendido, puesto en fábrica; ***die Preise verstehen sich ~ Werk*** los precios se entienden para entrega en fábrica **2.** (Zeitbestimmung) a partir de; a contar de; desde; ***~ heute*** a partir de hoy; desde hoy; de aplicación inmediata; ***~ sofort gültig*** con efecto(s) inmediato(s); **3.** (Preisangabe) ***~ 100 DM*** a partir de 100 marcos; de 100 marcos para arriba; de 100 marcos en adelante **4.** (abzüglich) ***~ Diskont*** menos descuento; descuento a deducir

AB → Außenhandelsbank

ab Schiff (Angl.) ex ship; sobre buque

Abakus *m*, - ábaco *m*

abändern 1. ***die Bedingungen ~*** modificar, cambiar las condiciones **2.** ***eine Eintragung ~*** rectificar, alterar un registro **3.** ***einen Gesetzentwurf ~*** enmendar un proyecto de ley

Abänderung *f*, **en** modificación *f*; cambio *m*; rectificación *f*; ***~en vorbehalten*** salvo modificación; sujeto a modificación; ***eine ~ der Preise vornehmen*** proceder a revisar los precios; ***~ eines gekreuzten Schecks in einen Barscheck*** transformación de un cheque cruzado en uno abierto; ***~ eines Vertrags*** modificación de un contrato

Abänderungsantrag *m*, **¨e** (proposición *f* de) enmienda *f*; ***einen ~ einbringen*** presentar una (proposición de) enmienda

Abänderungsentwurf *m*, **¨e** proyecto *m* de enmienda

abänderungsfähig modificable

Abänderungsgesetz *n*, **¨e** ley *f* modificativa; ley *f* de enmienda

Abänderungspatent *n*, **e** patente *f* de modificación *n*

Abänderungstext *m*, **¨e** texto *m* de la enmienda; texto *m* modificativo

Abänderungsvorschlag *m*, **¨e** propuesta *f* de enmienda

Abandon *m*, **s** abandono *m*; desistimiento *m*

Abandonerklärung *f*, **en** declaración *f* de abandono

Abandonfrist *f*, **en** plazo *m* de abandono

Abandonklausel *f*, **n** cláusula *f* de abandono

abandonnieren 1. ***die Güter an den Versicherer ~*** abandonar los bienes al asegurador; ***ein Prämiengeschäft ~*** abandonar una prima (*od.* un negocio de prima) **2.** ***Wertpapiere ~*** ceder títulos (*od.* valores) **3.** (Recht) renunciar a un derecho; desistir de un derecho

Abandonrecht *n*, **e** derecho *m*, facultad *f* de abandono

abarbeiten pagar con el trabajo; ***seine Schuld*** ~ pagar una deuda trabajando; ***sich*** ~ matarse a trabajar; trabajar como un negro

Abarbeitung *f*, **(en)**, ~ ***von Strafen*** redención *f* de penas por (*od.* con) el trabajo

Abarbeitungszeit *f*, **en** tiempo *m* de ejecución, de operación

Abart *f*, **en** variedad *f*; variante *f*

Abbau *m*, Ø **1.** extracción *f*; desmontaje *m*; explotación *f*; ~ ***der Bodenschätze*** explotación de las riquezas del subsuelo, extracción mineral **2.** (durch Ausbeute entstehende Werteinbuße) agotamiento *m* **3.** ~ ***von Preisen***, ***(Steuern)*** reducción *f*, disminución *f* de precios (de impuestos); ~ ***von Arbeitskräften*** reducción *f*, flexibilización *f* de la plantilla; ~ ***von Überstunden*** reducción *f* de las horas extraordinarias; ~ ***der regionalen Ungleichgewichte*** (EG) reducción *f* de las disparidades regionales **4.** ~ ***von Vergünstigungen*** restricción *f*, cancelación *f* de ventajas *bzw.* de bonificaciones **5.** ~ ***von Einschränkungen*** supresión *f* de restricciones **6.** ~ ***von Zöllen*** desmantelamiento *m*, desarme *m*, descreste *m* arancelario **7.** ~ ***von Schulden*** amortización *f*, pago *m* de deudas

abbaubar explotable; aprovechable; ***biologisch*** ~ biodegradable

abbauen 1. extraer; desmontar; demoler; explotar **2.** ***Preise*** (***Steuern, Personal***) ~ reducir, disminuir los precios (los impuestos, el personal *od.* plantilla) **3.** ***Vergünstigungen*** ~ restringir, cancelar ventajas *bzw.* bonificaciones **4.** ***Einschränkungen*** ~ suprimir restricciones **5.** ***Zölle*** ~ desmantelar, desarmar, decrestar los aranceles **6.** ***Schulden*** ~ amortizar, pagar deudas

abbaufähig → abbaubar

Abbaufeld *n*, **er** campo *m* de explotación

Abbaugebiet *n*, **e** zona *f*, área *f* de explotación

Abbaugenehmigung *f*, **en** permiso *m* de explotación

Abbaugerechtigkeit *f*, Ø derecho *m* de explotación minera

Abbaugesellschaft *f*, **en** sociedad *f* minera; compañía *f* de explotación

Abbaukonzession *f*, **en** → Abbaugerechtigkeit

Abbauland *n*, Ø terrenos *pl* mineros

Abbauprodukt *n*, **e** producto *m* de desintegración

Abbauprogramm *n*, **e** programa *m* de desmantelamiento

Abbaurecht *n*, **e** derecho *m* de explotación

Abbauwirtschaft *f*, Ø **1.** sector *m* minero **2.** explotación *f*

abbauwürdig → abbaubar

abberufen llamar; relevar; dar orden de regreso; ***von einem Amt*** ~ separar del cargo; relevar de sus funciones

Abberufung *f*, **en** llamada *f*, orden *f* de regreso; relevo *m*, separación *f* del cargo

Abberufungsschreiben *n*, **-** carta *f* de retiro (*od.* llamada); escrito *m* de revocación

abbestellen anular; cancelar; revocar; ***eine Zeitung*** ~ anular la suscripción; dar(se) de baja; (Fam.) borrarse (de)

Abbestellung *f*, **en** anulación *f* (de un pedido, de una cita, de una suscripción); contraorden *f*; contraaviso *m*; ~ ***vorbehalten*** salvo contraorden; salvo contraaviso

abbezahlen → abzahlen

Abbezahlung *f*, **en** → Abzahlung

abbieten pujar

abbilden reproducir; copiar

Abbildung *f*, **en** 1. reproducción *f*; grabado *m*; ilustración *f* 2. (Inform.) mapeo *m*; mapeado *m*; mapping *m* 3. visualización *f*

abblasen, ***einen Streik*** ~ desconvocar una huelga

abbrechen, ***die Geschäftsbeziehungen***, ***Verhandlungen*** ~ romper las relaciones comerciales, las negociaciones; ***ein Gebäude*** ~ demoler, derribar un edificio; ***eine Reise*** ~ interrumpir un viaje; ***einen Streik*** ~ desconvocar una huelga

Abbremsung *f*, **en** ralentización *f*; de(sa)celeración *f*

abbröckeln, ***die Konjunktur bröckelt weiter ab*** la coyuntura, la actividad económica sigue debilitándose (*od.* sigue cediendo, sigue retrocediendo); ***die Kurse bröckelten ab*** las cotizaciones, los cambios cedieron (*od.* remitieron; bajaron)

Abbröckelung *f*, **en** (Börse, Preise) debilitamiento *m*; desmoronamiento *m*

Abbruch *m*, Ø *od.* **¨e** ~ ***eines Gebäudes*** derribo *m*; demolición *f*; ***auf*** ~ ***verkaufen*** vender para derribo; ~ ***der Geschäftsbeziehungen*** rotura *f* de las relaciones comerciales; ***den Interessen*** ~ ***tun*** perjudicar, dañar los intereses; ~ ***einer Reise*** interrupción *f* de un viaje

Abbrucharbeiten *pl* trabajos *pl* de derribo; obras *pl* de demolición
Abbruchbewilligung *f*, **en** permiso *m* para demoler (*od.* derribar)
Abbrucherlaubnis *f*, Ø → Abbruchbewilligung
Abbruchfirm|a *f*, **-en** empresa *f* de derribos
Abbruchkosten *pl* gastos *pl* de derribo (*od.* demolición)
abbruchreif 1. para derribar (*od.* demoler) **2.** en estado ruinoso
Abbruchschein *m*, **e** → Abbruchbewilligung
Abbruchtaste *f*, **n** tecla *f* de interrupción, de ruptura
Abbruchunternehmer *m*, **-** contratista *m* (de obras) de derribo
Abbruchverfügung *f*, **en** orden *f* de demolición (*od.* derribo)
Abbruchwert *m*, **e** valor *m* de derribo; ~ ***des Schiffes*** valor *m* del buque desguazado
abbuchen adeudar, cargar en cuenta; ***im Einzugsverfahren*** ~ domiciliar el pago con presentación de recibos; cargar directamente en cuenta; (abschreiben) amortizar; cancelar
Abbuchung *f*, **en 1.** débito *m*; adeudo *m* **2.** ~ ***im Einzugsverfahren*** domiciliación *f* de recibos; pago *m* preautorizado de recibos; cargo *m* directo en cuenta **3.** amortización *f*; cancelación *f*
abbummeln compensar las horas extraordinarias
ABC-Flüge *pl* (Advance Booking Charter) vuelo *m* chárter a bajo precio y con largo plazo de reserva
abchecken 1. verificar; controlar **2.** pasar lista
abdanken dimitir; abdicar
abdecken 1. ***einen Kredit*** ~ reembolsar un crédito **2.** ***ein Risiko*** ~ proveer fondos para un riesgo; cubrir un riesgo **3.** ***sich*** ~ proveerse; ponerse a cubierto
abdeckend, ***sich automatisch*** ~ de cobertura automática; cubriéndose (*od.* liquidándose) automáticamente
Abdeckung *f*, **en** provisión *f* de fondos; cobertura *f*; amortización *f*
abdienen pagar con el trabajo; ***eine Schuld*** ~ pagar con prestación de servicios
abdingen 1. ***etw.*** ~ rebajar, regatear el precio **2.** derogar (celebrar un acuerdo divergente de una norma jurídica)
abdisponieren retirar fondos; ***von einem Konto*** ~ girar sobre una cuenta
Abdruck *m*, **e** impresión *f*
abdruckbar imprimible
Abendblatt *n*, **¨er** → Abendzeitung
Abendbörse *f*, **n** Bolsa *f* vespertina (*od.* nocturna); bolsín *m* de última hora
Abendschicht *f*, **en** turno *m* de noche
Abendzeitung *f*, **en** (periódico) verspertino *m*, diario *m* de la tarde (o de la noche)
Aberdepot *n*, **s** depósito *m* regular de títulos (Syn. ***Stückedepot***)
aberkennen, ***jdm. sein Recht*** ~ desposeer, privar a alg. de un derecho; ***eine Sache*** ~ negar el derecho a u/c; ***einen Schadenersatz*** ~ denegar el pago de una indemnización
Aberkennung *f*, **en**, ~ ***der bürgerlichen Ehrenrechte*** interdicción *f* civil; privación *f* de los derechos civiles; ~ ***des Ruhegehaltes*** privación *f* de la pensión de retiro; ~ ***der Staatsangehörigkeit*** desnacionalización *f*; expatriación *f*; privación *f* de la nacionalidad
abernten (Getreide) cosechar; (Felder) recolectar; recoger
abfahren 1. (Person) salir; partir; (Fahrzeug) arrancar; (Schiff) zarpar **2.** transportar; acarrear **3.** ***sich*** ~ (Reifen) desgastarse
Abfahrt *f*, **en** salida *f*; partida *f*; descenso *m*
Abfahrts- und Ankunftshafen *m*, **¨** puerto *m* de salida y de llegada
Abfahrtsdat|um *n*, **-en** fecha *f*, día *m* de salida (*od.* partida)
Abfahrtsort *m*, **e** lugar *m*, plaza *f* de salida
Abfall *m*, **e 1.** caída *f*; descenso *m*; baja *f* **2.** desperdicio *m*; residuo *m*; desecho *m*; (Müll) basura *f*; ***zum*** ~ ***werfen*** desechar; tirar a la basura
Abfallbehälter *m*, **-** depósito *m*, recipiente *m* para desperdicios
Abfallbehandlung *f*, **en** tratamiento *m*, procesamiento *m* de residuos
Abfallbeseitigung *f*, **-** eliminación *f*, evacuación *f* de desechos
Abfallbeseitigungsanlage *f*, **n** planta *f* de eliminación de basuras
Abfälle *pl* residuos *pl*; desechos *pl*; desperdicios *pl*; ***industrielle*** ~ residuos industriales; ***radioaktive*** ~ residuos radi(o)activos; ***städtische*** ~ residuos urbanos
Abfalleimer *m*, **-** cubo *m* de la basura
abfallend, ~***e Qualität*** calidad *f* inferior; de baja (*od.* peor) calidad
Abfallerzeugnis *n*, **se 1.** (verwertbar) producto *m* de desecho; subproducto *m* **2.** (unverwertbar) desecho(s) *m* (*pl*)

Abfallmaterial *n*, **ien** material *m* descartado; material *m* de desecho; material *m* residual
Abfallprodukt *n*, **e** producto *m* de desecho ***verwertbares*** ~ producto *m* residual; subproducto *m*
Abfallstoffe *pl* residuos *pl*, materiales *pl* residuales; sustancias *pl* residuales
Abfallverkauf *m*, **¨e** venta *f* de residuos
Abfallverwertung *f*, **en** reciclaje *m*; reciclado *m*; aprovechamiento *m* de desechos
Abfallwirtschaft *f*, Ø gestión *f* de residuos (*od.* desechos); sector *m* de aprovechamiento de desechos
abfangen, ***einen Brief*** ~ interceptar una carta; ***Kunden*** ~ captar, quitar clientela
abfassen 1. (verfassen) redactar; formular; componer; (in Codesprache) redactar en escritura cifrada; cifrar **2.** ***Akten***, ***Urkunden*** ~ extender escrituras; expedir documentos **3.** ***einen Bericht*** ~ expedir, redactar un informe
Abfassung *f*, **en** redacción *f*; ~ ***eines Vertrags*** preparación *f*, redacción *f* de un contrato
abfeiern, ***Überstunden*** ~ no trabajar para compensar las horas extraordinarias
abfeilschen, ***ein paar Mark vom Preis*** ~ regatear unos marcos en el precio
abfertigen 1. (absenden) expedir, facturar **2.** (Kunden) atender; servir; despachar **3.** (Zoll, Schiff, Zug) despachar; ***die Waren zollamtlich*** ~ despachar las mercancías en la aduana
Abfertiger *m*, **-** empleado *m*, encargado *m* de despachar
Abfertigung *f*, **en 1.** expedición *f*; facturación *f* **2.** servicio *m* a los clientes **3.** despacho *m* **4.** (A) indemnización *f* por despido
Abfertigungsbuch *n*, **¨er** libro *m* de expedición
Abfertigungsdeklaration *f*, **en** (CH) → Zollerklärung
Abfertigungsgebäude *n*, **-** terminal *f*
Abfertigungsgebühr *f*, **en** gastos *pl*, derechos *pl* de expedición; tasa *f* terminal
Abfertigungsschein *m*, **e** certificado *m* de despacho aduanero; factura *f* (*od.* recibo *m*) de aduana
Abfertigungsspediteur *m*, **e** agente *m* de expedición; agente *m* de aduanas; comisionista *m* de aduanas
Abfertigungsstelle *f*, **n** lugar *f*, oficina *f* de despacho
Abfertigungssumme *f*, **n** compensación *f*; indemnización *f*
Abfertigungstax *f*, **en** (CH) → Versandgebühren
Abfertigungszeit *f*, **en** (Zoll) horario *m*, horas *pl* de despacho (aduanero)
abfinden 1. ***jdn.*** ~ indemnizar, pagar, satisfacer a alg. **2.** ***sich mit einer Entscheidung*** ~ conformarse, resignarse con una decisión **3.** ***sich mit jdm.*** ~ llegar a un arreglo (*od.* acuerdo) con alg.
Abfindung *f*, **en** indemnización *f*; arreglo *m*; transacción *f*; compensación *f*; (Seg.) transacción *f* (particularmente de derechos futuros); ***die*** ~ ***der Gläubiger*** indemnización *f* (*od.* compensación *f*) a los acreedores; transacción *f* con los acreedores; ***als*** ~ por via de compensación; como (*od.* a titulo de) compensación; ***angemessene*** ~ compensación adecuada (*od.* razonable); ***endgültige*** ~ compensación *f* definitiva, indemnización *f* liberatoria; ***eine*** ~ ***bekommen*** percibir una indemnización (*od.* compensación); ***eine*** ~ ***vereinbaren*** estipular, convenir una indemnización (*od.* compensación); ***eine*** ~ ***vorsehen*** prever una indemnización (*od.* compensación); ***eine*** ~ ***zugestehen*** conceder, admitir una indemnización (*od.* compensación)
Abfindungsbetrag *m*, **¨e** indemnización *f*; compensación *f*; suma *f* por acomodo
Abfindungsguthaben *n*, **-** parte *f* del activo neto
Abfindungssumme *f*, **n** indemnización f (p. ej. por despido)
Abfindungssumme *f*, **n** suma *f* transaccional
Abfindungsvertrag *m*, **¨e** pacto *m* de transacción
Abfindungszahlung *f*, **en** (bei Entlassung) indemnización *f* por despido; paga *f* por acomodo
Abflachung *f*, **en** ralentización *f*; de(sa)celeración *f*; baja *f*; nivelación *f*; ~ ***der Konjunktur*** ralentización *f* coyuntural; ~ ***des Preisanstieges*** desaceleración *f*, disminución *f* de la subida de los precios; subida *f* más lenta de los precios
abflauen, ***die Geschäfte flauen ab*** los negocios están en baja (*od.* languidecen); ***die Preise flauen ab*** los precios ceden (*od.* bajan); ***die Kurse flauen ab*** las cotizaciones muestran flojedad; los cambios remiten (*od.* ceden)
abfließen (Kapital, Geld) fugarse; salir

Abflug *m*, **e** salida *f* en avión hacia (*od.* con destino a)
Abflughafen *m*, **¨** aeropuerto *m* de salida
Abflugort *m*, **e** lugar *m*, plaza *f* de salida
Abflugzeit *f*, **en** hora *f* de salida
Abfluss *m*, **¨sse** salida *f*; drenaje *m*; ~ ***von Kapital ins Ausland*** salida *f* de capitales al extranjero; drenaje *m* exterior
Abflussrecht *n*, **e** servidumbre *f* de desagüe
abfragbar interrogable
Abfrage *f*, **n** (Inform.) consulta *f*; interrogación *f*
Abfrageanforderung *f*, **en** petición *f*, requerimiento *m* de consulta
Abfrageeingabe *f*, **n** entrada *f*, introducción *f* de la pregunta
Abfragemöglichkeit *f*, **en** capacidad *f* de consulta
abfragen (Inform.) consultar; ***einen Speicher*** ~ consultar la memoria de un ordenador; ***gespeicherte Informationen*** ~ consultar las informaciones almacenadas
abfühlen (Inform.) explorar; leer tarjetas
Abfuhr *f*, **en** transporte *m*; acarreo *m*; recogida *f*; ~ ***von der Bahn*** transporte *m* desde la estación
abführen, ***einen Geldbetrag*** ~ remitir, transferir una suma de dinero; ***die MWSt von einem Betrag*** ~ deducir, sustraer, descontar el IVA; ***eine Schuld*** ~ pagar, saldar una deuda; ***Steuern*** ~ abonar, transferir impuestos
Abfuhrgebühr *f*, **en** → Rollgeld
Abfuhrlohn *m*, **e** → Rollgeld
Abfuhrspediteur *m*, **e** agente *m* de acarreo
Abführung *f*, **en** **1.** (Geld) pago *m*; giro *m* **2.** (Überweisung) transferencia *f*; remesa *f*; envío *m* **3.** (Waren) acarreo *m*; conducción *f*; transporte *m*
abfüllen (in Flaschen) embotellar; (in Packungen) envasar; (Flüssigkeiten) trasegar; (in Säcke) ensacar
Abgabe *f*, **n** **1.** (Steuern) contribución *f*; impuesto *m*; exacción *f*; tasa *f* **2.** ***soziale ~n*** cargas *pl* sociales **3.** (Ausgabe) emisión *f* **4.** (Börse) venta *f* **5.** (Aushändigung) entrega *f*; despacho *m* **6.** (Zoll) aranceles *pl*; derechos *pl* de aduana **7.** (Umlage) contribución *f* especial **8.** ~ ***eines Angebots*** sometimiento *m*, presentación *f* de una oferta; ***von ~n befreien*** eximir (del pago) de derechos; ***von Zöllen und ~n befreit sein*** estar exento (*od.* libre) de aranceles y cargas; ***~n erheben*** imponer exacciones (*od.* gravámenes); ***~n gleicher Wirkung wie Zölle*** (*od.* ***~n mit zollgleicher Wirkung***) tasas *pl* de efecto equivalente a los derechos de aduana
Abgabebereitschaft *f*, Ø disposición *f* a vender
Abgabebescheid *m*,**e** aviso *m* de imposición
Abgabebeschränkung *f*, **en** restricción *f* de (las) ventas
Abgabedruck *m*, Ø (Börse) presión *f* vendedora; presión *f* del papel
Abgabefrist *f*, **en** → Abgabetermin
Abgabekurs *m*, **e** curso *m* de emisión; ***Dollar*** ~ precio *m* de venta del dólar; cambio *m* del dólar en venta
Abgabematerial *n*, Ø (Börse) ofertas *pl*
Abgabenbefreiung *f*, **en** → Abgabenfreiheit
Abgabeneintreibung *f*, **en** recaudación *f* de tributos (*od.* exacciones)
Abgabenerhebung *f*,**en** cobro *m* de impuestos (*od.* exacciones)
abgabenfrei libre, exento de impuestos (*od.* de derechos) ***~e Einfuhr*** importación *f* libre de impuestos
Abgabenfreiheit *f*,Ø exención *f* de derechos
Abgabenordnung *f*, **en** (AO) código *m* federal de impuestos; (E) ley *f* general tributaria (LGT)
Abgabenschuld *f*, **en** deuda *f* tributaria
Abgabenüberhebung *f*, **en** exacción *f* ilegal; (Chile) concusión *f*
Abgabenwesen *n*, Ø régimen *m* tributario
Abgabepflicht *f*, **en** obligación *f* fiscal
abgabepflichtig **1.**(Person) →Abgabepflichtiger **2.** gravable; sujeto a tributación
Abgabepflichtige(r) (der/ein) contribuyente *m*; responsable *m* del tributo
Abgabepreis *m*, **e** **1.** precio *m* de venta **2.** ***die ~e erhöhen*** aumentar el precio de cesión **3.** precio *m* de emisión
Abgabesatz *m*, **¨e** (Geldmarktpapiere) tasa *f*, tipo *m* de venta
Abgabetermin *m*, **e** **1.** fecha *f* de entrega **2.** plazo *m* de pago de contribuciones (*od.* de impuestos)
Abgabezoll *m*, **¨e** derechos *pl* aduaneros
Abgang *m*, **¨e** **1.** (Ware) venta *f*; ***guten ~ finden*** tener buena salida; ser de venta fácil; ***schlechten ~ finden*** tener mala salida; venderse mal **2.** (Verlust) merma *f*; pérdida *f* (de peso) **3.** (Abgänge der Belegschaft) bajas *pl* de personal **4.** (Warenversand) despacho *m* **5.** (Bankbilanz) deducción *f* **6.** (A) déficit *m* **7.** (Inventur- und Bewertung) ***Abgänge bewertet zum Einstands- oder Marktpreis, je nachdem,***

welcher niedriger ist salidas *pl* al precio de coste o de mercado según el que sea menor **8.** (Storno) baja *f*; anulación *f*; rescisión *f*; salida

Abgangsbahnhof *m*, **e** estación *f* de salida; estación *f* de despacho

Abgangsdat|um *n*, **-en,** ~ ***einer Sendung*** fecha *f* de despacho (*od.* de consignación)

Abgangsflughafen *m*, ¨ aeropuerto *m* de salida

Abgangsgewicht *n*, Ø tara *f* original

Abgangshafen *m*, ¨ puerto *m* de salida (*od.* de origen)

Abgangsland *n*, **er** país *m* de salida

Abgangsort *m*, **e** lugar *m* de salida (*od.* partida)

Abgangspunkt *m*, **e** → Abgangsort

Abgangsvergütung *f*, **en** → Abgangswert

Abgangswert *m*, **e** (Syn. ***Rückkaufwert***) rescate *m*

Abgangszettel *m*, - lista *f* de expedición

Abgangszeugnis *n*, **se** certificado *m* de examen final; diploma *m* de fin de estudios

Abgangszollstelle *f*, **n** aduana *f* de salida

Abgas *n*, **e** gas *m* de escape

abgasarm poco polucionante; poco contaminante; que emite pocos gases de escape

Abgase *pl*, ***schädliche*** ~ gases *pl* nocivos; ~ ***von Fahrzeugen*** gases *pl* de escape de los vehículos; ***Verunreinigung der Luft durch*** ~ polución *f*, contaminación *f* debida a los gases de escape

Abgaskatalysator *m*, - catalizador *m* (de gas de escape)

abgasreduziert con bajo índice de polución; con baja tasa de contaminación

Abgasreinigungsanlage *f*, **n** instalación *f* depuradora de gases; equipo *m*, dispositivo *m* antipolución

Abgasverwertung *f*, **en** aprovechamiento *m* de los gases de escape

abgaunern timar; ***er hat ihm das Geschäft abgegaunert*** le ha socaliñado el negocio

ABGB (Allgemeines Bürgerliches Gesetzbuch) (A) Código *m* Civil

abgearbeitet consumido por el trabajo

abgeben **1.** (abliefern) entregar; dar **2.** (zurückgeben) devolver **3.** (fortgeben) deshacerse de **4.** (abtreten) ceder; ***den Vorsitz*** ~ ceder la presidencia **5.** (ein Amt) renunciar a **6.** (Gepäck) consignar **7.** (Wechsel) librar **8.** (Ware) proveer; suministrar **9.** (verkaufen) vender; ***billig*** ~ vender barato (*od.* a bajo precio) **10.** ***seine Stimme*** ~ votar; emitir (*od.* depositar) su voto **11.** (Börse) ***blanko*** ~ vender en blanco **12.** (Erklärung) ***eidesstattliche Erklärung*** ~ hacer una declaración jurada **13.** ***ein Angebot*** ~ hacer una oferta; ***ein Versprechen*** ~ hacer una promesa **14.** ***Sie müssen sich mit dieser Sache*** ~ tiene usted que ocuparse de ello

abgebend, ***~e Gesellschaft*** (Seg.) (compañía *f*) cedente *f*

Abgeber *m*, - **1.** vendedor *m* **2.** declarante *m* **3.** girador *m*

abgebrannt (Fam.) estar sin blanca (sin un duro); estar a dos velas

abgegriffen **1.** gastado **2.** no actual

abgehen **1.** (verkauft werden) vender; ***die Ware geht reißend ab*** el género, la mercancía se vende bien (encuentra muy buena venta); ***die Ware geht schwer ab*** el género, la mercancía no se vende bien **2.** (abgezogen werden) deducir(se); ***davon geht ab*** de ello hay que descontar; a deducir; ***von diesem Betrag gehen 3% Skonto ab*** de este importe se deduce el 3% (si se paga al contado) **3.** (abfahren) partir; salir; zarpar **4.** (abgesandt werden) ser despachado (*od.* enviado); ***die Ware wird sofort*** ~ la mercancía va a ser enviada inmediatamente **5.** (abweichen) apartarse, cambiar de; ***vom Preis*** ~ bajar el precio **6.** ***von der Schule*** ~ dejar la escuela

abgehend, ***~e Fracht*** flete *m* saliente; ***~e Post*** correo *m* saliente

abgekartet colusorio; ***~e Sache*** asunto *m* tramado (*od.* convenido)

abgekürzt, ***~e Rente*** renta *f* temporal (dependiente de la mortalidad); ***Versicherung mit ~er Prämienzahlung*** seguro *m* con pago limitado de primas; ~ ***Todesfallversicherung*** **1.** seguro *m* mixto **2.** seguro *m* temporal **3.** seguro *m* vida entera con primas limitadas

abgelaufen expirado, vencido; ***(noch) nicht*** todavía en vigor; ***noch nicht ~e Versicherungsdauer*** años *pl* de duración por transcurrir; años *pl* restantes a cubrir; ***das ~e Jahr*** el año pasado; el ejercicio precedente; ***~er Wechsel*** letra *f* vencida; ***die Frist ist*** ~ el plazo ha expirado; ***der Pass ist*** ~ el pasaporte ha caducado

Abgeld *n*, **er** disagio *m*; pérdida *f*; descuento *m*; damnum *m*

abgelegen distante, remoto, lejano

abgelehnt, ***~e Antwort*** (bsd. Meinungsforschung) no responde (n.r.), no contesta (n.c.); ~ ***werden*** recibir una respuesta negativa; ser rechazado (*od.* denegado)

abgeleitet, ***~e Bilanz*** balance *m* derivado; ***~es Einkommen*** renta *f* derivada; ingreso *m* derivado

abgelten (Schuld) satisfacer; liquidar; reembolsar; (Ausgaben) compensar; indemnizar

Abgeltung *f*, **en** indemnización *f*; compensación *f*; pago *m* de una obligación

Abgeltungsdarlehen *n*, - préstamo *m* de indemnización

abgemacht concertado, acordado; ***~!*** ¡de acuerdo!; ***so gut wie*** ~ es casi seguro; ***~er Preis*** precio *m* concertado

abgeneigt reacio; poco inclinado; ***wir sind nicht ~ den Plan anzunehmen*** no tenemos inconveniente en aceptar su plan; no nos oponemos a aceptar su plan

abgenommen 1. ***nicht abgenommene Waren*** mercancías *pl* no aceptadas **2.** ***die Produktion hat*** ~ la producción ha decrecido (*od.* bajado)

Abgeordnete(r) (der/ein) diputado *m*

abgerechnet menos; deducido; ***nicht ~e Kosten*** cuentas *pl* abiertas (*od.* no saldadas)

abgesehen sin contar con; exceptuando; aparte de; salvo ~ ***davon*** aparte de eso (*od.* de ello); ***ganz ~ davon, dass*** sin tener en cuenta (para nada) que; prescindiendo en absoluto de que

abgesondert, ***Recht auf ~e Befriedigung*** (im Konkurs) derecho *m* a satisfacción preferencial (*od.* por separado); ~ ***verwahren*** guardar por separado

abgestempelt sellado; estampillado; matasellado; ***nicht*** ~ sin sello; sin matasellos

abgetan, ***das ist alles*** ~ es un asunto concluído; ***damit ist es nicht*** ~ con eso no basta

abgeteilt subdividido

abgetragen, ***~e Schuld*** deuda *f* liquidada

abgleichen igualar; ajustar; nivelar

abgleiten bajar; descender

Abgleiten *n*, Ø baja *f*; descenso *m*

abgleitende Kurse *pl* precios *pl* que van bajando (*od.* disminuyendo)

abgrenzen, ***Märkte*** ~ delimitar mercados; ***die Rechte*** ~ definir, precisar los derechos

Abgrenzung *f*, **en 1.** delimitación *f*; demarcación *f*; definición *f* **2.** (Contab.) regularización *f*; determinación *f*

Abgrenzungsbogen *m*, ¨ pliego *m* en el que se recapitula periódicamente la contabilidad comercial

Abgrenzungskonten *pl* cuentas *pl* de orden (*od.* de regularización)

Abgrenzungsposten *m*, - **1.** partidas *pl* de orden (*od.* de regularización); cuentas *pl* transitorias **2.** partida *f* a contabilizar en el ejercicio anterior **3.** partida *f* a contabilizar en el ejercicio posterior

abhaben, ***einen Teil des Geschäfts ~ wollen*** reclamar una parte del negocio

abhaken, ***in einer Liste*** ~ marcar; puntear

abhalftern (Fam.) destituir; privar a uno de su cargo; dejar cesante

abhalten 1. ***eine Auktion*** ~ celebrar una subasta (*od.* licitación) **2.** (hindern) impedir **3.** (Marit.) ~ ***auf*** dirigirse a (*od.* hacia)

abhandeln 1. hacer disminuir el precio regateando; ***10 DM vom Preis*** ~ obtener una rebaja de 10 marcos **2.** discutir; debatir **3.** exponer; disertar (sobre)

abhanden kommen extraviarse; perderse

abhängen, ***geldlich ~ von*** depender financieramente (*od.* económicamente) de

abhängig dependiente de; sujeto, sometido a ***~er Erwerbstätiger*** asalariado *m*; trabajador *m* (*od.* empleado) por cuenta ajena; ***~e (Kapital-)Gesellschaft*** compañía *f* controlada; ***~es Unternehmen*** empresa *f* dependiente; ***von ausländischen Lieferungen ~ sein*** depender de los suministros extranjeros; ***von einander ~ sein*** depender mutuamente; interdepender; estar en situación de dependencia mutua; ~ ***machen*** hacer depender de; poner en función de; ***in einem ~en Arbeitsverhältnis stehen*** hallarse en situación laboral de dependencia; ***von einem Land wirtschaftlich ~ sein*** depender económicamente de un país

Abhängige(r) (der/ein) asalariado *m*; trabajador *m* no autónomo; trabajador *m* *bzw.* empleado *m* por cuenta ajena; empleado *m* en régimen de dependencia

Abhängigkeit *f*, **en** dependencia *f*; subordinación *f*

Abhängigkeitsverhältnis *n*, **se** relación *f* de dependencia

abhebbar, ***täglich*** ~ cobrable (*od.* pagadero) a la vista

abheben, ***Geld von der Bank, einem Konto*** ~ retirar dinero del banco, de una cuenta; ***den Hörer*** ~ descolgar el (auricular del) teléfono

Abhebung *f*, **en,** ~ ***der Dividende*** cobro *m* del dividendo; ~ ***eines Geldbetrages*** retirada *f* de una cantidad (*od.* suma) de dinero; ***tägliche ~en*** retiradas diarias (de fondos)
abheften archivar
abhelfbar subsanable; remediable; suplible
abhelfen, ***einem Mangel*** ~ remediar; suplir; subsanar un defecto
abheuern 1. (Marit.) dejar el servicio **2.** atraer personal de otra empresa (Syn. ***abwerben***)
Ab-Hof-Verkauf *m*, **¨e** venta *f* en la finca (*od.* la granja)
abholbereit, ***die Ware ist*** ~ la mercancia está lista para ser recogida (*od.* retirada)
Abholdienst *m*, **e** servicio *m* de recogida; ~ ***und Zustellungsdienst*** servicio *m* de recogida y reparto
abholen recoger; retirar; ir (*bzw.* venir) a recoger; ~ ***lassen*** mandar a buscar; enviar (a) por; ***jdn. vom Flughafen*** ~ ir a recoger a alg. al aeropuerto; recoger a alg. en el aeropuerto; ***abzuholen bei*** a recoger en; recójase en; puede recogerse en
Abholfach *n*, **¨er** → Postschließfach
Abholmarkt *m*, **¨e** mercado *m* con recogida directa de la mercancía por parte del cliente
Abholpreis *m*, **e** precio *m* de la mercancia que se lleva el propio comprador
Abholung *f*, **en** recogida *f*; retirada *f*
abhören escuchar; interceptar; intervenir; ***Telefongespräche*** ~ interceptar (*od.* intervenir) el teléfono
abkaufen, *jdm. etw.* ~ comprar a/c a alg.; (durch Kauf ablösen) rescatar
abklappern (Fam.) visitar (a los clientes); ir de tienda en tienda; ir de casa en casa
abklingen (Konjunktur) declinar; desvanecerse
abknöpfen, (Fam.) ***jdm. Geld*** ~ dar un sablazo a alg.; hacer soltar, aflojar la pasta
Abkommen *n*, - (Übereinkunft) acuerdo *m*; ajuste *m*; arreglo *m*; convenio *m*; pacto *m* (mit Gläubigern); transacción *f*; ***ein*** ~ ***schließen*** concluir (*od.* concertar) un acuerdo; ***mit seinen Gläubigern ein gütliches ~ treffen*** llegar a un acuerdo amigable con los acreedores; ***ein ~ unterzeichnen*** firmar un acuerdo; ***allgemeines ~ über die wirtschaftliche Regelung des Straßenverkehrs*** convenio general sobre la regulación económica de la circulación internacional por carretera; ***bilaterales ~*** acuerdo bilateral; ~ ***über die internationale Seehafenordnung*** convenio sobre el régimen internacional de los puertos marítimos; ***internationales*** ~ convenio, tratado, acuerdo internacional; ~ ***über die internationale Zivilluftfahrt*** convenio de aviación civil internacional; ***langfristiges*** ~ convenio, tratado, acuerdo a largo plazo; ***mehrseitiges*** ~ convenio, tratado, acuerdo multilateral; ~ ***über die Soziale Sicherheit*** convenio sobre seguridad social (*od.* seguros sociales); ~ ***über Steuervorschriften für ausländische Automobile*** convenio sobre tributación de automóviles extranjeros; ~ ***über Straßenverkehr*** convenio relativo a la circulación por carretera; ~ ***über Übergangsbestimmungen*** convenio sobre disposiciones transitorias; ~ ***über Vereinheitlichung des Wechselrechts*** convención relativa a la ley uniforme sobre letra de cambio y pagarés a la orden; ~ ***über Zollerleichterung im Touristenverkehr*** convenio sobre facilidades de aduana en el tránsito de viajeros; ***zweiseitiges*** ~ acuerdo, tratado, convenio bilateral; ***zwischenstaatliches*** ~ acuerdo interestatal
abkommen, ***vom Kurs*** ~ desviarse de su camino; ***von seinem Plan*** ~ abandonar su plan; ***vom Thema*** ~ salirse, apartarse del tema (principal); (Fam.) irse por las ramas
Abkommenskont|o *n*, **-en** cuenta *f* de convenio
Abkommensland *n*, **¨er** país *m* firmante (*od.* signatario) del convenio
Abkommenswährung *f*, **en** moneda *f* convenida; moneda *f* de convenio
abkömmlich, ***er ist nicht*** ~ está ocupado (en este momento)
abkoppeln desconectar
abkühlen, *die Binnenkonjunktur kühlt sich ab* se está enfriando la coyuntura interna
Abkühlung *f*, **en** → Abschwächung
abkürzen 1. *die Lieferfrist* ~ acortar, reducir el plazo de suministro **2.** (beschneiden) recortar **3.** (Inhalt) resumir; extractar **4.** (Verhandlungen, Wort, Besuch) abreviar
Abkürzung *f*, **en 1.** sigla *f*; abreviatura *f*; ***Verzeichnis der verwendeten ~en*** lista *f* de las abreviaturas empleadas **2.** reducción *f* (del plazo) ~ ***der Versicherungsdauer*** reducción *f* de la duración del seguro; ***sich mit ~ auf das 60. Jahr versichern*** asegurarse con vencimiento a los 60 años
Abkürzungstaste *f*, **n** tecla *f* de método abreviado

Abladefirm|a *f,* **-en** casa *f* expedidora (*od.* cargadora)
Abladefrist *f,* **en** plazo *m,* término *m* de descarga
Abladegebühr *f,* **en** derechos *pl* de descarga
Abladegewicht *n,* **e 1.** peso *m* de descarga **2.** peso *m* de embarque
Abladehafen *m,* **¨** puerto *m* de descarga
Abladekommando *n,* **s** brigada *f* de (des)cargadores
Abladekosten *pl* gastos *pl* de descarga
abladen 1. ***Waren*** ~ descargar mercancías **2.** ***Schutt*** ~ verter escombros
Abladeort *m,* **e** descargadero *m*; (Schiffsplatz) puerto *m* de descarga; (für Schutt) vertedero *m*
Abladeplatz *m,* **¨e** → Abladeort
Ablader *m,* **-** descargador *m*
Ablader *m,* **-** descargador *m*; (Verschiffer) cargador *m*; remitente *m*; exportador *m*
Abladeschein *m,* **e** certificado *m* de peso
Abladetermin *m,* **e** fecha *f* de descarga
Abladung *f,* **en** descarga *f*; embarque *m*; expedición *f*
Ablage *f,* **n** 1. clasificación *f*; archivos *pl*; ***zur*** ~ para clasificar; para archivar 2. (für Kleider) guardarropa *m* 3. (CH) oficina *f* de registro, de inscripción
Ablagefach *n,* **¨er** casilla *f*
Ablagekorb *m,* **¨e** cesta *f* de correspondencia; bandeja *f*
Ablagemappe *f,* **n** carpeta *f* para correspondencia
ablagern depositar; (lagern) almacenar; (Tabak, Holz) curar;
Ablagesystem *n,* **e** sistema *m* de clasificación
Ablass *m,* **¨sse** (Com.) reducción *f*
ablassen 1. (vom Preis) rebajar; ***3% vom Preis*** ~ hacer una rebaja del 3% sobre el precio **2.** (überlassen) dejar **3.** (verkaufen) vender **4.** ~ ***von Ballast*** descargar lastre
Ablauf *m,* **e 1.** (Verlauf) transcurso *m*; desarrollo *m*; fases *pl*; ~ ***der Arbeitsvorgänge*** las diferentes fases de ejecución de un trabajo **2.** (Ergebnis, Ausgang) resultado *m*; final *m* **3.** ~ ***eines Vertrages*** terminación *f* de un contrato **4.** ~ ***eines Wechsels*** vencimiento *m* de una letra **5.** ~ ***einer Frist*** expiración *f*, vencimiento *m* de un plazo; ***bei ~ der Frist*** a la expiración, al vencimiento del plazo; ***bis zum ~ einer Frist von 20 Tagen*** hasta la expiración de un período de 20 días; ***nach ~ der Frist*** después de (haber) expirado el plazo; transcurrido el plazo señalado; ***vom ~ der vereinbarten Frist an*** desde el día (*od.* la fecha) de expiración del plazo estipulado; ***ein Monat vor ~ der Frist*** un mes antes de que expire (*od.* de expirar) el plazo; ***bis zum ~ einer Frist von 10 Tagen*** hasta que transcurran 10 días **6.** vencimiento *m* natural
ablaufen 1. (Handlung, Zeit) desarrollarse; transcurrir; marchar; evolucionar **2.** (Vertrag, Frist) expirar; caducar; vencer; terminar **3.** (Wechsel) vencer
ablauffähig (programa) ejecutable
Ablauffrist *f,* **en** fecha *f* límite; plazo *m* de expiración; vencimiento *m*
Ablaufplan *m,* **¨e** organigrama *m*; diagrama *m* de flujos; fluxograma *m*
Ablaufplanung *f,***en** planificación *f*; proyección *f* de las actividades (*od.* operaciones)
Ablaufschema *n,* **ta** → Ablaufplan
Ablaufsteuerung *f,* **en** control *m* de (las secuencias de) los trabajos
Ablauftag *m,***e** día *m*, fecha *f* de vencimiento
Ablauftermin *m,* **e** fecha *f* de expiración (*od.* vencimiento)
Ablaufzeit *f,* **en 1.** (Inform.) tiempo *m* de ejecución de un programa **2.** fecha *f* de expiración
Ablebensversicherung *f,* **en** seguro *m* de vida para caso de muerte; seguro *m* sobre el deceso
Ablegefach *n,* **¨er** → Ablagefach
Ablegekorb *m,* **¨e** → Ablagekorb
Ablegemappe *f,* **n** → Ablagemappe
ablegen 1. (Allg.) deponer; depositar **2.** (Akten, Briefe) clasificar; archivar **3.** (Kleider) quitarse; (alte Kleider) desechar **4.** ***einen Eid*** ~ prestar juramento **5.** ***eine Prüfung*** ~ examinarse; presentarse (*od.* someterse) a un examen; ***erfolgreich eine Prüfung*** ~ aprobar un examen **6.** ***Rechenschaft*** ~ rendir cuenta(s)
Ableger *m,* **-** filial *f*; sucursal *f*
ablehnbar recusable; rechazable; denegable; ***nicht*** ~ indeclinable
ablehnen 1. (Allg.) rechazar; rehusar **2.** (Einladung,Verantwortung, Ehre) declinar **3.** (Gesuch, Antrag) desestimar; denegar **4.** (ungünstig beurteilen) censurar; reprobar; desaprobar **5.** (Geschworenen, Zeugen) recusar ***ein Angebot*** ~ rechazar una oferta; ***einen Auftrag*** ~ negarse a aceptar una orden (*od.* un pedido); ***einen Auftrag ~ müssen*** verse en la imposibilidad de atender un pedido (*od.* una orden); ***die Deckung*** ~ no aceptar la responsabilidad;

denegar la cobertura; ***die Eintragung*** ~ denegar la inscripción; negarse a efectuar la inscripción (*od.* el registro); ***höflich*** ~ rehusar cortésmente; ***die Zahlung*** ~ negarse a pagar; denegar el pago; ***dankend*** ~ declinar no sin dar las gracias; declinar agradecidamente; ***glatt*** ~ rechazar de plano; denegar terminantemente

ablehnend negativo; desfavorable; ***~e Antwort*** respuesta *f*, contestación *f* negativa; ***~er Beschluss*** auto *m* denegatorio; resolución *f* disconforme; ***sich ~ verhalten*** adoptar una postura negativa

Ablehnung *f*, **en** negativa *f*; desestimación *f*; denegación *f*; rechazo *m*; (Missbilligung) desaprobación *f*; reprobación; (Zeuge, Richter) recusación *f*; ***~ eines Angebots*** no aceptación *f* de una oferta; ***~ der Genehmigung*** denegación *f* de permiso (*od.* autorización); ***~ der Verantwortung*** negativa *f* a asumir la responsabilidad; ***~ der Ware*** no aceptación *f* de la mercancía

Ablehnungsbescheid *m*, **e** noticia *f* de denegación; notificación *f* negativa

ableisten cumplir

Ableistung *f*, **en** prestación *f*; cumplimiento (de un servicio)

Ableitung *f*, **en** derivación *f*

ablesen, ***einen Zähler*** ~ leer el contador

ablichten fotocopiar; fotografiar

Ablichtung *f*, **en** fotocopia *f*; fotografía *f*; ***eine ~ machen*** hacer, sacar una fotocopia (*bzw.* una fotografía)

abliefern entregar; dar (en mano)

Ablieferung *f*, **en** entrega *f* (en mano); ***bei, nach ~*** a la entrega; ***bis zur ~*** hasta la entrega; entrega pendiente; ***zahlbar bei ~*** pagadero a la entrega

Ablieferungsart *f*, **en** modo *m* de entrega

Ablieferungsbescheinigung *f*, **en** resguardo *m*; recibo *m*; (Gal.) récépissé

Ablieferungsfrist *f*, **en** plazo *m* de entrega

Ablieferungsgewicht *n*, **e** peso *m* entregado

Ablieferungshindernis *n*, **se** impedimento *m*, obstáculo *m* para la entrega

Ablieferungskontingent *n*, **e** → Ablieferungssoll

Ablieferungsort *m*, **e** → Ablieferungsplatz

Ablieferungsplatz *m*, **¨e** lugar *m* de entrega

Ablieferungsschein *m*, **e** talón *m* de entrega; resguardo *m*, recibo *m* de entrega

Ablieferungssoll *n*, Ø cuota *f* de entrega obligatoria; cupo *m*, contingente *m* a entregar

Ablieferungstag *m*, **e** fecha *f*, día *m* de entrega

Ablieferungstermin *m*, **e** → Ablieferungsfrist

Ablobung *f*, **en** pago *m* y despido (de un empleado, trabajador)

Ablochbeleg *m*, **e** documento *m* de perforación

ablochen 1. poner, meter en tarjetas perforadas **2.** clasificar (documentos)

ablohnen (Arch.) **1.** pagar; remunerar **2.** pagar y despedir (Syn. ***ablöhnen***)

ablösbar (abfindbar) indemnizable; (abtrennbar) separable; (Anleihe) amortizable; (Rente) capitalizable; convertible; (Schuld) reembolsable; rescatable; (durch Geld) redimible; conmutable; (durch Einmalzahlung) liberable

Ablöse *f*, **n** (A) → Abfindung

ablösen 1. ***einen Kollegen*** ~ relevar a un colega (*od.* compañero) **2.** (Amtsvorgänger) sustituir; re(e)mplazar; tomar el relevo **3.** (Schuld) reembolsar; rescatar **4.** (Anleihe) amortizar; redimir **5.** (Wohnung) traspasar **6.** ***fällige Zinsscheine*** ~ cortar, separar los cupones vencidos **7.** (durch Einmalzahlung) liberar

Ablösende(r) (der/ein) redimente *m*; indemnizante *m*; sustituto *m*; traspasante *m*

ablöslich → ablösbar

Ablösung *f*, **en 1.** (durch Geld) redención *f*; conmutación *f* **2.** (eines Kollegen) relevo *m* **3.** (eines Amtsvorgängers) sustitución *f*; toma *f* del relevo **4.** (Schuld) reembolso *f*; rescate *m* **5.** (Anleihe) amortización *f*; redención *f* **6.** (Arbeitsschicht) turno *m* **7.** (Wohnung) traspaso *m*

Ablösungsanleihe *f*, **n** empréstito *m* de amortización

Ablösungsbetrag *m*, **¨e** traspaso *m*

Ablösungsfonds *m*, **-** fondo *m* de amortización

Ablösungshypothek *f*, **en** hipoteca *f* de amortización

Ablösungsmannschaft *f*, **en** (equipo *m* de) relevo *m*

Ablösungsmittel *pl* recursos *pl* para saldar obligaciones

Ablösungsrecht *n*, **e** derecho *m* de rescate

Ablösungsschuldverschreibung *f*, **en** obligación *f* emitida en lugar del reembolso

Ablösungsvertrag *m*, **¨e** contrato *m* de rescate

Ablösungswert *m*, **e** valor *m* de rescate (*od.* redención *od.* renuncia *od.* cancelación)

ABM → Arbeitsbeschaffungsmaßnahmen

abmachen 1. (vereinbaren) concertar; convenir **2.** (Preis) concretar; fijar **3.** (im Vertrag) estipular

Abmachung *f*, **en** acuerdo *m*; arreglo *m*; convenio *m*; pacto *m*; ***ausdrückliche*** ~ acuerdo expreso; ***geschäftliche*** ~ acuerdo comercial (*od.* de negocios); ***mündliche*** ~ acuerdo de palabra; acuerdo verbal; ***schriftliche*** ~ acuerdo (por) escrito; ***vertragliche ~en*** estipulaciones *pl* contractuales; ***eine ~ nicht einhalten*** no cumplir un acuerdo; no atenerse a un acuerdo; ***eine ~ treffen*** llegar a un acuerdo; concertar un arreglo

Abmagerungskur f, en cura f de adelgazamiento; (Fig.) reducción f de la plantilla

abmahnen amonestar; desaconsejar

Abmahnung *f*, **en** amonestación *f*

abmarkten (CH) → abfeilschen

Abmeldebescheinigung *f*, **en**; ***polizeiliche*** ~ certificado *m* de cambio de residencia

abmelden (nach vorheriger Anmeldung) darse de baja; anular una inscripción; ***sein Auto*** ~ dar de baja el coche; ***sich polizeilich*** ~ avisar (a la policía) el cambio de residencia; anunciar la partida a la policía

Abmeldung *f*, **en** anulación *f* de la inscripción; baja *f*; declaración *f* de partida; ~ ***beim Finanzamt*** baja *f* de contribución

abmieten 1. alquilar, arrendar u/c a alg.; dar en arriendo, en alquiler; **2.** tomar en arriendo, en alquiler); alquilar; arrendar

Abmieter *m*, **-** → Mieter

ABM-Kräfte *pl* personas *pl* acogidas a medidas de creación de empleo

abmontieren desmontar; desarmar; (Werksanlage) desmantelar

abmustern licenciar

Abnahme *f*, **n 1.** (Entgegennahme) recogida *f*; recepción *f*; retirada *f*; aceptación *f*; ***sich eine Frist für die ~ der Ware vorbehalten*** reservarse un período para la recogida de la mercancía **2.** (Kauf) compra *f*; ~ ***finden*** encontrar comprador; ***bei ~ von*** adquiriendo una partida de **3.** (Verminderung) disminución *f*; decremento *m* **4.** (Schrumpfung) contracción *f* **5.** (Verlust) pérdida *f*; merma *f* **6.** ~ ***der Zeit*** cronometraje *m*

Abnahmebedingungen *pl* condiciones *pl* de aceptación (*od.* de recepción)

abnahmebereit preparado, listo para hacer la recepción

Abnahmebericht *m*, **e** informe *m* de inspección (*od.* de recepción)

Abnahmebescheinigung *f*, **en** certificado *m* de inspección (*od.* comprobación *od.* verificación); recibo *m*

Abnahmebestimmungen *pl* normas *pl* de verificación (*od.* aceptación)

Abnahmefrist *f*, **en** plazo *m* de aceptación (*od.* de recogida)

Abnahmegarantie *f*, **n** (Anleihekonsortium) garantía *f* de su(b)scripción

Abnahmekontrolle *f*, **n** control *m* (*od.* comprobación *f od.* verificación *f*) de aceptación

Abnahmeland *m*, **¨er** país *m* comprador

Abnahmepflicht *f*, **en** obligación *f* de recepción

Abnahmeprüfung *f*, **en** examen *m* de recepción; inspección *f* para aceptación

Abnahmestückzahl *f*, **en** cantidad *f* a tomar

Abnahmeverpflichtung *f*, **en** compromiso *m* de aceptación

Abnahmeverweigerung *f*, **en** negativa *f* de aceptación; recusación *f* (*od.* denegación *f*) de la aceptación

Abnahmeverzug *m*, Ø demora *f*, atraso *m* en la recepción

Abnahmevorschrift *f*, **en** norma *f* de verificación

abnehmbar desconectable; separable

abnehmen 1. (entgegennehmen) recoger; recibir; retirar; tomar posesión **2.** (Ware) comprar; aceptar; aprobar **3.** (prüfen) inspeccionar; verificar **4.** (Rechnung) comprobar **5.** (geringer werden) decrecer; disminuir; bajar; declinar; contraerse **6.** (Teléf.) descolgar

abnehmender Ertrag *m*, **¨e** rendimiento *m* decreciente

Abnehmer *m*, **-** comprador *m*; adquirente *m* adquisidor *m*; cliente *m*; (Verbraucher) consumidor *m*; usuario *m*; ~ ***finden*** encontrar (*od.* hallar) comprador(es); tener mercado

Abnehmergruppe *f*, **n** clientela *f*; grupo *m*, categoría *f* de consumidores

Abnehmerkreis *m*, **e** clientela *f*

Abnehmerland *n*, **er** país *m* comprador *bzw.* importador (Ggs. ***Lieferland***)

abnutzbar deteriorable; depreciable; sujeto a deterioro (*od.* desgaste)

Abnutzbarkeit *f*, **en** deteriorabilidad *f*

abnutzen, *(sich)* ~ (des)gastarse; deteriorarse; depreciarse (Syn. ***abnützen***)

Abnutzung *f*, **en** desgaste *m*; deterioro *m*; depreciación *f*; ***Abschreibung für*** ~ amortización *f* por depreciación; ***Absetzung für*** ~ deducción *f* por desgaste; ***natürliche*** ~ desgaste *m* natural

Abnutzungserscheinung *f*, **en** signos *pl* de desgaste (*od.* deterioro)

Abnutzungsfonds *m*, - fondo *m* de depreciación

Abnutzungsgebühr *f*, **en** carga *f* en concepto de desgaste (*od.* deterioro)

Abnutzungsrestwert *m*, **e** valor *m* restante

Abnutzungssatz *m*, **¨e** cuota *f* de depreciación

Abo (Fam.) → Abonnement

Abonnement *n*, **s** (Theater) abono *m*; ***Zeitungsabonnement*** suscripción *f*; ***ein ~ abschließen*** suscribirse; concertar; firmar una suscripción *bzw.* abono; ***ein ~ aufgeben*** anular una suscripción *bzw.* abono; ***ein ~ erneuern*** renovar una suscripción *bzw.* abono

Abonnementsdauer *f*, **Ø** período *m* de suscripción *bzw.* abono

Abonnementspreis *m*, **e** precio *m* de suscripción

Abonnementsverlängerung *f*, **en** prórroga *f* de la suscripción

Abonnent *m*, **en** suscriptor *m*; abonado *m*; ***neue ~en werben*** reclutar nuevos suscriptores

Abonnentenkartei *f*, **en** → Abonnentenliste

Abonnentenliste *f*, **n** lista *f* de suscriptores *bzw.* abonados

Abonnentenversicherung *f*, **en** seguro *m* de suscriptores a periódicos

abonnieren suscribir(se); ***eine Zeitung*** ~ suscribirse a un periódico

abordnen delegar; designar; diputar; destacar; comisionar; ***jdn. zu einer Konferenz*** ~ enviar delegado a una conferencia

Abordnung *f*, **en** delegación *f*; comisión *f*; diputación *f*

abpachten tomar en arriendo; arrendar

abpacken 1. dividir en unidades pequeñas **2.** envasar; empaquetar; embalar **3.** descargar

abpassen, ***die Gelegenheit*** ~ aguardar, esperar la oportunidad

abpausen calcar

abplacken (Fam.) → abplagen

abplagen bregar; ***sich*** ~ matarse trabajando (*od.* a trabajar)

Abprodukt *n*, **e** producto *m* residual

abquälen → abplagen

abrackern → abplagen

abraten, ***jdm. von etw.*** ~ disuadir a alg. de a/c; desaconsejar a/c a alg.; ***ich rate Ihnen davon ab*** no se lo aconsejo

Abraumhalde *f*, **n** escombrera *f*; (Chile) desechadero *m*

abrechnen 1. saldar; liquidar; ajustar **2.** (abziehen) deducir; descontar; ***die Mehrwertsteuer*** ~ deducir el IVA; ***abgerechnet*** menos; deducido; aparte de; descontado **3.** ***mit jdm.*** ~ arreglar (*od.* ajustar) cuentas con alg. **4.** echar la cuenta; (Fam.) hacer números **5.** (Clearing) compensar

Abrechnung *f*, **en 1.** cálculo *m*; liquidación *f* **2.** (Abzug) descuento *m*; deducción *f* **3.** (Rechnung) nota *f* (*od.* cuenta *f*) de liquidación **4.** (rechnerische Einzelheiten) detalle *m*; análisis *m* de los elementos de una operación **5.** arreglo *m* (*od.* ajuste) de cuentas (auch Fig.) **6.** (Clearing) compensación *f* **7.** (Quittung) finiquito *m*; ***auf*** ~ a cuenta; ***laut*** ~ según liquidación; ***nach ~ der Unkosten*** deducidos todos los gastos; ***vierteljährliche*** ~ liquidación trimestral; ***vorläufige*** ~ balance *m* provisional

Abrechnungs- (Pref.) contable

Abrechnungsaufgabe *f*, **n** tarea *f*, trabajo *m* de contabilidad

Abrechnungsbank *f*, **en** banco *m* de compensación (*od.* de clearing)

Abrechnungsbeleg *m*, **e** vale *m*; documento *m*; comprobante *m* de liquidación; (Angl.) voucher *m*

Abrechnungsblatt *n*, **¨er** → Abrechnungsbogen

Abrechnungsbogen *m*, **¨** hoja *f* de liquidación (*od.* contrato); hoja *f* de saldos

Abrechnungsbuch *n*, **¨er** dietario *m*

Abrechnungsbüro *n*, **s** → Abrechnungsstelle

Abrechnungscomputer *m*, - ordenador *m* contable, de contabilidad

Abrechungsdaten *pl* datos *pl* contables

Abrechnungshaus *n*, **¨er** (Angl.) clearinghouse *f*; casa *f* liquidadora; casa *f* compensadora

Abrechnungskonto *n*, **-ten** cuenta *f* (de compensación)

Abrechungskontrolle *f*, **n** control *m* de contabilidad; control *m* de las cuentas

Abrechnungskurs *m*, **e** precio *m*, cambio *m* de la compensación (*od.* liquidación)

Abrechnungsmaschine *f*, **n** máquina *f* contable

Abrechnungsperiode *f*, **n** período *m* contable (*od.* de liquidaciones); período *m* de compensación
Abrechnungsposten *m*, - partida *f* de compensación (*od.* liquidación)
Abrechnungsrücklagen *pl* reservas *pl* de compensación (*od.* liquidación)
Abrechnungssald|o *m*, **-en** (Angl.) clearing balance *m*; saldo *m* (de) clearing; saldo *m* de liquidación (*od.* compensación)
Abrechnungsschlüssel *m*, - fórmula *f* de saldo (*od.* liquidación)
Abrechnungsstelle *f*, **n** cámara *f* de compensación
Abrechnungstag *m*, **e** fecha *f* de liquidación (*od.* compensación)
Abrechnungsurkunde *f*, **n** certificado *m* de clearing (*od.* compensación)
Abrechnungsverfahren *n*, -, ***im*** ~ por (vía) de compensación (*od.* clearing)
Abrechnungsverkehr *m*, Ø operaciones *pl* de compensación; clearing *m*
Abrechnungswährung *f*, **en** moneda *f* de descuento; moneda *f* de liquidación (*od.* compensación); moneda *f* usada en las operaciones de clearing
Abrechnungszwecke *pl*, ***für*** ~ con fines contables (*od.* de contabilidad)
Abrede *f*, **n** convenio *m*; acuerdo *m*; ***in ~ stellen*** negar; poner en tela de juicio; ***eine ~ treffen*** convenir; acordar, adoptar, tomar un acuerdo; ***nach*** ~ según (lo) convenido
abreden → abraten
Abreise *f*, **n** salida *f*; partida *f*; marcha *f*
abreisen salir, partir de viaje; emprender viaje; ausentarse
Abreißblock *m*, **¨e** taco *m*
abreißen (Gebäude) demoler; derribar
Abreißkalender *m*, - (calendario de) taco *m*
Abriss *n*, **-sse 1.** (Zusammenfassung) compendio *m*; resumen *m*; sumario *m* **2.** ***~ eines Gebäudes*** demolición *f*; derribo *m* de un edificio
Abrisskarte f, n (Inform.) tarjeta f reducida, corta
abrollen, ***Waren*** ~ acarrear, transportar mercancías
Abrollkosten *pl* gastos *pl* de acarreo (*od.* camionaje *od.* transporte)
Abruf *m*, **e 1.** ***auf*** ~ cuando se pida; a demanda; a nuestra conveniencia; a nuestro requerimiento; sobre aviso; sobre reclamación; ***auf ~ bestellen*** pasar un pedido a suministrar sobre aviso; ***auf ~ liefern*** suministrar a requerimiento, sobre aviso; ***Lieferung auf*** ~ suministro *m* sobre aviso; suministro *m* cuando se pida **2.** (Abberufung) llamada *f* **3.** (Inform.) obtención *f*, extracción *f*, búsqueda *f* (de datos)
abrufbar, ***die Waren sind jederzeit*** ~ suministramos en todo momento a requerimiento
abrufen 1. (Ware) hacer venir; retirar ***den Rest der Bestellung*** ~ exigir (*od.* reclamar) el suministo del resto del pedido **2.** (Geld) reclamar, retirar fondos **3.** (Inform.) interrogar; consultar; ***Daten aus dem Speicher*** ~ interrogar los datos de la memoria; consultar el ordenador **4.** (Zug) dar la salida
abrunden redondear a lo menos; redondear por defecto; redondear hacia abajo; ***auf zwei Stellen nach dem Komma*** ~ redondear hacia abajo a la segunda cifra decimal (Ggs. ***aufrunden***)
abrutschen resbalar; desalizarse; (Kfz) patinar; ***in die roten Zahlen*** ~ deslizarse a una posición deficitaria; ***auf Platz Nummer 3*** ~ retroceder al número (*od.* a la posición) 3
Abs. → Absender
absacken (Fam.) hundirse; desplomarse; dar un bajón
Absage *f*, **n 1.** (Termin, Auftrag, Veranstaltung) anulación *f*; cancelación *f*; contraorden *f* **2.** respuesta *f* negativa; ***eine ~ erteilen*** dar una respuesta negativa **3.** (Streik usw.) desconvocatoria *f*
absägen (Fam.) defenestrar; separar del cargo; cesar; dejar cesante; echar
absagen 1. anular; dar contraorden; contraordenar; cancelar; ***eine Verabredung*** ~ anular una cita **2.** (Einladung) dar una respuesta negativa; rehusar **3.** (Streik usw.) desconvocar
absahnen (Fam.) reservarse la mejor tajada
Absatz *m*, **¨e 1.** (Verkauf) venta *f*; salida *f*; salidas *pl*; ***direkter*** ~ venta directa; ***flauer*** ~ venta floja; venta desanimada; ***flotter*** ~ venta (*od.* salida) fácil; ***geringer*** ~ poca venta; poca demanda; ***gesicherter*** ~ venta garantizada; ***guten ~ finden*** tener buena venta; encontrar buena aceptación; ***keinen ~ finden*** ser invendible; no tener mercado; ***reißenden ~ finden*** venderse como el pan bendito; venderse como si se regalara; ***schlechter*** ~ mercado flojo; mala venta; ***schleppender*** ~ venta difícil (*od.* salida difícil); ***den ~ steigern*** aumentar (*od.* incrementar) la venta **2.** (von Wertpapieren)

colocación *f* **3.** (Vertrieb) distribución *f*; mercado *m* **4.** (Abschnitt eines Gesetzes) párrafo *m*

Absatzagentur *f*, **en** agencia *f* de ventas; agencia *f* de marketing

Absatzanalyse *f*, **n** estudio *m* del mercado potencial; análisis *m* de (las posibilidades de) salida a mercado

Absatzaussichten *pl* → Absatzprognose

Absatzbedingungen *pl* condiciones *pl* de venta

Absatzbelebung *f*, **en** incremento *m* de la venta; (re)animación *f* del mercado

Absatzbemühungen *pl*, ***die ~ werden verstärkt*** se redoblan los esfuerzos en el mercado; se potencia los esfuerzos de cara a la venta

Absatzberater *m*, - asesor *m* de ventas (*od.* de marketing)

Absatzbereich *m*, **e** mercado *m*, sección *f* de venta (*od.* de distribución)

Absatzbericht *m*, **e** → Absatzanalyse

Absatzbeschränkung *f*, **en** limitación *f* de la venta; restricción *f* de la distribución

Absatzbestimmung *f*, **en** disposiciones *pl* en materia de venta

Absatzchance *f*, **n** perspectivas *pl* (favorables) de venta

Absatzeinbuße *f*, **n** merma *f* (registrada) en las ventas

Absatzentwicklung *f*, **en** evolución *f* de las ventas; desarrollo *m* del negocio

Absatzerfolg *m*, **e** éxito *m* de venta

Absatzergebnis *n*, **se** resultado *m* obtenido **en** la venta

Absatzerhöhung *f*, **en** aumento *m* (*od.* incremento *m*) de la(s) venta(s)

Absatzerkundung *f*, **en** mercadología *f*

Absatzertrag *m*, **¨e** (= *realisierter Ertrag*) → Umsatzertrag; (Ggs. ***unrealisierter Ertrag***)

Absatzerwartung *f*, **en** → Absatzprognose

Absatzfach|mann *m*, **-leute** especialista *m* de (*od.* en) marketing; mercadotécnico *m*; mercadólogo *m*

absatzfähig vendible; comercializable; ***~e Produktion*** producción *f* comercializable

Absatzfinanzierung *f*, **en** **1.** financiación *f* de la venta **2.** → Konsumfinanzierung

Absatzflaute *f*, **n** flojedad *f* del mercado; poco movimiento *m* de ventas; estancamiento *m* del mercado

Absatzförderung *f*, **en** promoción *f*, fomento *m* de ventas (*od.* de marketing); ***Direktor für ~*** director *m* de ventas (*od.* de marketing); ***planmäßige ~*** promoción sistemática de las ventas

Absatzförderungskampagne *f*, **n**, ***eine ~ einleiten*** lanzar una campaña de promoción de ventas

Absatzförderungsvorhaben *n*, - proyecto *m* de promoción de ventas

Absatzforschung *f*, **en** prospección *f* de mercados; investigación *f* (*od.* estudio *m*) del mercado

Absatzgarantie *f*, **n** garantía *f* de venta; garantía *f* de despacho

Absatzgebiet *n*, **e** zona *f* de venta; mercado *m*; ***neue ~e*** nuevos mercados; nuevas salidas; ***ein ~ erschließen*** abrir un nuevo mercado; vender en un nuevo mercado; ***ein ~ zurückerobern*** recobrar, reconquistar un mercado (*od.* zona de ventas)

Absatzgenossenschaft *f*, **en** cooperativa *f* de venta; ***landwirtschaftliche ~*** cooperativa de agricultores

Absatzgesellschaft *f*, **en** compañía *f* de ventas; agencia *f* de marketing

Absatzgrad *m*, Ø grado *m* de ventas realizadas

Absatzhandel *m*, Ø comercio *m* de distribución

Absatzhöhe *f*, **n** cifra *f*, volumen *m*, cuantía *f* de ventas

Absatzkampagne *f*, **n** campaña *f* de ventas

Absatzkartell *n*, **e** (*besser:* → Vertriebskartell)

Absatzkennziffern *pl* índices *pl* de venta(s)

Absatzkette *f*, **n** → Handelskette

Absatzkontingent *n*, **e** contingente *m* (*od.* cupo *m*) de ventas

Absatzkontrolle *f*, **n** control *m* de ventas

Absatzkosten *pl* costes *pl* de distribución

Absatzkrise *f*, **n** crisis *f* de venta

Absatzkunde *f*, Ø → Absatzlehre

Absatzlage *f*, **n** situación *f* en términos de venta

Absatzlehre *f*, **n** mercadología *f*; teoría *f* del mercado; marketing *m*

Absatzleistung *f*, **en** ventas *pl* efectuadas; conjunto *m* de bienes y servicios que pasan a los clientes

Absatzlenkung *f*, **en** **1.** ventas *pl* dirigidas **2.** control *m* de la distribución

Absatzmangel *m*, Ø falta *f* de compradores

Absatzmarkt *m*, **¨e** mercado *m* de salida; ***neue Absatzmärkte erschließen*** conquistar (*od.* abrirse) nuevos mercados (Ggs. ***Beschaffungsmarkt***)

Absatzmenge *f*, **n** volumen *m*, cantidad *f* de ventas; cantidad *f* vendida

Absatzmethoden *pl* métodos *pl* seguidos en la venta

Absatzmöglichkeiten *pl* potencial *m* (*od.* posibilidades *pl*) de venta; venta *f* (*od.* salida) potencial

Absatzmonopol *n*, **e** monopolio *m* de ventas

Absatzorganisation *f*, **en 1.** central *f* de venta **2.** organización *f* de ventas; comercialización *f*

Absatzplan *m*, **e** (eines Unternehmens) plan *m* de ventas; previsiones *pl* de venta

Absatzplanung *f*, **en** estudio *m* preventivo de los costes de las ventas; (Angl.) planning *m* de distribución; (Angl.) marketing mix *m*

Absatzpolitik *f*, Ø política *f* de ventas; política *f* comercial

Absatzprognose *f*, **n** pronóstico *m*, previsiones *pl* de venta

Absatzprovision *f*, **en** comisión *f* de venta

Absatzquelle *f*, **n** mercado *m*, centro *m* de consumo

Absatzquote *f*, **n 1.** (Unternehmen) cuota *f* de ventas (sobre la capacidad de producción) **2.** (Quotenkartell) cuota *f* de venta (correspondiente a cada miembro)

Absatzregelung *f*, **en** → Absatzregulierung

Absatzregulierung *f*, **en** control *m* de ventas

Absatzrichtung *f*, **en** orientación *f* de las ventas *bzw.* de las exportaciones

Absatzrisik|o *n*, **-en** riesgo *m* de venta

Absatzrückgang *m*, **¨e** descenso *m* de la venta (Syn. ***Absatzschrumpfung***)

Absatzsaison *f*, **s** temporada *f* de ventas

Absatzschwankungen *pl* variaciones *pl*, fluctuaciones *pl* de las ventas

Absatzschwierigkeiten *pl* dificultades *pl* de venta

Absatzsoll *n*, Ø ventas *pl* mínimas requeridas; mínimo *m* de ventas requerido

Absatzspielraum *m*, **¨e** alcance *m* (potencial) de las ventas

Absatzstatistik *f*, **en** estadística *f* de ventas

Absatzsteigerung *f*, **en** incremento *m* de las ventas

Absatzstockung *f*, **en** estancamiento *m* del mercado

Absatzstrategie *f*, **n** estrategia *f* comercial (*od.* de venta)

Absatzsyndikat *n*, **e** → Absatzkartell

Absatztätigkeit *f*, **en** actividad *f* vendedora; actividad *f* mercantil (*od.* comercial)

Absatzumfang *m*, Ø cifra *f* de ventas

Absatzunkosten *pl* gastos *pl* de ventas

Absatzvereinigung *f*, **en** → Absatzgenossenschaft

Absatzverhalten *n*, Ø comportamiento *m* del mercado

Absatzverhältnisse *pl* condiciones *pl* de venta; posibilidades *pl* de venta

Absatzverlauf *m*, **(¨e)** evolución *f* (de la curva) de ventas; curva *f* de ventas

Absatzvertreter *m*, **-** agente *m* (de ventas)

Absatzvertretung *f*, **en** representación *f* (de ventas)

Absatzvorausschätzung *f*, **en** estimación *f* previa de ventas; preestimación *f* de ventas

Absatzwege *pl* canales *pl* de distribución de bienes; canales *pl* comerciales; red *f* de distribución

absatzweise párrafo por párrafo

Absatzwirtschaft *f*, Ø sector *m* de la distribución de bienes; gestión *f* de ventas

absatzwirtschaftlich, ***~e Funktionen*** funciones *pl* de marketing; ***~e Maßnahmen*** operaciones *pl* (*od.* medidas) de marketing

Absatzzahlen *pl* cifras *pl* de distribución

Absatzzählung *f*, **en** censo *m* de ventas; censo *m* de la distribución

abschaffen 1. suprimir; abolir **2.** (Gesetz) derogar; abrogar **3.** (Missbrauch) acabar con **4.** (Sache) deshacerse de **5.** (A) desterrar

Abschaffung *f*, **en 1.** supresión *f*; abolición *f*; ***~ der Zölle und mengenmäßigen Beschränkungen*** (EU) eliminación *f* (entre los Estados miembros) de los derechos arancelarios y de las restricciones cuantitativas **2.** derogación *f*; abrogación *f* **3.** (A) destierro *m*

abschalten desconectar; apagar; poner fuera de servicio

abschätzbar apreciable; evaluable; tasable; valorable

abschätzen evaluar; apreciar; estimar; ***die Höhe des Einkommens für Steuerzwecke*** ~ tasar (*od.* evaluar) la cuantía de los ingresos a efectos fiscales; ***den Schaden*** ~ tasar el daño *bzw.* siniestro; ***einen Verlust*** ~ evaluar, determinar una pérdida; ***den Wert*** ~ determinar (*od.* apreciar) el valor; (Syn. ***taxieren***)

Abschätzer *m*, **-** tasador *m*; (Havarie) comisario *m* (*od.* interventor) de averías

Abschätzung *f*, **en** apreciación *f*; evaluación *f*; estimación *f*; tasación *f*; justiprecio *m*; ***gerichtliche*** ~ tasación *f* (*od.* evaluación)

judicial; ***nach ungefährer*** ~ según evaluación aproximada

abschicken enviar; expedir; remitir; despachar

Abschiedsansprache *f*, **n** discurso *m* de despedida

Abschiedsbesuch *m*, **e** visita *f* de despedida

Abschiedsbrief *m*, **e** carta *f* de despedida

Abschiedsgeschenk *n*, **e** regalo *m*, obsequio *m* de despedida

abschinden → abplagen

Abschirmung f, **en** blindaje m

Abschlachtprämie *f*, **n** prima *f* por sacrificio de ganado

Abschlag *m*, **¨e 1.** (Preisabschlag) rebaja *f*; reducción *f*; descuento *m*; ***mit einem ~ von*** con una rebaja de **2.** ***mit ~ verkaufen*** vender a precios reducidos **3.** venta *f* en gran cantidad de mercancías perecederas **4.** (Effektenmarkt) disagio *m* **5.** a cuenta; ***ein ~ auf den Lohn*** anticipo *m* a cuenta del salario **6.** a plazos; ***etw. auf ~ kaufen*** comprar a/c a plazos

abschlagen 1. (Gesuch) denegar, rehusar **2.** (vom Preis) hacer un descuento (*od.* una rebaja)

abschlägig negativo; ***eine ~e Antwort (ein ~er Bescheid)*** una respuesta negativa; ***mit eine ~er Antwort beschieden werden*** verse confrontado con una respuesta negativa; recibir una respuesta negativa

abschläglich sin

Abschlagsdividende *f*, **n 1.** dividendo *m* a cuenta; dividendo *m* provisional; anticipo *m* a cuenta de los beneficios distribuibles **2.** (Konkursverfahren) anticipo *m* provisional

Abschlagszahlung *f*, **en 1.** (Teilzahlung) pago *m* parcial (del importe de una deuda); plazo *m* **2.** (Anzahlung) pago *m* a cuenta; señal *f*

Abschleppdienst *m*, **e** servicio *m* de remolque, de grúa

abschließen 1 .concertar; concluir; cerrar; contratar; ***ein Geschäft*** ~ concertar una operación (*od.* negocio); cerrar un trato; ***einen Vertrag*** ~ concertar, concluir, celebrar un contrato **2.** ***mit einem Defizit (Gewinn)*** ~ cerrar con déficit (superávit); cerrar con pérdida (beneficio) **3.** (Konten, Rechnungen) saldar; finiquitar; ***Ihr Konto schließt mit einem Saldo von ... zu Ihren Gunsten (Lasten) ab*** su cuenta arroja un saldo a su favor (a nuestro favor) de ... **4.** (beendigen) terminar; acabar; ultimar, rematar; dar fin; completar **5.** (Anleihe) negociar; contratar **6.** (Bücher) cerrar; hacer balance **7.** (Verkauf) realizar **8.** (Kongress, Tagung) clausurar **9.** (Rede, Brief) concluir **10.** (Vergleich) llegar a una transacción

abschließend, ***~e Bemerkung*** observación *f* final; ***~e Null*** cero *m* a la derecha; ***~e Zahlung*** pago *m* final

Abschluss *m*, **¨sse 1.** (eines Vertrags) conclusión *f* **2.** (Geschäft) operación *f* **3.** (Konto) cierre *m* de una cuenta; balance *m* final **4.** (Rechnung) liquidación *f*; finiquito *m*; cierre *m* **5.** (Beendigung) terminación *f*; término *m*; conclusión *f*; remate *m*; fin *m* **6.** (Verkauf) venta *f*; realización *f* **7.** (der Bücher usw.) balance *m*; cierre *m* **8.** (Tagung, Kongress) clausura *f*; ***einen ~ tätigen*** cerrar un trato; concertar una operación; ***den ~ vorlegen*** presentar balance; ***ohne ~ sein*** (Börse) estar en blanco; ***vor dem ~ stehen*** estar a punto de concluir(se); ***zum ~*** como colofón; ***zum ~ bringen*** llevar a término; concluir; rematar; ultimar

Abschlussagent *m*, **en** → Versicherungsvertreter

Abschlussarbeiten *pl* operaciones *pl* de cierre de ejercicio; trabajos *pl* destinados a preparar el balance

Abschlussbericht *m*, **e** informe *m* final

Abschlussbilanz *f*, **en** → Jahresabschluss

Abschlussbuch *n*, **¨er** libro *m* de inventario; registro *m* con la transcripción anual del balance y la cuenta de pérdidas y ganancias

Abschlussbuchung *f*, **en** asiento *m* final (*od.* de cierre); ~ ***und Kontenabschluss*** (E) liquidación *f* de cuentas; (LA) saldo *m* de una cuenta

Abschlusseinheit *f*, **en** (Börse) lote *m* de cierre

Abschlussfreiheit *f*, **en** libertad *f* de contratación (Syn. ***Vertragsfreiheit***)

Abschlussgebot *n*, **e** obligación *f* de contratar

Abschlussinventur *f*, Ø inventario *m* final (*od.* de cierre)

Abschlusskont|o *n*, **-en** cuenta *f* de liquidación

Abschlusskosten *pl* (Seg.) gastos *pl*, costes *pl* de adquisición; gastos *pl*, costes *pl* iniciales; ***äußere*** ~ gastos de adquisición de la agencia; ***innere*** ~ gastos de adquisición de la compañía en su sede central

Abschlusskurs *m*, **e** cambio *m* de cierre; cotización *f* final

Abschlussnorm *f*, **en** (Tarifvertrag) cláusula *f* de vigencia

Abschlussort *m*, **e** plaza *f*, lugar *m* en que se concierta el contrato

Abschlussprämie *f*, **n** prima *f* sobre la venta

Abschlussprovision *f*, **en** → Provision

Abschlussprüfer *m*, **-** **1.** auditor *m*; interventor *m*, revisor *m* de cuentas **2.** (Aktionär) accionistas *pl* censores de cuentas

Abschlussprüfung *f*, **en** **1.** revisión *f* del balance; revisión *f* de cuentas **2.** examen *m* final

Abschlussquittung *f*, **en** (recibo *m* de) finiquito *m*

Abschlussrechnung *f*, **en** cuenta *f* final (*od.* de liquidación); balance *m*

Abschlusssald|o *m*, **-en** saldo *m* final

Abschlussstichtag *m*, **e** fecha *f*, día *m* de cierre del balance

Abschlussverbot *n*, **e** prohibición *f* de celebrar contratos; prohibición *f* de contratar

Abschlussverhandlung *f*, **en** negociación *f* final

Abschlussvermittler *m*, **-** (Seg.) productor *m*, agente *m* de la operación

Abschlussvertreter *m*, **-** → Handelsvertreter

Abschlussvollmacht *f*, **en** poder *m* para contratar

Abschlussvorschriften *pl* normativa *f* sobre la rendicion de cuentas

Abschlusszahlung *f*, **en** pago *m* final; (Steuer) diferencia *f* entre el líquido imponible y las cantidades retenidas

Abschlusszeugnis *n*, **se** diploma *m*; certificado *m* de fin de estudios

Abschlusszwang *m*, **¨e** → Kontrahierungszwang

abschneiden **1.** (Kupons) cortar (cupones) **2.** ***gut*** ~ quedar bien; salir bien, airoso; hacer buena figura; ***schlecht*** ~ salir mal (parado); hacer mala figura **3.** ***jdm. das Wort*** ~ cortar la palabra

Abschnitt *m*, **e** **1.** (Absatz) párrafo *m*; parágrafo *m* **2.** (Dividendenschein) cupón *m* (de dividendo); ***oberer ~ eines Dividendenscheins*** parte *f* superior de un cupón **3.** (Zinsschein) cupón *m* **4.** (Kontrollblatt) hoja *f* de control **5.** (eines Lieferbuchs) talón *m* **6.** (Stückelung) denominación *f* **7.** (Wechsel) letra *f* de cambio **8.** (Zoll) partida *f* del arancel **9.** (Zeit) período *m*, lapso *m* (de tiempo) **10.** título *m*; efecto *m*; resguardo *m*; ***noch nicht eingegangene ~e*** títulos *pl* todavía no cobrados; partidas *pl* todavía no cobradas; ***nicht offiziell an der Börse gehandelte ~e*** títulos *pl* no negociados oficialmente en Bolsa; ***noch nicht verrechnete ~e*** títulos *pl* (*od.* efectos *pl*) no liquidados; partidas *pl* no liquidadas

Abschnittverkauf *m*, **¨e** saldos *pl* (de fin de verano y de invierno)

abschöpfen absorber; ***die überschüssige Kaufkraft*** ~ absorber el exceso de poder adquisitivo; ***Gewinne*** ~ beneficiarse

Abschöpfung *f*, **en** absorción *f*; (EU) (Agric.) (Gal.) prelevement *m*; gravamen *m* variable

Abschöpfungsbetrag *m*, **¨e** (Gal.) prelevement *m*; (EU) ***innergemeinschaftlicher*** ~ gravamen *m* variable intracomunitario

abschotten, ***sich gegen etw.*** ~ protegerse de; aislarse; cerrarse a

Abschottung *f*, **en** protección *f*; aislamiento *m*; ~ ***der Märkte*** protección *f*, cierre *m* de los mercados

abschreibbar amortizable por depreciación

abschreiben **1.** amortizar **2.** (abziehen) descontar; deducir **3.** (streichen) cancelar; anular **4.** copiar; (unbefugt) plagiar; (ins Reine schreiben) pasar a limpio; (übertragen) transcribir; ***den Anschaffungspreis einer Maschine*** ~ amortizar (*od.* deducir) el precio de compra de una máquina por depreciación; ***uneinbringliche Forderungen*** ~ amortizar, borrar créditos por incobrables

Abschreibepolice *f*, **n** (Transportvers.) póliza *f* abierta (*od.* flotante); póliza *f* de abono

Abschreiber *m*, **-** copista *m*; (betrügerisch) plagiario *m*

Abschreibung *f*, **en** amortización *f*; (LA) depreciación *f*; ~ ***auf Anlagevermögen*** amortización sobre el capital fijo; amortización sobre el inmovilizado; ~ ***auf Beteiligungen*** amortización por inversiones en participaciones de compañías asociadas; ~ ***auf Betriebsanlagen*** amortización sobre las instalaciones (*od.* sobre la planta y el equipo); ~ ***auf Finanzanlagen*** amortización de inversiones (financieras); ~ ***auf Forderungen*** amortización de activos exigibles incobrables; ~ ***für Gebäudeabnutzung*** amortización por desgaste de edificios; ~ ***auf Warenbestände*** amortizaciones sobre las existencias en almacén; amortización del inventario (*od.* sobre stocks); ~ ***auf den Wiederbeschaffungswert*** amortización económica; amortización sobre la base del valor de renovación; (LA) depreciación económica; ~ ***entsprechend technischem Verschleiß*** amortización técnica; amortización en función de los bienes materiales; (LA) depreciación técnica; ~ ***für Abnutzung*** amortización por (uso y) desgaste; uso y desgaste; ~ ***nach der tatsächlichen Nutzungsdauer*** amortización a base de rendimiento; depreciación a base de duración de servicio; ~ ***wegen technologischer Veralterung*** amortización tecnológica; amortización por obsolescencia; (LA) depreciación tecnológica; ***arithmetische*** ~ amortización aritmética; (LA) depreciación aritmética; ***außerordentliche*** ~ amortización extraordinaria; depreciación extraordinaria; ***degressive*** ~ → fallende Abschreibung; ***direkte*** ~ amortización directa; (LA) depreciación directa; ***fallende*** ~ amortización decreciente; (LA) depreciación decreciente; ***geometrische*** ~ amortización geométrica; (LA) depreciación geométrica; ***gleich bleibende*** ~ amortización constante; ***indirekte*** ~ amortización indirecta; (LA) depreciación indirecta; ***jährliche*** ~ amortización anual; (LA) depreciación anual; ***kalkulatorische ~en*** amortizaciones incorporadas al coste (en la contabilidad analitica de explotación); (LA) depreciaciones incorporadas al coste; ***lineare*** ~ amortización constante; amortización con cuotas periódicas constantes; (LA) depreciación constante; ***progressive*** ~ → steigende Abschreibung; ***schwankende*** ~ amortización variable; (LA) depreciación variable; ***steigende*** ~ amortización creciente; (LA) depreciación creciente; ***steuerlich zulässige ~en*** amortizaciones fiscales (del inmovilizado); (LA) amortizaciones y depreciaciones fiscales

Abschreibungsaufwand *m*, Ø gastos *pl*, costes *pl* de depreciación

Abschreibungsbasis *f*, Ø base *f* de amortización

Abschreibungsbetrag *m*, **¨e** cuota *f* de amortización

Abschreibungsdauer *f*, Ø período *m* de amortización (*od.* depreciación)

Abschreibungsergebnis *n*, **se** resultado *m* de la amortización (*od.* depreciación)

Abschreibungserleichterungen *pl* facilidades *pl* de amortización

abschreibungsfähig amortizable

Abschreibungsfonds *m*, - fondo *m* de amortización; (LA) fondo *m* acumulativo; (Arg.) fondo *m* amortizado

Abschreibungsgesellschaft *f*, **en** sociedad *f* de inversiones orientada exclusivamente a operaciones de desgravación fiscal

Abschreibungskont|o *n*, **-en** cuenta *f* de amortización (*od.* depreciación)

Abschreibungskorrektur *f*, **en** ajuste *m* para amortización (*od.* depreciación)

Abschreibungsmethode *f*, **n** método *m* de amortización

abschreibungspflichtig sujeto a amortización

Abschreibungsplan *m*, **¨e** plan *m* de amortización

Abschreibungsrate *f*, **n**, ***jährliche*** ~ anualidad *f* de amortización; cuota *f* de amortización imputable a un año

Abschreibungsreserve *f*, **n** reserva *f* de amortización; reserva *f*, provisión *f* para depreciación

Abschreibungsrücklage *f*, **n** → Abschreibungsfonds

Abschreibungsrückstellung *f*, **en** → Abschreibungsreserve

Abschreibungssatz *m*, **¨e** tasa *f* de amortización (Syn. ***Tilgungssatz***)

Abschreibungstabelle *f*, **n** tabla *f* de amortización

Abschreibungsverfahren n, - procedimiento m de amortización

Abschreibungsvergünstigungen *pl* amortizaciones *pl* excepcionales; ventajas *pl* de amortización

"Abschrift" „es copia"

Abschrift *f*, **en** copia *f*; duplicado *m*; doble *m*; transcripción *f*; ***beglaubigte*** ~ copia legalizada (*od.* certificada *od.* autentificada); compulsa *f*; ***eine beglaubigte ~ erteilen*** compulsar; ***in beglaubigter*** ~ por compulsa; ***eine ~ beifügen*** adjuntar (una) copia; ***eine ~ für sich behalten*** quedarse con (una) copia; ***einfache*** ~ copia simple; ***unbeglaubigte*** ~ documento simple; copia simple; ***eine ~ anfertigen (machen)*** sacar copia; ***"für die Richtigkeit der ~"*** "es conforme con la copia"; ***verglichene*** ~ copia certificada; ***wortgetreue (wörtliche)*** ~ copia literal

abschuften → abrackern

abschwächen, ***sich*** ~ debilitarse; aflojarse; ***die Kurse schwächten sich ab*** las cotizaciones perdieron firmeza (*od.* tendían a la baja)

Abschwächung *f*, **en** ralentización *f*; debilitación *f*; debilitamiento *m*; ~ ***der Inflation*** debilitamiento *m* de la inflación

Abschwächungstendenz *f*, **en** tendencia *f* bajista (*od.* a la baja)

abschwindeln obtener a/c por fraude (*od.* por estafa); estafar a/c a alg.

Abschwung *m*, Ø depresión *f*; período *m* de decrecimiento; recesión *f*; baja *f* (Ggs. ***Aufschwung***)

Abschwungphase *f*, **n** fase *f* de recesión; período *m* de decrecimiento

absehbar previsible; ***in ~er Zeit*** dentro de poco; en un futuro próximo; en breve

absenden expedir; enviar; despachar; remitir **1.** (Geld) remitir; enviar **2.** (Telegramm) cursar **3.** (Brief) enviar; llevar una carta al correo **4.** (Waren) expedir; despachar **5.** (Schffahrt) consignar

Absender *m*, - (Brief) remitente *m*; (Waren) expedidor *m*; (Verlader) consignador *m*; cargador *m*; ***an den ~ zurück*** devuélvase al remitente

Absendung *f*, **en** remesa *f*; envío *m*; despacho *m*

absetzbar **1.** (verkäuflich) vendible **2.** (steuerlich) deducible (de los impuestos) **3.** (börsengängig) negociable; vendible **4.** (Beamter) amovible

Absetzbarkeit *f*, **(en)** **1.** (von Waren) venta *f*; posibilidad *f* de venta; vendibilidad **2.** (Abzugsfähigkeit) deducción *f*; posibilidad *f* de deducir; deducibilidad *f* **3.** (Börsenfähigkeit) negociabilidad *f* **4.** (Beamter) amovilidad *f*

absetzen **1.** (verkaufen) vender; dar salida; colocar **2.** (Betrag) deducir; ***von der Steuer*** ~ deducir de los impuestos **3.** ***eine Tagung*** ~ cancelar una reunión **4.** (Beamter) destituir; cesar; deponer **5.** ***von der Notierung an der Börse*** ~ retirar de la cotización en Bolsa **6.** (von Passagieren) desembarcar; dejar

Absetzung *f*, **en** **1.** deducción *f*; ~ ***für Abnutzung*** (AfA) deducción por desgaste **2.** destitución *f*

absichern asegurar; proteger; ***sich gegen etw.*** ~ asegurarse (*od.* protegerse) contra a/c; ***sich durch einen Vertrag*** ~ protegerse mediante contrato

Absicherung *f*, **en** garantía *f*; cobertura *f*; protección *f*; ***zur ~ des Kredits*** como garantía del crédito

Absichtserklärung *f*, **en** exposición *f* de motivos; declaración *f* de intenciones

absinken disminuir; bajar

Absinken *n*, Ø ~ ***des Dollarkurses*** caída *f* de la cotización del dólar; ~ ***der Investitionen*** disminución *f* de las inversiones; ~ ***des Lebensstandards*** descenso *m* del nivel de vida

absitzen, ***eine Strafe*** ~ cumplir (una) condena

Absolutbetrag m, **¨e** importe m absoluto

Absolutwertdarstellung *f*, **en** representación *f* en valores absolutos

absolvieren **1.** terminar (un ciclo) de estudios; ***einen Lehrgang*** ~ terminar un cursillo **2.** (Examen) aprobar un examen **3.** efectuar **4.** (Hochschule) graduarse; licenciarse

Absonderung *f*, **en** (Konkurs) ajuste *m*; arreglo *m* por separado; admisión *f* prioritaria; separación *f* de bienes

Absonderungsanspruch *m*, **¨e** derecho *m* de preferencia

Absonderungsberechtige(r) (der/ein) acreedor *m* privilegiado

Absonderungsgläubiger *m*, - → Absonderungsberechtiger

absorbieren absorber

Absorption *f*, **en** absorción *f*

absparen, ***sich etw.*** ~ adquirir a/c a fuerza de economizar (*od.* ahorrar); ***sich etw. vom Mund*** ~ quitarse a/c de la boca

abspecken **1.** perder, (re)bajar el peso; disminuir de peso **2.** adelgazar (una empresa)

abspeichern (Inform.) **1.** almacenar; memorizar **2.** proteger, salvar, guardar (datos) en la memoria

abspenstig, ***Kunden ~ machen*** quitar (la) clientela

Absperrungsmaßnahmen *pl* (Devisen) medidas *pl* de cierre (*od.* bloqueo) de divisas

abspielen reproducir

Abspielgerät *n*, **e** lector m; unidad *f* lectora

Absprache *f*, **n** convenio *m*; arreglo *m*; ajuste *m*; acuerdo *m*; ***laut*** ~ según lo convenido; ***mangels*** ~ a falta de convenio; ***wettbewerbsbeschränkende*** ~ colusión *f*; confabulación *f*

Abstammung *f*, Ø origen *m*; descendencia *f*; ***von deutscher*** ~ de descendencia alemana

Abstammungsnachweis *m*, **e** certificado *m* de origen, de descendencia

Abstand *m*, **¨e** **1.** (räumlich) distancia *f*; ***zu geringer*** ~ (Verkehr) muy poca distancia (entre); ~ ***halten, wahren*** guardar distancia **2.** (zeitlich) intervalo *m*; ***in regelmäßigen Abständen*** periódicamente; a intervalos regulares **3.** (Unterschied) diferencia *f*; contraste *m; **mit*** ~ con mucho; con creces **4.** desistimiento *m*; abandono *m*; renuncia *f;* ~ ***nehmen*** renunciar a; prescindir de; desistir de

Abstandsgeld *n*, **er** indemnización *f*; compensación *f* **1.** (von Arbeitern, Angestellten) indemnización por despido **2.** (Börse) dinero *m* de opción **3.** (vom Mieter) traspaso *m*

Abstandssumme *f*, **n** → Abstandsgeld

abstatten, ***Bericht*** ~ presentar un informe; ***einen Besuch*** ~ hacer, girar, efectuar una visita; ***Dank*** ~ dar las gracias; expresar su agradecimiento

Abstecher *m*, - excursión *f*; escapada *f*

abstecken delimitar; jalonar

absteigen, ***in einem Hotel*** ~ hospedarse, alojarse en un hotel

absteigend decreciente; descendiente

Absteiger *m*, - (Börse) perdedor *m*; no favorito *m*

Abstellbahnhof *m*, **e** estación *f* de depósito

abstellen 1. (ausrichten auf) adaptar; orientar ***die Produktion auf die Nachfrage*** ~ adaptar la producción a la demanda **2.** (hinstellen) poner; depositar **3.** (Strom, Gas, Wasser) cortar; desconectar; cerrar **4.** (Motor; Radio) apagar **5.** (Kfz) aparcar; estacionar **6.** (Missstand) eliminar; subsanar; remediar **7.** (Personen) enviar; comisionar

Abstellen *n*, Ø ~ ***von Fahrrädern verboten*** prohibido el estacionamiento de bicicletas

Abstellgleis *n*, **e** vía *f* muerta (*od.* de aparcamiento); apartadero *m*

Abstellung *f*, **en** ~ ***von Angestellten*** comisión *f* de servicio

abstempeln 1. (Allg.) sellar **2.** (Wertpapiere) estampillar **3.** (Urkunden) poner el matasellos; matasellar

Abstempelung *f*, **en** sellado *m*; estampillado *m*; timbrado *m*; matasellado *m*

abstimmen votar; ***aufeinander*** ~ coordinar; ***geheim*** ~ votar con papeleta(s) secreta(s); ***über etw.*** ~ ***lassen*** someter a votación; ***sich*** ~ ponerse de acuerdo

Abstimmung *f*, **en** votación *f; **zur** ~ **bringen*** poner a votación; ***eine geheime*** ~ ***vornehmen*** proceder a una votación secreta

abstoppen 1. (Produktion) parar; detener **2.** (Tempo) retardar; desacelerar **3.** (mit Stoppuhr) cronometrar

abstoßen 1. (Börse) deshacerse de; desprenderse de; ***Aktien*** ~ deshacerse de un lote de acciones; vender las acciones **2.** vender por debajo del precio normal

abstottern (Fam.) pagar a plazos; pagar por mensualidades

Abstrahlung *f*, **en** emisión *f*

abstreichen 1. (abhaken) puntear **2.** (abziehen) deducir **3.** (kürzen) recortar; reducir **4.** (ausstreichen) tachar; suprimir; cancelar **5.** redondear a lo menos; redondear por defecto; redondear a la unidad inferior

Abstrich *m*, **e** (Abzug) deducción *f*; (Kürzung) reducción *f*; recorte *m;* ***~e am Haushaltsplan machen, vornehmen*** introducir recortes en el plan presupuestario

Abstrom *m*, Ø, ~ ***von ausländischen Geldanlagen*** salida *f* de inversiones en moneda extranjera

abstufen 1. escalonar, clasificar por categorías **2.** degradar (*od.* perder puntos) en el escalafón **3.** graduar

Abstufung *f*, **en 1.** escalonamiento *m* (de los salarios) **2.** graduación *f*

abstützen apoyar; sostener; ***die Kurse*** ~ apoyar los cursos (*od.* las cotizaciones)

Absuche *f*, **n** exploración *f*

absuchen explorar

Abt. → Abteilung

abtasten 1. captar (impulsos) **2.** explorar; analizar; barrer **3.** leer; escanear **4.** muestr(e)ar (señales)

Abteilung *f*, **en** departamento *m*; sección *f*; (Amt) negociado *m; **statistische*** ~ departamento estadístico; sección de estadística; ***technische*** ~ departamento técnico; ***innerhalb einer*** ~ interdepartamental; ***in ~en einteilen*** departamentalizar; ***in ~en gliedern*** departamentalizar; seccionalizar; dividir, organizar en secciones (*od.* departamentos)

Abteilungsleiter *m*, - jefe *m* de sección (*od.* de departamento)

Abteilungsnetz *n*, **e** red *f* departamental, de sección

abtippen pasar, copiar a máquina; mecanografiar; ***einen Brief*** ~ escribir una carta (a máquina)

abtragen, ***eine Hypothek*** ~ amortizar una hipoteca; ***eine Schuld*** ~ ir pagando, ir liquidando, ir saldando una deuda

abträglich, ***den wirtschaftlichen Interessen ~ sein*** perjudicar los intereses económicos; ser contraproducente (*od.* perjudicial) para los intereses económicos

Abtragung *f*, **en** amortización *f*, pago *m* (de una deuda); pagam(i)ento *m*; compensación *f*; indemnización *f*

Abtransport *m*, **e 1.** recogida *f*, retirada *f* (de una mercancía) **2.** transporte *m*; acarreo *m*

abtransportieren 1. recoger; retirar **2.** transportar

abtrennbar separable; ***nicht ~*** inseparable

abtrennen, ***einen Scheck ~*** extraer, separar, sacar un cheque del talonario; ***einen Kupon ~*** cortar un cupon

Abtrennung *f*, **en** (eines Grundstücks) segregación *f*

abtretbar (de carácter) negociable; cesible

Abtretbarkeit *f*, Ø cesibilidad *f*; transferibilidad

abtreten ceder; transferir; traspasar; dimitir **1.** ***seine Rechte an jdn. ~*** ceder sus derechos a alg.; ***Eigentum ~*** transferir propiedad **2.** dimitir; retirarse; marcharse

Abtretende(r) (der/ein) cedente *m*

Abtretung *f*, **en** ***~ einer Aktie*** (Syn. ***Zession***) cesión *f* de una acción; ***~ von Rechten*** cesión de derechos; ***~ einer Versicherung*** cesión de un seguro; ***~ an Zahlungs statt*** dación *f* en pago; cessio insolutum

Abtretungsanzeige *f*, **n** → Abtretungserklärung

Abtretungsbefugnis *f*, **se** poder *m* de cesión

Abtretungsempfänger *m*, **-** cedido *m*

Abtretungserklärung *f*, **en** declaración *f* de cesión

abtretungsfähig cesible; negociable; transferible; traspasable

Abtretungsgebiet *n*, **e** territorio *m* cedido; zona *f* cedida

Abtretungsrecht *n*, **e** derecho *m* de cesión

Abtretungsurkunde *f*, **n** escritura *f*, acta *f* de cesión (*od.* de traspaso)

Abtretungsvertrag *m*, **¨e** contrato *m* de cesión

abverdienen pagar (con prestación de trabajo)

Abverkauf *m*, **¨e** (A) liquidación *f* de existencias; saldos *pl* (a bajo precio por inventario)

abverlangen exigir; ***jdm. überhöhte Preise ~*** exigir precios demasiado altos

Abwahl *f*, Ø no reelección *f*; ***die ~ des Vorsitzenden*** no reelección del presidente

abwälzen 1. repercutir; cargar; pasar; ***die Preiserhöhungen auf die Verbraucher ~*** (hacer) repercutir los aumentos de precios a (*od.* sobre) los consumidores **2.** ***eine Arbeit auf jdn. ~*** descargarse de un trabajo pasándoselo a alg.; cargar un trabajo sobre alg.

Abwälzung *f*, **en** repercusión *f*

abwandern 1. abandonar una profesión por otra **2.** abandonar un lugar (por otro); emigrar

Abwanderung *f*, **en** emigración *f*; ***~ von Arbeitskräften*** emigración laboral; éxodo *m* de mano de obra; ***~ von Kapital*** evasión *f* de capital(es); ***~ der Landbevölkerung*** éxodo rural; ***~ von Wissenschaftlern*** fuga *f* de cerebros

Abwärme *f*, Ø, ***Nutzung der ~*** utilización *f*, aprovechamiento *m* del calor de desecho (*od.* escape)

abwarten esperar; aguardar; ***es bleibt abzuwarten*** ya se verá; está por ver

abwartend, ***eine ~e Haltung einnehmen*** adoptar una actitud de espera

Abwärtsbewegung *f*, **en** baja *f*; descenso *m*; (Börse) movimiento *m* bajista; movimiento *m* de retroceso *m*

Abwärtsentwicklung *f*, **en** → Abwärtstrend

Abwärtstrend *m*, **s** tendencia *f* a la baja; ***~ an der Börse*** tendencia *f* a la baja (*od.* bajista) de la bolsa

Abwässer *pl* aguas *pl* residuales

Abwasseranfall *m*, Ø cantidad *f* de aguas residuales

Abwasserbau *m*, Ø construcciones *pl* sanitarias

Abwasserbeseitigung *f*, Ø evacuación *f*, eliminación *f* de aguas residuales

Abwasserreinigung *f*, Ø depuración *f* de aguas residuales

Abwasserwirtschaft *f*, Ø gestión *f* de aguas residuales

abwehren parar; repeler; prevenir; ***eine Krise ~*** evitar, prevenir una crisis

Abwehrzölle *pl* derechos *pl* de aduana proteccionistas

Abweichung *f*, **en 1.** diferencia *f*; desviación *f*; ***durchschnittliche ~*** desviación media; ***durchschnittliche ~ vom Mittel*** desviación media respecto a la media; ***mengenmäßige ~*** diferencia en cantidad (*od.* cuantitativa); ***mittlere quadratische ~*** desviación cuadrática media; ***relative ~*** desviación relativa; ***wesentliche ~*** diferencia fundamental; ***zulässige ~*** diferencia, desviación permitida; tolerancia *f*; ***eine ~ bis zu 3% nach oben (unten) ist gestattet*** se permite una tolerancia del 3% hacia arriba (hacia abajo) **2.** derogación *f* **3.** (Inform. Estad.) desviación *f*; ***~en korrigieren*** corregir las desviaciones **4.** ***in ~ von*** apartándose, desviándose de

Abweichungsindikator *m*, **en** indicador *m* de desviación

Abweichungsklausel *f*, **n** cláusula *f* derogatoria (*od.* de escape)

abweisen 1. ***einen Vertrag ~*** rechazar un contrato **2.** ***eine Klage ~*** desestimar una demanda; ***ich bin glatt abgewiesen worden*** se me ha dado una negativa rotunda

abweisend negativo; rechazante; desestimatorio

abwenden prevenir; evitar

Abwendung *f*, **en** ***~ des Konkursverfahrens*** evitación *f* del procedimiento concursal (*od.* quiebra)

abwerben, ***Arbeitskräfte ~*** atraer, reclutar, contratar mano de obra de otras empresas; quitarle mano de obra a otra empresa

Abwerbung *f*, **en**, ***~ von Arbeitskräften*** reclutamiento *m* de obreros (*od.* empleados) de otra empresa; ***~ von Kunden*** seducción *f*, atracción *f* de clientes (de otra empresa)

abwerfen, ***große Gewinne ~*** arrojar, producir grandes beneficios; rentar muchas ganancias; ***hohe Zinsen ~*** devengar intereses altos; ***es wirft nichts ab*** no rinde ningún beneficio

abwerten devaluar; desvalorizar; depreciar; quitar valor; ***den Dollar um 3% ~*** devaluar el dólar en un 3% (Ggs. ***aufwerten***)

Abwertung *f*, **en** devaluación *f*; desvalorización *f*; depreciación *f*; pérdida *f* de valor; ***~ einer Währung*** devaluación de una moneda (Ggs. ***Aufwertung***)

Abwertungsgewinn *m*, **e** ganancia *f* resultante de una devaluación

Abwertungsklausel *f*, **n** cláusula *f* de devaluación

Abwertungsverlust *m*, **e** pérdida *f* resultante de una devaluación

abwesend ausente; ***vorübergehend ~e Person*** persona *f* ausente temporalmente; ***~ sein*** estar ausente; faltar

Abwesenheit *f*, **(en)** ausencia *f*; (von der Arbeit) absentismo *m* laboral

Abwesenheitsdauer *f*, **Ø** duración *f* de la ausencia

Abwesenheitsrate *f*, **n** cuota *f* de absentismo

abwickeln 1. realizar; ***ein Geschäft ~*** llevar a cabo, realizar un negocio **2.** liquidar; ***einen Konkurs ~*** liquidar una quiebra **3.** (Seg.) ajustar; ***einen Schaden ~*** ajustar un siniestro (*od.* daño) **4.** tramitar; ***die Zollformalitäten werden abgewickelt*** se tramitan las formalidades aduaneras

Abwickler *m*, **-** liquidador *m*; ajustador *m*

Abwicklung *f*, **en** realización *f*; liquidación *f*; ajuste *m*; tramitación *f*; ***gerichtliche ~*** liquidación judicial; ***~ der Gesellschaft*** liquidación de la sociedad; (Schaden) ajuste *m*; ***~ des Zahlungsverkehrs*** tramitación (del servicio) de pagos

Abwicklungsbank *f*, **en** banco *m* liquidador

Abwicklungsgeschäft *n*, **e** operación *f* de liquidación

Abwicklungsgesellschaft *f*, **en** compañia *f*, sociedad *f* en liquidación

Abwicklungsgewinn *m*, **e** beneficio *m* de la liquidación

Abwicklungskont|o *n*, **-en** cuenta *f* de liquidación

Abwicklungsstelle *f*, **n** oficina *f* de liquidación; departamento *m* de ajuste; sección *f* de tramitación

abwiegen pesar; ***die Waren bahnamtlich ~*** pesar las mercancías oficialmente por parte de la empresa de ferrocarriles

Abwind *m*, **Ø** marasmo *m*; disminución *f* de la actividad económica (Ggs. ***Aufwind***)

abwirtschaften conducir a la ruina; arruinarse; ***eine Firma ~*** hundir una firma debido a la mala gestión

abwracken (Marit.) desguazar; desarmar

Abwracker *m*, **-** desarmador *m*; desaparejador *m*

Abwrackfirm|a *f*, **-en** empresa *f* de desguaces; empresa *f* dedicada al desguace

Abwrackprämie *f*, **n** prima *f* de demolición (de material vetusto); prima *f* de desguace;

Abwrackungsgeschäft *n*, **e** negocio *m* de desguace (*od.* de desarme)

abzahlbar pagadero a plazos; ***monatlich ~*** a pagar mensualmente; pagadero por mensualidades

abzahlen pagar; liquidar; ***nach und nach ~*** ir pagando poco a poco; ir liquidando gradualmente; ***in Raten (ratenweise) ~*** pagar a plazos; ***auf eine Schuld ~*** ir liquidando una deuda con pagos parciales; ***vierteljährlich ~*** pagar por trimestres; pagar trimestralmente

Abzahlung *f*, **en 1.** pago *m* **2.** amortización *f* **3.** pago *m* escalonado; pago *m* a plazos

auf ~ kaufen comprar a plazos; ***auf ~ verkaufen*** vender a plazos (Syn. *Teilzahlung*)
Abzahlungsbank *f*, **en** banco *m* de pago a plazos
Abzahlungsbasis *f*, Ø ***auf ~*** a base de pago a plazos
Abzahlungsbedingungen *pl* condiciones *pl* de pago a plazo
Abzahlungsdarlehen *n*, - préstamo *m* a plazos
Abzahlungsgeschäft *n*, **e 1.** operación *f*, venta *f* a plazos; compra *f* a crédito; venta *f* en abonos **2.** casa *f*, empresa *f* de ventas a plazos
Abzahlungshypothek *f*, **en** hipoteca *f* para garantizar un crédito reembolsable a plazos
Abzahlungskauf *m*, **¨e 1.** venta *f* a plazos; compraventa *f* a plazos (*od.* a crédito) **2.** compra *f* a plazos (*od.* a crédito)
Abzahlungskont|o *n*, **-en** cuenta *f* (de asientos) de los pagos a plazos
Abzahlungskosten *pl* gastos *pl* de pago a plazos
Abzahlungskredit *m*, **e** crédito *m* de (*od.* con) pago a plazos
Abzahlungsplan *m*, **¨e** plan *m* de pago a plazos
Abzahlungspreis *m*, **e** precio *m* (de venta) a plazos; precio *m* en abono
Abzahlungsrate *f*, **n** plazo *m*; cuota *f* (de pago a plazos)
Abzahlungssystem *n*, **e** sistema *m*, régimen *m* de ventas a plazos
Abzahlungswechsel *m*, - letra *f* de pago a plazos
Abzahlungswesen *n*, Ø → Abzahlungssystem
abzapfen (Fam.), ***jdm. Geld ~*** pegar(le), dar(le) un sablazo a alg.; sablear, sangrar a alg.
abzeichnen 1. rubricar; (LA) inicializar; (Chile) tizcar **2.** copiar; dibujar copiando **3.** puntear
abziehen 1. deducir; ***Sie dürfen 3% ~*** puede(n) usted(es) deducir el 3% **2.** retener; ***vom Lohn ~*** retener sobre el salario **3.** (abrechnen) descontar **4.** quitar; ***Kunden von Wettbewerbern ~*** quitar clientes (*od.* clientela) a los competidores **5.** (vervielfältigen) sacar copia **6.** (Tipo.) tirar una prueba
abzinsen deducir los intereses no acumulados
Abzinspapier *n*, **e** título *m* con deducción de intereses no acumulados
Abzinsung *f*, **en** deducción *f* de intereses no acumulados; redescuento *m*
Abzinsungssatz *m*, **¨e** tasa *f*, tipo *m* de descuento
Abzug *m*, **¨e 1.** ***bar ohne ~*** al contado sin descuento **2.** ***frei von ~*** neto **3.** ***in ~ bringen*** deducir; descontar **4.** ***nach ~ der Kosten, der Steuern*** previa deducción, deducción hecha de los gastos, de los impuestos; ***Gewinn nach ~ der Steuern*** beneficio ya deducidos los impuestos **5.** ***~ an der Quelle*** retención *f* en la base **6.** ***netto, ohne jegliche Abzüge*** neto, sin deducción alguna; estrictamente neto **7.** ***~ neu für alt*** deducción de viejo a nuevo **8.** ***Abzüge der Tara*** (*od.* des Verpackungsgewichts) destara *f* **9.** (Tipo.) prueba *f*; copia *f*
abzüglich menos; a deducir de; deduciendo; ***~ der Kosten*** deducción *f* hecha de los gastos; ***~ Rabatt*** deducción hecha de la rebaja; ***Dividende ~ Steuern*** dividendo *m* neto
Abzugsbeträge *pl*, ***zulässige ~*** deducciones *pl* permitidas
abzugsfähig deducible; ***~e Ausgaben*** gastos *pl* deducibles
Abzugsfähigkeit *f*, Ø deducibilidad *f*
Abzugsposten *m*, - carga *f*, partida *f* deducible
Abzugsteuer *f*, **n** descuento *m* (anticipado) de la contribución
Abzugsweg *m*, **e**, ***im ~ erhobene Steuer*** contribución *f* impuesta en la base
abzweigen 1. ***Beträge für Investitionen ~*** separar, deducir, poner aparte fondos para inversiones; destinar fondos para inversiones **2.** (Weg) bifurcarse
Achse *f*, **n**, ***per ~*** (Bahn) por ferrocarril; (Lkw) en camión
Achskilometer *m*, - kilometraje *m* cubierto
acht, ***binnen, in ~ Tagen*** dentro, en el plazo de una semana; ***heute in ~ Tagen*** de hoy en una semana; ***vor ~ Tagen*** hace una semana
achtfach, achtfältig óctuplo; ocho veces
achtmal ocho veces
Achtstundentag *m*, **e** jornada *f* de ocho horas
achtstündig de ocho horas
achttägig de ocho días; ***~er Lehrgang*** curso *m*, cursillo *m* de ocho días
Achtung *f*, Ø, ***~ Baustelle*** precaución, obras; ***~ Halt*** atención, pare

Ackerbau *m*, Ø agricultura *f*; producción *f* agraria (*od.* agrícola); ~ ***treiben*** cultivar la tierra; ~ ***und Viehzucht*** agricultura y ganadería

Ackerland *n*, Ø tierra *f* laborable (*od.* de labor); tierra *f* cultivable (*od.* de cultivo); tierra *f* arable

acquirieren ≡ akquirieren

ACS (Automobil-Club der Schweiz) *m*, Ø Automóvil Club m de Suiza

ad acta, ***etw.*** ~ ***acta legen*** archivar; (Fam.) dar el carpetazo

ad valorem ad valorem; al valor; sobre el valor

ADAC (Allgemeiner Deutscher Automobil-Club) *m*, Ø Automóvil Club *m* de Alemania

addieren sumar; adicionar

Addiermaschine *f*, **n** sumadora *f*; máquina *f* de sumar

Addition *f*, **en** adición *f*; suma *f*

Additionsfehler *m*, - error *m* de adición; equivocación *f* en la suma

Additionsübertrag m, **¨e** arrastre m (en operaciones de suma)

Ader *f*, **n** arteria *f*; (Bergbau) veta *f*; filón *m* (Fam.); ***jdn. zur*** ~ ***lassen*** sangrar a alg.; pedir dinero a alg.

Aderlass *m*, (**¨sse**) **1.** sangría *f* **2.** pérdida *f* importante (de capital)

Adhäsionsklausel *f*,**n** cláusula *f* de adhesión

Adhäsionsverfahren *n*, - procedimiento *m*, proceso de adhesión

Adhäsionsvertrag *m*, **¨e** contrato *m* de adhesión

Ad-hoc-Arbeitsgruppe *f*, **n** grupo *m* de trabajo ad hoc

Ad-hoc-Gremien *pl*, ***nachgeordnete*** ~ órganos *pl* subsidiarios especiales

Ad-hoc-Gruppe *f*, **n** comité *f*, grupo *m* ad hoc

Ad-hoc-Kommission *f*,**en** comisión *f* ad hoc

Adjudikation *f*, **en** adjudicación *f* (Syn. ***Zuerkennung***)

adjudizieren (Jur.) adjudicar

administrativ administrativo; ~***e Kontrolle*** control *m* administrativo

Adoptionsvertrag *m*, **¨e** contrato *m* de adopción

Adressant *m*, **en** (Arch.) remitente *m*; ~ ***einer Ware*** expedidor *m* de una mercancía; ~ ***eines Wechsels*** librador *m*, girador *m* de una letra de cambio

Adressat *m*, **en** (Arch.) destinatario *m*; ~ ***einer Ware*** consignatario *m* (de una mercancía); ~ ***eines Wechsels*** girado *m*; librado *m* (de una letra de cambio)

Adressbuch *n*, **¨er** guía *f*; guía *f* comercial; anuario *m* de comercio; anuario *m* mercantil

Adresse *f*, **n** dirección *f*; señas *pl*, ***per*** ~ **en** casa de; al cuidado de a/c; (Warenanweisung) destino *m*; consignación *f*; ***erste*** ~ prestatario *m* de primera clase; prestatario *m* preferencial; ***falsche*** ~ dirección equivocada; ***ohne*** ~ sin señas; sin dirección

Adressenänderung *f*, **en** cambio *m* de dirección

Adressenbüro *n*, **s** agencia *f*, oficina *f* de direcciones

Adressenrechnung *f*, **en** (Inform.) modificación *f* de dirección en un programa

Adressenverlag *m*, **¨e** editorial *m* de direcciones

Adressenverzeichnis *n*, **se** lista *f*, listín *m* de direcciones

adressieren dirigir; enviar; destinar; poner las señas; poner la dirección; (Méx.) domiciliar; (Ware) consignar; ***falsch*** ~ con la dirección equivocada; con las señas mal puestas

ADV (Automatische Datenverarbeitung) proceso *m*, tratamiento *m* automático de datos; informática *f*

Advertising *n*, Ø **1.** anuncio *m*; reclamo *m*; (LA) aviso *m* **2.** inserción *f* de anuncios (*od.* de publicidad)

Advokat *m*, **e** abogado *m* (Syn. ***Rechtsanwalt***)

Advokatur *f*, **en** abogacía *f*; foro *m*

AfA (Absetzung für Abnützung) → Absetzung

Affäre *f*, **n** **1.** asunto **2.** (A) litigio *m*; proceso *m* **3.** escándalo *m*

Affidavierung *f*, **en** certificación *f*

Affidavit *n*, Ø afidávit *m*; declaración *f* jurada

Afterbürge *m*, **n** fiador *m* del fiador

Afterbürgschaft *f*, **en** cogarantía *f*; fianza *f* solidaria; contrafinanza *f*

Aftermiete *f*,**n** subarriendo *m*; subalquiler *m*

Aftermieter *m*, - subinquilino *m*; realquilado *m*

Aftervermächtnis *n*, **se** (CH) legado *m* indirecto

AG **1.** → Aktiengesellschaft; **2.** → Arbeitsgemeinschaft

AG u. Co. sociedad *f* en comandita uno de cuyos socios es una sociedad anónima

AGB → Allgemeine Geschäftsbedingungen

Agend|a *f*, **-en** agenda *f*
Agent *m*, **en** **1.** (Pol.) agente *m* (secreto); espía *m* **2.** (Arch.) representante *m*; agente *m* (comercial) **3.** ~ ***des Reeders*** consignatario *m* **4.** ~ ***für Verwaltungssachen*** gestor *m*
Agentennetz *n*, **e** red *f* de agentes
Agentenprovision *f*, **en** comisión *f*; corretaje *m*
Agentur *f*, **en** agencia *f*; oficina *f*; sucursal *f*; ~ ***des Reeders*** casa *f* consignataria
Agenturkont|o *n*, **-en** cuenta *f* de agencia
Agenturmeldung *f*, **en** despacho *m*, comunicado *m* de una agencia
Agenturprovision *f*, **en** comisión *f* de (la) agencia
Agenturvertrag *m*, **¨e** contrato *m* de agencia
Agio *n*, **s** agio *m*; prima *f*; comisión *f* de banco; diferencia *f* entre par y un precio más elevado (Ggs. ***Disagio***)
Agiotage *f*, Ø agiotaje *m*; especulación *f*; práctica *f* del agio
Agioteur *m*, **e** agiotista *m*
agiotieren practicar el agio; especular
Agrar- (Pref.) agrario; agrícola
Agrarabschöpfungen *pl* (EU) aranceles *pl* variables sobre los productos agrarios
Agrarausfuhren *pl* exportaciones *pl* agrarias (*od.* agrícolas)
Agrarausschuss *m*, **¨sse** comisión *f* de agricultura; comisión *f* agrícola
Agrarbank *f*, **en** banco *m* de cultivadores; banco *m* agrícola
Agrarbeihilfe *f*, **n** ayuda *f* a los agricultores; subvención *f* a la agricultura
Agrarbereich *m*, **e** sector *m* agrícola (*od.* agrario)
Agrarbericht *m*, **e** informe *m* sobre la situación agrícola
Agrareinfuhren *pl* importaciones *pl* agrarias (*od.* agrícolas)
Agrarentwicklung *f*, **en** desarrollo *m* agrícola
Agrarerzeuger *m*, **-** productor *m* agrícola (*od.* agrario)
Agrarerzeugnis *n*, **se** producto *m* agrícola; producto *m* agrario
Agrarerzeugung *f*, **en** producción *f* agrícola (*od.* agraria)
Agrarexporte *pl* → Agrarausfuhren
Agrarfonds *m*, **-** fondo *m* agrario
Agrargebiet *n*, **e** zona *f* agrícola; zona *f* agropecuaria
Agrargefüge *n*, **e** estructura *f* agraria (*od.* agrícola)
Agrargenossenschaft *f*, **en** cooperativa *f* de agricultores; (sociedad) cooperativa *f* agrícola
Agrargesellschaft *f*, **en** sociedad *f* agraria (*od.* agrícola); sociedad *f* campesina
Agrargesetzgebung *f*, **en** legislación *f* agraria
Agrargüter *pl* productos *pl* agrícolas; productos *pl* agrarios
Agrarhandel *m*, Ø comercio de (*od.* con) productos agrícolas
Agrarhilfe *f*, **n** → Agrarbeihilfe
Agrarimporte *pl* → Agrareinfuhren
Agrarindustrie *f*, **n** agroindustria *f*; industria(s) *f* (pl) agrícola(s)
Agrarkonjunktur *f*, **en** coyuntura *f* agrícola
Agrarkosten *pl* costes *pl* de la agricultura
Agrarkredit *m*, **e** crédito *m* agrícola
Agrarland *n*, **¨er** país *m* agrícola
Agrarlehre *f*, **n** → Agrarwissenschaft
Agrarmarkt *m*, **¨e** mercado *m* agrícola
Agrarmarktordnung *f*, **en** ordenación *f*, reglamento *m* del mercado agrícola
agrarmonetär agrimonetario
Agrarökonomik *f*, Ø economía *f* agropecuaria
Agrarpolitik *f*, Ø política *f* agrícola (*od.* agraria) (EU); ***Gemeinsame*** ~ (GAP) política *f* agrícola común (PAC)
Agrarpreise *pl* precios *pl* agrícolas
Agrarprodukte *pl* → Agrarerzeugnis
Agrarproduktion *f*, **en** → Agrarerzeugung
Agrarrecht *n*, Ø derecho *m* agrario
Agrarreform *f*, **en** reforma *f* agraria (Syn. ***Bodenreform***)
Agrarstatistik *f*, **en** estadística *f* agrícola
Agrarstruktur *f*, **en** → Agrargefüge
Agrarstrukturpolitik *f*, Ø política *f* de estructuras agrícolas
Agrartechnik *f*, Ø ingeniería *f* agrícola (*od.* rural *od.* agrónoma)
Agrartreibstoff *m*, **e** bioetanol *m*; carburante *m* de origen vegetal
Agrarüberschüsse *pl* excedentes *pl* agrícolas
Agrarverfassung *f*, **en** régimen *m* de propiedad de la tierra; régimen *m* de tenencia (*od.* posesión) de tierras
Agrarwirtschaft *f*, **en** economía *f* agrícola (*od.* agraria)
Agrarwirtschaftler *m*, **-** especialista *m* en economía agrícola
Agrarwissenschaft *f*, **en** agronomía *f*
Agrarwissenschaftler *m*, **-** agrónomo *m*

Agrarzölle *pl* derechos *pl* (de entrada o de salida) para los productos agrícolas
Agrarzuschuss *m*, **¨sse** subvención *f* agraria
Agrarzykl|us *m*, **-en** ciclo *m* agrícola
Agreement *n*, **s** plácet *m; **ein ~ erteilen*** conceder el plácet
Agrikulturchemie *f*, **Ø** química *f* agrícola
Agrikulturphysik *f*, **Ø** física *f* agricola
Agrologie *f*, **Ø** agrología *f*
Agronom *m*, **en** ingeniero *m* agrónomo
AHB → Außenhandelsbank
ahnden, ***mit einer Geldbuße ~*** castigar, sancionar con multa
Ahndungskompetenz *f*, **en** competencia *f* penal; poder *m* de sancionar
ähnliche, ***~ Qualität*** calidad *f* similar; calidad *f* parecida
AIDA (attention, interest, desire, action) método *m* de márketing AIDA; estrategia *f* de venta AIDA
AIIC → Internationaler Verband der Konferenzdolmetscher
AIM → Internationale Vereinigung für Hilfsvereine auf Gegenseitigkeit
Air Terminal *m*, **s** terminal *f* aérea
AK → Aktienkapital
Akademiker *m*, **-** licenciado *m*; titulado *m* superior; universitario *m*
akademisch, ***~ gebildet*** de formación universitaria (*od.* superior)
Akkord *m*, **e 1.** destajo *m*; tanto *m* alzado; (Arg.) estaje *m; **im ~ arbeiten*** trabajar a destajo; (Arg.) estajear; ***nach ~ bezahlen*** pagar por unidad de obra; pagar a destajo **2.** (Jur.) acuerdo *m*; arreglo *m*
Akkordarbeit *f*, **en** trabajo *m* a destajo; trabajo *m* por unidad de obra; trabajo *m* a tarea; (Chile) trabajo *m* a trato
Akkordarbeiter *m*, **-** trabajador *m* a destajo; destajista *m*; destajero *m*; ajustero *m*; (Arg.) estajero *m*
Akkordberechnung *f*, **en** cálculo *m* a destajo
akkordieren ajustar; acordar; concertar
Akkordlohn *m*, **¨e** salario *m* por unidad de obra; (salario *m* a) destajo *m*; salario *m* a prima; salario *m* en función del rendimiento
Akkordlohnarbeit *f*, **en** → Akkordarbeit
Akkordlohnarbeiter *m*, **-** → Akkordarbeiter
Akkordlohnsatz *m*, **¨e** tarifa *f* de salario a destajo
Akkordpreis *m*, **e** precio *m* por pieza; precio *m* por unidad de obra
Akkordsatz *m*, **¨e** tasa *f* del destajo
Akkordverdienst *m*, **(e)** ganancia *f* a destajo
Akkordvertrag *m*, **¨e** contrato *m* (de trabajo) a destajo; contrato *m* de tarea
Akkordzulage *f*, **n** prima *f*, plus *m* de rendimiento
Akkordzuschlag *m*, **¨e** → Akkordzulage
akkreditieren 1. abrir un crédito a alg. **2.** (Diplom.) acreditar a alg. cerca de (*od.* ante)
Akkreditierung *f*, **en** acreditamiento *m*
Akkreditiv *n*, **e 1.** carta *f* de crédito; crédito *m* documentario; (LA) letra *f* de crédito; carta-orden *f* de crédito; ***ein ~ annullieren*** anular una carta de crédito; ***ein ~ ausstellen*** expedir una carta de crédito; ***ein ~ eröffnen*** abrir una carta de crédito; ***das ~ wurde vollkommen erschöpft*** la carta de crédito ha sido completamente agotada; ***das ~ wurde um DM 2000 überschritten*** la carta de crédito ha sido sobrepasada en 2000 marcos alemanes; ***das ~ ist am 20. Mai verfallen*** la carta de crédito venció el 20 de mayo; ***avisiertes ~*** carta de crédito avisada; ***begünstigtes ~*** carta de crédito favorecida; ***eröffnetes ~*** carta de crédito ya abierta; ***revolvierendes ~*** carta de crédito renovable; ***(un)bestätigtes ~*** carta de crédito (no) confirmada; ***(un)teilbares ~*** carta de crédito (in)divisible; ***(un)widerrufliches ~*** carta de crédito (ir)revocable **2.** (Diplom.) cartas *pl* credenciales
Akkreditivbestätigung *f*, **en** confirmación *f* de la carta de crédito
Akkreditiveröffnung *f*, **en** apertura *f* de una carta de crédito
Akkreditivsteller *m*, **-** acreditante *m*
Akkreditivstellung *f*, **en** → Akkreditiveröffnung
akkumulieren acumular
Akont|o *m*, **-en** a cuenta
Akontozahlung *f*, **en** pago *m* a cuenta
AKP-Staaten *pl* Estados ACP
Akquisiteur *m*, **e** corredor *m* de anuncios
Akquisition *f*, **en** adquisición *f*
Akt *m*, **en** (A) → Akte; (CH) → Urkunde
Akte *f*, **n** documento *m*; (Adm.) expediente *m*; carpeta *f*; legajo *m*; (Gal.) dossier *m; **eine ~ anlegen*** abrir expediente; (Col.) legajar; ***eine ~ bearbeiten*** tramitar un expediente; ***zu einer ~ bündeln*** enlegajar; ***getrennte ~*** pieza *f* separada
Akten *pl* actas *pl*; autos *pl*; legajos *pl*; ***~ (ab)legen*** archivar; ***die ~ anfordern*** re-

clamar, solicitar las actas; (Chile) solicitar los antecedentes; ***zu den*** ~ (z.d.A) para archivar

Aktenablage *f*, **n** archivos *pl*

Aktendeckel *m*, **-** carpeta *f*

Akteneinsicht *f*, **en** examen *m* del dossier; (Jur.) vista *f* de los autos

Akteneinstampfung *f*, **en** → Aktenvernichtung

Aktenfuchs *m*, **¨e** (Fam.) especialista *m* de un dossier; archivero *m*; archivista *m*; documentalista *m*

Aktenheft *n*, **e** legajo *m*

Aktenhefter *m*, **-** clasificador *m*

Aktenkoffer *m*, **-** portafolios *m*; (LA) maletín *m* (de) ejecutivo; attaché *m*

aktenkundig registrado, consignado en acta; ***sich ~ machen*** levantar, tomar, sacar acta; ~ ***sein*** constar en acta (*od.* en los archivos)

Aktenmappe *f*, **n** → Aktentasche

aktenmäßig según consta en los documentos; conforme con los autos; (Fig.) auténtico; oficial; ***etw. ~ erfassen*** constituir un dossier

Aktenmensch *m*, **en** burócrata *m*

Aktennotiz *f*, **en** → Aktenvermerk

Aktenordner *m*, **-** clasificador *m*; archivador *m*; cuaderno *m* con anillas (Syn. ***Leitz-Ordner***)

Aktenschrank *m*, **¨e** armario-clasificador *m*

Aktenstoß *m*, **¨e** legajo *m*

Aktenstück *n*, **e** → Akte

Aktenstudi|um *n*, **-en** estudio *m* de un dossier

Aktentasche *f*, **n** cartera *f* (para documentos); portafolios *m*

Aktenvermerk *m*, **e** anotación *f*; mención *f* en un documento; apunte *m*

Aktenvernichter *m*, **-** triturador *m*, trituradora *f* de papel; desmenuzador *m*, desmenuzadora *f* de papel

Aktenvernichtung *f*, **en** destrucción *f* de documentos de archivo

Aktenvorlage *f*, **n** presentación *f* del dossier

Aktenzeichen *n*, **-** (AZ) número *m* (de registro); número *m* de referencia; ***Ihr*** ~ s/r; ***unser*** ~ n/r; ***bei Beantwortung bitte obiges ~ angeben*** sírvase indicar en su contestación el número de referencia

AktG → Aktiengesetz

Aktie *f*, **n** acción *f*; (Urkunde) certificado *m* de la acción

Aktien *pl* acciones *pl*; títulos *pl* de renta variable **1.** ***alte*** ~ acciones viejas; ***ausgegebene*** ~ acciones emitidas; ***bar eingezahlte*** ~ acciones de capital; ~ ***mit beschränktem Stimmrecht*** acciones agrupadas; ***börsenfähige, börsengängige*** ~ acciones cotizables, negociables en bolsa; acciones admitidas a cotización bursátil; ***börsennotierte*** ~ acciones con cotización oficial en bolsa; ***dividendenberechtigte*** ~ acciones de dividendo; ***eigene*** ~ acciones propias; ***eingezahlte*** ~ acciones desembolsadas (*od.* liberadas); acciones sin dividendos pasivos; ***eingezogene*** ~ acciones retiradas de la circulación; acciones revocadas; ***fallende*** ~ acciones en baja; ***gebundene*** ~ → ***vinkulierte Aktien***; ***an der Börse gehandelte*** ~ acciones negociadas en bolsa; ***gewinnberechtigte*** ~ acciones con derecho a (participación en el) beneficio; ***gezeichnete*** ~ acciones suscritas; ***hinterlegte*** ~ acciones depositadas; ***im Sammeldepot hinterlegte*** ~ acciones en depósito colectivo; ***auf den Inhaber lautende*** ~ acciones al portador; ***inländische*** ~ acciones de una empresa del país; ***junge*** ~ acciones nuevas; ***kaduzierte*** ~ acciones caducadas; ***kleingestückelte*** ~ acciones fraccionadas; ***Mehrstimmrechtsaktie*** acción de voto plural; ***auf den Namen lautende*** ~ acciones nominativas; ~ ***ohne Nennwert, nennwertlose*** ~ acciones sin valor nominal; ***nicht voll eingezahlte*** ~ (E) acciones con dividendos pasivos; acciones no liberadas; acciones no desembolsadas totalmente; acciones parcialmente liberadas; acciones pagaderas (*od.* desertoras); acciones desiertas (Méx.); ***notierte*** ~ acciones cotizadas; ***steigende*** ~ acciones en alza; ***stimmberechtigte*** ~ acciones con derecho de (*od.* a) voto; acciones de voto; acciones votantes; ***stimmrechtlose*** ~ acciones sin derecho a voto; acciones reservadas; acciones sin derecho a junta; ***teilbezahlte*** ~ acciones con dividendos pasivos; acciones liberadas parcialmente; ***über Pari ausgegebene*** ~ acciones (emitidas) con prima; ~ ***für Sacheinlagen*** (E) acciones en especie; (Arg.) acciones de aportes; ***übernommene*** ~ acciones suscritas (*od.* asumidas); ***übertragbare*** ~ acciones transmisibles (*od.* negociables); ***umtauschfähige*** ~ acciones convertibles; ***vinkulierte*** ~ acciones sindicadas; ***voll einbezahlte*** ~ acciones totalmente liberadas (*od.* desembolsadas); acciones exhibidas; ***voll gezahlte*** ~ → ***voll einbezahlte Aktien***; ***zurückerwor-***

bene eigene ~ acciones rescatadas **2.** ~ ***abstoßen*** deshacerse, desprenderse de acciones; ~ ***zur Zeichnung auflegen*** ofrecer acciones a suscripción pública; ~ ***ausgeben*** (Arg.) liberar acciones; ~ ***beleihen*** pignorar, depositar en garantía; empeñar acciones; ~ ***besitzen*** poseer acciones; ser titular de acciones; ~ ***einziehen*** retirar acciones de la circulación; ***die*** ~ ***fallen*** las acciones bajan (*od.* están en baja); ***mit*** ~ ***handeln*** negociar con acciones; ~ ***lombardieren*** → ***Aktien beleihen***; ~ ***splitten*** fraccionar acciones; (Fig.) ***wie stehen die*** ~***?*** ¿cómo van, andan los negocios?; ***die*** ~ ***steigen*** las acciones suben (*od.* están al alza); ~ ***stückeln*** fraccionar acciones; ~ ***zeichnen*** suscribir acciones; ~ ***zum amtlichen Handel zulassen*** admitir a cotización oficial en bolsa

Aktienabschnitt *m*, **e** cupón *m*

Aktienabstempelung *f*, **en** estampillado *m*, sellado *m*, control *m* de las acciones

Aktienagio *n*, **s** prima *f* de emisión; agiotaje *m* de acciones

Aktienanlage *f*, **n** inversión *f* en acciones

Aktienanteil *m*, **e** parte *f* fraccional de una acción

Aktienausgabe *f*, **n** emisión *f* de acciones

Aktienauslieferung *f*, **en** entrega *f* de acciones

Aktienbank *f*, **en** banco *m* por acciones

Aktienbesitz *m*, Ø propiedad *f* en acciones

Aktienbesitzer *m*, **-** → Aktionär

Aktienbestand *m*, **¨e** acciones *pl* en cartera

Aktienbeteiligung *f*, **en** participación *f* en acciones

Aktienbetrag *m*, **¨e**, ***noch nicht eingezahlter*** ~ dividendo *m* pasivo

Aktienbezugs(rechts)schein *m*, **e** certificado *m* de suscripción (de acciones)

Aktienbezugsrecht *n*, **e** derecho *m* (preferente) de suscripción; derecho *m* preferencial; (derecho *m* de) opción *f*

Aktienbezugsrechtsobligation *f*, **en** bono *m* de opción

Aktienbörse *f*, **n** bolsa *f* de acciones (*od.* de renta variable)

Aktienbrief *m*, **e** acción *f*

Aktienbuch *n*, **¨er** libro-registro *m* de accionistas; registro *m* de acciones nominativas; libro *m* de acciones (*od.* de accionistas)

Aktiendepot *n*, **s** depósito *m* de acciones

Aktiengesellschaft *f*, **en** (AG) sociedad *f* anónima (SA); sociedad *f* por acciones ***nicht eingetragene*** ~ (E) sociedad *f* irregular

Aktiengesetz *n*, **e** ley *f* de sociedades anónimas; (E) ley *f* de régimen juridico de sociedades anónimas

Aktienind|ex *m*, **-izes** índice *m* de las cotizaciones (de las acciones)

Aktieninhaber *m*, **-** → Aktionär

Aktienkapital *n*, Ø capital *m* en acciones; capital *m* social (de una S.A.); (Arg.) capital *m* accionario

Aktienkommanditgesellschaft *f*, **en** sociedad *f* en comandita (*od.* comanditaria) por acciones

Aktienkurs *m*, **e** cotización *f*, precio *m* de la acción

Aktienliste *f*, **n** lista *f* de cambios; registro *m* de acciones

Aktienmantel *m*, **¨** título *m*

Aktienmarkt *m*, **e** mercado *m* de acciones; mercado *m* de renta variable

Aktienmehrheit *f*, Ø mayoría *f* de acciones; ***die*** ~ ***übernehmen*** convertirse en accionista mayoritario; asumir el control de una compañía (*od.* sociedad)

Aktienminderheit *f*, **en** minoría *f* de acciones

Aktiennotierung *f*, **en** cotización *f* de (las) acciones

Aktienpaket *n*, **e** paquete *m* de acciones; ***ein*** ~ ***abstoßen*** deshacerse de un paquete de acciones

Aktienpromesse *f*, **n** certificado *m* provisional; promesa *f* de acción

Aktienrecht *n*, Ø leyes *pl* sobre las sociedades anónimas

Aktienrendite *f*, **n** (coeficiente *m* de) rentabilidad *f* de las acciones; rédito *m* de las acciones

Aktienrenner *m*, **-** acción *f* con mucha demanda; acción *f* que marcha muy bien; estrella *f* entre las acciones

Aktienschein *m*, **e** → Aktienzertifikat

Aktienspitze *f*, **n** → Aktiensplitting

Aktiensplitting *n*, **-** desdoblamiento *m* de una acción

Aktienübernahmeangebot *n*, **e** oferta *f* pública de adquisión; OPA

Aktienübertragung *f*, **en** transferencia *f*, transmisión *f* de acciones

Aktienumschreibung *f*, **en** → Aktienübertragung

Aktienumtausch *m*, Ø canje *m* de acciones

Aktienurkunde *f*, **en** título-acción *m*; título *m* corporativo; acción *f*

Aktienzeichner *m*, - suscriptor *m* de acciones
Aktienzeichnung *f*, **en** suscripción *f* de acciones
Aktienzertifikat *n*, **e** certificado *m* de acciones
Aktienzettel *m*, - lista *f* de cambios
Aktienzusammenlegung *f*, **en** fusión *f* de acciones
Aktienzuteilung *f*, **en** repartición *f* de acciones
Aktion *f*, **en** acción *f*; operación *f*; (Werbung) campaña *f* publicitaria
Aktionär *m*, **e** accionista *m*; titular *m*, tenedor *m* de una acción (*od.* de acciones)
Aktionärsbrief *m*, **e** carta *f* a los accionistas
Aktionärsstimmrecht *n*, **e** derecho *m* de voto del accionista; ***sein ~ ausüben*** ejercer el derecho de voto
Aktionärsversammlung *f*, **en** junta *f*, asamblea *f*, reunión *f* de accionistas
Aktionsprogramm *n*, **e** programa *m* de acción
aktiv activo; en activo; ***~e Bestechung*** soborno *m*; cohecho *m* (activo); ***~e Handelsbilanz*** balanza *f* comercial excedentaria (*od.* activa); ***~es Mitglied*** miembro *m* activo
Aktiva *pl* (Contab.) activo *m*; masa *f* activa; (Méx.) patrimonio *m* público; ***festliegende ~*** (activo) inmovilizado *m*; ***fiktive ~*** activo(s) ficticio(s); ***freie ~*** activo disponible; ***greifbare ~*** activo tangible; ***immaterielle ~*** activo inmaterial; (Méx.) activo aparente; ***nicht greifbare ~*** activo intangible; (Méx.) activo ficticio; ***~ und Passiva*** deber y haber; activo y pasivo; ***realisierbare ~*** activo realizable; activo corriente; ***reine ~*** activo neto; ***transistorische ~*** gastos anticipados; productos *pl* diferidos; activo transitorio; ***verfügbare ~*** → freie Aktiva; verwertbare ~ → greifbare Aktiva; (Ggs. ***Passiva***)
Aktivbestände *pl* activos *pl*
Aktivbezüge *pl* (A) → Dienstbezüge
Aktivbilanz *f*, **n** balance *m* activo
Aktivbürger *m*, - (CH) ciudadano *m* activo (que ejerce todos los derechos civiles)
Aktiven *pl* → Aktiva
Aktivforderungen *pl* activos *pl* exigibles; activos *pl* a cobrar; activos *pl* debidos
Aktivgeschäft *n*, **e** (Bank) operación *f* activa (Ggs. ***Passivgeschäft***)
Aktivhandel *m*, **Ø** **1.** comercio *m* activo **2.** comercio *m* de exportación
aktivierbar activable
aktivieren **1.** (Contab.) pasar al activo; (a)sentar, inscribir en el activo; inmovilizar **2.** (Fig.) activar; relanzar
Aktivierung *f*, **(en)**, ***~ der Leistungsbilanz*** mejora *f*, activación *f*, relanzamiento *m* de la balanza por cuenta corriente
aktivierungsfähig que puede ser inscrito en el activo
aktivierungspflichtig que debe ser inscrito en el activo
Aktivität *f*, **en** actividad *f*; ***seine ~ ausdehnen auf*** extender, ampliar su actividad a
Aktivkont|o *n*, **-en** cuenta *f* de activo
Aktivmasse *f*, **n** masa *f* del activo; masa *f* activa de la quiebra; caudal *m* de la quiebra
Aktivposten *m*, - elemento *m*, partida *f* del activo; asiento *m* activo; rubor *m* activo
Aktivsald|o *m*, **-en** saldo *m* activo (*od.* acreedor); superávit *m*; saldo *m* al haber; excedente *m* de ingresos; ***~ der Handelsbilanz*** superávit, saldo activo *m*, excedente en (*od.* de) la balanza comercial (*od.* balanza exterior *od.* balanza de mercancías); ***die Dienstleistungsbilanz schloss mit einem ~ ab*** la balanza de servicios cerró con un saldo acreedor
Aktivschulden *pl* cuentas *pl* acreedoras; créditos *pl*
Aktivseite *f*, **n** lado *m* del activo; cuentas *pl* del activo; activo *m*
Aktivsumme *f*, **n** activo *m* contable
Aktivüberschuss *m*, **¨sse** (CH) → Reinüberschuss; → Nettovermögen
Aktivvermögen *n*, - activo *m*; masa *f* activa; capital *m* líquido; valores *pl* del activo
Aktivwechsel *m*, - letra *f* contabilizada (*od.* consignada) en el activo
Aktivwerte *pl* valores *pl* activos; valores *pl* del activo
Aktivzinsen *pl* (Bank) intereses *pl* a cobrar; réditos *pl* activos; intereses *pl* a creedores; (Bankkunde) intereses *pl* a pagar; réditos *pl* pasivos; intereses *pl* deudores
aktualisieren actualizar; poner al día
aktualisiert puesto al día; actualizado
Aktualität *f*, **en** actualidad *f*
Aktuar *m*, **e** actuario *m*
aktuell de actualidad; actual; a la orden del día; de moda; en boga
AKW *n*, **s** → Atomkraftwerk
Akzelerationsprinzip *n*, **ien** principio *m* de aceleración

Akzept *n*, **e** aceptación *f*; letra *f*; efecto *m* de comercio; ***bedingtes*** ~ aceptación condicional; ***bedingungsloses*** ~ aceptación incondicional (*od.* libre); ~ ***ehrenhalber*** aceptación por intervención; ***eingeschränktes*** ~ aceptación cualificada; ***mangels*** ~ por falta de aceptación; ***reines*** ~ aceptación pura y simple; ***uneingeschränktes*** ~ aceptación general (*od.* no cualificada); ***vor Fälligkeit bezahltes*** ~ aceptación anticipada; ***das*** ~ ***einholen*** presentar la letra a la aceptación; recabar la aceptación; ***ein*** ~ ***einlösen*** pagar, honrar una aceptación; ***einen Wechsel mit einem*** ~ ***versehen*** aceptar una letra; ***das*** ~ ***verweigern*** denegar la aceptación; ***einen Wechsel zum*** ~ ***vorlegen*** presentar una letra al acepto

Akzeptant *m*, **en** aceptante *m*; aceptador *m*; (Méx.) indicatorio *m;* ~ ***beim Kommissionswechsel*** comisionista-aceptante *m*

Akzeptation *f*, **en** (Scheck) certificación *f*; autenticación *f*

Akzeptationsbuch *n*, ¨er → Akzeptbuch

Akzeptbuch *n*, **¨er** libro *m* de letras, registro *m* de efectos a pagar (Syn. ***Trattenbuch***)

Akzeptdat|um *n*, **-en** fecha *f* de aceptación

Akzepteinholung *f*, **en** presentación *f* (de una letra) a la aceptación

Akzepteinlösung *f*, **en** descuento *m*, pago *m* de una letra (aceptada)

Akzepterklärung *f*, **en** (CH) → Annahmeerklärung

Akzeptfrist *f*, **en** plazo *m* de aceptación

Akzeptgebühr *f*, **en** gastos *pl*, derechos *pl* de aceptación

akzeptieren aceptar; honrar; ***nicht*** ~ (Wechsel) desatender

Akzeptkont|o *n*, **-en** cuenta *f* de efectos (*od.* letras) a pagar

Akzeptkredit *m*, **e** crédito *m* de aceptación; crédito *m* por letras a descontar

Akzeptlinie *f*, **n** línea *f* de aceptación

Akzeptobligo *n*, Ø compromiso *m* por aceptación

Akzeptor *m*, **en** → Akzeptant

Akzeptprovision *f*, **en** comisión *f* de aceptación

Akzeptschuldner *m*, - deudor *m* por aceptación

Akzeptumlauf *m*, Ø → Akzeptverkehr

Akzeptverbindlichkeiten *pl* efectos *pl*, letras *pl* a pagar

Akzeptverkehr *m*, Ø montante *m* global de aceptaciones

Akzeptverweigerung *f*, **en** denegación *f* de la aceptación

Akzeptvorlage *f*, **n** presentación *f* a la aceptación

Akzeptwechsel *m*, - letra *f* de cambio aceptada

Akzeptzusage *f*, **n** promesa *f* de aceptación

Akzidens *n*, Ø emolumentos *pl* accidentales (*od.* eventuales); ingresos *pl* adicionales

Akzise *f*, **n** arbitrios *pl* municipales;

al pari (Börse) a la par; ~ ***pari stehen*** estar a (*od.* en) la par

Alarm *m*, Ø alarma *f*; alerta *f;* ***stiller*** ~ alarma *f* silenciosa; ~ ***auslösen*** accionar, desencadenar la alarma

Alarmanlage *f*, **n** dispositivo *m*, sistema *f* de alarma

Alarmfalle *f*, **n** trampa *f* de alarma

Alarmgeber *m*, - → Alarmanlage

alarmieren alarmar; alertar; ***~de Nachrichten*** noticias *pl* alarmantes

Alarmsignal *n*, **e** señal *m* (de indicación) de alarma

Alarmsystem *n*, **e** equipo *m*, sistema *m* de alarma

Alarmzustand *m*, Ø estado *m* de alarma, de alerta

ALGOL (Algorithm Oriented Language) ALGOL (lenguaje de programación)

Alimentation *f*, Ø alimentación *f*

Alimentationsanspruch *m*, **e** derecho *m* de manutención (*od.* alimentos)

Alimentationsklage *f*, **n** (CH) → Unterhaltsklage

Alimente *pl* alimentos *pl*; pensión *f* alimenticia; ~ ***zahlen*** pagar alimentos

Alimentenabfindung *f*, **en** indemnización *f* por alimentos

Alimentenbeiträge *pl* (CH) → Unterhaltsleistung

Alimentenforderung *f*, **en** pretensión *f*, reivindicación *f* de alimentos

Alimentenklage *f*, **n** acción *f*, demanda *f* de pensión alimentacia

alimentenpflichtig obligado a pagar alimentos

alimentieren proveer fondos (*od.* recursos)

Alkoholeinfluss *m*, Ø, ***unter*** ~ bajo los efectos del alcohol

Alkoholgehalt *m*, Ø contenido *m* de alcohol; graduación *f* alcohólica; (im Blut) alcoholemia *f*

alkoholhaltig alcohólico

Alkoholika *pl* licores *pl*; bebidas *pl* alcohólicas (*od.* espirituosas)

alkoholisch alcohólico; *~es Getränk* bebida *f* alcohólica

Alkoholismus *m*, Ø alcoholismo *m*

Alkoholprobe *f*, **n** prueba *f* de alcoholemia

Alkoholschmuggler *m*, - contrabandista *m* de alcohol (*od.* licores)

Alkoholsünder *m*, - conductor *m* en estado de embriaguez

Alkoholverbot *n*, **e** prohibición *f*; "ley *f* seca"

Alkoholvergiftung *f*, **en** intoxicación *f* alcohólica

Allbeitrittsklausel *f*, **n** → Allbeteiligungsklausel

Allbeteiligungsklausel *f*, **n** (Lat.) cláusula si omnes; cláusula *f* de la común participación

alle, ~ *2 Monate* bimestral; cada 2 meses; ~ *3 Monate* trimestral; cada 3 meses; ~ *4 Monate* cuatrimestral; cada 4 meses; ~ *6 Monate* semestral; cada 6 meses; ~ *3 Tage* cada 3 días

Alleinaktionär *m*, **e** accionista *m* único

Alleinauslieferer *m*, - distribuidor *m*, proveedor *m* en exclusiva

Alleinauslieferung *f*, **en** exclusiva *f*

alleinberechtigt sein ser el único titular (*od.* autorizado); ser el único que tiene derecho

Alleinberechtigung *f*, **en** (derecho *m* de) exclusiva *f*

Alleinbesitz *m*, Ø posesión *f* exclusiva

Alleinbeteiligung *f*, **en** participación *f* exclusiva; participación *f* totalitaria

Alleinbetrieb *m*, **e** (Com.) exclusiva *f*; empresa *f* individual; (Staat) monopolio *m*

Alleinbezugsvereinbarung *f*, **en** acuerdo *m* de adquisición en exclusiva

Alleinbezugsverpflichtung *f*, **en** obligación *f* de compra en exclusiva

Alleineigentum *n*, Ø propiedad *f* singular; propiedad *f* exclusiva

Alleineigentümer *m*, - propietario *m* exclusivo; propietario *m* único

Alleinerbe *m*, **n** heredero *m* universal (*od.* único)

Alleinhandel *m*, Ø monopolio *m*; (E) estanco *m*

alleinig, *~er Vertreter* único agente *m* (*od.* representante *m*); *den ~en Vertrieb haben* ser el único distribuidor; *berechtigt zum ~en Vertrieb sein* tener la exclusiva de distribución

Alleininhaber *m*, - titular *m*, propietario *m* único

Alleinkaufsrecht *n*, **e** derecho *m* exclusivo de compra; derecho *m* de compra en exclusiva

Alleinkontrolle *f*, **n** control *m* directo y único

Alleinkonzessionär *m*, **e** concesionario *m* único (*od.* exclusivo)

Alleinlizenz *f*, **en** licencia *f* exclusiva

Alleinpächter *m*, - arrendador *m* único

Alleinrecht *n*, **e** derecho *m* exclusivo; privilegio *m*

allein stehend 1. solo; *~e Personen* personas *pl* (que viven) solas **2.** (ledig) soltero; célibe **3.** (Gebäude) aislado

Alleinsteuer *f*, **n** impuesto *m* único

alleinverantwortlich, ~ *sein* ser el único responsable

Alleinverdiener *m*, - única persona *f* de la familia que percibe salario (*od.* sueldo *od.* honorario)

Alleinverkauf *m*, Ø venta *f* (en) exclusiva; exclusiva *f*, monopolio *m* de venta; distribución *f* exclusiva; *den ~ haben* tener la exclusiva (de venta)

Alleinverkaufsrecht *n*, **e** derecho *m* de venta exclusiva

Alleinvertreter *m*, - representante *m* exclusivo

Alleinvertretung *f*, **en** representación *f* (en) exclusiva; agencia *f* exclusiva; ~ *haben* ser el único distribuidor; tener la exclusiva de representación; tener representación (en) exclusiva; *jdm. die ~ übertragen* conferir, otorgar a alg. la representación (en) exclusiva

alleinvertretungsberechtigt, ~ *sein* tener el derecho de representación exclusiva; ser el único titular de la representación

Alleinvertretungsklausel *f*, **n** cláusula *f* de exclusiva

Alleinvertretungsrecht *n*, **e** (des Handelsvertreters) derecho *m* de representación (única y) exclusiva

Alleinvertrieb *m*, Ø distribución *f* exclusiva; concesión *f* exclusiva

Alleinvertriebshändler *m*, - distribuidor *m* exclusivo

Alleinvertriebsklausel *f*, **n** cláusula *f* de exclusiva

Alleinvertriebsrecht *n*, **e** derecho *m* de exclusiva de venta; exclusiva *f* de publicación

alleinzeichnungsberechtigt, ~ *sein* ser la única firma autorizada; ser el único autorizado a firmar

Alleinzeichnungsberechtigung *f*, **en** única firma *f* autorizada; firma *f* exclusiva

allerhand, ~ ***Geld*** (Fam.) un (verdadero) dineral *m*; un fortunón *m*

allerlei → allerhand

allerneueste, ***das*** ~ lo más moderno; lo último; el último grito; la última novedad

allernötigste → allernotwendigste

allernotwendigste, ***das*** ~ lo (más) indispensable; lo absolutamente necesario

Alleskleber *m*, **-** pegamento *m* universal; (Fam.) pegalotodo *m*

allgemein general; universal; común; genérico; ***~e Geschäftsbedingungen*** condiciones *pl* generales de contratación (*od.* de contrato); ***~e Lieferbedingungen*** condiciones generales de entrega (*od.* suministro); pliego *m* de condiciones; ***~e Wehrpflicht*** servicio *m* militar obligatorio; ***~e Ortskrankenkasse*** (AOK) (R.F.A.) caja *f* local de (enfermedad) de la Seguridad Social; ***~e Unkosten*** gastos *pl* generales; ***~es Wahlrecht*** sufragio *m* universal

allgemein gültig de validez general, universal; generalmente aceptado

Allgemeinbildung *f*, Ø cultura *f* general

Allgemeines Zoll- und Handelsabkommen *n*, Ø acuerdo *m* general sobre aranceles y comercio; convenio *m* general sobre tarifas aduaneras y comercio; (el) GATT → WHO

Allgemeinheit *f*, Ø comunidad *f*; opinión *f* pública; común *m* de las gentes; público *m* en general; ***im Interesse der*** ~ en interés general

allgemeinverbindlich vinculante para todos; de obligatoriedad general

Allgemeinverbindlichkeitserklärung *f*, **en** declaración *f* de extensión de los convenios colectivos en un sector; eficacia *f* general de los convenios colectivos

Allgemeinverfügung *f*, **en** disposición *f* general; bando *m* de aplicación general; (Chile) acto *m* de autoridad

Allgemeinverhalten *n*, Ø conducta *f* general; comportamiento *m* del público

Allgemeinvollmacht *f*, **en** poder *m* general

allgemeinwirtschaftlich de carácter económico general

Allgemeinwissen *n*, Ø conocimientos *pl* generales

Allgemeinwohl *n*, Ø bien(estar) *m* común; bien *m* público; interés *m* general

Allmende *f*, **n** propiedad *f* vecinal; pastos *pl* comunes

Allmende *f*, **n** terreno *m* municipal (explotado en común)

Allodialgüter *pl* bienes *pl* alodiales

Allonge *f*, **n** (eines Wechsels) coleta *f*; adición *f*; suplemento *m* (a una letra)

All-Risks-Versicherung *f*, **en** seguro *m* contra todo riesgo

Allround-Ausbildung *f*, **en** formación *f* polivalente, general

Allroundm|an *m*, **-en** persona *f* con competencia polivalente; (Fam.) comodín *m*

Alltagsgeschäfte *pl* negocios *pl* cotidianos, corrientes; rutina *f*

allumfassend universal

Allzweck- (Pref.) de uso múltiple; polivalente; universal

Almanach *m*, **e** calendario *m*; almanaque *m*

Alphabetheft *n*, **e** → Registerheft

alphabetisch, ~ ***geordnet*** por orden alfabético; ***~es Verzeichnis*** índice *m* (por orden) alfabético

alphanumerisch (Inform.) alfanumérico

alt viejo; anciano; de alta edad; de edad avanzada; (nicht frisch) no fresco; pasado; rancio; (antik) antiguo; ***die ~en Leute*** los ancianos; la tercera edad; ~ ***gekauft*** comprado de segunda mano; ***die Firma ist 50 Jahre*** ~ la empresa tiene medio siglo (*od.* 50 años); ***die Firma ist 50 Jahre ~ geworden*** la empresa ha cumplido su medio siglo de existencia; la empresa fue fundada hace 50 años

Altbanken *pl* bancos *pl* anteriores a la capitulación alemana

Altbau *m*, **ten** construcción *f* antigua

Altbauerneuerung *f*, **en** renovación *f* de edificios antiguos

Altbaumiete *f*, **n** alquiler *m* antiguo

Altbauwohnung *f*, **en** vivienda *f* (de construcción) antigua (Ggs. ***Neubauwohnung***)

Altbesitz *m*, **e** posesión *f*, propiedad *f* antigua; valores *pl* antiguos

altbewährt acreditado; bien probado (desde hace tiempo)

alteingeführt, ***~es Unternehmen*** empresa *f* fundada hace mucho tiempo y que disfruta de gran prestigio (Syn. ***alteingesessen***)

Alteisen *n*, Ø chatarra *f*

Alteisengeschäft *n*, **e** chatarreria *f*

Alteisenhändler *m*, **-** chatarrero *m*

Altenteil *n*, **e** **1.** reserva *f* (legal) **2.** retiro *m* **3.** bienes *pl* para uso del antiguo propietario; ***sich aufs ~ zurückziehen*** retirarse de los negocios

Alter *n*, Ø edad *f*; ***erwerbstätiges*** ~ edad activa; edad de trabajar; edad para ejercer un oficio o profesión; ***im pensionsfähigen, rentenfähigen*** ~ en edad de jubilación; en edad de retiro; en edad de retirarse; en edad de percibir una pensión; ***im schulfähigen (schulpflichtigen)*** ~ en edad escolar; en edad de escolaridad obligatoria; ***im*** ~ ***von*** a la edad de; ***nach dem*** ~ por antigüedad (en el servicio)

älter, ~*e* ***Arbeitskräfte*** *pl* (Lebensalter) asalariados *pl* de edad avanzada (*od.* de cierta edad); (Dienstalter) asalariados con mucha antigüedad

alternativ, ~*e* ***Energiequellen*** fuentes *pl* alternativas de energía; fuentes *pl* energéticas alternativas

Alternativbudget *n*, **s** presupuesto *m* alternativo

Alternative *f*, **n** alternativa *f*; opción *f*

Alternative(r) (der/ein) afiliado *m*, adherido *m* al movimiento alternativo

Alternativenergie *f*, **n** energía *f* alternativa

Alternativklausel *f*, **n** cláusula *f* alternativa (*od.* facultativa)

Alters- und Hinterlassenenversicherung *f*, **en** (CH) → Sozialversicherung

Altersabschreibung *f*, **en** amortización *f* por edad

Altersaufbau *m*, Ø → Alterspyramide

Altersbeihilfe *f*, **n** subsidio *m* de vejez

Altersdurchschnitt *m*, **e** media *f*, promedio *m* de edad

Altersfreibetrag *m*, **¨e** exoneración *f* fiscal por (razón de la) edad

Altersfürsorge *f*, Ø asistencia *f* a la vejez; (E) Servicio *m* Social de la Tercera Edad

Altersgliederung *f*, **en**, ~ ***der Bevölkerung*** distribución *f*, repartición *f* de la población por edades

Altersgrenze *f*, **n 1.** límite *m* de edad; ***die*** ~ ***erreichen*** alcanzar la edad límite **2.** edad *f* de jubilación; ***flexible*** ~ jubilación *f* móvil; posibilidad *f* de jubilación anticipada

Altersheim *n*, **e** hogar *m* del pensionista; asilo *m* de ancianos

Altershilfe *f*, **n** ayuda *f*, asistencia *f* a la vejez

Altersklasse *f*, **n 1.** grupo *m* de edad **2.** quinta *f*

Alterspension *f*, **en** (A) pensión *f* de la seguridad social

Alterspräsident *f*, **en 1.** presidente *m* de honor **2.** decano *m*

Alterspyramide *f*, **n** pirámide *f* de edades

Altersrente *f*, **n** pensión *f* de vejez; (aus einer Versicherung) pensión *f* por jubilación

Altersrentner *m*, **-** perceptor *m* de pensión *f* (*od.* subsidio de vejez)

Altersruhegeld *n*, **er** → Altersrente

Alterssicherung *f*, **-** previsión *f*, cobertura *f* para la vejez

Alterssparen *n*, Ø ahorro *m* para la vejez

Altersunterstützung *f*, **en** → Altershilfe

Altersversicherung *f*, **en** seguro *m* de vejez

Altersversorgung *f*, **en 1.** (régimen *m* de) retiro *m*; régimen *m* de pensiones; (Beamte) haberes *pl* pasivos **2.** plan *m* de ahorro para la vejez; ***betriebliche*** ~ plan de pensiones para los empleados; plan de pensiones de la empresa

Altersverteilung *f*, **en** → Altersgliederung

Alterszulage *f*, **n** plus *m* de antigüedad

Alterszuschlag *m*, **¨e** prima *f*, suplemento *m* de antigüedad

Alterung *f*, Ø **1.** envejecimiento *m* **2.** desgaste *m*; deterioro *m*

Alterungsverlust *m*, **e** pérdida *f* de valor (por el progreso técnico, por la moda, *etc.*)

altgedient de mucha antigüedad; ~***er Arbeiter*** trabajador *m* de mucha antigüedad en la empresa

Altgeld *n*, Ø **1.** moneda *f* antigua **2.** moneda *f* retirada de la circulación

Altgläubiger *m*, **-** cedente *m*

Altguthaben *n*, **-** haber *m* bancario antes del reforma de 1948

Altlast *f*, **en** carga *f* (heredada) del pasado

Altmaterial *n*, **ien** material *m* viejo; ***verwertbares*** ~ material recuperable; material de recuperación

Altmetall *n*, **(e)** metal *m* viejo

altmodisch (Ware) pasado de moda; (Person) anticuado; chapado a la antigua; (Fam.) carroza

Altöl *n*, **e** aceite *m* usado (*od.* residual); aceite *m* de desecho

Altölregenerieranlage *f*, **n** instalación *f* regeneradora de aceite residual

Altpapier *n*, **(e)** papel *m* viejo; maculatura *f*

Altpapierwiederverwertung *f*, **en** reciclado *m*, reciclaje *m*, recuperación *f* del papel viejo

Altschulden *pl* deudas *pl* (heredadas) del pasado; deudas *pl* antiguas

Altsparer *m*, **-** ahorrista *m* anterior a la reforma monetaria

Altwarenhandel *m*, Ø **1.** comercio *m* de lance (*od.* de segunda mano); chamarileo *m*; trapería *f* **2.** recuperación *f* (de chatarra)

Altwarenhändler *m*, - chamarilero *m*; trapero *m*; comerciante *m* de segunda mano

Altwert *f*, **(e)** valor *m* antiguo

Alu → Arbeitslosenunterstützung

Amateur *m*, **e** (Gal.) amateur *m*; aficionado *m* (Ggs. ***Profi***)

ambulant ambulante; ***~es Gewerbe*** venta *f* ambulante; buhonería *f*; ***~er Händler*** vendedor *m* ambulante; ***~er Patient*** paciente *m* externo (de un hospital); ***~er Verkauf*** venta *f* puerta a puerta; venta *f* ambulante

Amelioration *f*, **en** mejoramiento *m*; mejora *f*

Ameliorationsanleihe *f*, **n** empréstito *m* de desarollo (*od.* mejora *od.* fomento)

Amendement *n*, **s** (Pol., Jur.) enmienda *f*

amerikanisch, ***~e Buchführung*** contabilidad *f* americana; contabilidad *f* sintetizada

amortisabel → amortisierbar

Amortisation *f*, **en** amortización *f* (Syn. ***Tilgung***)

Amortisationsanleihe *f*, **n** empréstito *m* (amortizable)

Amortisationsdarlehen *n*, - préstamo *m* amortizable

Amortisationsfonds *m*, - fondo *m* de amortización; fondo *m* amortizado; fondo *m* de redención; (LA) fondo *m* acumulativo

Amortisationshypothek *f*, **en** hipoteca *f* (amortizable)

Amortisationsschuld *f*, **en** deuda *f* amortizable; deuda *f* reembolsable por fracciones o en cuotas (generalmente iguales)

Amortisationszahlung *f*, **en** pago *m* de amortización

amortisierbar amortizable

amortisieren amortizar; ***ein Darlehen ~*** amortizar un préstamo

Amortisierung *f*, **en** → Amortisation

Amt *n*, **¨er 1.** (Aufgabe) función *f*; misión *f*; servicio *m* **2.** (Stellung) cargo *m*; destino *m*; empleo *m* **3.** (Behörde) administración *f*; autoridad *f* **4.** (Dienststelle) sección *f*; negociado *m*; departamento *m* **5.** (Büro) despacho *m*; oficina *f* **6.** competencia *f*; jurisdicción *f* **7.** (Teléf.) línea *f*; central *f*; ***sich ein ~ anmaßen*** arrogarse un cargo (*od.* funciones); ***ein ~ antreten*** tomar posesión de un cargo; ***sein ~ aufgeben*** dimitir de su cargo; ***aus dem ~ ausscheiden*** salir del cargo; cesar en el cargo; ***ein ~ ausüben*** ejercer un cargo (*od.* función); (LA) fungir; ***ein öffentliches ~ bekleiden*** ocupar un cargo público; desempeñar una función pública; ***sich um ein ~ bewerben*** aspirar a un cargo; presentar su candidatura para un puesto (*od.* cargo); ***jdn. in ein ~ einführen*** introducir a alg. en un cargo; ***jdn. seines ~ entheben*** destituir, remover a alg. de su cargo (*od.* de sus funciones); ***jdm. im ~ folgen*** suceder a alg. en el cargo; ***ein ~ innehaben*** ser titular de un cargo; ***ein ~ übernehmen*** asumir un cargo; ***jdm. ein ~ übertragen*** confiar, encomendar un cargo (*od.* función) a alg.; ***Auswärtiges ~*** (R.F.A.) ministerio *m* de Asuntos Exteriores de la R.F.A.; ***kraft seines ~es*** en virtud de su cargo; en virtud de sus atribuciones; ***von ~ wegen*** de oficio; oficialmente; por orden de la autoridad

Ämterhandel *m*, Ø camarilleo *m*; comercio *m* de cargos oficiales

Ämterhäufung *f*, **en** acumulación *f* de cargos (*od.* de funciones)

Ämterjagd *f*, Ø carrierismo *m*; empleomanía *f*; carrera *f* hacia los cargos oficiales

Ämterpatronage *f*, **n** nepotismo *m*; favoritismo *m* (Syn. ***Vetternwirtschaft***)

amtieren ejercer las funciones de; desempeñar un cargo; ~ ***als*** actuar de

amtierend 1. en funciones; en ejercicio **2.** interino; accidental; ***~er Ratspräsident*** (EU) presidente *m* de turno del Consejo

amtlich, ***~ nicht notierte Wertpapiere*** valores *pl* no cotizables, no cotizados; ***~er Kursmakler*** agente *m* de Cambio y Bolsa; corredor *m* de cambio; comisionista *m*

Amt|mann *m*, **¨er** *od.* **-leute 1.** funcionario *m* del cuerpo administrativo; jefe *m* de servicio; consejero *m* **2.** (Hist.) corregidor *m*;

Amtsalter *n*, Ø antigüedad *f* en el servicio (*od.* en el cargo)

Amtsanmaßung *f*, **en** arrogación *f*, usurpación *f* de funciones; abuso *m* de funciones; abuso *m* de autoridad; suposición *f* de cargo

Amtsantritt *m*, **e** toma *f* de posesión (del cargo); entrada *f* en funciones

Amtsarzt *m*, **¨e** médico *m* oficial (*od.* del Estado); médico *m* del cuerpo de la seguridad social; (E) médico *m* del cuerpo de sanidad civil

Amtsbefugnis *f*, **se** atribuciones *pl*; competencia *f*; ***seine ~ überschreiten*** exceder, sobrepasar el límite de sus atribuciones

Amtsbereich *m*, **e** circunscripción *f* oficial

Amtsbezeichnung *f*, **en** título *m*; denominación *f* del cargo

Amtsblatt *n*, **¨er** boletín *m*; diario *m*, gaceta *f* oficial; (E) boletín *m* oficial del estado; ~ ***der Europäischen Gemeinschaften*** diario oficial de las comunidades europeas
Amtsdauer *f*, Ø (duración *f* del) mandato *m*
Amtsdelikt *n*, **e** delito *m* de (un) funcionario
Amtsdeutsch *n*, Ø jerga *f* administrativa alemana; argot *m* oficial alemán
Amtsdiener *m*, **-** ujier *m*; ordenanza *m*
Amtseinführung *f*, **en** incorporación *f* al cargo
Amtseinkommen *n*, **-** (A) sueldo *m*; paga *f*; remuneración *f*
Amtseinkünfte *pl* emolumentos *pl*
Amtsenthebung *f*, **en** destitución *f*, remoción *f*, separación *f* del cargo
Amtserschleichung *f*, **en** usurpación *f* de un cargo oficial
Amtsführung f, Ø gestión f del cargo; desempeño m del puesto
Amtsgeheimnis *n*, **se** secreto *m* profesional (*od.* oficial)
Amtsgelder *pl* fondos *pl* públicos
Amtsgericht *n*, **e** juzgado *m* municipal; juzgado *m* de primera instancia e instrucción
Amtsgeschäfte *pl* funciones *pl* públicas; asuntos *pl* del cargo; tareas *pl* inherentes al cargo
Amtshandlung *f*, **en** actuación *f* pública; acto *m* oficial
Amtshilfe *f*, Ø ayuda *f* administrativa
Amtsjahr *n*, **e** año *m* de (antigüedad en el) servicio
Amtskollege *m*, **n** homólogo *m*
Amtsleiter *m*, **-** jefe *m* de servicio
Amtsmissbrauch *m*, **¨e** abuso *m* de poder; abuso *m* de autoridad; prevaricación *f*
Amtsniederlegung *f*, **en** dimisión *f* de un cargo
Amtspflicht *f*, **en** deberes *pl* del cargo; deberes *pl* inherentes al cargo
Amtspflichtverletzung *f*, **en** prevaricación *f*; ***eine ~ begehen*** prevaricar
Amtsreise *f*, **n** viaje *m* de inspección
Amtsrichter *m*, **-** juez *m* municipal; juez *m* de primera instancia **e** instrucción; (Méx.) juez *m* menor (*od.* de menores); pretor *m*
Amtsschimmel *m*, Ø espíritu *m* burocrático; expedienteo *m*; rutina *f* burocrática; ***da wiehert der ~*** es el colmo de la majadería; ***den ~ reiten*** ir a caballo del reglamento
Amtsschreiber *m*, **-** escribano *m* público
Amtssiegel *n*, **-** sello *m* oficial
Amtssitz *m*, **e** sede *f* oficial; residencia *f* oficial
Amtssprache *f*, **n 1.** lengua *f*, idioma *m* oficial **2.** lenguaje *m* administrativo
Amtsstunden *pl* horas *pl*, horario *m* de oficina
Amtstätigkeit *f*, **en** función *f*, gestión *f*, actuación *f* oficial
Amtsträger *m*, **-** titular *m* (de un cargo); funcionario *m*
Amtsvergehen *n*, **-** prevaricación *f*
Amtsverwalter *m*, **-** funcionario *m* administrativo (*od.* público)
Amtsvorgänger *m*, **-** predecesor *m*, antecesor *m* (en el cargo)
Amtsvormund *m*, **¨er** *od.* **e** tutor *m* de oficio
Amtsweg *m*, **(e)**, ***auf dem ~*** por (la) vía oficial; por (la) vía jerárquica
Amtszählung *f*, **en** cifras *pl* oficiales
Amtszeit *f*, **en** mandato *m*; período *m* del *od.* en el cargo
An- und Abfuhr *f*, Ø acarreo *m*; camionaje *m*
an alrededor de; aproximadamente; más o menos; que ronda; ~ ***die 80 DM*** unos 80 marcos (alemanes)
analog, ~ ***gelten*** regir mutatis mutandis; aplicar de forma análoga
Analogdaten *pl* (Inform.) datos *pl* analógicos
analog-digital analógico-digital (A/D)
Analyse *f*, **n** análisis *m*; ***monetäre*** ~ análisis *m* monetario
Analysenquerschnitt *m*, **e** breve resumen *m* de ingresos y egresos (dentro del plan financiero de cobertura)
analysieren analizar
Analyst *m*, **en** → Analytiker *m*
Analytiker *m*, **-** analista *m*
analytisch analítico
Anatozismus *m*, Ø anatocismo *m*; capitalización *f* de intereses vencidos de una deuda; interés *m* de intereses; interés *m* compuesto
Anbau *m*, Ø **1.** (Agric.) cultivo *m* **2.** (Arq.) anejo *m*; anexo *m*; ala *f*; edificio *m* contiguo
Anbaubeschränkung *f*, **en** limitación *f* de cultivos
Anbaubetrieb *m*, **e** finca *f* dedicada a cultivos
anbauen (Agric.) cultivar; plantar; poner en cultivo; explotar; (Arq.) adosar; ensanchar; añadir; montar
anbaufähig cultivable; plantable
Anbaufläche *f*, **n** superficie *f* cultivada; superficie *f* cultivable; área *f* de cultivo

Anbaugebiet *n*, **e** zona *f* de producción
Anbaugenossenschaft *f*, **en** cooperativa *f* de cultivo
Anbaukontingentierung *f*, **en**, ***subventionierte ~*** limitación *f*, contingentación *f* de cultivos con subvención compensatoria
Anbaukonzession *f*, **en** concesión *f* de tierras
Anbauland *n*, Ø tierras *pl* cultivadas
Anbaumöbel *pl* muebles *pl* por elementos; muebles *pl* prolongables
Anbaupflicht *f*, Ø obligación *f* de cultivar (*od.* cultivo)
Anbauprämie *f*, **n** prima *f* de cultivo; prima *f* por hectárea
Anbauverbot *n*, **e** prohibición *f* de cultivo
anbei (im Brief) adjunto; anexo; incluído; ***~ erhalten Sie*** le remitimos adjunto; le adjuntamos
anberaumen 1. ***einen Termin ~*** fijar, señalar un plazo **2.** (Jur.) emplazar **3.** (Sitzung) convocar
Anbetracht, ***in ~ der Tatsache, dass*** en vista, en consideración del hecho (de) que; considerando que
anbezahlen pagar las arras; abonar una señal
anbieten ofrecer; ofertar; brindar; ***zum Kauf ~*** poner en (*od.* a la) venta; ***wir bieten Ihnen hiermit wie folgt an*** le hacemos la siguiente oferta
Anbietende(r) (der/ein) → Anbieter
Anbieter *m*, - oferente *m*; ofertante; postor *m*; licitador *m*
Anbietung *f*, **en** (von Zahlung oder Leistung) proposición *f*; oferta *f*
anbrechen, ***seine Vorräte ~*** empezar las existencias; echar mano de las existencias; ***eine Flasche ~*** abrir una botella
anbringen, ***eine Ware ~*** dar salida a una mercancía; colocar, vender una mercancía
Anbringung *f*, **en**, ***~ des Schutzvermerks*** colocación *f*, aplicación *f* de la mención de reserva
andauernd, ***~e Inflation*** inflación *f* persistente (*od.* continua)
änderbar modificable; cambiable; alterable
Anderdepot *n*, **s** depósito *m* de consignación; depósito *m* fiduciario
Anderkont|o *n*, **-en** cuenta *f* de consignación; cuenta *f* fiduciaria (abierta para recibir valores administrados)
ändern modificar; cambiar
anderswo, ***die Ware ~ bestellen*** pedir la mercancía en otra parte
Änderung *f*, **en** modificación *f*; cambio *m*; ***~ eines Gesetzes*** enmienda *f* de una ley; (CH) ***~ der Firma, des Firmenwortlauts*** cambio de razón social; ***einschneidende ~*** cambio decisivo (*od.* radical); ***~ zum Besseren (Schlechteren)*** cambio a (*od.* para) mejor (peor); ***~ der Adresse*** cambio de dirección; cambio de domicilio; ***~ eines Planes*** alteración *f* de un plan; ***~ des Preises*** revisión *f*, cambio de precios; ***~ der Vertragsbedingungen*** modificación, cambio de las condiciones contractuales; ***~ des Wechselkurses*** modificación del tipo de cambio; ***eine ~ erfahren*** experimentar un cambio (*od.* modificación); ***eine ~ herbeiführen*** ocasionar, producir un cambio; ***sich eine ~ vorbehalten*** reservarse el derecho de introducir una modificación; ***~en vorbehalten*** salvo modificación; ***zusätzliche ~en anbringen*** (bei einem Gesetz) subenmendar
Änderungsantrag *m*, **¨e** (Parl.) enmienda *f*
Änderungsdatei *f*, **en** fichero *m* de actualización
Änderungsdienst *m*, **e** servicio *m* de actualización
Änderungskündigung *f*, **en** propuesta *f*, proposición *f* de enmienda de un contrato
Änderungsvorschlag *m*, **¨e** enmienda *f*; propuesta *f* de modificación
anderweitig, ***sich die Ware ~ beschaffen*** obtener, conseguir la mercancía de otra fuente (*od.* empresa); ***den Auftrag ~ erteilen*** pasar, hacer el pedido a otra empresa; ***sofern nicht ausdrücklich ~e Vereinbarungen getroffen worden sind*** a menos que no se hayan estipulado acuerdos en otro sentido
andienen 1. ofrecer, ofertar (con insistencia) **2.** entregar; proveer; ***dem Käufer die Dokumente ~*** entregar los documentos al comprador; proveer al comprador de los documentos **3.** embarcar (mercancía) **4.** notificar embarques **5.** pagar a título de integración de acciones; integrar
Andienung *f*, **en 1.** oferta *f* **2.** entrega *f*; provisión *f*
Andrang *m*, Ø afluencia *f*; muchedumbre *f*; gentío *m*; tropel *m*; ajetreo *m*
andrehen (Fam.) endosar; colar; ***jdm. einen Ladenhüter ~*** colarle, endosarle a alg. un artículo invendible
androhen, ***jdm. die Entlassung ~*** amenazar a alg. con el despido; ***die Versteigerung ~*** amenazar con subasta

Androhung *f*, **en** amenaza *f*; conminación *f*; ***unter ~ einer Strafe*** so pena de sanción

aneignen, ***sich etw.*** ~ apropiarse, adueñarse de a/c; ***sich etw. widerrechtlich*** ~ apropiarse, adueñarse indebidamente de a/c; usurpar propiedad de a/c

Aneignung *f*, **en** **1.** apropiación *f* **2.** acaparamiento *m* **3.** usurpación *f*

Aneignungsrecht *n*, **e** derecho *m* de apropiación

Anerbe *m*, **n** heredero *m* único de una explotación rural

Anerbieten *n*, **-** oferta *f*; ofrecimiento *m*; proposición *f*

anerkannt, ***allgemein ~e Tatsache*** hecho *m* reconocido; realidad *f* admitida; ***amtlich*** ~ reconocido oficialmente; ***~e Forderung*** reclamación *f* admitida; ***~er Handelsbrauch*** hábito *m* comercial admitido; uso *m* mercantil reconocido; (als einwandfrei) ***~er Wechsel*** letra *f* aceptada

anerkennen **1.** reconocer **2.** (loben) elogiar **3.** (billigen) aceptar; aprobar; ***einen Wechsel*** ~ aceptar una letra **4.** (gesetzlich, gerichtlich) legitimar; legalizar **5.** (Diplom) convalidar; reconocer **6.** (Titel) homologar **7.** (Anspruch) admitir

anerkennend aprobatorio; elogioso; laudatorio; recognitivo

Anerkenntnis *f od. n*, **se** (Jur.) → Anerkennung

Anerkennung *f*, **en** reconocimiento *m*; elogio *m*; aceptación *f*; aprobación *f*; legitimación *f*; legalización *f*; convalidación *f*; admisión *f*; ***de facto, de jure*** ~ reconocimiento de facto (*od.* de hecho), de jure (*od.* de derecho); ~ ***der Unterschrift*** reconocimiento de la firma; ~ ***des Schutzrechtes*** reconocimiento del derecho de protección

Anerkennungsschreiben *n*, **-** carta *f* de reconocimiento

anfahren **1.** (Auto) arrancar; poner en marcha **2.** (ein anderes Auto) chocar **3.** (Fußgänger) atropellar; arrollar **4.** (Güter) acarrear **5.** ***einen Hafen*** ~ arribar un puerto

Anfahrt *f*, **en** **1.** (Zufahrt) acceso *m*; entrada *f* (en vehículo) **2.** (von Gütern) acarreo *m* **3.** (Ankunft) llegada *f*

Anfahrtsweg *m*, **e** vía *f* de acceso (en vehículo)

Anfall *m*, Ø **1.** (Erbschaft) delación *f*; devolución *f* **2.** (Ertrag) producto *m*; cantidad *f* producida **3.** (Gewinn) ganancia *f* **4.** (Zins, Dividende) acumulación *f* **5.** (Krankheit) ataque *m*; acceso *m* **6.** (eines Amtes) accesión *f* **7.** ***wegen großen Arbeits ~s*** por el mucho trabajo; debido a la gran afluencia de trabajo **8.** existencias *pl*

Anfallberechtigte(r) (der/ein) beneficiario *m*

anfallen **1.** (Erbschaft) deferirse **2.** (Gewinn) obtener **3.** (Zinsen) devengar; acumularse **4.** (Kosten) originarse **5.** (Probleme) plantearse; presentarse **6.** (sich ergeben) resultar

anfallende Gebühren *pl* derechos *pl* devengados

Anfang *m*, **¨e** comienzo *m*; principio *m*; inicio *m*; origen *m*; ***ein guter*** ~ un buen comienzo; ***am ~ seiner Laufbahn*** al comienzo de su carrera; ~ ***der 90er Jahre*** a principios de los noventa; ~ ***des Monats*** a primeros, a comienzo, a principio de mes; ~ ***Dezember*** a primeros de diciembre; ~ ***eines Schreibens*** encabezamiento *m*; ***den ~ machen*** dar comienzo; empezar; comenzar; ***von ~ an*** desde un principio; ***von ~ bis (zu) Ende*** desde el principio hasta el fin

Anfänger *m*, **-** principiante *m*; novicio *m*; novato *m*

Anfängerkurs *m*, **e** curso *m* para principiantes; curso *m*, grado *m* de iniciación

Anfangsbedarf *m*, Ø requerimientos *pl* iniciales

Anfangsbestand *m*, **¨e** (an Waren) inventario *m* inicial; stock *m* inicial; existencias *pl* iniciales

Anfangsbetriebskapital *n*, Ø capital *m* de trabajo inicial; capital *m* de explotación inicial

Anfangsbilanz *f*, **en** balance *m* de apertura

Anfangsbudget *n*, **s** presupuesto *m* inicial

Anfangsgehalt *n*, **¨er** sueldo *m* inicial

Anfangsgeschwindigkeit *f*, **en** velocidad *f* inicial

Anfangsgrundlohn *m*, **¨e** salario *m* inicial base

Anfangsguthaben *n*, **-** saldo *m* acreedor al empezar; saldo *m* acreedor inicial

Anfangsinventur *f*, **en** inventario *m* de apertura; inventario *m* inicial

Anfangskapital *n*, Ø capital *m* inicial; capital *m* de entrada *bzw.* antecedente

Anfangskontingent *n*, **e** contingente *m*, cupo *m*, cuota *f* inicial

Anfangskontorist *m*, **en** auxiliar *m* administrativo

Anfangskosten *pl* costes *pl* iniciales

Anfangskurs *m*, **e** (Börse) cotización *f*, precio *m* de apertura; cotización *f* inicial
Anfangslohn *m*, **¨e** sueldo *m* inicial; sueldo *m* de entrada; paga *f* al empezar
Anfangsnotierung *f*, **en** → Anfangskurs
Anfangspreis *m*, **e** precio *m* inicial; precio *m* de salida
Anfangssald|o *m*, **-en** saldo *m* inicial; saldo *m* al comenzar
Anfangsschuld *f*, **en** deuda *f* inicial; saldo *m* deudor inicial
Anfangsstadi|um *n*, **-en** fase *f* inicial; estadio *m* inicial
Anfangsstellung *f*, **en** primera posición *f*; posición *f* al comenzar
Anfangstag *m*, **e** → Anfangstermin
Anfangstermin *m*, **e** fecha *f* de comienzo; fecha *f* inicial; (Lat.) término a quo
Anfangsvergütung *f*, **en** remuneración *f*, retribución *f* inicial; ingresos *pl* iniciales
Anfangsvermögen *n*, **Ø** **1.** patrimonio *m* inicial (*od.* original) **2.** bienes *pl* pertenecientes a cada consorte (en la comunidad de gananciales)
Anfangsverpflichtung *f*, **en** → Anfangsschuld
Anfangswartezeit *f*, **en** plazo *m* de espera (*od.* carencia) inicial
Anfangswert *m*, **e** valor *m* inicial; valor *m* al principio; valor *m* al comienzo
Anfangszeile *f*, **n** primera línea *f*
anfechtbar impugnable; controvertible; discutible; atacable; ***~er Vertrag*** contrato impugnable
Anfechtbarkeit *f*, **(en)**, ***~ wegen Irrtum*** impugnabilidad *f* por error
anfechten (Jur.), ***ein Urteil ~*** impugnar una sentencia; ***einen Vertrag ~*** impugnar un contrato
Anfechtende(r) (der/ein) el que impugna; impugnante *m*; impugnador *m*
Anfechtung *f*, **en** impugnación *f*; ***der ~ unterliegen*** estar sujeto a impugnación
Anfechtungserklärung *f*, **en** declaración *f* de impugnación
Anfechtungsfrist *f*, **en** plazo *m* de impugnación
Anfechtungsklage *f*, **n** acción *f* de impugnación; ***~ gegen Schuldnerhandlungen*** acción *f* revocatoria
anfertigen **1.** fabricar; manufacturar; ***nach genauer Angabe ~*** hacer, fabricar según datos dados de antemano; ***eine Abschrift ~*** hacer, sacar (una) copia; ***auf Bestellung ~*** hacer sobre pedido; fabricar a pedido **2.** ***ein Gutachten ~*** elaborar, redactar, escribir un informe pericial
Anfertigungskosten *pl* costes *pl* de hechura; costes *pl* de fabricación
Anfinanzierung *f*, **en** financiación *f* inicial (de empresas o proyectos)
anfliegen **1.** (einen Flughafen) hacer escala; aproximarse **2.** servir un trayecto; cubrir una línea
Anflughafen *m*, **¨** aeropuerto *m* de escala
anfordern pedir; solicitar; (Méx.) requisitar; ***Arbeitskräfte ~*** demandar mano de obra; ***einen Katalog ~*** pedir un catálogo; ***eine Preisliste ~*** pedir una lista de precios
Anforderung *f*, **en** planteamiento *m*; exigencia *f*; demanda *f*; ***telefonische ~*** demanda por teléfono; ***allen ~en genügen*** satisfacer todas las exigencias; ***hohe ~en stellen*** ser muy exigente
Anforderungsprofil *n*, **e** perfil *m* requerido; requisitos *pl*
Anfrage *f*, **n** demanda *f*, solicitud *f* de información; pregunta *f*; (Pol.) interpelación *f*; ***auf ~*** sobre demanda; ***auf Ihre (zu Ihrer) ~*** contestando a su demanda; ***in Beantwortung auf Ihre ~ vom*** en contestación a su demanda de fecha (*od.* del); ***wir beziehen uns auf Ihre ~ vom 10. Mai*** hacemos referencia, con referencia a su demanda de fecha 10 de mayo; ***für Ihre ~ vom 5. März danken wir Ihnen*** les agradecemos su demanda de (*od.* de fecha) 5 de marzo; ***eine ~ richten an*** hacer, formular una pregunta a; ***~n senden Sie an folgende Adresse*** para informes diríjase a la siguiente dirección
anfragen hacer una pregunta, una demanda (escrita); pedir informes; informarse; ***bei jdm. ~*** informarse preguntándole a alg.
anfügen (Anlage im Brief) adjuntar; acompañar; anexar
Anfuhr *f*, **en** transporte *m*; camionaje *m*; porte *m*; acarreo *m*
anführen, ***als Beispiel ~*** citar como ejemplo; ***als Gründe (als Beweis) ~*** aducir, alegar como causas (como prueba); ***als Referenz ~*** indicar, citar como referencia; ***einen Streik ~*** liderar, encabezar una huelga
Anfuhrkosten *pl* costes *pl* de transporte *bzw.* acarreo; porte *m*
Anführung *f*, **en** alegación *f*; cita *f*; mención *f*
Angabe *f*, **n** (Hinweis) indicación *f*; (Mitteilung) información *f*; informe *m*; (genaue Bezeichnung) especificación *f*; detalle *m*;

(beim Zollamt) declaración *f* de aduana; (Anweisung) instrucción *f*; ***um ~ der Preise wird gebeten*** sírvanse indicar los precios; ***unter ~ Ihrer Preise*** con indicación de su precio; ***unter ~ des Betrages*** especificando el importe; ***unter ~ des Namens und der Adresse*** indicando nombre y dirección; ***ohne ~ von Gründen*** sin dar razones; ***falsche ~n*** datos *pl* falsos (*od.* incorrectos); tergiversación *f*; ***genaue ~n*** información *f* exacta; ***genaue ~n machen*** (über Menge, Preis etc.) especificar, indicar exactamente; ***kurze ~n*** datos concisos (*od.* sucintos); ***nähere ~n machen*** dar más (en) detalle; especificar; detallar; ***statistische ~n*** datos estadísticos; ***technische ~n*** datos técnicos; ***vertrauliche ~n*** datos confidenciales; ***vollständige ~n*** datos completos; ***die ~n erfolgen ohne Gewähr*** no respondemos de la exactitud de esta información (*od.* de estos datos); ***nach ~n*** según (los) datos; a tenor de las indicaciones; ***nicht den ~n entsprechende Ware*** mercancía (*od.* género) que no corresponde a lo especificado

angeben dar; indicar; (Wert) declarar; ***näher ~*** especificar; ***die Bedingungen ~*** indicar, especificar las condiciones; ***Gründe ~*** dar, aducir, alegar razones; ***den Preis ~*** indicar, especificar el precio; ***Zeugen ~*** nombrar testigos; ***etwas beim Zoll ~*** declarar algo a (*od.* en) la aduana; ***zu hoch ~*** indicar de más; exagerar; ***zu niedrig ~*** indicar de menos

angeblich 1. supuesto; pretendido; presunto **2.** presuntamente; supuestamente; según (*od.* por lo que) se dice; ***~ geschuldeter Betrag*** importe *m* supuestamente debido

Angebot *n*, **e** oferta *f*; ofrecimiento *m*; licitación *f*; puja *f*; ***das Gesetz von ~ und Nachfrage*** la ley de la oferta y la demanda; ***~ und Annahme*** oferta y aceptación; ***abgeändertes ~*** oferta modificada; ***ausführliches ~*** oferta detallada; ***befristetes ~*** oferta a plazo; ***besonderes ~*** oferta especial; ***billigstes ~*** oferta mas barata; ***bindendes (festes) ~*** oferta (en) firme; ***elastisches ~*** oferta elástica; ***erstes ~*** primera oferta; primera puja; ***festes ~*** → verbindliches Angebot; freibleibendes ~ → unverbindliches Angebot; ***freibleibendes (unverbindliches) ~*** oferta sin compromiso (no vinculante); ***freies ~*** oferta espontánea; ***gesamtwirtschaftliches ~*** oferta global; (E) recursos *pl* disponibles; ***günstiges ~*** oferta favorable; ***ein höheres ~ machen*** pujar; ***im ~*** en oferta; ***knappes ~*** oferta escasa; ***konkurrenzloses ~*** oferta sin competencia; ***laufendes ~*** oferta permanente; oferta corriente; ***letztjähriges ~*** oferta del año pasado; ***monetäres ~*** oferta monetaria; ***mündliches ~*** oferta verbal; oferta de palabra; ***nachträgliches ~*** oferta ulterior; ***niedrigstes ~*** oferta más baja; (bei Ausschreibungen) postura *f* más baja; ***promptes ~*** oferta inmediata; pronta oferta; ***reichhaltiges ~*** oferta abundante; ***reichliches ~*** oferta variada; ***schriftliches ~*** oferta escrita; oferta por escrito; ***sofortiges ~*** oferta inmediata; oferta sin pérdida de tiempo; ***spärliches ~ → knappes Angebot***; ***stärkeres ~*** más oferta que demanda; ***tägliches ~*** oferta diaria; ***telegrafisches ~*** oferta telegráfica; ***unverbindliches ~*** oferta sin compromiso; ***unverlangtes ~*** oferta no solicitada; ***unzureichendes ~*** oferta insuficiente; ***verbindliches ~*** oferta en firme; ***verlangtes ~*** oferta solicitada (*od.* pedida); ***verlockendes ~*** oferta atrayente (*od.* tentadora); ***vernünftiges ~*** oferta razonable; ***verschlossenes (versiegeltes) ~*** oferta sellada (*od.* cerrada); ***verstecktes ~*** (in einer Anzeige) oferta entre líneas (*od.* escondida); ***vorteilhaftes ~*** oferta ventajosa; ***ein ~ abgeben*** hacer, presentar una oferta; ***ein ~ ablehnen*** rechazar, desechar una oferta; ***ein ~ annehmen*** aceptar una oferta; ***wir beziehen uns auf unser ~ vom*** hacemos referencia a nuestra oferta del (*od.* de fecha); ***ein ~ einholen*** solicitar (una) oferta; ***~e sind einzureichen bis*** el plazo de presentación de las ofertas expira el; ***~e erbeten zu*** las ofertas se enviarán a; ***ein ~ machen (unterbreiten)*** hacer, presentar, pasar una oferta; ***wir erlauben uns, Ihnen folgendes ~ zu machen*** nos permitimos hacerles la siguiente oferta; ***ein ~ widerrufen*** revocar una oferta; retirar una proposición; ***ein ~ in Erwägung ziehen*** tomar en consideración, considerar una oferta; ***ein ~ zurückweisen → ein Angebot ablehnen***; ***im ~ sein*** estar en oferta; ***Ihr ~ sagt uns zu*** su oferta nos agrada

Angebotsabgabe *f*, **n** entrega *f* de la oferta

Angebotsanforderung *f*, **en** → Angeboteinholung

Angebotsannahme *f*, **n** aceptación *f* de la oferta

Angebotsausschreibung *f*, **en** invitación *f* a presentar ofertas; llamada *f* a propuestas
Angebotsbedingungen *pl* condiciones *pl* de la oferta
Angebotsdruck *m*, Ø presión *f* de la oferta
Angebotseinholung *f*, **en** requerimiento *m* de oferta; invitación *f* a hacer oferta
Angebotselastizität *f*, Ø elasticidad *f*, flexibilidad *f* de la oferta
Angebotskurve *f*, **n** curva *f* de la oferta
Angebotsliste *f*, **n** lista *f* de ofertas
Angebotslücke *f*, **n** oferta *f* insuficiente; laguna *f* en la oferta
Angebotsmenge *f*, **n** cantidad *f* ofrecida
Angebotsmonopol *n*, **e** monopolio *m* de oferta
Angebotsmuster *n*, - oferta *f* de muestra
Angebotspreis *m*, **e** precio *m* de oferta
Angebotssortiment *n*, **e** surtido *m* (en oferta)
Angebotssteuerung *f*, **en** regulación *f* de la oferta
Angebotstabelle *f*, **n** tabla *f*, tablón *m* de ofertas
Angebotsüberhang *m*, **¨e** oferta *f* excedentaria; (Börse) más vendedores que compradores
Angebotsunterlagen *pl* pliego *m* de condiciones
Angebotsverzeichnis *n*, **se** → Angebotsliste
Angebotszurückziehung *f*, **en** retirada *f*, revocación *f*, retracto *m* de una oferta
angebracht oportuno; procedente; pertinente; (ratsam) recomendable; aconsejable; ***für ~ halten*** considerar oportuno (*od.* apropiado *od.* pertinente); ***nicht ~*** inoportuno; fuera de lugar
angegliederte Gesellschaft *f*, **en** compañía *f* afiliada *bzw.* asociada
Angeheuerte(r) (der/ein) enrolado *m*; contratado *m*
angehören, ***einem Verein ~*** ser miembro de una sociedad, ser socio de un club; estar afiliado a una asociacion
Angehörige *pl* ***die ~n*** los parientes *pl*; los allegados *pl*; ***unterhaltsbedürftigte ~*** familiares *pl* dependientes; ***~ der Mitgliedstaaten*** (EU) nacionales *pl* de un Estado (*od.* país) comunitario; nacionales *pl* de un país miembro de la Unión Europea; ***~ des öffentlichen Dienstes*** empleados y funcionarios de los servicios públicos
angeklagt, ***~ sein, getan zu haben*** acusar de haber cometido
Angeklagte(r) (der/ein) (Jur.) acusado *m*; procesado *m*; reo *m*
Angeld *n*, er (Arch.) señal *f*; seña *f*; arras *pl*
Angelegenheit *f*, **en** asunto *m*; cuestión *f*; materia *f*; ***~en der Gesellschaft*** asuntos *pl* de la compañía; ***~en von äußerster Wichtigkeit*** asuntos de la máxima (*od.* de suma) importancia; ***dienstliche ~*** asunto oficial (de la empresa); ***dringende ~*** asunto urgente; ***heikle ~*** asunto delicado; ***laufende ~en*** asuntos en curso; ***peinliche ~*** asunto desagradable; ***strittige ~*** asunto controvertido, contencioso; ***unaufschiebbare ~*** asunto inaplazable; ***sich einer ~ persönlich annehmen*** hacerse cargo personalmente de un asunto; ***eine ~ in Ordnung bringen*** (*od.* ***regeln***) arreglar un asunto; ***eine ~ erledigen*** solucionar un asunto
angemessen apropiado; suficiente; ***innerhalb einer ~en Frist*** dentro de un plazo prudencial (*od.* razonable); ***~er Preis*** precio *m* razonable; ***~e Vergütung*** remuneración *f* suficiente; retribución *f* adecuada
Angeschuldigte(r) (der/ein) inculpado *m*
angesehen acreditado; apreciado; estimado
angespannt, ***~ arbeiten*** trabajar intensamente; ***die Geldmarktlage ist ~*** la situación reinante en el mercado monetario es tensa; el mercado de capitales a corto plazo se presenta tirante
angestellt, ***~ sein bei*** trabajar como empleado en; ***fest ~*** empleado *m* de plantilla; empleado *m* fijo
Angestellte *pl* personal *m*; empleados *pl* de plantilla; personal *m* no manual
Angestellte(r) (der/ein) empleado *m* (no manual); (im Ggs. zu Arbeiter) trabajador *m* de collar blanco; ***älterer ~*** empleado con antigüedad; ***höherer ~*** empleado con funciones directivas; ***mit der Beaufsichtigung betrauter ~*** empleado inspector; ***kaufmännischer ~*** empleado de comercio; (oficial) administrativo *m*; (Handlungsgehilfe) dependiente *m* de comercio; ***kleiner ~*** empleado subalterno; ***~ in gehobener, leitender Stellung*** ejecutivo *m*; directivo *m*; alto empleado; (Angl.) manager *m*; empleado con funciones directivas; gabinete *m* técnico; ***~ des öffentlichen Dienstes*** empleado público; empleado de los servicios públicos; ***die leitenden ~n*** cuadros *pl* de mando (*od.* dirección); mandos *pl*; ***~ auf Zeit*** empleado temporal

Angestelltentarif *m*, **e** convenio *m* colectivo para los empleados

Angestelltenverhältnis *n*, **se** relación *f* contractual de empleado; relación *f* de empleo; categoría *f* de empleado; ***sich im ~ befinden*** tener la categoría de empleado; estar en situación (*od.* régimen) de empleo

Angestelltenversicherung *f*, **en** (R.F.A.) seguro *m* social de vejez e invalidez (de los empleados)

angewandte Wirtschaftswissenschaft *f*, **en** economía *f* aplicada

angewiesen, ***er ist auf seinen Lohn ~*** depende de su salario; ***~ sein zu*** tener orden (*od.* instrucción) de

Angewiesene(r) (der/ein) destinatario *m*; girado *m*

angleichen armonizar; asimilar; (re)ajustar; nivelar; ***sich ~ an*** amoldarse a; ajustarse a

Angleichung *f*, **en** armonización *f*; asimilación *f*; (re)ajuste *m*; ***~ der mitgliedstaatlichen Rechtsvorschriften*** (EU) armonización, acercamiento *m* de las legislaciones de los Estados comunitarios; ***schrittweise ~ der Preise (der Mitgliedsländer) an die gemeinsamen Preise*** reajuste gradual de los precios nacionales a los comunitarios; ***~ der Renten*** actualización *f* de las pensiones; ***~ der Wechselkurse*** reajuste de los tipos de cambio

angliedern integrar; afiliar; anexionar

angreifen, ***das Kapital ~*** empezar a gastar el capital; ***die Reserven ~*** recurrir a las reservas; ***die Vorräte ~*** empezar a consumir las existencias; echar mano de los stocks

angrenzendes Grundstück *n*, **e** solar *m*, inmueble *m* colindante (*od.* vecino)

Angriff *m*, **e**, ***~ der Baissepartei*** campaña *f*, acometida *f*, ataque *m* bajista; ***~ der Haussepartei*** campaña *m*, acometida *f*, ataque *m* alcista; ***in ~ nehmen*** acometer; emprender; ***zum ~ übergehen*** pasar a la ofensiva

Angriffsaussperrung *f*, **en** suspensión *f* de empleo y sueldo (*od.* lock out) agresivo

Angstkäufe *pl* compras *pl* de pánico; adquisiciones *pl* motivadas por el miedo; psicosis *f* de compra

Angstklausel *f*, **n** cláusula *f* de seguridad; cláusula *f* sin garantía; mención *f* de no garantía de la aceptación; cláusula *f* de precaución contra actos de futuros endosantes

Angstverkauf *m*, **¨e** venta *f* (forzosa) de pánico; ventas *pl* motivadas por el miedo; psicosis *f* de venta

anhaken → abhaken

Anhalten *n*, Ø, ***~ der Ware auf dem Transport*** parada *f*, detención *f* en tránsito; ***~ des Wirtschaftsaufschwungs*** continuación *f* del auge económico

anhalten parar(se); detener(se); ***ein Auto ~*** parar un coche; ***die Hausse hält an*** continúa, prosigue el alza

anhaltend, ***~e Expansion*** expansión *f* sostenida (*od.* continuada)

Anhalter *m*, **-** autoestopista *m*; ***per ~ fahren*** hacer autostop; viajar por autostop; (Méx.) viajar (*od.* irse) de aventón

Anhalterecht *n*, **e** (Marit.) derecho *m* de visita; ***~ auf hoher See*** derecho de visita en alta mar

Anhang *m*, Ø *od.* **¨e** **1.** apéndice *m*; anexo *m*; suplemento *m* **2.** partidarios *pl*; seguidores *pl* **3.** (Testament) codicilo *m* **4.** familiares *pl*; allegados *pl*; ***ohne ~*** sin familia **5.** (Wechsel) coleta *f*

Anhängeadresse *f*, **n** etiqueta *f* colgante

anhängen **1.** ***einen Zettel an ein Paket ~*** poner, colocar una etiqueta colgante en el paquete; colgar una etiqueta en el paquete **2.** (hinzufügen) añadir; anexar **3.** ***einen Wagen ~*** enganchar **4.** ***(jdm.) einen Prozess ~*** proceder judicialmente; entablar pleito **5.** ***einer Partei ~*** adherirse a un partido

Anhänger *m*, **-** **1.** partidario *m*; seguidor *m*; adicto *m* **2.** etiqueta *f* de los equipajes **3.** remolque *m*

Anhängerschein *m*, **e** (Kfz) permiso *m* de circulación para el remolque

Anhängerwagen *m*, **-** remolque *m*

anhängig (Prozess) pendiente; ***einen Prozess ~ machen*** proceder judicialmente; entablar pleito

Anhangsbudget *n*, **s** presupuesto *m* anejo (*od.* suplementario) (Syn. ***Nachtragshaushalt)***

Anhängsel *n*, **-** → Allonge

anhäufen acumular; apilar; amontonar; ***Geld ~*** atesorar (dinero); ***Vorräte ~*** acopiar (existencias); ***sich ~*** acumularse; incrementarse

Anhäufung *f*, **en** acumulación *f*; amontonamiento *m*; (Geld) atesoramiento *m*; (Vorräte) acopio *m*

anheben, ***die Löhne um 4% ~*** elevar, aumentar los salarios en el 4%; ***die Preise ~***

aumentar, subir, elevar los precios; *"hier ~"* levantar (por) aquí; levántese por aquí

Anhebung *f*, **en** elevación *f*; aumento *m*; incremento *m*; *~ der Mieten* elevación, aumento de los alquileres; *~ der Zölle* aumento, elevación de los derechos arancelarios

anheften, *Preisschilder an Waren ~* pegar las etiquetas de precio a los productos

anheizen, *die Inflation ~* atizar, estimular la inflación; *die Konjunktur ~* estimular la actividad económica

anheuern 1. enrolar; contratar; dar trabajo; ajustar **2.** *sich ~ (lassen)* enrolarse; alistarse **3.** (Fam.) fichar; reclutar

Anhörung *f*, **en** audiencia *f*; audición *f* pública (de expertos) (Syn. *Hearing*)

Anhörungsverfahren *n*, **-** (EU) procedimiento *m* consultivo; trámite *m* de audiencia

Ankauf *m*, **¨e** compra *f*; adquisición *f*; (Börse) comprador *m*; *~ und Verkauf* compra y venta; compraventa *f*; *~ und Verkauf von Devisen* compraventa de divisas; compraventa de moneda extranjera; *~ von Massen* compra en grandes cantidades; compra a granel; *~ von Tratten* (durch eine Bank) negociación *f* de letras; *~ eines Wechsels* negociación *f* (bancaria) de una letra

ankaufen comprar; adquirir; *Aktien ~* comprar acciones; *eine Tratte ~* (Außenhandel) negociar una letra

Ankäufer *m*, **-** comprador *m*; adquirente *m*; adquiridor *m*; adquisidor *m* (principalmente de terreno)

Ankaufkurs *m*, **e** cotización *f*, cambio *m* de compra; tipo *m* comprador

Ankaufpreis *m*, **e** precio *m* de compra

Ankaufsermächtigung *f*, **en** (Außenhandelsfinanzierung) autorización *f* de compra

ankaufsfähig comprable; adquirible; (Wechsel) descontable

Ankaufsspesen *pl* gastos *pl* de adquisición

Ankergeld *n*, **er** derechos *pl*, gastos de anclaje (*od.* fondeadero); anclaje *m*; ancoraje *m*

Ankerplatz *m*, **e** ancladero *m*; fondeadero *m*

Anklage *f*, **n** acusación *f*; inculpación *f*; querella *f* criminal; (Col.) declaración *f* instructiva

Anklagebehörde *f*, **n** autoridad *f* acusadora (*od.* acusatoria); autoridad *f* persecutoria

anklagen acusar; inculpar; incriminar; *vor Gericht ~* perseguir judicialmente; (Col.) residenciar en juicio; *~ wegen* acusar de

anklammern (mit Büroklammern) sujetar con grapas; engrapar

Anklang *m*, Ø, *die Ware findet ~* la mercancía se vende bien; el género tiene buena acogida

ankleben pegar; fijar; *~ verboten* se prohibe, prohibido fijar carteles

anklicken hacer clic; pulsar; pinchar; apretar (el botón d)el ratón

anknüpfen, *wirtschaftliche Beziehungen ~* entablar relaciones económicas

ankommen 1. (eintreffen) llegar; arribar; venir; *wir hoffen, dass die Sendung in gutem Zustand bei Ihnen ankommt* esperamos que el envío les llegue en perfecto estado **2.** (Arbeitsplatz finden) encontrar empleo **3.** (von Bedeutung) *es kommt nicht auf den Preis an* el precio es lo de menos; el precio no es lo importante; *es kommt allein darauf an, dass* el único factor determinante es **4.** *wenn es darauf ankommt* si fuera preciso; si llegara el momento; si fuera necesario; *es kommt mir darauf an* lo que (yo) quiero; lo que me interesa **5.** *mit diesen Preisen bei den Kunden gut (schlecht) ~* tener éxito (no tener éxito) entre la clientela con tales precios **6.** *auf etwas ~ lassen* correr el peligro (*od.* riesgo) de

ankreuzen marcar con una cruz; *bitte das Entsprechende (Gewünschte) ~* sírvase marcar con una cruz lo que proceda

ankündigen anunciar; notificar; hacer saber; *die Sendung ~* anunciar la remesa (*od.* expedición); notificar el envío

Ankündigung *f*, **en** anuncio *m*; notificación *f*; (Plakat) cartel *m*; *ohne vorherige ~* sin previo aviso; sin anunciarlo antes

Ankunft *f*, Ø llegada *f*; venida *f*; (Marit.) arribo *m*; *~ und Abfahrt* llegada(s) y salida(s); *gute, wohlbehaltene ~* llegada en perfectas condiciones (*od.* en buen estado); *planmäßige ~* llegada regular; (Fam.) llegada a su hora; *teilen Sie uns bitte mit, wann wir mit der ~ der Ware rechnen können* sírvase indicarnos (para) cuándo podemos contar con la llegada de la mercancía

Ankunftsanzeige *f*, **n** aviso *m* de llegada

Ankunftsbahnsteig *m*, **e** andén *m* de llegada

Ankunftsdat|um *n*, **-en** fecha *f* de llegada

Ankunftshafen *m*, **¨** puerto *m* de llegada

Ankunftsmeldung *f*, **en** (CH) → Eingangsmeldung

Ankunftsort *m*, **e** lugar *m* de llegada

Ankunftszeit *f*, **en** hora *f* de llegada; ***vorgesehene*** ~ hora prevista de llegada; hora de llegada prevista

ankurbeln, ***die Produktion*** ~ relanzar, encauzar la producción; ***den Verbrauch*** ~ estimular el consumo; ***die Wirtschaft*** ~ reactivar la actividad económica

Ankurbelung *f*, Ø, ~ ***der Wirtschaft*** relanzamiento *m* económico; reactivación *f* de la coyuntura económica; ***Maßnahmen zur ~ des Verbrauchs*** medidas *pl* encaminadas a estimular el consumo

Ankurbelungskredit *m*, **e** crédito *m* de estímulo (*od.* promoción) inicial

Anl. → Anlage

Anlass *m*, **¨sse** ocasión *f*; motivo *m*; causa *f*; razón *f*; ***aus*** ~ con motivo de; con ocasión de; ***es besteht ~ zu der Annahme*** hay motivo para creer; ***es gibt ~ zu Befürchtungen*** hay motivos para temer; ***er gab ~ zur Kündigung*** dio motivo para el despido; ***etw. zum ~ nehmen*** aprovechar la ocasión para

Anlage *f*, **n 1.** inversión *f*; colocación *f*; ~ ***in Aktien*** inversión en acciones; ~ ***mit festem Ertrag*** inversión a rédito fijo; ~ ***mit schwankendem Ertrag*** inversión a rédito variable; ~ ***in Grundbesitz*** inversión en inmuebles (*od.* valores inmobiliarios *od.* propiedad inmobiliaria); ~ ***in Wertpapiere*** inversión en (títulos-) valores, inversión en valores mobiliarios; ~ ***überschüssiger Mittel*** inversión de fondos remanentes; empleo *m* de excedente de fondos; ***geldnahe*** ~ disponibilidades cuasidinero; ***mündelsichere*** ~ inversión con máxima garantía; inversión con garantía pupilar; (Fam.) inversión de un "buen padre de familia"; ***prämiengünstige*** ~ inversión con prima; ***sichere*** ~ inversión segura **2.** anexo *m*; suplemento *m*; ***als (in der)*** ~ adjuntamos; adjunto; ***etw. als ~ beifügen*** incluir, adjuntar en el anexo; ***in der ~ finden Sie*** sírvase ver en el anexo; en el anexo encontrará usted; ***in der ~ senden wir Ihnen*** adjunto le remitimos; ~ ***zu einer Bilanz*** anexo de balance **3.** (Betriebsanlage) instalación *f*; planta *f*; fábrica *f*; ~***n und Maschinen*** plantas y maquinaria **4.** (Constr.) edificación *f*; construcción *f*; establecimiento *m* **5.** plano *m*; diseño *m*; proyecto *m* **6.** (Agric.) plantación *f*; plantío *m* **7.** (Park) jardin *m*; parque *m* **8.** (Fähigkeit) aptitud *f*; talento *m*; ***geistige ~n*** dotes *pl* **9.** ~ ***einer Kartei*** formación *f*, creación *f* de un fichero

Anlageabgänge *pl* (Bilanz oder Anhang zur Bilanz) bajas *pl* de inmovilizado; (LA) retiros *pl* de activo fijo

Anlageaufträge *pl* órdenes *pl* de inversión; encargos *pl* de invertir; órdenes *pl* de bienes (de) capital

Anlagebankier *m*, **s** banquero *m* exclusivo en títulos valores

Anlagebedarf *m*, Ø requerimientos *pl* de inversión

Anlagebedingungen *pl* condiciones *pl* de inversión

Anlagebedürfnis *n*, **se** necesidad *f* de inversión

Anlageberater *m*, **-** asesor *m* (en materia) de inversión; analista *m* de inversiones

Anlagebereitschaft *f*, **(en)**, ***geringe*** ~ escasa disposición *f* a invertir

Anlagebeschränkungen *pl* (einer Investmentgesellschaft) restricciones *pl* a la inversión

Anlagebetrag *m*, **¨e** importe *m* invertido

Anlagedispositionen *pl* inversión *f* de dinero

Anlageentscheidung *f*, **en** decisión *f* de invertir

Anlageerneuerung *f*, **en** reposición *f* del activo fijo

Anlagefonds *m*, **-** (CH) → Investmentgesellschaft

Anlageform *f*, **en** forma *f*, tipo *m*, modalidad *f* de inversión

Anlagegegenstand *m*, **¨e** activo *m* (fijo)

Anlagegesellschaft *f*, **en** → Kapitalanlagegesellschaft; → Investmentgesellschaft

Anlagegüter *pl* bienes *pl* (de) capital; bienes *pl* de inversión; equipamiento *m*; activos *pl* de capital

Anlageinvestitionen *pl* inversiones *pl* en el activo fijo (*od.* en el inmovilizado); formación *f* de capital (*od.* activo) fijo; inversiones *pl* fijas

Anlagekapital *n*, Ø capital *m* invertido (*od.* fijo); capital *m* inmovilizado; inmovilizaciones *pl*; cartera *f* de inversiones; ***Zurückziehung von*** ~ desinversión *f*

Anlagekauf *m*, **¨e** compra *f* en cartera; compra *f* a título inversor; compra de valores (con fines de inversión)

Anlagekont|o *n*, **-en** cuenta *f* de inversiones

Anlagekosten *pl* gastos *pl* de (la) inversión; gastos *pl* de primer establecimiento; gastos *pl* de primera instalación; gastos *pl* de fundación; gastos *pl* de primera creación
Anlagekredit *m*, **e** crédito *m* de inversión; crédito *m* para financiar las instalaciones de producción
Anlagemarkt *m*, **¨e** mercado *m* (de inversión) de valores
Anlagemittel *pl* fondos *pl* para inversiones
Anlagemöglichkeit *f*, **en** oportunidad *f* de inversión
Anlagen *pl*, ***immaterielle*** ~ activo *m* intangible; inmovilizaciones *pl* consistentes en derechos; inmovilizaciones *pl* intangibles (*od.* inmateriales *od.* incorporales); bienes *pl* inmateriales; ~ ***im Bau*** inmovilizaciones *pl* en curso; inmovilizaciones no terminadas y no sujetas a amortización
Anlagenabgänge *pl* → Anlageabgänge
Anlagenbuchhaltung *f*, Ø (Sachanlagen) contabilidad *f* de inmovilizaciones; (Finanzanlagen) contabilidad *f* de las inversiones
Anlagenfinanzierung *f*, **en** financiación *f* de las inversiones
Anlagenkont|o *n*, **-en** (Sachanlagen) cuenta *f* de las inmovilizaciones; (Finanzanlagen) cuenta *f* de inversiones
Anlagenstreuung *f*, **en** diversificación *f* de las inversiones; ***mit breiter*** ~ diversificado
Anlagenzugänge *pl* → Anlagezugänge
Anlagepapier *n*, **e** valor *m*; título *m* (de inversión)
Anlageplan *m*, **¨e** plan *m* de inversiones
Anlageportefeuille *n*, **s** cartera *f* de inversiones
Anlageprogramm *n*, **e** programa *m*, esquema *m* de inversiones
Anlagepublikum *n*, Ø inversores *pl*; inversionistas *pl*
Anlagerückstellungen *pl* reservas *pl* para amortización de material; fondo *m* (de previsión) para amortización de material
Anlageschutz *m*, Ø protección *f* del inversor (*od.* inversionista)
Anlageschwund *m*, Ø desinversión *f*
Anlagestreuung *f*, **en** → Anlagenstreuung
Anlagetip *m*, **s** sugerencia *f* confidencial sobre inversión; (Fam.) soplo *m* bursátil
Anlagevermögen *n*, **-** activo *m* fijo (*od.* permanente); (activo) inmovilizado *m*; valores *pl* inmovilizados; (LA) bienes *pl* de uso; activo *m* fijo
Anlagewert *m*, **e** valor *m* de la inversión (*od.* de la colocación)
Anlagewerte *pl* valores *pl* inmovilizados; capital *m* fijo; ***immaterielle*** ~ (activos) intangibles *pl*
Anlageziel *n*, **e** objetivo *m* de la inversión
Anlagezugänge *pl* (Bilanz, Anhang zur Bilanz) adquisición *f* de inmovilizado; (LA) aumentos *pl* del activo fijo
anlanden, ***den Fischfang*** ~ desembarcar las capturas
Anlandung *f*, **en** desembarco *m*; desembarque *m* *bzw.* aterrizaje *m* *bzw.* alunizaje *m* *bzw.* amerizaje *m*
Anlandverbringung *f*, **en** → Anlandung
anlassen, ***den Motor*** ~ arrancar, poner en marcha el motor; ***das Geschäft lässt sich gut an*** el negocio promete
anlässlich con motivo, con ocasión de
anlasten, ***jdm. etw.*** ~ imputar a/c a alg.; (ein Delikt) aplicar
Anlauf *m*, Ø arranque *m*
Anlaufbetrag *m*, **¨e** importe *m* inicial; coste *m* de puesta en marcha
anlaufen **1.** hacer escala (en un puerto) **2.** acumularse (la deuda, los intereses) **3.** comenzar; ponerse en funcionamiento; ***die Produktion läuft am Monatsende an*** se comenzará (con) la producción a finales de mes; ***die Produktion*** ~ ***lassen*** dejar que la producción se vaya poniendo en marcha
Anlaufen *n*, Ø arriba(da) *f*; ~ ***eines Nothafens*** arribada *f* forzosa
Anlaufhafen *m*, **¨** puerto *m* de escala
Anlaufkosten *pl* gastos *pl* de puesta en marcha; costes *pl* iniciales
Anlaufkredit *m*, **e** crédito *m* de lanzamiento; crédito *m* para la puesta en marcha
Anlaufphase *f*, **n** fase *f* inicial; fase *f* de puesta en marcha
Anlaufschwierigkeiten *pl* dificultades *pl* iniciales
Anlaufstelle *f*, **n** dirección *f*
Anlaufzeit *f*, **en** (período *m* de) rodaje *m*; período *m* de puesta en marcha; período *m* inicial
Anlegegebühren *pl* derechos *pl* de atraque
Anlegehafen *m*, **¨** puerto *m* de escala
anlegen **1.** invertir; colocar; ***fest*** ~ invertir, colocar en firme; ***sein Geld in Aktien*** ~ colocar su dinero en acciones; ***Geld in Immobilien*** ~ invertir, colocar dinero en (bienes) inmuebles; ***Geld kurzfristig (langfristig)*** ~ invertir dinero a corto (largo) plazo; ***Geld verzinslich*** ~ invertir, co-

locar el dinero con devengo de intereses; ***Geld in Staatspapieren*** ~ colocar, invertir el dinero en valores del estado (Syn. ***investieren***) **2.** ***Vorrat*** ~ almacenar; establecer existencias **3.** ***eine Kartei*** ~ establecer, hacer un fichero **4.** ***ein Konto*** ~ abrir una cuenta **5.** (planen) trazar; delinear **6.** (bauen) edificar; construir **7.** (einrichten) instalar **8.** (Marit.) hacer escala; tocar en; atracar

Anleger *m*, - **1.** inversor *m*; inversionista *m* **2.** (bei Investmentfonds) partícipe *m*; fondista *m*

Anlegestelle *f*, **n** embarcadero *m*; atracadero *m*; puesto *m* de atraque

Anleihe *f*, **n** empréstito *m* **1.** ***auslösbare*** ~ empréstito a prima; ***fundierte*** ~ empréstito consolidado; ***garantierte*** ~ empréstito con garantía; ***gebundene*** ~ préstamo *m* condicionado; préstamo sujeto a ciertas condiciones; ***gesicherte*** ~ empréstito, préstamo garantizado; ***hypothekarisch gesicherte*** ~ préstamo, empréstito hipotecario; ***indexgebundene*** ~ empréstito indizado; empréstito ligado a un índice; ***innere*** ~ empréstito interior; ***konsolidierte*** ~ empréstito consolidado; deuda consolidada; ***kündbare*** ~ empréstito rescindible; ***kurz-***, ***mittel-***, ***langfristige*** ~ empréstito a corto, medio, largo plazo; ***nicht amortisierbare*** ~ empréstito de renta perpetua; ***notierte*** ~ empréstito cotizable; ***öffentliche*** ~ empréstito público; ~ ***der öffentlichen Hand*** empréstito, fondo público; ***private*** ~ empréstito privado; ***tilgungspflichtige*** ~ empréstito amortizable; ***ungedeckte*** ~ empréstito fiduciario; ***unkündbare*** ~ empréstito irrevocable; ***unverzinsliche*** ~ empréstito sin interés; ***verzinsliche*** ~ empréstito a interés **2.** ***die ~ wurde zum Parikurs öffentlich angeboten*** el empréstito fue ofrecido al público a la par; ***eine ~ auflegen*** emitir, lanzar un empréstito; (Méx.) flotar un empréstito; ***eine ~ zur Zeichnung auflegen*** invitar a suscribir un empréstito; ***eine ~ aufnehmen*** contraer un empréstito; ***eine ~ bedienen*** pagar los intereses de un empréstito; ***eine ~ begeben*** emitir un empréstito; (im Wege der festen Übernahme durch eine Bank) negociar un empréstito; ***aus ~n decken*** cubrir con *od.* mediante empréstitos; ***die ~ wurde voll gezeichnet*** el empréstito ha sido suscrito totalmente; ***eine ~ bei jdm. machen*** recibir un préstamo de alg.; ***eine ~ tilgen*** amortizar, redimir un empréstito; ***eine ~ übernehmen*** adquirir un empréstito; ***die wurde überzeichnet*** el empréstito fue suscrito en exceso; ***eine ~ unterbringen*** colocar un empréstito; ***eine ~ zeichnen*** suscribir un empréstito; ***eine ~ zum Nennwert zurückzahleln*** amortizar, redimir un empréstito a la par **3.** ~ ***des Bundes*** empréstito emitido por el Gobierno Federal; ~ ***der Montanunion*** empréstito de la CECA (Comunidad Europea del Carbón del Acero)

Anleiheablösung *f*, **en** reembolso *m*, devolución *f* de un empréstito

Anleiheablösungsschuld *f*, **en** deuda *f* amortizable

Anleiheagio *n*, Ø prima *f* sobre el empréstito

Anleiheaufnahme *f*, **n** contratación *f* de un empréstito

Anleiheausgabe *f*, **n** emisión *f* de un empréstito

Anleiheausstattung *f*, **en** términos *pl* de un empréstito

Anleihebank *f*, **en** banco *m* de empréstitos

Anleihebedarf *m*, Ø demanda *f* de empréstitos

Anleihebedingungen *pl* condiciones *pl* del empréstito

Anleihebegebung *f*, **en** emisión *f* de empréstitos

Anleihebetrag *m*, **¨e** monto *m*, importe *m* del empréstito

Anleihedienst *m*, Ø pago *m* de los intereses de un empréstito; servicio *m* de los empréstitos

Anleiheemission *f*, **en** emisión *f* de empréstitos

Anleiheerlös *m*, **e** ≡ Anleiheertrag

Anleiheertrag *m*, **e** producto *m* del empréstito

Anleihegeber *m*, - emisor *m* de un empréstito

Anleihegeschäft *n*, **e** asunción *f* y colocación *f* de empréstitos; venta *f* e intermediación *f* de empréstitos a comisión

Anleihegewährung *f*, **en** otorgamiento *m*, concesión *f* de un empréstito

Anleihegläubige(r) (der/ein) tenedor *m* de un empréstito; obligacionista *m*

Anleihekapital *n*, Ø empréstito *m*; capital *m* recibido para la financiación

Anleihekonsorti|um *n* , **-en** sindicato *m*, consorcio *m* de empréstitos

Anleihekonversion *f*, **en** conversión *f* de un empréstito

Anleihekurs *m*, **e** precio *m*, cotización *f* del empréstito

Anleihelaufzeit *f*, **en** plazo *m* (de amortización) de un empréstito; vencimiento *m* de un empréstito

Anleihemantel *m*, **¨** certificado *m* de empréstito

Anleihemarkt *m*, **¨e** mercado *m* de empréstitos

Anleihenehmer *m*, **-** prestatario *m*, suscritor *m* de un empréstito

Anleihensgläubiger *m*, **-** (CH) → Obligationär

Anleihepapier *n*, **e** título *m*, bono *m* de empréstito

Anleihepolitik *f*, **Ø** política *f* (en materia) de empréstitos

Anleiherendite *f*, **n** rentabilidad *f* de un empréstito

Anleiherückzahlung *f*, **en** amortización *f* de un empréstito

Anleiheschein *m*, **e** certificado *m* de empréstito

Anleiheschuld *f*, **en** deuda *f* en concepto de empréstito; pasivo *m* consolidado; (Col.) obligación *f* pasiva

Anleiheschuldner *m*, **-** deudor *m* del empréstito

Anleiheschuldverschreibung *f*, **en** obligación *f*

Anleihestockgesetz *n*, **e** ley *f* sobre fondos de garantía de empréstitos a emitir

Anleihestückelung *f*, **en** denominación *f* del empréstito

Anleihetilgung *f*, **en** amortización *f* de un empréstito

Anleiheübernahmekonsorti|um *n*, **-en** sindicato *m*, consorcio *m* que asume el empréstito

Anleiheumwandlung *f*, **en** → Anleihekonversion

Anleiheunterbringung *f*, **en** colocación *f* del empréstito

Anleiheverschuldung *f*, **en** endeudamiento *m* por vía de empréstito

Anleihevertrag *m*, **¨e** contrato *m* de empréstito

Anleihewirtschaft *f*, **Ø** **1.** economía *f* basada en empréstitos **2.** sector *m* de empréstitos

Anleihezeichner *m*, **-** suscriptor *m* (de un empréstito)

Anleihezeichnung *f*, **en** suscripción *f* de un empréstito

Anleihezinsen *pl* intereses *pl* sobre empréstitos; intereses *pl* devengados por el empréstito

Anleihezinsendienst *m*, **e** servicio *m* de los empréstitos; servicio *m* de pago de intereses del empréstito

Anleihezuteilung *f*, **en** asignación *f* de empréstitos

Anlernberuf *m*, **e** profesión *f*; oficio *m* con formación profesional

anlernen formar; instruir; capacitar; ***angelernter Arbeiter*** trabajador *m* semic(u)alificado

Anlernling *m*, **e** **1.** aprendiz *m* **2.** trabajador *m*, obrero *m* en fase de formación

Anlernzeit *f*, **en** período *m* de formación

anliefern entregar; suministrar; abastecer (a domicilio)

Anlieferungsschein *m*, **e** talón *m*, hoja *f* de embarque

anliegend **1.** adjunto (Syn. ***beiliegend, anbei***) **2.** contiguo; adyacente

Anlieger *m*, **-** vecino *m*; aledaño *m*; ~ ***frei*** paso prohibido excepto vecinos

Anliegerstaat *m*, **en** país *m*, estado *m* ribereño

Anm. → Anmerkung

anmahnen **1.** (Geld) reclamar, exigir el pago **2.** (Auftrag) reclamar un pedido

Anmeldeformular *n*, **e** boletín *m*, formulario *m* de inscripción

Anmeldefrist *f*, **en** plazo *m* de inscripción

Anmeldegebühr *f*, **en** derechos *pl* de inscripción

anmelden **1.** ***ein Fahrzeug*** ~ matricular un vehículo **2.** ***eine Forderung*** ~ presentar, plantear una reivindicación (*od.* exigencia) **3.** ***ein Gespräch*** ~ pedir (una) conferencia **4.** ***Konkurs*** ~ declararse en quiebra **5.** ***ein Patent*** ~ solicitar registro de patente; registrar una patente **6.** ***schriftlich*** ~ notificar (por escrito) **7.** ***sich*** ~ darse de alta; matricularse; inscribirse

Anmeldepflicht *f*, **Ø** declaración *f* obligatoria; registro *m* obligatorio

anmeldepflichtig sujeto a declaración; de declaración obligatoria

Anmeldeschein *m*, **e** hoja *f* de inscripción; cédula *f* de registro

Anmeldeschluss *m*, **Ø** cierre *m* del plazo de inscripción

Anmeldestelle *f*, **n** oficina *f* de registro; punto *m*, lugar *m*, sitio *m* para darse de alta

Anmeldetermin *m*, **e** → Anmeldefrist

Anmeldung *f*, **en** declaración *f*; registro *m*; inscripción *f*; alta *f*; ***polizeiliche*** ~ aviso *m* de llegada

Anmerkung *f*, **en** nota *f*; observación *f*; anotación *f*; advertencia *f*; observación *f*; ***mit ~en versehen*** anotar (una observación *od.* advertencia)

anmieten alquilar; tomar en alquiler

Anmietung *f*, **en** alquiler *m* (de corta duración)

anmustern (Marit.) enrolar; reclutar; alistar

annähern aproximar; acercar; ***die Wirtschaftspolitiken schrittweise*** ~ (EU) aproximar, alinear progresivamente las políticas económicas

annähernd 1. aproximado; aproximativo **2.** cerca de; aproximadamente; alrededor de; poco más o menos **3.** ***~e Berechnung*** cálculo *m* casi correcto; estimación *f* aproximada

Annäherung *f*, **en** aproximación *f*; acercamiento *m*

Annäherungswert *m*, **e** (Estad.) valor *m* aproximativo; valor *m* de aproximación

Annahme *f*, **n 1.** aceptación *f*; recepción *f*; acepto *m*; ***mangels*** ~, ***wegen nicht erfolgter*** ~ por falta de aceptación; ***einen Wechsel zur ~ vorlegen*** presentar una letra para su aceptación; ~ ***der Ware verweigern*** rehusar la aceptación; negarse a aceptar (*od.* recibir); ~ ***des Werkes*** recepción de la obra **2.** ~ ***eines Gesetzes*** aprobación de una ley **3.** ***in der ~, dass*** suponiendo que; en el supuesto de que; en la creencia de que **4.** ***es besteht Grund zu der*** ~ hay razón para suponer que **5.** ~ ***an Kindes statt*** adopción *f*; prohijamiento *m*; ~ ***an Zahlung statt*** dación *f* en pago; ***ausdrückliche*** ~ aceptación expresa; ***bedingte*** ~ aceptación condicional (*od.* limitativa); ***stillschweigende*** ~ aceptación tácita (*od.* implícita); ***unbedingte*** ~ aceptación incondicional; ***vorbehaltlose*** ~ (der Erbschaft) aceptación pura y simplemente de la herencia; ***zur ~ vorlegen*** presentar a la aceptación

Annahmebahnhof *m*, **¨e** estación *f* de procedencia

Annahmebedingung *f*, **en** condición *f* de admisión

annahmeberechtigt facultado para aceptar

Annahmebescheinigung *f*, **en** (certificado *m* de) recibo *m*; (Gal.) récépissé *m*

Annahmeerklärung *f*, **en** declaración *f* de aceptación

Annahmefrist *f*, **en** plazo *m* de aceptación

Annahmepflicht *f*, **en**, ~ ***des Käufers*** obligación *f* de aceptación por parte del comprador

Annahmeprotest *m*, **e** protesto *m* por no aceptación

Annahmestelle *f*, **n 1.** (Gepäck) facturación *f* de equipajes **2.** (Werbung) oficina *f* de anuncios **3.** (Schalter) ventanilla *f*; taquilla **4.** (Telegramme) despacho *m* de telegrama

Annahmestempel *m*, **-** sello *m* de recibo; sello *m* de entrada

Annahmevermerk *m*, **e** (nota *f* de) aceptación *f*

Annahmeverweigerung *f*, **en** no aceptación *f*; denegación *f*, negativa de aceptación

Annahmewert *f*, **e** valor *m* aproximado; valor *m* estimado, supuesto

annehmbar, ***~er Preis*** precio *m* aceptable

Annehmbarkeit *f*, **Ø** aceptabilidad *f*

annehmen aceptar; aprobar; admitir; ***bedingt*** ~ aceptar con reserva; ***sich*** ~ hacerse cargo

Annehmende(r) (der/ein) aceptante *m*; aceptador *m*; tomador *m*

Annehmer *m*, **-** → Annehmender

annektieren anexionar; anexar

Annexion *f*, **en** anexión *f*

anni currentis (a.c.) del año en curso

Annonce *f*, **n** anuncio *m*; inserción *f*; (LA) aviso *m*; ***auf eine ~ antworten*** contestar a un anuncio; ***eine ~ aufgeben*** insertar, poner un anuncio (Syn. ***Anzeige, Inserat***)

Annoncenakquisiteur *m*, **e** agente *m*, adquisidor *m* de anuncios

Annoncenblatt *n*, **¨er** periódico *m* exclusivamente de anuncios; hoja *f* de anuncios

Annoncenteil *m*, **e** página(s) *f* (*pl*) de anuncios

annoncieren anunciar; poner un anuncio; hacer publicidad

Annuität *f*, **en** anualidad *f*; suma *f* pagada al año (*od.* anualmente); anualidad *f* de reembolso; (Zinsschein) cupón *m*; ~ ***mit bestimmter Laufzeit*** anualidad cierta (*od.* incondicional); ~ ***mit unbestimmter Laufzeit*** anualidad condicional

Annuitätenbetrag *m*, **¨e** anualidad *f*

Annuitätenhypothek *f*, **en** hipoteca *f* sobre anualidades

Annuitätenzahlung *f*, **en** pago *m* por años; pago *m* por anualidades

annullieren anular; invalidar; cancelar; (Méx.) nulificar; ***eine Bestellung*** ~ anular, cancelar un pedido (*od.* una orden)

Annullierung *f*, **en** anulación *f*; invalidación *f*; cancelación *f*

anordnen 1. exigir; prescribir; decretar **2.** agrupar; colocar; disponer; poner en orden

Anordnung *f*, **en 1.** orden *f*; mandamiento *m*; instrucción *f*; ordenanza *f*; reglamentación *f*; ***einstweilige*** ~ precautoria *f*; medida *f* de seguridad cautelar; interlocutorio *m*; ***auf*** ~ ***des Gerichts*** por orden judicial **2.** colocación *f*; disposición *f*; ~ ***der ausgestellten Waren*** distribución *f*, colocación *f* de las mercancías expuestas

Anordnungsweg *m*, **e** canal *m* de las órdenes

anpassbar adaptable

Anpassbarkeit *f*, Ø adaptabilidad *f*

anpassen adaptar; asimilar; (re)ajustar; ***seine Ausgaben den Einnahmen*** ~ adaptar, ajustar sus gastos a los ingresos percibidos; ***dem Lebenshaltungsindex*** ~ indexar, indiciar al índice del coste de vida; ***die Produktion an die Nachfrage*** ~ ajustar, adaptar la producción a la demanda

Anpassung *f*, **en** adaptación *f*; (re)ajuste *m*; indexación *f*; ***berufliche*** ~ adaptación *f* profesional; ***mengenmäßige*** ~ ***der Erzeugung an die Absatzmöglichkeiten*** adaptación, ajuste de la producción a las posibilidades de venta; ***wirtschaftliche*** ~ ajuste económico; ~ ***der Löhne an die steigenden Preise*** reajuste de los salarios al alza de los precios; ~ ***der Wechselkurse*** (re)ajuste de los tipos de cambio

Anpassungsbeihilfe *f*, **n**, ~ ***für Arbeitnehmer*** ayuda *f* de adaptación para los trabajadores y empleados

anpassungsfähig adaptable

Anpassungsfähigkeit *f*, **en** adaptabilidad *f*; ***mangelnde*** ~ inadaptación *f*

Anpassungsgesetz *n*, **e** ley *f* de ajuste; ley *f* modificatoria

Anpassungskosten *pl* gastos *pl* de (re)adaptación

Anpassungsmaßnahmen *pl* medidas *pl* de adaptación

Anpassungsschwierigkeiten *pl* dificultades *pl* de adaptación

Anpassungsvermögen *n*, Ø capacidad *f* de adaptación

anpeilen tener como objetivo; enfocar; poner la mira

Anpflanzung *f*, **en** cultivo *m*; plantación *f*

Anpflanzungsverbot *n*, **e** prohibición *f* de cultivo

anpreisen elogiar; alabar; encomiar; ***seine Waren*** ~ hacer el artículo; alabar sus artículos hasta las nubes

anpumpen (Fam.), ***jdn.*** ~ dar un sablazo a alg.; sablear a alg.

Anrainer *m*, - ribereño *m*

Anrainerstaat *m*, **en** estado *m* ribereño

Anrainerstraße *f*, **n** vía *f* reservada a los vecinos

anrechnen 1. facturar; poner, cargar en cuenta; adeudar; ***auf den Kaufpreis*** ~ deducir del precio de compra **2.** abonar (en cuenta) **3.** (Fig.) atribuir; imputar; achacar

Anrechnung *f*, **en 1.** facturación *f*; cargo *m* en cuenta; adeudo *m*; ***in*** ~ ***bringen*** poner en cuenta **2.** abono *m*; descuento *m*; bonificación *f*; ~ ***der Zahlungen*** imputación *f*, aplicación *f* de los pagos **3.** ***zur*** ~ ***auf*** a cargo de

anrechnungsfähig acreditable; computable; deducible; ~***e Dienstjahre*** años *pl* de servicio computables para el pago de pensiones

Anrecht *n*, **e** derecho *m*; título *m*; ***ein*** ~ ***auf etw. haben.*** tener derecho a u/c

Anrechtsschein *m*, **e** certificado *m* provisional (antes de la emisión de las acciones)

Anrede *f*, **n 1.** (Corresp.) encabezamiento *m* **2.** (fórmula *f* de) salutación *f*; fórmula *f* de cortesía **3.** ("Du", "Sie") tratamiento *m*; ~ ***mit Du*** tutear; tratar, decir de tú; ~ ***mit Sie*** tratar, decir de usted

anregen, ***den Konsum*** ~ estimular el consumo

anreichern enriquecer; ***angereichertes Uran*** uranio *m* enriquecido; ***mit etw.*** ~ enriquecer con u/c

Anreicherung *f*, **en** enriquecimiento *m*

Anreise *f*, **n** viaje *m* de ida (Ggs. ***Rückreise***)

anreißen, ***den Vorrat*** ~ empezar las existencias

Anreißer *m*, **- 1.** vendedor *m* ambulante; charlatán *m* **2.** gancho *m*; artículo *m* destinado a atraer a la clientela

anreißerisch, ~***e Werbung*** publicidad *f* a bombo y platillo

Anreißerofferte *f*, **n** oferta *f* a precio inferior al de costo

Anreiz *m*, **e** incentivo *m*; aliciente *m*; acicate *m*; ~ ***für Investitionen*** incentivo para las inversiones; ***finanzielle*** ~***e*** estímulos, incentivos financieros; ***steuerliche*** ~***e*** incentivos, estímulos fiscales

anreizen, ***Waren, die zum Kauf ~ sollen*** artículos gancho; artículos destinados a atraer a la clientela

Anreizlohn *m*, **¨e** salario *m* incentivado

Anreizprämie *f*, **n** (prima *f* de) incentivo *m*

Anreizsystem *n*, **e** sistema *m* de trabajo incentivado

anrollen 1. acarrear **2.** (Aviac.) rodar sobre la pista

Anruf *m*, **e** llamada *f* (telefónica); (Fam.) golpe *m* de teléfono; "telefonazo" *m*; (LA) llamado *m; **einen ~ entgegennehmen*** responder, contestar (al teléfono); tomar una llamada

Anrufbeantworter *m*, **-** (Teléf.) contestador *m* (automático de llamadas); ***~ mit Fernabfrage*** contestador con mando a distancia

anrufen 1. ***jdn.*** ~ llamar por teléfono a alg.; hablar por teléfono con alg.; telefonear a alg.; dar a alg. un telefonazo (Syn. ***telefonieren***) **2.** ***ein Gericht ~*** apelar, recurrir a un tribunal

Anrufer *m*, **-** (Teléf.) el que llama; el que hace la llamada (telefónica)

Ansage *f*, **n** anuncio *m*; aviso *m; **eine ~ im Radio (TV) durchgeben*** radiar, (televisar) un anuncio; transmitir un aviso por radio (por televisión)

ansagen anunciar; comunicar

ansammeln 1. (Personen) concentrarse; reunirse **2.** ***Gewinne ~*** acumular ganancias (*od.* beneficios) **3.** ***Reichtümer ~*** atesorar riquezas **4.** ***Reserven ~*** constituir reservas **5.** ***Vorräte ~*** acopiar existencias

ansässig residente; domiciliado; implantado ***~ sein*** residir en; ***sich ~ machen, ~ werden*** fijar, establecer la residencia en; afincarse en; ***nicht ~*** no residente; ***in der Bundesrepublik ~e Tochtergesellschaften ausländischer Firmen*** filiales de empresas extranjeras residentes en la R.F.A.; ***in der Bundesrepublik ~e Wirtschaftsunternehmen*** empresas (mercantiles) domiciliadas en la R.F.A.; ***im Zollgebiet ~e Person*** persona *f* con domicilio en el territorio aduanero

Ansatz *m*, **¨e 1.** evaluación *f*; estimación *f* **2.** (Contab.) asiento *m; **in ~ bringen*** asentar en cuenta **3.** (Anfang) enfoque *m*; planteamiento *m* **4.** (angesetztes Stück) pieza *f* añadida **5.** (statistische Kurve) inclinación *f*

anschaffen 1. (Kauf) comprar, adquirir; ***sich ein Auto ~*** comprarse un coche **2.** (besorgen) procurar; facilitar **3.** (zahlen) proveer fondos para el pago **4.** (Devisen) suministrar

Anschaffung *f*, **en** (Kauf) compra *f*; adquisición *f*; (von Beträgen) provision; (Devisen) suministro *m; **~en machen*** hacer previsiones

Anschaffungsdarlehen *n*, **-** préstamo *m* personal; crédito *m* personal a plazos; crédito *m* de adquisición

Anschaffungsgeschäfte *pl* (Börse) operaciones *pl* de compra

Anschaffungskosten *pl* coste *m* de compra (*od.* adquisición); gastos *pl* de adquisición; coste *m* inicial; coste *m* histórico (LA); costo *m* de adquisición; precio *m* de adquisición; ***~ und Herstellungskosten*** coste inicial y de producción

Anschaffungskredit *m*, **e** crédito *m* de adquisición

Anschaffungsnebenkosten *pl* coste *m* accesorio de adquisición

Anschaffungspreis *m*, **e 1.** (Erwerbspreis) precio *m* de compra (*od.* de adquisición) **2.** (Kaufpreis und Kaufnebenkosten) precio *m* y costes de compra; precio *m* de coste

Anschaffungswert *m*, **e** valor *m* de costo; valor *m* de adquisición (*od.* de compra); valor *m* inicial; ***zum ~*** al costo

Anschauungsmaterial *n*, **ien** material *m* documental; material *m* demostrativo (*od.* de demostración); material *m* de ilustración

Anschein *m*, **Ø** apariencia *f*

Anscheinsvollmacht *f*, **en** autorización *f* aparente

Anschlag *m*, **¨e 1.** fijación *f* de anuncios (*od.* carteles) **2.** cartel *m*; anuncio *m*; letrero *m* **3.** pulsación *f* (en la máquina de escribir) **4.** tasación *f*; valoración *f*; estimación *f;* **5.** cálculo *m*; cómputo *m; **in ~ bringen*** computar; tener en cuenta **6.** atentado *m; **einen ~ verüben*** cometer, perpetrar un atentado

Anschlagbrett *n*, **er** → Anschlagtafel

anschlagen 1. pegar, fijar carteles (*od.* anuncios) **2.** ***zu hoch, zu niedrig ~*** sobrevalorar, infravalorar

Anschlagplakat *n*, **e** cartel *m*; (Angl.) poster *m*

Anschlagsäule *f*, **n** columna *f* anunciadora (Syn. ***Litfaßsäule***)

Anschlagtafel *f*, **n** tablón *m* de anuncios; cartelera *f*

Anschlagwand *f*, ¨e panel *m* de carteles; mural *m* de carteles

Anschlagwerbung *f*, **en** publicidad *f* por carteles (Syn. ***Plakatwerbung***)

Anschluss *m*, ¨sse **1.** (Transp.) enlace *m*; correspondencia; ~ ***haben*** tener enlace (*od.* conexión) **2.** (Bahnstrecke) empalme *m* **3.** (Elektrotechnik) conexión *f* **4.** (Strom, Wasser, etc.) toma *f*; acometida *f* **5.** (Teléf.) comunicación *f*; ~ ***bekommen*** obtener comunicación; ***im ~ an die Sitzung*** a continuación de la sesión; ***im ~ an mein gestriges Telefongespräch*** con referencia a mi llamada (telefónica) de ayer; ***kein ~ unter dieser Nummer*** no hay abonado en el número que ha marcado usted; ***dieser ~ ist vorübergehend außer Betrieb*** el número que ha marcado está de momento fuera de servicio; ***den ~ verlieren*** perder el tren; perder la ocasión; quedarse atrás

Anschlussbahnhof *m*, ¨**e** (estación *f* de) correspondencia *f*

Anschlussfirma *f*, **n** empresa *f* asociada, afiliada, adherida

Anschlussgebühr *f*, **en** derechos *pl* de conexión

Anschlussinhaber *m*, - abonado *m*

Anschlusskonkurs *m*, **e** quiebra *f* adhesiva, subsiguiente

Anschlusskredit *m*, **e** crédito *m* de relevo

Anschlusspfändung *f*, **en** embargo *m* adhesivo

Anschlussvertrag *m*, ¨**e** contrato *m* de adhesión, de asociación

anschmieren 1. untar **2.** (Fam.) ***jdn.*** ~ pegársela (a alguien)

anschnallen, ***sich*** ~ (im Auto, im Flugzeug) abrocharse, colocarse, ponerse el cinturón (de seguridad)

Anschnallgurt *m*, **e** (im Auto, Flugzeug) cinturón *m* de seguridad

Anschnallpflicht *f*, **en** uso *m* obligatorio del cinturón (de seguridad)

anschreiben 1. dirigirse a alg. por escrito; escribir a alg. **2.** cargar en cuenta **3.** ~ ***lassen*** comprar a crédito; comprar (al) fiado; ***wollen Sie dies ~ lassen*** ¿desea que se lo anote en cuenta?; (Fam.) ¿quiere que se lo apunte?

Anschrift *f*, **en** direccíon *f*; señas *pl*; ***seine genaue ~ geben*** dar la dirección exacta de uno; dar el nombre, los apellidos y la dirección de uno (Syn. ***Adresse***)

Anschriftänderung *f*, **en** cambio *m* de dirección

Anschriftenverzeichnis *n*, **se** lista *f* de direcciones

anschuldigen (in)culpar; acusar

anschuldigend inculpatorio; acusatorio

Anschuldigung *f*, **en** inculpación *f*; acusación *f*; ***falsche*** ~ acusación falsa (contra alg.)

anschwärzen, ***einen Konkurrenten*** ~ hablar mal de la competencia

anschwindeln engañar, mentir a alg.

ansehen 1. ver (un texto) en (la) pantalla **2.** ***(sich) die Ware*** ~ examinar la mercancía

Ansehen *n*, Ø consideración *f*; reputación *f*; renombre *m*; ***geschäftliches*** ~ reputación, renombre comercial; ***hohes ~ genießen*** disfrutar de buena reputación; ~ ***in der Öffentlichkeit genießen*** disfrutar de buena imagen pública; ***jds. ~ schaden*** desacreditar, desprestigiar a alg.

ansehnlich importante; ***ein ~er Betrag*** una suma respetable (*od.* importante)

ansetzen 1. evaluar; estimar; ***die Kosten zu hoch, zu niedrig*** ~ estimar los costes en un valor excesivamente alto, bajo **2.** ***die Preise*** ~ fijar los precios **3.** ***eine Sitzung*** ~ convocar una reunión **4.** ***einen Termin*** ~ señalar, fijar una fecha (*od.* un plazo)

Ansicht *f*, **en 1.** punto *m* de vista; opinión *f*; parecer *m*; ***nach allgemeiner*** ~ según la opinión general; ***der ~ sein*** ser de la opinión; ***abweichender ~ sein*** ser de opinión divergente; ***anderer ~ sein*** ser de otra opinión **2.** ***zur*** ~ como (*od.* de) muestra; ***Exemplar zur*** ~ ejemplar *m* de muestra; ejemplar *m* para examen; ***die Ware zur ~ senden*** enviar la mercancía para su examen

Ansichtskarte *f*, **n** (tarjeta) postal *f*

Ansichtsmuster *n*, - muestra *f* para examen (*od.* inspección); especimen *m*

Ansichtssendung *f*, **en** envío *m* como muestra; envío *m* para examen; ***bei unbestellter ~ keine Rücksendungspflicht*** no hay obligación de devolución de las muestras no solicitadas

ansiedeln establecer; domiciliar; ***sich*** ~ avecindarse; implantarse; establecerse; domiciliarse

Ansiedlung *f*, **en 1.** colonización *f*; establecimiento *m* **2.** colonia *f*; asentamiento *m*

anspannen tensar; ***alle Kräfte*** ~ hacer un esfuerzo máximo; no regatear esfuerzos

Anspannung *f*, **en** tirantez *f*; tensión *f*; esfuerzo *m*; ***wachsende ~ am Arbeitsmarkt*** tirantez creciente en el mercado de trabajo; ~ ***am Geldmarkt*** tensión, tirantez en el mercado dinerario (= más demanda que oferta); ~ ***der Kassenlage*** escasez *f* de dinero disponible

ansparen ahorrar; hacer economía (para comprar u/c)

anspielen, ~ ***auf etw.*** aludir a u/c

Ansporn *m*, (**e**) estímulo *m*; incentivo *m*; acicate *m*

anspornen incentivar; estimular

Ansprache *f*, **n** discurso *m*; alocución *f*; ***eine ~ halten*** pronunciar un discurso (*od.* alocución)

ansprechen **1.** (gefallen) gustar; agradar; complacer **2.** ***ein Konto*** ~ imputar a una cuenta **3.** referirse a **4.** reaccionar; responder

ansprechend agradable; atractivo

anspringen arrancar; ponerse en marcha

Anspruch *m*, **¨e** derecho *m*; reclamación *f*; reivindicación *f* **1.** ~ ***erheben*** hacer valer un derecho; reclamar un derecho; ~ ***auf Dividende*** derecho a dividendo; ~ ***auf Liquidationserlös*** derecho al producto de la liquidación; ~ ***auf Patentschutz haben*** tener derecho a la protección en virtud de patente; ***seine Ansprüche auf eine Rente geltend machen*** hacer valer sus derechos a (percibir una) pensión **2.** exigencias *pl*; pretensiones *pl*; ***allen Ansprüchen gerecht werden, genügen*** satisfacer todas las exigencias; ***zu hohe Ansprüche an jdn. stellen*** exigir demasiado a (*od.* de) alg. **3.** absorber; recabar; necesitar; ***viel Zeit in ~ nehmen*** absorber mucho tiempo; ***ganz in ~ nehmen*** absorber, ocupar por completo; ***sehr in ~ genommen sein*** estar abrumado de trabajo; estar muy ocupado; estar muy absorbido por el trabajo **4.** monopolizar; ***ganz (und gar) für sich in ~ nehmen*** acaparar (completamente) para sí; monopolizar; ***Berechtigter*** ~ reclamación justificada; ***einklagbarer*** ~ reclamación ejercitable (*od.* actuable); causa *f* de acción; ***gegebener*** ~ acción a que hubiese lugar; acción con lugar; ***geringe Ansprüche*** demandas *pl* de poca consideración; ***gesetzliche Ansprüche*** reclamaciones legales; ***hohe Ansprüche*** grandes exigencias; ***(nicht) vermögensrechtlicher*** ~ acción (no) patrimonial; ***prozessualer*** ~ impedimento *m*; ***rechtlicher*** ~ título *m* legal; ***schuldrechtlicher*** ~ derecho *m* personal; pretensión *f* juridica obligacional; ***streitiger*** ~ derecho discutible; ***unberechtigter*** ~ reclamación injustificada; ***unbestreitbarer*** ~ derecho incontestable; ***unklagbarer*** ~ pretensión no accionable procesalmente; ***unstreitiger*** ~ derecho indiscutible; ***verfallener*** ~ reclamación caducada; ***weitere Ansprüche sind ausgeschlossen*** quedan excluídas otras reclamaciones; ***verjährter*** ~ reclamación prescrita; ***vertraglicher*** ~ reclamación contractual; ***vollstreckbarer*** ~ reclamación ejecutoria

Ansprüche *pl*, ~ ***auf das Sozialprodukt*** demandas *pl* (presentadas) al producto nacional

Anspruchsabtretung *f*, **en** cesión *f* de una reclamación

Anspruchsbefriedigung *f*, **en** satisfacción *f* de una reclamación

anspruchsbegründend constitutivo de derecho

Anspruchsbegründung *f*, **en** fundamentación *f*, justificación *f* de la reclamación

Anspruchsberechtige(**r**) (der/ein) el que tiene un derecho; titular *m* de un derecho; beneficiario *m*

anspruchslos sin pretensiones; modesto; poco exigente

Anspruchsschuldner *m*, - deudor *m* de la reclamación

Anspruchsverjährung *f*, **en** prescripción *f* de la acción

Anspruchsverwirkung *f*, **en** pérdida *f*, caducidad *f* de un derecho

anspruchsvoll exigente; ambicioso; ***~er Kunde*** cliente *m* exigente; cliente *m* difícil de satisfacer; ~ ***sein*** ser exigente; tener ambiciones; tener un gusto refinado

Anstalt *f*, **en** establecimiento *m*; institución *f*; centro *m*; ***öffentlich-rechtliche*** ~ institución, instituto *m* (de derecho) público

Anstaltsgebühr (CH) → Benutzungsgebühr

anständig, ***~er Preis*** precio *m* razonable (*od.* aceptable); ***ein ~es Stück*** un buen pedazo (*od.* trozo)

Anstandsfrist *f*, **en** plazo *m* de espera conveniente (al vencimiento)

anstandslos, ***Ihr Projekt wurde ~ angenommen*** se ha aceptado su proyecto sin reparos

anstehen **1.** hacer, formar cola (Syn. ***Schlange stehen***) **2.** ***eine Schuld*** ~ retardar, diferir el pago de una deuda

anstehend, *~e Schuld* deuda *f* atrasada (*od.* pendiente)

ansteigen (Preise, Kurse) subir; aumentar; progresar; *spürbar* ~ subir, aumentar sensiblemente; *steil* ~ subir como una flecha; dispararse

Ansteigen *n*, Ø alza *f*; aumento *m*; ~ *der Löhne* alza, subida *f* de los salarios; *rasches* ~ *der Preise* alza acentuada (*od.* veloz) de los precios

anstellen 1. colocar; contratar; emplear; dar colocación; *jdn. aushilfsweise* ~ emplear temporalmente; ~ *und entlassen* emplear y despedir; *jdn. fest* ~ dar empleo fijo; contratar en plantilla; *zur Probe* ~ contratar, colocar a prueba **2.** *sich* ~ hacer, formar cola **3.** *eine Untersuchung* ~ realizar una encuesta; *eine Berechnung* ~ hacer un cálculo

Anstellung *f*, **en 1.** contratación *f* **2.** empleo *m*; (puesto de) trabajo *m*; *eine* ~ *finden* encontrar una colocación (*od.* empleo *od.* trabajo); ~ *auf Lebenszeit* empleo (con carácter) vitalicio; (Wertpapiere) oferta *f* en firme; oferta *f* a plazo fijo

Anstellungsbedingungen *pl* condiciones *pl* de empleo

Anstellungsbewerbung *f*, **en** solicitación *f*, solicitud *f*, demanda *f* de empleo

Anstellungsdekret *n*, **e** (A) → Bestallungsurkunde

Anstellungsvertrag *m*, **¨e** contrato *m* de trabajo

ansteuern tomar, hacer rumbo a; navegar hacia

Anstieg *m*, Ø alza *f*; subida *f*; aumento *m*; incremento *m*; ~ *der Ausfuhren* aumento de las exportaciones; ~ *der Kurse* alza, subida de las cotizaciones; ~ *der Löhne* subida, aumento de los salarios; ~ *der Nachfrage* aumento de la demanda; ~ *der Preise* alza, subida, aumento de los precios; *im* ~ *begriffen* estar en proceso de aumento; estar subiendo

anstiften instigar; incitar

Anstiftung *f*, **en** instigación *f*; incitación *f*

Anstoß *m*, **¨sse** (Anregung) iniciativa *f*; impulso *m*; (Ärgernis) escándalo *m*; ~ *erregen* causar escándalo; ~ *nehmen* escandalizarse

Anstreicharbeiten *pl* trabajos *pl* de pintura

anstreichen 1. pintar; dar una capa (*od.* mano) de pintura **2.** (anmerken) marcar; subrayar

anstrengen 1. *einen Prozess gegen jdn.* ~ promover, entablar un proceso (*od.* pleito) contra alg. **2.** *sich* ~ esforzarse; hacer esfuerzos

Anstrengung *f*, **en** esfuerzo *m*; *~en zur Absatzförderung* medidas *pl* de promoción de ventas; *seine ~en verdoppeln* (re)doblar los esfuerzos

Ansturm *m*, **¨e** riada *f*; avalancha *f*; ~ *der Kunden* avalancha de clientes; afluencia *f* masiva de clientes

Ansuchen *n*, **-**, *auf* ~ *von* a ruego de; a instancia de; a petición de; a solicitud de; *einem* ~ *entsprechen* complacer un ruego (*od.* solicitud *od.* instancia *od.* petición)

antedatieren 1. antefechar; antedatar **2.** posdatar

Anteil *m*, **e 1.** (Beteiligung) (título de) participación *f*; ~ *haben an etw.* participar en u/c; *gleichen* ~ *am Gewinn haben* participar igualmente en los beneficios; *sein* ~ *am Erbe* su parte de herencia **2.** (Partie) lote *m* **3.** (Bestandteil) componente *m* **4.** (Zuteilung) prorrata *f* **5.** (Quote) cuota *f*; cupo *m*; contingente *m* **6.** *prozentualer*, *prozentmäßiger* ~ porcentaje **7.** ~ *an einem Investitionsfonds* certificado *m*, unidad *f* de un fondo de inversiones **8.** (Beitrag) contribución *f*

anteilig → anteilmäßig

Anteillohn *m*, **¨e** (Agric.) remuneración *f*, salario *m* en especie (Syn. *Naturallohn*)

anteilmäßig proporcional; a prorrata; *~er Betrag* importe *m* proporcional; importe *m* a prorrata; *~e Fracht* flete *m* pagado a prorrata; ~ *Gewinn* cuota parte *f* de los beneficios; *~e Kosten* costes *pl* prorrateados; costes *pl* a prorrata; ~ *aufteilen* distribuir proporcionalmente; prorratear; ~ *haften* responder a prorrata

Anteilnahme *f*, **n** participación *f*

Anteilnehmer *m*, **-** participante *m*

Anteilpapier *n*, **e** título *m*, valor *m* de participación

Anteilsatz *m*, **¨e** cuota-parte *f*

Anteilsberechtigte(r) (der/ein) persona *f* con derecho a participación

Anteilsbewertung *f*, **en** (Investmentfonds) valoración *f* de los certificados

Anteilschein *m*, **e 1.** certificado *m* de acción **2.** certificado *m* de un fondo de inversiones; cupón *m*

Anteilseigner *m*, **-** accionista *m*; (Investmentfonds) partícipe *m* (Syn. *Aktionär*)

anteilsmäßig → anteilmäßig

Anteilspacht *m*, **en** arriendo *m* de participación

Anteilssumme *f*, **n** comandita *f*

Anteilszertifikat *n*, **e** certificado *m* de participación

Anteilwirtschaft *f*, **en** aparcería *f*; (LA) colonato *m*; (Perú) trabajo *m* al partir

antelefonieren llamar (por teléfono); telefonear; (Fam.) pegar, dar un telefonazo (a alg.)

antichambrieren hacer antesala (*od.* antecámara) (Syn. *katzbuckeln)*

Antichrese *f*, **n** anticresis *f*; contrato *m* de abandono de usufructo de una finca

antichretisch anticrético

Antidumpingabkommen *n*, - acuerdo *m* antidumping

Antidumpinggesetz *n*, **e** ley *f* antidumping

Antidumpingverfahren *n*, - procedimiento *m* antidumping

Antidumpingzoll *m*, **¨e** arancel *m* (aduanero) antidumping

antiinflationär antiinflacionista

antiinflationistisch antiinflacionario

antikapitalistisch anticapitalista

antimonopolistisch antimonopolístaico

antiquarisch de segunda mano; de ocasión; de lance; *etw.* ~ *kaufen* comprar u/c de segunda mano

Antiquitäten *pl* antigüedades *pl*

Antiquitätenhandel *m*, Ø comercio *m* de antigüedades; comercio *m* de chamarilero

Antiquitätenhändler *m*, - anticuario *m*; chamarilero *m*

Antiquitätenladen *m*, **¨** tienda *f* de antigüedades

Antiquitätensammler *m*, - coleccionista *m* de antigüedades

antispekulative, ~ *Maßnahmen* medidas *pl* contra la especulación

Antistreikgesetzgebung *f*, **en** legislación *f* de prevención de huelgas

Antitrustgesetz *n*, **e** ley *f* contra la constitución de trusts

Antizipandozinsen *pl* intereses *pl* anticipados; intereses *pl* a pagar antes del vencimiento de una deuda

Antizipation *f*, Ø anticipación *f*

antizipativ, *~e Aktiva* (noch nichteingenommene Aktiva) activos *pl* por recibir; *~e Passiva* (noch nicht bezahlte Aufwendungen) pasivos *pl* por pagar; *~e Posten* partidas *pl* por cobrar

antizyklisch anticíclico; anticoyuntural; *~e Maßnahmen* medidas *pl* anticíclicas (*od.* anticoyunturales); medidas *pl* destinadas a relanzar o a frenar la actividad económica

Antrag *m*, **¨e** (Vertragsangebot) oferta *f*; ofrecimiento *m*; proposición *f*; (Gesuch) solicitud *f*; petición *f*; (an das Gericht) súplica *f*; (Verwaltung) instancia *f* **1.** *auf* ~ a instancia; *auf* ~ *von* a solicitud de; ~ *auf Ablehnung* escrito *m* de recusación; ~ *auf Aufnahme in die Tagesordnung* solicitud de inclusión en el orden del día; ~ *auf Eintragung* solicitud de inscripción; ~ *auf Entschädigung* petición de indemnización; ~ *auf Konkurseröffnung* solicitud de declaración de quiebra; ~ *auf Teilnahme* demanda *f*, solicitud de participación; ~ *auf Vorauszahlung* solicitud de anticipo **2.** *einen ~ (abweisen) ablehnen* desestimar, rechazar una solicitud; *über einen ~ abstimmen* votar sobre una moción; poner a votación una moción (*od.* petición); *einen ~ annehmen* aceptar una oferta; adoptar una moción; *der ~ wurde mit großer Mehrheit angenommen* la moción fue aprobada por (*od.* con) gran mayoría; *einen ~ einbringen* presentar una solicitud; *einem ~ stattgeben* conceder una solicitud; *einen ~ stellen* hacer, cursar una solicitud (*od.* instancia); *einen ~ zurückweisen* desechar la solicitud; *einen ~ zurückziehen* retirar una solicitud (*od.* moción)

Anträge *"off shore"* *pl* (Angl.) pedidos *pl* "off shore"

Antragende(r) (der/ein) peticionario *m*; solicitante *m*

antragsberechtigt facultado para hacer una solicitud

Antragsformular *n*, **e** modelo *m* de instancia; formulario *m* de solicitud

Antragsfrist *f*, **en** plazo *m* para presentar la solicitud

Antragsgebühr *f*, **en** derechos *pl* de solicitud; derechos *pl* de instancia

antragsgemäß conforme a la petición; de acuerdo con la solicitud

Antragsteller *m*, - peticionario *m*; solicitante *m*; autor *m* de una moción

Antransport *m*, **e** transporte *m*, suministro *m* a buen puerto

antreten, *die Arbeit* ~ empezar el trabajo; *den Dienst* ~ entrar en servicio; *eine Erbschaft* ~ aceptar, adir una herencia; *die Nachfolge von X* ~ suceder a X (en el cargo); *eine Reise* ~ emprender (un) viaje; *seinen Urlaub* ~ tomar sus vacaciones

Antritt *m*, **e** ~ ***eines Amtes*** entrada *f* en funciones; toma *f* de posesión; ~ ***einer Erbschaft*** adición *f* de la herencia; ***bei*** ~ ***der Fahrt*** al comienzo del viaje; ***vor*** ~ ***der Rückreise*** antes de comenzar el viaje de regreso

Antrittsbesuch *m*, **e** primera visita *f*

Antw. → Antwort

Antwort *f*, **en** ***abschlägige*** ~ respuesta *f* negativa; ***in*** ~ ***auf*** en respuesta a; ***für baldige*** ~ ***wären wir Ihnen dankbar*** le agradeceríamos su pronta respuesta; ***wir erwarten Ihre*** ~ quedamos a la espera de su respuesta; ***um*** ~ ***wird gebeten*** (u.A.w.g.) se suplica la respuesta (s.s.l.r.); ***wir sehen Ihrer*** ~ ***mit Interesse entgegen*** aguardamos con interés su respuesta

Antwort(post)karte *f*, **n** tarjeta *f* postal respuesta

Antwortbrief *m*, **e** → Antwortschreiben

antworten responder; ***Sie*** ~ ***auf meinen Brief*** responde a mi carta

antwortend de contestación; de respuesta

Antwortschein *m*, **e**, ***internationaler*** ~ cupón-respuesta *m* internacional

Antwortschreiben *n*, - contestación *f*; respuesta *f*

Anw. → Anweisung

anwachsen (anfallen) acumularse; (ansteigen) aumentar; crecer; incrementarse; acrecentarse

Anwachsen *n*, Ø, ~ ***der Schulden*** acumulación *f* de las deudas; ***im*** ~ ***begriffen sein*** en proceso, en vías de crecimiento

Anwalt *m*, **¨e** abogado *m*; letrado *m*; defensor *m*; (LA) licenciado *m*; ***beratender*** ~ abogado consultor; ***nicht plädierender*** ~ procurador *m*; ***praktizierender*** ~ abogado con bufete; ***zugelassener*** ~ abogado en ejercicio; abogado colegiado; ***einen*** ~ ***bestellen*** nombrar un abogado; dar abogado (por parte del tribunal); ***sich einen*** ~ ***nehmen*** tomar los servicios de un abogado; contratar a un abogado; ***einen*** ~ ***zu Rate ziehen*** consultar a un abogado; ~ ***in Steuersachen*** abogado en causas tributarias (*od.* en asuntos fiscales); ***die Angelegenheit einem*** ~ ***übergeben*** poner el asunto en manos de un abogado; ***durch*** ~ ***vertreten*** asistido de abogado; patrocinado por letrado

Anwältin *f*, **nen** abogada *f*

Anwaltsassessor *m*, **en** pasante *m*; (CH) candidato *m* a abogado

Anwaltsberuf *m*, Ø abogacía *f*; profesión *f* de abogado; ***den*** ~ ***ausüben*** ejercer de abogado; ejercer la abogacía

Anwaltsbestellung *f*, **en** designación *f* de abogado (*od.* letrado)

Anwaltsbüro *n*, **s** bufete *m* (de abogado)

Anwaltschaft *f*, Ø abogacía *f*

Anwaltsgebühren *pl* minuta *f*; honorarios *pl* de abogados (*od.* letrados)

Anwaltsgebührenordnung *f*, **en** → Anwaltsgebührentabelle

Anwaltsgebührentabelle *f*, **n** arancel *m* de honorarios (de abogados)

Anwaltshonorar *n*, **e** honorario *m* de abogado

Anwaltskammer *f*, **n** colegio *m* de abogados; (Méx.) barra *f* de abogados

Anwaltskanzlei *f*, **en** → Anwaltsbüro

Anwaltskosten *pl* → Anwaltsgebühren

Anwaltsliste *f*, **n** lista *f* de abogados (colegiados)

Anwaltsprax|is *f*, **-en** gabinete *m*, bufete *m* de abogado

Anwaltssozietät *f*, **en** sociedad *f*, firma *f* de abogados

Anwaltsverzeichnis *n*, **se** → Anwaltsliste

Anwaltsvollmacht *f*, **en** procuración *f*

Anwaltszwang *m*, Ø obligatoriedad *f* de ser asistido por abogado; intervención *f* forzosa de abogado

Anwärter *m*, - aspirante *m*; candidato *m*; ~ ***auf einen Posten*** candidato *m* a un puesto (Syn. ***Bewerber***)

Anwartschaft *f*, **en** **1.** candidatura *f*; expectativa *f* **2.** derecho *m* (en curso de adquisición); ~ ***auf eine Pension*** expectativa *f* de pensión

Anwartschaftsrente *f*, **n** anualidad *f* diferida (*od.* aplazada *od.* reversible); pensión *f* diferida

Anwartschaftszeit *f*, **en** (z.B. für Arbeitslosengeld) período *m* de calificación; período *m* de expectativa (de derecho)

anweisen **1.** (anordnen) ordenar; dar orden; instruir **2.** (zuweisen) asignar; destinar **3.** (überweisen) transferir; remitir; girar; consignar; ***eine Bank*** ~, ***Geld zu überweisen*** ordenar a un banco la transferencia de dinero; ***Geld telegrafisch*** ~ enviar por cable; remitir por giro telegráfico; ***zur Zahlung*** ~ girar en pago **4.** ***Wir sind auf Ihre Informationen angewiesen*** dependemos de sus informaciones

Anweisende(r) (der/ein) girador *m*; girante *m*; librador *m*; remitente *m*

Anweisung *f*, **en 1.** instrucción *f*; directiva *f*; ***der ~ gemäß*** de acuerdo con las instrucciones; ***die ~en des Kunden befolgen*** ejecutar las órdenes (*od.* seguir *od.* cumplir con las instrucciones) del cliente; ***~en erbitten, einholen*** pedir instrucciones; ***genaue ~ erteilen*** dar instrucciones precisas; ***~en geben*** dar instrucciones **2.** ***~ zur Zahlung*** orden *f* de pago **3.** ***telegraphische ~*** giro *m* telegráfico; ***durch ~ bezahlen*** pagar por giro (*od.* transferencia)

Anweisungsbetrag *m*, **¨e** importe *m* (del giro)

Anweisungsdienst *m*, **e** servicio *m* de giro(s)

Anweisungsempfänger *m*, **-** destinatario *m*; librado *m*

Anweisungsgebühr *m*, **en** gastos *pl*, derechos *pl* de giro

Anweisungstelegramm *n*, **e** giro *m* telegráfico

anwendbar 1. aplicable; ***das Gesetz ist ~*** la ley es aplicable; la ley es extensible; ***~es Recht*** derecho *m* aplicable; ***soweit ~*** en tanto sea aplicable **2.** (brauchbar) aprovechable; utilizable

Anwendbarkeit *f*, **en** aplicabilidad *f*

anwenden, ***ein Gesetz ~*** aplicar una ley

Anwender *m*, **-** utilizador *m*; usario *m*; ***~ von EDV-Anlagen*** usario, utilizador de ordenadores

Anwenderarbeitsplatz *m*, **¨e** estación *f* (de trabajo) de usuario

Anwendung *f*, **en** aplicación *f*; ***falsche ~*** aplicación equivocada; ***gewerbliche ~*** aplicación industrial; ***rückwirkende ~*** aplicación retroactiva; ***in ~ von*** en aplicación de; ***~ von Betriebstechniken*** aplicación de técnicas industriales; ***~ von Gewalt*** uso de la fuerza; ***zur ~ bringen*** aplicar; ***~ finden auf*** aplicar a; ***zur ~ kommen*** aplicarse

anwendungsabhängig dependiente de la aplicación

Anwendungsbereich *m*, **e** campo *m*, ámbito *m* de aplicación; (eines Gesetzes) alcance *m* (de aplicación) de la ley

anwendungsorientiert orientado a aplicaciones

Anwendungsprogrammierer (ein/der) (Inform.) programador *m* de aplicación

Anwerbeland *n*, **¨er** país *m* de reclutamiento; país *m* de contratación

anwerben, ***Arbeitskräfte ~*** reclutar, contratar mano de obra; ***sich ~ lassen*** alistarse; enrolarse; (Fam.) engancharse

Anwerbestopp *m*, **Ø**, ***~ von Gastarbeitern*** (D) prohibición *f* de contratación de mano de obra (de países no comunitarios)

Anwerbung *f*, **en**, ***~ von ausländischen Arbeitskräften*** reclutamiento *m* de mano de obra extranjera; contratación *f* de trabajadores extranjeros

Anwesen *n*, **-** inmueble *m*; finca *f*; propiedad *f*; (LA) hacienda *f*

anwesend presente; ***~ sein*** estar presente; asistir; ***persönlich ~ sein*** asistir personalmente

Anwesenheit *f*, **Ø** presencia *f*; asistencia *f* (Ggs. ***Abwesenheit***)

Anwesenheitsgelder *pl* dietas *pl* de asistencia

Anwesenheitskontrolle *f*, **n** control *m* de presencia

Anwesenheitsliste *f*, **n** lista *f* de asistencia (*od.* asistentes)

Anwesenheitsprämie *f*, **n** prima *f* de presencia

Anzahl *f*, **Ø** número *m*; cantidad *f*; porción *f*; ***erforderliche ~*** quórum *m*; ***~ der Flüge*** frecuencias *pl* de vuelos

anzahlen (vorauszahlen) pagar por adelantado; (bei Teilzahlungen) pagar a cuenta; (Cuba) estrenar

Anzahlung *f*, **en** (Vorauszahlung) pago *m* por adelantado; pago *m* a cuenta; depósito *m*; (in Verbindung mit Teilzahlungsgeschäften) pago *m* inicial; entrada *f*; señal *f*; anticipo *m*; ***eine ~ leisten, machen*** pagar una suma (*od.* un importe) a cuenta; ***als ~*** como entrada y señal; (Cuba) estreno *m*; (Méx.) exhibición *f*; enganche *m*

Anzahlungen *pl*, ***geleistete ~*** anticipos *pl* a proveedores; ***~ von Kunden*** anticipos *pl* de clientes; (LA) anticipos *pl* recibidos de clientes

anzapfen 1. (Fam.) dar un sablazo a alg. **2.** (Inform.) ***Daten ~*** interrogar la memoria de un ordenador; ***das Telefon ~*** intervenir el teléfono

Anzeichen *n*, ***~ eines wirtschaftlichen Aufschwungs*** signo *m*, señal *f* de auge económico

Anzeige *f*, **n 1.** denuncia *f*; denunciación *f*; ***gegen jdn. ~ erstatten*** denunciar a alg.; formular denuncia **2.** anuncio *m*; ***kleine ~*** anuncios *pl* por palabras; ***eine ~ aufgeben*** poner, insertar un anuncio **3.** ***~ einer Sendung*** aviso *m* (de envío)

Anzeigebild *n*, **er** infograma *m*

Anzeigeerstatter *m*, - denunciante *m*; denunciador *m*
anzeigen 1. ***den Empfang*** ~ acusar recibo **2.** denunciar; formular denuncia **3.** avisar
Anzeigenabteilung *f*, **en** sección *f* de anuncios
Anzeigenbeilage *f*, **n** suplemento *m* de publicidad (*od.* anuncios)
Anzeigenblatt *n*, **¨er** hoja *f* de anuncios
Anzeigenbüro *n*, **s** agencia *f* de anuncios; agencia *f* de publicidad
Anzeigenfach|mann *m*, **-leute** publicitario *m*; experto *m* publicitario; técnico *m* en publicidad
Anzeigengebühren *pl* derechos *pl* publicitarios; tasas *pl* de publicidad
Anzeigengröße *f*, **n** tamaño *m* del anuncio
Anzeigenplatzierung *f*, **en** colocación *f*, posicionamiento *m* de un anuncio
Anzeigenraum *m*, **¨e** espacio *m* publicitario; espacio *m* de anuncios
Anzeigenschluss *m*, Ø fecha *f* límite de envío de anuncios
Anzeigenseite *m*, **e** página *f* de anuncios
Anzeigentarif *m*, **e** tarifa de publicidad
Anzeigenteil *m*, **e** sección *f* de anuncios; páginas *pl* publicitarias
Anzeigenvermittler *m*, - → Anzeigenvertreter
Anzeigenvertreter *m*, - agente *m* de publicidad
Anzeigenwerbung *f*, **en** publicidad *f* por anuncios
Anzeigenwesen *n*, Ø publicidad *f* (por anuncios)
Anzeigenwirkung *f*, **en** impacto *m* publicitario
Anzeigepflicht *f*, **en** declaración *f* obligatoria
anzeigepflichtig sujeto a declaración (obligatoria); obligatoriamente notificable
Anzeiger *m*, - **1.** denunciante *m* **2.** indicador *m*; registrador *m*; (Zeitungstitel) noticiero *m*; (Amtsblatt) gaceta *f* **3.** → Anzeigeerstatter
Anzeigetafel *f*, **n** (Börse) tablero *m* de cotizaciones; panel *m* indicador de los cambios; (Werbung) panel *m* de anuncios
anziehen 1. ***die Kurse ziehen an*** las cotizaciones van subiendo **2.** ***Kunden*** ~ atraer a los clientes
anziehend 1. atrayente; atractivo **2.** ***bei ~en Kursen*** con cotizaciones en (fase de) ascenso
Anziehung *f*, **en** atracción *f*
Anziehungskraft *f*, **e** fuerza *f* de atracción; (Fam.) gancho *m*
anzurechnen auf a cargar a
AO → Abgabenordnung
Apanage *f*, **n** renta *f*; anualidad *f*; cuota *f* periódica que se pasa a los hijos
APO *f*, Ø (Außerparlamentarische Opposition) oposición *f* extraparlamentaria
Apotheke *f*, **n** farmacia *f*; (Fam.) botica *f*
apothekenpflichtig de venta (exclusiva) en farmacia
Apothekerwaren *pl* productos *pl* farmacéuticos
Apparat *m*, **e 1.** aparato *m*; artefacto *m*; ingenio *m*; dispositivo *m* **2.** (Teléf.) teléfono *m*; ***am*** ~ al habla; ***bleiben Sie am*** ~ no se retire; no cuelgue
Applikations Server *m*, - servidor *m* de aplicaciones
Applikationskurs *m*, **e** curso *m*, tipo *m*, cotización *f* nominal (a base de las ofertas)
Applikationssoftware *f*, Ø software *m*, logical *m* de aplicaciones; logical *m*, software *m* aplicativo
Apportgründung *f*, **en** (CH) → Sachgründung
äquivalente Waren *pl* (Veredelungverkehr) productos *pl* equivalentes
AR → Aufsichtsrat
Ar *n od. m*, **e** área *f*
arabisch, ***~e Bank für Wirtschaftsentwicklung in Afrika*** banco *m* árabe de desarrollo económico en Africa; ***Organisation der ~en Erdöl exportierenden Länder*** organización *f* de países árabes exportadores de petróleo (OPAEP)
Ärar *n*, Ø erario *m*; tesoro *m* público
Arbeit *f*, **en** trabajo *m*; tarea *f*; labor *f*; (Berufsausübung) empleo *m*; ocupación *f*; (Werk) obra *f*; (Tätigkeit) actividades *pl*; quehaceres *pl*; ***abhängige*** ~ trabajo dependiente; trabajo asalariado; ***anfallende*** ~ trabajo a ejecutar (*od.* a llevar a cabo *od.* a realizar); ***(besonders) anstrengende*** ~ (muy) penoso; ***ausführende*** ~ trabajo ejecutorio; trabajo de mera ejecución; ***bezahlte*** ~ trabajo remunerado (*od.* retribuido *od.* pagado); ***durchlaufende*** ~ trabajo continuo; ***entfaltete*** ~ trabajo desarrollado; ***fachmännische*** ~ trabajo calificado; ***feste*** ~ trabajo estable; trabajo fijo; ***ganztägige*** ~ trabajo a jornal; ***gefahrgeneigte, gefährliche*** ~ trabajo peligroso; ***geistige*** ~ trabajo intelectual (*od.* mental); ***gesundheitsschädigende*** ~ trabajo insalubre; ~

mit Gewinnbeteiligung trabajo con participación en los beneficios; ***handwerkliche*** ~ trabajo de artesano; trabajo artesanal; ***körperliche*** ~ trabajo corporal (*od.* físico); ***laufende*** ~ trabajo rutinario; ***leichte*** ~ trabajo sencillo (*od.* liviano); ***nichtselbständige*** ~ trabajo asalariado; trabajo por cuenta ajena; ***öffentliche ~en*** obras públicas; ***schadensgeneigte*** ~ trabajo peligroso; ***schöpferische*** ~ trabajo creativo; trabajo creador; ***schwere ~en*** trabajos penosos; trabajos pesados; ***selbständige*** ~ trabajo autonómo (*od.* independiente); trabajo por cuenta propia; ***tägliche*** ~ jornada *f*; trabajo diario; ***termingebundene*** ~ trabajo a fecha fija; ***unabhängige*** ~ trabajo autonómo (*od.* independiente); ***unbezahlte*** ~ trabajo no remunerado (*od.* no retribuido *od.* no pagado); ***ungelernte*** ~ trabajo no calificado; ***unterbezahlte*** ~ trabajo pagado deficientemente; trabajo subpagado; ***verantwortungsvolle*** ~ trabajo de responsabilidad; ***an*** (*od.* bei) ***der*** ~ trabajando; en el trabajo; ***eine ~ annehmen*** aceptar un empleo; aceptar hacer un trabajo; ***die ~ aufnehmen*** empezar el trabajo; comenzar a trabajar; ***eine ~ ausführen*** ejecutar, realizar, efectuar un trabajo; ***sich um ~ bemühen*** buscar trabajo; ***die ~ einstellen*** (***niederlegen***) deponer el trabajo; parar el trabajo; suspender el trabajo; ***sich vor der ~ drücken*** escurrir el bulto; rehuir, esquivar el trabajo; ***eine ~ erledigen*** hacer un trabajo; ***von der ~ fernbleiben*** faltar, no acudir al trabajo; ~ ***in aufeinander folgenden Schichten*** trabajo por turnos (sucesivos); ***in ~ befindliche Erzeugnisse*** productos *pl* en curso (*od.* en fase *od.* en proceso) de trabajo; ***jdm. ~ geben*** dar trabajo a alg.; ***in ~ geben*** encargar; mandar hacer; ***an die ~ gehen*** ponerse a trabajar; ***zur ~ gehen*** ir al trabajo; ir a trabajar; ***in ~ haben*** tener entre manos; estar trabajando en u/c; ***gute ~ leisten*** hacer un buen trabajo; ***sich an die ~ machen*** ponerse a trabajar; ***seiner ~ nachgehen*** servir su trabajo; servir su destino; ***eine ~ planen*** planear, planificar un trabajo; ***auf ~ sein*** estar trabajando fuera; ***bei der ~ sein*** estar en el trabajo; estar trabajando; ***ohne ~ sein*** estar sin trabajo; estar en paro; ***über einer ~ sitzen*** consagrarse a un trabajo; ***(tief) in ~ stekken*** estar (muy) atareado; ~ ***suchen*** buscar trabajo; ***seine ~ tun*** hacer el trabajo de uno (mismo); hacer su trabajo; ***eine ~ übernehmen*** asumir un trabajo; encargarse de un trabajo; ~ ***vergeben*** encomendar un trabajo; adjudicar una obra; ***jdm. ~ verschaffen*** encontrar trabajo para alg.; ***eine ~ verrichten*** ejecutar, realizar, llevar a cabo un trabajo; ***die ~ wiederaufnehmen*** reanudar un trabajo; reintegrarse al trabajo; reincorporarse al trabajo

arbeiten 1. ~ ***als Übersetzer*** trabajar de traductor; ***bei jdm.*** ~ trabajar para alg.; ***bei einer Firma*** ~ estar empleado en una empresa; (Fam.) trabajar con una empresa; ***sich zu Tode*** ~ matarse a trabajar; matarse trabajando **2.** ***diese Maschine arbeitet einwandfrei*** esta máquina funciona (*od.* marcha) perfectamente **3.** ***mein Kapital arbeitet für mich*** el capital me produce (*od.* me rinde) beneficios; ***er lässt sein Kapital für sich*** ~ ha colocado productivamente su capital

arbeitend, ***die ~e Bevölkerung*** → erwerbstätig; ***die ~e Klasse*** la clase obrera

Arbeiter *m*, - trabajador *m*; obrero *m*; operario *m* **1.** ***angelernter*** ~ trabajador semic(u)alificado; ***gelernter*** ~ trabajador c(u)alificado; trabajador especializado; ***(gewerkschaftlich) organisierter*** ~ trabajador sindicado; trabajador afiliado a un sindicato; trabajador organizado profesionalmente; ***hoch qualifizierter*** ~ trabajador altamente c(u)alificado (*od.* especializado); ***landwirtschaftlicher*** ~ obrero del campo; obrero agrícola; bracero *m*; ***streikender*** ~ trabajador (declarado) en huelga; ***ungelernter*** ~ trabajador no c(u)alificado **2.** ~ ***abwerben*** atraer trabajadores de otra empresa; procurar contratar mano de obra de otra empresa; ~ ***anstellen*** contratar obreros (*od.* trabajadores *od.* mano de obra); ~ ***anwerben*** reclutar mano de obra; ~ ***einstellen*** colocar trabajadores (*od.* obreros *od.* manos de obra); ***einen ~ entlassen*** despedir a un trabajador (*od.* obrero); ***einem ~ kündigen*** despedir a un trabajador (*od.* obrero) **3.** ~ ***und Angestellte*** trabajadores y empleados; trabajadores manuales y no manuales; trabajadores de cuello azul y de cuello blanco

Arbeiteraktie *f*, **n** acción *f* obrera; acción *f* de trabajador; acción *f* de trabajo

Arbeiterangebot *n*, **e** oferta *f* de mano obra

Arbeiteranwalt *m*, **¨e** (abogado *m*) laboralista *m*

Arbeiteraufstand *m*, ¨e levantamiento *m* obrero; movimiento *m* insurreccional obrero
Arbeiterausgleichszahlungen *pl* compensación *f* de los trabajadores
Arbeiterausschuss *m*, ¨sse comité *m* obrero; comisión *f* de trabajadores
Arbeiteraussperrung *f*, **en** suspensión *f* de empleo y sueldo
Arbeiterbauer *m*, **n** agricultor *m* asalariado (cuya actividad principal se ejerce en la industria)
Arbeiterbedarf *m*, Ø necesidad *f* de mano de obra
Arbeiterbewegung *f*, **en** **1.** movimiento *m* obrero; movimiento *m* obrerista **2.** obrerismo *m*; movimiente *m* reivindicativo
Arbeiterfahrkarte *f*, **n** billete *m* de trabajador; billete *m* obrero
arbeiterfeindlich antiobrerista; antisocial; ***~e Maßnahmen*** medidas antisociales
Arbeiterfrage *f*, **n** cuestión *f* obrera
arbeiterfreundlich social; favorable a la clase obrera
Arbeiterführer *m*, - dirigente *m* obrerista; líder *m* sindicalista
Arbeiterfunktionär *m*, **e** → Arbeiterführer
Arbeiterfürsorge *f*, Ø asistencia *f* laboral
Arbeitergenossenschaft *f*, **en** cooperativa *f* obrera
Arbeitergewerkschaft *f*, **en** sindicato *m* obrero
Arbeitergewinnbeteiligung *f*, **en** participación *f* del trabajador en los beneficios
Arbeiterin *f*, **nen** trabajadora *f*; obrera *f*, operaria *f*
Arbeiterinteressen *pl* intereses *pl* obreros (*od.* de los trabajadores); ~ ***wahrnehmen*** defender los intereses de la clase obrera
Arbeiterjugend *f*, Ø juventud *f* trabajadora
Arbeiterklasse *f*, Ø clase *f* obrera; clase *f* trabajadora
Arbeiterkolonne *f*, **n** brigada *f* de obreros
Arbeitermangel *m*, Ø escasez *f* de mano de obra
Arbeiter-Mitaktionär *m*, **e** obrero *m* accionariado
Arbeiterorganisation *m*, **n** organización *f* obrera
Arbeiterproduktionsgenossenschaft *f*, **n** sociedad *f* cooperativa obrera de productores
Arbeiterrentenversicherung *f*, **en** seguro *m* de invalidez y vejez; retiro *m* obrero
Arbeiterschaft *f*, Ø los obreros; mundo obrero *m*; la(s) clase(s) laboral(es) *f* (*pl*)
Arbeiterschutz *m*, Ø protección *f* laboral; defensa *f* del trabajador
Arbeiterschutzgesetzgebung *f*, Ø legislación *f* de protección al obrero
Arbeiterselbstverwaltung *f*, **en** autogestión *f* (obrera)
Arbeitersiedlung *f*, **en** colonia *f* obrera
Arbeiterstand *m*, Ø clase *f* trabajadora; clase *f* obrera
Arbeiterstunde *f*, **n** hora-hombre *f* (trabajada); hora-obrero *f* (efectivo)
Arbeitertrupp *m*, **s** brigada *f* de trabajadores; equipo *m* de operaciones
Arbeiterüberlassung *f*, **en** cesión *f* de trabajadores; ***illegale*** ~ cesión *f* ilegal de mano de obra a otras empresas
Arbeiterunfallversicherung *f*, **en** seguro *m* de accidentes de trabajo
Arbeiterversammlung *f*, **en** asamblea *f* obrera; asamblea *f* de trabajadores
Arbeiterversicherung *f*, **en** seguro *m* laboral; seguridad *f* laboral
Arbeitervertreter *m*, - representante *m* obrero
Arbeiterviertel *n*, - barriada *f* obrera; barrio *m* obrero
Arbeiterwesen *n*, Ø obrerismo *m*
Arbeiterwohlfahrt *f*, Ø (R.F.A.) asociación *f* de solidaridad obrera; beneficencia *f* obrera
Arbeiterwohnung *f*, **en** vivienda *f* de trabajador; vivienda *f* para obrero
Arbeitgeber *m*, - acreedor *m* de trabajo; empleador *m*; patrón *m*; patrono *m*; empresario *m*; jefe *m* de empresa
Arbeitgeberanteil *m*, **e** (zur Sozialversicherung) cuota *f* patronal; cuota *f* del patrono (a la Seguridad Social)
Arbeitgeberhaftpflichtversicherung *f*, **en** seguro *m* de responsabilidad civil patronal
Arbeitgeberhaftung *f*, **en** responsabilidad *f* patronal (*od.* del patrono)
Arbeitgeberorganisation *f*, **en** → Arbeitgeberverband
Arbeitgeberschaft *f*, **en** los patronos *pl*; la patronal *f*
Arbeitgeberseite *f*, Ø (representante *m* de la) patronal *f*; parte *f* empresarial
Arbeitgeberverband *m*, ¨e asociación *f* empresarial; (asociación *f*) patronal *f*; asociación *f* de jefes de empresa; sindicato *m* de patronos; ***Internationaler*** ~ (IOE) Or-

ganización *f* Internacional de Empleadores (OIE)

Arbeitgebervereinigung *f*, **en** → Arbeitgeberverband

Arbeitnehmer *m*, - acreedor *m* de salario; acreedor *m* de sueldo; trabajador *m*; empleado *m* (por cuenta ajena); obrero *m*; asalariado *m*; ***ausgesperrte*** ~ trabajador, empleado suspendido de empleo y sueldo; ***gewerblicher*** ~ trabajador industrial; ***nicht organisierter*** ~ trabajador no organizado; trabajador no afiliado a ningún sindicato; ~ ***aus Mitgliedsstaaten oder Drittländern*** (EU) trabajadores procedentes de países comunitarios o de terceros países; ***ältere*** ~ trabajadores *pl* de edad avanzada; trabajadores *pl* de cierta edad; ~ ***einstellen und entlassen*** colocar y despedir empleados (Syn. ***Lohn- und Gehaltsempfänger***)

Arbeitnehmeraktie *f*, **n** → Belegschaftsaktie

Arbeitnehmeranteil *m*, **e** (zur Sozialversicherung) cuota *f* del empleado

Arbeitnehmerbeitrag *m*, **¨e** cotización *f* del trabajador

Arbeitnehmerfreibetrag *m*, **¨e** importe *m* no imponible; mínimo *m* no imponible; importe *m* del salario (*od.* sueldo) exento del pago de IRTP

Arbeitnehmerin *f*, **nen** mujer *f* trabajadora; mujer *f* empleada

Arbeitnehmerorganisation *f*, **en** → Arbeitnehmerverband

Arbeitnehmerschaft *f*, Ø trabajadores *pl* y empleados *pl*; obreros *pl* y empleados *pl*; mundo *m* del trabajo

Arbeitnehmerseite *f*, Ø (representante *m* de los) asalariados *pl*; sindicato *m*; parte *f* laboral

Arbeitnehmersparzulage *f*, **n** prima *f* de ahorro de los asalariados (para ser capitalizada o reinvertida en la empresa)

Arbeitnehmerstiftung *f*, **en** fundación *f* para los trabajadores (= asignación de una parte del capital social a los trabajadores en forma de fundación)

Arbeitnehmerüberlassung *f*, **en** alquiler *m* de servicios; alquiler *m* de personal interino (Syn. ***Personal-Leasing***)

Arbeitnehmerverband *m*, **¨e** sindicato *m* obrero; organización *f* sindical (Syn. ***Gewerkschaft***)

Arbeitsablauf *m*, **¨e** desarrollo *m*, curso *m*, organización *f* del trabajo

Arbeitsaktie *f*, **n** acción *f* de trabajador (*od.* empleado) de una empresa (Syn. ***Belegschaftsaktie***)

arbeitsam laborioso; trabajador; hacendoso; diligente

Arbeitsamt *n*, **¨er** oficina *f* de empleo; oficina *f* de trabajo; oficina *f* de colocación; (Méx.) bolsa *f* de trabajo

Arbeitsanfall *m*, Ø trabajo *m* a efectuar; volumen *m* de trabajo; (Fam.) tarea *f*

Arbeitsanforderung *f*, **en** **1.** demanda *f* de mano de obra **2.** calificación *f* del empleo

Arbeitsangebot *n*, **e** oferta *f* de empleo (*od.* trabajo)

Arbeitsantritt *m*, Ø **1.** entrada *f* en funciones **2.** fecha *f* de acceso a trabajo; fecha *f* de comienzo en el trabajo

Arbeitsanweisung *f*, **en** instrucciones *pl* (de trabajo)

Arbeitsanzug *m*, **¨e** mono *m*; buzo *m*; traje *m* de faena

Arbeitsarzt *m*, **¨e** médico *m* de trabajo

Arbeitsaufnahme *f*, Ø comienzo *m* en el trabajo

Arbeitsaufsicht *f*, Ø inspección *f* de trabajo

Arbeitsauftrag *m*, **¨e** orden *f*, encargo *m* de trabajo

Arbeitsauftragsnummer *f*, **n** número *m* (de la orden) de trabajo

Arbeitsaufwand *m*, Ø despliegue *m* de trabajo; tiempo *m* de trabajo necesario; cantidad *f* de trabajo necesario; gasto *m* de trabajo; ***Kosten des ~s*** costes *pl* laborales

Arbeitsaufwandsentschädigung *f*, **en** indemnización *f* por (*od.* de) gastos profesionales

Arbeitsausfall *m*, **¨e** pérdida *f* (de horas) de trabajo

Arbeitsausführung *f*, **en** realización *f*, ejecución *f*, hechura *f* del trabajo

Arbeitsausschuss *m*, **¨sse** **1.** comisión *f* de estudio **2.** comisión *f* parlamentaria de trabajo

Arbeitsausweis *m*, **e** cartilla *f* profesional; hoja *f* de servicios

Arbeitsbedarf *m*, Ø trabajo *m* necesario; horas *pl* de trabajo necesarias

Arbeitsbedingungen *pl* condiciones *pl* de trabajo (*od.* empleo); ***günstige***, ***erschwerte*** ~ ***haben*** tener condiciones de trabajo favorables, difíciles

Arbeitsbefreiung *f*, **en** exención *f* del trabajo

Arbeitsbeginn *m*, Ø comienzo *m* del trabajo; ***den ~ registrieren*** fichar, marcar el comienzo del trabajo
Arbeitsbehörde *f*, **n** (CH) servicio *m* público de empleo
Arbeitsbelastung *f*, **en** carga *f* del trabajo
Arbeitsbereich *m*, **e** sector *m* de actividad
Arbeitsbereitschaft *f*, Ø **1.** disposición *f* para el trabajo **2.** tiempo *m* de espera
Arbeitsbericht *m*, **e** informe *m* de actividad; ***einen ~ vorlegen*** presentar un informe de la actividad desplegada
Arbeitsbeschaffung *f*, **en** creación *f* de empleo
Arbeitsbeschaffungsmaßnahme *f*, **n** (ABM) medidas *pl* de creación (*od.* de fomento) de empleo
Arbeitsbescheinigung *f*, **en** certificado *m* de empleo; hoja *f* de servicios
Arbeitsbeschreibung *f*, **en** descripción *f* del (puesto de) trabajo; descripción *f* del cargo
Arbeitsbesprechung *f*, **en** reunión *f* de trabajo
Arbeitsbewertung *f*, **en** evaluación *f*, calificación *f* del trabajo; (Angl.) job evaluation
Arbeitsbewilligung *f*, **en** (A) permiso *m* de trabajo; autorización *f* para trabajar
Arbeitsbewusstsein *n*, Ø conciencia *f* profesional; ***ein vorbildliches ~ haben*** ser un modelo de conciencia profesional
Arbeitsbeziehungen *pl* (zwischen den Sozialpartnern) relaciones *pl* industriales
Arbeitsblatt *n*, **¨er** hoja *f* de servicios
Arbeitsbörse *f*, **n** (A) bolsa *f* de trabajo
Arbeitsbuch *n*, **¨er** (**E**) tarjeta *f* profesional; libreta *f* de trabajo; cartilla *f* de identidad profesional
Arbeitschance *f*, **n** oportunidad *f* de empleo
Arbeitsdatei *f*, **en** archivo *m*, fichero *m* de trabajo
Arbeitsdauer *f*, Ø jornada *f* laboral; duración *f* del trabajo; ***die ~ beträgt 8 Stunden*** la jornada laboral es de 8 horas
Arbeitsdienst *m*, Ø (Hist.) servicio *m* de trabajo; trabajo *m* al servicio de la colectividad
Arbeitsdirektor *m*, **en** **1.** director *m* de personal **2.** (Mitbestimmung) director *m* de trabajo (que vela por los intereses de la plantilla)
Arbeitseifer *m*, Ø afán *m* de trabajar
arbeitseifrig diligente; asiduo; afanoso
Arbeitseignung *f*, **en** aptitud *f*, calificación *f* profesional
Arbeitseinkommen *n*, - renta *f* de trabajo
Arbeitseinsatz *m*, **¨e** empleo *m*, ocupación *f* de la mano de obra
Arbeitseinsparung *f*, **en** racionalización *f* del trabajo
Arbeitseinstellung *f*, **en** → Arbeitsniederlegung
Arbeitseinteilung *f*, **en** repartición *f*, organización *f* de trabajo
Arbeitsentgelt *n*, **e** remuneración *f* del trabajo
Arbeitserfahrung *f*, **en** experiencia *f* laboral
Arbeitsergebnis *n*, **se** resultado *m* del trabajo
Arbeitserlaubnis *f*, **se** permiso *m* de trabajo
arbeitserleichternd que facilita el trabajo; racional
Arbeitserleichterung *f*, **en** racionalización *f*, alivio *m* del trabajo
arbeitserschwerend fastidioso; que hace el trabajo penoso (*od.* pesado)
arbeitsersparend racional; que ahorra trabajo
Arbeitsersparnis *f*, **se** ahorro *m* de trabajo; ahorro *m* de mano de obra
Arbeitsertragssteuer *f*, **n** impuesto *m* sobre los rendimientos (*od.* las utilidades) del trabajo
Arbeitsessen *n*, - almuerzo *m* *bzw.* cena *f* de trabajo; comida *f* de trabajo
Arbeitsethos *n*, Ø deontología *f*, ética *f* profesional
arbeitsfähig apto, útil para el trabajo; capaz de trabajar; capacitado para el trabajo
Arbeitsfähigkeit *f*, Ø capacidad *f* laboral; capacidad *f* de trabajo
Arbeitsfehler *m*, - defecto *m* en la hechura; defecto *m* de trabajo
Arbeitsfeld *n*, **er** campo *m* de actividad; campo *m* de acción
Arbeitsfluss *m*, Ø flujo *m* de trabajo
Arbeitsförderungsgesetz *n*, **e** ley *f* de promoción del trabajo; ley *f* de fomento del empleo
arbeitsfrei, ***~er Tag*** día *f* de descanso; día *m* libre; día *m* de asueto
Arbeitsfreude *f*, Ø afición *f* al trabajo; gusto *m* por el trabajo
Arbeitsfriede *m*, Ø paz *f* social
Arbeitsfront *f*, **en** frente *m* obrero
Arbeitsgang m, **¨e** 1. secuencia *f*, pasada *f*, ciclo *m* (de trabajo); operación *f* 2. fase *f* de fabricación 3. puesto *m* en la cinta de montaje
Arbeitsgebiet *n*, **e** → Arbeitsfeld

Arbeitsgemeinschaft *f*, **en** **1.** grupo *m* de trabajo **2.** círculo *m* de estudios **3.** agrupación *f* temporal (para obras)
Arbeitsgenauigkeit *f*, Ø exactitud *f*, precisión *f* en el trabajo
Arbeitsgenehmigung *f*, **en** → Arbeitserlaubnis
Arbeitsgenossenschaft *f*, **en** cooperativa *f* obrera
Arbeitsgerät *n*, **e** aperos *pl* de trabajo; herramientas *pl*
Arbeitsgericht *n*, **e** tribunal *m* laboral; tribunal *m* de trabajo; (**E**) magistratura *f* de trabajo; ***oberstes*** ~ (**E**) tribunal *m* central de trabajo; tribunal *m* superior de trabajo
arbeitsgerichtlich relativo a la jurisdicción laboral
Arbeitsgerichtsbarkeit *f*, Ø jurisdicción *f* laboral
Arbeitsgeschwindigkeit *f*, **en** 1. velocidad *f* del trabajo 2. velocidad *f* operativa 3. velocidad *f* de proceso
Arbeitsgesetzbuch *n*, **¨er** código *m* de trabajo
Arbeitsgesetzgebung *f*, **en** legislación *f* laboral; (Arg.) leyes *pl* obreras; (Méx.) leyes *pl* laborales
Arbeitsgruppe *f*, **n** grupo *m*, comité *m* de trabajo
Arbeitshaus *n*, **¨er** casa *f*, asilo *m* de trabajo
Arbeitshypothese *f*, **n** hipótesis *f* de trabajo
Arbeitsinspektion *f*, **en** (A, CH) inspección *f* de trabajo
arbeitsintensiv con fuerte coeficiente de trabajo (*od.* mano de obra); de gran densidad (*od.* extensión *od.* intensidad) laboral
Arbeitskampf *m*, **¨e** lucha *f*, conflicto *m* laboral
Arbeitskleidung *f*, **en** ropa *f* de trabajo; indumentaria *f* de faena
Arbeitsklima *n*, Ø ambiente *m*, clima *m* laboral; condiciones *pl* de trabajo
Arbeitskluft *f*, Ø atuendo *m* de trabajo
Arbeitskollege *m*, **n** compañero *m* de trabajo; compañero *m* de oficina; colega *m*
Arbeitskonflikt *m*, **e** conflicto *m* laboral; conflicto *m* de trabajo
Arbeitskosten *pl* costes *pl*, costos *pl* de producción imputables a la mano de obra; costes *pl*, costos *pl* salariales; costo *m* de la mano de obra
Arbeitskraft *f*, **¨e** **1.** trabajador *m*; obrero *m*; mano *f* de obra; ***geschulte*** ~***¨e*** mano de obra cualificada; ***Mangel an*** ~***¨en*** escasez *f*, falta *f*, penuria *f* de mano de obra **2.** capacidad *f*, fuerza *f* de trabajo
Arbeitskräftebedarf *m*, Ø necesidades *pl*, demanda *f* de mano de obra
Arbeitskreis *m*, **e** → Arbeitsgemeinschaft
Arbeitslager *n*, **-** campo *m* de trabajo
Arbeitslaufwerk *n*, **e** (Inform.) drive *m* de trabajo
Arbeitsleben *n*, Ø vida *f* laboral activa; vida *f* profesional (Syn. ***Erwerbsleben***)
Arbeitsleistung *f*, **en** **1.** prestación *f* de trabajo; prestación *f* laboral **2.** rendimiento *m*; ***die*** ~ ***steigern*** aumentar el rendimiento **3.** trabajo *m*; producto *m* **4.** (Maschine) potencia *f*
Arbeitslenkung *f*, **en** organización *f*, planificación *f* del trabajo
Arbeitslohn *m*, **¨e** salario *m*; paga *f*; remuneración *f*, retribución *f* del trabajo; (Tageslohn) jornal *m*
arbeitslos en paro; ~ ***sein*** estar sin empleo; encontrarse en paro; estar parado; ~ ***werden*** perder el empleo
Arbeitslose(**r**) (der/ein) parado *m*; desempleado *m*; trabajador *m* (*od.* empleado *m*) en régimen de desempleo; (Chile) cesante *m*
Arbeitslosenbehörde *f*, **n** junta *f* de paro
Arbeitslosenfürsorge *f*, Ø → Arbeitslosenhilfe
Arbeitslosengeld *n*, **er**, ~ ***beziehen*** percibir subsidio de paro (*od.* desempleo) (Syn. ***Stempelgeld***)
Arbeitslosenheer *n*, **e** ejército *m* de los parados (*od.* desempleados)
Arbeitslosenhilfe *f*, **n** auxilio *m* social a los desempleados (que ya no se benefician del subsidio de desempleo)
Arbeitslosenquote *f*, **n** tasa *f* de desempleo (*od.* paro) sobre la población activa
Arbeitslosenrate *f*, **n** → Arbeitslosenquote
Arbeitslosenunterstützung *f*, **en** (Alu) → Arbeitslosengeld
Arbeitslosenvermittlung *f*, **en** colocación *f* de desempleados
Arbeitslosenversicherung *f*, Ø seguro *m* de desempleo; seguro *m* contra el paro
Arbeitslosenversicherungsbeitrag *m*, **¨e** cuota *f* del seguro de desempleo; cuota *f* del seguro contra el desempleo
Arbeitslosenzahl *f*, **en** cifra *f* de paro; número *m* de parados; (E) encuesta sobre la población activa; EPA
Arbeitslosenziffer *f*, **n** → Arbeitslosenzahl

Arbeitslosigkeit *f*, Ø desempleo *m*; paro (forzoso) *m*; desocupación *f* **1.** ***konjunkturbedingte (konjunkturelle)*** ~ paro, desempleo coyuntural; ***saisonbedingte (saisonale)*** ~ paro, desempleo estacional; ***strukturbedingte (strukturelle)*** ~ paro, desempleo estructural; ***technisch bedingte (technologische)*** ~ paro, desempleo tecnológico **2.** ***die*** ~ ***bekämpfen*** combatir el paro; luchar contra el desempleo; ***die*** ~ ***beseitigen*** eliminar el paro (*od.* desempleo)

Arbeitslosigkeitsbescheinigung *f*, **en** certificado *m* de desempleo

Arbeitslosigkeitsbuch *n*, **¨er** libreta *f*, carné *m* de parado

Arbeitslust *f*, Ø → Arbeitsfreude

Arbeitsmangel *m*, Ø, ***es herrscht*** ~ hay escasez de trabajo

Arbeitsmarkt *m*, **¨e** mercado *m* laboral; mercado *m* de(l) trabajo; mercado *m* de empleo; mercado *m* de mano de obra; ***die Lage auf der*** ~ la situación del empleo

Arbeitsmarktbehörde *f*, **n** (CH) → Arbeitsverwaltung

Arbeitsmaterial *n*, **ien** material *m* de trabajo

Arbeitsmedizin *f*, Ø medicina *f* laboral

Arbeitsmenge *f*, **n** cantidad *f*, volumen *m* de trabajo; carga *f* de trabajo

Arbeitsmensch *m*, **en**, ***er ist ein*** ~ es una fiera para el trabajo

Arbeitsmethode *f*, **n** método *m* de trabajo

Arbeitsminister *m*, - ministro *m* de trabajo

Arbeitsministeri|um *n*, **-en** ministerio *m* de trabajo

Arbeitsmittel *pl* instrumento *m*, medio *m* de trabajo

Arbeitsmoral *f*, Ø moral *f* laboral

Arbeitsnachfrage *f*, **n** demanda *f* de trabajo

Arbeitsnachweis *m*, **e** **1.** empleo *m* **2.** bolsa *f* de trabajo; servicio *m* de colocación; ***öffentlicher*** ~ (CH) → Arbeitsamt

Arbeitsniederlegung *f*, **en** → Arbeitseinstellung

Arbeitsnorm *f*, **en** norma *f* de producción (que fija el ritmo de trabajo)

Arbeitsordnung *f*, **en** reglamento *m* laboral; régimen *m* de trabajo

Arbeitsorganisation *f*, **en** organización *f* del trabajo; ***internationale*** ~ organización internacional de trabajo (OIT)

Arbeitsort *m*, **e** lugar *m* de trabajo

Arbeitspaß *m*, **¨sse** tarjeta *f* de identidad profesional

Arbeitspapier *n*, **e** **1.** (Pol.) proyecto *m* de estudio **2.** ***~e*** dossier *m*, expediente *m* del trabajador (*od.* del empleado conservado por el patrón)

Arbeitspause *f*, **n** descanso *m*

Arbeitspensum *n*, Ø labor *f*, tarea *f*, trabajo *m* a cumplir; ***sein*** ~ ***bewältigen*** cumplir, terminar, llevar a cabo su labor

Arbeitspferd *n*, **e** → Arbeitsmensch

Arbeitspflicht *f*, **en** trabajo *m* obligatorio; obligatoriedad *f* de trabajar

arbeitspflichtig obligado a trabajar

Arbeitsplan *m*, **¨e** diagrama *m* funcional; plan *m* de trabajo

Arbeitsplanung *f*, **en** organización *f* del trabajo; planificación *f*, programa *m* de trabajo

Arbeitsplatz *m*, **¨e** **1.** empleo *m*; colocación *f*; puesto *m* de trabajo; **~¨e** ***schaffen*** crear empleo **2.** lugar *m* de trabajo

Arbeitsplatzbeschaffung *f*, **en** generación *f*, creación *f* de empleo

Arbeitsplatzbewertung *f*, **en** cotización *f*, valoración *f* por cargos (= evaluación de la tecnicidad o dificultad del trabajo del que depende la remuneración)

Arbeitsplatzcomputer *m*, - estación *f* de burótica

Arbeitsplatzgestaltung *f*, **en** acondicionamiento *m*, adecuación *f* del puesto de trabajo

arbeitsplatzschaffend generador, creador de empleo

Arbeitsplatzschwund *m*, Ø pérdida *f* de empleos; puestos *pl* de trabajo suprimidos

Arbeitsplatzsicherung *f*, Ø seguridad *f* del empleo

Arbeitsplatzstudie *f*, **n** estudio *m* del puesto de trabajo

Arbeitsplatztausch *m*, Ø permuta *f*, cambio *m* (del puesto de trabajo)

Arbeitsplatzwechsel *m*, - → Arbeitsplatztausch

Arbeitsplatzzulage *f*, **n** complemento *m* de destino; prima *f* por puesto de trabajo

Arbeitsplatzzuweisung *f*, **en** asignación *f* del puesto de trabajo

Arbeitspolitik *f*, Ø política *f* laboral

Arbeitspolizei *f*, **(en)** policía *f* (de lo) laboral

Arbeitspotential *n*, Ø potencial *m* laboral; capacidad *f* de trabajo

Arbeitsprobe *f*, **n** muestra *f* de un trabajo (*od.* de una obra)

Arbeitsproduktivität *f*, Ø productividad *f* por hora de trabajo

Arbeitsprogramm *n*, **e**, ~ ***erstellen*** establecer el programa a seguir; establecer un programa (*od.* de acción)
Arbeitspsychologie *f*, Ø psicología *f* del trabajo
Arbeitsraum *m*, **¨e** sala *f* de trabajo; oficina *f*
Arbeitsrecht *n*, Ø derecho *m* del trabajo; derecho *m* obrero; derecho *m*, legislación *f* laboral
Arbeitsrechtler *m*, - laboralista *m*
arbeitsrechtlich juridíco-laboral
Arbeitsregelung *f*, **en** reglamentación *f* del trabajo
arbeitsreich laborioso; de mucho trabajo; que conlleva mucho trabajo
Arbeitsreserve *f*, **n** mano de obra *f* flotante
Arbeitsrichter *m*, - magistrado *m* de trabajo; juez *m* de un tribunal (*od.* magistratura) de trabajo
Arbeitsrückstand *m*, **¨e** atrasos *pl* en el trabajo; reserva *f* de pedidos pendientes
Arbeitsruhe *f*, Ø descanso *m*
Arbeitssachen *pl* causas *pl* laborales
Arbeitsschädigung *f*, **en** lesión *f* producida por el trabajo
Arbeitsscheu *f*, Ø aversión *f* al trabajo; holgazanería *f*
arbeitsscheu refractario al trabajo; vago
Arbeitsschicht *f*, **en** turno *m*; tanda *f*; equipo *m*
Arbeitsschiedsgericht *n*, **e** tribunal *m* de conciliación laboral
Arbeitsschluss *m*, Ø fin *m* del trabajo; final *m* de la jornada
Arbeitsschutz *m*, Ø seguridad *f*, protección *f* (social) del trabajo
Arbeitsschutzgesetz *n*, **e** ley *f* de protección (social) del trabajo
Arbeitssicherheit *f*, Ø seguridad *f* en el trabajo
Arbeitssitzung *f*, **en** reunión *f*, sesión *f* de trabajo; ***an einer ~ teilnehmen*** asistir a una reunión de trabajo
arbeitssparend que ahorra trabajo
Arbeitsspeicher *m*, - (Inform.) memoria *f* de trabajo
Arbeitssprache *f*, **n** lengua *f*, idioma *m* de trabajo
Arbeitsstätte *f*, **n** → Arbeitsstelle
Arbeitsstelle *f*, **n** lugar *m* de trabajo
Arbeitsstilllegung *f*, **en** paralización *f* del trabajo
Arbeitsstreckung *f*, **en** prestación *f* reducida del trabajo
Arbeitsstreitigkeit *f*, **en** conflicto *m*, disputa *f*, litigio *m* laboral
Arbeitsstudie *f*, **n** estudio *m* de trabajo; estudio *m* de tareas
Arbeitsstunde *f*, **n** hora *f* de trabajo; hora-hombre *f*; ***ausgefallene ~n*** horas de trabajo perdidas; horas no trabajadas; ***nachgeholte ~*** hora (de trabajo) recuperada; ***Zahl der (geleisteten) wöchentlichen ~n*** número *m* de horas trabajadas por semana; ***eine ~ berechnen*** facturar una hora de trabajo
Arbeitsstundenbuch *n*, **¨er** libreta *f* de horas de trabajo
Arbeitssuche *f*, Ø busca *f*, búsqueda *f* de trabajo; ***auf ~ sein*** estar buscando trabajo; buscar trabajo
Arbeitssuchende(r) (der/ein) **1.** solicitante *m* de trabajo **2.** parado *m*; desempleado *m*
Arbeitstag *m*, **e** **1.** día *m* de trabajo; día *m* laborable **2.** jornada *f* laboral; jornada *f* de trabajo **3.** (Staatsverwaltung) día *m* hábil
Arbeitstagung *f*, **en** reunión *f*; sesión *f* de trabajo; seminario *m*
Arbeitstakt *m*, **e** ciclo *m*; cadencia *f* (para el trabajo en cadena)
Arbeitsteam *n*, **s** equipo *m* de trabajo
arbeitsteilig fundado en la división del trabajo; con división de trabajo
Arbeitsteilung *f*, **en** división *f* del trabajo; taylorismo *m*
Arbeitstempo *n*, **s** ritmo *m*, cadencia *f* del trabajo
Arbeitstherapie *f*, **n** ergoterapia *f*; laborterapia *f*; terapia *f* laboral
Arbeitstier *n*, **e** **1.** animal *m* de labor; animal *m* de trabajo **2.** trabajador *m* infatigable
Arbeitstisch *m*, **e** mesa *f* de trabajo
arbeitsunfähig inapto, incapaz para el trabajo; ***dauernd ~*** inválido; (vom Arzt) ***~ geschrieben werden*** ser dado de baja (por el médico)
Arbeitsunfähigkeit *f*, Ø incapacidad *f* de (*od.* para el) trabajo; inaptitud *f* para el trabajo; ***dauernde***, ***vorübergehende ~*** incapacidad laboral permanente, temporal
Arbeitsunfähigkeitbescheinigung *f*, **en** certificado *m* de incapacidad laboral
Arbeitsunfall *m*, **¨e** accidente *m* de (*od.* en el) trabajo; (Cuba) accidente *m* operativo; ***tödlicher ~*** accidente mortal de trabajo (Syn. ***Betriebsunfall***)
Arbeitsunfallversicherung *f*, **en** seguro *m* de (*od.* contra) accidentes de trabajo

Arbeitsunterbrechung *f*, **en** interrupción *f* del trabajo
Arbeitsunterlagen *pl* documentos *m* de trabajo
Arbeitsunterteilung *f*, **en** desglose *m* del trabajo (en sus elementos)
Arbeitsverdienst *m*, **e** remuneración *f*, retribución *f* del trabajo; ***entgangener*** ~ pérdida *f* de retribución (*od.* remuneración) laboral
Arbeitsvereinfachung *f*, **en** simplificación *f* del trabajo
Arbeitsverfahren *n*, **-** proceso *m*; técnica *f* (operativa); ***ein neues ~ anwenden*** utilizar una nueva técnica (de trabajo)
Arbeitsvergütung *f*, **en** remuneración *f*; retribución *f*; paga *f*
Arbeitsverhältnis *n*, **se 1.** relación *f* laboral (entre empleado y empleador) **2.** contrato *m* de trabajo **3.** empleo *m*; ***ein ~ eingehen*** entrar en relación laboral; ***ein ~ lösen*** rescindir, terminar una relación laboral; ***im ~ stehen*** ser asalariado; ser empleado; encontrarse en situación de empleo (por cuenta ajena)
Arbeitsverhältnisse *pl* condiciones *pl* de trabajo
Arbeitsverlust *m*, **e 1.** pérdida *f* (de tiempo) de trabajo **2.** dejar de ganar; lucro *m* cesante
Arbeitsvermittlung *f*, **en** servicio *m*, agencia *f*, oficina *f* de colocación; enganche *m* de trabajadores
Arbeitsversäumnis *f*, **se** absentismo *m*; ausencia *f* del puesto de trabajo
Arbeitsverteilung *f*, **en** asignación *f* de actividades
Arbeitsvertrag *m*, **¨e** contrato *m* de trabajo (por tiempo) indefinido; ~ ***auf Zeit*** contrato de trabajo temporal; ***einen ~ kündigen*** rescindir un contrato de trabajo; ***einen ~ unterzeichnen*** firmar un contrato de trabajo
Arbeitsvertragsbruch *m*, **¨e 1.** quebrantamiento *m* del contrato de trabajo **2.** abandono *m* del trabajo
Arbeitsverwaltung *f*, **en** autoridad *f*, administración *f* laboral
Arbeitsverwaltungsverfahren *n*, **-** procedimiento *m* laboral
Arbeitsverweigerung *f*, **en** denegación *f* de trabajo
Arbeitsverzeichnis *n*, **se** directorio *m* de trabajo
Arbeitsvorbereitung *f*, **en** preparación *f* de trabajo
Arbeitsvorgang *m*, **¨e** operación *f*, proceso *m* de trabajo
Arbeitsweise *f*, **n 1.** método *m* de trabajo **2.** modo *m* de funcionamiento (de una máquina)
Arbeitswelt *f*, Ø mundo *m* del trabajo; mundo *m*, universo *m* laboral
Arbeitswerttheorie *f*, **n** doctrina *f* del valor del trabajo
arbeitswillig dispuesto a trabajar; deseoso de trabajar (Ggs. ***arbeitsscheu***)
Arbeitswillige(r) (der/ein) antihuelguista *m*; esquirol *m*; (Syn. ***Streikbrecher***)
Arbeitswissenschaft *f*, Ø ergonomía *f*; ciencia *f* ergonómica
Arbeitszeit *f*, **en 1.** horas *pl* de trabajo **2.** horario *m* de trabajo **3.** jornada *f* de trabajo (*od.* laboral); ***betriebsübliche*** ~ jornada habitual en el establecimiento; ***durchgehende*** ~ jornada continuada; ***nicht durchgehende*** ~ jornada partida; ***gleitende*** ~ jornada flexible; jornada móvil; ***tägliche*** ~ horario de trabajo diario; horas *pl* de trabajo diarias; jornada diaria; ***tarifliche*** ~ jornada fijada por convenio colectivo
Arbeitszeitflexibilisierung *f*, Ø flexibilización *f* del tiempo de trabajo, de la jornada laboral
Arbeitszeitgestaltung *f*, **en** organización *f* del horario (*od.* de la jornada) de trabajo
Arbeitszeitkontrolleur *m*, **e** cronometrador *m*, apuntador *m* de las horas trabajadas
Arbeitszeitkontrolluhr *f*, **en** reloj *m*, registrador *m* de las horas trabajadas
Arbeitszeitordnung *f*, **en** (AZO) (E) ley *f* de jornada máxima
Arbeitszeitverkürzung *f*, **en** reducción *f* de la jornada laboral; ~ ***auf 35 Stunden*** reducción de la jornada laboral a 35 horas semanales
Arbeitszeitverlängerung *f*, **en** aumento *m* de las horas de trabajo
Arbeitszettel *m*, **-** hoja *f* de presencia; tarjeta *f* registradora de horas trabajadas (Syn. ***Kontrollkarte***)
Arbeitszeug *m*, Ø herramientas *pl*, útiles *pl* de trabajo
Arbeitszeugnis *n*, **se** certificado *m* de trabajo
Arbeitszimmer *n*, **-** despacho *m*; estudio *m*
Arbeitszufriedenheit *f*, Ø satisfacción *f* en el trabajo

Arbeitszustand *m*, Ø estado *m* de funcionamiento
Arbeitszuteilung *f*, **en** asignación *f*, reparto *m* de trabajo
Arbeitszuwachs *m*, Ø incremento *m* (del volumen) de trabajo
Arbeitszwang *m*, **¨e** obligación *f* de trabajar; trabajo *m* obligatorio
Arbeitszwangverpflichtung *f*, **en** conscripción *f* industrial
Arbitrage *f*, **n** (Börse) arbitraje *m*; arbitración *f*
Arbitragegeschäft *n*, **e** operación *f* de arbitraje; arbitraje *m* sobre valores
Arbitragehändler *m*, **-** negociante *m* de arbitraje
Arbitrageklausel *f*, **n** (Außenhandel) cláusula *f* de arbitraje
Arbitragerechnung *f*, **en** cálculo *m* del arbitraje
Arbitrageur *m*, **e** arbitrajista *m*; cambista *m*
Arbitragewerte *pl* valores *pl* cotizados en bolsas distintas
Arbitragist *m*, **en** → Arbitrageur
arbitrieren (Börse) arbitrar
Archiv *n*, **e** archivo *m*
Archivar *m*, **e** archivero *m*
Archivdatei *f*, **en** **1.** fichero *m* de archivos **2.** diario *m* de archivos
archivieren archivar; clasificar; ***Dokumente*** ~ archivar documentos
Archivierungskopie *f*, **n** copia *f* de archivo
Archivmappe *f*, **n** carpeta *f* archivero
Archivzettel *m*, **-** ficha *f*
ARD *f* (***Arbeitsgemeinschaft der öffentlich-rechtlichen Rundfunkanstalten Deutschlands***) mancomunidad *f* alemana de radio y televisión; primera cadena *f* de la televisión alemana
Areal *n*, **e** área *f*; superficie *f*
Arealsteuer *f*, **n** (A) impuesto *m* sobre bienes raíces
arglistig doloso; ***~e Täuschung*** engaño *m* doloso; ***~es Verschweigen*** (des Verkäufers) silencio *m* doloso; ***einen Fehler*** (der verkauften Sache) ~ ***verschweigen*** silenciar, ocultar dolosamente un vicio (de la cosa objeto de compraventa)
arithmetisches Mittel *n*, **-** media *f* estadística
arm, ~ ***an Geld*** falto de (*od.* sin) recursos
Armenfürsorge *f*, Ø asistencia *f* pública
Armenrecht *n*, Ø ayuda *f* legal a personas pobres; ***Person, der das ~ bewilligt worden ist*** persona *f* receptora de ayuda legal; persona *f* asistida; ***im ~ klagen*** demandar in forma pauperis; ***kraft des ~s kann die Partei Befreiung von den Gerichtskosten erlangen*** en virtud de ayuda legal la parte puede obtener exención de las costas judiciales
ärmlich, ***in ~en Verhältnissen leben*** vivir en la pobreza
Armut *f*, Ø **1.** pobreza *f* **2.** indigencia *f* **3.** falta *f*; ~ ***an Bodenschätzen*** penuria *f* del subsuelo; falta de recursos mineros; ***in ~ geraten*** empobrecerse; caer en la pobreza (*od.* penuria)
Armutsgrenze *f*, **n**, ***an der ~ leben*** vivir en el límite de la pobreza
Arrangement *n*, **s**, ***mit jdm. ein ~ treffen*** llegar a un acuerdo (con alg.)
Arrest *m*, **e** **1.** (persönlich) arresto *m*; embargo *m* personal **2.** (dingl.) embargo *m* preventivo (*od.* real); (Chile) medida *f* precautoria de retención; ***einen ~ anordnen*** ordenar un embargo preventivo; ***einen ~ aufheben*** alzar un embargo preventivo; ***die Aufhebung des ~*** el alzamiento del embargo preventivo; ***mit ~ belegen*** embargar; ***die Vollziehung des ~*** la ejecución de un embargo preventivo
Arrestbefehl *m*, **e** orden *f*, mandamiento *m* de embargo
Arrestbeschluss *m*, **¨sse** auto *m* de embargo (preventivo)
Arrestbewilligung *f*, **en** (CH) → Arrestbeschluss
Arrestgesuch *n*, **e** solicitud *f* de embargo preventivo
Arrestgläubiger *m*, **-** acreedor *m* embargante (preventivo)
Arrestschuldner *m*, **-** embargado *m*
Arrondierung *f*, **en** concentración *f* parcelaria (Syn. ***Flurbereinigung***)
Art *f*, **en** género *m*; clase *f*; categoría *f*; tipo *m*; modo *m*; manera *f*; ~ ***und Höhe der Ausgaben*** tipo y cuantía de los gastos; ~ ***der Einkünfte*** clase de ingresos; ~ ***der Erzeugnisse*** categoría de productos; ~ ***und Menge der Güter*** naturaleza *f* y cantidad de bienes; ~ ***der Packstücke*** clase de bultos; ~ ***der Verpackung*** método *m* de embalaje; ~ ***der Versicherung*** modalidad *f* de seguro; ~ ***der Waren*** categoría (*od.* descripción *f*) de las mercancías; ***eine neue ~ von Ware*** una nueva línea; ***Ansprüche anderer ~*** reclamaciones de diferente naturaleza; ***durchschnittliche ~*** categoría, clase media (*od.* general); ***auf irgendeine***

~ de algún modo; ***von mittlerer ~ und Güte*** de clase y calidad media; ***Geräte jeder ~*** aparatos de todas clases

Artikel *m*, - **1.** (Handelsartikel) artículo *m*; género *m*; mercancía *f*; (La) mercadería *f* **2.** (Vertragsartikel) artículo *m*; cláusula *f* **3.** (Zeitungsartikel) artículo *m*; colaboración *f*; ***ausgegangener ~*** artículo que se ha acabado; género que se ha agotado; ***beliebter ~*** artículo de gran demanda; artículo muy pedido; ***billiger ~*** artículo barato; línea *f* barata; ***gut eingeführter ~*** artículo bien introducido; género bien lanzado; ***gängiger ~*** artículo corriente; artículo frecuente; ***preiswerter ~*** artículo que vale lo que cuesta; artículo que sale a cuenta; ***stets vorrätige ~*** artículos siempre **en** almacén; ***einen ~ führen*** vender un artículo; tener a la venta un artículo; ***einen ~ nicht mehr führen*** no tener ya a la venta un artículo; ***der ~ ist sehr gefragt*** el artículo tiene mucha demanda; el artículo **se** pide mucho; ***einen ~ am Lager haben*** tener un artículo en almacén

Arzneikosten *pl* gastos *pl* en medicamentos; gastos *pl* de farmacia; costes *pl* farmacéuticos

Arzthonorar *n*, **e** honorario *m* del médico

Arztkosten *pl* gastos *pl* médicos

ärztlich médico; facultativo; ***ein ~es Attest vorlegen*** presentar un certificado médico

Arztrechnung *f*, **en** factura *m* médica; factura *f* del médico

Aspirant *m*, **en** aspirante *m*; candidato *m* (Syn. ***Bewerber***)

Assekuranz *f*, **en** industria *f* aseguradora; sector *m* del seguro

Assembler *m*, - (Inform.) ensamblador *m*; programa *m* de ensamblaje

Assistent *m*, **en 1.** asistente *m*; ayudante *m* **2.** profesor *m* ayudante

Associated Press (AP) agencia *f* de prensa americana

AST → Antragsteller

Asyl *n*, Ø asilo *m*; ***um politisches ~ bitten*** pedir, solicitar asilo político; ***~ gewähren*** conceder, reconocer, dar asilo político

Asylant *m*, **en** refugiado *m* político

Asylbewerber *m*, - peticionario *m*, solicitante *m* de asilo político

Asylrecht *n*, Ø derecho *m* de asilo

asymmetrische Liquiditätsverteilung *f*, **en** distribución *f* asimétrica de liquidez (en el sistema monetario)

ATA-Übereinkommen *n* Convención *f* ATA (para la admisión temporal de mercancías)

Atelier *n*, **s 1.** estudio *m* **2.** taller *m*

Atom- (Pref.) nuclear; atómico (Syn. ***Kern-, Nuklear-***)

Atom *n*, **e** átomo *m*

Atomanlage *f*, **n** instalación *f*, planta *f* nuclear

Atomantrieb *m*, Ø propulsión *f* nuclear

atomar, ***~e Abrüstung*** desarme *m* nuclear

Atombehörde *f*, **n** comisaría *f* general de la energía atómica

atombombensicher a prueba de bombas atómicas

Atombrennstoff *m*, **e** combustible *m* nuclear

Atombunker *m*, - refugio *m* antinuclear; refugio *m* atómico

Atomenergie *f*, **n** energía *f* atómica, nuclear

Atomforschung *f*, Ø investigación *f* nuclear

atomfrei, ***~e Zone*** zona *f* desnuclearizada

Atomgegner *m*, - antinuclear *m*

Atomgemeinschaft *f*, **en** ***Europäische ~*** Comunidad *f* Europea de Energía Atómica (Euratom)

atomgetrieben a propulsión nuclear, atómica

Atomkraft *f*, Ø → Atomenergie

Atomkraftwerk *n*, **e** central *m* nuclear, atómica (Syn. ***Kernkraftwerk***)

Atommeiler *m*, - pila *f* atómica

Atommüll *m*, Ø residuos *pl* radiactivos; desechos *pl* atómicos; basuras *pl* atómicas

Atommülllager *n*, - → Atommülldeponie

Atommülldeponie *f*, **n** cementerio *m* atómico; depósito *m*, vertedero *m*, basurero nuclear (*od.* atómico)

Atomphysik *f*, Ø física *f* nuclear

Atomphysiker *m*, - físico *m* nuclear

Atomrakete *f*, **n** misil *m*, cohete *m* atómico

Atomreaktor *m*, **en** reactor *m* nuclear, atómico

Atomregen *m*, Ø lluvia *f*, precipitación *f* radiactiva

Atomrisik|o *n*, **-en** riesgo *m* nuclear

Atomrüstung *f*, Ø armamento *m* nuclear

Atomschaden *m*, **¨** daño *m* nuclear

Atomspaltung *f*, **en** fisión *f* nuclear

Atomstrom *m*, Ø electricidad *f* generada por energía nuclear

Atomtechnik *f*, **en** técnica *f* nuclear

Atomunfall *m*, **¨e** accidente *m*, incidente *m* nuclear

Atomunterseeboot *n*, **e** submarino *m* atómico

Atomversuch *m*, **e** prueba *f* nuclear

Atomwaffensperrvertrag *m*, ¨e tratado *m* de no proliferación (de armas nucleares)
Attentat *n*, **e**, ***ein ~ auf jdn. verüben*** cometer un atentado contra alg.; atentar contra la vida de alg.
Attentäter *m*, - autor *m* del *bzw.* de un atentado
Attest *n*, **e** certificado *m*; atestado *m*; ***ein ärztliches ~ ausstellen*** extender un certificado médico; expedir un certificado de enfermedad
Attrappe *f*, **n 1.** envase *m* vacío **2.** objeto *m* imitado; simulacro *m* **3.** (Fam.) objeto *m* de pega
ätzend, ***~e Güter*** bienes *pl*, objetos *pl* corrosivos; ***~e Stoffe*** corrosivos *pl*
Audienz *f*, **en** audiencia *f*; ***eine ~ gewähren*** conceder una audiencia
audio-visuelle Medien *pl* medios *pl* audiovisuales
Audit *m od. n*, **s** control *m*; verificación *f*
aufarbeiten preparar; acondicionar; tratar
Aufarbeitung *f*, **en** preparación *f*; acondicionamiento *m*; tratamiento *m*; ***~ von Daten*** procesamiento *m* de datos; ***~ der Kohle*** preparación del carbón
Aufbau *m*, Ø **1.** construcción *f* **2.** estructura *f* **3.** organización *f* **4.** montaje *m* **5.** establecimiento *m* (p.ej., de una conexión) **6.** creación *f* (p.ej., de una base de datos)
aufbereiten 1. poner al día; acabar; terminar; ***eine Akte ~*** poner un dossier al día **2.** renovar **3.** restaurar
Aufbereitung *f*, **en** puesta *f* al día; acabado *m*; retoque *m*
Aufbereitungsanlage *f*, **n** planta *f*, instalación *f* de procesamiento
aufbessern, ***seine Einkünfte ~*** mejorar, aumentar sus ingresos
Aufbesserung *f*, **en** mejora *f*, aumento *m* (salarial)
aufbewahren conservar, guardar; depositar; ***kühl, trocken ~*** consérvese en frío, en lugar seco
Aufbewahrer *m*, - depositario *m* (Syn. ***Depositär***)
Aufbewahrung *f*, **en** conservación *f*; custodia *f*; consigna *f* (para el equipaje); ***zur ~ geben*** entregar, dar en depósito; ***~ des Koffers*** consigna de la maleta; ***in ~ haben*** tener en custodia
Aufbewahrungsgebühr *f*, **en** derechos *pl* de depósito
Aufbewahrungsort *m*, **e 1.** depósito *m* **2.** consigna
Aufbewahrungspflicht *f*, **en** obligación *f* de conservar los documentos
Aufbewahrungsschein *m*, **e** boletín *m* de depósito *bzw.* de consigna
Aufbewahrungszeitraum m, ¨**e** periodo m, ciclo m, duración f de retención
Aufblähung *f*, Ø, ***~ des Geldumlaufs*** incremento *m* en la circulación del dinero
Aufbrauch *m*, Ø agotamiento *m* (de los stocks)
aufbrauchen consumir, gastar, agotar; ***alle Ersparnisse ~*** consumir, gastar todos los ahorros
aufbrechen 1. abrir; romper **2.** forzar; reventar; ***ein Schloss ~*** descerrajar
aufbringen 1. ***Geldmittel ~*** reunir fondos **2.** ***eine Mode ~*** lanzar una moda **3.** ***ein Schiff ~*** apresar un barco
Aufbruch *m*, Ø **1.** resurgimiento *m*; auge *m*; despegue *m* **2.** marcha *f*; salida *f*; partida *f*
aufdecken, ***Mängel ~*** descubrir defectos, vicios
aufdringlich, ***~e Werbung*** publicidad *f* insistente
Aufdruck *m*, **e** (auf Lebensmittelpackungen) etiquetado *m* especial
aufdrücken, ***ein Siegel ~*** estampar, poner un sello
aufeinander folgend, ***zwei ~e Monate*** dos meses consecutivos, seguidos
Aufenthalt *m*, **e 1.** estancia *f*; estadía *f*; permanencia *f* **2.** residencia *f*; domicilio *m* **3.** parada *f*; ***ohne ~*** sin parada; sin demora; directo; ***derzeitiger ~*** residencia actual; ***gewöhnlicher ~*** residencia habitual, ordinaria; ***vorübergehender ~*** estancia temporal, provisional
Aufenthaltsbeschränkung *f*, **en** restricción *f* de la residencia
Aufenthaltsdauer *f*, Ø duración *f* de la estancia
Aufenthaltserlaubnis *f*, **se** → Aufenthaltsgenehmigung
Aufenthaltsgenehmigung *f*, **en** permiso *m* de estancia, de residencia
Aufenthaltsort *m*, **e 1.** lugar *m* de residencia **2.** paradero *m*
Aufenthaltsverlängerung *f*, **en 1.** prolongación *f* de la estancia **2.** prórroga *f*, renovación *f* del permiso de estancia *od.* residencia
auferlegen, ***jdm. Bedingungen ~*** imponer condiciones; ***Steuern ~*** gravar con impuestos; ***eine Strafe ~*** imponer una pena
auffächern variar, diversificar

auffahren, ***auf ein anderes Auto*** ~ chocar (por alcance) con un coche
Auffahrunfall *m*, **¨e** accidente *m* por alcance
auffangen **1.** absorber, compensar; ***Kostenerhöhungen*** ~ contener, amortiguar, absorber el impacto del incremento de los costes; ***Preiserhöhungen*** ~ absorber, compensar los aumentos de precios **2.** ***einen Brief*** ~ interceptar una carta
Auffanggesellschaft *f*, **en** sociedad *f* que adquiere a una empresa en quiebra; (sociedad *f*) holding *m*
Auffangkonto n, **-ten** → Interimskonto
auffinden buscar; localizar
auffordern **1.** invitar **2.** requerir **3.** animar
Aufforderung *f*, **en** **1.** invitación *f* **2.** requerimiento *m* **3.** citación *f*
aufführen **1.** ***auf einer Liste*** ~ incluir, especificar en una lista **2.** asentar, inscribir; contabilizar **3.** ***einen Film*** ~ exhibir, proyectar, presentar una película **4.** ***ein Theaterstück*** ~ representar una obra de teatro
auffüllen completar, rellenar; ***den Benzintank*** ~ llenar el depósito; repostar gasolina; ***die Lager*** ~ reponer existencias
Aufgabe *f*, **n** **1.** (Pflicht) deber *m*; obligación *f* **2.** (Arbeit) tarea *f* **3.** (Aufgeben) ~ ***eines Amtes*** dimisión *f* de un cargo; ***wegen*** ~ ***meines Geschäfts*** por cese de mi negocio **4.** ~ ***eines Briefes*** expedición *f* de una carta **5.** ~ ***von Gepäck*** facturación *f* del equipaje
Aufgabebahnhof *m*, **¨e** estación *f* de expedición, de salida, de facturación
Aufgabenbereich *m*, **e** competencia *f*; esfera *f* de acción; ámbito *m* de funciones; ***das fällt in Ihren*** ~ este asunto es de su competencia
aufgabenorientiert orientado a trabajos específicos; especializado en un determinado trabajo, en una determinada labor
Aufgabenplanung *f*, **en** programación *f*, planificación f de tareas
Aufgabenverteilung *f*, **en** repartición *f* de tareas; distribución *f* de competencias
Aufgabeschein *m*, **e** resguardo *m*; recibo *m*
aufgeben **1.** abandonar; renunciar; ***ein Geschäft*** ~ retirarse de un negocio; cerrar, liquidar un negocio **2.** ***etw. als Eilgut*** ~ expedir por (*od.* en) gran velocidad; ***ein Telegramm*** ~ poner, cursar un telegrama **3.** ***eine Bestellung*** ~ pasar un pedido **4.** ***eine Anzeige*** ~ poner un anuncio; insertar **5.** ***Gepäck*** ~ facturar el equipaje
Aufgebot *n*, **e** **1.** bando *m*; proclama *f*; ***das*** ~ ***bestellen*** correr la amonestaciones **2.** gran cantidad *f*; ***unter großem*** ~ con gran despliegue
Aufgebotsverfahren *n*, **-** procedimiento *m* edictal
aufgehen, ***in einem anderen Unternehmen*** ~ ser absorbido por otra empresa; fusionarse con otra empresa
Aufgeld *n*, **er** **1.** señal *f* **2.** prima *f*; agio *m* **3.** suplemento *m* **4.** mejora *f* del precio
aufgliedern desglosar; (sub)dividir
aufheben **1.** guardar; conservar, reservar (para más tarde) **2.** derogar; abrogar (una ley); ***ein Urteil*** ~ casar una sentencia
Aufhebung *f*, **en** anulación *f*, abolición *f*, abrogación *f*; derogación *f*; ~ ***der Blockade*** levantamiento *m* del bloqueo
Aufhebungsvertrag *m*, **¨e** contrato *m* cancelatorio; contrato *m* de indemnización por marcha voluntaria
aufholen recuperar; ganar terreno
Aufkauf *m*, **e** compra *f* en gran cantidad; acaparamiento *m*
aufkaufen comprar en gran cantidad; acaparar; (Fam.) vaciar una tienda; ***die Aktien einer Firma*** ~ comprar, acaparar las acciones de una empresa
Aufkäufer *m*, **-** **1.** comprador *m* (en grandes cantidades); acaparador *m* **2.** agente *m* de compras
Aufklärungswerbung *f*, Ø publicidad *f* explicativa; publicidad *f* orientadora; publicidad *f* educativa
aufkleben pegar; encolar; ***die Adresse auf ein Paket*** ~ pegarle, ponerle la dirección a un paquete
Aufkleber m, **-** pegatina *f*; etiqueta *f* adhesiva
Aufklebezettel *m*, **-** etiqueta adhesiva
aufkommen **1.** ***für den Unterhalt der Kinder*** ~ costear, sufragar el sustento de los hijos **2.** ***für den Schaden*** ~ responder, responsabilizarse de un daño; resarcir un daño, siniestro
Aufkommen *n*, **-** **1.** ingresos *pl* fiscales; recaudación *f* fiscal **2.** volumen *m* global
aufkündigen rescindir; denunciar **1.** ***ein Abkommen*** ~ rescindir un acuerdo **2.** ***den Dienst*** ~ presentar su dimisión; darse de baja del servicio
Aufkündigung *f*, **en** rescisión *f*; denuncia *f*; destitución *f*, dimisión *f*
aufladen cargar
Aufladen *n*, Ø carga *f*

Auflage *f*, **n 1.** carga *f*; obligación *f*; tasa *f* **2.** edición *f*; tirada *f*; ***neu bearbeitete ~*** edición revisada; ***unveränderte ~*** reimpresión *f*; nueva impresión *f*; ***verbesserte und erweiterte ~*** edición corregida y aumentada

auflassen 1. ceder **2.** abandonar

Auflassung *f*, **en 1.** cesión *f* **2.** abandono *m* **3.** transmisión *f* de la propiedad (de un inmueble)

Auflaufen von Zinsen *n*, Ø acumulación *f* de intereses

auflegen 1. ***eine Anleihe ~*** emitir, lanzar un empréstito; ***Aktien zur Zeichnung ~*** abrir la suscripción de acciones **2.** ***ein Buch ~*** editar un libro **3.** ***Steuern ~*** imponer tributos; gravar con impuestos **4.** ***den Hörer ~*** colgar el (auricular del) teléfono **5.** amarrar, desaparejar (un barco)

Auflegung *f*, **en**, ***~ einer Anleihe*** emisión *f*, lanzamiento *m* de un empréstito; ***~ einer 7%igen Anleihe*** oferta *f* de un empréstito al 7 %; ***~ von Effekten zum öffentlichen Verkauf*** oferta *f* de suscripción pública de títulos valores

aufliefern entregar

Auflieferung *f*, **en** entrega *f*

auflisten 1. hacer, establecer una lista **2.** (a)listar; recoger en una lista **3.** realizar un listado

auflisten hacer, establecer una lista

Auflistung *f*, **en** listado *m*; lista *f*

Auflockerung *f*, **en**, ***~ des Wertpapiermarktes*** relajación *f* del mercado de títulos valores

auflösen disolver; liquidar; ***eine Gesellschaft ~*** liquidar una sociedad

Auflösung *f*, **en** disolución *f*; liquidación *f*; ***~ eines Vertrages*** rescisión *f* de un contrato

Auflösungsanteil *m*, **e** parte *f* en caso de disolución

Auflösungsklausel *f*, **n** cláusula *f*, condición *f* resolutoria

aufmachen 1. (öffnen) ***eine Filiale ~*** abrir una sucursal **2.** ***ein Paket ~*** abrir un paquete; desempaquetar **3.** (zurechtmachen) acondicionar (la mercancía) **4.** ***eine Rechnung ~*** extender una cuenta **5.** ***sich ~ nach*** ponerse en camino hacia

Aufmachung *f*, **en** acondicionamiento *m*; presentación *f*; embalaje *m*

Aufnahme *f*, **n 1.** admisión *f*; aceptación *f* **2.** ***~ von fremden Geldern*** ~ empréstito *m* de capital extranjero; ***~ einer Anleihe*** apertura *f* de un empréstito **3.** ***~ des Warenbestandes*** inventario *m* de existencias **4.** ***~ von Handelsbeziehungen*** establecimiento *m* de relaciones comerciales **5.** fotografía *f* **6.** grabación *f* **7.** ***~ eines Protokolls*** levantamiento *m* de un acta **8.** ***eine gute schlechte ~ finden*** ser bien, mal recibido

Aufnahmeantrag *m*, **e** solicitud *f* de admisión

Aufnahmebedingungen *pl* condiciones *pl* de admision

Aufnahmefähigkeit *f*, **en 1.** capacidad *f* de absorción; receptividad *f* **2.** capacidad *f*; aforo *m*; cabida *f*; número *m* de plazas

Aufnahmegebühr *f*, **en** cuota *f* de ingreso, de entrada

Aufnahmekapazität *f*, **en** → Aufnahmefähigkeit

Aufnahmeland *n*, **¨er** país *m* receptor, país *m* de acogida

Aufnahmeprüfung *f*, **en** examen *m* de ingreso; prueba *f* de admisión

aufnehmen 1. admitir **2.** tomar (un préstamo) **3.** entablar, establecer (relaciones) **4.** fotografiar, sacar una foto **5.** grabar; registrar **6.** filmar **7.** albergar, hospedar; alojar

aufnehmend receptor; de recepción

Aufprall *m*, Ø (Unfall) choque *m*; colisión *f*; impacto *m*

Aufpreis *m*, **e** sobreprecio *m*; ***gegen ~*** contra suplemento; contra recargo; ***ohne ~*** sin recargo; sin suplemento; sin carga adicional

aufrechnen 1. compensar; imputar ***eine Schuld ~*** compensar una deuda **2.** poner en cuenta; pasar a cuenta

Aufrechnung *f*, **en** compensación *f*, imputación *f*; balance *m*

aufrechterhalten mantener; conservar

Aufrechterhaltung *f*, **en** mantenimiento *m*; conservación *f*; ***~ der Kaufkraft*** mantenimiento del poder adquisitivo

aufrichtig, ***~ bedauern*** sentir, lamentar sinceramente

Aufruf *m*, **e 1.** llamamiento *m*; ***~ zum Streik*** convocatoria *f* de huelga **2.** (Inform.) llamada *f* de un programa **3.** ***~ von Banknoten*** retirada *f* de billetes de banco de la circulación

aufrufbar llamable; invocable

Aufrufbefehl *m*, **e** instrucción *f* de llamada

aufrufen 1. ***zum Streik ~*** convocar huelga **2.** (Inform.) llamar un programa **3.** retirar billetes de banco de la circulación

aufrufend invocante; llamante

aufrunden redondear una suma (a la unidad superior, hacia arriba)
Aufrundung *f*, **en** redondeamiento *m*
aufschieben, ***eine Entscheidung*** ~ diferir, dejar para más tarde una decisión; ***eine Frist*** ~ prorrogar un plazo; ***es lässt sich nicht*** ~ no admite demora, retraso; ***~de Bedingung*** condición *f* suspensiva, dilatoria
Aufschlag *m*, **¨e** aumento *m*; suplemento *m*; carga *f* adicional
aufschlagen aumentar; subir; ***etw. auf die Preise*** ~ recargar en el precio; añadir al precio
aufschlüsseln desglosar; clasificar; ***die Ausgaben*** ~ desglosar, clasificar los gastos
Aufschlüsselung *f*, **en** desglose *m*; clasificación *f*; ~ ***nach Berufen*** clasificación, desglose por (*od.* según) profesiones
Aufschrift *f*, **en** **1.** inscripción *f*; letrero *m* **2.** etiqueta *f* (de una botella) **3.** leyenda *f* (de una moneda)
Aufschub *m*, **e** aplazamiento *m*; ***um einen ~ nachsuchen*** solicitar un aplazamiento; pedir una prórroga; ***einen ~ bewilligen*** conceder un aplazamiento, una prórroga
aufschwatzen (Fam.), ***sich etw. ~ lassen*** dejarse endosar u/c por un vendedor
Aufschwung *m*, **(¨e)** auge *m*; expansión *f*; relanzamiento *m*; recuperación *f*; ***wirtschaftlicher*** ~ auge económico; ***einen schnellen ~ nehmen*** tener un boom; (Ggs. ***Abschwung***)
Aufseher *m*, **-** vigilante *m*; guarda *m*; guardián *m*; supervisor *m*; inspector *m*; capataz *m*
aufsetzen **1.** redactar; ***einen Brief, einen Vertrag*** ~ redactar una carta, un contrato **2.** hacer la minuta (*od.* el borrador) de un documento
Aufsicht *f*, **en** supervisión *f*; control *m*; vigilancia *f*; inspección *f*; ***staatliche*** ~ control del Estado; ***die ~ führen über*** vigilar, supervisar, inspeccionar u/c
Aufsichtsbehörde *f*, **n** inspección *f*; superintendencia *f*, organismo *m*, autoridad *f* de vigilancia
Aufsichtsinstanz *f*, **en** instancia *f*, órgano *m* de control
Aufsichtspersonal *n*, **Ø** personal *m* de vigilancia
Aufsichtsrat *m*, **¨e** **1.** consejo *m* de vigilancia; consejo *m* de supervisión **2.** → Aufsichtsratsmitglied
Aufsichtsratsitzung *f*, **en** reunión *f* del consejo de supervisión (*od.* de vigilancia)
Aufsichtsratsmitglied *n*, **er** miembro *m* del consejo de vigilancia; vocal *m* del consejo de supervisión
Aufsichtsratsvergütung *f*, **en** remuneración *f*, retribución *f* de los miembros de un consejo de supervisión (*od.* de vigilancia); fichas *pl* de presencia
Aufsichtsratsvorsitzende(r) (der/ein) presidente *m* del consejo de supervisión (*od.* de vigilancia)
Aufsichtsrecht *n*, Ø derecho *m* de control
aufsparen ahorrar; economizar; reservar; dejar para más tarde; ***Reserven für schlechte Zeiten*** ~ constituir reservas en previsión de una crisis
aufspeichern **1.** almacenar **2.** (Inform.) memorizar
Aufspeicherung *f*, **en** **1.** almacenamiento *m* **2.** memorización *f*
Aufsteiger *m*, **-** carrierista *m*; persona *f* que hace carrera, que tiene éxito; (Ggs. ***Absteiger***)
aufstellen **1.** ***eine Inventur*** ~ establecer, formar balance **2.** ***jdn. als Kandidaten*** ~ presentar la candidatura de alg.; presentar, proponer a alg. como candidato; designar candidato **3.** ***Maschinen*** ~ instalar máquinas **4.** ***die Kosten*** ~ especificar los gastos *bzw.* costes
Aufstellung *f*, **en** establecimiento *m*; especificación *f*; presentación *f*; inventario *m*; ***eine ~ der Ausgaben*** lista *f*, especificación *f* de los gastos
Aufstellungsort *m*, **e** lugar *m*; sitio *m*; emplazamiento *m*; ubicación *f*
Aufstellungsplan *m*, **¨e** plan *m* de montaje
Aufstieg *m*, Ø ascenso *m*; promoción *f*; ***beruflicher, sozialer*** ~ promoción profesional, social; ***wirtschaftlicher*** ~ expansión *f* económica
Aufstiegsberuf *m*, **e** profesión *f* con posibilidades de ascenso
Aufstiegserwartungen *pl* perspectivas *pl* de ascenso; expectativas *pl* de hacer carrera
aufstocken **1.** aumentar; ampliar (el capital) **2.** sobreedificar; añadir un nuevo piso
Aufstockung *f*, **en** aumento *m*, ampliación *f* (del capital)
auftanken repostar, echar gasolina
aufteilbar divisible; repartible; prorrateable; distribuible
aufteilen **1.** ***in Gruppen*** ~ distribuir, repartir en (*od.* por) grupos **2.** ***Grundbesitz*** ~ des-

membrar, parcelar una propiedad inmueble

Aufteilung *f*, **en 1.** repartición *f*; clasificación *f*; distribución *f* **2.** desmembramiento *m*; desmembración *f*; división *f*; parcelación *f*

Auftr. → Auftrag

Auftrag *m*, **¨e 1.** pedido *m*; orden *f*; encargo *m*; mandato *m*; ***fester*** ~ pedido, orden (en) firme; ***freibleibender*** ~ pedido, orden sin compromiso; ***laufender*** ~ pedido, orden en curso; ***mündlicher*** ~ orden, pedido verbal; ~ ***zum Anfangskurs*** orden a la cotización de apertura; ~ ***"bestens"*** orden a lo mejor; ~ ***zum Schlusskurs*** orden a la cotización de cierre; ~ ***zum Tageskurs*** orden a la cotización del día, de la jornada; ***im*** ~ ***und auf Rechnung von*** por orden y cuenta de **2.** ***einen*** ~ ***ausführen*** ejecutar un pedido, una orden; ***etw. in*** ~ ***geben*** encomendar u/c a alg.; pasarle una orden a alg.; ***einen*** ~ ***rückgängig machen*** anular un pedido; ***jdm. einen*** ~ ***geben, erteilen*** pasar un pedido, una orden; dar orden de compra o venta en la Bolsa **3.** misión *f*; ***in besonderem*** ~ en misión especial; ***im*** ~ ***von*** por orden de; por delegación de; en nombre de; por parte de

auftraggebende Behörde autoridad *f*, instancia *f* que pasa la orden

Auftraggeber *m*, **- 1.** comitente *m* **2.** cliente *m* **3.** comprador *m* **4.** mandante *m*

Auftragnehmer *m*, **-** titular *m*; contratante *m*; mandatario *m*; tomador *m* de una orden

Auftragsabrechnung *f*, **en** contabilización *f* del pedido, del conjunto de los trabajos

Auftragsabwicklung *f*, **en** tratamiento *m*, tramitación *f* de los trabajos

Auftragsausführung *f*, **en** ejecución *f* de una orden, de un pedido

Auftragsbestand *m*, **¨e** volumen *m*, cartera *f* de pedidos

Auftragsbestätigung *f*, **en** confirmación *f* del pedido; acuse *m* de recibo de la orden

auftragsbezogen en función de los trabajos; específico del pedido

Auftragsbuch *n*, **¨er** libro *m* de pedidos

Auftragsdurchführung *f*, **en** ejecución *f* de los trabajos; realización *f* (de los trabajos) del pedido

Auftragseingang *m*, **¨e 1.** entrada *f* de pedidos **2.** entrada *f* del pedido

Auftragserteilung *f*, **en 1.** otorgamiento *m* de un pedido; ***zahlbar bei*** ~ pagadero al pasar el pedido **2.** concesión *f* del contrato

Auftragsformular *n*, **e** boletín *m* de pedido

auftragsgemäß conforme a su pedido

Auftragsliste *f*, **n** lista *f* de pedidos, de trabajos

Auftragsname *m*, **n** nombre *m* del trabajo, del pedido

Auftragsnummer *f*, **n 1.** número *m* del pedido, del trabajo **2.** (Inform.) número *m* de job

Auftragspaket *n*, **e** conjunto *m* de trabajos; paquete *m* de pedidos

Auftragspolster *n*, **- 1.** cartera *f* de pedidos **2.** libro *m* de pedidos bien lleno; cartera *f* con muchos pedidos

Auftragsregistrierung *f*, **en** 1. registro *m* de pedidos 2. registro *m* cronológico de trabajos (ya realizados)

Auftragsrückgang *m*, **¨e** descenso *m* del número de pedidos

Auftragsrückstand *m*, **¨e** retraso *m* en la ejecución de pedidos

Auftragssoftware *f*, **Ø** software *m* por pedido; logical *m* por encargo

Auftragsstreichung *f*, **en** anulación *f* de pedidos

Auftragsstrom *m*, **¨e** flujo *m*, sucesión *f*, cadena *f* de trabajos

Auftragsvergabe *f*, **n** adjudicación *f* de una contrata, de un pedido

Auftragsvolumen n, Ø → Auftragsbestand

Auftragszettel *m*, **-** boletín *m*, hoja *f* de pedido

auftreiben, ***Geld*** ~ conseguir, lograr, encontrar dinero

Auftrieb *m*, Ø alza *f* (de los precios)

Aufwand *m*, **Ø** gasto *m*; dispendio *m*; despliegue *m*; ***ein großer*** ~ ***an Energie*** un gran gasto de energía; ***mit großem*** ~ ***an Kosten*** con gran despliegue de costes *bzw.* gastos

Aufwandpauschale *f*, **n** tanto alzado *m* concedido para gastos; suma *f* global asignada para gastos

Aufwandsentschädigung *f*, **en** indemnización *f* por gastos de representación

Aufwandskont|o *n*, **-en** cuenta *f* de gastos; cuenta *f* de costes

Aufwandssteuer *f*, **n** impuesto *m* sobre el gasto; impuesto *m* sobre el lujo; impuesto *m* suntuario

Aufwartefrau *f*, **en** asistenta *f*

aufwärts, ***mit dem Geschäft geht es*** ~ el negocio prospera; el negocio va hacia arriba

Aufwärtsbewegung *f*, **en** tendencia *f*, movimiento *m* al alza; ~ ***der Konjunktur*** coyuntura *f* en alza; ciclo *m* ascendente
Aufwärtstrend *m*, **s** → Aufwärtsbewegung
Aufwartung *f*, Ø servicio *m*
aufweisen registrar; consignar; ostentar; presentar; mostrar; ***einen Saldo von (zu) Ihren Gunsten, Lasten*** ~ reflejar, consignar un saldo a su favor, a nuestro favor; ***einen Verlust*** ~ registrar un déficit, un saldo negativo
aufwenden **1.** gastar, invertir (dinero) **2.** emplear, dedicar (tiempo) **3.** prodigar (esfuerzos)
aufwendig costoso; dispendioso
Aufwendung *f*, **en** gasto *m*; empleo *m*; ***berufliche ~en*** gastos *pl* profesionales; ***für berufliche ~en absetzen*** deducir en concepto de gastos profesionales
aufwerten revaluar; revalorizar; apreciarse
Aufwertung *f*, **en** revaluación *f*, revalorización *f*; ***die ~ der DM um 4%*** revaluación del marco en el 4% (Ggs. ***Abwertung***)
Aufwertungsausgleich *m*, **e** (Agric.) montante *m* compensatorio (EU)
Aufwertungssatz *m*, **¨e** tasa *f* de revalorización, de apreciación, de revaluación
aufwiegeln incitar a la revuelta; agitar; alborotar
Aufwiegler *m*, - alborotador *m*; agitador *m*
Aufwind *m*, Ø viento *m*, corriente *f* ascendente; ***im ~ sein*** ir viento en popa; ~ ***haben*** tener una coyuntura favorable
aufzählen, ***Waren in der Rechnung*** ~ enumerar, especificar, detallar la mercancía en la factura
Aufzahlung *f*, **en** (A) suplemento *m*; recargo *m*
aufzehren, ***sein Vermögen*** ~ consumir su patrimonio; gastarse la fortuna
aufzeichnen **1.** dibujar; trazar **2.** apuntar; anotar **3.** registrar; grabar
Aufzins *m*, **en** agio *m*; (Arg.) sobreinterés *m*
aufzinsen capitalizar; añadir los intereses no acumulados
Aufzinsung f, Ø capitalización *f*; cálculo *m* del valor adquirido
Aufzucht *f*, Ø **1.** crianza *f*, cría *f* de animales **2.** cultivo *m* de plantas
Aufzuchtprämie *f*, **n** prima *f* para la crianza (de animales)
Auktion *f*, **en** subasta *f*; licitación *f*; (LA) remate *m*; ***in ~ geben*** subastar; ***zur ~ kommen*** salir a subasta; ***gerichtliche ~*** venta *f* judicial; (Chile) venta *f* forzada; (Syn. ***Versteigerung***)
Auktionator *m*, **en** subastador *m*; (Ecuador) martillador *m*; (Arg.) martillero *m*; rematador *m*
auktionieren (selten) subastar, rematar, licitar, vender en pública subasta; (Syn. ***versteigern***)
Auktionshalle *f*, **n** sala *f*, salón *m* de subastas
Auktionshaus n, **¨er** → Auktionshalle
Auktionslokal *n*, **e** local *m* de subastas
AUMA (Ausstellungs- und Messeausschuss der deutschen Wirtschaft) Comité *m* internacional de ferias y exposiciones
Au-pair-Mädchen *n*, - (Gal.) señorita *f* au pair (señorita que vive con una familia para cuidar a los niños o dar clases de idiomas)
ausarbeiten **1.** redactar (por escrito) **2.** desarrollar (un tema) **3.** perfeccionar; acabar **4.** elaborar
Ausarbeitung *f*, **en** **1.** redacción *f*, composición *f* **2.** desarrollo *m* **3.** perfeccionamiento *m*; acabado *m* **4.** elaboración *f*
ausbaggern escavar
Ausbaggern *n*, Ø excavación *f*; dragado *m*
ausbalancieren equilibrar, contrapesar; contrabalancear
Ausbau *m*, Ø **1.** ampliación *f*; ensanche *m*; desarrollo *m* **2.** desmontaje *m* **3.** terminación *f*; acabado *m* **4.** acondicionamiento *m*; arreglo *m*; disposición *f* **5.** intensificación *f*
ausbaubar **1.** ampliable; extensible; expandible **2.** desmontable; removible
ausbauen **1.** ampliar; ensanchar **2.** desmontar **3.** terminar; acabar **4.** acondicionar, disponer; ordenar, habilitar **5.** intensificar; ***die Geschäftsbeziehungen*** ~ intensificar las relaciones comerciales
ausbaufähig ampliable; desarrollable; desmontable; intensificable
ausbedingen estipular; ***sich etw.*** ~ reservarse (derechos, libertades, *etc.*); poner como (*od.* por) condición
ausbessern **1.** arreglar, reparar, componer **2.** restaurar (una obra de arte) **3.** retocar (un cuadro) **4.** carenar
Ausbesserung *f*, **en** **1.** arreglo *m*; reparación *f*; composición *f* **2.** restauración *f* **3.** retoque *m* **4.** carena *f*
Ausbesserungswerkstatt *f*, **¨e** taller *m* de reparación

Ausbeute *f*, Ø **1.** producción *f* física; producto *m*; rendimiento *m*; beneficio *m* **2.** (Min.) extracción *f*

ausbeuten 1. explotar **2.** extraer; ***jdn.*** ~ aprovecharse de alg.

Ausbeuter *m*, - explotador *m*; (Fam.) aprovechado *m*; aprovechón *m*; logrero *m*

ausbeuterisch explotador

Ausbeutung *f*, **en** explotación *f*; aprovechamiento *m*

ausbeutungsfähig explotable; aprovechable

Ausbeutungsverfahren *n*, - procedimiento *m* de explotación, de extracción

ausbezahlen 1. pagar, liquidar, saldar (íntegramente); ***auf Heller und Pfennig*** ~ pagar hasta el último céntimo **2.** pagar, retribuir **3.** ***Geschwister*** ~ resarcir (financieramente) a los hermanos y hermanas

Ausbezahlung *f*, **en** pago *m* íntegro; liquidación *f* total

ausbieten (selten) **1.** ofrecer; ***aus dem Markt*** ~ poner en venta **2.** poner, sacar a subasta; vender al mejor postor

Ausbietung *f*, **en** ofrecimiento *m*; puesta *f* en venta

ausbilden formar; instruir; perfeccionar; desarrollar; ***jdn. an einer Maschine*** ~ formar a alg. sobre el manejo de una máquina; instruir a alg. sobre el funcionamiento de una máquina

Ausbilder *m*, - instructor *m*

Ausbildung *f*, **en** formación *f*, aprendizaje *m*; perfeccionamiento *m*; ~ ***am Arbeitsplatz*** aprendizaje, formación en el taller *bzw.* en el puesto de trabajo; ~ ***von Führungskräften*** formación de cuadros; formación del personal directivo

Ausbildungsbeihilfe *f*, **n** bolsa *f* de formación profesional; bolsa *f* de estudios; subsidio *m*, asignación *f* para la formación profesional; gratificación *f* dada a un meritorio

Ausbildungsförderung *f*, **en** promoción *f*, fomento *m* de la formación profesional

Ausbildungskurs *m*, **e** → Ausbildungslehrgang

Ausbildungslehrgang *m*, **¨e** curso *m* de formación; cursillo *m* de instrucción (*od.* entrenamiento)

Ausbildungssoftware *f*, Ø programas *pl* de ayuda para la enseñanza; software *m* de enseñanza; logical *m* didáctico

Ausbildungsstand *m*, Ø nivel *m* de formación

Ausbildungsstätte *f*, **n** centro *m* de formación

Ausbildungsvergütung *f*, **en** remuneración *f*, prima *f*, indemnización *f* de aprendizaje

Ausbildungsverhältnis *n*, **se** relación *f* de formación (profesional)

Ausbildungszeit *f*, **en** período *m*, fase *f* de formación

Ausbleiben *n*, Ø incomparecencia *f*; no comparecencia *f*; ausencia *f*; ~ ***der Zahlung*** demora *f*, retraso *m* en el pago

ausbleiben no venir; no llegar; no aparecer; no comparecer; hacerse esperar; ***mit der Zahlung*** ~ retrasarse, demorarse en el pago

ausbooten (Fam.) echar fuera; eliminar, privar a alg. de un cargo

ausborgen 1. ***bei jdm.Geld*** ~ pedir dinero prestado a alg. **2.** ***eine Maschine an jdn.*** ~ prestar una máquina a alg.

ausbuchen (Contab.) sacar de una cuenta

ausbürgern privar a alg. de su nacionalidad; retirar la ciudadanía; desnaturalizar; expatriar (Ggs. ***einbürgern***)

ausdehnen extender; alargar; agrandar; prolongar (en el tiempo)

Ausdehnung *f*, **en** extensión *f*; prolongación *f*

Ausdruck *m*, **e**, ~ ***mit Laserdrucker*** impreso *m*, listado *m* producido con impresora láser

ausdrucken 1. imprimir (datos) **2.** sacar (por impresión)

ausdrücklich expreso; formal; explícito; ~***e Genehmigung*** autorización *f* expresa; ~***e Zustimmung*** consentimiento *m* expreso

auseinander setzen 1. explicar; exponer **2.** ***sich mit jdm.*** ~ discutir con alg. **3.** ***sich mit seinen Gläubigern*** ~ llegar a un acuerdo con sus deudores **4.** ***sich mit einem Problem*** ~ enfrentarse con un problema

Auseinandersetzung *f*, **en 1.** discusión *f*; conflicto *m* **2.** acuerdo *m*; arreglo *m* **3.** liquidación *f*; disolución *f*

Ausfahrer *m*, - chófer *m* repartidor; repartidor *m*

Ausfahrt *f*, **en 1.** salida *f* **2.** excursión *f* **3.** puerta *f* cochera

Ausfall *m*, **¨e 1.** pérdida *f*; déficit *m*; ~ ***von Arbeitstagen*** pérdida *f* de días de trabajo **2.** baja *f*; fallo *m*; ***bei*** ~ ***eines Teilnehmers*** en caso de que falle un participante **3.** avería *f*; fallo *m*; anomalía *f*; indisponibilidad *f*

Ausfallbürgschaft *f*, **en** garantía *f* para caso de pérdida

Ausfalldauer *f*, Ø tiempo *m* de indisponibilidad; duración *f* del fallo; periodo *m* de la anomalía; tiempo *m* muerto, inactivo; duración *f* de la baja

ausfallen 1. faltar; no comparecer; perder; ***ausgefallene Arbeitsstunden*** horas de trabajo perdidas **2.** ***gut, schlecht*** ~ salir, resultar bien, mal; tener un buen, mal resultado; ***nach Wunsch*** ~ resultar, salir tal como se esperaba

ausfallgeschützt, ***~es System*** sistema *m* insensible a las averías; sistema *m* resistente a los fallos; sistema *m* tolerante a fallos (STF)

Ausfallhäufigkeit *f*, Ø frecuencia *f* de fallos, de averías, de bajas

Ausfallmuster *n*, - muestra *f* de referencia

Ausfallrate *f*, **n** tasa *f* de fallos; cuota *f*, porcentaje *m* de averías; proporción *f* de bajas

ausfallsicher a prueba de fallos, de averías

Ausfalltage *pl* días *pl* de baja; días *pl* no trabajados; días *pl* de trabajo perdidos

Ausfallvergütung *f*, **en** indemnización *f* en concepto de pérdida de salario

Ausfallzeit *f*, **en 1.** tiempo *m* de trabajo no efectuado; horas *pl* de trabajo perdidas **2.** tiempo *m* durante el que no está en funcionamiento una máquina

ausfertigen 1. extender una cuenta **2.** ***eine Urkunde*** ~ librar una escritura (*od.* un documento) **3.** despachar, expedir **4.** redactar

Ausfertigung *f*, **en** extensión *f*; expedición *f*; despacho *m*; redacción *f*; ***erste*** ~ original *m*; ***zweite*** ~ duplicado *m*; copia *f*; ***in doppelter*** ~ por duplicado; ***in dreifacher*** ~ por triplicado; ***in zweifacher*** ~ por duplicado

ausflaggen poner pabellón de conveniencia

Ausflaggung *f*, **en** navegación *f* bajo pabellón de conveniencia

Ausflug *m*, **¨e** excursión *f*; ***einen ~ machen*** hacer, emprender una excursión

Ausflügler *m*, - excursionista *m*

Ausflugslokal *n*, **e** merendero *m*

ausfolgen (A) → aushändigen

Ausfuhr *f*, **en** exportación *f*; ventas *pl* al exterior; ***sichtbare, unsichtbare*** ~ exportaciones (de bienes) visibles, invisibles; ***zollfreie ~en*** exportaciones en franquicia; ***die ~en fördern*** promover, fomentar las exportaciones (Syn. ***Exporte***)

Ausfuhrartikel *m*, - artículo *m* de exportación

ausführbar 1. exportable **2.** realizable; ejecutable; factible; viable

Ausfuhrbeschränkung *f*, **en** restricciones *pl* a la exportación; ***mengenmäßige*** ~ restricciones cuantitativas a la exportación; ***wertmäßige*** ~ restricciones a la exportación en términos de precios

Ausfuhrbestimmung *f*, **en** disposiciones *pl*, normativa *f* en materia de exportación

Ausfuhrbewilligung *f*, **en** → Ausfuhrgenehmigung

Ausfuhrbürgschaft *f*, **en** garantía *f*, caución *f* a la exportación

ausführen 1. (Syn. ***exportieren***) exportar **2.** ***eine Bestellung*** ~ ejecutar un pedido, una orden **3.** explicar; exponer **4.** cometer (un delito)

Ausführer *m*, - → Ausfuhrhändler

Ausfuhrerklärung *f*, **en** declaración *f* de exportación

Ausfuhrförderung *f*, **en** fomento *m*, promoción *f* de las exportaciones

Ausfuhrgenehmigung *f*, **en** licencia *f*, permiso *m* de exportación

Ausfuhrgüter *pl* bienes *pl* de exportación; exportaciones *pl*

Ausfuhrhafen *m*, **¨** puerto *m* de exportación

Ausfuhrhandel *m*, Ø comercio *m* de exportación

Ausfuhrhändler *m*, - exportador *m* (Syn. ***Exporteur***)

Ausfuhrkontigent *n*, **e** contingente *m*, cupo *m* de exportación

Ausfuhrland *n*, **¨er** país *m* exportador

Ausfuhrpolitik *f*, Ø política *f* de exportaciones

Ausfuhrprämie *f*, **n** prima *f* a la exportación

Ausfuhrquote *f*, **n 1.** cuota *f*, porcentaje *m* de exportación **2.** contingente *m*, cupo *m* de exportación

Ausfuhrrisiken *pl* riesgos *pl* inherentes a las exportaciones

Ausfuhrschein *m*, **e** permiso *m* de exportación

Ausfuhrsperre *f*, **n** embargo *m* (de las exportaciones)

Ausfuhrsubvention *f*, **en** subvención *f* a la exportación

Ausfuhrüberschuss *m*, **¨sse** excedente *m*, superávit *m* de las exportaciones (sobre las importaciones)

Ausfuhrüberwachung *f*, **en** inspección *f* de las exportaciones

Ausführung *f*, **en 1.** ejecución *f*; realización *f* **2.** tipo *m*; modelo *m* **3.** explicación *f*
Ausführungsbestimmungen *pl* decreto *m*, ordenanza *f* de aplicación; disposición *f* reguladora
Ausfuhrverbot *n*, **e** prohibición *f*, embargo *m* de las exportaciones
Ausfuhrvolum|en *n*, **-** *od.* **-ina** volumen *m* de exportaciones
Ausfuhrwaren *pl* artículos *pl*, mercancías *pl* de exportación
Ausfuhrzoll *m*, **¨e** derechos *pl* de exportación
ausfüllen 1. rellenar; complimentar; ***einen Scheck, ein Formular ~*** rellenar un cheque, un formulario **2.** ***der Beruf füllt ihn ganz aus*** la profesión le satisface, le llena por completo
Ausgabe *f*, **n 1.** **~n** gasto *m*; desembolso *m*; ***außerordentliche ~n*** gastos extraordinarios; ***kleine ~n*** gastos menores; ***laufende ~n*** gastos corrientes; ***öffentliche ~n*** gastos públicos; ***ordentliche ~n*** gastos ordinarios; ***unvorhergesehene ~n*** gastos imprevistos **2.** emisión *f* (de títulos, billetes) **3.** distribución *f*; reparto *m*; entrega *f* **4.** despacho *m* (de billetes, *etc.*) **5.** (Inform.) salida *f* (de datos) **6.** edición *f* (de un libro); ***neue ~*** reedición *f*; ***bearbeitete ~*** edición revisada **7.** ***~ einer Zeitung*** número *m* de un periódico
Ausgabebank *f*, **en** banco *m* emisor
Ausgabebefehl *m*, **e** (Inform.) instrucción *f*, orden *f* de salida
Ausgabebetrag *m*, **¨e 1.** precio *m* de emisión **2.** montante *m* de la emisión
Ausgabebewilligung *f*, **en** autorización *f* presupuestaria; autorización *f* de gasto
Ausgabecode *m*, **s** código *m* de salida
Ausgabedatei *f*, **en** fichero *m* de salida
Ausgabedaten *pl* (Inform.) datos *pl* de salida
Ausgabediskette *f*, **n** disquete *m* de salida
Ausgabeeinheit *f*, **en** (Inform.) unidad *f* de salida
Ausgabegeräte *pl* (Inform.) equipos *pl*, equipamientos *pl* de salida
Ausgabekurs *m*, **e** tipo *m* de emisión (Syn. ***Emissionskurs***)
Ausgabeland *n*, **¨er** país *m* de emisión
Ausgabemarkt *m*, **¨e** mercado *m* de emisión
Ausgabenaufgliederung *f*, **en** desglose *m*, clasificación *f* de los gastos
Ausgabenaufstellung *f*, **en 1.** gastos *pl* previstos **2.** relación *f*, estado *m* de gastos
Ausgabenbuch *n*, **¨er** libro *m* de gastos
Ausgabenbudget *n*, **s** presupuesto *m* de gastos
Ausgabenetat *m*, **s** previsiones *pl* presupuestarias
Ausgabenkürzung *f*, **en** recorte *m* presupuestario
Ausgabenseite *f*, **n** columna *f* gastos
Ausgabenvoranschlag *m*, **¨e** → Ausgabenetat
Ausgabepreis *m*, **e** precio *m* de emisión, de lanzamiento
Ausgabespeicher *m*, **-** (Inform.) memoria *f* de salida
Ausgabestelle *f*, **n 1.** oficina *f* de entrega (de documentos) **2.** centro *m* de distribución **3.** despacho *m* (de billetes); taquilla *f*
Ausgang *m*, **¨e 1.** salida *f* **2.** resultado *m*; desenlace *m*; ***Unfall mit tödlichem ~*** accidente *m* (con desenlace) mortal **3.** ***~ haben*** tener permiso; tener libre
Ausgangsbescheinigung *f*, **en** certificado *m*, visado *m* de salida
Ausgangsbuch *n*, **¨er** libro *m*, registro *m* de salidas
Ausgangserzeugnis *n*, **se** producto *m* inicial; producto *m* de base
Ausgangsindustrie *f*, **n** industria *f* de base
Ausgangskapital *n*, Ø capital *m* inicial
Ausgangsmaterial *n*, **ien** material *m* original; material *m* de base
Ausgangspost *f*, Ø correspondencia *f* por salir; correspondencia *f* de salida
Ausgangspreis *m*, **e** precio *m* de salida
Ausgangsprodukt *n*, **e** → Ausgangserzeugnis
Ausgangspunkt *m*, **e 1.** punto *m* de salida, de arranque **2.** salida *f*, origen *m*
Ausgangswert *m*, **e** valor *m* inicial
Ausgangszoll *m*, **¨e** derechos *pl* de salida
Ausgangszollsatz *m*, **¨e** tasa *f* de derechos a la salida; derechos *pl* base
ausgeben 1. ***sein Geld ~*** gastar su dinero **2.** ***Aktien ~*** emitir acciones **3.** ***Banknoten ~*** poner billetes en circulación **4.** distribuir, repartir **5.** ***Fahrkarten ~*** expender billetes **6.** ***sich ~ als*** hacerse pasar por; dárselas de **7.** rendir
ausgedient haben 1. gastado; viejo **2.** ***diese Maschinen haben ~*** estas máquinas están fuera de uso **3.** retirado, jubilado
ausgeglichen en equilibrio; equilibrado ***~er Haushalt*** presupuesto equilibrado
Ausgeglichenheit *f*, Ø equilibrio *m*; ***~ des Budgets, des Etats*** equilibrio del presupuesto, de las previsiones presupuestarias

ausgehen 1. salir **2.** acabar; terminar; tener como desenlace **3.** acabarse, agotarse (el dinero); escasear (una mercancía) **4.** tener su origen en; proceder de
ausgehend, *~e Fracht* carga de salida; *~es Schiff* barco saliente
Ausgehtag *m*, **e** día *m* de salida
ausgeklügelt sofisticado; de alto grado técnico
ausgelastet plenamente utilizado; a plena carga; a (*od.* con) funcionamiento completo; *~e Werke* factorías que trabajan a plena carga
ausgelernt salido del aprendizaje (artesanal)
ausgemacht 1. entendido; convenido; acordado; concertado; *~er Preis* precio convenido, acordado, estipulado **2.** *als ~ ansehen* dar por descontado
ausgesucht elegido; seleccionado; selecto, escogido; *~e Ware* mercancía *f* de primera calidad
ausgewogen equilibrado; ponderado; ecuánime
Ausgleich *m*, **e 1.** compromiso *m*; arreglo *m* **2.** perecuación *f* **3.** *~ des Budgets* equilibrio *m* presupuestario **4.** saldo *m*; *zum ~ Ihrer Rechnung* para saldar su factura **5.** liquidación *f* (de una cuenta) **6.** indemnización *f* **7.** nivelación *f*; igualación *f*
ausgleichen 1. equilibrar **2.** conciliar, arreglar (una diferencia) **3.** saldar, liquidar una cuenta **4.** compensar (una pérdida); perecuar **5.** *das Lohngefälle ~* nivelar las disparidades salariales
Ausgleichs- (Pref.) de compensación; compensatorio; compensador; diferencial
Ausgleichsabgabe *f*, **n** tasa *f* compensatoria
Ausgleichsabkommen *n*, - acuerdo *m* de compensación
Ausgleichsbetrag *m*, **¨e** montante *m* compensatorio
Ausgleichsentschädigung *f*, **en** indemnización *f* compensatoria, diferencial
Ausgleichsfonds *m*, - fondo *m* de compensación; fondo *m* de solidaridad
Ausgleichsforderung *f*, **en 1.** reclamación *f* de indemnización **2.** crédito *m* de compensación, de perecuación
Ausgleichsgebühr *f*, **en** tasa *f* compensatoria
Ausgleichskasse *f*, **n** caja *f* de compensación
Ausgleichsposten *m*, - partida *f* de compensación; partida *f* por contra
Ausgleichsstelle *f*, **n** oficina *f*, cámara *f* de compensación
Ausgleichssteuer *f*, **n** tasa *f* compensatoria
Ausgleichsumlage *f*, **n** tasa *f* de compensación; distribución *f* de tasas
Ausgleichsverfahren *n*, - **1.** procedimiento *m* de compensación **2.** (A, CH) acto *m* de conciliación; procedimiento *m* conciliatorio
Ausgleichszahlung *f*, **en** pago *m* compensatorio; pago *m* de liquidación
Ausgleichszoll *m*, **¨e** derechos *pl* compensatorios
Ausgleichszulage *f*, **n** → Ausgleichsentschädigung
Ausgleichszuschuss *m*, **¨sse** subvención *f* de perecuación
Ausgleichung *f*, **en** compensación *f*, igualación *f*; ajuste *m*; (Angl.) clearing *m*
aushandeln 1. negociar; *Löhne und Preise ~* negociar los salarios y los precios **2.** regatear
aushändigen entregar; hacer entrega; *jdm. ein Dokument ~* entregarle un documento a alg.; *persönlich ~* entregar en propia mano
Aushändigung *f*, **en** entrega *f*
Aushang *m*, **¨e 1.** cartel *m*; anuncio *m*; *durch einen ~ bekannt geben* dar a conocer por anuncio, por cartel **2.** ostentación *f*; exhibición *f* **3.** escaparate *m*; muestrano *m*
aushängen 1. fijar carteles **2.** desquiciar (la puerta) **3.** descolgar (el teléfono) **4.** estar expuesto
Aushängeschild *n*, **er 1.** enseña *f*; figura *f* decorativa; *als ~ dienen* servir de argumento publicitario; servir de figura decorativa **2.** letrero *m*; rótulo *m*
ausheben, *die Tür ~* desquiciar la puerta
Aushilfe *f*, **n** asistencia *f*; ayuda *f*, auxiliar *m*; *eine Sekretärin zur ~ einstellen* colocar una secretaria interina
Aushilfskraft *f*, **¨e** ayuda *f*; auxiliar *m*; *Aushilfskräfte* personal *m* temporal, interino
Aushilfspersonal *m*, Ø personal *m* auxiliar, temporal, suplente
aushilfsweise provisionalmente; temporalmente; con carácter interino
ausklammern excluir; no tratar; dejar de (*od.* a un) lado
ausklarieren (Zoll) declarar *f* de salida
Ausklarierungsschein *m*, **e** certificado *m* de declaración de salida
Auskommen *n*, Ø subsistencia *f*; medios *pl* de vida; *sein (gutes) ~ haben* tener ampliamente de qué vivir; tener (lo suficiente) para vivir; *gutes ~ haben* vivir desahogadamente; vivir holgadamente

auskommen, ***gut mit jdm.*** ~ llevarse bien con alg.;***knapp mit dem Geld*** ~ ir tirando, ir pasando con el dinero de que se dispone; ***mit dem Geld*** ~ arreglarse, manejarse con el dinero disponible
auskömmlich suficiente
auskosten 1. saborear; paladear **2.** gozar de
Auskunft *f*, **¨e** información *f*; informe *m*; ***die*** ~ la oficina de información; ***um*** ~ ***bitten*** pedir, solicitar información; ~ ***einholen über*** informarse sobre; ~ ***erteilen***, ***geben*** dar información; dar informes; informar; (in Anzeigen) razón *f*
Auskunftei *f*, **en** agencia *f* de informes, de informaciones
Auskunfts- und Beratungsstelle *f*, **n** oficina *f* de información y orientación
auskunftsberechtigt sein estar autorizado para dar información
Auskunftsbüro *n*, **s** oficina *f* de informes, de información
Auskunftspflicht *f*, **en** obligación *f* de información
Auskunftstelle *f*, **n** → Auskunftsbüro
Ausladehafen *m*, **¨** puerto *m* de descarga
ausladen 1. descargar **2.** desembarcar **3.** anular la invitación
Ausladen *n*, Ø **1.** descarga *f* (de mercancías) **2.** desembarque *m* (de pasajeros)
Auslader *m*, **-** descargadero *m*
Ausladestelle *f*, **n** desembarcadero *m*; descargadero *m*; muelle *m* de desembarque
Auslage *f*, **n 1.** escaparate *m*; vitrina *f* **2.** Presentación *f*, exposición *f* **3.** objeto *m* expuesto
Auslagen *pl* gastos *pl*; desembolso *m*; ***jdm. die*** ~ ***zurückerstatten*** reembolsar los gastos a alg.
Auslagenabrechnung *f*, **en** nota *f* de gastos
auslagern desalmacenar
Auslagerungsdatei *f*, **en** fichero *m*, archivo *m* de intercambio
Ausland *n*, Ø extranjero *m*; país *m* extranjero; ***Kapital im*** ~ ***anlegen*** invertir (capital) en el extranjero; ***ins*** ~ ***fahren*** ir al extranjero
Ausländer *m*, **-** extranjero *m*
Ausländerausweis *m*, **e** tarjeta *f* de residencia; cédula *f* de residente
Ausländerbehörden *pl* autoridad *f* de extranjeros; secretaría *f* del Estado para los inmigrados
ausländerfeindlich xenófobo
Ausländerfeindlichkeit *f*, Ø xenofobia *f*
Ausländergesetz *n*, **e** ley *f* de extranjería; (Chile) ley *f* de residencia
Ausländerkont|o *n*, **-en** cuenta *f* de residentes en el extranjero; cuenta *f* de no residente
Ausländerpolizei *f*, Ø policía *f* de extranjeros
Ausländerrecht *n*, Ø derecho *m* de extranjería
ausländisch extranjero; proveniente del extranjero; procedente de otro país; ***~e Anleger*** inversores *pl* no residentes; inversores *pl* extranjeros; ***~e Zahlungsmittel*** divisas
Auslands- (Pref.) extranjero; exterior; del extranjero; internacional
Auslandsabsatz *m*, Ø ventas *pl* destinadas a la exportación; ventas *pl* al (*od.* en el) extranjero
Auslandsabteilung *f*, **en** departamento *m* extranjero; departamento *m* exterior; departamento *m* de comercio exterior
Auslandsanlage *f*, **n** → Auslandsinvestitionen
Auslandsanleihe *f*, **n** empréstito *m* exterior
Auslandsaufenthalt *m*, **e** estancia *f* en el extranjero
Auslandsauftrag *m*, **¨e 1.** pedido *m* extranjero; orden *f* proveniente del extranjero **2.** misión *f* en el extranjero
Auslandsberichterstatter *m*, **-** corresponsal *m* en el extranjero
Auslandsbesitz *m*, Ø propiedad *f*, posesión *f* en el extranjero
Auslandsbeteiligung *f*, **en** participación *f* extranjera
Auslandsbeziehungen *pl* relaciones *pl* con el extranjero
Auslandsbonds *pl* títulos *pl* (de empréstito) en moneda extranjera
Auslandsbrief *m*, **e** carta *f* para el extranjero
Auslandsdeutsche(r) (der/ein) alemán *m* residente en el extranjero
Auslandsdienst *m*, **e** servicio *m* exterior; servicio *m* en el extranjero
Auslands(ein)käufer *m*, **-** comprador *m* extranjero
Auslandsfiliale *f*, **n** sucursal *f* en el extranjero
Auslandsforderungen *pl* activos *pl* exteriores
Auslandsgelder *pl* fondos *pl*, capitales *pl* extranjeros
Auslandsgeschäft *n*, **e** operación *f*, transacción *f* con el extranjero; ~ ***abwickeln*** con-

cluir, concertar, tramitar negocios con el extranjero
Auslandsgespräch *n*, **e** (Teléf.) conferencia *f* internacional
Auslandsgüter *pl* bienes *pl* extranjeros; bienes *pl* importados
Auslandsguthaben *n*, - haber *m* en el extranjero
Auslandshandel *m*, Ø comercio *m* exterior
Auslandshilfe *f*, **n** ayuda *f* exterior; ayuda *f* al extranjero
Auslandsinvestitionen *pl* inversiones *pl* en el extranjero
Auslandskapital *n*, Ø capital *m* extranjero
Auslandskorrespondent *m*, **en 1.** (Presse) corresponsal *m* (en el) extranjero **2.** encargado *m* de la correspondencia con el exterior; secretaria *f* con idiomas
Auslandskredit *m*, **e** crédito *m* extranjero
Auslandsmarkt *m*, **e** mercado *m* extranjero; mercado *m* exterior
Auslandsniederlassung *f*, **en** sucursal *f* en el extranjero
Auslandspatent *n*, **e** patente *m* extranjero
Auslandsporto *n*, **s** porte *m* para el extranjero; tarifa *f* internacional
Auslandspostanweisung *f*, **en** giro *m* internacional
Auslandspraktik|um *n*, **-a** período *m* de prácticas en el extranjero; curso *m* de formación en el extranjero
Auslandsreiseverkehr *m*, Ø turismo *m* y viajes
Auslandsschuld *f*, **en** deuda *f* externa
Auslandstarif *m*, **e** tarifa *f* internacional
Auslandsüberweisung *f*, **en** transferencia *f* internacional
Auslandsverbindlichkeiten *pl* pasivos *pl* extranjeros
Auslandsverkehr *m*, Ø tráfico *m* internacional
Auslandsvermögen *n*, - bienes *pl*, haberes *pl* en el extranjero
Auslandsverschuldung *f*, **en** endeudamiento *m* externo; deuda *f* exterior
Auslandsvertreter *m*, - agente *m* comercial en el extranjero
Auslandsvertretung *f*, **en 1.** representación *f* (comercial) en el extranjero; ***diplomatische und konsularische*** ~ representaciones *pl* diplomáticas y consulares **2.** embajada *f* **3.** consulado *m* **4.** legación *f*;
Auslandswährung *f*, **en** moneda *f* extranjera
Auslandswechsel *m*, - letra *f* sobre el extranjero
Auslandswerte *pl* valores *pl* extranjeros
Auslandszulage *f*, **n** sobresueldo *m* por servicio en el extranjero
Auslassung *f*, **en** omisión *f*; laguna *f*
Auslastung *f*, **en** grado *m* de utilización, de ocupación; plena *f* utilización; ***ungenügende*** ~ infrautilización *f*
auslegen 1. exponer, exhibir (para la venta) **2.** anticipar, adelantar (dinero) **3.** desembolsar **4.** interpretar, comentar (un texto)
Auslegung *f*, **en** interpretación *f*; ***enge***, ***weite*** ~ interpretación restrictiva, amplia
Ausleihe *f*, **n** sección *f* de préstamos (de una biblioteca)
ausleihen, ***jdm. Geld*** ~ prestar dinero a alg.; ***sich etwas*** ~ tomar, pedir prestada u/c; (Syn. ***leihen***)
Ausleiher *m*, - prestamista *m*; prestador *m*
Ausleihung *f*, **en** préstamo *m*
auslernen terminar su aprendizaje; acabar los estudios
Auslese *f*, **n 1.** selección *f* **2.** (vino *m* de) cosecha *f* seleccionada **3.** lo mejor de lo mejor
Ausleseprüfung *f*, **en** examen *m* de selectividad; examen *m* selectivo; concurso *m*
Auslieferer *m*, - proveedor *m*; distribuidor *m*
ausliefern 1. entregar; distribuir; expedir **2.** extraditar
Auslieferung *f*, **en 1.** entrega *f*; expedición *f* (de mercancías) **2.** extradición *f* (de una persona)
Auslieferungslager *n*, - stocks *pl* de venta; depósito *m*; expedición *f* (de mercancías)
Auslieferungsschein *m*, **e** nota *f*, boletín *m* de entrega
Auslieferungsstelle *f*, **n** centro *m* de distribución
Auslieferungsvertrag *m*, **¨e** tratado *m* de extradición
Auslobung *f*, **en** promesa *f* de recompensa
auslösen 1. provocar; producir; desencadenar **2.** ***ein Pfand*** ~ desempeñar **3.** redimir (una letra)
auslosen 1. sortear; echar a suertes **2.** (verlosen) rifar **3.** echar a cara o cruz **4.** adjudicar por sorteo
Auslosung *f*, **en 1.** sorteo *m* **2.** rifa *f* **3.** reembolso *m* por sorteo
Auslösung *f*, Ø **1.** provocación *f*; desencadenamiento *m* **2.** desempeño *m* **3.** redención *f*
Auslosungsanleihe *f*, **n** empréstito *m* amortizable por sorteo

Ausmaß *n*, **e** dimensión *f*; proporción *f*; grado *m*; ***in geringem, großem*** ~ en escasa, gran medida
ausmieten **1.** expulsar (a un inquilino) **2.** (CH) alquilar, arrendar
ausmustern **1.** desechar; eliminar, suprimir; ***alte Modelle*** ~ desechar modelos viejos **2.** escoger; clasificar
Ausnahme *f*, **n** **1.** excepción *f*; ***eine*** ~ ***bilden*** hacer excepción; ***eine*** ~ ***für jdn. machen*** hacer una excepción para alg.; ***mit*** ~ ***von*** excepto; excepción hecha de; exceptuando a; ***ohne*** ~ sin excepción **2.** exención *f*
Ausnahmebestimmung *f*, **en** cláusula *f* de excepción
Ausnahmefall *m*, **¨e** (caso *m* de) excepción *f*; caso *m* excepcional
Ausnahmegenehmigung *f*, **en** autorización *f* excepcional
Ausnahmegesetz *n*, **e** ley *f* excepcional; ley *f* de excepción
Ausnahmepreis *m*, **e** precio *m* excepcional; precio *m* de excepción
Ausnahmeregelung *f*, **en** reglamento *m*, regulación *f* de excepción
Ausnahmevorschrift *f*, **en** disposición *f* excepcional
Ausnahmezustand *m*, Ø estado *m* de excepción
ausnahmslos sin excepción; sin exención
ausnahmsweise por excepción; excepcionalmente
ausnützen → ausnutzen
ausnutzen **1.** utilizar; aprovechar **2.** explotar; abusar (de una persona)
Ausnützung *f*, Ø → Ausnutzung
Ausnutzung *f*, Ø **1.** utilización *f*, aprovechamiento *m* **2.** explotación *f*; abuso *m* (de una persona)
auspacken **1.** desempaquetar; desenvolver; desembalar; abrir **2.** deshacer (la maleta) **3.** (Fam.) cantar (de plano)
auspfänden embargar
Auspfändung *f*, **en** embargo *m*
ausplündern **1.** saquear; pillar **2.** desvalijar (un coche o a una persona)
Ausplünderung *f*, **en** **1.** saqueo *m*; pillaje *m* **2.** desvalijamiento *m*
auspowern (Fam.) explotar
Auspowerung *f*, **en** (Fam.) explotación *f*; pauperización *f*; empobrecimiento *m*; depauperación *f*
ausprüfen verificar; comprobar
ausquartieren desalojar
Ausquartierung *f*, **en** desalojamiento *m*
ausrauben robar; desvalijar
ausräumen **1.** vaciar; evacuar **2.** desamueblar (una habitación) **3.** quitar (los muebles) **4.** limpiar **5.** desvalijar
Ausreise *f*, **n** salida *f*, partida *f* (de un territorio)
Ausreisesichtvermerk *m*, **e** visado *m* de salida
Ausreisevis|um *n*, **-a** → Ausreisesichtvermerk
ausrufen **1.** vender *f* en subasta **2.** proclamar **3.** ***einen Streik*** ~ convocar una huelga **4.** publicar **5.** vocear (un periódico)
Ausrufpreis *m*, **e** (A) tasación *f*, fijación *f* del precio
ausrüsten equipar; proveer; dotar; aprovisionar; instalar; ***mit Geräten*** ~ equipar de aparatos; proveer de herramientas
Ausrüster *m*, **-** armador *m*; naviero *m*
Ausrüstung *f*, **en** equipo *m*; instalación *f*, utensilios *pl*; aparejos *pl*; ***ungenügende, übermäßige*** ~ subequipamiento *m*, sobreequipamiento *m*
Ausrüstungsgegenstände *pl* material *m* de equipamiento
Ausrüstungsgüter *pl* bienes *pl* de equipo; bienes *pl* de inversión; (Syn. ***Investitionsgüter***)
Ausrüstungskosten *pl* costes *pl* de equipamiento
Aussage *f*, **n** declaración *f*; enunciado *m*; ***eidliche*** ~ declaración bajo juramento
aussagefähig (Inform.) pertinente; ***~e Zahlen*** cifras *pl* significativas
Aussagekraft *f*, Ø impacto *m*; eficiencia *f*; pertinencia *f*; eficacia *f*
ausschalten **1.** eliminar; excluir; ***die Konkurrenz*** ~ eliminar la competencia **2.** desconectar **3.** parar (una máquina)
Ausschaltung *f*, **en** **1.** eliminación *f*; supresión *f* **2.** desconexión *f*
Ausschank *m*, Ø **1.** despacho *m*, venta *f*, quiosco *m* de bebidas **2.** taberna *f*; tasca *f*, bar *m*
Ausschankgenehmigung *f*, **en** licencia *f* de venta de bebidas alcohólicas
Ausschankverbot *n*, **e** prohibición *f* de venta de bebidas alcohólicas
ausscheiden, ***aus dem Dienst*** ~ dimitir; abandonar sus funciones; ***aus dem Erwerbsleben*** ~ retirarse de la vida laboral activa; ***aus dem Geschäft*** ~ retirarse de los negocios; ***aus einem Verein*** ~ darse de baja, causar baja en una asociación

ausschenken **1.** escanciar **2.** vender, despachar bebidas
ausschiffen desembarcar
Ausschiffung *f*, **en** desembarco *m*; desembarque *m* (de mercancías)
ausschlagen rehusar; rechazar; ***ein Angebot*** ~ rechazar una oferta; ***eine Erbschaft*** ~ repudiar una herencia
ausschlaggebend decisivo; ***~er Kapitalanteil*** participación *f* decisiva en el capital; control *m* del capital; ***~e Stimme*** voto *m* preponderante
ausschließen excluir; eliminar; (Gericht) ***die Öffentlichkeit*** ~ actuar a puerta cerrada; ***vom Umtausch ausgeschlossen*** no se admite la devolución; excluido el cambio; ***jdn. vom Wettbewerb*** ~ dejar a alg. fuera de la competencia
ausschließlich exclusivo; exclusive; privativo; ***~es Recht*** derecho *m* exclusivo; monopolio *m*
Ausschließlichkeit *f*, Ø exclusividad *f*
Ausschließlichkeitsklausel *f*, **n** cláusula *f* de exclusividad
Ausschließlichkeitsvertrag *m*, **¨e** contrato *m* de exclusiva
Ausschließung *f*, **en** → Ausschluss
Ausschluss *m*, **¨sse** exclusión *f*; ***unter*** ~ ***der Öffentlichkeit*** a puerta cerrada; ***unter*** ~ ***des Rechtswegs*** sin poder recurrir a los tribunales; con exclusión de la via judicial
ausschneiden, ***aus einer Zeitung*** ~ recortar de un periódico
Ausschnitt *m*, **e** corte *m*; ~ ***aus einer Zeitung*** recorte *m* de un periódico
ausschöpfen, ***Reserven*** ~ agotar, apurar las reservas
Ausschöpfungsgrad *m*, **e** tasa *f* de cobertura
ausschreiben **1.** ***eine Rechnung*** ~ hacer, pasar una factura **2.** ***eine Stelle*** ~ sacar un puesto a concurso; (LA) llamar a licitación **3.** ***öffentlich*** ~ sacar a subasta pública **4.** ***einen Scheck*** ~ extender un talón *bzw.* cheque **5.** ***ein Wort*** ~ escribir enteramente **6.** ***eine Zahl*** ~ escribir en letra **7.** ***Wahlen*** ~ convocar elecciones
Ausschreibende(r) (der/ein) adjudicador *m*
Ausschreibung *f*, **en** **1.** concurso-subasta *m*; licitación *f* **2.** ***durch*** ~ por adjudicación **3.** ***sich um eine*** ~ ***bewerben*** presentarse a concurso (*od.* oposición); ***an den ~en teilnehmen*** acudir a concursos (*bzw.* subastas) **4.** anuncio *m* **5.** convocatoria *f* (de elecciones)
Ausschreibungsbedingungen *pl* pliego *m* de condiciones
Ausschuss *m*, **¨sse** **1.** comité *m*; comisión *f*; ***beratender*** ~ comité consultivo; ***ständiger*** ~ comisión, diputación *f* permanente; ***einen*** ~ ***bilden*** constituir una comisión; ***einem*** ~ ***angehören*** formar parte, ser miembro de un comité; pertenecer a una comisión **2.** pacotilla *f*, desecho *m*
Ausschuss m, **¨sse**, ~ ***der Regionen*** (EU) Comité m de las Regiones; ***~e der Ständigen Vertreter*** (EU) Comité *m* de los Representantes Permanentes
Ausschussmitglied *n*, **er** miembro *m* de una comisión *bzw.* comité
Ausschusspapier *n*, **e** maculatura *f*
Ausschusssitzung *f*, **en** sesión *f* (de trabajo) de la comisión
Ausschussware *f*, **n** pacotilla *f*; (géneros *pl* de) desecho *m*
ausschüttbar, ***~er Gewinn*** ganancia *f*, beneficio *m* repartible
ausschütten, ***eine Dividende*** ~ repartir, distribuir (un) dividendo; ***einen Gewinn*** ~ repartir, distribuir un beneficio
Ausschüttung *f*, **en**, ~ ***von Dividenden***, ***Reserven*** reparto *m* de dividendos, de reservas
Ausschüttungsbetrag *m*, **¨e** importe *m* repartible, distribuible
ausschüttungsfähig repartible; distribuible
Aussehen *n*, Ø, ~ ***der Ware*** aspecto *m* de la mercancía
Außen- (Pref.) exterior; (Ggs. ***Binnen-***, ***Innen-***)
Außenamt *n*, **¨er** ministerio *m* de asuntos exteriores
Außenansicht *f*, **en** vista *f* exterior
Außenantenne *f*, **n** antena *f* exterior
Außenaufnahme *f*, **n** toma *f* exterior; escena *f* de exteriores; ***~n*** exteriores *pl*
Außenbeitrag *m*, **¨e** **1.** demanda *f* neta del extranjero; diferencia *f* entre la demanda exterior y las importaciones planeadas **2.** superávit *m* registrado en el comercio exterior
Außenbeziehungen *pl* relaciones *pl* exteriores
Außenbezirk *m*, **e**, ~ ***einer Stadt*** extrarradio *m*; arrabales *pl*; las afueras *pl*
Außenbilanz *f*, **en** balanza *f* exterior
aussenden **1.** mandar, enviar; remitir **2.** emitir
Außendienst *m*, **e** **1.** servicio *m* exterior **2.** agencia *f* comercial

Außendienstwartung *f*, **(en)** mantenimiento *m* en las instalaciones del usuario; servicio *m* en campo

Außenhandel *m*, Ø comercio *m* exterior; comercio *m* con el extranjero; ***den ~ liberalisieren*** liberalizar el comercio exterior

Außenhandelsabkommen *n*, - acuerdo *m*, convenio *m*, tratado *m* de comercio exterior

Außenhandelsbank *f*, **en** (AHB) banco *m* de comercio exterior

Außenhandelsberater *m*, - asesor *m* de comercio exterior

Außenhandelsbeziehungen *pl* relaciones *pl* comerciales exteriores

Außenhandelsbilanz *f*, **en** balanza *f* comercial exterior; balanza *f* de comercio exterior

Außenhandelsdaten *pl* cifras *pl* de comercio exterior

Außenhandelsdefizit *n*, **e** déficit *m* en (*od.* del) comercio exterior

Außenhandelsentwicklung *f*, **en** evolución *f*,comportamiento *m* del comercio exterior

Außenhandelsfinanzierung *f*, **en** financiación *f* del comercio exterior

Außenhandelsförderung *f*, **en** promoción *f*, fomento *m* del comercio exterior

Außenhandelsgeschäft *n*, **e** transacción *f* de comercio exterior; operación *f* comercial exterior

Außenhandelsgleichgewicht *n*, **e** equilibrio *f* comercial exterior

Außenhandelsministeri|um *n*, **-en** ministerio *m* de comercio exterior

Außenhandelsmonopol *n*, **e** monopolio *m* en comercio exterior

Außenhandelsquote *f*,**n** parte *f*, tasa *f*, cuota *f* del comercio exterior dentro del PNB

Außenhandelsrecht *n*, Ø derecho *m* regulador del comercio exterior

Außenhandelsstatistik *f*, **en** estadísticas *pl* de comercio exterior

Außenhandelsüberschu|ß *m*, **¨sse** superávit *m*, excedente *m* comercial exterior; saldo *m* activo (*od.* acreedor *od.* positivo) en el comercio exterior

Außenhandelsumsatz *m*, **¨e** movimiento *m* comercial exterior; volumen *m* de negocios con el exterior; cifra *f* de negocios con el extranjero

Außenhandelsunternehmen *n*, - empresa *f* dedicada al comercio exterior

Außenhandelsvolum|en *n*, - *od.* **-ina** volumen *m* del comercio exterior

Außenminister *m*, - ministro *m* de asuntos exteriores; titular *m* de relaciones exteriores; (LA) canciller *m*

Außenministeri|um *n*, **-en** ministerio *m* de asuntos exteriores; cartera *f*, departamento *m* de relaciones exteriores; (LA) cancillería *f*

Außenpolitik *f*, Ø política *f* exterior

außenpolitisch **1.** referente a la política exterior **2.** internacional; ***unter ~er Betrachtung*** bajo el aspecto internacional

Außenseiter *m*, - **1.** candidato *m* poco conocido; deportista *m*, concursante *m* sin perspectivas de éxito **2.** excéntrico *m*; inconforme *m* **3.** (Angl.) outsider *m*

Außenspiegel *m*, - (Auto.) retrovisor *m* exterior

Außenstände *pl* cobros *pl* pendientes; deudas *pl* activas; atrasos *pl*; créditos *pl* a cobrar; ~ ***eintreiben*** cobrar los atrasos

Außenstation *f*, **en** (Inform.) puesto *m* de abonado; terminal *m*

Außenstelle *f*, **n** **1.** agencia *f*; delegación *f* **2.** oficina *f* en el extranjero; oficina *f* exterior

Außenwerbung *f*, **en** publicidad *f* exterior

Außenwirtschaft *f*, Ø comercio *m* y pagos con el exterior; sector *m* exterior de la eco-nomía; economía *f* exterior

Außenwirtschaftsbeziehungen *pl* relaciones *pl* comerciales exteriores

Außenwirtschaftsgesetz *n*, **e** ley *f* reguladora del comercio exterior

Außenwirtschaftspolitik *f*, Ø política *f* económica en el sector exterior; política *f* económica con el extranjero

Außenwirtschaftsrecht *n*, Ø derecho *m* regulador del comercio exterior

Außenwirtschaftsverkehr *m*, Ø → Außenwirtschaft

Außenzolltarif *m*, **e**, ***gemeinsamer*** ~ arancel *m* aduanero común (AAC)

außer **1.** exceptuado; excepto; a excepción de; salvo **2.** ~ ***Betrieb*** no funciona; fuera de servicio **3.** ~ ***Kraft setzen*** derogar; abrogar; anular **4.** ~ ***Kurs setzen*** retirar de la circulación

außer Stande, ~ ***sein zu*** no poder hacer u/c; no estar en condiciones de

außeramtlich no oficial; extraoficial

außerberuflich extraprofesional

außerbetrieblich externo (a la empresa); fuera de la empresa; ***~e Revision*** revisión *f*, inspección *f*, auditoría *f* externa; ***für ~e Zwecke*** con fines externos; con propósito que cae fuera del negocio

Außerbetriebnahme *f*, **n**, ~ ***eines Kernkraftwerks*** puesta *f* fuera de servicio de una central nuclear
außerbörslich fuera de bolsa; ~***e Kurse*** cotizaciones *pl* del mercado libre; cursos *pl*, precios *pl* en el mercado extraoficial
außerdienstlich fuera de servicio; extraoficial; particular
äußere exterior, externo; ***Minister des ~n*** → Außenminister
außerehelich 1. natural; ilegítimo **2.** extraconyugal; extramatrimonial
außeretatmäßig extrapresupuestario
außereuropäisch extraeuropeo
außerfahrplanmäßig 1. no previsto (en el horario); fuera de horario **2.** (tren *m*) suplementario; tren *m* de refuerzo
außergemeinschaftlich (EU) extracomunitario; no comunitario; externo a la comunidad; ~***er Handel*** comercio *m* extracomunitario; transacciones *pl* comerciales con países no miembros de la Comunidad; ~***e Länder*** países *pl* no comunitarios; países *pl* no miembros de la Comunidad
außergerichtlich extrajudicial; extraprocesal; ~***er Vergleich*** arreglo *m*, acuerdo *m* extrajudicial
außergewöhnlich, ~***e Ausgaben*** gastos *pl* extraordinarios; ~***e Belastungen*** cargas *pl* extraordinarias
außerhalb, ~ ***der Arbeitszeit*** fuera de la jornada laboral; ~ ***der Saison*** fuera de temporada
Außerkraftsetzung *f*, Ø **1.** anulación *f*; abolición *f* **2.** abrogación *f*, derogación *f* (de una ley)
Außerkurssetzung *f*, **en 1.** retirada *f* de la circulación **2.** suspensión *f* de una cotización (bursátil)
außerlandwirtschaftliche Tätigkeit actividad *f* no agraria, no agrícola; actividad *f* fuera del sector agrario
äußerlich, ***das Paket war ~ unbeschädigt*** el paquete no estaba dañado por fuera; ***zum ~en Gebrauch*** para uso externo; ~ ***anzuwenden*** para uso externo
außerordentlich 1. ~***e Auswendungen*** gastos *pl* extraordinarios; ~***e Hauptversammlung*** (aHV) junta *f* general extraordinaria **2.** ***eine ~e Persönlichkeit*** una personalidad excepcional, singular **3.** enorme, descomunal **4.** ~***er Professor*** catedrático *m* supernumerario
außerparlamentarisch extraparlamentario
außerplanmäßig, ~***er Beamter*** funcionario *m* supernumerario; ~***er Flug*** vuelo *m* extraordinario, especial; vuelo *m* fuera del horario
äußerst extremo; ~***e Grenze*** plafón *m*; límite *m*; ~***e Frist*** plazo *m* final; ~***er Preis*** precio *m* último; precio *m* máximo *bzw.* mínimo; ~ ***niedrige Preise*** precios extremadamente bajos; ~***er Termin*** fecha *f* tope; fecha *f* límite; fecha *f* última posible
außertariflich, ~***e Zollvergünstigungen*** privilegios *pl* arancelarios no tarifarios; ~***e Zahlungen*** pagos *pl* por encima de lo estipulado en convenio colectivo
außervertraglich fuera de contrato; extracontractual
aussetzen 1. ***eine Zahlung*** ~ suspender, interrumpir el pago; cesar de pagar **2.** ***eine Strafe zur Bewährung*** ~ conceder la remisión condicional de una pena **3.** ***eine Belohnung***, ***einen Preis*** ~ ofrecer una recompensa, un precio **4.** ***eine Rente*** ~ asignar una pensión, un retiro, una jubilación; ***ein Gehalt*** ~ asignar un sueldo **5.** ***eine Summe*** ~ destinar una suma **6.** ***ein Kind*** ~ abandonar, exponer a un niño **7.** diferir; aplazar **8.** ***etwas auszusetzen haben*** poner reparos; ***was haben Sie daran auszusetzen*** ¿qué tiene que objetar? ¿qué reparos tiene? **9.** ***einen Tag*** ~ guardar un día de descanso; (Fam.) parar un día **10.** ***sich einer Gefahr*** ~ exponerse a un peligro; incurrir en un peligro
Aussicht *f*, **(en) 1.** ~ ***aufs Meer haben*** tener vista al mar; ~ ***auf die Straße***, ***auf den Hof haben*** dar a la calle, al patio **2.** ~ ***auf eine gute Stelle*** perspectiva *f*, oportunidad *f*, probabilidad *f* de un buen puesto; ~***en für die Zukunft*** perspectivas *pl*, esperanzas *pl* para el futuro; ***gute ~en haben*** tener buenas perspectivas **3.** ***in ~ haben*** tener u/c en perspectiva **4.** ***in ~ nehmen*** proponerse; planear, proyectar **5.** ***in ~ stehen*** ser de esperar **6.** ***in ~ stellen*** dejar entrever; prometer; ofrecer
Aussichtswagen *m*, **- 1.** autocar *m* panorámico **2.** vagón *m* panorámico
Aussiedler *m*, - repatriado *m*; emigrado *m*
aussondern retirar; separar; ***einen Gegenstand aus der Masse*** ~ apartar un objeto de la masa
Aussonderung *f*, **en** separación *f*; (Konkurs) tercería *f* de dominio

aussortieren separar; escoger; eliminar, seleccionar
ausspannen, ***Arbeitskräfte*** ~ quitar mano de obra (a otra empresa); ***Kunden*** ~ quitar clientela (a otra empresa)
aussperren, ***Arbeiter*** ~ suspender de empleo y sueldo a los trabajadores; aplicar el cierre patronal; declarar el lock-out
Aussperrung *f*, **en** suspensión *f* de empleo y sueldo; cierre *m* patronal; lock-out *m*; ***eine*** ~ ***beschließen*** decidir la suspensión de empleo y sueldo; ***eine*** ~ ***verhängen*** aplicar, imponer la suspensión de empleo y sueldo
ausspielen, ***gegeneinander*** ~ aprovechar la rivalidad; oponer, contraponer a uno contra otro
Ausstand *m*, **¨e** huelga *f*; ***sich im*** ~ ***befinden*** estar en huelga, en paro; ***in den*** ~ ***treten*** declarse en huelga, en paro; (Syn. ***Streik***)
Ausstände *pl* créditos *pl*; deudas *pl* activas
ausständig en huelga, en paro
Ausständler *m*, **-** huelguista *m*; (Syn. ***Streikender***)
ausstatten equipar (con); dotar (de); ***jdn. mit Vollmachten*** ~ dotar de plenos poderes a alg.; conceder poder a alg.
Ausstattung *f*, **en** equipamiento *m*; instalación *f*; dotación *f*; presentación *f* (de un producto)
Ausstattungskapital *n*, **Ø** fondos *pl* de dotación
Ausstattungskosten *pl* gastos *pl* de equipamiento
Ausstattungsmaterial *n*, **ien** material *m* de equipo; material *m* de decoración
ausstehen **1.** estar, quedar pendiente; estar en retraso **2.** sufrir; soportar; aguantar
ausstehend, ***~e Forderungen*** atrasos *pl*; pagos *pl* vencidos; ***~es Geld*** dinero *m* sin cobrar; ~ ***Lieferungen*** suministros *pl* pendientes, atrasados; ***~e Summe*** suma *f* por cobrar; ***~e Zahlungen*** pagos *pl* pendientes
aussteigen **1.** (Fam.) ***aus dem Geschäft*** ~ retirarse del negocio **2.** (Börse) vender títulos especulativos **3.** (Sociol.) marginarse; llevar una vida alternativa; rechazar el sistema establecido; volver la espalda al sistema instalado **4.** bajar; apearse (de un vehículo) **5.** desembarcar
Aussteiger *m*, **-** miembro *m* del movimiento alternativo; automarginado *m*; (Fam.) "pasota" *m*
ausstellen **1.** ***eine Ware*** ~ exponer una mercancía **2.** ***einen Pass*** ~ extender, expedir un pasaporte; ***einen Scheck*** ~ extender un talón *bzw.* cheque; ***eine Rechnung auf den Namen*** ~ extender una factura a nombre de **3.** ***einen Wechsel auf jdn.*** ~ librar, girar una letra sobre
Aussteller *m*, **-** **1.** expositor *m* **2.** girador *m*; librador *m* (de una letra) **3.** emisor *m* de una acción **4.** suscriptor *m*
Ausstelleranmeldung *f*, **en** inscripción *f* del expositor
Ausstellerbetreuung *f*, **en** asistencia *f* a los expositores
Ausstellerkatalog *m*, **e** → Ausstellerverzeichnis
Ausstellerland *n*, **¨er** país *m* expositor
Ausstellerverzeichnis *n*, **se** lista *f*, catálogo *m* de expositores
Ausstellung *f*, **en** **1.** ~ ***einer Quittung***, ***eines Schecks*** expedición *f*, extensión *f* de un recibo, de un cheque; ~ ***eines Wechsels*** libramiento *m* de una letra **2.** exposición *f*; feria *f*; salón *m*; exhibición *f*; ***einmalige*** ~ exposición única; ***landwirtschaftliche*** ~ salón de la agricultura; feria *f* del campo; (Syn. ***Grüne Woche***); ***technische*** ~ exposición *f* técnica
Ausstellungsamt *n*, **¨er** oficina *f* de (ferias y) exposiciones
Ausstellungsdat|um *n*, **-en** **1.** fecha *f* de la exposición; fecha del salón; fecha de la feria **2.** fecha *f* del libramiento (de una letra); fecha de expedición (de un pasaporte, de un documento, *etc.*)
Ausstellungsfläche *f*, **n** área *f*, superficie *f* de exposición
Ausstellungsgebäude *n*, **-** palacio *m* de (ferias y) exposiciones
Ausstellungsgelände *n*, **-** ferial *m*; recinto *m* de la exposición
Ausstellungshalle *f*, **n** pabellón *m*
Ausstellungskatalog *m*, **e** catálogo *m* de la exposición
Ausstellungsleitung *f*, **en** dirección *f* de la exposición
Ausstellungsort *m*, **e** **1.** lugar *m* de la exposición **2.** lugar *m* de expedición (de un documento)
Ausstellungspavillon *m*, **s** → Ausstellungshalle
Ausstellungsraum *m*, **¨e** sala *f* de exposición
Ausstellungsstand *m*, **¨e** puesto *m*, stand *m* de una exposición
Ausstellungsstück *n*, **e** objeto *m* expuesto; muestra *f*

Aussterbeetat *m*, **s**, ***auf dem ~ stehen*** estar en vías de desaparición; ***auf den ~ setzen*** eliminar; hacer desaparecer
Aussteuer *f*, **Ø 1.** ~ ***einer Braut*** ajuar *m*; equipo *m* de novia **2.** (Mitgift) dote *f*
Aussteuerung *f*, **en** (Seg.) suspensión *f* del pago de una renta
Aussteuerversicherung *f*, **en** seguro *m* dotal
Ausstieg *m*, Ø abandono *m*; ~ ***aus der Kernenergie*** desenganche *m*, abandono *m* de la energía nuclear; renuncia *f* a la energía atómica
Ausstoß *m*, **¨e** cantidad *f* producida; producción *f* física; (Angl.) output *m*; rendimiento *m*; ~ ***je Arbeitsstunde*** producción *f*, output *m* por hora (trabajada)
ausstoßen producir, rendir ***täglich 2000 Stück*** ~ producir 2000 ejemplares *bzw.* unidades por día
ausstreichen tachar; borrar; suprimir
Ausstreichung *f*, **e** supresión *f*
ausströmen (Öl, Gas) escapar(se)
aussuchen escoger; elegir; seleccionar
Austausch *m*, Ø cambio *m*; intercambio *m*; trueque *m*; ~ ***von Auskünften*** intercambio de información; ~ ***von Fachleuten*** intercambio de especialistas; ***im ~ gegen*** a cambio de; a trueque;
austauschbar intercambiable; cambiable; ***~e Teile*** (einer Maschine) piezas intercambiables
Austauschbarkeit *f*, Ø intercambiabilidad *f*; cambiabilidad *f*
austauschen cambiar; trocar; permutar; (untereinander) intercambiar; (auswechseln) sustituir; recambiar; canjear (notas, presos); ***mit jdm. etw.*** ~ hacer un cambio con alg.
Austauschgeschäft *n*, **e** trueque *m*
Austauschmotor *m*, **en** motor *m* de recambio
Austauschprogramm *n*, **e** programa *m* de intercambio
Austauschrelationen *pl* relaciones *pl*, términos *pl* de intercambio
Austauschstück *n*, **e** pieza *f* de recambio
Austauschverhältnis *n*, **se** → Austauschrelationen
Austauschvolum|en *n*, **-ina** volumen *m* de intercambio; volumen *m* de exportaciones e importaciones
austragen, ***Briefe*** ~ repartir cartas
Austräger *m*, - repartidor *m*
Austragung *f*, **en** reparto *m*; distribución *f*
austreten retirarse; salir(se); ***aus einer Firma*** ~ salir de una empresa; abandonar una empresa; ***aus einer Partei*** ~ darse de baja de un partido
austricksen, ***einen Konkurrenten*** ~ desbancar a un competidor mediante artimañas
Austritt *m*, **e** salida *f*; dimisión *f*, baja *f*; ***seinen ~ erklären*** darse de baja
Austrittserklärung *f*, **en** dimisión *f*; renuncia *f*
ausüben ejercer; ***ein Amt*** ~ desempeñar un cargo; ***einen Beruf*** ~ ejercer una profesión; ***sein Stimmrecht*** ~ ejercer; practicar su derecho de voto
Ausübung *f*, **en** ejercicio *m*; práctica *f*; ~ ***eines Amtes*** desempeño *m* de un cargo; ***in ~ seines Dienstes*** en el ejercicio de sus funciones; en acto de servicio
Ausverkauf *m*, **¨e** saldos *pl*; venta *f* total; remate *m*; liquidación *f* (de saldos) ~ ***wegen Geschäftsaufgabe*** liquidación a causa de cese del negocio; ***im ~ kaufen*** comprar en las rebajas; ***im ~ gekaufte Ware*** mercancía *f* comprada en las rebajas
ausverkaufen saldar; liquidar; vender todas las existencias; finiquitar; ***ein Lager*** ~ liquidar un stock
Ausverkaufspreis *m*, **e** precio *m* de saldo
ausverkauft agotada, vendida (la mercancía); lleno (un teatro); completo (un hotel); ***die Karten sind*** ~ agotadas (todas) las localidades
Ausverkaufware *f*, **n** mercancía *f* de las rebajas; mercancía *f* de saldo; fin *m* de serie
Auswahl *f*, **Ø 1.** elección *f*; selección *f*; surtido *m*; ***eine große, reiche ~ haben*** tener un gran surtido; ***zur*** ~ a escoger; ***eine ~ treffen*** hacer una selección; escoger **2.** (von Personen) lo más escogido, selecto; la élite **3.** (Statist.) muestreo *m*; muestra *f*
auswählen escoger; elegir; seleccionar
Auswahlkontrolle *f*, **n** control *m* de selección
Auswahlkriterien *pl* criterios *pl* de selección
Auswahlliste *f*, **n** lista *f* de opciones
Auswahlsendung *f*, **en** envío *m*, remesa *f* de muestra
auswärtig (Pol.) exterior; extranjero; ***~es Amt*** ministerio *m* de asuntos exteriores, de relaciones exteriores; ***~e Angelegenheiten*** asuntos *pl* exteriores, extranjeros
auswechselbar cambiable; intercambiable; recambiable

Auswechselbarkeit *f*, **(en)** intercambiabilidad *f*; posibilidad *f* de intercambiar, de recambiar
auswechseln, ***defekte Teile*** ~ reemplazar piezas defectuosas
ausweichend, ***~e Antwort*** respuesta evasiva *f*
Ausweichgleis *n*, **e** (Ferr.) (via *f* de) apartadero *m*
Ausweichklausel *f*, **n** (*z.B.* GATT) cláusula *f* escapatoria
Ausweichkurs *m*, **e** (Börse) cotización *f*, curso *m* nominal; curso *m* no operado
Ausweis *m*, **e** documento *m* de identidad; cédula *f* personal; legitimación *f*; carné *m*; carnet *m*; ***den*** ~ ***vorzeigen*** presentar el documento de identidad
ausweisen 1. ***jdn.*** ~ expulsar, deportar a alg. **2.** ***eine Verlust*** ~ arrojar, registrar, consignar una pérdida **3.** ***sich*** ~ legitimarse; presentar su documento de identidad; dar, probar su identidad
Ausweiskontrolle *f*, **n** control *m* de identidad
Ausweispapiere *pl* documentación *f*; ***ohne*** ~ indocumentado
Ausweispflicht *f*, Ø deber *m*, obligación *f* de estar documentado
Ausweisung *f*, **en** ~ ***eines Ausländers*** expulsión *f* de un extranjero
ausweiten aumentar; acrecentar; ensanchar; ***die Kapazität*** ~ aumentar la capacidad; ***ein Warensortiment*** ~ diversificar el surtido (de bienes)
Ausweitung *f*, **en** expansión *f*; ensanche *m*; ~ ***der Gemeinschaft*** ampliación *f* de la comunidad; ~ ***der Handelsbeziehungen*** expansión, ensanche de las relaciones comerciales; ***wirtschaftliche*** ~ expansión económica
auswerten evaluar; interpretar; explotar; ***Daten*** ~ interpretar datos; ***eine Erfindung*** ~ explotar una invención; ***eine Statistik***, ***eine Umfrage*** ~ analizar, interpretar la estadística, un sondeo (*od.* encuesta)
Auswertung *f*, **en** evaluación *f*; interpretación *f*; explotación *f*; ***zahlenmäßige*** ~ interpretación de cifras
auswickeln desempaquetar, desenvolver
auswiegen 1. pesar **2.** vender al peso
auswirken, ***sich*** ~ ***auf*** repercutir en; tener efecto sobre; tener influencia sobre; afectar a; incidir en; ***sich negativ***, ***nachteilig*** ~ ***auf etw.*** tener un efecto adverso sobre; tener una influencia negativa sobre; repercutir, incidir negativamente en
Auswirkung *f*, **en** ~ ***auf*** efecto *m* (*od.* impacto *m*) sobre; ***~en der Inflation*** consecuencias *pl*, repercusiones *pl* de la inflación; ***schädliche*** ~ ***auf die Gesundheit*** efectos *pl* nocivos para la salud
auszahlbar pagadero
auszählen contar; recontar; escrutar; ***die Stimmen*** ~ recontar, escrutar los votos
auszahlen pagar; hacer efectivo; ***jdm. einen Betrag*** ~ pagar a alg. una suma; ***die Dividende*** ~ hacer efectivo, pagar el dividendo; ***seine Gläubiger*** ~ pagar a sus acreedores; ***das zahlt sich aus*** vale la pena
Auszählung *f*, **en** ~ ***der Stimmen*** recuento *m* de los votos; escrutinio *m*
Auszahlung *f*, **en** pago *m*; paga *f*; reintegro *m*; desembolso *m*; ***telegraphische*** ~ giro *m* telegráfico
Auszahlungsanweisung *f*, **en** orden *f* de pago
Auszahlungsbetrag *m*, **¨e 1.** importe *m* pagado **2.** importe *m* pagadero, a pagar
Auszahlungsbewilligung *f*, **en** autorización *f* para el pago
Auszahlungskasse *f*, **n** caja *f* de pagos
Auszahlungskurs *m*, **e** cotización *f*, precio *m*, curso *m* de desembolso
Auszahlungsliste *f*, **n** nómina *f*
Auszahlungssperre *f*, **n** suspensión *f*, bloqueo *m* del pago
Auszahlungsstelle *f*, **n** pagaduría *f*
auszeichnen 1. marcar; etiquetar; poner etiqueta; rotular; ***die Preise*** ~ poner la etiqueta con los precios; marcar los precios **2.** premiar; condecorar; distinguir; galardonar
Auszeichnung *f*, **en 1.** etiqueta *f*; rotulación *f* **2.** distinción *f*; condecoración *f*, medalla *f*; premio *m*; galardón *m*
ausziehen, ***aus einem Haus*** ~ mudarse de casa
Auszubildende(r) (der/ein) (= ***Azubi***) aprendiz *m*
Auszug *m*, **¨e 1.** extracto *m*; resumen *m*; sumario *m*; compendio *m* **2.** salida *f*; partida *f*; marcha *f*; éxodo *m*
autark autosuficiente; autárquico (económicamente)
Autarkie *f*, **(n)** autoarquía *f*, autosuficiencia *f* (económica)
Autarkiepolitik *f*, Ø política *f* de autarquía
authentifizieren autenti(fi)car

authentisch auténtico; *~e Urkunde* documento *m* auténtico; *nicht* ~ apócrifo
authentisieren → authentifizieren
Authentizität *f*, Ø autenticidad *f*
Auto *n*, **s** automóvil *m*; auto *m*; coche *m*; (LA) carro *m*; ~ *der Mittelklasse* coche de clase media; auto de precio medio; *im ~ fahren* conducir, llevar el coche; *mit dem ~ fahren* ir en coche; *ein ~ mieten* alquilar, arrendar un coche
Autoabgase *pl* gases *pl* de escape
Autoapotheke *f*, **n** botiquín *m*
Autoausstellung *f*, **en** salón *m* del automóvil
Autobahn *f*, **en** autopista *f*; *gebührenpflichtige* ~ autopista de peaje
Autobahnauffahrt *f*, **en** entrada *f* a la autopista
Autobahnausfahrt *f*, **en** salida *f* de la autopista
Autobahngebühr *f*, **en** peaje *m*; (Syn. *Mautgeld*)
Autobahnhof *m*, **¨e** estación *f* de autobuses; estación *f* de autocares
Autobahnkreuz *n*, **e** cruce *m* a diferentes niveles (de la autopista)
Autobahnnetz *n*, **e** red *f* de autopistas
Autobahn-Vignette *f*, **n** viñeta *f* para circular por la autopista; viñeta *f* de autopista
Autobus *m*, **se 1.** autobús *m*; (Fam.) bus *m* **2.** autocar *m* **3.** coche *m* de línea
Autobusbahnhof *m*, **¨e** (estación *f*) terminal *f* de autobuses
Autobushaltestelle *f*, **n** parada *f* de autobuses
Autobuslinie *f*, **n** línea *f* de autobuses
Autoersatzteile *pl* recambios *pl*, repuestos *pl* de automóvil
Autofabrik *f*, **en** fábrica *f* de automóviles; factoría *f*, planta *f* automovilística
Autofähre *f*, **n** transbordador *m*; (Angl.) ferry (boat) *m*
Autofahrer *m*, **-** automovilista *m*; conductor *m* del automóvil
Autofahrt *f*, **en** viaje *m* *bzw.* excursión *f* en coche
Autofriedhof *m*, **¨e** cementerio *m* de coches
Autogiro *n*, Ø autogiro *m*
Autohändler *m*, **-** concesionario *m* (de automóviles)
Autohersteller *m*, **-** fabricante *m*, productor *m* de automóviles
Autoindustrie *f*, Ø industria *f* automovilística; sector *m*, ramo *m* del automóvil
Autokarte *f*, **n** mapa *m* de carreteras
Autokauf *m*, **¨e** compra *f* de un automóvil, de un coche
Autokino *n*, **s** autocine *m*
Autokosten *pl* gastos *pl* del coche
Automat *m*, **en 1.** distribuidor *m*, expendedor *m* automático; autómata *m*; máquina *f* automática **2.** robot *m*
Automatenaufstellung *f*, **en** instalación *f* de distribuidores automáticos
Automatenrestaurant *n*, **s** restaurante *m* automático; restaurante *m* con servicio automático
Automatenstraße *f*, **n** centro *m* comercial (donde la venta se efectúa exclusivamente mediante distribuidores automáticos)
Automatenverkauf *m*, **¨e** venta *f* por distribuidor, expendedor automático
Automatik *f*, Ø sistema *m*, funcionamiento *m* automático; secuencia *f* de operaciones automáticas
Automation *f*, **en** → Automatisierung
Automatisationsgrad *m*, **e** grado *m* de automatización
automatisch automático; *~e Abbuchung* adeudo *m* automático; deducción *f* automática; *~es Sparen* ahorro *m* automático; ahorro *m* por deducción automática; *vollautomatisch machen* automatizar; hacer totalmente automático
automatisieren automatizar
Automatisierung *f*, **en** automatización *f*; automación *f*
Automatisierungsprozess *m*, **-sse** proceso *m* de automatización
Automatisierungstechnik *f*, **en** técnica *f* de automación, de automatización
Automechaniker *m*, **-** mecánico *m* de automóviles
Automiete *f*, **n 1.** alquiler *m* de un coche **2.** derechos *pl* a pagar por alquilar un coche
Automobilaustellung *f*, **en** → Autosalon
Automobilbau *m*, Ø construcción *f* de automóviles
Automobilindustrie *f*, **n** industria *f* automovilística; sector *m*, ramo *m* del automóvil
autonom autónomo
Autonomie *f*, **n** autonomía *f*; ~ *der Sozialpartner* autonomía *f* de los agentes, de los interlocutores sociales
Autonummer *f*, **n** número *m* de matrícula
Autopanne *f*, **n** avería *f* en el coche; pinchazo *m* de la rueda (del coche)
Autopapiere *pl* documentación *f* del coche
Autopilot *m*, **en** piloto *m*, pilotaje *m* automático

Autor *m*, **en** autor *m*
Autoradio *n*, **s** auto-radio *m*; autorradio *m*; radio *m* del coche
Autoreifen *m*, **-** neumático *m*; cubierta *f*
Autoreisezug *m*, **¨e** autoexpreso *m*; autotrén *m*
Autorenhonorar *n*, **e** derechos *pl* de autor
Autorenrechte *pl* derechos *pl* de autor
Autoreparaturwerkstatt *f*, **¨e** taller *m* de reparación (de automóviles)
Autosalon *m*, **s** salón *m* del automóvil
Autoschalter *m*, **-** autobanco *m*
Autoschlange *f*, **n** caravana *f*, retención *f* de coches
Autoschlosser *m*, **-** mecánico *m* de automóviles
Autostraße *f*, **n** carretera *f* (reservada para automóviles)
Autotelefondienst *m*, **Ø** radioteléfono *m*
Autounfall *m*, **¨e** accidente *m* de circulación, de coche, de automóvil
Autoverkehr *m*, **Ø** tráfico *m* motorizado; circulación *f* de coches; tráfico *m* automovilístico
Autoverleih *m*, **Ø** → Autovermietung
Autovermietung *f*, **en** alquiler *m* de automóviles, de coches
Autoversicherung *f*, **en** seguro *m* de automóviles; seguro *m* del coche
Autozubehör *n*, **Ø** accesorios *pl* del (*od.* para el) automóvil
Autozug *m*, **¨e** → Autoreisezug
Aval *m*, **e** aval *m*; (Syn. ***Wechselbürgschaft***)
Avalakzept *n*, **e** aval *m* sobre una letra de cambio
Avalgeber *m*, **-** avalista *m*; garante *m*
avalieren avalar; garantizar; salir fiador de
Avalist *m*, **en** → Avalgeber
Avalkont|o *n*, **-en** cuenta *f* (de registro) de fianzas prestadas
Avalkredit *m*, **e** crédito *m* de garantía, de aval
Avallinie *f*, **n** línea *f*, máximo *m* de garantía
Avalprovision *f*, **en** comisión *f* por aval, por garantía
Avalwechsel *m*, **-** letra *f* de cambio avalada
Avis *n od. m*, **e** aviso *m*; notificación *f*; anuncio *m* (de un envío); ***laut ~*** según aviso
avisieren avisar; informar; prevenir; notificar
avisierend, ***~e Bank*** banco avisante, avisador; banco *m* notificante
avisiert, ***~e Sendung*** envío *m* avisado, notificado
Avisierung *f*, **en** aviso *m*; ***~ eines Akkreditivs*** aviso *m*, notificación *f* (de la apertura) de un crédito documentario
Aviso *m*, **s** → Avis
Avisoklausel *f*, **n** cláusula *f* de aviso de giro
AWB (Airway bill) conocimiento *m* de embarque aéreo; ***den ~ erstellen*** extender el conocimiento de embarque aéreo
AZ → Aktenzeichen
Azubi *m*, **s** → Auszubildender
azyklisch acíclico

B

B → Brief
Baby-Bonds *pl* obligaciones *pl* de bajo valor nominal
Baby-Boom *m*, **s** fuerte natalidad *f*
Baby-Jahr *n*, **e** año *m* de maternidad considerado en el seguro de pensiones
back-to-back Kredit *m*, **e 1.** crédito *m* respaldado **2.** crédito *m* subsidiario
Bafel *m*, - (Fam.) pacotilla *m*; desecho *m*; lo peor (Syn. ***Schundware***)
Bafög *n*, Ø (Bundesausbildungsförderunggesetz) bolsa *f* de estudios; ~ ***beziehen*** ser becario
Bagatelle *f*, **n** bagatela *f*; fruslería *f*
bagatellisieren minimizar; quitar, restar importancia a
Bagatellsache *f*, **n** (Jur.) litigio *m* menor, de mínima cuantía
Bagatellschaden *m*, ¨ daño *m* insignificante, de poca cuantía
Bagatellschulden *pl* deudas *pl* de menor cuantía
Bagatellstücke *pl* (Wertpapiere) valores *pl* de menor cuantía
Bahn *f*, **en 1.** vía *f*; camino *m* **2.** ferrocarril *m*; ***mit der (per)*** ~ por ferrocarril; por vía férrea; ***mit der ~ befördern*** transportar por ferrocarril; ***mit der ~ fahren*** viajar en tren; ***mit der ~ verschicken*** enviar por ferrocarril **3.** (Com.) ***frei*** ~ franco estación
Bahnaktien *pl* acciones *pl* de ferrocarriles
bahnamtlich, ***~es Rollfuhrunternehmen*** agencia *f* oficial de transportes de los ferrocarriles
Bahnbegleitpapier *n*, **e** documento *m* de acompañamiento
Bahnfahrt *f*, **en** viaje *m* en ferrocarril
Bahnfracht *f*, **en** transporte *m* por ferrocarril
Bahnfrachtbrief *m*, **e** talón *m* de expedición por ferrocarril; talón resguardo *m*
Bahnfrachtgut *n*, **¨er** mercancías *pl* en pequeña velocidad; (LA) encomienda *f*
bahnfrei 1. franco estación **2.** porte pagado
Bahn-Haus-Lieferdienst *m*, **e** servicio *m* de entrega a domicilio (de las mercancías enviadas por ferrocarril)
Bahnhof *m*, **¨e** estación *f* (de ferrocarril); ***(kleiner)*** ~ apeadero *m*; ***ab*** ~ puesto en estación; ***frei*** ~ franco estación; ***vom ~ abholen*** ir a recoger a la estación; ***eine Sendung am ~ aufgeben*** despachar un envío en la estación
bahnhofslagernd en consignas
Bahninklusivreise *f*, **n** viaje *m* todo incluido en ferrocarril
Bahnkarte *f*, **n** (D) tarjeta *f* de ferrocarril
bahnlagernd en depósito (en la estación)
Bahnlieferung *f*, **en** consignación *f* por ferrocarril
bahnmäßig (Com.), ~ ***verpackt*** embalado para transporte ferroviario
Bahnpapiere *pl* documentos *pl* de transporte por ferrocarril
Bahnpost *f*, Ø estafeta *f* de alcance
Bahnpostamt *n*, **¨er** oficina *f* ambulante (de correos)
bahnpostlagernd (en) lista de correos (en la estación)
Bahnspediteur *m*, **e** transportista *m* ferroviario
Bahnspedition *f*, **en** → Bahn-Haus-Lieferdienst
Bahnsteigkarte *f*, **n** billete *m* de andén
Bahntransport *m*, **e** transporte *m* por ferrocarril, por vía férrea
Bahnverbindung *f*, **en** comunicación *f* por ferrocarril, vía ferroviaria
Bahnverkehr *m*, Ø tráfico *m* ferroviario
Bahnversand *m*, Ø expedición *f*, envío *m* por ferrocarril
Baisse *f*, **n** (Börse) baja *f*; ***auf ~ kaufen, verkaufen*** comprar, vender a la baja; ***auf ~ spekulieren*** especular a la baja; ***sich in einer ~ eindecken*** abastecerse en un período de baja (Ggs. ***Hausse***)
Baisseklausel *f*, **n** (Börse) cláusula *f* de baja, de paridad
Baissespekulant *m*, **en** → Baissier

Baissespekulation *f*, **en** especulación *f*, operación *f* a la baja
Baissetendenz *f*, **en** tendencia *f* a la baja, bajista
Baissier *m*, **s** bajista *m*; especulador *m* a la baja
Bakschisch *n*, **e** (Fam.) propina *f*; gratificación *f*; guante *m*; soborno *m*
balancieren (Contab.) hacer balance
baldig, *~e Antwort* pronta respuesta *f*
baldigst a la mayor brevedad posible; lo antes posible; cuanto antes
Ballast *m*, (**e**) lastre *m*; (Fig.) carga *f* (inútil); ***mit ~ beladen*** lastrar
Ballen *m*, - bulto *m*; fardo *m*; paca *f*; bala *f*; ***in ~ verpacken*** embalar; ***~ Papier*** diez resmas *pl*; bala *f* de papel
Ballungsgebiet *n*, **e** → Ballungsraum
Ballungsraum *m*, **¨e** región *f* con fuerte concentración industrial y demográfica; aglomeración *f* urbana; gran asiento *m* urbano
Ballungszentr|um *n*, **-en** centro *m* con fuerte concentración urbana
Band *n*, **¨er** cadena *f* de producción, de montaje **1.** ***Arbeit am laufenden -*** trabajo *m* en cadena; trabajo *m* en serie; ***vom ~ laufen*** salir de la cadena de montaje **2.** cinta magnética ***auf ~ aufnehmen*** grabar en cinta (magnetofónica)
Bandarbeit *f*, **en** trabajo *m* en cadena, en serie)
Bandarchiv *n*, **e** archivo *m*, biblioteca *f* de cintas (magnéticas)
Bandbreite *f*, **n** margen *m*, banda *f* de fluctuación; margen *m* de intervención (Syn. *Schwankungsbreite*)
Banddatei *f*, **en** **1.** fichero *m* de cinta **2.** archivo *m* sobre cinta
Bandenwerbung *f*, **en** publicidad *f* estática (en los estadios y campos de juego)
Banderole *f*, **n** **1.** precinta *f*; precinto *m*; sello *m* de timbre (*od.* fiscal) **2.** (Zigarren) vitola *f*
Banderolensteuer *f*, **n** impuesto *m* percibido **en** forma de timbre o sello fiscal
Bandfertigung *f*, **en** fabricación *f* en cadena
Bank *f*, **en** banco *m*; establecimiento *m* bancario; (Spielbank u. Privatbank) banca *f* **1.** ***dem Abrechnungsverkehr angeschlossene ~*** banco adherido al sistema de compensación (*od.* de clearing); ***auswärtige ~*** banco de otra plaza; ***auszahlende ~*** banco pagador, desembolsante; ***barzahlende ~*** banco que paga al contado; ***bestätigende ~*** banco confirmante; ***bezogene ~*** banco girado; ***einziehende ~*** banco recaudador, cobrador; ***eröffnende ~*** banco abridor; ***als Hinterlegungsstelle fungierende ~*** banco depositario; ***gemischtwirtschaftliche ~*** banco semipúblico; ***korrespondierende ~*** banco corresponsal; ***öffentliche ~*** banco (de servicio) público; ***städtische ~*** banco municipal; ***überweisende ~*** banco remitente; ***zugelassene ~*** banco autorizado a operar **2.** ***Geld auf die ~ bringen*** llevar dinero al banco; ***Geld bei einer ~ deponieren*** depositar dinero (*od.* fondos) en un banco; ***auf die ~ gehen*** ir al banco; ***Geld auf der ~ haben*** tener dinero en el banco; ***~ für internationalen Zahlungsausgleich*** Banco de Pagos Internacionales (BPI)
Bankakzept *n*, **e** aceptación *f* bancaria
Bankangestellte(r) (der/ein) empleado *m* de banco (*od.* de banca)
Bankanweisung *f*, **en** talón *m* bancario; letra *f* bancaria; asignación *f* a un banco; giro *m* bancario
Bankaufsicht *f*, **en** superintendencia *f* bancaria (organismo encargado de la inspección bancaria en la R.F.A.)
Bankauftrag *m*, **¨e** orden *f* bancaria; orden *f* dada a un banco
Bankausweis *m*, **e** **1.** situación *f* bancaria **2.** informe *m* (mensual, anual) bancario
Bankauszug *m*, **¨e** extracto *m* de cuenta
Bankautomat *m*, **en** cajero *m* permanente
Bankaval *m*, **e** garantía *f* bancaria; aval *m* de un banco
Bankavis *m*, - confirmación *f*, aviso *m* bancario
Bankbetrieb *m*, **e** actividad *f* bancaria
Bankbürgschaft *f*, **en** caución *f*, fianza *f* bancaria
Bankcomputer *m*, - ordenador *m* de banco
Bankdepot *n*, **s** → Bankeinlage
Bankdirektor *m*, **en** director *m* de banco
Bankdiskont *m*, **e** descuento *m* bancario
Bankeinbruch *m*, **¨e** robo *m* en un banco; holdup *m*
Bankeinbruchversicherung *f*, **en** seguro *m* contra robos en banco
Bankeinlage *f*, **n** depósito *m* (bancario)
Bankeinzugsermächtigung *f*, **en** domiciliación *f* bancaria de recibos
Bankendurchschnitt *m*, Ø promedio *m* de todo el sistema bancario
Bankenkonsorti|um *n*, **-en** consorcio *m* de bancos (*od.* bancario); sindicato *m* bancario; pool *m* bancario

Bankenstimmrecht *n*, **e** derecho *m* de voto de un banco depositario de acciones (Syn. ***Depotstimmrecht***)
Banker *m*, **-** → Bankier
Bankfach *n*, **¨er 1.** sector *m*, ramo *m* bancario; ***im ~ ausgebildet sein*** haber recibido una formación bancaria **2.** caja *f* de seguridad particular; caja *f* fuerte
Bankfach|mann *m*, **-leute** especialista *m* en cuestiones bancarias
bankfähig bancable; negociable en un banco
Bankfeiertag *m*, **e** día *m* inhábil para la banca
Bankfiliale *f*, **n** sucursal *f* de un banco
Bankgebühren *pl* derechos *pl* bancarios
Bankgeheimnis *n*, **se** secreto *m* bancario; ***das ~ wahren*** guardar el secreto bancario
Bankgeld *n*, **er** dinero *m* contable (Syn. ***Giralgeld, Buchgeld***)
Bankgeschäft *n*, **e 1.** (Firma) banco *m*; casa *f* de banca; establecimiento *m* bancario **2.** (Branche) negocios *pl* bancarios; banca *f* **3.** (Vorgang) operación *f*, transacción *f* bancaria; ***~e tätigen*** efectuar operaciones bancarias
Bankgewerbe *n*, **- 1.** los bancos *pl* **2.** actividad *f* bancaria
Bankguthaben *n*, **-** haber *m* (bancario); saldo *m* acreedor en un banco; fondos *pl* depositados en un banco
Bankhalter *m*, **- 1.** (Spielbank) banquero *m* **2.** (Spielgehilfe) cr(o)upier *m*
Bankhaus *n*, **¨er** → Bankinstitut
Bankier *m*, **s 1.** banquero *m* **2.** (Finanzmann) financiero *m*
Bankingprinzip *n*, **-ien** principio *m* de la cobertura parcial en oro de una moneda (aprox. 30%)
Bankinstitut *n*, **e** instituto *m* bancario
Bankkarte *f*, **n** tarjeta *f* de crédito; tarjeta *f* bancaria
Bankkauffrau *f*, **en** empleada *f* de banca, de banco
Bankkauf|mann *m*, **-leute** diplomado *m* en banca; empleado *m* de banco diplomado
Bankkont|o *n*, **s** *od.* **-en** cuenta *f* bancaria; ***ein ~ eröffnen, schließen*** abrir, cerrar una cuenta bancaria; ***Inhaber eines ~s*** titular *m* de una cuenta bancaria
Bankkrach *m*, (**¨e**) desastre *m* financiero; crack *m*
Bankkredit *m*, **e** crédito *m* bancario; ***einen ~ gewähren*** conceder, otorgar un crédito bancario
Bankkreise *pl* círculos *pl* bancarios; ***in ~ verkehren*** frecuentar los círculos bancarios; tratarse, tener relaciones con los círculos bancarios
Bankleitzahl *f*, **en** (BLZ) clave *f* bancaria; número *m* de identidad bancaria
bankmäßig bancario; (Wertpapiere) negociable ***~e Zahlung*** pago *m* por banco
Banknote *f*, **n** billete *m* (de banco); ***gültige ~*** billete de curso; ***~n ausgeben*** emitir billetes; ***~n einziehen*** retirar billetes de la circulación; ***~n fälschen*** falsificar billetes (Syn. ***Geldschein***)
Banknotenausgabe *f*, **n** emisión *f* de billetes de banco
Banknotenfälscher *m*, **-** falsificador *m* de billetes de banco
Banknotenpresse *f*, **n** prensa *f* para billetes de banco
Banknotenumlauf *m*, **Ø** circulación *f* monetaria (*od.* fiduciaria); billetes *pl* en circulación
Bankomat *m*, **en** terminal *m* de pago automático; cajero *m* permanente; cajero *m* 24 horas; dinero *m* electrónico
Bankplatz *m*, **¨e** plaza *f* bancaria
Bankprovision *f*, **en** comisión *f* bancaria
Bankrate *f*, **n** tasa *f* de descuento
Bankraub *m*, **Ø** atraco *m* bancario
Bankräuber *m*, **-** atracador *m* de bancos
Bankreferenz *f*, **en** → Bankverbindung **3.**
bankrott en quiebra; insolvente; ***~ gehen*** quebrar, hacer quiebra, bancarrota; ***für ~ erklären*** declarar en quiebra; ***~ sein*** estar en quiebra
Bankrott *m*, **Ø** bancarrota *f*; quiebra *f*; ***betrügerischer ~*** quiebra fraudulenta; ***~ erklären*** declararse en quiebra; ***~ machen*** quebrar; hacer bancarrota (Syn. ***Pleite, Konkurs***)
Bankrotterklärung *f*, **en** declaración *f* de quiebra
Bankrotteur *m*, **e** quebrado *m*
Banksafe *m*, **s** caja *f* fuerte de un banco
Bankschalter *m*, **-** ventanilla *f*
Bankschalterterminal **n**, **s** terminal *m* bancario, financiero
Bankscheck *m*, **s** cheque *m* (bancario); (Venez.) cheque *m* de gerencia
Bankschuldverschreibung *f*, **en** obligación *f* bancaria
Banktresen *m*, **-** → Bankschalter
Banktresor *m*, **e** cámara *f* acorazada
Banküberfall *m*, **e** → Bankraub

Banküberweisung *f*, **en** transferencia *f* bancaria; giro *m* bancario; ***eine ~ vornehmen*** efectuar una transferencia bancaria
banküblich conforme a los usos bancarios; según la práctica bancaria; ***~e Zinsen verlangen*** exigir intereses (aplicados por los bancos)
Bankverbindung *f*, **en 1.** cuenta *f*, relación *f* bancaria **2.** (Bank) corresponsal *m* **3.** dirección *f*, referencia *f* bancaria
Bankverkehr *m*, Ø operaciones *pl*, transacciones *pl* bancarias
Bankvollmacht *f*, **en** → Bankeinzugsermächtigung
Bankvollmacht *f*, **en** poder *m* bancario
Bankwechsel *m*, - letra *f* bancaria; efecto *m* bancario
Bankwesen *n*, Ø sistema *m* bancario; régimen *m* bancario; los bancos *pl*; la banca *f*
Bankzinsen *pl* intereses *pl* bancarios
Bannbruch *m*, **¨e** contrabando *m*; fraude *m* aduanero (*od.* arancelario)
Banngut *n*, **¨er** → Bannware
Bannware *f*, **n** mercancía *f* de contrabando
bar (Geld) dinero *m* en metálico; dinero *m* contante y sonante; ***gegen (in) ~*** al contado; en efectivo; en metálico; en numerario; ~ ***kaufen (verkaufen)*** comprar (vender) al contado; ~ ***zahlen*** pagar al contado en efectivo; pagar en numerario; (Fam.) pagar a tocateja; ~ ***ohne Abzug*** al contado sin descuento; ~ ***gegen 3% Diskont*** al contado con 3% de descuento
Barabfindung *f*, **en** indemnización *f* en efectivo, en numerario
Baratt *m*, Ø trueque *m*; permuta *f*
barattieren permutar; canjear, trocar
Barbestand *m*, **¨e** disponibilidades *pl* líquidas, en efectivo; existencias *pl* en caja; encaje *m*; ***der ~ beläuft sich auf*** las disponibilidades líquidas ascienden a
Barbetrag *m*, **¨e** importe *m* líquido; ***wir verfügen über einen ~ von*** disponemos de un importe líquido de
Barbezüge *pl* emolumentos *pl*, percepciones *pl* en efectivo
Barcodeleser *m*, - lector *m* de código de barras
Bardeckung *f*, **en** cobertura *f* en metálico, en efectivo
Bardepot *n*, **s** depósito *m* en efectivo
Bareingänge *pl* → Bareinnahme
Bareinnahme *f*, **n** ingresos *pl* en efectivo, en numerario
Bareinzahlung *f*, **en** ingreso *m*, pago *m* en efectivo
Barentnahme *f*, **n** retirada *f* en efectivo
Barerlös *m*, **e** producto *m* líquido; ingresos *pl* líquidos
Barertrag *m*, **¨e** producto *m* neto
Bargeld *n*, **er** numerario *m*; dinero *m* **(en)** efectivo, al contado; metálico *m*; moneda *f* contante
Bargeldautomat *m*, **en** cajero *m* permanente, automático
bargeldlos sin movimiento de numerario; a través de cuenta; ***~er Zahlungsverkehr*** pagos *pl* sin movimiento de numerario; pagos (realizados) por cheque *bzw.* a través de cuenta
Bargeld-Terminal n, s P Bankomat
Bargeldumlauf *m*, Ø circulación *f* fiduciaria
Bargeldverkehr *m*, Ø operaciones *pl*, transacciones *pl* al contado
Bargeschäft *n*, **e 1.** mercado *m* en efectivo **2.** operación *f*, negocio *m* al contado
Bargründung *f*, **en** fundación *f* de una sociedad en la que las aportaciones se hacen en dinero
Barkauf *m*, **¨e** compra *f* al contado
Barleistung *f*, **en** prestación *f* en efectivo, (*od.* metálico)
Barlohn *m*, **¨e** salario *m* en dinero, en efectivo, en metálico
Barmittel *pl* fondos *pl* líquidos, en metálico; disponibilidades *pl* líquidas; dinero *m* en metálico; ***über ausreichend ~ verfügen*** disponer de liquidez suficiente
Barpreis *m*, **e** precio *m* al contado
Barrel *n*, **s** barril *m*; ***ein ~ Rohöl*** un barril de crudo (de petróleo) (159 litros)
Barren *m*, - lingote *m*; barra *f*
Barrengold *n*, Ø oro *m* en lingotes; oro *m* en pasta (*od.* barras)
Barreserve *f*, **n** reservas *pl* líquidas
Barriere *f*, **n** barrera *f*
Barschaft *f*, **en** dinero *m* efectivo
Barscheck *m*, **s** cheque *m* abierto, no cruzado; cheque *m* pagadero al portador (Ggs. *Verrechnungsscheck*)
Barvermögen *n*, Ø disponibilidades *pl* en efectivo
Barwert *m*, **e 1.** valor *m* efectivo, al contado **2.** valor *m* actual, del día
Barzahler *m*, - pagador *m* en efectivo
Barzahlung *f*, **en** pago *m* al contado, en metálico, efectivo; ***bei ~ 5% Rabatt*** 5% de descuento por pago al contado

Barzahlungsrabatt *m*, **e** descuento *m* por pago al contado (Syn. ***Skonto***)
Basar *m*, **e** **1.** bazar *m* **2.** venta *f* benéfica, de beneficiencia)
basieren, ~ ***auf*** fundarse, basarse, fundamentarse en
Bas|is *f*,**(-en)** ***auf der ~ von*** sobre la base de; ***auf gleicher ~*** en las mismas condiciones
Basiskurs *m*, **e** cotización *f* base
Basispunkt *m*, e punto *m* básico
Bastelecke *f*, **n** rincón *m* de bricolage (en un centro comercial)
basteln dedicarse al bricolage, al bricolaje
Basteln *n*, Ø (Gal.) bricolage *m*; bricolaje *m*
Bastler *m*, **-** bricolador *m*
BAT → Bundesangestelltentarif
Batzen *m*, Ø ***ein schöner ~ Geld*** un dineral; "un ojo de la cara"
Bau *m*, **ten** **1.** (Vorgang) edificación *f*; construcción *f* **2.** (Gebäude) edificio *m* **3.** (im Bau begriffen) obra *f* **4.** (Bauart) estructura *f*; ***im ~ befindlich*** en (vías de) construcción; ***der ~ von Sozialwohnungen*** la construcción de viviendas sociales (*od.* casas baratas); ***öffentliche ~ten*** obras públicas
Bauabnahme *f*, **n** recepción *f* de la obra
Bauabschlußbescheinigung *f*, **en** certificado *m* de final de obra
Bauabschnitt *m*, **e** tramo *m*, fase *f* de construcción
Bauamt *n*, **¨er** negociado *m*, sección *f* de urbanismo; oficina *f* de obras y construcciones
Bauarbeiter *m*, **-** obrero *m* de la construcción
bauartbedingt condicionado por el tipo de construcción; en función de la construcción; debido a la obra
Baudarlehen *n*, **-** préstamo *m* a (*od.* para) la construcción
Bauelement *n*, **e** elemento *m* constructivo; componente *m*; módulo *m*; ***elektronisches ~*** componente electrónico
bauen **1.** (Gebäude) edificar; construir **2.** (errichten) erigir; levantar **3.** (herstellen) fabricar; elaborar; manufacturar
Bauer *m*, **n** agricultor *m*; campesino *m*; labrador *m*; labriego *m*; (Am.) paisano (Syn. ***Landwirt***)
Bauerlaubnis *f*, **se** → Baugenehmigung
bäuerlich rústico; rural; campesino; aldeano
Bauerngut *n*, **¨er** → Bauernhof
Bauernhof *m*, **¨e** **1.** granja *f*; finca *f*; heredad *f*; alquería *f* **2.** (Prov.) cortijo *m*; caserío *m*; masía *f* **3.** (Am.) hacienda *f*; estancia *f*; rancho *m*
Bauernstand *m*, Ø clase *f* campesina; los agricultores (*od.* campesinos)
Bauerntag *m*, Ø congreso *m* rural
Bauernverband *m*, **¨e** asociación *f*, **(E)** hermandad *f* de labradores
Bauersfrau *f*, **en** campesina *f*; labradora *f*; aldeana *f*
Baufälligkeit *f*, Ø estado *m* ruinoso
Baufinanzierung *f*, **en** financiación *f* de la construcción; financiación *f* de la obra
Baufirm|a *f*, **en** (empresa *f*) constructora *f*
Baugelände *n*, **-** zona *f* edificable; terrenos *pl* para edificar; (einzelnes Grundstück) solar *m*
Baugenehmigung *f*, **en** permiso *m* de construir; ***~ für Bauprojekte*** licencia *f* de construcción de obra; ***~ für Zusatzbebauungen*** permiso *m* de obra menor; ***eine ~ beantragen*** solicitar el permiso de construcción
Baugenossenschaft *f*, **en** cooperativa *f* de construcción; ***einer ~ beitreten*** adherirse a (*od.* entrar en) una cooperativa de construcción
Baugesellschaft *f*, **en** sociedad *f* de construcciones; sociedad *f* compañía *f* inmobiliaria
Baugewerbe *n*, Ø sector *m*, ramo *m* de la construcción
Baugruppe *f*, **n** **1.** unidad *f* de ensamblaje **2.** subconjunto *m*; subgrupo *m*
Bauherr *m*, **en** **1.** propietario *m*; principal *m* **2.** (Unternehmer) contratista *m*
Bauherrenmodell *n*, **e** inversión *f* inmobiliaria con grandes ventajas fiscales
Baukastenprinzip *n*, **ien** (sistema *m* de) modularidad *f*
Baukastensystem *n*, e sistema *m* modular
Baukonjunktur *f*, Ø coyuntura *f* en el ramo de la construcción
Baukosten *pl* gastos *pl* de construcción
Baukostenzuschu|ß *m*, **¨sse** **1.** aportación *m* personal del arrendatario para la construcción de una vivienda **2.** subsidio *m* estatal a los gastos de construcción (de viviendas sociales)
Bauland *n*, Ø terreno *m* edificable
Bauleitplan plan *m* de urbanización
Baulöwe *m*, **n** (Fam.) **1.** gran empresario *m* de construcción **2.** empresario *m* un tanto dudoso; tiburón *m* inmobiliario
Baumaschinen *pl* equipo *m* de contratistas; maquinaria *f* de construcción

Baumaschinenversicherung *f*, **en** seguro *m* de maquinaria de construcción
Baumwolle *f*, Ø algodón *m*
Baumwollindustrie *f*, **n** industria *f* algodonera, del algodón
Baurisikodeckung *f*, **en** cobertura *f*, seguro *m* de riesgo de construcción
Baurisikoversicherung *f*, **en 1.** seguro *m* de obras terminadas **2.** seguro *m* de construcción
Bauruine *f*, **n** obra *f* inacabada
Bausch *m*, Ø, ***in ~ und Bogen kaufen*** comprar en bloque; comprar a granel; comprar a ojo
Bauschpreis *m*, **e** (precio *m* a) tanto alzado *m*; precio *m* todo incluído, global (Syn. ***Pauschalpreis)***
Bausparbuch *n*, **¨er** libreta *f* de ahorrovivienda
Bauspardarlehen *n*, - préstamo *m* de ahorro-vivienda
bausparen firmar un contrato de ahorro-vivienda
Bausparen *n*, Ø ahorro-vivienda *m*
Bausparer *m*, - titular *m* de (una cuenta) ahorro-vivienda
Bausparkasse *f*, **n** caja *f* de ahorros para la construcción
Bausparvertrag *m*, **¨e** contrato *m* de ahorrovivienda
Bausparwesen *n*, Ø (sistema *m* de) ahorrovivienda *m*
Baustein *m*, **e 1.** elemento *m*; componente *m*; elemento *m* componente; elemento *m* constitutivo **2.** chip *m*; micropastilla **3.** módulo *m*
Baustelle *f*, **n** obras *pl*, ***das Betreten der ~ ist verboten*** prohibida la entrada a cualquier persona ajena a la obra
Bausteuer *f*, **n** impuesto *m* sobre construcciones, instalaciones y obras
Baustoffe *pl* materiales *pl* de construcción
Baustoffindustrie *f*, **n** industria *f* de materiales de construcción
Bauteile *pl* **1.** elementos *pl* constructivos; componentes *pl* **2.** conjunto *m* de componentes
Bauunternehmen *n*, - empresa *f* constructora
Bauunternehmer *m*, - contratista *m* (de obras)
Bauversicherung *f*, **en** seguro *m* (contra) todo riesgo de construcción
Bauwesen *n*, Ø **1.** arquitectura *f* **2.** industria *f*, sector *m*, ramo *m* de la construcción **3.** construcciones *pl*
Bauwesenpolice *f*, **n** póliza *f* de seguro (contra) todo riesgo de construcción; póliza *f* del seguro de construcción
Bauwirtschaft *f*, Ø → Baugewerbe
BDA → Bundesvereinigung der Deutschen Arbeitgeberverbände
BDI → Bundesverband der Deutschen Industrie
Beamte(**r**) (der/ein) **1.** ***(Staats-)beamter*** funcionario *m* (público) **2.** (Polizei) agente *m* **3.** (richterlicher) juez *m*; magistrado *m* **4.** (Bank Versicherung) empleado *m* **5.** (Bürokrat) burócrata *m*; ***~ und Angestellte des öffentlichen Dienstes*** funcionarios y asimilados *pl*; funcionarios y empleados no funcionarios; ***kleiner***, ***untergeordneter ~*** funcionario subalterno; pequeño funcionario; ***~ des einfachen***, ***mittleren Dienstes*** funcionario del escalafón bajo y medio; ***~ des gehobenen Dienstes*** alto funcionario, funcionario del alto escalafón; ***~ auf Lebenszeit*** funcionario titular (*od.* vitalicio); funcionario de escalafón (*od.* de carrera); ***~ auf Zeit*** (auf Widerruf) cargo *m* (contratado a título) temporal
beamtenähnlich, ***~e Stellung*** empleo *m* asimilado a funcionario; cargo *m* asimilado a la función pública
Beamtenanwärter *m*, - aspirante *m* al cargo de funcionario; aspirante *m* a la función pública
Beamtenapparat *m*, Ø aparato *m* administrativo
Beamtenbestechung *f*, **en** cohecho *m*, soborno *m* de funcionario(**s**)
Beamtenlaufbahn *f*, **en** carrera *f* de funcionario ***die ~ einschlagen*** seguir la carrera de funcionario
Beamtenschaft *f*, **en** → Beamtentum
Beamtentum *n*, Ø **1.** funcionariado *m*; (cuerpo *m* de) funcionarios *pl*; clase *f* de los funcionarios **2.** función *f* pública
Beamtenverhältnis *n*, Ø calidad *f* de funcionario ***im ~ stehen*** ser funcionario; tener calidad de funcionario; ***ins ~ übernehmen*** nombrar funcionario; dar título de funcionario; incluir en el escalafón de funcionarios
beamtet titular; en cargo
beangaben (A) pagar una señal
beanspruchen reclamar; exigir; reivindicar; ***Schadenersatz ~*** reclamar indemnización

beanstanden poner reparos a; hacer objeción a; reclamar, protestar contra; hacer una reclamación; ***eine Ware*** ~ hacer una reclamación por mercancía defectuosa

Beanstandung *f*, **en** reclamación *f*; reparto *m*; objeción *f*, queja *f*; ***zu ~en Anlass geben*** dar lugar a reclamación

beantragen 1. (vorschlagen) proponer **2.** (durch Gesuch) solicitar, pedir **3.** (Parl.) presentar una moción; ***ein Stipendium*** ~ solicitar una beca

Beantragung *f*, **en** proposición *f*; solicitud *f*; petición *f*

beantworten contestar; responder; dar contestación, respuesta a; ***eine Anfrage*** ~ responder a una demanda (de información)

Beantwortung *f*, **en** contestación *f*; respuesta *f*; ***bei*** ~ ***bitte angeben*** no se olvide indicar en su respuesta; ***in*** ~ ***Ihres Schreibens*** en respuesta a, contestando, respondiendo a su carta

bearbeiten 1. (Akte) estudiar; examinar **2.** (Gesuche) tramitar **3.** (Buch) revisar; refundir **4.** (umarbeiten) modificar; transformar **5.** (vollenden) acabar **6.** (erledigen) despachar; concluir **7.** (ausarbeiten) elaborar; preparar **8.** (formen) modelar; formar **9.** (Land bebauen) labrar; cultivar **10.** (Steine) labrar **11.** (Metall) trabajar **12.** (für Bühne, Film, Funk) adaptar **13.** (Musik) transcribir; arreglar **14.** (Kunden) tratar de persuadir a la clientela; (Fam.) trabajar la clientela

Bearbeiter *m*, - persona *f* competente, encargada de un trabajo; responsable *m* de un dossier; redactor *m* (Syn. ***Sachbearbeiter***)

Bearbeitung *f*, **en 1.** estudio *m*; examen *m*; ***in*** ~ en preparación **2.** redacción *f*; adaptación *f* **3.** mecanización *f*; mecanizado *m*; elaboración *f*; transformación *f* **4.** tramitación *f* **5.** tratamiento *m*; procesamiento *m*

Bearbeitungsgebühr *f*, **en** derechos *pl* de tramitación; (bei Kredit) gastos *pl* corrientes (*od.* de tramitación) de un crédito

beaufsichtigen vigilar; supervisar; controlar; inspeccionar; ***eine Arbeit*** ~ inspeccionar un trabajo

Beaufsichtigung *f*, **en** supervisión *f*; vigilancia *f*; control *m*; inspección *f*

beauftragen 1. comisionar; delegar; dar orden; encargar **2.** (ermächtigen) autorizar **3.** (Recht) apoderar; ***beauftragter Vertreter*** representante *m* delegado; ***mit der Geschäftsführung beauftragt sein*** estar encargado de la gestión, de la gerencia

Beauftragte(r) (der/ein) encargado *m*; delegado *m*; comisionado *m*; mandatario *m*

bebauen 1. (Gelände) edificar, construir (edificios) en un solar **2.** (Stadtteil) urbanizar **3.** (Land) cultivar, labrar; ***bebautes Grundstück*** terreno edificado

Bebauung *f*, **(en) 1.** edificación *f*; construcción *f* **2.** urbanización *f* **3.** cultivo *m*; explotación *f*

Bebauungsplan *m*, **¨e** plan *m* parcial de ordenación; plan *m* de urbanización

bebunkern (Nav.) poner carburante

Bedarf *m*, Ø **1.** (Bedürfnis) necesidades *pl*; falta *f* **2.** (erforderliche Menge) cantidad *f* necesaria **3.** (Verbrauch) consumo *m* **4.** (Nachfrage) demanda *f*; ***bei*** ~ en caso necesario; en caso de necesidad; ***nach*** ~ según las necesidades; según fuera preciso; a discreción; ~ ***an Kapital, an Rohstoffen*** necesidad *f* de capital, de materias primas; ***Gegenstände des täglichen (gehobenen) ~s*** artículos *pl* de primera necesidad (de alta calidad); ***den*** ~ ***decken (befriedigen)*** cubrir, satisfacer las necesidades; ~ ***haben an*** tener necesidad de; ***den*** ~ ***übersteigen*** exceder las necesidades

Bedarfsartikel *m*, - artículo *m* de consumo (*od.* de primera necesidad); artículos *m* corriente

Bedarfsbefriedigung *f*, **en** P Bedarfsdeckung

Bedarfsdeckung *f*, **en** aprovisionamiento *m*; cobertura *f*, satisfacción de la demanda (*od.* de las necesidades)

Bedarfsermittlung *f*, **en** determinación *f* de las necesidades

bedarfsgerecht conforme a las necesidades, a la demanda; ***~es Angebot*** oferta *f* adaptada a las necesidades, a la demanda

Bedarfsgüter *pl* bienes *pl* de consumo

Bedarfsgüterindustrie *f*, **n** industria *f* de bienes de consumo

Bedarfsplanung *f*, **en** planificación *f* de las necesidades

Bedarfsprämie *f*, **n** (Seg.) prima *f* técnica necesaria; prima *f* técnica mínima

Bedarfsträger *m*, - industria *f* de bienes de consumo

bedecken (A) compensar; equilibrar; cubrir; ***ein Defizit*** ~ cubrir un déficit

bedenken considerar; reflexionar; ***jdn. testamentarisch*** ~ legar u/c a alg.

Bedenken *n*, Ø **1.** (Überlegung) reflexión *f*; meditación *f*; ***nach reiflichen ~*** después de reflexionar mucho **2.** (Erwägung) consideración *f* **3.** (Einwand) reparo *m*; reserva *f*; ***~ gegen etw. äußern*** formular reservas sobre algo

Bedenkzeit *f*, **en** plazo *m* para reflexionar; ***sich ~ erbitten*** solicitar un plazo para reflexionar

bedienen 1. (im Geschäft) servir; atender; despachar **2.** ***sich*** (einer Sache) ~ valerse, servirse, hacer uso de u/c; ***~ Sie sich*** ¡sírvase! **3.** (Maschine) manejar; hacer funcionar; manipular; maniobrar; ***einfach zu ~*** fácil de manejar **4.** (Com.) ejecutar las órdenes

Bediener *m*, - operador *m*

Bedieneranweisung *f*, **en** hoja *f* de trabajo; instrucción *f* para la operación

bedienerfreundlich de manejo sencillo, fácil

Bedienerführung *f*, Ø guía *f* del operador

bedienstet estar empleado (*od.* al servicio) de alg.

Bedienstete(r) (der/ein) **1.** (Angestellter) empleado *m* **2.** (Hauspersonal) personal *m* de servicio **3.** (Staat) funcionario *m*

Bedienung *f*, **en 1.** manejo *m*; servicio *m* **2.** personal *m* (de servicio) **3.** (Restaurant) servicio *m*; (Person) camarero *m*; ***~ inbegriffen*** servicio incluído

Bedienungsanleitung *f*, **en** → Bedienungsanweisung

Bedienungsanweisung *f*, **en** instrucciones *pl* para el (*od.* de) servicio

Bedienungsgeld *n*, **er** (im Restaurant) servicio *m*; (Trinkgeld) propina *f*

Bedienungs|mann *m*, **-leute** (Maschine) maquinista *m*; operario *m*

Bedienungspersonal *n*, Ø personal *m* de servicio

Bedienungsvorschrift *f*, **en** → Bedienungsanweisung

bedingen condicionar; estipular; convenir

Bedingnis *n*, **se** (A) condición *f* (previa)

bedingt 1. (an Bedingungen geknüpft) condicionado; condicional; ***~es Akzept*** aceptación *f* condicionada **2.** (beschränkt) limitado **3.** (abhängig) dependiente de; debido a; inherente a; ***durch den Transport ~e Kosten*** gastos originados por el transporte **4.** con reservas; condicionalmente

Bedingung *f*, **en** condición *f*; cláusula *f*; estipulación *f*; ***allgemeine ~en*** condiciones generales; ***übliche ~en*** condiciones usuales, habituales; ***unter diesen ~en*** **en** estas, en tales condiciones; ***unter der ~, dass*** con tal que; bajo la condición de que; siempre que; ***unter keiner ~*** de ninguna manera; de ningún modo; ***eine ~ erfüllen*** cumplir una condición; ***~en stellen*** poner *bzw.* imponer condiciones; ***es zur ~ machen*** poner por condición

bedürfen tener necesidad de; necesitar; requerir; ***es bedarf einer Erklärung*** esto requiere una explicación

Bedürfnis *n*, **se** necesidad *f*; exigencia *f*; ***das ~ nach*** la necesidad (*od.* demanda *f*) de; ***jds. ~se befriedigen*** satisfacer las necesidades de alguien

bedürftig necesitado; indigente; pobre; menesteroso; ***einer Sache ~ sein*** tener necesidad de u/c

Bedürftigkeit *f*, Ø indigencia *f*; pobreza *f*; miseria *f*

Bedürftigte(r) (der/ein) persona *f* necesitada; persona *f* sin medios

beeidigen afirmar u/c bajo juramento; ***beeidigter Übersetzer*** traductor *m* jurado; ***jdn. ~*** tomar juramento a alg.

Beeidigung *f*, **en** (presentación *f* de) juramento *m*

beeinträchtigen menoscabar; afectar negativamente; dañar, perjudicar; ***ein Recht ~*** lesionar un derecho

Beeinträchtigung *f*, **en** perjuicio *m*; daño *m*; menoscabo *m*

beerben heredar; ***jdn. ~*** ser heredero (*od.* heredar los bienes) de alg.; suceder a alg.

Befa (Beobachtung-Fahndung) policía *f* de aduanas; control *m* y supervisión *f* de fronteras

befähigen capacitar; habilitar, facultar; autorizar; ***befähigt zu*** cualificado, apto, capacitado, facultado, autorizado, habilitado para

Befähigung *f*, **en** cualificación *f*; aptitud *f*; capacidad *f*; ***seine ~ nachweisen*** justificar su aptitud

Befähigungsnachweis *m*, **e** certificado *m* de aptitud; diploma *m* habilitante, acreditativo

befahrbar 1. transitable **2.** navegable

befassen, *sich ~ mit* ocuparse de; tratar de; dedicarse a; estudiar; examinar

Befehl *m*, **e** orden *f*; instrucción *f*; ***ausdrücklicher ~*** orden expresa; ***höherer ~*** orden de arriba, superior; ***einen ~ ausführen, erteilen*** ejecutar, dar una orden

befehlen ordenar, decretar, dictar; ***Sie haben mir nichts zu ~*** no admito órdenes de Vd.
befehlsgesteuert controlado por instrucciones, por mandatos
Befehltaste *f*, **n** (Inform.) tecla *f* de comandos
befingern, ***eine Ware ~*** manosear una mercancía
befliegen, ***eine Flugstrecke ~*** servir (*od.* cubrir) una línea
beflissen diligente; aplicado; asiduo; ***~er Mitarbeiter*** colaborador *m* diligente
beförderbar **1.** transportable **2.** promocionable
Beförderer *m*, **-** transportista *m*; expedidor *m*; remitente *m*; ***dem ~ die Ware übergeben*** entregar la mercancía al transportista
befördern **1.** (transportieren) transportar; acarrear **2.** (versenden) expedir; despachar; enviar; ***mit der Post ~*** expedir por correo **3.** (Telegramm) cursar **4.** (an eine andere Stelle bringen) trasladar **5.** (im Amt *od.* Rang) ascender; promover; favorecer; ***befördert werden*** ser ascendido; ***jdn. zum Abteilungsleiter ~*** ascender a alg. a jefe de sección, departamento
Beförderung *f*, **en** **1.** transporte *m*; acarreo *m*; ***~ per Bahn*** transporte por ferrocarril **2.** (Versand) envío *m*; despacho *m*; expedición *f* **3.** (Telegramm) transmisión *f* **4.** (an eine andere Stelle) traslado *m* **5.** (im Rang) ascenso *m*; promoción *f*
Beförderungsbedingungen *pl* condiciones *pl* de transporte
Beförderungsdauer *f*, **Ø** duración *f* del transporte (*od.* envío)
Beförderungskosten *pl* gastos *pl* de transporte
Beförderungsmittel *n*, **-** medio *m* de transporte; ***öffentliche ~*** transportes *pl* públicos
Beförderungsschein *m*, **e** **1.** guía *f* **2.** título *m* de transporte; ***~ für Gruppenfahrten*** billete *m* colectivo, billete *m* de grupo
Beförderungstarif *m*, **e** tarifa *f* de transporte (ferroviario)
Beförderungsvertrag *m*, **e** contrato *m* de transporte
Beförderungswesen *n*, Ø los transportes *pl*
beforsten repoblar (un monte)
befrachten cargar; (chartern) fletar
Befrachter *m*, **-** cargador *m*; fletador *m*
Befrachtung *f*, **(en)** carga *f*; cargamento *m*; fletamento *m*
Befrachtungsbrief *m*, **e** póliza *f* de fletamento
Befrachtungsvertrag *m*, **¨e** contrato *m* de fletamento
befragen consultar; entrevistar; (verhören) interrogar; ***befragte Person*** persona *f* entrevistada, consultada
Befragung *f*, **en** entrevista *f*; encuesta *f*; consulta *f*; sondeo *m*; (Verhör) interrogatorio *m*
befreien **1.** (von Abgaben) exonerar; eximir; ***von einer Steuer ~*** exonerar, eximir (del pago) de un impuesto **2.** (einer Pflicht entbinden) dispensar; exentar **3.** (von einer Arbeit) excusar **4.** (Gefangene) poner en libertad; liberar **5.** (gegen Lösegeld) rescatar **6.** (von einer Gefahr) salvar **7.** (von einer Sorge) librar
Befreiung *f*, **en** exención *f*; exoneración *f*; dispensa *f*; liberación *f*
befriedigen satisfacer; pagar; ***einen Gläubiger ~*** satisfacer, pagar a un acreedor; ***die Nachfrage ~*** satisfacer la demanda
Befriedigung *f*, **en** satisfacción *f*; pago *m*; ***volle ~*** pago íntegro; satisfacción completa
befristen fijar un plazo
befristet limitado; a plazo (fijo); con plazo señalado; de duración determinada; ***lang, kurz ~*** a largo, a corto plazo; ***~er Vertrag*** contrato *m* temporal; contrato *m* limitado temporalmente
Befristung *f*, **en** fijación *f*, limitación *f* de un plazo
befugen autorizar; facultar; ***jdn. ~*** autorizar a alg.; ***befugt sein*** estar autorizado, facultado para
Befugnis *f*, **se** **1.** (Ermächtigung) autorización *f* **2.** (Erlaubnis) permiso *m* **3.** (Zuständigkeit) competencia *f*; atribución *f*; incumbencia *f* **4.** (Recht) derecho *m* **5.** (Vollmacht) poder *m*; ***~ haben, etw. zu tun*** estar autorizado a hacer a/c; ***seine ~se überschreiten*** sobrepasar sus atribuciones
befürworten **1.** (unterstützen) apoyar; secundar **2.** (begünstigen) favorecer; propiciar **3.** (eintreten für) abogar por; interceder en favor de; ser partidario de **4.** (empfehlen) recomendar; preconizar; ***eine Maßnahme ~*** recomendar una medida
Befürwortung *f*, Ø recomendación *f*; apoyo *m*
begaben proveer; dotar de
begaunern engañar; estafar; (Fam.) timar; dar el timo

begebbar 1. (Börse) negociable ***~es Papier*** título *m* negociable (en Bolsa) **2.** (übertragbar) transferible; transmisible

Begebbarkeit *f*, Ø negociabilidad *f*; transmisibilidad *f*

begeben 1. (Anleihen) emitir **2.** (Wechsel) negociar **3.** (durch Giro) endosar; ***eine Aktie ~*** emitir una acción

Begeber *m*, **- 1.** emisor *m* (de títulos) **2.** endosador *m*; endosante *m*

Begebung *f*, **en** emisión *f* (de títulos); lanzamiento *m* (de un empréstito); negociación *f* (de una letra de cambio)

Begebungskurs *m*, **e** tipo *m*, curso *m* de emisión

Begebungsvermerk *m*, **e** endoso *m* (de negociación)

beglaubigen 1. dar fe de; atestiguar; testimoniar **2.** (Unterschrift) legalizar; autenticar; certificar **3.** (Vollmachten, Übersetzung, Abschrift) legalizar; ***beglaubigte Abschrift*** copia legalizada *bzw.* certificada **4.** (durch Vergleich mit der Urschrift) compulsar **5.** (Jur.) aprobar judicialmente **6.** (gegenzeichnen) refrendar acta notariada **7.** (bescheinigen) certificar; ***notariell beglaubigte Urkunde*** documento *m* legalizado

Beglaubigung *f*, **en** certificación *f*; (amtlich) legalización *f*; (Gegenzeichnung) refrendo *m*; ***zur ~ dessen*** para que conste; en fe (*od.* en testimonio) de lo cual

Beglaubigungsschreiben *n*, **-** (Dipl.) cartas *pl* credenciales; ***~ überreichen*** presentar las cartas credenciales

begleichen (Rechnung) pagar; abonar; satisfacer; saldar; liquidar; arreglar ***eine Schuld ~*** pagar una deuda

Begleichung *f*, **en** pago *m*; liquidación *f*; arreglo *m*; ***zur ~ Ihrer Rechnung*** **en** pago de su factura

Begleitadresse *f*, **n** boletín *m* de expedición

Begleitbrief *m*, **e** carta *f* de envío

Begleitpapiere *pl* documentación *f*

Begleitschein *m*, **e** guía *f* de circulación, (*od.* tránsito); (Zoll) permiso *m* de aduana

Begleitschreiben *n*, **-** carta *f* adjunta; carta *f* de envío

Begleitzettel *m*, **-** hoja *f* de ruta

begrenzen (de)limitar; (restlegen) definir; circunscribir; determinar; ***begrenzt haltbar*** perecedero (alimento); ***örtlich begrenzt*** local

Begrenzung *f*, **en** (de)limitación *f*; plafón *m*; restricción *f*

begründen 1. fundar; fundamentar **2.** (Geschäft) establecer; crear **3.** (Handlung) justificar; motivar **4.** (Behauptung) alegar (pruebas); exponer las razones **5.** (Antrag) apoyar; defender **6.** (Wissenschaft) iniciar; cimentar; ***nicht begründet*** sin fundamento; sin justificación; ***ein Urteil ~*** exponer los considerandos (de una sentencia)

Begründetheit *f*, Ø fundamentación *f*; fundabilidad *f*

Begründung *f*, **en 1.** razón *f*; motivo *m* **2.** fundación *f*; establecimiento *m*; creación *f*

begünstigen 1. (Person) favorecer; proteger **2.** (vorziehen) preferir; dar preferencia **3.** (Schutzbedürftige) amparar **4.** (bevorrechten) privilegiar; aventajar **5.** (fördern) proteger; fomentar; promocionar **6.** (Sache) apoyar; auxiliar **7.** (als Schirmherr) patrocinar **8.** (Verbrechen) encubrir; ***steuerlich begünstigtes Sparen*** ahorro *m* de protección fiscal; ahorro *m* con desgravación fiscal

Begünstigung *f*, **en** favor *m*; favores *pl*; trato *m* preferente, privilegiado; apoyo *m*; protección *f*; (Verbrechen) encubrimiento *m*

Begünstigungsklausel *f*, **n** cláusula *f* de beneficio

Begünstigungswesen *n*, Ø favoritismo *m*; nepotismo *m*; (Fam.) amiguismo *m*

begutachten 1. dictaminar sobre; dar su opinión (*od.* dictamen) sobre **2.** examinar; juzgar; evaluar

Begutachter *m*, **-** perito *m*; experto *m*; dictaminador *m* (Syn. ***Gutachter, Experte***)

Begutachtung *f*, **en** dictamen *m*; peritaje *m*; expertisa *f*

begütert rico; pudiente; acaudalado

behaftet, *mit einem Risiko ~ sein* estar expuesto a un riesgo; ***mit Mängeln ~*** adolecer de vicios; ***mit Schulden ~ sein*** estar endeudado; (Fam.) estar entrampado

Behälter *m*, **-** recipiente *m*; receptáculo *m*; (großer) depósito *m*; (Tank) tanque *m*; ***Sammel~*** contenedor *m*; "container" *m*

Behälterinhalt *m*, **(e)** capacidad *f* del tanque; capacidad *f* del depósito

Behälterschiff *n*, **e** buque *m* portacontenedores (Syn. ***Containerschiff***)

Behälterverkehr *m*, Ø transporte *m* por contenedores

Behälterwagen *m*, **-** camión *m od.* vagón *m* cisterna

behandeln 1. tratar; ***Obst chemisch ~*** tratar la fruta **2.** ***ein Thema ~*** tratar (de) un tema

3. manejar; manipular 4. (vom Arzt) atender; asistir 5. (pflegen) cuidar

Behandlung *f*, **en** 1. (Umgang) trato *m*; (vom Arzt) tratamiento *m*; cura *f*; terapéutica *f* 2. (mit Arzneien) medicación *f* 3. (Handhabung) manejo *m*

behaupten 1. (versichern) afirmar; aseverar asegurar 2. ***sich*** ~ imponerse; defenderse; (Preis, Kurse) mantenerse firme

Behauptung *f*, **en** 1. afirmación *f*; aseveración *f*; aserto *m*; aserción *f* 2. mantenimiento *m*; sostenimiento *m*

beheben 1. (Schaden) reparar 2. (Missstand) poner remedio a; remediar 3. (Schwierigkeiten) allanar; zanjar 4. (Zweifel) disipar 5. (A) retirar; (A) ***Geld von einem Konto*** ~ retirar dinero de una cuenta

beheimatet, ~ ***sein in*** estar domiciliado en; ser natural (*od.* oriundo) de

beheizen calentar; caldear

Beheizung *f*, **(en)** calentamiento *m*; caldeo *m*

Behelf *m*, Ø expediente *m*; recurso *m*

beherbergen albergar; alojar; hospedar; (Fig.) cobijar

Beherbergung *f*, **en** hospedaje *m*; alojamiento *m*; (Fig.) cobijo *m*

Beherbergungsgewerbe *n*, - industria *f* hotelera

Behörde *f*, **n** 1. autoridad *f*; administración *f* 2. (als Amtsbezeichnung) oficina *f*; negociado *m*; departamento *m*; ***die ~n*** los poderes públicos; las autoridades; ***die obersten ~n*** las primeras autoridades del estado; los cuerpos superiores de la administración; ***die vorgesetzte, zuständige*** ~ la autoridad competente, superior; los superiores *pl*; los responsables *pl*

Behördenapparat *m*, Ø aparato *m* administrativo

Behördensprache *f*, **n** lenguaje *m* administrativo

behördlich administrativo; oficial; de la(s) autoridades; de parte (*od.* por orden) de la autoridad; ***mit ~er Genehmigung*** autorizado oficialmente; con autorización oficial

Beiblatt *n*, **¨er** 1. (Zeitung) suplemento *m* 2. cuartilla *f*, página *f* interpuesta; hoja *f* adjunta

beibringen 1. (Verluste) ~ ocasionar, producir, acarrear pérdidas 2. (herbeischaffen) procurar; traer 3. ***Beweise*** ~ aducir pruebas 4. ***Unterlagen*** ~ presentar documentos

beid*(er)*seitig mutuo; recíproco; bilateral; ***in ~em Einverständnis*** de común acuerdo

Beifilm *m*, **e** corto(metraje) *m*

beifolgend, ~ ***sende ich*** adjunto le remito

beifügen 1. añadir; agregar; anexar; ***eine Klausel*** ~ añadir una cláusula 2. (einem Brief) enviar adjunto; acompañar a; incluir en 3. (anheften) unir

Beigabe *f*, **n**, ***gedruckte*** ~ suplemento *m*; (Fam.) extra *m*

beigeben → beifügen

Beigeordnete(r) (der/ein) adjunto *m*; agregado *m*

Beihilfe *f*, **n** 1. (geldliche) ayuda *f*; socorro *m* 2. (staatliche) subvención *f*; subsidio *m*; ***staatliche ~ gewähren*** conceder subvención (*od.* subsidio) estatal 3. (persönliche) asistencia *f* 4. (Mitarbeit) cooperación *f*; concurso *m* 5. (Jur.) complicidad *f*

Beihilfeempfänger *m*, - beneficiario *m*; perceptor *m* de ayuda

beil. (Abk.) → beiliegend

Beilage *f*, **n** 1. (eines Briefes) anexo *m* 2. (einer Zeitung) suplemento *m* 3. (eingelegtes Blatt) hoja *f* suelta

beilegen 1. (im Brief) adjuntar; acompañar; incluir 2. (zuschreiben) atribuir; imputar 3. (Schwierigkeiten) orillar; obviar 4. (Streit) zanjar; poner término a; allanar; arreglar; dirimir; ***gütlich*** ~ (Streit) arreglar amistosamente 5. (Titel) conceder; otorgar 6. (Bedeutung, Namen) dar 7. ***sich etw. unrechtmäßig*** ~ arrogarse; usurpar

Beilegung *f*, **(en)** adición *f*; atribución *f*; arreglo *m*; ***gütliche*** ~ arreglo amistoso

beiliegend adjunto; incluido; acompañado

Beipack *n*, Ø flete *m* suplementario

beipacken incluir (en un paquete); empaquetar junto

Beiprodukt *n*, **e** subproducto *m*; producto *m* secundario, derivado

Beirat *m*, **¨e** 1. (Körperschaft) consejo *m*, comité *m* consultivo (*od.* asesor); junta *f* consultiva, asesora; ***Ausländer~*** consejo consultivo de extranjeros 2. (Person) consejero *m*; asesor *m*

beiseite legen, ***Geld ~ legen*** ahorrar; economizar

Beisitzer *m*, - 1. (stimmberechtigter Beisitzer im Vorstand) vocal *m* 2. (Jur.) (juez *m*) asesor *m*

Beistand *m*, **(e)** 1. (Hilfe) ayuda *f*; asistencia *f*; ***jdm ~ leisten*** prestar ayuda a alg. 2. (Stütze) apoyo *m* 3. (in der Not) socorro *m* 4. (Person) asistente *m*; defensor *m*; protector *m*

Beisteuer *f*, **n** subsidio *m*; ayuda *f* financiera; subvención *f*
beisteuern contribuir a; (Kapital) aportar
Beitrag *m*, **¨e 1.** contribución *f*; ***einen ~ leisten*** contribuir a **2.** (Kapital) aportación *f* **3.** (Versicherung) prima *f* **4.** (Sozialversicherung) cuota *f*, cotización *f* (para la Seguridad Social) **5.** (Anteil, Mitglieds-) cuota *f*; ***Beiträge zahlen*** cotizar; pagar la(s) cuota(s) **6.** (schriftlicher) artículo *m*; colaboración *f*
beitragen zu contribuir a; aportar a; cotizar a
Beitragsanteil *m*, **e** cuota *f*
Beitragsbemessung *f*, **en 1.** cotización *f* calculada sobre el salario **2.** tasación *f* de la cuota
Beitragsbemessungsgrenze *f*, **n** salario *m* de cotización; base *f* de cotización
Beitragsberechnung *f*, **en** cálculo *m* (del montante) de la cotización
beitragsfrei exento, eximido, dispensado de cotización (*od.* de cotizar)
beitragsfremd, ***~e Leistungen*** prestaciones *pl* ajenas (al seguro)
Beitragsmarke *f*, **n** sello *m* de cotización
Beitragspflicht *f*, **en** cotización *f* obligatoria; obligación *f* de cotizar
beitragspflichtig, ***~er Lohn*** salario *m* sujeto (*od.* sometido) a cotización; (Person) contribuyente; cotizante
Beitragsrückerstattung *f*, **en** devolución *f*, reintegro *m*, restitución *f* de las cotizaciones abonadas
Beitragsrückstände *pl* cuotas *pl* atrasadas; atrasos *pl* en la cotización
Beitragssatz *m*, **¨e** tipo *m* de cotización
Beitragszahler *m*, - contribuyente *m*; cotizantem
Beitragszahlung *f*, **en** (pago *m* de la) cotización *f*
Beitragszuschlag *m*, **¨e** sobreprima *f*; recargo *m* de (la) prima
beitreibbar exigible
beitreiben 1. (fördern) exigir; reclamar **2.** (Gelder) cobrar **3.** ***Steuern ~*** recaudar impuestos **4.** (durch Beschlagnahme) requisar
Beitreibung *f*, **en** cobro *m*; cobranza *f*; recaudación *f*; requisición *f*
beitreten 1. (einer Partei) afiliarse a **2.** (einem Vertrag) adherirse a **3.** (einem Plan) aprobar; convenir en **4.** (einem Verein) darse de alta; ingresar (*od.* entrar) en **5.** (einer Meinung) estar de acuerdo con; asentir a; adoptar
Beitritt *m*, **e** adhesión *f*; entrada *f*; ingreso *m*; acceso *m*; ***der ~ von Spanien in die EC*** la adhesión de España a la CE; ***seinen ~ erklären*** declarar su adhesión
Beitrittserklärung *f*, **en** declaración *f* de adhesión (*od.* ingreso)
Beitrittsurkunde *f*, **n** instrumento *m* de adhesión
beitrittswillig (sein) estar dispuesto a adherirse
bejahen afirmar; aprobar ***eine Frage ~*** responder afirmativamente; ***etw. ~*** estar en pro de a/c; aprobar a/c
Bejahung *f*, Ø afirmación *f*; respuesta *f* afirmativa; (Ggs. ***Verneinung***)
Bekanntgabe *f*, **n** publicación *f*; notificación *f*
bekannt geben comunicar; notificar; anunciar; ***öffentlich ~*** hacer público
Bekanntheitsgrad *m*, Ø (Marketing) (grado *m* de) popularidad *f*, notoriedad *f*; tasa *f* de penetración (de un producto)
bekannt machen 1. ***jdn. ~ mit jdm.*** presentar alg. a alg. **2.** ***jdn. ~ mit etw.*** poner a alg. al corriente de a/c; familiarizar a alg. con a/c **3.** hacer saber; notificar; dar a conocer **4.** (öffentlich) divulgar; hacer público; publicar **5.** (verkünden) anunciar; proclamar **6.** (feierlich) promulgar **7.** (in der Zeitung) anunciar
Bekanntmachung *f*, **en** publicación *f*; anuncio *m*; notificación *f*
Bekenntnis *n*, **se** (A) declaración *f* fiscal
Beklagte(r) (der/ein) (Jur.) demandado *m*; parte *f* demandada
beklauen (Fam.) robar a/c a alg.
Bekleben *n*, Ø ***das ~ der Wand ist verboten*** prohibido (*od.* se prohibe) fijar carteles
bekleiden 1. vestir; revestir **2.** ***ein Amt ~*** desempeñar, ejercer, ocupar un cargo
Bekleidung *f*, **en 1.** vestidos *pl*; vestimenta *f*; ropa *f*; indumentaria *f* **2.** (mit einem Amt) investidura *f* **3.** (eines Amtes) desempeño *m*; ejercicio *m*
Bekleidungsindustrie *f*, **n** industria *f* del vestir (*od.* de la confección)
bekommen 1. recibir; ***Sie ~ es zugeschickt*** lo recibe a domicilio; se le envía a casa **2.** adquirir **3.** lograr; conseguir
Beköstigung *f*, **en 1.** comida *f* **2.** sustento *m*; manutención *f*; ***Wohnung und ~*** casa y comida
beladen mit cargar de
Beladung *f*, **en** carga *f*

Belang *m*, **e**; ***das ist nicht von ~*** no tiene importancia; ***die ~e eines Landes*** los intereses de un país; ***ohne ~*** sin importancia; insignificante; ***von ~*** de interés (*od.* importancia)

belangen, ***gerichtlich ~*** demandar a alg.; formar causa (*od.* encausar) a alg.; ***was ihn (an)belangt) ~*** por lo que a él toca; en cuanto a él

belasten 1. ***mit einer Hypothek ~*** hipotecar; ***ein Konto ~*** cargar en cuenta; adeudar; debitar; ***mit einem Nießbrauch ~*** usufructuar; ***mit Steuern ~*** gravar con impuestos; poner impuestos; ***mit den Kosten ~*** cargar los gastos **2.** (Jur.) acusar; incriminar; comprometer **3.** (beanspruchen) solicitar; someter a esfuerzo **4.** (bedrükken) abrumar; pesar sobre

Belästigung *f*, en molestia *f*

Belastung *f*, **en 1.** (Contab.) adeudo *m* en cuenta; débito *m* **2.** (steuerlich) gravamen *m*; gravación *f* **3.** (finanzielle) carga *f* **4.** (Grundbesitz) hipoteca *f* **5.** (Jur.) cargo *m* **6.** (beschuldigen) acusación *f*; incriminación *f* **7.** (Beanspruchung) solicitación *f*; carga *f*; ***zulässige ~*** carga admisible

Belastungsanzeige *f*, **n** nota *f*, aviso *m* de débito (Ggs. ***Gutschriftsanzeige***)

Belastungszeuge *m*, **n** (Jur.) testigo *m* de cargo

belaufen, ***sich ~ auf*** elevarse (*od.* ascender) a; importar; alcanzar la cifra de

beleben, ***das Geschäft ~*** (re)animar, (re)activar estimular el negocio; ***belebter Markt*** mercado *m* animado

Belebung *f*, Ø auge *m*; reanimación *f*; relanzamiento *m*; ***~ der Konjunktur*** relanzamiento de la coyuntura; ***~ des Verbrauchs*** reanimación, reactivación del consumo

Beleg *m*, **e 1.** justificante *m* **2.** (Com.) documento *m* justificativo; comprobante *m* **3.** (Beweisstück) prueba *f* documental **4.** (Quittung) resguardo *m*; recibo *m*; ***einen ~ abheften*** clasificar un documento

belegen 1. justificar; probar **2.** ***mit Steuern ~*** gravar con impuestos **3.** ***ein Zimmer ~*** ocupar una habitación

Belegexemplar *n*, **e** ejemplar *m* de prueba; ejemplar *m* justificativo

Belegprinzip *n*, **ien** principio *m* según el cual cada asiento debe ir acompañado del respectivo justificante

Belegquittung *f*, **en** recibo *m* justificativo; resguardo *m* contable

Belegschaft *f*, **en** personal *m* (de una empresa); plantilla *f*; nómina *f*; (Syn. ***Personal***)

Belegschaftsaktie *f*, **n** acción *f* de trabajo; ***Mitbesitz in Form von ~n*** accionariado *m* obrero

Belegschaftsaktionär *m*, **e** obrero *m*, empleado *m* accionista

Belegschaftsfirma *f*, **-men** empresa *f* autogestionada; empresa *f* que pertenece a los empleados

Belegschaftsstärke *f*, Ø efectivos *pl* en plantilla (*od.* nómina)

Belegschaftsvertreter *m*, **-** delegado *m*, representante *m* del personal

Belegschein *m*, **e** recibo *m*; comprobante *m*

Belegstück *n*, **e** ejemplar *m* justificativo, de prueba

Belegung *f*, **en** reserva(ción) *f*; ocupación *f*

beleihbar pignorable

beleihen 1. (Geldnehmer) pignorar; tomar (dinero) prestado sobre; empeñar títulos **2.** (Geldgeber) conceder un crédito; dar dinero a cuenta de; prestar dinero sobre

Beleihung *f*, **en 1.** (Geldnehmer) pignoración *f* empeño *m*; toma *f* de dinero prestado sobre **2.** (Geldgeber) concesión *f* de un préstamo contra garantía

Beleihungswert *m*, **e** valor *m* venal del objeto pignorado; valor *m* de (*od.* para) préstamos

beliebt 1. (Person) querido; estimado; apreciado; bien visto **2.** (beim Volke) popular **3.** (Sache) de moda; en boga **4.** ***~e Artikel*** artículos *pl* solicitados

Beliebtheit *f*, Ø popularidad *f*; ***sich großer ~ erfreuen*** gozar de gran popularidad, de grandes simpatías

Belieferer *m*, **-** suministrador *m*; proveedor *m*; abastecedor *m*

beliefern surtir; proveer abastecer (de); ***den Markt ~ mit*** surtir, abastecer el mercado de

Belieferung *f*, **en** abastecimiento *m*; suministro *m*

Belobigungsschreiben *n*, **-** carta *f* laudatoria

belohnen recompensar; (mit Geld) remunerar; gratificar; (vergelten) retribuir; (mit einem Preis) galardonar; premiar

Belohnung *f*, **en** recompensa *f*; remuneración *f*; retribución *f*; gratificación *f*; (für Fundsachen) gratificación *f*; ***eine ~ aussetzen*** ofrecer una recompensa

bemängeln criticar; censurar; reclamar

Bemängelung *f*, **en** crítica *f*; reclamación *f*; defecto *m*; vicio *m*

bemessen **1.** medir **2.** evaluar; calcular; determinar

Bemessung *f*, **en** **1.** medida *f* **2.** evaluación *f*; *~ der Einkommenssteuer* evaluación *f* del impuesto sobre la renta **3.** dimensionado *m* **4.** limitación *f* **5.** fijación *f* de un plazo (corto)

Bemessungsgrundlage *f*, **n** base *f* de cálculo

bemittelt adinerado; acaudalado; acomodado; pudiente

bemogeln (Fam.) engañar; timar; trampear

bemustern acompañar (de) muestras; muestrear

bemustert, *~es Angebot* oferta *f* con muestras

Bemusterung *f*, **en** suministro *m* de muestras; preparación *f* de muestras; muestrario *m*; muestreo *m*

benachbart vecino; limítrofe; colindante; aledaño

benachrichtigen informar; poner al corriente; avisar; comunicar; notificar; advertir

Benachrichtigung *f*, **en** aviso *m*; comunicación *f*; información *f*; *ohne vorherige ~* sin aviso previo; *schriftliche ~* aviso por escrito; notificación *f* escrita

benachteiligen perjudicar; causar perjuicio; discriminar

Benachteiligung *f*, **en** perjuicio *m*; desventaja *f*; detrimento *m*; discriminación *f*

Benefizvorstellung *f*, **en** función *f* benéfica

Benehmen *n*, Ø comportamiento *m*; conducta *f*; (selten) *im ~ mit* tras consulta con; (después de) oído

BENELUX-Staaten *pl* Estados *pl* del Benelux (Bélgica, Países Bajos, Luxemburgo)

benennen designar; nombrar; *einen Nachfolger ~* designar, nombrar (un) sucesor

Benennung *f*, **en** designación *f*; nombramiento *m*; *handelsübliche ~* denominación *f* comercial

benoten calificar

Benotung *f*, **en** calificación *f*

benutzbar utilizable; explotable; aprovechable

benutzen utilizar; servirse de; *die öffentlichen Verkehrsmittel ~* tomar (*od.* utilizar) los medios de transporte público (Syn. **benützen**)

Benutzer *m*, - usuario *m*; utilizador *m* (Syn. **Benützer**)

benutzerfreundlich **1.** de manejo sencillo; de fácil manejo; fácil de utilizar **2.** ergonómico

Benutzerfreundlichkeit *f*, Ø **1.** facilidad *f* de manejo **2.** ergonomía *f*

Benutzerhandbuch **n**, **¨er** guía *f* para el uso; guía *f*, manual *m* de utilización

Benutzerlizenz *f*, **en** licencia *f* de usuario

Benutzername *m*, **n** nombre *m* del usuario

Benutzernummer *f*, **n** número *m* de usuario

Benutzerpasswort **n**, **¨er** palabra *f* de paso del usuario

Benutzung *f*, **en** utilización *f*; empleo *m*; uso *m*; *missbräuchliche ~* uso abusivo

Benutzungsgebühr *f*, **en** tasa *f* de utilización; (Autobahn) peaje *m*

Benutzungsrecht *n*, **e** derecho *m* de uso, de explotación, de goce, de disfrute

Benzin *n*, (**e**) gasolina *f*; *bleifreies ~* gasolina sin (contenido de) plomo; *bleihaltiges* (*od. verbleites*) *~* gasolina con (contenido de) plomo

Benzinpreis *m*, **e** precio *m* de la gasolina; *die ~ erhöhen*, *senken* aumentar, bajar (el precio de) la gasolina

Benzinrappen *m*, - (CH) tasa *f* sobre la gasolina

Benzinscheck *m*, **s** cheque-gasolina *m*

Benzinverbrauch *m*, Ø consumo *m* de gasolina

Beobachter *m*, - *als ~ teilnehmen* participar como observador

Beobachtung *f*, **en** **1.** observación *f*; *unter ~ stehen* estar sometido a observación, a vigilancia **2.** observancia *f*; cumplimiento *m*

Beobachtung-Fahndung *f*, en → Befa

beordern destinar; enviar; comisionar

berappen (Fam.) apoquinar; apoquillar; aflojar la mosca; pagar

beraten **1.** asesorar; aconsejar **2.** *über etw. ~* deliberar sobre a/c

beratend consultivo; deliberante; *~er Ausschuss* comisión *f* consultiva; *~er Ingenieur* ingeniero *m* consultor; *mit ~er Stimme* con voz pero sin voto

Berater *m*, - consejero *m*; asesor *m*; consultor *m*; *technischer ~* asesor técnico

beratschlagen deliberar sobre

Beratung *f*, **en** **1.** (Rat) consejo *m* **2.** (Beratschlagung) deliberación *f*; *zur ~ stellen* someter a deliberación **3.** (fachliche) asesoramiento *m* **4.** (berufliche) orientación *f* **5.** (Jur.) consulta *f*

Beratungsfirma *f*, **-men** (empresa *f*) consultora *f*; asesoría *f*; empresa *f* asesora

Beratungsstelle *f*, **n** servicio *m* de información y de orientación; asesoría *f*; consultorio *m*; centro *m* de consultas
berauben 1. robar; desvalijar; expoliar **2.** ***jdn. der Freiheit ~*** privar a alg. de su libertad **3.** (einer Sache) despojar (de) **4.** (eines Rechtes) privar (de) **5.** (eines Besitzes) desposeer (de)
Beraubung *f*, **en** robo *m*; expoliación *f*; expolio *m*; despojo *m*; privación *f*
berechenbar calculable; evaluable; computable; previsible; ***ein ~es Risiko eingehen*** asumir un riesgo calculable
Berechenbarkeit *f*, Ø calculabilidad *f*; computabilidad *f*
berechnen 1. (errechnen) calcular; computar; contar **2.** (in Rechnung stellen) facturar; poner, cargar en cuenta **3.** (schätzen) evaluar; apreciar; suputar **4.** (Rauminhalt) cubicar **5.** (Umstände) combinar; considerar
berechnet calculado
Berechnung *f*, **en 1.** cálculo *m*; calculación *f*; cómputo *m*; cuenta *f*; ***überschlägige ~*** cálculo aproximativo, aproximación; ***~en anstellen*** efectuar cálculos **2.** facturación *f* **3.** evaluación *f*; estimación *f*; suputación *f* **4.** débito *m*; adeudo *m*
Berechnungsgrundlage *f*, **n** base *f* de cálculo
Berechnungstabelle *f*, **n** tabla *f* de cálculo
berechtigen autorizar (a); dar derecho (a); rehabilitar, capacitar para; ***jdn. ~ etw. zu tun*** autorizar a alg. a hacer a/c
berechtigt justo; legítimo; justificado; ***~er Anspruch*** derecho *m* legítimo; reclamación *f* justa; ***~ sein*** tener el derecho de; tener derecho a; estar facultado para
Berechtigte(r) (der/ein) beneficiario *m*; (Jur.) derechohabiente *m*
Berechtigung *f*, **en 1.** (Recht) derecho *m* **2.** (Rechtstitel) título *m* **3.** (Rechtmäßigkeit) legitimidad *f* **4.** (Ermächtigung) autorización *f*; habilitación *f* **5.** (Rechtfertigung) justificación *f* **6.** (Rechtsgrund) razón *f* **7.** (Vollmacht) poder *m* **8.** (Befugnis) licencia *f*
Berechtigungsnachweis *m*, **e** legitimación *f*
Berechtigungsschein *m*, **e** licencia *f*; permiso *m*; autorización *f*
Bereich *m*, **e 1.** (abgegrenzter) recinto *m*; zona *f*; área *f*; ámbito *m* **2.** (Gebiet) campo *m*; sector *m*; dominio *m* **3.** (Befugnis) atribuciones *pl*; competencia *f*; ***es fällt nicht in meinen ~*** no es de mi competencia **4.** (Wirkungskreis) esfera *f*; ***im ~ des Möglichen*** dentro de lo posible
bereichern, *sich an jdm. ~* enriquecerse a costa de alg.; ***sich unrechtmäßig ~*** enriquecerse ilegalmente
Bereicherung *f*, **en** enriquecimiento *m*
bereinigen 1. ***ein Konto ~*** liquidar una cuenta **2.** (ausgleichen) allanar **3.** (Streit) zanjar **4.** (Mißverständnis) aclarar; depurar
Bereinigung *f*, **en** liquidación *f*; aclaración *f*; arreglo *m*; (Estad.) corrección *f*
Bereitschaft *f*, **en 1.** disposición *f*; ***Geldmittel in ~ halten*** tener fondos a disposición **2.** ***in ~ sein*** estar dispuesto para; estar en estado de
Bereitschaftsdienst *m*, **e** servicio *m* móvil (*od.* de prevención); servicio *m* permanente; (Mediz.) servicio *m* de guardia; ***~ haben*** estar de guardia
Bereitschaftskosten *pl* costes *pl* fijos;costes *pl* internos
Bereitschaftskredit *m*, **e** crédito *m* contingente; acuerdo *m* de disponibilidad de crédito; préstamo *m* de ayuda
bereitstellen poner a disposición; ***Kredite ~*** facilitar créditos
Berg *m*, **e, *über den ~ sein*** haber pasado lo peor
bergab, *es geht mit ihm geschäftlich ~* sus negocios van de mal en peor; sus negocios van decayendo
Bergarbeiter *m*, **-** minero *m*
Bergarbeitersiedlung *f*, **en** caserío *m* de mineros
Bergbau *m*, Ø minería *f*; industria *f* minera; explotación *f* minera (*od.* de minas)
Bergbaugebiet *n*, **e** cuenca *f* región *f*, comarca *f* minera
Bergbaugesellschaft *f*, **en** sociedad *f* minera; compañia *f* de minas
Bergbauindustrie *f*, **n** industria *f* minera
Bergbaurevier *n*, **e** cuenca *f* minera
Bergegeld *n*, er → Bergelohn
Bergelohn *m*, **¨e** gastos *pl*, premio *m* de salvamento
Bergfach *n*, Ø minería *f*
Bergfahrt *f*, **(en)** auge *m*; boom *m* (Ggs. ***Talfahrt***)
Bergführer *m*, **-** guía *m* de montaña
Bergingenieur *m*, **e** ingeniero *m* de minas
Berg|mann *m*, **-leute** minero *m*
bergmännisch minero
Bergmeister *m*, **-** inspector *m* de minas
Bergrecht *n*, Ø derecho *m* de minas; derecho *m* (*od.* código) minero; concesión *f* minera

Bergung *f*, **en** salvamento *m*; rescate *m*; (Raumkapsel) recuperación *f*
Bergungsarbeiten *pl* trabajos *pl* de salvamento, de rescate
Bergungsdienst *m*, **e** servicio *m* de rescate
Bergungskosten *pl* gastos *pl* de salvamento
Bergungsmannschaft *f*, **en** equipo *m* de salvamento, de rescate
Bergungsschiff *n*, **e** buque *m* de salvamento; (Raumfahrt) buque *m* de recuperación
Bergungsvertrag *m*, **¨e** contrato *m*, de salvamento
Bergungswert *m*, **e** valor *m* rescatado
Bergwerk *n*, **e** mina *f*, explotación *f* minera
Bergwerkgesellschaft *f*, **en** → Bergbaugesellschaft
Bergwerksaktie *f*, **n** acción *f* minera
Bericht *m*, **e** informe *m*; comunicado *m*; rendición *f* de cuentas; ***amtlicher*** ~ boletín *m*, informe *m* oficial; ***vertraulicher*** ~ informe confidencial; ***über etw.*** ~ ***erstatten*** dar, emitir, presentar un informe
berichten informar; exponer; comunicar
Berichterstatter *m*, **-** **1.** informador *m* **2.** (Presse) reportero *m*; (auswärtiger) corresponsal *m* **3.** (Jur.) juez *n* ponente; relator *m* **4.** (Parl.) ponente *m*
Berichterstattung *f*, **en** información *f*; (Presse) cobertura *f* informativa; (Parl.) ponencia *f*; (Bericht) informe *m*
berichtigen **1.** (verbessern) corregir; enmendar **2.** (richtig stellen) rectificar **3.** (dementieren) desmentir **4.** (in Ordnung bringen) arreglar **5.** ***Schulden*** ~ pagar, saldar deudas
Berichtigung *f*, **en** **1.** (Contab.) corrección *f*; rectificación *f* **2.** ~ ***einer Schuld*** pago *m* (*od.* saldo *m*) de una deuda; ~ ***der Gehälter*** ajuste *m* de los sueldos
Berichtigungsaktie *f*, **n** acción *f* gratuita
Berichtigungsanzeige *f*, **n** nota *f* rectificativa
Berichtigungswert *m*, **e** coeficiente *m* de rectificación
Berichtsjahr *n*, **e** año *m*, ejercicio *m* de referencia (*od.* informe)
Berichtsmonat *m*, **e** mes *m* de referencia, de informe
Berichtsperiode *f*, **n** → Berichtszeitraum
Berichtszeitraum *m*, **¨e** período *m* de referencia; período *m* considerado; período *m* de informe
berücksichtigen, ***die Kosten*** ~ tener en cuenta los costes
Berücksichtigung *f*, **en** consideración *f*; ***ohne*** ~ sin tener en cuenta; dejando de considerar; ***unter*** ~ en razón de; teniendo en cuenta
Beruf *m*, **e** **1.** profesión *f* **2.** (Handwerk) oficio *m* **3.** (Tätigkeit) empleo *m*; ocupación *f* **4.** (Aufgabe) misión *f* **5.** (Laufbahn) carrera *f* **6.** ***freier*** ~ profesión liberal; ***gewerblicher*** ~ profesión industrial; ***handwerklicher*** ~ profesión artesanal; ***kaufmännischer*** ~ profesión comercial; ***nicht selbständiger*** ~ profesión asalariada; empleo por cuenta ajena; ***technischer*** ~ profesión técnica **7.** ***einen*** ~ ***ausüben*** ejercer, desempeñar una profesión; ***einen*** ~ ***ergreifen*** adoptar una profesión; tomar un oficio; emprender una carrera; ***einen*** ~ ***erlernen*** aprender una profesión, un oficio; ***einem*** ~ ***nachgehen*** dedicarse a (*od.* seguir) una profesión, un oficio; ***von*** ~ de profesión; de oficio
berufen **1.** nombrar, designar para **2.** ***sich*** ~ ***auf*** remitirse a a/c; apoyarse en a/c; invocar a/c **3.** (Jur.) acogerse a a/c **4.** (A) apelar
beruflich profesional; ***~er Aufstieg*** ascenso *m*, promoción *f* profesional; ***~e Ausbildung*** formación *f*, capacitación *f* profesional; ***~e Einstufung*** clasificación *f* profesional; ***~e Fortbildung*** perfeccionamiento *m* profesional; formación *f* continua; ***~e Qualifikation*** calificación *f* profesional; ***~e Tätigkeit*** actividad *f* profesional; ***~e Umschulung*** readaptación *f*, reconversión *f* profesional; reciclaje *m* (profesional)
Berufsausbildung *f*, **en** formación *f*, capacitación *f* profesional
Berufsaussichten *pl* perspectivas *pl* profesionales; salida *f* profesional
Berufsausübung *f*, **en** ejercicio *m* de una profesión
Berufsbeamte(r) (der/ein) funcionario *m* de carrera
Berufsberater *m*, **-** consejero *m*, orientador *m* profesional
Berufsberatungsstelle *f*, **n** centro *m* (*od.* oficina *f*) de orientación profesional
Berufseignung *f*, **Ø** aptitud *f* para la profesión; aptitud *f* profesional
Berufserfahrung *f*, **en** experiencia *f* profesional
Berufsethos *n*, **Ø** ética *f* profesional; deontología *f* profesional

Berufsfachschule *f*, **n** instituto *m* laboral; centro *m* de formación profesional; (E) instituto *m* laboral
Berufsfahrer *m*, - conductor *m* de oficio
Berufsgeheimnis *n*, **se** secreto *m* profesional
Berufsgenossenschaft *f*, **en** **1.** mutua(lidad) *f* de accidentes **2.** asociación *f* profesional
Berufsgruppe *f*, **n** categoría *f* profesional
Berufshaftpflichtversicherung *f*, **en** seguro *m* de responsabilidad civil profesional
Berufskleidung *f*, Ø ropa *f* de trabajo; vestuario *m* profesional
Berufskrankheit *f*, **en** enfermedad *f* profesional
Berufslaufbahn *f*, **en** carrera *f* (profesional)
Berufsleben *n*, Ø vida *f* profesional; ***im ~ stehen*** ejercer una profesión
berufsmäßig profesional
Berufspflicht *f*, **en** obligaciones *pl*, deberes *pl* profesionales; deberes *pl* del cargo, de la profesión
Berufspraktikum *n*, **-ka** curso *m*, cursillo *m* práctico
Berufsrisiko *n*, **-ken** riesgo *m* del oficio, de la profesión
Berufsschule *f*, **n** escuela *f* de aprendizaje; escuela *f* elemental de trabajo; escuela *f*, centro *m* de formación profesional
Berufsschüler *m*, - alumno *m* de formación profesional
Berufsschullehrer *m*, - profesor *m* de formación profesional
Berufsschulwesen *n*, Ø sistema *m*, régimen *m* de formación profesional; enseñanza *f*, formación *f*, capacitación *f* profesional
Berufsstand *m*, **¨e** gremio *m*; corporación *f*
berufsständisch, ***~e Aufgliederung*** estructura *f* corporativa; estructura *f* socioprofesional; estructura *f* gremial; ***~e Kammer*** colegio *m* profesional corporativo
Berufsstatistik *f*, **en** estadística *f*, de categorías profesionales
Berufsstruktur *f*, **en** estructura *f* (socio-) profesional
berufstätig que ejerce, desempeña una profesión, un oficio; ***~ sein*** tener un trabajo; desempeñar, ejercer un oficio (*od.* una profesión); ***~e Bevölkerung*** población *f* activa; (Syn. ***erwerbstätig***)
Berufstätige(r) (der/ein) → Erwerbstätiger
Berufstätigkeit *f*, Ø actividad *f* profesional
berufsunfähig incapacitado (parcial permanente para profesión habitual)
Berufsunfähige(r) (der/ein) inválido *m*; incapacitado *m* (parcial permanente para profesión habitual)
Berufsunfähigkeit *f*, Ø incapacidad *f*; invalidez *f* (parcial permanente para profesión habitual)
Berufsunfähigkeitsrente *f*, **n** pensión *f* de incapacidad profesional
Berufsunfall *m*, **¨e** → Arbeitsunfall
Berufsverband *m*, **¨e** sindicato *m* profesional, gremial; asociación *f*, organización *f* profesional; colegio *m* profesional
Berufsverbot *n*, **e** interdicción *f* profesional
Berufsvereinigung *f*, **en** asociación *f*, organización *f* profesional
Berufsverkehr *m*, Ø horas punta *pl*
Berufsvorbildungsjahr *n*, **e** año *m* de iniciación profesional (para jóvenes inmigrados)
Berufswahl *f*, Ø elección *f* de (una) profesión (*od.* de (un) oficio)
Berufswechsel *m*, - cambio *m* de profesión
Berufszweig *m*, **e** ramo *m* profesional
Berufung *f*, **en** **1.** (Ernennung) nombramiento *m* **2.** (Einberufung) convocatoria *f* **3.** (Verweisung) referencia *f*; ***unter ~ auf*** haciendo referencia (a); apoyándose en **4.** (Rechtsmittel) apelación *f*; ***~ einlegen (gegen)*** interponer (recurso de) apelación (contra); ***einer ~ stattgeben*** admitir la apelación; ***eine ~ verwerfen*** desestimar la apelación
Berufungsbeklagte(r) (der/ein) apelado *m*
Berufungsgericht *n*, **e** tribunal *m* de apelación
Berufungsinstanz *f*, **en** instancia *f* de apelación
Berufungskammer *f*, **n** sala *f* de apelación
Berufungsklage *f*, **n** recurso *m* de apelación
Berufungskläger *m*, - apelante *m*
Berufungsrecht *n*, Ø derecho *m* de apelación
Berufungsverfahren *n*, - procedimiento *m* de apelación
beruhigen calmar; sosegar; tranquilizar estabilizar; ***sich ~*** calmarse; estabilizarse; ralentizarse; ***die Preisentwicklung beruhigt sich*** se nota una estabilización, deceleración de los precios
Beruhigung *f*, **en** estabilización *f*; ralentización *f*; apaciguamiento *m*; ***~ der Konjunktur*** ralentización coyuntural; ***~ der Lohnentwicklung*** ralentización salarial; ***~ der Nachfrage*** ralentización de la demanda

besagt mencionado; aludido; (suso)dicho
Besatzung *f*, **en 1.** tripulación *f* **2.** guarnición *f*; tropas *pl* de ocupación
beschädigen dañar; deteriorar; estropear **1.** ***beschädigte Ware*** mercancía *f* deteriorada, averiada, estropeada **2.** ***durch einen Arbeitsunfall beschädigt werden*** resultar lesionado (*od.* herido) por accidente laboral **3.** (Nav.) averiar
Beschädigte(r) (der/ein), ~ ***mit einer 30%igen Minderung der Erwerbstätigkeit*** inválido *m* en el 30%
Beschädigtenrente *f*, **n** pensión *f* de mutilado (de guerra)
Beschädigung *f*, **en 1.** daño *m*; deterioro *m*; deterioración *f* **2.** (Nav.) avería *f*
beschaffen 1. procurar; facilitar; proporcionar; ***sich etw*** ~ procurarse a/c **2.** reunir; allegar; ***Geld, Kapital*** ~ allegar (*od.* reunir) fondos, capital **3.** (erlangen) adquirir; conseguir; obtener **4.** (liefern) suministrar **5.** (Deckung) proveer
Beschaffenheit *f*, **en** calidad *f*; naturaleza *f*; estado *m*; condición *f*
Beschaffung *f*, **en 1.** (Lieferung) suministro *m*; facilitación *f* **2.** (Erwerb) adquisición *f* **3.** (von Deckung) provisión *f* **4.** obtención *f* ~ ***eines Darlehens*** obtención *f*, consecución *f* de un préstamo; ~ ***von Finanzmitteln*** reunión *f*, provisión *f* de medios financieros; ~ ***von Informationen*** obtención, consecución de informaciones; ***sich mit der ~ von Aufträgen befassen*** ocuparse de la consecución de pedidos, de órdenes); ***bei ~ der nötigen Unterlagen behilflich sein*** ayudar a reunir los documentos necesarios
Beschaffungskosten *pl* gastos *pl* de adquisición
Beschaffungsmarkt *m*, **e** mercado *m* de aprovisionamiento
beschäftigen 1. dar trabajo, empleo, colocación; colocar; ***dieser Betrieb beschäftigt 100 Arbeitnehmer*** esta empresa da trabajo (*od.* ocupa) a 100 personas **2.** ***sich ~ mit*** ocuparse de, en
beschäftigt, ~ ***sein*** estar empleado (*od.* colocado) en; ~ ***sein mit*** estar ocupado con; ***ich bin sehr ~*** estoy muy ocupado; estoy absorbido por el trabajo
Beschäftigte(r) (der/ein) asalariado *m*; empleado *m*; persona *f* en activo; ***selbständig*** ~ trabajador *m* por cuenta propia; autónomo *m*; ***unselbständig*** ~ trabajador por cuenta ajena; asalariado *m*
Beschäftigung *f*, **en 1.** (Tätigkeit) actividad *f*; trabajo *m*; ocupación *f*; trabajo *m* **2.** (Anstellung) colocación *f*; empleo *m* **3.** (häusliche) quehaceres *pl* **4.** (Ausnutzung der Kapazität eines Betriebes) utilización *f* de la capacidad; ***bezahlte*** ~ (gegen Entgelt) trabajo remunerado; ***gelegentliche*** ~ empleo ocasional; ***Gewinn bringende*** ~ empleo lucrativo; ***hauptberufliche, nebenberufliche*** ~ empleo principal; ocupación secundaria; ***regelmäßige*** ~ empleo normal; ocupación regular; ~ ***aufnehmen*** tomar empleo, trabajo; ~ ***suchen*** buscar empleo, trabajo; ~ ***vermitteln*** proporcionar, procurar trabajo
Beschäftigungsanstieg *m*, Ø aumento *m* del empleo
Beschäftigungsaussichten *pl* perspectivas *pl*, oportunidades *pl* de conseguir empleo
Beschäftigungsbeihilfen *pl* (EG) subsidios *pl* al empleo
Beschäftigungsdauer *f*, Ø período *m*, duración *f* del empleo
Beschäftigungsgrad *m*, Ø **1.** grado *m* de empleo (= relación entre el empleo real y el pleno empleo) **2.** relación *f* entre la producción real y la producción planeada
Beschäftigungsind|ex *m*, **e** *od.* **-izes** índice *m* de empleo
Beschäftigungslage *f*, **n** situación *f* de empleo
beschäftigungslos 1. sin empleo; sin trabajo; parado **2.** (untätig) inactivo
Beschäftigungslosigkeit *f*, Ø → Arbeitslosigkeit
Beschäftigungsmöglichkeiten *pl* posibilidades *pl* de empleo
Beschäftigungsnachweis *m*, **e** certificado *m* de empleo (extendido por el patrono)
Beschäftigungspolitik *f*, Ø política *f* de empleo
Beschäftigungsstand *m*, Ø nivel *m* de empleo
Beschäftigungstherapie *f*, **n** terapia *f* ocupacional
Beschäftigungsverhältnis *n*, **se** relación *f* de empleo
Beschau *f*, Ø ~ ***der Ware*** examen *m*, inspección *f* de la mercancía
beschauen, ***die Waren*** ~ examinar, inspeccionar la mercancía
Beschauer *m*, - inspector *m*
Beschauung *f*, **en** → Beschau
Bescheid *m*, **e 1.** (Auskunft) informes *pl*; información *f* **2.** (Antwort) respuesta *f*;

abschlägiger ~ respuesta negativa **3.** (Anweisung) instrucciones *pl* **4.** (eines Gerichts) fallo *m* **5.** (eines Schiedsgerichts) laudo *m* **6.** (behördlich) notificación *f*

bescheiden, ***~e Preise*** precios *pl* moderados; precios *pl* módicos

bescheinigen certificar; atestar; atestiguar; ***den Empfang eines Briefes*** ~ acusar recibo de una carta; ***den Empfang einer Summe*** ~ extender un recibo por una suma

Bescheinigung *f*, **en 1.** certificación *f* **2.** (Quittung) recibo *m* **3.** (Schein) certificado *m*; ***amtliche*** ~ certificación oficial; ***ärztliche*** ~ certificado médico; ***zollamtliche*** ~ certificado de aduana; ***eine ~ ausstellen*** extender, expedir un certificado

Bescheinigung *f*, **en**, ***einfache*** ~ certificación *f* simple; nota *f* simple

bescheißen (Fam.) estafar; engañar; timar

beschenken 1. hacer un regalo; hacer un obsequio **2.** donar; hacer una donación

beschicken 1. (Ausstellung) exponer; participar (en) **2.** (Kongress) enviar delegados, representantes (a) **3.** (Messe) asistir a; concurrir a; estar representado en **4.** (Märkte) abastecer

Beschickung *f*, **en**, ~ ***eines Marktes*** abastecimiento *m* de un mercado

beschiffen navegar por

beschildern rotular; señalizar

Beschilderung *f*, **en** rotulación *f*; señalización *f*

Beschiss *m*, Ø (Fam.) timo *m*; engaño *m*

Beschlag *m*, **-** embargo *m*; confiscación *f*; requisa *f*; secuestro *m*; ***in ~ nehmen*** incautarse de; secuestrar; confiscar

Beschlagnahme *f*, **n** (= ***Beschlag***) ***die ~ aufheben*** desembargar; levantar el embargo; desincautar

beschlagnahmen embargar; confiscar; decomisar; requisar; secuestrar

beschleunigen acelerar; activar; ***beschleunigtes Verfahren*** (juicio) sumario *m*

Beschleunigungsspur *f*, **en** carril *m* de aceleración; vía *f* rápida

Beschleunigungsstreifen *m*, **-** → Beschleunigungsspur

beschließen 1. (entscheiden) decidir; resolver **2.** ***eine Arbeit*** ~ terminar, acabar, concluir un trabajo **3.** (Jur.) decretar; disponer; ordenar **4.** ***die Satzung wurde einstimmig beschlossen*** los estatutos fueron adoptados (*od.* aprobados *od.* acordados) por unanimidad

beschließend deliberante; deliberatorio; deliberativo

Beschluss *m*, **¨sse** acuerdo *m*; decisión *f*; resolución *f* **1.** ***einen ~ fassen*** adoptar una resolución; tomar una decisión **2.** (Jur.) auto *m* **3.** voto *m*; deliberación *f*

beschlussfähig, ~ ***sein*** haber, tener, alcanzar el quórum

beschneiden reducir; recortar; ***das Budget drastisch*** ~ recortar drásticamente el presupuesto

Beschneidung *f*, **en** reducción *f*; recorte *m*; acortamiento *m*

beschränken limitar; restringir; ***sich ~ auf*** limitarse a; ceñirse a

beschränkt limitado; restringido; (ungenügend) insuficiente; ***~e Annahme*** aceptación *f* condicionada; ~ ***haftender Teilhaber*** (socio) comanditario *m*; ***~e Haftung*** responsabilidad *m* limitada

Beschränkung *f*, **en** limitación *f*; restricción *f*; ***devisenrechtliche*** ~ restricciones *pl* de cambio, monetarias, de divisas; ***mengenmäßige*** ~ restricciones *pl* cuantitativas; ***satzungsmäßige*** ~ restricciones *pl* estatutarias; ***~en unterliegen*** estar sometido a restricciones

beschreibbar 1. describible **2.** grabable (p.ej. cinta)

beschreiben 1. describir **2.** grabar

beschreiten, ***neue Wege*** ~ abrir nuevos caminos; ***den Rechtsweg*** ~ acudir a la justicia

beschriften (mit Etikett) etiquetar, poner etiquetas; rotular; (Kisten usw.) marcar

beschuldigen inculpar de; culpar; imputar; incriminar de; acusar de; (Fam.) echar la culpa (de); ***eines Wirtschaftsvergehens*** ~ acusar de un delito económico

Beschuldigte(r) (der/ein) inculpado *m*; encausado *m*

Beschuldigung *f*, **en** inculpación *f*; incriminación *f*; acusación *f*

Beschulung *f*, **en** escolarización *f*

beschummeln (Fam.) → beschwindeln

Beschwerde *f*, **n** reclamación *f*; queja *f* **1.** ***eine ~ einlegen*** elevar protesta; hacer una reclamación; ***gegen jdn. ~ führen*** formular una queja (*od.* protesto *od.* reclamación) contra; ***eine ~ zurückweisen*** desestimar (*od.* rechazar) una queja (*od.* protesto *od.* reclamación) **2.** (Jur.) recurso *m* de alzada; recurso *m* de queja

Beschwerdeabteilung *f*, **en** (servicio *m* de) reclamaciones *pl*
Beschwerdebrief *m*, **e** carta *f* de reclamación
Beschwerdebuch *n*, **¨er** libro *m* de reclamaciones
Beschwerdeführer *m*, **-** reclamante *m*
Beschwerdegericht *n*, **e** tribunal *m* de alzada; tribunal *m* de recurso
Beschwerdeschrift *f*, **en** escrito *m* de queja
Beschwerdeverfahren *n*, **-** procedimiento *m* de alzada, de queja
beschweren 1. cargar de; gravar sobre **2.** quejarse de; protestar contra
beschwindeln engañar; (Fam.) socaliñar; timar
besehen inspeccionar; examinar
beseitigen eliminar; suprimir; (abschaffen) abolir; ***Schwierigkeiten ~*** allanar, orillar las dificultades; ***Schaden ~*** reparar un daño
Beseitigung *f*, **en** eliminación *f*; supresión *f*; abolición *f*; ***~ der Arbeitslosigkeit*** re(ab)sorción *f* del paro
besetzen ocupar; ***eine offene Stelle ~*** cubrir una vacante
Besetztzeichen *n*, **-** (Teléf.) señal *f* de ocupado, de línea ocupada
Besicherung *f*, **en** garantía *f*; ***dingliche ~*** garantía real
besichtigen visitar; examinar; inspeccionar ***wie besichtigt*** calidad vista y aceptada
Besichtiger *m*, **-** (Seg.) inspector *m* del riesgo
Besichtigung *f*, **en** visita *f*; examen *m*; inspección *f*
Besichtigungsfahrt *f*, **en** viaje *m* de inspección
besiedelt poblado; ***dicht, dünn ~*** densamente, escasamente poblado
Besitz *m*, **Ø 1.** posesión *f*; propiedad *f*; ***im ~ sein von*** estar en posesión de; ***im ~ Ihres Schreibens vom*** recibida su atenta carta del; ***gemeinsamer ~*** copropiedad *f*; ***rechtmäßiger ~*** posesión lícita; posesión (con título) legal; ***unrechtmäßiger ~*** detentación *f*; posesión ilícita (*od.* ilegal); ***~ ergreifen*** posesionarse; tomar posesión de; ***in den ~ gelangen*** entrar en posesión de a/c; ***in jds. ~ übergehen*** pasar a posesión de alg. **2.** (Aktien) tenencia *f* **3.** fortuna *f*; bienes *pl*; patrimonio *m*
Besitzanspruch *m*, **e** derecho *m* de posesión; ***auf etw. ~ erheben*** hacer valer sus derechos sobre u/c
Besitzeinkommen *n*, **-** ingresos *pl*, rentas *pl* procedentes del patrimonio (*od.* de la fortuna)
besitzen 1. poseer **2.** (unrechtmäßig) detentar **3.** (innehaben) ser propietario de; tener; estar en posesión de **4.** (ausgestattet sein mit) estar provisto de; estar equipado con
besitzend, ***die ~en Klassen*** las clases pudientes, adineradas, acomodadas
Besitzentziehung *f*, **en** desposesión *f*; expropiación *f*; desposeimiento *m*
Besitzer *m*, **-** poseedor *m*; (Inhaber) tenedor *m*; (Eigentümer) propietario *m*; ***den ~ wechseln*** cambiar de propietario; pasar a otras manos
Besitzergreifung *f*, **en 1.** toma *f* de posesión **2.** (Jur.) accesión *f* **3.** (widerrechtlich) usurpación *f*; anexión *f*
besitzerlos abandonado
Besitzgemeinschaft *f*, **en** copropiedad *f*
Besitznahme *f*, **n** → Besitzergreifung
Besitzrecht *n*, **e** título *m* de propiedad
Besitzstand *m*, **Ø** estado *m* de posesión; (Aktiva) activo *m*; ***seinen ~ vergrößern*** aumentar su patrimonio, su activo, su fortuna
Besitzsteuer *f*, **n** impuesto *m* sobre la propiedad
Besitztitel *m*, **-** título *m* de propiedad
Besitzurkunde *f*, **n** escritura *f* de propiedad
Besitzwechsel *m*, **Ø 1.** cambio *m*, traspaso *m* de propiedad **2.** efecto *m* a cobrar
besolden retribuir; remunerar; pagar un salario (*od.* sueldo); asalariar
besoldet asalariado
Besoldung *f*, **en 1.** retribución *f*; remuneración *f* **2.** (Arbeiter) salario *m* **3.** (Angestellte, Beamte) sueldo *m* **4.** (Militär) paga *f* **5.** (für ein Amt) emolumentos *pl*
Besoldungsgruppe *f*, **n** escalafón *m*
Besoldungsordnung *f*, **en** reglamentación *f* de sueldos y salarios
Besoldungsrang *m*, **¨e** categoría *f* salarial; ***in die höheren ~¨e aufsteigen*** acceder a los primeros puestos del escalafón
Besoldungsstelle *f*, **n** pagaduría *f*
Besoldungszulage *f*, **n** plus *m* salarial; suplemento *m* de sueldo; sobresueldo *m*
Besonderheit *f*, **en** (Com.) especialidad *f*
besorgen 1. (kaufen) comprar; adquirir **2.** (verschaffen) facilitar; proporcionar, procurar; conseguir **3.** (holen) ir por; ir a buscar **4.** (übernehmen) encargarse de **5.** (erledigen) agenciar **6.** (Aufträge) ejecu-

tar; hacer **7.** (Brief) despachar **8.** (Korrespondenz) llevar

Besorgung *f*, **en** (Beschaffung) consecución *f*; provisión *f*; (Erledigung) ejecución *f*; (Auftrag) encargo *m*; recado *m*; (von Geschäften) despacho *m*; (Wartung) cuidado *m*; atención *f*; ***~en machen*** a) ir de compras b) hacer recados

besprechen discutir; debatir; consultar, deliberar; ***sich mit jdm.*** ~ entrevistarse, conversar con alg.

Besprechung *f*, **en** deliberación *f*; consulta *f*; entrevista *f*; ***~en aufnehmen*** iniciar consultas, deliberaciones

bessern **1.** perfeccionar; mejorar; (reformieren) reformar **2.** (Preise, Kurse) subir; ***sich*** ~ corregirse; restablecerse

Besserung *f*, **en** mejora *f*; mejoramiento *m*; reforma *f*; (Preis, Kurs) alza *f*; ***die ~ auf dem Arbeitsmarkt*** la recuperación del mercado laboral (*od.* de trabajo)

Besserverdiener *pl* perceptores *pl* de grandes rentas, de remuneraciones elevadas

bestallen nombrar (a alg. para un cargo *od.* una función)

Bestallung *f*, **en** nombramiento *m*

Bestallungsurkunde *f*, **n** nombramiento *m*; credencial *f*; patente *f*

Bestand *m*, **¨e** **1.** existencia *f*; durabilidad *f*; estabilidad *f*; ***von ~ sein*** tener durabilidad, estabilidad; ser estable, durable, duradero **2.** encaje *m*; reserva *f*; fondos *pl*; stock *m*; ***eiserner*** ~ fondos *pl* de reserva; (Kasse) encaje *m*; efectivo *m* en caja; (Reserven) reservas *pl*; (an Effekten) valores *pl* en cartera; ~ ***an Arbeitskräften*** efectivos *pl* de mano de obra; (Vieh) censo *m* **3.** (Warenverzeichnis) existencias *pl*; stock *m*; estocaje *m* **4.** (Sachverzeichnis) inventario; ***den ~ aufnehmen*** inventariar; hacer inventario **5.** (A) arrendamiento *m*; arriendo *m* **6.** cartera *f*

beständig (Com.) constante; (Material) consistente

Bestandsaufnahme *f*, **n** inventario *m*; (Syn. ***Inventur***)

Bestandsbuch *n*, **er** libro-inventario *m*

Bestandsdatei *f*, **en** archivo *m* principal, maestro

Bestandsführung *f*, Ø gestión *f* de almacén, de existencias, de inventario, de stocks

Bestandsliste *f*, **n** → Bestandsaufnahme

Bestandsverzeichnis *n*, **se** → Bestandsaufnahme

Bestandteil *m*, **e** elemento *m*; componente *m*; ***wesentlicher*** ~ elemento constitutivo; ~ ***der Lohnkosten*** elemento componente de los costes salariales

bestätigen **1.** ***den Empfang*** ~ acusar recibo (de) **2.** (Auftrag) confirmar **3.** (bescheinigen) certificar; (amtlich) legalizar **4.** (feststellen) dejar constancia (de); comprobar **5.** (Vertrag) ratificar **6.** ***jdn. im Amt*** ~ confirmar a alg. en su cargo

bestätigend **1.** comprobante **2.** (Jur.) confirmatorio

Bestätigung *f*, **en** confirmación *f*; certificación *f*; legalización *f*; comprobación *f*; ratificación *f*; ***gerichtliche*** ~ homologación *f* judicial

Bestätigungsschreiben *n*, **-** **1.** carta *f* confirmativa **2.** cartas *pl* credenciales

Bestätigungsvermerk *m*, **e** aviso *m* de confirmación; nota *f* confirmativa

bestechen **1.** sobornar; corromper **2.** (Beamte, Richter) cohechar **3.** (Fam.) untar

bestechlich corruptible; sobornable; (käuflich) venal

Bestechlichkeit *f*, Ø venalidad *f*; corruptibilidad *f*

Bestechung *f*, **en** soborno *m*; corrupción *f*; cohecho *m*; ***passive*** ~ cohecho pasivo; ***versuchte*** ~ tentativa *f* de corrupción; (Syn. ***Korruption***)

Bestechungsgeld *n*, **er** (Fam.) unto *m*; (Syn. ***Schmiergelder***)

Bestehen *n*, Ø ***seit ~ unserer Firma*** desde el establecimiento (*od.* la fundación) de nuestra casa

bestehend vigente; existente; presente; actual

Bestellbuch *n*, **¨er** libro *m* de pedidos; (Syn. ***Auftragsbuch***)

Bestelleingang *m*, **¨e** pedidos *pl* registrados; entrada *f* de pedidos

bestellen pasar un pedido; ordenar **1.** ***auf Abruf*** ~ ordenar a medida de las necesidades; ***fest*** ~ pedir (*od.* hacer un pedido) en firme; ***mündlich, schriftlich*** ~ pedir verbalmente, por escrito **2.** ***einen Sachverständigen*** ~ nombrar a un experto **3.** ***eine Hypothek*** ~ constituir una hipoteca **4.** (Jur.) citar; convocar **5.** (landwirtschaftlich) cultivar **6.** (Zimmer, Platz) reservar **7.** (Zeitung) suscribirse

Besteller *m*, **-** comitente *m*; ordenante *m*; cliente *m*; comprador *m*

Bestellformular *n*, **e** → Bestellschein

Bestellgebühr *f*, **en** → Bestellgeld

Bestellgeld *n*, er derechos *pl* de entrega (a domicilio)

Bestellkarte *f*, **n** → Bestellschein

Bestell-Liste *f*, **n** lista *f* de pedidos

Bestellnummer *f*, **n** número *m* de pedido, número *m* de referencia

Bestellschein *m*, **e** nota *f*, hoja *f*, boletín *m* de pedido; ***einen ~ ausfüllen*** rellenar la hoja (*od.* nota *od.* boletín de pedido)

Bestellung *f*, **en** encargo *m*; pedido *m*; orden *f* **1.** ***auf ~*** sobre pedido; ***auf ~ von*** por encargo de; ***bei ~*** al hacer el pedido; ***eine ~ erteilen (aufgeben)*** pasar, hacer un pedido; ***eine ~ widerrufen*** anular un pedido **2.** designación *f*; nombramiento *m* **3.** constitución *f* (de un derecho real)

Bestellzettel *m*, - → Bestellschein

Bestensauftrag *m*, **¨e** (Börse) orden *f* a lo mejor

besteuerbar imponible

besteuern gravar con impuestos; imponer contribuciones

Besteuerung *f*, **en** gravamen *m*; imposición *f*; tributación *f*; ***direkte, indirekte ~*** imposición directa, indirecta; ***~ an der Quelle*** retención *f* en origen, en la base

Besteuerungsart *f*, **en** modo *m* de imposición

Besteuerungsfreigrenze *f*, **n** exoneración *f* en la base

Besteuerungsgrundlage *f*, **n** base *f* imponible

bestimmen fijar; determinar; decidir **1.** ***die Preise ~*** fijar los precios **2.** estipular; estatuir **3.** ***zum Absatz ~*** destinar a la venta

Bestimmung *f*, **en 1.** fijación *f*; determinación *f*; decisión *f*; destinación *f* **2.** ***gesetzliche ~*** disposición *f*, reglamentación *f* legal; ***nach den geltenden ~en*** según la normativa vigente

Bestimmungsbahnhof *m*, **¨e** estación *f* de destino

Bestimmungshafen *m*,**¨** puerto *m* de destino

Bestimmungsland *n*, **¨er** país *m* de destino

Bestimmungsort *m*, **e** lugar *m* (*od.* punto *m*) de destino; ***frei ~*** porte pagado (*od.* franco) lugar de destino; ***am ~ eintreffen*** llegar al punto de destino

bestrafen penar; castigar; sancionar

Bestrafung *f*, **en** pena *f*; castigo *m*; sanción *f*

bestreiken, ***ein Unternehmen ~*** declarar la huelga a una empresa; ***der Betrieb wurde mehrfach bestreikt*** la empresa ha sido objeto de huelgas reiteradas

Bestreikung *f*, **en** paralización *f* de una empresa a causa de (*od.* por) huelga

bestreiten negar; imputar; discutir **1.** ***die Echtheit einer Urkunde ~*** negar la autenticidad de un documento **2.** (Kosten) costear; sufragar; asumir

Bestseller *m*, - superventas *m*

betätigen 1. (bedienen) maniobrar; hacer funcionar; accionar **2.** (in Gang setzen) poner en marcha, en movimiento **3.** (sich betätigen) dedicarse a; estar ocupado en **4.** (sich betätigen an) tomar parte activa en; participar en **5.** (sich betätigen als) actuar de

Betätigung *f*, **en 1.** accionamiento *m*; puesta *f* en marcha **2.** labor *f*; actividad *f*; dedicación *f*; ***gewerkschaftliche ~*** actividad sindical

Betätigungsfeld *n*, **er** campo *m* de actividad; esfera *f* de acción

beteiligen hacer participar (*od.* interesar) a alg. en u/c; ***jdn. am Gewinn ~*** (hacer) participar a alg. en los beneficios; ***sich finanziell ~ an*** tener una participación financiera en

beteiligt sein participar; tener una participación; ***mit 5% am Gewinn ~ sein*** participar con el 5% de los beneficios; ***zu gleichen Teilen ~ sein*** participar a partes iguales

Beteiligte|r (der/ein) **1.** participante *m*; interesado *m* **2.** (Teilhaber) socio *m*; asociado *m*

Beteiligung *f*, **en 1.** ***finanzielle ~*** participación *f* financiera; ***stille ~*** participación capitalista, tácita; ***~ der Arbeitnehmer am Gewinn des Unternehmens*** participación de la plantilla laboral en los beneficios de la empresa **2.** contribución *f*; cuota *f* parte **3.** cooperación *f*; contribución *f* **4.** asistencia *f*; concurrencia *f*

Beteiligungsgesellschaft *f*, **en** sociedad *f* participada; sociedad *f* de participación (financiera); asociación *f* en participación

Beteiligungskonzern *m*, **e** consorcio *m* de participación (= grupo de empresas en el que una de ellas detenta por lo menos el 51% del capital de la otra)

Beteiligungsurkunde *f*, **n** título *m* de participación

Betr. ≡ Betreff

Betracht, ***etw. in ~ ziehen*** tomar en consideración; ***er kommt für diese Stelle in ~*** reúne los requisitos para este cargo; entra en consideración para este puesto

Betrag *m*, **¨e** importe *m*; suma *f*; cantidad *f*; monto *m*; montante *m* **1.** ***abgehobener*** suma retirada; ***abgerundeter*** ~ suma redondeada; ***absetzbarer*** ~ cantidad deducible; ***angelegter*** ~ cantidad invertida; ***anteilmäßiger*** ~ importe proporcional, a prorrata; ***ausgemachter*** ~ importe convenido; ***einbehaltener*** ~ cantidad retenida; ***fälliger*** ~ cantidad debida; ***geschuldeter*** ~ cantidad debida; ***hinterlegter*** ~ suma depositada; depósito *m*; ***rückständiger*** ~ importe pendiente de pago, retrasado; ***steuerfreier*** ~ importe exento de impuestos; ***veranschlagter*** ~ cantidad presupuestada; ***voller*** ~ cantidad total **2.** (Wert) valor *m*; ***im*** ~ ***von*** por valor de **3.** (Quittung) ~ ***erhalten*** recibí **4.** ~ ***in Worten*** importe (expresado) en letra(s)

betragen → belaufen

betragsmäßig, *~e* ***Limitierung*** limitación *f* en cuanto a la suma, en cuanto al importe; limitación *f* en términos de importe

betrauen, ***jdn. mit einer Aufgabe*** ~ encomendar, confiar u/c a alg.

Betreff (Betr.) asunto *m*, objeto *m* (de una carta); ***in*** ~ en cuanto a; en lo relativo a; concerniente a

betreffend, ***das*** *~e* ***Geschäft*** el asunto en cuestión

betreiben ejercer; practicar; dirigir; gestionar **1.** ***Dumping*** ~ practicar el dumping **2.** ***gemeinschaftlich*** ~ explotar en común **3.** ***ein Geschäft*** ~ dirigir un negocio; tener un negocio **4.** ***ein Gewerbe*** ~ ejercer una actividad profesional **5.** ***eine Angelegenheit*** ~ gestionar un asunto; agenciar un asunto; hacer gestiones en un asunto **6.** ***einen Prozess*** ~ seguir un proceso; seguir una causa **7.** ***eine Maschine*** ~ accionar una máquina

Betreiben *n*, Ø, ***auf*** ~ ***von*** a) a iniciativa de b) a ruego de; a instancias de

Betreiber *m*, - operador *m*

Betreibergesellschaft *f*, **en** (sociedad *f*, compañía *f*) concesionaria *f*; sociedad *f* encargada de la explotación

Betreibung *f*, (**en**), ~ ***einer Sache*** gestión *f* de un asunto

betreuen (beraten) asesorar; (pflegen) atender

Betreuung *f*, Ø asesoramiento *m*; asistencia *f*

Betrieb *m*, **e** **1.** (Unternehmen) empresa *f*; establecimiento *m*; explotación *f*; negocio *m*; ***gemeinnütziger*** ~ empresa de utilidad pública; empresa sin fines lucrativos; ***genossenschaftlicher*** ~ empresa, explotación cooperativa; ***gewerblicher*** ~ establecimiento industrial o comercial; ***handwerklicher*** ~ empresa, establecimiento artesanal; ***kaufmännischer*** ~ casa *f* comercial, de comercio; ***landwirtschaftlicher*** ~ explotación agrícola; ***öffentlicher (staatlicher)*** ~ empresa pública; ***privater*** ~ empresa privada; **2.** ***der*** ~ ***beschäftigt 200 Leute*** la empresa da empleo (*od.* emplea) a 200 personas; la nómina (*od.* la plantilla) de esta empresa es de (*od.* asciende a) 200 personas; ***einen*** ~ ***leiten*** dirigir una empresa; ***einen*** ~ ***rationalisieren*** racionalizar una empresa; ***einen*** ~ ***stilllegen*** cesar la explotación **3.** (Fabrikanlage) fábrica *f*; factoría *f*; manufactura *f* **4.** (Gang, Ablauf) servicio *m*; funcionamiento *m*; marcha *f*; ***die Anlage ist in***, ***außer*** ~ la instalación está en,fuera de servicio; ***außer*** ~ ***setzen*** poner fuera de servicio; ***in*** ~ ***setzen*** poner en marcha; hacer marchar; poner en servicio

betrieblich de la empresa; de la explotación; del negocio; del servicio; empresarial *~e* ***Aufwendungen*** cargas *pl* de explotación; *~e* ***Sozialleistungen*** prestaciones *pl* sociales de la empresa; ***aus*** *~en* ***Gründen*** por razones técnicas

Betriebs- (Pref.) **1.** relativo, tocante, referente a la empresa (*od.* explotación) **2.** relativo al funcionamiento, a la marcha, al servicio

Betriebsablauf *m*, **¨e** marcha *f* de la explotación

Betriebsabrechnung *f*, **en** estado *m* periódico de la contabilidad de la empresa

Betriebsanalyse *f*, **n** análisis *m*, estudio *m* de la explotación general; situación *f* analítica de la empresa

Betriebsanforderungen *pl* exigencias *pl*, especificaciones *pl* de la empresa

Betriebsangehörige(r) (der/ein) miembro *m* de la plantilla (*od.* de la nómina) de una empresa; ***die*** *~n* el personal

Betriebsanlage *f*, **n** **1.** superficie *f* ocupada por la explotación **2.** instalación *f* técnica; planta *f* industrial

Betriebsanleitung *f*, **en** **1.** instrucciones *pl* de servicio **2.** modo *m* de empleo; modo *m* de funcionamiento

Betriebsanweisung *f*, **en** → Betriebsanleitung

Betriebsarzt *m*, **¨e** médico *m* de (la) empresa

Betriebsaufw|and *m*, **-endungen** costes *pl*, cargas *pl* de explotación
Betriebsausflug *m*, **¨e** excursión *f* del personal
Betriebsausgaben *pl* gastos *pl* de explotación; gastos *pl* de operación
Betriebsausschuss *m*, **¨sse** comité *m* del establecimiento; delegación *f* de la empresa
betriebsbedingt condicionado por el servicio; imputable a la empresa; ***~e Aufwendungen*** cargas *pl* condicionadas por la explotación (*od.* operación); ***~e Gefahren*** peligros *pl* inherentes a la operación y funcionamiento
Betriebsberater *m*, **-** consultor *m*, asesor *m* de empresa
Betriebsberatung *f*, **en** asesoría *f*, consultoría *f* (de empresas)
betriebsbereit listo para el empleo; programado
Betriebsbesichtigung *f*, **en** visita *f* de la empresa
Betriebsbuchführung *f*, **en** → Betriebsbuchhaltung
Betriebsbuchhalter *m*, **-** (técnico) contable *m*
Betriebsbuchhaltung *f*, **en** **1.** contabilidad *f* de la explotación (*od.* empresa) **2.** contabilidad *f* analítica
Betriebsbudget *n*, **s** previsión *f* de explotación; gestión *f* presupuestaria
Betriebsdirektor *m*, **en** director *m* de la explotación, de la fábrica
betriebseigen perteneciente a la empresa; de la empresa; propio de la empresa
Betriebseinnahmen *pl* ingresos *pl* procedentes de la actividad de la empresa; ingresos *pl* de explotación
Betriebseinrichtung *f*, **en** instalación *f*, equipo *m* (de empresa)
Betriebseinschränkungen *pl* restricción *f* del servicio
Betriebseinstellung *f*, **en** cierre *m* de una empresa; cese *m* de explotación; suspensión *f* de servicio
Betriebserfolg *m*, **e** → Betriebsergebnis
Betriebsergebnis *n*, **se** resultado *m* de explotación; margen *m* de explotación
Betriebserlaubnis *f*, **se** licencia *f* de explotación
Betriebserweiterung *f*, **en** extensión *f*, ampliación *f* de un establecimiento industrial o comercial
betriebsfähig en condiciones de servicio; en condiciones de funcionamiento
Betriebsferien *pl* ***wegen ~ geschlossen*** cerrado por vacaciones del personal
Betriebsfonds *m*, **-** fondo *m* de pensiones (de la empresa)
Betriebsform *f*, **en** forma *f* (jurídica) de la explotación
Betriebsforschung *f*, **en** investigación *f* operativa, operacional (Syn. ***Unternehmensforschung, Operations-research***)
betriebsfremd, ***der Zutritt ist ~en Personen nicht gestattet*** prohibido el paso a toda persona ajena a la empresa
Betriebsführer *m*, **-** → Betriebsleiter
Betriebsführung *f*, **en** → Betriebsleitung
Betriebsgeheimnis *n*, **se** secreto *m* de fabricación; secreto *m* de explotación; secreto *m* de empresa; ***ein ~ wahren***, ***verletzen*** guardar, divulgar un secreto de fabricación
Betriebsgemeinkosten *pl* gastos *pl* de gestión general
Betriebsgemeinschaft *f*, **en** **1.** personal *m* de la empresa **2.** explotación *f* en común
Betriebsgewinn *m*, **e** beneficio *m* de explotación; ***einen ~ erzielen*** lograr, realizar un beneficio (de explotación)
Betriebsinformatik *f*, Ø informática *f* de gestión; informática *f* de datos de empresa, de datos comerciales
Betriebsingenieur *m*, **e** ingeniero *m* técnico comercial
betriebsintern, ***~e Schwierigkeiten*** dificultades *pl* en el seno de la empresa
Betriebsinventar *n*, Ø material *m* de la instalación y equipo
Betriebsjahr *n*, **e** ejercicio *m* (económico)
Betriebskapazität *f*, **en** capacidad *f* de producción; ***die ~ einschränken***, ***erweitern*** reducir, aumentar la capacidad de producción
Betriebskapital *n*, Ø capital *m* circulante; capital *m* de explotación, de operación; ***das ~ aufstocken*** ampliar el capital circulante (Syn. ***Umlaufvermögen***)
Betriebskennzahlen *pl* índices *pl* de la empresa
betriebsklar listo; preparado; disponible; utilizable
Betriebsklima *n*, Ø ambiente *m* de trabajo; ***das ~ verbessern*** mejorar el clima de trabajo
Betriebskosten *pl* gastos *pl* generales (de explotación); ***allgemeine ~*** costes *pl* fijos de explotación

Betriebskostenplanung *f*, **en** planificación *f*, distribución *f* de los recursos
Betriebskrankenkasse *f*, **n** caja *f* de enfermedad de la empresa
Betriebskredit *m*, **e** crédito *m* de explotación (Ggs. ***Anlagekredit***)
Betriebsleiter *m*, **-** jefe *m* de la empresa; director *m* de fábrica; jefe *m* técnico
Betriebsleitung *f*, **en** dirección *f* de la empresa; gestión *f* (de empresa); ***die ~ übernehmen*** asumir la dirección de una empresa
Betriebsmaterial *n*, **ien** material *m* de servicio
Betriebsmittel *pl* medios *pl* de producción; ***finanzielle ~*** fondos *pl* de explotación; ***technische ~*** medios *pl* de explotación
Betriebsmittelabrechnung *f*, **en** contabilidad *f* de los recursos
Betriebsmittelkosten *pl* costes *pl*, costos *pl* de los recursos
Betriebsmittelverbund *m*, **Ø** utilización *f* (en) común de los recursos; compartición *f*, repartición *f* de los recursos; uso *m* repartido, compartido de los recursos
Betriebsmittelverwaltung *f*, **en** gestión *f*, administración *f* de recursos
Betriebsmittelzuweisung *f*, en asignación *f* de recursos
betriebsnah adaptado a la empresa; que responde a las necesidades de la empresa
Betriebsnudel *f*, **(n)** (Fam.) persona *f* excesivamente activa
Betriebsob|mann *m*, **¨er** *od.* **-leute** representante *m* del personal obrero; hombre *m* de confianza
Betriebsordnung *f*, **en** reglamento *m* de la empresa
Betriebsorganisation *f*, **en** organización *f* de la empresa
Betriebspersonal *n*, **Ø** personal *m* de una empresa; ***~ einsparen*** ahorrar mano de obra (*od.* personal)
Betriebsplanung *f*, **en** programa *m* de fabricación; planificación *f* de la gestión
Betriebspolitik *f*, Ø política *f* de la empresa
Betriebsprüfung *f*, **en** inspección *f* de los libros y de la gestión de una empresa; inspección *f* fiscal
Betriebsrat *m*, **¨e** **1.** comité *m* (*od.* consejo *m*) de empresa; ***den ~ wählen*** elegir el comité (*od.* consejo) de empresa **2.** → Betriebsratsmitglied
Betriebsratsmitglied *n*, **er** miembro *m* del comité (*od.* consejo) de empresa
Betriebsratsvorsitzende(r) (der/ein) presidente *m* del comité (*od.* consejo) de empresa
Betriebsrechnung *f*, **en** cuenta *f* de explotación
Betriebsrisik|o *n*, **s** *od.* **-en** riesgo *m* de explotación; riesgo *m* de gestión
Betriebsschließung *f*, **en** → Betriebsstilllegung
Betriebsschluss *m*, **Ø** fin *m* de la jornada laboral; salida *f* de la fábrica
betriebssicher en (perfecto) estado de funcionamiento
Betriebssicherheit *f*, **Ø** seguridad *f* de funcionamiento *bzw.* de servicio; buen funcionamiento *m*; fiabilidad *f*
Betriebssoziologie *f*, **Ø** sociología *f* de la empresa; sociología *f* industrial
Betriebsstatistik *f*, **en** **1.** estadística *f* de explotación **2.** censo *m* de empresas dentro de cada sector
Betriebsstilllegung *f*, **en** cierre *m* (definitivo) de una empresa; suspensión *f* de servicio
Betriebsstockung *f*, **en** interrupción *f*, paralización *f* del servicio
Betriebsstoff *m*, **e** materias *f* auxiliares (p.ej. combustible, carburante)
Betriebsstörung *f*, **en** avería *f*; interrupción *f* del funcionamiento; incidente *m* en el funcionamiento
Betriebssystem *n*, **e** (Inform.) unidad *f* de operación
betriebstechnisch, ***~e Anforderungen*** exigencias *pl* (*od.* especificaciones *pl*) técnicas de la empresa
Betriebstreue *f*, **Ø** **1.** fidelidad *f* a la empresa **2.** antigüedad *f* en la empresa
Betriebsumstellung *f*, **en** reconversión *f* de la explotación; ***eine ~ vornehmen*** reconvertir una empresa
Betriebsunfall *m*, **e** accidente *m* de trabajo; (Syn. ***Arbeitsunfall***)
Betriebsunkosten *pl* gastos *pl* generales de explotación
Betriebsunterbrechung *f*, **en** interrupción *f* de las operaciones
Betriebsunterbrechungsschäden *pl* daños *pl* por interrupción de las operaciones
Betriebsunterbrechungsversicherung *f*, **en**; ***~ nach Feuerschäden*** seguro *m* de pérdidas de beneficios a consecuencia de incendios

Betriebsvereinbarung *f*, **en** acuerdo *m* salarial (convenido entre el jefe de la empresa y los representantes del personal)
Betriebsverfassung *f*, **en** régimen *m* de la empresa; régimen *m* empresarial
Betriebsverfassungsgesetz *n*, Ø (BVG) ley *f* constitutiva de empresas
Betriebsvergleich *m*, **e** **1.** comparación *f* entre empresas **2.** comparación *f* de los índices de producción de la empresa **3.** tabla *f* comparativa de la evolución de la empresa
Betriebsverlagerung *f*, **en** → Betriebsverlegung
Betriebsverlegung *f*, **en** traslado *m* de la empresa
Betriebsvermögen *n*, - capital *m* de explotación; ***unbewegliches*** ~ inmovilizado *m*; activo *m* fijo
Betriebsversammlung *f*, **en** asamblea *f* general del personal de una empresa
Betriebsweise *f*, **n** modo *m* de operación; forma *f* de explotación
Betriebswirt *m*, **e** licenciado *m* en (ciencias) empresariales; (Fam.) economista *m* de la empresa
Betriebswirtschaft *f*, Ø economía *f* de la empresa; micro-economía *f*; ~ ***studieren*** estudiar (ciencias) empresariales
betriebswirtschaftlich relativo a la gestión (de empresa); ***ein ~es Studium absolvieren*** cursar estudios de gestión (*od.* administración) de empresas
Betriebswirtschaftslehre *f*, **n** **1.** conjunto *m* de conocimientos de la gestión y organización de la empresa **2.** teoría *f* (de la economía) de la empresa
Betriebswissenschaft *f*, **en** ciencias *pl* empresariales; ciencia *f* de la gestión empresarial
Betriebswohnung *f*, **en** vivienda *f* de la empresa
Betriebszeit *f*, **en** tiempo *m* de servicio, de funcionamiento
Betriebszugehörigkeit *f*, Ø pertenencia *f* a la empresa; ***Dauer der*** ~ antigüedad *f* en la empresa (*od.* en el servicio)
Betriebszustand *m*, Ø estado *m* de funcionamiento; estado *m* de servicio
betrifft → Betreff
Betrug *m*, Ø fraude *m*; estafa *f*; (Fam.) timo *m*
betrügen estafar; (Fam.) timar
Betrüger *m*, - estafador *m*; (Fam.) timador *m*
Betrügerei *f*, **en** → Betrug
betrügerisch fraudulento; ***in ~er Absicht*** con intención de estafar; con ánimo de dolo; ***~er Bankrott*** quiebra *f* fraudulenta
betucht adinerado; (Fam.) forrado de dinero
beurkunden **1.** escriturar; documentar **2.** (behördlich) elevar a instrumento público **3.** (durch Notar) elevar a escritura pública
Beurkundung *f*, **en** documentación *f*; legalización *f*; atestación *f* documental; ***gerichtliche (notarielle)*** ~ autorización *f* judicial/ notarial; ***öffentliche*** ~ autorización por escritura pública
beurlauben **1.** conceder la excedencia; ***sich ~ lassen*** pedir la excedencia **2.** suspender (de empleo)
Beurlaubung *f*, **en** excedencia *f*; suspensión *f* (en el cargo); suspensión *f* de empleo
beurteilen enjuiciar; (fachmannisch) dictaminar; (Wert, Leistung) valorar; apreciar ***falsch*** ~ juzgar mal; juzgar erróneamente
Beurteilung *f*, **en** juicio *m*; dictamen *m*; valoración *f*; ~ ***der Lage*** enjuiciamiento *m*, dictamen, examen *m* de la situación
Beute *f*, Ø botín *m*
beuteln (Fam.) escamotear; hurtar sutilmente; estafar; timar
bevölkern poblar; ***dicht-, dünn bevölkert*** de alta, baja densidad de población
Bevölkerung *f*, **en** población *f*; habitantes *pl*; ***erwerbstätige (berufstätige)*** ~ población activa; ***städtische, ländliche*** ~ población urbana, rural (*od.* del campo); ***Mobilität einer*** ~ mobilidad *f* de una población; ***Überalterung der*** ~ envejecimiento *m* de la población
Bevölkerungsabnahme *f*, Ø → Bevölkerungsrückgang
Bevölkerungsaufbau *m*, Ø estructura *f* de la población; estructura *f* demográfica
Bevölkerungsbewegung *f*, **en** movimiento *m* demográfico
Bevölkerungsdichte *f*, Ø densidad *f* de población (*od.* demográfica)
Bevölkerungsexplosion *f*, **en** explosión *f* demográfica
Bevölkerungskunde *f*, Ø → Bevölkerungslehre
Bevölkerungslehre *f*, Ø demografía *f*
Bevölkerungspolitik *f*, Ø política *f* demográfica
bevölkerungspolitisch (político-)demográfico; ***~e Maßnahmen*** medidas *pl* demográficas
Bevölkerungspyramide *f*, Ø pirámide *f* demográfica

Bevölkerungsrückgang *m*, **¨e** descenso *m* de la población (*od.* demográfico)
Bevölkerungsschwund *m*, Ø → Bevölkerungsrückgang
Bevölkerungsüberschuss *m*, **¨sse** exceso *m* de población
Bevölkerungsverschiebung *f*, **en** desplazamiento *m* demográfico
Bevölkerungszuwachs *m*, **¨e** incremento *m* demográfico; aumento *m* de (la) población
bevollmächtigen autorizar; dar poder; apoderar
Bevollmächtigte(r) (der/ein) apoderado *m*; poderhabiente *m*; mandatario *m*
Bevollmächtigung *f*, **en** autorización *f*; poder *m*; apoderamiento *m; **durch** ~* por poder (p p.)
bevormunden tener bajo tutela
Bevormundung *f*, **en** tutela *f*
bevorraten formar stocks; almacenar; aprovisionarse
Bevorratung *f*, **en** estocaje *m*; aprovisionamiento *m; **betriebsnotwendige** ~* estocaje, aprovisionamiento necesario para la explotación; formación *f* de stocks
bevorrechtigen privilegiar
bevorrechtigt, ***~e Aktie*** acción *f* privilegiada preferente; ~ ***Forderung*** crédito *m* privilegiado, preferente
bevorschussen dar un anticipo; conceder un adelanto; anticipar; adelantar; ***das Gehalt*** ~ dar un anticipo sobre (*od.* a cuenta) del sueldo
Bevorschussung *f*, **en** anticipo *m*; adelanto *m*
bevorstehend inminente; próximo
bevorzugen preferir; favorecer; dispensar un trato de favor; ***bevorzugte Behandlung*** trato *m* de favor
Bevorzugung *f*, **en 1.** preferencia *f*; favor *m*; privilegio *m* **2.** favoritismo *m*
bewachen velar por la seguridad; guardar; vigilar; custodiar
Bewacher *m*, - vigilante *m*; guardián *m*; guarda *m*; guardia *m*
Bewachungspersonal *n*, Ø personal *m* de vigilancia
Bewachungsunternehmen *n*, - empresa *f* de vigilancia; empresa *f* de seguridad
bewaffnen, ***sich*** ~ **1.** equiparse **2.** armarse
Bewaffnung *f*, **en 1.** armamento *m; **atomare*** ~ armamento nuclear, atómico **2.**equipo *m*
bewähren 1. (Person) ***sich*** ~ dar muestra de valía; salir airoso de; acreditarse como; hacer un buen papel; responder bien **2.** (Sache) satisfacer las esperanzas; dar buen resultado; probar su eficacia; dar buenos frutos
bewahren guardar; ***Urkunden*** ~ guardar, conservar los documentos
Bewahrer *m*, - depositario *m*; custodio *m*
bewährt 1. probado; experimentado **2.** eficaz; acreditado **3.** seguro
Bewährung *f*, **en** (Jur.) probación *f*; libertad *f* vigilada; ***zur*** ~ ***aussetzen*** poner en libertad condicional; ***Strafaussetzung zur*** ~ remisión *f* condicional; condena *f* condicional
Bewährungsfrist *f*, **en** plazo *m* de prueba (Jur.); ***mit*** ~ con libertad vigilada, condicional; con plazo de prueba
Bewährungshelfer *m*, - asistente *m* durante el plazo de prueba
Bewährungsprobe *f*, **n** prueba *f*; (Fig.) piedra *f* de toque
bewalden poblar de bosques
bewaldet boscoso; poblado de bosques
bewältigen 1. ***eine Arbeit*** ~ llevar a cabo un trabajo **2.** ***eine Strecke*** ~ cubrir un camino **3.** (meistern) dominar **4.** ***eine Schwierigkeit*** ~ superar, vencer una dificultad **5.** enfrentarse a; hacer frente
bewässern regar; irrigar
Bewässerung *f*, **en** irrigación *f*; riego *m*; regadío *m*
Bewässerungsanlage *f*, **n** sistema *m*, instalación *f* de riego
Bewässerungsgraben *m*, ¨ acequia *f*; regadero *m*
Bewässerungskanal *m*, **¨e** canal *m* de riego
Bewässerungsland *n*, Ø terreno *m* de regadío
bewegen, ***die Preise*** ~ ***sich*** los precios fluctúan, oscilan, varían
Beweggrund *m*, **¨e** motivo *m*; móvil *m; **unerlaubter*** ~ causa *f* ilícita
beweglich 1. móvil **2.** mueble; mobiliario; ***~e Güter***, ***~e Habe*** bienes *pl* muebles; (Vieh) semovientes *pl*; ***~e Teile*** partes *pl* móviles; ***~e Werte*** valores *pl* mobiliarios
Beweglichkeit *f*, Ø movilidad *f* (Syn. ***Mobilität***)
Beweglichkeiten *pl* (CH) bienes *pl* muebles
Bewegung *f*, **en** movimiento *m*; evolución *f*; ***rückläufige*** ~ ***der Preise*** evolución descendente, baja *f* de los precios; ~ ***auf den Bankkonten*** movimiento de las cuentas bancarias
Beweis *m*, **e** prueba *f*; ***unumstößlicher*** ~ prueba irrefutable; ***~e erbringen*** aportar pruebas; ***Freispruch mangels ~en*** absolu-

ción *f* por falta de pruebas; absolución *f* a beneficio de duda
Beweisaufnahme *f*, **n** (Jur.) práctica *f* de la prueba
beweisen probar; demostrar; dar prueba de
beweiskräftig fehaciente; probatorio; concluyente
Beweismaterial *n*, **ien** medio *m* de prueba; medio *m* probatorio; ~ ***sammeln*** reunir material probatorio
bewerben, ***sich*** ~ presentarse a; presentarse como candidato; postular; aspirar a; ***sich um eine Stelle*** ~ tratar de obtener un empleo
Bewerber *m*, - candidato *m*; aspirante *m*; solicitante *m*; postulante *m*; (bei einer Ausschreibung) concursante *m*; (Syn. ***Kandidat, Anwärter***)
Bewerbung *f*, **en** candidatura *f*; concurso *m*; ***die*** ~ ***um einen Posten*** solicitud *f* de un empleo, un cargo; candidatura para un empleo, un cargo
Bewerbungsakten *pl* → Bewerbungsunterlagen
Bewerbungsgesuch *n*, **e** instancia *f* de candidatura
Bewerbungsschreiben *n*, - escrito *m* de candidatura; carta *f* de solicitud de empleo; oferta *f* de servicio; ***sein*** ~ ***einreichen*** enviar su candidatura
Bewerbungsunterlagen *pl* dossier *m* (*od.* documentación) de candidatura
bewerten evaluar; valorar; apreciar; ***zu hoch*** ~ sobrevalorar; sobreestimar; ***zu niedrig*** ~ intravalorar; subestimar; ***mit 100%*** ~ evaluar al 100%
Bewertung *f*, **en** evaluación *f*; estimación *f*; apreciación *f*; ***eine*** ~ ***von etw. vornehmen*** evaluar u/c
Bewertungsfehler *m*, - error *m* de evaluación
Bewertungsgrundlage *f*, **n** base *f* de evaluación
Bewertungsmaßstab *m*, **¨e** escala *f*, criterio *m* de evaluación
Bewertungstest *m*, **s** prueba *f*, test *m* de evaluación
bewilligen otorgar; conceder; (genehmigen) consentir; autorizar; permitir; ***ein Darlehen*** ~ conceder, otorgar un préstamo
Bewilligung *f*, **en** otorgamiento *m*; concesión *f*; autorización *f*; ~ ***von Mitteln*** a) concesión de fondos b) desbloqueo *m* de créditos
bewirten agasajar
bewirtschaften 1. (Betrieb) explotar; ***intensiv bewirtschaftete Fläche*** superficie *f* de cultivo intensivo **2.** (Ware) contingentar; racionar; ***bewirtschaftete Ware*** producto *m* contingentado **3.** (Devisen) controlar *m* **4.** (Markt) intervenir; reglamentar; regular
Bewirtschaftung *f*, **en** explotación *f*; contingentación *f*; racionamiento *m*; control *m*; ~ ***der Haushaltsminel*** administración *f*, gestión *f* presupuestaria
Bewirtung *f*, **en 1.** (Restaurant) servicio *m* **2.** agasajo *m*
Bewirtungskosten *pl* gastos *pl* de agasajo
Bewohnbarkeitsbescheinigung *f*, en cédula *f* de habitabilidad
bewohnen habitar; ocupar; vivir en; ***dicht bewohnte Siedlung*** asentamiento *m* fuertemente urbanizado
Bewohner *m*, **e** habitante *m*; ocupante *m*; (Mieter) inquilino *m*
Bewohnerschaft *f*, Ø habitantes *pl*
bez. → bezahlt
bezahlbar pagadero; pagable
bezahlen 1. ***eine Rechnung*** ~ pagar, abonar una factura **2.** (Dienst) retribuir **3.** ***eine Schuld*** ~ saldar, liquidar una deuda **4.** (belohnen) remunerar **5.** (aufkommen für) costear; sufragar; (***in***) ***bar*** ~ pagar al contado; ***im Voraus*** ~ pagar por adelantado; anticipar un pago; ***gegen Kasse*** ~ pagar al contado; ***in Monatsraten*** ~ pagar por mensualidades, por meses; (Syn. ***zahlen, begleichen***)
bezahlt 1. (Börse) (b, bz *od.* bz.) cerradas, concluidas todas las operaciones (se pudieron hacer todas las operaciones de compraventa a lo mejor); ~ ***und Brief*** (bB, bzB) predominio *f* del papel; contante (*od.* pagado) vendedor; todavía queda oferta; ~ ***und Geld*** (bG, bzG) predominio del dinero; contante (*od.* pagado) comprador; todavía queda demanda **2.** ***~er Feiertag*** día *m* festivo (*od.* feriado) remunerado; ***~er Urlaub*** vacaciones *pl* remuneradas; ***schlecht*** ~ mal pagado, retribuído, remunerado; ***sich*** ~ ***machen*** valer la pena; producir beneficios
Bezahlung *f*, **en** pago *m*; remuneración *f*; liquidación *f*; ***bei*** ~ ***von*** pagando; ***1/2*** ~ ***bei Auftragserteilung*** pago de la mitad al pasar el pedido; ***gegen*** ~ contra (*od.* mediante) pago; ~ ***von Schulden*** liquidación de deudas; ***sofortige*** ~ pago inmediato
bezeichnen marcar; etiquetar; designar; (Schild) rotular; ***den Zustand der Ware***

als mangelhaft ~ declarar defectuosa la mercancía

Bezeichnung *f*, **en** denominación *f*; etiqueta *f*; (Schild) rótulo *m*; ***handelsübliche*** ~ nombre *m* comercial; denominación *f* comercial; ***landesübliche*** ~ ***(der Ware)*** descripción *f* comercial

bezeugen testimoniar; atestiguar; dar fe de; certificar

Bezeugung *f*, **en** testimonio *m*; atestiguamiento *m*

bezichtigen acusar; inculpar; incriminar; ***jdn. eines Vergehens*** ~ acusar a alg. de un delito

beziehbar 1. (Ware) de venta (en) **2.** (Wohnung) habitable; ocupable (en el acto); ***sofort ~es Haus zu verkaufen*** casa en venta con posesión inmediata **3.** ~ ***durch*** suministrado por

beziehen percibir; comprar **1.** ***direkt*** ~ comprar de primera mano; ***eine Rente*** ~ percibir, cobrar una pensión; ***eine Wohnung*** ~ ir a vivir; instalarse; ***Waren*** ~ surtirse de mercancías; ***zu*** ~ ***über*** (Waren) se puede obtener de; ***eine Zeitung*** ~ estar suscrito a un periódico **2.** ***sich*** ~ ***auf*** referirse a; hacer referencia a; remitirse a

Bezieher *m*, **-** ~ ***einer Rente*** pensionista *m*; perceptor *m*, beneficiario *m* de una pensión; ~ ***von Waren*** comprador *m*; ~ ***einer Zeitung*** suscriptor *m*

Beziehung *f*, **en 1.** ***durch ~en*** por relaciones; ***diplomatische, geschäftliche ~en*** relaciones diplomáticas, comerciales **2.** ***in dieser*** ~ a este respecto; ***in jeder*** ~ en todos los sentidos; a todos los efectos **3.** ***~en abbrechen*** romper las relaciones; ***engere*** ~ ***anknüpfen*** establecer relaciones más estrechas con; ~ ***aufnehmen*** entrar en relaciones; entablar relaciones; ***~en erweitern*** ampliar las relaciones (existentes); ***~en unterhalten*** mantener relaciones

beziffern 1. numerar **2.** cifrarse en; elevarse a; ser del orden de

Bezirk *m*, **e** circunscripción *f*; distrito *m*; zona *f*; barrio *m*; sector *m*

Bezogene(r) (der/ein) librado *m*; aceptante *m*; girado *m*

Bezug *m*, **¨e 1.** referencia *f* (a); respecto (de, a); ***in*** ~ ***auf die Wirtschaft*** por lo que se refiere a la economía; ~ ***nehmen auf*** referirse a; hacer referencia a (*od.* de) **2.** (von Ware) adquisición *f*; compra *f*; ***bei*** ~ ***von 100 Stück*** adquiriendo 100 unidades; si se toman 100 unidades; al adquirir 100 unidades **3.** (Lohn, Pension) percepción *f* **4.** (Aktien, Zeitung) suscripción *f*

Bezüge *pl* **1.** emolumentos *pl*; percepciones *pl*; ***laufende*** ~ percepciones *pl* periódicas **2.** prestaciones *pl*; asignaciones *pl*

Bezugnahme *f*, **Ø** referencia *f*; ***unter*** ~ ***auf*** con referencia a

Bezugsaktie *f*, **n** acción *f* nueva

Bezugsangebot *n*, **e** condiciones *pl* de adquisición de acciones nuevas

Bezugsanweisung *f*, **en** orden *m* de entrega

Bezugsbedingungen *pl* condiciones *pl* de entrega; (Zeitung) condiciones *pl* de suscripción

Bezugsberechtigte(r) (der/ein) beneficiario *m*; destinatario *m*

Bezugsdauer *f*, **Ø**, ~ ***einer Sozialleistung*** periodo *m* de percepción de una prestación social

bezugsfertig, ***~e Wohnung*** vivienda *f* habitable en el acto

Bezugspreis *m*, **e** (Börse) precio *m* de suscripción, de venta; (Börse) precio *m* de emisión

Bezugsquelle *f*, **n** fuente *f* de aprovisionamiento, de suministro; ***die*** ~ ***wechseln*** cambiar de proveedor

Bezugsquellennachweis *m*, **e** lista *f* de proveedores

Bezugsrecht *n*, **e 1.** derecho *m* de preferencia; derecho *m* de opción **2.** ~ ***auf neue Aktien*** derecho (preferente) de suscripción de acciones nuevas; ***mit, ohne*** ~ con, sin derecho (preferente) de suscripción

Bezugsschein *m*, **e 1.** (Auftrag) orden *f* de suministro **2.** (auf Aktien) boletín *m* de suscripción; certificado *m*, de suscripción **3.** (Ware) vale *m*; bono *m* **4.** (Mangelware) vale *m*, ticket *m* de racionamiento

bezugsscheinpflichtig racionado

Bezugswert *m*, **e** valor *m* de referencia

Bezugszeichen *n*, **-** (Korrespondenz) referencia *f*

bezuschussen subvencionar (Syn. ***subventionieren***)

BfA → Bundesversicherungsanstalt für Angestellte

BFH → Bundesfinanzhof

BGB → Bürgerliches Gesetzbuch

BGB-Gesellschaft *f*, **en** sociedad *f* de derecho civil; asociación *f* jurídico-civil; sociedad *f* sin ánimo de lucro

BI → Bürgerinitiative

bieten 1. ofrecer; hacer una oferta **2.** licitar; pujar; ***höher*** ~ pujar más alto; mejorar la postura

Bietende(r) (der/ein) → Bieter

Bieter *m*, - postor *m*; licitador *m*; pujador *m*

Bietungsgarantie *f*, **n** caución *f* de licitación

Big Bang *m*, Ø reforma *f* de la Bolsa de Londres (1986)

Bilanz *f*, **en 1.** (Unternehmen) balance *m*; resultado *m* global; ***aktive, passive*** ~ balance (con saldo) activo, pasivo; ***gefälschte (frisierte, verschleierte)*** ~ balance falsificado; (Fam.) balance "afeitado", "maquillado"; ***jährliche*** ~ balance anual; ***konsolidierte*** ~ balance consolidado; ***überschüssige (positive), defizitäre (negative)*** ~ balance excedentario, deficitario; ~ ***zum 31. Dezember 19...*** balance al 31 de diciembre de 19...; ***die*** ~ ***aufstellen (ziehen)*** hacer, formar (el) balance; ***die*** ~ ***frisieren*** retocar (*od.* "maquillar") el balance; ***die*** ~ ***prüfen*** examinar el balance; ***die*** ~ ***vorlegen*** presentar (el) balance **2.** (Außenhandel) balanza *f*; ~ ***des kurzfristigen und langfristigen Kapitalverkehrs*** balanza de (transacciones de) capitales a corto y a largo plazo; ~ ***der laufenden Posten*** balanza por cuenta corriente; ~ ***der unentgeltlichen Leistungen*** balanza de transferencias; ~ ***der unsichtbaren Leistungen*** balanza de servicios; balanza de bienes invisibles

Bilanzabschluss *m*, **¨sse** cierre *m*, conclusión *m* de(l) balance

Bilanzanalyse *f*, **n** análisis *m*, interpretación *f* del balance

Bilanzaufstellung *f*, **en** formación *f*, establecimiento *m* del balance

Bilanzbereinigung *f*, **en** ajuste *m* del balance

Bilanzberichtigung *f*, **en** rectificación *f* del balance

Bilanzbuch *n*, **er** libro *m* de balances

Bilanzfälschung *f*, **en** falsificación *f* del balance

Bilanzformblatt *n*, **¨er** balance *m* normalizado

Bilanzgewinn *m*, **e** beneficio *m* de (*od.* en) balance (Syn. ***Reingewinn***)

Bilanzgliederung *f*, **en** estructura *f* del balance

bilanzieren hacer, establecer balance

Bilanzierung *f*, **en** (establecimiento *m* del) balance *m*; compensación *f* de los valores del activo y del pasivo

Bilanzjahr *n*, **e** ejercicio *m* económico, comercial

bilanzmäßig contable; establecido por el balance; ***~e Abschreibung*** valor *m* contable de la amortización

Bilanzposten *m*, - partida *f* del balance

Bilanzprüfer *m*, - experto *m* contable; interventor *m* de cuentas

Bilanzprüfung *f*, **en** revisión *f* de(l) balance

Bilanzregel *f*, **n**, ***goldene*** ~ regla *f* de oro del balance

Bilanzstichtag *m*, **e** fecha *f* de cierre de(l) balance; día *m* fijado para el balance

Bilanzstrukturen *pl* estructuras *pl* de balance

Bilanzsumme *f*, **n** total *m*, suma *f* del balance

Bilanzverlust *m*, **e** pérdida *f* contable

Bilanzverschleierung *f*, **en** balance *m* amañado

Bilanzvorlage *f*, **n** presentación *f* del balance

Bilanzwert *m*, **e** valor *m* en balance; valor *m* contable; valor *m* de inventario

Bilanzziehung *f*, **en** → Bilanzaufstellung

bilateral bilateral; ***~es Abkommen*** acuerdo *m* bilateral (Syn. *zweiseitig*)

bilden formar; crear; constituir; ***Kapital*** ~ formación *f* de capital; ***eine Rücklage*** ~ constituir una reserva

Bildfunkdienst *m*, **e** servicio *m* fototelegráfico

Bildpostkarte *f*, **n** tarjeta *f* ilustrada

Bildschirm *m*, **e 1.** pantalla *f* (de televisión, de proyección, de radar, etc.) **2.** panel *m* electrónico

Bildschirmterminal *n*, **(s)** terminal *m* de vídeo

Bildschirmtext *m*, Ø (BTX) videotex *m*; videotexto *m*; teletexto *m*; ***etw. über*** ~ ***bestellen*** hacer un pedido por teletexto; ***über*** ~ ***informieren*** informar por vía telemática, por videotex(to), por teletexto

Bildtelefon *n*, **e** videófono *m*; videoteléfono *m*

Bildtelegrafie *f*, Ø fototelegrafía *f*

Bildung *f*, **en 1.** ~ ***von Rücklagen*** constitución *f*, formación *f*, creación *f* de reservas **2.** instrucción *f*; enseñanza *f*

Bildungsurlaub *m*, Ø vacaciones *pl* de reciclaje; permiso *m* para la readaptación profesional

Bildungsweg *m*, **e**, ***der zweite*** ~ formación *f* paralela; ***das Abitur auf dem zweiten*** ~ ***machen*** hacer el bachillerato en cursos vespertinos, nocturnos

billig 1. (Preis) barato; a buen, a bajo precio; módico; ***zu ~em Preis*** a bajo precio; ~ ***kaufen*** comprar a buen precio; comprar a bajo precio; ***sehr*** ~ tirado; a precio de ganga; ***~er werden*** abaratarse; bajar de precio **2.** (gerecht) justo; razonable; ***nach ~em Ermessen*** según leal saber y entender; después de una apreciación justa; con (*od.* en) toda equidad

billigen aprobar; consentir en; admitir; autorizar; ***einen Beschluss*** ~ aprobar una decisión

Billigflagge *f*, **n** pabellón *m*, bandera *f* de conveniencia

Billigflaggenländer *pl* países *pl* con banderas de conveniencia

Billigkeit *f*, Ø **1.** equidad *f*; justicia *f*; ***nach ~ entscheiden*** decidir con (toda) equidad **2.** baratura *f*; modicidad *f* de precios

Billigpreisland *n*, **¨er 1.** país *m* con precios bajos **2.** país *m* que practica el dumping

billigst (Börse) a lo mejor; por lo mejor

Billigtarif *m*, **e**, ***zum ~ fahren*** viajar con (*od.* a) tarifa reducida

Billigung *f*, **en** aprobación *f*; consentimiento *m*; admisión *f*; autorización *f*; sanción *f*

Billigware *f*, **n**, ~ ***aus China*** mercancía *f* barata de China

Billion *f*, **en** billón *m*; un millón de millones

Bimetallismus *m*, Ø bimetalismo *m*; sistema *m* de patrón doble (Ggs. ***Monometallismus***)

binär (Inform.) binario

Binärsystem *n*, **e** sistema *m* binario; sistema *m* principio "sí-no"

bindend obligatorio; vinculante; firme; ***ein ~es Angebot*** oferta *f* (en) firme

Bindung *f*, **en 1.** obligación *f*; compromiso *m*; ***vertragliche*** ~ obligación contractual **2.** enlace *m*; sujeción *f*

Binnen- (Pref.) del país; nacional; interno, interior (Ggs. ***Außen-***)

binnen dentro de; en el plazo, (*od.* lapso *od.* espacio) de; ~ ***8 Tagen*** de aquí a 8 días; dentro de 8 días; en el término (*od.* lapso *od.* espacio) de 8 días

Binnenfischerei *f*, Ø pesca *f* de agua dulce

Binnenflugverkehr *m*, Ø tráfico *m* aéreo nacional (*od.* doméstico)

Binnengewässer *pl* aguas *pl* interiores; aguas *pl* continentales

Binnenhafen *m*, **¨ 1.** puerto *m* interior **2.** puerto *m* fluvial

Binnenhandel *m*, Ø comercio *m* interior

Binnenland *n*, **¨er 1.** país *m* sin acceso al mar; país continental **2.** interior *m* del país

Binnenmarkt *m*, **¨e** mercado *m* nacional, interior; ***europäischer*** ~ mercado *m* único europeo

Binnenmeer *n*, **e** mar *m* interior

Binnennachfrage *f*, **(n)** demanda *f* nacional, interior; demanda *f* de las empresas del (propio) país

Binnenschifffahrt *f*, **en** navegación *f* por aguas interiores; navegación *f* fluvial

Binnensee *m*, **n** lago *m* continental

Binnenstaat *m*, **en** → Binnenland

Binnentransportversicherung *f*, **en** seguro de transporte interior

Binnenverkehr *m*, Ø transporte *m* interior; tráfico *m* interno

Binnenwanderung *f*, **en** migración *f* interior

Binnenwasserstraße *f*, **n** vía *f* de navegación interior; vía *f* fluvial

Binnenwirtschaft *f*, Ø economía *f* nacional; economía *f* interna, interior; comercio y pagos nacionales (Ggs. ***Außenwirtschaft***)

binnenwirtschaftlich relativo a la economía interior; ***~e Entwicklung*** evolución *f* de la economía interna

Binnenzölle *pl* aranceles *pl* interiores; derechos arancelarios *pl* interiores

Bioindustrie *f*, **(n)** industria *f* elaboradora de productos naturales; bioindustria *f*

Bioladen *m*, **¨** tienda *f* de productos naturales

BIP → Bruttoinlandsprodukt

bis, ~ ***1990*** hasta 1990; ~ ***auf weiteres*** (b.a.w.) hasta nuevo aviso; hasta nueva orden; ~ ***dahin*** hasta entonces; ***von Dienstag ~ einschließlich Donnerstag*** de lunes a jueves, ambos inclusive; ~ ***heute*** hasta la fecha; hasta hoy; ~ ***jetzt*** hasta ahora; ~ ***spät in die Nacht (hinein)*** hasta muy entrada (*od.* avanzada) la noche; ***3 ~ 4 Mark*** de tres a cuarto marcos; ~ ***zum 1. Februar*** hasta el 1 de febrero; ~ ***zur Bezahlung*** pendiente de pago; ***die Geldstrafe beträgt ~ DM 1000*** el importe de la multa no excederá los 1000 marcos

bisher hasta la fecha; hasta ahora

bisherig, ***der ~e Direktor*** el director hasta ahora; el ex director; el director anterior; ***~e Tätigkeiten*** trabajos *pl* desempeñados hasta la fecha; actividades *pl* desarrolladas hasta la fecha

bisschen, ***ein*** ~ un poco; ***nicht ein*** ~ nada en absoluto; ni una pizca; ni pizca siquiera; ***ein kleines*** ~ un poquitín; ***das ~ Einkom-***

men (Fam.) lo poquito, la miseria que uno gana
Bit *n*, **s** (Inform.) bit *m*; dígito *m* binario
Bittbrief *m*, **e** → Bittschrift
Bitte *f*, **n** ruego *m*; solicitud *f*; instancia *f*; *~ **um Auskunft*** solicitud de información; ***eine ~ abweisen*** denegar una petición; ***einer ~ entsprechen, nachkommen, stattgeben*** acceder, corresponder a un ruego; ***eine ~ an jdn richten*** hacer un ruego, una petición a alg.; ***auf ~n von*** a instancias de; a ruego de; a petición de
bitten rogar; solicitar; pedir; ***wir ~ Sie*** le(s) rogamos; tenga(n) la bondad de; sírva(n)se; ~ ***um Aufträge*** solicitar encargos; ***jdn. um Erlaubnis ~*** pedir a alg. permiso, autorización; ***wir ~ um Zusendung von*** sírvanse expedir
Bittschreiben *m*, - → Bittschrift
Bittschrift *f*, **en** carta *f* petitoria; súplica *f*; instancia *f*; memorial *m*; ***eine ~ einreichen*** entregar una carta petitoria; hacer una petición, una súplica; cursar una instancia
Bittsteller *m*, - peticionario *m*; solicitante *m*; suplicante *m*
BIZ → Bank für Internationalen Zahlungsausgleich
blank sein (Fam.) no tener ni una chica; estar sin blanca; estar a dos velas
blanko en blanco; al (*od.* en) descubierto; ***(in) ~ akzeptieren*** aceptar en blanco; ***(in) ~ unterschreiben*** firmar en blanco; (Börse) ~ ***verkaufen*** vender en descubierto
Blankoakzept *n*, **e** aceptación *f* en blanco; aceptación *f* en descubierto
Blankoformular *n*, **e** formulario *m* en blanco
Blankogiro *n*, **s** giro *m*, endoso *m* en blanco
Blankokredit *m*, **e** crédito *m* en blanco; crédito *m* al descubierto; crédito *m* abierto; (unbeschränkt) crédito *m* ilimitado
Blankoscheck *m*, **s** cheque *m* en blanco
Blankounterschrift *f*, **en** firma *f* en blanco; ***eine ~ leisten*** firmar en blanco
Blankoverkauf *m*, **¨e** (Börse) venta *f* en descubierto
Blankovollmacht *f*, **en** carta *f* blanca; pleno poder *m*; ~ ***erteilen*** otorgar carta blanca (*od.* pleno poder)
Blankowechsel *m*, ~ letra *f* en blanco; efecto *m* en blanco
Blatt *n*, **¨er** **1.** (Papier) folio *m* **2.** (Buch) hoja *f*; página *f* **3.** (Bogen) pliego *m* **4.** (Quartformat) cuartilla *f* **5.** (Zettel) papeleta *f* **6.** ***loses ~*** hoja *f* suelta; volante *m* **7.** (Zeitung) periódico *m*
blau, ~ ***machen*** (Fam.) no trabajar; no aparecer por el puesto de trabajo; (Fam.) hacer novillos; ***~en Montag machen*** hacer puente (*od.* fiesta) el lunes
Blaumann *m*, **¨er** (Fam.) mono *m* de trabajo
Blaupause *f*, **n** fotocalco *m* azul
blechen (Fam.) pagar; (Fam.) aflojar la tela, la mosca; rascarse el bolsillo
Blechwaren *pl* artículos *pl* de hojalata
Blei *n*, Ø plomo *m*; ***bleiarm*** con poco contenido de plomo; ***bleifreies Benzin*** gasolina *f* sin (contenido de) plomo; ***zulässiger ~gehalt*** contenido *m* de plomo admitido
bleiben, ~ ***Sie am Apparat*** no cuelgue; ***in Geltung, in Kraft ~*** seguir rigiendo; seguir teniendo validez; ***im Geschäft ~*** continuar en negocio
Blickfangreklame *f*, **n** publicidad *m* llamativa
Blindmuster *n*, - simulacro *m*
Blitzgespräch *n*, **e** conversación *f* relámpago
Blitzreise *f*, **n** viaje *m* relámpago
Blitzschaden *m*, **¨** daño *m* causado por rayo
Blitzstreik *m*, **s** huelga *f* sorpresa, relámpago
Blitztelegramm *n*, **e** telegrama *m* urgentísimo
Blitzumfrage *f*, **n** encuesta *f* (relámpago); sondeo *m* (relámpago)
Block *m*, **¨e** **1.** (Schreib-, Notiz-) bloc *m*; bloque *m* **2.** (Briefmarken-) hojita-bloque *f* **3.** (Häuser-) manzana *f*; (LA) cuadra *f* **4.** (Met.) lingote *m*
Blockade *f*, **n** bloqueo *m*; ***die ~ aufheben*** levantar el bloqueo; ***die ~ brechen*** romper el bloqueo; ***die ~ verhängen (über)*** decretar, imponer el bloqueo (sobre); ***die Berliner ~*** el bloqueo de Berlín
blockieren bloquear; embargar; congelar; ***blockiertes Guthaben*** haberes *pl* congelados, bloqueados; ***ein Konto ~*** bloquear, congelar una cuenta
Blockschrift *f*, Ø caracteres *pl* de imprenta; letra *f* de palo; ***in ~*** en mayúsculas
Blue chips *pl* acciones *pl* favoritas; títulos *pl* de primera categoría; valores *pl* de primera clase; valores *pl* solidísimos
Bluff *m*, **s** bluff *m*; farol *m*
bluffen marcarse, hacer un farol
Blüte *f*, **n** (Wohlstand) prosperidad *f* **1.** ***in ~ stehen*** estar en apogeo; estar en auge **2.** (Banknote) billete *m* falso
BLZ → Bankleitzahl

Boden *m*, ¨ **1.** suelo *m*; terreno *m*; tierra *f* **2.** bien *m* raíz; inmueble *m* **3.** fundamento *m*; base *f*
Bodenabtragung *f*, **en** erosión *f*
Bodenart *f*, **en** clase *f* de suelo
Bodenbeschaffenheit *f*, **en** estructura *f*, naturaleza *f* del suelo
Bodenbewässerung *f*, **en** irrigación *f*
Bodenbewertung *f*, **en** tasación *f*, valoración *f* del terreno
Bodenbewirtschaftung *f*, **en** cultivo *m* del suelo, de la tierra; ***extensive***, ***intensive*** ~ cultivo *m* extensivo, intensivo
Bodenbonitierung *f*, **en** tasación *f* del terreno, del suelo
Bodenentwässerung *f*, **en** drenaje *m*
Bodenertrag *m*, ¨**e** rendimiento *m* del suelo
Bodenerzeugnisse *pl* productos *pl* del suelo
Bodenkredit *m*, **e** crédito *m* territorial; crédito *m* agrícola, rural; crédito *m* inmobiliario; crédito *m* hipotecario
Bodenkreditanstalt *f*, **en** → Bodenkreditbank
Bodenkreditbank *f*, **en** banco *m* de crédito territorial; instituto *m* de crédito agrícola (*od.* rural); banco *m* hipotecario
Bodenkreditinstitut *n*, **e** → Bodenkreditbank
Bodenpreis *m*, **e** precio *m* del suelo; precio *m* de los terrenos
Bodenreform *f*, **en** reforma *f* agraria; ***eine ~ durchführen*** realizar una reforma del suelo; llevar a cabo una reforma agraria
Bodenrente *f*, **n** renta *f* inmobiliaria
Bodenschätze *pl* riquezas *pl* del subsuelo; recursos *pl* minerales; ~ ***abbauen*** explotar las riquezas (*od.* los recursos) minerales
Bodenschätzung *f*, **en** → Bodenbonitierung
Bodenspekulation *f*, **en** especulación *f* inmobiliaria; especulación *f* del suelo
Bodenstewarde|ß *f*, ¨**ssen** azafata *f* de tierra
Bodenwertzuwachssteuer *f*, **n** impuesto *m* sobre las plusvalías (Syn. ***Wertzuwachssteuer***)
Bodmerei *f*, **en** (Nav.) préstamo *m* a la gruesa; hipoteca *f* marítima
Bogen *m*, ¨ **1.** (Papier) pliego *m*; hoja *f* **2.** (Kupon) hoja *f* de cupones; cupón *m*
bohren perforar; sondear; ***nach Erdöl*** ~ hacer prospecciones petroleras; hacer sondeos petrolíferos
Bohrgesellschaft *f*, **en** sociedad *f* de prospecciones petroleras
Bohrinsel *f*, *n* plataforma *f* de extracción, de perforación; plataforma *f* petrolera
Bohrturm *m*, **e** castillete *m* de sondeo; torre *f* de perforación
Bohrung *f*, **en** perforación *f*; sondeo *m*; prospección *f*
Bombengehalt *n*, ¨**er** (Fam.) sueldo *m* fabuloso (*od.* fenomenal *od.* bárbaro); (Fam.) sueldazo *m*
Bombengeschäft *n*, **e** (Fam.) negocio *m* fabuloso; negocio *m* fenomenal; negocio (para hacerse) de oro
Bon *m*, **s** bono *m*; vale *m*; ticket *m*; ***einen ~ ausstellen*** extender un vale; (Syn. ***Gutschein***)
Bond *m*, **s** obligación *f*; bono *m*
Bonifikation *f*, **en** bonificación *f*; rebaja *f*; (Vermittlerprovision) comisión *f*
bonifizieren bonificar; hacer una rebaja; indemnizar
Bonität *f*, **en** **1.** honradez *f*; honorabilidad *f*; respetabilidad *f* **2.** solvencia *f*; crédito *m*; bonancibilidad *f* **3.** excelente calidad *f* de la mercancía **4.** productividad *f*; rendimiento *m*
bonitieren evaluar(el rendimiento del suelo)
Bonitierung *f*, **en** evaluación *f* del rendimiento del suelo
Bon|us *m*, **se** *od.* **-i** bono *m*; gratificación *f*; prima *f*; (Dividende) dividendo *m* extraordinario (*od.* complementario)
Boom *m*, **s** boom *m*; alta coyuntura *f* (Ggs. ***Rezession***)
boomen (Angl.) estar en pleno auge, en plena expansión; estar en fase de alta coyuntura; vivir, conocer el boom
Bord *m*, Ø bordo *m*; ***frei an*** ~ franco a bordo; FOB; ***an ~ bringen*** embarcar; poner a bordo
Borderpreis *m*, **e** precio *m* en la frontera; precio *m* franco frontera
Bordkarte *f*, **n** tarjeta f de embarque
Borg *m*, Ø (selten) crédito *m*; ***auf ~ kaufen*** comprar al fiado (*od.* a crédito); ***auf ~ leben*** vivir del crédito; vivir de fiado
borgen **1.** ***jdm. Geld*** ~ prestar dinero al alg. **2.** ***von jdm. Geld*** ~ tomar dinero prestado de alg. (Syn. ***leihen***)
Börse *f*, **n** bolsa *f* **1.** ***feste*** ~ bolsa firme; ***flaue*** ~ bolsa desanimada; ***gedrückte*** ~ bolsa a la baja; ***lebhafte*** ~ bolsa animada; ***lustlose (matte)*** ~ bolsa desanimada; ***rückläufige*** ~ bolsa bajista; ***zurückhaltende*** ~ bolsa retraída **2.** ***an der ~ einführen*** introducir en Bolsa; ***an der handeln*** negociar en Bolsa; ***an der ~ notieren*** cotizar en Bolsa; ***an der ~ spekulieren*** especular, jugar en

la Bolsa; ***an der ~ zulassen*** admitir a cotización en Bolsa **3.** (Geldbeutel) bolsa *f*
Börsen- (Pref.) de la Bolsa; bursátil
Börsenabteilung *f*, **en** sección *f* de Bolsa
Börsenaufsicht *f*, Ø supervisión *f*, control *m*, inspección *f* de la Bolsa; (E) Comisión *f* Nacional del Mercado de Valores (CNMV)
Börsenauftrag *m*, **¨e** orden *m* bursátil; orden *m* en Bolsa
Börsenbeginn *m*, Ø comienzo *m* de la jornada bursátil; apertura *f* de la Bolsa
Börsenbericht *m*, **e** boletín *m* de la Bolsa; (in der Zeitung) página(s) *f* (pl) bursátil(es); información *f* sobre la Bolsa
Börsenblatt *n*, **¨er** → Börsenbericht
Börseneinführung *f*, **en** admisión *f* a cotización; introducción *f* en Bolsa
börsenfähig → börsengängig
börsengängig cotizado en Bolsa; negociable en Bolsa; admitido a cotización (bursátil)
Börsengebäude *n*, **-** edificio *m* de la Bolsa
Börsengeschäfte *pl* contrataciones *pl*, operaciones *pl*, transacciones *pl* bursátiles
Börsenhandel *m*, Ø comercio *m* bursátil; comercio *m* en Bolsa
Börsenind|ex *m*, **e** *od.* **-izes** indicador *m* de tendencia; índice *m* bursátil
Börsenjobber *m*, **-** bolsista *m*
Börsenkrach *m*, **¨e** hundimiento *m*, crack *m*, derrumbe *m* bursátil (*od.* de la Bolsa); caída *f* vertical de las cotizaciones
Börsenkurs *m*, **e** cotización *f* bursátil (*od.* en la Bolsa); cambio *m* bursátil; ***die ~e steigen, fallen*** las cotizaciones, los cambios suben, bajan
Börsenkurszettel *m*, **-** cotización *f*; boletín *m* de cambios (*od.* de cotizaciones)
Börsenmakler *m*, **-** corredor *m* de Bolsa
Börsenmaklergebühr *f*, **en** corretaje *m*
börsenmäßig bursátil
börsennotiert → börsengängig
Börsennotierung *f*, **en** cotización *f* (oficial) en Bolsa
Börsenordnung *f*, **en** reglamento *m* de la Bolsa
Börsenpapiere *pl* valores *pl*, títulos *pl* bursatiles
Börsenparkett n, Ø parqué *m*; parquet *m*
Börsenplatz *m*, **¨e** plaza *f* bursátil
Börsenpreis *m*, **e** → Börsenkurs
Börsenprospekt *n*, **e** folleto *m* sobre una nueva emisión
Börsensaal *m*, **-säle** sala *f* de contratación
Börsenschluss *m*, Ø cierre *m*, clausura *f* (de la jornada) bursátil
Börsenschwankungen *pl* fluctuaciones *pl* de los cambios (*od.* de las cotizaciones)
Börsenschwindel *m*, Ø fraude *m*, estafa *f* bursátil
Börsensitzung *f*, **en** sesión *f* bursátil
Börsenspekulant *m*, **en** especulador *m* de Bolsa
Börsenspekulation *f*, **en** especulación *f* en Bolsa; operación *f* especulativa de Bolsa
Börsensturz *m*, **¨e** caída *f* de los cambios (*od.* de las cotizaciones)
Börsentermingeschäft *n*, **e** operación *f* de Bolsa a plazo; mercado *m* a plazo
Börsentip *m*, **s** sugerencia *f* bursátil (confidencial)
Börsenumsätze *pl* volumen *m* de contratación; volumen *m* de compraventa; operaciones *pl* formalizadas
Börsenumsatzsteuer *f*, **n** impuesto *m* de (*od.* sobre la) negociación bursátil
Börsenusancen *pl* usos *pl* bursátiles
Börsenvorstand *m*, **¨e** **1.** Junta *f* de gobierno de la Bolsa de valores **2.** (E) Junta *f* Sindical de Agentes de Cambio y Bolsa **3.** (Mitglieder) síndico *m* (de la bolsa)
Börsenzettel *m*, **-** → Börsenbericht
Börsenzulassung *f*, **en** admisión *f* a cotización (oficial)
Börsianer *m*, **-** bolsista *m*
böswillig malintencionado; malicioso; ***in ~ Absicht*** con intención *f* delictiva
Böswilligkeit *m*, Ø mala intención *f*; malevolencia *f*
Bote *m*, **n** correo *m*; mensajero *m*; (Amts-) ordenanza *m*; (Dienstmann) recadero *m*; (Laufbursche) botones *m*; mandadero *m*; ***durch ~n*** entrega *f* a mano; envío *m* por mensajero
Botenfrau *f*, **en** recadera *f*; mensajera *f*
Botengang *m*, **¨e** recado *m*; ***einen ~ tun*** llevar un recado
Botenlohn *m*, **¨e** propina *f*
Botenzustellung *f*, **en** entrega *f* por mensajero; entrega *f* por recadero
Botschaft *f*, **en** **1.** mensaje *m*; recado *m*; noticia *f*; misiva *f*; ***eine ~ übermitteln*** transmitir, entregar un mensaje **2.** embajada *f*
Botschafter *m*, **-** embajador *m*
Boulevardpresse *f*, Ø prensa *f* sensacionalista; prensa *f* amarilla
Boutique *f*, **n** boutique *f*
Boykott *m*, **e** *od.* **s** boicot(eo) *m*
boykottieren boicotear

Br → Brief
brach (zeitweise) de barbecho; (dauernd) yermo
Brachacker *m*, ¨ → Brachland
Brachfeld *n*, er → Brachland
Brachland *n*, Ø barbecho *m*; terreno *m* de barbecho
brachliegen (Land) estar en (*od.* de) barbecho; (Anlagen) no explotar; no utilizar *~des Kapitals* capital *m* sin utilizar; capital improductivo
Branche *f*, **n** ramo *m*; especialidad *f*; sector *m*; capítulo *m*; *~ mit Zukunft* ramo con futuro
Branchenadressbuch *n*, er □ Branchenverzeichnis
Branchenerste(r) (der/ein) el número uno de su especialidad, del ramo
branchengebunden, *~e Tätigkeit* actividad *f* especializada; actividad *f* relacionada con un ramo económico
Branchenkenntnis *f*, **se** conocimiento *m* de la especialidad; conocimiento *m* del ramo
branchenkundig versado en la especialidad (*od.* en el ramo); especialista; competente; conocedor del ramo
Branchenmesse *f*, **n** feria *f* de un ramo (económico)
branchenübergreifend, *~e Aktivitäten* actividades *pl* diversificadoras; actividades *pl* que trascienden un ramo
branchenüblich usual en el ramo; habitual en la especialidad
Branchenverzeichnis *n*, **se 1.** anuario *m* de comercio de industria (por ramos de actividad) **2.** páginas *pl* amarillas; índice *m* (*od.* guía *f*) comercial
Brandschaden *m*, ¨ daño *m bzw.* siniestro *m* causado por incendio
Brandstiftung *f*, Ø incendiarismo *m*
Brandstiftungsfall *m*, ¨**e** incendio *m* provocado
Brandversicherung *f*, **en** seguro *m* de (*od.* contra) incendios
Branntwein *m*, **e** aguardiente *m*; alcoholes *pl*; bebidas *pl* espirituosas (*od.* alcohólicas)
Branntweinsteuer *f*, **n** impuesto *m* sobre la fabricación de alcoholes
Braunkohle *f*, Ø lignito *m*
Brauwirtschaft *f*, Ø ramo *m*, sector *m* de la cerveza; industria *f* cervecera
BRD *f*, Ø → Bundesrepublik Deutschland
Break-even point *m*, **s 1.** punto *m* de equilibrio **2.** punto *m* muerto **3.** punto *f* crítico **4.** umbral *m* de rentabilidad
brechen, *die Blockade ~* romper el bloqueo; *einen Vertrag ~* quebrantar un contrato
Brennelement *n*, **e** elemento *m* combustible; elemento *m* fisionable
Brennstab *m*, ¨**e** (eines Reaktors) barra *f* de uranio (de un reactor); combustible *m* nuclear; barra *f* combustible; barra *f* de material físil
Brennstoff *m*, **e** combustible *m*; carburante *m*
Brennstoffverbrauch *m*, Ø consumo *m* de combustible
Brett *n*, er tablón *m*; tablero *m*; *Schwarzes ~* tablón *m* de anuncios
Bretton-Woods-System *n*, Ø sistema *m* de Bretton-Woods (1944)
Brief *m*, **e 1.** carta *f*; nota *f*; *eingeschriebener ~* carta certificada; *frankierter*, *unfrankierter ~* carta franqueada, no franqueada; *unzustellbarer -* carta para la que no se encuentra destinatario **2.** *einen ~ aufgeben* enviar una carta; *einen ~ einwerfen* echar (una carta) al buzón (o al correo); *einen ~ empfangen* recibir una carta; *einen ~ freimachen, frankieren* franquear una carta; *einen ~ quittieren* firmar el recibo de una carta; *einen ~ versiegeln* lacrar, sellar, precintar una carta; (Börse) oferta *f*; (Urkunde) documento *m*; patente
Briefabfertigung *f*, **en** (Büro) cartería *f*
Briefablage *f*, **n** archivo *m*, clasificación del correo
Briefaufschrift *f*, **en** señas *pl*; dirección *f*
Briefbeschwerer *m*, - pisapapeles *m*
Briefblock *m*, ¨**e** bloc *m* de cartas
Briefbogen *m*, ¨ pliego *m*
Briefbombe *f*, **n** carta *f* incendiaria; carta *f* bomba
Briefeinwurf *m*, Ø **1.** buzón *m* **2.** boca *f* del buzón
Brieffach *n*, ¨**er** apartado *m* de correos
Briefgeheimnis *n*, **se** secreto *m* postal (*od.* de la correspondencia); *das ~ verletzen* violar el secreto postal
Briefgrundschuld *f*, **en** deuda *f* real con cédula
Briefhypothek *f*, **en** hipoteca *f* con (*od.* de) cédula; hipoteca *f* inmobiliaria (consignada por título al portador)
Briefing *n*, **s** reunión *f* de información; briefing *m*
Briefkarte *f*, **n** tarjeta-carta *f*

Briefkasten *m*, ¨ buzón *m*; ***den ~ leeren*** recoger las cartas; ***in den ~ stecken (werfen)*** depositar en el buzón
Briefkastenfirm|a *f*, **-en** sociedad *f* que consiste en un buzón o dirección postal (en los denominados paraísos fiscales) (Syn. ***Sitzgesellschaft***)
Briefkopf *m*, **¨e 1.** (Anrede) encabezamiento *m* **2. *vorgedruckter*** ~ membrete *m*
Briefkurs *m*, **e** (Börse) cotización *f* ofrecida; cotización *f* de venta; oferta *f*
brieflich por escrito; por carta; ***mit jdm. ~ verkehren*** mantener correspondencia con alg.; ***~er Verkehr*** correspondencia *f*
Briefmarke *f*, **n** sello *m* (postal); estampilla *f*; (Méx.) timbre *m*; ***eine ~ auf einen Brief kleben*** (Syn. ***freimachen***) franquear; pegar un sello
Briefmarkenautomat *m*, **en** distribuidor *m* automático; expendedor *m* automático de sellos
Briefmuster *n*, - modelo *m* de carta
Brieföffner *m*, - abrecartas *m*
Briefordner *m*, - clasificador *m*, archivador *m* de la correspondencia
Briefpapier *n*, **e** papel *m* de cartas
Briefpartner *m*, - correspondiente *m*
Briefporto *n*, **s** franqueo *m*
Briefpost *f*, Ø correo *m*
Briefpreis *m*, **e** (Börse) precio *m* (exigido) por el vendedor; precio *m* al vendedor
Briefsortierer *m*, - clasificador *m* de cartas
Briefstempel *m*, - matasellos *m*
Brieftelegramm *n*, **e** telegrama-carta *m*
Briefumschlag *m*, **¨e** sobre *m*; ***~ für Rückantwort*** sobre-respuesta *m* (Syn. ***Kuvert***)
Briefverkehr *m*, Ø → Briefwechsel
Briefwaage *f*, **n** pesacartas *m*; ***geeichte ~*** pesacartas *m* homologado
Briefwahl *f*, **en** (Pol.) voto *m* por correo
Briefwechsel *m*, Ø correspondencia *f*; (Fam.) carteo *m*; ***den ~ führen*** encargarse de la correspondencia; hacer la correspondencia; ***mit jdm. in ~ stehen*** mantener correspondencia con alg.; (Syn. ***Schriftwechsel, Korrespondenz***)
Briefzustellung *f*, **en** distribución *f* del correo
Bringschuld *f*, **en** deuda *f* pagadera en el domicilio del acreedor; obligación *f* de aportar
Broker *m*, - **1.** agente *m* (de Cambio y Bolsa) **2.** corredor *m* (de cambio) **3.** comisionista *m* **4.** intermediario *m*
Brokerage *f*, Ø corretaje *m*
Brokerhaus *n*, **¨er** correduría *f*
Broker's broker *m*, Ø comerciante *m* que es su propio agente
Broschüre *f*, **n** folleto *m*; opúsculo *m*; ***informative ~*** folleto explicativo (*od.* informativo)
Brot *n*, **e** pan *m*; ***sein ~ haben*** tener de qué vivir; ***sein ~ verdienen*** ganarse la vida (*od.* el pan)
Brötchen *n*, - panecillo *m*; ***seine ~ verdienen*** ganarse el plato de cada día; ganarse las habichuelas, el garbanzo
Broterwerb *m*, Ø ganapán *m*
brotlos, ***jdn. ~ machen*** quitar los medios de existencia a alg.; quitar el pan a alg.; dejar en la calle a alg.
BRT → Bruttoregistertonne
Bruch *m*, **e 1.** rotura *f*; fractura *f* **2. *~ des Amtsgeheimnisses*** violación *f* del secreto profesional **3.** fracción *f*; quebrado *m*
Bruchteil *m*, **e** fracción *f*; cuota parte *f*
Bruchteilseigentum *n*, Ø propiedad *f* proindiviso; propiedad *f* indivisa; copropiedad *f*
Bruchteilsgemeinschaft *f*, **en** comunidad *f* por cuotas; indivisión *f*
Brüter *m*, - → Brutreaktor
Brutreaktor *m*, **en** reactor *m* regenerador; reactor *m* reproductor; ***schneller ~*** reactor *m* rápido (*od.* de neutrones rápidos)
Brutto- (Pref.) **1.** bruto; con embalaje **2.** bruto; sin deducción de gastos; (Ggs. ***Netto***)
brutto bruto; en bruto; ***~ für netto*** bruto por neto (el precio comprende el gasto de embalaje)
Bruttobetrag *m*, **e** importe *m* bruto
Bruttoeinkommen *n*, - ingreso *m* bruto
Bruttoeinnahme *f*, **n 1.** entrada *f* bruta; ingreso *m* bruto **2.** ganancia *f* bruta **3.** recaudación *f* bruta
Bruttoertrag *m*, **¨e** rendimiento *m* bruto; producto *m* bruto
Bruttogehalt *m*, er sueldo *m* bruto
Bruttogewicht *n*, Ø peso *m* bruto
Bruttogewinn *m*, **e** ganancia *f* bruta; beneficio *m* bruto
Bruttoinlandsprodukt *n*, **e** (BIP) producto *m* interior bruto; PIB
Bruttopreis *m*, **e** precio *m* bruto
Bruttoregistertonne *f*, **n** tonelada *f* bruta de registro
Bruttosozialprodukt *n*, **e** (BSP) producto *m* nacional bruto (PNB); ***das ~ ist um 2% gefallen, gestiegen*** el PNB ha aumentado, disminuido en el 2%

Bruttotonnage *f*, **n** tonelaje *m* bruto

Bruttoverdienst *m*, **e** salario *m* *bzw.* sueldo *m* bruto; beneficio *m* bruto

Bruttoverdienstspanne *f*, **n** margen *m* de beneficio bruto; margen *m* comercial; (Syn. ***Handelsspanne***)

BTS → Bildschirmtext

Buch *n*, **¨er** libro *m*; registro *m*; cuenta *f*; ***die ~¨er abschließen*** cerrar las cuentas; ***in die ~¨er eintragen*** asentar en los libros, en las cuentas; ***über etw. ~ führen*** llevar registro (*od.* acta) de a/c; ***die ~¨er führen*** llevar los libros (*od.* la contabilidad); ***zu ~ schlagen*** costar; aparecer en las cuentas; tener una incidencia negativa; ***mit 1000 Mark zu ~ stehen*** estar contabilizado (*od.* asentado) con el valor de 1000 marcos

Buchabschluss *m*, **¨sse** cierre *m* de las cuentas

Buchauszug *m*, **¨e** extracto *m* de cuentas

buchen **1.** contabilizar; sentar en cuenta; ***einen Posten ~*** contabilizar un artículo (*od.* una partida) (Syn. ***verbuchen)*** **2.** (Reise *usw.*) reservar

Bücherabschluss *m*, **¨sse** → Buchabschluss

Bücherrevisor *m*, **en** → Buchprüfer

Buchforderung *f*, **en** crédito *m* contable; deuda *f* activa; crédito *m* quirografario

Buchführer *m*, **-** □ Buchhalter

Buchführung *f*, **en** teneduría *f* de libros; contabilidad *f*; ***amerikanische ~*** contabilidad *f* americana; ***doppelte ~*** contabilidad por partida doble (Syn. ***Doppik***); ***einfache ~*** contabilidad (por partida) simple; ***elektronische ~*** contabilidad electrónica; ***handschriftliche ~*** contabilidad manual; ***kameralistische ~*** contabilidad de los fondos del Estado; contabilidad cameralista; ***kaufmännische ~*** contabilidad comercial; ***kreative ~*** contabilidad creativa; ***maschinelle ~*** contabilidad mecanizada; mecanización *f* contable

Buchführungsmaschine *f*, **n** → Buchungsmaschine

Buchführungspflicht *f*, **en** contabilidad *f* obligatoria

Buchgeld *n*, **er** dinero *m* en depósitos (*od.* en cuentas); dinero *m* contable (Syn. ***Giralgeld, Bankgeld)***

Buchgewinn *m*, **e** beneficio *m* contable

Buchhalter *m*, **-** contable *m*; tenedor *m* de libros; (LA) contador *m*; ***vereidigter ~*** contable *m* jurado

buchhalterisch → buchmäßig

Buchhaltung *f*, **en** **1.** → Buchführung **2.** servicio m de contabilidad

Buchhypothek *f*, **en** hipoteca *f* inscrita en el Registro de la Propiedad; hipoteca *f* sin cédula

Buchkredit *m*, **-** crédito *m* en cuenta

Buchmacher *m*, **-** corredor *m* de apuestas

buchmäßig en términos contables; en términos de contabilidad; contable; ***~e Forderungen*** créditos *pl* contables; ***~ erfassen*** contabilizar

Buchmesse *f*, **n** feria *f* del libro; ***die Frankfurter ~*** Feria del Libro de Francfort

Buchprüfer *m*, **-** revisor *m* de cuentas; censor *m* de cuentas; experto *m* contable

Buchprüfung *f*, **en** revisión *f (od.* control *m)* de cuentas

Buchschuld *f*, **en** deuda *f* contable; deuda *f* activa (sentada en los libros); crédito *m* quirografario

Buchung *f*, **en** **1.** contabilización *f*; asiento *m*; ***eine ~ berichtigen*** rectificar un asiento; ***eine ~ vornehmen*** hacer un asiento **2.** reserva *f*; inscripción *f*; ***eine ~ rückgängig machen*** anular una reserva

Buchungsbeleg *m*, **e** documento *m* contable; justificante *m*; comprobante *m*

Buchungsfehler *m*, **-** error *m*; error *m* de contabilidad

Buchungsmaschine *f*, **n** (máquina *f*) contabilizadora *f*; máquina *f* contable

Buchungsmethode *f*, **n** sistema *m* de contabilidad

Buchungsnummer *f*, **n** número *m* de orden; número *m* de registro (*od.* inscripción)

Buchungsposten *m*, **-** partida *f*

Buchungssatz *m*, **¨e** libros *pl* contables

Buchungsstelle *f*, **n** punto *m*, organismo *m* de contabilidad

Buchungstermin *m*, **e** fecha *f* de inscripción; fecha *f* de reserva

Buchwert *m*, **e** valor *m* contable

Budget *n*, **s** **1.** presupuesto *m* (particular, de una empresa) **2.** presupuesto *m* (conjunto de ingresos y gastos del Estado); ***ein ~ aufstellen*** establecer un presupuesto; ***ein ~ verabschieden*** votar, aprobar un presupuesto (Syn. ***Etat, Haushaltsplan***)

budgetär presupuestario; del presupuesto

Budgetberatung *f*, **en** discusión *f* del presupuesto

budgetieren presupuestar; establecer presupuesto; hacer entrar (*od.* incluir) en el presupuesto

Budgetierung *f*, **en** establecimiento *m* del presupuesto

Bummelstreik *m*, **s** huelga *f* de celo (Syn. ***Dienst nach Vorschrift***)

Bummelzug *m*, **¨e** tren *m* ómnibus; (Fam.) tren *m* botijo (*od.* carreta)

Bund *m*, **(e)** **1.** (Bundesrepublik) República *f* Federal; Federación *f* **2.** (Staatenbund) (con)federación *f* **3.** (Parteien) coalición *f* **4.** (Vertrag) pacto *m* **5.** (Verband) asociación *f*; organización *f*; ~ ***der Steuerzahler*** asociación de contribuyentes **6.** (Militär) alianza *f*

Bundes- (Pref.) federal; relativo a la República Federal

Bundesamt *n*, **¨er** oficina *f* federal; instituto *m* federal; dirección *f* general; ***statistisches*** ~ oficina, instituto federal de estadística; (E: Instituto Nacional de Estadística, INE); ~ ***für Finanzen*** dirección *f* general de finanzas; D.G. de Hacienda

Bundesangestelltentarif *m*, **e** (BAT) convenios *pl* colectivos para los empleados del sector público

Bundesanleihe *f*, **n** empréstito *m* de la Federación

Bundesanstalt *f* **für Arbeit** instituto *m*, oficina *f* federal de trabajo; (E: Instituto Nacional de Empleo, INEM)

Bundesanzeiger *m*, Ø boletín *m* oficial del gobierno federal

Bundesarbeitsgericht *n*, Ø tribunal *m*, corte *f* federal de trabajo; (E: Sala *f* de lo Social del Tribunal Supremo)

Bundesarbeitsminister *m*, - ministro *m* federal de Trabajo; ministro *m* alemán de Trabajo

Bundesarbeitsministeri|um *m*, **-en** (D) ministerio *m* federal de Trabajo; ministerio *m* alemán de Trabajo

Bundesaufsichtsamt *n*, **¨er** organismo *m* federal de supervisión; superintendencia *f* federal; ~ ***für das Kreditwesen*** superintendencia bancaria y de créditos; organismo *m* de control (*od.* supervisión) en materia bancaria

Bundesbahn *f*, Ø ferrocarriles *pl* federales; ***Deutsche*** ~ red *f* de los ferrocarriles alemanes

Bundesbank *f*, Ø banco *m* federal alemán; banco *m* emisor alemán; banco *m* central de la R.F.A.

Bundesbeauftragter (der/ein), ~ ***für den Datenschutz*** (D) encargado *m* federal de la protección de datos; defensor *m* de datos personales

Bundesbehörde *f*, **n** autoridad *f*, instancia *f* federal

Bundesbetriebe *pl* establecimientos *pl* federales de carácter industrial y comercial

Bundesbürger *m*, - ciudadano *m* de la República Federal de Alemania; alemán *m*

Bundesbürgschaft *f*, **en** garantía *f* de la federación

bundesdeutsch de la R.F.A.; alemán federal

Bundesdurchschnitt *m*, Ø, ***unter, über dem*** ~ ***liegen*** estar por debajo, por encima de la media federal, del promedio alemán

Bundesebene *f*, Ø, ***auf*** ~ a nivel, a escala federal

Bundesetat *m*, **s** presupuesto *m* federal

Bundesfinanzhof *m*, Ø (BFH) tribunal *m* federal de hacienda; tribunal *m* federal de finanzas; corte *f* federal de hacienda (E: tribunal económico-administrativo central)

Bundesfinanzminister *m*, - (D) ministro *m* federal de Hacienda; ministro *m* alemán de Finanzas

Bundesfinanzministeri|um *n*, **-en** (D) ministerio *m* federal de Finanzas; ministerio *m* alemán de Hacienda

Bundesfinanzverwaltung *f*, **en** administración *f* federal de hacienda

Bundesgerichtshof *m*, Ø (BGH) tribunal *m* federal supremo; corte *f* federal de justicia; (E: tribunal supremo)

Bundesgesetzblatt *n*, Ø boletín *m* oficial del estado alemán; boletín *m* oficial de la R.F.A.; (E: boletín *m* oficial del estado, BOE)

Bundesgrenzschutz *m*, Ø policía *f* federal de fronteras

Bundeshaushalt *m*, **e** → Bundesetat

Bundeskabinett *n*, ***e*** (D) gobierno *m*, ejecutivo *m* alemán; gabinete *m*, consejo *m* de ministros federal

Bundeskanzler *m*, - canciller *m* federal

Bundeskanzleramt *n*, Ø cancillería *f* federal; presidencia *f* del gobierno

Bundeskartellamt *n*, Ø oficina *f* federal de cártel (E: tribunal de la competencia)

Bundesminister *m*, - ministro *m* federal; ~ ***des Auswärtigen***, ***des Innern*** ministro federal de asuntos exteriores, del interior

Bundesnachrichtendienst *m*, Ø (BND) servicios *pl* secretos de la R.F.A.

Bundespatentgericht *n*, Ø tribunal *m*, corte *f* federal de patentes

Bundespräsident *m*, **en** presidente *m* federal
Bundespresseamt *n*, Ø oficina *f* de prensa e información del gobierno federal
Bundesrat *m*, Ø **1.** (R.F.A., A) consejo *m* federal; segunda cámara *f*; representación *f* de los "Länder"; (E: Senado) **2.** (CH) gobierno *m* central
Bundesrechnungshof *m*, Ø tribunal *m* federal de cuentas; (E: Tribunal de Cuentas del Reino)
Bundesrepublik Deutschland *f*, Ø República *f* Federal de Alemania (R.F.A.)
Bundesschatzanweisung *f*, **en** bono *m* del Tesoro; empréstito *m* del Estado federal a corto o medio plazo
Bundesschatzbrief *m*, **e** → Bundesschatzanweisung
Bundesschätzchen *n*, - → Bundesschatzanweisung
Bundessozialgericht *n*, Ø tribunal *m* federal de seguridad social; corte *f* federal del asuntos de seguridad social
Bundesstraße *f*, **n** (R.F.A., A, CH) carretera *f* federal; (E: carretera *f* nacional)
Bundestag *m*, Ø (R.F.A.) (cámara *f* baja del) parlamento *m* federal; dieta *f* federal; (E: Congreso de los Diputados)
Bundesverband der Deutschen Industrie *m*, asociación *f*, federación *f* de la industria alemana
Bundesvereinigung der Deutschen Arbeitgeberverbände *f*, Ø (BDA) confederación *f* alemana de asociaciones patronales; (E: confederación *f* española de organizaciones empresariales, CEOE)
Bundesverfassungsgericht *n*, Ø tribunal *m* constitucional de la República Federal; corte *f* constitucional federal; (E: Tribunal *m* Constitucional)
Bundesversicherungsanstalt für Angestellte *f*, Ø (BfA) caja *f* central de seguros de pensiones de empleados
Bundeswehr *f*, Ø fuerzas *pl* armadas de la R.F.A.; los tres ejércitos *pl* de la R.F.A.
Bundeswirtschaftsminister *m*, - (D) ministro *f* federal de Economía; ministro *m* alemán de Economía
Bundeswirtschaftsministeri|um *n*, **-en** (D) ministerio *m* federal de Economía; ministerio *m* alemán de Economía
Bündnis *n*, **se** alianza *f*; unión *f*; ***ein ~ schließen*** firmar una alianza
bündnisfrei no alineado
Bündnispolitik *f*, Ø política *f* de alianzas; politica *f* de alineamiento
Bürge *m*, **n** fiador *m*; garante *m*; ***als ~*** a título de fiador (*od.* garante), avalo *m*; por aval; ***als ~ auftreten*** actuar de fiador; constituirse fiador; ***einen ~ stellen*** salir fiador; dar fiador
bürgen fiar; garantizar; salir fiador; ***für einen Wechsel ~*** avalar una letra (*od.* efecto)
Bürger *m*, - ciudadano *m*; vecino *m*
Bürgerinitiative *f*, **n** comité *m* de acción y defensa; comité *m* de vecinos; iniciativa *f*, campaña *f* ciudadana; asociación *f* de autodefensa
bürgerlich civil; cívico; burgués; de clase media; ***Bürgerliches Gesetzbuch*** (BGB) código *m* civil; ***~e Rechtsklage*** acción *f* civil; ***Verlust der ~en Rechte*** pérdida *f*, privación *f* de los derechos civiles
bürgerlich-rechtlich de derecho privado; de derecho civil, civilmente ***~e Gesellschaft*** sociedad *f* (de derecho) civil
Bürgermeister *m*, - alcalde *m*; (LA) intendente *m* municipal
Bürgerrecht *n*, **e** derecho *m* ciudadano; (derecho *m* de) ciudadanía *f*
bürgerrechtlich, ***~es Verfahren*** procedimiento *m*, proceso *m* civil; ***~er Vertrag*** contrato *m* (de derecho) civil
Bürgerschaft *f*, **en** **1.** vecindario *m* **2.** burguesía *f* **3.** parlamento *m* de Hamburgo, de Brema y de Berlín
Bürgschaft *f*, **en** fianza *f*; garantía *f*; caución *f*; ***gegen ~*** bajo fianza; ***gesetzliche ~*** fianza legal; ***kaufmännische ~*** fianza mercantil; ***selbstschuldnerische ~*** fianza solidaria; fianza sin beneficio de excusión; ***~ leisten*** dar, prestar fianza; afianzar; garantizar; ***eine ~ übernehmen*** salir fiador; hacerse garante
Bürgschaftsbank *f*, **en** mutualidad *f* de caución
Bürgschaftserklärung *f*, **en** promesa *f* de fianza; declaración *f* de fianza (*od.* garantía)
Bürgschaftskredit *m*, **e** crédito *m* de fianza; crédito *m* de garantía
Bürgschaftsleistung *f*, **en** **1.** prestación *f* de una fianza **2.** avalamiento *m*
Bürgschaftsprovision *f*, **en** comisión *f* por garantía bancaria
Bürgschaftsschein *m*, **e** escritura *f* de fianza; garantía *f*
Bürgschaftssumme *f*, **n** suma *f*, importe *m*, cuantía *f* de la fianza (*od.* de la caución)
Bürgschaftswechsel *m*, - letra *f* avalada

Büro *n*, **s** despacho *m*; agencia *f*; ***technisches ~*** oficina *f* técnica
Büroangestellte(r) (der/ein) (empleado *m*) administrativo *m*; empleado *m* de oficina; oficinista *m*; (Fam.) chupatintas *m*
Büroarbeit *f*, **en** trabajo *m* de oficina; trabajo *m* administrativo
Büroausrüstung *f*, Ø equipo(s) *m* (*pl*) de oficina
Büroautomation *f*, Ø ofimática *f*; burótica *f*
Büroautomatisierung *f*, Ø automatización *f* de oficinas; burótica *f*; ofimática *f*
Bürobedarf *m*, Ø artículos *pl* de oficina; material *m* de escritorio
Bürocomputer *m*, - ordenador *m* de oficina; computador *m*, computadora *f* para oficina
Bürodrucker *m*, - impresora *f* de oficina
Bürodruckmaschine *f*, **n** autocopista *f*; multicopista *f*; (máquina *f*) duplicadora *f*
Büroferschreibterminal *n*, s terminal *m* teletex
Bürogebäude *n*, - **1.** edificio *m* de oficina **2.** edificio *m* administrativo
Bürohaus *n*, **¨er** → Bürogebäude
Bürohochhaus n, **¨er** torre *f* de oficinas; rascacielos *m* de oficinas
Büroklammer *f*, **n** clip *m*; sujetapapeles *m*
Bürokommunikation *f*, Ø, ***elektronische, integrierte ~*** burótica *f*
Bürokraft *f*, **¨e** mecanógrafa *f*; secretaria *f*; personal *m* (femenino) de oficina; empleado *m* de oficina
Bürokrat *m*, **en** burócrata *m*
Bürokratie *f*, (**n**) burocracia *f*
Bürokratismus *m*, Ø burocratismo *m*; formalismo *m* burocrático; expedienteo *m*
Büromaschine *f*, **n** máquina *f* de oficina
Büromaterial *n*, **ien** material *m* de oficina
Büromöbel *pl* muebles *pl* de escritorio; muebles *pl* de oficina
Büroschluss *m*, Ø hora *f* de cierre de la oficina (*od.* del despacho)
Bürostunden *pl* horas *pl*, horario *m* de oficina
Büroviertel *n*, - barrio *m* de oficinas; barrio *m* con numerosos despachos
Bürovorsteher *m*, - jefe *m*, encargado *m* de oficina
Bürozeit *f*, **en** → Bürostunden
Bus *m*, **se** **1.** autobús *m*; bus *m*; autocar *m*; ómnibus *m*; (en algunos países de LA) guagua *f*; camión *m* **2.** (Inform.) bus *m*, línea *f* común; línea *f* para equipo periférico
Businessman *m*, **-men** (Angl.) hombre *m* de negocios
Buße *f*, **n** → Bußgeld
Bußgeld *n*, er multa *f*; ***~er verhängen*** multar; imponer una multa
Bußgeldbehörde *f*, **n** negociado *m* de multas y contravenciones
Bußgeldbescheid *m*, **e** (decisión *f* sobre la imposición de una) multa *f*
Busspur *f*, **en** carril-bus *m*; carril *m* sólo bus
Busstruktur *f*, **en** (eines Netzwerks) estructura *f* lineal de una red informática; estructura *f* bus
Busunternehmen *n*, - empresa *f* de autocares
Busverbindung *f*, **en** servicio *m* de autobuses (*od.* autocares)
Buszubringerdienst *m*, **e** servicio *m* de enlace por autocar; ***~ zum Flughafen*** servicio de autobuses para el aeropuerto
Button *m*, **s** botón *m*; interruptor *m*
buy-back arrangements *pl* convenios *pl* de rescate
BVG → Betriebsverfassungsgesetz
Byte *m*, **s** (Inform.) grupo *m* de posiciones binarias; multiplete *m*; byte *m*; octeto *m*

C

c/o → care of

CA (computer aided) asistido por ordenador

ca. aproximadamente; cerca de; (poco) más o menos

CAD *m*, Ø (computer aided design) diseño *m* asistido por ordenador; concepción *f* asistida por ordenador; diseño *m* ayudado por computador

CAD/CAM (computer assisted design) diseño *m* y fabricación asistidos por ordenador; diseño *m* y manufactura asistidos por ordenador

CAD/CAM-Arbeitsplatz *m*, **¨e** estación *f* de CAD/CAM

CADD (computer assisted design and drafting) concepción *f* y dibujo *m* asistidos por ordenador

Caddie *m*, **s** → Einkaufswagen

CAE (computer aided engineering) ingeniería *f* asistida por ordenador (IAO)

CAI (computer assisted instruction) enseñanza *f* asistida por ordenador (EAO)

Call *n*, Ø **1.** (Börse) opción *f* de compra **2.** (Inform.) llamada *f* (a un subprograma) **3.** comunicación *f*

CAM (computer aided manufacturing) fabricación *f*, producción *f* asistida por ordenador (FAO)

Camion *m*, **s** (CH) camión *m*

Camionnage *f*,Ø (CH) transporte *m* por carretera; camionaje *m* (transporte y precio)

Camionsspesen *pl* → Fuhrlohn

CAR (Contractors All Risks), ***~-Versicherung*** seguro *m* todo riesgo de contratistas; seguro *m* TRC; seguro *m* CAR

care of (c/o) a la atención de (en las señas o dirección)

Carnet TIR *n*, **s** (Zollbegleitscheinheft des internationalen Straßengüterverkehrs) ***Warentransport mit ~*** transporte *m* de bienes bajo el carnet TIR

Cash *n*, Ø (Angl.) **1.** dinero *m* contante; metálico *m*; en efectivo **2.** pago *m* al contado y/o en efectivo; (Fam.) pago *m* a tocateja **3.** (cashdesk) caja *f*

Cash and carry "paga y llévatelo"

cash on delivery pago *m* contra reembolso; pagadero a la entrega

Cash-and-carry-Klausel *f*, **n** cláusula *f* contractual de "paga y llévatelo"

Cash-flow *m*, Ø (Angl.) cash-flow *m*; flujo *m* de caja (= suma de beneficios y amortizaciones); margen *m* bruto de autofinanciación

Cashgeschäft *n*, **e** negocio *m* al contado; operación *f* en efectivo; (Fam.) operación *f*, negocio *m* a tocateja

Cassetten-Recorder *m*, - → Kassetten-Recorder

CD *f*, **s** (Compact Disc) disco *m* compacto (CD)

CD-ROM *f*, **(s)** CD-ROM (memoria sólo lectura en disco compacto); ***~-Abspielgerät*** lector *m* (de) CD-ROM; ***~-Hersteller*** productor *m*, casa *f* de CD-ROM

CDU → christlich

Cellophane *n*, Ø celofán *m*; ***in ~ verpackt*** envuelto en celofán

Center *n*, - centro *m* comercial; centro *m* de ventas

cf → cost and freight

CH (Confoederatio Helvetica) (Confederación Helvética) Suiza *f*

Chance *f*, **n** oportunidad *f*; ocasión; posibilidad *f*; (Aussicht) perspectiva *f*

Chancengleichheit *f*, **en** igualdad *f* de oportunidades

Chaot(e) *m*, **n** anarcocaótico *m*

chaotisch caótico

Charge *f*, **n** **1.** (Amt) cargo *m*; función *f*; oficio *m* **2.** (militär. Grad) graduación *f*; grado *m* militar **3.** (Produktion) serie *f*; lote *m*

Charta *f*, **s** Carta *f*; ***die ~ der Vereinten Nationen*** la Carta de las Naciones Unidas

Charte *f*, **n** → Charta

Charter *m*, - chárter *m*; contrato *m* de fletamento; póliza *f* de fletamento

Charterer *m*, - fletador *m*; fletero *m*
Charterflug *m*, **¨e** vuelo *m* chárter; vuelo *m* fletado *od.* discrecional
Charterfluggesellschaft *f*, **en** compañía *f* de vuelos chárter; compañía *f* de vuelos discrecionales
Charterflugkosten *pl* costes *pl* del vuelo chárter
Charterflugzeug *n*, **e** avión *m* chárter
Chartergesellschaft *f*, **en** **1.** (Hist.) compañía *f* de importación-exportación **2.** compañía *f* chárter
Chartermaschine *f*, **n** → Charterflugzeug
chartern fletar; ***ein Schiff, Flugzeug*** ~ fletar un buque, avión
Charterpartie *f*, **n** → Chartervertrag
Charterschiff *n*, **e** buque *m* chárter (*od.* fletado)
Charterung *f*, **en** fletamento *m*
Charterverkehr *m*, Ø transporte *m* por chárter; transporte *m* descrecional
Chartervertrag *m*, **¨e** contrato *m* de fletamento; póliza *f* de fletamento
Chauffeur *m*, **e** conductor *m*; chófer *m*
Check *m*, **s** (CH) cheque *m*
checken verificar el buen funcionamiento de a/c; proceder al (último) control de un aparato
Checkliste *f*, **n** lista *f* de control
Checkpoint *m*, **s** puesto *m* de control
Chef *m*, **s** **1.** jefe *m* **2.** (Com.) principal *m* **3.** (Arbeitgeber) patrón *m* **4.** (Fam.) mandamás *m*
Chefbuchhalter *m*, - contable *m* jefe *m*
Chefdolmetscher *m*, - intérprete *m* jefe; jefe *m* de intérpretes
Chefeinkäufer *m*, - jefe *m* de compras
Chefetage *f*, **n** piso *m*, planta *f* de la dirección; planta *f* noble
Chefgrafiker *m*, - (einer Werbeagentur) director *m* artístico
Chefin *f*, **nen** jefa *f*
Chefoperator *m*, **en** operador jefe *m*; jefe *m* de operadores
Chefprogrammierer *m*, - programador jefe *m*; jefe *m* de programadores
Chefredakteur *m*, **e** (Zeitung) redactor jefe *m*
Chefsekretärin *f*, **nen** secretaria *f* de dirección
Chemie *f*, Ø (industria) química *f*; sector *m* químico
Chemiearbeiter *m*, - trabajador *m*, obrero *m* de la industria química
Chemiebetrieb *m*, **e** empresa *f* química
Chemiewerker → Chemiearbeiter
Chemiewerte *pl* (Börse) químicas *pl*; corro *m* químico
Chemikalien *pl* productos *pl* químicos; sustancias *pl* químicas
Chemiker *m*, - químico *m*
chemisch químico; ***~e Erzeugnisse*** productos *pl* químicos; ***~e Reinigung*** limpieza *f* en seco; ***~e Schadstoffe*** sustancias *pl* contaminantes; su(b)stancias *pl* químicas nocivas; ***~e Waffe*** arma *f* química; ***~e Werte*** P Chemiewerte; ~ ***rein*** químicamente puro
Chemotechniker *m*, - químico *m* industrial
chemotechnisch quimiotécnico
Chiffre *f*, **n** cifra *f*; número *m*; código *m*; iniciales *pl*; ***unter der*** ~ bajo la cifra (*od.* las iniciales)
Chiffreanzeige *f*, **n** anuncio *m* cifrado
Chiffrierabteilung *f*, **en** servicio *m* de cifrado
chiffrieren cifrar; escribir en cifra (*od.* clave)
chiffrieren codificar; cifrar; criptografiar
Chiffrieren *n*, Ø cifrado *m*
Chiffriermaschine *f*, **n** máquina *f* de cifrar
Chiffrierschlüssel *m*, - clave *f*
chiffriert, ***~e Anzeige*** anuncio *m* cifrado; anuncio *m* en clave, en cifra
Chilesalpeter *m*, Ø nitrato *m*, nitrol *m*, salitre *m* de Chile
Chip *m*, **s** chip *m*; microprocesador *m*
Chiphersteller *m*, - fabricante *m*, productor *m* de chips
Chip-Karte *f*, **n** tarjeta *f* electrónica
Chipkartenleser *m*, - lector *m*, lectora *f* de tarjetas electrónicas
christlich cristiano; ***Christlich Demokratische Union*** (CDU) (R.F.A.) unión *f* cristiano-demócrata; unión *f* democristiana; ***Christlich Soziale Union*** (CSU) (R.F.A.) unión *f* cristiano-social; ***Christlicher Gewerkschaftsbund*** (CGB) (R.F.A.) confederación *f* sindical cristiana
Cie → Compagnie
cif (cost, insurance, freight) coste, seguro, flete; ~ ***verzollt*** cif con pago de aduana; cif aduanado; ~ ***per Luftfracht*** cif flete aéreo; ~ ***als Lieferung*** a entregar cif
CIM (computer integrated manufacture) fabricación *f* integrada por ordenador
circa → ca.
City *f*, **s** centro *m* urbano; (London) centro *m* comercial y bancario

Clearing *n*, **s** compensación *f*; clearing *m* (en operaciones financieras y comerciales)
Clearingabkommen *n*, - acuerdo *m* de compensación
Clearingforderungen *pl* clearing *m*, compensación *f* por cobrar
Clearinggeschäft *n*, **e** transacción *f*, operación *f*, negocio *m* de clearing
Clearingguthaben *n*, - activos *pl* en clearing; haber *m* en compensación
Clearinghaus *n*, **¨er** cámara *f* de compensación
Clearingstelle *f*, **n** oficina *f* de clearing
Clearingverkehr *m*, Ø operaciones *pl* compensatorias
Clearingvorschüsse *pl* adelantos *pl* sobre las operaciones de compensación
Client *m*, **en** (Inform.) cliente *m* (Ggs. ***Server***)
Clip *m*, s → Videoclip
Cliquenwesen *n*, Ø → Cliquenwirtschaft
Cliquenwirtschaft *f*, **en** nepotismo *m*; pandillaje *m*; favoritismo *m* (Syn. ***Vetternwirtschaft***)
Clou *m*, **s** atracción *f* principal; (Fam.) plato *m* fuerte; ~ ***der Saison*** éxito *m* de la temporada
Co. → Compagnie
Code *m*, **s** **1.** código *m* **2.** programa(s) **m** (*pl*) ; **3.** secuencia(s) **f** (*pl*)
Codekarte *f*, **n** tarjeta *f* codificada
Cod|ex *m*, **e** *od.* **-izes** código *m* (Syn. ***Kodex***)
codieren codificar; ***codierte Mitteilung*** mensaje *m* codificado (Syn. ***kodieren***)
Codierer *m*, - **1.** (Person) codificador *m* **2.** (Apparat) (equipo *m*) codificador *m*
Codierung *f*, **en** codificación *f*
Compagnie *f*, **n** compañía *f*
Comptantgeschäft *n*, e → Kassageschäft
Computer *m*, - ordenador *m* (electrónico); computador *m*; computadora *f*; ***Arbeit mit dem*** ~ trabajo *m* con ordenador, trabajo *m* asistido por ordenador; ***mit ~ ausstatten*** dotar de ordenador; ***Daten vom ~ abrufen*** extraer datos de la memoria; consultar el ordenador; ***den ~ mit Daten füttern*** introducir (*od.* meter) datos en la memoria; ***der ~ speichert Informationen*** el ordenador memoriza informaciones; ***den ~ programmieren*** programar el ordenador
Computeranlage *f*, **n** centro *m*, sistema *m* informático (Syn. ***EDV-Anlage***)
Computer-Anwendung *f*, **en** aplicación *f*, utilización *f* de ordenador
Computerausdruck *m*, **e** informe *m* de salida (de ordenador)
Computerausrüstung *f*, **en** equipo *m* de ordenadores; equipo *m* informático
Computerbasis *f*, Ø, ***auf*** ~ (durchgeführt) basado en ordenador
Computerbenutzung *f*, Ø uso *m* del ordenador
Computerbuchung *f*, **en** reserva *f* por ordenador
Computerdatei *f*, **en** archivo *m* (de datos) de ordenador
Computereingabe *f*, **n** datos *pl* de entrada; input *m*
Computerfreak *m*, **s** adicto *m*, enganchado *m* al ordenador; informatómano *m*
Computergeneration *f*, **en** generación *f* de ordenador
computergerecht tratable por ordenador; adaptado al tratamiento por ordenador
computergespeichert, ***~e Daten*** datos *pl* memorizados en ordenador; datos *pl* almacenados por ordenador
computergesteuert con mando por ordenador; (con control) computarizado, informatizado; con mando programado; con programa registrado ***~e Analyse der Kosten*** análisis *m* informatizado de los costes
computergestützt, ***~es Design*** diseño *m* asistido por ordenador; concepción *f* asistida por ordenador; ***~es System*** sistema *m* informatizado; ***~er Unterricht*** enseñanza *f* asistida por ordenador (EAO)
Computergrafik *f*, **en** infografía *f* ; informática *f* gráfica
Computerhersteller *m*, - fabricante *m*, productor *m* de ordenadores
Computerindustrie *f*, **(n)** industria *f* de ordenadores, de computadores
computerisieren **1.** computarizar; informatizar; memorizar; almacenar; introducir en el ordenador **2.** (programmieren) transcribir a un lenguaje de programación
Computerisierung *f*, **en** computarización *f*; programación *f*; informatización *f*
Computerkriminalität *f*, Ø delincuenca *f*, criminalidad *f* informática
Computerkriminalität *f*, Ø delincuencia *f* informática; fraude *m* por ordenador
Computerladen *m*, ¨ → Computer-Shop
Computerleistungen *pl* servicios *pl* informáticos; prestaciones *pl* informáticas
computerlesbar legible para el ordenador; comprensible para el computador

Computermarkt *m*, **¨e** mercado *m* de ordenadores
Computermaus *f* , **¨e** ratón *m* (de ordenador)
Computermissbrauch *m*, Ø abuso *m* informático
computern (Fam.) trabajar con el ordenador; servirse del ordenador
Computerpersonal *n*, Ø personal *m* informático
Computerraum *m*, **¨e** sala *f* de ordenadores; sala *f* informática
Computerreihe *f*, **n** gama *f*, serie *f* de ordenadores
Computer-Shop *m*, **s** tienda *f*, comercio *m* de ordenadores
Computersimulation *f*, **en** simulación *f* por ordenador
Computerspezialist *m*, **en** informático *m*; especialista *m* en ordenadores
Computertechnologie *f*, **n** tecnología *f* de ordenadores; técnica *f* informática
Computerverbund *m*, Ø red *f* de ordenadores
Computervirus *m*, **-viren** virus *m* informático
Computerwissenschaft *f*, Ø teoría *f* de la informática; informática *f* teórica; ciencia *f* de los ordenadores
Computerzubehör *n*, Ø accesorios *pl* para ordenador
Consols *pl* (konsolidierte Staatsanleihen) fondos *pl* del Estado
Consultant *m*, Ø **1.** consultor *m* **2.** asesor *m*
Consulting *n*, Ø **1.** consultoría *f* **2.** asesoramiento *m*
Consulting-Engineer *m*, **(s)** técnico *m* asesor
Consulting-Firma *f*, **-firmen** empresa *f*, firma *f* consultora
Container *m*, **-** contenedor *m*; (Angl.) container *m*; ***beladener*** contenedor cargado; ***zugelassener*** ~ contenedor admitido (*od.* autorizado); ***in einem ~ transportieren*** transportar en un contenedor; ***den Transport auf ~ umstellen*** cambiar el transporte al (sistema de) contenedores; ***versiegelter*** ~ contenedor precintado
Containerbahnhof *m*, **¨e** estación *f* (de tra(n)sbordo) de contenedores; estación *f* terminal de contenedores
Containerbeförderung *f*, **en** transporte *m* contenedorizado; transporte *m* por contenedor
Containerhafen *m*, **¨** puerto *m* terminal de contenedores
containerisieren contenerizar
Containerlastzug *m*, **e** portacontenedores *m*
Containerschiff *n*, **e** buque *m* portacontenedores
Containertransport *m*, **e** transporte *m* por contenedor; transporte *m* contenedorizado
Containerumschlag *m*, Ø manutención *f* de contenedores
Containerumschlagbahnhof *m*, **¨e** estación *f* de transbordo de contenedores
Containerverkehr *m*, Ø transporte *m* por contenedor (Syn. ***Behälterverkehr***)
Controller *m*, **-** **1.** controlador *m* (de gestión) **2.** director *m* financiero
Controlling *n*, Ø control *m* (de gestión); auditoría *f*
Controlling-Abteilung *f*, **en** servicio *m* de control (de gestión)
Copyright *n*, Ø derechos *pl* de copia; derechos *pl* de reproducción (Syn. ***Wiedergaberechte; Urheberrechte***)
cost and freight coste y flete; ~ ***verzollt*** mercancía con aduana pagada
Coupon *m*, **s** cupón *m*, ***abtrennbarer*** ~ cupón separable, cortable; ***einen ~ einlösen*** cobrar un cupón (Syn. ***Kupon***)
Couponsteuer *f*, **n** impuesto *m* sobre cupones
courant (selten) año en curso; mes en curso
Courtage *f*, **n** corretaje *m*; comisión *f* de corretaje (Syn. ***Kurtage***)
Courtagerechnung *f*, **en** factura *f* de corretaje
Courtagesatz *m*, **¨e** tasa *f*, tipo *m* de corretaje
Crash *m*, **s** hundimiento *m*, derrumbe *m* bursátil
CSU → christlich
Cursor *m*, **-** cursor *m*
Cutter *m*, **-** (Film) montador *m*

D

d.J. (dieses Jahres) del año en curso
d.M. (dieses Monats) del mes en curso; del mes corriente; de este mes
D/A (Documents against acceptance) documentos *pl* contra aceptación
DAC → Ausschuss für Entwicklungshilfe
Dach *n*, **¨er 1.** techo *m* **2.** (Schutz) cobijo *m*; asilo *m* **3.** (Bau) ***unter ~ bringen*** coger aguas **4.** ***"alles unter einem ~"*** "todo en un mismo sitio" (fórmula de venta en las grandes superficies) **5.** ***etw. unter ~ und Fach bringen*** a) llevar a término; rematar; terminar b) poner u/c en lugar seguro; poner a salvo; poner a cubierto
Dachgeschoss *n*, **-sse** ático *m*; sotabanco *m*
Dachgesellschaft *f*, **en** holding *m*; organización *f* de control; sociedad *f* matriz
Dachorganisation *f*, **en** organismo *m* de control; organismo *m* superpuesto; (organización *f*) central *f*; organización *f* de tutela
Dachterrassenwohnung *f*, **en** casa *f* de azotea; ático *m*
Dachverband *m*, **¨e** → Dachorganisation
Dachwohnung *f*, **en** ático *m*; sotabanco *m*
DAG → deutsch
Dame *f*, **n**, ***die ~ des Hauses*** la señora de la casa
Damenkonfektion *f*, **en** confección *f* para (*od.* de) señora
Damenmode *f*, **(n)** moda *f* femenina
Damenoberbekleidung *f*, Ø prendas *pl* exteriores de señora
Damenschneider *m*, **-** modisto *m*
Damenschneiderin *f*, **nen** modista *f*
Dampf- (Pref.) de vapor
dämpfen frenar; aminorar; disminuir; reducir; ralentizar; ***den Anstieg der Kosten ~*** frenar la subida de los precios; ***die Hochkonjunktur ~*** frenar el boom
dämpfend, ***sich ~ auswirken auf*** tener un efecto reductor (*od.* ralentizador) sobre
Dampfer *m*, **-** vapor *m*; barco *m*, buque *m* de vapor
Dampfkraftwerk *n*, **e** central *f* térmica
Dampfschifffahrt *f*, Ø navegación *f* a vapor
Dämpfung *f*, **en** moderación *f*, atenuación *f*; normalización *f*; ***~ der Konjunktur*** contención *f* de la actividad económica; atenuación *f* del boom
Dank *m*, Ø agradecimiento *m*; reconocimiento *m*; gratitud *f*; ***zum ~ für*** en reconocimiento, en recompensa por; ***jdm. seinen ~ aussprechen*** expresar a alg. su reconocimiento (*od.* agradecimiento); ***jdm. zu ~ verpflichtet sein*** quedar agradecido a alg.; quedar reconocido a alg.
Dankbrief *m*, **e** → Dankschreiben
"dankend erhalten" recibí *f*
Dankesbrief *m*, **e** → Dankschreiben
Dankschreiben *n*, **-** carta *f* de agradecimiento
d(a)raufgehen, ***mein ganzes Geld ist draufgegangen*** se me ha acabado todo el dinero
Dargebot *n*, **e** conjunto *m* de materias primas y energéticas a disposición de la empresa
Darlehen *n*, **-** préstamo *m*; mutuo *m*; crédito *m* **1.** ***als ~*** a título de préstamo; ***auslaufendes ~*** préstamo reembolsable dentro de poco; ***bares ~*** préstamo en metálico; ***gedecktes ~*** préstamo garantizado; ***kurzfristiges, mittelfristiges, langfristiges ~*** préstamo a corto, a medio (*od.* mediano), a largo plazo; préstamo a corto, a medio, a largo; ***partiarisches ~*** préstamo parciario; ***unentgeltliches ~*** crédito, préstamo gratuito; ***ungesichertes ~*** préstamo sin garantía; préstamo personal; ***unverzinsliches ~*** préstamo sin intereses; ***verzinsliches ~*** préstamo que devenga intereses; ***zinsgünstiges ~*** préstamo a interés ventajoso; ***zinsloses ~*** préstamo sin intereses **2.** ***ein ~ aufnehmen*** tomar un préstamo; ***ein ~ bewilligen*** (gewähren) conceder, otorgar un préstamo; ***ein ~ kündigen*** solicitar el reembolso de un préstamo
Darlehensantrag *m*, **¨e** solicitud *f* de préstamo (*od.* crédito) ***einen ~ stellen, ablehnen*** presentar, declinar una solicitud de préstamo

Darlehensbedingung *f*, **en** condiciones *pl* del préstamo
Darlehensempfänger *m*, - → Darlehensnehmer
Darlehensfinanzierung *f*, **en** financiación *f* de un préstamo
Darlehensforderung *f*, **en** crédito *m* resultante de un préstamo
Darlehensgeber *m*, - prestamista *m*; dador *m* del crédito; mutuante *m*
Darlehensgeschäft *n*, **e** operación *f* de préstamo
Darlehensgesellschaft *f*, **en** sociedad *f* de crédito; sociedad *f* de préstamos
Darlehensgläubiger *m*, - → Darlehensgeber
Darlehenskasse *f*, **n** caja *f* de préstamos; caja *f* de crédito
Darlehensnehmer *m*, - prestatario *m*; tomador *m* del préstamo; mutuatario *m*
Darlehenssumme *f*, **n** montante *m* del préstamo
Darlehenstilgung *f*, **en** amortización *f* (progresiva) de un préstamo
Darlehensvertrag *m*, **¨e** contrato *m* de préstamo; contrato *m* de mutuo; ***einen ~ abschließen*** firmar un contrato de préstamo
Darlehenszins *m*, **en** interés *m* de crédito; réditos *pl*
Darleihe *f*, **n** (A) → Darlehen
daruntersetzen, ***seinen Namen ~*** poner su nombre en la parte inferior de un documento
Daseinsbedingungen *pl* condiciones *pl* de existencia
Datei *f*, **en** fichero *m* de datos informatizado; cartoteca *f*; bloque *m* de informaciones
Dateiabfrage *f*, **n** consulta *f* de un fichero, de un archivo
Dateiaktualisierung *f*, **en** actualización *f* de ficheros, de archivos
Dateipflege *f*, **n** mantenimiento *m* de archivos; conservación *f* de ficheros
Dateiverwaltung *f*, **en** administración *f*, gestión *f* de ficheros
Daten *pl* **1.** características *pl*; precisiones *pl*; ***die technischen ~ eines neuen Modells*** las características técnicas de un nuevo modelo **2.** (Inform.) datos *pl*; informaciones *pl*; ***ausgegebene ~*** datos de salida; ***gespeicherte ~*** datos almacenados; ***numerische ~*** datos numéricos; ***statistische ~*** datos estadísticos **3.** ***~ von einem Computer abrufen*** (aufrufen) reclamar datos (de un ordenador); interrogar un ordenador; ***~ austauschen***, ***umspeichern*** cambiar, transferir datos; ***~ auswerten*** interpretar, evaluar datos (*od.* informaciones); ***~ bereitstellen*** proporcionar, facilitar datos; ***~ verarbeiten*** procesar, tratar datos; ***~ verwerten*** utilizar, explotar informaciones (*od.* datos)
Datenaufzeichnung *f*, **en** registro *m* de datos
Datenausgabe *f*, **n** (Inform.) salida *f* de datos; datos *pl* salidos
Datenauswertung *f*, **en** interpretación *f*, evaluación *f* de datos
Datenbank *f*, **en** banco *m* de datos
Datenbankabfrage *f*, **n** interrogación *f*, consulta *f* de un banco de datos
Datenbankbenutzer *m*, - usuario *m* de un banco de datos, de una base de datos
Datenbankzugriff *m*, **e** acceso *m* a la base de datos, al banco de datos
Datenbasis *f*, Ø **(DB)** base *f* de datos (BD)
Datenbearbeitung *f*, **en** tratamiento *m* de datos; manipulación *f* de datos
Datenbehandlung *f*, **(en)** manejo *m*, manipulación *f*, tratamiento *m* de datos
Datendatei *f*, **en** fichero *m*, archivo *m* de datos
Dateneingabe *f*, **en** (Inform.) entrada *f*, introducción *f* de datos; datos *pl* introducidos
Datenendgerät *n*, **e** → Datenterminal
Datenendstation *f*, **en** → Datenterminal
Datenerfassung *f*, **en** (Inform.) recogida *f* de datos
Datenfernverarbeitung *f*, **en** (Inform.) teleinformática *f*; telemática *f*; teleproceso *m* de datos
Datenfluss *m*, **¨sse** (Inform.) caudal *m* de salida; volumen *m*, flujo *m* de datos
Datenkarte *f*, **n** tarjeta *f* de datos
Datenmaterial *n*, **ien** (Inform.) conjunto *m* de datos; volumen *m* de datos; ***das ~ aufarbeiten*** preparar, explotar los datos
Datenmissbrauch *m*, Ø abuso *m* de datos; abuso *m* de dossiers (*od.* expedientes) informáticos
Datenpirat *m*, **en** pirata *m* informático
Datenquelle *f*, **n** fuente *f* de datos
Datenschutz *m*, Ø protección *f* de la vida privada contra los abusos de la informática; protección *f* de datos (privados)
Datenschutzbeauftragte(r) (der/die) encargado *m* de controlar la intromisión de la informática en la vida privada

Datenschutzgesetz *n*, **e** ley *f* contra el abuso de la informática

Datensichtgerät *n*, **e** (Inform.) terminal *m* de visualización; pantalla *f* de control

Datenspeicher *m*, **-** (Inform.) memoria *f*, memorizador *m* (de datos)

Datenspeicherung *f*, **en** (Inform.) almacenamiento *m*, memorización *f* de datos

Datenspezialist *m*, **en** especialista *m* en informática

Datenterminal *m*, **s** (Inform.) terminal *m*

Datenträger *m*, **-** (Inform.) soporte *m* de datos; medio *m* de informaciones (cintas magnéticas, magnetofónicas, disquetes, *etc.*)

Datentransfer *m*, **s** transferencia *f*, traspaso *m*, transmisión *f* de datos

Datentypistin *f*, **nen** → Datistin

Datenüberprüfung *f*, **en** verificación *f* de datos

Datenübertragung *f*, **en** transferencia *f*, transmisión *f*, traspaso *m* de datos

Datenüberwachung *f*, **en** supervisión *f* por ordenador

Datenumsetzer *m*, **-** convertidor *m* de datos

datenverarbeitend (Inform.) informático; informatizado; ***~es Gerät*** aparato *m* de tratamiento de datos

Datenverarbeiter *m*, **-** analista *m* de programación

Datenverarbeitung *f*, **en** informática *f*; proceso *m* de datos; tratamiento *m*, análisis *m* de datos ***elektronische ~*** (EDV) proceso, tratamiento electrónico de datos; ***integrierte (koordinierte) ~*** proceso, tratamiento integrado de datos; (Syn. ***Informatik***)

Datenverarbeitungsanlage *f*, **en** centro *m* de proceso de datos; ***elektronische ~*** centro informático; centro de proceso electrónico de datos

Datenverarbeitungsindustrie *f*, **n** industria *f* informática

Datenverarbeitungsstelle *f*, **n** departamento *m*, división *f*, área *f* de informática

Datenverarbeitungssystem *n*, **e** sistema *m* informático; sistema *m* de procesamiento de datos

Datenverarbeitungszentrum *n*, **-zentren** centro *m* de cálculo; centro *m* de procesamiento de datos

Datenverletzung *f*, **en** (Inform.) uso *m* ilícito, abusivo de informaciones

Datenverschlüsselung *f*, **en** codificación *f*, cifrado *m* de datos

Datenzentr|um *n*, **-en** (Inform.) centro *m* informático; centro *m* de tratamiento de datos

DATEX servicio *m* DATEX de los correos federales alemanes (transmisión informatizada de datos); telemática *f*; teleinformática *f*

datieren fechar; datar; poner la fecha en un documento; ***der Brief ist vom 3. Juni datiert*** la carta está fechada el 3 de junio; la carta lleva la fecha del 3 de junio

Datierer *m*, **-** fechador *m*; datador *m*; aparato *m* para poner las fechas

Datierung *f*, **en** datación *f*; (puesta *f* de la) fecha *f*; ***die ~ eines Schriftstücks vergessen*** olvidarse de poner la fecha en un documento

Datistin *f*, **nen** (Inform.) perforadora *f*; operadora

dato, ***a ~*** a partir de hoy; ***bis ~*** hasta la fecha; hasta (el día de) hoy

Datowechsel *m*, **-** letra *f* a tantos días fecha

Dat|um *n*, **-en** fecha *f*; ***unter dem heutigen ~*** con fecha de hoy; ***maßgebend ist das ~ des Poststempels*** lo que decide, lo determinante es la fecha del matasellos; ***~ des Inkrafttretens*** fecha de entrada en vigor; fecha del efecto; ***das ~ einsetzen*** poner la fecha; ***ein späteres ~ auf etw. setzen*** posfechar; poner la fecha posterior (a la verdadera); ***mit einem früheren ~ versehen*** antefechar, antedatar; anticipar la fecha

Datumsangabe *f*, **n** indicación *f* de la fecha; ***ohne ~*** sin fecha

Datumsstempel *m*, **-** sello *m* de fechas; (Gerät) fechador *m*

Dauer *f*, **Ø** **1.** duración *f* **2.** (Zeitspanne) período *m*; lapso *m* **3.** (Recht) plazo *m* **4.** (Fortdauer) permanencia *f*; continuidad *f*; antigüedad *f*; ***auf (die) ~*** a la larga; ***auf bestimmte ~*** por una duración limitada; por un período limitado; ***für die ~ von*** por el período de; ***von begrenzter ~ sein*** ser de duración limitada; ***~ der Betriebszugehörigkeit*** antigüedad en la empresa

Dauerarbeitslose(r) (der/die) parado *m* desde hace mucho tiempo; parado *m* de larga duración

Dauerarbeitslosigkeit *f*, **Ø** paro *m*, desempleo *m* de larga duración

Dauerauftrag *m*, **¨e** orden *f* rotativa; orden *f* permanente; ***der Bank einen ~ geben*** dar al banco una orden permanente

Dauerausfall *m*, **¨e** fallo *m*, anomalía *f* permanente
Dauerausstellung *f*, **en** exposición *f* permanente
Dauerausweis *m*, **e** → Dauerpassierschein
Dauerbelastung *f*, **en** carga *f* continua
Dauerbeschäftigung *f*, **en** empleo *m* estable; ***eine ~ finden*** encontrar un empleo estable
Dauerbetrieb *m*, **e** servicio *m* permanente; funcionamiento *m* continuo; ***in ~ sein*** funcionar sin interrupción
Daueremittent *m*, **en** emisor *m* continuo (de empréstitos, obligaciones, etc., p.ej., bancos hipotecarios)
Dauererfolg *m*, **e** éxito *m* duradero; gran éxito *m*; resultado *m* efectivo; ***der Käfer war auf Jahre ein ~*** el escarabajo Volkswagen conoció durante muchos años un gran éxito
Dauergäste *pl* → Dauerkunde
dauerhaft **1.** (per)durable **2.** resistente; ***~es Material*** material *m* resistente
Dauerhaftigkeit *f*, Ø **1.** duración *f*; durabilidad *f* **2.** resistencia *f*
Dauerkarte *f*, **n** abono *m*; tarjeta *f*, billete *m* de abono
Dauerkrise *f*, **n** crisis *f* crónica
Dauerkunde *m*, **n** cliente *m* fiel; cliente *m* fijo (a una marca o casa) (Syn. ***Stammkunde***)
Dauerkundschaft *f*, Ø clientela *f* regular
Dauerleistung *f*, **en** rendimiento *m* continuo; potencia *f* continua
dauern durar; perdurar
dauernd permanente; constante; ***eine ~e Ausstellung*** una exposición permanente; ***~e Lasten*** cargas *pl* permanentes
Dauerpassierschein *m*, **e** pase *m* permanente
Dauerseller *m*, **-** éxito *m* permanente de ventas; bestseller *m* duradero
Dauersitzung *f*, **en** sesión *f*, reunión *f* maratoniana
Dauerstellung *f*, **en** → Dauerbeschäftigung
Dauerstörung *f*, **en** perturbación *f* permanente
Dauertest *m*, **s** test *m*, ensayo *m* de resistencia
Dauerüberweisung *f*, **en** transferencia *f* permanente, automática, de oficio
Dauerware *f*, **n** producto *m* no perecedero; mercancía *f* de larga duración; artículo *m* de larga conservación
Dauerwerbung *f*, **en** publicidad *f* permanente
Dauerzustand *m*, **¨e** estado *m* endémico; estado *m* permanente
Daumen *m*, **-** (dedo *m*) pulgar *m*; (Fam.) ***über den ~ gerechnet*** calculado por aproximación (*od.* aproximadamente); ***über den ~ peilen*** evaluar a ojo de buen cubero
DAX *m*, Ø Dax *m* (índice de referencia de la bolsa alemana)
dazurechnen añadir; incluir en el cálculo, en la factura
dealen dedicarse al tráfico de estupefacientes (*od.* de la droga); narcotraficar
Dealer *m*, **-** traficante *m* de droga; narcotraficante *m*; narco *m*
Debatte *f*, **n** debate *m*; discusión *f*; ***stürmische ~*** debate tumultuoso (*od.* fogoso); ***in die ~ eingreifen*** intervenir en el debate; ***die ~ eröffnen, schließen*** abrir, cerrar el debate; ***zur ~ stehen*** estar en debate (*od.* en discusión); ***zur ~ stellen*** hacer objeto de discusión (*od.* debate)
debattieren (über) debatir (sobre)
Debet *n*, **s** debe *m*; débito *m*; salida *f* de caja; ***~ und Kredit*** débito y crédito; ***im ~ stehen*** deber; estar en débito; estar en el debe; ***ins ~ stellen*** adeudar en cuenta; poner en el debe; sentar al débito; (Syn. ***Soll***)
Debetbeleg *m*, **e** volante *m* de cargo (*od.* débito)
Debetbuchung *f*, **en** entrada *f* en débito
Debetkont|o *n*, **-en** cuenta *f* deudora
Debetnote *f*, **n** nota *f* de cargo; nota *f* de débito
Debetposten *m*, **-** partida *f* de débito; adeudo *m*
Debetsald|o *n*, **-en** saldo *m* deudor; saldo *m* al debe; ***ein ~ aufweisen*** arrojar un saldo deudor (*od.* deficitario)
Debetsaldo *m*, **-di** *od.* **-den** saldo *m* deudor, deficitario; saldo *m* al debe; ***einen ~ aufweisen*** arrojar un saldo deudor
Debetseite *f*, **n** lado *m*, columna *f* del debe; lado *m* deudor
debitieren (selten) cargar en cuenta; debitar; adeudar
Debitor *m*, **en** cliente *m* deudor
Debitoren *pl* (clientes) deudores *pl*; cuentas *pl* deudores; cuentas *pl* a cobrar; facturas *pl* por cobrar
Debitorenauszug *m*, **¨e** extracto *m* de cuentas deudores; extracto *m* de cuentas a cobrar
Debitorenbuch *n*, **¨er** mayor *m* de deudores

Debitorenkont|o *n*, **-en** cuenta *f* de facturas por cobrar; cuenta *f* de deudores

Debitorenziehungen *pl* letras *pl* libradas (por un banco)

deblockieren levantar un bloqueo; levantar un embargo; desbloquear

Deckadresse *f*, **n** dirección *f* fingida; buzón *m*

Deckanschrift *f*, **en** → Deckadresse

decken cubrir; satisfacer; amparar; ***sich ~*** protegerse; ampararse; ***den Bedarf ~*** responder a la demanda; cubrir las necesidades; ***ein Defizit ~*** cubrir un déficit; (Fam.) tapar un agujero; ***die Kosten ~*** cubrir los gastos; ***einen Schaden ~*** cubrir un siniestro *bzw.* daño; ***einen Wechsel ~*** honrar una letra de cambio

Deckname *m*, **n** nombre *m* falso; seudónimo *m*

Deckung *f*, **en** cobertura *f*; provisión *f* (de fondos); garantía *f*; amparo *m*; ***ausreichende ~*** provisión, cobertura suficiente; ***mangels ~ zurück*** devuelto por falta de fondos; ***ohne ~*** en descubierto; sin cobertura; ***zur ~ der Kosten*** para cubrir los costos *bzw.* gastos; ***eine zusätzliche ~ verlangen*** exigir una cobertura adicional

Deckungsbedarf *m*, Ø demanda *f* de seguro

Deckungsbereich *m*, **e** (Seg.) amparo *m* de seguro

Deckungsbetrag *m*, **¨e** → Deckungssumme

deckungsfähig 1. ***~e Wertpapiere*** valores *pl* que constituyen un fondo de garantía de las compañías aseguradoras **2.** asegurable

Deckungsforderung *f*, **en 1.** petición *f* de remesa de fondos **2.** petición *f* de amparo, cobertura (de seguro)

Deckungsformen *pl*, ***verfügbare ~*** modalidades *pl* de cobertura

Deckungsgeschäft *n*, **e** operación *f* de cobertura

Deckungskapital *n*, Ø **1.** fondos *pl* de cobertura; capital *m* de cobertura **2.** (Seg.) reserva *f* matemática

Deckungskarte *f*, **n** tarjeta *f* del seguro del automóvil; documento *m* del seguro del coche

Deckungskauf *m*, **¨e** compra *f* de reabastecimiento; compra *f* para reaprovisionar los stocks; compra *f* de cobertura

Deckungsklausel *f*, **n** cláusula *f* de cobertura; cláusula *f* de provisión

Deckungslücke *f*, **n** déficit *m*; agujero *m*; ***der Bundeshaushalt weist eine ~ von 2 Milliarden DM auf*** el presupuesto federal arroja un déficit (*od.* tiene un agujero) de dos mil millones de marcos

Deckungsmittel *pl* fondos *pl* de cobertura; fondos *pl*, recursos *pl* para cubrir un déficit presupuestario

Deckungsrückstellung *f*, **en** prima *f* (neta) constante; reserva *f* neta; reserva *f* matemática

Deckungsstock *m*, Ø (Seg.) bienes *pl* afectos a la cobertura (de las reservas matemáticas)

Deckungssumme *f*, **n 1.** (Seg.) suma *f* asegurada; montante *m* máximo garantizado **2.** garantía *f*

Deckungsumfang *m*, Ø (Seg.) (alcance *m* de la) cobertura *f*

Deckungswechsel *m*, - efecto *m* cambial en depósito; letra *f* de provisión

Deckungswerte *pl* activo *m* admitido

Deckungszusage *f*, **n** aceptación *f* provisional de un riesgo ***vorläufige ~*** cobertura *f* provisional; carta *f* de garantía

De-facto-Anerkennung *f*, **en** reconocimiento *m* de hecho

defekt defectuoso; que presenta un defecto

Defekt *m*, **e** defecto *m*; vicio *m* de fabricación; ***einen ~ haben*** presentar un defecto; ***einen ~ beheben*** subsanar, reparar un defecto

Deficitspending *n*, **s** → Defizitfinanzierung

Defizit *n*, **e** déficit *m*; descubierto; saldo *m* negativo, pasivo, deudor; posición *f* deudora, pasiva; ***ein ~ in Milliardenhöhe aufweisen*** arrojar un déficit de (varios) miles de millones; registrar un saldo deudor de varios millardos; ***ein ~ decken*** (ausgleichen) cubrir un déficit (Syn. ***Fehlbetrag***)

defizitär en déficit; deficitario

Defizitfinanzierung *f*, **en** financiación *f* en descubierto; financiación *f* con déficit; gastos *pl* públicos no cubiertos por los ingresos

Defizitjahr *n*, **e** año *m* deficitario

Deflation *f*, **en** deflación *f*; ***eine ~ durch erhöhte Steuerausgaben bekämpfen*** combatir la deflación incrementando el gasto público (Ggs. ***Inflation***)

deflationär → deflationistisch

deflationieren provocar una deflación; tener un efecto deflacionista (*od.* deflacionario)

deflationistisch deflacionista; deflacionario; de tendencia deflacionista

deflatorisch → deflationistisch

Degression *f*, **en** degresión *f*; regresión *f*

degressiv degresivo; regresivo; *~e Abschreibung* amortización *f* degresiva; *~e Kosten* costes *pl* degresivos
De-jure-Anerkennung *f*, **en** reconocimiento *m* de derecho, de jure
dekartellieren → dekartellisieren
dekartellisieren desmantelar un cártel; descartelizar (Syn. *entflechten*)
Dekartellisierung *f*, **en** descartelización *f*; desconcentración *f* de cártels (Syn. *Entflechtung*)
Deklarant *m*, **en** declarante *m*
deklarieren 1. hacer una declaración (oficial) **2.** (selten) declarar (en aduana) **3.** (Post) declarar el valor
deklassieren desclasificar; rebajar (de categoría)
Deklassierung *f*, **en** desclasificación *f*; rebaja *f* (de categoría)
Dekoder *m*, - decodificador *m*
Dekodierung *f*, **en** desciframiento *m*; descifrado *m*
Dekonzentration *f*, **en** descentralización *f*; descartelización *f*; desconcentración *f*
dekonzentrieren descentralizar; descartelizar; desconcentrar
Dekret *n*, **e** decreto *m*; *ein ~ erlassen* dictar, promulgar un decreto (Syn. *Erlass, Verfügung*)
Delegation *f*, **en** delegación *f*; *eine ~ zusammenstellen* constituir una delegación
delegieren 1. enviar en delegación **2.** delegar; *der Chef delegiert seine Befugnisse an seine Mitarbeiter* el jefe delega sus poderes en sus colaboradores
Delegierte(r) (der/ein) delegado *m*
Delikatessengeschäft *n*, **e** (tienda *f* de) ultramarinos *pl* finos; negocio *m* de comestibles finos; (LA) fiambrería *f*
Delikatessenhandlung *f*, **en** → Delikatessengeschäft
Delikt *n*, **e** (Jur.) delito *m* (civil); infracción *f*
Delinquent *m*, **en** delincuente *m*
Delkredere *n*, - delcrédere *m*; garantía *f*; seguridad *f*; *das ~ übernehmen* hacerse cargo del delcrédere
Delkrederefonds *m*, - fondos *pl* de garantía; provisiones *pl* para la cobertura de pérdidas eventuales
Delkrederekommissionär *m*, **e** comisionista *m* de garantía (= responde de la solvencia de los compradores)
Delkredereprovision *f*, **en** comisión *f* de garantía (percibida por el comisionista)
Delkredereversicherung *f*, **en** seguro *m* de la garantía
De-Luxe-Ausstattung *f*, **en** equipamiento *m* de lujo; modelo *m*, versión *f* (de) lujo
Dementi *n*, **s** desmentido *m*; desmentida *f*; mentís *m*
dementieren dar un mentís; desmentir
Demission *f*, **en** dimisión *f*
demissionieren dimitir; presentar la dimisión
Demokrat *m*, **en** demócrata *m*
Demokratie *f*, **n** democracia *f*
demokratisch democrático; demócrata
demokratisieren democratizar
demonetisieren desmonetizar; *die Geldstücke wurden demonetisiert* las piezas ya no tienen cotización
Demonetisierung *f*, **en** desmonetización *f*
Demonstrant *m*, **en** manifestante *m*
Demonstration *f*, **en 1.** manifestación *f*; *eine ~ der Werktätigen* manifestación de los trabajadores; manifestación, protesta *f* obrera; *zu einer ~ aufrufen* convocar una manifestación, una concentración de protesta; *eine ~ veranstalten* organizar una manifestación, una concentración de protesta **2.** (Handel) demostración *f*
Demonstrations- und Dauerversuchsraum *m*, **¨e** sala *f* de demostraciones y ensayos
Demonstrationsdiskette *f*, **n** disquete *m* de demostración
Demonstrationszug *m*, **¨e** marcha *f* de manifestantes
Demonstrator *m*, **en** demostrador *m*; presentador *m*
demonstrieren 1. manifestarse; hacer una manifestación; protestar (contra) **2.** *Entschlossenheit ~* (de)mostrar firmeza; reafirmar su determinación; *seinen Willen ~* manifestar su voluntad
Demontage *f*, **n** desmantelamiento *m*; desmontaje *m*
Demontagezeit *f*, **en** tiempo *m* de desmontaje
demontieren desmontar; *Fabriken ~* desmantelar fábricas
Demoskopie *f*, **n** sondeo *m* de opinión; estudio *m* de opinión; encuesta *f* demoscópica
demoskopisch, *~es Institut* instituto *m* de la opinión pública; instituto *m* de sondeos de opinión; instituto *m* demoscópico
denaturieren desnaturalizar; hacer impropio para el consumo
Denkmünze *f*, **n** → Gedenkmünze

Denkschrift *f*, **en** memoria *f*; memorándum *m*

Depesche *f*, **n 1.** telegrama *m* **2.** despacho *m* (diplomático)

deplaziert fuera de lugar

Deponent *m*, **en** depositante *m*

Deponie *f*, **n** vertedero *m* de basuras; (Syn. ***Müllabladeplatz***)

deponieren depositar; poner en depósito; deponer; ***deponiertes Wertpapier*** título(-valor) *m* en depósito; ***Geld bei der Bank*** ~ depositar dinero en el banco; (Syn. ***hinterlegen***)

Deponierung *f*, **en** depósito *m*

Deport *m*, **s** (Börse) deport *m*; prima *f* de aplazamiento

Deportgeschäft *n*, **e** operación *f* de deport

Depositar *m*, **e** depositario *m* (Syn. ***Depositär***)

Depositen *pl* depósitos *pl* (de dinero en un banco); ***kurzfristige*** ~ depósitos a corto plazo; ~ ***auf Sicht*** depósitos a la vista

Depositenbank *f*, **en** banco *m* de depósitos

Depositengeld *n*, **er** fondos *pl* depositados

Depositengeschäft *n*, **e** operación *f* de depósito

Depositenguthaben *n*, - haber *m* en depósito; haber *m* depositado

Depositenkasse *f*, **n** caja *f* de depósitos

Depositenkont|o *n*,**-en** cuenta *f* de depósitos

Depositenschein *m*, **e** resguardo *m* de depósito

Depositogeld *n*, **er** fondos *pl* en depósito judicial

Depositori|um *n*, **-en** caja *f* de caudales; depósito *m*

Deposit|um *n*, **-en** *od.* **-a** objeto *m* en depósito; ***auf Verlangen zurückzahlbares*** ~ depósito a la vista

Depot *n*, **s 1.** custodia *f*; depósito *m; **Wertpapiere in ~ geben*** dar títulos en (*od.* para) su custodia **2.** almacén *m*; depósito *m; **Getreide in einem ~ lagern*** almacenar cereales

Depotabteilung *f*, **en** servicio *m* de depósitos

Depotbuch *n*, **¨er** libro *m* de depósitos; libro *m* del depositante

Depotgebühr *f*, **en** derechos *pl* de custodia; gastos *pl* de depósito

Depotgeschäft *n*, **e** custodia *f* de valores; operación *f* de custodia

Depotgesetz *n*, **e** legislación *f* reguladora del depósito, la custodia y la compra de títulos valores

Depotschein *m*, **e** recibo *m*, resguardo *m* de depósito

Depotstellung *f*, **en** constitución *f* de un depósito

Depotstimmrecht *n*, Ø (R.F.A.) derecho *m* de voto que conceden los accionistas a los bancos

Depotwechsel *m*, - efecto *m* cambial en depósito; letra *f* entregada en prenda; letra *f* pignorada

Depression *f*, **en** depresión *f* (económica)

Deputat *n*, **e** remuneración *f* en especie

deputieren diputar; delegar

deregulieren desreglamentar; desregular

Deregulierung *f*, **en** desreglamentación *f*; desregulación *f*

Derivat *n*, **e** derivado *m*

Design *n*, **s** diseño *m*

Designer *m*, - diseñador *m*

Desinflation *f*, **en** lucha *f* contra la inflación; desinflación *f*; deflación *f*

Desktopcomputer *m*, - ordenador *m* de (sobre)mesa, de escritorio

Desktopdrucker *m*, - impresora *f* de mesa

Desktop-publishing *n*,Ø publicación *f* asistida por ordenador (PAO); microedición *f*; autoedición *f*

Detail *n*, **s** detalle *m*; pormenor *m*

Detailgeschäft *n*, **e** (Arch.) comercio *m* al por menor; venta *f* al detalle (Syn. ***Detailhandel***)

Detailhändler *m*, - minorista *m*; comerciante *m* al por menor; detallista *m*

detaillieren (Arch.) vender al por menor

Detailpreis *m*, **e** precio *m* al por menor

Detailverkauf *m*, **¨e** venta *f* al por menor

Detektei *f*, **en** (agencia *f* de) detectives *pl*; agencia *f* de informes

Detektiv *m*, **e 1.** detective *m* **2.** agente *m* policial de investigación

Deut *m*, Ø, ***keinen ~ wert sein*** no tener valor alguno; no valer un comino

deutsch alemán; de Alemania; germano ***Deutsche Angestelltengewerkschaft DAG*** sindicato *m* alemán de empleados y cuadros; ***Deutscher Beamtenbund DBB*** confederación *f* alemana de funcionarios públicos; ***Deutsche Bundesbank*** banco *m* central alemán; banco *m* federal alemán; ***Deutscher Gewerkschaftsbund DGB*** confederación *f* alemana de sindicatos; ***Deutscher Industrie- und Handelstag DIHT*** confederación *f* de cámaras de comercio e industria alemanas; ***Deutsche Industrienorm DIN*** norma *f* industrial alemana;

Deutsche Mark DM marco *m* alemán; ***Deutsche Presseagentur dpa*** agencia *f* de prensa alemana

deutschsprachig de lengua alemana (Syn. *Deutsch sprechend*)

Devaluation *f*, **en** (selten) devaluación *f*; devalúo *m*

Devise *f*, **n** divisa *f*; moneda *f* extranjera **1.** ***harte ~*** divisa fuerte; moneda "dura"; ***~n*** divisas *pl*; cambios *pl*; ***~n kaufen, eintauschen*** comprar, cambiar divisas **2.** lema *m*; divisa *f*; eslogan *m*

Devisenabkommen *n*, - acuerdo *m* sobre los cambios; convenio *m* sobre divisas; acuerdo *m* monetario

Devisenabteilung *f*, **en** servicio *m* de cambio

Devisenarbitrage *f*, **n** arbitraje *m* de divisas

Devisenausgleichfonds *m*, - fondo *m* de compensación de divisas

Devisenausländer *m*, - no residente *m*

Devisenbannwirtschaft *f*, Ø limitación *f* de entrada de dinero especulativo; lucha *f* contra el dinero caliente

Devisenbeschaffung *f*, **en** obtención *f* de divisas

Devisenbeschränkung *f*, **en** → Devisenbewirtschaftung

Devisenbestand *m*, **¨e** reserva *f* de divisas; disponibilidades *pl* en divisas

Devisenbestimmungen *pl* reglamentación *f* en materia de divisas; régimen *m* de divisas

Devisenbewirtschaftung *f*, **en** control *m* de divisas (*od.* de moneda extranjera); control *m* de los cambios; contingentación *f* de divisas; reglamentación *f* de divisas

Devisenbilanz *f*, **en** balanza *f* de divisas; cuenta *f* de divisas

Devisenbörse *f*, **n** Bolsa *f* de divisas

Devisenbriefkurs *m*, **e** cotización *f* de divisas (venta, oferta)

devisenbringend generador de divisas

Devisenbringer *m*, - producto *m* generador de divisas

Devisen-Future *m*, - futuros *pl* de divisas

Devisengenehmigung *f*, **en** autorización *f*, permiso *m* de cambio; certificado *m* de cambio (*od.* de divisas)

Devisengeschäft *n*, **e** operación *f* de cambio; operación *f* de divisas

Devisengesetz *n*, **e** ley *f* sobre el control de los cambios

Devisenhandel *m*, Ø comercio *m*, operaciones *pl* de divisas

Devisenhandelsplatz *m*, **¨e** → Devisenbörse

Devisenhändler *m*, - → Devisenmakler

Deviseninländer *m*, - residente *m*

Devisenknappheit *f*, Ø escasez *f*, falta *f* de divisas

Devisenkontrolle *f*, **n** → Devisenbewirtschaftung

Devisenkurs *m*, **e** cotización *f*, tipo *m* de cambio de la moneda extranjera; ***amtlicher ~*** cambio *m* oficial (para la moneda extranjera); ***den ~ festsetzen*** fijar la cotización de la moneda extranjera

Devisenmakler *m*, - cambista *m*; corredor *m* de divisas

Devisenmarkt *m*, **¨e** mercado *m* de cambios; mercado *m* de divisas; mercado *m* de moneda extranjera

Devisennotierung *f*, **en** cotización *f* de los cambios; cotización *f* de la moneda extranjera

Devisen-Pensionsgeschäft *n*, *e* repo(s) *m* (*pl*) de divisas

Devisenpolster *n*, - → Devisenreserven

Devisenreserven *pl* reservas *pl* de divisas

Devisenschieber *m*, - traficante *m* de divisas

Devisenschiebung *f*, **en** tráfico *m* (ilegal) de divisas

Devisenschmuggel *m*, Ø → Devisenschiebung

Devisenschwindel *m*, Ø estafa *f* de divisas; fraude *m* en divisas

Devisenspekulant *m*, **en** especulador *m* en materia de divisas

Devisenspekulation *f*, **en** especulación *f* con los cambios

Devisensperre *f*, **n** bloqueo *m* de divisas

Devisenstelle *f*, **n** oficina *f* de cambios

Devisenswap *m*, **(s)** permuta *f*, trueque *m* de divisas

Devisentermingeschäft *n*, **e** mercado *m* de divisas a plazo

devisenträchtig susceptible de generar divisas

Devisenumrechnungstabelle *f*, **n** tablero *m* de cambios

Devisenvergehen *n*, - infracción *f* de la reglamentación de cambios; infracción *f* en materia de divisas

Devisenverkehr *m*, Ø → Devisenhandel

Devisenvorschrift *f*, **en** reglamentación *f* de los cambios

Devisenzahlung *f*, **en** pago *m* en divisas

Devisenzuteilung *f*, **en** asignación *f*, adjudicación *f* de divisas

Devisenzwangswirtschaft *f*, **en** → Devisenbewirtschaftung
Dezenni|um *n*, **-en** decenio *m*; década *f*
dezentral descentralizado
Dezentralisation *f*, **en** descentralización *f*
dezentralisieren descentralizar
Dezernat *n*, **e** negociado *m*; sección *f*; departamento *m*; oficina *f*; ~ ***für Bauwesen*** negociado de la construcción
Dezernent *m*, **en** jefe *m* de negociado; encargado *m* de sección
dezimal decimal
Dezimalbruch *m*, **¨e** fracción *f* decimal
Dezimalrechnung *f*, **en** cálculo *m* decimal
Dezimalstelle *f*, **n** cifra *f* decimal
Dezimalsystem *n*, **e** sistema *m* decimal
Dezimalzahl *f*, **en** número *m*, cifra *f* decimal
Dezimeter *m od. n*, - decímetro *m*
dezimieren diezmar
Dezimierung *f*, **en** **1.** estragos *pl* **2.** mortandad *f*
DGB (Deutscher Gewerkschaftsbund) → deutsch
Dia *n*, **s** (Fam.) diapositiva *f*
Diagnose *f*, **n** diagnóstico *m*; ***eine ~ stellen*** hacer, establecer un diagnóstico; diagnosticar
diagnostizieren diagnosticar
Diagramm *n*, **e** representación *f* gráfica; diagrama *m*
Dialog *m*, **e** diálogo *m*
Dialogcomputer *m*, - ordenador *m* interactivo
Diamant *m*, **en** diamante *m*
Diamantenhändler *m*, - diamantista *m*; comerciante *m* de diamantes
Diaprojektor *m*, **en** proyector *m* de diapositivas
Diät *f*, **en** dieta *f*; régimen *m*; ~ ***halten*** guardar dieta, régimen; ~ ***leben*** hacer, seguir un régimen; estar a dieta
Diäten *pl* dietas *pl*; indemnización *f*
Diätkost *f*, Ø alimentos *pl* de régimen; alimentos *pl* dietéticos
dicht denso; ***~er Verkehr*** tráfico *m* denso (*od.* espeso)
dicht besiedelt **1.** muy urbanizado **2.** de gran densidad de población
dicht bevölkert → dicht besiedelt
dichtmachen (Fam.) cerrar; (Fam.) echar el cerrojo
dick grueso; voluminoso; fuerte; ***~e Beziehungen haben*** (Fam.) estar muy enchufado; tener un buen enchufe; ***~e Gelder*** capitales *pl*, fondos *pl* importantes; ***~e Geschäfte machen*** (Fam.) hacer un negocio magnífico; ***eine ~e Rechnung bezahlen*** (Fam.) pagar una cuenta excesiva; pagar una factura disparatadamente alta
Dieb *m*, **e** ladrón *m*; (Fam.) caco *m*; chorizo *m*; ***einen ~ auf frischer Tat ertappen*** pillar a un ladrón con las manos en la masa; sorprender a un ladrón in fraganti *od.* en flagrante; ***haltet den ~!*** ¡al ladrón!
Dieberei *f*, **en** ratería *f*
Diebesbande *f*, **n** cuadrilla *f*, banda *f* de ladrones
Diebesgut *n*, **¨er** botín *m*; objetos *pl* robados; mercancia *f* robada
diebessicher antirrobo; a prueba de robo; perfectamente protegido contra robo
Diebin *f*, **nen** ladrona *f*
diebisch inclinado a robar
Diebstahl *m*, **¨e** hurto *m*; latrocinio *m*; ratería *f*; ***einfacher ~*** hurto simple; ***geistiger ~*** plagio *m*; ***schwerer ~*** hurto grave; hurto cualificado; ***einen ~ begehen (verüben)*** cometer hurto; ***gegen ~ versichert sein*** estar asegurado contra robo
Diebstahlschutz *m*, Ø protección *f* antirrobo
Diebstahlversicherung *f*, **en** seguro *m* contra robo
dienen servir; (Milit.) estar en filas; hacer el servicio militar; ***dem Staat ~*** servir al Estado
Diener *m*, - **1.** sirviente *m*; criado *m*; doméstico *m* **2.** ***stummer ~*** galán *m* de noche **3.** reverencia *f*
Dienerschaft *f*, Ø personal *m* de servicio; servidumbre *f*; criados *pl*
Dienst *m*, **e** servicio *m*; empleo *m*; cargo *m*; función *f* **1.** ***gehobener ~*** cargo elevado; puesto *m* directivo; ***der öffentliche ~*** servicios *pl* públicos; ***außer ~*** retirado; jubilado; ***im ~*** de servicio; ***~ am Kunden*** servicio pos(t)venta; servicio de asistencia técnica **2.** ***seine ~e anbieten*** ofrecer sus oficios; ***den ~ antreten*** entrar en funciones; comenzar el servicio; ***aus dem ~ ausscheiden*** causar baja en el servicio; retirarse; ***einen Beamten seines ~es entheben*** relevar, separar del cargo a un funcionario; ***aus dem ~ entlassen*** despedir; ***jdm. einen ~ erweisen*** prestar un servicio a alg.; hacer un favor a alg.; ***jdm. einen schlechten ~ erweisen*** prestar un mal servicio a alg.; ***zum ~ gehen*** ir al trabajo; ~ ***haben*** estar de servicio; trabajar; ***gute ~e leisten*** ser de gran utilidad; prestar buenos servicios; ***in seine ~e nehmen*** tomar a su

servicio; contratar; ***den ~ quittieren*** presentar su dimisión; cesar en el cargo; ***(nicht) im ~ sein*** (no) estar de servicio; ***in jds. ~*****(en)** ***stehen*** estar al servicio de alg.; ***in ~ stellen*** poner en servicio; ***sich in den ~ einer Sache stellen*** consagrarse a a/c; ***in jds. ~ treten*** entrar al servicio de alg.; ~ ***tun*** → ~ haben; ~ ***nach Vorschrift machen*** hacer huelga de celo; trabajar a reglamento; trabajar lentamente

Dienstalter *n*, Ø antigüedad *f* en el servicio (*od.* en el cargo); ***nach dem ~ befördert werden*** ascender, ser ascendido por orden de antigüedad; ***ein ~ von 25 Jahren haben*** tener una antigüedad de 25 años

Dienstaltersstufe *f*, **n** escala *f*, escalafón *m* de antigüedad; ***automatisches Aufrücken in die ~*** ascenso *m* automático en la escala de antigüedad

Dienstalterszulage *f*, **n** plus *m* de antigüedad

Dienstälteste(r) (der/ein) el más antiguo; el de mayor antigüedad (en el servicio)

Dienstantritt *m*, Ø entrada *f* en funciones; toma *f* de posesión

Dienstanweisung *f*, **en** → Dienstvorschrift

Dienstauffassung *f*, **en** deontología *f* (profesional); espíritu *m* de servicio

Dienstaufsicht *f*, **en** inspección *f*, supervisión *f* jerárquica

Dienstaufsichtsbehörde *f*, **n** autoridad *f* de tutela; autoridad *f* supervisora

Dienstauszeichnung *f*, **en** distinción *f* honorífica (por antigüedad)

dienstbar, ***sich jdm. ~ machen*** aprovecharse de alg.; utilizar a/c

Dienstbarkeit *f*, **en** servidumbre *f*; ***gesetzliche***, ***vertragliche*** ~ servidumbre legal, convencional

Dienstbefehl *m*, **e** orden *f* de servicio; orden *f* superior; orden *f* jerárquica

dienstbeflissen → diensteifrig

dienstbereit servicial; dispuesto a servir

Dienstbereitschaft *f*, **en** disposición *f* a complacer; obsequiosidad *f*; oficiosidad *f*

Dienstbereitsteller *m*, - → Dienstleister

Dienstbezüge *pl* emolumentos *pl*; retribución *f*; sueldo *m*

Dienstbote *m*, **n** criado *m*

Dienstboten *pl* personal *m* de servicio; servidumbre *f*

Dienstbotentreppe *f*, **n** escalera *f* de servicio

Diensteid *m*, **e** **1.** juramento *m* profesional **2.** jura *f* del cargo

Diensteifer *m*, Ø celo *m* profesional; (im schlechten Sinne) servilismo *m*

diensteifrig solícito; servicial; (im schlechten Sinne) servil

Dienstentfernung *f*, **en** → Dienstenthebung

Dienstenthebung *f*, **en** destitución *f*; (vorläufig) suspensíon *f*

Dienstentlassung *f*, **en** separación *f* del cargo; cese *m* en el cargo

dienstfähig apto para el servicio

dienstfrei, ~ ***haben*** no estar de servicio; ***ein ~er Samstag*** un sábado libre de servicio; un sábado inhábil

Dienstgeber *m*, - (A) → Dienstherr

Dienstgebrauch *m*, Ø ***zum*** ~ para fines de servicio

Dienstgeheimnis *n*, **se** secreto *m* profesional; ***das ~ verletzen*** violar, infringir el secreto profesional

Dienstgespräch *n*, **e** (Teléf.) conferencia *f* oficial; comunicación *f* de servicio

Dienstgrad *m*, **e** graduación *f*; categoría *f* en el servicio; grado *m*

Dienst habend de servicio; que tiene servicio; de guardia; que tiene guardia; de turno; que tiene turno

Dienstherr *m*, **n** *od.* **en** empleador *m*; patrono *m*

Dienstjahre *pl* años *pl* de servicio; años *pl* de antigüedad

Dienstleister *m*, - proveedor *m* de servicios

Dienstleistung *f*, **en** (prestación *f* de) servicio *m*; bien *m* inmaterial; bien *m* invisible

Dienstleistungsbetrieb *m*, **e** empresa *f* (dedicada a la prestación) de servicios

Dienstleistungsbilanz *f*, **en** balanza *f* de servicios; balanza *f* de bienes invisibles

Dienstleistungsgewerbe *n*, - ramo *m* de servicios; sector *m* terciario

Dienstleistungssektor *m*, **en** sector *m* terciario; los servicios *pl* (Syn. ***tertiärer Sektor***)

Dienstleistungsverkehr *m*, Ø intercambio *m* de (prestaciones de) servicios

Dienstleitung *f*, **en** (Teléf.) línea *f* de servicio

dienstlich por razones de servicio; de servicio; oficial **1.** ***~e Angelegenheit*** asunto *m* relacionado con el servicio; asunto *m* de servicio; ***~es Schreiben*** oficio *m*; escrito *m* oficial **2.** ***er ist ~ unterwegs*** está de viaje de servicio; está de viaje oficial; está de viaje por razones de servicio; ~ ***verhindert sein*** estar impedido por razones de servicio

Dienstmädchen *n*, - criada *f*; sirvienta *f*; muchacha *f* de servicio
Dienstmarke *f*, **n** timbre *m* oficial; sello *m* oficial; marca *f* de servicio
Dienstnehmer *m*, - (A) asalariado *m*
Dienstordnung *f*, **en** → Dienstvorschrift
Dienstpersonal *n*, Ø personal *m* de servicio
Dienstpflicht *f*, **en** deberes *pl*, obligaciones *pl* del cargo; ***allgemeine*** ~ servicio *m* militar obligatorio
dienstpflichtig sujeto al servicio militar
Dienstplan *m*, **¨e** gráfico *m* de servicio
Dienstraum *m*, **¨e** local *m* reservado al servicio
Dienstreise *f*, **n** viaje *m* (por razones) de servicio; desplazamiento *m* profesional
Dienstsache *f*, **n** correspondencia *f* oficial; asunto *m* de servicio; asunto *m* oficial
Dienstsiegel *n*, - sello *m* oficial
Dienststand *m*, **¨e** (A) servicio *m* activo
Dienststelle *f*, **n** (Büro) oficina *f*; (Behörde) negociado *m*; sección *f*; ***auszahlende*** ~ servicio *m* de pagos; pagaduría *f*; ***vorgesetzte*** ~ autoridad *f* (jerárquica) superior
Dienststellenleiter *m*, - jefe *m* de servicio
Dienststellung *f*, **en** categoría *f*; rango *m*; funciones *pl*
Dienststempel *m*, - sello *m*, estampilla *f* oficial
Dienststrafe *f*, **n** sanción *f* disciplinaria; sanción *f* administrativa
Dienststrafgewalt *f*, Ø poder *m* disciplinario
Dienststrafrecht *n*, Ø derecho *m* disciplinario
Dienststunden *pl* horas *pl* de servicio; horas *pl* de oficina
diensttauglich apto para el servicio
Dienst tuend de servicio; de turno; de guardia
dienstuntauglich no apto para el servicio
Dienstvergehen *n*, - falta *f* disciplinaria; delito *m* administrativo
Dienstverhältnis *n*, **se** relación *f* de servicio; contrato *m* de trabajo; contrato *m* de servicio
dienstverpflichten obligar a prestar un servicio (en caso de catástrofe, guerra, etc.)
dienstverpflichtet obligado a prestar un servicio
Dienstverpflichtung *f*, **en** prestación *f* obligatoria de servicio
Dienstvertrag *m*, **¨e** contrato *m* de (prestación de) servicio(s)
Dienstvorgesetzte(r) (der/ein) superior *m* jerárquico
Dienstvorschrift *f*, **en** ordenanzas *pl*; instrucción *f*, reglamento *m* de servicio; ***nach ~ arbeiten*** hacer huelga de celo; trabajar lentamente
Dienstwagen *m*, - coche *m* oficial; coche *m* de servicio
Dienstweg *m*, **e** vía *f* jerárquica; trámite *m* oficial; ***auf dem*** ~ por vía reglamentaria; por vía (*od.* trámite) oficial; ***den ~ einhalten*** seguir la vía reglamentaria; seguir el trámite jerárquico
Dienstwohnung *f*, **en** vivienda *f* de servicio; vivienda *f* oficial
Dienstzeit *f*, **en** **1.** tiempo *m* de servicio **2.** (Amtsdauer) permanencia *f* en el cargo; años *pl* en el cargo **3.** servicio *m* activo; situación *f* activa; ***die wöchentliche ~ beträgt 39 Stunden*** el servicio comprende 39 horas semanales
Dienstzeugnis *n*, **se** certificado *m* de servicios (expedido por el empleador)
Dienstzulage *f*, **n** sobresueldo *m*; sobrepaga *f*
Differentialtarif *m*, **e** tarifa *f* diferencial; tarifa *f* escalonada (Syn. ***Staffeltarif***)
Differentialzölle *pl* aduanas *pl*, derechos *pl* diferenciales
Differenz *f*, **en** **1.** diferencia *f*; saldo *m*; déficit *m*; ***eine ~ auf weisen*** arrojar una diferencia; registrar un déficit **2.** (Streit) desavenencia *f*; diferencia *f*; disputa *f*
Differenzgeschäft *n*, **e** operación *f* a diferencia; operación *f* a plazo
Differenzialquotient *m*, **en** cociente *m* diferencial
Differenzialrechnung *f*, **en** cálculo *m* diferencial
differieren diferir; divergir; diferenciarse
digital (Inform.) digital; (Gal.) numérico; ***~e Anzeige*** indicación *f* digital; ***~e Darstellung*** representación *f* numérica; ***~e Informationen*** datos *pl* numéricos
digital/analog digital/analógico (D/A)
Digitalausgabe *f*, **n** salida *f* digital, numérica
Digitalband *n*, **¨er** cinta *f* magnética digital
Digitaldaten *pl* datos *pl* digitales, numéricos
Digitaldrucker *m*, - impresora *f* digital
Digitaleektronik *f*, Ø electrónica *f* digital
Digitaleingabe *f*, **n** entrada *f* digital, numérica
digitalisieren digitalizar; traducir a valores numéricos
Digitalrechner *m*, - calculadora *f* digital; calculadora *f* numérica
Digitaltechnik *f*, **en** técnica *f*, tecnología *f* digital

DIHT (Deutscher Industrie- und Handelstag) → deutsch
Diktaphon *n*, **e** → Diktiergerät
Diktat *n*, **e 1.** dictado *m; **nach jds.*** ~ al dictado de alg. **2.** (Polit.) dictado *m*; imposición *f*
Diktatzeichen *pl* referencias *pl* del que dicta y de la mecanógrafa
diktieren 1. dictar un texto **2.** ***der Markt diktiert die Preise*** el mercado dicta los precios
Diktiergerät *n*, **e** dictafón *m*; dictáfono *m*
DIN (Deutsche Industrienorm) → deutsch
Diner *n*, **s** almuerzo *m*
DIN-Format *n*, **e** formato *m* DIN; (E) formato UNE
dingen (Arch.) (einstellen) contratar; ajornalar; (Mörder) pagar; (bestechen) sobornar
dinglich (Jur.) real; ***~es Recht*** derecho *m* real; ***~e Sicherheit*** garantía *f* material
Dipl. → Diplom
Diplom *n*, **e** diploma *m*
Diplomat *m*, **en** diplomático *m*
diplomatisch diplomático; ***die ~en Beziehungen abbrechen, aufnehmen*** romper, establecer las relaciones diplomáticas
Diplombetriebswirt *m*, **e** diplomado *m* de estudios superiores de gestión (empresarial); licenciado *m* en (ciencias) empresariales; intendente *m* mercantil
Diplomdolmetscher *m*, **-** intérprete *m* diplomado
Diplomkauf|mann *m*, **-leute** intendente *m* mercantil
Diplomlandwirt *m*,**e** ingeniero *m* agrónomo
Diplomvolkswirt *m*, **e** diplomado *m* de estudios económicos superiores; licenciado *m* en economía nacional
direkt directo; inmediato; decidido; ***~e Besteuerung*** imposición *f* directa; ***~e Beschaffung (~er Bezug)*** compra *f* directa al productor; ***~e Steuern*** impuestos *pl* directos; ***~e Telefonverbindung*** comunicación *f* directa; ***~er Vertrieb*** venta *f* directa al consumidor
Direktbezieher *m*, **-** cliente *m*, comprador *m* directo
Direktbezug *m*, **¨e** → Direkteinkauf
Direkteinkauf *m*, **¨e** compra *f* directa; aprovisionamiento *m*, abastecimiento *m* directo
Direktflug *m*, **¨e** vuelo *m* directo
Direktgeschäft *n*, **e** transacción *f* directa
Direktimport *m*, **e** importación *f* directa (del país de producción)
Direktinvestitionen *pl* inversiones *pl* directas
Direktion *f*, **en 1.** dirección *f*; ***jdm. die ~ übertragen*** confiar a alg. la dirección **2.** gremio *m* directivo; órgano *m* rector; dirección *f*; gerencia *f* **3.** dirección *f* (= oficina, locales)
Direktionsetage *f*, **n** planta *f* noble; planta *f* con los despachos de la dirección
Direktionssekretärin *f*, **nen** secretaria *f* de dirección (Syn. ***Chefsekretärin***)
Direktionszimmer *n*, **-** despacho *m* del director
Direktive *f*, **n** instrucciones *pl* generales; directiva *f*; directriz *f*
Direktmandat *n*, **e** mandato *m* (parlamentario) directo
Direktor *m*, **en** director *m*; jefe *m* de servicio; ***geschäftsführender*** ~ director gerente; director ejecutivo; ***kaufmännischer*** ~ director comercial; ***stellvertretender*** ~ director adjunto; ***technischer*** ~ director técnico; ***zweiter*** ~ subdirector *m*
Direktorat *n*, **e** dirección *f*
Direktorengehalt *n*, **¨er** sueldo *m* de los altos cargos
direktorial 1. directoral (= *eines Direktors*) **2.** directorial (= *eines Direktoriums*)
Direktori|um *n*, **-en** directorio *m*; comité *m* directivo; ***dreiköpfiges*** ~ directorio de 3 miembros; ***in das ~ eines Konzerns berufen werden*** ser nombrado miembro (*od.* vocal) del directorio de un grupo
Direktorposten *m*, **-** puesto *m*, función *f* de director
Direktverkauf *m*, **¨e** venta *f* directa; venta *f* en punto de fábrica
Direktwahl *f*, **en** elección *f* directa
Direktwerbung *f*, **en** publicidad *f* directa, individual
Dirigismus *m*, **Ø** dirigismo *m*; intervencionismo *m*; sistema *m* dirigista
dirigistisch dirigista; intervencionista; ***~es Eingreifen*** intervención *f* dirigista; ***~e Maßnahmen*** medidas *pl* dirigistas
Disagio *n*, **s** disagio *m*; por debajo de la par; (Ggs. ***Agio***)
Discount *m*, **s** descuento *m; **einen ~ gewähren*** conceder una rebaja (*od.* un descuento)
Discounter *m*, **-** → Discountgeschäft
Discountgeschäft *n*, **e** almacén *m* de descuento; tienda *f* mini-margen

Discounthaus *n*, ¨er → Discountgeschäft
Discountmarkt *m*, ¨e → Verbrauchermarkt
Discountpreis *m*, **e** precio *m* reducido; precio *m* "discount"; precio *m* mini-margen
Diskette *f*, **n** (Inform.) disquette *f*
Diskont *m*, **e 1.** descuento *m*; rebaja *f*; ***abzüglich ~*** descuento deducido **2.** ***bankküblicher, freier ~*** descuento bancario, extrabancario; ***zum ~ bringen (einreichen)*** presentar a descuento; ***den ~ erhöhen, senken*** elevar, bajar la tasa de descuento; ***einen Wechsel zum ~ ankaufen*** tomar un efecto a descuento; ***einen Wechsel in ~ geben*** (hacer) descontar un efecto
Diskontbank *f*, **en** banco *m* de descuento
Diskonten *pl* efectos *pl* descontados
Diskonter *m*, **-** → Discountgeschäft
Diskonterhöhung *f*, **en** aumento *m* del tipo de descuento; elevación *f* de la tasa de descuento
Diskontermäßigung *f*, **en** → Diskontsenkung
diskontfähig descontable
Diskontfähigkeit *f*, Ø, ***~ eines Wechsels*** negociabilidad *f* de una letra en un banco
Diskontfuß *m*, Ø tipo *m* de descuento
Diskontgeschäft *n*, **e** operación *f* de descuento
Diskontherabsetzung *f*, **en** → Diskontsenkung
diskontierbar → diskontfähig
diskontieren, ***einen Wechsel ~ lassen*** descontar, entregar un efecto para su descuento
Diskontierung *f*, **en** descuento *m* de efectos comerciales
Diskontnehmer *m*, **-** banquero *m* que descuenta
Diskont|o *n*, **s** *od.* **-i** → Diskont
Diskontpolitik *f*, Ø política *f* de descuento
Diskontsatz *m*, ¨e tipo *m*, tasa *f* de descuento; ***den ~ herabsetzen*** (senken) bajar, reducir la tasa (*od.* el tipo) de descuento; ***den ~ erhöhen*** elevar, aumentar el tipo (*od.* la tasa) de descuento
Diskontsatzpolitik *f*, Ø política *f* en materia de tasa (*od.* tipo) de descuento
Diskontsenkung *f*, **en** reducción *f*, rebaja *f* del tipo (*od.* de la tasa) de descuento
Diskontwechsel *m*, **-** letra *f* negociable; efecto *m* (cambiario) a descontar; letra *f* descontada
diskret discreto; reservado
Diskretion *f*, Ø discreción *f*; reserva *f*; ***~ wird zugesichert*** discreción garantizada (*od.* asegurada)
Diskussion *f*, **en** discusión *f*, debate *m*; ***zur ~ stellen*** someter a debate (*od.* discusión)
Diskussionsbeitrag *m*, ¨e intervención *f*; ponencia *f*; hipótesis *f* de discusión
Diskussionsgrundlage *f*, **n** base *f* de discusión
diskutabel discutible; procedente; ***nicht ~*** improcedente; fuera de lugar
diskutieren discutir; debatir
Dispache *f*, **n 1.** arbitraje *m* (entre una compañía de seguros maritimos y el asegurado) **2.** cálculo *m* de pérdidas y averías en seguro marítimo
Dispacheur *m*, **e** → Dispatcher **1.**
Dispatcher *m*, **- 1.** perito *m* de seguros marítimos **2.** jefe *m* de producción en una gran empresa
Dispatchersystem *n*, **e** control *m* de la producción en una gran empresa
Dispens *m*, **e** dispensa *f*; exención *f*; autorización *f* excepcional
dispensieren, ***~ von*** dispensar, eximir de
Display *n*, **s 1.** presentación *f*, exhibición *f* de mercancías (en un stand o escaparate); apoyo *m*, soporte *m* publicitario **2.** (Inform.) terminal *m* de salida de un ordenador con muestra de resultado
Displayer *m*, **-** decorador *m* de escaparates; dibujante *m* en envases
Disponent *m*, **en** apoderado *m*; gerente *m*
disponibel disponible
disponieren proyectar anticipadamente; disponer; colocar pedidos
Disposition *f*, **en 1.** plan *m*; medidas *pl*; ***~en treffen*** tomar medidas; prevenir; precaver; trazar un plan **2.** disposición *f*; ***zur ~ stehen*** estar a disposición de **3.** disponibilidad *f*; ***jdn. zur ~ stellen*** pasar a alg. a situación de disponible **4.** predisposición *f* **5.** (Aufgabe von Bestellungen)colocación de pedidos **6.** pedido *m*; ***kurzfristige ~en der Kundschaft*** pedidos *pl* a corto plazo de la clientela **7.** instrucciones *pl*; órdenes *pl*
dispositionsfähig capaz de tomar decisiones; capaz de disponer; autorizado
Dispositionsfonds *m*, **- 1.** fondos *pl* disponibles **2.** fondo *m* secreto; (Syn. ***Sonderfonds***)
Dispositionsgelder *pl* → Dispositionsfonds
Dispositionskredit *m*, **e** crédito *m* en cuenta corriente; crédito *m* en descubierto; avan-

ce *m* del banco en cuenta corriente (Syn. *Überziehungskredit*)
Dispositionspapier *n*, **e** **1.** título *m* transmisible **2.** valor *m* en mercancías
Distanzgeschäft *n*, **e** operación *f* a distancia; venta *f* (de una mercancía) a distancia
Distanzkauf *m*, **¨e** operación *f* de compra a distancia; compra *f* (de una mercancía) a distancia
Distanzscheck *m*, **s** cheque *m* librado fuera de plaza; cheque *m* indirecto
Distanzwechsel *m*, **-** letra *f* trayecticia
Distribution *f*, **en** **1.** distribución *f* (Syn. *Vertrieb*) **2.** reparto *m*
Disziplinargewalt *f*, **Ø** potestad *f* disciplinaria; poder *m* disciplinario
disziplinarisch disciplinario
Disziplinarstrafe *f*, **n** pena *f*, sanción *f* disciplinaria; castigo *m* disciplinario
Disziplinarverfahren *n*, **-** expediente *m*, procedimiento *m* disciplinario
Disziplinarvergehen *n*, **-** falta *f*, transgresión *f* disciplinaria
divergent divergente
divergieren divergir (de)
Diverse(s) *pl* géneros *pl* diversos
Diversifikation *f*, **en** diversificación *f*
diversifizieren diversificar; ***ein Produktionsprogramm ~*** diversificar un programa de producción
Diversifizierung *f*, **en** → Diversifikation
Dividende *f*, **n** dividendo *m* (activo); renta *f* variable **1.** ***abgehobene ~*** dividendo cobrado; ***aufgehobene ~*** → ***aufgelaufene ~***; ***aufgelaufene ~*** dividendo acumulado; ***nicht erhobene ~*** dividendo no percibido; ***nicht gezahlte ~*** dividendo no pagado (*od.* no abonado); ***rückständige ~*** dividendo atrasado **2.** ***die ~ anheben*** (erhöhen) aumentar, elevar el dividendo; ***eine ~ ausschütten*** (verteilen) repartir un dividendo; ***die ~ festsetzen*** fijar el dividendo; ***eine ~ zahlen*** pagar, abonar un dividendo
Dividendenabgabe *f*, **n** exacción *f* (fiscal) sobre los dividendos
Dividendenabschlag *m*, **¨e** → Dividendenkürzung
Dividendenabschnitt *m*, **e** → Dividendenschein
Dividendenaktie *f*, **n** acción *f* de renta variable
Dividendenanspruch *m*, **¨e** derecho *m* a dividendo; ***seine ~¨e anmelden (geltend machen)*** hacer valer, presentar sus derechos a dividendo
Dividendenausschüttung *f*, **en** reparto *m*, distribución *f* de dividendos
dividendenberechtigt con derecho a dividendo; que tiene derecho a dividendo
Dividendenbogen *m*, **¨** → Dividendenschein
Dividendenerhöhung *f*, **en** aumento *m* del dividendo
Dividendenfestsetzung *f*, **en** fijación *f* del dividendo (a pagar)
Dividendenkupon *m*, **s** → Dividendenschein
Dividendenkürzung *f*, **en** disminución *f*, recorte *m* del dividendo
dividendenlos sin dividendo; que no arroja dividendo
Dividendenpapier *n*, **e** valor *m* de renta variable; título *m* que da derecho a dividendo
Dividendenreserve *f*, **n** → Dividendenrücklage
Dividendenrücklage *f*, **n** reserva *f* para regularización (*od.* pago) de dividendos
Dividendenschein *m*, **e** cupón *m* de dividendo; cupón *m* de acción
Dividendenverteilung *f*, **en** → Dividendenausschüttung
Dividendenwerte *pl* → Dividendenpapier
dividieren dividir
DIW (Deutsches Institut für Wirtschaftsforschung) Instituto *m* de Investigaciones Macroeconómicas
DM → D-Mark
D-Mark *f*, **-** (Deutsche Mark) marco *m* alemán; marco *m* occidental; marco *m* de la R.F.A.
DM-Kurs *m*, **e** (tipo *m* de) cambio *m*, cotización *f* del marco
Dock *n*, **s** **1.** dique *m*; dársena *f*; dock *m*; ***schwimmendes ~*** dique flotante **2.** muelle *m* **3.** (Lagerhaus für unverzollte Güter) almacén *m* general (de depósito)
Dockanlagen *pl* docks *pl*
Dockarbeiter *m*, **-** peón *m* de muelle; docker *m*
Dockempfangsschein *m*, **e** recibo *m* de dársena; recibo *m* de dock (*od.* muelle); certificado *m* de depósito
Docker *m*, **-** → Dockarbeiter
Dockgebühren *pl* derechos *pl* de dique; derechos *pl* de dársena; derechos *pl* de muelle; (Uruguay) derechos *pl* de piso
Dockgeld *n*, **er** → Dockgebühren
Docklagerschein *m*, **e** warrant *m*
Dockquittung *f*, **en** certificado *m* de depósito

Dokument *n*, **e** documento *m*; (Bescheinigung) certificado *m*; justificante *m*; comprobante *m*; ***~e gegen Akzept*** remesa *f* documentaria; orden *f* de entrega de documentos contra pago/aceptación; ***~e gegen Zahlung*** documentos *pl* contra pago; ***Kasse gegen ~e*** orden *f* de pago documentaria; pagadero al contado contra documentos; ***durch die ~ vertretenen Waren*** mercancías representadas por los documentos

Dokumentenakkreditiv *n*, **e** crédito *m* documentario; ***bestätigtes ~*** crédito documentario confirmado; ***teilbares ~*** crédito documentario divisible; ***übertragbares ~*** crédito documentario transferible; ***unwiderrufliches ~*** crédito documentario irrevocable

Dokumenteninkasso *n*, **s** cobro *m* sobre documentos

Dokumentenkredit *m*, e crédito *m* documentario

Dokumententratte *f*, **n** giro *m* documentario; efecto *m* documentario

Dokumentenvorschuss *m*, **- ¨sse** pignoración *f* de documentos

Dollar *m*, s dólar *m*

Dollar-Bananen *pl* plátanos *pl* de Latinoamérica (que se pagan en dólares)

Dollarblock *m*, Ø bloque *m*, (grupo *m*) del dólar

Dollardiplomatie *f*, Ø diplomacia *f* del dólar; política *f* de expansión basada en el dólar

Dollar-Gold-Bindung *f*, Ø convertibilidad *f* en oro del dólar

Dollarguthaben *n*, - activo *m* en dólares

Dollarklausel *f*, **n** cláusula *f* de pago en dólares; cláusula *f* dólar

Dollarkurs *m*, **e** cambio *m*, curso *m* del dólar

Dollarlücke *f*, **n** escasez *f* de dólares

Dollarraum *m*, Ø área *f*, zona *f* del dólar

Dollarzone *f*, Ø → Dollarraum

dolmetschen servir, actuar de intérprete; interpretar

Dolmetscher *m*, - intérprete *m*; ***vereidigter ~*** intérprete jurado

Domäne *f*, **n** finca *f* pública; (Fig.) dominio *m*

Domizil *n*, **e** **1.** domicilio *m* (legal); ***sein ~ wechseln*** cambiar de domicilio; mudarse **2.** domicilio *m* (lugar de cobro o pago de un efecto)

domizilieren domiciliar; ***einen Wechsel bei einer Bank ~*** domiciliar una letra en un banco

Domizilwechsel *m*, - letra *f* domiciliada

Dontgeschäft *n*, **e** (Börse) operación *f*, negocio *m* a prima (que permite al comprador rescindir su contrato mediante una indemnización fijada de antemano)

Dontprämie *f*, **n** prima *f* de retractación o de abandono

Doppel *n*, - doble *m*; duplicado *m*

Doppelarbeit *f*, **en** **1.** empleo *m* doble **2.** trabajo *m* doble

Doppelbelastung *f*, **en** carga *f* doble

Doppelbeschäftigung *f*, **en** → Doppelarbeit

Doppelbeschluss *m*, Ø (Polit.) opción *f* doble

Doppelbesteuerung *f*, **en** doble imposición *f*

Doppelbesteuerungsabkommen *n*, - acuerdo *m* de doble imposición

Doppelbrief *m*, **e** carta *f* con exceso de peso

Doppelbürgschaft *f*, **en** (A) doble nacionalidad *f*

Doppelgesellschaft *f*, **en** sociedad *f* dual (*od.* fragmentada)

Doppelpatentierung *f*, **en** acto *m* de patentar en doble

Doppelrohranlage *f*, **n** tubo *m* doble de correo neumático

Doppelschicht *f*, **en** turno *m* doble; equipo *m* doble

doppelt doble **1.** ***in ~er Ausfertigung*** por duplicado; ***~e Buchführung*** contabilidad *f* por partida doble; (Syn. ***Doppik***); ***~es Stimmrecht*** derecho *m* de voto doble **2.** el doble; dos veces; doblemente; por duplicado; ***~ so viel bezahlen*** pagar el doble

Doppeltarif *m*, **e** tarifa *f* doble

Doppelveranlagung *f*, **en** doble tributación *f*

Doppelverdiener *m*, **- 1.** pareja *f* que trabaja **2.** persona *f* que percibe dos sueldos **3.** persona *f* que tiene dos empleos

Doppelverdienertum *n*, Ø (Fam.) salario *m* doble; dos fuentes *pl* de ingresos

Doppelverdienst *m*, **e** ganancia *f* doble; salario *m*, sueldo *m* doble

Doppelversicherung *f*, **en** seguro *m* doble; seguro *m* cumulativo

Doppelwährung *f*, **en** bimetalismo *m*; doble tipo *m* monetario; doble patrón *m*

Doppelwährungsanleihe *f*, **n** empréstito *m* en una moneda a devolver en otra divisa

Doppelwechsel *m*, - segunda *f* de cambio

Doppelzentner *m*, - quintal *m* métrico

Doppelzimmer *n*, - habitación *f* doble

Doppik *f*, **en** → doppelt
Dossier *n*, **s** dosier *m*; dossier *m*; expediente *m*; documentación *f*; acta *f*; ***Einsicht in ein ~ nehmen*** tener acceso al acta; (Syn. *Akte*)
Dotation *f*, **en** dotación *f*
dotieren dotar; ***die Stellung ist gut dotiert*** el cargo, el puesto está bien retribuído; ***der Preis wird mit 3000 Mark dotiert*** el premio será de 3000 marcos
Dotierung *f*, **en** retribución *f*; dotación *f*; provisión *f*
Dow-Jones-Index *m*, Ø índice *m* Dow-Jones (de valores industriales)
dpa (Deutsche Presseagentur) → deutsch
Draht *m*, **¨e 1.** hilo *m*; cable *m*; ***am anderen ~*** al otro lado del hilo; ***per ~*** por cable; por telégrafo; ***heißer ~*** teléfono *m* rojo (entre las superpotencias para situaciones de suma gravedad) **2.** (Fam.) pasta *f*; (Pop.) parné *m*
Drahtakzept *n*, **e** aceptación *f* telegráfica
Drahtanschrift *f*, **en** dirección *f* telegráfica
Drahtantwort *f*, **en** respuesta *f* telegráfica
Drahtanweisung *f*, **en** orden *f* telegráfica
drahten telegrafiar; cablegrafiar; poner un cable; ***an jdn. ~*** enviar un cable a alg.; ***eine Nachricht ~*** telegrafiar una noticia; (Syn. ***telegraphieren***)
drahtlos inalámbrico; sin hilos; ***~e Telegrafie*** radiotelegrafía *f*; telegrafía *f* sin hilos (T.S.H.); ***~es Telegramm*** radiotelegrama *m*
Drahtüberweisung *f*, **en** giro *m* telegráfico; transferencia *f* telegráfica
drängen 1. (Schuldner) apremiar **2.** ***zur Eile ~*** meter prisa; urgir **3.** ***vom Markt ~*** eliminar, excluir del mercado **4.** ***es drängt (nicht)*** (no) corre prisa; ***die Sache drängt*** el asunto no admite demora **5.** ***die Zeit drängt*** el tiempo apremia **6.** ***auf etwas ~*** insistir en a/c
drastisch drástico; draconiano; radical; ***~e Maßnahmen ergreifen*** adoptar medidas drásticas; arbitrar medidas de restricción radicales
Draufgabe *f*, **n 1.** guante *m*; comisión *f* que se entrega bajo cuerda **2.** ***etw. als ~ schenken*** donar u/c como sobresueldo **3.** arras *pl*; señal *f* **4.** sobreprecio *m*
draufgehen (Fam.), ***das ganze Kapital wird ~*** todo el capital se va a esfumar; ***es ist viel Material draufgegangen*** (nos) ha costado mucho material
Draufgeld *n*, **er** → Draufgabe
drauflegen (Fam.) añadir; agregar; hacer un pequeño esfuerzo (financiero); ***noch ein paar Mark ~*** añadir unos marcos más
drauflosarbeiten trabajar sin pensar
drauflоswirtschaften 1. actuar sin discernimiento **2.** derrochar
draufzahlen (Fam.) **1.** → drauflegen **2.** perder dinero en un negocio
Drawback *n*, **s** reembolso *m*, devolución *f* de los derechos de aduana; drawback *m*; prima *f* a la exportación
Dreckarbeit *f*, **en** trabajo *m* penoso y sucio
Dreckausstoß *m*, Ø producción *f* defectuosa; desperdicios *pl*; desechos *pl*
Dreiecksgeschäft *n*, **e** operación *f*, transacción *f* triangular
Dreieckshandel *m*, Ø comercio *m* triangular
dreifach triple; tres veces mayor; ***~e Ausfertigung*** por triplicado; en tres ejemplares
Dreifelderwirtschaft *f*, **en** (cultivo *m* de) rotación *f* trienal
dreijährig de tres años
dreijährlich trienal
Dreimächteabkommen *n*, **-** acuerdo *m* tripartito
Dreimeilenzone *f*, **n** zona *f* de (las) tres millas
dreimonatig de tres meses
dreimonatlich trimestral
Dreimonatsgeld *n*, **er** dinero *m* a tres meses; crédito *m* a tres meses plazo
Dreimonatswechsel *m*, **-** efecto *m*, letra *f* a tres meses
Dreimonatsziel *n*, **e** (a un) plazo *m* de tres meses; (con un) vencimiento *m* de tres meses; con tres meses de plazo (*od.* vencimiento)
Dreiparteienkoalition *f*, **en** coalición *f* tripartita
Dreiparteiensystem *n*, **e** tripartidismo *m*
dreiprozentig, ***~e Papiere*** títulos *pl* al tres por ciento
Dreisatz *m*, **¨e** regla *f* de tres
Drei-Schichten-Dienst *m*, Ø servicio *m*, trabajo *m* de (*od.* a) tres turnos
dreiseitig trilateral
dreispaltig en (*od.* a *od.* de) tres columnas
dreisprachig trilingüe; en tres idiomas
dreispurig (Autobahn) de tres carriles; de tres bandas
dreißigste trigésimo
Dreißigstel *n*, **-** trigésimo *m*; trigésima parte *f*
Dreiviertelmehrheit *f*, **en** mayoría *f* de tres cuartos

Drift *f*, **s** (→ Lohndrift) diferencia *f* entre salario o sueldo marcado en convenio colectivo y el salario o sueldo efectivamente pagado

dringend 1. *~e Angelegenheit* asunto *m* urgente; *~er Bedarf* necesidad *f* imperiosa; *~e Bitte* ruego *m* encarecido; *~e Geschäfte* negocios *pl* urgentes; *~es Gespräch* conferencia *f* (*od.* llamada *f*) telefónica urgente **2.** *etw. ~ benötigen* necesitar a/c imperiosamente; *es wird ~ empfohlen* se recomienda encarecidamente

Dringlichkeit *f*, **en** urgencia *f*; perentoriedad *f*; apremio *m*

Dringlichkeitsbescheinigung *f*, **en** visto *m* bueno de urgencia

Dringlichkeitsliste *f*, **n** lista *f* por grado de urgencia; lista *f* por orden de prioridad

Dringlichkeitsstufe *f*, **n** grado *m* de urgencia; orden *m* de prioridad

dritt, *aus ~er Hand* de (un) tercero; *die ~e Kraft* (Polit.) la tercera fuerza; *ein ~es Land* un país tercero; *~e Person* un tercero; *die ~e Welt* el tercer mundo; *der ~e (Wirtschafts)sektor* los servicios *pl*; el sector terciario

Drittbank *f*, **en** tercer banco *m*; banco *m* tercero

Drittbegünstige(r) (der/ein) tercero *m* beneficiario

Dritte(r) (der/die) tercero *m*; tercera *f* persona *für ~* por cuenta de terceros; para uso de terceros; *gegenüber ~n* frente a terceros; *~n gegenüber haften* responder frente a terceros; *Verträge zugunsten ~* contratos en beneficio de terceros

Drittel *n*, **-** tercio *m*; tercera parte *f*; *zwei ~* dos tercios

Drittelbeteiligung *f*, **en** participación *f* de un tercio

Dritteldeckung *f*, **en** cobertura *f* oro que representa el tercio de la circulación fiduciaria

Drittelparität *f*, **en** representación *f* de un tercio

Dritterwerber *m*, **-** tercer(o) *m* adquirente

Drittgeschädigte(r) (der/ein) tercero *m* lesionado; tercero *m* perjudicado

Drittgläubiger *m*, **-** tercero *m* acreedor

Drittland *n*, **¨er** (CE) país *m* tercero

Drittschuldner *m*, **-** tercero *m* deudor; deudor *m* de un deudor

Drittverwahrung *f*, **en**, *~ von Wertpapieren* depósito *m* de títulos en un tercero convenido

Drive-in-Bank *f*, **en** autobanco *m* (el cliente no tiene que apearse del vehículo)

Drohbrief *m*, **e** carta *f* de amenaza; carta *f* amenazadora; carta *f* conminatoria

drohen amenazar

Drohung *f*, **en** amenaza *f*

drosseln disminuir; reducir; frenar; *die Einfuhren ~* disminuir las importaciones; *die Geldmenge ~* reducir la masa monetaria; *den Verbrauch ~* frenar el consumo

Drosselung *f*, **en** disminución *f*; reducción *f*; freno *m*; moderación *f*; *~ der Produktion* reducción de la producción

Druck 1. *m*, **e** impresión *f*; (Gedrucktes) imprenta *f*; (Bild) estampa *f*; (Auflage) edición *f*; *in ~ geben* hacer imprimir; dar a la imprenta; *in ~ gehen* ser publicado; *in ~ sein* estar en prensa **2.** *m*, **Ø** presión *f*; *steuerlicher ~* presión fiscal; *der ~ der Gewerkschaften* presión sindical; *~ ausüben auf* ejercer presión sobre; presionar sobre; *~ nachgeben* ceder a una presión

druckbar imprimible

Druckdatei *f*, **en** fichero *m* de impresión

Drückeberger *m*, **-** (Fam.) holgazán *m*; vago *m*

drücken 1. (Börse) hacer bajar; *auf die Preise ~* hacer bajar los precios **2.** *sich ~* escurrir el bulto; ponerse a cubierto; escabullirse; *sich vor der Arbeit ~* esquivar el trabajo

drucken imprimir; editar; publicar; *~ lassen* hacer imprimir; poner en prensa

Drucker *m*, **-** (Inform.) impresor *m*; (Computer) impresora *f*

Druckeranschluss *m*, **-¨sse** conexión *f* de impresora

Druckerausgabe *f*, **n** salida *f* por impresora

Druckerei *f*, **en** imprenta *f*

Druckereibedarf *m*, **Ø** suministro *m* para artes gráficas

Druckereipresse *f*, **n** prensa *f* tipográfica; *frisch aus der ~ kommen* acabar de salir de la prensa (tipográfica)

Druckerpapier *n*, **Ø** papel *m* de impresora

Druckfehler *m*, **-** error *m* de imprenta

Druckkosten *pl* gastos *pl* de impresión

Druckmittel *n*, **-** medio *m* de presión; *ein wirtschaftliches ~ gegen jdn. einsetzen* utilizar un medio de presión económica contra alg.

Drucksache *f*, **n** impresos *pl*; *~ zu ermäßigter Gebühr* impresos a tarifa reducida

Druckschrift *f*, **en 1.** caracteres *pl* de imprenta; letra *f* de molde; *bitte in ~ ausfül-*

len rogamos se rellene con letra de molde **2.** (Veröffentlichung) folleto *m*; impreso *m*
Druckseite *f*, **n** página *f* impresa
Drucktaste *f*, **n** tecla f; botón m
Drucktastentelefon *n*, **e** teléfono *m* de teclas
dt. → deutsch
Dtzd. → Dutzend
Dualsystem *n*, **e 1.** (Inform.) sistema *m* binario **2.** enseñanza *f* alternada (general y profesional)
dubios dudoso; ***~e Forderung*** crédito *m* de cobro dudoso
Dubiosa *pl* créditos *pl* de cobro dudoso (Syn. **Dubiosen**)
Dummy *m*, **s 1.** envase *m* vacío **2.** muñeco *m*; maniquí *m* (para la simulación de accidentes de automóvil) **3.** chupete *m*
Dumping *n*, **s** dúmping *m; ~ **betreiben*** practicar el dúmping
Dumpingpreis *m*, **e** precio *m* de dúmping
Düngemittel *n*, - fertilizante *m*; abono *m*
düngen abonar; fertilizar; estercolar
Dünger *m*, - → Düngemittel
dunkel oscuro; sombrío; misterioso; ***~e Geschäfte*** negocios *pl* turbios; negocios *pl* oscuros; ***das Geld fließt in ~e Kanäle*** el dinero va a parar a manos desconocidas; ***~e Machenschaften*** maniobras *pl*, maquinaciones *pl* sospechosas
Dunkelziffer *f*, **n 1.** cifra *f* no publicada **2.** datos *pl* oficiosos **3.** datos *pl* mantenidos en secreto **4.** datos *pl* que escapan al censo
Dunkelzone *f*, **n** zona *f* no controlable; (Syn. ***Grauzone***)
dünn bevölkert de baja densidad de población; poco poblado
Dünndruckpapier *n*, **e** papel *m* biblia
Duopol *n*, **s** → Dyopol
Duplikat *n*, **e** copia *f*; duplicado *m; **ein ~ anfertigen*** sacar copia; (Syn. ***Abschrift, Kopie***)
Duplikatfrachtbrief *m*, **e** duplicado *m* de la carta de porte
Duplikation *f*, **en** duplicación *f*
Duplikatquittung *f*, **en** copia *f* del recibo
Duplikatrechnung *f*, **en** copia *f* de la factura
Duplikatwechsel *m*, - duplicado *m* de la letra de cambio
durchbringen 1. ***sich ~*** ganarse la vida (*od.* el sustento) **2.** ***ein Vermögen ~*** derrochar, despilfarrar, malgastar una fortuna
Durchbruch *m*, Ø, ***den ~ erzielen*** abrirse paso; avanzar sustancialmente
Durchdringungsquote *f*, **n** cuota *f*, tasa *f* de penetración
Durchdruck *m*, Ø serigrafía *f*
Durchdruckpackung *f*, **en** embalaje *m* blíster
Durchfahrt *f*, **en** (flete *m* en) tránsito *m*
Durchfahrtbrief *m*, **e** carta *f* de porte directo (para flete con tarifa directa)
Durchfahrtzoll *m*, **¨e** derecho *m* de pasaje
Durchfuhr *f*, **en** tránsito *m*; pasaje *m* en tránsito; ***~ von Waren*** tránsito de mercancías; (Syn. ***Transit***)
Durchfuhrabgabe *f*, **n** tasa *f* de tránsito
durchführbar realizable; ejecutable; viable
Durchführbarkeit *f*, Ø viabilidad *f*; factibilidad *f*; realizabilidad *f*; ejecutabilidad *f*
Durchführbarkeitsstudie *f*, **n** estudio *m* de viabilidad; análisis *m* de factibilidad; evaluación *f* de factibilidad
Durchfuhrbescheinigung *f*, **en** certificado *m* de tránsito
Durchfuhrbewilligung *f*, **en** permiso *m*, autorización *f* de tránsito
Durchfuhrdeklaration *f*, **en** declaración *f* de tránsito
durchführen llevar a la práctica; poner en práctica; llevar a cabo; realizar; efectuar; ejecutar; ***Geschäfte ordnungsgemäß ~*** llevar los negocios como es debido; ***Maßnahmen ~*** efectuar, realizar medidas; ***ein Vorhaben ~*** llevar un plan a la práctica; poner en práctica un plan
Durchfuhrerlaubnis *f*, **se** autorización *f*, permiso *m* de tránsito
Durchfuhrfracht *f*, **en** gastos *pl* directos (*od.* de tránsito)
Durchfuhrfreiheit *f*, Ø libertad *f* de tránsito
Durchfuhrhafen *m*, **¨** puerto *m* de tránsito; puerto *m* de escala
Durchfuhrhandel *m*, Ø comercio *m* de tránsito
Durchfuhrland *n*, **¨er** país *m* de tránsito
Durchfuhrpapier *n*, **e, *einzelstaatliches ~*** (CE) documento *m* nacional de tránsito
Durchfuhrrecht *n*, Ø derecho *m* de tránsito
Durchfuhrschein *m*, **e** guía *f*, boleto *m* de tránsito
Durchfuhrspediteur *m*, **e** agente *m* de tránsito
Durchführung *f*, **en** realización *f*; ejecución *f*; implementación *f*; ***~ eines Gesetzes*** aplicación *f* de una ley
Durchführungsbestimmung *f*, **en** norma *f*, disposición *f* de aplicación; modalidad *f* de aplicación

Durchführungserlass *m*, **-sse** (A) → Durchführungsbestimmung
Durchführungsverordnung *f*, **en** decreto *m* de aplicación
Durchfuhrverbot *n*, **e** prohibición *f* de tránsito
Durchfuhrverkehr *m*, Ø tráfico *m* en tránsito; tráfico-tránsito *m*
Durchfuhrzölle *pl* derechos *pl* de tránsito; aranceles *pl* (aduaneros) de tránsito
durchfunken cablegrafiar
Durchgabe *f*, Ø, ~ ***von Meldungen*** envío *m* de mensajes
Durchgang *m*, **¨e** tránsito *m*; ***im*** ~ en tránsito; ~ ***von Waren*** tránsito de mercancías; ***kein*** ~ prohibido el paso
Durchgangs- (Pref.) de, en tránsito; (Syn. ***Durchfuhr-***)
Durchgangsbahnhof *m*, **¨e** estación *f* de tránsito
Durchgangsbeförderung *f*, **en** encaminamiento *m* en tránsito
Durchgangsfracht *f*, **en** flete *m* de tránsito
Durchgangsfrachtbrief *m*, **e** conocimiento *m* directo (*od.* de tránsito)
Durchgangsfrachtsatz *m*, **¨e** → Durchgangstarif
Durchgangsgüter *pl* mercancías *pl* en tránsito
Durchgangshafen *m*, **¨** puerto *m* de tránsito
Durchgangshandel *m*, Ø comercio *m* en tránsito
Durchgangskont|o *n*, **-en** cuenta *f* transitoria
Durchgangskosten *pl* gastos *pl* de tránsito
Durchgangsladung *f*, **en** carga *f* de (*od.* en) tránsito
Durchgangsland *n*, **¨er** país *m* de tránsito
Durchgangsposten *m*, - efecto *m* en tránsito
Durchgangsreisende(r) (der/ein) viajero *m* en tránsito
Durchgangstarif *m*, **e** tarifa *f* de tránsito
Durchgangsverkehr *m*, Ø tráfico *m*; tráfico *m* en (*od.* de) tránsito; ***den*** ~ ***umleiten*** desviar el tráfico en tránsito; ***Waren im*** ~ mercancías *pl* en tránsito; ~ ***durch das Hoheitsgebiet eines Mitgliedstaates*** (CE) transporte *m* que pasa (*od.* cruza) el territorio de un Estado miembro
Durchgangsware *f*, **n** mercancía *f* en tránsito
Durchgangszölle *pl* → Durchfuhrzölle
Durchgangszollstelle *f*, **n** oficina *f* de aduana en ruta; aduana *f* de tránsito (*od.* paso)
durchgeben transmitir; radiar; anunciar
durchgehen 1. pasar; atravesar; ***Waren*** ~ ***lassen*** dejar pasar las mercancías **2.** proseguir sin interrupción **3.** ***das Gesetz ist durchgegangen*** la ley ha pasado; la ley ha sido aprobada **4.** examinar; controlar; ***ein Projekt Punkt für Punkt*** ~ examinar un proyecto punto por punto
durchgehend ininterrumpido; sin interrupción; continuo; continuado; ***~e Arbeitszeit*** jornada *f* continuada; jornada *f* intensiva; jornada *f* sin descanso al mediodía
durchkreuzen 1. tachar **2.** frustrar; desbaratar; contrariar
durchnummerieren numerar correlativamente
durchpausen calcar; copiar
durchplanen prever u/c en todos sus detalles
durchrationalisieren, ***einen Betrieb*** ~ racionalizar una empresa a fondo
durchrechnen 1. repasar; verificar **2.** calcular detalladamente; (Fam.) hacer números
Durchreise *f*, Ø ***auf der*** ~ ***sein*** estar de paso; estar en tránsito
Durchreisekundschaft *f*, Ø (Tur.) clientela *f* de paso
Durchreisende(r) (der/ein) viajero *m* de paso; viajero *m* en tránsito; cliente *m* de paso
Durchreisevis|um *n*, **-a** visado *m* de tránsito
Durchsage *f*, **n** aviso *m* radiofónico; aviso *f* televisivo
durchsagen transmitir un aviso (*od.* mensaje)
Durchschlag *m*, **¨e** copia *f*; ***einen*** ~ ***anfertigen*** hacer, sacar una copia
durchschlagend decisivo; rotundo; ***ein ~er Erfolg*** éxito *m* completo (*od.* rotundo *od.* decisivo)
Durchschlagpapier *n*, Ø papel *m* para copias; papel *m* cebolla (sehr dünn)
durchschmuggeln pasar de contrabando
Durchschnitt *m*, **e** media *f*; promedio *m*; ***den*** ~ ***ermitteln*** (errechnen) calcular la media (*od.* el promedio); ***im*** ~ por término medio; ***über***, ***unter dem*** ~ ***liegen*** situarse por encima, por debajo del promedio; ser superior, inferior a la media; (Syn. ***Schnitt***)
durchschnittlich por término medio; (mittelmäßig) mediano; (gewöhnlich) ordinario; común
Durchschnitts- (Pref.) medio; mediano
Durchschnittsalter *n*, - edad *f* media
Durchschnittsbetrag *m*, **¨e** importe *m* medio
Durchschnittsbürger *m*, - ciudadano *m* medio; hombre *m* de la calle

Durchschnittseinkommen *n*, - ingreso *m* medio; renta *f* media
Durchschnittsernte *f*, **n** cosecha *f* media
Durchschnittsertrag *m*, **¨e** rendimiento *m* medio
Durchschnittspreis *m*, **e** precio *m* medio; ***gewichteter*** ~ precio *m* medio ponderado
Durchschnittsqualität *f*, Ø **1.** calidad *f* mediana **2.** calidad *f* media
Durchschnittsrechnung *f*, **en** cálculo *m* del valor medio; cálculo *m* de la media; cálculo *m* del promedio
Durchschnittsware *f*, **n** **1.** mercancía *m* de calidad mediana **2.** mercancía *f* de calidad media
Durchschnittswert *m*, **e** valor *m* medio
Durchschreibebuch *n*, **¨er** libro *m* copiador
durchschreiben escribir con papel carbón; escribir con papel de calco; calcar
Durchschreibepapier *n*, Ø → Durchschlagpapier
Durchschrift *f*, **en** copia *f* (con papel carbón); duplicado *m*; ***eine ~ anfertigen*** hacer una copia; hacer un duplicado
durchsehen examinar; controlar; repasar; ***die Post, den Posteingang*** ~ repasar el correo
durchsetzbar realizable
durchsetzen imponer; lograr que se acepte; ***Lohnforderungen*** ~ llevar a buen término, hacer prevalecer las reivindicaciones salariales; conseguir la aceptación de las reivindicaciones salariales
durchsickern filtrarse; trascender (información, rumores bursátiles)
durchstellen, (Teléf.) ***das Gespräch zum Chef*** ~ pasar la comunicación al jefe
durchstreichen tachar; borrar; ***Nichtzutreffendes bitte*** ~ tache (*od.* táchese) lo que no proceda
Durchsuchung *f*, **en** registro *m*; cacheo *m*
Durchwahl *f*, Ø (Teléf.) interurbano *m* automático; comunicación *f* automática
durchwählen (Teléf.) marcar directamente
Durchwahlnummer *f*, **n** número *m* directo; número *m* a marcar directamente
Durchwählsystem *n*, **e** (Teléf.) interurbano *m* automático
Durchzoll *m*, **¨e** → Durchgangszölle
Dürrejahr *n*, **e** año *m* de sequía
Durststrecke *f*, **n** paralización *f* de la actividad; depresión *f*; marasmo *m*; periodo *m* difícil; ***eine ~ durchstehen*** atravesar un período difícil; hacer la travesía del desierto
Duty-free-Shop *m*, **s** tienda *f* libre de impuestos
Dutzend *n*, **e** (Dtzd.) docena *f*; ***halbes*** ~ media docena; ***im ~ billiger*** trece por docena
Dutzendkarte *f*, **n** tarjeta *f* que da derecho a doce entradas, viajes, *etc.*
Dutzendware *f*, **n** mercancía *f* vendida a docenas; mercancía *f* de batalla; mercancía *f* basta; (Fam.) género *m* de tres al cuarto
dutzendweise por, a docenas; ***einen Artikel ~ kaufen*** comprar un artículo por docenas
DV (Datenverarbeitung) → EDV
DVO → Durchführungsverordnung
dynamisch dinámico; ***~e Rente*** pensión *f* indexada; pensión *f* revalorizada (*od.* actualizada) periódicamente; ***~e Sozialpolitik*** política *f* social dinámica
dynamisieren **1.** dinamizar **2.** indexar; indexizar; indiciar; reajustar; actualizar; revalorizar
Dyopol *n*, **e** duopolio *m* (el mercado pertenece a dos firmas)
dz. → Doppelzentner
D-Zug *m*, **¨e** expreso *m*; tren *m* directo

E

e.V. (eingetragener Verein) → eingetragen
E.v. → Eingang vorbehalten
E/A (Inform.) entrada/salida
EAGFL → Europäischer Ausrichtungs- und Garantiefonds für die Landwirtschaft
EAG-Vertrag *m* (Vertrag zur Gründung der Europäischen Atomgemeinschaft) Tratado *m* de creación de la Euratom
EAN *f*, Ø (***Europäische Artikelnumerierung***) código *m* de barras europeo → Strichcode
EAR-Versicherung *f*, **en** seguro *m* todo riesgo de montaje (TRM)
Ebbe- und Flut-Kraftwerk *n*, **e** central *f* mareomotriz (Syn. ***Gezeitenkraftwerk***)
Ebene *f*, **n**, ***auf einzelstaatlicher ~*** (EU) a nivel nacional; a nivel de Estado miembro; a nivel de Estado comunitario; ***auf Gemeinschafts~*** (EU) a nivel comunitario; a nivel de la Comunidad; ***auf hoher ~*** a alto nivel; ***Verhandlungen auf höchster ~*** negociaciones al más alto nivel
ec → Euroscheck
echt auténtico; verdadero; puro; original ***~e Unterschrift*** firma *f* auténtica
Echtheit *f*, Ø autenticidad *f*; genuinidad *f*; legitimidad *f*; ***die ~ bestreiten*** objetar la autenticidad (de un documento)
Echtheitszeugnis *n*, **se** certificado *m* de autenticidad
Echtzeit *f*, **en** (Inform.) tiempo *m* real
Echtzeitabfrage *f*, **n** consulta *f* en tiempo real
Echtzeitanalyse *f*, **n** análisis *m* en tiempo real
Echtzeitausgabe *f*, **n** salida *f* en tiempo real
Echtzeitbetrieb *m*, Ø operación *f*, funcionamiento *m* en tiempo real
Echtzeit(daten)verarbeitung *f*, Ø tratamiento *m* de tiempos reales (de datos o de informaciones); tiempo *m* real de procesamiento
Echtzeiteingabe *f*, **n** entrada *f* en tiempo real
Eckdaten *pl* datos *pl* de referencia; datos *pl* referenciales
Eckladen *m*, **¨** tienda *f* de la esquina; tienda *f* pequeña (de barrio)
Ecklohn *m*, **¨e** salario *m* de referencia
Ecksatz *m*, **e** → Eckzins
Eckwert *m*, **e** valor *m* de referencia; valor *m* referencial; valor *m* (de) base
Eckzins *m*, **en** (tipo *m* de) interés *m* de referencia; tasa *f* de interés obligatorio
Ecomor-Vertrag *m* contrato *m* ecomor (variante del reaseguro más grave)
Economyklasse *f*, **n** clase *f* económica
Ecu *m*, **(s)** (European Currency Unit) ecu *m*; unidad *f* de cuenta europea
ED → Einbruchdiebstahl
edel precioso; noble; seleccionado
Edelholz *n*, **¨er** madera *f* preciosa
Edelmetall *n*, **e** metal *m* precioso; metal *m* noble
Edelstahl *m*, **(e)** acero *m* especial; acero *m* inoxidable
Edelstein *m*, **(e)** piedra *f* preciosa
edieren editar
editierbar editable
EDV *f*, Ø (Elektronische Datenverarbeitung) tratamiento *m* electrónico de datos; informática *f* (Syn. ***Informatik, Computer***)
EDV-Abteilung *f*, **en** departamento *m*, división *f* de informática
EDV-Anlage *f*, **n** (Inform.) centro *m* informático; unidad *f* central de informática
EDV-Fach|mann *m*, **¨er** *od.* **-leute** informático *m*; experto *m* en informática
EDV-Zentrale *f*, **n** (Inform.) centro *m* de informática; centro *m* de cálculo; unidad *f* central de informática
EEF → Europäischer Entwicklungsfonds
Effekten *pl* títulos *pl*; valores *pl*;títulos valores *pl*; ***börsengängige ~*** valores bursátiles; valores de cotización bursátil; ***festverzinsliche ~*** títulos de renta fija; ***~beleihen (lombardieren)*** pignorar títulos valores; ***~ bei einer Bank deponieren*** (hinterlegen) depositar títulos valores en un banco; ***~ handeln*** negociar títulos valores; ***~ ver-***

walten administrar, gestionar títulos valores; (Syn. ***Wertpapiere***)
Effektenabteilung *f*, **en** departamento *m*, sección *f* de valores; cartera *f*
Effektenbank *f*, **en** sociedad *f* financiera; banco *m* de inversiones; banco *m* de negocios
Effektenberater *m*, - asesor *m* de inversiones financieras
Effektenbesitzer *m*, - → Effekteninhaber
Effektenbestand *m*, **se 1.** cartera *f* de valores **2.** valores *pl*, títulos *pl* en cartera
Effektenbörse *f*, **n** bolsa *f* de valores; (Chile) bolsa *f* de corredores; (Syn. ***Wertpapierbörse***)
Effektendepot *n*, **s** depósito *m* de títulos
Effektendiskont *m*, **e** descuento *m* sobre la compra de títulos
Effektengeschäft *n*, **e** → Effektenhandel
Effektengiro *n*, **s** giro *m* de valores
Effektengiroverkehr *m*, Ø movimientos *pl* de conversión de títulos; servicio *m* compensatorio en la liquidación de operaciones con valores
Effektenguthaben *n*, - cartera *f* de valores; haber *m* en títulos
Effektenhandel *m*, Ø comercio *m* de valores mobilarios; operaciones *pl* de títulos
Effektenhändler *m*, - corredor *m* de bolsa; agente *m* de cambio; corredor *m* de valores mobiliarios
Effekteninhaber *m*, - titular *m*, portador *m* de títulos (mobiliarios)
Effektenkommissionär *m*, **e** agente *m* (en la mayoría de los casos, un banco) que se dedica a la compraventa de títulos a su nombre, pero por cuenta de un cliente
Effektenkurs *m*, **e** cotización *f* de valores
Effektenlombard *m*, **s** préstamo *m* sobre títulos; adelanto *m* sobre valores
Effektenmakler *m*, - corredor *m* de valores mobiliarios; agente *m* de bolsa; agente *m* de cambio
Effektenmarkt *m*, **¨e** → Effektenbörse
Effektenpaket *n*, **e** paquete *m* de títulos valores
Effektenplatzierung *f*, **en** colocación *f* de valores
Effektentermingeschäft *n*, **e** operaciones *pl* a plazo de títulos
Effektenverkehr *m*, Ø transacciones *pl* en (*od.* de) títulos valores; comercio *m* de valores
Effektenverwahrung *f*, **en** custodia *f*, depósito *m* de títulos
effektiv efectivo; real; *~es* ***Einkommen*** renta *f*, ingreso *m* real; *~er* ***Stundenlohn*** salario *m* efectivo por hora
Effektivbestand *m*, **¨e** efectivo *m* (real)
Effektivgeschäft *n*, **e** operación *f* con entrega inmediata
Effektivklausel *f*, **n** cláusula *f* de pago en moneda extranjera
Effektivleistung *f*, **en 1.** prestación *f* efectiva **2.** potencia *f* efectiva
Effektivlohn *m*, **¨e** salario *m* efectivo (= el salario que paga efectivamente el empleador, es decir, incluyendo las cuotas a la Seguridad Social y las prestaciones sociales de todo tipo)
Effektivverzinsung *f*, **en** interés *m* efectivo; rendimiento *m* real (de un préstamo)
Effektivwert *m*, **e 1.** valor *m* efectivo, real **2.** valor *m* eficaz; valor *m* medio cuadrático
effizient eficiente; rentable; *~e* ***Methode*** método *m* eficaz
Effizienz *f*, Ø eficiencia *f*; eficacia *f*; rentabilidad *f*
EFRE (= Europäischer Fonds für regionale Entwicklung) → europäisch
EFTA *f* (European Free Trade Association) pequeña zona *f* de libre-cambio; (A.E.L.C.) asociación *f* europea de librecambio; EFTA
EG *f* (Europäische Gemeinschaft) comunidad *f* europea; ***~-Agrarpolitik*** politica *f* agraria (*od.* agrícola) de la comunidad; ***~-Beitrag*** contribución *f* financiera de los estados miembros a la caja comunitaria; ***~-Ministerrat*** consejo *m* de ministros de la comunidad; ***~-Mitglied*** miembro *m* de la comunidad
EGB (= Europäischer Gewerkschaftsbund) → europäisch
EGKS (= Europäische Gemeinschaft für Kohle und Stahl) CECA (→ europäisch) ***~-Anleihe*** empréstito *m* de la CECA; ***vereinheitlichter ~-Tarif*** tarifa *f* unificada de la CECA
eGmbH → eingetragen
Ehe *f*, **n** matrimonio *m*; ***aus erster ~*** del primer matrimonio; ***in zweiter ~*** en segundas nupcias; ***eine ~ scheiden*** divorciar un matrimonio; ***eine ~ schließen*** contraer matrimonio; casarse
Eheaufhebung *f*, **en** anulación *f* del matrimonio
Eheauflösung *f*, **en** disolución *f* del matrimonio

Ehebruch *m*, Ø, ~ ***begehen*** cometer adulterio
Ehefrau *f*, **en** esposa *f*; consorte *m*; cónyuge *m*; (Fam.) mujer *f*
Ehegatte *m*, **n** cónyuge *m*; esposo *m*; marido *m*; consorte *m*; ~***n*** cónyuges *pl*; ***geschiedener***, ***überlebender*** ~ cónyuge *m* divorciado, superviviente
Ehegattenbesteuerung *f*, **en** imposición *f* de la pareja; régimen *m* fiscal para la pareja
Ehegattensteuererklärung *f*, **en** declaración *f* (fiscal) conjunta
Ehegattenversicherung *f*, **en** seguro *m* de vida para la pareja
Ehegattin *f*, **nen** → Ehefrau
Ehegemeinschaft *f*, **en** comunidad *f* conyugal; ***in*** ~ ***leben*** vivir en matrimonio
Ehegüterrecht *n*, **e** régimen *m* de bienes en el matrimonio
ehelich conyugal; marital; matrimonial; ~***es Kind*** hijo *m* legítimo; ~***e Gemeinschaft*** comunidad *f* conyugal; ~***e Pflichten*** débitos *m* conyugales; obligaciones *pl* matrimoniales; ***für*** ~ ***erklären*** legitimar
ehelichen contraer matrimonio; casarse
Ehelichkeit *f*, Ø, ~ ***eines Kindes*** legitimidad *f* de un hijo
Ehelichkeitserklärung *f*, **en** legitimación *f*
Ehelosigkeit *f*, Ø **1.** celibato *m* **2.** soltería *f*
Ehemann *m*, **¨er** marido *m*; esposo *m*; cónyuge *m*; (Fam.) hombre *m*
ehemündig en (*od.* de) edad legal para casarse
Ehemündigkeit *f*, Ø mayoría *f* de edad matrimonial
Ehenichtigkeit *f*, Ø nulidad *f* del matrimonio; nulidad *f* matrimonial
Ehenichtigkeitserklärung *f*, **en** declaración *f* de nulidad del matrimonio
Ehepaar *n*, **e** matrimonio *m*
Ehepartner *m*, - cónyuge *m*
Eherecht *n*, Ø derecho *m* matrimonial
Ehescheidung *f*, **en** divorcio *m*
Ehescheidungsgrund *m*, **¨e** causa *f*, razón *f* del divorcio
Ehescheidungsklage *f*, **n** demanda *f* de divorcio
Ehescheidungsprozess *m*, **-sse** pleito *m*, proceso *m* de divorcio
Ehescheidungsurteil *n*, **e** sentencia *f* de divorcio
Eheschließende, ***die*** ~***n*** los contrayentes
Eheschließung *f*, **en** celebración *f* del matrimonio; enlace *m* matrimonial; casamiento *m*; ***Zahl der*** ~***en*** cifra *f* de nupcialidad
Ehestand *m*, Ø matrimonio *m*
Ehestandsbeihilfe *f*, **n 1.** subsidio *m* de nupcialidad **2.** préstamo *m* a la nupcialidad
Ehestandsdarlehen *n*, - préstamo *m* matrimonial
Ehevermittler *m*, - agente *m* matrimonial; agente *m* de matrimonios
Ehevertrag *m*, **¨e** contrato *m* matrimonial; capitulaciones *pl* matrimoniales
ehren honrar; respetar; considerar
Ehrenakzept *n*, **(e)** → Ehrenannahme
Ehrenakzeptant *m*, **en** → Ehrenannehmer
Ehrenamt *n*, **¨er** cargo *m* honorífico
ehrenamtlich 1. honorífico; honorario **2.** a título honorífico
Ehrenannahme *f*, **n** aceptación *f* por honor (de firma); aceptación *f* por intervención
Ehrenbürger *m*, - hijo *m* predilecto; hijo *m* adoptivo; ciudadano *m* honorario
Ehreneintritt *m*, Ø (bei Wechselprotest) acto *m* de honor
Ehrengast *m*, **¨e** invitado *m*, huésped *m* de honor
Ehrenmitglied *n*, **er** miembro *m* de honor; miembro *m* honorario; miembro *m* honorífico
Ehrenrechte *pl*, ***die bürgerlichen*** ~ derechos *pl* cívicos
Ehrenschuld *f*, **en 1.** deuda *f* de honor **2.** préstamo *m* sobre el honor
Ehrensold *m*, **(e)** honorario *m*
Ehrenvorsitz *m*, Ø presidencia *f* de honor
Ehrenvorsitzende(r) (der/die) presidente *m* de honor; presidente *m* honorario
Ehrenzahler *m*, - pagador *m* por intervención; pagador *m* por honor
Ehrenzahlung *f*, **en** pago *m* por intervención; pago *m* por el honor de firma
ehrlich 1. honesto; sincero **2.** honestamente; ~ ***verdientes Geld*** dinero *m* ganado honestamente; dinero *m* ganado limpiamente
Ehrverletzung *f*, **en** atentado *m* al (*od.* contra el) honor
EIB-Darlehen *n*, - préstamo *m* del BEI (→ Europäische Investitionsbank)
Eichamt *n*, **¨er** oficina *f*, administración *f* de pesas y medidas; oficina *f* de contrastes; oficina *f* de aforo
eichen 1. calibrar **2.** aforar; contrastar (medidas, pesos) **3.** ***ein Schiff*** ~ arquear un barco **4.** ***das Messglas*** ~ graduar la probeta **5.** ***die Waage*** tarar la balanza
Eichgewicht *n*, **e** pesa *f* de contraste

Eichmaß *n*, **e** medida *f* de aforo; medida *f* de contraste
Eichmeister *m*, - inspector *m* de pesas y medidas
Eichstempel *m*, - sello *m* de contraste
Eichung *f*, **en** aforo *m*; contraste *m*; arqueo *m*
Eichung *f*, **en** calibración *f*
Eichwert *m*, **e** valor *m* de contraste
Eid *m*, **e** juramento *m*; ***falscher*** ~ perjurio *m*; juramento *m* en falso; ***einen ~ ablegen (schwören)*** jurar; prestar juramento; ***jdm. einen ~ abnehmen*** tomar juramento a alg.; ***unter ~ aussagen*** declarar bajo juramento; ***an ~es Statt erklären*** declarar bajo juramento
Eidbrecher *m*, - perjuro *m*
Eidbruch *m*, **¨e** perjurio *m*
eidbrüchig perjuro; ~ ***werden*** faltar a la fe jurada; perjurarse
Eidesabnahme *f*, **n** toma *f* de juramento
Eidesformel *f*, **n** fórmula *f* de juramento
Eidesleistung *f*, **(en)** prestación *f* de juramento
eidesstattlich jurado; ***~e Aussage*** declaración *f* jurada; ***~e Erklärung*** declaración, afirmación jurada; ***~e Versicherung*** afidávit *m*
Eidgenossenschaft *f*, **en**, ***die Schweizerische*** ~ la confederación helvética (CH)
eidlich 1. ***~e Aussage*** declaración *f*, afirmación *f* bajo juramento **2.** ~ ***bezeugen*** testificar bajo juramento **3.** ***sich ~ verpflichten*** jurar; comprometerse, obligarse mediante juramento
eigen, ***~e Aktien*** *pl* (einer AG) acciones *pl* propias; ***in ~er Angelegenheit*** en un asunto propio; en asunto personal; ***aus ~er Erfahrung*** por propia experiencia; ***auf ~e Faust*** por sus propios medios; ***zu ~en Händen*** a sus propias manos; ***auf ~e Gefahr*** por su riesgo y peligro; ***auf ~e Kosten*** a expensas propias; ***in ~er Person*** en persona; ***auf ~e Rechnung*** por cuenta propia; ***in ~er Sache*** en un asunto propio (*od.* personal); ***~es Haus*** casa *f* propia; ***~e Unterschrift*** firma *f* de puño y letra
Eigenanbau *m*, Ø cosecha *f* propia
Eigenbedarf *m*, Ø **1.** necesidades *pl* personales; necesidades *pl* propias **2.** consumo *m* propio
Eigenbesitz *m*, Ø **1.** propiedad *f* personal **2.** posesión *f* en propiedad; posesión *f* civil
Eigenbesitzer *m*, - **1.** poseedor *m* personal **2.** poseedor *m* con ánimo de propietario
Eigenbeteiligung *f*, **en** (Seg.) retención *f* propia
Eigenbetrieb *m*, **e** empresa *f* propia
Eigenbewirtschaftung *f*, Ø explotación *f* directa
Eigenbrandstiftung *f*, **en** autoincendio *m* (provocado)
Eigenerzeugnis *n*, **se 1.** producto *m*, artículo *m* propio **2.** producto *m* nacional; producto *m* del país
Eigenerzeugung *f*, **(en)** producción *f* propia
Eigenfabrikat *n*, **e** artículo *m* de fabricación propia
Eigenfertigung *f*, **en** fabricación *f* *bzw.* montaje *m* en el extranjero
Eigenfinanzierung *f*, **en** financiación *f* propia; financiacion *f* con recursos propios
Eigengeschäft *n*, **e** operación *f* por cuenta propia
Eigengewicht *n*, **e** (Leergewicht) tara *f*; peso *m* en vacío
Eigenhandel *m*, Ø comercio *m* por cuenta propia
eigenhändig, ~ ***unterzeichnetes Testament*** testamento *m* (h)ológrafo; ~ ***übergeben*** entregar en propia mano (Abk. E.P.M.); ***~er Brief*** carta *f* autógrafa; autógrafo *m*; ***~e Unterschrift*** firma *f* de puño y letra
Eigenhändler *m*, - comerciante *m* por cuenta propia
Eigenheim *n*, **e** casa *f* en propiedad; casa *f* propia
Eigenheimbesitzer *m*, - propietario *m* de una casa
Eigenhilfe *f*, **n** autoayuda *f*; esfuerzo *m* personal; (Syn. ***Selbsthilfe***)
Eigenkapital *n*, Ø capital *m* propio; recursos *pl* propios (Ggs. ***Fremdkapital***)
Eigenleistung *f*, **en** contribución *f*, prestación *f* propia
eigenmächtig arbitrario; ***~e Entscheidung*** decisión *f* arbitraria; ~ ***handeln*** actuar sin autorización
Eigenmächtigkeit *f*, **(en)** arbitrariedad *f*
Eigenmittel *pl* fondos *pl* propios; fondos *pl* personales
Eigennutz *m*, Ø interés *m* personal (*od.* propio)
eigennützig, ~ ***handeln*** actuar en provecho propio; obrar por interés personal; actuar interesadamente
Eigenproduktion *f*, **en 1.** producción *f* propia **2.** producción *f* nacional (*od.* del país); producción *f* regional (*od.* de la región)

Eigenschäden *pl*, ***Versicherung für*** ~ → Eigenschadenversicherung

Eigenschadenversicherung *f*, **en** seguro *m* con cobertura de daños por el propio asegurador; seguro *m* para daños propios

Eigenschaft *f*, **en** calidad *f*; propiedad *f*; ***in der*** ~ ***als*** en calidad de

eigenstaatlich nacional; ***~e Währung*** moneda *f* nacional

Eigenstaatlichkeit *f*, **en** soberania *f*

eigenständig independiente; autónomo

Eigenständigkeit *f*, **en**, ~ ***der Gemeinschaft*** independencia *f*, autonomía *f* individual de la Comunidad

Eigentum *n*, Ø propiedad *f*; dominio *m*; ***belastetes (beschränktes)*** ~ propiedad con cargas; dominio imperfecto; ***bewegliches*** ~ propiedad mueble; bienes *pl* muebles; ***fiduziarisches*** ~ propiedad fiduciaria; ***geistiges*** ~ propiedad intelectual; ***gewerbliches*** ~ propiedad industrial; ***nacktes*** ~ nuda propiedad; ***nutznießerisches*** ~ propiedad de usufructo; ***öffentliches*** ~ propiedad pública; propiedad del Estado; propiedad de dominio público; bienes comunes; ***persönliches*** ~ propiedad personal (*od.* individual); ***treuhänderisches*** ~ propiedad fiduciaria; ***unbelastetes*** ~ propiedad sin cargas; dominio perfecto; ***unbewegliches*** ~ propiedad inmueble; bienes inmuebles; ***verbleibendes*** ~ propiedad residual; ~ ***an beweglichen Sachen*** propiedad mueble; ~ ***auf Lebenszeit*** propiedad vitalicia; ***das*** ~ ***aufgeben*** deshacerse de la propiedad; desapropiarse; ***das*** ~ ***entziehen*** desapropiar; retirar la propiedad; ***das*** ~ ***übertragen*** transferir la propiedad (*od.* el dominio)

Eigentümer *m*, - propietario *m*; dueño *m*; amo *m*; titular *m* de un derecho de propiedad; nudo propietario *m*; ***eingetragener*** ~ dueño matriculado; ***nicht besitzender*** ~ propietario no poseedor; ***rechtmäßiger*** ~ dueño, propietario en derecho

Eigentumsbeschränkung *f*, **en** limitación *f* de la propiedad

Eigentumsbildung *f*, **en** **1.** constitución *f* de un patrimonio **2.** formación *f*, creación *f* de propiedad

Eigentumsdelikt *n*, **e** **1.** delito *m* contra la propiedad **2.** degradación *f* de un bien

Eigentumserwerb *m*, Ø acceso *m* a la propiedad; adquisición *f* de propiedad

Eigentumsklage *f*, **n** acción *f* en reivindicación de la propiedad; reclamación *f* de propiedad; ***eine*** ~ ***anstrengen*** entablar reclamación de propiedad

Eigentumsnachweis *m*, **e** título *m*, certificado *m* de propiedad

Eigentumsrecht *n*, **e** derecho *m*, título *m* de propiedad

Eigentumstitel *m*, - título *m* de dominio, de propiedad

Eigentumsübergang *m*, **¨e** paso *m* de propiedad

Eigentumsübertragung *f*, **en** transmisión *f* de la propiedad

Eigentumsurkunde *f*, **n** escritura *f*, título *m* de propiedad

Eigentumsvergehen *n*, - → Eigentumsdelikt

Eigentumsvorbehalt *m*, **e** reserva *f* de dominio; reserva *f* de propiedad

Eigentumswechsel *m*, Ø cambio *m* de propiedad

Eigentumswohnung *f*, **en** piso *m* de propiedad; vivienda *f* en propiedad

Eigenverantwortlichkeit *f*, Ø responsabilidad *f* propia, personal

Eigenverbrauch *m*, Ø consumo *m* propio; consumo *m* personal, individual

Eigenvermögen *n*, - **1.** fortuna *f* personal; patrimonio *m* **2.** capital *m* propio; medios *pl*, recursos *pl* propios **3.** ~ ***der Ehefrau*** bienes *pl* parafernales

Eigenversicherung *f*, **en** seguro *m* personal

Eigenversorgung *f*, **en** (eines Landes) autarquía *f* (económica); autosuficiencia *f*

Eigenwechsel *m*, - letra *f* al propio cargo; (E) pagaré *m*, (Syn. ***Solawechsel***)

Eigenwert *m*, **e** valor *m* intrínseco

Eigenwirtschaft *f*, **en** explotación *f* por cuenta propia; ***etw. in*** ~ ***betreiben*** explotar u/c por cuenta propia

eignen, ***sich*** ~ ***als*** ser apto para; ser calificado para; ***sich für den Verkauf*** ~ ser apropiado para la venta; ***fachlich geeignet*** profesionalmente c(u)alificado

Eigner *m*, - propietario *m*; detentador *m*; titular *m*

Eignung *f*, **en** cualificación *f*; aptitud *f*; ***berufliche*** ~ cualificación, aptitud profesional; ***der*** ~ ***entsprechende Stelle*** posición acorde con la aptitud

Eignungsprüfung *f*, **en** examen *m*, prueba *f* de aptitud

Eignungstest *m*, **s** test *m*, examen *m* psicotécnico

Eignungsuntersuchung *f*, **en** **1.** test *m* de orientación profesional **2.** examen *m* de

aptitud para el trabajo; visita *f* médica anterior al contrato
Eignungszeugnis *n*, **se** certificado *m* de aptitud
Eilangebot *n*, **e** oferta *f* por exprés; oferta *f* urgente
Eilauftrag *m*, **¨e** encargo *m*, pedido *m* urgente
Eilbeförderung *f*, **en** envío *m* (de paquetes, *etc.*) por exprés
Eilbestellung *f*, **en** remesa *f* urgente
Eilbote *m*, **n** correo *m* urgente; ***durch (per)*** ~ por expreso; (LA) entrega *f* inmediata
Eilbrief *m*, **e** carta *f* urgente
Eildienst *m*, **e** (Ferr.) servicio *m* rápido; régimen *m* acelerado
Eilfracht *f*, **en** → Eilgut
Eilfrachtbrief *m*, **e** guía *f* de encomienda
Eilgebühr *f*, **en** tasa *f* de (envío) urgente; tasa *f* de exprés
Eilgespräch *n*, **e** (Teléf.) conferencia *f* (telefónica) urgente
Eilgut *n*, **¨er** transporte *m* a gran velocidad; mercancías *pl* en gran velocidad; ***als ~ befördern*** enviar por (*od.* en) gran velocidad (Abk. G.V. *od.* en g.v.)
Eilgutabfertigung *f*, **en** despacho *m* de mercancías en gran velocidad
Eilpaket *n*, **e** paquete *m* urgente
Eilpost *f*, Ø correo *m*, correspondencia *f* urgente; ***mit (durch)*** ~ por correo urgente
Eilschrift *f*, Ø taquigrafía *f*; estenografía *f*
Eilsendung *f*, **en** envío *m* urgente; envío *m* por exprés
eilt (auf Briefen) urgente
Eilzug *m*, **¨e** (tren) rápido *m*
Eilzustellgebühr *f*, **en** porte *m*, derechos *pl* por exprés
Eilzustellung *f*, **en** entrega *f* urgente
Ein- und Ausgabegerät *n*, **e** (Inform.) terminal *m*; aparato *m* de entrada y de salida (Syn. ***Datenendstation; Terminal***)
Ein- und Ausreise *f*, **n** llegada *f* y salida
Ein-/Ausgabe *f*, **n** entrada/salida (E/S)
Ein-/Ausgabedaten *pl* datos *pl* de entrada/salida
einarbeiten, **1.** ***einen Mitarbeiter*** ~ adiestrar, entrenar a un colaborador (para un puesto de trabajo); poner a un colaborador al corriente; ***sich*** ~ iniciarse; familiarizarse (con); ponerse al corriente; ponerse al día; adiestrarse **2.** recuperar horas
Einarbeitung *f*, **en** iniciación *f*; familiarización *f*; rodaje *m*; puesta *f* al día
Einarbeitungszeit *f*, **en** período *m* de adaptación; período *m* de iniciación; período *m* de prácticas; (período de) rodaje *m*
Einbahnstraße *f*, **n** calle *f* de dirección única
Einbau *m*, **ten** montaje *m*; instalación *f*; estructuras *pl* internas
einbaubar empotrable; montable
einbauen montar; instalar; insertar; empotrar
Einbaufehler *m*, **-** defecto *m* de montaje
einbegriffen incluso; inclusive; incluido; ***Trinkgeld*** ~ propina *f* incluida (Syn. ***inbegriffen, inklusive***)
einbehalten retener; deducir; ***die Sozialabgaben vom Gehalt*** ~ retener las cargas sociales sobre el sueldo; ***~er Betrag*** retención *f*; suma *f* retenida; importe *m* en retención; ***~e Gewinne*** beneficios *pl* retenidos
Einbehaltung *f*, **en** deducción *f*; retención *f*; ~ ***des Lohns*** retención del salario; ~ ***vom Lohn*** retención sobre el salario; ~ ***an der Quelle*** retención en origen; deducción en la fuente; ~ ***von Steuer*** retención de los impuestos (por el patrono)
Einbenutzersystem *n*, **e** sistema *m* monousuario
einberufen convocar; reunir **1.** ***eine Sitzung*** ~ convocar sesión **2.** llamar a filas
Einberufung *f*, **en** convocatoria *f*; convocación *f*; llamamiento *m* **1.** ~ ***der Hauptversammlung*** convocatoria, convocación de la junta general **2.** llamamiento *m* a filas
Einberufungsbekanntmachung *f*, **en** notificación *f* de la convocatoria
Einberufungsschreiben *n*, **-** convocatoria *f*
Einbettzimmer *n*, **-** habitación *f* individual; habitación *f* de una cama
einbezahlen ingresar
einbeziehen incluir; integrar; ***mit in die Kosten*** ~ incluir en los costes
Einbeziehung *f*, **en** inclusión *f*; integración *f*
einbinden encuadernar
Einblattdruck *m*, **e** (Typ.) hoja *f* volante
einblenden **1.** intercalar **2.** recubrir; sobreponer
Einbranchen-Messe *f*, **n** feria *f* monográfica (Ggs. ***Mehrbranchen-Messe***)
einbrechen penetrar con fractura; (Gal.) penetrar con efracción; ***in eine***(r) ***Bank*** ~ penetrar, robar en un banco con fractura; ***in ein Haus*** ~ entrar por la fuerza (*od.* con fractura) en una casa
Einbrecher *m*, **- 1.** el que penetra con fractura (*od.* efracción) **2.** delincuente *m* **3.**

(Wohnung) desvalijador *m* de pisos **4.** (Fam.) topero *m*

einbringen 1. ***einen Antrag*** ~ presentar una solicitud **2.** ***die Ernte*** ~ recoger, acarrear la cosecha **3.** ***Kapital*** ~ aportar, integrar capital **4.** ***Nutzen*** ~ producir provecho; devengar; rentar **5.** ***Verluste*** ~ reparar, compensar pérdidas **6.** ***viel*** ~ producir, rentar, devengar mucho **7.** ***Zinsen*** ~ devengar intereses

Einbringung *f*, **en 1.** aportación *f* (a una sociedad) **2.** cobro *m*; cobranza *f*; recaudación *f* **3.** depósito *m* **4.** ~ ***in Verträge*** incorporación *f* en (*od.* a) contratos

Einbringungsaktie *f*, **n** acción *f* de aportación

Einbringungsklausel *f*, **n** cláusula *f* de aportación

Einbruch *m*, **¨e 1.** robo *m* con fractura **2.** ~ ***der Konjunktur*** caída *f*, bajón *m* coyuntural; ~ ***der Kurse*** bajón *m*, fuerte retroceso *m* de los cambios (*od.* de las cotizaciones)

einbruch(s)sicher a prueba de robo con fractura; ***~e Bank*** banco *m* inviolable

Einbruchdiebstahl *m*, **¨e** robo *m* con fractura

Einbruchsversicherung *f*, **en** seguro *m* contra robo

einbürgern naturalizar; dar carta de naturaleza; nacionalizar; ***in der Bundesrepublik eingebürgert werden*** naturalizarse alemán (Ggs. ***ausbürgern***)

Einbürgerung *f*, **en** naturalización *f*; nacionalización *f*

Einbuße *f*, **n** merma *f*; menoscabo *m*; pérdida *f*; daño *m*; ~ ***an Prestige*** pérdida de prestigio; ***eine schwere finanzielle ~ erleiden*** sufrir un gran daño financiero; ***eine ~ im Absatz erleiden*** sufrir una merma en las ventas

einbüßen sufrir pérdidas; sufrir mermas; perder; ***Kunden*** ~ perder clientes; perder clientela; ***an Wirtschaftlichkeit*** ~ perder rentabilidad; ver mermada su rentabilidad

einchecken facturar el equipaje

eindämmen contener; refrenar; ***die Inflation*** ~ contener la inflación

Eindämmung *f*, **en** contención *f*; ~ ***der Preissteigerungen*** contención del alza de los precios; contención de la inflación

eindecken, ***sich ~ mit*** surtirse, aprovisionarse, abastecerse de; ***sich mit Devisen*** ~ aprovisionarse de divisas; ***sich mit Vorräten*** ~ aprovisionarse de existencias; ***sich mit Waren*** ~ aprovisionarse, abastecerse, surtirse de bienes; formar un stock de bienes

Eindeckung *f*, **en** aprovisionamiento *m*; surtido *m*; cobertura *f*

Eindeckungskäufe *pl* compras *pl* de aprovisionamiento (*od.* de cobertura)

Eindeckungskurs *m*, **e** cotización *f* de rescate

eindringen penetrar; invadir; ***auf den amerikanischen Markt*** ~ penetrar en el mercado americano

einen unir; unificar; poner de acuerdo

einengen limitar; restringir; ***die Kreditmöglichkeiten*** ~ restringir el crédito

Einerstelle *f*, **n** cifra *f* delante de la coma

einfach sencillo; fácil; simple; modesto; ***~er Brief*** carta *f* ordinaria; ***~e Buchführung*** contabilidad *f* por partida simple; ***~es Essen*** comida *f* frugal; ***~e Fahrkarte*** billete *m* sencillo (*od.* de ida); ***~er Flug*** vuelo *m* de ida; ***~e Stimmenmehrheit*** mayoría *f* simple

einfahren 1. ***die Ernte*** ~ acarrear la cosecha; entrojar **2.** bajar a la mina **3.** ***das Kraftfahrzeug*** ~ poner en rodaje; rodar **4.** entrar; hacer, efectuar su entrada

Einfahren *n*, Ø (Kfz) rodaje *m*

Einfahrt *f*, **en 1.** entrada *f*; acceso *m* (en vehículo) **2.** llegada *f* (del tren) **3.** bajada *f* a la mina

Einfallstraße *f*, **n** carretera f, vía *f* de acceso

Einfamilienhaus *n*, **¨er** casa *f*, chalé *m* unifamiliar

einfarbig, ***-er Bildschirm*** pantalla *f* monocolor, monocromática

einfinden, ***sich*** ~ presentarse; personarse; acudir; ***sich vor Gericht*** ~ comparecer ante un tribunal

einfliegen 1. hacer venir en avión; despachar por vía aérea **2.** hacer vuelos de prueba **3.** hacer una incursión aérea

Einflieger *m*, **-** piloto *m* de pruebas

Einflug *m*, **¨e 1.** vuelo *m* de aproximación **2.** incursión *f* aérea

Einflugschneise *f*, **n** corredor *m* de entrada

Einfluss *m*, **¨sse** influencia *f*; influjo *m*; incidencia *f*; ***ausschlaggebenden ~ haben*** controlar; tener una influencia decisiva; ~ ***auf das Konsumverhalten*** incidencia sobre el comportamiento de los consumidores; influencia sobre el consumo

Einflussbereich *m*, **e** ámbito *m*, zona *f*, área *f*, esfera *f* de influencia

Einflussgröße *f*, **n** factor *m*, variable *f* de incidencia

einflussreich influyente; *~e Kreise* círculos *pl* influyentes

einfordern reclamar, exigir el pago; *Außenstände ~* reclamar pagos pendientes; *eine Schuld ~* exigir, reclamar el pago de una deuda; *Steuern ~* recaudar impuestos

Einforderung *f*, **en** reclamación *f*; *~ von Geldern* solicitación *f*, reclamación de fondos; *~ von Steuer* recaudación *f* de impuestos

einfrieren congelar; *Lebensmittel ~* congelar alimentos; *Bankguthaben ~* bloquear los haberes bancarios; *Preise und Löhne ~* congelar precios y salarios

Einfrieren *n*, Ø congelación *f*; *~ der Preise* congelación de los precios

einfügen insertar; intercalar

Einfügung *f*, **en** inserción *f*

Einfuhr- (Pref.) de importación; importado, de entrada (Syn. *Import*)

Einfuhr *f*, **en** importación *f*; entrada *f* **1.** *direkte (mittelbare) ~* importación directa; *indirekte (unmittelbare) ~* importación indirecta; *~ auf Zeit* importación temporal; *zollfreie ~* importación en régimen de franquicia aduanera **2.** *die ~ drosseln* limitar la importación; *die ~en kontingentieren* contingentar, poner cupos a la importación; *die ~en steigern* intensificar las importaciones

Einfuhrabfertigung *f*, **en** formalidad *f* de importación

Einfuhrabgabe *f*, **n** impuesto *m* sobre la importación; derecho *m* de entrada

einfuhrabhängig dependiente, tributario de las importaciones

Einfuhrartikel *m*, - artículo *m* de importación; artículo *m* importado; importaciones *pl*

einführbar importable

Einfuhrbehinderung *f*, **en** obstáculo *m* a la importación

einfuhrberechtigt 1. admitido a importación **2.** autorizado a importar

Einfuhrbeschränkung *f*, **en** restricción *f* a la importación; limitación *f* de las importaciones

Einfuhrbestimmungen *pl* disposiciones *pl* reguladores de la importación; disposiciones *pl* en materia de importación; modalidades *pl* de importación

Einfuhrbewilligung *f*, **en** licencia *f*, permiso *m* de importación; autorización *f* para (*od.* de) importar

einführen importar; introducir; *einen neuen Artikel ~* introducir, lanzar un nuevo artículo; *an der Börse ~* comenzar a cotizar en bolsa; introducir en la bolsa; *Waren aus der Bundesrepublik ~* importar mercancías (procedentes) de la República Federal de Alemania; (Syn. *importieren*)

Einführer *m*, - importador *m*

Einfuhrerklärung *f*, **en** declaración *f* de entrada, de importación

Einfuhrerlaubnis *f*, **se** → Einfuhrbewilligung

Einfuhrerleichterung *f*, **en** facilidades *pl* de importación

Einfuhrgenehmigung *f*, **en** → Einfuhrbewilligung

Einfuhrgut *n*, **¨er** mercancia *f* importada

Einfuhrhafen *m*, ¨ puerto *m* de entrada, de importación

Einfuhrhandel *m*, Ø comercio *m* de importación

Einfuhrhändler *m*, - importador *m* (Syn. *Importeur*)

Einfuhrkontingent *n*, **e** contingente *m*, cupo *m* de importación

Einfuhrkontingentierung *f*, **en** contingentación *f* de la importación; fijación *f* de cupos a la importación; cupos *pl*

Einfuhrkontrolle *f*, **n** control *m* a la importación

Einfuhrland *n*, **¨er** país *m* importador

Einfuhrliste *f*, **n** lista *f* de mercancías a importar

Einfuhrlizenz *f*, **en** licencia *f* de importación

Einfuhrmengen *pl* volumen *m*, cantidad *f* de las importaciones; volumen *m* importado; cantidad *f* importada

Einfuhrmöglichkeiten *pl* posibilidades *pl* de importación

Einfuhrneigung *f*, **en**, *geringe ~* poca, baja propensión *f* a importar

Einfuhrort *m*, **e** lugar *f* de entrada (*od.* de importación)

Einfuhrpapiere *pl* documentos *pl* de importación (*od.* de entrada)

Einfuhrpolitik *f*, Ø política *f* en materia de importaciones

Einfuhrprämie *f*, **n** prima *f* de importación

Einfuhrpreis *m*, **e** precio *m* de entrada; precio *m* de importación

Einfuhrschein *m*, **e** documento *m* de entrada

Einfuhrsperre *f*, **n** → Einfuhrstopp

Einfuhrsteuer *f*, **n** impuesto *m*, tasa *f* sobre los productos importados

Einfuhrstopp *m*, s suspensión *f*, bloqueo *m* de las importaciones
Einfuhrüberschuss *m*, **¨sse** excedente *m* de importación; importaciones *pl* excedentarias
Einfuhrumsatzsteuer *f*, **n** impuesto *m* sobre el volumen de importaciones
Einführung *f*, **en 1.** introducción *f*; lanzamiento *m*; ~ ***einer Ware auf dem Markt*** lanzamiento de un artículo al mercado **2.** iniciación *f* **3.** ~ ***in ein Amt*** instalación *f* en un cargo **4.** importación *f*
Einführungsangebot *n*, **e** oferta *f* de lanzamiento
Einführungsbrief *m*, **e** carta *f* de introducción
Einführungsgesetz *n*, **e** ley *f* de introducción
Einführungspreis *m*, **e** precio *m* de lanzamiento
Einführungsrabatt *m*, **e** rebaja *f* de lanzamiento (*od.* de promoción)
Einführungsschreiben *n*, **-** → Einführungsbrief
Einführungsverbot *n*, **e** prohibición *f* de importar; ***ein ~ verhängen*** declarar la prohibición de importar
Einführungsverkauf *m*, **¨e** venta *f* promocional; venta *f* de promoción
Einführungswerbung *f*, Ø publicidad *f* de lanzamiento
Einfuhrvorschriften *pl* reglamentaciones *pl* de las importaciones
Einfuhrwaren *pl* mercancías *pl* de importación; mercancías *pl* importadas
Einfuhrzoll *m*, **¨e** derecho *m* de importación; ~ **¨e** ***erheben*** imponer derechos de entrada; ~ **¨e** ***oder Abgaben gleicher Wirkung*** derechos o cargas que tienen un efecto equivalente
einfüllen llenar; envasar
einfüttern (Inform.) introducir datos; ***einem Computer Daten ~*** introducir datos en la memoria
Eingabe *f*, **n 1.** petición *f*; solicitud *f* **2.** (Inform.) entrada *f*; programación *f* **3.** introducción *f* (Geldscheine)
Eingabe/Ausgabe-Bereich *m*, **e** área *f* de entrada y salida
Eingabe-Ausgabe-Einheit *f*, **en** (Inform.) unidad *f* de entrada y de salida
Eingabe-Ausgabe-Steuerung *f*, Ø (Inform.) control *m* entrada-salida
Eingabecode *m*, s código m de entrada
Eingabedatei *f*, **en** fichero *m*, archivo *m* de entrada
Eingabedaten *pl* 1. datos *pl* de entrada 2. datos *pl* (ya) introducidos
Eingabe-Datenübersetzer *m*, **-** (Inform.) traductor *m*, convertidor *m* de entrada
Eingabefehler *m*, **-** error *m* de entrada, de introducción
Eingabegerät *n*, **e** (Inform.) aparato *m*, unidad *f* de entrada
Eingabekarte *f*, **n** (Inform.) tarjeta *f* de entrada
Eingabespeicher *m*, **-** (Inform.) memoria *f* de entrada
Eingang *m*, **¨e** entrada *f*, acceso *m*; ***beim ~*** a la recepción; ***kein ~!*** se prohibe la entrada; ***nach ~*** previa recepción; ~ ***vorbehalten*** salvo buen cobro (s.b.c.); salvo buen fin (s.b.f.); ~**¨e** ***von Briefen*** correo *m* del día; ~**¨e** ***von Waren*** mercancías *pl* recibidas; entradas *pl*; ~ ***eines Wechsels*** pago *m* de una letra; ***Eingänge von Zahlungen*** pagos *pl* recibidos
Eingangsanzeige *f*, **n** → Eingangsbestätigung
Eingangsbesoldung *f*, **en** remuneración *f* inicial
Eingangsbestätigung *f*, **en** acuse *m* de recibo
Eingangsbuch *n*, **¨er** libro *m*, registro *m* de entradas
Eingangsdat|um *n*, **-en** fecha *f* de entrada
Eingangsformel *f*, **n** (im Brief) encabezamiento *m*
Eingangspunkt *m*, **e** punto *m* de entrada
Eingangsschleuse *f*, **n** compuerta *f* de entrada
Eingangsstempel *m*, **-** sello *m* de entrada
Eingangsvermerk *m*, **e** nota *f*, anotación *f*, mención *f* de entrada
Eingangszoll *m*, **¨e** derecho *m*, arancel *m* de entrada
eingeben (Inform.) programar; meter; hacer entrar; ***Daten ~*** introducir datos en la memoria
eingehen 1. entrar; llegar; (Briefe, Waren) recibirse; (Gelder) ingresar en caja **2.** ***einen Handel ~*** concluir una transacción; ***ein Risiko ~*** correr un riesgo; ***Verpflichtungen ~*** contraer obligaciones; ***einen Vertrag ~*** ajustar, concertar un contrato; ***eine Wette ~*** hacer una apuesta **3.** abandonar (un negocio); disolverse una firma
eingehend 1. detallado; exacto; minucioso; ***etw. ~ behandeln*** tratar u/c a fondo **2.** ***~e***

Gelder pagos *pl* entrantes; ***~e Waren*** mercancías *pl* entrantes
eingemeinden incorporar a (*od.* en) un municipio; municipalizar
Eingemeindung *f*, **en** incorporación *f* de un municipio a otro; municipalización *f*
eingeschossig de una planta; de un piso
eingeschrieben inscrito; registrado; ***~er Brief*** carta *f* certificada; (LA) carta *f* registrada; registrado *m*; ***mittels ~en Briefes*** por (*od.* con) carta certificada
eingesessen residente; indígena; ***~e Bevölkerung*** población *f* indígena
eingetragen declarado; registrado; ***~e Genossenschaft mit beschränkter Haftung*** cooperativa *f* de responsabilidad limitada; ***~e Schutzmarke*** marca *f* registrada; ***~er Verein*** (e.V.) asociación *f* registrada
eingliedern integrar; incorporar; ***in eine Gemeinde*** ~ integrar en un municipio
Eingliederung *f*, **en** integración *f*; incorporación *f*
eingreifen intervenir; ***in einen Streit*** ~ intervenir en un conflicto
Eingreifen *n*, Ø, ~ ***des Staates in die Wirtschaft*** intervención *f* del estado en la economía
Eingriff *m*, **e** intervención *f*; intromisión *f*; ingerencia *f*; ***staatlicher*** ~ intervención *f* del estado (Syn. ***Intervention***)
Eingriffspunkt *m*, **e** punto *m* de intervención; ***oberer***, ***unterer*** ~ punto superior, inferior de intervención (Syn. ***Interventionspunkt***)
eingruppieren clasificar
einhalten 1. ***die Bedingungen*** ~ respetar, cumplir las condiciones; ***die Richtung*** ~ seguir la dirección; ***einen Termin*** ~ atenerse a un plazo; observar, cumplir un plazo; ***seine Verbindlichkeiten nicht*** ~ no respetar, no cumplir sus obligaciones; ***ein Versprechen*** ~ cumplir una promesa **2.** detenerse; pararse
Einhaltung *f*, **en** observancia *f*; cumplimiento *m*; ~ ***der Frist*** observancia, cumplimiento del plazo
einhandeln 1. adquirir; comprar **2.** trocar por
einhändigen entregar en mano
Einhebung *f*, **en** (A) percepción *f*; ingreso *m*; cobro *m*; cobranza *f*
Einhebungsbeamte(r) (der/ein) (A) perceptor *m*; agente *m* de cobro
einheften 1. (Buch, Heft) encuadernar **2.** (Akten) encarpetar
einheimisch nativo; indígena; autóctono; ***~es Produkt*** producto *m* nacional *bzw.* regional *bzw.* local
Einheimische(r) (der/ein) indigena *m/f*; autóctono *m*
einheimsen (Fam.) embolsarse; ***Gewinne*** ~ ganar, embolsarse mucho; ponerse las botas; hacer el agosto
einheiraten, ***in eine Familie*** ~ emparentar por casamiento; ***in ein Geschäft*** ~ entrar en un negocio por casamiento
Einheit *f*, **en** unidad *f*; ***je (pro)*** ~ por unidad; ***Preis***, ***Zeit je*** ~ precio *m*, tiempo *m* unitario; (Teléf.) paso *m* de contador
einheitlich uniforme; homogéneo; ***~er Plan*** plan *m* unitario (*od.* uniforme); ***~er Tarif*** tarifa *f* única; ***~e Tendenz*** tendencia *f* general
Einheitliche Europäische Akte *f*, Ø Acta *f* Unica Europea
Einheitsbrief *m*, **e** carta *f* estandarizada (*od.* normalizada)
Einheitsform *f*, **en** norma *f*
Einheitsformat *n*, **e** formato *m*, tamaño *m* único
Einheitsgewerkschaft *f*, **en** sindicato *m* único
Einheitskurs *m*, **e** cambio *m* único; cotización *f* única
Einheitsliste *f*, **n** lista *f* unitaria
Einheitspreis *m*, **e** precio *m* único
Einheitspreisgeschäft *n*, **e** tienda *f* de precio único
Einheitsstaat *m*, **en** estado *m* unitario
Einheitstarif *m*, **e** tarifa *f* única
Einheitsversicherung *f*, **en** póliza *f* universal; seguro *m* multirriesgos
Einheitsvertrag *m*, **¨e** contrato *m* tipo
Einheitswährung *f*, **en** monometalismo *m*
Einheitswert *m*, **e** valor *m* unitario; base *f* de imposición; valor *m* fiscal
Einheitszoll *m*, **¨e** derecho *m* (arancelario) uniforme
einhellig 1. unánime **2.** de común acuerdo; ***einen ~en Beschluss fassen*** decidir por unanimidad
einholen 1. ***einen Auftrag*** ~ procurarse, obtener un pedido **2.** ***eine Genehmigung*** ~ solicitar una autorización **3.** ***Verlust*** ~ resarcirse de la pérdida; ***Zeit*** ~ recuperar el tiempo
einig acorde; conforme; ***sich*** ~ ***sein*** estar de acuerdo; ***sich*** ~ ***werden*** ponerse de acuerdo

einigen 1. unir; unificar, armonizar; conciliar **2.** ***sich*** ~ llegar a un acuerdo; ***sich über den Preis*** ~ convenir el precio

Einigung *f*, **en 1.** ***gütliche*** ~ arreglo *m*, acuerdo *m* amistoso; ***eine*** ~ ***erzielen*** llegar a un acuerdo; llegar a un arreglo; ***eine*** ~ ***kommt zustande*** se alcanza, se logra un acuerdo **2.** unificación *f*

Einigungsstelle *f*, **n** instancia *f*, organismo *m* de conciliación

Einigungsverfahren *n*, - procedimiento *m* de conciliación

einjährig de un año; anual

einkalkulieren incluir, tener en cuenta en el cálculo; ***ein Risiko*** ~ calcular un riesgo; ***die MWSt in den Preis mit*** ~ incluir el IVA en el precio

Einkammersystem *n*, **e** (Polit.) sistema *m* unicameral; unicameralismo *m*

einkassieren cobrar; recaudar

Einkassierung *f*, **en** cobro *m*; recaudación *f*

Einkauf *m*, **¨e** compra *f*, adquisición *f*; ***Einkäufe machen*** hacer compras; ir de compras

einkaufen 1. comprar; adquirir; ir de compras **2.** ***sich in eine Lebensversicherung*** ~ tomar un seguro de vida

Einkäufer *m*, - comprador *m*; agente *m* de compras (de unos grandes almacenes)

Einkaufsabschlu|ß *m*, **¨sse** conclusión *f*, firma *f* de un contrato de compra(venta)

Einkaufsabteilung *f*, **en** departamento *m*, sección *f* de compras

Einkaufsbedingungen *pl* condiciones *pl* de compra

Einkaufsbummel *m*, -, ***einen*** ~ ***machen*** ir de tiendas; ir de compras

Einkaufsbüro *n*, **s** oficina *f* de compras

Einkaufschef *m*, **s** jefe *m* de compras

Einkaufsgemeinschaft *f*, **en** grupo *m* de compras

Einkaufsgenossenschaft *f*, **en** cooperativa *f* de compras

Einkaufsgewohnheiten *pl* hábitos *pl* de compra

Einkaufskartell *n*, **e** cártel *m* de compra

Einkaufskommissionär *m*, **e** agente *m* de compras

Einkaufsmöglichkeit *f*, **en** posibilidad *f* de compra

Einkaufsnetz *n*, **e** bolsa *f* de malla

Einkaufspreis *m*, **e** precio *m* de compra; ***zum*** ~ a precio de coste

Einkaufsprovision *f*, **en** comisión *f* de compra

Einkaufstasche *f*, **n** bolsa *f* de compra

Einkaufsverband *m*, **¨e** agrupación *f*, asociación *f* de compra

Einkaufsvereinigung *f*, **en** → Einkaufsverband

Einkaufsviertel *n*, - barrio *m* comercial

Einkaufswagen *m*, - carrito *m* de compra

Einkaufszentrale *f*, **n** central *f* de compras

Einkaufszentr|um *n*, **-en** centro *m* comercial; hipermercado *m*; grandes superficies *pl*

einkellern, ***Kartoffeln*** ~ almacenar patatas

einklagbar reclamable, exigible judicialmente

einklagen reclamar judicialmente; ***eine Forderung*** ~ reclamar judicialmente la cobranza de un crédito

einklammern poner entre paréntesis

einklarieren (Seefahrt) pagar los derechos de aduana; sacar de aduana

Einkommen *n*, - renta *f*; ingresos *pl* **1.** ***berufliches*** ~ renta profesional; ingresos obtenidos con la profesión; ***festes*** ~ ingresos fijos; ***geringes*** ~ renta baja; ingresos bajos; ***hohes*** ~ renta alta; ingresos elevados; ***sicheres*** ~ ingresos regulares; renta regular; ***steuerfreies*** ~ renta libre, exenta de impuestos; ingresos no sujetos a tributación; ***steuerpflichtiges*** ~ renta sujeta a impuestos **2.** ***ein*** ~ ***beziehen*** percibir ingresos; ***über hohe*** ~ ***verfügen*** disponer de una renta elevada; ***sein*** ~ ***versteuern*** declarar sus ingresos; declarar la renta **3.** ~ ***aus Erwerbstätigkeit*** ingresos obtenidos con la profesión; renta profesional; ~ ***aus Grundbesitz*** renta obtenida con la propiedad inmueble; ~ ***nach Steuerabzug*** renta neta; ingresos netos

einkommen, ***um seine Versetzung*** ~ solicitar el traslado

Einkommensanstieg *m*, **e** aumento *m* de los ingresos (*od.* de la renta)

Einkommensausfall *m*, **e** pérdida *f* de ingresos; pérdida *f* de renta

Einkommensbeihilfen *pl* subsidios *pl* en concepto de ingresos

Einkommensentwicklung *f*, **en** evolución *f* de las rentas; evolución *f* de los ingresos

Einkommensgrenze *f*, **n** plafón *m* de renta; límite *m* de ingresos

Einkommensgruppe *f*, **n** categoría *f*, grupo *m* de renta

Einkommensnivellierung *f*, **en** nivelación *f* de las rentas

Einkommenspolitik *f*, Ø política *f* (en materia) de rentas
Einkommensquelle *f*, **n** fuente *f* de ingresos
Einkommensschicht *f*, **en** clase *f*, categoría *f* de rentas; ***die unteren, oberen ~en*** los salarios bajos, altos
einkommensschwach de renta baja; de ingresos bajos
Einkommensskal|a *f*, **-en** escala *f* de ingresos; escala *f* de la renta
einkommensstark de renta elevada; de ingresos altos; ***die Einkommensstarken*** los perceptores de rentas altas
Einkommen(s)steuer *f*, **n** impuesto *m* (general) sobre la renta de las personas físicas (IRPF)
Einkommenssteuervorauszahlung *f*, **(en)** pago *m* fraccionado del impuesto general sobre la renta de las personas físicas; pago *m* fraccionado de la renta
Einkommensteuererklärung *f*, **en** declaración *f* del impuesto sobre la renta
einkommensteuerfrei no imponible; exento de impuesto sobre la renta
einkommensteuerpflichtig sujeto al impuesto sobre la renta
Einkommensteuertabelle *f*, **n** baremo *m*, tabla *f* del impuesto sobre la renta
Einkommensteuerveranlagung *f*, **en** tasación *f*, estimación *f* del impuesto sobre la renta
Einkommensumverteilung *f*, **en** redistribución *f* de la renta
Einkommensungleichheit *f*, **en** desigualdad *f* de las rentas
Einkommensverhältnisse *pl* **1.** origen *m*, fuente *f* de la renta **2.** medios *pl*; recursos *pl*
Einkommensverlust *m*, **e 1.** mermas *pl* en los ingresos **2.** pérdida *f* de salario, de renta, de ingresos
Einkommensverteilung *f*, **en** repartición *f*, reparto *m*, distribución *f* de la renta
Einkommenszuwachs *m*, Ø incremento *m* de la renta
Einkünfte *pl* ingresos *pl*; rentas *pl*; beneficios *pl*; ganancias *pl*; ***feste, unregelmäßige ~*** ingresos fijos, irregulares; ***seine ~ aufbessern*** mejorar sus ingresos; ***~ aus Aktien*** ingresos procedentes de acciones; ***~ aus einem Amt*** emolumentos *pl*
Einkunftsarten *pl* clases *pl* de ingresos; clases *pl* de renta
Einlass *m*, **¨sse** admisión *f*; entrada *f*

einladen 1. ***Waren ~*** cargar mercancías **2.** (Marit.) embarcar en **3.** invitar; ***zum Essen ~*** convidar, invitar a comer **4.** convocar
einladend, ***-es Angebot*** oferta *f* tentadora, seductora
Einladung *f*, **en 1.** invitación *f*; ***eine ~ an jdn. schicken*** enviar una invitación a alg. **2.** convocatoria *f*; convocación *f*
Einladungskarte *f*, **n** tarjeta *f* de invitación
Einladungsschreiben *n*, **-** carta *f* de invitación
Einlage *f*, **n 1.** depósito *m*; imposición *f*; ***befristete (feste) ~n*** depósitos *pl*, imposiciones *pl* a plazo fijo; ***kurzfristige, mittelfristige, langfristige ~*** depósito a corto, a medio, a largo plazo; ***täglich fällige ~n (auf Sicht)*** depósito a la vista; ***~ in eine Gesellschaft*** aportación *f* social; ***~ mit Kündigungsfrist*** depósito con plazo de preaviso; ***~ mit 30tägiger Kündigung*** depósito con 30 días de previso; ***~n mit fester Laufzeit*** depósitos a plazo fijo; ***verzinsliche ~*** depósito con interés; imposición que devenga interés **2.** ***etw. als ~ verschicken*** adjuntar, enviar como anexo
Einlagekapital *n*, Ø capital *m* invertido *bzw.* aportado
Einlagekont|o *n*, **-en** cuenta *f* de depósito
Einlagenabgange *pl* salidas *pl* de depósitos
Einlagengeschäft *n*, **e** (der Banken) operación *f* de depósito
Einlagensicherungsfonds *m*, **-** fondo *m* de garantía de depósitos (FGD)
Einlagensparen *n*, Ø ahorro *m* en depósitos; inversión *f* en depósitos de ahorros
Einlagenüberschuss *m*, **¨sse** excedente *m*, superávit *m* de depósitos
Einlagenversicherung *f*, **en** seguro *m* de depósitos
Einlagenzinsen *pl* intereses *pl* acreedores
Einlagenzuflüsse *pl* afluencias *pl*, entradas *pl* de depósitos
einlagern almacenar; depositar; ***Bestände ~*** constituir existencias
Einlagerung *f*, **en** almacenamiento *m*
Einlagesparen *n*, Ø colocación *f* en imposición de ahorro
Einlagezinsen *pl* intereses *pl* acreedores
einlassen, ***sich auf Spekulationen ~*** meterse, aventurarse en especulaciones; lanzarse a especular
Einlasskarte *f*, **n** tarjeta *f* de admisión
einlaufen 1. ***Ihre Bestellung ist heute eingelaufen*** su pedido ha llegado hoy a nuestras manos; ***Beschwerden laufen täglich***

ein diariamente nos llegan reclamaciones **2.** ***in den Hafen*** ~ arribar al puerto **3.** ***sich*** ~ rodar; encontrar su ritmo; ***die Maschine muss sich*** ~ la máquina tiene que rodar

einlegen **1.** poner; meter; ***in einen Brief*** ~ incluir, acompañar en una carta **2.** ***Geld*** ~ depositar, imponer dinero; ***eine größere Summe*** ~ depositar una suma importante **3.** ***Berufung*** ~ presentar, elevar recurso de apelación; ***Protest gegen etw.*** ~ protestar, presentar protesta contra a/c **4.** ***ein gutes Wort für jdn.*** ~ interceder en favor de alg.

Einleger *m*, - depositante *m*; imponente *m*

einleiten introducir; iniciar, preparar; ***ein Verfahren*** ~ instruir un procedimiento; ***Geschäftsverbindungen*** ~ iniciar relaciones comerciales; ***Verhandlungen*** ~ entablar negociaciones

Einleitung *f*, **en** introducción *f*; iniciación *f*; apertura *f*; ~ ***eines Gerichtsverfahrens*** enjuiciamiento *m*; instrucción *f* de un proceso

Einlesebereich *m*, **e** (Inform.) área *f* de lectura

einlesen (Inform.) introducir; ***eingelesene Daten*** datos *pl* introducidos

Einleseprogramm *n*, **e** (Inform.) programa *m* de lectura

einliefern entregar; transportar; ingresar

Einlieferung *f*, **en** entrega *f*; ingreso *m*; transporte *m*

Einlieferungsschein *m*, **e** resguardo *m*; recibo *m*; ~ ***für Einschreibebrief*** resguardo, recibo de carta certificada

einliegend, ~ ***erhalten Sie*** adjunto recibe Vd. (Syn. ***beiliegend***)

einlogieren **1.** alojar; hospedar **2.** alojarse; hospedarse

einlösbar **1.** convertible; ***in Gold*** ~ convertible, canjeable en oro **2.** reembolsable; redimible

Einlösbarkeit *f*, **en** convertibilidad *f*; canjeabilidad *f*; reembolsabilidad *f*

einlösen **1.** ***eine Schuld*** ~ pagar, abonar, saldar una deuda **2.** ***Kupons*** ~ cobrar los cupones; ***einen Scheck*** ~ cobrar, hacer efectivo un cheque; ***eine Versicherungsprämie*** ~ pagar una prima de seguro; ***einen Wechsel*** ~ honrar, pagar una letra **3.** rescatar; desempeñar; ***ein Pfand*** ~ rescatar una prenda **4.** ***Wertpapiere*** ~ convertir títulos **5.** ***sein Akzept*** ~ hacer honor a su firma **6.** ***ein Versprechen*** ~ cumplir una promesa

Einlösestelle *f*, **n** organismo *m* pagador

Einlösesumme *f*, **n** importe *m*, suma *f* a pagar

Einlösung *f*, **en** **1.** pago *m*; abono *m*; saldo *m*; ***die*** ~ ***verweigern*** negarse a pagar **2.** cobro *m*; ***zur*** ~ ***vorlegen*** presentar al cobro **3.** rescate *m* **4.** conversión *f*

Einlösungsfrist *f*, **en** plazo *m* de pago *bzw.* cobro *bzw.* rescate *bzw.* conversión

Einlösungsklausel *f*, **n** cláusula *f* de regularización; cláusula *f* de rescate

Einlösungskurs *m*, **e** precio *m* de rescate (*od.* amortización)

Einlösungspapier *n*, **e** título *m* convertible; efecto *m* de pago

Einlösungspflicht *f*, **en** **1.** convertibilidad *f* **2.** obligación *f* de rescate

Einlösungspreis *m*, **e** precio *m* de rescate (*od.* de amortización)

Einlösungsrecht *n*, **e** derecho *m* de rescate

Einlösungsschein *m*, **e** certificado *m* de reintegro (*od.* de rescate)

Einlösungstermin *m*, **e** fecha *f* de vencimiento; plazo *m* de reembolso

einmahnen requerir; conminar; ***eine Schuld*** ~ requerir el pago de una deuda

Einmahnung *f*, **en** requerimiento *m*; conminación *f*

einmal, ~ ***programmierbar*** programable una sola vez; programable sólo una vez 2. ~***iger Zugriff*** acceso *m* sólo una vez, únicamente una vez; acceso *m* único

Einmalentschädigung *f*, **en** (Seg.) indemnización *f* con pago único

Einmalpackung *f*, **en** embalaje *m* perdido

Einmalprämie *f*, **n** (Seg.) prima *f* única

Einmannbetrieb *m*, **e** **1.** empresa *f* unipersonal **2.** servicio *m* con agente único

Einmanngesellschaft *f*, **en** sociedad *f* compuesta de un solo miembro; sociedad *f* de un solo socio

Einmarkstück *n*, **e** pieza *f* de un marco

einmieten **1.** ensilar **2.** ***sich bei jdm.*** ~ alquilar una habitación en casa de alg.

einmischen, ***sich in etw.*** ~ entrometerse, inmiscuirse en a/c; ***sich in fremde Angelegenheiten*** ~ ingerirse en los asuntos de otro

einmütig → einhellig

Einnahme *f*, **n** **1.** entrada *f*; ingreso *m*; ***öffentliche*** ~***n*** ingresos *pl* públicos; ~***n und Ausgaben*** ingresos y gastos; ingresos y egresos; ***etw. in*** ~ ***stellen (bringen)*** anotar en (la columna de) los ingresos **2.** (Steuern) recaudación *f* **3.** (Verdienst) ganancia *f* **4.** (Kino usw.) taquillaje *m*

Einnahmeausfall *m*, **e** pérdida *f* de ingresos; pérdida *f* de beneficios; lucro *m* cesante
Einnahmeerwartung *f*, **en** previsiones *pl*, expectativas *pl* de beneficios *bzw.* ingresos *bzw.* taquillaje *bzw.* recaudación
Einnahme-Plus *n*, Ø → Einnahmeüberschuss
Einnahmeposten *m*, - artículo *m* de entrada
Einnahmequelle *f*, **n** fuente *f* de ingresos
Einnahmeseite *f*, **n** lado *m*, partida *f* de ingresos
Einnahmeüberschuss *m*, **¨sse** excedente *m* de ingresos
Einnahmevoranschlag *m*, **¨e** estado *m* provisional de ingresos
einnehmen 1. percibir; recibir; cobrar; ***Einkünfte*** ~ percibir ingresos **2.** ***Steuern*** ~ recaudar impuestos **3.** (Verdienst) ganar **4.** ***jds. Stelle*** ~ sustituir a alg. en su puesto; reemplazar a alg. **5.** ***die Stelle*** ~ ocupar el puesto **6.** ***eine Haltung*** ~ adoptar, observar una actitud
Einnehmer *m*, - **1.** (Kassierer) cobrador *m* **2.** ~ ***von Steuern*** recaudador *m* de impuestos
einordnen clasificar; ordenar; poner en su sitio; ***Karten alphabetisch*** ~ clasificar, ordenar las tarjetas por orden alfabético
Einordnung *f*, **en** ordenamiento *m*; clasificación
einpacken 1. empaquetar; embalar; envasar; envolver **2.** hacer la maleta
Einparteiensystem *n*, Ø monopartidismo *m*; sistema *m* de partido único
einpendeln 1. estabilizar; equilibrar; ***die Kurse pendeln sich ein*** las cotizaciones se estabilizan **2.** ir y venir entre dos puntos
Einpersonenhaushalt *m*, **e** hogar *m* de una sola persona; hogar *m* unipersonal
Ein-Peseten-Stück *n*, **e** rubia *f*
Einpfennigstück *n*, **e** pieza *f* de un pfennig; pieza *f* de un céntimo de marco
einpflanzen 1. plantar **2.** inculcar; implantar
einplanen programar; planificar; tener en cuenta; incluir en el plan; ***in den Haushalt*** ~ presupuestar
Einplanung *f*, **en** planificación *f*; programación *f*; previsión *f*
einprägen imprimir; estampar; grabar
Einprägung *f*, **en** impresión *f*
einprogrammieren programar; incluir en el programa
Einprogrammierung *f*, **en** programación *f*; inclusión *f* en el programa
einquartieren 1. alojar; hospedar **2.** alojarse; hospedarse
Einquartierung *f*, **en 1.** alojamiento *m* **2.** (Gäste) huéspedes *pl*
einräumen 1. conceder; otorgar; ***einem Kunden einen Kredit*** ~ conceder un crédito a un cliente; ***einen Rabatt von 10 %*** ~ conceder una rebaja del 10 por ciento **2.** conceder; admitir; reconocer **3.** ***ein Zimmer*** ~ amueblar, arreglar, disponer la habitación **4.** ***ein Recht*** ~ ceder un derecho
Einräumung *f*, **en 1.** concesión *f*; otorgamiento *m*; ~ ***eines Rechts*** constitución *f* de un derecho **2.** ***~en machen*** hacer concesiones
einrechnen incluir en una cuenta; ***miteingerechnet*** incluido; ***nicht eingerechnet*** no incluido
Einrechnung *f*, **en** ***unter*** ~ ***von*** incluyendo; incluyendo en cuenta
Einrede *f*, **n** objeción *f*; réplica *f*; contradicción *f*; (Jur.) excepción *f*; ***eine*** ~ ***erheben*** presentar una objeción
einreichen, ***seinen Abschied*** ~ solicitar, pedir el retiro; ***eine Beschwerde*** ~ hacer una reclamación; ***ein Gesuch*** ~ presentar una solicitud; ***eine Klage*** ~ presentar una demanda; ***seine Versetzung*** ~ pedir, solicitar el traslado; ***dreifach*** ~ presentar por triplicado; ***eigenhändig*** ~ presentar en mano; ***persönlich*** ~ presentar en mano (*od.* personalmente); ***urschriftlich*** ~ presentar (en) original
Einreichende(r) (der/ein) → Einreicher
Einreicher *m*, - **1.** remitente *m* **2.** exponente *m* **3.** solicitante *m* **4.** el que remite un efecto a su banco
Einreicherbank *f*, **en** banco *m* remitente
Einreichung *f*, **en** entrega *f*; presentación *f*; depósito *m*; ~ ***der Dokumente*** presentación de (los) documentos; ~ ***zur Zahlung*** presentación al pago
Einreichungsfrist *f*, **en** plazo *m* de presentación
einreihen, ***Waren in Zolltarife*** ~ clasificar mercancías dentro del arancel
Einreise *f*, **n** entrada *f*
Einreiseerlaubnis *f*, **se** → Einreisegenehmigung
Einreisegenehmigung *f*, **en** permiso *m* de entrada
Einreiseverbot *n*, **e** interdicción *f*, prohibición *f* de entrada
Einreisevis|um *n*, **-a** *od.* **-en** visado *m* de entrada; (LA) visa *f* de entrada
einrichten instituir; instalar; equipar; establecer; ***ein Haus*** ~ amueblar una casa;

sich neu ~ amueblar de nuevo, reamueblar la casa (de uno)

Einrichtung *f*, **en 1.** instalación *f*; equipo *m*; dispositivo *m* **2.** institución *f*; organismo *m*; organización *f*; ***gemeinnützige*** ~ institución sin fines lucrativos; institución de utilidad pública; ***soziale ~en*** instituciones *pl* sociales; ***ständige ~en*** instituciones permanentes; ***technische ~en*** instalaciones técnicas

Einrichtungsdarlehen *n*, - préstamo *m* de instalación

Einrichtungsgegenstände *pl* enseres *pl*; muebles *pl*

Einrichtungshaus *n*, **¨er** tienda *f* de muebles (de equipamiento); venta *f* de muebles de oficina

Einrichtungskosten *pl* gastos *pl* de instalación; costes *pl* del (primer) establecimiento

einrücken 1. insertar; poner (un anuncio) **2.** ***in eine Schlüsselstellung*** ~ pasar a ocupar un puesto clave **3.** dejar un espacio (en una carta)

einsacken 1. ensacar; meter en un saco **2.** embolsarse (dinero)

einsammeln recoger; colectar; ***Geld*** ~ recaudar dinero

Einsatz *m*, **¨e 1.** empleo *m*; utilización *f*; ~ ***von Arbeitskräften*** empleo de mano de obra; ***selektiver*** ~ utilización selectiva **2.** dedicación *f*; empeño *m*; ***den vollen ~ fordern*** exigir plena dedicación **3.** (a)puesta *f*; riesgo *m* **4.** ***im*** ~ (Personen) en acción; (Maschinen) en funcionamiento

einsatzbereit disponible; operacional; preparado para actuar; listo para funcionar

Einsatzbereitschaft *f*, Ø disponibilidad *f*

Einsatzbesprechung *f*, **en** reunión *f* de coordinación; reunión *f* de información; "briefing" *m*

Einsatzerprobung *f*, **en** ensayos *pl*, pruebas *pl* (de aparatos)

einsatzfähig utilizable; operacional; listo para funcionar

Einsatzfahrzeuge *pl*, ~ ***auf Flughafen*** vehículos *pl* de aplicación en aeropuertos

Einsatzgruppe *f*, **n** grupo *m* de operaciones especiales

Einsatzplan *m*, **¨e** plan *m* de intervención; plan *m* de operación

Einsatzpreis *m*, **e** tasación *f*, fijación *f* de precio (en las subastas)

Einsatzstab *m*, **¨e** equipo *m* de intervención

Einsatzwagen *n*, - (Transp.) coche *m* de reserva; vagón *m* suplementario

Einsatzzug *m*, **¨e** tren *m* de refuerzo; tren *m* suplementario

einschalten 1. encender; conectar, enchufar **2.** ***sich*** ~ ***in*** tomar cartas en un asunto; intervenir

Einschaltquote *f*, **n** índice *m* de audiencia; índice *m* de aceptación

Einschaltung *f*, **en 1.** inserción *f* **2.** puesta *f* en marcha **3.** ***ohne*** ~ ***eines Bevollmächtigten*** sin intervención de un mandatario

einschätzen evaluar, estimar; tasar; valorar; ***zu hoch (niedrig)*** ~ sobrevalorar; sobreestimar (infravalorar; subestimar)

Einschätzung *f*, **en** estimación *f*; tasación *f*; valoración *f*; ~ ***des Risikos*** evaluación *f* del riesgo

einschenken 1. servir de beber **2.** ***ein Glas*** ~ llenar el vaso **3.** ***jdm. Wein*** ~ escanciar, servir un vaso de vino a alg.

einschichtig, ***~er Betrieb*** empresa *f* de un solo turno (Ggs. ***Mehrschichtbetrieb***)

einschießen, ***Geld*** ~ enviar, remitir fondos; aportar dinero; contribuir con dinero

einschiffen, ***Waren*** ~ embarcar mercancía; ***sich in Hamburg*** ~ embarcar(**se**) para Hamburgo

Einschiffung *f*, **en 1.** (Personen) embarco *m* **2.** (Waren) embarque *m*

Einschiffungshafen *m*, **¨** puerto *m* de embarco *bzw.* de embarque

einschl. → einschließlich

einschlagen 1. hincar; hundir **2.** ***ein Geschenk*** ~ hacer un paquete regalo **3.** ***eine Laufbahn*** ~ ***als Beamter*** seguir la carrera de funcionario; ***einen falschen Weg*** ~ seguir, echar por mal camino **4.** tener mucho éxito

einschlägig 1. relativo a; referente a; correspondiente; ***die ~e Literatur*** bibliografía *f* especializada **2.** del ramo; ***~es Geschäft*** tienda *f* del ramo; tienda *f* que vende la mercancía en cuestión

Einschlagpapier *n*, Ø papel *m* de envolver

einschleichen 1. ***sich*** ~ introducirse furtivamente; colarse **2.** deslizarse (una equivocación, un error)

einschleppen remolcar (un barco)

einschleusen 1. introducir (clandestinamente); ***Falschgeld in den Verkehr*** ~ poner en circulación billetes falsos **2.** infiltrar

einschließen 1. cerrar (con llave); encerrar **2.** ***Verpackung und Porto eingeschlossen***

incluidos embalaje y porte; ***miteingeschlossen*** incluido

einschließlich inclusive; incluso; incluido; ~ ***der Kosten*** comprendidos, incluidos los gastos; ~ ***Verpackung*** franco de embalaje

Einschließung *f*, **en 1.** cerco *m*; bloqueo *m* **2.** ***mit*** ~ ***von***, ***unter*** ~ ***von*** → einschließlich

einschmuggeln introducir de contrabando; pasar de estraperlo; (Fam.) pasar de matute; ***sich*** ~ pasar, introducirse, colarse furtivamente

einschneidend incisivo; de rigor; terminante; drástico; ***~e Maßnahme treffen*** adoptar medidas radicales

einschränken limitar; restringir; ***die Ausgaben*** ~ reducir los gastos; ***die Handlungsfreiheit*** ~ reducir el margen de maniobra; ***sich*** ~ economizar; reducir gastos

einschränkend limitativo; restrictivo; ***~e Maßnahmen*** medidas *pl* restrictivas

Einschränkung *f*,**en** limitación *f*; restricción *f*; reducción *f*; ~ ***von Ausgaben*** reducción, disminución de gastos; ***ohne*** ~ sin restricción; sin reservas

Einschreib(e)brief *m*, **e** carta *f* certificada; (LA) carta *f* registrada; ***einen*** ~ ***aufgeben*** enviar una carta certificada

Einschreibegebühr *f*, **en 1.** (Post) derechos *pl* de certificado **2.** (Schule) derechos *pl* de matrícula **3.** (Verein) derechos *pl* de inscripción

einschreiben 1. inscribir; registrar; ***sich*** ~ inscribirse **2.** ***einen Brief*** ~ ***lassen*** certificar una carta; ***eingeschriebener*** Brief carta *f* certificada; (LA) carta registrada; ***etw. eingeschrieben schicken*** enviar, remitir algo por certificado **3.** (buchen) asentar (en)

Einschreiben *n*, **-** certificado *m*; carta *f* certificada; ***als*** ~ como carta certificada

Einschreibung *f*, **en 1.** registro *m*; inscripción *f*; matriculación *f*; asiento *m* **2.** oferta *f* escrita de una venta en subasta

Einschrieb *m*, **e** (CH) → Einschreiben

einschulen escolarizar

Einschuss *m*, **¨sse 1.** capital *m* invertido **2.** desembolso *m*; pago *m*; cobertura *f* (en operaciones bancarias o bursátiles)

Einschußschäden *pl* (Seg.) siniestros *pl* al contado

einsehen examinar; tomar conocimiento; ***die Unterlagen*** ~ examinar la documentación

einseitig 1. unilateral; en sentido único **2.** parcial

einsenden enviar; remitir; expedir; ***den Betrag bar*** ~ enviar el importe en efectivo

Einsender *m*, **-** remitente *m*

Einsendeschluß *m*, **Ø** cierre *m* de admisión

Einsendung *f*, **en** envío *m*; remesa *f*

einsetzen 1. ***eine Anzeige*** ~ insertar, poner un anuncio **2.** ***ausländische Arbeitskräfte*** ~ recurrir a la mano de obra extranjera **3.** ***einen Ausschuß*** ~ instituir, constituir una comisión **4.** ***in den Haushaltsplan*** ~ inscribir, asentar en el plan presupuestario **5.** ***sich für etw.*** ~ emplearse a favor de u/c; ***sich für jdn.*** ~ abogar, interceder a favor de alg.; ***sich voll*** ~ emplearse a fondo **6.** ***beim Spiel*** ~ hacer una puesta; poner en juego **7.** ***in ein Amt*** ~ instalar en un cargo; investir de un cargo **8.** ***als Bevollmächtigten*** ~ constituir en, designar como apoderado; ***als Erbe*** ~ instituir heredero; ***als Vorsitzenden*** ~ designar, nombrar presidente

Einsetzung *f*, **en 1.** establecimiento *m*; instalación *f* **2.** ~ ***zum Alleinerben*** designación *f*, institución *f* como heredero universal **3.** ~ ***einer Klausel*** (in einen Vertrag) inserción *f* de una cláusula

Einsicht *f*, **en** inspección *f*; examen *m*; ~ ***nehmen in etw.*** examinar u/c; tomar conocimiento de u/c; ***nach*** ~ ***der Akten*** tras haber consultado el dossier; ***zur*** ~ para su examen

Einsichtnahme *f*, **n** inspección *f*; examen *m*; ***zur gefälligen*** ~ sírvase examinar; ***Recht auf*** ~ derecho *m* de inspección; derecho *m* de fiscalización

einsortieren clasificar

einsparen, ***Kosten*** ~ evitar costes; ***Material*** ~ economizar material; ***einen Posten*** ~ ahorrarse un puesto

Einsparung *f*, **en** ahorro *m*; economía *f*; ***~en im Haushalt vornehmen*** ahorrar en el presupuesto

einspeichern (Inform.) registrar; introducir; ***Daten*** ~ introducir datos en la memoria

Einspeicherung *f*, **en** (Inform.) memorización *f* (de información)

einspeisen → eingeben

Einspielergebnis *n*,**se** taquillaje *m*; ingresos *pl* por taquilla; recaudación *f*

Einsprache *f*, **n** (A) → Einspruch

Einspracherecht *n*, **e** → Einspruchsrecht

einsprachig monolingüe

einspringen sustituir; suplir; reemplazar; ***für einen Kollegen*** ~ sustituir a un compañero

einspritzen, ***Kapital*** ~ inyectar capital

Einspruch *m*, **¨e** objeción *f*; reclamación *f*; protesta *f* **1.** ~ ***erheben*** formular reclamación **2.** (Jur.) oposición *f*; recurso *m*; ~ ***erheben*** formar, elevar recurso

Einspruchsfrist *f*, **en** plazo *m* de oposición; plazo *m* de recurso

Einspruchsrecht *n*, **e** derecho *m* de veto; derecho *m* de inhibición; ***ein ~ geltend machen*** ejercer un recurso

Einspruchsschrift *f*, **en** escrito *m* de oposición

Einspruchsverfahren *n*, **-** procedimiento *m* de oposición

einspurig de una sola vía; de vía sencilla; (LA) trocha *f* sencilla

Einstand *m*, **¨e** entrada *f* en funciones; ***seinen ~ feiern*** festejar, celebrar su nombramiento

Einstandspreis *m*, **e** precio *m* de coste comercial (Syn. ***Gestehungspreis***)

Einstandsrecht *n*, **e** derecho *m* de retracto; derecho *m* preferente de compra

Einstandswert *m*, **e** valor *m* de coste

einstecken 1. ***einen Brief*** ~ echar una carta al correo, al buzón **2.** ***Geld*** ~ embolsarse dinero; ***Profit*** ~ embolsarse las ganancias

einstehen 1. ***für die Schulden eines anderen*** ~ responder de, hacerse responsable de las deudas de un tercero **2.** (A) (Fam.) ***bei jdm.*** ~ entrar al servicio de alg.

Einsteigedieb *m*, **e** escalador *m*; (Fam.) palquista *m*

Einsteigediebstahl *m*, **e** robo *m* con escala

einsteigen 1. subir; entrar por **2.** ***in ein Geschäft*** ~ entrar en un negocio; adquirir una participación en una compañía; participar en una sociedad **3.** ***~!*** (Ferr.) ¡viajeros al tren!

einstellen 1. reclutar; contratar; dar empleo ***Arbeitskräfte*** ~ contratar mano de obra **2.** (vorläufig) suspender; interrumpir; ***die Arbeit*** ~ cesar el trabajo; deponer el trabajo; ponerse en huelga; ***die Zahlungen*** ~ suspender los pagos **3.** (endgültig) cesar; cerrar **4.** ***das Verfahren*** ~ sobreseer el procedimiento

einstellig de una (sola) cifra; ***~e Zahl*** (número *m*) dígito *m*

Einstellung *f*, **en 1.** reclutamiento *m*; contratación *f* **2.** ~ ***mangels Masse*** cierre *m* por insuficiencia del activo **3.** ~ ***des Verfahrens*** sobreseimiento *m* del procedimiento

Einstellungsbedingungen *pl* condiciones *pl* de contratación

Einstellungsbüro *n*, **s** oficina *f* de contratación

Einstellungsstopp *m*, **s** interrupción *f*, suspensión *f* de la contratación

Einstellungsvertrag *m*, **¨e** contrato *m* de empleo

Einstieg *m*, **Ø 1.** entrada *f* en un negocio, en una participación, en un mercado **2.** adquisición *f*, compra *f* de acciones

einstimmig unánime; de común acuerdo; ***durch ~en Beschluss*** por decisión unánime; ~ ***wählen*** votar por unanimidad

Einstimmigkeit *f*, **en** unanimidad *f*; común acuerdo *m*

einstöckig de un piso

einstreichen (Fam.) embolsarse; ***den Gewinn*** ~ embolsarse las ganancias

einstufen clasificar; ***jdn. in eine Steuerklasse*** ~ colocar, clasificar a alg. en una categoría fiscal (*od.* tributaria)

Einstufung *f*, **en** clasificación *f*; categoría *f*; evaluación *f*

Einstundentakt *m*, **Ø**, ***im*** ~ todas las horas

einstündig de una hora

einstweilig provisional; temporal (Jur.); ***~e Verfügung*** auto *m*, resolución *f* provisional

eintägig de un día

eintasten (Inform.) teclear

Eintausch *m*, **Ø** cambio *m*; canje *m*; trueque *m*

eintauschen cambiar; trocar; canjear por ***eine Aktie*** ~ canjear una acción

einteilen dividir; distribuir; clasificar; organizar; ***seine Zeit richtig*** ~ repartir bien su tiempo

einteilig de una pieza

Einteilung *f*, **en** división *f*; distribución *f*; clasificación *f*

eintippen (Inform.) → eingeben

Eintrag *m*, **¨e** inscripción *f*; registro *m*; asiento *m*

eintragen 1. ***in die Bücher*** ~ asentar en los libros; ***ins Einwohnerverzeichnis*** ~ empadronar; ***ins Handelsregister*** ~ inscribir en el registro mercantil; ***eingetragene Schutzmarke*** marca *f* registrada; ***eingetragener Verein*** asociación *f* registrada **2.** ser rentable; ser lucrativo; rendir; producir

einträglich productivo; rentable; remunerador; lucrativo; ***ein ~es Geschäft*** negocio *m* rentable

Einträglichkeit *f*, **Ø** rentabilidad *f*; rendimiento *m*; productividad *f*

Eintragung *f*, **en** inscripción *f*; registro *m*; asiento *m*; ~ ***im Einwohnerverzeichnis*** empadronamiento *f*; ~ ***ins Grundbuch*** incripción *f* en el registro de la propiedad; ~ ***im Handelsregister*** inscripción en el registro mercantil
eintragungsfähig inscribible; registrable
Eintragungsfähigkeit *f*, **en** inscribibilidad *f*; registrabilidad *f*
Eintragungsgebühr *f*, **en** tasa *f*, cuota *f* de registro
eintragungspflichtig sujeto a inscripción
Eintragungsvermerk *m*, **e** mención *f* de registro
Eintragungszwang *m*, **¨e** registro *m* obligatorio
eintreffen llegar
eintreibbar exigible; cobrable; recaudable; ~***e Forderung*** créditos *m* exigibles
Eintreibbarkeit *f*, Ø exigibilidad *f*
eintreiben, ***Außenstände***, ***Rückstände*** ~ cobrar los pagos pendientes, los atrasos; ***Steuern*** ~ recaudar impuestos
Eintreibung *f*, **en** cobro *m*; recaudación *f*; ***gerichtliche***, ***zwangsweise*** ~ cobro por vía judicial; cobro *m* ejecutivo
Eintreibungskosten *pl* gastos *pl* de cobro
eintreten 1. ***in einen Verein*** ~ afiliarse, adherirse a una asociación; hacerse miembro de un club **2.** ***für etw.*** ~ abogar, interceder, luchar por **3.** ***ein Schaden ist eingetreten*** se ha producido un daño; ha acaecido un siniestro
Eintritt *m*, **e 1.** entrada *f*; ~ ***frei***, ***verboten*** entrada gratuita; prohibida la entrada; ~ ***eines Gesellschafters*** entrada de un socio **2.** (Auftreten) ocurrencia *f*; ***bei*** ~ ***des Versicherungsfalles*** si se produce la contingencia asegurada; si ocurre el siniestro; ~ ***des Schadenfalls*** acaecimiento *m* del evento dañoso; ocurrencia *f* del siniestro; acaecimiento *m* de la contingencia asegurada
Eintrittsalter *n*, Ø edad *f* de admisión
Eintrittsgebühr *f*, **en** → Eintrittsgeld
Eintrittsgeld *n*, **er** cuota *f* de entrada
Eintrittskarte *f*, **n** entrada *f*; localidad *f*; (LA) boleto *m*; ***ermäßigte (verbilligte)*** ~ entrada a precio reducido
Eintrittslohn *m*, **¨e** salario *m* de entrada; salario *m* inicial
Eintrittspunkt *m*, **e** (Inform.) punto *m* de entrada
einverleiben absorber; incorporar; anexionar
Einverleibung *f*, **en 1.** absorción *f*; incorporación *f*; anexión *f* **2.** (A) inscripción *f*
Einvernahme *f*, **n** audición *f*; interrogatorio *m*
Einvernehmen *n*, - conformidad *f*; acuerdo *m*; ***im*** ~ ***mit*** de acuerdo con; ***gegenseitiges*** ~ de común acuerdo; ***sich mit jdm. ins*** ~ ***setzen*** ponerse de acuerdo con alg.; ***in gutem*** ~ ***mit jdm. stehen*** entenderse, llevarse bien con alg.
einverstanden, ***mit jdm.*** ~ ***sein*** estar de acuerdo con alg.; ***nicht*** ~ ***sein*** estar en desacuerdo; ***sich*** ~ ***erklären*** declararse conforme
Einverständnis *n*, **se 1.** conformidad *f*; acuerdo *m*; asentimiento *m*; consentimiento *m*; ***im*** ~ ***mit*** de acuerdo con; ***in gegenseitigem*** ~ de común acuerdo; ***stillschweigendes*** ~ acuerdo *m* tácito **2.** ***geheimes*** ~ colusión *f*; connivencia *f*
Einwand *m*, **e** objeción *f*; reclamación *f*, reparo *m*; (Jur.) excepción *f*; réplica *f*; ***einen*** ~ ***erheben*** replicar; presentar excepción
Einwanderer *m*, - inmigrante *m*
einwandern inmigrar
Einwanderung *f*, **en** inmigración *f*
Einwanderungsbehörde *f*, **n** servicios *pl*, autoridades *pl* de inmigración
Einwanderungsbeschränkung *f*, **en** limitación *f* de, restricciones *pl* a la inmigración
Einwanderungsstrom *m*, **¨e** aflujo *m*, ola *f* de inmigrantes
einwandfrei sin defecto; irreprochable; perfecto; intachable; ~***e Ware*** mercancía *f* impecable
einwechseln 1. ***einen Hundertmarkschein*** ~ cambiar un billete de 100 marcos (para tener suelto) **2.** ***DM gegen (in) Peseten*** ~ cambiar marcos por pesetas
Einwechslung *f*, **en** cambio *m*
einwecken poner en conserva
Einweg- (Pref.) no recuperable; sin devolución; sin retorno; no retornable
Einwegbehälter *m*, - recipiente *m* no recuperable
Einwegflasche *f*, **n** botella *f*, casco *m* no retornable
Einwegpackung *f*, **en** envase *m* no retornable (*od.* no recuperable)
einweihen 1. inaugurar; ***einen Autobahnabschnitt*** ~ abrir al tráfico, inaugurar un tramo de autopista **2.** ***jdn. in einen Plan*** ~ poner a alg. en el secreto de u/c
Einweihung *f*, **en** inauguración *f*

Einweihungsrede *f*, **n** discurso *m* de inauguración

einweisen **1.** ***jdn. in eine Arbeit*** ~ iniciar a alg. en un trabajo; darle instrucciones a alg. sobre un trabajo **2.** ***jdn. in sein Amt*** ~ introducir, instalar a alg. en su cargo **3.** ***jdn. in ein Krankenhaus*** ~ hospitalizar a alg.; ingresar, internar a alg. en el hospital **4.** ***in den Besitz von etw.*** ~ poner en posesión de u/c **5.** ***jdn. in eine Wohnung*** ~ acomodar a alg. en una vivienda

Einweisung *f*, **en** **1.** directiva *f*; instrucción *f*; ***berufliche*** ~ iniciación *f* profesional **2.** introducción *f*; instalación *f* **3.** hospitalización *f* **4.** puesta *f* en posesión **5.** acomodo *m*

einwenden objetar; poner reparos a; oponerse a; (Jur.) presentar una excepción; excepcionar; oponer excepción; ***es ist nichts einzuwenden gegen*** no hay que objetar nada contra

Einwendung *f*, **en** objeción *f*, reparo *m*; excepción *f* (Jur.); ***~en machen*** excepcionar; oponer excepción

einwerfen, ***einen Brief*** ~ echar una carta

Einwickelpapier *n*, Ø papel *m* de envolver; papel *m* de embalaje

einwilligen consentir; estar conforme con; aprobar; ***in die Scheidung*** ~ aceptar el divorcio

Einwilligung *f*, **en** consentimiento *m*; conformidad *f*; asentimiento *m*; aprobación *f*; aquiescencia *f*; ***seine ~ geben (erteilen)*** dar su aprobación

Einwirkung *f*, **en**, ***katastrophenähnliche ~en*** (Seg.) efectos cuasi-catastróficos

einwöchentlich → einwöchig

einwöchig de una semana

Einwohner *m*, - habitante *m*; vecino *m*; ***auf 1000*** ~ por 1000 habitantes; ***~zahlen*** censo *m*

Einwohnerliste *f*, **n** padrón *m*; registro *m* de la población

Einwohnermeldeamt *n*, **¨er** oficina *f* de empadronamiento, del censo

Einwohnermeldepflicht *f*, Ø declaración *f* obligatoria del domicilio; censo *m* obligatorio; obligación *f* de censarse

Einwohnerregister *n*, - padrón *m* vecinal; registro *m* municipal

Einwohnerschaft *f*, **en** vecindario *m*; habitantes *pl*; población *f*

Einwohnerverzeichnis *n*, **se** → Einwohnerliste

Einwohnerzahl *f*, **en** número *m* de habitantes; población *f*

einzahlbar pagable; a pagar

einzahlen pagar; ingresar; (Méx.) enterar; ***eine Aktie*** ~ liberar, desembolsar una acción; ***bar*** ~ entrar en caja; ***Geld bei der Bank*** ~ imponer, ingresar dinero en una cuenta bancaria; ***eine Summe auf ein Konto*** ~ ingresar una suma en una cuenta

Einzahler *m*, - imponente *m*; depositante *m*; imponedor *m*

Einzahlung *f*, **en** pago *m*; imposición *f*; ingreso *m*; abono *m*; ~ ***auf Aktien*** liberación *f* de acciones; ***durch ~ auf Ihr Postgirokonto*** por ingreso en la cuenta que tiene en la caja postal; ~ ***auf ein Sperrkonto*** ingreso en una cuenta bloqueada; ***~en auf den Nennwert der Aktien leisten*** efectuar pagos sobre el valor nominal de las acciones; ***eine ~ vornehmen*** efectuar un ingreso; ***volle*** ~ (Méx.) exhibición *f* plena

Einzahlungsbeleg *m*, - recibo *m*, resguardo *m* de ingreso; volante *m* de depósito

Einzahlungsbescheinigung *f*, **en** → Einzahlungsbeleg

Einzahlungsformular *n*, **e** formulario *m*, impreso *m* de ingreso

Einzahlungsfrist *f*, **en** plazo *m* de ingreso; plazo *m* de abono

Einzahlungskasse *f*, **n** caja *f* de ingresos; ventanilla *f* de cobros

Einzahlungsquittung *f*, **en** recibo *m*, resguardo *m* de ingreso

Einzahlungsschalter *m*, - → Einzahlungskasse

Einzahlungsschein *m*, **e** → Einzahlungsbeleg

Einzahlungszettel *m*, - → Einzahlungsbeleg

Einzel- (Pref.) individual; particular; unitario; por pieza

Einzelabkommen *n*, - convenio *m* individual

Einzelabmachung *f*, **en** acuerdo *m* individual

Einzelakkord *f*, **e** destajo *m* individual

Einzelakkordlohn *m*, **¨e** salario *m* de destajo individual

Einzelanfertigung *f*, **en** **1.** producción *f* por pieza; fabricación *f* por pieza **2.** producción, fabricación de encargo **3.** producción, fabricación fuera de serie

Einzelarbeitsvertrag *m*, **¨e** contrato *m* de trabajo individual

Einzelaufgaben *pl* aplicaciones *pl* individuales

Einzelaufstellung *f*, **en** relación *f* detallada (*od.* pormenorizada *od.* especificada)
Einzelaussteller *m*, - expositor *m* individual
Einzelbenutzer m, - usuario m individual
Einzelbetrag *m*, **¨e** importe *m* particular, individual
Einzelbetrieb *m*, **e** **1.** empresa *f* individual **2.** empresa *f* independiente **3.** unidad *f* económica con dirección individual
Einzelfertigung *f*, **en** → Einzelanfertigung
Einzelfirm|a *f*, **-en** razón *f* social individual; empresa *f* individual; establecimiento *m* en nombre personal
Einzelgeschäft *n*, **e** operación *f*, transacción *f* particular (*od.* individual)
Einzelgewerkschaft *f*, **en** sindicato *m* de un ramo (IG-Metall, por ejemplo)
Einzelgewicht *n*, **e** peso *m* unitario
Einzelgut *n*, **¨er** mercancía *f* en fardos; bultos *pl* sueltos; bultos *pl* de detalle (Syn. ***Stückgut***)
Einzelhandel *m*, Ø comercio *m* al por menor; comercio *m* minorista; comercio *m* al detall(e); ***im*** ~ al detall(e); ***im ~ verkaufen*** detallar; varear (Ggs. ***Großhandel***)
Einzelhandelsgeschäft *n*, **e** negocio *m* al detalle; negocio *m* minorista; (Méx.) cajón *m*
Einzelhandelsind|ex *m*, **-izes** índice *m* de precios al por menor
Einzelhandelskauf|mann *m*, **-leute** detallista *m*; minorista *m*; comerciante *m* al por menor; (Méx.) cajonero *m*
Einzelhandelspreis *m*, **e** precio *m* al por menor; precio *m* minorista; precio *m* al detalle
Einzelhandelsspanne *f*, **n** margen *m* del minorista
Einzelhandelsumsatz *m*, **¨e** volumen *m* de ventas del comercio al por menor
Einzelhandelsverband *m*, **¨e** asociación *f* de minoristas
Einzelhändler *m*, - detallista *m*; minorista *m*; (Méx.) cajonero *m*
Einzelkauf|mann *m*, **-leute** comerciante *m* individual; comerciante *m* particular; comerciante *m* en nombre personal
Einzelkind *n*, **er** hijo *m* único
Einzelkosten *pl* costes *pl*, costos *pl* unitarios
Einzelmuster *n*, - muestra *f* única
einzeln solo; único; ~ ***kaufen*** comprar por unidad; comprar por separado; comprar al por menor
Einzelnachweis *m*, **e** prueba *f* contable, individual
Einzelne(r) (der/ein) individuo *m*; particular *m*
Einzelpreis *m*, **e** precio *m* por unidad
Einzelprokur|a *f*, **-en** poder *m* exclusivo
Einzelrisik|o *n*, **-en** (Seg.) riesgo *m* individual; riesgo *m* aislado
Einzelschaden *m*, **¨** (Seg.) daño *m*, siniestro *m* individual
Einzelschadenstatistik *f*, **en** estadística *f* de daños *bzw.* siniestros individuales; (Angl.) Individual Loss Statistics
Einzelschicht *f*, **en** turno *m* único; (Méx.) tiempo *m* sencillo
einzelstehend, ***~es Gebäude*** edificio *m* aislado
Einzelsteuererklärung *f*, **en** declaración *f* individual (a efectos fiscales)
Einzelstück *n*, **e** pieza *f* única; ejemplar *m* único
Einzelsumme *f*, **n** subtotal *m*
Einzelteil *n*, **e** pieza *f* suelta, única
Einzelunternehmen *n*, - empresa *f* individual, independiente
Einzelunternehmer *m*, - empresario *m* individual, privado
Einzelverkauf *m*, **¨e** venta *f* al por menor
Einzelvertrag *m*, **¨e** contrato *m* individual, particular
Einzelwirtschaft *f*, **en** **1.** microeconomía *f*; economía *f* individual **2.** unidad *f* económica de dirección individual
Einzelzimmer *n*, - habitación *f* individual
einziehbar cobrable
einziehen **1.** ***Banknoten*** ~ retirar billetes de la circulación **2.** ***Steuern*** ~ recaudar impuestos **3.** ***jds. Vermögen*** ~ confiscar la fortuna de alg. **4.** ***Geld*** ~ cobrar (dinero) **5.** ***in eine Wohnung*** ~ instalarse en una vivienda; mudarse a una vivienda **6.** ***bei jdm.*** ~ ir a vivir en casa de; irse a vivir con alg.
Einziehung *f*, **en** **1.** retirada *f* (de billetes) **2.** ~ ***von Forderungen*** cobro *m* de créditos **3.** confiscación *f*
Einziehungsauftrag *m*, **¨e** orden *f* de cobro
Einziehungsermächtigung *f*, **en** → Einzugsermächtigung
Einziehungsgebühr *f*, **en** gastos *pl*, tasa *f* de cobro (*od.* de cobranza)
Einziehungskosten *pl* → Einzugsspesen
Einziehungsprovision *f*, **en** comisión *f* de cobro
Einziehungsverfahren *n*, - domiciliación *f* bancaria de recibos
Einziehungsvollmacht *f*, **en** poder *m*, facultad *f* de cobranza

Einzimmerwohnung *f*, **en** estudio *m*; apartamento *m* de una habitación (*od.* de una pieza)
Einzug *m*, **¨e** **1.** entrada *f*; cobro *m*; cobranza *f* **2.** ***seinen ~ halten in eine Wohnung*** hacer su entrada, instalarse en una vivienda
Einzugsbereich *m*, **e** → Einzugsgebiet
Einzugsermächtigung *f*, **en** domiciliación *f* bancaria de recibos; domiciliación *f* con recogida de recibos
Einzugsgebiet *n*, **e** **1.** ***~ eines Flusses*** cuenca *f*, vertiente *f* hidrográfica **2.** zona *f* de atracción comercial (de un hipermercado) **3.** zona *f* de influencia
Einzugsgeld *n*, **er** tasa *f* de establecimiento
Einzugsgeschäft *n*, **e** operación *f* de cobro
Einzugskosten *pl* → Einzugsspesen
Einzugsmandat *n*, **e** (CH) envío *m* contra reembolso
Einzugsposten *m*, **-** partidas *pl* a cobrar
Einzugsspesen *pl* gastos *pl* de cobro (*od.* decobranza)
Einzugsverkehr *m*, Ø → Einziehungsverfahren
Eis *n*, Ø **1.** hielo *m*; **2.** (Speiseeis) helado *m*; **3.** ***auf ~ legen*** aparcar; congelar; aplazar; diferir; interrumpir provisionalmente; ***die Verhandlungen wurden auf ~ gelegt*** las negociaciones han sido interrumpidas provisionalmente; ***jdn. aufs ~ führen*** tender un lazo a alg.
Eisen *n*, **-** hierro *m*; ***etw. zum alten ~ werfen*** tirar por inservible; arrinconar
Eisen- Blech- und Metallwaren *pl* (EBM) artículos *pl* metálicos
eisen- und metallverarbeitende Industrie *f*, Ø siderurgia *f*; industria *f* de transformados metálicos
Eisen- und Stahlindustrie *f*, Ø industria *f* del hierro y del acero; metalurgia *f*; siderurgia *f*
Eisenbahn *f*, **en** ferrocarril *m*; ***mit der ~*** por ferrocarril
Eisenbahn- (Pref.) ferroviario
Eisenbahnabteil *n*, **e** departamento *m*; (LA) compartim(i)ento *m*
Eisenbahnarbeiter *m*, **-** → Eisenbahner
Eisenbahnbeamte/r (der/ein) empleado *m* de los ferrocarriles; ferroviario *m*
Eisenbahnbetrieb *m*, Ø servicio *m* ferroviario; explotación *f* de los ferrocarriles
Eisenbahner *m*, **-** ferroviario *m*
Eisenbahnfähre *f*, **n** transbordador *m*; (Angl.) ferry(boat) *m*
Eisenbahnfahrplan *m*, **¨e** horario *m* (de trenes)
Eisenbahnfahrt *f*, **en** viaje *m* en tren; viaje *m* en ferrocarril
Eisenbahngesellschaft *f*, **en** compañía *f* de ferrocarriles
Eisenbahngüterverkehr *m*, Ø transporte *m* de mercancías por ferrocarril
Eisenbahnknotenpunkt *m*, **e** nudo *m* ferroviario
Eisenbahnlinie *f*, **n** línea *f* ferroviaria
Eisenbahnnetz *n*, **e** red *f* de ferrocarriles
Eisenbahnschaffner *m*, **-** revisor *m*
Eisenbahnschiene *f*,**n** carril *m*; riel *m*; raíl *m*
Eisenbahnstation *f*, **en** estación *f* de ferrocarril
Eisenbahntransport *m*, **e** transporte *m* por ferrocarril
Eisenbahnunglück *n*, **e** accidente *m* ferroviario
Eisenbahnverbindung *f*, **en** comunicación *f* ferroviaria; conexión *f* por tren
Eisenbahnverkehr *m*, Ø tráfico *m* ferroviario
Eisenbahnwagen *m*, **-** (Personen) coche *m*; (Waren) vagón *m*
Eisen(waren)händler *m*, **-** ferretero *m*
Elektrochemie *f*, Ø electroquímica *f*
elektrochemisch electroquímico
Elektrogerät *n*, **e** **1.** aparato *m* eléctrico **2.** electrodoméstico *m*
Elektrogeschäft *n*, **e** **1.** tienda *f* de artículos eléctricos **2.** tienda *f* de electrodomésticos
Elektroindustrie *f*, **n** industria *f* electrotécnica; industria *f* eléctrica
Elektroingenieur *m*, **e** ingeniero *m* electricista
Elektromechanik *f*, Ø electromecánica *f*
Elektronengehirn *n*, **e** cerebro *m* electrónico; ordenador *m*
Elektronenkamera *f*, **s** cámara *f* electrónica
Elektronenrechner *m*, **-** calculadora *f* electrónica; ordenador *m* electrónico
Elektronik *f*, Ø electrónica *f*
Elektronikindustrie *f*, **n** industria *f* electrónica
elektronisch, ***~e Ablage*** archivo *m* electrónico; ***~er Briefkasten*** buzón *m* electrónico; ***~e Buchungsmaschine*** máquina *f* de contabilidad electrónica; ***~e Datenverarbeitung (DV)*** informática *f*; tratamiento *m* electrónico de datos; ***~e Datenverarbeitungsanlage*** centro *m* de informática; centro *m* de cálculo; centro *m* informático; ***~e Geldüberweisung*** transferen-

cia *f* electrónica (de fondos); ~ ***gesteuert*** (con mando) programado; ~***e Konferenz*** conferencia *f* electrónica; ~***e Post*** correo *m* electrónico; ~***e Schreibmaschine*** máquina *f* de escribir electrónica; ~***er Taschenrechner*** calculadora *f* electrónica; ~***es Zeitalter*** era *f* de la electrónica

Elektrotechnik *f*, Ø electrotécnica *f*

Element *n*, **e** elemento *m*; (Bauteil) módulo *m*

Elementarschäden *pl* (= ***Sturm, Hagel, Blitzschlag, Überschwemmung etc.***) daños *pl* elementales (= tormenta, granizo, impacto de rayo, inundación *etc.*)

Elementarschule *f*, **n** escuela *f* primaria

Elementarunterricht *m*, Ø enseñanza *f* primaria (*od.* elemental)

Elemente *pl* elementos *pl*; rudimentos *pl*

elend (Fam.), ***das ist ~ teuer*** cuesta una fortuna; cuesta un dineral

Elend *n*, Ø miseria *f*; pobreza *f*, desgracia *f*; ***ins ~ geraten*** empobrecer(se); caer en la miseria; ***im ~ leben*** vivir en la miseria; ***im größten ~ leben*** vivir en la mayor miseria; ***jdn. ins ~ stürzen*** llevar a alg. a la miseria; arruinar a alg.

Elendsquartier *n*, **e** tugurio *m*; cuchitril *m*; zaquizamí *m*

Elendsviertel *n*, - barriada *f*, barrio *m* de chabolas; barrio *m* pobre; barriada *f* pobre; barrio *m* miseria

Elendswohnung *f*, **en** chabola *f*

Elftel *n*, - onceavo *m*

elftens undécimo

elterlich de los padres; paterno; ~***e Gewalt*** patria *f* potestad; ~***e Sorge*** custodia *f* paterna

Elternhaus *n*, Ø casa *f* paterna; hogar *m* paterno

elternlos huérfano; sin padres

Elternrat *m*, ¨**e** asociación *f* de padres de familia

Elternrecht *n*, **e** derecho *f* discente

Elternteil *m*, **e** el padre *m bzw.* la madre *f*

E-Mail → elektronische Post

Embargo *n*, **s** embargo *m*; ***etw. mit einem ~ belegen*** embargar; ***ein ~ verhängen*** decretar, imponer, ordenar un embargo; ***das ~ aufheben*** levantar el embargo; ***einem ~ unterliegen*** ser sujeto de un embargo; estar sujeto a un embargo

Emigrant *m*, **en 1.** emigrante *m* **2.** refugiado *m* político (Syn. ***Auswanderer***)

emigrieren emigrar (Syn. ***auswandern***)

eminent insigne; ilustre; eminente

Eminenz *f*, **en** eminencia *f*; (Rede) eminentísimo señor

Emirat *n*, **e** emirato *m*; ***die Vereinigten Arabischen ~e*** Emiratos *pl* Arabes Unidos; Unión *f* de Emiratos Arabes

Emissär *m*, **e** emisario *m*

Emission *f*, **en** emisión *f*; ***Zeichner einer ~*** suscriptor *m* de una emisión; ~ ***von jungen Aktien, einer Anleihe*** emisión de nuevas acciones, de un empréstito; ***eine ~ unterbringen*** colocar una emision

Emissionsbank *f*, **en** banco *m* de emisión de valores

Emissionsgeschäft *n*, **e** operación *f* de emisión

Emissionsinstitut *n*, **e** → Emissionsbank

Emissionskurs *m*, **e** tipo *m* de emisión

Emissionssteuer *f*, **n** impuesto *m* sobre la emisión de títulos

Emittent *m*, **en** emisor *m*

emittieren 1. ***eine Anleihe ~*** emitir un empréstito; ***Aktien ~*** emitir acciones **2.** emitir (productos nocivos); polucionar

EMNID-Institut *n*, Ø (R.F.A.) instituto *m* de sondeo de la opinión pública; instituto *m* de investigaciones sociológicas

Empf. → Empfänger

Empfang *m*, ¨**e 1.** ***bei ~ Ihres Schreibens*** a la recepción, al recibo de su carta; ***nach dem ~ von*** después de recibir **2.** ***jdm. einen guten (schlechten) ~ bereiten*** deparar un buen, un mal recibimiento a alg. **3.** ***den ~ eines Betrags bescheinigen*** certificar el recibo de un importe **4.** ***den ~ eines Briefs, einer Ware bestätigen*** acusar el recibo de una carta, de una mercancía **5.** ***etw. in ~ nehmen*** recibir **6.** ***der ~ eines Gehaltes*** la percepción, el cobro de un sueldo **7.** ***einen ~ geben*** dar una recepción; dar un cóctel

empfangen 1. ***Betrag ~*** (erhalten) percibir, cobrar un importe **2.** (Gäste) recibir; acoger **3.** (TV, Radio) captar; sintonizar

Empfänger *m*, - **1.** destinatario *m*; ~ ***unbekannt*** destinatario desconocido; ~ ***verzogen*** el destinatorio **se** marchó sin dejar señas; ***dem ~ aushändigen*** entregar al destinatario **2.** (z.B. von Beihilfe) beneficiario *m*; perceptor *m*; ***der ~ der Unterstützung*** el perceptor, el beneficiario de una subvención **3.** (von Waren) consignatario *m* **4.** (Radio) receptor *m*

Empfängerabschnitt *m*, **e** talón *m*

Empfängeradresse *f*, **n** dirección *f* del destinatario

Empfängerland *n*, ¨**er** país *m* receptor; país *m* beneficiario
Empfangnahme *f*, Ø recepción *f*
Empfangsanlagen *pl* estructuras *pl* de acceso de pasajeros (aeropuerto)
Empfangsanzeige *f*, **n** → Empfangsbestätigung
empfangsberechtigt autorizado para recibir
Empfangsberechtigte(r) (der/ein) beneficiario *m*; destinatario *m*
Empfangsbescheinigung *f*, **en** → Empfangsbestätigung
Empfangsbestätigung *f*, **en** (acuse *m* de) recibo *m*; resguardo *m*; ***gegen*** ~ contra entrega de recibo; contra acuse de recibo; ***eine*** ~ ***ausstellen*** extender un (acuse de) recibo
Empfangsbevollmächtigte(r) (der/ein) persona *f* habilitada, autorizada para recibir
Empfangsbüro *n*, **s** recepción *f*
Empfangschef *m*, **s** recepcionista *m*; jefe *m* de recepción
Empfangsdame *f*, **n** (señorita) recepcionista *f*
Empfangsschein *m*, **e** resguardo *m*; recibo *m*
Empfangsstation *f*, **en** **1.** estación *f* de destino **2.** estación *f* receptora (de radio)
Empfangsstelle *f*, **n** **1.** lugar *m* de destino **2.** recepción *f*
empfehlen recomendar; ***einen Preis*** ~ recomendar un precio
Empfehlung *f*, **en** recomendación *f*; referencias *pl*; ***auf*** ~ ***von*** por recomendación de; ***mit den besten*** ~***en*** con muchos saludos, recuerdos de mi parte; permita expresarle mis mejores saludos; ***ausgezeichnete*** ~***en haben*** tener excelentes referencias
Empfehlungsbrief *m*, **e** → Empfehlungsschreiben
Empfehlungsschreiben *n*, - carta *f* de recomendación
empfohlen, ~***er Ladenpreis*** precio *m* venta al público (P.V.P.) aconsejado; precio *m* aconsejado al por menor; ~***er Preis*** precio sugerido *bzw.* recomendado
empirisch, ~**er Wert** valor m empírico
emporarbeiten, ***sich*** ~ ascender a fuerza de trabajo; hacer carrera; abrirse paso; ***sich zum Abteilungsleiter*** ~ ascender al puesto de jefe de servicio
emporkommen prosperar
Emporkömmling *m*, **e** arribista *m*; advenedizo *m*; nuevo rico *m*
emporschnellen dispararse (los precios)
emportreiben, ***die Preise*** ~ subir los precios
emsig **1.** (fleißig) laborioso; aplicado; estudioso **2.** (geschäftig) diligente; activo
en bloc en bloque; a tanto alzado
en gros, ~ ***verkaufen*** vender al por mayor
End of transmission (Inform.) fin *m* de la transmision
Endabnehmer *m*, - → Endverbraucher
Endabrechnung *f*, **en** saldo *m*; cuenta *f* final
Endanwender *m*, - usuario *m* final
Endbahnhof *m*, ¨**e** estación *f* terminal; estación *f* término (Syn. ***Zielbahnhof***)
Endbenutzer m, - → Endanwender
Endbestand *m*, ¨**e** **1.** activo *m* final **2.** stock *m* final
Endbetrag *m*, ¨**e** total *m*; montante *m*, importe *m* definitivo; suma *f* final
Ende *n*, Ø **1.** fin *m*; final *m*; término *m*; ***am*** ~ al final; después de todo; a lo mejor; finalmente; ***am*** ~ ***des Monats*** a fines, a últimos, a finales de mes **2.** (Abschluss) conclusión *f*; terminación *f*; ***eine Arbeit zu*** ~ ***bringen*** teminar, concluir un trabajo **3.** (Ausgang) desenlace *m* **4.** (Ergebnis) resultado *m* **5.** ***an allen Ecken und*** ~***n sparen*** ahorrar en todos los sentidos; (Fam.) ahorrar de chicha y nabo **6.** ***einer Sache ein*** ~ ***machen*** poner término a, dar fin a, acabar con u/c **7.** ***zu*** ~ ***gehen*** tocar a su fin; ir acabándose; ir agotándose; ir extinguiéndose **8.** ***am*** ~ ***sein*** estar rendido; (Unternehmen) estar para caer; estar al borde de la quiebra
enden **1.** (aufhören) cesar **2.** (Frist) vencer; caducar; expirar
Endergebnis *n*, **se** resultado *m* final
Enderzeugnis *n*, **se** → Endprodukt
Endfertigung *f*, **en** acabado *m*; última mano *f*; último toque *m*
Endgehalt *n*, ¨**er** sueldo *m* final; paga *f* de fin de carrera
Endgerät *n*, **e** (Inform.) → Datensichtgerät
endgültig, ~***er Nettoschaden*** (Seg.) pérdida *f* neta definitiva; (Angl.) net ultimate loss; ~***e Schadenshöhe*** (Seg.) cuantía *f* definitiva del siniestro
Endkunde *m*, **n** usuario *m* final
Endlagerung *f*, **en** almacenamiento *m* definitivo
Endlospapier *n*, Ø papel *m* continuo
Endmontage *f*, **n** montaje *m* *bzw.* ensamblaje *m* final
endogen, ***der Krise liegen*** ~***e Faktoren zu Grunde*** factores *pl* endógenos son la causa (*od.* el origen) de la crisis (Ggs. ***exogen***)

Endprodukt *n*, **e** producto *m* final
Endstation *f*, **en** estación *f* final; estación *f* término
Endstufe *f*, **n** fase *f*, estadio *m* final
Endsumme *f*, **n** → Endbetrag
Endurteil *n*, **e** sentencia *f* final, definitiva; (Urug.) sentencia *f* decisoria
Endverbraucher *m*, - consumidor *m* final
Endverbraucherpreis *m*, **e** (EVP) precio *m* a pagar por el consumidor final
Endverkauf *m*, **¨e** venta *f* al público
Endverkaufspreis *m*, **e** precio *m* venta al público (PVP)
Endwert *m*, **e** valor *m* final; valor *m* definitivo
Energie *f*, **n** energía *f*; fuerza *f*; potencia *f*; ***~ sparen*** ahorrar energía
Energieabgabe *f*, **n** emisión *f* de energía
energieabgebend exoenergético
Energieaufkommen *n*, Ø producción *f* energética
Energieaufwand *m*, Ø consumo *m* de energía; gastos *pl* en energía
Energieausschuss *m*, **¨sse** comisión *f* para la energía
Energiebedarf *m*, Ø demanda *f* de energía; demanda *f* energética; ***den ~ einschränken*** reducir la demanda (*od.* las necesidades) de energía
Energiebereich *m*, **e** sector *m* de la energía; sector *m* energético
energiebewusst, ***~es Verhalten*** conducta *f* encaminada al ahorro energético
Energiebewusstsein *n*, Ø sensibilización *f* en orden al ahorro energético
Energieeinheit *f*, **en** unidad *f* de energía
Energieeinsparungen *pl* ahorros *pl* de (*od.* en) energía
Energieerzeugung *f*, **en** producción *f* energética
Energiegewinnung *f*, **en** → Energieerzeugung
Energiehaushalt *m*, **e** presupuesto *m* energético
energieintensiv de gran consumo energético; de gran densidad (*od.* intensidad) energética
Energieknappheit *f*, Ø escasez *f* de energía
Energiekrise *f*, **n** crisis *f* energética
Energielücke *f*, **n** déficit *m* de energía; laguna *f* energética
Energiemenge *f*, **n** cantidad *f* de energía
Energie-Mix *m*, Ø energías *pl* combinadas; diferentes fuentes *pl* de energía
Energienachfrage *f*, **n** demanda *f* energética; demanda *f* de energía
Energiepolitik *f*, Ø política *f* energética
energiepolitisch, ***~e Maßnahmen*** medidas *pl* en materia de política energética
Energiepotenzial *n*, Ø potencial *m* energético
Energieproblem *n*, **e** problema *m* energético
Energiequelle *f*, **n** fuente *f* energética; fuente *f* de energía; ***neue ~n erschließen*** encontrar nuevas fuentes energéticas
Energiereserve *f*, **n** reserva *f* energética
Energieträger *m*, - elemento *m* energético; portador *m* de energía
Energieüberschuss *m*, **¨sse** exceso *m*, excedente *m*, superávit *m* energético
Energieverbrauch *m*, Ø consumo *m* de energía; gasto *m* de energía
Energieverschwendung *f*, **en** despilfarro *m*, derroche *m*, malgasto *m* de energía
Energieversorgung *f*, **en** suministro *m* de energía; abastecimiento *m* energético
Energievorrat *m*, **¨e** → Energiereserve
Energiewirtschaft *f*, Ø economía *f* energética; sector *m* económico de la energía
Energiezufuhr *f*, Ø aprovisionamiento *m*, aportación *f* de energía
Engineering *n*, Ø ingeniería *f*; concepción *f* y supervisión *f* de un proyecto
Engineering-Büro *n*, **s** oficina *f* de proyectos; oficina *f* de estudios
Engineering-Unternehmen *n*, - empresa *f* de ingeniería
Engpass *m*, **¨sse** estrangulamiento *m*; cuello *m* de botella; (Gal.) impasse *m*
Engroshandel *m*, Ø comercio *m* al por mayor
Engroshändler *m*, - (comerciante) mayorista *m*; comerciante *m* al por mayor; grosista *m* (Syn. ***Grossist***)
Engrospreis *m*, **e** precio *m* al por mayor
Engrossist *m*, **en** (A) → Engroshändler
Enquete *f*, **n** **1.** encuesta *f* oficial; examen *m* **2.** (A) sesión *f* de trabajo; seminario *m*
entamten suspender; destituir; (Fam.) poner a alg. en la puerta de la calle
Entamtung *f*, **(en)** suspensión *f*, destitución *f* de un funcionario
entäußern, ***sich einer Sache ~*** deshacerse, desprenderse de u/c
Entäußerung *f*, **en** cesión *f*; desposeimiento *m*; enajenación *f*; alienación *f*
entbehren **1.** echar de menos; echar en falta **2.** estar privado, desprovisto de; carecer de

3. ***nicht ~ können*** no poder prescindir de; no poder pasarse sin
entbehrlich innecesario; superfluo; inútil
Entbehrung *f*, **en** privación *f*
entbinden, ***von Pflichten ~*** relevar, eximir, dispensar de las obligaciones
entblocken desbloquear (*auch* Inform.)
entbürokratisieren desburocratizar; disminuir la burocracia
Entbürokratisierung *f*, **(en)** desburocratización *f*
Ente *f*, **n** (Fam.) camelo *m*; bola *f*; bulo *m*
enteignen expropiar; desposeer; ***das Großkapital ~*** nacionalizar el gran capital
Enteignung *f*, **en** expropiación *f*; desposeimiento *m*; ***~ im öffentlichen Interesse*** expropiación *f* declarada de utilidad pública
Enteignungsentschädigung *f*, **en** indemnización *f*, precio *m* de la expropiación
Enteignungsgegenstand *m*, **¨e** bien *m* expropiado
enterben desheredar; exheredar
Enterbte(r) (der/ein) desheredado *m*
Enterbung *f*, **en** desheredamiento *m*; desheredación *f*
entfallen 1. recaer (en); corresponder (a); ser atribuido (a) **2.** ***entfällt*** nada; ninguno (en un cuestionario) **3.** (wegfallen) suprimirse **4.** (nicht in Frage kommen) ser improcedente; no proceder **5.** olvidarse de
entfernen alejar; apartar; eliminar; ***aus dem Amt ~*** separar del cargo
Entfernung *f*, **en 1.** distancia *f*; ***in einer ~ von*** a una distancia de; ***aus einiger ~*** desde una cierta distancia; ***auf kurze, weite ~*** a corta, larga distancia **2.** ***~ aus dem Dienst*** suspensión *f*, separación *f* del servicio **3.** ausencia *f*
entflechten desconcentrar *f*; descentralizar; ***Kartelle ~*** descartelizar, disolver legalmente un cártel (Ggs. ***verflechten***)
Entflechtung *f*, **en** desconcentración *f*; descentralización *f*; desmantelamiento *m*; (Kartelle) disolución *f* legal de un cártel; descartelización *f*
entformatieren desformatear; eliminar el formato
Entfremdung *f*, **en** alienación *f*; enajenación *f*
entführen secuestrar; raptar
Entführer *m*, **-** secuestrador *m*; (eines Flugzeugs) pirata *m* aéreo; secuestrador *m* de avión
Entführung *f*, **en** secuestro *m*; rapto *m*
entgangener Gewinn lucro *m* cesante; pérdida *f* de beneficios
entgegengesetzt 1. opuesto; contrario; antagónico **2.** contradictorio **3.** ***genau, gerade ~*** diametralmente opuesto **4.** ***in ~er Richtung*** en sentido contrario; en sentido opuesto
entgegenkommen 1. ***jdm. preislich ~*** mostrarse complaciente en el precio; acordar una rebaja de precio; ***jdm. weit ~*** hacer a alg. considerables concesiones; (Corresp.) ***um Ihnen entgegenzukommen*** para complacerle(s) **2.** ***ein Fahrzeug kommt entgegen*** se acerca un vehículo en dirección opuesta
entgegenkommend complaciente; atento; servicial
Entgegennahme *f*, **n** aceptación *f*; recepción *f*; ***die ~ der Ware verweigern*** negarse a aceptar la mercancía
entgegennehmen aceptar; recibir **1.** ***eine Bestellung ~*** hacerse cargo, tomar un pedido **2.** ***Anweisungen ~*** recibir instrucciones **3.** ***Zahlungen ~*** recibir pagos **4.** (Teléf.) atender una llamada
entgegensehen, ***wir sehen Ihrem Auftrag entgegen*** esperamos su pedido; quedamos a la espera de su pedido
entgegensehend (Corresp.), ***Ihrer (baldigen) Antwort ~*** en espera de su (pronta) contestación
Entgelt *n*, **(e) 1.** compensación *f*; indemnización *f*; resarcimiento *m* **2.** retribución *f*; remuneración *f*; ***gegen ~*** a título oneroso; ***ohne ~*** a título gratuito; gratuitamente; gratis **3.** recompensa
entgelten 1. indemnizar; resarcir; compensar **2.** retribuir; remunerar **3.** expiar **4.** hacer pagar
entgeltlich a título oneroso; mediante pago (Ggs. ***unentgeltlich***)
entgiften descontaminar
enthalten 1. contener; comprender, incluir **2.** ***sich der Stimme ~*** abstenerse de votar
Enthaltung *f*, **en** abstención *f*
entheben, ***jdn. seines Amts ~*** relevar de sus funciones
Enthebung *f*, **en** relevo *m*; suspensión *f*; separación *f*
Enthumanisierung *f*, **Ø** deshumanización *f*
entindustrialisieren desindustrializar
Entindustrialisierung *f*, **Ø** desindustrialización *f*
entkartellisieren → entflechten
Entkartellisierung *f*, **en** → Entflechtung

entkoloni(ali)sieren descolonializar
Entkoloni(ali)sierung *f*, (**en**) descolonización *f*
entkräften 1. agotar; extenuar; consumir; acabar **2.** anular; invalidar; desvirtuar; infirmar
Entkräftung *f*, **en 1.** agotamiento *m*; extenuación *m*; achicamiento *m* **2.** anulación *f*; invalidación *f*
entladen, ***einen Lkw*** ~ descargar un camión
Entlader *m*, - descargador *m*
Entladung *f*, **en 1.** descarga *f* **2.** descargue *m* **3.** desembarque *m* (de mercancías)
entlassen 1. despedir; ***einen Arbeiter*** ~ despedir a un trabajador; ***jdn. fristlos*** ~ despedir sin preaviso; despedir fulminantemente; despedir en el acto **2. *einen Beamten*** ~ destituir a un funcionario; relevar, suspender de sus funciones **3. *einen Gefangenen*** ~ excarcelar; desencarcelar; poner en libertad **4. *einen Patienten*** ~ dar de alta **5. *einen Soldaten*** ~ licenciar a un soldado
Entlassung *f*, **en 1.** despido *m*; ***fristlose*** ~ despido sin preaviso; despido en el acto; despido fulminante; ~ ***mit vorheriger Kündigung*** despido con preaviso; ***kollektive*** ~ despido colectivo; ***ungerechtfertigte*** ~ despido injusto; ***seine ~ einreichen*** presentar su dimisión **2.** destitución *f*; relevo *m* (de un funcionario) **3.** excarcelación *f* (de un preso) **4.** alta *f* (de un paciente) **5.** licencia *f* (de un soldado)
Entlassungsabfindung *f*, **en** indemnización *f* por (*od.* de) despido
Entlassungsgesuch *n*, **e 1.** dimisión *f* **2.** petición *f* de libertad condicional
Entlassungsschein *m*, **e 1.** certificado *m* de alta (de un paciente) **2.** licencia *f* absoluta (de un militar)
Entlassungsschreiben *n*, - carta *f* de despido
entlasten 1. descargar; aliviar **2. *den Vorstand*** ~ aprobar la gestión de la junta directiva **3. *den Verkehr*** ~ descongestionar el tráfico **4. *von Pflichten*** ~ exonerar, eximir de obligaciones
Entlastung *f*, **en 1.** descarga *f*; alivio *m* **2. *dem Vorstand ~ erteilen*** aprobación *f* de la gestión de la junta directiva **3.** ~ ***des Verkehrs*** descongestión *f* del tráfico **4.** ~ ***von Pflichten*** exoneración *f*; exención *f*; liberación *f* **5.** (Jur.) descargo *m*
Entlastungsstraße *f*, **n** carretera *f*, vía *f* de descongestión
Entlastungszug *m*, **¨e** tren *m* suplementario; tren *m* de refuerzo
entledigen 1. *sich* ~ deshacerse, desprenderse (de) **2. *sich eines Auftrages*** ~ cumplir, ejecutar una orden
Entledigung *f*, Ø cumplimiento *m*; ejecución *f* (de una orden)
entlehnen tomar prestado; tomar
Entlehner *m*, - (A) → Entleiher
entleihen, ***Geld von jdm.*** ~ tomar dinero prestado de alg.
entleihend, ***~er Betrieb*** empresa *f* que emplea mano de obra prestada
Entleiher *m*, - prestatario *m*; comodotario *m*; (Fam.) pedigüeño *m*
Entleihung *f*, **en** comodato *m*; préstamo *m*
entlöhnen (CH) → entlohnen
entlohnen remunerar; retribuir; ***in Waren*** ~ pagar en especie
Entlohnung *f*, **en** remuneración *f*; retribución *f*; pago *m*; (Arg.) gaje *m*; ~ ***von Arbeitnehmern*** remuneración de la mano de obra; retribución de los asalariados (*od.* trabajadores)
entmündigen poner bajo tutela; (Jur.) incapacitar
entmündigt incapacitado; (Venez.) entredicho; ~ ***werden*** sufrir interdicción
Entmündigung *f*, **en** incapacitación *f*; (Jur.) interdicción *f* civil; ~ ***wegen Verschwendungssucht*** declaración *f* de prodigalidad
Entnahme *f*, **n 1.** toma *f*; ~ ***von Proben*** toma de pruebas **2.** ~ ***von Geld*** retirada *f* de fondos **3.** emisión *f*, libranza *f* (de un efecto)
entnationalisieren desnacionalizar; reprivatizar (Syn. ***reprivatisieren***)
entnehmen 1. *aus der Kasse* ~ tomar, sacar, retirar de (la) caja **2.** deducir, concluir de **3.** emitir, librar (un efecto)
entpolitisieren despolitizar
Entpolitisierung *f*, Ø despolitización *f*
entprivatisieren desprivatizar; nacionalizar
Entproletarisierung *f*, Ø desproletarización *f*; mejora *f* de las condiciones de vida de una población
entrichten pagar; abonar; hacer efectivo; ***eine Gebühr*** ~ pagar un derecho, abonar una tasa
Entrichtung *f*, **en** abono *m*; pago *m*
Entsalzungsanlage *f*, **n** planta *f* desalinizadora
entschädigen indemnizar; compensar; ***sich*** ~ desquitarse, resarcirse de

Entschädigung *f*, **en** indemnización *f*; resarcimiento *m*; compensación *f*; ***als ~ für*** como indemnización; a título indemnizatorio; ***eine ~ leisten, fordern, erhalten*** pagar, exigir, percibir una indemnización; ***~ in Geld*** compensación *bzw.* indemnización pecuniaria; ***doppelte ~ bei Unfalltod*** (Seg.) indemnización doble en caso de muerte por accidente; ***~ für Verdienstausfall*** indemnización por pérdida de beneficios; indemnización por lucro cesante; (Seg.) ***~en mit Strafcharakter*** indemnizaciones con carácter punible; daños *pl* punitivos; ***die Versicherer lehnen die ~ ab*** los aseguradores rechazan el pago de una indemnización

Entschädigungsanspruch *m*, **¨e** **1.** derecho *m* a indemnización **2.** reclamación *f* de indemnización **3.** indemnización *f*

Entschädigungsberechtigte(r) (der/ein) **1.** persona *f* a indemnizar **2.** reclamante *m* de indemnización

Entschädigungsbetrag *m*, **e** (importe *m* de la) indemnización *f*

Entschädigungsforderung *f*, **en** reclamación *f*, exigencia *f* de indemnización

Entschädigungsklage *f*, **n** acción *f* reclamatoria de daños y perjuicios

Entschädigungssumme *f*, **n** → Entschädigungsbetrag

entschärfen **1.** ***einen Konflikt ~*** quitarle hierro a un conflicto; aliviar un conflicto **2.** desactivar (una bomba)

Entscheid *m*, **e** (Jur.) decisión *f*; resolución *f*; fallo *m*; ***letztinstanzlicher ~*** fallo en última instancia

entscheiden **1.** ***auf Grund der Akten ~*** decidir, juzgar según actas (*od.* autos) **2.** ***sich für etw. ~*** decidirse a favor de u/c **3.** ***einen Streit ~*** zanjar un conflicto **4.** (wählen) optar por **5.** (Sport) desempatar

entscheidend decisivo; determinante; (Jur.) definitivo (Jur.); ***~ sein*** hacer jurisprudencia; ser decisorio

Entscheidung *f*, **en** **1.** ***ablehnende ~*** sentencia *f* denegatoria; ***amtliche ~*** decisión *f* administrativa (*od.* oficial); ***gerichtliche ~*** decisión *f* judicial; ***die ~ der Geschworenen*** veredicto *m*; ***schiedsgerichtliche ~*** laudo *m*; ***vorläufige ~*** decisión provisional **2.** ***eine ~ begründen, treffen*** fundamentar, adoptar una decisión; ***sich eine ~ vorbehalten*** reservarse la decisión

Entscheidungsbaum *m*, **(äe)** árbol *m* de decisiones

Entscheidungsbefugnis *f*, **se** poder *m* decisorio; poder *m* de decisión; competencia *f* para decidir

Entscheidungselement *n*, **e** elemento *m*, factor *m* de decisión

Entscheidungsforschung *f*, Ø investigación *f* operativa, operacional (Syn. ***Unternehmensforschung***)

Entscheidungshilfe *f*, **n**, ***eine ~ bringen*** ayudar a adoptar una decisión

entschließen, ***sich ~*** decidirse, resolverse a

Entschließung *f*, **en** resolución *f* (parlamentaria)

Entschluss *m*, **¨sse** decisión *f*; resolución *f*; ***einen ~ fassen*** tomar, adoptar una resolución

entschlüsseln descifrar; (Inform.) de(s)-codificar

Entschlüsselung *f*, **en** desciframiento *m*; (Inform.) de(s)codificación *f*

Entschlüsselungsgerät *n*, **e** (Inform.) de(s)-codificador *m*

entschulden liquidar deudas; desendeudarse

entschuldigen, ***sich ~*** disculparse; exculparse; pedir perdón; ***~ Sie bitte die Verzögerung*** perdóneme el retraso; ***ich möchte mich ~ für*** permíta(n)me disculparme por; ***wir bitten, diesen Irrtum zu ~*** sírva(n)se aceptar nuestras disculpas por tal equivocación; ***wir bitten Sie, den Lieferverzug zu ~*** rogamos nos disculpe(n) el retraso en el suministro

Entschuldigungsschreiben *m*, - carta *f* de disculpa; carta *f* de excusa

Entschuldung *f*, **en** liquidación *f* de deudas; desendeudamiento *m*

entsenden enviar; delegar; ***einen Delegierten zu einer Versammlung ~*** enviar un delegado a una asamblea; delegar a alg. a una asamblea

entsorgen eliminar, evacuar los desechos radiactivos; ***ein Kraftwerk ~*** quitar, eliminar los residuos radiactivos de una central nuclear

Entsorgung *f*, **en** eliminación *f*; evacuación *f* de desechos radiactivos; ***~ mit Wiederaufbereitung*** eliminación y reprocesamiento (de desechos radiactivos)

Entsorgungsanlage *f*, **n** planta *f* de tratamiento de desechos nucleares

Entsorgungsunternehmen *n*, - empresa *f* especializada en la recogida y eliminación de desechos nucleares

Entsorgungszentr|um *n*, **-en** → Entsorgungsanlage

entsprechen corresponder a; ser conforme a; ***die Ware entspricht nicht dem Muster*** la mercancía no (se) corresponde con la muestra
entsprechend 1. conforme a; según; ~ ***unserer Bestellung*** según nuestro pedido; ***jdn. seinen Leistungen ~ bezahlen*** retribuir a alg. según su trabajo **2.** ***die ~en Mengen*** las cantidades respectivas
entstaatlichen desnacionalizar
Entstaatlichung *f*, **en** desnacionalización *f*
entstädtern desurbanizar
Entstädterung *f*, **en** desurbanización *f*
entstanden, ***der Anspruch auf Versicherungsleistung ist ~ am*** el derecho a percibir prestación de seguro tiene su origen en; ***jdm. ~e Kosten*** costes en los que alguien ha incurrido; costes que se le han originado a alguien; ***die daraus ~en Kosten*** los gastos ocasionados por; ***ein Schaden ist ~*** ha ocurrido un daño *bzw.* siniestro; ***er ist für den ~en Schaden verantwortlich*** es responsable del daño ocasionado; ***eine Verpflichtung ist ~*** ha nacido una obligación; ***die Verzögerung ist ~ durch*** el retraso se debe a
entstehen surgir, originarse, formarse; resultar; ***es ~ für Sie zusätzliche Kosten*** le surgen a usted gastos suplementarios
Entstehen, ***im ~ begriffen*** en proceso, en fase de formación
Entstehung *f*, **en** origen *m*; formación *f*
entstören desparasitar; eliminar perturbaciones
Entstörungsstelle *f*, **n** (Teléf.) servicio *m* de averías
entvölkern despoblar
Entvölkerung *f*, **en** despoblación *f*
entwalden desforestar; despoblar árboles
Entwaldung *f*, Ø desforestación *f*; desmonte *m*
entwarnen dar la señal de fin de alarma; bajar la guardia
Entwarnung *f*, **en** fin *m*, cese *m* de la alarma
entwässern 1. drenar; desaguar; avenar; agotar **2.** desecar (un pantano) **3.** derivar el agua; desaguar **4.** deshidratar
Entwässerung *f*, **en 1.** drenaje *m*; desagüe *m*; avenamiento *m*; agotamiento *m* **2.** desecado *m* (de un pantano) **3.** extracción *f* del agua **4.** deshidratación *f*
Entwässerungsanlage *f*, **n** instalación *f*, sistema *m*, obras *pl* de drenaje
entwenden hurtar; sustraer; robar; quitar; ***Geld aus der Kasse ~*** sustraer dinero (*od.* fondos) de la caja
Entwendung *f*, **en** robo *m*; sustracción *f*; hurto *m*
entwerfen 1. ***ein Projekt ~*** concebir un proyecto **2.** ***einen Plan ~*** trazar, idear un plan **3.** ***Muster ~*** diseñar modelos **4.** ***eine Konstruktion ~*** delinear, planear una construcción (*od.* obra) **5.** ***einen Vertrag ~*** formular un contrato **6.** ***schriftlich ~*** redactar por escrito; hacer un borrador de **7.** (flüchtig) esbozar; bosquejar
entwerten 1. depreciar; desvalorizar; desvalorar (dinero) **2.** obliterar; matasellar; inutilizar (timbres) **3.** fechar (el billete)
Entwerter *m*, - cancelador *m*; fechador *m*; ***die Fahrkarte in den ~ stecken*** fechar el billete; (Fam.) picar el billete
Entwertung *f*, **en 1.** depreciación *f*; desvalorización *f*; desvaloración *f* **2.** obliteración *f*; inutilización *f* **3.** matasellado *m* (de un billete); (Fam.) picado *m* de un billete
Entwertungsstempel *m*, - matasellos *m* (de timbres); obliterador *m*
entwickeln 1. ***ein Verfahren ~*** concebir, desarrolar un procedimiento **2.** ***sich ~ zu*** evolucionar hacia; transformarse en; ***sich zum größten Exportland ~*** pasar a ser, convertirse en el mayor país exportador
Entwicklung *f*, **en** desarrollo *m*; evolución *f*; desenvolvimiento *m*; ***noch in der ~*** todavía en fase de desarrollo; ***finanzielle ~*** evolución *f* financiera; ***rückläufige ~*** retroceso *m*; regresión *f*; involución *f*
Entwicklungsabteilung *f*, **en** departamento *m*, sección *f* de estudios
Entwicklungsdienst *m*, **e** (R.F.A.) organismo *m* federal encargado de la ayuda al tercer mundo
entwicklungsfähig desarrollable; susceptible, capaz de desarrollo; evolutivo; ***~er Wirtschaftssektor*** sector *m* económico susceptible de ser desarrollado; sector *m* económico evolutivo
Entwicklungsfonds *m*, - fondo *m* de desarrollo
Entwicklungsgebiet *n*, **e** región *f* subdesarrollada; región *f* en vías de desarrollo
Entwicklungshelfer *m*, - cooperante *m* (voluntario)
Entwicklungshilfe *f*, **n** ayuda *f* a los países del tercer mundo; ayuda *f* al desarrollo
Entwicklungskosten *pl* costes *pl* de desarrollo

Entwicklungsland *n*, **¨er** país *m* en (vías) de desarrollo; país *m* menos desarrollado (PMD)(Ggs. ***hoch industrialisiertes Land***)

Entwicklungsmöglichkeit *f*, **en** posibilidad *f* de desarrollo (*od.* de evolución)

Entwicklungspolitik *f*, Ø política *f* de desarrollo; política *f* desarrollista

Entwicklungsstand *m*, Ø grado *m* de evolución; fase *f*, estadio *m* de desarrollo

Entwicklungsstufe *f*, **n** → Entwicklungsstand

Entwicklungstempo *n*, Ø ritmo *m* de desarrollo

Entwurf *m*, **¨e 1.** (Konzept) borrador *m* **2.** (Skizze) esbozo *m*; boceto *m* **3.** (Modell) modelo *m* **4.** (Plan) plano *m*; (Projekt) plan *m*; proyecto *m* **5.** (Zeichnung) diseño *m*; dibujo *m*; trazado *m*; ***abgeänderter ~*** proyecto enmendado; ***endgültiger ~*** proyecto definitivo; ***einen ~ anfertigen*** elaborar un proyecto; ***im ~ sein*** estar en planeamiento

Entwurfsbüro *n*, **s** → Entwicklungsabteilung

Entwurfszeichner *m*, **-** delineante *m* proyectista

Entzerrung *f*, **en 1.** ***~ der Abflüge*** espaciamiento *m* de los vuelos **2.** ***~ des Ferienbeginns*** escalonamiento *m* de las vacaciones

entziehen 1. ***den Führerschein ~*** retirar el permiso de conducir; ***die Prokura (Vollmacht) ~*** revocar, retirar el poder; ***die Unterschrift ~*** retirar la firma **2.** ***jdm. ein Amt ~*** destituir a alg. del cargo **3.** ***sich einer Pflicht ~*** eludir una obligación

Entziehung *f*, **en** retirada *f*; privación *f*

entzifferbar descifrable

entziffern descifrar; de(s)codificar

Entzifferung *f*, **en** desciframiento *m*; de(s)codificación *f*

Entzug *m*, **¨e** retirada *f*; privación *f*

EP (Europäisches Parlament) → europäisch

Equipage *f*, **n 1.** carruaje *m* de lujo; carroza *f* **2.** tripulación *f*, dotación *f* de un navío o avión **3.** séquito *m*; comitiva *f*; acompañamiento *m* **4.** indumentaria *f*; equipo *m*

Equity-Methode *f*, **n** (Contab.) **1.** método *m* de participación **2.** método *m* de puesta en equivalencia

Erachten *n*, Ø, ***meines ~s*** (Abk. *m.E.*) en mi opinión; a mi juicio; a mi parecer; a mi modo de ver; a mi entender

erarbeiten 1. conseguir trabajando **2.** adquirir (conocimientos) **3.** elaborar; poner a punto

Erbanfall *m*, Ø delación *f* de la herencia (*od.* sucesión)

Erbanspruch *m*, **¨e** derecho *m* sucesorio; derecho *m* hereditario

Erbanteil *m*, **e** parte *f* sucesoria; participación *f* hereditaria

erbanteilberechtigt con derecho a participación sucesoria (*od.* hereditaria)

Erbantritt *m*, Ø adición *f* de la herencia

Erbauseinandersetzung *f*, **en** liquidación *f* de la herencia

erbberechtigt con derecho hereditario; con derecho sucesorio

Erbberechtigte(r) (der/ein) heredero *m*; titular *m* de un derecho sucesorio

Erbberechtigung *f*, **en** derecho *m* a la herencia; derecho *m* a la sucesión

Erbe *m*, **n** heredero *m*; sucesor *m*; (CH) asignatario *m*; ***alleiniger ~*** heredero universal; ***benannter ~*** heredero instituido; ***als ~ berufen sein*** ser llamado como heredero; ***eingesetzter ~*** heredero instituido; ***ernannter ~*** heredero instituido; ***gesetzlicher***, ***mutmaßlicher***, ***testamentarischer ~*** heredero legítimo, presunto, testamentario; ***jdn. als ~n einsetzen*** instituir, constituir a alg. heredero

Erbe *n*, Ø → Erbschaft

erbeingesessen, ***~er Grundbesitzer*** propietario *m* hereditario de bienes raíces

Erbeinsetzung *f*, **en** institución *f* de heredero; ***~ zum Alleinerben*** institución como heredero universal

erben heredar; ***von jdm. etw. ~*** heredar u/c de alg.; ***jds. ganzes Vermögen ~*** suceder a alg. en todos sus bienes; heredar todos los bienes de alg.

Erbengemeinschaft *f*, **en** comunidad *f* sucesoria; comunidad *f* de herederos; comunidad *f* hereditaria

Erbenhaftung *f*, Ø responsabilidad *f* sucesoria

erbfähig sucesible, capaz de heredar; hábil para suceder

Erbfähigkeit *f*, **en** sucesibilidad *f*; capacidad *f* sucesoria

Erbfall *m*, **¨e 1.** muerte *f* del causante **2.** caso *m* de sucesión **3.** hecho *m* sucesorio

Erbfolge *f*, **n** orden *m* de sucesión; orden *m* hereditario; sucesión *f*; herencia *f*; ***~ in gerader Linie*** sucesión lineal; sucesión en línea directa; ***gesetzliche ~*** sucesión intestada; sucesión ab intestato; ***testamentarische*** ~ sucesión testamentaria; sucesión testada; ***testamentslose*** ~ sucesión intestada

Erbgang *m*, Ø transmisión *f* hereditaria

Erbgut *n*, ¨**er** patrimonio *m*; bien *m* relicto

Erbhof *m*, **e** heredad *f* no enajenable

erbieten, ***sich*** ~ ofrecerse a (*od.* para)

Erbin *f*, **nen** heredera *f*; sucesora *f*

erbitten pedir; solicitar

Erblasser *m*, - testador *m*; (Jur.) causante *m*

erblich heredable; sucesible; hereditario; ***~er Titel*** título *m* hereditario

Erblichkeit *f*, Ø heredabilidad *f*; carácter *m* hereditario

Erbmasse *f*, **n** masa *f* de bienes hereditarios; herencia *f*, acervo *m* hereditario; caudales *pl* de la herencia

Erbonkel *m*, - tío *m* rico; (Fam.) tío *m* de América

Erbpacht *f*, **en** enfiteusis *f*; censo *m* enfitéutico

Erbpächter *m*, - enfiteuta *m*

Erbrecht *n*, **e** derecho *m* sucesorio

erbringen aportar; producir; rendir; rentar; ***den Beweis*** ~ aducir una prueba; ***eine Leistung*** ~ efectuar una prestación

Erbringer *m*, - ~ ***von Dienstleistungen*** prestador *m* de servicios

Erbschaft *f*, **en** herencia *f*; ***eine*** ~ ***antreten***, ***ausschlagen***, ***machen*** adir, repudiar, hacer una herencia

Erbschafts- und Schenkungssteuer *f*, **n** impuesto *m* sobre sucesiones y donaciones (ISD)

Erbschaftsannahme *f*, **n** aceptación *f* de la herencia

Erbschaftsanspruch *m*, ¨**e** **1.** título *m* sucesorio **2.** pretensión *f* sucesoria

Erbschaftsausschlagung *f*, **e** repudiación *f* de la herencia

Erbschaftsgericht *n*, **e** tribunal *m* de sucesiones

Erbschaftssache *f*, **n** causa *f* sucesoria

Erbschaftssteuer *f*, **n** impuesto *m* sobre sucesiones; impuesto *m* sucesorio

Erbschaftsverzicht *m*, Ø → Erbverzicht

Erbschein *m*, **e** certificado *m* de heredero

Erbschleicher *m*, - heredípeta *m*; captador *m* de herencias

Erbschleicherei *f*, **en** captación *f* de herencias

Erbstück *n*, **e** **1.** pieza *f* heredada; objeto *m* heredado **2.** mueble *m* de familia

Erbtante *f*, **n** tía *f* rica; (Fam.) tía *f* de América

Erbteil *n*, **e** cuota *f* hereditaria; hijuela *f*; ***elterliches*** ~ patrimonio *m*

Erbteilung *f*, **en** partición *f* de la herencia

erbunfähig incapaz de heredar

Erbunfähigkeit *f*,Ø incapacidad *f* sucesoria; incapacidad *f* de suceder

erbunwürdig indigno de suceder

Erbunwürdigkeit *f*,Ø indignidad *f* sucesoria

Erbvergleich *m*, **e** arreglo *m*, composición *f* entre herederos

Erbvermächtnis *n*, **se** legado *m* universal

Erbverpächter *m*, - censualista *m*

Erbvertrag *m*, ¨**e** contrato *m*, pacto *m* sucesorio

Erbverzicht *m*, Ø renuncia *f* a la herencia

Erbzins *m*, **en** censo *m* enfitéutico

Erdarbeiten *pl* obras *pl* de excavación; movimientos *pl* de tierras

Erdarbeiter *m*, - terraplenador *m*

Erdbeben *n*, - seísmo *m*; sismo *m*; terremoto *m*; temblor *m* de tierra

Erdbebendeckung *f*, **en** (Seg.) cobertura *f* de terremoto

Erdbebengebiet *n*, **e** zona *f* sísmica

Erdbebengefährdung *f*, **en** exposición *f* sísmica; sismicidad *f*; exposición *f* a terremoto

Erdbebenhaftung *f*, **en** (Seg.) responsabilidad *f* por terremoto

Erdbebenherd *m*, **e** foco *m* sísmico

Erdbebenmesser *m*, - sismógrafo *m*

erdbebensicher asísmico; antisísmico; ***~e Gebäude*** edificios *pl* a prueba de terremoto

Erdbebenzonen *pl* (Seg.) zonas *pl* sísmicas

Erdbewegung *f*, **en** (trabajos *pl* de) movimiento *m* de tierras

Erde *f*,(**n**) tierra *f*, mundo *m*; suelo *m*; terreno *m*; ***über der*** ~ por encima del suelo; ***unter der*** ~ por debajo del suelo; subterráneo

Erdgas *n*, Ø gas *m* natural

Erdgasbeförderung *f*, Ø explotación *f* de gas natural

Erdgasleitung *f*, **en** gasoducto *m*

Erdgasversorgung *f*, **en** aprovisionamiento *m*, suministro *m* de gas natural

Erdgasvorkommen *n*, - yacimiento *m* de gas natural

Erdöl *n*, Ø petróleo *m*

Erdöl exportierend exportador *m* de petróleo; ***die ~en Staaten*** países *pl* exportadores de petróleo

Erdölbedarf *m*, Ø necesidades *pl*, demanda *f* de petróleo
Erdölbohrung *f*, **en** prospección *f*, sondeo *m* petrolífero
Erdölchemie *f*, Ø petroquímica *f*
Erdölerzeuger *m*, - (país *m*) productor *m* de petróleo
Erdölerzeugnis *n*, **se** producto *m* petrolífico; producto *m* del petróleo
Erdölfeld *n*, **er** campo *m* petrolífero
Erdölförderländer *pl* países *pl* productores de petróleo
Erdölförderung *f*, **en** producción *f* de petróleo
Erdölgebiet *n*, **e** región *f* petrolífera
Erdölgesellschaft *f*, **en** compañía *f* petrolera
Erdölgewinnung *f*, **en** → Erdölförderung
erdölhaltig petrolífero
Erdölindustrie *f*, **n** industria *f* petrolífera; industria *f* del petróleo; industria *f* petrolera; industria *f* petroquímica
Erdölkrise *f*, **n** crisis *f* del petróleo
Erdölleitung *f*, **en** oleoducto *m*; (Angl.) pipeline *m*
Erdöllieferung *f*, **en** suministro *m* de petróleo; abastecimiento *m* de petróleo
Erdölpreis *m*, **e** precio *m* del petróleo
Erdölprodukt *n*, **e** → Erdölerzeugnis
Erdölproduzent *m*, **en** → Erdölerzeuger
erdölproduzierend productor de petróleo
Erdölraffinerie *f*, **n** refinería *f* de petróleo
Erdölreichtum *m*, Ø riqueza *f* petrolera; riqueza *f* en petróleo; grandes yacimientos *pl* de petróleo
Erdölverarbeitung *f*, **en** transformación *f* del petróleo
Erdölvorkommen *n*, - yacimiento *m* de petróleo; yacimiento *m* petrolífero
ERE (Europäische Rechnungseinheit) → europäisch
Ereignisse *pl* (Seg.) eventos *pl* (dañosos); ***unvorhergesehene*** ~ eventos imprevistos
ererben, ***etw. von jdm.*** ~ heredar u/c de alg.
erfahren, ~ ***sein in etw.*** ser versado, experimentado en u/c
Erfahrung *f*, **en** experiencia *f*; práctica *f*; ***viel ~ auf einem Gebiet haben*** tener una gran experiencia en un campo
Erfahrungsaustausch *m*, Ø intercambio *m* de experiencias
erfassbar, ***statistisch*** ~ consignable, registrable estadísticamente; ***steuerlich nicht*** ~ que escapa, que se sustrae a los impuestos
erfassen asir; coger; comprender; captar; (buchmäßig) ~ contabilizar; (karteimäßig) ~ catalogar; (statistisch) ~ registrar
Erfassung *f*, **en** registro *m*; contabilización *f*; ***steuerliche*** ~ imposición *f*
erfinden inventar; crear; descubrir
Erfinder *m*, - inventor *m*; descubridor *m*; creador *m*; ***der Anmelder des Patents ist der wirkliche und erste*** ~ el depositante de la solicitud de patente es el verdadero primer inventor
Erfindung *f*, **en** invención *f*; descubrimiento *m*; ***patentfähige, patentierte*** ~ invención patentable, patentada
Erfindungspatent *n*, **e** patente *f* de invención
Erfolg *m*, **e** **1.** ~ ***haben*** tener éxito, triunfar **2.** resultado *m*; consecuencia *f* **3.** efecto *m*
erfolgen tener lugar; efectuarse; producirse; realizarse; suceder; ***Zahlung erfolgt bei Lieferung*** el pago se efectuará a la entrega; pago simultáneo a la entrega
erfolglos infructuoso; en vano; ineficaz
erfolgreich con éxito; coronado por el éxito; (LA) exitoso; ***eine ~e Laufbahn*** una carrera brillante
Erfolgsaussichten *pl* perspectivas *pl* de éxito
Erfolgsbeteiligung *f*, **en** participación *f* en los beneficios
Erfolgsbilanz *f*, **en** cuenta *f* final de resultados; cuenta *f* de pérdidas y beneficios
Erfolgsbuch *n*, **¨er** libro *m* de gran venta; (libro *m*) superventa *m*
Erfolgschance *f*, **n** → Erfolgsaussichten
Erfolgsfilm *m*, **e** película *f* taquillera
Erfolgshonorar *n*, **e** honorario *m* calculado a prorrata del resultado; cuota *f* litis; quota *f* litis
Erfolgskont|o *n*, **-en** cuenta *f* de resultados; cuenta *f* de explotación
Erfolgskurs m, Ø, ***auf ~ sein*** tener el viento en popa
Erfolgsprämie *f*, **n** prima *f* por el éxito (*od.* resultado) obtenido
Erfolgsrechnung *f*,**en** cuenta *f* de resultados
Erfolgsschlager *m*, - gran éxito *m* de venta; superventa *m*; (Angl.) best seller *m*
erfolgsversprechend prometedor
erforderlich necesario; preciso; ***falls*** ~ si es (*od.* fuera) necesario; si hace (*od.* hiciera) falta; ***unbedingt*** ~ indispensable; de todo punto necesario; ***~e Anzahl*** quórum *m*; número *m* requerido; ***die ~e Zeit*** el tiempo requerido

erfordern exigir; demandar; requerir; reclamar; ***Arbeit, Kosten*** ~ suponer, trabajo, costes

Erfordernis *n*, **se** exigencia *f*; necesidad *f*; requisito *m; ~se* imperativos *pl*; requisitos *pl*; ***den ~en entsprechen, gerecht werden*** satisfacer las exigencias

erforschen examinar a fondo; indagar; explorar; investigar; estudiar

Erforschung *f*, **en** investigación *f*; estudio *m* (a fondo); exploración *f*; indagación *f*; ~ ***der öffentlichen Meinung*** sondeo *m* de opinión

erfragen, ***zu ~ bei Herrn X*** dirigirse al señor X; póngase en contacto con el señor X; el señor X le dará razón

Erfrischungsgetränk *n*, **e** refresco *m*; bebida *f* refrescante

Erfrischungsraum *m*, **¨e** bar *m*; cantina *f*

Erfrischungstuch *n*, **¨er** toallita *f* refrescante

erfüllen, ***seine Aufgabe*** ~ desempeñar su tarea; ***einen Auftrag*** ~ ejecutar un pedido; ***die Bedingungen*** ~ cumplir (con) las condiciones; ***eine Bitte*** ~ acceder, corresponder a un ruego (*od.* a una solicitud); ***die Erwartungen*** ~ satisfacer las expectativas; ***Pflicht, Versprechen Vertrag*** ~ cumplir el deber, lo prometido, el contrato; ***seinen Zweck*** ~ cumplir su función; ***sich*** ~ realizarse; cumplirse

Erfüllung *f*, **en** ejecución *f*; desempeño *m*; cumplimiento *m*; desempeño *m* **1.** ***in ~ seiner Pflichten*** en el ejercicio de sus funciones **2.** pago *m*

Erfüllungsgehilfe *m*, **n** auxiliar *m* ejecutivo

Erfüllungsklage *f*, **n** acción *f* de cumplimiento

Erfüllungsort *m*, **e 1.** lugar *m* de cumplimiento (de una prestación *od.* obligación) **2.** lugar *m* de pago

Erfüllungstag *m*, **e 1.** fecha *f* de liquidación **2.** fecha *f* de vencimiento

ergänzen completar; añadir; ***das Lager*** ~ completar las existencias; ***sich gegenseitig*** ~ completarse, complementarse mutuamente; ***sich ~ zu*** ser el complemento de

ergänzend complementario; suplementario; adicional

Ergänzungs- (Pref.) complementario; suplementario; adicional

Ergänzungsabgabe *f*, **n** → Ergänzungssteuer

Ergänzungsgebühr *f*, **en** tasa *f* complementaria

Ergänzungskredit *m*, **e** crédito *m* complementario (*od.* adicional)

Ergänzungsladung *f*, **en** carga *f* adicional

Ergänzungsspeicher *m*, - memoria *f* auxiliar

Ergänzungssteuer *f*, **n** impuesto *m* suplementario

ergattern (Fam.) procurarse; obtener con habilidad; ***einen Auftrag*** ~ cazar, pescar, birlar un pedido

ergaunern (Fam.) obtener con engaño; estafar; timar

ergeben dar (por resultado); arrojar; resultar; ascender a; ***es ergibt sich ein Fehlbetrag von*** resulta un déficit de

Ergebnis *n*, **se 1.** resultado *m; **zu einem ~ kommen*** llegar a un resultado **2.** (Folge) consecuencia *f* **3.** (Wirkung) efecto *m* **4.** fruto *m*; producto *m* **5.** (Seg.) ***versicherungstechnisches*** ~ resultado técnico (del seguro)

Ergebnisbeteiligung *f*, **en** participación *f* en los beneficios de la empresa

Ergebniskarte *f*, **n** (Inform.) tarjeta *f* resultado

ergebnislos sin resultado; infructuoso

Ergebnisrechnung *f*, **en** cuenta *f* de resultados

ergiebig productivo; lucrativo; abundante

Ergiebigkeit *f*, Ø productividad *f*; rendimiento *m*; abundancia *f*

Ergonometrie *f*, Ø ergonometría *f*

Ergonomie *f*, Ø ergonomía *f* (organización del trabajo en función de la adaptación del hombre a sus condiciones de trabajo y al fin planteado)

Ergonomik *f*, Ø → Ergonomie

ergonomisch ergonómico

ergreifen 1. ***einen Beruf*** ~ abrazar, seguir una profesión; entrar en un oficio **2.** ***Besitz*** ~ tomar posesión de **3.** ***die Gelegenheit*** ~ aprovechar la oportunidad **4.** ***Maßnahmen*** ~ tomar, adoptar medidas **5.** ***einen Verbrecher*** ~ aprehender, captar a un delincuente **6.** (Arg) agarrar

Erhalt *m*, Ø recibo *m*; recepción *f*; ***bei ~ Ihres Schreibens*** al recibo de su carta; ***den ~ einer Ware bestätigen*** acusar recibo de una mercancía

erhalten 1. percibir; recibir; obtener; ***Betrag*** (***dankend***) ~ recibí; recibimos; agradecemos el envío del importe; ***das Gehalt*** ~ percibir, cobrar el sueldo; ***Stimmen*** ~ reunir, conseguir, lograr votos **2.** mantener; conservar **3.** ***sich*** ~ mantenerse; conservarse **4.** ***gut*** ~ bien conservado; ***sehr gut*** ~ en perfecto estado; ***schlecht*** ~ en malas condiciones

erhältlich, ~ ***in, bei*** en venta en; se puede obtener; ***nur im Fachgeschäft*** ~ en venta únicamente en tiendas del ramo; ***Auskünfte sind*** ~ ***bei*** (le) informarán en; (le) darán razón en; para informarse sírvase dirigirse a

Erhaltung *f*, **en** mantenimiento *m*; conservación *f*

Erhaltungskosten *pl* costes *pl* de mantenimiento

erhandeln 1. comprar, adquirir (regateando) **2.** regatear

erheben 1. ***Steuern*** ~ recaudar impuestos **2.** ***Anspruch*** ~ reclamar; ***Einwände*** ~ hacer objeciones a; ***Klage*** ~ promover, ejercitar, presentar una demanda; ***Protest*** (***Einspruch***) ~ formular, presentar protesta **3.** ***es erhebt sich eine Frage, ein Problem*** se plantea, surge una cuestión, un problema; **4.** ***sich*** ~ ***gegen*** rebelarse, sublevarse contra

Erhebung *f*, **en 1.** ~ ***von Steuern*** recaudación *f*, cobro *m* de impuestos **2.** ***statistische ~en machen*** censar; llevar a cabo recolección de datos estadísticos **3.** encuesta *f* **4.** edificación *f* **5.** levantamiento *m*; sublevación *f*

Erhebungsbogen *m*, ¨ formulario *m* de encuesta; boletín *m* de recuento

erheiraten adquirir por matrimonio

erhöhen, ***auf 5%*** ~ elevar, aumentar, subir, incrementar a(l) cinco por ciento; ***um 10%*** ~ elevar, aumentar subir, incrementar en (el) 10%; ***die Preise, die Gehälter*** ~ elevar, aumentar, subir, incrementar los precios, los salarios

Erhöhung *f*, **en** aumento *m*; incremento *m*; subida *f*; elevación *f*; ~ ***des Geldumlaufs*** aumento de la masa monetaria en circulación; ~ ***der Steuern*** aumento, subida, incremento, elevación de los impuestos

erholen 1. ***sich*** ~ descansar; recrearse; recobrar fuerzas (después del trabajo) **2.** ***die Börsenkurse, die Preise*** ~ ***sich*** se recuperan los cambios bursátiles, de los precios; se nota una recuperación de las cotizaciones bursátiles, de los precios; ***die Konjunktur, die Wirtschaft erholt sich*** se restablece, se recupera, mejora la coyuntura, la economía; ***sich von Verlusten*** ~ resarcirse, rehacerse de las pérdidas

Erholung *f*, **en 1.** recuperación *f* **2.** descanso *m*; reposo *m*; recreo *m*

erholungsbedürftig necesitado de reposo

Erholungsgebiet *n*, **e** zona *f* recreativa

Erholungsheim *n*, **e** sanatorio *m*; casa *f* de reposo; casa *f* de salud

Erholungskur *f*, **en** cura *f* de reposo

Erholungspause *f*, **n** descanso *m*

Erholungsreise *f*, **n** viaje *m* de recreo

Erholungssuchende(r) (der/ein) turista *m*; veraneante *m bzw.* invernante *m*; persona *f* de vacaciones

Erholungsurlaub *m*, **e 1.** vacaciones *pl* anuales **2.** vacaciones *pl* de convalecencia, de reposo

Erholungszeit *f*, **en** tiempo *m* de recuperación; tiempo *m* de descanso

erinnern, ***jdn. an eine fällige Zahlung*** ~ recordar a alg. el vencimiento de un pago

Erinnerung *f*, **en 1.** memoria *f*; recuerdo *m* **2.** (Mahnung) recordatorio *m*

Erinnerungsposten *m*, - (Contab.) partida *f* de memoria

Erinnerungsschreiben *n*, - carta *f* recordatoria; carta *f* de insistencia

Erinnerungswerbung *f*, **en** publicidad *f* de recuerdo; publicidad *f* de apoyo

Erinnerungswert *m*, **e** (Contab.) valor *m* residual; valor *m* para memoria

erkämpfen obtener, conseguir, lograr luchando; ***bessere Tarifverträge*** ~ conseguir mediante lucha mejores convenios colectivos

erkaufen adquirir, comprar caro; pagar caro; ***sich die Gunst der Wähler*** ~ conseguir con artimañas el favor de los electores

erkennen reconocer; localizar; detectar

erklären, ***Konkurs*** ~ declarar la quiebra; ***etw. für nichtig*** ~ anular u/c; ***seinen Rücktritt*** ~ declarar su dimisión; ***sich solidarisch*** ~ declararse solidario; ***sich für nicht zuständig*** ~ declararse incompetente; ***sich für zahlungsunfähig*** ~ declararse insolvente

Erklärung *f*, **en** declaración *f*; explicación *f*; exposición *f*; interpretación *f*; ***durch mündliche*** ~ por declaración verbal; ***standesamtliche*** ~ declaración de estado civil; ***urkundliche*** ~ declaración por acta, por escritura (notarial)

erkranken caer, ponerse enfermo; enfermar de

erkrankt, ~ ***sein*** estar enfermo; estar aquejado (de)

Erkrankung *f*, **en** enfermedad *f*; dolencia *f*

Erkrankungsfall *m*, **¨e** ***im*** ~ en caso de enfermedad

erkundigen, ***sich*** ~ informarse de (*od.* sobre); preguntar por

Erkundigung *f*, **en** información *f*; informe *m*; ***über jdn. ~en einziehen*** recoger información, informes sobre alg.

Erkundigungsschreiben *n*, **-** carta *f*, escrito *m* para pedir informes

Erlass *m*, **¨sse** **1.** exención *f*, dispensa *f* **2.** ~ ***einer Schuld*** condonación *f* de una deuda **3.** ~ ***einer Strafe*** remisión *f* de una pena **4.** ~ ***eines Gesetzes*** promulgación *f* de una ley **5.** ~ ***einer Verordnung*** promulgación *f* de un decreto, bando, edicto **6.** rebaja *f*; reducción *f*

Erlag *m*, Ø (A) pago *m*; depósito *m*; ***etw. gegen ~ erhalten*** obtener u/c contra pago

Erlagschein *m*, **e** (A) ingreso *m* para giro postal

erlahmen ir debilitándose; decaer; disminuir; ***die Investitionen*** ~ las inversiones disminuyen; va decayendo la actividad inversora

Erlahmung *f*, **en** decaimiento *m*; debilitamiento *m*; disminución *f*

erlangen obtener; alcanzar, lograr; conseguir; ***die Gewissheit ~ dass*** llegar a la certeza de que; ***die absolute Mehrheit*** ~ obtener la mayoría absoluta

Erlangung *f*, **en** obtención *f*, consecución *f*; logro *m*

erlassen **1.** ***eine Verordnung*** ~ promulgar un decreto **2.** ***ihm wurde der Rest der Strafe*** ~ se ha beneficiado de una remisión de la pena **3.** ***eine Geldschuld*** ~ condonar una deuda (pecuniaria); (Fam.) perdonar una deuda **4.** ***einen Befehl*** ~ decretar; publicar, dictar un decreto

Erlassung *f*, **en** → Erlass

erlauben autorizar; permitir; ***erlaubt*** lícito; permitido; autorizado

Erlaubnis *f*, **se** permiso *m*; autorización *f*; licencia *f*; consentimiento *m*; ***jdn. um ~ bitten*** pedir permiso a alg. para; solicitar licencia a alg. para; ***jdm. die ~ erteilen, verweigern*** conceder, denegar permiso para

Erlaubnispflicht *f*, Ø autorización *f* obligatoria

erlaubnispflichtig sujeto, supeditado a autorización

Erlaubnisschein *m*, **e** permiso *m*; licencia *f*

Erlaubnisvorbehalt *m*, **e**, ***mit*** ~ bajo reserva de autorización

Erlebensfallversicherung *f*, **en** seguro *m* en caso de vida; seguro *m* de superviviencia; ~ ***mit Prämienerstattung*** seguro *m* con capital diferido

erledigen **1.** ***die Arbeit, die Post*** ~ despachar el trabajo, el correo **2.** ***einen Auftrag, eine Bestellung*** ~ ejecutar un pedido **3.** ***Formalitäten*** ~ cumplir las tramitaciones **4.** ***laufende Geschäfte*** ~ despachar, tramitar los negocios corrientes **5.** ***einen Streit*** ~ resolver una disputa **6.** ***auf dem Dienstweg*** ~ gestionar, tramitar reglamentariamente **7.** ***damit ~ sich die übrigen Punkte*** con ello quedan resueltos los demás puntos **8.** (beenden) terminar; ultimar; acabar **9.** (in Ordnung bringen) arreglar **10.** (durchführen) ejecutar; realizar; efectuar; llevar a cabo

Erledigung *f*, **en** terminación *f*; conclusión *f*; cumplimiento *m*; gestión *f*; tramitación *f*; arreglo *m*; ***in ~ Ihrer Anfrage*** en contestación a su requerimiento (*od.* demanda)

Erledigungsvermerk *m*, **e** "cumplido"

erleichtern **1.** facilitar; aligerar; aliviar **2.** (Fam.) ***jdn. um 100 Mark*** ~ birlarle, mangarle a alg. 100 marcos

Erleichterung *f*, **en** aligeramiento *m*; medida *f* favorable; alivio *m*; descarga *f*

erleiden, ***großen Schaden*** ~ sufrir grandes daños; ***Veränderungen*** ~ experimentar cambios; ***große Verluste*** ~ soportar grandes pérdidas

erlesen exquisito; selecto; de excelente calidad; ***~e Weine*** vinos *pl* seleccionados; vinos *pl* exquisitos

Erliegen, ***den Verkehr zum ~ bringen*** paralizar el tráfico; colapsar la circulación

Erlös *m*, **e** producto *m*; ingresos *pl*; recaudación *f*; ~ ***einer Veranstaltung*** recaudación de un acto

erlöschen extinguirse; apagarse; caducar; dejar de existir; ***die Ansprüche sind erloschen*** los derechos han prescrito; ***die Firma ist erloschen*** la empresa, la casa ha dejado de existir; ***die Frist erlischt*** el plazo vence; ***ein Mandat, eine Schuld erlischt*** un mandanto, una deuda expira; ***der Vertrag erlischt*** el contrato expira (*od.* caduca)

Erlöschen *n*, Ø caducidad *f*; vencimiento *m*; expiración *f*; prescripción *f*; ~ ***eines Patents*** caducidad de una patente; ~ ***des Schadensersatzanspruchs*** extinción *f* del derecho (*od.* de la reclamación) de indemnización; ~ ***der Vollmacht*** cesación *f* del poder

Erlöseinbuße *f*, **n** merma *f* del producto

erlösen ganar en una tómbola; ganar a la lotería

Erlöskont|o *n*, **-en** cuenta *f* (de resultados) sobre las ventas

Erlösmaximierung *f*, **en** maximización *f*, maximalización *f* del producto

Erlösminderung *f*, **en** disminución *f* del producto

ermächtigen autorizar; habilitar; dar poder; apoderar

Ermächtigung *f*, **en** autorización *f*; habilitación *f*; poder *m*; ***schriftliche*** ~ autorización escrita; poder por escrito

Ermächtigungsgesetz *n*, **e** (Pol.) ley *f* de plenos poderes

Ermächtigungsschreiben *n*, - carta *f* de autorización

ermahnen amonestar; exhortar; prevenir; advertir

Ermahnung *f*, **en** amonestación *f*; exhortación *f*; advertencia *f*

ermangeln faltar; no haber; necesitarse

Ermangelung *f*, Ø, ***in ~ von besonderen Bestimmungen im Kaufvertrag*** a falta de estipulaciones especiales en el contrato de compraventa

ermäßigen reducir; bajar; ***den Preis*** ~ reducir el precio

ermäßigt, ***~er Eintrittspreis*** entrada *f* a precio reducido; ***Drucksachen zu ~er Gebühr*** impresos *pl* a tarifa reducida; ***zu ~en Preisen*** a precios reducidos

Ermäßigung *f*, **en** reducción *f*; rebaja *f*; disminución *f*; ~ ***der Steuern*** disminución, rebaja de los impuestos; ***eine ~ gewähren*** conceder, otorgar una rebaja

Ermessen *n*, Ø, ***richterliches*** ~ discreción *f* judicial; ***nach bestem*** ~ según el mejor criterio; ***nach eigenem*** ~ según juicio propio; según buen criterio propio; ***nach freiem ~ entscheiden*** decidir a discreción; ***nach meinem*** ~ a mi juicio; a mi modo de ver; en mi opinión; ***nach menschlichem*** ~ según puede preverse; ***ich stelle es in Ihr*** ~ lo dejo a su buen criterio; lo dejo a su discreción

Ermessensentscheidung *f*, **en** decisión *f* discrecional

Ermessensmissbrauch *m*, **¨e** abuso *m* de poder

Ermessensspielraum *m*, **¨e** margen *m*, libertad *f* de apreciación

ermitteln **1.** ***den Kursindex*** ~ calcular el índice de las cotizaciones (*od.* de los cambios) **2.** averiguar; indagar **3.** ***gegen jdn.*** ~ instruir sumario contra alg. **4.** ***nicht zu*** ~ ilocalizable

Ermittlung *f*, **en** **1.** cálculo *m*; evaluación *f*; ~ ***der Löhne*** determinación *f* de los salarios **2.** investigación *f*; indagación *f*; ***polizeiliche*** ~ investigación policial; ~ ***des steuerpflichtigen Einkommens*** determinación *f* de la renta imponible; ~ ***des Zollwerts*** determinación *f* del valor con efectos arancelarios; aforo *m*

Ermittlungsausschuss *m*, **¨sse** comisión *f* investigadora

Ermittlungsrichter *m*, - juez *m* instructor

Ermittlungsverfahren *n*, - sumario *m*

ernähren alimentar; mantener; sustentar; ***eine Familie*** ~ tener a su cargo una familia; sustentar una familia; ***sich ~ von*** vivir de; alimentarse de

Ernährer *m*, - mantenedor *m*, sostén *m* de una familia

Ernährung *f*, **en** **1.** alimentación *f* **2.** sustento *m*; sostén *m*

Ernährungs- und Landwirtschaftsorganisation *f*, Ø (der Vereinten Nationen) → FAO

Ernährungsgüter *pl* alimentos *pl*; bienes *pl* alimentarios

Ernährungsindustrie *f*, **n** industria *f* agroalimentaria

Ernährungskunde *f*, Ø → Ernährungswissenschaft

Ernährungslage *f*, Ø situación *f* alimentaria

Ernährungswirtschaft *f*, Ø economía *f* de la alimentación; economía *f* alimentaria; sector *m* agroalimentario

Ernährungswissenschaft *f*, Ø bromatología *f*; dietética *f*; trofología *f*

Ernährungswissenschaftler *m*, - bromatólogo *m*; nutricionista *m*

ernennen nombrar; designar; ***jdn. zum Direktor*** ~ nombrar director a alg.; designar a alg. para el cargo, para el puesto de director; ***einen Nachfolger*** ~ designar, nombrar un sucesor

Ernennung *f*, **en** designación *f*; nombramiento *m*; (Angl.) nominación *f*

Ernennungsurkunde *f*, **n** (acta *f* de) nombramiento *m*; credencial *f*

erneuern **1.** reemplazar **2.** revisar; raparar (una máquina) **3.** ***ein Abonnement, einen Pass*** ~ renovar *bzw.* prorrogar una su-

scripción, un pasaporte **4.** restaurar (un cuadro, un edificio)
Erneuerung *f*, **en** reemplazamiento *m*; renovación *f*; cambio *m*; restauración *f*; ***stillschweigende*** ~ prórroga *f*, renovación *f* tácita
Erneuerungsschein *m*, **e** (Com.) talón *m* de renovación
erneut 1. repetido; reiterado **2.** de nuevo; nuevamente; otra vez
Ernstfall *m*, **¨e**, ***im*** ~ **en** caso de necesidad; en caso de que las cosas se compliquen; si hubiera necesidad; si fuera necesario
Ernte *f*, **n 1.** cosecha *f* **2.** recolección *f* **3.** (Weinernte) vendimia *f* **4.** (Getreideernte) mies *f* **5.** (Zucker; Ölernte) zafra *f*; ***die*** ~ ***einbringen*** recoger, acarrear la cosecha; ***die*** ~ ***auf dem Halm verkaufen*** vender mies en pie
Erntearbeit *f*, **en** faenas *pl* de recolección
Erntearbeiter *m*, - segador *m*; agostero *m*; bracero *m* (del campo); peón *m*; (Syn. ***Tagelöhner***)
Ernteausfall *m*, **¨e 1.** cosecha *f* evaluada en cantidad y en calidad **2.** pérdida *f* de la cosecha
Ernteaussichten *pl* cosecha *f* prevista; previsiones *pl*, perspectivas *pl* de cosecha
Ernteertrag *m*, **¨e** rendimiento *m*, producto *m* de la cosecha
Erntejahr *n*, **e** campaña *f*
ernten 1. cosechar; recoger, recolectar; hacer la recolección **2.** ***Lob*** ~ recibir elogios
Ernteschäden *pl* daños *pl* de la cosecha
Ernteversicherung *f*, **en** seguro *m* de cosechas
Erntezeit *f*, **en** época *f* de la recogida; época *f* de la recolección; tiempo *m* de la cosecha
eröffnen, ***ein Geschäft*** ~ abrir, inaugurar un negocio; ***den Konkurs*** ~ entablar el procedimiento de quiebra; ***einen Kredit*** ~ abrir un crédito; ***ein Konto bei einer Bank*** ~ abrir una cuenta en un banco; ***eine Sitzung*** ~ abrir una sesión (*od.* reunión); ***ein Testament*** ~ abrir un testamento
Eröffnung *f*, **en 1.** abertura *f* **2.** apertura *f*; ~ ***des Konkursverfahrens*** apertura *f* de la quiebra; ~ ***eines Kontos*** apertura de una cuenta; ~ ***einer Sitzung*** apertura de una sesión (*od.* reunión) **3.** inauguración *f*; ~ ***einer Messe*** inauguración de una feria (*od.* exposición)
Eröffnungsansprache *f*, **n** discurso *m* inaugural; discurso *m* de apertura
Eröffnungsbeschluss *m*, **¨sse 1.** auto *m* de procesamiento; auto *m* de apertura; (Col.) auto *m* de sustanciación **2.** juicio *m* declarativo de quiebra
Eröffnungsbilanz *f*, **en** balance *m* de apertura
Eröffnungsfeier *f*, **n** acto *m* inaugural; ceremonia *f* de apertura
Eröffnungskurs *m*, **e** (Börse) cambio *m* de apertura; cotización *f* inicial
Eröffnungssitzung *f*, **en** sesión *f* inaugural; sesión *f* de apertura
Eröffnungstag *m*, **e** fecha *f* de inauguración; día *m* de apertura
erpicht, ~ ***auf Geld*** estar sediento de dinero; codiciar el dinero; ***sehr*** ~ ***sein auf Geld*** desvivirse, estar loco por el dinero
erpressen extorsionar; (Gal.) chantajear; hacer chantaje
Erpresser *m*, - extorsionista *m*; extorsionador *m*; chantajista *m*
Erpressung *f*, **en** extorsión *f*; chantaje *m*
Erpressungsversuch *m*, **e** intento *m* de extorsión; tentativa *f* de chantaje
erproben ensayar; experimentar, probar; someter a prueba
erprobt seguro; experimentado; experto; probado
Erprobung *f*, **en** ensayo *m*; test *m*; prueba *f*
erprobungshalber con fines de ensayo (*od.* de prueba); como test
Erprobungszeit *f*, **en** periodo *m* de ensayo; ***die*** ~ ***läuft ab*** termina, expira el periodo de ensayo
errechenbar calculable; determinable
errechnen calcular; determinar por (*od.* mediante) cálculo; computar
Errechnung *f*, Ø, ~ ***des Schadens*** cálculo *m* del daño *bzw.* siniestro
erreichen 1. alcanzar; lograr **2.** llegar (a un lugar) **3.** ***ich bin telefonisch zu*** ~ se me puede llamar por teléfono
errichten crear, establecer; fundar; erigir; ***ein Gebäude*** ~ construir un edificio; ***ein Geschäft*** ~ fundar, montar un negocio; ***eine Gesellschaft*** ~ crear, fundar una sociedad; ***ein Konto*** ~ abrir una cuenta; ***einen Messestand*** ~ instalar, levantar un stand de feria; ***ein Testament*** ~ otorgar testamento
Errichtung *f*, **en 1.** construcción *f* (de un edificio) **2.** fundación *f* (de un negocio) **3.** creación *f* (de una sociedad) **4.** apertura *f* (de una cuenta) **5.** otorgamiento *m* (de un testamento)

Errichtungstitel m, - título m constitutivo
erringen, ***einen Preis*** ~ ganar un premio
Errungenschaft *f*, **en** adquisición *f*; conquista *f*; avance *m*; progreso *m*; ***soziale ~en*** progresos sociales
Errungenschaftsgemeinschaft *f*, **en** (Jur.) comunidad *f* de gananciales
Ersatz *m*, Ø **1.** sustitución *f*; reemplazo *m*; equivalente *m*; sucedáneo *m*; recambio *m*; ***als ~ dienen*** hacer las veces de **2.** indemnización *f*; recompensa *f*; compensación *f*; ***~ leisten*** indemnizar *bzw.* compensar
Ersatzanspruch *m*, **¨e** derecho *m* a indemnización; reclamación *f* por daños y perjuicios; derecho *m* a resarcimiento de daños y perjuicios; ***~ anmelden*** hacer valer un derecho a indemnización
Ersatzbatterie *f*, **n** pila *f* de recambio
Ersatzbedarf *m*, Ø necesidades *pl* de sustitución, de recambio, de reserva
Ersatzbetrag *m*, **e** indemnización *f*; suma *f* indemnizatoria; importe *m*, montante *m* de la indemnización
Ersatzdeckung *f*, **en** (Seg.) cobertura *f* sustitutoria; cobertura *f* suplente
Ersatzdienst *m*, Ø **1.** servicio *m* sustitutorio **2.** servicio *m* civil (para los objetores de conciencia)
Ersatzerbe *m*, **n** heredero *m* sustituto; heredero *m* vulgar
Ersatzfonds *m*, - fondo *m* de reconstitución; ***gesellschaftlicher ~*** fondo *m* social de reconstitución (de los medios de producción utilizados)
Ersatzforderung *f*, **en** derecho *m* a indemnización; reclamación *f* de resarcimiento de daños y perjuicios
Ersatzgerät *n*, **e** unidad *f* auxiliar, de reserva
Ersatzinvestitionen *pl* inversiones *pl* de reposición
Ersatzkasse *f*, **n** caja *f* de enfermedad asimilada (a las de la seguridad social); caja *f* subsidiaria de enfermedad
Ersatzleistung *f*, **en** indemnización *f* compensatoria; indemnización *f*, pago *m* de daños
Ersatzlösung *f*, **en** solución *f* de recambio
Ersatzpflicht *f*, Ø obligación *f* de indemnizar; obligación *f* de resarcir (daños y perjuicios); obligación *f* de reparar
ersatzpflichtig, *~er Schaden unter der Sachdeckung* daño *m* con obligación de indemnización bajo la cobertura de bienes
Ersatzprodukt *n*, **e** sucedáneo *m*
Ersatzstoff *m*, **e** sustitutivo *m*; sucedáneo *m*
Ersatzstrafe *f*, **n** pena *f* sustitutoria
Ersatzteil *n*, **e** pieza *f* de recambio; pieza *f* de repuesto
Ersatzwechsel *m*, - letra *f* de reemplazo
ersatzweise sustitutoriamente; en sustitución de
Ersatzwertberechnung *f*, **en** cálculo *m* del valor de reemplazo
Ersatzzeit *f*, Ø período *m* sustitutivo (período en el que no se ha cotizado a la seguridad social, pero sí se tiene en cuenta en el cómputo de cotización general)
erschachern (Fam.) obtener con regateo más o menos lícito
erschaffen producir; hacer; crear
erscheinen 1. aparecer; salir; publicarse (un libro); ***vor Gericht ~*** comparecer en juicio **2. *nicht ~*** faltar; no presentarse; no comparecer; no acudir
Erscheinen *n*, Ø **1. *~ eines Buches*** publicación *f*, salida *f*, aparición *f* de un libro **2.** (vor Gericht) comparecencia *f*
Erscheinungsjahr *n*, **e** año *m* de publicación
Erschienene(r) (der/ein) (Jur.) compareciente *m*
erschleichen obtener por astucia; captar; conseguir por malas artes; ***eine Erbschaft ~*** captar una herencia
Erschleichung *f*, **en** obtención *f* fraudulenta; (Jur.) subrepción *f*
erschließen 1. abrir; crear; poner en valor; ***neue Absatzgebiete ~*** abrir nuevos mercados (para la venta); ***ein Gebiet für den Fremdenverkehr ~*** abrir una región al turismo; ***ein Grundstück ~*** urbanizar un solar (*od.* terreno); ***neue Wirtschaftsräume ~*** poner en valor nuevas zonas económicas **2.** (folgern) deducir; inferir; derivar
Erschließung *f*, **en** puesta *f* en valor; puesta *f* en explotación *f*; creación *f*; ***~ von Bodenschätzen*** aprovechamiento *m* de recursos del subsuelo; ***~ neuer Energiequellen*** desarrollo *m* de nuevas fuentes energéticas
erschlossen (Bauland) urbanizado; ***wenig ~er Markt*** mercado *m* poco explotado
erschöpfen, ***Reserven ~*** agotar las reservas; ***alle Verhandlungsmöglichkeiten ~*** agotar todas las posibilidades de negociación
erschöpft, ***~e Reserven*** reservas *pl* agotadas
Erschöpfung *f*, Ø ***~ der Haftung*** (Seg.) agotamiento *m* de la responsabilidad
erschweren agravar; ***~de Umstände*** circunstancias *pl* agravantes

Erschwerniszulage *f*, **n** prima *f*, plus *m* por trabajos penosos
Erschwerniszuschlag *m*, **¨e** → Erschwerniszulage
Erschwerung *f*, **en** agravación *f*; complicación *f*; ~ ***der Kreditbeschaffung*** agravación del crédito
erschwindeln timar; estafar; obtener fraudulentamente
erschwingen, ***das Geld für etw. ~ können*** poder pagar
erschwinglich asequible; a un precio accesible; a un precio razonable; ***für jeden ~*** (Fam.) al alcance de todos los bolsillos
ersetzbar, ***~er Verlust*** pérdida *f* recuperable; pérdida *f* compensable
ersetzen 1. reemplazar; restituir **2.** ***die Auslagen ~*** reintegrar, reembolsar los gastos **3.** reparar; (Seg.) indemnizar, resarcir (un daño) **4.** cambiar **5.** hacer las veces de
Ersetzung *f*, **en** reparación *f*; resarcimiento *m*; indemnización *f*; reembolso *m*; reintegro *m*; restitución *f*; compensación *f*; ***~ eines Schadens*** indemnización, resarcimiento de un daño
Ersetzungskosten *pl* gastos *pl* de reposición (*od.* reemplazamiento)
Ersetzungswert *m*, Ø valor *m* de reposición (*od.* reemplazamiento)
ersitzen usucapir; adquirir por usucapión
Ersitzung *f*, **en** usucapión *f*; prescripción *f* adquisitiva
ersparen ahorrar; economizar; ***~ Sie sich die Mühe*** no se moleste
-ersparnis (Suf.) ahorro de; economía de; ganancia de; ***Zeitersparnis*** ahorro, economía, ganancia de tiempo; ***Kostenersparnis*** economía, ahorro de costes
Ersparnis *f*, **se** ahorro *m*; economía *f*; ***~se*** ahorros; economías; ***seine ~se anlegen*** colocar sus ahorros; ***~se machen*** ahorrar
erspart, ***~es Geld*** dinero *m* ahorrado
Ersparte *n*, Ø, ***das ~*** lo ahorrado; (Fam.) el dinero puesto aparte
erst primero; primeramente; en primer lugar; al principio; (LA) recién
erstatten restituir; reintegrar; reembolsar **1.** ***die Kosten ~*** reintegrar, reembolsar los costes **2.** ***einen Bericht ~*** informar sobre; dar cuenta de **3.** ***Anzeige ~*** presentar una denuncia
erstattet, ***seine Auslagen ~ bekommen*** reintegrarle sus gastos (a alg.)
Erstattung *f*, **en 1.** reembolso *m*; reintegro *m*; restitución *f*; ***~ der Auslagen*** reembolso, reintegro de los gastos (en los que se ha incurrido); ***~ der zu viel einbehaltenen Steuer*** devolución *f* de los impuestos retenidos de más **2.** ***~ eines Berichts*** presentación *f* de un informe
erstattungsfähig, ***~e Kosten*** costes *pl* reembolsables, recuperables
erstattungspflichtig con obligación de devolución (*od.* de reembolso)
Erstaufführung *f*, **en** estreno *m* (de una película, de una obra de teatro)
Erstauftrag *m*, **¨e** pedido *m* inicial; primera orden *f*
Erstausführung *f*, **en** prototipo *m*; modelo *m* recién presentado
Erstausgabe *f*, **n 1.** primera edición *f*; edición *f* príncipe **2.** primera emisión *f* (timbres) **3.** (von Investmentanteilen) primera oferta *f*; oferta *f* inicial
Erstausstattung *f*, **en** dotación *f*, equipamiento *m* inicial
Erstaussteller *m*, **- 1.** expositor *m* nuevo **2.** primer expositor *m*
Erstbegünstigte(r) (der/ein) primer beneficiario *m*
Erstbesitz *m*, Ø, ***ein Wagen aus ~*** un coche de primera mano
erste, ***~e Adressen*** prestatarios *pl* de gran honorabilidad; ***~er Erwerb*** primera adquisición *f*; ***~es Gebot*** primera puja *f*; ***eine Fahrkarte ~er Klasse*** un billete de primera clase; ***aus ~er Hand*** de primera mano; ***in ~er Instanz*** en primera instancia *f*; ***~es Risiko*** (Seg.) primer riesgo *m*; ***~e Wahl*** (de) primera calidad *f*; ***Waren ~r Wahl*** bienes *pl* de primera clase; mercancías *pl* de primera calidad
erstehen adquirir; comprar en subasta; hacerse adjudicatorio
Erstehung compra *f*, adquisición *f* en subasta
Ersteigerer *m*, - adjudicatario *m*
ersteigern adquirir, adjudicarse en subasta
erstellen 1. ***einen Bericht ~*** redactar, elaborar un informe **2.** ***ein Gebäude ~*** edificar; levantar, construir, erigir un edificio **3.** ***ein Gutachten ~*** hacer una expertisa; redactar un informe pericial **4.** ***einen Plan, eine Datei ~*** crear un plan, un fichero **5.** ***einen Text ~*** confeccionar un texto
Ersterwerb *m*, **e** primera adquisición *f*; ***~ von Wertpapieren*** adquisición *f*, compra *f* de títulos que acaban de ser emitidos
Ersterwerber *m*, - primer adquisidor *m*; primer adquirente *m*
Erstfinanzierung *f*, **en** finianciación *f* inicial

erstgeboren primogénito
Erstgebot *n*, **e** primera postura *f*; primera puja *f*
Erstgeburtenrecht *n*, **e** derecho *m* de primogenitura
erstgenannt antedicho; susodicho; citado en primer lugar
Erstinstanz *f*, **en** (Jur.) primera instancia *f*
Erstjahresprovision *f*, **en** (Seg.) comisión *f* de primer año
erstklassig de primera calidad; de calidad superior; de primera clase; (Fam.) de primera; ***~e Waren*** mercancías *pl* de primera clase (*od.* calidad)
Erstlingsversuch *m*, **e** primer ensayo *m*
erstrangig, ***~e Hypothek*** hipoteca *f* de primer grado
erstrecken, ***sich über mehrere Jahre ~*** extenderse por (*od.* durante) varios años
Erstrisikobasis *f*, **Ø** ***auf ~*** a base de primer riesgo
Erstrisikoversicherung *f*, **en** seguro *m* a primer riesgo
Erststimme *f*, **n** (R.F.A.) "primer voto" (de que dispone el elector alemán en las elecciones legislativas para elegir al candidato; el segundo voto es para el partido que crea conveniente)
Erstverbraucher *m*, **-** primer usuario *m*; usuario *m* de primera mano
Erstverfrachter *m*, **-** transportista *m* inicial
Erstversicherer *m*, **-** asegurador *m* directo
Erstversicherung *f*, **en** seguro *m* directo
Erstwähler *m*, **-** elector *m* nuevo; elector *m* por primera vez
Erstzulassung *f*, **en** primera matriculación *f*; primer permiso *m* de circulación; primera patente *f* de circulación
Ersuchen *n*, **Ø** solicitud *f*; requerimiento *m*; (Jur.) exhorto *m*; ***auf ~ von*** a petición, a instancia, a requerimiento de; ***~ um Auskunft*** pedir información
ersuchen solicitar; requerir; reclamar; ***jdn. um etw. ~*** solicitar u/c a alg.
Ersuchende(r) (der/ein) requirente *m*; suplicante *m*; solicitante *m*
ertappen sorprender; pillar; atrapar; ***jdn. auf frischer Tat ~*** sorprender en flagrante; sorprender en flagrante delito; sorprender in fraganti; (Fam.) sorprender con las manos en la masa
erteilen, ***einen Auftrag ~*** pasar, dar un pedido; ***notariell ~*** otorgar ante notario; ***jdm. Prokura ~*** conceder, otorgar poder; ***Unterricht ~*** impartir clases; ***ein Visum ~*** extender, expedir un visado; ***Weisungen ~*** dar, pasar instrucciones
Erteilung *f*, **en** concesión *f*; otorgamiento *m*; ***~ eines Auftrags*** concesión *f* de un pedido; ***~ eines Patents*** despacho *m*, concesión *f*, expedición *f* de una patente
Ertrag *m*, **¨e** **1.** producto *m*; rendimiento *m* **2.** (Einnahme) ingreso *m*; beneficio *m*; ganancia *f* **3.** (Kapital) renta *f*; rédito *m*; ***abnehmender ~*** rendimiento decreciente; ***~ einer Arbeit*** producto de un trabajo; ***betriebsbedingter ~*** producto de explotación; ***betriebsfremder ~*** producto no incorporable; ***~ pro ha*** producto por hectárea; ***kapitalisierte ~¨e*** ingresos, beneficios capitalizados; ***~¨e aus Kapitalanlagen*** réditos capitalizados; ***~ abwerfen*** ser productivo; arrojar, devengar ganancia; ***gute ~¨e bringen*** arrojar, proporcionar buenos rendimientos; redituar; ***den ~ steigern*** aumentar el rendimiento
Ertragsanalyse *f*, **n** análisis *m* de resultados
Ertrag(s)ausfall *m*, **¨e** **1.** pérdida *f* de rendimiento **2.** lucro *m* cesante; beneficio *m* previsto no obtenido
Ertrag(s)aussichten *pl* perspectivas *pl* de rendimiento, de producción; resultado *m* que se confía obtener
ertragsbringend productivo; ***~er Boden*** suelo *m* productivo; suelo *m* que produce en abundancia
Ertrag(s)einbuße *f*, **n** → Ertragsausfall
Ertragsentwicklung *f*, **en** evolución *f* de la rentabilidad
ertrag(s)fähig productivo; lucrativo; rentable
Ertrag(s)fähigkeit *f*, **en** productividad *f*, capacidad *f* de rendimiento; rentabilidad *f*
Ertragsgrößen *pl* ratios *pl* de rentabilidad
Ertragsklasse *f*, **n** categoría *f* de rendimiento (agricultura, pesca, *etc.*)
Ertragskraft *f*, **Ø** (eines Unternehmens) capacidad *f* de rendimiento (de una empresa)
Ertrag(s)lage *f*, **n** nivel *m* de rendimiento; situación *f* de rentabilidad; ***~ des Konzerns*** resultados *pl* del grupo, del consorcio
ertrag(s)los improductivo; no productivo
Ertrag(s)losigkeit *f*, **en** improductividad *f*; no productividad *f*
Ertrag(s)minderung *f*, **en** disminución *f* del rendimiento; baja *f* de la productividad
Ertrag(s)rechnung *f*, **en** cuenta *f* de pérdidas y ganancias
ertrag(s)reich → ertragsfähig

Ertragsspanne *f*, **n** ratio *m* de rentabilidad
Ertrag(s)steigerung *f*, **en** aumento *m* del rendimiento; incremento *m* de la productividad
Ertrag(s)steuer *f*, **n** impuesto *m* de utilidades; impuesto *m* sobre el producto; impuesto *m* sobre las ganancias; impuesto *m* sobre los beneficios
Ertrag(s)voranschlag *m*, **¨e** ingresos *pl* presupuestados
Ertrag(s)wert *m*, **e** valor *m* productivo; valor *m* capitalizado; valor *m* de rendimiento
Ertrag(s)zinsen *pl* intereses *pl* cobrados, intereses *pl* de préstamos (*od.* haberes)
Ertrag(s)zuwachs *m*, Ø incremento *m* del rendimiento; incremento *m* de la productividad
Erwachsenenbildung *f*, Ø educación *f*, formación *f* de adultos; enseñanza *f* continua, permanente
erwägen considerar; tomar en consideración; pesar; ponderar; examinar
Erwägung *f*, **en** consideración *f*; examen *m*; ***in der ~ daß*** considerando que; ***nach reiflicher ~*** después de mucha reflexión; tras la debida reflexión; ***in ~ ziehen*** tomar en consideración
erwarten esperar; aguardar; contar con; ***wir ~ Ihre Bestellung*** quedamos a la espera de su pedido; ***wir ~*** (beim Arbeitsangebot) se requiere; pedimos; requisitos; perfil de los candidatos; los candidatos deberán poseer; imprescindible; exigimos; el puesto requiere; requerimientos
Erwartung *f*, **en**, ***entgegen allen ~en*** contra toda previsión; en contra de lo esperado; ***mit gedämpften ~en*** con un optimismo moderado; ***in ~ Ihrer Antwort, Ihres Schreibens*** en espera de su respuesta, de su carta; ***in ~ einer günstigen Antwort*** en espera de una favorable respuesta; ***alle ~en übertreffen*** sobrepasar todo lo que se esperaba
erwartungsgemäß como se esperaba; como era de esperar
erweiterbar 1. abierto **2.** ampliable; expandible; extensible
erweitern ensanchar; ampliar; aumentar, agrandar; ***den Kundenkreis ~*** aumentar la clientela
erweiternd extensivo
erweitert, ***~e (europäische) Gemeinschaft*** la Comunidad Europea ampliada; ***~e Mitbestimmung*** cogestión *f* ampliada
Erweiterung *f*, **en** ensanchamiento *m*; ampliación *f*; prórroga *f*; ***~ der Gemeinschaft*** (EU) ampliación de la Comunidad; ***~ des Marktes*** ampliación, ensanchamiento del mercado
Erweiterungsbau *m*, **ten** (edificio *m*) anexo *m*; ensanche *m*
Erweiterungsfähigkeit *f*, Ø posibilidad *f* de extensión; extensibilidad *f*; posibilidad *f* de ampliación; ampliabilidad *f* ; capacidad *f* de expansión; expansibilidad *f*
Erweiterungsinvestition *f*, **en** inversión *f* de ampliación
Erweiterungsmöglichkeit *f*, **en** → Erweiterungsfähigkeit
Erwerb *m*, **(e) 1.** adquisición *f*; ***~ von Eigentum*** acceso *m* a la propiedad; adquisición de propiedad; ***~ unter Lebenden*** adquisición inter vivos; ***~ einer Maschine*** adquisición de una máquina **2.** actividad *f*; empleo *m*; medio *m* de sustento *m*; ***einen neuen ~ suchen*** buscar un nuevo empleo; buscar un nuevo medio de sustento **3.** ganancia *f*; lucro *m*; ***von seinem ~ leben*** vivir de sus ganancias
erwerben 1. adquirir, comprar **2.** granjearse **3.** merecer; ***jds. Achtung, Dank ~*** merecer el respeto, el agradecimiento de alg.; ***Beteiligungen an Gesellschaften ~*** adquirir, comprar participaciones en sociedades (*od.* compañías); ***sich sein Brot ~*** ganarse la vida; ganarse el sustento; ganarse el pan; ***jds. Freundschaft ~*** granjearse, ganarse la amistad de alg.; ***seinen Lebensunterhalt ~*** ganarse la vida; ganarse el pan; ***ein Vermögen ~*** adquirir, hacer, conseguir una fortuna
Erwerber *m*, **-** adquisidor *m*; adquirente *m*
erwerbsbehindert impedido, incapacitado para el trabajo
Erwerbsbeschränkung *f*, **en** capacidad *f* laboral disminuida; incapacidad *f* de trabajo
Erwerbsbetrieb *m*, **e** empresa *f* de carácter lucrativo
Erwerbsbevölkerung *f*, Ø población *f* activa; población *f* trabajadora
Erwerbseinkommen *n*, **-** renta(s) *f* (*pl*) del trabajo; ingresos *pl* procedentes de una actividad remunerada
Erwerbseinkünfte *pl* → Erwerbseinkommen
erwerbsfähig capaz de trabajar; apto para el trabajo; capaz de ejercer una actividad profesional (*od.* laboral); ***im ~en Alter sein*** estar en edad laboral activa;***Ende des***

~en Alters terminación *f* de la edad laboral activa
Erwerbsfähige(r) (der/ein) persona *f* en edad de trabajar; persona *f* en edad de desempeñar una profesión
Erwerbsfähigkeit *f*, **en** capacidad *f* de trabajo; aptitud *f* para el trabajo
erwerbsgemindert, *20% ~ sein* tener una incapacidad laboral del 20%
Erwerbsgenossenschaft *f*, **en** sociedad *f* cooperativa
Erwerbsgesellschaft *f*, **en** sociedad *f* con fines de lucro
Erwerbsintensität *f*, Ø tasa *f* de actividad; número *m* de personas activas
Erwerbskosten *pl* gastos *pl* de adquisición
Erwerbsleben *n*, Ø vida *f* profesional; vida *f* laboral activa; *aus dem ~ ausscheiden* causar baja en, dejar, abandonar la vida laboral activa; *in das ~ eintreten* acceder a, incorporarse a, entrar en la vida laboral activa
erwerbslos sin trabajo; parado *m*; desempleado *m* (Syn. *arbeitslos*)
Erwerbslose(r) (der/ein) sin trabajo; parado *m*; desempleado (Syn. *Arbeitsloser)*
Erwerbslosenfürsorge *f*, Ø asistencia *f* a los parados (*od.* desempleados)
Erwerbslosenunterstützung *f*, **en** subsidio *m* de paro
Erwerbslosigkeit *f*, Ø paro *m*; desempleo *m* (Syn. *Arbeitslosigkeit*)
Erwerbsminderung *f*, **en** incapacidad *f* parcial para el trabajo
Erwerbsmittel *pl* medios *pl* de vida; medios *pl* de subsistencia
Erwerbsperson *f*, **en** persona *f* laboralmente activa; *die ~en* población *f* activa; personas *pl* que ejercen una profesión
Erwerbsquelle *f*, **n** medios *pl* de existencia; fuente *f* de existencia; fuente *f* de ingresos; fuente *f* de recursos
Erwerbssinn *m*, Ø espíritu *m*, sentido *m* de los negocios; espíritu *m* industrioso
erwerbstätig que ejerce una profesión; que ejerce un oficio; que desempeña una actividad laboral; asalariado; *~e Bevölkerung* población *f* activa
Erwerbstätige(r) (der/ein) persona *f* que desempeña una profesión; asalariado *m*
Erwerbstätigkeit *f*, **en** actividad *f* remunerada; *selbstständige*, *unselbstständige ~* actividad (profesional) autónoma, actividad asalariada
Erwerbstrieb *m*, Ø afán *m* de lucro
erwerbsunfähig incapacacitado para el trabajo
Erwerbsunfähigkeit *f*, Ø incapacidad *f* para el trabajo; *verminderte*, *vorübergehende ~* incapacidad laboral parcial, temporal (*od.* transitoria)
Erwerbsurkunde *f*, **n** (Jur.) escritura *f* de compra
Erwerbswirtschaft *f*, Ø sector *m* económico *bzw.* comercial
Erwerbszweck *m*, **e**, *zu ~en* con fin lucrativo; con ánimo de lucro
Erwerbszweig *m*, **e** ramo *m*, rama *f* industrial; sector *m*; profesión *f*; oficio *m*
Erwerbung *f*, **en** → Erwerb **1.**
erwidern, *einen Besuch ~* devolver una visita
Erwiderung *f*, **en**, *in ~ Ihres Schreibens* en contestación a su carta
erwirken hacer efectivo (un pago)
erwirtschaften realizar; obtener, lograr (por medio de una actividad económica); *hohe Gewinne ~* realizar, obtener, conseguir importantes ganancias
erwirtschaftet, *~er Gewinn* beneficio *m* conseguido, obtenido
erworben, *~es Recht* derecho *m* adquirido
erwünscht (beim Arbeitsangebot) *vorzugsweise ~* se valorará (positivamente); preferible
Erz *n*, **e** mineral *m; ~ aufbereiten* (*verhütten*) tratar, preparar el mineral; *~ fördern* extraer mineral
Erzabbau *m*, Ø extracción *f* de mineral
Erzbergbau *m*, Ø minería *f*, explotación *f* de minas
erzeugen producir; fabricar; cultivar; (Syn. *herstellen*)
Erzeuger *m*, **-** productor *m*; fabricante *m; landwirtschaftlicher ~* productor agrícola; *direkt vom ~ zum Verbraucher* distribución *f* sin intermediarios; directamente del productor al consumidor
Erzeugerabgabe *f*, **n** tasa *f*, exacción *f* a la producción
Erzeugerbetrieb *m*, **e** empresa *f*, establecimiento *m* de producción
Erzeugergemeinschaft *f*, **en** agrupación *f* de productores; productores *pl* agrupados
Erzeugergenossenschaft *f*, **en** cooperativa *f* de productores
Erzeugerhandel *m*, Ø venta *f* directa (del productor al consumidor); comercio *m* directo
Erzeugerland *n*, **¨er** país *m* productor

Erzeugerpreis *m*, **e** precio *m* al productor; ***landwirtschaftlicher*** ~ precio *m* en granja
Erzeugnis *n*, **se** producto *m*; artículo *m*; ***einheimisches*** ~ producto nacional (*od.* regional *od.* local); ***gewerbliches*** ~ producto manufacturado, artesanal; ***landwirtschaftliches*** ~ producto agrícola; ***weiterverarbeitetes*** ~ producto transformado
Erzeugung *f*, **en** producción *f*, fabricación *f*
Erzeugungskosten *pl* costes *pl* de producción; gastos *pl* de fabricación
Erzeugungskraft *f*, **¨e** fuerza *f* generativa
Erzförderung *f*, **en** → Erzabbau
Erzgießerei *f*, **en** fundición *f* de bronce
Erzgrube *f*, **n** mina *f*
Erzhütte *f*, **n** fundición *f* de metales
Erziehungszoll *m*, **¨e** arancel *m* desarrollista; arancel *m* para aprender a ser competitivo
erzielen realizar; alcanzar; obtener; ***hohe Preise*** ~ alcanzar precios elevados
Erzielung *f*, **en** obtención *f*; realización *f*; ~ ***eines Gewinns*** obtención, realización de un beneficio
Erzlagerstätte *f*, **n** → Erzvorkommen
Erzreichtum *m*, **¨er** riqueza *f* en minerales
Erzvorkommen *n*, **-** yacimiento *m* mineral
ESA (European Space Association) Europäische Weltraum-Organisation *f*, Ø Asociación *f* Espacial Europea
Eskalation *f*, **en** escalada *f*; ***politische ~en*** escalada política
Eskalatorklausel *f*, **n** (R.F.A.) cláusula *f* de indexación; cláusula *f* del "ascensor" (estipulación entre los agentes sociales sobre el reajuste de salarios en función de la tasa de carestía de vida)
eskalieren provocar la escalada (de u/c)
eskomptieren descontar
Essensmarke *f*, **n** bono *m* para comida
Esswaren *pl* productos *pl* alimentarios; productos *pl* alimenticios; alimentos *pl*; comestibles *pl*; viandas *pl*; víveres *pl*
ESt → Einkommensteuer
Establishment *n*, Ø **1.** clase *f* dirigente, dominante; clase *f* directora; centro *m* de poder **2.** (Pey.) clases *pl* sociales bien instaladas, decididas a conservar sus prerrogativas
E-Straße *f*, **n** → Europastraße
etablieren, ***sich geschäftlich*** ~ establecerse comercialmente; empezar un negocio
Etage *f*, **n** piso *m*
Etagenbett *n*, **en** litera *f* superpuesta; (LA) cama *f* superpuesta
Etagenheizung *f*, **en** calefacción *f* individual
Etagenwohnung *f*, **en** piso *m*
Etappe *f*, **n** etapa *f*; ***eine schwierige*** ~ ***zurücklegen*** recorrer una etapa difícil
Etappenflug *m*, **¨e** vuelo *m* con etapas (Ggs. ***Nonstop-Flug***)
etappenweise por etapas
Etat *m*, **s** presupuesto *m*; plan *m* financiero **1.** ***ausgeglichener*** ~ presupuesto equilibrado (*od.* en equilibrio); ***einen*** ~ ***aufstellen*** establecer presupuesto; ***einen*** ~ ***verabschieden*** aprobar, votar un presupuesto **2.** previsiones *pl* presupuestarias; ***den*** ~ ***kürzen, überschreiten*** recortar, sobrepasar, exceder las previsiones presupuestarias (Syn. ***Haushalt, Budget***)
Etataufstellung *f*, **en** establecimiento *m* del presupuesto
Etatausgleich *m*, Ø equilibrio *m* presupuestario; presupuesto *m* en equilibrio
etatisieren presupuestar; incluir, hacer entrar en el presupuesto
Etatisierung *f*, **en** **1.** presupuestación *f* **2.** nacionalización *f*
Etatjahr *n*, **e** año *m* presupuestario
Etatkürzung *f*, **en** reducción *f* presupuestaria; recorte *m* del presupuesto
etatmäßig **1.** presupuestario; incluido en el presupuesto **2.** ***~er Beamte*** funcionario *m* de plantilla
Etatmittel *pl* medios *pl*, fondos *pl*, recursos *pl* presupuestarios
Etatposten *m*, **-** partida *f* presupuestaria
Etatüberschreitung *f*, **en** rebasamiento *m* del presupuesto
Etikett *n*, **s** etiqueta *f*; rótulo *m*; ***ein*** ~ ***aufkleben*** pegar una etiquete; poner un rótulo; ***mit einem*** ~ ***versehen*** proveer de una etiqueta
Etikettenschwindel *m*, Ø fraude *m*, timo *m* con etiquetas
Etikettformat *n*, **e** tamaño *m* de la etiqueta
etikettieren etiquetar; rotular
Etikettierung *f*, **en** etiquetado *m*; rotulación *f*
etw.bez.B. (etwas bezahlt und Brief) mercado *m* vendedor estancado (Börse)
etw.bez.G. (etwas bezahlt und Geld) mercado *m* comprador apagado
etwa **1.** alrededor de; más o menos; ~ ***hundert Mark*** aproximadamente cien marcos (Syn. ***an die, circa, ungefähr***) **2.** quizá; tal vez; acaso **3.** por ejemplo
etwaig, ***~e Unkosten*** gastos *pl* que hubieren; gastos *pl* que se pudieran presentar

etwas, ~ ***über 500 Mark*** quinientos marcos y pico; algo más de 500 marcos; ~ ***Geld*** algo de dinero; un poco de dinero

EU *f*, Ø (Europäische Union) UE *f* (Unión Europea); ***~-Agrarpolitik*** política *f* agraria de la UE; ***~-Beitrag*** aportación *f*, contribución *f* financiera de los Estados miembros al presupuesto de la UE; ***~-Binnenmarkt*** mercado *m* único europeo; mercado *m* de la UE; ***~-Haushalt*** presupuesto *m* de la UE; ***~-Kommission*** Comisión *f* europea; Comisión *f* de la UE; ***~-Minister*** ministro *m* de un país de la UE; ***~-Ministerrat*** consejo *m* de ministros de la UE; ***~-Mitgliedsstaaten*** países *pl* miembros de la UE (Unión Europea); ***~-Schiedsabkommen*** convenio *m* de arbitraje comunitario; ***~-Vertrag*** tratado *m* de la UE

Euratom *f*, Ø Comunidad *f* Europea de la Energía Atómica; Euratom *f*; ***~-Anleihen*** *pl* empréstitos *pl* (de la) Euratom; ***~-Verschluss-Sachen*** (EVS) información *f* clasificada de la Euratom (ICE); ***~-Vertrag*** Tratado *m* de fundación de la Euratom

Eurco *m*, **s** (EU) (European Composit unit) eurco *m* (nueva unidad de valor para los empréstitos)

Euro *m*, **s** euro *m*; ***den ~ einführen*** implantar, introducir el euro

Euroaktienmarkt *m*, Ø mercado *m* europeo de renta variable

Euroanleihe *f*, **n** euroempréstito *m*; eurocrédito *m* (emitido en varias plazas europeas)

Eurobank *f*, **en** eurobanco *m*

Eurobondmarkt *m*, **¨e** → Eurokapitalmarkt

Euro-bonds *pl* eurobonos *pl*; euroempréstitos *pl*

Eurocheque *m*, **s** → Euroscheck

Eurodevisen *pl* eurodivisas *pl*, (préstamos hechos por una institución europea en la moneda de otro país europeo)

Eurodollar *m*, **s** eurodólar *m* (dólar americano colocado a corto plazo fuera de los Estados Unidos)

Euro-Dollar-Markt *m*, Ø mercado *m* (mundial) de eurodólares

Eurogeldmarkt *m*, **¨e** (mercado *m* de) eurodivisas *pl* (operaciones a menos de un año)

Eurokapitalmarkt *m*, **¨e** euroobligaciones *pl* (operaciones a más de 7 años); mercado *m* financiero europeo

Eurokrat *m*, **en** eurócrata *m*

Eurokredite *pl* eurocréditos *pl* (a más de dos y a menos de 7 años)

Europa *n*, Ø Europa *f*; ***das grüne*** ~ la Europa verde; la agricultura *f* europea (comunitaria)

Europäer *m*, - europeo *m*

Europagedanke *m*, Ø europeísmo *m*; idea *f* europea; ***Verfechter*** *m* ***des ~ns*** integracionista *m* europeo; defensor *m* del europeísmo

europäisch europeo

europäische Artikelnummerierung *f*, **en** código *m* de barras europeo; código *m* EAN

Europäische Atomgemeinschaft *f*, Ø (EAG) → Euratom

Europäische Freihandelsassoziation *f*, Ø → EFTA

Europäische Gemeinschaft für Kohle und Stahl Comunidad *f* Europea del Carbón y del Acero (ECA) (EGKS)

Europäische Gemeinschaften *pl* (EG) las Comunidades Europeas *pl* (= ***CE***, ***CECA***, ***Euratom***)

Europäische Investitionsbank *f*, Ø (EIB) Banco *m* Europeo de Inversiones (BEI)

Europäische Kommission *f*, Ø comisión *f* europea

Europäische Rechnungseinheit *f*, Ø (ERE) unidad *f* de cuenta europea (ECU)

Europäische Sozialpolitik *f*, Ø política *f* social europea

Europäische Union *f*, Ø → EU

Europäische Währungseinheit *f*, Ø (EWE) unidad *f* monetaria europea

Europäische Währungsunion *f*, Ø unión *f* monetaria europea (UME); unión *f* económica y monetaria (UEM)

Europäische Wirtschafts- und Währungsunion *f*, Ø unión *f* económica y monetaria europea (UEM)

Europäische Wirtschaftsgemeinschaft *f*, Ø (EWG) Comunidad *f* Económica Europea

Europäische Zentralbank *f*, Ø banco *m* central europeo (BCE)

Europäischer Ausrichtungs- und Garantiefonds *m*, Ø ~ ***Ausrichtungs- und Garantiefonds für die Landwirtschaft*** (EAGFL) Fondo *m* Europeo de Orientación y Garantía Agrícola (FEOGA); ***Zuschuss aus dem EAGFL*** ayuda *f* del FEOGA

Europäischer Binnenmarkt *m*, Ø mercado *m* único (europeo)

Europäischer Entwicklungsfonds *m*, Ø (EEF) Fondo *m* Europeo de Desarrollo (FED)

Europäischer Fonds für Regionale Entwicklung *m*, Ø (EFRE) Fondo *m* Europeo de Desarrollo Regional (FEDER)

Europäischer Gerichtshof *m*, Ø (EuGH) Tribunal *m* de Justicia Europeo; Corte *f* Europea de Justicia

Europäischer Gewerkschaftsbund *m*, Ø (EGB) Confederación *f* Europea de Sindicatos (CES)

Europäischer Rat *m*, Ø Consejo *m* Europeo; Cumbre *f* de la CE

Europäischer Rechnungshof *m*, Ø Tribunal *m* Europeo de Cuentas

Europäischer Sozialfonds *m*, Ø Fondo *m* Social Europeo

Europäischer Währungsfonds *m*, Ø (EWE) Fondo *m* Monetario Europeo (FME)

Europäischer Wirtschaftsraum *m*, Ø espacio *m* económico europeo (EEE)

Europäisches Parlament *n*, Ø (EP) Parlamento *m* Europeo (PE)

Europäisches Patentamt *n*, Ø Oficina *f* Europea de Patentes

Europäisches System der Zentralbanken *n*, Ø sistema *m* europeo de bancos centrales; sistema *m* de bancos centrales europeos

Europäisches Währungsinstitut *n*, Ø instituto *m* monetario europeo (IME)

Europäisches Währungssystem *n*, Ø (EWS) Sistema *m* Monetario Europeo (SME)

Europaparlament *n*, Ø (EP) Parlamento *m* Europeo (PE)

Europarat *m*, Ø Consejo *m* de Europa

Europarecht *n*, Ø derecho *m* europeo; derecho *m* comunitario; derecho *m* de la CEE

Europastraße *f*, **n** carretera *f* internacional (señalada con una "E" blanca sobre fondo verde)

Euroscheck *m*, **s** eurocheque *m*

Euroscheck-Karte *f*, **n** tarjeta *f* de eurocheque; ~ ***mit Magnetstreifen*** tarjeta de eurocheque magnética

Eurosyndikat *n*, Ø eurosindicato *m* (agrupación de bancos europeos con sede en Bruselas)

Eventualfall *m*, **¨e**, ***für den*** ~ en caso eventual; en la eventualidad

Eventualforderung *f*, **en** acreencia *f* eventual

Eventualhaushalt *m*, **e** presupuesto *m* de reserva

Eventualität *f*, **en** eventualidad *f*; contingencia *f*; posibilidad *f*

Eventualverbindlichkeit *f*, **en** obligación *f*, pasivo *m* eventual

Evidenzzentrale *f*, **n** central *f* de evidencia

evolutorisch evolutivo; creciente; no estacionario

EVP → Endverbraucherpreis

E-Werk → Elektrizitätswerk

EWG → Europäische Wirtschaftsgemeinschaft

ewig, ***~e Anleihe*** empréstito *m* perpetuo; deuda *f* perpetua; ***~e Rente*** renta *f* perpetua; renta *f* de duración ilimitada

EWS → Europäisches Währungssystem

ex, ~ ***Bezugsrecht*** ex derecho de suscripción; ***~-Dividende*** (Ggs. **Cum-Dividende**) ex cupón; ex dividendo; ~ ***und Hopp-Flasche*** casco *m* no pagado; casco *m* sin depósito; casco *m* no retornable

exakt 1. exacto; preciso **2.** esmerado; cuidadoso

Exaktheit *f*, Ø exactitud *f*; precisión *f*; esmero *m*

Exekution *f*, **en 1.** ejecución *f*; ajusticiamiento *m* **2.** (Börse) ejecución *f* de órdenes (dadas) **3.** (A) embargo *m*; decomiso *m*; incautación *f*

Exekutive *f*, **n** → Exekutivgewalt

Exekutivgewalt *f*, Ø (poder *m*) ejecutivo *m*

Exekutivorgan *n*, **e** órgano *m* ejecutivo

Exekutor *m*, **en 1.** ejecutor *m* **2.** (A) ordenanza *m*, ujier *m* de justicia

Exemplar *n*, **e** ejemplar *m*; número *m*

Exequatur *n*, **en** (Diplom.) exequátur *m*

Existenz *f*, **en** existencia *f*; ***sich eine ~ aufbauen*** crearse una posición; ***eine sichere*** ~ una posición segura; ***keine sichere ~ haben*** no tener medios de existencia

Existenzbedingungen *pl* condiciones *pl* de vida

Existenzkampf *m*, **¨e** lucha *f* por la existencia; lucha *f* por la vida

Existenzlohn *m*, **e** salario *m* para subsistir; salario *m* que sólo basta para cubrir las necesidades mas perentorias

Existenzminim|um *n*, **-a** mínimo *m* vital

Existenzmittel *pl* medios *pl* de subsistencia (*od.* de existencia)

Exklave *f*, **n** exclave *m*

exklusiv exclusivo; selecto; distinguido; ***~es Modell*** modelo *m* exclusivo
Exklusivartikel *m*, - artículo *m* exclusivo; artículo *m* en exclusiva
exklusive no comprendido; con exclusión; exclusive; sin contar; ~ ***Nebenkosten*** sin contar (los) gastos subsidiarios; ~ ***Porto*** sin contar el franqueo (Ggs. ***inklusive***)
Exklusivität *f*, Ø **1.** exclusividad *f* **2.** exclusiva *f* **3.** exclusivismo *m*
Exklusivrecht *n*, **e** derecho *m* exclusivo
Exklusivvertrag *m*, **¨e** contrato *m* en exclusiva
Exoten *pl* (Börse) títulos *pl*, valores *pl* especulativos; títulos *pl* emitidos por los llamados "países exóticos"
expandieren expanderse; estar en expansión
Expansion *f*, **en** expansión *f*; ***eine auf ~ ausgerichtete Wirtschaft*** una economía orientada a la expansión; una economía expansionista
Expansionsdrang *m*, Ø afán *m*, empuje *m* expansionista; expansionismo *m*
expansionsfreudig expansionista; que estimula la expansión
Expansionspolitik *f*, Ø política *f* expansionista; política *f* de expansión; expansionismo *m*
Expansionsrate *f*, **n** tasa *f* de expansión
expansiv expansivo; expansionista; ***~e Bevölkerungspolitik*** política *f* demográfica expansiva; ***~e Lohnpolitik*** política *f* expansiva de salarios; ***~es Unternehmen*** empresa *f* en (plena) expansión
expedieren (selten) expedir; remitir; mandar; despachar
Expedition *f*, **en** expedición *f*; facturación *f* (de equipajes)
Expeditionsabteilung *f*, **en** servicio *m* de expedición
Expeditionsgeschäft *n*, **e** casa *f* *bzw.* negocio *m* de expedición
Experte *m*, **n** experto *m*; especialista *m*; perito *m*; ~ ***für (in) Steuerfragen*** experto *m* fiscal; ***einen ~n zu Rate ziehen*** consultar a un experto (Syn. ***Gutachter, Sachverständiger***)
Expertenausschuss *m*, **¨sse** → Expertenkommission
Expertenkommission *f*, **en** comisión *f* de expertos
Expertise *f*, **n** informe *m* de peritos; peritaje *m*; peritación *f*; dictamen *m* pericial; (Gal.) expertisa *f*; ***eine ~ über etw. einholen*** solicitar, obtener un dictamen pericial; ***eine ~ erstellen*** elaborar, confeccionar, hacer un informe pericial (Syn. ***Gutachten***)
expertisieren someter al juicio pericial; hacer una peritación
explosionsartig explosivo; como una explosión
Exponat *n*, **e** productos *pl*, artículos *pl* expuestos; material *m*, objeto *m* expuesto
Export *m*, **e** exportación *f*; (Güter) exportaciones *pl*; ***zum ~ bestimmt*** destinado a la exportación; ***den ~ fördern*** estimular, promover la exportación (Syn. ***Ausfuhr***; Ggs. ***Import***); ~ ***über den Ladentisch*** venta *f* de artículos a los turistas; ***zollfreier*** ~ exportación en (régimen de) franquicia
Exportabteilung *f*, **en** servicio *m*, sección *f*, departamento *m* de exportación
Exportanteil *m*, **e** cuota *f*, tasa *f*, porcentaje *m* de exportaciones
Exportartikel *m*, - artículo *m* de exportación
Exportauftrag *m*, **¨e** orden *f* de exportación; pedido *m* destinado a la exportación
Exportausführung *f*, **en** versión *f* de exportación; modelo *m* destinado a la exportación
Exportbeschränkung *f*, **en** restricción *f* a las exportaciones
Exportbestimmungen *pl* reglamentación *f* en materia de exportación
Exportbewilligung *f*, **en** → Exporterlaubnis
Exporte *pl* **1.** mercancías *pl* destinadas a la exportación; artículos *pl* de exportación **2.** exportaciones *pl*; bienes *pl* exportados
Exporterlaubnis *f*, **se** licencia *f*, permiso *m* de exportación
Exporteur *m*, **e** exportador *m* (Ggs. ***Importeur***)
Exporteurkredit *m*, **e** crédito *m* para la refinanciación del exportador
exportfähig exportable
Exportfinanzierung *f*, **en** financiación *f* de las exportaciones
Exportfirm|a *f*, **-en** casa *f*, empresa *f* exportadora
Exportförderung *f*, **en** ayuda *f*, promoción *f* de la exportación; estímulo *m* a las exportaciones
exportfreudig, ***~e Länder*** países *pl* exportadores; países *pl* con gran cuota de exportación
Exportgemeinschaft *f*, **en** comunidad *f* de exportadores
Exportgenehmigung *f*, **en** → Exporterlaubnis

Exportgenossenschaft *f*, **en** cooperativa *f* exportadora
Exportgeschäft *n*, **e** **1.** negocio *m* de exportación **2.** casa *f*, firma *f*, empresa *f* exportadora
Exportgüter *pl* **1.** bienes *pl* de exportación **2.** productos *pl* exportados
Exporthandel *m*, Ø comercio *m* de exportación
Exporthändler *m*, - → Exporteur
exportieren, ***Waren nach Spanien*** ~ exportar mercancías a España (Syn. ***ausführen***)
Exportindustrie *f*, **n** sector *f* de exportación; industria *f* exportadora
exportintensiv con fuerte coeficiente de exportación; de gran densidad exportadora; muy exportador
Exportkartell *n*, **e** cártel *m* (comercial) de exportación
Exportkauf|mann *m*, **-leute** (negociante *m*, comerciante *m*) exportador *m*
Exportkommissionär *m*, **e** comisionista *m* de exportación; comisionista *m* especializado en exportación
Exportkontingent *n*, **e** contingente *m*, cupo *m* de exportación
Exportkredit *m*,**e** crédito *m* a la exportación
Exportland *n*, **¨er** país *m* exportador; país *m* de origen, de producción
Exportleiter *m*, - jefe *m* de exportación
Exportmarkt *m*, **¨e** mercado *m* de exportación
Exportprämie *f*, **n** prima *f* a la exportación
Exportpreis *m*, **e** precio *m* de las mercancías exportadas; precio *m* de exportación
Exportquote *f*, **n** cuota *f*, porcentaje *m* de exportación
Exportrisikogarantie *f*,**n** garantía *f* de riesgo a la exportación
Exportrückgang *m*, **¨e** descenso *m*, disminución *f*, involución *f* de las exportaciones
Exportsteigerung *f*, **en** aumento *m* de las exportaciones
Exportüberschu|ß *m*, **¨sse** excedente *m* de exportación; superávit *m* exportador
Exportvalutaerklärung *f*, **en** declaración *f* del valor a la exportación
Exportvolumen *n*, - volumen *m* de exportación
Exportware *f*, **n** mercancía *f* a exportar; mercancía *f* destinada a la exportación
Exportziffer *f*, **n** cifra *f* de exportaciones
Exportzweig *m*, **e** ramo *m*, sector *m* exportador
Exposure (Seg.) (grado *m* de) exposición *f* (a riesgos)
express, (selten) ***einen Brief ~ schicken*** remitir, enviar, mandar por expreso
Expressbrief *m*, **e** **1.** carta *f* urgente (dentro de un país) **2.** carta *f* exprés (a nivel internacional) **3.** (LA) carta *f* de entrega inmediata
Expressdienst *m*, **e** servicio *m* (por) exprés
Expressgut *n*, **¨er** paquete *m* exprés; ***etw. als ~ schicken*** remitir, enviar, mandar por exprés
Expresssendung *f*, **en** envío *m* *bzw.* paquete *m* *bzw.* carta exprés
Expresszug *m*, **¨e** (A) (tren *m*) expreso; (tren *m*) rápido *m*
Expropriation *f*, **en** → Enteignung
extensiv extensivo; ***~e Bebauung*** cultivo *m* extensivo; ***~e Landwirtschaft*** agricultura *f* extensiva (política de menor coste); ***~e Nutzung*** explotación *f* extensiva; aprovechamiento *m* extensivo
extern, (Inform.) ***~e Geräte*** aparatos *pl* auxiliares, periféricos; ***~er Speicher*** memoria *f* externa, periférica
Extra- (Pref.) excepcional; suplementario; especial; extra (automóvil)
Extrablatt *n*, **¨er** **1.** (número *m*) extraordinario *m*; edición *f* especial **2.** suplemento *m*; página *f* suplementaria
Extradividende *f*, **n** dividendo *m* extra(ordinario); dividendo *m* suplementario
Extraklasse *f*, **n** calidad *f*, categoría *f* extra; de primerísima clase
Extrakosten *pl* gastos *pl* especiales (*od.* extraordinarios); costes *pl* suplementarios
Extranummer *f*, **n** número *m* especial
extrapolieren extrapolar
Extrasitzung *f*, **en** (CH) sesión *f* extraordinaria
Extrasteuer *f*, **en** (CH) impuesto *m*, tasa *f* especial
Exzedent *m*, **en** (Seg.) excedente *m*
Exzedentenabgabe *f*, **n** (Seg.) cesión *f* de excedentes
Exzedentenverträge *pl* (Seg.) contratos *pl* de excedentes
Exzellenz *f*, **en** excelencia *f*; ***Eure*** ~ Vuecencia; Su Excelencia; (in Briefen) Excelentísimo señor; (Abk. Excmo. Sr.)
Exzess *m*, **-sse** exceso *m*; abuso *m*; demasía *f*
Exzessschaden *m*, ¨ (Seg.) exceso *m* de pérdida

F

F 1. → Fernschnellzug **2.** → Fernsprecher
F.D.P. (Freie Demokratische Partei) (R.F.A.) partido *m* liberal
F/A (Februar/August) titulo *m* de renta fija (pago de intereses el 1/2 y el 1/8)
Fa. → Firma
Fass *n*, **¨sser** tonel *m*; barril *m*; cuba *f*; ***Bier vom ~*** cerveza *f* de barril
Fabrik *f*, **en** fábrica *f*; manufactura *f*; planta *f*; ***ab ~*** puesto, vendido en fábrica; ex fábrica; ***bestreikte ~*** fábrica afectada por una huelga; ***eine ~ betreiben*** explotar una fábrica; ***frei ~*** franco fábrica; ***eine ~ gründen, stilllegen, übernehmen*** fundar, cerrar, hacerse cargo de una fábrica
Fabrikabgabepreis *m*, **e** precio *m* (de venta) ex fabrica
Fabrikanlage *f*, **n** instalación *f* industrial; superficie *f* de explotación; planta *f* industrial
Fabrikant *m*, **en** fabricante *m*; productor *m*; industrial *m*
Fabrikarbeit *f*, **en** **1.** trabajo *m* de fábrica *od.* fabril **2.** producto *m*, articulo *m* manufacturado
Fabrikarbeiter *m*, **-** obrero *m* (de fábrica); trabajador *m*; operario *m*
Fabrikat *n*, **e** producto *m* industrial; artículo *m* manufacturado; ***ausländisches, einheimisches ~*** producto extranjero, nacional; ***eigenes ~*** marca *f* propia; producto *m* propio
Fabrikation *f*, **en** fabricación *f*; producción *f*; ***in die ~ geben*** comenzar a producir (Syn. ***Produktion***)
Fabrikationsablauf *m*, **¨e** proceso *m* de fabricación
Fabrikationsabteilung *f*, **en** departamento *m*, sección *f* de producción
Fabrikationsaufnahme *f*, **n** lanzamiento *m* de la producción
Fabrikationsauftrag *m*, **¨e** orden *f* de fabricación
Fabrikationsbuch *n*, **¨er** libro *m*, registro *m* de fabricación
Fabrikationseinrichtung *f*, **en** equipo *m*, instalaciones *pl* de fabricación
Fabrikationsfehler *m*, **-** defecto *m*, falla *f* de fabricación; ***wegen eines ~s beanstandete Waren*** mercancías *pl* reclamadas por defecto de fabricación
Fabrikationsgang *m*, **¨e** proceso *m* de fabricación
Fabrikationsgeheimnis *n*, **se** secreto *m* de fabricación
Fabrikationsgemeinkosten *pl* costes *pl* generales de fabricación
Fabrikationskont|o *n*, **-en** cuenta *f* de explotación de la producción
Fabrikationskontrolle *f*, **n** control *m* de (la) fabricación
Fabrikationskosten *pl* costes *pl* de (la) fabricación
Fabrikationskostenaufstellung *f*, **en** desglose *m*, estado *m* de los costes de fabricación
Fabrikationslizenz *f*, **en** licencia *f* de fabricación
Fabrikationslöhne *pl* salarios *pl* directos; costo *m* de mano de obra de la producción
Fabrikationsmittel *pl* medios *pl* de fabricación
Fabrikationsnummer *f*, **n** número *m* de fabricación
Fabrikationspreis *m*, **e** precio *m*, coste *m* de la producción (Syn. ***Herstellungskosten***)
Fabrikationsprogramm *n*, **e** programa *m* de fabricación
Fabrikationsprozess *m*, **-sse** proceso *m* de fabricación
Fabrikationsrisik|o *n*, **-en** riesgo *m* de fabricación
Fabrikationsstätte *f*, **n** fábrica *f*; planta *f* de fabricación
Fabrikationsverfahren *n*, **-** procedimiento *m* de fabricación
Fabrikationszweig *m*, **e** rama *f* de fabricación
Fabrikautomation *f*, **Ø** **1.** automatización *f* fabril **2.** automatización *f* de la fábrica

Fabrikbesitzer *m*, - fabricante *m*; propietario *m* de una fábrica
Fabrikbetrieb *m*, **e** empresa *f* industrial; fábrica
Fabrikdirektor *m*, **en** director *m* (de fábrica)
Fabrikfahrer *m*, - (Sport) conductor *m* de carreras que porta los colores de una marca que financia el equipo (Syn. ***Werksfahrer***)
fabrikfertig fabricado
fabrikfrisch directamente de (la) fábrica
Fabrikgarantie *f*,**n** garantía *f* de fabricación
Fabrikgebäude *n*, - fábrica *f*; dependencias *pl* de la fábrica
Fabrikgeheimnis *n*, **se** → Fabrikationsgeheimnis
Fabrikgelände *n*, - zona *f* industrial; terreno *m* de la fábrica
Fabrikgleis *n*, **e** ramal *m* (ferroviario) industrial
Fabrikhalle *f*, **n** nave *f* (industrial)
Fabrikhandel *m*, Ø venta *f* directa de fábrica; venta *f* directa al consumidor; comercio *m* directo de manufacturas
Fabrikklausel *f*, **n** clausula *f* "puesto en *od.* vendido en fábrica"
Fabrikleiter *m*, - → Fabrikdirektor
Fabrikleitung *f*, **en** dirección *f* de la fábrica
Fabrikler *m*, - (CH) obrero *m* (de fábrica)
Fabrikmarke *f*, **n** marca *f* registrada *od.* de fábrica
fabrikmäßig fabril; ***~e Herstellung*** fabricación *f* en serie; ***~e Ware*** artículo *m* fabricado en serie
fabrikneu, ***~es Erzeugnis*** producto *m* salido de fábrica
Fabriknummer *f*, **n**, ***~ des Herstellers*** número *m* de fabricación; número *m* de fábrica
Fabrikpreis *m*, **e** (Preis ab Werk) precio *m* en (*od.* ex) fábrica
Fabrikschiff *n*, e buque *m* factoría
Fabrikschutzmarke *f*, **n** marca *f* registrada
Fabriksiedlung *f*, **en** ciudad *f* industrial, fabril; centro *m* industrial
Fabriksignet *n*, **s** → Fabrikmarke
Fabrikstadt *f*, **¨e** ciudad *f* industrial
Fabrikwaren *pl* artículos *pl*, productos *pl* de fábrica; mercancías *pl* producidas en fábrica
Fabrikzeichen *n*, - → Fabrikmarke
fabrizieren fabricar; producir (Syn. ***Herstellen; produzieren***)

Fach *n*, **¨er 1.** ramo *m*; sector *m*; especialidad *f*; materia *f*; ***Mann vom ~*** especialista *m*; experto *m* **2.** cajón *m*; estante *m*; gaveta *f*; compartimiento *m*; ***in jds. ~ schlagen*** caer dentro de la esfera de actividad de alg.; ***sein ~ verstehen*** conocer a fondo su profesión
Fachabteilung *f*, **en** servicio *m* especializado, técnico; departamento *m* especializado
Fachanwalt *m*, **¨e**, ***~ für Steuerrecht*** abogado *m* especializado en derecho fiscal
Facharbeit *f*, **(en)** trabajo *m* de especialista
Facharbeiter *m*, - trabajador *m* cualificado, profesional; ***hochqualifizierter ~*** trabajador altamente cualificado
Facharbeiterbrief *m*, **e** certificado *m* de aptitud profesional
Facharbeiterprüfung *f*, **en** examen *m* de aptitud profesional
Fach(arbeits)kräfte *pl* mano de obra *f* cualificada
Facharzt *m*, **¨e** (médico *m*) especialista *m*
Fachausbildung *f*, **en** formación *f* profesional, técnica
Fachausdruck *m*, **e** término *m* técnico; tecnicismo *m*
Fachausschuss *m*, **¨sse** comisión *f* técnica; comité *m* de expertos
Fachausstellung *f*, **en** feria *f*, exposición *f* especializada; certamen *m* técnico
Fachbeirat *m*, **¨e** consejo *m* técnico; servicio *m* de asistencia técnica
Fachberater *m*, - asesor *m* técnico; experto *m*
Fachbereich *m*, **e 1.** especialidad *f* **2.** departamento *m*; sección *f*; área *f*
Fachbericht *m*, **e** informe *m* técnico, de especialista
Fachbezeichnung *f*, **en** (Inform.) nomenclatura *f*
Fachbranche *f*, **n** ramo *m* especializado, profesional
Fachbücher *pl* literatura *f* especializada
Facheinkäufer *m*, - comprador *m* profesional (de un gran negocio)
Facheinzelhandel *m*, Ø comercio *m* minorista especializado; tienda *f* especializada
Fächerung *f*, **en** diversificación *f*
fachfremd no especializado en la materia; ajeno a la materia
Fachgebiet *n*, **e** especialidad *f*; ramo *m* especial
Fachgelehrte/r (der/ein) especialista *m*
fachgemäß conforme a la especialidad; conforme a la materia

fachgerecht acorde con la especialidad; acorde con la materia; *~e **Entsorgung*** eliminación *f* cualificada de desechos
Fachgeschäft *n*, **e** establecimiento *m* especializado *od.* del ramo; negocio *m*, comercio *m* especializado
Fachgewerkschaft *f*, **en** sindicato *m* del ramo; ***örtliche*** ~ sindicato del ramo local; ***unabhängige*** ~ sindicato independiente; ***vereinigte*** ~ sindicato profesional unificado; ~ ***für mehrere Spezialberufe*** sindicato para varias profesiones
Fachgröße *f*, **n** autoridad *f* en la materia
Fachgruppe *f*, **n** agrupación *f* profesional
Fachhandel *m*, Ø comercio *m* especializado
Fachhochschule *f*, **n** escuela *f* técnica superior
Fachidiot *m*, **en** bárbaro *m* especialista
Fachinnungsverband *m*, **¨e** agrupación *m* corporativa; sindicato *m* profesional
Fachjargon *m*, s jerga *f* profesional, técnica; jerga *f* de expertos
Fachkatalog *m*, **e** catálogo *m* especializado
Fachkenner *m*, - especialista *m*; experto *m*
Fachkenntnisse *pl* conocimientos *pl* especiales, técnicos, del ramo
Fachkommission *f*, **en** → Fachausschuss
Fachkräfte *pl* mano de obra *f* cualificada; profesionales *pl*; personal *m* cualificado
Fachkreise *pl* medios *pl* competentes; ***in ~n*** entre expertos
Fachkundenkreis *m*, **e** → Fachkundschaft
fachkundig competente; experto; especializado
Fachkundschaft *f*, **en** clientela *f* profesional
Fachkurs *m*, **e** curso *m* monográfico; curso *m* técnico
Fachlehrer *m*, - profesor *m* especializado
Fachlehrgang *m*, **¨e** cursillo *m* de especialización
fachlich profesional; ~ ***geeignet*** cualificado
Fachliteratur *f*, Ø bibliografía *f* especializada, técnica
Fach|mann *m*, **¨er** *od.* **-leute** experto *m*; especialista *m*; perito *m*; ***einen ~ zu Rate ziehen*** consultar a un especialista
fachmännisch especializado; experto; *~e **Beratung*** consejo *m* de especialista; asistencia *f* técnica; ***etw. ~ ausführen*** ejecutar u/c conforme a las reglas del arte
Fachmesse *f*, **n** feria *f* especializada
Fachnorm *f*, **en** estándar *m*, norma *f* industrial
Fachorgan *n*, **e** organismo *m bzw.* órgano *m* profesional
Fachpersonal *n*, Ø personal *m* cualificado; personal *m* especializado; personal *m* técnico
Fachpresse *f*, Ø prensa *f* especializada
Fachsalon *m*, **s** exposición *f* especializada; certamen *m* especializado
Fachschaft *f*, **en** → Fachverband
Fachschau, **en** → Fachsalon
Fachschrift *f*, **en** publicación *f* técnica; revista *f* del ramo *od.* especializada
Fachschule *f*, **n** instituto *m* de formación profesional, técnica; escuela *f* de peritos
Fachschulwesen *n*, Ø (sistema *m* de) enseñanza *f* técnica
fachsimpeln (Fam.) hablar de asuntos profesionales
Fachsprache *f*, **n** lenguaje *m* técnico, profesional; terminología *f* técnica; tecnicismos *pl*
Fachstudi|um *n*, **-en** estudios *pl* profesionales, especiales
Fachtagung *f*, **en** seminario *m*; congreso *m*; jornadas *pl* especializadas, técnicas; ***an einer ~ teilnehmen*** participar en un congreso de especialistas
Fachveranstaltung *f*, **en** reunión *f* especializada
Fachverband *m*, **¨e** asociación *f*, agrupación *f* profesional
Fachverkäufer *m*, - vendedor *m* especializado
Fachwelt *f*, Ø especialistas *pl* (de un ramo); mundo *m* profesional
Fachwerk *n*, **e** **1.** obra *f* técnica, especializada; libro *m* sobre una materia **2.** maderaje *m*; entramado *m*
Fachwissen *n*, Ø competencia *f* técnica; ***technisches*** ~ conocimientos *pl* técnicos; (Angl.) Know-how *m* técnico
Fachwissenschaft *f*, Ø especialidad *f* científica
Fachwörterbuch *n*, **¨er** diccionario *m* sobre una determinada materia; diccionario *m* técnico
Fachzeitschrift *f*, **en** revista *f* especializada
Factoring *n*, Ø facturación *f*; factoraje *m*; (Angl.) fáctoring *m*; venta *f* comercial de activos exigibles (pendientes); ***offenes und notifiziertes*** ~ fáctoring *m* expreso y notificado; ***stille Form des*** ~ fáctoring *m* tácito
Factoringgesellschaft *f*, **en** factor *m*; instituto *m* de facturación; (Angl.) compañía *f* dedicada al fáctoring
Factoringkunde *m*, **n** cliente *m* de fáctoring

FAD → Fernsprechauftragsdienst
fähig capaz; competente; apto; ***~er Mitarbeiter*** colaborador *m* competente
Fähigkeit *f*, **en** capacidad *f*; aptitud *f*; competencia *f*; disposición *f*; habilidad *f*; ***berufliche*** ~ competencia profesional; ***durchschnittliche ~en*** capacidades medias; ***geistige ~en*** aptitud intelectual; ***handwerkliche ~en*** habilidades manuales
Fähigkeitsausweis *m*, **e** certificado *m* de aptitud
Fähigkeitsnachweis *m*, **e** → Fähigkeitsausweis
fahnden, ***nach jdm.*** ~ perseguir a alg.; buscar a alg.
Fahndung *f*, **en** pesquisas *pl* (policiales); búsqueda *f*; investigación *f*
Fahndungsdienst *m*, **e** (Zoll) servicio *m* de pesquisas
fahndungssicher protegido de las pesquisas (p.ej. fiscales)
Fahrausweis *m*, **e 1.** billete *m* (de ferrocarril, tranvía); (LA) boleto *m*; ***im Besitz eines gültigen ~es sein*** tener un billete válido **2.** (CH) permiso *m* de conducir
Fahrbahn *f*, **en 1.** calzada *f* **2.** pista *f*; ***zweispurige*** ~ calzada, pista de dos carriles; ~ ***mit Gegenverkehr*** calzada con doble circulación *od.* con circulación en sentido contrario
fahrbar 1. transitable **2.** conducible
Fahrbereich *m*, **e** radio *m* de acción
fahrbereit listo para rodar; dispuesto para salir
Fahrbereitschaft *f*, Ø parque *m* móvil
Fahrdienst *m*, **e** servicio *m* de ferrocarriles
Fahrdienstleiter *m*, - jefe *m* de estación
Fähre *f*, **n** transbordador *m*; (LA) ferry-boat *m*
Fahreigenschaften *pl* propiedades *pl* de marcha; propiedades *pl* ruteras
fahren ir; conducir; partir; ***im Zustand der Trunkenheit*** ~ conducir en estado de embriaguez; ***in die Grube*** ~ bajar a la mina; ***gut bei einem Handel*** ~ hacer un buen negocio; ***erste Klasse*** ~ viajar en primera (clase); ***in*** (auf) ***Urlaub*** ~ ir de vacaciones
fahrend, ***~es Gut (~e Habe)*** bien *m* mueble; ***~er Verkäufer*** vendedor *m* ambulante
Fahrer *m*, - conductor *m*; chófer *m*; ***flüchtiger*** ~ conductor que se da a la fuga
Fahrerflucht *f*, Ø fuga *f* en caso de accidente
Fahrerlaubnis *f*, **se** → Führerschein
Fahrgast *m*, **e** pasajero *m*; viajero *m*
Fahrgeld *n*, **er 1.** precio *m*, importe *m* del pasaje; precio *m* del billete **2.** subvención *f* para gastos de viaje; viático *m*
Fahrgelderstattung *f*, **en** restitución *f* del importe del pasaje *od.* billete
Fahrgeschwindigkeit *f*, **en** velocidad *f* (de marcha) ***höchstzulässige*** ~ velocidad máxima (permitida)
Fahrgestell *n*, **e 1.** (Auto.) chas(s)is *m* **2.** (Aviac.) tren *m* de aterrizaje
Fahrkarte *f*, **n** billete *m*; (LA) boleto *m* **1.** ***abgelaufene***, ***ausgedruckte*** ~ billete vencido, de destino fijo; ***ermäßigte***, ***gelochte*** ~ billete de tarifa reducida, perforado; ***eine ~ zum halben***, ***vollen Preis*** un billete de tarifa media, normal **2.** ***eine ~ ausgeben*** emitir un billete; ***eine ~ lösen*** comprar, sacar un billete **3.** ***einfache*** ~ billete de ida; ~ ***hin und zurück*** billete de ida y vuelta
Fahrkartenausgabe *f*, **n** despacho *m* de billetes; venta *f* de billetes; (LA) boletería *f*
Fahrkartenautomat *m*, **en** distribuidor *m*, expendedor *m* automático de billetes
Fahrkartendrucker *m*, - impresora *f* de billetes
Fahrkartenkontrolleur *m*, **e** revisor *m* (de billetes)
Fahrkartenschalter *m*, - → Fahrkartenausgabe
Fahrkartenverkäufer *m*, - taquillero m
Fahrkartenzuschuss *m*, **¨sse** subsidio *m* para gastos de viaje
Fahrkomfort *m*, Ø confort *m*, comodidad *f* de marcha
Fahrkosten *pl* costes *pl* de transporte, de viaje
fahrlässig descuidado; negligente; imprudente; ***~e Tötung*** homicidio *m* culposo, involuntario
Fahrlässigkeit *f*, Ø imprudencia *f*; negligencia *f*; ***grobe*** ~ negligencia grave; ***leichte*** ~ negligencia leve; ***zum Schadenersatz verpflichtende*** ~ negligencia que obliga a indemnización; ***zu vertretende*** ~ negligencia disculpable
Fahrlässigkeitsdeckung *f*, **en** (Seg.) cobertura *f* de negligencia
Fahrlehrer *m*, - profesor *m* de autoescuela
Fahrleistung *f*, Ø **1.** rendimiento *m* en carretera; prestaciones *pl* de marcha **2.** kilometraje *m* hecho
Fährmann *m*, **¨er** *od.* **-leute** barquero *m*; balsero *m*

Fahrnis *f*, **se** bienes *pl* muebles
Fahrnisgemeinschaft *f*, **en** comunidad *f* de bienes muebles
Fahrnishypothek *f*, **en** hipoteca *f* sobre bienes muebles
Fahrniskauf *m*, **¨e** transacción *f* de bienes muebles
Fahrnisversicherung *f*, **en** (Seg.) seguro *m* de cosas *od.* bienes muebles
Fahrplan *m*, **¨e** **1.** horario *m* (de trenes) **2.** itinerario *m* **3.** guía *f* de ferrocarriles
fahrplanmäßig conforme al horario; ***~er Zug*** tren *m* regular; ***~ ankommen*** llegar a la hora reglamentaria, puntualmente
Fahrplanwechsel *m*, - cambio *m* de horario (s)
Fahrprax|is *f*, **-en** experiencia *f*, práctica *f* en la conducción (de automóviles)
Fahrpreis *m*, **e** precio del billete ***zu ermäßigtem ~*** de tarifa reducida; ***den vollen ~ bezahlen (entrichten)*** pagar la tarifa normal
Fahrpreisanzeiger *m*, - taxímetro *m*; indicador *m* de tarifas
Fahrpreisberechnung *f*, **en** tarificación *f* (del precio del billete)
Fahrpreiserhöhung *f*, **en** aumento *m* de la tarifa *od.* del precio del billete
Fahrpreisermäßigung *f*, **en** reducción *f* de la tarifa *od.* del precio del billete
Fahrpreiserstattung *f*, **en** restitución *f* de la tarifa *od.* del precio del billete
Fahrprüfung *f*, **en** examen *m* de conducir
Fahrrad *n*, **¨er** bici(cleta) *f*
Fahrschein *m*, **e** → Fahrkarte
Fahrscheinentwerter *m*, - (máquina) canceladora *f* de billetes; "picadora" *f* de billetes
Fahrscheinheft *n*, **e** carné *m*, tarjeta *f* multiviaje
Fährschiff *n*, **e** → Fähre
Fahrschule *f*, **n** auto-escuela *f*; escuela *f* de chóferes; (LA) academia *f* de conducir
Fahrschüler *m*, - aspirante *m*, candidato *m* a conductor
Fahrsicherheit *f*, Ø **1.** seguridad *f* de marcha **2.** seguridad *f* al conducir
Fahrspur *f*, **en** carril *m*; banda *f*
Fahrstrecke *f*, **n** trayecto *m*; recorrido *m*
Fahrstuhl *m*, **¨e** ascensor *m* (Syn. ***Lift, Aufzug***)
Fahrstunde *f*, **n** lección *f* de conducir
Fahrt *f*, **en** trayecto *m*; viaje *m*; marcha *f*; ***auf der ~ nach*** camino de; en viaje para; ***~ ins Blaue*** viaje con destino desconocido; excursión del personal de una empresa
Fahrtauslagen *pl* gastos *pl* de viaje; ***die ~ zurückerstatten*** restituir los gastos en concepto de viaje
Fahrtausweis *m*, **e** → Fahrausweis
Fahrtdauer *f*, Ø duración *f* del viaje
Fahrtenbuch *n*, **¨er** libro *m* de ruta, de a bordo
Fahrtenschreiber *m*, - (Auto.) tacógrafo *m*
Fahrtkosten *pl* → Fahrkosten
Fahrtmesser *m*, - velocímetro *m*
Fahrtrichtung *f*, **en** sentido *m* de marcha; dirección *f*; ***ein Platz in ~*** una plaza en el sentido de la marcha
Fahrtroute *f*, **n** itinerario *m*
Fahrtspesen *pl* → Fahrtauslagen
Fahrtstrecke *f*, **n** → Fahrstrecke
Fahrtüchtigkeit *f*, Ø aptitud *f* para conducir
Fahrtunterbrechung *f*, **en** interrupción *f* del viaje
Fahruntüchtigkeit *f*, Ø incapacidad *f* para conducir
Fahrverbot *n*, **e** prohibición *f* de conducir (un vehículo)
Fahrverhalten *n*, Ø comportamiento *m* en ruta, en carretera
Fahrverkehr *m*, Ø tráfico *m* *od.* tránsito *m* rodado
Fahrvorschrift *f*, **en** reglamento *m* de circulación (Syn. ***Verkehrsordnung***)
Fahrwasser *n*, **-gewässer** agua *f* navegable
Fahrwerk *n*, **e** tren *m* de aterrizaje
Fahrzeit *f*, **en** viaje *m*; duración *f* del trayecto
Fahrzeug *n*, **e** vehículo *m*; coche *m*; automóvil *m*; embarcación *f*
Fahrzeugbau *m*, Ø construcción *f* de automóviles, de vehículos
Fahrzeugbauindustrie *f*, **n** (industria *f* de la) construcción *f* de automóviles
Fahrzeugbenutzer *m*, - usuario *m* de un vehículo
Fahrzeugbestand *m*, **¨e** → Fahrzeugpark
Fahrzeugbrief *m*, **e** título *m* de propiedad de un vehículo; carta *f* de vehículo (de motor)
Fahrzeugeigentümer *m*, - propietario *m* de un vehículo
Fahrzeugführer *m*, - conductor *m* del vehículo
Fahrzeuggeschwindigkeit *f*, **(en)** velocidad *f* del vehículo
Fahrzeughalter *m*, - titular *m* del vehículo (de motor)

Fahrzeuginsasse *m*, **n** ocupante *m* del vehículo; viajero *m*
Fahrzeugklasse *f*, **n** categoría *f* de vehículo
Fahrzeugmiete *f*, **n** alquiler *m*, arrendamiento *m* de vehículos
Fahrzeugpapiere *pl* documentación *f* del vehículo
Fahrzeugpark *m*, **s** parque *m* de vehículos; parque *m* móvil
Fahrzeugunterhaltung *f*, Ø mantenimiento *m* del vehículo
Fahrzeugverkehr *m*, Ø circulación *f* (de vehículos); ***für den ~ gesperrt*** prohibido el trafico *od.* la circulación de vehículos
Fahrzeugversicherung *f*, **en** seguro *m* de automóviles
Fahrzulage *f*, **n** plus *m* de transporte
Faksimile *n*, s facsímil(e) *m*
Fakten *pl* hechos *pl*; ***sich an die ~ halten*** atenerse a los hechos
faktisch efectivo; real; de hecho
Faktor *m*, **en 1.** factor *m* **2.** gerente *m*; administrador *m* **3.** jefe *m* de taller, contramaestro *m*
Faktorenanalyse *f*, **s** análisis *m* factorial; análisis *m* de los factores
Faktorenmarkt *m*, **e** mercado *m* de los factores
faktoriell factorial
Faktorkosten *pl* costo *m* de los factores (de producción); ***zu ~*** al costo de los factores
Faktorpreis *m*, **e** coste *m* de un factor
Faktot|um *n*, **s** *od.* **-en** factótum *m*
Faktur|a *f*, **-en** (A) factura *f*; ***beglaubigte ~*** factura legalizada; ***~ ausstellen*** extender una factura
Fakturawert *m*, **e** valor *m* facturado; valor *m* de *od.* en factura
Fakturiercomputer *m*, **-** facturador *m*; facturadora *f*
fakturieren facturar
Fakturiermaschine *f*, **n** facturadora *f*; máquina *f* de facturar
Fakturierung *f*, **en** facturación *f*
Fakturist *m*, **en** empleado *m* encargado de las facturas; empleado *m* facturador
Fakultät *f*, **en** Facultad *f*; ***Juristische ~*** Facultad de derecho
fakultativ facultativo (Seg.); ***~e Übernahme*** asunción *f* facultativa; ***~e Zeichnung*** suscripción *f* facultativa
Fall *m*, **¨e 1.** caso *m*; asunto *m*; estudio *m* de un caso ***auf jeden ~*** en todo caso; ***einen ~ bearbeiten*** tramitar un caso; ***im ~e, dass*** en caso (de) que; ***im vorliegenden ~*** en el caso presente; ***in dringenden ~¨en*** en caso de urgencia; ***in den Bestimmungen nicht vorgesehener ~*** caso no previsto en el reglamento; ***je nach Lage des ~es*** según se presente el caso; según sea la situación; ***strittiger ~*** caso polémico; ***von ~ zu ~ gebildeter Ausschuss*** comité *m* ad hoc **2.** fracaso *m*; quiebra *f*; mal éxito *m*; ***einen Plan zu ~ bringen*** hacer fracasar un plan; desaprobar
fallen 1. caer; bajar; tender a la baja; descender; disminuir; ***die Aktien, die Preise ~*** las acciones tienden a la baja, los precios bajan **2.** ***in eine andere Kategorie ~*** pertenecer a otra categoría; ***in die Kompetenz der Regierung ~*** ser de la competencia del Gobierno; ***unter ein Gesetz ~*** estar sujeto a la ley; ***zur Last ~*** correr a cargo de; pasar a ser una carga para **3.** recaer en; ***die Erbschaft fällt an Paul*** la herencia recae en Paul
Fällen *n*, Ø, ***~ von Entscheidungen*** adopción *f* de decisiones
fallend degresivo; decreciente; descendente ***~e Kosten*** costes *pl* degresivos; ***~e Tendenz*** tendencia *f* a la baja
fallieren (Arch.) quebrar; hacer quiebra
fällig 1. pagadero; vencido; a pagar; pendiente; exigible; ***am 30. ~ werden, sein*** haber vencido, expirar, vencer el 30; ***der Wechsel wird ~ am*** la letra vence el; ***~er Betrag*** importe *m* exigible; ***~e Forderung*** crédito *m* a pagar; ***~e Schulden*** deudas *pl* exigibles; ***in dreißig Tagen ~er Wechsel*** letra *f* a treinta días; ***~e Zahlung*** pago *m* pendiente; ***~e Zinsen*** intereses *pl* a pagar **2.** necesario; indispensable; ***die längst ~e Reform*** la reforma indispensable, tan necesitada
Fälligkeit *f*, **en** vencimiento *m*; expiración *f*; ***die ~ hinausschieben (verlängern)*** prorrogar los pagos pendientes; ***ab ~*** contado a partir de la fecha de vencimiento; ***bei ~*** pagadero al vencimiento; ***~ bei Sicht*** vencimiento a la vista; ***vor ~*** antes del vencimiento; ***~ der Steuern*** exigibilidad *f* tributaria; ***Wechsel bei ~ einlösen*** pagar una letra al vencimiento
Fälligkeitsaufschub *m*, **¨e** prórroga *f* del plazo de vencimiento
Fälligkeitsaufstellung *f*, **en** fijación *f* del vencimiento
Fälligkeitsdat|um *n*, **-en** fecha *f* de vencimiento; ***das ~ einhalten*** respetar la fecha de vencimiento

Fälligkeits-Factoring *n*, Ø factoraje *m*, fáctoring *m* sin adelanto
Fälligkeitsfrist *f*, **en** plazo *m* de vencimiento
Fälligkeitshypothek *f*, **en** hipoteca *f* reembolsable a plazo fijo
Fälligkeitstag *m*, **e** → Fälligkeitstermin
Fälligkeitstermin *m*, **e** fecha *f*, día *m* del vencimiento
Falliment *n*, **e** (Arch.) quiebra *f*; bancarrota *f*; (Syn. ***Bankrott***)
fallit (Arch.), ~ ***sein*** estar en quiebra; ser insolvente
Fallit *m*, **en** deudor *m* común; quebrado *m*
Fallstudie *f*, **n** estudio *f* de caso
falsch mal; erróneo; incorrecto; falso; impropio **1.** ***~e Angaben*** indicaciones *pl* falsas; ***~e Banknoten*** billetes *pl* falsificados; ***unter ~em Namen*** con un nombre supuesto *od.* falso; ***~er Pass*** pasaporte *m* falsificado **2.** (Teléf.) ***Sie sind ~ verbunden*** se equivocó de número
Falschaussage *f*, **n** testimonio *m* falso; declaración *f* falsa
Falschbeurkundung *f*, **en** falsedad *f* material
Falschbuchung *f*, **en** (Contab.) asiento *m* falso *od.* erróneo; entrada *f* falsa
Falscheid *m*, **e** juramento *m* (en) falso
fälschen falsificar; falsear; alterar; ***Banknoten ~*** falsificar billetes (de banco); ***eine Bilanz, einen Scheck ~*** falsear un balance, un cheque; ***eine Unterschrift ~*** falsificar *od.* imitar una firma; ***Lebensmittel ~*** adulterar alimentos
Fälscher *m*, **-** falsificador *m*
Fälscherbande *f*, **n** banda *f* de falsificadores
Falschgeld *n*, Ø moneda *f* falsa; ~ ***in Umlauf bringen*** poner moneda falsa en circulación; ~ ***aus dem Verkehr ziehen*** retirar la moneda falsa de la circulación
fälschlich por error, equivocación; falsamente; injustamente
Falschlieferung *f*, **en** suministro *m* falso; suministro *m* de bienes distintos a los pedidos
Falschmeldung *f*, **en** aviso *m*, parte *m* falso
Falschmünzer *m*, **-** falsificador *m* de moneda
Falschmünzerei *f*, Ø falsificación *f* de moneda; acuñación *f* de moneda falsa
Falschpackung *f*, **en** embalaje *m* falso *bzw.* fraudulento
Falschparker *m*, **-** automovilista *m* en estacionamiento prohibido
Fälschung *f*, **en** falsificación *f*; alteración *f*; imitación *f*, falsedad *f*; ~ ***begehen*** falsificar; cometer una falsificación; ***sich als ~ herausstellen*** resultar ser una falsificación
fälschungssicher infalsificable; a prueba de falsificación
Falsifikat *n*, **e** → Fälschung
falsifizieren → fälschen
Faltblatt *n*, **¨er** → Faltprospekt
Faltformulare *pl* papel *m* plegado; papel *m* continuo
Faltkarton *m*, **e** → Faltschachtel
Faltmarke *f*, **n** (Corresp.) marca *f* para el doblado
Faltprospekt *m*, **e** prospecto *m*; (Publ.) folleto *m*
Faltschachtel *f*, **n** caja *f* plegable
Falzmaschine *f*, **n** máquina *f* plegadora
Familie *f*, **n** familia *f*, hogar *m*; ***angesehene ~*** familia respetable; ***fürsorgebedürftigte ~*** familia necesitada de asistencia pública; ***kinderreiche ~*** familia numerosa; ~ ***mit höherem Einkommen*** familia con ingresos elevados, con alto nivel de renta
Familienabzug *m*, **¨e** exoneración *f* por cargas de familia
Familienangehörige(r) (der/ein) miembro *m* de (la) familia; familiar *m*; ***mithelfende ~*** a) familiares *pl* que ayudan dentro de la familia b) miembros *pl* de la familia que trabajan en la empresa familiar
Familienausgleichskasse *f*, **n** caja *f* de compensación familiar
Familienbeihilfe *f*, **n** subvención *f* familiar; ~ ***beziehen*** percibir subvenciones familiares
Familienbesitz *m*, Ø patrimonio *m* familiar
Familienbetrieb *m*, **e** empresa *f*, explotación *f* familiar
Familienbuch *n*, **¨er** libro *m* de familia
Familienbudget *n*, **s** (Fam.) presupuesto *m* familiar
Familieneinkommen *n*, **-** renta *f* familiar; ingresos *pl* de la familia
Familienermäßigung *f*, **en** rebaja *f* en concepto de familia numerosa
Familienfürsorge *f*, **n** (medidas *pl* de) subvención *f* familiar
Familiengesellschaft *f*, **en** compañía *f* familiar
Familiengesetzbuch *n*, Ø código *m* de la familia
Familiengut *n*, **¨er** bien *m* familiar

Familien-Haftpflichtversicherung *f*, **en** seguro *m* de responsabilidad civil del cabeza de (la) familia
Familienlastenausgleich *m*, **Ø** perecuación *f* de cargas familiares
Familienlohn *m*, **¨e** salario *m* familiar
Familienoberhaupt *n*, **¨er** padre *m*, jefe *m*, cabeza *m* de familia
Familienpackung *f*, **en** tamaño *m* familiar
Familienpflegerin *f*, **nen** ayuda *f* familiar
Familienplanung *f*, **en** planificación *f* familiar; control *m* de la natalidad
Familienpolitik *f*, **Ø** política *f* familiar
Familienrecht *n*, **e** derecho *m* de familia
Familienstammbuch *n*, **¨er** → Familienbuch
Familienstand *m*, **Ø** estado *m* civil; ***Alter und ~ angeben*** indique su edad y su estado civil
Familienstiftung *f*, **en** fundación *f* familiar
Familienunterhalt *m*, **Ø** medios *pl* de subsistencia de la familia; alimentos *pl*; manutención *f*; ***für den ~ aufkommen*** mantener *od.* sustentar una familia; pagar alimentos
Familienunternehmen *n*, **-** → Familienbetrieb
Familienverhältnisse *pl* situación *f* familiar
Familienvermögen *n*, **-** patrimonio *m* familiar
Familienvorstand *m*, **¨e** → Familienoberhaupt
Familienwohnung *f*, **en** vivienda *f* familiar
Familienzulage *f*, **n** **1.** plus *m* familiar (Estado) **2.** puntos *pl* en concepto de familia (empresa)
Familienzuschlag *m*, **¨e** → Familienzulage
Familienzuschüsse *pl* remuneraciones *pl* por cargas familiares; subvenciones *pl* familiares
Fang *m*, **¨e** captura *f*, pesca *f*; ***auf ~ gehen*** faenar (el pescador)
Fanggebiet *n*, **e** zona *f* de pesca; zona *f* de captura
Fanggrund *m*, **¨e** caladero *m*
Fangquote *f*, **n** cuota *f* de captura
FAO (Food and Agriculture Organization) Organización *f* de las Naciones Unidas para la Agricultura y la Alimentación
Farbband *n*, **¨er** **1.** cinta *f* mecanográfica **2.** cinta *f* de impresión
Farbenindustrie *f*, **n** industria *f* de colorantes
Farbfax *n*, **e** facsímil *m*; fax *m* en color
Farbfernsehen *n*, **Ø** televisión *f* a color
Farbinterface *n*, **-** interfaz *m* color
Farbkopierer *m*, **-** copiadora *m* color
Farbmonitor *m*, **e** monitor *m*, pantalla *f* color
Farbstoff *m*, **e** colorante *m*
Färbung *f*, **en**; ***politische ~ einer Zeitschrift*** tendencia *f* política de una revista
Farm *f*, **en** granja *f* agrícola; hacienda *f*; finca *f*; (Arg.) estancia *f*
Farmer *m*, **-** agricultor *m*; granjero *m*; (Arg.) estanciero *m*
FAS (free alongside ship = frei Langsseite Schiff) franco al costado del buque
Faser *f*, **n** fibra *f* (textil); ***chemische (synthetische) ~*** fibra sintética; ***pflanzliche ~*** fibra vegetal; ***tierische ~*** fibra de origen animal
fassen **1.** tomar; asir; ***einen Beschluss ~*** tomar una decisión **2.** detener **3.** engarzar; engastar **4.** contener **5.** ***in Worte ~*** formular
Fassonwert *m*, **Ø** → Firmenwert
Fassung *f*, **en** **1.** engarce *m*; engaste *m* (joyas) **2.** versión *f*; redacción *f*; ***kürzere ~*** versión resumida; ***ergänzte ~*** versión enmendada **3.** contenido *m* **4.** ***mit ~ tragen*** sobrellevar con calma
Fassungsvermögen *n*, **-** capacidad *f*; cabida *f*
Fasswagen *m*, **-** vagón *m* fudre *od.* cuba
fassweise en barriles; por barriles
faul corrompido; putrefacto; ***~e Aktien*** acciones poco seguras; ***~e Forderung*** deuda incobrable; ***~e Geschäfte machen*** hacer negocios turbios, sospechosos; ***~er Kunde*** mal pagador; ***~e Sache*** asunto turbio; ***~er Scheck*** cheque no cubierto; ***~er Zahler*** deudor que no paga; deudor moroso
faulenzen haraganear; holgazanear; ser perezoso
Faulenzer *m*, **-** holgazán *m*; perezoso *m*; haragán *m*
Faustpfand *n*, er prenda *f*; garantía *f* en mano
Faustpfanddarlehen *n*, **-** préstamo *m* pignoraticio
Faustrecht *n*, **Ø** derecho *m* del más fuerte
Faustregel *f*, **n** regla *f* empírica, general
Fautfracht *f*, **en** flete *m* sobre vacío
Favoriten *pl* (Börse) títulos *pl* muy demandados; valores *pl* de primera fila
Fax *n*, **e** fax *m*; telefax *m*; facsímil m
Faxdienst *m*, **e** servicio *m* (de) fax
faxen faxear; enviar faxes; enviar por fax; remitir por telefax; enviar facsímiles

Faxgerät *n*, **e** fax *m*; telecopiadora *f*; máquina *f* de fax

Fazilitäten *pl* facilidades *pl*; servicio *m*; ayudas *pl*

Fazit *n*, **e** *od.* **s** resultado *m* final; suma *f* total; ***das ~ aus etw. ziehen*** llegar a una conclusión sobre u/c

fdR (für die Richtigkeit der Abschrift) copia conforme al original

FED *f*, Ø banco *m* central de los EE.UU.

federführend competente; responsable

Feed-back *n*, Ø realimentación *f*; retroacción *f*; (Angl.) feedback *m*

Fehl- (Pref.) erróneo; error de; perjudicial

Fehlabschluss *m*, **¨sse** → Fehlbetrag

Fehlalarm *m*, **e** (Seg.) alarma *f* intempestiva; falsa alarma *f*

Fehlanlage *f*, **n** inversión *f* improductiva, mal orientada; ***~n vornehmen*** hacer inversiones equivocadas

Fehlanzeige *f*, **n** (Téc.) "ninguno"; "nada"

Fehlbedarf *m*, Ø demanda *f* no cubierta

Fehlbedienung *f*, **en** error *m* de maniobra; servicio *m* inadecuado de un aparato

fehlbelegt, ***eine ~e Sozialwohnung*** vivienda *f* social ocupada indebidamente

Fehlbelegung *f*, **en** ocupación *f* indebida (de una vivienda)

fehlbesetzen ocupar un cargo (*od.* puesto) inadecuadamente

Fehlbestand *m*, **e** déficit *m*; falta *f* de existencias

Fehlbetrag *m*, **¨e** déficit *m; **einen ~ aufweisen (verzeichnen)*** acusar un déficit; ***einen ~ ausgleichen (decken)*** cubrir un déficit; ***mit einem ~ abschließen*** cerrar con un déficit (Syn. ***Defizit***)

Fehlbewertung *f*, **en** → Fehleinschätzung

Fehleinschätzung *f*, **en** evaluación *f*, estimación *f* inexacta; error *m* de apreciación

fehlen 1. faltar; carecer (de); ***es fehlt ihr an Geld*** (ella) carece de dinero; ***in der Kasse ~ 100 DM*** en la caja faltan 100 DM **2.** faltar, estar ausente; ***unentschuldigt ~*** faltar, estar ausente sin excusa razonable

fehlend faltante; deficiente; ***wegen ~er Mittel*** por falta de fondos

Fehlentscheidung *f*, **en** decisión *f* errónea; ***eine ~ treffen*** tomar una decisión equivocada

Fehlentwicklung *f*, **en** desarrollo *m* perjudicial; consecuencias *pl* negativas; evolución *f* nefasta

Fehler *m*, **-** falta *f*; error *m*; defecto *m; **~ und Auslassung vorbehalten*** salvo error u omisión; ***einen ~ ausbessern*** eliminar un defecto; ***einen ~ berichtigen*** corregir un error; ***einen ~ wieder gutmachen*** reparar un error; ***absoluter ~*** (Estad.) error absoluto; ***offensichtlicher ~*** defecto manifiesto; ***verzerrender ~*** error desfigurante, distorsionante

fehleranfällig sujeto a errores, a equivocación

Fehleranzeige *f*, **n** indicación *f* de errores

Fehleraufzeichnung *f*, **en** registro *m* de errores

fehlerbedingt por error

fehlerbehaftet defectuoso; erróneo

Fehlerbehebung *f*, **en** corrección *f* de equivocaciones; subsanación *f* de errores

Fehlerbereich *m*, **e** margen *m* de errores

Fehlereingrenzung *f*, **en** (Estad.) localización *f* de errores

Fehlererfassung *f*, **en** registro *m* de (los) errores

Fehlererkennung *f*, **en** localización *f* de fallos; detección *f*, reconocimiento *m* de (los) errores

fehlerfrei sin errores; intachable; exento de defectos; ***~e Ware*** mercancía *f* irreprochable, impecable

Fehlergrenze *f*, **n** (Estad.) margen *m* de error autorizado; tolerancia *f*

fehlerhaft defectuoso; ***~e Ware*** mercancía *f* defectuosa, en mal estado

Fehlerhaftigkeit *f*, Ø deficiencia *f*; vicio *m*

Fehlerhäufigkeit *f*, Ø frecuencia *f* de errores, de fallos

Fehlerprozentsatz *m*, **¨e** porcentaje *m* de errores

Fehlerquelle *f*, **n** fuente *f* de errores

Fehlerquote *f*, **n** tasa *f* de errores

Fehlfracht *f*, **en** → Fautfracht

fehlgeleitet extraviado; mal dirigido; ***~er Brief*** carta *f* notificada a una dirección incorrecta

Fehlgewicht *n*, Ø falta *f* de peso

Fehlinvestition *f*, **en** → Fehlanlage

Fehlkalkulation *f*, **en 1.** error *f* en el cálculo de costes; error *m* en el presupuesto previsto **2.** cálculo *m* incorrecto

Fehlkauf *m*, **e** compra *f* no acertada

Fehlleitung *f*, **en** colocación *f* errónea; ***~ von Geldern*** mala colocación (*od.* inversión) de capitales

Fehllieferung *f*, **en** error *m* en el suministro; suministro *m* equivocado

Fehlmenge *f*, **n** déficit *m*; merma *f*

Fehlplanung *f*, **en** error *f* de planificación; pronóstico *m* erróneo
Fehlproduktion *f*, **en** producción *f* defectuosa
Fehlrechnung *f*, **en** cálculo *m* equivocado, erróneo
Fehlschätzung *f*, **en** evaluación *f*, estimación *f* inexacta; error *m* de apreciación
Fehlschichten *pl* abstención *f* (del turno); horas *pl* no efectuadas, no trabajadas
Fehlschlag *m*, **e** golpe *m* en falso; fracaso *m*; revés *m*; ***wirtschaftlicher*** ~ revés económico
Fehlspekulation *f*, **en** especulación *f* equivocada
Fehlstelle *f*, **n** puesto *m* vacante
Fehlstreuung *f*, **en** difusión *f* equivocada de los medios publicitarios
Fehlstück *n*, **e** pieza *f* defectuosa; ***ein ~ aussondern*** eliminar una pieza defectuosa
Fehlurteil *n*, **e** **1.** fallo *m* errado **2.** error *m* judicial
Fehlzeiten *pl* horas *pl* no efectuadas, no trabajadas; abstención *f* del puesto de trabajo; ***die ~ senken*** bajar la tasa de abstención
Feierabend *m*, **e** fin *m* de la jornada laboral *od.* de trabajo; ~ ***machen*** terminar el trabajo (del día)
Feierabendarbeit *f*, **en** **1.** trabajos *pl* caseros **2.** trabajo *m* nocturno
feiern **1.** celebrar; festejar **2.** → krankfeiern
Feierschicht *f*, **en** turno *m* libre; turno *m* "muerto" (Min.); jornada *f* sin trabajar *od.* de huelga; ***~en einlegen*** introducir turnos libres; intercalar jornadas sin trabajar
Feiertag *m*, **e** día *m* festivo *od.* de fiesta; ***gesetzlicher*** ~ día festivo legal *od.* oficial (Ggs. ***Werktag***)
feiertags, ***sonn- und ~ geschlossen*** cerrado (el) domingo y (los) días festivos
Feiertagsarbeit *f*, **en** trabajo *m* efectuado un día festivo
Feiertagszuschlag *m*, **¨e** suplemento *m* (en concepto) de día festivo
feil a la venta; vendible
feilbieten ofrecer, poner a la venta
Feilbietung *f*, **en** **1.** puesta *f* a la venta **2.** (A) subasta *f*
feilhalten → feilbieten
feilschen regatear; ***um den Preis*** ~ regatear el precio
fein fino; de calidad; de precisión; selecto; ***~er Wechsel*** letra de primer orden
Feinarbeit *f*, **en** trabajo *m* de precisión
Feinbeton *m*, Ø hormigón *m* fino
Feingehalt *m*, **e** título *m* legal; quilate *m* (metales); ***den ~ feststellen*** aquilatar; comprobar el quilate
Feingehaltsstempel *m*, **-** sello *m* de ley; ***mit einem ~ versehen*** marcar con el sello de ley
Feingewicht *n*, **e** peso *m* aquilatado
Feingold *n*, Ø oro *m* de ley; oro *m* fino
Feinkost *f*, Ø ultramarinos *pl*; comestibles *pl* finos (Syn. ***Delikatessen***)
Feinkostgeschäft *n*, **e** tienda *f* de comestibles finos; (Arg.) fiambrería *f*
Feinmechanik *f*, **en** mecánica *f* de precisión
Feinmechaniker *m*, **-** mecánico *m* de precisión
feinmechanisch, ***~e Industrie*** industria *f* de la mecánica de precisión
Feinsilber *n*, Ø plata *f* de ley; plata *f* fina
Feld *n*, **er** **1.** campo *m*; ***bebautes***, ***brachliegendes*** ~ campo cultivado, de barbecho *od.* improductivo **2.** casilla *f* (de un formulario); ***die leeren ~er ausfüllen*** rellenar las casillas en blanco
Feldarbeit *f*, **en** trabajo *m* agrícola; cultivo *m* del campo; labranza *f*; trabajo *m* de campo
Feldarbeiter *m*, **-** labrador *m*; agricultor *m*; bracero *m*; (LA) peón *m*
Feldbereinigung *f*, **en** concentración *f* parcelaria (Syn. ***Flurbereinigung***)
Felddiebstahl *m*, **¨e** hurto *m* campestre
Felderwirtschaft *f*, **en** rotación *f* de cultivos (Syn. ***Fruchtvechsel***)
Feldforschung *f*, **en** encuesta *f* sobre el terreno; investigación *f*, encuesta *f* de campo (Syn. ***Felduntersuchung***)
Feldstudien *pl* estudios *pl* de campo
Fellhandel *m*, **-** peletería *f*; comercio *m* de pieles
Fellhändler *m*, **-** peletero *m*
Fenster(brief)umschlag *m*, **¨e** sobre *m* de ventana
Ferien *pl* vacaciones *pl*; ***Gerichtsferien*** vacaciones judiciales; ***große*** ~ vacaciones de verano
Ferienaufenthalt *m*, **e** residencia *f* de vacaciones
Ferienbudget *n*, **s** presupuesto *m* de vacaciones
Ferienstaffelung *f*, **(en)** escalonamiento *m* de las vacaciones
Ferienvertretung *f*, **en** suplencia *f*, sustitución *f* en tiempo de vacaciones
Ferienwohnung *f*, **en** vivienda *f* de vacaciones

Ferienzeit *f*, **en** (período *m od.* tiempo *m* de) vacaciones *pl*
Fernabfrage *f*, **n** interrogación *f*, consulta *f* a distancia
Fernablesung *f*, **en** telelectura *f*
Fernamt *n*, **¨er** central *f* telefónica interurbana
Fernanfrage *f*, **n** petición *f* a distancia; petición *f* remota
Fernanruf *m*, **e** → Ferngespräch
Fernanschluss *m*, **¨sse** conexión *f* interurbana; comunicación *f* interurbana; (LA) llamada *f* de larga distancia
Fernanzeige *f*, **n** (Inform.) indicación *f* a distancia
Fernanzeiger *m*, **-** teleindicador *m*
Fernaufklärer *m*, **-** avión *f* de reconocimiento (a gran distancia)
Fernaufnahme *f*, **n** telefotografía *f*
Fernbeben *n*, **-** terremoto *m* a gran distancia
Fernbedienung *f*, **en** telemando *m*; telecontrol *m*; (LA) control *m* remoto
Fernbeförderung *f*, **en** transporte *m* a larga distancia
fernbetätigt teledirigido; accionado, activado, mandado a distancia
fernbleiben ausentarse; abstenerse; ***von der Arbeit*** ~ no presentarse en el trabajo; ausentarse del trabajo
Fernbleiben *n*, **-**, ***unentschuldigtes*** ~ ausencia *f* injustificada
Fernblick *m*, **Ø** vista *f* panorámica
Fernbrille *f*, **n** gafas *pl* para lejos
Fernbuchung *f*, **en** reserva *f* a distancia
Ferndienst *m*, **e** (Teléf.) servicio *m* interurbano
Ferndrucker *m*, **-** teleimpresora *f*; teleimpresor *m*
Ferneingabe *f*, **n** entrada *f* a distancia; introducción *f* remota
Fernempfang *m*, **Ø** recepción *f* a distancia
Fernfahrer *m*, **-** camionero *m* (de larga distancia)
Fernfahrt *f*, **en** (viaje *m* de) gran trayecto *m*
Fernflug *m*, **¨e** raid *m* aéreo; vuelo *m* a larga distancia
Fernfrachtverkehr *m*, **Ø** → Güterfernverkehr
Ferngasleitung *f*, **en** gas(e)oducto *m*
ferngelenkt teledirigido
Ferngespräch *n*, **e** conferencia *f* interurbana; conferencia *f* a larga distancia; ***ein*** ~ ***anmelden*** pedir conferencia interurbana; ***ein*** ~ ***herstellen*** establecer una conferencia interurbana
Ferngesprächsgebühr *f*, **en** tarifa *f* de conferencias interurbanas
ferngesteuert telemandado; con mando a distancia; con telemando
Fernglas *n*, **¨er** gemelos *pl*; prismáticos *pl*
Ferngüterzug *m*, **¨e** tren *m* de mercancías de larga distancia
Fernheizung *f*, **en** calefacción *f* a distancia
Fernkopie *f*, **n** telecopia *f*
Fernkopierer *m*, **-** telefax *m*
Fernkurs(us) *m*, **e** curso *m* por correspondencia; curso *m* a distancia
Fernlaster *m*, **-** camión *m* para transportes a larga distancia
Fernlastfahrer *m*, **-** → Fernfahrer
Fernlastverkehr *m*, **Ø** transporte *m* de mercancías a distancia
Fernlastzug *m*, **¨e** camión *m* (y remolque) para transportes a larga distancia
Fernmeldeamt *n*, **¨er** (oficina *f* de) telecomunicaciones *pl*
Fernmeldeanlage *f*, **n** instalación *f* de telecomunicación
Fernmeldebetrieb *m*, **Ø** → Fernmeldedienst
Fernmeldedienst *m*, **e** servicio *m* de telecomunicaciones
Fernmeldeeinrichtung *f*, **en** equipo *m*, instalación *f* de telecomunicaciones
Fernmeldegeheimnis *n*, **se**, ***das*** ~ ***wahren*** garantizar, salvaguardar el secreto de las telecomunicaciones
Fernmeldegerät *n*, **e** aparato *m* de telecomunicación
Fernmeldegesellschaft *f*, **en** compañía *f* de telecomunicaciones
Fernmeldeingenieur *m*, **e** ingeniero *m* de telecomunicación
Fernmeldenebenstelle *f*, **n** puesto *m* telefónico tributario
Fernmelderechnung *f*, **en** factura *f* de teléfono
Fernmeldesatellit *m*, **en** satélite *m* de telecomunicaciones
Fernmeldetechnik, *f*, **Ø**, ***drahtlose*** ~ telecomunicaciones *pl* inalámbricas
Fernmeldeunternehmen *n*, **-** empresa *f* de telecomunicaciones
Fernmeldeverkehr *m*, **Ø** → Fernmeldewesen
Fernmeldeverwaltung *f*, **en** administración *f*, gestión *f* de las telecomunicaciones
Fernmeldewesen *n*, **Ø** telecomunicaciones *pl*
Fernmesstechnik *f*, **en** telemetría *f*

Fernmessung *f*, **en** telemedición *f*; telemedida *f*
fernmündlich por teléfono (Syn. *telefonisch*)
Fernnetz *n*, **e** red *f* de larga distancia; red *f* de gran área
Fernost *m*, Ø extremo oriente *m*; lejano oriente *m*; oriente *m* lejano
fernöstlich del extremo oriente; del lejano oriente; del oriente lejano
Fernpendler *m*, - asalariado *m* que vive alejado del puesto de trabajo
Fernphotographie *f*, Ø telefotografía *f*
Fernprüfsystem *n*, **e** (Seg.) sistema *m* de control a distancia
Fernreise *f*, **n** viaje *m* a larga distancia
Fernruf *m*, **e** llamada *f* (telefónica)
Fernscheck *m*, **s** cheque *m* sobre otra plaza; cheque *m* indirecto
Fernschnellgut *n*, **¨er** mercancía *f* (transportada) a gran distancia
Fernschnellzug *m*, **¨e** tren *m* *od.* rápido *m* directo
Fernschreibanschluss *m*, **-¨sse 1.** línea *f* (de) télex; enlace *m* de télex **2.** (Inform.) terminal *m* de teleimpresores
Fernschreibdienst *m*, Ø servicio *m* (de) télex
Fernschreiben *n*, - teletipo *m*; télex *m*
Fernschreiber *m*, - **1.** (Gerät) teletipo *m*; teleimpresor *m*; teleinscriptor *m*; ***den ~ bedienen*** operar, manejar el teletipo **2.** (Bedienungsperson) operador *m* de teletipo
Fernschreibkraft *f*, **¨e** operador *m* de teletipo
Fernschreibleitungen *pl* lineas *pl* de télex
Fernschreibmaschine *f*, **n** teleimpresora *f*; teletipo *m*
Fernschreibnetz *n*, **e** red *f* de teletipo; red *f* de télex
Fernschreibnummer *f*, **n** número *m* de télex
Fernschreibtechnik *f*, Ø telegrafía *f*
Fernschreibteilnehmer *m*, - abonado *m* de teletipo
Fernschreibverbindung *f*, **en** enlace *m* telegráfico
Fernschreibverkehr *m*, Ø **1.** tráfico *m* en télex **2.** comunicación *f* telegráfica
fernschriftlich por télex; ***~ bestätigen*** confirmar por télex
Fernsehansager *m*, - locutor *m* de televisión
Fernsehantenne *f*, **n** antena *f* de televisión
Fernsehapparat *m*, **e** → Fernseher
Fernsehaufzeichnung *f*, **en** videograma *m*
Fernsehbericht *m*, **e** informe *m*, información *f* por televisión
Fernsehbild *n*, **er** imagen *f* televisiva, televisada
Fernsehdiskussion *f*, **en** debate *m* televisado, televisivo
Fernsehempfang *m*, Ø recepción *f* (de televisión)
Fernsehempfänger *m*, - televisor *m*; receptor *m* de televisión
fernsehen mirar la televisión; ver por televisión
Fernsehen *n*, Ø televisión *f*; ***im ~*** en la televisión; ***vom ~ übertragen*** televisar; emitir por television; ***öffentlich-rechtliches ~*** cadena *f*, canal *m* de televisión de derecho público; ***Privat~*** canal *m* de televisión de derecho privado; cadenas *pl* privadas
Fernseher *m*, - **1.** televisor *m* (aparato) **2.** (selten) tele(e)spectador *m*; televidente *m*
Fernsehfassung *f*, en versión *f* televisiva
Fernsehfilm *m*, **e** telefilm *m*
Fernsehgebühr *f*, **en** canon *m* (de televisión) (Syn. ***Rundfunkgebühr***)
Fernsehgerät *n*, **e** televisor *m*; aparato *m* de televisión
Fernsehinterview *n*, **s** entrevista *f* en televisión; entrevista *f* televisada
Fernsehkamera *f*, **s** telecámara *f*
Fernsehkassette *f*, **n** videocasete *m*; videocassette *m*
Fernsehnetz *n*, **e** red *f* (de emisoras) de televisión
Fernsehprogramm *n*, **e** programa *m* de televisión
Fernsehreklame *f*, **n** publicidad *f* televisada, televisiva; publicidad *f* por televisión
Fernsehreportage *f*, **n** reportaje *m* de televisión
Fernsehschirm *m*, **e** pantalla *f* de televisión
Fernsehsender *m*, - emisor *f* de televisión
Fernsehserie *f*, **n** serial *m* de televisión; serie *f* televisiva; "culebrón" *m*; telenovela *f*; telecomedia *f*
Fernsehspot *m*, **s** (Publ.) spot *m* televisado, televisivo
Fernsehstudio *n*, **s** estudio *m* de televisión
Fernsehtechnik *f*, Ø técnica *f* de televisión
Fernsehtechniker *m*, - técnico *m* de televisión
Fernsehteilnehmer *m*, - → Fernsehzuschauer
Fernsehtelefon *n*, **e** videoteléfono *m*; videófono *m*
Fernsehturm *m*, **¨e** torre *f* de televisión

Fernsehübertragung *f*, **en** retransmisión *f* por televisión
Fernsehüberwachung *f*, **en** (Seg.) vigilancia *f* mediante monitor de televisión
Fernsehwerbung *f*, Ø publicidad *f* televisada, televisiva; publicidad *f* por televisión
Fernsehzuschauer *m*, - tele(e)spectador *m*; televidente *m*
Fernspediteur *m*, **e** agente *m* de expediciones a larga distancia
Fernsprech- (Pref.) telefónico; de teléfono (Syn. ***Telefon-***)
Fernsprechamt *n*, **¨er** central *f* telefónica
Fernsprechanlage *f*, **n** instalación *f* telefónica; equipo *m* telefónico
Fernsprechansagedienst *m*, Ø servicio *m* telefónico informativo
Fernsprechanschluss *m*, **¨sse** línea *f* de teléfono
Fernsprechanschlussgebühr *f*, **en** tarifa *f* de instalación de teléfono
Fernsprechapparat *m*, **e** (aparato *m* de) teléfono *m*; ***öffentlicher*** ~ teléfono público; cabina *f* telefónica (Syn. ***Telefon***)
Fernsprechauftragsdienst *m*, **e** servicio *m* de encargos; (Arg.) servicio *m* de secretaria
Fernsprechauskunftsdienst *m*, **e** servicio *m* de información telefónica
Fernsprechbetrieb *m*, Ø servicio *m* de teléfonos
Fernsprechbuch *n*, **¨er** guía *f* de teléfonos *od.* telefónica; listín *m* de teléfonos (Syn. ***Telefonbuch***)
Fernsprechdienst *m*, Ø servicio *m* telefónico
Fernsprecher *m*, - → Fernsprechapparat
Fernsprechgebühr *f*, **en** tarifa *f* telefónica
Fernsprechgesellschaft *f*, **en** (compañía *f*) telefónica *f*
Fernsprechhauptanschlu|ß *m*, **¨sse** línea *f* (telefónica) principal
Fernsprechkundendienst *m*, Ø → Fernsprechdienst
Fernsprechleitung *f*, **en** línea *f* telefónica
Fernsprechlinie *f*, **n** → Fernsprechleitung
Fernsprechmünze *f*, **n** ficha *f* de telefóno
Fernsprechnebenstelle *f*, **n** poste *m* telefónico auxiliar
Fernsprechnetz *n*, **e** red *f* telefónica
Fernsprechnummer *f*, **n** número *m* de teléfono
Fernsprechsäule *f*, **n** poste *m od.* borne *m* telefónico (en las autopistas)
Fernsprechstelle *f*, **n** estación *f* telefónica ***öffentliche*** ~ teléfono *m* público; locutorio *m* telefónico
Fernsprechtarif *m*, **e** tarifa *f* telefónica
Fernsprechteilnehmer *m*, - abonado *m* de teléfono
Fernsprechverbindung *f*, **en** comunicación *f* telefónica; ***keine*** ~ ***bekommen*** no obtener comunicación; ***die*** ~ ***herstellen*** establecer una comunicación telefónica
Fernsprechverkehr *m*, Ø → Fernsprechdienst
Fernsprechvermittlung *f*, **en** central *f* (telefónica); ~ ***mit Handbetrieb*** central telefónica manual *od.* de operadora
Fernsprechverzeichnis *n*, **se** → Fernsprechbuch
Fernsprechwesen *n*, Ø telecomunicaciones *pl*
Fernsprechzelle *f*, **n** cabina *f* telefónica
fernsteuern telemandar; teleguiar;teledirigir
Fernstudi|um *n*, **-en** estudio *m* por correspondecia
Fernterminal *n*, **s** terminal *m* a distancia, remoto
Ferntransport *m*, **e** → Fernverkehr
Fernüberwachung *f*, **en** monitoreo *m* a distancia; vigilancia *f* remota
Fernuniversität *f*, **en** universidad *f* a distancia
Fernunterricht *m*, Ø enseñanza *f* por correspondecia, a distancia
fernunterstützt, ***~e Wartung*** telemantenimiento *m*; mantenimiento *m* a distancia, remoto
Fernverarbeitungssystem *n*, **e** sistema *f* de procesamiento a distancia
Fernverkehr *m*, Ø transporte *m* a larga distancia
Fernverkehrsnetz *n*, **e** red *f* de carreteras principales
Fern(verkehr)straße *f*, **n** carretera *f*, ruta *f* principal
Fernwärme *f*, Ø calor *m* a distancia
Fernzug *m*, **¨e** tren *m* de largo recorrido
fertig terminado; manufacturado; de confección; acabado ~ ***verpackt*** preembalado
fertig stellen terminar; acabar, concluir; ***rechtzeitig*** ~ terminar dentro del plazo previsto
Fertigbau *m*, Ø **1.** construcción *f* en piezas prefabricadas **2.** montaje *m* final
Fertigbauteil *n*, **e** componente *m*, elemento *m* prefabricado

Fertigbauweise *f*, **n** construcción *f* prefabricada
Fertigbearbeitung *f*, **en** trabajo *m* de acabado; trabajo *m* terminado
fertigen fabricar; hacer; manufacturar; producir; ***Ersatzteile*** ~ fabricar piezas de repuesto (*od.* de recambio)
Fertigerzeugnis *n*, **se** producto *m* acabado, elaborado, manufacturado
Fertigfabrikat *n*, **e** → Fertigprodukt
Fertiggericht *n*, **e** plato *m* precocinado
Fertiggüter *pl* productos *pl* manufacturados, acabados, terminados
Fertighaus *n*, **¨er** casa *f* prefabricada
Fertigkeit *f*, **en** habilidad *f*; destreza *f*; práctica *f*
Fertigkleidung *f*, Ø confección *f*; ropa *f* hecha
Fertiglager *n*, - existencias *pl* (*od.* stock *m*) de productos acabados
Fertigmahlzeit *f*, **en** → Fertiggericht
Fertigmontage *f*, **n** montaje *m* de productos prefabricados
Fertigprodukt *n*, **e** producto *m* *od.* artículo *m* manufacturado
Fertigstellung *f*, **en** terminación *f*; conclusión *f*; confección *f*; ~ ***eines Bauabschnitts*** terminación parcial de una obra (de construcción)
Fertigstellungstermin *m*, **e** fecha *f* de conclusión; plazo *m* de terminación
Fertigteil *n*, **e** **1.** pieza *f* terminada, acabada **2.** elemento *m* prefabricado; pieza *f* prefabricada
Fertigung *f*, **en** fabricación *f*; producción *f*; ***sich in der*** ~ ***befinden*** estar en la fase de producción
Fertigungsablauf *m*, **¨e** proceso *m* de producción
Fertigungsabteilung *f*, **en** departamento *m* de producción
Fertigungsanlagen *pl* instalaciones *pl* de producción
Fertigungsbetrieb *m*, **e** planta *f* de producción industrial
Fertigungsdiagramm *n*, **e** diagrama *m* de producción
Fertigungseinheit *f*, unidad *f* de producción
Fertigungsindustrie *f*, **n** industria *f* de producción
Fertigungsingenieur *m*, **e** ingeniero *m* de producción
Fertigungsjahr *n*, **e** año *m* de fabricación
Fertigungskapazität *f*, **en** capacidad *f* de producción
Fertigungskette *f*, **n** cadena *f* de producción
Fertigungskontenrahmen *m*, - plan *m* de contabilidad industrial
Fertigungskontrolle *f*, **n** control *m* de la producción
Fertigungskosten *pl* costes *pl* de producción (*od.* de fabricación)
Fertigungskostenrechnung *f*, **en** cálculo *m* de los costes de producción
Fertigungslenkung *f*, **(en)** → Fertigungskontrolle
Fertigungslöhne *pl* coste *m* de la mano de obra; salarios *pl* directos
Fertigungsmaterial *n*, **ien** materias *pl* primas (de fabricación)
Fertigungsplaner *m*, - encargado *m* de la planificación de la producción a largo plazo
Fertigungsplanung *f*, **en** (Angl.) planning *m* de producción
Fertigungsprogramm *n*, **e** programa *m* de fabricación
Fertigungsprozess *m*, **-sse** → Fertigungsablauf
Fertigungsserie *f*, **n** serie *f* de fabricación
Fertigungssortiment *n*, **e** surtido *m* de producción
Fertigungssteuerung *f*, **en** control *m* del flujo de materiales y productos en los talleres
Fertigungsstraße *f*, **n** cadena *f* de producción (Syn. ***Taktstraße***)
Fertigungsstufe *f*, **n** fase *f* de producción
Fertigungssystem *n*, **e**, ***ganzes*** ~ sistema *m* de fabricación integral
Fertigungstechnik *f*, **en** técnica *f* de fabricación
Fertigungsüberwachung *f*, **en** control *m* de la producción; control *m* del proceso productivo
Fertigungsvorgang *m*, **¨e** fabricación *f*; proceso *m* de producción
Fertigungsweise *f*, **n** → Fertigungstechnik
Fertigware *f*, **n** → Fertigprodukt
Fertigwarenindustrie *f*, **n** industria *f* de productos acabados, elaborados; industria *f* manufacturera
fest fijo; sólido; firme; permanente; regular; ~ ***angestellt*** con empleo fijo; ***~es Angebot*** oferta *f* en firme; ***~er Auftrag*** orden *f* en firme; ~ ***besoldet*** perceptor de un sueldo bzw. salario fijo; con salario fijo; ***~es Einkommen*** renta *f* fija, regular; ***~er Ertrag*** ingresos *pl* fijos; ***~e Geldanlage*** dinero *m* invertido a plazo fijo; ***~e Gelder***

fondos *pl* a plazo fijo; *~es Geschäft* negocio *m* concluido; ~ *angelegtes Kapital* capital *m* invertido a plazo fijo; *~e Kosten* costes *pl* fijos, constantes (Syn. *Fixkosten*); *~e Kundschaft* clientela *f* fija; *~er Kurs* cotización *f* estable; *~er Preis* precio *m* fijo; *~e Stellung* empleo *m*, puesto *m* fijo (permanente); *~e Verpackung* embalaje *m* sólido; *~er Wohnsitz* domicilio *m* permanente; *~e Zusage* promesa *f* en firme

Festakt *m*, **e** acto *m* solemne; ceremonia *f*

Festangebot *n*, **e** oferta *f* en firme

Festangestellte(**r**) (der/ein) empleado *m* fijo; empleado *m* con contrato fijo

Festauftrag *m*, **¨e** orden *f* en firme

Festessen *n*, - banquete *m*; comida *f* de gala

festfahren, *sich* ~ estancarse; no poder avanzar; no poder continuar; *die Verhandlungen haben sich festgefahren* las negociaciones han llegado a un punto muerto; las negociaciones se han estancado

Festfracht *f*, **en** flete *m* fijo

Festgebot *n*, **e** → Festangebot

Festgelder *pl* capitales *pl* a plazo; depósitos *pl* a termino

Festhalle *f*, **n** sala *f*, salón *m* de fiestas

festigen, *sich* ~ reafirmarse; estabilizarse; consolidarse

Festigkeit *f*, Ø firmeza *f*; estabilidad *f*; resistencia *f*; ~ *der Kurse* estabilidad de las cotizaciones

Festigung *f*, **en** consolidación *f*; estabilización *f*; ~ *der Preise* estabilización de los precios

Festkauf *m*, **¨e** compra *f* en firme

Festkosten *pl* costes *pl* fijos

Festkredit *m*, **e** crédito *m* fijo; adelanto *m* en firme

Festlaufzeit *f*, **en** periodo *m* fijo (de amortización); empréstito *m* de una duración fija

festlegen **1.** estipular; fijar; determinar; establecer; *vertraglich* ~ estipular contractualmente, por contrato; *einen Termin* ~ fijar una fecha **2.** colocar; *Bankgelder* ~ colocar *od.* inmovilizar fondos bancarios

Festlegung *f*, **en** **1.** fijación *f* **2.** colocación *f*

festliegend inmóvil; *~es Kapital* capital *m* colocado a plazo fijo; capital *m* inmovilizado

Festlohn *m*, **¨e** salario *m* fijo; *einen ~ beziehen* percibir un salario fijo

festmachen confirmar; convenir; decidir; *ein Geschäft* ~ concluir un negocio; *einen Termin* ~ fijar una fecha

Festmeter *m*, - metro *m* cúbico (sólido)

Festofferte *f*, **n** → Festangebot

Festplatte *f*, **n** (Inform.) disco *m* duro; disco *m* fijo

Festpreis *m*, **e** precio *m* fijo

Festsatzkredit *m*, **e** crédito *m* a interés fijo

festsetzen fijar; establecer; determinar; estipular; *einen Preis* ~ fijar un precio; *Gerichtskosten* ~ fijar, tasar las costas (judiciales)

Festsetzung *f*, **en** fijación *f*; determinación *f*; estipulación *f*; *die ~ der Dividende* fijación del dividendo

Festspeicher *m*, - (Inform.) memoria *f* fija

feststehend fijo

feststellen establecer; determinar; constatar; comprobar; *die Schäden* ~ comprobar, tasar los daños

Feststellung *f*, **en** establecimiento *m*; determinación *f*; constatación *f*; ~ *der Personalien* tomar la filiación

Feststellungsbescheid *m*, **e** aviso *m* de comprobación, de evaluación fiscal

Festübernahme *f*, **n** aceptación *f* en firme; toma *f* en firme (forma de colocación en las operaciones de emisión)

festverzinslich de renta fija; de interés fijo; *~e Wertpapiere* títulos valores de renta fija

fett lucrativo; pingüe; (Fam.) *~e Erbschaft* una buena herencia *f*; ~ *gedruckt* (impreso) en caracteres gruesos; *die ~en Jahre* los años de las vacas gordas

Feueralarm *m*, Ø alarma *f* de incendio; toque *m* de fuego

Feuerbekämpfung *f*, Ø lucha *f* contra incendios

feuerbeständig resistente al fuego; refractario

feuerfest refractario; ininflamable; *~es Material* material refractario

Feuergefahr *f*, Ø peligro *m* de incendio

feuergefährlich inflamable

Feuerlöscher *m*, - extintor *m* (de incendios)

Feuerlöschwagen *m*, - autobomba *f* (de incendios)

Feuermelder *m*, - detector *m*, avisador *m* de incendios

feuern (Fam.) despedir (sin preaviso); poner de patitas en la calle; echar (del trabajo)

Feuerschaden *m*, **¨** daño *m* causado por un incendio; siniestro *m* por incendio

feuersicher → feuerfest
Feuerverhütung *f*, Ø prevención *f* de incendios
Feuerversicherung *f*, **en** seguro *m* contra incendios
Feuerwache *f*, **n** servicio *m od.* puesto *m* de bomberos
Feuerwehrmann *m*, **-leute** bombero *m*
Feuerwerksartikel *m*, - → Feuerwerkskörper
Feuerwerkskörper *m*, - artículos *pl* pirotécnicos; cohetes y petardos *pl*
FF (französischer Franc) franco *m* francés
ff. de primera calidad
FH → Fachhochschule
FHZ → Freihandelszone
Fiasko *n*, **s** fracaso *m*
FIBOR *m*, Ø (Frankfurt Interbank Offered Rate) FIBOR *m* (interés de referencia en el mercado de Francfort)
Fideikommiss *n*, **-sse** fideicomiso *m*; mayorazgo *m* (herencia encomendada a alguien para que haga con ella lo que se le encarga); ~ ***ablösen*** rescatar un fideicomiso; ~ ***erreichen*** crear un fideicomiso
Fifo-Verfahren *n*, Ø (first in first out) método *m* de gestión de existencias según la regla "primero en entrar - primero en salir"
fiktiv ficticio; proforma; ***~er Kurs*** cotización *f* ficticia
File → Datei
Filialbank *f*, **en** banco *m* afiliado, filial
Filialbetrieb *m*, **e** sucursal *f*
Filiale *f*, **n** sucursal *f*; ***eine ~ eröffnen*** abrir una sucursal; ***~en in verschiedenen Städten unterhalten*** tener sucursales en diferentes ciudades (Syn. ***Zweiggeschäft; Tochtergesellschaft***)
Filialengeschäft *n*, **e** red *f*, cadena *f* de sucursales múltiples
Filialist *m*, **en 1.** gerente *m* de una sucursal **2.** propietario *m* de una cadena de sucursales
Filialleiter *m*, - director *m* (*od.* gerente) *m* de una sucursal
Filialnetz *n*, **e** red *f* de sucursales
Filialprokur|a *f*, **-en** poder *m* general limitado a la explotación de una sucursal
Filialrechner *m*, - ordenador *m*, computador *m* satélite
Filialsteuer *f*, **n** tasa *f* municipal complementaria a la tasa de los profesionales
Filialunternehmen *n*, - negocio *m* (*od.* comercio *m*) de sucursales múltiples

Film *m*, **e** filme *m*; película *f*; cinta *f*; ***einen ~ drehen*** rodar una película; ~ ***synchronisieren*** doblar, sincronizar una película
Filmarchiv *n*, **e** filmoteca *f*; cinemateca *f*
Filmatelier *n*, **s** estudio *m* cinematográfico; estudio *m* de cine
Filmaufnahme *f*, **n 1.** toma *f* **2.** filmación *f*; rodaje *m*
Filmband *n*, **¨er** cinta *f*
Filmbauten *pl* decorados *pl*
Filmbearbeitung *f*, **en** adaptación *f* cinematográfica
Filmbericht *m*, **e** informe *m*, reportaje *m* cinematográfico
Filmbühne *f*, **n** plató *m*
Filmdrehbuch *n*, **¨er** guión *m* (cinematográfico)
filmen filmar; rodar; hacer una película
Filmfreund *m*, **e** aficionado *m* al cine
Filmhersteller *m*, - productor *m* (cinematográfico)
Filmherstellung *f*, Ø producción *f* (cinematográfica)
Filmindustrie *f*, **n** industria *f* cinematográfica
Filmproduktion *f*, **(en)** → Filmherstellung
Filmproduzent *m*, **en** → Filmhersteller
Filmprojektor *m*, **en** proyector *m* (de cine)
Filmreklame *f*, Ø → Filmwerbung
Filmstreifen *m*, - cinta *f*
Filmstudio *n*, **s** estudio *m* (cinematográfico)
Filmtechnik *f*, Ø cinematografía *f*; técnica *f* cinematográfica
Filmtheater *n*, - cine *m*; cinema *m*
Filmverleih *m*, **e 1.** distribuidora *f* (de películas) **2.** distribución *f* (de películas)
Filmversicherung *f*, **en** (Seg.) seguro *m* de películas
Filmvertrieb *m*, Ø → Filmverleih
Filmwelt *f*, Ø mundo *m* de la pantalla
Filmwerbung *f*, Ø publicidad *f* cinematográfica
Filmwirtschaft *f*, Ø → Filmindustrie
Filz *m*, Ø → Filzokratie
filzen 1. tacañear; cicatear **2.** cachear; registrar
Filzokratie *f*, **(n)** nepotismo *m*; favoritismo *m*; amiguismo *m*
Filzstift *m*, **e** rotulador *m*
Finanz *f*, **en** mundo *m* financiero; hacienda *f*; ***die öffentlichen ~en*** economía *f* financiera del sector público; finanzas *pl* del Estado
Finanz- (Pref.) financiero; fiscal

Finanz- und Rechnungswesen *n*, Ø **1.** hacienda *f* (pública) **2.** servicio *m* financiero
Finanzabkommen *n*, - acuerdo *m* financiero
Finanzabteilung *f*, **en** sección *f* financiera; departamento *m* de finanzas
Finanzadel *m*, Ø → Finanzaristokratie
Finanzamt *n*, **¨er** (E) Delegación *f* de Hacienda; (LA) oficina *f* de recaudación
Finanzanalyse *f*, **n** análisis *m* financiero
Finanzanalyst *m*, **en** (Syn. ***Finanzanalytiker, Analyst***) analista *m* financiero
Finanzanlagevermögen *n*, Ø activo *m* fijo financiero; inversiones *pl* financieras
Finanzaristokratie *f*, (**n**) aristocracia *f* del mundo financiero; finanzas *pl* de altos vuelos
Finanzaufkommen *n*, Ø → Finanzerträge
Finanzaufw|and *m*, **-endungen** gastos *pl* financieros
Finanzausgleich *m*, **e** compensación *f* *od.* nivelación *f* financiera
Finanzausschuss *m*, **¨sse** comisión *f* financiera
Finanzautonomie *f*, Ø autonomía *f* financiera
Finanzbeamte(r) (der/ein) funcionario *m* de Hacienda; (LA) funcionario *m* de la recaudación fiscal
Finanzbedarf *m*, Ø necesidades *pl* financieras
Finanzbehörden *pl* autoridades *pl* financieras; administración *f* fiscal
Finanzberater *m*, - asesor *m* (*od.* técnico *m*) financiero
Finanzbericht *m*, **e** informe *m* financiero; ***einen ~ erstellen, vorlegen*** elaborar, presentar un informe financiero
Finanzblatt *n*, **¨er** diario *m* (*od.* periódico *m*) de finanzas
Finanzbuchführung *f*, **en** → Finanzbuchhaltung
Finanzbuchhalter *m*, - contable *m*
Finanzbuchhaltung *f*, **en** contabilidad *f* general *od.* financiera
Finanzdecke *f*, **n** cobertura *f*, (*od.* previsión *f*) financiera; ***sich nach der ~ strecken*** adaptar los gastos al desarrollo presupuestario
Finanzen *pl*, ***öffentliche ~*** hacienda *f* pública
Finanzer *m*, - (A) funcionario *m* de aduanas
Finanzerträge *pl* ingresos *pl* financieros
Finanzgebaren *n*, - política *f* financiera; régimen *m* financiero
Finanzgericht *n*, **e** (E) Tribunal *m* Económico-Administrativo; tribunal *m* de Hacienda; tribunal *m* financiero
Finanzgerichtsbarkeit *f*, Ø jurisdicción *f* en materia fiscal; jurisdicción *f* económico-administrativa
Finanzgeschäft *n*, **e** transacción *f* (*od.* operación *f*) financiera
Finanzgesellschaft *f*, **en** sociedad *f* financiera; ***bankähnliche ~*** sociedad financiera con funciones similares a las de un banco
Finanzgesetzbuch *n*, **¨er** código *m* financiero; legislación *f* financiera
Finanzgesetzgebung *f*, Ø legislación *f* (en materia) financiera
Finanzgewalt *f*, Ø → Finanzhoheit
Finanzgilde *f*, **n** gremio *m* financiero
Finanzgröße *f*, **n** celebridad *f*, autoridad *f* del mundo de las finanzas
Finanzgruppe *f*, **n** grupo *m* financiero
Finanzhai *m*, **e** (Fam.) tiburón *m* financiero
Finanzhilfe *f*, **n** ayuda *f*, asistencia *f* financiera
Finanzhoheit *f*, (**en**) soberanía *f* fiscal; autonomía *f* financiera (derecho del Estado a recaudar impuestos)
finanziell financiero; pecuniario; ***~e Beihilfe*** ayuda *f* financiera; subvención *f*; ***~e Belastung*** carga *f* financiera; ***~e Beteiligung*** participación *f* financiera; ***~e Lage*** situación *f* financiera; ***~e Sanierung*** medidas *pl* financieras de saneamiento; ***~e Schwierigkeiten*** problemas *pl* pecuniarios
Finanzier *m*, **s** financiero *m*
finanzieren financiar; costear; sufragar; procurar fondos; ***aus Eigenmitteln ~*** autofinanciar; ***gemeinsam ~*** financiar en común
Finanzierung *f*, **en** financiación *f*; ***~ aus öffentlichen Mitteln*** financiación mediante fondos públicos; ***Eigenfinanzierung*** financiación propia; financiación con recursos propios; ***Selbstfinanzierung*** autofinanciación *f*; financiación mediante las ganancias no repartidas
Finanzierungsart *f*, **en** modo *m* de financiación
Finanzierungsgeschäfte *pl* **1.** operaciones *pl* de financiación; transacciones *pl* financieras **2.** (Börse) operaciones *pl* de colocación de acciones
Finanzierungsgesellschaft *f*, **en** sociedad *f* financiera *od.* de inversion
Finanzierungskosten *pl* coste *m* de financiación

Finanzierungsleasing *n*, Ø leasing *m* de financiación
Finanzierungsmittel *pl* medios *pl* (*od.* recursos *pl*) de financiación
Finanzierungsplan *m*, **¨e** plan *m* de financiación
Finanzierungsquelle *f*, **n** fuente *f* de financiación; recursos *pl* financieros
Finanzierungstätigkeit *f*, **en** actividad *f* financiera
Finanzierungsträger *m*, - entidad *f* (*od.* organización *m*) de financiación
Finanzierungsüberschuss *m*, **¨sse** superávit *m* financiero
Finanzjahr *n*, **e** año *m* fiscal; ejercicio *m* financiero
Finanzkapital *n*, Ø capital *m* financiero
Finanzklemme *f*, **n** dificultades *pl* financieras; ***in einer ~ stecken*** tener problemas financieros
Finanzkonsorti|um *n*, **-en** grupo *m* financiero; consorcio *m* de financiación
Finanzkontrolle *f*, **n** control *m* financiero
Finanzkorporation *f*, Ø, ***Internationale ~*** (IFC) Sociedad *f* Financiera Internacional
Finanzkrach *m*, **(¨e)** hundimiento *f* financiero; hundimiento *m* de las finanzas
finanzkräftig, ***~es Unternehmen*** empresa *f* con un fundamento sólido
Finanzkredit *m*, **e** crédito *m* financiero (crédito bancario por una suma fija y a plazo fijo)
Finanzkreise *pl* círculos *pl* financieros
Finanzkrise *f*, **n** crisis *f* financiera; crisis *f* económica
Finanzlage *f*, **n** situación *f* financiera
Finanzlasten *pl* cargas *pl* financieras
Finanzloch *n*, **¨er** déficit *m* financiero, presupuestario
Finanzmakler *m*, - corredor *m* financiero
Finanz|mann *m*, **¨er** *od.* **-leute** financiero *m*; banquero *m*; (LA) financista *m*
Finanzmarkt *m*, **¨e** mercado *m* financiero, de capitales
Finanzminister *m*, - **(E)** ministro *m* de Hacienda; (LA) ministro *m* de Finanzas
Finanzministeri|um *n*, **-en (E)** ministerio *m* de Hacienda; (LA) ministerio *m* de Finanzas
Finanzmittel *pl* recursos *pl* financieros
Finanzplan *m*, **¨e** presupuesto *m*; programa *m* financiero
Finanzpolitik *f*,Ø política *f* financiera, fiscal
finanzpolitisch, ***~e Maßnahmen*** medidas *pl* político-financieras
Finanzprüfer *m*, - revisor *m* (*od.* censor *m*) financiero
Finanzrecht *n*, Ø legislación *f* financiera; derecho *m* financiero
Finanzreform *f*, **en** reforma *f* financiera; ***eine ~ durchführen*** implementar una reforma financiera
Finanzsachverständige(r) (der/ein) experto *m* financiero
Finanzschieber *m*, - traficante *m* de divisas; timador *m* financiero
finanzschwach financieramente débil
Finanzspritze *f*, **n** (Fam.) inyección *f* de capital
finanzstark → finanzkräftig
Finanzsystem *n*, **e** sistema *m* financiero
finanztechnisch, ***aus ~en Gründen*** por razones técnico-financieras
Finanzvergleich *m*, **e** convenio *m* contable financiero
Finanzverwaltung *f*, **en** (administración *f* de) Hacienda *f*; administración *f* financiera, de recaudación
Finanzvorlage *f*, **n** proyecto *m* presupuestario, financiero
Finanzvorschuss *m*, **¨sse** anticipo *m* de tesorería
Finanzwechsel *m*, - letra *f* financiera; letra *f* bancaria; (a menudo letra al propio cargo = pagaré)
Finanzwelt *f*, Ø mundo *m* financiero; mundo *m* de las finanzas
Finanzwesen *n*, Ø hacienda *f* (pública); asuntos *pl* financieros
Finanzwirtschaft *f*, Ø economía *f* financiera (pública)
Finanzwissenschaft *f*, **en** ciencia *f* de la administración de Hacienda; ciencia *f* financiera
Finanzzölle *pl* derechos *pl* fiscales
Finder *m*, - hallador *m*; descubridor *m*
Finderlohn *m*, **¨e** recompensa *f*
fingiert imaginario; ficticio ***~e Rechnung*** factura *f* ficticia; ***~er Wert*** valor *m* imaginario
Firm|a *f*, **-en** casa *f* (de comercio); firma *f*; establecimiento *m*; empresa *f*; negocio *m*; razón *f* social; ***eingetragene*** ~ firma registrada (inscrita en el registro mercantil); ***erste Firmen*** casas de primer orden (solventes); ***führende*** ~ empresa líder; ***gemeinschaftliche*** ~ nombre *m* colectivo; ***renommierte*** ~ firma de buena reputación; ***unter der*** ~ bajo la razón social; ***zahlungsfähige*** ~ firma solvente

Firmenänderung *f*, **en** modificación *f* de la razón social
Firmenaufdruck *m*, **e** membrete *m*; ***Briefpapier mit ~*** papel *m* de cartas con el membrete de la firma
Firmenberatung *f*, **en** asesoramiento *m* de empresas
Firmenbezeichnung *f*, **en** razón *f* social
Firmenchef *m*, **s** patrón *m*; jefe *m* de una casa de comercio
Firmendetektiv *m*, **e** detective *m* (empleado en una firma)
firmeneigen perteneciente a la empresa; ***~er Wagen*** automóvil *m* de la empresa
Firmeneintragung *f*, **en** inscripción *f* de la razón social (en el registro mercantil)
Firmeninhaber *m*, - propietario *m* de una empresa
firmenintern, ***~e Angelegenheit*** asunto *m* interno de la empresa; ***~e Lohnregelungen*** acuerdos *pl* salariales dentro de la empresa
Firmenkopf *m*, **¨e** → Firmenaufdruck
Firmenname *m*, **n** nombre *m* comercial
Firmenregister *n*, - registro *m* mercantil (Syn. ***Handelsregister***)
Firmensitz *m*, **e** sede *f* de la firma; sede *f* social
Firmenstempel *m*, - sello *m* de la firma
Firmenvertreter *m*, - representante *m* de una sociedad
Firmenverzeichnis *n*, **se** guía *f* comercial; anuario *m* de comercio; ***ins ~ eintragen*** inscribir en la guía comercial
Firmenwagen *m*, - automóvil *m* perteneciente a la empresa; vehículo *m* de la firma
Firmenwert *m*, **e** fondo *m* de comercio; (Angl.) "goodwill" *m* (Syn. ***"Goodwill"***); notoriedad *f* de la empresa
Firmenzeichen *n*, - marca *f* de fábrica
firmieren firmar bajo la razón social; tener como razón social; ***das Unternehmen firmiert unter dem Namen Müller & Co.*** la empresa tiene como razón social Müller & Co.
Firmware *f*, **n** soporte *m* (lógico) inalterable **2.** soporte *m* (lógico) incorporado
fischarm pobre en pesca; de poca pesca
Fischbank *f*, **¨e** banco *m* de pesca; cardumen *m*
Fischdampfer *m*, - barco *m*, vapor *m* pesquero
fischen pescar; ir de pesca; ir a pescar
Fischer *m*, - pescador *m*
Fischerboot *n*, **e** lancha *f* pesquera; barco *m* pesquero
Fischerdorf *n*, **¨er** pueblo *m* de pescadores
Fischerei *f*, Ø **1.** pesca *f* **2.** pesquería *f* **3.** industria *f* pesquera
Fischereiabkommen *n*, - acuerdo *m* pesquero
Fischereierlaubnis *f*, **se** licencia *f*, permiso *m* de pesca
Fischereierzeugni|s *n*, **se** producto *m* pesquero
Fischereifahrzeug *n*, **e** embarcación *f* pesquera; embarcación *f* para pescar
Fischereiflotte *f*, **n** flota *f* pesquera
Fischereigebiet *n*, **e** zona *f* de pesca
Fischereihafen *m*, **¨** puerto *m* pesquero
Fischereirecht *n*, Ø **1.** derecho *m* de pesca **2.** derecho *m* a pescar
Fischfang *m*, **¨e** captura *f*; pesca *f*; ***guter ~*** buena pesca
Fischgeschäft *n*, **e** pescadería *f*; tienda *f* de pescado
Fischgründe *pl* caladeros *pl*
Fischhalle *f*, **n** lonja *f* de pescado
Fischhandel *m*, Ø comercio *m* pesquero
Fischhändler *m*, - pescadero *m*
Fischhandlung *f*, **en** pescadería *f*
Fischkonserven *pl* conservas *pl* de pescado
Fischkutter *m*, - barco *m*, barca *f* de pesca
Fischmarkt *m*, **¨e** mercado *m* de pescado
fischreich rico en pesca; con mucha pesca; de pesca abundante
Fischzucht *f*, Ø piscicultura *f*
Fischzuchtanstalt *f*, en piscifactoría *f*
fiskalisch fiscal (Syn. ***steuerlich***)
Fiskallasten *pl* cargas *pl* fiscales
Fiskalpolitik *f*, Ø política *f* fiscal
Fiskus *m*, Ø fisco *m*; Tesoro *m*; erario *m* público; ***Einnahmen des ~*** ingresos *pl* del Tesoro; ***sein Vermögen fällt an den ~*** su fortuna revierte al fisco
fix fijo; firme; ***~er Auftrag*** orden *f* en firme; ***~es Gehalt*** sueldo *m* fijo; ***~e Kosten*** gastos *pl* fijos; ***~e Preise*** precios *pl* fijos
Fixangestellte(r) (der/ein) (A) empleado *m* fijo; empleado *m* con contrato fijo
Fixauftrag *m*, **¨e** orden *f* en firme
fixen 1. vender al descubierto; especular a la baja (en las operaciones a plazo con títulos valores) (Syn. ***leerverkaufen***) **2.** tomar drogas
Fixer *m* , - **1.** bajista m (que especula a la baja) **2.** drogadicto m

Fixgeschäft *n*, **e** operación *f* (*od.* transacción *f*) a término (Syn. ***Termingeschäft***)
Fixing *n*, **s** (Börse) (Angl.) fixing *m*; fijación *f* de las cotizaciones de divisas
Fixkauf *m*, **¨e** compra *f* a término
Fixkosten *pl* costes *pl* fijos, constantes
Fixprämie *f*, **n** (Seg.) prima *f* fija
Fixpreis *m*, **e** precio *m* fijo; ***den ~ unterlaufen*** vender por debajo de la tarifa oficial
Fix|um *n*, **-a** **1.** cantidad *f* (*od.* suma *f*)fija; importe *m* fijo **2.** sueldo *m* (*od.* salario *m*) fijo
Fixzeit *f*, **en** horario *m* fijo obligatorio de la mano de obra
Fläche *f*, **n** superficie *f*; espacio *m*; área *f*; ***bebaute***, ***nutzbare ~*** superficie construida, útil; ***überdachte ~*** superficie cubierta
Flächenbelegung *f*, **en** superficie *f* ocupada
Flächenerhebung *f*, **(en)** encuesta *f* a gran escala
Flächenertrag *m*, **¨e** rendimiento *m* por hectárea
Flächennutzungsplan *m*, **¨e** plan *m* general municipal de ordenación
Flächenstilllegung *f*, **en** abandono *m* de cultivo(**s**)
Flächenvermietung *f*, **en** alquiler *m* de puestos (en una feria)
Flackerstreik *m*, **s** huelga *f* de celo (Syn. ***Bummelstreik***)
Flagge *f*, **n** pabellón *m*; bandera *f*; ***billige ~*** pabellón de conveniencia; ***unter fremder ~ fahren*** navegar bajo pabellón extranjero; disfrazar el navío; (Fig.) utilizar un nombre fingido, supuesto
Flaggendiskriminierung *f*, **en** obligación *f* impuesta por un estado de navegar bajo su pabellón
Flaschenbier *n*, **e** cerveza *f* en botella, embotellada
Flaschenpfand *n*, Ø depósito m
Flaschenwein *m*, **e** vino *m* embotellado
Flaschenweinsteuer *f*, **n** impuesto *m* sobre vinos embotellados
flaschenweise por botellas
flau (Börse) desanimado; débil; flojo; estancado (Syn. ***lustlos***)
Flauheit *f*, Ø (Börse) calma *f*; estancamiento *m*; poca animación *f*
Flaute *f*, **n** calma *f*; depresión *f*; estancamiento *m*; baja *f*
Fleiper-Verkehr *m*, Ø (Flug-Eisenbahn-Personenverkehr) transporte *m* (de personas) combinado de avión y ferrocarril
Fleischbeschau *f*, Ø inspección *f* (sanitaria) de carnes (efectuada por encargo del matadero)
Fleischbeschauer *m*, **-** inspector *m* de carnes, de matadero
Fleischer *m*, **-** carnicero *m*
Fleischladen *m*, **¨** carnicería *f*; carnecería *f*
Fleischmangel *m*, Ø escasez *f* de carne
Fleischmarkt *m*, **¨e** mercado *m* de la carne
Fleischversorgung *f*, **en** abastecimiento *m* de carnes
Fleischwaren *pl* productos *pl* cárnicos
Fleiß *m*, Ø aplicación *f*; celo *m*; asiduidad *f*; empeño *m*
Fleißzulage *f*, **n** plus *m* de asiduidad
Flei-Verkehr *m*, Ø (Flug-Eisenbahn-Güterverkehr) transporte *m* de mercancías aire-ferrocarril
flexibel flexible; móvil; ***flexible Altersgrenze*** edad *f* de jubilación flexible; posibilidad *f* de retirarse anticipadamente; ***flexible Arbeitszeit*** jornada *f* laboral flexible; ***flexibler Wechselkurs*** tasa *f* de cambio flotante, oscilante
Flexibilisierung *f*, Ø, ***~ der Arbeitszeit*** flexibilización *f* de la jornada laboral
Flexibilität *f*, Ø flexibilidad *f*
fliegen viajar en avión; volar; ***nach Deutschland ~***, ***in die USA ~*** viajar en avión a Alemania; volar a los EE.UU.
fliegend volante; ambulante; ***~e Bauten*** construcciones *pl* desmontables; ***~er Händler*** vendedor *m* ambulante; ***~es Personal*** personal *m* de vuelo
Fließarbeit *f*, **en** → Fließbandarbeit
Fließband *n*, **¨er** cadena *f* de fabricación *od.* de montaje; ***am ~ arbeiten*** trabajar en la cadena de montaje; ***vom ~ rollen*** quitar de la cadena
Fließbandarbeit *f*, **en** trabajo *m* en cadena (de montaje); producción *f* en serie
Fließbandarbeiter *m*, **-** trabajador *m*, obrero *m* en la cadena
Fließ(band)fertigung *f*, **en** fabricación *f* en cadena; producción *f* en serie
Fließbandmontage *f*, **n** montaje *m* en la cadena de fabricación
Fließbandproduktion *f*, **en** → Fließbandfertigung
Fließ(band)straße *f*, **n** cadena *f* de producción; ***vollautomatische ~ mit Robotern*** cadena enteramente robotizada (Syn. ***Taktstraße***)
floaten flotar; oscilar; variar; ***eine Währung ~ lassen*** liberar las tasas de cambio; dejar

flotar una moneda; ***die Wechselkurse*** ~ las cotizaciones flotan, oscilan, varían

Floating *n*, **s** fluctuación *f*; oscilación *f*; variación *f*: ***schmutziges*** ~ fluctuación manipulada; ~ ***der Währungen*** fluctuación de las paridades; liberalización *f* de las tasas de cambio

Flohmarkt *m*, **e** mercadillo *m* de viejo; mercado *m* de pulgas (Syn. ***Trödelmarkt***)

Flop *m*, s (Fam.) fracaso *m*

Floppy Disk *f*, **s** (Inform.) (Syn. ***Diskette***) **1.** disco *m* flexible; diskette *m*; disquette *m*; disquete *m* **2.** unidad *f* de disquettes

florieren florecer; prosperar

flöten gehen (Fam.), ***das ganze Geld ist flöten gegangen*** todo el dinero se ha perdido, se ha ido al cuerno

flott, ***das Geschäft geht*** ~ los negocios marchan bien

Flotte *f*, **n** flota *f*; marina *f*: ***eine*** ~ ***abtakeln*** desarmar una flota

Flottenstützpunkt *m*, **e** base *f* naval

flottierend, ***~e Papiere*** valores *pl* flotantes; ***~e Schuld*** deuda *f* no consolidada; deuda flotante

flottmachen (Fam.), ***ein Unternehmen wieder*** ~ volver a poner una empresa a flote

Fluchtgeld *n*, **er** → Fluchtkapital

Fluchtkapital *n*, Ø capital *m* evadido (capitales transferidos al extranjero sin atenerse a las disposiciones existentes)

Flüchtling *m*, **e** fugitivo *m*; refugiado *m*; evadido *m*

Flüchtlingslager *n*, - campo *m* de refugiados

Fluchtlinie *f*, **n** alineación *f*

Fluchtmöglichkeiten *pl* posibilidades *pl* de escape

Fluchtweg *m*, **e** vía *f* de escape

Flug *m*, **¨e** vuelo *m*; ***ein*** ~ ***nach*** un vuelo a; ***einen*** ~ ***buchen*** reservar un pasaje (de avión)

Flugansagen *pl* anuncios *pl* de vuelo

Flugbegleiterin *f*, **nen** azafata *f* (de vuelo); (LA) aeromoza *f* (Syn. ***Stewardess***)

Flugbesatzung *f*, **en** tripulación *f* (de vuelo)

Flugbetrieb *m*, Ø **1.** servicio *m* aéreo **2.** explotación *f* comercial de una compañía aérea

Flugblatt *n*, **¨er** octavilla *f*; hoja *f* volante ***Flugblätter verteilen*** distribuir octavillas

Flug-Bus-Verbindung *f*, **en** transporte *m* combinado de avión y autobús

Flugdauer *f*, Ø duración *f* de vuelo

Flug-Eisenbahnverkehr *m*, Ø transporte *m* combinado de avión y ferrocarril

Flügel *m*, - (Pol.) ala *f*; extremo *m*; ***linker***, ***rechter*** ~ ***einer Partei*** ala izquierda, derecha de un partido

flugfähig apto para el vuelo; capaz de volar

Fluggast *m*, **¨e** pasajero *m*

Fluggesellschaft *f*, **en** compañía *f* aérea

Flughafen *m*, **¨** aeropuerto *m*

Flughafenbahnhof *m*, **¨e** estación *f* de aeropuerto

Flughafengebäude *n*, - edificio *m* del aeropuerto; ~ ***für Hubschrauber*** edificio *m* de helipuerto; ~ ***für Transitfracht*** edificio *m* para mercancías en tránsito

Flughafengebühr *f*, **en** derecho *m* aeroportuario

Flughafeningenieur *m*, **e** ingeniero *m* de aeropuerto

Flughafensammelraum *m*, **¨e**, ~ ***für Passagiere*** punto *m* de encuentro (en el aeropuerto)

Flughandbuch *n*, **¨er** manual *m* de vuelo

Flughof *m*, **¨e** terminal *m* aéreo (Syn. ***Air Terminal***)

Flughöhe *f*, *n* altura *f*, altitud *f* de vuelo

Fluginklusivreise *f*, **n** viaje *m* IT (= inclusive tour) (viaje por avión todo incluido)

Flugkapitän *m*, **e** comandante *m* (de a bordo); primer piloto *m*

Flugkarte *f*, **n** **1.** pasaje *m* (*od.* billete *m*) de avión **2.** mapa *m* de navegación aérea

flugklar preparado para volar; dispuesto, listo para despegar

Flugkraftstoff *m*, **e** carburante *m* de aviación

Fluglinie *f*, **n** línea *f* aérea

Fluglinienverkehr *m*, Ø servicio *m* aéreo; tráfico *m* aéreo

Fluglotse *m*, **n** controlador *m* aéreo

Flugpauschale *f*, **n** precio *m* global del pasaje; (Gal.) forfait *m* del pasaje

Flugpauschalreise *f*, **n** → Fluginklusivreise

Flugpersonal *n*, Ø personal *m* de a bordo; personal *m* de navegación

Flugplan *m*, **¨e** horario *m* de vuelo; horario *m* de salidas del servicio aéreo

Flugplatz *m*, **¨e** aeródromo *m*; campo *m* de aviación

Flugpost *f*, Ø correo *m* aéreo; ***per*** ~ por avión

Flugpreis *m*, **e** tarifa *f* de vuelo; precio *m* del transporte aéreo

Flugreise *f*, n viaje *m* en avión

Flugreisende(r) (der/ein) → Fluggast

Flugroute *f*, **n** itinerario *m* de vuelo

Flugschein *m*, **e 1.** (Flugkarte) billete *m*, pasaje *m* (de vuelo); (LA) boleto *m* (de vuelo) **2.** (Flugzeugführerschein) patente *m* de piloto, de aviador
Flugschreiber *m*, - caja *f* negra; registrador *m* de a bordo, de vuelo
Flugschüler *m*, - alumno *m* piloto
Flugsicherheit *f*, Ø seguridad *f* de vuelo
Flugsicht *f*, - visibilidad *f* (de vuelo)
Flugsteig *m*, *e* muelle *m* de embarque
Flugstunde *f*, **n**, ~ ***absolvieren*** realizar las horas de vuelo prescritas
Flugstützpunkt *n*, **e** base *f* aérea
Flugticket *n*, **s** → Flugschein
Flugverbindung *f*, **en** correspondencia *f*, comunicación f, conexión *f* aérea; enlace *m* aéreo
Flugverkehr *m*, Ø tráfico *m od.* transporte *m* aéreo
Flugwetterdienst *m*, **e** servicio *m* metereológico aeronáutico
Flugzeug *n*, **e** avión *m*; aeroplano *m*
Flugzeugbau *f*, Ø construcción *f* aeronáutica
Flugzeugbauer *m*, - constructor *m* aeronáutico; proyectista *m* de aviones
Flugzeugbesatzung *f*, **en** tripulación *f*, personal *m* (del avión)
Flugzeugentführer *m*, - pirata *m* del aire; pirata *m* aéreo
Flugzeugentführung *f*, **en** secuestro *m* de avión
Flugzeugfabrik *f*, **en** fábrica *f* de aviones
Flugzeugführer *m*, - piloto *m*; aviador *m*
Flugzeugführerschein *m*, **e** patente *f* de vuelo, de aviador; permiso *m* de piloto
Flugzeughalle *f*, **n** hangar *m*; cobertizo *m* (para aviones)
Flugzeughalter *m*, - titular *m* bzw. propietario *m* del avión
Flugzeugindustrie *f*, **n** industria *f* aeronáutica
Flugzeugkonstrukteur *m*, e → Flugzeugbauer
Flugzeugmechaniker *m*, - mecánico *m* (de aviones)
Flugzeugunglück *n*, **e** accidente *m* de aviación; accidente *m* aéreo, de avión
Flugzeugwart *m*, **e** mecánico *m* de aviación
Flugzeugwerk *n*, **e** fábrica *f* de aviones
Fluktuation *f*, **en** fluctuación *f*; ~ ***der Arbeitskräfte*** fluctuación de la mano de obra
fluktuieren fluctuar; cambiar; ***~de Gelder*** capital *m* flotante; ***~de Preise*** fluctuación *f* de los precios
Flurbereinigung *f*, **en** concentración *f* parcelaria; ordenación *f* de suelos; ***eine ~ vornehmen*** efectuar una concentración parcelaria
Flurschaden *m*, ¨ daños *pl* causados en un campo
Flurzersplitterung *f*, **en** parcelación *f* excesiva
flüssig disponible; líquido; ***~e Gelder*** capital *m* disponible; ***~e Mittel*** tesorería *f*; ***Geld ~ machen*** desbloquear fondos; ***kein ~es Geld haben*** no disponer de fondos líquidos, en efectivo
flüssig machen desbloquear, movilizar, realizar fondos
Flüssigkeit *f*, **en** liquidez *f*; disponibilidad *f*; activo *m* líquido
Flüssigmachung *f*, **en** movilización *f* de capitales; realización *f* de fondos
Flussschifffahrt *f*, **en** navegación *f* fluvial (Syn. ***Binnenschifffahrt***)
Flüsterpropaganda *f*, Ø campaña *f* de rumores
Flut *f*, **en 1.** marea *f* entrante, alta; flujo *m* **2.** enorme cantidad *f*
Flutkraftwerk *n*, **e** central *f* maremotriz (Syn. ***Gezeitenkraftwerk***)
fm → Festmeter
fob (free on bord = frei an Bord) f.o.b. franco a bordo
fob-Preis *m*, **e** precio *m* f.o.b.; precio *m* franco a bordo
foc (free of charge) gratuito; libre de gastos
Föderalismus *m*, Ø (Pol.) federalismo *m*
föderalistisch federalista
Föderation *f*, **en** (con)federación *f*
föderativ federativo
Folge *f*, **n** resultado *m*; consecuencia *f*; ***einer Sache ~ leisten*** cumplir a/c.; aceptar u/c
Folgeerscheinung *f*, **en** consecuencia *f*; fenómenos *pl* secundarios; secuela *f*
Folgeerzeugnis *n*, **se** (producto *m*) derivado *m*
Folgekosten *pl* costes *pl* inherentes
Folgelasten *pl* cargas *pl* inherentes
folgenschwer de graves consecuencias; fatal; serio; grave
Folgeprämie *f*, **n** (Seg.) prima *f* de renovación
Folgeprovision *f*, **en** (Seg.) comisión *f* de cartera
Folgeschaden *m*, ¨ (Seg.) daño *m* consecuencial
Fonds *m*, - **1.** fondo *m*; capital *m* (con un fin concreto); ~ ***aus öffentlichen Mitteln***

fondo público; ***einen ~ bilden*** crear un fondo **2.** fondo *m* de inversión (Syn. ***Investmentfonds***); ***Aktien~*** fondo de renta variable; ***Auslands~*** fondo extranjero; ***gemischter ~*** fondo mixto; ***Inlands~*** fondo nacional; ***Immobilien~*** fondo de inversión inmobiliaria; ***Renten(papier)~*** fondo de renta fija; ***Universal~*** fondo universal; ***Wertpapier~*** fondo de inversión mobiliaria **3.** obligaciones *pl* del Estado

Fondsbörse *f*, **n** Bolsa *f* de valores; mercado *m* de valores

Fondsgeschäfte *pl* transacciones *pl* de valores

Fondsinhaber *m*, - titular *m* de un fondo

Fondsmakler *m*, - agente *m* de cambio y bolsa (Börsenmakler); corredor *m* de comercio (freier Makler)

Fondsvermögen *n*, - patrimonio *m* del fondo (de inversión)

Fonds-Versicherung *f*, **en** seguro *m* de la cartera

Fonds-Zertifikat *n*, **e** certificado *m* (de un fondo de inversión) (Syn. ***Anteilscheine***)

foq (free on quay = frei Kai) franco muelle; puesto en el muelle

for (free on rail = frei Eisenbahngleis) puesto en la estación; franco estación

forcieren forzar

Förder- (Pref.) **1.** de fomento; promocional **2.** relativo a la producción y a la extracción (minera, petrolífera)

Förderabgaben *pl* royalties *pl*; impuestos *pl* sobre la extracción

Förderanlage *f*, **n** (Min.) instalación *f* de transporte, de producción

Förderausfall *m*, **¨e** (Min.) pérdida *f*, merma *f* de extracción; déficit *m* de producción

Förderband *n*, **¨er** cinta *f* transportadora

Förderdrosselung *f*, **en** disminución *f* de la producción, de la extracción

Förderleistung *f*, **(en) 1.** producción *f*; extracción *f* (por día u hora) **2.** capacidad *f* de extracción **3.** capacidad *f* de transporte

förderlich favorable; útil; provechoso

Fördermaßnahme *f*, **n** medida *f* de promoción, de fomento; medida *f* promocional

Fördermenge *f*, **n** cantidad *f* extraída; producción *f*

Fördermittel *n*, **- 1.** medio *m* de extracción **2.** fondos *pl*, recursos *pl* de fomento; subvención *f* estatal (destinada a la promoción de un proyecto, una región etc.)

fordern 1. exigir; reclamar; pedir; solicitar; demandar; reivindicar; ***einen unerschwinglichen Preis ~*** exigir un precio exorbitante; ***die 35-Stunden-Woche ~*** reivindicar la semana laboral de 35 horas **2.** ***jdn. vor Gericht ~*** citar ante el juez; incoar un proceso contra alg. ante un tribunal

fördern 1. fomentar; promover; favorecer; estimular; patrocinar; ***den Handel ~*** estimular el comercio; ***den Verkauf ~*** promover las ventas **2.** producir; extraer; ***Kohle, Erz ~*** extraer carbón, minerales

Förderplattform *f*, **en** plataforma *f* de extracción

Förderprogramm *n*, **e** medidas *pl* de fomento; programa *m* de promoción

Förderschacht *m*, **¨e** (Min.) pozo *m* de extracción

Förderturm *m*, **¨e** (Min.) castillete *m* de extracción

Forderung *f*, **en 1.** exigencia *f*; reclamación *f*; petición *f*; solicitud *f*; demanda *f*; reivindicación *f*; ***eine ~ stellen*** presentar una exigencia; exigir; ***seine ~en geltend machen*** hacer valer sus pretensiones; presentar una reclamación **2.** crédito *m*; derecho *m*; título *m*; activo *m* exigible; deuda *f* activa; reclamación *f*; ***abgeschriebene ~*** crédito amortizado; ***abgetretene ~*** crédito cedido; ***ausstehende ~*** cobro, crédito pendiente; ***befristete ~*** crédito a término; ***dubiose ~*** crédito de cobro dudoso; ***eingefrorene ~*** crédito congelado, bloqueado; ***eintreibbare ~*** crédito, activo exigible; ***fällige ~*** crédito vencido; ***fingierte ~*** crédito ficticio; ***gesicherte ~*** crédito asegurado; ***getilgte ~*** deuda saldada, liquidada; ***rückständige ~*** deuda atrasada; ***sichergestellte ~*** deuda garantizada; ***verjährte ~*** crédito prescrito; ***uneinbringliche ~*** crédito incobrable; ***zugrundeliegende ~*** crédito subyacente; ***von seinen ~en abgehen*** retirar sus reclamaciones; ***eine ~ abschreiben, abtreten*** amortizar, cancelar, ceder un crédito; ***eine ~ anerkennen*** reconocer un crédito, una deuda; ***eine ~ zur Aufnahme in die Konkurstabelle anmelden*** solicitar la inclusión del crédito en la masa pasiva; ***eine ~ aufgeben*** abandonar una reclamación; ***eine ~ befriedigen*** satisfacer un crédito; pagar una deuda; ***eine ~ einklagen*** exigir judicialmente el pago de una deuda; ***eine ~ eintreiben*** (einziehen) cobrar una deuda, un crédito **3.** (Jur.) citación *f* ante el juez

Förderung *f*, **en 1.** fomento *m*; promoción *f*; ayuda *f*; ~ ***der Spartätigkeit*** fomento del ahorro **2.** producción *f*; extracción *f*
Forderungsabschreibung *f*, **en** amortización *f* de un crédito
Forderungsabtretung *f*, **en** subrogación *f* convencional
Forderungsanerkennung *f*, **en** reconocimiento *m*, admisión *f* de un crédito
Forderungsanmeldung *f*, **en** presentación *f* de una reclamación, de una deuda
förderungsbedürftig necesitado; ***~er Wirtschaftszweig*** ramo *m* económico desfavorecido
Förderungsbeihilfe *f*, **n** subvención *f* (destinada a la promoción); ***eine ~ gewähren*** otorgar una ayuda financiera, una subvención
Forderungsberechtigte(r) (der/ein) acreedor *m*; reclamante *m*
Forderungsbetrag *m*, **¨e** importe *m*, montante *m* del crédito
Forderungseinziehung *f*, **en** cobro *m* de un crédito
Forderungseinzug *m*, Ø → Forderungseinziehung
Forderungskatalog *m*, **e** catálogo *m* de reivindicaciones
Förderungsmaßnahme *f*, **n** medida *f* de fomento; ***~n treffen*** tomar medidas destinadas a la promoción
Forderungspfändung *f*, **en** cobro *m* de un crédito mediante un embargo
Forderungstilgung *f*, **en** liquidación *f* de un crédito, de una deuda
Forderungsübergang *m*, **¨e** cesión *f*, traspaso *m* de un derecho; ~ ***kraft Gesetz*** (cessio legis) cesión *f* legal; subrogación *f* legal
Forderungsübertragung *f*, **en** traspaso *m*, cesión *f* de activos pendientes; subrogación *f*
Forderungsverzicht *m*, **(e)** abandono *m* de un crédito; renuncia *f* a una deuda
forfait, ***á*** ~ a tanto alzado; a destajo
forfaitieren 1. vender a tanto alzado; vender a un precio global **2.** trabajar a destajo **3.** viajar con todo incluido; hacer un viaje todo incluido
Forfaitierung *f*, **en 1.** venta *f* a tanto alzado; venta *f* global **2.** trabajo *m* a destajo **3.** viaje *m* todo incluido
Forfaitierung *f*, **en** operación *f* sin recurso (compra de activos extranjeros, renunciando al derecho de recurso frente al vendedor)
Formalität *f*, **en** formalidad *f*; trámite *m*; ***die notwendigen ~en erledigen*** cumplir los trámites requeridos
Format *n*, **e** tamaño *m*; (Angl.) formato *m*; ***genormtes*** ~ tamaño estandardizado
formatieren formatear
formatiert, ***nicht*** ~ no formateado; ***~er Bildschirm*** pantalla *f* formateada
Formation *f*, **en** formación *f* (política, económica o social)
Formblatt *n*, **er** formulario *m*; impreso *m*
Formel *f*, **n** fórmula *f*
formell formal; ***einen ~en Antrag stellen*** presentar una solicitud en forma
Formfehler *m*, **-** error *m* de forma; defecto *m* formal
Formgestalter *m*, **-** diseñador *m*
Formgestaltung *f*, **en** diseño *m* (Syn. ***Design***)
förmlich → formell
formlos informal
Formmangel *m*, **¨** → Formfehler
formnichtig nulo por vicio formal
Formsache *f*, **n** formalidad *f*; cuestión *f* de forma
Formular *n*, **e** formulario *m*; impreso *m*; ***vorgedrucktes*** ~ impreso; ***ein ~ ausfüllen*** rellenar un formulario
Forschung *f*, **en** investigación *f* (científica, industrial *etc.)*
Forschungsinstitut *n*, **e** instituto *m* de investigación
Forschungsreaktor *m*, **en** reactor *m* de investigación
Forst *m*, **e** bosque *m*; explotación *f* forestal; selva *f*; monte *m*
Forstamt *n*, **¨er** inspección *f* forestal
Forstbetrieb *m*, **e** explotación *f* forestal
Forstwirtschaft *f*, **en** silvicultura *f*
forstwirtschaftlich forestal
fortbilden, ***sich*** ~ perfeccionarse profesionalmente; asistir a un curso de perfeccionamiento profesional
Fortbildung *f*, **en** perfeccionamiento *m* profesional (Syn. ***Weiterbildung***)
Fortbildungskurs *m*, **e** curso de perfeccionamiento (para adultos); ***an einem ~ teilnehmen*** asistir a un curso de perfeccionamiento profesional
Fortbildungslehrgang *m*, **¨e** → Forbildungskurs
Fortbildungsschulwesen *n*, **-** formación *f* técnico-profesional

fortgeschritten avanzado; adelantado; ***Lehrgang für Fortgeschrittene*** curso *m* superior

fortlaufend continuo; continuado; periódico; *~e **Notierung*** cotización *f* continua; *~e **Nummern*** números *pl* correlativos

FORTRAN (formula translator) (Inform.) lenguaje *m* de programación FORTRAN

fortschicken enviar; expedir (por correo)

Fortschreibe-Methode *f*, **n** método *m* por extrapolación

fortschreiben actualizar; reevaluar; poner al día; extrapolar (Syn. ***hochrechnen***)

Fortschreibung *f*, **en** actualización *f*; (Contab.) inventario *m* permanente

Fortschreibungsveranlagung *f*, **en** actualización *f* de los asientos

Fortschritt *m*, **e** progreso *m*; adelanto *m; ~e **machen*** progresar

fortschrittlich progresista; avanzado

fortzahlen continuar pagando; proseguir el pago, los pagos

Fortzahlung *f*, **en** continuación *f* de los pagos; ~ ***der Löhne und Gehälter*** continuar los pagos de sueldos y salarios

fot (free on truck = frei Wagon) franco vagón; puesto en vagón

Fotokopierautomat *m*, **en** fotocopiadora

fotokopieren fotocopiar

Fr. → Franken

Fracht *f*, **en 1.** flete *m*; carga *f*; mercancía *f* transportada; cargamento *m*; porte *m*; gastos *pl* de transporte; ***in ~ geben*** dar en flete; ***in ~ nehmen*** cargar; ***die ~ umschlagen*** transbordar un cargamento; ***ausgehende*** ~ carga de salida; ***durchgehende*** ~ carga de tránsito; ***eingehende*** ~ carga de entrada; **2.** flete *m*; precio *m* del transporte; ***die ~ beträgt*** el flete asciende a; ~ ***im Voraus bezahlt*** flete pagado (por adelantado); ***Kosten, Versicherung und*** ~ (cif = cost, insurance and freight) costo, seguro y flete; **Frachtabfertigungsanlage** *f*, **n** terminal *m* de carga

Frachtabfertigungsdienst *m*, **e** servicio *m* de fletamento

Frachtanteil *m*, **e** primaje *f* del flete

Frachtaufschlag *m*, **¨e** suplemento *m* de flete; porte *m* adicional; sobreporte *m*; recargo *m*

Frachtaufzug *m*, **¨e** montacargas *m*

Frachtbehälter *m*, **-** contenedor *m*

Frachtberechnung *f*, **en** cálculo *m* del flete

Frachtbörse *f*, **n** Bolsa *f* de fletes; Bolsa *f* de mercancías transportadas

Frachtbrief *m*, **e 1.** (Ferr.) talón *m* de ferrocarril; carta *f* de porte; (LA) boleta *f* de expedición **2.** (Schiff) conocimiento *m*

Frachtbriefdoppel *n*, **-** duplicado *m* de la carta de porte (Syn. ***Frachtbriefduplikat***)

Frachtcontainer *m*, **-** → Frachtbehälter

Frachtdampfer *m*, **-** → Frachter

Frachtenbildung *f*, **en** formación *f* de fletes

Frachtenbruch *m*, **¨e** rotura *f* de la carga; menoscabo *m* de la carga

Frachter *m*, **- 1.** buque *m* de carga; cargero *m* **2.** porteador *m*; transportista *m*

Frachterhöhung *f*, **en** aumento *m* de(l) flete

Frachtflugzeug *n*, **e** avión *m* de carga

frachtfrei flete (buque *od.* avión) pagado; porte (ferrocarril) pagado; libre de porte *od.* flete *~e **Lieferung*** entrega *f* libre de porte; ***fracht- und zollfrei*** franco flete y derechos (aduaneros); libre de flete y derechos

Frachtführer *m*, **-** porteador *m*; transportista *m*

Frachtfuhrwesen *n*, **Ø** camionaje *m*; acarreo *m*

Frachtgebühr *f*, **en** → Frachtgeld

Frachtgeld *n*, **er** precio *m* del transporte; flete *m*; acarreo *m*

Frachtgut *n*, **¨er** mercancías *pl* en pequeña velocidad; (LA) mercadería *f* por encomienda; carga *f*; ***als ~ versenden*** (schikken) expedir algo en pequeña velocidad; (LA) enviar algo por encomienda

Frachtgutabfertigung *f*, **en** recepción *f* de mercancías

Frachtgutsendung *f*, **en** envío *m* en pequeña velocidad

Frachthubschrauber *m*, **-** helicóptero *m* de carga

Frachtkahn *m*, **¨e** bote *m* de carga; embarcación *f*, lancha *f* de carga

Frachtkarte *f*, **n** hoja *f* de ruta

Frachtkosten *pl* flete *m*; gastos *pl* de transporte

Frachtmakler *m*, **-** corredor *m* de transporte, de buques

Frachtpreis *m*, **e** precio *m* de transporte; flete *m*

Frachtraum *m*, **¨e** bodega *f* (buque); espacio *m* de carga (avión); ~ ***belegen*** reservar espacio de carga

Frachtrechnung *f*, **en** factura *f* de porte; cuenta *f* de flete(s)

Frachtsatz *m*, **¨e** tipo *m* de flete; tasa *f*, tarifa *f* de flete; ***ermäßigter*** ~ tarifa de fletes reducida

Frachtschein *m*, **e** → Frachtbrief
Frachtschiff *n*, **e** buque *m* de carga; buque *m* mercante; carguero *m*
Frachtspediteur *m*, **-** **1.** fletador *m* **2.** agente *m* de transportes
Frachtspesen *pl* gastos *pl* de transporte
Frachtstück *n*, **e** bulto *m*; fardo *m*
Frachttarif *m*, **e** tarifa *f* de carga, de fletes
Frachtübernahme *f*, **n** asunción *f* del flete
Frachtverkehr *m*, Ø transporte *m* de mercancías
Frachtversender *m*, - expedidor *m*
Frachtversicherung *f*, **en** seguro *m* de fletes
Frachtvertrag *m*, **¨e** contrato *m*, póliza *f* de fletamento; carta *f* partida, de fletamento
Fragebogen *m*, - *od.* ¨ cuestionario *m*; ***Erhebung durch ~*** encuesta *f* por cuestionario; ***einen ~ ausfüllen*** rellenar un cuestionario
Fragebogenaktion *f*, **en** encuesta *f*; ***eine ~ durchführen*** efectuar una encuesta
Fragekarte *f*, **n** tarjeta-respuesta *f*
fragen interrogar; preguntar; ***nach (um) Arbeit ~*** buscar trabajo; ***dieser Artikel ist sehr gefragt*** este artículo es muy demandado
fraglich **1.** incierto; problemático **2.** ***die ~en Bestellungen*** las órdenes en cuestión
Fraktion *f*, **en** **1.** (Pol.) grupo *m* parlamentario **2.** fracción *f* (en las operaciones con acciones con un lote inferior a la cuantía establecida)
Fraktionsvorsitzende(r) (der/ein) presidente *m* de un grupo parlamentario
Fraktionszwang *m*, (**¨e**) disciplina *f* de voto; obligación *f* de adherirse al voto del grupo parlamentario
Franc *m*, **s** franco *m* francés; ***belgischer ~*** franco belga
Franchise *f*, **n** **1.** exoneración *f*; franquicia *f*; exención *f* (de derechos de aduana) **2.** (Seg.) franquicia *f*; retención *f* propia (Syn. ***Selbstbehalt***)
Franchise-Nehmer *m*, - franquiciado *m*; tomador *m* de la franquicia
Franchising *n*, Ø franquicia *f*; (Angl.) franchising *m*
Frankatsvermerk *m*, **e** indicación *f* del franqueo (bei der Bahnfracht)
Frankatur *f*, **en** franqueo *m*; porte *m*; derechos *pl*
Franken *m*, - franco *m* suizo
Frankfurt Interbank Offered Rate (FIBOR) *f*, Ø interés *m* de referencia del mercado de Francfort; fibor *m*
frankieren franquear; ***ungenügend frankierte Sendung*** franqueo insuficiente; ***frankiert*** porte pagado (Syn. ***freimachen***)
Frankiermaschine *f*, **n** máquina *f* de franquear; franqueadora *f*
Frankierstempel → Frankiermaschine
Frankierung *f*, **en** → Frankatur
franko franco transporte, porte pagado; libre de porte; ~ ***Fracht*** franco de porte; ~ ***Haus*** franco domicilio; puesto a domicilio; ~ ***aller Kosten*** franco de todo gasto; ~ ***Verpackung*** embalaje *m* incluido
Frankolieferung *f*, **en** entrega *f* franco
Frankopreis *m*, **e** precio *m* franco
Frankorechnung *f*, **en** factura *f* franco a domicilio
Frau *f*, **en** mujer *f*; ***erwerbstätige ~ (berufstätige)*** mujer que ejerce una actividad profesional; mujer en régimen laboral activo
Frauenarbeit *f*, **en** **1.** trabajo *m* de la mujer **2.** trabajo *m* para mujeres
Frauenarbeitsschutz *m*, Ø reglamentación *f* del trabajo de la mujer
Frauenberuf *m*, **e** profesión *f* femenina
Frauenbeschäftigung *f*, Ø empleo *m* femenino (en una empresa)
Frauenbewegung *f*, **en** movimiento *m* feminista
Frauenlohn *m*, **¨e** salario *m* de la mujer
Frauenquote *f*, **n** porcentaje *m*, cuota *f* de mujeres; representación *f* femenina (en partidos, sindicatos, servicios públicos, cargos, etc.)
Frauenrechtlerin *f*, **nen** feminista *f* (Syn. ***Feministin***)
Frauenschutz *m*, Ø → Frauenarbeitsschutz
Frauenwahlrecht *n*, Ø derecho *m* de voto de la mujer
frei **1.** franco; exento de; libre de; ~ ***Grenze*** franco frontera; ~ ***Haus liefern*** entrega puesta a domicilio; entrega franco domicilio; ~ ***Hof*** puesto en la granja; ***20 kg Gepäck ~ haben*** tener un equipaje libre de 20 kilogramos **2.** libre; facultativo; vacante; ***der Posten ist ~ geworden*** el puesto ha quedado vacante; ***im ~en Handel*** en el mercado libre
Freiaktie *f*, **en** acción *f* gratuita
Freiantwort *f*, **en** respuesta *f* pagada
freibekommen **1.** obtener permiso **2.** obtener vacaciones **3.** ***gegen Kaution ~*** poner en libertad bajo fianza
Freiberufler *m*, - profesional *m* liberal; autónomo *m*

freiberuflich, ~ ***tätig sein*** ejercer una profesión liberal
Freibetrag *m*, **¨e** importe *m* libre, exento de impuestos
freibleibend sin compromiso; sujeto a confirmación *od.* alteración
Freiexemplar *n*, **e** ejemplar *m* gratuito
Freifahrschein *m*, **e** permiso *m* de libre circulación; pase *m* de transporte gratuito
Freifahrt *f*, **en** viaje *m* gratuito
Freiflächenstand *m*, **¨e** puesto *m* al aire libre
Freigabe *f*, **n** desbloqueo de *m*; liberalización *f*; ~ ***der eingefrorenen Gelder***, ***Löhne*** desbloqueo de los haberes congelados, de los salarios; ~ ***der Preise***, ***der Wechselkurse*** liberalización de los precios, de las cotizaciones
freigeben desbloquear; liberar; ***die Mieten*** ~ desbloquear los alquileres; ***zum Verkauf*** ~ poner a la venta
Freigelände *n*, Ø recinto *m* al aire libre
Freigepäck *n*, Ø equipaje *m* exento de porte
Freigrenze *f*, **n** margen *m* libre; tolerancia *f*; limite *m* de exención (impositiva)
Freigut *n*, **¨er** mercancía *f* libre de derechos
freihaben 1. no estar de servicio; tener libre, estar de fiesta **2.** no tener clase
Freihafen *m*, **¨** puerto *m* libre; puerto *m* franco
Freihandel *m*, Ø librecambio *m*; comercio *m* libre
Freihandelszone *f*, **n** zona *f* de libre comercio; ***Europäische*** ~ (EFTA) Asociación Europea de Librecambio
freihändig, ***~er Verkauf*** venta *f* a un tercero (por no ejecución de un contrato por parte del adquirente) (Syn. ***Selbsthilfeverkauf***)
Freihändler *m*, - librecambista *m*; partidario *m* del librecambio
freihändlerisch librecambista
Freihandverkauf *m*, **¨e** venta *f* directa, a la vista
Freiheit *f*, **en** libertad *f*; exención *f*; franquicia *f*; ~ ***des Marktes*** libertad del mercado; ~ ***der Meinungsäußerung*** libertad de expresión; ***jdn. der*** ~ ***berauben*** privar a alg. de su libertad
Freiheitsstrafe *f*, **n** (Jur.) pena *f* privativa de libertad
Freijahre *pl* primeros años *pl* de un reembolso (en los que sólo se abonan los intereses)
Freikarte *f*, **n** pase *m* (de favor); entrada *f* gratuita
Freikauf *m*, **¨e** rescate *m*
freikaufen rescatar; liberar a alg. mediante dinero; ***sich von einer Schuld*** ~ liberarse de una deuda
Freilager *n*, - depósito *m* de tránsito
Freiliste *f*, **n** lista *f* de mercancías exentas de derechos de aduana
freimachen 1. franquear (Syn. ***frankieren***) 2. ***sich für einen Tag*** ~ tomarse un día libre
Freimachung *f*, **en** → Frankatur
Freimachungsgebühr *f*, **en** tasa *f* de franqueo
Freimachungszwang *m*, (**¨e**) franqueo *m* obligatorio
Freimakler *m*, - corredor *m* de comercio
Freimarke *f*, **n** sello *m*; estampilla *f* (Syn. ***Briefmarke***)
Freimarkt *m*, **¨e** mercado *m* libre
freinehmen → freimachen 2.
Freischicht *f*, **en** turno *m* suplementario
freisetzen 1. despedir (mano de obra) **2.** liberar (energía)
freisprechen absolver
Freisprechung *f*, Ø absolución *f*
Freispruch *m*, **¨e** sentencia *f* absolutoria; ~ ***aus Mangel an Beweisen*** absolución *f* por falta de pruebas
freistehend independiente (Seg.) ***~es Haus*** chalet *m* aislado
freistellen liberar; exonerar; eximir; ***von den Steuern*** ~ eximir de los impuestos
Freistempler *m*, - → Frankiermaschine
Freistunde *f*, **n** hora *f* libre
Freiumschlag *m*, **¨e** sobre *m* franqueado
Freiverkehr *m*, Ø **1.** (Börse) mercado *m* libre; bolsa *f* extraoficial; mercado *m* de títulos todavía no admitidos a cotización **2.** (Zoll) mercado *m* libre; mercado *m* interior; mercado *m* nacional
Freiverkehrsaktien *pl* acciones *pl* no admitidas a cotización; acciones *pl* fuera de cotización; acciones *pl* suscritas en el mercado libre
Freiverkehrsbörse *f*, **n** → Freiverkehr 1.
Freiverkehrskurs *m*, **e** (Bolsa) cotización *f* en el mercado extraoficial, libre
Freiverkehrsmakler *m*, - corredor *m* libre
freiwillig voluntario; facultativo; ***~e Leistung*** prestación *f* voluntaria; ***~e Versicherung*** seguro *m* privado, voluntario
Freizeichen *n*, - (Teléf.) señal *f*, tono *m* de marcar (Ggs. ***Besetztzeichen***)
Freizeichnungsklausel *f*, **n** cláusula *f* de no responsabilidad
Freizeit *f*, (**en**) tiempo *f* libre; ocio *m*

Freizeitgesellschaft *f*, **en** sociedad *f* de ocio
Freizeitgestaltung *f*, **en** aprovechamiento *m* del tiempo libre
Freizeitindustrie *f*, **n** industria *f* del ocio
Freizettelgebühr *f*, **en** tasa *f* por franquicia en la entrega
Freizügigkeit *f*, Ø libertad *f* de circulación; libertad *f* de elegir (su) residencia; ~ ***der Arbeitskräfte*** libre circulación *f* de los trabajadores
Fremd- (Pref.) desconocido; ajeno; extranjero; exterior
fremd extranjero; desconocido; ajeno; ***~e Arbeitskräfte ins Land holen*** traer mano de obra extranjera; ***~e Mittel*** capital *m* externo; ***für ~e Rechnung*** por cuenta ajena; ***~es Verschulden*** falta *f* cometida por un tercero
Fremdarbeiter *m*, - trabajador *m* extranjero (Syn. ***Gastarbeiter***)
Fremdenbuch *n*, **¨er** (Tur.) registro *m* de viajeros
Fremdenführer *m*, - guía *m* turístico
Fremdenheim *n*, **e** casa *f* de huéspedes; pensión f
Fremdenindustrie *f*, **n** industria *f* del turismo
Fremdenpolizei *f*, Ø policía *f* de extranjeros
Fremdenschein *m*, **e** ficha *f* de viajero
Fremdenverkehr *m*, Ø turismo *m* (Syn. ***Tourismus***)
Fremdenverkehrsamt *n*, **¨er** oficina *f* de turismo
Fremdenverkehrsförderung *f*, Ø promoción *f* turística; fomento *m* del turismo
Fremdenverkehrsgebiet *n*, **e** region *f* turística
Fremdenverkehrsgewerbe *n*, Ø profesión *f*, actividad *f* turística
Fremdenverkehrsindustrie *f*, **n** → Fremdenindustrie
Fremdenverkehrswerbung *f*, **en** publicidad *f* turística
Fremdenverzeichnis *n*, **se** registro *m* de viajeros
Fremdenzimmer *n*, - habitación *f* de huéspedes en un hotel; ***verfügbare*** ~ (capacidad *f* en cuanto a las) habitaciones disponibles
Fremdfinanzierung *f*, **en** financiación *f* por terceros; financiación *f* ajena; ***direkte*** ~ financiación ajena directa (mediante la venta de obligaciones); ***indirekte*** ~ financiación ajena indirecta (mediante la intervención de un banco) (Ggs. ***Selbstfinanzierung***)
Fremdgeld *n*, **er** → Fremdkapital
Fremdguthaben *n*, - haber *m* en divisas extranjeras
Fremdhypothek *f*, **en** hipoteca *f* de terceros administrada fiduciariamente
Fremdkapital *n*, Ø capital *m* extranjero; pasivo *m* exigible, ajeno (total de los compromisos de una empresa en contraposición a los recursos propios)
fremdländisch extranjero
Fremdmittel *pl* medios *pl*, recursos *pl* ajenos
Fremdnutzung *f*, **en** utilización *f* por personas ajenas
Fremdschuld *f*, **en** deuda *f* en divisas extranjeras
Fremdsprachenkorrespondent *m*, **en** encargado *m* de la correspondencia extranjera
Fremdsprachensekretärin *f*, **nen** secretaria *f* con idiomas
fremdsprachlich, ***~e Kenntnisse*** conocimientos *pl* de idiomas
Fremdversicherung *f*, **en** seguro *m* por cuenta ajena
Fremdwährung *f*, **en** moneda *f* extranjera
Fremdwährungskont|o *n*, **-en** cuenta *f* en moneda extranjera
Fremdwährungsoption *f*, **en** opción *f* sobre moneda extranjera; opción *f* de divisas
Fremdwort *n*, **e** extranjerismo *m*; vocablo *m* extranjero; palabra *f* extranjera
Fremdwörterbuch *n*, **¨er** diccionario *m* de extranjerismos
freundlich 1. ***~e Börse*** Bolsa animada, de tendencia favorable; (Corresp.) ***mit ~en Grüßen*** muy atentamente **2.** (Suf.) ***käuferfreundlich*** dentro de los intereses del cliente; ***umweltfreundlich*** filoecológico
freundschaftlich amistoso; ***~e Beziehungen*** relaciones *pl* amistosas; ***etw. ~ regeln*** arreglar un asunto amistosamente
Freundschaftskauf *m*, **¨e** compra *f* a un precio de favor
Friedensklausel *f*, **n** cláusula *f* de paz social (acuerdo gobierno - sindicatos)
Friedenspflicht *f*, **(en)** → Friedensklausel
Friedenswirtschaft *f*, **en** economía *f* de (tiempos de) paz
frisch fresco; ***~en Datums*** de fecha *f* reciente; ***~es Gemüse*** verduras *pl* frescas
Frischgewicht *n*, **e** peso *m* antes de efectuar la conserva

Frischhaltebeutel *m*, - bolsa *f* para la conservación de alimentos
Frischhaltedat|um *n*, **-en** fecha *f* (límite) de consumo; consumir preferentemente antes de (Aufschrift bei Lebensmitteln)
Frischhaltepackung *f*, **en** envase *m* de conservación fresca
Frischhaltung *f*, Ø conservación *f* (de alimentos)
frisieren falsear; trucar; ***eine Bilanz*** ~ retocar, falsear un balance
Frisieren *n*, Ø, ~ ***der Bilanz*** retoque *m* del balance; (Angl.) "window dressing" *m*
Frist *f*, **en** período *m*; plazo *m*; tiempo *m*; demora *f*; retraso *m*; término *m* **1.** ***abgelaufene*** ~ plazo expirado, vencido; ***innerhalb einer angemessenen*** ~ dentro de un plazo razonable; ***gesetzliche Kündigungsfrist*** plazo de preaviso legal; ***gesetzte*** ~ plazo señalado, estipulado; ***kurzfristig*** a corto plazo; ***vereinbarte*** ~ plazo acordado; ***vor, nach Ablauf einer*** ~ antes, después de la expiración de un plazo **2.** ***eine*** ~ ***einhalten*** observar un plazo; ***eine*** ~ ***einräumen (gewähren)*** conceder un plazo; ***einen weiteren Monat*** ~ ***erhalten*** prorrogar el plazo un mes más; ***eine*** ~ ***festsetzen*** señalar, fijar un plazo; ***eine*** ~ ***verlängern*** prorrogar un plazo
Fristablauf *m*, **¨e** expiración *f*, vencimiento *m* de un plazo; ***nach, vor*** ~ después, antes del vencimiento
Fristberechnung *f*, **en** cómputo *m* de un plazo
Fristbewilligung *f*, **en** concesión *f* de un plazo; (Konkurs) moratoria *f*
fristen 1. ***sein Leben*** ~ ir tirando; poder (nada más que) subsistir; ganarse penosamente la vida **2.** ***einen Wechsel*** ~ prorrogar, aplazar una letra
Fristende *n*, Ø → Fristablauf
Fristenlösung *f*, **en** (Jur.) autorización *f* del aborto durante un cierto plazo; interrupción *f* legal del embarazo durante un cierto tiempo
Fristentransformation *f*, **en** transformación *f* de plazos (en el euromercado)
Fristerstreckung *f*, **en** (CH) prórroga *f* de un plazo
fristgebunden, ~***e Kündigung*** denuncia *f* con (pre)aviso
fristgemäß dentro del plazo fijado, señalado
fristgerecht → fristgemäß
Fristgesuch *n*, **e** solicitud *f*, petición *f* de prórroga (de un plazo)
Fristgewährung *f*, **en 1.** concesión *f* de un plazo **2.** concesión *f* de una prórroga **3.** (Konkurs) (otorgamiento *m* de una) moratoria *f*
Fristigkeit *f*, **en** duración *f* de un plazo
fristlos en el acto; de inmediato; ~***e Entlassung*** despido *m* en el acto; despido sin preaviso
Fristsetzung *f*, **en** fijación *f* de un plazo
Fristüberschreitung *f*, **en** incumplimiento *m* de un plazo
Fristung *f*, **en** prórroga *f* (de un plazo)
Fristverlängerung *f*, **en** prórroga *f* de un plazo
Fristversäumnis *n od. f*, **se** falta *f* de observación de un plazo; incumplimiento *m* del plazo
Fristwechsel *m*, - letra *f*, efecto *m* a plazo
Fristzahlung *f*, **en** pago *m* a plazos
Fruchtsorte *f*, **n** variedad *f* de cultivo
Fruchtwechsel *m*, Ø cambio *m* de cultivos (Syn. ***Fruchtfolge***)
Frühdienst *m*, Ø → Frühschicht
Frühjahrsgeschäft *n*, **e** ventas *pl* de primavera
Frühjahrskatalog *m*, **e** catalogo *m* de primavera
Frühjahrsmesse *f*, **n** feria *f* de primavera
frühkapitalistisch precapitalista
Frührente *f*, **n** retiro *m* anticipado; prejubilación *f*
Frührentner *m*, - persona *f* en régimen de prejubilación
Frühschicht *f*, **en** turno *m* de la mañana (Ggs. ***Spätschicht***)
Frühstücksfernsehen *n*, Ø programa *m* de televisión matinal
Frühstückskartell *n*, **e** acuerdo *m* ilícito; convenio *m* secreto sobre precios
Frühstückspension *f*, **en** (Tur.) residencia *f* (sólo alojamiento y desayuno)
Frühverrentung *f*, Ø prejubilación *f*; retiro *m* anticipado
F + E (Forschung + Entwicklung) investigación y desarrollo (I + D)
Fühlung *f*, Ø contacto *m*; ***mit jdm.*** ~ ***aufnehmen*** entrar en contacto con alg.
führen 1. conducir; dirigir; desempeñar; administrar; ***Bücher*** ~ llevar la contabilidad; ***ein Geschäft*** ~ dirigir un negocio; ***die Kasse*** ~ tener la caja; ***Verhandlungen*** ~ entablar negociaciones; negociar; ***den Vorsitz*** ~ presidir **2.** vender; tener en el negocio; tener; ***wir*** ~ ***diese Marke nicht*** no vendemos esta marca

führend líder; de renombre; eminente; destacado; dirigente; ***auf einem Gebiet ~ sein*** ser una autoridad en un campo; ***ein ~er Betrieb*** una empresa líder; ***eine ~e Position auf dem Markt haben*** tener una posición destacada (*od.* de primer orden) en el mercado
Führerschein *m*, **e** permiso *m* de conducir
Führerscheinentzug *m*, - retirada *f* del permiso de conducir
Fuhrgeld *n*, **er** gastos *pl* de transporte
Fuhrpark *m*, **s** parque *m* de vehículos
Führung *f*, **en** dirección *f*; responsabilidad *f*; gestión *f*; administración *f*; ***die ~ haben*** ir a la cabeza; dominar; ser de primer orden; ***~ der Bücher*** teneduría *f* de libros; ***die ~ einer Firma übernehmen*** encargarse de la dirección de una empresa (Syn. ***Leitung***)
Führungsentscheidung *f*, **en** decisión *f* tomada por la dirección *od.* gerencia
Führungsetagen *pl*, ***auf den ~*** a nivel de dirección; en las plantas nobles
Führungsgremi|um *n*, **-en** órgano *m*, grupo *m* dirigente
Führungskraft *f*, **¨e** personal *m* directivo; alto empleado *m*; mando *m*; ejecutivo *m*; directivo *m*
Führungskräfte *pl* cuadros *pl* dirigentes; cuadros *pl* de mando
Führungsmannschaft *f*, **en** equipo *m* directivo, de dirección
Führungsschicht *f*, **en** clase *f* dirigente
Führungsspitze *f*, **n** personal *m* directivo; alta dirección *f*; altos responsables *pl* de una empresa; "top-management" *m*
Führungsstab *m*, **¨e** gabinete *m* directivo; "Staff" *m*
Führungsstil *m*, **e** estilo *m* de la dirección
Führungsteam *n*, **s** → Führungsmannschaft
Führungswechsel *m*, Ø relevo *m* en el mando; relevo *m* en la gestión, en la dirección; relevo *m* en la cúpula
Fuhrunternehmen *n*, - agencia *f* de transporte (Syn. ***Spediteur***)
Fuhrunternehmer *m*, - transportista *m*
Fund *m*, **e** objeto *m* hallado; hallazgo *m*
Fundamentalist *m*, **en** fundamentalista *m*
Fundamt *n*, **¨er** → Fundbüro
Fundbüro *n*, **s** oficina *m* de objetos hallados
Fundi *m*, **s** (Fam.) (D) miembro *m* del ala radical de los Verdes
fundieren fundamentar; garantizar; consolidar; ***fundierte Anleihe*** empréstito *m* consolidado; ***fundierte Schuld*** deuda *f* consolidada
fündig rico; explotable; ***~ werden*** descubrir
Fünfjahresplan *m*, **¨e** plan *m* quinquenal
Fünfmarkstück *n*, **e** moneda *f* de cinco marcos
Fünfprozent-Klausel *f*, Ø (R.F.A.) cláusula *f* del "cinco por ciento" (según la cual no pueden entrar al parlamento los partidos que no hayan obtenido por lo menos un 5% de los votos)
Fünftagewoche *f*, **n** semana *f* de cinco días, de 40 horas laborales
fungibel fungible; substituible; ***~ Wertpapiere*** títulos *pl* fungibles
Fungibilität *f*, Ø fungibilidad *f* (posibilidad de reemplazar un bien por otro de las mismas características)
fungieren funcionar; actuar; hacer las veces de
Funk *m*, Ø radio(difusión) *f*; ***~ und Fernsehen*** radio y televisión; ***~ hören*** escuchar la radio; ***durch ~ übertragen*** transmitir por radio; radiar; ***per ~ anmelden*** comunicar por radio (Syn. ***Rundfunk; Radio***)
Funkamateur *m*, **e** radioaficionado *m*
Funkbearbeitung *f*, **en** adaptación *f* radiofónica
Funkempfänger *m*, - (radio)receptor *m*
funken radiar, radiotelegrafiar; transmitir por radio
Funkfernschreiber *m*, - radioteletipo *m*
Funkhaus *n*, **¨er** centro *m* de radiodifusión: radioemisora *f*; estación *f* emisora
Funkhörer *m*, - radioyente *m*; radioescucha *m*
Funksignal *n*, **e** (Seg.) señal *f* radioeléctrica
Funksprechgerät *n*, **e** (Seg.) equipo *m* de radioteléfono
Funktelefon *n*, **e** radioteléfono *m*
Funktion *f*, **en** función *f*; ***eine leitende ~ innehaben*** ocupar una función dirigente
Funktionär *m*, **e** responsable *m* sindical (*od.* de un partido)
funktionell funcional
Funktionsablauf *m*, **¨e** (Inform.) secuencia *f* de funcionamiento
funktionsbereit listo para *f* funcionar
Funktionswechsel *m*, Ø cambio *m* de puesto, de función
Funkwerbung *f*, **en** publicidad *f* radiada
Fürsorge *f*, **n** asistencia *f*; ayuda *f*; ***öffentliche ~*** asistencia pública; ***soziale ~*** asistencia *f* social; servicio *m* social (Syn. ***Sozialhilfe***)

Fürsorgeamt *n*, **¨er** servicio *m* (de asistencia) social; oficina *f od.* centro *m* de asistencia pública (Syn. ***Sozialamt***)
Fürsorgearzt *m*, **¨e** médico *m* de la asistencia (pública)
Fürsorgeberechtigte(**r**) (der/ein) persona *f* asistida
Fürsorgeempfänger *m*, **-** persona *f* asistida; beneficiario *m* de la asistencia social
Fürsorgeerziehung *f*, Ø (Jur.) educación *f* confiada a un establecimiento tutelar
Fürsorger *m*, **-** empleado *m* de la asistencia pública
Fürsorgerin *f*, **nen** asistente *f* social
fürsorgerisch, ***~e Maßnahmen*** medidas *pl* de ayuda social
Fürsprache *f*, Ø intercesión *f*; mediación *f*; intervención *f*; ***bei jdm. ~ für jdn. einlegen*** interceder en favor de alg.
Fusion *f*, **en** fusión *f*; integración *f*; concentración *f*; ***~ durch Aufnahme*** fusión por absorción; ***~ von Gesellschaften*** fusión de sociedades; ***horizontale, vertikale ~*** fusión, concentración horizontal, vertical (Syn. ***Zusammenschluss***; ***Verschmelzung***)
fusionieren fusionarse
Fusionierung *f*, **en** → Fusion
fusionistisch, ***~e Absichten haben*** tener la intención de efectuar una fusión
Fusionsabkommen *n*, **-** acuerdo *m* de fusión entre dos o más empresas
Fusionsrichtlinie *f*, **n** directiva *f* sobre fusiones
Fusionsvertrag *m*, **¨e** contrato *m* de fusión
Fußgänger *m*, **-** peatón *m*
Fußgängerunterführung *f*, **en** paso *m* subterráneo para peatones
Fußgängerzone *f*, **n** zona *f* peatonal *f*; ***eine Straße zur ~ erklären*** transformar una calle en zona peatonal
Fußnote *f*, **n** nota *f* (al pie de la página)
Fußvolk *n*, Ø ciudadano *m* de a pie; persona *f* común y corriente
Fustage *f*, **n** embalaje *m*; embotellado *m*
Futtergetreide *n*, Ø cereales *pl* secundarios, forrajeros
füttern alimentar; ***einen Computer mit Daten ~*** introducir datos en un ordenador
Futures *pl* futuros *pl*; mercancías *pl* vendidas a plazo; valores *pl* vendidos a término; ***~- Geschäfte*** *pl* operaciones *pl* de contrato de futuros; ***~-Markt*** mercado *m* de futuros; mercado *m* a término, a plazo; ***~option*** opción *f* sobre contrato a plazo
FV 1. → Fachverband **2.** → Fernverkehr
F-Zug → Fernschnellzug

G

G → Geld
g.g.u. (gelesen, genehmigt, unterschrieben) leído y aprobado
Gage *f*, **n** (Theater) sueldo *m*; remuneración *f*; caché *m*
GAL *f* (grün-alternative Liste) lista *f* ecologista
galoppierend, *~e Inflation* inflación *f* galopante
Gang *m*, **¨e** **1.** marcha *f*; curso *m*; *in ~ befindliche Arbeit* trabajo *m* (que está) en marcha, en curso; *der ~ der Geschäfte ist schleppend* los negocios no marchan muy bien **2.** *eine Maschine in ~ bringen* poner en funcionamiento, en marcha una máquina **3.** *den Handel wieder in ~ bringen* reanimar, relanzar el comercio **4.** *im zweiten ~ fahren* conducir, ir en segunda **5.** pasillo *m*; corredor *m* **6.** *erster ~* entrada *f*; *zweiter ~* segundo plato
gangbar **1.** *~e Münze* moneda *f* en circulación **2.** (passierbar) transitable
gängig **1.** usado; de uso corriente **2.** *~e Ware* mercancía *f* de fácil salida; mercancía *f* vendible, solicitada
Gant *f*, **en** (CH, A) venta *f* en pública subasta
ganz, *~ od. teilweise* total o parcialmente; en todo o **en** parte
Ganzfabrikat *n*, **e** producto *m* acabado
Ganzinvalide *m*, **n** inválido *m* total
Ganzsache *f*, **n** (Post) sobre *m* *bzw.* tarjeta *f* con sello impreso
ganztägig, *~e Beschäftigung* empleo *m* de (*od.* a) jornada completa
Ganztagsarbeit *f*, **en** → Ganztagsbeschäftigung
Ganztagsbeschäftigung *f*, **en** trabajo *m*, empleo *m* a jornada completa, entera
Ganztagskraft *f*, **¨e** trabajador *m*, empleado *m*, asalariado *m* a jornada completa, en régimen de jornada completa
Ganztagsstelle *f*, **en** puesto *m* de trabajo a jornada completa
Ganzzahl *f*, **en** (número *m*) entero *m*
ganzzählich, *~er Wert* valor *m* entero

GAP (Gemeinsame Agrarpolitik) PAC (Política *f* Agraria *od.* Agrícola Común)
gar (A) agotado; gastado totalmente
Garagenmiete *f*, **n** alquiler *m*, arrendamiento *m* de garaje
Garant *m*, **en** garante *m*; fiador *m* (Syn. ***Bürge***)
Garantie *f*, **n** garantía *f*; fianza *f*; seguridad *f*; caución *f*; *ohne ~* sin garantía; *als ~* a título de garantía; *stillschweigende ~* garantía tácita; *die ~ auf ein Gerät* la garantía de un aparato; *die ~ des Gerätes ist abgelaufen* el plazo de garantía del aparato ha expirado; *unter ~ stehen* estar bajo garantía; *die ~ für eine Anleihe übernehmen* salir garante de un empréstito, responder por un empréstito
Garantieabkommen *n*, **-** acuerdo *m* de garantía
Garantiebetrag *m*, **¨e** (importe *m* de) garantía *f*
Garantiebezeichnung *f*, **en** marca *f* de garantía de origen
Garantiefonds *m*, **-** fondos *pl*, depósito *m* de garantía
Garantiefrist *f*, **en** plazo *m* de garantía
Garantiegeber *m*, **-** → Garant
Garantiegeschäft *n*, **e** negocio *m* de garantía; operación *f* bancaria bajo contrato de caución
Garantiehinterlegung *f*, **en** depósito *m* de garantía
Garantiekapital *n*, Ø capital *m* de garantía; capital *m* propio
Garantieklausel *f*, **n** cláusula *f* de garantía
Garantielohn *m*, **¨e** salario *m* (mínimo) garantizado
Garantiemengenregelung *f*, **en** garantía *f* de cuotas lácteas (EU)
Garantienehmer *m*, **-** garantizado *m*
Garantiepreis *m*, **e** precio *m* garantizado
garantieren **1.** garantizar **2.** *~ für* responder de, hacerse responsable de; *für die Qualität einer Ware ~* hacerse responsable de la calidad de un producto **3.** (als Bürge)

salir garante de **4.** ***einen Wechsel*** ~ prestar el aval
garantiert, ***~er Mindestlohn*** salario *m* mínimo garantizado
Garantieschein *m*, **e** garantía *f*; aval *m*
Garantiesumme *f*, **n** → Garantiebetrag
Garantieversicherung *f*, **en** seguro *m* de garantía
Garantievertrag *m*, **¨e** contrato *m* de garantía
Garantiewechsel *m*, - efecto *m*, letra *f* de garantía
Garantiezeichen *n*, - etiqueta *f* de garantía
Garten *m*, **¨** jardín *m*; huerto *m*; huerta *f*; ***botanischer (zoologischer)*** ~ jardín *m* botánico (zoológico)
Gartenanlage *f*, **n 1.** zona *f* ajardinada **2.** jardines *pl* públicos
Gartenarbeit *f*, **en** trabajo *m* de jardinería; trabajo *m* en el jardín
Gartenarbeiter *m*, - **1.** jardinero *m* **2.** hortelano *m*
Gartenarchitekt *m*, **en** arquitecto *m* paisajista
Gartenbau *m*, Ø horticultura *f*
Gartenbauausstellung *f*, **en** exposición *f* de horticultura
Gartenbaubetrieb *m*, **e** explotación *f* hortícola (*od.* de horticultura)
Gartenbauerzeugnis *n*, **se** producto *m* hortícola
Gartengeräte *pl* utensilios *pl*, útiles *pl* de jardinería
Gartenhaus *n*, **¨er 1.** pabellón *m* **2.** anexo *m*
Gartenland *n*, **¨er** huerta *f*
Gartenlokal *n*, **e** restaurante *m*, café *m* con jardín
Gartenmöbel *pl* muebles *pl* de jardín
Gartenschau *f*, **en** exposición *f* de horticultura; certamen *m* de jardinería, de floricultura
Gärtner *m*, - **1.** jardinero *m* **2.** horticultor *m*
Gärtnerei *f*, **en** jardinería *f*; horticultura *f*
Gasindustrie *f*, **n** industria *f* gasista
Gas-Pipeline *f*, **s** gasoducto *m*
Gast *m*, **¨e** (geladener) huésped *m*; invitado *m*; (Tisch) convidado *m*; (Hotel) huésped *m*; viajero *m*; (Fremder) forastero *m*; (Besucher eines öffentliches Orts) visitante *m*
Gastarbeiter *m*, - trabajador *m* extranjero; ***die*** ~ mano *f* de obra extranjera
Gästebetreuung *f*, Ø → Gästebewirtung
Gästebewirtung *f*, Ø servicio *m*, agasajo *m* a los invitados *bzw.* huéspedes
Gästebuch *n*, **¨er** álbum *m* de visitantes
Gästeheim *n*, **e** residencia *f*
Gästekartei *f*, **en** fichero de clientes
Gästeverkehr *m*, Ø movimientos *pl* de la clientela
Gästezimmer *n*, - → Gastzimmer
Gastgeber *m*, - anfitrión *m*
Gastgewerbe *n*, Ø → Gaststättengewerbe
Gasthaus *n*, **¨er** → Gasthof
Gasthof *m*, **¨e** fonda *f*; posada *f*; restaurante *m*; (rustical) hostelería *f*; mesón *m*; (Gästehaus) hospedería *f*; pensión *f*; casa *f* de huéspedes; fonda *f*
Gastland *n*, **¨er** país *m* receptor; país *m* anfitrión; país *m* huésped
Gastmahl *n*, **e** banquete *m*; convite *m*
Gastronom *m*, **e** gastrónomo *m*
Gastronomie *f*, Ø gastronomía *f*
Gaststätte *f*, **en** restaurante *m*
Gaststättengewerbe *n*, Ø industria *f* gastronómica; hostelería *f*
Gaststube *f*, **n** comedor *m*
Gastwirt *m*, **e 1.** dueño *m* de un restaurante **2.** tabernero *m* **3.** hostelero *m*; fondista *m*
Gastwirtschaft *f*, **en 1.** restaurante *m* **2.** casa *f* de comidas **3.** taberna *f*
Gastzimmer *n*, - habitación *f*, cuarto *m* de huéspedes
Gasversorgung *f*, Ø servicio *m*, suministro *m* de gas
Gate *n*, **s 1.** puerta *f*; chasis *m* **2.** (Inform.) puerta *f* electrónica; puerta *f* de un transistor; reja *f*
Gateway *n*, **s** pasillo *m* de comunicaciones; ***~-citys*** ciudades *pl* por las que pasa el tráfico internacional (p.ej. Nueva York, San Francisco, Washington)
GATT (General Agreement on Tariffs and Trade 1948) GATT; Acuerdo *m* General sobre Aranceles y Comercio
Gattung *f*, **en** género *m*; especie *f*; variedad *f*; tipo *m*; categoría *f*, clase *f*; ***Waren jeder*** ~ mercancías de todo tipo
Gattungskauf *m*, **¨e** venta *f* de cosa genérica; venta *f* por descripción
gattungsmäßig, ~ ***bezeichnete Waren*** mercancías *pl* sin identificar
GAU *m*, **s** (Größter anzunehmender Unfall) **1.** mayor accidente *m* imaginable (en una central nuclear) **2.** mayor catástrofe *f* posible **3.** (Seg.) pérdida *f* máxima probable (PMP)
Gebarung *f*, **en** (A) gestión *f*; contabilidad *f*
Gebäude *n*, - edificio *m*; ***öffentliche*** ~ edificios *pl* públicos

Gebäudeblock *m*, ¨**e** *od.* **s** grupo *m* de edificios; (Straßenblock) manzana *f* de casas; (LA) cuadra *f*
Gebäudekomplex *m*, **e** → Gebäudeblock
Gebäudesteuer *f*, **n** impuesto *m* sobre los edificios
Gebäudeversicherung *f*, **en** seguro *m* de edificios
geben **1.** ***Auskunft*** ~ dar información **2.** ***einen Brief auf die Post*** ~ llevar, echar una carta al correo **3.** ***jdm. eine Frist*** ~ conceder, otorgar un plazo a alg.; ***den Kunden Kredit*** ~ conceder, otorgar crédito a los clientes; (Fam.) fiar a los clientes **4.** ***eine Quittung*** ~ entregar un recibo (*od.* resguardo) **5.** ***Rabatt*** ~ hacer una rebaja; rebajar; conceder, otorgar rebaja **6.** ***etw. in Verwahrung*** ~ dar en custodia; depositar para su custodia
Geber *m*, **-** **1.** dador *m* **2.** donante *m*; donador *m* **3.** (Teléf.) transmisor *m*
Geberland *n*, ¨**er** país *m* donante
Gebiet *n*, **e** territorio *m*; área *f*; distrito *m*; ***auf wirtschaftlichem*** ~ en el campo económico
Gebietsabtretung *f*, **en** cesión *f* territorial, de territorio
Gebietsansässige(r) (der/ein) residente *m*
Gebietsanspruch *m*, ¨**e** reivindicación *f* territorial
Gebietsfremde(r) (der/ein) no residente *m*; no nacional *m*
Gebietsgrenze *f*, **en** límite *m* territorial
Gebietshoheit *f*, **en** soberanía *f* territorial
Gebietskartell *n*, **e** cártel *m* regional
Gebietskörperschaft *f*, **en** ente *m* territorial; corporación *f* territorial (Municipio, Estado federado, Federación)
Gebietsverletzung *f*, **en** violación *f* territorial, de territorio
Gebietswerbung *f*, Ø publicidad *f* regional
geblockt (Inform.) agrupado
geboren, ~ ***in*** natural de; ~***er*** nativo; de nacimiento
Gebot *n*, **e** **1.** (Angebot) oferta *f* **2.** (Auktion) licitación *f*; postura *f*; ***höheres ~ bei Auktion*** puja *f* **3.** ***jdm. zu ~e stehen*** estar a la disposición de alg.
Gebr. → Gebrüder
Gebrauch *m*, Ø **1.** empleo *m*, aplicación *f* **2.** utilización *f*; uso *m*; ***eigener ~ uso*** propio; ***zum täglichen*** ~ para el uso diario; ~ ***machen*** servirse de; utilizar; usar; aprovechar; emplear; hacer uso de; ***von einem Anerbieten ~ machen*** servirse de un ofrecimiento; ***außer ~ kommen*** caer en desuso; ***im ~ sein*** estar en uso; ***in ~ nehmen*** emplear; usar, utilizar; ***erster*** ~ estreno *m*; primera utilización *f*; ***vor ~ gut schütteln*** agítese bien antes de usar; ***sparsam im*** ~ económico
gebrauchen emplear; aplicar; usar; utilizar; servirse de; aprovechar, valerse de; (zum ersten Mal) estrenar; ***die erhaltene Ware können wir nicht*** ~ la mercancía recibida no nos sirve de nada
Gebrauchsanweisung *f*, **en** modo *m* de empleo; instrucciones *pl* para el uso; instrucciones *pl* de servicio
Gebrauchsartikel *m*, **-** artículo *m* de uso corriente
Gebrauchsausführung *f*, **en** modelo *m* corriente
Gebrauchsdiebstahl *m*, ¨**e** hurto *m* de uso
Gebrauchsfahrzeug *n*, **e** vehículo *m* utilitario
gebrauchsfertig utilizable; listo para el uso; acabado; en perfecto estado de uso; en condición de marcha
Gebrauchsgegenstand *m*, ¨**e** objeto *m* de uso corriente; ***persönliche Gebrauchsgegenstände*** objetos *pl* personales
Gebrauchsgrafik *f*, **en** arte *f* gráfica; dibujo *m* publicitario; grafismo *m*
Gebrauchsgrafiker *m*, **-** dibujante *m* publicitario
Gebrauchsgüter *pl* **1.** bienes *pl* de consumo duradero **2.** artículos *pl* de uso corriente
Gebrauchsmuster *n*, **-** muestra *f*; modelo *m*; dibujo *m* de utilidad (industrial); marca *f*; ***eingetragenes*** ~ modelo *m* registrado
Gebrauchsmusterschutz *m*, Ø protección *f* de modelos y dibujos registrados; ***Internationales Abkommen über den*** ~ Convención *f* internacional sobre Marcas Registradas
Gebrauchsvorschrift *f*, **en** → Gebrauchsanweisung
Gebrauchsware *f*, **en** → Gebrauchsgüter
Gebrauchswert *m*, **e** valor *m* útil *od.* de utilidad *od.* de uso
gebraucht usado; de ocasión; de segunda mano; ~ ***kaufen*** comprar de segunda mano
Gebrauchtwagen *m*, **-** coche *m*, auto *m* de ocasión; coche *m* de segunda mano
Gebrauchtwagenhändler *m*, **-** vendedor *m* de coches usados
Gebrauchtwagenschau *f*, Ø exposición *f* de automóviles de ocasión

gebrochen, ***~e Zahl*** (número *m*) fraccionario *m*
Gebrüder *pl* hermanos *pl*; ***~ Maier*** Hermanos Maier; Maier Hermanos; (Abk. *Gebr.*) Hnos.
Gebuchte/r (der/ein) persona *f* ya contratada, ya reservada; persona *f* no disponible
Gebühr *f*, **en 1.** (Beitrag) cuota *f* **2.** (Tarif) tarifa *f*; tasa *f* **3.** (Prämie) prima *f* **4.** ***feste ~*** canon *m* **5.** ***~en*** *pl* (Honorare) honorarios *pl*; (Kosten) gastos *pl*; (Abgaben) derechos *pl*; tasas *pl*; impuestos *pl*; arbitrios *pl* **6.** ***Post~*** porte *m* **7.** ***Vermittlungs~*** comisión *f* **8.** (Maklergebühr, Courtage) corretaje *m* **9.** ***Autobahnbenutzungs~*** peaje *m* **10.** ***zu ermäßigter ~*** a tarifa reducida; ***frei von allen ~en*** exento de derechos **11.** ***gesetzliche ~*** tasa legal **12.** ***mit ~en belegen*** cargar de, gravar con derechos, impuestos; ***die ~en berechnen*** calcular las tasas, los derechos; ***eine ~ entrichten*** pagar *od.* satisfacer una tasa; ***die ~en erstatten*** reembolsar los derechos
Gebührenbefreiung *f*, **en** exención *f*, exoneración *f* de derechos; (Post, Zoll) franquicia *f*
Gebührenberechnung *f*, **en** tarificación *f*
Gebühreneinheit *f*, **en** (Teléf.) paso *m* de contador
Gebührenerhebung *f*, **en** cobro *m*, cobranza *f*, recaudación *f* de derechos
Gebührenerhöhung *f*, **en** subida *f* de los derechos
Gebührenerlass *m*, **-sse** → Gebührenbefreiung
Gebührenermäßigung *f*, **en** reducción *f*, rebaja *f* de los derechos
gebührenfrei exento, libre, exonerado de derechos
Gebührenfreiheit *f*, Ø → Gebührenbefreiung
Gebührenmarke *f*, **n** timbre *m* fiscal; viñeta *f* que muestra el pago de un derecho
Gebührennachlass *m*, **¨sse** → Gebührenermäßigung
Gebührenordnung *f*, **en** tarifa *f* (z.B. Ärzte); arancel *m*
gebührenpflichtig sujeto a derechos; ***~e Autobahn*** autopista *f* de peaje
Gebührenrechnung *f*, **en** minuta *f*, cálculo *m* de honorarios
Gebührensatz *m*, **¨e** tarifa *f*
Gebührentabelle *f*, **n** tabla *f* de tasas; índice *m* de derechos
Gebührentafel *f*, **n** → Gebührenordnung
Gebühren-Vignette *f*, **n** (CH) tasa *f* de peaje (en las autopistas); viñeta *f* para circular por la autopista
Gebührenvorschuss *m*, **¨sse** anticipo *m*, adelanto *m* de derechos
Gebührenzähler *m*, - (Teléf.) contador *m*
Gebührenzuschlag *m*, **¨e** recargo *m*, suplemento *m* sobre las tasas
gebunden, ***~es Buch*** libro *m* encuadernado; ***~er Preis*** precio *m* controlado; ***vertraglich ~*** obligado contractualmente; obligado por contrato; ***wir halten unser Angebot ~ bis*** consideramos nuestra oferta (en) firme hasta; nos sentimos obligados en nuestra oferta hasta; ***~er Verkehr*** tráfico *m* sometido a controles aduaneros; ***~e Währung*** moneda *f* controlada; ***~er Zoll*** derecho *m* de consolidación
Geburtenbeschränkung *f*, **en** limitación *f* del número de nacimientos; limitación *f* de la natalidad
Geburtenkontrolle *f*, Ø → Geburtenregelung
Geburtenregelung *f*, **en** control *m* de la natalidad
Geburtenrückgang *m*, **¨e** desnatalidad *f*; descenso *m* de la natalidad
geburtenschwach, ***~ Jahrgänge*** años *pl* de baja, de exigua natalidad
geburtenstark, ***~e Jahrgänge*** años *pl* de fuerte natalidad
Geburtenüberschuss *m*, **¨sse** excedente *m* de nacimientos (sobre fallecimientos)
Geburtenzahl *f*, **en** cifra *f* de nacimientos; tasa *f* de natalidad
Geburtenziffer *f*, **n** → Geburtenzahl
gebürtig, ***~er Spanier*** español *m* de nacimiento; español *m* nativo; nativo *m* español
Geburtsdat|um *n*, **-en** fecha *f* de nacimiento
Geburtsname *m*, **n** nombre *m* de soltera
Geburtsort *m*, **e** lugar *m* de nacimiento
Geburtsurkunde *f*, **n** partida *f* de nacimiento; (LA) acta *f* de nacimiento
Gedächtnis *n*, **se** (Inform.) memoria *f* (Syn. ***Speicher***)
Gedächtnisfeier *f*, **n** acto *m* conmemorativo
Gedächtniskunst *f*, Ø mnemotecnia *f*; mnemotécnica *f*
gedämpft, ***~e Absatzerwartung*** expectativas *pl* amortiguadas, atenuadas, rebajadas en cuanto a las ventas
gedeckt, ***~er Kredit*** crédito *m* con cobertura; ***durch die Versicherung voll ~ sein*** estar

cubierto, amparado totalmente por el seguro

gedenken (feierlich) conmemorar

Gedenkfeier *f*, **n** conmemoración *f*; acto *m* conmemorativo; celebración *f*

Gedenkmünze *f*, **n** medalla *f* conmemorativa; pieza *f* conmemorativa

Gedenkrede *f*, **n** discurso *m* conmemorativo

Gedinge *n*, - precio *m* convenido; destajo *m*; ***~arbeit*** trabajo *m* a tanto alzado *od.* a destajo; ***im ~*** a destajo; a tanto alzado

gedrückt, ***~e Börse*** mercado *m*, bolsa *f* a la baja

gedruckt, ***~es Formblatt*** formulario *m* impreso; hoja *f* impresa

geehrt, (Corresp.) ***Sehr ~er Herr Maier*** estimado señor Maier; ***Sehr ~e Damen und Herren*** distinguidas señoras, estimados señores; estimados señores;

geeignet apropiado; propio; capaz; ***persönlich und fachlich ~*** calificado personal y técnicamente; ***die Waren sind für den Markt ~*** las mercancías son apropiadas para el mercado

Gefahr *f*, **en** peligro *m*; riesgo *m*; ***für Rechnung und ~ von*** por cuenta y riesgo de; ***auf ~ des Empfängers*** a riesgo del destinatario; ***gegen alle ~en versichern*** asegurar contra todos los riesgos

gefährden 1. poner en peligro; exponer a un peligro; comprometer **2.** (riskieren) arriesgar **3.** (bedrohen) amenazar

Gefährdung *f*, **en** peligro *m*; amenaza *f*; grado *m* de peligro

Gefährdungsdelikt *n*, **e** delito *m* de peligro

Gefährdungsgrad *m*, - (Seg.) grado *m* de peligro *od.* de exposición

Gefährdungshaftung *f*, **en** responsabilidad *f* objetiva

Gefahrenübergang *m*, Ø transferencia *f* de riesgos

Gefahrenzulage *f*, **en** plus *m* de trabajo peligroso

Gefahrerhöhung *f*, **en** (Seg.) agravación *f* del riesgo

Gefälle *n*, - **1.** (Abhang) pendiente *f* **2.** (Gelände) declive *m* **3.** desnivel *m*; diferencia *f* de nivel; diferencial *m*; ***~ ausgleichen*** nivelar; ***soziales ~*** desnivel social

gefällig atento; obsequioso; amable; afable

Gefälligkeit *f*, **en** favor *m*; servicio *m*

Gefälligkeitsakzept *n*, **e** → Gefälligkeitswechsel

Gefälligkeitswechsel *m*, - letra *f* de complacencia, de favor

Gefangene/r (der/ein) 1. preso *m*; recluso *m*; cautivo *m* **2.** (Polit.) prisionero *m*

Gefangenenwagen *m*, ¨ coche *m* celular

Gefängnis *n*, **se**, ***aus dem ~ entlassen*** excarcelar; desencarcelar; ***ins ~ kommen*** ir a la cárcel; ***im ~ sitzen*** estar encarcelado; estar en la cárcel; ***ins ~ werfen*** encarcelar; meter, recluir en la cárcel; ***in das ~ überführen*** conducir a la cárcel

Gefängnisaufseher *m*, - celador *m*; guardián *m*; (Pey.) carcelero *m*

Gefängnisbeamte/r (der/ein) funcionario *m* de prisiones

Gefängnisdirektor *m*, **en** director *m* de una cárcel; director *m* de un establecimiento penitenciario

Gefängnishaus *n*, ¨**er** (A) → Gefängnis

Gefängnisstrafe *f*, **n**, ***zu einer ~ von 13 Monaten verurteilt werden*** ser condenado a una pena de prisión de 13 meses; ***er hat seine ~ abgebüßt*** ha cumplido la pena privativa de libertad a que fue condenado

Gefängniswesen *n*, Ø régimen *m* penitenciario

Gefängniszelle *f*, **n** celda *f* (de una prisión)

gefenstert, ***~er Bildschirm*** pantalla *f* con ventanas

gefragt demandado, solicitado; ***stark ~er Artikel*** artículo *m* muy demandado, solicitado

Gefrierware *f*, **n** productos *pl* congelados (Syn. ***Tiefkühlkost***)

Gefüge *n*, - estructura *f*; sistema *m*; contextura *f*

gegen 1. contra **2.** (etwa) sobre **3.** (im Austausch) a cambio de **4.** ***~ bar*** al contato **5.** ***~ Entgelt*** a título oneroso; ***~ Quittung*** contra recibo; ***~ Bezahlung der Gebühren*** mediante (el) pago de los derechos; ***Kasse ~ Dokumente*** al contado contra documentos

Gegenakkreditiv *n*, **e** crédito *m* respaldado, subsidiado

Gegenangebot *n*, **e** contraoferta *f*

Gegenantrag *m*, ¨**e** contraproposición *f*; ***~ einbringen*** formular una contraproposición

Gegenauftrag *m*, ¨**e** contraorden *f*; contraaviso *m*; ***wenn wir keinen ~ von Ihnen erhalten*** sin contraorden de su parte

gegenbieten sobrepujar

Gegenbieter *m*, - el que sobrepuja

gegenbuchen extornar

Gegenbuchung *f*, **en** contrapartida *f*

Gegenbürge *m*, **n** fiador *m* subsidiario; segundo fiador *m*
Gegenbürgschaft *f*, **en** caución *f* subsidiaria; fianza *f* de fianza
Gegendemonstration *f*, **en** contramanifestación
Gegendienst *m*, **e** desquite *m*; favor *m*; servicio *m* recíproco; reciprocidad *f*; (Corresp.) ***zu ~en gern bereit*** estamos siempre dispuestos a devolver servicios; nos ofrecemos a la recíproca
Gegenexpertise *f*, **n** → Gegengutachten
Gegenforderung *f*, **n** pretensión *f* a título de reciprocidad; (Jur.) demanda *f* reconvencional, recíproca
Gegengebot *n*, **e** → Gegenangebot
Gegengeschäft *n*, **e** compensación *f*
Gegengewicht *n*, **e** contrapeso *m*
Gegengutachten *n*, - dictamen *m* contrario
Gegenklage *f*, **n** (Jur.) reconvención *f*; demanda *f* reconvencional
Gegenleistung *f*, **en** contraprestación *f*; ***als ~ für*** en cambio (de); como contraprestación; como compensación; en pago de
Gegenmarke *f*, **n** contramarca *f*
Gegenmaßnahme *f*, **n** (Pol.) represalia *f*; medida en contra; contramedida *f*
Gegenposten *m*, - (Contab.) contrapartida *f*
Gegenprojekt *n*, **e** contraproyecto *m*; ***ein ~ vorlegen*** presentar un contraproyecto
gegenrechnen saldar por descuento; tomar en descuento
Gegenrechnung *f*, **en** **1.** descuento *m* **2.** verificación *f* **3.** cuenta *f* deudora
Gegenschein *m*, **e** (Quittung) recibo *m*; (Jur.) contracédula *f*; contraescritura *f*
Gegenseite *f*, **n** **1.** lado *m* opuesto; revés *m*; reverso *m* **2.** (Jur.) parte *f* contraria
gegenseitig mutuo; recíproco; ***~er Beistand*** asistencia *f* mutua; ***im ~en Einvernehmen*** de común acuerdo; ***~er Handelsverkehr*** intercambio *m* comercial recíproco; ***~e Abhängigkeit*** interdependencia *f*
Gegenseitigkeit *f*, **en** reciprocidad *f*; mutualidad *f*; solidaridad *f*; ***Gesellschaft auf ~*** mutualidad *f*; sociedad *f* mutua; ***Versicherung auf ~*** mutua *f* de seguros; (Seg.) ***Verein auf ~*** mutual *m*; mutualidad *f*; ***auf ~ gegründeter Vertrag*** tratado *m* de reciprocidad; ***Verbürgung der ~*** garantía *f* de reciprocidad
Gegenseitigkeitsabkommen *n*, - acuerdo *m* de reciprocidad
Gegenseitigkeitsklausel *f*, **n** cláusula *f* de reciprocidad
Gegenseitigkeitsversicherung *f*, **n** seguro *m* mutuo
Gegenseitigkeitsvertrag *m*, **¨e** tratado *m* de reciprocidad
Gegensprechanlage *f*, **n** interfono *m*; instalación *f* de intercomunicación; equipo *m* de interconexión
Gegensprechen *n*, Ø **1.** telefonía *f* dúplex **2.** telegrafía *f* dúplex
Gegensprechverkehr *m*, Ø (Teléf.) servicio *m* dúplex
Gegenstand *m*, **¨e** **1.** objeto *m*; sujeto *m*; materia *f*; ***kunstgewerblicher ~*** artículo *m* artesanal; ***~¨e des dringenden Bedarfs*** objetos de primera necesidad; ***~¨e des täglichen Bedarfs*** objetos de uso corriente; ***~ des Unternehmens*** objeto de la sociedad; ***einen ~ von der Konkursmasse absondern*** separar un objeto de la masa **2.** elemento *m*; ***~¨e des Anlagevermögens*** elementos del activo fijo; ***~¨e des Umlaufvermögens*** elementos del activo circulante
Gegenstück *n*, **(e)** **1.** equivalente *m* **2.** compañero *m* **3.** contrario *m*; opuesto *m*
gegenteilig contrario; opuesto; ***vorbehaltlich ~er Mitteilung*** salvo aviso en contrario
Gegenunterschrift *f*, **en** refrendo *m*
Gegenverkehr *m*, Ø circulación *f* en sentido opuesto; doble circulación *f*; ***Straße mit ~*** calle *f* de doble circulación
Gegenversicherung *f*, **en** contraseguro *m*
Gegenvorschlag *m*, **¨e** contraproposición *f*
Gegenwart *f*, Ø, ***in ~ aller Beteiligten*** en presencia de todos los interesados
gegenwärtig, ***die ~en Verhandlungen*** las negociaciones *pl* en trámite
Gegenwartsbörse *f*, **n** bolsa *f* de títulos negociables en el mercado del día
Gegenwartsgüter *pl* bienes *pl* presentes, disponibles de inmediato
Gegenwartspapiere *pl* títulos *pl*, valores *pl* mobiliarios actuales
Gegenwartswert *m*, **e** valor *m* actual
Gegenwert *m*, **e** contravalor *m*; valor correspondiente *m*; equivalente *m*; ***den vollen ~ ausgezahlt bekommen*** obtener el equivalente integral en líquido; ***~ in anderer Währung*** equivalente en otra moneda
Gegenwertmittel *pl* fondos *pl* de contrapartida
gegenzeichnen contrafirmar; contrasignar; (Amtl.) refrendar
Gegenzeichner *m*, - refrendario *m*
Gegenzeichnung *f*, **en** refrendo *m*

Gegner *m*, - contrario *m*; adversario *m*; ***politischer*** ~ adversario político
gegr. → gründen
Gehalt 1. *m*, **e** contenido *m*; nivel *m*; concentración *f*; riqueza *f*; ***ein geringer ~ an Metall*** un exiguo contenido de metal **2.** *n*, **¨er** sueldo *m*; ***ein ~ beziehen*** percibir un sueldo; ***das ~ auf ein Konto überweisen*** domiciliar la nómina
Gehaltsabbau *m*, Ø → Gehaltskürzung
Gehaltsabrechnung *f*, **en** nómina *f*
Gehaltsabrechnungsstreifen *m*, - tira *f* de liquidación del sueldo
Gehaltsabzug *m*, **¨e** deducción *f* del sueldo; retención *f* sobre el sueldo
Gehaltsanspruch *m*, **¨e 1.** derecho *m* a sueldo **2.** reivindicaciones *pl* salariales (nur *pl*)
Gehaltsanweisung *f*, **en** giro *m* del sueldo
Gehaltsaufbesserung *f*, **en** → Gehaltserhöhung
Gehaltsauszahlung *f*, **en** pago *m* de los sueldos
Gehaltsbescheinigung *f*, **en** recibo *m* del sueldo
Gehaltsempfänger *m*, - asalariado *m*; perceptor *m* de un sueldo
Gehaltserhöhung *f*, **en** aumento *m*, elevación *f* de sueldo; ***eine ~ bekommen, gewähren, verlangen*** obtener, conceder, exigir un aumento de sueldo
Gehaltsforderung *f*, **en** → Gehaltsanspruch
Gehaltsfortzahlung *f*, **en 1.** tramitación *f* de salarios **2.** salarios *pl* de tramitación
Gehaltsgruppe *f*, **n** categoría *f* de sueldo
Gehaltsherabsetzung *f*, **en** → Gehaltskür zung
Gehaltskont|o *n*, **-en** cuenta-salario *f*; cuenta *f* corriente de empleados y perceptores de salario
Gehaltskürzung *f*, **en** reducción del sueldo
Gehaltsliste *f*, **n** nómina *f*
Gehaltsnachzahlung *f*, **en** pago *m* del resto del salario
Gehaltsobergrenze *f*, **n** plafón *m*, límite *m* salarial; ***an die ~ rücken*** acercarse al tope salarial
Gehaltsordnung *f*, **en** baremo *m*
Gehaltspfändung *f*, **en** embargo *m* del sueldo
Gehaltssperre *f*, **n** suspensión *f* del pago de sueldos
Gehaltsstreifen *m*, - tiras *pl* del sueldo
Gehaltsstufe *f*, **n** categoría *f*; (Beamte) escalafón *m*; ***in eine höhere ~ aufrücken*** subir de categoría
Gehaltstabelle *f*, **n** escalafón *m*, tabla *f* de sueldos
Gehaltsvorrückung *f*, **en** (A) promoción *f* salarial de funcionarios
Gehaltsvorschuss *m*, **¨sse** anticipo *m* del sueldo
Gehaltswünsche *pl* → Gehaltsanspruch
Gehaltszulage *f*, **n** suplemento *m*, aumento *m* de sueldo; sobresueldo *m*
geheim secreto; clandestino; confidencial; privado; oculto; ***streng ~*** estrictamente confidencial; ***~e Abstimmung, Wahl*** voto *m* secreto; elección *f* secreta; ***~ halten*** mantener en secreto; ***Bewerbungen von ungekündigten Kandidaten werden streng ~ gehalten*** bajo estricta reserva colocados; ***~e Mitteilung*** nota *f* confidencial
Geheimfonds *m*, - fondo *m* secreto
Geheimhaltung *f*, **en** discreción *f*
Geheimhaltung *f*, Ø discreción *f*; ***~ von Daten*** privacidad *f*, privacía *f* (de datos)
Geheimhaltungspflicht *f*, Ø obligación *f* de mantener el secreto (profesional)
Geheimkont|o *n*, **-en** cuenta *f* secreta, privada
Geheimnis *n*, **se** secreto *m*; ***ein ~ verraten*** revelar el secreto
Geheimnummer *f*, **n 1.** (Teléf.) número *m* secreto **2.** número *m* de cuenta secreta
Geheimtip *m*, **s**, ***einen ~ geben*** recomendar algo desconocido
Geheimzahl *f*, **en** número *m* secreto
gehen 1. ir; andar; marchar; ***die Geschäfte ~ gut los*** negocios marchan bien; ***die Preise ~ in die Höhe*** los precios se disparan; ***in Serie ~*** ser fabricado en serie **2.** venderse, colocarse bien
Gehilfe *m*, **n** (Handwerk) oficial *m*; (Com.) empleado *m*; (Assistent, Amts-) asistente *m*; ayudante *m*
gehoben, ***Güter des ~en Bereichs*** bienes *pl* de lujo; ***eine ~e Position bekleiden*** ocupar un puesto importante
Geisel *f*, **n** rehén *m*
Geiselnahme *f*, **n** toma *f* de rehenes
Geisteswissenschaften *pl* letras *pl*; ciencias *pl* del espíritu
geizen ser avaro; ***mit jedem Pfennig ~*** ser tacaño
Geizhals *m*, **¨e** tacaño *m*; avaro *m*; avariento *m*; mezquino *m*
Gelände *n*, - terreno *m*; (Bauplatz) solar *m*; (Ausstellungsgelände) recinto *m* ferial

Gelbe Seiten *pl* páginas *pl* amarillas (de la guía telefónica)
Geld *n*, **er 1.** _ Gelder **2.** dinero *m*; plata *f*; (Fam.) pasta *f*; ***angelegtes*** ~ dinero invertido, colocado; ***falsches*** ~ dinero falso, falsificado; ***flüssiges*** ~ dinero disponible; ***heißes*** ~ dinero flotante *od.* especulativo; dinero robado; ***leichtes*** ~ dinero fácilmente ganado; ~ ***abheben*** retirar dinero; ~ ***anlegen*** invertir, colocar dinero; ~ ***einzahlen*** ingresar dinero; ***von seinem*** ~ ***leben*** vivir de sus rentas; vivir de cupones; ~ ***wechseln*** cambiar dinero **3.** (Börse) compra *f*
Geldabfindung *f*, **en** indemnización *f* dineraria
Geldabwertung *f*, **en** devaluación *f*, depreciación *f* monetaria
Geldangelegenheit *f*, en asunto *m* de dinero
Geldanlage *f*, **n** colocación *f*, inversión *f* de capital
Geldanleger *m*, - inversionista *m*; inversor *m*
Geldanleihe *f*, **n** empréstito *m* en dinero, en numerario; empréstito *m* financiero
Geldanweisung *f*, **en** giro *m*
Geldaristokratie *f*, Ø plutocracia *f*; aristocracia *f* del dinero
geldarm (persona) casi sin fondos; escasa de fondos; desprovisto de fondos
Geldarmut *f*, Ø penuria *f* de dinero
Geldaufnahme *f*, **n** recurso *m*, apelación *f* al crédito; préstamo *m*
Geldaufw|and *m*, **-endungen** desembolso *m*, despliegue *m* de capital
Geldaufwertung *f*, **en** revaluación *f*, apreciación *f* monetaria
Geldausgabe *f*, **n** entrega *f* de dinero; ***verzögerte*** ~ entrega diferida de dinero
Geldausgabeautomat *m*, **en** → Geldautomat
Geldausgabeautomat *m*, **en** → Geldautomat
Geldausgabeschalter *m*, - ventanilla *f* de pagos
Geldautomat *m*, **en** cajero *m* automático; expendedor *m* automático de dinero; telebanco *m*
Geldautomat *m*, **en** telebanco *m*; cajero *m* permanente; cajero *m* 24 horas; terminal *m* de dinero electrónico
Geldbedarf *m*, Ø demanda *f* de fondos, de dinero; necesidades *pl* pecuniarias, dinerarias
Geldbeihilfe *f*, **en** subsidio *m*; ayuda *f* financiera; subvención *f*
Geldbeitrag *m*, **¨e 1.** (staatlicher Geldbeitrag) subvención *f*; subsidio *m* **2.** contribución *f*, aportación *f* financiera **3.** cotización *f* (a)
Geldbelohnung *f*, **en** recompensa *f* en dinero; recompensa f pecuniaria
Geldbeschaffung *f*, **en** captación *f* de dinero, de pasivo; procuración *f*, movilización *f* de fondos
Geldbeschaffung *f*, **en** procuración *f*, movilización *f* de fondos; captación *f* de pasivo
Geldbestand *m*, **¨e** → Geldreserven
Geldbetrag *m*, **¨e** importe *m*, suma *f* (en dinero); montante *m*
Geldbeutel *m*, - portamonedas *m*; (für Scheine) cartera *f*
Geldbewegung *f*, **en** movimiento *m* de fondos, capital *m*
Geldbezüge *pl* percepciones *pl* dinerarias, en dinero
Geldbörse *f*, **n 1.** → Geldbeutel **2.** mercado *m* monetario
Geldbote *m*, **n** responsable *m* del transporte de dinero
Geldbrief *m*, **e** carta *f* (certificada) con valores (declarados)
Geldbriefträger *m*, - repartidor *m* de giros
Geldbündel *n*, - → Geldscheinbündel
Geldbuße *f*, **n** sanción *f* pecuniaria; sanción *f* administrativa; (Geldstrafe) pena *f* pecuniaria; multa *f*; ***eine*** ~ ***verhängen*** imponer una sanción pecuniaria; multar
Gelddruckerei, *f*, **en**, ***die ~en laufen auf Hochtouren*** se imprimen billetes a toda marcha; no para la impresión de dinero
Geldeingang *m*, **¨e** entradas *pl*, entrada *f* de dinero
Geldeinheit *f*, **en** unidad *f* monetaria
Geldeinlage *f*, **n 1.** aportación *f* de fondos, colocación *f*, inversión *f* de fondos **2.** (Bank) fondos *pl* depositados; depósitos *pl* **3.** (Firma) capital *m* aportado
Geldeinnahme *f*, **n** ingreso *m*, cobro *m*, entrada *f* (de dinero); recaudación *f*
Geldeinnehmer *m*, - cobrador *m*
Geldeintreiber *m*, - → Geldeinnehmer
Geldeinwurf *m*, **¨e** (Teléf., Automat) ranura *f* para echar la moneda
Geldentschädigung *f*, **en** → Geldabfindung
Geldentwertung *f*, **en 1.** depreciación *f* monetaria; desmonetización *f* **2.** disminución *f* del poder adquisitivo

Gelder *pl* capital *m*; fondos *pl*; medios *pl* financieros; recursos *pl* pecuniarios **1.** ***eingefrorene*** ~ capital bloqueado, congelado; ***heiße*** ~ capital flotante, especulativo; ***öffentliche*** ~ fondos, recursos públicos **2.** ~ ***festlegen*** inmovilizar capital

Gelderhebungsvollmacht *f*, **en** poder *m* para retirar fondos, dinero

Geldersparnis *f*, se ahorro *m* en dinero

Gelderwerb *m*, Ø, ***auf ~ angelegtes Unternehmen*** empresa *f* comercial, con fines de lucro; ***auf ~ angewiesen sein*** tener que ganarse la vida

Geldeswert *m*, Ø valor *m* en metálico, en efectivo

Geldflüssigkeit *f*, **en** liquidez *f*

Geldfonds *m*, - fondo *m* de dinero

Geldforderung *f*, **en** crédito *m* (pecuniario); deuda *f* activa; haber *m*

Geldfrage *f*, Ø cuestión *f* del dinero; asunto *m* pecuniario, dinerario

Geldgeber *m*, - prestamista *m*; capitalista *m*; financiero *m*

Geldgeschäft *n*, **e** operación *f*, transacción *f* financiera

Geldgeschenk *n*, **e** regalo *m*, donación *f* en dinero; ***steuerabzug(s)fähiges*** ~ regalo en dinero deducible de los impuestos

Geldgier *f*, Ø afán *m*, ansia *f*, avidez *f* de dinero; codicia *f*

geldgierig codicioso

Geldhahn *m*, Ø, (Fam.) ***den - aufdrehen*** abrir la cartera; abrir la caja; dar facilidades para obtener dinero, fondos, numerario; ***den - zudrehen*** cerrar la cartera; cerrar la caja; cortar el flujo de fondos

Geldhaus *n*, **¨er** → Geldinstitut

Geldheirat *f*, Ø casamiento *m* por dinero; boda *f* por interés

Geldherrschaft *f*, (**en**) plutocracia *f*; capitalismo *m*

Geldhilfe *f*, **n** ayuda *f* pecuniaria, dineraria, en dinero; ayuda *f* financiera

Geldhortung *f*, **en** acaparamiento *m* de dinero

Geldinstitut *n*, **e** instituto *m* bancario; instituto *m* crediticio; banco *m*; (Syn. ***Kreditinstitut***)

Geldkapitalbildung *f*, Ø formación *f* de capital financiero, de capital numerario, de capital en dinero

Geldklemme *f*, Ø (Fam.), ***er befindet sich in einer augenblicklichen*** ~ se encuentra de momento en un apuro, aprieto financiero

Geldknappheit *f*, **en** escasez *f* de dinero, de fondos; penuria *f*

Geldkredit *m*, **e** crédito *m* monetario

Geldkreislauf *m*, **¨e 1.** circuito *m* monetario **2.** circulación *f* monetaria

Geldkrise *f*, **n** crisis *f* monetaria

Geldkurs *m*, **e 1.** tipo *m* de cambio de la moneda; cotización *f*; valuta *f* **2.** (Börse) cotización de demanda, de compra (Ggs. ***Briefkurs***)

Geldlage *f*, **n** situación *f* monetaria

Geldleiher *m*, - **1.** (derjenige, der entleiht) prestatario *m* **2.** (derjenige, der leiht) prestamista *m*

Geldleihpreis *m*, **e** precio *m*, interés *m* del dinero

Geldleistung *f*, **en** prestación *f* en efectivo, pecuniaria

Geldleute *pl* financieros *pl*; banqueros *pl*; capitalistas *pl*; hacendistas *pl*

geldlich monetario; pecuniario; financiero

Geldlohn *m*, **¨e** salario *m* en efectivo

Geldmacht *f*, Ø potencia *f* financiera; poderío m dinerario

Geldmakler *m*, - agente *m* de cambio

Geldmangel *m*, Ø escasez *f*, falta *f* de fondos, de dinero

Geldmarkt *m*, **¨e** mercado *m* monetario, dinerario; mercado *m* de capitales a corto plazo

Geldmarkt *m*, Ø **1.** mercado *m* interbancario; mercado *m* de préstamos (a corto plazo) entre bancos (Syn. ***Interbankgeld***) **2.** mercado *m* de dinero, monetario (Ggs. ***Kapitalmarkt***)

Geldmarkt-Buchforderung *f*, **en** crédito *m* en cuenta del mercado monetario; crédito *m* quirográfico

Geldmarktpapiere *pl* valores *pl* negociables en el mercado monetario

Geldmarktsatz *m*, **¨e** tipo *m* de interés del mercado de dinero

Geldmasse *f*, **n** → Geldmenge

Geldmenge *f*, Ø masa *f* monetaria; agregado *m* monetario; ***aktive*** ~ masa *f* monetaria activa

Geldmittel *pl* recursos *pl* pecuniarios, financieros; fondos *pl*, medios *pl* dinerarios

Geldmünze *f*, **n** moneda *f*

geldnah, ***-er Fonds*** fondo *m* de cuasi dinero

Geldnehmer *m*, - prestatario *m*; demandante *m* de dinero;

Geldnot *f*, **¨e** penuria *f*, falta *f* de dinero; ***in ~ sein*** andar mal de dinero; no andar bien de fondos

Geldopfer *n*, - sacrificio *m* de dinero; sacrificio *m* pecuniario
Geldordnung *f*, **en** sistema *m*, régimen *m* monetario
Geldpacht *f*, Ø arrendamiento *m* en metálico
Geldpapier *n*, Ø papel *m* moneda
Geldpolitik *f*, Ø política *f* monetaria (a corto plazo)
Geldpolster *n*, - reservas *pl* de dinero; reservas *pl* en metálico
Geldprägung *f*, **en** acuñación *f* de moneda
Geldpreis *m*, **e 1.** precio *m* del dinero **2.** (Gewinn) premio *m* en metálico, en efectivo
Geldquelle *f*, **n** recursos *pl* financieros, monetarios; fuente *f* de recursos
Geldreform *f*, **en** reforma *f* monetaria
Geldreserven *pl* reservas *pl* monetarias
Geldrolle *f*, **n** cartucho *m*, rollo *m* de moneda
Geldsache *f*, **n** asunto *m*, cuestión *f* de dinero
Geldsack *m*, **¨e 1.** saca *f*, saco *m* de dinero **2.** (persona) ricachón *m*
Geldsammlung *f*, **en** colección *f*; (Kirche) colecta *f*
Geldsatz *m*, **¨e** tasa *f* de dinero
Geldschaffung *f*, **en** → Geldschöpfung
Geldschein *m*, **e** billete *m* de banco
Geldscheinbündel *n*, - faja *f*, fajo *m* de billetes
Geldschöpfung *f*, **en** creación *f* de dinero
Geldschrank *m*, **¨e 1.** caja *f* fuerte; cofre *m*; caja *f* de caudales; ***einbruchsicherer ~*** arca *f* invulnerable **2.** (Bank) cámara *f* acorazada
Geldschuld *f*, **en** deuda *f* (de dinero)
Geldsendung *f*, **en** envío *m* de dinero; remesa *f* en metálico
Geldsorgen *pl*, ***~ haben*** tener problemas de dinero
Geldsorten *pl* **1.** clases *pl* de dinero **2.** (Bank) billetes *pl* y monedas
Geldspende *f*, **n** donativo *m*
Geldspritze *f*, **n** inyección *f*, ayuda *f* financiera
Geldstoß *m*, Ø afluencia *f* de capitales; llegada *f* súbita de dinero
Geldstrafe *f*, **n** pena *f* pecuniaria; multa *f*; ***eine ~ verhängen*** imponer una multa; multar; ***bei ~*** bajo multa
Geldstück *n*, **e** (pieza *f* de) moneda *f*
Geldsumme *f*, **n** suma *f*, importe *m*, montante *m* de dinero
Geldsurrogat *n*, **e** sucedáneo *m* de dinero; sustitutivo *m* de dinero
Geldtäschchen *n*, - portamonedas *m*
Geldtasche *f*, **n** billetero *m*
Geldüberfluss *m*, Ø abundancia *f* de dinero; plétora *f* dineraria
Geldüberhang *m*, **¨e** → Geldüberfluss
Geldumlauf *m*, Ø masa *f* monetaria en circulación; circulación *f* monetaria
Geldumstellung *f*, en conversión *f* monetaria
Geldumtausch *m*, Ø cambio *m* (de dinero); operación *f* de cambio; conversión *f* monetaria
Geldunterstützung *f*, **en** ayuda *f* pecunaria; apoyo *m* con dinero; subvención *f* dineraria; subsidio *m*
Geldvergütung *f*, **en** → Geldabfindung
Geldverkehr *m*, Ø circulación *f* monetaria; movimientos *pl* de capital
Geldverknappung *f*, Ø → Geldknappheit
Geldverlegenheit *f*, **en** dificultades *pl* económicas; (momentan) apuro *m*; aprieto *m*; (Staat) crisis *f* financiera; ***in ~ geraten*** estar muy apurado de medios
Geldverleiher *m*, - prestamista *m*
Geldverlust *m*, **e** pérdida *f* (de dinero)
Geldvermögen *n*, Ø activo *m* financiero; medios *pl* financieros; patrimonio *m* en efectivo
Geldvermögensbildung *f*, **en** formación *f* de riqueza monetaria
Geldvernichtung *f*, Ø destrucción *f* de dinero; destrucción *f* de moneda
Geldverschlechterung *f*, **en** devaluación *f*, erosión *f* monetaria
Geldverschwendung *f*, **en** despilfarro *m*, derroche *m* de dinero
Geldvolumen *n*, - → Geldmenge
Geldvorrat *m*, **¨e** existencias *pl* en caja
Geldvorteil *m*, **e** ventaja *f* dineraria, pecuniaria
Geldwaschanlage *f*, **n** (Fam.) organización *f* especializada en la financiación de partidos políticos con fondos deducibles
Geldwechsel *m*, - → Geldumtausch
Geldwechsler *m*, - agente *m* de cambio; cambista *m*; banquero *m*
Geldwert *m*, Ø valor *m* monetario, efectivo, pecuniario; ***~ verleihen*** monetarizar
Geldwertstabilisierung *f*, Ø estabilización *f* monetaria
Geldwertstabilität *f*, Ø estabilidad *f* monetaria
Geldwesen *n*, Ø sistema *m* monetario; (LA) finanzas *pl*
Geldwirtschaft *f*, **en** economía *f* monetaria

Geldwucher *m*, Ø usura *f*; agiotaje *m*; especulación *f* fraudulenta sobre los cambios; *~ treiben* agiotar
Geldzähler *m*, - contador *m* de moneda, de dinero
Geldzeichen *n*, - signo *m* monetario
Geldzufluss *m*, Ø afluencia *f*, flujo *m* de dinero
Geldzusteller *m*, - pagador *m*
Geldzuwendung *f*, **en** asignación *f* de dinero; ayuda *f* financiera
geleast alquilado; tomado en leasing
Gelegenheit *f*, **en** ocasión *f*; oportunidad *f*
Gelegenheitsarbeit *f*, **en** trabajo *m* accidental, ocasional, eventual
Gelegenheitsarbeiter *m*, - trabajador *m* eventual, ocasional, accidental
Gelegenheitsgesellschaft *f*, **en** sociedad *f* civil constituida a título temporal; grupo *m* bancario, consorcio *m*
Gelegenheitskauf *m*, **e** (compra *f* de) ocasión *f*; *günstiger ~* ganga *f*
Gelegenheitsschiedsgericht *m*, **e** tribunal *m* arbitral ocasional
Geleitschein *m*, **e** pasavante *m*; (Angl.) navicert *m*
gelenkt dirigido; (re)conducido; controlado; *~er Preis* precio *m* fijo, controlado; *~e Wirtschaft* economía *f* planificada, dirigida
gelernt cualificado; *~er Arbeiter* trabajador *m* cualificado
geliefert ab Kai entregado en muelle, ex muelle.
geliefert ab Schiff entregado ex buque, en barco
geliefert Grenze entregado en frontera
geliefert unverzollt entregado derechos no pagados
geliefert verzollt entregado derechos pagados
Gellasystem *n*, **e** (sistema *f* de) publicidad *f* bola de nieve
gelöscht, *~er Eintrag* registro *m* borrado; anotación *f* borrada
gelten 1. valer **2.** ser válido **3.** regir **4.** ser considerado; pasar por
geltend en vigor; vigente; *nach ~em Recht* según las leyes vigentes; *einen Anspruch ~ machen* hacer valer, aducir una pretensión; *ein Eigentumsrecht ~ machen* reivindicar la propiedad de u/c
Geltendmachung *f*, Ø reivindicación *f*; ejercicio *m*; *gerichtliche ~* ejercicio de una acción
Geltstag (CH) bancarrota *f*; quiebra *f*
Geltung *f*, **(en) 1.** valor *m* **2.** validez *f* **3.** crédito *m*; prestigio *m*; autoridad *f* **4.** *das Gesetz hat ~* la ley está en vigor
Geltungsbereich *m*, **e** ámbito *m* de validez
Geltungsdauer *f*, Ø plazo *m*, período *m* de validez
gemäß conforme a; en virtud de; según; en conformidad con; de acuerdo con; al compás de; (nach Maßgabe) con arreglo a; con sujeción a
gemein común; público; ordinario; *~er Wert* valor *m* ordinario, normal
Gemeinbesitz *m*, Ø → Gemeindeeigentum
Gemeinde *f*, **n** municipio *m*; (LA) comuna *f*; (Einwohnerschaft) vecindario *m*; *ländliche ~* comunidad *f* rural
Gemeindeabgaben *pl* arbitrios *pl*; impuestos *pl* municipales, comunales
Gemeindeamtmann *m*, **-leute 1.** alcalde *m* **2.** portero *m* de estrados (en los tribunales)
Gemeindeanleihe *f*, **n** empréstito *m* municipal
Gemeindebeamte(r) (der/ein) empleado *m* de ayuntamiento, municipal
Gemeindebetrieb *m*, **e** empresa *f* municipal
Gemeindebezirk *m*, **e** término *m*, circunscripción *f* municipal
gemeindeeigen comunal; municipal
Gemeindeeigentum *n*, Ø colectividad *f*; bienes *pl* comunes; propiedad *f* pública; *etw. in ~ überführen* convertir u/c en propiedad pública; colectivizar; socializar
Gemeindefinanzen *pl* hacienda *f* municipal; finanzas *pl* locales
Gemeindegebrauch *m*, Ø uso *m* público
Gemeindenhaushalt *m*, **e** presupuesto *m* municipal
Gemeinderat *m*, **¨e 1.** (Organ) concejo *m* municipal; cabildo *m*; (LA) municipalidad *f* **2.** (Person) concejal *m*
Gemeindesteuern *pl* impuestos *pl* municipales, locales
Gemeindeväter *pl* concejales *pl*
Gemeindeverband *m*, **¨e** agrupación *f* intercomunal; mancomunidad *f*
Gemeindevorsteher *m*, - alcalde *m*
Gemeindewahlen *pl* elecciones *pl* municipales
Gemeingebrauch *m*, Ø utilización *f* en común; uso *m* público, común;
Gemeingläubiger *m*, - acreedor *m* de un quebrado

gemeingültig de aplicación general; de aceptación general; generalmente admitido
Gemeingut *n*, **¨er** bien *m* común, público; patrimonio *m* general; ***zum ~ machen*** poner al alcance de todos; popularizar
Gemeinjahr *n*, **e** año *m* normal (de 365 días)
Gemeinkosten *pl* gastos *pl* generales
Gemeinnutz *m*, Ø interés *m* general, público; ~ ***geht vor Eigennutz*** el interés general prima sobre el particular
gemeinnützig de utilidad pública; de interés público; ***~e Gesellschaft*** sociedad *f* de utilidad pública; ***~e Vereinigung*** asociación *f* sin ánimo de lucro; ***zu ~en Zwecken*** con, para fines benéficos
gemeinrechtlich de derecho común
gemeinsam (äußerlich verbunden) combinado; aunado; (innerlich verbunden) solidario; (allen gemeinsam) común; compartido; conjunto; (zusammengefaßt) colectivo; mancomunado; (gegenseitig) mutuo; ***~e Erklärung*** declaración *f* conjunta; ***~er Besitz*** coposesión *f*; (régimen *m* de la) comunidad *f* de los bienes; ***~er Markt*** Mercado *m* Común; ~ ***haften*** responder solidariamente (de)
Gemeinschaft *f*, **en** comunidad *f*; colectividad *f*; (Unauflösbarkeit) indivisión *f*; ***Auflösung der ~*** disolución *f* de la comunidad
Gemeinschaft des Anden-Pakts *f*, Ø comunidad *f* del pacto andino
gemeinschaftlich, ~ ***benutzt*** utilizado en común; compartido; ***~e Benutzung*** (***Nutzung***) compartición *f*; utilización *f* común, compartida;
Gemeinschafts- (EU) comunitario
Gemeinschaftsanschluss *m*, **¨sse** (Teléf.) línea *f* colectiva
Gemeinschaftsarbeit *f*, **en** trabajo *m* en común, en equipo
Gemeinschaftsausfuhr *f*, **en** (EU) exportaciones *pl* comunitarias
Gemeinschaftsautorität *f*, **en** (EU) autoridad *f* comunitaria
Gemeinschaftsbehörde *f*, **n** (EU) autoridad *f* comunitaria
Gemeinschaftsbetrieb *m*, **e** empresa *f* colectiva, en participación
Gemeinschaftseigentum *n*, Ø **1.** copropiedad *f* **2.** propiedad *f* colectiva
Gemeinschafts-Kontenrahmen *m*, **-** marco *m* contable normalizado
Gemeinschaftskont|o *n*, **-en** cuenta *f* colectiva, mancomunada
Gemeinschaftspräferenz *f*, **en** (EU) preferencia *f* comunitaria
Gemeinschaftspreis *m*, **e** (EU) precio *m* comunitario
Gemeinschaftsproduktion *f*, **en** coproducción *f*
Gemeinschaftsraum *m*, **¨e** sala *f* común
Gemeinschaftsrechnersystem *n*, **e** (Inform.) sistema *m* multiusuario
Gemeinschaftssteuern *pl* (EU) impuestos *pl* comunitarios
Gemeinschaftsverfahren *n*, **-** (EU) procedimiento *m* comunitario
Gemeinschaftsvermögen *n*, **-** bienes *pl* indivisos; masa *f* social; patrimonio *m* común
Gemeinschaftswerbung *f*, Ø publicidad *f* de un ramo
Gemeinschuld *f*, **en** deuda *f* común
Gemeinschuldner *m*, **-** quebrado *m*
Gemeinwert *m*, **e** valor *m* común
Gemeinwirtschaft *f*, **en** orden *m* económico que da prioridad a la satisfacción de intereses colectivos
gemeinwirtschaftlich, ***~e Lasten*** cargas *pl* económicas y sociales
Gemeinwohl *n*, Ø bien *m* común; utilidad *f* pública
gemischt mixto; mezclado; ***~e Kommission*** comisión *f* mixta; ***~es Konto*** cuenta *f* mixta
Gemischtwarenhandlung *f*, **en** colmado *m*; tienda *f* de ultramarinos
gemischtwirtschaftlich de economía mixta; ***~er Betrieb*** empresa *f* semipública; empresa *f* mixta
genau **1.** exacto; justo; preciso **2.** detallado; minucioso
genehmigen autorizar; aprobar; (nachträglich) sancionar; aceptar; (zugestehen) conceder; (einwilligen) consentir; (Vertrag) ratificar; ***amtlich*** ~ autorizar oficialmente; homologar
Genehmigung *f*, **en** aprobación *f*; autorización *f*; permiso *m*; licencia *f*; aceptación *f*, sanción *f*; consentimiento *m*; beneplácito *m*; Visto Bueno *m*; concesión *f*; ratificación *f*; (amtliche, behördliche Genehmigung) homologación *f* (oficial); ***eine ~ erteilen*** conceder una autorización; ***mit Ihrer ~*** con su permiso, venia; ***befristete~***

autorización temporal; ***gewerbliche*** ~ licencia profesional; ***schriftliche*** ~ autorización por escrito
genehmigungspflichtig sujeto a autorización previa; sujeto a permiso previo
Genehmigungsvermerk *m*, **e** Visto *m* Bueno
Generalagent *m*, **en** → Generalvertreter
Generalbevollmächtigte(r) (der/ein) apoderado *m* general
Generaldirektor *m*, **en** director *m* general
Generalhandel *m*, Ø comercio *m* general (exportaciones, importaciones, tránsito)
Generalist *m*, **en** generalista *m*; persona *f* con una buena formación general; persona *f* polivalente profesionalmente
Generalsekretär *m*, **e** secretario *m* general
Generalstaatsanwalt *m*, **¨e** fiscal *m* general
Generalstreik *m*, **s** huelga *f* general
Generalversammlung *f*, **en** asamblea *f*, junta *f* general
Generalversammlungsvollmacht *f*, **en** poder *m* de representación en la Junta general
Generalvertreter *m*, **-** representante *m* general, en exclusivo; (Seg.) agente *m* general
Generalvertretung *f*, **en** representación *f* general, exclusiva; (Seg.) agencia *f* general
Generalvertrieb *m*, Ø distribución *f* exclusiva
Generalvollmacht *f*, **en** poder *m* general
Generationenvertrag *m*, **¨e** contrato *m* (inter)generacional; contrato *m* entre generaciones
Generierer *m*, **-** programa *m* generador; generador *m* (de programas)
Generierung *f*, **en** creación *f*, generación *f* (de un programa, de un fichero, etc.)
genormt normalizado; estandar(d)izado; ***~es Format*** formato *m* normalizado
Genosse *m*, **n** (Pol.) compañero *m*; (Com.) socio *m* cooperativo; cooperador *m*; asociado *m*
Genossenschaft *f*, **en** (sociedad *f*) cooperativa *f*; ***eingetragene*** ~ cooperativa registrada; ***gewerbliche*** ~ cooperativa industrial; ***landwirtschaftliche*** ~ cooperativa agrícola
Genossenschafter *m*, **-** → Genossenschaftler
Genossenschaftler *m*, **- 1.** socio *m* cooperativo; socio *m* de una cooperativa; cooperativista *m* **2.** mutualista *m*
genossenschaftlich cooperativo
Genossenschaftsbank *f*, **en** banco *m* cooperativo
Genossenschaftsbauer *m*, **n** agricultor *m* cooperador, cooperativo
Genossenschaftsbewegung *f*, **en** cooperativismo *m*; movimiento *m* cooperativista
Genossenschaftsbund *m*, **-**, ***Internationaler*** ~ (IGB *od.* ICA) Alianza *f* Cooperativa Internacional (ACI)
Genossenschaftskasse *f*, **n**, ~ ***auf Gegenseitigkeit*** Mutualidad *f*
Genossenschaftsrecht *n*, Ø derecho *m* cooperativo
Genossenschaftsverband *m*, **¨e** federación *f* de cooperativas
Genossenschaftswesen *n*, Ø las cooperativas *pl*
Gentechnologie *f*, Ø tecnología *f* genética
Genuss *m*, Ø (Nutzen) provecho *m*; disfrute *m*; usufructo *m*; (Speisen) degustación *f*; ~ ***eines Rechtes*** goce *m* de un derecho; ***in den ~ von etw. kommen*** beneficiarse de a/c
Genussaktie *f*, **n** acción *f* de disfrute, goce
Genussmittel *pl* estimulantes *pl*; ***Nahrungs- und*** ~ productos *pl* alimenticios y estimulantes
Genussmittelindustrie *f*, **n** industria *f* de estimulantes
Genussrecht *n*, **e** derecho *m* de disfrute
Genussschein *m*, **e** bono *m* de disfrute
geöffnet abierto; ***durchgehend*** ~ abierto permanentemente; ***ganzjährig*** ~ abierto todo el año; ***ab neun Uhr*** ~ abierto a partir de las nueve *bzw.* de las 9.00
Gepäck *n*, Ø equipaje *m*; (LA) valijas *pl*; (Milit.) bagaje *m*; ***Stück*** ~ bulto *m*; ~ ***aufgeben*** facturar
Gepäckabfertigung *f*, **en** despacho *m*; facturación *f*; recepción *f*; registro *m* de equipajes
Gepäckabholung *f*, Ø **1.** (Ausgabe) entrega *f*, retirada *f* de equipajes **2.** (von Zuhause) (servicio *m* de) recogida *f* de equipajes del domicilio
Gepäckanhänger *m*, **-** etiqueta *f*
Gepäckannahme *f*, **n** → Gepäckabfertigung
Gepäckaufbewahrung *f*, **en** consigna *f*
Gepäckaufgabe *f*, **n** → Gepäckabfertigung
Gepäckausgabe *f*, **n** entrega *f* de equipajes
Gepäckbeförderung *f*, **en** transporte *m* de equipajes
Gepäckfracht *f*, **en** precio *m* del transporte de equipajes

Gepäckfreigrenze *f*, **n** franquicia *f* de equipajes
Gepäckschalter *m*, - taquilla *f*, ventanilla *f* de equipajes
Gepäckschein *m*, **e** resguardo *m* de consigna
Gepäckschließfach *n*, **er** consigna *f* automática
Gepäckstück *n*, **e** bulto *m*; (LA) valija *f*
Gepäckträger *m*, - mozo *m*; (Arg.) changador *m*
Gepäckzustellung *f*, **en** (servicio *m* de) entrega *f* de equipajes a domicilio
gepanscht, ***~er Wein*** vino *m* adulterado, aguado; (Fam.) vino *m* bautizado
gepfeffert (Fam.), ***~er Preis*** precio *m* exorbitante; precio *m* por las nubes; ***die Rechnung ist ~*** la factura está muy subida; la factura es escandalosa
geradestehen responder de; salir garante de
Gerant *m*, **en** (CH) gerente *m*; administrador *m*
Gerät *n*, **e** instrumento *m*; aparato *m*; utensilios *pl*; útiles *pl*; (Hilfsmittel) insumo *m*; (Werkzeug) herramientas *pl*; (Zubehör) accesorios *pl*
geräteabhängig dependiente del equipo, del aparato; subordinado al aparato, al equipo
Geräteausfall *m*, **¨e** fallo *m* (total) del equipo, del aparato, del dispositivo
Gerätebestand *m*, **e** parque *m* de material
Gerätekompatibilität *f*, Ø compatibilidad *f* entre los equipos
geraten llegar a; ir a parar a; resultar; ***in Konkurs ~*** declararse en quiebra; ***in eine Krise ~*** sufrir una crisis; ***in Schulden ~*** endeudarse
geräteunabhängig independiente del equipo, del dispositivo, de la máquina, del aparato
geräuscharm de poco ruido; bastante silencioso
Geräuschpegel *m*, - nivel *m* de ruido
gerecht justo; equitativo; ***~e Forderung*** reivindicación *f* legítima; ***~er Preis*** precio *m* justo; ~ ***werden*** hacer justicia (a)
Gerechtigkeit *f*, Ø justicia *f*; equidad *f*; (von Forderungen) legitimidad *f*, justificación *f*; ***steuerliche ~*** equidad fiscal; ***soziale ~*** justicia social
geregelt, (Börse) ***~er Markt*** mercado *m* secundario
gereichen (zu Gunsten) redundar en beneficio
Gericht *n*, **e** tribunal *m*; (niedriges) juzgado *m* **1.** ***Oberstes ~*** Tribunal Supremo; ***zuständiges ~*** tribunal competente **2.** ***eine Sache vor(s) ~ bringen*** llevar una causa ante los tribunales; ***ein ~ anrufen*** apelar a un tribunal; ***vor ~ erscheinen*** comparecer en juicio; ***vor ~ klagen*** presentar acción privada; poner pleito; demandar en juicio; formar causa
gerichtlich (Verfahren) judicial; (Richterstand) forense; foral ***auf ~em Wege*** por vía judicial; ***jdn. ~ belangen*** formar causa a alg.; poner pleito a alg.
Gerichtsbarkeit *f*, Ø jurisdicción *f*; ***streitige ~*** jurisdicción contenciosa; ***freiwillige ~*** jurisdicción voluntaria; ***ordentliche ~*** jurisdicción ordinaria
Gerichtsbeschluss *m*, ¨sse auto *m*
Gerichtsentscheidung *f*, **en** decisión *f* judicial
Gerichtsgebühren *pl* → Gerichtskosten
Gerichtshof *m*, **¨e** corte *f*, tribunal *m* de justicia; ***Oberster ~*** Tribunal Supremo; ***Internationaler ~*** Tribunal Internacional de Justicia
Gerichtshoheit *f*, Ø → Gerichtsbarkeit
Gerichtskosten *pl* costas *pl* judiciales
Gerichtsort *m*, **(e)** → Gerichtsstand
Gerichtsstand *m*, **(¨e)** fuero *m*; jurisdicción *f* competente; ~ ***des Wohnsitzes*** fuero del domicilio; ~ ***des Erfüllungsorts*** fuero del lugar de cumplimiento; ***allgemeiner ~*** competencia *f* general; ***dinglicher ~*** competencia *f* real; ***vereinbarter ~*** competencia *f* pactada, convenida
Gerichtsverfahren *n*, - procedimiento *m* judicial; proceso *m*; pleito *m*; juicio *m*
Gerichtsvollzieher *m*, - alguacil *m*; ujier *m*
gering pequeño; diminuto; bajo; exiguo; menguado
geringwertig inferior; mediocre; ***~e Wirtschaftsgüter*** bienes *pl* inferiores
Ges. 1. → Gesellschaft; **2.** → Gesetz
gesalzen → gepfeffert
Gesamt- (Pref.) global; total; colectivo; agregado; solidario; entero; completo
gesamt und gesondert conjunta y solidariamente
Gesamtarbeitsvertrag *m*, **¨e** (CH) convenio *m* colectivo
Gesamtausfuhr *f*, **en** exportaciones *pl* totales
Gesamtbedarf *m*, Ø necesidades *pl* globales
Gesamtbetrag *m*, **¨e** importe *m*, suma *f* total
Gesamteigentum *n*, Ø propiedad *f* global
Gesamteinkommen *n*, - renta *f* total; total *m* de ingreso; (Com.) entradas *pl*

Gesamteinnahme *f*, **n** entrada *f* (total)
Gesamterbe *m*, **n** heredero *m* universal
Gesamterlös *m*, **e** → Gesamteinnahme
Gesamtertrag *m*, **¨e** (Com.) producto *m* total; (Agric.) rendimiento *m* total
Gesamtforderung *f*, **en** crédito *m* total
Gesamtgläubiger *m*, **-** acreedor *m* solidario
Gesamtgut *n*, **¨er** bienes *pl* comunes; caudal *m* común
Gesamthaftung *f*, **en** responsabilidad *f*, garantía *f* solidaria; solidaridad *f* colectiva
Gesamthänder *m*, **-** asociado *m* que tiene una parte social
Gesamthandseigentum *n*, **Ø** copropiedad *f* en mano común
Gesamtheit *f*, **Ø** totalidad *f*; colectividad *f*; conjunto *m*; ***die ~ der Lohn- und Gehaltsempfänger*** el conjunto de los asalariados
Gesamthypothek *f*, **en** hipoteca *f* conjunta; hipoteca *f* sobre varios inmuebles
Gesamtkapital *n*, **Ø** capital *m* total
Gesamtkosten *pl* gastos *pl* generales; coste *m* global
Gesamtlage *f*, **n** situación *f* general
Gesamtleistung *f*, **Ø**, ***volkswirtschaftliche ~*** producción *f* nacional; producto *m* de la economía nacional; producción *f* de toda la economía de un país
Gesamtliste *f*, **n** lista *f* general, completa
Gesamtobligo *n*, **s** (Seg.) responsabilidad *f* total
Gesamtpreis *m*, **e** precio *m* total, global
Gesamtprokur|a *f*, **-en** procuración *f* colectiva, conjunta
Gesamtrate *f*, **n** tasa *f* total; ***pauschale ~*** tasa total a tanto alzado
Gesamtrechnung *f*, **en** *od.* **Ø**; ***volkswirtschaftliche ~*** contabilidad *f* nacional
Gesamtregelung *f*, **en** regulación *f* global
Gesamtrendite *f*, **n** rendimiento *m* de inversión, global
Gesamtschaden *m*, **¨** totalidad *f* del daño; ***der ~ beläuft sich auf*** el importe total del siniestro asciende a
Gesamtschuld *f*, **en** deuda *f*, obligación *f* solidaria
Gesamtschuldner *m*, **-** deudor *m* solidario
gesamtschuldnerisch solidariamente; ***~e Haftung*** responsabilidad *f* solidaria
Gesamtsumme *f*, **n** → Gesamtbetrag
Gesamtumsatz *m*, **se** facturación *f* total; cifra *f* total de ventas
Gesamtverband *m*, **¨e** federación *f*, unión *f* general; central *f*
Gesamtvereinbarung *f*, **en** (CH) convenio *m* colectivo
Gesamtvergebung *f*, **en** adjudicación *f* en bloque
Gesamtvermögen *n*, **-** fortuna *f* total; totalidad *f* de los bienes; ***steuerliches ~*** capital *m* global imponible
Gesamtvertretung *f*, **en** representación *f* colectiva
Gesamtvolumen *n*, **-** volumen *m* total, global
Gesamtwert *m*, **Ø** valor *m* total, global
Gesamtwirtschaft *f*, **Ø** economía *f* agregada; macroeconomía *f*
gesamtwirtschaftlich macroeconómico
Gesamtzahl *f*, **en** totalidad *f*; cifra *f* total; número *m* total
gesättigt saturado; ***~er Markt*** mercado *m* saturado
gesch. **1.** (geschieden) divorciado **2.** (geschätzt) estimado
geschädigt dañado; damnificado
Geschäft *n*, **e** **1.** negocio *m*; trabajo *m*; comercio *m*; industria *f*; tienda *f*; ***seinen ~en nachgehen*** atender sus negocios **2.** transacción *f*; operación *f*; actividad *f*; ***einträgliches ~*** negocio rentable, redondo; ***laufende ~e*** operaciones *pl* corrientes; ***ein ~ abschließen*** negociar; concertar un negocio; ***die ~e blühen*** los negocios florecen **3.** (Firma) razón *f* social; casa *f* de comercio; empresa *f* **4.** ***einfaches/schweres ~*** negocio *m* sencillo/agravado
geschäftehalber por asuntos de negocio, de negocios
Geschäftemacher *m*, **-** especulador *m*; negociante *m* poco escrupuloso; águila *m* de los negocios
Geschäftemacherei *f*, **(en)** (Fam.) mercantilismo *m*; afán *m* mercantilista
geschäftig **1.** activo; industrioso; laborioso **2.** (beschäftigt) ocupado; atareado
geschäftlich **1.** de negocios, comercial; profesional; ***~e Beziehungen*** relaciones *pl* comerciales; ***~e Interessen*** intereses *pl* comerciales, profesionales **2.** impersonal; formal
geschäftlich **1.** de negocios; comercial; profesional; ***~e Beziehungen*** relaciones *pl* comerciales; ***~e Interessen*** intereses *pl* comerciales, profesionales **2.** impersonal; formal **3.** ***~ tätig sein*** dedicarse, estar dedicado a los negocios: ***er ist ~ verhindert*** estar impedido por los negocios; no puede

acudir por razones profesionales; ***er ist ~ verreist*** está de viaje de negocios
Geschäftsablauf *m*, **¨e** marcha *f*, evolución *f* de los negocios
Geschäftsabschluss *m*, **¨sse 1.** conclusión *f* de un negocio **2.** balance *m*; cierre *m* del ejercicio
Geschäftsabwicklung *f*, **en** tramitación *f*, desarrollo *m*, liquidación *f* de un negocio
Geschäftsadresse *f*, **n** dirección *f* comercial; (Gesellschaft) domicilio *m* social
Geschäftsanbahnung *f*, **en**, ***die - verlief nicht sehr erfolgreich*** no han tenido mucho éxito los primeros contactos comerciales
Geschäftsangelegenheiten *pl*, ***in ~*** por asuntos de negocio
Geschäftsanschrift *f*, **en** → Geschäftsadresse
Geschäftsanteil *m*, **e** participación *f*
Geschäftsanzeige *f*, n anuncio *m* comercial
Geschäftsaufgabe *f*, **n** cesación *f* del comercio; liquidación *f* del negocio
Geschäftsauflösung *f*, **en** → Geschäftsaufgabe
Geschäftsaufschwung *m*, **¨e** auge *m* de los negocios; relanzamiento *m* de la actividad comercial
Geschäftsaufsicht *f*, Ø, ***unter ~ stellen*** poner bajo vigilancia (legal)
Geschäftsaussichten *pl* perspectivas *pl* comerciales, del negocio; coyuntura *f*
Geschäftsauto *n*, **s** → Geschäftswagen
Geschäftsbank *f*, **en** banco *m* comercial
Geschäftsbedingungen *pl* condiciones *pl* de negocio
Geschäftsbereich *m*, **e 1.** ámbito *m*, esfera *f*, campo *m* de actividades **2.** jurisdicción *f* **3.** atribuciones *pl* **4.** (Pol.) cartera *f*
Geschäftsbericht *m*, **e** memoria *f*
Geschäftsbetrieb *m*, **e 1.** explotación *f* comercial **2.** actividad *f* comercial; operaciones *pl* comerciales
Geschäftsbeziehungen *pl* relaciones *pl* comerciales
Geschäftsbrief *m*, **e** carta *f* comercial
Geschäftsbücher *pl* libros *pl* de contabilidad
Geschäftsbuchhaltung *f*, Ø contabilidad *f* comercial
Geschäftscomputer *m*, - pequeño ordenador *m* de gestión
Geschäftsdaten *pl* datos *pl* de gestión; datos *pl* comerciales
Geschäftsdatenverarbeitung *f*, Ø informática *f* de gestión; informática *f* comercial; tratamiento *m* de datos comerciales
Geschäftseinkäufer *m*, - comprador *m* profesional (de grandes almacenes)
Geschäftserfahrung *f*, **en** experiencia *f* comercial; práctica *f* en los negocios
Geschäftseröffnung *f*, **en** inauguración *f*, apertura *f* de un negocio
Geschäftserweiterung *f*, **en** ampliación *f* del negocio
Geschäftsessen *n*, - comida *f* de trabajo
geschäftsfähig capaz de contratar; ***beschränkt ~ sein*** tener una capacidad limitada de contratar
Geschäftsfähigkeit *f*, Ø capacidad *f* de contratar
Geschäftsflaute *f*, **n** → Geschäftsstille
Geschäftsfrau *f*, **en** mujer *f* de negocios; comerciante *f*
Geschäftsfreund *m*, **e** corresponsal *m*; (Kunde) cliente *m*; (Partner) socio *m*, interlocutor comercial; (LA) partenaire *m* comercial
geschäftsführend gerente; encargado de la gestión; ***~er Direktor*** director *m* gerente; ***~es Organ*** (Parl.) órgano *m* gestor; ***~er Ausschuss*** junta *f* gestora; (LA) comisión *f* gestora
Geschäftsführer *m*, - gerente *m*; gestor *m*; administrador *m*
Geschäftsführung *f*, **en** gerencia *f*; gestión *f*; dirección *f*
Geschäftsgang *m*, **e 1.** marcha *f* de los negocios **2.** (amtlicher) tramitación *f*; trámite *m*
Geschäftsgebaren *n*, - proceder *m*, trato *m* comercial; prácticas *pl* comerciales; modo *m* de hacer negocios
Geschäftsgebäude *n*, - edificio *m* comercial
Geschäftsgegend *f*, **en** barrio *m*, zona *f* comercial
Geschäftsgeheimnis *n*, **se 1.** secreto *m* comercial *bzw.* industrial **2.** secreto *m* de fabricación
Geschäftsgeist *m*, Ø espíritu *m* comercial; sentido *m* para los negocios
Geschäftsgepflogenheiten *pl* prácticas *pl* comerciales
geschäftsgewandt, ***~ sein*** **1.** tener rutina comercial **2.** tener un buen sentido para negocios
Geschäftsgrundlage *f*, **n** base *f* comercial
Geschäftsgründung *f*, **en** fundación *f* de un negocio

Geschäftshaus *n*, **¨er** casa *f*, establecimiento *m* comercial
Geschäftsherr *m*, **en** (CH) → Geschäftsmann
Geschäftsinhaber *m*, - propietario *m*; jefe *m*; principal *m*; (Fam.) patrón *m*
Geschäftsinteressen *pl* intereses *pl* comerciales
Geschäftsjahr *n*, **e** ejercicio *m*; ***abgelaufenes ~*** ejercicio *m* finalizado; ***laufendes ~*** ejercicio *m* en curso
Geschäftskapital *n*, Ø capital *m* social
Geschäftskette *f*, **n** cadena *f* comercial, de negocios
Geschäftskorrespondenz *f*, **en** correspondencia *f* comercial
Geschäftskosten *pl* gastos *pl* (generales); ***auf ~*** en concepto de gastos; a cargo de la empresa
Geschäftskreise *pl* círculos *pl* comerciales
geschäftskundig experto en negocios
Geschäftslage *f*, **n** **1.** situación *f* comercial, de los negocios **2.** coyuntura *f* **3.** (Ort) ***in guter ~*** en situación céntrica
Geschäftsleben *n*, Ø vida *f* comercial, de los negocios
Geschäftsleiter *m*, - → Geschäftsführer
Geschäftsleitung *f*, **en** → Geschäftsführung
Geschäftsleute *pl* comerciantes *pl*; hombres *pl* de negocio
Geschäftsliste *f*, **n** (CH) orden *m* del día
Geschäftslokal *n*, **e** → Geschäftsraum
geschäftslos (Börse) inactivo; tranquilo
Geschäfts|mann *m*, **-leute** hombre *m* de negocios; comerciante *m*
Geschäftsmantel *m*, **¨** totalidad *f* de las partes de un negocio
geschäftsmäßig **1.** rutinario; normal; burocrático; mecánico **2.** comercial; profesional **3.** formal; frío; impersonal; ***in ~em Ton*** en un tono impersonal
Geschäftsmethoden *pl* métodos *pl* comerciales
Geschäftsordnung *f*, **en** reglamento *m*
geschäftsorientiert orientado a aplicaciones comerciales
Geschäftspapiere *pl* documentos *pl*; papeles *pl* de negocio
Geschäftspartner *m*, - socio *m*, interlocutor *m* comercial; (LA) partenaire *m* comercial
Geschäftspolitik *f*, Ø política *f* comercial
Geschäftsraum *m*, **¨e** local *m* comercial; oficina *f*; tienda *f*
Geschäftsreise *f*, **n** viaje *m* de negocios; ***auf ~ gehen*** salir en viaje de negocios
Geschäftsreisende(r) (der/ein) viajante *m*; agente *m* comercial; comisionista *m*
Geschäftsrisik|o *n*, **-en** riesgo *m* comercial, de los negocios
Geschäftsrückgang *m*, **¨e** regresión *f* de los negocios
Geschäftssache *f*, **n** (asunto *m* de) negocio(s) *m*
geschäftsschädigend perjudicial para los negocios
Geschäftsschließung *f*, **en** desaparición *f* de un negocio; cierre *m* definitivo de un negocio
Geschäftsschluss *m*, Ø cierre *m* de los negocios
Geschäftssinn *m*, Ø → Geschäftsgeist
Geschäftssitz *m*, **e** sede *f*; domicilio *m*; (Gesellschaftssitz) domicilio *m* social; ***mit ~ in*** con sede en
Geschäftssprache *f*, **n** lenguaje *m* comercial *od.* de negocios
Geschäftsstelle *f*, **n** oficina *f*; despacho *m*; (Verein, Behörde, Gericht) secretaría *f*; (Pol.) negociado *m*; (Com.) secretariado *m*
Geschäftsstille *f*, Ø calma *f* en los negocios
Geschäftsstockung *f*, **en** estancamiento *m*, marasmo *m*, paralización *f* de los negocios
Geschäftsstraße *f*, **n** calle *f* comercial
Geschäftsstruktur *f*, **en** estructura(s) *f* (*pl*) operativa(**s**)
Geschäftsstunden *pl* horas *pl* de despacho
Geschäftstätigkeit *f*, **en** actividad(es) *f* (*pl*) comercial(es)
Geschäftsteilhaber *m*, - socio *m*
Geschäftsträger *m*, - (Dipl.) encargado *m* de negocios; (Kommissar) comisionado *m*; encargado *m* de organización
geschäftstüchtig ducho, hábil en los negocios
Geschäftstüchtigkeit *f*, Ø habilidad *f* comercial; aptitud *f* para los negocios
Geschäftsübergabe *f*,traspase *m* de negocio
Geschäftsübernahme *f*, **n** adquisición *f*; asunción *f* de un negocio
geschäftsunfähig incapaz de, para contratar
Geschäftsunfähigkeit *f*, Ø incapacidad *f* (de contratar)
Geschäftsunkosten *pl* gastos *pl* generales de negocio
Geschäftsunternehmen *n*, - **1.** empresa *f* comercial, mercantil **2.**empresa *f* lucrativa
Geschäftsveräußerung *f*, **en** cesión *f*, traspaso *m*, enajenación *f* de un negocio
Geschäftsverbindung *f*, **en** relaciones *pl* comerciales, de negocio; ***mit jdm. in ~***

treten entablar relaciones comerciales con alg.

Geschäftsverkehr *m*, Ø **1.** intercambio *m*, tráfico *m* comercial **2.** cifra *f* de transacciones

Geschäftsverlegung *f*, **en** traslado *m* de negocio

Geschäftsviertel *n*, - barrio *m*, centro *m* comercial

Geschäftsvolumen *n*, - **1.** volumen *m* del negocio, de la transacción **2.** volumen *m* de operaciones, de transacciones

Geschäftsvorgang *m*, **e** operación *f*; transacción *f*

Geschäftswagen *m*, - coche *m* de empresa

Geschäftswelt *f*, Ø comercio *m*; mundo *m* comercial; círculos *pl* comerciales

Geschäftswert *m*, Ø valor *m* comercial de una empresa

Geschäftszeichen *n*, - **1.** (Corresp.) referencia *f* **2.** número *m* de registro

Geschäftszeit *f*, **en** horario *m* comercial; horas *pl* de despacho

Geschäftszentr|um *n*, **-en** → Geschäftsviertel

Geschäftszweig *m*, **e** ramo *m* comercial; sector *m* de actividad; ***besonderer*** ~ especialidad *f*

Geschenk *n*, **e** regalo *m*; obsequio *m*; (Spende) donativo *m*; (Schenkung) donación *f*

Geschenkartikel *pl* artículos *pl* para regalo

Geschenkgutschein *m*, **e** cheque-regalo *m*

Geschenkpaket *n*, **e** paquete *m*, envío *m* de regalo

geschieden divorciado

geschlossen cerrado; ***~er Betrieb*** empresa *f* que contrata exclusivamente trabajadores que pertenecen a un sindicato determinado; ***~e Gesellschaft*** reunión *f* privada; círculo *m* privado; club *m*

Geschmacksmuster *n*, - diseño *m* ornamental

Geschwindigkeitsbegrenzung *f*, **en** → Geschwindigkeitsbeschränkung

Geschwindigkeitsbeschränkung *f*, **en** limitación *f* de velocidad

Geselle *m*, **n** oficial *m*

Gesellenbrief *m*, **e** certificado *m* de oficial

Gesellenprüfung *f*, **en** examen *m* de oficial

Gesellenstück *n*, **e** pieza *f* de examen (pieza hecha por el aprendiz para el examen de oficial); maestría *f*

Gesellschaft *f*, **en** sociedad *f*; compañía *f*; asociación *f*; ***bürgerlich-rechtliche*** ~ sociedad (de Derecho) civil; ~ ***mit beschränkter Haftung*** sociedad (de responsabilidad) limitada; (E) S.L.; S.R.L.; (LA) Ltda.; ***stille*** ~ contrato *m* de cuentas en participación; (Seg.) ***führende*** ~ compañía abridora

Gesellschafter *m*, - socio *m*; participante *m*; ***stiller*** ~ socio tácito, capitalista; ***ausscheidender*** ~ socio saliente; (***persönlich***) ***haftender*** ~ socio personalmente responsable; socio *m* colectivo

Gesellschaftereinlage *f*, **n** → Gesellschaftseinlage

gesellschaftlich social; de la sociedad; sociológico; (gemeinschaftlich) colectivo; ***~e Stellung*** posición *f* social

Gesellschaftsanteil *m*, **e** participación *f* en el capital; acción *f*

Gesellschaftseinlage *f*, **n** aportación *f* (de capital)

Gesellschaftsfirm|a *f*, **-en** razón *f* social

Gesellschaftsform *f*, **en** **1.** estructura *f* jurídica de la sociedad **2.** estructura *f* social

Gesellschaftskapital *n*, Ø capital *m* social

Gesellschaftskarte *f*, **n** billete *m* de grupo, colectivo

Gesellschaftsname *m*, **n** → Gesellschaftsfirma

Gesellschaftsordnung *f*, **en** **1.** orden *m* social **2.** (Com.) estatutos *pl*

Gesellschaftsrecht *n*, Ø Derecho *m* de sociedades

Gesellschaftssatzung *f*, **en** estatutos *pl* de una sociedad

Gesellschaftsschicht *f*, **en** capa *f* social

Gesellschaftsschulden *pl* deudas *pl* de la sociedad

Gesellschaftssitz *m*, **e** sede *f* social

Gesellschaftssteuer *f*, **n** impuesto *m* de sociedades

Gesellschaftsstruktur *f*, **en** → Gesellschaftsform

Gesellschaftsurkunde *f*, **n** acta *f* de constitución de la sociedad

Gesellschaftsvermögen *n*, - partrimonio *m* social

Gesellschaftsvertrag *m*, **¨e** contrato *m* de sociedad

Gesellschaftswissenschaft *f*, **en** sociología *f*

Gesetz *n*, **e** ley *f* **1.** ***das ~ von Angebot und Nachfrage*** la ley de la oferta y de la demanda **2.** ***ein ~ abändern*** enmendar una ley; ***ein ~ verabschieden*** aprobar una ley; ***ein ~ außer Kraft setzen*** derogar una ley; ***ein ~ umgehen*** eludir una ley

Gesetzbuch *n*, **¨er** código *m*

Gesetzentwurf *m*, **e** proyecto *m* de ley
Gesetzesänderung *f*, **en** enmienda *f*
Gesetzesbrecher *m*, **-** infractor *m*, violador *m* de la ley
Gesetzeshüter *m*, **-** guardián *m*, servidor *m* de la ley
Gesetzesinitiative *f*, **n** iniciativa *f* legal; (Pol.) derecho *m* de iniciativa
Gesetzeskraft *f*, Ø, ***mit*** ~ con eficacia de ley; ~ ***erlangen*** adquirir fuerza legal, fuerza de ley; ~ ***haben*** tener fuerza de ley, fuerza legal
Gesetzeslücke *f*, **n** vacío *m* legal; laguna *f* del derecho; laguna *f* jurídica
Gesetzesnovelle *f*, **n** → Gesetzesänderung
Gesetzestext *m*, **e** texto *m* legal; texto *m* de la ley; texto *m* de la norma legal
Gesetzesübertretung *f*, **en** contravención *f*, infracción *f* de la ley
Gesetzesumgehung *f*, **en** fraude *m* a la ley
Gesetzesverletzung *f*, **en** violación *f* de una ley; (Übertretung) contravención *f*, transgresión *f* de una ley
Gesetzesverstoß *m*, **¨e** infracción *f* de una ley
Gesetzesvorlage *f*, **n** proposición *f* de ley
Gesetzesvorlage f, n, ***eine*** ~ ablehnen rechazar un proyecto de ley; ***eine ~ einbringen*** presentar una propuesta de ley; elevar una proposición de ley
Gesetzesvorschlag *m*, **¨e** → Gesetzesvorlage
Gesetzesvorschrift *f*, **en** disposición *f* legal
Gesetzeswortlaut *m*, Ø texto *m* legal, legislativo; tenor *m* de la ley
gesetzgebend, ***~e Gewalt*** poder *m* legislativo; ***~e Versammlung*** (E) Cortes *pl* Cons-tituyentes; (LA) Asamblea *f* legislativa
Gesetzgeber *m*, **-** legislador *m*
Gesetzgebung *f*, **en** legislación *f*
gesetzkundig conocedor de las leyes, del derecho
gesetzlich legal; ~ ***anerkannt*** legítimo; ***~e Bestimmungen*** disposiciones *pl* legales; ~ ***anerkennen*** legitimar; ***die ~e Frist einhalten*** observar el plazo legal; ~ ***vorgeschrieben*** mandado por la ley; decretado por vía legal; prescrito por la ley
Gesetzlichkeit *f*, Ø legalidad *f*; legitimidad *f*
gesetzlos ilegal; sin ley; anárquico
Gesetzlosigkeit *f*, Ø anarquía *f*; ilegalidad *f*
gesetzmäßig 1. legal; conforme a la ley **2.** regular **3.** por vía legal
Gesetzmäßigkeit *f*, **en** legalidad *f*; legitimidad *f*; regularidad *f*
Gesetzsammlung *f*, **en** recopilación *f* de leyes
gesetzwidrig ilegal; ilícito; contrario a la ley; (unberechtigt) ilegítimo; ***~e Handlung*** contravención *f*; acto *m* ilegal; ilegalidad *f*
Gesetzwidrigkeit *f*, **en** infracción *f* a la ley; ilegalidad *f*; ilegitimidad *f*
gesondert separado; por separado; ~ ***verpacken*** embalar por separado; ***mit ~er Post*** por correo separado
gespeichert (Inform.) almacenado
gesperrt cerrado; bloqueado; ***~es Konto*** cuenta *f* bloqueada; ***~es Gelände*** terreno *m* vedado; ***~e Straße*** calle *f* cortada; ***das Gas, Telephon ist*** ~ el gas, el teléfono está cortado
Gespräch *n*, **e 1.** conversación *f*; discusión *f*; diálogo *m*; debate *m*; comunicación *f*; (Fam.) charla *f* **2.** (Teléf.) conferencia *f*; llamada *f* telefónica; ***ein ~ mit Voranmeldung*** conferencia con preaviso; ***ein ~ nach München anmelden*** solicitar una conferencia con Múnich; ***das ~ wurde unterbrochen*** se ha cortado (la línea)
Gesprächsdauer *f*, Ø duración *f* de la conversación; (Teléf.) duración *f* de la llamada, de la conferencia
Gesprächseinheit *f*, **en** unidad *f*
Gesprächsgebühr *f*, **en** tasa *f* (de base) de una comunicación
Gesprächspartner *m*, **-** interlocutor *m*
Gesprächsteilnehmer *m*, **-** → Gesprächspartner
Gesprächszähler *m*, **-** contador *m* telefónico, de llamadas
gesprochen oral; hablado; vocal; de voz
gestaffelt escalonado; graduado
gestalten configurar; decorar; dar forma; estructurar; desarrollar; redactar
Gestalter *m*, **-** creador *m*; diseñador *m*; organizador *m*; decorador *m*
Gestaltung *f*, **en** configuración *f*; estructuración *f*; formación *f*; presentación *f*; diseño *m*, confección *f*; contextura *f*; ~ ***des Arbeitsplatzes*** acondicionamiento *m* del puesto de trabajo
Gestaltungsfläche *f*, **n** superficie *f* de exposición
Gestaltungsklage *f*, **n** acción *f* constitutiva

Gestehungskosten *pl* costes *pl* de fabricación, de producción
Gestehungspreis *m*, **e** precio *m* de fabricación, de producción
Gestellung *f*, **en** presentación *f*; ~ ***von Eisenbahnwagen*** provisión *f* de material rodante; ~ ***der Ware*** presentación de la mercancía
gestellungspflichtig sujeto a reclutación; (LA) sujeto a enrolamiento; llamado a servicio
Gestellungsverzeichnis *n*, **se** lista *f* de bultos sueltos
Gesuch *n*, **e** solicitud *f*; petición *f*; (Bitte) ruego *m*; súplica *f*; instancia *f*; demanda *f*; (Anforderung) requisición *f*
Gesuchsteller *m*, **-** solicitante *m*; peticionario *m*
gesucht demandado; buscado; solicitado; ***sehr ~ sein*** ser muy solicitado; estar muy en boga
gesund sano; ***~es Unternehmen*** empresa *f* sana
gesunden sanearse; mejorar, restablecerse; recobrar la salud; curarse
Gesundheit *f*, Ø salud *f*; sanidad *f*
gesundheitlich sanitario; higiénico; ***aus ~en Gründen*** por motivos de salud
Gesundheitsamt *n*, **¨er** Servicio *m* de Higiene Pública
Gesundheitsministeri|um *n*, **-en** Ministerio *m* de la Sanidad Pública
Gesundheitsreform *f*, **en** reforma *f* de la sanidad pública
gesundheitsschädlich nocivo; insalubre
gesundheitsunschädlich inofensivo a la salud
Gesundheitswesen *n*, Ø sanidad *f* pública
Gesundheitszeugnis *n*, **se** certificado *m* médico; certificado *m* de sanidad
gesundschrumpfen sanear (una empresa)
Gesundschrumpfung *f*, **en** saneamiento *m* de una empresa (por medio de reducción de plantilla o reducción de la producción)
Gesundung *f*, **en** saneamiento *m*; restablecimiento *m*; curación *f*
Getränk *n*, **e** bebida *f*; ***geistige ~e*** bebidas *pl* alcohólicas, espirituosas
Getränkeausschank *m*, Ø despacho *m* de bebidas
Getränkesteuer *f*, **n** impuesto *m* sobre las bebidas
Getreide *n*, **-arten** cereales *pl*; grano *m*
Getreideanbau *m*, Ø cultivo *m* de cereales
Getreidebörse *f*, **n** Bolsa *f* de cereales
Getreidehandel *m*, Ø comercio *m* de cereales
Getreideland *n*, **¨er** **1.** país *m* productor de cereales **2.** suelo *m* triguero; (fruchtbares) tierras *pl* de pan
Getrenntveranlagung *f*, **en** imposición *f* separada
getürkt (Fam.), ***~e Rechnung*** factura *f* falsa, falsificada
Gewähr *f*, Ø garantía *f*; caución *f*; (Sicherheit) seguridad *f*; ***die beste ~ bieten*** ofrecer las mayores garantías; ***für etw. ~ leisten*** garantizar a/c; salir garante de; ***ohne*** ~ sin garantía, compromiso
gewähren **1.** dar; deparar; conferir; otorgar **2.** corresponder; acceder; ***jdm. eine Bitte*** ~ acceder a una súplica **3.** ***einen Kredit*** ~ conceder un crédito
Gewährfrist *f*, **en** plazo *m* de garantía
gewährleisten garantizar; (Bürge) salir garante *od.* fiador de
Gewährleistung *f*, **en** garantía *f*; caución *f*; responsabilidad *f*; ~ ***wegen Sachmangel*** responsabilidad por vicios físicos
Gewahrsam *m*, **e** custodia *f*; ***polizeilicher*** ~ arresto *m* policíaco; ***in ~ nehmen*** detener; arrestar
Gewahrsaminhaber *m*, **-** transitario *m* (persona que tiene la guarda de la mercancía)
Gewahrsamklausel *f*, **n** cláusula *f* de transitario
Gewähr(s)mangel *m*, **¨** vicio *m* redhibitorio
Gewährs|mann *m*, **¨er** *od.* **-leute** **1.** fiador *m*; garante *m* **2.** corresponsal *m* **3.** persona *f* de confianza
Gewährsträger *m*, **-** garante *m*; fiador *m*
Gewährung *f*, **en** **1.** prestación *f*; otorgamiento *m*; asignación *f* **2.** permiso *m*; consentimiento *m*; aprobación *f* **3.** concesión *f*; ~ ***eines Kredits*** concesión de un crédito
Gewalt *f*, **en** **1.** violencia *f*; fuerza *f*; ***höhere*** ~ fuerza mayor **2.** autoridad *f*; facultad *f*; potestad *f* **3.** poder *m*; ***ausübende***, ***vollziehende*** ~ poder ejecutivo; ***gesetzgebende*** ~ poder legislativo; ***richterliche*** ~ poder judicial
Gewaltanwendung *f*, **en** uso *m* de la fuerza, de la violencia
Gewaltenteilung *f*, Ø división *f* de poderes
Gewaltentrennung *f*, Ø → Gewaltenteilung
Gewaltherrschaft *f*, **en** régimen *m* totalitario; dictadura *f*; tiranía *f*, despotismo *m*
Gewerbe *n*, **- 1.** actividad *f* industrial *od.* comercial *od.* artesanal; actividad *f* profesional **2.** industria *f*; ramo *m*, sector *m*;

produzierendes ~ industria manufacturera; ***verarbeitendes*** ~ industria transformadora **3.** empresa *f* (industrial, comercial, artesanal) **4.** profesión *f*, oficio *m; **ein ~ ausüben, betreiben*** ejercer un oficio

Gewerbe- (Pref.) industrial; comercial; profesional; del comercio y de la industria

-gewerbe (Suf.) el ramo de; el sector de

Gewerbeamt *n*, **¨er** → Gewerbeaufsichtsamt

Gewerbeaufsicht *f*, **en** inspección *f* del trabajo

Gewerbeaufsichtsamt *n*, **¨er** oficina *f* de la inspección del trabajo

Gewerbeaufsichtsbeamte(r) (der/ein) inspector *m* de trabajo

Gewerbeausstellung *f*, **en** feria *f* industrial; exposición *f* industrial

Gewerbebank *f*, **en** banco *m* industrial y artesanal

Gewerbeberechtigung *f*, **en** (A) concesión *f* de una industria; licencia *f* profesional, de oficio

Gewerbebetrieb *m*, **e** empresa *f* industrial; explotación *f*

Gewerbeerlaubnis *f*, **se** concesión *f* de una industria; licencia *f* profesional, de oficio

Gewerbeertrag *m*, **¨e** beneficio *m* industrial *od.* comercial

Gewerbeertragssteuer *f*, **n** impuesto *m* sobre los beneficios industriales y comerciales

Gewerbeerzeugnis *n*, **se** producto *m* fabricado

Gewerbefreiheit *f*, **en** libertad *f* de industria

Gewerbegebiet *n*, **e** polígono *m* industrial

Gewerbegericht *n*, **e** consejo *m* de conciliación

Gewerbeinspektor *m*, **en** inspector *m* de trabajo

Gewerbekammer *f*, **n** cámara *f* profesional

Gewerbekapital *n*, Ø capital *m* de explotación

Gewerbekunde *f*, Ø tecnología *f*; artes *pl* industriales

gewerbemäßig 1. profesional; industrial; comercial **2.** por, como oficio; como profesión

Gewerbeordnung *f*, **en** (R.F.A. GewO) Código *m* industrial; (E) Estatuto *m* industrial

Gewerbepolizei *f*, Ø servicios *pl* encargados de la represión de las infracciones del código de trabajo

Gewerberecht *n*, Ø Derecho *m* industrial

Gewerbeschein *m*, **e** concesión *f* de una industria; licencia *f* profesional, de oficio; patente *f* industrial

Gewerbeschule *f*, **n** escuela *f* profesional; ***Kunst- und*** ~ escuela *f* de artes y oficios

Gewerbesteuer *f*, **n** impuesto *m* industrial

Gewerbesteuer *f*, **n** impuesto *m* sobre actividades económicas

gewerbetreibend que ejerce una actividad artesanal, industrial o comercial

Gewerbetreibende(r) (der/ein) comerciante *m*; artesano *m*; industrial *m*; fabricante *m*; manufacturero *m*; titular *m* de la licencia; ***selbständig*** ~ autónomo *m*

Gewerbeverband *m*, **¨e** agrupación *f*, asociación *f* profesional

Gewerbezulassung *f*, **en** → Gewerbeerlaubnis

Gewerbezweig *m*, **e** sector *m*, ramo *m* industrial, comercial, artesanal

gewerblich profesional; comercial, industrial; artesanal; manufacturero; fabril; técnico; ***nicht ~er Beruf*** profesión *f* liberal; ***~es Eigentum*** propiedad *f* industrial; ***Räume zu ~er Nutzung*** locales *pl* comerciales; ***~er Rechtsschutz*** protección *f* de la propiedad industrial

gewerbsmäßig 1. profesional; industrial **2.** de oficio; a título lucrativo; con carácter lucrativo; profesionalmente; como profesión; como oficio

gewerbstätig industrial; profesional

Gewerbstätigkeit *f*, **en** actividad *f* profesional independiente

Gewerke *m*, **n** (Min.) asociado *m* de una sociedad minera; (A) fabricante *m*

Gewerkschaft *f*, **en 1.** sindicato *m*; (LA) gremio *m* (obrero) **2.** (Min.) sociedad *f* minera

Gewerkschafter *m*, - → Gewerkschaftler

Gewerkschaftler *m*, - sindicalista *m; **aktiver*** ~ militante *m* sindicalista; ***führender*** ~ dirigente *m*, líder *m* sindicalista

gewerkschaftlich sindicalista; sindical; ~ ***organisiert*** sindicado

Gewerkschaftsbank *f*, **en** banco *m* sindical; banco *m* de los sindicatos obreros

Gewerkschaftsbewegung *f*, **en** sindicalismo *m*; movimiento *m* sindicalista

Gewerkschaftsbund *m*, **¨e** confederación *f* sindical; (R.F.A.) ***Deutscher*** ~ (***DGB***) Confederación *f* alemana de sindicatos; gran central *f* sindical alemana

Gewerkschaftsführer *m*, - dirigente *m*, líder *m* sindicalista

Gewerkschaftsfunktionär *m*, **e** (alto) funcionario *m* sindicalista
Gewerkschaftsgruppe *f*, **n** sección *f* sindical
Gewerkschaftshaus *n*, **¨er** casa *f* sindical; casa *f* de los sindicatos
Gewerkschaftskongress *m*, **-sse** congreso *m* sindical
Gewerkschaftsmitglied *n*, er miembro *m* de un sindicato
Gewerkschaftsorganisation *f*, **en** organización *f* sindical
Gewerkschaftspolitik *f*, Ø política *f* sindical
Gewerkschaftspresse *f*, Ø prensa *f* sindical(ista)
Gewerkschaftssekretär *m*, **e** secretario *m* sindical
Gewerkschaftstag *m*, **e** → Gewerkschaftskongress
Gewerkschaftsverband *m*, **¨e** federación *f* de sindicatos
Gewerkschaftsvertreter *m*, **-** representante *m*, delegado *m* sindical; ~ ***im Betrieb*** enlace *m* sindical (Syn. ***Vertrauensmann***)
Gewerkschaftsvorsitzende(r) (der/ein) secretario *m* general de un sindicato
Gewerkschaftswesen *n*, Ø → Gewerkschaftsbewegung
Gewerkschaftszugehörigkeit *f*, **en** afiliación *f* a un sindicato
Gewicht *n*, **e 1.** peso *m*; ***etw. nach ~ verkaufen*** vender a/c al peso; ***Internationales Büro für Maße und ~e*** Oficina *f* Internacional de Pesos y Medidas; ***zu verzollendes*** ~ peso adeudable **2.** importancia *f*; influencia *f*; autoridad *f*; ***auf etw. ~ legen*** atribuir importancia a
gewichtet, ***im ~en Durchschnitt*** en media ponderada; de promedio ponderado
Gewichtsabgang *m*, **¨e** → Gewichtsverlust
Gewichtsangabe *f*, **n** declaración *f*, indicación *f* de peso
Gewichtslimit *n*, **s** límite *m* de peso
Gewichtsnota *f*, **s** nota *f* de peso
Gewichtssatz *m*, **¨e 1.** juego *m* de pesas **2.** tarifa *f* al peso, por tonelaje
Gewichtsschwund *m*, Ø → Gewichtsverlust
Gewichtstabelle *f*, **n** especificación *f* del peso; baremo *m* del peso
Gewichtstoleranz *f*, Ø tolerancia *f* de peso; excedente *m* de peso tolerado
Gewichtsvergütung *f*, **en** refacción *f*; destara *f*
Gewichtsverlust *m*, **e** merma *f*, pérdida *f* de peso
Gewichtsverzollung *f*, Ø tasación *f* específica (del pago de aduana)
Gewichtszertifikat *n*, **e** certificado *m* del peso (de la mercancía)
Gewichtszoll *m*, **¨e** derecho *m* específico; aduanas *pl*, derechos *pl* por peso
Gewichtszunahme *f*, **n** aumento *m* de peso
Gewichtung *f*, **en** ponderación *f*; ***eine ~ vornehmen*** ponderar
Gewinn *m*, **e** beneficio *m*; producto *m*; ganancia *f*; rendimiento *m*; lucro *m*; ventaja *f* **1.** ***ausschüttbarer*** ~ beneficio a repartir; ***betriebswirtschaftlicher*** ~ beneficio económico de la empresa; ***entgangener*** ~ lucro cesante; ***imaginärer*** ~ beneficio probable; ***unverteilte ~e, nicht ausgeschüttete*** ~ beneficios *pl* no repartidos; ahorro *m* de las sociedades **2.** ~ ***abwerfen*** rendir beneficios; ser lucrativo; ~ ***ausschütten*** repartir beneficios; ***am ~ beteiligt sein*** participar en los beneficios; ***aus etw. ~ ziehen*** sacar provecho de
Gewinn bringend lucrativo; ganancioso; beneficioso; remunerativo; remunerador
Gewinn und Verlust pérdidas *pl* y ganancias *pl*
Gewinn- und Verlustrechnung *f*, **en** cuenta *f* de pérdidas y ganancias
Gewinnabschluss *m*, **¨sse** → Gewinnbilanz
Gewinnabschöpfung *f*, **en** retiro *m* de ganancias, beneficios
Gewinnanteil *m*, **e** participación *f* en los beneficios; (Dividende) dividendo *m*
Gewinnanteilreserve *f*, **n** (Seg.) reserva *f* de participación en los beneficios
Gewinnanteilschein *m*, **e** cupón *m* de dividendo
Gewinnaufschlag *m*, **¨e** margen *m* de beneficio
Gewinnausfall *m*, **¨e** pérdida *f* de beneficio; lucro *m* cesante
Gewinnausfallversicherung *f*, **en** seguro *m* de pérdida de ganancias
Gewinnausschüttung *f*, **en** reparto *m* de beneficios
Gewinnaussicht *f*, **en** → Gewinnchance
Gewinn-Bar-Wert *m*, **e** (Seg.) valor *m* actual de beneficio
gewinnberechtigt con derecho a participación en los beneficios
gewinnbeteiligt con participación en los beneficios

Gewinnbeteiligung *f*, **en** participación *f* en los beneficios, en las utilidades; ~ ***der Arbeitnehmer*** participación *f* (directa) de los asalariados en los beneficios
Gewinnbilanz *f*, **en** balance *m* excedentario; balance *m* con beneficio
Gewinnchance *f*, **n** posibilidades *pl* de (obtener) beneficios
gewinnen 1. ganar; salir ganancioso **2.** (Lotterie) salir premiado; ***ich habe das große Los gewonnen*** me ha tocado el gordo **3.** (fördern) extraer; ***Kohle*** ~ extraer carbón
Gewinnentnahme *f*, **n** retiro *m* de beneficios, de ganancias
Gewinner *m*, - ganador *m*; (Sieger) vencedor *m*; triunfador *m*
Gewinn(er)gemeinschaft *f*, **en 1.** comunidad *f* de ganancias **2.** grupo *m* de sociedades con ganancias en común
Gewinnerwartung *f*, **en** expectativa *f*, expectación *f* de ganancias, de beneficios **1.** posibilidades *pl* de ganar **2.** beneficio *m* esperado; expectativas *pl* de beneficio, de rentabilidad; (Seg.) ***technische*** ~ expectativas *pl* de beneficios técnicos
Gewinnmarge *f*, **n** → Gewinnspanne
Gewinnmaximierung *f*, **en** maximización *f* de las ganancias
Gewinnmaximum *n*, Ø punto *m* de máximo beneficio
Gewinnmitnahme *f*, **n** (Börse) realización *f* de beneficios; beneficio *m* rescatado
Gewinnobligation *f*, **en** → Gewinnschuldverschreibung
Gewinnoptimierung *f*, **en** optim(iz)ación *f* de los beneficios
Gewinnplan *m*, **¨e** plan *m* de participación en beneficios
Gewinnpoolung *f*, pooling *m* de beneficios
Gewinnquote *f*,**n** cuota-parte *f* de beneficios
Gewinnrendite *f*, **n** rédito *m* de beneficio
Gewinnsald|o *m*, **-en** saldo *m* excedentario; saldo *m* activo; superávit *m*
Gewinnschrumpfung *f*, **en** disminución *f*, regresión *f*, merma *f* de los beneficios
Gewinnschuldverschreibung *f*, **en 1.** Obligación *f* no convertible con derecho a dividendo **2.** obligación *f* indexada, a lotes
Gewinnschwelle *f*, **n** umbral *m* de la rentabilidad; punto *m* de beneficio nulo
Gewinnspanne *f*, **n** margen *m* de beneficios, de (las) ganancias
Gewinnsparen *n*, Ø ahorro *m* con prima
Gewinnsteuer *f*, **n** impuesto *m* sobre los beneficios
Gewinnstreben *n*, Ø afán *m* de lucro
Gewinnsucht *f*, Ø afán *m* de ganar; (Habsucht) codicia *f*
Gewinnsystem *n*, **e** sistema *m* de participación en beneficios
gewinnträchtig, ***~er Markt*** mercado *m* prometedor
Gewinnüberschuss *m*, **¨sse** saldo *m* activo; excedente *m* de beneficios
Gewinnung *f*, **en 1.** (fabrikmäßige Gewinnung) producción *f* **2.** (Min.) extracción *f*; ***die ~ von Kohle*** la extracción de carbón
Gewinnverteilung *f*, **en** → Gewinnausschüttung
Gewinnverwendung *f*, Ø asignación *f*, uso *m*, utilización *f* del beneficio
Gewinnvortrag *m*, **¨e** arrastre *m* de beneficios; beneficios *pl* a cuenta nueva
GewO → Gewerbeordnung
Gewohnheitsrecht *n*, **e** derecho *m* consuetudinario
gezielt, ***~e Werbung*** publicidad *f* selectiva; publicidad *f* específicamente orientada; publicidad *f* dirigida a una capa de la población
GG → Grundgesetz
Gießkannenprinzip *n*, Ø asignación *f* uniforme de subvenciones con independencia de eventuales diferencias entre los beneficiarios
Giftstoff *m*, **e** sustancia *f* tóxica
Gigant *m*, **en** gigante *m*
Gilde *f*, **n** (Hist.) corporación *f*; (Innung) gremio *m*
Gipfel *m*, - cumbre *f*
Gipfelkonferenz *f*, **en** (conferencia *f* en la) cumbre
Gipfeltreffen *n*, - (reunión *f* en la) cumbre *f*
Giralgeld *n*, er dinero (bancario) *m* en depósitos, en cuentas
Girant *m*, **en** endosante *m*
Girat *m*, **en** → Giratar
Giratar *m*, **e** endosado *m*
girierbar endosable; ***~er Scheck*** cheque *m* endosable
girieren endosar; ***Scheck*** ~ endosar un cheque
Giro *n*, **s 1.** endoso *m*; ***beschränktes*** ~ endoso condicional **2.** giro *m*; transferencia *f*; ***eine Summe durch ~ überweisen*** girar un importe
Girobank *f*, **en** banco *m* de giros
Giroeinlagen *pl* depósitos *pl* en cuenta corriente; depósitos *pl* a la vista
Girogelder *pl* → Giroeinlagen

Girogeschäft *n*, **e** operación *f* de giro
Girokont|o *n*, **-en** cuenta *f* corriente, de giros
Giroscheck *m*, **s** cheque *m* cruzado
Giroverkehr *m*, Ø operaciones *pl* de giros; ***im*** ~ por giro
Girozentrale *f*, **n** (institución *f*) central *f* de giros; (oficina *f* de) giro *m* mutuo; (especie de organización central de compensación de las cajas de ahorro alemanas)
Girozettel *m*, - aviso *m* de transferencia
G-Konto → Gehaltskonto
Glas(bruch)versicherung *f*, **en** seguro *m* (contra rotura) de lunas y cristales
glatt, ***eine ~e Absage*** una negativa rotunda; ***ein ~er Betrag*** un importe redondo; ***ein ~er Beweis*** una prueba concluyente
glattstellen realizar; equilibrar; liquidar; ***die Buchung*** ~ equilibrar las cuentas
Glattstellung *f*, **en** realización *f*; liquidación *f*
Gläubiger *m*, - acreedor *m*; ***bevorrechtigter*** ~ acreedor privilegiado *od.* preferente; ***einen ~ abfinden, befriedigen*** satisfacer al acreedor; ***sich mit den ~n vergleichen*** arreglarse, acomodarse con los acreedores
Gläubigeranfechtung *f*, **en** acción *f* revocatoria; acción *f* paulina
Gläubigeranspruch *m*, **¨e 1.** pretensión *f* del acreedor **2.** derecho *m* a ser pagado
Gläubigeraufgebot *n*, **e** convocatoria *f* de acreedores
Gläubigerausschuss *m*, **¨sse** comisión *f* de acreedores
Gläubigerbegünstigung *f*, **en** tratamiento *m* preferencial de un acreedor
Gläubigereffekten *pl* efectos *pl* de crédito (empréstitos, obligaciones)
Gläubigerland *n*, **¨er** país *m* acreedor
Gläubigermasse *f*, **n 1.** masa *f* de la quiebra **2.** unión *f* de acreedores
Gläubigerregister *n*, - registro *m* de acreedores
Gläubigerschutzverband *m*, **e** asociación *f* de defensa de acreedores
Gläubigerversammlung *f*, **en** junta *f* de acreedores
Gläubigerverzug *m*, **e** mora *f* del acreedor
glaubwürdig creíble; fidedigno; digno de fe; veraz
Glaubwürdigkeit *f*, Ø credibilidad *f*
gleich igual; (völlig) idéntico; (gleichförmig) uniforme; homogéneo; (gleichwertig) equivalente; ~ ***bleibend*** constante; estable; invariable; ~ ***groß*** del mismo tamaño; ***~er Lohn für ~e Arbeit*** equidad *f* salarial; ***mit ~er Post*** por correo separado; ***zu ~en Teilen*** en, a partes iguales
Gleichbehandlung *f*, **en** (Jur.) trato *m* igual; (Pol.) igualdad *f* de trato; no discriminación *f*
Gleichbehandlungsgrundsatz *m*, **¨e** principio *m* de trato igual; (im Betrieb) principio *m* de la igualdad en el trato del personal
gleichberechtigt con igualdad de derechos; (Mitglied) parigual; (Vertretung) paritario
Gleichberechtigung *f*, Ø igualdad *f* de derechos; paridad *f*
Gleichgewicht *n*, Ø equilibrio *m*; ***das ~ der Kräfte*** el equilibrio de las fuerzas; ***ins ~ bringen*** equilibrar; poner en equilibrio; nivelar; ***aus dem ~ bringen*** desequilibrar; desnivelar; sacar del equilibrio
Gleichgewichtspreis *m*, **e** precio *m* de equilibrio
Gleichheit *f*, Ø, ~ ***beruflicher Ausbildungschancen*** igualdad *f* de oportunidades en la formación profesional
Gleichstellung *f*, **en** equiparación *f*; paridad *f*; ~ ***von Arbeit und Kapital in den Aufsichtsräten*** paridad de los representantes del factor trabajo y del factor capital en los consejos de supervisión; ~ ***(von Ausländern) mit eigenen Staatsbürgern*** asimilación *f* a los nacionales
Gleis *n*, **e** vía *f*; (Schiene) carril *m*; ***wieder ins ~ bringen*** arreglar; ***auf ein totes ~ schieben*** destinar a una vía muerta; llevar a un callejón sin salida
-gleisig (Suf.) de vía(s)
gleitend variable; flexible; móvil; ***~e Arbeitszeit*** jornada *f* flexible; ***~e Lohnskala*** escala *f* móvil de salarios; ***~e Mischzölle*** aduanas *pl* móviles mixtas; derechos *pl* móviles mixtos; ***~e Preise*** precios *pl* variables
Gleitklausel *f*, **n** cláusula *f* de escala móvil; ***eine ~ in einen Vertrag einbauen*** ajustar un contrato con cláusula de indexación
Gleitlohn *m*, **¨e** salario *m* flexible, indexado, móvil
Gleitpreis *m*, **e** precio *m* móvil
Gleitzeit *f*, **en** jornada *f* flexible
Gleitzoll *m*, **¨e** aduanas *pl*, derechos *pl* móviles
Gliedertaxe *f*, **n** (Seg.) cláusula *f* de desmembramiento; baremo *m* de invalidez
Gliederung *f*, **en** estructura *f*; organización *f*; estructuración *f*; clasificación *f*; ***alphabetische*** ~ orden *m* alfabético; ~ ***der Ausgaben*** desglose *m* de los gastos

Gliederzug *m*, **e** tren *m* articulado
Gliedstaat *m*, **en** Estado *m* miembro
Global- (Pref.) global; universal; total
global global; total; general; universal
Globalangebot *n*, **e** oferta *f* global
Globalisierung *f*, Ø mundialización *f*; globalización *f*
Globalkontingent *n*, **e** contingente *m*, cupo *m* global
Globalsteuerung *f*, **en** **1.** control *m* global **2.** concertación *f* económica
Globalsumme *f*, **n** suma *f*, importe *m* global, total
Globalzession *f*, **en** cesión *f* en bloque
Glücksspiel *n*, **e** juego *m* de azar
GmbH *f*, **s** (Gesellschaft mit beschränkter Haftung) sociedad *f* (de responsabilidad) limitada; (E) S.L. *od.* S.R.L.; (LA) Ltda.; ~ ***Gesetz*** Ley *f* de sociedades limitadas
Gnadenfrist *f*, **en** plazo *m* de gracia; (Com.) días *pl* de favor
Gnadengehalt *n*, **¨er** sueldo *m* de gracia (abonado un cierto tiempo)
Gnadengesuch *n*, **e** recurso *m* de gracia
GOB (Grundsätze ordnungsmäßiger Buchführung und Bilanzierung) principios *pl* de contabilidad regular
Gold *n*, Ø oro *m*; ***in ~ einlösbar*** convertible en oro
Gold- und Devisenreserven *pl* reservas *pl* en oro y en divisas
Goldabfluss *m*, **¨sse** salida *f* de oro
Goldanleihe *f*, **n** empréstito *m* en oro; empréstito *m* con garantía oro
Goldaufkauf *m*, **¨e** compra *f* de oro
Goldautomatismus *m*, Ø mecanismo *m* automático del patrón oro
Goldbarren *m*, **-** lingote *m* de oro
Goldbarrenwährung *f*, **en** → Goldkernwährung
Goldbestand *m*, **¨e** reserva *f*, existencia *f* de oro; reservas *pl* oro
Golddeckung *f*, **en** cobertura *f*, reserva *f* oro; garantía *f* de oro
Golddevise *f*, **n** cambio *m* oro
Golddevisenstandard *m*, Ø patrón *m* cambio oro; patrón *m* oro-divisas
Golddevisenwährung *f*, Ø → Golddevisenstandard
Goldgehalt *m*, **e** contenido *m*, título *m* de oro
Goldgewinnung *f*, **(en)** obtención *f*, extracción *f* de oro
Goldgrube *f*, **n** **1.** mina *f* de oro, aurífera **2.** fuente *f* de riquezas
Goldkernwährung *f*, **en** moneda *f* de núcleo oro
Goldklausel *f*, **n** cláusula *f* oro
Goldkurs *m*, **e** cotización *f*, precio *m* del oro
Goldmark *f*, Ø marco *m* oro
Goldmarkt *m*, **e** mercado *m* del oro
Goldmünze *f*, **n** moneda *f* de oro
Goldparität *f*, **en** paridad *f* oro
Goldpool *m*, Ø pool *m* del oro
Goldpreis *m*, **e** precio *m* del oro
Goldpunkt *m*, **e** punto *m* del oro; paridad *f* oro (límites extremos de fluctuación de las cotizaciones flotantes del oro); ***oberer ~*** punto de oro superior de salida; ***unterer ~*** punto de oro inferior de entrada
Goldreserve *f*, **n** reserva *f* de oro
Goldstandard *m*, Ø → Goldwährung
Goldstück *n*, **e** → Goldmünze
Goldumlaufwährung *f*, **en** patrón *m* de numerario oro
Goldvorkommen *n*, **-** presencia *f* de oro; (größere) yacimientos *pl* de oro
Goldvorrat *m*, **¨e** → Goldreserve
Goldwährung *f*, **en** moneda *f* (de) oro
Goldwährungseinheit *f*, Ø patrón *m* oro
Goldwert *m*, Ø valor *m* oro
Goldwertklausel *f*, **n** cláusula *f* valor oro
Goldzahlung *f*, **en** pago *m* en oro
Goldzertifikat *n*, **e** certificado *m* de oro
Gondel *f*, **n** góndola *f* (en grandes almacenes)
Goodwill *m*, Ø **1.** valor *m* comercial (subjetivo); fondo *m* de comercio; goodwill *m* **2.** notoriedad *f*; buena reputación *f* **3.** buena voluntad *f*
Grabbeltisch *m*, **e** puesto *m* de presentación de artículos (a granel, en un montón)
Grad *m*, **e** grado *m*; nivel *m*
Gradmesser *m*, Ø, ~ ***sein*** ser un barómetro; servir de punto de comparación, de referencia
Graduierte/r (der/ein) licenciado *m* (universitario); graduado *m* superior
Gramm *n*, **e** gramo *m*
Gratifikation *f*, **en** gratificación *f*; retribución *f*; paga *f* extraordinaria *f*; (an Beamte) adehala *f*
gratis gratuito; a título gratuito; gratuitamente; ***etw. ~ ins Haus liefern*** entrega *f* gratuita a domicilio; ***~ und franko*** gratis y libre de portes
Gratisaktie *f*, **n** acción *f* gratuita
Gratisangebot *n*, **e** oferta *f* gratuita
Gratisanzeiger *m*, **-** (CH) periódico *m* (suizo) de anuncios gratuitos

Gratisbeilage *f*, **n** suplemento *m* gratuito
Gratisexemplar *n*, **e** ejemplar *m* gratuito
Gratismuster *n*, - muestra *f* gratuita
Gratisprobe *f*, **n** → Gratismuster
Gratisvorstellung *f*, **en** función *f* gratuita
grau 1. gris **2.** al margen de la legalidad; al borde de la ilegalidad; *~er **Markt*** mercado *m* ilegal, tolerado por las autoridades
Graubuch *n*, **¨er** libro *m* gris
Grauzone *f*, **n** zona *f* situada entre la legalidad y la ilegalidad
greifbar 1. tangible **2.** disponible; *~e **Mittel*** fondos *pl* disponibles
Gremi|um *n*, **-en** gremio *m*; entidad *f*, comité *m*; comisión *f*; órgano *m*; asociación *f*; ***ständiges*** ~ organismo *m* permanente
Grenz- (Pref.) **1.** fronterizo; que linda con; de fronteras; limítrofe **2.** aduanero **3.** marginal **4.** límite
Grenzabfertigung *f*, **en** despacho *m* de aduana
Grenzangebot *n*, **e** oferta *f* límite
Grenzausgleich *m*, **e** → Grenzausgleichsbeträge
Grenzausgleichsbeträge *pl* montantes *pl* compensatorios
Grenzbahnhof *m*, **¨e** estación *f* fronteriza, de frontera
Grenzbeamte(r) (der/ein) aduanero *m*; funcionario *m* de aduana
Grenzbereich *m*, **e 1.** zona *f* fronteriza; (jenseits der Grenze) zona *f* limítrofe **2.** margen *m*; límite *m*
Grenzbereinigung *f*, **en** → Grenzberichtigung
Grenzberichtigung *f*, **en** rectificación *f* de fronteras
Grenzbetrieb *m*, **e** empresa *f* marginal
Grenzbevölkerung *f*, **en** población *f* (de la zona) fronteriza
Grenzbewohner *m*, - fronterizo *m*
Grenzbezirk *m*, **e** zona *f* fronteriza; distrito *m* fronterizo, limítrofe
Grenze *f*, **n 1.** frontera *f*; línea *f* fronteriza; ***frei*** ~ franco frontera; ***natürliche / künstliche*** ~ frontera *f* natural/artificial; ***jdn. über die ~ abschieben*** expulsar a alg. del país; ***eine ~ berichtigen*** rectificar una frontera **2.** aduana *f* **3.** margen *m*; borde *m* **4.** límite *m*; extremo *m*; ~ ***der Wirtschaftlichkeit*** límite *m* de la rentabilidad **5.** (Schranke) barrera *f*
Grenzer *m*, - aduanero *m*
Grenzerlös *m*, **e** ingreso *m* marginal
Grenzertrag *m*, **¨e** productividad *f* marginal
Grenzfall *m*, **¨e** caso *m* extremo, límite
Grenzfestsetzung *f*, **en** trazado *m* de fronteras, fronterizo
Grenzfluss *m*, **¨sse** río *m* fronterizo
Grenzformalitäten *pl* formalidades *pl* aduaneras
Grenzgänger *m*, - trabajador *m* fronterizo
Grenzgängerkarte *f*, **n** → Grenzschein
Grenzgebiet *n*, **e** zona *f*, región *f* fronteriza; (jenseits der Grenze) territorio *m* limítrofe
Grenzgewässer *n*, - aguas *pl* fronterizas; (jenseits der Grenze) aguas *pl* limítrofes
Grenzkontrolle *f*, **n** control *m* de aduana; control *m* en la frontera
Grenzkontrollpunkt *m*, **e** punto *m* de control de aduana
Grenzkosten *pl* costos *pl* marginales; coste *m* marginal
Grenzkurs *m*, **e** cotización *f*, precio *m* límite
Grenzland *n*, **¨er** → Grenzgebiet
Grenzlinie *f*, **n** línea *f* de frontera, fronteriza
Grenzneigung *f*, **en** propensión *f* marginal; ~ ***zur Investition/zum Sparen/zum Verbrauch*** propensión marginal a la inversión/al ahorro/al consumo
Grenznutzen *m*, Ø utilidad *f* marginal, límite
Grenzpolizei *f*, Ø policía *f* de frontera
Grenzposten *m*, - **1.** puesto *m* fronterizo, de aduana **2.** guardia *m* fronterizo
Grenzpreis *m*, **e** precio *m* límite
Grenzproduktivität *f*, **en** → Grenzertrag
Grenzproduktivitätstheorie *f*, Ø teoría *f* de la productividad marginal
Grenzregion *f*, **en** región *f* fronteriza
Grenzschein *m*, **e** pase *m* fronterizo
Grenzschließung *f*, **en** cierre *m* de la frontera
Grenzspediteur *m*, **e** agente *m* fronterizo, transitario
Grenzsperre *f*, **n** cierre *m* de la frontera
Grenzstation *f*, **en** → Grenzbahnhof
Grenzstreit *m*, **-igkeiten** litigio *m* de frontera, fronterizo
Grenzübergangspunkt *m*, **e** paso *m* de la frontera; puesto *m* fronterizo; ***trockener*** ~ puesto fronterizo interior
Grenzübergangsstelle *f*, **n** puesto *m* fronterizo; paso *m* de la frontera
grenzüberschreitend transfronterizo; *~er **Handel*** comercio *m* con el exterior, transfronterizo
Grenzüberschreitung *f*, **en** paso *m* de la frontera
Grenzübertritt *m*, **e** → Grenzüberschreitung

Grenzverkehr *m*, Ø tráfico *m* fronterizo; ***kleiner*** ~ tráfico *m* fronterizo
Grenzverletzung *f*, **en** violación *f* de la frontera
Grenzverrückung *f*, **en** alteración *f* de términos, de lindes
Grenzvertrag *m*, **¨e** tratado *m* de límites
Grenzwert *m*, **e** valor *m* límite
Grenzziehung *f*, **en** → Grenzfestsetzung
Grenzzwischenfall *m*, **¨e** incidente *m* fronterizo
grob 1. aproximado; aproximativo; ***in ~en Zahlen*** en cifras aproximativas **2.** sin entrar en detalles **3.** grave;***~er Fehler*** falta *f* grave; ***~e Fahrlässigkeit*** negligencia *f* grave **4.** ***~e Arbeit*** trabajos *pl* pesados
Groborientierung *f*, **en** guía *f* aproximativa
Gros *n*, **-** grueso *m*; mayoría *f*
Gros *n*, Ø **1.** ***das ~ der Bevölkerung*** la mayoría, el grueso de la población **2.** gruesa *f* (→ doce docenas: 144)
Groschen *m*, **-** (Fam.) (deutsche Münze) moneda *f* de 10 peniques
groß 1. gran(de); ***~schreiben*** escribir con mayúscula; ***~er Steuertermin*** gran plazo *m* impositivo **2.** (hoch) alto **3.** (weit) vasto; amplio **4.** (ausgedehnt) espacioso; extenso **5.** (bedeutend) importante; considerable; notable; ~ ***schreiben*** atribuir suma importancia (a) **6.** ***das ~e Los*** el gordo
Großabnehmer *m*, **- 1.** comprador *m* al por mayor; consumidor *m* al por mayor **2.** comprador *m* importante
Großaktionär *m*, **e** accionista *m* importante; gran accionista *m*; (E) accionista *m* mayoritario
Großauftrag *m*, **¨e** pedido *m* importante
Großbank *f*, **en** gran banco *m*; ***die ~en*** la gran banca *f*
Großbauer *m*, **n** latifundista *m*; gran propietario *m*
Großbetrieb *m*, **e** gran empresa *f*, gran explotación *f*; (Agric.) latifundio *m*
Großbezüger *pl* (CH) → Großabnehmer
Großbezugsrabatt *m*, **e** rebaja *f* por cantidad
Großcomputer *m*, **-** superordenador *m*
Größe *f*, **n 1.** talla *f*, dimensión *f*; ***in allen ~en erhältlich*** disponible en todas las tallas **2.** autoridad *f*; eminencia *f*; celebridad *f*; ***er ist eine ~ auf seinem Gebiet*** es una autoridad en su campo **3.** grandeza *f* **4.** variable *f*; magnitud *f*; ***unbekannte ~*** incógnita *f*; ***wirtschaftliche ~*** magnitud económica
Großeinkauf *m*, **¨e 1.** compra *f* al por mayor **2.** gran compra *f*
Größenordnung *f*, **en** dimensión *f*; magnitud *f*; (Fig.) envergadura *f*
Großerzeuger *m*, **-** productor *m* a gran escala
Großfabrikation *f*, **en** → Großfertigung
Großfahndung *f*, **en** persecución *f* a gran escala
Großfamilie *f*, **n** familia *f* numerosa
Großfertigung *f*, **en** fabricación *f* en gran escala, en grandes cantidades
Großflughafen *m*, **¨** aeropuerto *m* central
Großflugzeug *n*, **e** avión *m* gigante
Großgarage *f*, **n** garaje *m* colectivo
Großgewerbe *n*, **-** → Großindustrie
Großgrundbesitz *m*, Ø latifundio *m*; gran propiedad *f*
Großgrundbesitzer *m*, **-** terrateniente *m*; latifundista *m*; hacendado *m*; gran propietario *m*
Großhandel *m*, Ø comercio *m* al por mayor
Großhandelsgeschäft *n*, **e** almacén *m* al por mayor; casa *f* mayorista
Großhandelsindex *m*, **-indices** índice *m* de precios al por mayor
Großhandelspreis *m*, **e** precio *m* al por mayor, mayorista
Großhandelspreisind|ex *m*, **-izes** índice *m* de precios al por mayor
Großhandelsrabatt *m*, **e** → Großbezugsrabatt
Großhandelsunternehmen *n*, **-** empresa *f* de venta al por mayor
Großhandelsverband *m*, **¨e** asociación *f* del comercio al por mayor
Großhändler *m*, **-** mayorista *m*; comerciante *m* al por mayor; almacenista *m*
Großhandlung *f*, **en** casa *f* mayorista; almacén *m* al por mayor
Großindustrie *f*, **n** gran industria *f*
Großindustrielle(r) (der/ein) gran industrial *m*
Grossist *m*, **en** → Großhändler
großjährig mayor de edad
Großjährigkeit *f*, Ø → Volljährigkeit
Großjährigkeit *f*, Ø mayoría *f* de edad
Großkapital *n*, Ø los grandes capitales *pl*; grandes capitalistas *pl*
Großkauf|mann *m*, **-leute 1.** → Großhändler **2.** hombre *m* de negocios
Großkraftwerk *n*, **e** central *f* eléctrica de gran potencia
Großkredit *m*, **e** crédito *m* importante

Großmacht *f*, ¨e gran potencia *f*; superpotencia *f*
Großmarkt *m*, ¨e **1.** mercado *m* para los comerciantes al por menor **2.** hipermercado *m*
Großpackung *f*, **en** paquete *m*, embalaje *m* grande
Großproduktion *f*, Ø producción *f*, fabricación *f* a gran escala
Großprojekt *n*, **e** gran proyecto *m*
Großraum *m*, ¨e **1.** gran espacio *m* **2.** aglomeración *f*; círcunscripción *f*; ***im ~ Frankfurt*** en el gran Francfort
Großraumbüro *n*, **s** conjunto *m* de oficinas divididas en pequeñas unidades funcionales
Großraumflugzeug *n*, **e** avión *f* de gran capacidad
Großraumgeschäft *n*, **e** negocio *m* con gran superficie
großräumig espacioso; extenso; de gran espacio, de gran extensión
Großraumtransporter *m*, - camión *m* de gran capacidad
Großraumverkehrsflugzeug *n*, **e** avión *m* de transporte de gran capacidad
Großraumwagen *m*, - (Eisenbahn) coche *m*, vagón *m* de gran capacidad *od.* sin compartimentos
Großraumwirtschaft *f*, Ø economía *f* de grandes espacios
Großrechenanlage *f*, **n** instalación *f* de procesamiento de datos de gran capacidad
Großrechner *m*, - ordenador *m* gigante; mainframer *m*
Großreihenfertigung *f*, **en** fabricación *f* en grandes series
Großschadendeckung *f*, **en** (Seg.) cobertura *f* de grandes dimensiones
Großserie *f*, **n** gran serie *f*; ***in ~ herstellen*** fabricar en gran serie *od.* a gran escala
Großsortiment *n*, **e** suministro *m* al por mayor
Großsortimenter *m*, - suministrador *m* al por mayor
Großspeicher *m*, - (Inform.) memoria *f* de gran capacidad
Großstadt *f*, ¨e gran ciudad *f*; urbe *f*; (Com.) emporio *m*; gran centro *m* comercial, industrial
Großtagebau *m*, Ø (Min.) explotación *f* a cielo abierto en gran escala
Großunternehmen *n*, - gran empresa *f*; explotación *f*
Großverbraucher *m*, - gran consumidor *m*
Großverdiener *m*, - perceptor *m* de una renta alta
Großverkauf *m*, ¨e venta *f* al por mayor
Großversandhaus *n*, ¨**er** gran casa *f* de venta por correspondencia
Großverschleiß *m*, Ø (A) → Großverkauf
Großversender *m*, - → Großversandhaus
Großwohnanlagen *pl* grandes edificios *pl* de vivienda
Grube *f*, **n** **1.** fosa *f* **2.** (Min.) mina; ***in die ~ einfahren*** bajar a la mina; ***eine ~ stilllegen*** cerrar, paralizar una mina
Grubenarbeiter *m*, - minero *m*
Grubenausbau *m*, Ø entibación *f* de la mina
Grubenbau *m*, Ø **1.** trabajos *pl* de mina **2.** explotación *f*, extracción *f* minera
Grubenbetrieb *m*, **e** explotación *f* (subterránea) de minas; minería *f*; industria *f* minera
Grubenbrand *m*, ¨e incendio *m* de mina
Grubenkatastrophe *f*, **n** catástrofe *f* minera
Grubenunglück *n*, **e** → Grubenkatastrophe
grün verde **1.** ***die Grünen*** "los verdes" *pl*; los ecologistas *pl*; el partido *m* ecologista; ***~er Bericht*** informe *m* anual sobre la situación de la agricultura; ***das ~e Europa*** la Europa verde; ***~e Karte*** (Seg.) Carta *f* Verde; (EU) ***~e Kurse*** tasas *pl*, tipos *pl*, cambios *pl*, paridades *pl* verdes; ***~e Liste*** lista *f* ecologista; ***~er Plan*** plan *m* verde (plan agrícola anual del Gobierno federal); ***~e Welle*** semáforos *pl* (en verde) sincronizados; ***die ~e Woche*** Salón *m* de la Agricultura **2.** ***~es Licht geben*** dar luz verde para; autorizar; dar la señal de partida; ***auf keinen ~en Zweig kommen*** no lograr nada
Grünanlagen *pl* → Grünflächen
Grund- (Pref.) de base; de fondo; fundamental; básico
Grund *m*, ¨e **1.** suelo *m*; terreno *m*; fondo *m*; ***etw. in ~ und Boden wirtschaften*** malbaratar u/c; ***den ~ für, zu etw. legen*** sentar las bases para **2.** razón *f*; causa *f*; motivo *m*; ***aus beruflichen Gründen*** por motivos, de carácter profesional; ***Gegenstand und ~ des Ersuchens*** objetivo *m* y motivo de la comisión rogatoria
Grund und Boden tierras *pl*; bienes *pl* raíces; propiedades *pl*; terreno *m*; propiedad *f* rural
Grundausbildung *f*, **en** formación *f* básica militar

Grundbesitz *m*, Ø propiedad *f* inmueble; bienes *pl* raíces; (Stück Land) finca *f*; terreno *m*; (Bauplatz) solar *m*
Grundbesitzer *m*, - propietario *m* (de un terreno *od.* de bienes raíces)
Grundbilanz *f*, **en** balanza *f* básica
Grundbrief *m*, **e** título *m* de propiedad inmueble
Grundbuch *n*, **¨er** (R.F.A.) libro *m* fundiario; (E) registro *m* de la propiedad; catastro *m*; ***etw. ins ~ eintragen*** inscribir en el registro de la propiedad; ***~ führen*** llevar el Registro; ***öffentlicher Glaube des ~s*** fe *f* pública registral; ***Schutz des ~s*** protección *f* registral
Grundbuchamt *n*, **¨er** registro *m* de la propiedad; (E) ***Vorsteher des ~s*** Registrador *m* de la Propiedad
Grundbuchauszug *m*, **¨e** extracto *m* del libro fundiario, del registro de la propiedad
Grundbuchführer *m*, - registrador *m* de la propiedad
Grunddeckung *f*, **en** (Seg.) cobertura *f* base
Grunddienstbarkeit *f*, **en** servidumbre *f* real, inmobiliaria, predial
Grundeigentum *n*, Ø → Grundbesitz
gründen fundar; crear; instituir; establecer; constituir; instaurar; ***sich ~ auf*** basarse en; fundarse en; apoyarse en; ser debido a
Gründer *m*, - fundador *m*; creador *m*; promotor *m*; (Fig.) padre *m* espiritual; arquitecto *m*
Gründeraktie *f*, **n** acción *f* de fundador
Gründeranteil *m*, **e** parte *f* de fundador
Gründeranteilschein *m*, **e** cédula *f* de fundación; acción *f* bono; parte *f* de fundador
Gründerhaftung *f*, Ø responsabilidad *f* (civil) de los fundadores
Gründerjahre *pl* (Hist.) (D) Revolución *f* industrial alemana (despúes de 1871)
Gründerkrach *m*, Ø (Hist.) (D) crash *m* de los años de especulación; crisis *f* del progreso (1871-1873)
Grunderwerb *m*, Ø adquisición *f* de terreno *od.* bienes raíces
Grunderwerbssteuer *f*, **(n)** impuesto *m* sobre transmisiones patrimoniales y actos jurídicos (ITP)
Gründerzeit *f*, Ø → Gründerjahre
Gründerzentrum *n*, **-zentren** parque *m* tecnológico; centro *m* de nuevas tecnologías
Grundfahrpreis *m*, **e** (Grundfahrpreis je km) precio *m* (de) base por kilómetro
Grundfreibetrag *m*, **¨e** exoneración *f* de base; importe *m* base exento
Grundfreiheiten *pl* libertades *pl* fundamentales
Grundgebühr *f*, **en** tasa *f* básica; derechos *pl* básicos; (Teléf.) tarifa *f* básica
Grundgehalt *n*, **¨er** sueldo *m* base
Grundgesamtheit *f*, Ø (Estad.) universo *m*; población *f*
Grundgesetz *n*, **e** (R.F.A.) ley *f* fundamental; constitución *f*; (E) ***~ der Arbeit*** Fuero *m* del Trabajo
Grundindustrie *f*, **n** → Grundstoffindustrie
Grundkapital *n*, Ø **1.** capital *m* inicial **2.** (einer Aktiengesellschaft) capital *m* social; ***Aufstockung des ~s*** aumento *m* del capital social
Grundkredit *m*, **e** crédito *m* hipotecario
Grundkreditanstalt *f*, **en** banco *m* hipotecario
Grundlagenvertrag *m*, Ø tratado *m* fundamental entre la R.D.A. y la R.F.A. (1972)
Grundlast *f*, **en** carga *f* real; gravamen *m* sobre bienes inmuebles; ***~en*** servidumbres *pl* reales
Grundlohn *m*, **¨e** salario *m* base
Grundmaterial *n*, **ien** material *m* basico, de base
Grundmiete *f*, **n** alquiler *m* básico
Grundmittel *pl* medios *pl* fijos
Grundpfand *n*, **¨er** hipoteca *f*
Grundpfandrecht *n*, **e** derecho *m* de prenda inmobiliario, fundiario
Grundprämie *f*, **n** prima *f* base, básica
Grundprämiensatz *m*, **¨e** tasa *f* de prima base
Grundpreis *m*, **e** precio *m* básico, base
Grundprovision *f*, **en** (Seg.) comisión *f* base
Grundrecht *n*, **e** **1.** derecho *m* fundamental **2.** derecho *m* hipotecario
Grundrente *f*, **n** **1.** renta *f* del suelo **2.** pensión *f* base
Grundriss *m*, **-sse** plano *m* de sección
Grundsatz *m*, **¨e** principio *m*; base *f*; axioma *m*; lema *m*; máxima *f*; ***~ der Billigkeit*** principio de equidad
Grundschuld *f*, **en** deuda *f* inmobiliaria, territorial
Grundsteinlegung *f*, **en** colocación *f* de la primera piedra
Grundsteuer *f*, **n** contribución *f* territorial

Grundsteuerveranlagung *f*, **en** cálculo *m* del impuesto sobre terrenos, de la contribución territorial
Grundstoff *m*, **e** base *f*; (Chemie) elemento *m*; *~e* materias *pl* básicas; carbón y minerales; (Rohstoffe) materias *pl* primas
Grundstoffindustrie *f*, **n** industria *f* básica, de base
Grundstoffsektor *m*, **en** sector *m* primario
Grundstück *n*, **e** (Jur.) inmueble *m*; terreno *m*, finca *f*; (Bau-) solar *m*; terreno *m*; *~e* bienes *pl* raíces; ***baureifes*** ~ terreno preparado, adaptado para la edificación; ***bebautes*** ~, ***bebaubares*** ~ finca, terreno edificable; solar; ***unbelastetes*** ~ finca sin hipotecar; (Bilanz) ***~e und Gebäude*** Inmuebles y Edificios
Grundstücksanrechtversicherung *f*, **en** seguro *m* de derecho a propiedad inmueble
Grundstücksbesitzer *m*, - propietario *m* de un terreno, de un solar
Grundstückseigentümerhaftpflicht *f*, Ø (Seg.) responsabilidad *f* civil de propietarios de inmuebles
Grundstücksmakler *m*, - corredor *m* de fincas, de inmuebles; agente *m* de la propiedad inmobiliaria
Grundstückspfändung *f*, **en** pignoración *f* de bienes raíces
Grundstücksspekulant *m*, **en** especulador *m* inmobiliario
Grundstücksspekulation *f*, **en** especulación *f* inmobiliaria
Grundstücksumlegung *f*, **en** concentración *f* parcelaria
Grundstücksveräußerung *f*, **en** enajenación *f*, venta *f* de un terreno, una finca
Grundstücksverwalter *m*, - administrador *m* de fincas
Grundtarif *m*, **e** tarifa *f* base
Gründung *f*, **en** fundación *f*; creación *f*; constitución *f*; institución *f*; establecimiento *m*; instauración *f*
Gründungsakte *f*, **n** → Gründungsurkunde
Gründungsaktie *f*, **n** acción *f* de fundación
Gründungsboom *m*, **s** boom *m* de creación de empresas
Gründungsjahr *n*, **e** año *m* de fundación
Gründungskapital *n*, Ø capital *m* de fundación, inicial
Gründungsmitglied *n*, **er** miembro *m*, socio *m* fundador
Gründungsurkunde *f*, **n** cédula *f* de fundación, de creación; acta *f* de constitución; escritura *f*
Gründungsvertrag *m*, **¨e** acta *f* constituyente
Grundvermögen *n*, Ø bienes *pl* inmobiliarios
Grundvermögenssteuer *f*, **n** impuesto *m* sobre la propiedad immobiliaria
Grundvertrag *m*, **¨e** → Grundlagenvertrag
Grundwert *m*, **e** **1.** valor *m* inmobiliario **2.** valor *m* fundamental
Grünflächen *pl* áreas *pl* verdes; zonas *pl* ajardinadas
Grünland *n*, Ø prados y pastizales *pl*
Grünlandwirtschaft *f*, Ø pasticultura *f*; herbicultura *f*
Gruppe *f*, **n** grupo *m*; agrupación *f*; clase *f*; categoría *f*; colectivo *m*
Gruppenakkordlohn *m*, **¨e** salario *m* de destajo colectivo
Gruppenarbeit *f*, **en** trabajo *m* **en** equipo
Gruppenarbeitsvertrag *m*, **¨e** contrato *m* de grupo, colectivo
Gruppenfahrkarte *f*, **n** billete *m* de grupo, colectivo
Gruppengeschäft *n*, **e** negocio *m* colectivo
Gruppenreise *f*, **n** viaje *m* organizado
Gruppenrisik|o *n*, **-en** riesgo *m* colectivo
Gruppenunfallversicherung *f*, **en** seguro *m* colectivo de accidentes
Gruppenvergleich *m*, **e** comparación *f* por grupos
Gruppenversicherung *f*, **en** seguro *m* colectivo
Gruppenversicherungsvertrag *m*, **¨e** contrato *m* de seguro colectivo
gruppieren agrupar; disponer en grupos; clasificar
Gruß *m*, **¨e** saludo *m*; salutación *f*; (Corresp.) ***mit herzlichen Grüßen/ mit besten Grüßen/ mit freundlichen Grüßen*** les saludamos atentamente; con un cordial saludo
Grußformel *f*, **n** fórmula *f* de salutación, cortesía
GRVST → Grundvermögenssteuer
Guillochen *n*, - guilloque *m* (trazos difíciles de reproducir, p.ej., en billetes de banco)
gültig válido; vigente; en vigor; valedero; ~ ***bis*** valedero hasta
Gültigkeit *f*, Ø validez *f*; vigor *m*; (LA) vigencia *f*; (Münze, Geld) circulación *f*; curso *m* (legal); ***keine ~ haben*** no ser válido; ***rückwirkende*** ~ efecto *m* retroactivo

Gültigkeitsdauer *f*, Ø plazo *m* de validez; tiempo *m* de vigor
Gültigkeitserklärung *f*, **en** validación *f*
Gültigkeitskontrolle *f*, **n** control *m* de validez
Gunst *f*, Ø favor *m*; gracia *f*; ***zu ~en*** en/a favor de; en pro de; en beneficio de; ***zu Ihren ~en*** a su crédito; a su favor
günstig favorable; ***zu ~en Bedingungen*** bajo unas condiciones favorables; ***zu ~em Preis*** a precio de ganga, positivo, oportuno; ***~er Zeitpunkt*** momento oportuno, conveniente, ventajoso, propicio
Günstling *m*, **e** favorito *m*
Günstlingswirtschaft *f*, Ø favoritismo *m*; (Pol.) nepotismo *m*; caciquismo *m*
Gürtel *m*, **-** **1.** cinturón *m; **sich den ~ enger schnallen*** apretarse el cinturón **2.** (Streifen) franja *f*, faja *f*
Gut *n*, **¨er** **1.** bien *m*; producto *m*; mercancía *f*; patrimonio *m*; fortuna *f*; ***bewegliche ~¨er*** bienes *pl* muebles; ***liegende, unbewegliche ~¨er*** bienes *pl* inmuebles, raíces; ***frei Schiff, frei ~*** el pabellón cubre la mercancía **2.** finca *f*; propiedad *f* rural; cortijo *m*
Gutachten *n*, **-** (Meinung) opinión *f*; juicio *m; **sachverständiges ~*** dictamen *m* pericial; ***schriftliches ~*** informe *m*; ***ärztliches ~*** dictamen facultativo; ***schiedsrichterliches ~*** arbitraje *m*; laudo *m* arbitral; ***ein ~ anfertigen*** emitir un dictamen; dictaminar
Gutachter *m*, **-** experto *m*; perito *m*; dictaminador *m; **einen ~ hinzuziehen*** consultar un experto
Gutachtergebühren *pl* gastos *pl* de peritación
gutachterlich pericial; consultivo; informativo
Gutachterverfahren *n*, **-** procedimiento *m* consultivo
gutbringen → gutschreiben
Güte *f*, Ø **1.** bondad *f*; favor *m*; amabilidad *f* **2.** calidad *f*; ***erster ~*** de primera calidad, clase **3.** ***sich in ~ einigen*** arreglar u/c amigablemente
Güteklasse *f*, **n** (Com.) categoría *f* de calidad
Gütekontrolle *f*, **n** control *m* de calidad
Gütenorm *f*, **n** → Gütevorschrift
Güter *pl* bienes *pl*; mercancías *pl*; (LA) mercaderías *pl*; productos *pl*; artículos *pl*; **1.** ***nicht abgeholte ~*** mercancías *pl* no reclamadas; ***~ des gehobenen Bedarfs*** bienes *pl* de lujo y semilujo; ***bewirtschaftete ~*** mercancías *pl* contingentadas; ***gewerbliche ~*** productos *pl* industriales; ***haltbare*** (***langlebige***) ~ bienes *pl* duraderos; bienes *pl* de consumo duradero; ***kurzlebige*** (***verderbliche***) ~ productos *pl* perecederos; ***lebenswichtige ~*** bienes *pl* de primera necesidad; ***sachliche*** (***körperliche***) ~ bienes *pl* materiales, corporales; ***sperrige ~*** mercancías *pl* voluminosas, mercancías *pl* de gran bulto; ***unkörperliche*** (***immaterielle***) ~ bienes *pl* inmateriales; bienes *pl* intangibles **2.** ~ ***erfassen*** contabilizar las mercancías; ~ ***fortschaffen***, (***ab***)***fertigen***) expedir (las mercancías); ~ ***heranschaffen*** aprovisionarse de mercancías; ~ ***verladen, verzollen*** cargar, aduanar mercancías
Güter- und Leistungsaustausch *m*, Ø intercambio *m* de bienes y servicios
Güterabfertigung *f*, **en** expedición *f* de mercancías
Güterabtretung *f*, **(en)** cesión *f* de bienes
Güterangebot *f*, **e** oferta *f* de mercancías
Güterannahmestelle *f*, **n** centro *m* de recepción de mercancías
Güterausgabestelle *f*, **n** **1.** depósito *m* **2.** expedición *f* de mercancías
Güteraustausch *m*, Ø intercambio *m* de bienes
Güterbahnhof *m*, **e** estación *f* de mercancías; (LA) estación *f* de carga; ***frei ~*** franco estación
Güterbeförderung *f*, Ø transporte *m* de mercancías
Gütereinteilung *f*, **en** clasificación *f* de mercancías, de bienes
Güterexpedition *f*, **en** → Güterabfertigung
Güterfernverkehr *m*, Ø transporte *m*, tráfico *m* de mercancías a gran, larga distancia; (LA) transporte *m*, tráfico *m* de carga a gran, larga distancia
Gütergemeinschaft *f*, Ø comunidad *f* de bienes; ***fortgesetzte ~*** comunidad de bienes continuada
Güterhafen *m*, **¨** puerto *m* de mercancías
Güterhalle *f*, **n** nave *f* de mercancías
Güterkraftverkehr *m*, Ø transporte *m* de mercancías por carretera
Güterladeplatz *m*, **¨e** cargadero *m*
Güternahverkehr *m*, Ø transporte *m* de mercancías a corta distancia
Güterrecht *n*, Ø régimen *m* de bienes; ***eheliches ~*** régimen de bienes en el matrimonio
Güterregister *n*, **-** registro *m* de bienes
Güterschifffahrt *f*, Ø transporte *m* naval de mercancías

Güterstand *m*, Ø régimen *m* de bienes; ~ ***der Verwaltung und Nutznießung*** régimen de administración y usufructo; ***gesetzlicher*** ~ (in der R.F.A. → ***Zugewinngemeinschaft***) régimen de separación con participación en las ganancias; régimen de partición de ganancias

Gütertarif *m*, **e** tarifa *f* (para el transporte de) mercancías

Gütertransport *m*, **e** transporte *m* de mercancías; (LA) transporte *m* de carga

Gütertransportversicherung *f*, **en** seguro *m* de mercancías transportadas

Gütertrennung *f*, Ø separación *f* de bienes

Güterumschlag *m*, Ø transbordo *m* (de mercancías)

Güterverkehr *m*, Ø tráfico *m*, transporte *m* de mercancías

Güterversicherung *f*, **en** seguro *m* de mercancías

Güterverteilung *f*, **en** reparto *m* de riquezas

Güterwagen *m*, - vagón *m* de mercancías; (LA) vagón *m* de carga; ***offener*** ~ batea *f*; vagón *m* descubierto, abierto; (LA) zorra *f*; ***geschlossener*** ~ vagón *m* cubierto, cerrado

Güterzug *m*, **¨e** tren *m* de mercancías; (LA) tren *m* de carga

Gütesiegel *n*, - sello *m* de calidad

Güteverfahren *n*, - juicio *m* de conciliación

Gütevorschrift *f*, **en** normas *pl* de calidad

Gütezeichen *n*, - etiqueta *f*, marca *f* de calidad

Gutgewicht *n*, Ø tolerancia *f*

gutgläubig de buena fe; (Jur.) ***~er Dritter*** tercero *m* de buena fe

Guthaben *n*, - haber *m*; saldo *m* activo, acreedor; crédito *m*; ~ ***bei ausländischen Banken*** haberes *pl* en bancos extranjeros; ***verfügbares*** ~ haber disponible; ~ ***in ausländischer Währung*** haber en moneda extranjera; ~ ***einfrieren***, ***sperren*** congelar, bloquear haberes

guthaben ser acreedor de la suma de; tener abonada la suma de

Guthabenkont|o *n*, **-en** cuenta *f* corriente simple

Guthabenposten *m*, - partida *f* acreedora

Guthabensald|o *m*, **-en** saldo *m* activo, acreedor

Guthabenscheck *m*, **s** cheque *m* con provisión de fondos

gütlich amigable; amistoso; ***auf ~em Weg(e)*** por via amistosa

Gutsbesitzer *m*, - → Gutsherr

Gutschein *m*, **e** vale *m*; bono *m*

Gutscheinheft *n*, **e** carnet *m* de vales

gutschreiben abonar; acreditar; ***auf einem Konto*** ~ abonar en cuenta; llevar al haber

Gutschrift *f*, **en** **1.** (im Handelsbuch) crédito *m* haber *m* **2.** (auf laufende Rechnung) abono *m* en cuenta

Gutschrift(s)anzeige *f*, **n** nota *f* de crédito; n/c; aviso *m*, nota *f* de abono

Gutschriftenseite *f*, **n** columna *f* del haber; columna *f* acreedora; columna *f* a su favor

Gutsherr *m*, **en** dueño *m* de la finca; terrateniente *m*

Gutshof *m*, **¨e** finca *f*; cortijo *m*; (LA) hacienda *f*; quinta *f*

gut situiert acomodado; en buena situación económica

Gutspacht *f*, **en** arrendamiento *m* de una explotación en su totalidad

Gutsverwalter *m*, - administrador *m* de finca; (LA) mayordomo *m*

GuV → Gewinn und Verlust

Gz → Geschäftszeichen

H

ha ≡ Hektar
Haager Abkommen *n*, Ø Convención *f* de La Haya
Hab *n*, Ø, ~ ***und Gut*** todos los bienes; toda la hacienda
Habe *f*, Ø bienes *pl*; haber *m*; fortuna *f*; ***fahrende (bewegliche)*** ~ bienes *pl* muebles; ***liegende*** ~ bienes *pl* inmuebles; ***unbewegliche*** ~ bienes *pl* raíces, inmuebles; ***um seine ganze ~ kommen*** perder todos sus bienes
haben 1. (besitzen) tener; poseer **2.** ***die Ware ist zu*** ~ la mercancía está, se encuentra, se halla a la venta; la mercancía está disponible **3.** ***dieses Produkt ist nicht mehr zu*** ~ este producto está agotado **4.** ***zu ~ bei*** de venta en **5.** ***was wollen Sie dafür ~?*** ¿cuánto quiere, exige, cobra usted? **6.** ***jdn. über sich*** ~ tener a alg. como superior **7.** ***die Kasse unter sich*** ~ estar encargado de la caja; llevar la caja
Haben *n*, Ø haber *m*; crédito *m*; a su favor; ***das Soll und*** ~ el debe y el haber; ***ins ~ stellen*** pasar al crédito
Habenbuchung *f*, **en** asiento *m*, anotación *f* en el haber
Habenichts *m*, **e** pobre *m*; pobretón *m*; pobre diablo *m*; ***Klub der ~e*** club *m* de los países pobres
Habenposten *m*, - partida *f* del haber; partida *f* de abono; partida *f* a su favor
Habensald|o *m*, **-en** saldo *m* acreedor; saldo *m* a su favor
Habenseite *f*, **n** lado *m*, columna *f* del haber; crédito *m*; ***auf der ~ stehen*** figurar en la columna del haber; ***einen Betrag auf der ~ verbuchen*** contabilizar un importe en el lado del haber; ***in der ~ buchen*** consignar, anotar en el haber
Habenzeichen *n*, - (Inform.) signo *m* de crédito; símbolo *m* del haber
Habenzins *m*, **en** interés *m* acreedor; interés *m* a su favor; interés *m* pagado por los bancos a sus clientes
Habenzinssatz *m*, **e** tasa *f*, tipo *m* de interés acreedor
Habseligkeiten *pl* efectos *pl* personales; (Fam.) bártulos *pl*; chismes *pl*; trastos *pl*
Hacker *m*, - (Fam.) (Inform.) pirata *m* informático; intruso *m* informático; hacker *m*
Hackordnung *f*, **en** orden *m* jerárquico; jerarquía *f* del más fuerte; orden *m* de prelación
Hafen *m*, **¨e** puerto *m*; ***einen ~ anlaufen*** hacer escala en un puerto; tocar un puerto; ***in den ~ einlaufen*** entrar en el puerto
Hafen- und Küstendienste *pl* servicios *pl* portuarios y costeros
Hafenabgabe *f*, **n**, ***eine ~ bezahlen*** pagar una tasa portuaria
Hafenamt *n*, **¨er** administración *f*, capitanía *f* del puerto
Hafenanlagen *pl* instalaciones *pl* portuarias
Hafenarbeiten *pl* obras *pl*, faenas *pl* portuarias
Hafenarbeiter *m*, - obrero *m*, trabajador *m* portuario; estibador *m*; (des)cargador *m* de muelle; (Syn. ***Dockarbeiter, Schauermann***)
Hafenbecken *n*, -, ***offenes*** ~ dársena *f* abierta
Hafenbehörde *f*, **n** autoridades *pl* marítimas, del puerto; capitanía *f* del puerto
Hafendamm *m*, **¨e 1.** muelle *m* **2.** malecón *m*
Hafendock *n*, s dique *m*
Hafengebühren *pl* derechos *pl* portuarios; (derechos *pl* de) anclaje *m*
Hafen-Hafen Verkehr *m*, Ø tráfico *m* de puerto a puerto
Hafenkneipe *f*, **n** taberna *f* portuaria; bar *m* del puerto
Hafenkonnossement *n*, **e** conocimiento *m* de embarque portuario
Hafenlotse *m*, **n** práctico *m* del puerto
Hafenmeister *m*, - capitán *m* de puerto
Hafenpolizei *f*, Ø policía *f* del puerto

Hafenschlepper *m*, - remolcador *m* para puerto
Hafenschleuse *f*, **n** esclusa *f* de puerto
Hafenschuppen *m*, - cobertizos *pl* de puerto
Hafensperre *f*, **n 1.** cierre *m* del puerto **2.** embargo *m* (de un buque)
Hafenstadt *f*, **¨e 1.** ciudad *f* portuaria; ciudad *f* marítima **2.** puerto *m*
Hafenumschlag *m*, Ø tráfico *m* portuario; transbordo *m*
Hafenverwaltung *f*, **en** administración *f* del puerto
Hafenviertel *n*, - barrio *m* portuario; barrio *m* del puerto; puerto *m*
Hafenzoll *m*, **¨e** derechos *pl* portuarios
Hafenzollamt *n*, **¨er** aduana *f* marítima
haftbar responsable; ***für etw. ~ sein*** responder de u/c; ***jdn. für etw. ~ machen*** hacer a alg. responsable de u/c; ***persönlich ~ sein*** ser personalmente responsable; responder personalmente; ***unbeschränkt ~ sein*** ser responsable ilimitadamente; responder ilimitadamente; ***mit seiner Einlage ~ sein*** responder con su aportación
Haftbarkeit *f*, Ø responsabilidad *f*
Haftbefehl *m*, **e** orden *m* de detención; auto *m* de prisión
Haftbeschwerde *f*, **n** recurso *m* contra un auto de prisión
Haftdauer *f*, Ø duración *f* del arresto
haften 1. responder; ser responsable; salir garante; ***für die Schulden persönlich ~*** ser responsable personalmente de las deudas; ***beschränkt***, ***unbeschränkt ~*** tener una responsabilidad limitada, ilimitada; ***Dritten gegenüber ~*** responder frente a terceros; ***solidarisch ~*** responder solidariamente; ser responsable, responder solidariamente; ***mit seinem Vermögen ~*** ser responsable, responder con su patrimonio (*od.* fortuna); ***der Verkäufer haftet wie folgt*** el vendedor responderá, será responsable como sigue **2.** (kleben) pegar; estar adherido; estar pegado; estar fijado
Haften *n*, Ø adherencia *f*
haftend 1. ***~es Kapital*** capital *m* riesgo; capital *m* con el que se responde; ***persönlich ~er Teilhaber*** socio *m* personalmente responsable **2.** adhesivo
Haftende(r) (der/ein) responsable *m*
Haftentlassene/r (der/ein) excarcelado *m*
Haftentlassung *f*, **en** excarcelación *f*; ***bedingte ~*** libertad *f* condicional
Häftling *m*, **e** preso *m*; recluso *m*; detenido *m*; encarcelado *m*
Haftlokal *n*, **e 1.** calabozo *m*; celda *f* **2.** comisaría *f*
Haftpflicht *f*, **en** responsabilidad *f* civil; obligación *f* de reparar daños; ***beschränkte ~*** responsabilidad limitada; ***gesetzliche ~*** responsabilidad civil legal
haftpflichtig civilmente responsable
Haftpflichtklage *f*, **n** acción *f* de responsabilidad civil
Haftpflichtversicherung *f*, **en** seguro *m* de responsabilidad civil; seguro *m* obligatorio; seguro *m* de responsabilidad frente a terceros
Haftstrafe *f*, **n** arresto *m* menor
Haftsumme *f*, **n** garantía *f*; fianza *f*
Haftung *f*, **en** responsabilidad *f* (jurídica y financiera); ***von der ~ ganz oder teilweise befreien*** eximir total o parcialmente de (la) responsabilidad; ***die ~ für Schaden tragen*** responder de los daños; ser responsable de los daños; ***die ~ übernehmen***, ***ablehnen*** asumir, declinar la responsabilidad; ***es wird keine ~ übernommen*** no se acepta responsabilidad alguna; ***Gesellschaft mit beschränkter ~ (GmbH)*** sociedad de responsabilidad limitada (SRL *od.* SL); ***frei von ~ für Verluste oder Beschädigung*** exento de responsabilidad por pérdida o daños; ***~ für Mängel*** responsabilidad por defectos, por vicios; ***~ für Schulden*** responsabilidad por deudas; ***unabhängige ~*** responsabilidad absoluta *od.* estricta; ***~ des Verkäufers*** responsabilidad del vendedor; ***~ für fremdes Verschulden*** responsabilidad por la actuación de terceros; ***~ ohne Verschulden*** responsabilidad estricta, absoluta; ***~ aus Vertrag*** responsabilidad contractual
Haftungsanteil *m*, **e** parte *f* de responsabilidad
Haftungsausschluss *m*, Ø exclusión *f* de res-ponsabilidad; no responsabilidad *f*; exclusión *f* de garantía
Haftungsbeschränkung *f*, **en** (de)limitación *f* de la responsabilidad, de la garantía
Haftungsfreiheit *f*, **(en)** no responsabilidad *f*
Haftungsfreistellung *f*, **en** dispensa *f*, exención *f* de responsabilidad
Haftungsgrenze *f*, **n** límite *m* de responsabilidad
Haftungsübernahme *f*, **n** asunción *f*, aceptación *f* de responsabilidad
Haftungsumfang *m*, Ø alcance *m*, extensión *f* de la responsabilidad

Hagelversicherung *f*, **en** seguro *m* contra el granizo; seguro *m* contra el pedrisco
halb, ***der ~e Betrag*** la mitad del importe; ***~es Jahr*** medio año; un semestre; ***nur den ~en Preis zahlen*** pagar solamente la mitad del precio; ***zum ~en Preis*** a mitad de precio
halbamtlich oficioso; semi-oficial; (Syn. *offiziös*)
halbautomatisch semiautomático
halbe-halbe machen (Fam.) compartir a medias
halber, ***der Einfachheit ~*** para mayor sencillez; para hacerlo más sencillo; ***der größeren Genauigkeit ~*** para mayor exactitud
Halberzeugnis *n*, **se** semiproducto *m*; producto *m* semiacabado, semielaborado, semimanufacturado
Halbfabrikat *n*, **e** → Halberzeugnis
halbfertig 1. a medio hacer; a medio acabar **2.** semiacabado
Halbfertigbereich *m*, **e** sector *m* de productos semiacabados
Halbfertigware *f*, **n** → Halberzeugnis
halbieren dividir por dos; partir por la mitad
Halbierung *f*, **en** división *f* por dos; reducción *f* en la mitad
Halbjahr *n*, **e** semestre *m*; seis meses
Halbjahres- (Pref.) semestral; de seis meses; semianual
Halbjahresbilanz *f*, **en** balance *m bzw.* balanza *f* semestral, semi-anual
Halbjahresprognose *f*, **n** previsiones *pl* semestrales; previsiones *pl* a (*od.* sobre) seis meses
Halbjahresschrift *f*, **en** publicación *f* semestral
Halbjahreszahlung *f*, **en** pago *m* semestral; pago *m* semi-anual; pago *m* cada medio año
halbjährig semestral; de seis meses (de edad)
halbjährlich, ***~ zahlbar*** pagadero cada medio año; a pagar cada semestre; de pago semestral; pagadero cada seis meses; de pago semianual; a pagar semestralmente
Halbkonserven *pl* semiconservas *pl*
Halbleiter *m*, **-** semiconductor *m*
Halbleiterindustrie *f*, **n** industria *f* de semiconductores
halbmonatlich quincenal; bimensual; dos veces por mes; cada medio mes; cada quince días
Halbmonatsschrift *f*, **en** revista *f* quincenal; revista *f* bimensual
Halbpacht *f*, **en** aparcería *f*; (Col.) medianía *f*
Halbpächter *m*, **-** aparcero *m*; (Col.) medianero *m*
halbpart, ***mit jdm. ~ machen*** ir a medias con alg.; ir por mitad con alg.
Halbpension *f*, **en** (HP) media pensión *f*; ***in ~*** en régimen de media pensión
halbstaatlich semipúblico; semiestatal
Halbtag *m*, **e** medio día *m*
halbtägig de medio día
halbtags, ***~ arbeiten*** trabajar (a) media jornada
Halbtagsarbeit *f*, **en** trabajo *m*, empleo *m* a (*od.* de) media jornada (Ggs. ***Ganztagsarbeit***)
Halbtagsbeschäftigte(r) (der/ein) trabajador *m* de (*od.* a) media jornada
Halbtagsbeschäftigung *f*, **en** → Halbtagsarbeit
Halbtagskraft *f*, **¨e** persona *f* empleada a media jornada; persona *f* que trabaja media jornada
Halbtagsstelle (-stellung) *f*, **e(n)** → Halbtagsarbeit
Halbtagsstellung *f*, **en** → Halbtagsarbeit
Halbware *f*, **n** → Halberzeugnis
halbwöchentlich bisemanal; dos veces a la semana
Halbzeug *n*, **Ø** → Halberzeugnis
Halde *f*, **n 1.** escorial *m*; escombrera *f* **2.** stock *m*; existencias *pl*; ***unverkaufte Autos stehen auf ~*** los coches no vendidos son almacenados en los depósitos
Haldenbestand *m*, **¨e** existencias *pl* (a bocamina); depósito *m*
Haldenvorräte *pl* → Haldenbestand
Hälfte *f*, **n** mitad *f*; ***die ~ der Kosten übernehmen*** asumir, aceptar la mitad de los gastos; ***die Kosten zur ~ tragen*** pagar la mitad de los gastos; ***sich zur ~ an einem Geschäft beteiligen*** tener, detentar una participación del 50%; ***bis zur ~*** hasta la mitad; ***um die ~ mehr***, ***um die ~ weniger*** la mitad más; la mitad menos; ***um die ~ teurer*** la mitad más caro; más caro en la mitad; ***über die ~ größer*** más grande, superior en más de la mitad; ***zur ~*** a medias; a partes iguales; ***zur ~ besetzt mit*** compuesto en su mitad (*od.* a partes iguales) por; ***zur ~ beteiligt sein*** participar por mitad
hälftig paritario; mitad-mitad; a medias

Halle *f*, **n** **1.** sala *f* **2.** pabellón *m* (de una exposición) **3.** hall *m* (de un hotel) **4.** hangar *m*; cobertizo *m* (de aviones) **5.** nave *f* (industrial) **6.** vestíbulo *m* (de la estación)
Hallenbad *n*, **¨er** piscina *f* cubierta
Hallenkapazität *f*, **en** capacidad *f* (de una exposición); capacidad *f* de la sala
Halm *m*, **e** paja *f*; brizna *f*; tallo *m*; ***Weizen vom ~ kaufen*** comprar el trigo en pie; ***Getreide auf dem ~ verkaufen*** vender cereales en pie
Halsabschneider m, - (Fam.) usurero *m*
halsabschneiderisch exorbitante; usurario; ***~er Preis*** precio *m* exorbitante; (Fam.) mazazo *m*
haltbar, ***nur begrenzt ~*** perecedero; ***nicht ~e Lebensmittel*** alimentos *pl* perecederos; ***die Lebensmittel ~ machen*** conservar los alimentos; hacer conservables los alimentos
Haltbarkeit *f*, **en** durabilidad *f*; conservabilidad *f*; solidez *f*; ***Lebensmittel von begrenzter ~*** alimentos *pl* perecederos;
Haltbarkeitsdat|um *n*, **-en** **1.** fecha *f* límite de conservación; fecha *f* hasta la que **se** conserva (bien) **2.** fecha *f* límite de venta
Haltbarmachen von Lebensmitteln *n*, Ø conservación *f* de alimentos
halten **1.** tener; poseer **2.** detener **3.** mantener; conservar **4.** observar; cumplir (una promesa) **5.** pronunciar (una conferencia) **6.** impartir (una clase)
Halteplatz *m*, **¨e** parada *f*
Haltepunkt *m*, **e** **1.** (Ferr.) apeadero *m* **2.** punto *m* de apoyo
Halter *m*, - titular *m*; poseedor *m*; propietario *m*; ***~ eines Fahrzeugs*** titular de un vehículo
Haltesignal *n*, **e** señal *f* de parada, de alto
Haltestelle *f*, **n** **1.** parada *f* **2.** (Ferr.) apeadero *m*
Halteverbot *n*, **e** estacionamiento *m* prohibido
Haltezeichen *n*, - → Haltesignal
Halt machen hacer una pausa; hacer un alto; descansar
Haltung *f*, **en** **1.** ***unentschlossene ~ der Börse*** comportamiento *m* fluctuante de los cambios bursátiles **2.** ***eine gemeinsame ~ einnehmen*** adoptar una postura (*od.* actitud) común
Hammer *m*, ¨ martillo *m*; ***unter den ~ kommen*** subastar; (LA) licitar (Syn. ***versteigern***)
Hamsterkäufe *pl*, ~ **machen** acaparar; almacenar en vista de una crisis; efectuar compras de pánico
hamstern (Fam.) → Hamsterkäufe
Hand *f*, **¨e** **1.** ***die öffentliche ~*** sector público *m*; tesoro *m* (público); poderes *pl* públicos; administración y empresas públicas; ***in die öffentliche ~ überführen*** nacionalizar **2.** ***aus zweiter ~ kaufen*** comprar de segunda mano; comprar de ocasión; ***alle ~¨e voll zu tun haben*** estar agobiado de trabajo; ***etwas in die ~ nehmen*** encargarse de u/c; ***etwas unter der ~ verkaufen*** vender u/c bajo cuerda; ***in andere ~¨e übergehen*** cambiar de dueño; pasar; ir a parar a otras manos; ***mit der ~ gearbeitet*** hecho a mano; ***von seiner ~¨e Arbeit leben*** vivir de su trabajo; ***zu ~¨en von*** (z. Hd. von) a la atención de (c/o)
Handarbeit *f*, **en** trabajo *m* manual; trabajo *m*, fabricación *f*, elaboración *f* a mano
handarbeiten hacer a mano; fabricar a mano; hacer un trabajo artesanal
Handarbeiter *m*, - obrero *m*, trabajador *m* manual
Handarbeitslehrerin *f*, **nen** profesora *f* de labores
Handausgabe *f*, **n** edición *f* manual
Handbedienung *f*, **en** manejo *m*; mando *m* manual
Handbuch *n*, **¨er** manual *m*
Handel *m*, Ø comercio *m*; negocio *m*; mercado *m*; intercambio *m*; ***~ mit*** comercio de *bzw.* con **1.** ***ausländischer ~*** comercio con el extranjero; ***binnenländischer (inländischer) ~*** comercio interior; nacional; ***innergemeinschaftlicher ~*** comercio intracomunitario; comercio dentro de la Comunidad; ***selbständiger ~*** comercio independiente **2.** ***im ~ befindlich sein*** estar en venta; ***(nicht mehr) im ~ sein*** no estar ya en venta, en el mercado; ***ein Produkt in den ~ bringen*** comercializar un producto; poner a la venta un producto; ***einen ~ abschließen*** concertar, concluir un negocio; ***mit jdm. in den ~ kommen*** entrar en relaciones comerciales con alg.; ***einen ~ rückgängig machen*** anular un negocio; una operación; ***die Firma treibt ~ mit Spanien*** la empresa comercia con España; ***~ treibend*** que ejerce una actividad comercial; mercante; ***~ treibende(r)*** (der/ein) comerciante *m*; traficante *m*; ***aus dem ~ ziehen*** retirar del comercio, del mercado **3.** ***~ per Erscheinen*** (Börse) negociación *f*

anticipada de títulos; negociación *f* de títulos antes de la emisión
handelbar negociable (en Bolsa)
handeln 1. actuar; obrar; proceder; ***im Namen von*** ~ actuando en nombre de **2.** dedicarse a la compraventa; vender y comprar; ***en gros*** ~ comerciar al por mayor; ***im Kleinen*** ~ comerciar al por menor **3.** regatear **4.** ***an der Börse gehandelte Aktien*** acciones *pl* negociadas en Bolsa
Handeln *n*, Ø regateo *m*
Handels- (Pref.) comercial; mercantil
Handels- und Zahlungsabkommen *n*, - acuerdo *m* comercial de pagos
Handelsabkommen *n*, - acuerdo *m* comercial; ***ein*** ~ ***unterzeichnen*** firmar un acuerdo comercial; firmar un convenio mercantil
Handelsabschlag *m*, **¨e** rebaja *f* (sobre el precio de venta)
Handelsadressbuch *n*, **¨er** guía *f* comercial
Handelsagent *m*, **en** agente *m* comercial
Handelsagentur *f*, **en** agencia *f* comercial
Handelsartikel *m*, - artículo *m* de comercio; artículo *m* de consumo
Handelsattaché *m*, s agregado *m* comercial
Handelsauskunftei *f*, **en** agencia *f* de informaciones comerciales
Handelsaustausch *m*, Ø intercambio *m* comercial; intercambios *pl* comerciales
Handelsbank *f*, **en** banco *m* de comercio; banco *m* comercial
Handelsbericht *m*, **e** informe *m* comercial
Handelsbeschränkungen *pl* restricciones *pl* comerciales; limitaciones *pl* al comercio; ***mengenmäßige*** ~ contingentes *pl*; cupos *pl* comerciales cuantitativos; ***wertmäßige*** ~ contingentes *pl*; cupos *pl* comerciales en cuanto al valor
Handelsbesprechungen *pl* negociaciones *pl* comerciales
Handelsbetrieb *m*, **e** empresa *f* (de explotación) comercial; establecimiento *m* comercial; establecimiento *m* de comercio
Handelsbevollmächtige(r) (der/ein) apoderado *m*
Handelsbezeichnung *f*, **en** denominación *f* comercial; nombre *m* de fábrica
Handelsbeziehungen *pl* relaciones *pl* comerciales; ~ ***abbrechen*** romper las relaciones comerciales; ~ ***aufnehmen*** establecer, entablar relaciones comerciales; entrar en relaciones comerciales; ~ ***mit, nach*** intercambio comercial con, hacia
Handelsbilanz *f*, **en** balanza *f* comercial; balanza *m* de comercio; balanza *f* de mercancías; balanza *f* de bienes visibles; ***aktive (positive, überschüssige)*** ~ balanza comercial activa (positiva, excedentaria); ***passive (defizitäre, unausgeglichene)*** ~ balanza comercial pasiva (deficitaria, desequilibrada); ***die*** ~ ***ausgleichen*** equilibrar la balanza comercial; ***die*** ~ ***schloss mit einem Aktivsaldo ab*** la balanza comercial cerró con superávit (de las exportaciones)
Handelsbilanzdefizit *n*, **e** déficit *m* comercial; saldo *m* pasivo, saldo *m* negativo, saldo *m* deudor de la balanza de mercancías
Handelsbilanzüberschuss *m*, **¨sse** superávit *m* comercial; saldo *m* activo, saldo *m* positivo, saldo *m* acreedor de la balanza comercial
Handelsblatt *n*, **¨er** periódico *m* de información comercial
Handelsblockade *f*, **n** → Handelssperre
Handelsbörse *f*, **n** bolsa *f* de comercio
Handelsbranche *f*, **n** → Handelszweig
Handelsbrauch *m*, **¨e** → Handelsusancen
Handelsbücher *pl* **1.** libros *pl* de comercio **2.** libros *pl* de contabilidad
Handelsdampfer *m*, - → Handelsschiff
Handelsdelegation *f*, **en** delegación *f* comercial
handelseinig, ~ ***sein***, ***werden*** estar de acuerdo, convenir el precio
handelseins → handelseinig
Handelsembargo *n*, **s** → Handelssperre
Handelsfachzeitschrift *f*, **en** revista *f* de información comercial
handelsfähig negociable; comerciable
Handelsfaktur|a *f*, **-en** factura *f* comercial
Handelsfirm|a *f*, **-en** razón *f* social; casa *f*, empresa *f* comercial
Handelsflagge *f*, **n** pabellón *m* de la marina mercante
Handelsflotte *f*, **n** flota *f* mercante
Handelsfreiheit *f*, Ø libertad *f* de comercio
Handelsgeist *m*, Ø mercantilismo *m*; espíritu *m* comercial, mercantil
Handelsgenossenschaft *f*, **en** cooperativa *f* comercial
Handelsgericht *n*, **e** tribunal *m* de comercio; tribunal *m* comercial
handelsgerichtlich, ~ ***eingetragen*** inscrito en el registro mercantil
Handelsgerichtsbarkeit *f*, Ø jurisdicción *f* mercantil (*od.* comercial)

Handelsgeschäft *n*, **e 1.** transacción *f*, operación *f* comercial; *~e* ***abschließen*** concertar, concluir una operación (comercial) **2.** casa *f*, establecimiento *m* comercial
Handelsgesellschaft *f*, **en** sociedad *f*, compañía *f* mercantil
Handelsgesetz *n*, **e** ley *f* mercantil; ley *f* reguladora del comercio
Handelsgesetzbuch *n*, **¨er** código *m* de comercio
Handelsgesetzgebung *f*, Ø legislación *f* mercantil, comercial
Handelsgewerbe *n*, Ø actividad *f* comercial; actividad *f* mercantil; comercio *m*; ***ein ~ betreiben*** ejercer una actividad mercantil, comercial
Handelsgewicht *n*, **e** peso *m* de comercio
Handelsgewinn *m*, **e** beneficio *m* comercial
Handelsgremi|um *n*, **-en** gremio *m*, comisión *f*, órgano *m* comercial
Handelsgut *n*, **¨er** mercancía *f*; *~* ***mittlerer Art und Güte*** mercancía de calidad media
Handelshafen *m*, **¨** puerto *m* comercial
Handelshaus *n*, **¨er** casa *f* comercial
handelshemmend, *~* ***sein*** ser perjudicial para el comercio; constituir una traba para el comercio
Handelshemmnis *n*, **se** obstáculo *m*, traba *f* para el comercio
Handelshemmung *f*, **en** → Handelshemmnis
Handelshindernisse *pl* → Handelshemmnis
Handelshochschule *f*, **n** escuela *f* superior de comercio; escuela *f* de altos estudios mercantiles
Handelskammer *f*, **n**, ***Industrie- und ~*** (IHK) cámara *f* de comercio e industria (CCI)
Handelskauf *m*, **¨e** compraventa *f* mercantil; transacción *f* comercial
Handelskette *f*, **n** circuito *m* de distribución; cadena *f* voluntaria
Handelsklasse *f*, **n** categoría *f*, clase *f* de calidad (de los productos alimentarios)
Handelsklausel *f*, **n** cláusula *f* comercial
Handelskorrespondent *m*, **en** encargado *m* de la correspondencia comercial; encargado *m* de la correspondencia con el extranjero
Handelskorrespondentin *f*, **nen** (E) secretaria *f* con idiomas
Handelskorrespondenz *f*, Ø correspondencia *f* comercial
Handelskredit *m*, **e** crédito *m* comercial
Handelskreditbrief *m*, **e** carta *f* de crédito comercial
Handelskreise *pl* círculos *pl* comerciales; mundo *m* del comercio
Handelskrieg *m*, **e** guerra *f* comercial; guerra *f* economica
Handelsmakler *m*, - corredor *m*, agente *m* comercial
Handelsmarine *f*, **n** marina *f* mercante
Handelsmarke *f*, **n** marca *f* comercial; marca *f* de fábrica
handelsmäßig comercial; *~* ***verpackt*** con embalaje comercial; con el embalaje usual en el mercado
Handelsmesse *f*, **n** feria *f* comercial
Handelsminister *m*, - ministro *m*, titular *m* de comercio (exterior)
Handelsministeri|um *n*, **-en** ministerio *m*, departamento *m*, cartera *f* de comercio (exterior)
Handelsmission *f*, **en** misión *f* comercial
Handelsmonopol *n*, **e** monopolio *m* comercial
Handelsname *m*, **n** firma *f*; razón *f* social; nombre *m* comercial
Handelsnetz *n*, **e** red *f* comercial
Handelsniederlassung *f*, **en** establecimiento *m* comercial; factoría *f* (en el extranjero)
Handelspackung *f*, **en** embalaje *m*, envase *m* usual en el comercio
Handelspapier *n*, **e** efecto *m* comercial
Handelspartner *m*, - **1.** → Geschäftspartner **2.** país *m* con el que se comercia; ***die ~ Spaniens*** países *pl* que comercian con España
Handelsplatz *m*, **¨e 1.** Plaza *f* comercial **2.** centro *m* de comercializacíón
Handelspolitik *f*, Ø política *f* comercial
handelspolitisch, *~e* ***Maßnahmen*** medidas *pl* (político-)comerciales; *~e* ***Schutzmaßnahmen*** medidas *pl* para proteger el comercio; *~e* ***Zusammenarbeit*** cooperación *f* comercial
Handelspräferenzen *pl* preferencias *pl* comerciales
Handelspraktiken *pl*, ***unlautere ~*** prácticas *pl* comerciales sin equidad
Handelspreis *m*, **e** precio *m* comercial
Handelsrechnung *f*, **en** factura *f* comercial; *~* ***in dreifacher Ausfertigung*** factura comercial por triplicado (*od.* en tres ejemplares)
Handelsrecht *n*, Ø derecho *m* mercantil
Handelsregister *n*, - (HR) registro *m* mercantil; ***eine Firma ins ~ eintragen*** inscri-

bir una empresa en el registro mercantil; ***eine Firma aus dem ~ streichen*** tachar, borrar, dar de baja una empresa en el registro mercantil

Handelsregistereintragung *f*, **en** inscripción *f* en el registro mercantil

Handelsreise *f*, **n** viaje *m* de negocios

Handelsreisende(**r**) (der/ein) viajante *m*

Handelsrichter *m*, - juez *m* de un tribunal comercial

Handelsriese *m*, **n** gigante *m* comercial; supergrande *m* comercial; gran superficie *f*

Handelsrisik|o *n*, **-en** riesgo *m* comercial

Handelssachen *pl* causas *pl*, casos *pl* mercantiles (*od.* comerciales)

Handelsschiedsgerichtsbarkeit *f*, Ø jurisdicción *f* comercial internacional; arbitraje *m* comercial internacional

Handelsschiff *n*, **e** buque *m* mercante

Handelsschifffahrt *f*, Ø navegación *f* mercante

Handelsschranken *pl* barreras *pl* aduaneras; restricciones *pl* al comercio

Handelsschule *f*, **n** escuela *f* de comercio

Handelsspanne *f*, **n** margen *m* comercial; ***hohe, niedrige ~*** elevado, bajo margen comercial

Handelssperre *f*, **n** embargo *m* comercial; interdicción *f* del comercio; ***über etw. eine ~ verhängen*** decretar, imponer un embargo sobre u/c; ***eine ~ aufheben*** suprimir, levantar un embargo (Syn. ***Embargo***)

Handelsstadt *f*, **¨e** ciudad *f* comercial

Handelsstand *m*, Ø **1.** comercio *m* **2.** profesión *f* mercantil **3.** comerciantes *pl*; gremio comercial *m*

Handelsstopp *m*, **s** suspensión *f*, bloqueo *m*, congelación *f* del intercambio comercial (con un país)

Handelsstraße *f*, **n** ruta *f* comercial

Handelsströme *pl* flujos *pl*, corrientes *pl* comerciales

Handelsstruktur *f*, **en** estructura *f* comercial; estructura *f* del comercio

Handelsstufe *f*, **n** fase *f* de la comercialización

Handelsteil *m*, **e** sección *f* económica y financiera (de un periódico)

Handelsüberschuss *m*, **¨sse** excedente *m*, superávit *m* comercial

handelsüblich usual en el comercio; conforme a los usos comerciales; de acuerdo con los hábitos mercantiles; ***~ verpackte Güter*** mercancía *f* con embalaje comercial normal; ***~e Größe*** tamaño *m* comercial; ***~er Rabatt*** descuento *m*, rebaja *f* comercial

Handelsumsatz *m*, **¨e** cifra *f* de negocios; volumen *m* de intercambios (comerciales)

Handelsunternehmen *n*, - empresa *f* mercantil; casa *f* comercial; casa *f* dedicada al comercio

Handelsunternehmung *f*, **en** (selten) → Handelsunternehmen

Handelsusancen *pl* usos *pl* comerciales; costumbres *pl*, hábitos *pl* mercantiles

Handelsveranstaltung *f*, **en** manifestación *f* comercial

Handelsverbindungen *pl* → Handelsbeziehungen

Handelsverbot *n*, **e** interdicción *f* de comercio

Handelsvereinbarung *f*, **en** convención *f*, acuerdo *m* comercial; ***eine ~ treffen*** concluir un acuerdo comercial

Handelsverflechtungen *pl* interdependencia *f* comercial

Handelsverkehr *m*, Ø → Handelsaustausch

Handelsverlagerung *f*, **en** desvío *m* del comercio

Handelsvertrag *m*, **¨e** tratado *m* comercial; contrato *m* mercantil; ***einen ~ abschließen, unterzeichnen*** concluir, firmar un contrato mercantil

Handelsvertreter *m*, - agente *m* comercial; representante *m* de comercio; ***~ in fremdem Namen*** comisionista *m*; ***~ mit Ausschließlichkeitsrecht für ein Gebiet*** agente en exclusiva (para una zona)

Handelsvertretung *f*, **en** agencia *f*, representación *f* comercial

Handelsvollmacht *f*, **en** poder *m* comercial; ***jdm. eine ~ erteilen*** conceder, otorgar poder comercial a alg.

Handelsvolumen *n*, - volumen *m* de intercambio

Handelsvorschriften *pl* prescripciones *pl*, reglas *pl* comerciales

Handelsvorteil *m*, **e** ventaja *f* comercial

Handelsware *f*, **n** artículo *m* comercial; producto *m* comercializado; producto *m* comercializable

Handelswechsel *m*, - efecto *m* comercial; letra *f* de comercio

Handelsweg *m*, **e 1.** vía *f* comercial **2.** circuito *m* comercial (del productor al consumidor)

Handelswert *m*, **e** valor *m* comercial

Handelszeichen *n*, - marca *f* de fábrica

Handelszentr|um *n*, **-en** centro *m* comercial

Handelszugeständnisse *pl* concesiones *pl* comerciales
Handelszweig *m*, **e 1.** ramo *m*, rama *f* comercial **2.** línea *f* de negocio
Handexemplar *n*, **e** ejemplar *m* de trabajo
Handfertigkeit *f*, Ø habilidad *f*, destreza *f* manual
handgearbeitet hecho a mano
Handgebrauch *m*, Ø, ***zum*** ~ para uso diario
handgefertigt hecho a mano
Handgeld *n*, (er) (selten) **1.** arras *pl*; señal *f*; (Arg.) seña *f* **2.** comisión *f* que se entrega bajo cuerda **3.** prima *f* de enganche
handgemacht → handgearbeitet
Handgepäck *n*, Ø equipaje *m* de mano; bultos *pl* de mano
Handgepäckaufbewahrung *f*, **en** consigna *f*
handgerecht fácil de manejar, (fácilmente) manejable
handgeschrieben escrito a mano; manuscrito
Handhabe *f*, **n** motivo *m*; pretexto *m*; ***eine juristische ~ gegen jdm. besitzen*** tener un motivo jurídico contra alg.
handhaben manejar; manipular, utilizar; emplear; ***ein Gesetz*** ~ aplicar una ley; ***leicht zu*** ~ de fácil manejo; fácilmente manejable; fácil, sencillo de manejar
Handhabung *f*, **en 1.** manejo *m*; maniobra *f*; manipulación *f*; ***falsche ~ eines Geräts*** manejo falso, mal uso *m*, empleo *m* equivocado de un aparato **2.** (Jur.) aplicación *f*
Handikap *n*, **s** handicap *m*; desventaja *f*
Handkasse *f*, **n** fondos *pl* para viático; dinero *m* para gastos de poca importancia
Handkauf *m*, **¨e** venta *f* manual; venta *f* natural; (Col.) compra *f* a la vista
Handkoffer *m*, - maletín *m*; maleta *f* de mano
Handkorb *m*, **¨e** cesta *f*
Handlanger *m*, - **1.** obrero *m* no cualificado; peón *m*, bracero *m*; (Syn. ***ungelernter Arbeiter***) **2.** cómplice *m*
Händler *m*, - **1.** comerciante *m*; negociante *m*; traficante *m* **2.** corredor *m* **3.** vendedor *m*; ***fliegender*** ~ vendedor ambulante **4.** distribuidor *m*; concesionario *m* **5.** buhonero *m*; vendedor *m* de baratijas
Händlergewinn *m*, **e** beneficio *m* del corredor
Händlernetz *n*, **e** red *f* de concesionarios; red *f* de revendedores
Händlerpanel *n*, **s 1.** panel *m* de revendedores **2.** revendedores *pl* interrogados (en una encuesta)
Händlerpreis *m*, **e 1.** precio *m* al por mayor **2.** precio *m* para revendedores
Händlerrabatt *m*, **e** rebaja *f* concedida a los comerciantes
Händlervereinigung *f*, **en** asociación *f* de comerciantes (minoristas)
Handlung *f*, **en 1.** acto *m*; hecho *m*; acción *f*; ***betrügerische*** ~ acto fraudulento; acción fraudulenta; ***fahrlässige*** ~ acción culposa; ***geschäftliche*** ~ acción, acto de naturaleza negocial; ***strafbare*** ~ acción penal (*od.* penada); acto punible; ***unerlaubte*** ~ acto ilícito **2.** tienda *f*; comercio *m* **3.** argumento *m* (de una película, novela, *etc.*)
Handlungsbevollmächtige(r) (der/ein) apoderado *m* especial
Handlungsfähigkeit *f*, Ø capacidad *f* de obrar, de ejercicio
Handlungsfreiheit *f*, (**en**) autonomía *f*; libertad *f* de acción
Handlungsgehilfe *m*, **n** dependiente *m*; mancebo *m*
Handlungsreisende(r) (der/ein) representante *m*; viajante *m* (de comercio)
Handlungsspielraum *m*, **¨e** margen *m* de acción, de maniobra
Handlungsunfähigkeit *f*, Ø incapacidad *f* (para ejercer sus derechos)
Handlungsvollmacht *f*, **en** poder *m* especial; poder *m* mercantil; ***jdm. die ~ erteilen*** otorgar poder especial (*od.* mercantil) a alg.
Handschlag *m*, Ø, ***mit ~ versprechen*** prometer con un apretón de manos; prometer solemnemente
Handschreiben *n*, - carta *f* autógrafa
Handschrift *f*, **en 1.** manuscrito *m* **2.** letra *f*; escritura *f*
handschriftlich manuscrito; ológrafo; autógrafo; escrito a mano
Handschuhfach n, **¨er** guantera *f*
Handschuldschein *m*, **e** letra *f* al propio cargo
Handvermittlung *f*, **en** (Teléf.) comunicación *f* manual
Handwerk *n*, **e 1.** oficio *m*, profesión *f* manual **2.** artesanía *f*; ***ein ~ erlernen*** aprender un oficio; ***ein ~ betreiben*** ejercer un oficio (*od.* profesión)
Handwerker *m*, - trabajador *m* manual; artesano *m*
Handwerkergenossenschaft *f*, **en** cooperativa *f* artesanal
Handwerkerschule *f*, **n** taller-escuela *m*
Handwerkerstand *m*, **¨e** artesanado *m*

handwerklich artesanal; de artesano; de artesanía

Handwerksausstellung *f*, **en** exposición *f* de artesanía; certamen *m* artesanal

Handwerksberuf *m*, **e** profesión *f*, oficio *m* artesanal

Handwerksbetrieb *m*, **e 1.** empresa *f* artesanal **2.** taller *m* de artesanía

Handwerksinnung *f*, **en** gremio *m*, corporación *f* (de artesanos)

Handwerkskammer *f*, **n** cámara *f* (oficial) de artesanía

handwerksmäßig de artesano; de artesanía; mecánico

Handwerksmeister *m*, - maestro *m* artesano

Handwerkswesen *m*, Ø artesanado *m*

Handwerkszeug *n*, Ø aperos *pl*; útiles *pl*; herramientas *pl*

Handwörterbuch *n*, **¨er** diccionario *m* manual

Handzeichen *n*, - **1.** rúbrica *f* **2.** señal *f* con la mano; ***Abstimmung durch ~*** votación *f* a mano alzada

Handzeichnung *f*, **en** dibujo *m* a mano

Handzettel *m*, - octavilla *f*; hoja *f* volante; folleto *m* manual

Hang *f*, Ø **1.** propensión *f*; tendencia *f*; disposición *f*; ***~ zum Konsum*** inclinación *f*, propensión a consumir; ***~ zum Sparen*** inclinación, propensión al ahorro **2.** pendiente *f*; cuesta *f*; declive *m*

Hangar *m*, - hangar *m*

Hängebahn *f*, **en** ferrocarril *m* colgante, suspendido

Hängebrücke *f*, **n** puente *m* colgante, suspendido

Hansa → Hanse

Hanse *f*, Ø, ***die ~*** la (H)ansa *f*

Hanseat *m*, **en** (h)anseático *m*

hanseatisch (h)anseático

Hansestadt *f*, **¨e** ciudad *f* (h)anseática; ***~ Hamburg*** (HH) la ciudad (h)anseática de Hamburgo

hantieren 1. manejar; manipular **2.** ocuparse de

Hantierung *f*, Ø **1.** manejo *m*; manipulación *f* **2.** ocupación *f*

HAPAG *f*, Ø (Hamburg Amerika Paketfahrt AG) compañía *f* de navegación Hamburgo-EE.UU.

hapern, ***es hapert mir an Geld*** ando mal de dinero

Happen *m*, - ***einen ~ essen*** tomar un piscolabis, un bocado

happig, ***ein ~er Preis*** un precio exorbitante, exagerado

Hardselling *n*, Ø comercialización *f* agresiva; venta *f* intensa

Hardware *f*, Ø equipo *f* físico; soporte *m* físico; equipos *pl* y soportes físicos; hardware *m* (Ggs. ***Software***)

Harmonisierung *f*, **en** armonización *f*; ***~ des Steuerwesens*** armonización (del sistema) fiscal; homogeneización *f* (del régimen) fiscal

Harmonisierungsmaßnahmen *pl* medidas *pl* de armonización

hart duro; fuerte; ***~e Konkurrenz*** competencia *f* dura; competencia *f* intensa; ***die ~e Mark*** el marco fuerte; ***eine ~e Währung*** una moneda dura, fuerte

Härte *f*, **n 1.** dureza *f*; firmeza *f* **2.** ***soziale ~n*** → Härtefall **3.** injusticia f **4.** temple *m* (del acero)

Härtefall *m*, **¨e** caso *m* extremo; caso *m* social; caso *m* difícil

Härtefonds *m*, - fondo *m* de solidaridad

Hartfasern *pl* fibras *pl* duras

Hartgeld *n*, Ø moneda *f* metálica; piezas *pl* (a diferencia de los billetes); moneda *f* contante y sonante

Hartwährung *f*, **en** divisa *f*, moneda *f* fuerte

Hartwährungsland *n*, **¨er** país *m* con (*od.* de) moneda fuerte

Hauer *m*, - picador *m* de minas

Haufen *m*, Ø, ***ein ~ Geld*** una pila *f* de dinero; un dineral *m*

häufen, ***die Arbeit häuft sich*** se amontona, se acumula el trabajo; ***die Bestellungen ~ sich*** se incrementan los pedidos; se multiplican las órdenes

Häufung *f*, **en 1.** acumulación *f* **2.** cúmulo *m* **3.** amontonamiento *m*; apilamiento *m* **4.** aumento *m* **5.** repetición *f*

Haupt- (Pref.) principal; central

Hauptabnehmer *m*, - cliente *m*, adquirente *m*, adquisidor *m* principal

Hauptabsatzgebiet *n*, **e** mercado *m* principal; zona *f* principal de ventas

Hauptagentur *f*, **en** agencia *f*, representación *f* principal

Hauptaktionär *m*, **e** accionista *m* principal

Hauptamt *n*, **¨er 1.** central *f* (de teléfonos) **2.** oficina *f* central

hauptamtlich (a título) profesional; titularizado; de carrera; profesionalmente; ***~e Beschäftigung*** empleo *m* a jornada completa

Hauptanliegen *n*, - objetivo *m* principal

Hauptanschluss *m*, ¨sse **1.** (Teléf.) conexión *f* principal **2.** línea *f* principal
Hauptanteil *m*, **e** mayor parte *f*; parte mayor *f*; (Fam.) parte *f* del león
Hauptarbeit *f*, **en**, ***die ~ ist schon erledigt*** está terminada la parte principal del trabajo
Hauptartikel *m*, - **1.** artículo *m* principal **2.** editorial *m*; artículo *m* de fondo (de un periódico)
Hauptbahnhof *m*, ¨**e** estación *f* central, principal
Hauptbedarf *m*, Ø demanda *f* principal
Hauptberuf *m*, **e** actividad *f*, oficio *m*, profesión *f* principal (*od.* regular); ***im ~*** a jornada completa; como ocupación regular
hauptberuflich profesional; profesionalmente
Hauptbeschäftigung *f*, **en** empleo *m*, trabajo *m*, actividad *f*, oficio *m* principal
Hauptbestandteil *m*, **e** elemento *m* constitutivo (principal); componente *m* principal
Hauptbetrag *m*, **e** principal *m*; suma *f*, importe *m* total; (Méx.) suerte *f* principal
Hauptbetroffene(r) (der/ein) víctima *f* principal (de una crisis, de la inflación, *etc.*) ***die ~n*** los más afectados
Hauptbeweggrund *m*, ¨**e** motivo *m*, móvil *m* principal
Hauptbieter *m*, - postor *m*, licitador *m* principal
Hauptbilanz *f*, **en** balance *m* general; (Arg.) balance *m* de activo y pasivo
Hauptbuch *n*, ¨**er** libro *m* mayor, (Arg.) libro *m* de cuentas
Hauptbuchhalter *m*, - jefe *m* de contabilidad; contador *m* jefe; jefe *m* contador; jefe *m* de contaduría
Hauptbuchhaltung *f*, Ø contabilidad *f* general
Hauptbürge *m*, **n** fiador *m* principal
Hauptbüro *n*, **s** oficina *f* principal, central
Hauptdatei *f*, **en** → Hauptkartei
Hauptdeck *n*, **s** cubierta *f* principal
Haupteingang *m*, ¨**e** entrada *f* principal
Haupteinnahmequelle *f*, **n** principal fuente *f* de ingresos
Hauptentlohnung *f*, **en** retribución *f* principal
Haupterbe *m*, **n** heredero *m* principal
Haupterfordernis *n*, **se** requisito *m*, condición *f* principal
Haupterwerbsbetrieb *m*, **e** explotación *f* principal (en la que el propietario vive fundamentalmente de la agricultura)
Haupterzeugerländer *pl* principales países *pl* productores; paises *pl* con mayor producción
Haupterzeugnisse *pl* productos *pl* principales
Hauptfach *n*, ¨**er** **1.** especialidad *f* **2.** asignatura *f* principal
Hauptfilm *m*, **e** película *f* principal (del programa)
Hauptgebäude *n*, - edificio *m* principal
Hauptgeschäft *n*, **e** casa *f* central; casa *f* matriz
Hauptgeschäftsstelle *f*, **n** oficina *f*, agencia *f* principal
Hauptgeschäftszeit *f*, **en** horas *pl* punta, de afluencia
Hauptgewinn *m*, **e** primer premio *m*; (Fam.) gordo *m*
Hauptgläubiger *m*, - acreedor *m* principal
Hauptkonkurrenz *f*, Ø competencia *f* *bzw.* competidor *m* principal
Hauptkostenstelle *f*, **n** central *f*, oficina *f* de costes; centro *m* principal de costes
Hauptkunde *m*, **n** cliente *m* principal
Hauptlast *f*, **en**, ***die ~ der Zahlungen tragen*** correr con, asumir la carga principal
Hauptlieferant *m*, **en** suministrador *m*, proveedor *m* principal
Hauptlieferland *n*, ¨**er** principal *m* país suministrador (*od.* proveedor)
Hauptlinie *f*, **n** (Ferr.) línea *f* principal
Hauptmahlzeit *f*, **en** comida *f* principal
Hauptmarkt *m*, ¨**e** mercado *m* central, principal
Hauptnahrung *f*, **en** alimento *m* principal
Hauptniederlassung *f*, **en** casa *f*, establecimiento *m* principal
Hauptpostamt *n*, ¨**er** central *f* de correos
Hauptposten *m*, - partida *f* principal
Hauptquartier **n**, **e** **1.** cuartel *m* general **2.** (Fig.) sede *f*, domicilio *m* (central); central *f*
Hauptregister *n*, - índice *m* general
Hauptreisezeit *f*, **en** temporada *f* alta; plena temporada *f*
Hauptsaison *f*, **s** plena temporada *f*; temporada *f* alta
Hauptschulabschluss *m*, ¨**sse** certificado *m* de escolaridad
Hauptschuld *f*, **en** deuda *f* principal
Hauptschuldner *m*, - deudor *m* principal
Hauptschule *f*, **n** (E) enseñanza *f* general básica; E.G.B.
Hauptsendezeit *f*, **en** horas *pl* de mayor audiencia

Hauptsitz *m*, **e** sede *f* (principal)
Hauptspeicher *m*, **-** (Inform.) memoria *f* principal, central
Hauptstadt *f*, **¨e** capital *f*
hauptstädtisch de la capital; capitalino; metropolitano
Hauptstraße *f*, **n** **1.** calle *f* mayor, principal **2.** carretera *f* de primer orden; carretera *f* principal
Hauptstrecke *f*, **n** (Ferr.) línea *f*, tramo *m* principal
Hauptsumme *f*, **n** suma *f*, importe *m* principal
Haupttäter *m*, **-** delincuente *m* principal
Haupttätigkeit *f*, **en** ocupación *f* principal
Haupttreffer *m*, **-** primer premio *m*; (Fam.) gordo *m*
Hauptveranlagung *f*, **en** tasación *f*, estimación *f* general de impuestos
Hauptverbindlichkeit *f*, **en** obligación *f* principal
Hauptverfahren *n*, **-** plenario *m*
Hauptverhandlung *f*, **en** vista *f* oral (de la causa)
Hauptverkehr *m*, **Ø** **1.** gran circulación *f* **2.** tráfico *m* principal
Hauptverkehrsstunden *pl* → Hauptverkehrszeit
Hauptverkehrszeit *f*, **en** horas *pl* punta; horas *pl* de mayor tráfico *od.* circulación (Syn. ***Stoßzeit***)
Hauptversammlung *f*, **en** (HV) junta *f* general; junta *f* de accionistas; (LA) asamblea *f* general; ***(außer)ordentliche ~*** junta general (extra)ordinaria; ***die ~ einberufen*** convocar junta general
Hauptversammlungsbeschluss *m*, **¨sse** decisión *f*, resolución *f* adoptada en (*od.* por) la junta general
Hauptvertreter *m*, **-** representante *m* general
Hauptverwaltung *f*, **en** administración *f* central, general
Hauptwohnsitz *m*, **e** domicilio *m* general
Hauptzollamt *n*, **¨er** dirección *f* general de aduanas
Haus- (Pref.) **1.** de la casa **2.** perteneciente a la empresa
Haus *n*, **¨er** **1.** casa *f*; chalé *m*; chalet *m* **2.** domicilio *m* **3.** empresa *f*; firma *f*; ***frei ~ geliefert*** franco (*od.* puesto a) domicilio; ***ins ~ liefern*** entregar a domicilio; ***vom ~e abholen*** recoger a domicilio; ***von ~ zu ~*** puerta a puerta
Haus- und Grundbesitz *m*, **Ø** bienes *pl* raíces
Hausangestellte *f*, **n** empleada *f* del hogar; criada *f*; sirvienta *f*; (Arg.) mucama *f*
Hausanschluss *m*, **¨sse** enchufe *m* telefónico de particulares
Hausapotheke *f*, **n** botiquín *m*
Hausarbeit *f*, **en** **1.** labores *pl* caseras, domésticas; quehaceres *pl* domésticos **2.** deberes *pl* (de la escuela)
Hausarrest *m*, **Ø** arresto *m* domiciliario
Hausarzt *m*, **¨e** **1.** médico *m* de cabecera **2.** médico *m* de la familia
Hausbank *f*, **en** **1.** banco *m* habitual (p.ej. de una empresa) **2.** banco *m* particular (en el que una persona tiene su cuenta)
Hausbedarf *m*, **Ø**, ***für den ~*** para uso doméstico
Hausbesetzer *m*, **-** ocupante *m* ilegal de casas; intruso *m*
Hausbesetzung *f*, **en** ocupación *f* ilegal de casas; intrusismo *m*
Hausbesitzer *m*, **-** → Hauseigentümer
Hausbesuch *m*, **e** visita *f* a domicilio; visita *f* en casa
Hausbewohner *m*, **-** **1.** inquilino *m* **2.** vecino *m*
Hausdetektiv *m*, **e** detective *m* de la empresa; detective *m* de la casa
Hausdiener *m*, **-** criado *m*; sirviente *m*; mozo *m*
Hausdurchsuchung *f*, **en** registro *m* domiciliario
Hauseigentümer *m*, **-** propietario *m*, dueño *m* de una casa; casero *m*
Hauseinrichtung *f*, **en** mobiliario *m*; menaje *m*
hausen **1.** vivir; habitar **2.** malvivir **3.** devastar
Häuserblock *m*, **¨e** manzana *f*; bloque *m* de casas; (LA) cuadra *f*
Häuserflucht *f*, **en** → Häuserreihe
Häusermakler *m*, **-** agente *m* de la propiedad inmobiliaria
Häuserreihe *f*, **n** hilera *f* de casas
Hausfrau *f*, **en** **1.** ama *f* de casa **2.** sus labores (como profesión)
Hausfrauenzulage *f*, **n** subsidio *m*, plus *m* de ama de casa
Hausfriedensbruch *m*, **Ø** allanamiento *m* de morada
Hausgarten *m*, **¨** jardín *m* particular
Hausgebrauch *m*, **Ø**, ***für den ~*** para uso doméstico
hausgemacht interno *m*; doméstico; ***~e Inflation*** inflación *f* de origen interno; inflación *f* hecha en el propio país

Hausgeräte *pl* enseres *pl*, utensilios *pl* domésticos

Haushalt *m*, **e 1.** casa *f*; hogar *m* **2.** presupuesto *m*; ***ausgeglichener*** ~ presupuesto equilibrado; ***öffentlicher*** ~ presupuesto público; ***den ~ für das kommende Jahr aufstellen*** establecer el presupuesto del próximo año; ***den ~ ausgleichen*** equilibrar el presupuesto; ***den ~ verabschieden*** aprobar el presupuesto

haushalten 1. administrar, llevar sus negocios **2.** economizar; ***nicht ~ können*** no saber administrarse; no poder ahorrar

Haushälterin *f*, **nen** ama *f* de llaves

haushälterisch, ~ ***mit etw. umgehen*** economizar; ahorrar

Haushaltsansatz *m*, **¨e 1.** → Haushaltsvoranschlag **2.** créditos *pl* presupuestarios

Haushaltsartikel *m*, - → Haushaltswaren

Haushaltsausgaben *pl* gastos *pl* presupuestarios

Haushaltsausgleich *m*, Ø equilibrio *m* presupuestario

Haushaltsausschuss *m*, **¨sse** comisión *f* de presupuestos

Haushaltsausstellung *f*, **en** exposición *f* de artes domésticas

Haushaltsbelastung *f*, **en** carga *f* presupuestaria

Haushaltsberatung *f*, **en** discusión *f* del presupuesto

Haushaltsbeschränkung *f*, **en** restricción *f* presupuestaria

Haushaltsbesteuerung *f*, **en** imposición *f* por hogar

Haushaltsbewilligung *f*, **en** aprobación *f*, adopción *f* del presupuesto

Haushaltsdebatte *f*, **n** debate *m* presupuestario; discusión *f* del presupuesto

Haushaltsdefizit *n*, **e** déficit *m* público; déficit *m* presupuestario; déficit *m* corriente; endeudamiento *m* neto (Syn. ***Öffentliches Defizit***, ***Staatsdefizit***, ***Neuverschuldung***, ***Nettokreditaufnahme***)

Haushaltseinnahmen *pl* ingresos *pl* presupuestarios

Haushaltsentwurf *m*, **¨e** proyecto *m*, borrador *m* de presupuesto

Haushaltsfehlbetrag *m*, **¨e** → Haushaltsdefizit

Haushaltsführung *f*, **en 1.** gestión *f* presupuestaria **2.** gobierno *m* de la casa (*od.* del hogar); ***doppelte*** ~ mantenimiento *m*, sostenimiento *m* de dos casas (*od.* hogares) a la vez

Haushaltsgegenstände *pl* enseres *pl*, utensilios *pl* domésticos

Haushaltsgeld *n*, **er** fondos *pl*, dinero *m* para los gastos domésticos

Haushaltsgelder *pl* → Haushaltsmittel

Haushaltsgerät *n*, **e** aparato *m* *bzw.* utensilio *m* doméstico; ***elektrisches*** ~ (aparato *m*) electrodoméstico *m*

Haushaltsgesetz *n*, **e** ley *f* de presupuestos

Haushaltsgleichgewicht *n*, **(e)** equilibrio *m* presupuestario

Haushaltsjahr *n*, **e** ejercio *m*, año *m* presupuestario (Syn. ***Rechnungsjahr***)

Haushaltskonsum *m*, Ø consumo *m* doméstico; consumo *m* del hogar

Haushaltskosten *pl* gastos *m* domésticos; gastos *pl* del hogar

Haushaltskürzung *f*, **en** restricción *f* presupuestaria

Haushaltslasten *pl* cargas *pl* presupuestarias

Haushaltslücke *f*, **n** déficit *m* presupuestario; agujero *m* en el presupuesto

Haushaltsmittel *pl* créditos *pl* *bzw.* fondos *pl* presupuestarios; ~ ***beantragen***, ***bewilligen*** solicitar, aprobar fondos presupuestarios; ~ ***streichen, verwenden*** suprimir, utilizar créditos presupuestarlos

Haushaltsnachtrag *m*, **e** presupuesto *m* suplementario

Haushaltspackung *f*, **en** envase *m*, embalaje *m* familiar; paquete *m* familiar

Haushaltsplan *m*, **¨e** plan *m* de presupuesto; plan *m* presupuestario; ***den ~ erstellen***, ***aufstellen*** establecer el plan de presupuesto; ***in den ~ aufnehmen*** incluir, inscribir en el plan de presupuesto

Haushaltspolitik *f*, Ø política *f* presupuestaria

Haushaltsposten *m*, - partida *f* presupuestaria

Haushaltsprüfer *m*, - controlador *m*, censor *m* del presupuesto

Haushaltsrecht *n*, Ø derecho *m* presupuestario

Haushaltsüberschreitung *f*, **en** rebasamiento *m* del presupuesto

Haushaltsüberschuss *m*, **¨sse** excedente *m*, superávit *m* presupuestario

Haushaltsvoranschlag *m*, **¨e** previsiones *pl* presupuestarias

Haushaltsvorstand *m*, **¨e** cabeza *m* de familia; jefe *m* del hogar

Haushaltswaren *pl* artículos *pl* domésticos; artículos *pl* de menaje (excluida la alimentación)

Haushaltszulage *f*, **n** suplemento *m*, plus *m* familiar
Haushaltung *f*, **en 1.** menaje *m*; economía *f* de la casa; economía *f* doméstica **2.** gestión *f*
Haushaltungsbuch *n*, **¨er** libro *m* de gastos domésticos
Haushaltungsliste *f*, **n** hoja *f* censal (de los hogares)
Haushaltungsschule *f*, **n** escuela *m* del hogar
Haushaltungsvorstand *m*, **¨e** cabeza *m* de familia
Haus-Haus-Verkehr *m*, Ø transporte *m* de puerta a puerta
Hausherr *m*, **en 1.** dueño *m*, amo *m* de la casa **2.** jefe *m* (de la casa)
Hausherrin *f*, **nen** señora *f* de la casa
Haushofmeister *m*, - mayordomo *m*
Hausieren *n*, Ø comercio *m* ambulante; venta *f* por las casas
hausieren vender por las casas; hacer el comercio ambulante
Hausierer *m*, - vendedor *m*, comerciante *m* ambulante; buhonero *m*; mercachifle *m*
Hausierhandel *m*, Ø venta *f*, comercio *m* ambulante; venta *f* por las casas; venta *f* callejera; buhonería *f*
Hausindustrie *f*, **n** industria *f* doméstica; industria *f* casera
Hausjurist *m*, **en 1.** consejero *m* jurídico de la casa **2.** abogado *m* de la casa
Hauslehrer *m*, - profesor *m* particular; preceptor *m*
Hauslehrerin *f*, **nen** institutriz *f*
häuslich 1. económico **2.** *~es Leben* vida *f* casera hogareña **3.** *~e Angelegenheit* asunto *m* privado
Hausmacherart *f*, Ø, *nach ~* de fabricación *f* casera
Hausmädchen *n*, - criada *f*; chica *f*, muchacha *f* (de servicio); (Arg.) mucama *f*; (Fam.) marmota *f*
Hausmannskost *f*, Ø **1.** cocina *f* casera **2.** comida *f* casera
Hausmarke *f*, **n 1.** marca *f* favorita **2.** marca *f* de la casa
Hausmeister *m*, - empleado *m* de fincas urbanas; portero *m*; conserje *m*
Hausmeisterloge *f*, **n** portería *f*
Hausmüll *m*, Ø basuras *pl* domiciliarias
Hausmutter *f*, **¨ 1.** patrona *f* (de una pensión) **2.** madre *f* de familia
Hausnummer *f*, **n** número *m* de la casa
Hausordnung *f*, **en** reglamento *m*, régimen *m* interior (de la casa)
Hauspersonal *n*, Ø personal *m* de servicio; servicio *m* doméstico
Hauspflege *f*, Ø asistencia *f* a domicilio
Hausrat *m*, Ø mobiliario *m*; utensilios *pl*, enseres *pl* domésticos
Hausratrisik|o *n*, **-en** riesgo *m* de hogar
Hausratsmesse *f*, **n** salón *m* de las artes domésticas
Hausratversicherung *f*, **en** seguro *m* del hogar
Hausrecht *n*, Ø **1.** derecho *m* doméstico **2.** derecho *m* de casa (del cabeza de familia)
Hausrufanlage *f*, **n 1.** sistema *m* amplificador de discursos públicos **2.** sistema *m* de intercomunicación; sistema *m* intercom
Haussammlung *f*, **en** cuestación *f* a domicilio; cuestación *f* puerta a puerta
Hausse *f*, **n** alza *f*; *auf ~ spekulieren* especular al alza
Haussebewegung *f*, **en** movimiento *m* alcista; movimiento *m* al alza
Haussespekulant *m*, **en** especulador *m* al alza; alcista *m*
Haussespekulation *f*, **en** especulación *f* al alza
Haussestimmung *f*, Ø, *es herrscht ~ am Markt* el mercado se ve dominado por un ambiente alcista
Haussetendenz *f*, **en** tendencia *f* alcista; tendencia *f* al alza
Haussier *m*, **s** alcista *m*
haussieren estar en alza; subir
Haustelefon *n*, **e** interfono *m*; teléfono *m* interior
Hausvermittlung *f*, **en** (Teléf.) centralista *f*
Hausverwalter *m*, - administrador *m* de fincas
Hausverwaltung *f*, **en** administración *f* de fincas
Hauswart *m*, **e** → Hausmeister
Hauswirt *m*, **e** casero *m*
Hauswirtschaft *f*, Ø economía *f* doméstica
Hauswirtschaftsschule *f*, **n** escuela *f* del hogar
Hauszins *m*, **en** alquiler *m*
Haut *f*, Ø, *seine ~ zu Markte tragen* exponerse a un riesgo; *auf der faulen ~ liegen* holgazanear; *mit ~ und Haaren* completamente
Haute Couture *f*, Ø (Gal.) alta costura *f*
Havanna, *~zigarre* (puro *m*, cigarro *m*) habano *m*

Havarie *f*, **n** avería *f*; ***besondere*** ~ avería particular; avería-gasto *f*; ***frei von*** ~ libre de (toda) avería; ***große*** ~ avería gruesa, común; averíadaño *f*; ***kleine*** ~ avería pequeña, simple; (Chile) avería acostumbrada; ***eine*** ~ ***erleiden*** sufrir una avería; averiarse; ***die*** ~ ***anmelden*** avisar, comunicar la avería; ***die*** ~ ***aufmachen*** tasar, regular la avería

Havarieagent *m*, **en** agente *m* de averías

Havarieattest *n*, s certificado *m* de avería

Havariebond *m*, s fianza *f* de avería(s)

Havarie-grosse *f*, Ø averia *f* gruesa, común

Havarieklausel *f*, **n** cláusula *f* de avería (limitativa de la garantia)

Havariekommissar *m*, **e** comisario *m* de averías

havarieren **1.** averiarse; sufrir una avería **2.** (A) tener un accidente de vehículo

Havariezertifikat *n*, **e** certificado *m* de avería

Havarist *m*, **en** dueño *m* de un barco naufragado

Haverei *f*, **en** → Havarie

HBV *f*, Ø (Handel, Banken und Versicherungen) sindicato *m* del comercio, de la banca y del seguro

Headhunter *m*, - **1.** cazador *m* de talentos; cazatalentos *m* **2.** agencia *f* seleccionadora de directivos y altos cargos

Headhunting *n*, Ø **1.** caza *f* de talentos **2.** selección *f* de directivos de otras empresas o países

Hearing *n*, **s** audición *f*, audiencia *f* de expertos; (Angl.) hearing *m* (Syn. ***Anhörung***)

Hebamme *f*, **n** partera *f*; comadrona *f*; matrona *f*

Hebel *m*, - palanca *f*; manivela *f*; ***die*** ~ ***der Wirtschaft*** las palancas (de mando) de la economía

Hebelwirkung *f*, **en** efecto *m* de palanca (cuando los beneficios evolucionan de una manera desproporcionada respecto a la cifra de negocios)

heben **1.** levantar **2.** elevar; aumentar; ***den Zinssatz von 3% auf 5%*** ~ elevar, aumentar la tasa de interés del 3% al 5% **3.** mejorar; recuperarse; animarse (la coyuntura económica) **4.** poner a flote (un barco) **5.** destacar; poner de relieve (un punto)

Heberolle *f*, **n** función *f* contributiva

Hebesatz *m*, ¨**e** tasa *f* de percepción; tipo *m* estimativo

Hebung *f*, **en** **1.** levantamiento *m*; elevación *f*; ~ ***der Agrarpreise*** elevación de los precios agrícolas **2.** ~ ***des Lebensstandards*** mejora *f*, fomento *m*, aumento *m* del nivel de vida **3.** ~ ***eines Schiffes*** puesta *f* a flote de un barco

Heck *n*, Ø **1.** popa *f* (de un barco) **2.** cola *f* (de un avión) **3.** parte *f* trasera (de un coche)

Heckantrieb *m*, Ø propulsión *f* trasera

Heckflagge *f*, **n** pabellón *m* de popa

Heckmotor *m*, **en** motor *m* trasero

Heckscheibe *f*, **n** luneta *f* trasera

Hedgegeschäft *n*, **e** operación *f* a plazo acoplada

Heer *n*, **e** ejército *m*; ***das*** ~ ***der Arbeitslosen*** el ejército *m*, la multitud *f* de (los) parados

Heeresbedarf *m*, Ø material *m* del ejército; material *m* de guerra; material *m* militar

Heeresbestände *pl* material *m* militar sobrante; ***aus ~en verkaufen*** vender el material militar sobrante

Heereslieferant *m*, **en** proveedor *m* del ejército

Heereslieferungen *pl* suministros *pl* para el ejército

Heft *n*, **e** **1.** puño *m*; empuñadura *f* **2.** cuaderno *m* (para escribir) **3.** número *m*; ejemplar *m* (de una revista) **4.** folleto *m* **5.** fascículo *m*

heften **1.** ***ein Buch*** ~ encuadernar en rústica **2.** grapar; poner grapas **3.** pegar **4.** coser

Hefter *m*, - clasificador *m*

Heftklammer *f*, **n** grapa *f*; sujetapapeles *m*; clip *m*

Heftmaschine *f*, **n** **1.** grapadora *f* **2.** máquina *f* de coser

hehlen encubrir

Hehler *m*, - encubridor *m*; receptador *m*; (Fam.) perista *m*

Hehlerei *f*, **en** encubrimiento *m*; receptación *f*

Heidengeld *n*, **er** suma *f* exorbitante; suma *f* enorme; ***ein*** ~ ***kosten*** costar un (verdadero) dineral

Heilanstalt *f*, **en** **1.** sanatorio *m*; casa *f* de salud **2.** (Heil- und Pflegeanstalt) clínica *f* psiquiátrica; clínica *f* mental

Heilbad *n*, ¨**er** **1.** balneario *m*; estación *f* termal **2.** baño *m* medicinal

heilen **1.** subsanar **2.** curar; remediar

Heilgehilfe *f*, **n** auxiliar *m* de clínica

Heilgymnast *m*, **en** fisioterapeuta *m*

Heilgymnastik *f*, Ø fisioterapia *f*; gimnasia *f* terapéutica

Heilstätte *f*, **n** sanatorio *m*
Heim *n*, **e** domicilio *m*; hogar; local *m* social; residencia *f*; *~ für Obdachlose* asilo *m* de personas sin hogar
Heimarbeit *f*, **en** trabajo *m* a domicilio; trabajo *m* en casa
Heimarbeiter *m*, - trabajador *m* a domicilio
Heimatanschrift *f*, **en** dirección *f* fija, habitual
Heimatflughafen *m*, ¨ aeropuerto *m* de origen; aeropuerto *m* de matrícula
Heimathafen *m*, ¨ puerto *m* de matrícula; puerto *m* de origen
Heimatland *n*, ¨**er** país *m* de origen
heimatlos apátrida
Heimatmarkt *m*, ¨**e** mercado *m* doméstico; mercado *m* nacional
Heimatort *m*, **e** lugar *m* de origen; lugar *m* de nacimiento
Heimatrecht *n*, Ø **1.** derecho *m* nacional **2.** legislación *f* nacional **3.** derecho *m* de domicilio
Heimatschein *m*, **e** certificado *m* de nacionalidad, de ciudadanía
Heimatstaat *m*, **en** país *m* de origen
Heimatvertriebene(r) (der/ein) expulsado *m* (del país de origen)
Heimcomputer *m*, - ordenador *m* personal; micro-ordenador *m*
heimfahren, (Fam.) *hohe Überschüsse ~* llenar el granero; realizar beneficios elevados
Heimfahrt *f*, **en** viaje *m* de regreso; de vuelta; regreso *m*; *auf der ~* al regresar; al volver; durante el viaje de regreso; durante la vuelta
heimgesucht, *von Naturkatastrophen ~e Gebiete* regiones *pl*, zonas *pl* azotadas por catástrofes naturales
Heimindustrie *f*, **n** industria *f* a domicilio
heimisch interior; indígena; nacional; nativo; vernáculo; *~e Erzeugnisse* a) productos *pl* del lugar; productos locales b) productos *pl* nacionales c) productos *pl* regionales; *~er Markt* mercado local *bzw.* regional *bzw.* nacional; *~ sein* tener su domicilio en; estar domiciliado en; *in etwas ~ sein* entender de u/c; ser versado en una materia
Heimkehrer *m*, - retornado *m*; repatriado *m*
Heimleiter *m*, - director *m* de una residencia
heimlich secreto; a escondidas; (in betrügerischer Absicht) colusorio *~e Absprache* colusión *f*
Heimreise *f*, **n** → Heimfahrt
Heimstätte *f*, **n** hogar *m*
Heimwerken *n*, Ø (Gal.) bricolaje *m*; bricolage *m*; trabajos *pl* menudos en casa
heimwerken trabajar en casa (de uno); hacer bricolaje; dedicarse al bricolage
Heimwerker *m*, - bricolador *m*
Heirat *f*, Ø **1.** boda *f* **2.** matrimonio *m*
Heiratsgut *n*, er dote *f*; bienes *pl* dotales
Heiratsinstitut *n*, **e** agencia *f* matrimonial; agencia *f* de matrimonios
Heiratsregister *n*, - registro *m* matrimonial; registro *m* de matrimonios
Heiratsschwindel *m*, - timo *m*, estafa *f* de casamiento
Heiratsschwindler *m*, - estafador *m* de novias
Heiratsurkunde *f*, **n** acta *f*, partida *f* de matriomonio
Heiratsvermittler *m*, - agente *m* matrimonial; agente *m* de matrimonios
Heiratsvermittlung *f*, **en** → Heiratsinstitut
Heiratsziffer *f*, **n** cifra *f* de matrimonios; nupcialidad *f*
heiß, *~er Draht* teléfono *m* rojo; *~e Quelle* fuente *f* termal; *~e Ware* (mercancía *f* de) contrabando *m*; *~es Eisen* cuestión *f* delicada, espinosa, muy complicada; *~es Geld* dinero *m* caliente; dinero *m* especulativo; dinero *m* colocado para especular
Heizgas *n*, Ø gas *m* de calefacción
Heizmaterial *n*, Ø combustible *m*; combustibles *pl*
Heizöl *n*, Ø fuel *m*; fuel-oil *m*; *leichtes, schweres ~* fuel ligero; pesado
Heizung *f*, **en 1.** calefacción *f* **2.** radiador *m*
Heizungsanlage *f*, **n** instalación *f* de calefacción
Hektar *m*, **e** hectárea *f*
Hektar-Ertrag *m*, ¨**e** rendimiento *m* por hectárea
hell 1. *~es Bier* cerveza *f* rubia, blanca, clara **2.** *~er Himmel* cielo *m* despejado **3.** *~er Tabak* tabaco *m* rubio **4.** transparente
Heller *m*, - (Hist.), *auf ~ und Pfennig bezahlen* pagar hasta el último céntimo; *das ist keinen roten ~ wert* no vale ni un céntimo; (Fam.) no vale un bledo; *keinen roten ~ haben* estar sin blanca; no tener ni un céntimo; estar sin un cuarto (*od.* quinto)
hemmen (re)frenar; retardar; poner un obstáculo; *die Verjährung ~* suspender la prescripción; *das Wachstum ~* frentar el crecimiento

-hemmend (Suf.) **1.** nocivo; perjudicial; ***investitions~*** desfavorable para la inversión **2.** resistente

Hemmnis *n*, **se** obstáculo *m*; barrera *f*; ***nicht tarifäre ~se*** barreras no tarifarias; ***Beseitigung technischer ~se*** eliminación *f* de las barreras técnicas

Hemmschuh *m*, **e** traba *f*; cortapisa *f*; freno *m*; ***~ für den Fortschritt*** traba para el progreso

Hemmung *f*, Ø, ***~ der Verjährung*** suspensión *f* de la prescripción

herabdrücken, ***die Preise ~*** bajar, reducir los precios

herabsetzen 1. ***die Preise ~*** bajar los precios; ***den Diskontsatz ~*** bajar, reducir la tasa (*od.* el tipo) de descuento; ***die Waren im Preis ~*** reducir el precio de las mercancías **2.** desacreditar; desprestigiar; denigrar; hablar mal de

herabsetzend, ***~e Werbung*** publicidad *f* despreciativa

Herabsetzung *f*, **en 1.** ~ reducción *f*; disminución *f*; ***~ der Altersgrenze*** (***des Rentenalters***) adelantamiento *m* de la edad de jubilación; ***~ des Kaufpreises*** reducción del precio de venta; ***~ der Miete*** reducción del alquiler; ***~ der Steuer*** reducción fiscal, de los impuestos; ***~ einer Strafe*** reducción, mitigación *f* de una pena **2.** descrédito *m*; detracción *f*

Herabstufung *f*, **en** degradación *f*; retrogradación *f*; clasificación *f* en una categoría inferior; ***berufliche ~*** degradación profesional; traslado *m*, paso *m* a una categoría inferior; rebaje *m* en el escalafón (de funcionarios)

herankommen, ***nahe ~ an die Konkurrenten*** acercarse a la competencia (en cuanto a precio, calidad *etc.*)

heranschaffen, ***Waren ~*** transportar, acarrear mercancías (a un lugar)

herantreten, ***an Kunden ~*** aproximarse, dirigirse a los clientes

heranziehen 1. consultar; recurrir **2.** referirse a **3.** criar

heraufarbeiten, ***sich ~*** crearse una posición; elevarse por el esfuerzo propio

heraufschrauben, ***den Preis ~*** subir, aumentar el precio

heraufsetzen, ***die Preise ~*** aumentar los precios; ***den Diskontsatz ~*** aumentar, elevar, subir la tasa (*od.* el tipo) de descuento

herausbekommen (Fam.), ***Sie bekommen DM 20 heraus*** recibe de vuelta 20 marcos; la vuelta es de 20 marcos; ***wie viel bekomme ich heraus?*** ¿qué se me devuelve?

herausbringen (Ware) sacar; llevar fuera, lanzar al mercado; ***ein Buch ~*** publicar, editar un libro

herausdrängen, ***jdn. aus einer Stellung ~*** forzar, obligar a alg. a abandonar su posición; quitarle a alg. su puesto

herausfliegen (Fam.), ***aus der Firma ~*** ser despedido de la empresa; ser echado a la calle por la empresa; ser puesto de patitas en la calle

Herausforderung *f*, **en** desafío *m*; reto *m*; provocación *f*

Herausgabe *f*, **en 1.** ***~ eines Buches*** publicación *f*, edición *f* de un libro **2.** (Auslieferung) entrega *f* **3.** (von Diebesgut) devolución *f*; restitución

Herausgeber *m*, **- 1.** editor *m* (de un libro) **2.** director *m* (de un periódico, revista)

herausgehen, ***Rechnungen ~ lassen*** enviar facturas

heraushalten, ***sich aus etw. ~*** no mezclarse en u/ c; mantenerse al margen de u/c

heraushelfen, ***jdm. aus der Not ~*** ayudar a alg. a salir de un apuro

herausholen, ***Gewinn ~*** sacar provecho; sacar ganancia; ***etw. aus jdm. ~*** hacer que alg. rinda; sacar rendimiento a alg.

herauskommen 1. ***~ mit*** (neue Ware herausbringen) lanzar **2.** estrenarse (una película) **3.** aparecer publicarse (un libro) **4.** ***dabei kommt nichts heraus*** eso no conduce a nada; con eso no se adelanta nada

herausnehmbar separable

herausnehmen quitar; sacar; separar; ***sich etw. ~*** permitirse u/c

herausreden, ***sich ~*** poner excusas; buscar pretextos

herausrücken (Fam.), ***Geld ~*** aflojar la pasta, la mosca, la bolsa

herausschaffen sacar; transportar, acarrear a fuerza

herausschlagen (Fam.) **1.** sacar a golpes **2.** ganar; sacar provecho; ***seine Kosten ~*** cubrir gastos; resarcirse de los gastos

herausschmuggeln (hacer) sacar de contrabando

herausziehen 1. hacer un extracto; extractar **2.** ***Geld aus einem Geschäft ~*** sacar, extraer dinero de un negocio

herbeibringen 1. traer 2. llevar

herbeiholen ir a recoger; ***~ lassen*** enviar a buscar; enviar a recoger

herbeirufen llamar; hacer venir
herbeischaffen 1. procurar; proporcionar **2.** hacer venir **3.** traer
herbekommen conseguir; procurarse; obtener; ***wo soll er das Geld ~?*** ¿de dónde va a sacar el dinero?
Herberge *f*, **n 1.** albergue *m*; posada *f*; hospedería *f* **2.** alojamiento *m*; hospedaje *m* **3.** refugio *m*
Herbstkollektion *f*, **en** colección *f* de otoño
Herbstmesse *f*, **n** feria *f* de otoño
hereinbekommen 1. recibir **2.** cobrar
hereinfallen dejarse engañar; (Fam.) caer en la trampa
hereinholen 1. recoger; ***Aufträge ~*** asegurar, solicitar, recoger; procurar nuevos pedidos **2.** traer
herfahren, ***Güter ~*** acarrear bienes; traer en coche
herhinken, ***hinter dem Fortschritt ~*** ir a remolque del progreso; ir a la cola del progreso
Herkunft *f*, **(e)**, ***Waren ausländischer ~*** mercancías *pl* de origen extranjero; mercancías *pl* de procedencia extranjera
Herkunftsangabe *f*, **n** indicación *f* de origen
Herkunftsbescheinigung *f*, **en** certificado *m* de origen
Herkunftsbezeichnung *f*, **en** → Herkunftsangabe
Herkunftsland *n*, **¨er** país *m* de origen; de procedencia
Herkunftsmarke *f*, **n** marca *f* de origen
Herkunftszeichen *n*, **-** → Herkunftsmarke
Hermes-Bürgschaft *f*, **en** (R.F.A.) garantía *f* "Hermes" (ayuda financiera del Estado a la exportación)
Hermes-Garantie *f*, **n** (R.F.A.) seguro *m* del riesgo de insolvencia
Herr *m*, **n** *od.* **en 1.** señor *m*; ***~ Martínez*** el señor Martínez **2.** ***~ Antonio Martinez*** don Antonio Martínez (Abk. D.) **3.** (Anrede) caballero *m* **4.** jefe *m*; patrón *m* **5.** dueño *m*; amo *m*; (Corresp.) ***Sehr geehrter ~ Maier*** estimado señor Maier; ***Sehr geehrte ~en*** distinguidos, estimados señores
Herrenanzug *m*, **¨e** traje *m* de caballero
Herrenartikel *pl* artículos *pl* de (*od.* para) caballero
Herrenbekleidung *f*, **en** ropa *f* de caballero; artículos *pl* de vestir para caballero
Herrenkonfektion *f*, **en** confección *f* para caballero
herrenlos sin dueño; abandonado ***~es Gut*** bien *m* mostrenco
Herrschaft *f*, **Ø 1.** control *m*; dominación *f*; dominio *m*; ***die ~ über das Auto verlieren*** perder el control del coche **2.** poder *m*; poderío *m* **3.** autoridad *f* **4.** gobierno *m* **5.** ***die ~en*** el señor y la señora; los señores *pl*
herrschend, ***nach ~er Meinung*** en opinión de la mayoría; según la opinión dominante
herstellbar elaborable
herstellen producir; fabricar; manufacturar; ***serienweise ~*** fabricar en serie; ***enge Wirtschaftsbeziehungen ~*** establecer estrechas relaciones económicas
Hersteller *m*, **-** fabricante *m*; constructor *m*; productor *m*
Herstellerfirm|a *f*, **-en** empresa *f* constructora
Herstellerhaftung *f*, **Ø** responsabilidad *f* del fabricante, del productor
Herstellung *f*, **en** fabricación *f*; producción *f*; construcción *f*; confección *f*; creación *f*
Herstellungsfehler *m*, **-** defecto *m*, vicio *m* de fabricación
Herstellungsformeln und -verfahren *pl* fórmulas *pl* y procedimiento *m* de fabricación
Herstellungsgenehmigung *f*, **en** → Herstellungslizenz
Herstellungskosten *pl* gastos *pl* de fabricación, de produccíon
Herstellungsland *n*, **¨er** país *m* productor
Herstellungslizenz *f*, **en** licencia *f* de fabricación
Herstellungsmenge *f*, **n 1.** cantidad *f* a producir **2.** cantidad *f* producida
Herstellungsort *m*, **e** lugar *m* de fabricación, de producción
Herstellungspreis *m*, **e** → Herstellungskosten
Herstellungsverfahren *n*, **-** procedimiento *m* de fabricación
herunterdrücken disminuir; reducir; hacer bajar; ***die Preise ~*** hacer bajar los precios
heruntergehen, ***mit dem Preis ~*** bajar, disminuir el precio
herunterhandeln, ***den Preis ~*** lograr un precio más bajo; hacer bajar el precio
herunterschrauben → herunterdrücken
heruntersetzen, ***Waren im Preise ~*** bajar, disminuir el precio de las mercancías
herunterstufen rebajar, disminuir de categoría; degradar (en el escalafón); hacer retroceder (en la carrera)

herunterwirtschaften arruinar (una empresa debido a la mala gestión)
hervorgehen, ***aus Ihrem Brief geht hervor*** de su carta se infiere, se desprende
Heu *n*, Ø, ***Geld wie ~ haben*** estar forrado de dinero; ***Geld wie ~ verdienen*** ganar un dineral; forrarse
heuer este año; hogaño
Heuer *f*, **n 1.** paga *f* de los marinos **2.** → Heuervertrag
heuern 1. contratar; enrolar (Syn. ***anheuern***) **2.** fletar (un barco)
Heuervertrag *m*, **¨e** contrato *m* de trabajo (de un marinero)
heurig (A, CH) de este año; ***~e Ernte*** cosecha *f* de este año
HGB *n*, Ø → Handelsgesetzbuch
Hierarchie *f*, **n** jerarquía *f* (Syn. ***Rangfolge***)
Hierarchie-Ebene *f*, **n** nivel *m* jerárquico
hierarchisch, ***~ aufgebaut sein*** tener una estructura jerárquica
Hierarchisierung *f*, **en** jerarquización *f*
hiermit por la presente; ***~ wird bestätigt, dass*** por la presente confirmamos, certificamos que
hieven, ***an die Spitze ~*** colocar a la cabeza
Hightech *f*, Ø alta tecnología *f*; tecnología *f* (de) punta
Hightech-Markt *m*, **¨e** mercado *m* de alta tecnología; mercado *m* de tecnología (de) punta
Hightech-Unternehmen *n*, - empresa *f* de tecnología (de) punta
Hilfe *f*, **n** ayuda *f*; apoyo *m*; respaldo *m*; colaboración *f*; ***mit ~ von*** por medio de
Hilfeleistung *f*, **en** ayuda *f*; asistencia *f*, socorro *m*
Hilfs- (Pref.) auxiliar; improvisado; de repuesto; de emergencia
Hilfs- und Betriebsstoffe *pl* materias *pl* consumibles
Hilfsarbeiter *m*, - peón *m*; trabajador *m* auxiliar (Syn. ***ungelernter Arbeiter***)
Hilfsarbeiter-Job *m*, **s** empleo *m* temporal
Hilfsbedürftige(r) (der/ein) persona *f* económicamente débil; persona *f* necesitada
Hilfsbedürftigkeit *f*, Ø desamparo *m*; desvalimiento *m*; indigencia *f*; necesidad *f* de ayuda
hilfsbereit dispuesto a ayudar; dispuesto a prestar ayuda; complaciente; servicial
Hilfsbereitschaft *f*, Ø altruismo *m*; disposición *f* a prestar ayuda
Hilfsdienst *m*, **e 1.** servicio *m* de urgencia **2.** servicio *m* auxiliar, de auxilio
Hilfsfonds *m*, - fondo *m* de auxilio, de socorro, de ayuda, de apoyo
Hilfsgelder *pl* subvenciones *pl*; subsidios *pl*; ayudas *pl*
Hilfskasse *f*, **n** caja *f* de socorro, de auxilio
Hilfskraft *f*, **e** (personal *m*) auxiliar *m*, ayudante *m*
Hilfsmaßnahmen *pl* medidas *pl* de socorro
Hilfsmittel *n*, - **1.** (Seg.) instrumentos *pl* técnicos **2.** (re)medio *m*; recurso *m* **3.** expediente *m*; arbitrio *m*
Hilfspersonal *n*, Ø personal *m* auxiliar
Hilfsprogramm *n*, **e** programa *m* de ayuda
Hilfsquellen *pl* recursos *pl*
Hilfsspeicher *m*, - (Inform.) memoria *f* auxiliar
Hilfsverein *m*, **e** asociación *f* de beneficencia
Hilfswerk *n*, **e** obra *f* benéfica; obra *f* asistencial; obra *f* benéfico-asistencial; obra *f* de caridad
hin 1. ***~ und zurück*** ida y vuelta **2.** arruinado; agotado
Hin- und Rückfahrkarte *f*, **n** billete *m* de ida y vuelta
hinarbeiten, ***auf etw. ~*** trabajar para; trabajar con la mirada puesta en; aspirar a; proponerse
hinaufarbeiten, ***sich ~*** hacer carrera; abrirse paso; lograr
hinaufschrauben hacer subir, aumentar; ***die Preise ~*** hacer subir, aumentar los precios; ***die Steuern ~*** aumentar, subir los impuestos
hinaufsetzen, ***die Preise ~*** aumentar, elevar, subir los precios
hinaus, ***auf Jahre ~*** por, para varios años
hinauslaufen, ***das läuft aus eine Rationalisierung des Unternehmens hinaus*** viene a ser, va a acabar en una racionalización de la empresa
hinausschieben aplazar en el tiempo; diferir; trasladar; ***die Zahlung ~*** diferir, posponer el pago
hinauszögern diferir; retardar; ***die Zahlung eines Wechsels ~*** diferir el pago de una letra de cambio
Hindernis *n*, **se** obstáculo *m*; traba *f* impedimento *m*; ***~se im internationalen Handel*** obstáculos, trabas al comercio internacional; ***~se schrittweise abbauen*** reducir paulatinamente las trabas (*od.* los obstáculos); ***~se beseitigen*** eliminar las trabas

(*od.* obstáculos); ***ein ~ werden*** convertirse en un obstáculo (*od.* en una traba)

Hinderung *f*, **en** impedimento *m*

Hinderungsgrund *m*, **¨e** impedimento *m*; óbice *m*

hindurch, ***das ganze Jahr ~*** (durante) todo el año

hineinfahren 1. entrar en coche en **2.** (Autounfall) chocar con

hineinstecken, ***Geld ~*** colocar, poner, invertir dinero en

Hinfahrt *f*, **en** (viaje *m* de) ida *f*; ***auf der ~*** a, durante la ida

hinfällig, ***~ werden*** caduco; caducado; sin validez; ***der Vertrag wird ~*** el contrato caduca

Hinflug *m*, **¨e** vuelo *m* de ida

hinfort en lo sucesivo; de ahora en adelante

Hinfracht *f*, **en 1.** carga *f* de ida **2.** flete *m* de ida

hinhalten, ***seine Gläubiger ~*** hacer esperar, entretener a sus clientes

hinreichend, ***~e Mittel*** medios *pl* suficientes

Hinreise *f*, **n** viaje *m* de ida

Hinsicht *f*, **en**, ***in ~ auf*** por lo que se refiere a; ***in geschäftlicher ~*** en términos comerciales; en el aspecto comercial; en lo tocante al negocio

hinsichtlich en lo que toca; en lo que se refiere, concierne a; en lo tocante, referente, concerniente a; en cuanto a; ***~ Ihres Schreibens*** hacemos referencia a su carta

Hinterbliebene(r) (der/ein) superviviente *m*; supérstite *m*; deudos *pl*

Hinterbliebenenrente *f*, **n** pensión *f* de superviviente; pensión *f* pagada a los deudos

hintereinander, ***an drei Tagen ~*** (en) tres días consecutivos, sucesivos

Hintereingang *m*, **¨e** entrada *f* de servicio; entrada *f* trasera

Hintergebäude *n*, **-** edificio *m* trasero

Hinterhaus *n*, **¨er** edificio *m* trasero

hinterherhinken quedar rezagado; ir (por) detrás; rezagarse; retrasarse; ir a la zaga

Hinterhof *m*, **¨e** patio *m* trasero

hinterlassen 1. dejar; ***eine Nachricht ~*** dejar un recado un mensaje **2.** legar

Hinterlassenschaft *f*, **en** herencia *f*, sucesión *f*; bienes *pl* relictos

Hinterlassung *f*, **en**, ***sterben unter ~ von Immobilien*** morir dejando bienes inmuebles; ***sterben unter ~ großer Schulden*** morir dejando muchas deudas

hinterlegen 1. depositar; poner, dejar en depósito; consignar **2.** ***als Pfand ~*** dar en prenda; dejar como prenda; ***als Sicherheit ~*** dejar como garantía; ***Wertpapiere bei einer Bank ~*** depositar en un banco títulos valores (Syn. ***deponieren***)

Hinterleger *m*, **-** depositante *m* (Syn. ***Deponent***)

Hinterlegung *f*, **en** consignación *f*; depósito *m*; ***gegen ~ von Wertpapieren*** contra consignación, depósito de títulos valores; ***~ von Pflichtexemplaren*** depósito *m* legal

Hinterlegungsbescheinigung *f*, **en** boleta *f* de depósito; (Arg.) libranza *f*; giro *m* judicial

Hinterlegungsbetrag *m*, **¨e** suma *f* depositada; importe *m* en depósito

Hinterlegungsfrist *f*, **en** plazo *m* de depósito

Hinterlegungsgelder *pl* fondos *pl* retenidos a cuenta de un tercero; fondos *pl* depositados; consignados; fondos *pl* en depósito

Hinterlegungspflicht *f*, **en** obligación *f*; obligatoriedad *f* de depósito; depósito *m* obligatorio

Hinterlegungsschein *m*, **e** boleta *f*; certificado *m* de depósito; resguardo *m* de depósito; (Chile) boleta *f* de consignación

Hinterlegungsstelle *f*, **n** depositaría *f*; oficina *f* de depósitos; ***~ bei Gericht*** depositaría judicial

Hintermann *m*, **¨er 1.** endosante *m* posterior; endosante *m* subsiguiente **2.** informador *m* **3.** instigador *m*; maquinador *m*

hinterziehen, ***Steuern ~*** evadir el pago de impuestos; defraudar (en los) impuestos

Hinterziehung *f*, **en** fraude *m*; defraudación *f*

Hinterzimmer *n*, **- 1.** habitación *f* de atrás **2.** ***~ eines Ladens*** trastienda *f*

hinwegsetzen, ***sich ~ über*** ignorar; hacer caso omiso de; (Fam.) saltarse a la torera

Hinweis *m*, **e 1.** indicación *f* **2.** instrucción *f* **3.** ***unter ~ auf*** remitiendo a; haciendo referencia a

Hinweisschild n, **er** rótulo *m* (indicador)

Hinweiszeichen n, **-** señal *f* informativa

hinzufügen añadir; agregar

hinzukommen 1. sobrevenir **2.** reunirse (expertos)

Hinzuwahl *f*, **(en)** cooptación *f* (Syn. ***Kooptation***)

hinzuwählen cooptar (Syn. ***kooptieren***)

hinzuziehen 1. consultar **2.** incluir

Hinzuziehung *f*, **en 1.** consulta *f* **2.** inclusión *f*

Hiobsbotschaft *f*, **en** noticia *f* desastrosa, catastrófica; mala noticia *f*; noticia *f* funesta
Hit *m*, s éxito *m*; éxito *m* de venta; sensación *f*; superventa *m*; "hit" *m* (Syn. ***Schlager, Renner***)
Hitliste *f*, **n** lista *f* de superventas
Hitzeferien *pl* vacaciones *pl* caniculares
Hitzezulage *f*, **n** → Hitzezuschlag
Hitzezuschlag *m*, **¨e** prima *f*, plus *m* de canícula
H-Milch *f*, Ø leche *f* UHT; leche *f* de larga conservación
HO → Handelsorganisation
Hobby *n*, **s** hobby *m*; pasatiempo *m*; entretenimiento *m*
Hoch- und Tiefbau *m*, Ø obras *pl* en general
hoch, ~ ***bezahlt*** bien pagado, retribuido, remunerado; con salario alto; ~ ***dotiert*** → hoch bezahlt; ***ein ~ entwickeltes Industrieland*** país *m* altamente industrializado; ~ ***industrialisiert*** altamente, fuertemente industrializado; ~ ***qualifizierte Arbeitskräfte*** personal *m* altamente calificado; ~ ***schrauben*** → hinaufschrauben; ***die Kurse stehen*** ~ la cotización es muy alta; ***wie ~ ist der Preis?*** ¿cuánto vale? ¿qué cuesta? ¿qué precio tiene?; ***Wie ~ stehen die Aktien?*** ¿qué cotización tienen las acciones?; ***Wie ~ ist die Rechnung?*** ¿cuál es el importe de la factura? ¿a cuánto asciende la factura?; ~ ***im Preise stehen*** cotizarse mucho; ser muy caro; ***übertrieben*** ~ excesivo; excesivamente alto; ***hoher Beamter*** alto funcionario *m*; ***hohe Besteuerung*** imposición *f* elevada; gravamen *m* alto; ***übertrieben hoher Preis*** precio *m* excesivo; ***zu einem hohen Preis*** a precio alto, elevado; ***hohe Zinsen*** intereses *pl* altos, elevados; ***zu hohen Zinsen*** a tasa de interés elevada; a alta tasa de interés
Hochachtung *f*, Ø (Corresp.) alta consideración *f*; estima *f*; ***mit vorzüglicher*** ~ le(s) saluda(mos) muy atentamente
hochachtungsvoll (Corresp.) con el testimonio de nuestra *bzw.* de mi mayor consideración; le(s) saluda(mos) (muy) atentamente; suyo(s) afmo(s)
hochaktuell de gran actualidad; muy actual
Hochantenne *f*, **n** antena *f* exterior
hocharbeiten, ***sich*** ~ hacer carrera; conseguir ascender a fuerza de trabajo
Hochbau *m*, Ø *od.* **ten 1.** construcción *f* de edificios; edificación *f* **2.** ***~ten*** superestructuras *pl*; edificios *pl* altos
hoch besteuert gravado con impuestos altos
Hochbetrieb *m*, Ø periodo *m* punta; gran actividad *f*; ***im Kaufhaus herrscht heute*** ~ hay mucha afluencia hoy a los grandes almacenes
Hochfinanz *f*, Ø altas finanzas *pl*
hochgehen → hochklettern
Hochgeschwindigkeitszug m, **¨e** (HGZ) tren *m* de alta velocidad (AVE)
hochhalten, ***die Preise*** ~ mantener elevados los precios
Hochhaus *n*, **¨er 1.** rascacielos *m* **2.** edificio *m* de muchas plantas
hochkarätig de gran personalidad; de altos vuelos; muy prominente; de muchos quilates
hochklettern, ***die Preise klettern hoch*** los precios suben, aumentan
Hochkonjunktur *f*, Ø alta coyuntura *f*; periodo *m* de prosperidad económica; boom *m* coyuntural; ***anhaltende*** ~ alta coyuntura persistente; ***in der Zeit einer*** ~ durante el boom; ~ ***haben*** reinar el boom
Hochleistung *f*, **en 1.** alto, gran rendimiento *m* **2.** proeza *f*; hazaña *f*
hochmodern modernísimo; muy moderno; ultramoderno; supermoderno
Hochofen *m*, **¨** alto horno *m*
hochpäppeln (Fam.) poner, sacar a flote; poner en pie; sacar adelante
Hochparterre *n*, Ø entresuelo *m*
Hochprozenter *m*, - título *m* con un interés elevado
hochprozentig 1. de porcentaje elevado **2.** muy concentrado; de alto grado de concentración
hochrangeln, ***sich zum Größten des Marktes*** ~ convertirse en el número uno del mercado
hochrechnen extrapolar; hacer una estimación; calcular con muestras computerizadas; efectuar un cálculo remoto
Hochrechnung *f*, **en** extrapolación *f*, estimación *f*; proyección *f*; cálculo *m* con muestras computerizadas; cálculo *m* remoto
hochrentierlich de alta rentabilidad; de gran producto
Hochsaison *f*, **s** alta temporada *f*; temporada *f* alta; ***in der ~ en*** plena temporada
hochschnellen dispararse

Hochschulbildung *f*, Ø formación *f* universitaria
Hochschule *f*, **n** escuela *f* superior; universidad *f*
Hochschüler *m*, - (estudiante *m*) universitario *m*
Hochschullehrer *m*, - profesor *m* universitario; catedrático *m* de universidad
Hochschulreife *f*, Ø bachillerato *m*
Hochseefischerei *f*, Ø pesca *f* de (gran) altura
Hochseeflotte *f*, **n** flota *f* de alta mar
Hochseeschifffahrt *f*, Ø navegación *f* de altura
Hochseeschlepper *m*, - remolcador *m* de alta mar
Hochsommer *m*, Ø pleno verano *m*; canícula *f*
hochsommerlich estival; canicular
hochspekulativ altamente especulativo
hochspielen dramatizar
höchst- (Pref.) máximo; más elevado; más grande; plafón *m*
Höchstalter *n*, - edad *f* límite; edad *f* máxima; ~ ***zum Eintritt in*** edad límite para entrar en; edad límite de admisión
Höchstangebot *n*, **e** oferta *f* más elevada
Hochstapelei *f*, **en** estafa *f*; timo *m*
Hochstapler *m*, - estafador *m*; timador *m*; caballero *m* de industria; impostor *m*
Höchstarbeitszeit *f*, **en** jornada *f* máxima de trabajo
Höchstbetrag *m*, **¨e** suma *f* máxima; importe *m* máximo; plafón *m*; ***bis zu einem ~ von*** hasta un importe máximo de
Höchstbietende|r (der/ein) mejor postor *m*
höchstens, ~ ***100 DM*** 100 marcos como máximo; que no exceda los 100 marcos
Höchstgebot *n*, **e** → Höchstangebot
Höchstgehalt *n*, **¨er** sueldo *m* máximo
Höchstgeschwindigkeit *f*, **en**, ***zulässige ~*** velocidad *f* limitada; velocidad *f* máxima autorizada
Höchstgewicht *n*, **e** peso *m* máximo; ***zulässiges ~*** peso máximo autorizado
Höchstgrenze *f*, **n** plafón *m*; límite *m* superior; límite *m* a no sobrepasar; ***die ~ erreichen*** llegar al límite, al máximo, al tope; ***die ~ überschreiten*** superar, sobrepasar el límite
Höchsthöhe *f*, **n** altura *f* máxima; altura *f* total
Höchstkredit *m*, **e** línea *f* de crédito; crédito *m* límite
Höchstkurs *m*, **e** cotización *f* máxima
Höchstladegewicht *n*, **e** carga *f* máxima
Höchstlänge *f*, **n** longitud *f* máxima, total
Höchstleistung *f*, **en** rendimiento *m* máximo; productividad *f* máxima; potencia *f* máxima; (Sport) plusmarca *f*; récord *m*
Höchstlohn *m*, **¨e** salario *m* máximo, tope
Höchstmaß *n*, **e** (grado *m*) máximo *m*; dimensión *f* maxima; ***ein ~ an Fachwissen*** un máximo de conocimientos técnícos, especializados; ~ ***an Leistungsfähigkeit*** estandar *m* máximo de eficiencia, de rendimiento (Syn. ***Maximum***)
Höchstmenge *f*, **n** cantidad *f* máxima; volumen *m* máximo
höchstpersönlich personalísimo; eminentemente personal; entrega en la mismísima mano
Höchstpreis *m*, **e** precio *m* máximo, límite, tope; ***zum ~ verkaufen*** vender al precio más alto; (Börse) vender "a lo mejor"
Höchststand *m*, **¨e** nivel *m* máximo; ***den ~ erreichen*** alcanzar el nivel máximo
Höchsttarif *m*, **e** tarifa *f* maxima
Höchstversicherungssumme *f*, **n** suma *f* asegurada máxima
Höchstwert *m*, **e** valor *m* máximo
höchstzulässig máximo admisible
hochtechnisch altamente técnico; de alta tecnicidad
Hochtechnologie *f*, Ø alta tecnología *f*; tecnología *f* (de) punta (Syn. ***Hightech***)
Hochtour *f*, **en**, ***auf ~en laufen*** a toda marcha; funcionar a pleno rendimiento; estar en su apogeo
hoch verschuldet muy endeudado; lleno de deudas; acribillado de deudas; (Fam.) empeñado hasta la camisa
hochverzinslich que devenga, arroja un interés alto; de un interés elevado; a tasa de interés elevada
hochverzinst → hochverzinslich
Hochwasserschaden *m*, **¨** daños *pl* (causados) por inundación
hochwertig 1. de gran valor; de (gran) calidad; precioso; sofisticado; ***~e Konsumgüter*** bienes *pl* de consumo de (gran) calidad **2.** (mineral) rico; de alto contenido; de alta proporción
Hochzinspolitik *f*, Ø política *f* de intereses altos; política *f* de tasas de interés elevadas
Hof *m*, **¨e** granja *f*; finca *f*; explotación *f* agrícola; ***Preis ab ~*** precio ex granja; ***einen ~ aufgeben*** abandonar la tierra; abandonar la explotación agrícola

hoffen (Corresp.) esperar; ***wir ~ auf baldige Antwort*** en espera, a la espera de una pronta respuesta
Hoffnung *f*, **en** esperanza *f*; espera *f*; ***in der ~ auf etw.*** en la esperanza de que; ***in der ~, dass*** esperando que
Höflichkeitsformel *f*, **n** fórmula *f* de cortesía
HO-Geschäft *n*, **e** → Handelsorganisation
Höhe *f*, **n** nivel *m*; altura *f*; cuantía *f*; ***auf gleicher ~*** al mismo nivel; de la misma cuantía; ***bis zur ~ von*** hasta una cuantía, un importe de; ***in ~ von*** en una cuantía, importe de; ***in die ~ gehen*** subir; estar en alza; ***die Preise in die ~ treiben*** hacer subir los precios
Hoheit *f*, **(en)** soberanía *f*; autonomía *f*; autoridad
Hoheitsgebiet *n*, **e** territorio *m* de un Estado; territorio *m* nacional
Hoheitsgewalt *f*, **(en)** soberanía *f*; jurisdicción *f*; poder *m*
Hoheitsgewässer *pl* aguas *pl* jurisdiccionales
Hoheitsrecht *n*, **e** derecho *m* de soberanía
Höhenflug *m*, **¨e** elevación *f* (del tipo de cambio de una moneda)
höher más elevado; superior; ***~er Beamter*** funcionario *m* del escalafón medio; ***~e Gewalt*** fuerza *f* mayor; ***~e Instanz*** instancia *f* superior
Höherbewertung *f*, **en** apreciación *f*; plusvalía *f*
Höhereinstufung *f*, **en** **1.** ascenso *m*; avance *m*; clasificación *m* en una categoría superior **2.** paso *m* a un tramo de imposición más alta
Höhergruppierung *f*, **en** avance *m* ascenso *m* dentro del escalafón; clasificación *f* en una categoría más alta
höher stufen promover; ascender; pasar a una categoría superior
Höherstufung *f*, **en** → Höhereinstufung
Höker *m*, **-** vendedor *m* ambulante; buhonero *m*; baratillero *m*
Hökerhandel *m*, Ø venta *f* en puestos ambulantes; chamarileo *m*; ***~ treiben*** comerciar con objetos usados; practicar el chamarileo
Holding *f*, **s** holding *m*
Holdinggesellschaft *f*, **en** sociedad *f*, compañía *f* holding; sociedad *f* de gerencia de valores
Holzarbeit *f*, **en** **1.** trabajo *m* en madera **2.** obra *f* tallada
Holzbau *m*, **ten** construcción *f* de madera
Holzindustrie *f*, **n** industria *f* de la madera
Home-Banking **n**, Ø (servicio *m*) banco *m* en casa; (servicio *m*) banco *m* desde casa
Homecomputer *m*, **-** → Heimcomputer
Home-Computing *n*, Ø computación *f* doméstica; informática *f* casera
Home-Shopping **n**, Ø telecompra *f*; televenta *f*
homogen, ***~e Güter*** *pl* bienes *pl* homogéneos
Honorant *m*, **en** aceptante *m* por intervención
Honorar *n*, **e** honorario *m*; ***gegen ~ arbeiten*** trabajar contra (la percepción de un) honorario; ***für etw. ein ~ zahlen*** pagar un honorario por u/c
Honorarrechnung *f*, **en** minuta *f*
Honorarsatz *m*, **¨e** tasa *f* de honorarios
Honoratioren *pl* notables *pl*; notabilidades *pl*; ciudadanos *pl* importantes
honorieren pagar honorarios; retribuir; remunerar; ***einen Wechsel ~*** atender, honrar una letra
Honorierung *f*, **en** **1.** remuneración *f*; retribución *f* **2.** aceptación *f* de una letra
Hörer *m*, **-** **1.** oyente *m*; escucha *m*; radioyente *m* **2.** receptor *m*; auricular *m*; casco *m*; ***den ~ abnehmen, auflegen*** descolgar, colgar el auricular **3.** estudiante *m*; oyente *m*
Hörfunk *m*, Ø radio(difusión) *f*; ***im ~*** en la radio (Syn. ***Rundfunk***)
Hörfunkwerbung *f*, Ø **1.** publicidad *f* en la radio; publicidad *f* radiofónica **2.** guías *pl* comerciales
horizontal horizontal; ***~e Konzentration*** concentración *f* horizontal
Horizontalkonzern *m*, **e** concentración *f* industrial horizontal; conjunto industrial de empresas del mismo estadio de producción
horten acumular; acaparar; retener (mercancías); atesorar (dinero)
Hortung *f*, **en** acumulación *f*, acaparamiento *m*; retención *f* (de mercancías); atesoramiento *m* (de dinero)
Hortungskauf *m*, **¨e** compra *f* especulativa
Hotel *n*, **s** hotel *m*; ***~ garni*** residencia *f*
Hotel- und Gaststättengewerbe *n*, Ø hotelería *f* (y hostelería)
Hotelanbau *m*, **ten** anexo *m*, edificio *m* contiguo al hotel
Hotelanmeldung *f*, **en** registro *m*, inscripción *m* en un hotel
Hotelbesitzer *m*, **-** hotelero *m*; dueño *m* de un hotel

Hotelboy *m*, **s** botones *m*
Hoteldieb *m*, **e** rata *f* de hoteles
Hoteldiener *m*, - mozo *m* de hotel
Hoteldirektor *m*, - director *m* del *bzw.* de un hotel
Hotelfach *n*, Ø ramo *m*, sector *m* hotelero
Hotelfachschule *f*, **n** escuela *f* superior de hostelería
Hotelfinanzierung *f*, **en** financiación *f* a la hostelería
Hotelführer *m*, - guía *f* de hoteles
Hotelgewerbe *n*, Ø industria *f* hotelera
Hotelgutschein *m*, **e** vale *m* de hotel; (Angl.) voucher *m*
Hotelhalle *f*, **n** vestíbulo *m*; (Angl.) hall *m* del hotel
Hotelier *m*, **s** hotelero *m*
Hotelkette *f*, **n** cadena *f* hotelera, de hoteles
Hotelkosten *pl* gastos *m* de hotel
Hotellerie *f*, Ø → Hotelgewerbe
Hotelliste *f*, **n** guía *f*, lista *f* de hoteles
Hotelpage *m*, **n** → Hotelboy
Hotelportier *m*, **s** portero *m* de hotel
Hotelunterbringung *f*, **en** alojamiento *m*, acomodo *m* en un hotel
Hotelzimmer **n**, - habitación *f*, cuarto *m* de hotel
HR → Handelsregister
HR., **Hrn.** → Herr
Hubraum *m*, **¨e** cilindrada *f*
Hubschrauber *m*, - helicóptero *m*
Hubschrauberlandeplatz *m*, **¨e** helipuerto *m*
Hubschrauberträger *m*, - portahelicópteros *m*
Huckepackverkehr *m*, Ø sistema *m* combinado ferrocarril-carretera
Hühnerfarm *f*, **en** granja *f* avícola
Hühnerzucht *f*, Ø avicultura *f*; cría *f* de gallinas
Hühnerzüchter *m*, - avicultor *m*
Hülle *f*, **n** envoltura *f*; cubierta *f*; ***in ~ und Fülle*** en abundancia; (Fam.) a manta; a patada; a porrillo; ***Geld in ~ und Fülle haben*** nadar en dinero, en la abundancia
Human engineering *n*, Ø estudio *m* de las condiciones psicológicas y de las condiciones de trabajo
Humanisierung *f*, Ø, ***~ der Arbeitswelt*** humanización del mundo del trabajo
humanitär, ***~e Hilfe*** ayuda *f* humanitaria
hundert cien; ***~e von*** centenares de; ***zu ~en*** a centenares
Hunderter *m*, - → Hundertmarkschein
hundertfach cien veces más; céntuplo; centuplicado
hundertgradig centígrado
Hundertjahrfeier *f*, **n** centenario *m*
hundertjährig secular; centenario
hundertmal cien veces
Hundertmarkschein *m*, **e** billete *m* de 100 marcos
hundertprozentig cien por cien; cien(to) por ciento
Hundertsatz *m*, **¨e** porcentaje *m*; tanto *m* por ciento (Syn. ***Prozentsatz***)
hundertst centésimo
hundertstel **1.** centavo *m* **2.** centésimo; centésima parte *f*
hunderttausend cien mil; ***~e von Personen*** centenares *pl* de miles de personas
hundertteilig centesimal
hundertweise a centenares
Hundesteuer *f*, **n** impuesto *m* sobre la tenencia de perros
Hunger *m*, Ø hambre *f*; ***~ leiden*** pasar hambre; ***vor ~ sterben*** morir de hambre
Hungerkur *f*, **en** régimen *m* de hambre; dieta *f* absoluta
Hungerleider *m*, - (Fam.) muerto *m* de hambre
Hungerlohn *m*, **¨e** salario *m* de hambre; salario *m* irrisorio, miserable; ***für einen ~ arbeiten*** trabajar por una miseria
hungern **1.** tener, pasar hambre **2.** ayunar, guardar dieta absoluta
hungernd, ***~e Bevölkerung in der Welt*** la población que pasa hambre en el mundo
Hungersnot *f*, **¨e** hambre *f*; (LA) hambruna *f*
Hungerstreik *m*, **s** huelga *f* de hambre
Hungertod *m*, Ø, ***den ~ sterben*** morir de hambre
Hupe *f*, **n** (Auto) bocina *f*; claxon *m*
hupen tocar la bocina; hacer sonar el claxon
Hupverbot *n*, **e** prohibición *f* de señales acústicas
Hürde *f*, **n** obstáculo m; ***eine - nehmen*** franquear, salvar un obstáculo
Hut *m*, **¨e** sombrero *m*; (Fam.) ***den ~ nehmen*** dimitir
Hüter *m*, - **1.** guardia *m*; guardián *m* **2.** pastor *m*
Hütte *f*, **n** **1.** cabaña *f*; choza *f*; (LA) bohío *m* **2.** planta *f* metalúrgica *bzw.* siderúrgica **3.** fundición *f*
Hüttenarbeiter *m*, - obrero *m* siderúrgico *bzw.* metalúrgico (Syn. ***Metaller***)
Hüttenerzeugnis *n*, **se** producto *m* siderúrgico

Hüttenindustrie *f*, **n** industria *f* siderúrgica *bzw.* metalúrgica
Hütteningenieur *m*, **e** ingeniero sidero-metalúrgico
Hüttenkonzern *m*, **e** grupo *m* siderúrgico
Hüttenkunde *f*, Ø metalurgia *f*
Hüttenwerk *n*, **e** planta *f* metalúrgica *bzw.* siderurgica
Hüttenwesen *n*, Ø metalurgia *f*; industria *f* metalúrgica *bzw.* siderúrgica
HV → Hauptversammlung
Hypothek *f*, **en** hipoteca *f* **1.** ***eingetragene ~*** hipoteca registrada; ***erste, zweite ~*** hipoteca en primer grado *od.* primera hipoteca, en segundo grado *od.* segunda hipoteca **2.** ***eine ~ auf ein Haus aufnehmen*** constituir, tomar una hipoteca sobre una casa; ***eine ~ ablösen*** desempeñar, rescatar una hipoteca; ***mit einer ~ belasten*** hipotecar; gravar con una hipoteca; ***eine ~ bestellen*** constituir, celebrar una hipoteca; ***eine ~ löschen (tilgen)*** deshipotecar; cancelar, amortizar una hipoteca
Hypothekargläubiger *m*, **-** → Hypothekengläubiger
hypothekarisch hipotecario; ***~ sichern*** hipotecar; ***gegen ~e Sicherheit*** sobre hipoteca
Hypothekarkredit *m*, **e** crédito *m* hipotecario
Hypothekenanlagen *pl* fondos *pl* hipotecarios
Hypothekenanleihe *f*, **n** préstamo *m* hipotecario, sobre hipoteca
Hypothekenbank *f*, **en** banco *m* hipotecario
Hypothekenbestellung *f*, **en** constitución *f* de una hipoteca
Hypothekenbrief *m*, **e** cédula *f* hipotecaria
Hypothekenbuch *n*, **¨er** registro *m* de hipotecas; registro *m* hipotecario
Hypothekendarlehen *n*, **-** préstamo *m* hipotecario, sobre hipoteca
Hypothekeneintragung *f*, **en** inscripción *f* hipotecaria
Hypothekenforderung *f*, **en** crédito *m* hipotecario
hypothekenfrei sin, libre de hipotecas
Hypothekengläubiger *m*, **-** acreedor *m* hipotecario
Hypothekenklausel *f*, **n**, ***negative ~*** cláusula *f* hipotecaria negativa
Hypothekenlöschung *f*, **en** cancelación *f* de una hipoteca
Hypothekenordnung *f*, **en** régimen *m* hipotecario
Hypothekenpfandbrief *m*, **e** cédula *f* hipotecaria
Hypothekenrecht *n*, Ø derecho *m* hipotecario
Hypothekenrechtler *m*, **-** hipotecarista *m*
Hypothekenschuld *f*, **en** deuda *f* hipotecaria
Hypothekenschuldner *m*, **-** deudor *m* hipotecario
Hypothekenschuldverschreibung *f*, **en** obligación *f* hipotecaria
Hypothekentilgung *f*, **en** amortización *f*, purga *f* de una hipoteca
Hypothekenübernahme *f*, **n** asunción *f* de una hipoteca
Hypothekenumwandlung *f*, **en** conversión *f* de hipoteca
Hypothekenurkunde *f*, **n** documento *m*, contrato *m* hipotecario
Hypothekenversicherungsbank *f*, **en** banco *m* hipotecario de seguros
Hypothekenvorrang *m*, Ø prelación *f* de hipoteca
Hypothekenzinsen *pl* intereses *pl* hipotecarios
Hypothekenzwangsvollstreckung *f*, **en** ejecución *f* forzosa de una deuda hipotecaria

I

i.A. 1. ***im Auftrag*** por orden (p.o.) **2.** ***in Abwicklung*** en liquidación **3.** ***in Auflösung*** en disolución; en liquidación; en rescisión

i.J. (im Jahre) en el año

i.L. (in Liquidation) en liquidación

i.R. 1. ***im Ruhestand*** jubilado; retirado **2.** ***im Rückfall*** en caso de reincidencia; en caso de recaída

I.v. → Irrtum vorbehalten

i.V. 1. ***in Vertretung*** en representación; por delegación **2.** ***in Vollmacht*** por poder

IAA 1. → Internationales Arbeitsamt **2.** (Internationale Automobil-Ausstellung) Salón *m* (Internacional) del Automóvil

IAEO → Internationale Atomenergieorganisation

IAO → Internationale Arbeitsorganisation

IATA (Internationaler Verband der Luftfahrtgesellschaften, Internationaler Luftverkehrsverband, Verband des Internationalen Luftverkehrs) Asociación *f* de Transporte Aéreo Internacional (IATA, ATAI)

iberisch ibero; ibérico; ***die ~e Halbinsel*** la península ibérica

Iberoamerika *n*, Ø Iberoamérica *f*

Iberoamerikaner *m*, - iberoamericano *m*

IBFG (Internationaler Bund freier Gewerkschaften) Confederación *f* Internacional de Organizaciones Sindicales Libres (CIOSL)

IBNER (Seg.) siniestros *pl* ocurridos, pero sin suficiente reserva; (Angl.) Ibner *m*; ***~-Effekt*** efecto *m* Ibner

IBNR (Seg.) siniestros *pl* ocurridos, pero no avisados; (Angl.) Ibnr *m*; ***~-Effekt*** efecto Ibnr

IBRD (Internationale Bank für Wiederaufbau und Entwicklung, Weltbank; Wiederaufbaubank) Banco *m* Internacional de Reconstrucción y Fomento (*od.* Desarrollo) (BIRD); Banco *m* Mundial

IC-Hersteller *m*, - fabricante *m* de circuitos integrados; fabricante *m* de CI

IC-Zug *m*, **¨e** → Inter-City-Zug

Idealverein *m*, **e** asociación *f* sin ánimo de lucro

ideell, ***~er Schaden*** daño *m* no pecuniario

Identifikationsnummer *f*, **n** número *m* de identificación

identifizierbar identificable

identifizieren identificar; ***sich*** ~ identificarse (con)

Identifizierungsmöglichkeit *f*, **en** (posibilidad *f* de) identificación

identisch idéntico

Identität *f*, **en** identidad *f*; ***die ~ feststellen*** identificar; comprobar la identidad

Identitätsausweis *m*, **e** (A) → Personalausweis

Identitätskarte *f*, **n** tarjeta *f*, carnet *m*, carné *m* de identidad

Identitätskontrolle *f*, **n** control *m* de la identidad (de la persona)

Identitätsnachweis *m*, **e** prueba *f* de identidad

IFO (Institut für Wirtschaftsforschung) Instituto *m* de investigaciones económicas

IG 1. → Industrie-Gewerkschaft **2.** → Interessen-Gemeinschaft

IG-Farben (Interessen-Gemeinschaften der deutschen Farbindustrie) trust *m* de la industria química bajo el Tercer Reich; agrupación *f* de la industria alemana de colorantes

IHK 1. (Internationale Handelskammer) Cámara de Comercio Internacional (CCI) **2.** → Industrie- und Handelskammer

IKR (Industrie-Kontenrahmen) cuadro *m* contable industrial

illegal ilegal

Illegalität *f*, Ø ilegalidad *f*

illiquid 1. sin liquidez; falto de liquidez, de recursos **2.** insolvente (Syn. ***zahlungsunfähig***)

Illiquidität *f*, **en** falta *m* de liquidez; iliquidez *f*; falta *f* de recursos; falta *f* de medios disponibles

illustriert, ***~er Katalog*** catálogo *m* ilustrado

Illustrierte *f*, **n** revista *f* (ilustrada)

Image *n*, Ø imagen *f* (pública); ~ ***eines Produkts*** imagen de un producto; ***ein gutes ~ haben*** tener una buena imagen (de marca)
imagebewusst consciente de la imagen
Imagegestaltung *f*, **en** creación *f* de imagen
imaginär, ***~er Gewinn*** beneficio *m* imaginario
Imbiss *m*, **-sse** refrigerio *m*; colación *f*; (Fam.) tentempié *m*; piscolabis *m*
Imbisshalle *f*, **n** bar *m*; cafetería *f*; snackbar *m*; (LA) lonchería *f*
Imbissstube *f*, **n** → Imbisshalle
Imitation *f*, **en** imitación *f*; copia *f*
Imitator *m*, **en** imitador *m*
imitieren imitar; copiar
immateriell inmaterial; moral; incorporal; no corporal; no físico; ***~e Güter*** bienes *pl* intangibles, inmateriales; ***~er Schaden*** daño *m*, perjuicio *m* inmaterial (*od.* moral)
Immatrikulation *f*, **en** matricula(ción) *f*; inscripción *f*; registro *m*
immatrikulieren, ***sich*** ~ matricularse; inscribirse; registrarse
Immigrant *m*, **en** inmigrante *m*
Immigration *f*, Ø inmigración *f*
Immigrieren inmigrar
Immission *f*, **en** inmisión *f*
Immissionsgrenzwerte *pl* límite *m* máximo de inmisión
Immissionsschutz *m*, Ø protección *f* contra la inmisión
Immobiliarkredit *m*, **e** crédito *m* inmobiliario
Immobiliarpfändung *f*, **en** embargo *m* inmobilario
Immobiliarversicherung *f*, **en** seguro *m* de inmuebles
Immobilien *pl* (bienes *pl*) inmuebles *pl*; fincas *pl*; propiedad *f* inmobiliaria; bienes *pl* raíces
Immobilienanlage *f*, **n** inversión *f* en inmuebles
Immobilienanzeige *f*, **n** anuncio *m*, publicidad *f* de inmuebles
Immobilienfirm|a *f*, **-en** (empresa *f*) inmobiliaria
Immobilienfonds *m*, - fondo *m* de inversión inmobiliaria; fondo *m* inmobiliario
Immobiliengeschäfte *pl* transacciones *pl*, operaciones *pl*, negocios *pl* de propiedad inmobiliaria
Immobiliengesellschaft *f*, **en** (sociedad *f*) inmobiliaria *f*
Immobilienhandel *m*, Ø compraventa *f* de inmuebles; ~ ***betreiben*** dedicarse a la compraventa de inmuebles
Immobilienhändler *m*, - corredor *m* de inmuebles
Immobilienmakler *m*, - agente *m* de la propiedad inmobiliaria
Immobilienmaklerbüro *n*, **s** agencia *f* (de la propiedad) inmobiliaria
Immobilienmarkt *m*, **¨e** mercado *m* del inmueble; mercado *m* inmobiliario
Immobilienspekulation *f*, **en** especulación *f* inmobiliaria, con inmuebles
Immobilienversicherung *f*, **en** seguro *m* inmobiliario, de inmuebles
Immobilienverwaltung *f*, **en** gerencia *f*, administración *f* inmobiliaria
Immunität *f*, Ø fuero *m*; inmunidad *f*; ***die ~ aufheben, gewähren*** levantar, conceder el fuero
Immunitätsaufhebung *f*, **(en)** levantamiento *m* del fuero; ***die ~- beantragen*** solicitar el levantamiento de aforamiento, de aforado
Impact *m*, **s** impacto *m* (publicitario)
imperativ, ***~es Mandat*** (Polit.) mandato *m* que obliga al diputado a respetar las consignas del partido
Imperialismus *m*, Ø imperialismo *m*
Imperialist *m*, **en** imperialista *m*
imperialistisch imperialista
Imperi|um *n*, **-en** imperio *m*
Impfpass *m*, **¨sse** carné *m* de vacunación
Impfpflicht *f*, Ø vacunación *f* obligatoria
Impfschein *m*,**e** certificado *m* de vacunación
Impfzwang *m*, Ø obligatoriedad *f*, obligación *f* de vacunarse
Import *m*,**e** **1.** importación *f*; ***eine Firma für ~ und Export*** empresa *f* de (*od.* dedicada a) importación exportación **2.** importaciones *pl*; mercancías *pl* importadas; ***~e aus Deutschland nach Spanien*** importaciones españolas de mercancías alemanas; ***zollpflichtige ~e*** importaciones *pl* sujetas al pago de aranceles (Syn. ***Einfuhr***)
Importabgabe *f*, **n** exacción *f*, tasa *f* a la importación
Importanstieg *m*, **e** aumento *m*, crecimiento *m* de las importaciones
Importbeschränkung *f*, **en** restricción *f* a la importación; limitación *f* de las importaciones
Importbestimmungen *pl* disposiciones *pl* legales en materia de importación; modalidades *pl* de importación

Importbewilligung *f*, **en** autorización *f* para importar; permiso *m*, licencia *f* de importación
Importdeckungsrate *f*, **n** tasa *f* de cobertura (proporción de las compras al extranjero pagadas por las exportaciones)
Importdrosselung *f*, **en** reducción *f*, freno *m* de las importaciones
Importembargo *n*, **s** → Importsperre
Importeur *m*, **e** (comerciante *m*) importador *m* (Syn. ***Einfuhrhändler***)
Importfinanzierung *f*, **en** financiación *f* de las importaciones
Importfirm|a *f*, **-en** empresa *f* importadora; casa *f*, firma *f* dedicada a la importación
Importförderung *f*, **(en)** fomento *m*, promoción *f* de la importación
Importgenehmigung *f*, **en** → Importbewilligung
Importgeschäft *n*, **e** **1.** empresa *f* importadora **2.** comercio *m* de importación; operaciones *pl* de importación
Importgut *n*, **¨er** mercancía *f* de importación; artículo *m* importado
Importhandel *m*, Ø comercio *m* de importación
Importhändler *m*, **-** → Importeur
importieren importar; comprar en el (*od.* al) extranjero; ***etw. aus einem Land ~*** importar u/c de un país (Syn. ***einführen***)
Importkaufmann *m*, **-leute** comerciante *m* importador
Importkontingent *n*, **e** → Importquote
Importkontingentierung *f*, **en** contingentación *f* de la importación; cupos *pl* a la importación
Importkredit *m*, **e** crédito *m* a la importación
Importliberalisierung *f*, **en** liberalización *f*, desbloqueo *m* de las importaciones
Importlizenz *f*, **en** → Importbewilligung
Importquote *f*, **n** **1.** contingente *m* de importación **2.** tasa *f*, cuota *f* de importación (con referencia al producto nacional bruto)
Importrestriktion *f*, **en** → Importbeschränkung
Importsog *m*, Ø fuerza *f* atractiva de las importaciones
Importsperre *f*, **n** embargo *m* sobre (*od.* a) la importación
Importsteuer *f*, **n** impuesto *m* sobre las importaciones
Importstopp *m*, **s** suspensión *f*, congelación *f* de las importaciones; ***einen ~ verhängen*** imponer un embargo sobre las importaciones
Importüberschuss *m*, **¨sse** excedente *m*, superávit *m* de las importaciones
importunabhängig independiente de las importaciones; sin necesidad de importar
Importunternehmen *n*, **-** **1.** casa *f*, empresa *f*, compañia *f* importadora **2.** importador *m*
Importverbot *n*, **e** prohibición *f* de importar; prohibición *f* de entrada
Importverteuerung *f*, **en** encarecimiento *m* de las importaciones
Importvertreter *m*, **-** agente *m* de importaciones; agente *m* importador
Importvertretung *f*, **en** agencia *f* de importación
Importvolumen *n*, Ø volumen *m* de importaciones; volumen *m* de mercancías importadas
Importware *f*, **n** mercancía *f*, género *m*, producto *m* de importación
Importzoll *m*, **¨e** → Einfuhrzoll
imprägnieren **1.** impregnar **2.** impermeabilizar
Imprägnierung *f*, **en** **1.** impregnación *f* **2.** impermeabilización *f*
Impresario *m*, **s** **1.** empresario *m* **2.** apoderado *m* (de un torero)
Impress|um *n*, **s** *od.* **-en** (Typ.) pie *m* de imprenta
Impuls *m*, **e** impulso *m*; ***dem Handel neue ~e geben*** relanzar el comercio; dar nuevos impulsos al comercio
IN → Industrienorm
in **1.** ***~ Spanien*** en España; ***~ die Arbeit gehen*** ir, dirigirse al (puesto de) trabajo; ***im Norden*** al Norte **2.** ***~ vier Wochen*** (binnen vier Wochen) dentro de cuatro semanas; (im Laufe von vier Wochen) en tres semanas; (nach Ablauf von vier Wochen) al cabo de tres semanas **3.** ***heute ~ vierzehn Tagen*** de hoy en quince días; ***~ der nächsten Woche*** la semana próxima; la semana que viene; ***im August*** en (el mes de) agosto **4.** ***3.000 DM im Monat verdienen*** ganar 3.000 marcos al mes **5.** ***~ sein*** estar de moda; estar en boga; estar "in"
in saldo débito; todavía en el debe (Syn. ***im Rückstand***)
inaktiv (Militär) retirado; (Beamter) jubilado
Inangriffnahme *f*, **(n)**, ***~ eines Projektes*** iniciación *f*, comienzo *m*, implementación *f* de un proyecto
Inanspruchnahme *f*, **(n)** utilización *f*; empleo *m*; ocupación *f*; demanda *f*; recurso

m ; uso *m; **starke*** ~ absorción *f*; ***unter*** ~ recurriendo a; ~ ***eines Dokumentenakkreditivs*** empleo, utilización de un crédito documentario; ~ ***eines Fonds*** utilización, uso de un fondo; ~ ***des Kapitalmarkts*** recurso al mercado de capitales; ~ ***von Personen*** ocupación de personas; ~ ***eines Rechts*** ejercicio *m* de un derecho; ~ ***eines Zahlungsziels*** haciendo uso de un plazo concedido para el pago

Inauftraggabe *f*, Ø colocación *f* de pedidos

Inaugenscheinnahme *f*, **n** inspección *f*

inbegriffen incluido; comprendido; inclusive; ***alles*** ~ todo incluido;***die Fracht ist im Preis*** ~ el flete está incluido en el precio; ***im Preis sind alle Unkosten*** ~ el precio contiene todos los gastos; todos los gastos están incluidos en el precio (Syn. ***inklusive, einbegriffen***)

Inbesitznahme *f*, (**n**) toma *f* de posesión

Inbetriebnahme *f*, (**n**), ~ ***einer Anlage*** puesta *f* en marcha, puesta *f* en servicio, puesta *f* en funcionamiento de una planta

Inbetriebsetzung *f*, **en** → Inbetriebnahme

Incentives *pl* incentivos *pl*; estímulos *pl*

Incoterms *pl* (International Commercial Terms; International Chamber of Commerce Trade Terms) Incoterms *pl*; fórmulas *pl*, condiciones *pl* de entrega en el comercio internacional

Indent *n*, **s** orden *f* de compra de un importador; ***closed*** ~ orden *f* cerrada; ***open*** ~ orden *f* abierta (= pedido sin especificar proveedor)

Ind|ex *m*,**e** *od.* **-izes** índice *m*; indicador *m* **1.** ~ ***der Aktienkurse*** índice del precio de las acciones; ~ ***der Einzelhandelspreise*** índice de precios al por menor; ~ ***der Großhandelspreise*** índice de precios al por mayor; ~ ***der Lebenshaltungskosten*** índice de precios al consumo (IPC); índice del coste de vida; ~ ***der Verbraucherpreise*** índice de precios al consumidor; ***bereinigter (berichtigter)*** ~ índice corregido; ***gewichteter (gewogener)*** ~ índice ponderado **2.** ***Dow Jones-Index*** índice Dow Jones

Indexanleihe *f*, **n** empréstito *m* acoplado a un índice

Indexberechnung *f*, **en** cómputo *m* del índice

Indexbindung *f*, **en** index(iz)ación *f*; indiciación *f*; ajustamiento *m*, sometimiento *m* a la variación del índice; ~ ***der Löhne*** escala *f* móvil de los salarios

Indexfamilie *f*, **n** familia *f* tipo

indexgebunden → indexiert

indexieren index(iz)ar; indiciar; ajustar, someter a la variación de un índice

indexiert index(iz)ado; indiciado; ajustado, sometido a la variación de un índice ***~e Anleihe*** empréstito *m* acoplado a un índice; ***auf den Goldpreis*** ~ indiciado en función del precio del oro

Indexierung *f*, **en** → Indexbindung

Indexklausel *f*, **n** cláusula *f* de index(iz)ación; ***an eine*** ~ ***knüpfen*** ajustar a una cláusula de indiciación; ***mit*** ~ index(iz)ado; indiciado; ajustado a la variación de un índice

Indexlohn *m*, **¨e** salario-índice *m*

Indexpreis *m*, **e** precio *m* (acoplado a un) índice

Indexrente *f*, **n** pensión-índice *f*

Indexrückgang *m*, **¨e** descenso *m*, retroceso *m*, regresión *f* del índice

Indexwährung *f*, **en** moneda-índice *f*

Indexzahl *f*, **en** índice *m*; cifra-índice *f*; número indice *m*

Indexziffer *f*, **n** → Indexzahl

Indienststellung *f*, **en** puesta *f* en servicio

Indikationsmodell *n*, **e** → Fristenlösung

Indikator *m*, **en** indicador *m*, índice *m* (económico)

indirekt, ***~e Abschreibung*** amortización *f* indirecta; ***~er Boykott*** boicot *m*, boicoteo *m* secundario; ***~es Geschäft*** negocio *m* indirecto; ***~e Steuern*** impuestos *pl* indirectos; ***~er Vertrieb*** venta *f* indirecta (de productos industriales)

indisch, ***der ~e Ozean*** el oceano índico

Individualeinkommen *n*, **-** ingreso *m*, renta *f* individual

Individualverkehr *m*, Ø tráfico *m* individual

Individualversicherung *f*, **en** seguro *m* individual

individuelle Sicherung *f*, **en** (Seg.) protección *f* individualizada

indiziell indiciario

Indizienbeweis *m*, **e** prueba *f* indiciaria; prueba *f* circunstancial

indossabel endosable; transferible por endoso; ***indossable Wertpapiere*** títulos *pl* a la orden; títulos *pl* cesibles, transferibles por endoso

Indossament *n*,**e** endoso *m*; (Arg.) endosada *f*, endorso *m; **durch*** ~ ***übertragbar*** cesible, transmisible, transferible por endoso; ***durch*** ~ ***übertragen*** ceder, transmitir, transferir por endoso; ***beschränktes*** ~ endoso limitado; ***gefälschtes*** ~ endoso falsificado; ***unbedingtes*** ~ endoso absoluto; ~ ***zur Einziehung*** endoso al cobro

Indossant *m*, **en** endosante *m*; endosador *m*; girante *m*; cedente *m* (Syn. ***Girant***)

Indossat *n*, **en** → Indossatar

Indossatar *m*, **e** endosado *m*; endosatario *m*; tenedor *m* por endoso; girado *m* (Syn. ***Girat, Giratar***)

Indossent *m*, **en** → Indossant

indossierbar → indossabel

indossieren endosar; (Arg.) endorsar (Syn. ***girieren***)

Indossierung *f*, **en** → Indossament

Indoss|o *n*, **s** *od.* **-i** → Indossament

industrialisieren industrializar

Industrialisierung *f*, **en** industrialización *f*

Industrialisierungsgrad *m*, **e** grado *m* de industrialización

Industrialisierungsprozess *m*, **-sse** proceso *m* de industrialización

Industrie *f*, **n** industria *f*; sector *m*; ~ ***der Steine und Erde*** industria de la piedra y de la tierra; ~ ***der Tone und Erden*** industria cerámica; ~ ***für Inlandsbedarf*** industria de plaza; industria no exportadora; ***ausstellende*** ~ industria expositora; ***blechverarbeitende*** ~ industria elaboradora de chapa; ***chemiefasererzeugende*** ~ industria productora de fibras sintéticas; ***chemisch-pharmazeutische*** ~ industria químico farmacéutica; ***chemische und verwandte*** ~ industrias químicas y afines; ***einschlägige*** ~ industria del ramo; ***Eisen schaffende*** ~ industria de producción de hierro; ***Eisen verarbeitende*** ~ industria elaboradora del hierro; ***elektrochemische*** ~ industria electroquímica; ***elektromechanische*** ~ industria electromecánica; ***elektrometallurgische*** ~ industria electrometalúrgica; ***elektrotechnische*** ~ industria electrotécnica; ***exportintensive*** ~ industria de gran densidad exportadora; con gran intensidad en la exportación; ***feinmechanische*** ~ industria de la mecánica de precisión; ***heimische*** ~ industria nacional; ***Holz verarbeitende*** ~ industria de transformación de la madera; ***kautschuk verarbeitende*** ~ industria elaboradora del caucho; ***kohlechemische*** ~ industria química del carbón; ***kohleverarbeitende*** ~ industria carboquímica; ***kosmetische*** ~ industria cosmética; ***kunststofferzeugende*** ~ industria productora de plásticos; ***kunststoffverarbeitende*** ~ industria transformadora de plásticos; ***maschinenherstellende*** ~ industria productora de maquinaria; ***metallurgische*** ~ industria metalúrgica; industria siderúrgica; ***Metall verarbeitende*** ~ industria metalúrgica; industria de transformación del metal; industria del trabajado de metales; ***nukleare*** ~ industria nuclear; ***optische*** ~ industria óptica; ***ortsansässige*** ~ industria local; ***Papier verarbeitende*** ~ industria del papel; ***pharmazeutische*** ~ industria farmacéutica; ***fotochemische*** ~ industria fotoquímica; ***polygraphische*** ~ industria de artes gráficas; industria gráfica; ***verstaatlichte***~ industria nacionalizada; ***verwandte*** ~ industria afín; ***(weiter)verarbeitende***~ industria de transformación

Industrie- und Handelskammer *f*, **n** (IHK) Cámara *f* de comercio e industria

Industrieabfälle *pl* → Industriemüll

Industrieabgase *pl* gases *pl* de escape industriales

Industrieabwässer *pl* aguas *pl* industriales

Industrieaktie *f*, **n** acción *f* industrial

Industrieanlagen *pl* **1.** instalaciones *pl*, plantas *pl* industriales **2.** polígono *m* industrial **3.** equipamientos *pl* industriales

Industrieanleihe *f*,**n** empréstito *m* industrial

Industrieansiedlung *f*, **en** implantación *f*, asentamiento *m* industrial

Industriearbeiter *m*, **-** trabajador *m*, obrero *m* de la industria; operario *m* (industrial)

industriearm, ***~es Gebiet*** zona *f* con escasa industria; area *f* con poca industria

Industrieartikel *m*, **-** artículos *pl*, bienes *pl* manufacturados

Industrieauftragseingang *m*, **¨e** cartera *f* de pedidos de la industria

Industrieausrüstung *f*, **en** equipo *m* industrial

Industrieausstellung *f*, **en** exposición *f* industrial

Industrieausweitung *f*, **en** expansión *f* industrial

Industrieballungsgebiet *n*, **e** zona *f*, área *f* de fuerte concentración industrial

Industriebank *f*, **en** banco *m* industrial

Industriebauten *pl* construcciones *pl*, obras *pl* industriales

Industriebereich *m*, **e** sector *m* industrial; ***im*** ~ en el campo, el sector, la esfera, el capítulo industrial

Industriebesatz *m*, Ø implantación *f* industrial; ***mit hohem*** ~ fuertemente industrializado
Industriebeschäftigte(r) (der/ein) persona *f* empleada en la industria; trabajador *m* de la industria
Industriebeteiligung *f*, **en 1.** participación *f* industrial **2.** título *m* de participación en una sociedad industrial
Industriebetrieb *m*, **e** empresa *f* industrial
Industriebezirk *m*, **e** distrito *m* industrial
Industriebranche *f*, **n** → Industriebereich
Industriecomputer m, - ordenador *m* industrial
Industriedesign *n*, **(s)** diseño *m* industrial
Industrieerzeugnis *n*, **se** producto *m* industrial
Industriefernsehen *n*, Ø televisión *f* industrial
Industriefernsehgerät *n*, **e** televisor *m* industrial
Industriefirm|a *f*, **-en** empresa *f*, firma *f* industrial
Industriegebäude *n*, - edificio *m*, edificación *f* industrial
Industriegebiet *n*, **e** región *f*, zona *f* industrial; distrito *m* industrial
Industriegelände *n*, - terreno *m* industrial; recinto *m* industrial
Industriegesellschaft *f*, **en** sociedad *f* industrial
Industrie-Gewerkschaft *f*, **en** (IG) sindicato *m* (obrero) industrial; ***IG-Bergbau*** unión *f* general (*od.* sindicato *m*) de mineros; ***IG-Metall*** sindicato del metal; sindical del ramo del metal
Industriegüter *pl* productos *pl*, bienes *pl* industriales
Industriekammer *f*, **n** cámara *f* de industria
Industriekapitän *m*, **e** (Arch.) gran industrial *m*; capitán *m* industrial
Industriekassamarkt *m*, **e** mercado *m* al contado de valores industriales
Industriekauf|mann *m*, **-leute 1.** (selbständig) comerciante *m* en productos industriales; industrial *m* **2.** (unselbständig) agente *m* técnico-comercial; empleado *m* de una empresa industrial
Industriekomplex *m*, **e** complejo *m* industrial
Industriekontenrahmen *m*, - (IKR) sistema *m* de contabilidad para todas las empresas industriales
Industriekooperation *f*, **(en)** cooperación *f* industrial
Industriekredit *m*, **e** crédito *m* industrial
Industriekreise *pl* círculos *pl* industriales
Industrieland *n*, **¨er** país *m* industrial(izado)
Industrielärm *m*, Ø ruido *m* industrial
Industrielaser *m*, - láser *m* industrial
industriell industrial; ***~e Anwendungen*** aplicaciones *pl* industriales; ***~e Datenverarbeitung*** informática *f* industrial; ~ ***genutzt*** utilizado, usado, empleado en la industria; ***~es Rechnungswesen*** contabilidad *f* industrial; ***~er Rückgang*** decaimiento *m*, decadencia *f* industrial; ***für ~e Zwecke*** para (*od.* con) fines industriales
Industrielle(r) (der/ein) industrial *m*; ***führender*** ~ dirigente *m* industrial; líder *m* industrial; magnate *m* industrial
Industriemacht *f*, **¨e** potencia *f* industrial
Industriemagnat *m*, **en** magnate *m* de la industria
industriemäßig 1. de tipo industrial **2.** a escala industrial
Industriemesse *f*, **n** feria *f* industrial
Industriemüll *m*, Ø desperdicios *pl* industriales
Industrienation *f*, **en** nación *f* industrial(izada)
Industrienetz *n*, **(e)** red *f* de corriente industrial
Industrienorm *f*, **en** ***Deutsche*** ~**(en)** norma(s) *f* (pl) industrial(es) alemana(s)
Industrieobligation *f*, **en** obligación *f* industrial
Industrieofen *m*, **¨** horno *m* industrial
Industriepapiere *pl* → Industriewerte
industriepolitisch, ***~e Entscheidung*** decisión *f* en materia de política industrial; decisión *f* político-industrial
Industriepotential *n*, **e** potencial *m* industrial
Industriepreisind|ex *m*, **-izes** índice *m* de precios industriales
Industrieprodukte *pl* productos *pl* industriales; productos *pl* de la industria
Industrieproduktion *f*, **en** producción *f*, output *m* industrial
Industrieprojekte *pl* proyectos *pl* industriales
Industriereaktor *m*, **en** reactor *m* industrial
Industrierohstoffe *pl* materias *pl* primas para la industria
Industrieschuldverschreibung *f*, **en** → Industrieobligation
industrieschwach débilmente industrializado; con exiguo grado de industrialización
Industriesektor *m*, **en** → Industriebereich

Industriespionage *f*, Ø espionaje *m* industrial
Industriestaat *m*, **en** país *m* industrial(izado)
Industriestadt *f*, ¨**e** ciudad *f* industrial(izada)
Industriestandortbedingungen *pl* condiciones *pl* de emplazamiento industrial
Industriestrom *m*, Ø corriente *f* industrial
Industriestruktur *f*, **en** estructuras *pl* industriales; infraestructura *f* industrial
Industrietätigkeit *f*, **en** actividad *f* industrial; operación *f* industrial
Industrietechnik *f*, **en** técnica *f* industrial; tecnología *f* industrial
Industrieumsatz *m*, (¨**e**) (cifra *f* de) facturación *f* industrial; volumen *m* de negocio industrial; volumen *m* de ventas industrial; negocios *pl*, ventas *pl* del sector secundario
Industrieunternehmen *n*, **-** → Industriebetrieb
Industrieverband *m*, ¨**e** federación *f* industrial; federación *f* de la industria; lobby *m* industrial; agrupación *f* sindical de la industria
Industrieverlagerung *f*, **en** desplazamiento *m* industrial
Industriewaren *pl* bienes *pl*, productos *pl* industriales
Industriewerbung *f*, **en** publicidad *f* industrial
Industriewerte *pl* valores *pl* industriales
Industriewirtschaft *f*, Ø **1.** sector *m* industrial **2.** economía *f* industrial
Industriezeitalter *n*, Ø era *f* industrial
Industriezentr|um *n*, **-en** centro *m* industrial
Industriezone *f*, **n** zona *f*, área *f* industrial
Industriezweig *m*, **e** → Industriebereich
ineffizient ineficaz; ineficiente; no rentable
Ineffizienz *f*, (**en**) ineficiencia *f*; ineficacia *f*; no rentabilidad *f*
Inempfangnahme *f*, **n** recepción *f*
inferiore Güter bienes *pl* inferiores
Infinitesimalrechnung *f*, **en** cálculo *m* infinitesimal
Inflation *f*, **en** inflación *f* **1.** ***anhaltende*** ~ inflación persistente; ***galoppierende*** ~ inflación galopante; ***gesteuerte (zurückgestaute)*** ~ inflación contenida, reabsorbida; ***hausgemachte*** ~ inflación casera, interna; ***heimliche (verkappte, verpuppte)*** ~ inflación latente, larvada; ***importierte*** ~ inflación importada; ***kosteninduzierte*** ~ inflación (inducida) por el alza de los costes; ***lohninduzierte*** ~ inflación (inducida) por el aumento de los salarios; ***nachfrageinduzierte*** ~ inflación (inducida) por el exceso de demanda; ***schleichende*** ~ inflación reptante **2.** ***die*** ~ ***bekämpfen*** combatir la inflación; luchar contra la inflación; ***die*** ~ ***eindämmen*** contener la inflación, poner coto a la inflación; ***die*** ~ ***in die Höhe treiben*** atizar, favorecer la inflación; hacer subir la inflación; ***die*** ~ ***stoppen*** parar, detener, dominar, reprimir la inflación (Ggs. ***Deflation***)
inflationär → inflationistisch
inflationieren (selten) favorecer la inflación ~***de Länder*** países *pl* inflacionistas
inflationistisch inflacionista; inflacionario
Inflationsanzeichen *n*, **-** signo *m*, síntoma *m* de inflación
Inflationsauswirkungen *pl* efectos *pl* de la inflación
Inflationsbekämpfung *f*, (**en**) lucha *f* contra la inflación
inflationsbereinigt deflactado; eliminados los factores inflacionistas
Inflationsbeschleunigung *f*, **en** aceleración *f* de la inflación
Inflationsdruck *m*, Ø **1.** presión *f* ejercida por la inflación **2.** ola *f*, empuje *m* inflacionista
Inflationserscheinung *f*, **en** síntoma *m* de inflación
Inflationserwartung *f*, **en** expectativa(s) *f* (*pl*) inflacionistas
Inflationsfaktor *m*, **en** factor *m* inflacionista, de inflación
inflationsfördernd generador de inflación; inflacionista; que promueve, que fomenta la inflación
Inflationsfurcht *f*, Ø miedo *m* a la inflación; miedo *m* de que se produzca inflación
Inflationsgefahr *f*, **en** peligro *m*, riesgo *m* de inflación
Inflationsgefälle *n*, **-** diferencial *m*, disparidad *f* de la tasa de inflación
Inflationsgewinn *m*, **e** beneficio *m* debido a la inflación; ganancia *f* derivada de la inflación
Inflationsgewinnler *m*, **-** beneficiario *m* de la inflación
inflationshemmend antiinflacionista
Inflationskampf *m*, ¨**e** → Inflationsbekämpfung
Inflationsklima *n*, Ø clima *m*, ambiente *m* inflacionista; opinión *f* general inflacionista
Inflationskrise *f*, **n** crisis *f* inflacionista

Inflationslücke *f*, **n** vacío *m*, laguna *f* inflacionista
Inflationsneigung *f*, **en** → Inflationstendenzen
Inflationspolitik *f*, Ø política *f* inflacionista; inflacionismo *m*
Inflationsrate *f*, **n** tasa *f*, índice *m* de inflación; ***hohe***, ***niedrige*** ~ índice alto, bajo de inflación; tasa alta, baja de inflación; ***zweistellige*** ~ (tasa de) inflación de dos dígitos; (índice) de inflación de dos cifras; ***die*** ~ ***geht zurück*** se reduce (*od.* baja) la tasa de inflación
Inflationsrisik|o *n*, **-en** riesgo *m*, peligro *m* de inflación
Inflationsschub *m*, **¨e** ola *f*, empuje *m* inflacionista
inflationssicher a cubierto, al abrigo de la inflación
Inflationsspirale *f*, **n** espiral *f* inflacionaria
Inflationsstoß *m*, **¨sse** ráfaga *f*, choque *m*, golpe *m* inflacionista
Inflationstempo *n*, **(s)** ritmo *m* de la inflación
Inflationstendenzen *pl*, ***die*** ~ ***beruhigen sich*** se alivian, se mitigan, se suavizan las tendencias inflacionistas
inflationstreibend inflacionista; inflacionario; generador de inflación
Inflationstrend *m*, **s** tendencia *f* inflacionista
inflatorisch → inflationistisch
Informant *m*, **en** informador *m*; informante *m*
Informatik *f*, Ø informática *f*; teoría *f*, ciencia *f* de la informatica
Informatiker *m*, - informático *m*; especialista *m*, experto *m* en informática; técnico *m* de informática
Informatikingenieur *m*, **e** ingeniero *m* informático; ingeniero *m* de informática
Information *f*, **en** **1.** información *f* **2.** (Inform.) dato *m*; datos *pl*; información *f*; ***~en auf den neuesten Stand bringen*** actualizar las informaciones; ***~en einholen*** recoger informaciones; ***~en erteilen*** facilitar, proporcionar, dar informaciones; ***~en löschen*** borrar las informaciones; ***~en speichern*** almacenar, registrar, memorizar las informaciones; ***~en übertragen*** transmitir las informaciones; ***~en verarbeiten*** tratar, procesar las informaciones; ***nach den neuesten*** ~ de acuerdo con las últimas informaciones; según los últimos datos; ***~en zugänglich machen*** revelar información; dar acceso a la información; ***zur*** ~ a título informativo
Informations- und Kommunikationssystem *n*, **e** sistema *m* de información y de comunicación
Informationsanbieter *m*, - proveedor *m* de información
Informationsaustausch *m*, Ø intercambio *m* de información
Informationsautobahn *f*, **en** infovía *f*; autopista *f* de la información; autovía *f* de la información
Informationsbank *f*, **en** banco *m* de datos, de informaciones
Informationsbroker *m*, - agente *m*, mediador *m* de información
Informationsbroschüre *f*, **n** folleto *m*, opúsculo *m* informativo
Informationsbüro *n*, **s** oficina *f* de información; agencia *f* de informes
Informationseinheit *f*, **en** unidad *f* de información
Informationsfluss *m*, Ø flujo *m* informativo; circulación *f* de la información
Informationsgespräch *n*, **e** charla *f*, conversación *f* informativa; coloquio *m* informativo
Informationslücke *f*, **n** falta *f* de información
Informationsmanagement *n*, Ø gestión *f* de la información
Informationsmangel *m*, Ø falta *f*, escasez *f* de información; desinformación *f*
Informationsnetz *n*, **e** red *f* de información
Informationspflicht *f*, **en** **1.** obligación *f* de informar **2.** obligación *f* de informarse
Informationsquelle *f*, **n** fuente *f* de información; fuentes *pl* informativas
Informationsspeicher *m*, - (Inform.) memoria *f* de datos
Informationsstand *m*, **¨e** **1.** stand *m*, mostrador *m* de información **2.** nivel *m* de conocimientos
Informationstechnik *f*, **en** tecnología *f*, técnica *f* de la información
Informationstechnologie *f*, **n** tecnología *f* de la información
Informationstheorie *f*, Ø teoría *f* de la información
Informationsträger *m*, - soporte *m*, portador *m* de información
Informationsverarbeitung *f*, **en** (Inform.) tratamiento *m* de la información
Informationswege *pl* canales *pl*, vías *pl* de información

Informationszentr|um *n*, **-en** centro *m* de información

Informationszweck *m*, **e** propósito *m* informativo; fines *pl* informativos

informativ informativo; *~es Plakat* cartel *m* informativo; *~e Werbung* publicidad *f* informativa

informell, *~es Treffen* encuentro *m*, reunión *f* informal

informieren (über) informar de, sobre; *nach Angaben informierter Kreise* según fuentes bien informadas; según círculos bien informados; según fuentes solventes

Informierung, *~ des Käufers* (auf dem Etikett) etiqueta *f* de información

Infragestellung *f*, Ø puesta *f* en tela de juicio

Infrastruktur *f*, **en** infraestructura *f*

Infrastrukturarbeiten *pl* trabajos *pl*, operaciones *pl* de infraestructura

Infrastrukturfehlbedarf *m*, Ø deficiencia *f* infraestructural

Infrastrukturinvestitionen *pl* inversiones *pl* en la infraestructura

Infrastrukturkredit *m*, **e** crédito *m* para financiar la infraestructura

Infrastrukturnetz *n*, **e** red *f* de infraestructura

Infrastrukturvorhaben *n*, **-** proyecto *m* de infraestructura

Ingangsetzung *f*, **en** puesta *f* en marcha, en funcionamiento, en servicio

Ingangsetzungsaufwendungen *pl* gastos *pl* de puesta en marcha; gastos *pl* de establecimiento

Ingenieur *m*, **e** ingeniero *m*

Ingenieurarbeit *f*, **en** (trabajo *m* de) ingeniería *f*

Ingenieurbauten *pl* obras *pl* de ingeniería

Ingenieurberatungsunternehmen *n*, **-** (empresa *f* de) ingeniería *f* consultiva; ingenieros *pl* consultores

Ingenieurbüro *n*, **s** oficina *f* técnica

Ingenieurschule *f*, **n** escuela *f* de ingenieros

Ingenieurtechnik *f*, **en** ingeniería *f*

Ingenieurwesen *n*, Ø ingeniería *f*

Ingenieurwissenschaft *f*, **en** → Ingenieurwesen

Inhaber *m*, **-** *~ von Aktien* tenedor *m* de acciones; accionista *m*; *~ einer Firma* propietario *m*, dueño *m* de una empresa; *~ eines Passes* titular *m* de un pasaporte; *~ eines Pfandbriefes* cedulista *m*; *~ eines Schecks* portador *m*, tenedor *m* de un cheque; *~ einer Schuldverschreibung* obligacionista *m*; *~ eines Wechsels* portador *m* de una letra; *auf den ~ lautendes Papier* efecto *m* al portador; *an den ~ zahlbar* pagadero; pagable al portador; *gutgläubiger ~* tenedor de buena fe

Inhaber- (Pref.) al portador

Inhaberaktie *f*, **n** acción *f* al portador

Inhabergrundschuld *f*, **en** deuda *f* inmobiliaria al portador

Inhaberklausel *f*, **n** cláusula *f* al portador

Inhaberkonnossement *n*, **e** conocimiento *m* al portador

Inhaberladeschein *m*, **e** carta *f* de porte al portador

Inhaberlagerschein *m*, **e** resguardo *m* al portador

Inhaberluftfrachtbrief *m*, **e** carta *f* de porte aéreo al portador

Inhaberpapiere *pl* efectos *pl*, títulos *pl*, documentos *pl* al portador

Inhaberrecht *n*, Ø, *~ an Warenzeichen* derechos *pl* sobre la marca

Inhaberschaft *f*, Ø posesión *f*; propiedad *f*; detentación *f*; titularidad *f*; tenencia *f*

Inhaberscheck *m*, **s** cheque *m* al portador (Syn. *Überbringerscheck*)

Inhaberschuldverschreibung *f*, **en** **1.** obligación *f*, pagaré *m* al portador **2.** título *m* mobiliario **3.** promesa *f* escrita al portador

Inhaberwechsel *m*, **-** **1.** cambio *m* de dueño (de una empresa); cambio *m* de titularidad **2.** letra *f* al portador

Inhaberzinsschein *m*, **e** cupón *m* de intereses al portador

inhaftieren encarcelar; detener

Inhaftierte(r) (der/ein) detenido *m*; encarcelado *m*

Inhaftierung *f*, **en** encarcelamiento *m*; detención

Inhaftnahme *f*, **n** detención *f*

Inhalt *m*, **e** **1.** contenido *m*;*~ der Lohntüte, des Lohnbeutels* salario *m* neto **2.** Capacidad *f* **3.** superficie *f*; área *f* **4.** volumen *m* **5.** asunto *m*; tema *m* **6.** argumento *m*; trama *f* (de una película) **7.** *~ und Form* el fondo y la forma

Inhaltsangabe *f*, **n** **1.** sumario *m*; resumen *m* **2.** declaración *f* del contenido

Inhaltserklärung *f*, **en** declaración *f* del contenido

Inhaltsverzeichnis *n*, **se** índice *m*; tabla *f* de materias; sumario *m*

Inkass|o *n*, **s** *od.* **-i** cobro *m*; cobranza *f*; *die mit dem ~ beauftragte Bank* el banco en-

cargado del cobro; ***einen Wechsel zum ~ vorlegen*** presentar una letra al cobro; presentar una letra para su cobro
Inkassoabteilung *f*, **en** sección *f*, departamento *m* de cobros
Inkassoauftrag *m*, **¨e** orden *f* de cobro
Inkassobüro *n*, **s** oficina *f*, agencia *f* de cobros
Inkassogebühr *f*, **en** derechos *pl* de cobro
Inkassogeschäft *n*, **e** operación *f* de cobro
Inkassopapier *n*, **e** efecto *m* remitido al cobro
Inkassoprovision *f*, **en** comisión *f* de (*od.* al) cobro
Inkassospesen *pl* gastos *pl* de cobro
Inkassostelle *f*, **n** → Inkassobüro
Inkassovollmacht *f*, **en**, ~ ***haben*** tener poder de cobro
Inkassowechsel *m*, - efecto *m*, letra *f* a cobrar; efecto *m* remitido al cobro
Inkaufnahme *f*, Ø aceptación *f*; conformidad *f* (conociendo los inconvenientes)
inklusive inclusive; incluido; ~ ***aller Versandkosten*** incluidos todos los gastos de expedición; ~ ***Porto*** franqueo *m*, porte *m* incluido (Syn. ***einbegriffen, inbegriffen***)
Inklusivpreis *m*, **e** precio *m* global; precio *m* todo incluido; precio *m* del paquete
inkognito, ~ ***reisen*** viajar de incógnito
inkompatibel incompatible
inkompetent 1. incompetente **2.** sin competencia; no competente; no autorizado; no habilitado
Inkompetenz *f*, **en** incompetencia *f*
Inkraftsetzung *f*, **(en)** puesta *f* en vigor
Inkrafttreten *n*, Ø entrada *f* en vigor
inkulant poco complaciente; poco servicial
Inkurssetzung *f*, **en** puesta *f* en circulación
Inland *n*, Ø interior *m*; territorio *m* nacional; ***die Waren sind für das ~ bestimmt*** las mercancías están destinadas al mercado nacional; ***im In- und Ausland*** (von Deutschland aus gesehen) en Alemania y en el extranjero; ***Nachfrage im ~*** demanda interior, interna, nacional
Inländer *m*, - **1.** habitante *m*, nacional *m* del país **2.** nativo *m*; indígena *m*
Inländerbehandlung *f*, Ø trato *m* como nacionales
Inlandflug *m*, **¨e** vuelo *m* interior, doméstico, nacional
inländisch 1. nacional; interior; del país; metropolitano **2.** nativo; indígena
Inlands- (Pref.) nacional; interno; interior
Inlandsabsatz *m*, **¨e** venta *f* (al) interior
Inlandsanlage *f*, **n** inversión *f* (en el) interior; inversión *f* doméstica
Inlandsanleihe *f*, **n** empréstito *m* interior
Inlandsauftrag *m*, **¨e** pedido *m* (del) interior; pedido *m* del mercado interior; pedido *m* de clientes nacionales (*od.* del país)
Inlandsbedarf *m*, Ø demanda *f* interior; demanda *f* procedente del propio país
Inlandsbestellung *f*, **en** → Inlandsauftrag
Inlandserzeugung *f*, **en** producción *f* nacional; producción *f* del país
Inlandsflugverkehr *m*, Ø tráfico *m* interior; vuelos *pl* nacionales; vuelos *pl* domésticos
Inlandsgebühr *f*, **en** tarifa *f* nacional
Inlandsgeschäft *n*, **e** negocio *m*, transacción *f*, operación *f* interior; ***Inlands– und Auslandsgeschäft*** negocios en el interior y con el extranjero
Inlandshandel *m*, Ø comercio *m* interior; comercio *m* dentro del propio país
Inlandsinvestitionen *pl* inversiones *pl* en el propio país; inversiones *pl* interiores
Inlandskonjunktur *f*, Ø coyuntura *f* nacional; coyuntura *f* del país; coyuntura *f* interior
Inlandsmarkt *m*, **¨e** mercado *m* interior (*od.* nacional) (Syn. ***Binnenmarkt)***
Inlandsnachfrage *f*, **n** demanda *f* interior
Inlandsporto *n*, **s** franqueo *m* interior
Inlandspreis *m*, **e** precio *m* en el mercado nacional; precio *m* interior
Inlandsproduktion *f*, **en** producción *f* nacional, interior
Inlandstarif *m*, **e** tarifa *f*; régimen *m* interior
Inlandsumsatz *m*, **¨e** facturación *f* interior; ventas *pl* en el mercado nacional
Inlandsverbrauch *m*, Ø consumo *m* interior
Inlandswährung *f*, **en** moneda *f* nacional
Inlandswechsel *m*, - letra *f* de cambio sobre el interior
inliegend (A) adjunto; incluido
innehaben 1. tener en posesión **2.** ocupar un puesto, un cargo; ejercer una función
Innenarchitekt *m*, **en** arquitecto *m*, decorador *m* de interiores
Innenarchitektur *f*, Ø arquitectura *f* interior; diseño *m* de interiores
Innenausstattung *f*, **en 1.** interiorismo *m* **2.** (Auto.) acabado *m* interior
Innendekorateur *m*, **e** interiorista *m*; decorador *m* de interiores
Innendienst *m*, **e** servicio *m* de oficina; servicio *m* interno
Inneneinrichtung *f*, **en** decoración *f* interior

Innenfinanzierung *f*, **en** financiamiento *m* interno; financiación *f* interior
Innenfläche *f*, **n** superficie *f* interior
Innenhof *m*, **¨e** patio *m* (interior)
Innenminister *m*, **-** ministro *m* del Interior
Innenministeri|um *n*, **-en** ministerio *m*, departamento *m*, cartera *f* del Interior
Innenorganisation *f*, **en** organización *f* interna
Innenpolitik *f*, **Ø** política *f* interior
innenpolitisch en materia de política interior
Innenraum *m*, **¨e** **1.** espacio *m* interior **2.** (Auto.) habitáculo *m*
Innenressort *n*, **s** → Innenministerium
Innenrevision *f*, **en** auditoría *f* interna
Innenrevisor *m*, **en** auditor *m* interno
Innensicherung *f*, **en** (Seg.) protección *f* interna
Innenstadt *f*, **¨e** centro *m*, casco *m* urbano (Syn. ***City***)
Innenumsatz *m*, **¨e** facturación *f*, ventas *pl* dentro de la compañía
Innenverbindung *f*, **en** (Teléf.) comunicación *f* local, interior; urbana
Innenverhältnis *n*, **se** relación *f* interna
inner interior; interno; ***~e Angelegenheit*** asunto *m* interno; ***~er Wert*** valor *m* intrínseco
inner- und außerbetrieblich dentro y fuera de la empresa
innerbetrieblich dentro de la empresa (*od.* de la compañía *od.* de la explotación *od.* de la factoría); intraempresa; intracompañía; intrafirma; ***~e Ausbildung*** formación *f* dentro de la empresa; formación *f* profesional interna
innergemeinschaftlich intracomunitario; entre países de la UE; entre los Quince; ***~e Grenzen*** fronteras *pl* interiores de la Comunidad; ***~er Handelsverkehr*** comercio *m* intracomunitario; comercio *m* entre los países miembros (de la CE); ***~es Versandverfahren*** tránsito *m* dentro de la comunidad; ***~er Warenverkehr*** comercio *m* intracomunitario; comercio *m* entre los Quince; comercio *m* entre los países miembros de la comunidad
innergewerkschaftlich dentro del sindicato; interno al sindicado; en el seno del sindicato; ***~e Konflikte*** querellas *pl* sindicales intestinas
innerhalb **1.** ***~ der Landesgrenzen*** en el interior de las fronteras nacionales (*od.* de un país) **2.** ***~ einer Woche*** **en** el plazo, al término de una semana; ***~ von fünf Monaten*** en un plazo, en el lapso de cinco meses
innerpolitisch → innenpolitisch
innerstaatlich nacional; doméstico; ***die ~en Rechtsvorschriften angleichen*** armonizar la legislación nacional; ***~e Stellen*** autoridades *pl* nacionales; ***~e Vorschriften*** regulaciones *pl* nacionales
Innovation *f*, **en** innovación *f*; introducción *f* de un producto nuevo; aplicación *f* de un procedimiento nuevo; empleo *m* de una nueva técnica de producción; ***industrielle ~*** innovación industrial
innovationsfeindlich hostil a las innovaciones; retrógrado
innovationsfördernd, ***~e Maßnahmen*** medidas *pl* para la promoción, el fomento de la innovación
innovationsfreudig innovador; innovativo
innovationsorientiert, ***~e Politik*** política *f* orientada a la innovación
innovativ innovativo; de innovación; innovador
innovatorisch innovador; innovativo
Innung *f*, **en** gremio *m*; corporación *f* (Syn. ***Zunft***)
inoffiziell no oficial; oficioso
Inpfandnahme *f*, **n** toma *f* en prenda
Input *m*, **Ø** **1.** (Inform.) entrada *f* (de datos en el ordenador) **2.** factores *pl* de producción (contratados) **3.** insumo *m*
Input-output *m*, **Ø** **1.** factor-producto *m*; insumo-producto *m* **2.** entrada/salida *f*; ***~-Analyse, ~-Rechnung*** análisis *m* de entradas y salidas; análisis *m* de insumo-producto; análisis *m* interindustrial
Input-Output-Tabelle *f*, **n** (IOT) tabla *f* de insumo-producto (TIP); tabla *f* de entradas y salidas; cuadros *pl* intersectores
Inrechnungsstellung *f*, **en** puesta *f* en cuenta; inclusión *f* en factura
Insasse *m*, **n** **1.** ***~ eines Fahrzeugs*** ocupante *m* **2.** (Fahrgast) pasajero *m* **3.** ***~ eines Gefängnisses*** recluso *m* **4.** ***~ eines Hauses*** vecino *m*; inquilino *m*
Insassen-Unfallversicherung *f*, **en** seguro *m* de ocupantes
Inschrift *f*, **en** **1.** inscripción *f* **2.** leyenda *f* (en una moneda)
Insektenvertilgung *f*, **en** desinsectación *f*
Insektenvertilgungsmittel *n*, **-** insecticida *m*
Inselgruppe *f*, **n** archipiélago *m*; grupo *m* de islas
Inselstaat *m*, **en** Estado *m* insular

Inserat *n*, **e** anuncio *m; **ein ~ aufgeben*** poner un anuncio (Syn. ***Anzeige, Annonce***)
Inseratbüro *n*, **s** agencia *f* de publicidad
Inseratenteil *m*, **e** sección *f* de anuncios; página *f* de pequeños anuncios
Inserent *m*, **en** anunciante *m*
inserieren poner un anuncio; insertar; ***~ in einer Zeitung*** poner un anuncio en un periódico
Insert *n*, **s 1.** encaje *m*; encarte *m*; inserto *m* **2.** cuadro *m* sinóptico proyectado en pantalla
Insertion *f*, **en** inserción *f*
insgesamt en conjunto; en total; en términos globales; globalmente
Insider *m*, **- 1.** "insider" *m*; iniciado *m*; persona *f* bien informada; persona *f* que tiene información confidencial; persona *f* con información privilegiada **2.** miembro *m* de una comunidad económica
Insider trading *n*, **Ø 1.** comercio *m* de iniciado **2.** información *f* privilegiada
Insiderdelikt *n*, **e** delito *m* de iniciado; delito *m* por abuso de información confidencial
Insidergeschäft *n*, **e** negocio *m* basado en la información privilegiada; negocio *m* con la confidencialidad; operación *f* hecha por un iniciado; operación *f* bursátil realizada por consejo de un "insider" o por un "insider"
Insiderhandel-Richtlinien *pl* directrices *pl* sobre las operaciones de "insiders"
Insider-Information *f*, **en 1.** información *f* interior (de una empresa) **2.** información *f* confidencial; información *f* privilegiada
insolvent insolvente (Syn. *zahlungsunfähig*)
Insolvenz *f*, **en** insolvencia *f* (Syn. ***Zahlungsunfähigkeit***)
Insolvenzversicherung *f*, **en** garantía *f* contra la insolvencia
Inspekteur *m*, **e** inspector *m*
Inspektion *f*, **en 1.** inspección *f* **2.** vigilancia *f*; control *m*
Inspektionsreise *f*, **n** viaje *f* de inspección
Inspektor *m*, **en** inspector *m*
inspizieren inspeccionar; examinar; someter a inspección
Instabilität *f*, **(en)** inestabilidad *f; **eine große ~ aufweisen*** mostrar, registrar una gran inestabilidad
Installateur *m*, **e 1.** instalador *m* **2.** electricista *m*; lampista *m* **3.** fontanero *m*
Installation *f*, **en** instalación *f*
installieren instalar; montar; conectar
instand setzen reparar; arreglar; poner en condiciones; ***wieder ~ setzen*** reacondicionar
instandhalten mantener en buen estado; conservar; (nach Verkauf) prestar servicio postventa
Instandhaltung *f*, **en** mantenimiento *m*; conservación *f*
Instandhaltungskosten *pl* gastos *pl* de conservación, de entretenimiento, de manutención, de mantenimiento
inständig urgente; encarecido; ***~e Bitte*** ruego *m* encarecido; ***jdn. ~ bitten*** rogar encarecidamente; encarecer a alg.
Instandsetzung *f*, **en** arreglo *m*; compostura *f*; reparación *f*
Instandsetzungsarbeiten *pl* trabajos *pl* de reparación
Instandsetzungskosten gastos *pl* de reparación
Instanz *f*, **en 1.** instancia *f*; autoridad *f* competente; ***Gericht erster ~*** tribunal *m* de primera instancia; ***Gericht zweiter ~*** tribunal de segunda instancia; tribunal de apelación; ***höhere ~*** instancia superior; tribunal superior; ***in letzter ~*** en última instancia **2.** vía *f* jerárquica
Instanzenweg *m*, **e** vía *f* jerárquica; tramite *m*; tramitación *f; **auf dem ~*** por vía jerárquica; por vía de trámite; ***den ~ nehmen*** seguir la vía jerárquica (Syn. ***Behördenweg***)
Instanzenzug *m*, **Ø** tramitación *f*; trámite *m*; prosecución *f* de la vía jerárquica
Institut *n*, **e** instituto *m; **~ für Konjunkturforschung*** instituto de estudios coyunturales; ***~ für Meinungsforschung*** instituto de la opinión (pública); instituto de sondeo de la opinión; instituto de encuestas
Institut Air Cargo Clauses *pl* cláusulas *pl* del instituto para mercancías por avión
Institut Cargo Clauses *pl* cláusulas *pl* del instituto para mercancías
Institution *f*, **en 1.** institución *f* **2.** institución *f* pública, estatal, oficial; organismo *m* público
institutionalisieren institucionalizar
institutionell, ***~e Anleger*** inversores *pl* institucionales; ***~e Werbung*** publicidad *f* institucional; publicidad *f* de buena voluntad
instruieren instruir; dar instrucciones
Instrument *n*, **e** instrumento *m*; herramienta *f; **die ~e der Bundesbank*** las disposiciones y medidas del banco emisor alemán

Instrumentari|um *n*, **-en** instrumental *m*; instrumentario *m*; instrumentos *pl*; arsenal *m*; medios *pl* (de una política)
Inswerksetzen *n*, Ø puesta *f* en práctica; realización *f*
Integralfranchise *f*, **n** franquicia *f* integral
Integralrechnung *f*, **en** cálculo *m* integral
Integration *f*, **en** integración *f*
Integrationsprozess *m*, **-sse** proceso *m* de integración
Integrationsstufe *f*, **n** tramo *m*, etapa *f*, fase *f* de integración
integrieren integrar
integrierend, ***~er Bestandteil*** parte *f* integrante; elemento *m* constitutivo
integriert, ***~e Schaltkreise*** circuitos *pl* integrados
intelligent, ***~e Datenstation*** terminal *m* inteligente, programable
Intelligenzquotient *m*, **en** cociente *m* de inteligencia; cociente *m* intelectual
Intelligenztest *m*, **s** prueba *f* de inteligencia
Intendant *m*, **en** **1.** director *m* general (de radio, teatro, *etc.*) **2.** intendente *m*
intensiv (Agric.) ***~e Bebauung*** cultivo *m* intensivo, intenso
intensivieren intensificar
Intensivierung *f*, **en** intensificación *f*; ***~ der Ausfuhren*** intensificación de las exportaciones
interaktiv interactivo; ***~e Abfrage*** consulta *f* interactiva; ***~er Zugriff*** acceso *m* interactivo
interamerikanisch interamericano; ***~e Entwicklungsbank*** Banco *m* Interamericano de Desarrollo (BID); ***~e Kernenergie-Kommission*** Comisión *f* Interamericana de Energía Nuclear (CIEN); ***~e Konferenz für Soziale Sicherheit*** Comité *m* Interamericano de Seguridad Social (CISS); ***~es Institut für Agrarwissenschaften*** Instituto *m* Interamericano de Ciencias Agrícolas
Interbankbeziehungen *pl* relaciones *pl* interbancarias; relaciones *pl* entre bancos
Interbankengeschäft *n*, **e** operaciones *pl*, transacciones *pl* interbancarias
Interbankenkredit *m*, **e** crédito *m* interbancario
Interbankenmarkt *m*, **¨e** mercado *m* interbancario; mercado *m* de préstamos a corto plazo entre bancos (Syn. ***Geldmarkt***)
Interbankrate *f*, **n** tasa *f* del mercado interbancario
Inter-City-Netz *n*, **e** red *f* ferrocarril interurbano
Intercity-Verkehr *m*, Ø tráfico *m* interurbano; líneas *pl* rápidas entre las grandes ciudades; tráfico *m* intercity
Intercity-Zug *m*, **¨e** (IC) (tren *m*) "intercity" *m*
Interesse *n*, **n** interés *m*; ***berechtigtes ~*** interés legítimo; ***~ erwecken*** despertar, suscitar interés; ***ein berechtigtes ~ haben*** estar legítimamente interesado; ***geringes ~*** poco, escaso interés; ***geschäftliche ~en*** intereses comerciales; ***großes ~ haben an*** estar muy interesado en; tener mucho interés en; ***im ~ der Allgemeinheit*** **en** interés general; en interés de todos; ***das öffentliche ~*** el interés común; ***in jds. ~*** en interés de alg.; ***lebhaftes ~*** gran, vivo, hondo interés; ***kollidierende ~n*** intereses en conflicto, en colisión; ***es liegt in Ihrem ~*** está en su interés; es de interés para usted; ***den ~n abträglich sein*** ser perjudicial para los intereses; ***die ~n berühren*** afectar los intereses; ***die ~en schädigen*** perjudicar los intereses; ***das ~ an etwas verlieren*** desinteresarse de a/c; perder el interés por u/c; ***jds. ~n vertreten*** defender los intereses de alg.; ***jds. ~n wahren*** velar por los intereses de alg.; ***jds. ~en wahrnehmen*** salvaguardar los intereses de alg.; ***~ zeigen*** mostrar interés
Interessenausgleich *m*, **e** compromiso *m* entre intereses en conflicto
Interessengebiet *n*, **e** esfera, área *f* de intereses; zona *f* de influencia
Interessengegensatz *m*, **¨e** intereses *pl* contradictorios, opuestos
Interessengemeinschaft *f*, **en** comunidad *f* de intereses; ***mit jdm. eine ~ eingehen*** fundar una comunidad de intereses
Interessengemeinschafts-Vertrag *m*, **¨e** contrato *m* de intereses mancomunados
Interessengruppe *f*, **n** grupo *m* de presión
Interessenkäufe *pl* compra *f* de títulos con voluntad de apoyo; compra *f* con propósito especial
Interessenklüngel *m*, **n** camarilla *f*; pandilla *f* (con los mismos intereses); mafia *f*
Interessenkollision *f*, **en** colisión *f*, conflicto *m* de intereses
Interessenkonflikt *m*, **e** → Interessenkollision
Interessent *m*, **en** **1.** persona *f* interesada; interesado *m* **2.** cliente *m* en perspectiva; cliente *m* posible; comprador *m* probable

Interessentenorganisation *f*, **en** (CH) → Interessenverband
Interessenverband *m*, **¨e** grupo *m* de presión; asociación *f* de intereses; (Angl.) lobby *m* (Syn. ***Pressure-Group, Lobby***)
Interessenverknüpfungen *pl* entrelazamiento *m* de intereses
Interessenvertretung *f*, **en** → Interessenverband
interessiert, ***an einem Angebot, Kauf ~ sein*** estar interesado en una oferta, en una compra
Interface-Karte *f*, **n** tarjeta *f* de interfaz
Interim *n*, **s 1.** interim *m*; interimidad *f* **2.** solución *f* transitoria; reglamentación *f* provisional
interimistisch interino; provisional
Interimsbilanz *f*, **en** balance *m* provisional
Interimskont|o *n*, **-en** cuenta *f* provisional; avance *m* de cuenta
Interimsquittung *f*, **en** resguardo *m* provisional
Interimsregelung *f*, **en** reglamentación *f* provisional, interina
Interimsschein *m*, **e** certificado *m* provisional
Interkommunikation *f*, Ø intercomunicación *f*
Interna *pl* informaciones *pl* internas
international internacional; ***in ~er Hinsicht*** internacionalmente; en el aspecto, el contexto internacional; desde el punto de vista internacional; ***~ tätiges Unternehmen*** empresa que opera a nivel internacional
Internationale Absatzwirtschaftliche Vereinigung *f* Federación *f* Internacional de Márketing
Internationale Arbeitskonferenz *f* (= *Vollkonferenz der ILO*) Conferencia *f* Internacional del Trabajo
Internationale Arbeitsorganisation (ILO) *f* Organización *f* Internacional de Trabajo (OIT)
Internationale Atomenergieorganisation *f* Agencia *f* Internacional de la Energía Atómica (AIEA)
Internationale Bank für Wiederaufbau und Entwicklung *f* (IBRD) Banco *m* Internacional de Reconstrucción y Fomento *bzw.* Desarrollo (BIRF, BIRD)
Internationale Einfuhrbescheinigung *f*, **en** Certificado *f* Internacional de Importación
Internationale Eisenbahnunion *f* Unión *f* Internacional de Ferrocarriles
Internationale Entwicklungsorganisation *f* Asociación *f* Internacional de Fomento (AIF)
Internationale Finanzierungsgesellschaft *f* Corporación *f* Financiera Internacional (entidad del grupo Banco Mundial)
Internationale Gewässer *pl* aguas *pl* internacionales
Internationale Gewerbe-Union *f* (IGU) Unión *f* Internacional de la Artesanía y de las Pequeñas y Medianas Empresas
Internationale Handelskammer *f* Cámara *f* de Comercio Internacional (CCI)
Internationale Handelsschiedsgerichtsbarkeit *f*, Ø arbitraje *m* comercial internacional
Internationale Kaffeeorganisation *f* Organización *f* Internacional del Café
Internationale Kakaoorganisation *f* Organización *f* Internacional del Cacao
Internationale Regeln für die Auslegung von Handelsklauseln *pl* → Incoterms
Internationale Rohstoffbank *f* Banco *m* Internacional de Materias Primas
Internationale Schiedsgerichtsbarkeit *f*, Ø arbitraje *m* internacional
Internationale Schifffahrtskammer *f* Cámara *f* Internacional de Navegación
Internationale Seeschifffahrtsorganisation *f* Organización *f* Marítima Internacional
Internationale Straßentransport-Union *f* Unión *f* Internacional de Transportes por Carretera
Internationale Vereinigung für gewerblichen Rechtsschutz *f* (IVfgR) Asociación *f* Internacional para la Protección de la Propiedad Industrial
Internationale Vereinigung für Steuerrecht *f* Asociación *f* Fiscal Internacional
internationale Verkehrszeichen *pl* señales *pl* de tráfico internacionales
Internationale Walfangkommission *f* Comisión *f* internacional ballenera
internationale Warenklasseneinteilung *f*, **en** clasificación *f* internacional de mercancías (*od.* bienes *od.* mercaderías)
Internationale Zivilluftfahrt-Organisation *f* Organización *f* de Aviacion Civil internacional (OACI)
Internationaler Agrarentwicklungsfonds *m* Fondo *m* Internacional para el Desarrollo Agrícola (FIDA)
internationaler Antwortschein *m*, **e** cupón-respuesta *m* internacional

Internationaler Arbeitgeberverband *m* Organización *f* internacional de Empleadores

Internationaler Bund Christlicher Gewerkschaften *m* (IBCG) Confederación *f* Internacional de Sindicatos Cristianos

Internationaler Bund der Übersetzer *m* Federación *f* Internacional de Traductores (FIT)

Internationaler Bund Freier Gewerkschaften *m* Confederación *f* Internacional de Organizaciones Sindicales Libres (CIOSL)

Internationaler Genossenschaftsbund *m* (IGB) Alianza *f* Cooperativa International (ACI)

Internationaler Gerichtshof *m* (IGH) Tribunal *m* (*od.* Corte *f*) International de Justicia

Internationaler Luftverkehrsverbund *m* (= Verband des Internationalen Luftverkehrs) (IATA) Asociación *f* de Transporte Aéreo Internacional (ATAI)

Internationaler Messeverband *m* (= Union Internationaler Messen) (IMR) Unión *f* de Ferias Internacionales (UFI)

Internationaler Strafgerichtshof *m* Tribunal Penal Internacional (TPI)

Internationaler Touring-Verband *m* Alianza *f* Internacional de Turismo (AIT)

Internationaler Verband der Konferenzdolmetscher *m* Asociación *f* Internacional de Intérpretes de Conferencia (AIIC)

Internationaler Verband der Konferenzübersetzer *m* Asociación *f* International de Traductores de Conferencia (AITC)

Internationaler Verband der Landwirtschaft *m* Comisión *f* Internacional de Agricultura

Internationaler Verein für öffentliches Verkehrswesen *m* Unión *f* Internacional de Transportes Públicos (UITP)

Internationaler Währungsfonds *m* (IWF) Fondo *m* Monetario Internacional (FMI)

internationales Abkommen *n*, - acuerdo *m*, convenio *m*, convención *f* internacional

Internationales Arbeitsamt *n* (IAA) Oficina *f* Internacional del Trabajo

internationales Ausstellungsbüro *n*, s Oficina *f* Internacional de Exposiciones

Internationales Büro für Maße und Gewichte *n* Oficina *f* Internacional de Pesos y Medidas

internationales Gewässer *n*, - aguas *pl* internacionales

Internationales Institut für Statistik *n* Instituto *m* Internacional de Estadística

Internationales Konsortium für Nachrichtensatelliten *n* Consorcio *m* internacional de comunicación por satélite (INTERSAT)

Internationales Patentinstitut *n* Instituto *m* Internacional de Patentes

Inter-Rail-Karte *f*, **n** billete *m* de tren reducido para los jóvenes

intervalutarisch, *~er* ***Devisenhandel*** arbitraje *m* en (*od.* de) divisas; *~er* ***Kurs*** paridad *f*

intervenieren intervenir; ***bei jdm. für jdn.*** ~ intervenir ante alg., a favor de alg.; ***am Devisenmarkt*** ~ intervenir en el mercado de cambios, de divisas

Intervention *f*, **en** intervención *f*; (bei Nichtzahlung eines Wechsels) aceptación *f* por intervención; acto *m* de intervención

Interventionsakzeptant *m*, **en** aceptante *m* por intervención

Interventionsfonds *m*, - fondo *m* de intervención

Interventionsgrenze *f*, **n** umbral *m* de intervención; ***obere***, ***untere*** ~ tasa-pivote *f* inferior, superior de intervención

Interventionskauf *m*, **¨e** compra *f* para sostener (las cotizaciones); compra *f* de apoyo

Interventionskäufe *pl* compras *pl* de apoyo (para estabilizar el precio)

Interventionspreis *m*, **e** precio *m* de intervención; precio *m* mínimo garantizado al productor

Interventionspunkt *m*, **e** punto *m*, umbral *m* de intervención

Interventionsspanne *f*, **n** margen *m* de intervención

Interventionszahlung *f*, **en** pago *m* sobre protesto, protesta, protestación

Interview *n*, **s** entrevista *f*; interviú *f*; ***ein ~ geben*** conceder una entrevista

interviewen entrevistar; encuestar; interviuvar

Interviewer *m*, - entrevistador *m*; encuestador *m*

Interviewpartner *m*, - interlocutor *m*

Interviewte(r) (der/ein) entrevistado *m*; encuestado *m*

Intestatabfolge *f*, **n** sucesión *f* intestada

Intimsphäre *f*, **n** vida *f* privada

intramarginale Interventionen *pl* intervenciones *pl* (intramarginales) para mantener el tipo de cambio

Inumlaufsetzen *n*, Ø puesta *f* en circulación
Invalidenrente *f*, **n** pensión *f* de invalidez
Invalidenversicherung *f*, **en** seguro *m* de invalidez
Invalidität *f*, (**en**) invalidez *f*, incapacidad *f* laboral; ***dauernde*** ~ invalidez permanente; ~ ***infolge Krankheit*** invalidez a consecuencia de enfermedad; ~ ***infolge Unfall*** invalidez a consecuencia de accidente; ***vollständige*** ~ gran invalidez; ***vorläufige*** ~ invalidez temporal; ***vorzeitige*** ~ invalidez prematura; ***zeitweilige*** ~ invalidez temporal
Invaliditätsgeld *n*, er subsidio *m* de invalidez
Invaliditätsrisik|o *n*, **-en** riesgo *m* de invalidez
Inventar *n*, **e** inventario *m; **ein** ~ **aufstellen**, **erstellen*** hacer, formar, establecer inventario; ***lebendes*** ~ bienes *pl* semovientes; ***totes*** ~ material *m* de explotación
Inventaraufnahme *f*, **n** confección *f*, levantamiento *m*, formación *f*, establecimiento *m* de inventario
inventarisieren inventarizar; formar, hacer, establecer, levantar inventario
Inventarisierung *f*, **en** establecimiento *m* de un inventario; inventarización *f*
Inventarstück *n*, **e** pieza *f*, objeto *m* de inventario; pieza *f* inventariada; objeto *m* inventariado
Inventarverzeichnis *n*, **se** (especificación *f* del) inventario *m*
Inventur *f*, **en** inventario *m;* ~ ***machen*** hacer inventario; inventariar
Inventurausverkauf *m*, **¨e** venta *f* posbalance; liquidación *f* de saldos
Inventurdifferenzen *pl* diferencias *pl* de inventario
Inventurstichtag *m*, **e** día *m* de inventario
Inverkehrbringen *n*, Ø puesta *f* en circulación; colocación *f* en el mercado
Inverzugsetzung *f*, (**en**) constitución *f* en mora
investieren invertir ***Kapital in einen Betrieb*** ~ invertir capital en una empresa (Syn. ***anlegen***)
Investierung *f*, **en** inversión *f* (= acción *f* de invertir); colocación *f* de capital
Investition *f*, **en** inversión *f*; ***direkte*** ~ inversión directa; ***Gewinn bringende*** ~ inversión rentable, lucrativa; ***indirekte ~en*** inversiones de cartera; inversiones indirectas; ***~en der öffentlichen Hand*** inversiones públicas; inversiones del sector público; ***aus öffentlichen Mitteln finanzierte*** ~ inversión financiada con fondos públicos; ***selbstfinanzierte*** ~ inversión autofinanciada; ***~en durchführen*** efectuar, realizar, llevar a cabo inversiones; ***die ~en erhöhen*** aumentar, incrementar las inversiones; ***eine ~ in Höhe von einer Million DM vornehmen*** realizar, efectuar una inversión por valor de un millón de marcos (Syn. ***Anlage***)
Investitionsabbau *m*, Ø recorte *m*, reducción *f* de las inversiones
Investitionsanleihe *f*, **n** préstamo *m* de inversión
Investitionsanreiz *m*, **e** incentivo *m* para invertir
Investitionsaufw|and *m*, **-endungen** gastos *pl*, despliegue *m* en inversiones
Investitionsausgaben *pl* → Investitionsaufwand
Investitionsaussichten *pl* perspectivas *pl* en materia de inversión
Investitionsbank *f*, **en** banco *m* de inversiones
Investitionsbedarf *m*, Ø necesidades *pl* en inversión; demanda *f* de inversión
Investitionsbereitschaft *f*, (**en**) → Investitionslust
Investitionsboom *m*, **s** boom *m*, relanzamiento *m*, expansión *f* de las inversiones
Investitionsfinanzierung *f*, **en** financiación *f*, financiamento *m* de las inversiones
Investitionsflaute *f*, **n** ralentización *f* de las inversiones; desinversión *f*
Investitionsförderung *f*, **en** ayuda *f*, fomento *m*, promoción *f* de la inversión
Investitionsförderungsgesetz *n*, **e** ley *f* de promoción de la inversión
Investitionsförderungsmaßnahme *f*, **n** medida *f* de promoción, de fomento de la inversión
Investitionsgelder *pl* → Investitionskapital
Investitionsgüter *pl* bienes *pl* de equipo; bienes *pl* de inversión; bienes *pl* (de) capital (Syn. ***Ausrüstungsguter***)
Investitionsgüterindustrie *f*, **n** industria *f* de bienes de equipo
investitionshemmend que frena la inversión; contrario a la inversión
Investitionshilfe *f*, **n** ayuda *f* a la inversión
Investitionskapital *n*, Ø capitales *pl* de inversión; capitales *pl* a invertir
Investitionskredit *m*, **e** crédito *m* de inversión

Investitionslenkung *f*, **en** orientación *f*, dirección *f* de las inversiones; reconducción *f* de las inversiones
Investitionslücke *f*, **n** insuficiencia *f* de las inversiones
Investitionslust *f*, Ø propensión *f* a invertir
Investitionsneigung *f*, **en** → Investitionslust
Investitionspläne *pl* planes *pl*, proyectos *pl* de inversión
Investitionsplanung *f*, **en** inversiones *pl* planeadas, en proyecto; (Angl.) plánning *m* de inversiones
Investitionsprämie *f*, **n** prima *f* a la inversión
Investitionsquote *f*, **n** → Investitionsrate
Investitionsrate *f*, **n** tasa *f* de inversión
Investitionsrücklage *f*, **n** reserva *f* para inversiones
Investitionsschub *m*, **¨e** empuje *m*, acrecentamiento *m*, aumento *m* de la inversión
Investitionsschutz *m*, Ø protección *f* de las inversiones
Investitionsschwäche *f*, Ø nivel *m* bajo de inversión
Investitionsschwund *m*, Ø desinversión *f*
Investitionsspritze *f*, **n** inyección *f* de capitales de inversión
Investitionsstau *m*, **s** bloqueo *m* de las inversiones; tapón *m* a nivel de las inversiones
Investitionsstoß *m*, **¨sse** → Investitionsschub
Investitionssumme *f*, **n** suma *f* invertida; importe *m* que implica la inversión
Investitionstätigkeit *f*, **en** **1.** inversiones *pl* **2.** actividad *f* inversora
Investitionsvolumen *n*, Ø volumen *m* de la inversión, de las inversiones
Investitionsvorhaben *n*, - → Investitionspläne
investitionswillig dispuesto a invertir; con ánimo de invertir
Investitionszurückhaltung *f*, **en** reticencia *f*, cautela *f* de los inversionistas
Investivlohn *m*, **¨e** parte *f* del salario invertido en acciones de trabajo
Investment Banking *n*, Ø **1.** banca *f* de inversión **2.** banca *f* de emisión de valores
Investment *n*, **s** **1.** capitales *pl* colocados en certificados de inversión **2.** inversión *f*
Investmentanteil *m*, **e** → Investmentzertifikat
Investmentclub *m*, **s** club *m* de inversión
Investmentfonds *m*, - fondo *m* de inversión ~ ***mit begrenzter, variabler Emissionshöhe*** fondo cerrado, abierto; ~ ***mit auswechselbarem Wertpapierbestand*** fondo flexible; ~ ***mit festem Wertpapierbestand*** fondo fijo
Investmentgesellschaft *f*, **en** sociedad *f* de cartera, de inversión (Syn. ***Kapitalanlagegesellschaft***)
Investmentkäufer *m*, - comprador *m* de certificados de inversión
Investmentsparer *m*, - inversionista *m*; inversor *m*; ahorrador *m*
Investmenttrust *m*, **s** → Investmentgesellschaft
Investmentzertifikat *n*, **e** certificado *m* de inversión
Investor *m*, **en** inversor *m*; inversionista *m* (Syn. ***Anleger***)
irreführend engañoso; ***~e Angaben, Auskunft*** información *f* engañosa; ***~e Bezeichnung*** indicación *f* errónea *bzw.* engañosa; ***~e Werbung*** publicidad *f* engañosa; publicidad *f* que induce a error
Irreführung *f*, **en** engaño *m*; maniobra *f* fraudulenta, falaz; ~ ***des Käufers*** engaño *m* hecho al cliente
irrelevant irrelevante; sin importancia
irremachen desconcertar; desorientar
irrig, ***~e Ansicht*** opinión *f* equivocada, falsa, errónea
Irrtum *m*, **¨er** error *m*; equivocación *f*; ***grundlegender*** ~ error, equivocación fundamental; ***offensichtlicher*** ~ error palpable, obvio; ***wesentlicher*** ~ error material, esencial; ~ ***über die Person*** error en, acerca de la persona; ***einen ~ begehen*** cometer un error, una equivocación; ***wir bitten, diesen ~ zu entschuldigen*** le rogamos nos disculpe el error cometido; ***jdm. ist ein ~ unterlaufen*** alg. ha cometido un error; a alg. se le ha deslizado un error; ***einen ~ verursachen*** causar un error; inducir a error; ~ ***vorbehalten*** salvo error (u omisión); salvo omisión; a reserva de error; ***es scheint ein ~ Ihrerseits vorzuliegen*** parece haber un error, una equivocación de su parte
irrtümlich erróneamente; ~ ***gezahlter Betrag*** importe *m* pagado por error, por equivocación; suma *f* pagada equivocadamente
irrtümlicherweise por error; por equivocación
ISBN (Internationale Standard-Buchnummer) número *m* estándar internacional de un libro

ISDN-Netz *n*, **e** red *f* digital de servicios integrados (RDSI)
ISE *n* (Institut für statistische Erhebungen) (R.F.A.) Instituto *m* de investigaciones estadísticas
ISI (Institut für Systemtechnik und Innovationsforschung) instituto *m* superior de investigaciones e innovaciones tecnológicas
isoliert, ***gut*** ~ bien aislado
Isolierung *f*, **en** ~ ***von Gebäuden*** aislamiento *m* de edificios
Ist- (Pref.) real; efectivo
Ist-Aufkommen *n*, **-** ingresos *pl* reales, efectivos; recaudación *f* real, efectiva
Ist-Ausgaben *pl* gastos *pl* reales, efectivos
Ist-Bestand *m*, **¨e** efectivo *m*, stock *m*, inventario *m* real (Ggs. ***Sollbestand***)
Ist-Größen *pl* → Ist-Zahlen
Ist-Kosten *pl* costes *pl* reales; ~ ***der Vergangenheit*** costes *pl* históricos
Ist-Stärke *f*, **n** → Ist-Bestand
Ist-Werte *pl* valores *pl* reales
Ist-Zahlen *pl* cifras *pl* reales, realizadas; resultados *pl* contables
IW *n* (Institut der deutschen Wirtschaft) Instituto *m* de la economía alemana
IWF → Internationaler Währungsfonds

J

J/D (Juni/Dezember) intereses *pl* a abonar el 1 de junio y el 1 de diciembre (en títulos de renta fija)
J/J (Januar/Juli) intereses *pl* a abonar el 1 de enero y el 1 de julio (en títulos de renta fija)
Ja, ~ ***Stimme*** voto *m* afirmativo; ***mit ~ antworten*** contestar afirmativamente; ***mit ~ oder Nein stimmen*** votar a favor o en contra
Jacht *f*, **n** yate *m*
Jachthafen *m*, ¨ puerto *m* de recreo; puerto *m* de yates
Jachtklub *m*, **s** club *m* náutico
Jacke *f*, **n 1.** chaqueta *f*, americana *f*; (LA) saco *m* **2.** chaquetón *m*, chaqueta *f* (de señora) **3.** cardigán *m*
Jackenkleid *n*, er traje de dos piezas *m*; traje *m* de chaqueta
Jackett *n*, s chaqueta *f*, americana *f*; (LA) saco *m*
Jagd *f*, Ø caza *f*; cacería *f*
Jagdaufseher *m*, - montero *m*; guarda *m* de caza
Jagdausflug *m*, ¨e partida *f* de caza; cacería *f*
jagdberechtigt con licencia de caza; con derecho, autorizado a cazar
Jagdberechtigung *f*, **en** derecho *m* de caza
Jagdfrevel *m*, Ø delito *m* de caza
Jagdgebiet *n*, **e** terreno *m* de caza
Jagdgesetz *n*, **e** ley *f* de caza
Jagdgewehr *n*, **e** rifle *m*; escopeta *f* de caza
Jagdhaus *n*, **¨er** pabellón *m* de caza
Jagdhund *m*, **e** perro *m* de caza; perro *m* cazador
Jagdhüter *m*, - guarda *f* de caza
Jagdhütte *f*, **n** → Jagdhaus
Jagdpacht *f*, Ø arrendamiento *m* de un terreno de caza
Jagdpächter *m*, - arrendatario *m* de un terreno de caza
Jagdpachtrecht *n*, Ø derecho en materia de arrendamiento de caza
Jagdrecht *m*, Ø derecho *m* de caza
Jagdrevier *n*, **e** coto *m* de caza; cazadero *m*; vedado *m*
Jagdschein *m*, **e** licencia *f* de caza
Jagdsport *m*, Ø deporte *m* cinegético
Jagdtasche *f*, **n** morral *m*
Jagdunfall *m*, ¨e accidente *m* de caza
Jagdverbot *n*, Ø veda *f*
Jagdvergehen *n*, - infracción *f*, delito *m* de caza
Jagdvorschriften *pl* regulaciones *pl*, reglamento *m* de la caza
Jagdwaffenschein *m*, **e** licencia *f* de uso de escopeta
Jagdwesen *n*, Ø cinegética *f*; montería *f*; caza *f*
Jagdwilderei *f*, Ø caza *f* furtiva
Jagdzeit *f*, **en** época *f*, temporada *f* de caza; época *f*, temporada *f* cinegetica
jagen 1. cazar; dar caza **2.** ***aus der Firma ~*** echar de la empresa **3.** perseguir
Jäger *m*, - cazador *m*; montero *m*
Jägerei *f*, Ø **1.** cacería *f*, montería *f*, caza *f* **2.** arte *f* venatoria
Jägersmann *m*, (¨**er**) → Jäger
Jägersprache *f*, Ø lenguaje *m* cinegético
Jahr *n*, **e 1.** ***dieses ~*** este año; ***das ganze ~ hindurch*** (durante) todo el año; ***fette, magere ~e*** años *pl*, periodos *pl* de las vacas gordas, de las vacas flacas; ***laufendes ~*** año corriente; año en curso; el presente año; ***die nächsten 10 ~e*** la próxima década; los próximos 10 años; ***im vergangenen ~*** (en) el año pasado; ***voriges ~*** año pasado; ***vorvergangenes ~*** año anterior, precedente **2.** ***alle ~e*** todos los años; ***auf viele ~e hinaus*** para muchos años; ***in einem ~*** en *bzw.* dentro de un año; ***heute in einem ~*** de aquí a un año; ***~ für ~*** año tras año; ***seit ~ und Tag*** desde hace mucho tiempo; ***übers ~*** de aquí a un año; ***von ~ zu ~*** de año en año **3.** ***im ~e 1990*** en (el año) 1990 **4.** ***er ist 50 ~e alt*** tiene 50 años
Jahrbuch *n*, ¨**er** anuario *m* (R.F.A.) ***statistisches ~*** anuario estadístico
jähren, ***sich ~*** cumplirse

Jahres- (Pref.) anual
Jahresabonnement *n*, **s** suscripción *f* anual; abono *m* anual
Jahresabrechnung *f*, **en** cuentas *pl* de fin de año; balance *m* anual, de fin de año; cierre *m* del ejercicio
Jahresabschluss *m*, **¨sse** cierre *m* de cuentas; liquidación *f*, balance *m* anual; ***den ~ aufstellen*** establecer el balance anual; ***den ~ offen legen*** publicar las cuentas de fin de año; dar a conocer el balance; ***festgestellter ~*** balance anual aprobado; ***~ vor Steuern*** resultado *m* anual antes de impuestos
Jahresabschlussbericht *m*, **e** informe *m* anual del gobierno alemán sobre la evolución de la economía
Jahresabschlussprüfung *f*, **en** control *m* del cierre anual
Jahresabschreibung *f*, **en** amortización *f* anual
Jahresabzugsfranchise *f*, **n** (Seg.) franquicia *f* deducible anual
Jahresanfang *m*, **Ø** comienzo *m* del año; ***zu ~*** a principios, a comienzos de(l) año
Jahresausstoß *m*, **¨e** producción *f* anual
Jahresbeitrag *m*, **¨e** cotización *f* anual
Jahresbericht *m*, **e** memoria *f* anual; informe *m* anual
Jahresbezüge *pl* percepciones *pl* anuales; sumas *pl* percibidas anualmente
Jahresbilanz *f*, **en** balance *m* del ejercicio; balance *m* de fin de año; balance *m* anual
Jahresdefizit *n*, **e** déficit *m* anual
Jahresdurchschnitt *m*, **e** promedio *m* anual; media *f* anual; ***im ~*** de media, de promedio anual; por término medio al año
Jahreseinkommen *n*, **-** renta *f* anual
Jahreseinnahmen *pl* ingresos *pl* anuales
Jahresende *n*, **Ø**, ***per (zum) ~*** al final de año
Jahresendprämie *f*, **n** prima *f* de fin de año (Syn. ***Weihnachtsgeld***)
Jahresergebnis *n*, **se** resultado *m* anual
Jahresertrag *m*, **¨e** ganancias *pl*, ingresos *pl* al año; producto *m* anual
Jahresfehlbetrag *m*, **¨e** → Jahresdefizit
Jahresfrist *f*, **(en)** periodo *m* de un año; ***binnen ~*** de aquí a un año; dentro de un año; ***nach ~*** pasado un año; al cabo de un año; ***vor ~*** hace un año; ***die gleiche Inflationsrate wie vor ~*** el mismo índice de inflación que hace un año
Jahresgebühr *f*, **en** **1.** tasa *f* anual **2.** anualidad *f*
Jahresgehalt *n*, **¨er** sueldo *m* anual
Jahresgewinn *m*, **e** beneficio *m* anual; ganancia *f* del ejercicio
Jahresgutachten *n*, **-** dictamen *m*, peritaje *m*, peritación *f* anual
Jahreshauptfälligkeit *f*, **en** vencimiento *m* principal anual
Jahreshauptversammlung *f*, **en** junta *f* general ordinaria; (LA) asamblea *f* general (ordinaria)
Jahreshöchsthaftung *f*, **(en)** (Seg.) responsabilidad *f* máxima anual
Jahresinventur *f*, **en** inventario *m* anual; ***die ~ machen*** proceder al inventario anual; ***der Laden ist wegen ~ geschlossen*** cerrado por inventario
Jahreskupon *m*, **s** cupón *m* anual
Jahresprämie *f*, **n** prima *f* anual
Jahresproduktion *f*, **en** producción *f*, output *m* anual
Jahresprogramm *n*, **e** programa *m* anual
Jahresquoten *pl*, ***~ festlegen*** fijar cuotas *pl* anuales
Jahresrate *f*, **n** anulidad *f*; plazo *m* anual
Jahresrechnung *f*, **en** cuenta *f* anual
Jahresrente *f*, **n** renta *f* anual; anualidad *f*; ***jdm. eine ~ aussetzen*** asignar, señalar a alg. una renta anual
Jahresschlussdividende *f*, **n** dividendo *m* al fin de año
Jahresschlussprämie *f*, **n** prima *f* al fin de año
Jahresschnitt *m*, **e** → Jahresdurchschnitt
Jahressteigerungsrate *f*, **n** (der Preise) tasa *f* de carestía anual; índice *m* de crecimiento anual de los precios
Jahrestief *n*, **(s)** nivel *m* anual más bajo
Jahrestiefstand *m*, **¨e** nivel *m* más bajo del año
Jahres-Tranche *f*, **n** tramo *m*, emisión *f* anual
Jahresüberschuss *m*, **¨sse** superávit *m*, excedente *m* anual; ***einen ~ aufweisen*** consignar, mostrar, registrar un excedente anual
Jahresumsatz *m*, **¨e** cifra *f* anual de ventas; cifra *f* anual de transacciones; facturación *f* anual; ***einen hohen ~ erzielen*** realizar una elevada cifra de ventas al año
Jahresurlaub *m*, **e** vacaciones *pl* anuales; ***bezahlter ~*** vacaciones anuales pagadas, remuneradas
Jahresverbrauch *m*, **Ø** consumo *m* anual
Jahresversammlung *f*, **en** asamblea *f* anual
Jahresverzeichnis *n*, **se** registro *m* anual

Jahreswechsel *m*, - cambio *m* de año; año *m* nuevo; ***zum*** ~ al cambiar de (*od.* el) año; al pasar de un año a otro

Jahreswirtschaftsbericht *m*, **e** informe *m* anual (sobre la economía)

Jahreszahlungen *pl* anualidades *pl*; pagos *pl* anuales; pagos *pl* al año

Jahreszeit *f*, **en** estación *f*; temporada *f*; ***ruhige*** ~ periodo *m* flojo; periodo *m* con poca actividad en el mercado; fuera de temporada

jahreszeitlich, ~ ***bedingt*** condicionado por la estación, por la temporada; de inducción estacional; por motivos estacionales; ***um die ~en Schwankungen bereinigt*** corregidas, eliminadas las oscilaciones estacionales; desestacionalizado

Jahreszins *m*, **en** ***ein*** ~ ***von 6%*** un interés anual del 6%

Jahreszinssatz *m*, **¨e** tasa *f* de interés anual; tasa *f* anual de intereses

Jahreszuwachsrate *f*, **n** tasa *f* de crecimiento anual; tasa *f* anual de incremento, de aumento, de subida

Jahrfünf *n*, Ø (selten) quinquenio *m*; lustro *m*; cinco años

Jahrgang *m*, **¨e** **1.** año *m*; ***geburtenschwache***, ***geburtenstarke*** **~¨e** años *pl* de fuerte, de baja natalidad, añada *f* **2.** cosecha *f* (de vino) **3.** quinta *f* (de soldados) **4.** promoción *f* (universitaria)

Jahrhundert *n*, **e** siglo *m*

jahrhundertealt secular; de varios siglos

jahrhundertelang durante (varios) siglos

Jahrhundertfeier *f*, **n** **1.** fiesta *f* del centenario **2.** centenario *m*

Jahrhundertwende *f*, **n** fin *m* de siglo; ***um die*** ~ **en** el entresiglo; entre siglos; al filo, a caballo de los dos siglos

jährlich **1.** anualmente; por, al año; cada año **2.** anual ~ ***abrechnen*** liquidar, saldar, ajustar por año

Jahrmarkt *m*, **¨e** feria *f*

Jahrmarktsbude *f*, **n** puesto *m*, barraca *f* de feria

Jahrtausend *n*, **e** milenio *m*

Jahrtausendfeier *f*, **n** **1.** fiesta *f* del milenario **2.** milenario *m*

Jahrzehnt *n*, **e** década *f*; decenio *m*

jahrzehntelang **1.** durante (varios) decenios; durante (varias) décadas **2.** de muchos decenios; de muchas décadas

Ja-Quote *f*, **n** porcentaje *m* de "síes"

Ja-Stimme *f*, **n** sí *m*; voto *m* afirmativo; voto *m* a favor

je, ~ ***Kopf*** per cápita; por cabeza (Syn. ***pro Kopf***)

Jeans *pl* (pantalones *pl*) tejanos *pl*, vaqueros *pl*

jeder, ~ ***zweite (dritte, vierte etc.)*** uno de cada dos (tres, cuatro *etc.*)

Jedermannsaktie *f*, **n** acción *f* popular (Syn. ***Volksaktie***)

Jeep *m*, **s** (Angl.) jeep *m*; (LA) campero *m*

Jet *m*, **s** (Angl.) jet *m*; avión *m* a reacción

Jet Set *m*, **s** (Angl.) jet set *m*

jetten desplazarse, viajar en jet; tomar un avión a reacción

Job file *m*, Ø fichero *m* de trabajos

Job *m*, **s** trabajo *m* provisional; ***einen*** ~ ***suchen*** buscar un trabajo, una tarea, una ocupación

Job monitoring control *n*, Ø monitoreo *m* de trabajos

Job rating *n*, Ø valoración *f* de puestos de trabajo

Job specification *f*, **s** **1.** descripción *f* del puesto de trabajo **2.** requisitos *pl* del puesto de trabajo **3.** perfil *m* del puesto de trabajo

Job vacancy rate *f*, Ø ratio *m* de plazas no cubiertas

jobben tener un trabajo temporal; ejercer una actividad temporal; desempeñar una actividad remunerada

Jobber *m*, - **1.** agente *m* de cambio en la Bolsa de Londres **2.** agiotista *m*; especulador *m*

Jobkiller *m*, - (Fam.) destructor *m* de empleos

Jobrotation *f*, **en** paso *m* de un futuro ejecutivo por todos los departamentos de una empresa

Job-sharing *n*, **s** jornada *f* partida; trabajo *m* a media jornada (dos personas se reparten un puesto de trabajo)

Joint Venture *n*, **s** unión *f* temporal de empresas (UTE); colaboración *f* temporal de empresas; fusión *f* pasajera para trabajar en un proyecto; empresa *f* mixta; proyecto *m* mixto; (Angl.) joint venture *m*

Joint Venture-Betrieb *m*, **e** **1.** empresa *f* agrupada con otra para colaborar en un proyecto **2.** participación *f* común

Journal *n*, **e** **1.** diario *m*; ***im*** ~ ***buchen***, ***Eintragungen im*** ~ ***machen*** anotar, asentar en el diario **2.** periódico *m*; revista *m*

Jubilar *m*, **e** persona *f* homenajeada; homenajeado *m*

Jubiläl|um *n*, **-en** aniversario *m; fünfzigjähriges* ~ cincuenta aniversario
Jubiläumsbon|us *m*, **-i** prima *f*, gratificación *f* de aniversario
Judikative *f*, Ø poder *m* judicial
Jugendamt *n*, **¨er** oficina *f* de protección de menores
Jugendarbeitslosigkeit *f*, Ø paro *m*, desempleo *m* juvenil
Jugendarbeitsschutzgesetz *n*, **e** ley *f* de protección de los trabajadores jóvenes
Jugendarrest *m*, Ø arresto *m* de menores
jugendfrei, *~er Film* película *f* apta para menores
Jugendfreizeitheim *n*, **e** centro *m*, residencia *f* juvenil
Jugendgericht *n*, **e** tribunal *m* (tulelar) de menores
Jugendheim *n*, **e** centro *m*, hogar *m* juvenil
Jugendherberge *f*, **n** albergue *m* juvenil
Jugendkriminalität *f*, Ø delincuencia *f* juvenil
Jugendlager *n*, - campamento *m* juvenil
Jugendliche *pl* jóvenes *pl*; menores *pl*
Jugendpflege *f*, Ø asistencia *f* a la juventud
Jugendrichter *m*, - juez *m* de menores
Jugendschutz *m*, Ø protección *f* de menores
Jugendschutzgesetz *n*, **e** ley *f* de protección *f* de menores
Jugendverbot *n*, **e** prohibición *f* de entrada para menores; prohibida la entrada a los mejores
jung, *~e Aktie* acción *f* nueva (emitida en la ampliación del capital)
Jungakademiker *m*, - universitario *m* recién titulado, recién licenciado; joven *m* que acaba de sacar el título de licenciado
Jungfernfahrt *f*, **en** primer viaje *m*; viaje *m* inaugural
Jungfernflug *m*, **¨e** vuelo *m* inaugural; primer vuelo *m*
Junggeselle *m*, **n** soltero *m* (Syn. *ledig, unverheiratet*)
Junggesellenwohnung *f*, **en** piso *m* de soltero
Jungmanager *m*, - joven *m* jefe de empresa; joven ejecutivo *m*; joven directivo *m*; gerente *m* joven
Jungunternehmer *m*, - joven *m* empresario; empresario *m* Joven; joven *m* jefe de empresa
Juniorchef *m*, **s** hijo *m* del jefe (de una empresa)
Junk-Bond *m*, **s** bono-basura *m*
Junktim *n*, **s** **1.** dependencia *f* mutua; interdependencia *f* de dos proyectos de contrato **2.** voto *m* bloqueado
Jura, ~ *studieren* estudiar derecho; cursar la carrera de derecho
Jurisdiktion *f*, Ø jurisdicción *f*
Jurisprudenz *f*, Ø jurisprudencia *f*
Jurist *m*, **en** jurista *m*
juristisch jurídico; *~e Fakultät* facultad *f* de derecho; *~e Person* persona *f* jurídica
Jury *f*, **s** jurado *m* (calificador)
jus ad rem derecho *m* real
jus distrahendi jus *m* distrahendi
jus gentium derecho *m* internacional público; jus *m* gentium
jus sanguinis jus *m* sanguinis; derecho *m* de la sangre, de la raza
jus soli derecho *m* del país de nacimiento; jus *m* soli
Juso *m*, **s** (R.F.A.) miembro *m* de la sección juvenil socialdemócrata
justieren ajustar
Justierung *f*, **en** ajuste *m*; reajuste *m*; ~ *nach oben, nach unten* reajustar al alza, a la baja
just-in-time Lieferung *f*, **en** entrega *f* justo a tiempo; suministro *m* en el momento justo
Justitiar *m*, **e** jefe *m* de un servicio jurídico; asesor *m* jurídico; síndico *m*; (Hist.) Justicía *m*
Justiz *f*, Ø justicia *f*
Justizbeamte(r) (der/ein) funcionario *m* judicial
Justizbehörde *f*, **n** autoridad *f* judicial
Justizgebäude *n*, - palacio *m* de justicia
Justizminister *m*, - ministro *m*, titular *m* de justicia
Justizministeri|um *n*, **-en** ministerio *m*, departamento *m*, cartera *f* de justicia
Justizpalast *m*, **¨e** palacio *m* de justicia
Justizverwaltung *f*, **en** administración *f* de justicia
Juwelendiebstahl *m*, **¨e** robo *m* de joyas
Juwelenhandel *m*, Ø joyería *f*, tienda *f*, comercio *m* de joyas
Juwelenhändler *m*, - → Juwelier
Juwelier *m*, **e** joyero *m*; platero *m*
Juweliergeschäft *n*, **e** joyería *f*; platería *f*
Juwelierwaren *pl* **1.** artículos *pl* de joyería **2.** artículos *pl* de bisutería fina

K

Kabel *n*, - cable *m*; cable(grama) *m*; telegrama *m* (Syn. ***Telegramm***)
Kabeladresse *f*, **n** dirección *f* telegráfica
Kabelanschluss *m*, **-¨sse 1.** conexión *f* por cable **2.** conexión *f* a la red de cable
Kabelanweisung *f*, **en** giro *m* telegráfico
Kabelauftrag *m*, **¨e** orden *f* por cable; pedido *m* telegráfico
Kabelauszahlung *f*, **en** transferencia *f* cablegráfica (Syn. ***Kabelüberweisung***)
Kabelbericht *m*, **e** información *f* cablegráfica
Kabelfernsehen *n*, **Ø** cablevisión *f*; televisión *f* por cable
Kabelkurs *m*, **e** cambio *m* cablegráfico; cotización *f* telegráfica
kabeln cablegrafiar; ***nach Amerika, in die USA*** ~ poner un cable, dirigir, enviar un cablegrama a América, a los EE.UU.
Kabelnachricht *f*, **en** cablegrama *m*; telegrama *m*; mensaje *m* cablegráfico
Kabelnotierung *f*, **en** cotización *f* cablegráfica, telegráfica
Kabeltelegramm *n*, **e** cable(grama) *m*
Kabelüberweisung *f*, **en** giro *m* cablegráfico
Kabine *f*, **n** camarote *m* (barco); cabina *f* (avión); ~ ***erster Klasse*** camarote *m* de primera clase
Kabinett *n*, **e** (Pol.) gabinete *m*; consejo *m* de ministros; gobierno *m*; ***aus dem ~ ausscheiden*** dejar de formar parte del gobierno
Kabinettbeschluss *m*, **¨sse** decisión *f* de(l) gabinete
Kabinettsbildung *f*, **en** constitución *f*; formación *f* del gobierno
Kabinettschef *m*, **s 1.** jefe *m* del gobierno (E) presidente *m* del gobierno **2.** jefe *m* de gabinete
Kabinettskrise *f*, **n** crisis *f* ministerial
Kabinettsmitglied *n*, **er** miembro *m* del gabinete *od.* consejo de ministros
Kabinettssitzung *f*, **en** sesión *f*, reunión *f* del consejo de ministros
Kabinettsumbildung *f*, **en** remodelación *f* (del gabinete) del gobierno
Kabotage *f*, **Ø 1.** cabotaje *m*; navegación *f* costera **2.** transporte *m* de personas o mercancías al interior de un país
kaduzieren caducar
Kaduzierung *f*, **en 1.** declaración *f* de nulidad **2.** declaración *f* de caducidad (p.ej. de acciones)
Käfer *m*, - (VW) escarabajo *m*
Kaffeeautomat *m*, **en** expendedor *m* automático de café; cafetera *f* automática
Kaffeefahrt *f*, **en** excursión *f* publicitaria
Kaffeepflanzer *m*, - cafetalero *m*; cafetalista *m*; cafetero *m*
Kaffeepflanzung *f*, **en** cafetal *m*; plantación *f* de café
Kaffeeplantage *f*, **n** → Kaffeepflanzung
Kaffeesteuer *f*, **n** impuesto *m* sobre el café
Kai *m*, **s** *od.* **e** muelle *m; **ab*** ~ (***verzollt***) franco; ex muelle; puesto en el muelle (porte pagado)
Kaianlagen *pl* muelles *pl*
Kaiarbeiter *m*, - estibador *m*; cargador *m* del muelle
Kaiempfangsschein *m*, **e** recibo *m* de muelle
Kaigebühren *pl* derechos *pl* de muellaje; muellaje *m*
Kaigeld *n*, **er** → Kaigebühren
Kaigewicht *n*, **e** peso *m* comprobado en el muelle
Kai-Kai-Verkehr *m*, **Ø** tráfico *m* muelle-muelle; tráfico *m* de muelle a muelle
Kaispesen *pl* → Kaigebühren
Kakaopflanzung *f*, en cacaotal *m*
Kalenderjahr *n*, **e** año *m* civil
Kalkulation *f*, **en** cálculo *m*; ~ ***der Selbstkosten*** cálculo de costes propios; ~ ***aufstellen*** hacer un cálculo; calcular
Kalkulationsabteilung *f*, **en** sección *f* de cálculos
Kalkulationsaufschlag *m*, **¨e** recargo *m* de cálculo
Kalkulationsbas|is *f*, **-en** base *f* de cálculo

Kalkulationsfehler *m*, - error *m* de cálculo
Kalkulationsgrundlage *f*, **n** → Kalkulationsbasis
Kalkulationspreis *m*, **e** precio *m* de coste calculado; precio *m* calculado
Kalkulator *m*, **en** calculador *m*; tenedor *m* de libros; contable *m*
kalkulatorisch calculatorio; ***~e Kosten*** costes *pl* calculatorios; ***~e Abschreibung*** amortización *f* incorporable en el presupuesto; ***~e Buchführung*** contabilidad *f* de (los) costes; ***~e Vorrechnung*** costes *pl* preestablecidos
kalkulierbar calculable
kalkulieren calcular; computar; estimar; hacer un cálculo; ***falsch*** ~ hacer un cálculo erróneo; ***scharf*** ~ calcular de modo muy justo
Kälteindustrie *f*, **n** industria *f* frigorífica
Kältemittel *m*, - refrigerante *m*; medio *m* de refrigeración
Kaltmiete *f*, **n** alquiler *m* sin gastos de calefacción (Ggs. ***Warmmiete***)
kaltstellen (Fam.) eliminar; destituir; dejar cesante; privar a uno de su cargo
kameralistische Buchführung *f*, **en** contabilidad *f* pública
Kameramann *m*, **-leute** operador *m*; cámara *m*; (LA) camerógrafo *m*
Kammer *f*, **n** cámara *f*; oficina *f*; sala *f*; audiencia *f*; **1.** ***Anwalts~*** colegio *m* de abogados **2.** (Jur.) sala *f*; ***~ für Handelssachen*** sala de lo mercantil; ***zweite*** ~ sala de casación **3.** (Polit.) ***erste*** ~ cámara *f* baja (D: Bundestag; E: Congreso *m* de los Diputados)); ***zweite*** ~ cámara *f* alta (D: Bundesrat; E: Senado)
Kammerauflösung *f*, **(en)** disolución *f* del parlamento
Kammergericht *n*, Ø tribunal *m* de justicia colegiado
Kampagne *f*, **n** campaña *f* publicitaria *od.* electoral; ***eine ~ starten*** lanzar una campaña; ***eine ~ läuft*** una campaña está en curso
Kampagnearbeiter *m*, - obrero *m* temporal; obrero *m* de campaña
Kampf *m*, **¨e** lucha *f*; combate *m*; contienda *f*; ***der ~ um höhere Löhne*** lucha por aumentos salariales
Kampfansage *f*, **n** desafío *m*, reto *m*; ***~ der Gewerkschaften an die Arbeitgeber*** desafío lanzado por los sindicatos a la patronal
Kampffonds *m*, - fondo *m* para la huelga; fondo *m* de lucha (de los sindicatos)
Kampfhandlung *f*, **en** acción *f* de lucha (social)
Kampfleitung *f*, **en** dirección *f* de las partes oponentes (dirección de los sindicatos y de la patronal)
Kampflust *f*, Ø deseo *m* de luchar; ardor *m* de combate
Kampfmaßnahme *f*, **n** medida *f* de lucha; ***~n der Gewerkschaften*** movimiento *m* reivindicativo de los sindicatos; acción *f* sindical; huelga
Kampfmittel *n*, - medio *m* de lucha
Kampfpreis *m*, **e** precio *m* de competencia, de lucha; (Angl.) dumping *m*
Kampfstrategie *f*, **n** estrategia *f* de combate
Kampfziel *n*, **e** objetivo *m* en disputa; objetivo *m* perseguido por la lucha
Kampfzölle *pl* derechos *pl*, aranceles *pl* de represalia (medidas tomadas en el comercio exterior contra estados que obstaculizan la importación por medio de aranceles)
Kanalabgaben *pl* derechos *pl* de canal
Kanalschifffahrt *f*, Ø navegación *f* por canales, por cauces artificiales
Kandidat *m*, **en** candidato *m*; aspirante *m*; ***einen ~ aufstellen*** presentar, proponer un candidato; ***sich als ~ aufstellen lassen*** presentarse como candidato; presentar su candidatura; ***unter den ~en sein*** figurar entre los candidatos; ***einen ~en unterstützen*** apoyar, abogar en favor de un candidato; ***als ~ zurücktreten*** retirar su candidatura (Syn. ***Bewerber***)
Kandidatenaufstellung *f*, **en** creación *f* de una lista de candidatos
Kandidatur *f*, **en** candidatura *f*; ***seine ~ anmelden*** presentar su candidatura; ***seine ~ zurückziehen*** retirar su candidatura
kandidieren presentar su candidatura; ***für etw.*** ~ aspirar a un cargo; presentar su candidatura para un cargo
Kann-Bestimmung *f*, **en** disposición *f* facultativa
Kannkauf|mann *m*, **-leute** (R.F.A.) empresario *m* con derecho a adquirir la cualidad de comerciante mediante inscripción
Kann-Leistung *f*, **en** prestación *f* facultativa
Kann-Vorschrift *f*, **en** → Kann-Bestimmung
Kante *f*, Ø (Fam.), ***Geld auf die hohe ~ legen*** ahorrar; hacer economías; ***auf der***

hohen - haben tener ahorros; tener dinero ahorrado

Kantonalrecht *n*, **e** (CH) Derecho *m* cantonal

Kanzlei *f*, **en** bufete *m*; estudio *m*; secretaría *f*; oficina *f*

Kanzleidiener *m*, - portero *m*; ordenanza *m*; ujier *m*

Kanzleigebühr *f*, **en** tasa *f*, derechos *pl* de la secretaría

Kanzleischreiber *m*, - secretario *m* del bufete, del estudio; secretario *m* de la oficina

Kanzleistil *m*, **e** estilo *m* cancilleresco, oficinesco

Kanzleivorsteher *m*, - jefe *m* del bufete, estudio; jefe *m* de la secretaría

Kanzler *m*, - canciller *m*

Kanzleramt *n*, Ø (R.F.A.) cargo *m* de canciller; cancillería *f*

Kapazität *f*, **en** capacidad *f* (de producción); ***ausgelastete*** (***voll ausgenutzte***) ~ capacidad plenamente utilizada; capacidad totalmente aprovechada; ***freie*** ~ capacidad disponible; ***~en ausbauen*** desarrollar, ampliar las capacidades

Kapazitätenausbau *m*, Ø aumento *m*, incremento *m* de la capacidad

Kapazitätsabbau *m*, Ø reducción *f* de la capacidad

Kapazitätsauslastung *f*, **en** utilización *f* de la capacidad

Kapazitätsausnutzung *f*, **en** → Kapazitätsauslastung

Kapazitätsausnutzungsgrad *m*, **e** grado *m* de utilización (de la capacidad)

Kapazitätsausweitung *f*, **en** aumento *m* de la capacidad de producción

Kapazitätserweiterung *f*, **en** → Kapazitätsausweitung

Kapazitätsgrenze *f*, **n** límite *m* de capacidad

Kapital *n*, Ø capital *m*; fondos *pl*; recursos *pl*; capitales *pl* **1.** ***angegebenes*** ~ capital declarado; ***im Ausland angelegtes*** capital invertido en el extranjero; ***arbeitendes*** (***produktives***) ~ capital activo, productivo; ***aufgenommenes*** ~ capital tomado en préstamo; ***brachliegendes*** ~ capital improductivo, inactivo; ***fixes*** (***stehendes***) ~ capital fijo; ***flüssiges*** ~ capital líquido, disponible; ***nicht eingezahltes*** ~ capital no liberado; ***umlaufendes*** ~ capital en circulación, circulante; ***verzinsliches*** ~ capital que produce intereses; ~ ***und Zinsen*** principal e intereses **2.** ~ ***anlegen in*** (***investieren***) invertir, colocar capital en; ~ ***aufbringen*** reunir, aportar capital; ~ ***aufnehmen*** tomar capital en préstamo; ~ ***festlegen*** inmovilizar el capital; ~ ***aufstocken*** (***erhöhen***) aumentar el capital; ***das*** ~ ***einfrieren*** congelar, inmovilizar el capital; ~ ***flüssig machen*** movilizar el capital; (Fig.) ~ ***schlagen aus*** sacar partido de a/c

Kapitalabfindung *f*, **en** indemnización *f* en capital

Kapitalabfluss *m*, **-¨sse** **1.** salida *f* de capital **2.** evasión *f* de capital

Kapitalabwanderung *f*, **en** evasión *f*, fuga *f*, éxodo *m*, huída *f* de capitales

Kapitalanlage *f*, **n** inversión *f* de capital; colocación *f* de fondos; ***zur*** ~ ***geeignet*** apropiado para la inversión de capital; ***kurzfristige***, ***langfristige*** ***~n*** inversiones de capital a corto, largo plazo; ***mündelsichere*** ~ inversión de capital con garantía pupilar

Kapitalanlagegesellschaft *f*, **en** sociedad *f* gestora de fondos (de inversión); sociedad *f* de cartera

Kapitalanlagegüter *pl* bienes *pl* (de inversión) de capital

Kapitalanlagenberater *m*, - asesor *m* de inversiones de capital

Kapitalansammlung *f*, **en** acumulación *f* de capital

Kapitalanteil *m*, **e** participación *f* de capital; título *m* de participación; acción *f*; ***stimmberechtigter*** ~ participación en el capital con derecho de voto

Kapitalanteilschein *m*, **e** título *m* de participación; acción *f*

kapitalarm falto de fondos; pobre en capitales; ***~e Gesellschaft*** sociedad *f* poco sólida

Kapitalaufstockung *f*, **en** ampliación *f* de capital; aumento *m* del capital social de una sociedad; ***eine*** ~ ***vornehmen*** efectuar un aumento del capital

Kapitalaufwand *m*, Ø gasto *m*, desembolso *m* de capital; inversión *f* financiera

Kapitalaufwendung *f*, **en** → Kapitalaufwand

Kapitalausfuhr *f*, **en** exportación *f* de capital(es)

Kapitalausfuhrland *n*, **¨er** país *m* exportador de capital(es)

Kapitalausstattung *f*, **en** capitalización *f* dotación *f* de capital; ***ungenügende*** ~ capitalización insuficiente

Kapitalauszahlung *f*, **en** pago *m*, reembolso *m* de capital

Kapitalbedarf *m*, Ø demanda *f* de capital; necesidades *pl* financieras
Kapitalberichtigung *f*, **en** reajuste *m* del capital
Kapitalbeschaffung *f*, **en** obtención *f*, provisión *f* de capital
Kapitalbeteiligung *f*, **en** participación *f* en el capital; acción *f*
Kapitalbewegung *f*, **en** movimiento *m* de capitales, de fondos
Kapitalbilanz *f*, **en** movimientos *pl* de capital(es); cuenta *f* de capital; balanza *f* de capital
kapitalbildend de capitalización; *~e* ***Versicherung*** seguro *m* de capitalización
Kapitalbildung *f*, (**en**) formación *f* de capital; capitalización *f*
Kapitaldeckung *f*, **en** cobertura *m* de la demanda de capital
Kapitaldienst *m*, Ø servicio *m* de capital(es); pago *m* de intereses y amortización; servicio *m* de la deuda (Syn. ***Schuldendienst***)
Kapitaleigner *m*, - tenedor *m* de capitales, de fondos
Kapitaleinbringung *f*, **en** aportación *f* de capital; ~ ***eines Gesellschafters*** aportación de capital de un socio
Kapitaleinbuße *f*, **n** pérdida *f* de capital
Kapitaleinkommen *n*, - renta *f* de capital; rédito *m* del capital (en dividendos e intereses)
Kapitaleinlage *f*, **n** → Kapitaleinbringung
Kapitaleinsatz *m*, Ø recursos *pl* invertidos, utilizados, colocados; utilización *f*, movilización *f* de capital(es)
Kapitaleinzahlung *f*, **en** desembolso *m* de capital
Kapitalentwertung *f*, **en** desvalorización *f*, depreciación *f* del capital
Kapitalerhöhung *f*, **en** → Kapitalaufstockung
Kapitalertrag *m*, **¨e** réditos *pl*, beneficios *pl*, rentas *pl* del capital; ***einen ~ von 8% bringen*** arrojar un rédito del 8%
Kapitalertragssteuer *f*, **n** impuesto *m* sobre la renta del capital
Kapitalertragszahlungen *pl* pagos *pl* de rentas de capital
Kapitalexport *m*, **e** → Kapitalausfuhr
Kapitalfehlbetrag *m*, **¨e** déficit *m* de capital; déficit *m* financiero
Kapitalflucht *f*, **en** → Kapitalabwanderung
Kapitalfluss *m*, **¨sse** flujo *m* de fondos, de capitales; (Angl.) cash-flow *m* (Syn. ***Geldstrom***)
Kapitalflussrechnung *f*, **en** tabla *f*, tablero *m*, cuadro *m* de financiación
Kapitalfreisetzung *f*, (**en**) liberación *f* de capital
Kapitalgeber *m*, - capitalista *m*; inversor *m*
Kapitalgesellschaft *f*, **en** sociedad *f* (de carácter) capitalista
Kapitalgewinn *m*, **e** beneficio *m*, excedente *m*, ganancia *f* del capital
Kapitalgüter *pl* bienes *pl* de inversión *od.* equipo (Syn. ***Investitionsgüter***)
Kapitalherabsetzung *f*, **en** reducción *f* del capital
Kapitalhilfe *f*, **n** asistencia *f* financiera; ayuda *f* en capital
Kapitalhypothek *f*, **en** hipoteca *f* de capital; hipoteca *f* mobiliaria para garantizar una determinada deuda
kapitalintensiv con un alto coeficiente de capital; *~e* ***Produktion*** producción sujeta principalmente a los costes financieros
Kapitalinvestition *f*, **en** inversión *f* de capital
Kapitalisation *f*, Ø → Kapitalisierung
kapitalisierbar capitalizable
kapitalisieren capitalizar; formar capital
Kapitalisierung *f*, Ø capitalización *f*
Kapitalisierungsanleihe *f*, **n** empréstito *m* de capitalización
Kapitalisierungsmehrwert *m*, **e** plusvalía *f* en concepto de capitalización
Kapitalisierungssatz *m*, **¨e** tasa *f*, tipo *m* de capitalizacio n
Kapitalismus *m*, Ø capitalismo *m*
Kapitalist *m*, **en** capitalista *m*
kapitalistisch capitalista; *~es* ***System*** sistema *m* capitalista
Kapitalknappheit *f*, Ø escasez *f* de capital; ***der ~ abhelfen*** remediar la penuria de capitales
Kapitalkoeffizient *m*, **en** coeficiente *m* de capital
Kapitalkont|o *n*, **-en** cuenta *f* de capital; cuenta *f* consolidada de las operaciones de capital
Kapitalkontrolle *f*, **n** control *m* de capital
Kapitalkonzentration *f*, (**en**) concentración *f* de capital(es)
kapitalkräftig financieramente sólido; en buena, fuerte posición financiera; ~ ***sein*** disponer de abundantes recursos financieros

Kapitalleistungen *pl* movimientos *pl* de capital(es); prestaciones *pl* (en forma) de capital
Kapitalmangel *m*, Ø insuficiencia *f* de capital
Kapitalmarkt *m*, **¨e** mercado *m* de capitales a largo plazo; ***den ~ stützen*** sostener, apuntalar el mercado de capitales; ***freier ~*** mercado libre de capitales
Kapitalmehrheit *f*, **en** mayoría *f* financiera; ***die ~ haben*** detentar la mayoría del capital; tener el control financiero
Kapitalnachfrage *f*, **n** demanda *f* de capital(es)
Kapitalnachfrager *m*, **-** demandante *m* de capital(es)
Kapitalnachschub *m*, **e** obtención *f* de capital
Kapitalnettoertrag *m*, **e** beneficio *m* neto del capital
Kapitalnettoverlust *m*, **e** pérdida *f* neta de capital
Kapitalneubildung *f*, **en** formación *f*, inversión *f* neta de capital
Kapitalrendite *f*, **n** ingresos *pl* financieros; ingreso *m* de capital; rentabilidad *f*
Kapitalrente *f*, **n** renta *f* de capital
Kapitalrückfluss *m*, **¨sse** reflujo *m* de capital
Kapitalrückwanderung *f*, **en** repatriación *f* de capital
Kapitalsammelbecken *n*, **-** → Kapitalsammelstelle
Kapitalsammelstelle *f*, **n** inversor *m* institucional; entidad *f* de captación de capital
Kapitalschnitt *m*, **e** reducción *f* de capital
Kapitalschöpfung *f*, **(en)** creación *f* de capital
Kapitalschutzabkommen *n*, **-** convenio *m* de protección de las inversiones de capital
kapitalschwach financieramente débil
Kapitalschwund *m*, Ø consunción *f*, erosión *f* de capital(es)
Kapitalsparvertrag *m*, **¨e** contrato *m* de capitalización
Kapitalspritze *f*, **n** inyección *f* de capital; ***einem Unternehmen eine ~ verabreichen*** dar una inyección de capital a una empresa; sacar a flote a una empresa
kapitalstark financieramente sólido; de solidez financiera
Kapitalsteuer *f*, **n** impuesto *m* sobre el capital
Kapitalstock *m*, Ø (fondo *m* de) capital *m*; capital *m* disponible
Kapitaltransfer *m*, **s** transferencia *f* de capitales, de fondos
Kapitalüberfluss *m*, Ø exceso *m*, plétora *f* de capital
Kapitalumsatz *m*, **¨e** movimiento *m*, circulación *f* de(l) capital
Kapitalumschichtung *f*, **en** (Contab.) recorte *m*, amputación *f* del capital
Kapitalumschlag *m*, Ø circulación *f*, volumen *m* de capitales
Kapitalumstellung *f*, **en** reorganización *f* del capital
Kapitalverflechtung *f*, **en** concentración *f* de capitales; participaciones *pl* cruzadas; interdependencia *f* de sociedades de capital sujetas a participaciones
Kapitalverkehr *m*, Ø movimiento *m* de capital; transacciones *pl*, operaciones *pl* de capital; ***langfristiger ~*** movimientos de capital a largo plazo
Kapitalverkehr(s)steuer *f*, **n** impuesto *m* sobre la transferencia de capital
Kapitalverkehrsbilanz *f*, **en** cuenta *f*, balance *m* de los movimientos de capital
Kapitalverknappung *f*, **(en)** disminución *f*, reducción *f* del capital
Kapitalverlust *m*, **e** → Kapitaleinbuße
Kapitalverminderung *f*, **en** → Kapitalverknappung
Kapitalvermögen *n*, **-** capital *m*; patrimonio *m* pecuniario
Kapitalverwaltungsgesellschaft *f*, **en** sociedad *f* de gestión de capitales; sociedad *f* de inversión
Kapitalverwässerung *f*, Ø dilución *f* del capital
Kapitalverzinsung *f*, **en** remuneración *f* del capital; interés *m*, rédito *m*, renta *f* del capital
Kapitalwert *m*, **e** valor *m* en capital; valor *m* capitalizado
Kapitalwertzuwachs *m*, Ø aumento *m* del valor del capital
Kapitalzeichnung *f*, **en** suscripción *f* de capital
Kapitalzins *m*, **en** interés *m* (de las operaciones) a largo plazo; interés *m* del mercado de capitales; rédito *m* del capital
Kapitalzufluss *m*, **(¨sse)** afluencia *f*, aflujo *m* de capital
Kapitalzusammenfassung *f*, **en** → Kapitalzusammenlegung
Kapitalzusammenlegung *f*, **en** fusión *f*, concentración *f* de capital(es)

Kapitalzuwachs *m*, Ø aumento *m*, incremento *m* del capital
kappen cortar; parar; ***die Inflation*** ~ parar, frenar la inflación
kaputt 1. arruinado (económicamente) **2.** reventado; hecho polvo; hecho trizas; exhausto (de tanto trabajar) **3.** estropeado; roto (un aparato) **4.** corrompido (un archivo, un disco, etc.)
kaputtarbeiten (Fam.), ***sich*** - matarse trabajando; matarse a trabajar
Karat *n*, **e** quilate *m* (Syn. ***Karatgewicht***)
Karenzfrist *f*, **en** → Karenzzeit
Karenztage *pl* días *pl* de espera; días *pl* de carencia
Karenzzeit *f*, **en** período *m* de espera; plazo *m* de carencia
Kargo *m*, **s** cargamento *m*
Kargoversicherung *f*, **en** seguro *m* del cargamento
Karibische Gemeinschaft *f*, Ø Comunidad *f* del Caribe (CARICOM)
Karriere *f*, **n** carrera *f*; ~ ***machen*** hacer carrera (Syn. ***Laufbahn***)
Karrieremacher *m*, - arrivista *m*
Karrierist *m*, **en** → Karrieremacher
Karte *f*, **n** ficha *f*; tarjeta *f* **1.** ***gelochte*** ~ tarjeta perforada; ***grüne*** ~ tarjeta verde; seguro *m* de automóvil internacional **2.** ***Daten von ~ zu ~ übertragen*** transferir datos de una tarjeta a la otra
Kartei *f*, **en** fichero *m*; ***eine ~ anlegen*** hacer, crear un fichero; ***in der ~ nachsehen*** consultar un fichero
Karteiblatt *n*, **¨er** → Karteikarte
Karteikarte *f*, **n** ficha *f*; tarjeta *f*
Karteikasten *m*, - fichero *m*
Karteileiche *f*, **n** ficha *f* carente de validez (en un fichero)
Karteizettel *m*, - → Karteikarte
Kartell *n*, **e** cártel *m*; consorcio *m* (entidad creada entre diversas empresas del mismo ramo industrial para defender los precios, limitando la producción y la competencia); ***horizontales*** ~ consorcio horizontal; ***internationales*** ~ consorcio internacional; ***ein ~ auflösen*** disolver un consorcio
Kartellabrede *f*, **n** → Kartellabsprache
Kartellabsprache *f*, **n** acuerdos *pl* de carácter consorcial; convenio *m* cartelista
Kartellamt *n*, Ø (R.F.A.) oficina *f* de cártel; ***Bundeskartellamt*** (in Berlin) oficina *f* federal de (reglamentación de) cártels
Kartellbehörde *f*, **n** oficina *f* de cártels; autoridades *pl* competentes en materia de cártels
Kartellbildung *f*, **en** formación *f* de cártels, de consorcios; cartelización *f*
Kartellentflechtung *f*, **en** descartelización *f*
Kartellfahnder *m*, - funcionario *m* encargado de la represión de fraudes en materia de cártels
Kartellgesetz *n*, **e** ley *f* relativa a los cártels
Kartellgesetznovelle *f*, **n** enmienda *f* de la ley relativa a los cártels
kartellieren constituir, formar un cártel; cartelizar
Kartellierung *f*, **en** → Kartellbildung
Kartellklage *f*, **n** demanda *f* judicial anticartelista
Kartellpreis *m*, **e** precio *m* cartelista
kartellrechtlich, ***aus ~e Gründen*** en razón de la legislación en materia de competencia; por razones de cártel
Kartellverbot *n*, **e** prohibición *f* de cártels
Kartellvereinbarung *f*, **en** convenio *m* cartelista
Kartellvertrag *m*, **¨e** contrato *m* de asociación de empresas
Kartellwesen *n*, Ø cartelismo *m*
Kartenanweisung *f*, **n** giro-tarjeta *m*
kartieren clasificar en un fichero
Kartierung *f*, **en** clasificación *f* en un fichero
Karton *m*, **s** caja *f* de cartón; caja *f* de embalaje; ***Waren in ~s verpacken*** embalar las mercancías
Kartothek *f*, **en** → Kartei
Käseblatt *n*, **¨er** (Fam.) periodicucho *m*
Kasko- und Ladungspolice *f*, **n** (Seg.) póliza *f* del buque y del cargamento
Kasko-Kriegsrisiko-Versicherung *f*, **en** (Seg.) seguro *m* de casco de riesgo de guerra
kaskoversichert asegurado a todo riesgo
Kaskoversicherung *f*, **en** (Seg.) seguro *m* de casco; seguro *m* a todo riesgo; seguro *m* del buque (Syn. ***Seeversicherung***)
Kass|a *f*, **-en** (A) caja *f*; ***gegen*** ~ al contado; ~ ***gegen Dokumente*** pagadero al contado contra documentos
Kassaabzug *m*, **¨e** descuento *m* por pago al contado
Kassaanweisung *f*, **en** orden *f* de pago al contado
Kassabericht *m*, **e** (A) situación *f* de caja
Kassabuch *n*, **¨er** libro *m* de caja; libro *m* de (las) operaciones al contado

Kassageschäft *n*, **e** operación *f* al contado (Syn. ***Lokogeschäft***)
Kassahandel *m*, Ø (Börse) comercio *m*, mercado *m* al contado
Kassakauf *m*, **¨e** compra *f* al contado
Kassakurs *m*, **e** cotización *f* en efectivo
Kassamarkt *m*, **e** mercado *m* al contado
Kassanotiz *f*, **en 1.** cotización *f* al contado **2.** nota *f* de cotización de divisas
Kassapapier *n*, **e** título *m*, valor *m* negociado al contado
Kassapreis *m*, **e** precio *m* al contado
Kassaschein *m*, **e** bono *m* de caja
Kassation *f*, **(en)** (Jur.) casación *f*; anulación *f*
Kassationsgericht *n*, **e** tribunal *m* de casación
Kassationshof *m*, **e** → Kassationsgericht
Kassawert *m*, **e** → Kassapapier
Kassazahlung *f*, **en** pago *m* al contado
Kasse *f*, **n** caja *f*; efectivo *m*; fondos *pl* disponibles **1.** ***gemeinschaftliche*** ~ caja común; ***öffentliche*** ~ caja pública **2.** ***einer*** ~ ***beitreten*** darse de alta en una caja; adherirse a una caja; ***die*** ~ ***führen*** llevar la caja; ser cajero; ~ ***machen*** hacer caja; ajustar cuentas; ***gut bei*** ~ ***sein*** tener dinero disponible; estar bien de fondos **3.** ~ ***bei Auftragserteilung*** pago al otorgar el pedido; ***gegen*** ~ al contado; ~ ***gegen Dokumente*** pagadero al contado contra documentos; ***netto*** ~ neto al contado
Kassenabschluss *m*, **¨sse** cierre *m* de caja
Kassenarzt *m*, **e** médico *m* de una caja de enfermedad; médico *m* del seguro
Kassenaufnahme *f*, **n** arqueo *m*, revisión *f* (de caja)
Kassenausgänge *pl* desembolsos *pl*, pagos *pl* en efectivo
Kassenbeleg *m*, **e** comprobante *m* de caja; recibo *m*
Kassenbericht *m*, **e** estado *m* de cuentas; memoria *f*
Kassenbestand *m*, **¨e** efectivos *pl* decaja; balance *m* de caja; fondos *pl* en caja ~ ***der Kreditinstitute*** encaje *m* bancario
Kassenbilanz *f*, **en** balance *m* de caja
Kassenbon *m*, **s** bono *m* de caja
Kassenbuch *n*, **¨er** libro *m* de caja
Kassenbucheintragung *f*, **en** asiento *m* de entrada en efectivo
Kassendefizit *n*, **e** déficit *m* de caja
Kassendiebstahl *m*, **¨e** desfalco *m*; robo *m* cometido en perjuicio de la caja
Kasseneingänge *pl* entradas *pl* en caja
Kasseneintrag *m*, **¨e** asiento *m* en caja
Kassenerfolg *m*, **e** éxito *m* de taquilla, de venta (Syn. ***Verkaufschlager***)
Kassenfehlbetrag *m*, **¨e** → Kassendefizit
Kassenfüller *m*, **-** → Kassenerfolg
Kassenlage *f*, **n** situación *f* de caja; estado *m* de cuentas
Kassenobligationen *pl* (CH) bonos *pl* de caja; medio *m* de financiación de los créditos hipotecarios
Kassenreserve *f*, **n** recursos *pl* en caja; reserva *f* líquida
Kassenschein *m*, **e** → Kassenbon
Kassenschlager *m*, **-** → Kassenerfolg
Kassenschrank *m*, **e** caja *f* de caudales; caja *f* fuerte
Kassenskonto *m od. n*, **s** descuento *m* por pago al contado
Kassenstand *m*, **¨e** situación *f* de caja; estado *m* de cuentas
Kassenstunden *pl* horario *m* de caja
Kassensturz *m*, Ø arqueo *m*, control *m*, revisión *f* (de caja)
Kassenüberschuss *m*, **¨sse** excedente *m*, superávit *m* de caja
Kassenumsatz *m*, **¨e** movimiento *m* de caja
Kassenverkehr *m*, Ø → Kassenumsatz
Kassenverwalter *m*, **-** cajero *m*; tesorero *m*; cobrador *m*
Kassenvorgang *m*, **e** operación *f* de caja
Kassenzettel *m*, **-** vale *m*, bono *m* de caja
Kassette *f*, **n** casete *m*; cassette *m*; cassete *m*; cinta *f*
Kassettenaufnahmegerät *n*, **e** grabadora *f* vídeo; vídeo-casete *m*
Kassettengerät *n*, **e** radiocasete *m*; audiocasete *m*
Kassettenrekorder *m*, **-** grabadora *f* de casete; radiocasete *m*; ***kleiner*** ~ minicasete *m*
Kassier *m*, **e** (A) cajero *m*
kassieren cobrar; percibir; ***die Miete*** ~ cobrar la renta de alquiler; ***Zinsen*** ~ percibir intereses
Kassierer *m*, **-** cajero *m*; cobrador *m*
KaT → Kammer der Technik
KatA. → Katasteramt
Katalog *m*, **e** catálogo *m*; ***illustrierter*** ~ catálogo ilustrado; ~ ***mit Preisangaben*** catálogo con lista de precios; ***in einem*** ~ ***aufführen*** incluir en un catálogo
katalogisieren catalogar; componer un catálogo
Katalogisierung *f*, **(en)** catalogación *f*
Katalogpreis *m*, **e** precio *m* de catálogo

Katalogversand *m*, Ø envío *m* de catálogos
Katalogverwaltung *f*, Ø gestión *f*, administración *f* de(l) catálogo(s)
Katalysator *m*, **en** (Auto) catalizador *m*
Katalysatorauto *n*, **s** coche *m* con catalizador
Kataster *m od. n*, - catastro *m*
Katasteramt *n*, **¨er** oficina *f* del catastro
Katasterauszug *m*, **¨e** extracto *m* catastral
katastrieren inscribir en el catastro
Katastrierung *f*, (**en**) catastro *m*
Katastrophendeckung *f*, **en** (Seg.) cobertura *f* de catástrofe
Katastrophenschaden *m*, **¨** daños *pl* acaecidos por una catastrofe
Kat-Auto *n*, **s** → Katalysatorauto
Kauf *m*, **¨e** compra *f*; compraventa *f*; adquisición *f* **1.** ***fester*** ~ compra en firme; ~ ***auf Abzahlung*** (***auf Raten***) compra a plazos; ~ ***auf Baisse*** compra a la baja; ~ ***auf Kredit*** compra a crédito;~ ***auf Muster*** compra sobre muestra; ~ ***auf Probe*** compra a prueba; ~ ***auf Zeit*** compra a plazo *od.* término **2.** ***einen*** ~ ***abschließen*** concertar una compra;***etw. zum*** ~ ***anbieten*** ofrecer a/c a la venta;***einen*** ~ ***rückgängig machen*** anular una compra;***zum~stehen*** estar en venta
Kaufabschluss *m*, **¨sse** concertación *f*, conclusión *f* de una compra
Kaufabsichten *pl* intenciones *pl* de compra
Kaufangebot *n*, **e** oferta *f* de compra
Kaufanreiz *m*, Ø incentivo *m* a la compra
Kaufauftrag *m*, **¨e** → Kauforder
Kaufbedingungen *pl* condiciones *pl* de compra *bzw.* de venta
Kaufbrief *m*, **e** → Kauforder
kaufen comprar; adquirir;***von*** (***bei***) ***jdm. etw.*** ~ comprar a/c en la casa, tienda de alg.; ***gegen bar*** ~ comprar al contado; ***billig***, ***teuer*** ~ comprar barato, caro; ***aus zweiter Hand*** ~ comprar de segunda mano; ***auf Kredit***, ***auf Raten*** ~ comprar a crédito, a plazos
kaufenswert que vale la pena comprar; interesante
Kaufentscheidung *f*, **en** decisión *f* de compra
Käufer *m*, - comprador *m*; cliente *m*; parroquiano *m*; ~ ***finden*** encontrar clientes
Käuferandrang *m*, Ø afluencia *f* de clientes, compradores
Käuferansturm *m*, **¨e** → Käuferandrang
Käufermarkt *m*, **¨e** mercado *m* con predominio de los compradores; mercado *m* de compradores
Käuferschaft *f*, Ø clientela *f*
Käuferschicht *f*, **en** categoría *f* de clientes; grupo *m* de compradores
Käuferschlange *f*, **n** fila *f* de compradores; cola *f*
Käuferstreik *m*, **s** huelga *f* de compradores, consumidores
Käuferstrom *m*, **¨e** afluencia *f* de compradores
Käufervereinigung *f*, **en** asociación *f* de compradores
Kauffrau *f*, **en** comerciante *f* (inscrita en el Registro Mercantil)
Kaufgegenstand *m*, **¨e** objeto *m* de la compra
Kaufgeld *n*, Ø precio *m* de compra *od.* adquisición *bzw.* de venta
Kaufgenehmigung *f*, **en** autorización *f* de compra
Kaufgewohnheiten *pl* costumbres *pl*, hábitos *pl* (de compra) de la clientela
Kaufhalle *f*, **n** (grandes) almacenes *pl*
Kaufhaus *n*, **¨er** grandes almacenes *pl*
Kaufhausdetektiv *m*, **e** detective *m* empleado en un almacén
Kaufhauspapiere *pl* títulos-valores *pl* de grandes almacenes
Kaufhauswerte *pl* → Kaufhauspapiere
Kaufhöhe *f*, **n** importe *m*, suma *f* de la compra; ***je nach*** ~ de acuerdo al valor de la compra
Kaufinteresse *n*, **n** interés *m* de los compradores *od.* de compra
Kaufinteressent *m*, **e** comprador *m* interesado; cliente *m* potencial
Kaufkontrakt *m*, **e** → Kaufvertrag
Kaufkraft *f*, Ø poder *m* adquisitivo; ***überschüssige*** ~ ***abschöpfen*** absorber el poder adquisitivo excesivo; ~ ***der Löhne*** poder adquisitivo salarial
Kaufkraftabschöpfung *f*, (**en**) absorción *f* del poder adquisitivo excesivo
Kaufkraftausfall *m*, Ø → Kaufkraftverlust
Kaufkraftentzug *m*, Ø pérdida *f*, deterioro *m* del poder adquisitivo
Kaufkrafterhaltung *f*, (**en**) mantenimiento *m* del poder adquisitivo
kaufkräftig, ***~es Publikum*** clientela *f* solvente; compradores *pl* financieramente sólidos
Kaufkraftparität *f*, **en** paridad *f* del poder adquisitivo
Kaufkraftschöpfung *f*, **en** creación *f* de poder adquisitivo

Kaufkraftschwund *m*, Ø → Kaufkraftverlust
Kaufkraftüberhang *m*, Ø exceso *m* de poder adquisitivo
Kaufkraftverlust *m*, Ø disminución *f*, pérdida *f* del poder adquisitivo
Kaufkraftzuwachs *m*, Ø aumento *m*, incremento *m* del poder adquisitivo
käuflich **1.** comprable; adquirible; en venta ***~e Ware*** mercancía *f* en venta **2.** venal; corruptible ***~er Kaufmann*** comerciante sobornable; corruptible
Käuflichkeit *f*, Ø venalidad *f*; corrupción *f*
Kauflust *f*, Ø propensión *f* a la compra; deseo *m*, ansia *f* de comprar; tendencia *f* a comprar; demanda *f*; ***die ~ anregen*** incentivar la compra
Kauf|mann *m*, **-leute** comerciante *m*; negociante *m*
kaufmännisch comercial; mercantil; desde el punto de vista comercial; ***~er Angestellter*** empleado *m* de comercio; ***~er Betrieb*** empresa *f*, explotación *f* comercial; ***~e Beziehungen*** relaciones *pl* comerciales; ***~er Direktor*** director *m* comercial; ***~e Korrespondenz*** correspondencia *f* comercial
Kaufmannsdeutsch *n*, Ø jerga *f* comercial
Kaufmannslehrling *m*, **e** aprendiz *m* de comercio
Kaufmannssprache *f*, Ø → Kaufmannsdeutsch
Kaufoption *f*, **en** opción *f* de compra; ***eine ~ erwerben*** adquirir una opción de compra
Kauforder *f*, **s** orden *f* de compra
Kaufpläne *pl* intenciones *pl* de compra
Kaufpreis *m*, **e** precio *m* de compra, de adquisición; ***der ~ beträgt 100 DM*** el precio de compra es de, asciende a 100 DM; ***einen Betrag auf den ~ anrechnen*** descontar una suma del precio de compra; ***den ~ zurückerstatten*** restituir el precio de compra
Kaufrausch *m*, Ø fiebre *f* de compra
Kaufrückvergütung *f*, **en** restitución *f* del precio de compra
Kaufstelle *f*, **n** lugar *m*, sitio *m*, punto *m* de compra
Kaufsucht *f*, Ø manía *f*, obsesión *f* de compra
Kaufsumme *f*, **n** → Kaufpreis
Kaufunlust *f*, Ø resistencia *f* a comprar
Kaufurkunde *f*, **n** certificado *m* de compraventa; ***~ über ein Grundstück*** escritura *f* de compra de un inmueble
Kaufverhalten *n*, Ø comportamiento *m* de compra *bzw.* de los compradores
Kaufverpflichtung *f*, **en** obligación *f* de compra
Kaufversprechen *n*, - promesa *f* de compra *bzw.* de venta
Kaufvertrag *m*, **¨e** contrato *m* de compra (venta); ***erfüllter ~*** contrato de compra cumplimentado; ***~ mit Eigentumsvorbehalt*** contrato de compra con reserva de propiedad *od.* de dominio; ***einen ~ unterzeichnen*** firmar un contrato de compra (venta)
Kaufwelle *f*, **n** ola *f*, flujo *m* de compra
Kaufwert *m*, **e** valor *m* de compra
Kaufzurückhaltung *f*, Ø reticencia *f* de los compradores, clientes
Kaufzwang *m*, Ø obligación *f* de compra; ***ohne ~*** sin obligación de compra
Kaution *f*, **en** fianza *f*; caución *f*; garantía *f*; ***gegen ~*** contra caución; ***hinterlegte ~*** caución depositada; ***~ bei Gericht*** fianza judicial; ***eine ~ festsetzen*** fijar una caución; ***sich gegen ~ auf freiem Fuß befinden*** hallarse en libertad bajo fianza; ***~ leisten*** dar, otorgar caución (Syn. ***Bürgschaft***)
kautionsfähig capaz de servir de garantía; que puede dar fianza
Kautionskredit *m*, **e** crédito *m* de aval, de caución, de garantía (Syn. ***Avalkredit***)
kautionspflichtig de caución obligatoria; sujeto a prestar caución
Kautionssumme *f*, **n** importe *m*, suma *f* de la caución
Kautionswechsel *m*, - efecto *m* cambial en depósito; efecto *m* para garantizar un compromiso incierto (Syn. ***Depotwechsel, Sicherungswechsel***)
Kavaliersdelikt *n*, **e** delito *m* menor; bagatela *f*
KB → Kilo-Byte; Kilobyte
Kellerwechsel *m*, - letra *f* ficticia, proforma; efecto *m* ficticio
Kenndaten *pl* características *pl* de identificación
Kennkarte *f*, **n** documento *m*, carnet *m* de identidad
Kenn-Nr. → Kennummer
Kennnummer *f*, **n** **1.** código *m* de identificación **2.** número *m* de referencia; número *m* de orden **3.** (Gewerbesteuer) epígrafe *m* **4.** número *m* de pedido
Kenntnis *f*, **se** conocimiento *m*; ***jdm. von etw. in ~ setzen*** notificar a/c a alg.; ***von***

etw. ~ nehmen tomar nota de a/c; ***umfassende ~se auf einem Gebiet*** conocimientos amplios, de fondo en un ámbito; ***seine ~se erweitern*** ampliar sus conocimientos

Kennzahl *f*, **en** índice *m*; cifra *f* índice; número *m* indicador

Kennzeichen *n*, **-** marca *f*; distintivo *m*; característica *f*; (Auto.) ***polizeiliches ~*** matrícula *f*

Kennzeichenschild *n*, **er** → Kennzeichen

Kennziffer *f*, **n** índice *m*; cifra *f* índice; coeficiente *m*; ***erzeugnisbezogene ~*** índice de producción; ***~n der Industrie*** normas e índices industriales

Kennzifferanschrift *f*, **en** dirección *f* cifrada; codificada

Kern *m*, **e** núcleo *m*; centro *m*; punto *m* principal; ***der harte ~ der Belegschaft*** los miembros intransigentes, inflexibles de la plantilla

Kern- (Pref.) nuclear; atómico (Syn. ***Atom, Atomkraft***)

Kernarbeitszeit *f*, **en** tiempos *pl* medulares, fijos (dentro de la jornada flexible)

Kernbrennstoff *m*, **e** combustible *m* nuclear

Kernchemie *f*, Ø química *f* nuclear

kernchemisch, **~er Reaktor** reactor *m* químiconuclear

Kernemission *f*, **en** emisión *f* nuclear

Kernenergetik *f*, Ø energética *f* nuclear

Kernenergie *f*, **n** energía *f* nuclear, atómica (Syn. ***Atomenergie***)

Kernenergieantrieb *m*, **e** propulsión *f* nuclear (Syn. ***Atomantrieb***)

Kernenergiebehörde *f*, **n** junta *f* de energía nuclear

Kernenergienutzung *f*, **en** utilización *f* de la energía nuclear

Kernenergierisik|o *n*, **-en** riesgo *m*, peligro *m* nuclear

Kernforschung *f*, **en** investigación *f* nuclear

Kernforschungszentr|um *n*, **-en** centro *m* de investigación nuclear

Kernindustrie *f*, **n** industria *f* nuclear

Kerningenieur *m*, **e** ingeniero *m* nuclear

Kernkraft *f*, Ø energía *f* nuclear; ***der Anteil der ~ an der Energieversorgung*** la participación de la energía nuclear en el abastecimiento energético

Kern(kraft)anlage *f*, **n** instalación *f* nuclear

Kernkraftbefürworter *m*, **-** partidario *m* de la (utilización de la) energía nuclear

Kernkraftgegner *m*, **-** adversario *m*, contrario *m* a la (utilización de la) energía nuclear; antinuclear *m*

Kernkraftwerk *n*, **e** (KKW) central *f* nuclear (Syn. ***Atomkraftwerk***)

Kernkraftwerksunfall *m*, **¨e** accidente *m* acaecido en una central nuclear

Kernreaktor *m*, **en** reactor *m* nuclear; pila *f* atómica (Syn. ***Atommeiler***)

Kernspeicher *m*, **- 1.** memoria *f* de núcleos magnéticos **2.** memoria *f* central

Kerntechnik *f*, Ø técnica *f*, tecnología *f*, ingeniería *f* nuclear

Kernzeit *f*, **en** → Kernarbeitszeit

Kette *f*, **n** cadena *f*; ***freiwillige ~*** cadena voluntaria

Kettenhandel *m*, Ø comercio *m* por intermediarios

Kettenladen *m*, **¨e** almacén *m* de sucursales múltiples

Kettenreaktion *f*, **en** reacción *f* en cadena

Kettenvertrag *m*, **¨e** contrato *m* (de trabajo) de duración indeterminada; contrato *m* renovable por tácita aceptación; contrato *m* en cadena

KfW → Kreditanstalt für Wiederaufbau

Kfz → Kraftfahrzeug

Kfz-Bestand *m*, **¨e** parque *m* de coches, de automóviles

Kfz-Steuer *f*, **n** impuesto *m* sobre (vehículos) automóviles

Kfz-Versicherung *f*, **en** seguro *m* de automóviles

Kfz-Zulassung *f*, **en** autorización *f* para circular; patente *f* de circulación

KG *f*, **s** → Kommanditgesellschaft

KGaA *f* → Kommanditgesellschaft

KGV *n*, **s** (Kurs-Gewinn-Verhältnis) relación *f* cotización/beneficio

Kibbuz *m*, **im** *od.* **e** kibutz *m*; granja *f* colectiva (en Israel)

Kilo *n*, **s** kilo(gramo) *m*

Kilobyte *n*, **s** kilobyte *m*; kilo(o)cteto *m*

Kilometergeld *n*, Ø **1.** subvención *f* para gastos de viaje **2.** (Ferr.) precio *m* por kilómetro

Kilometerleistung *f*, Ø kilometraje *m*

Kilometerpauschale *f*, **n** tasa *f* kilométrica

Kilometersatz *m*, **e** → Kilometerpauschale

Kilometerstand *m*, Ø kilometraje *m*; kilómetros *pl* recorridos

Kilometertarif *m*, **e** tarifa *f* kilométrica

Kilopreis *m*, **e** precio *m* por kilo(gramo)

Kilowatt *n*, Ø (kw) kilovatio *m*

Kilowattstunde *f*, **n** (kWh) kilovatio-hora *m*

Kind *n*, **er** niño *m*; hijo *m*; ***ausgesetztes ~*** expósito *m*; ***minderjähriges ~*** hijo menor de edad (Syn. ***unmündiges Kind***); ***unter-***

haltberechtigtes ~ niño con derecho a alimentos; ***jdn. an ~es Statt nehmen*** adoptar un niño

Kinderarbeit *f*, **en** trabajo *m* infantil *od.* de menores

Kinderbeihilfe *f*, **n** → Kindergeld

Kinderermäßigung *f*, **en** descuento *m* por familia numerosa

Kinderfreibetrag *m*, **¨e** desgravación *f* por cargas familiares

Kindergeld *n*, Ø plus *m*, subsidio *m* familiar (Estado) *bzw.* puntos *pl* por esposa e hijos (Empresa)

kinderreich, ***~e Familie*** familia *f* numerosa

Kinderschutzgesetz *n*, **e** ley *f* sobre la protección de menores

Kindersterblichkeit *f*, Ø mortalidad *f* infantil

Kinderzulage *f*, **n** → Kindergeld

Kinderzuschlag *m*, **e** → Kindergeld

Kirchensteuer *f*, **n** (R.F.A.) impuesto *m* eclesiástico (recogido por el Estado para las diferentes confesiones, destinado a la restauración y manutención de las instituciones religiosas respectivas)

KKW *n*, **s** → Kernkraftwerk

klaffen, ***es klafft ein Loch in der Haushaltskasse*** se abre un agujero en el presupuesto; se produce un déficit en la caja presupuestaria

klagbar demandable por vía judicial; ~ ***vorgehen*** recurrir a los tribunales

Klage *f*, **n** acción *f*; demanda *f* judicial; causa *f*; pleito *m*; queja *f*; reclamación *f* **1.** ***im Wege der*** ~ por vía judicial; ***dingliche*** ~ demanda, acción real; ~ ***auf Zahlung des Kaufpreises*** demanda por pago del precio de compra; ~ ***in bürgerlichen Rechtsstreitigkeiten*** acción civil **2.** ***eine ~ abweisen*** rechazar una acción; recusar, denegar una demanda judicial; ***eine ~ gegen jdn. anstrengen*** presentar, interponer demanda contra alg.; ***eine ~ begründen*** alegar pruebas; motivar la acción; ~ ***einreichen*** formular, interponer demanda; ***einer ~ stattgeben*** dar curso a, admitir una acción; ***eine ~ zustellen*** notificar una demanda

Klageabweisung *f*, **en** denegación *f* de una demanda; ***zwingende*** ~ denegación perentoria

Klageanspruch *m*, **¨e** acción *f*; pretensión *f*; demanda *f*; petición *f*

Klageantrag *m*, **¨e** demanda *f*; súplica *f*; petición *f*

Klageantwort *f*, **en** (CH) contestación *f* a la demanda; litiscontestación *f*

Klagebeantwortung *f*, **en** litiscontestación *f*; contestación *f* a la demanda

Klagebefugnis *f*, (**se**) derecho *m* de presentar una demanda judicial

Klagebegründung *f*, **en** fundamentación *f* de la demanda

Klageeinreichung *f*, Ø **1.** ejercicio *m* de la acción, de la demanda **2.** presentación *f* de la acción, de la demanda

Klageerhebung *f*, **en** presentación *f* de una demanda, de una acción judicial

Klageerwiderung *f*, **en** contestación *f* a la demanda

Klagefrist *f*, **en** plazo *m* para la interposición, para la elevación de la demanda

Klageführer *m*, **-** demandante *m*

Klagegrund *m*, **¨e** fundamento *m* de la demanda; causa *f* de la demanda, de la acción

Klagehäufung *f*, **en** multiplicidad *f* de demandas; acumulación *f* de acciones

klagen formar causa a alg.; entablar una acción judicial; querellar contra; reclamar en juicio

klagend, ***~er Teil*** parte *f* actora; parte *f* demandante

Klagepartei *f*, **en** → klagender Teil

Klagepunkt *m*, **e** **1.** cargo *m* **2.** punto *m* litigioso; punto *m* en litigio

Kläger *m*, **-** (parte *f*) demandante *m*; actor *m*; ***als ~ auftreten*** presentarse, comparecer en calidad de demandante; ***zugunsten des ~s entscheiden*** decidir en favor del demandante; ***mit dem ~ ein Abkommen treffen*** llegar a un acuerdo con el demandante

Klagerecht *n*, **e** derecho *m* de acción; derecho *m* de recurrir a los tribunales

klägerisch demandante; del demandante; de parte del demandante

Klagerücknahme *f*, **n** desistimiento *m* de la acción, de la demanda

Klagesache *f*, **n** pleito *m*; proceso *m*; causa

Klageschrift *f*, **en** escrito *m* de demanda

Klageweg *m*, Ø, ***auf dem*** ~ por vía judicial; judicialmente

Klagezurückweisung *f*, **en** recusación *f* de la demanda, de la acción

Klagezustellung *f*, **en** notificación *f* de la demanda, de la acción

Kläranlage *f*, **n** instalación *f* de depuración

klar machen aclarar; explicar

Klarschrift *f*, Ø, ***in*** ~ (escrito) en claro

Klarschriftleser *m*, - (Inform.) lectora *f* de caracteres; lectora *f* óptica
Klarsichtpackung *f*, **en** embalaje *m* transparente
Klartext *m*, Ø texto *m* en claro; ***im*** ~ en claro
Klasse *f*, **n** clase *f* social; categoría *f*; clase *f*; ***arbeitende*** ~ clase trabajadora; ***besitzende*** ***~n*** clases acomodadas; burguesía *f*; ***herrschende ~n*** clases dominantes, dirigentes
Klassenauseinandersetzung *f*, **en** conflicto *m* de clases
Klassenbewusstsein *n*, Ø conciencia *f* de clase
Klassengeist *m*, Ø espíritu *m* de clase
Klassengesellschaft *f*, **en** sociedad *f* clasista
Klassenkampf *m*, **e** lucha *f* de clases
Klassenstruktur *f*, **en** estructura *f* de clases
Klassenunterschied *m*, **e** diferencia *f* entre las clases.sociales
klauen (Fam.) birlar; mangar; quitar
Klausel *f*, **n** cláusula *f*; condición *f*; estipulación *f*; ***einschränkende*** ~ cláusula restrictiva; ***handelsübliche*** ~ cláusula usual en el comercio; ***eine ~ einfügen*** insertar una cláusula; ***einem Vertrag eine ~ beifügen*** añadir una cláusula a un contrato; ***5%-Klausel*** correctivo *m* electoral
klein pequeño; corto; breve; exiguo; reducido **1.** ***~er Angestellter*** empleado *m* subalterno; ***~e Anzeigen*** → Kleinanzeigen; ***~e und mittlere Betriebe*** → Klein- und Mittelbetriebe; ***die ~en der Autoindustrie*** los pequeños de la industria de la automoción **2.** ***im ~en verkaufen*** vender al por menor *od.* al detalle **3.** ***~e Vormerkung*** asiento *m* de presentación (bei einer Grundbucheintragung)
Klein- und Mittelbetriebe *pl* pequeñas y medianas empresas *pl* (PYMES)
Kleinaktie *f*, **n** acción *f* de valor (nominal) reducido; acción *f* pequeña
Kleinaktionäre *pl* pequeños accionistas *pl*
Kleinanleger *m*, - pequeños inversores *pl*
Kleinanzeigen *pl* anuncios *pl* breves; anuncios *pl* por palabras; (LA) (avisos *pl*) clasificados *pl*
Kleinarbeit *f*, **en** trabajo *m* detallado, minucioso; trabajo *m* de filigrana
Kleinausfuhrerklärung *f*, **en** declaración *f* de aduana simplificada
Kleinbahn *f*, **en** ferrocarril *m* secundario; ferrocarril *m* vecinal; ferrocarril *m* de vía estrecha
Kleinbauer *m*, **n** pequeño agricultor *m*
Kleinbesitz *m*, Ø pequeña propiedad *f*; minifundio *m*
Kleinbetrieb *m*, **e** pequeña explotación *f*, empresa
Kleinbildkamara *f*, **s** cámara *f* de formato pequeño
Kleinbürgertum *n*, Ø pequeña burguesía *f*
Kleinbus *m*, **se** microbús *m*
Kleincomputer *m*, - mini-ordenador *m* (Syn. ***Minicomputer***)
Kleindruck *m*, -, ***in*** ~ en caracteres pequeños; en tipo chico
Kleineigentum *n*, Ø → Kleinbesitz
Kleinflugzeug *n*, **e** avioneta *f*
Kleinformat *n*, Ø tamaño *m* reducido; (Angl.) formato *m* reducido
Kleingedrucktes *n*, Ø, cláusulas *pl* en letra pequeña
Kleingeld *n*, Ø calderilla *f*; dinero *m* suelto; cambio *m*
Kleingewerbe *n*, Ø pequeña industria *f*; pequeño comercio *m*
Kleingewerbetreibende(r) (der/ein) comerciante *m* al por menor; detallista *m*
Kleingut *n*, **¨er** paquete *m* postal
Kleinhandel *m*, Ø comercio *m* al por menor *od.* al detalle
Kleinhandelsgeschäft *n*, **e** comercio *m* de venta al por menor *od.* al detalle
Kleinhandelspreis *m*, **e** precio *m* al por menor *od.* de detalle
Kleinhändler *m*, - (comerciante *m*) minorista *m*; detallista *m*
Kleinigkeit *f*, **en**, ***das kostet dich die ~ von*** te va a costar la friolera de
Kleinindustrie *f*, **n** pequeña industria *f*
Kleinkraftrad *n*, **¨er** ciclomotor *m*
Kleinkredit *m*, **e** crédito *m* personal (crédito relativamente pequeño, cuya devolución se efectúa a plazos) (Syn. ***Privatkredit***)
Kleinlastwagen *m*, - camioneta *f*
Kleinrechner *m*, - mini-ordenador *m*
Kleinrentner *m*, - pequeño jubilado *m*
Kleinsparer *m*, - pequeño ahorrador *m*
Kleinst- (Pref.) mínimo; mini
Kleinstbetrag *m*, **e** importe *m* mínimo; suma *f* mínima
Kleinstbetrieb *m*, **e** explotación *f* muy pequeña; miniexplotación *f*
Kleinstcomputer *m*, - nanoordenador *m*
Kleinstpackung *f*, **en** modelo *m* de embalaje más pequeño
Kleinstpreis *m*, **e** precio *m* mínimo
Kleintierzucht *f*, Ø cría *f* de ganado menor

Kleinverdiener *m*, - perceptor *m* de poco salario
Kleinverkauf *m*, Ø venta *f* al por menor *od.* al detalle
Kleinverkaufspreis *m*, **e** precio *m* de venta al por menor *od.* al detalle
Kleinvieh *n*, Ø ganado *m* menor
Kleinwagen *m*, - coche *m* pequeño
klettern escalar; subir; ***der Preis ist auf 100 DM geklettert*** el precio se disparó hasta alcanzar los 100 DM; ***der Preis klettert über 100 DM*** el precio sobrepasa los 100 DM
klicken hacer clic; pinchar
Klient *m*, **en 1.** cliente *m*; mandante *m* (de un abogado) **2.** cliente *m* (Syn. ***Kunde***)
Klientel *f*, **en** clientela *f* (de un abogado) (Syn. ***Kundschaft***)
Klima- und Heizungsanlagen *pl* (Seg.) instalaciones *pl* de climatización y calefacción
klingend, ***mit ~er Münze*** **en** dinero contante y sonante
Klüngel *m*, Ø pandilla *f*; camarilla *f*
Klüngelei *f*, Ø clientelismo *m*; amiguismo *m*
knapp escaso; reducido; estrecho; ***eine ~e Mehrheit*** una mayoría justa; ***~ bei Kasse sein*** disponer de poco dinero; ***die Preise so ~ wie möglich berechnen*** calcular los precios lo más justamente posible; ***ein ~es Auskommen haben*** tener un modesto vivir; ***knapp ~*** restringir; limitar; ***eine Ware künstlich ~*** limitar una mercancía artificialmente
Knappe *m*, **n** (Min.) minero *m*
Knappheit *f*, Ø escasez *f*; falta *f*; insuficiencia *f*; ***~ an Devisen*** escasez de divisas
Knappschaft *f*, **en** corporación *f* de mineros
Knappschaftskrankenkasse *f*, **n** (R.F.A.) Caja *f* de Enfermedad para Mineros
Knappschaftsrente *f*, **n** jubilación *f* de los mineros
Knappschaftsversicherung *f*, **en** seguro *m* de enfermedad para mineros
knausern escatimar; ***er knausert mit dem Geld*** es tacaño, mezquino
Knebelungsvertrag *m*, **¨e** (Jur.) contrato *m* leonino; contrato *m* de dependencia
Kniff *m*, **e** truco *m*; estratagema *f*; artificio *m*; ***ein juristischer ~*** un artificio jurídico
Knotenpunkt *m*, **e** centro *m* neurálgico; (Ferr.) empalme *m*; nudo *m* ferroviario
Know-how *n*, Ø (Angl.) know-how *m*; conocimientos *pl* técnicos, científicos, tecnológicos; destreza *f* operatoria
Knüller *m*, - (Fam.) éxito *m* de venta, de taquilla
koalieren formar coalición; aliarse; co(a)ligarse (Syn. ***koalisieren***)
Koalition *f*, **en** coalición *f*; ***eine ~ bilden*** formar una coalición
Koalitionsbeschluss *m*, **¨sse** resolución *f* tomada por un grupo parlamentario
Koalitionsfreiheit *f*, Ø libertad *f* de asociación; libertad *f* sindical
Koalitionskanzler *m*, Ø (R.F.A.) canciller *m* de la coalicíon
Koalitionspartner *m*, - partido *m* integrante de la coalición
Koalitionsrecht *n*, **e** derecho *m* de coalición, de asociación; derecho *m* sindical
Koalitionsregierung *f*, Ø gobierno *m* de coalicion
Koalitionszwang *m*, **¨e** disciplina *f* de voto (en el seno de una coalición)
Kode *m*, **s** código *m*
Köder *m*, - cebo *m*; gancho *m*
ködern (Fam.) cebar; engatusar
Kod|ex *m*, **e** *od.* **-izes** código *m*
kodieren codificar
kodifizieren cifrar; poner en clave; codificar
Kodifizierung *f*, en codificación *f*
Kodizil *n*, **e** codicilo *m* (posterior al testamento que modifica)
Koeffizient *m*, **en** coeficiente *m*
Koexistenz *f*, Ø coexistencia *f*
Ko-Finanzierung *f*, **en** cofinanciación *f*; financiación *f* conjunta
Kohäsionsfonds *m*, - (EU) fondos *pl* de cohesión
Kohle *f*, **n 1.** carbon *m*; hulla *f*; ***weiße ~*** hulla blanca (Syn. ***elektrische Energie***); ***~ abbauen*** (fördern) extraer carbón **2.** (Fam.) dinero *m*
Kohle(n)- (Pref.) carbonero/a; carbonífero/a; de carbón *od.* hulla
Kohlenabbau *m*, Ø extracción *f*, explotación *f* de carbón *od.* hulla; producción *f* carbonera
Kohlenbecken *n*, - cuenca *f* carbonífera; yacimientos *pl* de carbón
Kohlenbergbau *m*, Ø explotación *f* de carbón; minería *f* del carbón; industria *f* carbonera *od.* hullera
Kohlenbergwerk *n*, **e** → Kohlengrube
Kohlenförderung *f*, **en** → Kohlenabbau
Kohlengebiet *n*, **e** cuenca *f* carbonífera *od.* hullera; yacimientos *pl* de carbón
Kohlengrube *f*, **n** mina *f* de carbón (Syn. ***Kohlenzeche***)

Kohlenkraftwerk *n*, **e** central *f* térmica (a carbón)
Kohlenlager *n*, **-** **1.** yacimiento *m* de carbón **2.** depósito *m*, almacén *m* de carbón
Kohlenwasserstoff *m*, Ø hidrocarburo *m*
Kohlenzeche *f*, **n** → Kohlengrube
Kohlepapier *n*, **e** papel *m* carbón
Kolchos *m od. n*, **e** koljoz *m*; explotación *f* agrícola colectiva
Kolchosbauer *m*, **n** agricultor *m* que trabaja en un koljoz
Kolchose *f*, **n** → Kolchos
Kollaps *m*, **e** colapso *m*; declive *m* (económico)
Kollege *m*, **n** colega *m*
kollegial colegial; *~es* ***Verhalten*** actitud *f*, comportamiento *m* colegial
Kollegialführung *f*, **en** dirección *f* colegial
Kollegialität *f*, Ø colegialidad *f*; compañerismo *m*; buen entendimiento *m* entre colegas o compañeros
Kollektiv- (Pref.) colectivo
Kollektiv *n*, **e** *od.* **s** colectividad *f*; grupo *m*; comunidad *f*
Kollektivbedürfnisse *pl* necesidades *pl* colectivas
Kollektivbetrieb *m*, **e** empresa *f* colectiva
Kollektiveigentum *n*, Ø propiedad *f* colectiva
Kollektivhaftung *f*, **en** responsabilidad *f* colectiva
kollektivieren nacionalizar
Kollektivierung *f*, **en** nacionalización *f*
Kollektivismus *m*, Ø colectivismo *m*
kollektivistisch colectivista
Kollektivkont|o *n*, **-en** cuenta *f* colectiva; cuenta *f* mancomunada (Syn. ***Gemeinschaftskonto***)
Kollektivprokur|a *f*, **-en** poder *m* colectivo
Kollektivsparen *n*, Ø ahorro *m* obligatorio
Kollektivüberweisung *f*, **en** transferencia *f* colectiva
Kollektivvereinbarung *f*, **en** acuerdo *m*, convenio *m* colectivo
Kollektivversicherung *f*, **en** seguro *m* colectivo
Kollektivvertrag *m*, **¨e** contrato *m* colectivo
Kollektivvollmacht *f*, **en** → Kollektivprokura
Kollektivwirtschaft *f*, **en** economía *f* colectivista; colectivismo *m*
Kollisionshaftpflichtversicherung *f*, **en** (Seg.) seguro *m* de responsabilidad civil de colisión
Kollo *n*, **-lli** fardo *m*; bulto *m*

kolonial colonial
kolonialisieren → kolonisieren
Kolonialwaren *pl* productos *m* provenientes de ultramar; ultramarinos *pl*
Kolonialwarengeschäft *n*, **e** comercio *m* de ultramarinos
Kolonialwarenhändler *m*, **-** comerciante *m* de ultramarinos
kolonisieren colonializar
kombiniert, *~er* ***Verkehr*** transporte *m*, tráfico *m* combinado
Komitee *n*, **s** comité *m* (Syn. ***Ausschuss***)
Kommandit- (Pref.) comanditario; comanditaria; (en) comandita
Kommanditaktiengesellschaft *f*, **en** sociedad *f* comanditaria, en comandita por acciones
Kommanditaktionär *m*, **e** accionista *m* comanditario
Kommanditanteil *m*, **e** participación *f* comanditaria
Kommanditär *m*, **e** (CH) → Kommanditist
Kommandite *f*, **n** **1.** sociedad *f* en comandita; sociedad *f* comanditaria **2.** sucursal *f*; filial *f*
Kommanditeinlage *f*, **n** aportación *f* comanditaria
Kommanditgesellschaft *f*, **en** (KG) sociedad *f* en comandita, comanditaria; *~* ***auf Aktien*** sociedad *f* comanditaria por acciones; sociedad *f* en comandita por acciones
Kommanditist *m*, **en** socio *m* comanditario
Kommanditkapital *n*, Ø capital *m* comanditario
Kommanditsumme *f*, **n** (CH) capital *m* comanditario
Kommandohebel *pl* palanca *f* de mando
Kommastelle *f*, **n** cifra *f* decimal
kommen **1.** venir **2.** llegar a; ascender a; ***das Personal der Firma kommt auf 2000 Beschäftigte*** la plantilla asciende a 2000 empleados
Kommerz *m*, Ø **1.** comercio *m* **2.** mercantilismo *m*
kommerzialisieren comercializar
Kommerzialisierung *f*, **en** comercialización *f*
kommerziell comercial; *~es* ***Risiko*** riesgo *m* comercial
kommerziell, *~e* ***Anwendungen*** aplicaciones *pl* comerciales; *~e* ***Datenverarbeitung*** informática *f* (de gestión) comercial
Kommis *m*, **-** empleado *m*, dependiente *m* de comercio

Kommission *f*, **en 1.** comisión *f*; comité *m*; ***eine ~ bilden*** formar, crear una comisión; ***~ der Europäischen Gemeinschaften*** Comisión *f* de las Comunidades Europeas; ***gemischte ~*** comisión mixta; ***ständige ~*** comisión permanente; ***~ von Sachverständigen*** comisión de expertos (Syn. ***Ausschuss***) **2.** comisión *f* (pago de una determinada suma por la prestación de un servicio) ***eine Ware in ~ nehmen*** tomar mercancía en comisión; ***einer ~ unterliegen*** estar sujeto a una comisión (Syn. ***Provision***)

Kommissionar *m*, **e** comisionista *m* (en nombre propio)

Kommissionbuchhandel *m*, Ø librería *f* comisionista; librería *f* intermediaria entre el editor y la venta al por menor

Kommissionsagent *m*, **en** agente *m* de comisiones

Kommissionsgebühr *f*, **en** comisión *f*; porcentaje *m*

Kommissionsgeschäft *n*, **e** operaciones *pl* de comisión

Kommissionstratte *f*, **n** → Kommissionswechsel

Kommissionswechsel *m*, **-** letra *f* de comisión; letra *f* por cuenta de un tercero

Kommittent *m*, **en** comitente *m*; mandatario *m*

kommittieren dar poder (a un comisionista)

kommunal municipal; comunal

Kommunalabgaben *pl* impuestos *pl* municipales

Kommunalanleihe *f*, **n** empréstito *m* municipal

Kommunalbetrieb *m*, **e** empresa *f* municipal

Kommunaldarlehen *n*, **-** préstamo *m* municipal

Kommunalkredit *m*, **e** crédito *m* municipal; crédito *m* local

Kommunalkreditinstitut *n*, **e** banco *m* municipal; banco *m* local

Kommunalobligation *f*, **en** obligación *f* municipal

Kommunalpolitik *f*, Ø política *f* comunal, municipal

Kommunalrecht *n*, **e** derecho *m* municipal

Kommunalschuldverschreibung *f*, **en** obligación *f* municipal

Kommunalsteuer *f*, **n** impuesto *m* municipal

kommunalsteuerpflichtig sujeto a tributación municipal

Kommune *f*, **n** municipio *m*; municipalidad *f*; ***Bund, Länder und ~n*** la Federación, los länder, los municipios (Syn. ***Gemeinde***)

Kommunikation *f*, **n** comunicación *f*; ***eine herstellen*** establecer una comunicación

Kommunikationsmittel *n*, **-** medio *m* de comunicación

Kommuniqué *n*, **s** comunicado *m*; ***ein ~ herausgeben*** publicar un comunicado

kommunizieren comunicar

Kompaktdiskette *f*, **n** disquete *m* compacto

Kompaktplatte *f*, n disco *m* compacto (Syn. ***CD-Platte***)

kompatibel (Inform.) compatible; ***voll ~*** compatible (al) cien por cien

Kompatibilität *f*, Ø (Inform.) compatibilidad *f*

Kompensation *f*, **en 1.** compensación *f* **2.** reparación *f*; indemnización *f*

Kompensationsforderung *f*, **en** exigencia *f* de compensación

Kompensationsgeschäft *n*, **e** operación *f* de compensacio *n*

Kompensationskurs *m*, **e** tipo *m*, cotización *f* de compensación

Kompensationsmechanismen *pl* mecanismos *pl* de compensacio *n*

kompensatorisch compensatorio

kompensatorisch, ***~e Fazilität*** servicio *m* compensatorio (de financiación); financiación *f* compensatoria (del FMI)

kompensieren compensar

kompetent competente; indicado; autorizado (Syn. ***zuständig***)

Kompetenz *f*, **en** competencia *f*; jurisdicción *f*; ***die Verteilung der ~en*** la repartición de las competencias; ***es fällt in die ~ der Verwaltungsbehörden*** corresponde a la competencia de las autoridades administrativas

Kompetenzstreit *m*, **e** conflicto *m* de jurisdicción *bzw.* de competencia

Kompetenzüberschreitung *f*, **en** abuso *m* de poder

Komplementär *m*, **e** socio *m* colectivo; socio *m* personalmente responsable (Syn. ***Vollhafter***)

Komplementärgüter *pl* bienes *pl* complementarios

komplett completo; entero

Komplex *m*, **e** conjunto *m*; grupo *m*; complejo *m*; lote *m* de terrenos; ***industrieller ~*** complejo industrial

Komponente *f*, **n** componente *f*

Kompostierung *f*, Ø compostaje *m*; transformación *f* en compost
Kompromiss *m*, **-sse** compromiso *m*
kompromissbereit dispuesto a llegar a un compromiso; dispuesto a transigir
Kompromissbereitschaft *f*, **en** disposición *f* a transigir
Kompromissformel *f*, **n** fórmula *f* de(l) com-promiso
Kompromisslösung *f*, **en** componenda *f*; ***nach einer ~ suchen*** buscar una componenda
Komptantgeschäft *n*, **e** operación *f* al contado (el envío y el pago de los bienes negociados se efectúan inmediatamente) (Syn. ***Kassageschäft***)
Konditionalität *f*, Ø condiciones *pl* muy rigurosas, muy duras; condicionalidad *f*
Konditionen *pl* condiciones *pl*; ***Waren zu gewissen ~ anbieten*** ofrecer mercancías bajo ciertas condiciones (Syn. ***Bedingungen***)
konditionieren condicionar; poner en función de; ***konditionierter Reflex*** reflejo *m* condicionado
Konditionsrabatt *m*, **e** descuento *m* condicional
Kondolenzbesuch *m*, **e** visita *f* de condolencia, de pésame
Konfektion *f*, **en** (ramo *m* de) confección *f*; artículos *pl* de confección
Konfektionsgeschäft *n*, **e** comercio *m* de confección
Konferenz *f*, **en** conferencia *f*; ***~ der Vereinten Nationen über Handel und Entwicklung*** (UNCTAD) Conferencia *f* de las Naciones Unidas sobre Comercio y Desarrollo (CNUCD)
Konferenzdolmetscher *m*, - intérprete *m* de conferencias; intérprete *m* de cabina
Konferenzteilnehmer *m*, - participante *m* en una conferencia
konferieren conferenciar; celebrar una conferencia
Konfiskation *f*, **en** confiscación *f*; incautación *f*; embargo *m*; decomiso *m*
konfiszieren confiscar; incautar; embargar
Konflikt *m*, **e** conflicto *m*
Konfliktfall *m*, **¨e** caso *m* conflictivo
Konfliktkommission *f*, **en** comisión *f* de arbitraje en caso de conflicto
Konfliktlösung *f*, **en** solución *f* de (un) conflicto
Konföderation *f*, **en** confederación *f*
Konjunktur *f*, **en** coyuntura *f*; ciclo *m* económico
Konjunkturabhängigkeit *f*, (**en**) dependencia *f* coyuntural
Konjunkturabschwächung *f*, **en** debilitación *f*, aflojamiento *m* de la coyuntura
Konjunkturabschwung *m*, (**¨e**) recesión *f*, atonía *f*, depresión *f* coyuntural
Konjunkturabstieg *m*, Ø → Konjunkturabschwung
Konjunkturanalyse *f*, **n** análisis *m* coyuntural
konjunkturanfällig sensible a las variaciones coyunturales; sujeto a las fluctuaciones coyunturales
Konjunkturanfälligkeit *f*, Ø sensibilidad *f* con respecto a las fluctuaciones coyunturales
Konjunkturankurbelung *f*, **en** reanimación *f*, relanzamiento *m* coyuntural
konjunkturanregend destinado a estimular la coyuntura
Konjunkturaphase *f*, **n** fase *f* coyuntural
Konjunkturaufschwung *f*, **e** expansión *f*, auge *m* coyuntural
Konjunkturausgleichsrücklage *f*, **en** (R.F.A.) reserva *f* (de acción) anticíclica
Konjunkturbarometer *n*, - barómetro *m* coyuntural
konjunkturbedingt coyuntural; cíclico; en función de la coyuntura; sujeto a la situación coyuntural
Konjunkturbelebung *f*, **en** reanimación *f*, recuperación *f* coyuntural
Konjunkturbericht *m*, **e** informe *m*, nota *f* sobre la situación coyuntural
Konjunkturbewegung *f*, **en** movimiento *m* coyuntural; cambios *pl* coyunturales
Konjunkturbild *n*, (**er**) perfil *m*, tabla *f* coyuntural; situación *f* económica
konjunkturdämpfend destinado a suavizar, moderar la coyuntura; ***~e Maßnahmen*** medidas *pl* destinadas a moderar la coyuntura
Konjunkturdämpfung *f*, **en** moderación *f*, suavización *f* de la coyuntura
Konjunktureinbruch *m*, **¨e** caída *f*, derrumbe *m* coyuntural
konjunkturell coyuntural; cíclico; de la coyuntura; ***~e Arbeitslosigkeit*** desempleo *m*, paro *m* coyuntural
konjunkturempfindlich → konjunkturanfällig
Konjunkturentwicklung *f*, **en** desarrollo *m*, evolución *f* de la coyuntura

Konjunkturerholung *f*, Ø recuperación *f* coyuntural; recuperación *f* de la coyuntura
Konjunkturflaute *f*, **n** depresión *f*, estancamiento *m*, baja *f* coyuntural
Konjunkturforscher *m*, - investigador *m* de los ciclos económicos
Konjunkturforschung *f*, **en** investigación *f* de los ciclos económicos; análisis *m* del mercado
Konjunkturforschungsinstitut *n*, **e** instituto *m* de investigación de los ciclos económicos
Konjunkturkurve *f*, **n** curva *f* coyuntural
Konjunkturlenker *pl* responsables *pl* de la coyuntura
Konjunkturlenkung *f*, **en** → Konjunktursteuerung
Konjunkturpolitik *f*, Ø política *f* de coyuntura
Konjunkturprognosen *pl* pronósticos *pl*, predicciones *pl* sobre la coyuntura
Konjunkturrisik|o *n*, **-en** riesgo *m* coyuntural
Konjunkturrückgang *m*, **¨e** recesión *f*; contracción *f* coyuntural
Konjunkturrückschlag *m*, **¨e** contracción *f* coyuntural; debilitamiento *m* coyuntural
Konjunktursachverständige(r) (der/ein) → Konjunkturforscher
Konjunkturschwankungen *pl* oscilaciones *pl* de la coyuntura; fluctuaciones *pl* coyunturales
Konjunkturspezialist *m*, **en** analista *f* de la coyuntura
Konjunkturspritze *f*, **n** inyección *f* de capital para reanimar la coyuntura
Konjunktursteuerung *f*, **en** control *m* de la economía, de la coyuntura
Konjunktursturz *n*, **¨e** bajón *m*, depresión *f* coyuntural
Konjunkturtief *n*, **s** depresión *f*, estancamiento *m*, paralización *f* coyuntural
Konjunkturüberhitzung *f*, **en** sobrecalentamiento *m*, recalentamiento *m* coyuntural, de la coyuntura
Konjunkturumschlag *m*, **¨e** cambio *m*, viraje *m* coyuntural
Konjunkturumschwung *m*, **¨e** → Konjunkturumschlag
Konjunkturuntersuchung *f*, **en** análisis *m* coyuntural
Konjunkturverlangsamung *f*, **en** ralentización *f* de la coyuntura
Konjunkturverlauf *m*, Ø evolución *f*, marcha *f* de la coyuntura, coyuntural; ritmo *m* de la coyuntura
Konjunkturvoraussagen *pl* pronósticos *pl*, predicciones *pl* sobre la coyuntura, coyunturales
Konjunkturwellen *pl* ondas *pl* de la coyuntura
Konjunkturzusammenbruch *m*, **¨e** derrumbe *m*, desplome *m* de la coyuntura, coyuntural
Konjunkturzuschlag *m*, **e** recargo *m* coyuntural
Konjunkturzykl|us *m*, **-en** ciclo *m* económico
Konkurrent *m*, **en** competidor *m*
Konkurrenz *f*, **en** **1.** competencia *f*; ***freie ~*** libre competencia; ***jdm. ~ machen*** hacer (la) competencia a alg.; competir con alg. **2.** concurso *m*; certamen *m*
Konkurrenzausschreibung *f*, **en** convocatoria *f* del concurso
Konkurrenzdruck *m*, Ø presión *f* de la competencia
Konkurrenzfabrikat *n*, **e** producto *m* de la competencia
konkurrenzfähig competitivo; capaz de competir
Konkurrenzfähigkeit *f*, **en** competitividad *f*; capacidad *f* competitiva, de competir
Konkurrenzfirm|a *f*, **-en** empresa *f*, casa *f* competidora
Konkurrenzgeschäft *n*, **e** → Konkurrenzfirma
Konkurrenzkampf *m*, **¨e** **1.** competencia *f* **2.** lucha *f* por la competencia **3.** rivalidad *f*
Konkurrenzklausel *f*, **n** cláusula *f* de competencia
Konkurrenzland *n*, **¨er** país *m* competidor
konkurrenzlos sin, fuera de competencia
Konkurrenzmodell *n*, **e** **1.** modelo *m* de la competencia **2.** modelo *m* competidor
Konkurrenzunternehmen *n*, - → Konkurrenzfirma
Konkurrenzverbot *n*, **e** prohibición *f* de (hacer la) competencia
konkurrieren **1.** competir (Com.); hacer (la) competencia (A) **2.** hacer oposición (A)
Konkurs *m*, **e** (Com.) quiebra *f*; (privat) concurso *m* (de acreedores); ***betrügerischer ~*** quiebra fraudulenta; bancarrota *f*; ***~ anmelden*** declararse, presentarse en quiebra, concurso; ***~ abwenden*** eludir la quiebra, el concurso; ***~ eröffnen*** declarar el con-

curso, la quiebra; ***in ~ geraten*** quebrar; constituirse en quiebra
Konkursanfechtung *f*, **en** impugnación *f* de la quiebra
Konkursanmeldung *f*, **en** declaración *f*, presentación *f* en quiebra, concurso
Konkursantrag *m*, **¨e** solicitud *f* de quiebra; ***~ stellen*** solicitar la declaración de la quiebra, del concurso; denunciar la quiebra, el concurso
Konkursausverkauf *m*, **¨e** venta *f*, liquidación *f* por quiebra
Konkursbilanz *f*,**en** balance *m* de la quiebra
Konkursdividende *f*, **n** dividendo *m* de la quiebra
Konkurserklärung *f*, **en** (E) declaración *f* (judicial) de la quiebra, del concurso
Konkurseröffnung *f*, **en** apertura *f* de la quiebra, del concurso; ***~ beantragen*** pedir la declaración de la quiebra, del concurso
Konkurseröffnungsantrag *m*, **¨e** solicitud *f* de quiebra, del concurso
Konkursforderung *f*, **en** crédito *m*; ***~ geltend machen*** presentar un crédito; ***Einstufung der ~en*** graduación *f* de los créditos
Konkursgericht *n*, **e** tribunal *m* de la quiebra
Konkursgläubiger *m*, **-** acreedor *m* de la quiebra
Konkursgründe *pl* motivos *pl* de la quiebra
Konkurskosten *pl* costas *pl* de la quiebra
Konkursmasse *f*, **n** masa *f* activa, de la quiebra; ***aus der ~ aussondern*** separar de la masa; ***zur ~ zurückgewähren*** reintegrar a la masa
Konkursordnung *f*, **en** ley *f* sobre la quiebra y el concurso (de acreedores)
Konkursprivileg *n*, **ien** privilegio *m* de quiebra
Konkursquote *f*, **n** cuota *f* de la masa activa de la quiebra
Konkursrecht *n*, Ø derecho *m* concursal; derecho *m* regulador de la quiebra
konkursreif a bordo de la quiebra; a punto de quebrar
Konkursrichter *m*, **-** juez *m* de la quiebra
Konkursschuldner *m*, **-** quebrado *m*
Konkurstabelle *f*, **n** lista *f*, relación *f* de los créditos
Konkursverfahren *n*, **-** procedimiento *m* de quiebra; ***~ einstellen*** clausurar la quiebra
Konkursverkauf *m*, **¨e** liquidación *f* por motivo de quiebra, de concurso
Konkursverwalter *m*, **-** síndico *m*
Konkursverwaltung *f*, **en** administración *f* de la quiebra
Konkursware *f*, Ø saldo *m* de la quiebra
Könner *m*, **-** experto *m*; conocedor *m*
Konnossement *n*, **e** conocimiento *m* de embarque; (LA) conocimiento *m* de carga; ***auf einem ~ verladen*** consignar en un conocimiento
Konnossementsinhaber *m*, **-** tenedor *m* del conocimiento
Konnossementssatz *m*, **¨e** juego *m* de originales (del conocimiento)
Konnossementsteilschein *m*, **e** orden *f* de entrega
Konsekutivdolmetschen n, Ø interpretación *f* consecutiva
Konsens *m*, **(e)** consenso *m*
Konsensualvertrag *m*, **¨e** contrato *m* consensual
konservativ conservador
Konservativismus *m*, Ø conservadurismo *m*
Konserven *pl* **1.** conservas *pl*; productos *pl* enlatados; productos *pl* en bote **2.** (Radio, TV) programa *m* grabado
Konservenfabrik *f*, **en** fábrica *f* de conservas
konservierbar conservable
Konservierbarkeit *f*, Ø conservabilidad *f*
konservieren 1. conservar **2.** hacer conservas **3.** enlatar; envasar
Konservierung *f*, Ø conservación *f*
Konservierungsmittel *n*, **-** conservante *m*; agente *m*, sustancia *f* de conservación
Konservierungsstoff *m*, **e** (producto *m*) conservante *m*
Konsignant *m*, **en** consignador *m*
Konsignatär *m*, **e** → Konsignatar
Konsignatar *m*, **e** consignatario *m*
Konsignation *f*, **en** consignación *f*
Konsignationsrechnung *f*, **en** factura *f* de consignación
Konsignationssendung *f*, **en** envío *m* de consignación
konsignieren consignar
konsolidieren consolidar
Konsolidierung *f*, **en** consolidación *f*
Konsolidierungsanleihe *f*, **n** empréstito *m* de consolidación
Konsols *pl* (fondos) consolidados *pl*
Konsorten *pl* **1.** miembros *pl* de un consorcio; consortes *pl* **2.** cómplices *pl*
Konsortialbank *f*, **en** banco *m* participante; banco *m* consorcial
Konsortialbeteiligung *f*, **en** participación *f* en un consorcio

Konsortialgeschäft *n*, **e** negocio *m* de consorcio; operación *f* en común
Konsortialkredit *m*, **e** crédito *m* sindicado; crédito *m* consorcial
Konsortialmitglied *n*, **er** miembro *m* de un consorcio
Konsortialvertrag *m*, **¨e** contrato *m* consorcial; contrato *m* de consorcio
Konsorti|um *n*, **-en** consorcio *m*; sindicato *m*; cártel *m*
konspirativ conspirativo; ***~e Wohnung*** piso *m* franco
konstant constante
Konstante *f*, **n** constante *f*
Konstantgeschäft *n*, **e** operación *f* al contado
Konstellation *f*, **en** constelación *f*; situación *f*; coyuntura *f*
konstituieren 1. constituir **2.** constituirse
konstituierend, ***~e Versammlung*** asamblea *f* constituyente
konstruieren 1. proyectar; diseñar **2.** erigir; edificar; construir
Konstrukteur *m*, **e** constructor *m*; proyectista *m*
Konstruktion *f*, **en 1.** construcción *f*; ***ortsfeste ~*** construcción *f* estacionaria; ***schwimmende ~*** construcción *f* flotante **2.** (Fig.) modalidad *f*
Konstruktionsbüro *n*, **s** oficina *f* de proyectos
Konstruktionsentwurf *m*, **¨e** diseño *m* de construcción
Konstruktionsfehler *m*, **-** falta *f*, vicio *m*, defecto *m* de construcción
Konstruktionsleiter *m*, **-** encargado *m*, jefe *m* de la construcción
Konstruktionsmängel *pl* → Konstruktionsfehler
Konstruktionszeichner *m*, **-** diseñador *m*; dibujante *m* de construcción
Konsul *m*, **n** cónsul *m*
Konsulargerichtsbarkeit *f*, **en** jurisdicción *f* consular
konsularisch consular
Konsulat *n*, **e** consulado *m*
Konsulatsbericht *m*, **e** informe *m* consular
Konsulatsbescheinigung *f*, **en** certificado *m* consular
Konsulatsdienst *m*, **e** servicio *m* consular
Konsulatsfaktur|a *f*, **-en** factura *f* consular; ***eine ~ aufmachen*** extender una factura consular
Konsulatsgebühren *pl* derechos *pl*, tasas *pl* consulares
Konsulatssekretär *m*, **e** secretario *m*, canciller *m* del consulado
Konsulatsvis|um *n*, **-a** visado *m* consular
Konsultation *f*, **en** consulta *f*
Konsum *m*, Ø consumo *m*
Konsumartikel *m*, **-** artículo *m* de consumo
Konsument *m*, **en** consumidor *m*
Konsumentenbefragung *f*, **en** encuesta *f* entre los consumidores
Konsumentengruppe *f*, **n** grupo *m* de consumidores
Konsumentenkredit *m*, **e** crédito *m* al consumidor, para fines de consumo, al consumo
Konsumentenwünsche *pl* deseos *pl* de los consumidores
Konsumerismus *m*, Ø consumerismo *m*
Konsumfähigkeit *f*, **(en)** capacidad *f* consuntiva
Konsumfinanzierung *f*, **en** financiación *f* del consumo
Konsumfunktion *f*, **en** función *f* del consumo
Konsumgenossenschaft *f*, **en** cooperativa *f* de consumo
Konsumgesellschaft *f*, **en** sociedad *f* de con-sumo
Konsumgewohnheiten *pl* hábitos *pl* consuntivos
Konsumgüter *pl* bienes *pl* de consumo; ***dauerhafte, langlebige ~*** bienes de consumo duraderos
Konsumgüterelektronik *f*, Ø → Unterhaltungsindustrie
Konsumgüterindustrie *f*, **n** industria *f* de bienes de consumo
konsumieren consumir
Konsumkraft *f*, Ø capacidad *f* consuntiva
Konsumkredit *m*, **e** → Konsumentenkredit
Konsummuffel *m*, **-** (Fam.) enemigo *m* del consumo
Konsumnachfrage *f*, **n** demanda *f* consuntiva
Konsumneigung *f*, Ø propensión *f* a consumir, al consumo
konsumorientiert orientado al consumo
Konsumpreisverhalten *n*, Ø comportamiento *m*, evolución *f* de los precios al consumo
Konsumption *f*, Ø → Konsum
Konsumquote *f*, **n** tasa *f*, cuota *f* de consumo
Konsumrausch *m*, Ø propensión *f* excesiva al consumo

Konsumterror *m*, Ø terror *m* del consumo; consumo *m* frenético; frenetismo *m* consumidor
Konsumtion *f*, Ø → Konsum
konsumtiv consuntivo
Konsumtivkredit *m*,**e** →Konsumentenkredit
Konsumverhalten *n*, Ø comportamiento *m* consuntivo
Konsumverzicht *m*, (**e**) renuncia *f* al consumo
Konsumware *f*, **n** mercancía *f* de consumo
Konsumzurückhaltung *f*, Ø ralentización *f* del consumo; reserva *f*, cautela *f*, retraimiento *m* de los compradores
Konsumzuwachs *m*, Ø incremento *m* del consumo
Konsumzwang *m*, **¨e** obligación *f* de consumir
Kontakt *m*, **e** contacto *m*
kontaktarm poco sociable; inadaptado; con poca facilidad de contacto
Kontaktaufnahme *f*, **n 1.** toma *f* de contacto **2.** puesta *f* en contacto
kontakten → kontaktieren
kontaktfreudig sociable; con facilidad de contacto; amante de los contactos
Kontaktgespräch *n*, **e** conversación *f* inicial
kontaktieren establecer contacto; entrar **en** contacto; tener contacto; contactar con
Kontaktperson *f*, **en** persona *f* de contacto
Kontaktstelle *f*, **n** oficina *f*; centro *m* de contacto
Kontenbezeichnung *f*, **en** título *m* de la cuenta
Kontenführung *f*, **en** → Kontoführung
Kontenkarte *f*, **n** tarjeta *f* de cuenta
Kontenklasse *f*, **n** clase *f* de cuenta (del plan contable)
Kontenmarke *f*, **n** contramarca *f*
Kontennummer *f*, **n** número *m* de (la) cuenta
Kontenplan *m*, **e** plan *m* de cuentas
Kontenrahmen *m*, **- 1.** plan *m* general contable **2.** cuadro *m* contable
Kontensparen *n*, Ø ahorro *m* en cuenta(**s**)
Kontensperre *f*, **n** cierre *m*, bloqueo *m* de cuenta
Kontensperrung *f*, **en** → Kontensperre
kontern, ***die Unternehmen ~ mit einem neuen Modell*** las empresas replican lanzando un nuevo modelo
Kontinentalhandel *m*, Ø comercio *m* continental
Kontinentalsockel *m*, **-** plataforma *f* continental
Kontinentalsperre *f*, **n** bloqueo *m* continental
Kontingent *n*, **e** contingente *m*; cupo *m*; cuota *f*; prorrata *f*; ***bilaterales ~*** cupo bilateral
kontingentieren contingentar; someter al régimen de cupos
kontingentiert, ***global ~ Waren*** mercancías *pl* globalizadas
Kontingentierung *f*, **en** contingentación *f*; implantación *f* de cupos; prorrateo *m*
Kontingentzuteilung *f*, **en** asignación *f* de cupos, de contingentes
kontinuierlich continuo; continuado
Kontinuitätstrennung *f*, **en** solución *f* de continuidad
Konti-Schicht *f*, **en** trabajo *m* continuo; trabajo *m* sin parar
Kont|o *n*, **s** *od.* **-en** cuenta *f*; ***laufendes ~*** cuenta corriente; ***überzogenes ~*** cuenta rebasada; ***ein ~ abschließen*** cerrar una cuenta; ***ein ~ eröffnen*** abrir una cuenta; ***ein ~ saldieren*** saldar una cuenta; ***ein ~ überziehen*** rebasar una cuenta
Kont|o pro Diverse *n*,**-en** cuenta *f* de varios
Kontoabschluss *m*, **¨sse** cierre *m* de cuenta
Kontoausgleich *m*, **e** saldo *m* (de cuenta)
Kontoauszug *m*, **¨e** extracto *m* de cuenta
Kontoberichtigung *f*, **en** rectificación *f* de la cuenta
Kontobezeichnung *f*, **en** título *m* de la cuenta
Kontoblatt *n*, **¨er** extracto *m* de cuenta
Kontobuch *n*, **¨er** libro *m* de (las) cuentas
Kontoeröffnung *f*,**en** apertura *f* de la cuenta
Kontoführung *f*, **en 1.** teneduría *f* de una cuenta **2.** llevanza *f* de una cuenta
Kontoführungsgebühren *pl* derechos *pl* por llevanza de una cuenta
Kontoguthaben *n*, **-** abono *m* en cuenta
Kontoinhaber *m*, **-** titular *m* de la cuenta
Kontokorrent *n*, **e** → Kontokorrentkonto
Kontokorrentabteilung *f*, **en** servicio *m*, sección *f* de cuentas corrientes
Kontokorrentauszug *m*, **¨e** extracto *m* de la cuenta corriente
Kontokorrentbuch *n*, **¨er** libro *m* de (las) cuentas corrientes
Kontokorrentgeschäft *n*, **e** operaciones *pl* en cuenta corriente
Kontokorrentinhaber *m*, **-** cuentacorrentista *m*; titular *m* de una cuenta corriente
Kontokorrentkont|o *n*, **s** *od.* **-en** cuenta *f* corriente

Kontokorrentkredit *m*, **e** crédito *m* en cuenta corriente
Kontokorrentnummer *f*, **n** número *m* de (la) cuenta corriente
Kontokorrentstand *m*, Ø saldo *m*, estado *m* de la cuenta corriente
Kontokorrentüberziehung *f*, **en** giro *m* en descubierto
Kontokorrentverkehr *m*, Ø servicio *m bzw.* relaciones *pl* de cuentas corrientes
Kontonummer *f*, **n** número *m* de (la) cuenta
Kontor *m*, **e** **1.** oficina *f*; despacho *m* **2.** escritorio *m* **3.** agencia *f* **4.** (Hanse) factoría *f*
Kontorist *m*, **en** oficinista *m*; empleado *m* de oficina
Kontostand *m*, **¨e** estado *m*, saldo *m* de (la) cuenta
Kontoüberziehung *f*, **en** descubiertos *pl*; cuenta *f* al descubierto; giro *m* en descubierto
Kontrahent *m*, **en** **1.** contratante *m; **die ~en*** las partes *pl* contratantes **2.** adversario *m*
kontrahieren **1.** contraer **2.** contratar **3.** desafiar
Kontrakt *m*, **e** contrato *m*
Kontraktabschluss *m*, **¨sse** celebración *f*, conclusión *f*, perfección *f* de un contrato
kontraktbestimmt → kontraktlich
Kontraktbindung *f*, **en** vinculación *f* contractual; contrato *m*
Kontraktbruch *m*, **¨e** violación *f*, inobservancia *f* de un contrato
kontraktbrüchig, ***~ werden*** romper, violar, infringir un contrato
kontraktiv contractivo; ***auf das Geldvolumen ~ wirken*** actuar en sentido contractivo sobre la masa monetaria
kontraktlich contractual
kontraktwidrig contrario al contrato, a lo estipulado
Kontrollabschnitt *m*, **e** talón *m* (de comprobación)
Kontrollausschuss *m*, **¨sse** comisión *f* de control, interventora; (UE) Comisión *f* de Intervención
Kontrolle *f*, **n** control *m*
Kontrolleur *m*, **e** inspector *m*; interventor *m*; revisor *m*; registrador *m*
Kontrollgang *m*, **¨e** ronda *f* de control; camino *m* de ronda; pasillo *m* de control
Kontrollgruppe *f*, **n** grupo *m* de control
kontrollierbar verificable; controlable
kontrollieren comprobar; controlar; registrar; revisar; inspeccionar; verificar
Kontroll-Liste *f*, **n** lista *f* de verificación, de control
Kontrollkarte *f*, **n** tarjeta *f*, ficha *f* de control
Kontrollkasse *f*, **n** caja *f* registradora
Kontrollmarke *f*, **n** contraseña *f*; ficha *f* de control
Kontrollmaßnahme *f*, **n** medida *f* de control
Kontrollmuster *n*, **-** muestra *f* de control, verificación
Kontrollnummer *f*, **n** número *m* de control, referencia
Kontrollorgan *n*, **e** órgano *m* interventor, de control; ***~ für die Finanzgebarung*** órgano fiscalizador de la gestión económica, financiera
kontrollpflichtig de comprobación obligatoria; sujeto a control
Kontrollrecht *n*, **e** derecho *m* a examinar los libros; derecho *m* a información
Kontrollschein *m*, **e** contraseña *f*; comprobante *m*
Kontrollstelle *f*, **n** oficina *f* de verificación control
Kontrollstempel *m*, **-** timbre *m*, sello *m* de revisio *n*
Kontrollturm *m*, **¨e** torre *f* de control
Kontrollübernahme *f*, Ø asunción *f*, toma *f* del control (en firme); oferta *f* pública de adquisición; OPA
Kontrolluhr *f*, **en** reloj *m* de control, contrastador, registrador
Kontrollvermerk *m*, **e** visado *m*, mención *f* de control
Kontrollvorrichtung *f*, **en** dispositivo *m* de control
Kontrollzettel *m*, **-** → Kontrollschein
Kontroverse *f*, **n** controversia *f*
Konvention *f*, **en** convenio *m*; tratado *m*; convención *f*
Konventionalstrafe *f*, **n** multa *f*, pena *f* convencional, contractual
Konventionalzoll *m*, **¨e** aduana *f* contractual, convencional
Konvergenzkriterium *n*, **-ien** (EU) criterios *pl* de convergencia; ***die ~ erfüllen*** cumplir los criterios de convergencia
Konversion *f*, **en** conversión *f*
Konversions- (Pref.) de conversión
Konversionsanlage *f*, **n** instalación *f*, planta *f* de conversión
Konversionsanleihe *f*, **n** empréstito *m* de conversión
Konversionsaufgeld *n*, Ø prima *f* de conversión

Konversionsschuldverschreibung *f*, **en** obligación *f* de conversión
Konversionssoulte *f*, **n** ajuste *m* de conversión
Konverter *m*, - convertidor *m*
konvertibel → konvertierbar
Konvertibilität *f*, **en** → Konvertierbarkeit
konvertierbar convertible; ***beschränkt*** ~ limitadamente convertible; ***frei*** ~ libremente convertible
Konvertierbarkeit *f*, (**en**) convertibilidad *f*; ***beschränkte*** (***volle***) ~ convertibilidad limitada (plena)
konvertieren convertir
Konvertierung *f*, **en** conversión *f*
Konvertierungsanleihe *f*, **n** → Konversionsanleihe
Konvoi *m*, **s** **1.** convoy *m* **2.** escolta *f*
Konvolut *n*, (**e**) **1.** compendio *m* **2.** fascículo *m*; legajo *m*
Konzentration *f*, **en** concentración *f*
Konzentrationsprozess *m*, **-sse** proceso *m* de concentración
Konzentrationstheorie *f*, Ø teoría *f* de la acumulación
konzentrieren concentrar
Konzentrierung *f*, **en** concentración *f*
Konzept *n*, **e** **1.** borrador *m*; primera redacción *f* **2.** esbozo *m*; bosquejo *m*
Konzern *m*, **e** grupo *m* (empresarial); grupo *m* industrial
Konzernabsatz *m*, **¨e** ventas *pl* del grupo
Konzernabschluss *m*, **¨sse** → Konzernbilanz
Konzernbilanz *f*, **en** balance *m* consolidado (de un grupo empresarial)
Konzernbildung *f*, Ø formación *f* de un grupo
Konzernentflechtung *f*, **en** desconcentración (de un grupo); separación *f* de sociedades de un grupo
Konzerngesellschaft *f*, **en** sociedad *f* filial de un grupo
Konzerngewinn *m*, **e** beneficio *m* consolidado
Konzernherr *m*, **en** patrón *m* de un grupo industrial; máximo dirigente *m* de un grupo
Konzernierung *f*, **en** constitución *f* de un grupo; constitución *f* de grupos industriales
Konzernverflechtung *f*, **en** entrelazamiento *m* dentro del grupo; imbricación *f* consorcial
konzertierte Aktion *f*, **en** concertación *f*; acción *f* concertada
Konzertzeichnung *f*, **en** mayorización *f*
Konzession *f*, **en** concesión *f*; (Bilanz) ***~en, Lizenzen, Patente*** concesiones, licencias, patentes
Konzessionär *m*, **e** concesionario *m*
konzessionieren **1.** autorizar; permitir **2.** otorgar una licencia *bzw.* concesión
Konzessionsgebiet *n*, **e** ámbito *m*, área *f* de concesión
Konzessionsinhaber *m*, - → Konzessionär
konzipieren concebir; redactar
Kooperation *f*, **en** cooperación *f*
Kooperationsabkommen *n*, - convenio *m*, acuerdo *m* de cooperación
Kooperationskette *f*, **n** cadena *f*, asociación *f* de cooperación
Kooperationspartner *m*, - socio *m* de cooperación
Kooperationsverband *m*, **e** → Kooperationskette
Kooperationsvertrag *m*, **¨e** contrato *m* *bzw.* tratado *m* de cooperación
kooperativ cooperativo
Kooperative *f*, **n** cooperativa *f*
kooperieren cooperar
Kooptation *f*, **en** cooptación *f*
kooptieren cooptar
Koordination *f*, **en** → Koordinierung
koordinieren coordinar
Koordinierung *f*, **en** coordinación *f*; (EU) ~ ***der Kernforschung*** coordinación de las investigaciones nucleares; ~ ***der Wirtschaftspolitik*** coordinación de la política económica
Kopf *m*, **e** **1.** cabeza *f* **2.** (Corresp.) encabezamiento *m* **3.** persona *f*; cápita *f*; ***pro*** ~ por persona; per cápita
Kopfarbeiter *m*, - trabajador *m* intelectual
Kopfbahnhof *m*, **e** estación *f* terminal, de término
Kopfbetrag *m*, **e** cuota *f* per cápita
Kopfertrag *m*, **e** producto *m* per capita
Kopfgeld *n*, **er** talla *f*; precio *m*, prima *f* por la cabeza de alg.
-köpfig (Suf.) de x miembros; integrado por x personas; ***eine zwölfköpfige Belegschaft*** una plantilla de, integrada por doce miembros
Kopfjäger *m*, - → Headhunter
Kopfquote *f*, **n** porcentaje *m*, tasa *f* per cápita
Kopfsteuer *f*, **n** capitación *f*

una plantilla de, integrada por doce miembros
Kopfjäger *m*, - → Headhunter
Kopfquote *f*, **n** porcentaje *m*, tasa *f* per cápita
Kopfsteuer *f*, **n** capitación *f*
Kopfzahl *f*, **en** número *m* de personas, asistentes
kopieren 1. copiar; sacar una copia; hacer una copia **2.** imitar
Kopiergerät *n*, **e** (máquina *f*) (foto)copiadora *f*
Kopiermaschine *f*, **n** → Kopiergerät
Kopierpapier *n*,Ø papel *m* cebolla, de copia
Kopierschutz *m*, Ø dispositivo *m* anticopia; protección *f* anti-copia
Kopierstift *m*, **e** lápiz *m* copiativo, (de) tinta
koppeln acoplar; asociar
Kopp(e)lung *f*, **en** acoplamiento *m*; unión *f*
Kopp(e)lungsgeschäft *n*, **e** operación *f* emparejada, acoplada
Kopp(e)lungsverkauf *m*, **¨e** venta *f* emparejada, acoplada
Koppelwirtschaft *f*, Ø cultivo *m* alternado
Korbwährung *f*, **en** (EU) moneda *f* tipo cesta
Koreferent *m*, **en** segundo ponente *m*
Kornkammer *f*, **n** granero *m*
Körperbehinderte(r) (der/ein) impedido *m* físico; minusválido *m*
Körperschaden *m*, **¨** daño *m* corporal
Körperschaft *f*, **en** corporación *f*; entidad *f*; cuerpo *m*; ~ ***des öffentlichen Rechts*** entidad *f* de derecho público
körperschaftlich corporativo
Körperschaft(s)steuer *f*, **n** impuesto *m* de sociedades; impuesto *m* sobre las rentas de las personas jurídicas
Körperverletzung *f*, **en** lesiones *pl*
Korporationsrecht *n*, Ø derecho *m* de asociación
Korps *n*, - cuerpo *m*
Korrektur *f*, **en** corrección *f*; enmienda *f*; rectificación *f*
Korrekturlesen *n*, Ø corrección *f* de pruebas
Korrektur-Mechanism|us *m*, **-en** mercanismo *m* de corrección
Korrelation *f*, **en** correlación *f*
Korrespondent *m*, **en 1.** corresponsal *m* **2.** ***Wirtschaftskorrespondent*** empleado *m* de correspondencia comercial
Korrespondenz *f*, **en** correspondencia *f*
Korrespondenzabteilung *f*, **en** sección *f* de correspondencia
Korrespondenzbank *f*, **en** banco *m* corresponsal
korrespondieren 1. estar en correspondencia (con) **2.** (Seg.) sincronizar
korrigieren corregir; enmendar; rectificar
Kost *f*, Ø **1.** nutrición *f*; alimentación *f* **2.** comida *f*; pensión *f*; ~ ***und Logis*** comida y alojamiento **3.** ***sich in ~ begeben bei*** hospedarse en casa de; ***in ~ sein bei*** estar de pupilo, ser huésped en casa de
kostbar 1. caro; costoso **2.** magnífico; soberbio **3.** lujoso; suntuoso
kosten 1. gustar; probar; (Wein) catar **2.** costar; valer; estar cotizado a
Kosten *pl* **1.** costes; costos **2.** gastos **3.** (Gerichts-) costas **4.** ***degressive*** ~ costes degresivos; ***direkte*** ~ costes directos, individuales; ***fixe*** ~ costes fijos; ***indirekte*** ~ costes, gastos generales, indirectos; ***variable*** ~ costes variables **5.** ~ ***auffangen*** absorber los costes; ~ ***umlegen auf*** distribuir los costes entre
Kosten- und Ertragslage *f*, **n** situación *f* de costes y rentabilidad
Kosten und Fracht coste y flete
Kosten, Versicherung, Fracht coste, seguro, flete
Kostenabrechnung *f*, **en** liquidación *f* de costes
Kostenabschreibung *f*, **en** amortización *f* de los costes
Kostenanalyse *f*, **n** análisis *m* de costes
Kostenänderung *f*, **en** modificación *f* de los costes
Kostenanstieg *m*, **e** aumento *m*, incremento *m* de los costes
Kostenanteil *m*, **e** cuota *f*, parte *f* de los gastos
Kostenart *f*, **en** clase *f* de costes
Kostenaufhebung *f*, **en** → Kostenaufrechnung
Kostenaufrechnung *f*, **en** compensación *f* de costas *bzw.* de costes *bzw.* de gastos
Kostenaufschlüsselung *f*, **en** desglose *m* de gastos, costes
Kostenaufstellung *f*, **en** nota *f* de gastos
Kostenaufteilung *f*, **en** reparto *m* de los gastos, costes
Kostenaufw|and *m*, **-endungen** despliegue *m* de gastos
Kostenausgleich *m*, Ø compensación *f* de las costas
Kostenausgleichsbetrag *m*, **¨e** importe *m* de la compensación de los costes

Kostenbeitrag *m*, **¨e** contribución *f* a los gastos
Kostenbelastung *f*, **en** carga *f* de gastos
Kostenberechnung *f*, **en** cálculo *m* de los gastos
Kostenbeschluß *m*, **¨sse** decisión *f* sobre las costas
Kostenbestandteil *m*, **e** partida *f*, elemento *m* de los gastos, costes
Kostenbeteiligung *f*, **en** participación *f* en los gastos
Kostenbuch *n*, **¨er** libro *m* de gastos
Kostendämpfung *f*, **(en)** disminución *f*, reducción *f* de gastos
kostendeckend que cubre los gastos
Kostendeckung *f*, **en** cobertura *f* de gastos
Kosteneinsparungen *pl* economía *f* de gastos
Kosteneintreibung *f*, **en** cobro *m*; recaudación *f* de gastos
Kostenentlastung *f*, **en** descarga *f*; alivio *m*; rebaja *f* de costes
Kostenentscheidung *f*, **en** decisión *f* sobre las costas
Kostenentwicklung *f*, **en** evolución *f*, desarrollo *m*, comportamiento *m* de los costes
Kostenerfassung *f*, **en** determinación *f* de los costes
Kostenerhebung *f*, **en** cobro *m* de gastos
Kostenerhöhung *f*, **en** aumento *m*, incremento *m* de los costes
Kostenermittlung *f*, **en** → Kostenerfassung
Kostenersatz *m*, **Ø** → Kostenerstattung
Kostenersparnis *f*, **se** → Kosteneinsparungen
Kostenerstattung *f*, **en** restitución *f*, abono *m*, devolución *f*, reintegro *m* de los gastos, de los costes
Kostenexplosion *f*, **en** explosión *f* del costo, de los costos
Kostenfaktor *m*, **en** factor *m* de coste
Kostenfestsetzung *f*, **en** fijación *f* de costes
Kostenfrage *f*, **n** cuestión *f* de (los) gastos
kostenfrei → kostenlos
Kostenfreiheit *f*, **en** exención *f* de gastos
kostengerecht conforme a los costes, gastos
Kostengründe *pl*, ***aus ~n*** por motivos de gastos, costes
kostengünstig económico; barato; ventajoso
Kostenherabsetzung *f*, **en** → Kostendämpfung
Kosteninflation *f*, **en** inflación *f* (inducida) por los costes
kostenintensiv intensivo en gastos; de gran densidad de costes; costoso
Kostenlage *f*, **n** situación *f* de gastos, de costes
Kostenlawine *f*, **n** avalancha *f* de gastos
kostenlos gratuito; a título gratuito; sin gastos; libre de todo gasto, de todo coste; franco de porte
kostenmäßig en términos de gastos, de costes
Kostenminderung *f*, **en** → Kostendämpfung
Kostenminimierung *f*, **en** minimización *f* de gastos, de costes
kostenneutral sin incidencia en los costes
Kosten-Nutzen-Analyse *f*, **n** análisis *m* coste-rentabilidad
kostenpflichtig sujeto a gastos
Kostenpreis *m*, **e** coste *m* de fabricación; ***zum ~*** a precio de coste
Kostenrechnung *f*, **en** **1.** nota *f* de gastos; minuta *f*; tasa *f* **2.** cálculo *m* de costes; cuenta *f* de gastos **3.** contabilidad *f* del precio de coste
Kostensatz *m*, **¨e** tasa *f* de gastos
Kostenschub *m*, **¨e** subida *f* de costes
kostensenkend que reduce los costes, gastos
Kostensenkung *f*, **en** → Kostendämpfung
kostensparend que ahorra gastos
Kostensteigerung *f*, **en** → Kostenerhöhung
Kostenstelle *f*, **n** lugar *m*, centro *m* de costes
Kostenstellenrechnung *f*, **en** contabilidad *f* analítica
Kostenteilung *f*, **en** repartición *f* de (los) gastos
Kostenträger *m*, **-** **1.** portador *m* de costes **2.** partida *f* de producción que sufraga los costes
kostentreibend que genera gastos; costoso; oneroso
Kostenübernahme *f*, **n** asunción *f* de los gastos
Kostenüberschlag *m*, **e** → Kostenvoranschlag
Kostenvergütung *f*, **en** remuneración *f* de costes
Kostenverlauf *m*, **¨e** → Kostenentwicklung
Kostenverringerung *f*, **en** → Kostendämpfung
Kostenverteilung *f*, **en** → Kostenaufschlüsselung
Kostenvoranschlag *m*, **e** presupuesto *m* (de gastos); estimación *f* de costos
Kostenvorausrechnung *f*, **en** → Kostenvoranschlag
Kostenvorschu|ß *m*, **¨sse** anticipo *m* de, sobre gastos
Kostenvorteil *m*, **e** ventaja *f* financiera

Kostenwelle *f*, **n** ola *f*, desencadenamiento *m* de costes
Kostenwert *m*, **e 1.** importe *m*, montante *m* de costes **2.** precio *m* de coste
kostenwirksam rentable
Kostenwirksamkeit *f*, Ø rentabilidad *f*
Kostgänger *m*, - pensionista *m*; pupilo *m*
Kostgeld *n*, **er** pupilaje *m*; pensión *f*
kostspielig caro; costoso
kotieren cotizar
Kotierung *f*, **en** cotización *f*
Krach *m*, **¨e** (Börse) crash *m* (bursátil)
Kraft *f*, **e 1.** fuerza *f*; energía *f* **2.** efecto *m*; vigor *m*; ***in ~ treten*** entrar en vigor; surtir efectos; ***außer ~ setzen*** derogar **3.** colaborador *m*; empleado *m*; ***vollbeschäftigte ~*** empleado *m* a jornada completa
Kraftaufwand *m*, Ø despliegue *m* de fuerzas; desgaste *m* de energías
Kräftebedarf *m*, Ø necesidades *pl* de mano de obra, de personal
Kräftegleichgewicht *n*, Ø equilibrio *m* de fuerzas
Kräfteknappheit *f*, **en** escasez *f* de personal, de mano de obra
Kräftemangel *m*, Ø → Kräfteknappheit
Kräftenachfrage *f*, Ø demanda *f* de mano de obra, de personal
Kräfteverhältnis *n*, **(se)** proporción *f* de fuerzas
Kraftfahrer *m*, - automovilista *m*
Kraftfahrstraße *f*, **n** vía *f* para automóviles
Kraftfahrt-Bundesamt *n*, Ø (D) oficina *f* alemana de vehículos; registro *m* alemán de vehículos
Kraftfahrt-Geschäft *n*, **e** (Seg.) negocio *m* de automóviles
Kraftfahrt-Haftpflichtversicherung *f*, **en** seguro *m* de responsabilidad civil de automóviles
Kraftfahrt-Unfallversicherung *f*, **en** seguro *m* de accidentes de automóviles
Kraftfahrtversicherung *f*, **en** seguro *m* de automóviles
Kraftfahrzeug *n*, **e** automóvil *m*; coche *m*; (LA) carro *m*; auto *m*
Kraftfahrzeugbestand *m*, **e** parque *m* de automóviles
Kraftfahrzeugbrief *m*, **e** carta *f*, tarjeta *f* de vehículo
Kraftfahrzeughaftpflichtversicherung *f*, **en** seguro *m* de responsabilidad civil para automóviles
Kraftfahrzeughalter *m*, - propietario *m*, titular *m* de un (vehículo) automóvil
Kraftfahrzeugindustrie *f*, **n** ramo *m* del automóvil; industria *f* automovilística; sector *m* del motor
Kraftfahrzeugkennzeichen *n*, - matrícula *f*, placa *f* del vehículo
Kraftfahrzeugpapiere *pl* documentación *f* del coche, del vehículo
Kraftfahrzeugschein *m*, **e** patente *f* de circulación; permiso *m* de circulación
Kraftfahrzeugsteuer *f*, **n** → Kfz-Steuer
Kraftfahrzeugunfall *m*, **¨e** accidente *m* de automóvil
Kraftfahrzeugverkehr *m*, Ø circulación *f* de automóviles; circulación *f* de vehículos de motor
Kraftfahrzeugversicherung *f*, **en** seguro *m* de automóviles
Kraftfahrzeugzulassung *f*, **en** patente *f*, permiso *m* de circulación
kraftlos 1. sin fuerza; débil **2.** ineficaz **3.** insu(b)stancial **4.** nulo; inválido
Kraftloserklärung *f*, **(en)** declaración *f* de nulidad; anulación *f*, cancelación *f*; invalidación *f*
Kraftpostverkehr *m*, Ø servicio *m* de autocares-correos
Kraftprobe *f*, **n** pulso *m*; prueba *f* de fuerza
Kraftquelle *f*, **n** fuente *f*, manantial *m* de energía
Kraftstoff *m*, **e** carburante *m*; combustible *m*
Kraftstoffgemisch *n*, **e** mezcla *f* de carburantes
Kraftstoffrationierung *f*, **(en)** racionamiento *m* de los combustibles
kraftstoffsparend de bajo consumo de combustible, de carburante
Kraftstoffverbrauch *m*, Ø consumo *m* de carburante, de combustible
Kraftverkehr *m*, Ø **1.** transporte *m* de viajeros por carretera **2.** circulación *f* automóvil **3.** circulación *f* autorizada de vehículos
Kraftwagenbau *m*, Ø construcción *f* de automóviles
Kraftwagenbestand *m*, **e** → Kraftfahrzeugbestand
Kraftwagengüterverkehr *m*, Ø transporte *m* de mercancías por carretera
Kraftwagenpark *m*, **s** parque *m* móvil
Kraftwerk *n*, **e** central *f* eléctrica; (LA) usina *f* eléctrica
Kraftwerkbestand *m*, **¨e** parque *m* de centrales eléctricas
Kragen *m*, -, ***die weißen ~*** los cuellos blancos; los empleados *pl* de oficina
Kram *m*, Ø (Fam.) baratijas *pl*; pacotilla *f*

Krämer *m*, - tendero *m*; (LA) almacenero *m*
Krämergeist *m*, Ø (Pey.) espíritu *m* mercantil; mercantilismo *m*
Kramladen *m*, ¨ bazar *m*; tiendecilla *f*; tenducho *m*
krank, ***sich ~ melden*** darse de baja por enfermedad
Krankenbericht *m*, **e** boletín *m* médico; parte *m* facultativo
Krankengeld *n*, **er** subsidio *m* de enfermedad
Krankengeschäft *n*, **e** (Seg.) negocio *m* de enfermedad
Krankengeschichte *f*, **n** historia *f* clínica; anamnesia *f*
Krankenhauskosten *pl* gastos *pl* de clínica
Krankenhaustagegeld *n*, **er** (Seg.) indemnización *f* en caso de hospitalización
Krankenkasse *f*, **n** caja *f* de enfermedad
Krankenrücktransport *m*, **e**, (Seg.) ~ ***aus dem Ausland*** traslado *m*, repatriación *f* del enfermo desde el extranjero
Krankenschein *m*, **e** volante *m* de asistencia médica
Krankenstand *m*, Ø número *m* de enfermos (dentro de la plantilla de una empresa)
Krankentagegeld *n*, **er** (Seg.) indemnización *f* diaria normal
Krankentagegeldversicherung *f*, **en** seguro *m* de indemnización *f* diaria por enfermedad
Krankentarif *m*, **e** (Seg.) tarifa *f* del seguro de enfermedad
Krankenversicherung *f*, **en** seguro *m* de enfermedad; (privat) seguro *m* médico, de asistencia sanitaria; seguro *m* de salud
krankfeiern fingir estar enfermo
Krankheit *f*, **en**, ***langwierige*** ~ enfermedades *pl* de larga duración
krankheitshalber por (causa de) enfermedad; ***das Geschäft ist ~ geschlossen*** la tienda está cerrada por enfermedad
Krankheitskosten *pl* costes *pl* de asistencia médica; ~ ***bei Auslandsreisen*** costes *pl* de asistencia médica en viajes al extranjero
Krankmeldung *f*, **en** parte *m* de baja por enfermedad; declaración *f* de enfermedad
krankschreiben dar de baja por enfermedad
kreativ creativo
Kreativität *f*, Ø creatividad *f*
Kredit- (Pref.) crediticio; a crédito
Kredit *m*, **e** crédito *m* **1.** ***dinglich gesicherter*** ~ crédito con garantía real; ***eingefrorener*** ~ crédito congelado; ***gewerblicher*** ~ crédito industrial; ***kurzfristiger*** (***mittelfristiger, langfristiger***) ~ crédito a corto (medio, largo) plazo **2.** ***einen ~ in Anspruch nehmen***, ***aufnehmen*** utilizar un crédito; ***einen ~ eröffnen*** abrir un crédito; ***einen ~ streichen*** anular un crédito; ***einen ~ überziehen*** rebasar un crédito
Kredit-/Kautions-Geschäft *n*, **e** (Seg.) negocio *m* de crédito/caución
Kreditabteilung *f*, **en** departamento *m* de créditos
Kreditabwicklung *f*, **en** liquidación *f* del crédito; ***vertragsmäßige*** ~ liquidación del crédito (tal) como convenido
Kreditangebot *n*, **e** oferta *f* de crédito
Kreditanstalt *f*, **en** → Kreditinstitut
Kreditanstalt für Wiederaufbau *f*, Ø (KfW) instituto *m* de crédito para la reconstrucción
Kreditantrag *m*, ¨**e** solicitud *f* de crédito
Kreditaufnahme *f*, Ø utilización *f* del crédito; apelación *f* al crédito
Kreditauftrag *m*, **e** orden *f* de abrir un crédito
Kreditausdehnung *f*, **(en)** → Kreditausweitung
Kreditauskunft *f*, ¨**e** referencia *f* para créditos; información *f* sobre créditos
Kreditausleihung *f*, **en** concesión *f*, otorgamiento *m*, facilitación *f* de un crédito
Kreditausschu|ß *m*, ¨**sse** comité *m*, comisión *f* de crédito
Kreditausweitung *f*, **en** expansión *f* del crédito, crediticia; flujos *pl* de crédito
Kreditbank *f*, **en** banco *m* de crédito, comercial
Kreditbasis *f*, Ø, ***auf*** ~ a base de un crédito
Kreditbegrenzung *f*, **en** restricción *f* de créditos
Kreditberechtigte/r (der/ein) 1. el que tiene derecho a (percibir) un crédito **2.** acreditado *m*
Kreditbereitstellung *f*, **en** puesta *f* a disposición de un crédito; concesión *f* de un crédito
Kreditbeschaffung *f*, **en** obtención *f* de un crédito
Kreditbeschränkung *f*, **en** → Kreditbegrenzung
Kreditbeschränkung *f*, **en** restricción *f* de créditos; restricción *f*, limitación *f* de los créditos
Kreditbetrag *m*, ¨**e** suma *f*, importe *m* del crédito
Kreditbetrug *m*, Ø estafa *f* en crédito; estafa *f* de crédito

Kreditbewilligung *f*, **en** → Kreditgewährung
Kreditbewirtschaftung *f*, **(en)** racionamiento *m*, contingentación *f* de créditos
Kreditbremse *f*, Ø, ***die neue Bestimmungen wirken als*** ~ las nuevas disposiciones constituyen un freno, un obstáculo para el crédito
Kreditbrief *m*, **e** carta *f* de crédito
Kreditbriefaussteller *m*, - acreditante *m*
Kreditbriefinhaber *m*, - acreditado *m*
Kreditbürgschaft *f*, **en** fianza *f*, garantía *f*, afianzamiento *m* de un crédito
Kreditdrosselung *f*, **en** reducción *f* de los créditos
Krediteinbuße *f*, **n** merma *f* crediticia
Krediteinräumung *f*, **en** → Kreditgewährung
Krediteinrichtung *f*, **en** organismo *m*, institución *f* de crédito
Krediteinsatz *m*, **¨e**, ***für diese Neuinvestitionen war ein hoher ~ erforderlich*** para materializar estas nuevas inversiones ha sido necesario tomar (utilizar, hacer uso de, recurrir a) un elevado crédito
Krediteinschränkung *f*, **en** → Kreditbegrenzung
Kreditempfänger *m*, - tomador *m*, beneficiario *m* de un crédito; acreditado *m*
Kreditentwicklung *f*, **en** movimiento *m*, evolución *f* de los créditos
Kreditentziehung *f*, Ø supresión *f*, retirada *f* de crédito
Krediterleichterung *f*, **en** facilidades *pl* de crédito
Krediteröffnung *f*, **en** apertura *f* de crédito
Krediterteilung *f*, **(en)** apertura *f*, concesión *f*, otorgamiento *m* de un crédito
Kreditexpansion *f*, **(en)** → Kreditausweitung
kreditfähig → kreditwürdig
Kreditfähigkeit *f*, Ø solvencia *f*; crédito *m*
Kreditfazilitäten *pl* facilidades *pl* de crédito
Kreditfinanzierung *f*, Ø financiación *f* del crédito
Kreditgeber *m*, - prestamista *m*; dador *m*, prestador *m* del crédito
Kreditgefährdung *f*, **en** amenaza *f* del crédito
Kreditgenossenschaft *f*, **en** cooperativa *f* de crédito; ***ländliche*** ~ caja *f*, cooperativa *f* rural de crédito; ***gewerbliche*** ~ cooperativa *f* industrial de crédito
Kreditgeschäft *n*, **e** operaciones *pl* de crédito; (Seg.) negocio *m* de crédito
Kreditgesellschaft *f*, **en** sociedad *f* de crédito
Kreditgewährung *f*, **en** concesión *f*, otorgamiento *m*, facilitación *f* del crédito
Kreditgewerbe *n*, Ø industria *f* crediticia
Kreditgrenze *f*, **n** margen *m*, límite *m* de crédito
Kredithahn *m*, Ø (Fam.), ***den ~ zudrehen*** cortar el crédito
Kredithai *m*, **e** tiburón *m* de créditos
Kredithilfe *f*, **n** ayuda *f* crediticia
kreditieren 1. abonar en cuenta **2.** acreditar; pasar al crédito **3.** vender al fiado
Kreditierung *f*, **en 1.** abono *m* en cuenta **2.** acreditación **3.** venta *f* a crédito, venta *f* al fiado
Kreditinanspruchnahme *f*, **n** → Kreditaufnahme
Kreditinhaber *m*, - tenedor *m*, titular *m* del crédito
Kreditinstitut *n*, **e** instituto *m* de crédito, crediticio; banco *m*; ***öffentlich rechtliche ~e*** entidades *pl* oficiales de crédito
Kreditinstrument *n*, **e** instrumento *m*, herramienta *f* de crédito
Kreditkarte *f*, **n** tarjeta *f* de crédito
Kreditkasse *f*, **n** caja *f* de crédito
Kreditkauf *m*, **¨e** compra *f* a crédito *bzw.* a plazos
Kreditknappheit *f*, Ø escasez *f* de créditos
Kreditkommission *f*, **en** comisión *f* de crédito
Kreditkonto *n*, **-ten** cuenta *f* de crédito
Kreditkontokorrent *n*, Ø cuenta *f* corriente en crédito; cuenta *f* corriente rebasada, en descubierto
Kreditkosten *pl* gastos *pl*, costes *pl* del crédito
Kreditlaufzeit *f*, **en** plazo *m*, vencimiento *m*, duración *f* del crédito
Kreditleihe *f*, **n** préstamo *m* (de crédito)
Kreditlenkung *f*, **en** control *m*, reconducción *f*, orientación *f* del crédito
Kreditlimit *n*, **s** → Kreditgrenze
Kreditlinie *f*, **n** línea *f* de crédito
Kreditlockerung *f*, **en** flexibilización *f* del crédito
Kreditmandat *n*, **e** mandato *m* de crédito
Kreditmarge *f*, **n** margen *m* de crédito, de empréstito
Kreditmarkt *m*, **¨e** mercado *m* crediticio
kreditmäßig crediticio
Kreditmißbrauch *m*, **e** abuso *m* de créditos
Kreditmittel medios *pl*, fondos *pl*, recursos *pl* crediticios, prestados

Kreditnachfrage *f*, Ø demanda *f* de crédito
Kreditnehmer *m*, - prestatario *m*; tomador *m* del credito
Kreditnote *f*, **n** nota *f* de crédito
Kreditor *m*, **en** acreedor *m*
Kreditorenauszug *m*, **¨e** extracto *m* acreedor
Kreditorenbuch *n*, **¨er** (libro *m*) mayor *m* de suministradores, de proveedores, de abastecedores
Kreditorenkont|o *n*, **-en** cuenta *f* de créditos (a pagar)
Kreditorenposten *m*, - partida *f* acreedora
Kreditorensald|o *m*, **-en** saldo *m*, balance *m* acreedor
Kreditpapier *n*, **e** título *m* de crédito
Kreditplafond *m*, **s** → Kreditlimit
Kreditpolitik *f*, Ø política *f* crediticia, (en materia) de crédito
kreditpolitisch político-crediticio
Kreditprotokoll *n*, **e** protocolo *m* de crédito
Kreditprovision *f*, **en** comisión *f* (de apertura) de crédito
Kreditrahmen *m*, - línea *f* de crédito; marco *m* dentro del que se conceden créditos
Kreditrestriktionen *pl* → Kreditbegrenzung
Kreditrichtlinien *pl* directivas *pl* en materia de crédito
Kreditrückzahlung *f*, **en** → Kredittilgung
Kreditsald|o *m*, **-en** saldo *m* acreedor
Kreditschere *f*, Ø diferencial *m* entre créditos y depósitos en un banco
Kreditschöpfung *f*, **en** creación *f* de crédito; expansión *f* crediticia; flujos *pl* de crédito
Kreditschrumpfung *f*, Ø estrechamiento *m* de los créditos; disminución *f*, contracción *f* de(l) crédito
Kreditseite *f*, **n** columna *f* del crédito
Kreditsicherheit *f*, Ø → Kreditsicherung
Kreditsicherung *f*, Ø garantía *f* del crédito, de un crédito
Kreditspanne *f*, **n** margen *m* de(l) crédito
Kreditsperre *f*, **n** suspensión *f* de créditos
Kreditspielraum *m*, **¨e** margen *m* de crédito
Kreditstopp *m*, **s** → Kreditsperre
Kreditsuchende/r (der/ein) solicitante *m*, peticionario *m* de(l) crédito
Kreditsumme *f*, **n** crédito *m*
Kreditsystem *n*, **e** régimen *m*, sistema *m* crediticio, de créditos
Kredittilgung *f*, **en** amortización *f*, reintegro *m* reembolso *m* del crédito; ***vorzeitige*** ~ reintegro anticipado
Kredittranche *f*, **n** fracción *f*, tramo *m* de(l) crédito
Kreditüberschreitung *f*, **en** → Kreditüberziehung
Kreditüberziehung *f*, **en** crédito *m* en descubierto
Kreditumfang *m*, Ø volumen *m* de(l) crédito
kreditunfähig → kreditunwürdig
Kreditunterlage *f*, **n** base *f* de crédito; garantía *f* real
kreditunwürdig indigno de crédito; insolvente
Kreditvereinbarungen *pl* estipulaciones *pl*, acuerdos *pl* de crédito
Kreditvereinigung *f*, **en** asociación *f*, unión *f* crediticia
Kreditverflechtung *f*, **en** entrelazamiento *m* crediticio; ramificaciones *pl* del crédito
Kreditvergabe *f*, **n** → Kreditgewährung
Kreditverkauf *m*, **e** venta *f* a crédito
Kreditverkehr *m*, Ø **1.** servicio *m* de créditos **2.** operaciones *pl* de crédito
Kreditverknappung *f*, **en** escasez *f* de créditos
Kreditverkürzung *f*, **en** reducción *f* de la duración del crédito
Kreditverlängerung *f*, **en** prolongación *f* del crédito
Kreditvermittler *m*, - → Kreditgeber
Kreditvermittlung *f*, **en** → Kreditgewährung
Kreditversicherer *m*, - (compañía *f*) aseguradora *f* de créditos; asegurador *m* del crédito
Kreditversicherung *f*, **en** seguro *m* de crédito
Kreditversorgung *f*, Ø provisión *f* de(l) crédito
Kreditverteuerung *f*, **(en)** encarecimiento *m* del crédito; crédito *m* más caro
Kreditvertrag *m*, **¨e** contrato *m*, póliza *f* de crédito
Kreditvolumen *n*, - volumen *m* del crédito
Kreditwechsel *m*, - efecto *m* financiero; letra *f* de cambio
Kreditwesen *n*, Ø (sistema *m* de) crédito *m*; ***handwerkliches*** ~ régimen *m* crediticio artesanal
Kreditwesengesetz *n*, **e** (KWG) Ley *f* de ordenación bancaria; Ley *f* general de bancos; (E) Ley *f* de bases de ordenación del crédito y la banca
Kreditwirtschaft *f*, Ø **1.** economía *f* crediticia **2.** sistema *m* crediticio
Kreditwucher *m*, Ø usura *f* crediticia; usura *f* en crédito(s); usura *f* de dinero

Kreditwucherer *m*, - usurero *m* en créditos; usurero *m* crediticio
kreditwürdig digno de crédito; solvente
Kreditwürdigkeit *f*, Ø solvencia *f*
Kreditzession *f*, **en** cesion *f*, transferencia f de crédito(s)
Kreditzinsen *pl* intereses *pl* del crédito
Kreditzusage *f*, **n** promesa *f* de *od.* aprobación *f* del crédito
Kreditzuteilung *f*, **en** asignación *f* del crédito
Kreide, ***in der ~ stehen bei*** tener deudas con
Kreis *m*, **e 1.** círculo *m; **gut unterrichtete ~e*** círculos bien informados; ***in weiten ~en der Bevölkerung*** en amplios sectores de la población **2.** distrito *m*; partido *m* (judicial); circunscripción *f*
Kreiselstreik *m*, **s** huelga *f* escalonada, alternativa; huelga *f* por turno
Kreislauf *m*, **¨e** circuito *m*
Kreisproze|ß *m*, **-sse** ciclo *m*
Kreissparkasse *f*, **n** caja *f* de ahorro del partido (judicial)
Kreisstadt *f*, **¨e** (cabeza *f*, capital *f* de) partido *m*
Kreisstraße *f*, **n** carretera *f* comarcal
Kreisverkehr *m*, Ø tráfico *m* circular, giratorio
Kreuzelastizität *f*, Ø ~ ***der Nachfrage*** elasticidad *f* cruzada de la demanda
Kreuzfahrtschiff *n*, **e** crucero *m* turístico
Kreuzpreisvergleich *m*, **e** comparación *f* cruzada de precios
Kreuzpunkt *m*, **e 1.** punto *m* de cruce; cruce *m* dc líneas **2.** (Ferr.) bifurcación *f*
Kreuzung *f*, **en 1.** cruce *m* **2.** (Ferr.) empalme *m*
Krida *f*, - (A) bancarrota *f*; delito *m* de quiebra
Kriechspur *f*, **en** pista *f*, carril *m* para vehículos lentos
Krieg *m*, **e** guerra *f*; ***kalter ~*** guerra fría
kriegen (Fam.), ***Geld ~*** obtener, conseguir dinero
Kriegsbeschädigte(r) (der/ein) lisiado *m*, mutilado *m* de guerra
Kriegsdienst *m*, - servicio *m* militar
Kriegsdienstverweigerer *m*, - objetor *m* de conciencia
Kriegsgewinn *m*, **e** beneficios *pl*, lucro *m* de la guerra
Kriegsgewinnler *m*, - logrero *m* de (la) guerra
Kriegshinterbliebenenfürsorge *f*, Ø asistencia *f* a viudas y húerfanos de guerra
Kriegsopferversorgung *f*, Ø asistencia *f* a los mutilados de *od.* víctimas de *od.* damnificados por la guerra
Kriegsrisikoversicherung *f*, **en** seguro *m* contra riesgos de guerra
Kriegsschäden *pl* daños *pl* de guerra
Kriegsschieber *m*, - → Kriegsgewinnler
Kriegsversehrte(r) (der/ein) mutilado *m* de guerra
Kriegswirtschaft *f*, **en** economía *f* de guerra
Kriegszulage *f*, **n** plus *m* de campaña
Krise *f*, **n** crisis *f* **1.** ***sektorielle ~*** crisis sectorial; ***zyklische ~*** crisis cíclica **2.** ***die ~ steht bevor*** la crisis es inminente; ***in eine ~ geraten*** entrar en una crisis; ***eine ~ überwinden*** salir de una crisis; ***in der ~ stekken*** estar en plena crisis
kriseln, ***es kriselt*** la situación se hace crítica
krisenabhängig tributario, dependiente de la crisis
krisenanfällig sensible a las crisis
Krisenapparat *m*, Ø dispositivo *m* de crisis
Krisenbevorratung *f*, **en** constitución *f* de reservas para una crisis
Krisenbranche *f*, **n** sector *m*, rama *f*, ramo *m* en crisis
krisenempfindlich → krisenanfällig
Krisenerscheinungen *pl* fenómenos *pl* de crisis
krisenfest a prueba de crisis
Krisengefahr *f*, **en** peligro *m*, amenaza *f* de crisis
krisengeplagt azotado por crisis
krisengeschüttelt sacudido por la crisis
Krisenhaushalt *m*, **e** presupuesto *m* de crisis
Krisenherd *m*, **e** foco *m* de la crisis
Krisenkartell *n*, **e** cártel *m* de crisis
Krisenmanagement *n*, Ø gestión *f od.* contención *f* de (la) crisis
Krisenprogramm *n*, **e** programa *m* de crisis
krisensicher → krisenfest
Krisensituation *f*, **en** situación *f* crítica
Krisenstab *m*, **¨e** gabinete *m* de crisis
Krisenstimmung *f*, **en** ambiente *m* de crisis
Krisentief *n*, **s** valle *m* de la crisis
Krisenzeit *f*, **en** tiempo *m*, período *m* de crisis
Kriteri|um *n*, **-en** criterio *m*; punto *m* de vista; piedra *f* de toque
Kritik *f*, **en** crítica *f*; censura *f*; (Buch) reseña *f*; ~ ***üben*** criticar; censurar
Kritiker *m*, - crítico *m*; criticador *m*; censurador *m*; comentarista *m*
kritisieren criticar; censurar; comentar; (Buch) hacer una reseña

Kronanwalt *m*, ¨e Procurador *m* del Rey
Kronzeuge *m*, **n** testigo *m* de cargo
Krügerrand *m*, Ø Krugerrand *m*
Kto. → Konto
KtoNr. → Kontonummer
Kubikfuß *m*, - pie *m* cúbico
Kubikmeter *m*, - metro *m* cúbico
Kubikzoll *n*, - pulgada *f* cúbica
Küche *f*, **n** cocina *f*; arte *m* culinario; ***bürgerliche*** ~ cocina *f* casera; ***kalte*** ~ viandas *pl* frías; fiambres *pl*
Kuhhandel *m*, Ø regateo *m*
Kühlanlage *f*, **n** instalación *f* de refrigeración frigorífica
Kühlbox *f*, **en** frigorífico *m* portátil
Kühlfrachter *m*, - carguero *m* frigorífico
Kühlgutversicherung *f*, **en** seguro *m* de deterioro de bienes refrigeradores
Kühlhauslagerung *f*, **en** almacenamiento *m* frigorífico
Kühlraum *m*, ¨e cámara *f* frigorífica
Kühlschiff *n*, **e** buque *m* frigorífico
Kühlschrank *m*, ¨e frigorífico *m*; nevera *f*
Kühltruhe *f*, **n** mueble *m* frigorífico
Kühlwagen *m*, - vagón *m* frigorífico
kulant **1.** amable; afable; complaciente **2.** (Com.) de fácil avenencia **3.** aceptable; favorable
Kulanz *f*, Ø **1.** complacencia *f*; amabilidad *f* **2.** (Com.) facilidad *f* en los negocios
Kulanzweg *m*, **e**, ***auf dem*** ~ amigablemente; amistosamente
Kulisse *f*, **n** **1.** bastidor *m* **2.** (Börse) bolsín *m*
kultivierbar cultivable; aprovechable para el cultivo
Kulturattaché *m*, **s** agregado *m* cultural
Kumpel *m*, - **1.** compañero *m* **2.** (Min.) minero *m*
Kumul *n*, **e** (Seg.) cúmulo *m*; ***unabwendbares*** ~ cúmulo *m* ineludible
kumulativ acumulativo
Kumulbereich *m*, **e** (Seg.) ámbito *m* de cúmulo
Kumulerfassung *f*, **en** (Seg.) registro *m* de cúmulo
Kumulerwartung *f*, **en** (Seg.) cúmulo *m* esperado
kumulgefährdet (Seg.), ***~es Risiko*** riesgo *m* de exposición a cúmulo
kumulieren (a)cumular
kumulierend (Seg.), ***~e Gefahren*** riesgos *pl* acumulados
Kumulierung *f*, **en** (Seg.) cúmulo *m*; acumulación
Kumulierungsgefahr *f*, **en** (Seg.) riesgo *m* de cúmulo
Kumulkontrolle *f*, **n** control *m* de cúmulo
Kumullimit *n*, **s** (Seg.) límite *m* de cúmulo
Kumulobligo *n*, **s** (Seg.) responsabilidad *f* de cúmulo
Kumulpotential *n*, **e** (Seg.) potencial *m* del cúmulo
Kumulschadendeckung *f*, **en** (Seg.) cobertura *f* de siniestros de cúmulo
Kumulschadenexzedent *m*, **en** (Seg.) excedente *m* de cúmulo de siniestro
Kumulsituation *f*, **en** (Seg.) situación *f* de cúmulo
Kumulusexzedent *m*, **en** (Seg.) exceso *m* de pérdida de cúmulo
kündbar **1.** revocable; rescindible; ***~er Angestellter*** empeado *m* que puede ser despedido **2.** ***~e Anleihe*** emprestito *m* reembolsable
Kündbarkeit *f*, Ø **1.** rescindibilidad *f* (de un contrato) **2.** rescatabilidad *f* (de un empréstito, crédito)
Kunde *m*, **n** cliente *m*; comprador *m*; ***~n*** *pl* clientela *f*; ***Dienst am ~n*** servicio *m* al cliente
Kundenaufklärung *f*, **en** información *f* del cliente *od.* de la clientela
Kundenberatung *f*, **en** asesoramiento *m* del cliente
Kundenbesuch *m*, **e** visita *f* al cliente
Kundenbetreuung *f*, **en** asistencia *f* al cliente
Kundendienst *m*, **e** **1.** servicio *m* técnico, de pos(t)venta **2.** (Auto.) revisión *f*; puesta *f* a punto
Kundendienstheft *n*, **e** cuaderno *m* de asistencia técnica
Kundendienstinspektion *f*, Ø inspección *f*, revisión *f* periódica; inspección *f* del servicio técnico
Kundendienstnetz *n*, **e** red *f* de servicio de pos(t)venta
Kundendienstwerkstatt *f*, ¨en taller *m* de servicio técnico
Kundeneinlage *f*, **n** depósito *m* cliente
Kundenfang *m*, Ø (Pey.) captación *f*, caza *f* de clientes; atracción *f* de clientela
Kundenforderung *f*, **en** exigencia *f* de la clientela, del cliente
Kundenguthaben *n*, - haberes *pl* de clientes
Kundenkarte *f*, **n** tarjeta *f* de cliente
Kundenkartei *f*, **en** fichero *m* de clientes
Kundenkonto *n*, **-ten** cuenta *f* cliente(s)

Kundenkredit *m*, **e** crédito *m* a los clientes, a la clientela
Kundenkreis *m*, **e** → Kundschaft
Kundennummer *f*, **n** número *m* de cliente
Kundenpflege *f*, Ø → Kundenbetreuung
Kundenrabatt *m*, **e** descuento *m* de fidelidad
kundenspezifisch (cortado) a medida del cliente; adaptado a las necesidades del cliente
Kundenstamm *m*, Ø clientela *f* fija
Kundenstock *m*, Ø clientes *pl* fijos; clientela *f* fija
Kundentermineinlagen *pl* depósitos *pl* a plazo de clientes
Kundentresor *m*, **e** (Seg.) cámara *f* acorazada con cajas de alquiler
Kundenumsatz *m*, **¨e** facturación *f* a los clientes; cifra *f* de negocio con la clientela
Kundenverkehr *m*, Ø relaciones *pl* con la clientela
Kundenwechsel *m*, **-** letra *f* dada en pago por un cliente
Kundenwerber *m*, **-** captador *m* (de clientes)
Kundenwerbung *f*, Ø **1.** publicidad *f*; propaganda *f* **2.** atracción *f*, captación *f* de clientes
Kundenwünsche *pl* deseos *pl* de la clientela
kundgeben, ***seinen letzten Willen*** ~ otorgar sus últimas voluntades
Kundgebung *f*, **en** **1.** manifestación *f*; mitín *m* **2.** (Diplomatie) notificación *f*
kundig perito; experto; técnico; versado; ***einer Sache ~ sein*** ser versado, práctico en; conocer a/c a fondo; saber hacer alc
kündigen **1.** (Vertrag; Pol.) denunciar; rescindir; revocar; ***Haftungsverpflichtungen*** ~ revocar compromisos de responsabilidad **2.** (Vermieter) despedir; desahuciar; desalojar **3.** (Arbeitgeber) despedir; dar aviso de despedida **4.** (Mieter) dar parte del traslado **5.** (Arbeitnehmer) avisar el cese
Kündigung *f*, **en** **1.** rescisión *f* **2.** revocación *f*; ~ ***seitens des Auftraggebers*** revocación por parte del mandante **3.** renuncia *f*; ~ ***seitens des Beauftragten*** renuncia por parte del mandatario **4.** (Arbeitgeber) despido *m*; denuncia *f*; ***fristlose*** ~ denuncia sin (pre)aviso; ***fristgebundene*** ~ denuncia con (pre)aviso; ***verhaltensbedingte*** ~ denuncia basada en la conducta del trabajador; ***betriebsbedingte*** ~ denuncia basada en necesidades de la empresa; ***personenbedingte*** ~ denuncia basada en la persona del trabajador; ***sozial ungerechtfertigte*** ~ despido socialmente no justificado **5.** aviso *m*; ***mit monatlicher*** ~ con un mes de aviso; ***mit beiden Teilen freistehender*** ~ con aviso recíproco
Kündigungsanzeige *f*, **n** notificación *f* de la rescisión (de un contrato)
Kündigungsbrief *m*, **e** carta *m* de despido; (Seg.) aviso *m* de rescisión
Kündigungsentschädigung *f*, **en** indemnización *f* por despido
Kündigungsfreiheit *f*, **en** libertad *f* de despedir
Kündigungsfrist *f*, **en** **1.** (bei Arbeitnehmern) plazo *m* de denuncia, preaviso **2.** (Vertrag) plazo *m* de anticipación (para rescindir un contrato) **3.** (Seg.) plazo *m* de rescisión
Kündigungsgelder *pl* depósitos *pl*, imposiciones *pl* con plazo de preaviso
Kündigungsgrund *m*, **¨e** causa *f*, razón *f*, motivo *m/f* de resción *bzw.* despido *bzw.* desahucio
Kündigungsklausel *f*, **n** cláusula *f* de rescisión
Kündigungsmöglichkeit *f*, **en** facultad *f* rescisoria
Kündigungsrecht *m*, Ø (Seg.) derecho *m* de rescisión
Kündigungsschreiben *n*, **-** → Kündigungsbrief
Kündigungsschutz *m*, Ø protección *f* contra los despidos
Kündigungsschutzgesetz *n*, **e** (R.F.A. ***KSchG***) ley *f* de protección contra los despidos
Kündigungstermin *m*, **e** última fecha *f* de aviso
Kundin *f*, **nen** clienta *f*; compradora *f*
Kundschaft *f*, **en** clientela *f*
Kungelei *f*, **(en)** nepotismo *m*
Kunst- (Pref.) **1.** artístico; artista; del arte **2.** artificial
Kunstauktion *f*, **en** subasta *f*, licitación *f* de arte
Kunstbauten *pl* (Ferr.) viaductos y túneles *pl*; obras *pl* civiles
Kunstdruck *m*, **e** impresión *f* artística
Kunstdünger *m*, **-** fertilizante *m* artificial
Kunstfälscher *m*, **-** falsificador *m* de (obras de) arte
Kunstfälschung *f*, **en** falsificación *f* de objetos de arte
Kunstfaser *f*, **n** fibra *f* artificial

Kunstgärtner *m*, - horticultor *m*; floricultor *m*; jardinero *m*
Kunstgärtnerei *f*, (**en**) horticultura *f*, floricultura *f*; jardineria.f
Kunstgegenstand *m*, ¨**e** objeto *m* de arte
kunstgerecht 1. acorde con el arte; conforme a las reglas del arte **2.** metódico; sistemático
Kunstgewerbe *n*, Ø artes *pl* industriales, útiles
Kunstgewerbeschule *f*, **n** escuela *f* de arte industrial; (E) Escuela *f* de Artes y Oficios
kunstgewerblich de arte industrial; (E) de artes y oficios
Kunsthafen *m*, ¨ puerto *m* artificial
Kunsthandel *m*, Ø comercio *m* de objetos de arte
Kunsthändler *m*, - comerciante *m* de (objetos de) arte; marchante *m* (de objetos) de arte
Kunsthandwerk *n*, Ø artesanía *f*
Kunsthandwerker *m*, - artesano *m*
Kunstkeramik *f*, Ø cerámica *f* artística
Kunstleder *n*, Ø imitación *f* de cuero; cuero *m* artificial
künstlich artificial; artificioso; facticio
Kunststoff *m*, **e** plástico *m*; materia *f* sintética, plástica
Kunststoffindustrie *f*, **n** industria *f* de materias plásticas, de plásticos
kunststoffverarbeitend, ***~e Industrie*** industria *f* de transformación de materiales sintéticos, de materiales plásticos
Kunstwerk *n*, **e** obra *f* de arte
Kunstwert *m*, Ø valor *m* artístico
Kupferbergwerk *n*, **e** mina *f* de cobre
Kupfergeld *n*, Ø moneda *f* de cobre, vellón; cobre *m*
Kupferhütte *f*, **n** fábrica *f* metalúrgica de cobre
Kupon *m*, **s** cupón *m*
Kupon *m*, **s** cupón *m*; ***~s schneiden*** cortar cupones
Kuponbogen *m*, - hoja *f* de cupones
Kuponsteuer *f*, **n** tasa *f*, impuesto *m* sobre cupones
Kuppelproduktion *f*, **en** producción *f* acoplada
kurant corriente; de fácil venta; ligeramente realizable
Kurantgeld *n*, **er** dinero *m* corriente
Kurantmünze *f*, **n** moneda *f* corriente
Kuratel *f*, **en** curatela *f*; curaduría *f* ejemplar; tutela *f*; ***unter ~ stellen*** someter a tutela
Kurator *m*, **en 1.** (Vormund) curador *m* **2.** (Universität) secretario *m* **3.** ***~en*** *pl* (Konkurs) síndicos *pl*
Kurbehandlung *f*, **en** tratamiento *m* en un balneario
Kurierdienst *m*, **e** servicio *m* privado de mensajería (rápida)
Kurort *m*, **e** balneario *m*; estación *f* termal
Kurs *m*, **e 1.** rumbo *m*; derrotero *m* **2.** curso *m*; cursillo *m* **3.** cotización *f*; precio *m*; (tipo *m* de) cambio *m*; ***die ~e feststellen*** fijar los cambios; ***fortlaufender ~*** cotización variable; ***am ~ gewinnen*** ganar en el cambio; ***in ~ sein*** tener curso; cotizarse; estar en circulación
Kursabbröckelung *f*, **en** desmantelamiento *m* de las cotizaciones
Kursabschlag *m*, ¨**e** baja *f* del cambio; prima *f* de aplazamiento
Kursabschwächung *f*, **en** debilitación *f* de la cotización
Kursabweichung *f*, **en** desviación *f* diferencial de la cotización
Kursangabe *f*, **n** indicación *f* de la cotización
Kursangleichung *f*, **en** ajuste *m* de las cotizaciones
Kursanstieg *m*, **e** subida *f*, alza *f*, ascenso *m* de los cambios, de las cotizaciones
Kursaufschlag *m*, ¨**e** subida *f*, aumento *m* de la cotización; diferencia *f* hacia arriba con la par
Kursaufstieg *m*, Ø → Kursanstieg
Kursausschläge *pl* oscilaciones *pl*, fluctuaciones *pl* de los cambios, de las cotizaciones
Kursbericht *m*, **e** → Kursblatt
Kursbesserungen *pl* mejora *f* de los cambios, de las cotizaciones
Kursbeständigkeit *f*, **en** estabilidad *f* de las cotizaciones, de los cambios
Kursbewegungen *pl* fluctuaciones *pl* de las cotizaciones, del cambio
Kursbildung *f*, Ø (formación *f* de la) cotización
Kursblatt *n*, **er** boletín *m* de cotizaciones; (E) boletín *m* de bolsa
Kursbuch *n*, -¨**er** guía *f* de ferrocarriles
Kursdämpfung *f*, **en** contención *f* de las cotizaciones
Kursdifferenz *f*, **en** diferencia *f* del cambio
Kursdruck *m*, Ø presión *f* sobre los cambios, sobre las cotizaciones
Kurseinbruch *m*, ¨**e** baja *f* (repentina), bajón *m* en la cotización

Kurseinbuße *f*, **n** → Kursverlust
Kursentwicklung *f*, **en** evolución *f*, desarrollo *m*, comportamiento *m* de las cotizaciones, de los cambios
Kurserholung *f*, **en** recuperación *f* de la cotización, del cambio
kursfähig cotizable; negociable
Kursfestigung *f*, **en** consolidación *f* de las cotizaciones, de los cambios
Kursfestsetzung *f*, **en** fijación *f* de los cambios, de las cotizaciones
Kursfeststellung *f*, **en** → Kursfestsetzung
Kursfreigabe *f*, **n** liberación *f*, desbloqueo *m* de las cotizaciones
Kursgebühr *f*, **en** matrícula *f*
Kursgeld *n*, **er** matrícula *f*
Kursgewinn *m*, **e** beneficio *m* sobre el cambio
Kurs-Gewinn-Verhältnis *n*, Ø relación *f* cotización/beneficio
kursieren estar en circulación; circular; (Geld) tener curso (legal)
Kursind|ex *m*, **-izes** índice *m* de cotizaciones
Kurslimit *n*, **s** límite *m* de cambios; cambio *m* límite
Kursmakler *m*, - agente *m* de cambio y bolsa
Kursmanipulation *f*, **en** manipulación *f* de los cambios, de las cotizaciones
Kursniveau *n*, s nivel *m* de las cotizaciones, de los cambios
Kursnotierung *f*, **en** cotización *f* de cambios
Kursparität *f*, **en** cambio *m* a la par
Kurspflege *f*, Ø → Kursstützung
Kurspunkt *m*, **e** punto *m*
kursregulierend que ejerce un efecto regulador sobre las cotizaciones, los cambios
Kursrisiko *n*, **-ken** riesgo *m* (cambio)monetario
Kursrückgang *m*, **e** baja *f*, contracción *f* de las cotizaciones
Kursrutsch *m*, **e** bajón *m* de las cotizaciones
Kursschwankungen *pl* fluctuaciones *pl* del cambio
Kurssicherung *f*, **en** garantía *f* de cambio (Syn. ***Hedgegeschäft***)
Kurssicherungsgeschäft *n*, **e** operación *f* de garantía del cambio, de la cotización
Kursspekulation *f*, **en** agiotaje *m*
Kursstabilisierung *f*, **en** estabilización *f* de las cotizaciones
Kursstand *m*, Ø nivel *m* del cambio
Kurssteigerung *f*, **en** alza *f* del cambio
Kurssturz *m*, **e** → Kurseinbruch
Kursstützung *f*, **en** cuidado *m* de, asistencia *f* a las cotizaciones; compras *pl* de sostén, de apoyo
Kursteilnehmer *m*, - cursi(lli)sta *m*
Kurstreiber *m*, - alcista *m*
Kurstreiberei *f*, **en** manipulación *f* al alza de las cotizaciones
Kurstrend *m*, **s** tendencia *f* bursátil, de las cotizaciones
Kursveränderungen *pl* modificaciones *pl*, alteraciones *pl* en las cotizaciones
Kursverfall *m*, Ø decaimiento *m*, debilitación *f* de las cotizaciones
Kursverfälschung *f*, **en** falsificación *f* de las cotizaciones, de los cambios
Kursverlauf *m*, Ø → Kursentwicklung
Kursverlust *m*, **e** pérdida *f* de cotización, de (*od.* en el) cambio, bursátil; ***einen ~ erfahren*** perder puntos
Kursverschiebung *f*, **en** dislocación *f*, movimiento *m* de las cotizaciones, de los cambios
Kursversicherung *f*, **en** seguro *m* de cambio
Kurswagen *m*, - vagón *m*, coche *m* directo; vagón *m* internacional
Kurswechsel *m*, - (Pol.) cambio *m* de línea
Kurswert *m*, **e** valor *m* de cotización, efectivo, real, cotizado; (Devisen) tipo *m*
Kurszettel *m*, - boletín *m*, listín *m* de bolsa
Kurszusammenbruch *m*, **¨e** derrumbamiento *m* de las cotizaciones, de los cambios
Kurszusatz *m*, **¨e** cotización *f* con indicaciones adicionales
Kurszuschlag *m*, **¨e** recargo *m* sobre el cambio
Kurtage *f*, **n** corretaje *m*
Kurtaxe *f*, **n** póliza *f* de turismo; tasa *f* de balneario
Kurve *f*, **n** curva *f*; ***eine ~ ausbauen*** aumentar la amplitud de la curva; ***die ~ der Produktionsmöglichkeiten*** curva de las posibilidades de producción; curva de transformación
kurvengängig adaptable a curvas
Kurvenüberhöhung *f*, **en** peralte *m* en curva
Kurz- und Maschinenschrift *f*, Ø taquimecanografía *f*
Kurzanschrift *f*, **en** dirección *f* telegráfica
Kurzarbeit *f*, **en** (régimen *m* de) jornada *f* reducida; trabajo *m* a jornada reducida
kurzarbeiten trabajar, estar en régimen de jornada reducida

Kurzarbeiter *m*, - trabajador *m* en régimen de jornada reducida
Kurzarbeiterfonds *m*, - fondo *m* de jornada reducida
Kurzarbeitergeld *n*, **er** subsidio *m* de jornada reducida
Kurzausbildung *f*, **en** formación *f* acelerada
Kurzbericht *m*, **e** sumario *m*; informe *m* breve
Kürze *f*, Ø, ***Sie werden in ~ von uns hören*** en breve tendrá noticias nuestras
Kürzel *n*, - abreviación *f*; símbolo *m*
kürzen cortar; recortar; disminuir: ***die Haushaltsmittel ~*** recortar el presupuesto
kurzfristig a corto plazo; ***~e Versicherung*** seguro *m* a corto plazo
Kurzläufer *m*, - título *m* de renta fija reembolsable a corto plazo
kurzlebig de poca duración; efímero
Kurzlehrgang *m*, **¨e** cursillo *m*
Kurznachrichten *pl* noticias *pl* breves; titulares *pl* de noticias; flash *m*
Kurzschrift *f*, **(en)** taquigrafía *f*
Kurzstreckenverkehr *m*, Ø transporte *m* de trayecto corto, a corta distancia
Kürzung *f*, **en** reducción *f*; cercenamiento *m*
Kurzwaren *pl* (artículos *pl* de) mercería *f*, pasamenería *f*
Kurzwarenhändler *m*, - tendero *m*; pasamanero *m*
Kurzwoche *f*, **n** semana *f* reducida
kuschen (Fam.), ***vor dem Vorgesetzten ~*** obedecer al superior sin rechistar; achantarse ante el superior
Küstenfischerei *f*, **(en)** pesca *f* costera
Küstengewässer *pl* aguas *pl* costeras
Küstenhandel *m*, Ø comercio *m* cost(an)ero, de cabotaje
Küstenland *n*, **¨er** **1.** → Küstenstaat **2.** costa *f*; litoral *m*
Küstenschiffahrt *f*, **en** cabotaje *m* regular; navegación *f* cost(an)era
Küstenstaat *m*, **en** Estado *m* cost(an)ero
Kuvert *n*, **s** sobre *m*
kuvertieren meter en el sobre
Kux *m*, **e** (R.F.A.) título *m* de participación en una sociedad minera
Kuxinhaber *m*, - (R.F.A.) titular *m* de un "Kux" (Syn. ***Gewerke***)
KWG → Kreditwesengesetz
Kybernetik *f*, Ø cibernética *f*
Kybernetiker *m*, - cibernético *m*
kybernetisch cibernético *m*

L

l → Liter

Label *n*, s **1.** etiqueta *f*; marca *f* **2.** designación *f* **3.** rótulo *m*

labil inestable; *~es* ***Wirtschaftssystem*** sistema *m* económico en desequilibrio

Labor *n*, s *od.* **e** laboratorio *m*

Labor- (Pref.) experimental

Laboratori|um *n*, **-en** → Labor

ladbar cargable

Ladearbeiten *pl* operaciones *pl* de carga y descarga

Ladeband *n*, **¨er** cinta *f* cargadora

Ladebehälter *m*, - depósito *m* de carga

ladebereit pronto, listo para la carga

Ladebreite *f*, Ø ancho *m* de cargamento

Ladebrief *m*, **e** carta *f*, hoja *f* de carga; conocimiento *m* de embarque; carta *f* de porte

Ladebuch *n*, **¨er** libro *m* de carga

Ladebühne *f*, **n** plataforma *f* de carga; plataforma *f* elevadora

Ladeeinheit *f*, **en** unidad *f* de carga

ladefähig, *~e* ***Datei*** fichero *m* cargable

Ladefläche *f*, **n** superficie *f* de carga

Ladefrist *f*, **en** plazo *m* de admisión de la carga; tiempo *m* de carga

Ladegebühren *pl* derechos *pl* de carga *bzw.* de embarque

Ladegeld *n*, **er** derechos *pl* de cargamento

Ladegerät *n*, **e** (aparato *m*) cargador *m*; (máquina *f*) cargadora *f*

Ladegewicht *n*, **e** carga *f* útil; (Schiff) tonelaje *m*

Ladegrenze *f*, **n** límite *m* de carga

Ladegut *n*, **¨er** flete *m*; cargamento *m*

Ladehafen *m*, **¨** puerto *m* de carga *bzw.* de embarque

Ladekai *m*, s muelle *m* de embarque

Ladekapazität *f*, **en** tonelaje *m*; capacidad *f* de carga

Ladelinie *f*, **n** nivel *m* de flotación; línea *f* de calado

Ladeliste *f*, **n** nota *f*, lista *f* de carga; manifiesto *m* de flete

Lademenge *f*, **n** (volumen *m* de) carga *f*

laden 1. cargar; admitir, recibir carga; embarcar; ***Stückgüter*** ~ cargar por piezas *bzw.* bultos **2.** convocar; citar; ***Aktionäre zur Hauptversammlung*** ~ convocar a los accionistas a la junta general; ***jdn. vor Gericht*** ~ citar a alg. ante los tribunales

Laden *m*, **¨** tienda *f*; comercio *m*; negocio *m*; ***einen*** ~ ***eröffnen*** abrir una tienda; ~ ***mit Selbstbedienung*** tienda de autoservicio (Syn. ***Geschäft***)

Ladenangestellte(r) (der/ein) dependiente *m* (de tienda); vendedor *m*

Ladenbesitzer *m*, - propietario *m* de una tienda; tendero *m*; patrón *m*

Ladendieb *m*, **e** ladrón *m* de tiendas

Ladendiebstahl *m*, **e** hurto *m* de tienda

Ladenfenster *n*, - → Schaufenster

Ladenfläche *f*, **n** superficie *f* de la tienda; superficie *f* comercial

Ladenhüter *m*, - género *m* invendible

Ladeninhaber *m*, - → Ladenbesitzer

Ladenkette *f*, **n** cadena *f* de tiendas

Ladenmiete *f*, **n** alquiler *m* de la tienda

Ladenöffnungszeiten *pl* horario *m* comercial; horas *pl* de apertura de la tienda

Ladenpassage *f*, **n** galería *f* comercial

Ladenpreis *m*, **e** precio *m* de venta (al público); precio *m* ordinario; (im Buchhandel) precio *m* de librero

Ladenraum *m*, **¨e** local (de tienda); ***rückwärtiger*** ~ trastienda *f*

Ladenschild *n*, **er** letrero *m*

Ladenschluss *m*, Ø cierre *m* de los comercios

Ladenschlussgesetz *n*, Ø ley *f* reguladora del horario comercial; ley *f* ordenadora de las horas legales de cierre de los comercios en la R.F.A.

Ladenstraße *f*, **n** calle *f* comercial

Ladentisch *m*, **e** mostrador *m*

Ladenzeiten *pl* horas *pl* de apertura y de cierre de una tienda

Ladeplatz *m*, **¨e** cargadero *m*; embarcadero *m*

Laderaum *m*, ¨**e** (Nav.) bodega *f*; cala *f*; espacio *m* de carga
Ladeschein *m*, **e** certificado *m* de carga; carta *f* de porte; (Nav.) conocimiento *m* de embarque
lädieren 1. lesionar **2.** deteriorar
Ladung *f*, **en 1.** carga *f*; cargamento *m*; consignación *f*; ***eine ~ löschen*** descargar; ***mit ~ fahren*** transportar un cargamento **2.** citación *f*; emplazamiento *m*; convocatoria *f*; ***formgerechte ~*** citación en buena y debida forma; ***~ zur Hauptversammlung*** convocatoria a junta general
Ladungsempfänger *m*, - consignatario *m*
Ladungsfrist *f*, **en** (Jur.) plazo *m* de comparecencia
Ladungsoffizier *m*, **e** sobrecargo *m*
Ladungsschreiben *n*, - (Jur.) (cédula *f* de) citación *f*
Ladungsverzeichnis *n*, **se** manifiesto *m*
Ladungszertifikat *n*, **e** certificado *m* de carga
Ladungszeugnis *n*, **se** → Ladungszertifikat
LAG → Lastenausgleichsgesetz
Lage *f*, **n** situación *f*; condiciones *pl*; emplazamiento *m*; ***~ an der Börse*** situación en la Bolsa; ***finanzielle ~*** situación financiera; ***in der ~ sein*** estar en condiciones; ***~ eines Werkes*** emplazamiento de una fábrica
Lagebericht *m*, **e** informe *m* sobre la situación; (Vorstand) informe *m* de gestión
Lageplan *m*, **e** plano *m* general
Lager *n*, - almacén *m*; depósito *m*; existencias *pl*; (Angl.) stock *m*; ***auf ~ bleiben*** sin vender; ***auf ~ haben*** tener en almacén; ***auf ~ nehmen*** almacenar; hacer provisión de; aprovisionarse de; ***ein ~ räumen*** liquidar las existencias
Lagerabbau *m*, Ø reducción *f* de (las) existencias
Lagerauffüllung *f*, **en** reposición *f* de (las) existencias
Lageraufnahme *f*, **n** (formación *f* del) inventario *m*
Lageraufseher *m*, - guard(a)almacén *m*
Lagerbestand *m*, **e** existencias *pl* (disponibles); inventario *m*
Lagerbestandsführung *f*, **en** contabilidad *f* de las existencias
Lagerbildung *f*, Ø formación *f* de existencias, de stocks
Lagerbuch *n*, ¨**er** libro *m* de almacén
Lagerbuchführung *f*, Ø contabilidad *f* de las existencias, de los stocks, de materiales
Lagerempfangsschein *m*, **e** recibo *m* de almacén; certificado *m* de depósito; (Angl.) warrant *m*
Lagerfähigkeit *f*, **en** capacidad *f* de almacenaje
Lagerführer *m*, - → Lagerverwalter
Lagergebühren *pl* derechos *pl* *bzw.* gastos *pl* de almacén; tasa *f* de depósito
Lagergeld *n*, Ø → Lagergebühren *pl*
Lagergeschäft *n*, **e** negocio *m* de almacén
Lagergut *n*, ¨**er** existencias *pl*; mercancías *pl* en almacén
Lagerhalle *f*, **n** (nave *f*, sala *f* de) almacén *m*
Lagerhalter *m*, - almacenista *m*
Lagerhaltung *f*, **en** almacenaje *m*; ***verstärkte ~*** aumento *m* de las existencias
Lagerhaus *n*, ¨**er** depósito *m*; almacén *m*
Lagerist *m*, **en** → Lagerverwalter
Lagerkapazität *f*, **en** → Lagerfähigkeit
Lagerkartei *f*, **en** fichero *m* de almacén *bzw.* de las existencias
Lagerkosten *pl* → Lagergebühren
Lagermiete *f*, **n** alquiler *m* de almacén; (Kosten) gastos *pl*, derechos *pl* de almacén
lagern almacenar; depositar; estar en almacén, en depósito
Lagerobst *n*, Ø fruta *f* de guardar; fruta *f* para almacenar
Lagerplatz m, ¨**e**, ***~ für Waren*** almacén *m*, depósito *m* de mercancías
Lagerraum *m*, **e** (espacio *m* de) almacén *m*, de depósito *m*
Lagerräumung *f*, **en** liquidación *f* de (las) existencias
Lagerschein *m*, **e** certificado *m* de depósito; resguardo *m*, talón *m* de almacén; (Angl.) warrant *m*
Lagerschuppen *m*, - nave *f* de almacén; (Hafen) tinglado *m*
Lagerstätte *f*, **n 1.** depósito *m* **2.** (Min.) yacimiento *m*
Lagertank *m*, **s** tanque *m*, depósito *m* (de almacenamiento)
Lagerumschlag *m*, Ø rotación *f* *bzw.* movimiento *m* de las existencias
Lagerung *f*, **en** almacenaje *m*; depósito *m*
Lagerverwalter *m*, - depositario-almacenista *m*; jefe *m* de almacén
Lagerverzeichnis *n*, **se** registro *m* de inventario *bzw.* de existencias
Lagervorrat *m*, ¨**e** existencias *pl* (en almacén)

Lagerzeit *f*, **(en)** tiempo *m* de almacenamiento, de depósito
lähmen → lahm legen
lahm legen paralizar; inmovilizar; ***ein Unternehmen*** ~ paralizar una empresa
Lahmlegung *f*, **en** paralización *f*
Lähmung *f*, Ø → Lahmlegung
Laie *m*, **n** lego *m*; profano *m*; aficionado *m*
lancieren lanzar; ***eine Anleihe*** ~ lanzar un empréstito
Lancierung *f*, **(en)** lanzamiento *m*
Land *n*, **¨er 1.** país *m*; Estado *m*; nación *f*; ***assoziiertes*** ~ país asociado; ***blockfreies*** ~ Estado no alineado; ***industrialisiertes*** ~ país industrializado **2.** tierra *f*; suelo *m*; territorio *m*; ***angebautes*** ~ tierra cultivada; ***urbar gemachtes*** ~ tierra roturada; ***melioriertes*** ~ tierra bonificada **3.** (R.F.A.) Land *m od.* estado *m* federado
Landarbeit *f*, **en** trabajo *m* agrícola
Landarbeiter *m*, **-** bracero *m*; (LA) peón *m*; mozo *m* de labranza
Landaufenthalt *m*, Ø estancia *f* en el campo
Landbau *m*, Ø agricultura *f*
Landbesitz *m*, Ø (propiedad *f* de) tierras *pl*, de fincas *pl*; propiedad *f* rural
Landbesitzer *m*, **-** hacendado *m*; propietario *m* de tierras, de fincas; terrateniente *m*
Landbevölkerung *f*, **en** población *f* rural
Landebahn *f*, **en** pista *f* de aterrizaje
Landebahnanflug *m*, **¨e** vuelo *m* de aproximación
Landebahnfeuer *n*, Ø alumbrado *m* de la pista de aterrizaje
Landebake *f*, **n** baliza *f* de aterrizaje
Landedeck *n*, **s** cubierta *f* de aterrizaje
Landeerlaubnis *f*, Ø permiso *m* de aterrizaje
Landefreigabe *f*, **n** autorización *f* de aterrizaje
landen 1. (ankommen) llegar; recalar **2.** (Aviac.) aterrizar; tomar tierra **3.** (Schiff) amarrar; tomar tierra **4.** ***auf dem Boden*** ~ aterrizar; tomar tierra; ***auf dem Mond*** ~ alunizar; ***auf dem Wasser*** ~ amarar; amerizar **5.** desembarcar (pasajeros)
Landenge *f*, **n** istmo *m*
Landepiste *f*, **n** pista *f* de aterrizaje
Landeplatz *m*, **¨e 1.** (Aviac.) campo *m* de aterrizaje **2.** (Schiff) (des)embarcadero m
Ländereien *pl* tierras *pl*; fincas *pl*
Länderkammer *f*, Ø Cámara *f* de los Länder; segunda cámara *f*; cámara *f* alta del parlamento alemán (Syn. ***Bundesrat***)
Länderkontingent *n*, **e** contingente *m* bilateral
Länderliste *f*, **n** lista *f* de países
Länderrisik|o *n*, **-en** riesgo *m* país (peligro de pérdida al que se expone la concesión de un crédito a un país determinado)
Landesangehörigkeit *f*, Ø nacionalidad *f*
Landesbank *f*, **en** (R.F.A.) instituto *m* bancario de los Länder; banco *m* central regional
Landesbehörde *f*, **n** autoridades *pl* regionales *bzw.* locales
Landesbrauch *m*, **¨e** costumbre *f* del país
Landeserzeugnis *n*, **se** producto *m* nacional; producto *m* del país
Landesgebiet *n*, **(e)** territorio *m* nacional
Landesgrenze *f*, **n** frontera *f* nacional
Landesgruppe *f*, **n** (Pol.) federación *f* local
Landesgruppenchef *m*, Ø (Bayern) jefe *m* de la agrupación del CSU en el Bundestag)
Landeshauptstadt *f*, **¨e** capital *f* (de un Estado federado)
landeskundig conocedor del país
Landesministeri|um *n*, **-en** ministerio *m* de un Land; consejería *f*
Landesparlament *n*, **e** parlamento *m* regional; parlamento *m* autonómico; dieta *f* regional, autonómica
Landesplanung *f*, **en** planificación *f* rural; urbanismo *m* regional
Landesprodukt *n*, **e** → Landeserzeugnis
Landesregierung *f*, **en** gobierno *m* regional *od.* autónomo; gobierno *m* de un Land
landesspezifisch nacional; específico, propio del país
Landessprache *f*, **n** idioma *m* del país; idioma *m*, lengua *f* nacional
Landesstraße *f*, **n** → Landstraße
Landesversicherungsanstalt *f*, **en** (LVA) (R.F.A.) dirección *f* de la Seguridad Social de un Land
Landesverteidigung *f*, Ø defensa *f* del país; defensa *f* nacional
Landesverwaltung *f*, **en** administración *f* de un país; administración *f* pública
Landeswährung *f*, **en** moneda *f* nacional
Landeszentralbank *f*, **en** (LZB) (R.F.A.) banco *m* central de un Land; sucursal *f* del Bundesbank
Landflucht *f*, **en** éxodo *m* rural
Landfrieden *m*, Ø orden *m* público
Landfriedensbruch *m*, Ø bandidaje *m*; perturbación *f* del orden público
Landgemeinde *f*, **n** comunidad *f* rural

Landgericht *n*, **e** (R.F.A.) (etwa:) Audiencia *f* Provincial; tribunal *m* regional, de un Land
Landgut *n*, **¨er** finca *f* rústica; finca *f* rural; hacienda *f*
Landhaus *n*, **¨er** casa *f* de campo
Landkarte *f*, **n** mapa *m*
Landleute *pl* labradores *pl*; campesinos *pl*; aldeanos *pl*
ländlich rural; *~e **Genossenschaft*** cooperativa *f* rural
Landrat *m*, **¨e** (etwa:) jefe *m* de distrito; prefecto *m*; gobernador *m*
Landratsamt *n*, **¨er** (etwa:) jefatura *f* de distrito; prefectura *f*
Landschaftsgärtner *m*, - jardinero *m* paisajista
Landschaftsschutzgebiet *n*, **e** zona *f* en régimen de protección del paisaje
Landsitz *m*, **e** quinta *f*; residencia *f*, mansión rural
Landstraße *f*, **n** carretera *f* interurbana; carretera *f* regional
Landtag *m*, **e** dieta *f* regional; parlamento *m* autónomo
Landtagswahlen *pl* elecciones *pl* autonómicas; comicios *pl* regionales
Landtransport *m*, **e** transporte *m* por tierra *od.* terrestre
Landverkehr *m*, Ø tráfico *m*, transporte *m* terrestre
Landvermessung *f*, **en** agrimensura *f*; geodesia *f*
Landwirt *m*, **e** agricultor *m*; labrador *m*; granjero *m*; (graduierter) perito *m* agrícola
Landwirtschaft *f*, **en** agricultura *f*
landwirtschaftlich agrícola; agrario; *~er **Betrieb*** explotación *f* agraria; *~e **Erzeugnisse*** productos *pl* agrícolas; *~e **Pfandbriefe*** cédulas *pl* hipotecarias agrícolas; *~e **Genossenschaft*** cooperativa *f* agrícola; *~er **Beratungsdienst*** servicio *m* de extensión agraria
Landwirtschaftsausstellung *f*, **en** exposición *f* agrícola
Landwirtschaftskammer *f*, **n** camára *f* agrícola
Landwirtschaftsmesse *f*, **n** feria *f* del campo
Landwirtschaftsministeri|um *n*, **-en** ministerio *m* de Agricultura
Langfinger *m*, - (Fam.) ratero *m*; ladrón *m*; caco *m*
langfristig a largo plazo; *~es **Darlehen*** préstamo *m* a largo plazo (Ggs. ***kurzfristig***)
langjährig viejo; antiguo; *~e **Erfahrungen*** experiencias *pl* de muchos años; *~e **Geschäftsbeziehungen*** relaciones *pl* comerciales de muchos años
Langjährigkeit *f*, Ø, ***die ~ unserer Geschäftsbeziehungen*** nuestras largas relaciones comerciales; nuestras relaciones de negocio que duran ya tantos años
Langläufer *m*, - título *m* reembolsable a largo plazo; bono *m* del Tesoro a largo plazo (Ggs. ***Kurzläufer***)
langlebig de larga duración; de larga vida; *~e **Konsumgüter*** bienes *pl* de consumo duraderos
Längsseite *f*, **n**, ***frei ~ Schiff*** (F.A.S.) franco al costado del buque (f.a.s.)
Langstreckendienst *m*, **e** servicio *m* de largo trayecto
Langstreckenflug *m*, **e** vuelo *m* de largo trayecto
Langstreckenflugzeug *n*, **e** avión *m* para vuelos a gran distancia
Langzeitarbeitslose *pl* desempleados *pl* de larga duración *od.* desanimados
Langzeitarbeitslosigkeit *f*, Ø →Dauerarbeitslosigkeit
Langzeitverhalten *n*, Ø (Seg.) comportamiento *m* a largo plazo
Langzeitwirkung *f*, **en** efecto *m* a largo plazo
Laptop-Computer *m*, - (ordenador *m*) portátil *m*; portátil *m* plegable
Lärmbekämpfung *f*, **en** lucha *f* contra el ruido
Lärmbelästigung *f*, **en** contaminación *f* sonora
Lärmpegel *m*, Ø nivel *m* de ruidos, de ruidosidad
Lärmschutz *m*, Ø protección *f* contra el ruido
lasch flojo; negligente; *~e **Kontrollen*** controles *pl* poco severos
Laser *m*, - láser *m*
Laserausdruck *m*, **e** impreso *m* por (sistema de) láser
Laserdrucker *m*, - impresora *f* por láser
Lasertechnik *f*, Ø técnica *f* láser
Lasertechnologie *f*, Ø tecnología *f* (de) láser
Last *f*, **en 1.** gravamen *m*; carga *f*; ***zu ~en von*** por cuenta de; a cargo de; ***öffentliche ~*** carga pública; ***ein Saldo zu Ihren ~en aufweisen*** presentar un saldo pasivo a su cargo **2.** carga *f*; cargamento *m*; tonelaje *m*
Lastauto *n*, **s** → Lastkraftwagen
Lastenaufzug *m*, **¨e** montacargas *m*

Lastenausgleich *m*, **e** perecuación *f*, compensación *f* de cargas; (R.F.A.) tasa *f* única en beneficio de las víctimas de la Segunda Guerra Mundial

Lastenausgleichsfonds *m*, - fondo *m* de compensaciones *od.* de compensación de cargas

Lastenausgleichsgesetz *n*, **(e)** ley *f* de perecuación de cargas

lastenfrei (Grundstück) libre, exento de gravámenes *bzw.* hipotecas; (Dividende) saneado

Lastenheft *n*, **e** pliego *m* de condiciones, de cargas

Lastenverteilung *f*, **en** repartición *f* de (las) cargas

Lastenverzeichnis *n*, **se** pliego *m* de condiciones (Syn. ***Pflichtenheit***)

Laster *m*, - → Lastkraftwagen

Lastfahrzeug *n*, **e** vehículo *m* de carga

Lastkraftwagen *m*, - (LKW) camión *m*

Lastschrift *f*, **en** nota *f* de cargo (en cuenta); nota *f* de débito; nota *f* de adeudo

Lastschriftanzeige *f*, **n** aviso *m* de cargo

Lastschriftverfahren *n*, - **1.** procedimiento *m* de nota de cargo **2.** domiciliación *f* bancaria de recibos

Lastwagen *m*, - → Lastkraftwagen

Lastwagenfahrer *m*, - camionero *m*; conductor *m* de camión

Lastzug *m*, **¨e** camión *m* con remolque; tren *m* de camiones

Lateinamerika *n*, Ø Latinoamérica *f*; América *f* latina

Lateinamerikaner *m*, - latinoamericano *m*

lateinamerikanisch de Latinoamérica; de América latina; latinoamericano; ***~e Integrationszone*** Asociación Latinoamericana de Integración (ALADI)

Laterne *f*, **n** linterna *f*; ***die rote ~ bilden*** ocupar la última posición

Lauf *m*, Ø curso *m*; vencimiento *m*; ***im ~(e) eines Jahres*** en el curso *od.* transcurso de un año

Laufbahn *f*, **en** carrera *f*; ***eine ~ einschlagen*** decidirse por una carrera (Syn. ***Karriere; Werdegang***)

Laufbursche *m*, **n** → Laufjunge

Laufdauer *f*, Ø → Laufzeit

laufen 1. estar en circulación; tener validez **2.** funcionar; marchar ***durchgehend ~*** estar en servicio día y noche; ***leer ~*** marchar en ralentí

laufend permanente; continuo; corriente; en curso ***~e Ausgaben*** gastos *pl* fijos; ***am ~en Bande*** en serie; ***~e Geschäfte*** operaciones *pl* corrientes; ***auf dem ~en halten*** tener al corriente; ***~es Jahr*** año *m* en curso; ***~es Konto*** cuenta *f* corriente; ***~e Police*** póliza *f* abierta *bzw.* flotante; ***~er Wechsel*** letra *f* en circulación *od.* negociada

Lauffrist *f*, **en** → Laufzeit

Laufjunge *m*, **n** chico *m* para recados; (Hotel) botones *m*; (Büro) ordenanza *m*; mensajero *m*

Laufkunde *m*, **n** cliente *m* de ocasión; cliente *m* ocasional; cliente *m* de paso

Laufkundschaft *f*, **en** clientela *f* ocasional

Laufwerk *n*, **e** (Inform.) unidad *f*, drive *m* de disco

Laufzeit *f*, **en 1.** duración *f*; validez *f*; vencimiento *m*; amortización *f*; ***~ einer Hypothek*** plazo *m* de vencimiendo de una hipoteca; ***dreißig Tage ~ haben*** tener treinta días de venci- miento *od.* vista; ***~ eines Kredits*** duración, plazo de un crédito **2.** (Seg.) tiempo *m* de bloqueo

Laufzettel *m*, - **1.** circular *f* **2.** póliza *f* de aviso

laut según; con arreglo a; conforme a; en virtud de; ***~ Vertrag*** según lo acordado contractualmente; ***~ wirtschaftlichem Gutachten*** según el informe económico

lauten rezar; decir; ***auf einen Betrag von 100 DM ~*** estar extendido por un importe de 100 marcos; ***auf den Inhaber ~*** ser pagadero al portador; ***an Order ~*** ser pagadero a la orden

Lautsprecherwerbung *f*, **(en)** publicidad *f* por altavoces

LBO (leveraged buy out) (Fin.) compra *f* apalancada

leasen tener en "leasing"; suscribir una fórmula de "leasing"; ***ein geleaster Wagen*** un coche en "leasing"

Leaser *m*, - tomador *m* de leasing, de arrendamiento financiero; suscriptor *m* de leasing

Leasing *n*, Ø arrendamiento *m* financiero

Leasing-Geber *m*, - dador *m* del leasing, de arrendamiento financiero; (arrendador *m*)

Leasing-Gesellschaft *f*, **en** sociedad *f* de "leasing"

Leasing-Nehmer *m*, - → Leaser

Lebengewicht *n*, Ø peso *m* en vivo

Lebensabschnitt *m*, **e** tramo *m*, periodo *m* de vida; ***dritter, vierter ~*** tercera, cuarta edad

Lebensarbeitszeit *f*, Ø vida *f* laboral activa

Lebensbedingungen *pl* condiciones *pl* de vida

Lebensdauer *f*, Ø duración *f*; durabilidad *f*; *~ von Gebrauchsgütern* duración útil de bienes de consumo

Lebenserwartung *f*, **en** expectativa *f* de vida

Lebenshaltung *f*, **en** coste *m* de (la) vida; nivel *m* de vida; *Hebung der ~* alza del nivel de vida

Lebenshaltungsind|ex *m*, **e** *od.* **-izes** índice *m* del coste de (la) vida *bzw.* índice *m* de precios al consumo (IPC)

Lebenshaltungskoeffizient *m*, **en** coeficiente *m* del coste de (la) vida

Lebenshaltungskosten *pl* coste *m* de (la) vida

lebenslänglich 1. *~e Freiheitsstrafe* cadena *f* perpetua **2.** *~e Rente* pensión *f* vitalicia

Lebenslauf *m*, **¨e** curriculum *m* vitae; *handgeschriebener*, *tabellarischer ~* curriculum vitae manuscrito, sinóptico

Lebensminimum *n*, Ø mínimo *m* vital, existencial

Lebensmittel *pl* productos *pl* alimenticios; comestibles *pl*; alimentos *pl*

Lebensmittelanbau *m*, Ø cultivos *pl* alimentarios

Lebensmittelbranche *f*, **n** ramo *m*, sector *m* alimentario

Lebensmittelgeschäft *n*, **e** tienda *f* de comestibles *od.* de productos alimenticios

Lebensmittelgesetz *n*, **(e)** código *m* alimentario

Lebensmittelhändler *m*, - comerciante *m* en productos alimenticios

Lebensmittelindustrie *f*, **(n)** industria *f* de la alimentación; industria *f* alimentaria

Lebensmittelkarte *f*, **n** cartilla *f* de racionamiento

Lebensmittelknappheit *f*, Ø escasez *f* de alimentos

Lebensmittelmarke *f*, **n** cupón *m* de alimentos

Lebensmittelnotstand *m*, **¨e** emergencia *f* alimentaria

Lebensmittelpreise *pl* precios *pl* de los alimentos

Lebensmittelversorgung *f*, Ø abastecimiento *m* de comestibles

Lebensniveau *n*, **s** → Lebensstandard

Lebensqualität *f*, Ø calidad *f* de (la) vida

Lebensraum *m*, **(e)** espacio *m* vital; *natürlicher ~* habitat *m* natural

Lebensrente *f*, **(n)** renta *f* vitalicia f

Lebensschützer *m*, - **1.** defensor *m* del medio ambiente **2.** enemigo *m* del aborto

Lebensstandard *m*, **s** nivel *m* de vida; *den ~ heben* (*erhöhen*) elevar el nivel de vida

Lebensunterhalt *m*, **e** (medios *pl* de) subsistencia *f*; *seinen ~ verdienen* ganarse la vida

Lebensversicherung *f*, **en** seguro *m* de vida; *eine ~ abschließen* suscribir un seguro de vida; *~ auf den Erlebensfall* seguro en caso de vida; seguro de vida de supervivencia; *~ auf den Todesfall* seguro en caso de deceso; seguro de vida ordinario

Lebensversicherungsgesellschaft *f*, **en** (compañía *f*) aseguradora *f* de vida; compañía *f* de seguros de vida

Lebensversicherungspolice *f*, **n** póliza *f* de seguro de vida

Lebensversicherungsvertrag *m*, **¨e** contrato *m* de seguro de vida

Lebenszeit *f*, **en** (tiempo *m* de) vida *f*; *auf ~* vitalicio; perpetuo; permanente; *Beamter auf ~* funcionario *m* inamovible

lebhaft (Börse) animado; activo; *~e Nachfrage* demanda *f* animada; *~er Verkehr* tráfico *m* animado

Lederhandel *m*, Ø comercio *m* de pieles; comercio *m* del cuero

Lederwaren *pl* marroquinería *f*; artículos *pl* de piel, de cuero

ledig, *~e Mutter* madre *f* soltera

Ledige/r (der/ein) soltero *m* (Syn. Junggeselle)

leer vacío; en blanco; vacante; *~ laufen* marchar en ralentí

leeren (Post) hacer la recogida; recoger la correspondencia

Leergewicht *n*, Ø tara *f*; peso *m* en vacío

Leergut *n*, Ø envases *pl* vacíos; embalaje *m* vacío

Leerkapazität *f*, **en** capacidad *f* libre, no explotada

Leerkassette *f*, **n** casete *m* virgen

Leerkosten *pl* gastos *pl* de infrautilización de la capacidad

leer stehend, *-es Haus* casa *f* desocupada, vacía

Leerstelle *f*, **n** plaza *f*, puesto *m* vacante

Leerung *f*, **en** (Post) recogida *f*

Leerverkauf *m*, **¨e** venta *f* al descubierto (especulaciones a la baja en las operaciones a plazo con títulos-valores) (Syn. *Fixen*)

leerverkaufen vender en descubierto

Leerzeiten *pl* tiempo *m* muerto

legal legal; prescrito por la ley (Syn. ***gesetzlich; gesetzmäßig***)
legalisieren legalizar; ***eine Urkunde ~ legalizar*** un documento
Legalisierung *f*, Ø legalización *f*; legitimación *f*; certificación *f* oficial de documentos o firmas
Legalität *f*, Ø legalidad *f*
Legat *n*, **e** legado *m*
Legatar *m*, **e** legatario *m*; beneficiario *m* de un legado
legen meter; poner; colocar; ***auf Zinsen ~*** colocar a interés; ***ad acta ~*** archivar
Legierung *f*, **en** aleación *f*
Legislative *f*, **n** (poder *m*) legislativo *m*
Legislaturperiode *f*, **n** (período *m* de) legislatura; período *m* legislativo
legitim legítimo; ***~er Streik*** huelga *f* legal
Legitimation *f*, **en** legitimación *f*; certificación *f* de la identidad
Legitimationspapier *n*, **e 1.** documento *m* de identidad **2.** título *m* (nominal) transmisible
Lehrabschluss *m*, **¨sse** certificado *m* de aptitud profesional
Lehre *f*, **n** aprendizaje *m*; ***in die ~ gehen*** hacer un aprendizaje; entrar de aprendiz; ***aus der ~ kommen*** haber terminado su aprendizaje; ***jdn. in die ~ nehmen*** tomar a alg. de aprendiz
Lehrgang *m*, **¨e** curso *m*; cursillo *m*
Lehrgeld *n*, Ø (Hist.) dinero *m* de aprendizaje; (Fig.) ~ ***zahlen*** pagar caro; escarmentar
Lehrherr *m*, **n** *od.* **en** patrón *m*; principal *m*
Lehrling *m*, **e** aprendiz *m*; ***gewerblicher ~*** aprendiz en el ramo industrial; ***handwerklicher ~*** aprendiz artesano; ***als ~ eingestellt werden*** estar de aprendiz
Lehrlingsabgabe *f*, **n** tasa *f* de aprendizaje
Lehrlingsausbilder *m*, - instructor *m* de aprendices
Lehrlingsgeld *n*, **er** dinero *m* de aprendizaje
Lehrstelle *f*, **n** plaza *f* de aprendiz
Lehrstellenbewerber *m*, - candidato *m* a una plaza de aprendiz
Lehrvertrag *m*, **¨e** contrato *m* de aprendizaje
Lehrzeit *f*, **en** duración *f* del aprendizaje
Leibrente *f*, **n** renta *f* *od.* pensión *f* vitalicia
leicht, ~ ***erlernbar*** fácil de aprender; de aprendizaje fácil; ~ ***verderblich*** perecedero; de fácil deterioro
Leichtgut *n*, **¨e** mercancía *f* de poco peso
Leichtindustrie *f*, **n** industria *f* de bienes de consumo
Leichtlohngruppe *f*, **n** salarios *pl* poco elevados para trabajos denominados "fáciles"
Leidtragende(r) (der/ein) víctima *f*
Leihamt *n*, **¨er** → Leihhaus
Leihanstalt *f*, **en** → Leihhaus
Leiharbeit *f*, Ø trabajo *m* en régimen de cesión (una empresa cede uno de sus asalariados a otra empresa)
Leiharbeiter *m*, - **1.** trabajador *m* en régimen de cesión **2.** temporero *m* (obrero del campo que se contrata sólo por cierta temporada)
leihen prestar; adelantar; anticipar; ***sich etw. ~*** tomar en préstamo a/c; ***Geld auf Hypotheken ~*** prestar dinero sobre *od.* contra hipoteca
Leihfirm|a *f*, **-en 1.** empresa *f* cedente (a otra empresa) de asalariados **2.** empresa *f* de trabajos temporales
Leihgabe *f*, **n** préstamo *m* de uso; comodato *m*
Leihgebühr *f*, **en** (derechos *pl* de) alquiler *m*; tasa *f* de cesión
Leihhaus *n*, **¨er** casa *f* de empeño; (E) Monte *m* de Piedad; Montepío *m*
Leihkapital *n*, Ø capital *m* prestado; fondos *pl* en préstamo
Leihmiete *f*, **n** precio *m* del arriendo, del alquiler
Leihmutter madre *f* prestada
Leihpacht *f*, **en** contrato *m* de préstamo *bzw.* arriendo
Leihschein *m*, **e** papeleta *f* de empeño
Leihvertrag *m*, **¨e** contrato *m* de préstamo
Leihware *f*, **n** mercancía *f* en depósito
leihweise a título de préstamo; en préstamo
Leipziger Messe *f*, (**n**) Feria *f* de Leipzig
leisten realizar; ejecutar; proveer; entregar; ***sich etw. (finanziell) ~ können*** poder permitirse; tener los medios para sufragar a/c; ***eine Anzahlung ~*** pagar a cuenta; ***eine Kaution ~*** salir fiador; otorgar fianza; ***eine Zahlung ~*** efectuar un pago
Leistung *f*, **en** rendimiento *m*; prestación *f*; servicio *m*; potencia *f*; poder *m*; suministro *m*; contribución *f*; ***~en beziehen*** percibir prestaciones; ***die ~ einer Fabrik steigern*** elevar la producción de una fábrica; ***die ~ einer Maschine*** el rendimiento de una máquina; ***~en in Naturalien*** prestaciones en especie; ***soziale ~en*** prestaciones sociales; ~ ***pro Arbeitsstunde*** rendimiento por hora

Leistungsabfall *m*, **¨e** pérdida *f* de rendimiento

Leistungsabgabe *f*, **n** potencia *f* suministrada

Leistungsanreiz *m*, **e** incentivo *m*

Leistungsanspruch *m*, **¨e** derecho *m* a prestaciones; derecho *m* a obtener beneficios

Leistungsanstieg *m*, **e** incremento *m* de la capacidad de rendimiento

Leistungsberechtigte(r) (der/ein) titular *m* de una prestación; prestatario *m* (Seguro Social)

Leistungsbewertung *f*, Ø evaluación *f* de rendimiento

Leistungsbilanz *f*, **en** balanza *f* por cuenta corriente; balanza *f* de los intercambios de mercancías y servicios; cuenta *f* bruta de resultados; cuenta *f* corriente

Leistungsbilanzdefizit déficit *m* (por cuenta) corriente

Leistungsdruck *m*, Ø presión *f* del rendimiento; ***er steht unter*** ~ (él) está sujeto a la presión del rendimiento

Leistungsdurchschnitt *m*, Ø rendimiento *m* medio

Leistungsempfänger *m*, **-** → Leistungsberechtigter

Leistungsentgelt *n*, **e** remuneración *f* (según rendimiento)

leistungsfähig capaz; eficiente; productivo; de gran rendimiento *bzw.* capacidad

Leistungsfähigkeit *f*, **en** capacidad *f* de rendimiento

Leistungsfaktor *m*, **en** factor *f* de productividad

leistungsgerecht acorde con el rendimiento

Leistungsgesellschaft *f*, **en** sociedad *f* orientada al rendimiento

Leistungsgrenze *f*, **n** **1.** límite *m* de potencia **2.** tope *m* de prestaciones

leistungshemmend que frena el rendimiento; que obstaculiza la producción

Leistungskapazität *f*, **en** →Leistungsfähigkeit

Leistungskennziffer *f*, **n** índice *m* de rendimiento

Leistungsklasse *f*, **n** tipo *m*, clase *f*, modalidad *f* de rendimiento

Leistungsknick *m*, **s** baja *f* vertiginosa del rendimiento

Leistungskraft *f*, Ø → Leistungsfähigkeit

Leistungskurve *f*, **n** curva *f* de rendimiento; ***die ~ der Arbeiter aufzeichnen*** trazar la curva del rendimiento de los trabajadores

Leistungslohn *m*, **¨e** salario *m* conforme al rendimiento

Leistungsmessung *f*, Ø **1.** medición *f* de la potencia **2.** medición *f* del rendimiento, de las prestaciones, del servicio, de la potencia

Leistungsniveau *n*, **s** nivel *m* de rendimiento

Leistungsoptimierung *f*, Ø **1.** optimización *f* del rendimiento, de la potencia **2.** puesta *f* a punto óptima

leistungsorientiert orientado al rendimiento; ***~e Gesellschaft*** sociedad *f* de rendimiento

Leistungspflicht *f*, **en** (Seg.) obligatoriedad *f* de prestación

Leistungsprämie *f*, **n** prima *f* de productividad; plus *m* por rendimiento

Leistungsrente *f*, **n** pensión *f* de vejez basada en las cotizaciones abonadas

Leistungsschau *f*, **en** certamen *m*

leistungsschwach de poco rendimiento

Leistungssoll *n*, Ø producción *f* prevista

Leistungsstaffelung *f*, **en** (Seg.) escalonamiento *m* de la prestación

Leistungsstand *m*, Ø **1.** nivel *m* de rendimiento; ***hoher technischer*** ~ alto nivel tecnológico, técnico; tecnología *f* sofisticada **2.** resultados *pl*

Leistungsstandard *m*, **(e)** nivel *m* de rendimiento; ***hoher technischer*** ~ alto nivel técnico; tecnología *f* sofisticada, de punta

leistungsstark de alto rendimiento

Leistungssteigerung *f*, **en** → Leistungsanstieg

Leistungsstücklohn *m*, **e** salario *m* por unidad (de obra)

Leistungssystem *n*, **e** sistema *m* competitivo; sistema *m* de rendimiento

Leistungsträger *m*, **-** entidad *f* prestataria

Leistungsverkehr *m*, Ø operaciones *pl* corrientes

Leistungsvermögen *n*, Ø → Leistungsfähigkeit

Leistungsverweigerung *f*, Ø denegación *f* de la prestación; rechazo *m* del rendimiento

Leistungsverzeichnis *n*, **se** lista *f* de cláusulas y condiciones generales

Leistungsverzug *m*, Ø demora *f*, retraso *m* en la prestación

Leistungswettbewerb *m*, **e** producción *f* competitiva; competencia *f* de rendimiento *bzw.* de eficiencia

Leistungszulage *f*, **n** → Leistungsprämie

Leitartikel *m*, - artículo *m* de fondo; editorial *m*
leiten dirigir; estar a la cabeza de; (Staat) gobernar; ***eine Versammlung*** ~ presidir una asamblea
leitend, ***~er Angestellter*** ejecutivo *m*; alto empleado *m*; ***die ~n*** dirección *f*, personal *m* de mando; mando *m* superior; (Syn. ***Führungskräfte***); ~ ***e Stellung*** alto cargo *m*; cargo *m* directivo
Leitenden-Status *m*, Ø estatuto *m* de directivo, de dirigente; ~ ***haben*** figurar entre los cuadros de mando
Leiter *m*, - director *m*; gerente *m*, jefe *m*; administrador *m;* ***kaufmännischer*** ~ director comercial; ***technischer*** ~ director técnico; ~ ***der Werbeabteilung*** jefe del departamento publiciario
Leitkarte *f*, **n** (ficha-)guía *f* de un fichero
Leitkurs *m*, **e** curso *m* de referencia
Leitlinien *pl* (líneas *pl*) directrices *pl*
Leitsatz *m*, **e** **1.** tasa *f* de referencia **2.** Directiva *f*
Leitung *f*, **en** **1.** dirección *f*; gestión *f*; administración *f;* ***die ~ einer Firma übernehmen*** hacerse cargo de la dirección de una empresa **2.** línea *f* (de teléfono) ***die ~ ist besetzt*** la línea está ocupada; ***in der ~ bleiben*** quedar al habla; ***die ~ ist überlastet*** la línea está sobrecargada
Leitungsebene *f*, **n** nivel *m* directivo
Leitungsnetz *n*, **e** red *f* de líneas telefónicas
Leitungsorgan *n*, **e** órgano *m* directivo
Leitungsstab *m*, **¨e** estado *m* mayor de dirección
Leitwährung *f*, **en** moneda *f* guía *bzw.* de referencia; moneda *f* de reserva (Syn. ***Reservewährung***)
Leitzahl *f*, **en** código *m* postal
Leitzinsen *pl* intereses *pl* directores; intereses *pl* básicos
lenken controlar; dirigir; guiar; gobernar
Lenkung *f*, - dirección *f*; orientación *f*; control *m;* ~ ***der Kaufkraft*** orientación del poder adquisitivo; ~ ***der Wirtschaft*** dirigismo *m* económico
Lenkungsauschuss *m*, **¨sse** comisión *f* de control económico
lenkungsfrei no dirigista; de libre competencia
Lenkungsmaßnahmen *pl* medidas *pl* dirigistas
leoninisch leonino (una persona se reserva la parte del león); ***~e Teilung*** repartición *f* leonina; ***~er Vertrag*** contrato *m* leonino
Lerncomputer *m*, - ordenador *m* didáctico; ordenador *m* para aprender
Lerndiskette *f*, **n** disquete *m* didáctico, para aprender
lesbar legible
Lesegerät *n*, **e** (máquina *f*) lectora *f*; lector *m*
Lesung *f*, **en** (Parlament) lectura *f;* ***in zweiter*** ~ en segunda lectura; ***zur dritten ~ gelangen*** llegar a la tercera lectura
Letztbietende(r) (der/ein) último y mejor postor *m*
Letztverbraucher *m*, - consumidor *m* final
letztwillig testamentario; ***~e Verfügung*** disposición *f* testamentaria; última voluntad *f*
Leuchtreklame *f*, **n** → Lichtreklame
Leuchtschild *n*, **er** letrero *m* luminoso
Leuchtwerbung *f*, **en** → Lichtreklame
Leumundzeugnis *n*, **se** certificado *m* de buena conducta
Leute *pl* gente *f;* ***einflussreiche*** ~ personas *pl* influyentes
lfd.J. (laufendes Jahr) año *m* en curso
lfd.M. (laufender Monat) mes *m* en curso
lfd.Nr. (laufende Nummer) número *m* correlativo *od.* de orden
liberal liberal; ***~e Wirtschaftsordnung*** sistema *m* económico liberal
liberalisieren liberalizar
Liberalisierung *f*, **en** liberalización *f*
Liberalismus *m*, Ø liberalismo *m*
LIBOR ***m*** (London Interbank Offered Rate) tipo *m*, tasa *f* de oferta interbancaria de Londres
Licht *n*, **er** luz *f;* ***grünes ~ für etw.*** luz verde para a/c
Lichtreklame *f*, **n** publicidad *f* luminosa
Liebhaberpreis *m*, **e** precio *m* entre aficionados
Liebhaberwert *m*, **e** valor *m* para un aficionado *bzw.* para un coleccionista
Liefer- und Zahlungsbedingungen *pl* condiciones *pl* de pago y suministro
Lieferant *m*, **en** proveedor *m*; suministrador *m*; contratista *m*
Lieferantendatei *f*, **en** fichero *m* de suministradores
Lieferanteneingang *m*, **¨e** entrada *f* de servicio
Lieferantenkonto *n*, **-ten** cuenta *f* del proveedor, del suministrador
Lieferantenkredit *m*, **e** crédito *m* comercial
Lieferauftrag *m*, **¨e** orden *f* de entrega *od.* suministro

lieferbar suministrable; disponible; ***kurzfristig*** ~ listo para la entrega inmediata; ***nicht mehr ~ sein*** no estar ya en venta
Lieferbedingungen *pl* condiciones *pl* de entrega
Lieferboykott *m*, **s** boicot(eo) *m* de proveedores, de suministradores
Lieferengpass *m*,¨**sse** dificultades *pl* de entrega; cuello *m* de botella en el suministro
Lieferer *m*, - → Lieferant
Lieferfirm|a *f*, **-en** casa *f* proveedora, suministradora
Lieferfrist *f*, **en** plazo *m* de entrega; ***die ~ einhalten*** observar el plazo de entrega
Liefergarantie *f*, **n** garantía *f* de entrega
Lieferkette *f*, **n** cadena *f* de transporte
Lieferland *n*, ¨**er** país *m* suministrador *od.* proveedor
Liefermenge *f*, **n** cantidad *f* a entregar *od.* suministrar; lote *m* de entrega
Liefermonopol *n*, **e** monopolio *m* de suministros; ***das ~ auf etw. haben*** detentar el monopolio de suminstro de a/c
liefern suministrar; entregar; proveer; facilitar; ***frei Haus*** ~ entregar franco domicilio
Lieferschein *m*, **e** talón *m* de entrega; resguardo *m*; recibo *m* de entrega
Liefersperre *f*, **n** embargo *m* sobre los suministros; bloqueo *m* de la entrega
Lieferstopp *m*, **s** suspensión *f* de suministro *od.* de entrega
Liefertermin *m*, **e** fecha *f bzw.* día *m* de entrega
Lieferung *f*, **en** entrega *f*; suministro *m*; ***bei ~ zahlbar*** pagadero a la entrega; ~ ***am Tag des Abschlusses*** (Börse) entrega en el día de concertarse en firme la transacción; ***gegen sofortige ~ kaufen*** comprar contra entrega inmediata; ~ ***erfolgt gegen Barzahlung*** entrega contra pago al contado
Lieferungsangebot *n*, **e** oferta *f* de entrega
Liefer(ungs)bewerber *m*, - **1.** aspirante *m* a proveedor **2.** postor *m*; licitador *m*
Lieferungsembargo *n*, **s** → Lieferungssperre
Liefer(ungs)garantie *f*, **n** garantía *f* de suministro
Lieferungsgeschäft *n*, **e** operación *f* a término; (Pramiengeschäft) operación *f* a opción
Lieferungsort *m*, **e** lugar *m* de entrega
Lieferungsschein *m*, **e** recibo *m*, talón *m* de entrega
Lieferungssperre *f*, **n** bloqueo *m* de la entrega; embargo *m* sobre el suministro
Liefer(ungs)verzögerung *f*, **en** → Lieferverzug
Lieferungsverzug *m*, Ø demora *f*, retraso *m* de la entrega
Lieferzeit *f*, **en** plazo *m* de entrega
Liegegeld *n*, **er 1.** derechos *pl* de estadía **2.** indemnización *f* por retraso
liegen estar situado en; figurar; ***gut*** ~ estar en una buena posición; ***gedrückt*** ~ (Kurse) estar bajos; estar bajo presión; ***drei Punkte tiefer*** ~ (Börse) perder tres enteros
Liegenschaften *pl* bienes *pl* raíces; terrenos *pl*; inmuebles *pl*
Liegetage *pl* días *pl* de estadía, de retraso
lifo (last in, first out) 1. primera entrada, última salida (método de evaluación de stocks) **2.** mercancías *pl* atrasadas con precios actualizados
Limit *n*, **s** *od.* **e 1.** tope *m*; límite *m* máximo (de un crédito) **2.** precio *m* límite (para la compra o venta de valores)
limitieren limitar
limitiert limitado (clase de orden para la compra o la venta de valores) (Ggs. ***bestens, billigst***); ***~e Auflage*** tirada *f* limitada
Limitpreis *m*, **e** precio *m* límite
linear lineal; linear; ***~e Steuersenkung*** reducción *f* linear de los impuestos
Linearität *f*, Ø linealidad *f*
Linie *f*, **n 1.** línea *f*; ***politische*** ~ línea política **2.** tendencia *f*; ~ ***einer Zeilung*** tendencia de un periódico
Liniendienst *m*, **e** → Linienverkehr
Linienflug *m*, ¨**e** vuelo *m* regular, de línea
Linienschiff *n*, **e** navío *m* de línea
Linienverkehr *m*, Ø tráfico *m*, servicio *m* regular
Linke *f*, **n** (Pol.) izquierda *f*; ***äußerste*** ~ extrema izquierda; ***gemäßigte*** ~ izquierda moderada (Ggs. ***Rechte***)
links, **1.** ***politisch ~ stehen*** ser de izquierdas **2.** ~ ***abbiegen*** torcer, virar, girar a la izquierda **3.** ~ ***überholen*** adelantar por la izquierda **4.** ***die heimischen Produkte ~ liegen lassen*** no hacer caso, no preocuparse de los productos nacionales
Linksdrall *m*, Ø tendencia *f* izquierdista
Linksextremismus *m*, Ø ultraizquierda *f*, extremismo *m* de izquierda; izquierda *f* radical
Linkskoalition *f*, **en** coalición *f* de izquierda
Linkskurs *m*, Ø → Linksorientierung
Linksopposition *f*, Ø oposición *f* de izquierda

linksorientiert orientado a la izquierda
Linksorientierung *f*, Ø orientación *f* izquierdista (de un gobierno)
Linkspartei *f*, **en** partido *m* izquierdista
linksradikal de extrema izquierda; *~e Gruppe* agrupación *f* izquierdista radical
Linksregierung *f*, **en** gobierno *m* izquierdista
Linksruck *m*, Ø deslizamiento *m*, giro *m* hacia la izquierda (elecciones)
Linksunterzeichnete/r (der/ein) el firmante a la izquierda
Linksverkehr *m*, Ø circulación *f* por la izquierda
liquid líquido; solvente; *~e* ***Mittel*** fondos *pl* disponibles; *~e* ***Reserven*** reservas *pl* líquidas
Liquidation *f*, **en** liquidación *f*; ***in ~ gehen*** (***treten***) entrar en liquidación; ***in ~ zeichnen*** firmar en liquidación
Liquidationsanteil *m*, **e** dividendo *m* de liquidación
Liquidationsantrag *m*, **¨e** solicitud *f* de liquidación
Liquidationsbilanz *f*, **en** balance *m* de liquidación
Liquidationserlös *m*, **e** producto *m* de la liquidacion
Liquidationsmasse *f*, Ø masa *f* de la liquidación
Liquidationstage *pl* fecha *f*, plazo *m* de liquidación
Liquidationsverkauf *m*, **¨e** venta *f* de liquidación; saldos *pl*
Liquidationswert *m*, Ø valor *m* de la liquidación
Liquidator *m*, **en**, ***zum ~ bestellen*** nombrar, instituir liquidador
liquide → liquid
liquidieren liquidar
Liquidierung *f*, **en** → Liquidation
Liquidität *f*, Ø liquidez; disponibilidades *pl* (líquidas)
Liquiditätsabflüsse *pl* salidas *pl*; sumas *pl* gastadas
liquiditätsabschöpfend que absorbe liquidez
Liquiditätsanreicherung *f*, Ø aumento *m*, crecimiento *m* de la liquidez
Liquiditätsbedarf *m*, Ø necesidades *pl* de liquidez
Liquiditätsengpass *m*, **¨sse** dificultades *pl* de tesorería
Liquiditätsentzug *m*, Ø sustracción *f*, retirada *f* de liquidez
Liquiditätsgrad *m*, Ø grado *m*, coeficiente *m*, tasa *f* de liquidez
Liquiditätslage *f*, Ø estado *m* de la tesorería; estado *m* en términos de liquidez
Liquiditätslücke *f*, **n** → Liquiditätsmangel
Liquiditätsmangel *m*, **¨** carencia *f*, escasez *f*, falta *f* de liquidez
Liquiditätspolster *n*, - reservas *pl* de tesorería; reservas *pl* en caja
Liquiditätspräferenz *f*, Ø preferencia *f* de liquidez
Liquiditätsreserven *pl* reservas *pl* de liquidez; fondos *pl* realizables a corto plazo
Liquiditätsschöpfung *f*, Ø creación *f*, constitución *f* de liquidez
Liquiditätsschwierigkeiten *pl* dificultades *pl* de tesorería
Liquiditätsverknappung *f*, Ø estrechamiento *m*, enrarecimiento *m*, escaseamiento *m*, disminución *f* de la liquidez
Liste *f*, *n* lista *f*; estado *m*; catálogo *m*; ***eine - anführen*** encabezar una lista; ***eine ~ aufstellen*** confeccionar, hacer una lista; ***auf eine ~ setzen*** incluir, hacer figurar en una lista; ***auf die schwarze ~ setzen*** incluir, poner en la lista negra; ***auf der ~ stehen*** figurar, estar (incluido) en una lista; ***oben auf der ~ stehen*** estar, figurar en cabeza de una lista; ***aus einer ~ streichen*** borrar de una lista; ***die Anwesenheit gemäß der ~ feststellen*** pasar lista
listen → auflisten
Listenpreis *m*, **e** precio *m* de catálogo
Listenwahl *f*, **en** escrutinio *m* por listas
Liter *m*, - , ***ein Barrel umfasst 159 ~ Rohöl*** un barril contiene 159 litros de crudo (de petróleo)
Literflasche *f*, **n** botella *f* de un litro
literweise por litros
Litfaßsäule *f*, **n** columna *f* publicitaria, de anuncios; columna *f* anunciadora
live, ***etw. ~ übertragen*** (re)transmitir en vivo, en directo
Live-Sendung *f*, **en** emisión *f* en vivo, en directo
Lizenz *f*, **en** licencia *f*; ***eine ~ erteilen*** otorgar una licencia; ***in ~ fertigen*** fabricar bajo licencia; ***eine ~ zurückziehen*** retirar una licencia
Lizenzantrag *m*, **¨e** solicitud *f* de licencia
Lizenzausgabe *f*, **n** edición *f* (publicada) bajo licencia
Lizenzbewilligung *f*, **en** concesión *f* de licencia
Lizenzerteilung *f*, **en** → Lizenzbewilligung

Lizenzfertigung *f*, **en** producción *f* en, bajo licencia
lizenzfrei exento, libre de licencia
Lizenzgeber *m*, - otorgante *m* de una licencia
Lizenzgebühren *pl* derechos *pl* de licencia; impuesto *m* sobre las licencias
lizenzieren conceder, otorgar una licencia; autorizar la explotación de una licencia
Lizenzinhaber *m*, - títular *m* de una licencia; concesionario *m*
Lizenznehmer *m*, - → Lizenzinhaber
Lizenzvergabe f, Ø → Lizenzerteilung
Lizenzvertrag *m*, **¨e** contrato *m* de licencia *bzw.* de explotación
Lkw, LKW *m*, **s** camión *m*
Lkw-Fahrer *m*, - conductor *m* de camión; camionero *m*
Lkw-Transport *m*, **e** transporte *m* por camión
Lkw-Verbot *m*, **(e)** prohibición *f* de circulación de camiones
LMPO (leveraged management buy out) compra *f* apalancada por ejecutivos
Lobby *f*, **s** grupo *m* de presión (Syn. ***Interessensgruppe***)
Lobbyismus *m*, Ø → Lobbysmus
Lobbyist *m*, **en** miembro *m* de un grupo de presión
Lobbysmus m, Ø tráfico *m* de influencias; tentativas *pl* de presión (sobre los parlamentarios)
Loch *n*, **¨er** hueco *m*; déficit *m*; ***Löcher in den Finanzen stopfen*** llenar un vacío financiero; ***ein ~ in die Ersparnisse reißen*** dar un mordisco a los ahorros
lochen perforar
Locher *m*, - perforadora *f*
Lochkarte *f*, **n** (Inform.) ficha *f*; tarjeta *f* perforada
Lockangebot *n*, **e** oferta *f* tentadora; atractiva
Lockartikel *m*, - artículo *m* de reclamo, de atracción
lockermachen liberar, movilizar, desbloquear fondos; (Fam.) ***Geld*** ~ aflojar la pasta; soltar la mosca
lockern relajar; aflojar; desbloquear créditos
Lockerung *f*, **en 1.** relajación *f*; mitigación *f*; alivio *m*; liberación *f* (precios; créditos) **2.** (Seg.) aflojamiento *m*
Lockerungsmaßnahme *f*, **n** medida *f* de liberación
Lockpreis *m*, **e** precio *m* de atracción
loco 1. en plaza **2.** (Bolsa) disponible
logisch lógico
Logistik *f*, Ø logística *f*
logistisch logístico
Lohn *m*, **¨e** salario *m*; remuneración *f*; retribución *f* **1.** ***fester*** ~ salario fijo; ***geltender*** ~ salario vigente; ***rückständiger*** ~ salario retrasado; ***steuerpflichtiger*** ~ salario imponible; ***übertariflicher*** ~ salario superior al del convenio colectivo; ***vereinbarter*** ~ salario contractual **2.** ***den ~ auszahlen*** pagar el salario; ***der ~ beträgt*** el salario asciende a; ***den ~ erhöhen*** aumentar el salario; ***den ~ senken*** reducir el salario **3.** ***gleiche Arbeit, gleicher*** ~ a trabajo igual, salario igual; ***Freigabe der Löhne*** liberación *f* salarial; ***Nivellierung der Löhne*** nivelación *f* salarial; ***Ungleichgewicht der ~¨e*** disparidad *f* salarial
Lohn- und Gehaltsabrechnung *f*, **en** cuenta *f* de sueldos y salarios
Lohn- und Gehaltsempfänger *pl* asalariados *pl*; perceptores *pl* de sueldos y salarios
Lohn- und Gehaltserhöhung *f*, **en** aumento *m* de sueldos y salarios
Lohn- und Gehaltsforderungen *pl* reivindicaciones *pl* en materia de sueldos y salarios
Lohn- und Gehaltskont|o *n*, **-en** cuenta *f* de sueldos y salarios
Lohn- und Gehaltsskal|a *f*, **-en** escala *f* de sueldos y salarios
Lohn- und Gehaltsstufe *f*, **n** clasificación *f* de sueldos y salarios
Lohn- und Gehaltssumme *f*, *n* masa *f* salarial
Lohn- und Preisstopp *m*, **s** bloqueo *m* de salarios y precios
Lohnabbau *m*, Ø reducción *f* de los salarios
Lohnabhängige(r) (der/ein) asalariado *m*
Lohnabkommen *n*, - convenio *m* colectivo sobre los salarios
Lohnabmachungen *pl* → Lohnabkommen
Lohnabrechnung *f*, **en** hoja *f* de paga; pago *m* de salarios
Lohnabschlag *m*, **¨e** → Lohnabzug
Lohnabschlüsse *pl* acuerdos *pl* colectivos relativos a los salarios
Lohnabsprache *f*, **n** acuerdo *m*, estipulación *f* salarial
Lohnabstand *m*, **¨e** → Lohngefälle
Lohnabzug *m*, **¨e** deducción *f* *od.* descuento *m* del salario
Lohnangleichung *f*, **en** reajuste *m* de salarios

Lohnanhebung *f*, **en** aumento *m*; incremento *m* salarial
Lohnanpassung *f*, **en** → Lohnangleichung
Lohnanspruch *m*, **¨e** exigencia *f* de un salario superior
Lohnanstieg *m*, **e** aumento *m* de los salarios
Lohnanteil *m*, **e** **1.** parte *f* del salario **2.** cuota *f* salarial
Lohnarbeit *f*, **en** trabajo *m* remunerado
Lohnarbeiter *m*, - obrero *m* asalariado; jornalero *m*
Lohnaufbesserung *f*, **en** → Lohnanhebung
Lohnaufkommen *n*, - masa *f*; volumen *m* salarial
Lohnauftrieb *m*, **e** tendencia *f* alcista de los salarios
Lohnaufw|and *m*, **-endungen** → Lohnkosten
Lohnauseinandersetzungen *pl* discusiones *pl*, conflictos *pl* salariales
Lohnausfall *m*, **¨e** pérdida *f* de salario
Lohnausgaben *pl* gastos *pl* salariales
Lohnausgleich *m*, Ø ajuste *m* de salarios
Lohnauszahlung *f*, **en** pago *m* del salario; paga *f*
Lohnbedingungen *pl* condiciones *pl* salariales
Lohnbescheinigung *f*, **en** comprobante *m* del salario
Lohnbeschlagnahme *f*, Ø →Lohnpfändung
Lohnbetrieb *m*, **e** empresa *f* de subcontratación
lohnbezogen en función del salario; proporcional al salario
Lohnbuchhalter *m*, - empleado *m* encargado de la teneduría del libro de salarios
Lohnbuchhaltung *f*, **en** contaduría *f* salarial; teneduría *f* del libro de salarios
Lohnbüro *n*, **s** oficina *f* de pagos
Lohndiktat *n*, Ø dictado *m* salarial; dictado *m* de (los) salarios
Lohndrift *m*, Ø diferencial *m* entre los salarios reales y los acordados en los convenios colectivos
Lohndruck *m*, Ø presión *f* salarial
Lohndrücker *m*, - (Fam.) mano *f* de obra barata (y que impide aumentos salariales)
Lohndumping *n*, Ø dumping *m* salarial
Lohneinbehaltung *f*, **en** retención *f* sobre el salario
Lohneinbuße *f*, **n** merma *f* de salario
Lohneinkommen *n*, - ingreso *m* salarial; ingreso *m* en concepto de salario; renta *f* salarial; percepción *f* por cuenta ajena
Lohneinstufung *f*, **en** clasificación *f* de los salarios
Lohnempfänger *m*, - asalariado *m*; perceptor *m* de salario
löhnen pagar el salario
lohnen pagar; recompensar; retribuir
lohnend lucrativo; beneficioso; ventajoso
Lohnentwicklung *f*, **en** evolución *f*, movimiento *m* de los salarios
Lohnerhöhung *f*, **en** aumento *m* salarial
Lohnfestsetzung *f*, **en** fijación *f* del salario
Lohnfonds *m*, - fondo *m* de garantía salarial
Lohnforderungen *pl* reivindicaciones *pl* salariales
Lohnfortzahlung *f*, **en** continuación *f* del pago del salario; salario *m* de tramitación; ~ ***im Krankheitsfall*** pago *m* continuado del salario en caso de (baja por) enfermedad
Lohnfrage *f*, **n** cuestión *f* salarial
Lohnfront *f*, **en** frente *m* salarial
Lohngefälle *n*, Ø diferencia *f* de salarios
Lohngefüge *n*, Ø estructura *f* de los salarios
Lohngleichheit *f*, **en** igualdad *f* de salarios *bzw.* de remuneración
Lohngruppe *f*, **n** categoría *f* salarial; ***in die 2. ~ eingestuft*** clasificado en la categoría salarial 2
Lohnherr *m*, **en** patrón *m*; patrono *m*; empleador *m*
Lohnhöhe *f*, **n** cuantía *f* salarial
Lohnind|ex *m*, **-izes** índice *m* salarial
Lohninflation *f*, **en** inflación *f* provocada, inducida por los salarios
lohnintensiv de alto coste salarial; ***~e Produktion*** producción *f* de alto coeficiente salarial (los costes salariales absorben una parte importante del presupuesto global)
Lohnkampf *m*, **¨e** conflicto *m* salarial; lucha *f* por el aumento de los salarios
Lohnkont|o *n*, **-en** cuenta *f* de salarios
Lohnkosten *pl* costes *pl* salariales
Lohnkürzung *f*, **en** reducción *f* de los salarios
Lohnlenkungspolitik *f*, Ø dirigismo *m* en materia de política salarial
Lohnliste *f*, **n** nómina *f* de salarios
Lohnnachzahlung *f*, **en** **1.** pago *m* ulterior, posterior del salario **2.** pago *m* salarial suplementario
Lohnnebenkosten *pl* percepciones *pl* fijas del salario
Lohnniveau *n*, **s** nivel *m* salarial; cuantía *f* del salario
Lohnnivellierung *f*, **en** nivelación *f* salarial

Lohnoffensive *f*, **n**, ***in die ~ gehen*** pasar a la ofensiva salarial
Lohnparität *f*, **en** paridad *f* de los salarios
Lohnpause *f*, **n** → Lohnstopp
Lohnpfändung *f*, **en** embargo *m* del salario
Lohnpolitik *f*, Ø política *f* salarial
Lohn-Preis-Spirale *f*, **n** espiral *f* de precios y salarios
Lohnpyramide *f*, **n** pirámide *f* de los salarios
Lohnquote *f*, **n** cuota *f* salarial
Lohnrichtlinien *pl* directivas *pl* en materia de salarios
Lohnrückstufung *f*, **en** retrogradación *f* salarial
Lohnrunde *f*, **n** negociaciones *pl* salariales (entre patronal y sindicatos)
Lohnsatz *m*, **¨e** tarifa *f* salarial
Lohnsenkung *f*, **en** reducción *f* salarial
Lohnskal|a *f*, **-en** escala *f* de los salarios; ***gleitende ~*** escala móvil de salarios
Lohnsteigerung *f*, **en** aumento *m*, incremento *m* de los salarios
Lohnsteuer *f*, **n** impuesto *m* sobre salarios; (E) (IRTP) impuesto *m* sobre los rendimientos del trabajo personal
Lohnsteuerabzug *m*, **¨e** retención *f* del impuesto sobre salarios *bzw.* del IRTP
Lohnsteuerjahresausgleich *m*, Ø devolución *f* anual de impuestos sobre salarios
Lohnsteuerkarte *f*, **n** tarjeta *f* de impuestos sobre salarios; (E) cartilla *f* del IRTP
Lohnsteuerrückvergütung *f*, **en** reembolso *m* del impuesto sobre salarios *bzw.* del IRTP (E)
Lohnsteuertabelle *f*, **n** tabla *f* del impuesto sobre salarios *bzw.* del IRTP (E)
Lohnstopp *m*, **(s)** congelación *f*, bloqueo *m* de los salarios
Lohnstreifen *m*, **-** hoja *f* de salario
Lohnstreit *m*, Ø → Lohnkampf
Lohnstückkosten *pl* costes *pl* laborales unitarios (CLU)
Lohnsummensteuer *f*, **n** tasa *f*, impuesto *m* sobre la masa salarial (que el empresario transfiere al fisco)
Lohntabelle *f*, **n** tabla *f* salarial, de salarios
Lohntag *m*, **e** día *m* de la paga
Lohntarif *m*, **e** tarifa *f* de salarios; ***geltender ~*** tarifa de salarios vigente; ***üblicher ~*** tarifa corriente de salarios
Lohntarifverhandlungen *pl* negociaciones *pl* colectivas sobre los salarios
Lohntarifvertrag *m*, **¨e** convenio *m* colectivo salarial
Lohntüte *f*, **n** sobre *m* de la paga
Löhnung *f*, **en** → Lohnzahlung
Lohnvereinbarung *f*, **en** → Lohnabkommen
Lohnverhandlungen *pl* negociaciones *pl* salariales
Lohnvertrag *m*, **¨e** contrato *m* salarial
Lohnverzicht *m*, Ø disminución *f* (voluntaria) del salario; renuncia *f* a una parte del salario o al aumento del salario
Lohnzahlung *f*, **en** pago *m* de salarios; ***~ für Feiertage*** remuneración *f* de los días festivos
Lohnzettel *m*, **-** → Lohnstreifen
Lohnzugeständnisse *pl* concesiones *pl* salariales
Lohnzulage *f*, **n** plus *m*, prima *f* salarial
Lohnzurückhaltung *f*, Ø austeridad *f* salarial (del personal)
Lohnzuschlag *m*, **¨e** complemento *m* salarial
Lohnzuwachs *m*, Ø incremento *m*, aumento *m* de los salarios
Lohnzuwachsrate *f*, **n** tasa *f* de aumento de los salarios
lokal local; ***~er Teil einer Zeitung*** página *f* regional de un periódico; informaciones *pl* regionales
Lokal *n*, **e 1.** local *m* **2.** sala *f* de reuniones **3.** restaurante *m* **4.** café *m*; cafetería *f*
Lokalbahn *f*, **en** ferrocarril *m* local
Lokalmarkt *m*, **¨e** mercado *m* local
Lokalpapier *n*, **e** título *m* negociable en las bolsas locales
Lokalpresse *f*, Ø prensa *f* local
Lokalteil *m*, **e**, ***~ einer Zeitung*** (sección *f*) local; información *f* local
Lokaltermin *m*, **e** inspección *f* ocular (del lugar de los hechos)
Lokalverkehr *m*, Ø tráfico *m* local
Lokalwahlen *pl* elecciones *pl* locales
Lokogeschäft *n*, **e** negocio *m* en efectivo, al contado; operación *f* de entrega inmediata
Lokomarkt *m*, **¨e** mercado *m* de entrega inmediata (Syn. ***Kassamarkt; Spotmarkt***)
Lokopreis *m*, **e** precio *m* en plaza; precio *m* local
Lokoware *f*, **n** mercancía *f* disponible (en plaza)
Lombard *m od. n*, **e** préstamo *m* bancario sobre valores *bzw.* mercancías; préstamo *m* pignoraticio
Lombardabteilung *f*, **en** sección *f* de préstamos sobre valores; departamento *m* de préstamos mobiliarios
Lombardbank *f*, **en** lombardo *m*

Lombardbestände *pl* títulos *pl* en pignoración; valores *pl* pignorados (en un banco)

Lombarddarlehen *n*, - préstamo *m* sobre (títulos-)valores; préstamo *m* sobre títulos mobiliarios

Lombarddeckung *f*, **en** garantía *f* lombarda, pignoraticia; garantía *f* de préstamo con pignoración de valores

lombardfähig capaz de ser pignorado; pignorable; susceptible de pignoración

Lombardgeschäft *n*, **e** → Lombardkredit

lombardieren pignorar; (Darlehensgeber) prestar dinero sobre valores; (von Entleiher) tomar dinero prestado sobre valores

Lombardierung *f*, **en** pignoración *f* de títulos valores

Lombardkredit *m*, **e** crédito *m* pignoraticio; adelanto *m* sobre valores

Lombardliste *f*, **n** lista *f* de adelantos, de anticipos sobre valores

Lombardpfand *n*, **¨er** garantía *f* de adelantos, de anticipos (sobre valores)

Lombardsatz *m*, **¨e** tasa *f* pignoraticia; tipo *m* pignoraticio

Lombardschein *m*, **e** certificado *m* de pignoración

Lombardverkehr *m*, Ø servicio *m* de pignoración; operaciones pignoraticias, de pignoración

Lombardzinsen *pl* intereses *pl* de los créditos pignoraticios

Lomé-Abkommen *n*, Ø convención *f* de Lomé

London Interbank Offered Rate (LIBOR) tasa *f* interbancaria ofrecida en Londres

Longseller *m*, - superventas *m* durante mucho tiempo; bestseller *m* con récord de duración

Long-Tail-Sparte *f*, **n** (Seg.) ramo *m* completo (long tail)

Loro-Konto *n*, **-ten** cuenta *f* de un banco extranjero

Los *n*, **e** bono *m*; lote *m*; partida *f*

los, *~**werden*** **1.** (Geld) perder, gastarse el dinero; ***mein Geld bin ich*** ~ me he quedado sin una blanca; no me queda ni una perra **2.** (Ware) lograr vender (un artículo)

Losanleihe *f*, **n** empréstito *m* a prima, a sorteo

Löschanlage *f*, **n** **1.** instalación *f* de extinción **2.** instalación *f* de apagado **3.** (Schiff) instalación *f* de descarga

Löschbrücke *f*, **n** (Nav.) puente *m* de descarga

löschen **1.** extinguir; apagar (un incendio) **2.** ***eine Ladung*** ~ desembarcar; descargar **3.** ***eine Hypothek*** ~ cancelar una inscripción hipotecaria; ***eine Schuld*** ~ amortizar una deuda **4.** (Inform.) borrar (datos, fichero, etc.) **5.** (streichen) tachar **6.** (ablösen) secar

löschend, *~**es Lesen*** lectura *f* destructiva

Löschgebühren *pl* derechos *pl*, gastos *pl* de descarga

Löschgeld *n*, **er** gastos *pl* de descarga

Löschgerät *n*, **e** **1.** extintor *m* **2.** borrador *m*

Löschmannschaft *f*, **en** (equipo *m* de) bomberos *pl*

Löschplatz *m*, **¨e** descargadero *m*; desembarcadero *m*; muelle *m* de descarga

Löschschutz *m*, Ø protección *f* contra borrado

Löschtaste *f*, **n** tecla *f* de borrar; tecla *f* de borrado

Löschung *f*, Ø **1.** extinción *f*; apagado *m* (del fuego) **2.** descarga *f*; desembarco *m*; desembarque *m* **3.** cancelación *f* (de una hipoteca, de una cuenta, de una deuda) **4.** borrado *m* (de datos, etc.) **5.** tachadura *f*; tachado *m* **6.** secado *m*

lose suelto; sin embalar; a granel; ~ ***Ware*** mercancía *f* a granel

Loseblattbuch *n*, **¨er** libro *m* de hojas sueltas, cambiables

Loseblattbuchführung *f*, **en** contabilidad *f* por hojas sueltas

Lösegeld *n*, **er** (precio *m* de) rescate *m*; ***gegen ein ~ freilassen*** liberar a cambio de un rescate

lösen **1.** resolver; solucionar (un problema) **2.** anular; ***einen Vertrag*** ~ anular un contrato **3.** comprar; sacar (un billete) **4.** separar

Loskauf *m*, **¨e** **1.** compra *f* de un billete de lotería **2.** rendención *f*; rescate *m*

loskaufen rescatar; redimir

Losung *f*, **en** **1.** (Seg.) consigna *f* **2.** (A) ganancia *f*; beneficio *m*

Lösung *f*, **en** solución *f*; anulación *f*; ~ ***eines Vertrages*** rescisión *f* de un contrato; ***Nulllösung*** (NATO) opción *f* cero (OTAN)

Losverkäufer *m*, - lotero *m*; vendedor *m* de lotería

Lotse *m*, **n** práctico *m*

lotsen pilotear; guiar; conducir

Lotsenboot *n*, **e** bote *m* de práctico

Lotsendienst *m*, **e** servicio *m* de prácticos; pilotaje m

Lotsengebühr *f*, **en** derechos *pl* de pilotaje *od.* de practicaje

Lotsengeld *n*, **(er)** → Lotsengebühr
Lotterie *f*, **n** lotería *f*; ***in der ~ spielen*** jugar a la lotería
Lotteriegewinn *m*, **e** premio *m* de la, en la lotería
Lotterielos *n*, **e** billete *m* de lotería
Lotteriespiel *n*, **e** juego *m* de la lotería
Lotterwirtschaft *f*, Ø (Fam.) mala gestión *f*; incuria *f*; desorden *m*
Löwenanteil *m*, (e) parte *f* del león; ***den ~ kassieren*** cobrar la parte leonina
lt → laut
Lücke *f*, **n** laguna *f*; vacío *m*; hueco *m*; ***eine ~ schließen*** llenar un vacío; colmar una laguna
Lückenbüßer *m*, - suplente *m*; sustituto *m*
lückenlos completo; sin excepción; ***ein ~es Vertriebsnetz aufbauen*** crear una red de distribución completa
Luft- und Raumfahrtindustrie *f*, **n** industria *f* aeroespacial
Luftfahringenieur *m*, **e** ingeniero *m* aeronáutico
Luftfahrministerium *m*, **-ien** ministerio *m* del Aire
Luftfahrt *f*, Ø aviación *f*; aeronáutica *f*
Luftfahrtausstellung *f*, **en** exposición *f* aeronáutica
Luftfahrtechnik *f*, Ø aviotécnica *f*; técnica *f* aeronátuca; ingeniería *f* aeronáutica
luftfahrtechnisch aviotécnico; técnico-aeronáutico; aeronáutico
Luftfahrtforschung *f*, Ø investigación *f* aeronáutica
Luftfahrtgesellschaft *f*, **en** compañía *f*, línea *f* aérea (Syn. ***Fluggesellschaft***)
Luftfahrtindustrie *f*, **n** industria *f* aeronáutica
Luftfahrtversicherung *f*, **en** seguro *m* de aviación
Luftfahrunternehmen *n*, - empresa *f* de navegación aérea; empresa *f* de transporte aéreo; empresa *f* de aeronavegación
Luftfahrzeug *n*, **e** aeronave *f*
Luftfracht *f*, **en** flete *m* aéreo
Luftfrachtbrief *m*, **e** carta *f* de flete aéreo
Luftfrachtschein *m*, **e** → Luftfrachtbrief
Luftfrachtverkehr *m*, Ø transporte *m* aéreo de mercancías
Lufthansa *f*, Ø Lufthansa *f* (compañía aérea alemana)
Luftkissenfahrzeug *n*, **e** aerodeslizador *m*
Luftkurort *m*, **e** estación *f* climática
Luftlinie *f*, **n 1.** aerolínea f; línea *f* aérea **2.** línea *f* directa
Luftpassagier *m*, **e** pasajero *m* (Syn. ***Fluggast***)
Luftpirat *m*, **en** pirata *m* del aire; pirata *m* aéreo
Luftpost *f*, Ø correo *m* aéreo; ***mit ~*** por avión
Luftpostbrief *m*, **e** carta *f* por avión
Luftpostdienst *m*, Ø servicio *m* aeropostal
Luftpostgesellschaft *f*, **en** compañía *f* de servicio aeropostal
Luftpostpaket *n*, **e** paquete *m* por avión
Luftpostpapier *n*, Ø papel *m* de avión
Luftpostsendung *f*, **en** envío *m* por avión
Luftpostzuschlag *m*, **¨e** sobreporte *m* aéreo; sobretasa *f* (aérea)
Luftraum *m*, **¨e** espacio *m* aéreo; aire *m*
Luftreeder *m*, - armador *m* aéreo; propietario *m* de una línea aérea
Luftreinhaltung *f*, **en** preservación *f* de la atmósfera; ***Bestimmungen zur ~*** disposiciones sobra la lucha contra la contaminación atmosférica
Luftschifffahrt *f*, **(en)** navegación *f* aérea
Luftverkehr *m*, Ø tráfico *m* aéreo
Luftverkehrsgesellschaft *f*, **en** compañía *f* de transportes aéreos
Luftverschmutzung *f*, **en** contaminación *f* atmosférica
Luftverunreinigung *f*, **en** → Luftverschmutzung
Luftweg *m*, **e**, ***auf dem ~*** por avión
Lügendetektor *m*, **en** detector *m* de mentiras
Lügenpropaganda *f*, Ø propaganda *f* basada en embustes; propaganda *f* de en mentiras
lukrativ lucrativo; ventajoso; remunerativo; beneficioso
Lumpenproletariat *n*, Ø lumpenproletariado *m*; subproletariado *m*
Lumpsum-Fracht *f*, Ø flete *m* (a) tanto alzado
Lupe *f*, **n** lupa *f*; ***etw. unter die ~ nehmen*** examinar a/c detenidamente
lustlos (Börse) flojo; desanimado; estancado
Luxus *m*, Ø lujo *m*
Luxusartikel *m*, - artículo *m* de lujo
Luxusausführung *f*, **en** modelo *m* de lujo
Luxusgüter *pl* artículos *pl* de lujo
Luxusliner *m*, - transatlántico *m* de lujo
Luxussteuer *f*, **n** impuesto *m* sobre los artículos de lujo
Luxuszoll *m*, **e** derecho *m*; tasa *f* aduanera sobre los artículos de lujo
LVA → Landesversicherungsanstalt
LZB → Landeszentralbank

M

M → Mark
m.u.H. (mit unbeschränkter Haftpflicht) de responsabilidad ilimitada
m.Z. → mangels Zahlung
Maastricht, ***der Vertrag von ~***, ***der ~er Vertrag*** el tratado *m* de Maastricht; ***die Kriterien des ~er Vertrag erfüllen*** cumplir (con) los criterios del tratado de Maastricht
Machart *f*, (**en**) hechura *f*; forma *f*
machbar realizable; factible; posible
Machbarkeit *f*, Ø realizabilidad *f*; viabilidad *f*; factibilidad *f*
machen, ***viel Geld ~*** hacer mucho dinero; ganar mucha plata; ***3 mal 3 macht 9*** tres por tres son nueve; ***das macht mal zusammen 1 Million DM*** es un millón de marcos en total
Machenschaften *pl* intrigas *pl*; maquinaciones *pl*; manipulaciones *pl*
Macher *m*, - ejecutante *m*; autor *m*; realizador *m*
Macherlohn *m*, **¨e** coste *m* de la mano de obra; (precio *m* de la) hechura *f*
Macht *f*, (**¨e**) **1.** poder *m*; fuerza *f*; ***wirtschaftliche ~*** poder económico; ***an die ~ kommen*** subir, llegar al poder; ***~ ausüben*** ejercer el poder; ***die ~ ergreifen*** asumir el poder; ***die ~ übernehmen*** hacerse cargo del poder; asumir el poder, el mando **2.** potencia *f*; ***kriegsführende ~*** potencia beligerante
machtausübend que detenta el poder
Machtbefugnis *f*, **se** autoridad *f*, poder *m*; facultad *f*; ***seine ~se überschreiten*** ir más allá de, traspasar sus poderes
Machtbereich *m*, **e** esfera *f* de influencia *bzw.* de poder
Machtgruppe *f*, **n** grupo *m* de intereses, de poder
mächtig poderoso; influyente
Machtkampf *m*, **¨e** lucha *f* por el poder
Machtkonzentration *f*, **en** concentración *f* de(l) poder
Machtmissbrauch *m*, **e** abuso *m* de poder
Machtposition *f*, **en** posición *f* clave; poderío *m*; influencia *f*
Machtprobe *f*, **n** prueba *f* de fuerza
Machtübernahme *f*, Ø **1.** advenimiento *m* al poder; asunción *f* del poder, del mando **2.** adquisición *f* de la mayoría de las acciones de una sociedad
Machtverhältnis *n*, **se** relación *f* de poder; proporción *f* de fuerzas
machtvoll → mächtig
Machtwechsel *m*, - relevo *m* en el poder; cambio *m* del gobierno, de dirigentes
Mädchenhandel *m*, Ø trata *f* de blancas
made in hecho en; fabricado en; producido en; elaborado en; importado de; ***~ Mexico*** producido en México; importado de México
Madrid Interbank Offered Rate *f*, Ø tasa *f* interbancaria ofrecida en Madrid (MIBOR)
Mafia *f*, Ø mafia *f*
Mafios|o *m*, **-i** miembro *m* de la mafia; mafioso *m*
Magazin *n*, **e** **1.** almacén *m*; depósito *m* **2.** revista *f* ilustrada *od.* de actualidad
Magazinarbeiter *m*, - empleado *m* de almacén
Magazineur *m*, **e** (A) jefe *m* de almacén; almacenista *m*
magazinieren almacenar; depositar
Magazinverwalter *m*, - almacenista *m*; almacenero *m*; jefe *m* de almacén; jefe *m* de depósito
mager, ***die ~en Jahre*** (el periodo de) las vacas flacas; ***~e Kost*** comida *f* frugal
magisches Viereck *n*, Ø cuadrado *m* mágico
Magister *m*, - diplomado *m*, licenciado *m* universitario
Magistrat *n*, **e** ayuntamiento *m*
Magnat *m*, **en** magnate *m*
Magnetband *n*, **¨er** (Inform.) cinta *f* magnética
magnetisch magnético
magnetisierbar magnetizable

Magnetplatte *f*, **n** (Inform.) disco *m* magnético
Magnetscheibe *f*, **n** (Inform.) disco *m* magnético
Mahagoni, *n*, Ø, *~holz* madera *f* de caoba
Mähdrescher *m*, - segadora-trilladora *f*; cosechadora *f*
Mahnabteilung *m*, **en** departamento *m* de moniciones; sección *f* de reclamaciones (frente al cliente)
mahnbar exigible
Mahnbescheid *m*, **e** resolución *f* monitoria
Mahnbrief *m*, **e** carta *f* de reclamación; aviso; carta *f* monitoria; (Jur.) carta *f* exhortatoria
mahnen reclamar a/c de alg.; notificar; advertir
mahnend exhortatorio; monitorio
Mahner *m*, - reclamante *m*; exhortador *m*
Mahnfrist *f*, **en** plazo *m* de reclamación *bzw.* de expiración
Mahngebühren *pl* gastos *pl* de reclamación, de requerimiento
Mahnkosten *pl* → Mahngebühren
Mahnschreiben *n*, - carta *f* admonitoria; carta *f* de aviso, de requerimiento
Mahnspesen *pl* → Mahngebühren
Mahnung *f*, **en** aviso *m*; recordatorio *m*; reclamación *f* (del pago); (Jur.) monición *f*; ***formelle ~*** reclamación formal; ***gerichtliche ~*** apremio *m* judicial; ***jdm. eine zweite ~ schicken*** enviar a alg. un segundo aviso
Mahnverfahren *n*, - procedimiento *m* monitorio
Majorat *n*, **e** mayorazgo *m*; derecho *m* de primogenitura
Majoratserbe *m*, **n** heredero *m* del mayorazgo
majorisieren obtener la mayoría en un sufragio
Majorität *f*, **en** → Mehrheit
Majoritätsbeschluss *m*, **¨sse** decisión *f* de la *od.* por mayoría
MAK-Bilanzen *pl* (Material-, Ausrüstungs- und Konsumgüterbilanzen) balances *pl* de material, bienes de equipo y de consumo
Makel *m*, - defecto *m*; falta *f*; ***einen ~ aufweisen*** presentar un defecto
makeln realizar operaciones de compraventa de valores mobiliarios
Makler *m*, - corredor *m* (de comercio); agente *m* (mediador); (Börse) agente *m* de Cambio y Bolsa; agente *m* de la propiedad inmobiliaria; ***freier ~*** corredor inscrito, colegiado; agente libre; ***vereidigter ~*** corredor jurado
Maklerauftrag *m*, **¨e** orden *f* de corredor
Maklerbank *f*, **en** (Börse) corro *m*
Maklerberuf *m*, Ø profesión *f* de corredor; corretaje *m*; correduría *f*
Maklerfirm|a *f*, **-en** agencia *f*, firma *f* de corretaje; correduría *f*
Maklergebühr *f*, **en** corretaje *m*; correduría *f*, comisión *f*
Maklergeschäft *n*, **e** (operación *f* de) corretaje *m*; correduría *f*
Maklerkammer *f*, (**n**) Colegio *m* de Agentes de Cambio y Bolsa
Maklerlohn *m*, **¨e** corretaje *m*
Maklerprovision *f*, **en** (comisión *f* de) corretaje *m*
Maklertätigkeit *f*, Ø correduría *f*; profesión *f* de corredor, actividad *f* desempeñada por el corredor
Maklervereinigung *f*, **en** asociación *f* de corredores libres; colegio *m* de agentes de cambio y bolsa
maklervermittelt por intermediación de un agente de cambio, de un corredor
Maklervertrag *m*, **¨e** contrato *m* de mediación, de corretaje
Makroökomonie *f*, Ø macroeconomía *f*
Maloche *f*, Ø (Fam.) trabajo *m* penoso, muy duro; currelaje *m*
malochen (Fam.) bregar; currar; trabajar de lo lindo; matarse a trabajar
Malthusianer *m*, - maltusiano *m* (partidario de la ralentización de la producción y de la regulación del crecimiento demográfico)
Malthusianismus *m*, Ø maltusianismo *m*; limitación *f* demográfica y económica
malthusianistisch → malthusisch
malthusisch maltusiano
Malus *m*, Ø → Maluszuschlag
Maluszuschlag *m*, **¨e** malus *m*; suplemento *m* de prima a pagar
Mammon *m*, Ø (Fam.) riqueza *f*; dinero *m*; vil *m* metal; ***der schnöde ~*** el vil metal; el vil dinero; ***dem ~ dienen*** adorar el vil metal; ***dem ~ nachjagen*** ir detrás del becerro de oro; perseguir el vil metal; intentar ser rico a toda costa
Mammut- (Pref.) gigantesco; enorme; colosal
Mammutprojekt *n*, **e** proyecto *m* de gran envergadura, gigantesco
Mammutunternehmen *n*, - empresa *f* gigantesca

Management *n*, Ø **1.** gestión *f*; gerencia *f*; dirección *f*; administración *f* **2.** ejecutiva *f*; junta *f* directiva; mandos *pl* superiores **3.** entidad *f* gestora **4.** manejo *m*

Management accountancy *f*, Ø contabilidad *f* administrativa; contabilidad *f* de gestión, de dirección

Management board *m*, Ø Junta *f* directiva

Management company *f*, **-ies** compañía *f* de administración, administradora; compañía *f* de gestión, gestora

Management consultant *n*, Ø **1.** consultor *m* en dirección de empresas; consultor *m* en administración de empresas **2.** ingeniero *m* de racionalización y organización

Management engineering *n*, Ø organización *f* de la gestión de empresas

Management performance *f*, Ø **1.** desempeño *m* de la gestión **2.** realización *f*

Management shares *pl* **1.** acciones *pl* de administración **2.** acciones *pl* de fundador

Management stocks *pl* acciones *pl* de fundador

Management trust *m*, **s** sociedad *f* de inversiones con derechos de administración

Management-Audit *n*, **s** revisión *f* de cuentas de la dirección

Management-buy-out *n*, Ø (MBO) compra *f* por ejecutivos (CPE)

Management-Fehler *m*, **-** error *m* de (la) dirección

managen dirigir; organizar

Manager *m*, **-** director *m* de una empresa; empresario *m*; gerente *m* (Syn. ***Leiter; Betriebsleiter; Führungskraft***)

Manager-Krankheit *f*, **en** tensión *f*, fatiga *f* nerviosa (característica) de los directores *od.* empresarios

Managing director *m*, **s** director *m* gerente

Manchestertum *n*, Ø teorías *pl* de la escuela de Manchester; librecambio *m*; manchesterismo *m*

Mandant *m*, **en** **1.** comitente *m*; mandante *m* **2.** cliente *m* (de un abogado)

Mandat *n*, **e** orden *f*; mandato *m*; poder *m*; ***sein ~ niederlegen*** renunciar a su mandato

Mandatar *m*, **e** **1.** mandatario *m*; apoderado *m* **2.** (A) diputado *m*

Mandatsgebiet *n*, **e** protectorado *m*; (Pol.) territorio *m* bajo fideicomiso

Mandatsmacht *f*, **¨e** (Pol.) potencia *f* mandataria

Mangel *m*, **¨** déficit *m*; escasez *f*; defecto *m*; vicio *m*; falta *f*; ***augenscheinlicher ~*** defecto visible; ***technischer ~*** deficiencia *f* técnica; ***versteckter ~*** defecto oculto; ***einen ~ beseitigen*** eliminar un defecto; ***einen ~ rügen*** notificar, avisar un defecto

Mangelartikel *m*, **-** artículo *m* escaso

Mangelberuf *m*, **e** profesión *f* poco concurrida; oficio *m* con escasez de personal

mangelfrei libre de defectos; exento de vicios; impecable

mangelhaft defectuoso; deficiente; con vicios; ***~e Verpackung*** embalaje *m* defectuoso

Mangelhaftigkeit *f*, Ø deficiencia *f*; estado *m* defectuoso; vicio *m* de fabricación

Mängelhaftung *f*, **en** responsibilidad *f*, garantía *f* por defectos

Mangellage *f*, **n** penuria *f*; escasez *f*

mangeln carecer de; faltar; ***es mangelt mir an Geld*** carezco de dinero; me falta dinero

mangelnd, ***wegen ~er Nachfrage*** por, a falta de demanda

Mängelrüge *f*, **n** reclamación *f* por defecto de calidad *bzw.* por vicios de la mercancía

mangels por falta de; debido a la falta de; ***~ Annahme*** por falta de aceptación; ***~ Masse*** por falta de capital; ***~ notwendiger Geldmittel*** debido a la falta de fondos indispensables; ***~ Zahlung*** por falta de pago

Mangelware *f*, **n** bienes *pl* escasos; mercancía *f* en escasez; artículos *pl* racionados

Mangelwirtschaft *f*, **en** economía *f* en escasez

Manifest *n*, **e** manifiesto *m*; proclama *f*; ***Kommunistisches ~*** manifiesto (del partido) comunista

Manipulation *f*, **en** manipulación *f*; especulación *f*; ***geschäftliche ~*** manipulación comercial

manipulieren manipular; ***manipulierte Bedürfnisse*** necesidades *pl* creadas artificialmente; ***den Markt ~*** manipular el mercado

Manko *n*, **s** déficit *m*; falta *f*; merma *f* (Syn. ***Defizit***)

Mankogeld *n*, Ø indemnización *f* de caja; margen *m* *bzw.* asignación *f* del cajero

Mann, ***seine Waren an den ~ bringen*** colocar, vender sus mercancías

Männerberuf *m*, **e** profesión *f* masculina *bzw.* reservada a los hombres

Mannjahr *n*, Ø año-hombre *m*

Mannmonat *m*, Ø mes-hombre *m*

Mannschaft *f*, **en** equipo *m*; personal *m* (Syn. ***Team***)

Mannstunde *f*, Ø hora-hombre *f*

Mantel *m*, (¨) **1.** título *m*; nombre *m*; ~ ***einer Aktie*** (hoja *f* principal de una) acción *f* sin cupones ni talón **2.** totalidad *f* de los derechos y participaciones de una sociedad
Mantelgesetz *n*, **e** ley *f* orgánica, básica (Syn. ***Rahmengesetz***)
Mantelgründung *f*, **en** creación *f*, fundación *f* simulada de una sociedad
Manteltarif *m*, **e** convenio *m* colectivo base; ***einen ~ aushandeln*** negociar un convenio colectivo tipo, un convenio base
Manteltarifvertrag *m*, **¨e** convenio *m* colectivo marco *od.* básico
manuell manual; ***~e Arbeit*** trabajo *m* manual
Manufaktur *f*, **en** manufactura *f* (textil)
Manufakturwaren *pl* artículos *pl* manufacturados *bzw.* textiles
Manuskript *n*, **e** manuscrito *m*; (Film) guión *m*
Marathonsitzung *f*, **en**, ***an einer ~ teilnehmen*** asistir a una sesión *f* maratoniana; participar, tomar parte en una reunión *f* maratoniana
Marchzinsen *pl* (CH) intereses *pl* de intermediación
Marge *f*, **n** margen *m*; diferencia *f*
Mark *f*, Ø *od.* **-stücke** marco *m*; (R.F.A.) ***Deutsche ~*** (DM) marco alemán; ***drei ~stücke*** tres monedas de un marco; ***die ~ aufwerten, abwerten, entwerten*** revaluar, devaluar, depreciar el marco (alemán)
Marke *f*, **n** **1.** marca *f*; ***eingetragene ~*** marca registrada **2.** sello *m*; (LA) estampilla *f*; ***die ~ entwerten*** inutilizar un sello
Markenartikel *m*, **-** artículo *m* de marca
Markenartikler *m*, **-** **1.** distribuidor *m* de artículos de marca **2.** fabricante *m* de artículos de marca
Markenbetreuer *m*, **-** jefe *m* de producto
Markenbezeichung *f*, **en** denominación *f*, nombre *m* de la marca
Markenbild *n*, **er** imagen *f* de (la) marca
Markeneintragung *f*, **en** inscripción *f* de marcas; registro *m* de una marca
Markenerzeugnis *n*, **se** producto *m*, artículo *m* de marca
Markenetikett *n*, **en** etiqueta *f* de marca
Markenfabrikat *n*, **e** → Markenartikel
markenfrei de venta libre
Markeninhaber *m*, **-** titular *m*, propietario *m* de una marca
Markenlizenz *f*, **en** licencia *f* de marca(s)
markenlos, ***~e Ware*** producto *m*, mercancía *f* libre
Markenname *m*, **n** nombre *m* de la marca
markenpflichtig sein estar racionado
Markenrecht *n*, Ø derecho *m* de marcas
Markenregister *n*, **-** registro *m*, oficina *f* de marcas (de fábrica)
Markenregistrierung *f*, **en** inscripción *f* de marcas
Markenschutz *m*, Ø protección *f* de (las) marcas de fábrica
Markentreue *f*, Ø fidelidad *f* a una marca
Markenware *f*, **n** → Markenartikel
Markenzeichen *n*, **-** emblema *m*; signo *m* de marca; marca *f* de fábrica; ***eingetragenes ~*** marca *f* registrada (Syn. ***Warenzeichen***)
Marketing *n*, Ø mercadotecnia *f*; técnicas *pl* de comercialización; estudio *m* del mercado
Marketing-Agentur *f*, **en** consultoría *f* (en materia) de mercadotecnia
Marketing-Berater *m*, **-** asesor *m*, consultor *m* de mercadotecnia
Marketing-Consultant *m*, Ø → Marketing-Berater
Marketing-Manager *m*, **-** especialista *m*, experto *m* en mercadotecnia
Marketing-Mix *n*, Ø conjunto *m* de instrumentos para promover las ventas
marketingorientiert de acuerdo con los métodos mercadotécnicos; ~ ***produzieren*** producir basandose en los principios de la mercadotecnia
Markgegenwert *m*, Ø equivalente *m*, contravalor *m* en marcos
markieren marcar (la mercancía)
markiert (en)marcado
Markierung *f*, **en**, ***Kolli-~*** marcación *f* de bultos; rotulación *f* de fardos
Markt *m*, **e** mercado *m* **1.** ***amtlicher ~*** mercado oficial; ***auf dem ~*** en el mercado; ***fester ~*** mercado firme; ***freier ~*** mercado libre; ***Gemeinsamer ~*** mercado común; ***gesättigter ~*** mercado saturado; ***grauer ~*** mercado ilegal, mas tolerado por las autoridades; ***(ein)heimischer ~*** mercado nacional; ***lebhafter ~*** mercado animado; ***offener ~*** mercado abierto; ***potentieller ~*** mercado potencial; ***schwarzer ~*** mercado negro; ***stockender ~*** mercado desanimado; ***unvollkommener ~*** mercado imperfecto; ***vollkommener ~*** mercado perfecto **2.** ***aus dem ~ ausscheiden*** retirarse del mercado; ***den ~ beherrschen*** dominar el mercado; ***auf den ~ bringen*** introducir en el mercado; lanzar al mercado; ***den ~ beliefern*** proveer, abastecer un mercado; ***den ~ für etw. erschließen*** abrir el mercado a a/c;

auf dem ~ notiert werden ser cotizado en el mercado; ***den ~ überschwemmen*** inundar el mercado; ***vom ~ verdrängen*** desplazar del mercado; ***auf den ~ werfen*** arrojar al mercado; ***aus dem ~ ziehen*** retirar del mercado
Marktabsprache *f*, **n** colusión *f* de mercado; acuerdo *m*, convenio *m* de mercado
Marktanalyse *f*, **n** análisis *m* del mercado
Marktanteil *m*, **e** participación *f* en el mercado; ***seinen ~ vergrößern*** aumentar su participación en el mercado
Marktaufnahmefähigkeit *f*, **en** capacidad *f* de absorción del mercado
Marktaufspaltung *f*, **en** división *f*, escisión *f* del mercado
Marktaufteilung *f*, **en** repartición *f*, distribución *f* de mercados
Marktausgleich *m*, Ø compensación *f* de las cotizaciones del mercado
marktbedingt determinado por la situación del mercado; en función del mercado
Marktbedürfnisse *pl* necesidades *pl*, demanda *f* del mercado
Marktbeeinflussung *f*, (**en**) influencia *f* sobre el mercado
marktbeherrschend dominante en el mercado; que detenta el monopolio del mercado; ***eine ~e Stellung haben*** dominar el mercado; tener una posición dominante en el mercado
Marktbeherrschung *f*, Ø dominio *m*, monopolio *m* del mercado
Marktbeobachtung *f*, **en** observación *f* del mercado
Marktbereinigung *f*, **en** saneamiento *m* del mercado
Marktbericht *f*, **e** informe *m* sobre la situación del mercado
Marktbewirtschaftung *f*, **en** reglamentación *f*, control *m* del mercado
Marktbilanz *f*, **en** resultado, balance *m* neto del mercado
Marktbude *f*, **n** puesto *m*; tienda *f*
Marktchancen *pl* perspectivas *pl* de mercado; posibilidades *pl* comerciales
Marktdrückerei *f*, Ø (Börse) manipulación *f* del mercado
Marktdurchdringung *f*, Ø penetración *f* en el mercado; penetración *f* de un mercado
Markteinführung *f*, **en** introducción *f* en el mercado
Marktenge *f*, Ø atolladero *m* del mercado; estrechez *f* de(l) mercado
Marktentwicklung *f*, **en** desarrollo *m* del mercado
Markterfordernisse *pl* exigencias *pl* del mercado; ***das Modellprogramm den ~n anpassen*** adaptar la gama de productos a las exigencias del mercado
Markterholung *f*, (**en**) recuperación *f* del mercado
Markterkundung *f*, **en** exploración *f*, prospección *f* del mercado; estudio *m* del mercado
Markterschließung *f*, **en** apertura *f* de un mercado
Markterste(**r**) (der/ein) primer productor *m* en el (del) mercado
Markterweiterung *f*, **en** expansión *f* del mercado
marktfähig comercializable; vendible; negociable
Marktfaktor *m*, **en** factor *m* del mercado
Marktform *f*, **en** forma *f*, configuración *f* del mercado
Marktforscher *m*, - especialista *m*, experto *m* en mercadología; analista *m* del mercado
Marktforschung *f*, **en** mercadología *f*; análisis *m*, estudio *m* del mercado
Marktfrau *f*, **en** vendedora *f*
Marktführer *m*, - empresa *f* dominante en el mercado; líder *m* en el mercado
marktgängig negociable; vendible; comerciable ***~e Ware*** mercancía *f* fácil de comercializar
Marktgängigkeit *f*, Ø comercialización *f* fácil; negociabilidad *f*
Marktgebühr *f*, **en** arbitrios *pl* (de mercado); derechos *pl* (a abonar) por el puesto (que se tiene) en el mercado
Marktgefälle *n*, Ø diferencia *f* entre el precio de compra y el de venta
Marktgefüge *n*, - estructura *f* del mercado
Marktgegebenheiten *pl* elementos *pl*, condiciones *pl* del mercado
Marktgeld *n*, **(er)** → Marktgebühr
Marktgeltung *f*, (**en**) notoriedad *f*, protagonismo *m* en el mercado (Syn. ***Bekanntheitsgrad***)
marktgerecht conforme a las condiciones del mercado; de acuerdo con el estado del mercado; acorde al mercado
Marktgericht *n*, **e** tribunal *m* de abastos
Marktgeschehen *n*, - funcionamiento *m* del mercado
Marktgesundung *f*, Ø saneamiento *m* del mercado

Marktgleichgewicht *n*, Ø equilibrio *m* del mercado
Markthalle *f*, **n** mercado *m* cubierto
marktkonform → marktgerecht
marktkonform acorde al mercado; conforme con el mercado; ajustado al acontecer del mercado; ~ ***sein*** estar acorde con el, al mercado; concordar con el mercado
Marktkonformität *f*, Ø compatibilidad *f*, tolerabilidad *f* con la economía de mercado
Marktkonstellation *f*, **en** estado *m* general del mercado; constelación *f*, situación *f* del mercado
Marktkonzentration *f*, **en** concentración *f* del mercado
Marktlage *f*, **n** situación *f* del mercado; circunstancias *pl* reinantes en el mercado; ***schwache*** ~ debilidad *f* del mercado; ***bei der gegenwärtigen*** ~ dada la actual situación del mercado
Marktlücke *f*, **n** vacío *m*, hueco *m* del mercado; ***eine*** ~ ***füllen*** llenar un vacío del mercado
Marktmanipulation *f*, **en** manipulación *f* del mercado
Marktmechanism|us *m*, **-en** mecanismo *m* del mercado
Marktmonopol *n*, **e** monopolio *m* del mercado
Marktnähe *f*, Ø proximidad *f* del, al mercado; orientación *f* al mercado
Marktnische *f*, **n** → Marktlücke
Marktordnung *f*, **en** organización *f*, régimen *m* del mercado
Marktordnungsgesetz *n*, **e** ley *f* en materia *od.* ordenadora de la organización del mercado
marktorientiert orientado al mercado
Marktorientierung *f*, Ø orientación *f* al mercado
Marktparteien *pl* partes *pl* presentes en el mercado
Marktpflege *f*, Ø control *m* del mercado (para mantener o fortalecer su posición)
Marktplatz *m*, **¨e** mercado *m*; plaza
Marktpolitik *f*, Ø política *f* de mercado; ***offene*** ~ ***der Bundesbank*** (R.F.A.) política de mercado abierto del banco emisor germano-occidental
Marktposition *f*, **en** posición *f* en el mercado; ***die*** ~ ***ausbauen*** mejorar, consolidar su posición en el mercado
Marktpreis *m*, **e** precio *m* en el *od.* del mercado; cotización *f* usual en el mercado; ***die*** ~***e unterschreiten*** practicar el dumping; ***Bruttosozialprodukt zu*** ~***en*** Producto Nacional Bruto a precios del mercado
Marktprognosen *pl* pronósticos *pl* económicos
Marktpsychologie *f*, Ø psicología *f* del mercado y de los consumidores
Markträumung *f*, Ø libera(liza)ción *f* del mercado
Marktregelung *f*, **en** reglamentación *f* del mercado
Marktregulierung *f*, **en** regulación *f* del mercado
Marktrisik|o *n*, **-en** riesgo *m* del mercado
Marktsanierung *f*, **en** → Marktgesundung
Marktsättigung *f*, **en** saturación *f* del mercado
Marktschreier *m*, - charlatán *m*
Marktschreierei *f*, Ø charlatanería *f*; (Pol.) charlatanismo *m*; reclamo *m* excesivo
marktschreierisch charlatán; con mucho bombo
Marktschwankungen *pl* fluctuaciones *pl* del mercado
Marktschwemme *f*, **n** inundación *f* del mercado (por una mercancía)
Marktsegmentierung *f*, **en** segmentación *f* del mercado
Marktsicherung *f*, **en** mantenimiento *m* del control del mercado
Marktsignale *pl* señales *pl*, signos *pl* del mercado
Marktstabilisierung *f*, Ø estabilización *f* del mercado
Marktstand *m*, **¨e** puesto *m*
Marktstörung *f*, **en** perturbación *f* del mercado
Marktstudie *f*, **n** → Marktanalyse
Markttag *m*, **e** día *m* de mercado
Marktteilnehmer *m*, - participante *m*, operador *m* en el mercado
Markttendenz *f*, **en** tendencia *f* del mercado; ***günstige*** ~ tendencia favorable del mercado
Markttheorie *f*, **n** teoría *f* del mercado
Markttransparenz *f*, Ø transparencia *f* del mercado
Markttrend *m*, **s** → Markttendenz
Marktübersicht *f*, (**en**) informe *m* general sobre el mercado
marktüblich de acuerdo con las costumbres del mercado; ~***e Zinsen*** intereses *pl* impuestos en el mercado
Marktuntersuchung *f*, (**en**) → Marktanalyse

Marktveränderungen *pl* cambios *pl* ocurridos en el mercado; variaciones *pl* del mercado
Marktverflechtung *f*, **en** interdependencia *f*, entramado *m*, interconexión *f* de (los) mercados
Marktverhalten *n*, Ø comportamiento *m* del mercado
Marktverhältnisse *pl* → Marktlage
Marktverkehr *m*, Ø movimiento *m* del mercado
Marktverlauf *m*, Ø evolución *f*, desarrollo *m* del mercado; configuración *f* del mercado
Marktversagen *n*, Ø fallo *m* del mercado
Marktverschärfung *f*, **en** deterioro *m* del mercado; empeoramiento *m* de las condiciones del mercado
Marktversorgung *f*, **en** suministro *m*, abastecimiento *m* del mercado
Marktverzerrung *f*, **en** distorsión *f* del mercado; distorsión *f* entre los mercados
Marktvorgang *m*, **¨e** → Marktmechanismus
Marktwert *m*, **e** valor *m* en el mercado; valor *m* comercial; (Börse) valor *m* de cambio
Marktwirtschaft *f*, (**en**) economía *f* de mercado; ***freie*** ~ economía libre; ***soziale*** ~ economía social de mercado; liberalismo *m* moderado
Marktwirtschaftler *m*, - defensor *m*, partidario *m* de la economía de mercado
marktwirtschaftlich de economía libre; ***~es Gleichgewicht*** equilibrio *m* de la economía (de mercado) libre
Marktzugang *m*, Ø acceso *m* al mercado
marod(e), ***eine ~e Firma*** una empresa en, con dificultades; empresa *f* cochambrosa
Marschbefehl *m*, **e** (Milit.) orden *f* de marcha
Marschflugkörper *m*, - (Milit.) misil *m* (de) crucero
Marschroute *f*, (**n**) itinerario *m* (de marcha)
Marshall-Plan *m*, Ø plan *m* Marshall (programa de ayuda para mejorar la situación económica de Europa después de la Segunda Guerra Mundial)
Marxismus *m*, Ø marxismo *m*
Marxist *m*, **en** marxista *m*
marxistisch marxista *m*
Maschine *f*, **n** máquina *f*; aparato *m*; ***arbeitseinsparende*** ~ máquina ahorradora de mano de obra; ***betriebsbereife*** ~ máquina lista para el servicio; máquina en condiciones de funcionamiento; ***eine ~ abschreiben*** amortizar una máquina; ***alte ~n ersetzen*** reemplazar máquinas obsoletas; ***auf*** (***mit***) ***der ~ schreiben*** escribir a máquina; mecanografiar; ***das Zeitalter der*** ~ la era de la máquina *od.* industrial
maschinell mecánico; a máquina; ***~e Verpackung*** embalaje *m* mecánico
Maschinenanwendung *f*, **en** aplicación *f* de maquinaria; maquinización; mecanización *f*
Maschinenarbeit *f*, Ø **1.** trabajo *m* de máquina; trabajo *m* mecánico **2.** trabajo *m* con máquina(s)
Maschinenarbeiter *m*, - maquinista *m*; operario *m*; trabajador *m* con máquina(s)
Maschinenausfallzeit *f*, **en** tiempo *m* del fallo mecánico
Maschinenbau *m*, Ø construcción *f* mecánica *od.* de máquinas
Maschinenbauer *m*, - **1.** constructor *m* de maquinaria **2.** ingeniero *m* mecánico, industrial
Maschinenbetrieb *m*, **e** empresa *f*, explotación *f* mecánica
Maschinenbetriebsunterbrechungsversicherung *f*, **en** (Seg.) seguro *m* de pérdida de beneficio por rotura de maquinaria
Maschinenbuchführung *f*, **en** contabilidad *f* mecáncia
Maschinenbuchhaltung *f*, **en** → Maschinenbuchführung
Maschinencode *m*, **s** → Maschinensprache
Maschineneinsatz *m*, **¨e** empleo *m* de máquinas; puesta *f* en servicio de máquinas
Maschinenfabrik *f*, **en** fábrica *f* de maquinaria; fábrica *f* de máquinas
Maschinen geschrieben escrito a máquina, mecanografiado
Maschinenhalle *f*, **n** sala *f* de maquinaria
Maschinenhaus *n*, **¨er** casa *f*, sala *f*, empresa *f* de maquinaria
Maschinenindustrie *f*, Ø industria *f* de la maquinaria; industria *f* mecánica
maschinenlesbar (Inform.) asimilable, descifrable por (la) máquina
maschinenmäßig → maschinell
Maschinenmeister *m*, - **1.** jefe *m* de máquinas; maquinista *m* **2.** tramoyista *m* (en un teatro)
maschinenorientiert, ***~e Programmiersprache*** lenguaje *m* (de programación) orientado a máquina
Maschinenpark *m*, **s 1.** parque *m* de maquinaria **2.** (Inform.) (material *m*) hardware *m*

Maschinenpersonal *n*, Ø personal *m* de máquinas
Maschinenraum *m*, ¨e → Maschinenhalle
Maschinensaal *m*, -säle → Maschinenhalle
Maschinenschaden *m*, ¨ fallo *m*, avería *f* de una máquina; daño *m* en máquina(s)
Maschinenschlosser *m*, - mécanico *m* ajustador; ajustador *m* mecánico; montador *m*; cerrajero m
Maschinenschreiben *n*, Ø mecanografía *f*
Maschinenschreiber *m*, - mecanógrafo *m*
Maschinenschrift *f*, **(en)** escritura *f* a máquina
maschinenschriftlich mecanografiado; escrito a máquina
Maschinensetzer *m*, - linotipista *m*
Maschinensprache *f*, **n** (Inform.) lenguaje *m* de máquina
maschinenverarbeitbar procesable mecánicamente; tratable por máquina
Maschinenversicherung *f*, **en** (Seg.) seguro *m* de rotura de maquinaria
Maschine schreiben mecanografiar; escribir a máquina
Maske *f*, **n** máscara *f*; ***ohne ~*** sin máscara
Maskenprogramierung *f*, **en** programación *f* por máscara
Maß *n*, **e** medida *f*; dimensión *f*; tamaño *m*; proporción *f*; ***in hohem ~e*** en alto grado; ***~e und Gewichte*** medidas y pesas; ***nach ~ anfertigen*** hacer a medida
Maßarbeit *f*, **en** trabajo *m* a medida
Maßbezeichnung *f*, **en** (bei Plänen) escala *f*; indicación *f* de medida(s)
Masse *f*, **n 1.** masa *f*; cantidad *f*; volumen *m*; ***in ~n herstellen*** fabricar en serie, en gran escala; ***die breiten ~n*** las masas populares **2.** activo *m*, masa *f* de la quiebra; ***bare ~*** masa realizable; ***verfügbare ~*** masa disponible; ***mangels ~*** por falta de capital
Massegläubiger *m*, - acreedor *m* de la masa (de quiebra)
Maßeinheit *f*, **en** unidad *f* de medida
Massenabsatz *m*, Ø venta *f* en masa *bzw.* en gran escala
Massenandrang *m*, Ø afluencia *f* masiva
Massenarbeitslosigkeit *f*, Ø desempleo *m*, paro *m* masivo
Massenartikel *m*, - artículo *m* de gran consumo, de serie
Massenartikel *m*, - artículo *m*, producto *m* de gran consumo
Massenauflage *f*, **n** gran tirada *f*
Massenaussperrung *f*, **en** suspensión *f* general de empleo y sueldo; cierre *m* patronal general; (Angl.) lock-out *m* general
Massenaustritt *m*, **e** dimisión *f*, retiro *m* colectivo
Massenbedarf *m*, Ø necesidades *pl* colectivas; demanda *f* general; ***der ~ an Konsumgütern*** la gran demanda de bienes de consumo
Massenbedarfsgüter *pl* → Massenkonsumgüter
Massenbeförderungsmittel *n*, - (medios *pl* de) transporte *m* colectivo
Massenblatt *n*, ¨**er** periódico *m* de gran tirada; periódico *m* sensacionalista
Massendemonstration *f*, **en** manifestación *f* en masa
Masseneinsatz *m*, ¨**e** empleo *m* masivo
Massenelend *n*, Ø pobreza *f* masiva; pauperismo *m*
Massenentlassungen *pl* despidos *pl* en masa; despidos *pl* colectivos
Massenerzeugung *f*, Ø → Massenproduktion
Massenfabrikation *f*, Ø → Massenproduktion
Massenfertigung *f*, Ø → Massenproduktion
Massengesellschaft *f*, Ø sociedad *f* de masas
Massengüter *pl* **1.** artículos *pl* fabricados en serie *bzw.* de gran venta **2.** mercancías *pl* a granel, de gran tonelaje
Massenherstellung *f*, **en** → Massenproduktion
Massenkaufkraft *f*, Ø poder *m* adquisitivo de las masas *bzw.* de los asalariados
Massenkommunikationsmittel *n*, - → Massenmedien
Massenkonsum *m*, Ø consumo *m* en masa, en gran escala
Massenkonsumgüter *pl* bienes *pl* de consumo en masa
Massenkundgebung *f*, en → Massendemonstration
Massenmedien *pl* medios *pl* de comunicación social *od.* de masas (prensa, radio, televisión, etc)
Massenorganisation *f*, **en** organización *f* en masa
Massenproduktion *f*, **en** fabricación *f* en serie; producción *f* en gran escala
Massenstreik *m*, **s** huelga *f* general; huelga *f* masiva
Massentierhaltung *f*, **en** explotación *f* ganadera en masa

Massentourismus *m*, Ø turismo *m* de masas, en gran escala
Massentransportmittel *n*, - → Massenbeförderungsmittel
Massenverbrauch *m*, Ø → Massenkonsum
Massenverbrauchsgüter *pl* → Massenkonsumgüter
Massenverkehrsmittel *n*, - → Massenbeförderungsmittel
Massenverteilung *f*, Ø repartición *f* masiva; reparto *m* en grandes cantidades
Massenvertrieb *m*, Ø venta *f*, distribución *f* en masa
Masseschuld *f*, **en** deuda *f* de la masa
Masseverwalter *m*, - síndico *m* de la masa
Maßgabe *f*, Ø medida *f*; norma *f*; ***nach ~ von*** conforme a; en conformidad con; ***mit der ~ dass*** con la reserva de que
maßgebend → maßgeblich
maßgeblich competente; determinante; decisivo; ~ ***sein*** prevalecer; ser determinante; ***einen ~en Anteil an etw. haben*** participar de forma preponderante en a/c; tener gran protagonismo en a/c
maßgeschneidert (hecho) a medida
Maßhalte-Appell *m*, **e** llamamiento *m* a la moderación
Massierung *f*, **en** concentración *f*; reagrupación *f* masiva; ***die ~ von Arbeitskräften in den Städten*** la concentración urbana de la mano de obra
mäßig moderado; ***~e Gangart der Investitionen*** ritmo *m* moderado de las inversiones; ***~er Preis*** precio moderado, módico
Mäßigung *f*, **en** moderación *f*
Maßnahme *f*, **n** medida *f*; ***drastische ~*** medida draconiana; ***finanzpolitische ~*** medida político-financiera; ***steuerliche ~*** medida fiscal; ***wirtschaftliche ~*** medida económica; ***~n treffen, ergreifen*** tomar, instrumentar, adoptar, arbitrar medidas
Maßnahmenkatalog *m*, **e** catálogo *m*, serie *f* de medidas
Maßstab *m*, **¨e** pauta *f*; norma *f*; criterio *m*; escala *f*; ***in großem, kleinem ~*** en gran, pequeña escala; ***etw. zum ~ nehmen*** tomar a/c como criterio; ***Maßstäbe setzen*** sentar pautas
maßstab(s)gerecht conforme a la escala
Maßzahl *f*, **en** índice *m*; cota *f*; ***aus Stichproben gewonnene ~*** índice obtenido por muestreo
Master Disc disco *m* máster
Master *m*, Ø máster *m*

Material *n*, **ien** material *m*; equipo *m*; instalaciones *pl*; materia *f*; documentación *f*; ***rollendes ~*** material rodante; ***schwimmendes ~*** material flotante; ***statistisches ~*** estadísticas *pl*; datos *pl* estadísticos; ***urkundliches ~*** documentos *pl*
Materialaufzug *m*, **e** montacargas *m*
Materialausgabe *f*, Ø **1.** distribución *f* de material **2.** servicio *m* de material
Materialausstattung *f*, **en** → Hardware
Materialbedarf *m*, Ø demanda *f* de material; material *m* requerido
Materialbeschaffung *f*, Ø obtención *f*, adquisición *f* de material
Materialbestand *m*, **¨e** inventario *m* de material(es); existencias *pl* de material
Materialeinsatz *m*, Ø utilización *f* de(l) material
Materialeinsparung *f*, **en** ahorro *m* de material
Materialfehler *m*, - defecto *m* del material
Materialismus *m*, Ø materialismo *m*; ***dialektischer, historischer ~*** materialismo dialéctico, histórico
Materialkosten *pl* costes *pl* de material; costes *pl* de (la) materia prima
Materialprüfung *f*, **en** ensayo *m* de(l) material
Materialschaden *m*, **¨** → Materialfehler
Materialuntersuchung *f*, **en** → Materialprüfung
Materialwirtschaft *f*, Ø **1.** gestión *f* de aprovisionamiento y de la producción **2.** gestión *f* de stocks
materiell **1.** material; físico; tangible; ***~e Güter*** bienes *pl* materiales; ***~e Bedürfnisse*** necesidades *pl* materiales; ***~er Schaden*** daño *m* material **2.** financiero; económico; pecuniario ***~e hilfe*** ayuda *f* pecuniaria
Matriarchat *n*, **e** matriarcado *m*
Matrix *f*, **en** matriz *f*
matt (Börse) desanimado; estancado; débil; lánguido; flojo; abatido
Mattheit *f*, Ø (Börse) desanimación *f*; flojedad *f*; falta *f* de animación
Mattscheibe *f*, **n** pantalla *f* chica; televisión *f*
Matura *f*, Ø (A, CH) bachillerato *m*
Maus *f*, **¨e** **1.** (Inform.) ratón *m* **2.** ***viele ~¨e haben*** (Fam.) tener muchos cuartos, mucho dinero **3.** ***die weißen Mäuse*** la policía de tráfico
Mausanschluss *f*, **¨esse** conexión *f* para ratón
Mausbedienung *f*, Ø control *m*, manejo *m* por ratón

Mauscursor *m*, - cursor *m* del ratón
mausgesteuert con control por ratón; con manejo, con servicio por ratón; a golpe de ratón
Mausklick *m*, **s**, ***per*** ~ a golpe de ratón; pulsando el ratón; apretando el ratón; por clic de ratón
Maut *f*, **en** → Mautgebühr
Mautgebühr *f*, **en** (A) peaje *m*
maximal máximo; ***~e Kapazität*** capacidad *f* máxima; rendimiento *m* máximo
Maximalbetrag *m*, **¨e** montante *m*, importe *m* máximo
Maximalhypothek *f*, **en** hipoteca *f* máxima (hipoteca en la que el inmueble no se grava con ninguna cantidad superior a la suma máxima del registro inmobiliario)
Maximalladung *f*, **en** carga *f* máxima
Maximalleistung *f*, **en** rendimiento *m* máximo
Maximalpreis *m*, **e** precio *m* máximo *od.* tope
maximieren fijar un límite;elevar al máximo
Maximierung *f*, **en** (Seg.) determinación *f* de los plenos
Maxim|um *n*, **-a** máximo *m;* ~ ***an Rentabilität*** rentabilidad *f* máxima; máximo de rentabilidad (Syn. ***Höchstmaß***; Ggs. ***Minimum***)
Mäzen *m*, **en** → Sponsor
Mäzenententum *n*, Ø → Sponsoring
mbH (mit beschränkter Haftung) de responsabilidad limitada; ***Gesellschaft*** ~ sociedad *f* (de responsabilidad) limitada (E) S.L.; S.R.L.; (LA) Ltda.
Md. → Milliarde
MdB (Mitglied des Bundestages) miembro *m* del Bundestag (de la Cámara Baja del Parlamento Alemán)
mechanisch mecánico
mechanisieren mecanizar
Mechanisierung *f*, **en** mecanización *f*
Mediaabteilung *f*, **en** departamento *m* de medios (publicitarios)
Mediaplaner *m*, - encargado *m* de la selección de soportes publicitarios
Mediaplanung *f*, **en** planificación *f* de medios; elección *f* de soportes publicitarios
Mediawerbung *f*, **(en)** publicidad *f* en la prensa, por radio, televisión, *etc.*
Medien *pl* → Media
Medienkonzern *m*, e grupo *m* mediático
Medienlandschaft *f*, **(en)** situación *f* mediática; situación *m* audiovisual (de un país)
Medienverbund *m*, Ø sistema *m* de medios de comunicación múltiples
Medio *m*, **s** mitad *f* del mes; ***zum ~ getätigte Abschlüsse*** contratos *pl* concertados con efectos al 15 del mes; ~ ***November*** a mitad de noviembre
Mediogeld *n*, **er** dinero *m* a mitad del mes; préstamos *pl* a liquidar el quince del mes
Mediowechsel *m*, - letra *f* quincenal, a mitad del mes
Medi|um *n*, **-en** *od.* **a** medio *m* publicitario *bzw.* de información (prensa, radio y televisión)
Meeresbodenschätze *pl* riquezas *pl* submarinas
Mehr- (Pref.) suplementario; excesivo; adicional
Mehrarbeit *f*, **en** horas *pl* extraordinarias; trabajo *m* adicional; jornada *f* ampliada
Mehrarbeitsplatzsystem *n*, **e** sistema *m* multipuesto
Mehraufw|and *m*, **-endungen** gastos *pl* adicionales
Mehrausgaben *pl* → Mehraufwand
Mehrbedarf *m*, Ø demanda *f* suplementaria; exceso *m* *bzw.* aumento *m* del consumo
Mehrbelastung *f*, **en** sobrecarga *f*; carga *f* excesiva
Mehrbenutzerbetrieb *m*, **e** sistema *m*, régimen *m*, operación *f* multiusuario
Mehrbesteuerung *f*, **en** imposición *f* acumulativa
Mehrbetrag *m*, **¨e** excedente *m*; saldo *m*; superávit *m*
Mehrbieter *m*, - mejor postor *m*
Mehrbranchenmesse *f*, **n** feria *f*, certamen *m* multirramo
Mehrdividende *f*, **n** dividendo *m* suplementario, adicional
Mehreinkommen *n*, - aumento *m* de la renta; ingresos *pl* suplementarios
Mehreinnahme *f*, **n** aumento *m* de los ingresos; superavit *m*
mehren aumentar; incrementar; ***seine Habe*** ~ aumentar sus bienes
Mehrerlös *m*, **e** superávit *m*; excedente *m* (de ingresos)
Mehrertrag *m*, **¨e** **1.** → Mehrerlös **2.** exceso *m* de producción
mehrfach múltiple; reiterado; repetido; ***~e Preiserhöhungen*** sucesivos aumentos *pl* de precio; ***~es Stimmrecht*** derecho *m* de voto plural

Mehrfachbesteuerung *f*, **en** imposición *f* múltiple
Mehrfachsprengköpfe *pl* ojivas *pl* nucleares múltiples
Mehrfachversicherung *f*, **en** seguro *m* múltiple
Mehrfachzoll *m*, **¨e** arancel *m* múltiple
Mehrfamilienhaus *n*, **¨er** casa *f* plurifamiliar
Mehrfirmen-Handelsvertreter *m*, **-** representante *m* que trabaja por cuenta de diferentes empresas comerciales
Mehrgebot *n*, **e** sobrepostura *f*; mayor postura *f*; puja *f*
Mehrgepäck *n*, **Ø** exceso *m* de equipaje
Mehrgewicht *n*, **Ø** sobrepeso *m*; excedente *m* de peso
Mehrgewinn *m*, **e** beneficio *m* suplementario
Mehrheit *f*, **en** mayoría *f* **1.** ***absolute*** ~ mayoría absoluta; ***einfache*** ~ mayoría simple; ***knappe*** ~ mayoría escasa; ***qualifizierte*** ~ mayoría calificada; ***relative*** ~ mayoría relativa; ***überwältigende*** ~ mayoría abrumadora; ***die ~ der abgegebenen Stimmen*** la mayoría de los votos emitidos **2.** ***sich der ~ anschließen*** adherirse a la opinión de la mayoría; ~ ***aufbringen, erzielen*** obtener la mayoría
Mehrheitsaktionär *m*, **e** accionista *m* mayoritario
Mehrheitsbeschluss *m*, **¨sse** decisión *f* de la mayoría; acuerdo *m* adoptado por la mayoría
Mehrheitsbesitzer *m*, **-** → Mehrheitseigner
Mehrheitsbeteiligung *f*, **en** participación *f* mayoritaria
Mehrheitseigner *m*, **-** accionista *m* mayoritario; tenedor *m* de la mayoría de las acciones
Mehrheitserwerb *m*, **Ø** adquisición *f* de la mayoría de las acciones; toma *f* de control ~ ***bei*** mayoría obtendida en
Mehrheitsfraktion *f*, **en** grupo *m* parlamentario que detenta la mayoría de los escaños
Mehrheitsgesellschafter *m*, **-** socio *m* mayoritario
Mehrheitswahlrecht *n*, **Ø** derecho *m* electoral mayoritario
Mehrkosten *pl* costes *pl* suplementarios, adicionales
Mehrleistung *f*, **en** **1.** excedente *m* de produción; mayor rendimiento *m* **2.** prestación *f* suplementaria
Mehrleistungsprämie *f*, **n** prima *f* de productividad
Mehrmarkenhändler *m*, **-** comerciante *m* de diferentes marcas
Mehrparteiensystem *n*, **(e)** (Pol.) pluripartidismo *m*
Mehrpersonenhaushalt *m*, **e** hogar *m* de múltiples personas
Mehrphasensteuer *f*, **n** impuesto *m* acumulativo
Mehrporto *n*, **s** sobretasa *f* postal; franqueo *m* adicional; exceso *m* de franqueo
Mehrpreis *m*, **e** recargo *m*; precio *m* adicional
Mehrprodukt *n*, **e** excedente *m* de producción; aumento *m* de la producción
Mehr-Programm-Verarbeitung *f*, **en** (Inform.) → Multi-Programm-Verfahren
Mehrrechnersystem *n*, **e** (Inform.) sistema *m* de multitratamiento, de multiprocesamiento
Mehrschichtensystem *n*, **e** sistema *m* de tres turnos (Syn. ***Dreischichtensystem***)
mehrseitig (Pol.) multilateral; ***~es Abkommen*** acuerdo *m* multilateral (Syn. ***multilateral***)
mehrsprachig **1.** (texto) multilingüe **2.** (persona) políglota
Mehrsprachigkeit *f*, **Ø** multilingüismo *m*
mehrspurig, ***~e Strasse*** carretera *f* de varias bandas, de varios carriles
mehrstellig, ***~e Zahl*** cifra *f* de varios dígitos; número *m* de varias cifras
Mehrstimmenrechtsaktie *f*, **n** acción *f* de voto plural
mehrstöckig, ***~es Haus*** casa *f* de varias plantas, de varios pisos
mehrstufig, ***~er Plan*** plan *m* escalonado
mehrstündig, ***~e Arbeit*** trabajo *m* de varias horas
mehrtägig, ***~er Aufenthalt*** estancia *f* de varios dias
mehrteilig, ***~es System*** sistema *m* de varias partes
Mehrumsatz *m*, **(¨e)** aumento *m* de la cifra de ventas
Mehrung *f*, **en** aumento *m*; incremento *m*
Mehrverbrauch *m*, **Ø** aumento *m* de(l) consumo; (Strom) sobrecarga *f*
Mehrverdienende *pl* personas *pl* de alto nivel de renta
Mehrwegflasche *f*, **n** botella *f* retornable; casco *m* recuperable
Mehrwert *m*, **Ø** plusvalía *f*

Mehrwertsteuer *f*, **n** (MWSt) impuesto *m* sobre el valor añadido; I.V.A.
Mehrwertsteueraufkommen *n*, Ø recaudación *f* del impuesto sobre el valor añadido
Mehrwertsteuererhöhung *f*, **en** aumento *m* del I.V.A.
Mehrwertsteuersatz *m*, **¨e** tasa *f* del I.V.A.
Mehrwerttheorie *f*, Ø teoría *f* de la plusvalía
Mehrzahl *f*, Ø, ***die*** ~ la mayor parte; el mayor número
Mehrzweck- (Pref.) multiuso; polivalente
Mehrzweckfahrzeug *n*, **e** vehículo *m* multiuso
Mehrzweckhalle *f*, **n** sala *f*, pabellón *m* polivalente
Meile *f*, **n** milla *f*
Meiler *m*, - pila *f* atómica; reactor *m* nuclear (Syn. ***Kernreaktor***)
Meineid *m*, **e** perjurio *m*; juramento *m* en falso
Meinung *f*, **en** opinión *f*; punto *m* de vista; parecer *m*; ***abweichende*** ~ opinión divergente; ***einhellige*** ~ opinión unánime; ***vorgefasste*** ~ prejuicio *m*; ***seine*** ~ ***äußern*** manifestar su opinión; ***gleicher*** ~ ***sein*** ser de la misma opinión
Meinungsänderung *f*, **en** cambio *m* de opinión
Meinungsäußerung *f*, **en** opinión *f*; manifestación *f* (de la opinión)
Meinungsaustausch *m*, Ø intercambio *m* de pareceres
Meinungsbefragung *f*, **en** → Meinungsumfrage
meinungsbildend que influye en la opinión; ***~e Gruppen*** personas *pl* que sirven de orientación a la opinión pública
Meinungsbildung *f*, Ø orientación *f* de la opinion
Meinungserhebung *f*, **en** → Meinungsumfrage
Meinungsforscher *m*, - analizador *m*, investigador *m* de la opinión pública
Meinungsforschung *f*, **en** estudio *m* de la opinión pública; demoscopia *f*
Meinungsforschungsinstitut *n*, **e** instituto *m* demoscópico, de estudio de la opinión pública
Meinungsfreiheit *f*, Ø libertad *f* de opinión
Meinungskauf *m*, **e** (Börse) compra *f* especulativa (de acciones *od.* títulos, esperando que suban las cotizaciones)
Meinungsmonopol *n*, **(e)** (Pey.) monopolio *m* de la opinión pública
Meinungspflege *f*, Ø relaciones *pl* públicas (Syn. ***Öffentlichkeitsarbeit; Public Relations***)
Meinungsstreit *m*, Ø conflicto *m*, divergencia *f* de opiniones; discrepancia *f* de pareceres
Meinungstest *m*, **s** test *m* de opinión
Meinungsumfrage *f*, **n** sondeo *m*, encuesta *f* de la opinión pública
Meinungsumschwung *m*, **¨e** cambio *m* de opinion
Meinungsverschiedenheit *f*, **en** divergencia *f* de opiniones; discrepancia *f* de pareceres; disención *f*
meistbegünstigt el, la más favorable
Meistbegünstigung *f*, **en** tratamiento *m* preferencial; trato *m* de la nación más favorecida
Meistbegünstigungsklausel *f*, **n** cláusula *f* de la nación más favorecida (consiste en conceder a un país ventajas económicas, sobre todo aduaneras, que redundan en beneficio de otros socios comerciales)
Meistbegünstigungstarif *m*, **e** tarifa *f* preferencial; tarifa *f* de la nación más favorecida
meistbenachteiligt más perjudicado
meistbeteiligt que detenta la participación mayoritaria
meistbietend, ~ ***verkaufen*** vender, subastar al mejor postor
Meistbietende(r) (der/ein) mejor postor *m*
Meister *m*, - **1.** (Lehr-) maestro *m*; jefe *m*; patrón *m*; ***bei einem*** ~ ***in die Lehre gehen*** hacer un aprendizaje con un maestro; ***seinen*** ~ ***machen*** hacer su título de maestro **2.** (Industrie) contramaestre *m*; jefe *m* del taller
Meisterbrief *m*, **e** diploma *m* de maestría
Meisterprüfung *f*, **en** examen *m* de maestría
Meistgebot *n*, **e** mejor postura *f*, oferta *f*
meistgefragt más demandado; que tiene el mayor éxito de ventas
meistgehandelt más demandado *bzw.* negociable
meistgekauft (artículo) más comprado
meistverkauft (artículo) más vendido
Meldeamt *n*, **¨er** oficina *f* de empadronamiento, del censo
Meldefrist *f*, **en** plazo *m* de registro
melden notificar; avisar; comunicar; dar parte; ***zu*** ~ ***bei*** (Annoncen) dirigirse a; ***sich*** ~ ***bei*** presentarse en; ***sich krank*** ~ dar parte de enfermo; ***den Empfang eines Briefes*** ~ acusar recibo de una carta; ***sich***

zu einem Examen ~ inscribirse para (tomar parte en) un examen; *sich zum Wort* ~ pedir la palabra
Meldepflicht *f*, (**en**) registro *m* obligatorio; obligación *f* de hacerse registrar (en la oficina del censo)
meldepflichtig sujeto a aviso obligatorio; (Krankheit) de declaración obligatoria
Meldetermin *m*, **e** → Meldefrist
Meldezettel *m*, - formulario *m*, impreso *m* de registro
Meldung *f*, **en** anuncio *m*; aviso *m*; registro *m*; inscripción *f*; información *f*; *dienstliche* ~ notificación *f* oficial; *polizeiliche* ~ inscripción en el registro de la policía; *eine* ~ *im Fernsehen* una noticia televisiva
Meliorationsarbeiten *pl* trabajos *pl* de bonificación
meliorieren bonificar; fertilizar el suelo
melken (Fam.), *die Touristen* ~ explotar a los turistas
Menge *f*, **n** cantidad *f*; cuantía *f*; volumen *m*; abundancia *f* **1.** *garantierte* ~ cantidad garantizada; *gelieferte* ~ cantidad suministrada; *verfügbare* ~ cantidad disponible **2.** *in ~n absetzen* vender en gran cantidad; *in ausreichender ~ vorhanden sein* estar disponible en suficientes cantidades (Syn. *Quantität*)
Mengenabsatz *m*, **¨e** venta *f* en gran escala *od.* por cantidades
Mengenangabe *f*, **n** indicación *f* de la cantidad
Mengenbezeichnung *f*, **en** → Mengenangabe
Mengengeschäft *n*, **e** operaciones *pl* cuantitativas, de volumen
Mengenind|ex *m*, **-izes** índice *m* de volumen, de cantidad
Mengenkartell *n*, **e** cártel *m* con la intención de controlar cuantitativamente el mercado
mengenmäßig cuantitativo; en términos reales; a precios constantes; *~e Beschränkung* limitación *f* cuantitativa (Syn. *quantitativ*)
Mengennotierung *f*, **en** cotización *f* real (valor en moneda nacional de una divisa extranjera)
Mengenplus *n*, Ø aumento *m* de la cantidad
Mengenpreis *m*, **e** precio *m* por cantidad
Mengenrabatt *m*, **e** descuento *m*, rebaja *f* por cantidad
Mengenrechnung *f*, Ø cálculo *m* cuantitativo de las existencias
Mengensteuer *f*, **n** impuesto *m* sobre la cantidad; impuesto *m* cuantitativo
Mengenumsatz *m*, **¨e** cifra *f* de ventas expresada en cantidades
Mengenvorschrift *f*, **en** reglamentación *f* cuantitativa
Mengenzoll *m*, **¨e** derecho *m* específico; arancel *m* por cantidad
Menü *n*, **s** **1.** (Inform.) menú *m*; lista *f* de opciones propuesta al operador **2.** cubierto *m* **3.** minuta *f*
Merchandiser *m*, - especialista *m*, experto *m* en materia de comercialización
Merchandising *n*, - comercialización *f* (técnicas comerciales relativas a la creación, presentación y distribución de las mercancías)
Mergers and acquisitions (Fusionen und Akquisitionen) fusiones *pl* y adquisiciones
merkantil mercantil
Merkantilismus *m*, Ø mercantilismo *m*
Merkblatt *n*, **¨er** (hoja *f* de) instrucciones *pl*; hoja *f* informativa; (in Karteien) ficha *f* indicadora
Merkbuch *n*, **¨er** libreta *f*; agenda *f*; memorándum *m* (Syn. *Notizbuch*)
Merkposten *m*, - partida *f* de referencia; cifra *f* nominal; *nur als ~ bestehen* figurar sólo a título de cifra nominal (en el balance)
messbar mensurable; *~e Größe* variable *f* apreciable cuantitativamente
Messe *f*, **n** feria *f*; exposición *f*; certamen *m*; *sich zu einer ~ anmelden* participar en una feria; *eine ~ abhalten* organizar una feria; *auf einer ~ vertreten sein* estar representado en una feria; *eine ~ beschikken* participar en una feria; exponer (mercancías) en una feria; *eine ~ besuchen* asistir a, visitar una feria; *eine gut beschickte ~* una feria bien surtida
Messeabschluss *m*, **-¨sse** contrato *m* durante una feria-exposición
Messeabzeichen *n*, - emblema *m* de la feria
Messeamt *n*, **¨er** secretaria *f*, oficina *f* de la feria
Messeausschuss *m*, **¨sse** comité *m* de la feria; *AUMA* (*Austellungs- und ~*) *der deutschen Wirtschaft* comité de ferias y exposiciones de la economía germano-occidental
Messeaussteller *m*, - expositor *m*
Messeausweis *m*, **e** tarjeta *f* de expositor
Messebesucher *m*, - visitante *m* de la feria

Messebeteiligung *f*, **en** participación *f* en la feria
Messeerfolg *m*, **e** éxito *m* (de venta) en la feria
Messeeröffnung *f*, **en** inauguración *f* de la feria
Messefläche *f*, **n** → Messegelände
Messefreigelände *n*, - superficie *f* de exposición al descubierto
Messegebäude *n*, - edificio *m* de la feria; pabellón *m*
Messegelände *n*, - recinto *m* ferial; terreno *m* de la feria, exposición
Messegüter *pl* artículos *pl* expuestos; mercancías *pl* expuestas
Messehalle *f*, **n** pabellón *m*; salón *m*
Messekalender *m*, - calendario *m* de la feria
Messekatalog *m*, **e** catálogo *m* de la feria, exposición
Messekontingente *pl* contingentes *pl*, cupos *pl* para ferias
Messeleitung *f*, **en** dirección *f* de la feria
messen medir; arquear; ***sich ~ können*** poder competir con
Messen und Ausstellungen *pl* ferias y exposiciones *pl*
Messeneuheit *f*, **en** novedad *f* en la feria, ferial
Messeordnung *f*, **en** reglamento *m* de la feria
Messepalast *m*, **¨e** palacio *m* de la feria
Messeplan *m*, **¨e** plan *m* de la feria
Messeschlager *m*, - éxito *m* de ventas en una feria
Messeschluss *m*, Ø clausura *f* de la feria, de la exposición
Messesensation *f*, **en** gran éxito *m* ferial; sensación *f* de la exposición
Messestand *m*, **¨e** puesto *m* de (la) feria; (Angl.) stand *m*
Messeteilnehmer *m*, - expositor *m*; participante *m* en la feria
Messeunterlagen *pl* documentación *f* sobre las ferias y exposiciones
Messeverband *m*, **¨e**, ***Internationaler ~*** Unión *f* de Ferias Internacionales (con sede en Bruselas)
Messeverlauf *m*, Ø desarrollo *m*, (trans)-curso *m* de la feria
Messevertretung *f*, **en** representación *f* en la feria
Messung *f*, **en** medición *f*; medida *f*
Messzahl *f*, **en** índice *m*; (Statistik) *~en* valores *pl*
Messziffer *f*, **n** → Messzahl

Metageschäft *n*, **e** negocio *m* a medias; negocio *m* por cuenta colectiva (transacción efectuada por dos firmas, con repartición equitativa de pérdidas y beneficios)
Metall *n*, **e** metal *m*
Metallarbeiter *m*, - obrero *m* metalúrgico
Metallbörse *f*, **n** bolsa *f* de metales
Metaller *m*, - **1.** (Fam.) → Metallarbeiter **2.** miembro *m* del sindicato metalúrgico (IG-Metall)
Metallgeld *n*, Ø moneda *f* en metálico
Metallhüttenwerk *n*, **e** → Metallindustrie
Metallindustrie *f*, **n** industria *f* metalúrgica
Metall verarbeitende Industrie *f*, **n** industria *f* metalúrgica *od.* de transformación de metales
Metallverarbeitung *f*, **en** transformación *f* de metales; metalurgia *f*
Metallwährung *f*, **en** moneda *f* metálica
Meter *m od. n*, - metro *m*
Meterware *f*, **n** mercancía *f* vendida por metro
Methode *f*, **n** método *m*; sistema *m*; procedimiento *m*; ***analytische ~*** método analítico; ***analoge ~*** método analógico; ***eine ~ anwenden*** aplicar un método; ***progressive ~*** método progresivo, directo
methodisch metódico
Metier *n*, **s** profesión *f*, oficio *m*; ocupación *f*; ***sein ~ kennen*** conocer bien su oficio, profesión
Metist *m*, **en** participante *m* en un negocio por cuenta colectiva (→ Metageschäft)
metrisch, ***~es System*** sistema *m* métrico
MEZ (mitteleuropäische Zeit) hora *f* de la Europa central
Mia. → Milliarde
MIBOR *m*, Ø (Madrid Interbank Offered Rate) tipo *m* de interés interbancario de Madrid (MIBOR)
Miese *pl* (Fam.) déficit *m*; ***in den ~n sein*** estar en un grave aprieto; estar en un apuro
Miet- und Pachtzinsen *pl* rentas *pl* de alquiler y arrendamiento
Mietaufw|and *m*, **-endungen** gastos *pl* de alquiler
Mietausfall *m*, (**¨e**) renta *f* no percibida; impago *m* del alquiler
Mietausfallversicherung *f*, **en** (Seg.) seguro *m* de impago del alquiler
Mietauto *n*, **s** vehículo *m*, coche *m* de alquiler
Mietbeihilfe *f*, **n** subsidio *m* para el alquiler; suplemento *m* de alquiler

Miete *f*, **n** alquiler *m*; renta *f* de inquilinato, de arrendamiento; ***fällige ~*** alquiler exigible, pendiente; ***gesetzlich geschützte ~*** alquiler protegido por la ley; ***rückständige ~*** alquiler retrasado; ***die ~ zahlen*** pagar el alquiler
Mieteinnahmen *pl* → Mietertrag
Mieteinnehmer *m*, - cobrador *m* de alquileres
mieten alquilar; tomar en arrendamiento
Mietentschädigung *f*, **en** indemnización *f* de alquiler
Mieter *m*, - arrendatario *m*; inquilino *m*
Mieterhöhung *f*, **en** aumento *m* de alquiler
Mieterinitiative *f*, **n** asociación *f* de defensa de los arrendatarios, inquilinos
Mieterschaft *f*, Ø inquilinos *pl*
Mieterschutz *m*, Ø protección *f* a los arrendatarios
Mieterschutzgesetz *n*, **e** ley *f* ordenadora, en materia de los derechos de los arrendatarios
Mietertrag *m*, **¨e** producto *m* del alquiler *od.* de la renta; ingresos *pl* en concepto de alquileres
Mieterversammlung *f*, **en** asamblea *f*, reunión *f* de arrendatarios; ***eine ~ einberufen*** convocar una reunión de arrendatarios
Mietfinanzierung *f*, **en** financiación *f* con *od.* en leasing
mietfrei exento, libre de alquiler
Mietgebühr *f*, **en** alquiler *m*; arriendo *m*
Mietgesetz *n*, **e** (E) ley *f* de arrendamientos urbanos
Mietkaserne *f*, **n** gran casa *f* de vecindad *od.* de alquiler; (LA) casa *f* de departamentos
Mietkauf *m*, **¨e** alquiler-venta *m*
Mietkaufvertrag *m*, **¨e** contrato *m* de alquiler-venta
Mietnebenkosten *pl* costes *pl* en concepto de alquiler
Mietrückstand *m*, **¨e** alquiler *m* retrasado
Mietsenkung *f*, **en** baja *f* del alquiler, de los alquileres
Mietshaus *n*, **¨er** casa *f* de vecindad *od.* de alquiler
Mietverhältnis *n*, **se** relación *f* arrendaticia
Mietverlust *m*, **e** → Mietausfall
Mietvertrag *m*, **¨e** contrato *m* de arrendamiento urbano *bzw.* de inquilinato; ***den ~ kündigen*** resolver, rescindir el contrato de arrendamiento
Mietvorauszahlung *f*, **en** anticipo *m* del alquiler; pago *m* adelantado del alquiler
Mietwagen *m*, - → Mietauto
Mietwagenverleih *m*, **e** alquiler *m* de coches (sin chófer)
mietweise en términos de arrendamiento, de alquiler; en alquiler; en arrendamiento
Mietwert *m*, **e** valor *m* del alquiler *od.* de la renta
Mietwohnung *f*, **en** piso *m*, apartamento *m* de alquiler
Mietwucher *m*, Ø alquiler *m* exhorbitante
Mietzahltag *m*, **e** día *f*, fecha *f* de pago del alquiler
Mietzeit *f*, **en** duración *f* del alquiler
Mietzins *m*, **en** alquiler *m*; renta *f* (de arrendamiento)
Mikrobauteil *n*, **e** (Inform.) microelemento *m*
Mikrobefehl *m*, **e** (Inform.) microinstrucción *f*
Mikrochip *m*, **s** (Inform.) micropastilla *f*; microchip *m*
Mikrocomputer *m*, - microordenador *m*; microcomputadora *f*; microcomputador *m*
Mikroelektronik *f*, Ø (Inform.) microelectrónica *f*
Mikrofiche *m*, **s** (Inform.) microficha *f*
Mikrofilm *m*, **e** microfilm *m*
Mikroökonomie *f*, Ø microeconomía *f* (Ggs. ***Makroökonomie***)
mikroökonomisch microeconómico
Mikroprozessor *m*, **en** (Inform.) microprocesador *m*
Mikros *pl* → Mikroprozessor
Milcherzeugnisse *pl* → Milchprodukte
Milchgeschäft *n*, **e** lechería *f*
Milchhändler *m*, - lechero *m*; titular *m* de una lechería
Milchhof *m*, **¨e** central *f* lechera
Milchmädchenrechnung *f*, Ø, ***eine ~ anstellen*** hacer la cuenta de la lechera; tener falsas esperanzas; hacerse ilusiones
Milchprodukte *pl* productos *pl* lácteos
Milchüberschüsse *pl* excedentes *pl* lácteos
Milchwirtschaft *f*, Ø sector *m*, ramo *m* lácteo; economía *f* láctea
Mill. → Million
Milliardär *m*, **e** multimillonario *m*
Milliarde *f*, **n** (Md./Mrd./Mia.) mil millones *pl*; millardo *m*; ***drei ~n*** tres mil millones; 3000 millones; 3 millardos
Million *f*, **en** (Mill./Mio.) millón *m*; ***eine ~ Peseten*** un millón de Pesetas; ***~en von Arbeitslosen*** millones de parados, desempleados; ***die Verluste gehen in die ~en*** las pérdidas se cifran en millones
Millionär *m*, **e** millonario *m*

Millionenauflage *f*, **n** gran tirada *f*; tirada *f* de muchos millones de ejemplares
Millionenauftrag *m*, **¨e** orden *f*, pedido *m* de un millón y más
Millionengeschäft *n*, **e** operación *f*, negocio *m* de un millón y más
Millionengrenze *f*, **n** límite *m*, tope *m* de un millón; ***die ~ überschreiten*** sobrepasar el límite de un millón
Millionenstadt *f*, **¨e** ciudad *f* de un millón *od.* más habitantes; ciudad *f* populosa
minderbemittelt escaso de recursos; económicamente débil
Minderbetrag *m*, **¨e** déficit *m* (de caja); importe *m* deficitario
Minderbewertung *f*, **en** demérito *m*; subestimación *f*
Mindereinnahme *f*, **n** déficit *m*; ingresos *pl* deficitarios
Minderertrag *m*, **¨e** **1.** déficit *m* **2.** menores ingresos *pl* en caja
Minderheit *f*, **en** minoría *f*; ***in der ~ sein*** estar, hallarse en minoría; ***die ~ überstimmen*** vencer a la minoría por mayoría de votos
Minderheitenfrage *f*, (**n**) cuestión *f* de las minorías *od.* los grupos étnicos
Minderheitenkanzler *m*, **-** canciller *m* minoritario
Minderheitenrecht *n*, **e** derecho *m* minoritario *od.* de las minorías
Minderheitsaktionär *m*, **e** accionista *m* minoritario
Minderheitsbeteiligung *f*, **en** participación *f* minoritaria
Minderheitsregierung *f*, **en** gobierno *m* minoritario
minderjährig menor (de edad)
Minderjährige(r) (der/ein) menor *m* de edad
Minderkauf|mann *m*, **-leute** pequeño comerciante *m* (no sujeto a todas las reglas del derecho comercial)
mindern reducir; rebajar; disminuir
Minderumsatz *m*, **¨e** reducción *f* de la facturación; disminución *f* de la cifra de ventas
Minderung *f*, **en** reducción *f*; acción *f* "cuanto minoris"; rebaja *f*; disminución *f*; ***~ der Erwerbsfähigkeit*** disminución de la capacidad de trabajo; ***~ des Kaufpreises*** rebaja del precio de compra
Minderverbrauch *m*, Ø subconsumo *m*; reducción *f* del consumo
Minderwert *m*, **e** menor valor *m*; inferioridad *f*; depreciación *f* (de una mercancía)
minderwertig de menor valor; de calidad inferior; ***~e Ware*** mercancías *pl* de calidad inferior
Mindest- (Pref.) mínimo; el más bajo
Mindestarbeitszeit *f*, **en** jornada *f* laboral mínima
Mindestbedarf *m*, Ø necesidades *pl* mínimas; mínimo *m* vital
Mindestbeitrag *m*, **¨e** cuota *f*, cotización *f* mínima
Mindestbesteuerung *f*, **en** imposición *f* mínima
Mindestbetrag *m*, **¨e** → Minimalbetrag
Mindestbietende(r) (der/ein) menor postor *m*
Mindesteinkommen *n*, **-** renta *f* mínima; ingresos *pl* mínimos
Mindesteinlage *f*, **n** inversión *f* mínima; (Bank) depósito *m* mínimo
Mindestfordernde(r) (der/ein) el que menos exige
Mindestforderung *f*, **en** reclamación *f* mínima *bzw.* oferta *f* mínima
Mindestfracht *f*, Ø flete *m* mínimo
Mindestgebot *n*, **e** postura *f* mínima, menor
Mindestgebühr *f*, **en** tasa *f* mínima
Mindestgehalt *n*, **¨er** sueldo *m* mínimo
Mindesthaltbarkeitsdauer *f*, Ø fecha *f* límite de caducidad; a consumir preferentemente antes del
Mindestimportpreis *m*, **e** precio *m* mínimo de importación
Mindestlohn *m*, **e** salario *m* mínimo *od.* base; ***gesetzlicher ~*** (E) salario mínimo interprofesional
Mindestlöhner *m*, **-** perceptor *m* de(l) salario mínimo
Mindestmaß *n*, Ø mínimo *m*; ***auf ein ~ festsetzen*** reducir al mínimo
Mindestpreis *m*, **e** precio *m* mínimo; ***etw. zum ~ berechnen*** calcular el precio mínimo
Mindestreserve *f*, **n** reserva *f* mínima legal (capital que los bancos deben depositar en el Banco Emisor en el volumen prescrito y sin devengo de intereses)
Mindestreservepflicht *f*, Ø obligación *f* de constituir un fondo de reserva
Mindestreservepolitik *f*, Ø política *f* de reserva mínima
Mindestreservesatz *m*, **¨e** coeficiente *m* mínimo de reserva obligatoria
Mindestsatz *m*, **¨e** tipo *m* mínimo; tasa *f* mínima
Mindesttarif *m*, **e** tarifa *f* mínima

Mindesturlaub *m*, (e) permiso *m* mínimo; licencia *f* mínima
Mindestzeichnungsbetrag *m*, **¨e** montante *m* mínimo de suscripción; suscripción *f* mínima
Mineralöl *n*, Ø petróleo *m*; aceite *m* mineral (Syn. ***Erdöl***)
Mineralölgesellschaft *f*, **en** compañía *f* petrolera *od.* petrolífera
Mineralölprodukt *n*, **e** derivado *m* del petróleo
Mineralölsteuer *f*, **n** impuesto *m* sobre los derivados del petróleo; impuesto *m* sobre aceites minerales
Minicomputer *m*, **-** (Inform.) miniordenador *m*; (Angl.) minicomputador *m*
Minicomputerhersteller *m*, **-** fabricante *m*, productor *m* de miniordenadores
Minicomputersektor *m*, **en** sector *m* de miniordenadores
Minidiskette *f*, **n** minidisquete *m*; minidisco *m*
Mini-Floppy *f*, **s** → Minidiskette
Miniformat *n*, **e** tamaño *m*, formato *m* reducido
Minimal- (Pref.) mínimo; el más bajo (Ggs. ***Maximal-***)
Minimalbetrag *m*, **¨e** importe *m* mínimo
Minimalprogramm *n*, **e** programa *m* mínimo; miniprograma *m*
Minimalsatz *m*, **¨e** tipo *m* mínimo; tasa *f* mínima
Minimalwert *m*, **e** valor *m* mínimo
minimieren minimizar
Minimierung *f*, **en** minimización *f*
minimisieren → minimieren
Minim|um *n*, **-a** mínimo *m; **unter dem** ~* por debajo del mínimo; ***auf ein ~ bringen*** reducir al mínimo
Minister *m*, **-** ministro *m;~ **des Auswärtigen*** ministro de Asuntos Exteriores; (LA) canciller *m;~ **ohne Geschäfsbereich*** ministro sin cartera; ~ ***des Innern*** ministro del Interior; ~ ***der Justiz*** ministro de Justicia; ~ ***für Wirtschaft*** ministro de Economía
Ministerialbeamte(r) (der/ein) funcionario *m* ministerial
Ministerialdirektor *m*, **en** director *m* general (de un ministerio)
Ministerialdirigent *m*, **en** jefe *m* de negociado (ministerial)
Ministerialrat *m*, **¨e** consejero *m* ministerial
ministeriell ministerial
Ministeri|um *n*, **-en** ministerio *m*; departamento *m*; cartera *f*
Ministerpräsident *m*, **en** primer ministro *m*; (R.F.A.) presidente *m* de ministros; presidente del gobierno de un Land
Minorität *f*, **en** minoría *f* (Syn. ***Minderheit***)
Minus *n*, **- 1.** déficit *m*; saldo *m* negativo; ***ein ~ aufweisen*** acusar un déficit; ***ins ~ rutschen*** volverse deficitario **2.** desventaja *f*
Minusbetrag *m*, **¨e** suma *f* deficitaria; déficit *m*
Minuskorrekturen *pl* correcciones *pl* a la baja
Minusposten *m*, **-** partida *f* con saldo negativo; partida *f* deficitaria (de un balance)
Minuspunkt *m*, **e** punto *m* negativo
Minussaldo *m*, **-den** saldo *m* deficitario, negativo
Minuswachstum *n*, Ø crecimiento *m* negativo
Minuszeichen *n*, **-** signo *m* de suscripción *od.* de menos; signo *m* negativo
Mio. → Million
mischen 1. mezclar, combinar **2.** adulterar (bebidas) **3.** alear (metales)
Mischfinanzierung *f*, **en** financiación *f* mixta
Mischkalkulation *f*, **en** cálculo *m* mixto *od.* de compensación de los precios (para asegurar la cobertura de los costes)
Mischkonzern *m*, **e** grupo *m* mixto
Mischsendung *f*, **en** envío *m* mixto
Mischwirtschaft *f*, **en** economía *f* mixta
Mischzoll *m*, **¨e** derecho *m* de aduana mixto
Misere *f*, (**n**) miseria *f*; penuria *f*; situación *f* catastrófica
Missbrauch *m*, **¨e** abuso *m*; empleo *m* abusivo; uso *m* impropio; ~ ***der Amtsgewalt*** abuso del poder
missbrauchen abusar
Missbrauchsaufsicht *f*, Ø control *m* del abuso
Misserfolg *m*, **e** fracaso *m; **einen ~ erleiden*** sufrir un fracaso
Missernte *f*, **n** mala cosecha *f*
Mission *f*, **en** misión *f* (diplomática)
Missjahr *n*, **e** año *m* nefasto; año *m* de pérdidas
Misskredit *m*, Ø descrédito *m*; mala reputación *f; **eine Firma in ~ bringen*** desacreditar una empresa
Missmanagement *n*, **s** mala dirección *f*; error *m* de dirección
Missstand *m*, **¨e** situación *f* precaria; inconveniente *m*; abuso *m; **einen ~ beheben*** remediar, paliar un inconveniente; corregir un error

Misstrauen *n*, Ø desconfianza *f*
Misstrauensantrag *m*, ¨e moción *f* de censura; ***einen ~ aussprechen*** presentar moción de censura
Misstrauensvot|um *n*, **-en**, ***konstruktives ~*** voto *m* de censura constructivo
Missverhältnis *n*, **se** desequilibrio *m*; desproporción *f*
Missverständnis *n*, **se**, ***ein ~ ausräumen*** disipar, despejar un malentendido
Misswirtschaft *f*, (**en**) desorden *m* económico; mala administración *f*; mala gestión *f*
Mitarbeit *f*, (**en**) colaboración *f*; cooperación *f*
mitarbeiten colaborar; cooperar; ***an einer Zeitung ~*** colaborar en un periódico
Mitarbeiter *m*, - colaborador *m*; asistente *m*; ***~ in leitenden Stellungen*** colaboradores en los mandos directivos
Mitarbeiter, *m* - **1.** colaborador *m*; ***~ in leitenden Stellungen*** colaboradores *pl* en los mandos directivos; ***freier ~*** colaborador *m*; personal *m* no fijo; (Medien) rutero *m*; ***fester freier ~*** colaborador *m* permanente; colaborador *m* con carácter fijo **2.** empleado *m*
Mitarbeiterstab *m*, ¨**e** equipo *m* de colaboradores
Mitarbeiterunternehmen *n*, - empresa *f* de colaboradores (donde todos los colaboradores son socios)
Mitbegründer *m*, - cofundador *m*
Mitbenutzung *f*, **en** utilización *f* común; uso *m* en común *od.* colectico
mitbestimmen participar en la decisión, gestión; ***im Betrieb ~*** tener derecho de cogestión en su empresa; ***in Fragen der Rationalisierung ~*** codeterminar en materia de racionalización
mitbestimmt, ***~es Unternehmen*** empresa *f* cogestionada; empresa *f* donde hay cogestión
Mitbestimmung *f*, (**en**) cogestión *f*; codeterminación *f*; participación *f* en la gestión de una empresa; ***kleine*** (***33%ige***) ~ pequeña cogestión; ley *f* ordenadora del régimen empresarial de 1952 (Syn. ***Betriebsverfassungsgesetz***); ***paritätische*** (***50%ige***) ~ cogestión paritaria
Mitbestimmungsgesetz *n*, **e** ley *f* en materia de cogestion
Mitbestimmungsrecht *n*, **e** derecho *m* de cogestión
mitbeteiligt sein ser consocio de
Mitbewerber *m*, - competidor *m*; rival *m* (Syn. ***Konkurrent***)
Mitbieter *m*, - co-pujador *m*; co-licitador *m*; co-postor *m*
Mitbürger *m*, - conciudadano *m*
Miteigentum *n*, Ø copropiedad *f*; propiedad *f* (en) común
Miteigentümer *m*, - copropietario *m*
Miteigentumsanteil *m*, **e** participación *f* en la copropiedad
Mitentscheidung *f*, **en** codecisión *f*; decisión *f* tomada en común
Miterbe *m*, **n** coheredero *m*
mitfinanzieren cofinanciar; participar en la financiación
Mitfinanzierung *f*, **en** cofinanciación *f*; participación *f* en la financiación
mitgerechnet, (y) comprendido; incluido; inclusive; ***nicht ~*** no comprendido; no incluido; exclusive (Syn. ***inklusive; inbegriffen einbegriffen***)
Mitgesellschafter *m*, - consocio *m*
Mitglied *n*, **er** miembro *m*; socio *m*; ***beitragzahlendes ~*** miembro cotizante, que paga una cuota; ***eingeschriebenes ~*** miembro inscrito; ***ordentliches*** (***aktives***) ~ miembro activo; ***ein ~ aufnehmen*** admitir como miembro, como socio; ***~ werden*** afiliarse; darse de alta
Mitgliederbestand *m*, ¨**e** totalidad *f* de miembros; número *m* de socios
Mitgliederversammlung *f*, **en** asamblea *f* general; asamblea *f* de socios, de miembros
Mitgliedsbeitrag *m*, ¨**e** cuota *f* de miembro
Mitgliedschaft *f*, **en** calidad *f* de socio; asociación *f*; afiliación *f*
Mitgliedstaat *m*, **en** Estado *m* miembro; ***die ~en der Europäischen Gemeinschaft*** los Estados miembros de la Comunidad Europea
mithaftend corresponsable
Mithaftung *f*, Ø corresponsabilidad *f*; responsabilidad *f* colectiva; solidaridad *f*
Mitherausgeber *m*, - co-editor *m*
Mitinhaber *m*, - (socio *m*) copropietario *m*; cotitular *m*
Mitkläger *m*, - codemandante *m*
Mitläufer *m*, - simpatizante *m*; adepto *m*; partidario *m*
Mitleidenschaft *f*, Ø, ***in ~ ziehen*** afectar; sufrir las consecuencias
Mitnahmepreis *m*, **e** precio *m* de mercancía retirada por cuenta del comprador
Mitnehmerpreis *m*, **e** → Mitnahmepreis

Mitspracherecht *n*, **e** derecho *m* de intervención
mitteilen comunicar; dar parte; informar; hacer saber; ***amtlich*** ~ notificar
Mitteilung *f*, **en** comunicación *f*; aviso *m*; notificación *f*; información *f*, comunicado *m*; ***amtliche*** ~ notificación (oficial); ***mündliche*** ~ aviso verbal; ***vertrauliche*** ~ mensaje *m* confidencial
mittel medio; ***mittlere Führungskräfte*** mandos *pl* medios (de una empresa); ***Mittlerer Osten*** Oriente *m* Medio
Mittel *n*, **-** **1.** medio *m*; instrumento *m* **2.** promedio *m*; media *f*; ***arithmetisches*** ~ media aritmética
Mittel *pl* medios *pl*; capital *m*; fondos *pl*; recursos *pl*; ***eigene*** ~ recursos propios; ***flüssige*** ~ medios líquidos, disponibles; ***öffentliche*** ~ fondos públicos, del Estado; ***verfügbare*** ~ fondos disponibles
Mittelaufbringung *f*, **en** movilización *f* de fondos
mittelbar indirecto; ***~e Stellvertretung*** representación *f* indirecta (Syn. ***indirekt***)
Mittelbewirtschaftung *f*, **en** control *m* de los recursos; regulación *f* de los fondos financieros
Mittelentzug *m*, **¨e** retirada *f* de fondos, de capital
mitteleuropäische Zeit → MEZ
Mittelfreigabe *f*, **n** desbloqueo *m* de fondos disponibles
mittelfristig a medio plazo; ***~er Kredit*** crédito *m* a medio plazo
Mitte-Links (Pol.) centro-izquierda; ***~-Koalition*** coalición *f* de centro-izquierda
Mittelklasse *f*, **n** clase *f* media
Mittelklassemodell *n*, **e** (Auto.) modelo *m* de la clase media; versión *f* de la gama media, mediana
Mittelklassewagen *m*, **-** (Auto) → Mittelklassemodell
Mittelkurs *m*, **e** cotización *f* media; curso *m*, cambio *m* medio
mittellos sin recursos; falto de recursos, de medios
Mittellosigkeit *f*, Ø falta *f* de medios, de recursos; indigencia *f*; pobreza *f*
mitteln (Estad.) calcular la media, el promedio
Mittelschicht *f*, **en** clase *f* media; ***obere*** ~ clase media superior; ***untere*** ~ pequeña burguesía *f*; ***er gehört zur*** ~ pertenece a la clase media
Mittels|mann *m*, **-leute** *od.* **¨er** mediador *m*; intermediario *m*; árbitro *m* (persona encargada de arbitrar los conflictos)
Mittelsorte *f*, **n** calidad *f* media
Mittelsperson *f*, **en** → Mittelsmann
Mittelstadt *f*, **¨e** ciudad *f* de importancia media (entre 20.000 y 100.000 habitantes)
Mittelstand *m*, Ø **1.** → Mittelschicht **2.** pequeñas y medianas empresas *pl*; PYMES *pl*
mittelständisch **1.** relativo a la clase media **2.** ***~e Betriebe*** pequeñas y medianas empresas *pl*; PYMES *pl*
Mittelständler *m*, **-** **1.** representante *m* de la clase media **2.** jefe *m* de una pequeña o mediana empresa
Mittelstrecke *f*, **n** medio alcance *m*
Mittelstreckenflugzeug *n*, **e** avión *m* de medio alcance
Mittelstreckenrakete *f*, **n** misil *m* de alcance medio
Mittelung *f*, **(en)** determinación *f* del valor medio
Mittelwert *m*, **e** valor *m* medio
Mittelzufluss *m*, **¨sse** aflujo *m*, afluencia *f* de fondos
Mittler *m*, **-** → Mittelsmann
Mitunterzeichner *m*, **-** cofirmante *m*; firmante *m* en común
Mitunterzeichnete(r) (der/ein) → Mitunterzeichner
mitverantwortlich corresponsable
Mitverantwortung *f*, **en** corresponsabilidad *f*
Mitversicherung *f*, **en** coaseguro *m*; seguro *m* adicional
Mitwirkung *f*, **en** participación *f*; colaboración *f*; ***unter*** ~ con la participación de
Mitwirkungsrecht *n*, **e** derecho *m* de participación
mobil móvil; ~ ***machen*** movilizar; ***~e Gesellschaft*** sociedad *f* caracterizada por una gran movilidad (de empleo)
Mobiliar *n*, **e** mueblaje *m*; mobiliario *m*; muebles
Mobiliarkredit *m*, **e** crédito *m* mobiliario
Mobilien *pl* bienes *pl* muebles
mobilisieren movilizar
Mobilität *f*, Ø movilidad *f*; ~ ***der Arbeitnehmer*** movilidad de los asalariados
Mode *f*, **n** moda *f*; ***aus der ~ kommen*** pasar de moda; ***in ~ sein*** estar de moda
Modeartikel *m*, **-** artículo *m* de moda
Modeberuf *m*, **e** profesión *f* de moda
Modekollektion *f*, **en** colección *f* de modas

Modell *n*, **e** modelo *m*; prototipo *m; **gewerbliches*** ~ modelo industrial
Modellrechnung *f*, **en** cálculo *m* modelo
Modelltyp *m*, **en** modelo *m* tipo
Modem *n*, **s** módem *m*; modem *m*
Modem/Fax-Karte *f*, **n** tarjeta módem/fax
Mode(n)schau *f*, **en** presentación *f* de una colección; desfile *m* de modelos
Moderator *m*, **en** (Rundfunk) presentador *m*; locutor *m*; moderador *m*
moderieren presentar
modern moderno; ***~e Arbeitsmethode*** método *m* de trabajo moderno
modernisieren modernizar
Modernisierung *f*, **en** modernización *f*
Modernisierungsaufwendungen *pl* costes *pl* de modernización
Modernisierungsgrad *m*, **e** grado *m* de modernización
Modesalon *m*, **s** salón *m* de moda; pasarela *f* de alta costura
Modeschöpfer *m*, - modista *m*; modisto *m*
Modewaren *pl* artículos *pl* de moda
Modezeichner *m*, - diseñador *m* de moda
Modezeitschrift *f*, **en** revista *f* de moda
Modul *n*, **e** módulo *m*
modular modular
mogeln (Fam.) hacer trampas; trampear; cometer fraude
Mogelpackung *f*, **en** embalaje *m* engañoso (que promete lo que no tiene)
Molkerei *f*, **en** lechería *f*; vaquería; (Río de la Plata) tambo *m*
Molkereiprodukte *pl* productos *pl* lácteos
Momentaufnahme *f*, **n** instantánea *f*
Monat *m*, **e** mes; ***am 10. dieses ~s*** el diez del corriente;***im ~ Januar*** en el mes de enero; en enero; ***im*** ~ por mes (***Syn***. monatlich)
Monateinheiten *pl* (número *m* de) unidades *pl* producidas por mes
monatlich por mes; mensual; ***~e Rate*** mensualidad *f*; plazo *m* mensual
Monats- (Pref.) mensual
Monatsabschluss *m*, **¨sse** balance *m* mensual
Monatsausstoß *m*, (**¨sse**) producción *f* mensual
Monatsbericht *m*, **e** informe *m*, estado *m* mensual
Monatsbetrag *m*, **¨e** importe *m* mensual; mensualidad *f*
Monatseinkommen *n*, - renta *f* mensual
Monatserste, ***der*** ~ el primero del mes
Monatsfrist *f*, **en**, **1.** ***in*** ~ en el plazo de un mes **2.** ***die Arbeitslosenquote vor ~ lag bei 10 %*** la tasa de paro intermensual (*od.* de hace un mes *od.* del mes pasado) ascendía al 10 %
Monatsgehalt *n*, **¨er** paga *f* mensual; ***dreizehntes*** ~ paga *f* número trece; décimo tercer mes *m* de paga; paga *f* doble
Monatsgeld *n*, Ø préstamo *m* con un mes de plazo; dinero *m* a 30 días
Monatskarte *f*, **n** abono *m* mensual
Monatsletzte, ***der*** ~ el último del mes
Monatslohn *m*, **¨e** salario *m* mensual
Monatsrate *f*, **n** mensualidad *f*; plazo *m* mensual; ***einen Betrag in ~n bezahlen*** pagar un importe a plazos mensuales
Monatsultimo *m*, **s** → Monatsletzte
Monatswechsel *m*, - letra *f* a 30 días
Monatszahlung *f*, **en** mensualidad *f*; paga *f*, pago *m* mensual
Monatszins *m*, **e** → Mietzins
Mondpreis *m*, **e** precio *m* abusivo, prohibitivo
Mondscheintarif *m*, **e** (Teléf.) tarifa *f* nocturna (reducida)
monetär monetario; ***~e Stabilität*** estabilidad *f* monetaria
Monetarist *m*, **en** monetarista *m*; partidario *m* del monetarismo; defensor *m* del dinero escaso y caro
Moneten *pl* (Fam.) parné *m*; pelas *pl*; pasta *f*; tela *f*
Monitor *m*, **en** (Inform.) monitor *m*
Monokultur *f*, (**en**) monocultura *f*
Monometallismus *m*, Ø monometalismo *m*
Monopol *n*, **e** monopolio *m; **ein ~ ausüben*** ejercer un monopolio; ***bilaterales*** ~ monopolio bilateral; ***staatliches*** ~ monopolio estatal
monopolartig monopolístico; con carácter de monopolio
Monopolbetrieb *m*, **e** empresa *f* monopolística
monopolisieren monopolizar
Monopolisierung *f*, **en** monopolización *f*
Monopolist *m*, **en** monopolista
monopolistisch monopolístico; de monopolio
Monopolkapital *n*, Ø capital *m* monopolizador, monopolístico
Monopolkapitalismus *m*, Ø capitalismo *m* monopolístico (caracterizado por una concentración monopolística de empresas)
Monopolmissbrauch *m*, Ø abuso *m* de monopolio
Monopolstellung *f*, **en** situación *f*, posición *f* monopolística

Montag *m*, **e** (Fam.), ***einen blauen ~ machen*** hacer puente el lunes; hacer fiesta el lunes; fumarse el lunes; tener la enfermedad diplomática del lunes
Montage *f*, **n** montaje *m*
Montageabteilung *f*, **en** departamento *m*, sección *f* de montaje
Montagearbeit *f*, **en** trabajo *m* de montaje
Montageband *n*, **¨er** cadena *f* de montaje
Montagehalle *f*, **n** planta *f*, nave *f* de montaje
Montagekapazitat *f*, **en** capacidad *f* de montaje
Montagewerk *n*, **e** fábrica *f* de montaje
Montagewerkstatt *f*, **¨en** planta *f* de montaje
Montagsauto *n*, **s** (Fam.) coche *m* de una mala serie (con el que sólo se tienen problemas)
Montagsproduktion *f*, **en** producción *f* defectuosa; mercancía *f* imperfecta
Montan- (Pref.) minero y siderúrgico
Montanbereich *m*, Ø sector *m* de la industria del carbón y del acero
Montangemeinschaft *f*, Ø → Montanunion
Montangesellschaft *f*, **en** sociedad *f* minera
Montanindustrie *f*, **n** industria *f* del carbón y del acero
Montanist *m*, **en** experto *m* de la industria del carbón y del acero
montanmitbestimmt sociedad *f* con régimen de cogestión de acuerdo con el modelo de la industria del carbón y del acero
Montanmitbestimmung *f*, Ø cogestión *f* paritaria en la industria del carbón y del acero (→ Mitbestimmung)
Montanunion *f*, Ø Comunidad *f* Europea del Carbón y del Acero (C.E.C.A.) (Syn. ***EGKS***)
Montanwerte *pl* títulos-valores *pl* de la industria del carbón y del acero
Monteur *m*, **e** mecánico *m*; montador *m*
montieren montar; ajustar; armar
Montierung *f*, **en** montaje *m*; instalación *f*
Moos *n*, Ø (Fam.) pasta *f*; tela *f*
Moratori|um *n*, **-en** moratoria *f*
Mortalität *f*, Ø mortalidad *f* (Syn. ***Sterblichkeit***)
Motel *n*, **s** motel *m*
Motivation *f*, **en** motivación *f*; incentivación *f*
Motivator *m*, **en** factor *m* motivante; incentivo *m*
Motivforschung *f*, Ø investigación *f*, análisis *m* de los motivos; estudio *m* del comportamiento de los consumidores
motivieren motivar; incentivar
Motto *n*, **s** lema *m*; divisa *f*
Mrd. → Milliarde
Müll *m*, Ø basura *f*; residuos *pl*; ***radioaktiver ~*** residuos *pl* radi(o)activos
Müllabfuhr *f*, Ø recogida *f* de basuras; servicio *m* de limpieza pública *od.* municipal
Müllabladestelle *f*, **n** → Mülldeponie
Müllaufbereitungsanlage *f*, **n** planta *f* de reciclaje, tratamiento de basuras
Mülldeponie *f*, **n** vertedero *m*
Müllkippe *f*, **n** → Mülldeponie
Müllverbrennungsanlage *f*, **n** planta *f* de incineración de basuras
Multi *m*, **s** multinacional *f*; transnacional *f*
multifunktional multifuncional
multilateral multilateral; ***~e Verträge*** acuerdos *pl* multilaterales
multimedial multimedial (relativo a diversos medios)
Multimediasystem *n*, **e** sistema *m* multimedia
Multimillionär *m*, **e** multimillonario *m*
multinational multinacional; ***~er Konzern*** grupo *m* multinacional
Multipack *n od. m*, **s** embalaje *m* múltiple
Multiplan *m*, **¨e** multiplan *m*
Multiplikator *m*, **en** multiplicador *m*
multiplizieren multiplicar
Multi-Programm-Verfahren *n*, **-** (Inform.) multiprogramación *f*
Mündel *n*, **-** pupilo *m*; persona *f* bajo tutela
Mündelgelder *pl* fondos *pl* pupilares; capital *m* de menores
mündelsicher con garantía pupilar; ***~e Papiere*** títulos *pl* con garantía pupilar
mündig mayor; ***~ werden*** llegar a, alcanzar la mayoría de edad
Mündigkeit *f*, Ø mayoría *f* de edad
Mündigkeitserklärung *f*, **en** declaración *f* de (la) mayoría de edad
mündlich verbal; oral; de palabra; ***~es Versprechen*** promesa *f* verbal
Mundraub *m*, Ø hurto *m* famélico
Münzamt *n*, **¨er** casa *f* de la moneda; (E) Ceca *f*
Münzanstalt *f*, **en** → Münzamt
Münzautomat *m*, **en** distribuidor *m* automático
Münzdelikt *n*, **e** delito *m* monetario
Münze *f*, **n** moneda *f*; ***fehlerhafte ~n*** monedas defectuosas; ***gängige ~*** moneda *f* corriente; ***in klingender ~*** en moneda contante y sonante; ***vollwertige ~n*** monedas

de pleno contenido; ***unterwertige ~n*** monedas sin pleno contenido
Münzeinheit *f*, **en** unidad *f* monetaria
Münzeinwurf *m*, **¨e** introducción *f* de monedas (en el distribuidor)
münzen acuñar moneda; amonedar (oro)
Münz(en)händler *m*, - comerciante *m* de monedas y medallas
Münz(en)sammler *m*, - coleccionista *m* de monedas; numismático *m*
Münz(en)sammlung *f*, **en** colección *f* numismática, de monedas
Münzer *m*, - monedero *m*
Münzfälscher *m*, - falsificador *m* de moneda
Münzfälschung *f*, **en** falsificación *f* de moneda
Münzfernsprecher *m*, - cabina *f* telefónica automática
Münzfuß *m*, Ø → Münzgehalt
Münzgehalt *m*, Ø ley *f*, título *m* de monedas
Münzgeld *n*, Ø calderilla *f*; dinero *m* suelto; cambio *m*
Münzgewicht *n*, **e** → Münzgehalt
Münzhoheit *f*, Ø monopolio *m* de acuñación de moneda
Münzkunde *f*, Ø numismática *f*
Münzmonopol *n*, **e** derecho *m* exclusivo de acuñar moneda
Münzprägung *f*, **en** acuñación *f* de moneda
Münzrecht *n*, Ø derecho *m* de acuñar moneda
Münzsammlung *f*, **en** colección *f* de monedas; (colección *f*) numismática *f*
Münzsorten *pl* especies *pl* monetarias
Münzstätte *f*, **n** → Münzamt
Münzstempel *m*, - cuño *m*; troquel *m*
Münzsystem *n*, **e** sistema *m* monetario
Münzumlauf *m*, Ø circulación *f* monetaria
Münzwechsler *m*, - cambista *m* de moneda
Münzwesen *n*, Ø sistema *m* monetario
Münzzähler *m*, - contador *m* de monedas
Mussbestimmung *f*, **en** disposición *f*, reglamentación *f* imperativa
Musskaufmann *m*, **-leute** comerciante *m* (que ha de estar) inscrito en el registro mercantil
Muster *n*, - muestra *f*; patrón *m*; modelo *m*; norma *f*; ***gewerbliches ~*** diseño *m* industrial; ***nach ~ bestellen*** pedir sobre muestra
Musterbetrieb *m*, **e** empresa *f*, explotación *f* modelo; ***landwirtschaftlicher ~*** granja *f* modelo, piloto
Musterbrief *m*, **e** carta *f* modelo
Musterbuch *n*, **¨er** muestrario *m*
Mustereinrichtung *f*, **en** instalación *f* piloto
Musterexemplar *n*, **e** ejemplar *m* modelo
mustergetreu conforme a la muestra
Mustergut n, **¨er** granja *f* modelo
Musterkarte *f*, **n** tarjeta *f* de muestras
Musterkoffer *m*, - maleta *f*, maletín *m* de muestras
Musterkollektion *f*, **en** colección *f* de modelos
Mustermesse *f*, **n** feria *f* de muestras
Musterprozess *m*, **-e** proceso *m* modelo
Mustersammlung *f*, **en** muestrario *m*; colección *f* de muestras
Musterschutz *m*, Ø protección *f* de los modelos, de las muestras
Mustersendung *f*, **en** envío *m* de muestras
Musterstück *n*, **e** **1.** modelo *m* **2.** espécimen *m*; prueba *f*
Mustervertrag *m*, **¨e** contrato *m* tipo
Musterwohnung *f*, **en** vivienda *f*, piso *m* piloto
Mutter *f*, **¨**, ***erwerbstätige ~*** madre *f* que trabaja; madre *f* que ejerce una profesión (fuera de casa); madre *f* trabajadora; ***allein erziehende ~*** (madre *f*) monoparental *f*; ***ledige ~*** madre *f* soltera
Muttergesellschaft *f*, **en** casa *f* matriz, central
Mutterhaus *n*, **¨er** → Muttergesellschaft
Mutterland *n*, **¨er** patria *f*; país *m* de origen
Mutterschaftsgeld *n*, **er** subsidio *m* de maternidad
Mutterschaftsurlaub *m*, Ø licencia *f* de maternidad
Mutterschutz *m*, Ø protección *f* de la maternidad
Mutterschutzgesetz *n*, **e** ley *f* de protección a la madre
Muttersprache *f*, **n** lengua *m* materna
Mutterteil *m*, **e** legítima *f* materna
MwSt, MWSt → Mehrwertsteuer

N

N → Nahschnellverkehrszug
n.J. (nächsten Jahres) del año próximo, siguiente
n.M. (nächsten Monats) del mes siguiente
nachahmen imitar; copiar; falsificar; ***eine Unterschrift*** ~ falsificar una firma
Nachahmer *m*, - imitador *m*; falsificador *m;* ***gegen die ~ vorgehen*** perseguir a los falsificadores
Nachahmung *f*, **en** imitación *f*; falsificación *f*
Nachahmungseffekt *m*, **e** efecto *m* imitador
Nachanfertigung *f*, **en** reproducción *f*
Nacharbeit *f*, **en** trabajo *m* de repaso, de acabado, de retocado; revisión *f*; reparación *f*
Nachbarland *n*, **¨er** país *m* vecino
Nachbarschaft *f*, Ø vecindad *f*, proximidad *f*; inmediaciones *pl*
nachbessern retocar
Nachbesserung *f*, **en** retoque *m*; reparación *f* de un daño; revisión *f*
nachbestellen hacer un nuevo pedido; volver a encargar; repetir la orden
Nachbestellung *f*, **en** nueva orden *f*; pedido *m* complementario
nachbezahlen hacer un pago adicional, suplementario; pagar más tarde
Nachbörse *f*,**n** mercado *m* libre; operaciones *pl* después del cierre; bolsa *f* extra oficial
nachbörslich en mercado libre; fuerabolsa; extraoficialmente; después del cierre
nachdatieren postfechar; poner una fecha posterior
Nachdatierung *f*, **en** puesta *f* de una fecha posterior
Nacherbe *m*, **n** heredero *m* subsidiario; segundo heredero; ***als ~n einsetzen*** su(b)stituir un heredero
Nachfinanzierung *f*, **en** financiación *f* complementaria
N(a)chf. → Nachfolger
Nachfolge *f*, **n** sucesión *f;* ~ ***in gerader Linie*** sucesión en línea directa
Nachfolgemangel *m*, - carencia *f* de sucesión
Nachfolgeorganisation *f*, **en** organización *f* sucesora
Nachfolgeproblem *n*, **e** problema *m* de (la) sucesión
Nachfolger *m*, - sucesor *m;* ***als ~ eingesetzt werden*** ser nombrado sucesor de
nachfordern reclamar subsecuentemente, posteriormente; exigir adicionalmente
Nachforderung *f*, **en** reclamación *f* suplementaria, adicional
Nachfrage *f*, **n** demanda *f* **1.** ***anhaltende*** ~ demanda sostenida; ***lebhafte*** ~ demanda animada; ***steigende*** ~ demanda creciente; ***übermäßige*** ~ demanda excesiva; ***weltweite*** ~ demanda mundial **2.** ***die ~ befriedigen*** satisfacer la demanda; ***die ~ dämpfen*** frenar la demanda; ***eine künstliche ~ hervorrufen*** provocar una demanda artificial **3.** ~ ***nach Arbeitskräften*** demanda de mano de obra; ~ ***nach Gütern*** demanda de bienes; ***Verlangsamung der*** ~ ralentización *f* de la demanda; ***Zunahme der*** ~ aumento *m* de la demanda
Nachfrageänderung *f*, **en** modificación *f* de la demanda
Nachfrageanstieg *m*, **e** aumento *m* de la demanda
Nachfrageausfall *m*, **¨e** demanda *f* inexistente; falta *f* de demanda
Nachfrageausweitung *f*, **en** expansión *f* de la demanda
Nachfragebelebung *f*, **en** reanimación *f* de la demanda
Nachfrageberuhigung *f*, **en** retroceso *m*, abatimiento *m* de la demanda
Nachfragedämpfung *f*, **en** freno *m*, ralentización *f* de la demanda
Nachfragedruck *m*, Ø presión *f* de la demanda
Nachfrageelastizität *f*, Ø elasticidad *f* de la demanda
Nachfragemonopol *n*, **e** monopsón *m*; monopolio *m* de compradores

nachfragen 1. informarse; pedir informes 2. demandar; pedir (una mercancía)
Nachfrager *m*, - demandante *m*; comprador *m*
Nachfragerückgang *m*, **¨e** retroceso *m* de la demanda
Nachfragesog *m*, Ø magnetismo *m*, presión *f* de la demanda
Nachfragesteuerung *f*, **(en)** regulación *f*, recondución *f* de la demanda
Nachfragestoß *m*, **¨e** empuje *m*, aumento *m* de la demanda
Nachfrageüberhang *m*, **¨e** demanda *f* excesiva
Nachfrageumschichtung *f*, **en** reestructuración *f*, reconversión *f* de la demanda
Nachfrageverlangsamung *f*, **en** ralentización *f* de la demanda
Nachfrageverschiebung *f*, **en** desplazamiento *m* de la demanda
Nachfrist *f*, **en** días *pl*, plazo *m* de gracia; prórroga *f*; prolongación *f* del plazo
nachgeben 1. ceder; aflojar; ***die Preise geben nach*** los precios bajan; ***~de Kurse*** cotizaciones *pl* a la baja 2. hacer concesiones
Nachgebühr *f*, **en** sobretasa *f*
nachgemacht falsificado
nachgeordnet inferior; subalterno (Syn. ***untergeordnet***)
Nachholbedarf *m*, Ø 1. demanda *f* de reconstitución de existencias 2. ***es besteht großer*** ~ hay mucho que recuperar; hay que recuperar mucho camino
nachholen recuperar; ***Arbeitsstunden*** ~ recuperar horas de trabajo
Nachholpotential *n*, **e** potencial *m* de recuperación; potencial *m* para ganar, recuperar terreno
nachkaufen comprar posteriormente
nachkommen satisfacer; cumplir; ***seinen Verplichtungen*** ~ cumplir sus compromisos, obligaciones
Nachkriegsgeneration *f*, **en** generación *f* de la postguerra
Nachkriegszeit *f*, **(en)** postguerra *f*
Nachlass *m*, **¨sse** 1. rebaja *f*; descuento *m*; remisión *f*; reducción *f*; ***einen ~ bekommen*** obtener una rebaja; ***einen ~ gewähren*** otorgar, conceder un descuento; ***ein ~ von 10% auf den Grundpreis*** una rebaja del 10% sobre el precio de base 2. (Jur.) sucesión *f*; legado *m*; herencia *f*; ***den ~ eröffnen*** inaugurar una sucesión; ***einen ~ verwalten*** administrar una herencia
nachlassen 1. rebajar; disminuir; ***die Hälfte vom Preis*** ~ conceder una rebaja del 50% 2. legar
nachlassend a la baja; en disminución; ***~er Verbrauch*** consumo *m* decreciente
Nachlasseröffnung *f*, **en** (Jur.) apertura *f* de una sucesión
Nachlasserteilung *f*, **(en)** reparto *m* del caudal relicto
Nachlassgegenstand *m*, **¨e** objeto *m* de herencia *od.* de sucesión
Nachlassgericht *n*, **e** tribunal *m*, corte *f* de sucesiones
Nachlassgläubiger *m*, - acreedor *m* de una herencia
Nachlassinventar *n*, **e** inventario *m* de una herencia
Nachlasskonkurs *m*, **e** quiebra *f* sobre una herencia
Nachlassregelung *f*, **en** regulación *f* de la herencia
Nachlasssteuer *f*, **n** impuesto *m* sobre herencias, sucesiones
Nachlassteilung *f*, **(en)** partición *f* de una herencia; división *f* de la herencia
Nachlassvergleich *m*, **e** convenio *m*, transacción *f* entre herederos
Nachlassvermögen *n*, - bienes *pl* hereditarios, sucesorios
Nachlassverwalter *m*, - administrador *m* de una herencia
Nachleistung *f*, **en** prestación *f* complementaria
nachliefern suministrar posteriormente; completar la entrega
Nachlieferung *f*, **en** entrega *f*, suministro *m* posterior
Nachlieferungsanspruch *m*, **e** derecho *m* de devolución (de un cliente a devolver mercancía defectuosa)
nachmachen → nachahmen
Nachmann *m*, **(¨er)** tenedor *m* subsecuente; endosante *m* subsiguiente (Syn. ***Indossant; Hintermann***)
Nachmessegeschäft *n*, **e** negocios *pl* concluidos después de la feria
Nachmittagsfixing *n*, **s** fixing *m* de la tarde
Nachmittagsschicht *f*, **en** turno *m* de la tarde
Nachnahme *f*, **n** reembolso *m*; ***gegen*** ~ contra reembolso; ***per ~ schicken*** enviar contra reembolso
Nachnahmegebühr *f*, **en** → Nachnahmekosten
Nachnahmekosten *pl* gastos *pl* de reembolso

Nachnahmesendung *f*, **en** envío *m* contra reembolso
Nachnahmespesen *pl* → Nachnahmekosten
Nachporto *n*, **s** → Nachgebühr
nachprüfen verificar; controlar; revisar; ***die Richtigkeit der Angaben*** ~ controlar la veracidad de las indicaciones
Nachprüfung *f*, **en** verificación *f*; control *m*; revisión *f*; ***steuerliche*** ~ control fiscal; ~ ***der Gesetzmäßigkeit*** control de la legalidad
nachrechnen verificar un cálculo; revisar las cuentas
Nachrechnung *f*, **en** verificación *f*
Nachricht *f*, **en 1.** noticia *f*, información *f*; ***eine ~ erhalten*** recibir una noticia **2.** correo *m*; carta *f*; ***Ihre ~ vom*** su carta del; ***wir erwarten Ihre baldige*** ~ a la espera de su pronta respuesta
Nachrichtenagentur *f*, **en** agencia *f* de prensa, de información, de noticias
Nachrichtennetz *n*, **e** red *f* de telecomunicaciones
Nachrichtenquelle *f*, **n** fuente *f* de información
Nachrichtensatellit *m*, **en** satélite *m* de telecomumcaciones
Nachrichtensendung *f*, **en** (Rundfunk) noticiero *m*; informativo *m*; telediario *m*
Nachrichtensperre *f*, **n** bloqueo *m* de noticias
Nachrichtenübermittlung *f*, **en** transmisión *f* de noticias, de informaciones
Nachrichtenübertragung *f*, **en** → Nachrichtenübermittlung
Nachrichtenwesen *n*, Ø comunicaciones *pl*; informaciones *pl*
nachrüsten (Milit.) modernizar e incrementar el potencial de armamento
Nachrüstung *f*, **en** rearme *m*
Nachsaison *f*, **s** temporada *f* baja; pos-temporada *f*
Nachsaisonermäßigung *f*, **en** rebaja *f*, descuento *m* de fin de temporada
Nachsatz *m*, **¨e** → Nachschrift
nachschießen pagar el resto; hacer un pago adicional, suplementario; efectuar un pago ulterior de libración
Nachschrift *f*, **en** posdata *f* (P.D.); nota *f* final (Syn. ***Postskriptum***)
Nachschub *m*, **¨e** avituallamiento *m*; nuevo aprovisionamiento *m*, reabastecimiento *m*
Nachschuss *m*, **-¨sse** pago *m* suplementario, adicional; suplemento *m* de pago; cobertura *f* adicional
Nachschusspflicht *f*, Ø obligación *f* de efectuar un pago adicional
nachsehen consultar a alg.; verificar; ***auf einer Liste*** ~ verificar en una lista
Nachsendeauftrag *m*, **¨e** orden *f* de reexpedición (a la nueva dirección)
Nachsendegebühr *f*, **en** tasa *f* de reexpedición
nachsenden reexpedir; enviar a la nueva dirección
Nachsendung *f*, **en** reexpedición *f*
Nachsichtwechsel *m*, **-** letra *f* a tantos días fecha (que vence en una determinada fecha después de su libramiento)
Nachspiel *n*, **e** secuelas *pl*; consecuencias *pl*; ***ein gerichtliches ~ haben*** tener consecuencias judiciales
nachstehend expresado a continuación; siguiente; que sigue
Nacht- und Nebel-Aktion *f*, **en** operación *f* por sorpresa; acción *f* llevada a cabo discreta y rápidamente
Nachtarbeit *f*, **en** trabajo *m* nocturno
Nachteil *m*, **e** desventaja *f*; inconveniente *m*; perjuicio *m*; ***finanzielle ~e*** inconvenientes financieros; ***die Fusion bringt uns nur ~e*** la fusión nos crea sólo desventajas
nachteilig perjudicial; desventajoso; desfavorable; ***für ~e Folgen nicht verantwortlich sein*** no ser responsable de consecuencias adversas
Nächtigungsgeld *n*, **(er)** (A) indemnización *f* por viaje; gastos *pl* de alojamiento
Nachtluftpostnetz *n*, Ø (R.F.A.) servicio *m* aeropostal nocturno
Nachtrag *m*, **¨e 1.** posdata *f* (P.D.); suplemento *m* **2.** (Testament) codicilo *m* **3.** (Versicherung) apéndice *m*
nachträglich 1. ulterior; posterior; ***~e Genehmigung*** autorización *f* concedida ulteriormente **2.** adicional; suplementario
Nachtragshaushalt *m*, **e** presupuesto *m* adicional
Nachtragsliste *f*, **n** lista *f* adicional
Nachtragspolice *f*, **n** póliza *f* adicional; rectificación *f* de la póliza de seguro
Nachtragszahlung *f*, **en** pago *m* adicional, suplementario
Nachtschicht *f*, **en** turno *m* de noche, nocturno
Nachtschichtarbeit *f*, **(en)** trabajo *m* de noche; turno *m* nocturno
Nachtschichtzulage *f*, **n** → Nachtzuschlag
Nachttarif *m*, **e** tarifa *m* nocturna

Nachtwächterstaat *m*, **en** Estado *m* guardián, vigilante (caracterizado por una no-intervención estatal)
Nachtzulage *f*, **en** → Nachtzuschlag
Nachtzuschlag *m*, **¨e** plus *m*, suplemento *m* por trabajo de noche
Nachvermächtnis *n*, **se** legado *m* adicional
Nachversicherung *f*, **en** seguro *m* complementario
Nachversteuerung *f*, **en** imposición *f* suplementaria
Nachwahl *f*, **en** segunda elección *f*; elección *f* complementaria
Nachweis *m*, **e** prueba *f*; justificación *f*; certificado *m*; ***den ~ für etw. erbringen (liefern)*** presentar la prueba de a/c
nachweisen probar; demostrar; comprobar; ***seine Fähigkeit ~*** probar su cualificación
Nachwuchs *m*, Ø descendientes *pl*; sucesores *pl*; nueva generación *f*; ***den ~ ausbilden*** formar a los jóvenes
Nachwuchskräfte *pl* nueva generación *f*; generación *f* futura, del mañana
Nachwuchsmangel *m*, - falta *f* de personal de renuevo; falta *f* de aprendices; falta *f* de cantera
nachzahlen 1. pagar ulteriormente, posteriormente **2.** pagar un suplemento; ***Steuern ~*** pagar un suplemento fiscal
nachzählen volver a contar; recontar; verificar
Nachzahlung *f*, **en 1.** pago *m* ulterior, posterior; ***eine Aufforderung zur ~*** un recordatorio de pago **2.** suplemento *m*; pago *m* adicional
Nachzoll *m*, **¨e** arancel *m* adicional
Nachzügler *m*, - retrasado *m*; rezagado *m*
NAFTA *f*, Ø (North American Free Trade Association) (Nordamerikanische Freihandelszone) TLC (Tratado *m* de Libre Comercio para Norteamérica); ALCAN (Asociación de Libre Comercio para América del Norte)
nahe cercano; aproximativo; contiguo; ***der Nahe Osten*** el Cercano Oriente *m*; ***~r Verwandter*** pariente *m* cercano
Naherholungsgebiet *n*, **e** centro *m* de vacaciones (próximo a una ciudad)
Nahgespräch *n*, **e** (Teléf.) llamada *f* local *od.* urbana
Nahost (der Nahe Osten) → nahe
Nährstand *m*, Ø mundo *m* agrícola; sector *m* agro-alimenticio; sector *m* agroalimentario
Nahrung *f*, **en** nutrición *f*
Nahrungs- und Genussmittel *pl* productos *pl* alimenticios y estimulantes
Nahrungsgüterwirtschaft *f*, Ø → Nahrungsmittelindustrie
Nahrungsmittel *pl* productos *pl* alimenticios, alimentario; alimentos *pl*; víveres *pl*; comestibles *pl*
Nahrungsmittelindustrie *f*, **n** industria *f* alimenticia, alimentaria
Nahschnellverkehrszug *m*, **¨e** tren *m* rápido (que recorre distancias cortas); tren *m* de cercanías
Nahverkehr *m*, Ø **1.** transporte *m* (sub)urbano **2.** servicio *m* telefónico local, urbano
Name *m*, **n** nombre *m*; denominación *f* **1.** ***~ und Anschrift*** nombre y dirección; ***in eigenem ~n*** en nombre propio; ***unter falschem ~n*** bajo un nombre falso **2.** ***die Aktien lauten auf den ~n*** las acciones son nominativas; ***seinen ~n unter etw. setzen*** firmar a/c
Namenfirm|a *f*, **-en** razón *f* social
namenlos anónimo; ***~e Produktion*** productos *pl* sin marca
Namenlose/r (der/ein) **1.** persona *f* anónima **2.** producto *m* sin marca; producto *m* libre
Namensaktie *f*, **n** acción *f* nominativa; ***vinkulierte ~*** acción nominativa vinculada
Namenskonnossement *n*, **s** conocimiento *m* intransferible; conocimiento *m* nominativo (*Syn.* Rektakonnossement)
Namenslagerschein *m*, **e** resguardo *m* nominativo (transferible sólo por cesión)
Namensliste *f*, **n** → Namensverzeichnis
Namenspapier *n*, **e** título *m* nominativo
Namensscheck *m*, **s** cheque *m* nominativo
Namensverzeichnis *n*, **se** nómina *f*; lista *f* nominativa; registro *m* de los accionistas
Namenszug *m*, **e** firma *f*
Nämlichkeitsbescheinigung *f*, **en** certificado *m* de identidad; pase *m*, permiso *m* para la circulación libre por la aduana
Nämlichkeitsbeschreibung *f*, **en** certificado *m* de identidad (permiso de circulación librado por la aduana)
Nansen-Pass *m*, **¨sse** pasaporte *m* para apátridas
NASDAQ COMPOSITE *m*, Ø (Börse) índice *m* NASDAQ
Natalität *f*, Ø natalidad *f* (Syn. ***Geburtenhäufigkeit***)
national nacional
Nationale *n*, Ø (A) **1.** datos *pl* personales **2.** ficha *f* personal
Nationaleinkommen *n*, - renta *f* nacional

nationalisieren nacionalizar (Syn. ***verstaatlichen***)
Nationalisierung *f*, **en** nacionalización *f*
Nationalität *f*, **en** nacionalidad *f* (Syn. ***Staatsangehörigkeit***)
Nationalökonom *m*, **en** economista *m*; licenciado *m* en economía nacional; experto *m* en economía política
Nationalökonomie *f*, Ø economía *f* política
Nationalökonomie *f*, Ø economía *f* política; economía *f* nacional (Syn. ***Volkswirtschaftslehre***)
Nationalrat (A) **1.** *m*, - Asamblea *f* nacional **2.** *m*, **¨e** diputado *m*, miembro *m* de la Asamblea nacional
Nationalvermögen *n*, Ø patrimonio *m*, propiedad *f* nacional
Nationalversammlung *f*, **en** asamblea *f* nacional
Nationalwährung *f*, **en** moneda *f* nacional
NATO *f* (North Atlantic Treaty Organization) OTAN Organización *f* del Tratado del Atlántico Norte (OTAN)
Natural- (Pref.) en especie
Naturalaustausch *m*, Ø intercambio *m* en especie
Naturalbezüge *pl* ingresos *pl* en especie
Naturaleinkommen *n*, - renta *f* en especie
Naturalentlohnung *f*, **en** remuneración *f* en especie (Syn. ***Sachvergütung***)
Naturalersatz *m*, Ø indemnización *f* en especie
Naturalien *pl* productos *pl* de la naturaleza *od.* del suelo; ***in ~ bezahlen*** pagar en especie
naturalisieren naturalizar; nacionalizar; ***sich in Deutschland ~ lassen*** ser naturalizado en Alemania
Naturalisierung *f*, **en** naturalización *f* (Syn. ***Einbürgerung***)
Naturallohn *m*, **e** salario *m* en especie
Naturalsteuer *f*, **n** impuesto *m* en especie
Naturalwirtschaft *f*, Ø (economía *f* de) trueque *m* (Syn. ***Tauschwirtschaft***)
Naturerzeugnis *n*, **se** producto *m* natural
natürliche Person *f*, **en** persona *f* física *od.* natural (Ggs. ***juristische Person***)
Naturprodukt *n*, **e** → Naturerzeugnis
Naturschutzgebiet *n*, **e** reserva *f*, parque *m* nacional
Naturschutzpark *m*, **s** → Naturschutzgebiet
NB → notabene
Nchrichtentechnik *f*, Ø (técnica *f* de) telecomunicaciones *pl*

ND (Nebenkosten und Dienstleistungen) costes *pl* adicionales y servicios
NDR (Norddeutscher Rundfunk) radio *m* y televisión *f* de Alemania del Norte (Hamburgo)
Nebenabgabe *f*, **n** impuesto *m* suplementario
Nebenamt *n*, **¨er** empleo *m* secundario
nebenamtlich → nebenberuflich
Nebenanschluss *m*, **¨sse** (Teléf.) línea *f* suplementaria, secundaria
Nebenapparat *m*, **e** aparato *m* supletorio
Nebenarbeit *f*, **en** actividad *f* secundaria
Nebenausgaben *pl* gastos *pl* adicionales, extraordinarios
nebenbei, ~ ***arbeiten*** **1.** trabajar incidentalmente **2.** trabajar aparte; trabajar además; trabajar al mismo tiempo
Nebenberuf *m*, **e** actividad *f*, ocupación *f* secundaria
nebenberuflich a título de ocupación secundaria; ***~e Beschäftigung*** ocupación *f* secundaria remunerada
Nebenbeschäftigung *f*, **en** → Nebenarbeit
Nebenbestimmung *f*, **en** cláusula *f* anexa
Nebenbuch *n*, **¨er** libro *m* auxiliar
Nebeneffekt *m*, **e** efecto *m* secundario
Nebeneingang *m*, **¨e** entrada *f* lateral
Nebeneinkünfte *pl* ingresos *pl* secundarios, accesorios
Nebenerwerb *m*, Ø → Nebenarbeit
Nebenerwerbsbetrieb *m*, **e** explotación *f* (agrícola) secundaria
Nebenerwerbslandwirtschaft *f*, Ø agricultura *f* paralela (en la cual se trabaja después de las horas de cierre de fábrica *od.* oficina)
Nebenerzeugnis *n*, **se** → Nebenprodukt
Nebenkläger *m*, - (Jur.) parte *f* civil; demandante *m* *bzw.* acusador *m* privado
Nebenkosten *pl* costes *pl* adicionales
Nebenleistungen *pl* prestaciones *pl* accesorias, periódicas
Nebenmarkt *m*, **¨e** mercado *m* secundario, paralelo
Nebenprodukt *n*, **e** derivado *m*
Nebenstelle *f*, **n** **1.** dependencia *f*; sucursal *f*; agencia *f* **2.** (Teléf.) línea *f* suplementaria, secundaria
Nebenstellenteilnehmer *m*, - (Teléf.) abonado *m* privado
Nebenstrecke *f*, **n** línea *f* secundaria
Nebentätigkeit *f*, **en** → Nebenarbeit
Nebenverdienst *m*, **e** remuneración *f* secundaria; ganancias *pl* suplementarias
Nebenwirkung *f*, **en** → Nebeneffekt

negativ negativo; sin resultados; ***~e Auswirkung*** consecuencia *f*, repercusión *f* negativa; ***~er Saldo*** saldo *m* deficitario; ***die Verhandlungen blieben*** ~ las negociaciones no dieron resultados
Negativattest *n*, **s** certificado *m* negativo
Negativtest *m*, **e** examen *m* negativo
negoziabel negociable (Syn. ***handelsfähig***)
Nehmer *m*, **-** comprador *m*; adquisidor *m*; tomador *m*
Nehmerland *n*, **¨er** país *m* perceptor; nación *f* beneficiaria
Nehmerstaat *m*, **en** Estado *m* comprador; país *m* perceptor
Neigung *f*, **en** tendencia *f*; propensión *f*; ***die ~ zu Investitionen*** la tendencia a invertir
Nein-Stimme *f*, **n** voto *m* en contra *od.* negativo
NE-Metalle *pl* metales *pl* no férreos
Nennbetrag *m*, **¨e** → Nominalbetrag
Nennkapital *n*, Ø → Nominalkapital
Nennwert *m*, **e** → Nominalwert
Neonreklame *f*, **n** publicidad *f* luminosa
Nepp *m*, Ø (Fam.), ***das war*** ~ esto ha sido un clavo; esto ha sido un robo, un timo
neppen, ***in diesem Lokal wird man geneppt*** en ese local lo timan a uno; en ese local le pegan a uno un gran clavo
Netto- (Pref.) neto
netto neto; ~ ***Barzahlung***, ***Kasse*** neto al contado; ~ ***verdienen*** ganar neto; ***der Wagen kostet*** ~ el precio neto del coche asciende a
Nettoausgaben *pl* gastos *pl* netos
Nettobetrag *m*, **¨e** importe *m* neto; suma *f* neta
Nettoeinkommen *n*, **-** renta *f* neta; ingreso *m* neto; ~ ***pro Kopf*** renta neta per cápita
Nettoeinnahmen *pl* ingresos *pl* netos
Nettoertrag *m*, **¨e** producto *m*, beneficio *m* neto
Nettogewicht *n*, Ø peso *m* neto
Nettogewinn *m*, **e** beneficio *m* neto; ganancia *f* líquida
Nettoinlandsprodukt *n*, **e** producto *m* interior neto
Nettokreditaufnahme *f*, **(n)** recurso *m* neto al mercado financiero; utilización *f* neta de créditos
Nettolohn *m*, **¨e** salario *m* neto
Nettopreis *m*, **e** precio *m* neto; precio *m* de coste
Nettoregistertonne *f*, **n** tonelada *f* neta de registro
Nettosozialprodukt *n*, **e** producto *m* nacional neto
Nettoumlaufvermögen *n*, **-** activo *m* circulante
Nettoumsatzsteuer *f*, **n** impuesto *m* neto sobre la cifra de ventas
Nettoverdienst *m*, **e** ganancia *f* neta; ingreso *m* neto
Netz *n*, **e 1.** red *f*; ~ ***von Tochtergesellschaften*** red de sucursales **2.** ***soziales*** ~ protección *f* social; infraestructura *f* social
Netzanschluss *m*, **¨sse** (Teléf.) conexión *f* a la red
Netzdichte *f*, Ø densidad *f* de la red
Netzkarte *f*, **n 1.** tarjeta *f* por zonas **2.** abono *m* mensual de transporte
Netzplantechnik *f*, Ø técnica *f* de planificación por redes
Netzwerk *n*, **e 1.** (Inform.) red *f* **2.** red *f* de entrada
Neu- (Pref.) nuevo; reciente
Neuanlage *f*, **n 1.** instalación *f* nueva; **2.** colocación *f* nueva de capital
Neuanschaffung *f*, **en** nueva *f* adquisición, compra
neuaufgelegt 1. reimpreso **2.** reeditado
Neuauflage *f*, **n 1.** reimpresión *f* **2.** nueva edición *f*; reedición *f*
Neuausgabe *f*, **n 1.** (Börse) nueva emisión *f* **2.** nueva edición *f*
Neubau *m*, **ten** construcción *f* nueva; inmueble *m* nuevo
Neubauerklärung *f*, **en** (Constr.) declaración *f* de Obra Nueva
Neubauwohnung *f*, **en** vivienda *f*, piso *m* de reciente construcción
Neubearbeitung *f*, **en**, ~ ***eines Wörterbuches*** refundición *f*, revisión *f* de un diccionario
Neubedarf *m*, Ø necesidades *pl* nuevas
Neubegebung *f*, **en** → Neuemission
Neubesetzung *f*, **en 1.** nuevo titular *m* (de un cargo) **2.** nuevo reparto *m* de los escaños **3.** nuevo elenco *m* (en el teatro)
Neubesetzung *f*, **en** nuevo reparto *m* (de los escaños)
Neubewertung *f*, **en** revalorización *f*; reevaluación
Neudruck *m*, Ø reimpresión *f*
Neueinstellung *f*, **en** nueva colocación *f* (de personal)
Neueinstufung *f*, **en** nueva clasificación *f*
Neuemission *f*, **en** (Börse) nueva emisión *f* (de acciones, títulos)
Neuentwicklung *f*, **en** novedad *f*; producto *m* nuevo
Neuerscheinung *f*, **en** obra *f* reciente; obra *f* nueva; publicación *f* nueva, reciente; novedad *f* literaria

neuerschienen que acaba de aparecer; acabado de publicar; recién publicado, aparecido

Neuerung *f*, **en** innovación *f*; mejora *f*; ***technische*** ~ innovación técnica

Neuerwerbung *f*, **en** nueva adquisición *f*, compra *f*

Neufassung *f*, **en** revisión *f*; reforma *f*; (Gesetz) texto *m* revisado; edición *f* revisada

Neufestsetzung *f*, **en** nueva fijación *f*; ~ ***einer Rente*** revisión *f* de una pensión

Neugeschäft *n*, **e** nuevos clientes *pl bzw.* contratos *pl*; producción *f* nueva

neugestalten reorganizar; remodelar; reestructurar

Neugestaltung *f*, **en** reestructuración *f*; reconversión *f*

Neugründung *f*, **en** fundación *f* nueva

Neuheit *f*, **en** novedad *f*; ***eine*** ~ ***bieten*** presentar una novedad

Neukotierung *f*, **en** introducción *f* en la Bolsa

Neuland *n*, Ø, ~ ***erschließen*** roturar nuevas tierras

Neulandgewinnung *f*, Ø cultivo *m* de nuevas tierras

Neulieferung *f*, **en** nueva entrega *f*; nuevo suministro *m*

Neuordnung *f*, **en** reorganización *f*; reestructuración *f*; reconversión *f*

Neuorganisation *f*, **en** reorganización *f*

Neuorientierung *f*, **en** nueva orientación *f*; reorientación *f*

Neuregelung *f*, **en** reglamentación *f* nueva; reforma *f*; ***die*** ~ ***der Arbeitszeit fordern*** exigir una reforma de la jornada laboral

Neureiche(r) (der/ein) nuevo rico *m*

neutral neutral; ~***er Ertrag*** producto *m* neutral, no incorporado; ~***e Person*** persona imparcial, neutral

neutralisieren neutralizar

Neutralität *f*, Ø neutralidad *f*

Neutralitätsverletzung *f*, **en** violación *f*, incumplimiento *m* de la neutralidad

Neuverschuldung *f*, **en** endeudamiento *m* neto; déficit *m* presupuestario; endeudamiento *m* corriente

Neuverteilung *f*, **en** redistribución *f*; ~ ***der Einkommen*** redistribución de la renta

Neuwagen-Zulassungen *pl* matriculaciones *pl* nuevas; nuevas *pl* matriculaciones; matriculaciones *f* de vehículos nuevos

Neuwert *m*, Ø valor *m* en estado nuevo

Neuwertversicherung *f*, **en** seguro *m* de valor en estado nuevo; póliza *f* móvil (bei Feuerversicherung)

Neuzulassung *f*, **en** nueva matriculación *f* (de automóviles)

New Look *m*, Ø nuevo estilo *m*; nueva concepción *f*

Newcomer *m*, - recién llegado *m*

New-Deal-Politik *f*, Ø política *f* del New Deal; (política *f* económica instrumentada por el presidente Roosevelt a partir de 1933 para combatir la crisis)

NGG (Gewerkschaft Nahrung, Genuss, Gaststätten) sindicato *m* de la alimentación, de los estimulantes y de la hotelería

nicht einlösbar inconvertible; irrecuperable

nicht rechtsfähig sin capacidad juridica

Nichtabzugsfähigkeit *f*, Ø (caractér *m* de) no deducibilidad *f*

nichtamtlich no oficial; inoficial

Nichtanerkennung *f*, **(en)** no reconocimiento *m*

Nichtannahme *f*, **n** no aceptación *f*; rechazo *m*

Nicht-Ansässige(r) (der/ein) persona *f* no residente

Nichtanwendung *f*, **en** no utilización *f*

Nichtanwesenheit *f*, Ø **1.** ausencia *f* **2.** baja *f* (por enfermedad, etc.)

Nichtausführung *f*, **en** no ejecución *f*

Nichtbanken *pl* sector *m* no bancario

Nichtbeachtung *f*, **en** incumplimiento *m*; inobservancia *f*; ~ ***von Verträgen*** incumplimiento de contratos

Nichtbefolgung *f*, **en** → Nichtbeachtung

Nichtbegleichen *n*, Ø, ~ ***einer Schuld*** impago *m*, no liquidación *f* de una deuda

Nichtbeitreibung *f*, Ø imposibilidad *f* de recaudación

Nichtbelastungsgebiet *n*, **e** zona *f* protegida (en la que está prohibida la implantación de industrias)

Nichtbenutzung *f*, Ø no utilización *f*

Nichtberechtigte(r) (der/ein) persona *f* no autorizada

nichtberufstätig no activo; que no trabaja

Nichtberufstätige *pl* → Nichterwerbstätige

Nichtbestätigung *f*, **en** no confirmación *f*

nichtbetrieblich exterior; no perteneciente a la empresa; ~***e Mittel einsetzen*** utilizar recursos exteriores, ajenos

nichtbewirtschaftet no racionado; no sometido a racionamiento; no controlado

Nichtbezahlung *f*, **en** falta *f* de pago; impago *m*

Nichtdiskriminierungsklausel *f*, **n** cláusula *f* de no discriminación

nichtdokumentär, ~***e Konditionen*** condiciones *pl* no documentarias

Nichteinbringungsfall *m*, **¨e** caso *m* de insolvencia *od.* de imposibilidad de cobro
Nichteinhaltung *f*, Ø → Nichtbeachtung
Nichteinlösbarkeit *f*, Ø inconvertibilidad *f*
Nichteinlösung *f*, **en** impago *m*; imposibilidad *f* de cobro
Nichteinmischung *f*, **(en)** no intervención *f*; no ingerencia *f*
Nichteisen-Metalle *pl* → NE-Metalle
Nichterfüllung *f*, **en** incumplimiento *m*; inobservancia *f*
Nichterscheinen *n*, Ø no comparecencia *f*; ausencia *f*; ~ ***vor Gericht*** no comparecer ante el Juez
Nichterwerbstätige *pl* población *f* no activa
Nichtfach|mann *m*, **-leute** no experto *m*; lego *m*; aficionado *m*
Nichtgebrauch *m*, Ø no utilización *f*; inmovilización *f*; ***Entschädigung für*** ~ indenmnización *f* por inmovilización
Nichtgefallen *n*, Ø, ***bei*** ~ ***Geld zurück*** devolvemos el dinero si el artículo no es de su agrado; reembolso *m* del precio del producto si éste no le satisface
Nichtgeschäftsfähige/r (der/ein) persona *f* incapaz de contratar
nichtgewerblich no lucrativo; ***~er Verkehr*** tráfico *m* del personal de una empresa; tráfico *m* no perteneciente a los medios de comunicación públicos
nichtgewünscht, ***~es durchstreichen*** → Nichtzutreffendes streichen
nichtig nulo; sin efecto, valor; ***für null und ~ erklären*** declarar nulo y sin valor
Nichtigerklärung *f*, **en** anulación *f*; invalidación *f*
Nichtigkeit *f*, **en** nulidad *f*
Nichtigkeitsbeschwerde *f*, **n** recurso *m*, petición *f* de nulidad
Nichtigkeitserklärung *f*, **en** declaración *f* de nulidad
Nichtigkeitsklage *f*, **n** acción *f* de nulidad
Nicht-Inländer- (Pref.) no nacional; extranjero; ***~Depositen*** depósitos *pl* extranjeros
Nicht-Kauf|mann *m*, **-leute** no comerciante *m*; comerciante *m* no inscrito en el registro de Comercio
Nichtkonvertierbarkeit *f*, Ø no convertibilidad *f*; inconvertibilidad *f*
Nichtlebensmittel *pl* productos *pl* no alimenticios
Nichtmitglied *n*, **er** no miembro *m*
nichtöffentlich no público; privado; ***~e Sitzung*** sesión *f* a puerta(s) cerrada(s)
Nicht-Öl-Länder *pl* países *pl* no productores de petróleo
Nichtorganisierte(r) (der/ein) persona *f* no perteneciente a un sindicato
Nichtraucherabteil *n*, **e** compartimiento *m* para no fumadores
nichtselbständig dependiente; ***~e Arbeit*** trabajo *m* asalariado
Nichtsnutzigkeit *f*, Ø inutilidad *f*
nichttarifär, ***~e Handelhemmnisse*** obstáculos *pl* comerciales no tarifarios
Nicht-Teilnahme *f*, **(n)** no participación *f*
Nichtübereinstimmung *f*, **(en)** discrepancia *f*; divergencia *f*; disenso *m*
Nichtunterzeichnerstaat *m*, **en** Estado *m* no signatario
Nichtverbreitung *f*, Ø no proliferación *f*; ~ ***von Atomwaffen*** no proliferación de armas nucleares
nichtverbrieft no garantizado por escrito
Nichtvermarktung *f*, Ø no comercialización *f*
Nichtvollstreckung *f*, **(en)** no ejecución *f*
Nichtvollziehung *f*, **en** no ejecución *f*
Nichtvorhandensein *n*, Ø, ***bei*** ~ en su defecto; ***wir bedauern das ~ dieser Ware*** lamentamos, sentimos no disponer de esa mercancía
Nichtwähler *m*, - abstencionista *m*
Nichtzahlung *f*, **en** impago *m*; falta *f* de pago
Nichtzustellung *f*, **en** no entrega *f*
nichtzutreffend, ***~es streichen*** tachar lo que no proceda; táchese lo que no convenga
Niedergang *m*, Ø fracaso *m*; decadencia *f*
Niederlage *f*, **n 1.** fracaso *m* **2.** depósito *m*; almacén *m*
niederlassen, ***sich*** ~ establecerse; instalarse; establecer su domicilio
Niederlassung *f*, **en** sucursal *m*; emplazamiento *m*; agencia *f*; ***gewerbliche*** ~ establecimiento *m* industrial *od.* comercial
Niederlassungsfreiheit *f*, **en** libertad *f* de establecimiento
Niederlassungsnetz *n*, **e** red *f* de sucursales
Niederlassungsvertrag *m*, **¨e** contrato *m* de establecimiento
niederlegen 1. depositar; almacenar **2.** cesar (de trabajar) **3.** dimitir; renunciar; ***sein Amt*** ~ renunciar a sus funciones; deponer el cargo
niederschlagen 1. reprimir; subyugar; ***einen Streik*** ~ reprimir una huelga **2.** suspender; parar; ***einen Prozess*** ~ suspender un proceso **3.** repercutir sobre; ***sich ~ auf*** repercutir sobre; incidir en; ***die Erhöhung der Ölpreise schlägt sich auf die Produk-***

tion nieder el aumento de los precios del petróleo incide en la producción
niederschreiben escribir; redactar; apuntar
Niederschrift *f*, **en** escrito *m*; actas *pl*; minuta *f*
niederstimmen rechazar por mayoría; dejar en minoría; relegar a la minoría
Niederstwertprinzip *n*, Ø principio *m* del valor mínimo, de la más baja evaluación
niedrig bajo; moderado; módico
Niedriglohn *m*, **¨e** salario *m* bajo
Niedriglohnempfänger *m*, - perceptor *m* de bajo salario
Niedriglohnland *n*, **¨er** país *m* con bajo nivel de renta
Niedrigpreis *m*, **e** bajo precio *m*
Niedrigpreisland *n*, **¨er** país *m* de precios bajos
Niedrigpreispolitik *f*, Ø política *f* de precios bajos; ***eine ~ treiben*** instrumentar, practicar una política de bajos precios
Niedrigpreis(waren)haus *n*, **¨er** almacén *m* barato
niedrigprozentig de poco porcentaje; de baja graduación (alcohólica)
Niedrigstanbieter *m*, - mejor ofertante *m*
Niedrigstkurs *m*, **e** cotización *f* mínima, más baja
Niedrigstwert *m*, **e** valor *m* mínimo
Niedrigverdiener *pl* "las rentas bajas"; "los ingresos bajos“
Niemandsland *n*, Ø zona *f* desmilitarizada, neutral; tierra *f* de nadie
Nießbrauch *m*, Ø usufructo *m*; ***lebenslänglicher ~*** usufructo vitalicio; ***den ~ an einem Haus haben*** tener el derecho de usufructo de una casa
Nießbraucher *m*, - usufructuario *m*; beneficiario *m*
Nikkei-Index *m*, Ø indice *m* Nikkei (de la Bolsa de Tokio)
Nimmerleinstag *m*, Ø, (Fam.), ***die Zahlungen auf den ~ verschieben*** aplazar los pagos para el día que nunca llegará; aplazar el pago para las calendas griegas
Niveau *n*, **s** nivel *m*; ***das ~ der Preise*** el nivel de los precios; ***das aktuelle ~ wahren*** mantener el nivel actual
nivellieren nivelar; ***soziale Unterschiede ~*** nivelar diferencias sociales
Nivellierung *f*, **en**, ***~ der Löhne*** nivelación *f* de los salarios
Nochgeschäft *n*, **e** (Börse) transacción *f* a opción *bzw.* suplementaria; negocio *m* de opción
Nominal- (Pref.) nominal
Nominalbetrag *m*, **¨e** importe *m* montante *m* nominal
Nominaleinkommen *n*, - renta *f* nominal
Nominalkapital *n*, Ø **1.** capital *m* nominal *od.* suscrito, declarado (de una S.R.L.) **2.** capital *m* social (de una S.A.)
Nominallohn *m*, **¨e** salario *m* nominal
Nominalwert *m*, **e** valor *m* nominal
Nominalzins *m*, **en** interés *m* nominal
nominell nominal, ***der ~e Wert einer Aktion*** el valor nominal de una acción
nominieren nombrar; designar; ***einen Nachfolger ~*** nombrar un sucesor
Nominierung *f*, **en** nombramiento *m*
Non-Food-Abteilung *f*, **en** sección *f* no alimentaria
Non-Food-Artikel *pl* artículos *pl* no alimentarios
Nonkonformismus *m*, Ø inconformismo *m*; anticonformismo *m*
Nonkonformist *m*, **en** inconformista *m*; no conformista *m*
nonstop sin escala; sin interrupción; (Angl.) non stop
Nonstopflug *m*, **¨e** vuelo *m* sin escalas
Nonstopkino *n*, **s** cine *m* de sesión continua
Nonvaleur *m*, **s** valores *pl* depreciados; títulos *pl* sin valor
Nordrhein-Westfalen Renania del Norte-Westfalia *f*
Nord-Süd-Gefälle *n*, Ø desnivel *m*, disparidad *f*, diferencia *f* Norte-Sur
Norm *f*, **en** **1.** norma *f*; estándar *m*; ***technische ~en festsetzen*** fijar normas técnicas **2.** rendimiento *m* exigido; producción *f* exigida; ***die ~ erfüllen*** realizar el rendimiento exigido
Normabweichung *f*, **en** desviación *f* de la norma
normal, ***~e Steuererklärung*** declaración *f* ordinaria; ***~e Veranlagung*** estimación *f* directa
normalisieren normalizar; ***die Beziehung zu einem Land ~*** normalizar las relaciones con un país
Normalisierung *f*, **en** normalización *f*
Normalverbraucher *m*, - consumidor *m* medio (sin exigencias)
Normalverteilung *f*, distribución *f* normal
Normalvertrag *m*, **¨e** contrato *m* tipo
Normalzustand *m*, Ø estado m, situación *f* normal; normalidad *f*; ***auf den ~ zurückbringen*** devolver a la normalidad; hacer volver a la normalidad; restablecer el esta-do de normalidad

normativ normativo
Normblatt *n*, **¨er** hoja *f* de normas
normen normalizar; estandarizar
Normenausschuss *m*, **¨sse** comisión *f* de normalización; ***deutscher*** ~ (DNA) Oficina *f* alemana de normalización
Normenerhöhung *f*, **en** aumento *m* de las normas
Normenfestsetzung *f*, **en** fijación *f* de las normas
Normenkontrolle *f*, **n** control *m* de la constitucionalidad de las leyes
normieren → normen
Normübererfüllung *f*, **en** rebasamiento *m* de las normas (prescritas)
Normung *f*, **en** normalización *f*; estandarización
Normungskartell *n*, **e** cártel *m* en materia de normalización de productos
Nostalgiewelle *f*, **n** ola *f* nostálgica; ola *f* retro
nostalgisch nostálico; retro
Nostrifikation *f*, **en** **1.** reconocimiento *m* de diplomas extranjeros; convalidación *f* de títulos extranjeros **2.** naturalización *f*
nostrifizieren **1.** reconocer, convalidar un título extranjero **2.** naturalizar
Nostroguthaben *n*, **-** activo *m* propio
Nostrokont|o *n*, **-en** nuestra cuenta *f*
Nostro-Konten *pl* nuestras cuentas *pl* en un banco extranjero
Not- (Pref.) de urgencia, emergencia; de segundad
Not leidend **1.** indigente; pobre; necesitado; afectado por la crisis **2.** (Wechsel) pendiente de pago; no recuperado; ***~e Aktie*** acción *f* que no arroja dividendo; ***~er Wechsel*** letra *f* pendiente de pago; letra *f* no retirada
notabene notabene; anotar bien
Notabgabe *f*, **n** impuesto *m* de solidaridad
Notabgabe *f*, **n** tasa *f* de solidaridad
Notadresse *f*, **n** dirección *f* en caso necesario
Notar *m*, **e** notario *m*; (LA) escribano *m*
Notariat *n*, **e** notaría *f*; (LA) escribanía *f*
Notariatsgehilfe *m*, **n** asistente *m* de notario
notariell notarial; ~ ***beglaubigte Urkunde*** documento *m* notarialmente legalizado; documento *m* notarial; ***~e Beurkundung*** escritura *f* notarial; ***~e Inverzugsetzung*** requerimiento *m* notarial (bei Immobilien)
Notaufnahme *f*, **n** urgencia *f*
Notausgang *m*, **¨e** salida *f* de emergencia
Notausstieg *m*, **e** bajada *f* de emergencia
Notbehelf *m*, **e** recurso *m* en caso de urgencia; expediente *m*

Note *f*, **n** **1.** nota *f*; memorándum *m*; memoria *f*; (Pol.) ***~n wechseln*** intercambiar notas **2.** billete *m* de banco; ***falsche*** ~ billetes falsos (Syn. ***Banknote***)
Notenaufruf *m*, **e** retirada *f* de billetes de banco
Notenausgabe *f*, **n** emisión *f* de billetes de banco
Notenaustausch *m*, Ø intercambio *m* de notas diplomáticas
Notenautomat *m*, **en** cajero *m* automático (Syn. ***Geldautomat; Banknotenautomat***)
Notenbank *f*, **en** banco *m* emisor, central (Syn. ***Zentralbank***)
Notenbankausgaberecht *n*, Ø derecho *m* de emitir billetes de banco
Notenbankgouverneur *m*, **e** gobernador *m* del banco emisor
Notenbündel *n*, **-** fajo *m* de billetes
Notendeckung *f*, **en** cobertura *f* monetaria
Notenpresse *f*, **n** imprenta *f* de billetes de banco
Notenprivileg *n*, **ien** privilegio *m* de emisión de billetes de banco
Notenumlauf *m*, Ø circulación *f* de billetes de banco
Notenwechsel *m*, **-** → Notenaustausch
Noterbe *m*, **n** heredero *m* forzoso, legal
Notfall *m*, **¨e** caso *m* de urgencia, de emergencia; caso *m* de fuerza mayor
Notfrist *f*, **en** plazo *m* perentorio, fatal
Notgeld *n*, **(er)** moneda *f* provisional; papel moneda *m* de circulación forzosa
Notgesetz *n*, **e** ley *f* de emergencia
Notgroschen *m*, **-** dinero *m* de reserva
Nothafen *m*, **-** puerto *m* de refugio, de arribada
Nothilfe *f*, **n** primeros socorros *pl*; ***technische*** ~ organización *f* para mantener los servicios públicos
notieren **1.** apuntar; tomar nota de **2.** (Börse) cotizar; ***amtlich*** ~ cotizar oficialmente; ***hoch*** ~ cotizarse alto
Notierung *f*, **en** cotización *f*; ***erste*** ~ primera cotización; ***zur ~ zulassen*** admitir a la cotización oficial
Notierungsanstieg *m*, **e** aumento *m* de la cotización
Notierungsrückgang *m*, **e** retroceso *m* de la cotización
Notifikation *f*, **en** notificación *f*; aviso *m*; noticia
Notiz *f*, **en** **1.** nota *f*; apunte *m* **2.** (Börse) → Notierung

Notizblock *m*, **s** bloque *m* para *od.* de apuntes
Notizbuch *n*, **¨er** libreta *f*; agenda *f*
Notlage *f*, **n** situación *f* precaria; apuro *m*; crisis *f*; ***in eine finanzielle ~ geraten*** encontrarse en una crisis financiera
Notleidende/r (der/ein) necesitado *m*; que sufre penuria; indigente *m*
Notlösung *f*, **en** solución *f* de emergencia
Notmaßnahme *f*, **n** medida *f* de urgencia, emergencia
Notpfennig *m*, **e** → Notgroschen
Notprogramm *n*, **e** programa *m* de urgencia
Notruf *m*, **e** (Teléf.) número *m* de socorro, de emergencia
Notrufsäule *f*, **n** poste *m* de socorro
Notsender *m*, **-** emisora *f* de urgencia, de emergencia
Notsituation *f*, **en** → Notlage
Notsparen *n*, Ø ahorros *pl* en caso de necesidad
Notstand *m*, Ø (Pol.) estado *m* de alarma
Notstandsgebiet *n*, **e** zona *f* del siniestro
Notstandsgesetz *n*, **e** ley *f* de excepción
Notstandsgesetzgebung *f*, **en** legislación *f* de urgencia
Nottür *f*, **en** salida *f* de emergencia
Notunterkunft *f*, **-¨e** alojamiento *m* provisional
Notverkauf *m*, **¨e** venta *f* forzada
Notverordnung *f*, **en** ordenanza *f* de emergencia, de excepción; decreto-ley *m*
Notzeiten *pl* período *m* de restricción
Novelle *f*, **n** enmienda *f*; ley *f* modificada por enmienda
novellieren enmendar
Novellierung *f*, **en** enmienda *f*
Novität *f*, **en** novedad *f* en el mercado
Novum *n*, Ø novedad *f* (jamás vista); novedad *f* inédita
Nr. → Nummer
NRT → Nettoregistertonne
NRW → Nordrhein-Westfalen
NS (nach Sicht) a la vista
Nuclear Energy Agency *f*, Ø agencia *f* de energía nuclear
Nuklear- (Pref.) nuclear; atómico (Syn. ***Atom-; Kern-***)
nuklear nuclear; ***~e Abrüstung*** desarme *m* nuclear; ***~ angetriebenes U-Boot*** submarino *m* de propulsión nuclear
Nuklearmacht *f*, **¨e** potencia *f* nuclear
null cero; ***~ und nichtig*** → nichtig
Null *f*, **en** cero *m*; ***~ Uhr*** hora *f* cero; ***die Zahl ~*** el numero *m* cero
Nullifikation *f*, Ø anulación *f*; abrogación *f*; suspensión *f*
nullifizieren anular; abrogar; suspender
Nullkupon-Anleihe *f*, **n** bono *m* (con) cupón cero
Null-Lösung *f*, **(en)**, ***doppelte ~*** opción *f* doble cero
Nullpunkt *m*, Ø punto *m* cero; ***auf den ~ sinken*** tocar fondo; llegar al punto cero
Nullsatz *m*, Ø tasa *f* cero
Nulltarif *m*, **(e)** tarifa *f* gratuita
Nullwachstum *n*, Ø crecimiento *m* cero
Numerik *f*, Ø (Inform.) programación *f* numérica
Numerus clausus *m*, Ø cupo *m* de estudiantes; número *m* cerrado; contíngente *m* fijo
Numismatik *f*, Ø numismática *f*
Numismatiker *m*, **-** numismático *m*
Nummer *f*, **n** número *m*
nummerieren numerar
Nummerierung *f*, **en** numeración *f*
Nummernkont|o *n*, **-en** cuenta *f* anónima
Nummernscheibe *f*, **n** (Teléf.) disco *m* de llamada
Nummernschild *n*, **er** placa *f*; matricula *f* (del automóvil)
Nummernverzeichnis *n*, **se** índice *m* de números
Nutzbarmachung *f*, **(en)** aprovechamiento *m*; utilización *f*
nutzbringend provechoso; beneficioso; fructífero; ***~e Kapitalanlage*** inversión lucrativa
Nutzeffekt *m*, **e** efecto *m* útil; rendimiento *m*
Nutzeffektberechnung *f*, **en** cálculo *m*, evaluación *f* del rendimiento
Nutzeffektberechtigung *f*, **en** cálculo *m* del rendimiento
Nutzen *m*, Ø uso *m*; ganancia *f*; beneficio *m*; rendimiento *m*; utilidad *f*; ***~ bringen*** redundar en beneficio; ***mit ~ verkaufen*** vender con beneficio
Nutzen-Kosten-Analyse *f*, **n** análisis *m* rentabilidad-costes
Nutzfahrzeug *n*, **e** vehículo *m* utilitario
Nutzfläche *f*, **n** superficie *f* útil, cultivable; ***landwirtschaftliche ~*** superficie agrícola cultivable
Nutzladung *f*, **en** → Nutzlast
Nutzlast *f*, **en** carga *f* útil
Nutzleistung *f*, **en** rendimiento *m* efectivo
Nutznießer *m*, **-** usufructuario *m*; beneficiario *m*; usuario *m*
Nutznießung *f*, Ø usufructo *m*; disfrute *m*

Nutzschwelle *f*, **(n)** umbral *m* de rentabilidad (Syn. ***Gewinnschwelle; break-even-point***)
Nutzung *f*, **en** utilización *f*; explotación *f*; empleo *m*; ***friedliche ~ der Kernenergie*** utilización pacífica de la energía nuclear
Nutzungsausfall *m*, Ø falla *f* de servicio, de explotación
Nutzungsberechtigte/r (der/ein) beneficiario *m*; usufructuario *m*
Nutzungsdauer *f*, Ø duración *f* de la utilización
Nutzungsgebühren *pl* canon *m* (de aprovechamiento, explotación)
Nutzungslizenz *f*, **en** licencia *f* de explotación
Nutzungsrecht *n*, **e** derecho *m* de aprovechamiento, de explotación, de usufructo
Nutzungsvergütung *f*, **en** canon *m*, retribucióón *f* por explotación
Nutzungswert *m*, **e** valor *m* útil *bzw.* de alquiler
Nutzungszeit *f*, **en** tiempo *m* de aprovechamiento, de explotación, de utilización
Nutzwert *m*, Ø valor *m* útil; valor *m* de uso
NYSE-Index *m*, Ø índice *m* NYSE de valores industriales (Bolsa de Nueva York)

O

o.a. (oben angegeben) mencionado, indicado arriba
o.K. **1.** (ohne Kosten) sin gastos **2.** (O.K.) visto *m* bueno; vale
Obdachlosensiedlung *f*, **en** urbanización *f* de desamparados
Obdachlose(r) (der/ein) desamparado *m*; ***die ~*** los „sintecho"
obenerwähnt mencionado arriba; lo susodicho, sobredicho
Obengenannte, ***der ~*** el mencionado arriba
obenstehend → obenerwähnt
obenzitiert → obenerwähnt
ober superior; principal; ***~e Grenze*** límite *m* superior; tope *m*; ***die ~en Klassen*** las clases superiores; ***die ~en Zehntausend*** la flor y nata de la sociedad
Ober- (Pref.) jefe; superior; principal
Oberaufseher *m*, **-** inspector *m* general; superintendente *m*; capataz *m*
Oberaufsicht *f*, **en** superintendencia *f*; inspección *f* general
Oberbekleidung *f*, Ø ropa *f* exterior
Oberbuchhalter *m*, **-** jefe *m* contable *od.* de contabilidad
Oberbürgermeister *m*, **-** alcalde *m* gobernador; alcalde presidente *m*; primer alcalde *m* (de una gran ciudad)
Oberfinanzdirektion *f*, **en** (R.F.A.) dirección *f* regional de Hacienda
Obergesellschaft *f*, **en** sociedad *f*, casa *f* matriz
Obergrenze *f*, **n** límite *m* superior
Obergutachten *n*, **-** tercer peritaje *m*; contraperitaje m
Oberhand *f*, Ø, ***die ~ haben*** prevalecer; tener la voz cantante; ***die ~ gewinnen*** hacerse con el mando, con la dirección
Oberhaupt *n*, **¨er** jefe *m*; director *m*; ***~ des Staates*** jefe de(l) Estado
Oberhaus *n*, Ø cámara *f* alta; segunda cámara *f*
Oberherrschaft *f*, Ø supremacía *f*
Oberklasse *f*, **n** → Oberschicht
Oberlandesgericht *n*, **e** (OLG) (R.F.A.) (etwa:) Audiencia *f* Territorial; tribunal *m* superior (regional)
Oberleitung *f*, Ø gerencia *f*; dirección *f* general
Oberschicht *f*, **en** clase *f*, estrato *m* superior
oberst supremo; el más alto; ***~es Gericht*** tribunal *m* supremo; ***~e Gewalt*** poder *m* supremo
Oberstaatanwalt *m*, **¨e** fiscal *m* superior; procurador *m* general
Oberverwaltungsgericht *n*, **e** tribunal *m* superior de lo contencioso-administrativo
Obhut *f*, Ø custodia *f*; protección *f*; tutela *f*; ***Waren in seine ~ übernehmen*** encargarse de las mercancías
obig, ***schicken Sie die Waren an ~e Adresse*** sírvase enviar la mercancía a la dirección indicada
Objekt *n*, **e** **1.** objeto *m*; mercancía *f* (de un cierto valor); ***preisgünstiges ~*** oferta ventajosa, lucrativa **2.** inmueble *m*
objektiv objetivo; real; ***~es Urteil*** fallo *m* objetivo (Ggs. ***subjektiv***)
Objektprogramm *n*, **e** (Inform.) programa *m* objeto
Objektschutz *m*, Ø (Seg.) protección *f* del objeto
Objektsteuer *f*, **n** impuesto *m* real
Objektüberwachung *f*, **(en)** (Seg.) vigilancia *f* individualizada
obliegen estar a cargo de alg.; ***diese Aufgabe obliegt mir*** esta tarea me corresponde; ***dem Schuldner ~ die Leistung*** prestación *f* a cargo del deudor
Obliegenheit *f*, **en** deber *m*; obligación *f*
obligat (A) → obligatorisch
Obligation *f*, **en** obligación *f*; ***kündbare (tilgbare) ~*** obligación amortizable, rescatable; cancelable; ***sichergestellte ~*** obligación garantizada; ***~en ausgeben*** emitir obligaciones; ***~en einlösen*** reembolsar obligaciones (Syn. ***Schuldverschreibung***)
Obligationär *m*, **e** → Obligationeninhaber

Obligationärsverein(igung) *m* (*f*), **e (en)** sindicato *m* de obligacionistas
Obligationärsversammlung *f*, **en** asamblea *f* de obligacionistas
Obligationenausgabe *f*, **n** emisión *f* de obligaciones
Obligationeninhaber *m*, - tenedor *m* de obligaciones; obligacionista *m*
Obligationsanleihe *f*, **n** empréstito *m* sobre obligaciones
Obligationseinlösung *f*, **en** reembolso *m* de obligaciones
Obligationsinhaber *m*, - → Obligationeninhaber
Obligationsmarkt *m*, **¨e** mercado *m* de obligaciones
Obligationsschuld *f*, **en** deuda *f* en obligaciones
Obligationsschuldner *m*, - deudor *m* de obligaciones *od.* obligacionista
obligatorisch obligatorio; forzoso; ***~e Sitzung*** sesión *f* obligatoria (Syn. ***Pflicht-; verbindlich***)
Obligo *n*, **s** obligación *f*; compromiso *m*; garantía *f*; ***ohne ~*** sin garantía (ni responsabilidad)
Ob|mann *m*, **¨er** *od.* **-leute** jefe *m*; director *m*; presidente *m*
Obolus *m*, Ø, ***seinen ~ entrichten*** dar su óbolo m
Obrigkeit *f*, **en** autoridad *f*; ***Respekt vor der ~*** respeto *m* de, a las autoridades
Obrigkeitsdenken *n*, Ø sentido *m* de la autoridad *bzw.* de la jerarquía
Obrigkeitsstaat *f*, **en** Estado *m* autoritario
Obst- und Gemüsehändler *m*, - comerciante *m* de frutas y legumbres
Ödland *n*, **¨er** terreno *m* baldío, inculto; terreno *m* no cultivado
OECD (Organization for Economic Cooperation and Development) O.C.D.E. Organización *f* de cooperación y desarrollo económico (compuesta de una veintena de países, sucesora en 1961 de la O.E.C.E.)
OECD-Länder *pl* países *pl* de la O.C.D.E.
OEEC (Organization for European Economic Cooperation) Organización *f* europea de cooperación económica (O.E.C.E.) (reemplazada en 1961 por la O.C.D.E.)
off line (Inform.) autónomo; ***~ line Verarbeitung*** procesamiento *m*, tratamiento *m* autónomo de las informaciones
offen 1. abierto; al descubierto; ilimitado; ***~er Buchkredit*** crédito *m* abierto en cuenta; ***~e Frage*** cuestión *f* abierta, pendiente; ***~es Giro*** giro *m*, endoso *m* en blanco; ***~es Konto*** cuenta *f* abierta; ***~er Markt*** mercado *m* abierto **2.** vacante; ***~e Stelle*** puesto *m*, plaza *f* vacante **3.**visible; declarado; ***~e Handelsgesellschaft*** sociedad *f* colectiva; ***~e Reserven*** reservas *pl* declaradas
Offenbarungseid *m*, **e** juramento *m* declarativo; ***einen ~ leisten*** prestar un juramento declarativo
offenlegen desvelar; revelar; publicar
Offenlegung *f*, **en** publicación *f*; ***~ der Vermögensverhältnisse*** publicación de la situación patrimonial, pecuniaria
Offenmarktpolitik *f*, Ø política *f* de mercado libre, abierto (practicada por el banco central en el mercado monetario por compra-venta de títulos)
offensiv ofensivo; ***~e Verkaufspolitik*** política *f* de ventas ofensiva
Offensive *f*, **n** ofensiva *f*; ***die ~ ergreifen*** tomar la ofensiva
offenstehen 1. estar vacante; ***eine Stelle steht offen*** un puesto está vacante **2.** estar en descubierto, no pagado; ***~de Rechnung*** factura *f* no pagada
öffentlich 1. ***~es Aktienkaufangebot*** oferta *f* pública de compra; ***~e Anleihen*** empréstitos *pl* públicos; ***~e Ausgaben*** gasto *m* público; ***~e Bekanntmachung*** puesta *f* en conocimiento público; aviso *m* (público); bando *m*; declaración *f* pública; ***~er Betrieb*** empresa *f* estatal, pública; ***~es Defizit*** déficit *m* público; déficit *m* presupuestario (Syn. ***Haushaltsdefizit, Staatsdefizit***); ***~er Dienst*** servicio *m* público; función *f* pública; ***~e Fürsorge*** asistencia *f* pública; ***~e Gelder*** fondos *pl* públicos; ***~e Hand*** sector *m* público; el Estado *m*; ***~e Lasten*** cargas *pl* públicas; ***~es Recht*** derecho *m* público; ***~-rechtliche Kreditanstalt*** entidad *f* bancaria de derecho público; ***~er Versorgungsbetrieb*** empresa *f* de abastecimiento pública **2.** ***~ ausschreiben*** sacar a concurso (público); ***~ bekanntmachen*** dar a conocer (al público); dar a conocer (oficialmente); publicar un bando; ***~ reden*** hablar en público
Öffentlichkeit *f*, Ø opinión *f* pública; público *m*; ***in der ~*** en público; (Jur.) ***unter Ausschluß der ~*** a puertas cerradas; ***vor die ~ bringen*** hacer público; ***an die ~ treten*** presentarse ante el público
Öffentlichkeitsarbeit *f*, Ø relaciones *pl* públicas; (labor *f* de) imagen *f* (Syn. ***Public Relations; PR-Arbeit***)

Öffentlichkeitsarbeiter *m*, - trabajador *m* de relaciones públicas; trabajador *m* en el departamento de imagen
öffentlich-rechtlich de derecho público; *~e Körperschaft* corporación *f* de derecho público (p.ej. la radio y televisión, cajas de ahorro, *etc.*)
offerieren ofrecer; *fest* ~ ofrecer en firme
Offert *n*, **e** (A) → Offerte
Offerte *f*, **n** oferta *f*; *eine ~ machen* hacer una oferta (Syn. *Angebot*)
Offizial *m*, **e** (A) funcionario *m*
Offizialverteidiger *m*, - defensor *m*, abogado *m* de oficio
offiziell oficial; *zum ~en Kurs* al cambio oficial (Syn. *amtlich*)
offiziös oficioso; semioficial; cuasioficial
öffnen abrir; *hier* ~ ábrase por este lado
Öffnungszeit *f*, **en** horas *pl* de apertura
Off-shore *n*, Ø **1.** exploración *f*, prospección *f* marítima **2.** compras *pl* en el extranjero efectuadas por el gobierno americano en el marco de su política de ayuda internacional
off-shore Bank *f*, **en 1.** banco *m* extraterritorial **2.** banco *m* de ultramar
off-shore funds *pl* fondos *pl* colocados en paraísos fiscales
Off-shore-Bohrung *f*, **en** perforación *f* costafuera
Off-shore-Lieferung *f*, **en** suministro *m* costafuera
Off-shore-Steuerabkommen *n*, - acuerdo *m* fiscal "off-shore"
ÖGB *m* (Österreichischer Gewerkschaftsbund) confederación *f* austríaca de sindicatos
OHG *f*, **s** (Offene Handelsgesellschaft) sociedad *f* colectiva
ÖIG *f* (Österreichische Industrie-Verwaltungsgesellschaft) organismo *m* administrativo de la industria nacionalizada de Austria
Öko- (Pref.) ecológico; natural
Ökobewegung *f*, **en** movimiento *m* ecologista
Ökoladen *m*, ¨ tienda *f* de productos ecológicos, de productos naturales
Ökologe *m*, **n** ecologista *m*
Ökologie *f*, Ø ecología *f*
ökologisch ecológico
Ökonom *m*, **en** economista *m*
Ökonometrie *f*, **n** econometría *f* (técnica de investigación económica)
Ökonomie *f*, **n** ciencias *pl* económicas; economía *f*
Ökonomik *f*, Ø **1.** ciencias *pl* económicas **2.** factores *pl* económicos **3.** análisis *m* científico de un sector económico
ökonomisch 1. económico; *~er Sachverständiger* experto *m* económico **2.** económico (que consume poco); *~es Produktionsverjahren* procedimiento *m* de producción económico
Ökopartei *f*, **en** partido *m* ecologista; partido *m* verde
Ökopax-Bewegung *f*, Ø movimiento *m* ecologista y pacifista
Öl *n*, **e** aceite *m*; petróleo *m*
Ölanteil *m*, **e** cuota *f* de petróleo; parte *f* de petróleo
Öldollar *m*, **s** petrodólar *m*
Oldtimer *m*, - coche *m* de época; coche *m* antiguo
Öleinfuhrabgabe *f*, **n** impuesto *m* sobre la importación de petróleo
Öleinfuhrland *n*, ¨**er** país *m* importador de petróleo
Ölembargo *n*, **s** embargo *m* sobre el petróleo
ölexportierendes Land *n*, ¨**er** país *m* exportador de petróleo
Ölförderland *n*, ¨**er** país *m* productor de petróleo
Ölförderung *f*, **en** extracción *f* de petróleo; producción *f* petrolífera
Ölfund *m*, **e** descubrimiento *m* de un yacimiento de petróleo
OLG *n* → Oberlandesgericht
Ölgesellschaft *f*, **en** (compañía *f*) petrolera *f*; compañía *f* petrolífera
Ölgewinnung *f*, **en** → Ölförderung
Ölhafen *m*, ¨ puerto *m* petrolífero
Oligarch *m*, **en** oligarca *m*
Oligarchie *f*, **n** oligarquía *f*
oligarchisch oligárquico
Oligopol *n*, **e** oligopolio *m*; mercado *m* dominado por algunas empresas grandes
oligopolistisch oligopolístico
Ölkonzern *m*, **e** grupo *m*, consorcio *m* petrolífero
Ölkrise *f*, **n** crisis *f* del petróleo
Ölleitung *f*, **en** oleoducto *m* (Syn. *Pipeline*)
Ölmagnat *m*, **en** magnate *m* del petróleo
Ölmarkt *m*, ¨**e** mercado *m* del petróleo; *auf dem freien* ~ en el mercado libre del petróleo
Ölmulti *m*, **s** multinacional *f* del petróleo

Ölpest *f*, Ø marea *f* negra
Ölpfennig *m*, **e** tasa *f* petrolera (pagada por las petroleras para financiar su estocaje y aprovisionamiento)
Ölpreiserhöhung *f*, **en** aumento *m* de precio del petróleo, del crudo
Ölpreissteigerung *f*, **en** → Ölpreiserhöhung
Ölprodukt *n*, **e** derivado *m* del petróleo
Ölproduktbesteuerung *f*, **en** imposición *f*; gravación *f* de los derivados del petróleo
Ölproduzent *m*, **en** productor *m* de petróleo
Ölquelle *f*, **n** pozo *m* de petróleo
Ölraffinerie *f*, **n** refinería *f* (de petróleo)
Ölrechnung *f*, **en** factura *f* petrolífera
Ölscheich *m*, **s** jeque *m* del petróleo; jeque *m* árabe
Ölschock *m*, **s** crisis *f* del petróleo; aumento *m* vertiginoso del precio del petróleo
Öltanker *m*, **-** petrolero *m*; buque *m* cisterna
Ölteppich *m*, **e** capa *f* de petróleo (en una marea negra)
Ölverbraucherländer *pl* países *pl* consumidores de petróleo
Ölversorgung *f*, **en** abastecimiento *m* de petróleo
Ölvorräte *pl* reservas *pl* petrolíferas, de petróleo
Ombudsmann *m*, **¨er** mediador *m*; arbitro *m*; intermediario *m* (encargado de arbitrar los litigios entre los ciudadanos y el gobierno); (E) defensor *m* del pueblo
Ombudsstelle *f*, **n** servicio *m* de reclamaciones y comisión de arbitraje
On-line-Verarbeitung *f*, **en** (Inform.) procesamiento *m* en línea; procesamiento *m* inmediato en el ordenador central
OPEC *f* (Organization of Petroleum Exporting Countries) Organización *f* de Países Exportadores de Petróleo; O.P.E.P.
OPEC-Länder *pl* países *pl* de la O.P.E.P.
Open-shop *m*, **s** (Inform.) ordenador *m* en modo abierto
Operateur *m*, **e** → Operator
Operating ratio *n*, **s** ratios *pl* de gestión, de operación
Operating statement *n*, **s** estado *m* de operación; cuenta *f* de explotación
Operation *f*, **en** operación *f*; ***eine ~ durchführen*** realizar una operación
Operational Assistence *f*, Ø (OPAS) asistencia operacional (ASOP)
operationell → operativ
Operationsforschung *f*, **en** → Operationsresearch
Operations-research *f*, Ø investigación *f* operativa *bzw.* de empresas (conjunto de técnicas de cálculo que permiten a la empresa resolver problemas complejos, p. ej. distribución, existencias *etc.*) (Syn. ***Unternehmensforschung***)
operativ operativo; estratégico; ***ein Unternehmen ~ leiten*** dirigir una empresa de forma operativa
Operator *m*, **en** (Inform.) operador *m*
operieren operar; maniobrar; funcionar
Opfer *n*, **-** víctima *f*; sacrificio *m*
Opiumschmuggel *m*, Ø contrabando *m*, tráfico *m* de opio
opponieren oponerse; hacer oposición a; poner resistencia contra
Opportunist *m*, **en** oportunista *m*
opportunistisch oportunista
Opposition *f*, **en** oposición *f*
oppositionell de la oposición; oposicionista
Oppositionschef *m*, **s** (Pol.) jefe *m* de la oposición
Oppositionspartei *f*, **en** (Pol.) partido *m* oposicionista *od.* de oposición
optieren optar; elegir; ***für etw. ~*** optar por a/c
optimal óptimo; ***~e Kapazität*** capacidad *f* óptima
Optimalkosten *pl* costes *pl* óptimos
Optimalplanung *f*, **en** → Operationsresearch
optimieren, ***einen wirtschaftlichen Prozeß ~*** optimizar un proceso económico
optimierung *f*, **en** optimización *f*
Option *f*, **en** opción *f*; ***eine ~ ausüben*** ejercer un derecho de opción; ***eine ~ auf etw. erwerben*** adquirir una opción sobre a/c
optional bond *m*, **s** bono *m* opcional
Optionsanleihe *f*, **n** empréstito *m* de opción
Optionsberechtigte/r (der/ein) persona *f* con derecho a la opción; optante *m*
Optionsbörse *f*, **n** mercado *m* de opciones; bolsa *f* de opciones
Optionsfrist *f*, en plazo *m* de la opción
Optionsgeber *m*, **-** dador *m* de la opción
Optionsgeschäft *n*, **e** → Optionshandel
Optionsgewährer *m*, **-** dador *m* de una opción
Optionshandel *m*, Ø mercado *m* de opciones
Optionsnehmer *m*, **-** aceptante *m*, beneficiario *m* de una opción
Optionsprämie *f*, **n** prima *f*, precio *m* de la opción (de compra o de venta)
Optionspreis *m*, **e** **1.** precio *m*, prima *f* de la opción **2.** señal *f*; arras *pl* (bei der Grund-

bucheintragung beim Ratenkauf einer Immobilie)
Optionsrecht *n*, **e** derecho *m* de opción
Optionsvertrag *m*, **¨e** contrato *m* de opción
ordentlich regular; ordinario; titular; *~e Ausgaben* gastos *pl* ordinarios; *~e Hauptversammlung* junta *f* general ordinaria; *~es Mitglied* miembro *m* titular, activo
Order *f*, **s** orden *f*; pedido *m*; instrucción *f*; *an* ~ a la orden de; *an eigene* ~ a nuestra orden; *an fremde* ~ a la orden de un tercero; *auf* ~ *lautend* pagadero a la orden; *auf* ~ *und für Rechnung* a la orden y cuenta de; *telegraphisch erteilte* ~ instrucciones telegrafiadas
Orderbestand *m*, **e** cartera *f* de pedidos, de órdenes
Orderbuch *n*, **¨er** libro *m* de pedidos
Ordergeber *m*, **-** dador *m* de una orden; comitente *m*
Orderklausel *f*, **n** cláusula *f* a la orden
Orderkonnossement *n*, **e** conocimiento *m* a la orden
Orderlagerschein *m*, **e** talón *m* de almacén a la orden
ordern pedir; pasar una orden
Orderpapier *n*, **e** título *m* endosable a la orden
Orderscheck *m*, **s** cheque *m* a la orden
Orderwechsel *m*, **-** letra *f* a la orden
Ordinärpreis *m*, **e** **1.** precio *m* impuesto (por el editor) **2.** precio *m* corriente, ordinario
ordnen ordenar; arreglar; clasificar; *alphabetisch* ~ clasificar por orden alfabético
Ordner *m*, clasificador *m*
Ordnung *f*, **en** orden *m*; disposición *f*; clasificación *f*; reglamento *m*; *gesellschaftliche* ~ orden social; *in* ~ en orden; (Paß) válido; (Scheck) cubierto; (Wechsel) bueno; *der* ~ *halber* para el buen orden; *marktwirtschaftliche* ~ economía *f* de mercado; *die* ~ *wiederherstellen* restablecer el orden
ordnungsgemäß reglamentario; conforme a las reglas; *~e Vollmacht* poder *m* en debida forma
ordnungsmäßig → ordnungsgemäß
Ordnungsmäßigkeit *f*, **en** regularidad *f*
Ordnungsstrafe *f*, **n** pena *f* reglamentaria *bzw.* coercitiva; castigo *m* disciplinario
ordnungswidrig irregular
ordnungswidrigkeit *f*, **en** infracción *f*; irregularidad *f*
ORF (Österreichischer Rundfunk) radio *f* austríaca
Organ *n*, **e** órgano *m*; organismo *m*; institución *f*; *ausführendes* ~ órgano ejecutivo; *beratendes* ~ órgano consultativo; *leitendes* ~ órgano de dirección; *ständiges* ~ órgano permanente; *supranationales* ~ institución supranacional
Organgesellschaft *f*, **en** sociedad *f* afiliada *od.* orgánica (jurídicamente independiente, mas sujeta financiera y administrativamente a otra empresa)
Organigramm *n*, **e** organigrama *m*
Organisation *f*, **en** organización *f* **1.** *gemeinnützige* ~ organización sin fines de lucro *od.* de utilidad pública; *gewerkschaftliche* ~ organización sindical; *gemeinsame* ~ organización común; *supranationale* (*überstaatliche*) ~ organización supranacional **2.** *einer* ~ *angehören* pertenecer a una organización; *eine* ~ *gründen* fundar una organización; *sich zu einer* ~ *zusammenschließen* reagruparse en el seno de una organización **3.** ~ *der Erdölexportierenden Lander* → OPEC; ~ *für wirtschaftliche Zusamrnenarbeit* → OEEC; ~ *für wirtschaftliche Zusammenarbeit und Entwicklung* → OECD; ~ *der Vereinten Nationen für Ernährung und Landwirtschaft* (FAO) Organización de las Naciones Unidas para la agricultura y la alimentación
Organisationsbüro *n*, *s* **1.** oficina *f*, gabinete *m* de estudios **2.** estudio *m* de ingeniería consultora **3.** organización *f* de empresas
Organisationskomitee *n*, **s** comité *m* organizador
Organisationsplan *m*, **¨e** → Organigramm
Organisationstalent *n*, **e** talento *m*, espíritu *m* de organización
Organisator *m*, **en** organizador *m*
organisatorisch organizativo; de la organización
organisch orgánico; *~es Wachstum* crecimiento *m* orgánico
organisieren organizar; *eine Demonstration* ~ organizar una manifestación
organisiert organizado; (gewerkschaftlich) *~e Arbeiter* obreros *pl* organizados en sindicatos
Organisierte/r (der/ein) (obrero *m*) sindicado *m*; afiliado *m*; organizado *m*
Organism|us *m*, **-en** organismo *m*; *beratender* ~ organismo consultativo

Organmandat *n*, **e** (A) multa *f*; ~ ***wegen falschen Parkens*** multa por estacionamiento no autorizado
Organschaft *f*, **(en) 1.** concentración *f* de sociedades **2.** relaciones *pl* entre las sociedades afiliadas y la casa matriz
Organspender *m*, - donante *m* del órgano, de órganos
Organtransplantation *f*, **en** transplante *m* de órgano(s)
Organverpflanzung *f*, **en** → Organtransplantation
Organvertrag *m*, **¨e** contrato *m* orgánico (por el cual la casa matriz asume la gestión de una o más sociedades dependientes)
orientieren orientar; ***sich ~ an*** (***nach***) orientarse en función de
Orientierung *f*, **en** orientación *f*
Orientierungsdaten *pl* informaciones *pl*, datos *pl* relativos a la orientación económica (Syn. ***Indikatoren***)
Orientierungspreis *m*, **e** precio *m* de orientación
Original *n*, **e** (documento *m*) original *m*; ***vom ~ Abschriften nehmen*** sacar, hacer copias del original
Originalakte *f*, **n** acta *f* original
Originalausfertigung *f*, **en** (ejemplar *m*) original *m*
Originalfaktur|a *f*, **-en** factura *f* original
Originalpackung *f*, **en** embalaje *m* de origen
Originalpreis *m*, **e** precio *m* de origen; precio *m* ex fábrica; precio *m* de fábrica
Originalrechnung *f*, **en** → Originalfaktura
Originaltext *m*, **e** texto *m* original
originaltreu conforme al original
Originalurkunde *f*, **n** documento *m* original
Originalverpackung *f*, **en** → Originalpakkung
Ort *m*, **e** lugar *m*; sitio *m*; ~ ***der Lieferung*** lugar de entrega; ***der Plan wurde höheren ~es genehmigt*** el proyecto ha sido adoptado a alto nivel; ***an ~ und Stelle*** en el lugar convenido
Ortsamt *n*, **¨er** central *f* urbana
ortsansässig residente; vecino de una ciudad
Ortsbefund *m*, **e** estado *m* del lugar
Ortschaft *f*, **en** localidad *f*; pueblo *m*; ***geschlossene ~*** población *f*
Ortsgebühr *f*, **en** (Teléf.) tarifa *f* local
Ortsgespräch *n*, **e** (Teléf.) conferencia *f* local; llamada *f* urbana
Ortskennzahl *f*, **en** (Teléf.) prefijo *m* interurbano
Ortsklasse *f*, **n** zona *f* de residencia (tomada en consideración para el tratamiento de los funcionarios públicos)
Ortskrankenkasse *f*, **n** caja *f* local de enfermedad *od.* de asistencia médica
Ortsleitzahl *f*, **en** prefijo *m* de localidad
Ortsnetz *n*, **e** (Teléf.) red *f* local, urbana
Ortsnetzkennzahl *f*, **en** (Teléf.) prefijo *m* urbano
Ortsverkehr *m*, **Ø 1.** tráfico *m* local **2.** servicio *m* telefónico urbano
Ortsvermittlung *f*, **en** central *f* telefónica local
Ortszulage *f*, **n** → Ortszuschlag
Ortszuschlag *m*, **e** plus *m* de residencia (para funcionarios publicos)
Ossi *m*, **s** (Fam.) alemán *m* oriental, de la antigua RDA
Ostblock *m*, Ø bloque *m* de los países del Este; países *pl* socialistas
Ostdeutschland *n*, Ø Alemania *f* oriental
Osten *m*, Ø el Este *m*; el Oriente *m*; ***der Nahe***, ***Mittlere***, ***Ferne*** ~ el Cercano, Medio, Lejano Oriente
Ostler *m*, - (Fam.) alemán *m* del este (Ggs. ***Westler***)
Ostpolitik *f*, Ø política *f* de la R.F.A. concerniente a los países del Este; „ostpolitik" *f*
Otto-Normalverbraucher *m*, Ø (Fam.) consumidor *m* medio; el hombre *m* de la calle
ÖTV (Öffentliche Dienste, Transport und Verkehr) sindicato *m* de los servicios públicos y del transporte en la R.F.A.
Output *n*, **s 1.** (Inform.) resultados *pl* de un tratamiento; salida *f* de datos **2.** producción *f* total de una empresa (Ggs. ***Input***)
Outsider *m*, - **1.** inconforme *m* (Syn. ***Außenseiter***) **2.** fuera de serie **3.** empresa *f* no ligada a limitaciones de la competencia
Overflow *m*, **s** (Inform.) desborde *m* de capacidad (de memorización del ordenador); fin *m* de página
ÖVP (Osterreichische Volkspartei) partido *m* popular austríaco
Ozean *m*, **e** océano *m*; ***den ~ überqueren*** cruzar el océano
Ozeandampfer *m*, - transatlántico *m*
Ozeanriese *m*, **n** buque *m* trasatlántico gigante; gigante *m* de los mares
Ozonloch *n*, Ø agujero *m* de ozono

P

P (Papier) término *m* bursátil que indica oferta de títulos
p.a. (pro anno) por año
p.c. (pro centum) por ciento (Syn. ***Prozent;*** *v.H.*)
p.p., p.p.a. → Prokura
Paar *n*, **e** par *m; **ein ~ Schuhe*** un par de zapatos
Pacht *f*, **en** (contrato *m* de) arrendamiento *m*; locación *f*; arriendo *m*; canon *m; **zeitlich begrenzte*** ~ arrendamiento temporal(mente limitado); ***landwirtschaftliche*** ~ arrendamiento agrícola; ***von Jahr zu Jahr verlängerte*** ~ arrendamiento prorrogable de año en año; ~ ***auf Lebensdauer*** arrendamiento vitalicio; ~ ***eingehen*** arrendar; tomar en arriendo; ***in ~ gehen*** arrendar; dar en arriendo
Pachtablauf *m*, Ø expiración *f* de un arrendamiento
pachtbar arrendable
Pachtbedingungen *pl* condiciones *pl* de arrendamiento
Pachtbesitz *m*, Ø posesión *f* en arriendo; posesión *f* arrendaticia
Pachtbetrieb *m*, Ø establecimiento *m*, explotación *f* en arriendo
Pachtbrief *m*, **e** contrato *m* de arrendamiento
Pachtdauer *f*, Ø período *m* de arrendamiento
pachten arrendar; tomar en arriendo; ***ein Grundstück*** ~ arrendar un terreno
Pächter *m*, **-** arrendatario *m*; locatario *m*; inquilino *m*; colono *m*
Pachterhöhung *f*, **en** aumento *m* del arriendo *bzw.* del canon de arrendamiento
Pachtgeld *n*, **er** arrendamiento *m*; arriendo *m*; canon *m; ~ **und Leihgesetz*** ley *f* sobre arrendamientos y préstamos
Pachtgrundstück *n*, **e** → Pachtgut
Pachtgut *n*, **¨er** finca *f od.* tierra *f* arrendada; terreno *m* arrendado
Pachthof *m*, **¨e** → Pachtgut
Pachtinhaber *m*, **-** titular *m* del arrendamiento; arrendatario *m*
Pachtjahr *n*, **e** año *m* arrendaticio; año *m* de arrendamiento
Pachtkredit *m*, **e** crédito *m* para arrendatarios
Pachtland *n*, Ø tierra *f* en arriendo; tierra *f* arrendada
Pachtnehmer *m*, **-** tomador *m* en arriendo; arrendatario *m*
Pachtpreis *m*, **e** (precio *m*, interés *m* del) arrendamiento; canon *m* arrendaticio
Pachtung *f*, Ø arriendo *m*; arrendamiento *m*
Pachturkunde *f*, **n** escritura *f*, contrato *m* de arrendamiento
Pachtverhältnis *n*, **se** relación *f* (jurídico-) arrendaticia
Pachtverlängerung *f*, **en** prolongación *f*, prórroga *f* del (contrato de) arrendamiento
Pachtvertrag *m*, **¨e** contrato *m* de arrendamiento; ***unbefristeter*** ~ contrato de arrendamiento ilimitado; ***einen ~ gewähen*** conceder un arrendamiento
pachtweise en arriendo; en arrendamiento
Pachtzins *m*, **en** arrendamiento *m*; canon *m*
Packagetour *f*, **en** viaje *m* todo incluido; viaje *m* individual organizado (por una agencia); paquete *m* turístico
Päckchen *n*, **-** paquete *m* (pequeño)
packen empaquetar; embalar (Ballen); encajonar (in Kisten); envasar (in Gefäße); envolver (in Papier); estibar (verstauen)
Packer *m*, **-** empaquetador *m*; embalador *m*; envasador *m*
Packerei *f*, **en** servicio *m* de embalaje
Packkosten *pl* costes *pl* de embalaje
Packliste *f*, **n** lista *f* (de) bultos
Packmaschine *f*, **n** máquina *f* embaladora, de embalaje
Packmaterial *n*, **ien** material *m* de embalaje
Packpapier *n*, Ø papel *m* para embalar, para embalajes; papel *m* para envolver
Packraum *m*, **¨e** sala *f* de embalaje
Pack-Set *n*, **s** (R.F.A.) material *m* de embalaje prefabricado y normalizado

Packung *f*, **n** embalaje *m*; envase *m*; presentación *f*; ***wiederverwendbare*** ~ embalaje reutilizable
Packwagen *m*, - furgón *m*
Page *m*, **n** botones *m* (de hotel)
Paket *n*, **e** paquete *m*; bulto *m*; fardo *m*; ***postlagerndes*** ~ paquete remitido a lista de correo; ~ ***aufgeben*** despachar, enviar, remitir un paquete; ~ ***als Eilgut befördern lassen*** expedir un paquete a *od.* en gran velocidad
Paketannahme *f*, Ø recepción *f* de paquetes
Paketausgabe *f*, Ø entrega *f* de paquetes
Paketbeförderung *f*, **en** transporte *m* de paquetes, (LA) de encomiendas *pl*
Paketbestellung *f*, **en** → Paketzustellung
Paket-Bombe *f*, **n** paquete bomba *m*
Paketdeckung *f*, **(en)** cobertura *f* global
Paket-Karte *f*, **n** boletín *m* de expedición
Paketpolicen *pl* pólizas *pl* tipo paquete
Paketporto *n*, **s** franqueo *m* de paquetes
Paketpost *f*, Ø servicio *m* de paquetes postales
Paketzustellung *f*, **en** entrega *f* de paquetes a domicilio
Pakt *m*, **e** pacto *m*; tratado *m*; acuerdo *m*; ***einen*** ~ ***abschließen*** concertar, celebrar un pacto
paktieren pactar
Palette *f*, **n** paleta *f* (de carga); gama *f* (de productos); ***eine breit gefächerte*** ~ ***von Konsumgütern*** una amplia gama de bienes de consumo
PAL-System *n*, Ø sistema *m* (de televisión en color) PAL
Panel *n*, **e** panel *m* (grupo de personas encuestadas)
Panelbefragung *f*, **en** encuesta *f* (de) panel
Paneltechnik *f*, **en** técnica *f* de encuestas (de) panel
Panikkäufe *pl* compras *pl*, adquisiciones *pl* inducidas por el pánico
Panikmache *f*, Ø alarmismo *m*
Panikverkäufe *pl* ventas *pl* inducidas por el pánico; adquisiciones *pl* por miedo
Pannenhilfe *f*, **n** **1.** ayuda *f* en carretera; ayuda *f* al automovilista **2.** (estación *f*, taller *m* de) reparaciones *pl*
panschen, ***Wein*** ~ adulterar vino
Paperback *n*, **s** libro *m* en rústica
Papier *n*, **e** **1.** papel *m*; ***etw. zu*** ~ ***bringen*** poner por escrito; ~***e*** documentos *pl* de identidad **2.** título-valor *m*; efecto *m*; ***auf den Inhaber lautendes*** ~ título *m* al portador; ***diskontfähiges*** ~ título, efecto descontable; ***erstklassige*** ~***e*** valores de primera clase; ***festverzinsliches*** ~ título de renta fija; ***Not leidendes*** ~ valor defectuoso; ***schwere*** ~***e*** valores de alta cotización; ***übertragbares*** ~ título transmisible; ***ungestempeltes*** ~ valor no sellado, libre; ~ ***mit Laufzeit*** valor con plazo de vencimiento; ~***e einziehen*** retirar valores de la circulación
Papierdeutsch *n*, Ø alemán *m* administrativo; alemán *m* burocrático
Papierfabrik *f*, **en** fábrica *f* de papel
Papiergeld *n*, Ø papel *m* moneda
Papiergeldumlauf *m*, Ø circulación *f* fiduciaria
Papierhandlung *f*, **en** papeleria *f*
Papierindustrie *f*, Ø industria *f* papelera; sector *m* del papel
Papierkorb *m*, **¨e** papelera *f*; ***in den*** ~ ***werfen*** tirar al cesto de los papeles; echar a la papelera; (Fig.) no hacer caso; no tomar en cuenta, en consideración
Papierkram *m*, Ø papeleo *m* (burocrático)
Papierkrieg *m*, Ø guerra *f* burocrática; papeleo *m*
Papierwährung *f*, **en** moneda *f* fiduciaria; moneda *f* de papel
Papierwolf *m*, **¨e** triturador *m* de papeles
Paragraph *m*, **en** parrafo *m*; (Jur.) artículo *m*
parallel paralelo *bzw.* paralelamente
Parallelgeschäft *n*, **e** compensación *f* paralela
Parallelmarkt *m*, **e** mercado *m* sumergido, paralelo
Parameter *m*, - parámetro *m*
pari a la par; ***unten über*** ~ bajo, sobre pari *bzw.* la par; ~ ***begeben*** emitir, negociar a la par; ***unter*** ~ ***sinken*** descender por debajo de la par; ***unter*** ~ ***gehandelt werden*** ser negociado por debajo de la par *od.* con descuento
Pariausgabe *f*, **n** emisión *f* a la par
Pariemission *f*, **en** → Pariausgabe
Parikurs *m*, **e** cotización *f*, cambio *m* a la par
Parität *f*, **en** paridad *f* (relación de intercambio entre dos monedas); igualdad *f*; ***Londoner*** ~ cambio *m* a la par de Londres; ***soziale*** ~ igualdad social; ~***en festlegen*** fijar las paridades
paritätisch a la par; paritario; ~***e Mitbestimmung*** cogestión *f* paritaria
Paritätsanpassung *f*, **en** adaptación *f* de las paridades
Paritätsklausel *f*, **n** cláusula *f* de paridad
Pariwert *m*, Ø valor *m* a la par

parken estacionar; aparcar; parquear (Col.)
Parkett *n*, **e** **1.** entarimado *m*; parqué *m*; **2.** Bolsa *f* oficial
Parkgebühr *f*, **en** tarifa *f* de aparcamiento, de estacionamiento
Parkhaus *n*, **¨er** garaje *m* de varias plantas, de varios pisos
Parkplatz *m*, **¨e** aparcamiento *m*; aparcadero *m*; (Angl.) párking *m*
Parkscheibe *f*, **n** disco *m* de aparcamiento
Parkstudium *n*, **-studien** estudios *pl* a la espera de una plaza en la universidad
Parkuhr *f*, **en** parquímetro *m*
Parlament *n*, **e** parlamento *m*; (E) Cortes *pl*
Parlamentarier *m*, **-** parlamentario *m*; diputado *m*
parlamentarisch parlamentario; ***~e Demokratie*** democracia *f* parlamentaria
parleilich → parteiisch
Parole *f*, **n** consigna *f*; santo *m* y seña; lema *m*; ***die ~ ausgeben*** dar la consigna
Partei *f*, **en** **1.** (Pol.) partido *m*; ***einer ~ beitreten*** adherirse a un partido; ***Kommunistische ~*** partido comunista; ***Labour ~*** partido laborista; ***Republikanische ~*** partido republicano; ***sozialistische ~*** partido socialista **2.** (Jur.) parte *f*; ***beklagte ~*** parte demandada; ***gegnerische ~*** parte oponente *od.* contraria; ***klägerische ~*** parte demandante; ***streitende ~*** parte litigante
Parteiabsprache *f*, **n** (Jur) convenio *m* entre las partes
Parteianhänger *m*, **-** afiliado *m* a un partido; miembro *m* de un partido
Parteiapparat *m*, **e** aparato *m* partidista; organización *f* de un partido
Parteiaufbau *m*, **Ø** estructura *f* interna de un partido
Parteibuch *n*, **¨er** carnet *m* de partido
Parteichinesisch *n*, **Ø** jerga *f* política
Parteidisziplin *f*, **Ø** disciplina *f* de partido
Parteienlandschaft *f*, **en** los (diferentes) partidos *pl* de un país; paisaje *m* político
Parteienverkehr *m*, **Ø** horario *m* al público (oficinas, administración)
Parteienwirtschaft *f*, **en** favoritismo *m* de los partidos; nepotismo *m*; partidarismo *m*
Parteifreund *m*, **e** amigo *m* político
Parteiführer *m*, **-** jefe *m*, líder *m* de un partido
Parteifunktionär *m*, **e** funcionario *m* de un partido
Parteigenosse *m*, **n** afiliado *m* a un partido
parteiisch interesado; parcial; (Urteil) preconcebido
Parteilinie *f*, **n** línea *f* del partido
parteilos apartidista; de ningún partido; imparcial; neutral
Parteilosigkeit *f*, **Ø** apartidismo *m*; no pertenencia *f* a ningún partido
Parteimann *m*, **-leute** miembro *m* (activo) de un partido
Parteimitglied *n*, **er** miembro *m* de un partido
Parteipolitik *f*, **Ø** política *f* partidista; política *f* de un partido
Parteiprogramm *n*, **e** programa *m* de un partido
Parteitag *m*, **e** congreso *m* de un partido
Parteiverfahren *n*, **-** expediente *m* (disciplinario) contra un afiliado
Parteiverkehr *m*, **Ø** → Parteienverkehr
Parteivorsitzender (der/ein) presidente *m* del partido
Parteivorstand *m*, **¨e** ejecutiva *f* de un partido; comité *m* ejecutivo
Parteizugehörigkeit *f*, **Ø** afiliación *f*
Partenreederei *f*, **en** empresa *f* de armamento marítimo en copropiedad
Parterre *n*, **Ø** piso *m* bajo
Parterrewohnung *f*, **en** vivienda *f* (de la planta) baja
Partialobligation *f*, **en** bono *m*; título *m* de obligación
Partiewaren *pl* artículos *pl*, mercancía *f* de ocasión
Partizipation *f*, **en** participación *f*
Partizipationsgeschäft *n*, **e** negocio *m* en participacion; negocio *m* a cuenta común
Partizipationskont|o *n*, **-en** cuenta *f* común
Partizipationsschein *m*, **e** bono *m* de participación (título-valor que garantiza la participación en una sociedad anónima, sin derecho corporativo)
Partner *m*, **-** socio *m*; parte *f* contratante; colaborador *m*; interlocutor *m*
Partnerland *n*, **¨er** → Partnerstaat
Partnerschaft *f*, **en** asociación *f* (en participación); colaboración *f*; participación *f*
Partnerstaat *m*, **en** Estado *m* asociado, miembro
Partnerstadt *f*, **¨e** ciudad *f* hermanada *od.* gemela
Party-Service *m*, **Ø** servicio *m* guateques; servicio *m* reuniones (a domicilio)
Parzelle *f*, **n** parcela *f*; lote *m* de terreno
parzellieren parcelar; dividir en parcelas *od.* lotes
Parzellierung *f*, **en** parcelación *f*; división *f* en lotes

Pass *m*, **¨sse** pasaporte *m; **abgelaufener** ~* pasaporte expirado; ***einen ~ ausstellen*** extender un pasaporte; ***einen ~ mit Sichtvermerk versehen*** visar un pasaporte; ***einen ~ verlängern, erneuern*** prolongar, renovar un pasaporte

Passagier *m*, **e** pasajero *m; **blinder** ~* polizón *m*; pasajero clandestino

Passagierdampfer *m*, **-** buque *m* de pasajeros; paquebote *m*

Passagierflugzeug *n*, **e** avión *m* de pasajeros

Passagierliste *f*, **n** lista *f* de pasajeros

Passagierschein *m*, **e** salvoconducto *m*; pase *m*; (Zoll) permiso *m* de libre tránsito

Passagierschiff *n*, **e** navío *m* de línea

Passamt *n*, **¨er** negociado *m* de pasaportes

passé sein (Fam.) estar obsoleto; estar atrasado; haber pasado de moda; no estar ya de moda

passiv pasivo; ~ ***absehließen*** cerrar con déficit; ~ ***legitimiert sein*** tener capacidad procesal pasiva; ~***es Wahlrecht*** derecho *m* de voto pasivo

Passiva *pl* pasivo *m*; deudas *pl* a pagar; ***Aktiva und ~*** activo y pasivo; debe y haber; ***transitorische ~*** pasivo transitorio

Passivbilanz *f*, **en** **1.** balance *m* pasivo, deficitario **2.** balanza *f* pasiva, deficitaria

Passivgeschäft *n*, **e** operación *f* pasiva (en las que el banco acepta capitales para otorgar créditos)

Passivhandel *m*, **Ø** comercio *m* de importación (Syn. ***Einfuhrhandel***)

passivieren sentar como pasivo; sentar un importe en el lado del pasivo

Passivmasse *f*, **n** → Passiva

Passivposten *m*, **-** partida *f* pasiva

Passivsald|o *m*, **-en** saldo *m* pasivo *od.* deficitario

Passivseite *f*, **n** lado *m* del pasivo

Passivzinsen *pl* intereses *pl* pasivos (abonados por el banco por los capitales ingresados)

Passkontrolle *f*, **n** control *m*, revisión *f* de pasaportes

Passstelle *f*, **n** → Passamt

Passus *m*, **-** cláusula *f*; pasaje *m*; párrafo *m*

Passzwang *m*, **Ø** obligación *f* de (llevar) pasaporte; pasaporte *m* obligatorio

Patenschaft *f*, **en** padrinazgo *m*; ***die ~ übernehmen*** apadrinar

Patent *n*, **e** patente *f*; ***ein ~ anmelden*** solicitar una patente; hacer registrar una patente; ***ein ~ erteilen*** extender, conceder una patente; ***auf etw. ein ~ nehmen*** patentar a/c; ***ein ~ verwerten*** explotar una patente

Patentabänderung *f*, **en** modificación *f* de patente

Patentablauf *m*, **Ø** expiración *f* de una patente

Patentamt *n*, **¨er** oficina *f* de patentes

patentamtlich, ~ ***geschützt*** patentado

Patentanmelder *m*, **-** solicitante *m*, peticionario *m* de patente

Patentanmeldung *f*, **en** solicitud *f* de una patente

Patentanspruch *m*, **¨e** reivindicación *f* de patente

Patentantrag *m*, **¨e** solicitud *f* de patente

Patentanwalt *m*, **¨e** agente *m* de patentes *od.* de la propiedad industrial

Patentanwaltskammer *f*, **n** agencia *f*, gabinete *m*, bufete *m* de patentes

Patentberichtigung *f*, **en** rectificación *f* de patente

Patentberühmung *f*, **en** usurpación *f* de patente(s)

Patentbeschreibung *f*, **en** descripción *f*, pliego *m* de la patente

Patentbewerber *m*, **-** → Patentanmelder

Patentblatt *n*, **¨er** boletín *m* (oficial) de la propiedad industrial

Patentbrief *m*, **e** certificado *m* de patente

Patentdauer *f*, **Ø** duración *f*, validez *f* de la patente

Patenteigentum *n*, **Ø** propiedad *f* de patente

Patenteinspruch *m*, **¨e** impugnación *f* de patente

Patenteintragung *f*, **en** inscripción *f*, registro *f* de patente

Patenterteilung *f*, **en** concesión *f*, expedición *f* de patente

patentfähig → patentierbar

Patentfähigkeit *f*, **Ø** patentabilidad *f*

Patentgebühr *f*, **en** derechos *pl* de patente

Patentgesetz *n*, **e** ley *f* sobre patentes

patentierbar susceptible de ser patentado; patentable

Patentierbarkeit *f*, **Ø** → Patentfähigkeit

patentieren patentar; sacar una patente; otorgar una patente

Patentierung *f*, **en** otorgamiento *m* de una patente; patentización *f*

Patentinhaber *m*, **-** titular *m*, tenedor *m* de una patente

Patentjahresgebühr *f*, **en** anualidad *f* (a pagar) por patente

Patentklage *f*, **n** demanda *f* por violación de patente

Patentkosten *pl* gastos *pl* de (una) patente
Patentlizenz *f*, **en** licencia *f* de patente
Patentlizenzgebühren *pl* derechos *pl* de producción bajo patente
Patentlösung *f*, **en** panacea *f*; solución *f* ideal, milagrosa
Patentrecht *n*, Ø derecho *m* de patentes; derecho *m* en materia de propiedad industrial
patentrechtlich, ~ ***geschützt*** protegido por marca de fábrica
Patentregister *n*, - registro *m* de la propiedad industrial; registro *m* de patentes
Patentschrift *f*, **en** memoria *f* descriptiva de una patente; escritura *f* de patente
Patentschutz *m*, Ø protección *f* de patentes y marcas; protección *f* de la propiedad industrial
Patentsteuer *f*, **n** impuesto *m*, tasa *f* sobre patentes
Patentsucher *m*, - solicitante *m* de una patente
Patentträger *m*, - → Patentinhaber
Patentübertragung *f*, **en** traspaso *m*, cesión *f* de patente
Patenturkunde *f*, **n** certificado *m* de patente
Patentverletzung *f*, **en** violación *f* de (una) patente
Patentverwertung *f*, **(en)** explotación *f*, utilización *f* de una patente
Patentverzeichnis *n*, **se** lista *f*, registro *m* de patentes
Patentwesen *n*, Ø sistema *m*, régimen *m* de patentes
Patronatsfirm|a *f*, **-en** (Werbung) firma *f* patrocinadora
Patronatssendung *f*, **en** (Rundfunk) emisión *f* patrocinada
Patt *n*, **s** empate *m*; tablas *pl*; ***nukleares*** ~ equilibrio *m* nuclear
Patt-Situation *f*, **en** situación *f* de empate; igualdad *f* de votos
Pauschabgabe *f*, **n** tasa *f* a tanto alzado; impuesto *m*, exacción *f* global
pauschal global; **en** conjunto; a tanto alzado
Pauschalabfindung *f*, **en** indemnización *f* global
Pauschalabschlag *m*, **¨e** → Pauschalabzug
Pauschalabzug *m*, **¨e** descuento *m* global
Pauschalarrangement *n*, **s** paquete *m* turístico; forfait *m*
Pauschalbesteuerung *f*, **en** imposición *f* global
Pauschalbetrag *m*, **¨e** tanto *m* alzado; importe *m* global
Pauschalbewertung *f*, **en** evaluación *f*, estimación *f* global
Pauschalentlohnung *f*, Ø remuneración *f* global; retribución *f* a tanto alzado
Pauschalentschädigung *f*, **en** indemnización *f* global
Pauschalfracht *f*, Ø flete *m* a tanto alzado; flete *m* global
pauschalieren globalizar; fijar una cantidad global
Pauschalierung *f*, **en** globalización *f*
Pauschalkauf *m*, **¨e** compra *f* en conjunto *od.* en bloque
Pauschallohn *m*, **¨e** remuneración *f* global
Pauschalpolice *f*, **n** póliza *f* global
Pauschalpreis *m*, **e** precio *m* global
Pauschalreise *f*, **n** viaje *m* todo incluido; viaje *m* a forfait
Pauschalsatz *m*, **¨e** tasa *f* global; tasa *f* a forfait
Pauschalsteuer *f*, **n** impuesto *m* global
Pauschalsumme *f*, **n** suma *f* global; ***eine*** ~ ***entrichten*** pagar una suma global
Pauschaltarif *m*, **e** tarifa *f* global; tarifa *f* a tanto alzado
Pauschalvergütung *f*, **en** pago *m* global
Pauschalversicherung *f*, **en** seguro *m* global *od.* en blanco
Pauschalversteuerung *f*, **(en)** tributación *f*, imposición *f* concertada
Pauschalwert *m*, Ø valor *m* global; valor *m* a forfait
Pauschbesteuerung *f*, Ø → Pauschalbesteuerung
Pauschbetrag *m*, **¨e** → Pauschalsatz
Pausenregelung *f*, **en** reglamentación *f* de la duración de los descansos en el trabajo
Pavillon *m*, **s**, ~ ***einer Messe*** pabellón *m* de una feria
PC *m*, **s** → Personalcomputer
pendeln 1. oscilar **2.** viajar diariamente entre el domicilio y el lugar de trabajo
Pendelverkehr *m*, Ø (tráfico *m* de) vaivén *m*
Pendler *m*, - trabajador *m* que viaja diariamente entre su domicilio y su lugar de trabajo
Pension *f*, **en 1.** pensión *f*; casa *f* de huéspedes; ***mit Vollpension*** con pensión completa **2.** pensión *f*; retiro *m*; (besonders Beamte) jubilación *f*; haberes *pl* pasivos; ***in*** ~ ***gehen*** retirarse; pasar al régimen pasivo; jubilarse
Pensionär *m*, **e** pensionista *m*; jubilado *m*; retirado *m*; (Beamter) titular *m* de haberes pasivos

pensionieren jubilar; ***sich ~ lassen*** jubilarse; pedir la jubilación; retirarse
Pensionierte(r) (der/ein) → Pensionär
Pensionierung *f*, **en** jubilación *f*; retiro *m*; ***vorzeitige*** ~ jubilación anticipada
Pensionsalter *n*, Ø edad *f* de jubilación
Pensionsanspruch *m*, **¨e** derecho *m* a jubilación *bzw.* a retiro
pensionsberechtigt con derecho a jubilación *bzw.* a retiro
Pensionsberechtigung *f*, **en** → Pensionsanspruch
Pensionsdienstalter *n*, Ø edad *f* de jubilación
Pensionsempfänger *m*, **-** perceptor *m* de haberes pasivos; jubilado *m*; pensionista *m*; retirado *m*
Pensionsfonds *m*, **-** fondo *m* de pensiones
Pensionsgast *m*, **¨e** huésped *m*
Pensionsgeschäft *n*, **e** operación *f* de reporte
Pensionskasse *f*, **n** caja *f* de jubilaciones *bzw.* de pensiones
Pensionspreis *m*, **e** precio *m* de la pensión
pensionsreif, ~ ***sein*** haber alcanzado la edad de jubilación
Pensionsrückstellungen *pl* reservas *pl* para la jubilación del personal (efectuadas por la empresa)
Pensionsversicherung *f*, **en** seguro *m* de pensiones
Pensionszusage *f*, **n** promesa *f* de pensión
Penunzen *pl* (Fam.) pasta *f*
Pep *m*, Ø, ***diese Werbung hat*** ~ esta publicidad pega, tiene pegada, tiene gancho
per por; ~ ***Aval*** en concepto de aval; ~ ***Medio*** para saldar a mediados de mes; ~ ***Saldo*** por saldo
Periode *f*, **n** período *m*; ciclo *m*; lapso *m* de tiempo
Periodenbilanz *f*, **en** balance *m* periódico
Periodenerfolg *m*, **e** resultado *m* parcial (pérdida o ganancia)
Periodenrechnung *f*, **en** → Periodenerfolg
periodisch periódico; cíclico
peripher periférico; (Inform.) ***~e Zusatzgeräte*** periféricos *pl*
Peripherie *f*, **n** periferia *f*; ~ ***einer Stadt*** extrarradio *m*
Peripheriegerät *n*, **e** (Inform.) (dispositivo *m*) periférico *m*
Person *f*, **en** persona *f*; individuo *m*; ***erwerbstätige*** ~ persona que ejerce una profesión, un oficio; asalariado *m*; ***juristische*** ~ persona jurídica; ***natürliche*** ~ persona natural *od.* física; ***unterstützungsbedürftige*** ~ persona necesitada; ***Angaben zur*** ~ señas *pl*; datos *pl* personales
Personal *n*, Ø personal *m*; plantilla *f*; nómina *f* **1.** ***geschultes*** ~ personal cualificado; ***leitendes*** ~ personal de dirección **2.** ~ ***abbauen*** reducir personal *od.* la plantilla; ~ ***anwerben*** contratar personal (Syn. ***Belegschaft***)
Personalabbau *m*, Ø reducción *f* de personal; flexibilización *f* de la plantilla
Personalabteilung *f*, **en** sección *f*, departamento *m* de personal
Personalakte *f*, **n** expediente *m* personal; hoja *f* de servicios
Personalangaben *pl* datos *pl* personales
Personalaufw|and *m*, **-endungen** gastos *pl* en personal; ***mit großem*** ~ con gran despliegue de personal
Personalausgaben *pl* gastos *pl* de personal
Personalauswahl *f*, Ø selección *f* del personal
Personalausweis *m*, **e** documento *m* de identidad; cédula *f* personal; (E) DNI; documento *m* nacional de identidad; carné *m* de identidad
Personalbearbeiter *m*, **-** empleado *m* en el departamento de personal
Personalbedarf *m*, Ø demanda *f* de personal
Personalbeschaffung *f*, **en** procuración *f* de personal
Personalbestand *m*, **¨e** plantilla *f*; nómina *f*; efectivos *pl* humanos; recursos *pl* humanos
Personalbogen *m*, **-** hoja *f* de servicios; cuestionario *m* personal
Personalbüro *n*, **s** → Personalabteilung
Personalchef *m*, **s** jefe *m* de personal
Personalcomputer *m*, **-** (PC) ordenador *m* personal
Personaleingang *m*, **¨e** entrada *f* de servicio
Personaleinsparung *f*, **(en)** ahorro *m*, economía *f* de personal
Personaleinstellung *f*, **en** contratación *f*, reclutamiento *m* de personal
Personalführung *f*, Ø gestión *f* del personal
Personalgesellschaft *f*, **en** sociedad *f* de carácter personalista
Personalien *pl* señas *pl* personales; datos *pl* de filiación
personalintensiv de alto coeficiente de mano de obra; que emplea mucho personal
personalisieren personalizar
Personalkosten *pl* costes *pl* de personal
Personalkredit *m*, **e** crédito *m* personal
Personalkürzung *f*, **en** → Personalabbau

Personalleiter *m*, - → Personalchef
Personalmangel *m*, Ø escasez *f* de personal
Personalpapiere *pl* documentos *pl* de identidad
Personalplanung *f*, **en** gestión *f* de personal
Personalpolitik *f*, Ø política *f* de (reclutamiento) de personal
Personalrat *m*, **¨e** consejo *m* del personal
Personalreferat *n*, **e** sección *f*, negociado *m* de personal (de un servicio público)
Personalregister *n*, - escalafón *m*; categorías *pl* (del personal)
Personalsachbearbeiter *m*, - responsable *m* del personal
Personalschnitt *m*, Ø reducción *f* de personal
Personalschwierigkeiten *pl* dificultades *pl* de personal
Personalstand *m*, Ø **1.** efectivos *pl* humanos **2.** estado *m*, nivel *m* de personal **3.** (A) plantilla *f*; nómina
Personalsteuer *f*, **n** impuesto *m* personal
Personalüberhang *m*, Ø plantilla *f*, nómina *f* sobredimensionada; excedentes *pl* de personal; sobreefectivos *pl* personales
Personalunion *f*, **en** unión *f* personal
Personalunterlagen *pl* documentación *f* sobre el personal
Personalverdünnung *f*, Ø adelgazamiento *m* de la nómina, de la plantilla
Personalverringerung *f*, Ø → Personalabbau
Personalvertreter *m*, - representante *m* del personal
Personalvertretung *f*, **en** representación *f* del personal
Personalverwaltung *f*, Ø → Personalabteilung
Personalwechsel *m*, - cambios *pl* en el personal
Personalwesen *n*, Ø personal *m* (término general)
personell **1.** con respecto al personal **2.** personal
Personenbeförderung *f*, **en** transporte *m* de viajeros
Personenbeförderungsvertrag *m*, **¨e** contrato *m* de transporte de viajeros
Personenbeschreibung *f*, **en** señas *pl* personales
Personendampfer *m*, - buque *m* de pasajeros
Personendelikt *n*, **e** delito *m* contra las personas
Personenfirm|a *f*, **-en** razón *f* social; nombre *m* comercial
Personengesellschaft *f*, **en** sociedad *f* personalista
Personenkennzahl *f*, **en** número *m* de identidad personal
Personenkilometer *m*, - número *m* de personas transportadas por kilómetro; viajeros *pl* (por) kilómetro
Personenkont|o *n*, **-en** cuenta *f* de personas (clientes, proveedores)
Personenkraftwagen *m*, - (automóvil *m* de) turismo *m*
Personenschaden *m*, **¨** daño *m* *od.* perjuicio *m* personal; daño *m* a personas
Personenstand *m*, Ø estado *m* civil
Personenstandsbuch *n*, **¨er** registro *m* del estado civil
Personenstandsdelikt *n*, **e** delito *m* contra el estado civil (de las personas)
Personenstandsurkunde *f*, **n** partida *f* del registro civil; documento *m* sobre el estado civil
Personensteuer *f*, **n** impuesto *m* personal
Personenverkehr *m*, Ø tráfico *m* de viajeros
Personenversicherung *f*, **en** seguro *m* de personas
Personenwagen *m*, - **1.** turismo *m* (Syn. ***Pkw***) **2.** (Eisenbahn) coche *m* de viajeros
Personenzug *m*, **¨e** tren *m* de viajeros, de pasajeros; tren *m* tranvía
persönlich personal; en persona; particular; ~ ***haftbar*** personalmente responsable; ~ ***zustellen*** entregar personalmente; ***~es Erscheinen*** acto *m* de presencia; comparecencia *f* personal; ***~e Haftung*** responsabilidad *f* personal; ***~er Kredit*** crédito *m* personal
Persönlichkeitsentfaltung *f*, Ø desarrollo *m*, desenvolvimiento *m* de la personalidad
Persönlichkeitsverlust *m*, Ø despersonalización *f*; pérdida *f* de la personalidad
Persönlichkeitswahl *f*, **en** escrutinio *m* nominal
Perspektive *f*, **n** perspectiva *f*; evolución *f* previsible; ***die ~n der Chemieindustrie*** el futuro de la industria química
perspektivisch perspectivo; futuro
Perzent *n*, **e** (A) → Prozent
Petition *f*, **en** petición *f*
petitionieren presentar, hacer una petición
Petitionsausschuss *m*, **-¨sse** comisión *f* (parlamentaria) para el examen de ruegos y peticiones (de los ciudadanos); (E) defensor *m* del pueblo

Petitionsrecht *n*, Ø derecho *m* de petición
Petrodollar *m*, **s** petrodólar *m*
Pf. → Pfennig
Pfand *n*, **¨er** prenda *f*; objeto *m* empeñado; caución *f*; garantía *f*: ***als ~*** en prenda de; ***als ~ auslosen*** desempeñar, rescatar una prenda; ***als ~ bestellen*** dar en concepto de prenda; pignorar; ***gegen ~ leihen*** prestar sobre prenda *od.* con garantía prendaria
Pfandanleihe *f*, **n** empréstito *m* hipotecario; empréstito *m* sobre prenda
pfändbar embargable; hipotecable
Pfändbarkeit *f*, Ø, ***beschränkte ~*** embargabilidad *f*, hipotecabilidad *f*, pignorabilidad *f* limitada
Pfandbesitzer *m*, - titular *m* de la pignoración; tenedor *m* de la prenda
Pfandbesteller *m*, - pignorante *m*
Pfandbestellung *f*, **en** pignoración *f*
Pfandbrief *m*, **e** cédula *f* hipotecaria; título *m* de valor hipotecario
Pfandbriefanleihe *f*, **n** empréstito *m* hipotecario; empréstito *m* obligatorio
Pfandbriefanstalt *f*, **en** banco *m* hipotecario
Pfandbriefzentrale *f*, **n** central *f* hipotecaria; banco *m* hipotecario (instituto especializado en la emisión de cédulas hipotecarias y en la concesión de créditos a largo plazo a los bancos asociados)
Pfandbruch *m*, Ø quebrantamiento *m* de prenda
Pfanddarlehen *n*, - préstamo *m* sobre prenda
Pfandeffekten *pl* efectos *pl* pignorados; efectos *pl* depositados en prenda
pfänden pignorar; embargar; poner embargo sobre; ***jdn. ~ lassen*** (hacer) ejecutar los bienes de alg.
Pfänder *m*, - funcionario *m* embargador
Pfandflasche *f*, **n** botella *f* multiuso *od.* retornable
pfandfrei no hipotecable; inembargable; no pignorable
Pfandgläubiger *m*, - acreedor *m* hipotecario *bzw.* pignoraticio; tenedor *m* de una prenda
Pfandhaus *n*, **¨er** monte *m* de piedad; casa *f* de empeño; montepío *m*; (LA) prendería *f*
Pfandinhaber *m*, - tenedor *m* de una prenda
Pfandleihanstalt *f*, **en** → Pfandhaus
Pfandleihe *f*, **n** préstamo *m* sobre prenda
Pfandleiher *m*, - prestamista *m* sobre prenda
Pfandnahme *f*, Ø toma *f* de prenda; prendación *f*
Pfandnehmer *m*, - → Pfandgläubiger
Pfandobjekt *n*, **e** cosa *f* pignorada, dada en prenda
Pfandrecht *n*, Ø derecho *m* de poner embargo sobre una cosa; derecho *m* prendario
Pfandsache *f*, **n** → Pfandobjekt
Pfandschein *m*, **e** papeleta *f* de empeño; resguardo *m* de prenda
Pfandschuld *f*, **en** deuda *f* pignoraticia *bzw.* hipotecaria
Pfandschuldner *m*, - deudor *m* pignoraticio
Pfandsicherheit *f*, **(en)** garantía *f* prendaria; seguridad *f* por prenda
Pfändung *f*, **en** embargo *m*; (durch den Gerichtsvollzieher) ejecución *f* judicial
pfändungfrei inembargable; no hipotecable; no pignorable
Pfändungsbefehl *m*, **e** orden *f* de embargo
Pfändungsbeschluss *m*, **¨sse** auto *m* de embargo
Pfändungsgläubiger *m*, - acreedor *m* embargante
Pfändungspfandrecht *m*, **e** derecho *m* de embargo ejecutivo
Pfändungsrecht *n*, Ø derecho *m* de embargo
Pfandungsschuldner *m*, - deudor *m* embargado
Pfändungsschutz *m*, Ø protección *f* contra embargos abusivos
Pfändungsverfügung *f*, **en** auto *m* de embargo
Pfandzettel *m*, - → Pfandschein
Pfd. → Pfund
Pfennig *m*, **e** penique *m*; pfennig *m*; (LA) centavo *m*; ***nicht einen ~ wert sein*** no valer un céntimo
Pfennigbetrag *m*, **¨e** importe *m* insignificante
Pfennigfuchser *m*, - (Fam.) tacaño *m*; cicatero *m*; roñoso *m*
Pfennigfuchserei *f*, Ø tacañería *f*; roñ(os)ería *f*; cicatería *f*
Pflege *f*, **n** cuidado *m*; entretenimiento *m*; mantenimiento *m*; asistencia *f*
Pflege und Wartung *f*, Ø mantenimiento *m*; entretenimiento *m* (de instalaciones, maquinaria)
Pflegeanstalt *f*, **en** residencia *f* para cuidados permanentes
pflegebedürftig necesitado de cuidados permanentes
Pflegebedürftigkeit *f*, Ø necesidad *f* de asistencia permanente
Pflegebefohlener (der/ein) **1.** pupilo *m* **2.** persona *f* bajo curatela

Pflegeeltern *pl* padres *pl* adoptivos *bzw.* tutelares
Pflegefallversicherung *f*, **(en)** seguro *m* de dependencia de asistencia permanente
Pflegegeld *n*, **er** pensión *f* de asistencia (para personas necesitadas de cuidados)
Pflegekind *n*, **er** niño *m* bajo curatela
Pflegekrankenversicherung *f*, **(en)** seguro *m* de dependencia de asistencia permanente
pflegeleicht fácil de cuidar
Pflegemutter *f*, **¨** ama *f* de cría
pflegen entretener; mantener; asistir
Pflegepersonal *n*, Ø personal *m* dedicado a cuidados permanentes
Pfleger *m*, **-** **1.** tutor *m* (de menores) **2.** curador *m* (testamentario) **3.** enfermero *m* de cuidados permanentes; asistente *m* permanente
Pflegeversicherung *f*, **(en)** seguro *m* de dependencia de cuidados permanentes; seguro *m* de dependencia de asistencia constante
Pflegevertrag *m*, **¨e** contrato *m* de entretenimiento (Syn. ***Wartungsvertrag***)
Pflegling *m*, **e** → Pflegebefohlener
Pflegschaft *f*, **en** curatela *f*; curaduría *f*
Pflicht *f*, **en** deber *m*; obligación *f*; misión *f*; ***seine ~ erfüllen*** cumplir con su obligación; ***mit gleichen Rechten und ~en*** con los mismos derechos y deberes
Pflichtablieferung *f*, **en** entrega *f* obligatoria
Pflichtbeitrag *m*, **¨e** cotización *f*, contribución *f* obligatoria
Pflichtenheft *n*, **e** cuaderno *m* de cargas, de obligaciones
Pflichtexemplar *n*, **e** ejemplar *m* destinado al depósito legal
Pflichtleistung *f*, **en**, ***~en*** prestaciones *pl* reglamentarias (de la Seguridad Social)
Pflichtmitglied *n*, **er** asegurado *m*, afiliado *m* obligatorio (de la Seguridad Social)
Pflichtreserven *pl* reservas *pl* (legales) obligatorias
Pflichtteil *m od. n*, **e** (Jur.) legítima *f*; reserva *f* hereditaria
Pflichtverletzung *f*, **en** incumplimiento *m* del deber
Pflichtversicherte/r (der/ein) **1.** asegurado *m* obligatorio **2.** beneficiario *m* de la seguridad social
Pflichtversicherung *f*, **en** seguro *m* obligatorio
Pflichtverteidiger *m*, **-** defensor *m* de oficio; defensor *m* nombrado por el tribunal
Pflichtvorrat *m*, **¨e** existencias *pl* obligatorias
pflichtwidrig contrario al deber; ***~ handeln*** no cumplir con su deber
Pfründe *pl* **1.** prebendas *pl*; sinecura *f* **2.** ventajas *pl* financieras
Pfund *n*, **e** **1.** libra *f* (500 grs.) **2.** ***~ Sterling*** libra *f* (esterlina); ***das ~ abwerten*** devaluar la libra esterlina
Pfuscharbeit *f*, **en** chapuza *f*; chapucería *f*; trabajo *m* mal hecho
pfuschen **1.** hacer mal el trabajo; hacer chapuzas **2.** hacer trampas
Pfuscherei *f*, **en** → Pfuscharbeit
Pharmasektor *m*, **en** sector *m* de la industria farmacéutica
Pharmazeutika *pl* productos *pl* farmacéuticos
pharmazeutisch farmacéutico
Pike *f*, Ø (Fam.), ***von der ~ auf lernen*** comenzar desde abajo; ***von der ~ auf dienen*** pasar por todas las categorías; conocer bien todos los departamentos
Pillenknick *m*, (e) (Fam.) descenso *m* de la natalidad debido a la píldora
Pilot- (Pref.) piloto; experimental; que sirve de ejemplo
Pilotbetrieb *m*, **e** empresa *f* piloto
Pilotstudie *f*, **n** estudio *m* piloto; estudio *m* previo (a un proyecto)
PIN (persönliche Identifikationsnummer) *f*, **n** código *m* secreto (de la tarjeta bancaria, de crédito); número *m* de identificación personal
Pionier *m*, **e** precursor *m*; pionero *m*
Pionierarbeit *f*, **en** trabajo *m*, obra *f* de pionero
Pioniertat *f*, **en**, ***eine ~ leisten*** abrir nuevos cauces, caminos, sendas
Pipeline *f*, **s** (Öl) oleoducto *m*; (Gas) gasoducto *m*
Piratensender *m*, **-** emisora *f* pirata
Piraterie *f*, **n** piratería *f*
Pkw, PKW *m*, **s** (Personenkraftwagen) (automóvil *m* de) turismo *m*
plädieren defender una causa; abogar por
Plädoyer *n*, **s** informe *m*; ***gegnerisches ~*** defensa *f* de la parte contraria
Plafond *m*, **s** techo *m*; tope *m*; ***unterer, oberer ~*** límite *m* inferior, superior; ***über den ~ hinausgehen*** sobrepasar el tope (de un crédito)
plafonieren (CH) limitar; fijar un plafón

Plagiat *n*, **e** plagio *m;* ~ ***begehen*** plagiar; cometer un plagio
Plagiator *m*, **en** plagiario *m*
plagiieren plagiar
Plakat *n*, **e** cartel *m*; anuncio *m; **ein*** ~ ***anschlagen*** (***ankleben***) fijar un cartel
Plakatanschlag *m*, **¨e** anuncio *m* mediante cartel *bzw.* fijación *f* de carteles
Plakatentwerfer *m*, - diseñador *m* de carteles; cartelista *m*
plakatieren 1. fijar carteles **2.** hacer publicidad en carteles; anunciar por carteles
Plakatierung *f*, **en** → Plakatanschlag
Plakatkleber *m*, - fijacarteles *m*; fijador *m* de carteles; cartelero *m*
Plakatsäule *f*, **n** columna *f* anunciadora
Plakatschild *n*, **er** cartelera *f* publicitaria
Plakatträger *m*, - persona-anuncio *f*; hombre-anuncio *m*
Plakatwand *f*, **¨e** muro *m* para la publicidad; pared *m*, valla *m* publicitaria
Plakatwerbung *f*, **en** publicidad *f* mediante carteles
Plan *m*, **¨e** plan *m*; proyecto *m*; programa *m; **einen*** ~ ***ausarbeiten*** elaborar un plan; ***einen*** ~ ***entwerfen*** trazar, concebir un plan; ***den*** ~ ***erfüllen*** ejecutar el plan; alcanzar la meta fijada por el plan; ***nach*** ~ ***verkaufen, kaufen*** vender, comprar según el plan
Plandurchführung *f*, **en** realización *f*; consecución *f* del plan
planen planificar; proyectar; proponerse; idear, concebir un plan
Planer *m*, - proyectista *m*; planificador *m*
Planfeststellungsverfahren *n*, - procedimiento *m* de aprobación de un proyecto *od.* de su rechazo
Planifikateur *m*, **e** planificador *m* de la economía
Planifikation *f*, **en** planificación *f* (de la economía)
Plankommission *f*, **en** comisión *f* de planificación
Plankorrekturen *pl* correcciones *pl* realizadas en un plan
Plankostenrechnung *f*, **en** cálculo-presupuesto *m*; cálculo *m* de costes del plan
planmäßig según el plan previsto; sistemático; metódico; regular; como estaba previsto; ~***e Abfahrt*** salida *f* regular; salida *f* a la hora prevista; ~ ***ankommen*** llegar a la hora prevista; llegar a su tiempo; ~***e Produktion*** producción *f* prevista, programada; producción *f* presupuestada
planning *n*, Ø **1.** planificación *f*; planeamiento *m* **2.** presupuesto (por) programa
Planspiel *n*, **e** estudio *m* de caso; simulación *f* (Syn. ***Fallstudie***)
Planstelle *f*, **n** plaza *f*, puesto *m* de plantilla
Planung *f*, **en** planificación *f*; fijación *f* del presupuesto; trabajos *pl* de urbanización; organización *f; **langfristige*** ~ planificación a largo plazo
Planungsabteilung *f*, **en** sección *f*, departamento *m* de planificación
Planungsbüro *n*, **s** oficina *f* de planificación
Planungskommission *f*, **en** comisión *f* de planificación
Planwirtschaft *f*, Ø economía *f* planificada; economía *f* dirigida; dirigismo *m* estatal
Planwirtschaftler *m*, - planificador *m* de la economía
Planziel *n*, **e** objetivo *m* de un plan; ***das*** ~ ***erreichen*** alcanzar el objetivo fijado por el plan
Plastikgeld *n*, Ø (Fam.) **1.** tarjeta *f* de crédito; tarjeta *f* bancaria **2.** dinero *m* de plástico
Plastikkarte *f*, **n** (Fam.) tarjeta *f* de crédito
Plattform *f*, **en** plataforma *f; **eine gemeinsame*** ~ ***finden*** encontrar una plataforma común
Platz *m*, **¨e** lugar *m*; emplazamiento *m*; sitio *m*; ubicación *f; **den ersten*** ~ ***einnehmen*** ocupar el primer puesto
Platzagent *m*, **en** → Platzvertreter
platzen reventar; no ser retirado; no ser pagado; ***geplatzter Wechsel*** letra *f* reventada; letra *f* no retirada; letra *f* protestada
Platzersparnis *f*, Ø economía *f*, ahorro *m* de espacio
Platzgeschäft *n*, **e** comercio *m* local; operación *f* en plaza
Platzgewinn *m*, Ø ganancia *f* de espacio
platzieren colocar; invertir; ***einen Wechsel*** ~ negociar una letra; ***eine Anleihe*** ~ colocar un empréstito
Platzierung *f*, **en** (Anzeige) inserción *f*; inversión *f*; colocación *f; **bevorzugte*** ~ inserción en lugar preferente; ~ ***oben rechts*** posición *f* arriba a la derecha
Platzkarte *f*, **n** (Bahn) reserva *f* de asiento; (Theater) entrada *f*
Platzkostenrechnung *f*, **en** cálculo *m* de costes por partida individual
Platzmangel *m*, Ø falta *f*, escasez *f* de espacio
Platzreservierung *f*, **en** reserva *f* de asiento

Platzscheck *m*, **s** cheque *m* sobre plaza (Ggs. ***Fernscheck***)

Platzvertreter *m*, **-** agente *m*, representante *m* local

Platzwechsel *m*, **-** **1.** cambio *m* de sitio **2.** letra *f* de plaza

Plausibilitätskontrolle *f*, **(n)** (Inform.) control *m* de verosimilitud, de plausibilidad

pleite, ~ ***sein*** estar en quiebra

Pleite *f*, **n** quiebra *f*; bancarrota *f*; ~ ***machen*** declararse en quiebra; quebrar; hacer quiebra (Syn. ***Bankrott, Konkurs***)

Plenarsitzung *f*, **en** → Plenarversammlung

Plenarversammlung *f*, **en** asamblea *f* plenaria; sesión *f* plenaria; pleno *m*

Plenum *n*, Ø pleno *m*

plündern pillar; saquear; desvalijar

Plünderung *f*, **en** saqueo *m*; pillaje *m*; desvalijamiento *m*

Pluralismus *m*, Ø pluralismo *m*; ***der ~ der Interessengruppen*** el pluralismo de los grupos de presión

pluralistisch pluralista; ***~e Gesellschaft*** sociedad *f* pluralista

plus más; (Temperatur) sobre cero; ***Abweichungen von maximal ~/minus 5%*** errores máximos de más/menos 5%

Plus *n*, Ø **1.** excedente *m*; superávit *m*; ***ein ~ aufweisen*** arrojar un excedente; ***im ~ sein*** ser excedentario (Ggs. ***Minus***) **2.** aumento *m*

Plusbetrag *m*, **¨e** diferencia *f* positiva; excedente *m*; superávit *m*

Plusdifferenz *f*, **en** → Plusbetrag

Pluspunkt *m*, **e** punto *m* positivo; ventaja *f*

PML (Seg.) (Probable Maximum Loss; Wahrscheinlicher Höchstschaden) pérdida *f* máxima probable (PMP)

Podiumsdiskussion *f*, **en** **1.** (Rundfunk) tertulia *f* **2.** mesa *f* redonda; debate *m*; coloquio *m* (público)

Police *f*, **n** póliza *f* de seguro ***eine ~ ausstellen*** extender, emitir, expedir una póliza; ***eine ~ erneuern*** renovar una póliza

Policenformen *pl* modalidades *pl*, formas *f* de póliza

Policenlaufzeit *f*, **en** **1.** (periodo *m* de) validez *f* de la póliza **2.** vencimiento *m* de la póliza

Polier *m*, **e** capataz *m* (Syn. ***Vorarbeiter***)

Politbüro *n*, **s** politburó *m*; buró *m* político

Politik *f*, Ø política *f*; ***auswärtige ~*** política exterior; ***kurzsichtige ~*** política con miras estrechas; ***~ der Stärke*** política de fuerza; ***~ der Öffnung*** política aperturista; aperturismo *m*; ***~ der offenen Tür*** política de puertas abiertas; ***eine ~ verfolgen*** perseguir una política

Politiker *m*, **-** político *m*; estadista *m*; ***einflussreicher ~*** político influyente; ***kommender ~*** futuro político

politisch político

Politische(r) (der/ein) prisionero *m* político

politisieren hablar de política; (despectivo) politiquear; politizar

Politisierung *f*, Ø politización *f*

Polize *f*, **n** → Police

Polizei *f*, **(en)** policía *f*

Polizeibeamte(r) (der/ein) funcionario *m* de policía

Polizeieinsatz *m*, **¨e** intervención *f* de policía

polizeilich policial; ***sich ~ anmelden*** dar parte de su llegada a la policía; inscribirse en el registro de policía; ***~es Kennzeichen*** (Auto) matrícula *f*; ***~es Meldeformular*** formulario *m* de inscripción policial; ***~es Führungszeugnis*** certificado *m* de buena conducta

Polizeinotrufanschluss *m*, **¨sse** línea *f* de alarma a la policía

Polizeipräsidium *n*, Ø jefatura *f* superior de policía

Polizeirevier *n*, **e** comisaría *f* (de policía)

Polizeistaat *m*, **en** Estado *m* policial

Polizeistunde *f*, **n** hora *f* de cierre

Polster *n*, **-** cojín *m*; almohadón *m*; (Fig.) reserva *f*; ***ein finanzielles ~ besitzen*** tener un buen almohadón financiero; ***ein dickes ~ von Aufträgen*** un libro de pedidos bien repleto

Polypol *n*, Ø polipolio *m* (competencia perfecta)

Pönale *f*, **n** (seguro *m* de) penas *pl* convencionales

Pool *m*, **s** sindicato *m*; consorcio *m*; (Angl.) pool *m*; cártel *m*; ***einen ~ bilden*** constituir un pool

Poolabkommen *n*, **-** acuerdo *m* de pool *od.* consorcial

poolen constituir un pool

Poolung *f*, **en** constitución *f* de/en pool

Portefeuille *n*, **s** **1.** cartera *f* de títulos; portfolio *m* **2.** cartera *f*; ***Minister ohne ~*** ministro *m* sin cartera

Portefeuille-Investitionen *pl* inversiones *pl* de cartera

Portemonnaie *n*, **s** monedero *m*; portamonedas *m*; (Fam.) ***jds. ~ erleichtern*** aligerar el monedero de alg.

Port|o *n*, **s** *od.* **-i** porte *m* (de correos); franqueo *m; ~ **bezahlt*** porte pagado
Portoauslagen *pl* gastos *pl* de franqueo
Portoerlass *m*, **-sse** dispensa *f* de porte; franquicia *f* postal
Portoermäßigung *f*, **en** tarifa *f* reducida
portofrei exento, libre de porte; franco de porte
Portofreiheit *f*, Ø franquicia *f* postal
Portogebühr *f*, **en** derechos *pl*, tarifas *pl* de franqueo
Portokasse *f*, **n** caja *f* de franqueo
Portokosten *pl* (gastos *pl* del) franqueo *m*
portopflichtig sujeto a franqueo
Portozuschlag *m*, **¨e** franqueo *m* adicional; recargo *m* de franqueo
Portozuschlag *m*, **¨e** sobrefranqueo *m*; sobreporte *m*
POS (point of sale) terminal punto *m* de venta (TPV); pago *m* con tarjeta (de crédito)
Position *f*, **en** posición *f*; situación *f*; ***in einer hohen ~*** en elevada posición; ***verantwortliche ~*** posición de responsabilidad
Positionswechsel *m*, **-** **1.** cambio *m* de puesto, de posición, de cargo **2.** cambio *m* de situación
positiv positivo; ***~e Antwort*** respuesta *f* afirmativa; ***~es Recht*** derecho *m* positivo
Post *f*, Ø correo *m*; servicio *m* postal; oficina *f* de correos; correspondencia *f*; ***mit der ersten ~*** por el próximo correo; ***mit gleicher ~*** por correo separado; ***mit umgehender ~*** a vuelta de correo; ***abgehende ~*** correo de salida; ***noch nicht zugestellte ~*** correspondencia no distribuida todavía
Post- und Fernmeldewesen *n*, Ø Correos y Telecomunicaciones *pl*
Postabfertigung *f*, Ø despacho *m* de la correspondencia, del correo
Postabholungsstelle *f*, **n** servicio *m* de recogida de la correspondencia (en grandes empresas)
Postadresse *f*, **n** dirección *f* postal
postalisch postal; ***auf ~em Weg*** por correo
Postamt *n*, **¨er** oficina *f* de correos
postamtlich postal; de la administración de correos
Postangestellte(r) (der/ein) empleado *m* de correos
Postanschrift *f*, **en** dirección *f* postal; señas *pl* postales
Postanweisung *f*, **en** giro *m* postal
Postarbeiter *m*, **-** trabajador *m* de correos
Postauftrag *m*, **¨e** orden *f* postal
Postausgang *m*, Ø salida *f* de correo
Postauslauf *m*, Ø → Postausgang
Postauto *n*, **s** furgoneta *f* de correos
Postbank *f*, Ø banco *m* de correos, postal
Postbeamte(r) (der/ein) funcionario *m* de correos
Postbeförderung *f*, Ø transporte *m* del correo
Postbehörde *f*, **n** administración *f* de correos
Postbestellung *f*, **en** distribución *f* postal
Postbetrieb *m*, Ø servicio *m* postal
Postbezirk *m*, **e** distrito *m* postal
Postbezug *m*, Ø suscripción *f* por correo
Postbote *m*, **n** cartero *m*
Postdampfer *m*, **-** paquebote *m*
postdatieren posdatar
Postdiebstahl *m*, **¨e** robo *m* postal
Postdienst *m*, **(e)** servicio *m* postal
Postdirektion *f*, **en** dirección *f* de correos; administración *f* general *od.* central de correos
Posteingang *m*, **¨e** llegada *f* del correo; correo *m* recibido
Posteingang/Postausgang *m*, **¨e** entrada/salida *f* de la correspondencia
Posteinlieferungsschein *m*, **e** resguardo *m* de entrada
Postempfangschein *m*, **e** resguardo *m*, recibo *m* de correos
Posten *m*, **-** **1.** puesto *m*; empleo *m*; colocación *f*; ***einen ~ ausschreiben*** sacar un puesto a concurso; ***einen guten ~ haben*** tener un buen puesto; ***von einem ~ zurücktreten*** renunciar a un cargo **2.** suma *f*; montante *m*; importe *m*; partida *f*; asiento *m*; renglón *m*; posición *f*; ***durchlaufender ~*** cuenta *f* de orden; ***offener ~*** partida no pagada; ***unsichtbarer ~*** partida invisible; ***~ im Hauptbuch*** partida del libro mayor; ***~ im Journal*** entrada *f* en el diario; ***einen ~ buchen*** contabilizar un asiento; sentar una cuenta; ***einen ~ eintragen*** sentar una partida
postenweise por partidas; en partidas
Postenwertungsstempel *m*, **-** matasellos *m*
Poster *n*, **-** póster *m*
Postfach *n*, **¨er** apartado *m* de correos; casilla *f* postal
Postfachgebühr *f*, **en** derechos *pl* por casilla, por apartado (postal)
Postfachinhaber *m*, **-** titular *m* de una casilla, de un apartado (postal)
Postflugzeug *n*, **e** avión-correo *m*

postfrei franco de porte; libre de franqueo; porte pagado
Postgebühr *f*, **en** tasa *f*, tarifa *f* postal
postgebührenfrei franco postal; con franquicia postal
Postgebührenfreiheit *f*, Ø, ~ ***gewähren*** otorgar, conceder franquicia postal
Postgeheimnis *n*, Ø secreto *m* postal
Postgeld *n*, **er** porte *m*
Postgiro *n*, Ø giro *m*, transferencia *f* postal
Postgiroamt *n*, **¨er** oficina *f* de cheques postales
Postgirodienst *m*, Ø servicio *m* de cheques postales
Postgirokont|o *n*, **-en** cuenta *f* (corriente) de cheques postales
Postgirokunde *m*, **n** → Postscheckinhaber
Postgiroverkehr *m*, Ø servicio *m* de cheques postales
Postgut *n*, Ø (E) paquete *m* postal; (LA) encomienda *f* postal
Posthalterei *f*, **en** estafeta *f* rural (de alcance)
Postinkassodienst *m*, **e** servicio *m* postal para el cobro/la cobranza de efectos
postkapitalistisch poscapitalista
Postkarte *f*, **n** tarjeta *f* postal
Postkartengröße *f*, **(n)** tamaño *m* de tarjeta postal
postlagernd (en) lista de correos; ~ ***aufbewahrt werden*** permanecer en lista de correos
Postleitraum *m*, **¨e** sector *m* postal; región *f* postal
Postleitzahl *f*, **en** código *m* postal
Postmonopol *n*, Ø monopolio *m* de correos, postal
Postnachnahmesendung *f*, **en** envío *m* contra reembolso *m*
Postnebenstelle *f*, **n** estafeta *f* de correos
postnumerando, ***zahlbar*** ~ pagadero a plazo vencido
Postnumeration *f*, **(en)** pago *m* suplementario; envío *m* suplementario
Postordnung *f*, **en** reglamentación *f* postal
Postpaket *n*, **e** paquete *m* postal
Postpaketdienst *m*, Ø servicio *m* postal de paquetes
Postpolizei *f*, Ø policía *f* de correos, postal
Postquittung *f*, **en** recibo *m*, resguardo *m* de correos
Postrecht *n*, Ø derecho *m* postal
Postregal *n*, Ø monopolio *m* postal
Postsachen *pl* objetos *pl* postales
Postsack *m*, **¨e** saca *f*
Postschalter *m*, **-** ventanilla *f* de correos
Postscheck *m*, **s** cheque *m* postal
Postscheckamt *n*, **¨er** oficina *f* de cheque(s) postal(es)
Postscheckdienst *m*, Ø servicio *m* de cheques postales
Postscheckinhaber *m*, **-** titular *m*, tenedor *m* de un cheque postal
Postscheckkont|o *n*, **-en** cuenta *f* corriente postal
Postscheckkunde *m*, **n** → Postscheckinhaber
Postscheckteilnehmer *n*, **-** → Postscheckinhaber
Postschecküberweisung *f*, **en** giro *m*, transferencia *f* mediante cheque postal
Postscheckverkehr *m*, Ø servico *m* de cheques postales
Postschein *m*, **e** recibo *m* , resguardo *m* postal
Postschiff *n*, **e** buque *m* correo
Postschließfach *n*, **¨er** apartado *m* de correos; casilla *f* postal
Postsendung *f*, **en** envío *m* postal
Postskript *n*, **e** (PS) postdata *f*
Postskript *n*, **en** → Postskriptum
Postskriptum *n*, **-ten** post-data
Postsortieranlage *f*, **n** instalación *f* de clasificación postal
Postsparbuch *n*, **¨er** libreta *f* de ahorro postal
Postspareinlage *f*, **n** depósito *m* en la caja postal de ahorros
Postsparguthaben *n*, **-** haber *m*, haberes *pl* en la caja postal
Postsparkasse *f*, **n** caja *f* postal de ahorros
Postsparkassenkont|o *n*, **-en** cuenta *f* en la caja postal de ahorros; cuenta *f* postal de ahorros
Postsparkont|o *n*, **-en** → Postsparkassenkonto
Postspesen *pl* gastos *pl* de correos
Poststation *f*, **en** estación *f* postal; estafeta *f* auxiliar (de alcance)
Poststelle *f*, **n** oficina *f* de correos
Poststempel *m*, **-** matasellos *m*
Poststreik *m*, **s** huelga *f* de correos
Posttarif *m*, **e** tarifa *f* postal
Postüberweisung *f*, **en** giro *m*, transferencia *f* postal
Postulant *m*, **en** postulante *m*; candidato *m* a un puesto
postulieren postular
Postulierung *f*, en postulación *f*
postumgehend → postwendend

Postverbindung *f*, Ø comunicación *f* postal
Postverein *m*, **e**, ***Welt~*** unión *f* postal universal
Postverkehr *m*, Ø servicio *m* postal
Postversand *m*, Ø envío *m* por correo
Postversandgeschäft *n*, **e** (tienda *f* de) venta *f* por correspondencia; (comercio *m* de) venta *f* por catálogo
Postverwaltung *f*, **en** administración *f* de correos
Postvollmacht *f*, Ø poder *m* postal
Postwagen *m*, **-** vagón *m* de correos; vagón *m* postal
Postweg *m*, **e** ***auf dem -*** por correo
postwendend a vuelta de correo; con el próximo correo
Postwertzeichen *n*, **-** sello *m* de correos; (LA) estampilla *f*
Postwesen *n*, Ø (administración *f* de) correos *pl*
Postwurfsendung *f*, **en** envío *m* colectivo
Postzug *m*, **¨e** tren *m* correo
Postzustellung *f*, **en** reparto *m* (de correspondencia)
Potential *n*, **e** potencial *m*; capacidad *f*; ***wirtschaftliches ~*** potencial económico
potentiell potencial; teórico; ***~er Käufer*** cliente *m* potencial
PR (Public Relations) relaciones *pl* públicas; ***~ Arbeit*** trabajo *m* de relaciones públicas; ***~-Mann*** especialista *m* en *bzw.* encargado *m* de relaciones públicas
präferentiell preferencial
Präferenz *f*, **en** preferencia *f*; privilegio *m*
Präferenzabkommen *n*, **-** acuerdo *m* preferencial
Präferenzliste *f*, **n** lista *f* preferencial
Präferenzsatz *m*, **¨e** tasa *f* preferencial
Präferenzstellung *f*, **en** posición *f*, situación *f* preferencial
Präferenzsystem *n*, **e** sistema *m* preferencial
Präferenztarif *m*, **e** tarifa *f* preferencial
Präferenzzoll *m*, **¨e** arancel *m* preferencial
Prägeanstalt *f*, **en** casa *f* de (la) moneda
Prägedruck *m*, **e** impresión *f* en relieve
Prägefreiheit *f*, Ø libertad *f* de acuñación; libertad *f* para acuñar moneda
prägen acuñar; ***Geld ~*** acuñar moneda
Prägestempel *m*, **-** troquel *m*; cuño *m*
Pragmatiker *m*, **-** pragmatista *m*; pragmático *m*
pragmatisch pragmático
Pragmatismus *m*, Ø pragmatismo *m*
Prägung *f*, **en** acuñación *f*
präjudiziert, ***~er Wechsel*** letra *f* protestada fuera de plazo
präkludieren caducar
Präklusion *f*, Ø caducidad *f*; preclusión *f*; perención *f*
präklusiv preclusivo
Praktikant *m*, **en** practicante *m*; becario *m*; (Rechts-) pasante *m* de abogado
Praktik|um *n*, **-a** período *m* de prácticas
praktisch práctico; ***~er Arzt*** médico *m* de medicina general
Prämie *f*, **n** prima *f*; cuota *f*; bono *m*; aliciente *m*; ***gleich bleibende ~*** prima constante; ***gleitende ~*** prima móvil; ***~n abwerfen*** arrojar una prima; ***durch ~n fördern*** fomentar, promover mediante primas; ***~n genießen*** gozar de una prima
Prämienangleichsklausel *f*, **n** cláusula *f* de reajuste de las primas
Prämienanleihe *f*, **n** empréstito *m* con prima
Prämienaufkommen *n*, **-** primaje *m*; ingresos *pl* (en concepto) de primas
Prämienaufschlag *m*, **¨e** sobreprima *f*
prämienbegünstigt, ***~es Sparen*** ahorro *m* con prima
Prämienbemessung *f*, **(en)** cálculo *m* del montante de las primas de seguro
Prämienberechnung *f*, **en** cálculo *m* de la prima
Prämienbrief *m*, **e** certificado *m* de operación con prima
Prämiendepot *n*, **s** depósito *m* de primas
Prämieneinnahmen *pl* ingresos *pl* (en concepto) de primas; primaje *m*
Prämieneinziehung *f*, Ø cobro *m*, cobranza *f* de la prima
Prämienerhöhung *f*, **en** **1.** aumento *m* de la prima (a pagar) **2.** mejora *f* de la prima (a percibir)
Prämienermittlung *f*, **en** determinación *f*, averiguación *f* de la prima
Prämienfälligkeit *f*, **en** día *m*, fecha *f* de vencimiento de la prima
Prämienfestsetzung *f*, **en** fijación *f*, determinación *f* de la prima
prämienfrei sin prima; libre, liberado, exonerado del pago de la prima
Prämienfreiheit *f*, Ø exoneración *f*, liberación *f* (del pago) de la prima
Prämiengeschäft *n*, **e** operación *f* a *od.* con prima
Prämiengestaltung *f*, Ø estructuración *f* de primas
Prämienhöhe *f*, Ø cuantía *f* de la prima

Prämienkauf *m*, **¨e** compra *f* con (*od.* a) prima
Prämienlohn *m*, **¨e** prima *f* al salario; salario *m* con primas
Prämienlohnsystem *n*, **e** sistema *m* de salarios con prima
Prämienobligation *f*, **en** obligaciones *pl* de prima
Prämienpapiere *pl* títulos *pl* a (*od.* con) prima
Prämienpfandbrief *m*, **e** cédula *f* hipotecaria con prima
Prämienquittung *f*, **en** recibo *m* de (haber pagado la) prima
Prämienrechnung *f*, **en** liquidación *f* de primas
Prämienregulierung *f*, **en** ajuste *m*, adaptación *f* de primas
Prämienreserven *pl* reservas *pl* para riesgos en curso
Prämienrückgewähr *f*, Ø reembolso *m* de la prima; extorno *m* de primas
Prämienrückvergütung *f*, **en** devolución *f* de la prima
Prämienrückzahlung *f*, **en** reintegro *m*, reembolso *m* de la prima
Prämiensatz *m*, **¨e** tasa *f* técnica; ***Bruttobedarf-~*** tasa *f* técnica pura bruta de prima
Prämienschein *m*, **e** bono *m* de prima
Prämienschuldverschreibung *f*, **en** → Prämienobligation
Prämiensparen *n*, **-** ahorro *m* por primas
Prämiensparvertrag *m*, **¨e** contrato *m* de ahorro (por primas)
Prämienübertrag *m*, **¨e** riesgos *pl* en curso
Prämienverkauf *m*, **¨e** venta *f* con (*od.* a) prima
Prämienverkäufer *m*, **-** vendedor *m* a (*od.* con) prima
Prämienversicherung *f*, **en** seguro *m* con (*od.* a) prima fija
Prämienzahlung *f*, **en** pago *m* de la prima
Prämienzulage *f*, **n** → Prämienzuschlag
Prämienzuschlag *m*, **¨e** recargo *m* de prima
prämi(i)eren **1.** premiar **2.**acordar un precio
Pränumeration *f*, **en** pago *m* anticipado
Präsident *m*, **en** presidente *m* (Syn. ***Vorsitzender***)
Präsidentenwahl *f*, **en** elecciones *pl* presidenciales; elección *f* del presidente
Präsidentschaft *f*, **(en)** presidencia *f*
Präsidentschaftskandidat *m*, **en** candidato *m*, aspirante *m* a la presidencia
Präsidialsystem *n*, **e** sistema *m* presidencial
präsidieren presidir; ***eine(r) Sitzung ~*** presidir una sesión
Präsidi|um *n*, **-en** **1.** presidencia *f*; ***das ~ übernehmen*** asumir la presidencia; hacerse cargo de la presidencia **2.** directorio *m* **3.** ***~ des Bundestags*** Mesa *f* del Bundestag; Mesa *f* de la cámara baja (del Parlamento alemán)
Prax|is *f*, **-en** **1.** consulta *f* **2.** práctica *f*; ***in die ~ umsetzen*** llevar a la práctica **3.** clientela *f*
praxisbezogen orientado a la práctica; ***~e Ausbildung*** formación *f* práctica
Präzedenzfall *m*, **¨e** precedente *m*; ***sich auf einen ~ berufen*** invocar, alegar un precedente; ***einen ~ schaffen*** sentar, establecer un precedente
präzise preciso; exacto
Präzision *f*, Ø precisión *f*
Präzisionsarbeit *f*,**en** trabajo *m* de precisión
Preis *m*, **e** precio *m*; importe *m*; cantidad *f* **1.** ***angemessener ~*** precio razonable; ***nicht amtlicher ~*** Börse) precio extraoficial; ***zu ermäßigtem ~*** a tarifa reducida; ***vertraglich ausbedungener ~*** precio convenido contractualmente; ***gebundener ~*** precio controlado; ***zum halben ~*** a mitad de precio; ***hoch im ~ stehen*** tener alto precio; ***unerschwinglicher ~*** precio exorbitante; ***vereinbarter ~*** precio convenido **2.** ***einen ~ ausmachen*** convenir, fijar un precio; ***~e binden*** imponer un precio; ***sich auf einen ~ einigen*** convenir un precio; ***die ~e erhöhen*** aumentar los precios; ***einen ~ festsetzen*** fijar un precio; ***die ~e freigeben*** liberar los precios;***die ~e herabsetzen*** bajar los precios; ***die ~e rutschen ab*** los precios bajan; ***die ~e sinken ins Bodenlose*** los precios se hunden, tocan fondo; ***die ~e senken*** bajar los precios;***die ~e sinken*** los precios caen, bajan;***die ~e schießen in die Höhe*** los precios se disparan; ***die ~e steigen*** los precios aumentan; ***die ~e überwachen*** controlar los precios **3.** ***~ ab Werk*** precio de fábrica; ***~ frei Haus*** precio franco domicilio; ***~ ohne Mehrwertsteuer*** precio sin el impuesto sobre el valor añadido; precio sin IVA
Preis freibleibend precio *m* libre; precio *m* no impuesto
Preisabbau *m*, Ø reducción *f* (progresiva) de (los) precios
Preisabkommen *n*, **-** convenio *m* sobre los precios
Preisabmachungen *pl* → Preisabkommen

Preisabschlag *m*, ¨**e** disminución *f*, descenso *m*, rebaja *f* de precio
Preisabsprache *f*, **n** colusión *f* de precios; acuerdo *m* sobre los precios
Preisabzug *m*, ¨**e** → Preisabschlag
Preisänderung *f*, **en** modificación *f* de precio; cambio *m* de tarifa
Preisanfrage *f*, **n** consulta, demanda *f* del precio
Preisangabe *f*, **n** indicación *f*, fijación *f* de precio; etiquetado *m*, etiquetaje *m* del precio
Preisangabenverordnung *f*, **en** reglamentación *f* del etiquetaje, del etiquetado (obligatorio)
Preisangebot *n*, **e** oferta *f* de precio
Preisangleichung *f*, **en** → Preisanpassung
Preisanhebung *f*, **en** → Preiserhöhung
Preisanpassung *f*, **en** reajuste *m* de precios
Preisanstieg *m*, **e** subida *f*, alza *f* de precios
Preisaufbesserung *f*, **en** mejora *f* de (los) precios
Preisaufschlag *m*, ¨**e** sobreprecio *m*; recargo *m*
Preisauftrieb *m*, Ø movimiento *m*, tendencia *f* alcista de (los) precios
Preisausgleich *m*, Ø perecuación *f* de precios
Preisaushang *m*, ¨**e** indicación *f*, etiquetado *m*, etiquetaje *m* (de los precios)
Preisausschläge *pl* → Preisschwankungen
Preisausschreiben *n*, - concurso *m*; certamen *m*
Preisauszeichnung *f*, **en** indicación *f* de precios
Preisauszeichnungspflicht *f*, **en** indicación *f* obligatoria de (los) precios; etiquetaje *m*, etiquetado *m* obligatorio
Preisbehörde *f*, **n** comisión *f* (de control) de precios
Preisberechnung *f*, **en** cálculo *m* de precios
preisbereinigt deflactado; expresado en cifras reales
Preisberichtigung *f*, **en** corrección *f*, rectificación *f*, ajuste *m* de los precios
Preisbeschluss *f*, ¨**e** fijación *f* de los precios
Preisbeschränkung *f*, **en** limitación *f* de (los) precios
Preisbewegungen *pl* movimiento *m* de los precios
preisbewusst que es consciente de los precios; ~ ***einkaufen*** comprar inteligentemente; comprar teniendo en cuenta los precios
preisbildend que determina el precio
Preisbildung *f*, **en** formación *f* de precios
Preisbindung *f*, **en** fijación *f* de un precio obligatorio, controlado
Preisbrecher *m*, - aplastaprecios *m*; estropeaprecios *m*; rompeprecios *m*; bajaprecios *m*
Preisdiktat *n*, Ø dictado *m* de los precios
Preisdirigismus *m*, Ø dirigismo *m* en materia de precios
Preisdruck *m*, Ø presión *f* sobre los precios
Preisdrücker *m*, - bajista *m*
Preisdrückerei *f*, **(en)** bajada *f* (generalizada) de precios
Preiseinbruch *m*, **(¨e)** bajón *m* de precios; caída *f* vertical de los precios; derrumbamiento *m* de los precios
Preiselastizität *f*, Ø elasticidad *f* de los precios
Preisempfehlung *f*, **en** recomendación *f* de precios; precio *m* recomendado
Preisentwicklung *f*, **en** desarrollo *m*, evolución *f* de los precios
Preiserhöhung *f*, **en** aumento *m* de los precios
Preisermäßigung *f*, **en** reducción *f*, rebaja *f* de precio
Preisermittlung *f*, **en** determinación *f* del precio
Preiserwartungen *pl* perspectivas *pl* de precios
Preisexplosion *f*, **(en)** explosión *f* de precios
Preisfestsetzung *f*, **en** fijación *f* de precios
Preisflexibilität *f*, **en** flexibilidad *f* de los precios
Preisfrage *f*, **(n)** **1.** ***es ist eine*** ~ lo que importa es el precio; se trata de una cuestión de precios **2.** tema *m* de un certamen o concurso
Preisfreigabe *f*, Ø desbloqueo *m* de precios; retorno *m* a la libertad de precios
Preisführer *m*, - líder *m* en materia de precios; ***als ~ auftreten*** dictar los precios
preisgebunden de precio controlado
Preisgefälle *n*, - disparidad *f* de los precios; curva *f*, diferencia *f* de precios
Preisgefeilsche *n*, Ø regateo *m* del precio
Preisgefüge *n*, Ø estructura *f* de los precios
preisgekrönt premiado; ***~es Modell*** modelo premiado
preisgesenkt a precio reducido; que vale lo que cuesta; económico
Preisgestaltung *f*, **en** → Preisbildung
preisgestoppt de precio bloqueado
Preisgleitklausel *f*, **n** cláusula *f* de indexación

Preisgrenze *f*, **n** límite *m* de precio
preisgünstig barato; de precio favorable; económico
Preisherabsetzung *f*, **en** reducción *f*, rebaja *f* de precios
Preisheraufsetzung *f*, **en** → Preiserhöhung
Preisind|ex *m*, **e** *od.* **-izes** índice *m* de precios
Preisindizierung *f*, **(en)** indexación *f* de precios
Preiskalkulation *f*, **en** cálculo *m* de los precios
Preiskartell *n*, **e** cártel *m* de precios
Preiskarussel *n*, Ø carrusel *m*, vals *m* de precios
Preisklasse *f*, **n** categoría *f*, clase *f* de precios
Preisknüller *m*, **-** → Preisschlager
Preiskonjunktur *f*, **en** coyuntura *f* de precios
Preiskonkurrenz *f*, Ø competencia *f* (de precios)
Preiskontrolle *f*, **n** control *m* de precios
Preiskonvention *f*, **en** acuerdo *m* en materia de precios
Preiskorrektur *f*, **en** rectificación *f*, corrección *f* de precios
Preislage *f*, **n** categoría *f* de precios; nivel *m*, estado *m* de precios; ***in derselben*** ~ en la misma categoría de precios
Preislawine *f*, **n** alza *f* espectacular de los precios; avalancha de precios elevados
preislich relativo al precio; ***das ist*** ~ ***interessant*** se trata de un precio interesante
Preislimit *n*, **s** precio *m* plafón; límite *m* de los precios
Preisliste *f*, **n** lista *f* de precios
Preis-Lohn-Spirale *f*, **n** espiral *f* de salarios y precios
Preismanipulation *f*, **en** manipulación *f* de los precios
Preismechanism|us *m*, **-en** mecanismo *m* de los precios
Preisnachlass *m*, **¨sse** → Preisermässigung
Preisniveau *n*, s nivel *m* de precios
Preisnotierung *f*, **en** cotización *f* de precios
Preispolitik *f*, Ø política *f* de precios
Preis-Qualitätsverhältnis *n*, **(se)** relación *f* calidad-precio
Preisregelung *f*, **en** → Preisregulierung
Preisregulierung *f*, **en** regulación *f*, reglamentación *f* de precios
Preisrückgang *m*, **¨e** disminución *f*, retroceso *m*, descenso *m* de precios
Preisrutsch *m*, Ø bajón *m*, fuerte caída *f* de los precios
Preisschere *f*, Ø **1.** diferencia *f* entre dos categorías de precios **2.** diferencia *f* entre el coste de producción y el precio de venta
Preisschild *n*, **er** etiqueta *f* del precio
Preisschlager *m*, **-** precio *m* imbatible; ganga *f*
Preisschleuderei *f*, Ø venta *f* a precios tirados *od.* ruinosos
Preisschraube *f*, Ø espiral *f* de los precios
Preisschub *m*, **¨e** empujón *m*, empuje *m* inflacionista; estirón *m* de los precios
Preisschwankungen *pl* oscilación *f*, fluctuación *f* de precios
Preissenkung *f*, **en** disminución *f*, baja *f*, reducción *f* de precios
Preisskal|a *f*, **s** *od.* **-en** escala *f* de precios; ***gleitende*** ~ escala móvil de precios
Preisspanne *f*, **n** margen *m* de precios
Preisspiegel *m*, **-** tabla *f* sinóptica de los precios
Preisspielraum *m*, **¨e** margen *m* para fijar los precios; libertad *f* de movimiento de los precios
Preisstabilisierung *f*, Ø estabilización *f* de los precios
Preisstabilität *f*, Ø estabilidad *f* de los precios
Preisstaffelung *f*, **en** escalonamiento *m* de los precios
Preisstand *m*, Ø → Preisniveau
Preissteigerung *f*, **en** aumento *m*, subida *f*, elevación *f* de los precios
Preisstopp *m*, **s** bloqueo *m*, congelación *f* de los precios
Preisstratege *m*, **n** estratega *m* (en materia) de precios
Preisstufe *f*, **n** → Preisklasse
Preissturz *m*, **¨e** caída *f* vertiginosa *od.* brusca de los precios
Preisstützung *f*, Ø sostén *m*, apoyo *m* de los precios
Preistabelle *f*, **n** tabla *f*, baremo *m* de precios
Preistaxen *pl* tasación *f* del precio
preistreibend inflacionista; ***sich*** ~ ***auswirken*** provocar un disparo de los precios
Preistreiber *m*, **-** generador *m* de inflación; elemento *m*, factor *m* inflacionista; generador *m* del alza de los precios
Preistreiberei *f*, Ø alza *f* especulativa *od.* ilícita de precios; aumento *m* abusivo de los precios
Preistrend *m*, **s** tendencia *f* de los precios
Preisüberschreitung *f*, **en** excedente *m* de precios

Preisüberwachung *f*, **(en)** control *m*, vigilancia *f* de (los) precios
Preisunterbietung *f*, **en** (Angl.) dumping *m*; venta *f* por debajo del precio
Preisunterschied *m*, **e** diferencia *f* de precio
Preisverderber *m*, - persona *f od.* empresa *f* que practica el dumping
Preisverfall *m*, Ø deterioro *m*, caída *f* de precios
Preisverordnung *f*, **en** disposición *f*, ordenanza *f* oficial en materia de precios
Preisverstoß *m*, **-¨ße** infracción *f* de la legislación sobre precios
Preisverteilung *f*, **en** entrega *f* de premios
Preisverteuerung *f*, **en** encarecimiento *m* de los precios
Preisverzeichnis *n*, **se** → Preisliste
Preisverzerrung *f*, **en** distorsión *f* de los precios
Preisvorschriften *pl* reglamentación *f* en materia de precios
Preisvorteil *m*, **e** ventaja *f* en materia de precios; ***~e werden an die Kunden weitergegeben*** los precios reducidos redundan en beneficio de los clientes
preiswert **1.** económico; barato **2.** que vale lo que cuesta; que se merece el precio (que lleva); ***~es Angebot*** oferta *f* interesante
Preiswucher *m*, Ø exageración *f* en materia de precios
preiswürdig → preiswert
Preiszettel *m*, - etiqueta *f* del precio
Preiszuschlag *m*, **¨e** sobreprecio *m*; recargo *m*
prellen (Fam.) timar; dar el timo; estafar; engañar
Prellerei *f*, **Ø** (Fam.) timo *m*; estafa *f*; engaño *m*
Premier *m*, s Primer Ministro *m*
Premierminister *m*, - → Premier
Presse *f*, Ø prensa *f*; periodismo *m*; ***eine gute, schlechte ~ haben*** tener buena, mala prensa
Presse- und Informationsdienst der Bundesregierung *m*, Ø servicio *m* de prensa e información del gobierno federal
Presseagentur *f*, **en** agencia *f* de prensa
Presseamt *n*, **¨er** oficina *f*, portavocía *f* de prensa
Presseattaché *m*, **s** agregado *m* de prensa
Presseausweis *m*, **e** carnet *m* de periodista
Pressebüro *n*, **s** oficina *f* de prensa
Pressechef *m*, **s** jefe *m* de prensa
Pressedienst *m*, **e** servicio *m* de prensa
Pressefreiheit *f*, Ø libertad *f* de prensa
Pressegesetz *n*, **e** ley *f* de prensa
Pressekampagne *f*, **n** campaña *f* de prensa
Pressekonferenz *f*, **en** rueda *f* de prensa; conferencia *f* de prensa
Pressekönig *m*, **e** magnate *m* de la prensa
Presseleute *pl* periodistas *pl*; chicos *pl*, muchachos *pl* de la prensa
Pressemeldung *f*, **en** noticia *f* de prensa
Pressenachrichten *pl* noticias *pl* de prensa
Presseorgan *n*, **e** órgano *m* de prensa
Pressephotograph *m*, **en** periodista *m* gráfico; fotógrafo *m* de prensa
Pressereferent *m*, **en** encargado *m*, jefe *m* de prensa
Presseschau *f*, **(en)** resumen *m* de prensa
Pressesprecher *m*, - portavoz *m* de prensa; (LA) vocero *m*
Pressestelle *f*, **n** centro *m* de prensa
Pressestimmen *pl* ecos *pl*, comentarios *pl* de la prensa
Pressetribüne *f*, **n** tribuna *f* de (*od.* para) la prensa
Presseverband *m*, **¨e** asociación *f* de (la) prensa
Pressevertreter *m*, - corresponsal *m* de prensa
Pressezensur *f*, Ø censura *f* de prensa
pressieren (Fam.), ***es pressiert*** es (muy) urgente
Pressionsgruppe *f*, **n** → Pressure-Group
Pressure-Group *f*, **s** grupo *m* de presión (Syn. ***Interessengruppe; Lobby***)
Prestigewerbung *f*, **en** publicidad *f* de prestigio
price-earning-ratio (PER) *n*, Ø relación *f* precio beneficio (Syn. ***Kurs-Gewinn-Verhältnis***)
prima de primera calidad; de calidad superior
Prima Rate *f*, Ø → Prime rate
Primage *f*, **n** → Primgeld
Primapapier *n*, **e** valor *m* de primera
Primaqualität *f*, Ø primera calidad *f*
primär primario; ***~er Sektor*** sector *m* primario
Primärenergie *f*, Ø energía *f* primaria
Primärenergiebedarf *m*, Ø demanda *f* de energía primaria
Primawechsel *m*, - primera *f* de cambio
Prime rate *f*, Ø (USA) tasa *f* de interés preferencial (ofrecida por los bancos a los mejores clientes)
Primgeld *n*, **(er)** prima *f*
Printmedien *pl* prensa *f* escrita

Priorität *f*, **en** prioridad *f*
Prioritätsaktie *f*, **n** acción *f* privilegiada, preferente, de prioridad
Prioritätsanleihe *f*, **n** empréstito *m* de prioridad
Prioritätsgläubiger *m*, - acreedor *m* preferente
Prioritätsobligationen *f*, **en** obligaciones *pl* preferentes
privat privado; particular; ***in ~en Besitz übergehen*** pasar a propiedad privada
Privatadresse *f*, **n** dirección *f* privada
Privatangelegenheit *f*, **en** asunto *m* privado; asunto *m* particular
Privatbank *f*, **en** banco *m* privado
Privatbesitz *m*, Ø propiedad *f* privada
Privatdetektiv *m*, **e** detective *m* privado
Privateigentum *n*, Ø → Privatbesitz
Privateinkommen *n*, - ingresos *pl* particulares
Privatgebrauch *m*, Ø uso *m* privado, particular; utilización *f* no profesional
Privatgeschäfte *pl* operaciones *pl*, transacciones *pl* particulares; negocios *pl* a título (*od.* con) carácter privado
Privatgesellschaft *f*, **en** sociedad *f* privada
Privathand *f*, Ø sector *m* privado; ***aus ~*** proveniente de fondos privados, de un particular
Privathaus *n*, **¨er** casa *f* particular
Privatindustrie *f*, Ø industria *f* privada
Privatinitiative *f*, **n** iniciativa *f* privada
Privatinteresse *n*, **n** interés *m* privado
privatisieren 1. privatizar **2.** vivir de sus rentas
Privatisierung *f*, **en** privatización *f*
Privatkapital *n*, Ø capital *m* privado
Privatklage *f*, **n**, ***~ erheben*** presentar acusación *f* particular; elevar querella *f* particular; ***die ~ zurücknehmen*** desistir de la querella privada; abandonar la acusación particular
Privatkläger *m*, - acusador *m* particular *od.* privado
Privatkorrespondenz *f*, **en** correspondencia *f* particular
Privatkundengeschäft *n*, **e** negocio *m* de clientes privados
Privatkundschaft *f*, Ø clientela *f* privada
Privat|mann *m*, **-leute** particular *m*
Privatpatient *m*, **en** paciente *m* privado (de un médico)
Privatperson *f*, **en** particular *m*
Privatplatzierung *f*, **en** colocación *f* (de una emisión) entre los clientes privados
Privatquartier *n*, **e** alojamiento *m* privado
Privatrecht *n*, Ø derecho *m* privado; ***internationales ~*** derecho internacional privado
privatrechtlich de(l) derecho privado; jurídico-privado
Privatsache *f*, **n** asunto *m* particular
Privatsektor *m*, **en** sector *m* privado
Privatsphäre *f*, Ø esfera *f* privada; vida *f* privada, íntima
Privatunterkunft *f*, **¨e** alojamiento *m* en una casa particular
Privatunternehmen *n*, - empresa *f* privada
Privatunterricht *m*,Ø clases *pl* particulares
Privaturkunde *f*, **n** documento *m* privado
Privatverbrauch *m*, Ø consumo *m* particular
Privatvermögen *n*, - bienes *pl* particulares; fortuna *f* privada
Privatversicherung *f*, **en** seguro *m* privado
Privatvertrag *m*, **¨e** contrato *m* privado
Privatwirtschaft *f*, Ø economía *f* privada; sector *m* privado
privatwirtschaftlich, ***die ~e Initiative*** la iniciativa *f* (económico-)privada
Privileg *n*, **ien** privilegio *m*
privilegiert, ***~er Gläubiger*** acreedor *m* privilegiado
Privilegierte/r (der/ein) privilegiado *m*
Pro *n*, Ø a favor de; ***das ~ und Kontra*** los pros y los contras
pro, ***~ Kopf*** per cápita; por cabeza; ***~ Stück*** por pieza, unidad
pro forma proforma
pro mille por mil (Syn. ***pro tausend; fürs Tausend***)
Probe *f*, **n** prueba *f*; examen *m*; ensayo *m*; ***auf ~ einstellen*** dar empleo, contratar a título de prueba
Probeauftrag *m*, **¨e** → Probebestellung
Probebestellung *f*, **en** pedido *m* de prueba
Probeexemplar *n*, **e** ejemplar *m* de muestra
probehalber a título de prueba
Probejahr *n*, **e** año *m* de prueba *bzw.* de prácticas
Probekauf *m*, **¨e** compra *f* a prueba *od.* por vía de ensayo
Probelauf *m*, **¨e** carrera *f* de ensayo; marcha *f* de prueba
Probelieferung *f*, **en** suministro *m* a título de prueba
proben probar; ensayar
Probenummer *f*, **n** → Probeexemplar
Probesendung *f*, **en** envío *m* de muestra *od.* prueba

Probestück *n*, **e** espécimen *m*; muestra *f*
probeweise a título de ensayo, de prueba; como prueba; para probar, ensayar
Probezeit *f*, **en** período *m* de prueba, de ensayo
Problem *n*, **e** problema *m*; ***ein ~ lösen*** solucionar un problema
problematisch problemático
Problemregion *f*, **en** región *f* en crisis; región *f* problemática
Produkt *n*, **e** producto *m*; ***fertiges ~*** producto acabado; ***gewerbliches ~*** producto industrial; ***halbfertiges ~*** producto semielaborado; ***landwirtschaftliches ~*** producto agrícola; ***pflanzliche ~e*** productos de origen vegetal
Produktenbörse *f*, **n** Bolsa *f* de mercancías, de contratación
Produktenhandel *m*, Ø comercio *m* de productos (agrarios)
Produktenmarkt *m*, **¨e** mercado *m* de productos
Produktentwicklung *f*, **en** desarrollo *m* de productos; puesta *f* a punto de nuevos productos
Produktion *f*, **en** producción *f*; ***die ~ ankurbeln*** estimular, relanzar la producción; ***die ~ einstellen*** paralizar la producción; ***die ~ erhöhen*** (***steigern***) aumentar la producción; ***die ~ senken*** (***drosseln***) bajar la producción (Syn. ***Herstellung; Fertigung; Erzeugung***)
Produktionsablauf *m*, **¨e** marcha *f*, curso *m* de la producción
Produktionsabteilung *f*, **en** sección *f*, departamento *m* de producción
Produktionsanlagen *pl* instalaciones *pl* industriales; equipos *m* de producción
Produktionsaufnahme *f*, **n** comienzo *m* *bzw.* reanudación *f* de la producción
Produktionsausfall *m*, **¨e** pérdida *f* de producción
Produktionsausstoß *m*, Ø producción *f*; cantidad *f* producida; volumen *m* de producción; producción *f* física
Produktionsbeginn *m*, Ø comienzo *m* de la producción
Produktionsbereich *m*, **e** sector *m* de producción
Produktionsbeschränkung *f*, **en** restricción *f* de la producción
Produktionsbetrieb *m*, **e** empresa *f* de producción
Produktionsdrosselung *f*, **(en)** reducción *f* de la producción
Produktionseinbuße *f*, **n** pérdida *f* de producción
Produktionseinheit *f*, **en** unidad *f* de producción
Produktionseinschränkung *f*, **en** → Produktionsbeschränkung
Produktionserhöhung *f*, **en** incremento *m*, aumento *m* de la producción
Produktionsfaktor *m*, **en** factor *m* de producción
Produktionsgüter *pl* bienes de producción; bienes *pl* intermedios
Produktionsindex *m*, **e** índice *m* de (la) producción
Produktionskapazität *f*, **en** capacidad *f* de producción
Produktionskosten *pl* costes *pl* de producción
Produktionsleistung *f*, **en** → Produktivität
Produktionsleiter *m*, **-** jefe *m* de producción
Produktionslenkung *f*, Ø orientación *f*, control *m* de la producción
Produktionsmenge *f*, **n** cantidad *f* producida
Produktionsmittel *pl* medios *pl* de producción
Produktionsnorm *f*, **en** norma *f* de producción
Produktionsplan *m*, **¨e** plan *m*, programa *m* de producción
Produktionspotential *n*, **(e)** potencial *m* productivo
Produktionsprogramm *n*, **e** programa *m* de producción
Produktionsprozess *m*, **-sse** proceso *m* de producción
Produktionsrückgang *m*, **¨e** descenso *m* de producción
Produktionsrythm|us *m*, **(-en)** ritmo *m* de producción; ***den ~ beibehalten*** mantener el ritmo de producción
Produktionsschwankungen *pl* fluctuaciones *pl* de la producción
Produktionssoll *n*, Ø producción *f* fijada, asignada; producción *f* a lograr
Produktionsstand *m*, Ø nivel *m* de producción
Produktionsstandort *m*, **e** emplazamiento *m*, ubicación *f* de la producción
Produktionsstätte *f*, **n** → Produktionsstandort
Produktionssteigerung *f*, **en** aumento *m* de la producción
Produktionssteuerung *f*, **en** control *m* de la producción

Produktionsstraße *f*, **n** cadena *f* de producción (Syn. ***Fließband***)
Produktionsstufe *f*, **n** fase *f* de la producción
Produktionsteam *n*, **s** equipo *m* de producción
Produktionstempo *n*, **(s)** cadencia *f* de producción; ritmo *m* de la producción
Produktionsüberschuss *m*, **¨sse** excedente *m* de la producción
Produktionsumfang *m*, **(¨e)** → Produktionsvolumen
Produktionsumstellung *f*, **(en)** (re)conversión *f* de la producción
Produktionsunterlagen *pl* instalaciones *pl* industriales
Produktionsverfahren *n*, **-** procedimiento *m* de producción
Produktionsverlagerung *f*, **en** desplazamiento *m* de la producción
Produktionsvolumen *n*, **-** volumen *m* de la producción
Produktionsweise *f*, **n** método *m* de producción
Produktionswert *m*, **Ø** valor *m* producido; valor *m* de producción
Produktionsziffer *f*, **n** cifra *f* producida; cifra *f* de producción
Produktionszuwachs *m*, **(¨e)** aumento *m*, incremento *m* de la producción
Produktionszweig *m*, **e** sector *m*, rama *f* de producción
produktiv productivo; ***~e Arbeit*** trabajo *m* productivo, fructífero; ***~es Kapital*** capital *m* productivo
Produktivgüter *pl* bienes *pl* de producción
Produktivität *f*, **(en)** productividad *f*; ***die ~ steigern*** aumentar la productividad
Produktivitätsgrenze *f*, **n** límite *m* de productividad
Produktivitätsprämie *f*, **n** prima *f*, plus *m* de productividad
Produktivitätssteigerung *f*, **en** aumento *m* de la productividad
Produktivitätszuwachs *m*, **(¨e)** incremento *m* de la productividad
Produktivkapital *n*, **Ø** capital *m* productivo
Produktivkräfte *pl* fuerzas *pl* productivas
Produktivkredit *m*, **e** crédito *m* a la producción
Produktivvermögen *n*, **-** patrimonio *m*, capital *m* productivo
Produktleiter *m*, **-** → Produktmanager
Produkt-Manager *m*, **-** jefe *m* de producto
Produktmix *m*, **Ø** ratios *pl* de diferentes productos
Produktpalette *f*, **n** gama *f* de productos
Produkttest *n*, **s** ensayo *m* de productos
Produzent *m*, **en** productor *m*; ***vom ~en zum Verbraucher*** del productor al consumidor (Syn. ***Hersteller***)
Produzentenpreis *m*, **e** precio *m* de producción
produzieren producir; fabricar; ***nach Bedarf ~*** producir en función de la demanda; (Syn. ***herstellen, erzeugen***)
Professional *m*, **s** → Profi
professionalisieren profesionalizar
Professionalisierung *f*, **Ø** profesionalización *f*
Professionalismus *m*, **Ø** profesionalismo *m*
professionell profesional; ***~er Sportler*** deportista *m* profesional
Profi *m*, **s** profesional *m*
Profil *n*, **e** perfil *m*; ***das gewünschte ~ haben*** tener el perfil requerido
profilieren **1.** perfilar **2.** ***sich als Wirtschaftler ~*** destacar, sobresalir como economista
Profit *m*, **e** beneficio *m*; ganancia *f*; lucro *m*; ***~ von etw. erzielen*** sacar provecho de algo
profitabel lucrativo; provechoso
Profiteur *m*, **e** persona *f* que obtiene beneficios, que saca provecho, que sale ganando
Profitgeier *m*, **-** aprovechado *m*; aprovechón *m*
Profitgier *f*, **Ø** afán *m*, avidez *f*, ambición *f* de lucro
profitgierig ávido, deseoso de lucro
profitieren ganar; aprovechar; sacar provecho
Profitjäger *m*, **-** oportunista *m*; especulador *m*
Profitmacher *m*, **-** → Profiteur
Profitmacherei *f*, **Ø** oportunismo *m*; aprovechamiento *m*
Profitmaximierung *f*, **en** maximización *f* de los beneficios
Profitstreben *n*, **Ø** búsqueda *f* del beneficio; aspiración *f* a sacar provecho (de); ambición *f* (de ganancias)
Profitsucht *f*, **Ø** avidez *f*, ansia *f* de sacar provecho
Proforma-Rechnung *f*, **en** factura *f* proforma
Proforma-Wechsel *m*, **-** letra *f* proforma
Prognose *f*, **n** pronóstico *m*; ***~ über die wirtschaftspolitische Entwicklung*** pronóstico sobre el desarrollo político-económico

prognostizieren pronosticar; predecir; hacer previsiones
Programm *n*, **e 1.** programa *m*; plan *m*; ***ein ~ aufstellen*** elaborar un programa **2.** (Inform.) programa *m; **dem Computer ein ~ eingeben*** programar un ordenador **3.** (TV) ***Erstes, Zweites ~*** primer, segundo canal *m*; primera, segunda cadena *f*
Programmabruf *m*, **e** (Inform.) llamada *f* de un programa
Programmation *f*, **en** → Programmierung
Programm-Einheit *f*, **en** (Inform.) unidad *f* de programa
Programmgestaltung *f*, **en** (Inform.) programación *f*
programmgesteuert (Inform.) asistido por ordenador; equipado con un programa de mando
programmierbar programable
programmieren programar; introducir un programa
Programmierer *m*, **-** (Inform.) programador *m* (especialista en la concepción, realización y utilización de programas)
Programmierung *f*, **en** programación *f*
Programmsprache *f*, **n** (Inform.) lenguaje *m* de programación; ***problemorientierte ~*** lenguaje *m* externo; lenguaje *m* orientado a un programa
Programmsteuerung *f*, **en** (Inform.) mando *m* por programa
Programmverzahnung *f*, **(en)** (Inform.) multiprogramación *f* (Syn. ***Mehrprogrammverarbeitung***)
Progression *f*, **en** progresión *f*
Progressionstarif *m*, **e** tarifa *f* progresiva
progressiv 1. progresivo; que avanza regularmente; ***~e Abschreibung*** amortización *f* progresiva **2.** progresista; de progreso; ***~e Partei*** partido *m* progresista
Progressivsteuer *f*, **n** impuesto *m* progresivo
Prohibition *f*, **en** prohibición *f* (de bebidas alcohólicas en los EE.UU. de 1919 a 1933)
prohibitiv prohibitivo
Prohibitivzoll *m*, **¨e** arancel *m* prohibitivo; derecho *m* arancelario prohibitivo
Projekt *n*, **e** proyecto *m*; empresa *f* de gran envergadura
Projektion *f*, **en** proyección *f*
projizieren proyectar; efectuar una proyección
Pro-Kopf-Einkommen *n*, **-** renta *f* per cápita
Pro-Kopf-Verbrauch *m*, **Ø** consumo *m* per cápita; consumo *m* individual
Prokur|a *f*, **-en** poder *m; **per ~*** por poder; ***die ~ entziehen*** revocar el poder
Prokurist *m*, **en** apoderado *m; **erster ~*** primer apoderado
Prolet *m*, **en** (Fam.) persona *f* vulgar; pobre diablo *m*
Proletariat *n*, **-** proletariado *m; **akademisches ~*** proletariado intelectual
Proletarier *m*, **-** proletario *m*
proletarisch proletario
proletarisieren proletarizar
Prolongation *f*, **en** prolongación *f*; prórroga *f*; operación *f* de reporte; negocio *m* a término
Prolongationsgeschäft *n*, **e** operación *f* de reporte, de prolongación
Prolongationswechsel *m*, **-** letra *f* prolongada *bzw.* prolongable
prolongieren prolongar; conceder una prórroga; prorrogar
Promesse *f*, **n 1.** promesa *f*; compromiso (por escrito) **2.** reconocimiento *m* de deuda
Promille *n*, **- 1.** tanto *m* por mil; ***die Provision beträgt 7 ~*** la comisión asciende a 7 por mil **2.** grado *m* de alcoholemia
Promillegrenze *f*, **n** alcoholemia *f*; grado *m* de alcohol autorizado en la sangre
Promillesatz *m*, **¨e** tanto *m* por mil
prominent célebre; sobresaliente; notable; eminente
Prominente/r (der/ein) personaje *m* sobresaliente, eminente, notable; celebridad *f*; persona *f* destacada, importante
Prominenz *f*, **Ø** personas *pl* destacadas, eminentes, notables; grandes personalidades *pl*
Promoter *m*, **-** promotor *m*; organizador *m*
Promotion *f*, **en** doctorado *m*
Promotion *f*, **Ø** venta *f* promocional
promovieren pasar su doctorado
prompt sin demora; inmediato; en el acto; pronto; ***~e Lieferung*** entrega *f* inmediata
Promptgeschäft *n*, **e** negocio *m*, operación *f* al contado
Propaganda *f*, **Ø** publicidad *f*; propaganda *f*
propagieren propagar; preconizar
Propergeschäft *n*, **e** operación *f* (comercial) en nombre propio
proportional proporcional; ***direkt, umgekehrt ~*** directamente, inversamente proporcional; ***~e Besteuerung*** imposición *f* proporcional

Proportionalwahl *f*, **en** → Proporzwahl
Proporz *m*, **e** (A, CH) → Proporzwahl
Proporzdenken *n*, Ø (Pol.) repartición *f* proporcional y sistemática de los cargos (entre el CDU y el SPD p.ej.)
Proporzwahl *f*, (**en**) representación *f* proporcional; elección *f* proporcional
Propregeschäft *n*, **e** → Propergeschäft
Prorogation *f*, **en** prolongación *f*; prórroga *f*
prorogieren prorrogar; prolongar
Prospekt *m*, **e** folleto *m*; prospecto *m*; nota *f* circular
prospektieren, ***den Meeresboden*** ~ sondear el fondo del mar
Prospektion *f*, **en** prospección *f*
Prospektmaterial *n*, **ien** material *m* de publicidad; folletos *pl*; prospectos *pl*
Prospektor *m*, **en** minero *m* dedicado a la prospección
Prospektwerbung *f*, **en** publicidad *f* por prospectos
Prospektzwang *m*, Ø prospecto *m* obligatorio; obligatoriedad *f* de publicar un prospecto en la emisión de títulos
prosperieren prosperar
Prosperität *f*, Ø prosperidad *f*
Protektionismus *m*, Ø proteccionismo *m*
Protektionist *m*, **en** proteccionista *m*
protektionistisch proteccionista
Protest *m*, **e** protesta *f*; (Jur.) recurso *m*; (Wechsel) protesto *m*; ***mangels*** ~ por falta de protesto; ***schriftlicher*** ~ protesto por escrito; ~ ***aufnehmen*** protestar; ***mit*** ~ ***zurückgehen lassen*** devolver protestado
Protestaktion *f*, **en** acción *f* de protesta
Protestanzeige *f*, **n** notificación *f* de protesto
Protestbewegung *f*, **en** movimiento *m* de protesta
protestieren protestar; contestatr
Protestler *m*, - (Polit.) contestatario *m*
Proteststreik *m*, **s** huelga *f* de protesta
Protestwelle *f*, **n** ola *f* de protestas
Protokoll *n*, **e** acta *f*; protocolo *m*; minuta *f*; ***amtliches*** ~ acta oficial; ~ ***aufnehmen*** levantar acta; ~ ***führen*** redactar el acta de una sesión; estar encargado de redactar el acta
Protokollant *m*, **en** → Protokollführer
Protokollführer *m*, - redactor *m* del acta; secretario *m*
protokollieren hacer constar en acta; registrar; protocol(iz)ar
Prototyp *m*, **en** prototipo *m*
Protz *m*, Ø (Fam.) nuevo rico *m*; ricachón *m*
Proviant *m*, **e** aprovisionamiento *m*; víveres *pl*
Provision *f*, **en** comisión *f*; porcentaje *m*; ***eine ~ von 3% berechnen*** cargar el 3% de comisión; ***einer ~ unterliegen*** estar sujeto a comisión
Provisionsberechnung *f*, **en** liquidación *f* de una comisión
provisionsfrei sin comisión; libre de comisión
provisionspflichtig sujeto a comisión
Provisionsreisende/r (der/ein) comisionista *m*
Provisionssatz *m*, **¨e** tipo *m* de comisión
Prozess *m*, **-e** (Jur.) proceso *m*; litigio *m*; pleito *m*; causa *f*, acción *f* legal; ***anhängiger*** ~ proceso pendiente; ~ ***gegen den Staat*** causa incoada contra el Estado; ***einen ~ anstrengen*** incoar un proceso; ***einen ~ aufnehmen*** instruir una causa; ***einen ~ aussetzen*** suspender una causa
Prozent *n*, **e** porcentaje *m*; tanto *m* por ciento; ***gegen ~e*** en régimen de comisión; ***~e abwerfen*** devengar intereses
prozentig por ciento
Prozentkurs *m*, **e** (Bolsa) cotización *f* expresada en porcentaje (del valor nominal de un título)
Prozentpunkt *m*, **e** punto *m* porcentual
Prozentsatz *m*, **¨e** porcentaje *m*; tanto *m* por ciento; tipo *m* de interés; ***hoher*** ~ porcentaje elevado
Prozentspanne *f*, **n** margen *m* de beneficio (expresado en porcentaje)
prozentual al tanto por ciento; proporcional
prozentuell (A) → prozentual
prozentuieren establecer el (*od.* en) porcentaje
Prozentwert *m*, Ø valor *m* expresado en porcentaje
Prozessakten *pl* autos *pl* de procesamiento
prozessfähig con capacidad procesal
prozessführend, ***die ~en Parteien*** las partes *pl* litigantes; las partes *pl* en litigio
Prozessführer *m*, - (parte *f*) litigante *m*
Prozessgegner *m*, - parte *f* contraria
prozessieren procesar; poner pleito a; seguir una causa contra
Prozesskosten *pl* costas *pl* procesales; gastos *pl* judiciales; ***zu den ~ verurteilt sein*** ser condenado a pagar las costas
Prozessor *m*, **en** (Inform.) procesador *m*
Prozessordnung *f*, **en** ley *f* de enjuiciamiento; procedimiento *m* judicial

Prozessrechner *m*, - (Inform.) ordenador *m* de procesos; ordenador *m* de técnicas industriales
prüfen examinar; verificar; controlar; ensayar; ***die Bilanz*** ~ controlar el balance; ***ein Produkt auf Schädlichkeit*** ~ verificar las propiedades nocivas, tóxicas de un producto
Prüfer *m*, - **1.** examinador *m* **2.** revisor *m*, censor *m* de cuentas **3.** auditor *m* **4.** (LA) contador *m* público
Prüfgerät *n*, **e** aparato *m* de ensayos, de control
Prüfplakette *f*, **n** viñeta *f*, timbre *m* de control técnico (TÜV)
Prüfstand *m*, Ø banco *m*, puesto *m* de ensayos
Prüfung *f*, **en** ensayo *m*; examen *m*; prueba *f*
Prüfungsausschuss *m*, **¨sse** comisión *f* examinadora
Prüfungsbericht *m*, **e** informe *m* sobre la revisión
Prüfzeichen *n*, - marca *f* de verificación; estampilla *f*
Prügelknabe *m*, **n** cabeza *f* de turco; chivo *m* expiatorio; el que paga el pato
PS *n*, - **1.** (Pferdestärke) caballos *pl* de vapor (CV); caballos *pl* **2.** → Postskriptum
PschA → Postscheckamt
PschKto → Postscheckkonto
Public Relations *pl* relaciones *pl* públicas; imagen *f*
Publicity *f*, Ø publicidad *f*; imagen *f* de marca
publik público
Publikum *n*, Ø público *m*
Publikumsrenner *m*, - (Bolsa) valor *m*, título *m* estrella; título *m* muy demandado; valor *m* superdemandado; superéxito *m* de venta
publikumswirksam que le gusta al público; con gran éxito entre el público
publizieren publicar
Publizist *m*, **en** periodista *m* (político); editorialista *m*; publicista *m*
Publizistik *f*, Ø periodismo *m*
Publizität *f*, Ø publicidad *f* (registral)
Publizitätspflicht *f*, Ø obligación *f* de publicar (las cuentas anuales, etc.)
Pufferstaat *m*, **en** Estado *m* intermedio, tapón
Pump (Fam.) crédito *m*; ***auf*** ~ ***kaufen*** comprar a crédito; ***auf*** ~ ***leben*** vivir del crédito, de sablazos
pumpen, ***in ein Unternehmen Geld*** ~ inyectar capital a una empresa; ***von jdm. Geld*** ~ sablear, dar un sablazo a alg.
Pumppolitik *f*, Ø (fam.) política *f* del sablazo (pecuniario, dinerario, financiero)
Punkt *m*, **e** punto *m*; ~ ***für*** ~ punto por punto; ***strittiger*** ~ punto litigioso; ***toter*** ~ punto muerto
Punktnachteil *m*, **e** malus *m*
Punktstreik *m*, **s** huelga *f* puntual
punktuell puntual
Punktverlust *m*, **e** pérdida *f* de un punto *bzw.* de puntos
Punktvorteil *m*, **e** bonus *m*
purzeln (Fam.), ***die Preise*** ~ los precios caen
pusten (Fam.) soplar (para la prueba de alcoholemia)
Put *n*, **s** opción *f* de venta
putativ putativo
Putsch *m*, **s** intentona *f* de golpe de estado; golpe *m* (de estado)
Putschist *m*, **en** golpista *m*
Putschversuch *m*, **e** intento *m* golpista; intentona *f* golpista
Pütt *m*, **e** (Fam.) pozo *m* de mina
Putzfrau *f*, **en** mujer *f* de limpieza; asistenta *f*
Pyramide *f*, **n**, ***Einkommens***~ pirámide *f* de las rentas, de los ingresos
Pyrenäen *pl* Pirineos *pl*
Pyrenäenhalbinsel *f* península *f* ibérica
pyrenäisch pirenáico

Q

qkm → Quadratkilometer
Quadrat *n*, **e**, ***ins ~ erheben*** elevar al cuadrado
quadratisch cuadrado; rectangular; ***~e Gleichung*** ecuación *f* de segundo grado
Quadratkilometer *m*, **-** kilómetro *m* cuadrado
Quadratmeile *f*, **n** milla *f* cuadrada
Quadratmeter *m od. n*, **-** metro *m* cuadrado
Quadratur *f*, Ø cuadratura *f*
Quadratwurzel *f*, **n** raíz *f* cuadrada
Quadratzahl *f*, **en** número *m* al cuadrado
Quadratzentimeter *m*, **-** centímetro *m* cuadrado
quadrieren cuadrar; elevar al cuadrado; elevar a la segunda potencia
Qualifikation *f*, **en** cualificación *f*; ***berufliche ~*** c(u)alificación profesional
Qualifikationsniveau *n*, **s** nivel *m* de c(u)alificación
Qualifikationsstand *m*, Ø → Qualifikationsniveau
qualifizierbar calificable
qualifizieren, ***sich ~*** **1.** calificarse **2.** clasificarse
qualifiziert cualificado; ***~er Arbeiter*** trabajador *m* cualificado; ***~e Mehrheit*** mayoría *f* cualificada
Qualifizierung *f*, **en** → Qualifikation
Qualifizierungslehrgang *m*, **¨e** curso *m*, cursillo *m* de cualificación
Qualität *f*, **en** calidad *f*; ***erster ~*** de primera calidad; ***von ausgesuchter ~*** de calidad selecta *od.* escogida; ***von geringer ~*** de calidad inferior; ***mangelnde ~*** calidad deficiente
qualitativ cualitativo; ***~ verschieden ausfallen*** variar de calidad; diferir en cuanto a la calidad; ***~ überlegen*** superior en calidad
Qualitätsabschlag *m*, **¨e** descuento *m* por calidad defectuosa
Qualitätsabweichung *f*, **en** desviación *f* de (la) calidad
Qualitätsarbeit *f*, Ø trabajo *m*, obra *f* de calidad
Qualitätsbeweis *m*, **e** prueba *f* de calidad
Qualitätsbezeichung *f*, **en** marca *f* de calidad
Qualitätserzeugnis *n*, **se** producto *m* de (alta) calidad
Qualitätsforderungen *pl* exigencias *pl* en materia de calidad
Qualitätsgarantie *f*, (**n**) garantía *f* de calidad
Qualitätskonkurrenz *f*, Ø competencia *f* en términos de calidad; concurso *m*, certamen *m* de calidad
Qualitätskontrolle *f*, **n** control *m* de calidad
Qualitätsmarke *f*, **n** etiqueta *f*, marca *f* de calidad
Qualitätsminderung *f*, (**en**) baja (*od.* reducción) *f* de calidad
Qualitätsnachweis *m*, **e** garantía *f* de calidad
Qualitätsniveau *n*, **s** nivel *m* de calidad
Qualitätsnorm *f*, **en** norma *f* cualitativa, de calidad
Qualitätsprobe *f*, **n** → Qualitätsprüfung
Qualitätsprüfung *f*, **en** ensayo *m*, verificación *f* de la calidad
Qualitätssicherung *f*, Ø aseguramiento *m*, garantía *f* de (la) calidad
Qualitätssiegel *n*, **-** sello *m* de calidad
Qualitätsstandard *m*, **s** estándar *m* de calidad; ***den ~ erfüllen*** satisfacer las normas de calidad
Qualitätssteigerung *f*, **en** mejora *f* de la calidad
Qualitätssteuerung *f*, en gestión *f* de la calidad
Qualitätsstufe *f*, **n** grado *m*, clase *f* de calidad
Qualitätsunterschied *m*, **e** diferencia *f* de calidad
Qualitätsuntersuchung *f*, **en** control *m*, test *m*, análisis *m* de calidad
Qualitätsverbesserung *f*, **en** → Qualitätssteigerung
Qualitätsvergleich *m*, **e** comparación *f* cualitativa

Qualitätsverschlechterung *f*, Ø empeoramiento *m* de la calidad; merma *f* de calidad
Qualitätsware *f*, **n** mercancía *f* de calidad; artículo *m* de marca
Qualitätswettbewerb *m*, **e** → Qualitätskonkurrenz
Qualitätszahl *f*, **en** índice *m* de calidad
Qualitätszeichen *n*, - marca *f*, etiqueta *f* de calidad (Syn. ***Gütezeichen***)
Qualitätszertifikat *n*, **e** certificado *m* de calidad
Quant|um *n*, **-en** cantidad *f*; cuota *f*; tanto *m*
quantifizieren cuantificar
Quantifizierung *f*, (**en**) cuantificación *f*
Quantität *f*, **en** cantidad *f*; lote *m*; bulto *m*; importe *m* (Syn. ***Menge, Masse***)
quantitativ cuantitativo
Quarantäne *f*, **n** cuarentena *f*; ***die ~ aufheben*** levantar la cuarentena; ***in ~ gehen*** ser sometido a cuarentena
Quartal *n*, **e** trimestre *m*; ***zum ~*** a plazo *od.* vencimiento trimestral
Quartal(s)- (Pref.) trimestral
Quartal(s)abrechnung *f*, **en** cuenta *f*, liquidación *f* trimestral
Quartal(s)abschlu|ß *m*, **¨sse** balance *m* trimestral
Quartal(s)ergebnis *n*, **se** resultado *m* trimestral
Quartalsmiete *f*, **n** alquiler *m* trimestral
quartal(s)weise por trimestre; trimestralmente; cada tres meses
Quartal(s)zahlung *f*, **en** pago *m* trimestral
Quartier *n*, **e** alojamiento *m*; habitación *f*; ***~ beziehen*** alojarse; tomar alojamiento
Quartierschein *m*, **e** boleta *f* de alojamiento
quasi cuasi; por así decirlo
Quasidelikt *n*, **e** cuasi delito *m*
Quasigeld *n*, **er** fondos *pl* no disponibles de inmediato
Quasimonopol *n*, **e** cuasi monopolio *m*
quasiöffentlich cuasi-público
Quelle *f*, **n** fuente *f*; origen *m*; procedencia *f*; ***aus gut unterrichteter ~*** de buena fuente; de fuente bien informada; de fuente solvente; ***Steuern an der ~ einbehalten*** retener los impuestos en la base
Quellenabzug *m*, **¨e** retención *f*, deducción *f* en la base
Quellenabzugsverfahren *n*, - procedimiento *m* de retención en la base
Quellenangabe *f*, **n** indicación *f* de fuentes, referencias; fuentes *pl*
Quellenbesteuerung *f*, **en** imposición *f* en la base
Quellensteuer *f*, **n** impuesto *m* de retención en la base
Quellensteuersatz *m*, **¨e** tasa *f* del impuesto de retención en la fuente, de retención en la base, de retención en origen
querparken aparcar en batería
Querschnitt *m*, **e** sección *f*; corte *m* transversal; ***repräsentativer ~*** media *f* representativa
querschreiben aceptar una letra (de cambio)
Querulant *m*, **en** pleiteador *m*; pleiteante *m*
Quervergleich *m*, **e**, ***im ~*** en una comparación transversal
quittieren 1. dar recibo (de un pago) **2.** ***den Dienst ~*** presentar la dimisión; cesar en el cargo
Quittung *f*, **en** recibo *m*; resguardo *m*; comprobante *m* (de pago)
Quittungsblock *m*, **¨e** talonario *m* de recibos
Quittungsbuch *n*, **¨er** libro *m* *od.* talonario *m* de recibos
Quittungsformular *n*, **e** formulario *m*, impreso *m* de recibo
Quittungsstempel *m*, - sello *m* de recibo
Quorum *n*, Ø quórum *m*
Quotation *f*, **en** cotización *f* en Bolsa
Quote *f*, **n** cuota *f*; contingente *m*; cupo *m*; ***nach ~*** por cuotas; a prorrata
Quotenaktie *f*, **n** acción *f* proporcional *od.* de cuota; acción *f* sin valor nominal
Quotenfestsetzung *f*, **en** fijación *f* de cuotas
Quotenkartell *n*, ***s*** cártel *m* de contingentación
Quotenkonsolidierung *f*, Ø consolidación *f* por integración proporcional
quotenmäßig por cuotas; a prorrata; según cupos; ***~es Miteigentum*** copropiedad *f* proporcional
Quotenregelung *f*, **en** → Quotenfestsetzung
Quoten-Rückversicherung *f*, **en** reaseguro *m* cuota parte
Quotenstichprobe *f*, **n** sondeo *m* por cuotas
Quotensystem *n*, **e** sistema *m* de cuotas
Quotenüberschreitung *f*, **en** rebasamiento *m*, superación *f* de las cuotas
Quotient *m*, **en** cociente *m*
quotieren cotizar; ***einen Preis ~*** cotizar un precio
Quotierung *f*, **en** cotización *f*
quotisieren dividir cuotas partes
Quotisierung *f*, **en** reparto *m* a prorrata; repartición *f* proporcional

R

Rabatt *m*, **e** rebaja *f*; reducción *f*; descuento *m*; ***auf*** ~ sobre rebaja; ***mit einem*** ~ ***von*** con un descuento de; ~ ***bei Barzahlung*** descuento por pago al contado; ***einen*** ~ ***gewähren*** conceder una rebaja
Rabattbestimmungen *pl* reglamento *m* sobre descuentos
Rabattgewährung *f*, Ø concesión *f* de una rebaja (en el precio)
rabattieren (Arch.) acordar una rebaja, un descuento
Rabattkartell *n*, **e** cártel *m* de rebajas, de descuentos
Rabattmarke *f*, **n** sello *m* de descuento
Rabattpreis *m*, **e** precio *m* de descuento
Rabattrechnung *f*, **en** cálculo *m* de (un) descuento
Rabattregelungen *pl* → Rabattkartell
Rabattsatz *m*, **¨e** tasa *f* de reducción, de rebaja, de descuento
Rabattspanne *f*, **n** margen *m* de descuento, de reducción, de rebaja
Rabattstaffel *f*, **n** escala *f* de descuentos; des-cuento *m* escalonado
Rache *f*, Ø venganza *f*; ~ ***nehmen*** vengar(se)
Racheakt *m*, **e** acto *m* de venganza
rächen vengarse
Raddampfer *m*, - vapor *m* de ruedas
Rädelsführer *m*, - cabecilla *m*
Radikalenerlass *m*, Ø (R.F.A.) decreto *m* sobre los extremistas; ley *f* relativa al desempeño de funciones públicas por parte de extremistas
Radikalkur *f*, **en** cura *f* radical (Syn. ***Rosskur***)
Radio *n*, **s** radio *f*; radiodifusión *f*; ~ ***hören*** escuchar la radio; ***Nachrichten durchs*** ~ ***senden*** (***übertragen***) radiar, transmitir noticias
radioaktiv radiactivo; ***~er Abfall*** residuos, desechos *pl* radiactivos; ***~e Niederschläge*** precipitaciones *pl* radiactivas; ***~e Strahlung*** radiación *f* radiactiva; ***~e Verseuchung*** contaminación *f* radiactiva; ***~e Zerfallsreihe*** familia *f* radiactiva
Radioaktivität *f*, **en** radiactividad *f*
Radioapparat *m*, **e** (aparato *m* de) radio *f*; radiorreceptor *m*
Radiodurchsage *f*, **n** mensaje *m* radiado *od.* radiodifundido
Radiohändler *m*, - comerciante *m* en artículos de radiotelefonía; vendedor *m* de radios
Radiomeldung *f*, **en** noticia *f* radiada *od.* radiodifundida
Radioprogramm *n*, **e** programa *m* de radio *od.* de emisiones radiofónicas
Radiorecorder *m*, - radiocasete *m*
Radioübertragung *f*, **en** (re)transmisión *f* radiofónica
radizieren extraer la raíz
Radizieren *n*, Ø extracción *f* de la raíz
Raffinat *n*, **e** producto *m* refinado
Raffination *f*, **en** refinación *f*
Raffinerie *f*, **n** refinería *f*
Ragionenbuch *n*, **¨er** (CH) registro *m* de comercio; registro *m* mercantil
Rahmen *m*, - marco *m*; margen *m*; límite *m*; ámbito *m*; (Seg.) marco *m* continuo; ***im*** ~ ***von*** en el margen de; ***im*** ~ ***des Abkommens*** en el marco del acuerdo
Rahmenabkommen *n*, - acuerdo *m* base; acuerdo *m* marco (Syn. ***Rahmenvertrag***)
Rahmenbedingungen *pl* condiciones *pl* marco; líneas *pl* generales, directrices; orientación *f* general
Rahmengesetz *n*, **e** ley *f* básica *od.* de bases (normas relativas a las directivas que deben atender los Länder en ciertos ámbitos)
Rahmenkredit *m*, **e** crédito *m* marco (límite o plafón de crédito general, el cual está a disposición para la utilización durante cierto tiempo)
Rahmenplan *m*, **¨e** plan *m* básico
Rahmentarif *m*, **e** → Manteltarif
Rahmentarifvertrag *m*, **¨e** convenio *m* colectivo marco

Rahmenvertrag *m*, **¨e** acuerdo *m* marco; contrato *m* básico, base
Raider *m*, - tiburón *m*
Raiffeisengenossenschaft *f*, **en** cooperativa *f* agrícola "Raiffeisen" (caja de préstamos con círculo local de clientes, basada en los principios cooperativistas del alcalde alemán F.W. Raiffeisen)
Raiffeisenkasse *f*, **n** caja *f* de crédito agrícola "Raiffeisen"
Rakete *f*, **n** cohete *m*; misil *m*; ***bodengestützte*** ~ misil con base terrestre; ***mehrstufige*** ~ cohete de escalones múltiples *od.* de varias fases
Rallonge *f*, **n** añadido *m* (a un cheque o título si el reverso no es suficiente para el endoso)
RAM (randon acces memory) memoria *f* RAM; memoria *f* viva; memoria *f* de acceso directo; ~ ***based*** basado en memoria RAM, en memoria viva
Rampe *f*, **n 1.** rampa *f* **2.** muelle *m* de carga
Ramsch *m*, **e** baratillo *m*; pacotilla *f*; cachivaches *pl*; ***im ~ kaufen*** comprar en liquidación
Ramschgeschäft *n*, **e** casa *f* de saldos
Ramschhändler *m*, - baratillero *m*
Ramschladen *m*, ¨ → Ramschgeschäft
Ramschposten *m*, - saldos *pl* (para su adquisición en lote)
Ramschverkauf *m*, **¨e** venta *f* de lotes; venta *f* en bloque
Ramschware *f*, **n** (artículos *pl* de) baratillo *m od.* pacotilla *f*
Rand *m*, **¨er** margen *m*; borde *m*; ***am ~e*** al margen
Randbemerkung *f*, **en** nota *f* marginal (im Grundbuchauszug); glosa *f*; anotación *f*; apostilla *f*
Randgebiet *n*, **e** alrededores *pl*; afueras *pl*; periferia *f* (de una ciudad)
Randgruppe *f*, **n** grupo *m* marginal; ***soziale ~n*** marginados *pl* sociales
randomieren randomizar; calcular; aleatorizar (colocar en una dirección calculada)
randomisieren (Estad.) hacer una elección al azar; asegurar una repartición aleatoria
Randomisierung *f*, Ø randomización *f*; aleatorización *f* (colocación en una dirección calculada)
Randomzahl *f*, **en** (Estad.) número *m* aleatorio *od.* elegido al azar
Randstreifen *m*, - cenefa *f*; (Transp.) arcén *m* (Syn. ***Standspur***)
Randvermerk *m*, **e** mención *f* marginal
Rang *m*, **¨e** rango *m*; grado *m*; clase *f*; categoría *f*; ***ersten ~es*** de primer orden *bzw.* de primera clase; ***ehrenhalber verliehener*** ~ rango honorífico; ~ ***nach Dienstalter*** antigüedad *f* de servicio; ***den ~ abtreten*** ceder el rango *bzw.* el primer puesto
Rangälteste(r) (der/ein) oficial *m* de más antigüedad *bzw.* de más alta graduación
Rangerhöhung *f*, **en** ascenso *m*; promoción *f*
Rangfolge *f*, **n** → Rangordnung
Rangierbahnhof *m*, **¨e** estación *f* de maniobras *od.* de clasificación
rangieren 1. (Transp.) maniobrar; hacer maniobras; formar los trenes **2.** clasificar; colocar en cierto orden; ***an erster Stelle*** ~ ocupar el primer lugar
Rangliste *f*, **n** lista *f* de preferencias; escalafón *m*
Rangordnung *f*, **en** jerarquía *f*; orden *m* de precedencia *bzw.* distribución
Rapport *m*, **e** informe *m*; parte *m* (Syn. ***Bericht***)
rar raro; escaso; ~ ***sein*** escasear
Rassendiskriminierung *f*, **en** discriminación *f* racial
Rassenfrage *f*, (**n**) problema *m* racial
Rassentrennung *f*, **en** segregación *f* racial; segregacionismo *m*
Rasterbildschirm *m*, e pantalla *f* reticular
Rastereinheit *f*, en unidad *f* reticular
Rasterfahndung *f*, **en** control *m* policial por ordenador
Rasterung *f*, Ø rasterización *f*; rastreo *m*
Rastplatz *m*, **¨e** lugar *m* de descanso *bzw.* de parada; área *f* de reposo (en las autopistas)
Raststätte *f*, **n** albergue *m* de carretera; parador *m*
Rat *m*, **¨e 1.** consejo *m*; junta *f*; comité *m*; asamblea *f*; (Stadtrat) concejo *m*; ***gesetzgeberischer*** ~ junta *f* legislativa; ~ ***der Wirtschafts- und Finanzminister der EU*** consejo *m* de ministros de economía y finanzas de la UE (ECOFIN); ~ ***der Europäischen Union*** consejo *m* de la Unión Europea **2.** (Person) miembro *m* de un consejo; consejero *m*; (Stadtrat) concejal *m*
Rat *m*, **-schläge** consejo *m*; advertencia *f*; recomendación *f*; ***fachmännischen ~ erteilen*** dar un consejo pericial; ***jdn. zu ~e ziehen*** consultar a alg.
Ratazins *m*, **en** interés *m* fraccional (que va desde un vencimiento ordinario hasta un plazo intermedio) (Syn. ***Bruchzins***; ***Stückzins***)

Rate *f*, **n** cuota *f*; parte *f*; pago *m* parcial; prorrata *f*; plazo *m* **1.** ***erste*** ~ (Anzahlung) primer plazo; ***monatliche*** ~ mensualidad *f*; ***überfällige*** ~ plazo vencido; ***vierteljährliche*** ~ plazo trimestral **2.** ***auf ~n kaufen*** comprar a plazos; ***in monatlichen ~n (be)zahlen*** pagar a plazos mensuales
Ratengeschäft *n*, **e 1.** venta *f* a plazos **2.** casa *f* de ventas a crédito; tienda *f* de pago a plazos
Ratenkauf *m*, **¨e 1.** compra *f* a plazos **2.** venta *f* a plazos
Ratenkäufer *m*, - comprador *m* a plazos
Ratensystem *n*, **e** sistema *m* de compra *bzw.* venta a plazos
Ratenwechsel *m*, - efecto *m*, letra *f* de vencimiento sucesivo
ratenweise a plazos
Ratenzahlung *f*, **en** pago *m* a plazos; ***jährliche*** ~ plazo anual; ***~en einhalten*** cumplir con los plazos
Ratenzahlungskredit *m*, **e** crédito *m* de pago escalonado, fraccionado
Räteregierung *f*, **en** (Pol.) gobierno *m* soviético *od.* de los soviets
Rätesystem *n*, **e** régimen *m* soviético
Ratgeber *m*, - consejero *m*; asesor *m*
Rathaus *n*, **¨er** ayuntamiento *m*; casa *f* consistorial; (LA) municipalidad *f od.* municipio *m*
Ratifikation *f*, **en** → Ratifizierung
Ratifikationsurkunde *f*, **n** instrumento *m* de ratificación
ratifizieren ratificar; ***einen Vertrag*** ~ ratificar un tratado
Ratifizierung *f*, **en** ratificación *f*; ***die ~ eines Vertrages, eines Abkommens*** ratificación de un tratado, de un acuerdo
Rating *n*, Ø **1.** estimación *f*; evaluación *f*; valoración *f*, clasificación *f* de solvencia; calificación *f* crediticia **2.** (Seg.) tarificación *f*; tasación *f*; cotización *f*; valor *m* asignado
Rating-Agentur *f*, **en** agencia *f*, organismo *m* de clasificación de valores
Ratio *f*, Ø **1.** ratio *m* **2.** cociente *m*; coeficiente *m* **3.** relación *f*; ***activity*** ~ tasa *f* de movimiento (de un fichero); ***availibility*** ~ proporción *f* de disponibilidad; ***operating*** ~ tasa *f*, proporción *f* de disponibilidad; ***price/performance*** ~ ratio *m* precio/prestaciones; ***service ability*** ~ tasa *f* de idoneidad de servicio
Ratio chart *m*, **s** gráfico *m* de ratios
Ration *f*, **en** ración *f*; porción *f*; ***knappe*** ~ ración escasa; ***eiserne*** ~ (ración de) última reserva *f*; ***volle*** ~ ración completa
rationalisieren racionalizar; ***Arbeitsabläufe*** ~ racionalizar el trabajo (condiciones, procedimientos, *etc.*)
Rationalisierung *f*, **en** racionalización *f*
Rationalisierungsprozess *m*, **-e** proceso *m* de racionalización
rationell racional; económico
rationieren racionar
Rationierung *f*, **en** racionamieno *m*; fijación *f* de un contingente; contingentación *f*
Ratio-System *n*, **e** técnicas *pl* de venta altamente racionalizadas
Raubbau *m*, Ø sobreexplotación *f*; explotación *f* abusiva; ***mit etw.*** ~ ***treiben*** explotar abusivamente a/c; (Min.) agotar una mina; (Agric.) agotar un campo
Raubdruck *m*, **e** edición *f* pirata *od.* clandestina
rauben robar; cometer un robo
Räuber *m*, - ladrón *m*
Raubkopie *f*, **n** copia *f* pirata; copia *f* ilegal
Raubkopierer *m*, - copiador *m* pirata; pirata *f* de programas, de logical, de software
Raubmord *m*, **e** robo *m* con homicidio
Raubmörder *m*, - ladrón *m* asesino
Raubpressung *f*, **en** impresión *f* clandestina *od.* pirata de discos y casetes
Raubüberfall *m*, **¨e** atraco *m*; asalto *m* (a mano armada)
Rauchwaren *pl* peletería *f*, (Syn. ***Pelze***)
Rauchwarenmesse *f*, **n** feria *f* de (la) peletería
Raum *m*, **¨e** espacio *m*; lugar *m*; local *m*; sala *f*; área *f*; ***gewerblicher*** ~ local profesional; ***im ~ Frankfurt/Köln*** en la región Francfort/Colonia; ***der europäische*** ~ el espacio europeo
räumen vaciar; despejar (calle); evacuar (ciudad); liquidar; ***das Lager*** ~ liquidar las existencias
Raumfahrt *f*, Ø astronáutica *f*; cosmonáutica *f*; navegación *f* interplanetaria *od.* espacial
Raumflug *m*, **¨e** vuelo *m* espacial
Raumforschung *f*, **en** investigación *f* espacial
Raumfracht *f*, Ø fletamento *m* por cabida
Raumgestalter *m*, - decorador *m* de interiores; interiorista *m*
Raumgestaltung *f*, Ø interiorismo *m*
Raumindustrie *f*, **n** industria *f* espacial
Raumkapsel *f*, **n** cápsula *f* espacial

Raumlabor(atori|um) *n*, **-en** laboratorio *m* espacial
Raummeter *m od. n*, - metro *m* cúbico
Raumordner *m*, - especialista *m* en ordenación del territorio
Raumordnung *f*, **en** ordenación *f*, planificación *f* territorial
Raumpflegerin *f*, **nen** → Reinemachefrau
Raumplanung *f*, **en 1.** planificación *f* territorial **2.** (empresa) organización *f* funcional de los locales
Raumpolitik *f*, Ø política *f* de planificación territorial
Räumung *f*, **en 1.** liquidación *f* **2.** evacuación *f*; expulsión *f*; ***die ~ einer besetzten Fabrik anordnen*** ordenar la evacuación de una fábrica ocupada **3.** (zwangsweise) desahucio *m*; ***auf ~ klagen*** demandar el desahucio
Räumungs(aus)verkauf *m*, **¨e** liquidación *f* total
Räumungsbefehl *m*, **e** (Jur.) orden *f* de desahucio
Räumungsklage *f*, **n** (Jur.) demanda *f* de desahucio
Räumungsurteil *n*, **e** sentencia *f* de deshaucio, de lanzamiento, de desalojo
Raumverkauf *m*, **¨e** venta *f* a causa de liquidación de las existencias
Raumwirtschaftstheorie *f*, Ø teoría *f* de de la influencia de la demografía en los precios y en las rentas
Rauschgift *n*, **e** estupefaciente *m*; droga *f*; ***mit ~ handeln*** traficar con estupefacientes (Syn. ***Droge***)
Rauschgifthandel *m*, Ø tráfico *m* de estupefacientes *od.* de drogas; narcotráfico *m*
Rauschgifthändler *m*, - traficante *m* de estupefacientes *od.* de drogas; narcotraficante *m*
Rauschgiftspürhund *m*, **e** perro *m* rastrero (para la droga)
Rauschgiftsüchtige(r) (der/ein) toxicómano *m*; drogadicto *m*
rausschmeißen (Fam.) → rauswerfen
Rausschmiss *m*, **-sse** (Fam.) despido *m* (sin preaviso)
rauswerfen (Fam.) echar; despedir; dar el bote
Rayon *m*, **s** (A) sección *f* (de los grandes almacenes)
Rayon-Chef *m*, *s* jefe *m* de sección
Razzi|a *f*, **-en** batida *f*; redada *f*
RBE (remote batch entry) envío *m* de trabajos por teleproceso, por lotes
Rbl → Rubel
rd. → rund
RDB (relational data base) base *f* de datos relacional (BDR)
RE → Rechnungseinheit
reagieren reaccionar; responder; ***die Börse reagierte auf die Dollar-Aufwertung*** la Bolsa reaccionó a la revaluación del dólar
Reaktor *m*, **en** reactor *m* (nuclear)
Reaktorbau *m*, Ø construcción *f* de centrales nucleares
Reaktorkern *m*, **e** núcleo *m* del reactor
real real; efectivo; concreto; material
Real Time (realtime) (R/T) tiempo *m* real (T/R)
Realbank *f*, **en** banco *m* de crédito inmobiliario
Realbelastung *f*, **en** carga *f*, gravamen *m* real
Realbesitz *m*, Ø propiedad *f* inmobiliaria
Realeinkommen *n*, - renta *f* real
Realignment *n*, **s** reajuste *m*, realineamiento *m*, realineación *f* (de los tipos de cambio)
Realisation *f*, **en** realización *f*; venta *f*; liquidación *f*; ***ausländische ~en*** liquidaciones extranjeras
Realisationswert *m*, **e** valor *m* de realización
realisierbar realizable; liquidable; convertible; (Effekten) negociable
Realisierbarkeit *f*, Ø realizabilidad *f*
realisieren realizar; vender; hacer efectivo; liquidar
Realisierung *f*, **en** realización *f*; venta *f*; liquidación *f*
Realkapital *n*, Ø capital *m* real
Realkauf *m*, **¨e** compra *f* al contado
Realkaufkraft *f*, Ø poder *m* adquisitivo real
Realkonkurrenz *f*, Ø concurso *m* real
Realkontrakt *m*, **e** → Realvertrag
Realkredit *m*, **e** crédito *m* inmobiliario *od.* real (garantizado por ciertos valores patrimoniales)
Realkredit-Institut *n*, **e** instituto *m* de crédito inmobiliario
Reallast *f*, **en** carga *f* real
Reallohn *m*, **¨e** salario *m* real (poder adquisitivo efectivo del salario)
Realo *m*, **s** (Fam.) (D), ***die ~s*** ala *f* derecha de los Verdes de la RFA; (Ggs. ***Fundi***)
Realobligation *f*, **en** cédula *f* hipotecaria (Syn. ***Pfandbrief***)
Realpolitiker *m*, - político *m* realista
Realprodukt *n*, **e** producto *m* real

Realsteuer *f*, **n** impuesto *m* real (sobre bienes raíces)
Realvermögen *n*, - propiedad *f* real
Realvertrag *m*, ¨**e** contrato *m* real
Realwert *m*, **e** valor *m* real
Realzeitanwendungen *pl* aplicaciones *pl* en tiempo real
Realzeitbetrieb *m*, Ø operación *f*, servicio *m* en tiempo real
Realzeitbuchungssystem *n*, **e** sistema *m* de reservas en tiempo real
Realzeituhr *f*, **en** reloj *m* de tiempo real (RTR)
Realzins *m*, **en** interés *m* real
Reassekuranz *f*, **en** → Rückversicherung
Rechenanlage *f*, **n** (Inform.) ordenador *m*; unidad *f* central; centro *m* de cálculos informáticos; ***elektronische*** ~ ordenador; ***numerische*** (***digitale***) ~ calculadora *f* numérica (digital); ***programmgesteuerte*** ~ calculadora con programa incorporado (Syn. ***Computer***; ***EDV-Anlage***)
Rechenautomat *m*, **en** ordenador *m* automático
Rechenfehler *m*, - error *m* de cálculo; ***einen ~ begehen*** cometer un error de cálculo
Rechenfunktion *f*, **en** función *f* de cálculo
Rechengang *m*, ¨**e** operación *f* de cómputo, de cálculo
Rechenleistung *f*, **(en)** potencia *f* del ordenador; potencia *f* de cálculo
Rechenmaschine *f*, **n** máquina *f* de calcular; calculadora *f*
Rechenoperation *f*, **en** operación *f* de cómputo, de cálculo
Rechenschaft *f*, **en**, ~ ***ablegen*** dar cuenta; rendir cuentas; ***jdn. zur ~ ziehen*** pedir cuentas a alg.
Rechenschaftsbericht *m*, **e** informe *m*, relación *f* de cuentas; ***jährlicher*** ~ informe, memoria *f* anual; ~ ***über die Generalversammlung*** informe sobre la junta general
Rechenschaftslegung *f*, **en** → Rechenschaftsbericht
Rechenwerk *n*, **e** (Inform.) órgano *m* de cálculo
Rechenzentr|um *n*, **-en** centro *m* de cálculo *od.* de computación
Recherchen *pl* pesquisas *pl*; indagaciones *pl*; ~ ***anstellen*** indagar; hacer pesquisas; ***die ~ unserer Rechtsabteilung haben nichts ergeben*** las pesquisas de nuestro servicio jurídico no han dado resultado
rechnen 1. calcular; contar; hacer cálculos **2.** estimar; evaluar; cifrar en; ***wir ~ mit einer Preissteigerung von 10%*** contamos con un aumento de 10%
Rechner *m*, - calculador *m*; calculadora *f*; ***elektronischer*** ~ ordenador *m*; ***programmgesteuerter*** ~ calculadora con programa incorporado
rechnerabhängig, ***~er Betrieb*** funcionamiento *m* en línea
rechnergesteuert por medio de ordenador; computerizado; controlado por ordenador, por computador
rechnergestützt apoyado por ordenador; computerizado; ayudado por ordenador
Rechnernetz *n*, **e 1.** red *f* de ordenadores **2.** red *f* informática
Rechnung *f*, **en** factura *f*; cuenta *f*, nota *f*; cálculo *m* **1.** ***auf eigene*** ~ por cuenta propia; ***auf fremde*** ~ por cuenta ajena; ***detaillierte*** ~ factura especificada; ***falsche*** ~ cálculo erróneo; ***getrennte*** ~ cuenta por separado; ***laufende*** ~ cuenta corriente; ***offen stehende*** ~ cuenta no saldada, pendiente; ***quittierte*** ~ cuenta con recibo, pagada, saldada **2.** ***eine ~ aufstellen*** extender, hacer una factura; ***eine ~ ausgleichen*** saldar una cuenta; liquidar una factura; ***in der ~ erscheinen*** figurar en la factura; ***auf ~ kaufen*** comprar a cuenta; ***etw. auf die ~ setzen, etw. in ~ stellen*** cargar a/c en cuenta
Rechnungsabgrenzung *f*, **en** ajuste *m* de cuenta
Rechnungsabgrenzungsposten *m*, - cuenta *f* de orden
Rechnungsabschluss *m*, ¨**sse** cierre *m* de cuentas; saldo *m* de una cuenta
Rechnungsaufstellung *f*, **en** especificación *f* de la cuenta; estado *m* de cuentas
Rechnungsauszug *m*, ¨**e** extracto *m* de cuenta
Rechnungsbeleg *m*, **e** comprobante *m* de cuenta; justificante *m* contable
Rechnungsbetrag *m*, ¨**e** importe *m* de la factura
Rechnungsbuch *n*, ¨**er** libro *m* de cuentas
Rechnungseinheit *f*, **en** (RE) unidad *f* de cuenta (se utiliza para empréstitos, pagos internacionales y en calidad de moneda bancaria para instituciones internacionales)
Rechnungsführer *m*, - contador *m*
Rechnungsführung *f*, **en** contabilidad *f*
Rechnungsgeld *n*, **er** moneda *f* de cuenta
Rechnungshof *m*, ¨**e** Tribunal *m* de Cuentas

Rechnungsjahr *n*, **e** año *m* económico *bzw.* fiscal; ejercicio *m*
Rechnungslegung *f*, **en** (Contab.) rendición *f* de cuentas; cuentas *pl* anuales; estados *pl* de cuenta
Rechnungsposten *m*, - asiento *m* contable; (im Etat) partida *f*; ***einmaliger*** ~ asiento no recurrente; partida única
Rechnungsprüfer *m*, - censor *m*; revisor *m* de cuentas; auditor *m*
Rechnungsprüfung *f*, **en** revisión *f* de cuentas; auditoría *f* (de cuentas); (bsd. im Etat) fiscalización *f*
Rechnungsrat *m*, **¨e** consejero *m* del Tribunal de Cuentas
Rechnungsstellung *f*, **en** facturación *f*
Rechnungsvorlage *f*, **n** presentación *f* de una cuenta
Rechnungswesen *n*, Ø contabilidad *f*; teneduría *f* de libros
Recht *n*, **e** **1.** derecho *m*; regla *f* jurídica **2.** ley *f*; legislación *f*; justicia *f* **3.** derecho *m* (subjetivo); demanda *f* **4.** ***bürgerliches*** ~ derecho civil; ***geltendes*** ~ derechos vigente; ***internationales*** ~ derecho internacional; ***öffentliches*** ~ derecho público; ***positives*** ~ derecho positivo; ***ungeschriebenes*** ~ derecho no escrito; ***unveräußerliches*** ~ derecho inalienable **5.** ***ein ~ ausüben*** ejercer un derecho; ***sein ~ behaupten*** hacer valer sus derechos; ***ein ~ auf etw. haben*** tener derecho a a/c; ***von einem ~ Gebrauch machen*** ejercer un derecho; hacer uso de un derecho; ***ein ~ geltend machen*** hacer valer sus derechos; ***ein ~ genießen*** gozar de un derecho; ***sich selbst ~ verschaffen*** tomarse la justicia por su mano; ***sich ein ~ vorbehalten*** reservarse un derecho **6.** ~ ***auf Arbeit*** derecho al trabajo; ~ ***zur Banknotenausgabe*** privilegio *m* de emisión de billetes de banco; ~ ***auf Einsichtnahme*** derecho de inspección; ***von ~s wegen*** de (pleno) derecho; conforme a derecho; ***alle ~e vorbehalten*** reservados todos los derechos
Rechte *f*, **1.** Ø (Pol.) derecha *f*; ***äußerste*** ~ extrema derecha; ***gemäßigte*** ~ derecha moderada **2.** *pl*, ***die ~ studieren*** estudiar derecho (Syn. ***Jura***)
rechtlich legal; de derecho; jurídico; legítimo; ***im ~en Sinne*** en sentido jurídico; ***bürgerlich-rechtlich*** jurídico-civil; de derecho civil; ~ ***und sachlich begründet sein*** tener un fundamento legal y objetivo; ***~es Gehör*** audiencia *f* jurídica; ~ ***anerkennen*** legalizar; legitimar
rechtmäßig legítimo; legal; válido; ~ ***besitzen*** poseer legítimamente; ~ ***handeln*** actuar legalmente; ***~er Anspruch*** derecho *m*, título *m* legal
Rechtmäßigkeit *f*, Ø legitimidad *f*; autenticidad *f*; legalidad *f*; validez *f*; ~ ***eines Rechtmittels*** legalidad de un recurso
rechts (Pol.) de derecha; ~ ***stehen*** ser de derechas *od.* derechista
Rechtsabteilung *f*, **en** sección *f* jurídica; departamento *m* jurídico
Rechtsanspruch *m*, **¨e** título *m* legal; ~ ***auf*** derecho *m* a
Rechtsanwalt *m*, **¨e** abogado *m*; letrado *m*; (nicht plädierender) procurador *m*; ***plädierender*** ~ (abogado) defensor *m*; ***zugelassener*** ~ abogado colegiado; ***jdn. zu seinem ~ bestellen*** nombrar a alg. abogado suyo; ***sich als ~ niederlassen*** abrir bufete
Rechtsanwaltsbüro *n*, **s** bufete *f* (de abogados)
Rechtsanwaltschaft *f*, Ø abogacía *f*
Rechtsanwaltsgebühren *pl* minuta *f*; honorarios *pl* de letrado, de abogado
Rechtsanwaltskammer *f*, **n** colegio *m* de abogados
Rechtsanwendung *f*, **(en)** aplicación *f* de la ley, del derecho
Rechtsausdruck *m*, **¨e** término *m* jurídico
Rechtsauskunft *f*, **¨e** información *f* jurídica
Rechtsbedingung *f*, **en** condición *f* jurídica, legal; condición *f* de derecho
Rechtsbeeinträchtigung *f*, **en** lesión *f* de un derecho
Rechtsbegehren *n*, - conclusiones *pl*
Rechtsbegriff *m*, **e** concepto *m* jurídico
Rechtsbehelf *m*, **e** recurso *m* jurídico
Rechtsbeistand *m*, Ø abogado *m*; asistencia *f* jurídica
Rechtsbelehrung *f*, **en** instrucción *f* legal
Rechtsberater *m*, - asesor *m* jurídico
Rechtsberatungsstelle *f*, **n** asesoría *f* jurídica
Rechtsbeschwerde *f*, **n** queja *f*; recurso *m*
Rechtsbesitz *m*, Ø cuasi-posesión *f*
Rechtsbeständigkeit *f*, Ø validez *f* jurídica; validez *f* de derecho
Rechtsbestimmung *f*, **en** disposición *f*, norma *f* legal
Rechtsbetreuungsstelle *f*, **n** → Rechtsberatungsstelle
Rechtsbeuger *m*, - prevaricador *m*
Rechtsbeugung *f*, Ø prevaricación *f*

Rechtsbewusstsein *n*, Ø conciencia *f* jurídica; concienca *f* del derecho
Rechtsbeziehung *f*, **en** relación *f* jurídica; ***in einer ~ stehen*** tener una relación jurídica
Rechtsbindung *f*, **en** vínculo *m* jurídico; vinculación *f* por ley
Rechtsbrecher *m*, - infractor *m* de la ley
Rechtsbruch *m*, Ø atentado *m* contra la ley; infracción *f* de la ley
Rechtseinwand *m*, **¨e** objeción *f*; excepción *f*; ***auf Formfehler begründeter ~*** excepción fundada en un vicio de forma; ***einen ~ erheben*** elevar, formular una objeción
Rechtseinwendung *f*, **en** excepción *f* (jurídica)
Rechtsempfinden *n*, Ø sentido *m* del derecho, de la justicia
Rechtsentscheid *m*, **e** decisión *f* de un tribunal
Rechtsentziehung *f*, Ø privación *f* de un derecho; interdicción *f*
rechtserheblich de relevancia jurídica; jurídicamente relevante
Rechtserwerb *m*, Ø adquisición *f* de un derecho
Rechtsextremist *m*, **en** radical *m* de derechas; ultraderechista *m*
rechtsfähig con capacidad jurídica; ***~ sein*** tener capacidad jurídica; ***~er Verein*** asociación *f* registrada *bzw.* con personalidad jurídica
Rechtsfähigkeit *f*, Ø capacidad *f* jurídica
Rechtsfall *m*, **¨e** caso *m* jurídico; cuestión *f* de derecho
Rechtsfolgen *pl* consecuencias *pl* jurídicas
Rechtsfolgerung *f*, **en** conclusión *f* jurídica
Rechtsform *f*, **en** forma *f* jurídica
Rechtsfrage *f*, **n** cuestión *f* de derecho; cuestión *f* jurídica
Rechtsgang *m*, **(¨e)** procedimiento *m* judicial
Rechtsgarantie *f*, **n** garantía *f* jurídica
Rechtsgebiet *n*, **e** área *f*, disciplina *f* jurídica; ramo *m*, rama *f* del derecho
Rechtsgefühl *n*, Ø **1.** sentido *m* de la justicia **2.** rectitud *f*
Rechtsgelehrte/r (der/ein) jurisconsulto *m*; letrado *m*; erudito *m* en derecho
Rechtsgeltung *f*, Ø validez *f*, vigencia *f* jurídica
Rechtsgemeinschaft *f*, **en** comunidad *f* jurídica
Rechtsgenuss *m*, Ø disfrute *m*, goce *m* de un derecho
rechtsgerichtet de derechas; derechista
Rechtsgeschäft *n*, **e** negocio *m*, acto *m* jurídico
Rechtsgleichheit *f*, Ø igualdad *f* ante la ley
Rechtsgrundlage *f*, **n** base *f* jurídica *od.* legal
Rechtsgrundsatz *m*, **¨e**, ***allgemeine ~¨e*** principios *pl* generales del derecho
rechtsgültig válido; legal; auténtico; ***~ ausgestellt und bestätigt*** extendido legalmente y confirmado; ***~er Anspruch*** pretensión *f* válida *od.* legal
Rechtsgültigkeit *f*, Ø validez *f* jurídica; ***~ eines Schriftstückes*** autenticidad *f* de un documento; ***die ~ eines Vertrages herbeiführen*** ratificar un contrato *bzw.* tratado
Rechtsgutachten *n*, - dictamen *m* judicial *od.* pericial; dictamen *m* del asesor jurídico
Rechtshandel *m*, Ø proceso *m*; litigio *m*; asunto *m* jurídico
Rechtshandlung *f*, **en** acto *m* jurídico; acción *f* jurídica
Rechtshandlungsfähigkeit *f*, Ø capacidad *f* jurídica de, para obrar
rechtshängig sub judice; pendiente
Rechtshängigkeit *f*, Ø litisdependencia *f*
Rechtshilfe *f*, **n** auxilio *m*, ayuda *f*, asistencia *f* judicial
Rechtshilfeersuchen *n*, - comisión *f* rogatoria
Rechtsinhaber *m*, - titular *m* de un derecho; derechohabiente *m*
Rechtsinhaberschaft *f*, Ø titularidad *f* (de un derecho)
Rechtsirrtum *m*, **¨er** error *m* de derecho
Rechtskraft *f*, Ø fuerza *f* de ley; validez *f*; firmeza *f*; ***die ~ eines Urteils*** la firmeza de una sentencia
rechtskräftig legal; firme; válido; que tiene fuerza de ley; ***~ sein*** tener fuerza de ley; ***~ werden*** adquirir fuerza de ley; (Allg.) entrar en vigor; ***~es Urteil*** fallo *m*; sentencia *f* firme
Rechtskunde *f*, Ø jurisprudencia *f*
rechtskundig versado en leyes
Rechtskundige|r (der/ein) jurisperito *m*; jurisconsulto *m*
Rechtslage *f*, **n** situación *f* jurídica
Rechtslehre *f*, **n** derecho *m*; ciencia *f* jurídica
Rechtslücke *f*, **n** laguna *f* jurídica
Rechtsmangel *m*, **¨** vicio *m* jurídico; defecto *m* legal
Rechtsmängelhaftung *f*, Ø saneamiento *m* por evicción

Rechtsmittel *n*, - recurso *m*; ~ ***der Berufung*** recurso de apelación; ***ein ~ einlegen*** interponer recurso; ~ ***der Revision*** recurso de casación

Rechtsmittelbeklagte/r (der/ein) recurrido *m*

Rechtsmittelbelehrung *f*, Ø indicación *f* del recurso procedente; información *f* sobre los medios legales

Rechtsmitteleinlegung *f*, Ø recurso *m*; apelación *f*; interposición *f*, presentación *f*, elevación *f* de un recurso

Rechtsmittelfrist *f*, **en** plazo *m* para interponer recurso

Rechtsmittelkläger *m*, - recurrente *m*; apelante *m*

Rechtsnachfolge *f*, Ø sucesión *f* en un derecho

Rechtsnachfolger *m*, - causahabiente *m*

Rechtsnießbrauch *m*, Ø usufructo *m* de (un) derecho

Rechtsnorm *f*, **en** norma *f* jurídica

Rechtsordnung *f*, **en** ordenamiento *m*, orden *m* jurídico; ordenación *f* legal

Rechtspartei *f*, **en** (Pol.) partido *m* de derechas *od.* derechista

Rechtsperson *f*, **en** persona *f* jurídica; sujeto *m* de derechos y obligaciones; persona *f* civil; persona *f* moral (Syn. ***juristische Person***)

Rechtspersönlichkeit *f*, Ø personalidad *f* jurídica

Rechtspflege *f*, Ø administración *f* de justicia

rechtsprechende Gewalt *f*, Ø poder *m* judicial

Rechtsprechung *f*, **en** administración *f* de justicia; jurisprudencia *f*

Rechtsprechungspraxis *f*, Ø práctica *f* jurisprudencial

rechtsradikal de la extrema derecha; ultraderechista

Rechtsradikale(r) (der/ein) extremista *m* de derechas; ultraderechista *m*

Rechtsregel *f*, **n** regla *f* jurídica; norma *f* de derecho

Rechtsruck *m*, Ø (Pol.) giro *m* hacia la derecha; derechización *f*

Rechtssache *f*, **n** **1.** causa *f*; ***anhängige ~*** causa *f* pendiente **2.** asunto *m* judicial **3.** pleito *m*; litigio *m*

Rechtsschutz *m*, Ø protección *f* jurídica; garantía *f* legal; ***gewerblicher*** ~ protección de la propiedad industrial

Rechtsschutzversicherung *f*, **en** seguro *m* de protección jurídica

Rechtssicherheit *f*, Ø certeza *f*, seguridad *f* jurídica

Rechtsstaat *m*, **en** Estado *m* de derecho; Estado *m* constitucional

Rechtsstaatlichkeit *f*, Ø constitucionalidad *f*; legalidad *f*

Rechtsstandpunkt *m*, **e**, ***einen ~ vertreten*** sostener un punto de vista jurídico

Rechtsstatus *m*, Ø status *m* jurídico; status *m* de derecho; status *m* legal

Rechtsstellung *f*, Ø **1.** situación *f* jurídica **2.** estado *m*, condición *f* en términos jurídicos

Rechtsstreit *m*, Ø litigio *m*; pleito *m*; proceso *m*; ***zu den Kosten eines ~ verurteilt werden*** ser condenado en costas

Rechtsstreitigkeit *f*, **en** contencioso *m* (jurídico); contienda *f* jurídica

rechtstechnisch técnico-jurídico; jurídico-técnico

Rechtstitel *m*, - título *m* legal *od.* jurídico; ***urkundlicher*** ~ título documentado

Rechtsträger *m*, - titular *m* de un derecho

Rechtsübergang *m*, Ø subrogación *f* (de derechos)

rechtsübertragend (jurídico-)traslativo; traslativo de derecho

Rechtsübertragung *f*, **en** traslación *f*, transferencia *f*, traspaso *m* de derechos

rechtsunfähig jurídicamente incapaz; incapaz en sentido jurídico; sin capacidad jurídica

Rechtsunfähigkeit *f*, Ø incapacidad *f* jurídica, legal, de derecho

rechtsungültig **1.** nulo (de derecho) **2.** inválido **3.** ilegal

Rechtsungültigkeit *f*, Ø **1.**nulidad *f* (de derecho) **2.** invalidez *f* **3.** ilegalidad *f*

rechtsunwirksam sin efectos jurídicos; nulo (de derecho)

Rechtsunwirksamkeit *f*, Ø nulidad *f* (de derecho); ineficacia *f* jurídica

rechtsverbindlich obligatorio; legal; válido; vinculante legalmente

Rechtsverbindlichkeit *f*, Ø obligatoriedad *f* jurídica; obligación *f* legal

Rechtsverdreher *m*, - rábula *m*; leguleyo *m*

Rechtsverdrehung *f*, **en** rabulismo *m*; charlatanería *f*; ***mit ~en arbeiten*** tergiversar el derecho

Rechtsverfahren *n*, - procedimiento *m*, proceso *m* legal

Rechtsvergleichung *f*, Ø derecho *m* comparado
Rechtsverhältnisse *pl* condición *f*; relación *f* jurídica; ~ ***der Aktiengesellschaft*** condición jurídica de la sociedad anónima
Rechtsverkehr *m*, Ø circulación *f* por la derecha
Rechtsverletzung *f*, **en** → Rechtsverstoß
Rechtsvermutung *f*, **en** presunción *f* legal
Rechtsverordnung *f*, **en** decreto-reglamento *m*; reglamento *m* jurídico
Rechtsverstoß *m*, **¨e** violación *f* del derecho; infracción *f*
Rechtsverteidigung *f*, Ø defensa *f* jurídica
Rechtsvertreter *m*, **-** representante *m* legal
Rechtsweg *m*, **e**, ***auf dem*** ~ por vía judicial; ***den*** ~ ***beschreiten*** proceder judicialmente; tomar medidas judiciales; recurrir a los tribunales
rechtswidrig ilegal; antijurídico; contrario al derecho
Rechtswidrigkeit *f*, **en** ilegalidad *f*; antijuridicidad *f*
rechtswirksam → rechtskräftig
Rechtswissenschaft *f*, Ø ciencia *f* del derecho
Rechtswohltat *f*, **en** beneficio *m* jurídico
Rechtszustand *m*, Ø situación *f* jurídica
Recorder *m*, **- 1.** grabadora *f* (en casete) **2.** fonograbadora *f* **3.** registrador *m* de sonido
Recycling *n*, Ø reciclaje *m*; reutilización *f* de materias primas
Redakteur *m*, **e** redactor *m*
Redaktion *f*, **en** redacción *f*
redigieren 1. redactar **2.** retocar; dar los últimos toques
Rediskont *m*, **e** redescuento *m* (transmisión de una letra ya descontada para el redescuento)
Rediskontbank *f*, **en** banco *m* de redescuento
rediskontfähig redescontable; ***~er Wechsel*** letra *f* redescontable
Rediskontgeschäft *n*, **e** operación *f* de redescuento
rediskontierbar redescontable
rediskontieren redescontar
Rediskontierung *f*, **en** (operación *f* de) redescuento *m*
Rediskontkredit *m*, **e** crédito *m* de redescuento
Rediskontsatz *m*, **¨e** tipo *m* de redescuento
Redistribution *f*, **en** redistribución *f*; ~ ***der Einkommen*** redistribución de la renta
Redundanz *f*, **en** (Inform.) redundancia *f*
reduzierbar reducible
reduzieren reducir; disminuir; ***den Verbrauch, das Personal, die Ausgaben*** ~ reducir el consumo, el personal, los gastos
reduziert (a precio) reducido (Syn. ***preisermäßigt***)
Reduzierung *f*, **en** reducción *f*; aminoración *f*; disminución *f*
Reeder *m*, **-** armador *m*; naviero *m*
Reederei *f*, **en** compañía *f* naviera
Reedereiagentur *f*, **en** empresa *f*, casa *f* consignataria de buques
Reedereigesellschaft *f*, **en** compañía *f* naviera
Reederei-Vercharterer *m*, **-** armador *m* principal
Reederei-Verfrachter *m*, **-** armador *m* titular
Reedereivertrag *m*, **¨e** contrato *m* de armamento
reell 1. ***~es Angebot*** oferta *f* aceptable; ***~e Bedienung*** buen servicio; servicio *m* esmerado; ***~e Firma*** casa *f*, empresa *f* acreditada; firma *f* solvente, de solvencia; ***~er Preis*** precio *m* razonable; precio *m* justo; ***~e Ware*** mercancía *f* aceptable; mercadería *f* buena; ***~e Zahl*** número *m* real, efectivo **2.** serio; creíble; fiable; honrado
Reexport *m*, **e** reexportación
REFA *m* (in 1924, Reichsausschuss für Arbeitszeitermittlung) REFA *m*; grupo *m* de estudio de la organización y la racionalización laborales
REFA-Fach|mann *m*, **-leute** representante *m*, experto *m* del REFA
Refaktie *f*, **n** indemnización *f* por pérdida
refaktieren acordar un descuento sobre el flete
Referat *n*, **e 1.** sección *f*; negociado *m* (Syn. ***Dienststelle***) **2.** ponencia *f*; informe *m*; exposición *f*; ***ein*** ~ ***halten*** pronunciar un discurso; hacer una ponencia
Referatsleiter *m*, **-** jefe *m* de sección
Referendar *m*, **e 1.** licenciado *m* en derecho; pasante *m* **2.** aspirante *m*, candidato *m* al profesorado (de enseñanza media)
Referend|um *n*, **-en** *od.* **-a** referéndum *m*
Referent *m*, **en 1.** jefe *m* de negociado; jefe *m* adjunto de la Sección **2.** ponente *m*; relator *m*
Referenz *f*, **en** referencia *f*; recomendación *f*; información *f*; ***~en angeben*** indicar, dar referencias; ***bei jdm. ~en einholen*** pedir referencias a alg.; ***gute ~en haben*** tener buenas referencias

Referenzind|ex *m*, **-izes** índice *m* de referencia

Referenzperiode *f*, **n** período *m* de referencia; ***gegenüber der ~ des Vorjahres*** en comparación con el período de referencia del pasado año

Referenzpreis *m*, **e** precio *m* de referencia

referieren hacer una relación; referir; relatar; hacer un informe

refinanzieren refinanciar; volver a financiar

Refinanzierung *f*, **en** refinanciación *f*

Refinanzierungskredit *m*, **e** crédito *m* de refinanciación

Reflation *f*, **en** reflación *f* (aumento de la masa monetaria en circulación)

Reform *f*, **en** reforma *f*; ***durchgreifende ~*** reforma radical; ***einschneidende ~*** reforma a fondo; ***eine ~ durchführen*** efectuar, realizar una reforma

reformbedürftig que necesita una reforma

Reformer *m*, **-** reformador *m*; reformista *m*

Reformhaus *n*, **¨er** tienda *f* de productos dietéticos *od.* de régimen

reformieren reformar

Reg.-T → Registertonne

Regal *n*, **1. e** estantería *f*; estante *m* **2. -ien** regalía *f*; prerrogativa *f* real; monopolio *m* (Syn. ***Staatsmonopol***)

rege animado; activo; intenso; ***~ Beteiligung*** participación *f* activa; ***~r Handel*** comercio *m* sostenido; ***~r Verkehr*** tráfico *m* intenso

Regel *f*, **n** regla *f*; reglamento *m*; norma *f*; pauta *f*; ***eine ~ beachten*** (***befolgen***) observar una regla

Regelbeförderung *f*, **en** ascenso *m* por antigüedad

regeln regular; reglamentar; ordenar; arreglar; ***gütlich ~*** arreglar amistosamente; ***eine Rechnung ~*** pagar, saldar una cuenta

Regelsatz *m*, **¨e** unidad *f* (de) base; tasa *f* normal (***para el cálculo de pensiones, ayuda social, etc.***)

Regeltarif *m*, **e** tarifa *f* normal, usual

Regelung *f*, **en 1.** reglamentación *f*; regulación *f*; ***gesetzliche ~*** reglamentación legal *bzw.* oficial **2.** acuerdo *m*; gestión *f*; ***gütliche ~*** acuerdo amistoso

Regenbogenpresse *f*, Ø prensa *f* del corazón

Regenmenge *f*, **n** pluviosidad *f*

Regentschaft *f*, Ø regencia *f*

Regenwald *m*, **¨er** pluviselva *f*

Regenzeit *f*, **en** estación *f* de lluvias; estación *f* lluviosa

Regie *f*, **n 1.** (Leitung) administración *f* **2.** (Staatsmonopol) monopolio *m* del Estado **3.** (Theater) dirección *f* artística *od.* de escena; (Film) dirección *f*; realización *f*

Regiebetrieb *m*, **e** empresa *f* estatal

regieren gobernar; dirigir

Regierung *f*, **en** gobierno *m* **1.** ***de facto ~*** gobierno de facto; ***de jure ~*** gobierno legal; ***parlamentarische ~*** gobierno parlamentario; ***provisorische ~*** gobierno provisional; ***rechtmäßige ~*** gobierno legítimo **2.** ***eine ~ auflösen*** disolver un gobierno; ***eine ~ bilden*** formar gabinete, gobierno; ***die ~ stürzen*** derribar el gobierno; ***die ~ umbilden*** remodelar, reorganizar el gobierno; ***zur ~ gelangen*** llegar al poder

Regierungsabkommen *n*, **-** acuerdo *m* intergubernamental

Regierungsantritt *m*, Ø advenimiento *m*, acceso *m* al poder

Regierungsbezirk *m*, **e** distrito *m* (administrativo)

Regierungschef *m*, **s** jefe *m* del gobierno

Regierungsdirektor *m*, **en** administrador *m* civil; funcionario *m* superior

Regierungsebene *f*, **n**, ***auf ~*** a nivel gubernamental

Regierungserklärung *f*, **en** declaración *f* gubernamental

regierungsfeindlich antigubernamental

regierungsfreundlich progubernamental

regierungsintern, ***~e Angelegenheit*** asunto *m* interno del gobierno; cuestión *f* intragubernamental

Regierungskoalition *f*, **en** coalición *f* gubernamental

Regierungskreise *pl* círculos *pl* gubernamentales

Regierungsrat *m*, **¨e** consejero *m* gubernamental

Regierungssprecher *m*, **-** portavoz *m* del gobierno; (LA) vocero *m* gubernamental

Regierungsumbildung *f*, **en** remodelación *f*, reorganización *f* del gobierno

Regierungsvertreter *m*, **-** representante *m* gubernamental; delegado *m* del gobierno

Regierungsvorlage *f*, **n** proyecto *m* gubernamental

Regierungswechsel *m*, **-** cambio *m* de gobierno

Regime *n*, **-** *od.* **s** régimen *m*; ***autoritäres ~*** régimen autoritario; ***totalitäres ~*** régimen totalitario

regional regional; provincial; ***~ begrenzt*** limitado a una región

Regionalbank *f*, **en** banco *m* regional
Regionalentwicklung *f*, Ø desarrollo *m* regional
Regionalfonds *m*, - fondo *m* regional
Regionalförderung *f*, Ø desarrollo *m* de las regiones
Regionalgefälle *n*, - disparidades *pl* regionales
Regionalindustrie *f*, **n** industria *f* regional
regionalisieren regionalizar
Regionalisierung *f*, Ø regionalización *f*
Regionalism|us *m*, **-en** regionalismo *m*
Regionalpolitik *f*, Ø política *f* regional
Regionalpresse *f*, Ø prensa *f* regional
Regionalstruktur *f*, **en** estructura *f* regional
Register *n*, - registro *m*; índice *m*; tabla *f* de materias; catálogo *m*; ***in ein ~ eintragen*** registrar; inscribir en un registro; ***ein ~ führen*** llevar un registro
Registerauszug *m*, **¨e** extracto *m*, certificado *m* de un registro
Registernummer *f*, **n** número *m* de registro; número *m* de inscripción en el registro
Register-Pfandrecht *n*, Ø garantía *f* hipotecaria inscrita en el registro; derecho *m* prendario en una cosa mueble (p.ej. ganado, buques, aviones)
Registertonne *f*, **n** tonelada *f* de arqueo *od.* de registro
Registrator *m*, **en** registrador *m*; archivero *m*
Registratur *f*, **en** oficina *f* de registro; archivo *m*
Registraturgebühren *pl* → Registraturkosten
Registraturkosten *pl* costes *pl* de registro
registrieren registrar; inscribir; archivar
Registrierkasse *f*, **n** caja *f* registradora
Registrierung *f*, **en** registro *m*; inscripción *f*; archivo *m*
Reglement *n*, **s** reglamento *m*
reglementieren reglamentar; regular
Reglementierung *f*, **en** reglamentación *f*; regulación *f*
regredieren recurrir; ejercer un recurso contra
Regress *m*, **-e** recurso *m* (de un deudor responsable que ha pagado contra el deudor principal; en el caso de letras y cheques, recurso del titular contra sus obligados anteriores); ***~ nehmen gegen*** recurrir contra
Regressanspruch *m*, **¨e** derecho *m* de recurso *bzw.* a indemnización
Regressforderung *f*, **en** recurso *m*
Regression *f*, **en** regresión *f*; ***fehlerfreie ~*** regresión exacta
Regressklage *f*, **n** acción *f* recursoria; ***~ erheben*** promover recurso
Regressnehmer *m*, - recurrente *m*
Regresspflicht *f*, **en** obligación *f* de garantía, de recurso
regresspflichtig responsable civilmente; ***jdn. ~ machen*** recurrir contra alg.
Regressrecht *n*, Ø derecho *m* de recurso
Regulator *m*, **en** regulador *m*
regulieren regular; regularizar; reglamentar; ***ein Konto ~*** proveer de fondos una cuenta; nivelar una cuenta
Regulierung *f*, **en** regulación *f*; (ajuste *m* de) liquidación *m*; arreglo *m*
Regulierungspraxis *f*, Ø, ***~ der Versicherungsgesellschaften*** práctica *f* de ajuste seguida por las (compañías) aseguradoras
Rehabilitation *f*, **en 1.** reinserción *f*; ***berufliche, soziale ~*** reinserción profesional, social **2.** → Rehabilitierung
rehabilitieren 1. rehabilitar **2.** reintegrar
Rehabilitierung *f*, **en** rehabilitación *f*
Reibach *m*, Ø (Fam.) ganancia *f* (fraudulenta); ***seinen ~ machen*** hacer su agosto
Reibereien *pl* fricciones *pl*; roces *pl*
Reibungen *pl* → Reibereien
Reibungspunkt *m*, **e** punto *m* de fricción
Reichsabgabenordnung *f*, Ø (RAO) código *m* fiscal de 1919 (Syn. ***Abgabenordnung***)
Reichsmark *f*, Ø (RM) marco *m* del Reich; Reichsmark *m* (sustituido por el marco alemán "DM" en 1948)
Reichtum *m*, **¨er** riqueza *f*; abundancia *f*
Reihe *f*,**n** fila *f*; serie *f*; sucesión *f*; ***die Abfertigung der Kunden geht der ~nach*** el servicio de los clientes se realiza por su turno; ***an der ~ sein*** tocarle (a uno) el turno
Reihenanlage *f*, **n** sistema *m* de aparatos en serie
Reihenarbeit *f*, **en** (Agric.) cultivo *m* en hileras
Reihenbau *m*, Ø construcción *f* en serie
Reihenerzeugnis *n*, **se** artículo *m* producido en serie
Reihenfabrikation *f*, Ø fabricación *f* en serie
Reihenfertigung *f*, Ø producción *f* en serie
Reihenfolge *f*, **n** serie *f*; sucesión *f*; orden *m* numérico; ***in alphabetischer ~*** por orden alfabético; ***in chronologischer ~ aufzählen*** enumerar por orden cronológico
Reihenfolgefehler *m* , - error *m* de secuencia

Reihenfolgezugriff *m*, **e** acceso *m* secuencial, en serie
Reihenhaus *n*, **¨er** chalé *m*, chalet *m* adosado
Reihenhausanlage *f*, **n** complejo *m* de chalés adosados
Reihenherstellung *f*, Ø producción *f*, fabricación *f* en serie
Reihenversuche *pl* ensayos *pl*, pruebas *pl* en serie
rein neto; líquido; puro; ***~er Ertrag*** ingresos *pl* netos; ***der ~e Gewinn beträgt*** el beneficio neto es de; ***~er Verlust*** pérdida *f* neta
Reinbetrag *m*, **¨e** importe *m* líquido; importe *m* neto
Reineinkommen *n*, - renta *f* neta
Rein(e)machefrau *f*, **en** mujer *f* de (la) limpieza
Reinerlös *m*, **e** producto *m* neto; rendimiento *m* neto
Reinertrag *m*, **¨e** → Reinerlös
Reinfall *m*, Ø, ***einen ~ erleben*** llevarse un chasco
reinfallen caer en una trampa; llevarse un chasco; sufrir un desengaño; dejarse engañar
Reingewicht *n*, Ø peso *m* neto
Reingewinn *m*, **e** beneficio *m* neto; ganancia *f* neta; ***konsolidierter ~*** beneficio neto consolidado; ***einen ~ abwerfen von*** arrojar un beneficio neto de
Reinheitsgebot *n*, Ø (D) ley *f* sobre la pureza de un producto (*cerveza, etc.*)
Reinigung(sanstalt) *f*, **en** tintorería *f*
Reinigungspersonal *n*, Ø personal *m* de limpieza
Reinschrift *f*, **en** copia *f* en limpio
Reinverdienst *m*, **e** ganancia *f* neta
Reinverlust *m*, **e** pérdida *f* neta
Reinvermögen *n*, - activo *m* neto; patrimonio *m* neto
reinvestieren reinvertir
Reinvestition *f*, **en** reinversión *f*
Reise *f*, **n** viaje *m*; ***eine ~ ins Ausland*** un viaje al extranjero; ***eine ~ antreten*** emprender un viaje
Reiseabrechnung *f*, **en** cuenta *f* sobre el viaje (hecho por el empleado a nombre de la empresa)
Reiseagentur *f*, **en** minorista *m* turístico; agencia *f* de viajes
Reiseakkreditiv *n*, **e** carta *f* de crédito de viaje
Reiseapotheke *f*, **n** botiquín *m* (de viaje)
Reiseartikel *m*, - artículo *m* de viaje
Reiseautobus *m*, **se** autopullman *m*; autocar *m*; autobús *m* (de viajeros)
Reisebedarf *m*, Ø artículos *pl* de viaje
Reisebegleiter *m*, - **1.** guía *m* turístico **2.** acompañante *m*, compañero *m* de viaje
Reisebericht *m*, **e** informe *m* sobre el viaje
Reisebeschreibung *f*, **en** descripción *f* del viaje
Reisebüro *n*, **s** agencia *f* de viajes
Reisebüroverband *m*, **¨e** unión *f* sindical de agencias de viaje
Reisebus *m*, **se** → Reiseautobus
Reisecharter *m*, - flete *m* por viaje
Reisedevisenzuteilung *f*, **en** subvención *f*, asignación *f* turística en divisas
Reisediäten *pl* dietas *pl* de viaje
Reisedokumente *pl* documentos *pl*, documentación *f* del viaje
Reiseentschädigung *f*, **en** indemnización *f* por desplazamiento
Reisefrachtvertrag *m*, **¨e** flete *m* por viaje
Reiseführer *m*, - **1.** (Buch) guía *f* (turística) **2.** (Person) guía *m* (turístico)
Reisegeld *n*, Ø viático *m*
Reisegepäck *n*, Ø equipaje *m*
Reisegepäckversicherung *f*, **en** seguro *m* de equipajes
Reisegeschwindigkeit *f*, Ø velocidad *f* de crucero
Reisegesellschaft *f*, **en** viaje *m* colectivo; grupo *m* turístico
Reisegewerbe *n*, Ø ramo *m*, rama *f*, industria *f* ambulante
Reisegutschein *m*, **e** vale *m* (de viaje)
Reisekontrakt *m*, **e** contrato *m* por, de viaje
Reisekosten *pl* gastos *pl* de viaje
Reisekostenvergütung *f*, **en** indemnización *f* por desplazamiento
Reisekreditbrief *m*, **e** letra *f* de crédito circular, turística
Reisekreditdokument *n*, **e** título *m* turístico
Reiseland *n*, **¨er** país *m* turístico; país *m* receptor de turismo
Reiseleiter *m*, - → Resieführer
Reisemarkt *m*, **¨e** mercado *m* turístico
reisen viajar; hacer un viaje; ir de viaje; ***mit der Bahn, mit dem Flugzeug ~*** viajar en tren, en avión; ***ins Ausland ~*** viajar al extranjero
Reisenandenken *n*, - recuerdo *m* de viaje
Reisende(r) (der/ein) **1.** viajero *m* **2.** viajante *m* (de comercio); comisionista *m*
Reisepass *m*, **¨e** pasaporte *m*
Reisepläne *pl* planes *pl*, proyectos *pl* de viaje

Reisepolice *f*, **n** póliza *f* de viaje
Reiseroute *f*, **n** itinerario *m* (del viaje)
Reiserücktrittskostenversicherung *f*, **en** seguro *m* de costes adicionales por anulación del viaje
Reisescheck *m*, **s** cheque *m* de viaje (Syn. ***Travellerscheck***)
Reisesichtvermerk *m*, **e** visado *m*; visa *f*
Reisespesen *pl* gastos *pl* de viaje, de desplazamiento
Reiseunfallversicherung *f*, **en** seguro *m* de (*od.* contra) accidentes de viaje
Reiseunternehmer *m*, - operador *m* turístico; mayorista *m* turístico; agente *m* de viajes
Reiseurkunde *f*, **n** documento *m* del viaje
Reiseveranstalter *m*, - organizador *m* de viajes; mayorista *m* turístico; operador *m* turístico
Reiseverfrachtung *f*, Ø flete *m* por viaje
Reisevergütung *f*, **en** indemnización *f* por viaje, por desplazamiento
Reiseverkehr *m*, Ø **1.** tráfico *m* de viajeros **2.** turismo *m* (Syn. ***Fremdenverkehr***)
Reisevermittler *m*, - intermediario *m*; ***als ~ tätig sein*** agenciar
Reiseversicherung *f*, **en** seguro *m* de viaje
Reiseverzögerungsversicherung *f*, **en** seguro *m* de viaje retrasado
Reisewetterversicherung *f*, **en** seguro *m* contra mal tiempo (durante las vacaciones)
Reisezeit *f*, Ø temporada *f*, estación *f*, época *f* turística
Reiseziel *n*, **e** punto *m* de destino; final *m*, término *m* del viaje
Reisezuschuss *m*, **¨e** subvención *f* para gastos de viaje
Reißbrett *n*, **er** tablero *m* de dibujo
Reißer *m*, - artículo *m* de mucha venta; éxito *m* de venta
reißerisch (Publ.) chillón; ***~e Reklame*** bombo *m*
Reißwolf *m*, (**¨e**) abridor *m* de lana; ***Dokumente in den ~ werfen*** destruir documentos
Reiter *m*, - (Büro) solapa *f*
Reitwechsel *m*, - letra *f* cruzada
Reklamation *f*, **en** reclamación *f*; protesta *f*; objeción *f*; ***berechtigte ~*** reclamación justificada; ***zwecks ~ einschicken*** enviar con fines de reclamación
Reklamationsabteilung *f*, **en** departamento *m* contencioso *od.* de reclamaciones
Reklame *f*, **n** publicidad *f*; reclamo *m*; propaganda *f*; anuncio *m*; ***ganzseitige ~*** anuncio a toda plana; ***~ in den Zeitungen*** publicidad en la prensa
Reklameartikel *m*, - artículo *m* de propaganda
Reklamebeleuchtung *f*, Ø alumbrado *m* de publicidad
Reklameberieselung *f*, Ø aporreo *m* publicitario
Reklamefach|mann *m*, **-leute** especialista *m* en publicidad
Reklamefläche *f*, **n** espacio *m* publicitario
Reklamepreis *m*, **e** precio *m* de progaganda
Reklameprospekt *m od. n*, **e** folleto *m* publicitario
Reklamerummel *m*, Ø gurigay *m* publicitario
Reklameschild *n*, **er** cartel *m* publicitario
Reklametafel *f*, **n** valla *f* publicitaria
Reklametrick *m*, **s** truco *m* publicitario *od.* de propaganda
Reklametrommel *f*, (**n**) bombo *m* (publicitario); ***die ~ rühren*** tocar el bombo publicitario
Reklameverkauf *m*, **¨e** venta *f* publicitaria
Reklamezeichner *m*, - dibujante *m* publicitario
Reklamezettel *m*, - hoja *f bzw.* octavilla *f* publicitaria
reklamieren reclamar; protestar contra; exigir
Rekord *m*, **e** récord *m*; marca *f*; ***einen ~ aufstellen*** establecer una marca; ***einen ~ brechen*** (***schlagen***) superar, batir una marca
Rekordabsatz *m*, **¨e** venta *f* récord
Rekordzahl *f*, **en** cifra *f* récord
Rekordziffer *f*, **n** → Rekordzahl
rekrutieren reclutar; (LA) enrolar; ***die Firma rekrutiert ihre leitenden Angestellten aus den Akademikern*** la casa recluta sus mandos directivos entre los universitarios
Rekrutierung *f*, **en** reclutamiento *m*
Rektaindossament *n*, **e** endoso *m* intransferible, nominativo
Rektaklausel *f*, **n** cláusula *f* nominativa *bzw.* de intransferibilidad
Rektakonnossement *n*, **e** conocimiento *m* intransferible, nominativo
Rekta-Lagerschein *m*, **e** certificado *m* de depósito instransferible, nominativo
Rektapapier *n*, **e** títulos *pl* nominativos; valores *pl* intransferibles
Rektascheck *m*, **s** cheque *m* intransferible *bzw.* nominativo

Rektawechsel *m*, - letra *f* nominativa *bzw.* intransferible

Rekurrent *m*, **en** (CH) recurrente *m* (en recurso de queja)

Rekurs *m*, **e** (A) recurso *m*

Release *n*, **s** centro *m* antidroga; centro *m* de reinserción social de drogadictos

relevant pertinente; significativo; relevante; ***einen ~en Einwand vorbringen*** presentar una objeción pertinente

Relevanz *f*, Ø relevancia *f*; importancia *f*

Rembours *m*, - reembolso *m*

Remboursgeschäft *n*, **e** operación *f* de crédito documentario (para la financiación de operaciones con el extranjero)

Rembourskredit *m*, **e** crédito *m* de reembolso *bzw.* de aceptación contra documentos

Remboursschuld *f*, **en** deuda *f* por crédito documentario

Rembourstratte *f*, **n** letra *f* documentaria

Remigrant *m*, **en** repatriado *m*; emigrante *m* que vuelve a su país de origen después de muchos años

Remitenden *pl* (librería) devoluciones *pl*; libros *pl* devueltos

Remittent *m*, **en** remitente *m*; tenedor *m* de una letra; portador *m* por endoso

remittieren 1. devolver (un libro) **2.** remesar, remitir (una letra)

Rendite *f*, **n** rédito *m*; rendimiento *m* de inversión; rentabilidad *f*; ~ ***eines angelegten Kapitals*** renta *f* de un capital invertido

Renditeerwartungen *pl* expectativas *pl* de rendimiento, de rentabilidad

renditeträchtig de rendimiento sustancioso; de jugosa rentabilidad

Rennen *n*, - carrera *f*; ***diese Firma liegt gut im*** ~ esta empresa figura en una buena posición

Renner *m*, - éxito *m* de venta (Syn. ***Verkaufsschlager***)

Rennwettsteuer *f*, **n** impuesto *m* sobre apuestas en las carreras

rentabel rentable; lucrativo; que rinde beneficio; productivo (Syn. ***Gewinn bringend; lohnend***)

Rentabilität *f*, Ø rentabilidad *f*; productividad *f*; utilidad *f*; (capacidad *f* de) rendimiento *m* (Syn. ***Wirtschaftlichkeit***)

Rentabilitätsberechnung *f*, **en** cálculo *m* de la rentabilidad

Rentabilitätsgrenze *f*, **n** límite *m* de rentabilidad

Rentabilitätsrechnung *f*, Ø cálculo *m* de rentabilidad

Rentabilitätsschwelle *f*, **n** umbral *m* de rentabilidad; break even point

Rente *f*, **n 1.** pensión *f* (de vejez); jubilación *f*; haberes *pl* pasivos; ***eine ~ beziehen*** percibir una pensión; ***eine ~ gewähren*** conceder una pensión; ***die ~n erhöhen, kurzen*** aumentar, disminuir las pensiones **2.** renta *f* (de capital); interés *m*; rédito *m*; beneficio *m*; ***ablösliche*** ~ renta perpetua; ***eine ~ abwerfen*** arrojar una renta; ***eine ~ tilgen*** redimir, amortizar una renta

Rentenalter *n*, Ø edad *f* de retiro, de pensión, de jubilación; ***das ~ erreichen*** alcanzar la edad de retiro

Rentenangleichung *f*, **en** reajuste *m* de las pensiones

Rentenanleihe *f*, **n** empréstito *m* por anualidades

Rentenanpassung *f*, **en** revalorización *f* de las pensiones

Rentenanspruch *m*, **¨e** derecho *m* a pensión

Rentenanstalt *f*, **en** caja *f* de pensiones

Rentenantrag *m*, **¨e** solicitud *f* de pensión

Rentenbank *f*, **en**, ***landwirtschaftliche*** ~ banco *m* de crédito agrícola

Rentenbemessung *f*, **en** determinación *f* del montante de una pensión

Rentenbemessungsgrundlage *f*, **n** base *f* de cálculo de pensiones

Rentenberechtigte(r) (der/ein) beneficiario *m*, titular *m* de una pensión

Rentenbetrag *m*, **¨e** importe *m* de la pensión

Rentenbezieher *m*, - → Rentner

Rentenbrief *m*, **e** título *m*, certificado *m* de renta

Rentenempfänger *m*, - → Rentner

Rentenentzug *m*, **¨e** supresión *f* de una pensión

Rentenerhöhung *f*, **en** aumento *m*, elevación *f*, subida *f* de las pensiones

Rentenfonds *m*, - fondo *m* de renta fija; fondo *m* de inversión mobiliaria en renta fija

Rentengeschäft *n*, Ø negocio *m*, seguro *m*, ramo *m* de pensiones (de una compañía aseguradora)

Rentengewährung *f*, Ø concesión *f* de la pensión

Rentengläubiger *m*, - beneficiario *m*, titular *m* de una pensión

Rentengrenze *f*, **n** límite *m* de(l) retiro; ***über die ~ hinaus arbeiten*** trabajar más allá de la edad normal de retiro

Renteninhaber *m*, - titular *m* de una pensión; pensionista *m*

Rentenlast *f*, Ø coste *m* de las pensiones
Rentenmark *f*, Ø marco *m* renta (moneda creada a causa de la inflación de 1923)
Rentenmarkt *m*, **¨e** mercado *m* de renta fija
Rentenpapiere *pl* → Rentenwerte
Rentenreform *f*, **en** reforma *f* de las pensiones
Rentenschein *m*, **e** título *m* de renta
Rentenschuld *f*, **en** deuda *f* en rentas
Rentenschuldverschreibung *f*, **en** título *m*, obligación *f* de renta fija
Rentensplitting *n*, Ø partición *m* de los derechos a la pensión (adquiridos por los dos esposos hasta el momento del divorcio)
Rentenversicherung *f*, Ø seguro *m* de pensiones
Rentenwerte *pl* títulos *pl* de renta fija
Rentier *m*, **e** **1.** pensionista *m* **2.** rentista *m*
rentieren ser rentable; rentar bien; arrojar un buen beneficio
Rentner *m*, **-** pensionista *m*; beneficiario *m* de una pensión
Reparationen *pl* reparaciones *pl*
Reparationsleistung *f*, **en** prestación *f*, pago *m* a título de reparación
Reparationszahlung *f*, **en** → Reparationsleistung
Reparatur *f*, **en** reparación *f*; compostura *f*; arreglo *m*; ***in ~ geben*** dar a reparar
Reparaturanleitung *f*, **en** instrucciones *pl* de reparación
Reparaturarbeiten *pl* trabajos *pl* de reparación
reparaturbedürftig necesitado *m* de reparación; que necesita arreglo
Reparaturdienst *m*, **e** servicio *m* de reparaciones
reparaturfähig reparable; arreglable
reparaturfreundlich fácil de arreglar; sencillo de reparar
Reparaturhandbuch *n*, **¨er** manual *m* de reparaciones
Reparaturkosten *pl* gastos *pl* de reparación
Reparaturverzögerungszeit *f*, Ø duración *f* del retraso de la reparación; tiempo *m* de retardo, de demora de la reparación
Reparaturwartezeit *f*, Ø tiempo *m* de espera por reparación
Reparaturwerkstatt *f*, **¨e** taller *m* de reparaciones
Reparaturzeit *f*, **(en)** **1.** tiempo *m* de reparación **2.** tiempo *m* de inactividad
reparieren reparar; arreglar; componer
repartieren repartir; distribuir
Repartierung *f*, (en) reparto *m*
repatriieren repatriar
Report *m*, **e** **1.** informe *m* **2.** reporte *m* (operación bursátil relativa a la prolongación de un plazo de último o de liquidación)
Reportdatei *f*, **en** fichero *m* de informes, de reportes
Reporteur *m*, **e** (Börse) tomador *m*; recibidor *m*
Reportgeber *m*, **-** vendedor *m* de valores a plazos
Reportgeld *n*, **er** derechos *pl* de prolongación
Reportgeschäft *n*, **e** (operación *f* de) reporte *m*; operación *f* aplazada
Reportkurs *m*, **e** cotización *f* de reporte
Reportnehmer *m*, **-** comprador *m* de valores a plazos
Repräsentation *f*, **en** representación *f*; ***die ~ einer Firma*** la representación de una empresa
Repräsentationsgelder *pl* → Repräsentationskosten
Repräsentationskosten *pl* gastos *pl* de representación
Repräsentationsspesen *pl* indemnización *f* para gastos de representación
repräsentativ representativo; ***~er Querschnitt*** media *f* representativa; ***~e Umfrage*** encuesta *f* representativa; ***~ für die USA*** típicamente americano; ***zu ~en Zwecken*** para fines de representación
Repräsentativbefragung *f*, **en** encuesta *f* representativa; sondeo *m* representativo
Repräsentativerhebung *f*, **en** → Repräsentativbefragung
Repräsentativität *f*, Ø representatividad *f*
Repräsentativsystem *n*, **e** sistema *m* representativo
Repräsentativwährung *f*, **en** moneda *f* representativa
Repräsentativwert *m*, Ø valor *m* representativo
repräsentieren representar
Repressalie *f*, **n** represalia *f*; ***zu wirtschaftlichen ~en greifen*** recurrir a represalias económicas
Reprise *f*, **n** segunda lectura *f* *od.* ronda *f* en el corro (en la Bolsa)
reprivatisieren reprivatizar; desnacionalizar; traspasar al sector privado
Reprivatisierung *f*, **en** desnacionalización *f*; reprivatización *f*
reproduzierbar reproducible; reproductible

Reproduzierbarkeit *f*, Ø reproducibilidad *f*; reproductibilidad *f*
reprogrammierbar reprogramable
Reprogrammierbarkeit *f*, Ø reprogramabilidad *f*
reprogrammieren reprogramar
Reprographie *f*, **n** reprografía *f*
reprographieren reprografiar
Reptilienfonds *m*, - (E) fondos *pl* reservados; fondos *pl* secretos; fondo *m* de reptiles
Repudiation *f*, Ø repudiación *f* (de una moneda muy débil)
Reputation *f*, **en** reputación *f*
Request *m*, Ø requerimiento *m*; solicitud *f*
requirieren requisar; requerir; exigir
Reserve *f*, **n** reserva *f*; ***bare ~*** reserva en efectivo; ***freie ~n*** reservas disponibles; ***eiserne ~n*** reservas mínimas obligatorias; ***offene ~n*** reservas declaradas, visibles; ***stille ~n*** reservas tácitas, latentes; ***~n angreifen*** tocar las reservas; ***~n bilden*** formar reservas; ***auf seine ~n zurückgreifen*** recurrir a sus reservas
Reserve- (Pref.) de reserva; de emergencia
Reservebestände *pl* stocks *pl* de reserva
Reservedatei *f*, **en** archivo *m* de reserva, de seguridad *f*, de respaldo
Reservefonds *m*, - fondo *m* de reserva; ***in festverzinslichen Wertpapieren angelegter ~*** fondo de reserva invertido en títulos de renta fija
Reserve-Ist *n*, Ø (Banca) reserva *f* actual *od.* efectiva
Reservekapital *n*, Ø capital *m* de reserva; capital *m* en reserva
Reservekont|o *n*, **-en** cuenta *f* de reserva
Reservekraft *f*, Ø, ***~ eines Unternehmens*** los fondos *pl* de reserva de una empresa
Reservelager *n*, - depósito *m* de reserva
Reservenbildung *f*, Ø constitución *f*, formación *f* de reservas
Reservepolster *m*, - stock *m* de reservas
Reserveposten *m*, - partidas *pl* de reserva
Reservesatz *m*,¨e tasa *f* mínima (de reserva)
Reserve-Soll *n*, Ø (Banca) reserva *f* legal obligatoria; reserva *f* teórica; reserva *f* mínima exigida
Reservestellung *f*, **(en)** (CH) constitución *f*, formación *f*, asignación *f* de reservas
Reservetranche *f*, **n** tramo *m* de reserva
Reservewährung *f*, **en** moneda *f* de referencia, de reserva (Syn. ***Leitwährung***)
reservieren 1. retener; guardar; reservar **2.** hacer reservas **3.** apartar
Reservierung *f*, **en** retención *f*; reserva *f*; (LA) reservación *f*
Reservoir *n*, **e** reservas *pl*; ***~ an Arbeitskräften*** reservas de mano de obra
Resolution *f*, **en** resolución *f*; ***eine ~ annehmen, verabschieden, verwerfen*** adoptar, aprobar, rechazar una resolución
resozialisieren resocializar; reinsertar en la sociedad
Respektfrist *f*, **en** plazo *m* de gracia
respektieren respetar; ***Gesetze, Vorschriften ~*** atenerse a la ley, a las normas; (Wechsel) honrar
Respektierung *f*, Ø observancia *f*; respeto *m*; ***~ der gegenseitigen Interessen*** respeto de los intereses recíprocos
Respekttage *pl* → Respektfrist
Ressort *n*, **s** departamento *m*; sección *f*; negociado *m*; cartera *f* (ministerial); ***ein ~ in einem Ministerium leiten*** estar a la cabeza de una cartera ministerial; ***es gehört nicht zu meinem ~*** no es de mi incumbencia, de mi competencia
Ressourcen *pl* recursos *pl* (financieros, energéticos, *etc.*)
Rest *m*, **e** resto *m*; residuo *m*; excedente *m*; remanente *m*
Restaktie *f*, **n** fracción *f* restante de una acción
Restant *m*, **en**, **1.** deudor *m* (moroso) **2.** mercadería *f*, mercancía *f* rechazada; **3.** artículos *pl* no vendidos; restos *pl* **4.** títulos *pl* amortizados
Restantenliste *f*, **n** lista *f* de deudores
Restauflage *f*, **n** resto *m* de edición
Restaurant *n*, **s** restaurante *m*; casa *f* de comidas
Restaurantkette *f*, **n** cadena *f* de restaurantes
Restaurateur *m*, **e** gastrónomo *m*; dueño *m* de un restaurante
Restauration *f*, Ø restauración *f*
Restaurator *m*, **en** restaurador *m* (de obras de arte)
restaurieren restaurar
Restbestand *m*, **¨e 1.** resto *m*; saldo *m* **2.** artículos *pl*, existencias *pl* restantes
Restbesteuerungsgrundlage *f*, **n** resto *m* base liquidable
Restbetrag *m*, **¨e** suma *f*, importe *m* restante; remanente *m*; saldo *m*; ***der ~ ist 8 Tage vor der Abreise einzuzahlen*** saldo pagadero 8 días antes de la partida
Restdividende *f*, **n** complemento *m* de dividendo; dividendo *m* de liquidación

Resteinzahlung *f*, **en 1.** abono *m* residual **2.** dividendo *m* pasivo (parte del capital ya suscrita pero todavía no pagada)
Restfehler *m*, - error *m* residual
Restforderung *f*, **en** remanente *m* de un crédito
Restguthaben *n*, - resto *m* a favor; saldo *m* acreedor restante; saldo *m* positivo restante
Restgutwert *m*, **(e)** valor *m* residual contabilizado; valor *m* contable restante
Restitutionsklage *f*, **n** acción *f* de revisión
Restkapital *n*, Ø capital *m* residual, restante; capital *m* sobrante
Restlager *n*, - existencias *pl* sobrantes, restantes, residuales
Restlaufzeit *f*, **en** plazo *m* residual (hasta el vencimiento *m* de un empréstito)
restlich restante; remanente; ***~es Guthaben*** saldo *m* activo restante
Restmasse *f*, **n** masa *f* restante; activo *m* restante
Restposten *pl* partida *f* de cierre *od.* residual
Restriktion *f*, **en** restricción *f*; ***es ist mit erheblichen ~en zu rechnen*** hay que contar con considerables restricciones
restriktiv restrictivo; ***~er Kurs*** cambio *m* restrictivo
Restsald|o *m*, **-en** saldo *m* restante; remanente *m*; resto *m*
Restschuld *f*, **en** deuda *f* residual; resto *m* de la deuda; deuda *f* pendiente (todavía)
Restsumme *f*, **n** remanente *m*; suma *f*, importe *m* residual; suma *f* restante; suma *f* remanente
Restwert *m*, Ø valor *m* residual
Restwertversicherung *f*, **en** seguro *m* del valor residual
Restzahlung *f*, **en** pago *m* del resto; pago *m* restante; pago *m* del remanente
Resultat *n*, **e** resultado *m*; ***ein ~ erzielen*** obtener un resultado (Syn. ***Ergebnis***)
Retentionsrecht *n*, **e** derecho *m* de retención (de garantía real del acreedor de retener en determinados casos las cosas muebles y valores de un deudor)
Retorsion *f*, **en** retorsión *f*; represalia *f*
Retorsionszoll *m*, **¨e** arancel *m* de represalia; aduana *f* de retorsión
Retouren *pl* devoluciones *pl*; mercancías *pl* devueltas
Retourenjournal *n*, **e** libro *m* de devoluciones
Retrieval *n*, - **1.** interrogación *f*; búsqueda *f*; consulta *f* **2.** recuperación *f* de información
Retrozession *f*, **en** retrocesión *f* (transmisión de un banco a otro o a un intermediario, de un porcentaje de la comisión cobrada por uno de ellos)
Retrozessionsbeiträge *pl*, ***die von uns abgegebenen ~*** las primas retrocedidas por nosotros
retten salvar; rescatar; ***sich aus den roten Zahlen ~*** salir de una situación deficitaria
Reugeld *n*, **er** (prima *f* de) rescate *m*; indemnización *f*; multa *f* (por incumplimiento de contrato)
Reukauf *m*, **¨e** retroventa *f*; retracto *m*
Revalorisierung *f*, **en** revalorización *f*; revaluación *f*
Revers *m*, **e** garantía *f*; resguardo *m*; recibo *m*
revidieren revisar; examinar; corregir; volver a considerar; ***Rechnungen***, ***Geschäftsbücher einer Firma ~*** verificar las cuentas, los libros de una empresa
Revier *n*, **e 1.** cuenca *f* (minera) **2.** coto *m* (de caza) **3.** comisaría *f*, puesto *m* de policía **4.** distrito *m* **5.** territorio *m* (de un animal) **6.** enfermería *f* (militar)
Revision *f*, **en 1.** examen *m*; verificación *f*; revisión *f*; ***eine ~ der Geschäftsbücher*** verificación de los libros contables; ***eine ~ vornehmen*** proceder a una verificación **2.** (Jur.) (recurso *m* de) casación *f*; ***bei Gericht gegen ein Urteil ~ einlegen*** interponer recurso de casación contra un fallo ante el tribunal
Revisions- und Treuhandwesen *n*, Ø auditoría *f*
Revisionsantrag *m*, **¨e** demanda *f* de casación
Revisionsfrist *f*, **en** plazo *m* de presentación de recurso de casación
Revisionsgericht *n*, **e** tribunal *m*, corte *f* de casación
Revisionsinstanz *f*, **en** instancia *f* de casación
Revisionsklage *f*, **n** recurso *m* de casación
Revisionskläger *m*, - recurrente *m* (en casación)
Revisor *m*, **en** interventor *m*; revisor *m*; inspector *m*
revolvierend, ***~es Akkreditiv*** crédito *m* documentario rotativo; crédito *m* documentario revolvente; crédito *m* documentario de renovación automática

Revolving-Kredit *m*, **e** crédito *m* revólving; crédito *m* de renovación automática
revozieren revocar
Rezession *f*, **en** recesión *f* (fase recesiva en el proceso coyuntural)
rezessiv, *~e Konjunkturphase* fase *f* recesiva de la economía; *es gibt Anzeichen einer ~en Tendenz* hay signos de una tendencia recesiva
Reziprozität *f*, Ø reciprocidad *f*
R-Gespräch *n*, **e** (Teléf.) conferencia *f* con cobro revertido
RGW (Rat für gegenseitige Wirtschaftshilfe) Consejo *m* de asistencia económica mutua; Comecón *m* (Syn. ***Comecon***)
Rial *m*, - rial *m* (moneda iraní)
Ricambiowechsel *m*, - → Rückwechsel
Richtbetrieb *m*, **e** explotación *f* tipo; empresa *f* piloto
richten 1. ***unsere Preise ~ sich nach*** nuestros precios se rigen por **2.** ***sich ~ nach*** guiarse por; ***sich nach der Mode ~*** seguir la moda **3.** ***wir werden uns danach ~*** nos será un punto de referencia; no lo echaremos en olvido; lo tendremos en cuenta; lo tendremos presente; lo consideraremos **4.** arreglar (la habitación) **5.** preparar (la comida) **6.** poner (la mesa) **7.** dirigir (una pregunta, un ruego)
Richter *m*, - juez *m*; magistrado *m*; ***die ~*** los jueces; judicatura *f*; ***abgelehnter ~*** juez recusado; ***vor den ~ bringen*** llevar a los tribunales
Richterablehnung *f*, **en** recusación *f* de un juez
Richteramt *n*, **¨er** magistratura *f*; judicatura *f*; cargo *m* de juez
Richteranklage *f*, **n** acusación *f* contra un juez
Richterkollegi|um *n*, **-en** colegio *m* de jueces
Richterlaufbahn *f*, Ø carrera *f* judicial
richterlich, *~e Gewalt* poder *m* judicial
Richterschaft *f*, Ø magistratura *f*; judicatura *f*
Richterspruch *m*, **¨e** sentencia *f*, fallo *m*, pronunciamiento *m* judicial
Richterstand *m*, Ø judicatura *f*; magistratura *f*; gremio *m* judicial
Richtgeschwindigkeit *f*, **en** velocidad *f* máxima aconsejable
Richtigbefundsanzeige *f*, **n** aviso *m* de reconocimiento de exactitud (firmado por el cliente y devuelto al banco, certificando la exactitud del extracto de cuenta o del depósito)
Richtigkeit *f*, **en** rectitud *f*; exactitud *f*; precisión *f*; veracidad *f*; autenticidad *f*; ***für die ~ der Abschrift*** es conforme con la copia
Richtigkeitsbefund *m*, e, ***nach ~*** en caso de conformidad
richtig stellen rectificar; puntualizar; poner en su sitio
Richtlinie *f*, **n** directiva *f*; directriz *f*; norma *f*; ***die ~n außer Acht lassen*** ignorar las directivas; ***die ~n beachten*** observar las directrices
Richtlohn *m*, **¨e** salario *m* indicativo *bzw.* de base
Richtpreis *m*, **e** precio *m* de orientación *od.* indicativo
Richtpreis-Ind|ex *m*, **-izes** índice *m* de referencia
Richtsatz *m*, **¨e** tasa *f* normal; tarifa *f* de base
Richtungsgewerkschaft *f*, **en** sindicato *m* allegado a un partido político
richtungsweisend orientativo; orientador; que marca la pauta; ***eine ~e Entscheidung*** una decisión indicadora del camino a seguir
Richtzahl *f*, **en** cifra *f* de referencia
Riese *m*, **n 1.** gigante *m* **2.** (Fam.) billete *m* de 1000 marcos
Riesenerfolg *m*, **e** enorme éxito *m* de venta
Riesengewinn *m*, **e** ganancia *f* exorbitante; beneficio *m* enorme
Rimesse *f*, **n** remesa *f*; envío *m*; reintegro *m*; reembolso *m*
Rimessenbrief *m*, **e** carta *f* de remesa
Rinder *pl* ganado *m* vacuno; ***~ züchten*** criar ganado vacuno
Rinderbestand *m*, **¨e** censo *m* bovino, vacuno
Rinderherde *f*, **n** rebaño *m* (de ganado) vacuno; (LA) tropa *f* de ganado
Rinderzucht *f*, Ø cría *f* de ganado vacuno, bovino
Rindfleisch *n*, Ø **1.** carne *f* de vaca **2.** carne *f* de buey
Ring *m*, **e 1.** corro *m* de personas **2.** trust *m* **3.** red *f* (de traficantes, de delincuentes
Ringbahn *f*, **en** ferrocarril *m* de circunvalación; línea *f* de circunvalación
Ringbuch *n*, **¨er** carpeta *f*, cuaderno *m* de anillas
Risik|o *n*, **s** *od.* **-en** riesgo *m* **1.** ***auf eigenes ~*** a riesgo propio; ***finanzielles ~*** riesgo financiero; ***gedecktes ~*** riesgo cubierto; ***kalkulierbares ~*** riesgo calculable; ***zwei-***

felhaftes ~ riesgo dudoso **2.** ***ein ~ eingehen*** correr un riesgo; ***ein ~ übernehmen*** asumir la responsabilidad
Risikoabschätzung *f*, **en** evaluación *f* de un riesgo
Risikoabwälzung *f*, **(en)** traslación *f*, repercusión *f* del riesgo
Risikoausgleich *m*, Ø compensación *f* del riesgo
Risikoausschlussklausel *f*, **n** cláusula *f* de exclusión de riesgos;
Risikobegrenzungsklausel *f*, **n** cláusula *f* limitativa del riesgo
Risikobesichtigung *f*, **en** inspección *f* del riesgo
Risikobeurteilung *f*, **en** calificación *f* del riesgo; enjuiciamiento *m* del riesgo; apreciación *f* del riesgo
Risikodeckung *f*, **en** cobertura *f* de riesgo
Risikodeckungsformel *f*, **n** fórmula *f* de cobertura del riesgo
Risikoerhöhung *f*, **en** (Seg.) elevación *f*, agravación *f* del riesgo
Risikofreudigkeit *f*, Ø espíritu *m* de riesgo
risikogerecht, ***~e Prämien, Preise*** primas *pl* acordes con el riesgo; precios *pl* en consonancia con el riesgo
Risikokapital *n*, Ø **1.** capital riesgo *m*; capital *m* a riesgo **2.** capital *m* especulativo
Risikolebensversicherung *f*, **en** seguro *m* de vida temporal
Risiko-Management *n*, Ø gerencia *f* de riesgos; gestión *f* de riesgos
Risikominderung *f*, **en** disminución *f* del riesgo
Risikoperiode *f*, **n** periodo *m* de riesgo
Risikoprämie *f*, **n** prima *f* de riesgo
Risikoprofil *n*, **e** perfil *m* del riesgo
risikoreich arriesgado; aventurado; peligroso; ***eine ~e Investition*** una inversión con mucho riesgo; una inversión llena de riesgo, que entraña mucho riesgo
Risikostreuung *f*, **en** repartición *f* de los riesgos
Risikostudie *f*, **n** estudio *m* del riesgo, de los riesgos
risikoträchtig → risikoreich
Risikoträger *m*, - titular *m*, responsable *m* del riesgo
Risikoübernahme *f*, Ø asunción *f* del riesgo, de riesgos
Risikoverlauf, *m*, Ø, ***der ~ war günstiger als im Vorjahr*** los riesgos despuntaron un desarrollo más favorable que en el ejercicio anterior
Risikoversicherung *f*, **en** **1.** seguro *m* temporal **2.** seguro *m* de riesgos
Risikoverteilung *f*, **en** distribución *f* del riesgo (dispersión de las inversiones para conseguir más seguridad contra los riesgos de pérdida)
Risikovorsorge *f*, Ø provisiones *pl* de riesgo
riskant, ***ein ~es Geschäft*** un negocio arriesgado; una operación arriesgada
riskieren arriesgar; aventurar; ***einen Prozess ~*** arriesgar un pleito; ***er hat sein ganzes Vermögen riskiert*** ha arriesgado toda su fortuna
Riskontro *n*, **s** → Skontro
ristornieren **1.** rectificar mediante contrapartida **2.** devolver una letra al remitente
Ristorno *m od. n*, **s** **1.** rectificación *f* mediante contrapartida **2.** devolución *f* de una letra al remitente
RKW *n* (Rationalisierungskuratorium der deutschen Wirtschaft) consejo *m* de aumento de la productividad y racionalización de la economía alemana
roboten (Fam.) trabajar (muy) duro
Roboter *m*, - robot *m*; autómata *m*; ~ ***einsetzen*** aplicar un robot; robotizar
Roboterfabrik *f*, **en** fábrica *f* de robots; factoría *f* de autómatas
Robotersystem *n*, **e** sistema *m* robotizado
Robotertechnik *f*, Ø → Robotik
Robotik *f*, Ø robótica *f*
robotisieren robotizar
roh bruto; sin manufacturar; ***~er Kostenüberschlag*** presupuesto *m* aproximativo
Rohbau *m*, **ten** obra *f* en bruto; obra *f* bruta
Rohbilanz *f*, **en** balance *m* aproximativo *bzw.* provisional
Rohdaten *pl* datos *pl* sin procesar
Roheinkommen *n*, - renta *f* bruta; ingresos *pl* brutos
Roheinnahme *f*, **n** → Roheinkommen
Rohenergie *f*, Ø energía *f* primaria
Rohentwurf *m*, **¨e** borrador *m*
Rohertrag *m*, **¨e** rendimiento *m* bruto
Roherzeugnis *n*, **-se** producto *m* bruto
Rohgewicht *n*, **e** peso *m* bruto
Rohgewinn *m*, **e** beneficio *m* bruto; ganancia *f*, utilidad *f* bruta
Rohgewinnspanne *f*, **n** margen *m* de beneficio bruto
Rohkalkulation *f*, **en** cálculo *m* aproximativo, aproximado
Rohlast *f*, **(en)** carga *f* bruta
Rohmaterial *n*, **ien** **1.** materia *f* prima **2.** material *m* para mecanizar

Rohöl *n*, Ø (aceite *m*) crudo *m*
Rohölpreis *m*, **e** precio *m* del crudo
Rohpreis *m*, **e** precio *m* bruto
Rohprodukt *n*, **e** → Roherzeugnis
Rohsald|o *m*, **-en** saldo *m* bruto
Rohschätzung *f*, **en** estimación *f* aproximada, aproximativa
Rohstoff *m*, **e** materia *f* prima (Syn. ***Grundstoff***)
rohstoffarm pobre en materias primas
Rohstoffbedarf *m*, Ø necesidad *f*, demanda *f* de materias primas
Rohstofferzeugung *f*, Ø producción *f*, explotación *f* de materias primas
Rohstoffgewinnung *f*, Ø → Rohstofferzeugung
Rohstoffindustrie *f*, **n** industria *f* extractiva
rohstoffintensiv con mucha materia prima; que requiere, que demanda bastante materia prima; con gran densidad de materia prima
Rohstoffknappheit *f*, Ø escasez *f* de materias primas
Rohstofflage *f*, Ø, ***die ~ ist Besorgnis erregend*** es preocupante la situación en que se encuentra el mercado de materias primas
Rohstoffland *n*, **¨er** país *m* productor de materias primas
Rohstoffmangel *m*, **¨** escasez *f*, penuria *f* de materias primas
Rohstoffmarkt *m*, **¨e** mercado *m* de materias primas
Rohstoffpreis *m*, **e** precio *m* de las materias primas
Rohstoffquellen *pl* recursos *pl* en materias primas
rohstoffreich rico en materias primas
Rohstoffverarbeitung *f*, Ø transformación *f* de materias primas
Rohstoffverknappung *f*, Ø escasez *f*, disminución *f* de materias primas
Rohstoffversorgung *f*, Ø abastecimiento *m* de materias primas
Rohüberschuss *m*, **-¨sse** superávit *m*, excedente *m* bruto
Rollfuhr *f*, Ø → Rollfuhrdienst
Rollfuhrdienst *m*, **e** servicio *m* de camionaje; servicio *m* de acarreo
Rollfuhrgeld *n*, Ø → Rollgeld
Rollfuhrunternehmen *n*, **-** empresa *f* de acarreo
Rollfuhrversicherung *f*, **en** seguro *m* de acarreo; seguro *m* de camionaje
Rollgeld *n*, **er** gastos *pl* de(l) acarreo; camionaje *m*
Rollgut *n*, **¨er** mercancía *f* acarreada
Rolltreppe *f*, **n** escalera *f* mecánica
Rom-Abkommen *n*, **-** → Römische Verträge
Römische Verträge *pl* tratados *pl* de Roma (25.3.57)
Rosskur *f*, **en** cura *f* radical; ***der Wirtschaft eine ~ verordnen*** administrar una cura radical a la economía
rot rojo; ***in die ~en Zahlen geraten*** volverse deficitario; ***aus den ~en Zahlen herauskommen*** salir de una situación financiera difícil
Rotation *f*, **en** rotación *f*
Rotstift *m*, Ø, ***den ~ ansetzen*** hacer economía; reducir los gastos; aplicar el lápiz rojo
Round Table-Konferenz *f*, **en** conferencia *f* en) mesa *f* redonda
Route *f*, **n** itinerario *m*; ruta *f*
Routine *f*, Ø rutina *f*; práctica *f*; experiencia *f*
Routinearbeit *f*, **en** trabajo *m* rutinario
RP (telegramas) respuesta pagada
RPG (Report Programm Generator) (Inform.) lenguaje *m* de programación
Rubel *m*, **-** rublo *m*
Rückabtretung *f*, **en** retrocesión *f*; contraprestación *f*
Rückantwort *f*, **en** respuesta *f*; ***~ bezahlt*** respuesta pagada
rückbestätigen confirmar a vuelta de correo
rückbuchen extornar
Rückbuchung *f*, **en** extorno *m*
Rückbürge *m*, **n** fiador *m* subsidiario
Rückbürgschaft *f*, **en** garantía *f*, fianza *f* subsidiaria
rückdatieren antefechar; poner una fecha anterior (a la real)
Rückdatierung *f*, **en** antedata *f*
Rückdeckung *f*, **en** reaseguro *m*
Rückentwicklung *f*, **en** evolución *f* regresiva, negativa; evolución *f* hacia atrás
Rückenwind *m*, Ø, ***~ haben*** tener viento en popa
rückerstatten reembolsar; restituir; devolver
Rückerstattung *f*, **en** reembolso *m*; restitución *f*; devolución *f*
Rückerstattungsantrag *m*, **¨e** demanda *f* de restitución; solicitud *f* de reembolso
Rückerwerb *m*, Ø readquisición *f*
Rückerwerbsrecht *n*, **e** derecho *m* de rescate
Rückfahrkarte *f*, **n** billete *m* de ida y vuelta; (LA) boleto *m* de ida y vuelta
Rückfahrschein *m*, **e** → Rückfahrkarte
Rückfahrt *f*, **en** viaje *m* de vuelta, de regreso

rückfällig reincidente; ~ ***werden*** reincidir
Rückfällige/r (der/ein) reincidente *m*
Rückflug *m*, **¨e** vuelo *m* de retorno
Rückflugticket *n*, **s** billete *m* de vuelo de retorno; pasaje *m* de vuelta, de regreso
Rückflüsse *pl* reflujos *pl*
rückfordern demandar, exigir la restitución
Rückforderung *f*, **en** demanda *f* de restitución *od.* reembolso
Rückfracht *f*, Ø carga *f* de retorno; flete *m* de regreso
Rückfrachtkosten *pl* costes *pl* de flete de retorno
Rückfrage *f*, **n** demanda *f* de información *od.* aclaración; contrapregunta *f*
rückfragen pedir informes suplementarios
Rückfragetaste *f*, **n** (Inform.) tecla *f* de interrogación
Rückgabe *f*, **n** devolución *f*; restitución *f*; redhibición *f*; ***mit der Bitte um*** ~ se ruega la devolución; sírvase proceder a su devolución
Rückgabefrist *f*, **en** plazo *m* de devolución
Rückgaberecht *n*, Ø derecho *m* de devolución
Rückgang *m*, **¨e** retroceso *m*; disminución *f*; baja *f*; descenso *m* **1.** ***konjunktureller*** ~ recesión *f* coyuntural; ***saisonaler*** (***saisonbedingter***) ~ baja estacional; ***struktureller*** ~ retroceso estructural **2.** ***einen*** ~ ***an Geburten verzeichnen*** registrar una disminución de la natalidad
rückgängig descendente; en descenso; en disminución; en baja; a la baja; ~ ***machen*** rescindir (un contrato); anular (una cita) (Syn. ***annullieren***)
Rückgängigmachung *f*, Ø rescisión *f* (de un contrato); anulación *f*, cancelación *f* (de una cita, de un acto)
Rückgewinnung *f*, Ø (Inform.) recuperación *f*; ~ ***von Informationen*** recuperación de informaciones
Rückgriff *m*, **e** → Regress
Rückgriffrecht *n*, Ø derecho *m* de recurso
Rückholdienst *m*, **e** servicio *m* de repatriación *f* de vehículos
Rückkauf *m*, **¨e** retroventa *f*; readquisición *f*; retracto *m* convencional (el retrayente tiene el derecho de que el comprador le venda lo comprado en cualquier momento)
rückkaufen readquirir; retraer
Rückkauf-Garantie *f*, **n** garantía *f* de retracto, de rescate
Rückkaufsrecht *n*, **e** derecho *m* de retracto
Rückkaufswert *m*, **e** valor *m* de retracto
Rückkehrbereitschaft *f*, Ø disposición *f* de trabajadores en el extranjero a retornar a su país de origen
Rückkehrhilfe *f*, **n** subsidio *m* de repatriación
Rückladung *f*, Ø → Rückfracht
Rücklage *f*, **n** reserva *f*; recursos *pl* propios (obtenidos de los beneficios no distribuidos); ***gesetzliche ~n*** reservas legales; ***offene ~n*** reservas declaradas; ***zweckgebundene ~n*** reservas vinculadas
rückläufig descendente; regresivo; de baja; bajista; ***~e Bewegung an der New Yorker Börse*** movimiento de baja en la Bolsa neoyorquina
Rücknahme *f*, **n** **1.** retirada *f*; reembolso *m* (bei Investmentfonds) **2.** anulación *f*; revocación *f* **3.** (Jur.) desistimiento *m*
Rücknahmepreis *m*, **e** precio *m* de readquisición
Rücknahmesatz *m*, **¨e** tipo *m* de readquisición
Rückporto *n*, **s** franqueo *m* de vuelta
Rückrechnung *f*, Ø cuenta *f* de resaca
Rückreiseverkehr *m*, Ø tráfico *m* de vuelta (de vacaciones, puentes, etc.); (E) operación *f* retorno
Rückruf *m*, **e** (Telef.) repetición *f* de llamada
Rückscheck *m*, **s** cheque *m* devuelto *od.* rechazado
Rückschlag *m*, **¨e** contratiempo *m*; revés *m*; ***einen geschäftlichen*** ~ ***erleiden*** sufrir un revés comercial
Rückschritt *m*, **e** paso *m* atrás; retroceso *m*
rückschrittlich (Pol.) reaccionario; retrógrado
Rückseite *f*, **n** dorso *m*; parte *f* trasera *od.* posterior; ***siehe*** ~ véase al dorso
Rücksendeporto *n*, Ø porte *m* de devolución, de reexpedición
Rücksendung *f*, **en** reexpedición *f*; retorno *m*; devolución *f*
Rücksicht *f*, **en** consideración *f*; respeto *m*; deferencia *f*; ***finanzielle ~en*** consideraciones financieras; ***ohne*** ~ ***auf Verluste*** sin tener en cuenta las pérdidas
Rückspesen *pl* gastos *pl* de retorno; (Wechsel) gastos *pl* de resaca
Rücksprache *f*, **n** consulta *f*; conversación *f*; ***nach*** ~ ***mit*** después de consultar a; ***mit jdm.*** ~ ***nehmen*** consultar a alg.
Rückstand *m*, **¨e** atraso *m*; pago *m* atrasado; ***im*** ~ ***sein*** estar atrasado; ***~¨e eintreiben*** recuperar los pagos atrasados

rückständig anticuado; vencido; moroso; atrasado; no pagado; ***~e Beträge*** atrasos *pl*; ***mit den Zahlungen ~ sein*** estar atrasado en los pagos

Rückstellung *f*, **en**, ***~ für Beitragsrückstattung*** reserva *f* de restitución de primas; ***~ für Groß- und Erdbebenrrisiken*** reserva *f*, provisiones *pl* para riesgos grandes y de terremoto; ***~ für noch nicht abgewickelte Versicherungsfälle*** reserva *f* para siniestros todavía pendientes de liquidación; ***~en vornehmen*** constituir reservas

rückstufen (re)bajar de categoría; bajar en el escalafón; degradar

Rückstufung *f*, **en** degradación *f*; bajada *f* de categoría

Rücktaste *f*, **n** tecla *f* de retroceso

Rücktritt *m*, **e** renuncia *f* del cargo; dimisión *f*; retirada *f*; desistimiento *m*; ***einseitiger ~ eines Vertragsteiles*** desistimiento de un contrato efectuado por una de las partes contratantes

Rücktrittsgesuch *n*, **e** demanda *f* de renuncia; solicitud *f* de dimisión

Rückverflechtung *f*, **en** reconcentración *f*; constitución *f* de nuevos cártels

rückvergüten reembolsar; reintegrar

Rückvergütung *f*, **en** reembolso *m*; reintegro *m*; restitución *f*

Rückversicherer *m*, **-** asegurador *m*; compañía *f*, sociedad *f* aseguradora

rückversichern reasegurar

Rückversicherte(r) (der/ein) reasegurado *m*

Rückversicherung *f*, **en** reaseguro *m*; ***freiwillige, fakultative ~*** reaseguro *m* facultativo; ***obligatorische ~*** reaseguro *m* obligatorio; ***Umsatz aus der ~*** volumen *m* del negocio de reaseguro

Rückversicherungsanstalt *f*, **en** instituto *m* de reaseguros

Rückversicherungsbeiträge *pl* primas *pl* de reaseguro

Rückversicherungsgesellschaft *f*, **en** compañía *f* reaseguradora; compañía *f*, sociedad *f* de reaseguros; reaseguradora *f*

Rückversicherungsprämie *f*, **n** prima *f* de reaseguro

Rückversicherungsprovision *f*, **en** comisión *f* de reaseguro

Rückversicherungs-Slip *m*, **s** slip *m* de reaseguro

Rückversicherungstochtergesellschaft *f*, **en** filial *f* de reaseguro

Rückversicherungsvertrag *m*, **¨e** contrato *m* de reaseguro

Rückwanderer *m*, **-** repatriado *m*

Rückwaren *pl* mercancías *pl* devueltas, rechazadas

Rückwechsel *m*, **-** letra *f* de resaca (para ejercer la acción de recurso, el tenedor de una letra protestada gira otra nueva a cargo del librador para reembolsarse del nominal, de los gastos de protesto y de los de recambio)

rückwirkend retroactivo; ***~ in Kraft treten*** entrar en vigor con efecto retroactivo

Rückwirkung *f*, **en** efecto *m* retroactivo; (Pol.) repercusión *f*

rückzahlbar reintegrable; reembolsable; (Anleihe) redimible

rückzahlen reembolsar; reintegrar; (Anleihe einlösen) redimir

Rückzahler *m*, **-** reembolsante *m*; reintegrante *m*

Rückzahlung *f*, **en** reintegro *m*; reembolso *m*; redención *f*

Rückzahlungsagio *n*, **s** prima *f* de reembolso

Rückzahlungsanspruch *m*, **¨e** derecho *m* de reembolso

Rückzahlungsbedingungen *pl* condiciones *pl* de reembolso

Rückzahlungsermächtigung *f*, **en** poder *m* para reembolsar; autorización *f* para reintegrar

Rückzahlungsrate *f*, **n** tasa *f* de amortización

Rückzahlungsrecht *n*, **Ø** derecho *m* a reembolso, a reintegro

Rückzahlungstermin *m*, **e** fecha *f* de reembolso

Rückzahlungswert *m*, **Ø** valor *m* de reembolso, de reintegro

Ruf *m*, **Ø** **1.** reputación *f*, renombre *m*; ***einen guten ~ genießen*** gozar de una reputación excelente **2.** (Teléf.) llamada *f*

rufend, ***~e Station*** estación *f* llamante; estación *f* que llama

Rufname *m*, **n** nombre *m* de pila; nombre *m* usual

Rufnummer *f*, **n** número *m* de teléfono

Rüge *f*, **n** reclamación *f*; censura *f*; reprensión *f*; amonestación *f*

Rügefrist *f*, **en** plazo *m* de reclamación

Rügepflicht *f*, **Ø** obligación *f* de señalar un fallo en la recepción de la mercancía

Ruhegehalt *n*, **¨er** pensión *f* (de retiro); jubilación *f*; haberes *pl* pasivos; ***ein ~ beziehen*** percibir, cobrar una pensión (Syn. ***Pension***)

Ruhegehaltsanspruch *m*, ¨e derecho *m* a pensión
Ruhegehaltsempfänger *m*, - perceptor *m* de pensión *od.* jubilación
Ruhegeld *n*, **er** → Ruhegehalt
ruhend en suspenso *bzw.* reposo; ***~es Kapital*** capital *m* improductivo
Ruhepause *f*, **n** descanso *m*; reposo *m*; ***eine ~ einlegen*** hacer una pausa
Ruheposten *m*, - sinecura *f*; prebenda *f*
Ruhestand *m*, Ø retiro *m*; ***im ~*** en retiro; retirado; ***in den ~ treten*** jubilarse
Ruheständler *m*, - jubilado *m*; pensionista *m*
Ruhetag *m*, **e 1.** día *m* de descanso; día *m* de asueto **2.** ***am Mittwoch ~*** cerramos los miércoles; este establecimiento permanece cerrado los miércoles
Ruhezeit *f*, **en 1.** tiempo *m* de reposo; tiempo *m* de descanso **2.** tiempo *m* no utilizado **3.** (Inform.) tiempo *m* de funcionamiento no atendido
Ruhezustand *m*, Ø, ***im ~*** **en** estado de reposo; en estado inactivo; en periodo no ocupado
Ruhrgebiet *n*, Ø cuenca *f* (minera) del Ruhr
Ruin *m*, Ø, ***die Firma geht ihrem ~ entgegen*** la empresa va a la ruina; la firma se arruina
ruinieren arruinar; causar la ruina
ruinös, ***~er Wettbewerb*** competencia *f* ruinosa
Rumpfgeschäftsjahr *n*, **e** ejercicio *m* parcial
Run *m*, Ø, ***der ~ auf den Dollar*** la enorme demanda de dólares; la oleada de compradores de dólares; ***der ~ auf die Bankschalter*** la avalancha sobre la caja de un banco; el asedio (de la caja) de un banco
rund redondo; ***eine ~e Summe*** una suma redonda; ***das kostet Sie ~ 300 DM*** esto le sale aproximadamente a 300 marcos (Syn. ***ungefähr; etwa; an die***)
Rundbrief *m*, **e** circular *f*
Runde *f*, **n** ronda *f*; negociación *f*; ***wirtschaftliche ~*** mesa *f* redonda sobre temas económicos
Runderlass *m*, **-e** (nota *f*) circular *f*
Rundfunk *m*, Ø radiodifusión *f*; ***durch ~ übertragen*** radiar; transmitir por la radio
Rundfunkanstalt *f*, **en** estación *f*, emisora *f* de radio(difusión)
Rundfunkgebühr *f*, **en** canon *m*, tasa *f* sobre la radio y la televisión
Rundfunkwerbung *f*, **en** publicidad *f* radiofónica
Rundgespräch *n*, **e** → Rundtischgespräch
Rundreise *f*, **n** circuito *m*; gira *f*; crucero *m*; viaje *m* circular
Rundreisefahrschein *m*, **e** billete *m* circular
Rundruf *m*, **e** envío *m* de mensajes multidestino
Rundschreiben *n*, - → Rundbrief
Rundtischgespräch *n*, **e** mesa *f* redonda
Rundumschäden *pl* daños *pl* íntegros
Rundumschutz *m*, Ø (Seg.) protección *f* total
Rundungsfehler *m*, - error *m*, equivocación *f* al redondear
Rush-Hour *f*, **s** hora *f* punta; afluencia *f* de tráfico (Syn. ***Stoßzeit***)
rüsten armar; ***die Staaten ~ zum Krieg*** los Estados hacen preparativos de guerra
Rüstung *f*, Ø armamento *m*
Rüstungsgüter *pl* bienes *pl* de equipamiento militar
Rüstungsindustrie *f*, **n** industria *m* del armamento
Rüstungspotential *n*, Ø potencial *m* militar
Rüstungswettlauf *m*, ¨e carrera *f* armamentista
Rüstzeit *f*, **en** tiempo *m* de preparación; trabajo *m* preparatorio

S

Saat *f*, Ø **1.** siembra *f* **2.** simiente *f*; semilla *f*
Saatzeit *f*, Ø época *f*, temporada *f* de siembra
Saatzucht *f*, Ø selección *f*, cultivo *m* de semillas
Sabbatjahr *n*, **e** año *m* sabático
Sabotage *f*, **n** sabotaje *m*; ~ ***im Betrieb*** sabotaje en la empresa; ~ ***treiben*** practicar sabotaje; sabotear
Sabotageversuch *m*, **e** tentativa *f* de sabotaje
Saboteur *m*, **e** saboteador *m*
sabotieren sabotear
Sach- und Dienstleistungskosten *pl* costes *pl* de material y de servicios
Sachanlage *f*, **n** inversión *f* real; inversión *f* en inmuebles y utillaje
Sachanlagevermögen *n*, - inmovilizado *m*
Sachaufwendungen *pl* gastos *pl* de material
Sachausgaben *pl* gastos *pl* materiales
Sachausschüttung *f*, **en** distribución *f* en especie
Sachbearbeiter *m*, - **1.** (empleado *m*) administrativo *m* **2.** encargado *m* de la tramitación (*de expedientes, de casos, etc.*) **3.** ~ ***für Öffentlichkeitsfragen*** encargado *m* de relaciones públicas; encargado *m* de imagen
Sachberater *m*, - asesor *m*, consejero *m* técnico
Sachbereich *m*, **e** ámbito *m*; sector *m*; materia *f*; campo *m*
Sachbeschädigung *f*, **en 1.** daño *m* material **2.** deterioro *m* voluntario; depredación *f*
Sachbesitz *m*, Ø **1.** posesión *f* de hecho, de facto; posesión *f* física **2.** patrimonio *m* material
Sachbezüge *pl* percepciones *pl*, ingresos *pl* en especie
Sachdarstellung *f*, **en** exposición *f* del estado de cosas; exposición *f* de los hechos
sachdienlich pertinente; adecuado; apropiado; práctico; ***~e Angaben machen*** dar indicaciones prácticas; dar datos al respecto; ***~er Beweis*** prueba *f* pertinente
Sachdividende *f*, **n** dividendo *m* en especie
Sache *f*, **n 1.** cosa *f*; objeto *m*; bien *m*; mercancía *f*; ***beschädigte*** ~ mercancía *f* dañada, defectuosa; objeto *m* vicioso, viciado; ***bewegliche, unbewegliche ~n*** bienes *pl* muebles, inmuebles; ***gepfändete*** ~ cosa *f* pignorada; ***persönliche ~n*** efectos *pl* personales **2.** asunto *m*; causa *f*; proceso *m*; ***in ~n A gegen B*** (***A./.B***) en la causa A contra B; ***zur ~ kommen*** pasar al fondo del asunto; (Fam.) ir al grano; ***beschlossenene*** ~ asunto *m* decidido; ***in eigener*** ~ en causa propia; ***fragliche*** ~ asunto *m* dudoso; asunto *m* en cuestión; ***gemeinsame*** ~ causa *f*, asunto *m* común; ***vorliegende*** ~ caso *m*, asunto *m* presente
Sacheinlage *f*, **n** aportación *f* no dineraria; aportación *f* en especie
Sachenrecht *n*, Ø derecho *m* de cosas
sachenrechtlich jurídico-real
Sachentschädigung *f*, **en** indemnización *f* en especie
Sachentscheidung *f*, **en** (Jur.) declaración *f*, decisión *f* sobre el fondo
Sacherklärung *f*, **en** explicación *f* del caso *od.* de los hechos
Sachfirm|a *f*, **-en** razón *f* social (derivada del objeto de la empresa)
sachfremd que no viene al caso
Sachgebiet *n*, **e** materia *f*; campo *m*; sector *m*; ámbito *m*
sachgemäß pertinente; adecuado (al asunto)
sachgerecht → sachgemäß
Sachgeschädigte(r) (der/ein) dañado *m*
Sachgeschäft *n*, **e** (Seg.) negocio *m*, seguro *m* de bienes
Sachgründung *f*, **en** constitución *f* de una sociedad mediante aportaciones en especie
Sachhaftung *f*, **en** responsabilidad *f* material
Sachinvestitionen *pl* inversiones *pl* reales
Sachkapital *n*, Ø capital *m* fijo, inmovilizado; capital *m* real
Sachkapitalbildung *f*, **en** formación *f* de capital real
Sachkatalog *m*, **e** catálogo *m* de materias (Syn. ***Schlagwortkatalog***)

Sachkenntnis *f*, **se** conocimiento *m* de fondo; conocimientos *pl* profesionales, técnicos; competencia *f*
Sachkont|o *n*, **-en** cuenta *f* de material(es); cuenta principal (Ggs. ***Personenkonto***)
Sachkosten *pl* costes *pl* materiales
Sachkredit *m*, **e** crédito *m* con garantía prendaria; crédito *m* real, colateral
Sachkunde *f*, Ø conocimiento *m* de causa
sachkundig experto; competente; versado; perito
Sachkundige(r) (der/ein) → Sachverständiger
Sachlage *f*, Ø estado *m* de cosas; situación *f*; ***bei dieser ~*** en estas circunstancias; ***sich mit der ~ vertraut machen*** familiarizarse con el estado de cosas
Sachleistung *f*, **en** prestación *f*, pago *m* en especie
sachlich, ***~er Bericht*** informe *m* objetivco; ***aus ~en Gründen*** por razones objetivas; por razones de hecho; por razones fácticas; ***~ zuständig*** competente en el asunto, en la materia
Sachlieferung *f*, **en** entrega *f* en especie
Sachmängel *pl* vicios *pl* de la cosa; defectos *pl* materiales
Sachmängelhaftung *f*, Ø saneamiento *m* por vicios físicos
Sachprämie *f*, **n** prima *f* en especie
Sachregister *n*, **-** índice *m* analítico de materias
Sachschaden *m*, **¨** daño *m* material (Ggs. ***Personenschaden***)
Sachspende *f*, **n** donación *f* en especie
Sachsteuern *pl* impuestos *pl* reales
Sachurteil *n*, **e** sentencia *f* de fondo
Sachvergütung *f*, **en** remuneración *f* en especie
Sachverhalt *m*, **e** estado *m* de cosas; circunstancias *pl*; hechos *pl*; ***den ~ darstellen*** exponer el estado de cosas
Sachvermögen *n*, **-** patrimonio *m* real; bienes *pl* materiales
Sachvermögensbildung *f*, Ø → Sachkapitalbildung
Sachversicherung *f*, **en** seguro *m* de bienes
Sachverständige(r) (der/ein) experto *m*; perito *m*; técnico *m*; ***beeidigter ~*** experto jurado; ***amtlich bestellter ~*** experto nombrado de oficio; ***gerichtlich bestellter ~*** experto nombrado por el tribunal; ***einen ~n hinzuziehen*** consultar a un experto (Syn. ***Experte***)
Sachverständigenausschuss *m*, **¨e** comisión *f* de expertos
Sachverständigengutachten *n*, **-** dictamen *m*, informe *m* pericial
Sachverständigenrat *m*, **¨e** comité *m* de expertos; comité *m* de "sabios"; comisión *f* de peritos
Sachverwalter *m*, **-** administrador *m*; abogado *m*; síndico *m*; defensor *m* de una causa; agente *m*
Sachverzeichnis *n*, **se** índice *m* analítico; tabla *f* de materias; inventario *m*; lista *f*
Sachwalter *m*, **-** **1.** administrador *m*; mandatario *m*; agente *m* de negocios **2.** (CH) síndico *m*, interventor *m* (en una suspensión de pagos)
Sachwert *m*, **e** **1.** valor *m* real, efectivo **2.** ***~e*** bienes *pl* reales
sachwidrig inadecuado; impropio; no apropiado
Sachzwang *m*, **¨e** imperativo *m*; presión *f* (ejercida por motivos económicos o políticos); ***unter ~ stehen*** estar bajo presión
Sack *m*, **¨e** saco *m*; ***in Säcke verpacken*** poner en sacos; ensacar
Sackbahnhof *m*, **¨e** estación *f* terminal
Sackgasse *f*, **n** callejón *m* sin salida
Safe *m*, **s** caja *f* de seguridad, de alquiler; cámara *f* acorazada
Sägewerk *n*, **e** aserradero *m*
Saison *f*, **s** estación *f*; temporada *f*; ***die ~ im Winter*** estación invernal; ***die Hochsaison im Sommer*** alta estación veraniega
saisonabhängig → saisonal
Saisonabschlag *m*, **¨e** rebaja *f* de, por temporada
saisonal estacional; de temporada; ***von ~en Faktoren beeinflusst*** con influencia estacional; influido por la temporada, por la estación; ***~e Verteuerung*** encarecimiento *m* estacional, de temporada; incremento *m* estacional de los precios; ***~ bereinigen*** eliminar los factores estacionales; desestacionalizar; depurar de fluctuaciones estacionales
Saisonarbeit *f*, **en** trabajo *m* estacional *od.* de temporada
Saisonarbeiter *m*, **-** obrero *m*, trabajador *m* de temporada
Saisonarbeitslose/r (der/ein) parado *m* temporal, estacional
Saisonarbeitslosigkeit *f*, Ø paro *m* temporal; desempleo *m* estacional; desocupación *f* por temporada

Saisonarbeitsplatz *m*, **¨e** puesto *m* de trabajo de temporada; empleo *m* estacional
Saisonartikel *m*, - artículo *m* de temporada
Saisonaufschlag *m*, **¨e** recargo *m* de, por temporada; suplemento *m* estacional
Saisonausverkauf *m*, **¨e** venta *f* estacional
saisonbedingt estacional; de temporada; ***~e Arbeitslosigkeit*** paro *m* estacional; desempleo *m* de temporada; ***~er Konjunkturrückgang*** contracción *f* estacional de la coyuntura
saisonbereinigt deflactado de la estacionalidad; corregido de las variaciones estacionales; desestacionalizado; una vez eliminadas las variaciones estacionales
Saisonbereinigung *f*, Ø eliminación *f* de los factores estacionales; desestacionalización *f*; ajuste *m* estacional; eliminación *f* de las variaciones estacionales; corrección *f* de las oscilaciones, de las fluctuaciones estacionales
Saisonbeschäftigung *f*, **en** → Saisonarbeit
Saisonbetrieb *m*, **e** actividad *f* estacional, de temporada
Saisonbewegungen *pl* → Saisonschwankungen
Saisoneinfluss *m*, **-¨e** efecto *m* de temporada
Saisonentwicklung *f*, **en**, ***entsprechend der üblichen*** ~ en línea, de acuerdo con la tónica usual en la temporada
saisongemäß estacional; de temporada; propio de la estación; de acuerdo con la temporada
Saisongeschäft *n*, Ø negocio *m* de temporada
Saisongewerbe *n*, Ø → Saisonindustrie
Saisonhandel *m*, Ø comercio *m* estacional; comercio *m* de temporada
Saisonind|ex *m*, **-ices** índice *m* de variaciones estacionales
Saisonindustrie *f*, Ø industria *f* temporera; industria *f* estacional; industria *f* de temporada
Saisonkundschaft *f*, Ø clientela *f* estacional, temporera; clientes *pl* de temporada
saisonreagibel sensible a los factores estacionales
Saisonschlussverkauf *m*, **¨e** liquidación *f* de fin de estación *od.* de temporada
Saisonschwankung *f*, **en** variación *f*, fluctuación *f*, oscilación *f* estacional; variaciones *pl* de temporada
saisonüblich usual en la estación; corriente en la temporada
Saisonwanderung *f*, **en** migración *f* estacional *od.* de temporada
Saisonzoll *m*, **¨e** derecho *m* de temporada; aranceles *pl* de estación
Saisonzuschlag *m*, **¨e** recargo *m* estacional
Salär *n*, **e** (CH) salario *m*; sueldo *m*; honorario *m*; renta *f*
salarieren (CH) remunerar; retribuir
Sald|o *m*, **s** *od.* **-en** saldo *m*; remanente *m*; diferencia *f* (entre el Debe y el Haber de una cuenta) **1.** ***berichtigter*** ~ saldo ajustado, rectificado; ***buchmäßiger*** ~ saldo contable; ***fälliger*** ~ saldo debido; ***negativer***, ***positiver*** ~ déficit *m*, superávit *m*; ***per*** ~ por saldo; ***ungedeckter*** ~ saldo en descubierto; ***verfügbarer*** ~ saldo disponible **2.** ***einen ~ aufweisen*** arrojar un saldo; ***den ~ feststellen*** hacer un balance; ***per ~ gutschreiben*** abonar por saldo; ***den ~ vortragen*** llevar el saldo a nueva cuenta **3.** ~ ***zu Ihren Gunsten*** saldo a su favor; ~ ***zu Ihren Lasten*** saldo a su cargo
Saldenabstimmung *f*, **en** (re)conciliación *f* de saldos, de cuentas
Saldenausgleich *m*, Ø compensación *f* de saldos
Saldenbilanz *f*, **en** balance *m* de saldos
saldieren 1. saldar; compensar; liquidar; ***ein Konto*** ~ saldar una cuenta; ***saldiert*** pagado **2.** (A) confirmar un pago
Saldierung *f*, **en** liquidación *f*; compensación *f*
Saldoauszug *m*, **¨e** extracto *m* de cuenta
Saldobetrag *m*, **¨e** montante *m* del saldo
Saldoguthaben *n*, - saldo *m* acreedor
Saldomitteilung *f*, **en** notificación *f*, comunicación *f* del saldo
Saldorest *m*, **e** remanente *m*; sobrante *m*
Saldoübertrag *m*, **¨e** saldo *m* en nueva cuenta; nuevo balance *m*
Saldovortrag *m*, **¨e** → Saldoübertrag
Saldowechsel *m*, - letra *f* por saldo (a cuenta)
Saldoziehung *f*, **(en)** liquidación *f* del saldo
Sales slip *m*, **s** nota *f* de caja
Sales tax *f*, Ø impuesto *m* sobre (el volumen de) ventas
Salesmanager *m*, - jefe *m*, director *m* de ventas (Syn. ***Verkaufsleiter***)
Salespromoter *m*, - promotor *m*, animador *m* de ventas
Salespromotion *f*, Ø promoción *f* de ventas
Salon-wagen *m*, ¨ coche-salón *m*
Salpeter *m*, Ø salitre *m*
Salzbergwerk *n*, **e** mina *f* de sal

salzen, ***gesalzene Preise*** precios *pl* escandalosos, excesivamente altos
Salzfabrikant *m*, **en** salinero *m*
Salzgewinnung *f*, Ø extracción *f* de sal
Salzgrube *f*, **n** salina *f*
Salzindustrie *f*, Ø industria *f* salinera
Salzsteuer *f*, **(n)** impuesto *m* sobre la sal
Salzwerk *n*, **e** → Salzgrube
Sammelaktion *f*, **en** cuestación *f*
Sammelanleihe *f*, **n** empréstito *m* colectivo
Sammelanschluss *m*, **¨e** (Teléf.) línea *f* colectiva
Sammelanzeige *f*, **n** notificación *f* colectiva; notificación *f* circular
Sammelauftrag *m*, **¨e** → Sammelüberweisung
Sammelband *m*, **¨e** colección *f* en un tomo, en un volumen
Sammelbehälter *m*, **-** tanque *m*; receptáculo *m*, depósito *m* colector
Sammelbestand *m*, **¨e** títulos *pl* en depósito colectivo
Sammelbestellung *f*, **en** pedido *m* colectivo
Sammelbezeichnung *f*, **en** nombre *m* colectivo
Sammelbuchhaltung *f*, Ø contabilidad *f* colectiva
Sammeldepot *n*, **s** depósito *m* colectivo
Sammelfahrschein *m*, **e** billete *m* colectivo
Sammelfracht *f*, Ø flete *m* colectivo
Sammelgut *n*, **¨er** expedición *f* colectiva; envío *m* colectivo
Sammelgutverkehr *m*, Ø transporte *m* por envío colectivo
Sammelhinterlegung *f*, **en** → Sammeldepot
Sammeljournal *n*, **e** (Contab.) cuenta *f* colectiva
Sammelkasse *f*, **n** caja *f* colectiva (gemeinschaftliche); caja central (Warenhaus)
Sammelkäufe *pl* compras *pl* colectivas
Sammelkonnossement *n*, **s** conocimiento *m* colectivo
Sammelkont|o *n*, **-en** cuenta *f* colectiva
Sammelladung *f*, **en** carga *f* general; envío *m* colectivo; embarque *m* combinado, mixto
Sammellager *n*, **-** depósito *m* (colectivo)
Sammellagerung *f*, Ø almacenamiento *m* no separado; almacenamiento *m* colectivo
Sammelmappe *f*, **n** carpeta *f*
sammeln 1. ***Geld*** ~ recaudar, reunir, colectar dinero **2.** ***Reichtümer an~*** atesorar riqueza(s) **3.** ***Erfahrung*** ~ adquirir experiencia **4.** ***Daten*** ~ recoger datos **5.** ***Kunstwerke, Briefmarken*** ~ coleccionar obras de arte, sellos; coleccionar estampillas (LA) **6.** ***Kräfte*** ~ reponer fuerzas **7.** agrupar; reunir en grupos **8.** apilar; acumular (en montones) **9.** hacer una cuestación (de donativos) **10.** ***sich*** ~ reunirse
Sammelname *m*, **n** nombre *m* colectivo
Sammelnummer *f*, **n** (Teléf.) número *m* de la centralita
Sammelpass *m*, **¨sse** pasaporte *m* colectivo
Sammelplatz *m*, **¨e** → Sammelstelle
Sammelpolice *f*, **n** póliza *f* colectiva
Sammelposten *m*, **-** partida *f* colectiva
Sammelscheck *m*, **s** cheque *m* colectivo; cheque *m* multipago
Sammelsendung *f*, **en** envío *m* colectivo; consignación *f* colectiva
Sammelstelle *f*, **n** depósito *m* central
Sammelstraftat *f*, **en** figura *f* delictiva colectiva; delito *m* colectivo
Sammeltransport *m*, **e** transporte *m* colectivo
Sammelüberweisung *f*, **en** giro *m* combinado
Sammelurkunde *f*, **n** título *m*, documento *m* colectivo
Sammelversicherung *f*, **en** póliza *f* colectiva; seguro *m* colectivo
Sammelverwahrung *f*, Ø depósito *m* colectivo
Sammelzollverfahren *n*, **-** trámites *pl* aduaneros colectivos; trámites *pl* aduaneros simples
Sammler *m*, **-** coleccionista *m*; recaudador *m*; cobrador *m*
Sammlerstück *n*, **e** pieza *f*, ejemplar *m* de coleccionista
Sammlung *f*, **en 1.** (dinero) recaudación *f*; colecta *f* **2.** (objetos) colección *f*
Sandwich-Konstruktion *f*, **en** (Seg.) construcción *f* tipo sandwich
Sandwichm|an *m*, **-en** hombre-anuncio *m*
sanieren sanear
Sanierung *f*, **en** saneamiento *m*; reorganización *f*; ~ ***von Städten*** renovación *f*, restauración *f* urbana
sanierungsbedingt motivado por saneamiento(s)
sanierungsbedürftig 1. en dificultades financieras; en una situación financiera crítica **2.** necesitado de saneamiento
Sanierungsplan *m*, **¨e** plan *m* de saneamiento; ***einen ~ ausarbeiten*** elaborar un plan de saneamiento
sanitär, ***~e Einrichtungen, Anlagen*** instalaciones *pl* sanitarias; servicios *pl* sanitarios

Sanitätsartikel *m*, - artículo *m* sanitario

Sanitätsflugzeug *n*, **e** avión *f* ambulancia

Sanitätswagen *m*, ¨ ambulancia *f*

Sanktion *f*, **en 1.** sanción *f*; ***finanzielle ~en*** sanciones financieras; ***wirtschaftliche ~en*** sanciones económicas; ***~en verhängen gegen*** aplicar sanciones contra **2.** confirmación *f*; aprobación

sanktionieren 1. aplicar sanciones; sancionar **2.** confirmar; aprobar; ***einen Gesetzentwurf ~*** aprobar un proyecto de ley

Satellitenfernmeldewesen *n*, Ø comunicaciones *pl* por satélite

Satellitenfernsehen *n*, - televisión *f* vía satélite

Satellitenstaat *m*, **en** estado *m* satélite

Satellitenübertragung *f*, **en** transmisión *f* por satélite

sättigen saturar

Sättigung *f*, **en** saturación *f*; ***~ des Marktes*** saturación del mercado

Sättigungsgrad *m*, **(e)** grado *m* de saturación

Satz *m*, **¨e 1.** (Gebühren, Tarif) tasa *f*; tipo *m*, tarifa *f*; baremo *m*; cuota *f* **2.** (Waren) lote *m*; juego *m*; surtido *m* **3.** (Drucktechnik) composición *f*; ***zu einem bestimmten ~*** al tipo de; a un precio convenido; ***druckfertiger ~*** composición lista para tirar; ***ein ~ Teller*** un juego de platos; ***fester ~*** tarifa fija; precio fijo; ***ortsüblicher ~*** tarifa local; ***veränderlicher ~*** tasa variable

Satzfolge *f*, **n** secuencia *f* de registro

Satzformat *n*, **e 1.** formato *m* de registro **2.** estructura *f* de registro

Satzung *f*, **en** reglamento *m*; estatuto *m*; ***etw. in die ~ aufnehmen*** hacer figurar en el estatuto (Syn. ***Statut***)

Satzungsänderung *f*, **en** modificación *f* del estatuto

satzungsgemäß conforme al estatuto; reglamentario

satzungsmäßig → satzungsgemäß

satzungswidrig contrario al estatuto; antirreglamentario

sauer, ***saurer Regen*** lluvia *f* ácida

säumig moroso; negligente; retrasado; ***~er Zahler*** pagador *m* moroso

Säumnis *f od. n*, **se** retraso *m*; negligencia *f*

Säumniszuschlag *m*, **¨e** recargo *m* por retraso

Sauregurkenzeit *f*, **en** (Fam.) época *f* de estancamiento *od.* paralización comercial; época *f* muerta

SB (Selbstbedienung) auto-servicio *m*

S-Bahn *f*, **en** (Schnellbahn) ferrocarril *m* urbano; suburbano *m*

SB-Geschäft *n*, **e** tienda *f* de autoservicio

SB-Laden *m*, ¨ → SB-Geschäft

scannen (e)scanear

Scanner *m*, - escáner *m*; explorador *m*

S-Card *f*, **s** tarjeta *f* de las cajas de ahorro alemanas

Schacherer *m*, - usurero *m*; chalán *m*

schachern cambalachear; regatear; (Pol.) transigir; pactar

Schacht *m*, **¨e** pozo *m* de mina

Schachtelbeteiligung *f*, **en** participación *f* (de la casa matriz en el capital social de una sociedad controlada)

Schachteldividende *f*, **n** dividendo *m* de participación (distribuido por una sociedad a otra sociedad en el marco de una participación cruzada)

Schachtelgesellschaft *f*, **en** sociedad *f* de participación recíproca; sociedad *f* subsidiaria

Schachtelprivileg *n*, **ien** privilegio *m* fiscal

Schaden *m*, ¨ daño *m*; perjuicio *m*; siniestro *m*; avería *f*; pérdida *f* **1.** ***auf Unfall beruhender ~*** daño provocado por un accidente; ***eingetretener ~*** daño acaecido, sobrevenido; ***durch Brandstiftung verursachter ~*** daño causado por un incendio intencionado; ***erlittener ~*** daño sufrido; ***finanzieller ~*** daño financiero; ***durch die Versicherung gedeckter ~*** daño cubierto por el seguro; ***absichtlich herbeigeführter ~*** daño deliberado; ***nicht voraussehbarer ~*** daño no previsible; ***zum ~ von*** en perjuicio de **2.** ***einen ~ abschätzen, anmelden*** estimar, denunciar un daño; ***einen ~ decken, erleiden*** cubrir, sufrir un daño; ***für den ~ haften*** ser responsable de un daño; ***zu ~ kommen*** sufrir un perjuicio; ***gegen ~ versichern*** asegurar contra daños y perjuicios; ***~ zufügen*** perjudicar; dañar

Schäden *pl*, ***bezahlte und ausstehende ~*** siniestros *pl* pagados y pendientes

Schadenanmeldung *f*, **en** → Schadenanzeige

Schadenanzeige *f*, **n** aviso *m* de siniestro

Schadenaufwendungen *pl* costes *pl* siniestrales; indemnizaciones *pl* a pagar

Schadenaufwendungen *pl* indemnizaciones *pl*

Schadenbedarf *m*, Ø, ***jährlicher ~*** coste *m* siniestral anual; burning cost *m* anual

Schadenberechnung *f*, **en** evaluación *f* de los daños

Schadendeckung *f*, **en** cobertura *f* del daño
Schadenersatz *m*, Ø indemnización *f* por *od.* de daños y perjuicios; compensación *f*; (Pol.) reparación *f*; ~ ***beanspruchen*** reclamar, exigir una indemnización; ~ ***leisten*** reparar un daño; indemnizar, pagar una indemnización; ***auf ~ verklagen*** entablar pleito por indemnización de daños y perjuicios; ***zum ~ verurteilt werden*** ser condenado a pagar una indemnización
Schadenersatzanspruch *m*, **¨e** derecho *m* a indemnización; ***gesetzlicher*** ~ derecho legal a indemnización; ~ ***begründen*** fundar el derecho a indemnización
Schadenersatzberechtigte(r) (der/ein) titular *m* de la indemnización (por daños y perjuicios)
Schadenersatzforderung *f*, **en** demanda *f*, exigencia *f* de indemnización
schadenersatzpflichtig, ~ ***sein*** estar obligado a pagar la indemnización por daños y perjuicios
Schadenerwartung *f*, **en** siniestralidad *f* esperada
Schadenfall *m*, **¨e** → Schaden(s)fall
Schadenfeststellung *f*, **en** fijación *f*, tasación *f* del importe de indemnización
Schadenfeuer *n*, - incendio *m* siniestral
Schadenforderung *f*, **en 1.** indemnización *f* reclamada **2.** reclamación *f* de indemnización
Schadenkosten-Quote *f*, **n** relación *f* siniestros/costes
Schadenminderungskosten *pl* costes *pl* de aminoración de siniestros
Schadenregulierungsfirm|a *f*, **-en** empresa *f* de peritaje de seguros, de ajuste de seguros
Schadenreserve *f*, **n** reserva *f* para riesgos pendientes
Schadenrückstellungen *pl* reservas *pl* de siniestros pendientes
Schaden(s)- (Pref.) siniestral
Schaden(s)ablehnung *f*, Ø, ~ ***durch den Versicherer*** rechazo *m* (del pago) de la indemnización por parte de la compañía aseguradora
Schaden(s)abschätzung *f*, **en** valoración *f* de los daños
Schadensabteilung *f*, **en** servicio *m* de los siniestros
Schaden(s)abwicklung *f*, Ø **1.** ajuste *m* de siniestros **2.** liquidación *f* de siniestros
Schaden(s)abwicklungsdauer *f*, Ø duración *f* de la liquidación *f* de siniestros, del siniestro
Schaden(s)anfall *m*, Ø siniestralidad *f*; acaecimiento *m* (del siniestro)
Schaden(s)akte *f*, **n** expediente *m* de siniestro
Schadensattest *n*, **e** certificado *m* de daños
Schadensatz *m*, **¨e** siniestralidad *f*
Schaden(s)aufklärung *f*, Ø esclarecimiento *m* de las causas del siniestro
Schaden(s)aufstellung *f*, **en** lista *f* de siniestros
Schaden(s)bearbeitung *f*, Ø **1.** tramitación *f* del siniestro **2.** ajuste *m* del siniestro
Schaden(s)behandlung *f*, **(en)** tratamiento *m* del siniestro
Schaden(s)belastung *f*, **en** carga *f* siniestral
Schaden(s)entwicklung *f*, Ø comportamiento *m* siniestral
Schaden(s)erfahrung *f*, en experiencia *f* siniestral
Schaden(s)ermittlungs- und –regulierungskosten *pl* gastos *pl* de peritación y ajuste (del siniestro, de los siniestros)
Schadensersatz *m*, Ø → Schadenersatz
Schaden(s)ersatzklage *f*, **n** demanda *f* por daños y perjuicios
Schadensfall *m*, **¨e** siniestro *m*; ***im*** ~ en caso de siniestro; ***Eintritt des ~s*** acaecimiento *m*, ocurrencia *f* del siniestro; ***nach Eintritt des ~s*** después de acaecido el siniestro
Schaden(s)freiheit *f*, Ø ausencia *f* de siniestros
Schaden(s)freiheitsrabatt *m*, **e** bonificación *f* por ausencia de siniestro(**s**)
Schaden(s)frequenz *f*, Ø → Schaden(s)-häufigkeit
Schaden(s)häufigkeit *f*, Ø frecuencia *f* siniestral
Schaden(s)hergang *m*, Ø circunstancias *pl* del evento siniestral
Schaden(s)höhe *f*, **n** cuantía *f* del siniestro, de los siniestros
Schadensmeldung *f*, **en** declaración *f* de siniestro
Schaden(s)ort *m*, **e** lugar *m* (de ocurrencia) del siniestro
Schaden(s)potential *n*, Ø potencial *m* siniestral; potencial *m* de daños
Schadensprotokoll *n*, **e** acta *f* del siniestro
Schadensquote *f*, **n 1.** cuota *f* de los daños; cuota *f* siniestral **2.** tasa *f* de pérdidas
Schaden(s)regulierer *m*, - ajustador *m* del siniestro, de siniestros

Schaden(s)regulierung *f*, Ø ajuste *m* del siniestro, de siniestros
Schadensstelle *f*, **n** lugar *m* del siniestro
Schaden(s)summe *f*, **n** cuantía *f* del siniestro
Schadenstifter *m*, - autor *m* del daño
Schaden(s)übertrag(rückstellung) *m*, Ø → Schadenrückstellungen
Schadensumfang *m*, Ø volumen *m* de los daños y perjuicios
Schaden(s)verlauf *m*, Ø marcha *f* siniestral; evolución *f* de los siniestros
Schaden(s)zahlung *f*, **en** (pago *m* de la) indemnización *f*
Schadenursache *f*, **n**, ***die ~ feststellen*** determinar la causa del siniestro; ~ ***unbekannt*** causa de siniestro desconocida
schadenverhütend (Seg.) ***~e Maßnahme*** medida *f* preventiva
Schadenverhütung *f*, Ø (Seg.) prevención *f* de siniestros
Schadenversicherung *f*, **en** seguro *m* de daños; seguro *m* contra daños
schadhaft deteriorado; defectuoso; averiado; ***~es Gebäude*** edificio *m* ruinoso; ***~er Motor*** motor *m* averiado; ***~e Verpackung*** embalaje *m* defectuoso; ***~e Ware*** mercancía *f*, género *m* en malas condiciones; ~ ***werden*** averiarse; deteriorarse
schädigen dañar; perjudicar; causar daño; lesionar; ***den guten Ruf der Firma ~*** perjudicar a la buena reputación de la empresa
Schädiger *m*, - autor *m*, responsable *m* de un daño
Schädigung *f*, Ø daño *m*; perjuicio *m*; menoscabo *m*; ***~ der Wirtschaft*** daños *pl*, pérdidas *pl* a la economía; detrimento *m* para la economía
schädlich dañable; perjudicial; peligroso; nocivo; ***~e Abfälle*** residuos *pl* nocivos; ~ ***Folgen*** consecuencias *pl* peligrosas, dañinas; ~ ***für die Gesundheit*** pernicioso para la salud
Schädlingsbekämpfungsmittel *m*, - pesticida *m*; plaguicida *m*; producto *m* antiparasitario
schadlos libre de pérdidas; sin pérdidas; ***sich ~ halten an*** resarcirse; indemnizarse
Schadlosbürge *m*, **n** garante *m* de indemnización
Schadloshaltung *f*, (**en**) indemnización *f*; compensación *f*; reparación *f*
schadstoffarm poco tóxico; poco polucionante; de baja contaminación; ***~es Kraftfahrzeug*** vehículo *m* poco contaminante; vehículo *m* de baja contaminación
Schadstoffausstoß *m*, Ø emisión *f* contaminante
Schadstoffbelastung *f*, **en** carga *m* contaminante; contaminación *f*; polución *f*
Schadstoffe *pl* su(b)stancias *pl* nocivas
schaffen 1. crear; producir; ***Arbeitsplätze ~*** crear puestos de trabajo **2.** hacer; realizar; trabajar **3.** ***Ordnung ~*** poner en orden
Schaffung *f*, Ø, ~ ***neuer Arbeitsplätze*** creación *f* de nuevos puestos de trabajo
Schafzucht *f*, Ø cría *f* de ganado lanar
Schalter *m*, - taquilla *f*; ventanilla *f*; (LA) boletería *f*; despacho *m* de billetes; ***am ~*** en la taquilla, ventanilla
Schalterbeamte(r) (der/ein) empleado *m* de (la) taquilla, de la ventanilla; cajero *m* (de un banco)
Schaltergeschäft *n*, **e** operación *f* de mostrador; operación *f* al contado
Schalterraum *m*, **¨e** (Bank) zona *f* de caja; patio *m* de operaciones
Schalterstunden *pl* horario *m* de ventanilla *bzw.* de servicio; horas *pl* de oficina
Schalthebel *m*, - (palanca *f* de) mando *m*; ***an den ~n der Wirtschaft sitzen*** detentar el mando de la economía
Schaltjahr *n*, **e** año *m* bisiesto
Schaltkreis *m*, **e** (Inform.) circuito *m*; ***integrierte ~e*** circuitos integrados
Schankgesetz *n*, **e** ley *f* sobre la venta de bebidas alcohólicas
Schankkonzession *f*, **en** concesión *f* para la venta de bebidas alcohólicas
scharf, ~ ***kalkulierter Preis*** precio *m* muy ajustado; ***~er Wettbewerb*** competencia *f* muy reñida
Scharfrichter *m*, - verdugo *m*; ejecutor *m*
Schattenkabinett *n*, **e** gobierno *m* en la sombra; gabinete *m* fantasma
Schattenwirtschaft *f*, **en** economía *f* sumergida, paralela
Schattierung *f*, **en** (Börse) matiz *m*
Schatz *n*, **¨e** tesoro *m*; ***Schätze eines Landes*** recursos *pl* de un país
Schatzamt *n*, **¨er** tesoro *m*; tesorería *f*; ministerio *m* de Hacienda
Schatzanweisung *f*, **en** → Schatzschein
Schatzbrief *m*, **e** → Schatzschein
schätzen evaluar; estimar; calcular; tasar; valorar; ***der Schaden wird auf 100 DM geschätzt*** el daño se estima en 100 marcos
Schätzer *m*, - tasador *m*

Schatzkammer *f*, **n** tesoro *m* (público); tesorería *f*
Schatzkanzler *m*, - canciller *m* de la Tesorería; (GB) canciller *m* del Exchequer
Schatzmeister *m*, - tesorero *m*
Schatzminister *m*, - ministro *m* de Hacienda
Schatzschein *m*, **e** bono *m* del Tesoro
Schätzung *f*, **en**, ***amtliche*** ~ tasación *f*, estimación *f* oficial; ***grobe*** ~ evaluación *f* aproximativa; ***statistische*** ~ estimación *f* estadística; ~ ***des Gewinns*** estimación *f* del beneficio; ***vorläufige*** ~ avance *m* estimativo; estimación *f* provisional
Schatzwechsel *m*, - → Schatzschein
Schätzwert *m*, **e** valor *m* estimado, tasado
Schau *f*, (**en**) exposición *f*; exhibición *f*; presentación *f*; feria *f*; (Angl.) show *m*; ***zur ~ stellen*** exponer, exhibir, presentar a/c
Schaubild *n*, **er** gráfico *m*; diagrama *m*
Schaufenster *n*, - escaparate *m*; (LA) vidriera *f*; ***etw. im ~ ausstellen*** exponer a/c en el escaparate
Schaufensterbeleuchtung *f*, **en** iluminación *f* del escaparate
Schaufensterbummel *m*, -, ***einen ~ machen*** mirar los escaparates
Schaufensterdekorateur *m*, **e** → Schaufenstergestalter
Schaufensterdekoration *f*, **en** decoración *f* de escaparates
Schaufenstergestalter *m*, - diseñador-decorador *m* de escaparates
Schaugeschäft *n*, Ø mundo *m* del espectáculo; (Angl.) show-business *m*; ***ins ~ einsteigen*** entrar en el mundo del espectáculo
Schaumstoffverpackung *f*, **en** embalaje *m* en espuma; embalaje *m* en material esponjoso
Schaumweinsteuer *f*, (**n**) impuesto *m* sobre los vinos espumosos
Schaupackung *f*, **en** embalaje *m* para escaparate; muestra *f*; envoltura *f* sin contenido
Scheck *m*, **s** cheque *m*; talón *m* **1.** ***eingelöster*** ~ cheque pagado; ***gekreuzter*** ~ cheque cruzado, barrado; ***zum Einzug gesandter*** ~ cheque remitido al cobro; ***gefälschter*** ~ cheque falsificado; ***gesperrter*** ~ cheque bloqueado; ***ungedeckter*** ~ cheque en descubierto *bzw.* sin fondos; ***vordatierter*** ~ cheque antefechado **2.** ***einen ~ ausstellen*** extender, girar, librar un cheque; ***einen ~ bei der Bank einlösen*** cobrar un cheque en el banco; ***einen ~ zur Gutschrift einreichen*** hacerse abonar un cheque en cuenta; ***einen ~ indossieren*** endosar un cheque; ***einen ~ sperren lassen*** bloquear un cheque; ***einen ~ mit Verrechnungsvermerk versehen*** cruzar un cheque; ***der ~ lautet auf meinen Namen*** el cheque está librado a mi nombre; ***per ~ zahlen*** pagar mediante un cheque
Scheckabrechnung *f*, **en** liquidación *f*, compensación *f* de cheques
Scheckabteilung *f*, **en** servicio *m*, sección *f* de cheques
Scheckaussteller *m*, - girador *m*; librador *m*
Scheckbestand *m*, **¨e** cheques *pl* a cobrar; cheques *pl* en cartera
Scheckbetrug *m*, Ø pago *m* fraudulento por medio de un cheque en descubierto
Scheckbezogene(r) (der/ein) librado *m*; girado *m*; aceptante *m*
Scheckbuch *n*, **¨er** → Scheckheft
Scheckbürge *m*, **n** avalista *m*, fiador *m* (de un cheque)
Scheckbürgschaft *f*, **en** aval *m* de un cheque
Scheckdeckung *f*, **en** provisión *f* de un cheque
Scheckduplikat *n*, **e** duplicado *m* de un cheque
Scheckeinlösung *f*, **(en) 1.** cobro *m* de un cheque **2.** pago *m* de un cheque
Scheckempfänger *m*, - perceptor *m*, beneficiario *m* de un cheque
Scheckfähigkeit *f*, Ø, **1.** ***aktive*** ~ capacidad para emitir o cobrar un cheque **2.** ***passive*** ~ capacidad para actuar de librado (p.ej., ***la banca***)
Scheckfälscher *m*, - falsificador *m* de cheques
Scheckfälschung *f*, **en** falsificación *f* de cheques
Scheckformular *n*, **e 1.** formulario *m* de cheques **2.** talón *m*
Scheckheft *n*, **e** (E) talonario *m* de cheques; (LA) chequera *f*
Scheckinhaber *m*, - titular *m*, portador *m* del cheque
Scheckinkasso *n*, **s** cobro *m* de un cheque
Scheckkarte *f*, **n** tarjeta *f* cheque (tarjeta para el titular de una cuenta del sistema de cheques; p.ej. Eurocheque)
Scheckkont|o *n*, **s** *od.* **-en** cuenta-cheque *m*
Schecknehmer *m*, - → Scheckempfänger
Scheckprotest *m*, **e** protesto *m* de un cheque
Schecksperre *f*, **n** bloqueo *m* de un cheque
Scheckverkehr *m*, Ø operaciones *pl*, transacciones *pl* de cheques; movimiento *m*, servicio *m* por cheques

Scheckvordruck *m*, **e** impreso *m* de cheque; talón *m*
Scheckzahler *m*, - pagador *m* con cheque
Scheckzahlung *f*, **en** pago *m* por cheque
Scheich *m*, **s** jeque *m* (de los países árabes)
Scheidegeld *n*, **er** moneda *f* fraccionaria (monedas fragmentarias que sólo pueden aceptarse en un determinado volumen)
Scheidemünze *f*, **en** moneda *f* fraccionaria; calderilla *f*
scheiden 1. ***sich ~ lassen*** divorciarse **2.** ***aus dem Dienst ~*** cesar en el servicio, en el cargo
Scheidung *f*, **en**, ***die ~ aussprechen*** divorciar; ***auf ~ der Ehe erkennen*** decretar sentencia de divorcio; ***die ~ einreichen*** pedir el divorcio; ***auf ~ klagen*** entablar demanda, acción de divorcio; ***Antrag auf einverständliche ~*** petición *f* de divorcio por mutuo acuerdo
Scheidungsgrund *m*, **¨e** causa *f* del divorcio
Scheidungsklage *f*, **n** acción *f*, demanda *f* de divorcio
Scheidungsprozess *m*, **-e** proceso *m*, juicio *m* de divorcio
Scheidungssache *f*, **n** causa *f* de divorcio
Scheidungsurteil *n*, **e** sentencia *f* de divorcio
Schein *m*, **e 1.** billete *m* (*de banco, de transporte, etc.*) **2.** certificado *m* **3.** vale *m* **4.** recibo *m*; resguardo *m*; ***gegen ~*** contra (entrega de) recibo **5.** impreso *m* **6.** (Universidad) ***einen ~ machen*** hacer un examen *m* parcial **7.** *m*, Ø carácter *m* ficticio; apariencia *f*; semblante *m*
Scheinbieter *m*, - postor *m* ficticio *od.* simulado
Scheinbilanz *f*, **en** balance *m* ficticio
Scheinfirm|a *f*, **-en** → Scheingesellschaft
Scheingeschäft *n*, **e** transacción *f* ficticia; negocio *m* ficticio
Scheingesellschaft *f*, **en** casa *f*, sociedad *f* ficticia
Scheingewinn *m*, **e** beneficio *m* imaginario *bzw.* ficticio
Scheingründung *f*, **en** fundación *f* ficticia; constitución *f* aparente
Scheinkauf *m*, **¨e** compra *f* ficticia
Scheinkaufmann *m*, **-leute** comerciante *m* ficticio; comerciante *m* aparente;
Scheinverlust *m*, **e** pérdida *f* aparente
Scheinvertrag *m*, **¨e** contrato *m* ficticio, simulado
scheitern fracasar; no dar resultado; ***die Verhandlung ist gescheitert*** las negociaciones han fracasado
schenken donar; hacer una donación; regalar; obsequiar
Schenkende(r) (der/ein) donante *m*; donador *m*
Schenker *m*, - → Schenkender
Schenkung *f*, **en** donación *f*; ***~ unter Auflage*** donación condicional *od.* onerosa; ***~ von Todes wegen*** donación testamentaria; ***eine ~ machen*** hacer una donación; ***eine ~ widerrufen*** revocar una donación
Schenkungsabsicht *f*, **en** intención *f* de hacer una donación
Schenkungsbrief *m*, **e** acta *m* de donación
Schenkungssteuer *f*, **n** impuesto *m* sobre donaciones; ***der ~ unterliegen*** estar sujeto al impuesto sobre donaciones
Schenkungsurkunde *f*, **n** → Schenkungsbrief
Schenkungsversprechen *n*, -, ***~ von Todes wegen*** promesa *f* de donación mortis causa
schenkungsweise en concepto de donación
Schenkungswiderruf *m*, **e** revocación *f* de una donación
Schicht *f*, **en 1.** turno *m*; jornada *f* **2.** equipo *m*; brigada *f* **3.** clase *f* (social); sector *m*; ***die herrschenden ~en*** las clases dirigentes; ***bürgerliche ~*** clase burguesa; ***erste ~*** primer turno; ***die oberen, unteren ~en*** las clases superiores, inferiores; ***in weiten ~en der Bevölkerung*** en vastos, amplios sectores de la población; ***~ arbeiten*** trabajar por turnos
Schichtablösung *f*, **en** → Schichtwechsel
Schichtarbeit *f*, **en** trabajo *m* por turnos; ***~ verrichten*** trabajar por turnos
Schichtarbeiter *m*, - trabajador *m* por turnos; jornalero *m*
Schichtbetrieb *m*, **e** empresa *f* que trabaja por turnos
Schichter *m*, - → Schichtarbeiter
schichtfrei en la pausa; en el descanso (entre los turnos de trabajo)
Schichtleistung *f*, **en** producción *f* total por turno; rendimiento *m* por turno
Schichtlohn *m*, **¨e** remuneración *f* del trabajo por turno
Schichtwechsel *m*, **e** cambio *m* del turno de obreros
Schichtzuschlag *m*, **¨e** suplemento *m* de turno; plus *m* en concepto de trabajo por turnos

schicken enviar; mandar remitir; despachar; expedir; ***jdm.*** (***an jdn.***) ***einen Brief*** ~ enviar una carta a alg.; ***einen Brief als Einschreiben*** ~ despachar una carta certificada

Schickeria *f*, Ø gente *f* guapa; flor *f* y nata de la sociedad

Schicksalsteilung *f*, Ø (Seg.) comunidad *f* de suerte

Schickschuld *f*, **en** obligación *f* de pagar en el domicilio del acreedor

schieben 1. traficar; ***mit Rauschgift*** ~ dedicarse al narcotráfico **2.** (Börse) traspasar

Schieber *m*, - traficante *m*; especulador *m*; (Fam.) estraperlista *m*

Schiebergeschäft *n*, **e** operación *f*, transacción *f* ilícita

Schiebung *f*, **en 1.**tráfico *m*, negocio *m* clandestino **2.** (Börse) traspaso *m*

schiedlich amistosamente; ***sich*** ~ ***einigen*** llegar a un arreglo amistoso; arreglarse por las buenas (Syn. ***gütlich***; ***friedlich***)

Schiedsabrede *f*, **n** → Schiedsvereinbarung

Schiedsgericht *n*, **e** tribunal *m* de arbitraje; ***eine Sache einem*** ~ ***vorlegen*** someter un asunto a un tribunal de arbitraje; ***an ein*** ~ ***verweisen*** remitir a un tribunal de arbitraje

schiedsgerichtlich arbitral; de árbitro(s); ***~e Beilegung*** arreglo *m* mediante arbitraje; ***~e Entscheidung*** einholen recurrir al arbitraje; ***~es Urteil*** sentencia *f*, fallo *m* arbitral

Schiedsgerichtsbarkeit *f*, Ø jurisdicción *f* arbitral; arbitraje *m*; ***gewerbliche*** ~ arbitraje industrial; ~ ***in arbeitsrechtlichen Streitigkeiten*** arbitraje laboral

Schiedsgerichtshof *m*, **¨e** tribunal *m* de arbitraje

Schiedsgerichtsverfahren *n*, - procedimiento *m* de arbitraje

Schiedskommission *f*, **en** comisión *f* arbitral *od.* de arbitraje

Schieds|mann *m*, **¨er** *od.* **-leute** árbitro *m*

Schiedsrichter *m*, - árbitro *m*; juez-árbitro *m*; ***einen*** ~ ***bestellen*** nombrar un árbitro

Schiedsspruch *m*, **¨e** sentencia *f*, laudo *m* arbitral; ***durch*** ~ ***entscheiden*** arbitrar; llegar a una cuerdo por vía arbitral

Schiedsstelle *f*, **n** instancia *f*, órgano *m* arbitral

Schiedsvereinbarung *f*, **en** convenio *m* arbitral

Schiedsweg *m*, **e** vía *f* arbitral; ***auf dem*** ~ por vía arbitral

Schiene *f*, **n** vía *f*; carril *m*

schienengebunden, ***~er Verkehr*** *m* tráfico *m* por (ferro)carril

Schienennetz *n*, **e** red *f* ferroviaria

Schienentankwagen *m*, **¨** vagón *m* cisterna

Schienenverkehr *m*, Ø tráfico *m* ferroviario; tráfico *m* por ferrocarril

Schiene-Straße-Verkehr *m*, Ø transporte *m* combinado carril-carretera

Schiff *n*, **e**, ***auf dem*** ~ a bordo; ***mit dem*** ~ ***fahren*** viajar, ir en barco; ~ ***unter spanischer Flagge*** barco *m* bajo pabellón español; buque *m* con bandera española; ~ ***mit Gefrieranlage*** barco *m* con almacenaje frigorífico; buque *m* con instalación frigorífica; ~ ***in der Linienfahrt*** buque *m* de línea; ***atomgetriebenes*** ~ buque *m* (propulsado por energía) nuclear; ***im Bau befindliches*** ~ barco *m* en (fase de) construcción; ***in Fahrt befindliches*** ~ barco *m* en camino; buque que se encuentra navegando; ***ab*** ~ ex buque; franco buque; puesto en buque; ***frei Längsseite*** ~ (FAS) franco al costado del buqaue (FAS)

schiffbar navegable; ***~er Fluss*** río *m* navegable; ***~es Gewässer*** aguas *pl* navegables

Schiffbaubeihilfe *f*, **n** ayuda *f* a los astilleros; ayuda *f* a la construcción naval

Schiffbauer *m*, - constructor *m*, arquitecto *m* naval

Schiffbauingenieur *m*, e ingeniero *m* naval

Schiffbruch *m*, Ø, naufragio *m*; ~ ***erleiden*** naufragar

Schiffer *m*, - **1.** marinero *m*; navegante *m* **2.** patrón *m*

Schifferbörse *f*, **n** bolsa *f* de fletes

Schifffahrt *f*, **en** navegación *f*; ***die*** ~ ***behindern*** obstaculizar la navegación

Schifffahrtsabgaben *pl* derechos *pl* de navegación

Schifffahrtsakte *f*, n acta *f* de navegación

Schifffahrtsgesellschaft *f*, **en** compañía *f* marítima, de navegación

Schifffahrtskanal *m*, **¨e** canal *m* navegable

Schifffahrtsland *m*, **¨er** país *m* marítimo

Schifffahrtslinie *f*, **n** línea *f* de navegación; línea *f* marítima

Schifffahrtsstrasse *f*, **n** ruta *f* marítima; ruta *f* navegable; ruta *f* de navegación

Schiffsagent *m*, **en** consignatario *m* de buques

Schiffsagentur *f*, **en** agencia *f* marítima

Schiffsanlegeplatz *m*, **¨e** embarcadero *m*

Schiffsausrüster *m*, - proveedor *m* de buques

Schiffsbank *f*, **¨e** banco *m* de hipotecas navales
Schiff(s)bau *m*, Ø construcción *f* naval *od.* de buques
Schiffsbaurisiken *pl* riesgo *pl* de construcción naval
Schiffsbefrachter *m*, - fletador *m*
Schiffsbefrachtung *f*, **(en)** fletamento *m*
Schiffsbesatzung *f*, **en** tripulación *f* (del buque)
Schiffsbreite *f*, Ø manga *f*
Schiffsbrief *m*, **e** certificado *m* de registro de buque
Schiffsbuch *n*, **¨er** → Schiffstagebuch
Schiffseigentümer *m*, - propietario *m* del buque
Schiffseigner *m*, - armador *m*; naviero *m*
Schiffsflagge *f*, **n** pabellón *m*; bandera *f*
Schiffsfracht *f*, Ø flete *m* (de buque)
Schiffsfrachtbrief *m*, **e** póliza *f* de flete (de buque); póliza *f* de carga, de cargamento
Schiffsfrachtvertrag *m*, **¨e** contrato *m* de fletam(i)ento
Schiffsherr *m*, **en** patrón *m*
Schiffshypothek *f*, **en** hipoteca *f* naval *bzw.* marítima (crédito garantizado por un derecho de prenda sobre un buque)
Schiffsingenieur *m*, **e** ingeniero *m* naval
Schiffskarte *f*, **n** → Schiffspassage
Schiffskaskoversicherung *f*, **en** seguro *m* de casco de buque
Schiffsklasse *f*, **n** arqueo *m*
Schiffsklassifikation *f*, Ø clasificación *f* de buques
Schiffskonnossement *n*, **e** conocimiento *m* de embarque
Schiffsladeraum *m*, Ø → Schiffsraum
Schiffsladeschein *m*, **e** conocimiento *m* (de embarque) (Syn. ***Schiffsfrachtbrief***)
Schiffsladung *f*, **en** carga *f*; cargamento *m*; flete *m*
Schiffslänge *f*, **(n)** eslora *f*
Schiffsliegeplatz *m*, **¨e** muelle *m* de carga
Schiffsmakler *m*, - agente *m* marítimo; corredor *m* de buques
Schiffsmanifest *n*, **e** manifiesto *m* (del buque)
Schiffsmannschaft *f*, **en** → Schiffsbesatzung
Schiffsmessbrief *m*, **e** certificado *m* de arqueo
Schiffspapiere *pl* **1.** (juego *m* de) documentos *pl* de embarque **2.** documentación *f* del buque
Schiffspapiere *pl* documentación *f* del barco; documentos *pl* de embarque
Schiffspaß *m*, **-¨sse** patente *m* de navegación
Schiffspassage *f*, **n** pasaje *m* (marítimo)
Schiffspatent *n*, **e** patente *f* marítima
Schiffspfandbrief *m*, **e** cédula *f* hipotecaria sobre un buque; obligación *f* marítima
Schiffspfandbriefbank *f*, **en** banco *m* de financiación de la construcción naval
Schiffsraum *m*, **¨e** bodega *f*; tonelaje *m*; ***leerer ~*** tonelaje en vacío, en lastre; ***verfügbarer ~*** espacio *m* de flete disponible
Schiffsraumbedarf *m*, Ø espacio *m* de flete necesario
Schiffsreeder *m*, - armador *m* de buques; naviero *m*
Schiffsreederei *f*, **en** compañía *f* naviera
Schiffsregister *n*, - **1.** lista *f* de buques en el código **2.** registro *m*, matrícula *f* de buques
Schiffsreise *f*, **n** viaje *m* en barco; crucero *m* (marítimo) de placer
Schiffstagebuch *n*, **¨er** cuaderno *m* de bitácora; diario *m* de a bordo
Schiffsunfall *m*, **¨e** accidente *m* marítimo; accidente *m* de barco
Schiffsunglück *n*, **e** → Schiffsunfall
Schiffsuntergang *m*, Ø hundimiento *m* de un buque
Schiffsverbindung *f*, **en** comunicación *f* marítima
Schiffsverkehr *m*, Ø tráfico *m* marítimo
Schiffsvermessung *f*, **en** arqueo *m*
Schiffsversicherung *f*, **en** (Seg.) seguro *m* de buque *od.* barco
Schiffswerft *f*, **en** astillero(s) *m* (*pl*)
Schiffswrack *n*, **s**, ***Bergung eines ~s*** rescate *m*, salvamento *m* de un buque naufragado
Schiffszertifikat *n*, **e** → Schiffsbrief
Schild *n*, **er** cartel *m*; letrero *m*; placa *f*; (Auto.) matrícula *f*
Schilling *m*, **e** chelín *m* (unidad monetaria austríaca)
Schirmherr *m*, **n** *od.* **en** patrocinador *m*; protector *m*
Schirmherrschaft *f*, **(en)** patrocinio *m*; (Pol.) protectorado *m*; ***unter der ~ von*** bajo los auspicios de; patrocinado por
schlachten sacrificar (animales)
Schlachthof *m*, **¨e** matadero *m*
Schlachtprämie *f*, **n** (UE) prima *f* por sacrificio (de animales)
Schlachtvieh *n*, Ø reses *pl* de matadero
schlafmützig (Pop.), ***~ sein*** no resistir la competencia; dormirse en los laureles

Schlafstadt *f*, **¨e** ciudad *f* dormitorio
Schlafwagen *m*, ¨ coche-cama *m*
Schlager *m*, - **1.** éxito *m* de venta; ***der große ~ der Saison sein*** ser el éxito de la temporada (Syn. *Verkaufsschlager; **Renner***) **2.** canción *f* de moda; (Teatro) pieza *f* de éxito extraordinario
schlagfest a prueba de golpes; ***~es Material*** material *m* a prueba de golpes
Schlagwort *n*, **e** *od.* **¨er** lema *m*; frase *f* publicitaria; concepto *m* fijo; (Angl.) eslogan *m*
Schlagzeile *f*, **n** titulares *pl*; ***~n machen*** tener mucha actualidad
schlampen chapucear; trabajar mal, descuidadamente
Schlamper *m*, - chapucero *m*
Schlamperei *f*, **en** trabajo *m* mal hecho; chapuza *f*
Schlange *f*, **n**, (Fig.) ***~ stehen*** hacer cola
schlank, ***~es Unternehmen*** empresa *f* "delgada"; empresa *f* que ya ha racionalizado
schlecht malo; inferior; desfavorable; ***~e Aktien*** acciones dudosas; ***in ~em Zustand*** en mal estado *m*; ***~e Finanzlage*** mala situación *f* financiera; ***~es Geld*** dinero *m* falso *bzw.* moneda *f* depreciada; ***~e Qualität*** mala calidad *f*
schlecht bezahlt, ***~er Job*** trabajo *m* mal pagado, mal retribuido, mal remunerado
schlecht machen denigrar; humillar; ***die Konkurrenz ~*** denigrar a la competencia ***bzw.*** a los competidores
Schlechtwettergeld *n*, **er** indemnización *f* por mal tiempo (otorgada a los obreros de la construcción)
schleichend subrepticio; paralelo; sumergido; ***~e Inflation*** inflación *f* subrepticia
Schleichhandel *m*, Ø comercio *m* clandestino, ilícito
Schleichhändler *m*, - traficante *m* clandestino; contrabandista *m*; estraperlista *m*
Schleichwerbung *f*, **en** publicidad *f* disimulada
Schleppdampfer *m*, - → Schlepper
schleppend, ***~er Absatz*** ventas *pl* flojas; flojedad *f* comercial; ***~er Börsenverlauf*** bolsa desanimada; ***~es Geschäft*** negocio *m* desanimado, flojo, apagado; ***das Geschäft verläuft ~*** el negocio no se anima, no toma fuerza; el negocio va lento; el negocio está apocado; ***~e Zahlungsweise*** lentitud *f* en los pagos; pagos *pl* parsimoniosos; ***die Zahlungen gehen ~ ein*** los pagos no llegan con celeridad
Schlepper *m*, - **1.** remolcador *m* **2.** tractor *m* **3.** gancho *m* (de clientes)
Schlepperorganisation *f*, **en** organización *f* clandestina de tráfico de mano de obra
Schleppgebühr *f*, **en** derechos *pl* de remolque
Schleuderartikel *m*, - artículo *m* de batalla; artículo *m* de precio ruinoso
Schleuderpreis *m*, **e** precio *m* ruinoso, irrisorio; ***~e der Konkurrenz*** precios ruinosos de la competencia; ***zu ~en verkaufen*** vender a precio ruinoso; malbaratar
Schleuderverkauf *m*, **¨e** venta *f* a precio ruinoso; (Angl.) dumping *m*
Schleuderware *f*, **n** género *m* de batalla
Schleusengeld *n*, **er** derechos *pl* de esclusa
schlichten componer (una desavenencia); dirimir; intervenir; ***einen Streit ~*** terminar una disputa; ***Meinungsunterschiede ~*** zanjar diferencias de opinión
Schlichter *m*, - mediador *m* (que ejerce sus buenos oficios); árbitro *m*
Schlichtung *f*, Ø arreglo *m*; solución *f*; arbitraje *m*; ***~ von Arbeitsstreitigkeiten*** arreglo *m*, solución *f* de disputas laborales; ***~ durch Schiedsgericht*** arbitraje *m*; ***~ eines Streites*** arreglo *m* de una disputa
Schlichtungsausschuss *m*, **¨e** comisión *f* de arbitraje; ***vor einen ~ kommen*** ser sometido a una comisión de arbitraje
Schlichtungsstelle *f*, **n** → Schlichtungsausschuss
Schlichtungsverfahren *n*, - procedimiento *m* de arbitraje
Schlichtungsversuch *m*, **e** tentativas *pl* de arbitraje, mediación
schließen 1. cerrar; ***der Laden ist geschlossen*** la tienda está cerrada **2.** terminar; cerrar; clausurar; ***mit einer Kursverbesserung ~*** cerrar con una alza de las cotizaciones; ***eine Versammlung ~*** clausurar una asamblea; ***eine Sitzung ~*** levantar una sesión **3.** concertar; celebrar; ***Frieden ~ mit*** concertar la paz con; hacer las paces con; ***Ehe ~*** contraer matrimonio; ***einen Vertrag ~*** concertar un contrato
Schließfach *n*, **¨er 1.** (Bank) caja *f* fuerte; caja *f* de caudales **2.** (Seg.) caja *f* de seguridad **3.** (Post) apartado *m* de correos; (LA) casilla *f* (de correos) **4.** (Ferr.) consigna *f* automática
Schließtag *m*, **e** día *m* de cierre
Schließung *f*, **en 1.** cierre *m*; clausura *f*; ***gegen die ~ eines Betriebes demonstrieren*** manifestarse en contra de un cierre empre-

sarial **2.** conclusión *f*; ~ ***eines Vertrages*** la conclusión de un contrato **3.** saldo *m* (de cuentas)
Schlitz *m*, *e* ranura *f* (de un expendedor automático)
Schloss *n*, **¨er** (Seg.) cerradura *f*
schlucken absorber; ***der Verbrauchermarkt schluckt die Kleinhändler*** el mercado de consumidores absorbe a los detallistas
Schlussabrechnung *f*, **en** saldo *m* de cuentas; cuenta *f* final; liquidación *f* final
Schlussakt *m*, **e**, ~ ***einer Veranstaltung*** acto *m* de clausura
Schlussakte *f*, **n**, ***die ~ von Helsinki*** acta *f* final de Helsinki
Schlussansprache *f*, **n** discurso *m* de clausura; discurso *m* final
Schlussantrag *m*, **¨e** moción *f* final
Schlussbemerkung *f*, **en** observación *f* final
Schlussbericht *m*, **e** informe *m* final
Schlussbilanz *f*, **en** balance *m* de cierre *bzw.* balance *m* de fin de año
Schlussbrief *m*, **e** (im Warenverkehr) nota *f* de venta; vale *m* de venta
Schlussdividende *f*, **n** dividendo *m* final *bzw.* complementario (repartido a fines de año, después de haber repartido ya dividendos trimestrales o interinos a lo largo del ejercicio)
Schlusseinheit *f*, **en** unidad *f* de contratación
Schlüssel *m*, **- 1.** llave *f*; ***übergeordneter, untergeordneter*** ~ llave *f* maestra, subordinada **2.** (***Chiffre-***) código *m* **3.** (***Verteiler-***) clave *f*; baremo *m*; ratio *m*
Schlüsselbereich *m*, **e** sector *m* clave
Schlüsselbetrieb *m*, **e** empresa *f* clave
Schlüsselerzeugnis *n*, **se** producto *m* clave
schlüsselfertig, ***~s Projekt*** proyecto *m* llave en mano
Schlüsselfunktion *f*, en función *f* clave
Schlüsselindustrie *f*, **n** industria *f* básica *od.* clave
Schlüsselstellung *f*, **en** posición *f* económica dominante
Schlüsseltechnologie *f*, **n** tecnología *f* clave
Schlüsselunternehmen *n*, - empresa *f* clave
Schlüsselwährung *f*, en moneda *f* clave
Schlüsselwort *n*, **e** *od.* **¨er** palabra *f* clave
Schlüsselzahl *f*, **en** número *m* de código; número *m* clave
Schlüsselzuweisungen *pl* (R.F.A.) utilización *f* de los fondos de los Länder por los municipios
Schlussergebnis *n*, **se** resultado *m*, balance *m* final
Schlussfolgerung *f*, **en** conclusión *f*; razonamiento *m*
Schlussformel *f*, **n** fórmula *f* final; fórmula *f* de cortesía; final *m* de cartas
Schlusskurs *m*, **e** (Börse) cotización *f* de cierre *od.* de clausura; cotización *f* de última hora
Schlussnote *f*, **n** nota *f* final; minuta *f*; (Börse) talón *m* (de contrato); póliza *f* de negociación
Schlussnotenregister *n*, - registro *m* de transacciones al contado
Schlussnotierung *f*, **en** (Börse) → Schlusskurs
Schlussquittung *f*, **en** finiquito *m*
Schlussrechnung *f*, **en** factura *f* definitiva; cuenta *f* final
Schlussschein *m*, **e** → Schlussnote
Schlusssitzung *f*, **en** sesión *f* de clausura
Schluss-Strich *m*, Ø, ***einen ~ ziehen*** hacer borrón y cuenta nueva; poner punto final
Schlussverhandlung *f*, **en** vista *f* final
Schlussverkauf *m*, **¨e** venta *f* de liquidación; rebajas *pl*; (Inventurausverkauf) liquidación *f* de saldos; (Räumungsverkauf) liquidación *f* por cambio de local
schmählern estrechar; disminuir; mermar; limitar; restringir
Schmarotzer *m*, - parásito *m*
Schmerzensgeld *n*, **er** indemnización *f* pagada al perjudicado; pretium doloris; ~ ***fordern*** exigir una indemnización por daños y perjuicios
schmieren sobornar; untar (la mano) a alg.
Schmiergeld *n*, **er** dinero *m* de soborno; (Fam.) unto *m* (de rana); dinero *m* para comprar el silencio
Schmiermittel *n*, - lubricante *m*; lubrificante *m*
Schmierpapier *n*, Ø borrador *m*
Schmuckwarenindustrie *f*, **n** (industria *f* de) bisutería *f*
Schmuggel *m*, Ø contrabando *m*; comercio *m* ilegal
Schmuggelei *f*, Ø → Schmuggel
Schmuggelgut *n*, **¨er** → Schmuggelware
Schmuggelhandel *m*, Ø tráfico *m* de contrabando
schmuggeln hacer contrabando; contrabandear
Schmuggelring *m*, **e** red *f*, banda *f* de contrabandistas
Schmuggelware *f*, **n** mercancías *pl* de contrabando
Schmuggler *m*, - contrabandista *m*

Schmutzarbeit *f*, **en** trabajo *m* sucio, duro
Schmutzkonkurrenz *f*, Ø competencia *f* desleal
Schmutzzulage *f*, **n** plus *m* por trabajo tóxico
Schneeballsystem *n*, **(e)** sistema *m* de venta denominado "bola de nieve" (por el cual se conceden ventajas al cliente, que así vuelve a comprar en esa casa)
Schneiderhandwerk *n*, Ø **1.** sastrería *f* **2.** oficio *m* de sastre
Schneiderkostüm *n*, **e** traje *m* de sastre
Schneiderlohn *m*, **¨e** hechura *f*
Schneidwaren *pl* cuchillería *f*
Schneidwerkzeug *n*, **e** herramienta *f* de corte
schnell rápido; *~er Brüter* (reactor *m*) autorregenerador *m*; *~es Geld* dinero *m* rápido (de ganar)
Schnellausbildung *f*, **en** formación *f* acelerada
Schnellauswertung *f*, **en**, ~ *von Informationen* (servicio *m* de) evaluación *f* rápida de informaciones
Schnellbahn *f*, **en** → S-Bahn
Schnellbauweise *f*, **n** construcción *f* con piezas prefabricadas
Schnellboot *n*, **e** lancha *f* rápida
Schnellbuffet *n*, **s** (Angl.) snack bar *m*
Schnelldampfer *m*, **-** vapor *m* rápido
Schnelldienst *m*, **e** servicio *m* rápido
Schnelldrucker *m*, **-** impresora *f* rápida
schnellen, *die Preise ~ in die Höhe* los precios se disparan
Schnellgaststätte *f*, **n** restaurante *m* rápido; (Angl) snack bar *m*
Schnellgericht *n*, **e** **1.** plato *m* rápido **2.** (Jur.) tribunal *m* sumario
Schnellgüterzug *m*, **¨e** rápido *m* de mercancías
Schnellhefter *m*, **-** carpeta *f* (de correspondencia); clasificador *m* rápido
Schnellimbiss *m*, **-e** **1.** bocado *m*; tentempié *m*; piscolabis *m* **2.** plato *m* rápido **3.** restaurante *m* rápido; (Angl.) snack bar *m*
Schnellimbisstube *f*, **n** restaurante *m* rápido; snack bar *m*
Schnellkurierdienst *m*, **e** paquetería rápida
Schnellkurs *m*, **e** curso *m*, cursillo *m* acelerado
Schnelllaster *m*, **-** → Schnelltransporter
Schnellleser *m*, **-** lectora *f* de alta velocidad
Schnellreinigung *f*, **en** tintorería *f* rápida
Schnellschrift *f*, **en** taquigrafía *f*
Schnellsendungen *pl* envíos *pl* urgentes
schnellstmöglich a la mayor brevedad; lo antes posible; con la mayor rapidez
Schnellstraße *f*, **n** **1.** autovía *f* **2.** vía *f* rápida urbana **3.** vía *f*, carretera *f* principal
Schnelltaste *f*, **n** **1.** tecla *f* de método abreviado **2.** tecla *f* aceleradora
Schnelltransporter *m*, **-** camión *m* rápido
Schnellverfahren *n*, **-** **1.** (Jur.) procedimiento *m* sumario; proceso *m* sumarísimo **2.** procedimiento *m*, método *m* rápido
Schnellverkehr *m*, Ø tráfico *m* rápido; expedición *f* por expreso *od.* de urgencia; (Teléf.) servicio *m* rápido
Schnellverkehrsstraße *f*, **n** carretera *f*, ruta *f* de gran circulación; vía *f* rápida
Schnellzug *m*, **¨e** (tren *m*) rápido *m*
Schnellzugzuschlag *m*, **¨e** recargo *m* por tren rápido
Schnitt *m*, Ø **1.** media *f*; promedio *m*; *im ~* por término medio; *wir rechnen einen ~ von* nosotros calculamos una media de **2.** *m*, **e** corte *m*; patrón *m* (de costura);
Schnittmuster *n*, **-** patrón *m*; modelo *m*
Schnittpunkt *m*, **e** intersección *f*
Schnittstelle *f*, **n** (E) interface *m*; (LA) interfaz *f*
Schnittware *f*, **n** mercería *f*; géneros *pl* (vendidos) al por menor
Schnitzarbeit *f*, **en** obra *f* de talla; talla *f*
schnorren (Fam.) gorrear; pegar la gorra; vivir de gorra; sablear
Schnorrer *m*, **-** (Fam.) gorrón *m*; sablista *m*
schnurlos, *~es Telefon* teléfono *m* sin cable; radioteléfono *m*
Schöffe *m*, **n** jurado *m*; (Hist.) escabino *m*
Schöffengericht *n*, **e** tribunal *m* de jurados
Schokoladenfabrik *f*, **en** chocolatería *f*; fábrica *f* de chocolate(**s**)
schonen economizar; tratar con precaución, con cuidado
schonend, *~e Behandlung* trato *m* cuidadoso; trato *m* con cuidado
Schonfrist *f*, **en** plazo *m* de gracia *bzw.* de respiro
Schönheitsinstitut *n*, **e** instituto *m* de belleza
Schönheitsmittel *m*, **-** artículos *pl* de cosmética; artículos *pl* de belleza; cosméticos *pl*
Schönheitspflege *f*, Ø cosmética *f*
Schönheitspflegerin *f*, **nen** esteticista *f*
Schönheitsreparaturen *pl* reparaciones *pl* menores
schonungslos radical; desenfrenado; despiadado

Schonzeit *f*, **en** **1.** periodo *m* de gracia **2.** (periodo *m* de) veda *f*
Schranke *f*, **n** barrera *f*; *~n gegen die ausländische Konkurrenz errichten* erigir barreras en contra de la competencia extranjera
Schrankfach *n*, **¨er** → Schließfach
schrauben (Fig.) *die Preise in die Höhe ~* provocar un aumento de los precios
Schreckensmeldung *f*, **en** noticia *f* alarmista
Schreibautomat *m*, **en** máquina *f* de escribir automática
Schreibbedarf *m*, Ø artículos *pl* de escritorio
Schreibblock *m*, **¨e** bloc *m* de notas
schreiben escribir; *auf der Maschine ~* mecanografiar; escribir a máquina; *Kurzschrift ~* taquigrafiar; *eine Rechnung ~* extender una factura
Schreiben *n*, **-**, *beliegendes ~* escrito *m* adjunto; *Ihr ~ vom* su carta *f*, su escrito *m* del (Syn. ***Brief***)
Schreibetui *n*, **s** plumier *m*
Schreibfeder *f*, **n** pluma *f*
Schreibfehler *m*, **-** error *m*, equivocación *f* al escribir
Schreibfreigabe *f*, **n** autorización *f* de escritura
Schreibgebühren *pl* derechos *pl* de copia
Schreibgerät *n*, **e** **1.** instrumento *m*, utensilio *m* para escribir **2.** registrador *m*, explorador *m* de datos
Schreibheft *n*, **e** cuaderno *m*
Schreibkraft *f*, **¨e** mecanógrafo *m*; empleado *m* de secretaría; secretario *m*
Schreibmappe *f*, **n** carpeta *f*
Schreibmaschine *f*, **n**, *mechanische, elektrische, elektronische ~* máquina *f* de escribir mecánica, eléctrica, electrónica; *mit der ~, auf der ~ schreiben* mecanografiar; escribir a máquina
Schreibmaschinenpapier *n*, Ø papel *m* para máquina de escribir
Schreibmaschinentisch *m*, **e** mesa *f* de mecanógrafo
Schreibmaterial *n*, **ien** material *m*, objetos *pl* de escritorio
Schreibpapier *n*, Ø papel *m* de escribir
Schreibpult *n*, **e** pupitre *m* (para escribir)
Schreibtischtäter *m*, **-** responsable *m* intelectual (de un acto); autor *m* inmaterial; instigador *m* moral
Schreibwaren *pl* artículos *pl* de escritorio; (artículos *pl* de) papelería
Schreibwarenhändler *m*, **-** papelero *m*
Schreibwarenhandlung *f*, en papelería *f*
Schrift *f*, **en** **1.** trabajo *m*; disertación *f*; obra *f*; estudio *m* **2.** escritura *f* **3.** (CH) *~en* documentos *pl* de identidad
Schriftform *f*, Ø, *Änderungen des Vertrages bedürfen der ~* cualquier modificación del contrato habrá de hacerse en forma escrita
Schriftführer *m*, **-** redactor *m* del acta; secretario *m* (Syn. ***Protokollant***)
Schriftleiter *m*, **-** redactor *m* en jefe (de un periódico) (Syn. ***Redakteur***)
schriftlich, *~e Bestätigung* confirmación *f* por escrito; *~e Kündigung* rescisión *f* por escrito; *~e Prüfung* examen *m* escrito; *~e Zustimmung* conformidad *f*, plácet *m* por escrito; *~ antworten* contestar por carta; *~ beanstanden* reclamar por escrito; hacer una reclamación por escrito; *~ mitteilen* comunicar por escrito; *~ vereinbaren* acordar, estipular por vía escrita
Schriftprobe *f*, **n** **1.** prueba *f* de escritura **2.** prueba *f* de tipos
Schriftsachverständige/r (der/ein) grafólogo *m*
Schriftsatz *m*, **¨e** **1.** composición *f* **2.** escrito *m* **3.** (Jur.) súplica *f*; alegatos *m*; *einen ~ einreichen* presentar una súplica; someter un alegato
Schriftstück *n*, **e** escrito *m*; documento *m*; expediente *m*; acta *f*; *amtliche ~e* documentos ofciales; *ein ~ abfassen* redactar un escrito
Schriftverkehr *m*, Ø → Schriftwechsel
Schriftwechsel *m*, (-) correspondencia *f*
Schrott *m*, Ø chatarra *f*
Schrotthandel *m*, Ø comercio *m* de chatarra
Schrottwert *m*, Ø valor *m* de chatarra
schrumpfen contraerse; disminuir; reducirse; *das Kapital ist auf die Hälfte geschrumpft* el capital se ha reducido a la mitad
Schrumpfung *f*, **en** contracción *f*; disminución *f*; reducción *f*; pérdida *f* de terreno
Schrumpfungsprozess *m*, **-e** proceso *m* de disminución
Schub *m*, **¨e** empuje *m*
Schufa *f*, Ø (Schutzgemeinschaft für allgemeine Kreditsicherung) (D) agencia *f* para la protección de créditos
Schufa-Datei *f*, **en** fichero *m* de la "Schufa"
Schufa-Klausel *f*, **n** cláusula *f* "Schufa"
schuften (Fam.) pencar; trabajar como un negro; trabajar como una mula
Schuhindustrie *f*, **n** industria *f* del calzado

Schulabschluss *m*, **¨e** diploma *m* final
Schulaufsichtsbehörde *f*, **n** autoridad *f* de inspección escolar
Schuld *f*, **(en) 1.** culpa *f*; culpabilidad *f*; falta *f*; ~ ***an einem Unfall haben*** tener la culpa de un accidente; ser culpable de un accidente; ***durch unsere*** ~ por nuestra culpa; por culpa nuestra; ***jdm. die*** ~ ***geben an*** atribuir a alg. la culpa de u/c; imputar, inculpar a alg. u/c; ***die*** ~ ***auf jdn. schieben*** echar la culpa a alg.; ~ ***haben*** tener culpa; ser culpable; ***wir haben keine*** ~ la culpa no es nuestra; no tenemos la culpa; ***die*** ~ ***liegt beim Verkäufer*** la culpa es del vendedor; la culpa la tiene el vendedor; ***wegen des Lieferverzuges trifft uns keine*** ~ no somos responsables del retraso en el suministro **2.** deuda *f*; débito *m*; obligación *f*; ***abgetragene*** ~ deuda *f* pagada; ***aufgelaufene*** ~ deuda *f* acumulada; ***beglichene*** ~ deuda *f* pagada; ***nicht betreibbare*** ~ deuda *f* incobrable; (***noch nicht***) ***bezahlte*** ~ deuda *f* (todavía no) pagada; ***buchmäßige*** ~ deuda *f* contable; ***fällige*** ~ deuda *f* exigible; ***feste*** ~ deuda *f* fija; ***fundierte*** (***langfristige***) ~ deuda *f* consolidada ***bzw.*** deuda *f* perpetua; ***öffentliche*** ~ deuda *f* pública; endeudamiento *m* nacional; ***rückständige*** ~ deuda *f* atrasada; ***schwebende*** ~ deuda *f* flotante; ***ungetilgte*** ~ deuda *f* no amortizada; ***für eine*** ~ ***aufkommen*** responder a una deuda; ***eine*** ~ ***eintreiben*** cobrar una deuda; exigir el pago de una deuda; ***eine*** ~ ***erlassen*** condonar una deuda
Schuldabtretung *f*, **en** cesión *f*, traspaso *m* de deuda
Schuldanerkenntnis *n od. f*, **se** → Schuldanerkennung
Schuldanerkennung *f*, **en** reconocimiento *m* de una deuda; pagaré *m*
Schuldausschließungsgrund *m*, **¨e** (circunstancia *f*) eximente *f*; causa *f* exculpatoria; cláusula *f* de exculpación
schuldbefreiend, ~***e Zahlung*** pago *m* liberatorio
Schuldbefreiung *f*, **en** liberación *f* de una deuda
Schuldbeitritt *m*, **e** prestación *f* de caución de una deuda
schuldbeladen endeudado; cargado de deudas; endeudado hasta el cuello
Schuldbetrag *m*, **¨e** importe *m* debido; importe *m*, suma *f* de la deuda
Schuldbeweis *m*, **e** prueba *f* de culpabilidad
Schuldbrief *m*, **e** obligación *f*; título *m* de deuda
Schuldbuch *n*, **¨er** registro *m* de deudores y acreedores; registro *m* estatal de deudas; (Hauptbuch) libro *m* mayor
Schuldbuchforderung *f*, **en** crédito *m* contabilizado (deuda contraída frente al Estado e inscrita en el registro estatal de la deuda)
Schuldeintragung *f*, **en** inscripción *f* de una deuda
schulden deber; adeudar; ser deudor; ***er schuldet ihm eine beträchtliche Summe*** le debe una suma considerable
Schulden *pl* deudas *pl*; débitos *pl*; facturas *pl* a pagar; ~ ***der öffentlichen Hand*** deuda *f* pública; endeudamiento *m* del sector público; ***mit*** ~ ***belasten*** gravar (con deudas); ***beitreibbare*** ~ deudas cobrables; ***drükkende*** ~ deudas *pl* apremiantes; ***dubiose*** ~ deudas de cobro dudoso; ***einklagbare*** ~ deudas reclamables judicialmente; ***fällige*** ~ deudas *pl* exigibles, vencidas, pagaderas; ***in Raten rückzahlbare*** ~ deudas *pl* reintegrables, reembolsables a plazos; ***rückständige*** ~ deudas *pl* atrasadas; ***schwebende*** ~ deudas *pl* flotantes; ***uneinbringliche*** ~ deudas *pl* incobrables; ~ ***abbauen*** reducir las deudas; ~ ***abzahlen*** pagar (las deudas) a plazos; ~ ***aufnehmen*** contraer deudas; ***seine*** ~ ***bezahlen*** (***begleichen***) pagar sus deudas; ~ ***eintreiben*** cobrar deudas; ***in*** ~ ***geraten*** contraer deudas; incurrir en deudas; ***bei jdm.*** ~ haben tener deudas con alg, estar endeudado con alg; ***keine*** ~ (***mehr***) ***haben*** (ya) no tener deudas; ***seine*** ~ ***loswerden*** (lograr) quitarse las deudas de encima; (lograr) salir del las deudas; conseguir desendeudarse; ~ ***machen*** contraer, hacer deudas; endeudarse; ***in*** ~ ***stecken*** estar endeudado; ***sich in*** ~ ***stürzen*** entramparse; empeñarse; ***seine*** ~ ***tilgen*** pagar, liquidar, redimir, amortizar sus deudas; reembolsar; devolver lo que se debe
Schuldenberg *m*, **e**, ~ ***eines Landes*** la enorme deuda *f* acumulada por un país
Schuldendienst *m*, **e** servicio *m* de la deuda
Schuldenerlass *m*, **-e** condonación *f* de una deuda
schuldenfrei exento de deudas; sin deudas *od.* gravámenes
Schuldenhaftung *f*, Ø responsabilidad *f* por deudas (contradas)

Schuldenkonsolidierung *f*, **(en)** consolidación *f* de la deuda
Schuldenlast *f*, **en** deuda *f*; endeudamiento *m*; pasivo *m*
Schuldenmasse *f*, Ø pasivo *m* total; masa *f* pasiva
Schuldenmillionär *m*, **e** (Fam.) persona *f* cargada de deudas
Schuldenregelung *f*, **en** liquidación *f* de una deuda; pago *m* de deudas
Schuldenstand *m*, Ø deuda *f* (acumulada)
Schuldentilgung *f*, **en** amortización *f*, pago *m*, saldo *m* de deudas
Schuldentilgungsplan *m*, **¨e** plan *m* de amortización de deudas
Schuldenüberhang *m*, Ø excedente *m* de deuda(s); exceso *m* de deuda(s)
Schuldforderung *f*, **en** crédito *m*; deuda *f* activa; ***~en abtreten*** ceder créditos
Schuldfrage *f*, **n** cuestión *f* de la responsabilidad
schuldhaft culpable (por negligencia); culposo; ***durch ~es Verhalten*** por comportamiento negligente; a través de un comportamiento culposo; ***~e Verzögerung*** retraso *m* culposo; ***die Unkenntnis war ~*** la ignorancia ya implicaba negligenciaa
Schuldhaft *f*, Ø prisión *f* por deuda
schuldig 1. culpable **2.** que tiene deudas; ***er ist mir 100 Mark ~*** me debe 100 marcos
Schuldigkeit *f*, Ø, ***er hat nur seine ~ getan*** lo único que ha hecho ha sido cumplir con su deber; no ha hecho más que cumplir con su deber; no ha sino cumplido con su deber
Schuldigsprechung *f*, Ø (Jur.) veredicto *m*, declaración *f* de culpabilidad
Schuldklage *f*, **n** demanda *f* por deudas
Schuldkont|o *n*, **-en** cuenta *f* deudora
Schuldner *m*, - deudor *m*; ***flüchtiger ~*** deudor fugitivo; ***säumiger ~*** deudor moroso; ***zahlungsunfähiger ~*** deudor insolvente; ***einen ~ auspfänden*** embargar los bienes de un deudor; ***einem ~ Zahlungsfrist gewähren*** conceder a un deudor una prórroga para el pago
Schuldnerland *n*, **¨er** país *m* deudor
Schuldnerverzeichnis *n*, **se** registro *m* de deudores
Schuldnerverzug *m*, Ø deuda *f* retrasada; demora *f* en el pago de una deuda
Schuldposten *m*, - asiento *m* deudor; partida *f* debida; adeudo *m*
Schuldrecht *n*, Ø derecho *m* de obligaciones
schuldrechtlich, ***~er Anspruch*** pretensión *f* contractual; queja *f* jurídico-obligacional; pretensión *f* basada en el derecho de obligaciones
Schuldsald|o *m*, **-en** saldo *m* al debe; saldo *m* deudor
Schuldschein *m*, **e** pagaré *m*; título *m* de deuda (especie de obligaciones a medio plazo); (CH) colocaciones *pl* particulares (títulos de financiación a medio plazo)
Schuldscheindarlehen *n*, - préstamo *m* contra pagaré; préstamo *m* de título de deuda
Schuldsicherstellung *f*, **en** constitución *f* de una garantía
Schuldspruch *m*, **¨e** fallo *m*, veredicto *m* condenatorio
Schuldtilgung *f*, **en** → Schuldentilgung
Schuldtitel *m*, - título *m* de deuda; título *m* de crédito; ***~ in Anlagevermögen eintauschen*** canjear los títulos de deuda por participación en el inmovilizado
Schuldübernahme *f*, **n** subrogación *f*, aceptación *f* de una deuda
Schuldübertragung *f*, **en** transferencia *f*, cesión *f* de una deuda
Schuldverhältnis *n*, **se** deuda *f* contractual; ***persönliches ~*** deuda personal; ***~ zur gesamten Hand*** deuda solidaria
Schuldverpflichtungen *pl* pasivo *m* ajeno; recursos *pl* ajenos (el total de los compromisos de una empresa en contraposición a los recursos propios)
Schuldverschreibung *f*, **en** obligación *f*; título *m* de deuda; bono *m* del Tesoro; ***abgestufte ~en*** obligaciones clasificadas; ***in Stücken ausgegebene ~en*** obligaciones nominativas; ***kündbare ~en*** obligaciones rescatables; ***mündelsichere ~en*** obligaciones con garantía pupilar; ***tilgbare ~en*** obligaciones amortizables; ***ungesicherte ~en*** obligaciones sin garantía; ***unkündbare ~*** obligaciones irrevocables; ***~en mit Gewinnbeteiligung*** obligaciones con participación en los beneficios; ***~en ausgeben*** emitir obligaciones; ***~en einlösen*** reembolsar obligaciones
Schuldverschreibungsausgabe *f*, **n** emisión *f* de obligaciones
Schuldverschreibungseinlösung *f*, **en** reembolso *m* de obligaciones
Schuldverschreibungsinhaber *m*, - titular *m*, tenedor *m* de una obligación
Schuldversprechen *n*, - promesa *f* de deuda
Schuldwechsel *m*, - efectos *pl* a pagar

Schuldzinsen *pl* intereses *pl* deudores (en la moneda prestada)
Schuldzuweisung *f*, **(en)** adjudicación *f* de culpa
schulen enseñar; instruir; formar; entrenar
Schulung *f*, **en** cursillo *m*; entrenamiento *m*; práctica *f*
Schund *m*, Ø baratija *f*; trasto *m*
Schundware *f*, **n** (mercancía *f* de) pacotilla *f*
schürfen excavar (en busca de un mineral)
Schürfung *f*, **en** prospección *f*; excavación *f*; sondeo *m*
Schurwolle *f*, **n** lana *f* virgen
Schusswaffe *f*, **n** arma *f* de fuego
Schutt *m*, Ø **1.** escombros *pl*; ~ ***abladen verboten*** prohibido descargar, vertir escombros; prohibido vaciar aquí **2.** (Constr.) cascotes *pl*
Schuttabladeplatz *m*, **¨e** vertedero *m* (de escombros); escombrera *f*
Schüttgut *n*, **¨er** carga *f* a granel (cereales, carbón)
Schutz *m*, Ø protección *f*; salvaguardia *f*; garantía *f*; ***unter dem ~ des Gesetzes*** al amparo de las leyes; ~ ***gegen Unfälle*** protección contra accidentes
Schutzbrief *m*, **e** salvoconducto *m*; pase *m*; privilegio *m*
schützen proteger; amparar; salvaguardar; garantizar
Schutzfrist *f*, **en** plazo *m* de amparo; plazo *m* de reserva de derechos
Schutzgebühr *f*, **en** tasa *f* de apoyo
Schutzgeld *n*, **er** impuesto *m* revolucionario (a pagar a los terroristas)
Schutzgelderpresser *m*, - chantajista *m*; extorsionista *m*
Schutzgelderpressung *f*, **en** chantaje *m*; extorsión *f*
Schutzgemeinschaft *f*, **en** asociación *f* de salvaguardia; comité *m* de defensa
Schutzhaft *f*, Ø prisión *f* preventiva
Schutzklausel *f*, **n** cláusula *f* de protección
Schutz|mann *m*, **¨er** *od.* **-leute** agente *m* de policía; guardia *m* municipal
Schutzmarke *f*, **n** marca *f* registrada *od.* de fábrica; ***eingetragene*** ~ marca registrada
Schutzmaßnahme *f*, **n** medidas *pl* de protección; ***handelspolitische ~n*** medidas proteccionistas
Schutzverband *m*, **¨e** → Schutzgemeinschaft
Schutzzoll *m*, **¨e** arancel *m* proteccionista; derechos *pl* aduaneros de protección
Schutzzollpolitik *f*, Ø política *f* arancelaria proteccionista
Schutzzollpolitiker *m*, - proteccionista *m*
Schutzzollsystem *n*, **e** sistema *m* de aranceles proteccionistas
schwach débil; flojo; ***~es Argument*** argumento *m* endeble; ***~e Währung*** moneda *f* débil; ***~er Besuch*** escasa asistencia *f*; ***~er Kredit*** crédito *m* limitado *od.* insuficiente
schwächen debilitar; ***die Position der Konkurrenz*** ~ debilitar la posición de la competencia
Schwangerschaftsabbruch *m*, **¨e** aborto *m* provocado; interrupción *f* del embarazo (Syn. ***Abtreibung***)
Schwangerschaftsbeihilfe *f*, **n** subsidio *m* prenatal
schwanken oscilar; fluctuar; variar
schwankend, ***~e Kurse*** cotizaciones *pl* fluctuantes; ***~e Lohnabzüge*** deducciones *pl* variables del salario
Schwankung *f*, **en** fluctuación *f*; oscilación *f*; variación *f*; ***konjunkturelle ~en*** fluctuaciones *pl* coyunturales; ***saisonbedingte ~en*** fluctuaciones estacionales; ***~en unterworfen sein*** estar sometido a fluctuaciones
Schwankungsbreite *f*, **n** banda *f* de fluctuación; margen *m* de fluctuación autorizado
Schwankungsmarkt *m*, **¨e** (Börse) mercado *m* variable
Schwankungsrückstellungen *pl* (Seg.) reservas *pl* para fluctuaciones previsibles de la siniestralidad; reservas *pl* de estabilización
schwarz negro; ***~e Liste*** lista *f* negra; ***~e Ware*** mercancías *pl* introducidas de contrabando; artículos *pl* del mercado negro
Schwarzarbeit *f*, **en** trabajo *m* clandestino, no declarado
schwarzarbeiten trabajar clandestinamente
Schwarzarbeiter *m*, - trabajador *m* clandestino
schwarzfahren **1.** viajar sin billete **2.** conducir sin permiso
Schwarzfahrer *m*, - 1. polizón *m*; viajero *m* sin billete 2. conductor *m* sin carné, sin permiso de conducir
schwarzgehen pasar clandestinamente la frontera
Schwarzgeld *n*, **er** dinero *m* negro
Schwarzgeschäft *n*, **e** negocio *m* ilegal; tráfico *m* de mercancías prohibidas o racionalizadas

Schwarzhandel *m*, Ø comercio *m* clandestino, ilegal
Schwarzhändler *m*, - traficante *m* clandestino
schwarzhören escuchar la radio sin pagar canon; no dar de alta la radio
Schwarzhörer *m*, - radioyente *m* que no paga canon; radioescucha *m* pirata
Schwarzmarkt *m*, **¨e** mercado *m* paralelo *od.* negro
Schwarzmarktpreis *m*, **e** precio *m* en el mercado negro
schwarzsehen 1. mirar la televisión clandestinamente **2.** ser pesimista
Schwarzseher *m*, - telespectador *m* que no paga canon; telespectador *m* fraudulento; telespectador *m* pirata; televidente *m* que no da de alta su televisor
schwebend pendiente; en trámite; flotante; ***~e Anmeldung*** solicitud *f* en trámite; ***~e Schuld*** deuda *f* flotante
Schweigegebot *n*, **(e)** obligación *f* de guardar silencio
Schweigegeld *n*, er dinero *m* para comprar el silencio
Schweigepflicht *f*, Ø discreción *f* profesional; deber *m* de guardar el secreto profesional
schweizerisch suizo; ***~e Bankiervereinigung*** Asociación *f* Suiza de Banqueros; ***~er Bankpersonalverband*** Asociación *f* Suiza del Personal de Banca; ***~es Interbanking-Clearing*** compensación *f* interbancaria suiza
Schwelle *f*, **n** umbral *m*; ***die ~ der Rentabilität erreichen*** alcanzar el umbral de rentabilidad
Schwellenland *n*, **¨er** país *m* umbral (de la industrialización); nación *f* emergente
Schwellenpreis *m*, **e** precio *m* umbral; precio *m* de entrada
Schwellenwert *m*, **e** valor *m* (de) umbral
Schwemme *f*, **n 1.** inundación *f* (del mercado); excedente *m*; superabundancia *f* **2.** (A) sección *f* de artículos a bajo precio en grandes almacenes
schwer pesado; duro, difícil; penoso; considerable; ***~e Arbeit*** trabajo *m* duro; ***~ daniederliegen*** atravesar momentos de crisis; ***~e Fahrlässigkeit*** negligencia *f* grave; ***~ beladen*** muy cargado; ***sich ~ verkaufen lassen*** difícil de vender; que se vende mal; ***~ verkäuflich sein*** ser difícil de vender; encontrar dificultades para su venta; ***~es Heizöl*** fuel oil *m* pesado; aceite *m* combustible; ***~e Papiere*** (Börse) acciones *pl* con precios altos; ***~e Strafe*** pena *f* severa
schwer beschädigt (Personen) gran mutilado; (Sachen) gravemente dañado; muy deteriorado, estropeado
Schwerarbeit *f*, **en** trabajo *m* duro, pesado, penoso
Schwerarbeiter *m*, - hombre *m* empleado en trabajos rudos, penosos
Schwerarbeiterzulage *f*, **n** plus *m* por trabajo rudo, penoso
Schwerbehinderte(r) (der/ein) minusválido *m*; gravemente inválido *m*
Schwerbeschädigte(r) (der/ein) → Schwerbehinderter
Schwergut *n*, **¨er** mercancía *f* pesada; bultos *pl* grandes
Schwerindustrie *f*, **n** industria *f* pesada
Schwerkranke/r (der/ein) enfermo *m* de gravedad; enfermo *m* de carácter reservado
Schwerlastwagen *m*, **¨** camión *m* para carga pesada; camión *m* pesado; camión *m* de gran tonelaje
Schwermaschinenbau *m*, Ø construcción *f* de maquinaria pesada
Schwermetall *n*, **e** metal *m* pesado
Schwerniszulage *f*, **n** plus *m* de trabajo penoso
Schwerpunkt *m*, **e** punto *m* de gravedad; foco *m*; énfasis *m*; punto *m* esencial, punto *m* de concentración
Schwerpunktindustrie *f*, **n** industria *f* clave
schwerpunktmäßig, ***~e Sicherung*** (Seg.) protección *f* por alarma concentrada en puntos decisivos; protección *f* de puntos clave
Schwerpunktstreik *m*, **s** huelga *f* selectiva; huelga *f* articulada; huelga *f* puntual
Schwertransport *m*, Ø, ***Fahrzeuge des ~s*** vehículos *pl* de transporte pesado; vehículos *pl* pesados
Schwerwasserreaktor *m*, **en** reactor *m* de agua pesada
Schwesterfirm|a *f*, **-en** → Schwestergesellschaft
Schwestergesellschaft *f*, **en** sociedad *f* afiliada; compañía *f* asociada
schwierig dificultoso; difícil; ***~e Lage*** situación *f* precaria
Schwierigkeit *f*, **en** dificultad *f*; problema *m*; ***finanzielle ~en*** dificultades pecunarias; ***in ~en geraten*** tropezar con dificultades
schwimmend flotante; ***~ verkaufen*** vender a flote; ***~es Material*** (Börse) material *m*

flotante; *~e Waren* mercancías *pl* a bordo de un barco, a flote
Schwindel *m*, Ø → Schwindelei
Schwindelangebot *n*, **e** oferta *f* fraudulenta
Schwindelei *f*, **en** estafa *f*; fraude *m*; transacción *f* fraudulenta; timo *m*
Schwindelfirm|a *f*, **-en** casa *f*, empresa *f* fraudulenta
schwindeln estafar; engañar; timar
Schwindler *m*, - estafador *m*; timador *m*
Schwund *m*, Ø merma *f*; contracción *f*; disminución *f*; *~ des Eigenkapitals* merma del capital propio
Schwundgeld *n*, **er** dinero *m* de consunción
Schwung *m*, Ø, *in ~ bringen* relanzar; sacar a flote; reactivar; *in ~ kommen* cobrar impulso
Schwurgericht *n*, **e** jurado *m*; tribunal *m* de jurados
sechsmonatlich cada seis meses; por semestre; semestralmente
sechsstellig de seis dígitos; *eine ~e Zahl* una cifra de seis dígitos
See *f*, **n** mar *m*; océano *m*; *auf hoher ~* en alta mar; *in ~ stechen* zarpar; *zur ~ befördert werden* ser expedido por vía marítima
Seeamt n, **¨er** tribunal m marítimo
Seebeben *n*, - maremoto *m*
Seefahrt *f*, **(en)** navegación *f*; viaje *m* marítimo
Seefische *pl* pescado *m* de mar
Seefischerei *f*, Ø pesca *f* de altura; pesca *f* marítima
Seefracht *f*, **en** flete *m* marítimo
Seefrachtbrief *m*, **e** conocimiento *m* de embarque
Seehafen *m*, ¨ puerto *m* de mar; puerto *m* marítimo
Seehandel *m*, Ø comercio *m* marítimo *od.* de ultramar
Seekaskoversicherung *f*, **en** seguro *m* de casco marítimo
See(kranken)kasse *f*, **n** Caja *f* Marítima de Enfermedad
Seeladeschein *m*, **e** certificado *m* de carga por vía marítima
See|mann *m*, **-leute** marino *m*; navegante *m*
seemäßig, *~ verpackt* embalado para el transporte marítimo; *~e Verpackung* embalaje m marítimo
Seemeile *f*, **n** (1,853 km) milla *f* marítima (1853 m)
Seenot *f*, Ø, *aus ~ befreien* salvar de naufragio; *in ~* en peligro marítimo; en peligro de naufragar
Seenotdienst *m*, Ø servicio *m* de salvamento marítimo; servicio *m* de salvamento de náufragos
Seepolice *f*, **n** póliza *f* de seguro marítimo
Seeraub *m*, Ø piratería *f* (marítima)
Seeräuberei *f*, Ø, *~ treiben* cometer actos de piratería (marítima)
seeräuberisch, *~e Handlungen* actos *pl* de piratería (marítima)
Seerecht *n*, Ø derecho *m* marítimo
Seereise *f*, **n** **1.** viaje *m* por mar; viaje *m* marítimo **2.** (kürzer) crucero *m*
Seeschaden *m*, ¨ avería *f*; siniestro *m* marítimo; *~ erleiden* sufrir una avería
Seeschadenversicherung *f*, **en** seguro *m* marítimo
Seeschiedsgerichtsbarkeit *f*, Ø arbitraje *m* marítimo
Seeschiff *n*, **e** buque *m* de altura *od.* de alto bordo; navío *m* de mar afuera
Seeschifffahrt *f*, **en** navegación *f* marítima
Seeschifffahrtsunternehmen *n*, - compañía *f* marítima
Seestraße *f*, **n** ruta *f* marítima
Seetransport *m*, Ø transporte *m* marítimo; transporte *m* por mar; transporte *m* (trans)oceánico
Seetransportgeschäft *n*, **e** negocio *m* de transportes marítimos
Seetransportversicherung *f*, **en** seguro *m* de transportes marítimos
seetüchtig, *in ~en Zustand* en perfectas condiciones para navegar
Seeunfall *m*, **¨e** accidente *m* marítimo; accidente *m* en el mar
seeuntüchtig no apto para navegar; incapaz de navegar
Seeverbindung *f*, **en** conexión *f* marítima; enlace m en barco
Seeverbrennungsanlagen *pl* (für Abfälle) servicio *m* para la incineración marítima
Seeverkehr *m*, Ø transporte *m* por mar; tráfico *m* marítimo; servicio *m* (trans)oceánico
Seeverpackung *f*, **(en)** embalaje *m* marítimo
Seeversicherung *f*, **en** seguro *m* marítimo
Seeversicherungsmakler *m*, - corredor *m* de seguro marítimo
Seeversicherungsvertrag *m*, **¨e** contrato *m*, póliza f de seguro marítimo
Seeweg *m*, Ø, *Beförderung auf dem ~* transporte *m* por mar; transporte *m* marítimo

Seezollgrenze *f*, **n** frontera *f* aduanera marítima
Seezollzone *f*, **n** zona *f* aduanera marítima
Segmentierung *f*, **(en)**, ~ ***des Marktes*** segmentación *f* del mercado
Seidenbau *f*, Ø sericultura *f*
Seidenfabrik *f*, **en** fábrica *f* de seda; sedería *f*; hilandería *f* de seda
Seidenhandel *m*, Ø **1.** comercio *m* de la seda **2.** sedería *f*
Seidenhändler *m*, - sedero *m*
Seidenindustrie *f*, Ø industria *f* de la seda; industria *f* sedera
Seidenpapier *n*, Ø papel *m* de seda
Seidenraupenzucht *f*, Ø sericultura *f*
Seidenspinnerei *f*, Ø hilandería *f* de seda
Seifenfabrik *f*, **en** fábrica *f* de jabones; jabonería *f*
seit, ~ ***dem 1. April ist unser Betrieb geschlossen*** nuestra empresa está cerrada desde el 1 de abril (Beginn der Handlung); ***wir sind ~ 3 Jahren im Exportgeschäft tätig*** nos dedicamos a la exportación desde hace tres años; ya llevamos tres años exportando (bisherige Dauer der Handlung)
Seite *f*, **n 1.** (eines Buches) página *f*; ***auf der ersten ~*** (einer Zeitung) en primera plana **2.** (einer Münze) reverso *m*; cruz *f* **3.** ***rechte ~ der Straße*** lado *m* derecho de la calle **4.** ***vordere ~ eines Gebäudes*** fachada *f* (principal); ***rückwärtige, hintere ~*** parte *f* de atrás, la parte posterior **5.** ***aus, von gut unterrichteter ~*** de fuente solvente; de fuente bien informada **6.** (Jur.) parte *f*; ***beide ~n anhören*** escuchar las dos partes 7. (Pol.) partido *m*
Seitenlinie *f*, **n 1.** ***in der ~ verwandt*** emparentado en línea colateral **2.** (Ferr.) línea *f* secundaria
Seitenrand *m*, **¨er** margen *m*
Seitenstraße *f*, **n**, ***die ~ von rechts*** la calle lateral a la derecha; el cruce a la derecha
Sekretär *m*, **e** secretario *m*; responsable *m* (político o sindical)
Sekretariat *n*, **e** secretaría *f*; secretariado *m*
Sekretärin *f*, **nen** secretaria *f*
Sektor *m*, **en** sector *m*; ***industrieller ~*** sector industrial; ***privater ~*** sector privado; ***primärer***, ***sekundärer***, ***tertiärer ~*** sector primario, secundario, terciario
sekundär secundario ***~er Sektor*** sector *m* secundario (industrial)
Sekundärbedarf *m*, Ø (an Rohstoffen und Halbfabrikaten) demanda *f* de materias primas y bienes intermedios
sekundäre Kosten *pl* costes *pl*, costos *pl* secundarios
Sekundärenergie *f*, Ø energía *f* secundaria (gasolina, gas, corriente eléctrica, *etc.)*
Sekundärmarkt *m*, **¨e** mercado *m* secundario (negociación de títulos al cierre de la nueva emisión)
Sekundawechsel *m*, - segunda *f* de cambio
Selbstabholer *m*, - comprador *m* que transporta él mismo la mercancía adquirida (p.ej. muebles)
Selbstabholung *f*, Ø recogida *f* de la mercancía por el cliente
selbständig independiente; autónomo; ***~er Unternehmer*** empresario *m* independiente
Selbständige(r) (der/ein) autónomo *m*; trabajador *m* por cuenta propia
Selbständigkeit *f*, Ø independencia *f*; ***finanzielle ~*** autonomía *f* financiera
Selbstanschluss *m*, **-¨e 1.** teléfono *m* automático **2.** comunicación *f* automática
Selbstanschlussamt *n*, **¨er** central *f* automática
Selbstanzeige f, n (Jur.) autodenuncia f
Selbstbedarf *m*, Ø **1.** consumo *m* propio **2.** necesidades *pl* personales, propias
Selbstbedienung *f*, **en** (SB) auto-servicio *m*; ***Waren in ~ anbieten*** vender mercancías en auto-servicio
Selbstbedienungsbank *f*, **en** cajero *m* automático
Selbstbedienungsgeschäft *n*, **e** tienda *f* de auto-servicio
Selbstbedienungsgroßhändler *m*, - mayorista *m* con autoservicio
Selbstbedienungsladen *m*, **¨** → Selbstbedienungsgeschäft
Selbstbedienungsrestaurant *n*, **s** restaurante *m* de autoservicio
Selbstbedienungs-Tankstelle *f*, **n** gasolinera *f* de auto-servicio
Selbstbehalt *m*, Ø **1.** retención *f* propia; franquicia *f* **2.** participación *f* propia (del asegurado)
Selbstbehaltquote *f*, **n** cuota *f* en concepto de retención propia
Selbstbeköstigung *f*, Ø manutención *f* (por cuenta) propia
Selbstbelieferung *f*, Ø auto-suministro *m*
Selbstbeschränkungsabkommen *n*, - ~ ***für den Export*** acuerdo *m* de restricción voluntaria de las exportaciones

Selbstbestimmung *f*, (**en**) (Pol.) autodeterminación *f*
Selbstbestimmungsrecht *n*, (**e**) derecho *m* de autodeterminación
Selbstbeteiligung *f*, **en** **1.** (Seg.) participación *f* propia **2.** (Seg. Social) cuota *f* a pagar por el asegurado; cuota *f* de franquicia **3.** ***finanzielle*** ~ autofinanciación *f*; autofinanciamiento *m*
selbstbewirtschaft, ~***es Gut*** hacienda *f* auto-cultivada; granja *f* cultivada por su propio dueño; finca *f* cultivada directamente por el propietario
Selbstbewirtschaftung *f*, **en** autoadministración *f*; gestión *f*, explotación *f* directa (por el interesado)
selbstbewohnt, ~***es Eigenheim*** hogar *m* ocupado por su dueño; casa *f* en la que reside su dueño
Selbsteintritt *m*, (**e**) autocontratación *f*
Selbstfinanzierung *f*, **en** autofinanciación *f*; financiación *f* con fondos propios
Selbstfinanzierungskraft *f*, Ø capacidad *f* de auto-financiación; capacidad *f* para autofinanciarse
Selbstfinanzierungsquote *f*, **n** ratio *m* de autofinanciación; cuota *f* de autofinanciamiento
Selbstgebrauch *m*, Ø, ***zum*** ~ para uso personal
Selbsthilfe *f*, **n** autodefensa *f*; autoayuda *f*
Selbsthilfegruppe *f*, **n** grupo *m* de ayuda mutua
Selbsthilfeverkauf *m*, **¨e** reventa *f*; venta *f* personal
Selbstklebeband *n*, **¨er** cinta *f* adherente; tira *f* adhesiva
Selbstkontrahent *m*, **en** contratante *m* en su propio nombre
Selbstkosten *pl* costes *pl* propios
Selbstkostenpreis *m*, **e** precio *m* de coste; ***zum*** ~ a precio de coste; al costo
Selbstkostenrechnung *f*, **en** cálculo *m* de costes propios
Selbstmontage *f*, Ø, ***zur*** ~ a montar por sí mismo; entregado en kit
Selbstveranlagung *f*, **en** autoliquidación *f*
Selbstverbrauch *m*, Ø consumo *m* propio
Selbstverkäufer *m*, - fabricante y vendedor *m*
Selbstverpflegung *f*, Ø alimentación *f*, comida *f* por cuenta propia
Selbstversicherer *m*, - autoasegurador *m*
Selbstversicherung *f*, **en** autoseguro *m*
Selbstversorgung *f*, (**en**) autoabastecimiento *m*; autosuficiencia *f*
selbstverwaltet autoadministrado
Selbstverwaltung *f*, **en** autonomía *f* administrativa; ~ ***der Gemeinden*** autonomía municipal
Selbstwähler *m*, - (Teléf.) selector *m* automático
Selbstwähl(fern)dienst *m*, Ø (Teléf.) servicio *m* interurbano automático
Selbstwählverkehr *m*, Ø → Selbstwähldienst
Seminar *n*, **e** seminario *m*; ***ein*** ~ ***über die Computerisierung der Unternehmen*** seminario sobre la informatización de las empresas
Senat *m*, **e** **1.** senado *m* **2.** (Tribunal) sala *f* **3.** (Berlín, ciudades hanseáticas) órgano *m* ejecutivo; gobierno *m* **4.** (Universidad) consejo *m* académico
Senator *m*, **en** **1.** senador *m*; miembro *m* del Senado **2.** miembro *m* del gobierno (de Berlín Oeste y de las ciudades hanseáticas)
senden **1.** enviar; expedir; despachar; ***dem Kunden ein festes Angebot*** ~ enviar una oferta en firme a un cliente **2.** (Rundfunk, Fernsehen) transmitir; radiar; emitir
Sender *m*, - emisora *f*
Sendung *f*, **en** **1.** envío *m*; expedición *f*; despacho *m*; ***eingeschriebene*** ~ envío certificado; ***portofreie*** ~ envío libre de porte; ***postlagernde*** ~ envío en lista de correos; ~ ***mit Wertangabe*** envío con valor declarado **2.** (Radio) emisión *f*; transmisión *f*
Senior *m*, **en** decano *m*; presidente *m*; jefe *m*; ***Herr González*** ~ el señor González (padre)
Seniorchef *n*, **s** jefe *m* en una empresa (donde el hijo es generalmente su mano derecha)
Senioren *pl* tercera edad *f*
Seniorenkarte *f*, **n** billete *m* para personas de avanzada edad (reducción en los ferrocarriles para personas de la tercera edad)
senken disminuir; reducir; ***die Preise*** ~ bajar los precios; ***die Produktionskosten um 10%*** ~ disminuir los costes de producción en un 10%
Senkung *f*, (**en**) disminución *f*; reducción *f*; baja *f*; ~ ***des Lombardsatzes*** reducción de la tasa pignoraticia
Sensarie *f*, **n** (A) (operación *f* de) corretaje *m*

Sensationspresse *f*, Ø prensa *f* sensacionalista; prensa *f* amarilla; prensa *f* populachera
separat separado; particular; por separado
Serie *f*, **n** serie *f*; emisión *f*; juego *m*; ***in ~n herstellen*** fabricar en serie
Serien(an)fertigung *f*, **en** → Serienproduktion
Serienanleihen *pl* empréstitos *pl* en serie
Serienartikel *m*, - artículo *m* (fabricado) en serie
Serienbau *m*, Ø construcción *f* en serie
Serienbuchstaben *pl* números *pl* en serie de los billetes de banco
Serienherstellung *f*, **en** → Serienproduktion
serienmäßig en serie; ~ ***herstellen*** fabricar en serie
Serienproduktion *f*, **en** producción *f*, fabricación *f* en serie
serienreif pronto para la fabricación en serie
serienweise → serienmäßig
Service *m*, **s 1.** servicio *m*; asistencia *f* **2.** servicio *m* post-venta (Syn. ***Kundendienst***)
Servicegesellschaft *f*, **en** compañía *f* de servicio
Servicenetz *n*, **e** red *f* de servicio post-venta
Service-Tankstelle *f*, **n** gasolinera *f* con servicio
sesshaft sedentario; residente; domiciliado
Sesshaftigkeit *f*, Ø sedentarismo *m*; vida *f* sendentaria
s-förmig, ~ ***gebogen*** curvado en forma de S
Shareholder-Value *m*, Ø política *f* favorable al accionista
Shop *m*, **s** tienda *f*; almacén *m*
Shop-in-Shop-Center *m*, - centro *m* comercial con galerías
Shopping-Center *m*, - centro *m* comercial (Syn. ***Einkaufszentrum***)
Showgeschäft *n*, **e** → Schaugeschäft
sicher, ~ ***angelegtes Geld*** dinero *m* invertido con garantías de seguridad
Sicherheit *f*, **en** seguridad *f*, caución *f*; fianza *f*; garantía *f* **1.** ***hypothekarische*** ~ garantía hipotecaria; ***kaufmännische*** ~ garantía comercial; ***sachliche*** ~ garantía real **2.** ***als ~ dienen*** servir de garantía; ***als ~ hinterlegen*** depositar en concepto de garantía; ***gegen ~ leihen*** prestar contra garantía; ***~en stellen*** prestar, dar garantías
Sicherheitsabkommen *n*, - acuerdo *m* de seguridad
Sicherheitsbestände *pl* existencias *pl* de seguridad *od.* de reserva
Sicherheitsfonds *m*, - fondo *m* de garantía
Sicherheitsgründe *f*, **n**, ***aus ~n*** por razones de seguridad
Sicherheitsinspektion *f*, **en** inspección *f* laboral
Sicherheitsleistung *f*, **en** constitución *f* de garantía; garantía *f*; caución *f*; ***gegen ~ kaufen*** comprar contra garantía
Sicherheitsmaßnahme *f*, **n** medida *f* de seguridad
Sicherheitsnorm *f*, **en** norma *f* de seguridad
Sicherheitspersonal *n*, Ø (Seg.) personal *m* de vigilancia
Sicherheitspfand *n*, **¨er** garantía *f* hipotecaria; prenda *f*
Sicherheitsrichtlinien *pl* (Seg.) directrices *pl* de seguridad
Sicherheitsrücklage *f*, **n** reserva *f*, fondo *m* de garantía
Sicherheitsschalter *m*, - (Seg.) ventanilla *f* antiatraco; ***automatischer ~ für Geldinstitute*** ventanilla anti-atraco automático para bancos
Sicherheitsschleuse *f*, **n** (Seg.) esclusa *f* de seguridad
Sicherheitsschloss *n*, **¨er** (Seg.) cerradura *f* de seguridad
Sicherheitsschwelle *f*, **n** umbral *m*, grado *m* de seguridad
Sicherheitsstufe *f*, **n** (Seg.) nivel *m* de seguridad
Sicherheitsvorkehrungen *pl* (Seg.) precauciones *pl* de seguridad
Sicherheitsvorrat *m*, **¨e** stock *m* de seguridad; existencias *pl* de reserva
Sicherheitsvorrichtung *f*, **en** dispositivo *m* de seguridad
Sicherheitsvorschrift *f*, **en** (Seg.) consignas *pl* de seguridad
Sicherheitswechsel *m*, - letra *f* (en concepto) de garantía
Sicherheitswert *m*, **e** (Seg.) grado *m* de seguridad
sichern asegurar, garantizar; proteger
sicherstellen 1. garantizar; ***sichergestellte Forderung*** crédito *m* garantizado; ***jdn. finanziell ~*** cubrir financieramente a alg. **2.** confiscar; intervenir; embargar
Sicherung *f*, **en** garantía *f*; seguridad *f*; ***soziale ~*** protección *f* social; ~ ***des Arbeitsplatzes*** salvaguardia *f* del empleo; (Seg.) ***~en überwinden*** superar las seguridades
Sicherungsabtretung *f*, **en** cesión *f* a título de garantía

Sicherungsgeber *m*, - **1.** garante *m*; cedente *m* de una garantía **2.** enajenador *m*, cesionista *m* fiduciario
Sicherungsgeschäft *n*, **e** operación *f* de garantía
Sicherungsgrundschuld *f*, **en** deuda *f* territorial como garantía
Sicherungsgut *n*, **¨er** bienes *pl* (cedidos en concepto) de garantía
Sicherungshypothek *f*, **en** hipoteca *f* de garantía
Sicherungsnehmer *m*, - 1. mandatario *m* 2. adquiridor *m* fiduciario
Sicherungssystem *n*, **e** (Seg.) sistema *m* de seguridad
sicherungsübereignen ceder un bien a título de garantía
Sicherungsübereignung *f*, **en** cesión *f* de una propiedad a título de garantía
Sicherungswechsel *m*, - efecto *m* cambial en depósito (para garantizar un compromiso incierto)
Sicht *f*, Ø vista *f*; visibilidad *f*; ***auf kurze, lange*** ~ a corto, largo plazo; ***bei ~ zahlbar*** pagadero a la vista; ***30 Tage nach*** ~ a 30 días vista
Sichtdepositen *pl* depósitos *pl* a la vista
Sichteinlage *f*, **n** → Sichtdepositen
sichten examinar; clasificar; ordenar; ***einen Nachlass*** ~ examinar una sucesión
Sichtfenster *n*, - ***Briefumschlag mit*** ~ sobre *m* ventana
Sichtgeschäft *n*, **e** operación *f*, transacción *f* a la vista
Sichtguthaben *n*, - haber *m* a la vista
Sichtkartei *f*, **en** fichero *m* sinóptico *od.* con fichas visibles
Sichttratte *f*, **n** → Sichtwechsel
Sichtvermerk *m*, **e** visado *m*
Sichtwechsel *m*, - letra *f* cambial a la vista (que no prevé ninguna fecha determinada de vencimiento)
Sichtwerbung *f*, **en** publicidad *f* visual
sieben, ***Bewerber gründlich*** ~ escoger los candidatos con sumo cuidado
Siebenergruppe *f*, Ø (G-7) grupo *m* de los siete (países más industrializados)
Siebenjahresplan *m*, **¨e** plan *m* septenal
Siedlung *f*, **en** población *f*; aglomeración *f*; urbanización *f*
Siedlungsdichte *f*, (**n**) densidad *f* de la población (Syn. ***Bevölkerungsdichte***)
Siegel *m*, - sello *m*; precinto *m*; ***ein ~ anbringen*** poner un sello; ***etw. unter dem ~ der Verschwiegenheit mitteilen*** comunicar u/c confidencialmente
Siegelbewahrer *m*, - guardasellos *m*; canciller *m*
Siegelbruch *m*, **¨e** ruptura *f* de sello
Signatarmacht *f*, **¨e** potencia *f* signataria
Signet *n*, **s 1.** logotipo *m* **2.** marca *f* de imprenta
Silber *n*, Ø plata *f*; ***aus*** ~ de plata
Silberbarren *m*, - lingote *m* de plata
Silbermünze *f*, **n** moneda *f* de plata
silbern de plata
Silberwährung *f*, **en** (sistema *m* monetario basado en el) patrón *m* plata
Silo *m od. n*, **s** silo *m*; granero *m*; ***im ~ einlagern*** ensilar
Simultandolmetscher *m*, - intérprete *m* simultáneo *bzw.* de conferencias
sinken bajar; disminuir; ***die Preise sind um 10% gesunken*** los precios han disminuido **en** un 10%; ***um 5 Punkte*** ~ (Börse) perder 5 enteros
Sinken *n*, Ø baja *f*; disminución *f*; ***das ~ der Kurse*** la baja de las cotizaciones
sinkend, ***~e Nachfrage*** demanda *f* descendente; reducción *f* de la demanda; demanda *f* a la baja
Sinn *m*, Ø, ***im ~e des Artikels 3.*** en el sentido, en el espíritu del artículo 3; ***im ~e der Verbraucher*** correspondiendo a las preferencias del consumidor
sinngemäß, ~ ***anzuwenden*** a aplicar correspondientemente; a aplicar análogamente; a aplicar mutatis mutandi; ~ ***auslegen*** interpretar correspondientemente
Sitte *f*, **n**, ***gegen die guten ~n verstoßen*** atentar a, contra las buenas costumbres; ***~n und Gebräuche*** usos y costumbres *pl*; hábitos *pl*
sittenwidrig, ***~er Vertrag*** contrato *m* contrario a las buenas costumbres; ***~e Werbung*** publicidad *f* contraria a las buenas costumbres; ***~e Wettbewerbshandlungen*** prácticas pl competitivas indeseables
Sitz *m*, **e 1.** (Pol.) escaño *m*; ***20 ~e im Parlament erringen*** obtener 20 escaños en el Parlamento **2.** sede *f*; domicilio *m* social ***seinen ~ haben in*** tener su sede en; ~ ***der Regierung*** sede del Gobierno **3.** domicilio *m*; residencia *f*
Sitzgesellschaft *f*, **en** → Briefkastenfirma
Sitzstreik *m*, **s** huelga *f* de brazos caídos
Sitzung *f*, **en** sesión *f*; reunión *f*; asamblea *f*; (Tribunal) audiencia *f* **1.** ***außerordentliche*** ~ sesión extraordinaria; ***nichtöffentliche*** ~

sesión a puertas cerradas; *öffentliche* ~ audiencia pública **2.** ***eine ~ abhalten*** celebrar una sesión; ***die ~ eröffnen*** abrir una sesión; declarar abierta la sesión; ***eine ~ leiten*** presidir una sesión; ***eine ~ schließen*** clausurar una sesión

Sitzungsgeld *n*, **er** dieta *f* de asistencia

Sitzungsprotokoll *n*, **e** acta *f* de sesión; minuta *f*

Sitzverteilung *f*, **en** distribución *f* de los escaños

Skal|a *f*, **s** *od.* **-en** escala *f*

Skanner-Kasse *f*, **n** caja *f* láser (para decodificar el código de barras)

Sklavenhändler *m*, **-** tratante *m* en negros; negrero *m*

skontieren conceder un descuento; descontar

Skont|o *m od. n*, **s** *od.* **-i** descuento *m* (por pronto pago); ***Kunden~*** (an Kunden gewährt) descuento *m* concedido (al cliente); ***Lieferanten~*** (von Lieferanten erhalten) descuento *m* recibido (por el suministrador); ***3% ~ bei Barzahlung*** 3% descuento por pago al contado; ***Zahlung innerhalb von 10 Tagen abzüglich 3% ~*** pago *m* en el plazo de 10 días menos 3% de descuento; ***von diesem Betrag gehen 3% ~ ab*** con un descuento del 3% por pago al contado; ***bei Barzahlung ~ gewähren*** conceder un descuento por pago al contado; ***~ ausnutzen*** aprovechar(se de) un descuento

Skontoabzug *m*, **¨e** (deducción *f* por) descuento *m*

Skontofrist *f*, **en** periodo *m* de descuento

Skontogewährung *f*, **(en)** concesión *f* de descuento

Skontration *f*, Ø inventario *m* permanente (de entradas y salidas)

skontrieren compensar; rescontrar

Skontr|o *n*, **-en** compensación *f*; rescuentro *m*; liquidación *f* de operaciones a término

Slogan *m*, **s** lema *m*; frase *f* publicitaria; (Angl.) eslogan *m*

Slums *pl* barrios *pl* bajos, pobres; (Arg.) villa *f* miseria; (Col.) tugurio *m*; (Méx.) jacal *m*

sobald, ***~ wie möglich*** lo antes posible; la primera fecha posible

Sockelarbeitslosigkeit *f*, Ø paro *m* independiente de las fluctuaciones coyunturales

Sockelbetrag *m*, **¨e** montante *m* fijo de un aumento salarial

sofort, ***ab ~*** inmediatamente; ***~ gültig*** con efectos inmediatos; inmediatamente vigente; de vigencia inmediata; ***~ lieferbar*** de suministro inmediato; a suministrar inmediatamente; suministrable con carácter inmediato; (Warenbörse) al contado; ***bitte erledigen Sie dies ~*** sírvanse llevarlo a cabo inmediatamente; por favor, realícenlo sin la mínima pérdida de tiempo

Soforthilfe *f*, **n** ayuda *f* inmediata

sofortig, ***wir bitten um Ihre ~e Antwort*** le rogamos nos conteste a vuelta de correo; ***~e Bestellung ist erwünscht*** desearíamos que cursaran inmediatamente el pedido; ***~e Erledigung eines Auftrages*** atención *f* inmediata a la ejecución de la orden; ***~er Gewinn*** beneficio *m* inmediato, instantáneo; ***gegen ~e Kasse gelieferte Ware*** mercancía *f* suministrada (con pago) al contado; ***zur ~en Lieferung*** a suministrar inmediatamente; ***mit ~er Wirkung*** con efectos inmediatos; ***~e Zahlung*** pago *m* inmediato

Sofortmaßnahme *f*, **n** medida *f* de urgencia *od.* inmediata

Sofortprogramm *n*, **e** programa *m* de realización inmediata, de urgencia

Sofortverbrauch *m*, Ø consumo *m* inmediato

Softselling *n*, Ø (Angl.) venta *f* por convencimiento (por persuasión, por sugestión)

Software *f*, Ø (Angl.) software *m*; logical *m*; logicial m; programas pl; paquetes *pl*;

Softwarebibliothek *f*, **en** biblioteca *f* de programática, de software

Softwarefabrik *f*, **en** factoría *f* de logical; taller m de software

Softwarefirma *f*, **-men** casa *f*, empresa de software; compañías *f* de programación y aplicaciones relacionadas

Softwarehaus *n*, **¨er** → Softwarefirma

Software-Ingenieur *m*, **e** (Inform.) ingeniero *m* de sistemas; analista programador *m*

softwarekompatibel compatible a nivel de programa

Softwarepackage *n*, Ø paquete *m*, conjunto *m* de programas

Softwareprogramm *n*, **e** programa *m* de logical, de software

Solawechsel *m*, **-** letra *f* al propio cargo; pagaré *m*

Sold *m*, **(e)** paga *f*; soldada *f* (de un militar)

solid, ***~e Firma*** empresa *f* solvente; firma *f* acreditada; ***~er Preis*** precio *m* equitativo; precio *m* razonable; ***~e Ware*** género *m* de excelente calidad

Solidarbürgschaft *f*, **en** garantía *f* solidaria (en la que el garante o los garantes se comprometen solidariamente con el deudor principal)
Solidarhaftung *f*, **en** responsabilidad *f* solidaria
solidarisch solidario; ***sich ~ erklären*** (***mit***) declararse solidario (con); ***~ haften*** (***für***) responder solidariamente (por)
solidarisieren, ***sich mit jdm.*** ~ solidarizarse con alguien
Solidarität *f*, Ø solidaridad *f*; ***finanzielle ~*** solidaridad financiera
Solidaritätsstreik *m*, **s** huelga *f* de solidaridad
Solidaritätszuschlag *m*, Ø (zur Lohn- und Einkommenssteuer) (D) recargo *m* de solidaridad (con el Este de Alemania); recargo *m* impositivo a favor de la antigua RDA
Solidarpakt *m*, Ø (D) pacto *m* de solidaridad (14 de marzo de 1993 entre el gobierno federal, la oposición y los primeros ministros de los länder a favor de la reestructuración del Este de Alemania)
Solidarschuld *f*, **en** deuda *f* solidaria (varios deudores se comprometen individualmente a cumplir toda la deuda frente al acreedor)
Solidarschuldner *m*, - deudor *m* solidario
Soll *n*, (**s**) **1.** debe *m*; débito *m*; pasivo *m*; ***ins ~ eintragen*** pasar al debe; ***~ und Haben*** debe y haber **2.** objetivo *m*; meta *f* de producción; ***sein ~ erfüllen*** alcanzar el objetivo previsto
Sollausgaben *pl* gastos *pl* estimativos
Sollbestand *m*, **e** efectivo *m* teórico, previsto
Solleinnahme *f*, **n** ingreso *m* estimativo, calculado
Soll-Ist-Vergleich *m*, **e** comparación *f* entre las cifras previstas y las realizadas
Sollkauf|mann *m*, **-leute** comerciante *m* inscrito en el registro de comercio
Soll-Kosten-Rechnung *f*, **en** cálculo *m* provisional de los costes
Soll-Leistung *f*, **en** rendimiento *m* previsto, teórico
Sollposten *m*, - partida *f* deudora, del debe
Sollseite *f*, **n** lado *m* del debe (de una cuenta)
Sollstärke *f*, (**n**) efectivo *m* teórico, previsto
Sollwert *m*, **e** (Seg.) valor *m* estimado, determinado
Sollzeit *f*, **en** tiempo *m* teórico
Sollzinsen *pl* intereses *pl* deudores
Solvabilität *f*, Ø solvencia *f*
solvent solvente
Solvenz *f*, **en** solvencia *f*
Sommerarbeitszeit *f*, **en** jornada *f* intensiva (de verano)
Sommerhaus *n*, **¨er** casa *f* de verano
Sommerloch *n*, (**¨er**) agujero *m* estival; calma *f* en los meses de verano
Sommerschlussverkauf *m*, (**¨e**) liquidación *f* total de verano
Sonder- (Pref.) especial; particular; excepcional
Sonderabgabe *f*, **n** tasa *f* especial
Sonderabschreibung *f*, **en** amortización *f* excepcional
Sonderanfertigung *f*, **en** fabricación *f*, modelo *m* especial
Sonderangebot *n*, **e** oferta *f* extraordinaria
Sonderausgabe *f*, **n** **1.** edición *f* especial; (Periódico) número *m* extraordinario **2.** gastos *pl* extraordinarios
Sonderausgaben *pl* **1.** gastos *pl* especiales **2.** (Steuer) deducciones *pl*
Sonderausrüstung *f*, **en** equipamiento *m* especial; extras *pl*
Sonderausschuss *m*, **¨e** comisión *f* especial
Sonderausschüttung *f*, **en** dividendo *m* extra; distribución *f* extraordinaria
Sonderausstattung *f*, **en** **1.** dotación *f* especial **2.** equipo *m* especial
Sonderbestimmung *f*, **en** disposición *f*, cláusula *f* especial
Sondereinnahmen *pl* ingresos *pl* extraordinarios
Sondereinzelkosten *pl* costes *pl* directos especiales
Sonderfall *m*, **¨e** caso *m* excepcional; asunto *m* fuera de lo común
Sondergenehmigung *f*, **en** permiso *m*, autorización *f* especial
Sondergericht *n*, **e** tribunal *m* bzw. juzgado *m* especial
Sondergesetz *n*, **e** ley *f* especial
Sondergröße *f*, **n** talla *f* especial
Sondergüter *pl* (Jur.) **1.** (esposa) bienes *pl* parafernales **2.** (hijos) peculio *m*
Sonderinteresse *n*, **n** interés *m* particular
Sonderlohnsatz *m*, **¨e** tasa *f* salarial especial
Sondermarke *f*, **n** sello *m* especial; emisión *f* especial
Sondermüll *m*, Ø desechos *pl* especiales; basura *f* especial (peligrosa, radioactiva, etc.)
Sonderorganisationen *pl*, ***~ der Vereinten Nationen*** agencias pl especializadas de las Naciones Unidas

Sonderpreis *m*, **e** precio *m* excepcional, especial
Sonderrabatt *m*, **e** rebaja *f od.* descuento *m* especial
Sonderrecht *n*, **e** (E) fuero *m*; prerrogativa *f*; privilegio m
Sonderregelung *f*, **en** reglamentación *f* especial
Sonderrücklage f, n reserva f para casos especiales; reserva f para fines extraordinarios
Sonderschicht *f*, **en** horas *pl* de trabajo suplementario
Sondersitzung *f*, **en** sesión *f* extraordinaria
Sonderstellung *f*, **en** posición *f* excepcional, única
Sonderstempel *m*, - matasellos *pl* especial
Sondersteuer *f*, **n** impuesto *m*, tasa *f*, exacción *f* especial
Sonderurlaub *m*, (**e**) licencia *f* especial
Sonderveranstaltungen *pl* **1.** actos *pl*, acontecimientos pl especiales **2.** (des Einzelhandels, z.B. Restverkäufe) promociones *pl* especiales
Sondervereinbarung *f*, **en** estipulación *f* extraordinaria; acuerdo *m* especial, excepcional
Sondervergütung *f*, **en 1.** gratificación *f* **2.** remuneración *f*, retribución *f* especial
Sonderverwahrung *f*, **en** depósito *m* separado; custodia *f* extraordinaria, individual
Sondervollmacht *f*, **en** poder *m* especial; ***mit ~ versehen*** conceder poder especial; facultar de manera especial
Sonderziehungsrechte *pl* (SZR) derechos *pl* especiales de giro (DEG) (posibilidad de crédito suplementario otorgada por el FMI a los países miembros)
Sonderzulage *f*, **n** suplemento *m*, plus *m* especial
Sonderzuweisung *f*, **en** dotación *f* extraordinaria
Sonnenenergie *f*, Ø, ***Nutzung der ~*** aprovechamiento *m*, explotación *f* de la energía solar
Sonnenkraftwerk *n*, **e** central *f* solar, heliotérmica
Sonntagsarbeit *f*, **en** trabajo *m* dominical; trabajo *m* clandestino
sonstig, ***~e Aufwendung*** demás gastos pl; otros gastos *pl*; ***~e Verbindlichkeiten*** otros débitos *pl*; demás obligaciones *pl* de pago; otros pasivos *pl* exigibles
Sorgfalt *f*, Ø cuidado *m*; esmero *m*; diligencia *f*; ***einen Auftrag mit größter ~ ausführen*** ejecutar un pedido con el mayor esmero
sorgfältig, ***einen Auftrag ~ erledigen*** atender esmeradamente un pedido, una orden
Sorte *f*, **n** calidad *f*; género *m*; tipo *m*; clase *f*; ***ohne Angabe der ~*** sin indicación de la calidad; ***verschiedene ~n Äpfel*** varias clases de manzanas
Sorten *pl* (Bankwesen) moneda *f* extranjera; monedas y billetes *pl* extranjeros
Sortendatei *f*, **en** fichero *m* de clasificación; fichero *m* de clases
Sorteneinteilung *f*, **en** clasificación *f* (por clases, variedades, categoría, etc.)
Sortenfertigung *f*, **en** producción *f* paralela
Sortengeschäft *n*, **e** cambio *m* de moneda extranjera; operaciones *pl* con moneda extranjera
Sortenkurs *m*, **e** tipo *m* de cambio (de las monedas extranjeras)
Sortenmarkt *m*, **¨e** mercado *m* de monedas extranjeras
Sorten-Nummer *f*, **n** número *m* de los valores
Sortenzettel *m*, - nota *f* de clases de moneda
sortieren clasificar; seleccionar- escoger
Sortiermaschine *f*, **n** (máquina *f*) clasificadora *f*
Sortierung *f*, **en** clasificación *f*
Sortiment *n*, **e** surtido *m*; selección *f*; juego *m*; ***ein großes ~ an Möbeln*** una gran variedad de muebles
Sortimentsbuchhandel *m*, Ø librería *f* general (que vende libros de todas las editoriales) (Ggs. ***Verlagsbuchhandel***)
souverän soberano
Souveränität *f*, Ø soberanía *f*
Sowjetunion *f* Unión *f* soviética; U.R.S.S.
Sozi *m*, **s** (Pey.) social-demócrata *m*
sozial, ***~e Sicherheit*** seguridad *f* social; ***~e Fürsorge*** asistencia *f* social; servicio *m* social; ***~e Marktwirtschaft*** economía *f* social de mercado
Sozial- (Pref.) social
Sozialabgaben *pl* cargas *pl* sociales; exacciones *pl* sociales; cuotas *pl* a la seguridad social
Sozialamt *n*, **¨er** oficina *f* de asuntos sociales
Sozialarbeit *f*, **en** obra *f* social *od.* de beneficencia
Sozialarbeiter *m*, - asistente *m* social
Sozialaufwendungen *pl* gasto *m* social; gastos *pl* sociales; gastos *pl* con fines sociales (Syn. ***Sozialausgaben***)

Sozialausschuss *m*, **¨e** comisión *f* de asuntos sociales
Sozialbeitrag *m*, **¨e** cotización *f*, cuota *f* a la Seguridad Social
Sozialbericht *m*, **e** balance *m* social (dentro del informe de gestión)
Sozialbilanz *f*, **en** **1.** → Sozialbericht **2.** memoria y balance (exposición de las entradas y salidas de una sociedad)
Sozialcharta *f*, **s**, ***Europäische*** ~ carta *f* social europea
Sozialdemokrat *m*, **en** social-demócrata *m*
Sozialdemokratie *f*, Ø social-democracia *f*
sozialdemokratisch social-demócrata
Sozialeinkommen *n*, **-** renta *f* social; ingresos *pl* de la previsión social
Sozialeinrichtungen *pl* instituciones *pl*, obras *pl* sociales
Sozialfonds *m*, **-** → Europäischer Sozialfonds
Sozialfürsorge *f*, Ø → Sozialhilfe
Sozialfürsorger *m*, **-** asistente *m* social
Sozialfürsorgerin *f*, **nen** asistente *f* social
Sozialgefüge *n*, **-** estructura *f* social
Sozialgericht *n*, **e** tribunal *m* de lo social; tribunal *m* de asuntos sociales
Sozialgerichtsbarkeit *f*, Ø jurisdicción *f* en materia social
Sozialgeschädigte(r) **(der/ein)** inadaptado *m* social
Sozialgesetzgebung *f*, **en** legislación *f* social
Sozialhelferin *f*, **nen** asistente *f* social
Sozialhilfe *f*, Ø auxilio *m* social; ayuda *f* social; asistencia *f* social
sozialhilfebedürftig necesitado de auxilio, de asistencia social
Sozialhilfeempfänger *m*, **-** beneficiario *m* de auxilio social; perceptor *m* de asistencia social
Sozialhilfefall m, **¨e** caso *m* social (relevante para la concesión de ayuda)
Sozialinvestitionen *pl* inversiones *pl* sociales
sozialisieren socializar; nacionalizar; ***sozialisierter Betrieb*** empresa *f* nacionalizada
Sozialisierung *f*, **en** socialización *f*; nacionalización *f*
Sozialismus *m*, Ø socialismo *m*
Sozialist *m*, **en** socialista *m*
sozialistisch socialista; ***~e Arbeiterpartei Spaniens*** PSOE Partido Socialista Obrero Español
Sozialkosten *pl* costes *pl* (de las prestaciones) sociales
Soziallasten *pl* cargas *pl* sociales
Sozialleistung *f*, **en** prestación *f* social
sozialliberal (R.F.A.) socio-liberal; ***~e Koalition*** coalición *f* socio-liberal (entre el partido SPD y el F.D.P.)
Soziallohn *m*, **¨e** salario *m* (familiar) social; salario *m* según criterios sociales
Sozialmieter *m*, **-** inquilino *m*, arrendatario *m* de una vivienda social
Sozialökonomie *f*, Ø economía *f* social
sozialökonomisch socio-económico; ***~e Gruppe*** grupo *m* socio-económico
Sozialpartner *pl* (Gewerkschaften und Unternehmensvertreter) los agentes sociales; los interlocutores sociales; las partes negociadoras del convenio colectivo; ***die Beziehungen zwischen den*** ~ las relaciones entre los agentes sociales; ***Vertreter der*** ~ representantes *pl* de los agentes sociales; representantes *pl* de la patronal y de los sindicatos
Sozialplan *m*, **¨e** plan *m* de ayuda social
Sozialpolitik *f*, Ø política *f* social
sozialpolitisch, ***~e Maßnahmen*** medidas *pl* político-sociales
Sozialprodukt *n*, **e** producto *m* nacional (Syn. ***Volkseinkommen***)
Sozialrecht *n*, Ø derecho *m* social
Sozialrente *f*, **n** pensión *f* otorgada por la Seguridad Social
Sozialrentner *m*, **-** beneficiario *m*, perceptor *m* de una pensión de la Seguridad Social
Sozialstaat *m*, **en** estado *m* del bienestar; (sehr selten: estado *m* social)
Sozialversicherte(r) **(der/ein)** afiliado *m* a la seguridad social; beneficiario m de la seguridad social; cotizante m a la seguridad social
Sozialversicherung *f*, **en** Seguridad *f* Social; ***Beitritt zur*** ~ ingreso *m* en, afiliación *f* a la Seguridad Social
Sozialversicherungsausweis *m*, **e** carnet *m* de la Seguridad Social
Sozialversicherungsbeitrag *m*, **e** cuota *f* a la Seguridad Social
Sozialversicherungsleistungen *pl* prestaciones *pl* del seguro social, de la seguridad social
Sozialversicherungspflicht *f*, Ø obligación *f* de cotizar a la Seguridad Social
sozialversicherungspflichtig obligado a cotizar a la Seguridad Social; ~ ***sein*** estar sujeto a la Seguridad Social
Sozialversicherungsrente *f*, **n** pensión *f* de la seguridad social

Sozialversicherungsträger *pl* (entes *pl*) titulares *pl* de la seguridad social
Sozialversicherungszahlungen *pl* pagos *pl* de la seguridad social
sozialverträglich compatible, tolerable socialmente
Sozialverträglichkeit *f*, Ø compatibilidad *f*, tolerabilidad *f* social
Sozialwerk *n*, **e** obras *pl* sociales de beneficencia
Sozialwissenschaften *pl* → Soziologie
Sozialwohnung *f*, **en** vivienda *f* de protección oficial; vivienda *f* social; (Fam.) "casas *pl* baratas"
Sozialzulage *f*, **n** plus *m* familiar; subvención *f* social
Sozietät *f*, en (von Anwälten) bufete *m*
Soziologie *f*, **n** sociología *f*, ciencias *pl* sociales (Syn. ***Gesellschaftswissenschaft***)
sozio-professionell socio-profesional; ***~e Gliederung*** distribución *f* socio-profesional
Sozius *m*, **se** asociado *m*; socio *m*
Spalte *f*, **n** (einer Zeitung) columna *f*; ***eine vier ~n breite Annonce*** un anuncio a cuatro columnas
spalten dividir; escindir; ***eine gespaltene Partei*** un partido dividido
Spaltung *f*, **en** división *f*; escisión *f*; fraccionamiento *m*
spanisch español; hispánico; (Sprache) castellano; ***~sprachig***, ***~sprechend*** castellanoparlante; de habla castellana; de lengua española; de idioma español; ***aus dem ~en übersetzen*** traducir del español; ***ins ~e übersetzen*** traducir al español
Spanne *f*, **n** margen *m*; diferencia *f*; ***die ~ zwischen Brutto und Nettogehalt*** el margen entre el salario bruto y el neto
Spannung *f*, **en** tensión *f*; ***soziale ~en*** disturbios *pl*, tensiones sociales
Spar- und Darlehenskasse *f*, **n** caja *f* de ahorros y de préstamo
Sparanlage *f*, **n** ahorro *m*; fondos *pl* ahorrados; colocación *f* con fines de ahorro
Sparanreiz *m*, **e** incentivo *m* al ahorro; ahorro *m* incentivado
Sparaufkommen *n*, - volumen *m* de ahorro; total *m* ahorrado
Sparbereitschaft *f*, Ø predisposición *f* a ahorrar; propensión *f* al ahorro
Sparbetrag *m*, **¨e** montante *m* economizado, ahorrado
Sparbildung *f*, Ø formación *f* de ahorro
Sparbrief *m*, **e** (über Spareinlagen) certificado m de ahorro
Sparbuch *n*, **¨er** → Sparkassenbuch
Sparbuch *n*, **¨er** libreta *m* de ahorro; cartilla *f* de ahorro; (Werbung) "libretón" *m*
Sparbüchse *f*, **n** alcancía *f*; hucha *f*
Spareinlagebestand *m*, **¨e** total *m* en depósitos de ahorro
Spareinlagen *pl* depósitos *pl* de ahorro; ~ ***mit gesetzlicher Kündigungsfrist*** depósitos *pl* (de ahorro) con plazo legal (de retirada); ~ ***abheben*** retirar depósitos de ahorro
sparen ahorrar; economizar; hacer economías, ahorros
Sparen *n*, Ø ahorro *f*; economía *f*
Sparer *m*, - ahorrador *m*; ***die kleinen*** ~ los pequeños ahorradores
Sparerfreibetrag *m*, **¨e** parte *f* del ahorro exenta de impuestos; importe *m* ahorrado no gravado; suma *f* ahorrada no sujeta a impuestos
Sparförderung *f*, **en** fomento *m*, promoción *f* del ahorro
Spargelder *pl* ahorros *pl* (sumados todos los fondos depositados en los institutos de crédito)
Spargeschäft *n*, Ø operación *f* de ahorro
Spargiroverkehr *m*, Ø operaciones *pl* de giro de ahorros; operaciones *pl* de transferencia de ahorros
Spargroschen *m*, - → Sparpfennig
Sparguthaben *n*, - depósito *m* de ahorro; cuenta *f* de ahorro
Sparkapital *n*, Ø capital *m* ahorrado
Sparkasse *f*, **n** caja *f* de ahorros
Sparkassen- und Giroverband *m*, Ø (D) Asociación *f* de las cajas de aho- rro y de transferencias
Sparkassenbrief *m*, **e** certificado *m* de ahorro (de una Caja)
Sparkkassenbuch *n*, **¨er** libreta *f*, cartilla *f* de una caja de ahorros
Sparkassenwesen *n*, Ø sistema *m*, régimen *m* de cajas de ahorros
Sparkont|o *n*, **s** *od.* **-en** cuenta *f* de ahorros
Sparmaßnahmen *pl* **1.** medidas *pl* de ajuste; medidas *pl* de austeridad **2.** medidas *pl* de (fomento del) ahorro
Sparneigung *f*, Ø propensión *f*, predisposición *f* al ahorro
Sparpackung *f*, **en** envase *m* económico
Sparpfennig *m*, **e** ahorrillos *pl*; pequeños ahorros

Sparpolitik *f*, Ø política *f* de austeridad, de economización

Sparpolster *n*, - reservas *pl* financieras; pila *f* de ahorros

Sparprämie *f*, **n** prima *f* de ahorro

Sparprogramm *n*, **e** programa *m* de ajuste; programa *m* de austeridad

Sparquote *f*, **n** cuota *f* de ahorro; coeficiente *m* de ahorro

Sparrate f, **n** tasa *f* de ahorro

sparsam I. (Adjektiv) **1.** ahorrativo; poco gastador; económico; ***mit etw. ~ umgehen*** gastar poco de u/c; economizar; ***~er Umgang mit Rohstoffen*** utilización *f* económica de las materias primas; uso *m* moderado de las materias primas; ***~ im Verbrauch*** de poco consumo; de escaso consumo; de consumo reducido **2.** (Börse) ***~es Angebot*** oferta *f* escasa **II.** (Adverb) ***~ leben*** gastar poco; vivir con sentido de la economía

Sparsamkeit *f*, Ø sobriedad *f*; parquedad *f*; economía *f*; ***aus ~sgründen*** por razones de economía; ***um ~ bemüht sein*** esforzarse por economizar

Sparschwein *n*, **e** → Sparbüchse

Sparschwelle *f*, **n** umbral *m*, punto *m* de equilibrio (del ahorro)

Sparsinn *m*, Ø sentido *m*, espíritu *m* del ahorro

Sparstrumpf *m*, (¨e) (Fam.) **1.** ahorrillos *pl* **2.** talega *f*

Spartätigkeit *f*, Ø (actividad *f* de) ahorro *m*; economía *f*

Sparte *f*, **n** ramo *m*; rama *f*; segmento *m*; línea *f*

Spartrieb m, Ø instinto m de ahorro

Sparverkehr *m*, Ø operaciones *pl* de ahorro

Sparvertrag *m*, ¨**e** contrato *m* de ahorro; ***prämienbegünstigter ~*** contrato de ahorro con prima; ***~ mit festgelegten Sparraten*** contrato de ahorro con tasas de ahorro fijas

Sparwesen *n*, Ø ahorro *m*

Sparwilligkeit *f*, Ø voluntad *f* de ahorro; predisposición *f* a ahorrar

Sparzinsen *pl* intereses *pl* de los depósitos de ahorro; intereses *pl* arrojados por los ahorros

Sparzulage *f*, **n** prima *f* de ahorro

Späteintritt *m*, **e** afiliación *f* a una edad avanzada (a la Seguridad Social)

Spatenstich *m*, Ø, ***den ersten ~ tun*** empezar, iniciar una obra

später, ***~e Bestellung*** pedido *m* posterior; ***nicht ~ als*** no después de

spätestens, ***~ bis*** el día ... como fecha límite; como máximo el día...; a (lo) más tardar el ...; de ninguna manera después del...

Spätindikator *m*, **en** indicador *m* de retardos; indicador *m* con retraso; indicador *m* atrasado

Spätschaden *m*, ¨ siniestro *m* tardío

Spätschalter *m*, - ventanilla *f* fuera de horario

Spätschicht *f*, **en** turno *m* de la tarde; ***~ haben*** trabajar en el turno de la tarde

SPD *f* (Sozialdemokratische Partei Deutschlands) Partido *m* social-demócrata alemán

spedieren expedir; despachar; enviar

Spediteur *m*, **e** transportista *m*; agente *m* de transportes; comisionista *m*

Spedition *f*, **en 1.** comercio *m* de expedición; agencia *f* de transportes **2.** envío *m*; despacho *m*; expedición *f*

Speditionsfirm|a *f*, **-en** empresa *f*; agencia *f* de transportes; comercio *m* de expedición

Speditionsgeschäft *n*, **e 1.** → Speditionsfirma **2.** operación *f* de comisión de transportes

Speicher *m*, - **1.** almacén *m*; depósito *m*; granero *m*; silo *m* **2.** (Inform.) memoria *f*; ***Daten vom ~ abrufen*** leer (datos) en la memoria; ***externer ~*** memoria periférica; ***interner ~*** memoria interna; ***löschbarer ~*** memoria borrable; ***magnetischer ~*** memoria magnética; ***~ mit direktem Zugriff*** memoria de acceso directo

Speicherfähigkeit *f*, **en** (Inform.) capacidad *f* de almacenamiento (de una memoria)

Speicherkapazität *f*, **en** → Speicherfähigkeit

speichern 1. ensilar; depositar; almacenar **2.** (Inform.) almacenar; ***Daten ~*** almacenar datos; (auf Band) registrar

Speicherplatz *m*, ¨**e** (Inform.) posición *f* de memoria

Speicherung *f*, **en 1.** depósito *m* **2.** (Inform.) almacenamiento *m*

speisen alimentar; ***einen Computer mit Daten ~*** introducir datos en un ordenador

Spekulant *m*, **en** especulador *m*; agiotista *m*

Spekulation *f*, **en** especulación *f*; ***Gewinn bringende ~*** especulación lucrativa

Spekulationsgeschäft *n*, **e** operación *f* especulativa

Spekulationsgewinn *m*, **e** ganancia *f* debida a especulaciones

Spekulationskauf *m*, **¨e** compra *f* especulativa *od.* a especulación

Spekulationspapier *n*, **e** título-valor *m* de especulación; efectos *pl* especulativos

Spekulationssteuer *f*, **n** impuesto *m*, tasa *f* sobre las plusvalías bursátiles

Spekulationsverkauf *m*, **¨e** venta *f* especulativa

Spekulationswert *m*, **e** valor *m* especulativo

spekulativ, ***~e Anlage*** inversión *f* especulativa; ***~es Auslandsgeld*** dinero *m* extranjero con fines especulativos; ***~er Bestand*** existencias ***pl*** con fines especulativos

spekulieren especular; ***auf Baisse, Hausse ~*** especular jugar a la baja, al alza; ***an der Börse ~*** especular en (la) Bolsa

Spende *f*, **n**, ***eine ~ steuerlich absetzen*** deducir un donativo de un impuesto

spenden donar; hacer una donación

Spender *m*, **-** donante *m*; donador *m*

spendieren 1. regalar; donar **2.** pagar

Sperrdepot n, s depósito m bloqueado

Sperre *f*, **n** bloqueo *m*; barrera *f*; prohibición *f*; obstáculo; (Seg.) dispositivo *m* de bloqueo; ***eine ~ verhängen, aufheben*** imponer, levantar el bloqueo

sperren 1. bloquear (un cheque, los pagos, el crédito); ***einen Scheck ~ lassen*** ordenar el bloqueo de un cheque; ***einen Kredit ~*** congelar, bloquear un crédito **2.** cortar (el agua, el gas, la electricidad); ***für den Verkehr ~*** cortar a la circulación; cortar al tráfico **3.** ***die Grenze, den Flughafen, den Hafen ~*** cerrar la frontera, el aeropuerto, el puerto **4.** ***eine Datei ~*** impedir el acceso a un fichero

Sperrfrist *f*, **en 1.** plazo *m* de bloqueo **2.** plazo m de suspensión **3.** plazo *m* obligatorio de espera **4.** plazo *m* de embargo (de una noticia)

Sperrgebiet *n*, **e** área *f* prohibida

Sperrgut *n*, **¨er** mercancía *f* de gran bulto

Sperrguthaben *n*, **-** depósitos *pl*, haberes *pl* bloqueados

Sperrholz *n*, Ø madera *f* terciada, contrachapeada

sperrig de mucho bulto; de gran bulto; voluminoso

Sperrjahr *n*, **e** año *m* de bloqueo; periodo *m* de limitación de un año; año *m* de espera

Sperrklausel *f*, **n** cláusula *f* de bloqueo, de limitación *bzw.* de suspensión

Sperrkont|o *n*, **s** *od.* **-en** cuenta *f* bloqueada cuenta *f* congelada

Sperrliste *f*, **n** lista *f* negra

Sperrmark *f*, Ø haberes *pl* extranjeros en marcos alemanes en las cuentas bloqueadas entre 1945 y 1954

Sperrminorität *f*, **(en)** minoría *f* de bloqueo; ***die ~ in einem Unternehmen erwerben*** adquirir la minoría de bloqueo de una empresa

Sperrmüll *m*, Ø basura *f*, residuos *pl* de mucho bulto

Sperrstücke *pl* acciones *pl* no negociables durante cierto tiempo

Sperrstunde *f*, **n** hora *f* de cierre (Syn. ***Polizeistunde***)

Sperrung *f*, **(en)**, ***~ eines Kontos*** bloqueo *m*, congelación *f* de una cuenta; ***~ der Mittel*** congelación *f*, corte *m* de recursos; ***Auftrag zur ~ eines Schecks*** orden *f* de suspensión de pago de un cheque

Sperrvermerk *m*, **e** nota *f* de no negociabilidad, de bloqueo

Sperrzeit *f*, **en** período *m* de bloqueo

Sperrzoll *m*, **¨e** aduana *f* prohibitiva; derecho *m* prohibitivo

Sperrzone *f*, **n** zona *f* prohibida; zona *f* a la que no está permitido el paso

Spesen *pl* gastos *pl*; costes *pl*; comisión *f*; ***nach Abzug aller ~*** deducidos todos los gastos; ***seine ~ abrechnen*** dar cuenta de sus gastos; ***die ~ zurückerstatten*** reembolsar los gastos

Spesen(ab)rechnung *f*, **en** liquidación *f*, cuenta *f* de gastos

spesenfrei libre, exento de gastos

Spesenvergütung *f*, **en** reembolso *m* de los gastos

Spesenvorschuss *m*, **¨e** adelanto *m* en concepto de gastos

spezial especial; particular

Spezialausführung *f*, **en** construcción *f* especial

Spezialcontainer *m*, **-** contenedor *m* de uso especial, de aplicación especial

Spezialfach *n*, **¨er** especialidad *f*; cualificación *f*

Spezialgeschäft *n*, **e** negocio *m* especializado; comercio *m* del ramo

spezialisieren especializar; ***sich ~ (auf)*** especializarse (en)

Spezialisierung *f*, **en** especialización *f*

Spezialist *m*, **en** especialista *m*; experto *m*

Spezialwerte pl (Börse) valores pl, títulos pl especiales

Spezieskauf *m*, **¨e** compra *f*, venta *f* de una cosa no fungible (Ggs. ***Gattungskauf***)

Speziessache *f*, **n** cosa *f* no fungible (que no puede ser reemplazada por otra de la misma especie)
Spezifikationskauf *m*, **¨e** venta *f* con cláusula de especificación (el comprador se reserva el derecho de especificar la mercancía en el momento del suministro)
spezifisch específico; *~er Zoll* arancel *m* específico
spezifizieren, *die Kosten* ~ pormenorizar, detallar, apuntar, especificar los costes
spezifiziert, *~e Rechnung* cuenta *f* detallada; factura *f* pormenorizada; liquidación *f* especificada
Spezifizierung *f*, **en** especificación *f*
Spielautomat *m*, **en** máquina *f* recreativa; (Pop.) máquina *f* tragaperras, tragamonedas
Spielbank *f*, **en** casino *m* (de juego); casa *f* de juegos
Spielbankabgabe *f*, **n** tasa *f*, exacción *f* de los casinos (de juego
Spielfilm *m*, **e** película *f*; largometraje *m*
Spielgeld *n*, Ø **1.** ficha *f* **2.** (Einsatz) puesta *f*
Spielgewinn *m*, **e** ganancia *f* en el juego
Spielkartensteuer *f*, **n** impuesto *m* sobre naipes
Spielkasino *n*, **s** casino *m* (de juego)
Spielmarke *f*, **n** ficha *f*
Spielraum *m*, **¨e** margen *m* (de maniobra); margen *m* de tolerancia; libertad *f* de movimiento
Spielsachen *pl* juguetes *pl*
Spielsalon *m*, **s** sala *f* recreativa; "juegos" *pl*
Spieltheorie *f*, **n** teoría f de (los) juegos (método de análisis económico)
Spieltisch *m*, **e** tapete *m* verde; mesa *f* de juego
Spielwarengeschäft *n*, **e** tienda *f* de juguetes; juguetería *f*
Spielwarenindustrie *f*, **n** industria *f* de juguetes
Spielwarenmesse *f*, **n** feria *f* de juguetes
Spin-Off *m*, Ø **1.** transferencia *f* de activos **2.** cambio *m* de acciones **3.** transferencias *pl* tecnológicas (del sector militar al sector civil)
Spionage *f*, Ø espionaje *m*
spionageverdächtig sospechoso de espionaje
Spirituosen *pl* bebidas *pl* alcohólicas; bebidas *pl* espirituosas
Spitze *f*, **n** 1. *die ~ des Konzerns* cúpula *f* del grupo; los máximos directivos del grupo; los principales ejecutivos del grupo; la alta dirección *f* del grupo; *an der ~ der Firma stehen* ser el principal representante de la empresa; ser el máximo responsable de la empresa; estar a la cabeza de la empresa; encabezar la empresa; *an der ~ liegen* ser el primero; ir a la cabeza; ir en cabeza; tomar la delantera **2.** (Adj.) *dieses Produkt ist* ~ este producto es el no va más; es un producto estupendo; es un artículo de primerísima calidad 3. *~n* (Börse) acciones *pl* fraccionarias; cupones *pl* de acción
Spitzen- (Pref.) de punta; de calidad; máximo
Spitzenbedarf *m*, Ø demanda *f* máxima; demanda *f* punta
Spitzenbelastung *f*, Ø carga *f* máxima; carga *f* (de) punta
Spitzenbetrag *m*, **¨e** importe m residual
Spitzenbetrieb *m*, **e** empresa *f* de punta
Spitzeneinkommen *n*, - renta *f* máxima; ingresos *pl* máximos
Spitzenerzeugnis *n*, **se** artículo *m* de primera calidad
Spitzenfabrikat *n*, **e** → Spitzenerzeugnis
Spitzenfunktionär *m*, **e** **1.** secretario *m* general de un sindicato; dirigente *m* sindicalista **2.** alto dirigente *m* político
Spitzengeschwindigkeit *f*, **en** velocidad *f* máxima; velocidad f punta
Spitzengespräch *n*, **e** conversación *f* en la cumbre
Spitzenindustrie *f*, **n** industria *f* de punta *od.* dirigente
Spitzenkandidat *m*, **en** candidato *m* principal; primer candidato *m*; candidato *m* cabeza de fila
Spitzenklasse *f*, Ø de primerísima clase; de primera clase; gran clase
Spitzenkräfte *pl* personal *m* dirigente; directivos *pl*
Spitzenlast *f*, Ø → Spitzenbelastung
Spitzenleistung *f*, **en** **1.** rendimiento *m* máximo **2.** *~ eines Motors* potencia *f* máxima de un motor **3.** (Deporte) plusmarca *f*; récord *m* **4.** (Fig.) hazaña *f*; proeza *f*
Spitzenlohn *m*, **¨e** salario *m* máximo
Spitzenmanager *m*, - alto directivo *m*; *die ~* los altos cargos; los principales cargos; los primeros ejecutivos; los ejecutivos principales; la cúpula (directiva)
Spitzenmarke *f*, **n** marca *f* líder
Spitzenorganisation *f*, **en** organización *f* central

Spitzenpolitiker *m*, - político *m* de primera línea; líder *m* político; estrella *f* política
Spitzenqualität *f*, **en** primerísima calidad *f*; calidad *f* excepcional
Spitzenreiter *m*, -,***bei etw. ~ sein*** venir en cabeza; estar a la cabeza; estar en cabeza; ser el primero; ocupar el primer puesto
Spitzenstellung *f*, **en** posición *f* clave; cargo *m* más alto; puesto *m* de máxima responsabilidad; posición *f* dirigente
Spitzensteuersatz *m*, **¨e** tramo *m* superior del impuesto; tipo *m* máximo de imposición; tipo *m* impositivo más elevado, más alto
Spitzentechnologie *f*, **n** tecnología *f* (de) punta; tecnología *f* de vanguardia; tecnología *f* más avanzada (Syn. ***High Tech***; ***Hochtechnologie***)
Spitzenumsatz *m*, **¨e** facturación *f* récord; récord *m* en ventas
Spitzenverband *m*, **¨e** → Spitzenorganisation
Spitzenverbrauch *m*, Ø consumo *m* (de) punta
Spitzenverdiener *m*, - persona *f* de alto nivel de renta
Spitzenverkehrszeit *f*, **en** hora *f* punta
Spitzenwerte *pl* (Börse) valores *pl* principales, prometedores
Splitterpartei *f*, **en** micropartido *m*; minipartido *m*; partido *m* minúsuculo; grupúsculo *m* político
Splitting *n*, Ø **1.** imposición *f* separada e igual de los cónyuges **2.** fraccionamiento *m* de acciones *od.* certificados de inversión **3.** ***~ der Stimmen*** división *f* de los votos
SPÖ *f* (Sozialistische Partei Österreichs) Partido *m* Socialista Austríaco
sponsern patrocinar
Sponsor *m*, **en** patrocinador *m*
Sponsorentum *n*, Ø → Sponsoring
Sponsoring *n*, Ø mecenazgo m; apadrinamiento m
Sponsorschaft *f*, Ø → Sponsoring
Spontankauf *m*, **e** compra *f* impulsiva, espontánea
Sponti *m*, **s** (Polit.) miembro *m* de un grupúsculo de izquierda
Sport(artikel)geschäft *n*, **e** tienda *f* de artículos de deporte
Sportflugzeug *n*, **e** avioneta *f*
Sportgerät *n*, **e** aparato *m* de deporte
Sporthalle *f*, **n** pabellón *m* de deportes
Sportwagen *m*, - coche *m* deportivo; coche *m* sport
Spot *m*, **s 1.** compraventa *f* al contado; operación *f* al contado **2.** cuña *f* publicitaria
Spot cash contado; de contado; pago *m* al contado; disponibilidad *f* inmediata
Spot delivery entrega *f* inmediata; entrega *f* al contado
Spot exchange rate *f*, Ø tipo *m* de cambio (de divisas) al contado
Spot goods *pl* mercancías *pl* disponibles
Spot stock *m*, Ø mercado *m* in situ
Spot trading *n*, Ø operaciones *pl* al contado
Spotgeschäft *n*, **e** operación *f* al contado
Spotkurs *m*, **e** cotización *f* al contado
Spotmarkt *m*, **¨e** mercado *m* spot; mercado *m* al contado
Spotmarktpreis *m*, **e** precio *m* en el mercado libre
Spotpreis *m*, **e** precio *m* al contado; precio *m* para, de entrega inmediata
spottbillig baratísimo; irrisorio; regalado
Spottgeld *n*, **(er)** precio *m* baratísimo, irrisorio
Spottpreis *m*, **e** → Spottgeld
Sprachendienst *m*, **e** sección *f* de traducciones; departamento *m* de traducción e interpretación; servicio *m* lingüístico; (sección *f* de) corresponsalía *f* en lenguas extranjeras
Sprachenschule *f*, **n** escuela *f*, academia *f* de idiomas
Sprachgebiet *n*, **e**, ***das spanische ~*** el área *f*, el ámbito *m* de habla española; los países *pl* de habla española
Sprachkenntnisse *pl*, ***mit ~n*** con (conocimientos de) idiomas
Sprechanlage *f*, **n** interfono *m*
Sprecher *m*, - **1.** orador *m* **2.** portavoz *m* **3.** interlocutor *m* **4.** locutor *m*
Sprengkopf *m*, **¨e**, ***atomarer ~*** ojiva *f* nuclear
springen (Pop.), ***etw ~ lassen*** soltar la pasta; aflojar la mosca
Springer *m*, - personal *m* temporal
Spritze *f*, **n** inyección *f* (de capital)
spröde frágil
Spruch *m*, **¨e** (Jur.) sentencia *f*; fallo *m*; veredicto *m* (del jurado)
Spruchband *n*, **¨er** pancarta *f*
spruchreif 1. (Jur.) concluso para sentencia; visto para sentencia; listo para sentencia **2.** pendiente

sprunghaft, ~ ***steigende Kurse*** cotizaciones pl que se disparan; cotizaciones *pl* disparadas; ***~es Steigen der Preise*** aumento *m* vertiginoso de los precios; el disparo *m* de los precios
Sprungregress *m*, **e** recurso *m* directo; recurso *m* a un endosante cualquiera
Spur *f*, **en 1.** huella *f*; rastro *m* **2.** carril *m*; banda *f* **3.** (auf einem Magnetband) pista *f*; ~ ***Null*** pista cero
spürbar, ***~e Erhöhung der Preise*** aumento *m* palpable, sensible de los precios; ***~e Verteuerung*** encarecimiento *m* palpable, sensible
Spurweite *f*, **n** ancho *m* de vía
Staat *m*, **en** Estado *m*; ***blockfreier*** ~ Estado no alineado; ***neutraler*** ~ país *m* neutral; ***souveräner*** ~ Estado soberano; ***totalitärer*** ~ Estado totalitario
Staatenbund *m*, **e** confederación *f* (de Estados)
Staatenlose(r) (der/ein) apátrida *f*; persona *f* sin nacionalidad
staatlich, ~ ***anerkannt*** homologado, reconocido por el Estado; ~ ***geprüft*** con diploma oficial; ~ ***geprüfter und beeidigter Übersetzer*** traductor *m* público jurado; ~ ***überwacht*** supervisado, controlado, inspeccionado por el Estado; ***unter ~er Aufsicht*** bajo control, supervisión, inspección del Estado; ***~e Aufträge*** encargos *pl* públicos; pedidos *pl* del Estado; ***~e Beihilfe*** ayuda *f* del Estado; ***in ~em Besitz*** en posesión del Estado; de titularidad estatal; ***~er Eingriff in das Wirtschaftsleben*** intervención *f* del Estado en el devenir económico; injerencia *f* del Estado en la vida económica; ***~e Einrichtungen*** instituciones *pl* del Estado
Staatsangehörige/r (der/ein), ***deutscher*** ~ ciudadano *m*, súbdito *m* alemán
Staatsangehörigkeit *f*, **(en)**, ***Erwerb und Verlust der spanischen*** ~ adquisición *f* y pérdida de la nacionalidad española; ***jdm. die ~ aberkennen*** privar a alguien de la nacionalidad; ***die deutsche ~ besitzen*** detentar la nacionalidad alemana; tener la ciudadanía alemana; ser (ciudadano) alemán
Staatsangestellte(r) (der/ein) empleado *m* del Estado
Staatsanleihe *f*, **n** empréstito *m* estatal
Staatsanwalt *m*, **e** fiscal *m* (representante del Ministerio Público Fiscal)
Staatsanwaltschaft *f*, Ø ministerio *m* público fiscal; fiscalía *f*
Staatsanzeiger *m*, **-** (E) boletín *m* oficial del Estado (B.O.E.); diario *m* oficial; gaceta *f* oficial
Staatsapparat *m*, **(e)** aparato *m* del Estado *od.* estatal
Staatsaufsicht *f*, **en** control *m*, vigilancia *f* del Estado
Staatsausgaben *pl* gastos *pl* públicos
Staatsausgabenquote *f*, **n** → Staatsquote
Staatsbankrott *m*, **e** quiebra *f*, bancarrota *f* nacional; ruina *f* económica de un Estado
Staatsbeamter *m*, **-** funcionario *m* público; funcionario *m* del Estado; ***hoher*** ~ alto cargo *m* de la administración (del Estado); alto cargo *m* público
Staatsbehörde *f*, **n** instancia *f* oficial; autoridad *f* (pública)
Staatsbetrieb *m*, **e** empresa *f* pública, nacional
Staatsbürger *m*, **-** → Staatsangehöriger
Staatsbürgerschaft *f*, **(en)** → Staatsangehörigkeit
Staatschef *m*, **s** jefe *m* del Estado; primer mandatario *m*
Staatsdefizit *n*, **e** déficit *m* público; déficit *m* presupuestario; déficit *m* del Estado (Syn. ***Haushaltsdefizit***; ***Öffentliches Defizit***)
Staatsdiener *m*, **-** funcionario *m* (público) (Syn. ***Beamter***)
Staatsdienst *m*, Ø servicio *m* público; ***im ~ (stehen)*** estar en la función pública; estar al servicio del Estado; tener un cargo público; ***in den ~ treten*** pasar a la función pública; pasar a ser funcionario
staatseigen perteneciente al Estado; nacional; estatal; público; del Estado
Staatseigentum *n*, Ø propiedad *f* del Estado; dominio *m* público; bienes *pl* nacionales; ***im ~ stehen*** ser de dominio público; formar parte del patrimonio del Estado; ser un bien nacional
Staatseinkünfte *pl* → Staatseinnahmen
Staatseinnahmen *pl* ingresos *pl* del Estado; rentas *pl* fiscales
Staatsexam|en *n*, **-ina** examen *m* de Estado; (E) licenciatura *f*
Staatsfinanzen *pl* finanzas *pl* públicas; Hacienda *f* pública
Staatsform *f*, **en** régimen *m* político, forma *f* de gobierno
Staatsgebiet *n*, **e** territorio *m* (nacional)
Staatsgelder *pl* fondos *pl* públicos; fondos *pl* del Estado

Staatsgewalt *f*, Ø poder *m* supremo (del Estado); autoridad *f* nacional
Staatsgrenze *f*, **n** frontera *f* de un Estado
Staatshandelsland *n*, **¨er** país *m* de comercio estatal; país *m* con comercio de Estado
Staatshaushalt *m*, **e** presupuesto *m* del Estado
Staatshaushaltsgesetz *n*, **e** (E) ley *f* de presupuestos generales del Estado
Staatshoheit *f*, **en** soberanía *f* nacional
Staatsiegel *n*, - sello *m* del Estado
Staatskanzlei *f*, **en**, (D), ***bayerische*** ~ oficina *f* de la presidencia del gobierno (autónomo) bávaro
Staatskapitalismus *m*, Ø capitalismo *m* de Estado
Staatskasse *f*, **n** Tesoro *m* público; erario *m*
Staatskörper *m*, - cuerpo *m* político
Staatskosten *pl*, ***auf*** ~ a expensas del Estado; costeado por el Estado
Staatskredit *m*, **e** crédito *m* del Estado; crédito *m* público
Staatslieferant *m*, **en** proveedor *m* oficial; proveedor *m* del Estado
Staatslotterie *f*, **n** lotería *f* (y apuestas) del Estado
Staatsmann *m*, **¨er** estadista *m*
Staatsminister *m*, - (D) **1.** (Landesregierung) ***bayerischer*** ~ consejero *m* del gobierno bávaro; ministro *m* bávaro **2.** (Bundesregierung) viceministro *m* **3.** (parlamentarischer Staatsekretär) subsecretario *m* parlamentario
Staatsministeri|um *n*, **-en** ministerio *m* de Estado
Staatsmittel *pl* recursos *pl*, fondos *pl* públicos
Staatsmonopol *n*, (**e**) monopolio *m* del Estado
Staatsmonopolkapitalismus *m*, Ø (Stamokap) capitalismo *m* monopolista del Estado
Staatsoberhaupt *n*, **¨er** jefe *m* del Estado
Staatsozialismus *m*, Ø socialismo *m* de Estado
Staatspapiere *pl* efectos *pl* públicos; valores *pl* del Estado; ***tilgbare*** ~ efectos públicos amortizables
Staatspräsident *m*, **en**, ***der französische*** ~ el presidente *m* francés; el presidente *m* de la República francesa
Staatsquote *f*, (**n**) relación *f* entre el gasto de las administraciones públicas y el producto interior bruto; porcentaje *m* del gasto público dentro del PIB
Staatsrecht *n*, Ø **1.** derecho *m* político **2.** teoría *f* del Estado
staatsrechtlich de *od.* fundado en el derecho público
Staatsschuld *f*, **en** deuda *f* pública
Staatsschuldschein *m*, **e** bono *m* del Tesoro
Staatsschuldverschreibung *f*, **en** obligación *f* pública; título *m* de empréstito público
Staatssekretär *m*, **e** subsecretario *m* de Estado
Staatssicherheitsdienst *m*, (**e**) servicios *pl* de seguridad del Estado; (ehem. DDR) ***Ministerium für*** ~ ministerio *m* encargado de la seguridad del Estado (Syn. ***Stasi***; ***MfS***)
Staatssprache *f*, **n** lengua *f*, idioma *m* oficial; idioma *m* del Estado
Staatsstreich *m*, **e** golpe *m* de Estado
Staatsunternehmen *n*, - empresa *f* nacionalizada *od.* del Estado
Staatsverbrauch *m*, Ø consumo *m* público
Staatsvermögen *n*, - patrimonio *m* del Estado
Staatsverschuldung *f*, **en** endeudamiento *m* público *bzw.* del Estado
Staatsverwaltung *f*, Ø administración *f* del Estado
Staatswesen *n*, Ø Estado *m*
Staatswirtschaft *f*, **en** economía *f* pública
Staatswissenschaften *pl* ciencias *pl* políticas
Staatswohl *n*, Ø bien(estar) *m* público
Staatszuschuss *m*, **-¨e** subsidio *m* público; subvención *f* del Estado
Stab *m*, **¨e** **1.** personal m, equipo *m* de dirección; plana *f* mayor (cuadros y dirigentes de una empresa); (Angl.) staff *m* **2.** personal *m* asesor **3.** (Adm.) funcionarios *pl*; empleados *pl*
stabil estable; ***~e Preise*** precios *pl* estables
stabilisieren estabilizar; consolidar
Stabilisierung *f*, **en** estabilización *f*; ~ ***der Finanzen*** consolidación *f* financiera
Stabilität *f*, Ø estabilidad *f*; ~ ***der Währung*** estabilidad monetaria
Stadt *f*, **e** ciudad *f*; urbe *f*; pueblo *m*
Stadtanleihe *f*, **n** empréstito *m* municipal
Stadtautobahn *f*, **en** autovía *f* urbana
Stadtbauplanung *f*, **en** planificación *f* urbanística
Stadtbauwesen *n*, Ø urbanística *f*
Stadtbehörde *f*, **n** autoridad *f*, instancia *f* municipal
Stadtbezirk *m*, **e** distrito *m* municipal

Stadtbüro *n*, s, ~ ***einer Fluglinie*** terminal *f* de una compañía aérea
Städtebau *m*, Ø urbanismo *m*
Städtebauer *m*, - urbanista *m*
städtebaulich, ~***e Planung*** planificación *f* urbanística; planificación *f* urbana; ordenación *f* urbana
Städtepartnerschaft *f*, **en** hermandad *f* entre ciudades
Städter *m*, - hombre *m* de ciudad; vecino *m*, habitante *m* de una ciudad
Städtetag *m*, **e** congreso *m* de alcaldes *bzw.* municipios
Stadtgas *n*, Ø gas m ciudad
Stadtgebiet *n*, **e** término m municipal; área f urbana
Stadtgemeinde *f*, **n** municipio m urbano
Stadtgespräch *n*, **e** (Tel.) llamada *f* local; conferencia *f* urbana; conversación *f* local
städtisch 1. urbano; ~***e Abwässer*** aguas *pl* residuales urbanas **2.** municipal; ~***er Beamter*** funcionario *m* municipal
Stadtkämmerer *m*, - tesorero *m* municipal; tesorero *m* del ayuntamiento; administrador *m* del erario municipal
Stadtkasse *f*, **n** contaduría *f* municipal; hacienda *f* municipal
Stadtkern *m*, **e** casco *m* urbano
Stadtmitte *f*, Ø centro *m* urbano
Stadtplan *m*, **¨e** plano *m* de la ciudad; mapa *m* de la ciudad
Stadtplanung *f*, Ø ordenación *f* urbana
Stadtpolizei *f*, Ø policía *f* urbana; policía *f* municipal
Stadtrand *m*, **(¨er)**, ***am*** ~ en la periferia de una ciudad; en el extrarradio; en las afueras (de una ciudad)
Stadtrandsiedlung *f*, **en** barriada *f* de suburbio
Stadtrat *m*, **¨e 1.** Ayuntamiento *m* **2.** concejal *m*
Stadtratswahlen *pl* elecciones *pl* municipales
Stadtrundfahrt *f*, **en** visita *f* panorámica; ***eine ~ machen*** dar una vuelta por la ciudad
Stadtsanierung *f*, **en** renovación *f*, saneamiento *m* de los barrios viejos
Stadtschaft *f*, **en** banco *m* hipotecario; establecimiento m de crédito hipotecario
Stadtstaat *m*, **en** (D) ciudad *f* Estado; ciudad *f* que tiene carácter de Estado (Berlín, Hamburgo, Brema)
Stadtväter *pl* concejales *pl*; ediles *pl*
Stadtverkehr *m*, Ø tráfico m urbano
Stadtverordnetenversammlung *f*, **en** concejo m (municipal)
Stadtverwaltung *f*, **en** Ayuntamiento *m*; (LA) Municipalidad *f*
Stadtwerke *pl* servicios *pl* municipales
Stadtzentr|um *n*, **-en** centro *m* de la ciudad; centro *m* urbano; centro *m* de la villa
Staffel- (Pref.) escalonado; progresivo
Staffelanleihe *f*, **n** empréstito *m* de tasa progresiva *od.* degresiva
Staffelbesteuerung *f*, **en** imposición *f* escalonada, progresiva
Staffelberechnung *f*, **en** cálculo *m* progresivo del interés
Staffelbeteiligung *f*, **en** participación *f* progresiva
Staffelmethode *f*, **n** (Banca) cálculo *m* diario de los intereses en cuenta corriente por el sistema de escalones
staffeln escalonar; graduar; ***gestaffelte Preise***, ***Tarife*** precios *pl*, tarifas *pl* escalonadas
Staffelpreis *m*, **e** precio *m* escalonado
Staffelspanne *f*, **n** margen *m* proporcional degresivo bzw. progresivo
Staffelung *f*, **en** escalonamiento *m*; graduación *f*; ~ ***der Löhne*** escalonamiento salarial
Stagflation *f*, **en** estancamiento *m*; estancaflación *f*
Stagnation *f*, **en** estancamiento *m*; paralización *f*; ***wirtschaftliche*** ~ estancamiento económico
stagnieren estar paralizado; estancarse
stagnierend, ~***er Absatz*** estancamiento *m* de las ventas; ~***er Markt*** paralización *f*, estancamiento *m* del mercado
Stahl *m*, Ø, ***rostfreier*** ~ acero *m* inoxidable
Stahlaktie *f*, **n** acción *f* del acero
Stahlarbeiter *m*, - trabajador *m* metalúrgico (Syn. ***Metaller***)
Stahlbau *m*, Ø **1.** ingeniería *f* mecánica **2.** construcción *m* metálica
Stahlbauten *pl* estructuras *pl*, construcciones *pl* metálicas
Stahlbeton *m*, Ø hormigón *m* armado
stahlerzeugend, ~***es Unternehmen*** empresa *f* del ramo del acero; empresa *f* productora de productos de acero
Stahlerzeugnis *n*, **se** producto *m* de acero
Stahlfach n, **¨er** caja f de seguridad; caja f fuerte; caja f de caudales
Stahlhütte *f*, **n** → Stahlwerk
Stahlindustrie *f*, **n** industria *f* del acero *od.* metalúrgica; (Börse) corro *m* del acero

Stahlkammer *f*, **n** cámara *f* acorazada (de un banco)
Stahlkocher *m*, - acerista *m*
Stahlrohrmöbel *pl* muebles *pl* tubulares; muebles *pl* de tubos de acero
stahlverarbeitend, *~e* ***Industrie*** industria *f* transformadora del acero
Stahlverarbeitung *f*, Ø transformación *f* del acero
Stahlwaren *pl* **1.** cuchillería *f* **2.** artículos *pl* de acero
Stahlwerk *n*, **e** acería *f*
Stahlwerker *m*, - → Stahlarbeiter
Stamm- (Pref.) fijo; habitual; permanente; ordinario; estable
Stammabschnitt *m*, **e** talón *m*
Stammaktie *f*, **n** acción *f* ordinaria
Stammaktienkapital n, Ø capital m en acciones ordinarias
Stammarbeiter *m*, - → Stammpersonal
Stammbelegschaft *f*, **en** → Stammpersonal
Stammdatei *f*, **en** archivo *m* principal; archivo *m* maestro
Stammdaten *pl* datos *pl* maestros; datos *pl* fijos
Stammdividende *f*, **n** dividendo *m* de acciones ordinarias
Stammeinlage *f*, **n** aportación *f* de fondos inicial
stammen proceder (de)
Stammgast *m*, **¨e** cliente *m* regular (de un restaurante); cliente *m* habitual (de una taberna); parroquiano m (de una tasca)
Stammhaus *n*, **¨er** casa *f* matriz *od.* central
Stammkapital *n*, Ø (GmbH) capital *m* social
Stammkunde *m*, **n** parroquiano *m*; cliente *m* habitual; cliente *m* de siempre
Stammkundschaft *f*, Ø clientela *f* habitual; parroquia *f*; clientes *pl* habituales; clientes *pl* de siempre, de toda la vida
Stammpersonal *n*, Ø personal *m* estable, fijo
Stammregister *n*, - → Stammrolle
Stammrolle *f*, **n** registro *m*; matrícula *f*; padrón *m*
Stammunternehmen *n*, - empresa *f* matriz; empresa *f* central; empresa *f* madre
Stammwähler *m*, - votante *m* fijo
Stamokap *m*, Ø → Staatsmonopolkapitalismus
Stand *m* **1.** Ø posición *f*; situación *f*; estado *m*; *~* ***des Marktes*** estado, situación del mercado; ***auf den neuesten ~ bringen*** actualizar; poner al día **2.** Ø nivel *m*; ***seinen höchsten ~ erreichen*** alcanzar el nivel más alto **3.** **¨e** (Feria) puesto *m*; (Angl.) stand *m*
Standard *m*, **s** norma *f*; tipo *m*; patrón *m*; (Angl.) estándar *m*
Standardabweichung *f*, **en** desviación *f* típica *od.* del tipo
Standardausführung *f*, **en** modelo *m* estándar, normal
Standardausrüstung *f*, **en** equipo *m* estándar
standardisieren normalizar
Standardisierung *f*, **en** normalización *f*
Standardkosten *pl* costes *pl* prefijados, planificados; costes *pl* tipo
Standardmodell *n*, **e** modelo *m* de serie, estándar
Standardpreis *m*, **e** precio *m* normal
Standardvertrag *m*, **e** contrato *m* tipo
Standardwerte *pl* valores *pl* representativos
Stand-by-Ticket *n*, **s** billete *m* (de transporte aéreo) válido en caso de que un pasajero desista; billete *m* de lista de espera
Standesamt *n*, **¨er** registro *m* civil
standesamtlich civil; *~e* ***Trauung*** (celebración *f* del) matrimonio *m* civil; *~e* ***Urkunde*** acta *f* del estado civil
Standesbeamte(r) (der/ein) funcionario *m* del registro civil
standesgemäß, *~er* ***Unterhalt*** mantenimiento *m* acorde con su rango (social); pensión *f* con arreglo a su posición; sustento *m* como corresponde a su categoría
Standesorganisation *f*, **en** organización *f* corporativa *bzw.* profesional
standeswidrig antiprofesional; no profesional; falto de profesionalidad; impropio de su rango, de su estado
Standfläche *f*, **n** superficie *f* ocupada
Standgeld *n*, **er** (Feria) derecho *m* de puesto; (Depósito) gastos *pl* de almacenaje; (Auto.) tasa *f* de estacionamiento
Standgericht *n*, **e** consejo *m* de guerra; juicio *m* sumarísimo
ständig, *~er* ***Aufenthaltsort*** domicilio *m* fijo; (lugar *m* de) residencia *f* permanente; *~er* ***Ausschuss*** (E) diputación *f* permanente; comisión *f* permanente; *~es* ***Einkommen*** ingresos *pl* fijos; *~e* ***Einrichtung*** institución *f* permanente; *~er* ***Kunde*** cliente *m* fijo; *~e* ***Nachfrage*** demanda *f* sostenida; demanda *f* constante; *~er* ***Vertreter*** representante *m* permanente; *~er* ***Wohnsitz*** domicilio *m* fijo
Standmiete *f*, **n** → Standgeld

Standort *m*, **e** emplazamiento *m*; situación *f* geográfica; lugar *m*

Standort *m*, **e**, ~ ***Deutschland*** Alemania, como emplazamiento industrial (y comercial); ~ ***eines Unternehmens, eines Werkes*** emplazamiento *m* de una empresa, ubicación *f* de una factoría

standortbedingt debido a la localización; a causa del emplazamiento; por motivos de ubicación; en función de la situación

Standortbestimmung *f*, **en 1.** determinación *f* del emplazamiento, de la localización, de la situación **2.** posición *f* definida; emplazamiento *m* concreto **3.** análisis *m* y elección de emplazamiento

Standortplanung *f*, **en** planificación *f* del emplazamiento, de la localización

Standortpolitik *f*, Ø (EU) política *f* económica regional

Standortverlegung *f*, **en** cambio *m*, traslado *m* de emplazamiento

Standortvorteil *m*, **e** ventajas *pl* que ofrece el emplazamiento; ventajas *pl* brindadas por la situación

Standortwahl *f*, **en** elección *f* del emplazamiento (de una empresa)

standrechtlich, ~ ***verurteilen*** condenar por ley marcial; condenar en juicio sumarísimo

Standzeit *f*, **en** vida *f* útil

Stange *f*, **n 1.** (Kleidung) ***von der ~ kaufen*** comprar (ropa) de confección; comprar hecho **2.** ~ ***Zigaretten*** cartón *m* (de tabaco)

Stangeneisen *n*, - hierro m en barras

Stangengold *n*, Ø oro *m* en barras

Stapel *m*, - **1.** pila *f*; montón *m* **2.** depósito *m* **3.** lote *m*

Stapelbetrieb *m*, Ø, ***im*** ~ por lotes

stapeln almacenar; apilar

Stapeln *n*, Ø almacenamiento *m*; depósito *m*

Stapelplatz *m*, **¨e** lugar *m* de almacenamiento

Stapelung *f*, Ø → Stapeln

Stapelware *f*, **n 1.** mercancía *f* almacenada **2.** textiles *pl* destinados a la venta en masa

stark, ~***e Auflage*** gran tirada *f*; ~ ***beansprucht*** muy solicitado; ~ ***belastete Strekke*** tramo *m* de mucho tráfico; trecho *m* de tráfico intenso; trayecto *m* muy concurrido; ~ ***beschädigt*** muy dañado; muy estropeado; ~ ***besuchtes Restaurant*** restaurante *m* muy concurrido, muy frecuentado; ~***er Kursrückgang*** acentuado descenso *m* de la cotización; fuerte caída *f* de los cambios; ~***e Nachfrage*** gran demanda *f*; fuerte demanda *f*; ***sehr ~er Verkehr*** tráfico *m* muy intenso; circulación *f* muy densa; ***unser Unternehmen fühlt sich ~ genug*** nuestra empresa se siente con fuerzas suficientes

Stärkung *f*, Ø, ~ ***der EU*** reforzamiento *m*, fortalecimiento *m* de la UE

Start *m*, **s** *od.* (**e**) comienzo *m*; (Flugzeug) despegue *m*; (Rakete) lanzamiento *m*; ~ ***einer Werbekampagne*** lanzamiento de una campaña publicitaria

startbereit 1. (Aviac.) listo para despegar; preparado para el despegue **2.** listo para empezar; listo para partir

starten despegar; comenzar; lanzar

Starthilfe *f*, **n** ayuda *f* de lanzamiento; ayuda *f* para empezar

Startkapital *n*, Ø capital *m* inicial

Startzeit *f*, **en** hora *f* de comienzo; tiempo *m* de arranque

Stasi *f*, Ø → Staatssicherheitsdienst

Station *f*, **en 1.** parada *f*;. estación *f*; ~ ***machen*** hacer una parada; detenerse **2.** (Krankenhaus) sección *f*; departamento *m* **3.** puesto *m* de trabajo **4.** centro *m* técnico **5.** ***freie ~ haben*** tener comida y alojamiento gratis

stationär, ~***e Behandlung*** tratamiento *m* clínico; tratamiento *m* hospitalario; tratamiento en centro clínico u hospitalario; ~***e Wirtschaft*** economía *f* estacionaria; economía *f* que no avanza

Stationierung *f*, **(en)**, ~ ***von Atomwaffen*** estacionamiento *m* de armas atómicas, de armas nucleares

Statistik *f*, **en** estadística *f*; ***demographische*** ~ estadística demográfica

Statistiker *m*, - experto *m* en estadística

statistisch estadístico; ~***e Aufstellung*** relación *f* estadística; (D) ~***es Bundesamt*** instituto m alemán de estadística; oficina *f* federal de estadística; ~***es Amt der Europäischen Unión*** oficina *f* de estadística de la unión europea (EUROSTAT); ~***e Daten erfassen*** recoger datos estadísticos; ~ ***Unterlagen*** documentación *f* estadística

Statt, ***an Kindes~ annehmen*** adoptar

stattdessen en su lugar; como sustitución

stattgeben, ***einem Antrag, einem Gesuch, einer Bitte*** ~ dar curso a una instancia, acceder a una solicitud, a una petición; ***einer Klage*** ~ admitir (una demanda) a trámite; estimar una demanda

stattgebend estimatorio

statthaft procedente; admisible
statuieren, ***ein Exempel*** ~ estatuir, establecer un ejemplo
Status *m*, - estado *m*; inventario *m*; ~ ***quo*** statu quo *m*
Statussymbol *n*, **e** signo *m* externo; signo *m* del status social; signo *m* de la condición social
Statut *n*, **en** estatuto *m*; reglamento *m*; ***die ~en ändern*** modificar los estatutos (Syn. ***Satzung***)
statutarisch → statutengemäß
statutengemäß estatutario; con arreglo, conforme a los estatutos
statutenwidrig opuesto, contrario a los estatutos
Stau *m*, **s** **1.** (Verkehr) retención *f*; congestión *f*; embotellamiento *m* **2.** (von Papier, etc.) atascamiento *m*
Stauanlage *f*, **n** presa *f*; embalse *m*
stauen estibar; almacenar
Stauwerk → Stauanlage
Std(e). → Stunde
stechen fichar; accionar el reloj marcador *od.* de control
Stechkarte *f*, **n** tarjeta *f*, ficha *f* de control
Stechuhr *f*, **en** reloj *m* marcador *od.* de control
Steckbrief *m*, **e** **1.** señas *pl* personales **2.** (Jur.) (carta) requisitoria *f*; ***einen ~ erlassen*** dictar orden *f* de busca (*od.* búsqueda) y captura
stecken meter; invertir; colocar; ***viel Geld in ein Projekt*** ~ invertir mucho dinero en un proyecto (Syn. ***investieren***; ***anlegen***)
steigen aumentar; subir; ***die Preise sind um 10% gestiegen*** los precios aumentaron en un 10%; ~ ***von ... auf*** pasar de ... a
Steigen *n*, Ø alza *f*; aumento *m*; subida *f*; ~ ***der Kurse*** alza de las cotizaciones; ~ ***der Löhne*** aumento salarial
steigend, ***~e Aktien*** evolución *f* alcista de las acciones; ***~e Aufträge*** número *m* creciente de pedidos, cifra *f* creciente de órdenes; ***~e Belastung*** carga *f* creciente; carga *f* en aumento; ***~er Gewinn*** beneficio *m* en crecimiento; ganancia *f* creciente; ***~e Nachfrage*** demanda *f* creciente; demanda *f* en crecimiento; ***~e Preise*** precios *pl* en aumento; precios *pl* acrecentados; ***~e Tendenz*** tendencia *f* creciente
steigern **1.** subir; aumentar; elevar; ***den Absatz*** ~ aumentar la venta **2.** (Versteigerung) pujar; ***hochsteigern*** pujar alto
steigernd, ***sich*** ~ acumulativo; creciente
Steigerung *f*, **en** alza *f*; subida *f*; incremento *m*; aumento *m*; ~ ***des Lebensstandards*** aumento del nivel de vida; ***eine ~ aufweisen*** acusar un incremento
Steigerungsbetrag *m*, **¨e** recargo *m* (sobre las cuotas de la Seguridad Social)
Steigerungsrate *f*, **n** tasa *f* de incremento, de aumento *bzw.* de crecimiento
Steinbruch *m*, **¨e** **1.** cantera *f* **2.** explotación *f* de una cantera
Steinbrucharbeiter *m*, - picapedrero *m*; cantero *m*
Steine und Erden *pl* minerales *pl* no metálicos
Steinkohle *f*, **n** hulla *f*
Steinkohlenbecken *n*, - cuenca *f* (minera) de hulla
Steinkohlenbergarbeiter *m*, - trabajador *m* de la hulla; minero *m*
Steinkohlenbergbau *m*, Ø explotación *f* minera de la hulla
Steinkohlenbergwerk *n*, **e** mina *f* de hulla (Syn. ***Steinkohlengrube***)
Steinkohlenförderung *f*, **en** extracción *f* de (la) hulla
Steinkohlenindustrie *f*, **(n)** industria *f* hullera
steinreich **1.** rico **en** piedras **2.** muy rico (en dinero)
Stellage *f*, **n** (Börse) operación *f* de de doble opción; (Angl.) put and call
Stellagegeschäft *n*, **e** transacción *f* de doble opción *bzw.* de doble prima
Stelle *f*, **n** **1.** lugar *m*; sitio *m*; ***an erster ~ stehen*** ocupar el primer lugar **2.** puesto *m* de trabajo; empleo *m* **3.** ***freie***, ***offene*** ~ plaza *f* vacante; ~ ***gesucht*** se busca empleo **4.** ***eine ~ besetzen*** cubrir una plaza vacante; ***sich um eine ~ bewerben*** solicitar un empleo; ***eine ~ innehaben*** ocupar un puesto (de trabajo); ***~n schaffen*** crear puestos de trabajo **5.** oficina *f*; servicio *m*; ***zuständige*** ~ oficina, instancia *f* competente
stellen **1.** ***in Rechnung*** ~ facturar **2.** ***als Gutschrift*** ~ abonar en cuenta; als Lastschrift ~ cargar en cuenta **3.** ***einen Bürgen*** ~ presentar fiador; ***ein Gesuch*** ~ presentar una solicitud; ***Zeugen*** ~ presentar testigos **4.** ***ein Problem stellt sich*** se plantea un problema **5.** ***eine Frage*** ~ formular una pregunta **6.** ***eine Frist*** ~ señalar, fijar un plazo **7.** ***auf den Tisch*** ~ colocar, poner en la mesa **8.** ***ein Drittel von etw.*** ~ representar un tercio de u/c

Stellenangebot *n*, **e** oferta *f* de colocación *od.* empleo; *~e* empleos *pl* ofrecidos; plazas *pl* vacantes
Stellenantritt *m*, **e** entrada *f* en funciones; asunción *f* de un cargo
Stellenanzeige *f*, **n** anuncio *m* (de oferta) de empleo
Stellenausschreibung *f*, **en** anuncio *m* de concurso para proveer una plaza
Stellenbewerber *m*, - candidato *m* a un empleo; solicitante *m* de un empleo
Stelleneinsparung *f*, **en** reducción *f* de personal
Stellengesuch *n*, **e** solicitud *f* de colocación, empleo
Stelleninhaber *m*, - titular *m* de un puesto (de trabajo), de un empleo
stellenlos sein estar sin empleo, desocupado; estar en régimen de paro
Stellenmarkt *m*, **¨e** bolsa *f* del trabajo; mercado *m* del empleo
Stellennachweis *m*, **e** oficina *f* estatal de colocaciones
Stellenplan *m*, **¨e** plan *m* de empleo
Stellensuche *f*, Ø búsqueda *f* de empleo; ***auf ~ sein*** estar buscando empleo, trabajo
Stellensuchende(r) (der/ein) demandante *m* de un empleo (Syn. ***Arbeitssuchender***)
Stellenvermittler *m*, - agente *m* de empleos, colocaciones
Stellenvermittlung *f*, **en** agencia *f* de colocaciones; bolsa *f* de trabajo
Stellenwechsel *m*, - cambio *m* de empleo
Stellenwert *m*, **e** rango *m*; importancia *f*; ***einen hohen ~ haben*** ser de gran importancia
Stellfläche *f*, **n 1.** espacio *m* (para colocar algo) **2.** panel *m* publicitario; superficie *f* reservada para publicidad
Stellgeschäft *n*, **e** → Stellagengeschäft
stellig, ***eine drei~e, fünf~e Zahl*** un número de tres dígitos, de cinco dígitos; un número de tres cifras, de cinco cifras
Stellung *f*, **en** situación *f*; puesto *m*; empleo *m*; posición *f*; ***abhängige ~*** situación dependiente; ***beherrschende ~*** posición dominante; ***führende*** (***leitende***) ~ puesto directivo; ***hoch dotierte ~*** puesto bien remunerado; ***untergeordnete ~*** posición subalterna
Stellungnahme *f*, **n** opinión *f*; decisión *f*; parecer *m*; ***eine ~ abgeben*** dar, emitir su opinión; ***sich jeder ~ enthalten*** no hacer ningún comentario
stellungslos → stellenlos sein
Stellung(s)suchende(r) (der/ein) → Stellensuchender
stellvertretend interino; suplente; adjunto; ***~er Direktor*** director *m* adjunto; ***~es Mitglied*** miembro *m* suplente; ***~er Vorsitender*** vicepresidente *m*
Stellvertreter *m*, - representante *m*; suplente *m*; adjunto *m*; mandatario *m*
Stellvertretung *f*, **en** representación *f*, delegación *f*; suplencia *f*; ***die ~ übernehmen*** asumir la suplencia
Stellvertretungsvertrag *m*, **¨e** contrato *m* de representación, de agencia
Stempel *m*, - sello *m*; timbre *m*; matasellos *m*; ***einen ~ auf eine Urkunde drücken*** poner un sello a, sellar un documento
Stempelabgaben *pl* derechos *pl* de timbres
Stempelgeld *n*, Ø (Fam.) subsidio *m* de paro; ***~ beziehen*** percibir subsidio *m* de paro (Syn. ***Arbeitslosenunterstützung***)
stempeln 1. sellar; poner un sello **2.** (Fam.) ***~ gehen*** estar en (régimen de) paro; cobrar el subsidio de paro
stempelpflichtig sujeto al derecho de timbre; timbrado *m* obligatorio
Stempelsteuer *f*, **n** derecho *m*, impuesto *m* de timbre
Stempeluhr *f*, **en** → Stechuhr
Stempelung *f*, **en** timbrado *m*
Steno *n*, Ø → Stenographie
Stenogramm *n*, **e** taquigrama *m*; estenograma *m*; apunte *m* taquigráfico; ***ein ~ aufnehmen*** taquigrafiar; tomar en taquigrafía (el dictado)
Stenograph *m*, **en** taquígrafo *m*; estenógrafo *m*
Stenographie *f*, (**n**) taquigrafía *f*; estenografía *f* (Syn. ***Kurzschrift***)
stenographieren taquigrafiar; estenografiar
stenotypieren tomar en taquigrafía y luego pasar a máquina
Stenotypistin *f*, **nen** taquígrafa *f*, taquimecanógrafa *f*
Sterbegeld *n*, Ø subsidio *m* de sepelio; indemnización *f* funeraria
Sterblichkeit *f*, Ø mortalidad *f*
Sterblichkeitsziffer *f*, **n** tasa *f* de mortalidad
Sterling *m*, **e** libra *f* esterlina
Sterlingzone *f*, Ø zona *f* de la libra esterlina
Sternstruktur *f*, **en** estructura *f* en forma de estrella (de una red informática)
Steuer *f*, **n** impuesto *m*; contribución *f*; tributo *m*; gravamen *m* **1.** ***die direkten ~n*** impuestos directos; ***die indirekten ~n*** impuestos indirectos; ***frei von ~n*** exento de

impuestos; ***örtliche ~*** impuesto local **2.** ***von der ~ abziehen*** deducir de los impuestos; ***von ~n befreien*** eximir de impuestos; ***~n auferlegen*** imponer una contribución; ***~n erheben*** gravar a/c con un impuesto; ***der ~ unterliegen*** estar sujeto a impuestos; ***~n zahlen*** pagar impuestos

Steuerabmeldung *f*, Ø baja *f* fiscal; baja *f* tributaria; baja *f* en la contribución

Steuerabwälzung *f*, Ø repercusión *f* de los impuestos

Steuerabzug *m*, **¨e** deducción *f* del impuesto *od.* fiscal

Steueramnestie *f*, Ø **1.** condonación *f* de sanciones tributarias **2.** amnistía *f* fiscal

Steueramt *n*, **¨er** oficina *f* de recaudación (de impuestos)

Steuerangelegenheit *f*, **en** asunto *m* fiscal; asunto *m* de hacienda; materia *f* impositiva

Steuerangleichung *f*, **en** armonización *f* fiscal

Steueranhebung *f*, **en** elevación *f*, aumento *m* de los impuestos

Steueranmeldung *f*, Ø declaración *f* censal; alta *f* fiscal, tributaria; alta *f* en la contribución

Steueranrechnung *f*, Ø deducción *f* por impuestos (ya) pagados; deducción *f* fiscal; descuento *m* impositivo; ***eine ~ einräumen*** conceder deducción por impuesto pagado

Steueranreiz *m*, **e** incentivo *m* fiscal

Steueransatz *m*, **¨e** tasa *f* de imposición

Steueranspruch *m*, **¨e** derecho *m* (del Estado) a imponer y recaudar impuestos

Steueranteil *m*, **e** contribución *f* fiscal

Steueranwalt *m*, **¨e** abogado *m* especializado en derecho fiscal

Steueraufkommen *n*, **-** ingresos *pl* impositivos; ingresos *pl* recaudatorios; recaudación *f* tributaria, impositiva; producto *m* impositivo, tributario; cifras *pl* tributarias; total *m* de impuestos

Steueraufschlag *m*, **¨e** tasa *f* adicional

Steueraufsicht *f*, Ø control *m* fiscal

Steueraufwendungen *pl* gastos *pl* fiscales; gastos *pl* impositivos

Steuerausfall *m*, **¨e** déficit *m* en la recaudación (fiscal); caída *f* de los impuestos recaudados

Steuerausgleich *m*, **e** nivelación *f* tributaria; perecuación *f* fiscal

Steuerauskunft *f*, **¨e** información *f* fiscal

Steuerausländer *m*, **-** no residente *m* (a efectos impositivos)

Steuerausschuss *m*, **¨e** comisión *f* fiscal

Steueraussenstände *pl* impuestos pl pendientes; impuestos pl (todavía) no pagados

steuerbar 1. ***~es Einkommen*** renta *f* gravable; renta *f* imponible; renta *f* fiscal; ingresos *pl*, ganancias *pl* gravables **2.** gobernable; controlable; dirigible

Steuerbarkeit *f*, Ø imponibilidad *f*; gravabilidad *f*; sujeción *f* a impuestos

Steuerbeamte(r) (der/ein) funcionario *m* de hacienda

steuerbefreit exento (del pago) de impuestos; libre de impuestos

Steuerbefreiung *f*, Ø exención *f* de impuestos; desgravación *f*, exoneración *f* fiscal

Steuerbefugnis *f*, **se** competencia *f* fiscal; funciones *pl* fiscales

steuerbegünstigt con privilegios fiscales; ***~e Anleihe*** empréstito *m* con privilegios fiscales; ***~ sein*** tener privilegios fiscales; disfrutar de privilegios fiscales; ***~es Sparen*** ahorro *m* que trae consigo privilegios fiscales

Steuerbegünstigungen *pl* privilegios *pl* fiscales

Steuerbehörde *f*, **n**, (EU) ***einzelstaatliche ~n*** autoridades *pl* fiscales nacionales; haciendas *pl* nacionales

Steuerbeitrag *m*, **¨e** cuota *f* fiscal, tributaria

Steuerbeitreibung *f*, Ø → Steuereinziehung

Steuerbelastung *f*, Ø carga *f* fiscal, tributaria

Steuerbemessungsgrundlage *f*, **(n)** base *f* de imposición

Steuerbenachteiligung *f*, **en** discriminación *f* fiscal; detrimento *m* fiscal

steuerberatend, ***~ tätig sein*** actuar de asesor fiscal; actuar de asesorar en materia fiscal, en materia tributaria

Steuerberater *m*, **-** asesor *m* fiscal; perito *m* en leyes fiscales

Steuerberatung *f*, Ø asesoramiento *m* (técnico-)fiscal

Steuerberatungsfirma *f*, **-men** asesoría f fiscal

Steuerberichtigung *f*, **en** rectificación *f*, corrección *f* fiscal

Steuerbescheid *m*, **e** liquidación *f*, notificación *f* de impuestos

Steuerbetrag *m*, **¨e** montante *m*, importe *m* del impuesto; ***noch zu zahlender ~*** cuota *f* diferencial

Steuerbetrug *m*, Ø → Steuerhinterziehung

Steuerbewilligung *f*, **en** (Parl.) voto *m* de contribuciones *bzw.* del impuesto

Steuerbezirk *m*, **e** zona f, demarcación *f* fiscal; área *f*, región *f* fiscal

Steuerbilanz *f*, **en** balance *m* fiscal

Steuerbon|us *m*, **se** *od.* **-i** bono *m*, bonus *m* fiscal

Steuerbuchführung *f*, Ø contabilidad *f* fiscal (Syn. ***Steuerbuchhaltung***)

Steuerdegression *f*, Ø degresividad *f* fiscal (tipo impositivo medio descendente)

Steuerdestinatar *m*, e titular *m* último del impuesto

Steuerdruck *m*, Ø presión *f* fiscal

Steuereingänge *pl* → Steuereinnahmen

Steuereinkommen *n*, - ingresos *pl* imponibles (de una persona); producto *m* de un impuesto; ingresos *pl* fiscales

Steuereinnahmen *pl* recaudación *f* tributaria, impositiva; ingresos *pl* impositivos; ingresos *pl* recaudatorios, fiscales

Steuereinnehmer *m*, - recaudador *m* de impuestos *od.* fiscal

Steuereintreibung *f*, **en** → Steuereinziehung

Steuereinziehung *f*, **en** recaudación *f* de impuestos; cobro *m*, cobranza *f* de impuestos

Steuerentlastung *f*, Ø desgravación *f* (fiscal)

Steuerentrichtung *f*, Ø pago *m* de (los) impuestos

Steuererhebung *f*, Ø **1.** recaudación *f*, cobranza *f* de impuestos **2.** ~ ***an der Quelle*** retención *f* en origen; retención *f* en la fuente, en la base

Steuererhöhung *f*, **en** aumento *m* de los impuestos

Steuererklärung *f*, **en** declaración *f* a hacienda; declaración *f* de impuestos; declaración *f* tributaria; ***gemeinsame*** ~ (der Ehegatten) declaración *f* (tributaria) conjunta (de los cónyuges); ***die ~ abgeben, einreichen*** presentar la declaración tributaria

Steuererlass *m*, **-e** decreto *m* tributario, fiscal; desgravación *f*, condonación *f* de un impuesto

Steuererleichterung *f*, **en** suavización *f* fiscal; reducción *f* de impuestos; facilidades *pl* (concedidas) en materia fiscal

Steuerermäßigung *f*, **en** rebaja *f*, reducción *f* de impuestos

Steuerermittlungsverfahren *n*, - método *m* de cálculo de impuestos

Steuerersparnis *f*, Ø ahorro *m* de impuestos

Steuererstattung *f*, **en** devolución *f*, reintegro *m* de impuestos

Steuererstattungsforderung *f*, **en** reclamación *f* de reintegro, de devolución de impuestos

Steuerertrag *m*, **¨e** producto *m* recaudatorio; rendimiento *m* de la recaudación

Steuerfähigkeit *f*, Ø capacidad *f* fiscal

Steuerfahnder *m*, - inspector *m* de Hacienda

Steuerfahndung *f*, Ø pesquisa *f* fiscal

Steuerfestsetzung *f*, Ø fijación *f* de un impuesto

Steuerflucht *f*, Ø evasión *f* fiscal

Steuerformular *n*, **e**, ***das ~ ausfüllen*** rellenar el formulario del impuesto

steuerfrei libre, exento, eximido de impuestos; no sujeto al pago de impuestos

Steuerfreibetrag *m*, **¨e** importe *m* exento de impuestos

Steuerfreigrenze *f*, **n** límite *m* de exención fiscal

Steuerfreiheit *f*, Ø franquicia *f* tributaria

Steuergefälle *n*, Ø, ~ ***in der EU*** diferencial *m* impositivo dentro de la UE; diferente nivel *m* de impuestos en el seno de la UE

Steuergegenstand *m*, **¨e** objeto *m* del impuesto

Steuergeheimnis *n*, **se** secreto *m* fiscal

Steuergelder *pl* producto *m* de la tributación, de los impuestos

Steuergesamtbelastung *f*, Ø carga *f* fiscal general

Steuergesetz *n*, **e** ley *f* tributaria, fiscal

Steuergesetzgebung *f*, Ø legislación *f* fiscal

Steuergleichheit *f*, Ø igualdad *f* fiscal; distribución *f* equitativa de los impuestos

Steuergrenze *f*, **n** límite *m* máximo de imposición

Steuergroschen *pl* fondos *pl* recaudados

Steuergruppe *f*, **n** → Steuerklasse

Steuergutschrift *f*, Ø crédito *m* de impuesto; crédito *m* por impuesto pagado; deducción *f* de impuestos a cuenta; crédito *m* para deducción fiscal posterior

Steuerharmonisierung *f*, Ø, ~ ***in der EU*** armonización *f* fiscal dentro de la UE; igualación *f* tributaria en la UE

Steuerherabsetzung *f*, Ø reducción *f* del tipo impositivo

Steuerhinterzieher *m*, - defraudador *m*, evasor *m* fiscal

Steuerhinterziehung *f*, **en** fraude *m* fiscal, tributario

Steuerhoheit *f*, Ø soberanía *f* fiscal

Steuerinländer *m*, - residente *m* (a efectos impositivos)

Steuerinspektor *m*, **en** inspector *m* de contribuciones directas

Steuerjahr *n*, **e** año *m*, ejercicio *m* fiscal

Steuerkarte *f*, **n** cartilla *f* de impuestos

Steuerklasse *f*, **n** **1.** tramo *m* gravable; nivel *m* impositivo **2.** categoría *f* tributaria, impositiva

Steuerklasse *f*, **n** categoría *f* fiscal

Steuerkniff *m*, **e** (zur Umgehung der Steuer) artimaña *f*, artilugio *m* para eludir impuestos; elusión *f* fiscal

Steuerkraft *f*, Ø capacidad *f* contributiva; fuerza *f* tributaria

Steuerlast *f*, Ø carga *f* fiscal

Steuerlastquote *f*, Ø relación *f* entre impuestos recaudados y producto interior bruto a precios de mercado (Syn: ***volkswirtschaftliche Steuerquote***)

Steuerlehre *f*, **n** teoría *f* del impuesto

Steuerleistung *f*, **en** prestación *f* impositiva

steuerlich, ~ ***absetzbar*** deducible de los impuestos; ~ ***befreit*** exento de impuestos; sin obligación de tributar; ~ ***begünstigt*** con privilegios fiscales; ***~e Benachteiligung*** discriminación *f* fiscal; ***~e Betriebsprüfung*** auditoría *f* de una empresa por parte de los inspectores de hacienda; ***~e Ermittlungen*** investigaciones *pl* fiscales; ***~er Wohnsitz*** domicilio *m* a efectos tributarios; domicilio *m* fiscal; ***~e Vergünstigungen*** concesiones *pl*, facilidades *pl* fiscales

Steuerliste *f*, **n** lista *f* de contribuyentes

Steuermahnung *f*, **en** requerimiento *m* fiscal

Steuermarke *f*, **n** timbre *m* fiscal

Steuermehreinnahmen *pl* plusvalías *pl* fiscales

Steuermessbetrag *m*, **e** cuota *f* de tributación

steuermindernd, ***~e Faktoren*** factores *pl* reductores del impuesto; factores *pl* moderadores del impuesto

Steuermittel *pl* fondos *pl* recaudados; fondos *pl* de origen tributario

Steuermonat *m*, **e** **1.** mes *m* fiscal **2.** mes *m* de pago de (los) impuestos

steuern controlar; dirigir; ***die Preise*** ~ supervisar los precios

Steuernachforderung *f*, **en** notificación *f* de pago suplementario (de un impuesto); reclamación *f* de pago adicional de un impuesto; reclamación *f* de pago fiscal subsiguiente

Steuernachlass *m*, **¨e** desgravación *f* fiscal, reducción *f* de los impuestos

Steuernachzahlung *f*, **en** pago *m* adicional de impuestos; pago *m* de impuestos atrasados

Steuerniederschlagung *f*, Ø desistimiento *m* de recaudar un impuesto

Steuernovelle *f*, **n** enmienda *f* (a la ley) fiscal

Steuernummer *f*, **n** **1.** (Personen) (E) número *m* de identificación fiscal (N.I.F.) **2.** (Gesellschaften) (E) código *m* de identificación fiscal (C.I.F.)

Steueroase *f*, **n** → Steuerparadies

Steuerobjekt *n*, **e** objeto *m* de tributación, de imposición; materia *f*, objeto *m* imponible

Steuerordnungswidrigkeit *f*, **en** infracción *f* de la ley tributaria

Steuerpaket *n*, **e** serie *m* de medidas fiscales

Steuerparadies *n*, **e** paraíso *m* fiscal

Steuerpauschale *f*, **n** impuesto *m* de suma global; impuesto m de suma fija; impuesto *m* a tanto alzado

Steuerpauschalierung *f*, Ø fijación *f* de un impuesto a tanto alzado; concertación *f* de un impuesto global; impuesto *m* concertado

Steuerpflicht *f*, Ø hecho *m* imponible; obligación *f* impositiva; obligación *f* tributaria, fiscal, contributiva; ***der ~ unterliegen*** estar sujeto a imposición, a tributación; estar sometido a la obligación fiscal

steuerpflichtig, ***~er Gewinn*** beneficio *m* gravable; ganancia *f* sujeta a imposición, a tributación; ***~er Nachlass*** caudal *m* relicto gravable; herencia *f* imponible; ***~es Vermögen*** patrimonio *m* sujeto a tributación; bienes *pl*, propiedades *pl* gravables; haberes *pl* sujetos a impuestos; ***unbeschränkt ~ sein*** estar sujeto sin restricciones a la obligación contributiva; caer sin excepción bajo el hecho imponible; ~ ***werden*** causar alta en hacienda; darse de alta en hacienda; devenir contribuyente; incorporarse a la lista de contribuyentes; inscribirse en el registro de contribuyentes

Steuerpflichtige(r) **(der/ein)** sujeto *m* pasivo (de un impuesto); contribuyente *m* (Ggs: ***sujeto activo***)

Steuerpflichtigkeit *f*, Ø imponibilidad *f*; tributabilidad *f*; obligatoriedad *f* de tributar, de pagar impuestos

Steuerpolitik *f*, Ø política *f* fiscal

Steuerprogression *f*, **en** progresividad *f* fiscal
Steuerprüfer *m*, - **1.** encargado *m* de verificar los libros **2.** inspector *m* de Hacienda
Steuerprüfung *f*, **en** inspección *f* tributaria; auditoría *f*, inspección *f* fiscal
Steuerpult *n*, **e** mesa *f* de control
Steuerquellen *pl* recursos *pl* fiscales; fuentes *pl* de tributación
Steuerquote *f*, **n**, ***volkswirtschaftliche*** ~ → Steuerlastquote
Steuerrate *f*, **n** plazo *m* (de pago) del impuesto
Steuerrecht *n*, Ø, ***Angleichung des ~s in der EU*** armonización *f* del derecho fiscal nacional dentro de la UE; igualación *f* de la legislación tributaria nacional en el seno de la UE
Steuerreform *f*, **en** reforma *f* fiscal, tributaria
Steuerregression *f*, Ø regresividad *f* fiscal (mayor gravamen de las rentas bajas)
Steuerrolle *f*, **n** registro *m* tributario; lista *f* de los contribuyentes; (für Grundsteuer) registro *m* catastral
Steuerrückerstattung *f*, **en** reembolso *m*, reintegro *m* de impuestos
Steuerrücklage *f*, **n** reservas *pl* (para cargas) fiscales
Steuerrückstände *pl* impuestos *pl* adeudados, retrasados, pendientes
Steuerrückstellungen *pl* provisiones *pl* para impuestos
Steuerrückzahlung *f*, **en** → Steuerrückerstattung
Steuersachen *pl*, ***in*** ~ en materia de impuestos
Steuersäckel *m*, Ø, ***der ~ ist leer*** las arcas del estado están vacías
Steuersatz *m*, **¨e** tipo *m* (impositivo) aplicable
Steuersäumnis *f*, Ø demora *f*, retraso *m* en el pago del impuesto
Steuerschätzung *f*, **en** estimación *f* fiscal
Steuerschiebung *f*, **(en)** chanchullo *m*, trampa *f* fiscal
Steuerschlupfloch *n*, **¨er** escondrijo *m*, escapatoria *f* fiscal
Steuerschraube *f*, Ø, ***die ~ anziehen*** aumentar los impuestos
Steuerschuld *f*, Ø impuesto *m* debido; impuesto *m* a pagar; impuesto *m* devengado; deuda *f* tributaria, fiscal, impositiva; obligación *f* contributiva, tributaria; (E) líquido *m* imponible
Steuerschuldner *m*, - sujeto m pasivo (fiscal); deudor m de contribución; contribuyente m
steuerschwach, ***~es Jahr*** año *m* con baja recaudación (de impuestos); año *m* de escasa tributación; año *m* pobre en tributación
Steuersenkung *f*, **(en)** disminución *f* de los impuestos; reducción *f* fiscal
Steuerstaffelung *f*, Ø imposición *f* progresiva, escalonada
steuerstark, ***~es Jahr*** año *m* con alta recaudación (de impuestos); año *m* de fuerte tributación; año *m* rico en tributación
Steuerstrafe *f*, **n** sanción *f* fiscal
Steuerstrafrecht *n*, Ø derecho *m* penal fiscal; derecho *m* penal tributario
Steuerstraftaten *pl* delitos *pl* fiscales
Steuerstreik *m*, **s** huelga *f* fiscal; huelga *f* del contribuyente
Steuerstufe *f*, **n** → Steuerklasse
Steuerstundung *f*, **en** moratoria *f* fiscal; aplazamiento *m* del pago de los impuestos
Steuersubjekt *n*, **e** contribuyente *m*
Steuersünder *m*, - autor *m* de un fraude fiscal
Steuersystem *n*, **e** sistema *m* tributario; régimen *m* fiscal; sistema *m* de tributación
Steuertabelle *f*, **n** tabla *f* de tributación; baremo *m* fiscal
Steuertarif *m*, **e** tarifa *f* impositiva, tributaria
Steuertatbestand *m*, **¨e** **1.** figura *f* impositiva, fiscal **2.** hecho *m* imponible
Steuertermin *m*, **e** fecha *f* de pago de impuestos; fecha *f* de liquidación *f* del impuesto
Steuerträger *m*, - titular m del impuesto
Steuertrick *m*, **s** (Fam.) truco *m* para evadirse de los impuestos
Steuerüberwälzung *f*, Ø repercusión *f* del impuesto; traslación *f* del impuesto; desplazamiento *m* de la carga fiscal
Steuerumgehung *f*, Ø **1.** (erlaubt) evitación *f* del impuesto **2.** (nicht erlaubt) evasión *f* fiscal, tributaria; evasión *f* ilegal de impuestos
Steuerungscomputer *m*, - ordenador *m* de control
Steuerungsprogramm *n*, **e** programa *m* de control
Steuerungssoftware *f*, Ø programa *m*, software *m* de control
Steuerveranlagung *f*, **en** estimación *f*, tasación *f* de los impuestos

Steuervergehen *n*, - delito *m*, fraude *m* fiscal
Steuervergünstigung *f*, **en** privilegio *m*, ventaja *f* fiscal
Steuervergütung *f*, **en** bonificación *f* fiscal; devolución *f*, reembolso *m* impositivo
Steuerverheimlichung *f*, Ø ocultación *f* fiscal
Steuerverkürzung *f*, **(en)** menor imposición *f* (por no prestar la atención debida)
Steuerverordnung *f*, **en** ordenanza *f* tributaria
Steuerverpachtung *f*, **en** arrendamiento *m* de la recaudación tributaria
steuerverpflichtet, ***~er Teil*** parte *f* sujeta a tributación; parte *f* pasiva del impuesto; parte *f* sobre la que recae la tributación
Steuerverwaltung *f*, Ø administración *f* tributaria; fisco m; gestión *f* fiscal
Steuervorabzüge *pl* retenciones pl (a cuenta)
Steuervorausschätzung *f*, **en** (pre)estimación *f* fiscal, tributaria
Steuervorauszahlung *f*, **en 1.** retenciones *pl* fiscales a cuenta **2.** pago *m* adelantado de impuestos
Steuervorlage *f*, **n** proyecto *m* de ley fiscal
Steuervorrecht n, **e** privilegio *m* fiscal
Steuervorschrift *f*, **en** directiva *f*, directriz *f*, norma *f* fiscal
Steuervorteil *m*, **e** ventaja *f* en impuestos, ventaja *f* fiscal
Steuerwert *m*, **e** valor *m* imponible, fiscal
Steuerwesen *n*, Ø fiscalidad *f*; impuestos *pl*; sistema *m* fiscal
Steuerzahler *m*, - contribuyente *m*, persona *f* sujeta al pago de impuestos
Steuerzahlung *f*, **en** pago *m*, liquidación *f* del impuesto
Steuerzeichen *n*, - timbre *m* (fiscal)
Steuerzettel *m*, - hoja *f* de contribuciones
Steuerzuschlag *m*, **¨e** recargo *m* fiscal; impuesto *m* adicional
Steuerzuwachs *m*, **¨e** incremento *m*, subida *f* de la fiscalidad
Steward *m*, **s** auxiliar *m* de vuelo
Stewardess *f*, **en** azafata *f*
Stichentscheid *m*, e voto *m* dirimente; voto *m* de calidad; voto *m* decisivo
Stichprobe *f*, **n** prueba *f* hecha por sondeo; muestra *f* escogida al azar
Stichprobenerhebung *f*, **en** encuesta *f* por sondeo; muestreo *m*
Stichprobenverfahren *n*, - muestreo *m*
Stichtag *m*, **e** día *m* de referencia; día *m* fijado; (äußerster Termin) plazo *m* final; plazo *m* límite; fecha *f* tope
Stichwahl *f*, **en** votación *f*, escrutinio *m* de desempate
Stickstoffdünger *m*, - abono *m*, fertilizante *m* nitrogenado
Stiefkind *n*, **er 1.** hijastro *m* **2.** mercadería *f* rechazada **3.** ***die ~er der Gesellschaft*** los casi olvidados de la sociedad
Stifter *m*, - **1.** fundador *m*; creador *m* **2.** donante *m*
Stiftung *f*, **en 1.** fundación *f*; institución *f* **2.** (acta *f* de) donación *f*
Stiftungsurkunde *f*, **n** acta *f* de fundación
still, ***~es Geschäft*** negocio *m* débil; ***~er Gesellschafter, Teilhaber*** socio *m* tácito; socio *m* secreto; ***~e Beteiligung*** participación *f* capitalista, tácita; ***~e Gesellschaft*** contrato *m* de cuentas en participación; ***~e Reserven*** reservas pl tácitas, latentes
Stillgeld *n*, **er** prestación *f* económica por lactancia
stillgelegt, ***~e Anlage*** planta *f* parada; planta *f* no utilizada
Stillhalteabkommen *n*, - acuerdo *m* de inmovilización; moratoria *f* (decisión de suspensión de ciertas obligaciones legales)
Stillhalter *m*, - (Börse) ~ ***in Geld*** vendedor *m* de una opción de venta; ~ ***in Wertpapieren*** vendedor *m* de una opción de compra
stilllegen cerrar; paralizar; ***das Werk*** ~ cerrar la fábrica
Stilllegung *f*, **en**, ~ ***von Kapital*** inmovilización *f* de capitales
Stilllegungsprämie *f*, **n** prima *f* de cierre, paralización de la fábrica; prima *f* de cese de la explotación
stillliegen estar cerrada (la fábrica); estar paralizado
stillschweigend, ***ausdrücklich oder ~ vereinbart*** acordado expresa o tácitamente; ~ ***inbegriffene Zusicherungen*** garantías *pl* implícitas, tácitas; garantías *pl* sobreentendidas; ~ ***erteilte Vollmacht*** autorización *f* sobreentendida; autorización *f* tácita, implícita; ~ ***Bedingung*** condición *f* implícita, tácita; ***~e Genehmigung*** consentimiento *m* tácito
Stillstand *m*, Ø, ***wirtschaftlicher*** ~ estancamiento *m* económico; estagnación *f* (de la actividad) económica
Stillstandskosten *pl* costes *pl* por tiempo perdido; costes *pl* por tiempo muerto

Stimmabgabe *f*, **n** votación *f*; sufragio *m*
stimmberechtigt sein tener derecho de voto
Stimmberechtigte(r) (der/ein) persona *f* que tiene derecho de voto; votante *m*
Stimmberechtigung *f*, **en** derecho *m* de voto
Stimme *f*, **n** voto *m*; voz *f* **1.** ***beratende*** ~ con voz pero sin voto; ***entscheidende*** ~ voto de calidad; ***gültige***, ***ungültige*** ~ voto válido, nulo **2.** ***seine*** ~ ***abgeben*** (für, gegen) votar (en pro, en contra); ***sich der*** ~ ***enthalten*** abstenerse de votar; ***jdm. seine*** ~ ***geben*** votar por alg.; ***die*** ~***n zählen*** contar los votos
stimmen, **1.** ***für, gegen jdn.*** ~ votar, dar su voto por, contra alg. **2.** ***stimmt!*** exacto; correcto; eso es; así es; ***das stimmt nicht*** eso no es verdad; eso no es cierto; eso no es correcto; ***da stimmt etwas nicht*** aquí hay algo que no me gusta/no nos gusta; aquí hay algo que no está claro; (Fam.) aquí pudiera haber gato encerrado; ***die Rechnung stimmt*** nicht la factura no está bien; la cuenta no es correcta; ***die Summe stimmt nicht*** la suma no cuadra
Stimm(en)enthaltung *f*, **en** abstención *f* del voto
Stimmenfang *m*, Ø captación *f* de votos
Stimmengleichheit *f*, **(en)** empate *m*; igualdad *f* de votos; ***bei*** ~ en caso de empate
stimmenmäßig en votos; en número de sufragios
Stimmenmehrheit *f*, **(en)** mayoría *f* de votos; ***mit einfacher*** ~ ***angenommen*** aprobado por simple mayoría (de votos)
Stimmenzählung *f*, **en** recuento *m* de los votos; escrutinio *m*
Stimmrecht *n*, **e** derecho *m* de voto; ***allgemeines*** ~ sufragio *m* universal
stimmrechtlos, ***~e Aktien*** acciones *pl* sin derecho de voto
Stimmrechtsaktie *f*, **n** acción *f* con derecho de voto
Stimmrechtsvollmacht *f*, **en** delegación *f* de voto
Stimmung *f*, **en** (Börse) tendencia *f*; clima *m*; situación *f*; ***flaue*** ~ floja tendencia; ***gedrückte*** ~ clima desanimado, abatido; ***lebhafte***, ***lustlose*** ~ Bolsa desanimada, indecisa
Stimmungsbarometer *n*, - (Börse) barómetro *m* de tendencia
Stimmungsumschwung *m*, **¨e** cambio m de signo, de tendencia, de tónica
Stimmzettel *m*, - papeleta *f* de votación; ***leerer*** ~ papeleta en blanco; ~ ***für ungültig erklären*** declarar nula una papeleta
stinken, (Fam.) ***vor Geld*** ~ estar forrado de dinero; ser inmensamente rico; ser enormemente acaudalado; (Fam.) estar podrido de dinero; ***Geld stinkt nicht*** pecunia non olet
stinkfaul vago redomado; vago de siete suelas
stinkreich (Fam.), ***er ist*** ~ es riquísimo; está podrido de dinero; es más rico que Creso; está forrado de dinero
Stipendiat *m*, **en** becado *m*; becario *m*; estudiante *m* con beca
Stipendi|um *n*, **-en** beca *f*
Stipulation *f*, Ø estipulación *f*; acuerdo *m*
stipulieren estipular; acordar
Stock *m* **1. s** fondo *m*; existencias *pl*; surtido *m* **2. -werke** piso *m*; planta *f*
Stockdividende *f*, **n** acciones *pl* adicionales a título de dividendo
stocken estancarse; inmovilizar; interrumpirse; ***Handel und Geschäfte*** ~ se ralentiza el ritmo del comercio; ***ins*** ~ ***geraten*** estancarse
Stock-Exchange *f* (en los países anglosajones) bolsa *f* de valores
Stockung *f*, **en** → Stocken
Stopp *m*, **s** bloqueo *m*; paralización *f*; ~ ***der Löhne*** bloqueo de los salarios (Syn. ***Lohnstopp***)
stoppen bloquear; paralizar; congelar; ***gestoppter Preis*** precio *m* bloqueado
Stoppmaßahme *f*, **n** medida *f* de bloqueo
Stop-Preis *m*, **e** precio *m* bloqueado, congelado
Stoppzeit *f*, **en** tiempo *m* de parada
Störfall *m*, **¨e** (caso *m* de) avería *f*; fallo *m*; accidente *m* (técnico)
stornieren **1.** anular; ***einen Auftrag*** ~ anular un pedido **2.** (Contab.) rescontrar; compensar (una partida); ***eine Buchung*** ~ rescontrar un asiento
Stornierung *f*, **en** rescuentro *m* de un asiento
Storno *m*, **s** → Stornierung
Stornobuchung *f*, **en** (Contab.) contrapartida *f*; rescuentro *m*
störsicher a prueba de fallos
Störung *f*, **en** defecto *m* de funcionamiento; mal funcionamiento *m*; disfunción *f*; disturbio *m*; interferencia *f*; ***verzeihen Sie die*** ~ perdone(n) la(s) molestia(s); (Lärm) ruidos *pl* parásitos; ***atmosphärische ~en*** perturbaciones *pl* atmosféricas; ***ernsthafte***

~en auf dem Markt interferencias *pl* graves en el mercado; ***technische ~en*** fallos *pl* técnicos; ***~ der öffentlichen Sicherheit und Ordnung*** alteración *f* de la seguridad y del orden públicos

störungsanfällig propenso a fallos, a averías

Störungsanfälligkeit *f*, Ø propensión *f* a fallos, a averías

Störungsanzeiger *m*, - indicador *m* de mal funcionamiento

Störungsdienst *m*, **e** servicio *m* de averías (Syn. ***Störungsmeldestelle***)

Störungstrupp *m*, **s** cuadrilla *f*, brigada *f* de reparaciones

stoßen, ***auf Ablehnung ~*** encontrar el rechazo, la desestimación, la desaprobación; ***~ auf Schwierigkeiten*** chocar con dificultades; ***~ auf Widerstand*** encontrar resistencia

stoßfest, ***~e Verpackung*** embalaje *m* a prueba de choques; embalaje *m* resistente a choques

Stoßverkehr *m*, Ø tráfico *m* (de horas) punta

Stoßzeit *f*, **en** horas *pl* punta

Stotterkauf *m*, **¨e** compra *f* a plazos, a crédito

stottern, (Fam.) ***auf ~ kaufen*** comprar a crédito; adquirir a plazos

StPO → Strafprozessordnung

Strafänderung *f*, **en** (Jur.) modificación *f* de la pena

Strafandrohung *f*, **en** amenaza *f* con pena; amenaza f penal

Strafanstalt *f*, **en** prisión *f*; penal *m*; establecimiento *m* penitenciario; penitenciaría *f*

Strafantrag *m*, **¨e** **1.** ***einen ~ stellen*** presentar una querella **2.** ***~ des Staatsanwaltes*** petición *f* del (ministerio público) fiscal

Strafantragsteller *m*, - querellante *m*

Strafantritt *m*, Ø comienzo *m* (de la ejecución) de la pena

Strafanwendung *f*, Ø aplicación *f* de la pena

Strafanzeige *f*, **n** (boletín *m* de) denuncia *f*; ***~ erstatten*** denunciar; presentar denuncia

Strafaufhebung *f*, Ø supresión *f* de la pena

Strafaufschub *m*, Ø aplazamiento *m* (de la ejecución) de la pena

Strafausschließungsgrund *m*, **¨e** causa *f* de exención de la pena; causa *f* eximente de la pena; excusa *f* absolutoria

Strafaussetzung *f*, Ø, ***~ zur Bewährung*** remisión *f* condicional de la pena; pena *f*, condena *f* condicional

strafbar punible; culpable; ***~e Handlung*** acto *m*, hecho *m* delictivo; acción *f* punible; ***sich ~ machen*** incurrir en una pena; incurrir en un delito; ***nicht ~*** no punible; impune; no castigable

Strafbarkeit *f*, Ø punibiliad *f*; castigabilidad *f*; sancionabilidad *f*

Strafbefehl *m*, **e** orden *f* penal (sin vista oral)

Strafbefugnis *f*, **se** facultad f de castigar

Strafbemessung *f*, **(en)** → Strafzumessung

Strafe *f*, **n** pena *f*; sanción *f*; ***eine Geld~ zahlen*** pagar una multa; ***bei einer ~ von DM 100 verboten*** prohibido bajo pena de 100 marcos; prohibido so pena de 100 marcos; ***gegen jdn. auf ~ erkennen*** imponer una pena a alg.; (Geldstrafe) multar a alg.; imponer una multa a alg; ***zur ~ für*** en castigo de; como pena por; ***von ~ absehen*** abstenerse de castigar; prescindir de pena(liza)r; ***mit ~ belegen*** pena(liza)r; castigar (con una pena); ***eine ~ erlassen*** remitir una pena; ***die Todes~ in lebenslängliche Haft~ umwandeln*** conmutar la pena capital (*od.*: de muerte) en cadena perpetua; ***eine ~ verbüßen*** cumplir una pena; ***eine ~ verhängen*** condenar; imponer una pena; aplicar un castigo

strafen penar; imponer una multa (Syn. ***bestrafen***)

Strafentlassene/r (der/ein) ex preso *m*; ex penado *m*; ex recluso *m*; ex presidiario *m*

Strafentlassung *f*, Ø, ***bedingte ~*** libertad *f* condicional

Straferkenntnis *f*, **se** decisión *f* penal; decisión *f* de imponer pena

Straferlass *m*, Ø **1.** remisión *f*, condonación *f* de la pena **2.** amnistía *f*

Strafermäßigung *f*, Ø reducción *f* de la pena

straferschwerend agravante

straff, ***~e Leitung*** dirección *f* firme, estricta, rigurosa, enérgica; ***~e Organisation*** organización *f* disciplinada, rígida; ***in gestraffter Form*** reducido a lo más importante; con exposición concisa y clara

straffähig, ***~es Alter*** (mayoría *f* de) edad *f* penal

Straffall *m*, **¨e** delito *m* punible; asunto *m*, hecho *m* criminal

straffällig, ***~ werden*** incurrir en un delito; cometer un acto punible; delinquir

Straffreierklärung *f*, **en** despenalización *f*; declaración *f* de exención de pena

Strafgebühr *f*, **en** **1.** multa *f* **2.** recargo *m*; sobretasa *f*

Strafgefangene(r) (der/ein) preso *m*; presidiario *m*; recluso *m*
Strafgeld *n*, **er** multa *f*; sanción *f* pecuniaria (Syn. ***Bußgeld***)
Strafgericht *n*, **e** tribunal *m* de lo penal
Strafgerichtsbarkeit *f*, Ø jurisdicción *f* penal
Strafgesetz *n*, **e** ley *f* penal
Strafgesetzbuch *n*, **¨er** Código *m* penal
Strafgesetzgebung *f*, Ø legislación *f* penal
Strafgewalt *f*, Ø, ~ ***des Staates*** poder *m* sancionador del Estado; poder *m* del Estado para imponer penas; poder *m* estatal para castigar
Strafhaft *f*, Ø prisión *f*
Strafherabsetzung f, Ø → Strafermäßigung
Strafhöhe *f*, Ø pena *f*; ***die ~ beträgt*** drei Jahre la pena es de tres años; la pena abarca tres años; la pena se eleva a tres años
Strafjustiz *f*, Ø justicia *f* penal
Strafkammer *f*, **n** Sala *f* de lo Criminal
Strafkammer *f*, **n** sala *f* de lo penal, de lo criminal
Strafklage *f*, **n** acción *f* penal
Strafklausel *f*, **n** cláusula *f* penal
Straflager *n*, - campamento *m* penitenciario, disciplinario
sträflich **1.** culpable **2.** imperdonable **3.** punible; castigable
Sträfling *m*, **e** penado *m*; preso *m*; presidiario *m*; recluso *m*
Strafmandat *n*, **e** multa *f*
Strafmaß *n*, Ø → Strafzumessung
Strafminderung *f*, Ø atenuación *f* de la pena
strafmündig, ***in ~em Alter*** en edad (con responsabilidad) penal; en edad (jurídico-)penal
Strafmündigkeit *f*, Ø mayoría *f* de edad penal
Strafporto *n*, **s** recargo *m*; sobretasa *f*; multa *f* suplementaria
Strafprozess *m*, **-e** proceso *m*, procedimiento *m* penal
Strafprozessordnung *f*, **en** Ley *f* de Enjuiciamiento criminal
Strafprozessrecht *n*, Ø derecho *m* procesal penal
Strafrahmen *m*, - marco *m* penal; marco *m* de la pena; marco m de la sanción
Strafrecht n, Ø, ***internationales ~*** derecho *m* penal internacional
Strafrechtler *m*, - penalista *m*
strafrechtlich jurídico-penal; de derecho penal; ~ ***verfolgen*** **1.** procesar; encausar **2.** perseguir penalmente; perseguir por vía penal, por vía (de lo) criminal; ***~e Verfolgung*** **1.** procesamiento *m*; encausamiento *m* **2.** persecución *f* por ley; persecuión *f* (jurídico-)penal
Strafrechtsreform *f*, **en** reforma *f* (del derecho) penal
Strafrechtsregister *n*, - registro *m* de antecedentes penales
Strafrechtsschutz *m*, Ø tutela *f* penal
Strafregisterauszug *m*, **¨e** certificado m de antecedentes penales
Strafrichter *m*, - juez *m*, magistrado *m* de lo penal
Strafsache *f*, **n** **1.** (competencia) jurisdicción *f* penal; materia *f* penal **2.** causa *f* penal; asunto *m* penal, criminal
Strafsrechtspflege *f*, Ø justicia *f* penal
Straftat *f*, **en** delito *m*; crimen *m*; acto *m* criminal
Straftatbestand *m*, **¨e** figura *f* delictiva
Straftäter *m*, - delincuente *m*; autor *m* de un delito
Strafumwandlung *f*, Ø conmutación *f* de la pena
strafunmündig menor de edad penal
Strafurteil *n*, **e** sentencia *f* condenatoria
Strafverbüßung *f*, Ø expiación *f* de una pena; cumplimiento *m* de una pena
Strafverfahren *n*, **-**, ***ein ~ einleiten*** incoar, iniciar un proceso
Strafverfolgung *f*, Ø procesamiento *m*; persecución *f* penal
Strafverfügung *f*, **en** disposición *f* penal
strafverschärfend, ***~er Umstand*** circunstancia *f* agravante
strafversetzen trasladar por causas disciplinarias
Strafversetzung *f*, **en** traslado *m* disciplinario
Strafverteidiger *m*, - letrado *m* defensor (en causas penales)
Strafvollstreckung *f*, Ø ejecución *f* de la pena
Strafvollstreckungsverjährung *f*, Ø prescripción *f* de la pena
Strafvollzug m, Ø **1.** régimen *m* penitenciario; ***im offenen*** ~ en régimen *m* (penitenciario) abierto **2.** ejecución *f* de la pena
Strafvollzugsanstalt *f*, **en** penitenciaría *f*; centro *m*, establecimiento *m* penitenciario
Strafvollzugsbehörde *f*, **n** administración *f* de prisiones; administración *f* penitenciaria
Strafzeit *f*, Ø duración *f* de la pena
Strafzelle *f*, **n** celda *f* (de castigo)

Strafzettel *m*, - **1.** multa *f*; ~ ***für falsches Parken*** multa *f*, sanción *f* por aparcamiento (en lugar) prohibido **2.** boletín *m* de denuncia
Strafzins *m*, **en** interés *m* punitivo
Strafzoll *m*, **¨e**, ***mit einem ~ belegen*** infligir un arancel; penalizar con un derecho arancelario
Strafzumessung *f*, Ø extensión *f*, cuantía *f*, alcance *m* de la pena
Strand *m*, **¨e 1.** playa *f* **2.** costa *f*; ***auf ~ geraten, laufen*** varar; encallar
Strandfischerei *f*, Ø pesca *f* cost(an)era
Strandgut *n*, Ø restos *pl* de naufragio
Strandraub *m*, Ø raque *m*
Strandräuber *m*, - raquero *m*
Strandrecht *n*, Ø derecho *m* de averías
Strandwächter *m*, - guardacostas *m*
Strang *m*, Ø, ***zum Tode durch den ~ verurteilen*** condenar a la horca; ***am gleichen ~ ziehen*** perseguir lo mismo; tener el mismo fin
Strapaze *f*, **n** trabajo *m* penoso
strapazierfähig, ***~es Material*** material *m* resistente; ***~es Produkt*** producto *m* resistente (al uso)
Straße *f*, **n** calle *f*; carretera *f*; ***auf der ~*** por carretera; ***verkehrsreiche ~*** carretera de mucho tráfico, muy transitada
Straßenbahn *f*, **en** tranvía *m*
Straßenbau *m*, Ø construcción *f* de carreteras
Straßenbauer m, - ingeniero m de caminos (Syn. ***Straßenbauingenieur***)
Straßenbaumaterialien *pl* materiales *pl* para la construcción de carreteras
Straßenbauplanung *f*, **(en)** planificación *f* de obras viales
Straßenbenützungsgebühr *f*, **en** peaje *m*
Straßengüterverkehr *m*, Ø transporte *m* de mercancías por camión; transporte *m* de mercancías por carretera
Straßenhandel *m*, Ø venta *f* callejera
Straßenhändler *m*, - vendedor *m* ambulante
Straßenkarte *f*, **n** mapa *m* de carreteras
Straßenkreuzer *m*, - haiga *m*
Straßennetz *n*, **e** red *f* de carreteras
Straßenplan *m*, **¨e** plano m de la ciudad
Straßenraub *m*, Ø atraco *m*
Straßenräuber *m*, - **1.** atracador *m* **2.** salteador *m* de caminos
Straßentransport *m*, **e** transporte *m* por carretera
Straßentransportgewerbe *n*, Ø industria *f* de transporte por carretera
Straßentransportunternehmer *m*, - transportista *m* por carretera
Straßenverkauf *m*, Ø venta *f* callejera, ambulante
Straßenverkäufer *m*, - vendedor *m* callejero, ambulante
Straßenverkehr *m*, Ø **1.** tráfico *m* rodado **2.** circulación *f*, tráfico *m* por carretera
Straßenverkehrsordnung *f*, Ø código *m* de la circulación
Straßenverkehrsunfall *m*, **¨e** accidente *m* de tráfico; accidente *m* de circulación; accidente *m* en carretera
Straßenverkehrsunternehmer *m*, - → Straßentransportunternehmer
Straßenverkehrszeichen *n*, - señal *f* de carretera; indicador m de carretera
Straßenverzeichnis *n*, **se** callejero *m*; nomenclátor *m* de calles
Straßenwacht *f*, Ø asistencia *f*, auxilio *m* en carretera
Stratege *m*, **n** estratega *m*
Strategie *f*, **n** estrategia *f*
strategisch estratégico
Streckenwerbung *f*, Ø publicidad *f* exterior
streichen tachar; anular; suprimir; ***einen Auftrag ~*** anular un pedido; ***einen Kredit ~*** cancelar un crédito
Streichung *f*, **en** anulación *f*; supresión *f*
Streifband *n*, **¨er** faja *f*; ***unter ~*** en faja; bajo faja
Streifbanddepot *n*, **s** depósito *m* individual; depósito *m* separado
Streifbandsendung *f*, **en** envío *m* (postal) bajo faja, en faja
Streik *m*, **s** huelga *f* **1.** ***allgemeiner ~*** huelga general; ***örtlich begrenzter ~*** huelga de carácter local; ***(gewerkschaftlich) organisierter ~*** huelga organizada; ***wilder ~*** huelga incontrolada, espontánea **2.** ***den ~ abbrechen*** suspender, terminar una huelga; ***den ~ ausrufen*** declarar la huelga; ***den ~ brechen*** romper, interrumpir una huelga; ***in den ~ treten*** declararse en huelga; sumarse a la huelga (Syn. ***Ausstand***; ***Arbeitsniederlegung***)
Streikabstimmung f, **en** votación *f* de huelga
Streikaktion *f*, **en** movimiento *m* de huelga; ***die ~en fortsetzen*** continuar los movimientos reivindicativos
Streikandrohung *f*, **en** advertencia *f* de huelga
Streikankündigung *f*, **en** anuncio *m*, aviso *m* de huelga

Streikaufruf *m*, **e** llamamiento *m* a la huelga
Streikausschuss *m*, **¨e** comité *m* de (la) huelga
streikbedingt, *~er* ***Produktionsausfall*** merma *f* en la producción debida a la huelga
Streikbefehl *m*, **e** → Streikaufruf
Streikbewegung *f*, Ø movimiento *m* huelguístico
Streikbrecher *m*, - esquirol *m*
Streikbruch *m*, Ø rompimiento *m* de una huelga
Streikdrohung *f*, **en** amenaza *f* de huelga
Streikeinstellung *f*, **en** suspensión *f* de una huelga
streiken declararse en huelga; dejar de trabajar; cesar el trabajo
Streikende(r) (der/ein) huelguista *m*; obrero *m* en huelga
Streikführer *m*, - jefe *m* de los huelguistas
Streikgeld *n*, **er** subsidio *m* de huelga
Streikkasse *f*, **n** fondo *m* de huelga
Streiklohn *m*, **¨e** → Streikgeld
Streikparagraph *m*, **en** artículo *m* de huelga
Streikparole *f*, **n** lema *m* de huelga
Streikposten *m*, - piquete *m*
Streikrecht *n*, Ø derecho *m* de huelga
Streikverbot *n*, **e** prohibición *f* de la huelga
Streikwelle *f*, **n** ola *f* de huelgas
Streit *m*, Ø disputa *f*; controversia *f*; litigio *m*; pleito *m*; ***einen ~ schlichten*** zanjar una diferencia; solventar un pleito
Streitbeilegung *f*, Ø arreglo *m*, solución *f* de un conflicto
streiten disputar(se); tener un pleito con; litigiar contra; ***sie ~ sich um die Erbschaft*** **se** disputan la herencia
Streitfall *m*, **¨e** diferencia *f*; disputa *f*; ***im ~*** en caso de litigio
Streitgegenstand *m*, **¨e** objeto *m* del litigio; materia *f* en disputa; asunto *m* litigioso, controvertido
Streitgespräch *n*, **e** disputa *f*; conversación *f* controvertida; debate *m*
streitig contencioso; litigioso; *~e* ***Gerichtsbarkeit*** jurisdicción *f* contenciosa; ***etw. ~ machen*** impugnar, disputar a/c
Streitigkeit *f*, **en** disputa *f*; controversia *f*; litigio *m*
Streitkräfte *pl* fuerzas *pl* armadas
Streitsache *f*, **n** → Streitfall
Streitwert *m*, **(e)** valor *m* del objeto en litigio
streng, ***~ geheim*** de reserva absoluta; de lo más secreto; ***~stens verboten*** terminantemente prohibido; ***~ vertraulich*** (estrictamente) confidencial; ***das Gesetz ~ anwenden*** aplicar rigurosamente la ley; ***~ befolgen*** cumplir, observar estrictamente; ***~ nach Vorschrift handeln*** atenerse estrictamente a lo prescrito
Stress *m*, Ø estrés *m*
stressen producir, causar estrés
Streubereich *m*, **e** **1.** zona *f* de dispersión **2.** zona *f* alcanzada por una campaña publicitaria
Streubesitz *m*, Ø propiedad *f* diseminada (entre numerosas personas)
Streubesitzaktionär *m*, **e** pequeño accionista *m*
streuen dispersar; diseminar
Streukosten *pl* costes *pl* de dispersión
Streuung *f*, Ø **1.** ***~ von Anlagen*** diversificación *f* de las inversiones **2.** difusión *f*, dispersión *f* (de los medios publicitarios empleados)
Strich *m*, **e**, ***unter dem ~*** en total; al final de cuentas; lo uno por lo otro; (Fig.) ***einen ~ durch die Rechung machen*** contrariar los planes; desbaratar los proyectos
Strichcode *m*, **s** código m de barras
Strichcodierung *f*, **en** codificación *f* por barras
strittig contencioso; litigioso; *~e* ***Forderung*** crédito *m* contencioso
Strohmann *m*, **¨er** testaferro *m*; hombre *m* de paja
Strom *m*, **(¨e)** **1.** (Kapitalstrom) flujo *m* (de capitales) **2.** (Menschenstrom) oleada *f* de gente **3.** río *m* **4.** electricidad *f*; corriente *f* (eléctrica); fluido *m* (eléctrico); ***~ entnehmen*** tomar corriente; ***~ aus Kernenergie gewinnen*** generar electricidad nuclear
Stromabnehmer *m*, - **1.** abonado *m*; usuario *m*, consumidor *m* (de corriente) 2. tomacorriente *m* 3. trole *m*; toma *f* de corriente
Stromabschaltung *f*, **en** interrupción *f*, corte *m* de la corriente
Stromaggregat *n*, **e** grupo *m* electrógeno
Stromanschluss *m*, **-¨e** **1.** conexión *f* a la red eléctrica; alimentación *f* eléctrica **2.** toma *f* de corriente
Stromanschlusswert *m*, **e** valor *m* total de potencia; consumo *m* total de corriente
Stromaufnahme *f*, Ø toma *f* de corriente; saca *f* de corriente
Stromausfall *m*, **¨e** falla *f* de corriente; (Fam.) apagón *m*
Strombedarf *m*, Ø demanda *f* de electricidad, de corriente

Stromeinschränkungen *pl* restricciones *pl* al, del consumo de electricidad; restricciones *pl* eléctricas

Stromentnahme *f*, **n** → Stromaufnahme

Stromerzeugung *f*, Ø generación *f* de corriente; producción *f* de electricidad

Stromkosten *pl* costes *pl* de la corriente; costes *pl* eléctricos

Stromnetz *n*, **e** red *f* eléctrica; red *f* de corriente, de distribución

Stromlieferung *f*, Ø suministro *m* de corriente

Strompreis *m*, **e** tarifa *f*, precio *m* de la corriente

Stromrechnung *f*, **en** recibo *m* del consumo de electricidad; (Fam.) recibo m de la luz

Stromtarif *m*, **e** tarifa *f* de la corriente eléctrica

Stromverbrauch *m*, Ø consumo m de electricidad, de corriente

Stromverbraucher *m*, - abonado *m*, usuario *m*, consumidor *m* de corriente

Stromversorger *m*, - suministrador *m* de corriente (eléctrica)

Stromversorgung *f*, Ø suministro *m* de corriente (eléctrica)

Struktur *f*, **en** estructura *f*; ***räumliche ~*** estructura geográfica; ***wirtschaftliche ~ eines Landes*** estructura económica de un país

Strukturanpassung *f*, **en** ajuste *m* estructural

Strukturausgaben *pl* gastos *pl* en proyectos estructurales; gastos *pl* en infraestructura

strukturbedingt estructural; ***~e Arbeitslosigkeit*** paro *m*, desempleo *m* estructural

Strukturdarlehen *n*, - préstamo m con fines estructurales

strukturell **1.** (strukturbedingt) ***~e Arbeitslosigkeit*** paro *m* estructural; desempleo *m* estructural; ***~e Mängel*** deficiencias *pl* estructurales; ***~e Schwäche*** debilidad *f* estructural **2.** ***die ~e Lage verbessern*** mejorar la situación estructural; ***~e Ungleichgewichte zwischen den Ländern der EU*** desequilibrios pl, disparidades pl estructurales entre los países de la UE

Strukturentwicklung *f*, **(en)** desarrollo *m*, evolución f estructural

Strukturhilfe *f*, **n** ayuda *f*, asistencia *f* estructural

strukturieren estructurar

Strukturierung *f*, **en** estructuración *f*

Strukturkrise *f*, **n** crisis *f* estructural

Strukturmangel *m*, **¨** deficiencia *f* estructural

Strukturpolitik *f*, Ø política *f* de ordenación regional; política *f* estructural

strukturpolitisch, ***~e Maßnahmen*** medidas *pl* estructurales; medidas *pl* político-estructurales; medidas *pl* de política estructural

Strukturreform *f*, **en** reforma *f* estructural

Strukturrichtlinien *pl* directivas *pl* estructurales

strukturschwache, ***~ Regionen*** regiones *pl* estructuralmente débiles; regiones *pl* débiles en términos estructurales

Strukturwandel *m*, Ø cambio *m*, modificación *f* estructural

Stück *n*, **e** **1.** (Wertpapier) título *m*; título-valor *m*; ***in ~en von*** por, con valor nominal de **2.** pieza *f*; ***~ für ~*** pieza por pieza; ***5 DM das ~*** a 5 marcos la pieza; ***Preis pro ~*** precio *m* por unidad; precio *m* por pieza; ***100 ~ Vieh*** 100 cabezas de ganado; ***per ~*** cada uno **3.** ***ein ~ Brot*** un pedazo de pan; ***ein ~ Käse*** un trozo de queso; ***ein ~ Land*** un lote de terreno; ***ein ~ Seife*** una pastilla de jabón **4.** ***ein hübsches ~ Geld gewinnen*** ganar un buen fajo de billetes; ganar un dineral; ***uns bleibt noch ein schweres ~ Arbeit*** todavía nos queda mucho que hacer

Stückarbeit *f*, **en** trabajo *m* a destajo

Stückarbeiter *m*, - destajista *m*; obrero *m* que trabaja a destajo

stückeln dividir en títulos; fraccionar; denomina

Stückelung *f*, **(en)** denominación *f*; fraccionamiento *m*

Stückfracht f, Ø carga *f* mixta

Stückgeld n, Ø billetes y monedas *pl*

Stückgut *n*, **¨er** mercancías *pl* en bultos sueltos; mercancía *f* en fardos *od.* por pieza

Stückgütertarif *m*, **e** tarifa *f* por bulto

Stückgütervertrag *m*, **¨e** fletamento *m* a tanto alzado de una cierta cantidad de bultos

Stückgutfracht *f*, Ø carga *f* general

Stückgutsendung *f*, **en** envío *m* de mercancías en bultos sueltos

Stückgutverkehr *m*, Ø transporte *m* de bultos sueltos

Stückkont|o *n*, **-en** cuenta *f* de títulos

Stückkosten *pl* costes *pl* por unidad

Stückkurs *m*, **e** → Stücknotierung

Stückliste *f*, **n** lista *f* detallada de bultos

Stücklohn *m*, ¨**e** salario *m* por unidad de obra; salario *m* a destajo
Stücknotierung *f*, **en** cotización *f* por unidad
Stückpreis *m*, **e** precio *m* por unidad
Stückrechnung *f*, **en** cálculo *m* del coste unitario (de producción)
Stückschuld *f*, **(en)** obligación *f* específica
Stückverkauf *m*, Ø venta *f* por piezas; venta *f* por unidad; venta *f* al por menor
stückweise pieza por pieza; a piezas; trozo por trozo; a trozos; pedazo a pedazo; a pedazos
Stückwertaktie *f*, **n** acción *f* cotizada por unidad
Stückzahl *f*, **en** número *m* de piezas, de unida-des
Stückzeit *f*, **en** tiempo *m* por pieza, por unidad
Stückzinsen *pl* intereses *pl* fraccionales; intereses *pl* por fracción de tiempo, por cada efecto
Stückzoll *m*, ¨**e** derechos *pl* aduaneros específicos; arancel *m* por unidad
Studie *f*, **n** estudio *m*; informe *m*; análisis *m*
Studienbeihilfe *f*, **n** ayuda *f* al estudio
Studiengang *m*, ¨**e** carrera *f*; curso *m* de los estudios
Studiengebühren *pl* derechos *pl* de matrícula; tasas *pl* universitarias
Studienreise *f*, **n** viaje *m* de estudios
Stufe *f*, **n** etapa *f*; fase *f*; escalón *m*
Stufenfolge *f*, **n** jerarquía *f*
Stufenleiter *f*, **n** escalera *f*; ***soziale*** ~ escalera social
stufenweise por etapas, fases; progresivamente
Stümper *m*, - (Fam.) chapucero *m*
Stunde *f*, **n** hora *f*; ***bezahlte*** ~ hora (de trabajo) remunerada; ***15 Mark für die*** (pro) ~ ***bekommen*** percibir 15 marcos la hora
stunden conceder un plazo, una moratoria
Stundenhonorar *n*, **(e)** honorario *m* por hora
Stundenkilometer *m*, - kilómetro *m* por hora; ***130*** ~ ***fahren*** conducir a 130 kilómetros por hora
Stundenlohn *m*, ¨**e** salario *m* por hora; remuneración *f* por hora
Stundensatz *m*, ¨**e** tarifa *f* de salario por hora
stundenweise, ~ ***beschäftigt sein*** estar empleado por horas; trabajar por horas
Stundung *f*, **(en)** prórroga *f*; aplazamiento *m*; ***eine*** ~ ***bewilligen*** conceder una prórroga; otorgar un aplazamiento; ***um*** ~ ***bitten*** pedir un aplazamiento; solicitar una prórroga (del plazo); ***die*** ~ ***versagen*** denegar una extensión (*od.*: una prórroga) del plazo; ~ ***des Kaufpreises*** aplazamiento *m* del pago del precio (de la compraventa)
Stundung *f*, **en** prórroga *f*; moratoria *f*; aplazamiento *m*
Sturmflut *f*, **en** mareas *pl* huracanadas; mareas *pl* vivas
Sturmschäden *pl* (Seg.) daños *pl* por tormentas
Sturz *m*, **(¨e)** caída *f*; colapso *m*; hundimiento *m*; ~ ***der Kurse***, ***der Preise*** caída de las cotizaciones, de los precios; ~ ***der Regierung*** derrocamiento *m* del gobierno
stürzen 1. (von Preisen, Kursen) caer; bajar **2.** (auf Kisten) nicht -! ¡no volcar! **3.** ***die Regierung*** ~ derribar, derrocar el gobierno 4. ***sich in die Arbeit, in Geschäfte*** ~ abandonarse al trabajo, a los negocios; sich in Gefahr ~ exponerse al peligro; ***sich in Schulden*** ~ endeudarse; incurrir en deudas; hacer deudas; ***sich in Unkosten*** ~ meterse en gastos; incurrir en gastos
Sturzflut *f*, **en** avenida *f* torrencial
stützen apoyar; respaldar, sostener; subvencionar; ***Kurse*** ~ sostener las cotizaciones
Stützpreis *m*, **e** precio *m* sostenido
Stützung *f*, Ø apoyo *m*; respaldo *m*; sostenimiento *m*
Stützungsaktion *f*, **en** acción *f* de apoyo
Stützungsintervention *f*, **en** intervención *f* de apoyo
Stützungskauf *m*, ¨**e** compra *f* de apoyo
Stützungskredit *m*, **e 1.** crédito *m* de apoyo **2.** crédito *m* de emergencia
Stützungspreis *m*, **e 1.** precio *m* de sostén; precio *m* de apoyo; precio *m* soporte **2.** precio *m* (mínimo) garantizado **3.** precio *m* subvencionado
StVO → Straßenverkehrsordnung
subaltern subalterno; ***~e Arbeit*** trabajo *m* subalterno
Subalterne(r) (der/ein) empleado *m* subalterno
Subjektsteuer *f*, **n** impuesto *m* personal (Ggs. ***Objektsteuer***)
Submission *f*, **en 1.** adjudicación *f* administrativa **2.** concurso-subasta *m*; puesta *f* en concurso de obras públicas
Submissionsbedingungen *pl* pliego *m* de condiciones
Submissionsbewerber *m*, - postor *m*; licitador *m*

Submissionskartell *n*, **e** consorcio *m* para licitar en concursos-subastas (de obras públicas)
Submittent *m*, **en 1.** adjudicatario *m* 2. licitador *m*; postor *m*
submittieren licitar; presentarse a un concurso-subasta
Subproletariat *n*, Ø subproletariado *m*
Subsidiaritätsprinzip *n*, **ien** principio *m* de subsidiariedad
Subsidien *pl* subsidios *pl*; apoyo *m* financiero
Subskribent *m*, **en** su(b)scritor *m*
subskribieren su(b)scribirse; abonarse
Subskription *f*, **en** su(b)scripción *f* (Syn. ***Zeichnung***)
Subskriptionspreis *m*, **e** precio *m* de su(b)scripción
Substanz *f*, **en** sustancia *f*; capital *m*
Substitution *f*, **en** sustitución *f*
Subvention *f*, **en** subvención *f*; subsidio *m* (Syn. ***Zuschuss***)
subventionieren subvencionar; ***aus dem Staatssäckel*** ~ subvencionar con fondos públicos
Subventionierung *f*, **en** concesión *f* de subvenciones, de subsidios
Subventionsabbau *m*, Ø recorte *m*, disminución *f*, reducción *f* de las subvenciones
Subventionsempfänger *m*, - perceptor *m* de (la) subvención
Subventionskriminalität *f*, Ø fraude *m* (económico) con fondos en concepto de subvención
Suchbohrungen *pl* perforaciones *pl* de exploración (p.ej., de petróleo)
Sukzessivgründung *f*, **en** fundación *f* por etapas (de una sociedad anónima)
Summe *f*, **n** suma *f*; importe *m*; montante *m* **1.** ***fehlende*** ~ déficit *m*; ***geschuldete*** ~ suma debida; ***glatte*** ~ importe en cifras redondas; ***runde*** ~ suma redonda; ***volle*** ~ importe total **2.** ***eine ~ abrunden*** redondear una suma; ~ ***gutschreiben*** abonar una suma en una cuenta
Summenbilanz *f*, **en** balance *m* de cuentas
Summenversicherung *f*, **en** seguro *m* de sumas (que garantiza una suma fijada contractualmente)
summieren sumar; totalizar; acumular; ***sich*** ~ acumularse
sündhaft, ~ ***teuer*** carísimo; ***ein ~ teures Land*** un país escandalosamente caro
Supergewinn *m*, **e** beneficio *m* extraordinario
Superkargo *m*, **s** sobrecargo *m*
Supermacht *f*, **¨e** (Pol.) superpotencia *f* (Syn. ***Großmacht***)
Supermarkt *m*, **¨e** supermercado *m*
Supertanker *m*, - superpetrolero *m*; gran petrolero *m*
supranational, ~ ***e Organisationen*** organizaciones pl supranacionales
Supranationalität *f*, Ø supranacionalidad *f*
Surrogat *n*, **e** producto *m* de sustitución
suspendieren suspender (de sus funciones); dejar cesante
Suspendierung *f*, **en** → Suspension
Suspension *f*, **en** suspensión *f*
Swap-Geschäft *n*, **e** operaciones *pl* combinadas de divisas *od.* swap
Swap-Kredit *m*, **e** crédito *m* cruzado (a corto plazo entre bancos centrales)
Swing *m*, Ø (Angl.) crédito *m* swing; crédito *m* de traspaso sin intereses (crédito entre dos Estados dentro de una serie de acuerdos comerciales bilaterales)
Sympathiestreik *m*, **s** huelga *f* de solidaridad
Sympathisant *m*, **en** simpatizante *m*
Syndikat *n*, **e** consorcio *m*; sindicato *m*; cártel *m*
Syndik|us *m*, **se** *od.* **-i 1.** síndico *m* **2.** consejero *m* jurídico de una empresa
syndiziert, ***~er Kredit*** crédito *m* sindicado
Syndizierung *f*, **en** sindicación *f*; formación *f* de un consorcio
Synergetik *f*, Ø sinergética *f*
synergetisch, ***~er Effekt*** efecto *m* sinergético, sinérgico
Synergie *f*, **n** sinergia *f*; sinergismo *m*
Synergist *m*, **en** sinergista *m*
Synthetics *pl* (textiles) tejidos *pl* sintéticos
System *n*, **e** sistema *m*; régimen *m*; ***kapitalistisches*** ~ régimen capitalista; ***parlamentarisches*** ~ sistema parlamentario; ***sozialistisches*** ~ sistema socialista; ***totalitäres*** ~ régimen totalitario
Systemanalytiker *m*, - ingeniero *m* de sistemas; analista-programador *m*
Systemprogrammierer *m*, - → Systemanalytiker
Szene *f*, **n** escena *f*; mundillo *m*; ***die Bonner*** ~ la escena política en Bonn
SZR → Sonderziehungsrechte

T

t (Tonne) tonelada *f*
Tabakbau *m*, Ø cultivo *m* de(l) tabaco
Tabakbörse *f*, **n** bolsa *f* del tabaco
Tabakerzeugnisse *pl* producto *m* de tabaco
Tabakfabrik *f*, **en** fábrica *f* de tabaco(s); fábrica *f* tabaquera
Tabakgeschäft *n*, **e** → Tabakladen
Tabakhandel *m*, Ø comercio *m* de(l) tabaco; comercio *m* de tabacos
Tabakhändler *m*, - (E) estanquero *m*; tabaquero *m*
Tabakindustrie *f*, **n** industria *f* tabaquera; industria *f* del tabaco
Tabakladen *m*, ¨ (E) estanco *m*; expendeduría *f* de tabaco; tabaquería *f*
Tabakmonopol *n*, **e** monopolio *m* del tabaco
Tabakpflanzer *m*, - cultivador *m*, plantador *m* de tabaco
Tabakpflanzung *f*, **en** tabacal *m*; plantación *f* de tabaco
Tabaksteuer *f*, **n** impuesto *m* sobre el tabaco
Tabakwaren *pl* **1.** tabaco *m*; tabacos *pl* **2.** labores *pl* tabaqueras **3.** (Laden) estanco *m*; tabaquería *f*
tabellarisch tabular; en forma de tabla
tabellarisieren (re)presentar de forma sinóptica; tabular
Tabelle *f*, **n 1.** tabla *f* (impresa); ***in ~form*** en forma de tabla; en forma tabular; ***in ~n zusammenstellen*** enlistar; tabular **2.** (Datei) fichero *m* **3.** baremo *m* **4.** cuadro *m* estadístico **5.** índice *m* de materias
Tabellenbuchhaltung *f*, Ø contabilidad *f* tabular
tabellenförmig en forma de cuadro sinóptico; en forma de tabla
tabellieren tabular
Tabelliermaschine *f*, **n** tabuladora *f*
Tabulator *m*, **en** tabulador *m*
tadellos impecable; sin defectos; ***~e Ware*** mercancía *f* irreprochable, sin defectos
Tafelbauweise *f*, Ø placas *pl* prefabricadas; elementos *pl* prefabricados
Tafelgeschäft *n*, **e** operación *f* (bancaria) de mostrador
Tag *m*, **e** día *m*; fecha *f*; jornada *f*; ***arbeitsfreier ~*** día festivo; ***freier ~*** día libre; ***binnen 8 ~en*** dentro de ocho días; ***am festgesetzten ~*** en la fecha convenida; ***in den nächsten ~en*** en los próximos días; (Min.) ***über ~e*** a cielo abierto; (Min.) ***unter ~e*** subterráneo; bajo tierra; ***drei ~e nach Sicht*** a tres días vista; ***pro ~*** por día
Tagarbeit *f*, **(en)** trabajo *m* de día; trabajo *m* diurno
Tagdienst *m*, Ø servicio *m* diurno
Tag(e)bau *m*, Ø (Min.) explotación *f* a cielo abierto
Tagebaubetrieb *m*, **e** → Tagebau
Tagebuch *n*, **¨er** (libro *m*) diario *m*; ***~ führen*** llevar un libro diario
Tag(e)geld *n*, er dieta *f*; gastos *pl* de viaje
Tag(e)lohn *m*, **e** jornal *m*; ***im ~ arbeiten*** trabajar a jornal
Tag(e)löhner *m*, - jornalero *m*
tagen celebrar una sesión; estar convocado
Tagesarbeit *f*, **(en)** jornada *f*; trabajo *m* diario; trabajo *m* del día; ***die ~erledigen*** realizar el trabajo del día
Tagesauszug *m*, **¨e** extracto *m* diario de cuenta
Tagesbedarf *m*, Ø consumo *m* diario
Tagesbericht *m*, **e** informe *m* diario
Tagesdienst *m*, Ø servicio *m* diurno; servicio *m* de día
Tageseinahme *f*, **n** ingresos *pl* diarios; recaudación *f* del día
Tageseinlagen *pl* depósitos *pl* a la vista
Tagesgebühr *f*, **en** tasa *f* del día
Tagesgeld *n*, er dinero *m* a un día; dinero *m* de día a día (sumas de dinero con devengo de intereses que se prestan entre los bancos)
Tagesgeldmarkt *m*, **¨e** mercado *m* de dinero día a día
Tagesgeldsatz *m*, **¨e 1.** (tipo *m* de) interés *m* día a día **2.** interés *m* diario
Tagesgeschäft *n*, **e** → Kassageschäft
Tagesgespräch *n*, **e 1.** llamada *f*, conversación *f* diurna **2.** novedad *f* del día

Tageskarte *f*, **n 1.** abono *m* diario **2.** billete *m* de ida y vuelta (válido un solo día) **3.** (Restaurant) platos *pl* del día
Tageskurs *m*, **e** cotización *f*, cambio *m* del día; ***zum ~*** al precio (corriente) del día
Tagesleistung *f*, **en** rendimiento *m* por día; producción *f* diaria
Tageslohn *m*, **¨e** jornal *m*; salario *m* de una jornada
Tagesnotierung *f*, **en** → Tageskurs
Tagesordnung *f*, **en** orden *m* del día; ***auf die ~ setzen*** incluir en el orden del día; ***auf der ~ stehen*** figurar en el orden del día; ***zur ~ übergehen*** pasar al orden del día; ***einen Punkt für die ~ vorschlagen*** proponer un punto para el orden del día
Tagespendler *m*, **-** persona *f* que viaja diariamente entre su domicilio y su lugar de trabajo
Tagespflegesatz *m*, **¨e 1.** importe *m* diario (de estancia en un hospital) **2.** tasa *f* de prestación de cuidados al día
Tagespreis *m*, **e** precio *m* del día; precio *m* corriente
Tagespresse *f*, **Ø 1.** prensa *f* diaria **2.** prensa *f* del día
Tagesproduktion *f*, **en** producción *f* diaria
Tagesration *f*, **en 1.** ración *f* diaria **2.** ración *f* del día
Tagessätze *pl* días-multa *pl*
Tagesschau *f*, **Ø** telediario *m*
Tagesschicht *f*, **en** turno *m* de día
Tagesschnitt *m*, **Ø** media *f* del día
Tagesspesen *pl* gastos *pl* del día; ***30 Mark ~ für jeden Reisetag 30*** marcos de gastos de viaje por día
Tagesstempel *m*, **- 1.** sello *m* fechador **2.** sello *m* del día
Tagesumsatz *m*, **¨e** volumen *m* de ventas del día
Tagesverbrauch *m*, **Ø** consumo *m* del día; consumo *m* diario
Tagesverdienst *n*, **Ø 1.** ganancia *f* diaria, ganancia *f* al día **2.** ganancia *f* del día
Tageswechsel *m*, **-** → Tagwechsel
Tageswert *m*, **e** valor *m*, cotización *f* del día
Tageszeitung *f*, **en** periódico *m*; diario *m*
Tageszinsen *pl* intereses *pl* por día
tageweise por día; día a día; al día
täglich, ***~ fälliges Geld*** dinero *m* día a día; dinero *m* pagadero a solicitud; dinero *m* (pagadero) a la vista
Tagsatzung *f*, **en** (A) audiencia *f*; sesión *f* (tribunal)
Tagschicht *f*, **en** turno *m* diurno *od.* de día
Tagung *f*, **en** congreso *m*; conferencia *f*; asamblea *f*; sesión *f*; ***eine ~ abhalten*** celebrar una conferencia; ***an einer ~ teilnehmen*** participar en un congreso
Tagungsort *m*, **e** lugar *m* de la reunión
Tagungsteilnehmer *m*, **-** congresista *m*
Tagwechsel *m*, **-** letra *f* a día fijo *od.* a fecha fija
Takt *m*, **e** operación *f*; fase *f*; (Motor) tiempo *m*; ritmo *m*
takten respetar las secuencias, sincronizar las cadencias (del trabajo)
Taktik *f*, **en** táctica *f*, estrategia *f*
Taktiker *m*, **-** táctico *m*; estratega *m*
taktisch táctico
Taktstraße *f*, **n** cadena *f* (de producción) (Syn. ***Fließband***)
Taktzeichen *pl* señal *f* de ritmo
Taktzwang *m*, **¨e** (Fließband) adaptación *f* forzosa a las cadencias; sincronización *f* forzosa con las secuencias (en la cadena de montaje)
Talfahrt *f*, **en** período *m* de recesión; deterioro *m*, declive *m* económico
Talon *m*, **s** talón *m* de renovación (en acciones y obligaciones es el boletín de suscripción y de renovación adjunto a la hoja de cupones)
Talsohle *f*, **(n)**, ***in der ~ bleiben*** quedarse estancado en el punto más bajo de la coyuntura (económica); ***die Wirtschaft aus der ~ bringen*** remontar la corriente; enderezar el ciclo económico; salir del atolladero económico; ***die ~ erreicht haben*** haber tocado ya fondo
Tändelmarkt *m*, **¨e** (regional) → Trödelmarkt
tanken repostar; echar gasolina; tomar gasóleo
Tanker *m*, **-** buque *m* cisterna; petrolero *m*
Tankerflotte *f*, **n** flota *f* de petroleros
Tankerfrachtenmarkt *m*, **¨e** mercado *m* de fletes de buques tanques
Tankerschiff *n*, **e** → Tanker
Tankflugzeug *n*, **e** avión *f* nodriza; avión *f* cisterna
Tanksäule *f*, **n** surtidor *m* de gasolina
Tankschiff *n*, **e** → Tanker
Tankstelle *f*, **n** estación *f* de servicio; gasolinera *f*; gasolinería *f*; surtidor *m* (de gasolina); ***freie ~*** gasolinera *f* con precios reducidos
Tankwart *m*, **e** gasolinero *m*; empleado *m* de gasolinera; encargado *m* del surtidor

Tante-Emma-Laden *m*, ¨ tienda *f* de la esquina; pequeña tienda *f* a la vuelta; comercio *m* de al lado
Tantieme *f*, **n** derechos *pl* de autor; tanto *m* por ciento, porcentaje *m* de participación en los beneficios
Tar|a *f*, **-en** tara *f* (peso del embalaje de una mercancía)
tarieren tarar
Tarif- (Pref.) **1.** tarifario **2.** colectivo
Tarif *m*, **e 1.** tarifa *f*; baremo *m* **2.** ***allgemeiner*** ~ tarifa general, normal; ***degressiver*** ~ tarifa degresiva; ***einheitlicher*** ~ tarifa uniforme, única; ***ermäßigter*** ~ tarifa reducida; ***proportionaler*** ~ tarifa proporcional **3.** ***einen ~ aufstellen*** establecer, fijar una tarifa **4.** convenio *m* colectivo
Tarifabkommen *n*, **- 1.** acuerdo *m* arancelario **2.** convenio *m* colectivo
Tarifabschluss *m*, **¨e** conclusión *f*, firma *f* de un convenio colectivo
Tarifanhebung *f*, **en** aumento *m*, subida *f* de las tarifas
tarifär, ***nicht ~e Handelshemmnisse*** *pl* (NTH) barreras *pl* no arancelarias; barreras *pl* no comerciales; obstáculos *pl* no tarifarios
Tarifauseinandersetzungen *pl* → Tarifrunde
Tarifautonomie *f*, **n** autonomía *f* de los agentes sociales
tarifbesteuert, ***~e Wertpapiere*** títulos *pl* (de renta fija) sujetos a tributación (Ggs. ***steuerfreie Wertpapiere***)
Tarifbestimmung *f*, **en** disposición *f* tarifaria *od.* en materia de tarifas
Tarifbindungen *pl* obligaciones *pl* impuestas por un convenio colectivo
Tarifbruch *m*, Ø violación *f* de la tarifa, del convenio (colectivo)
Tarifeinkommen *n*, - sueldos y salarios *pl* acordados por convenio
Tariferhöhung *f*, **en 1.** aumento *m* de (la) tarifa **2.** aumento *m* del salario colectivo
Tarifermäßigung *f*, **en** reducción *f* de tarifas
tariffähig capaz de concluir convenios colectivos; con capacidad para firmar convenios salariales
Tariffestsetzung *f*, **en** fijación *f* de (las) tarifas
tarifgebunden obligado por convenio; vinculado a convenio (colectivo)
tarifgemäß → tariflich
Tarifgespräch *n*, **e** diálogo *m* social; reunión *f* paritaria (entre la patronal y el sindicato)
Tarifgestaltung *f*, **en** determinación *f*, estructuración *f*, configuración *f*, diseño *m* de las tarifas
Tarifgruppe *f*, **n 1.** tramo *m* gravable; grupo *m* tributario; categoría *f* impositiva **2.** categoría *f* salarial
Tarifherabsetzung *f*, **en** recorte *m*, reducción *f* de tarifas
Tarifhoheit *f*, Ø, ~ ***der Sozialpartner*** autonomía *f* colectiva de los agentes sociales; autonomía *f* de los agentes sociales en materia de convenios (colectivos); autonomía *f* negociadora de los interlocutores sociales
tarifieren 1. (Seg.) tarificar; (selten) tarifar **2.** (Zoll) clasificar
Tarifierung *f*, **en** clasificación *f*; ~ ***im Gemeinsamen Zolltarif*** (GZT) clasificación *f* en la tarifa exterior común (TEC)
Tarifkommission *f*, **en** comisión *f* de los convenios colectivos
Tarifkonflikt *m*, **e** conflicto *m* colectivo (entre los agentes sociales)
Tarifkündigung *f*, **en** denuncia *f* del convenio (colectivo)
tariflich según (la) tarifa; de acuerdo con (*od.* conforma a) la tarifa; tarifario; arancelario
Tariflohn *m*, **¨e** salario *m* según convenio colectivo
Tarifordnung *f*, **en 1.** tarificación *f* **2.** convenio *m* colectivo
Tarifpartei *f*, **en** → Tarifpartner
Tarifpartner *m*, - agentes *pl* sociales
Tarifpolitik *f*, Ø política *f* salarial *od.* de convenios colectivos; política *f* arancelaria
Tarifrate *f*, **n** tipo *m* arancelario
Tarifregister n, - registro *m* de los convenios colectivos
Tarifrunde *f*, **n** discusiones *pl*, negociaciones *pl* colectivas
Tarifsatz *m*, **¨e 1.** (Frachtsatz) tarifa *f* de carga *f* **2.** (Löhne) tasa *f* salarial (colectiva); tipo *m* salarial (dentro del convenio); ***über dem ~ liegende Löhne*** salarios *pl* superiores a los acordados en convenio; salarios *pl* más altos que los del convenio
Tarifsenkung *f*, **en** reducción *f* de la tarifa
Tarifstreitigkeiten *pl* disputas *pl* sobre tarifas
Tarifsystem *n*, **e** sistema *m* de tarifas
Tarifverdienst *m*, Ø ingresos *pl* por convenio; ingresos *pl* de acuerdo con el convenio (colectivo)
Tarifvereinbarung *f*, **en** → Tarifvertrag

Tarifvergünstigungen *pl* ventajas *pl* arancelarias
Tarifverhandlungen *pl* negociaciones *pl* colectivas; negociaciones *pl* entre los agentes sociales
Tarifvertrag *m*, **¨e** convenio *m* colectivo; ***einen ~ abschließen*** concluir un convenio colectivo; ***einen ~ aushandeln*** negociar un convenio colectivo
tarifvertraglich, ***~e Aushandlung von Arbeitsbedingungen*** negociación *f* colectiva de las condiciones de trabajo; ***~ vereinbarte Löhne*** salarios *pl* colectivos
Tarifvertragsrecht *n*, Ø derecho *m* regulador de los convenios colectivos
Tarifwerte *pl* (Börse) (empresas *pl* de) servicios *pl* públicos
tarifwidrig **1.** contrario a la tarifa **2.** no conforme al convenio colectivo
Tarifzuständigkeit *f*, **(en)** competencia *f* para firmar un convenio colectivo
tarnen camuflar; disimular
Tarnorganisation *f*, **en** organización *f* en cubierta, camuflada
Tarnung *f*, **en** camuflaje *m*
Tarnwerbung *f*, Ø publicidad *f* camuflada
Tasche *f*, **n** bolsillo *m*; ***aus eigener ~*** del propio bolsillo; ***in die ~ greifen müssen*** tener que pagar
Taschenausgabe *f*, **n** edición *f* de bolsillo
Taschenbuch *n*, **¨er** **1.** libro *m* de bolsillo **2.** agenda *f*
Taschendieb *m*, **e** carterista *m*; ratero *m*
Taschendiebstahl *m*, **¨e** ratería *f*; escamoteo *m*
Taschengeld *n*, Ø **1.** (für Kinder) paga *f* **2.** dinero *m* para gastos menudos
Taschenkalender *m*, - agenda *f* de bolsillo
Taschenrechner *m*, - calculadora *f* de bolsillo
Taschenwörterbuch *n*, **¨er** diccionario *m* de bolsillo
Tastatur *f*, **en** teclado *m*
Tastaturabfrage *f*, **n** (Inform.) consulta *f* desde el teclado
Tastaturfeld *n*, **er** panel *m* del teclado
Tastentelefon *n*, **e** teléfono *m* de teclas
Tastenwahlapparat *m*, **e** aparato *m* de teclas; teléfono *m* de teclado
Tat *f*, **en** **1.** acción *f*; acto *m*; obra *f*; ***etw. in die ~ umsetzen*** poner en práctica, realizar a/c **2.** delito *m*; crimen *m*; ***jdn. auf frischer ~ ertappen*** coger, sorprender al in fraganti *od.* en flagrante
Tatbestand *m*, **¨e** estado *m* de (las) cosas; hechos *pl*
Tatbestandsaufnahme *f*, **n** considerando *m*; levantamiento *m* del acta
Tatbeweis *m*, **e** prueba *f* material
Tateinheit *f*, **(en)** unidad *f* de delitos; concurso *m* ideal (de delitos)
Täter *m*, - autor *m*; ladrón *m*; delincuente *m*; atracador *m*; asaltante *m*; malhechor *m*; sujeto *m* activo
Täterschaft *f*, Ø autoría *f*
tätig activo; diligente; trabajador; laborioso; ***beruflich ~ sein*** desempeñar un trabajo, una profesión, un oficio; trabajar; ***im Betrieb sind 5 Angestellte ~*** en la empresa trabajan 5 empleados; la nómina de la empresa es de 5 personas
tätigen efectuar; concluir; ***einen Abschluss ~*** concluir, concertar un contrato; ***Geschäfte ~*** realizar, hacer negocios
Tätigkeit *f*, **en** **1.** actividad *f*; profesión *f*; empleo *m*; trabajo *m* **2.** ***abhängige ~*** actividad *f*, trabajo *m* dependiente; ***berufliche ~*** actividad *f* profesional; ***bisherige ~*** ocupación *f* previa, hasta ahora; trabajos *pl* anteriores; ***ehrenamtliche ~*** servicio(s) *m* (*pl*) honorífico(s), honorario(s); ***entgeltliche ~*** actividad *f* remunerada; ***freiberufliche ~*** profesión *f* liberal; ocupación *f* en régimen (de) autónomo; ***geschäftliche ~*** actividad *f* comercial; ***gewerbliche ~*** actividad *f* industrial y comercial; actividad *f* industrial *bzw.* comercial; actividad *f* con ánimo de lucro; ***Gewinn bringende ~*** actividad *f* lucrativa; ***handwerkliche ~*** actividad *f* artesanal; ***leitende ~*** actividad *f* de dirección; puesto *m*, cargo *m* directivo; ***selbständige ~*** actividad *f* autónoma, independiente; actividad *f* por cuenta propia; actividad *f* como profesional; ***unentgeltliche ~*** actividad *f* gratuita; ***unerlaubte ~*** actividad *f* ilegal, ilícita, prohibida; ***unselbständige ~*** trabajo *m* por cuenta ajena; actividad *f* asalariada; ***unternehmerische ~*** actividad *f* empresarial; (E) actividad *f* industrial; ***vorübergehende ~*** actividad *f*, empleo *m* temporal; **3.** ***keine bestimmte ~ ausüben*** no ejercer una actividad determinada; no tener un empleo determinado; ***seine ~ einstellen*** cesar (en) su actividad; ***seine ~ wiederaufnehmen*** reanudar su trabajo, sus actividades; reincorporarse a su cargo, a su puesto de trabajo
Tätigkeitsbereich *m*, **e** esfera *f*, campo *m* de actividad

Tätigkeitsbericht *m*, **e** informe *m* sobre la actividad; memoria *f*

Tätigkeitsbeschreibung *f*, **en** especificación *f*, descripción *f* de la actividad, del trabajo

Tatmehrheit *f*, Ø (Jur.) pluralidad *f* de delitos; concurso *m* real (de delitos)

Tatort *m*, **e** lugar *m* del crimen; lugar *m* de los hechos; lugar *m* de autos

Tatsache *f*, **n** hecho *m*; realidad *f*; ***festgestellte ~n*** hechos comprobados; ***vollendete ~n*** hechos consumados; ***auf ~n beruhen*** fundarse en hechos

Tatsachenbericht *m*, **e** relato *m* verídico

Tatsachendarstellung *f*, **en**, ***unrichtige ~*** tergiversación *f*, desfiguración *f* de los hechos; descripción *f* engañosa (de los hechos)

Tatsachenfeststellung *f* , **en** (des Gerichts) constatación *f* de los hechos

Tatsachenirrtum *m*, **¨er** (Jur.) error *m* (material) de hecho

Tatsachenmaterial *m*, **(ien)** hechos *pl*

tatsächlich, ***~e Arbeitszeit*** horas *pl* de trabajo realmente trabajadas; jornada *f* de trabajo efectiva; ***~e Auslagen*** importe *m* efectivamente gastado; ***~er Bedarf*** demanda *f* efectiva; ***~er Bestand*** existencias *pl* reales; ***~er Wert*** valor *m* real, efectivo

Tatumstände *pl* circunstancias *pl* de hecho, circunstancias *pl* fácticas; ***strafausschließende, strafmindernde, strafschärfende ~*** circunstancias *pl* excluyentes, atenuantes, elevadoras de la pena

Tatverdacht *m*, Ø sospecha *f* de delito

Tatverfolgung *f*, **en** persecución *f* efectiva del malhechor

Tatwaffe *f*, **n** arma *f* utilizada (para cometer el delito)

Tatzeit *f*, **(en)** momento *m* del hecho; hora *f* en que se cometió el delito

Tatzeuge *m*, **n** testigo *m* presencial; testigo *m* del hecho

Taufbuch *n*, **¨er** registro *m*, libro *m* de bautizos

Taufname *m*, **n** nombre *m* bautismal; nombre *m* de pila

Taufregister *n*, **-** → Taufbuch

Taufschein *m*, **e** partida *f* de bautismo (Syn. ***Taufurkunde***)

tauglich útil; apto; apropiado; conveniente; ***~ für eine Arbeit*** apto para un trabajo; ***zum Wehrdienst ~*** apto para el servicio militar

Tauglichkeit *f*, Ø aptitud *f*; utilidad *f*; capacidad *f*

Tauglichkeitsgewährleistung *f*, **en** garantía *f* de aptitud

Tauglichkeitszeugnis *n*, **se** certificado *m* de aptitud

Tausch *m*, **(e)** **1.** trueque *m*; permuta *f*; canje *m*; intercambio *m*; ***in ~ geben, nehmen*** dar, aceptar en cambio **2.** (Währung) cambio *m* (Syn. ***Wechsel***)

Tauschangebot *n*, **e** oferta *f* de trueque, de permuta

tauschen **1.** trocar; permutar; dar una cosa por otra; canjear **2.** (Währung) cambiar; ***Mark gegen Dollar ~*** cambiar marcos por dólares (Syn. ***wechseln***)

Tauschgeschäft *n*, **e** operación *f* de trueque *od.* de cambio

Tauschhandel *m*, Ø (comercio *m* de) trueque *m*; intercambio *m*; ***~ treiben*** dedicarse al comercio de cambio

Tauschmittel *n*, **-** medios *m* de canje

Tauschobjekt *n*, **e** objeto *m* de cambio

Tauschtransaktion *f*, **en** operación *f* de trueque, de permuta

Täuschung *f*, **en**, ***absichtliche, arglistige ~*** dolo *m*; engaño *m* doloso

Täuschungsabsicht *f*, **en**, ***mit ~*** con ánimo *m* fraudulento; con ánimo *m* doloso

Tauschvereinbarung *f*, **en** tratado *m* de cambio; acuerdo *m* de compensación

Tauschverkehr *m*, **-** servicio *m* de compensación; operaciones *pl* de trueque

Tauschwaren *pl* mercancías *pl* de compensación, de cambio, de trueque

Tauschwert *m*, **e** valor *m* de cambio

Tauschwirtschaft *f*, **(en)** economía *f* de trueque, de cambio

tausend mil; ***einige ~*** miles; ***~e Menschen*** miles de personas; ***in die ~e gehen*** ascender a miles de; ***~ Stück*** mil (ejemplares, unidades de a/c); ***zu ~en*** por miles; ***zehn von ~*** diez por mil

Tausender *m*, **-** → Tausendmarkschein

Tausendmarkschein *m*, **e** billete *m* de mil marcos

Taxamt *n*, **¨er** oficina *f* de tasación

Taxation *f*, **en** tasación *f*

Taxator *m*, **en** perito *m* tasador

Taxe *f*, **n** evaluación *f*, tasa *f*; tasación *f*; tarifa *f*; ***einer ~ unterliegen*** estar sujeto a una tarifa

taxfrei exento, libre de tasas

Taxi *n*, **s** taxi *m*; ***ein ~ nehmen*** tomar un taxi

taxieren tasar, evaluar; estimar; ***zu hoch ~*** sobretasar; sobreevaluar

Taxierung *f*, **en** tasa *f*; tasación *f*, estimación *f*
Taxifahrer *m*, - taxista *m*
Taxistand *m*, ¨**e** parada *f* de taxis
Taxkurs *m*, **e** cotización *f* estimada; precio *m* estimado
Taxpreis *m*, **e** precio *m* de tasa *od.* tasación
Taxwert *m*, **e** valor *m* estimativo; valor *m* de tasación pericial
Taylorismus *m*, Ø → Taylorsystem
Taylorsystem *n*, Ø taylorismo *m*; sistema *m* Taylor
TDM, ***in*** ~ en miles de marcos
Team *n*, s equipo *m* (Syn. ***Mannschaft***)
Teamarbeit *f*, **en** trabajo *m* de equipo *od.* colectivo
Teamgeist *m*, Ø espíritu *m* de equipo; ***den ~ stärken*** fortalecer el espíritu de equipo
Teamwork *n*, Ø → Teamarbeit
Technik *f*, **en** **1.** técnica *f*; ~ ***des Verkaufs*** técnica de venta **2.** *f*, Ø (Seg.) ramos *pl* técnicos; ramos *pl* del seguro técnico
Techniker *m*, - técnico *m*; perito *m*; especialista *m*
technisch técnico; mecánico; de ingeniería; ***~e Abschreibung*** depreciación *f*, amortización *f* cuantitativa; ~ ***Abteilung*** departamento *m*, servicio *m* técnico; sección *f* técnica; sección *f* de ingeniería; ***~e Änderung*** modficiación *f* técnica; ~ ***Angaben*** datos *pl*, detalles *pl* técnicos; ~ ***Anleitung*** instrucciones *pl* técnicas; ***~er Ausdruck*** tecnicismo *m*; vocablo *m*, término *m* técnico; expresión *f* técnica; ~ ***Ausstattung*** equipamiento *m* técnico; ***~er Berater*** ingeniero *m* consultor; ***~e Beratung*** asesoramiento *m*, apoyo *m* técnico; ***~e Beschreibung*** descripción *f* técnica; ***~es Büro*** oficina *m* técnica; despacho *m*, oficina *f* de ingenieros; ***~e Daten*** datos *pl* técnicos; ***~er Direktor*** director *m* técnico; ***~e Einrichtungen*** instalaciones *pl* técnicas; ***~e Einzelheiten*** detalles *pl* técnicos; ***~e Entwicklung*** evolución *f* de la técnica; desarrollo *m*, avance *m* técnico; ***~e Erfindung*** invento *m* técnico; invención *f* técnica; ***~e Errungenschaften*** logros *pl* técnicos; adelantos *pl* de la técnica; ***~er Fehler*** fallo *m* técnico; error *m* de máquina; error *m* de hardware; ***~e Forschung*** investigación *f* técnica; ***~er Fortschritt*** progreso *m*, avance *m* técnico; ***~es Gutachten*** peritaje *m* (técnico); experticia *f*; ***~es Handbuch*** manual *m* técnico; ***~e Hochschule*** escuela *f* superior técnica; ***~e Kenntnisse*** conocimientos *pl* técnicos; destreza *f* operativa, operatoria; ***~er Kundenberater*** asesor *m* técnico del cliente; ***~e Kurserholung*** recuperación *f* técnica de las cotizaciones; ***~er Leiter*** ingeniero-jefe *m*; ***~e Lieferanforderungen***; ***~e Lieferbedingungen*** condiciones *pl* de suministro, de entrega; ***~es Personal*** personal *m* técnico; ***infolge ~er Störung*** a causa de fallo *m* técnico, de avería *f* mecánica, de irregularidad *f* en el funcionamiento; ***~e Universität*** universidad *f* técnica; ***~e Unterlagen*** documentación *f* técnica; ***~e Überwachung*** → TÜV; ***~e Versicherungen*** ramos *pl* del seguro técnico; ***~es Wörterbuch*** diccionario *m* técnico, especializado; ***~er Zeichner*** dibujante *m* industrial; ***~e Zeichung*** dibujo *m* industrial
technisieren mecanizar; tecnificar
Technisierung *f*, **en** mecanización *f*; automatización *f*
Technokrat *m*, **en** tecnócrata *m*
Technokratie *f*, **n** tecnocracia *f*
Technologie *f*, **n** tecnología *f*
Technologiekonzern *m*, **e** (gran) grupo *m* tecnológico
Technologiepark *m*, **s** parque *m* tecnológico; centro *m* de I+D (en las técnicas punta)
Technologietransfer *m*, **s** transferencia *f* de tecnología
Technologiezentr|um *n*, **-en** → Technologiepark
technologisch tecnológico; ***eine ~e Lücke ausfüllen*** llenar un vacío tecnológico
Teil *m*, **e** **1.** parte *f*; sector *m*; cuota *f*; pedazo *m*; pieza *f*; ***sich zu gleichen ~en an einem Geschäft beteiligen*** participar en un negocio a (*od.* por) partes iguales **2.** (Jur.) parte *f*; ***beklagter*** ~ parte demandada; ***klagender*** ~ parte demandante
Teil *n*, **e** (technisch) repuesto *m*; pieza *f* suelta
Teil- (Pref.) parcial
Teilabnahme *f*, **n** aceptación *f* (del cliente) de una parte; aceptación *f* parcial (por parte del cliente)
Teilabrechung *f*, **en** liquidación *f* parcial
Teilabtretung *f*, **en** cesión *f* parcial
Teilaktie *f*, **n** acción *f* parcial
Teilakzept *m*, **e** aceptación *f* parcial (declaración del girado, que se imita a una parte de la suma del efecto)
Teilannahme *f*, Ø aceptación *f* parcial
Teilarbeitslose(r) (der/ein) desempleado *m*, parado *m* parcial

teilarbeitsunfähig inválido laboral parcial; con invalidez laboral parcial
Teilauftrag *m*, **¨e** orden *f* parcial
Teilausgleich *m*, Ø reglamento *m*, compensación *f* parcial
teilbar divisible; fraccionable
Teilbeschäftigung *f*, **en** empleo *m*, puesto *m* (de trabajo) parcial
Teilbeschau *f*, Ø (Zoll) inspección *f*, examen *m* parcial
Teilbetrag *m*, **¨e 1.** importe *m* parcial **2.** (Rate) plazo *m* **3.** (einer Anleihe) tramo *m*
Teilefertigung *f*, **en** fabricación *f* de componentes, de piezas
teilen dividir; repartir; ***den Gewinn ~*** repartir los beneficios; ***sich in etw. ~*** repartirse a/c
Teilentschädigung *f*, **en** indemnización *f* parcial
Teilergebnis *n*, **se** resultado *m* parcial
Teilfabrikat *n*, **e** → Halberzeugnis
teilhaben 1. participar (en); tener parte (en); ***am Gewinn ~*** participar en los beneficios **2.** colaborar
Teilhaber *m*, **-** socio *m*; copropietario *m*; asociado *m* **1.** ***aktiver ~*** socio activo; ***geschäftsführender ~*** socio gerente; ***persönlich haftender ~*** socio personalmente responsable **2.** ***jdn. als ~ aufnehmen*** admitir como socio a alg.; ***als ~ ausscheiden*** renunciar a su calidad de socio; ***als ~ eintreten*** pasar a ser socio
Teilhaberpapier *n*, **e** título *m* de participación
Teilhaberschaft *f*, **en** sociedad *f* en participación; asociación *f*
Teilhaberversicherung *f*, **en** seguro *m* de participación
Teilhafter *m*, **-** (socio *m*) comanditario *m* (Syn. ***Kommanditist;*** Ggs. ***Vollhafter***)
Teilhaftung *f*, **(en)** responsabilidad *f* parcial
Teilhersteller *m*, **-** fabricante *m* de piezas sueltas
Teilkaskoversicherung *f*, **en** (Seg.) seguro *m* de riesgo parcial
Teilkonzern *m*, **e** subgrupo *m*
Teillieferung *f*, **en** suministro *m* parcial; entrega *f* fraccionada; ***Verladung in ~en*** embarques *pl*, envíos *pl* fraccionados; ***die Ware in ~ versenden*** remitir la mercancía en envíos fraccionados
Teilnahme *f*, **n** participación *f*; asistencia *f*; presencia *f*; interés *m*; ***~ an der Messe*** participación en la feria (Syn. ***Beteiligung***)
Teilnahmebedingung *f*, **en** condición *f* para tomar parte, para participar
teilnehmen participar; tomar parte (en); asistir (a); ***an der Leitung des Unternehmens ~*** participar en la dirección de la empresa
Teilnehmer *m*, **- 1.** ***EWU-~*** participante *m* en la UEM **2.** abonado *m* (teléfono, etc.) **3.** socio *m* **4.** asistente *m* (a un acto) **5.** contendiente *m*; concursante *m* (en un certamen) **6.** cursillista *m*; congresista *m*
Teilnehmeranschluss *m*, **¨e** (Teléf.) línea *f* de abonado
Teilnehmerland *n*, **¨er** → Teilnehmerstaat
Teilnehmerliste *f*, **n** → Teilnehmerverzeichnis
Teilnehmerstaat *m*, **en** estado *m*, país *m* participante
Teilnehmerverzeichnis *n*, **se 1.** lista *f* de participantes **2.** guía *f* de teléfonos
Teilpacht *f*, Ø aparcería *f*
Teilpächter *m*, **-** aparcero *m*
Teilschaden *m*, **¨** daño *m*, pérdida *f* parcial
Teilschuldverschreibung *f*, **en** obligación *f* fraccional
Teilschutzsicherung *f*, **en** (Seg.) protección *f* parcial
Teilsendung *f*, **en**, ***Waren in ~en liefern*** suministrar la mercancía fraccionadamente; consignar la mercancía a plazos; remitir los artículos en envíos parciales
Teilstilllegung *f*, **en** paralización *f* parcial (de la producción)
Teilstreik *m*, **s 1.** huelga *f* parcial; huelga *f* selectiva; huelga *f* discriminada **2.** huelga *f* por turno; huelga *f* alternativa
Teilung *f*, **en** división *f*, fraccionamiento *m*; repartición *f*; ***~ der Kosten*** repartición de los costes
Teilungserklärung *f*, **en** título *m* constitutivo
Teilungsmasse *f*, **n** activo *m*; masa *f* de la quiebra; créditos *pl* pendientes
Teilungsurkunde *f*, **n** → Teilungsvertrag
Teilungsvertrag *m*, **¨e** contrato *m* de repartición
Teilunternehmen *n*, **-** empresa *f* de subcontratación *od.* de suministro *m* secundario
Teilunternehmer *m*, **-** subcontratista *m* (Syn. ***Zulieferer***)
Teilverkauf *m*, **¨e** venta *f* parcial
Teilverlust *m*, **e** pérdida *f* parcial
Teilversand *m*, Ø consignación *f*, remesa *f*, envío *m* parcial
teilweise, ***ganz oder ~ beschädigt*** dañado, deteriorado total o parcialmente; ***~ be-***

zahlen pagar en parte; abonar parcialmente
Teilzahlung *f*, Ø pago *m* parcial, fraccionado; pago *m* a plazos; ***auf ~ kaufen, verkaufen*** comprar, vender a plazos; ***geleistete ~en*** plazos *pl* pagados, ya abonados; ***monatliche ~*** plazo mensual; ***wir sind bereit, Ihnen mit der Einräumung von ~en entgegenzukommen*** estamos dispuestos a aceptar el pago a plazos; les admitimos el pago fraccionado
Teilzahlungsbank *f*, **en** banco *m* de financiación de créditos para pagos a plazos
Teilzahlungsgeschäft *n*, **e** operación *f* (con pago) a plazos; operación *f* con pago fraccionado
Teilzahlungskauf *m*, **¨e** compra *f* a plazos (Syn. ***Ratenkauf***)
Teilzahlungskredit *m*, **e** crédito *m* para financiar compras a plazos
Teilzahlungskreditinstitut *n*, **e** → Teilzahlungsbank
Teilzahlungssystem *n*, **e** sistema *m* de pago a plazos
Teilzahlungsverkauf *m*, **¨e** venta *f* (con pago) a plazos; venta *f* con pago fraccionado
Teilzahlungsvertrag *m*, **¨e** contrato *m* de compraventa a plazos; contrato *m* de venta con pago fraccionado
Teilzahlungszuschlag *m*, **¨e** recargo *m* por pago fraccionado
Teilzeitarbeit *f*, **en** trabajo *m* en régimen de jornada parcial
Teilzeitarbeiter *m*, **-** trabajador *m* en régimen de jornada parcial
Teilzeitbeschäftigte(r) (der/ein) → Teilzeitarbeiter
Teilzeitbeschäftigung *f*, **en** → Teilzeitarbeit
Teilzeitkräfte *pl* personal *m* en régimen de jornada parcial
tel quel-Handelsklausel *f*, **n** cláusula *f* comercial "tal cómo (es)"
Telearbeit *f*, Ø teletrabajo *m*; trabajo *m* a domicilio (por ordenador)
Telebanking *n*, Ø (servicio *m* de) telebanco *m*
Telebox *f*, **en** (servicio *m*) telebox *m*
Telebrief *m*, **e** telecarta *f*; carta *f* telemandada
Telefax-Dienst *m*, **e** servicio *m* de telefax
telefaxen enviar (un mensaje) por telefax; telecopiar
Telefax-Gerät *n*, **e** (aparato *m*, equipo *m* de) telefax *m*; telecopiadora *f*

Telefon *n*, **e** teléfono *m*
Telefonanruf *m*, **e** llamada *f* telefónica
Telefonanschluss *m*, **¨e** línea *f* telefónica
Telefonapparat *m*, **e** (aparato *m* de) teléfono *m*
Telefonat *n*, **e** → Telefonanruf
Telefonbeantworter *m*, **-** contestador *m* automático (Syn. ***Anrufbeantworter***)
Telefonbenutzer *m*, **-** abonado *m*; usuario *m*
Telefonbildschirm *m*, **e** pantalla *f* de videoteléfono
Telefonbuch *n*, **¨er** guía *f* de teléfonos
Telefoncode *m*, **s** (Seg.) código *m* telefónico
Telefonfürsorge *f*, Ø asistencia *f* telefónica de emergencia
Telefongebühr *f*, **en** tarifa *f* telefónica
Telefongesellschaft *f*, **en** compañía *f* telefónica
Telefongespräch *n*, **e** conferencia *f* telefónica; telefonema *m*; ***dringendes ~*** conferencia urgente
Telefonhandel *m*, Ø transacciones *pl* por teléfono; operaciones *pl* de banco a banco
telefonieren telefonear; llamar por teléfono
Telefoninterview *n*, **s** entrevista *m* por teléfono
telefonisch por teléfono; telefónico; ***~ erteilter Auftrag*** pedido *m* (pasado) por teléfono; ***~ anfragen*** preguntar por teléfono; ***~e Verkaufsabwicklung*** telemárketing *m*; telemercado *m*
Telefonistin *f*, **nen** telefonista *f*
Telefonleitung *f*, **en** línea *f* de teléfono
Telefonmodem *n*, **s** módem *m*; modem *m* telefónico
Telefonnetz *n*, **e** red *f* telefónica
Telefonnummer *f*, **n** número *m* de teléfono
Telefonrechnung *f*, **en** factura *f* del teléfono; (Fam.) recibo *m* del teléfono
Telefonseelsorge *f*, Ø (E) teléfono *m* de la esperanza
Telefonstau *m*, **s** embotellamiento *m* de (las) líneas telefónicas
Telefonteilnehmer *m*, **-** usuario *m*; abonado *m*
Telefonverbindung *f*, **en** comunicación *f* telefónica; ***eine ~ herstellen*** establecer una comunicación telefónica; comunicar
Telefonverkehr *m*, Ø (Börse) mercado *m* extraoficial; ***im ~ handeln*** operar en el mercado extraoficial
Telefonwählgerät *n*, **e** selector *m* automático telefónico; marcador *m* automático
Telefonzelle *f*, **n** cabina *f* telefónica
Telefonzentrale *f*, **n** central *f* telefónica

Telegraf *m*, **en** telégrafo *m*
Telegrafenamt *n*, **¨er** (oficina *f* de) telégrafos *pl*
telegrafieren telegrafiar; mandar, enviar, poner un telegrama
telegrafisch, ~ ***bestellen*** pedir, hacer un pedido, cursar una orden por telégrafo; ***~e Bestellung*** pedido *m* telegráfico; orden *f* por telégrafo; ***~e Geldüberweisung*** giro *m* telegráfico; ***~e Überweisung*** (eines Bankguthabens an einen ausländischen Platz) transferencia *f* telegráfica (t.t.); transferencia *f* cablegráfica
Telegramm n, **e** telegrama *m*; ***ein ~ aufgeben*** enviar un telegrama; (telefonisch) dictar un telegrama por teléfono; enviar un telegrama por teléfono; ***telefonisch aufgegebenes*** ~ telefonema *m*; telegrama por teléfono; ***überseeisches*** ~ cable *m*; cablegrama *m*; ~ ***mit bezahlter Rückantwort*** telegrama *m* con respuesta pagada
Telegrammadresse *f*, **n** dirección *f* telegráfica
Telegrammannahme *f*, **n** → Telegrammschalter
Telegrammaufnahme *f*, Ø (servicio *m* de) telegramas por teléfono
Telegrammbote *m*, **n** repartidor *m* de telegramas
Telegrammformular *n*, **e** formulario *m*, impreso *m* para telegramas
Telegrammgebühr *f*, **en** tarifa *f* telegráfica
Telegrammschalter *m*, - ventanilla *f* de telegramas
Telegrammtext, *m*, **e**, ***Schreiben Sie den ~ in Großbuchstaben*** escriba con mayúsculas el texto *m* del telegrama
telegraphieren → telegrafieren
Teleinformatik *f*, Ø teleinformática *f*
Telekolleg *n*, **s** *od.* **ien** curso *m* televisado
Telekommunikationsnetz *n*, e red *f* de telecomunicación
Telekonferenz *f*, **en** conferencia *f* en dúplex, en múltiplex; teleconferencia *f*
Telekopie *f*, n telecopia *f*
Telekopierer *m*, - telecopiadora *f*
Telemarketing *n*, Ø telemárketing *m*
Telematik *f*, Ø telemática *f* (telecomunicación + informática)
telematisch telemático
Teleport *m*, **s** centro *m* de telecomunicación
Telepost *f*, Ø telecorreo *m*
Teleschalter *m*, - (Seg.) televentanilla *f*
Teleshopping *n*, Ø telecompras *pl bzw.* televentas *pl*; teletienda *f*
Teletext *m*, **(e)** teletexto *m*; videotex *m* difundido
Telex *n*, **(e)** télex *m*; intercambio *m* por teletipo (Syn. ***Fernschreiber***)
telexen mandar, enviar un télex; comunicar por teletipo
Telex-Netz *n*, **e** red *m* de télex
Tempo *n*, **s** velocidad *f*; ritmo *m*; ***das ~ beschleunigen*** aumentar la velocidad; ***das ~ verringern*** disminuir, bajar la velocidad
Tempolimit *n*, **s** límite *m* de velocidad (Syn. ***Geschwindigkeisbegrenzung***)
Temposünder *m*, - conductor *m* infractor por exceso de velocidad
Tendenz *f*, **en** tendencia *f*; evolución *f*; ***fallende*** (***sinkende, rückläufige***) ~ tendencia a la baja; ***steigende*** ~ tendencia al alza
Tendenz-Betrieb *m*, **e** (R.F.A.) empresa *f od.* editorial *f* de carácter científico, político o periodístico, con limitación de la cogestión
tendenziell, ~ ***rückläufig sein*** tender a la baja; propender a declinar; acusar una tendencia regresiva
Tendenzumschwung *m*, (**¨e**) (Börse) cambio *m* de la tendencia
Tender-Verfahren *n*, - (E) subasta *f* (realizada por el Banco emisor)
tendieren tender; acusar una tendencia; ***die Börse tendiert lustlos*** la Bolsa acusa una tendencia desanimada
Termin *m*, **e 1.** (Jur.) (Vorladung) citación *f*; ***einen ~ haben*** estar citado; tener que comparecer; ***zum ~ laden*** emplazar; citar **2.** (Jur.) (Verhandlung) vista *f*; vista *f* de la causa; ***einen ~ anberaumen*** adiar; fijar hora y día (para la comparecencia) **3.** plazo *m*; día *m*; fecha *f*; ***äußerster*** ~ fecha tope; fecha límite; ***einen ~ anberaumen, festlegen, festsetzen*** señalar un plazo; determinar una fecha; fijar un término; ***festgesetzter*** ~ plazo *m* fijado; fecha *f* especificada; ***zum anberaumten, zum festgelegten, zum festgesetzten*** ~ (para) el día señalado (fijado, especificado, determinado); ***frühester ~ für die Fertigstellung ist der 6. April*** el 6 de abril es la fecha más temprana para la terminación; la terminación no será antes del 6 de abril; no se terminará antes del 6 de abril; ***letzter*** ~ fecha límite; plazo tope (para terminar u/c); ***einen ~ einhalten*** terminar en la fecha prevista; cumplir un plazo; ***auf einen späteren ~ verschieben*** dejar, aplazar para una fecha posterior; ***einen ~ verein-***

baren acordar un plazo, una fecha; ***die Lieferung ist an keinen ~ gebunden*** el suministro no está sujeto a una fecha fija **4.** (Erfüllungstag) vencimiento *m* **5.** ***einen ~ ausmachen, vereinbaren*** (beim Arzt) fijar, acordar hora de visita; (Fam.) pedir la vez

Terminabschlag *m*, **¨e** descuento *m* a término

Terminabschluss *m*, **-¨e** contrato *m* a plazo; contrato *m* de futuros

Terminal *m* **od** *n*, **s 1.** (Flughafen) terminal *f* de salida bzw de llegada **2.** (Inform.) terminal *m*; ***an ein ~ angeschlossen sein*** estar conectado a un terminal

Terminangebot *n*, **e** oferta *f* a plazo, término

Terminbestimmung *f*, **en** fijación *f* de un plazo, de una fecha

Terminbörse *f*, **n** mercado *m*, bolsa *f* a plazo, término

Termindarlehen *n*, - préstamo *m* a plazo (fijo)

Termindevisen *pl* divisas *pl* a plazo, a término

Termineinlage *f*, **n** depósito *m* a plazo

Terminengagements *pl* obligaciones *pl* de entrega futura; compromisos *pl* de suministro a término

termingebunden sujeto a plazo (fijo)

Termingeld *n*, **er** dinero *m*, depósito *m* (colocado) a plazo; ***~er bis unter 3 Monaten*** depósitos *pl* a menos de 3 meses; ***~er mit Laufzeiten von 2 Jahren*** depósitos *pl* con vencimiento de 2 años

Termingeldermarkt *m*, **¨e** mercado *m* de dinero a plazo; mercado *m* de dinero a futuro

termingemäß → termingerecht

termingerecht, ~ ***bezahlen*** pagar en el plazo fijado; ***~e Lieferung*** entrega *f* a (su debido) tiempo; suministro *m* dentro del plazo previsto

Termingeschäft *n*, **e** negocio *m*, operación *f* a plazo, a término

Terminhandel *m*, Ø operaciones *pl* a plazo, a término

terminieren fijar una fecha, un plazo; ***eine Sitzung*** ~ fijar la fecha de una reunión

Terminkalender *m*, - agenda *f*

Terminkauf *m*, **¨e** compra *f* a plazo

Terminkontrakt *m*, **e** contrato *m* de futuros

Terminkurs *m*, **e**, ~ ***der Peseta*** cambio *m* a plazo de la peseta

Terminlieferung *f*, **en** entrega *f* a plazo

Terminmarkt *m*, **¨e** mercado *m* a plazo; mercado *m* a futuro; mercado *m* de futuros; mercado *m* a término

Terminmerker *m*, - agenda *f*

Terminnotierung *f*, **en** cotización *f* a plazo; cotización *f* a futuro

Terminpapiere *pl* títulos *pl* a plazo; valores *pl* comercializados para su entrega futura

Terminpreis *m*, **e** precio *m* a término

Terminsicherung *f*, Ø cobertura *f* contra cambios de precios

Terminspekulation *f*, **en** especulación *f* en futuros

Terminverkauf *m*, **¨e** venta *f* a plazo, a término

Terminverlängerung *f*, **en** prórroga *f* de un plazo

Terminwaren *pl* futuros *pl*

Terminwerte *pl* → Terminpapiere

Terminzahlung *f*, **en** pago *m* a plazo

terms of trade *pl* relación *f* real de intercambio; relación *f* entre precios de importación y exportación

Terrainspekulation *f*, **en** especulación *f* en fincas y solares

territorial territorial

Territorialgewässer *pl* aguas *pl* territoriales *od.* jurisdiccionales

Terror *m*, Ø terror *m*

terrorisieren terrorizar

Terrorist *m*, **en** terrorista *m*

tertiär terciario; ***~er Wirtschaftssektor*** sector *m* terciario (prestaciones y servicios)

Test *m*, **s** prueba *f*; ensayo *m*

Testament *n*, **e** testamento *m*; última voluntad *f* **1.** ***eigenhändiges*** (***eigenhändig geschriebenes***) ~ testamento *m* ológrafo; ***gegenseitiges*** ~ testamento *m* de copropietarios; testamento *m* recíproco; testamento *m* mutuo; ***mündliches*** ~ testamento *m* de palabra; testamento *m* verbal; ***notarielles*** ~ testamento *m* ante notario; ***ordnungsgemäß errichtetes*** ~ testamento *m* otorgado reglamentariamente; testamento *m* otorgado en su debida forma **2.** ***ein ~ anfechten*** impugnar un testamento; ***ein ~ bestätigen*** validar, confirmar un testamento; ***jdn. im ~ bedenken*** incluir a alg. en el testamento; legar u/c a alg.; ***aufgrund eines ~es erben*** heredar por (fuerza del) testamento; ***sein ~ errichten, machen*** testar, hacer testamento; ***ohne ~ sterben*** morir sin hacer testamento; morir intestado

testamentarisch, *~e* ***Auflagen*** condiciones *pl* impuestas por testamento; cargas *pl* testamentarias; *~e* ***Bestimmungen*** disposiciones *pl*, cláusulas *pl* testamentarias; *~er* ***Erbe*** heredero *m* testamentario; ~ ***verfügen*** disponer por testamento; ***jdm. etw*** ~ ***vermachen*** legar u/c a alg (por testamento)
Testamentsanfechtung *f*, **en** impugnación *f* de testamento
Testamentsbestimmung *f*, **en** disposición *f*, cláusula *f* testamentaria
Testamentserbe *m*, **n** heredero *m* testamentario
Testamentseröffnung *f*, **en** apertura *f* del testamento
Testamentserrichtung *f*, **en** otorgamiento *m* de testamento
Testamentsnachtrag *m*, **¨e** codicilo *m*
Testamentsvollstrecker *m*, **-** albacea *m*; ejecutor *m* testamentario
Testamentsvollstreckung *f*, **en** testamentaría *f*; ejecución *f* testamentaria; ejecución *f* de testamento
Testamentszusatz *m*, **¨e** → Testamentsnachtrag
Testat *n*, **e** certificado m
Testator *m*, **en** testador *m*; legador *m*
Testbetrieb *m*, **e** empresa *f* piloto; explotación *f* tipo
Testbild *n*, **er** (TV) carta *f* de ajuste
testen probar; ensayar; ***ein Produkt auf Qualität*** ~ someter un producto a ensayos de calidad
Tester *m*, **-** persona *f* encargada de realizar un ensayo
Testfahrer *m*, **-** piloto *m* de pruebas; probador *m* de coches
Testgruppe *f*, **n** grupo *m* sometido a prueba; población *f* a entrevistar *bzw*. a estudiar
testieren testar; testamentar; hacer testamento; certificar; atestiguar
Testierfähigkeit *f*, Ø capacidad *f* de testar
Testperson *f*, **en** persona *f* sometida a prueba; persona *f* a estudiar *bzw.* a entrevistar
Testphase *f*, **n** fase *f* de ensayo(s)
Testreihe *f*, **n** serie *m* de ensayos
Testserie *f*, **n** → Testreihe
Testverfahren *n*, **-** procedimiento *m* de ensayo
teuer caro; costoso; elevado; ~ ***bezahlen*** pagar caro; ***es ist*** ~ es, vale, cuesta caro; ***es ist für uns zu*** ~ es excesivamente caro para nosotros; nos es demasiado caro para comprarlo; ***wie*** ~ ***ist es?*** ¿cuánto cuesta?, ¿cuál es su precio?; ~ ***kaufen*** comprar caro; comprar a precio elevado; ~ ***verkaufen*** vender caro; vender a precios altos; ~ ***zu stehen kommen*** salir caro
Teuerung *f*, Ø carestía *f*; encarecimiento *m*
Teuerungsrate *f*, **n** tasa *f* de carestía
Teuerungswelle *f*, **n** ola *m* de aumentos de precios
Teuerungszulage *f*, **n** plus *m* por carestía de vida
teurer, ***alles wird*** ~ todo encarece; todo sube de precio; ***das Benzin ist*** ~ ***geworden*** ha subido el precio de la gasolina; ***spürbar*** ~ sensiblemente más caro
Textausgabe *f*, Ø salida *f* de texto
Textbearbeitung *f*, Ø **1.** tratamiento *m* de textos **2.** edición *f* de textos
Textdatenbank *f*, **en** banco *m* de datos textuales
Texteingabe *f*, **n** entrada *f* de texto
texten concebir textos y frases publicitarios
Texter *m*, **-** redactor *m* publicitario
Textilarbeiter *m*, **-** trabajador *m* en la industria textil
Textilgewerbe *n*, Ø → Textilindustrie
Textilien *pl* productos *pl* textiles
Textilindustrie *f*, **n** industria *f* textil
Textilwerker *m*, **-** → Textilarbeiter
Textverarbeiter *m*, **-** (Inform.) procesador *m* de datos
Textverarbeitung *f*, **en** (Inform.) procesamiento *m* de datos
TH *f*, **s** (Technische Hochschule) escuela *f* superior técnica
Theke *f*, **n** mostrador *m*
thesaurieren atesorar; acumular; retener; amasar una fortuna
thesauriert, *~e* ***Gewinne*** beneficios *pl* acumulados, retenidos, atesorados
Thesaurierung *f*, **en** atesoramiento *m*
Ticket *n*, **s** billete *m* (de transporte *od.* de entrada)
Tief *n*, **s** depresión *f*; baja *m*
Tiefbau *m*, Ø construcción *f* de caminos, canales y puertos; ingeniería *f* civil
Tiefgarage *f*, **n** garaje *m* subterráneo
Tiefgefrierkonserven *pl* conservas *pl* congeladas
Tiefgefrierschrank *m*, **¨e** (armario *m*) congelador *m*
tiefgekühlt, *~e* ***Nahrungsmittel*** alimentos *pl* congelados
Tiefkühlkost *f*, Ø alimentos *pl* congelados
Tiefkühltruhe *f*, **n** arca *f* frigorífica a baja temperatura; congelador *m*

Tiefkühlung *f*, Ø refrigeración *f* a baja temperatura; congelación *f*
Tiefpunkt *m*, **e**, ***auf dem ~ der Rezession angekommen sein*** la recesión ha tocado fondo
Tiefstand *m*, Ø (fase *f* de) depresión *f*
Tiefstkurs *m*, **e** cotización *f* más baja; cotización *f* mínima; (tipo *m* de) cambio *m* mínimo
Tiefstpreis *m*, **e** precio *m* mínimo
Tiefstwert *m*, **e** valor *m* mínimo
Tierarzneimittel *n*, - productos *pl* veterinarios; medicamentos *pl* para animales
Tierbestand *m*, **¨e** población *f* animal; cabaña *f* (animal)
Tierfrachtbrief *m*, **e** carta *f* de porte de animales
Tierhalterhaftung *f*, Ø responsabilidad *f* por (tenencia de) animales
Tierhaltung *f*, Ø **1.** ganadería *f* **2.** tenencia *f* de animales
tierisch, ***~e Erzeugnisse*** productos *pl* animales
Tierlebensversicherung *f*, **en** seguro *m* de vida de ganado
Tierschaden *m*, **¨** daño *m* causado por (un) animal
Tierseuche *f*, **n** epidemia *pl* animal
Tierversicherung *f*, **en** seguro *m* de ganado
Tierzucht *f*, Ø cría *f* de animales; zootecnia *f*
Tierzüchter *m*, - ganadero *m*; criador *m* de animales
tilgbar amortizable; reintegrable; reembolsable
tilgen, ***eine Anleihe ~*** amortizar un empréstito; ***einen Posten ~*** extinguir, cancelar una partida; ***eine Schuld ~*** pagar, liquidar, saldar una deuda
Tilgung *f*, **en** amortización *f*; reembolso *m*; reintegro *m*; ***~ einer Anleihe*** amortización de un empréstito; ***frühzeitige ~*** amortización prematura
Tilgungsanleihe *f*, **n** empréstito *m* de amortización
Tilgungsaufforderung *f*, **en** requerimiento *m* para amortizar
Tilgungsaussetzung *f*, Ø suspensión *f* de los pagos de amortización
Tilgungsdauer *f*, Ø duración *f* de la amortización
Tilgungsfonds *m*, - fondo *m* de amortización
tilgungsfrei, ***~e Jahre*** años *pl* exentos de amortización
Tilgungsfrist *f*, **en** plazo *m* de reembolso
Tilgungshypothek *f*, **en** hipoteca *f* amortizable
Tilgungskapital *n*, Ø capital *m* amortizable
Tilgungskasse *f*, **n** caja *f* de amortización
Tilgungsleistungen *pl* pagos *pl* en concepto de amortización
Tilgungsplan *m*, **¨e** plan *m* de amortización
Tilgungsquote *f*, **n** cuota *f* de amortización
Tilgungsrate *f*, **n** **1.** plazo *m* de amortización **2.** tasa *f* de amortización; ***~n leisten*** amortizar; pagar tasas de amortización
Tilgungsrücklage *f*, **n** reserva *f* para amortizaciones
Tilgungssatz *m*, **¨e** cuota *f* de amortización
Tilgungsstreckung *f*, Ø prórroga *f* del crédito
Tilgungssumme *f*, **n** suma *f*, montante *m* amortizable
Tilgungstabelle *f*, **n** tabla *f* de amortizaciones
Tilgungstermin *m*, **e** fecha *f* de amortización
Tilgungsverpflichtungen *pl* obligaciones *pl*, compromisos *pl* de amortización
Timesharing *n*, Ø **1.** multipropiedad *f*; propiedad *f* compartida; ***im ~ benutzen*** utilizar en tiempo compartido **2.** (Inform.) trabajo *m* en multiprogramación *od.* en modo simultáneo
Timing *n*, **s** elección *f* del momento apropiado para la venta *od.* la compra de títulos
Tinnef *m*, Ø (Fam.) baratijas *pl*; pacotilla *f*
Tip *m*, **s** indicación *f*, sugerencia *f*; ***jdm. einen ~ geben*** hacer una sugerencia a alg.
tippen escribir a máquina; mecanografiar; (LA) tipear; ***in einen Computer ~*** introducir datos en el ordenador
Tippfehler *m*, - error *m* de máquina
Tippfräulein *n*, **s** (Pey.) taquimeca *f*
Tippse *f*, **n** (Pey.) taquimeca *f*
TIR (Transport International Routier) transporte *m* internacional por carretera
Tischcomputer *m*, - (micro)ordenador *m* de (sobre)mesa; ordenador *m*, computador *m* de escritorio
Tischdrucker *m*, - impresora *f* de escritorio, de mesa
Tischrechenmaschine *f*, **n** calculadora *f* de escritorio, de mesa (Syn. ***Tischrechner***))
Titelbild *n*, **er** grabado *m*, fotografía *f* de la portada
Titelseite *f*, **n** primera plana *f*; portada *f*
TNU (transnationales Unternehmen) empresa *f* multinacional, transnacional
TO → Tarifordnung

Tochterfirm|a *f*, **-en** □ Tochtergesellschaft
Tochtergesellschaft *f*, **en** filial *f*; compañía *f* filial; sociedad *f* filial; empresa *f* filial; (sociedad *f*, empresa *f*, compañía *f*) subsidiaria *f*; ***100% ~*** subsidiaria en propiedad absoluta; ***~ mit Sitz im Ausland*** filial *f* en el extranjero; subsidiaria *f* extranjera
Tochterstadt *f*, **¨e** ciudad *f* satélite
Tochterunternehmen *n*, **-** → Tochtergesellschaft
Tod *m*, Ø, ***bei seinem ~*** a su muerte; ***bürgerlicher ~*** muerte *f* civil; ***im Falle seines ~es*** en caso de (su) muerte; ***~ durch Unfall*** muerte *f* por accidente; ***eines natürlichen ~es sterben*** morir de muerte natural; ***zum ~e verurteilen*** condenar a muerte; condenar a la pena capital; condenar a la última pena
Todesfallprämie *f*, **n** prima *f* de defunción; prima *f* mortuoria
Todesfallversicherung *f*, **en** seguro *m* de vida entera (a primas vitalicias); seguro *m* pagadero en caso de muerte
Todesstrafe *f*, Ø pena *f* de muerte
Todesurkunde *f*, **n** partida *f* de defunción
Todesursache *f*, **n** causa *f* de la muerte; causa *f* del fallecimiento; causa *f* de la defunción
tödlich, ***~er Unfall*** accidente *m* mortal; ***~ verunglückt*** muerto, fallecido en accidente; ***~ verwundet*** herido mortalmente; herido de muerte
Toleranzgrenze *f*, **n** límite *m* de desviación; margen *m* de tolerancia
Tonanlage *f*, **n** instalación *f* de registro sonoro
Tonaufnahme- und -wiedergabegerät *n*, **e** equipo *m* de grabación y de reproducción (de sonido)
Tonband n, **¨er** cinta *f* magnetofónica; ***auf ~ aufgenommen*** grabado en cinta (magnetofónica)
Tonbandaufnahme *f*, **n** registro *f* en cinta (magnetofónica); grabación *f* (en cinta) magnetofónica
Tonbandgerät *n*, **e** magnetofón *m*; magnetófono *m*; grabadora *f* (magnetofónica); ***auf ~ aufnehmen, ein ~ besprechen*** grabar en cinta (magnetofónica); ***vom ~ schreiben*** pasar a escrito lo grabado; tomar (por escrito) desde la cinta; mecanografiar oyendo la cinta; escribir de la cinta
Tonnage *f*, **n** tonelaje *m*; arqueo *m*
Tonnagebedarf *m*, Ø demanda *f* de tonelaje
Tonnagegebühren *pl* derechos *pl* de tonelaje
Tonne *f*, **n** tonelada *f*
Tonnenfracht *f*, Ø flete *m* por tonelada
Tonnengehalt *n*, **e** → Tonnage
Tonnenkilometer *m*, **-** tonelada *f* kilómetro (tkm); tonelada *f* kilométrica
Tontechniker *m*, **-** ingeniero *m* de sonido; experto *m*, técnico *m* de sonido
Tonträger *m*, **-** soporte *m* de sonido; fonograma *m*; estudio *m* (de sonido)
Top- (Pref.) tope; máximo; el punto más alto
Topmanagement *n*, **s** dirección *f* al más alto nivel
Topmanager *m*, **-** dirigente *m* de alto nivel
Top-Position *f*, **en** posición *f* excelente; cargo *m* de dirección
tot muerto; ***~es Inventar*** inventario *m* muerto; ***~es Kapital*** capital *m* improductivo; ***~es Konto*** cuenta *f* inactiva *bzw.* de depósitos
total total; íntegro; entero
Totalausfall *m*, **¨e 1.** pérdida *f* total **2.** fallo *m* total; colapso *m*; caída *f* del sistema
Totalausverkauf *m*, **¨e** liquidación *f* total; remate *m* (total)
totalisieren totalizar; hacer, hallar el total
totalitär totalitario
Totalschaden *m*, **¨** daño *m* total
Totalverlust *m*, **e** pérdida *f* total
Totalverlustversicherung *f*, **en** seguro *m* de pérdida total
totarbeiten, ***sich ~*** matarse trabajando; matarse a trabajar
totfahren atropellar mortalmente (con un vehículo)
Toto *n*, Ø **1.** (Fußball) (amtlich) (E) apuestas *pl* mutuas deportivo-benéficas; (Pop.) quinielas *pl*; ***im ~ gewinnen*** ganar en las quinielas; ***~ spielen*** jugar a las quinielas **2.** (Rennsport) totalizador *m*
toto, ***im ~*** en total; en su totalidad
Totogewinner *m*, **-**, ***es gab nur einen ~*** ha habido sólo un acertante
Totoschein *m*, **e** boleto *m* (de las quinielas); quiniela *f*
Totospieler *m*, **-** quinielista *m*
Totschlag *m*, Ø homicidio *m*
Totschläger *m*, **-** homicida *m*
Tötung *f*, **en**, ***fahrlässige ~*** homicidio *m* por negligencia; homicilio *m* culposo; ***~ auf Verlangen*** homicidio *m* a petición *f* de la víctima; homicidio *m* por compasión, por piedad

Totzeit *f*, **(en) 1.** tiempo *m* improductivo; tiempo *m* muerto; tiempo *m* inactivo **2.** tiempo *m* de parada; tiempo *m* de indisponibilidad

Tour *f*, **en** excursión *f*; visita *f* de *bzw.* a la clientela

Tourenkarte *f*, **n** mapa *m* turístico

Tourismus *m*, Ø turismo *m*

Tourist *m*, **en** turista *m*

Touristenkarte *f*, **n** billete *m* de turista (de transporte suburbano)

Touristenklasse *f*, **n** clase *f* turista

Touristik *f*, Ø turismo *m*; industria *f* turística; sector *m* turístico

Touristikunternehmer *m*, - operador *m* turístico; mayorista *m* turístico

touristisch turístico; ~ ***erschlossenes Gebiet*** zona *f* turística; zona *f* abierta al turismo

Trabantenstadt *f*, **¨e** ciudad *f* dormitorio, satélite

Traditionspapiere *pl* títulos *pl* trayecticios; títulos *pl* de tradición

Trafik *f*, **s** (A) expendeduría *f* de tabaco; estanco *m*

Trafikant *m*, **en** (A) estanquero *m*; propietario *m* de un estanco

tragbar, ***~er Computer*** ordenador *m* portátil; ***~er Fernseher*** televisor *m* portátil; ***~er PC*** PC portátil; ordenador *m* personal portátil

tragen 1. transportar **2.** redituar; rendir beneficio; ***Zinsen*** ~ arrojar intereses **3.** ***ein Risiko*** ~ correr con el riesgo; ***die Verantwortung*** ~ asumir la responsabilidad;

tragend, ***zu ~e Haftungen*** responsabilidades *pl* asumidas; responsabilidades *pl* a cargo de (asegurador, reasegurador, *etc.*)

Träger *m*, - **1.** portador *m* **2.** titular *m*; ~ ***von Rechten und Pflichten*** titular *m* de derechos y obligaciones **3.** ente *m*; entidad *f*; institución *f*; organismo *m* (titular de); ~ ***der Krankenversicherung*** entidad *f*, institución *f* titular del seguro de enfermedad; ***Sozialversicherungs~*** entes *pl* titulares de la seguridad social **4.** (von Daten) soporte *m* **5.** medio *m* de comunicación **6.** (elemento) ***Energie~*** elementos *pl* energéticos

Trägerlohn *m*, **¨e** porte *m*

Tragetasche *f*, **n** bolsa *f*, cartera *f* (publicitaria)

tragfähig, ***~er Kompromiss*** compromiso *m* asumible, aceptable

Tragfähigkeit *f*, **en** límite *m*; capacidad *f* de carga

Traglast *f*, **en** carga *f*

Trainee-Programm *n*, **e** programa *m* de entrenamiento *od.* formación

Trakt *m*, **e 1.** (de una calle) tramo *m*; trecho *m* **2.** (de un edificio) ala *f*; sección *f*

Traktorfahrer *m*, - tractorista *m* (Syn. ***Traktorist***)

Tram(bahn) *f*, **en** tranvía *m*

trampen hacer autostop; viajar por autostop

Tramper *m*, - autoestopista *m*

Trampschifffahrt *f*, Ø navegación *f* sin itinerario fijo

Tranche *f*, **n** tramo *m*, emisión *f* parcial; importe *m* fraccionado de un título; ~ ***einer Anleihe*** tramo *m* de un empréstito; ~ ***eines Kontingents*** cuota *f* (relativa) de un contigente, de un cupo

Transaktion *f*, **en** transacción *f* (económica); operación *f* (financiera); ***~en tätigen*** realizar transacciones

Transfer *m*, **s** transferencia *f* (sobre todo de capitales)

Transferabkommen *n*, - convenio *m* sobre transferencias

Transfereinkommen *n*, - renta *f* de transferencia

transferierbar transferible

transferieren transferir; ***auf ein anderes Konto*** ~ transferir a otra cuenta

Transferliste *f*, **n** lista *f* de transferencias

Transferverbot *n*, **e** prohibición *f* de transferencias

Transferzahlungen *pl* pagos *pl* por transferencias; pagos *pl* de transferencias

Transit *m*, **e** tránsito *m*; ***Waren im ~ befördern*** transportar mercancías

Transitabfertigung *f*, **en** despacho *m* de aduana en tránsito

Transitabgaben *pl* derechos *pl* de tránsito

Transitausfuhr *f*, **en** exportación *f* en tránsito (por uno o varios países)

Transitautobahn *f*, **en** (früher von und nach Berlin) autopista *f* de tránsito (de y a Berlín)

Transiterklärung *f*, **en** declaración *f* de (transporte en) tránsito

Transitgut *n*, **¨er** mercancías *pl* en tránsito; mercadería *f* en camino

Transithafen *m*, **¨** puerto *m* de tránsito

Transithandel *m*, Ø comercio *m* de tránsito

Transithändler *m*, - comisionista *m* de tránsito; comisionista *m* transitario

transitieren pasar (mercancías) por un país

Transitkonnossement *n*, **e** conocimiento *m* de tránsito

Transitkosten *pl* costes *pl* de tránsito

Transitlager *n*, - almacén *m*, depósito *m* para mercancía en tránsito
Transitschein *m*, **e** certificado *m*, recibo *m* de tránsito
Transitspediteur *m*, **e** → Transithändler
Transittarif *m*, **e** tarifa *f* de tránsito
Transitverkehr *m*, Ø comercio *m* de tránsito
Transitverkehr *m*, Ø tráfico *m* de, en tránsito; (EU) ***innergemeinschaftlicher ~ durch dritte Länder*** tránsito *m* intracomunitario vía (*od.* por) países no miembros
Transitversand *m*, Ø expedición *f*, despacho *m* en tránsito
Transitvis|um *n*, **-a** visado *m* de tránsito
Transitware *f*, **n** mercancías *pl* en tránsito
Transitweg *m*, **e** ruta *f* de paso; ruta *f* de tránsito
Transitzoll *m*, **¨e** arancel *m* de tránsito
transnational, ***~es Unternehmen*** (TNU) empresa *f* transnacional, multinacional
Transparent *n*, **e** 1. ***die Demonstranten trugen ~e*** los manifestantes portaban pancartas 2. transparente *m*
transparent transparente; ***~er Code*** código *m* transparente; ***~e Schutzschicht*** capa *f* protectora; ***~ Verpackung*** embalaje *m*, envase transparente
Transparenz *f*, Ø transparencia *f*; ***~ des Marktes*** transparencia del mercado
Transport *m*, **e** transporte *m*; ***~ per Bahn*** transporte ferroviario; ***~ auf dem Landweg*** transporte por carretera; ***~ auf dem Luftweg*** transporte aéreo; ***~ auf dem Wasserweg*** transporte marítimo; (Seg.) ***~ am Körper*** transporte en el cuerpo (Syn. ***Beförderung***)
transportabel 1. transportable 2. portátil
Transportagentur *f*, **en** agencia *f* de transportes
Transportanweisungen *pl* 1. instrucciones *pl* de envío; instrucciones *pl* de transporte 2. instrucciones *pl* de embarque
Transportarbeiter *m*, - obrero *m* transportista
Transportart *f*, **en** clase *m* de transporte
Transportband *n*, **¨er** → Förderanlage
Transportbedingungen *pl* condiciones *pl* de transporte
Transportbehälter *m*, - contenedor *m*; container *m*
Transportbescheinigung *f*, **en** certificado *m* de transporte
Transportdienst *m*, **e** (Seg.) tareas *pl* del transporte
Transporter *m*, - vehículo *m* de transporte
Transporteur *m*, **e** → Transportunternehmer
transportfähig 1. transportable 2. (persona) trasladable
Transportfahrzeug *n*, **e** vehículo *m* de transporte; (Seg.) ***diebstahlgesichertes ~*** vehículo de transporte especialmente protegido contra hurto; ***beraubungsgesichertes ~*** vehículo de transporte protegido contra expoliación
Transportfirm|a *f*, **-en** → Transportunternehmen
Transportflugzeug *n*, **e** avión *f* de transporte; avión *f* de carga
Transportgenehmigung *f*, **en** autorización *f*, permiso *m* de transporte
Transportgesellschaft *f*, **en** compañía *f* de transportes
Transportgewerbe *n*, - ramo *m* del transporte
transportieren transportar
Transportindustrie *f*, Ø industria *f*, sector *m*, ramo *m* del transporte
Transportkoffer *m*, - (Seg.) maletín *m* de transporte de valores
Transportkosten *pl* costes *pl* de transporte
Transportmittel *n*, - medios *pl* de transporte; ***öffentliche ~*** transportes *pl* públicos; medios *pl* de transporte público; medios *pl* públicos de transporte
Transportraum *m*, **¨e** espacio *m* para transporte; espacio *m* de carga
Transportraumschiff *n*, **e** astronave *f* de transporte
Transportschiff *n*, **e** barco *m*, buque *m* de transporte
Transportunternehmen *n*, - agencia *f*, compañía *f* de transportes
Transportunternehmer *m*, - transportista *m*
Transportversicherer *m*, - (compañía *f*) aseguradora *f* (del ramo) de transportes; asegurador *m* de transportes
Transportversicherung *f*, **en** seguro *m* de transportes
Transportvertrag *m*, **¨e** contrato *m* de transporte
Transportwesen *n*, Ø servicio *m* de transporte; los transportes *pl*
Trassant *m*, **en** girador *m*, librador *m* (de una letra de cambio)
Trassat *m*, **en** girado *m*, librado *m* (de una letra de cambio)
trassieren girar; librar; ***~ auf*** girar, librar contra *od.* a cargo de; ***einen Wechsel al pari ~*** girar una letra a la par

Trassierung *f*, **en** giro *m*; libranza *f*; libramiento *m*
Trassierungskredit *m*, **e** crédito *m* de aceptación documentario; crédito *m* de reembolso
Tratte *f*, **n** letra *f* (ya) librada, girada; ***eine ~ akzeptieren*** aceptar una letra ya librada; ***eine ~ ausstellen*** librar, girar, emitir una letra; ***eine ~ einlösen*** atender el pago de una letra (Syn. ***gezogener Wechsel***)
Traubenernte *f*, **n** vendimia *f*
Traubenmost *m*, Ø mosto *m* de uva
Traubensaft *m*, **¨e** zumo *m* de uva
Traueranzeige *f*, **n** (Zeitung) esquela *f* de defunción; (Radio) nota *f* necrológica
Trauerfeier *f*, **n** ceremonia *f* fúnebre; funerales *pl*; exequias *pl*; honras *pl* fúnebres
Trauschein *m*, **e** acta *f*, partida *f* de matrimonio
Trauung *f*, **en** **1.** ***kirchliche ~*** matrimonio *m* por la iglesia; matrimonio *m* eclesiástico, canónico **2.** ***standesamtliche ~*** matrimonio *m* civil
Traveller-Scheck *m*, **s** cheque *m* de viaje, de viajero (Syn. ***Reisescheck***)
treffen **1.** ***eine Entscheidung ~*** adoptar, instrumentar, arbitrar una decisión **2.** ***die Schuld ~*** tener la culpa **3.** ***sich getroffen fühlen*** darse por aludido
Treffen *n*, **-** **1.** entrevista *f*; encuentro *m* **2.** reunión *f* **3.** cita *f*
treffend, ***~e Antwort*** respuesta *f* acertada; ***~e Maßnahmen*** medidas *pl* pertinentes, apropiadas
Treffer *m*, **-** **1.** billete *m* premiado (Lotto); boleto *m* ganador (Toto) **2.** exitazo *m*; verdadero éxito *m* de venta
Treffpunkt *m*, **e** lugar *m* de reunión, de la cita
treiben **1**. empujar; hacer marchar; ***die Preise in die Höhe ~*** hacer aumentar los precios; disparar los precios **2.** ***Handel ~*** comerciar, dedicarse al comercio
treibend, ***~e Kraft*** fuerza *f* motriz; fuerza *f* impulsora
Treibgas *n*, **e** gas *m* propelente; gas *m* combustible
Treibhauseffekt *m*, Ø efecto *m* (de) invernadero
Treibhauserzeugnisse *pl* productos *pl* de, en invernadero
Treibstoff *m*, **e** combustible *m*; carburante *m* (Syn. ***Kraftstoff; Benzin***)
Treibstoffeinsparung *f*, **en** ahorro *m* de combustible
Treibstoffsteuer *f*, **n** impuesto *m* sobre los carburantes
Treibstoffversorgung *f*, **en** abastecimiento *m* de carburante
Treibwagenzug *m*, **¨e** tren *m* a automotor
Trend *m*, **s** tendencia *f*; ***der allgemeine ~ zur Automation*** la tendencia general a la automatización
Trendwechsel *m*, **-** → Trendwende
Trendwende *f*, **n** cambio *m* de tendencia *bzw.* de signo
trennbar separable
trennen separar; (Ehepartner) ***sich ~*** separarse
Trennung *f*, **en** separación *f*; (Jur.) ***~ von Tisch und Bett*** separación *f* de cuerpos; separación *f* de mesa y lecho
Trennungsentschädigung *f*, **en** plus *m* de distancia, de traslado; compensación *f* por separación (Syn. ***Trennungszulage, Trennungszuschlag***)
Trennungsgeld *n*, **er** → Trennungsentschädigung
Tresor *m*, **e** cámara *f* acorazada; caja *f* de caudales; caja *f* fuerte
Tresorfach n, **¨er** caja *f* de seguridad
Tresorraum *m*, **¨e** (Seg.) cámara *f* acorazada
treu fiel; leal; constante; de confianza
Treu und Glauben buena fe *f*; ***gegen ~*** contrario al principio de la buena fe; ***nach ~*** de buena fe
Treuarbeit *f*, **en** trabajo *m* de verificación fiduciaria
Treue *f*, Ø fidelidad *f*; buena fe *f*
Treueprämie *f*, **n** prima *f* de fidelidad
Treuerabatt *m*, **e** rebaja *f* de fidelidad (concedida a buenos clientes)
Treugeber *m*, **-** fideicomitente *m*
Treugut *n*, **¨er** bien *m* en depósito fiduciario; cosa *f* dada *bzw.* tomada en custodia fiduciaria
Treuhand *f*, Ø depósito *m* fiduciario; custodia *f* fiduciaria
Treuhandanstalt *f*, Ø (D) instituto *m* fiduciario (creado para gestionar la privatización de la industria de la ex RDA)
Treuhandbank *f*, **en** banco *m* fiduciario
Treuhandeinlagen *pl* depósitos *pl* a base de fideicomiso
Treuhänder *m*, **-** agente *m* fiduciario; fideicomisario *m*; ***einen ~ bestellen*** nombrar fideicomisario; nombrar agente fiduciario; ***als ~ tätig sein*** actuar de agente fiduciacio; ejercer como agente fideicomisario;

als ~ verwalten administrar con carácter fiduciario
Treuhänderdepot *n*, **s** depósito *m* de consignación
treuhänderisch fiduciario; ***~ verwalten*** administrar a título fiduciario; ***unter ~er Verwaltung*** bajo curatela; bajo tutela; bajo fideicomiso
Treuhänderschaft *f*, Ø **1.** fideicomiso *m* **2.** sociedad *f* fiduciaria **3.** administración *f* fiduciaria
Treuhandgebiet *n*, **e** territorio *m* bajo tutela
Treuhandgelder *pl* fondos *pl* bajo administración fiduciaria
Treuhandgeschäfte *pl* transacciones *pl* fiduciarias
Treuhandgesellschaft *f*, **en 1.** compañía *f* fiduciaria; sociedad *f* de fideicomiso **2.** banco *m* fiduciario
Treuhandkont|o *n*, **-en** cuenta *f* llevada en fideicomiso
Treuhandkredit *m*, **e** crédito *m* en fideicomiso
Treuhandstelle *f*, **n** agencia *f* fideicomisaria; instituto *m* de administración fiduciaria
Treuhandvermögen *n*, **-** propiedad *f*, bienes *pl* en fideicomiso; patrimonio *m* en administración fiduciaria
Treuhandvertrag *m*, **¨e** contrato *m* de fiducia; convenio *m* de fideicomiso
Treuhandverwalter *m*, **-** → Treuhänder
Treuhandverwaltung *f*, **en** administración *f* fiduciaria
Treunehmer *m*, **-** administrador *m* fiduciario; depositario *m* con carácter fiduciario; fideicomisario *m*; fiduciario *m*
Treurabatt *m*, **e** → Treuerabatt
Trick *m*, **s** truco *m*; astucia *f*; estratagema *f*
Triebtäter *m*, **-** maníaco *m* sexual; delincuente *m* sexual
triftig, ***~er Grund*** razón *f* fundada; razón *f* convincente
Trinkgeld *n*, **er** propina *f*
Trinkwasser *n*, Ø agua *f* potable
Trinkwasseraufbereitungsanlage *f*, **n** planta *f* potabilizadora; planta *f* acondicionadora de agua potable
Trinkwasserqualität *f*, Ø calidad *f* del agua potable
Trinkwasserversorgung *f*, Ø abastecimiento *m* de agua potable
Trittbrettfahrer *m*, **-** (Fam.) oportunista *m*; el que va con la corriente
trocken, ***~ aufbewahren*** conservar en lugar seco; manténgase en lugar seco; no exponer a la humedad
Trockendock *n*, **s** dique *m* seco *od.* de carena
Trockenfracht *f*, Ø carga *m* seca; carga *f* en granel; mercancías *pl* secas
Trockenfrachter *m*, **-** barco *m*, buque *m* de carga seca
Trockengewicht *n*, Ø peso *m* (en) seco; peso *m* sin combustible ni lubricante
Trockenmilch *f*, Ø leche *f* en polvo
Trockennahrungsmittel *n*, **-** alimento *m* deshidratado
Trockenobst *n*, Ø fruta *f* seca
Trockenreinigung *f*, Ø **1.** limpieza *f* en seco **2.** tintorería *f*
Trödel *m*, Ø baratijas *pl*; trastos *pl* viejos; cachivaches *pl*; chucherías *pl*
Trödelhandel *m*, Ø comercio *m* de viejo; comercio *m* de segunda, de tercera mano
Trödelkram *m*, Ø → Trödel
Trödelladen *m*, **¨** tienda *f* de segunda, de tercera mano; prendería *f*; ropavejería *f*
Trödelmarkt *m*, **¨e** mercado *m* de viejo *od.* de objetos usados; (Madrid) el Rastro *m*; (Barcelona) los Encantes *pl*; la Lagunilla *f* (Méx)
trödeln 1. vender de viejo **2.** perder el tiempo
Trödelware *f*, **n** → Trödel
Trödler *m*, **- 1.** comerciante *m* de segunda, de tercera mano; cambalachero *m*; baratillero *m*; prendero *m*; ropavejero *m* **2.** persona *f* que pierde el tiempo
Trucksystem *n*, **e** (Hist.) modo *m* de remuneración en especie
trügerisch, ***~e Werbung*** publicidad *f* engañosa; propaganda *f* falsa
Trümmerfrauen *pl* (Hist.) mujeres "quitaescombros" *pl* (que, despues de 1946, tuvieron que quitar los escombros a que quedó reducida Alemania)
Trumpf *m*, **¨e** baza *f*; ***alle Trümpfe in der Hand haben*** llevar todas las de ganar
Trunkenheit *f*, Ø, (Jur.) ***wegen ~ am Steuer*** por conducir en estado de embriaguez
Trust *m*, **e** consorcio *m*; cártel *m*; (Angl.) trust *m* (empresa resultante de la fusión de varias empresas con el objetivo de adquirir una posición privilegiada en el mercado)
Trustbildung *f*, **en** formación *f*, constitución *f* de consorcio, trust
Tsd. → Tausend

T-Shirt *n*, **s** camiseta *f*
Tsunami *n*, **s** (= seismische Flutwelle) (Seg.) golpe *m* de mar sísmico
TU 1. (Technische Universität) universidad *f* técnica **2.** (Technische Unterlagen) documentación técnica
Tuchfabrik *f*, **en** fábrica *f* de paños
Tuchhandel *m*, Ø pañería *f*
Tuchhändler *m*, - pañero *m*
Tuchindustrie *f*, **n** industria *f* pañera
tüchtig eficiente
Tuchwaren *pl* pañería *f*; paños *pl*
tun, ***nichts zu ~ haben*** estar desocupado; ***nichts zu ~ haben mit*** no tener nada que ver con
Tür *f*, **en** puerta *f*; ***Tag der offenen ~*** día *m* de las puertas abiertas
türken (fam.) falsificar; fingir
Turnus *m*, **se** turno *m*; rotación *f*; ***im ~*** por turno
turnusgemäß por turno; ***~e EU-Präsidentschaft innehaben*** detentar la presidencia de la Union Europea por turnos
turnusmäßig, ***~er Amtswechsel*** rotación *f* en el cargo; ~ ***wechseln*** turnarse, rotar en el cargo
TÜV *m* (Technischer Überwachungsverein) oficina *f* de inspección técnica
Typ *m*, **en** tipo *m*; modelo *m*
typen normalizar; estandarizar
typisieren → typen
Typisierung *f*, **en** → Typung
Typung *f*, **en** normalización *f*

U

u., ***Kunze ~ Söhne*** Kunze e hijos
u.A.w.g. (um Antwort wird gebeten) se ruega contestación (s.r.c.)
u.ü.V. (unter üblichem Vorbehalt) salvo buen fin; con las reservas de rigor
U-Bahn *f*, **en** (Untergrundbahn) ferrocarril *m* metropolitano; metro *m*; (Arg.) subte *m*; ***mit der ~ fahren*** tomar el metro
Übel *n*, -, ***drohendes ~*** mal *m* amenazante
übel, ***~ behandeln*** tratar mal; ***~ beleumdet sein*** tener mala fama, mala reputación; ***~ beraten sein*** estar mal asesorado, mal aconsejado; ***üble Nachrede*** difamación *f*
Übeltat *f*, **en** fechoría *f*; vileza *f*; villanía *f*; jugarreta *f*
Übeltäter *m*, - malhechor *m*; criminal *m*
über 1. (Pref.) por encima de; sobre; más allá de; excedente de **2.** ***~ Madrid*** vía Madrid **3.** ***es ist schon ~ eine Woche her*** hace ya mas de una semana **4.** ***es kostet ~ 100 DM*** cuesta más de cien marcos **5.** ***die Kosten betragen ~ 100.000 DM*** los gastos exceden, pasan de cien mil marcos **6.** ***~ und ~*** enteramente; completamente; del todo
über Bord, ***~ geworfene Ladung*** carga *f* arrojada al mar por la borda
überall erhältlich que se puede obtener en todas partes
überaltert, ***~e Bevölkerung*** población *f* envejecida, vieja; ***~e Industrie*** industria *f* obsoleta, anticuada
Überalterung *f*, Ø obsolescencia *f*; vetustez *f*; envejecimiento *m*; ***~ der Ausrüstung*** obsolescencia del equipo (máquinas, utillaje, *etc.*)
Überangebot *n*, **e** oferta *f* excesiva; exceso *m* de oferta; excedente *m* de oferta sobre la demanda
überanstrengen, ***sich ~*** someterse a un esfuerzo excesivo; abusar de sus fuerzas; esforzarse demasiado
überantworten entregar; ***ihm wurden Gelder überantwortet*** le han sido entregado los fondos; se le han entregado fondos; ***dem Gericht ~*** poner a disposición judicial
überarbeiten 1. ***ein Manuskript ~*** revisar, retocar, perfeccionar un manuscrito **2.** ***sich ~*** trabajar en exceso, demasiado; matarse trabajando; matarse a trabajar
Überbau *m*, Ø **1.** superestructura *f* **2.** saledizo *m*
überbauen sobreedificar
überbeanspruchen sobrecargar (de trabajo); ***überbeansprucht sein*** no dar abasto con el trabajo
Überbeanspruchung *f*, Ø sobrecarga *f*; solicitación *f*, carga *f* excesiva; sobreesfuerzo *m*; esfuerzo *m* excesivo
überbelasten cargar excesivamente; sobrecargar
überbelegt ocupado en exceso
Überbelegung *f*, **en** ocupación *f* en exceso; sobrecontratación *f*
Überbeschäftigung *f*, Ø pluriempleo *m*; ***es herrscht ~*** reina, hay exceso de empleo
überbesetzt con exceso de personal; ***~e Dienststelle*** servicio *m* personal en exceso; servicio *m* con demasiado personal (Ggs. ***unterbesetzt***)
überbesteuern aplicar impuestos en exceso
Überbesteuerung *f*, **en** imposición *f* excesiva; sobrefiscalidad *f*
überbetrieblich, ***~e Mitbestimmung*** cogestión *f* intercentros; ***~ organisiert sein*** estar organizado, estar estructurado a nivel sectorial; ***~e Zusammenarbeit*** cooperación *f* interprofesional
Überbevölkerung *f*, **en** → Übervölkerung
überbewerten sobrevalorar; supervalorar; valorar excesivamente
Überbewertung *f*, **en** sobrevaloración *f*; supervaloración *f*
überbezahlen pagar en exceso; pagar de más; (Ggs. ***unterbezahlen***)
überbieten sobrepujar; ir más lejos (en la oferta); ***gegenseitig ~*** rivalizar; ***nicht zu ~ sein*** no tener rival
Überbieter *m*, - pujador *m*

Überbietung *f*, **en** sobrepujamiento *m*
Überbringer *m*, - portador *m*; presentador *m*; ***zahlbar an den*** ~ pagadero al portador
Überbringerscheck *m*, **s** cheque *m* *bzw.* talón *m* al portador (Syn. ***Inhaberscheck***)
überbrücken 1. tender, echar un puente **2.** ***die Krise*** ~ superar una crisis **3.** salvar (una distancia)
Überbrückungsbeihilfe *f*, **n**, ~ ***an Landwirte gewähren*** otorgar ayuda temporal a los agricultores
Überbrückungsfinanzierung *f*, **(en)** financiación *f* para salir de un apuro; financiamiento *m* para cubrir dificultades transitorias
Überbrückungshilfe *f*, **n** ayuda *f* transitoria
Überbrückungskredit *m*, **e** crédito *m* para superar dificultades de tesorería; crédito *m* para puentear dificultades momentáneas, transitorias; crédito contingente
Überbrückungszahlung *f*, **en**, ***einmalige*** ~ pago *m* no repetitivo para puentear dificultades
überbuchen contratar en exceso; aceptar reservas en exceso; sobrecontratar
Überbuchung *f*, **en** contratación *f* excesiva; reserva *f* excesiva; sobrecontratación *f*; (Angl.) overbooking *m*
Überdividende *f*, **n 1.** dividendo *m* suplementario; sobredividendo *m*; superdividendo *m* **2.** dividendo *m* extraordinario; dividendo *m* por superávit
überdurchschnittlich, ~***e Kursgewinne*** ganancias *pl* por encima de la media de las cotizaciones
übereignen 1. transferir, transmitir en propiedad; ***das Haus wurde ihm übereignet*** la casa le ha sido cedida en propiedad **2.** ***ein Geschäft*** ~ traspasar un negocio
Übereignung *f*, **en 1.** transmisión *f*, transferencia *f* de la propiedad; cesión *f* en propiedad **2.** ~ ***eines Unternehmens*** traspaso *m* de un negocio
übereilt, ~***es Vorgehen*** actuación *f*, acción *f* precipitada
übereinkommen llegar a un acuerdo; acordar; ***mit jdm.*** ~ convenir con alg.; ponerse de acuerdo con alg.
Übereinkommen *n*, - acuerdo *m*; convención *f*; convenio *m*; arreglo *m*; compromiso *m*; ***durch beiderseitiges*** ~ de (un) común acuerdo; ***gütliches*** ~ acuerdo amigable, amistoso; ***mehrseitiges*** ~ acuerdo multilateral; ***stillschweigendes*** ~ acuerdo tácito; ***zu einem*** ~ ***gelangen*** llegar a un acuerdo
Übereinkunft *f*, **¨e** → Übereinkommen
übereinstimmen coincidir; estar de acuerdo; corresponder; ***die Abschrift stimmt mit dem Original überein*** la copia es conforme con el original; ***in diesem Punkt können wir nicht mit Ihnen*** ~ no podemos entendernos con ustedes sobre este punto; no podemos ponernos de acuerdo con ustedes en este punto
übereinstimmend 1. concordante; correspondiente; conforme; idéntico; igual **2.** unánime
Übereinstimmung *f*, **en** conformidad *f*; acuerdo *m*; concordancia *f*; coincidencia *f*; armonía *f*; ***in*** ~ ***mit dem Kaufvertrag*** conforme a los términos del contrato de compraventa; ***in*** ~ ***bringen*** hacer concordar; poner de acuerdo
Überemission *f*, **en** emisión *f* excesiva (de títulos)
überentwickelt superdesarrollado
übererfüllen rebasar; sobrepasar; ***die Normen*** ~ sobrepasar el cumplimiento de las normas
Überernährung *f*, **(en)** sobrealimentación *f* alimentación *f* excesiva; nutrición *f* en exceso
überfahren 1. transportar (al otro lado) **2.** hacer la travesía; cruzar **3.** ***jdn.*** ~ arrollar, atropellar a alg. **4.** pasarse, saltarse (una señal)
Überfahrt *f*, **en** trayecto *m*; pasaje *m*; travesía *f*
Überfall *m*, **¨e 1.** ataque *m* por sorpresa; asalto *m* imprevisto; agresión *f* **2.** atraco *m* **3.** incursión
überfallen, ***eine Bank*** ~ atracar un banco
überfällig 1. ~***e Forderungen*** créditos *pl* vencidos y no pagados; ~***er Wechsel*** letra *f* vencida (y no pagada) **2.** ~ ***sein*** estar en retraso; estar retrasado; ***die Reformen sind längst*** ~ las reformas se hacen esperar desde hace ya mucho hempo
Überfinanzierung *f*, **(en)** → Überkapitalisierung
überfischen, ***die Fischbestände*** ~ agotar los bancos de peces; acabar con el cardumen; agotar las reservas de peces *bzw.* de pescado
überfliegen 1. ***ein Hoheitsgebiet*** ~ sobrevolar el territorio soberano de un país **2.** leer por encima; recorrer con la vista

überflügeln adelantar; sobrepasar; ***die Konkurrenz ~*** dejar atrás, aventajar a la competencia; ***sich ~ lassen*** dejarse adelantar

Überfluss *m*, Ø excedente *m*; (super)abundancia *f*; ***~ an etw. haben*** tener superabundancia de u/c; ***etw. im ~ besitzen*** tener en exceso; tener de sobra; ***im ~ vorhanden sein*** ser abundante; abundar; haber en exceso; ***im ~ leben*** vivir en la opulencia

Überflussgesellschaft *f*, **en** sociedad *f* opulenta

überflüssig 1. superfluo; inútil; innecesario ***~e Arbeit*** trabajo innecesario **2.** abundante; excesivo

überfluten → überschwemmen

überfordern 1. hacer trabajar demasiado; agotar por cansancio (excesivo) **2.** pedir, exigir demasiado

Überfracht *f*, **en** sobreflete *m*; sobrecarga *f*

überfremden extranjerizar; invadir con capital extranjero; ***das Land ist überfremdet*** el país se ve sometido a invasión de capital extranjeros

Überfremdung *f*, **en 1.** extranjerización *f*; predominio *m* numérico de la población extranjera **2.** influencia *f* preponderante de los valores extranjeros en el mercado de capitales

überführen 1. transportar; trasladar **2.** ***Geldmittel ~*** transferir fondos **3.** ***~ von Waren in den freien Verkehr*** lanzar mercancías para su libre circulación **4.** (einer Straftat) probar la culpabilidad

überführt (Jur.) convicto

Überführung *f*, **en 1.** transporte *m*; traslado *m* **2.** (Jur.) convicción *f* **3.** paso *m* superior (del tren) **4.** paso *m* elevado

überfüllen sobrellenar; llenar demasiado; (Warenlager) abarrotar de mercancía

überfüllt repleto; atestado, demasiado lleno; ***~es Hotel*** hotel *m* repleto

Überfüllung *f*, **en** (der Straße) congestión *f*

Übergabe *f*, **n 1.** entrega *f*; ***~ der Dokumente*** entrega de los documentos; ***~ der Ware an den Käufer*** entrega de la mercancía al comprador; ***Zahlung gegen ~ der Waren*** pago *m* contra entrega, suministro de la mercancía **2.** (Jur.) tradición *f* **3.** (Polit.) rendición *f*; capitulación

Übergabebescheinigung *f*, **en** talón *m* de entrega

Übergangs- (Pref.) transitorio; interino; provisional

Übergangsbestimmung *f*, **en** disposición *f*, norma *f* transitoria

Übergangshilfe *f*, **n** ayuda *f* transitoria, provisional

Übergangsleistungen *pl* prestaciones *pl* temporales, transitorias

Übergangslösung *f*, **en** solución *f* transitoria, provisional

Übergangsregelung *f*, **en** régimen *m* transitorio; reglamento *m* provisional

Übergangszeit *f*, **en** periodo *m* transitorio; periodo *m* de transición

übergeben entregar; transmitir; encomendar; dejar al cuidado de **1.** ***eigenhändig ~*** entregar en propia mano **2.** ***dem Verkehr ~*** abrir a la circulación **3.** traspasar (un negocio)

Übergebot *n*, **e** puja *f*

Übergebühr *f*, **en** sobretasa *f*

übergehen 1. pasar a poder de; pasar a ser propiedad de **2.** ***in andere Hände ~*** cambiar de manos; pasar a otra persona **3.** (auslassen) omitir; olvidar; ***jdn. in der Beförderung ~*** relegar en el ascenso; olvidar a la hora del ascenso; dejar sin ascender **4.** ***zur Tagesordnung ~*** proceder al orden del día **5.** recaer en alg. (una herencia)

übergenug más que suficiente; más de lo suficiente; de sobra; sobradamente

übergeordnet → überordnen

Übergepäck *n*, Ø exceso *m* de equipaje

Übergewicht *n*, **e 1.** exceso *m* de peso; ***der Brief hat ~*** la carta tiene sobrepeso, exceso de peso **2.** superioridad *f*; ***das ~ der Multis*** la influencia preponderante de las compañías multinacionales

Übergreifschäden *pl* daños *pl* a la propiedad colindante (Syn. ***Schäden an angrenzendem Eigentum***)

Übergröße *f*, **n** talla *f* extra(grande)

Überhang *m*, **¨e** excedente *m*; exceso *m*; ***~ an Aufträgen*** reserva *f* de pedidos pendientes; exceso de ordenes no cumplimentadas; ***~ der Ausgaben über Einnahmen*** exceso de los gastos sobre los ingresos

Überhangsmandat *n*, **e** (Polit.) mandato *m* suplementario

überhäuft, ***mit Arbeit ~ sein*** estar agobiado, abrumado de trabajo; ***mit Aufträgen ~ sein*** estar sobrecargado de pedidos

überhitzt sobrecalentado; recalentado; ***~e Konjunktur*** coyuntura *f* sobrecalentada, recalentada

Überhitzung *f*, Ø sobrecalentamiento *m*; recalentamiento *m*; ***konjunkturelle ~*** sobrecalentamiento, recalentamiento coyuntural

überhöhen elevar excesivamente; ***Verkauf zu überhöhten Preisen*** venta *f* a precios excesivamente altos; venta *f* con excesivo margen de beneficio

Überhöhung *f*, Ø ~ ***der Preise*** aumento *m* excesivo de los precios

überholen 1. (gründlich nachsehen) repasar, revisar a fondo; poner a punto **2.** adelantar; dejar atrás; ~ ***verboten*** prohibido adelantar

überholt anticuado; pasado de moda

Überholung *f*, **en** revisión *f* (técnica); puesta *f* a punto

Überholverbot *n*, **e** prohibición *f* de adelantar

Überinvestitionen *pl* exceso *m* de inversiones; inversiones *pl* excesivas; sobreinversiones *pl*

Uberkapazität *f*, **en** exceso *m* de capacidad; supercapacidad *f*; sobrecapacidad *f*

Überkapitalisierung *f*, **en** sobrecapitalización *f*; exceso *m* de capitalización

Überkompensation *f*, **en** sobrecompensación *f*

überkompensieren sobrecompensar

Überkreuzverflechtung *f*, **en** cargos *pl* cruzados; directorios *pl* entrecruzados; vocalías *pl* encadenadas

überladen sobrecargar; recargar; ***das Schiff ist*** ~ el buque esta sobrecargado; ***mit Arbeit*** ~ ***sein*** estar recargado, sobrecargado de trabajo

Überladung *f*, **en** sobrecarga *f*; recarga *f*

Überland(omni)bus *m*, **se** coche *m* de línea; autobús *m* interurbano

Überlandleitung *f*, **en** línea *f* de transmisión a larga distancia

Überlandverkehr *m*, Ø tráfico *m* interurbano

überlassen, ***jdm. etwas*** ~ ceder u/c a alg.; ***leihweise*** ~ prestar, ceder en uso; ***mietweise*** ~ permitir el uso; dejar usar; entregar para su uso; ~***e Arbeitnehmer*** mano de obra *f* prestada temporalmente

Überlassung *f*, **en** cesión *f*; entrega *f*; transmisión

Überlassungsvertrag *m*, **¨e** contrato *m* de cesión (por el que se ceden los bienes a un acreedor)

überlastet, ~ ***sein*** sufrir estrés; estar sobrecargado, recargado de trabajo

überleben sobrevivir; ~***der Gatte*** cónyuge *m* sobreviviente, superviviente; cónyuge *m* supérstite

Überlebende(r) (der/ein) superviviente *m*; (Jur.) supérstite *m*

Überlebensfall *m*, **e** caso *m* de supervivencia

Überlebensrente *f*, **n** renta *f*, pensión *f* de superviviencia

Überlebensversicherung *f*, **en** seguro *m* (en caso) de supervivencia

Überlegung *f*, **en**, ***steuerliche*** ~***en*** consideraciones *pl*, aspectos *pl* fiscales

Überliegegeld *n*, **er** costo *m* de sobre(e)stadía

Uberliegetage *pl* (días *pl* de) sobre(e)stadía *f*

Überliegezeit *f*, **en** sobre(e)stadía *f*

Überliquidität *f*, **en**, ~ ***abbauen*** reducir el exceso de liquidez

überlisten burlar; sabotear

übermäßig excesivo; desmesurado, exorbitante; ~***e Beanspruchung*** solicitación *f*, carga *f* excesiva; ~***e Besteuerung*** imposición *f* excesiva; ~ ***hoher Preis*** precio *m* exorbitante

übermitteln transmitir; comunicar; hacer llegar; ***eine Bestellung*** ~ transmitir un pedido, una orden

übermodern ultramoderno

Übernachfrage *f*, **n** demanda *f* excesiva, exagerada; exceso *m* de demanda

Übernachtung *f*, **en** pernoctación *f*

Übernachtungsmöglichkeit *f*, **en** alojamiento *m*

Übernachtungspreis *m*, **e** precio *m* de la habitación (por una noche); ***Preis für Übernachtung und Frühstück*** precio de la habitación y el desayuno

Übernahme *f*, Ø **1.** ~ ***eines Amtes*** asunción *f* de un cargo; toma *f* de posesión (de un cargo); ~ ***einer Arbeit*** ejecución *f* de un trabajo, de una obra **2.** ~ ***einer Erbschaft*** aceptación *f* de una herencia **3.** ~ ***einer Gesellschaft*** absorción *f* de una compañía; adquisición *f* de una sociedad; ~ ***eines Unternehmens durch dessen Management*** (MBO) adquisición *f*, absorción *f* apalancada (Syn. ***Management Buy-out***) **4.** (Abnahme) aceptación *f* del suministro **5.** ~ ***von Verpflichtungen*** asunción *f* de obligaciones

Übernahmeangebot *n*, **e**, ***öffentliches*** ~ oferta *f* pública de adquisición; ***OPA*** *f*; ***friedliches*** ~ OPA amistosa; ***feindliches*** ~ OPA hostil

Übernahmebescheinigung *f*, **en** certificado *m* de aceptación (para transporte)
Übernahmekonnossement *n*, **e** conocimiento *m* para embarque
Übernahmekonsort|ium *n*, **-ien** consorcio *m*, sindicato *m* de suscriptores
Übernahmekurs *m*, **e** cambio *m* de suscripción de un empréstito, de una acción
Übernahmepreis *m*, **e** precio *m* de compra, de adquisición
Übernahmesatz *m*, **¨e** tarifa *f* global; tarifa *f* a tanto alzado
Übernahmestelle *f*, **n** (oficina *f* de) recepción *f*
übernational supranacional
übernehmen 1. ***ein Amt*** ~ aceptar, asumir un cargo; ***ein Geschäft*** ~ tomar, asumir la dirección de un negocio **2.** ***die Risiken*** ~ cubrir, asumir los riesgos; ***die Verantwortung*** ~ asumir la responsabilidad **3.** ***die Erbschaft*** ~ aceptar la herencia **4.** ***die Kosten*** ~ correr con los gastos; sufragar los gastos **5.** ***eine Bürgschaft*** ~ constituirse en fiador **6.** ***ein System, eine Methode*** ~ adoptar un sistema, un método **7.** ***eine Firma*** ~ hacerse cargo de, adquirir una empresa **8.** ***sich*** ~ excederse
übernehmende Gesellschaft *f*, **en 1.** sociedad *f* adquirente, compradora **2.** sociedad *f* que lanza una OPA
überordnen anteponer; colocar sobre; poner antes; ***die übergeordnete Stelle*** (lugar *m*) superior *m*
Überorganisation *f*, **en** hiperorganización *f*; exceso *m* de organización; organización *f* exceslva
überorganisiert hiperorganizado; excesivamente organizado; organizado en exceso
überörtlich suprarregional
Überpari-Emission *f*, **en** emisión *f* (de títulos) sobre la par *od.* por encima de la par
Überparität *f*, **en** sobreparidad *f*
überparteilich (Polit.) suprapartidista; neutral; independiente
Überpreis *m*, **e** precio *m* exagerado, excesivo, abusivo
Überproduktion *f*, **en** sobreproducción *f*; superproducción *f*; exceso *m* de producción; producción *f* excesiva; producción *f* mayor que la demanda
überproduzieren producir en exceso; producir sin tener en cuenta la demanda
überproportional desproporcionado; proporcionalmente más elevado; ~ ***steigen*** crecer, aumentar en proporciones superiores
überprüfen examinar; controlar; revisar; comprobar; inspeccionar; fiscalizar
Überprüfung *f*, **en** examen *m*; control *m*; revisión *f*; comprobación *f*; inspección *f*; ~ ***der Personalien*** comprobación, control de la identidad
Überprüfungskommission *f*, **en** comisión *f* de control; comisión *f* supervisora
überrechnen calcular; hacer la cuenta; evaluar; ***ein Vorhaben*** ~ evaluar el coste de un proyecto
überregional 1. suprarregional; a escala nacional; ***~e Zeitung*** periódico *m* de tirada nacional; rotativo *m* que se lee en todo el país **2.** (R.F.A.) a nivel, a escala federal
überreich riquísimo; superrico
überreichen entregar; dar; ***in der Anlage ~ wir Ihnen*** le adjuntamos (en el anexo); ***überreicht von*** cortesía de
überreichlich superabundante; sobreabundante; abundantísimo
Überreichung *f*, **en** entrega *f*
überreif, ***~es Obst*** fruta *f* pasada, demasiado madura
Überrepräsentation *f*, **(en) 1.** representación *f* excesiva **2.** representación *f* masiva
überrepräsentiert, ~ ***sein*** estar sobrerrepresentado; estar representado en exceso, en demasía
überrunden tomar la delantera; dejar atrás; aventajar
übersättigen hartar; (sobre)saturar
Übersättigung *f*, Ø (sobre)saturación *f*; hartazgo *m*; ~ ***des Marktes*** (sobre)saturación del mercado
überschätzen sobreestimar; sobrevalorar; atribuir, dar un valor excesivo; ***den Wert des Angebots*** ~ sobreestimar el valor de la oferta
Überschätzung *f*, **en** sobreestimación *f*; sobrevaloración *f*; valoración *f* exagerada, excesiva
Überschicht *f*, **en** turno *m*, equipo *m* extraordinario
Überschlag *m*, **e** evaluación *f* aproximativa; estimación *f*; ***im ~ rechnen*** calcular aproximativamente
überschlagen calcular; evaluar aproximativamente; ***Kosten*** ~ evaluar los costes
überschlägig aproximativo; ***~e Berechnung*** cálculo *m* aproximativo
überschläglich → überschlägig

Überschlagsrechnung *f*, **en** estimación *f*; cálculo *m* aproximativo

überschreiben 1. pasar (un pedido) **2.** trasladar; pasar a cuenta nueva **3.** transferir; ceder **4.** endosar **5.** titular; encabezar

Überschreibung *f*, **en 1.** pase *m* (de un pedido) **2.** traslado *m* a cuenta nueva **3.** transferencia *f*; cesión *f* (de un inmueble) **4.** endoso *m*

überschreiten 1. exceder; traspasar; superar; ***seinen Kredit um 2000 Mark überschreiten*** sobrepasar su crédito en 2.000 marcos **2.** ***ein Gesetz*** ~ violar, infringir, transgredir una ley

Überschreitung *f*, **en 1.** ~ ***einer Frist*** rebasamiento *m* de un plazo **2.** violación *f*, transgresión *f*; infracción *f*; ~ ***der Befugnisse*** abuso *m* de poder; extralimitación *f* en sus funciones

Überschrift *f*, **en 1.** (Kopfzeile) titular *m* **2.** título *m*; encabezamiento *m*

überschuldet insolvente; cargado de deudas; endeudado; (Fam.) entrampado hasta las cejas; ***das Unternehmen ist*** ~ la empresa tiene un pasivo superior al activo

Überschuldung *f*, **en** insolvencia *f*; endeudamiento *f* (excesivo)

Überschuss *m*, **¨e** excedente *m*; saldo *m* activo; saldo *m* acreedor, positivo; posición *f* acreedora; superávit *m*; ***die grünen Überschüsse*** los excedentes agrícolas; ~ ***an Arbeitskräften*** excedente de mano de obra; ~ ***erzielen*** lograr, obtener excedentes; ***einen ~ registrieren*** registrar, consignar saldos activos

Überschussbestände *pl* existencias *pl* sobrantes

Überschussbeteiligung *f*, **en** participación *f* en el superávit, en las ganancias, en el beneficio

Überschussbilanz *f*, **en 1.** balance *m* excedentario, positivo **2.** balanza *f* con superávit; balanza *f* positiva

Überschussbildung *f*, Ø formación *f* de excedentes

Überschussgebiet *n*, **e** región *f* excedentaria

Überschussgelder *pl* superávit *m* de numerario; fondos *pl* (pecuniarios) excedentarios

überschüssig excedentario; sobrante; ***~e Kaufkraft*** poder *m* adquisitivo sobrante, excedentario; ***~e Produktionskapazität*** exceso *m* de capacidad productiva; capacidad *f* productiva sobrante

überschüssig excedentario; sobrante; ***~e Kaufkraft*** poder *m* adquisitivo excedentario

Überschussmärkte *pl* mercados *m* con superávit; mercados *pl* excedentarios

Überschussmenge *f*, **n** (EU) cantidad *f*, producción *f* excedentaria; excedentes *pl*

Überschussproduktion *f*, **en** producción *f* excedentaria, sobrante

Überschussreserve *f*, **n 1.** reserva *f* de superávit; fondos *pl* reservados (para fines especiales)

Überschussverwertung *f*, Ø colocación *f*, liquidación *f* de excedentes

überschwemmen inundar; sumergir; ***den Markt mit ausländischen Waren*** ~ inundar el mercado de productos extranjeros

Überschwemmungsgebiet *n*, **e** zona *f* inundada

Überschwemmungsversicherung *f*, **en** seguro *m* de inundaciones

Übersee *f*, Ø ultramar *m*; ***in*** ~ en ultramar; ***nach ~ gehen*** ir a establecerse a ultramar, emigrar a ultramar; ***Waren von*** (***aus***) ~ mercancías *pl* de ultramar

Überseedampfer *m*, - transatlántico *m*

Überseehandel *m*, Ø comercio *m* de ultramar; comercio *m* ultramarino

überseeisch ultramarino; de ultramar; transoceánico; transatlántico; ~ ***Länder und Gebiete*** (***ÜLG***) países y territorios *pl* ultramarinos

Überseekabel *n*, - **1.** cable *m* intercontinental, submarino **2.** cable *m* transatlántico

Überseekundschaft *f*, Ø clientes *pl* de ultramar; clientela *f* en ultramar

Überseeluftverkehr *m*, Ø tráfico *m* aéreo intercontinental; servicio *m* aéreo transoceánico

Überseemärkte *pl* mercados *pl* ultramarinos; mercados *pl* de ultramar

Überseesendungen *pl* **1.** envíos *pl*, expediciones *pl* de ultramar **2.** envíos *pl*, expediciones *pl* a ultramar

Überseetelegramm *n*, **e** cablegrama *m*

Überseeverkehr *m*, Ø tráfico *m* ultramarino; tráfico *m* de ultramar

Überseeverpackung *f*, **en** embalaje *m* marítimo

übersenden 1. ***Ware*** ~ expedir, consignar, despachar (la) mercancía **2.** ***Geld*** ~ remitir, transferir dinero **3.** ***in der Anlage ~ wir Ihnen*** le(s) adjuntamos; ***~de Bank*** banco *m* remitente

Übersender *m*, - **1.** (von Waren) expedidor *m*, consignador *m* **2.** (von Geld) remitente *m*

Übersendung *f*, **(en) 1.** (von Waren) consignación *f*, despacho *m*, expedición *f*, envío *m*; ***für baldige ~ der Ware wären wir Ihnen dankbar*** sabríamos apreciar el pronto envío de la mercancía; (les) agradeceríamos el pronto suministro (de la mercancía); ***ich bitte um ~ eines Prospekts*** por favor, sean tan amables de enviarme un prospecto **2.** (von Geld) remisión *f*; remesa *f*

übersetzen traducir; ***ins Spanische ~ lassen*** encargar la traducción al español

Übersetzer *m*, - **1.** traductor *m*; ***vereidigter ~*** traductor *m* (público) jurado **2.** (Inform.) programa *m* traductor; compilador *m*

Übersetzung *f*, **en** traducción *f*; ***beglaubigte ~*** traducción certificada, autenticada

Übersetzungsauftrag *m*, **¨e**, ***einen ~ erteilen*** encargar una traducción; pasar, cursar una orden de traducción

Übersetzungsbüro *n*, **s** agencia *f*, oficina *f* de traducciones

Übersetzungskosten *pl* **1.** gastos *pl* en traducciones **2.** coste *m* de una traducción

Übersicht *f*, **en** vista *f* de conjunto; cuadro *m* sinóptico; resumen *m*; ***allgemeine ~*** (über etw.) visión *f* general (de u/c); ***statistische ~*** cuadro *m* estadístico

übersiedeln 1. trasladarse de lugar; establecerse en otro lugar; cambiar de lugar, de emplazamiento, de dirección **2.** emigrar

Übersiedlung *f*, **en 1.** cambio *m* de lugar, de dirección, de emplazamiento **2.** emigración f

Übersoll *n*, Ø contingente *m* excedentario

überspielen 1. ***auf einen anderen Tonträger ~*** regrabar en otro soporte; pasar a otro soporte; ***auf Band ~*** regrabar en cinta; pasar a otra cinta **2.** disimular; ocultar

überstaatlich supranacional; superestatal; ***~e Institutionen*** instituciones *pl* supranacionales

übersteigen exceder; sobrepasar; ***die Nachfrage übersteigt das Angebot*** la demanda es superior a la oferta

übersteigern 1. encarecerse; subir; ***übersteigerte Preise*** precios *pl* encarecidos (excesivamente) **2.** sobrepujar

Übersteigerung *f*, **en 1.** encarecimiento *m* (excesivo de los precios) **2.** sobrepuja *f*

überstellen transferir; trasladar; ***die Terroristen der Justiz ~*** poner a los terroristas en manos de la Justicia

Überstellung *f*, **en** entrega *f*; traslado *m*

überstimmen vencer por mayoría de votos ***überstimmt werden*** quedar(se) en minoría; rechazar (un proyecto de ley)

Überstunde *f*, **n** hora *f* extra(ordinaria); ***~n machen*** hacer, trabajar horas extraordinarias; ***Ausgleich für nicht bezahlte ~n*** compensación *f* por horas extraordinarias no pagadas; ***Zuschlag für ~n*** suplemento *m* por horas extraordinarias

Überstundenkosten *pl* coste *m* de las horas extraordinarias

Überstundenvergütung *f*, **en** remuneración *f* de las horas extraordinarias

Übertagearbeiter *m*, - (Min.) minero *m* (que trabaja a cielo abierto)

Übertagebau *m*, Ø minería *f*, extracción *f* a cielo abierto

übertariflich 1. extratarifario; por encima de la tarifa **2.** por encima del convenio colectivo; superior a lo acordado en convenio colectivo

überteuern encarecer (en exceso); ***überteuerte Preise*** precios *pl* excesivamente encarecidos

Überteuerung *f*, **en** encarecimiento *m* excesivo

übertölpeln engañar; dar el timo; timar

Übertrag *m*, **e 1.** (Contab.) suma *f* anterior (= que viene de la pagina anterior) **2.** suma y sigue (en la pagina siguiente) **3.** saldo *m*, traslado *m* a cuenta nueva **4.** (Inform.) ***automatischer ~*** traslado *m* automático; ***gesteuerter ~*** traslado dirigido; ***teilweiser ~*** traslado parcial; ***vollständiger ~*** traslado integral, completo

übertragbar cesible; transmisible; negociable; transferible; ***~e Aktie*** acción *f* negociable, transmisible; ***durch Indossament ~*** transmisible por endoso; ***~es Papier*** título *m* cesible, endosable

Übertragbarkeit *f*, **en** cesibilidad *f*; transmisibilidad *f*; negociabilidad *f*; transferibilidad *f*

übertragen 1. transferir; transmitir; ceder ***Aktien ~*** transferir acciones; ***Geld auf ein anderes Konto ~*** transferir, girar dinero a otra cuenta **2.** (Contab.) trasladar; pasar a otra cuenta **3.** endosar (una letra) **4.** conferir (un derecho, poderes) **5.** confiar, encomendar (una misión, un cargo) **6.** radiar; (re)transmitir (por televisión) **7.** ***ein Ste-***

nogramm ~ transcribir a máquina un taquigrama **8.** traducir **9.** traspasar (un negocio) **10.** transplantar; injertar (un órgano)

Übertragung *f*, **en 1.** ~ ***der Forderung*** transferencia *f*, cesión *f* de un activo exigible; ~ ***eines Rechts*** cesión *f*, delegación *f* de un derecho **2.** (Contab.) saldo *m* reportado; traslado *m* a cuenta nueva **3.** endoso *m* **4.** (Radio) ~ ***der Nachrichten*** difusión *f* de las noticias, de la información; (re)transmisión *f* (por televisión) **5.** transcripción *f* **6.** traducción *f* **7.** traspaso *m* (de un negocio) **8.** transplante *m*, injerto *m* de un órgano

Übertragungsbilanz *f*, **en** balanza *f* de transferencias; balanza *f* de prestaciones gratuitas; ***zusammengefasste*** ~ balanza de recapitulación de las transferencias

Übertragungshaushalt *m*, **e** presupuesto *m* de transferencias

Übertragungsspesen *pl* gastos *m* de transferencia

Übertragungssteuer *f*, **n** impuesto *m* sobre las transferencias

Übertragungssystem *n*, **e** (Inform.) sistema *m* de transmisión de datos

Übertragungsurkunde *f*, **n** acta *f*, documento *m* de cesión

Übertragungsvermerk *m*, **e** endoso *m*

Übertragungsvertrag *m*, **e 1.** contrato *m* de traspaso **2.** contrato *m* de transferencia

Übertragungswagen *m*, **-** (TV, Radio) unidad *f* móvil

übertrassieren girar, librar en descubierto

übertreffen, ***an Qualität*** ~ superar en calidad; tener una mayor calidad; ***alle Erwartungen*** ~ desbordar todas las expectativas

übertreiben exagerar; ~***de Werbung*** publicidad *f* exagerada

übertreten contravenir, infringir; violar; transgredir; ***ein Gesetz*** ~ violar una ley

Übertreter *m*, **-** contraventor *m*; infractor *m*; transgresor *m*; perpetrador *m*; conculcador *m*

Übertretung *f*, **en** violación *f*; contravención *f*; infracción *f*; transgresión *f*

übertrieben exagerado; ~***er Preis*** precio *m* exagerado, exorbitante, excesivo

Überverbrauch *m*, Ø consumo *m* excesivo; hiperconsumo *m*; consumo *m* en exceso

überversichert, ~ ***sein*** estar sobreasegurado

Überversicherung *f*, **en** sobreseguro *m*

übervölkern superpoblar

Übervölkerung *f*, **en** superpoblación *f*

übervorteilen engañar; perjudicar; cobrar demasiado; (Fam.) dar gato por liebre

Übervorteilung *f*, Ø cobro *m* excesivo; engaño *m*; perjuicio *m*

überwachen 1. vigilar; controlar; supervisar; ***die Preise*** ~ controlar los precios **2.** intervenir (el teléfono)

Überwachung *f*, Ø **1.** vigilancia *f*; control *m*; supervisión *f*; ***der*** ~ ***der Gemeinschaft unterliegen*** estar sujeto a la supervisión de la Comunidad; ***zollamtliche*** ~ vigilancia *f* aduanera **2.** intervención *f* (del teléfono, *etc.*) **3.** monitoreo *m*; monitorización *f*; ~ ***der Einfuhren*** monitoreo *m*, vigilancia *f* de las importaciones **4.** control *m* por monitoreo (del servicio, *etc.*) **5.** ~ ***und Instandhaltung*** mantenimiento *m*, entretenimiento *m* preventivo **6.** ***technische*** ~ ***der Kraftfahrzeuge*** inspección *f* técnica de vehículos

Überwachungsstelle *f*, **n** oficina *f* de control

überwälzen repercutir (sobre); ***die Kosten auf den Verbraucher*** ~ cargar los costes sobre el consumidor; (Syn. ***abwälzen***)

überweisen, ***auf ein Konto*** ~ girar, transferir a una cuenta; ***einen Geldbetrag*** ~ remitir, transferir, girar una suma de dinero; ***wir bitten Sie, den noch ausstehenden Betrag baldmöglichst zu*** ~ les rogamos nos transfieran el importe pendiente a la mayor brevedad posible

Überweisung *f*, **en**, ~ ***auf ein Konto*** transferencia *f* a una cuenta; ~ ***von Geldern*** transferencia *f* de fondos; ***telegraphische*** ~ giro *m* telegráfico; ***wir bestätigen dankend den Eingang Ihrer*** ~ agradecemos el recibo de su transferencia; ***für baldige*** ~ ***des fälligen Betrages wären wir Ihnen dankbar*** le(s) agradeceríamos la pronta transferencia de la suma debida; ***die*** ~ ***ist noch nicht eingegangen*** la transferencia no ha llegado todavía (a nuestras manos); ***eine*** ~ ***vornehmen*** efectuar un giro, una transferencia, una remesa

Überweisungsauftrag *m*, **¨e** orden *f* de giro, de transferencia

Überweisungsbetrag *m*, **¨e** suma *f* transferida; importe *m* girado

Überweisungsformular *n*, **e** impreso *m* para giro

Überweisungsscheck *m*, **s** cheque *m* cruzado

Überweisungsschein *m*, **e 1.** resguardo *m* de giro, de transferencia **2.** volante *m* para el especialista
Überweisungsverkehr *m*, Ø giros *pl*; operaciones *pl* de giro
überwinden, ***Hindernisse*** ~ allanar dificultades; ***eine Krise*** ~ superar una crisis; ***Schwierigkeiten*** ~ sobreponerse a, superar las dificultades
überwintern pasar el invierno; invernar
Überzahl *f*, **en** superioridad *f* numérica; ***in der ~ sein*** estar en mayoría; alcanzar, reunir un numero mayor
überzahlen → überbezahlen
überzählig 1. excedente; sobrante; excedentario **2.** ***~er Beamter*** funcionario *m* supernumerario
Überzahlung *f*, **en**, ***die ~ erstatten*** devolver, reintegrar el pago en exceso
überzeichnen cubrir con exceso una suscripción
Überzeichnung *f*, **en** exceso *m* de peticiones de suscripción; sobresuscripción *f*; suscripción *f* superior al importe fijado
Überzeitarbeit *f*, **en** (CH) horas *pl* extraordinarias
überziehen tener en descubierto; ***sein Konto um 1000 Mark*** ~ rebasar su cuenta en 1000 marcos; ***einen Kredit*** ~ rebasar un crédito; sobrepasar un plafón
Überziehung *f*, **en** (giro *m* en) descubierto *m*
Überziehungskredit *m*, **e** crédito *m* en descubierto
Überziehungsprovision *f*, **en** comisión *f* de descubierto
überzogen descubierto; ***~er Betrag*** importe *m*, suma *f* en descubierto; ***~es Konto*** cuenta *f* sobregirada, cuenta *f* rebasada; cuenta *f* girada en descubierto
üblich usual; habitual; de uso; ***allgemein*** ~ generalmente admitido; de uso general; de rigor; ***nicht mehr*** ~ caído en desuso; pasado de moda; ***~e Bedingungen*** condiciones *pl* usuales; ***~e Preise*** precios *pl* practicados habitualmente
übrig sobrante; de sobra; restante; ***wir haben Geld*** ~ nos queda mucho dinero sobrante; nos sobra mucho dinero
Übungsfirm|a *f*, **-en** sociedad *f* de simulación (= empresa escuela destinada al reciclaje de parados en la R.F.A.)
U-Haft *f*, Ø (Untersuchungshaft) prisión *f* preventiva, provisional
ULA *f* (Union der leitenden Angestellten) sindicato *m* de ejecutivos
ÜLG → überseeisch
ultimativ, ***~e Forderung*** reivindicación *f* en forma de ultimátum
Ultimat|um *n*, **-en** ultimátum *m*; ***ein ~ stellen*** dar, dirigir, poner un ultimátum
ultimo al último día del mes; ***bis*** ~ hasta fin de mes; ***per*** ~ a fin de mes; ~ ***März*** a fines de marzo; ~ ***des gleichen*** (laufenden) ***Monats*** a fines del corriente
Ultimo *n*, **s** fin *m* de mes; último día *m* hábil de mes
Ultimoabrechnung *f*, **en** liquidación *f* de fin de mes; liquidación *f* mensual
Ultimofälligkeit *f*, **en** vencimiento *m* a fin de mes
Ultimogeschäft *n*, **e** operación *f* a liquidar a fin de mes
Ultimowechsel *m*, - letra *f* pagadera a fin de mes
umadressieren cambiar la dirección
umarbeiten 1. refundir (un libro) **2.** adaptar (para el cine) **3.** transforrar; remodelar; retocar
Umarbeitung *f*, **en 1.** refundición *f* (de un libro) **2.** adaptación *f* (para el cine, el teatro, *etc.*) **3.** transformación *f*; retoque *m*; remodelación *f*
Umbau *m*, **ten 1.** modificación *f*; transformación *f* **2.** reformas *pl*; reconstrucción *f* **3.** reorganización *f*
umbenennen cambiar de nombre; cambiar de razón social
Umbesetzung *f*, **en** cambio *m* de destino; cambio *m* de personal; cambio *m* dentro de los puestos de trabajo
Umbildung *f*, **en** reorganización *f*; remodelación *f*; reajuste *m*
umbuchen 1. pasar de una cuenta a otra **2.** rectificar mediante contrapartida **3.** cambiar la fecha de un viaje; modificar, cambiar la reserva
Umbuchung *f*, **en 1.** (Contab.) traslado *m* a otra cuenta; cambio *m* de asiento **2.** rectificación *f* mediante contrapartida **3.** cambio *m* de la fecha de un viaje; modificación *f* de la reserva
umcodieren cambiar el código
umdefinieren redefinir
umdirigieren reencaminar; redireccionar
umdisponieren disponer de otro modo; cambiar las disposiciones; prever una solución de recambio; ***die Sendung*** ~ encaminar el envío en otra dirección
Umdisponierung *f*, **en** cambio *m* de disposición; modificación *f* de un proyecto

Umfahrung *f*, **en** (A) → Umgehungsstraße
Umfang *m*, Ø **1.** volumen *m*; amplitud *f*; proporciones *pl* ***in großem*** ~ en gran volumen; en gran escala; ~ ***des Handelsverkehrs*** volumen de intercambio(s) **2.** alcance *m*; envergadura *f*; extensión *f*; ***in vollem*** ~ en su totalidad; totalmente **3.** circunferencia *f* **4.** periferia *f* **5.** contorno *m*; perímetro *m*
umfangreich 1. voluminoso; abultado; ***~es Exportvolumen*** importante volumen *m* de exportaciones **2.** amplio; espacioso; vasto
umfassend, ***~es System*** sistema *m* global
Umfeld *n*, **(er)** entorno *m*; ambiente *m*
umfirmieren cambiar de razón social
umformatieren reformatear
Umformatierung *f*, **en** reformateado *m*
Umfrage *f*, **n** encuesta *f*; sondeo *m* (de la opinión publica); ***eine*** ~ ***veranstalten*** realizar una encuesta; encuestar; ***eine*** ~ ***halten*** hacer una encuesta
umfunktionieren transformar en; cambiar la función de u/c; refuncionalizar
Umgebung *f*, Ø **1.** inmediaciones *pl*; cercanías *pl* **2.** vecindad *f* **3.** ambiente *m*; entorno *m*
umgehen, ***ein Gesetz*** ~ eludir una ley; ***mit etw. sparsam*** ~ economizar
umgehend 1. inmediatamente; sin demora; a vuelta de correo; ***wir bitten um ~en Bescheid*** le rogamos conteste a vuelta de correo **2.** inmediato
Umgehung *f*, Ø, ~ ***von Steuern*** (unerlaubt) evasión *f* fiscal; (erlaubt) elusión *f* de impuestos
Umgehungsstraße *f*, **n 1.** desviación *f* **2.** carretera *f* de circunvalación
umgekehrt, ***im ~en Verhältnis*** en proporción inversa; ~ ***proportional*** inversamente proporcional
Umgemeindung *f*, **en** reorganización *f* territorial de un municipio
umgerechnet al cambio; ~ ***in Peseten*** expresado en pesetas; al cambio (en pesetas)
umgestalten reorganizar; reestructurar; reconfigurar; transformar
Umgestaltung *f*, **en** reorganización *f*; reestructuración *f*; reconfiguración *f*; transformación *f*; ~ ***eines Betriebs*** reorganización, reestructuración de una empresa
umgründen convertir en otra forma legal; pasar de una forma legal a otra
umgruppieren reagrupar; volver a clasificar; cambiar de clasificación
Umgruppierung *f*, **en** reagrupación *f*; reagrupamiento *m*; cambio *m* de clasificación; reclasificación *f*
Umkehrung *f*, Ø, ~ ***des Steuerschuldners*** inversión *f* del sujeto pasivo
Umladebahnhof *m*, **¨e** estación *f* de transbordo
Umladegut *n*, **¨er** mercancía *f* a transbordar
umladen transbordar
Umladung *f*, **en** transbordo *m*; ***eine*** ~ ***auf Schiff übernehmen*** asumir el transbordo a un navío
Umlage *f*, **n 1.** reparto *m*; derrama *f*; desglose *m* (de gastos) **2.** cotización *f*; contribución *f*; cuota *f* extraordinaria
umlagefrei exonerado de contribución; exento de cotización
umlagepflichtig sujeto a contribución
umlagern trasladar a otro almacén, a otro depósito; almacenar en otro lugar
Umlauf *m*, **¨e** circulación *f*; movimiento *m*; ***im*** ~ ***sein*** estar en circulación; ***Banknoten in*** ~ ***setzen***, ***bringen*** poner en circulación billetes de banco; ***aus dem*** ~ ***ziehen*** retirar de la circulación
Umlauf(s)geschwindigkeit *f*, **en** velocidad *f* de circulación
umlaufend en circulación; circulante ***~e Banknoten*** billetes *pl* en circulación; ***~es Kapital*** capital *m* circulante
Umlaufer *m*, **-** (A) (escrito, carta) circular *f*
Umlauffonds *m*, Ø → Umlaufvermögen
Umlaufkapital *n*, Ø → Umlaufvermögen
Umlaufrendite *f*, **n** rédito *m* de los títulos en circulación
Umlaufvermögen *n*, **-** patrimonio *m*, capital *m*, activo *m* circulante
umlegen 1. ***einen Termin*** ~ cambiar el plazo; trasladar a una fecha posterior **2.** repartir; imputar
umleiten, ***den Verkehr*** ~ desviar el tráfico, la circulación
Umleitung *f*, **en** (vía *f* de) desviación *f*
Umlernen *n*, Ø readaptación *f*; reconversión *f*; reciclaje *m*; reciclado *m*
umnummerieren volver a numerar; corregir la numeración
Umorganisation *f*, Ø reorganización *f*; reestructuración *f*
umorganisieren reorganizar; remodelar
umorientieren reorientar; encontrar, asumir una nueva orientación
umpacken 1. cambiar el embalaje **2.** rehacer, volver a hacer (las maletas) **3.** ***die Waren***

in Kisten ~ meter, poner la mercancía en las cajas
umprägen reacuñar
Umprägung *f*, **en** reacuñación *f*
umprogrammieren (Inform.) cambiar un programa
umquartieren 1. cambiar de alojamiento **2.** evacuar
umrechnen 1. cambiar, convertir; calcular en otra moneda; ***in DM*** ~ convertir en marcos **2.** ***auf ein Jahr umgerechnet*** calculado sobre 12 meses
Umrechnung *f*, **en** conversión *f*
Umrechnungskurs *m*, **e** tipo *m* de cambio, de conversión
Umrechnungssatz *m*, **¨e** → Umrechnungskurs
Umrechnungstabelle *f*, **n** tabla *f*, baremo *m* de conversión
Umriss *m*, **-e**, ***in groben Umrissen*** a grandes rasgos
umrüsten 1. rearmarse **2.** remodelar el armamento
Umrüstung *f*, Ø reequipamiento *m*; cambio *m* del material; modificación *f* de materiales
umsatteln (Fam.) cambiar de profesión, de oficio; ***von Jura auf Betriebswirtschaft*** ~ pasar de derecho a economía de la empresa
Umsatz *m*, **¨e** volumen *m* de negocios; cifra *f* de ventas; facturación *f*; ***hoher*** ~ gran cifra de negocios; ***den ~ erhöhen*** aumentar el volumen de ventas; ***einen ~ erzielen*** realizar, lograr una cifra de negocios; ~ ***haben*** hacer una facturación
Umsatzanalyse *f*, **n** análisis de la cifra de ventas
Umsatzausweitung *f*, Ø ampliación *f*, expansión *f* de las ventas
Umsatzbonus *m*, **se** → Umsatzvergütung
Umsatzeinbuße *f*, **n** merma *f* de la facturación, de las ventas
Umsatzergiebigkeit *f*, Ø → Umsatzrentabilität
Umsatzerlös *m*, **e** producto *m* de las ventas, de la facturación
Umsatzförderung *f*, Ø promoción *f* de ventas
Umsatzgeschäfte *pl* transacciones *pl* de facturación, de venta
Umsatzgewinn *m*, **e** beneficio *m* de la, en la facturación
Umsatzgrenze *f*, **n** límite *m* de facturación
Umsatzhäufigkeit *f*, Ø índice *m* de rotación
Umsatzkapital *n*, Ø capital *m* circulante
umsatzlos, ***~es Konto*** cuenta *f* sin movimiento; cuenta *f* inactiva
Umsatzmaximierung *f*, **(en)** maximalización *f* de la cifra de ventas
Umsatzminus *n*, Ø baja *f*, descenso *m* de la cifra de negocios; ***ein ~ registrieren*** registrar una disminución de la cifra de ventas
Umsatzplanung *f*, **en** planificación *f* de las ventas, de la facturación
Umsatzplus *n*, Ø alza *f*, progresión *f*, aumento *m* de la cifra de negocios; ***ein ~ verzeichnen*** registrar un alza de la cifra de negocios
Umsatzprämie *f*, **n** → Umsatzvergütung
Umsatzprovision *f*, **en** comisión *f* sobre la cifra de ventas, sobre la cifra de negocios
Umsatzprozentsatz *m*, **¨e** porcentaje *m* de ventas
Umsatzrekord *m*, **e** récord *m* en la facturación; récord *m* de ventas
Umsatzrendite *f*, **n** ratio *m* de rendimiento líquido
Umsatzrentabilität *f*, Ø ratio *m* de beneficio de las ventas; ratio *m* de ganancia en la facturación
Umsatzrückgang *m*, **¨e** descenso *m* de la cifra de ventas
Umsatzschwankungen *pl* oscilaciones *pl*, fluctuaciones *pl* de la cifra de facturación
Umsatzsteuer *f*, **n** impuesto *m* sobre la cifra de negocios; impuesto *m* sobre el tráfico de empresas
Umsatzsteuerfreiheit *f*, Ø exención *f*, exoneración *f* del impuesto sobre la cifra de negocio; exoneración *f* del IVA
Umsatzsteuerharmonisierung *f*, Ø (E) armonización *f* del impuesto sobre la cifra de negocio; armonización *f* del IVA
umsatzsteuerpflichtig sujeto al impuesto sobre la cifra de negocio; sujeto al pago del IVA
Umsatzsteuersatz *m*, **¨e** tasa *f* del impuesto sobre la cifra de negocio; tasa *f* del IVA
Umsatzsteuervorauszahlung *f*, **(en)** pago *m* fraccionado del IVA
umsatzträchtig que promete una gran cifra de negocios; ***~er Markt*** mercado *m* prometedor
Umsatzvergütung *f*, **en** bono *m*, prima *f* sobre la cifra de ventas
Umsatzvolumen *n*, **-** volumen *m* de facturación; volumen *m* de la cifra de negocio
Umsatzwachstum *n*, Ø crecimiento *m* de la cifra de negocios, de la facturación

Umsatzwerte *pl* (Estad.) índices *pl* de la cifra de negocios
Umsatzzahlen *pl* cifras *pl* de facturación, de ventas (Syn. ***Umsatzziffern***)
Umsatzzuwachs *m*, **(¨e)** expansión *f*, aumento *m*, subida *f* de las cifras de ventas, de facturación
Umsatzzuwachsrate *f*, **n** tasa *f* de incremento de las ventas; de la facturación
umschichten reagrupar; modificar, alternar la disposición; cambiar, mezclar (las capas sociales)
Umschichtung *f*, **en** reagrupación *f*; ***soziale*** ~ modificación *f* alteración *f*, cambio *m*, mezcla de las capas sociales
Umschlag *m*, **¨e 1.** transbordo *m*; movimiento *m* de mercancías **2.** movimiento *m*, rotación *f* (de existencias); despacho *m*; venta *f* **3.** sobre *m* (de carta) **4.** cubierta *f*, tapa *f* (de un libro) **5.** sobrecubierta *f*; envoltura *f*; forro *m* **6.** cambio *m* brusco
Umschlagbahnhof *m*, **¨e** estación *f* de transbordo
umschlagen 1. ***Güter*** ~ transbordar bienes, mercancías **2.** ***ins Gegenteil*** ~ caer en el otro extremo **3.** (coche) volcar **4.** (barco) zozobrar **5.** cambiar bruscamente (el tiempo, el estado de ánimo)
Umschlaggeschwindigkeit *f*, **en** velocidad *f* de rotación
Umschlaghafen *m*, **¨** puerto *m* de transbordo
Umschlagplatz *m*, **¨e** lugar *m*, plaza *f* de transbordo; centro *m* de carga y descarga de mercancías
Umschlagsanlagen *pl* **1.** instalación *f* de transbordo **2.** instalación *f* de carga y descarga
Umschlagsgebühren *pl* gastos *pl*, derechos *pl* de transbordo; cargas *pl*, cargos *pl* por transbordo
Umschlagshäufigkeit *f*, Ø índice *m* de rotación de existencias
Umschlags-Kennzahlen *pl* ratio *m* de rotación
Umschlagstelle *f*, **n** → Umschlagplatz
umschreiben 1. transferir (derechos, propiedad) **2.** transcribir **3.** escribir de nuevo **4.** refundir **5.** parafrasear; perifrasear **6.** delimitar; circunscribir
Umschreiben *n*, Ø, ~ ***von Daten*** transcripción *f* de datos
Umschreibung *f*, **en** transferencia *f*; transcripción *f*; acto *m* traslativo de propiedad; ~ ***einer Aktie*** transferencia *f*, transmisión *f* de una acción; ~ ***eines Grundbuchblatts*** modificación *f* de una hoja en el registro de la propiedad
Umschrift *f*, **en 1.** leyenda *f* (de una moneda, medalla) **2.** transcripción *f*
umschulden reconvertir, reestructurar la deuda (= convertir los créditos a corto en créditos a largo plazo)
Umschuldung *f*, **en** reconversión *f*, reestructuración *f* de la deuda
Umschuldungsanleihe *f*, **n** empréstito *m* de (re)conversión
umschulen 1. (Polit.) reeducar **2.** ***sich*** ~ ***lassen*** readaptarse reconvertirse, reciclarse profesionalmente **3.** mandar a otra escuela
Umschulung *f*, **en 1.** (Polit.) reeducación *f* **2.** reconversión *f*, readaptación *f*, reciclaje *m* profesional
Umschulungsbeihilfe *f*, **n** ayuda *f* para la readaptación profersional; subsidio *m* a la reconversión profesional
Umschulungskurs *m*, **e** curso *m* de readaptación, reconversión profesional
Umschwung *m*, **(¨e)** cambio *m* brusco; viraje *m*; ~ ***der Konjunktur*** inversión *f* coyuntural; cambio radical de la coyuntura
umseitig a la vuelta; al dorso; al reverso
umsetzbar negociable; vendible
umsetzen 1. vender; comercializar; colocar; facturar; ***eine Million DM jährlich*** ~ facturar anualmente un millón de marcos; hacer una cifra de negocios de un millón de marcos al año; ***Waren*** ~ vender mercancías *pl* (Syn. ***verkaufen, kommerzialisieren*** **2.** trasladar; cambiar de sitio; colocar en otro lugar **3.** ***eine Richtlinie ins Nationale Recht*** ~ (EU) implementar, transponer, trasladar una Directiva al derecho nacional (UE)
Umsetzung *f*, **en**, ~ ***einer Richtlinie*** (EU) transposición *f*, implementación *f*, traslado *m* de una Directiva (al derecho nacional de un país miembro de la UE)
umsiedeln cambiar de provincia, región o de país; trasladar; transplantar (la población); reasentar
Umsiedler *m*, - persona *f* trasladada, reasentada
Umsiedlung *f*, **en** traslado *m* (forzoso), transplante *m* de la población; reasentamiento *m*
umsonst 1. (unentgeltlich) gratis; gratuitamente; de balde; sin costar nada **2.** en vano; inútilmente; para nada; en balde
Umspanner *m*, - transformador *m*

Umspannwerk *n*, **e** central *f* de transformación; subestación *f* transformadora

Umspeicherung *f*, **en** (Inform.) traslado *m*, traspaso *m*, transferencia *f* de datos

Umstand *m*, **¨e** circunstancia *f*; hecho *m*; ***erschwerende ~¨e*** circunstancias *pl* agravantes; ***mildernde ~~¨e*** circunstancias *pl* atenuantes; ***infolge unvorhergesehener ~~¨e*** a consecuencia, por circunstancias imprevistas; ***unter allen ~~¨en*** sea como fuere; en todo caso; a todo trance; ***unter diesen, solchen ~~¨en*** en tales circunstancias; en estas condiciones; ***unter keinen ~~¨en*** de ninguna manera; bajo ninguna circunstancia; ***vom Verkäufer nicht zu vertretende ~~¨e*** circunstancias *pl* de las que el vendedor no puede ser (hecho) responsable; circunstancias *pl* más allá de la responsabilidad del vendedor

umständehalber vistas las circunstancias; a causa de las circunstancias; debido a las circunstancias; ***das Grundstück ist ~ zu verkaufen*** a causa de las circunstancias, el terreno está a la venta

Umsteigebahnhof *m*, **¨e** estación *f* de transbordo

Umsteigefahrschein *m*, **e** → Umsteigekarte

Umsteigekarte *f*, **n** billete *m* de correspondencia; billete *m* combinado

umsteigen cambiar (de tren, *etc.*)

Umsteigen *n*, Ø transbordo *m*

Umsteiger *m*, - (Fam.) billete *m*, ticket *m* de correspondencia

Umstellbahnhof *m*, **¨e** estación *f* de maniobra

umstellen 1. transformar; reorganizar; readaptar; reconvertir; ***einen Betrieb ~*** reorganizar una empresa; ***auf Goldwährung ~*** adoptar el patrón oro; ***auf Computerbetrieb ~*** computerizar; informatizar; ***auf Maschinenbetrieb ~*** mecanizar; ***auf eine andere Produktion ~*** readaptar, reciclar a otra producción **2.** colocar en otro lugar; cambiar de sitio; disponer de otra manera; invertir el orden **3.** invertir la marcha

Umstellung *f*, **en 1. en** transformación *f*; reorganización *f*; readaptación *f*; reconversión *f*; ***berufliche ~*** readaptación, reconversión, reciclaje *m* profesional; ***industrielle ~*** reconversión, reestructuración *f* industrial; ***strukturelle ~*** reestructuración; reconversión estructural; ***~ der Landwirtschaft*** reconversión de la agricultura; ***~ auf Computer*** computerización *f*; informatización *f* **2.** colocación *f* en otro lugar; cambio *m* de sitio; disposición *f* de otro modo **3.** inversión *f* del orden

Umstellungsdarlehen n, - (EGKS) préstamo *m* para la reconversión (CECA); crédito *m* para financiar proyectos de reconversión

Umstellungsgesetz *n*, Ø (Hist.) ley *f* de 1948 sobre la reforma del sistema monetario en la República Federal de Alemania

Umstellungsprämie *f*, **n** (EU) prima *f* de reconversión (UE)

Umstellungsvorhaben *n*, - proyecto *m* de reconversión

umstempeln poner un nuevo sello; colocar otro matasellos

umsteuern invertir la marcha

UmstG → Umstellungsgesetz

umstoßen 1. anular; casar; invalidar; ***ein Testament ~*** revocar un testamento **2.** echar por tierra un proyecto; cambiar un plan, *etc.*

umstritten controvertido; discutido

umstrukturieren reestructurar; reconvertir; reciclar; ***einen Betrieb ~*** reestructurar, reconvertir una empresa

Umstrukturierung *f*, **en** reestructuración *f*; reconversión *f*; reciclaje *m*; ***~ der Industrie*** reestructuración, reconversión industrial

Umstrukturierungsvorhaben *n*, - proyecto *m* de reestructuración, de reorganización

Umtausch *m*, Ø cambio *m*; trueque *m*; canje *m*; conversión *f*; ***~ nicht gestattet*** no se acepta el (inter)cambio (de las mercancías compradas); ***Kauf auf ~*** venta *f* con derecho de (inter)cambio; ***~ zum Nennwert*** conversión *f* a la par

umtauschbar cambiable; intercambiable; canjeable; convertible; permutable; ***~e Währung*** moneda convertible (Syn. ***konvertierbar***)

Umtauschbarkeit *f*, Ø convertibilidad *f* (Syn. ***Konvertierbarkeit***)

umtauschen cambiar; convertir; trocar; ***Mark gegen Dollar ~*** cambiar marcos por dólares; ***DM in ausländiscne Devisen ~*** convertir marcos en divisas extranjeras; (Syn. ***wechseln***)

umtauschfähig → umtauschbar

Umtauschrecht *n*, **(e)** derecho *m* de cambio; ***Anleihe mit ~*** obligación *f* convertible

umverteilen redistribuir; hacer un nuevo reparto

Umverteilung *f*, **en** redistribución *f*; nuevo reparto *m*; ~ ***des Volkseinkommens*** redistribución de la renta nacional
Umwallung *f*, **en** obras *pl* de circunvalación
umwälzen revolver; invertir; subvertir; revolucionar
umwälzend, *~e* ***Erfindung*** invento *m*, descubrimiento *m* revolucionario
Umwälzung *f*, **en** **1.** revolución *f*; subversión *f* **2.** circulación *f*
umwandelbar **1.** transformable; convertible **2.** *~e* ***Strafe*** pena *f* conmutable
Umwandelbarkeit *f*, Ø **1.** convertibilidad *f* **2.** ~ ***einer Strafe*** conmutabilidad *f* de una pena
umwandeln cambiar; transformar; ***Aktien*** ~ convertir acciones; ***eine Anleihe*** ~ convertir un empréstito; ***in Kapital*** ~ transformar en capital
Umwandler *m*, - transformador *m*
Umwandlung *f*, **en** cambio *m*; transformación *f*; conversión *f*; ~ ***einer Gesellschaft*** transformación jurídica de una sociedad; ~ ***in Kapital*** capitalización *f*
umwechseln → umtauschen
Umwelt *f*, (**en**) medio *m*; medio ambiente *m*; entorno *m*; ***ein die ~ stark belastendes Unternehmen*** empresa *f* que causa gran contaminación
Umweltauto *n*, **s** coche *m* no contaminante; auto *m* no polucionante
umweltbedingt (por razón) ambiental
Umweltbedingungen *pl* condiciones *pl* ambientales; condiciones *pl* del medio
umweltbelastend, ***ein ~es Erzeugnis*** producto *m* polucionante, contaminante
Umweltbelastung *f*, **en** → Umweltschäden
umweltbewusst con sentido ecológico; con sensibilidad para la ecología; *~e* ***Landwirtschaft*** agricultura *f* ecológica
Umweltbewusstsein *n*, Ø conciencia *f* ecológica; sentido *m* ecológico; sensibilidad *f* ecológica
Umwelt-Bundesamt *n*, Ø (UBA) (D) Oficina *f* Federal Alemana del Medio Ambiente
Umwelteinfluss *m*, **¨e** influencias *pl* ambientales
Umwelterfordernisse *pl* requerimientos *pl* ambientales; especificaciones *pl* ecológicas
umweltfeindlich polucionante; contaminante; nocivo para el medio ambiente; anti-ecológico; generador de ruidos
Umweltforscher *m*, - ecocientífico *m*; ecologista *m*; geohigienista *m*; experto *m* en medio ambiente
Umweltforschung *f*, Ø **1.** geohigiene *f*; ecología *f* **2.** estudio *m* sobre la protección del medio ambiente
umweltfreundlich antipolucionante; no polucionante; anticontaminante; no contaminante; ecológico; filo-ecológico; compatible con el medio ambiente; respetuoso con el medio ambiente
umweltgefährdend peligroso para el medio ambiente
umweltgeschädigt perjudicado, afectado, dañado, degradado por las influencias ambientales
Umweltgesetz *n*, **e** ley *f* de protección del medio ambiente
Umweltgesetzgebung *f*, Ø legislación *f* en materia ecológica
Umweltgütersiegel *m*, - sello *m* de calidad ambiental
Umwelthaftung *f*, Ø responsabilidad *f* ambiental
Umweltinvestitionen *pl* inversiones *pl* para la protección ambiental
Umweltkatastrophe *f*, **n** desastre *m* ecológico; catástrofe *f* ecológica
Umweltkontamination *f*, Ø contaminación *f* del medio ambiente
Umweltkriminalität *f*, Ø delincuencia *f* contra el medio ambiente
Umweltminister *m*, - ministro *m* del medio ambiente; ministro *m* para asuntos ecológicos
Umweltnormen *pl* normas *pl* de calidad ambiental
Umweltpapier *n*, Ø papel *m* reciclado
Umweltpolitik *f*, Ø ecopolítica *f*; política *f* del medio ambiente
Umweltproblem *n*, **e** problema *m* ambiental
Umweltprogramm *n*, **e** programa *m* ecológico
Umweltprüfung *f*, (**en**) ensayo *m* ecológico
Umweltqualitätsnormen (UQN) *pl* normas *pl* de calidad ambiental (NCA)
Umweltschäden *pl* daños *pl* ambientales
umweltschädlich nocivo, perjudicial para el medio ambiente
Umweltschutz *m*, Ø ecología *f*; geohigiene *f*; protección *f* del medio ambiente; conservación *f* ambiental
Umweltschutzbeihilfen *pl* ayudas *pl* a la protección ambiental

Umweltschutzbewegung *f*, **en** movimiento *m* ecologista; ecologismo *m*
Umweltschützer *m*, - ecologista *m*; geohigienista *m*; protector *m*, defensor *m* del medio ambiente
Umweltschutzgesetzgebung *f*, Ø legislación *f* reguladora de la protección ambiental
Umweltschutzinvestitionen *pl* → Umweltinvestitionen
Umweltsteuer *f*, **n** ecotasa *f*
Umweltstraftaten *pl* delitos *pl* contra el medio ambiente; delitos *pl* de la ecología
Umweltsünder *m*, - contaminador *m*; polucionador *m*; delincuente *m* ambiental; autor *m* de un delito ambiental
Umweltüberwachung *f*, **en** control *m*, monitoreo *m* ambiental
Umweltveränderung *f*, **en** modificación *f* ambiental
umweltverschmutzend polucionante; contaminante
Umweltverschmutzung *f*, **en** degradación *f* del medio ambiente; polución *f*; contaminación *f*; ***Verhütung der ~*** prevención *f* de la polución
Umweltverseuchung *f*, **en** → Umweltverschmutzung
umweltverträglich compatible con el medio ambiente
Umweltverträglichkeitsprüfung *f*, **en** análisis *m*, estudio *m* del impacto ambiental
Umweltwissenschaft *f*, **en** ecociencia *f*; ciencias *pl* ambientales; geohigiene *f*
Umweltzeichen *n*, - eco-etiqueta *f*; etiqueta *f* de calidad ecológica
Umweltzerstörung *f*, Ø destrucción *f* del medio ambiente
umwerben cortejar; hacer la corte; ***Kunden ~*** tratar a clientes con mucho esmero, con mucho miramiento; prestar a los clientes especiales atenciones
Umworbene(r) (der/ein) **1.** consumidor *m* potencial **2.** cliente *m* solicitado **3.** consumidor *m* al que quiere atraerse mediante publicidad
umziehen mudarse (de casa); cambiar de domicilio, de residencia; trasladarse
Umzug *m*, **¨e 1.** mudanza *f*; traslado *m*; cambio *m* de domicilio, de residencia **2.** desfile *m*; cabalgata *f* **3.** manifestación *f* **4.** procesión *f*
Umzugsbeihilfe *f*, **n** indemnización *f* por traslado, por mudanza
Umzugskosten *pl* gastos *pl* de traslado, de mudanza
Umzugsvergütung *f*, **en** compensación *f* por traslado de domicilio
unabdingbar inalienable; inabandonable; indispensable; ***~es Recht*** derecho *m* inalienable
Unabdingbarkeit *f*, Ø carácter *m* inalienable; inalienabilidad *f*
unabhängig independiente; ***~ sein*** ser independiente; ***sich ~ machen*** independizarse; hacerse independiente
Unabhängige(r) (der/ein) persona *f* independiente
Unabhängigkeit *f*, **en** independencia *f*; ***wirtschaftliche ~*** autarquía *f* (económica); independencia económica
unabkömmlich indispensable; ***ich bin gerade ~*** no puedo ausentarme; no puedo trasladarme; me es imposible desplazarme
unablösbar 1. inseparable **2.** ***~e Schuld*** deuda *f* irredimible; deuda *f* no amortizable, no reembolsable
unablöslich → unablösbar
unabsehbar 1. ***auf ~e Zeit*** por tiempo indefinido **2.** imposible de prever; ***~e Folgen*** consecuencias *pl* imprevisibles, incalculables **3.** inmenso
unabsetzbar inamovible
Unabsetzbarkeit *f*, Ø inamovibilidad *f*
unabwendbar inevitable; ineludible
unanbringlich, ***~e Sendungen*** partidas *pl* no suministrables, no entregables
unanfechtbar incontestable; inimpugnable; ***~e Entscheidung*** decisión *f* inapelable; ***~es Urteil*** sentencia *f* irrecurrible, inapelable
unangemeldet, ***~ eingehen*** llegar sin previo aviso
unangemessen 1. (unzureichend) insuficiente; (übertrieben) excesivo; exorbitante; ***~ hoch*** (Preis) excesivamente alto **2.** inadecuado; impropio ***~e Verpackung*** embalaje *m* inadecuado, impropio **3.** (unschicklich) inconveniente
unangetastet intacto
unannehmbar inaceptable; inadmisible
unantastbar inviolable
Unantastbarkeit *f*, Ø inviolabilidad *f*; intangibilidad *f*
unauffindbar ilocalizable; imposible de encontrar, de hallar
unaufgefordert, ***~ zugesandte Waren*** mercancías *pl* no solicitadas

unausgefüllt no rellenado; dejado en blanco; *~ lassen* dejar sin rellenar; *~es Formular* formulario *m*, impreso *m* en blanco

unausgeglichen, *~e Handelsbilanz* balanza *f* comercial desequilibrada; *~er Haushalt* presupuesto *m* desequilibrado

unausgelastet no utilizado completamente; no solicitado totalmente; *~e Produktionskapazitäten* capacidad *f* productiva no utilizada

unausgenutzt, *~er Kredit* crédito *m* no utilizado

unbar sin movimiento de numerario; sin (dinero en) efectivo

unbeachtet, *eine Mahnung ~ lassen* ignorar un recordatorio; hacer caso omiso de un apercibimiento

unbeanstandet sin reclamación; *~ lassen* no reclamar; no poner reparos

unbeantwortet, *unser Schreiben blieb ~* nuestra carta ha quedado sin respuesta; nuestra carta no ha sido contestada; no hemos recibido contestación a nuestra carta

unbearbeitet bruto; no trabajado; sin trabajar; no manufacturado; sin manufacturar; crudo

unbebaubar incultivable

unbebaut, *~es Grundstück* terreno *m* sin edificar; solar *m*

Unbedenklichkeitsbescheinigung *f*, **en 1.** certificado *m* de no objeción **2.** certificado *m* de buena procedencia; certificado *m* de conformidad con la mercancía

unbedingt notwendig absolutamente necesario; de todo punto necesario

unbefriedigend 1. no satisfactorio **2.** poco satisfactorio **3.** insuficiente

unbefriedigt 1. no satisfecho; *~er Bedarf* necesidades *pl* no satisfechas; *~e Nachfrage nach diesem Artikel* demanda *f* no satisfecha de este artículo **2.** poco satisfecho **3.** descontento

unbefristet ilimitado (en el tiempo); sin plazo fijo; sin plazo señalado; *~e Arbeitserlaubnis*, *Aufenthalterlaubnis* permiso *m* de trabajo, de residencia por tiempo indefinido; *~er Arbeitsvertrag* contrato *m* de trabajo de duración ilimitada; *~es Darlehen* préstamo *m* de duración ilimitada; préstamo *m* por tiempo indefinido; *~er Streik* huelga *f* indefinida

unbefugt 1. no autorizado **2.** ilícito

Unbefugte(r) (der/ein) persona *f* no autorizada; *~n ist der Zutritt verboten* se prohibe la entrada a toda persona ajena al servicio; prohibida la entrada a toda persona ajena a la obra

unbegrenzt ilimitado; indefinido; sin límites; *in ~er Höhe* en una cuantía ilimitada; en un importe sin límites; *~e Geldmittel* fondos *pl* sin límites; *~e Zeit* periodo *m* ilimitado, indefinido

unbegründet improcedente; sin causa razonable; injustificado; sin fundamento; sin motivo; gratuito; *die Klage wird als ~ abgewiesen* se desestima la demanda por improcedente

unbegütert sin fortuna; sin bienes

unbeladen sin carga; no cargado

unbelastet 1. libre de gravámenes **2.** sin hipoteca; sin cargas hipotecarias **3.** (persona) sin un pasado negativo; (persona) inmune; que no tiene que ver con el (desagradable) caso

unbelebt, *~e Börse* bolsa *f* desanimada; *~e Straße* calle *f* poco frecuentada

unbelohnt no recompensado; no remunerado; no retribuido; sin recompensa

unbemannt, *~es Raumschiff* (cosmo)nave *f* no tripulada; (astro)nave *f* sin tripulación

unbemittelt sin recursos

unbenannt, *~er Käufer* comprador *m* no revelado, no especificado

unbenutzbar inutilizable

unbenutzt nuevo; sin utilizar; no utilizado

unberechtigt, *~e Forderungen* exigencias *pl* injustificadas

unbeschadet, *~ dieser Bestimmungen* sin detrimento, sin menoscabo, sin perjuicio de tales disposiciones

unbeschädigt no dañado; sin daño; indemne; no averiado; sin avería; sin sufrir desperfectos; *~ angekommen* llegado en perfectas condiciones; llegado en perfecto estado

Unbescholtenheit *f*, Ø reputación *f* de integridad; buena reputación *f*; integridad *f*

unbeschränkt ilimitado; sin reservas; sin restricción; *~ haftbar* responsable ilimitadamente; *~e Haftung* responsabilidad *f* ilimitada

unbeschrieben, *~ lassen* dejar en blanco

unbesehen, *etw. ~ kaufen* comprar algo sin haberlo visto antes

unbesetzt *1. ~e Arbeitsplätze* puestos *pl* de trabajo vacantes **2.** sin ocupar; libre **3.** vacío

unbeständig inestable; *~er Markt* mercado *m* inestable

Unbeständigkeit *f*, Ø inestabilidad *f*; inconsistencia *f*; ***konjunkturelle*** ~ inestabilidad coyuntural

unbestätigt no confirmado; ***~es Akkreditiv*** crédito *m* documentario no confirmado; ***nach ~en Meldungen*** según noticias no confirmadas

unbestechlich incorruptible; insobornable; íntegro

Unbestechlichkeit *f*, Ø incorruptibilidad *f*; insobornabilidad *f*; integridad *f*

unbestellbar, ***~es Telegramm*** telegrama *m* con destinatario desconocido; ***falls ~ zurück an Absender*** en caso de destinatario desconocido, devuélvase al remitente

unbestellt **1.** (Agric.) no cultivado; sin cultivo; baldío; yermo; erial **2.** (Post) no distribuido; ***~e Zusendung*** envío *m* no distribuido; envío *m* no remitido al destinatario **3.** ***~e Waren*** mercancías *pl* no solicitadas, ordenadas

unbesteuert no gravado con impuestos

unbestimmt, ***auf ~e Zeit*** por tiempo indefinido; por un periodo indeterminado; ***auf ~e Zeit vertagen*** aplazar sine die

unbestritten, ***~e Forderung*** exigencia *f* indiscutible

unbewaldet sin bosques

unbeweglich **1.** inmóvil; fijo; inmovible **2.** ***~e Güter*** bienes *pl* inmuebles; propiedad *f* raíz **3.** inflexible; rígido

unbewegt, ***~es Konto*** cuenta *f* sin movimiento

unbewirtschaftet de venta libre; no racionado; sin racionamiento

unbewohnbar inhabitable

unbewohnt, ***~es Gebiet*** zona *f* desierta; zona *f* despoblada; ***~es Zimmer*** habitación *f* desocupada; habitación *f* sin ocupar; cuarto *m* deshabitado, no ocupada

unbezahlbar impagable; sin precio; de precio exorbitante, astronómico; ~ ***sein*** no tener precio

unbezahlt impagado; no pagado; ***~e Rechnung*** factura por pagar; cuenta *f* sin pagar

unbrauchbar **1.** ***~e Waren*** bienes *pl* inservibles; mercancías *pl* inútiles; bienes *pl* no aptos para el uso; ~ ***machen*** inutilizar; hacer inservible **2.** ***~e Person*** persona *f* inepta, inútil **3.** ***~er Plan*** plan *m* impracticable; proyecto *m* inviable **4.** ~ ***machen*** inutilizar; hacer, dejar inservible

UNCITRAL (United Nations Commission on International Trade Law) Kommission der Vereinten Nationen für Internationales Handelsrecht Comisión *f* de las Naciones Unidas para el Derecho Mercantil Internacional (CNUD)

UNCTAD (United Nations Conference on Trade and Development) Welthandelskonferenz Conferencia *f* de las Naciones Unidas sobre Comercio y Desarrollo (CNUCD)

undankbar, ***~e Arbeit*** trabajo *m* ingrato

undatiert sin fecha; no fechado

Underground **1.** metro *m* **2.** vanguardia *f* artística y contestataria **3.** ~ ***economy*** economía *f* sumergida, oculta, paralela

Underwriting *n*, Ø **1.** aseguramiento *m* **2.** suscripción *f* **3.** ***~bank*** banco *m* de inversiones; **4.** ***~bank*** sindicato *m* de suscripción (Zusammenschluss mehrerer Investoren)

Und-Kont|o *n*, **-en** cuenta *f* conjunta; cuenta *f* en participación; cuenta *f* mancomunada (han de firmar todos los titulares)

unecht **1.** falso **2.** falsificado **3.** imitado; de imitación **4.** postizo

unedel, ***unedle Metalle*** metales *pl* comunes

unehelich natural; ilegítimo

uneinbringlich, ***~e Forderung*** crédito *m* incobrable; crédito *m* irrecuperable; ***~e Schuld*** deuda *f* incobrable

uneingelöst impagado; sin cobro; no reembolsado

uneingeschränkt, ***~es Akzept*** aceptación *f* incondicional

uneinheitlich, ***die Tendenz am Aktienmarkt war*** ~ la tendencia; la tónica en el mercado de renta variable ha sido irregular

unelastisch, ***~e Nachfrage*** demanda *f* inelástica

unentbehrlich imprescindible; indispensable; de todo punto necesario; absolutamente necesario

Unentbehrlichkeit *f*, Ø indispensabilidad *f*; imprescindibilidad *f*; necesidad *f* absoluta

unentgeltlich a título gratuito; sin pago; sin remuneración; libre de carga; ***~es Darlehen*** préstamo *m* gratuito; ***~e Dienstleistungen erbringen*** prestar servicios sin contraprestación (Syn. ***kostenlos***)

Unentgeltlichkeit *f*, Ø gratuidad *f*

unentschuldigt, ~ ***fehlen*** estar ausente sin haberlo comunicado

unerbeten, ***~e Vertreterbesuche*** visitas *pl* de representantes no solicitadas

unerfahren sin experiencia; no experto; inexperto; (Fam.) novato

Unerfahrenheit *f*, Ø inexperiencia *f*; impericia *f*; falta *f* de experiencia, de pericia
unergiebig improductivo; estéril; poco lucrativo
Unergiebigkeit *f*, Ø improductividad *f*
unerlaubt prohibido; ilícito; no permitido; *~e* ***Handlung*** acto *m* ilícito; acción *f* ilícita
unerledigt pendiente; todavía sin arreglar; aún no despachado; *~e* ***Angelegenheit*** asunto *m* pendiente
unermässlich reich inmensamente rico
Unermässlichkeit *f*, Ø inmensidad *f*; inconmensurabilidad *f*; enormidad *f*
unerörtert, ~ ***bleiben*** quedar sin discutir
unerprobt no sometido a prueba; no probado
unersättlich insaciable
Unersättlichkeit *f*, Ø insaciabilidad *f*
unerschlossen inexplotado; no explotado; no urbanizado
unerschöpflich, *~e* ***Bodenschätze*** riqueza *f* inagotable del subsuelo; recursos *pl* minerales inagotables
unerschwinglich, *~er* ***Preis*** precio *m* exorbitante; precio *m* prohibitivo; (Fam.) precio *m* que está por las nubes; ***das ist für mich*** ~ no está a mi alcance; no me lo puedo permitir
unerwartet, *~e* ***Ausgaben*** gastos *pl* inesperados; *~er* ***Gewinn*** ganancia *f* inesperada; (Fam.) golpe *m* de suerte inesperado; regalo *m* caído del cielo; (Angl.) windfall (profit)
unerwidert, *~er* ***Besuch*** visita *f* no devuelta; *~er* ***Brief*** carta *f* no contestada
unerwünscht, *~e* ***Besuche durch Vertreter*** visitas *pl* no deseadas de los representantes; visitas *pl* mal vistas de los representantes
UNESCO *f*, Ø (United Nations Educational, Scientific and Cultural Organization) Organización *f* de las Naciones Unidas para la Educación, la Ciencia y la Cultura (UNESCO)
unfachgemäß de forma incompetente; de manera incorrecta, no conforme; ***die Ware wurde durch*** *~e* ***Behandlung geschädigt*** la mercancía ha sido dañada por haber sido tratada de forma incompetente
unfähig incapaz; inepto; *~er* ***Mitarbeiter*** colaborador *m* incompetente
Unfähigkeit *f*, **en** incompetencia *f*; incapacidad *f*; (Jur.) inhabilidad *f*
unfair, *~er* ***Wettbewerb*** competencia *f* desleal
Unfall *f*, **¨e** accidente *m*; ~ ***mit dem Auto*** accidente de automóvil; ~ ***mit Personenschaden*** accidente con daños personales; ~ ***mit Sachschaden*** accidente con daños materiales; ***tödlicher*** ~ accidente mortal; ***einen*** ~ ***haben*** tener un accidente; ***durch*** ~ por accidente; ~ ***auf dem Weg zur*** (***von der***) ***Arbeitsstätte*** accidente de trayecto; accidente de ida al (de regreso del) puesto de trabajo; ***an einem*** ~ ***beteiligt sein*** estar implicado, comprometido en un accidente; ***ein*** ~ ***ereignete sich*** ha ocurrido un accidente; ***einen*** ~ ***erleiden*** sufrir un accidente; ***gegen*** ~ ***versichert sein*** tener un seguro de accidentes; estar asegurado contra accidentes
Unfallanzeige *f*, **n** aviso *m* de accidente
Unfallbeteiligte(r) (der/ein) persona *f* implicada, envuelta, complicada en un accidente
Unfallchirurg *m*, **en** traumatólogo *m*
Unfallchirurgie *f*, Ø traumatología *f*
Unfalldienst *m*, **e** (E) auxilio *m* en carretera
Unfallentschädigung *f*, **en** indemnización *f* por accidente
Unfallflucht *f*, Ø huída *f* en caso de accidente
unfallfrei, *~es* ***Fahren*** conducir sin accidentes
Unfallgeschädigte/r (der/ein) víctima *f* de un accidente; persona *f* accidentada; siniestrado *m*
Unfallhaftung *f*, Ø responsabilidad *f* por accidente; responsabilidad *f* en un accidente
Unfallhergang *m*, Ø circunstancias *pl* del accidente
Unfallhilfe *f*, **n** socorrismo *m*; ayuda *f* en caso de accidente
Unfallklinik *f*, **en** clínica de urgencia(s)
Unfallkrankenhaus *n*, **¨er** hospital *m* de urgencia(s)
Unfallmedizin *f*, Ø traumatología *f*
Unfallmeldung *f*, **en** aviso *m*, declaración *f* de accidente
Unfallort *m*, **e** lugar *m* del accidente
Unfallquote *f*, **n** tasa *f* de accidentes
Unfallrente *f*, **n** pensión *f* por accidente; ***betriebliche*** ~ pensión por accidente concedida por la empresa
Unfallrisik|o *n*, **-en** riesgo *m* de accidente
Unfallschaden *m*, **¨** daño *m* resultante de un accidente; daño *m* producido por un accidente

Unfallschutz *m*, Ø protección *f* contra accidentes
Unfallschwere *f*, Ø (grado *m* de) gravedad *f* de un accidente
Unfallstation *f*, **en** puesto *m* de socorro
Unfallstelle *f*, **n** lugar *m* del accidente
Unfalltod *m*, Ø muerte *f* accidental
Unfallverhütung *f*, Ø prevención *f* de accidentes
unfallverletzt herido en accidente; accidentado
Unfallversicherung *f*, **en** seguro *m* de accidentes
Unfallwagen *m*, - **1.** coche *m* siniestrado, accidentado **2.** ambulancia *f*
Unfallziffer *f*, **n** cifra *f* de accidentes; índice *m* de accidentes
unfertig, *~e **Erzeugnisse*** productos *pl* no acabados, no terminados; artículos *pl* (todavía) en proceso de producción
unfrankiert sin franquear; no franqueado; a porte debido
unfrei (Fracht zu Lasten des Empfängers) a porte debido
Unfreigut *n*, **¨er** objeto *m* intervenido
Unfug *m*, Ø, ***grober*** ~ desorden *m* grave; desórdenes *pl* públicos
unfundiert, *~e **Schuld*** deuda *f* no consolidada
ungangbar, *~er **Weg*** camino *m* impracticable; camino *m* intransitable
ungeahndet impune
ungedeckt sin provisión; al descubierto; sin fondos; sin cobertura; *~es **Konto*** cuenta *f* sin fondos; *~er **Scheck*** cheque *m* en descubierto
ungeeignet **1.** incompetente; inepto **2.** poco apropiado; inadecuado
ungefähr **1.** aproximado; aproximativo; aproximadamente; alrededor de; en torno a; unos/unas; *~e **Schätzung*** estimación *f* aproximativa, aproximada; ~ ***1000 Mark*** (poco) más o menos mil marcos; rondando, que ronda los mil marcos; ~ ***um 10 Uhr*** hacia las diez (Syn. ***etwa, zirka, an die***) **2.** ***nicht von*** ~ no sin razón; por algo (será) **3.** ***von*** ~ por casualidad
ungefärbt de color natural
ungefragt sin ser consultado
ungefüttert sin forro
ungegerbte Felle *pl* pieles *pl* sin curtir
ungekündigt no despedido; ***in ~er Stellung sein*** seguir en relación laboral activa sin que medie despido; seguir en su puesto de trabajo
ungekürzt, *~e **Ausgabe*** versión *f* completa
ungelernt, *~er **Arbeiter*** trabajador *m* no c(u)alificado (Syn. ***Hilfsarbeiter***)
ungenannt, *~er **Käufer*** comprador *m* anónimo; adquirente *m* innominado
ungenießbar (für die menschliche Ernährung ungeeignet) impropio para el consumo humano; *~es **Essen*** incomestible; incomible; *~es **Getränk*** imbebible; (Fig.) intratable
ungenügend, *~e **Verpackung*** embalaje *m* insuficiente; envoltorio *m* poco suficiente; envase *m* inadecuado; *~es **Wachstum*** crecimiento *m* insuficiente
ungenutzt, *~e **Kapazität*** capacidad *f* sin utilizar; capacidad *f* no aprovechada
ungerechnet sin contar; no incluído; no contado
ungerechtfertigt injustificado; *~e **Bereicherung*** enriquecimiento *m* ilícito
ungeschliffen, *~er **Diamant*** diamante *m* sin tallar, en bruto
ungesetzlich ilegal; ilegítimo; ***für ~ erklären*** declarar ilegal; ***etw. auf ~em Weg erreichen*** obtener u/c por via ilegal
Ungesetzlichkeit *f*, Ø ilegalidad *f*; ilegitimidad *f*
ungesichert, *~e **Forderungen*** créditos *pl* no garantizadas; activos exigibles *pl* sin garantía
ungestempelt sin sello; no sellado; sin timbre; no timbrado
ungetan lassen dejar sin hacer
ungeteilt indiviso; no dividido; *~e **Arbeitszeit*** jornada *f* continuada; horario *m* continuo
ungewiss, *~e **Forderungen*** créditos *pl*, activos exigibles *pl* de cobro dudoso
Ungeziefervernichtungsmittel *n*, - pesticida *m*
ungezielt, *~e **Werbung*** publicidad *f* no selectiva
ungiftig no tóxico; no venenoso
Ungleichgewicht *n*, **e** desequilibrio *m*; ~ ***der Handelsbilanz*** desequilibrio *m* de la balanza comercial
Ungleichheit *f*, **en** disparidad *f*; ***soziale*** ~ desigualdad *f* social
Unglück *n*, Ø → Unglücksfall
Unglücksfall *m*, **e** siniestro *m*; accidente *m*
ungültig nulo; sin validez; no válido; *~es **Geld*** dinero *m* sin curso legal; *~er **Pass*** pasaporte *m* caducado; *~e **Stimme*** voto *m* nulo; *~er **Vertrag*** contrato *m* nulo; ***für*** ~

erklären declarar nulo; anular; ~ ***werden*** caducar; expirar

Ungültigkeit *f*, Ø invalidez *f*; nulidad *f*; caducidad *f*

Ungültigkeitserklärung *f*, **en** declaración *f* de nulidad; invalidación *f*; anulación *f*

Ungültigmachung *f*, Ø anulación *f*; invalidación *f*

ungünstig, ***~e Bedingungen*** condiciones *pl* desfavorables; condiciones *pl* poco apropiadas

unhandlich, ***~e Güter*** (Eisenbahnverkehr) mercancías *pl* de gran bulto; mercancía *f* muy voluminosa

unhöflich desatento; descortés; mal educado

UNIDO (United Nations Industrial Development Organisation) Organisation für Industrielle Entwicklung der Vereinten Nationen Organización *f* de las Naciones Unidas para el Desarrollo Industrial (ONUDI)

unifizieren (Staatsanleihen) consolidar

Unikat *n*, **e** ejemplar *m* único

Union *f* **der Industrie** *n* **der Europäischen Gemeinschaften** (UNICE) Unión *f* de industrias de las Comunidades Europeas

Union *f*, **en**, ***Europäische*** ~ (EU) Unión Europea (UE)

Unionsbürger *m*, - ciudadano *m* de la Unión

Unionsbürgerschaft *f*, Ø ciudadanía *f* de la Unión

Unionsparteien *pl* (R.F.A.) partidos *pl* de la Unión (CDU y CSU); unión *f* democristiana de la R.F.A.

Universalbank *f*, **en** (R.F.A.) banco *m* universal; banco *m* multiservicios; instituto *m* que ofrece todos los servicios bancarios

Universalerbe *m*, **n** heredero *m*, legatario *m* universal; ***jdm. zum ~n einsetzen*** instituir heredero universal a alg.

Universalmaschine *f*, **n** máquina *f* universal

unkalkulierbar incalculable

Unkenntnis *f*, Ø desconocimiento *m*; ignorancia *f*; ***in ~ des Gesetzes handeln*** actuar con desconocimiento de la ley; actuar sin conocer la ley; ***~ des Gesetzes schützt vor Strafe nicht*** la ignorancia de la ley no exime de su cumplimiento

Unklarheit *f*, **en**, ***~en in einem Vertrag*** ambigüedades *pl* en un contrato

unkonvertierbar no convertible; inconvertible

Unkosten *pl* gastos *pl* **1.** ***abzüglich der ~*** menos los gastos; deduciendo los gastos; ***allgemeine ~*** gastos generales; ***nach Abzug aller ~*** deducidos todos los gastos; con todos los gastos deducidos; ***laufende ~*** gastos corrientes; gastos fijos; ***steigende ~*** gastos crecientes **2.** ***für die ~ aufkommen*** sufragar los gastos; ***sich an den ~ beteiligen*** participar en los gastos; ***die ~ decken*** cubrir los gastos; ***jdm. die ~ erstatten*** reembolsar los gastos a alg.; ***~ machen*** (***verursachen***) hacer (ocasionar) gastos; ***sich in ~ stürzen*** meterse en gastos

Unkostenaufstellung *f*, **en** relación *f* de gastos

Unkostenbeitrag *m*, **¨e** contribución *f* a los gastos

Unkostenkont|o *n*, **-en** cuenta *f* de gastos

Unkostenpauschale *f*, **n** tanto *m* alzado en concepto de gastos generales

Unkrautvertilgungsmittel *n*, - herbicida *m*

unkündbar, ***~es Darlehen*** préstamo *m* no reembolsable; ***~er Mieter*** inquilino *m* que no puede ser desahuciado; ***~e Rente*** renta *f* perpetua; ***~e Schuld*** deuda *f* consolidada; ***~e Stellung*** puesto *m* (de trabajo) permanente; ***~er Vertrag*** contrato *m* irrevocable, irrescindible

Unkündbarkeit *f*, Ø irrescindibilidad *f*; irrevocabilidad *f*; no rescindibilidad *f*; no revocabilidad *f*

unkundig, ***des Spanischen ~ sein*** no saber español

unlauter desleal; ilícito; ***~e Werbung*** publicidad *f* desleal; ~ ***Wettbewerb*** competencia *f* desleal; ***~en Wettbewerb betreiben*** practicar la competencia desleal

unlimitiert, ***~e Börsenaufträge*** órdenes *pl* bursátiles sin límite estipulado (ejecutadas por lo mejor)

Unmenge *f*, **n** cantidad *f* enorme

unmittelbar haften ser responsable directo; responder directamente

unmöbliert, ***~es Zimmer*** habitación *f* sin amueblar; habitación *f* sin muebles

unmodisch, pasado de moda; anticuado; obsoleto; ~ ***werden*** pasarse de moda; hacerse anticuado; anticuarse; quedarse obsoleto (Syn. ***unmodern***)

Unmöglichkeit *f*, Ø, ~ ***der Vertragserfüllung*** imposibilidad *f* de cumplimiento del contrato; ***der Schuldner hat die ~ der Leistung zu vertreten*** el deudor es responsable de la imposibilidad de cumplimiento

unmündig menor de edad (Syn. ***minderjährig***)

Unmündigkeit *f*, Ø minoría *f* de edad (Ggs. ***Großjährigkeit; Volljährigkeit***)

unnotiert, ***Handel in ~en Werten*** comercio *m* de títulos no cotizados
UNO *f*, Ø (United Nations Organization) ONU Organización *f* de las Naciones Unidas (Syn. ***Vereinte Nationen***)
Unorganisierte(r) (der/ein) no sindicado *m*; no afiliado *m* a un sindicato
unparteiisch imparcial; ***~e Begutachtung*** peritaje *m* imparcial
unparteilich → unparteiisch
unpfändbar inembargable; no ejecutable; ***~e Forderung*** créditos *pl* no susceptibles de embargo; activos *pl* exigibles no embargables
Unpfändbarkeit *f*, Ø exención *f* de embargo; inembargabilidad *f*; no embargabilidad *f*
unplanmäßig no proyectado; no programado; fuera de programa
unproduktiv improductivo; ***~e Arbeit*** trabajo *m* improductivo; ***~e Kosten*** costes *pl* improductivos, indirectos, gastos *pl* comunes
Unproduktivität *f*, Ø improductividad *f*
unqualifiziert no c(u)alificado; ***~e Arbeitskräfte*** mano *f* de obra no c(u)alificada
unquittiert sin recibo
unrationell, ***~ arbeitende Anlagen*** plantas *pl* antieconómicas; instalaciones *pl* no económicas
Unrecht *n*, Ø **1.** ***Sie haben ~*** está usted equivocado; no tiene razón **2.** ***jdm. ~ geben*** desmentir a alg.; disentir de alg.
unrecht, ***in ~e Hände fallen*** caer en manos ajenas; ***zur ~en Zeit*** a deshora; a destiempo
unrechtlich, ***~er Gewinn*** ganancia *f* fraudulenta
unrechtmäßig ilegal; ilegítimo; ***~er Besitz*** propiedad *f* adquirida ilegalmente; bienes *pl* mal adquiridos; posesión *f* no ajustada a la ley; posesión *f* no ajustada al derecho; ***sich etw ~ aneignen*** usurpar u/c
Unrechtmäßigkeit *f*, **(en)** ilegitimidad *f*; ilegalidad *f*
unreell deshonesto; fraudulento; de poca confianza
unregelmäßig, ***~e Vergütung*** remuneración *f*, retribución *f* irregular
Unregelmäßigkeiten *pl*, ***finanzielle ~*** irregularidades *pl*, financieras
unregierbar ingobernable
Unregierbarkeit *f*, Ø ingobernabilidad *f*
unrentabel improductivo; no rentable; poco lucrativo; ***unrentabler Betrieb*** empresa *f* no rentable; (knapp kostendeckend) marginal
Unrentabilität *f*, Ø improductividad *f*; no rentabilidad *f*
unrichtig equivocado; erróneo; incorrecto; inexacto; falso; ***~e Angaben*** datos *pl*, inexactos
Unrichtigkeit *f*, Ø, ***~ einer Übersetzung*** inexactitud *f* de una traducción
Unruhe *f*, **1.** Ø ***~ an den Devisenmärkten*** desasosiego *m*, inquietud *f* en los mercados de divisas **2.** *pl* desórdenes *pl*; disturbios *pl*; alborotos *pl*; tumultos *pl*; ***soziale ~*** desórdenes, alborotos sociales; ***~ entstehen***, ***werden unterdrückt*** se manifiestan, son reprimidos los desórdenes
Unruheherd *m*, **e** foco *m* de agitación
Unruhestifter *m*, - agitador *m*; alborotador *m*; perturbador *m*
unsachgemäß incorrecto; impropio; inadecuado; no apropiado; ***~e Handhabung einer Maschine*** manejo *m* incorrecto de una máquina
unschädlich, ***~ für die menschliche Gesundheit*** inofensivo para la salud humana
Unschädlichkeit *f*, Ø carácter *m* inofensivo
unschätzbar, ***~er Wert*** valor *m* inestimable, incalculable
unschuldig inocente
unselbständig dependiente; asalariado; ***~e Arbeit*** trabajo *m* asalariado; trabajo *m* en régimen de dependencia; trabajo *m* con ayuda de otro; ***~e Berufstätigkeit*** actividad *f* profesional dependiente; ***~e Erwerbspersonen*** personas *pl* empleadas en régimen de dependencia; ***~e Tätigkeit*** actividad *f*, empleo *m* dependiente
unseriös no serio; dudoso; ***~e Firma*** empresa dudosa *f*; ***~es Geschäft*** negocio *m* dudoso
unsicher, ***~e Forderung*** exigencia *f* dudosa; ***~e Kapitalanlage*** inversión *f* insegura; ***~e Wirtschaftslage*** situación *f* económica insegura
Unsicherheit *f*, **en**, ***berufliche ~*** inseguridad *f* profesional; inseguridad *f* en el puesto de trabajo
unsichtbar, ***~e Ausfuhren***, ***Einfuhren*** (Aktive Dienstleistungen) exportaciones *pl*, importaciones *pl* invisibles; ***~er Handel*** comercio *m* invisible; ***~e Reserven*** reservas *pl* ocultas
unsolid, ***~e Arbeit*** trabajo *m* mal hecho
Unstabilität *f*, Ø inestabilidad *f*; falta *f* de estabilidad

unständig Beschäftigte *pl* personas *pl* empleadas temporalmente
Unstimmigkeit *f*, **en**, ~ ***in einer Rechnung*** discrepancia *f* en una factura
Unsumme *f*, **n** suma *f* colosal; cantidad *f* enorme; (Fam.) dineral *m*
Untätigkeitsklage *f*, **n** acción *f* en caso de silencio administrativo
untauglich, ~ ***für bestimmte Arbeiten*** no apto para ciertas clases de trabajo
unteilbar indivisible; ***ein ~es Ganzes bilden*** constituir un todo indivisible
unten "abajo" (bei einem Paket)
unten erwähnt abajo mencionado
unten genannt → unten erwähnt
unten stehend → unten erwähnt
unter, ~ ***dem heutigen Datum*** con fecha de hoy; ~ ***der Hand verkaufen*** vender en secreto; vender u/c bajo cuerda; vender u/c clandestinamente; vender u/c bajo mano; ~ ***pari*** por debajo de la par; bajo la par; ~ ***Preis kaufen*** comprar bajo precio; ~ ***dem Strich*** al fin de cuentas; como resultado; en definitiva; suma *f* total; ~ ***1000 DM*** menos de mil marcos; ***nicht ~ 1000 DM*** no inferior a mil marcos; no menos de mil marcos; de mil marcos (para) arriba; ***~er Beamter*** funcionario *m* subalterno; ***~er und mittlerer Führungsbereich*** los mandos *pl* bajos y medios
Unterabteilung *f*, **en** subsección *f*; subdivisión *f*
Unterangebot *n*, **e** oferta *f* insuficiente
Unterauftrag *m*, **¨e** subcontrato *m*; ***einen ~ vergeben*** subcontratar
Unterauslastung *f*, Ø, ~ ***der Produktionskapazitäten*** infrautilización *f* de la capacidad productiva
Unterausschuss *m*, **¨e** subcomisión *f*; subcomité *m*
Unterbau *m*, Ø **1.** infraestructura *f* **2.** fundamentos *pl*
Unterbeamte(r) (der/ein) funcionario *m* subalterno
unterbelastet no saturado; bajo de carga; con carga insuficiente; sin trabajo suficiente
Unterbelegung *f*, **en** infrautilización *f*
unterbeschäftigt subempleado
Unterbeschäftigung *f*, **(en)** subempleo *m*; paro *m* encubierto; ***konjunkturelle ~*** subempleo coyuntural; ***vorübergehende ~*** subempleo temporal
unterbesetzt, ***personell ~ sein*** no tener el debido personal; tener personal insuficiente; ***die Dienststelle ist ~*** el servicio trabaja con menos personal del necesario; esta sección funciona sin el debido personal
Unterbeteiligung *f*, **en** subparticipación *f*
unterbevölkert poco poblado; subpoblado
unterbevollmächtigen subdelegar
unterbewerten subvalorar; infravalorar; subestimar
Unterbewertung *f*, **en** infravaloración *f*; subvaloración *f*
unterbezahlt insuficientemente retribuido; mal pagado
unterbieten practicar el dumping; ofrecer por debajo del precio real; ***der Preis ist nicht zu ~*** el precio es imbatible; ***einen Konkurrenten ~*** vender menos caro que la competencia
Unterbietung *f*, **en** dumping *m*; aplastamiento *m* de los precios; venta *f* con rebaja
Unterbietungspreis *m*, **e** precio *m* reducido
Unterbilanz *f*, **en 1.** balance *m* pasivo; balance *m* deficitario; ***mit ~ arbeiten*** trabajar con pérdidas **2.** subbalanza *f*
unterbinden impedir; interrumpir; ***den Handelsverkehr ~*** suspender los intercambios comerciales
Unterbindung *f*, Ø interdicción *f*
unterbrechen interrumpir; suspender; ***Verhandlungen ~*** interrumpir las negociaciones
Unterbrechung *f*, **en** interrupción *f*; suspensión *f*; paréntesis *m*; corte *m*; ~ ***der Arbeit*** interrupción del trabajo; ~ ***des Streiks*** suspensión de la huelga
unterbreiten someter; presentar; ***ein Angebot ~*** presentar, someter una oferta
Unterbreitung *f*, **en** sumisión *f*; presentación *f*; puesta *f* en estudio
unterbringen, ***jdn. im Hotel ~*** alojar, hospedar a alg. en un hotel; ***eine Anleihe ~*** colocar un empréstito; (Arbeitnehmer) colocar; encontrar una colocación para alg.; ***Ware ~*** colocar mercancía; ***jdn. in einer Anstalt ~*** ingresar, internar en una institución (psiquiátrica); (in einem Krankenhaus) hospitalizar; (lagern) almacenar
Unterbringung *f*, **en 1.** (im Hotel) alojamiento *m*; acomodo *m*; hospedaje *m* **2.** ~ ***eines Wertpapiers*** colocación *f* de un título valor **3.** ~ ***von Aufträgen*** colocación *f* de pedidos **4.** (im Krankenhaus) hospitalización *f* **5.** (Lagerung) almacenamiento *m*

Unterbringungsrisik|o *n*, **-en** (Effektenemission) riesgo *m* de colocación
Unterdeck *n*, **s** cubierta *f* baja
Unterdeckung *f*, Ø cobertura *f* insuficiente
unterdurchschnittlich inferior al promedio; por debajo de la media; *~e* ***Qualität*** calidad *f* inferior a la media; calidad *f* mediocre; (unter der Norm) inferior al nivel normal; no del todo satisfactorio
Untereinheit *f*, **en** subunidad *f*
unterentwickelt subdesarrollado; en vías de desarrollo; *~e* ***Länder*** países *pl* subdesarrollados; países *pl* en vías de desarrollo; países *pl* menos desarrollados (PMD) (Syn. ***Entwicklungslander***)
Unterentwicklung *f*, **(en)** subdesarrollo *m*
unterernährt subalimentado; malnutrido; desnutrido; insuficientemente alimentado
Unterernährung *f*, **(en)** subalimentación; malnutrición *f*; hipoalimentación *f*; desnutrición *f*; alimentación *f* insuficiente
unterfertigen firmar
Unterfertigte(r) (der/ein) abajo firmante *m*
Unterführung *f*, **en** paso *m* subterráneo; paso *m* enferior
Untergang *m*, Ø **1.** *~* ***der Ware*** pérdida *f* de la mercancía; **2.** *~* ***eines Schiffes*** hundimiento *m* de un barco **3.** ruina *f*; decadencia *f*
Untergebene(r) (der/ein) subalterno *m*; subordinado *m* (Ggs. ***Vorgesetzter***)
untergehen, ***ein Recht geht unter*** *~* se extingue un derecho; caduca un derecho; ***die Ware geht unter*** *~* se pierde la mercancía
untergeordnet subalterno; subordinado, inferior (jerárquico); *~e* ***Fragen*** cuestiones *pl* secundarias, de menor importancia; *~e* ***Stellung*** posición *f* subalterna; puesto *m* subordinado
Untergesellschaft *f*, **en** sociedad *f* miembro de un hólding; sociedad *f* controlada por una sociedad matriz
Untergewicht *n*, Ø falta *f* de peso; *~* ***haben*** tener menos peso del necesario; tener falta de peso
untergliedern desglosar; subdividir
Untergliederung *f*, **en** desglose *m*; subdivisión *f*
Untergrund *m*, Ø **1.** subsuelo *m* **2.** ***im*** *~* en la clandestinidad; ***Wirtschaft im*** *~* economía *f* sumergida **3.** fondo *m*
Untergrundbahn *f*, **en** (ferrocarril *m*) metropolitano *m*; ferrocarril *m* subterráneo; (Fam.) metro *m*
Untergrundbewegung *f*, **en** (Polit.) movimiento *m* clandestino
Untergrundwirtschaft *f*, Ø economía *f* sumergida; economía *f* subterránea; economía *f* paralela (Syn. ***Schattenwirtschaft***)
Unterhalt *m*, Ø **1.** mantenimiento *m*; manutención *f*; sustento *m*; subsistencia *f*; ***angemessener*** *~* mantenimiento adecuado, razonable; ***seinen*** *~* ***bestreiten*** ganarse la vida; ganarse el sustento; mantenerse; ***seinen*** *~* ***selbst verdienen*** ganarse la vida (por uno mismo) **2.** *~* ***beziehen*** percibir alimentos
unterhalten 1. ***ein Konto*** *~* tener una cuenta; ***gute Geschäftsbeziehungen*** *~* mantener buenas relaciones comerciales **2.** pagar alimentos; alimentar; subvenir a las necesidades de alg. **3.** ***ein Geschäft*** *~* llevar un negocio **4.** costear; financiar **5.** entretener; divertir; distraer
Unterhaltsanspruch *m*, **¨e** derecho *m* de alimentos
Unterhaltsaufwand *m*, Ø gastos *pl* de mantenimiento y reparación (Syn. ***Erhaltungsaufwand***)
unterhaltsbedürftig que necesita alimentos; necesitado; menesteroso
Unterhaltsbeitrag *m*, **¨e** aportación *f*, contribución *f* a los gastos de mantenimiento; aportación *f* para el sustento, para el mantenimiento
unterhaltsberechtigt, *~e* ***Person*** persona *f* con derecho a alimentos
Unterhaltsgewährung *f*, Ø prestación *f* de alimentos
Unterhaltsklage *f*, **n** demanda *f* de alimentos
Unterhaltskosten *pl* **1.** gastos *pl* de sustento, de manutención **2.** gastos *pl* de mantenimiento, de conservación
Unterhaltsmittel *pl* medios *pl* de existencia
Unterhaltspflicht *f*, **en** deber *m* de alimentos; ***seiner*** *~* ***nicht nachkommen*** no cumplir su obligación de pagar alimentos
unterhaltspflichtig obligado a pagar alimentos; *~er* ***Verwandter*** familiar *m* obligado a pagar alimentos
Unterhaltsprozess *m*, **-e** proceso *m* de alimentos
Unterhaltsrente *f*, **n** pensión *f* alimenticia; ***jdm. eine*** *~* ***zahlen*** pagar a alg. una pensión alimenticia
unterhaltsverpflichtet obligado a pagar alimentos

Unterhaltszahlung *f*, **en** pago *m* de alimentos
Unterhaltung *f*, **en 1.** diversión *f*; entretenimiento *m* **2.** mantenimiento *m* **3.** conversación *f*
Unterhaltungsanspruch *m*, **¨e** derecho *m* a entretenimiento
Unterhaltungsarbeiten *pl* trabajos *pl* de mantenimiento y reparaciones
Unterhaltungselektronik *f*, Ø electrónica *f* de consumo; electrónica *f* para el público; electrónica *f* recreativa
Unterhaltungsindustrie *f*, **(n)** industria *f* de entretenimiento; industria *f* recreativa (Syn. ***Unterhaltungsgewerbe***)
Unterhaltungskosten *pl* **1.** → Unterhaltskosten **2.** costes *pl*, costos *pl* de entretenimiento
unterhandeln negociar; ***über den Abschluss eines Vertrages*** ~ negociar la conclusión de un contrato
Unterhändler *m*, Ø **1.** negociador *m* **2.** tercero *m*; mediador *m* **3.** parlamentario *m*
Unterhandlung *f*, **en** negociación *f*; ***in ~en treten*** entablar negociaciones; entrar en negociaciones
unterirdisch, ***~e Garage*** garaje *m* subterráneo; cochera *f* subterránea
unterjährlich, ***in ~en Raten*** en plazos inferiores a un año
Unterkapitalisierung *f*, Ø subcapitalización *f*; infracapitalización *f*
unterkommen 1. (Arbeit finden) hallar empleo; encontrar trabajo; colocarse **2.** (Wohnung finden) encontrar alojamiento; alojarse; hospedarse
Unterkonsort|ium *n*, **-ien** subconsorcio *m*; subsindicato *m*
Unterkont|o *n*, **-en** cuenta *f* auxiliar; subcuenta *f*
Unterkunft *f*, **¨e** alojamiento *m*; hospedaje *m*; ~ ***und Verpflegung*** pensión y alojamiento (Syn. ***Kost und Logis***)
Unterkunftsnachweis *m*, **e** guía *f* de alojamientos
Unterlagen *pl* **1.** ***statistische*** ~ datos *pl* estadísticos; ***technische*** ~ documentación *f* técnica **2.** ~ ***aufbewahren*** conservar los justificantes; guardar los recibos; ~ ***beschaffen*** reunir justificantes; procurarse los recibos; ***alle erforderlichen*** ~ ***einreichen*** presentar todos los justificantes necesarios; presentar todos los recibos requeridos; ~ ***sammeln*** reunir la documentación **3.** ***Angebote mit den üblichen*** ~ ***an*** las ofertas, acompañadas de la documentación de rigor, han de dirigirse a; ***nach Prüfung der*** ~ tras el examen de la documentación; después de haber examinado la documentación
unterlassen omitir; no hacer; dejar de; abstenerse de
Unterlassung *f*, **en** omisión *f*; ***Klage auf*** ~ acción *f* de interdicción, de omisión, de abstención; ***auf*** ~ ***klagen*** demandar la abstención, la omisión
Unterlassungsdelikt *n*, **e** delito *m* de omisión
Unterlassungsklage *f*, **n** acción *f* de omisión
unterlaufen 1. ***die Einfuhrbeschränkungen*** ~ eludir las barreras aduaneras **2.** ***es unterläuft ihm ein Fehler*** ~ se lc escapa un error; se le desliza una equivocación; hace una falta
Unterlieferant *m*, **en** subcontratista *m* (Syn. ***Zulieferer***)
unterliegen 1. ***einer Steuer*** ~ estar sujeto a un impuesto; estar obligado a pagar un impuesto; tener que pagar un impuesto **2.** ***im Prozess*** ~ perder un proceso; salir perdedor de un proceso; ser la parte perdedora de un proceso
Unterlizenz *f*, **en** sublicencia *f*
Untermiete *f*, **n** subarriendo *m*; ***in*** ~ subarrendado; realquilado; ***ein Zimmer in*** ~ ***abgeben*** realquilar una habitación
Untermieter *m*, **-** subinquilino *m*; realquilado *m*
unternehmen emprender; hacer; ***eine gemeinsame Aktion*** ~ emprender una acción común; ***nichts*** ~ no hacer nada
Unternehmen *n*, **- 1.** acción *f*; operación *f* **2.** empresa *f*; negocio *m*; compañía *f*; sociedad *f*; firma *f* **3.** ***erwerbswirtschaftliches*** ~ empresa con ánimo de lucro; empresa con fines lucrativos; ***gemischtwirtschaftliches*** ~ sociedad de economía mixta; ~ ***der gewerblichen Wirtschaft*** empresa comercial; ~ ***des Handwerks*** empresa artesanal; empresa del ramo de la artesanía; ***inländische und ausländische*** ~ empresas nacionales y extranjeras; empresas del país y del extranjero; ***kapitalistisches*** ~ sociedad capitalista; ***kaufmännisches*** ~ empresa comercial; ***kleinere und mittlere*** ~ empresas medianas y pequeñas; (E) las pymes; ***landwirtschaftliches*** ~ explotación *f* agrícola; ***marktbeherrschendes*** ~ empresa que controla, que domina el mercado; ***multinationales*** ~ (empresa) multinacio-

nal *f*; (empresa) transnacional *f*; ~ ***der öffentlichen Hand*** empresa pública; ***selbständiges*** ~ empresa (legalmente) independiente; ***staatliches*** ~ empresa nacional; ***verstaatlichtes*** ~ empresa nacionalizada; ***an einem ~ beteiligt sein*** tener participación en una empresa; ***in einem Lande tätiges*** ~ empresa que opera en un país; ***ein ~ betreiben*** llevar, operar una empresa; ***ein ~ gründen*** fundar una empresa (Syn. ***Betrieb***)

unternehmend emprendedor

Unternehmensabschluss *m*, **¨e** (Bilanz) cierre *m* anual de cuentas (de la empresa); cuentas *pl* anuales de la empresa

Unternehmensberater *m*, **-** consultor *m*; asesor *m* de empresas; consejero *m* de gestión

Unternehmensberatung *f*, **en** consultoría *f*; asesoramiento *m* de empresas

Unternehmensberatungsfirm|a *f*, **-en** (empresa *f*) consultora *f*; empresa *f* asesora

Unternehmensberatungsvertrag *m*, **¨e** contrato *m* de asesoramiento; contrato *m* de consultoría

Unternehmensbesteuerung *f*, **Ø** imposición *f* sobre sociedades

Unternehmensbeteiligung *f*, **en** **1.** participación *f* en una empresa **2.** empresas *pl* participadas

Unternehmensbewertung *f*, **en** valoración *f* de una empresa

Unternehmensentscheidung *f*, **en** **1.** decisión *f* de la empresa **2.** decisión *f* dentro de la empresa

Unternehmensentwicklung *f*, **Ø** evolución *f*, desarrollo *m* de la empresa

Unternehmensergebenis *n*, **se** resultado *m* de la empresa; resultado *m* arrojado por la empresa

Unternehmensertrag *m*, **¨e** beneficios *pl*, ganancias *pl* de la empresa

Unternehmensfinanzierung *f*, **en** financiación *f* corporativa

Unternehmensform *f*, **en** forma *f*, clase *f* (jurídica) *m* de la empresa

Unternehmensforschung *f*, **en** investigación *f* operacional; análisis *m* de problemas a partir de un modelo (Syn. ***Operations-research***)

Unternehmensführer *m*, **-** → Unternehmensleiter

Unternehmensführung *f*, **Ø** dirección *f* de la empresa; gestión *f*; (Angl.) management *m*; ***mittlere, obere, untere*** ~ mandos *pl* (inter)medios; alta dirección *f*; mandos bajos *pl*

Unternehmensgewinn *m*, **e** beneficio *m*, ganancias *pl* de la empresa

Unternehmensgröße *f*, **(n)** tamaño *m* de la empresa

Unternehmensinvestitionen *pl* inversiones *pl* de la empresa; inversiones *pl* corporativas

Unternehmenskooperation *f*, **en** cooperación *f* empresarial

Unternehmensleiter *m*, **-** jefe *m* de la empresa

Unternehmensleitung *f*, **en** → Unternehmensführung

Unternehmensorganisation *f*, **en** organización *f* de la empresa

Unternehmensplanung *f*, **en** planificación *f* corporativa, empresarial

Unternehmenspolitik *f*, **Ø** política *f* de gestión

Unternehmensspitze *f*, **n** altos directivos *pl*; alta gestión *f*; cúpula *f* de la empresa

Unternehmensstrategie *f*, **n** estrategia *f* de la empresa

Unternehmensübernahme *f*, **n** adquisición de una compañía

Unternehmensvertrag *m*, **¨e** contrato *m* entre empresas; contrato *m* interfirmas

Unternehmenszusammenschluss *m*, **¨e** fusión *f* de empresas

Unternehmer *m*, **-** **1.** empresario *m*; hombre *m* de empresa; jefe *m* de empresa **2.** (im Werkvertrag) contratista *m* **3.** ***selbständiger ~ des Handels*** comerciante *m* que lleva una tienda por cuenta propia

Unternehmereinkommen *n*, **-** ingresos *pl* del empresario

Unternehmerfreiheit *f*, **Ø** libertad *f* de empresa

Unternehmergewinn *m*, **e** excedente *m* empresarial

Unternehmergruppe *f*, **n** grupo *m* (de empresas)

Unternehmerhaftpflicht *f*, **Ø** responsabilidad *f* empresarial

Unternehmerhaftung *f*, **en** responsabilidad *f* del empresario; responsabilidad *f* empresarial

unternehmerisch emprendedor; empresarial; ***~er Geist*** espíritu *m* emprendedor; ~ ***orientierte Politik*** política *f* determinada por la actividad empresarial

Unternehmerpfandrecht *n*, **e** prenda *f* de empresa; (CH) prenda *f* industrial

Unternehmerrisik|o *n*, **-en** riesgo *m* del empresario
Unternehmerschaft *f*, Ø empresariado *m*; los patronos *pl*; la patronal *f*
Unternehmerschulung *f*, **en** entrenamiento *m* para empresarios
Unternehmertätigkeit *f*, **en**, ***Einkommen aus*** ~ ingresos *pl* en concepto de actividad empresanal
Unternehmertum *n*, Ø empresariado *m*; ***freies*** ~ libre empresa *f*; empresariado *m* libre
Unternehmerverband *m*, **¨e** organización *f* empresarial; organización *f* patronal
Unternehmerwirtschaft *f*, **en** economía *f* de libre empresa
Unternehmung *f*, **en** (selten) → Unternehmen
Unternehmungsgeist *m*, Ø espíritu *m* emprendedor; espíritu *m* de iniciativa; espíritu *m* empresarial
Unterpacht *f*, **en** subarriendo *m*
Unterpächter *m*, **-** subarrendatario *m*
Unterpachtvertrag *m*, **¨e** contrato *m* de subarriendo
Unterpari-Emission *f*, **en** (Börse) emisión *f* por debajo de la par
Unterpfand *n*, **¨er** prenda *f*
Unterposition *f*, **en** subpartida *f*
unterprivilegiert subprivilegiado
Unterproduktion *f*, **en** producción *f* deficitaria; producción *f* insuficiente
Unterprogramm *n*, **e** (Inform.) subprograma *m*
Unterproletariat *n*, Ø subproletariado *m*
Unterredung *f*, **en** entrevista *f*; conversación *f*
unterrepräsentiert subrepresentado; ***im Parlament*** ~ ***sein*** estar subrepresentado en el Parlamento
Unterricht *m*, Ø enseñanza *f*; lecciones *pl*; clase *f*; ~ ***erteilen*** dar clase; ~ ***geben*** impartir clases; ~ ***nehmen*** tomar clases; ***am*** ~ ***teilnehmen*** asistir a clase
unterrichten 1. informar **2.** dar clases; enseñar **3.** ***sich*** ~ ***lassen*** informarse; ponerse al corriente
Unterrichtsanstalt *f*, **en** centro *m* de enseñanza; centro *m* docente
Unterrichtsfach *n*, **¨er** asignatura *f*; disciplina *f*
Unterrichtsfilm *m*, **e** película *f* educativa
Unterrichtsgegenstand *m*, Ø materia *f* (de enseñanza); tema *m* de las clases
Unterrichtsmaterial *n*, **ien** material *m* didáctico
Unterrichtsstunde *f*, **n** clase *f*; lección *f*
Unterrichtung *f*, Ø información *f*; instrucción *f*; ***zu Ihrer*** ~ para su conocimiento; para su información; a título informativo; para que lo sepa
untersagen prohibir; ***die Einfuhr*** ~ prohibir la importación; (Syn. ***verbieten***)
Untersatz *m*, **¨e**, ***fahrbarer*** ~ (ironisch) coche *m*; medio *m* de transporte
Unterschallgeschwindigkeit *f*, Ø velocidad *f* subsónica
unterschätzen infravalorar; subestimar; menospreciar
Unterschätzung *f*, **en** infravaloración *f*; subestimación *f*
unterscheidungskräftig, ~ ***es Warenzeichen*** marca *f* bien distintiva; marca *f* que puede distinguirse bien
Unterschicht *f*, **en** clase *f* baja; categoría *f* social inferior
Unterschied *f*, **e** diferencia *f*; distinción *f*; ***~e bei den Verbraucherpreisen*** disparidades *pl* en los precios al consumo; diferencial *m* en términos del IPC; ***strukturelle ~e*** disparidades *pl*, distorsiones *pl* estructurales; ***Lohnunterschiede*** diferenciales *pl* salariales; diferencias *pl* entre los salarios
unterschiedlich, ~ ***in der Qualität*** diferente en la calidad; ~ ***besteuert*** de gravación fiscal diferente; con diferente tratamiento fiscal; ***~e einzelstaatliche Politik*** (UE) políticas *pl* nacionales divergentes
unterschlagen 1. ***Gelder*** ~ malversar, sustraer fondos **2.** ***einen Brief*** ~ interceptar una carta **3.** ***ein Beweisstück*** ~ hacer desaparecer, ocultar un justificante de prueba
Unterschlagung *f*, **en 1.** malversación *f*, sustracción *f* de fondos; ~ ***von öffentlichen Geldern*** dilapidación *f* de fondos públicos **2.** ocultación *f*; interceptación *f*
unterschreiben firmar; suscribir; ***blanko*** ~ firmar en blanco; ***vorgelesen***, ***genehmigt***, ***unterschrieben*** (v.g.u.) leído, aprobado y firmado (Syn. ***unterzeichnen***)
unterschreiten quedar debajo de; no alcanzar (el límite de); ***die Preise*** ~ abatir los precios; ofrecer un precio más bajo; ofrecer más barato; ***die Preise des Konkurrenten*** ~ rebajar los precios con fines de competencia; rebajar los precios de la competencia; ***die vorgesehene Summe*** ~

descender por debajo de la suma prevista inicialmente

Unterschrift *f*, **en** firma *f*; (Arg.) firmada *f*; ***eigenhändige ~*** firma autógrafa; firma de su propio puño; firma de su propia mano; firma de puño y letra; ***eine ~ beglaubigen*** certificar una firma; autenticar una firma; ***eine ~ fälschen*** falsificar una firma; ***faksimilierte ~*** firma facsímil; firma por facsímil; ***gefälschte ~*** firma falsificada; ***~en sammeln*** reunir firmas; ***seine ~ unter einen Vertrag setzen*** poner, estampar su firma en un contrato; firmar un contrato; ***zur ~ vorlegen*** presentar a la firma; ***per ~ zahlen*** pagar con cheque; pagar con tarjeta de crédito

Unterschriftenmappe *f*, **n 1.** correspondencia *f* para firmar **2.** portafirmas *m*

Unterschriftenvergleich *m*, **e** cotejo *m* de firmas

Unterschriftenverzeichnis *n*, **se** lista *f* de firmas autorizadas

Unterschriftsbefugnis *f*, Ø poder *m* para firmar; autorización *f* para firmar

Unterschriftsbeglaubigung *f*, **en** legalización *f* de la firma

unterschriftsberechtigt autorizado a firmar

Unterschriftsprobe *f*, **n** muestra *f* de la firma; espécimen *m* de firma

Unterschriftsschnörkel *m*, - rúbrica *f*

Unterschriftsstempel *m*, - estampilla *f*

Unterschriftsvollmacht *f*, **en** poder *m* para firmar

Unterschuss *m*, **¨e** déficit *m* (Syn. ***Defizit***)

Unterstaatssekretär *m*, **e** subsecretario *m* adjunto

unterstehen estar bajo las órdenes de; estar subordinado a; ***einer Behörde ~*** depender (administrativamente) de una autoridad

unterstellen, ***jdm. etw. ~*** imputar, atribuir u/c a alg.; ***jdm. unterstellt sein*** estar subordinado a alg.; ser subordinado de alg.

unterstützen, ***ein Gesuch ~*** apoyar una solicitud; apoyar una instancia; ***jdn. mit Geld ~*** hacer llegar una ayuda financiera a alg.; subvencionar a alg.

Unterstützung *f*, **en** ayuda *f*; asistencia *f*; subvención *f*; socorro *m*; ***finanzielle ~*** apoyo financiero; ***gegenseitige ~*** asistencia, ayuda mutua; ***staatliche ~*** subvención pública; subsidio *m* del Estado; ***jdm. eine ~ gewähren*** conceder una ayuda a alg.

unterstützungsbedürftig necesitado de ayuda, de socorro, de asistencia; menesteroso; económicamente muy débil

Unterstützungsbeihilfe *f*, **n** ayuda *f* de sostenimiento

Unterstützungsempfänger *m*, - subsidiado *m*; beneficiario *m*, perceptor *m* de ayuda

Unterstützungsfonds *m*, - fondo *m* de asistencia; fondo *m* para subvenciones

Unterstützungsgelder *pl* subsidios *pl*, subvenciones *pl*; fondos *pl* destinados a ayuda

Unterstützungskasse *f*, **n** caja *f* de socorros

Unterstützungsverein *m*, **e** sociedad *f* de socorros mutuos

untersuchen 1. ***die Ware ~*** examinar, revisar la mercancía **2.** indagar; hacer pesquisas **3.** reconocer; explorar (por parte del médico)

Untersuchung *f*, **en 1.** ***ärztliche ~*** reconocimiento *m* médico; examen *m* médico **2.** (Jur.) indagación *f*; pesquisa *f*; investigación *f*; ***nach genauer ~*** después de una indagación profunda; ***eine ~ anordnen*** ordenar una investigación; ***eine ~ durchführen*** llevar a cabo una indagación, una investigación **3.** (Marktforschung) ***~ der Verbrauchergewohnheiten*** investigación *f*, estudio *m*, análisis *m* de los hábitos de consumo

Untersuchungsausschuss *m*, **¨e** comisión *f* investigadora; comité *m* de responsabilidades

Untersuchungsgefangene(r) (der/ein) preso *m* preventivo; persona *f* en prisión preventiva; preventivo *m*

Untersuchungsgericht *n*, **e** juzgado *m* de instrucción

Untersuchungshaft *f*, Ø → U-Haft

Untersuchungshäftling *m*, **e** preso *m* preventivo; preventivo *m*

Untersuchungsrichter *m*, - juez *m* de instrucción; juez *m* instructor

Untertag(e)bau *m*, Ø explotación *f* subterránea; explotación *f* en fondo

Untertag(e)leistung *f*, **en** rendimiento *m* en trabajo minero de fondo

Untertagearbeiten *pl*, ***~ in Bergwerken*** trabajos *pl* mineros subterráneos; trabajos *pl* mineros de fondo

Untertagearbeiter *m*, - minero *m* de fondo

unterteilen desglosar; subdividir

Unterteilung *f*, **en** desglose *m*; subdivisión *f*

Unterverbriefung *f*, **en** literalización *f*, inscripción *f* por debajo del valor; subliteralización *f* (por razones fiscales)

unterverfrachten subfletar

Unterverfrachter *m*, - subfletante *m*

Unterverfrachtung *f*, **en** subfletamento *m*

untervermieten subarrendar; realquilar; subalquilar
Untervermieter *m*, - subatrendador *m*
Untervermietung *f*, **en** subarriendo *m*
Unterverpächter *m*, - subarrendador *m*
Unterverpachtung *f*, **en** subarriendo *m*
unterversichert infrasegurado
Unterversicherung *f*, **en** infraseguro *m*
Unterversorgung *f*, Ø abastecimiento *m* deficitario, insuficiente; subabastecimiento *m*; desabastecimiento *m*
Untervertrag *m*, **¨e** subcontrato *m*
Untervertreter *m*, - subagente *m*
Untervertretung *f*, **en** subagencia *f*
Untervollmacht *f*, **en** poder *m* subdelegado; subdelegación *f* de poder
unterwandern infiltrarse; ***der Parteiapparat wurde unterwandert*** se han establecido células en el seno del partido
Unterwanderung *f*, **en** infiltración *f*
unterwegs en camino; ***der Brief ist*** ~ la carta ya está en camino; ***die Lieferung ist*** ~ el suministro ya ha salido; ~ ***nach Caracas*** camino de Caracas; con rumbo a Caracas; ~ ***befindliche Ware*** mercancía en tránsito; ***geschäftlich*** ~ ***sein*** estar en viaje de negocios; ***der Schaden an der Ware entstand*** ~ la mercancía se deterioró durante el viaje *od.* durante el transporte
unterwerfen someter(se); ***einer Kontrolle*** ~ someter a un control
unterwertig, ***~e Qualität*** calidad *f* inferior
unterworfen, ***Kursschwankungen*** ~ ***sein*** estar sujeto a oscilaciones, fluctuaciones de los precios
unterzeichnen firmar; ***ein Abkommen*** ~ un convenio; ***einen Wechsel*** ~ firmar una letra, un efecto (Syn. ***unterschreiben***)
Unterzeichner *m*, - **1.** (Dokumente) firmante *m*; ***Ich, der*** ~, ***bevollmächtige Herrn/ Frau*** Yo, el firmante, autorizo al señor/a la señora **2.** (Vertrag) parte *f* contratante; contratante *m*
Unterzeichnerland *n*, **¨er** país *m* signatario
Unterzeichnete(r) (der/ein) → Unterzeichner
Unterzeichnung *f*, **en** firma *f*; ~ ***der Römischen Verträge*** firma de los tratados de Roma
Unterzeichnungsprotokoll *n*, **e** protocolo *m* de firma
Unterzeichnungsurkunde *f*, **n** instrumento *m* de signatura
untilgbar, ***~e Anleihe*** empréstito *m* no amortizable; ***~e Hypothek*** hipoteca *f* irredimible; ***~e Papiere*** valores *pl*, títulos *pl* perpetuos; ***~e Schuld*** deuda *f* perpetua *od.* no amortizable
Untreue *f*, Ø infidelidad *f*; deslealtad *f*; ~ ***im Amt*** prevaricación *f*
unüberbietbar imbatible; ***~es Angebot*** oferta que desafía a toda la competencia
unübertragbar intransmitible; no transmitible; intransferible; no transferible; no cesible; ***~es Dokument*** documento *m* intransferible
Unübertragbarkeit *f*, Ø no transferibilidad *f*; intransferibilidad *f*; no transmisibilidad *f*; instransmisibilidad *f*
unübertroffen sin par(angón); inigualado; sin rival; sin competencia; ***die Qualität ist*** ~ la calidad es imbatible; la calidad no tiene parangón
unüblich, ***es ist*** ~ no es hábito; no es costumbre; no se acostumbra; no se estila; no suele hacerse
unveränderlich **1.** inalterable; invariado **2.** constante; estable
Unveränderlichkeit *f*, Ø inalterabilidad *f*; invariabilidad *f*; inmutabilidad *f*
unverändert inalterado; sin cambiar; que sigue lo mismo
unverantwortlich irresponsable; imperdonable; inexcusable; ***das geschah durch ~e Leichtsinnigkeit*** ocurrió debido a una negligencia imperdonable
Unverantwortlichkeit *f*, Ø irresponsabilidad *f*
unverarbeitet **1.** sin labrar; bruto **2.** sin digerir; sin asimilar
unveräußerlich inajenable; inalienable; ***~e Rechte*** derechos *pl* inalienables
Unveräußerlichkeit *f*, Ø inalienabilidad *f*; inajenabilidad *f*
unverbindlich **1.** no obligatorio; sin obligación; ***~es Angebot*** oferta *f* sin compromiso; ***~er Preis*** precio *m* indicativo; precio *m* sujeto a variación; ***~e Preisempfehlung*** precio *m* recomendado al por menor **2.** poco cortés; poco amable **3.** ~ ***sein*** no tener fuerza vinculante
unverbleit, ***~es Benzin*** gasolina *f* sin plomo
unverbraucht bien conservado
unverbrennbar incombustible
unverbürgt no garantizado; ***~e Nachrichten*** noticias *pl* no confirmadas
unverderblich incorruptible; que no se estropea; indeteriorable
unverdorben, ***~e Ware*** mercancía *f* en buen estado

unverdünnt 1. concentrado 2. no diluido
unveredelte Waren *pl* mercancías en estado inalterado; mercancías *f* no transformadas
unvereidigt no jurado
unvereinbar incompatible; ~ *mit dem Gemeinschaftsrecht* incompatible con el derecho comunitario
Unvereinbarkeit *f*, Ø incompatibilidad *f*
unverfälscht no falsificado; puro; auténtico; *~er Wein* vino *m* no adulterado
Unverfälschtheit *f*, Ø autenticidad *f*; pureza *f*; naturalidad *f*
unverhältnismäßig desproporcionado; excesivo; ~ *hoher Preis* precio *m* excesivamente alto; precio *m* irrazonablemente alto
unverhofft, ~ *anfallende Erträge* ganancias *pl* inesperadas; ganancias *pl* imprevistas; golpe *m* de suerte respecto a las ganancias; ganancias *pl* llovidas del cielo; (Angl.) windfall profits *pl*
unverjährbar imprescriptible
Unverjährbarkeit *f*, Ø imprescriptibilidad *f*
unverkäuflich (nichtabsetzbar) invendible; (nicht zu verkaufen) fuera de venta; *~es Muster* muestra *f* gratuita; *~e Ware* mercancía *f* no comercializable
Unverkäuflichkeit *f*, Ø carácter *m* de invendible; invendibilidad *f*; imposibilidad *f* de vender
unverkauft no vendido; invendido; sin vender; *~e Waren* artículos *pl*, mercancías *pl* sin vender
unverlangt, *~es Angebot* oferta *f* no solicitada
unverlierbar imperdible
unvermeidbar, *~e Ausgaben* gastos *pl* inevitables, ineludibles
unvermietet sin alquilar; sin arrendar; desalquilado
Unvermögen *n*, Ø 1. incapacidad *f*; impotencia *f* 2. indigencia *f*; insolvencia *f*; *Erklärung über das* ~ declaración de indigencia, de solvencia
unvermögend sin recursos; sin fondos; sin fortuna
Unvermögensfall *m*, Ø, *im* ~ en caso de insolvencia; en caso de indigencia
unverpackt sin embalar; *~e Ware* mercancía a granel
unverrichteterdinge sin haber logrado lo que se proponía; con las manos vacias
unverschlossen sin cerrar; no cerrado
unverschlüsselt no cifrado; con claridad, claramente; en lenguaje claro (Syn. *im Klartext*)
unverschuldet 1. libre de deudas; sin deudas 2. sin culpa; sin tener culpa; sin ser culpable 3. sin merecerlo
unversehrt intacto; no dañado; *die Lieferung ist* ~ *angekommen* el suministro ha llegado en perfecto estado
unversichert no asegurado; sin seguro; sin cobertura de seguro
unversiegelt sin sellar; sin sello
unversorgt desamparado; sin medios de subsistencia
unversteuert sin pagar impuestos; *~es Einkommen* renta *f* no gravada
Unverträglichkeit *f*, Ø incompatibilidad *f*
unverwendbar inutilizable; no utilizable; inservible
unverzinslich sin interés; no productivo; que no arroja intereses; *~es Darlehen* préstamo *m* sin intereses; crédito *m* gratuito
unverzollt 1. sin pago de derechos (arancelarios) 2. ~ *verkaufte Ware* mercancía *f* vendida en depósito (aduanero)
unverzüglich sin demora (de tiempo); inmediatamente; en el acto; ~ *antworten* responder, contestar sin dilación; *unvollständig ~e Liefetung* suministro *m* incompleto
unvollzählig incompleto
unvorhergesehen imprevisto; inesperado; fortuito; *~e Kosten* costes *pl* imprevistos; *Fonds für ~e Ausgaben* fondo *m* para imprevistos; fondo *m* para contingencias
unvorteilhaft, *~e Bedingungen* condiciones *pl* nada favorables; condiciones *pl* desventajosas
unwahr, *~e Werbung* publicidad *f* falsa
unwettergeschädigt, *~e Landwirte pl* agricultores *pl* perjudicados por el temporal
unwichtig sin importancia; insignificante; *es ist für uns* ~ no tiene especial importancia para nosotros; no le damos importancia; lo consideramos de poca monta
unwiderruflich irrevocable; definitivo; *~es Dokumentenakkreditiv* crédito *m* documentario irrevocable
Unwiderruflichkeit *f*, Ø irrevocabilidad *f*
unwiederbringlich, ~ *verloren* perdido para siempre; *~er Verlust* pérdida *f* irreparable
unwirksam ineficaz; ineficiente; *etw. für* ~ *erklären* declarar nulo y sin valor
unwirtschaftlich → unrentabel
Unwirtschaftlichkeit *f*, Ø → Unrentabilität
Unzahl *f*, Ø sinnúmero *m*, sinfín *m*
unzählbar incontable; innumerable
Unze *f*, **n** onza *f*; unidad *f* de medida anglosajona, 28, 3 g (o) 31, 1 g

Unzeit *f*, Ø, ***zur*** ~ inoportunamente; a deshora; a destiempo
unzeitgemäß **1.** inoportuno **2.** anacrónico; pasado de moda
unzivilisiert no civilizado
Unzucht *f*, Ø, ***gewerbsmäßige*** ~ ***treiben*** practicar la prostitución; hacer de la prostitución un negocio
unzufrieden, ~ ***sein mit*** estar insatisfecho con; estar poco contento con
Unzufriedenheit *f*, Ø, ~ ***der Verbraucher*** descontento *m* de los consumidores; ~ ***äußern*** expresar descontento, insatisfacción
unzulänglich defectuoso; deficiente; insuficiente; ***~e Verpackung*** embalaje *m* insuficiente; embalaje *m* deficiente
Unzulänglichkeit *f*, **en** insuficiencia *f*; deficiencia *f*; ~ ***der Masse*** insuficiencia *f* del activo
unzulässig inadmisible; ***~e Klage*** demanda *f* improcedente
unzurechnungsfähig no responsable de sus acciones; (Jur.) inimputable
Unzurechnungsfähigkeit *f*, Ø irresponsabilidad *f*; (Jur.) inimputabilidad *f*
unzureichend, ***~es Kapital*** capital *m* insuficiente; ***~e Verpackung*** embalaje *m* insuficiente
unzuständig no competente
unzustellbar, ***~es Telegramm*** telegrama *m* con destinatario desconocido; ***~e Sendung*** envío *m* devuelto; ***falls ~ zurück an Absender*** en caso de destinatario desconocido, devuélvase al remitente
UPI *f* (United Press International) agencia *f* de prensa americana
urabstimmen, ~ ***lassen*** celebrar referéndum de huelga
Urabstimmung *f*, **en** **1.** referéndum *m*, votación *f* de huelga **2.** (CH) encuesta *f* por escrito en el seno de una asociación
Uran *n*, Ø uranio *m*; ***angereichertes*** ~ uranio enriquecido
Urananreicherung *f*, Ø enriquecimiento *m* del uranio
Uranbergwerk *n*, **e** mina *f* de uranio
Uranbrenner *m*, - pila *f* de uranio (Syn. ***Atomreaktor***)
Uranerz *n*, **e** mineral *m* de uranio
Urangewinnung *f*, Ø extracción *f*, producción *f* de uranio
uranhaltig uranífero
Uranindustrie *f*, **n** industria *f* del uranio
Uranlieferland *n*, **¨er** país *m* suministrador de uranio
Uranreaktor *m*, **en** reactor *m*, pila *f* de uranio
Uranschürfung *f*, **en** prospección *f*, exploración *f* de uranio
Uranvorkommen *n*, - yacimiento *m* de uranio
uraufführen estrenar
Uraufführung *f*, **en** estreno *m* (riguroso)
urbanisieren urbanizar
Urbanisierung *f*, **en** urbanización *f*
urbanistisch urbanístico
urbar, ***Land*** ~ ***machen*** hacer cultivable, laborable el terreno; roturar el terreno; poner **en** cultivo el terreno
Urbarmachung *f*, Ø puesta *f* en cultivo; roturación
Urerzeuger *m*, - productor *m* **en** origen; productor *m* primario, original
Urerzeugung *f*, Ø producción *f* en origen; producción *f* primaria, original
urgieren (A) acelerar; impulsar
Urheber *m*, - **1.** autor *m* **2.** (Jur.) causante *m*
Urheberrecht *n*, **e** derecho *m* de la propiedad intelectual; derecho *m* de autor (Syn. ***Copyright***)
urheberrechtlich geschützt reservados todos los derechos
Urheberrechtsgesetz *n*, **e** ley *f* reguladora de la propiedad intelectual
Urheberrechtsinhaber *m*, - titular *m* de los derechos de autor; autor *m* titular de los derechos
Urheberrechtsschutz *m*, Ø protección *f* (del derecho) de propiedad intelectual; (Angl.) copyright m
Urheberrechtsverletzung *f*, **en** violación *f*, infracción *f* de la propiedad intelectual
Urheberschaft *f*, Ø autoría *f*
Urkunde *f*, **n** documento *m*; escritura *f*; acta *f*; instrumento *m*; cédula *f* **1.** ***amtliche*** ~ documento oficial; ***beglaubigte*** ~ documento legalizado; documento auténtico; ***gefälschte*** ~ documento falso; ***gesiegelte*** ~ escritura sellada; ***handschriftliche*** ~ documento quirógrafo, autógrafo; ***notarielle*** ~ documento, acta notarial; ***öffentliche*** ~ documento público; ***privatwirtschaftliche*** ~ documento, instrumento *m* privado; ***standesamtliche*** ~ documento sobre el estado civil; ~ ***der Verwaltungsbehörde*** documento administrativo **2.** ***eine*** ~ ***abfassen*** redactar un documento, una escritura; ***eine*** ~ ***aufnehmen*** levantar acta; ***eine*** ~ ***ausfertigen***, ***ausstellen*** redactar, expedir, extender un documento *od.* acta;

eine ~ unterzeichnen firmar un documento; ***eine ~ vorlegen*** enseñar, presentar, exhibir un documento
Urkundenbeweis *m*, **e** prueba *f* documental
Urkundenfälscher *m*, **-** falsificador *m* de documentos
Urkundenfälschung *f*, **en** falsificación *f* de documentos; falsedad *f* en documentos; ***eine ~ begehen*** cometer falsificación de documentos
Urkundenmaterial *n*, **ien** documentación *f*
Urkundenregister *n*, **-** minutario *m* (de un notario); registro *m* oficial
Urkundensammlung *f*, **en 1.** colección *f* de documentos; recopilación *f* de documentos **2.** archivos *pl* (de documentos)
Urkundensteuer *f*, **n** impuesto *m* del timbre
Urkundenunterschlagung *f*, **en** ocultación *f* documental; ocultación *f* de documento; falsedad *f* por ocultación (de documento) (Syn. ***Urkundenunterdrückung***)
Urkundenvorlage *f*, **n** exhibición *f*, presentación *f* de documentos
urkundlich documental; instrumental; auténtico; ***etw. ~ beweisen*** documentar; ~ ***dessen*** en fe de lo cual
Urkundsbeamte(r) (ein/der) oficial *m* fedatario; actuario *m*
Urkundsperson *f*, **en** persona *f* fedataria
Urlaub *m*, **(e)** vacaciones *pl*; permiso *m* **1.** ***bezahlter ~*** vacaciones pagadas, retribuidas, remuneradas; ***gesetzlicher ~*** vacaciones legales; ***~ aus persönlichen Gründen*** permiso *m* por conveniencia personal; vacaciones por razones personales; ***tariflicher ~*** vacaciones inscritas en el convenio colectivo; ***unbezahlter ~*** permiso no retribuido; vacaciones no pagadas **2.** ~ beantragen pedir, solicitar vacaciones; ***~ haben*** tener vacaciones; ***~ nehmen*** tomar vacaciones; ***in (auf) ~ sein*** estar de vacaciones
Urlauber *m*, **-** vacacionista *m*; turista *m*; (Sommer) veraneante *m*; (Winter) invernante *m*
Urlaubsanspruch *m*, **e** derecho *m* a vacaciones
urlaubsberechtigt con derecho a vacaciones
Urlaubsgeld *n*, **(er)** paga *f* de vacaciones
Urlaubsland *n*, **¨er** país *m* turístico
Urlaubsreise *f*, **n** viaje *m* de vacaciones
Urlaubsreisende(r) (der/ein) turista *m*
Urlaubsstaffelung *f*, **en** escalonamiento *m* de las vacaciones
Urlaubsverkehr *m*, **Ø** tráfico *m* de vacaciones
Urlaubsverlängerung *f*, **en** prolongación *f* de las vacaciones
Urlaubsvertretung *f*, **en** sustitución *f* durante las vacaciones
Urlaubszeit *f*, **e** tiempo *m*, periodo *m* de vacaciones
Urmaterial *n*, **ien** datos *pl* estadísticos originales
Urprodukt *n*, **e** producto *m* primario; producto *m* originario
Urproduktion *f*, **en** producción *f* primaria; producción *f* de materias primas
ursächlich, ***~er Zusammenhang*** nexo *m* causal
Urschrift *f*, **en** original *m*; ***in ~*** en original; ***die ~ einer Urkunde*** el original de un documento
Ursprung *m*, **¨e** origen *m*; procedencia *f*; ***seinen ~ haben in*** provenir de
Ursprungsangabe *f*, **n** indicación *f* del origen (Syn. ***Herkunftsangabe***)
Ursprungsbezeichnung *f*, **en** indicación *f*, denominación *f* de origen
Ursprungsdrittland *n*, **¨er** (UE) país *f* no comunitario de origen
Ursprungserklärung *f*, **en** declaración *f* de origen
Ursprungserzeugnis *n*, **e**, ***~se der Gemeinschaft*** (EU) productos *m* originarios de la comunidad (UE)
Ursprungsland *n*, **¨er** país *m* de origen
Ursprungsnachweis *m*, **e** justificación *f bzw.* justificante *m* de origen
Ursprungszeugnis *n*, **se** certificado *m* de origen
Ursprungvermerk *m*, **e** → Ursprungsangabe
Urteil *n*, **e** sentencia *f*; veredicto *m*; fallo *m* **1.** ***erstinstanzliches ~*** sentencia en primera instancia; ***freisprechendes ~*** sentencia absolutoria; ***rechtskräftiges (vollstreckbares) ~*** sentencia ejecutoria; ***willkürliches ~*** sentencia arbitraria; ***~ eines ausländischen Gerichts*** sentencia de un tribunal extranjero; ***~ eines inländischen Gerichts*** sentencia de un tribunal del país **2.** ***ein ~ anfechten*** impugnar una sentencia; ***ein ~ aufheben*** casar, anular una sentencia; ***ein ~ aussprechen (fällen)*** pronunciar (una) sentencia; ***ein ~ vollstrecken*** ejecutar una sentencia; ***Rechtsmittel gegen ein ~ einlegen*** apelar contra una sentencia; recurir una sentencia; presentar recurso contra una sentencia
urteilen sentenciar; fallar; juzgar

Urteilsanfechtung *f*, **en** impugnación *f* de una sentencia
Urteilsaufhebung *f*, **en** anulación *f*, revocación *f*, casacion *f* de una sentencia
Urteilsaussetzung *f*, **en** aplazamiento *m*, suspensión *f* de una sentencia
Urteilsbegründung *f*, **en** considerandos *pl*
Urteilschuldner *m*, - deudor *m* por sentencia *od.* por fallo *od.* por juicio
Urteilseröffnung *f*, **en** publicación *f* de la sentencia
Urteilsfällung *f*, Ø pronunciamiento *m* de la sentencia
Urteilsgläubiger *m*, - acreedor *m* por sentencia *od.* por fallo *od.* por juicio
Urteilsspruch *m*, **¨e** sentencia *f*
Urteilsverkündung *f*, **en** pronunciamiento *m*, publicación *f* de la sentencia
Urteilsvollstreckung *f*, **en** ejecución *f* de la sentencia
Urwahl *f*, **en** voto *m* directo; escrutinio *m* directo
Usance *f*, **n** hábito *m*; uso *m*; costumbre *f*
Usancenhandel *m*, Ø (Devisenhandel) comercio *m* de cambio (p.ej., un comerciante alemán negocia dólares con una empresa holandesa al tipo de cambio de, p.ej., Zurich)
usancenmäßig de uso
Usanz *f*, **en** (CH) → Usance
Uso *m*, Ø → Usance
Usowechsel *m*, - letra *f* que vence a los 30 días; letra *f* de vencimiento usual; giro *f* corriente
Utensilien *pl* implementos *pl*; utensilios *pl*; enseres *pl*
Utilitarier *m*, - utilitario *m*
Utilitarismus *m*, Ø utilitarismo *m*
Utopie *f*, **n** utopía *f*
utopisch utópico
Utopist *m*, **en** utopista *m*

V

v.g.u. → vorgelesen, genehmigt, unterschrieben
v.H. (vom Hundert) por ciento; %
v.J. (vorigen Jahres) del año pasado
v.M. (vorigen Monats) del mes pasado
V.S.P. (verte si placet) **bitte wenden** v.V.l.h. (vuelva Vd. la hoja) *od.* ¡al dorso!
v.T. (vom Tausend) por mil
VA → Vorzugsaktie
vakant vacante, libre
Vakanz *f*, **en 1.** (puesto *m*, plaza *f*) vacante *f* **2.** vacaciones *pl*
Vakanzliste *f*, **n** lista *f* de habitaciones (de hotel) todavía disponibles
vakuumverpackt envasado al vacío
Vakuumverpackung *f*, **en** envasado *m*, embalaje *m* al, bajo vacío
validieren validar
Validität *f*, **en** validez *f*
Valoren *pl* valores *pl*; efectos *pl*; títulos *pl* (valores)
Valoren-Nummer *f*, **n** número *m* de los valores
Valorenregister *n*, **-** (CH) registro *m* de valores
Valorenversicherung *f*, **en** seguro *m* de valores
valorisieren valorizar
Valorisierung *f*, **en** valorización *f*
Valut|a *f*, **-en 1.** divisa *f*; moneda *f* extranjera ***hochwertige*** ~ divisa fuerte **2.** valor *m*; valuta
Valutaakzept *n*, **e** aceptación *f* de moneda extranjera
Valutaanleihe *f*, **n** empréstito *m* en moneda extranjera
Valutaforderung *f*, **en** crédito *m* en moneda extranjera
Valutageschäft *n*, **e** operación *f* de cambio (en moneda extranjera, de divisas)
Valutagewinn *m*, **e** beneficio *m* de cambio
Valutaguthaben *n*, **-** haberes *pl* en divisas
Valutaklausel *f*, **n** cláusula *f* de valuta; reembolso *m* en divisas, en moneda extranjera
Valutakont|o *n*, **-en** cuenta *f* en divisas, en moneda extranjera
Valutakredit *m*, **e** crédito *m* en divisas, en moneda extranjera
Valutakurs *m*, **e** tipo *m* de cambio de monedas extranjeras
Valutanotierung *f*, **en** cotización *f* de monedas extranjeras
Valutapapiere *pl* títulos *pl* (denominados) en divisa; títulos *pl* en moneda extranjera
Valutarisik|o *n*, **-en** riesgo *m* en el cambio de divisas
valutaschwach en moneda débil; en moneda depreciada; a cambio débil; a cambio depreciado
Valutaspekulation *f*, **en** especulación *f* sobre los cambios
valutastark en moneda fuerte; en moneda dura; a cambio fuerte; a cambio duro
Valutasturz *m*, Ø caída *f* brusca; hundimiento *m* de los valores; depreciación *f* de la moneda
Valutatag *m*, **e 1.** fecha *f* de valor; fecha *f* efectiva **2.** valor *m* al cobro
Valutaverschlechterung *f*, **en** → Valutasturz
valutieren 1. valorar; fijar la fecha de valor **2.** conceder un crédito
Valvation *f*, **en** estimación *f*; fijación *f* del valor de una moneda
variabel variable
Variante *f*, **n** variante *f*; ~ ***eines Musters*** variante de una muestra, de un dibujo
Varianz *f*, **en** (Statist.) varianza *f*
Varianzanalyse *f*, **n** (Statist.) análisis *m* de varianzas
Variation *f*, **en** variación *f*
Variationsbreite *f*, **n** margen *m* de variación
Variationsfähigkeit *f*, **en** variabilidad *f*
Varietät *f*, **en** variedad *f*
variieren cambiar; variar; ***die Preise ~ stark*** se registra una fuerte variación de los precios
väterlich, ***~e Gewalt*** patria potestad *f*
Vatermord *m*, Ø parricidio *m*

Vatermörder *m,* - parricida *m*
Vaterschaft *f,* Ø paternidad *f*; ***die ~ bestreiten*** negar la paternidad; ***die ~ feststellen*** determinar, declarar la paternidad
Vaterschaftsanerkenntnis *f,* **se** reconocimiento *m* de la paternidad
Vaterschaftsbeweis *m,* **e** prueba *f* de la paternidad
Vaterschaftsfeststellung *f,* Ø declaración *f,* determinación *f* de la paternidad
Vaterteil *n,* Ø patrimonio *m* paterno
VBI. → Verordnungsblatt
VE → Verrechnungseinheit
Venture capital *n,* Ø → Risikokapital
verabreden **1.** convenir; estipular; fijar; concertar **2.** ***sich mit jdm.*** ~ darse cita con alg. **3.** apalabrarse con alg.
verabredet convenido; estipulado; concertado; fijado; convencional
Verabredung *f,* **en** **1.** estipulación *f*; arreglo *m*; convenio *m*; acuerdo *m*; concierto *m* **2.** cita *f* **3.** compromiso *m*
verabschieden **1.** aprobar; votar; decretar **2.** despedir; jubilar; dar de baja **3.** ***sich*** ~ despedirse
Verabschiedung *f,* **en** **1.** aprobación *f*; votación *f* **2.** baja *f* **3.** despedida *f*
Veralten *n,* Ø obsolescencia *f*; envejecimiento *m*
veralten volverse obsoleto; quedar anticuado; anticuarse; envejecer; caer en desuso
veränderlich **1.** mudable; alterable; variable; (Seg.) ***~e Prämie*** prima *f* variable; (Seg.) ***~es Risiko*** riesgo *m* variable **2.** inconstante
verändern cambiar; modificar; alterar; transformar; mudar; ***sich*** ~ experimentar *bzw.* sufrir una alteración, modificación; un cambio; (berüflich) cambiar de colocación
Veränderung *f,* **en** cambio *m*; alteración *f*; modificación *f*; transformación *f*; variación *f*; ***strukturelle*** ~ cambio estructural
veranlagen **1.** (zur Steuer) tasar **2.** ***die Steuern*** ~ fijar la tributación **3.** (v. Waren) aforar
Veranlagung *f,* **en**, (zur Steuer) ***gemeinsame*** (***getrennte***) ~ (der Ehegatten) tasación *f* conjunta (separada); ***im ~swege erhobene Steuern*** impuestos *pl* liquidados por (vía de) estimación; ~ ***nach objektiven Merkmalen*** estimación *f* objetiva por signos, índices y módulos
Veranlagungsbescheid *m,* **e** notificación *f* de la estimación impositiva
Veranlagungsgrundlage *f,* **n** base *m* de imposición
Veranlagungssteuer *f,* **n** impuestos *pl* liquidados por estimación
Veranlagungszeitraum *m,* **¨e** período *m* de tasación
veranlassen ocasionar; causar; motivar; ordenar; disponer
veranlasst, ***falls*** ~ en caso de haber lugar
veranschlagen estimar; evaluar; (Kosten) presupuestar; (steuerlich) tasar
Veranschlagung *f,* **en** estimación *f*; evaluación *f*; avalúo *m*; (Kosten) presupuesto *m* (de gastos); (steuerlich) tasación *f*
veranstalten organizar; celebrar; ***eine Volkszählung*** ~ levantar un censo (de la población)
Veranstalter *m,* - organizador *m*
Veranstaltung *f,* **en** acto *m*; celebración *f*; fiesta *f*; concurso *m*
Veranstaltungsausfallversicherung *f,* **en** seguro *m* de suspensión de actos públicos
Veranstaltungskalender *m,* - calendario *m* de actos, fiestas
verantworten **1.** responder (por); salir garante (de); asumir la responsabilidad (de); hacerse responsable (de) **2.** ***sich für etw.*** ~ justificarse por a/c
verantwortlich responsable; ***jdn. für etw. ~ machen*** hacer responsable a alg. de a/c; ***für etw. ~ sein*** asumir la responsabilidad de; ***strafrechtlich nicht*** ~ exento de responsabilidad penal
Verantwortlichkeit *f,* **en** → Verantwortung
Verantwortung *f,* **en** responsabilidad *f* **1.** ***finanzielle*** ~ responsabilidad financiera; ***zivilrechtliche*** ~ responsabilidad civil **2.** ***die ~ ablehnen*** rehusar la responsabilidad; no responder de nada; declinar toda responsabilidad; ***der ~ entheben*** (Jur.) eximir de la responsabilidad
Verantwortungsbereich *m,* **e** esfera *f,* ámbito *m* de responsabilidad
verantwortungsbewusst responsable; consciente de su responsabilidad
verantwortungsfreudig dispuesto a asumir las responsabilidades
verantwortungslos irresponsable
Verantwortungslosigkeit *f,* **en** irresponsabilidad *f*
verantwortungsvoll muy responsable; de gran responsabilidad; ***~e Stellung*** puesto *m* de responsabilidad
verarbeitbar transformable

verarbeiten trabajar; labrar; utilizar; conformar; transformar; *~de Industrie* industria *f* transformadora

Verarbeitung *f,* **en** uso *m*; empleo *m*; trabajo *m*; elaboración *f*; transformación *f*; ***sich in ~ befinden*** estar en curso de transformación; (Daten) tratamiento *m*; procesamiento *m*

Verarbeitungsanlage *f,* **n** planta *f* de transformación

Verarbeitungsbetrieb *m,* **e** empresa *f,* explotación *f* de transformación

Verarbeitungsindustrie *f,* **n** industria *f* de transformación

Verarbeitungspreis *m,* **e** precio *m* de la transformación

verarmen empobrecer

Verarmung *f,* **en** empobrecimiento *m*; indigencia *f*; depauperación *f*; ***die allmähliche ~ der Länder der Dritten Welt*** la progresiva depauperación de los países del Tercer Mundo

Verästelung *f,* **en** ramificación *f*

verauktionieren → versteigern

verausgaben gastar; ***sich ~*** **1.** gastar todo su dinero **2.** agotar sus fuerzas

Verausgabung *f,* **en 1.** gasto *m* **2.** agotamiento *m*

verauslagen avanzar; anticipar

Veräußerer *m,* - enajenante *m*; vendedor *m*

veräußerlich alienable; enajenable; *~es* ***Recht*** derecho *m* alienable

veräußern enajenar; vender; desprenderse de; ceder; ***Rechte ~*** ceder derechos; ***Aktien ~*** deshacerse de acciones

Veräußerung *f,* **en** enajenamiento *m*; alienación *f*; venta *f*; cesión *f*

Veräußerungsverbot *n,* **e** (vertragliches Veräußerungsverbot) prohibición *f* de enajenar; pacto *m* de no enajenar

Verband *m,* **¨e** asociación *f*; agrupamiento *m*; unión *f* ; federación *f*; confederación *f*; sindicato *m*; consorcio *m*; ***Internationaler ~ zum Schutz des gewerblichen Eigentums*** Unión Internacional para la Protección de la Propiedad Industrial; ***~ der Europäischen Landwirtschaft*** (CEA) Confederación Europea de la Agricultura (CEA); ***~ des Internationalen Luftverkehrs*** (IATA) Asociación de Transporte Aéreo Internacional (IATA)

Verbandskasse *f,* **n** caja *f* de la asociación

Verbandsleiter *m,* - → Verbandsvorsitzender

Verbandsmitglied *n,* **er** miembro *m* de una asociación

Verbandsvorsitzende(r) (der/ein) presidente *m* de una asociación, federación

Verbandszeichen *n,* - marca *f* colectiva

verbeamten nombrar, hacer funcionario

verbescheiden resolver; decidir

verbessern mejorar; perfeccionar; reformar; enmendar; corregir; rectificar; refinar; (Gehalt) aumentar

Verbesserung *f,* **en** mejora *f*; mejoramiento *m*; reforma *f*; enmienda *f*; corrección *f*; refinamiento *m*; (Gehalt) aumento *m*

Verbesserungsantrag *m,* **¨e** (Pol.) enmienda *f*

verbesserungsfähig susceptible de mejora, enmienda; enmendable; reformable; corregible

Verbesserungsinvestitionen *pl* aumento *m* de la relación capital trabajo; aumento *m* del capital con respecto al trabajo; intensificación *f,* profundización *f* del uso del capital

Verbesserungspatent *n,* **e** patente *f* de perfeccionamiento

verbieten prohibir; ***mein Geldbeutel verbietet es mir*** no me lo puedo permitir; mi cartera no me lo permite

verbilligen reducir, rebajar el precio; abaratar

verbilligt a precio reducido, rebajado

Verbilligung *f,* **en** reducción *f,* rebaja *f* de(l) precio; abaratamiento *m*

verbinden 1. unir; enlazar; ligar; juntar; vincular a, asociar a; acoplar a; combinar **2.** (Teléf.) poner con

verbindlich obligatorio; vinculante; ***einen Tarifvertrag für allgemein ~ erklären*** decretar la extensión de un convenio colectivo (a los trabajadores no sindicados); ***für beide Teile ~*** obligatorio para ambas partes

Verbindlichkeit *f,* **en 1.** carácter *m* obligatorio **2.** obligación *f*; responsabilidad *f*; ***streitige ~*** obligación en litis; obligación objeto del litigio; ***ohne jede ~*** sin responsabilidad alguna; ***~en eingehen*** contraer obligaciones; ***~en erfüllen*** cumplir las obligaciones **3.** (Com.) *~en* obligaciones *pl*; deudas *pl*; pasivo *m* exigible; ***kurzfristige, langfristige ~*** pasivo exigible a corto, largo plazo; (Bilanz) ***Sonstige ~en*** acreedores varios

Verbindung *f,* **en 1.** relación *f,* unión *f*; adjunción *f*; acoplamiento *m*; combinación *f*;

incorporación *f*; ***die ~ einer Sache mit einer anderen*** incorporación de a/c a otra; ~ ***einer beweglichen Sache mit einem Grundstück*** unión de mueble a inmueble; accesión *f* en bienes inmuebles **2.** (Transp.) comunicación *f*; línea *f*; servicio *m* **3.** (Teléf.) comunicación *f*; línea *f*; ***die ~ ist unterbrochen*** no hay comunicación; nos han interrumpido

Verbindungs|mann *m*, **¨er** *od.* **-leute** persona *f* de enlace; elemento *m* de contacto; mediador *m*; intermediario *m*

Verbindungsausschuss *m*, **¨e** comité *m* de enlace

Verbindungsbahn *f*, **en** ferrocarril *m* de empalme; ramal *m*

Verbindungsbüro *n*, **s** oficina *f* de enlace

Verbindungsgleis *n*, **e** vía *f* de juntura

Verbindungslinie *f*, **n** línea *f* de conexión, comunicación; (Ferr.) ramal *m*

Verbindungsstelle *f*, **n** punto *m*, organismo *m* de enlace, de unión

Verbindungsweg *m*, **e** vía *f* de comunicación

Verbleib *m*, Ø paradero *m*

verbleiben, ***ich verbleibe Ihr sehr ergebener*** quedo, me suscribo, me reitero de Vd. afmo. y s.s.

verbleibend, ***~e Summe*** resto *m*; saldo *m*

verbleit, ***~es Benzin*** gasolina *f* con plomo

verborgen escondido; latente; secreto; oculto; ***~er Mangel*** vicio *m* oculto

Verbot *n*, **e** interdicción *f*; prohibición *f*; ~ ***einschränkender Praktiken*** prohibición de las prácticas restrictivas; ~ ***einer Fahrtrichtung*** dirección *f* prohibida; ~ ***gewisser Arten von Kartellen und Zusammenschlüssen*** prohibición de ciertas categorías de cártel(e)s y concentraciones; ~ ***der Kinderarbeit*** prohibición del trabajo infantil; (UE) ~ ***staatlicher Beihilfen*** prohibición de subsidios estatales; (Jur.) inhibición *f*; decreto *m* inhibitivo

Verbotszeichen *n*, - señal *f* de prohibición, prohibitva

Verbrauch *m*, Ø consumo *m*; ***öffentlicher, staatlicher ~*** consumo público, del Estado; gastos *pl* corrientes del Estado en bienes y servicios; ***privater ~*** consumo privado; gastos *pl* de los consumidores en bienes y servicios

Verbrauch(s)steuer *f*, **n** impuesto *m* que grava el consumo, sobre el consumo, sobre el gasto; (E) contribución *m* de usos y consumos

verbrauchen consumir; gastar

Verbraucher *m*, - consumidor *m*

Verbraucheraufklärung *f*, Ø información *f* al consumidor

Verbraucherausgaben *pl* gastos *pl* en consumo; consumo *m* privado

Verbraucherbedarf *m*, Ø necesidades *pl* de los consumidores

Verbraucherbefragung *f*, **en** encuesta *f* entre los consumidores

Verbraucherberatung *f*, Ø (servicio *m* de) asesoramiento *m* al consumidor

Verbraucherbeschwerde *f*, **n** reclamación *f* del consumidor

Verbrauchereinheit *f*, **en** unidad *f* por consumidor

Verbraucherforschung *f*, **en** → Konsumerismus

Verbrauchergenossenschaft *f*, **en** cooperativa *f* de consumidores, de consumo

Verbrauchergruppe *f*, **n** grupo *m* de consumidores

Verbraucherkredit *m*, **e** crédito *m* al consumo, al consumidor

Verbraucherland *n*, **¨er** país *m* consumidor

Verbrauchermarkt *m*, **¨e** mercado *m* de consumo

Verbrauchernachfrage *f*, **n** demanda *f* de los consumidores

Verbraucherorganisation *f*, **en** organización *f*, asociación *f* de consumidores

verbraucherorientiert orientado al consumidor

Verbraucherpanel *n*, **s** panel *m* de consumidores

Verbraucherpreis *m*, **e** precio *m* al consumo, al consumidor; precio *m* de venta al público

Verbraucherpreisind|ex *m*, **-izes** índice *m* de precios al consumo, al consumidor

Verbraucherschicht *f*, **en** categoría *f* de consumidores

Verbraucherschutz *m*, Ø defensa *f* de los consumidores; protección *f* del consumidor

Verbraucherschutzgesetz *n*, **e** Ley *f* para la defensa de consumidores y usuarios

Verbraucherumfrage *f*, **en** → Verbraucherbefragung

Verbraucherverband *m*, **¨e** → Verbraucherorganisation

Verbraucherzentrale *f*, **n** central *f* de consumidores

Verbraucherzurückhaltung *f*, Ø tibieza *f* en las ventas; cautela *f*, reserva *f* por parte de los consumidores

Verbrauchsabgabe *f*, **n** → Verbrauchssteuer
Verbrauchsanstieg *m*, Ø aumento *m*, incremento m del consumo
Verbrauchsausgaben *pl*, ~ ***der privaten Haushalte*** gastos *pl* en consumo de los hogares, de las economías domésticas
Verbrauchsbelebung *f*, Ø repunte *m*, reactivación *f* del consumo
verbrauchsfertig listo para el consumo
Verbrauchsgegenstände *pl* → Verbrauchsgüter
Verbrauchsgewohnheit *f*, **en** hábito *m* de consumo; ***die ~en ändern*** cambiar los hábitos de consumo
Verbrauchsgüter *pl* bienes *pl*, productos *pl*, artículos *pl* de consumo; ***dauerhafte*** ~ bienes de consumo duraderos; ~ ***und Gebrauchsgüter*** bienes *pl* de consumo inmediato y bienes de consumo duradero
Verbrauchsgüterindustrie *f*, **n** industria *f* de bienes de consumo
Verbrauchsgütermarkt *m*, **¨e** mercado *m* de bienes de consumo (inmediato)
Verbrauchskonjunktur *f*, Ø boom m de consumo; coyuntura f consumística; ciclo m de gran consumo
Verbrauchskurve *f*, **n** curva *f* de consumo
Verbrauchsland *n*, **¨er** país *m* consumidor
Verbrauchslenkung *f*, **en** orientación *f*, reconducción *f* del consumo, de los consumidores; (stärker) dirigismo *m* del consumo
Verbrauchsnachfrage *f*, Ø demanda *f* de consumo; demanda f de los consumidores
Verbrauchsneigung *f*, (**en**) propensión *f* al consumo
Verbrauchsquote *f*, **n** ratio m de consumo
Verbrauchsrückgang *m*, **¨e** retroceso *m* del consumo
Verbrauchssteigerung *f*, **en** incremento *m* del consumo
Verbrechen *n*, - crimen *m*; acto *m* criminal; delito *m* grave; ***ein ~ begehen*** cometer, perpetrar un crimen; ***im Affekt begangenes*** ~ crimen pasional; ~ ***und Vergehen wider das Leben*** delitos contra personas
Verbrechensanzeige *f*, **n** denuncia *f*
Verbrechensaufforderung *f*, **en** provocación *f* al crimen
Verbrechensaufklärung *f*, Ø esclarecimiento *m* del delito
Verbrechensbegehung *f*, Ø comisión *f* de un delito; delinquimiento *m*
Verbrechensbekämpfung *f*, Ø lucha *f* contra la delincuencia
Verbrechenskonkurrenz *f*, Ø concurso *m*, coincidencia *f* de delitos
Verbrechensverhütung *f*, Ø prevención *f* contra infracciones
Verbrecher *m*, - criminal *m*; reo *m*; delincuente *m*
Verbrennung *f*, **en** **1.** combustión *f* **2.** incineración
Verbrennungsanlage *f*, **n** planta *f* de incineración
Verbrennungsmaschine *f*, **n** máquina *f* de combustión
verbriefen confirmar, garantizar por escrito
verbrieft documentado; ***~es Recht*** privilegio *m*; fuero *m*; ***in Aktien*** ~ representado por acciones
verbringen, ***auf die Dienststelle*** ~ llevar a la comisaría
verbuchen contabilizar, (a)sentar; ***auf einem Konto*** ~ sentar en una cuenta, abonar en cuenta
Verbuchung *f*, **en** asiento *m*
Verbuchungsnummer *f*, **n** número *m* de registro
Verbund *m*, Ø sistema *m* combinado (de transporte metro-autobús p.ej.); (Pref.) asociado a; integrado a
verbunden combinado; (Seg.) ***~e Hausratversicherung*** seguro *m* combinado del hogar, de cabezas de familia; seguro *m* (de) multihogar; ***~e Familienversicherung*** seguro *m* de multirriesgo familiar
verbundfahren utilizar el sistema combinado de transporte
Verbundnetz *n*, **e** red *f* de distribución
Verbundsystem *n*, **e** **1.** → Verbundwirtschaft **2.** → Verbund
Verbundunternehmen *n*, - empresa *f* integrada
Verbundwerbung *f*, **en** publicidad *f* común, colectiva
Verbundwirtschaft *f*, **en** **1.** economía *f* integrada, colectiva **2.** intercambio *m* de energía eléctrica
verbürgen garantizar; ***sich ~ für*** salir fiador, garante de
Verbürgung *f*, **en** fianza *f*; garantía *f*; ~ ***der Gegenseitigkeit*** garantía de reciprocidad
verbürokratisieren burocratizar
verbüßen (Jur.) expiar; cumplir; purgar
verbuttern (Fam.), ***Geld*** ~ tirar el dinero por la ventana; malgastar su dinero; derrochar el dinero
Verdacht *m*, Ø, ***im ~ des Mordes stehen*** estar bajo sospecha de haber asesinado;

bei ~ einer Straftat si hay sospecha de (que se ha cometido un) delito punible
verdächtig, ***dringend ~ sein*** hay sospecha fundada
verdaten (Inform.) informatizar
Verdatung *f*, **en** (Inform.) informatización *f*
verdeckt, ***~e Gewinnausschüttung*** reparto *m* oculto de beneficios
verderben perecer
verderblich perecedero
Verdichtungsraum *m*, **¨e** zona *f* de alta densidad de población; megápolis *f*
verdienen **1.** ganar **2.** mercer(se); ser digno de
Verdienst *m*, **e** **1.** salario *m*; sueldo *m*; ingresos *pl* **2.** beneficio *m*; ganancia *f* **3.** mérito *m*
Verdienstausfall *m*, **¨e** lucro *m* cesante; pérdida *f* de ganancias, beneficios, salario(s)
Verdienstbescheinigung *f*, **en** certificado *m* de renta, de ingresos
Verdienstlosigkeit *f*, Ø falta *f* de ganancias; desocupación *f*
Verdienstmöglichkeit *f*, **en** posibilidad *f* de ganar, de trabajar
Verdienstquelle *f*, **n** fuente *f* de ingresos
Verdienstspanne *f*, **n** margen *m* de beneficio, ganancia
verdient **1.** ***leicht ~es Geld*** dinero *m* fácil; ***schwer ~es Geld*** dinero *m* ganado con mucho esfuerzo, con mucho trabajo; ***an dieser Ware wird nichts ~*** esa mercancía no deja beneficios **2.** ***~e Person*** persona *f* de gran mérito; ***er hat sich um unsere Firma ~ gemacht*** ha contraído grandes méritos con nuestra empresa; ha prestado grandes servicios a nuestra casa; se merece toda la gratitud de nuestra empresa **3.** ***seine ~e Strafe bekommen*** recibir la pena merecida **4.** ***~e Prämie*** prima *f* devengada
verdieseln dieselizar
Verdieselung *f*, **en** dieselización *f*
Verdikt *n*, e veredicto *m*
verdingen **1.** dar a destajo **2.** alquilar **3.** ***sich ~*** entrar en servicio; (LA) conchabarse
Verdingungsvertrag *m*, **¨e** contrato m de adjudicación
verdolmetschen interpretar, actuar de intérprete; (Fig.) explicar
verdoppeln duplicar; doblar
verdrängen suprimir; expulsar
Verdrängung *f*, **en** supresión *f*; eliminación *f*; expulsión *f*
Verdrängungswettbewerb *m*, Ø competencia *f* sin tregua; competencia *f* a ultranza; estrategia *f* diseñada para excluir a los competidores
verdreifachen triplicar; multiplicar por tres
verdunkeln encubrir; entorpecer la labor de la justicia
Verdunkelung *f*, (**en**) (Jur.) disimulación *f*; encubrimiento *m*; colusión *f*
Verdunklungsgefahr *f*, **en** (Jur.) peligro *m* de colusión, de entorpecimiento de la labor de la justicia
Vered(e)lung *f*, **en** transformación *f*; perfeccionamiento *m*; (Agric.) beneficiación *f*
Vered(e)lungsbetrieb *m*, **e** empresa *f* de mejoramiento, de mejora, de transformación, de refino
veredeln transformar; perfeccionar; (Agric.) beneficiar
Veredelungserzeugnis *n*, **se** → Veredelungsprodukt
Veredelungsindustrie *f*, **n** industria *f* de transformación, transformadora
Veredelungsprodukt *n*, **e** producto *m* transformado
Veredelungsverkehr *m*, Ø operaciones *pl* de transformación; importación *f* y exportación *f* de productos transformados
Veredelungswirtschaft *f*, Ø industrias *pl* de transformación de productos agrícolas
vereiden (Arch.) → vereidigen
vereidigen tomar juramento a
vereidigt jurado
Vereidigung *f*, **en** toma *f* de juramento; juramentación *f*; (Amt) jura *f* del cargo
Vereidung *f*, **en** (Arch.) → Vereidigung
Verein *m*, **e** entidad *f*; sociedad *f*; asociación *f*; ***eingetragener ~*** (**e.V.**) asociación registrada, inscrita; ***~ auf Gegenseitigkeit*** mutualidad *f*; ***Internationaler ~ für öffentliches Verkehrswesen*** (UITP) Unión *f* Internacional de Transportes Públicos (UITP); ***nicht rechtsfähiger ~*** asociación sin capacidad jurídica; ***wirtschaftlicher ~*** asociación económica
vereinbar (mit) compatible (con); conciliable (con)
vereinbaren convenir; acordar; fijar; (vertraglich) estipular
Vereinbarkeit *f*, Ø compatibilidad *f* (con)
vereinbart, ***~er Betrag*** importe *m* estipulado; ***vertraglich ~er Ort*** plaza *f* estipulada en el contrato; ***~er Preis*** precio *m* acordado; ***~e Qualität*** calidad *f* estipulada; ***sofern nichts Gegenteiliges ~ ist*** en tanto no

se haya acordado lo contrario; ***falls nicht anderes ~ ist*** si no se ha estipulado otra cosa

Vereinbarung *f,* **en** convenio *m*; pacto *m*; estipulación *f*; convención *f*; ***~en treffen*** celebrar convenios; ***~ betreffend Sorgfaltspflicht der Banken*** (CH) convención relativa a la obligación de diligencia de los bancos; ***~ des Eigentumvorbehalts*** pacto de reserva de dominio; ***mündliche ~*** acuerdo *m* verbal

vereinbarungsgemäß según convenido

vereinfachen simplificar; hacer más sencillo

vereinfacht, ***~e Steuererklärung*** declaración *f* simplificada

Vereinfachung *f,* **en** simplificación *f*; ***~ der Zollformalitäten*** simplificación de las formalidades aduaneras

vereinheitlichen unificar; estandarizar; armonizar

Vereinheitlichung *f,* **en** armonización *f*; alineamiento *m*; estandardización *f*; unificación *f*; ***~ der Tarife*** unificación de tarifas

Vereinigung *f,* **en** asociación *f*; agrupamiento *m*; unión *f*; fusión *f*; ***~ europäischer Konjunkturinstitute*** Asociación de Institutos Europeos de Coyuntura Económica; ***Internationale ~ für Hilfsvereine auf Gegenseitigkeit*** Asociación Internacional de la Mutualidad (AIM); ***Internationale ~ der leitenden Angestellten*** Confederación *f* Internacional de Técnicos; ***Internationale ~ für Soziale Sicherheit*** (IVSS) Asociación Internacional de la Seguridad Social (AISS)

Vereinigungsfreiheit *f,* Ø libertad *f* de asociación

vereinnahmen cobrar; tener entradas

Vereinnahmung *f,* **en** cobro *m*; ingreso *m*; entrada

Vereinsfreiheit *f,* Ø → Vereinigungsfreiheit

Vereinsrecht *n,* Ø derecho *m* de asociaciones

Vereinssatzung *f,* **en** estatutos *pl* de la asociación

Vereinssitz *m,* **e** sede *f* social

Vereinsvorsitzende(r) (der/ein) presidente *m* de la asociación

Vereinszwecke *pl* fines *pl* asociativos

Vereinte Nationen *pl* Naciones Unidas *pl*

Vereisungsgefahr *f,* **(en)** peligro *m* de hielo

vereiteln abortar; hacer fracasar; frustrar

verelenden verse reducido a la miseria

Verelendung *f,* **(en)** depauperación *f*; miseria *f*

Verelendungstheorie *f,* Ø teoría *f* de la depauperación

Verengung *f,* **en 1.** estrechamiento *m*; paso *m* estrecho **2.** (Fig.) cuello *m* de botella

vererbar → vererblich

vererben dejar en herencia; (durch Testament) legar

vererblich, ***~es Recht*** derecho *m* transmisible (por herencia, por sucesión)

Vererblichkeit *f,* Ø heredabilidad *f*; transmisibilidad *f* por herencia

Vererbung *f,* **en** traspaso *m* por (vía de) sucesión

Verfahren *n,* **- 1.** (Jur. und Gener.) procedimiento *m*; (Jur.) juicio *m* **2.** ***patentiertes ~*** procedimiento patentado; ***schiedsrichterliches ~*** procedimiento arbitral; ***summarisches ~*** procedimiento sumario **3.** ***~ einstellen*** sobreseer el procedimiento; ***beweiskräftiges ~*** procedimiento contundente **4.** manera *f,* modo *m* de obrar, proceder

verfahren 1. proceder; actuar; operar **2.** ***sich ~*** errar el camino *bzw.* atascarse

verfahrenrechtlich, ***~e Fragen*** cuestiones *pl* de procedimiento; cuestiones *pl* procedimentales

Verfahrensabschnitt *m,* **e** período *m,* etapa *f* del juicio

Verfahrensantrag *m,* **¨e** (Jur.) moción *f* de procedimiento

Verfahrenseinstellung *f,* **en** (Jur.) sobreseimiento *m* de la causa, del procedimiento, del juicio

Verfahrensfragen *pl* cuestiones *pl* de procedimiento

Verfahrensgrundsätze *pl* principios *pl* del procedimiento

Verfahrenskosten *pl* (Jur.) costas *pl*

Verfahrensmängel *pl* vicios *pl*, faltas *pl* de(l) procedimiento

Verfahrensrecht *n,* Ø derecho m procesal

Verfahrensschutz *m,* Ø protección *f* de un procedimiento industrial

Verfahrenstechnik *f,* Ø investigación *f* operacional; ingeniería *f* de operaciones

Verfahrensweise *f,* **n** manera *f,* modo *m* de proceder

Verfall *m,* Ø **1.** (Fälligwerden) ***bei ~ vorlegen*** presentar a su vencimiento; ***~ einer Frist*** vencimiento *m*, expiración *f* de un plazo; ***~ eines Wechsels*** vencimiento *m* de una letra; ***den Wechsel bei ~ einlösen***

atender la letra a su vencimiento **2.** (Verwirkung der Gültigkeit) caducidad *f*; pérdida *f* de la validez; invalidación *f* **3.** ~ der Aktien hundimiento *m* de los precios de las acciones; ~ ***eines Gebäudes*** desmoronamiento *m* de un edificio; edificio *m* en estado ruinoso

Verfallbuch *n*, **¨er** libro m de vencimientos

verfallen 1. (fällig werden) ***der Wechsel verfällt am*** la letra vence el 2. (ablaufen) ***die Kaution ~ lassen*** (dejar) expirar la fianza **3.** (ungültig werden) ***eine Option ~ lassen*** (dejar) caducar una opción; abandonar una opción; dejar que prescriba una opción; ***~e Fahrkarte*** billete *m* expirado, caducado; ***~es Patent*** patente *f* caducada, prescrita; ***~er Scheck*** cheque *m* prescrito; ***~e Zinsen*** intereses *pl* atrasados; intereses *pl* vencidos, retrasados **4.** (Gebäude) desmoronarse, estar en estado ruinoso

Verfallsdat|um *n*, **-en** (fecha *f*, día *m* de) vencimiento *m*; ~ ***12.07.99*** consumir preferiblemente antes del 12.07.99

Verfallserklärung *f*, **en** declaración *f* de vencimiento; cancelación *f*

Verfallsklausel *f*, **n** cláusula *m* de caducidad, de prescripción

Verfallsliste *f*, **n** lista *f* de vencimientos

Verfall(s)tag *m*, **e** → Verfallsdatum

Verfall(s)zeit *f*, **en** plazo *m* de vencimiento, pago

verfälschen falsificar; alterar; falsear; (Lebensmittel) adulterar

verfälscht, ***~e Bilanz*** balance *m* tocado

Verfälschung *f*, **en** falsificación *f*; alteración *f*

verfassen redactar; ser autor de; componer

Verfassung *f*, **en 1.** constitución *f* **2.** redacción *f*; composición *f*

Verfassungsänderung *f*, **en** reforma *f*, enmienda *f*, revisión *f* de la constitución

Verfassungsbeschwerde *f*, **n** recurso *m* de contrafuero

Verfassungsbruch *m*, **¨e** violación *f*, inobservancia *f* de la constitución

verfassungsfeindlich anticonstitucional

verfassungsgebend constituyente; ***~e Versammlung*** asamblea *f* constituyente

Verfassungsklage *f*, **n** → Verfassungsbeschwerde

verfassungsmäßig constitucional

Verfassungsmäßigkeit *f*, Ø constitucionalidad *f*

Verfassungsschutz *m*, Ø protección *f* de la constitución; ***Bundesamt für*** ~ Servicio *m* Federal de Contraespionaje

verfassungswidrig anticonstitucional

Verfassungswidrigkeit *f*, Ø anticonstitucionalidad

Verfehlung *f*, **en** falta *f*; delito *m*; ~ ***im Amt*** prevaricación *f*

verfertigen fabricar; producir; confeccionar; manufacturar

Verfertigung *f*, **en** producción *f*; fabricación *f*; elaboración *f*; confección *f*

Verfilzung *f*, Ø interferencia *f* de los intereses privados y del interés general; nepotismo *m*

verflechten entretejer; entrelazar; combinar

Verflechtung *f*, **en** interdependencia *f*; interpenetración *f*; concentración *f*; formación *f* de trusts; participaciones *pl* cruzadas; ~ ***von Gesellschaften*** sociedades *pl* vinculadas; entrelazamiento *m* de sociedades; ~ ***der Märkte*** interdependencia *f* de los mercados; ***internationale ~ der Volkswirtschaften*** interdependencia *f*, interpenetración *f* internacional de las economías nacionales; ***wirtschaftliche*** ~ interpenetración *f*, interdependencia *f* económica; ***personelle ~ in der Verwaltung mehrerer Konzerngesellschaften*** directorios *pl* cruzados; directorios *pl* encadenados

verfließen (Frist) expirar; vencer

Verfolgung *f*, Ø, (Zivilprozess) ***Rechts~*** prosecución *f* legal; ***gerichtliche*** ~ procesamiento *m*; ***strafrechtliche*** ~ persecución *f* penal; enjuiciamiento *m*

verfrachten fletar; (Ware) expedir; despachar

Verfrachten *n*, Ø → Verfrachtung

Verfrachter *m*, - (bei Schiffen) fletante *m*; fletador *m*; (Com.) expedidor *m*

Verfrachtung *f*, **en** fletamento *m*; expedición *f*; despacho *m*

verfügbar disponible; ***~es Bargeld*** dinero *m* (en efectivo) disponible; ***~es Einkommen*** renta *f* disponible; ***~e Menge*** cantidad *f* disponible; cantidad *f* de la que se dispone; ***~e Mittel*** fondos *pl*, capitales *pl* disponibles; ***dieser Artikel ist im Augenblick nicht*** ~ no se dispone actualmente de este artículo

Verfügbarkeit *f*, Ø disponibilidad *f*

verfügen 1. decretar; ordenar **2.** (über) disponer (de)

Verfügung *f*, **en** (acto *m* de) disposición *f*; providencia *f*; decreto *m*; orden *f* **1.** ***einst-***

weilige ~ auto *m,* resolución *f* provisional; ***letztwillige*** ~ última disposición *f;* testamento *m;* ***Ihre*** ~ su orden **2.** ***zur ~ stellen*** poner a disposición; dejar de cuenta

Verfügungsbefugnis *f,* **se** → Verfügungsberechtigung

verfügungsberechtigt autorizado para, a disponer

Verfügungsberechtigung *f,* **en,** ~ *über ein Konto* poder *m* para disponer de una cuenta, para operar una cuenta

Verfügungsbeschränkung *f,* **en** limitación *f* del derecho de disposición

Verfügungsgewalt *f,* (**en**) poder *m* dispositivo, de disposición; ***in die ~ gelangen*** llegar al poder dispositivo

Verfügungsrecht *n,* Ø derecho *m* de (libre) disposición; gobierno *m*

Verfügungsverbot *n,* **e** prohibición *f* de disponer

Verfügungsware *f,* **n** mercancía *f,* (LA) mercadería *f* disponible, devuelta

verfünffachen quintuplicar

Vergabe *f,* (**n**) **1.** adjudicación *f;* ~ ***öffentlicher Arbeiten*** adjudicación de contratas públicas; ~ ***auf dem Submissionswege*** adjudicación por concurso, (LA) por licitación **2.** asignación *f* **3.** concesión *f;* ~ ***einer Lizenz*** concesión de una licencia

vergeben 1. conceder; asignar; adjudicar **2.** desaprovechar **3.** ocupado

Vergebung *f,* (**en**) → Vergabe

Vergehen *n,* - delito *m;* falta *f;* contravención *f*

vergelten recompensar; reparar; devolver; retribuir

Vergeltung *f,* Ø recompensa *f;* retribución *f;* represalia *f;* venganza *f*

Vergeltungsmaßnahme *f,* **n** represalia *f*

Vergeltungszoll *m,* **e** arancel *m* de represalia

vergemeinschaften mancomunar

vergesellschaften (Pol.) socializar; (Com.) ***sich mit jdm.*** ~ asociarse con alg.

Vergesellschaftung *f,* **en** (Pol.) socialización *f*

vergeuden → verschwenden

Vergeudung *f,* Ø → Verschwendung

vergewerkschaften colocar bajo obediencia sindical

Vergleich *m,* **e 1.** (Gegenüberstellung) comparación *f;* ***im ~ zum Vorjahr*** frente al año (*od.* al ejercicio) anterior; en comparación con el año (*od.* ejercicio) precedente; ***zum ~ herangezogene Preise*** precios *pl* tomados para fines comparativos; precios *pl* a título comparativo; ***einen ~ anstellen*** comparar; hacer una comparación; establecer un paralelo; ***den ~ mit der Konkurrenz standhalten*** resistir la comparación con la competencia; poder compararse con la competencia **2.** ***gerichtlicher (außergerichtlicher)*** ~ transacción *f,* acuerdo *m,* avenencia *f* judicial (extrajudicial); ~ ***mit den Gläubigern*** ajuste *m,* acuerdo *m* con los acreedores; ***gütlicher*** ~ arreglo *m* amistoso; amigable composición *f;* ***einen ~ abschließen*** concertar un arreglo, un acuerdo; ***durch ~ erledigen*** arreglar mediante transacción, mediante acuerdo, mediante compromiso; ***zu einem ~ kommen*** llegar a un arreglo, a un compromiso, a un ajuste; arreglarse **3.** ~ ***von Schriftstücken*** cotejo *m* de documentos, de instrumentos, de escrituras

vergleichen 1. comparar; oponer **2.** componer; conciliar; ajustar **3.** colacionar; cotejar

vergleichend, 1. ~*e* ***Aufstellung*** estado *m* (de situación) comparativo **2.** ~*es* ***Recht*** derecho m comparado

Vergleichmasse *f,* **n** masa *f* del convenio

Vergleichsabschluss *m,* **¨e** acuerdo m de un compromiso, de una transacción

Vergleichsabschnitt *m,* **e** → Vergleichsperiode

Vergleichsangebot *n,* **e** oferta *f* de transacción, de compromiso, de acuerdo

Vergleichsantrag *m,* **¨e** solicitud *f* de intervención en conciliación

Vergleichsbedingungen *pl* proposiciones *pl,* condiciones *pl* del convenio

vergleichsbereit dispuesto al compromiso

Vergleichseinrede *f,* **n** excepción *f* de compromiso previo

Vergleichsgläubiger *m,* - acreedor *m* del convenio

Vergleichsjahr *n,* **e** año *m* de comparación, de referencia

Vergleichslohn *m,* **¨e** salario *m* de referencia, de comparación

Vergleichsmaßstab *m,* **¨e** término *m,* criterio *m* de comparación

Vergleichsordnung *f,* Ø ley *f* de transacción

Vergleichsperiode *f,* **n** período *m* de referencia, comparación

Vergleichsschuldner *m,* - deudor m concordatario

Vergleichssumme *f,* **n** suma *f* pagadera en virtud de arreglo

Vergleichsverfahren *n*, - (procedimiento *m* de) convenio *m*, conciliación *f*
Vergleichsvorschlag *m*, **¨e** proposición *f* de convenio
Vergleichsweg *m*, Ø, ***Beilegung geschäftlicher Streitigkeiten auf dem*** ~ arreglo *m* de los contenciosos comerciales por vía amistosa
vergleichsweise, ***den Streitfall ~ erledigen*** solucionar la disputa amigablemente; arreglar el contencioso por vía amistosa
Vergleichswert *m*, **e** valor *m* comparativo; valor *m* de comparación; valor *m* de referencia
Vergleichszahl *f*, **en** cifra *f* comparativa
Vergleichszeitraum *m*, **¨e** periodo *m* comparativo; periodo *m* de referencia
verglichen, ~ ***mit*** comparado con
Vergnügungsdampfer *m*, - vapor *m* de recreo, de excursión
Vergnügungsfahrt *f*, **en** viaje *m*, excursión *f* de placer, de recreo; (Meer) travesía *f* de placer; crucero *m*
Vergnügungsindustrie *f*, **n** industria *f* del espectáculo; industria *f* del placer
Vergnügungspark *m*, **s** parque *m* de atracciones
Vergnügungsreisende(r) (der/ein) excursionista *m*
Vergnügungssteuer *f*, **n** impuesto *m* sobre espectáculos
Vergnügungsverein *m*, **e** sociedad *f* recreativa
vergreifen, ***sich an der Kasse*** ~ malversar fondos; ***sich an fremdem Eigentum*** ~ atentar contra la propiedad; robar
vergriffen agotado; fuera de venta, comercio
vergrößern aumentar; incrementar; ampliar; ensanchar, agrandar, engrandecer; (Vollmacht) amplificar; ***seinen Betrieb*** ~ ampliar su negocio, su empresa, su establecimiento
Vergrößerung *f*, **en** aumento *m*; ensanche *m*; incremento *m*; ampliación *f*; ***die ~ der EU*** la ampliación de la CE
vergünstigt, ***~er Preis*** precio *m* de favor; precio *m* reducido; precio *m* rebajado
Vergünstigung *f*, **en** ventaja *f*; (Preis) rebaja *f*; bonificación *f*; concesión *f*
Vergünstigungsklausel *f*, **n** cláusula *f* de preferencia
Vergünstigungstarif *m*, **e** tarifa *f* reducida, de preferencia
Vergünstigungszoll *m*, **¨e** tarifa *f* de preferencia
vergüten 1. remunerar; pagar; abonar **2.** reembolsar, restituir; reintegrar **3.** (Schaden) indemnizar, reparar; desagraviar; resarcir de
Vergütung *f*, **en 1.** remuneración *f*; pago *m*; retribución *f*; ~ ***in Sachleistungen*** remuneración en especie; ~ ***für Überstunden*** remuneración de horas extraordinarias **2.** reembolso *m*; restitución *f* **3.** (Schaden) indemnización *f*; reparación *f*; resarcimiento *m*
verhaften detener; arrestar; tomar preso; capturar
Verhaftung *f*, **en** detención *f*; arresto *m*; captura *f*
Verhalten *n*, Ø conducta *f*; comportamiento *m*; ***außerbetriebliches***, ***außerdienstliches*** ~ conducta del trabajador *od.* funcionario fuera del trabajo, de la empresa; ***das bisherige*** ~ los antecedentes; ***schuldhaftes*** ~ falta *f*
Verhältnis *n*, **se 1.** ***im ~ zu*** en proporción a; en relación a; en comparación con; ***im ~ von 1 zu 2*** en la proporción de 1 a 2; ratio m de 1 por 2; ***im umgekehrten*** ~ en relación inversa; inversamente proporcional; ***im ~ der Einfuhr zur Ausfuhr*** en el ratio, en la relación, en el coeficiente importaciones/exportaciones; ~ ***zwischen Angebot und Nachfrage*** ratio *m* oferta/ demanda; coeficiente *m* entre la oferta y la demanda **2.** ***die in einem Land bestehenden ~se*** las circunstancias, las condiciones que prevalecen en un país; ***berufliche ~se*** relaciones *pl* profesionales; situación *m* profesional; ***finanzielle ~se*** situación *f* financiera; circunstancias *pl*, condiciones *pl* financieras; ***wirtschaftliche ~se*** situación económica; ***in guten ~sen leben*** vivir desahogadamente; vivir con holgura; ***über seine ~se leben*** vivir por encima de sus posibilidades; gastar(se) más de lo que se gana; ***unter diesen ~sen*** en estas condiciones; en estas circunstancias
Verhältnisanteil *n*, **e** parte *f* proporcional; cuota parte *f*; cuota *f*
verhältnismäßig proporcional; relativo; ***~er Teil*** parte *f* proporcional; ~ ***hoher Preis*** precio *m* relativamente alto, comparativamente elevado; ***zu ~ niedrigen Preisen*** a precios relativamente bajos, relativamente poco elevados; ~ ***wenig*** relativamente poco
Verhältnismäßigkeitsgrundsatz *m*, Ø principio *m* de la proporcionalidad

Verhältniswahl *f,* **en** representación *f* proporcional
verhandeln negociar; discutir; gestionar; (Jur.) ver, actuar una causa ante el tribunal
Verhandlung *f,* **en 1.** negociación *f*; *~en* gestiones *pl* **2.** (Jur.) juicio *m*; ***mündliche*** ~ vista *f* (oral) de la causa; discusión *f,* debate *m* de la causa
Verhandlungsbefugnis *f,* **se** competencia *f* de, poder *m* para negociar
verhandlungsbereit dispuesto a negociar
Verhandlungsbericht *m,* **e** acta *f* de la sesión; ***den ~ aufnehmen*** levantar acta
Verhandlungsbevollmächtigte(r) (der/ein) plenipotenciario *m*
verhandlungsfähig (Jur.), ~ ***sein*** estar en condición de seguir los debates
Verhandlungsgebühr *f,* **en** derecho *m* de debates
Verhandlungsgrundlage *f,* **n** base *f* de (la) negociación
Verhandlungspunkt *m,* **e** punto *m* de las negociaciones
Verhandlungss|aal *m,* **-äle** sala *f* de sesiones
Verhandlungsspielraum *m,* **¨e** margen *m* de maniobra
Verhandlungstag *m,* **e** día *m* de la audiencia
Verhandlungstermin *m,* **e** (celebración *f* de) juicio *m*; vista *f*
Verhandlungstisch *m,* **e** mesa *f* de negociación
Verhandlungsvollmacht *f,* **en** plenos poderes *pl* para negociar
Verhandlungsweg, ***auf dem*** ~ por vía de negociaciones
verhängen infligir; imponer; decretar
verharmlosen minimizar, restar importancia
verhehlen disimular; recatar; ocultar; (Jur.) encubrir
verheimlichen disimular; ocultar; (neg. Absicht) solapar; (Jur.) encubrir
Verheimlichung *f,* **en** disimulo *m*; ocultación *f*; (Jur.) encubrimiento *m*
verhindern impedir; imposibilitar; evitar; (Jur.) inhibir
verhindert, ~ ***sein*** tener un compromiso
Verhinderung *f,* Ø impedimento *m*; estorbo *m*; (Jur.) inhibición *f*
Verhinderungsfall, ***im*** ~ en caso de impedimento
verhökern (Fam.) vender a bajo precio, al menudeo
Verhör *n,* **e** interrogatorio *m*; (Zeuge) audición *f*
verhundertfachen centuplicar; multiplicar por cien
verhüten prevenir; evitar, impedir
verhütten someter a un tratamiento metalúrgico; beneficiar
Verhüttung *f,* Ø tratamiento *m* metalúrgico; beneficio *m*
Verhütung *f,* **en** prevención *f*; ~ ***von Betriebsunfällen*** prevención de accidentes de trabajo
Verhütungsmaßnahme *f,* **n** medida *f* preventiva
verjährbar prescriptible; susceptible de, sujeto a prescripción
Verjährbarkeit *f,* Ø prescriptibilidad *f*
verjähren, ***nach, in x Jahren*** ~ prescribir al cabo de a los x años; caducar; vencer; ***verjährte Schuld*** débito *m* prescrito
Verjährung *f,* **en** caducidad *f*; prescripción *f*; ***rechtsvernichtende*** ~ prescripción extintiva; ***der ~ unterworfen*** prescriptivo; ***unvordenkliche*** ~ prescripción inmemorial
Verjährungsfrist *f,* **en** plazo *m* de prescripción; ***Ablauf der*** ~ expiración *f* del plazo de prescripción
verjubeln (Fam.) (Geld) despilfarrar
verkabeln (Teléf.) cablear
Verkabelung *f,* Ø (Teléf.) cableado *m*
verkalkulieren, ***sich*** ~ (Fam.) calcular mal; equivocarse en el cálculo; (Fig.) llevarse (un) chasco
Verkauf *m,* **¨e** enajenación *f*; colocación *f*; venta *f* **1.** ~ ***auf Raten***, ***gegen Teilzahlung*** venta a plazos; ~ ***mit Rückkaufrecht*** retroventa *f* **2.** ***zum ~ stehen*** estar de venta; ***zum*** ~ (***kommissionsweise***) a comisión; en consignación; ***zum ~ anbieten*** ofrecer, poner a la venta
verkaufen vender; enajenar; colocar; ***zu*** ~ se vende
Verkäufer *m,* **-** vendedor *m*; dependiente *m*
Verkäuferin *f,* **nen** vendedora *f*; dependienta *f*
Verkäuferschulung *f,* **en** formación *f,* capacitación *f* de vendedores
verkäuflich vendible; de, en venta; comerciable; ***leicht*** ~ de fácil venta, colocación; tener buena salida
Verkaufs- (Pref.) de la venta; de ventas
Verkaufs- und Einkaufsgenossenschaft *f,* **en** cooperativa *f* de compra y venta
Verkaufsabgabe *f,* **n** exacción *f,* impuesto *m* sobre la venta
Verkaufsabteilung *f,* **en** departamento *m,* servicio *m* de ventas

Verkaufsauftrag *m*, **¨e** orden *f* de venta
Verkaufsausstellung *f*, **en** venta-exposición *f*
Verkaufsautomat *m*, **en** expendedor *m*, distribuidor *m* automático
Verkaufsbedingungen *pl* condiciones *pl* de venta
Verkaufsbeleg *m*, **e** comprobante *m* de la compra
Verkaufsbuch n, **¨er** libro m de ventas
Verkaufsbüro *n*, **s** oficina *f* de venta
Verkaufschef *m*, **s** → Verkaufsleiter
Verkaufserlös *m*, **e** producto *m* de la(s) venta(s)
verkaufsfähig 1. vendible **2.** negociable
Verkaufsfähigkeit *f*, Ø **1.** vendibilidad *f* **2.** negociabilidad *f*
Verkaufsfläche *f*, **n** superficie *f* de venta
Verkaufsförderer *m*, **-** promotor *m* de ventas
verkaufsfördernd, *~e* ***Maßnahmen*** medidas *pl* de promoción de ventas
Verkaufsförderung *f*, Ø promoción *f* de ventas
Verkaufsgenossenschaft *f*, **en** cooperativa *f* de venta
Verkaufsgespräch *n*, **e** entrevista *f* vendedor-comprador; entrevista *f* dirigida a vender un producto
Verkaufshit *m*, **s** → Verkaufsschlager
Verkaufskommissionär *m*, **e** comisionista *m* de venta
Verkaufslager *n*, **-** almacén *m* de venta
Verkaufsleiter *m*, **-** jefe *m* del servicio de ventas
Verkaufslimit *n*, **s** precio *m* plafón
Verkaufslizenz *f*, **en** licencia *f* de venta
Verkaufsmethode *f*, **n** método *m* de venta
Verkaufsmonopol *n*, **e** monopolio *m* de venta
verkaufsoffen, *~er* ***Samstag*** sábado *m* en el que las tiendas están abiertas toda la jornada
Verkaufsoption *f*, **en** opción *f* de venta
Verkaufsorder *f*, **s** → Verkaufsauftrag
Verkaufsorganisation *f*, **en** organización *f* de ventas
Verkaufsplan *m*, **¨e** plan *m* de ventas
Verkaufspolitik *f*, Ø política *f* de ventas; estrategia *f* comercial
Verkaufspraktiken *pl* → Verkaufsmethode
Verkaufspreis *m*, **e** precio *m* de venta; ***den ~ berechnen*** calcular el precio de venta
Verkaufspsychologie *f*, Ø (p)sicología *f* de la venta
Verkaufsräume *pl* locales *pl* de venta; locales *pl* comerciales
Verkaufsrechnung *f*, **en** nota *f*, cuenta *f* de venta
Verkaufsrecht n, Ø derecho *m* de venta; ***ausschließliches ~*** monopolio *m*, exclusiva *f* de venta
Verkaufsschlager *m*, **-** éxito *m* de venta
Verkaufsstand *m*, **¨e** stand *m*; puesto *m*
Verkaufsstelle *f*, **n** punto *m*, centro *m* de venta; despacho *m*
Verkaufssteuer *f*, **n** impuesto *m* sobre la compraventa
Verkaufstechnik *f*, **en** técnica *f* de venta, comercialización
Verkaufstisch *m*, **e** mostrador *m*
Verkaufsurkunde *f*, **n** escritura *f*, acta *f* de venta
Verkaufsverbot *n*, **e** prohibición *f* de venta
Verkaufsversprechen *n*, **-** promesa *f* de venta
Verkaufsvertrag *m*, **¨e** contrato *m* de venta
Verkaufswerbung *f*, Ø publicidad *f* de ventas
Verkaufswert *m*, **e** valor *m* de venta
Verkaufswettbewerb *m*, Ø concurso *m* de ventas
Verkaufszahlen *pl* cifras *pl* de venta
Verkaufszeit *f*, **en** horas *pl* de venta (al público)
Verkaufszentrale *f*, **n** central *f* de venta
Verkaufsziffern *pl* → Verkaufszahlen
Verkehr *m*, Ø **1.** (Transp.) circulación *f*; transporte *m*; tráfico ***~ auf Rädern*** tráfico sobre neumáticos; ***dem ~ übergeben*** entregar a la circulación; poner en servicio **2.** (Com.) comercio *m*; circulación *f*; ***in ~ bringen*** poner en circulación; expender **3.** (Börse) ***amtlicher ~*** Bolsa *f*, cotización *f* oficial; ***außeramtlicher ~*** cotización *f* extraoficial; Bolsín *m*; ***freier ~*** mercado *m* libre
verkehren 1. circular; hacer el recorrido de; hacer el servicio entre **2.** tener relaciones con
Verkehrs- und Tarifverbund *m*, Ø sistema *m* combinado de transportes publicos y tarifas
Verkehrsabgabe *f*, **n** tasa *f* de circulación
Verkehrsachse *f*, **n** eje *m* de tráfico
Verkehrsader *f*, **n** arteria *f* de tráfico
Verkehrsampel *f*, **n** disco *m*; semáforo *m*; luz *f* reguladora del tráfico, de señalización
Verkehrsamt *n*, **¨er** oficina *f* de turismo

Verkehrsandrang *m,* Ø afluencia *f* de tráfico
verkehrsarm poco frecuentado; *~e Zeit* horas *pl* de escaso tráfico; horas *pl* valle
Verkehrsaufkommen *n,* Ø volumen *m* de tráfico
Verkehrsbeschränkungen *pl* restricciones *pl* del tráfico
Verkehrsbetrieb *m,* **e** empresa *f* de transportes; *~e* transportes *pl* colectivos
Verkehrsbüro *n,* **s** → Verkehrsamt
Verkehrsdelikt *n,* **e** delito *m* de la circulación
Verkehrsdichte *f,* Ø densidad *f,* intensidad *f* del tráfico
Verkehrsentlastung *f,* **en** descongestionamiento *m*
verkehrsfähig, *~e Papiere* títulos *pl* negociables
Verkehrsflugzeug *n,* **e** avión *m* comercial *od.* de línea
Verkehrsgewerbe *n,* Ø los transportes *pl*; industria *f* de transportes
verkehrsgünstig perfectamente comunicado, accesible
Verkehrsinsel *f,* **n** burladero *m*; refugio *m*; isla *f*
Verkehrskontrolle *f,* **n** control *m* de la circulación, del tráfico
Verkehrslinie *f,* **n** vía *f* de comunicación
Verkehrsluftfahrt *f,* Ø aviación *f* civil
Verkehrsministeri|um *n,* **-en** Ministerio *m* de Transportes y Comunicaciones
Verkehrsmittel *pl* medios *pl* de transporte; *öffentliche* ~ medios de transporte público
Verkehrsmittelfreiheit *f,* Ø libre utilización *f* de los medios de transporte
Verkehrsnetz *n,* **e** red *f* de transporte, de comunicaciones
Verkehrsordnung *f,* **(en)** código *m* de (la) circulación; *Verstoß gegen die* ~ violación *f* del código de (la) circulación
Verkehrsplanung *f,* **en** planificación *f* de la infraestructura vial y ferroviaria
Verkehrspolizist *m,* **en** agente *m,* guardia *m* de la circulación
verkehrsrechtlich relativo al derecho de la circulación
Verkehrsregel *f,* **n** norma *f,* regla *f* de la circulación
Verkehrsregelung *f,* **(en)** **1.** (durch Verkehrspolizist) regulación *f* del tráfico **2.** (durch Verkehrszeichen) señalización *f*
verkehrsreich frecuentado; de alta densidad de tráfico
Verkehrsrisik|o *n,* **-en** riesgo *m* de circulación
Verkehrsschild *n,* **er** → Verkehrszeichen
Verkehrssicherheit *f,* Ø seguridad *f* de la circulación
Verkehrsspitze *f,* Ø hora *f* punta, de tráfico máximo
verkehrsstark → verkehrsreich
Verkehrsstau *m,* **s** caravana *f*; atasco *m*; congestión *m,* embotellamiento *m* (del tráfico)
Verkehrsstauung *f,* **en** → Verkehrsstau
Verkehrssteuer *f,* **n** → Verkehrsabgabe
Verkehrsstockung *f,* **en** → Verkehrsstau
Verkehrsstörung *f,* **en** perturbación *f,* interrupción *f* del tráfico
Verkehrsstraße *f,* **n** vía *f* de comunicación *bzw.* de gran tráfico
Verkehrsstreife *f,* **n** patrulla *f*
Verkehrssünder *m,* - contraventor *m,* infractor *m* (de las normas de circulación)
Verkehrssünderkartei *f,* **(en)** (R.F.A.) Fichero *m* Central de Contravenciones de la Circulación; Registro *m* Central de Infractores (de tráfico) (en Flensburg)
Verkehrssystem *n,* **e** sistema *m,* régimen *m* de transporte
Verkehrsteilnehmer *m,* - usuario *m*; participante *m* en la circulación; persona *f* que circula por las vías públicas
Verkehrstote/r (der/ein) muerto *m* en accidente de circulación
Verkehrsträger *m,* - transportista *m*; empresa *f* de transportes públicos
Verkehrsübertretung *f,* **en** infracción *f* del Código de la Circulación, de las normas de la circulación
Verkehrsunfall *m,* **¨e** accidente *m* de tráfico, circulación
Verkehrsunfallflucht *f,* Ø → Unfallflucht
Verkehrsverband *m,* **¨e** **1.** → Verkehrsamt **2.** unión *f* de sindicatos de iniciativa
Verkehrsverbindung *f,* **en** comunicación *f*
Verkehrsverbot *n,* **e** paso *m* prohibido; ~ *für Fahrzeuge über eine bestimmte Breite* ancho *m* limitado
Verkehrsverbund *m,* Ø sistema *m* combinado de transporte
Verkehrsverein *m,* **e** → Verkehrsamt
Verkehrsvorschriften *pl* preceptos *pl*, código *m* de la circulación
Verkehrswerbung *f,* **en** publicidad *f* turística
Verkehrswert *m,* **e** valor *m* comercial, corriente de mercado

Verkehrswesen *n*, Ø los transportes *pl*
verkehrswidrig, ~ ***fahren*** conducir descuidando las reglas de circulación
Verkehrszählung *f*, **en** censo *m* del tráfico
Verkehrszeichen *n*, - señal *f* (de circulación)
verkettet enlazado; encadenado
verklagen poner pleito a; formar causa a; entablar demanda contra
verklappen vertir al mar
Verklappung *f*, **en** vertido *m* al mar
Verklarung *f*, **en** informe *m* de mar; protesta *f* de mar, del capitán; ~ ***belegen*** presentar protesta de mar
verklauseln → verklausulieren
verklausulieren 1. introducir cláusulas, restricciones (en) **2.** enredar
Verklausulierung *f*, **en** restricción *f*
verkleinern disminuir; reducir; empequeñecer
verkloppen (Fam.) → verhökern
verknappen volverse escaso; escasear
Verknappung *f*, (**en**) insuficiencia *f*; escasez *f*; ~ ***der Arbeitskräfte*** escasez de mano de obra
verknüpfen enlazar; conectar; vincular; acoplar; poner en función de
verkohlen carbonizar; reducir a carbón
verkoken coqueficar
Verkokung *f*, Ø coquefacción *f*
verkonsumieren consumir (Syn. ***konsumieren***)
verköstigen alimentar; dar comida a
verkraftbar soportable
verkraften 1. soportar; poder con; asumir; ***einen Verlust*** ~ asumir una pérdida **2.** electrificar una red
verkünden anunciar; hacer saber; publicar; dar a conocer; hacer público; ***das Urteil*** ~ hacer pública, pronunciar la sentencia; (Gesetz) promulgar; (amtlich) proclamar
verkürzen reducir; disminuir; acortar; (Geld) cercenar; escatimar
Verkürzung *f*, **en** reducción *f*; disminución *f*; acortamiento *m*; cerceriamiento *m*; ~ ***der Wochenarbeitszeit*** reducción de la semana laboral
Verlade- und Entladeeinrichtungen *pl* instalaciones *pl* de carga y descarga
Verladeanlage *f*, **n** instalación *f* de carga
Verladeanzeige *f*, **n** aviso *m* de expedición, de embarque
Verladebahnhof *m*, **¨e** estación *f* de carga
Verladebrücke *f*, **n** puente *m* de carga; puente *m* transbordador
Verladedatum *n*, Ø fecha *f* de expedición, de embarque, de carga
Verladedokumente *pl* documentos *pl* de expedición, de embarque
Verladeflughafen *m*, **¨** aeropuerto *m* de carga, de embarque
Verladegebühren *pl* gastos *pl* de carga, de embarque
Verladehafen *m*, **¨** puerto *m* de carga, embarque
Verladekosten *pl* → Verladegebühren
Verladekran *m*, **¨e** grúa *f* de carga
verladen, ***Güter*** ~ cargar, embarcar mercancías; (verfrachten) expedir; ***per Bahn*** ~ enviar por ferrocarril; ***in loser Schüttung*** ~ enviar a granel
Verladeort *m*, **e** lugar *m* de carga; plaza *f* de embarque
Verladepapiere *pl* → Verladedokumente
Verladeplatz *m*, **¨e** muelle *m*; cargadero *m*
Verlader *m*, - embarcador *m*; cargador *m*; expedidor *m*
Verladeschein *m*, **e** recibo *m* de carga, de embarque, de expedición
Verladetermin *m*, **e** → Verladedatum
Verladung *f*, **en** carga *f*; embarque *m*; ~ ***an Deck*** embarque sobre cubierta
Verlag *m*, **e** (casa *f*) editorial *f*; ***erschienen im*** ~ publicado por
verlagern dislocar; desplazar; transferir; (Ware) almacenar en otro lugar
Verlagerung *f*, **en** dislocación *f*; desplazamiento *m*; transferencia *f*; ~ ***der Kaufkraft*** transferencia del poder adquisitivo
Verlagsanstalt *f*, **en** editorial *f*; casa *m* editora
Verlagsbuchhandel *m*, Ø comercio *m* editorial
Verlagsbuchhändler *m*, - librero *m* editor
Verlagsbuchhandlung *f*, **en** librería *f* editorial
Verlagshaus *n*, **¨er** editorial *f*; casa *m* editorial
Verlagskatalog *m*, **e** catálogo *m* de publicaciones; catálogo *m* de libros (publicados)
Verlagskosten *pl* gastos *pl* de edición, de publicación
Verlagsrecht *n*, Ø derechos *pl* de impresión; propiedad *f* literaria
Verlagsunternehmen *n*, - → Verlagshaus
Verlagsvertrag *m*, **¨e** contrato *m* editorial
Verlagswerk *n*, **e** publicación *f*
Verlagswesen *n*, Ø **1.** sistema *m* editorial **2.** industria *f* editora; industria *f* editorial
Verlagszeichen *n*, - marca *f* del editor

verlangen demandar; exigir; pedir; reclamar; reivindicar; solicitar

Verlangen *n*, Ø demanda *f*; exigencia *f*; reivindicación *f*; deseo *m*; solicitud *f*; ***auf ~ des Kunden*** a solicitud, petición del cliente

verlängern prolongar; prorrogar; renovar; ***stillschweigend*** ~ renovar por acuerdo tácito

Verlängerung *f*, **en 1.** prolongación *f*; incremento *m*; ~ ***der Lebensdauer*** incremento de longevidad **2.** renovación *f*; prorrata *f*; prórroga *f*; reconducción *f*; ***ausdrückliche*** ~ renovación *f* expresa; ***stillschweigende*** ~ tácita reconducción *f*; renovación *f* tácita; ~ ***der Zahlungsfrist*** moratoria *f*

Verlängerungsklausel *f*, **n** cláusula *f* de renóvacion, prórroga

Verlängerungsprotokoll *n*, **e** protocolo *m* de prórroga

Verlängerungswoche *f*, **n** semana m de prórroga

verlangsamen, ***das Arbeitstempo*** ~ reducir la cadencia, el ritmo de trabajo; ***die Fahrt*** ~ moderar, retardar la marcha; ***das Wirtschaftswachstum verlangsamt sich*** se reduce, se de(sa)celera, se ralentiza el crecimiento económico

Verlangsamung *f*, Ø, ***saisonbedingte*** ~ ralentización *f*, deceleración *f* estacional; ~ ***des Preisanstiegs*** de(sa)celeración *m* de la subida de los precios

Verlassen *n*, Ø abandono *m*

verlassen abandonar; dejar; ***er verlässt unsere Firma auf eigenen Wunsch*** abandona nuestra empresa por su propio deseo; deja nuestra casa a petición propia

Verlauf *m*, Ø transcurso *m*; curso *m*; rumbo *m*; marcha *f*

Verlaufsschwankungen *pl* (Seg.) fluctuaciones *pl* de la siniestralidad

verlautbaren comunicar; divulgar; hacer público; declarar; ***amtlich wird verlautbart, dass*** se declara oficialmente que

Verlautbarung *f*, **en** divulgación *f*; notificación *f*; comunicado *m*; ***amtliche*** ~ comunicado oficial; ***gemeinsame*** ~ comunicado conjunto

verlauten → verlautbaren

Verleaser *m*, - arrendador *m* (en el marco del arrendamiento financiero)

verlegen 1. editar; publicar **2.** desplazar; transferir; trasladar **3.** aplazar; postergar **4.** (Kabel) tender; colocar **5.** ***etw.*** ~ traspapelar; extraviar

Verleger *m*, - editor *m*

Verlegung *f*, **en 1.** desplazamiento *m*; transferencia *f*; traslado *m*; ~ ***der Geschäftsräume*** cambio *m* de local; ~ ***des Gesellschaftssitzes*** traslado de la sede social **2.** aplazamiento *m*; postergación *f* **3.** (Kabel) tendido *m*

Verleih *m*, **e 1.** (servicio *m* de) préstamo *m* **2.** (empresa *f* de) colocación *f*; ~ ***von Arbeitskräften*** cesión *f* de mano de obra

verleihen 1. prestar; dar en préstamo **2.** alquilar **3.** (Fig.) otorgar; conceder; investir de

Verleiher *m*, - **1.** comodante *m* **2.** (beim Leiharbeitsverhältnis) cedente *m* **3.** alquilador *m* **4.** prestador *m*

Verleihfirma *f*, en (bei Arbeitnehmerüberlassung) agencia f de empleo temporal

Verleihung *f*, **(en) 1.** préstamo *m* **2.** alquiler *m* **3.** otorgamiento *m*; concesión *f*; adjudicación *f*

verlesen dar lectura a

verletzen 1. lesionar; herir **2.** violar; infringir; contravenir

Verletzung *f*, **en 1.** lesión *f*; herida *f* **2.** violación *f*; inobservancia *f*; contravención *f*; ~ ***der Amtspflichten*** prevaricación *f*; ~ ***des Amtsgeheimnisses*** violación del secreto de funcionario; ~ ***der diplomatischen Treuepflicht*** lesión del deber de lealtad diplomática; ~ ***der Geheimhaltungspflicht*** revelación *f* de secretos documentarios

verleumden calumniar; difamar; denigrar

Verleumdung *f*, **en** calumnia *f*; difamación *f*; detracción *f*

Verleumdungsklage *f*, **n** querella *f* por calumnia

verlieren, ***an Wert*** ~ depreciarse, perder valor; ***Kundschaft*** ~ perder clientes, perder clientela, perder negocio; ***seine Stellung*** ~ perder su empleo, su puesto de trabajo, su colocación; ***den Ruhegehaltsanspruch*** ~ perder el derecho a pensión

Verlierer *m*, - perdedor *m*

verlockend, ***~es Angebot*** oferta *f* tentadora, atractiva, seductora

verlosbar, ***~e Wertpapiere*** valores *pl* amortizables por sorteo

verlost, ***~e Wertpapiere*** títulos *pl* sorteados para amortización

Verlosungsliste *f*, **n** lista *f* de sorteo

Verlust *m,* **e** pérdida *f*; déficit *m*; (Schaden) daño *m*; daños y perjuicios *pl*; ~ ***erleiden, gutmachen, zufügen*** sufrir, reparar, causar una pérdida, daño

Verlust- und Gewinnkont|o *n,* **-en** → Verlust- und Gewinnrechnung

Verlust- und Gewinnrechnung *f,* **en** cuenta *f* de pérdidas y ganancias; cuenta *f* de resultados

Verlustabschluss *m,* **¨e** → Verlustbilanz

Verlustanmeldung *f,* **en** declaración *f* de pérdida

Verlustanzeige *f,* **n** aviso *m,* declaración *f* de pérdida

Verlustanzeigen *pl* (in Zeitung) objetos perdidos *pl*

Verlustbetrieb *m,* **e** empresa *f* deficitaria; empresa *f* que trabaja con pérdida

Verlustbilanz *f,* **en** balance *m* deficitario

verlustbringend → verlustreich

Verlustdeckung *f,* **(en)** cobertura f del déficit

Verlustfall *m,* **¨e,** ***im*** ~ en caso de pérdida

Verlustgemeinschaft *f,* **en** masa *f* de acreedores

Verlustgeschäft *n,* **e** negocio *m* deficitario

verlustig, ***eines Rechtes ~ gehen*** perder un derecho

Verlustjahr *n,* **e** año *m,* ejercicio *m* deficitario

Verlustkont|o *n,* **-en** cuenta *f* deficitaria, pasiva; ***auf das ~ setzen*** dar por perdido

Verlustliste *f,* **n** lista *f* de bajas

Verlustmeldung *f,* **en** parte *m,* aviso *m* de pérdida

Verlustnachweis *m,* **e** (Seg.) comprobación *f* de una pérdida

Verlustpreis *m,* **e** precio *m* deficitario, ruinoso

Verlustquote *f,* **n** porcentaje *m* de pérdida

verlustreich deficitario; perjudicial; ***~es Geschäft*** negocio *m* ruinoso; ***~es Jahr*** año *m* de grandes pérdidas; ejercicio *m* con pérdidas cuantiosas

Verlustrücktrag *m,* **¨e** traslado *m* de pérdidas a ejercicios anteriores

Verlustsald|o *m,* **-en** saldo *m* pasivo; balance *m* deficitario

Verlustschein *m,* **e** certificado *m,* atestado *m* de pérdida

verlustträchtig → verlustbringend

Verlustübernahme *f,* **n** asunción *f* de la(s) pérdida(s)

Verlustumlage *f,* **n** reparto *m,* distribución *f,* prorrateo *m* de las pérdidas

Verlustverkauf *m,* **¨e** venta *f* con pérdida

Verlustverrechnung *f,* **en,** ~ ***mit den früheren oder späteren Jahren*** traslado *m* de pérdidas a ejercicios anteriores o a ejercicios futuros

Verlustvortrag *m,* **¨e** transporte *m* a cuenta nueva de las pérdidas

Verlustzuweisung *f,* **en** asignación *f* de pérdidas

vermachen legar; testar

Vermächtnis *n,* **se** manda *f*; testamento *m*; legado *m*; ***bedingtes*** ~ legado condicional; ***befristetes*** ~ legado a plazo; ~ ***eines Sachinbegriffs*** legado de universalidad; ~ ***einer Schuldbefreiung*** legado de liberación

Vermächtnisnehmer *m,* **-** legatario *m*

vermarken amojonar; deslindar; ahitar

vermarkten comercializar

Vermarktung *f,* **(en)** comercialización *f*; distribución *f*

Vermarktungskosten *pl* gastos *pl* de comercialización, de distribución

Vermarktungspolitik *f,* Ø política *f* de comercialización, distribución

Vermarkung *f,* Ø deslinde *m*; amojonamiento *m*

vermehren aumentar; ampliar; acrecentar; incrementar; multiplicar; propagar

Vermehrung *f,* **en** aumento *m*; incremento *m*; ampliación *f*; acrecentamiento *m*; multiplicación *f*; propagación *f*

Vermeidbarkeit *f,* Ø evitabilidad *f*

Vermeidung *f,* **en** evitación *f*; prevención *f*

Vermerk *m,* **e** nota *f*; mención; observación *f*; ***mit ~ im Protokoll*** con mención, observación en el protocolo

vermerken anotar; tomar nota de

vermerkt, ***wenn nichts anderes ~ ist*** salvo observación en contrario

vermieten alquilar; dar en alquiler; arrendar; ceder en arriendo; ***zu ~ sein*** estar por alquilar; ***Zimmer zu*** ~ se alquila

Vermieter *m,* **-** arrendador *m*; alquilador *m*

Vermieterpfandrecht *n,* Ø derecho *m* de prenda del arrendador

Vermietung *f,* **en** alquiler *m*; alquilamiento *m*; arrendamiento *m* (urbano); (Schiff) fletamento *m*

vermindern disminuir; reducir; aminorar; mermar

Verminderung *f,* **en** reducción *f*; disminución *f*; aminoración *f*; merma *f*; menoscabo *m*

Vermischung *f,* Ø, ***durch Verbindung oder ~ erwerben*** adquirir por accesión
vermitteln **1.** intervenir; servir de mediador **2.** procurar; proporcionar; facilitar; agenciar
Vermittler *m,* - mediador *m*; intercesor *m*; (Seg.) productor *m*; (amtlich) interventor *m*; (Com.) intermediario *m*; (Makler) corredor *m*; agente *m*; comisionista *m*
Vermittlerprovision *f,* **en** comisión *f*
Vermittlerrolle *f,* **n** papel *m* de intermediario; ***die ~ spielen*** servir de intermediario
Vermittlung *f,* **en** **1.** (Teléf.) central *f,* centralita *f* telefónica **2.** mediación *f*; "buenos oficios" *pl*; intervención *f*; ***durch ~ von jdm.*** por intervención de alg.; por conducto de alg.; ***~ von Arbeitskräften*** intermediación *f* de mano de obra; colocación *f* de mano de obra; ***durch ~ der Handelskammer*** por intermediación de, por conducto de la cámara de comercio; ***~ von Geschäften*** procuración *f* de negocio; correduría *f* de negocio, adquisición *f* de negocio (para terceros); ***durch jds. ~ abgeschlossene Verkäufe*** ventas *pl* efectuadas por mediación de alg.
Vermittlungsamt *n,* **¨er** (Teléf.) central *f* de teléfonos
Vermittlungsausschuss *m,* **¨e** comisión *f* mediadora, de mediación; comisión *f* mixta
Vermittlungsbüro *n,* **s** agencia *f* de colocaciones
Vermittlungsgebühr *f,* **en** comisión *f* (de intermediario); corretaje *m*
Vermittlungsgeschäft *n,* **e** (negocio *m* de) corretaje *m*
Vermittlungsprovision *f,* **en** → Vermittlungsgebühr
Vermittlungsstelle *f,* **n** **1.** centro *m* de intercambio **2.** (Teléf.) central *f* (de comunicaciones)
Vermögen *n,* - fortuna *f*; patrimonio *m*; bienes *pl*; ***herrenloses ~*** bienes vacantes; ***unbewegliches ~*** patrimonio inmueble
vermögend, ***sehr ~ sein*** ser muy acaudalado; ser una persona con mucha fortuna; ser una persona muy pudiente, muy adinerada
Vermögensabgabe *f,* **n** impuesto *m* sobre los bienes muebles **e** inmuebles
Vermögensabschätzung *f,* **en** evaluación *f*; tasación *f* de los bienes
Vermögensabtretung *f,* **en** cesión *f* de bienes
Vermögensangabe *f,* **n** declaración *f* de los bienes, del patrimonio
Vermögensangelegenheiten *pl* asuntos *pl* financieros; asuntos *pl* patrimoniales; ***seine ~ besorgen*** ocuparse de los asuntos de su propiedad
Vermögensanlage *f,* **n** inversión *f* patrimonial, de fondos, de capitales
Vermögensanmeldung *f,* **en** declaración *f* de bienes
Vermögensanteil *m,* **e** participación *f* patrimonial
Vermögensaufnahme *f,* Ø tasación *f* de bienes
Vermögensaufspaltung *f,* Ø diversificación *f,* dispersión *f* del patrimonio (Syn. ***Anlagenstreuung***)
Vermögensaufstellung *f,* **en** estado *m* de la fortuna
Vermögensauseinandersetzung *f,* **en** liquidación *f* de bienes
Vermögensberater *m,* - consejero *m* de inversiones; consultor *m* financiero; asesor *m*, consultor *m* en colocaciones (financieras)
Vermögensberatung *f,* Ø asesoría *f,* consultoría *f* en colocaciones (del patrimonio); asesoría f de inversiones
Vermögensbeschlagnahme *f,* Ø → Vermögenseinziehung
Vermögensbesitz *m,* Ø posesión *f* de bienes
Vermögensbestand *m,* Ø activo *m*; estado *m* de bienes
Vermögensbesteuerung *f,* Ø imposición *f* sobre los bienes, sobre la propiedad; tributación *f* en concepto de patrimonio
Vermögensbewertung *f,* **en** evaluación *f* de los bienes, de la fortuna
Vermögensbilanz *f,* **en** balance *m* de situación; balance *m* del activo y del pasivo
Vermögensbildung *f,* **en** formación *f* de capital, de patrimonio
Vermögenseinkommen *n,* - renta *f* del capital; renta *f* no salarial; renta *f* patrimonial
Vermögenseinkünfte *pl* ingresos *pl* patrimoniales, del capital
Vermögenseinziehung *f,* **en** confiscación *f* de bienes
Vermögensertrag *m,* **¨e** **1.** ingresos *pl* sobre inversiones; ingresos pl por inversiones **2.** producto *m* de las inversiones, rendimiento *m* del capital
Vermögenshaftung *f,* Ø responsabilidad *f* patrimonial

Vermögenslage *f,* Ø situación *f,* posición *f* financiera; status *m* financiero; ~ ***eines Konzerns*** patrimonio *m* neto de un grupo
Vermögensliquidation *f,* **en** liquidación *f* de bienes
Vermögensmasse *f,* **n** masa *f* de bienes
Vermögensminderung *f,* Ø reducción *f,* disminución *f* del patrimonio
Vermögensnachweis *m,* **e** declaración *f* del patrimonio, de la fortuna; estado *m* de bienes a declarar
Vermögenspolitik *f,* Ø política *f* dirigida a favorecer el ahorro y la formación de patrimonio en manos de los asalariados
Vermögenspolster *n,* - fortuna *f* confortable; reserva *f* financiera; reservas *pl* de dinero, divisas, etc.
vermögens-rechtlich jurídico-patrimonial
Vermögensschaden *m,* ¨ daño *m* pecuniario; pérdida *f* pecuniaria; perjuicio *m* a la propiedad, al patrimonio
Vermögensschäden *pl* (Seg.) daños *pl*, perjuicios *pl* patrimoniales
Vermögensschichtung *f,* **en** clasificación *f* de bienes
Vermögensstand *m,* Ø → Vermögenslage
Vermögenssteuer *f,* **n** impuesto *m* sobre el patrimonio
Vermögensstruktur *f,* **en**, ~ ***eines Unternehmens*** activo y pasivo de una empresa
Vermögensübergang *m,* Ø cesión *f,* entrega *f* de bienes; cesión *f* de activo
Vermögensübersicht *f,* Ø → Vermögensbilanz
Vermögensübertragung *f,* **en** transmisión *f* patrimonial; transmisión *f* del patrimonio, de bienes
Vermögensumschichtung *f,* **en** reposicionamiento *m,* reagrupación *f* patrimonial; (mejor) repartición *f* de la fortuna; (mejor) reparto *m* de los bienes; recomposición *f* de los bienes
Vermögensverhältnisse *pl* → Vermögenslage
Vermögensverlust *m,* **e** pérdida *f* de bienes
Vermögensverschiebung *f,* **en** desplazamiento *m* patrimonial
Vermögensverwalter *m,* - administrador *m* fiduciario; (für Rechtsunfähige) curador *m*
Vermögensverwaltung *f,* **en** administración *f* de bienes, del patrimonio; gestión *f* económica; (Jur.) curaduría *f*
Vermögensverwaltungsdepot *n,* **s** depósito *m* de administración de bienes
Vermögensverzeichnis *n,* **se** inventario *m* (total) del patrimonio
Vermögensvorteil *f,* (**e**) lucro *m*, provecho *m*, beneficio *m* patrimonial
Vermögenswerte *pl* valores *pl* de capital; ***illiquide*** ~ valores inmovilizados
vermögenswirksam que favorece el ahorro; que promueve la formación de capital; ***~e Leistungen*** prestaciones *pl* del empleador para la promoción del ahorro de los trabajadores; pagos *pl* del patrono para la formación de capital en manos de los asalariados; ***~e Maßnahmen*** medidas *pl* para relanzar el ahorro; ***~es Sparen*** ahorro *m* de los asalariados subvencionado por el empleador y por el Estado
Vermögenszusammenbruch *m,* Ø bancarrota *f* patrimonial
Vermögenszuwachs *m,* Ø incremento *m* de los bienes, del patrimonio
Vermögenszuwachssteuer *f,* (**n**) impuesto *m* sobre el aumento del patrimonio
Vermutung *f,* **en**, ~ ***des Todes, des Überlebens*** presunción *f* de fallecimiento, de supervivencia; ***rechtliche (gesetzliche), tatsächliche*** ~ presunción *f* de derecho, de hecho
vernehmen, ***Zeugen*** ~ tomar declaración; oír a testigos; ***unter Eid*** ~ interrogar, oír bajo juramento
verneinend, ~ ***antworten*** contestar, responder negativamente
Verneinungsfall, ***im*** ~ en caso de una respuesta negativa
vernetzen (Inform.) conectar a una red (informática); interconectar; constituir una red
Vernetzung *f,* Ø (Fam.) (inter)conexión *f* en redes; conexión *f* entre redes
vernichten, ***die Ware*** ~ destruir la mercancía
Vernichtungswettbewerb *m,* Ø → Verdrängungswettbewerb
vernünftig, ***~er Preis*** precio *m* razonable, adecuado
Verödung *f,* **en** asolamiento *m*; despoblación *f*
veröffentlichen publicar; hacer público
Veröffentlichung *f,* **en** publicación *f*; (eines Gesetzes) promulgación *f*
Veröffentlichungspflicht *f,* **en** deber *m* de publicación, de promulgación
Veröffentlichungsrecht *n,* **e** derecho *m* de publicación
verordnen decretar; ordenar; disponer

Verordnung *f,* **en** disposición *f;* ordenanza *f;* ***dringliche ~*** ordenanza de urgencia; (CE) reglamento *m;* decreto *m;* ***gesetzesvertretende ~*** decreto-ley *m*
Verordnungsblatt *n,* **¨er** diario *m* oficial; gaceta *f*
Verordnungsgewalt *f,* Ø poder *m* reglamentario
Verordnungsweg, ***auf dem ~*** por disposición del gobierno; por vía reglamentaria; por decreto
verpachten arrendar; ceder; dar en arriendo, arrendamiento
Verpächter *m,* - arrendador *m*
Verpachtung *f,* **en** arriendo *m;* arrendamiento *m*
verpacken embalar; empaquetar
Verpackung *f,* **en** envase *m;* empaque *m;* embalaje *m;* ***einschließlich ~*** incluido embalaje; ***seemäßige ~*** embalaje marítimo
verpackungsfrei sin embalaje
Verpackungsgewicht *n,* (**e**) tara *f*
Verpackungskosten *pl* gastos *pl* de embalaje
Verpackungsmaschine *f,* **n** máquina *f* de embalar, de mpaquetar
Verpackungsmaterial *n,* **ien** material *m* de embalaje
verpesten → verschmutzen
Verpestung *f,* **en** → Verschmutzung
verpfänden pignorar; empeñar; dar en garantía; hipotecar
Verpfänder *m,* - deudor *m* prendario; pignorante *m*
verpfändet, ***in erster Hypothek ~*** pignorado en primera hipoteca
Verpfändung *f,* **en** pignoración *f;* empeño *m*
Verpfändungsklausel *f,* **n** cláusula *f* de pignoración; ***negative ~*** cláusula de pignoración negativa
Verpfändungsvertrag *m,* **¨e** contrato *m* de prenda
Verpflegung *f,* **en** manutención *f;* ***~ und Unterkunft*** manutención y alojamiento; ***volle ~*** pensión *f* completa
Verpflegungsgelder *pl* asistencias *pl*
Verpflegungskosten *pl* gastos *pl* de manutención
verpflichten obligar; comprometer; ***eidlich ~*** juramentar; ***vertraglich ~*** contratar
verpflichtend obligatorio; vinculante; que compromete
Verpflichtung *f,* **en** **1.** compromiso *m;* deber *m;* obligación *f* **2.** ***~ der Nichtwiederausfuhr*** obligación de no reexportación **3.** ***finanzielle ~en eingehen*** contraer obligaciones financieras; ***sich finanziellen ~ entziehen*** sustraerse a, no cumplir, faltar a sus obligaciones, compromisos financieros; ***den ~en bei Fälligkeit nachkommen*** cumplir las obligaciones a su vencimiento; ***seinen ~en nachkommen*** atender a, cumplir sus obligaciones **4.** ***~en*** (Com.) pasivo *m*
Verpflichtungsgeschäft *n,* **e** negocio *m* jurídico obligacional
Verpflichtungskredit *m,* **e** crédito *m* de garantía
Verpflichtungsschein *m,* **e** certificado *m,* reconocimiento m de deuda
verpfründen (CH) ceder u/c a alg. con carácter vitalicio
verpfuschen (Fam.) chapucear; echar a perder
verplanen **1.** introducir en la planificación **2.** ***sich ~*** equivocarse en sus planificaciones
verplempern (Fam.) → verschwenden
verplomben precintar (camiones, vagones, contenedores, etc.)
Verplombung *f,* **en** precinto *m*
verprassen (Fam.) derrochar; desperdiciar; malgastar
Verproviantierung *f,* Ø provisión *f* de víveres; avituallamiento *m;* aprovisionamiento *m;* abastecimiento *m*
verpulvern (Fam.) → verschwenden
verramschen (Fam.) malvender; baratear
Verramschung *f,* Ø (Fam.) saldos *pl;* liquidación *f* a precio muy bajo
verrechnen **1.** poner en cuenta; abonar *bzw.* cargar en cuenta; pasar (a cuenta); imputar (Syn. ***buchen, verbuchen***) **2.** compensar; saldar; ***die Gewinne mit den Verlusten ~*** compensar las pédidas con las ganancias **3.** ***sich ~*** cometer un error de cálculo; ***er hat sich um DM 100.- verrechnet*** se ha equivocado en 100 marcos **4.** (Fam.) llevarse un chasco
Verrechnung *f,* **en** **1.** imputación *f;* abono *m* *bzw.* cargo *m* en cuenta **2.** (Vermerk auf Schecks) ***nur zur ~*** (cheque) para abonar en cuenta **3.** compensación *f;* clearing *m*
Verrechnungsabkommen *n,* - acuerdo *m* de compensación
Verrechnungseinheit *f,* **en** (VE) unidad *f* de cuenta
Verrechnungsfonds *m,* - fondo *m* de compensación
Verrechnungsgeschäft *n,* **e** operación *f* de compensación, de clearing

Verrechnungskasse *f,* **n** caja *f* de compensación
Verrechnungskont|o *n,* **-en** cuenta *f* de compensación, de clearing
Verrechnungskurs *m,* **e** tipo *m* de compensación
Verrechnungsscheck *m,* **s** cheque *m* cruzado, barrado, para abono en cuenta, de compensación
Verrechnungsstelle *f,* **n** cámara *f* de compensación; clearinghouse *m*
Verrechnungssteuer *f,* **n** (CH) impuesto *m* sobre la renta de capital
Verrechnungssystem *n,* **e** sistema *m* de compensación, de clearing
Verrechnungsverfahren *n,* - procedimiento *m* de clearing, de compensación; ***im*** ~ por medio de clearing
Verrechnungswährung *f,* **en** moneda *f* de cuenta
verrenten pasar al régimen pasivo
Verrentung *f,* **en** pase *m* al régimen pasivo; jubilación *f*; ***frühzeitige*** ~ jubilación anticipada
verrichten ejecutar; hacer; ejercer; cumplir; desempeñar
Verrichtung *f,* **en** ejecución *f*; cumplimiento *m*; desempeño *m*
Verrichtungsgehilfe *m,* **n** (Jur.) auxiliar *m*
verringern reducir; disminuir; amenguar; aminorar; (Preis) rebajar; ***das Arbeitstempo*** ~ reducir el ritmo de trabajo
Verringerung *f,* **en** reducción *f*; disminución *f*; (Preis) rebaja *f*; ~ ***der Larmbelästigung*** disminución del ruido; ~ ***des Personalbestandes*** reducción de plantilla
versagen 1. fallar **2.** rehusar; negar
Versagen *n,* Ø fallo *m*; ~ ***der Einrichtungen, technisches*** ~ fallo *m* de los mecanismos
versammeln reunir; juntar; congregar; ***sich*** ~ reunirse; (LA) sesionar
Versammlung *f,* **en** reunión *f*; asamblea *f*; junta *f*; mitin *m*; congreso *m* **1.** (Europarat) ***Beratende*** ~ Asamblea Consultiva; ***Gemeinsame*** ~ (später Europäisches Parlament) Asamblea Común (hoy; Parlamento Europeo); ***verfassungsgebende*** ~ asamblea constituyente **2.** ***eine*** ~ ***einberufen*** convocar una asamblea
Versammlungsfreiheit *f,* Ø libertad *f* de reunión
Versammlungsteilnehmer *m,* - congresista *m*; asambleista *m*; participante *m* en una reunión
Versand *m,* Ø envío *m*; remesa *f*; expedición *f*; despacho *m*; ~ ***ins Haus*** envío a domicilio
Versandabfertigung *f,* **en** facturación *f* de salidas
Versandabteilung *f,* **en** sección *f,* departamento *m* de expedición, despacho
Versandanmeldung *f,* **en** (EU) declaración *f* de tránsito (UE)
Versandanweisung *f,* **en**, ***dem Verkäufer ~en erteilen*** dar al vendedor instrucciones de envío, de embarque
Versandanzeige *f,* **n** aviso *m,* anuncio *m* de expedición, de envío, de despacho
Versandaufgabe *f,* **n** → Versandanzeige
Versandbahnhof *m,* **¨e** estación *f* expedidora, de embarque
Versandbedingungen *pl* condiciones *pl* de envío
Versandbehälter *m,* - contenedor m
versandbereit → versandfertig
Versandbeutel *m,* - bolsa *f* para muestras
Versandbuchhandel *m,* Ø venta *f* de libros por, sobre catálogo
Versanddokumente *pl* documentos *pl* de expedición, de envío
Versanderklärung *f,* **en** declaración *f,* nota *f* de expedición; (LA) nota *f* de remisión
versandfähig transportable; enviable; embarcable
Versandfaktur|a *f,* **-en** factura *f* pro-forma
Versandfass *n,* **-¨er** barril *m* de transporte
versandfertig listo para el embarque, para el envío
Versandfirm|a *f,* **-en 1.** casa *f* expedidora **2.** casa *f* de venta por correspondencia
Versandgebühren *pl* derechos *pl* de expedición
Versandgefäß *n,* **e** envase *m* de transporte
Versandgeschäft *n,* **e** casa *f* de venta por correspondencia
Versandgewicht *n,* Ø peso *m* de expedición; peso *m* a embarcar, a enviar
Versandgut *n,* **¨er** mercancía *f* a expedir
Versandhandel *m,* Ø venta *f* por correspondencia, por correo
Versandhandelsunternehmen *n,* - → Versandgeschäft
Versandhaus *n,* **¨er** → Versandgeschäft
Versandhaushandel *m,* Ø comercio *m* de venta por correo; comercio *m* de venta por correspondencia, por catálogo
Versandhauswerbung *f,* Ø publicidad *f* por correo, por correspondencia; (Fam.) buzoneo *m*

Versandkatalog *m,* **e** catálogo *m* de venta por correspondencia
Versandkauf *m,* **¨e** compra *f bzw.* venta *f* por correspondencia
Versandkiste *f,* **n** caja *f* de embalaje; (LA) cajón *m* de embalaje
Versandkosten *pl* gastos *m* de envío
Versandland *m,* **¨er** país *m* de embarque; país *m* de origen; país *m* de expedición
Versandliste *f,* **n** 1. lista *f* de bultos; lista *f* de envases 2. lista *f* de direcciones
Versandmuster *n,* **-** prueba *f* de envío
Versandort *m,* **e** lugar *m* de expedición; punto *m* de envío
Versandpackung *f,* **en** embalaje *m* de envío
Versandpapiere *pl* documentos *pl* de expedición, transporte, envío
Versandprobe *f,* **n** → Versandmuster
Versandrechnung *f,* **en** → Versandfaktura
Versandschaden *m,* **¨** daño *m*, siniestro *m* de transporte
Versandschein *m,* **e** talón *m*, nota *f* de envío
Versandschuppen *m,* **-** muelle *m*, cobertizo *m* de expedición
Versandstelle *f,* **n** → Versandabfertigung
Versandvorschriften *pl* instrucciones *pl* para el envío
Versandwechsel *m,* **-** letra *f* sobre otra plaza
Versandzettel *m,* **-** → Versanderklärung
Versatz *m,* Ø (Vorgang) empeño *m*; (Stück) prenda *f*; ***in ~ geben*** dar en prenda; empeñar
Versatzamt *n,* **¨er** (A) Monte *m* de Piedad; (LA) montepío *m*; casa *f* de empeños
Versatzstück *n,* **e** prenda *f*; objeto *m* empeñado; objeto *m* pignorado
versäumen descuidar; desatender; faltar a; omitir; no llegar a tiempo
Versäumnis *n,* **se** **1.** falta *f*; negligencia *f*; omisión *f*; descuido *m* **2.** ***~ der Lieferfrist*** demora *f* en la entrega
Versäumnisurteil *n,* **e** sentencia *f* de, en rebeldía
verschachern (Fam.) trapichar; hacer dinero con a/c
verschachteln cruzar participaciones sociales; participar en (el capital de) otra sociedad; formar trusts; concentrar
Verschachtelung *f,* **en** participación *f* de sociedades en el capital de otras sociedades; participación *f* cruzada, recíproca; concentración *f* con la toma de participaciones; ***~ von Unternehmen*** interdependencia *f* de empresas
verschaffen procurar; proporcionar; facilitar; conseguir; agenciar; ***eine Stelle ~*** intermediar un puesto de trabajo
Verschaffungsvermächtnis *n,* **se** legado *m* de cosa ajena
verschärfen agravar; intensificar; ***sich ~*** agudizar; agravarse
Verschärfung *f,* **en** agravación *f*; exacerbación *f*; agudización *f*; ***~ des Wettbewerbs*** recrudecimiento *m* de la competencia
verschenken dar de regalo; regalar; dar en obsequio
verscherbeln (Fam.) vender a un precio ruinoso
verscheuern (Fam.) → verscherbeln
verschicken mandar; enviar; remitir; expedir; despachar
Verschickung *f,* **en** envío *m*; expedición *f*
Verschiebebahnhof *m,* **¨e** estación *f* de maniobra
verschieben **1.** aplazar; postergar; diferir **2.** remover; cambiar de sitio; dislocar; trasladar **3.** (Ferr.) hacer maniobras (de formación) **4.** vender bajo mano; vender clandestinamente
Verschiebung *f,* **en** **1.** aplazamiento *m*; postergación *f* **2.** desplazamiento *m*; dislocación *m*; cambio *m* de sitio; traslación *f* **3.** venta *f* bajo mano, clandestina
verschieden distinto; diferente; desigual; ***aus ~en Fachgebieten*** interdisciplinario
Verschiedenes "varios", "cuestiones diversas"
Verschiedenheit *f,* Ø, ***~ im Preis*** diferencia *f* en el precio
verschiffen embarcar; transportar por vía fluvial *bzw.* marítima
Verschiffer *m,* **-** cargador *m*; embarcador *m*
Verschiffung *f,* **(en)** embarque *m*; transporte *m*; (Sendung) remesa *m*; expedición *f*
Verschiffungsauftrag *m,* **¨e** orden *m* de embarque
Verschiffungsdokumente *pl* (juego *m* de) documentos *pl* de embarque
Verschiffungsgewicht *n,* **e** peso *m* de embarque
Verschiffungshafen *m,* **¨** puerto *m* de embarque
Verschiffungskosten *pl* gastos *pl* de embarque
Verschiffungspapiere *pl* documentos *pl* de embarque
Verschiffungsprovision *f,* **en** comisión *f* de embarque

verschlechtern empeorar; deteriorar; menoscabar; desmejorar; mermar; (Luft) enrarecer; ***sich*** ~ empeorarse; deteriorarse
Verschlechterung *f,* **en** deterioro *m*; empeoramiento *m*; deterioramiento *m*; degradación *f*; menoscabo *m*; (Luft) enrarecimiento *m*
verschleiern encubrir; ocultar; disimular
Verschleierung *f,* **en** encubrimiento *m*; disimulación *f*; disimulo *m*; ocultación *f*; ~ ***von Gewinn*** ocultación de beneficios; ~ ***der Vermögens- und Einkommenslage*** disimulación de la situación patrimonial y de los ingresos
Verschleierungstaktik *f,* **en** táctica *f* de disimulación
Verschleiß *m,* Ø **1.** desgaste *m*; usura *f*; deterioro *m* **2.** (A) venta *f*
verschleudern 1. vender a precio vil, ruinoso **2.** despilfarrar, dilapidar; desperdiciar
Verschleuderung *f,* **(en) 1.** venta *f* a precios ruinosos **2.** desperdicio *m*; disipación *f*
verschließbar cerradizo; con llave; con cerradura; con cierre
verschlimmern → verschlechtern
verschlingen devorar; consumir, exigir; ***viel Energie*** ~ consumir mucha energía
verschlossen, ***bei ~en Türen*** a puerta cerrada
Verschluss *m,* **¨e** cierre *m*; (Zoll) precinto *m*; ***einen ~ anlegen*** poner un precinto; ***unter*** ~ bajo llave; (Zoll) precinto; ***unter zollamtlichem*** ~ precintado
verschlüsseln cifrar; poner en clave
verschlüsselt en clave; en cifra; cifrado
Verschlüsselung *f,* **en** cifrado *m*
Verschluss-Sache *f,* **n** documento *m* confidencial; "reservado"
verschmelzen (Com.) fusionar; ***sich*** ~ (Com.) fusionarse
Verschmelzung *f,* **en** (Com.) fusión *f* (de empresas)
verschmerzen, ***einen Verlust*** ~ consolarse, resarcirse de una pérdida
verschmutzen apestar; ensuciar; contaminar; ***die Umwelt*** ~ contaminar el medio ambiente
Verschmutzer *m,* - contaminador m; autor *m,* causante m de la contaminación
Verschmutzung *f,* **en** ensuciamiento *m*; contaminación *f*; ~ ***der Luft*** contaminación atmosférica; ~ ***der Umwelt*** contaminación del medio ambiente; polución *f*
Verschmutzungsgrad *m,* **(e)** nivel m de contaminación
verschrotten desguazar
verschulden causar; ser responsable; hacerse culpable de; ***sich*** ~ endeudarse; contraer deudas (con)
Verschulden *n,* Ø culpabilidad *f*; responsabilidad *f*; culpa *f*; ***mitwirkendes*** ~ coexistencia *f* de culpa (por parte del perjudicado)
Verschuldenshaftung *f,* **en** (Seg.) responsabilidad *f* de culpabilidad; responsabilidad *f* culpable
verschuldet 1. culpable **2.** ~ ***sein*** estar endeudado; tener deudas; ***stark ~ sein*** estar cargado de deudas
Verschuldung *f,* Ø deuda *f* contraída; (Haus) gravamen *m* hipotecario; endeudamiento *m*; ***kurzfristige***, ***langfristige*** ~ endeudamiento a corto, a largo plazo
verschweigen, ***arglistig*** ~ silenciar dolosamente; ocultar con dolo; ***die Wahrheit*** ~ ocultar, callar, silenciar la verdad
verschwenden despilfarrar; dilapidar; derrochar; disipar; prodigar; (Kraft, Zeit) desperdiciar
Verschwendung *f,* Ø despilfarro *m*; derroche *m*; dilapidación *f*; disipación *f*; desperdicio *m*; prodigalidad *f*; profusión *f*; ~ ***öffentlicher Gelder*** dilapidación de fondos públicos
verschwiegen discreto; reservado
Verschwiegenheit *f,* Ø discreción *f*; reserva *f*; ***wir sichern Bewerbern in ungekündigter Stellung strengste ~ zu*** estricta reserva colocados
Verschwiegenheitspflicht *f,* **(en)** deber *m* de discreción
verschwistert, ~ ***sein*** ser hermanos
versechsfachen sextuplicar
versehen 1. desempeñar; ejercer **2.** ~ ***mit*** dotar de; proveer de; ***einen Wechsel mit dem Giro*** ~ endosar una letra; ***einen Wechsel mit Akzept*** ~ aceptar una letra; ***mit dem Datum*** ~ poner fecha a; ***mit einem Siegel*** ~ sellar; ***mit Unterschrift*** ~ firmar **3.** ~ ***mit*** dotado de; provisto de; investido de
Versehen *n,* -, ***aus*** ~ por inadvertencia
Versehrte(r) (der/ein) mutilado *m*; inválido *m*
Versehrtheit *f,* Ø invalidez *f*
verselbständigen, ***sich*** ~ emanziparse; independizarse
versenden → verschicken
Versender *m,* - remitente *m*; expedidor *m*
Versendung *f,* **en** → Versand

Versendungsart *f,* **en** modo *m* de envío
Versendungskauf *m,* **¨e** compra *f* a distancia
versetzen 1. trasladar; (in den Ruhestand) jubilar **2.** → verpfänden
Versetzung *f,* **en 1.** traslado *m*; (***vorzeitige***) ~ ***in den Ruhestand*** jubilación *f* (anticipada) **2.** → Verpfändung **3.** (Schule) paso *m* al curso superior
verseuchen contaminar; apestar; ensuciar; infestar
Verseuchung *f,* **en** contaminación *f*; ensuciamiento *m*; infestación *f*; ***radioaktive*** ~ contaminación radiactiva
versicherbar asegurable; ***~es Risiko*** riesgo *m* asegurable
Versicherbarkeit *f,* Ø asegurabilidad *f*
Versicherer *m,* - asegurador *m*; compañía *f* aseguradora
versichern asegurar; garantizar; cubrir
versichert asegurado; ***~es Kapital*** capital *m* asegurado; ***~e Summe*** suma *f* asegurada; ***~er Wert*** valor *m* asegurado
Versicherte(r) (der/ein) asegurado *m*
Versicherung *f,* **en 1.** seguro *m* **2.** ~ ***von Bauleistungen*** (CAR) seguro *m* de obras civiles (TRC) todo riesgo de contratistas; ~ ***für Eigenschäden*** seguro para siniestros propios; ***freiwillige*** ~ seguro voluntario, facultativo; ~ ***gegen alle Gefahren*** seguro a todo riesgo; ~ ***auf Gegenseitigkeit*** seguro mutuo; ~ ***mit Indexklausel*** seguro con cláusula de índice (variable); ***industrielle*** ~ seguro industrial; ~ ***mit Karenzfrist*** seguro con plazo de carencia; ~ ***auf verbundene Leben*** seguro sobre dos cabezas; ~ ***gegen das Nichterscheinen von Personen*** seguro de incomparecencia; ~ ***mit Optionen*** seguro de opción; ~ ***mit, ohne Prämienrückgewähr*** seguro con, sin bonificación; ~ ***auf erstes Risiko*** seguro a primer riesgo; ~ ***auf den Todesfall*** seguro de riesgo de muerte; ~ ***mit Wahlarten*** seguro con opción **3.** ***eine*** ~ ***abschließen*** concertar, concluir un seguro; ***eine*** ~ ***betreiben*** trabajar un seguro **4.** ***eidesstattliche*** ~ declaración *f* jurada; afidávit *m*
Versicherungsablauf *m,* Ø expiración *f* de la póliza
Versicherungsabschluss *m,* **¨e** contratación *f* del seguro
Versicherungsagent *m,* **en** agente *m* de seguros
Versicherungsagentur *f,* **en** agencia *f* de seguros
Versicherungsaktie *f,* **n** acción *f* de una entidad, compañía de seguros
Versicherungsaktiengesellschaft *f,* **en** sociedad *f* anónima de seguros
Versicherungsalter *n,* Ø edad *f* de seguro
Versicherungsangestellte/r (der/ein) empleado *m* de (una compañía de) seguros
Versicherungsanspruch *m,* **¨e** pretensiones *pl* de seguro; reclamación *f* de indemnización; reclamación *f* de seguro
Versicherungsanstalt *f,* **en** compañía *f* aseguradora, de seguros; ~ ***auf Gegenseitigkeit*** mutualidad *f* (de seguros)
Versicherungsantrag *m,* **¨e** proposición *f,* propuesta *f* de seguro
Versicherungsart *f,* **en** modalidad *f,* clase *f* de seguro
Versicherungsaufsicht *f,* (**en**) control *m* de seguros; superintendencia *f* de seguros
Versicherungsaufsichtsbehörde *f,* **n** organismo *m* de inspección de las empresas de seguros; superintendencia *f* de seguros
Versicherungsauftrag *m,* **¨e** orden *f* de seguro
Versicherungsauszug *m,* **¨e** póliza *f* adicional (en la que constan las modificaciones de cláusulas primitivas)
Versicherungsbedingungen *pl* condiciones *pl* del seguro
Versicherungsbeginn *m,* (**e**) entrada *f* en vigor de la garantía
Versicherungsbeirat *m,* **e** Consejo *m* Nacional de Seguros
Versicherungsbeitrag *m,* **¨e** → Versicherungsprämie
Versicherungsberater *m,* - asesor *m* de seguros
Versicherungsberechtigte(r) (der/ein) beneficiario *m* de un seguro
Versicherungsbestand *m,* (**¨e**) cartera *f,* portfolio *m* (de seguro)
Versicherungsbestätigung *f,* **en** certificado *m* de seguro
Versicherungsbestimmungen *pl* reglamento *m* de las condiciones generales del seguro
Versicherungsbetrieb *m,* **e** entidad *f* de seguros
Versicherungsbetrug *m,* Ø seguro *m* fraudulento; estafa *f,* fraude *m* de seguros
Versicherungsbranche *f,* **n** ramo *m* de seguros
Versicherungsdauer *f,* Ø vigencia *f,* período *m,* duración *f* del seguro

Versicherungsdeckung *f,* **en** cobertura *f* del seguro
Versicherungsdichte *f,* Ø densidad *f* aseguradora; ***Gebiete hoher*** ~ zonas *pl* de alta densidad aseguradora
Versicherungsentgelt *n,* **e** prima *f* de seguro
Versicherungsfach|mann *m,* **¨er** *od.* **-leute** especialista *m,* experto *m* en materia de seguros
versicherungsfähig → versicherbar
Versicherungsfall *m,* **¨e** (acaecimiento *m* del) siniestro *m*; contingencia *f* (asegurada); ocurrencia *f* del riesgo
Versicherungsform *f,* **en** modalidad *f,* tipo *m* de seguro
versicherungsfrei, ***~e Beschäftigung*** empleo *m* sin obligación de seguro; empleo *m* exento de seguro
Versicherungsfreiheit *f,* Ø exención *f* del seguro; contratación *f* voluntaria
Versicherungsgeber *m,* **-** → Versicherer
Versicherungsgegenstand *m,* **¨e** objeto *m* de(l) seguro, asegurado
Versicherungsgeschäft *n,* **e** operación *f* de seguro; ***ein ~ unterbringen*** colocar un seguro
Versicherungsgesellschaft *f,* **en** → Versicherungsanstalt
Versicherungsgewerbe *n,* Ø industria *f,* ramo *m* de seguros
Versicherungsgrenze *f,* **n** límite *m* de la responsabilidad del asegurador
Versicherungshöhe *f,* Ø importe *m,* cuantía *f* del seguro
Versicherungsinspektor *m,* **en** inspector *m* de seguros
Versicherungsjahr *n,* **e** anualidad *f* de seguro
Versicherungskarte *f,* **n** tarjeta *f,* cartilla *f* de seguro; ***grüne***, ***internationale*** ~ carta *f* verde
Versicherungskombination *f,* **en** combinación *f* de seguros
Versicherungsleistung *f,* **en** prestación *f* (del seguro)
Versicherungsmakler *m,* **-** corredor *m* de seguros
Versicherungsmaklerfirm|a *f,* **-en** correduría *f* de seguros
Versicherungsmarkt *m,* **¨e** mercado *m* de seguros
Versicherungsmathematik *f,* Ø ciencia *f* actuarial; matemáticas *pl* actuariales
Versicherungsmathematiker *m,* **-** actuario *m* (en seguros)
versicherungsmathematisch actuarial
Versicherungsmedizin *f,* Ø ciencia *f* médicoactuarial
Versicherungsnehmer *m,* **-** tomador *m*; consumidor *m* del seguro; contratante *m* (del seguro); (falls Versicherter und Versicherungsnehmer diesselbe Person) asegurado *m*
Versicherungsnota *f,* **-** nota *f* de seguro
Versicherungsobjekt *n,* **e** → Versicherungsgegenstand
Versicherungsort *m,* **e** situación *f* del riesgo asegurado; lugar *m* del seguro
Versicherungspaket *n,* **e** póliza *f* paquete
Versicherungsperiode *f,* **n** → Versicherungsdauer
Versicherungspflicht *f,* **en** obligatoriedad *f* de seguro; contratación *f* obligatoria
Versicherungspflichtgrenze *f,* **n** límite *m* de ingresos hasta el que es obligatoria la afiliación a la Seguridad Social
versicherungspflichtig **1.** sujeto a seguro obligatorio **2.** sujeto a la Seguridad Social
Versicherungspolice *f,* **n** póliza *f* de seguro(s); ***übertragbare*** ~ póliza transmisible
Versicherungspool *m,* **s** consorcio *m* de aseguradores
Versicherungsprämie *f,* **n** prima *f* de seguro
Versicherungsrecht *n,* Ø derecho *m* de seguros
Versicherungsrückkauf *m,* **¨e** retroventa *f* de un seguro
Versicherungsschein *m,* **e** → Versicherungspolice
Versicherungsschutz *m,* Ø cobertura *f,* amparo *m* de seguro
Versicherungssparen *n,* Ø ahorro *m* acoplado a un seguro
Versicherungssparte *f,* **n** → Versicherungszweig
Versicherungsstatistik *f,* **en** estadística *f* actuarial
Versicherungssteuer *f,* **n** impuesto *m* sobre el seguro; impuesto *m* que grava los seguros
Versicherungssumme *f,* **n** suma *f* asegurada; capital *m* asegurado
Versicherungssystem *n,* **e** → Versicherungswesen
Versicherungstätigkeit *f,* **en** actividad *f* de seguros
Versicherungstechnik *f,* Ø técnica *f* actuarial
Versicherungstechniker *m,* **-** técnico *m* del seguro

versicherungstechnisch **1.** → versicherungsmathematisch **2.** ***~es Ergebnis*** resultado *m* técnico del seguro; ***~e Literatur*** literatura *f* técnica del seguro

Versicherungsträger *m,* - asegurador *m*; compañia *f* aseguradora; organismo *m,* ente *m* asegurador

Versicherungsunternehmen *n,* - empresa f aseguradora

Versicherungsverein *m,* **e,** ~ ***auf Gegenseitigkeit*** mutualidad *f* de seguros

Versicherungsvermittler *m,* - agente *m* de seguros

Versicherungsvertrag *m,* **¨e** contrato *m* de seguro; ***Ansprüche aus dem ~ beleihen lassen*** tomar un préstamo con el contrato de seguro como garantía; ***einen ~ abschließen*** concertar, firmar, formalizar un contrato de seguro; ***einen ~ kündigen*** rescindir un contrato de seguro

Versicherungsvertragsgesetz *n,* **e** Ley *f* en materia del contrato de seguro

Versicherungsvertreter *m,* - agente *m* de seguros

Versicherungswert *m,* **e** valor *m* asegurable, del seguro; interés *m* asegurado

Versicherungswerte *pl* (Börse) (corro *m* de) seguros *pl*; "seguros" *pl*

Versicherungswesen *n,* Ø los seguros *pl*; sistema *m,* régimen *m* de seguros; industria *f* de seguros, del seguro

Versicherungswirtschaft *f,* Ø industria *f* aseguradora

Versicherungszeit *f,* **en,** ***zurückgelegte ~en*** períodos *pl* de seguro cumplidos; ***~en in den verschiedenen Mitgliedstaaten zusammenrechnen*** (EU) totalizar, agregar los períodos de seguro cumplidos en distintos Estados miembros (UE)

Versicherungszeitraum *m,* **¨e** período *m* de seguro

Versicherungszertifikat *n,* **e** → Versicherungsbestätigung

Versicherungszwang *m,* Ø seguro *m* obligatorio; contratación *f* obligatoria

Versicherungszweig *m,* **e** ramo *m,* rama *f,* modalidad *f* de seguro; ***technischer ~*** ramo del seguro técnico

versiegeln sellar; poner un sello a; cerrar con sello

Versiegelung *f,* **en** aplicación *f* del sello; selladura

versilbern **1.** platear **2.** (Fig.) convertir en dinero; realizar; hacer dinero; vender

Versöhnungsverfahren *n,* - acto *m* de conciliación

versorgen abastecer, proveer (de); ***die Familie ~*** sustentar, mantener la familia

Versorger *m,* - **1.** abastecedor *m*; proveedor *m* **2.** ~ ***der Familie sein*** ser el sostén, el sustento de la familia

versorgt, ~ ***mit*** provisto de; ***gut ~ sein mit Waren*** tener mercancía suficiente; estar bien surtido, bien provisto de mercancía

Versorgung *f,* **(en)** abastecimiento *m*; aprovisionamiento *m*; provisión *f*; abasto *m*; (Lieferung) suministro *m*; ***soziale ~*** previsión *f* social; (Unterhalt) manutención *f*; sustento *m*

Versorgungsagentur *f,* **en** agencia *f* de abastecimiento

Versorgungsamt *n,* Ø (E) Instituto *m* de Previsión

Versorgungsanspruch *m,* **¨e** derecho *m* a una pensión

versorgungsberechtigt que tiene derecho a una pensión; beneficiario *m* de asistencia social

Versorgungsbetrieb *m,* **e** empresa *f* pública de producción y distribución (agua, gas, electricidad)

Versorgungskasse *f,* **n** caja *f* de previsión

Versorgungsschiff *n,* **e** buque *m* de aprovisionamiento

Versorgungsstaat *m,* **en** Estado *m* social

Versorgungsunternehmen *n,* - empresa *f,* compañía *f* de servicios públicos

Versorgungswerte *pl* valores *pl* de los servicios públicos

Verspätung *f,* **en** tardanza *f*; retardo *m*; retraso *m*; demora *f*; ***~en im Luftverkehr*** demoras *pl* en los vuelos, en el tráfico aéreo

verspekulieren, ***sich ~*** perder en especulaciones (bursátiles)

Versprechen *n,* **-,** ***bindendes ~*** promesa *f* vinculante; ***das Liefer~ einhalten*** cumplir la promesa de suministro

verstaatlichen nacionalizar; estatizar; fiscalizar

Verstaatlichung *f,* **en** nacionalización *f*; estatización *f*; fiscalización *f*

verstädtern urbanizar; municipalizar

Verstädterung *f,* **en** urbanismo *m*; urbanización *f*; municipalización *f*

verständigen, ***jdn. ~*** avisar, informar a alg.; notificar a/c a alg.

Verständigung *f,* **en** **1.** arreglo *m*; avenencia *f*; acuerdo *m* **2.** notificación *f*

Verständnis *n,* Ø, ***wir bitten Sie um Ihr ~*** le(s) rogamos sepa(n) comprender
verstärken reforzar; fortificar; fortalecer; intensificar
Verstärker *m,* - amplificador *m*
Verstärkung *f,* **en** refuerzo *m*; fortificación *f*; fortalecimiento *m*; intensificación *f*
Verstauung *f,* Ø estibado *m*
versteckt, ***~es Angebot*** (in einer Anzeige) oferta *f* oculta; ***~er Mangel*** vicio *m* oculto, latente; ***~e Rücklagen*** reservas *pl* no declaradas; reservas *pl* ocultas
verstehen, ***die Preise ~ sich bar*** los precios se entienden al contado
Versteigerer *m,* - subastador *m*; licitador *m*; (LA) rematador *m*
versteigern subastar; sacar a subasta; (LA) rematar; licitar
Versteigerung *f,* **en** licitación *f*; subasta *f*; (LA) remate *m*; ***öffentliche ~*** subasta pública; ***durch öffentliche ~ verwerten*** realizar mediante subasta pública
Versteigerungsgebühr *f,* **en** tasa *f* de subasta
Versteigerungshaus *n,* **¨er** casa *f* subastadora; empresa *f* de subastas
Versteigerungslokal *n,* **e** sala *f* de subastas; (LA) casa *f* de remates
versteuerbar gravable; imponible; tributable; ***~er Gewinn*** beneficio *m* antes de impuestos; beneficio *m* sujeto a tributación, a imposición, a gravamen
versteuern pagar impuestos por; gravar con un impuesto; (Dokument) reintegrar
versteuert impuestos (ya) pagados; ***~er Gewinn*** beneficio *m* después de impuestos
Versteuerung *f,* Ø pago *m* de impuestos
Verstoß *m,* **¨e** violación *f,* infracción *f*; atentado *m*; ***~ gegen die Geschäftsordnung*** infracción del Reglamento
verstoßen, ***gegen die Verkehrsregeln ~*** infringir las normas de la circulación
Verstrickungsbruch *m,* **¨e** sustracción *f* de objetos embargados
Versuch *m,* **e** **1.** prueba *f*; ensayo *m* **2.** (Absicht) intento *m* **3.** ***wissenschaftlicher ~*** experimento *m* **4.** (Jur.) tentativa *f*; ***~ der Begehung einer strafbaren Handlung*** tentativa de delito; ***beendeter, vollendeter ~*** tentativa acabada, consumada; ***nicht beendeter, unbeendeter ~*** tentativa iniciada, no acabada; ***fehlgeschlagener, vergeblicher ~*** tentativa frustrada; tentativa en vano **5.** ***~ und Irrtum*** por tanteo
Versuchsanlage *f,* **n** instalación *f* piloto
Versuchsauftrag *m,* **¨e** pedido *m,* orden m de prueba
Versuchseinrichtung *f,* **en** instalación *f* de ensayo
Versuchsfahrt *f,* **en** viaje *m* de prueba
Versuchskauf *m,* **¨e** compra f de prueba
Versuchsmarkt *m,* **¨e** mercado *m* piloto
Versuchsmodell n, **e** modelo m de ensayo
Versuchsschule *f,* **n** escuela *f* experimental
Versuchsstrecke *f,* **n** tramo *m* de prueba
vertagen aplazar; suspender; demorar; prorrogar; ***die Verhandlung ~*** aplazar, suspender el debate
Vertagung *f,* **en** aplazamiento *m*; prórroga *f*; ***~ der Hauptversammlung*** aplazamiento *m* de la junta general
Vertagungsantrag *m,* **¨e** moción *f* de aplazamiento
Vertauschung *f,* **en** (eines Amtes) permuta *f*
verteidigen, (vor Gericht) ***jdn. ~*** defender a alg.; llevar la defensa de alg.; defender a alg. en un proceso
Verteidiger *m,* - (abogado *m*) defensor *m*
Verteidigung *f,* Ø defensa *f*
Verteidigungsausgaben *pl* gastos *pl* militares, para la defensa
Verteidigungsausgaben *pl*, ***Kürzung der ~*** recorte *m* de los gastos de defensa, de los gastos militares
Verteidigungsbeitrag *m,* **¨e** contribución *f,* aportación *f* a la defensa
Verteidigungsetat *m,* **s** presupuesto *m* de defensa; partida *f* presupuestaria para defensa
Verteidigungsgemeinschaft *f,* Ø, ***Europäische ~*** (EVG) Comunidad *f* Europea de Defensa
Verteidigungsrede *f,* **n** (Jur.) informe *m* de la defensa
verteilbar repartible; distribuible
verteilen repartir; distribuir; (nach Verhältnis) prorratear
Verteiler *m,* - **1.** distribuidor *m* **2.** lista *f* de distribución; (lista *m* de) personas *pl* destinatarias
Verteilerliste *f,* **n** lista *f* de direcciones
Verteilernetz *n,* **e** red *f* de distribución
Verteilerring *m,* **e** red *f* (ilegal) de distribución
Verteilung *f,* **en** distribución *f*; reparto *m*; repartición *f*; ***anteilsmäßige ~*** prorrateo *m*; reparto a prorrata, proporcional; ***~ der Arbeitszeit*** distribución, reparto de la jornada laboral; ***~ nach Köpfen*** reparto per cápita; ***~ der öffentlichen Lasten*** repartición de

las cargas públicas; ~ ***des Reingewinns*** distribución del beneficio neto; (Seg.) ~ ***der Rückvergutung*** reparto de bonus, bonificación; ~ ***des Volkseinkommens*** distribución de la renta nacional

Verteilungsgleis *n*, **e** (Ferr.) desvío *m*

Verteilungsmod|us *m*, **-i** modo *m* de distribución

Verteilungsplan *m*, **¨e** plan *m* de distribución

Verteilungsregel *f*, **n** (Seg.) regla *f* proporcional

Verteilungsschlüssel *m*, **-** cuadro *m* de distribución

Verteilungsstelle *f*, **n** organismo *m* de distribución

Verteilungsverfahren *n*, **-** procedimiento *m* de distribución

verteuern encarecer; subir el precio; ***sich*** ~ encarecer; subir de precio

Verteuerung *f*, Ø encarecimiento *m*; subida *f*, elevación *f* de precio; ~ ***der Peseta*** subida *f* (del tipo de cambio) de la peseta; ~ ***der Lebenshaltung*** subida *f* del coste de vida; subida *f* del IPC

vertikal, ***~e Indexierung*** indexación *f* vertical; ***~e Produktionsintegration*** integración *f* vertical de producción

Vertikalkonzern *m*, **e** grupo *m* que forma una concentración vertical

vertippen, ***sich*** ~ equivocarse al mecanografiar

Vertrag *m*, **¨e** contrato *m*; (zwischen Staaten) tratado *m*; pacto *m* **1.** ***aleatorischer*** ~ contrato aleatorio; ***einseitig verpflichtender*** ~ contrato unilateral; ***entgeltlicher*** ~ contrato oneroso; ***gegenseitiger*** ~ contrato bilateral, sinalagmático; ***geschlossener*** ~ tratado limitado; ***öffener*** ~ tratado abierto; ***rechtsgeschäftlicher*** ~ tratado-contrato; ***rechtssetzender*** ~ tratado-ley *m*; ***unentgeltlicher*** ~ contrato gratuito; (CE) ~ ***über die Gründung der EGKS*** Tratado sobre la Creación de la CECA; (CE) ***Römische Verträge*** Tratados *pl* de Roma **2.** ~ ***rückgängig machen***, ***aufheben*** rescindir el contrato; ***einen*** ~ ***lösen*** resolver un contrato; ***einen*** ~ ***nichtig machen*** invalidar un contrato; ***einen*** ~ ***schließen*** concluir, celebrar, concertar un contrato; ***einen*** ~ ***verletzen*** violar un contrato; ***von einem*** ~ ***zurücktreten*** desistir de un contrato

verträglich compatible

vertraglich contractual; según contrato, lo convenido en el contrato; convencional ~ ***vereinbaren*** convenir; pactar; estipular (por escrito); ***~e Festsetzung*** estipulación *f*; ***~e Verpflichtung*** obligación *f* contractual

Verträglichkeit *f*, Ø compatibilidad *f*

Vertragsablauf *m*, Ø expiración *f* del contrato

Vertragsabschluss *m*, **¨e** conclusión *f*, concertación *f*, celebración *f*, perfección *f* del contrato, tratado

Vertragsabschlussvereinbarung *f*, **en** pacto *m* de contraendo

Vertragsakten *pl* actas *pl* del contrato

Vertragsänderung *f*, **en** modificación *f* del contrato

Vertragsanfechtung *f*, **en** impugnación *f* de un contrato

Vertragsangebot *n*, **e** oferta *f*, proposición *f* de contrato

Vertragsannahme *f*, Ø aceptación *f* del contrato

Vertragsanpassung *f*, **en** adaptación f del contrato

Vertragsantrag *m*, **¨e** propuesta *f* de contrato; propuesta *f* contractual

Vertragsaufhebung *f*, Ø cancelación *f*, rescisión *f* del contrato

Vertragsaufkündigung *f*, Ø denuncia *f* del contrato

Vertragsauflösung *f*, Ø, ***gerichtliche*** ~ rescisión *f*, resolución *f* judicial del contrato

Vertragsbedingungen *pl* condiciones *pl* contractuales; condicionado *m*

Vertragsbereich *m*, **e** ámbito *m* contractual; (Seg.) ***proportionaler*** ~ ámbito contractual proporcional

Vertragsbestand *m*, **¨e** cartera *f* contractual

Vertragsbestimmungen *pl* → Vertragsbedingungen

Vertragsbrecher *m*, **-** violador m de un contrato

Vertragsbruch *m*, **¨e** quebrantamiento *m*, ruptura *f* de contrato

vertragsbrüchig, ~ ***werden*** infringir, violar, romper un contrato

vertragschließend, ***~e Gewalt*** poder *m* contratante; ***die ~en Parteien*** las partes *pl* contratantes

Vertragschließende(r) (der/ein) (parte *f*) contratante *m*

Vertragsdauer *f*, Ø periodo *m* contractual; duración *f* del contrato

Vertragsentschädigung *f*, Ø indemnización *f* contractual

Vertragsentwurf *m,* **¨e** borrador *m,* proyecto *m bzw.* modelo *m* de contrato
Vertragserbe *m,* **n** heredero *m* contractual
Vertragserfüllung *f,* Ø cumplimiento *m* del contrato
Vertragsergänzung *f,* **en 1.** enmienda *f* contractual **2.** apéndice *m* al contrato
Vertragserneuerung *f,* **en** renovación *f* del contrato
Vertragserzeugnis *n,* **se** producto *m* contractual
vertragsfähig capaz de contratar; con capacidad para contratar, para negociar un contrato
Vertragsfähigkeit *f,* Ø capacidad *f* contractual; capacidad *f* para negociar, para contratar
Vertragsfirm|a *f,* **-en** casa *f* afiliada; bajo contrato
Vertragsform *f,* **en** tipo *m,* clase *f* de contrato; tipología *f* contractual
Vertragsfreiheit *f,* Ø libertad *f* contractual
Vertragsgebiet *n,* **e** territorio *m,* zona *f,* área *f* contractual
Vertragsgegenstand *m,* **¨e** objeto *m* del contrato
vertragsgemäß conforme a lo convenido, estipulado en el contrato; en cumplimiento legal del contrato
Vertragshaftung *f,* **en** responsabilidad *f* contractual
Vertragshändler *m,* **-** concesionario *m*
Vertragshotel *n,* **s** hotel *m* contratado; hotel *m* bajo contrato
Vertragsinhalt *m,* Ø contenido *m* del contrato
Vertragsinstrument *n,* **e** instrumento *m* contractual
Vertragskapazität *f,* **en** capacidad *f* del contrato
Vertragsklage *f,* **n** acción *f* contractual
Vertragsklausel *f,* **n** cláusula *f* de contrato
Vertragskündigung *f,* **en** rescisión *f* del contrato
Vertragskundschaft *f,* Ø (des Handelsvertreters) clientela f contractual
Vertragsland *n,* **¨er** país *m* contratante
Vertragslaufzeit *f,* **en** periodo *m* de validez, de vigencia del contrato
Vertragsleistung *f,* **en** prestación *f* contractual
vertragsmäßig 1. → vertraglich **2.** → vertragsgemäß
Vertragsmuster *n,* **-** (formulario *m* de) contrato *m* tipo
Vertragspartei *f,* **en** → vertragschließend
Vertragspartner *m,* **-** → vertragschließend
Vertragspflicht *f,* **en** obligación *f* contractual
Vertragsprämie *f,* **n** prima *f* estipulada
Vertragspreis *m,* **e** precio *m* contractual
Vertragsrecht *n,* Ø Derecho *m* de los Tratados
Vertragsrechte *pl* derechos *pl* bajo contrato; derechos *pl* contractuales; derechos *pl* acordados, estipulados contractualmente
vertragsrechtlich jurídico-contractual
Vertragsrückversicherung *f,* **en** reaseguro *m* contractual
Vertragsschluss *m,* **¨e** → Vertragsabschluss
Vertragsschlussrecht *n,* Ø derecho *m* de concluir tratados (internacionales)
Vertragssparen *n,* Ø ahorro *m* acordado contractualmente
Vertragsspieler *m,* **-** jugador *m* bajo contrato; jugador *m* contratado
Vertragsstaat *m,* **en** Estado m signatario
Vertragsstrafe *f,* **n** multa *f,* sanción *f* convencional
Vertragsstrafenklausel *f,* **n** cláusula *f* penal contractual
Vertragsstrafenversicherung *f,* **en** seguro *m* de daños punitivos, de multas convencionales
Vertragstarif *m,* **e** tarifa *f* convenional
Vertragsteil *m,* **e** parte *f* del contrato; parte *f* contractual
Vertragsteile *pl* → Vertragspartner
vertragstreu conforme a(l) contrato; conforme a lo estipulado, a lo contratado
Vertragstreue *f,* Ø fidelidad *f* al contrato; observancia *f,* cumplimiento *m* de un tratado
Vertragsübernahmen *pl* asunciones *pl* contractuales
vertragsunfähig incapaz de contratar; no capacitado para negociar
Vertragsurkunde *f,* **n** escritura *f*; contrata *f*
Vertragsverhältnis *n,* **se** relación *f* (jurídico-)contractual
Vertragsverlangerung *f,* **en** renovación *f* del contrato
Vertragsverletzung *f,* **en** violación *f* del contrato
Vertragsverpflichtungen *pl* compromisos *pl*, obligaciones *pl* derivadas de los tratados
Vertragsvorschriften *pl* → Vertragsbestimmungen

Vertragswährung *f,* **en** moneda *f* estipulada (en el contrato); moneda *f* contractual; moneda *f* del contrato
Vertragswerkstatt *f,* **¨en** taller m autorizado
vertragswidrig contrario al contrato; contrario a lo estipulado, a lo convenido; ***~es Verhalten des Kunden*** actuación *f* del cliente en contravención de lo convenido
Vertragszölle *pl* derechos *pl*; aduanas *pl* convencionales
Vertrauen *n,* Ø confianza *f*; (Com.) crédito *m*
Vertrauens|mann *m,* **¨er** *od.* **-leute 1.** persona *f* hombre *m* de confianza **2.** enlace *m* sindical
Vertrauensantrag *m,* **¨e** moción *f* de confianza
Vertrauensarzt *m,* **e** médico *m* inspector de la Seguridad Social *od.* del seguro de enfermedad
Vertrauensbeweis *m,* **e** prueba f de confianza
Vertrauensbruch *m,* Ø → Vertrauensmissbrauch
Vertrauensfrage *f,* **n** cuestión *f* de confianza
Vertrauenskrise *f,* **n** crisis *f* de confianza
Vertrauensmissbrauch *m,* **¨e** abuso *m* de confianza; indiscreción *f*
Vertrauensperson *f,* **en** persona *f* de confianza
Vertrauensposten *m,* **-** → Vertrauensstellung
Vertrauenssache *f,* **(n)** asunto m de confianza
Vertrauensschadensversicherung *f,* **en** seguro *m* de infidelidad
Vertrauensstellung *f,* **en** puesto *m*; cargo *m* de confianza
Vertrauensverhältnis *n,* Ø, ***gegenseitiges ~*** confianza *f* mutua
Vertrauensvot|um *n,* **-en** voto *m* de confianza
vertrauenswürdig digno de confianza; fiable; acreditado; (Com.) solvente
Vertrauenswürdigkeit *f,* Ø (Com.) solvencia *f*; crédito *m*
vertraulich reservado; confidencial; ***streng ~*** estrictamente confidencial
vertreiben 1. desalojar **2.** vender
vertretbar 1. fungible; ***~e Güter*** bienes *pl* fungibles **2.** defendible; justificable; aceptable
Vertretbarkeit *f,* Ø **1.** fungibilidad *f* **2.** aceptabilidad *f*
vertreten 1. representar **2.** suplir; sustituir; reemplazar
vertretend, ***nicht zu ~e Umstände*** circunstancias *pl* fuera de (nuestro) control; circunstancias *pl* de las que no se nos puede hacer responsables; ***vom Verkäufer zu ~er Schaden*** daño *m* imputable al vendedor
Vertretene(r) (der/ein) representado *m*
Vertreter *m,* **- 1.** representante *m*; delegado *m*; (Seg.) agente *m;* ***ordnungsgemäß bevollmächtigter ~*** representante debidamente autorizado **2.** suplente *m,* su(b)stituto *m*
Vertreterbereich *m,* **e** ámbito m contractual; área **f** del representante, del agente, del concesionario
Vertreterbesuch *m,* **e** visita *f* del representante
Vertreterbezirk *m,* **e** → Vertreterbereich
Vertreternetz *n,* **e** red *f* de representantes, de concesionarios
Vertreterprovision *f,* **en** comisión *f* de representante
Vertreterspesen *pl* gastos *pl* de representante
Vertreterstab *m,* **e** cuadro *m* de representantes
Vertretertätigkeit *f,* Ø trabajo *m* de representante, de agente, de concesionario
Vertretervertrag *m,* **¨e** contrato *m* de representación
Vertretung *f,* **en 1.** representación *f*; (Seg.) agencia *f*; ***gesetzliche ~*** representación legal; ***in ~*** (***i.V.***) por poder (p.p.); ***konsularische ~*** representación consular; ***~ der Arbeitnehmer im Aufsichtsrat*** representación de los trabajadores en el Consejo de Supervisión, de Vigilancia **2.** suplencia *f*; su(b)stitución *f*; reemplazo *m*
Vertretungsbefugnis *f,* **se** → Vertretungsvollmacht
vertretungsberechtigt autorizado a representar; con derecho a representación
Vertretungskosten *pl* gastos *pl* de representación
Vertretungskräfte *pl* personal *m* interino; personal *m* que sustituye (al personal fijo)
Vertretungsmacht *f,* Ø → Vertretungsvollmacht
Vertretungsorgan *n,* **e** órgano *m* representativo, de representación
Vertretungsvertrag *m,* **¨e** contrato *m* de representación

Vertretungsvollmacht *f,* **en** poder *m,* facultad *f* de representación; poder *m* representativo
vertretungsweise 1. en representación **2.** a título de reemplazo; como suplente
Vertrieb *m,* **e** venta *f*; distribución *f*; comercialización *f*
Vertriebene(r) (der/ein) expulsado *m*; persona *f* desplazada
Vertriebsabkommen *n,* - acuerdo *m* de venta y distribución
Vertriebsabsprache *f,* **n** acuerdo *m* de distribución; avenencia *f* en materia de distribución
Vertriebsabteilung *f,* **en** sección *f,* departamento *m* de ventas
Vertriebsanstrengungen *pl* esfuerzos *pl* para vender
Vertriebsapparat *m,* **e** organización *f* de venta
Vertriebsbüro *n,* **s** oficina *f* de ventas
Vertriebsförderung *f,* Ø promoción *f* de ventas
Vertriebsgebiet *n,* **e** territorio *m,* zona *f,* ámbito m de ventas
Vertriebsgesellschaft *f,* **en** sociedad *f* de venta
Vertriebshändler *m,* - distribuidor *m*
Vertriebskartell *n,* **e** cártel *m* de venta
Vertriebskosten *pl* (Bilanz) costes *pl* de ventas; gastos *pl* de venta
Vertriebsleiter *m,* - jefe *m* (de la sección) de ventas
Vertriebsmethode *f,* **n** método *m* de distribución, de venta
Vertriebsnetz *n,* **e** red *f* de distribución
Vertriebsorganisation *f,* **en** → Vertriebsapparat
Vertriebspolitik *f,* Ø política *f,* estrategia *f* de venta, distribución
Vertriebsrecht *n,* **e** derecho *m* de venta; ***alleiniges*** ~ derecho exclusivo de venta
Vertriebsstelle *f,* **n** punto *m* de venta, distribución
Vertriebsstruktur *f,* **en** estructura *f* de comercialización, de distribución
Vertriebstechnik *f,* **en** técnica *f* de distribución, de comercialización
Vertriebswege *pl* canales *pl* de venta, de distribución
Vertriebswesen *n,* Ø sistema *m,* régimen *m* de ventas
vertrusten trustificar; formar un trust
Vertrustung *f,* **en** trustificación *f*
vertuschen encubrir; disimular; paliar
verüben cometer; perpetrar
Verunglückte(r) (der/ein) accidentado *m*
Verunreinigung *f,* (**en**) impurificación *f*; ~ ***von Gewässern*** impurificación de aguas
veruntreuen desfalcar; malversar
Veruntreuung *f,* **en** abuso *m* de confianza; malversación *f* de fondos; desfalco *m*; (im Amt) prevaricación *f*; ~ ***öffentlicher Gelder*** malversación de caudales públicos
Veruntreuungsversicherung *f,* **en** seguro *m* de estafa, abuso de confianza
verursachen causar; provocar; motivar; ocasionar; dar lugar a
Verursacherprinzip *n,* Ø principio *m* del causante (según el cual los contaminadores serán los que paguen por la protección ambiental)
Verursachungsprinzip *n,* Ø → Verursacherprinzip
verurteilen, ***den Angeklagten*** ~ declarar culpable al acusado; condenar, sentenciar al acusado; ***einen Dieb zu 6 Monaten Freiheitsstrafe*** ~ condenar a un ladrón a seis meses de cárcel; ***jdn. zu einer Geldstrafe*** ~ imponer una multa a alg.; condenar a alg. a pagar una multa
Verurteilung *f,* Ø condena *f,* sentencia *f* condenatoria; ~ ***in Abwesenheit*** condena, juzgamiento *m* en rebeldía; ~ ***mit Bewährung*** condena con remisión condicional (de la pena); ~ ***zur Tragung der Kosten*** condena *f* a las costas
vervielfachen multiplicar
vervielfältigen reproducir; copiar; hectografiar
Vervielfältiger *m,* - → Vervielfältigungsapparat
Vervielfältigung *f,* **en** multiplicación *f*; copia *f*; hectografía *f*
Vervielfältigungsapparat *m,* **e** multicopista *m*; autocopista *m*; hectógrafo *m*
Vervielfältigungspapier *n,* Ø papel *m* multicopista
Vervielfältigungspaste *f,* **n** tinta *f,* pasta *f* para multicopistas
Vervielfältigungsrecht *n,* **e** derecho *m* de reproducción
Vervielfältigungsverfahren *n,* - policopia *f*
vervierfachen cuatriplicar; cuadruplicar; multiplicar por cuatro
verwählen (Teléf.), ***sich*** ~ marcar mal
verwahren guardar en depósito; tener en custodia
Verwahrer *m,* - depositario *m*
Verwahrstaat *m,* **en** Estado *m* depositario

Verwahrstelle *f,* **n** depositario *m*
Verwahrung *f,* **en 1.** depósito *m*; custodia *f*; ***entgeltliche*** ~ depósito a título oneroso; ***unentgeltliche*** ~ depósito gratuito; ***uneigentliche*** ~ depósito irregular; ***in ~ geben*** dar en custodia **2.** (Jur.) arresto *m* **3.** ~ ***gegen*** protesta *f* contra
Verwahrungsdepot *n,* **s** depósito *m* cerrado
Verwahrungsgelder *pl* depósitos *pl*
Verwahrungsgeschäft *n,* **e** operación *f* de depósito
Verwahrungsregister *n,* - registro *m* de depósito
Verwahrungsvertrag *m,* **¨e** contrato *m* de depósito
verwalten administrar; ***ein Vermögen*** ~ administrar el patrimonio (de un tercero); ***schlecht*** ~ malversar
Verwalter *m,* - administrador *m*; gerente *m*
Verwaltung *f,* **en** gestión *f*; administración *f*; ***öffentliche*** ~ administración pública
Verwaltungs- (Pref.) administrativo; de la administración
Verwaltungsabgabe *f,* **n** tasa f administrativa
Verwaltungsabteilung *f,* **en 1.** servicio *m* administrativo **2.** división *f* administrativa, de asuntos administrativos
Verwaltungsakt *m,* **e** acto *m* administrativo
Verwaltungsapparat *m,* **e** aparato *m* administrativo
Verwaltungsaufwand *m,* Ø gastos *pl* administrativos
verwaltungsaufwendig con gran despliegue administrativo
Verwaltungsausgaben *pl* gastos *pl* administrativos, de gestión
Verwaltungsausschuss *m,* **¨e** comisión *f* administrativa; comité *m* administrativo
Verwaltungsbeamte(r) (der/ein) funcionario *m* administrativo
Verwaltungsbehörde *f,* **n** administración *f*; dirección *f,* autoridad *f* administrativa
Verwaltungsbericht *m,* **e** informe *m* administrativo
Verwaltungsbeschwerde *f,* *n* recurso *m* administrativo
Verwaltungsbezirk *m,* **e** distrito *m* administrativo; jurisdicción *f*
Verwaltungsdienst *m,* **e** servicio *m* administrativo, público
Verwaltungsdirektor *m,* **en** director *m* administrativo
Verwaltungsgebäude *n,* - edificio *f* de la administración
Verwaltungsgebühren *pl* derechos *pl* administrativos
Verwaltungsgemeinkosten *pl* costes *pl* generales administrativos
Verwaltungsgericht *n,* **e** Tribunal *m* Contencioso-Administrativo
verwaltungsgerichtlich, ***~e Klage*** demanda *f,* acción *f* contencioso-administrativa
Verwaltungskontrolle *f,* **n** control *m* administrativo
Verwaltungskörper *m,* Ø, ***örtlicher*** ~ asamblea *f,* consejo *m* local
Verwaltungskosten *pl* gastos *pl* de gestión; costes *pl* administrativos
Verwaltungskostengewinn *m,* **e** beneficio *m* sobre los gastos de gestión
Verwaltungskostenzuschlag *m,* **¨e** recargo *m* por gastos de gestión
verwaltungsmäßig administrativo
Verwaltungspersonal *n,* Ø personal *m* administrativo
Verwaltungspflichten *pl,* ***die Bank übernimmt*** ~ el banco asume obligaciones de administración
Verwaltungsrat *m,* **¨e** consejo *m* de administración
Verwaltungsratsmitglied *n,* **er**, ***leitendes*** ~ consejero *m* delegado
Verwaltungsrecht *n,* Ø derecho *m* administrativo
Verwaltungsrechtler *m,* - administrativista *m*
verwaltungsrechtlich jurídico-administrativo
Verwaltungssekretariat *n,* **e** secretaría *f* administrativa
Verwaltungssitz *m,* **e** sede *f* administrativa, de la administración
Verwaltungssprache *f,* **n** lenguaje *m* administrativo
Verwaltungsstelle *f,* **n** organismo *m* administrativo
Verwaltungsstreitverfahren *n,* - procedimiento *m* contencioso-administrativo
Verwaltungstätigkeit *f,* **en** actuación *f*; actividad *f* administrativa
verwaltungstechnisch, ***aus ~en Gründen*** por motivos administrativos
Verwaltungsverfahren *n,* - procedimiento *m* administrativo
Verwaltungsverordnung *f,* **en** reglamento *m* administrativo
Verwaltungsvollmacht *f,* **en** poder *m* administrativo

Verwaltungsweg *m,* **e** vía *f* administrativa; ***auf dem*** ~ por (la) vía administrativa

Verwaltungswesen *n,* Ø administración *f*; régimen *m* administrativo

Verwaltungszentr|um *n,* **-en** centro *m* administrativo, de la administración

verwandeln cambiar; transformar; transmutar; (Jur.) conmutar

Verwandlung *f,* **en** cambio *m*; transformación *f*; transmutación *f*; (Jur.) conmutación *f*

Verwandtenehe *f,* **n** matrimonio *m* entre parientes

Verwandtenmord *m,* **e** parricidio *m*

verwandtschaftlich, ***~e Beziehungen*** relaciones *pl* de parentesco

Verwandtschaftsgrad *m,* **e** grado *m* de parentesco

Verwandtschaftsverhältnis *n,* **se** relación *f* de parentesco

verwarnen amonestar; prevenir; apercibir; advertir

Verwarnung *f,* **en** admonición *f*; apercibimiento *m*; advertencia *f*; amonestación *f*; ***gebührenpflichtige*** ~ reprensión *f* con multa; amonestación pecuniaria; multa *f*

Verwechslungsgefahr *f,* **en** peligro *m* de confusión

verweigern, ***die Annahme*** ~ declinar aceptar; rehusar la aceptación; no aceptar; ***die Annahme der Lieferung*** ~ declinar aceptar el suministro; negarse a aceptar el suministro; no aceptar el suministro; ***die Zahlung*** ~ negarse a pagar; declinar, denegar el pago

Verweigerung *f,* Ø no aceptación *f*; denegación *f*; ~ ***einer Auskunft*** denegación *f* de información; ~ ***eines Kredits*** denegación *f* de un crédito

Verweigerungsfall *m,* Ø, ***im*** ~ en caso negativo; en caso de denegación; si no se aceptara

Verweis *m,* **e** **1.** ~ ***auf*** referencia *f* a **2.** ***öffentlicher*** ~ reprensión *f* pública

verwendbar, ***beschränkt*** ~ de uso limitado; ***unbeschränkt*** ~ de uso ilimitado; de libre disposición

verwenden usar; utilizar; emplear; aplicar; manejar

Verwendung *f,* **en** empleo *m*; uso *m*; aplicación *f*; utilización *f*; ~ ***der Haushaltsmittel*** utilización de los recursos presupuestarios; ~ ***des Sozialproduktes*** gasto *m* nacional; utilización del producto nacional

Verwendungsbereich *m,* **e** campo *m*; ámbito *m,* área *f* de aplicación

Verwendungszweck *m,* **e** uso *m* previsto; destino *m*

verwerfen rechazar; ***einen Antrag*** ~ rechazar una moción; (Jur.) desestimar; recusar

verwertbar **1.** reciclable **2.** reutilizable **3.** explotable, realizable

verwerten **1.** explotar; ***ein Patent*** ~ explotar una patente **2.** realizar

Verwertung *f,* **en** **1.** utilización *f*; aprovechamiento *m*; explotación *f*; ~ ***eines Patents*** explotación de una patente **2.** (Jur.) realización *f* (forzosa); apremio *m* (Syn. ***Pfandverwertung***)

Verwertungsaktie *f,* **n** fracción *f* de un valor mobiliario

Verwertungsaktien *pl* autocartera *f*

Verwertungsgesellschaft *f,* **en** sociedad *f* de explotación; sociedad *f* de recuperación; sociedad *f* para la puesta en valor

Verwertungskonsort|ium *n,* **-ien** consorcio *m* (bancario) emisor

verwinden (Com.) reparar

verwirken perder el derecho (a)

verwirklichen realizar; llevar a cabo, a la práctica; poner en practica

Verwirklichung *f,* **en** realización *f*; ejecución *f*

verwirkt, ***~es Recht*** derecho *m* perdido, caducado, extinto

Verwirkung *f,* Ø, ~ ***eines Pensionsanspruchs*** extinción *f,* pérdida *f* de un derecho a clases pasivas; ~ ***eines Rechts*** extinción *f,* pérdida *f,* caducidad *f* de un derecho

Verwirkungsklausel *f,* **n** cláusula *f* de caducidad, de extinción

verwirtschaften malgastar; desbaratar

Verwirtschaftung *f,* Ø mala gestión *f*; mala administración *f*; mala explotación *f*

Verzahnung *f,* Ø, ~ ***der internationalen Wirtschaftsbeziehungen*** entrelazamiento *m* de las relaciones económicas internacionales

verzehnfachen decupl(ic)ar

Verzehr *m,* Ø consumo *m*; gasto *m*; (Tur.) consumición *f*

verzehren consumir; gastar

verzeichnen registrar; apuntar; anotar; incluir; hacer figurar

Verzeichnis *n,* **se** registro *m*; lista *f*; especificación *f*; ***genaues*** ~ ***der Vermögensteile und Schulden*** relación *f* exacta de los objetos patrimoniales y de las deudas

verzerren distorsionar; deformar; desfigurar
Verzerrung *f,* **en** distorsión *f*; desajuste *m*; deformación *f*; desfiguración *f*
Verzicht *m,* (**e**) abandono *m*; renuncia *f*; (Jur.) desistimiento *m*
verzichten (auf) renunciar (a); abandonar; desistir (de)
Verzichterklärung *f,* **en** declaración *f* de renuncia
Verzichtleistung *f,* Ø renuncia *f*; abandono *m*
Verzichtpolitik *f,* Ø política *m* entreguista; política *m* de renuncia
verziehen cambiar de domicilio; mudarse
verzinsbar → verzinslich
verzinsen 1. ***Einlagen mit 4%*** ~ pagar un interés del 4% sobre los depósitos **2.** ***das Kapital verzinst sich zu 5%*** el capital arroja, devenga un interés del 5 % **3.** ***sich gut*** ~ devengar, arrojar, producir un buen interés
verzinslich a interés; ~ ***anlegen*** poner a rédito
Verzinsung *f,* **en 1.** pago *m* de intereses **2.** (devengo *m* de) interés *m*; renta *f*; (Anlagekapital) rédito *m*; remuneración *f*
verzögern demorar; retardar; diferir
verzögernd (Jur.) dilatorio
Verzögerung *f,* **en** demora *f*; retraso *m*; retardo *m*; tardanza *f*
verzollbar sujeto a aduana, a derechos
verzollen declarar; registrar en la aduana; aduanar; ***zu ~ des Gewicht*** peso *m* adeudable, ***Haben Sie etwas zu ~?*** ¿Tiene usted algo que declarar?; ***zu ~ sein*** ser declarable; a pagar aranceles por ello; ***die Waren*** ~ pagar aduanas por la mercancía; ***zu ~des Gewicht*** peso *m* adeudable
verzollt derechos arancelarios incluidos; aranceles pagados; ***nicht*** ~ no declarado; no despachado en aduana; aranceles no pagados; ***~e Waren*** mercancías *pl* pasadas por aduana; artículos *pl* despachados en aduana; artículos *pl* declarados (en aduana); ***niedrig ~e Waren*** mercancías *pl* con aranceles bajos; ***unrichtig*** ~ mal aforado
Verzollung *f,* Ø pago *m* de aranceles; despacho *m* de aduana; ***die ~ erfolgt durch den Empfänger der Ware*** el pago de aranceles se realizará al recibir la mercancía; el receptor de la mercancía se hará cargo del pago de aranceles; ***zur ~ anmelden*** declarar en aduana; declarar para el pago de aranceles
Verzollungsverfahren *n,* **-** (aforo *m* y) pago *m* de aduana, de derechos aduaneros
Verzug *m,* Ø (de)mora *f*; ***in ~ geraten*** incurrir en mora; ***ohne weiteren*** ~ sin más dilaciones
Verzugsspesen *pl* estadías *pl*
Verzugstage *pl* (Com.) días *pl* de cortesía, de respiro, de gracia
Verzugszinsen *pl* intereses *pl* de mora, moratorios; interés *m* legal; (Steuer) apremio *m*
Veto *n,* **s** veto *m*; ***aufschiebendes*** ~ veto suspensivo, indirecto, implícito; ~ ***einlegen gegen*** oponer un veto a; (LA) vetar a/c
Vetorecht *n,* **e** derecho *m* de veto; ~ ***besitzen*** disponer del derecho de veto
Vertragsvorschriften *pl* → Vertragsbestimmungen
Vetternwirtschaft *f,* Ø caciquismo *m*; nepotismo *m*; yernocracia *f*
V-Gespräch *n,* **e** (Teléf.) llamada *f* con preaviso
via vía; por
Videogerät *n,* **e** (aparato *m* de) video *m*
Videokassette *f,* **n** cinta *f* de vídeo; videocassette *m*
Videokonferenz *f,* **en** videoconferencia *f*; videoconferencia f; telerreunión *f*
Videorecorder *m,* **-** → Videogerät
Videotext *m,* **e** videotexto *m*
Videothek *f,* **en** videoteca *f*
vidieren (A) (Pass) visar; poner el visto bueno
Vieh *n,* Ø ganado *m*; ***Stück*** ~ res *f*
Viehausstellung *f,* **en** exposición *f* ganadera; exposición *f* de ganado
Viehbestand *m,* **e** número *m* de reses; existencia *f,* censo *m* de ganado; (LA) hacienda *f*
Viehfutter *n,* Ø pienso *m*; forraje *m*
Viehhalter *m,* **-** criador *m* de ganado; ganadero *m*
Viehhaltung *f,* Ø ganadería *f*; producción *f* animal; cría *f* de ganado
Viehhandel *m,* Ø comercio *m* de ganado; ganadería
Viehhändler *m,* **-** tratante *m* (de, en ganados); ganadero *m*
Viehmarkt *m,* **¨e** feria *f,* mercado *m* de ganado(s)
Viehwirtschaft *f,* Ø economía *f* pecuaria
Viehzucht *f,* Ø → Viehhaltung
Viehzüchter *m,* **-** → Viehhalter
viehzuchttreibend ganadero
Vielehe *f,* Ø poligamia *f*

vielfach **1.** (häufig) frecuente **2.** (wiederholt) reiterado **3.** múltiple; variado; *~er Millionär* multimillonario *m*; *um ein ~es* muchas veces más, (en) un múltiplo
Vielfaches, *ein* ~ un múltiplo *m*
Vielfach-Jobsteuerung *f*, Ø programación *f* de multitrabajos
Vielfach-Jobverarbeitung *f*, Ø procesamiento *m* multitrabajo(s)
Vielfalt *f*, Ø, ~ *des Angebots* variedad *f* de la oferta; oferta *f* variada
Vielflieger *m*, - gran cliente *m* de líneas aéreas; cliente *m* que vuela con mucha frecuencia
viel gekauft, *~e Ware* artículo *m* muy comprado; artículo *m* muy demandado, de mucha venta, de gran salida
vielseitig, ~ *verwendbar* de uso múltiple; de uso universal; de múltiples aplicaciones
Vielseitigkeit *f*, Ø, ~ *des Produktionsprogramms* diversificación *f* de la producción
Vielseitigkeitsprüfung *f*, **en** prueba *f* combinada
vier, *unter ~ Augen* a solas; de silla a silla
Viereck *n*, **e** cuadrado *m*; *magisches* ~ cuadrado mágico
Vierfarbenstift *m*, **e** portaminas *m* de cuatro colores
Vierfeldwirtschaft *f*, Ø cultivo *m* de rotación cuadrienal
Vierjahresplan *m*, **¨e** plan *m* cuadrienal
vierjährig cuadrienal; de cuatro años
viermonatlich, *~er Bericht* informe *m* cuatrimestral; informe *m* publicado cada cuatro meses
Vierpersonenhaushalt *m*, **e** hogar *m* de cuatro personas
Vierspeziesrechenmaschine *f*, **n** (máquina *f*) calculadora *f* para las cuatro reglas
viersprachig cuatrilingüe
vierstellig de cuatro dígitos
Viertel *n*, - **1.** cuarto *m*; cuarta parte *f* **2.** barrio *m*
Vierteljahr *n*, **e** trimestre *m*
Vierteljahresabonnement *n*, s suscripción *f* *bzw.* abono *m* trimestral
Vierteljahresabschluss *m*, **-¨e** balance *m*, estado *m* trimestral
Vierteljahresbericht *m*, **e** informe *m* trimestral
Vierteljahresdividende *f*, **n** dividendo *m* trimestral
Vierteljahresrate *f*, **n** plazo *m* trimestral
Vierteljahresschrift *f*, **en** revista *f* trimestral
vierteljährig de tres meses
vierteljährlich trimestral; por trimestre
vierzehn Tage *pl* quince días *pl*; dos semanas
vierzehntägig quincenal; *~e Kündigung* despido *m* con quince días de plazo; *~e Zahlung* pago *m* por quincenas
vierzehntäglich cada quince días
Vierzig-Stunden-Woche *f*, **n** semana *f* laboral de cuarenta horas
Viktualien *pl* vituallas *pl*
Vindikation *f*, **en** reivindicación *f*
vindizieren reivindicar
Vinkulation *f*, **en** vinculación *f* (cesión de un valor mobiliario sujeta a la conformidad del emisor)
vinkulieren vincular
vinkuliert, *~e Aktien* acciones *pl* vinculadas (con restricción en la transferencia)
Vinkulierung *f*, **en** (von Aktien) vinculación *f* de acciones
VIP *m*, **s** (very important person) persona *f* muy importante; personalidad *f* destacada; personalidad *f* VIP
Virement *n*, **s** transferencia *f*
virenfrei sin virus
Virenschutz *m*, Ø protección *f* antivírica; protección *f* antivirus
virensicher sin virus
virenverseucht contaminado, contagiado, infestado de virus
Vir|us *n*, **-en** virus *m*
virusbehaftet atacado, contagiado de virus (Syn. virusbefallen)
Virusprüfung *f*, **en** búsqueda m de virus
Visagebühren *pl* derechos *pl* de visado
Visitation *f*, **en** control *m*; inspección *f* (de equipajes, etc.)
Visite *f*, **n** (Zoll) registro *m* (de aduana)
Visitenkarte *f*, **n** tarjeta *f* (de visita)
visitieren controlar; pasar control; inspeccionar; pasar una inspección
Vistawechsel *m*, - letra *f* (pagadera) a la vista
Vis|um *n*, **-a** visado *m*; (LA) visto *m*; visa *f*; (Gener.) visto *m* bueno
Visum(s)zwang *m*, Ø, *es herrscht* ~ hay obligación de tener visados, (LA) visas, vistos
visumsfrei sin visado; exento de visado
Visumsverlängerung *f*, Ø prórroga *f* del visado
Vitalpacht *f*, **en** arrendamiento *m* vitalicio
Vizepräsident *m*, **en** vicepresidente *m*
V-Mann *m*, **¨er** *od.* **-leute** agente *m*
V-Markt *m*, **¨e** → Verbrauchermarkt

VN → Vereinte Nationen
VO (Verordnung) decreto-ley *m*
Vogelfarm *f,* **en** granja *f* avícola
Vogel-Strauß-Politik *f,* Ø política *f* de avestruz
Volk *n,* **¨er** pueblo *m*; nación *f*
Völkerbund *m,* Ø sociedad *f* de naciones (1919 - 1946)
Völkerrecht *n,* Ø derecho *m* internacional público; ius *m* gentium; derecho *m* de gentes
Völkerrechtler *m,* - internacionalista *m*; especialista *m* en derecho internacional
Volksabstimmung *f,* **en** plebiscito *m*; referéndum *m*; ***etw einer ~ unterbreiten*** someter a/c a plebiscito; ***etw. durch ~ billigen*** aprobar a/c por plebiscito
Volksaktie *f,* **n** acción *f* popular
Volksausgabe *f,* **n** edición *f* popular
Volksbank *f,* **en** banco *m* popular
Volksbefragung *f,* **en** consulta *f* popular; plebiscito *m*
Volksbegehren *n,* - iniciativa *f* popular; petición *f,* demanda *f* de plebiscito
Volksdichte *f,* Ø densidad *f* demográfica, de la población
Volkseigentum *n,* Ø propiedad *f* del pueblo, nacional, pública, del Estado; ***ins ~ überführen*** nacionalizar
Volkseinkommen *n,* - renta *f* nacional
Volksentscheid *m,* **e** → Volksabstimmung
Volksfront *f,* **en** frente *m* popular
Volksgericht *n,* **e** tribunal *m* popular
Volksgerichtshof *m,* **¨e** tribunal *m* del pueblo
Volksherrschaft *f,* Ø democracia *f*
Volkshochschule *f,* **n** universidad *f* popular (en la R.F.A.); formación *f* permanente de adultos
Volkskammer *f,* (**n**) **1.** cámara *f* baja, popular **2.** (ex R.D.A.) Cámara *f* del Pueblo
Volksküche *f,* **n** cocina *f* popular, económica; comedor *m* de auxilio social
Volksrepublik *f,* **en** república *f* popular, socialista
Volksschulabschlusszeugnis *n,* **se** certificado *m* de estudios primarios
Volksschule *f,* **n** escuela *f* de enseñanza primaria, de estudios primarios, de EGB
Volksschulwesen *n,* Ø enseñanza *f* primaria
Volksvermögen *n,* Ø peculio *m,* patrimonio *m* nacional
Volksvertreter *m,* - diputado *m*; representante *m* del pueblo
Volksvertretung *f,* **en** representación *f* nacional; parlamento *m*; (E) Cortes *pl*
Volkswagen *m,* - (VW) coche *m* *bzw.* empresa *f* Volkswagen
Volkswirt *m,* **e** economista *m*; titulado *m* en económicas
Volkswirtschaft *f,* **en** economía *f* nacional, agregada; macroeconomía *f*; economía *f* política
Volkswirtschaftler *m,* - economista *m*
volkswirtschaftlich macroeconómico; ***~e Gesamtrechnung*** contabilidad *f* nacional; ***~e Werte*** *pl* valores *pl* económicos
Volkswirtschaftsdepartement *n,* **s** (CH) Departamento *m* de Economía
Volkswirtschaftslehre *f,* Ø economía *f* política
Volkswirtschaftspolitik *f,* Ø política *f* económica
Volkszählung *f,* **en** censo *m* (de la población); ***eine ~ durchführen*** efectuar un censo; ***Fortschreibung der ~(sdaten)*** extrapolación *f* del censo; ***Zeitraum zwischen zwei ~en*** período *f* intercensal; (für Steuer) empadronamiento *m*
voll, ***~ bezahlen*** pagar completamente; abonar íntegramente; pagar del todo; ***~ einbezahlt*** totalmente desembolsado; (completamente) liberado; ***~er Erfolg*** éxito *m* rotundo, completo; acierto *m* total; ***~er Fahrpreis*** billete *m* entero; ***~e Summe*** suma *f* total, completa; ***aus dem ~en schöpfen*** tener en abundancia; disponer de grandes recursos; ***zum ~en Preis*** a precio fuerte; sin rebaja
Vollaktie *f,* **n** acción *f* totalmente liberada, desembolsada
Vollakzept *n,* **e** aceptación *f* total
Vollarbeit *f,* Ø trabajo *m* en régimen de jornada completa
vollautomatisch completamente automático
vollautomatisiert enteramente, plenamente automatizado
Vollautomatisierung *f,* **en** automatización *f* integral
Vollbauer *m,* **n** agricultor *m* a pleno empleo; agricultor *m* que vive sólo de la profesión
vollberechtigt con pleno poder; que goza de todas las prerrogativas
vollbeschäftigt en régimen de jornada completa
Vollbeschäftigung *f,* Ø pleno empleo *m*; plena ocupación *f*
vollbesetzt completo
Vollbezahlung *f,* **en** pago *m* integral

Vollcharter *f,* Ø fletamento *m* total
Volldeckung *f,* **en** cobertura *f* a todo riesgo
Volleigentum *n,* Ø plena propiedad *f*
volleingezahlt (Aktie) completamente liberada; (Kapital) enteramente desembolsado
volleinzahlen desembolsar totalmente; liberar
Volleinzahlung *f,* Ø desembolso *m* completo; transferencia *f* íntegra; liberación *f*
vollenden 1. acabar **2.** ***das sechzigste Lebensjahr*** ~ cumplir los 60 años **3.** (Jur.) consumar
Vollerwerbsbetrieb *m,* **e** explotación *f* (agrícola) a jornada completa
Vollerwerbskräfte *pl* mano *f* de obra en régimen de jornada completa
Vollerwerbslose(r) (der/ein) parado *m,* desempleado *m* total
Vollgehalt *m,* Ø (Münze) ley *f*
Vollgenuss *m,* Ø usufructo *m* entero; ***im ~ seiner Rechte*** en pleno goce de sus derechos
Vollgewicht *n,* **e** peso *m* cabal; buen peso *m*
Vollgiro *n,* **s** → Vollindossament
vollgültig de valor legal; perfectamente válido
Vollgültigkeit *f,* Ø irrecusabilidad *f*; valor *m,* vigor *m* legal; perfecta validez *f*
Vollhafter *m,* - socio *m* colectivo, personalmente responsable
Vollindossament *n,* **e** endoso *m* completo
Vollinvalide *m,* - inválido m total
Vollinvalidität *f,* Ø invalidez *f* total
volljährig mayor de edad; ***für ~ erklären*** emancipar; habilitar; ***~ werden*** llegar a mayor edad, a la mayoría
Volljährigkeit *f,* Ø mayoría *f* de edad; ***Eintritt der ~*** comienzo *m* de la mayoría de edad
Volljährigkeitserklärung *f,* **en** emancipación *f*; habilitación *f* de edad
vollkaskoversichert asegurado, amparado contra todo riesgo; con póliza contra todo riesgo
Vollkaskoversicherung *f,* **en** seguro *m* contra todo riesgo
Vollkauf|mann *m,* **-leute** comerciante *m* inscrito en el registro mercantil; comerciante *m* pleno
vollkommen, ***~e Konkurrenz*** competencia *f* perfecta
Vollmacht *f,* **en** poder *m*; autorización *f*; ***gerichtliche ~*** procuración *f*; ***privatschriftliche ~*** poder privado; ***unbeschränkte ~*** plenipotencia *f*; poder general; pleno poder; ~ ***zur Vertretung in der Generalversammlung*** poder de representación en la Junta General; ***mit ~en ausgestattet, versehen*** provisto, investido de plenos poderes; ~ ***erteilen*** dar poder; autorizar; facultar; ***implizierte ~en*** poderes *pl* implícitos
Vollmachtenprüfungsausschuss *m,* **¨e** comisión *f* de verificación de poderes, credenciales
Vollmachterteilung *f,* **en** otorgamiento *m* de poderes; apoderamiento *m*
Vollmachtgeber *m,* - poderdante *m*; otorgante *m*
Vollmachtnehmer *m,* - poderhabiente *m*; apoderado *m*; mandatario *m*
Vollmachtsentzug *m,* Ø retirada *f,* revocación *f* del poder (antes concedido)
Vollmachtserteilung *f,* Ø apoderamiento *m*; delegación *f* de poder; otorgamiento *m* de poderes
Vollmachts-Indossament *n,* **e** endoso *m* por procuración
Vollmachtsinhaber *m,* - → Vollmachtsnehmer
Vollmachtsmissbrauch *m,* Ø abuso *m* de poder
Vollmitglied *n,* **er** miembro *m* de plenos derechos
Vollpension *f,* **en** (Turismo) pensión *f* completa
Vollschutz *m,* Ø (Seg.) protección *f* total
Vollsitzung *f,* **en** sesión f plenaria
vollständig, ***~e Adresse*** dirección *f* completa; ***~e Invalidität*** incapacidad *f,* invalidez *f* total; ~ ***Konkurrenz*** competencia *f* perfecta; ***~e Zahlung*** pago *m* completo
vollstreckbar ejecutable; ejecutorio; ***~es Urteil*** fallo *m* ejecutorio
Vollstreckbarkeit *f,* Ø carácter *m* ejecutorio; posibilidad *f* de ser ejecutado
vollstrecken ejecutar; ***ein Testament*** ~ ejecutar un testamento; ***ein Urteil*** ~ ejecutar una sentencia
Vollstrecker *m,* - ejecutor *m*
Vollstreckung *f,* **en** ejecución *f*
Vollstreckungsbefehl *m,* **e** orden *f* de embargo judicial; auto *m* de ejecución
Vollstreckungsbehörde *f,* **n** autoridad *f* ejecutiva
Vollstreckungsgläubiger *m,* - acreedor *m* ejecutante
Vollstreckungsschuldner *m,* - deudor *m* sujeto a ejecución
Vollstreckungstitel *m,* - título *m* ejecutable

Vollstreckungsurteil *n*, **e** sentencia *f* ejecutoria
Vollstreckungsverfahren *n*, - procedimiento *m*, juicio *m* ejecutorio
Vollversammlung *f*, **en** (Pol.) asamblea *f* plenaria; sesión *f* en pleno
vollwertig válido; de igual calidad; *~er* ***Ersatz*** sustituto *m* válido
Vollwertversicherung *f*, **en** seguro *m* del valor total
Vollzahler-Tarif *m*, **e** plena tarifa *f*; ***zum ~ fliegen*** viajar por avión a plena tarifa, a tarifa normal
vollzählig completo; *~e* ***Liste der Kandidaten*** lista *f* completa de los candidatos
Vollzeitarbeitsplatz *m*, **¨e** → Vollzeitstelle
Vollzeitkraft *f*, **e** empleado *m* en régimen de jornada completa
Vollzeitstelle *f*, **n** puesto *m* de trabajo, plaza *f* de jornada completo/a
vollziehen ejecutar; ***die Ehe ~*** consumar el matrimonio; ***eine Lieferung ~*** cumplir el suministro; ***ein Urteil ~*** ejecutar una sentencia un fallo
vollziehend, *~e* ***Gewalt*** poder *m* ejecutivo (Syn. ***Exekutive***)
Vollziehung *f*, Ø **1.** ejecución *f*; cumplimiento *m* **2.** ***~ der Ehe*** consumación *f* del matrimonio
Vollziehungsbeamte(r) (der/ein) agente *m*, funcionario *m* ejecutor (Syn. ***Vollzugsbeamter***)
Vollzug *m*, Ø → Vollziehung
Vollzugsanstalt *f*, **en** establecimiento *m* penitenciario; prisión *f*; cárcel *m*
Volontär *m*, **e** meritorio *m*; ***als ~ arbeiten*** trabajar de *bzw.* como meritorio
volontieren trabajar como meritorio
Volum|en *n*, **-ina** volumen *m*; ***~ des Handelsaustauschs*** volumen del intercambio comercial
Volumeneinheit *f*, **en** unidad *f* de volumen
voluminös voluminoso
Voluntariat *n*, **e** duración *f*, período *m* de prácticas como meritorio
Vomhundertsatz *m*, **¨e** porcentaje *m* (Syn. ***Prozentsatz***)
von, ***~ Haus zu Haus-Klausel*** cláusula *f* de puerta a puerta
vor, ***~ Fälligkeit*** antes del vencimiento; antes de la fecha fijada
Vorabbestellung *f*, **en** pedido *m* anticipado
Vorabsprache *f*, **n** acuerdo *m* previo
vorangegangen, *~es* ***Jahr*** ejercicio *m* precedente; año *m* anterior
Vorankündigung *f*, **en** aviso *m* previo; preaviso m
Voranmeldung *f*, **(en)** → V-Gespräch
Voranschlag *m*, **¨e** cálculo *m* de gastos *od.* estimativo; presupuesto *m*
Vorarbeiten *pl* trabajos *pl* preliminares, preparatorios
Vorarbeiter *m*, - capataz *m*; contramaestre *m*; jefe *m* de(l) taller
Voraus *n*, Ø (Erbschaft) legado *m* en favor del cónyuge superviviente
voraus, ***im ~*** por adelantado; de antemano; con anticipación; ***im ~ zahlbar*** pagadero por adelantado; ***im ~ bezahlte Fracht*** flete *m* pagado por adelantado; ***im ~ abziehen*** deducir de antemano, por adelantado; ***ein Zimmer im ~ bestellen*** reservar una habitación (con anticipación); ***im ~ (vor Fälligkeit) bezahlen*** pagar antes del vencimiento; pagar antes de(l) plazo; pagar por adelantado; ***im ~ danken*** dár las gracias por anticipado; agradecer de antemano; expresar su agradecimiento con anticipación
Vorausabzug *m*, **¨e** deducción *f* previa (p.ej. las retenciones salariales)
Vorausberechnung *f*, **en** cálculo *m* anterior, precedente
vorausbestellen pedir, encargar con anticipación
Vorausbestellung *f*, **en** orden *f* por anticipado; encargo *m*, pedido *m* con anticipación
vorausbezahlen pagar por adelantado
Vorausbezahlung *f*, **en** pago *m* por adelantado; anticipo *m* (de dinero)
vorausdatieren adelantar la fecha; antefechar
Vorauskasse *f*, Ø pago *m* anticipado; ***~ leisten*** pagar por anticipado
Vorausleistung *f*, **en** **1.** prestación *f* previa **2.** pago *m* por adelantado
Vorauslieferung *f*, **en** suministro *m* por anticipado
Vorausplanung *f*, **en** planificación *f* por adelantado, por anticipado
Vorausrechnung *f*, **en** factura *f* (enviada) por adelantado
Voraussage *f*, **n** pronóstico *m*; predicción *f*
voraussagen pronosticar; predecir
vorausschätzen estimar; evaluar
Vorausschätzung *f*, **en** estimación *f*; evaluación *f*
voraussehbar, ***nicht ~e Umstände*** circunstancias *pl* imprevisibles
voraussehen prever

voraussenden enviar, remitir, expedir por anticipado
voraussetzen 1. presuponer **2.** requerir como condición
Voraussetzung *f,* **en**, ***unter der ~, dass*** bajo la condición de que; con el requsiito de que; (pre)suponiendo que; ***unter den gegenwärtigen ~en*** bajo las condiciones presentes, actuales
Voraussicht *f,* Ø, ***aller ~ nach*** con toda probabilidad; es muy probable; según todos los indicios
voraussichtlich, ***~er Bedarf*** requerimientos *pl* previsibles; necesidades *pl* esperadas; ***~er Gewinn*** beneficio *m* probable; ***~er Käufer*** cliente *m* potencial; ***~e Kosten*** costes *pl* estimados; ***~er Preis*** precio *m* previsible; ***die Ware wird ~ am ... ankommen*** está previsto que la mercancía llegue el ...
vorauszahlbar, ***~e Fracht*** flete *m* pagadero por anticipado, de antemano
vorauszahlen → vorausbezahlen
Vorauszahlung → Vorausbezahlung
Vorbedacht *f,* Ø, ***mit ~ handeln*** actuar con premeditación
Vorbedingung *f,* **en** condición *f* previa; precondición *f*
Vorbefragung *f,* **en** encuesta *f* previa
Vorbehalt *m,* **e** reserva *f*; salvedad *f*; cláusula *f*; ***ohne ~*** sin reservas; ***unter dem ~*** con la salvedad de que; a reserva de que; ***~ aufheben*** anular una reserva
vorbehalten reservar; ***Änderungen ~*** sujeto a alteraciones; salvo modificación; ***Irrtum ~*** salvo error u omisión; ***alle Rechte ~*** reservados todos los derechos; ***sich ein Recht ~*** reservarse un derecho
vorbehaltlich salvo; a reserva de; ***~ der Genehmigung*** a reserva de aprobación
vorbehaltlos sin reserva; incondicionalmente; ***er stimmt dem Vorschlag ~ zu*** aprueba la propuesta sin reservas
Vorbehaltsgut *n,* **¨er** (Jur.) bienes *pl* reservados
Vorbehaltsklausel *f,* **n** cláusula *f* de reserva *bzw.* de salvaguardia
vorbelastet, ***~ sein*** (Jur.) tener antecedentes
vorbereiten preparar
vorbereitend preparatorio; preliminar; ***~e Arbeit*** trabajo *m* preparatorio
vorbereitet, ***~ sein auf*** estar preparado para
Vorbereitung *f,* **en** preparación *f*; preparativos *pl*; ***~en treffen*** hacer preparativos
Vorbereitungsarbeiten *pl* trabajos *pl* preparatorios, preliminares
Vorbescheid *m,* **e** decisión *f* preliminar
Vorbesitzer *m,* **-** propietario *m* anterior
Vorbesprechung *f,* **en** discusión *f* previa; conferencia *f* preliminar
vorbestellen 1. encargar, ordenar por anticipado **2.** ***ein Zimmer ~*** reservar una habitación
Vorbestellung *f,* **en 1.** encargo *m,* pedido *m* (por) anticipado **2.** reserva *f* (previa)
vorbestraft con antecedentes penales; ***nicht ~ sein*** no tener antecedentes penales
Vorbestrafte(r) (der/ein) persona *f* con antecedentes penales *od.* ya penada
Vorbestrafung *f,* **en** antecedente *m* penal; condena *f* anterior (Syn. ***Vorstrafe***)
Vorbeugehaft *f,* Ø detención *f* preventiva
vorbeugen prevenir; ***um unnötigen Kosten vorzubeugen*** a fin de evitar costes inútiles
Vorbeuge-Untersuchung *f,* **en** examen *m* preventivo
Vorbeugung *f,* **en** prevención *f*; profilaxis *f*
Vorbeugungsmaßnahme *f,* **n** medidas *pl* preventivas
Vorbörse *f,* **n** bolsín *m* de la mañana (contratación de valores antes de iniciar la sesión oficial de la bolsa)
vorbörslich cotizado antes de la hora oficial; de cotización extraoficial
vorbringen, ***einen Anspruch ~*** reclamar un derecho; ***Beweise ~*** presentar pruebas; ***Gründe ~*** aducir, alegar razones; einen Plan ~ proponer un plan
vordatieren → vorausdatieren
Vordermann *m,* **¨er** predecesor *m*; tenedor *m,* endosante *m* anterior
Vorderseite *f,* **n** portada *f*; cara *f*; anverso *m*
Vordringen *n,* Ø, ***~ eines Unternehmens auf dem Markt*** penetración *f* de una empresa en el mercado; avance *m* de una empresa en el mercado
vordringlich urgente; ***~e Angelegenheit*** asunto *m* urgente; ***~ zu behandeln*** a tramitar *od.* resolver con prioridad
Vordruck *m,* **e** formulario *m*; impreso *m*; ***einen ~ ausfüllen*** rellenar un formulario
Voreinsendung *f,* **en** importe *m* anticipado; ***gegen ~ dieses Betrags*** anticipando el importe
Vorempfang *m,* Ø, ***~ eines Erbes*** anticipo *m* de una herencia
Vorentwurf *m,* **¨e** ante-proyecto *m*; ***einen ~ machen*** elaborar, redactar un anteproyecto

Vorerbe *n/m*, **n 1.** anticipo *m* de herencia **2.** primer heredero *m*; heredero *m* previo
vorerwähnt mencionado anteriormente
Vorerzeugnis *n*, **se** producto *m* para seguir siendo elaborado; pre-producto *m*; producto *m* semiacabado, semiterminado
vorfabrizieren → vorfertigen
Vorfahrt *f*, Ø prioridad *f*, derecho *m* de paso
Vorfahrtstraße *f*, **n** calle *f bzw.* carretera *f* de preferencia
Vorfaktur|a *f*, **-en** factura *f* provisional
vorfertigen prefabricar
Vorfertigung *f*, **en** prefabricación *f*
vorfinanzieren prefinanciar; financiar por anticipado
Vorfinanzierung *f*, **en** prefinanciación *f*; financiación *f* por anticipado
Vorfinanzierungskredit *m*, **e** crédito *m* preliminar, anticipado; crédito *m* destinado a la prefinanciación
vorformuliert, ***~e Geschäftsbedingungen*** condiciones *pl* comerciales redactadas de antemano, formuladas por anticipado
Vorfracht *f*, Ø flete *m* original
Vorfrage *f*, **n 1.** (Jur.) cuestión *f* prejudicial **2.** cuestión *f* previa, preliminar
vorfristig anticipadamente; antes del plazo convenido
Vorführdame *f*, **n** maniquí *f*
vorführen presentar; hacer una demostración
Vorführer *m*, **-** operador *m* de cine
Vorführmodell *n*, **e** modelo *m* de demostración
Vorführung *f*, **en** presentación *f*; demostración *f*; exhibición *f*
Vorführungsbefehl *m*, **e** (Jur.) orden *m* de comparecencia
Vorgabe *f*, **n** especificación *f* (dada); criterio *m*; parámetro *m* (prefijado); condiciones *pl* a cumplir; condiciones *pl* predeterminadas; pauta *f*
Vorgabekosten *pl* costes *pl* estándar; costes *pl* normales; costes *pl* prefijados
Vorgabezeit *f*, **en** tiempo *m* predeterminado; tiempo *m* permitido
Vorgang *m*, **¨e 1.** proceso *m*; marcha *f* **2.** (Contab.) operación *f* contable **3.** (Corresp.) referencia *f*
Vorgänger *m*, **-** predecesor m; antecesor m
vorgeben permitir; preterminar; prefijar; ***Zeit*** ~ prefijar, predeterminar el tiempo
vorgehen 1. ***gerichtlich ~ gegen*** proceder judicialmente contra **2.** ***die Arbeit geht vor*** lo primero es el trabajo; el trabajo es lo primero; el trabajo tiene prioridad **3.** tomar la delantera; adelantar(se)
vorgeladen citado
vorgelesen, **genehmigt**, **unterschrieben** leído, aprobado y firmado
vorgeschrieben prescrito; de rigor; requerido; ***~es Formblatt*** formulario *m* legal; ***gesetzlich*** ~ prescrito, ordenado, mandado por la ley; ~ ***sein*** ser obligatorio; ser de obligado cumplimiento; estar prescrito para; ***~e Preise*** precios *pl* impuestos
Vorgesetzte(r) (der/ein) superior *m*; jefe *m*; patrón *m* (Ggs. ***Untergebener***)
Vorgesetztenverhältnis *n*, **(se)** relación *f* jerárquica entre el subalterno y el superior
Vorhaben *n*, **-** proyecto *m*; plan *m*; intención *f*
vorhaben proyectar; tener la intención de
Vorhand *f*, Ø opción *f*; derecho *m* de retracto
vorhanden disponible; ~ ***sein*** estar en almacén; estar a disposición
Vorherrschaft *f*, Ø predominio *m*; hegemonía *f*; supremacía *f*; ~ ***auf dem Markt*** supremacía en el mercado
Vorhersage *f*, **n** pronóstico *m*; predicción *f*
vorhersehen → voraussehen
vorherzahlen pagar por anticipado
vorig anterior; precedente; ***~en Jahres*** del año anterior
vorindustriell preindustrial; ***~e Strukturen*** estructuras *pl* preindustriales
Vorinstanz *f*, **en** instancia *f* anterior; instancia *f* inferior
Vorjahr *n*, **e** año *m* anterior, precedente; ***im*** ~ el año anterior; ***vom*** ~ del año pasado
Vorjahresmonat *m*, **e** mes *m* del año anterior; ***gegenüber dem gleichen*** ~ en comparación con el mismo mes del año anterior
vorjährig del año precedente; ***die Preise auf der ~en Höhe halten*** mantener los precios al nivel del año anterior
Vorkalkulation *f*, **en** cálculo *m* provisional, aproximativo
vorkalkulieren establecer previamente los costes
Vorkasse *f*, Ø pago *m* adelantado, anticipado
Vorkauf *m*, **¨e** retracto *m*; pacto *m* de prelación, de preferencia
Vorkäufer *m*, **-** retrayente *m*; comprador *m* prioritario
Vorkaufspreis *m*, **e** precio *m* de retracto
Vorkaufsrecht *n*, **e** derecho *m* de preferencia *od.* prelación; derecho *m* de retracto

Vorkehrung *f,* **en** disposición *f*; ***~en treffen*** tomar precaudiones *bzw.* las medidas necesarias
Vorkriegszeit *f,* **en** (época *f* de la) anteguerra *f*
vorladen citar ante el juez; notificar; ***jdn. ~ lassen*** hacer comparecer a alg.
Vorladung *f,* **en** citación *f*; notificación *f* (de comparecencia)
Vorlage *f,* **n 1.** producción *f*; presentación *f*; ***zahlbar bei ~*** pagadero a la vista **2.** modelo *m*; muestra *f* **3.** borrador *m*
Vorlasten *pl* cargas *pl* anteriores; cargas *pl* heredadas
vorlaufend, ***~e Indikatoren*** indicadores *pl* premonitorios; indicadores *pl* anticipados, adelantados
vorläufig provisional; temporal; ***~er Steuerbetrag*** cuota *f* íntegra
Vorlegefrist *f,* **n** plazo *m* de presentación
vorlegen presentar; producir; exhibir; ***die Bilanz ~*** presentar el balance; ***eine Urkunde ~*** producir, presentar un documento; ***zur Zahlung ~*** presentar al cobro
Vorlegung *f,* **(en)** presentación *f*; ***~ der Bücher*** presentación de los libros
Vorlegungsfrist *f,* **en** plazo *m* de presentación
Vorlegungspflicht *f,* **en** obligación *f* de presentación
Vorleistung *f,* **en** prestación *f* anterior; pago *m* anticipado
vorlesen leer (en alta voz); ***das Protokoll ~*** dar lectura al acta
Vormachtstellung *f,* **en** → Vorherrschaft
Vormann *m,* **¨er** endosante *m* anterior; cedente *m*
vormerken anotar; tomar nota
Vormerkliste *f,* **n** lista *f* de espera; lista *f* de anotaciones (previas)
Vormerkung *f,* **(en)** anotación *f* preventiva (beim Grundbuchauszug); inscripción *f*; nota *f*; asiento *m*
Vormerkverfahren *n,* **-** admisión *f* temporal (en aduana)
Vormonat *m,* **e** mes *m* anterior; mes *m* precedente
Vormund *m,* **¨er** tutor *m*; ***einen ~ bestellen*** nombrar; designar un tutor
Vormundschaft *f,* **en** tutela *f*; tutoría *f*; ***unter ~ stehen*** estar bajo tutela
Vormundschaftsgericht *n,* **e** tribunal *m* tutelar (de menores)
Vorname *m,* **n** nombre *m* de pila *od.* de bautismo; ***bitte alle ~n angeben*** sírvase indicar todos sus nombres (de pila)
vornotieren → vormerken
Vorordner *m,* **-** carpeta *f* clasificadora; clasificador *m* de documentos
Vorort *m,* **e** suburbio *m*; barrio *m* periférico
Vor-Ort-Produktion *f,* **en** producción *f* in situ
Vorortverkehr *m,* Ø tráfico *m* suburbano
Vorprämie *f,* **n** prima *f* de opción de compra
Vorprämiengeschäfte *pl* operaciones *pl* de primas de opción de compra
Vorprodukt *n,* **e** → Vorerzeugnis
vorprogrammiert (Inform.) preprogramado
Vorprogrammierung *f,* **en** (Inform.) preprogramación *f*
Vorquartal *n,* **e** trimestre *m* anterior, precedente
Vorrang *m,* Ø prioridad *f*; ***einer Sache den ~ geben*** dar prioridad a un asunto
vorrangig prioritario
Vorrat *m,* **e** provisión *f*; existencias *pl*; surtido *m*; reserva *f*; ***auf (in) ~*** en reserva; ***auf ~ produzieren*** producir para almacenaje; ***~e angreifen*** tocar las reservas; ***neue ~e bestellen*** pedir existencias; abastecerse
vorrätig disponible; en almacén; en reserva
Vorratsaktien *pl* acciones *pl* en autocartera
Vorratsbildung *f,* Ø constitución *f* de stocks; constitución *f* de existencias
Vorratsdispositionen pl, ***~ der Unternehmen*** política *f* de constitución de stocks de las empresas
Vorratsentnahme *f,* Ø toma *f,* retirada *f,* extracción *f* de existencias
Vorratshaltung *f,* **en** mantenimiento *m* de existencias
Vorratshaus *n,* **¨er** depósito *m*; almacén *m*
vorratsintensiv con gran densidad, con gran intensidad de stocks
Vorratsinvestitionen *pl* inversión *f* en inventarios; inversión *f* en existencias
Vorratskauf *m,* **¨e** compra *f* para la formación de reserva; compra *f* de acumulación de existencias
Vorratskont|o n, **-en** cuenta *f* de inventario; cuenta *f* de existencias, de stocks
Vorratskredit *m,* **e** crédito *m* para financiar las existencias
Vorratslager *n,* **-** almacén *m*; depósito *m*
Vorratsvermögen *n,* **-** inventarios *pl*; existencias *pl*; stocks *pl*
Vorratswirtschaft *f,* Ø acumulación *f* de existencias; economía *f* de existencias

vorrechnen **1.** enumerar **2.** ***jdm. etw.~*** hacer a alg. la cuenta, el cálculo de u/c
Vorrecht *n*, **e** privilegio *m*; prerrogativa *f*; derecho *m* preferente; ***gegenseitig eingeräumte ~e*** privilegios recíprocos; ***ein ~ einräumen*** otorgar un privilegio
Vorrechtsaktie *f*, **n** acción *f* preferente
Vorrechtszeichnung *f*, **en** suscripción *f* de acciones preferentes
Vorruhestand *m*, Ø prejubilación *f*; jubilación *f* anticipada
Vorruheständler *m*, - persona *f* en régimen de prejubilación
Vorsaison *f*, **s** antetemporada *f*; pretemporada *f*
Vorsatz *m*, **¨e** premeditación *f*; dolo *m*; propósito *m*; ***mit ~*** premeditadamente
vorsätzlich doloso; con premeditación; ***~ oder fahrlässig*** intencionadamente o por negligencia
vorschießen (Fam.) adelantar, anticipar dinero
Vorschlag *m*, **¨e** propuesta *f*; oferta *f*; proyecto *m*; ***einen ~ machen*** hacer una propuesta
vorschlagen proponer; hacer una propuesta
Vorschlagsliste *f*, **n** lista *f* de candidatos; lista *f* de ascensos (de personal)
Vorschlagswesen *n*, - sistema *m* de recomendaciones; ***betriebliches ~*** "canasta *f* de ideas" (permite que los empleados hagan propuestas para mejorar las condiciones de trabajo)
vorschreiben prescribir; ordenar; exigir; imponer
Vorschrift *f*, **en** prescripción *f*, norma *f*; reglamento *m*; ***gesetzliche ~*** prescripción legal; ***zwingende ~*** prescripción imperativa, vinculante; ***die ~en befolgen*** observar el reglamento
vorschriftsmäßig reglamentario; conforme a las normas vigentes
vorschriftswidrig contrario a las normas vigentes
Vorschuss *m*, **¨e** adelanto *m*; pago *m* anticipado; ***fester ~*** adelanto, crédito *m* fijo
Vorschussdividende *f*, **n** dividendo *m* a cuenta; dividendo *m* provisional
Vorschussleistung *f*, **en** → Vorschuss
Vorschusspflicht *f*, **en** pago *m* anticipado obligatorio
vorschussweise anticipadamente; a título de anticipo
Vorschusszahlung *f*, **en** pago *m* anticipado, adelantado
Vorsicht *f*, Ø precaución *f*; cautela *f*; prudencia *f*; cuidado *m*; ***~ zerbrechlich!*** ¡frágil!
vorsichtshalber por precaución; como medida de precaución
Vorsichtsmaßnahme *f*, **n** medida *f* de precaución
Vorsitz *m*, **e** presidencia *f*; ***unter dem ~ (von)*** bajo la presidencia (de); ***den ~ führen*** (haben) presidir; ***der turnusmäßig wechselnde ~*** la presidencia por turnos
vorsitzen presidir
Vorsitzende(r) (der/ein) presidente *m*; ***stellvertretender ~*** vicepresidente *m*; ***~ des Vorstandes*** presidente de la junta directiva; ***zum ~n bestellt werden*** ser nombrado presidente
Vorsitzer *m*, - → Vorsitzender
Vorsorge *f*, **n** previsión *f*; ***öffentliche ~*** previsión pública; ***soziale ~*** previsión social; ***~ treffen*** tomar las precauciones necesarias
vorsorgen tomar las precauciones necesarias
Vorsorgeuntersuchung *f*, **en** examen *m* preventivo
Vorsorgeversicherung *f*, **en** seguro *m* complementario
vorsorglich previsor; por medidas de precaución
vorsortiert preseleccionado; clasificado anteriormente
Vorspiegelung *f*, Ø, ***unter ~ falscher Tatsachen*** bajo falsas apariencias; ***wegen ~ falscher Tatsachen*** por representación fraudulenta; por falsas apariencias
Vorsprung *m*, Ø avance *m*; ***einen technologischen ~ haben*** tener un avance tecnológico
Vorstadt *f*, **¨e** suburbio *m*; barrio *m* periférico
Vorstädter *m*, - habitante *m* de un suburbio
vorstädtisch suburbano
Vorstand *m*, **¨e** **1.** (AG) junta *f* directiva; directorio *m*; consejo *m* de dirección; (E) etwa: consejo *m* de administración **2.** (Vereine) (junta *f*) directiva *f* **3.** (Parteien, Gewerkschaften, etc.) ejecutiva *f* **4.** (Anwaltskammer, etc.) junta *f* de gobierno
Vorstandsaktie *f*, **n** **1.** acción *f* de administración **2.** acción *f* de fundador
Vorstandsbezüge *pl* remuneraciones *pl* de los miembros del directorio, de la junta directiva; (E) remuneración *f* de los consejeros, de los miembros del consejo de administración

Vorstandsetagen *pl*, ***in den*** ~ a nivel de la más alta dirección; (E) a nivel de consejeros; (Fig.) en la planta noble

Vorstandsmitglied *n*, **er** miembro *m* de la junta directiva

Vorstandssitzung *f*, **en** sesión *f* de la junta directiva

Vorstandsvergütung *f*, **en** emolumentos *pl* de asistencia (de los consejeros, de los miembros de la junta directiva)

Vorstandsvorsitzende(r) (der/ein) presidente *m* de la junta directiva

Vorstandswahl *f*, **(en)** elección *f* de la junta directiva

vorstehen presidir (als Vorsitzender); dirigir (als Leiter); ***einer Organisation*** ~ dirigir una organización

Vorsteher *m*, - responsable *m*; jefe *m*

vorstellen 1. presentar(se); ***gestatten Sie, dass ich mich vorstelle*** permítame que me presente; ***darf ich Ihnen Herrn Meyer*** ~ permítame presentarle al Sr. Meyer **2.** imaginar(se)

vorstellig werden hacer una reclamación; protestar

Vorstellungsgespräch *n*, **e** entrevista *f* de selección

Vorsteuer *f*, **n** (bei Mehrwertsteuer) impuesto *m* sobre el valor añadido deducible; IVA *m* deducible

Vorsteuergewinn *m*, **e** beneficio *m* antes de impuestos; ganancia *f* antes de descontar el impuesto (Syn. ***Gewinn vor Steuern***)

Vorstoß *m*, **¨e** avance *m*; ofensiva *f*; penetración *f*; ***ein ~ auf dem europäischen Markt*** un ataque contra el mercado europeo

vorstoßen avanzar; lanzar una ofensiva comercial

Vorstrafenregister *n*, - registro *m* de antecedentes penales

vorstrecken → vorschießen

Vortagesnotierung *f*, **en** cotización *f* de la jornada, del día anterior

Vorteil *m*, **e** ventaja *f*; beneficio *m*; ***wirtschaftlicher*** ~ ventaja económica; ***aus einer Situation ~e ziehen*** sacar provecho de una situación

vorteilhaft ventajoso; provechoso; beneficioso; ***für jdn. ~ sein*** ser ventajoso para alg.

Vortrag *m*, **¨e 1.** conferencia *f*; alocución *f*; discurso *m*; ponencia *f* **2.** (Contab.) (tras)-paso *m* a cuenta nueva; suma *f* anterior; ~ ***aus dem vergangenen Geschäftsjahr*** paso a cuenta nueva del ejercicio anterior

vortragen 1. exponer **2.** llevar adelante; sentar en cuenta; contabilizar; ***vorgetragener Saldo*** saldo *m* pasado adelante; saldo *m* llevado a cuenta nueva

Vortragsposten *pl* partidas *pl* a cuenta nueva

vorübergehend pasajero; transitorio; temporal; provisional

Voruntersuchung *f*, **en 1.** (Jur.) instrucción *f* preliminar **2.** análisis *m*, control *m* preliminar

Vorverhandlungen *pl* negociaciones *pl* preliminares, previas, anteriores

Vorverkauf *m*, Ø venta *f* anticipada

Vorverkaufskasse *f*, **n** → Vorverkaufsstelle

Vorverkaufsstelle *f*, **n** contaduría *f*

vorverlegen adelantar; anticipar

Vorversicherung *f*, **en** (Seg.) seguro *m* anterior

Vorvertrag *m*, **¨e** contrato *m* preliminar, provisional; precontrato *m*

Vorwahl *f*, **en 1.** (Pol.) elección *f* provisional; primer turno *m* **2.** preselección *f* **3.** (Teléf.) prefijo *m*

vorwählen (Teléf.) marcar el prefijo

Vorwahlnummer *f*, **n** (Teléf.) prefijo *m*

Vorwahlsystem *n*, **e** sistema *m* de preselección

Vorwegleistung *f*, **en** pago *m* anticipado, adelantado

vorweisen mostrar; presentar; ***den Ausweis, den Pass*** ~ presentar su documento de identidad, su pasaporte

vorzeitig prematuro; anticipado; ***~e Pensionierung*** jubilación *f* anticipada; ***~e Rückzahlung*** reembolso *m* anticipado

vorziehen 1. anticipar; ***vorgezogene Altersrente*** jubilación *f*, pensión *f* anticipada **2.** preferir

Vorzimmer *n*, - antesala *f*; sala *f* de espera

Vorzug *m*, **¨e** preferencia *f*; ventaja *f*; prioridad *f*; ***einer Sache den ~ geben*** dar preferencia, prioridad a a/c

vorzüglich superior; excelente; de primera calidad; ***von ~er Qualität*** de calidad superior; de calidad excelente; ***mit ~er Hochachtung*** (als Briefschluss) con nuestra mayor consideración; (muy) atentamente

Vorzugs- (Pref.) preferente; privilegiado; prioritario

Vorzugsaktie *f*, **n** acción *f* preferente (que concede ciertas ventajas al accionista)

Vorzugsaktionär *m*, **e** accionista *m* preferente

Vorzugsbedingungen *pl* condiciones *pl* de preferencia
Vorzugsbehandlung *f,* **en** tratamiento *m* preferente *od.* de favor
Vorzugsgläubiger *m,* - acreedor *m* preferente
Vorzugskurs *m,* **e** cotización *f* preferente
Vorzugspreis *m,* **e** precio *m* excepcional
Vorzugsrabatt *m,* **e** rebaja *f* de favor
Vorzugsrecht *n,* **e** derecho *m* preferente *od.* de preferencia
Vorzugsstellung *f,* **en** posición *f* privilegiada
Vorzugszinssatz *m,* **¨e** tipo m (de interés) preferente; interés *m* preferencial; tasa *f* preferencial
Vorzugszoll *m,* **¨e** derecho *m* (de aduana), arancel *m* preferente
Vostrokont|o *n,* **-en** su cuenta *f* (en nuestra casa) (Syn. ***Loro-Konto***)
votieren votar
Vot|um *n,* **-en** *od.* **-ta** voto *m*; sufragio *m*
Voucher *m,* - **1.** resguardo *m*; comprobante *m*; justificante *m*; recibo *m*; recibí *m* **2.** (agencias de viajes, alquileres de coches, etc.) vale *m*; tícket *m*
VW *m,* **s** → Volkswagen

W

Waage *f*, **n** balanza *f*, báscula *f*; romana *f*; ***auf die ~ legen*** pesar; ***sich die ~ halten*** equilibrarse; igualarse
Waagegebühr *f*, **en** derechos *pl* de pesada
Waagegeld *n*, **er** → Waagegebühr
waag(e)recht horizontal; ***~e Konzentration*** concentración *f* horizontal (Syn. ***horizontal***)
Waagschale *f*, Ø, ***sein ganzes Ansehen in die ~ werfen*** hacer valer todo su prestigio; ***schwer in die ~ fallen*** pesar mucho
WAB (***Währungsausgleichsbetrag***) importe *m* monetario compensatorio
Wach- und Schließgesellschaft *f*, **en** sociedad *f* de vigilancia de inmuebles
Wachdienst *m*, **e** servicio *m* de vigilancia
wachsen 1. crecer; aumentar; desarrollarse; ***die Einwohnerzahl ist stark gewachsen*** la población ha aumentado considerablemente **2.** ***einer Lage gewachsen sein*** estar a la altura de una situación; estar a la altura de las circunstancias **3.** encerar
wachsend, ***~er Umsatz*** ventas *pl* crecientes; facturación *f* en aumento; cifra *f* de negocios en desarrollo
Wachstum *n*, Ø crecimiento *m*; expansión *f*; aumento *m*; incremento *m*; desarrollo *m*; ***dauerhaftes ~*** crecimiento sostenido; ***extensives ~*** crecimiento extensivo; ***gleichgewichtiges*** (***störungsfreies***) ~ crecimiento equilibrado; ***stetiges ~*** crecimiento continuo; ***wirtschaftliches ~*** crecimiento económico; ***das ~ ist abgeflacht*** el crecimiento se ha debilitado, se ha ralentizado, se ha desacelerado; ***das ~ fördern*** fomentar, estimular, promoverel crecimiento; ***das ~ hat zugenommen*** el crecimiento se ha incrementado
Wachstumsaktie *f*, **n** acción *f* de una sociedad en pleno crecimiento (por ampliar su capital)
Wachstumsaussichten *pl* perspectivas *pl* de crecimiento
Wachstumsbeschleunigung *f*, **en** aceleración *f* del crecimiento
Wachstumsfonds *m*, - fondo *m* de reinversión (en el que los beneficios no se reparten sino que se reinvierten inmediatamente)
wachstumsfördernd favorable al crecimiento; favorecedor del crecimiento; positivo para el crecimiento
Wachstumsgeschwindigkeit *f*, Ø → Wachstumstempo
Wachstumsgleichgewicht *n*, Ø equilibrio *m* en el crecimiento; crecimiento *m* sin distorsiones
wachstumshemmend perjudicial para el crecimiento; que frena el crecimiento
Wachstumsindustrie *f*, **n** industria *f* en expansión, en crecimiento
Wachstumsjahre *pl* años *pl* de crecimiento
Wachstumsknick *m*, Ø caída *f*, bajón *m* del crecimiento económico
Wachstumskurs *m*, Ø, ***sich auf ~ befinden*** encontrarse en la vía, en la senda del crecimiento
Wachstumskurve *f*, **n** curva *f* del crecimiento
Wachstumsmarkt *m*, **¨e** mercado *m* emergente; mercado *m* en expansión, en crecimiento
Wachstumsmodell *n*, **e** modelo *m* de crecimiento
Wachstumsmöglichkeiten *pl* posibilidades *pl* de crecimiento
wachstumsorientiert orientado al crecimiento
Wachstumspolitik *f*, Ø política *f* orientada al crecimiento (económico)
Wachstumspotential *n*, **e**, ***das ~ steigern*** aumentar el potencial económico
Wachstumsprognose *f*, **n** previsiones *pl* de crecimiento
Wachstumsprozess *m*, **e**, ***wirtschaftlicher ~*** proceso *m* de crecimiento económico
Wachstumsrate *f*, **n** tasa *f* de crecimiento; índice *m* de crecimiento; ***befriedigende ~*** tasa de crecimiento satisfactoria; ***gleichgewichtige ~*** tasa de crecimiento equi-

librada; ***hohe ~ der Wirtschaft*** elevada tasa de crecimiento económico; ***die ~ ist leicht gesunken*** la tasa de crecimiento ha bajado ligeramente

Wachstumsrückgang *m*, Ø crecimiento *m* en baja; ralentización *f* del crecimiento; desaceleración *f*, deceleración *f* de la actividad económica; reducción *f* del índice de crecimiento

wachstumsschwach con baja tasa de crecimiento

wachstumsstark con alta tasa de crecimiento

Wachstumstempo *n*, **s** ritmo *m* de crecimiento; ritmo *m* de expansión; ***das ~ beschleunigen, bremsen*** acelerar, frenar el ritmo de crecimiento; ***Verlangsamung des ~*** desaceleración *f*, ralentización *f* del ritmo de crecimiento

Wachstumsträger *m*, - factor *m* de crecimiento; producto *m* que contribuye al incremento de la producción

Wachstumswerte *pl* → Wachstumsaktie

Wächter *m*, - guarda *m*; guardián *m*; vigilante *m* (de noche); vigía *m*

Wachtschiff *n*, **e** **1.** buque *m* de vigilancia **2.** (Küstenwachtschiff) guardacostas *m*

wack(e)lig tambaleante; inseguro; ***~es Unternehmen*** empresa *f* en dificultades; empresa *f* alicaída

Waffe *f*, **n** arma *f*

Waffenbesitz *m*, Ø, ***unerlaubter ~*** tenencia *f* ilícita de armas

Waffenfabrik *f*, **en** fábrica *f* de armas

Waffenfabrikant *m*, **en** fabricante *m* de armas

Waffengewalt *f*, Ø **1.** a mano armada **2.** con empleo de las armas, de la fuerza

Waffenhandel *m*, Ø **1.** comercio *m* de armas **2.** tráfico *m* de armas

Waffenhändler *m*, - **1.** armero *m* **2.** traficante *m* de armas

Waffenhandlung *f*, **en** armería *f*

Waffenkammer *f*, **n** armería *f*

Waffenlager *n*, - depósito *m* de armas

Waffenlieferung *f*, **en** suministro *m* de armas

Waffenruhe *f*, Ø tregua *f*; armisticio *m*; alto *m* el fuego

Waffenschein *m*, **e** licencia *f*; permiso *m* de armas

Waffenschmied *m*, **e** armero *m*

Waffenschmuggel *m*, Ø contrabando *m*, tráfico *m* de armas

Waffenstillstand *m*, Ø → Waffenruhe

Waffenstillstandsvertrag *m*, **¨e** tratado *m* de armisticio

Waffenverkauf *m*, **¨e** venta *f* de armas

wägen **1.** pesar **2.** sopesar **3.** examinar las pros y los contras

Wagen *m*, - **1.** coche *m*; carruaje *m* **2.** coche *m*; auto *m*; (LA) carro *m*; ***~ der Mittelklasse*** coche de clase media; ***mit dem ~ kommen*** venir en coche; ***einen ~ mieten*** alquilar (*od.* rentar) un coche **3.** carro *m* (de la máquina de escribir) **4.** vehículo *m* **5.** vagón *m*

Wagenbauer *m*, - carrocero *m*

Wagenbesitzer *m*, - propietario *m*; titular *m* del coche

Wagenführer *m* **1.** chófer *m*; conductor *m* **2.** cochero *m*

Wagenkolonne *f*, **n** caravana *f* de coches

Wagenladung *f*, **en** carga *f* (del coche); ***volle ~*** vagón completo

Wagenlenker *m*, - conductor *m* del coche

Wagenpapiere *pl* documentación *f* del coche

Wagenpark *m*, **s** parque *m* móvil; material *m* rodante

Wagenschlange *f*, **n** → Wagenkolonne

Wagenschuppen *m*, - cochera *f*

Wagenunterhaltung *f*, Ø mantenimiento *m* del coche

Wagenverkehr *m*, Ø tráfico *m* rodado; circulación *f* rodada; circulación *f* de coches

Wagenvermietung *m*, **en** (servicio *m* de) alquiler *m* de coches

Wagenwaschanlage *f*, **n** tren *m* de lavado; estación *f* de lavado (de coches); estación *f* lavacoches

Waggon *m*, **s** vagón *m*; ***franko ~*** franco (sobre) vagón; puesto sobre vagón; ***frei ~*** → franko Waggon

Waggonladung *f*, **en** vagonada *f*; carga *f* de un vagón; cargamento *m* de un vagón

waggonweise **1.** por vagones; vagón por vagón **2.** por vagones enteros

Wagnis *n*, **se** riesgo *m* (de empresa); ***sich auf ein ~ einlassen*** asumir un riesgo (Syn. ***Risiko***)

wagnisbereit dispuesto a asumir un riesgo

Wagnisbeurteilung *f*, **en** estimación *f*, enjuiciamiento *m* del riesgo

Wagnisfinanzierung *f*, **en** financiación *f* en riesgos

Wagniskapital *n*, Ø capital *m* en riesgo; capital *m* de riesgo

Wägung *f*, **en** (Statist.) ponderación *f*

Wägungskoeffizient *m*, **en** coeficiente *m* de ponderación

Wahl *f*, **en 1.** selección *f*; opción *f*; alternativa *f*; ***Ware erster, zweiter ~*** mercancía *f* de primera; de segunda calidad; ***die ~ fällt mir schwer*** me resulta difícil elegir; no sé por qué optar; ***die ~ haben*** tener la opción; ***keine ~ haben*** no tener opción; ***vor die ~ stellen*** poner a alg. en la obligación de (tener que) elegir; ***mehrere Artikel zur ~ stellen*** ofrecer la elección entre varios artículos; ***eine ~ treffen*** elegir; optar **2.** elección *f*; comicio *m*; voto *m*; sufragio *m*; ***die allgemeinen ~en*** elecciones generales; ***~ zum Aufsichtsrat*** elección al consejo de supervisión; votación *f* para elegir el consejo de vigilancia; ***geheime ~*** elecciones secretas; ***indirekte ~*** sufragio indirecto; ***eine ~ abhalten*** celebrar una elección; una votación; ***eine ~ anfechten*** impugnar una elección; ***zur ~ aufrufen*** convocar elecciones; convocar; llamar a las urnas; ***zur ~ aufstellen*** nombrar, designar (como candidato para una elección); (Angl.) nominar; ***sich zur ~ aufstellen lassen*** presentarse a una elección; ***~en ausschreiben*** organizar elecciones; ***zur ~ berechtigt sein*** tener el derecho de voto; ***eine ~ für ungültig erklären*** declarar nulas unas elecciones; anular unas elecciones; invalidar unos comicios

Wahlabsprache *f*, **n** acuerdo *m* electoral

Wahlalter *n*, Ø edad *f* requerida para poder elegir; edad *f* electoral

Wahlausschuss *m*, **¨e** junta *f* electoral

wählbar elegible

Wählbarkeit *f*, Ø elegibilidad *f*; capacidad *f* legal para un cargo

wahlberechtigt inscrito en el censo electoral; con derecho a votar; ***~ sein*** tener derecho de voto

Wahlberechtigte(r) (der/ein) votante *m*, elector *m* inscrito (en el censo)

Wahlberechtigung *f*, **(en)** derecho *m* de voto; derecho *m* a ejercer el voto

Wahlbeteiligung *f*, **en** participación *f* electoral

Wahlbetrug *m*, Ø fraude *m* electoral

Wahlbezirk *m*, **e** circunscripción *f* electoral

wählen 1. optar; seleccionar **2.** votar; elegir; ***zum Präsidenten ~*** elegir a la presidencia; elegir (para el cargo de) presidente **3.** (Teléf.) ***eine Nummer ~*** marcar un número

Wähler *m*, **- 1.** elector *m*, votante *m* **2.** selector *m*

Wahlergebnis *n*, **se** resultado *m* de las elecciones; ***die ~se bekannt geben*** dar a conocer, proclamar los resultados del escrutinio

Wählerinitiative *f*, **n** iniciativa *f* electoral; grupo *m* que apoya una candidatura o partido

wählerisch difícil (de satisfacer); difícil de contentar

Wählerkarte *f*, **n** tarjeta *f* de elector

Wählerliste *f*, **n** lista *f*, registro *m* de votantes

Wählerschaft *f*, Ø electorado *m*; cuerpo *m* electoral

Wähl(er)scheibe *f*, **n** (Teléf.) disco *m* de marcar

Wählerverzeichnis *n*, **se** → Wählerliste

Wahlfach *n*, **¨er** asignatura *f*, materia *f* optativa; asignatura *f* facultativa

wahlfähig 1. elegible **2.** con derecho de voto

Wahlfälschung *f*, **en** → Wahlbetrug

Wahlfeldzug *m*, **¨e** campaña *f* electoral

wahlfrei opcional; facultativo

Wahlgang *m*, **¨e** escrutinio *m*; ***im ersten ~*** en la primera vuelta del escrutinio

Wahlgeheimnis *n*, **se** secreto *m* de voto

Wahlgeschenk *n*, **e** regalo *m*, concesión *f* electoralista

Wahlgesetz *n*, **e** ley *f* electoral

Wahlheimat *f*, **(en)** patria *f* adoptiva; país *m* de adopción; domicilio *m* de su elección

Wahliste *f*, **n** censo *m* (electoral)

Wahlkampagne *f*, **n** campaña *f* electoral

Wahlkampf *m*, **¨e** → Wahlkampagne

Wahlkonsul *m*, **n** cónsul *m* honorario

Wahlkreis *m*, **e** → Wahlbezirk

Wahlleiter *m*, **-** presidente *m* de la mesa electoral

Wahllokal *n*, **e** colegio *m* electoral

Wahl|mann *m*, **-leute** compromisario *m*

Wahlmöglichkeit *f*, **en** opción *f*

Wahlniederlage *f*, **n** derrota *f* electoral

Wahlparole *f*, **n** eslógan *m*, lema *m* electoral

Wahlpflicht *f*, Ø voto *m* obligatorio; obligación *f* de votar

Wahlpflichtfach *n*, **¨er** asignatura *f*, materia *f* optativa obligatoria

Wahlplakat *n*, **e** cartel *m* de propaganda electoral

Wahlprogramm *n*, **e** programa *m* electoral

Wahlpropaganda *f*, Ø propaganda *f* electoral

Wahlprüfer *m*, **-** interventor *m*; escrutador *m*

Wahlprüfung *f*, **en** escrutinio *m*

Wahlrecht *n*, Ø derecho *m* de voto; derecho *m* de sufragio; ***allgemeines*** ~ sufragio universal; ***beschränktes*** ~ sufragio restringido; ***passives*** ~ elegibilidad *f*; derecho de voto pasivo; ***sein*** ~ ***ausüben*** ejercer su derecho de voto

Wahlrede *f*, **n** discurso *m* electoral

Wahlredner *m*, - orador *m* (en un mitin electoral)

Wahlreform *f*, **en** reforma *m* electoral

Wahlschein *m*, **e** papeleta *f* de votación

Wahlschlacht *f*, **en** batalla *f* electoral

Wahlschuld *f*, **en** deuda *f* alternativa; obligación *f* facultativa (Syn. ***Alternativobligation***)

Wahlschwindel *m*, Ø → Wahlbetrug

Wahlsieg *m*, **e** victoria *f*, triunfo *m* electoral

Wahlsieger *m*, - ganador *m* de las elecciones

Wahlspende *f*, **n** donativo *m*, ayuda *f* electoral

Wahlspruch *m*, **¨e** lema *f*, divisa *f*, eslógan *m* electoral

Wahlstimme *f*, **n** voto *m*; sufragio *m*

Wahlsystem *n*, **e** sistema *m* electoral

Wahltag *m*, **e** fecha *f* de las elecciones; día *f* electoral

Wählton *m*, **¨e** (Teléf.) señal *f* de llamada

Wahlurne *f*, **n** urna *f*

Wahlverfahren *n*, - procedimiento *m* electoral

Wahlversammlung *f*, **en** mitin *m* electoral

Wahlversprechungen *pl* promesas *pl* hechas a los electores

Wahlvorstand *m*, **¨e** mesa *f* electoral

Wahlvorsteher *m*, - presidente *m* de la mesa electoral

wahlweise opcional

Wahlzelle *f*, **n** cabina *f* electoral

Wahlzettel *m*, - papeleta *f* de votación; (LA) boleta *f*

Wahlzwang *m*, **¨e** → Wahlpflicht

währen durar

wahren guardar; mantener; cuidar (de); ***seine Interessen*** ~ defender sus intereses; ***seine Rechte*** ~ defender sus derechos; ***den Schein*** ~ guardar las apariencias; ***einen Vorteil*** ~ mantener, conservar una ventaja

Wahrheit *f*, **(en)** verdad *f*; ***in*** ~ en realidad

Wahrheitsfindung *f*, Ø (Jur.) esclarecimiento *m* de la verdad

wahrheitsgemäß, ~ ***Auskunft geben*** facilitar información verídica; informar con arreglo a la verdad; dar información conforme a la verdad

wahrheitsgetreu → wahrheitsgemäß

wahrnehmen 1. percibir; notar; observar **2.** ***eine Gelegenheit*** ~ aprovechar una oportunidad **3.** ***die Interessen eines Kunden*** ~ defender, salvaguardar los intereses de un cliente **4.** ***ein Amt*** ~ desempeñar, ejercer un cargo **5.** ***die Geschäfte*** ~ atender los negocios

Wahrnehmung *f*, **en 1.** percepción *f* **2.** aprovechamiento *m* **3.** ***mit der ~ der Interessen betraut sein*** estár encargado de la defensa de los intereses; ***mit der ~ der Geschäfte beauftragt sein*** estar encargado de (atender) los negocios **4.** desempeño *m*, ejercicio *m* (de un cargo)

Währschaft *f*, **en** (CH) garantía *f*; responsabilidad *f* de los defectos y vicios de fabricación

wahrscheinlich, ***~er Fehler*** (Estad.) probable error *m*

Wahrscheinlichkeitsrechnung *f*, **en** cálculo *m* de probabilidades

Wahrscheinlichkeitsstichprobe *f*, **n** prueba *f*, muestra *f* de probabilidad elegida al azar

Wahrspruch *m*, **¨e** (Jur.) veredicto *m*

Währung *f*, **en** moneda *f*; valor *m* monetario sistema *m* monetario; divisa *f*; cambio *m*; ***in ausländischer*** ~ en moneda extranjera; ***in fremder*** ~ en divisas; ***einfache*** ~ monometalismo *m*; ***harte*** ~ divisa fuerte, dura; (***nicht***) ***konvertierbare*** ~ moneda (no) convertible; ***labile*** ~ moneda inestable; ***manipulierte*** ~ moneda manipulada; ***stabile*** ~ moneda estable; ***überbewertete*** ~ moneda sobrevalorada, excesivamente apreciada; ***unterbewertete*** ~ moneda infravalorada, subvalorada; ***weiche*** ~ moneda débil, blanda; ***die ~ abwerten***, ***aufwerten*** devaluar, revaluar; ***Geld in andere ~en umtauschen*** convertir el dinero en divisa extranjera

Wahrung *f*, **en** salvaguardia *f*; defensa *f*; ~ ***der Interessen*** defensa de intereses; ~ ***von Rechten*** salvaguardia de derechos

Währungsabkommen *n*, - acuerdo *m* monetario

Währungsabwertung *f*, **en** devaluación *f* de la moneda

Währungsakzept *n*, **e** aceptación *f* de moneda extranjera; aceptación *f* de divisas

Währungsangleichung *f*, **en** ajuste *m* monetario; realineamiento *m* monetario; realineación *f* de los tipos de cambio

Währungsanleihe *f*, **n** empréstito *m* en moneda extranjera

Währungsanpassung *f*, **en** realineamiento *m* monetario
Währungsaufwertung *f*, **en** revaluación *f*, apreciación *f* de la moneda
Währungsausgleich *m*, **e** compensación *f* de los cambios
Währungsausgleichsbetrag *m*, **¨e** (WAB) importe *m* compensatorio monetario
Währungsausgleichsfonds *m*, - fondo *m* de compensación de los cambios
Währungsausschuss *m*, **-¨e** comité *m* monetario
Währungsbank *f*, **en** banco *m* de emisión
währungsbedingt, *~e Schwierigkeiten pl* complicaciones *pl* causadas por la situación monetaria
Währungsbehörden *pl* autoridades *pl* monetarias
Währungsbeistand *m*, Ø apoyo *m* monetario a corto plazo (en el marco de la Unión monetaria europea)
Währungsbeziehungen *pl*, *~ zu Drittländern* (UE) relaciones *pl* monetarias con países no miembros
Währungsblock *m*, **¨e** bloque *m* monetario (países que tienen la misma moneda)
Währungsbremse *f*, Ø freno *m* monetario
Währungsdeckung *f*, Ø cobertura *f* monetaria
Währungsdumping *n*, **s** dúmping *m* por devaluación de la moneda (para impulsar las exportaciones)
Währungseinheit *f*, **en** unidad *f* monetaria; ***Europäische*** ~ (EWE) unidad monetaria europea (ECU; European Currency Unit)
Währungseinlagen *pl* depósitos *pl* en moneda extranjera
Währungsfahnder *m*, - inspector *m* de (fraudes de) cambios
Währungsfonds *m*, - fondo *m* monetario; ***Internationaler*** ~ (IWF) Fondo Monetario Internacional (FMI)
Währungsgarantie *f*, **n** garantía *f* de cambio
Währungsgebiet *n*, **e** zona *f*, área *f* monetaria
Währungsgeld *n*, **er** moneda *f* legal con poder liberatorio limitado
Währungsgemeinschaft *f*, **en** comunidad *f* monetaria
Währungsgesetz *n*, **e** ley *f* monetaria
Währungsgewinn *m*, **e** beneficio *m* obtenido con el cambio
Währungsgleichgewicht *n*, Ø equilibrio *m* monetario
Währungsgold *n*, Ø oro *m* monetario
Währungsguthaben *n*, - haberes *pl* en divisas
währungshart, *~es **Land*** país *m* con moneda fuerte
Währungshüter *m*, - guardián *m* de la moneda
Währungsinstabilität *f*, Ø inestabilidad *f* monetaria
Währungsklausel *f*, **n** cláusula *f* sobre la moneda; cláusula *f* monetaria
Währungskonferenz *f*, **en** conferencia *f* sobre cuestiones monetarias
Währungskont|o *n*, **-en** cuenta *f* en moneda extranjera
Währungskonvertibilität *f*, **en** → Währungskonvertierbarkeit
Währungskonvertierbarkeit *f*, **en** convertibilidad *f* de las monedas
Währungskorb *m*, (**¨e**) (UE) cesta *f*, canasta *f* de monedas
Währungskredit *m*, **e** crédito *m* en moneda extranjera
Währungskrise *f*, **n** crisis *f* monetaria
Währungskurs *m*, **e** cotización *f* de la moneda; curso *m* de cambio; tipo *m* de cambio
Währungslage *f*, **n** situación *f* monetaria
Währungsmanipulation *f*, **en** manipulación *f* monetaria
Währungsmaßnahme *f*, **n** medida *f* monetaria
Währungsmechanism|us *m*, **-en** mecanismo *m* monetario
Währungsoption *f*, **en** opción *f* monetaria
Währungsparität *f*, **en** paridad *f* monetaria, de los cambios; ***Beibehaltung fester ~en*** mantenimiento *m* de paridades fijas
Währungspolitik *f*, Ø política *f* monetaria
währungspolitisch que se refiere a la política monetaria; ***aus ~en Gründen*** por razones de política monetaria; ***~e Maßnahme*** medida *f* (político-)monetaria; medida *f* de orden monetario; ***~e Zusammenarbeit*** *f* cooperación *f* en política monetaria
Währungspolster *n*, - reservas *pl* monetarias
Währungsprobleme *pl* problemas *pl* monetarios
Währungsraum *m*, **¨e** zona *f*, área *f* monetaria
Währungsreform *f*, **en** reforma *f* monetaria
Währungsreserven *pl* (der Zentralbank eines Landes) reservas *pl* monetarias; reservas *pl* en moneda extranjera
Währungsrisik|o *n*, **-en** riesgo *m* monetario

Währungssanierung *f*, **en** saneamiento *m* monetario
Währungsscheck *m*, **s** cheque *m* en moneda extranjera
Währungsschlange *f*, **n** serpiente *f* monetaria
Währungsschnitt *m*, **e** → Währungsreform
Währungsschrumpfung *f*, **en** estrechamiento *m* monetario; contracción *f* monetaria
währungsschwach, *~es* ***Land*** país *m* con moneda débil
Währungsschwankungen *pl* fluctuaciones *pl* monetarias; oscilaciones *pl* de los cambios
Währungsschwierigkeiten *pl* dificultades *pl* monetarias
Währungssicherungsklausel *f*, **n** cláusula *f* de garantía de cambio
Währungsspekulation *f*, **en** especulación *f* monetaria
Währungsstabilisierung *f*, **en** estabilización *f* de la moneda; estabilización *f* monetaria
Währungsstabilität *f*, Ø estabilidad *f* de la moneda; estabilidad *f* monetaria
Währungsstandard *m*, **e** patrón *m* monetario
währungsstark, *~es* ***Land*** país *m* con moneda fuerte
Währungsstichtag *m*, Ø (Hist.) día *m* de la reforma monetaria (21.6.1948 en el que el DM reemplazó al RM)
Währungsswap *m*, **(s)** permuta *f*, trueque *m* de divisas
Währungssystem *n*, **e** sistema *m* monetario; ***Europäisches*** ~ (EWS) sistema monetario europeo
Währungsumrechnung *f*, **en** conversión *f* monetaria; conversión *f* de la moneda
Währungsumstellung *f*, **en** **1.** reforma *f* monetaria **2.** conversión *f* monetaria; conversión *f* de la moneda
Währungsungleichgewicht *n*, **e** desequilibrio *m* monetario; distorsión *f* monetaria
Währungsunion *f*, **en** unión *f* monetaria
Währungsunruhen *pl* desórdenes *pl* monetarios
Währungsunsicherheit *f*, **en** incertidumbre *f* sobre los tipos de cambio; inestabilidad *f* monetana
Währungsverbund *m*, **e** **1.** → Währungsblock **2.** → Währungsschlange
Währungsverfall *m*, Ø depreciación *f* monetaria; caída *f* del valor monetario; erosión *f* monetaria
Währungsvergehen *n*, - delito *m* monetario
Währungsverhandlungen *pl* negociaciones *pl* monetarias
Währungsverlust *m*, **e** pérdida *f* en el cambio
Währungsvorschriften *pl* disposiciones *pl* (en materia) de cambio
Währungszusammenbruch *m*, Ø caída *f* vertical del valor de la moneda; hundimiento *m* monetario; hundimiento *m* de la moneda
Waise *f*, **n** huérfano *m*
waisenberechtigt, *~es* ***Kind*** niño *m* con derecho a pensión de orfandad
Waisengeld *n*, **er** → Waisenrente
Waisenrente *f*, **n** pensión *f* de orfandad
Wal *m*, **e** ballena *f*
Wald *m*, **¨er** bosque *m*, monte *m*
Waldarbeiter *m*, - obrero *m* forestal
waldarm casi sin bosque; pobre en bosques
Waldbau *m*, Ø silvicultura *f*
Waldbestand *m*, **¨e** recursos *pl* forestales; censo *m* forestal
Waldbrand *m*, **¨e** incendio *m* forestal
Waldfrevel *m*, - delito *m* forestal
Waldgebiet *n*, **e** zona *f*, región *f*, comarca *f* forestal
Waldhüter *m*, - guarda *m* forestal; guardabosque *m*
waldig boscoso; forestal; selvático
Waldland *n*, **(¨er)** terreno *m* boscoso
Waldpflanze *f*, **n** planta *f* selvática
waldreich boscoso; rico en bosques
Waldreichtum *m*, Ø riqueza *f* forestal
Waldsterben *n*, Ø muerte *f* del bosque
Waldung *f*, **en** bosques *pl*; región *f* boscosa
Waldwirtschaft *f*, Ø **1.** economía *f* forestal; silvicultura *f* **2.** explotación *f* forestal **3.** repoblación *f* forestal
Walfang *m*, Ø pesca *f* de la ballena; pesca *f* de ballenas
Walfangboot *n*, **e** ballenero *m*, barco *m* ballenero
Walfänger *m*, - ballenero *m*
Walfisch *m*, **e** ballena *f*
Wall *m*, **e** **1.** muralla *f* **2.** terraplén *m*
walten gobernar; obrar; actuar; ***seines Amtes*** ~ cumplir con su deber
waltend, ***unter den ~en Umständen*** en las circunstancias actuales
walzen **1.** aplanar; allanar; apisonar **2.** laminar (metales) **3.** pasar el rodillo

Wandbrett *n*, **er** estante *m*
Wanddekoration *f*, **en** decoración *f* mural
Wandel *m*, Ø cambio *m*; mutación *f*; ***tief greifender*** ~ cambio profundo; cambio en profundidad
Wandelanleihe *f*, **n** empréstito *m* convertible; empréstito *m* de conversión; empréstito *m* en obligaciones convertibles
wandelbar, ***~e Wertpapiere*** *pl* títulos *pl* convertibles
Wandelgeschäft *n*, **e** mercado *m* de opción; operación *f* de descuento
Wandelobligation *f*, **en** obligación *f* convertible (en acción)
Wandelprämie *f*, **n** prima *f* de conversión
Wandelrecht *n*, Ø privilegio *m* de conversión *f*
Wandelschuldverschreibung *f*, **en** → Wandelobligation
Wandelung *f*, **en 1.** (beim Kaufvertrag) redhibición *f* de una venta **2.** ***Recht des Käufers auf ~ oder Minderung*** derecho *m* del comprador a rescindir el contrato o a reducir el precio
Wanderarbeiter *m*, - trabajador *m* migratorio
Wanderausstellung *f*, **en** exposición *f* itinerante; exposición *f* ambulante
Wanderbücherei *f*, **en** biblioteca *f* itinerante, circulante, ambulante
Wandergewerbe *n*, Ø comercio *m* ambulante *m*; buhonería *f*
Wandergewerbeschein *m*, **e** licencia *f* de venta ambulante
Wanderkarte *f*, **n** carta-mapa *f* de excursiones
Wandern *n*, Ø excursionismo *m* (a pie); turismo *m* pedestre; turismo *m* a pie
wandern, ***in den Papierkorb*** ~ tirar a la papelera; ir a parar a la papelera
wandernd 1. migratorio **2.** ambulante **3.** nómada **4.** trashumante
Wanderung *f*, **en 1.** migración *f*; movimiento *m* migratorio **2.** caminata *f*; excursión *f* (a pie)
Wanderungsbewegung *f*, **en** movimiento *m* migratorio
Wandkalender *m*, - calendario *m* de pared
Wandkarte *f*, **n** mapa *m* mural
Wandlung *f*, **en 1.** cambio *m*; transformación *f* **2.** anulación *f* de un contrato (por vicio de la mercancía); redhibición *f*; ***auf ~ klagen*** presentar acción de redhibición; intentar una acción redhibitoria; ***zur ~ berechtigend*** redhibitorio
Wandlungsfehler *m*, - vicio *m* redhibitorio
Wandlungsklage *f*, **n** acción *f* redhibitoria; acción *f* de redhibición
Wandmalerei *f*, Ø pintura *f* mural
Wandplakat *n*, **e** cartel *m* mural
Wandreklame *f*, Ø publicidad *f* mural
Wandtresor *m*, **e** caja *f* fuerte de pared; caja *f* de seguridad mural
Wanze *f*, **n** micro-espía *m*; miniespía *m*
Ware *f*, **n** mercancía *f*; (LA) mercadería *f*; producto *m*; artículo *m*; género *m* **1.** ***nicht abgeholte***, ***absatzfähige*** ~ mercancía no recogida; mercancía vendible; ***schwer absetzbare*** ~ mercancía difícil de colocar, de vender; ***auserlesene*** ~ mercancía selecta; ***ausgewählte*** ~ mercancía escogida; ***beschädigte*** ~ mercancía dañada; averiada; ***beschlagnahmte*** ~ (z.B. wegen falscher Zollabgaben) mercancía confiscada; artículo intervenido; ***bewirtschaftete*** ~ mercancía contingentada; artículo sometido a racionamiento; ***brüchige*** ~ mercancía frágil; ***beim Zoll nicht deklarierte*** ~ mercancía no declarada (en aduana); ***eingeführte*** ~ artículo de importación; ***gut eingeführte*** ~ mercancía con buena aceptación; ***eingegangene*** ~ mercancía llegada; entradas *pl* llegadas *pl*; ***entbehrliche*** ~ mercancía no imprescindible; artículo no esencial; ***entzündliche*** ~ mercancía inflamable; ***erstklassige*** ~ artículo de primer orden; mercancía de primera calidad; ***gängige*** ~ artículo corriente; ***gebrauchte*** ~ artículo de ocasión; mercancía usada; ***gefährliche*** ~ mercancía peligrosa; ***geringwertige*** ~ mercancía de baja calidad; artículo de calidad inferior; ~ ***der gewerblichen Wirtschaft*** producto industrial; ***auf Kredit gekaufte*** ~ mercancía comprada a crédito; (Fam.) mercancía fiada; ***geschmuggelte*** ~ mercancía introducida de contrabando; ***greifbare*** ~ mercancía disponible; (im Preis) ***herabgesetzte*** ~ artículo reducido en el precio; ***hochwertige*** ~ artículo de gran calidad; mercancía de gran valor; ***konkurrenzfähige*** ~ mercancía competitiva; ***kontingentierte*** ~ mercancía racionada, contingentada; ***lange haltbare*** ~ mercancía de larga duración; ***leicht verderbliche*** ~ artículo perecedero; ***lieferbare*** ~ mercancía suministrable; ***liegen gebliebene*** ~ mercancía no vendida; ***mangelhafte*** ~ mercancía defectuosa; ***minderwertige*** ~ mercancía de calidad inferior; ***optische ~en*** artículos de óptica;

preisgebundene ~ artículo con sujeción en cuanto al precio; mercancía con precio fijado; producto con precio obligatorio; ***preiswerte*** ~ artículo que vale su precio; mercancia a precio justo; ***retournierte*** ~ mercancía devuelta; ***schwimmende*** ~ mercancía a bordo (de un barco); ***sortierte*** ~ mercancía seleccionada; ***spottbillige*** ~ mercancía baratísima; mercancía a precio baratísimo; producto casi regalado; ***sperrige*** ~ mercancía que abulta mucho; mercancía voluminosa; mercancía de mucho bulto; ***steuerpflichtige*** ~ mercancía sujeta a impuestos; ***tiefgekühlte*** ~ producto congelado; ***unentbehrliche*** ~ artículo indispensable; ***unfertige*** ~ mercancía sin acabar; ***unsortierte*** ~ mercancía sin seleccionar; ***unverarbeitete*** ~ mercancía sin trabajar, sin labrar; ***unverkaufte*** ~ artículo invendido; mercancía no vendida; producto sin vender; ***unverkäufliche*** ~ mercancía invendible; ***unverpackte*** ~ mercancía sin embalar, sin empaquetar; ***unverzollte*** ~ mercancía que no ha pagado derechos (de aduana); ***veraltete*** ~ producto anticuado; ***verdorbene*** ~ mercancía estropeada; deteriorada; echada a perder; ***veredelte*** ~ artículo mejorado, perfeccionado, refinado; ***vertretbare*** ~ mercancía fungible; ***zerbrechliche*** ~ mercancía frágil; ***zollpflichtige*** ~ mercancía sujeta al pago de aranceles **2.** ***die ~ abnehmen*** aceptar la mercancía; encargarse de una partida; ***die ~ abholen*** recoger la mercancía; ***die ~ abrufen*** pedir la entrega (de una parte) de la mercancía encargada; ***die ~ absenden*** despachar el envío de la mercancía; ***die ~ absetzen*** comercializar la mercancía; vender la mercancía; ***die ~ abstoßen*** desprenderse de la mercancía; deshacerse (con pérdida) del género; ***~ zum Verkauf anbieten*** poner mercancía a la venta; ofertar género; ***~ zur Verzollung anmelden*** declarar mercancía para el pago de aranceles; ***die ~ auslegen*** exponer la mercancía; ***~ ausliefern*** suministrar género, mercancía; ***auf einer Messe ~ ausstellen*** exponer mercancía en una feria; ***eine ~ auszeichnen*** marcar el precio de una mercancía; ***~ beschauen*** (Zoll) examinar, inspeccionar la mercancía; ***~ bestellen*** encargar, pedir, ordenar mercancía; ***~ über einen Vertreter bestellen*** ordenar mercancía a través de un representante; ***das Betasten der ~ ist verboten*** prohibido tocar el género, los artículos; ***~ beziehen*** obtener, procurar, recibir mercancía; ***eine ~ auf den Markt bringen*** lanzar un producto al mercado; ***sich mit ~ eindecken*** abastecerse, aprovisionarse de mercancía; ***~ einführen*** importar mercancía; ***~n führen*** tener un artículo; ***eine ~ nicht mehr führen*** no comercializar ya un producto; ***~ kaufen und verkaufen*** comprar y vender mercancía; dedicarse a la compraventa de mercancía; ***~ in Kommission geben, nehmen*** dar, tomar mercancía en comisión; ***eine ~ auf Lager haben*** tener un producto en almacén; ***~ liefern*** suministrar mercancía; ***den Empfang der ~ quittieren*** firmar el recibo de la mercancía; ***~ in Rechnung stellen*** hacer factura de la mercancía; ***~ verkaufen*** vender género, mercancía; ***~ gut verpacken*** empaquetar bien la mercancía; embalar bien el género; ***~ verpfänden*** pignorar mercancía; ***~ versenden*** enviar mercancía; consignar mercancía; ***die ~ zurückgeben*** devolver la mercancía; ***eine ~ zurücklegen*** reservar un artículo; ***eine ~ zurücknehmen*** admitir la devolución de una mercancía; ***~ zurücksenden*** devolver género, mercancía

Waren- und Dienstleistungsverkehr *m*, Ø intercambio *m* de bienes y servicios; circulación *f*, tráfico *m* de bienes visibles e invisibles

Waren- und Kapitalverkehr *m*, Ø circulación *f* de bienes y de capitales; tráfico *m* de bienes y capitales

Warenabkommen *n*, - **1.** acuerdo *m* sobre un producto básico **2.** acuerdos *pl* sobre mercancías; acuerdo *m* comercial

Warenabnahme *f*, **n** aceptación *f*, recepción *f* de la mercancía

Warenabsatz *m*, (¨**e**) venta *f* de mercancías; salida *f* de mercancías

Warenabsender *m*, - consignador *m*, remitente *m* de la mercancía; (Ggs. ***Warenempfänger***)

Warenakkreditiv *n*, **e** → Dokumentenakkreditiv

Warenangabe *f*, **n** especificación *f* de la mercancía

Warenangebot *n*, **e** oferta *f* de mercancía(s)

Warenanmeldung *f*, **en** (zur Verzollung) declaración *f* de la mercancía

Warenannahme *f*, **n** recepción *f*, aceptación *f* de la mercancía; mercancía *f* recibida

Warenannahmeschalter *m*, - mostrador *m*, ventanilla *f* de recepción de mercancía

Warenannehmer *m*, - receptor *m*, recepcionista *f* de la mercancía
Warenart *f*, **en** clase *f*, categoría *f* de la mercancía
Warenaufmachung *f*, Ø presentación *f* de la mercancía
Warenaufzug *m*, **¨e** montacargas *m*
Warenausfuhr *f*, **en** exportación *f* de mercancía(s); ~ ***zu Schleuderpreisen*** dumping *m* (en la exportación)
Warenausgänge *pl* salidas *f* de mercancía
Warenausgangsbuch *n*, **¨er** registro *m* de salidas
Warenausgangskont|o *n*, **-en** cuenta *f* de ventas
Warenauslage *f*, **n** artículos *pl* expuestos; exposición *f* de mercancía
Warenausstattung *f*, **en** presentación *f* de la mercancía
Warenaustausch *m*, Ø intercambio *m* de mercancías
Warenauszeichnung *f*, **en** marcaje *m*; etiquetado *m* de la mercancía
Warenautomat *m*, **en** expendedor *m* automático
Warenbedarf *m*, Ø demanda *f*, necesidad *f* de mercancía
Warenbegleitschein *m*, e carta *f* de porte; hoja *f* de ruta; borderó *m* de acompañamiento de la mercancía; carta *f* de envío
Warenbehälter *m*, - contenedor *m*
Warenbeleihung *f*, **en** préstamo *m* sobre mercancías
Warenbelieferung *f*, **en** suministro *m* de mercancía
Warenbeschaffung *f*, Ø obtención *f*; consecución *f* de mercancía
Warenbeschaffungskredit *m*, **e** crédito *m* para la compra de mercancía
Warenbeschreibung *f*, **en** descripción *f* de la mercancía
Warenbestand *m*, **¨e** existencias *pl*; stock *m*; estocaje *m*
Warenbestandsaufnahme *f*, **n** inventario *m* de mercancías
Warenbestellbuch *n*, **¨er** libro *m* de pedidos
Warenbestellung *f*, **en** ***eine große ~ machen*** hacer, pasar un gran pedido (de mercancía); ***~en entgegennehmen*** hacerse cargo de órdenes, pedidos (de mercancía)
Warenbevorschussung *f*, Ø adelanto *m* sobre mercancía(s)
Warenbezeichnung *f*, **en** designación *f* de la mercancía
Warenbezugsgenossenschaft *f*, **en** cooperativa *f* de compras
Warenbilanz *f*, **en** balanza *f* comercial; balanza *f* exterior; balanza *f* de mercancías (importadas y exportadas)
Warenbörse *f*, **n** lonja *f*; bolsa *f* de contratación; bolsa *f* de mercancías; (Syn. ***Produktenbörse***)
Warenbruttogewinn *m*, **e** beneficio *m* bruto obtenido en las ventas
Warencharakter *m*, Ø naturaleza *f*; carácter *m* comercial ~ ***haben*** ser negociable, vendible, comercializable
Warendurchfuhr *f*, Ø tránsito *m* de mercancías (a través de otro país)
Wareneinfuhr *f*, **en** importación *f* de bienes; de mercancías; importaciones *pl* (de bienes) visibles
Wareneingang *m*, **¨e** llegada *f*, entrada *f* de mercancías; mercancías *pl* recibidas
Wareneingang und -ausgang *m*, **¨e** entrada *f* y salida *f* de mercancías
Wareneingangsbescheinigung *f*, **en** (WEB) verificación *f* de la mercancía; certificado *m* de llegada de la mercancía
Wareneingangsbuch *n*, **¨er** registro *m* de entradas
Wareneingangskont|o *n*, **-en** cuenta *f* de compra(s); cuenta *f* de adquisición
Wareneingangsmeldung *f*, **en** declaración *f* de mercancía recibida
Wareneingangsraum *m*, **¨e** sala *f* de recepción de mercancía
Wareneingangsrechnung *f*, en cuenta *f* de compra(s)
Wareneingangsstelle *f*, **n** departamento *m* de recepción de la mercancía
Wareneinheit *f*, (**en**) unidad *f* de bien
Wareneinheitsversicherung *f*, **en** seguro *m*, póliza *f* omnium
Wareneinkaufskont|o *n*, **-en** cuenta *f* de compra(s)
Wareneinlagerung *f*, Ø almacenamiento *m*, almacenaje *m* de la mercancía
Wareneinsender *m*, - → Warenabsender
Wareneinstandspreis *m*, **e** precio *m* de coste
Wareneinteilung *f*, **en**, ***internationale ~*** clasificación *f* internacional de los bienes, de la mercancía
Wareneinzelspanne *f*, **n** margen *m* comercial (por mercancía)
Warenempfang *m*, Ø recibo *m* de la mercancía

Warenempfänger *m*, - destinatario *m*; consignatario *m* (Ggs. ***Warenabsender***)
Warenempfangsschein *m*, **e** recibo *m* de entrega, de suministro
Warenentlohnung *f*, Ø remuneración *f* en especie
Warenetikett *n*, **en** etiqueta *f* de la mercancía
Warenexport *m*, **e** exportación *f* de mercancía
Warenfluss *m*, Ø flujo *m*, movimiento *m* de mercancía
Warenforderungen *pl* créditos *pl* en mercancías; crédito *m* comercial; mercancías *pl* (suministradas) por cobrar
Warengattung *f*, **en** naturaleza *f* de la mercancía; categoría *f*; clase *f* de mercancía; ***eine ~ aufgeben*** abandonar una línea de negocio
Warengenossenschaft *f*, **en** cooperativa *f* de compraventa
Warengeschäfte *pl* transacciones *pl* en (*od.* de) bienes; comercio *m* de mercancías
Warengestaltung *f*, (**en**) (Angl.) merchandising *m*
Warengleichartigkeit *f*, Ø similitud *f*, similaridad *f* del género; uniformidad *f* de la mercancía
Warengruppe *f*, **n 1.** rama *f*; ramo *m* de producción **2.** grupo *m*; categoría *f* de bienes; clase *f*, categoría *f* de productos
Warenhandel *m*, Ø comercio *m* de mercancías
Warenhaus *n*, **¨er** grandes almacenes *pl*; galerías *pl*; (LA) emporio *m* (Syn. ***Kaufhaus***)
Warenhausdiebstahl *m*, **¨e** robo *m* en grandes almacenes; robo *m* de mercancía expuesta
Warenhauskette *f*, **n** cadena *f* de grandes almacenes
Warenhauskonzern *m*, **e** grupo *m* de grandes almacenes
Warenimport und -export *m*, **e** importación-exportación *f*; comercio *m* de bienes visibles
Warenkapital *n*, Ø capital *m* en mercancías
Warenkatalog *m*, **e** catálogo *m*, lista *f* de mercancías
Warenkenntnis *f*, **se** conocimiento *m* de la mercancía, de las mercancías
Warenkennzeichung *f*, **en** etiquetado *m*, marcación *f*, marcado *m* de la mercancía
Warenkontigent *n*, **e** contingente *m* de mercancía
Warenkont|o *n*, **-en** cuenta *f* (de) mercancías
Warenkontrolle *f*, **n** control *m* (de la calidad) de las mercancías
Warenkorb *m*, **¨e** (Estad.) cesta *f* de la compra (para la evaluación del IPC)
Warenkredit *m*, **e** crédito *m* comercial
Warenkreditbrief *m*, **e** carta *f* de crédito comercial
Warenkunde *f*, Ø mercología *f*; tecnología *f* mercológica
warenkundlich mercológico
Warenlager *n*, - **1.** depósito *m* de mercancías; almacén *m* (de mercancías) **2.** existencias *pl*; stock *m*; estocaje *m*
Warenlageraufseher *m*, - guardalmacén *m*; almacenista *m*; jefe *m* de almacén
Warenlagerung *f*, Ø almacenamiento *m* de los productos; almacenaje *m* de la mercancía
Warenlieferant *m*, **en** proveedor *m*, suministrador *m* (de mercancía)
Warenlieferung *f*, **en** suministro *m* de (la) mercancía; ***~en aus dem Ausland*** suministros *pl* procedentes del extranjero; ***~en an das Ausland*** suministros al extranjero; ***eine ~ abnehmen*** hacerse cargo de un suministro; aceptar el suministro de la mercancía
Warenlieferungen *pl* (Bilanz) proveedores *pl*
Warenliste *f*, **n** lista *f* de mercancías; lista *f* de productos
Warenlohn *m*, **¨e** salario *m* en especie
Warenlombard *m*, **e** préstamo *m* sobre mercancías; adelanto *m* sobre mercancías; préstamo *m* pignoraticio sobre mercancías
Warenmakler *m*, - corredor *m* de mercancías
Warenmangel *m*, Ø escasez *f* de mercancías; falta *f* de productos
Warenmarkt *m*, **¨e** mercado *m* de mercancías
Warenmenge *f*, **n** cantidad *f* de bienes
Warenmesse *f*, **n** feria *f* comercial
Warenmuster *n*, - muestra *f*; espécimen *m*; ***etw. als ~ aufgeben*** enviar u/c como muestra
Warenniederlage *f*, **n** → Warenlager
Warenpalette *f*, **n** gama *f* de productos; abanico *m* de mercancías
Warenpapier *n*, **e** título-mercancía *m*; valor *m* comercial
Warenpartie *f*, **n** → Warenposten
Warenposten *m*, - lote *m*, partida *f* de mercancías

Warenpreis *m*, **e** precio *m* de la mercancía
Warenpreisklausel *f*, **n** cláusula *f* sobre el valor de la mercancía
Warenprobe *f*, **n** → Warenmuster
warenproduzierend, *~es Gewerbe* industria *f* productora de bienes
Warenprüfung *f*, Ø → Warenkontrolle
Warenrabatt *m*, **e** descuento *m* comercial; rebaja *f* al revendedor
Warenrechnung *f*, **en** factura *m* comercial
Warenrohgewinn *m*, **e** margen *m* bruto; ganancia *f* bruta en ventas
Warenrücksendungen *pl* devoluciones *pl* de compra(s); devoluciones *pl* sobre compras
Warenrückvergütung *f*, **en** reembolso *m* en mercancía
Warenschau *f*, Ø presentación *f* de mercancías; exposición *f*
Warenscheck *m*, **s** cheque *m*, talón *m* de mercancías
Warenschein *m*, **e** recibo *m* de depósito; warrant *m*
Warenschuld *f*, **en** deuda *f* comercial
Warenschulden *pl* débitos *pl*, deudas *f* comerciales; (Verbindlichkeiten aus Warenlieferungen) cuenta *f* comercial por pagar; cuenta *f* de proveedores
Warensendung *f*, **en** envío *m* de mercancías
Warenskont|o *n*, **-en** descuento *m* comercial; rebaja *f* al revendedor
Warensortiment *m*, **e** almacén *m*, depósito *m* (de mercancías)
Warenspeicher *m*, **-** depósito *m* de mercancías
Warenstempel *m*, **-** → Warenzeichen
Warensteuer *f*, **n** impuesto *m*, tasa *f* sobre las mercancías
Warenstrom, **¨e** flujo *m* de mercancía(s)
Warensystematik *f*, Ø clasificación *f* de la mercancía
Warentausch *m*, Ø trueque *m*; permuta *f*
Warenterminbörse *f*, **n** bolsa *f* de futuros (de mercancías)
Warentermingeschäft *n*, **e** (operación *f* de) futuro *m* de mercancías
Warentest *m*, **s** test *m* de mercancías, de productos
Warentransit *m*, Ø → Warendurchfuhr
Warenumsatz *m*, **¨e** cifra *f* de negocios; cifra *f* de ventas; movimiento *m* de mercancías
Warenumsatzsteuer *f*, **n** (CH) impuesto *m* sobre la cifra de venta
Warenumschlag *m*, Ø rotación *f* de existencias; rotación *f* de stocks; rotación *f* del estocaje
Warenursprung *m*, Ø origen *f* de la mercancía, del producto
Warenverkauf *m*, **¨e** ventas *pl* (de mercancía)
Warenverkaufsbuch *n*, **¨er** libro *m* diario de ventas
Warenverkaufskont|o *n*, **-en** cuenta *f* de ventas
Warenverkehr *m*, Ø tráfico *m* de mercancías; movimiento *m* de mercancías, de intercambios *pl*; ***freier*** ~ libre circulación *f* de las mercancías
Warenverknappung *f*, **en** escasez *f*, escaseamiento *m* de mercancías
Warenversand *m*, Ø expedición *f*, envío *m* de la mercancía
Warenversicherung *f*, **en** seguro *m* de mercancías
Warenverteilung *f*, Ø distribución *f* de la mercancía
Warenvertreter *m*, **-** agente *m* intermediario (en la compraventa de mercancía)
Warenverzeichnis *n*, **se** **1.** lista *f*, nomenclatura *f* de productos **2.** precios *pl* corrientes **3.** inventario *m*
Warenvorrat *m*, **¨e** existencias *pl*; stock *m*; estocaje *m*
Warenwechsel *m*, **-** efecto *m*, letra *f* comercial; efecto *m* de comercio
Warenwert *m*, Ø valor *m* de la mercancía
Warenzeichen *n*, **-** marca *f* de fabricación, marca *f* de fábrica; ***eingetragenes*** ~ marca registrada; ***international eingetragenes*** ~ marca internacional (Syn. ***Schutzmarke, Handelsmarke***)
Warenzeichenanmeldung *f*, **en** solicitud *f* de inscripción de una marca de fábrica
Warenzeicheneintragung *f*, **en** inscripción *f* de una marca (en el registro)
Warenzeicheninhaber *m*, **-** titular *m* de una marca
Warenzeichenlizenz *f*, **en** licencia *f* de marca de fabricación, de marca de fábrica
Warenzeichenrecht *n*, Ø derecho *m* marcario; derecho *m* de marcas de fábrica
Warenzeichenschutz *m*, Ø protección *f* de marcas de fábrica
Warenzoll *m*, **¨e** derechos *pl* aduanales; aranceles *pl* sobre mercancías
Warenzustellung *f*, **en** reparto *m* de la mercancía
Wärmeelektrizität *f*, Ø termoelectricidad *f*

Wärmeenergie *f*, **n** energía *f* calorífica
Wärmeerzeugung *f*, Ø producción *f* de calor; termogénesis *f*; calorificación *f*
Wärmegrad *m*, **e** grado *m* de temperatura *bzw.* grado *m* de calor
wärmeisolierend termoaislante; calorífugo; incombustible
Wärmeisolierung *f*, **en** termoaislamiento *m*; aislamiento *m* térmico
Wärmekraftwerk *n*, **e** central *f* térmica
Warmwasserbereiter *m*, - termo *m*; termosifón *m*; calentador *m* (instantáneo) de agua caliente
Warmwasserversorgung *f*, Ø abastecimiento *m* de agua caliente
Warnanlage *f*, **n** sistema *m*, dispositivo *m*, equipo *m* de alarma
Warndreieck *n*, **e** triángulo *m* de emergencia
warnen prevenir; poner en guardia; poner sobre aviso; advertir; ***vor Nachahmung ~*** advertir contra las imitaciones
Warnleuchte *f*, **n** → Warnlicht
Warnlicht *n*, **er** luz *f* de aviso, de advertencia
Warnruf *m*, **e** grito *m* de alarma
Warnschild *n*, **er** señal *f*, rótulo *m* de aviso
Warnsignal *n*, **e** señal *f* de alerta, de aviso, de alarma; intermitente *m*; ***die ~e flackern*** flamean los intermitentes
Warnstreik *m*, **s** huelga *f* de aviso
Warnung *f*, **en** advertencia *f*; aviso *f*; ***zur ~*** a título de advertencia
Warnvorrichtung *f*, **en** dispositivo *m* de alarma
Warnzeichen *n*, - señal *f* de peligro
Warrant *m*, **s** certificado *m* de depósito; (Angl.) warrant *m*
Warrantvorschüsse *pl* anticipos *pl* sobre el warrant
Wartegeld *n*, **er** **1.** excedencia *f*, cesantía *f*; ***jdn. auf ~ setzen*** poner en situación de disponible **2.** ***auf ~*** a medio sueldo; a media paga
Wartegeldempfänger *m*, - excedente *m*; cesante *m*
Wartehäuschen *n*, - garita *f* de guardabarrera
Warteliste *f*, **n** lista *f* de espera; ***auf einer ~ stehen*** estar, figurar en la lista de espera
warten **1.** esperar; aguardar **2.** ***eine Maschine ~*** entretener, mantener, conservar una máquina; ocuparse del mantenimiento de una máquina
Wärter *m*, - **1.** guardián *m*; guarda *m* **2.** enfermero *m*
Warteraum *m*, **¨e** sala *f* de espera
Warteslaal *m*, **-äle** → Warteraum
Warteschlange *f*, **n** fila *f* de espera; cola *f*
Wartestand *m*, Ø cesantía *f*; ***in den ~ versetzen*** dejar en situación de disponible
Wartezeit *f*, **en** periodo *m* de espera; periodo *m* de carencia; periodo *m* de cualificación
Wartezimmer *n*, - → Warteraum
Wartung *f*, **en** (z.B. eines Autos) mantenimiento *m*; servicio *m*; ***tägliche ~*** mantenimiento diario
Wartungsarbeiten *pl* trabajos *pl* de mantenimiento; labores *pl* de conservación
Wartungskosten *pl* gastos *pl* de mantenimiento; costes *pl* de conservación
Wartungspersonal *n*, Ø personal *m* de mantenimiento, de conservación
Wartungsvertrag *m*, **¨e** contrato *m* de entretenimiento, de mantenimiento, de conservación
Waschanlage *f*, **n** **1.** tren *m* de lavado **2.** lavadero *m*
Waschanleitung *f*, **en** instrucciones *pl* para el lavado
Waschautomat *m*, **en** lavadora *m* automática
waschbar lavable
Wäschegeschäft *n*, **e** **1.** lencería *f* **2.** camisería *f* (de caballeros)
Wäscher *m*, - **1.** lavandero *m* **2.** lavador *m*
Wäscherei *f*, **en** lavanderia *f*
Waschmaschine *f*, **n** lavadora *f*
waschmaschinenfest lavable en lavadora
Waschmittel *n*, - detergente *m*
Waschpulver *n*, - → Waschmittel
Waschraum *m*, **¨e** **1.** cuarto *m* de aseo; lavabo *m* **2.** lavadero *m*
Waschsalon *m*, **s** lavandería *f*
Waschstraße *f*, **n** tren *m*, túnel *m* de lavado
Waschzettel *m*, - anuncio *m* efusivo de un libro; solapa *f*, texto *m* de presentación (de un libro); reseña *f* del editor
Waschzeug *n*, Ø utensilios *pl* de tocador
wasserarm falto de agua; árido
Wasserarmut *f*, Ø falta *f*, escasez *f* de agua; aridez *f*
Wasserbau *m*, **ten** construcción *f*, obra *f* hidráulica
Wasserbauingenieur *m*, **e** ingeniero *m* de obras hidráulicas
Wasserbedarf *m*, Ø necesidades *pl*, demanda *f*, requerimientos *pl* de agua
wasserbeständig resistente al agua
wasserdicht impermeable (al agua); hermético; ~ ***machen*** impermeabilizar
wasserdurchlässig permeable (al agua)

Wasserfahrzeug *n*, **e** embarcación *f*; bote *m*
Wasserfall *m*, **¨e** **1.** salto *m* de agua **2.** catarata *f*
Wasserflughafen *m*, **¨** base *f* de hidroaviones
Wasserflugzeug *n*, **e** hidroavión *m*
Wasserflut *f*, **en** inundación *f*; avenida *f*
Wasserfracht *f*, **en** flete *m* fluvial o marítimo
Wassergefahr *f*, Ø peligro *m* de inundación
Wassergraben *m*, **¨** acequia *f*
Wassergüte *f*, Ø calidad *f* del agua
Wasserknappheit *f*, Ø escasez *f* de agua
Wasserkraft *f*, **¨e** energía *f* hidráulica, hidroeléctrica
Wasserkraftwerk *n*, **e** central *f*, planta *f* hidráulica
Wassermangel *m*, Ø escasez *f*, falta *f* de agua
Wassermesser *m*, **-** hidrómetro *m*
Wassermühle *f*, **n** molino *m* de agua
Wasserpolizei *f*, Ø policía *f*, brigada *f* fluvial
Wasserpumpe *f*, **n** bomba *f* de agua
Wasserrechnung *f*, **en** cuenta *f*, factura *f* del consumo de agua
wasserreich **1.** caudaloso (un río) **2.** abundante en agua
Wasserreserven *pl* recursos *pl* acuáticos
Wasserrohrbruch *m*, **¨e** rotura *f* de cañerías de agua
Wassersäule *f*, **n** columna *f* de agua
Wasserschaden *m*, **¨e** (Seg.) daños *pl*, estragos *pl* causados por el agua
Wasserschadstoffe *pl* sustancias *pl* nocivas en el agua
Wasserspeicher *m*, **-** depósito *m* de agua
Wasserstand *m*, **¨e** nivel *m* del agua
Wasserstandsanzeiger *m*, **-** indicador *m* del nivel del agua
Wasserstandsmesser *m*, **-** fluviómetro *m*
Wasserstraße *f*, **n** vía *f* fluvial; vía *f* navegable; arteria *f* fluvial
Wasserstraßennetz *n*, **e** red *f* de vías fluviales
Wassertransport *m*, **e** transporte *m* por agua; transporte *m* fluvial
Wasseruhr *f*, **en** contador *m* de agua
wasserundurchlässig impermeable
Wasserverbrauch *m*, Ø consumo *m* de agua
Wasserverknappung *f*, Ø (als Folge der Dürre) merma *f*, agotamiento *m* de los recursos hidráulicos
Wasserverschmutzung *f*, Ø contaminación *f*, polución *f* del agua
Wasserversorgung *f*, Ø abastecimiento *m*, suministro *m* de agua
wasserverunreinigende Stoffe *pl* substancias *pl* contaminantes del agua; substancias *pl* causantes de la polución del agua
Wasservorräte *pl* → Wasserreserven
Wasserweg *m*, **e** vía *f* navegable; vía *f* fluvial; ***Beförderung auf dem ~*** transporte *m* por vía fluvial
Wasserwerfer *m*, **-** cañón *m* de agua
Wasserwerk *n*, **e** servicio *m* de abastecimiento *m* de aguas
Wasserwirtschaft *f*, Ø **1.** ingeniería *f* hidráulica **2.** régimen *m* de aguas 3. gestión *f* del agua
Wasserzähler *m*, **-** contador *m* de agua
Wasserzeichen *n*, **-** filigrana *f*, marca *f* de agua
Wasserzufuhr *f*, Ø traída *f* de agua; alimentación *f* de agua
Wasserzuleitung *f*, **en** → Wasserzufuhr
Watt *n*, **-** **1.** vatio *m* **2.** → Wattenmeer
Wattenmeer *n*, **e** aguas *pl* bajas de la costa
Wattleistung *f*, Ø potencia *f* (medida) en vatios
Wattmeter *m*, **-** vatímetro *m*
Wattstunde *f*, **n** vatio-hora *m*
WDR (Westdeutscher Rundfunk) radiodifusión *f* y televisión en Colonia (R.F.A.)
Webart *f*, **en** tejeduría *f*
Webekunst *f*, **¨e** arte *m* de tejer
Weben *n*, Ø tejido *m*; tejedura *f*; hilado *m*
weben tejer; trabajar en el telar; hilar
Weber *m*, **-** tejedor *m*
Weberei *f*, **en** **1.** (Gewebe) tejido *m* **2.** fábrica *f* de tejidos; tejeduría *f*
Webereierzeugnis *n*, **se** producto *m* textil
Weberhandwerk *n*, Ø tejeduría *f*; oficio *m* de tejedor
Webfehler *m*, **-** falla *f* en el tejido
Webstuhl *m*, **¨e** telar *m*
Webwaren *pl* tejidos *pl*
Wechsel *m*, **-** **1.** cambio *m*; fluctuación *f*; ***im ~ mit*** alternando con **2.** relevo *m* **3.** cambio *m* (de moneda) **4.** mensualidad *f* **5.** letra *f* (de cambio); efecto *m* (de comercio); título *m* a la orden; ***bankfähiger*** (***begebbarer***, ***guter***) **~** efecto negociable; ***diskontfähiger ~*** efecto descontable; efecto admitido al descuento; ***diskontierter ~*** letra descontada; ***domizilierter ~*** letra domiciliada; ***eigener*** (***trockener***) **~** letra al propio cargo; pagaré *m*; ***eingelöster ~*** efecto cobrado; ***nicht eingelöster*** (***Not leidender***) **~** letra impagada; efecto pendiente de

cobro; ***erster*** ~ primera *f* de cambio; ***fälliger*** ~ letra vencida; ***genormter*** ~ efecto normalizado; ***geplatzter*** (***protestierter***) ~ letra protestada; ***gezogener*** ~ letra girada; letra de cambio, cambial *f*; ***indossierter*** ~ letra endosada; ***langfristiger*** ~ efecto a largo plazo; ***auf den Inhaber lautender*** ~ efecto al portador; ***lombardierter*** ~ efecto dado en garantía; ***offener*** ~ carta *f* de crédito; ***trassierter*** ~ efecto librado, girado; ***überfälliger*** ~ letra vencida y no pagada; ***ungedeckter*** ~ efecto sin provisión; letra en descubierto; ***verfallener*** ~ letra perjudicada; ***verpfändeter*** ~ efecto dado en garantía; ***zurückgewiesener*** ~ letra no aceptada; ***zweiter*** ~ segunda *f* de cambio; ***einen*** ~ ***akzeptieren*** (***annehmen***) aceptar una letra; ***einen*** ~ ***auf jdn. ausstellen*** (***ziehen***) librar, girar una letra contra alg.; ***einen*** ~ ***diskontieren*** descontar un efecto, una letra; ***einen*** ~ ***zum Diskont annehmen*** aceptar un efecto al descuento; ***einen*** ~ ***domizilieren*** domiciliar (el pago de) una letra; ***einen*** ~ ***einlösen*** pagar, honrar una letra; ***einen*** ~ ***indossieren*** endosar una letra; ***einen*** ~ ***prolongieren*** prorrogar, prolongar una letra; ***einen*** ~ ***protestieren*** protestar una letra; ***einen*** ~ ***rediskontieren lassen*** redescontar una letra; ***einen*** ~ ***unterschreiben*** firmar un efecto; ***einen*** ~ ***zur Zahlung vorlegen*** presentar un efecto al cobro; ***einen*** ~ ***weitergeben*** ceder, negociar un efecto; ***einen*** ~ ***auf jdn. ziehen*** girar una letra contra alg.

Wechselabrechnung *f*, **en** liquidación *f* de una letra

Wechselabschrift *f*, **en** copia *f* de una letra (de cambio)

Wechselabteilung *f*, **en** servicio *m* de cartera (de efectos de comercio); servicio *m* de cambio

Wechseladresse *f*, **n** nombre *m* del librado (en una letra)

Wechselagent *m*, **en** agente *m* de cambio

Wechselagio *n*, **s** comisión *f* de un banco sobre una letra; agio *m*; cambio *m*

Wechselakzept *n*, **e** **1.** aceptación *f* de una letra **2.** letra *f* aceptada

Wechselakzeptant *m*, **en** aceptante *m* de una letra (de cambio)

Wechselallonge *f*, **n** suplemento *m* (de una letra)

Wechselannahme *f*, **n** aceptación *f* de una letra

Wechselanzeige *f*, **n** aviso *m* de letra

Wechselarbitrage *f*, **n** arbitraje *m* de cambio

Wechselarbitrageur *m*, **e** corredor *m* de letras

Wechselausfertigung *f*, **en**, ***erste***, ***zweite***, ***dritte*** ~ primera *f*, segunda *f*, tercera *f* de cambio

Wechselaussteller *m*, - librador *m*, girador *m* (de una letra)

Wechselausstellung *f*, **en** libranza *f* de una letra; libramiento *m* de una letra; emisión *f* de una letra (de cambio)

Wechselbank *f*, **en** banco *m* de descuento; casa *f* de cambio

wechselbar cambiable

Wechselbegebung *f*, **en** negociación *f* de una letra de cambio

Wechselbestand *m*, Ø cartera *f* (de efectos); efectos *pl* en cartera

Wechselbetrag *m*, **¨e** importe *m*, montante *m* de la letra de cambio

Wechselbezogene(**r**) (der/ein) librado *m* (en una letra de cambio)

Wechselblankett *n*, **s** letra *f* en blanco

Wechselbörse *f*, **n** bolsa *f* de cambios

Wechselbrief *m*, **e** letra *f* de cambio

Wechselbuch *n*, **¨er** registro *m* de efectos

Wechselbürge *m*, **n** fiador *m*, avalista *m* (de una letra de cambio); ***einen*** ~ ***stellen*** salir fiador de una letra de cambio

Wechselbürgschaft *f*, **en** aval *m*; ***eine*** ~ ***übernehmen*** avalar; conceder, dar aval

Wechseldiskont *m*, **e** descuento *m* de un efecto

Wechseldiskontgeschäft *n*, **e** operación *f* de descuento (cambial)

Wechseldiskontierung *f*, **en** → Wechseldiskont

Wechseldiskontkredit *m*, **e** crédito *m* cambiario; crédito *m* (por vía) de descuento

Wechseldiskontsatz *m*, **¨e** tasa *f* de descuento

Wechseldomizil *n*, **e** domicilio *m* de una letra; domicilio *m* cambial

Wechseldomizilierung *f*, **en** domiciliación *f* de un efecto

Wechselduplikat *n*, **e** duplicado *m* de la letra (cambial)

Wechseleinlösung *f*, **en** pago *m* de un efecto

Wechseleinzug *m*, Ø cobro *m* de una letra

wechselfähig **1.** apto para girar efectos **2.** apto para aceptar efectos

Wechselfähigkeit *f*, Ø capacidad *f* legal para realizar todas las operaciones relativas a las letras de cambio; capacidad *f* cambial; capacidad *f* cambiaria

Wechselfälligkeit *f*, (**en**) vencimiento *m* de una letra; plazo *m* de vencimiento de un efecto

Wechselfälscher *m*, - falsificador *m* de letras de cambio

Wechselfälschung *f*, **en** falsificación *f* de una letra de cambio

Wechselforderung *f*, **en** efecto *m* a cobrar

Wechselformular *n*, **e** formulario *m* de una letra de cambio

Wechselfrist *f*, **en** días *pl* de gracia; uso *m*; usanza *f* (el plazo más largo exigido por el banco emisor para admitir un efecto de comercio al cobro)

Wechselgeber *m*, - → Wechselaussteller

Wechselgeld *n*, (er) **1.** moneda *f* divisionaria; calderilla *f* **2.** cambio *m* **3.** ***herausgegebenes*** ~ vuelta *f*; (LA) vuelto *m*

Wechselgeschäft *n*, **e 1.** operación *f* de cambio; negociación *f* de efectos; negociación *f*, operación *f* cambiaria; operaciones *pl* con letras **2.** oficina *f* de cambio

Wechselgesetz *n*, **e** ley *f* cambiaria

Wechselgirant *m*, **en** girador *m*, endosador *m*, endosante *m* de una letra

Wechselgiro *n*, **s** endoso *m* de una letra

Wechselgläubiger *m*, - acreedor *m* de una letra; creedor *m* cambiario

Wechselhaftung *f*, Ø responsabilidad *f* cambiaria

Wechselhandel *m*, Ø correduría *f* de letras; cambio *m*

Wechselhändler *m*, - → Wechselmakler

Wechselhereinnahme *f*, **n** aceptación *f* de una letra

Wechselindossament *n*, **e** endoso *m* de una letra

Wechselinhaber *m*, - portador *m*; tenedor *m* de una letra; detentador *m* de un efecto a la orden

Wechselinkasso *n*, **s 1.** efectos *pl* a cobrar **2.** cobro *m* de letras

Wechselintervention *f*, **en 1.** (bei Nichtannahme) aceptación *f* por intervención; aceptación *f* por honor **2.** (bei Nichtzahlung) pago *m* por intervención; pago *m* por honor

Wechselklage *f*, **n** demanda *f*, acción *f* sobre una letra de cambio; demanda *f*, acción *f* cambiaria; demanda *f* judicial en asunto cambiario

Wechselklausel *f*, **n** cláusula *f* cambiaria (vocablo ***"Wechsel"*** impreso en una letra)

Wechselkommission *f*, **en** compraventa *f* de letras de cambio por cuenta de otro

Wechselkont|o *n*, **-en** cuenta *f* de efectos; cuenta *f* de efectos a cobrar y a pagar

Wechselkopie *f*, **n** copia *f* de una letra

Wechselkosten *pl* → Wechselspesen

Wechselkredit *m*, **e** crédito *m* cambiario; papelcrédito *m*; crédito *m* de descuento

Wechselkultur *f*, Ø → Wechselwirtschaft

Wechselkurs *m*, **e** tipo *m* de cambio; ***einheitlicher*** ~ tipo de cambio único; ***fester*** (***unveränderlicher***) ~ tipo de cambio fijo; ***flexibler*** (***veränderlicher***) ~ tipo de cambio variable, flexible, flotante; ***den*** ~ ***freigeben*** liberalizar el tipo de cambio

Wechselkursangleichung *f*, **en** reajuste *m* de los tipos de cambio; realineamiento *m* de los cambios

Wechselkursarbitrage *f*, **n** arbitraje *m* de cambio

Wechselkursarbitrageur *m*, **e** arbitrajista *m* de cambio

Wechselkursfreigabe *f*, **n** liberalización *f* de los tipos de cambio; flotamiento *m* de las monedas (Syn. ***Floating***)

Wechselkursgarantie *f*, **n** garantía *f* de cambio

Wechselkursnotierung *f*, **en** cotización *f* cambio-monetaria

Wechselkursparität *f*, **en** paridad *f* cambio-monetaria

wechselkurspolitisch, ~ ***Maßnahmen*** medidas *pl* de política monetaria

Wechselkursrisik|o *n*, **-en** riesgo *m* de cambio

Wechselkursschwankungen *pl* fluctuaciones *pl* del tipo de cambio; oscilaciones *pl* cambio-monetarias

Wechselkursstabilität *f*, Ø estabilidad *f* cambio-monetaria; estabilidad *f* del (tipo de) cambio

Wechselkursverhältnis *n*, **se** relación *f* cambio-monetaria (entre)

Wechselkursverlust *m*, **e** pérdida *f* cambiaria; pérdida *f* en el tipo de cambio; pérdida *f* cambio-monetaria

Wechsellombard *m*, **e** adelanto *m* sobre letras; letra *f* de cambio tomada en prenda

Wechselmakler *m*, - corredor *m* de letras

wechselmäßige Haftung *f*, **en** responsabilidad *f* cambiaria

wechseln 1. ***den Beruf*** ~ cambiar de profesión; ***die Stellung*** ~ cambiar de puesto de trabajo; cambiar de empleo; ***die Wohnung*** ~ cambiar de domicilio; mudarse **2.** ***Geld***

~ cambiar dinero; ***können Sie mir 20 DM ~?*** ¿Me puede cambiar 20 marcos?; ***ich kann nicht*** ~ no tengo cambio **3.** ***mit jdm. Briefe*** ~ mantener correspondencia con alg.
Wechselnehmer *m*, - tomador *m*, tenedor *m*, beneficiario *m* de una letra de cambio; endosado *m*
Wechselnotierung *f*, **en** cotización *f* de los cambios
Wechselobligo *n*, **s** **1.** efectos *pl* a pagar **2.** responsabilidad *f* cambial
Wechselorder *f*, **s** designación *f* del tomador (en una letra de cambio)
Wechselordnung *f*, **en** ordenanza *f*, normativa *f* cambiaria
Wechselpari *n*, Ø **1.** cambio *m* a la par **2.** valor *m* nominal de una moneda
Wechselparität *f*, **en** paridad *f* de cambios
Wechselpensionsgeschäft *n*, **e** acuerdo *m* de venta y recompra basado en una letra
Wechselportefeuille *n*, **s** cartera *f* de efectos
Wechselprima *f*, Ø primera *f* de cambio
Wechselprolongation *f*, **en** renovación *f* de una letra
Wechselprotest *m*, **e** protesto *m* de una letra; ***mangels Zahlung ~ erheben*** protestar (una letra) por falta de pago
Wechselprotesturkunde *f*, **n** acta *f* de protesto
Wechselprovision *f*, **en** comisión *f* por negociación de letras
Wechselprozess *m*, **e** proceso *m* cambiario; juicio *m* ejecutivo sobre una letra de cambio
Wechselrechnung *f*, **en** cuenta *f* de cambio (cuando es descontada la letra)
Wechselrecht *n*, Ø legislación *f* en materia de letras de cambio; derecho *m* cambiario; régimen *m* jurídico de cambios
wechselrechtlich cambiario; ***nicht*** ~ extracambiario
Wechselrediskontierung *f*, **en** redescuento *m* de una letra
Wechselregress *m*, **e** recurso *m* cambiario
Wechselregressklage *f*, **n** acción *f* cambiaria de recurso; acción *f* cambiaria de regreso
Wechselreiter *m*, - girador *m* fraudulento; girador *m* por complacencia
Wechselreiterei *f*, Ø libramiento *m* de letras cruzadas; peloteo *m*, cabalgata *f* de letras; emisión *f* de letras por complacencia; ~ ***betreiben*** hacer giros y regiros
Wechselrembours *m*, - crédito *m* de aceptación documentaria; letra *f* documental; reembolso *m* de banco
Wechselrückgriff *m*, **e** → Wechselregress
Wechselschalter *m*, - conmutador *m* inversor
Wechselschicht *f*, **en** rotación *f* de un turno *m* (de trabajo)
Wechselschichtarbeit *f*, **en** trabajo *m* por turnos
Wechselschichtzulage *f*, **n** prima *f* de trabajo por turnos
Wechselschuld *f*, **en** **1.** deuda *f* cambial; deuda *f* por aceptación de una letra **2.** letras *pl* a pagar
Wechselschuldner *m*, - deudor *m* cambiario deudor *m* de una letra de cambio; obligado *m* cambial
wechselseitig mutuo; recíproco; ~ ***beteiligte Unternehmen*** empresas *pl* con participación recíproca; empresas *pl* entrelazadas; ***~e Beteiligung*** participación *f* recíproca
Wechselseitigkeit *f*, Ø reciprocidad *f*; mutualidad *f*
Wechselsekunda segunda *f* de cambio
Wechselspekulation *f*, **en** agiotaje *m*; especulación *f* con efectos de comercio
Wechselspesen *pl* gastos *pl* de descuento
Wechselsprechanlage *f*, **n** interfono *m*
Wechselstelle *f*, **n** → Wechselstube
Wechselstempel *m*, - timbre *m* (sobre efectos cambiales)
Wechselstempelmarke *f*, **n** impuesto *m* sobre letras de cambio; impuesto *m* del timbre sobre letras
Wechselstrom *m*, Ø corriente *f* alterna
Wechselstube *f*, **n** oficina *f*, casa *f* de cambio
Wechselsumme *f*, **n** valor *m*, importe *m* de la letra; ~ ***mit Unkosten*** provisión *f* con gastos; ~ ***ohne Unkosten*** provisión *f* sin gastos
Wechselumlauf *m*, Ø **1.** circulación *f* de letras **2.** letras *pl* en circulación
Wechselumsatz *m*, **¨e** movimientos *pl* de cartera
Wechselverbindlichkeiten *pl* efectos *pl* a pagar
Wechselverfallbuch *n*, **¨er** registro *m* de vencimientos (letras, efectos, *etc.*)
Wechselverkauf *m*, **¨e** negociación *f* de una letra de cambio
Wechselverkehr *m*, Ø transacciones *pl* cambiarias
Wechselverlängerung *f*, **en** renovación *f*, prórroga *f* de un efecto

Wechselverpflichtete(r) (der/ein) obligado *m* cambiario

Wechselverpflichtung *f*, **en** → Wechselschuld

Wechselvertrag *m*, **¨e** contrato *m* de creación o venta de una letra de cambio

Wechselvor|mann *m*, **-leute** endosante *m* anterior

Wechselwähler *m*, **-** elector *m* que cambia frecuentemente su voto; elector *m* veleta; elector *m* tornadizo

Wechselweichungsklausel *f*, n cláusula *f* de desviación

wechselweise por turno; ~ ***Arbeit*** rotación *f* laboral

Wechselwirkung *f*, **en** interacción *f*; acción *f* recíproca

Wechselwirtschaft *f*, Ø cultivo *m* alternativo; alternancia *f* de cultivos

Wechselzinsen *pl* intereses *pl* pagados sobre una letra

Wechselzweitschrift *f*, **en** segunda *f* de cambio

Wechsler *m*, - cambista *m*; agente *m* de cambio

Weckdienst *m*, **e** (Teléf.) servicio *m* de despertador

Weg *m*, **e 1.** camino *m*; ruta *f*; itinerario *m* trayecto *m*; recorrido *m*; ***auf dem ~e*** en ruta; en camino; en tránsito; ***auf dem ~ nach*** en camino hacia; ***auf dem ~ von*** viniendo de; ***den ~ bereiten*** preparar el terreno, el camino; ***alle ~ ebnen*** allanar todos los obstáculos **2.** vía *f*; método *m*; procedimiento *m*; ***auf diplomatischem ~*** por vía diplomática; ***auf gesetzlichem ~*** por vía legal; ***auf gütlichem ~*** amistosamente; ***auf dem schnellsten ~*** por el método, por el procedimiento más rápido; ***auf schriftlichem ~*** por escrito **3.** ***in die ~e leiten*** iniciar; organizar; preparar

Wegeabgaben *pl* → Wegegeld

Wegebau *m*, Ø **1.** construcción *f* de caminos; construcción *f* vial **2.** obra *f* de vialidad

Wegebaumeister *m*, - ingeniero *m* de caminos

Wegegebühr *f*, **en** → Wegegeld

Wegegeld *n*, **er 1.** (raro) peaje *m* **2.** (CH) plus *m* de desplazamiento

Wegegerechtigkeit *f*, Ø → Wegerecht

Wegekosten *pl* coste *m* de la infraestructura; gastos *pl* destinados a los trabajos de viabilidad

Wegelagerer *m*, - salteador *m* de caminos; bandolero *m*

Wegenetz *n*, **e** red *f* vial; red *f* de caminos

Wegepolizei *f*, Ø policía *f* de caminos

Wegerecht *n*, Ø servidumbre *f* de paso

Wegesteuer *f*, **n** tasa *f* de vialidad

Wegfall *m*, Ø supresión *f*; abolición *f*; eliminación *f*; cesación *f*; ***bei ~ von Arbeitsplätzen*** en caso de supresión de empleos

wegfallen 1. quedar suprimido, abolido, eliminado; ***die Transportkosten fallen weg*** quedan suprimidos los gastos de transporte **2.** ~ ***lassen*** suprimir, eliminar, abolir

weggeben dar; regalar; desprenderse de; deshacerse de

weggehen 1. marcharse; irse **2.** salir **3.** venderse; ***diese Ware geht rasend weg*** esta mercancía se vende como nada

Weggenosse *m*, **n** compañero *m* de camino; compañero *m* de ruta; compañero *m* de viaje

weglassen 1. omitir **2.** suprimir

Weglassung *f*, Ø **1.** omisión *f* **2.** supresión *f*

weglegen archivar

weglocken quitar (clientela); atraer la clientela de otro

Wegmarkierung *f*, **en** señalización *f* de un itinerario

Wegmesser *m*, - odómetro *m*

Wegnahme *f*, **n** (einer Sache) incautación *f*; confiscación *f*

wegnehmen 1. incautarse; aprehender; sustraer; arrebatar **2.** ***die Kunden ~*** quitar los clientes

wegrationalisieren, ***Personal ~*** suprimir empleos racionalizando la producción

wegsacken (Fam.) caer; ***die Aktienkurse sind weggesackt*** han caído las cotizaciones de las acciones

Wegscheide *f*, **n 1.** cruce *m* de caminos **2.** bifurcación *f*

wegschenken regalar; dar

wegschicken 1. enviar; ***Waren ~*** expedir, despachar mercancías **2.** despedir, despachar (a una persona)

wegschließen poner en lugar seguro; guardar bajo llave

wegsteuern, ***die Gewinne ~*** quitar las ganancias con el impuesto

Wegstrecke *f*, **n** trayecto *m*; recorrido *m*; ***schlechte ~*** trayecto en malas condiciones; recorrido en mal estado

Wegweiser *m*, - (poste *m*) indicador *m* (del camino)

wegwerfen, ***Geld ~*** tirar el dinero por la ventana

Wegwerfgesellschaft *f*, **en** sociedad *f* del despilfarro
Wegwerfflasche *f*, **n** botella *f* no retornable; casco *m* no recuperable; botella *f* sin retorno
Wegwerfpackung *f*, **en** embalaje *m* desechable; embalaje *m* no retornable, no recuperable, sin retorno
Wegwerfware *f*, **n** mercancía *f* usar y tirar; mercancía *f* a tirar después de ser usada
Wehrbeauftragte(r) (der/ein) (R.F.A.) defensor *m* (de los derechos) del soldado
Wehretat *m*, **s** presupuesto *m* de defensa
Wehrhoheit *f*, Ø soberanía *f* militar
Wehrmacht *f*, Ø fuerzas *pl* armadas
Wehrsold *m*, Ø soldada *f*; paga *f*
Wehrwirtschaft *f*, Ø economía *f* de la defensa
weiblich, *~e Erwerbspersonen* mano de obra *f* femenina; trabajadoras *pl*; mujeres *pl* que desempeñan una profesión
weich, *~e Währung* moneda *f* débil
Weiche *f*, **n 1.** agujas *pl* **2.** (Fig.) ***die ~n auf Expansion stellen*** poner las bases para practicar una política expansionista
Weichenstellung *f*, **en**, ***die wirtschaftliche und soziale ~*** las opciones económicas y sociales
Weichwährungsland *n*, **¨er** país *m* de moneda débil
Weideland *n*, **¨er** tierra *f* pastoreo; pastos *pl*
Weihnachten *n od. pl* navidades *pl*
Weihnachtsfreibetrag *m*, **¨e** (R.F.A.) exoneración *f* fiscal de una cantidad de la percepción obtenida **en** diciembre
Weihnachtsgeld *n*, Ø prima *f* de navidad; prima *f* de fin de año; "mensualidad *f* número trece"; sueldo *m*, salario *m* número trece; (Fam.) aguinaldo *m*
Weihnachtsgeschäft *n*, Ø negocio *m* de navidad
Weihnachtsgratifikation *f*, **en** gratificación *f* de navidad
Weihnachtsmarkt *m*, **¨e** mercado *m* navideño
Weihnachtsremuneration *f*, **en** (A) → Weihnachtsgratifikation
Weihnachtsvergütung *f*, **en** → Weihnachtsgratifikation
Weihnachtszuwendung *f*, **en** → Weihnachtsgratifikation
Weinanbaugebiet *f*, **e** región *f* vitivinícola; comarca *f* vinícola; región vitícola; región *f* productora de vino
weinausführendes Land *n*, **¨er** país *m* exportador de vino
Weinausschank *m*, Ø despacho *m* de vinos
Weinbau *m*, Ø viticultura *f*, cultivo *m* del vino
Weinbauer *m*, **n** viticultor *m*; viñador *m*; vitivinicultor *m*; (Arg.) viñatero *m*; vinicultor *m*
Weinbaugebiet *n*, **e** → Weinanbaugebiet
Weinbaukataster *n*, **-** catastro *m* vitícola
Weinbereitung *f*, **en** vinificación *f*
Weinberg *m*, **e** viña *f*; viñedo *m*
Weinbrand *m*, **¨e** brandi *m*; brandy *m*
Weinernte *f*, **n** vendimia *f*
Weinertrag *m*, **¨e** producción *f* vinícola, vitícola, vitivinícola
Weinerzeuger *m*, **-** → Weinbauer *m*
Weinfälschung *f*, Ø adulteración *f* del vino
Weingegend *f*, **en** → Weinanbaugebiet
Weinglas *n*, **¨er** vaso *m*, copa *f* para vino
Weinhandel *m*, Ø comercio *m* de vinos
Weinhändler *m*, **-** comerciante *m* de vinos negociante *m* en vinos; vinatero *m*
Weinhandlung *f*, **en** bodega *f*; despacho *m* de vino; vinatería *f*
Weinjahr *n*, **e** cosecha *f*
Weinkarte *f*, **n** carta *f*, lista *f* de vinos
Weinkeller *m*, **-** bodega *f*
Weinkelter *m*, **-** lagar *m*
Weinkühler *m*, **-** champañero *m*
Weinlager *n*, **-** almacén *m* de vinos; depósito *m* de vinos; bodega *f*
Weinland *n*, **¨er** país *m* vitícola; país *m* productor de vino
Weinlese *f*, **n** vendimia *f*
Weinleser *m*, **-** vendimiador *m*
Weinlokal *n*, **e** tasca *f*; taberna *f*
Weinordnung *f*, Ø, ***gemeinsame ~*** (EU) organización *f* común del mercado del vino (UE)
Weinpanscher *m*, **-** negociante *m* que adultera los vinos
Weinpanscherei *f*, **en** adulteración *f* del vino
Weinprobe *f*, **n** cata *f*, degustación *f* de vinos
Weinprüfer *m*, **-** catavinos *m*
Weinsteuer *f*, **n** impuesto *m* sobre los vinos
Weinstock *m*, **¨e** cepa *f*
Weinstube *f*, **n** → Weinlokal
Weintraube *f*, **n 1.** racimo *m* de uvas **2.** uva *f*
Weise *f*, **n** ***in geeigneter ~*** de manera apropiada; ***in gleicher ~*** de la misma manera
Weise(r) (der/ein) sabio *m*; (R.F.A.) ***die fünf ~n*** los cinco sabios; los cinco expertos que dictaminan por encargo del gobierno sobre la economía alemana

weiß blanco; ***schwarz auf ~*** con todos los detalles; con pelos y señales; ***~e Kohle*** hulla *f* blanca; energía *f* hidráulica; ***die ~en Kragen*** los "cuellos blancos", (para designar a los cuadros de mando); ***die ~e Woche*** la semana blanca

Weißbier *n*, **e** cerveza *f* de trigo; (Fam.) palomita *f*

Weißbrot *n*, **e** pan *m* blanco

Weißbuch *n*, **¨er** libro *m* blanco (documento publicado por un organismo oficial sobre un problema determinado)

Weißer-Kragen-Kriminalität *f*, Ø delincuencia *f* de cuello blanco

Weißgerber *m*, **-** curtidor *m* en blanco

Weißgerberei *f*, **en** curtido *m* en blanco

Weißgold *n*, Ø oro *m* blanco

Weißmetall *n*, **e** metal *m* blanco

Weißware *f*, **n 1.** (artículos *pl* de) lencería *f* **2.** artículos *pl*, géneros *pl* blancos

Weißwein *m*, **e** vino *m* blanco

Weisung *f*, **en** instrucción *f*; directiva *f*; dirección *f*; orden *f*; ***die ~en nicht beachten*** no atenerse a las instrucciones; ***~en entgegennehmen*** recibir instrucciones; ***~en erteilen*** dar instrucciones; ***falls ~en fehlen*** a falta de instrucciones; ***gegen die ~en handeln*** actuar contra lo ordenado; ***Ihren ~en gemäß*** de acuerdo con sus instrucciones; ***laut ~*** segun las instrucciones; ***praktische ~*** indicaciones útiles

weisungsgebunden sujeto a instrucciones; ***~e Arbeit*** trabajo *m* sujeto a directivas; trabajo *m* subordinado

weisungsgemäß conforme a las instrucciones

weit extenso; vasto; espacioso; distante de; amplio; largo ***bei ~em*** de lejos; con mucho; ***~ über 1000 Mark*** bastante más de 1000 marcos; ***wie ~ bist du mit deiner Arbeit?*** ¿cómo va tu trabajo?

weit reichend de gran alcance

weit spurig (Ferr.) de vía ancha; (LA) de trocha ancha

weit verbreitet, ***~es Werbemittel*** medio *m* de publicidad muy extendido; medio *m* publicitario muy frecuente

weit verzweigt, ***~es Unternehmen*** empresa *f* muy ramificada; firma *f* de gran ramificación

weiter otro; ulterior; adicional; ***~ oben erwähnt*** anteriormente mencionado; indicado más arriba; arriba indicado; antes indicado; ***~ unten*** más abajo; más adelante; a continuación; ***bis auf ~es*** hasta nueva orden; hasta nuevo aviso; hasta que no se den nuevas instrucciones; ***auf ~e 2 Jahre*** por un nuevo periodo de 2 años; ***um ~e Aufträge bitten*** solicitar más pedidos; ***~e Frist*** periodo *m* adicional; ***~e Kosten*** costes *pl* adicionales

weiter- (Pref.) **1.** continuar **2.** transmitir a un tercero

weiterarbeiten seguir trabajando; proseguir, continuar el trabajo

Weiterausfuhr *f*, **en** reexportación *f*

weiterausführen reexportar

weiterbearbeitet, ***~es Produkt*** producto *m* sometido a elaboración

weiterbefördern reexpedir

Weiterbeförderung *f*, **en** reexpedición *f*

weiterbefrachten subfletar

Weiterbegebung *f*, **en** endoso *m*

weiterbehandeln seguir tratando; continuar el tratamiento

Weiterbehandlung *f*, **en** tratamiento *m* adicional

Weiterbeschäftigung *f*, **en** continuación *f* prolongación *f* del empleo

weiterbilden continuar la formación; formarse permanentemente; perfeccionarse; ampliar estudios

Weiterbildung *f*, **en** formación *f* continua formación *f* permanente; perfeccionamiento *m*; ampliación *f* de los estudios; ***berufliche ~*** perfeccionamiento profesional; ampliación de la formación profesional; ***~ von Führungskräften*** entrenamiento *m* de ejecutivos (Syn. ***Fortbildung***)

Weiterbildungsmöglichkeiten *pl* posibilidades *pl* de seguir ampliando los conocimientos (profesionales)

weiterbringen 1. → weiterbefördern **2.** avanzar; progresar

weiterempfehlen recomendar a otros; seguir recomendando

weiterentwickeln perfeccionar; seguir desarrollando

Weiterentwicklung *f*, **en** perfeccionamiento *m*; desarrollo *m* ulterior

weiterfahren seguir, proseguir, continuar el viaje; seguir adelante; avanzar

Weiterflug *m*, **¨e 1.** continuación *f* del vuelo **2.** vuelo *m* de correspondencia

weiterführen, ***jds. Geschäft ~*** continuar el negocio de alg.

Weiterführung *f*, **en** continuación *f*; prolongación *f*; ***~ eines Geschäfts*** continuación *f* de un negocio; operación *f* continuada de un negocio

Weitergabe *f*, **n** transmisión *f*; ~ ***eines Schecks*** cesión *f* de un cheque; ~ ***einer Tratte*** transmisión *f* de una letra; endoso *m* de una letra

weitergeben, ***eine Anordnung*** ~ transmitir una orden, una disposición, una ordenanza; ***eine Anwesenheitsliste*** ~ hacer circular una lista de asistencia; (zur Erledigung) ***die Arbeit*** ~ subcontratar; ***eine Bestellung*** ~ transmitir, hacer pasar un pedido; ***Informationen*** ~ transmitir informaciones

weiterkommen, ***beruflich*** ~ avanzar profesionalmente; progresar en la profesión

weiterleiten 1. ***ein Gepäckstück*** ~ despachar un paquete **2.** ***eine Anfrage, ein Gesuch*** ~ dar curso, cursar, transmitir una demanda; tramitar una petición, una solicitud

Weiterleitung *f*, **en 1.** encaminamiento *m*; despacho *m*; envío *m* **2.** transmisión *f*; tramitación *f*

Weiterpacht *f*, **en** subarriendo *m* (de uso y de disfrute)

weiterreichen → weitergeben

Weiterreise *f*, **n** continuación *f* del viaje

weitersenden reexpedir; hacer seguir

Weitersendung *f*, **en** reexpedición *f*

Weiterungen *pl* (selten) consecuencias *pl*; ***unangenehme ~ zur Folge haben*** entrañar dificultades; tener consecuencias desagradables

weiterverarbeiten transformar en producto final; proceder al acabado; seguir elaborando

Weiterverarbeitung *f*, **en** transformación *f* complementaria; tratamiento *m* ulterior; acabado *m*; remate *m*

Weiterveräußerung *f*, **en** → Weiterverkauf

Weiterveredelung *f*, Ø perfeccionamiento *m*, mejoramiento *m* adicional

Weiterverfrachter *m*, - subfletador *m*

weitervergeben, ***die Arbeit*** ~ subcontratar

Weiterverkauf *m*, **e** reventa *f*

weiterverkaufen revender

weitervermieten subarrendar

Weitervermietung *f*, **en** subarriendo *m*

Weiterversicherung *f*, **en** continuación *f* del seguro; continuación *f* en el seguro; ***freiwillige*** ~ continuación voluntaria en un seguro

Weitervertrieb *m*, Ø → Weiterverkauf

weiterzahlen, ***den Lohn*** ~ continuar el pago del salario; continuar pagando el salario

weitgehend amplio; vasto; ***~e Vollmachten haben*** disponer de poderes amplios; detentar extensos poderes

weitgesteckt, ***~e Ziele haben*** tener grandes aspiraciones

Weizenbrot *n*, **e** pan *m* candeal; pan *m* de trigo

Weizenfeld *n*, **er** trigal *m*; campo *m* de trigo

Weizenmehl *n*, Ø harina *f* de trigo

Weizensilo *n*, **s** silo *m* de trigo

Welle *f*, **n** onda *f*; ola *f*; ***grüne*** ~ semáforos *pl* verdes sincronizados; ***auf einer ~ mitschwimmen*** seguir una moda; ***~n schlagen*** causar sensación; ***Preis- und Kostenwelle*** incremento *m* de la ola de precios y costes

Wellpappe *f*, **n** cartón *m* ondulado

Welt *f*, **en** mundo *m*; ***die Alte ~, die Neue ~*** el Viejo mundo, el Nuevo mundo; ***die Dritte*** ~ el Tercer Mundo; ***die Freie*** ~ el mundo libre; ***in der ganzen*** ~ en el mundo entero; en todo el mundo; por todo el mundo; ***das kann nicht die ~ kosten*** no puede costar demasiado

Weltabkommen *n*, - convenio *m* universal, mundial

Weltagrarmarkt *m*, Ø mercado *m* agrícola mundial

Weltausstellung *f*, **en** exposición *f* universal; muestra *f* universal; exhibición *f* mundial

Weltbank *f*, Ø banco *m* mundial; banco *m* internacional de reconstrucción y desarrollo (BIRD)

Weltbedarf *m*, - demanda *f* mundial; necesidades *pl* mundiales

weltbekannt mundialmente conocido; de reputación, de fama mundial

weltberühmt → weltbekannt

Weltbestände *pl* reservas *pl* mundiales; estocaje *m* mundial

Weltbevölkerung *f*, Ø población *f* mundial

Weltenergiekonferenz *f*, **en** conferencia *f* mundial de la energía (CME)

Weltenergiemarkt *m*, Ø mercado *m* energético mundial

Welterdölmarkt *m*, Ø mercado *m* mundial del petróleo

Welternährungskonferenz *f*, **en** conferencia *f* mundial de la alimentación

Welternährungslage *f*, Ø situación *f* alimentaria mundial

Welternährungsrat *m*, Ø consejo *m* de la FAO

Welterzeugung *f*, Ø producción *f* mundial

Weltfirm|a *f*, **-en** casa *f*, sociedad *f* de renombre mundial
Weltgeltung *f*, Ø prestigio *m*, influencia *f* mundial
Weltgesundheitsorganisation *f*, Ø organización *f* mundial de la salud (OMS)
Weltgewerkschaftsbund *m*, Ø (WGB) federación *f* sindical mundial (FSM)
Welthandel *m*, Ø comercio *m* mundial, internacional; intercambios *pl* internacionales
Welthandelskonferenz *f*, **en** conferencia *f* (de las Naciones Unidas) sobre comercio y desarrollo (UNCTAD)
Welthandelsorganisation *f*, Ø Organización *f* Mundial de Comercio (OMC)
Weltherrschaft *f*, Ø dominio *m* del mundo; hegemonía *f* mundial
Weltkarte *f*, **n** mapamundi *m*; mada *m* mundial
Weltkonjunktur *f*, Ø coyuntura *f* económica mundial; actividad *f* económica mundial; perspectivas *pl* de la economía mundial
Weltkraftkonferenz *f*, **en** → Weltenergiekonferenz
Weltmarke *f*, **n** marca *f* de renombre mundial; marca *f* de reputación, de fama internacional
Weltmarkt *m*, **¨e** mercado *m* mundial; mercado *m* internacional; ***die Bedürfnisse des ~s*** requerimientos *pl* del mercado mundial; planteamientos *pl* del mercado internacional
Weltmarktpreis *m*, **e** precio *m* en el mercado mundial; precio *m* del mercado internacional
Weltmaßstab *m*, **¨e** escala *f* mundial; ***dem ~ entsprechen*** satisfacer los criterios internacionales
Weltmeer *n*, **e** océano *m*
Weltnachfrage *f*, Ø demanda *f* mundial
Weltnahrungsmittelversorgung *f*, Ø abastecimiento *m* alimentario mundial
Weltorganisation *f*, **en** organización *f* mundial; ***~ für geistiges Eigentum*** organización mundial para la propiedad intelectual
Weltpostverein *n*, Ø (WPV) unión *f* postal universal (UPU)
Weltpostvertrag *m*, Ø convenio *m* postal universal
Weltproduktion *f*, **en** producción *f* mundial; output *m* mundial
Weltrang *m*, Ø, ***von ~*** de rango, de clase mundial; de categoría internacional
Weltrangliste *f*, **n** clasificación *f* mundial; ránking *m* mundial; ***an der Spitze der ~ stehen*** ocupar la cabeza de la clasificación mundial; estar a la cabeza del ránking mundial
Weltraum *m*, Ø espacio *m* interestelar; espacio *m* interplanetario; espacio *m* sideral
Weltraumfahrer *m*, - astronauta *m*
Weltraumflug *m*, **¨e** vuelo *m* espacial
Weltraumforschung *f*, Ø investigación *f* espacial
Weltraumrakete *f*, **n** cohete *m* espacial
Weltraumrecht *n*, Ø derecho *m* espacial; derecho *m* del espacio
Weltraumtransporter *m*, Ø transportador *m* espacial
Weltraumvertrag *m*, **¨e** tratado *m* sobre el espacio interestelar
Weltreise *f*, **n** vuelta *f* alrededor del mundo; vuelta *f* al mundo
Weltrohstoffmarkt *m*, Ø mercado *m* mundial de materias primas
Weltrohstoffpreise *pl* precios *pl* de las materias primas en los mercados internacionales
Weltruf *m*, Ø → Weltruhm
Weltruhm *m*, Ø fama *f*, reputación *f*, renombre *m* mundial; ***~ erlangen*** hacerse mundialmente famoso
Weltspartag *m*, **e** día *m* mundial del ahorro
Weltstadt *f*, **¨e** gran urbe *f*; metrópoli *f*
Weltstellung *f*, Ø **1.** posición *f* mundial **2.** prestigio *m* internacional
Welttierschutzverein *m*, **e** federación *f* mundial protectora de animales (FMPA)
weltumfassend universal; mundial
Weltumsatz *m*, **¨e** ventas *pl* mundiales
Welturheberrechtsabkommen *n*, - convención *f* universal sobre derechos de autor
Weltverband zur Bekämpfung des Hungers *m*, Ø asociación *f* mundial de la lucha contra el hambre (ASCOFAM)
Weltverbrauch *m*, Ø consumo *m* mundial
Weltvorräte *pl* existencias *pl*, reservas *pl* mundiales; estocaje *m* mundial
Weltwährungsfonds *m*, Ø (WWF) fondo *m* monetario internacional (FIM)
Weltwährungssystem *n*, Ø sistema *f* monetario internacional
weltweit a escala mundial; a nivel universal; sobre una base global; ***~e Krise*** crisis *f* mundial

Weltwirtschaft *f*, Ø economía *f* mundial; economía *f* internacional; economía *f* global
Weltwirtschaftskonferenz *f*, **en** conferencia *f* económica mundial
Weltwirtschaftskrise *f*, **n** crisis *f* económica mundial
Weltwirtschaftslage *f*, Ø situación *f* general de la economía mundial
Weltwirtschaftssystem *n*, **e** sistema *m* económico mundial
Wende *f*, **n** cambio *m*; (Fig.) momento *m* crucial
wenden, ***sich an jdn.*** ~ dirigirse a alg.; recurrir, acudir a alg.; ~ ***Sie sich an die zuständigen Behörden*** diríjase a las autoridades competentes; ***ein Auto*** ~ virar (con) el coche
Wendeverbot *n*, **e** prohibición *f* de virar
wenig, ~ ***gefragte Waren*** mercancías *pl* con poca venta; mercancías *pl* con poca demanda; ***zu*** ~ ***berechnen*** facturar de menos; cobrar menos del precio justo; ***zu*** ~ ***bezahlen*** pagar de menos; pagar insuficientemente (a los trabajadores); ***ein*** ~ ***Geld*** un poco de dinero; ***das ~e Geld*** el poco dinero
weniger, ~ ***wohlhabende Länder*** países *pl* menos desarrollados, menos prósperos
Werbe- (Pref.) publicitario; relativo a la publicidad
Werbeabteilung *f*, **en** servicio *m* de publicidad; departamento *m*, sección *f* de publicidad
Werbeadressbuch *n*, **¨er** anuario *m* de publicidad
Werbeagent *m*, **en** agente *m* de publicidad
Werbeagentur *f*, **en** agencia *f* de publicidad
Werbeaktion *f*, **en** operación *f* publicitaria; campaña *f* publicitaria
Werbeartikel *m*, - artículo *m* de propaganda; artículo *m* publicitario; muestra *f* publicitaria
Werbeatelier *n*, **s** estudio *m* de publicidad
Werbeaufw|and *m*, **-endungen** coste *m* publicitario; gastos *pl* en publicidad
Werbeaufwendungen *pl* → Werbeaufwand
Werbebeilage *f*, **n** suplemento *m* publicitario
Werbeberater *m*, - publicitario *m*; consejero *m*, asesor *m* en publicidad
Werbebranche *f*, **n**, ***in der*** ~ ***tätig sein*** trabajar en el ramo de la publicidad
Werbebroschüre *f*, **n** folleto *m*, prospecto *m* de propaganda
Werbebudget *n*, **s** presupuesto *m* para publicidad
Werbebüro *n*, **s** → Werbeagentur
Werbeetat *m*, **s** → Werbebudget
Werbeexemplar *n*, **e** ejemplar *m* de propaganda
Werbefach|mann *m*, **-leute** publicitario *m*; técnico *m* publicitario; especialista *m* en publicidad
Werbefeindlichkeit *f*, Ø aversión *f* hacia la publicidad
Werbefeldzug *m*, **¨e** campaña *f* de publicidad; campaña *f* publicitaria; campaña *f* propagandística
Werbefernsehen *n*, Ø **1.** televisión *f* comercial **2.** (Programm) emisiones *pl* publicitarias
Werbefilm *m*, **e** película *f* publicitaria; película *f* de propaganda
Werbefläche *f*, **n** espacio *m* publicitario; valla *f*, superficie *f* publicitaria; cartelera *f*
Werbefonds *m*, - fondo *m* para publicidad; fondo *m* promocional
Werbeforschung *f*, Ø investigación *f* en materia publicitaria
Werbefunk *m*, Ø guías *pl* comerciales; emisiones *pl* publicitarias; publicidad *f* radiada
Werbegemeinschaft *f*, **en** (mehrerer Firmen) asociación *f* publicitaria
Werbegeschenk *n*, **e** regalo *m* de propaganda; regalo *m* publicitario; regalo *m* promocional
Werbegesetz *n*, **e** estatuto *m* de la publicidad
Werbegraphik *f*, **en** grafismo *m*, gráfico *m* publicitario; dibujo *m*, diseño *m* de propaganda
Werbegraphiker *m*, - grafista *f*; diseñador *m* publicitario *m*
Werbehaushalt *m*, Ø → Werbebudget
Werbekampagne *f*, **n** campaña *f* publicitaria; ***eine*** ~ ***starten durchführen*** lanzar, realizar una campaña publicitaria
Werbeknüller *m*, - exitazo *m* publicitario
Werbekosten *pl* gastos *pl* de publicidad; coste *m* de la publicidad
Werbekraft *f*, Ø impacto *m* publicitario
werbekräftig de fuerte impacto publicitario
Werbeleiter *m*, - jefe *m* de publicidad
Werbematerial *n*, **ien** material *m* publicitario; material *m* de propaganda
Werbemedi|um *n*, **-en** medio *m* publicitario
Werbemethoden *pl*, ***aufdringliche*** ~ métodos *pl* cargantes de publicidad

Werbemittel *pl* **1.** (etatmäßige Geldmittel) asignación *f* para publicidad, recursos *pl*, fondos *pl* para hacer publicidad **2.** → Werbemedium

Werbemüdigkeit *f*, Ø saturación *f* publicitaria

werben 1. ***Kunden*** ~ captar clientela **2.** ***für einen Artikel*** ~ hacer publicidad para un artículo **3.** ***um die Gunst der Wähler*** ~ tratar de granjearse, tratar de ganarse el favor de los electores

Werbeneuheit *f*, **en** novedad *f* publicitaria

Werbenummer *f*, **n** (einer Zeitschrift) ejemplar *m* de favor; ejemplar *m* de regalo

Werbeplakat *n*, **e** cartel *m* publicitario

Werbeprogramm *n*, **e** programa *m* de promoción; programa *m* publicitario

Werbeprospekt *n*, **e** prospecto *m* (publicitario)

Werberabatt *m*, Ø rebaja *f* con fines publicitarios

Werberummel *m*, Ø bombo *m*, ruido *m* publicitario; publicidad *f* reclamista

Werbe(rund)schreiben *n*, - circular *f* publicitaria

Werbeschild *n*, **er** cartel *m* publicitario

Werbeschlagzeile *f*, **n** → Werbeslogan

Werbesendung *f*, **en** (Rundfunk, Fernsehen) emisión *f* publicitaria

Werbeslogan *m*, **s** eslogan *m* publicitario

Werbesoziologie *f*, Ø estudio *m* del impacto publicitario sobre las compras

Werbespot *m*, **s** spot *m* publicitario

Werbespruch *m*, **¨e** → Werbeslogan

Werbespruchband *n*, **¨er** pancarta *f*, banderola *f* publicitaria

Werbestrategie *f*, **n** táctica *f*, estrategia *f* publicitaria

Werbetätigkeit *f*, Ø acción *f* publicitaria; propaganda *f*; ***eine große ~ entfalten*** desplegar una gran actividad publicitaria

Werbetext *m*, **e** texto *m* publicitario; texto *m* de propaganda

Werbetexter *m*, - redactor *m* publicitario; redactor *m* de textos publicitarios

Werbeträger *m*, - soporte *m* publicitario; medios *pl* de publicidad

Werbetrick *m*, **s** truco *m* publicitario; camelo *m*, engaño *m* publicitario

Werbetrommel *f*, Ø, ***die ~ rühren*** hacer propaganda

Werbeverbot *n*, **e** (z.B. für Tabakwaren) prohibición *f* de hacer publicidad

Werbewesen *n*, Ø publicidad *f*; esfera *f* publicitaria

werbewirksam de gran impacto publicitario; de una gran eficacia propagandística

Werbewirtschaft *f*, Ø sector *m*, ramo *m* de la publicidad; industria *f* de la publicidad

Werbewoche *f*, **n** semana *f* publicitaria; semana *f* de promoción; semana *f* de precio reclamo; semana *f* comercial

Werbezeiten *pl*, ~ ***im Rundfunk und Fernsehen*** tiempos *pl* disponibles para hacer publicidad en la radio y en la televisión

Werbezwecke *pl*, ***zu ~n*** con fines publicitarios; con fines de propaganda; con fines propagandísticos

werblich publicitario; ***die ~en Mittel*** los medios *pl* publicitarios

Werbung *f*, **en** publicidad *f* **1.** ***belehrende*** (***erziehende***) ~ publicidad educativa; ***gezielte*** ~ publicidad selectiva; ***harte*** ~ publicidad que aporrea; publicidad intensiva; publicidad agresiva; ***informationsreiche*** ~ publicidad informativa; ***irreführende*** ~ publicidad engañosa; ***unlautere*** ~ publicidad desleal; ***weiche*** ~ publicidad no agresiva **2.** recluta *f* (de mano de obra) **3.** (Milit.) alistamiento *m*; reclutamiento *m*

Werbungskosten *pl* **1.** gastos *pl* (deducibles) relacionados con la profesión; gastos *pl* profesionales; cargas *pl* profesionales; costes *pl* inherentes a la profesión **2.** costes *pl*, gastos *pl* publicitarios

Werbungspauschale *f*, **n** tanto *m* alzado deducible a efectos fiscales (por gastos profesionales)

Werdegang *m*, Ø **1.** carrera *f*; historial *m* profesional **2.** proceso *m* de elaboración

werfen lanzar; ***eine Ware auf den Markt*** ~ lanzar un producto al mercado; inundar el mercado de una mercancía; ***mit Geld um sich*** ~ tirar el dinero por la ventana

Werft *f*, **en** astillero *m*; astilleros *pl*

Werftarbeiter *m*, - trabajador *m*, obrero *m* de unos astilleros; obrero *m* de la construcción naval

Werk *n*, **e** obra *f*; trabajo *m* **1.** ***sich ans ~ machen*** ponerse a trabajar; poner manos a la obra; ***nachgemachtes*** ~ imitación *f*; ***ins ~ setzen*** poner en marcha; organizar **2.** empresa *f*; establecimiento *m*; fábrica *f*; factoría *f*; planta *f*; ***Preis ab*** ~ precio puesto en fábrica; ***ein ~ der Schwerindustrie*** una planta de industria pesada

Werkanlagen *pl* planta *f* industrial

Werkarbeit *f*, **en** trabajo *m* manual

Werkbahn *f*, **en** ferrocarril *m* propiedad de la empresa

Werkbank *f*, ¨**e** banco *m* de trabajo
werken trabajar
Werkfürsorge *f*, Ø asistencia *f* social de la empresa
Werkfürsorgerin *f*, **nen** asistenta *f* social (de la empresa)
Werkgemeinschaft *f*, **en** personal *m* de la empresa
Werkgenossenschaft *f*, **en** cooperativa *f* obrera
werkgetreu conforme con el original
Werkhalle *f*, **n** nave *f* (industrial)
Werkleistung *f*, **en** prestación *f* de obra
Werkleute *pl* obreros *pl*, trabajadores *pl* (de fábrica); operanos *pl*
Werklieferungsvertrag *f*, ¨**e** contrato *m* de obra con suministro
Werklohn *m*, ¨**e** (CH) salario *m* por trabajo a destajo; ~ ***beziehen*** percibir salario (por trabajo) a destajo
Werklohnarbeiter *m*, - (CH) trabajador *m*, obrero *m* a destajo
Werkmeister *m*, - capataz *m*; jefe *m* de taller
Werk(s)angehörige(r) (der/ein) miembro *m* del personal de la fábrica
Werk(s)arzt *m*, **e** médico *m* de empresa
werk(s)eigen perteneciente a la empresa; de la empresa; ***~e Wohnung*** vivienda *f* de la empresa, de la fábrica
Werk(s)ferien *pl* → Betriebsferien
Werksgarantie *f*, Ø garantía *f* de fábrica
Werk(s)gelände *n*, - recinto *m* de la fábrica; terreno *m*, emplazamiento *m* de la factoría
Werksgrundstück *n*, **e** terreno *m* de la factoría; lugar *m*, sitio *m* de emplazamiento de la fábrica
Werk(s)handel *m*, Ø comercialización *f* directa (sin intermediarios); venta *f* directa en el lugar de fabricación
Werksiedlung *f*, **en** polígono *m* residencial (del personal de la fábrica)
Werkskantine *f*, **n** comedor *m*, cantina *f* de la empresa
Werkskontrolle *f*, **n** control *m* de calidad por parte del fabricante
Werk(s)küche *f*, **n** → Werkskantine
Werksladen *m*, - tienda *f* de la compañía, de la fábrica
Werk(s)leiter *m*, - jefe *m*, director *m* de fábrica
Werksparkasse *f*, **n** caja *f* de ahorros de la empresa
Werkspionage *f*, Ø espionaje *m* industrial
Werkspreis *m*, **e** precio *m* ex fábrica
Werksprüfung *f*, **en** inspección *f* de la factoría
Werkstatt *f*, ¨**e** taller *m*
Werkstätte *f*, **n** → Werkstatt
Werkstattmontage *f*, **n** montaje *m* en el taller
Werkstattwagen *m*, ¨ vagón-taller *m*
Werkstattzeichnung *f*, **en** dibujo *m*, diseño *m*, plano *m* del taller
Werkstelle *f*, **n** **1.** lugar *m* de trabajo **2.** plaza *f* de aprendizaje; plaza *f* de aprendiz
Werkstoff *m*, **e** **1.** material *m* **2.** materia *f* prima
Werkstoffermüdung *f*, **en** fatiga *f* del material
Werkstoffplanung *f*, **en** (Angl.) plánning *m* de material
Werkstoffprüfer *m*, - controlador *m*, probador *m* de materiales
Werkstoffprüfung *f*, **en** control *m*, prueba *f* de materiales
Werkstück *n*, **e** **1.** pieza *f* labrada **2.** pieza *f* de trabajo **3.** pieza *f* bruta
Werkstudent *m*, **en** estudiante *m* trabajador (para financiarse los estudios)
Werksunternehmer *m*, - (empresario *m*) contratista *m*
Werksvertreter *m*, - **1.** representante *m* de la empresa **2.** delegado *m* de la empresa
Werk(s)vertretung *f*, **en** representación *f*, delegación *f* de la empresa
Werk(s)wohnung *f*, **en** vivienda *f* de la empresa
Werkszugehörigkeit *f*, Ø antigüedad *f* (en la empresa)
Werktag *m*, **e** **1.** día *f* laborable; ***nur an ~en*** sólo los días laborables; los días de semana solamente; ***~e eines Jahres*** días laborables de un año; año *m* útil **2.** (Jur.) día *m* hábil; fecha *f* hábil
werktags en semana; los días laborables
Werktagsarbeit *f*, **en** trabajo *m* en semana; trabajo *m* durante los días laborables
Werktarif *m*, **e** convenio *m* de empresa
werktätig activo; ***~e Bevölkerung*** población *f* activa; población *f* obrera; población *f* trabajadora
Werktätige(r) (der/ein) trabajador *m*; obrero *m*; operario *m*; ***die ~n*** clase *f* obrera; clase *f* trabajadora; los obreros *pl*; los trabajadores *pl*; los asalariados *pl*
Werktätigkeit *f*, Ø actividad *f* laboral; actividad *f* asalariada
Werktisch *m*, **e** mesa *f* de trabajo
Werkunterricht *m*, Ø trabajos *pl* manuales

Werkverkehr *m*, Ø transporte *m* por cuenta propia (Ggs. *gewerblicher Verkehr*)
Werkvertrag *m*, ¨**e** contrato *m* de (arrendamiento de) obra; contrato *m* de arrendamiento de obra por precio alzado; contrato *m* de empresa
Werkzeichnung *f*, **en** → Werkstattzeichnung
Werkzeitung *f*, **en** órgano *m* de la empresa, de la casa
Werkzeug *n*, **e** herramienta *f*; instrumento *m*; *~e und Arbeitsgeräte* herramientas e instrumentos de trabajo; herramientas e implementos; utillaje *m*
Werkzeugfabrik *f*, **en** fábrica *f* de herramientas; fábrica *f* de utillaje
Werkzeugkasten *m*, ¨ caja *f* de herramientas
Werkzeugkosten *pl* **1.** coste *m* del utillaje (compra, arrendamiento, *etc.*) **2.** coste *m* de fabricación del utillaje
Werkzeugmacher *m*, - matricero *m*; ajustador *m* de herramientas
Werkzeugmacherei *f*, **en** taller *m* de utillaje
Werkzeugmaschine *f*, **n** máquina herramienta *f*
Werkzeugmaschinenhersteller *m*, - fabricante *m* de máquinas herramientas
Werkzeugmaschinenindustrie *f*, **n** industria *f*, sector *m* de máquinas herramientas
Werkzeugsatz *m*, ¨**e** juego *m* de herramientas
wert 1. atento; estimado; ***~er Herr*** (Arch.) muy señor mío *bzw.* muy señor nuestro; ***~er Herr Maier*** estimado señor Maier; apreciado señor Maier; ***Ihr ~es Schreiben*** (Arch.) su estimada carta; su atenta carta **2.** *~ **sein*** valer; ***300 DM ~ sein*** valer 300 marcos; ***viel ~ sein*** valer mucho **3.** merecer; ***er ist es ~*** se lo merece
Wert *m*, **e** valor *m*; precio *m* **1.** ***angegebener ~*** valor indicado; ***angemeldeter ~*** valor declarado; ***angemessener ~*** valor razonable, aceptable, conveniente; ***willkürlich angenommener ~*** valor arbitrario; ***berichtigter ~*** valor corregido; ***dem ~e nach*** en términos de valor; ***beständiger ~*** valor estable; ***buchmäßiger ~*** valor contable; ***durchschnittlicher ~*** valor medio; ***effektiver ~*** valor efectivo; valor real; ***von erheblichem ~*** de notable valor; de bastante valor; ***errechneter ~*** valor calculado, computado; ***festgesetzter ~*** valor fijado; valor tasado; ***feststellbarer ~*** valor determinable; valor fijable; valor constatable, valor averiguable; ***fiktiver ~*** valor fictivo; ***gegenwärtiger ~*** valor corriente; valor presente; valor en plaza; ***gemeiner ~*** valor usual, común; ***geschätzter ~*** valor estimado; ***häufigster ~*** valor más frecuente; ***innerer ~*** valor intrínseco; ***nomineller ~*** valor nominal; ***wirklicher ~*** valor real; valor verdadero; valor efectivo; ***versicherter ~*** valor asegurado; ***zollpflichtiger ~*** valor en aduana; valor imponible **2.** ***~ in bar*** valor al contado; valor en efectivo; ***im ~(e) von*** por *od.* de un valor de; ***von großem, geringem ~*** de gran, de poco valor; ***Muster ohne ~*** muestra sin valor; ***~ zur Einziehung, ~ zum Einzug, ~ zum Inkasso*** valor de cobro; valor para ingresar; ***ohne ~*** sin valor; ***~ zum Pfand*** valor en prenda, en garantía; ***~ in Rechnung*** valor en cuenta; ***~ zur Sicherheit*** valor en prenda, en garantía; ***~ in Waren*** valor en mercancía; ***~ in Ziffern*** valor en cifras; guarismo *m* **3.** ***den ~ angeben*** indicar, declarar el valor; ***den ~ beeinträchtigen*** mermar, reducir el valor; ***seinen ~ behalten*** conservar, mantener su valor; ***~ bestimmen (ermitteln)*** fijar, determinar, averiguar el valor; ***~ erhalten*** valor recibido; ***den ~ erhöhen*** incrementar el valor; ***im ~ fallen*** depreciarse; ***an ~ gewinnen*** apreciarse; adquirir más valor; ***keinen ~ haben*** no tener valor; ***~ in Rechnung*** valor en cuenta; ***im ~ steigen, sinken*** aumentar, disminuir de valor; ***an ~ verlieren*** depreciarse; ***über, unter dem wirklichen ~ verkaufen*** vender por encima, por debajo del valor real; ***an ~ zunehmen*** apreciarse; adquirir más valor
Wertabnahme *f*, **n** → Wertminderung
Wertanalyse *f*, **n** análisis de racionalización y rentabilización de un producto
Wertangabe *f*, **n** declaración *f* de valor; ***mit ~*** como valor declarado; ***Sendung mit ~*** envío *m* como valor declarado
Wertanstieg *m*, Ø incremento *m* de valor; aumento *m* de valor; subida *f* de valor; apreciación *f*
Wertarbeit *f*, **en** trabajo *m* de calidad; trabajo *m* cualificado
Wertbemessung *f*, **en** evaluación *f* del valor
wertberichtigen (re)ajustar el valor
Wertberichtigung *f*, **en** (auf der Passivseite einer Bilanz für zu hoch angesetzte Aktiva) reajuste *m* del valor; reevaluación *f*; corrección *f* del valor; tondo *m*, reserva *f* de amortización; (Arg.) cuenta *f* de orden ***~ auf zweifelhafte Forderungen*** provisión *f* para créditos de cobro dudoso; ~

auf das Vorratsverrmögen reajuste de la evaluación del inventario
Wertberichtigungsaktie *f*, **n** acciones *pl* gratuitas
Wertberichtigungskont|o *n*, **-en** cuenta *f* de ajuste, de revaluación; cuenta *f* de regularización (del activo)
Wertberichtigungsposten *m*, - partida *f* de regularización
wertbeständig de valor estable
Wertbeständigkeit *f*, Ø estabilidad *f* (en cuanto al valor)
Wertbestimmung *f*, **en** estimación *f* (del valor); determinación *f*, averiguación *f* del valor; tasación *f*; valoración *f*
Wertbrief *m*, **e** valores *pl* declarados; carta *f* con valores declarados
Werte *pl* valores *pl* (mobiliarios); títulos *pl*; títulos valores *pl*; efectos *pl*; ***ausländische*** ~ valores extranjeros; ***die bevorzugten*** ~ los valores preferidos; los valores estrella; ***bewegliche*** ~ títulos mobiliarios; ***gefragte*** ~ títulos demandados; títulos con demanda; ***marktfähige*** ~ valores negociables; ***amtlich zugelassene*** ~ valores admitidos a cotización oficial; ~ ***an der Börse einführen*** introducir valores en bolsa; ~ ***an der Börse zulassen*** admitir títulos a cotización bursátil
Werteinbuße *f*, **n** → Wertminderung
Werteinheit *f*, **en** unidad *f* de valor
werten estimar; apreciar; tasar, evaluar; valorar; clasificar
werterhaltend que mantiene, que conserva su valor
Werterhaltung *f*, **en** conservación *f*, mantenimiento *m* del valor
Werterhöhung *f*, **(en)** apreciación *f*; incremento *m*, aumento *m* del valor
Werterklärung *f*, **en** (Zoll) declaración *f* del valor
Wertermittlung *f*, Ø → Wertbestimmung
Wertersatz *m*, Ø indemnización *f*, resarcimiento *m*, compensación *f* del valor correspondiente
Wertfestsetzung *f*, **en** fijación *f*, determinación *f* del valor
Wertfracht *f*, **en** flete *m* ad valorem
Wertgegenstand *m*, **¨e** objeto *m* de valor; ***Aufbewahrung von ~¨en*** depósito *m* de objetos de valor
Wertgrenze *f*, **n**, ***festgesetzte*** ~ valores tope *pl* fijados
werthalten apreciar; estimar
Wertherabsetzung *f*, Ø → Wertminderung
Wertigkeit *f*, **(en)** valencia *f*
wertlos sin valor; nulo; ***~e Briefmarken*** sellos *pl*, (LA) estampillas *pl* sin valor
Wertlosigkeit *f*, Ø carencia *f* de valor; falta *f* de valor; nulidad *f*
Wertmarke *f*, **n** bono *m*; vale *m*; cupón *m*; (Chile) valoradas *pl*
wertmäßig en términos de valor; según el valor; en cuanto al valor; ~ ***übertreffen*** exceder en valor
Wertmaßstab *m*, **¨e** criterio *m*; pauta *f*; medida *f* de valor; patrón *m*
Wertmesser *m*, - → Wertmaßstab
Wertminderung *f*, **en** disminución *f* de valor; pérdida *f* de valor; depreciación *f*; desvalorización *f*; ~ ***durch Abnutzung*** depreciación por el uso; ~ ***durch Überalterung*** depreciación por obsolescencia; ~ ***durch Verschleiß*** depreciación por desgaste; pérdida de valor por deterioro; ~ ***der Währung*** depreciación; ~ ***der Ware*** depreciación de la mercancía
Wertminderungsreserve *f*, **n** provisión *f* por depreciación; fondo *m* de amortización
Wertpaket *n*, **e** paquete *m* con valor declarado
Wertpapier *n*, **e** valor *m* (mobiliario); título (valor) *m*; efecto *m* **1.** ***abgelaufenes*** ~ título vencido; ***beliehenes*** ~ título pignorado; ***börsenfähiges*** ~ título cotizable; valor admitido a cotización bursátil; valor bursátil; ***erstklassiges*** ~ valor de primera clase; valor con alto grado de seguridad; ***festverzinsliches*** ~ título de renta fija; ***gehandeltes*** ~ título negociado; ***hinterlegtes*** ~ título depositado; ~ ***mit fünf Jähriger Laufzeit*** título a cinco años; título que vence a los cinco años; título con cinco años de vencimiento; ***lombardfähiges*** ~ título pignorable; ***marktfähiges*** ~ título negociable; ***mündelsicheres*** ~ título con garantía pupilar; ***amtlich notiertes*** ~ título admitido a cotización (oficial); ***übertragbares*** ~ título transmisible; ***unverzinsliches*** ~ título que no arroja interés; título que no devenga interés; título sin interés; ***verlosbares*** ~ título sorteable; ***verpfändetes*** ~ valor pignorado; valor entregado en garantía; valor dado como seguridad **2.** ***ein ~ abstoßen*** (***verkaufen***) realizar un valor; ***~e beleihen*** pignorar títulos valores; ***ein ~ deponieren*** (***hinterlegen***) depositar un título (para su custodia); ***ein ~ lombardieren*** pignorar un título; dejar un

título en garantía; ***ein ~ übertragen*** ceder, transmitir un título

Wertpapierabsatz *m*, Ø venta *f* de títulos valores

Wertpapierabschreibung *f*, **en** amortización *f* de títulos valores

Wertpapierabteilung *f*, **en** departamento *m*, sección *f* de títulos valores

Wertpapieranlage *f*, **n** inversión *f*, colocación *f* en títulos valores

Wertpapieranlageberatung *f*, **en** consultoría *f*, asesoramiento *m* en materia de inversión en títulos

Wertpapieranleger *m*, - inversor *m* en títulos; inversionista *m* en valores

Wertpapierarbitrage *f*, **n** arbitraje *m* de valores

Wertpapieraufstellung *f*, **en** extracto *m* de depósito (de títulos valores)

Wertpapierausgabe *f*, **n** emisión *f* de títulos valores

Wertpapierbeleihung *f*, **en** (durch Kreditgeber) préstamo *m* sobre valores; (durch Kreditnehmer) pignoración *f* de títulos (para obtener un préstamo)

Wertpapierbereinigung *f*, **en** depuración *f* de títulos valores; convalidación *f* de títulos

Wertpapierbesitz *m*, Ø **1.** posesión *f*, titularidad *f* de (títulos) valores **2.** cartera *f* de valores mobiliarios

Wertpapierbesitzer *m*, - poseedor *m*, titular *m* de títulos

Wertpapierbestand *m*, **¨e** cartera *f* de títulos valores; cartera *f* de valores mobiliarios

Wertpapierbörse *f*, **n** bolsa *f*, mercado *m* de valores; mercado *m* de contratación; mercado *m* bursátil; mercado *m* de efectos (Syn. ***Effektenbörse***)

Wertpapierdepot *n*, **s** depósito *m* de títulos

Wertpapierdepotauszug *m*, **¨e** extracto *m* de valores (en depósito)

Wertpapierdienstleistungen *pl* servicios *pl* de inversiones; servicios *pl* de títulos valores

Wertpapieremission *f*, **en** emisión *f* de títulos

Wertpapieremissionsgeschäft *n*, **e** (einer Bank) negocio *m* de emisión de títulos; negocio *m* de suscripción *f* de valores

Wertpapieremittent *m*, **en** entidad *f* emisora de títulos valores; emisor *m* de títulos

Wertpapiererträge *pl* réditos *pl* procedentes de los títulos valores; rentas *pl* en concepto de títulos valores

Wertpapiererwerb *m*, Ø adquisición *f*, compra *f* de títulos valores

Wertpapierfernscheck *m*, **s** orden *f* de transferencia de títulos (valores)

Wertpapierfinanzierung *f*, **en** financiación *f* mediante títulos valores

Wertpapierfonds *m*, - fondo *m* de inversión mobiliaria

Wertpapiergeschäft *n*, **e** operación *f*, transacción *f* de títulos

Wertpapierhandel *m*, Ø comercio *m* de valores

Wertpapierhändler *m*, - corredor *m* de valores

Wertpapierhinterlegung *f*, **en** depósito *m* de valores en prenda

Wertpapierinhaber *m*, - titular *m*, tenedor *m* de valores

Wertpapierkaufabrechnung *f*, **en** documento *m* (de contrato) de compra de valores

Wertpapierkäufer *m*, - comprador *m*, adquirente *m* de valores; inversionista *m* en títulos

Wertpapierkontokorrentvertrag *m*, **¨e** contrato *m* de imposición de valores en cuenta corriente

Wertpapierkredit *m*, **e** crédito *m* sobre valores

Wertpapierkurs *m*, **e** precio *m*, cotización *f* de los valores

Wertpapierlombard *m od. n*, **s** *od.* **e** préstamo *m* sobre valores

Wertpapierlombardierung *f*, Ø → Wertpapierbeleihung

Wertpapiermakler *m*, - corredor *m* de valores mobiliarios

Wertpapiermarkt *m*, **¨e** mercado *m* de valores

Wertpapiernotierung *f*, **en** cotización *f*; precio *m* de los valores

Wertpapiernummerierung *f*, **en** numeración *f* de los valores

Wertpapierpensionsgeschäft *n*, **e** operación *f* con pacto de recompra; (operación *f* de) "repos"

Wertpapierplatzierung *f*, **en** colocación *f* de títulos

Wertpapier-Portefeuille *n*, **s** cartera *f* de efectos de títulos

Wertpapierrendite *f*, **n** rendimiento *m*, rentabilidad *f* de la inversión en valores

Wertpapiersammelbank *f*, **en** banco *m* de depósito de valores mobiliarios

Wertpapiersparen *n*, Ø ahorro *m* mobiliario; ahorro *m* en títulos valores
Wertpapiersteuer *f*, **n** tasa *f*, impuesto *m* sobre títulos valores
Wertpapier-Terminhandel *m*, Ø operaciones *pl* de futuros (mobiliarios)
Wertpapierübertragung *f*, **en** transferencia *f* de valores, de títulos
Wertpapierumlauf *m*, Ø circulación *f* de títulos-valores
Wertpapierunterbringung *f*, Ø colocación *f* de los valores
Wertpapierverkaufsabrechnung *f*, **en** (des Maklers) documento *m* de venta
Wertpapierverkehr *m*, Ø movimientos *pl* de títulos; transacciones *pl* de valores mobiliarios
Wertpapierverpfändung *f*, Ø prenda *f* sobre valores; valores *pl* como garantía
Wertpapierverwahrung *f*, **en** custodia *f* de títulos valores
Wertpapierverzeichnis *n*, **se** lista *f* de títulos (valores)
Wertpapierzinsen *pl* intereses *pl* de los títulos
Wertproduktivität *f*, Ø productividad *f* en valor
Wertrückgang *m*, **¨e** decrecimiento *m* en valor; descenso *m*, disminución *f* del valor
Wertsache *f*, **n** → Wertgegenstand
wertschaffend productivo; que da valor
Wertschöpfung *f*, **en** valor *m* añadido neto; creación *f* de valor
Wertschöpfungsabgabe *f*, **n** tasa *f* sobre el valor real, sobre el valor añadido
Wertschöpfungsrechnung *f*, **en** cálculo *m* del valor añadido
Wertschrift *f*, **en** (CH) → Wertpapier
Wertschriftendollar *m*, Ø dólar *m* financiero
Wertschriftenverwaltung *f*, **en** gestión *f* de cartera
Wertschwankungen *pl* fluctuaciones de los valores; oscilaciones *pl* del valor
Wertsendung *f*, **en** valores *pl* declarados; envío *m* con valor declarado
Wertsicherungsklausel *f*, **n** cláusula *f* de índice variable; cláusula *f* de indexación sobre el coste de vida
wertstabil, *~es Geld* dinero *m* (cuyo poder adquisitivo es) estable
Wertsteigerung *f*, **en** plusvalía *f*; aumento *m* de valor
Wertstellung *f*, **en** fecha *f* de valor; entrada *f* en valor
Wertstufe *f*, **n** categoría *f* de valor
Wertung *f*, **en** estimación *f*; apreciación *f*; puntuación *f*
Werturteil *n*, **e** juicio *m* de valor; juicio *m* apreciativo
Wertverfall *m*, Ø depreciación *f*; desvalorización
Wertverlust *m*, **e** → Wertminderung
Wertverringerung *f*, Ø → Wertminderung
Wertverzehr *m*, Ø (pérdida *f* de valor por) uso *m* y desgaste; pérdida *f* de valor por desgaste natural
wertvoll **1.** (Person) que vale **2.** valioso; precioso; ***sehr*** ~ de mucho valor; de gran valor; que vale mucho
Wertzeichen *n*, **-** sello *m* de correo; (Méx.) timbre postal (Syn. ***Briefmarke***)
Wertzoll *m*, **¨e** derecho *m* (arancelario) ad valorem
Wertzuwachs *m*, Ø plusvalía *f*; valor *m* añadido; incremento *m* del valor
Wertzuwachsteuer *f*, **n** impuesto *m* de plusvalía; (Col.) impuesto *m* de valoración
-wesen (Suf.) conjunto *m* de un sector; sistema *m*; régimen *m*; ***Bank~*** los bancos *pl*; banca *f*; régimen *m* bancario; sistema *m* bancario; ***Bau~*** construcción *f*; ***Steuer~*** los impuestos *pl*; régimen *m* fiscal; sistema *m* tributario; ***Unterrichts~*** enseñanza *f*; sistema *m* educativo; ***Zoll~*** régimen *m* arancelario; sistema *m* de aduanas; las aduanas *pl*
westdeutsch germano occidental; germano federal; de la Alemania occidental; de la República Federal de Alemania
Westdeutsche(r) (der/ein) ciudadano *m* germano occidental; ciudadano *m* de la R.F.A.; alemán *m* del Oeste
Westdeutschland Alemania *f* del Oeste Alemania *f* Federal; Alemania *f* occidental
Westmächte *pl* potencias *pl* occidentales
Wettannahme *f*, **n** despacho *m* de apuestas mutuas
Wettbewerb *m*, **e** competencia *f*; concurso *m*; competición *f* **1.** ***außer*** ~ fuera de competencia; fuera de concurso; ***außerpreislicher*** ~ competencia fuera de los precios; ***eingeschränkter*** ~ competencia restringida; ***existenzgefährdender*** ~ competencia ruinosa; ***freier*** ~ libre competencia; ***harter*** ~ competencia dura; competencia intensa, afilada; ***lauterer*** ~ competencia legal; ***scharfer*** ~ competencia tenaz; competencia inflexible; ***sozialistischer*** ~ emulación *f* socialista; ***unbe-***

schränkter ~ competencia total; ***unlauterer*** ~ competencia desleal; ***unzulässiger*** ~ competencia ilícita; ***vollkommener*** ~ competencia perfecta **2.** ***einen ~ ausschreiben*** convocar un concurso; ***den ~ beschränken*** limitar la competencia; ***einen ~ organisieren*** organizar un concurso; ***mit jdm. in ~ stehen*** competir con alg.; ***an einem ~ teilnehmen*** participar en un concurso; ***mit jdm. in ~ treten*** entrar en competencia con alg.; (Syn. ***Konkurrenz***)

Wettbewerber *m*, **-** competidor *m*; concursante *m*; (Syn. ***Konkurrent***)

wettbewerblich → wettbewerbsfähig

Wettbewerbsabkommen *n*, **-** acuerdo *m* sobre la competencia; acuerdo *m* de competencia

Wettbewerbsabrede *f*, **n** acuerdo *m* para restringir la competencia

Wettbewerbsbedingungen *pl* **1.** bases *pl* del concurso **2.** condiciones *pl* de competencia

Wettbewerbsbeschränkung *f*, **en** restricciones *pl* a la competencia

Wettbewerbsdruck *m*, **Ø** presión *f* ejercida por la competencia; presión *f* competitiva

wettbewerbsfähig competitivo; capaz de competir; con perspectivas de éxito (Syn. ***konkurrenzfähig***)

Wettbewerbsfähigkeit *f*, **(en)** competitividad *f*; capacidad *f* de competir

wettbewerbsfeindlich anticompetitivo; que va contra la competencia

wettbewerbsfördernd, ***~e Bedingungen schaffen*** crear condiciones que estimulan la competencia

Wettbewerbsfreiheit *f*, **(en)** libre competencia *f*; libertad *f* de competencia

Wettbewerbshüter *m*, **-** responsable *m* del mantenimiento de la libre competencia; oficina *f* que controla la concentración empresarial; organismo *m* encargado de supervisar las fusiones de empresas; (E) Tribunal *m* de la Competencia

wettbewerbsintensiv de gran densidad, de gran intensidad competitiva

Wettbewerbsklausel *f*, **n** cláusula *f* de no competencia

wettbewerbskonform, ***nicht ~ es Angebot*** oferta *f* no competitiva; oferta *f* no ajustada a la competencia

wettbewerbsmäßig, ***~ benachteiligt werden*** quedar en desventaja frente a la competencia

Wettbewerbsnachteil *m*, **e**, ***einen ~ darstellen*** ser una desventaja en términos de competencia; ser perjudicial para la posición competitiva

wettbewerbsneutral sin incidencia sobre la competencia

Wettbewerbsordnung *f*, **en** reglamento *m* de la competencia; legislación *f* en materia de competencia

Wettbewerbspolitik *f*, **Ø**, ***gemeinsame ~ in der EU*** política *f* comunitaria en materia de competencia

Wettbewerbsposition *f*, **en**, ***die ~ schwächen, stärken*** debilitar, fortalecer la posición competitiva

Wettbewerbspreis *m*, **e** precio *m* competitivo; precio *m* que compite con el de otros países

Wettbewerbsrecht *n*, **e** derecho *m*, legislación *f* en materia de competencia

Wettbewerbsregeln *pl* reglas *pl* de la competencia

Wettbewerbsschädigung *f*, **Ø** detrimento *m*, deterioro *m*, menoscabo *m* de la competencia

wettbewerbsschädlich nocivo, perjudicial, pernicioso para la competencia

Wettbewerbssektor *m*, **en** sector concurrencial

wettbewerbsstark, ***~e Länder*** países *pl* muy competitivos

Wettbewerbssünder *m*, **-** contraventor *m* de las reglas de la competencia

Wettbewerbstarif *m*, **e** tarifa *f* fijada para ser competitivo

Wettbewerbsteilnehmer *m*, **- 1.** participante *m* en un concurso; concursante *m* **2.** competidor *m*

Wettbewerbsverbot *n*, **e** prohibición *f* de competencia; obligación *f* de no competencia

Wettbewerbsvereinbarung *f*, **en** acuerdo *m* de no competencia; acuerdo *m* entre competidores

Wettbewerbsverfälschung *f*, **Ø** distorsión *f* de la competencia

Wettbewerbsverschärfung *f*, **Ø** recrudecimiento *m*, acentuación *f* de la competencia

wettbewerbsverzerrend que distorsiona el juego de la libre competencia

Wettbewerbsverzerrung *f*, **en** distorsión *f* de la competencia

Wettbewerbsvorteil *m*, **e** ventaja *f* en cuanto a competencia

wettbewerbswidrig contrario al espíritu de libre competencia; que lesiona la libre competencia

Wettbewerbswirtschaft *f*, **en** economía *f* competitivia; economía *f* de competencia

Wettbüro *n*, **s** despacho *m* de apuestas mutuas

wettmachen reparar; compensar; ***einen Verlust*** ~ resarcirse de una pérdida

WG → Wechselgesetz

White-collar-Kriminalität *f*, Ø delincuencia *f* de "cuello blanco"; delincuencia *f* de los cuadros superiores y de altos funcionarios

Widerbeklagte(r) (der/ein) reconvenido *m*

Widerhandlung *f*, **en** (CH) infracción *f*; contravención *f*

Widerklage *f*, **n** (Jur.) reconvención *f*; acción *f* reconvencional; (Arg.) reconvención *f* mutua; (Méx.) mutua petitio *f*; ~ ***erheben*** contrademandar; reconvenir; presentar, elevar acción reconvencional (Syn. ***Gegenklage***)

widerklagen reconvenir; ~ ***gegen den Privatkläger*** contraquerellarse

Widerkläger *m*, - (Jur.) actor *m* reconvencional; contrademandante *m*

widerklägerisch (por vía) reconvencional

widerlegen rebatir; refutar; desmentir

Widerlegung *f*, **en** refutación *f*; desmentida *f*; (Arg.) desmentido *m*

widernatürlich, ***~e Unzucht*** abuso *m* deshonesto, contra natura

Widerpart *m*, **s** contrario *m*; adversario *m*; rival *m*

widerrechtlich ilegal; ilícito; injusto; indebido; ***sich etw.*** ~ ***aneignen*** usurpar u/c; apoderarse indebidamente de u/c

Widerrechtlichkeit *f*, Ø ilegalidad *f*; ilicitud *f*; carácter *m* ilegal

Widerruf *m*, **e** revocación *f*; cancelación *f*; retractación *f*; ***bis auf*** ~ hasta nueva orden; ~ ***eines Auftrags*** cancelación de un pedido; anulación de un pedido; ~ ***einer Erklärung*** desmentida *f* de una declaración; ~ ***einer Schenkung*** revocación de una donación; ~ ***eines Testaments*** revocación de un testamento; ~ ***eines Vermächtnisses*** revocación de un legado; ~ ***einer Vollmacht*** desapoderamiento *m*; revocación de un poder; ~ ***einer Warenbestellung*** cancelación de un pedido de mercancía; ***gültig bis auf*** ~ salvo revocación; salvo contraorden; salvo orden en contrario

widerrufbar revocable

Widerrufbarkeit *f*, Ø revocabilidad *f*

widerrufen **1.** retractarse; desdecirse **2.** anular; ***ein Angebot*** ~ anular una oferta; ***einen Befehl*** ~ dar una contraorden; ***eine Genehmigung*** ~ retirar una autorización

widerrufend revocatorio

widerruflich revocable; abrogable; ***~es Dokumentenakkreditiv*** crédito *m* documentario revocable

Widerruflichkeit *f*, Ø revocabilidad *f*; derogabilidad *f*

Widerrufsbeschränkung *f*, **en** cláusula *f* ad cautela *m*

Widerrufsklage *f*, **n** acción *f* revocatoria

Widerrufsklausel *f*, **n** cláusula *f* revocatoria, derogatoria

Widerrufsrecht *n*, Ø derecho *m* de revocación

Widerrufsvorbehalt *m*, **e** reserva *f* de revocabilidad, de derogabilidad

Widerrufung *f*, **en** → Widerruf

Widerspruch *m*, **¨e** contradicción *f*; objeción *f*; oposición *f*, discrepancia *f*; conflicto *m*; ~ ***zwischen zwei Aussagen*** discrepancia entre dos declaraciones; ~ ***zwischen Bestimmungen eines Gesetzes*** conflicto entre las disposiciones de una ley; ~ ***gegen die Eintragung eines Warenzeichens*** oposición contra el registro de una marca de fábrica; ~ ***gegen Zwangsvollstreckung geltend machen*** oponerse a la ejecución; ***bei Widersprüchen ist der Wortlaut in Spanisch maßgeblich*** en caso de contradicción prevalecerá el texto en lengua española; ***im ~ zu*** estar en contradicción con; estar en pugna con; ***sich in Widersprüche verwickeln*** incurrir en contradicciones; ~ ***erheben*** objetar; contradecir; oponerse

widersprüchlich contradictorio

Widerstand *m*, **¨e** resistencia *f*; ~ ***leisten*** prestar resistencia; resistirse; ~ ***finden***, ***auf*** ~ ***stoßen*** encontrar resistencia

Widerstandsbewegung *f*, **en** movimiento *m* de resistencia

widerstandsfähig resistente

Widerstandsfähigkeit *f*, Ø capacidad *f* de resistencia; resistencia *f*; ***Prüfung der*** ~ ***gegen Umwelteinflusse*** prueba *f*, test *m* (de resistencia) ambiental

Wiederabdruck *m*, **¨e** reimpresión *f*

Wiederabtretung *f*, **en** retrocesión *f*

wiederankaufen rescatar

wiederanknüpfen reanudar

Wiederanknüpfung *f*, **en** reanudación *f*

wiederankurbeln, *die Wirtschaft* ~ relanzar, revitalizar, reencauzar la economía

Wiederankurbelung *f*, Ø relanzamiento *m*, reencauzamiento *m* (de la economía)

Wiederanlage *f*, **n** reinversión *f*

Wiederanlagerabatt *m*, **e** bonificación *f*, prima *f* de reinversión

wiederanlegen reinvertir; *Gewinne* ~ reinvertir los beneficios (dentro del negocio)

Wiederanpassung *f*, Ø, *berufliche* ~ *von Arbeitnehmern* readaptación *f*, reconversión *f*, reciclaje *m* de mano de obra

Wiederanschaffung *f*, **en** nueva *f* adquisición *f*; reposición *f*

Wiederanschaffungswert *m*, Ø valor *m* de reposición

wiederanstellen contratar de nuevo; reintegrar a la plantilla

Wiederanstieg *m*, Ø, ~ *der Ausfuhren* nuevo incremento *m* de las exportaciones

Wiederanziehen *n*, Ø ~ *der Kurse* (nueva) recuperación *f* de los cambios; ~ *der Preise* nueva subida *f* de los precios

wiederaufarbeiten → wiederaufbereiten

Wiederaufarbeitung *f*, Ø → Wiederaufbereitung

Wiederaufbau *m*, Ø reconstrucción *f*; reedificación *f*; *wirtschaftlicher* ~ *eines Landes* reconstrucción económica de un país

Wiederaufbaubank *f*, Ø banco *m* para la reconstrucción

wiederaufbauen reconstruir; reedificar

Wiederaufbauprogramm *n*, **e** programa *m* de reconstrucción

Wiederaufbauvorhaben *n*, **-** proyecto *m* de reconstrucción

wiederaufbereiten reprocesar; reciclar

Wiederaufbereitung *f*, Ø, ~ *von radioaktivem Material* reprocesamiento *m* de material radiactivo

Wiederaufbereitungsanlage *f*, **n** planta *m* de reprocesamiento; ~ *für Atommüll* planta de reprocesamiento de residuos nucleares

wiederaufforsten repoblar (forestalmente); reforestar

Wiederaufforstung *f*, Ø repoblación *f* forestal; reforestación *f*

Wiederaufführung *f*, **en** reestreno *m*; reposición

wiederauffüllen, *das Lager* ~ reponer existencias

Wiederauffüllung *f*, Ø, ~ *des Lagerbestandes* reposición *f* de existencias; reposición *f* del estocaje; ~ *der Rücklagen* reconstitución *f* de reservas

Wiederaufkommen *n*, Ø, ~ *einer Mode* reaparición *f* de una moda

wiederaufladen, *die Batterie* ~ recargar la batería

Wiederaufleben *n*, Ø, ~ *des Leistungsanspruchs* resurgimiento *m*, renacimiento *m* de la mentalidad de prestaciones

Wiederaufnahme *f*, **n** **1.** reanudación *f*; ~ *der Arbeit*, *der Produktion*, *der Verhandlungen* reanudación del trabajo, de la producción, de las negociaciones; ~ *der Zahlungen* reanudación de los pagos **2.** ~ *des Verfahrens* revisión *f* **3.** readmisión *f* (como afiliado, socio, *etc.*)

Wiederaufnahmeantrag *m*, **¨e** (Jur.) recurso *m* de revisión

Wiederaufnahmeverfahren *n*, **-** revisión *f* (de una causa)

wiederaufnehmen **1.** reanudar; *die diplomatischen Beziehungen* ~ reanudar las relaciones diplomáticas; *die Lieferungen* ~ reanudar los suministros **2.** *als Mitglied* ~ readmitir como miembro

Wiederaufrüstung *f*, Ø rearme *m*

Wiederaufschwung *m*, Ø recuperación *f*; *wirtschaftlicher* ~ recuperación de la actividad económica; ~ *der Weltwirtschaft* recuperación de la economía mundial

Wiederaufstieg *m*, Ø, *finanzieller* ~ recuperación *f* financiera

wiederaufstocken reaprovisionar; reponer

Wiederaufstockung *f*, Ø, ~ *der Lagerbestände* reaprovisionamiento *m* de existencias; reposición *f* del estocaje

wiederaufwerten revalorizar

Wiederaufwertung *f*, Ø revalorización *f*

Wiederausfuhr *f*, **en** reexportación *f*

Wiederausfuhranmeldung *f*, **en** (Zoll) documento *m* de reexportación

Wiederausfuhrbehandlung *f*, **en** (Zoll) despacho *m* para reexportación

Wiederausfuhrerklärung *f*, **en** (Zoll) declaración *f* de reexportación

wiederbeleben, *die Wirtschaft* ~ reanimar, estimular la economía

Wiederbelebung *f*, **en**, ~ *des Handels* reactivación *f* del comercio; ~ *der Konjunktur* reanimación *f* de la coyuntura; ~ *der wirtschaftlichen Tätigkeit* reactivación *f* económica; relanzamiento *m* económico; ~ *der Weltwirtschaft* reactivación *f*, recuperación *f*, revitalización *f*, relanzamiento *m* de la economía mundial

wiederbeschaffen reponer
Wiederbeschaffung *f*, **en** reposición *f*
Wiederbeschaffungskosten *pl* costes *pl* de reposición
Wiederbeschaffungspreis *m*, **e** precio *m* de reposición
Wiederbeschaffungswert *m*, **e** valor *m* de reposición
wiederbesetzen, ***eine Stelle*** ~ proveer de nuevo (el puesto, el cargo); volver a ocupar el puesto
wiedereinbringen, ***seine Verluste*** ~ resarcirse de sus pérdidas
Wiedereinfuhr *f*, **en** reimportación *f*
wiedereinführen **1.** restablecer; reintroducir **2.** reimportar
Wiedereingliederung *f*, **en** reintegración *f*; ***berufliche***, ***soziale*** ~ reinserción *f* profesional, social
wiedereinlösen, ***ein Schmuckstück im Pfandhaus*** ~ desempeñar una alhaja; recuperar una joya empeñada
Wiedereinlösung *f*, **en** desempeño *m*
wiedereinpacken **1.** volver a embalar; reembalar **2.** reenvasar; devolver a su caja **3.** volver a hacer la maleta
Wiedereinreise *f*, **n** reentrada *f*; reingreso *m*
Wiedereinreiseerlaubnis *f*, **se** permiso *m* de reingreso; (Urug.) permiso *m* de retorno
Wiedereinsatz *m*, Ø (von Abfallrohstoffen in der Produktion) recuperación *f*, reutilización *f*, reciclaje *m* de desechos
wiedereinschiffen reembarcar
Wiedereinschleusen *n*, Ø, ~ ***des Kapitals*** (der erdölexportierenden Länder) trasvase *m*, reciclaje *m* del capital
wiedereinsetzen reponer; ***jdn. in ein Amt*** ~ reponer, reinstalar a alg. en un cargo; ~ ***in den vorigen Stand*** reponer al estado anterior; restituir al estado anterior
Wiedereinsetzung *f*, **en** reposición *f*, reinstalación *f*; ~ ***in frühere Rechte*** rehabilitación *f* de antiguos derechos
wiedereinstellen reemplear; volver a emplear; readmitir
Wiedereinstellung *f*, **en** reingreso *m*; reincorporación *f*; reempleo *m*; readmisión *f*; ***zwangsweise*** ~ readmisión forzosa
Wiedereinstellungsanspruch *m*, **¨e** derecho *m* a la readmisión
Wiedereinstellungsklausel *f*, **n** cláusula *f* de reempleo, de admisión
Wiedereinstellungszwang *m*, **¨e** readmisión *f* forzosa; obligatoriedad *f* de readmisión; obligación *f* forzosa de volver a emplear
Wiedererkennungsprüfung *f*, **en** (für Werbemittel) test *m* de reconocimiento
wiedererlangen recuperar; recobrar
Wiedereroberung *f*, (**en**), ~ ***des Marktes*** reconquista *f* del mercado
Wiedereröffnung *f*, **en**, ~ ***des Geschäfts*** reapertura *f* del negocio; ~ ***der Verhandlungen*** reanudación *f* de las negociaciones
wiedererstatten restituir, reembolsar; ***die Auslagen*** ~ devolver los gastos tenidos; reintegrar; reembolsar los gastos
Wiedererwerb *m*, Ø readquisición *f*
Wiederflottmachen *n*, Ø, ~ ***eines Schiffes*** reflotamiento *m* de un barco
wiederflottmachen sacar a flote; poner a flote
Wiedergabe *f*, **n** **1.** reproducción *f* **2.** interpretación **3.** traducción *f* **4.** cita *f*
wiedergeben **1.** devolver; restituir **2.** reproducir **3.** interpretar **4.** traducir **5.** citar
Wiedergesundung *f*, Ø, ***wirtschaftliche*** ~ recuperación *f*, regeneración *f* económica
wiedergewinnen, ***einen Markt*** ~ recuperar un mercado
wiedergutmachen reparar; resarcir; indemnizar; ***einen Schaden*** ~ reparar, resarcir un daño
Wiedergutmachung *f*, **en** reparación *f*; resarcimiento *m*; indemnización *f*
Wiedergutmachungsleistungen *pl* prestaciones *pl* a título indemnizatorio; prestaciones *pl* en concepto de reparación
wiederherstellen **1.** ***den sozialen Frieden*** ~ restablecer la paz social **2.** (Gebäude) restaurar; reconstruir; renovar; reparar
Wiederherstellung *f*, **en** restablecimiento *m*; restauración *f*; reconstrucción *f*; reparación *f*; ~ ***der Erwerbsfähigkeit*** restablecimiento de la capacidad de trabajo; ~ ***der Vollbeschäftigung*** restablecimiento del pleno empleo; ~ ***des Zahlungsbilanzgleichgewichts*** restablecimiento del equilibrio de la balanza de pagos
Wiederherstellungskosten *pl* gastos *pl* de reparación
Wiederholungsfall *m*, **¨e** (Jur.), ***im*** ~ en caso de reincidencia
Wiederholungsrabatt *m*, **e** rebaja *f*, bonificación *f*, descuento *m* por frecuencia
Wiederinbetriebnahme *f*, **n** reapertura *f* del servicio; nueva puesta *f* en servicio; vuelta *f* al servicio
Wiederinkraftsetzung *f*, **en** nueva puesta *f* en vigor; revalidación *f*

wiederinstandsetzen reparar; componer; (Gebäude) restaurar
Wiederkauf *m*, **¨e** readquisición *f*; recompra *f*; rescate *m*; (Jur.) pacto *m* de retroventa; (Jur.) retracto *m* convencional
wiederkaufen readquirir; recomprar; rescatar
Wiederkäufer *m*, **-** readquirente *m*; (Jur.) retrayente
Wiederkaufsklausel *f*, **n** pacto *m* de retro; cláusula *f* de retracto
Wiederkaufspreis *m*, **e** precio *m* de rescate
Wiederkaufsrecht *n*, **e** derecho *m* de retracto; derecho *m* de retroventa; pacto *m* de retro
Wiederkaufsvereinbarung *f*, **en** pacto *m* de retro
Wiederkaufsvorbehalt *m*, **-** pacto *m* de retraer; pacto *m* de retro
wiederkehrend, ***regelmäßig ~e Ausgaben*** *pl* (z.B. Miete, Heizung) gastos *pl* periódicos *pl*; ***regelmäßig ~e Zahlungen*** pagos *pl* periódicos; pagos *pl* que se efectúan con regularidad
Wiedervereinigung *f*, **Ø**, ***deutsche ~*** reunificación *f* alemana (03.10.90)
wiedervergelten recompensar; devolver
Wiedervergeltung *f*, **en** recompensa *f*; pago *m*
Wiederverkauf *m*, **¨e** reventa *f*; venta *f* al por menor; venta *f* al detalle
wiederverkaufen revender; vender al por menor; vender al detalle
Wiederverkäufer *m*, **-** revendedor *m*; comerciante *m* al por menor, al detalle; ***Haftung des ~s*** responsabilidad *f* del revendedor
wiederverkäuflich revendible
Wiederverkaufspreis *m*, **e** precio *m* de reventa; ***unter dem ~ verkaufen*** vender a un precio inferior al de reventa
Wiederverkaufswert *m*, **e** valor *m* de reventa
Wiederverladung *f*, **en** reembarque *m*
wiedervermieten realquilar; subalquilar; subarrendar
Wiedervermietung *f*, **Ø** subarriendo *m*; realquiler *m*
Wiederverschiffung *f*, **en** reembarque *m*
Wiederverschuldung *f*, **Ø** reendeudamiento *m*; nuevo endeudamiento *m*
wiederverwendbar reutilizable; ***schwer ~e Abfälle*** desechos *pl*, residuos *pl* no fáciles de reciclar; ***~e Erzeugnisse*** productos *pl* reutilizables
wiederverwenden reutilizar; volver a utilizar
wiederverwendet reutilizado; de segunda mano
Wiederverwendung *f*, **en** reutilización *f*; (von Altmaterial) reciclaje *m*; reciclado *m*
wiederverwerten reciclar; recuperar
Wiederverwertung *f*, **en** recuperación *f*; reciclaje *m*; reciclado *m* (Syn. ***Recycling***)
Wiedervorlage *f*, **n** segunda, nueva presentación *f* de un documento; ***zur ~ am*** para ser presentado nuevamente el; para su nueva presentación el
Wiederwahl *f*, **en** reelección *f*
Wiegebescheinigung *f*, **en** certificado *m* del peso
Wiegegebühr *f*, **en** → Wiegegeld
Wiegegeld *n*, **Ø** derechos *pl* de pesaje, de pesada
Wiegekosten *pl* → Wiegegeld
Wiegen *n*, **Ø** pesaje *m*; verificación *f* del peso
wiegen pesar; ***leer ~*** tarar; ***das Gepäck wiegt*** el equipaje tiene un peso de; el equipaje pesa; el peso del equipaje es de
Wiegeschein *m*, **e** → Wiegebescheinigung
Wiegestempel *m*, **-** sello *m* del peso; sello *m* de pesada
wild salvaje; silvestre; ***~er Boden*** terreno *m* inculto; terreno *m* no cultivado; ***~e Ehe*** concubinato *m*; amancebamiento *m*; ***~er Handel*** comercio *m* ilícito; ***~es Parken*** estacionamiento *m* no autorizado; ***~er Streik*** huelga *f* no declarada; huelga *f* espontánea; huelga *f* salvaje
Wildbestand *m*, **¨e** riqueza *f* cinegética
Wilddieb *m*, **e** cazador *m* furtivo
Wilddieberei *f*, **Ø** → Wilderei
Wilderei *f*, **Ø** caza *f* furtiva
Wilderer *m*, **e** cazador *m* furtivo
wildern cazar furtivamente; cazar en vedado
Wildern *n*, **Ø** → Wilderei
Wildhüter *m*, **-** guardabosques *m*
Wildpark *m*, **s** reserva *f* de caza
wildreich abundante, rico en caza
Wildreservat *n*, **e** reserva *f* nacional de caza
Wildschaden *m*, **¨** daño *m* causado por los animales de caza
Wildschutzgebiet *n*, **e** reserva *f* cinegética; reserva *f* de caza
Wildwechsel *m*, **-** (placa *f* indicadora de) animales sueltos *pl*; paso *m* de ganado
Wille *m*, **Ø** voluntad *f*; ***~ der Parteien*** voluntad de las partes; ***letzter ~*** última voluntad

Willenserklärung *f*, **en** declaración *f* de voluntad; ***ausdrückliche*** ~ voluntad *f* expresa; voluntad *f* expresada

Willkür *f*, Ø arbitrariedad *f*

willkürlich arbitrario; ***~e Maßnahme*** medida *f* arbitraria; ***~er Preis*** precio *m* arbitrario

Windfall profits *pl* ganancias *pl* imprevistas; beneficios *pl* inesperados; utilidades *pl* extraordinarias

Windkraftwerk *n*, **e** central *f* eólica

Windprotest *m*, **e** protesto *m* en ausencia; protesto *m* haciendo constar la imposibilidad de encontrar la dirección del librado

Winkeladvokat *m*, **en** (Pey.) abogado *m* de secano; (abogado *m*) picapleitos *m*; abogadillo *m*; (LA) tinterillo *m*

Winkelmakler *m*, - corredor *m* clandestino; zurupeto *m*

Winterschlussverkauf *m*, **¨e** (WSV) rebajas *pl* de enero; saldos *pl* de invierno; venta *f* posbalance

Winzer *m*, - viticultor *m*; viñador *m*

Winzergenossenschaft *f*, **en** cooperativa *f* de viticultores

Wirbelsturmschäden *pl* daños *pl* ciclónicos; daños *pl* producidos por tornado

wirklich real; efectivo; verdadero; ***~er Bedarf*** demanda *f* efectiva; ***~er Wert*** valor *m* real

wirksam **1.** eficaz; ***~e Maßnahmen*** medidas *pl* eficaces **2.** válido; ~ ***werden*** surtir, producir efecto; entrar en vigor

Wirksamkeit *f*, Ø **1.** eficacia *f*; eficiencia *f*; ~ ***einer Anzeige*** impacto *m* de un anuncio **2.** validez *f*

Wirkung *f*, **en** efecto *m*; ***aufschiebende*** ~ efecto suspensivo; ***befreiende*** ~ efecto liberatorio; ***nachteilige*** ~ consecuencias *pl* desagradables; resultado *m* enojoso; ***mit sofortiger*** ~ con efecto(s) inmediato(s); ***mit ~ vom 15.d.M.*** con efecto(s) al quince de este mes; ***eine entscheidende ~ haben*** tener un efecto decisivo; tener un resultado determinante; ***ohne ~ sein*** sin efecto

Wirkungsbereich *m*, **e** campo *m* de acción; zona *f* de actividad *f*; esfera *f*, radio *m* de acción; ~ ***eines Werbeträgers*** zona *f* de proyección publicitaria

Wirkungskreis *m*, **e** → Wirkungsbereich

Wirkwaren *pl* géneros *pl* de punto

Wirtschaft *f*, **en** **1.** economía *f*; ***einheimische*** ~ economía doméstica; ***freie*** ~ economía libre, liberal; ***gelenkte*** (***zentralgeleitete***) ~ economía dirigida, centralizada; economía controlada, planificada; ***die gesamte*** ~ la economía en su conjunto; toda la economía; la economía como un todo; ***geschlossene*** ~ economía cerrada; ***gewerbliche*** ~ economía industrial; ***kollektivistische*** ~ economía colectiva, colectivista; ***öffentliche*** ~ sector *m* público (de la economía); ***örtliche*** (***ortsansässige***) ~ economía local; ***private*** ~ sector *m* privado (de la economía); ***volkseigene*** ~ economía socialista; ***die ~ ankurbeln*** relanzar la economía; ***in die ~ gehen*** comenzar una carrera en el sector privado de la economía; ***die ~ lenken*** dirigir la economía **2.** explotación *f* agrícola; ***extensive*** ~ cultivo *m* extensivo; ***intensive*** ~ cultivo *m* intensivo **3.** economía doméstica **4.** gobierno *m* de la casa **5.** restaurante *m*; cervecería *f*; bar *m* **6.** sector *m*; ramo *m* **7.** industria *f*; lobbies *pl* económicos; cuadros *pl* dirigentes

wirtschaften administrar; llevar, gobernar la casa; explotar (una finca); economizar, ahorrar; hacer economías; ***gut***, ***schlecht*** ~ actuar bien, mal económicamente; llevar bien, mal sus asuntos; llevar bien, mal los negocios

Wirtschafter *m*, - administrador *m*; mayordomo *m*

Wirtschaftler *m*, - economista *m*

wirtschaftlich **1.** económico; ***~e Planung*** planificación *f* ecónomica; ***~e Zusammenarbeit*** cooperación *f* económica **2.** rentable; productivo; ***sich als ~ erweisen*** resultar rentable **3.** ahorrativo; ~ ***denken*** pensar en términos de economía, de ahorro; ~ ***abhängig*** económicamente dependiente; dependiente económicamente; ~ ***existenzfähig*** económicamente viable; ~ ***gesehen*** en términos económicos; en términos económicos reales; ~ ***schwache Mitgliedsstaaten*** (UE) países *pl* miembros menos prósperos; ***in ~en Angelegenheiten*** en asuntos económicos; ***~er Aufschwung*** auge *m* económico; ***~e Beratung*** asesoramiento *m* económico; ***die ~en Beziehungen zu einem anderen Land erweitern*** ampliar las relaciones económicas con otro país; ***~er Fortschritt*** progreso *m*, avance *m* económico; ***auf ~em Gebiet*** en el campo económico; ***~e Gesundung*** saneamiento *m* económico; ***in ~er Hinsicht*** en términos económicos; desde el punto de vista de la economía; ***die ~e Lage einer Firma*** la situación económica de una empresa; ***die ~e Lage einer Privatperson*** la posición económica, el status financiero de una persona; ***die ~e Lage offen legen*** rendir plena cuenta de la situación económica; ***die ~e Lage hat sich erheblich verbessert, verschlechtert*** la situación económica ha mejorado, ha empeorado sensiblemente; ***~er Niedergang*** declive *m*, retroceso *m* económico; ***~e Notlage*** situación *f* económica de emergencia; ***~e Repressalien*** represalias *pl* económicas; ***~e Sanierung*** saneamiento *m* económico; reorganización *f* económica; ***~e Sanktionen*** sanciones *pl* económicas; ***mit ~en Schwierigkeiten zu kämpfen haben*** tener que enfrentarse con dificultades económicas; ***~e Stärke*** fortaleza *f* económica; ***eine ertragreiche ~e Tätigkeit ausüben*** ejercer una actividad económicamente rentable; ***~er Tiefstand*** depresión *f* económica; ***~e Unabhängigkeit*** independencia *f* económica; autarquía *f* económica; autosuficiencia *f* económica; ***~es Ungleichgewicht*** desequilibrio *m* económico; ***~er Verein*** asociación con ánimo de lucro; ***~e Verflechtungen*** interrelaciones *pl* económicas; integración *f* económica; ***~e Verhältnisse*** condiciones *pl*, circunstancias *pl* económicas; (einer Privatperson) circunstancias *pl* financieras; ***~e Vorherrschaft über andere Länder*** dominio *m* económico sobre otros países; ***das ~e Wachstum anregen*** estimular el crecimiento económico; ***~er Wiederaufstieg*** recuperación *f* económica; ***~ handeln*** actuar con sentido de la economía; actuar en términos económicos

Wirtschaftlichkeit *f*, **en** rentabilidad *f*; economía *f*; productividad *f*; eficiencia *f* económica; ***die ~ eines Betriebes*** la rentabilidad de una empresa (Syn. ***Rentabilität***)

Wirtschaftlichkeitsberechnung *f*, **en** cálculo *m* de la rentabilidad

Wirtschaftlichkeitsgestaltung *f*, **en** racionalización *f*

Wirtschaftlichkeitsgrenze *f*, **n** umbral *m* de rentabilidad; ***unter die ~ rutschen (fallen)*** caer por debajo del umbral de la rentabilidad

Wirtschaftlichkeitsprüfung *f*, **en** control *m* de rentabilidad; control *m* de eficiencia

Wirtschaftlichkeitsrechnung *f*, **en** cálculo *m* de la rentabilidad

Wirtschafts- und Sozialausschuss *m*, **¨e** comité *m* económico y social

Wirtschafts- und Sozialrat *m*, **¨e** consejo *m* económico y social

Wirtschaftsabkommen *n*, **-** acuerdo *m* económico

Wirtschaftsablauf *m*, **¨e** proceso *m* económico; marcha *f* económica, devenir *m* económico

Wirtschaftsabschwung *m*, **Ø** depresión *f* económica

Wirtschaftsabteilung *f*, **en** servicio *m* de gestión de una empresa; servicio *m*, departamento *m* económico

Wirtschaftsankurbelung *f*, **Ø** estímulo *m* para la economía

Wirtschaftsaufbau *m*, **Ø** reconstrucción *f* económica

Wirtschaftsaufschwung *m*, **¨e** auge *m* económico; ***Anhalten des ~s*** continuación *f* del auge económico (Syn. ***Boom***)

Wirtschaftsausschuss *m*, **¨e** comité *m* económico; comisión *f* de economía

Wirtschaftsaussichten *pl* perspectivas *pl* económicas

Wirtschaftsausweitung *f*, **Ø** expansión *f* económica

Wirtschaftsbarometer *n*, **-** barómetro *m* de la economía; barómetro *m* de los negocios

wirtschaftsbedingt de condicionamiento económico; condicionado por los negocios; coyuntural; ***~e Arbeitslosigkeit*** paro *m* coyuntural

Wirtschaftsbegriffe *pl* conceptos *pl*, términos *pl* económicos

Wirtschaftsbelange *pl* intereses *pl* económicos

Wirtschaftsbelebung *f*, **en** relanzamiento *m* de la actividad económica; reactivación *f* económica

Wirtschaftsberater *m*, **-** asesor *m* económico

Wirtschaftsbereich *m*, **e** campo *m* de la economía; sector *m* económico; ramo *m* de la actividad económica

Wirtschaftsbericht *m*, **e** informe *m* económico; informe *m* sobre la economía

Wirtschaftsberichterstatter *m*, **-** corresponsal *m* económico (de un periódico, *etc.*)

Wirtschaftsbetrieb *m*, **e** empresa *f* (de negocios); ***öffentliche ~e*** (*od.* ***~e der öffentlichen Hand***) empresas *pl* del sector público; empresas *pl* publicas

Wirtschaftsbeziehungen *pl* relaciones *pl* económicas; relaciones *pl* comerciales; ***die ~ ausbauen*** desarrollar las relaciones co-

merciales; ~ ***herstellen*** establecer relaciones comerciales
Wirtschaftsblatt *n*, **¨er** periódico *m* de economía
Wirtschaftsblock *m*, **¨e** bloque *m* económico
Wirtschaftsblockade *f*, **n** bloqueo *m* económico
Wirtschaftsboykott *m*, **s** boicot(eo) *m* económico
Wirtschaftsbuch *n*, **¨er** libro *m* de gastos
Wirtschaftsdaten *pl* indicadores *pl*, datos *pl* económicos
Wirtschaftsdelegation *f*, **en** delegación *f* comercial
Wirtschaftsdepression *f*, **en** depresión *f* económica
Wirtschaftseinheit *f*, **en** unidad *f* económica; complejo *m* económico
Wirtschaftsenglisch *n*, Ø inglés *m* comercial
Wirtschaftsentwicklung *f*, Ø desarrollo *m* economico
Wirtschaftserholung *f*, Ø recuperación *f* económica
Wirtschaftsexperte *m*, **n** → Wirtschaftsfachmann
Wirtschaftsfach|mann *m*, **-leute** experto *m* económico; experto *m* en economía; economista *m*
Wirtschaftsfachschule *f*, **n** escuela *f* de comercio
wirtschaftsfeindlich antieconómico; economófobo; contrario a la economía
Wirtschaftsflaute *f*, **n** economía *f* deprimida; depresión *f*; recesión *f*; marasmo *m* económico; ***in der ~ sein*** estar estancado
Wirtschaftsflüchtling *m*, **e** refugiado *m* por razones económicas
Wirtschaftsförderung *f*, Ø promoción *f*, fomento *m* del desarrollo económico; ***Maßnahmen zur ~*** medidas *pl* para promover el desarrollo económico
Wirtschaftsform *f*, **en** **1.** sistema *m* económico **2.** sistema *m*, torma *f* de explotación
Wirtschaftsforscher *m*, - coyunturalista *m*; investigador *m* de la coyuntura
Wirtschaftsforschungsinstitut *n*, **e** instituto *m* de estudios (macro)económicos; instituto *m* de investigación económica; instituto *m* de estudios coyunturales
Wirtschaftsfrage *f*, **n** **1.** problema *m* económico **2.** cuestión *f* de economía
Wirtschaftsführer *m*, - dirigente *m* económico; dirigente *m* de la economía; líder *m* industrial; líder *m* de los negocios; líder *m* de la industria; gran industrial *m*
Wirtschaftsführung *f*, **en** **1.** gestión *f* (empresarial) **2.** gobierno *m* de la casa
Wirtschaftsgebäude *n*, - edificio *m* no residencial
Wirtschaftsgebiet *n*, **e** **1.** sector *m* de la economía **2.** zona *f*, área *f* económica
Wirtschaftsgefüge *n*, Ø estructura *f* económica
Wirtschaftsgeld *n*, **er** dinero *m* para gastos de la casa (Syn. ***Haushaltsgeld***)
Wirtschaftsgemeinschaft *f*, **en**, ***Europäische ~*** (EWG) comunidad *f* económica europea (CEE); mercado *m* común
Wirtschaftsgeographie *f*, Ø geografía *f* económica
Wirtschaftsgeschehen *n*, Ø actividad *f* económica; acontecer *m* económico
Wirtschaftsgipfel *m*, - cumbre *f* económica
Wirtschaftsgipfelteilnehmer *m*, - participantes *pl* en la cumbre (económica)
Wirtschaftsgüter *pl* bienes *pl* económicos; ***kurzlebige, langlebige ~*** bienes no duraderos, duraderos
Wirtschaftshilfe *f*, **n** ayuda *f*; asistencia *f* económica; ~ ***einstellen*** suspender la ayuda económica; ~ ***leisten*** prestar ayuda económica
Wirtschaftsinfrastruktur *f*, Ø infraestructura *f* económica
Wirtschaftsingenieur *m*, - ingeniero *m* comercial; ingeniero *m* economista
Wirtschaftsjahr *n*, **e** ejercicio *m* (económico); año *m* de gestión; año *m* económico
Wirtschaftsjournalist *m*, **en** periodista *m* económico
Wirtschaftsjurist *m*, **en** (abogado *m*) mercantilista *m*; abogado *m* economista; abogado *m* especializado en temas jurídico-mercantiles
Wirtschaftskapitän *m*, **e** (Arch.) gran industrial *m*; dirigente *m* económico
Wirtschaftskommission *f*, Ø, ~ ***für Afrika*** (der Vereinten Nationen) Comisión *f* económica (de las Naciones Unidas) para Africa
Wirtschaftskonferenz *f*, **en** conferencia *f* económica
Wirtschaftskonjunktur *f*, Ø coyuntura *f* económica
Wirtschaftskörper *m*, - organismo *m* económico

Wirtschaftskorrespondent *m*, **en** corresponsal *m* económico; corresponsal *m* de economía
Wirtschaftskraft *f*, Ø fuerza *f* económica; poderío *m* económico
Wirtschaftskreise *pl* círculos *pl* económicos; medios *m* comerciales, económicos
Wirtschaftskreislauf *m*, **¨e** circuito *m* económico; circularidad *f* de la renta
Wirtschaftskrieg *m*, **e** guerra *f* económica
Wirtschaftskriminalität *f*, **en** delincuencia *f* económica; delincuencia *f* comercial
Wirtschaftskrise *f*, **n** crisis *f* económica; depresión f
Wirtschaftslage *f*, Ø → wirtschaftliche Lage
Wirtschaftsleben *n*, Ø vida *f* económica; mundo *m* de los negocios
Wirtschaftslehre *f*, **n 1.** doctrina *f* económica **2.** ciencias *pl* económicas
Wirtschaftsleistung *f*, Ø producción *f* global; producto *m* nacional; resultados *pl* económicos
Wirtschaftslenkung *f*, **en** dirigismo *m* económico; ***staatliche*** ~ control *m* gubernamental de la economía; economía *f* controlada por el Estado
Wirtschaftsliberalismus *m*, Ø liberalismo *m* economico
Wirtschaftsmacht *f*, **¨e** potencia *f* económica
Wirtschaftsminister *m*, **-** ministro *m* de economía; titular *m* (de la cartera) de economía
Wirtschaftsministeri|um *n*, **-en** ministerio *m*, departamento *m*, cartera *f* de economía
Wirtschaftsnachrichten *pl* noticias *pl* de economía; noticias *pl* económicas; noticias *pl* comerciales
Wirtschaftsordnung *f*, **en** sistema *m*, orden *m* económico
Wirtschaftsorganisation *f*, **en** organización *f* económica
Wirtschaftspartner *m*, **-** amigo *m* de negocios; interlocutor *m* comercial; socio *m* económico
Wirtschaftsperson *f*, **en** unidad *f* económica
Wirtschaftsplan *m*, **¨e** plan *m* económico
Wirtschaftsplanung *f*, **en** plánning *m* a medio plazo; planificación *f* económica; presupuestación *f* a medio plazo
Wirtschaftspolitik *f*, Ø política *f* económica
wirtschaftspolitisch político-económico; ***~e Maßnahmen*** medidas *pl* de política económica; medidas *pl* económicas (y políticas); medidas *pl* dictadas por la política económica; ***~e Mittel*** *pl* instrumentos *pl* de política económica
Wirtschaftspotential *n*, **e** potencial *m* económico
Wirtschaftspresse *f*, Ø prensa *f* económica (*od.* financiera)
Wirtschaftsprobleme *pl* problemas *pl* económicos
Wirtschaftsprognosen *pl* previsiones *pl* económicas; perspectivas *pl* económicas
Wirtschaftsprozess *m*, **e** proceso *m* económico
Wirtschaftsprüfer *m*, **-** censor *m* de cuentas; revisor *m* de cuentas; auditor *m*; interventor; (LA) contador *m* público
Wirtschaftsprüfung *f*, **en** auditoría *f*; censura *f* de cuentas; inspección *f*, intervención *f* de cuentas
Wirtschaftsprüfungsgesellschaft *f*, **en** sociedad *f* auditora
Wirtschaftspsychologie *f*, Ø (p)sicología *f* industrial
Wirtschaftsrat *m*, **¨e** consejo *m* económico
Wirtschaftsraum *m*, **¨e 1.** espacio *m* económico; área *f* comercial **2.** ~ ***eines Schiffes*** espacio *m* de servicio
Wirtschaftsrecht *n*, Ø derecho *m* económico; derecho *m* comercial
wirtschaftsrechtlich, ***~e Fragen*** cuestiones jurídico-económicas; cuestiones *pl* jurídico-comerciales
Wirtschaftsredakteur *m*, **e** redactor *m* económico
Wirtschaftssabotage *f*, **n** sabotaje *m* económico; sabotaje *m* industrial
Wirtschaftssachverständige(r) (der/ein) experto *m* económico
Wirtschaftssanktionen *pl* sanciones *pl* económicas *od.* comerciales; ~ ***aufheben*** levantar las sanciones económicas *od.* comerciales
wirtschaftsschwach, ***~e Gebiete*** regiones *pl* menos desarrolladas; regiones *pl* menos prósperas
Wirtschaftsschwierigkeiten *pl*, ~ ***mindern*** aliviar, aminorar las dificultades económicas
Wirtschaftssektor *m*, **en** sector *m* económico; sector *m* de la economía
Wirtschaftsspanisch *n*, Ø español *m* comercial
Wirtschaftsspion *m*, **e** espía *m* industrial
Wirtschaftsspionage *f*, **n** espionaje *m* industrial

Wirtschaftsstagnation *f*, Ø estancamiento *m* económico
Wirtschaftsstatistik *f*, **en** estadística *f* económica; estadísticas *pl* sobre la economía
Wirtschaftsstrafrecht *n*, Ø derecho *m* penal económico
Wirtschaftsstraftaten *pl* delitos *pl* económicos
Wirtschaftsstreitgkeiten *pl* disputas *pl* comerciales, económicas
Wirtschaftsstruktur *f*, **en** estructura *f* económica
Wirtschaftsstufen *pl* niveles *pl* económicos
Wirtschaftssystem *n*, **e** sistema *m* económico
Wirtschaftstätigkeit *f*, (**en**) actividad *f* económica; actividad *f* comercial; actividad *f* mercantil
Wirtschaftsteil *m*, **e** (einer Zeitung) páginas *pl* economicas; paginas *pl* de economía; seccion *f*, parte *f* económica (de un periódico)
Wirtschaftstheoretiker *m*, - teórico *m* de la economía
Wirtschaftstheorie *f*, **n** teoría *f* económica
Wirtschaftsüberschuss *m*, **¨e** excedente *m* realizado en el curso del ejercicio
Wirtschaftsumschwung *m*, **¨e** cambio *m* en la tendencia económica
Wirtschaftsunion *f*, **en** unión *f* económica
Wirtschaftsunternehmen *n*, - empresa *f* económica; empresa *f* mercantil
Wirtschaftsverband *m*, **¨e** asociación *f* industrial *od.* comercial; agrupación *f* económica; consorcio *m* económico
Wirtschaftsverbrechen *n*, - delincuencia *f* económica; delincuencia *f* cometida por altos ejecutivos
Wirtschaftsverfassung *f*, **en** sistema *m*, régimen *m* económico
Wirtschaftsvergehen *n*, - delito *m* económico
Wirtschaftsverhandlungen *pl* negociaciones *pl* económicas
Wirtschaftsverkehr *m*, Ø comercio *m*; negocios *pl*; transacciones *pl* comerciales; transacciones *pl* económicas
Wirtschaftsvolumen *n*, Ø volumen *m* de la actividad económica
Wirtschaftsvorgang *m*, **¨e** **1.** proceso *m* económico **2.** fenómeno *m* económico
Wirtschaftsvorhaben *n*, - proyecto *m* económico
Wirtschaftsvorherrschaft *f*, Ø supremacía *f*, hegemonía *f* económica
Wirtschaftswachstum *n*, Ø crecimiento *m* económico; ***ausgewogenes***, ***beschleunigtes***, ***dauerhaftes***, ***geringes*** ~ crecimiento equilibrado, acelerado, duradero, bajo de la economía; ***das ~ verlangsamt sich*** el crecimiento económico se desacelera
Wirtschaftswelt *f*, Ø, ***die*** ~ el mundo de la economía; el mundo de los negocios; los círculos, las esferas empresariales
Wirtschaftswert *m*, - valor *m* económico
Wirtschaftswissenschaften *pl* ciencias *pl* económicas
Wirtschaftswissenschaftler *m*, - economista *m*
Wirtschaftswochenschrift *f*, **en** semanario *m* de economía; semanario *m* económico
Wirtschaftswörterbuch *n*, **¨er** diccionario *m* de economía; diccionario *m* comercial; terminología *f* económica
Wirtschaftswunder *n*, - milagro *m* económico; ***das deutsche*** ~ el milagro económico alemán
Wirtschaftszahlen *pl* datos *pl* económicos; cifras *pl* de economía
Wirtschaftszeitschrift *f*, **en** revista *f* económica; revista *f* comercial; revista *f* de economía y comercio
Wirtschaftszeitung *f*, **en** periódico *m* de economía (y comercio)
Wirtschaftszone *f*, **n** zona *f* económica exclusiva (ZEE)
Wirtschaftszweig *m*, **e** ramo *m* económico; sector *m* de la economía
Wirtshaus *n*, **¨er** restaurante *m*; taberna *f*; fonda *f*; cervecería *f*
Wissen *n*, Ø saber *m*; conocimientos *pl*; ***nach bestem ~ und Gewissen*** de buena fe; según leal saber y entender; ***technisches*** ~ conocimientos técnicos; (Angl.) know how *m*; ***wider besseres*** ~ contra la propia convicción
wissen, ***bitte lassen Sie uns*** ~ le rogamos nos haga saber; por favor, no dude en comunicarnos
Wissenschaftler *m*, - científico; investigador *m*; hombre *m* de ciencia
wissenschaftlich científico; ***Ausschuss für ~e und technische Forschung*** comité de investigación científica y técnica
wissentlich, ~ ***falsche Angaben machen*** hacer falsas declaraciones a sabiendas; hacer deliberadamente declaraciones falsas
Witterung *f*, **en** tiempo *m*; condiciones *pl* atmosféricas; ***die ungünstige ~ wirkt sich***

auf die Preise aus el mal tiempo influye en los precios
witterungsbedingt debido a las condiciones atmosféricas; inducido por las condiciones meteorológicas
Witterungsverhältnisse *pl*, ***ungünstige*** ~ el mal tiempo *m*; condiciones *pl* atmosféricas desfavorables
Witwenbezüge *pl* percepciones *pl* a título de viudedad
Witwengeld *n*, **er** subsidio *m* de viudedad
Witwenkasse *f*, **n** caja *f* de viudedad; (E) montepío *m* de viudas
Witwenrente *f*, **n** pensión *f* de viudedad
Witwenstand *m*, Ø viudez *f*; viudedad *f*
Witwer *m*, - viudo *m*
Woche *f*, **n** semana *f*; ***Grüne*** ~ feria *f* del campo (que se celebra anualmente en Berlin); ***heute in einer*** ~ dentro de ocho días; ***heute in zwei ~n*** de hoy en quince días; ***laufende*** ~ la semana en curso; esta semana; ***vergangene*** (***letzte***) ~ la semana pasada; ***die 35-Stunden*** ~ la semana (laboral) de 35 horas
Wochenarbeit *f*, Ø trabajo *m* semanal
Wochenarbeitszeit *f*, **en** duración *f* del trabajo semanal; semana *f* laboral
Wochenausweis *m*, **e** balance *m* semanal
Wochenbericht *m*, **e** informe *m* semanal
Wochenbilanz *f*, **en** → Wochenausweis
Wochenblatt *n*, **¨er** semanario *m*
Wochenendbeilage *f*, **n** suplemento *m* semanal; (E) suplemento *m* (de la edición) del domingo
Wochenendhaus *n*, **¨er** casa *f* de fin de semana; casa *f* para pasar el fin de semana
Wochenendverkehr *m*, Ø tráfico *m* de fin de semana
Wochengeld *n*, Ø subsidio *m* de maternidad
Wochenhilfe *f*, **n** → Wochengeld
Wochenkarte *f*, **n** tarjeta *f* (de transporte) semanal
Wochenlohn *m*, **e** salario *m* semanal; (Fam.) la semana *f*
Wochenlöhner *m*, - trabajador *m* remunerado semanalmente; trabajador *m* al que se paga por semanas
Wochenmarkt *m*, **¨e** mercado *m* semanal
Wochenschau *f* **1.** (TV) crónica *f* de la semana **2.** (Film) noticiario *m* semanal; actualidades *pl*
Wochenschrift *f*, **en** publicación *f* semanal
Wochenstunden *pl* horas *pl* a la semana; número *m* de horas semanales; ***die Zahl der durchschnittlichen*** ~ duración *f* media del trabajo semanal
Wochentag *m*, **e** día *m* de (la) semana; día *m* laborable
wochentags en semana; durante la semana; los días de semana; los días laborables; entre semana
wöchentlich semanal; cada semana; todas las semanas; ***~e Zahlung*** pago *m* semanal; pago *m* por semanas; ***zweimal*** ~ dos veces por (*od.* a la) semana
Wochenübersicht *f*, **en** resumen *m* semanal
Wochenverdienst *m*, Ø sueldo *m* *bzw.* salario *m* semanal; retribución *f*, remuneración *f*, ganancia *f* semanal
Wochenzeitschrift *f*, **en** revista *f* semanal
wohl verwahrt en lugar seguro; bien guardado; en buena custodia
wohlbehalten, ***wir hoffen, daß die Sendung ~ ankommt*** esperamos que el envío llegue en perfectas condiciones; ***die am 5.5. angekündigte Sendung ist ~ bei uns angekommen*** el envío anunciado el 5.5. nos ha llegado en perfectas condiciones
Wohlfahrt *f*, Ø **1.** bienestar *m*; prosperidad *f* **2.** asistencia *f* social; ***öffentliche*** ~ beneficencia *f* pública (Syn. ***Fürsorge***)
Wohlfahrtsamt *n*, **¨er** servicio *m* de beneficencia pública
Wohlfahrtseinrichtung *f*, **en** institución *f* benéfica; institución *f* benéfico-social
Wohlfahrtsempfänger *m*, - perceptor *m*, beneficiario *m* de asistencia social
Wohlfahrtsfonds *m*, - fondo *m* de asistencia benéfico-social; fondo *m* de previsión social
Wohlfahrtsmarke *f*, **n** sello *m* de beneficencia
Wohlfahrtsorganisation *f*, **en** organización social
Wohlfahrtspflege *f*, Ø asistencia *f* social
Wohlfahrtsrente *f*, **n** asistencia *f* a las personas necesitadas; ayuda *f* asistencial a los económicamente débiles
Wohlfahrtsstaat *m*, **en** estado *m* providencia; estado *m* social
Wohlfahrtsunterstützung *f*, **en** auxilio *m* (benéfico-)social
wohlfeil (selten) barato; económico; ***eine Ware ~ erhalten*** adquirir una mercancía a bajo precio (Syn. ***preisgünstig, billig***)
wohlhabend acomodado; pudiente; bien situado; adinerado; acaudalado; ***weniger ~e Mitgliedsstaaten*** (EU) países miembros menos prósperos (UE)

Wohlstand *m*, Ø riqueza *f*; prosperidad *f*; opulencia *f*; bienestar *m*; ***wachsender ~*** prosperidad creciente; ***Abnahme des ~*** descenso *m* del grado de riqueza; disminución *f* de la prosperidad; ***Jahre des ~es*** años de prosperidad

Wohlstandsbürger *m*, - ciuadadano *m* de la sociedad de consumo; miembro *m* de la sociedad de la abundancia; ciudadano *m* que vive en una sociedad próspera

Wohlstandsgebiete *pl* regiones *pl* prósperas

Wohlstandsgesellschaft *f*, **en** sociedad *f* opulenta; sociedad *f* de consumo; sociedad *f* de bienestar (Syn. ***Konsumgesellschaft***)

Wohlstandsmüll *m*, Ø desechos *pl*, residuos *pl* de la sociedad de consumo

Wohltat *f*, **en** obra *f* de caridad; favor *m*

Wohltäter *m*, - benefactor *m*; bienhechor *m*

wohltätig benéfico; caritativo; ***~e Einrichtungen*** instituciones *pl* caritativas, benéficas; instituciones *pl* dedicadas a la beneficencia; ***Sammlung für ~ Zwecke*** colecta *f* con fines caritativos; ***Stiftung für ~e Zwecke*** fundación *f* con fines beneficos

Wohltätigkeit *f*, Ø beneficencia *f*; caridad *f*

Wohltätigkeitsfest *n*, **e** fiesta *f* benéfica

Wohltätigkeitsveranstaltung *f*, **en** acto *m* benéfico, caritativo; función benéfica; acto *m* con fines caritativos

Wohltätigkeitsverein *m*, **e** sociedad *f* de beneficencia; sociedad *f* benéfica

wohlverdient bien merecido; ***~er Ruhestand*** bien merecido retiro; jubilación bien merecida

wohlwollend, ***~ prüfen*** examinar con benevolencia; ***die Vorschläge sind ~ aufgenommen worden*** las propuestas han sido acogidas favorablemente; las propuestas han sido vistas con buenos ojos

Wohnanlage *f*, **n** complejo *m*, polígono *m* residencial

Wohnbau *m*, Ø → Wohnungsbau

Wohnbevölkerung *f*, Ø población *f* residente

Wohnbezirk *m*, **e** zona *f* residencial

Wohnblock *m*, **¨e** bloque *m*, manzana *f* de viviendas; (LA) cuadra *f* de viviendas

Wohndauer *f*, Ø periodo *m* de residencia

wohnen habitar; residir; estar domiciliado; ***zur Miete ~*** vivir de alquiler; ***möbliert ~*** vivir en una habitación amueblada

Wohnfläche *f*, **n** superficie *f* habitable

Wohngebäude *n*, - **1.** edificio *m* de pisos; edificio *m* de (*od.* para) viviendas **2.** finca *f* urbana **3.** edificio *m* de habitación

Wohngebiet *n*, **e** zona *f* residencial

Wohngegend *f*, **en** → Wohngebiet

Wohngeld *n*, **er 1.** subsidio *m* de vivienda **2.** canon *m* de comunidad; gastos *pl* de comunidad

Wohngeldzuschuss *m*, **¨e** → Wohngeld 1.

Wohngelegenheit *f*, **en** alojamiento *m*

Wohngemeinschaft *f*, **en 1.** comuna *f* **2.** comunidad *f* de vecinos

wohnhaft, ***~ in*** residente en; domiciliado en

Wohnhaus *n*, **¨er** → Wohngebäude

Wohnheim *n*, **e** residencia *f*

Wohnkommune *f*, **n** comuna *f*

Wohnküche *f*, **n** cocina *f* comedor

Wohnkultur *f*, Ø interiorismo *m*

wohnlich cómodo; confortable

Wohnmobil *n*, **e** autocaravana *f*; vehículo *m* vivienda

Wohnort *m*, **e** lugar *m* de residencia; residencia *f*; domicilio *m*

Wohnortwechsel *m*, - cambio *m* de domicilio, de residencia

Wohnraum *m*, **¨e 1.** espacio *m* habitable **2.** habitación *f*; cuarto *m*

Wohnrecht *n*, Ø derecho *m* de habitación

Wohnsiedlung *f*, **en** urbanización *f*, polígono *m* residencial; conjunto *m* residencial

Wohnsilo *n*, **s** (Fam.) silo-viviendas *m*

Wohnsitz *m*, **e** residencia *f*; domicilio *m*; ***mit ~ in*** con domicilio en; domiciliado en; ***ständiger*** (***fester***) ~ domicilio *m*, residencia *f* habitual; ***ohne festen ~*** sin domicilio fijo; ***zweiter ~*** segundo domicilio; ***seinen ~ wechseln*** cambiar de domicilio; cambiar de residencia

Wohnsitzwechsel *m*, - cambio *m* de domicilio; cambio *m* de residencia

Wohnstätte *f*, **n** vivienda *f*; hogar *m*

Wohnstube *f*, **n** → Wohnzimmer

Wohnung *f*, **en** vivienda *f*, casa *f*; alojamiento *m*; ***eine ~ beziehen*** instalarse en una vivienda; ***freie ~ haben*** tener alojamiento gratuito; ***eine ~ nehmen*** tomar una vivienda; instalarse en una vivienda; ***aus einer, in eine ~ ziehen*** mudarse de, instalarse en una vivienda

Wohnungsamt *n*, **¨er** oficina *f* de la vivienda

Wohnungsbau *m*, Ø construcción *f* de viviendas; ***sozialer ~*** construcción de viviendas sociales; (Fam.) construcción *f* de casas baratas

Wohnungsbaudarlehen *n*, - crédito-vivienda *m*

Wohnungsbaufinanzierung *f*, **en** financiación *f* de la construcción de viviendas

Wohnungsbaugenossenschaft *f*, **en** cooperativa *f* de (construcción de) viviendas
Wohnungsbaugesellschaft *f*, **en** compañía *f* constructora; constructora *f*
Wohnungsbauministeri|um *n*, **-en** ministerio *m* de la vivienda
Wohnungsbedarf *m*, Ø demanda *f* de viviendas
Wohnungsbeihilfe *f*, **n** subsidio *m* de vivienda
Wohnungseigentum *n*, Ø propiedad *f* horizontal
Wohnungseigentumsgesetz *n*, Ø (E) ley *f* de propiedad horizontal
Wohnungseinbruch *m*, **¨e** robo *m* en una vivienda; robo *m* en un piso
Wohnungseinrichtung *f*, **en** mobiliario *m*
Wohnungsentschädigung *f*, **en** indemnización *f*, subvención *f* de vivienda
Wohnungsfrage *f*, Ø **1.** problema *m* de alojamiento **2.** cuestión *f* de la vivienda
Wohnungsgeld *n*, **er** subsidio *m* de vivienda; plus *m* de residencia
Wohnungsinhaber *m*, **- 1.** dueño *m* (de la vivienda) **2.** inquilino *m*; arrendatario *m*
Wohnungsinstandsetzungskosten *pl* gastos *pl* de reparación de vivienda
Wohnungsknappheit *f*, Ø escasez *f* de vivienda; escasez *f* de alojamientos
Wohnungskosten *pl* costes *pl bzw.* gastos *pl* de la vivienda
wohnungslos sin vivienda; sin domicilio; sin casa
Wohnungsmakler *m*, **-** agente *m* de la propiedad inmobiliaria; agente *m* inmobiliario
Wohnungsmangel *m*, Ø escasez *f* de viviendas
Wohnungsmarkt *m*, **¨e** mercado *m* de la vivienda
Wohnungsmiete *f*, **n** alquiler *m* del piso; arriendo *m* de la vivienda
Wohnungsnachfrage *f*, Ø demanda *f* de viviendas
Wohnungsnachweis *m*, **e** oficina *f*, agencia *f* de alojamientos
Wohnungsnot *f*, Ø crisis *f*, penuria *f* de viviendas
Wohnungspolitik *f*, Ø política *f* de la vivienda
Wohnungsrecht *n*, Ø derecho *m* de habitación
Wohnungssuche *f*, Ø busca *f* de piso; búsqueda *m* de vivienda
Wohnungssuchende(r) (der/ein) demandante *m* de vivienda; persona *f* que busca vivienda
Wohnungstausch *m*, Ø permuta *f* de pisos; permuta *f* de viviendas
Wohnungswechsel *m*, **-** cambio *m* de domicilio; cambio *m* de piso
Wohnungszulage *f*, **n** indemnización *f*, subvención *f* de vivienda
Wohnverhältnisse *pl* **1.** condiciones *pl* de habitabilidad **2.** condiciones *pl* de vivienda
Wohnviertel *n*, **-** barrio *m* residencial
Wohnwagen *m*, **-** caravana *f*; roulotte *f*; casa *f* rodante
Wohnwagenanhänger *m*, **-** → Wohnwagen
Wohnwagenfahrer *m*, **-** caravanista *m*
Wohnzimmer *n*, **-** cuarto *m* de estar; salón *m* (Angl.) living *m*
Wollhandel *m*, Ø comercio *m* lanero; comercio *m* de lanas
Wollhändler *m*, **-** lanero *m*; comerciante *m* en lanas
Wollindustrie *f*, Ø industria *f* lanera
Wollproduktion *f*, Ø producción *f* lanera
Wollsachen *pl* prendas *pl*, ropa *f* de lana
Wollsiegel *n*, **-** certificado *m* de lana
Wollspinnerei *f*, **en 1.** hilandería *f* de lana **2.** hilatura *f* de lana
Wollstoff *m*, **e** tejido *m* de lana
Work-shop *m*, **s** taller *m*; curso *m* práctico; grupo *m* de trabajo; seminario *m*
Wort *n* **1. ¨er** expresión *f*; término *m* **2.** palabra *f*; ***in ~en*** (bei Zahlenangaben) en letra; ***um das ~ bitten*** pedir la palabra; ***ein gutes ~ für jdn. einlegen*** interceder en favor de alg.; ***jdm. das ~ entziehen*** retirar la palabra a alg.; ***das ~ ergreifen*** tomar la palabra; comenzar a hablar; ***das ~ in der Versammlung führen*** llevar la palabra en la asamblea; ***sich zu ~ melden*** intervenir
Wortbruch *m*, Ø falta *f* de palabra
wortbrüchig, ~ ***werden*** faltar a su palabra
Wörterbuch *n*, **¨er** diccionario *m*; léxico *m*; ***Wörter in einem ~ nachschlagen*** consultar palabras en el diccionario
Wortführer *m*, **-** portavoz *m*; (LA) vocero *m*
Wortgebühr *f*, **en** (correos) tasa *f*, tarifa *f* por palabra
wortgetreu 1. textual **2.** (Übersetzung) literal
Wortlaut *m*, Ø texto *m*; tenor *m*; ***amtlicher ~*** texto oficial; ***mit folgendem ~*** que reza así; ***eine Botschaft folgenden ~s*** el tenor del mensaje es como sigue; ***nach dem ~ des Vertrags*** en los términos del contrato;

según el texto contractual; ***im*** ~ textualmente; ***in vollem ~ zitieren*** citar in extenso; citar palabra por palabra; citar completamente; ***jeder*** ~ (z.B. bei drei Sprachen) ***ist gleichermaßen verbindlich*** todos los textos son igualmente auténticos; todos los textos son igualmente vinculantes

wörtlich textual; textualmente; palabra por palabra; al pie de la letra; ***~e Abschrift*** copia *f* palabra por palabra; ***~e Übersetzung*** traducción *f* literal; ~ ***übersetzen*** traducir palabra por palabra; traducir al pie de la letra; traducir textualmente

Wortmeldung *f*, **en** intervención *f*; ***es liegt keine ~ vor*** nadie ha pedido la palabra; nadie pide la palabra

wortwörtlich palabra por palabra; al pie de la letra

WP → Wirtschaftsprüfer

Wrack *n*, **s 1.** (Person) piltrafa *f* humana; ruina *f* **2.** barco *m* naufragado; restos *pl* de naufragio

Wucher *m*, Ø usura *f*; (Chile) logrerismo *m*; ~ ***treiben*** usurar; usurear; logrear

Wucherdarlehen *n*, - préstamo *m* usurario

Wucherei *f*, Ø → Wucher

Wuchergeschäft *n*, **e** negocio *m* usurario; transacción *f*, operación *f* usuraria

Wuchergesetz *n*, **e** ley *f* antiusura; ley *f* contra la usura

Wucherhandel *m*, Ø comercio *m* usurario

wucherisch usurario; ***~e Bedingungen*** condiciones *pl* usurarias; ***~e Zinsen*** *pl* intereses *pl* de usura; intereses *pl* usurarios

Wucherkredit *m*, **e** crédito *m* usurario

Wuchermiete *f*, **n** alquiler *m* abusivo; alquiler *m* usurario

wuchern 1. practicar la usura; usurar; usurear **2.** (Fig.) ***mit seinem Pfunde*** ~ hacer valer su talento

Wucherpreis *m*, **e** precio *m* abusivo; precio *m* prohibitivo; precio *m* usurario

Wucherzinsen *pl* intereses *pl* usurarios; ***Geld zu ~ ausleihen*** prestar dinero a intereses exorbitantes, usurarios

Wühlarbeit *f*, **en** actividades *pl* subversivas

Wühlkorb *m*, **¨e** góndola *f* (llena de objetos que se promocionan)

Wunsch *m*, **e** deseo *m*; ***auf*** ~ a petición; a solicitud; ***auf allgemeinen*** ~ a petición general; ***auf Ihren*** ~ (*od.* ***Ihrem ~ entsprechend***) de acuerdo con sus deseos; ***haben Sie noch einen ~?*** ¿desea algo más? ***nach*** ~ a su gusto; según su deseo; a voluntad; ***jds. ~¨e berücksichtigen*** considerar, tener en cuenta los deseos de alg.; ***den ~¨en der Kunden entgegenkommen*** (*od.* entsprechen) atender, satisfacer los deseos de los clientes; ***mit den besten ~¨en*** con los mejores deseos

wünschen, ***viel zu ~ übrig lassen*** dejar mucho que desear

wünschenswert de desear; deseable; ***es für ~ halten*** considerar deseable

wunschgemäß conforme a lo deseado; con arreglo a sus deseos; según sus deseos

Wunschkatalog *m*, **e** cátalogo *m* de medidas deseadas; catálogo *m* de deseos

Wunschzettel *m*, - lista *f* de regalos deseados; desiderata *f*; (E) (Kinder) carta *f* a los reyes magos

Würdenträger *m*, - dignatario *m*

würdigen 1. apreciar; valorar **2.** encomiar; alabar; ensalzar; ***ich weiß seine Verdienste zu*** ~ sé apreciar, sé reconocer sus méritos

Würdigung *f*, **en 1.** estima *f*; apreciación *f*; valoración *f*; ***in ~ seiner Verdienste*** en reconocimiento de sus méritos **2.** ***unter ~ von*** a la vista de; a la luz de

Wurf *m*, (**¨e**), ***ein großer*** ~ un gran éxito; un exitazo

Würfelzucker *m*, Ø azúcar *m* en terrones

Wurfgeschoss *n*, **e** proyectil *m*

Wurfgranate *f*, **n** granada *f* de mortero

Wurfsendung *f*, **en** envío *m* colectivo

Wurst *f*, **¨e** embutido *m*

Würstchen *n*, - **1.** salchicha *f*; ***heiße***, ***warme*** ~ perros *pl* calientes **2.** hombrecillo *m*

Wurstelei *f*, Ø **1.** desbarajuste *m*; embrollo *m* **2.** chapucería *f*

wursteln chapucear

Wurstfabrik *f*, **en** fábrica *f* de embutidos

Wursthändler *m*, - salchichero *m*

Wurstscheibe *f*, **n** loncha *f* de un embutido

Wurstwaren *pl* charcutería *f*; fiambres *pl*; embutidos *pl*

Wurstwarengeschäft *n*, **e** charcutería *f*; salchichería *f*

WUST/Wust → Warenumsatzsteuer

Wüste *f*, **n** desierto *m*; ***in die ~ schicken*** privar a alg. de su cargo; privar a alg. de toda influencia

wüsten, ***mit dem Gelde*** ~ derrochar, despilfarrar el dinero

wüstenbewohnend desertícola

Wüstenbildung *f*, Ø desertización *f*

Wüstenlandschaft *f*, **en** paisaje *m* desértico

X

X 1. (Estad.) signo *m* matemático **2.** una gran cantidad de; ***davon gibt es ~-Sorten*** de ello hay una gran cantidad de variedades **3.** ***die Stunde*** ~ la hora H; ***der Tag*** ~ el día D

X-Achse *f*, **n** (Estad.) eje *m* de las x; eje *m* de las abscisas

XBase (compatible con) XBase

x-beliebig cualquier; cualquiera; al azar; ***eine ~e Zahl*** una cifra, un número al azar

X-Beliebige(**r**) (der/ein) cualquiera

Xenocurrencies *pl* senodivisas *pl*; senomonedas *pl*

Xenophob *m*, **en** xenófobo *m*

Xenophobie *f*, Ø xenofobia *f*

Xerographie *f*, Ø xerografía *f*

Xerokopie *f*, **n** xerocopia *f*

XL (Seg.) exceso *m* de pérdida

x-mal muchas veces; infinidad *f* de veces; mil veces

XP-Gespräch *n*, **e** (Teléf.) aviso *m* de llamada

x-te, ***zum ~n Mal*** por enésima vez

XT-kompatible compatible XT

XY, ***~Diagramm*** gráfico *m*; ***~Schreiber*** trazador *m* de curvas

Xylograph *m*, **en** xilógrafo *m*

Xylographie *f*, Ø xilografía *f*

xylographisch xilográfico

Y

Y-Achse *f*, **n** (Estad.) eje *m* de las y; eje *m* de ordenadas

Yacht *f*, **en** yate *m*

Yankee *m*, **s** yanqui *m*

Yard *n*, **s** yarda *f* (aprox. 91 centímetros)

yellow press *f*, Ø prensa *f* sensacionalista; prensa *f* amarilla

yellow-dog-Vertrag *m*, **¨e** contrato *m* por el que el trabajador no se sindica

Yen *m*, (**s**) yen *m* (unidad monetaria del Japón)

Young Plan *m*, Ø Plan *m* Young (para reducir las reparaciones alemanas de guerra)

Yuan *m*, **s** yuán *m* (unidad monetaria de la República Popular China)

Yuppie *m*, **s** (young urban professional people) joven *m* dinámico; carrierista *m*; yuppie *m*

Z

z.D. (zur Disposition) a (la) disposición de; ***zur ~ stellen*** pasar a situación de disponible

z.d.A. (zu den Akten) para, a clasificar; para, a archivar; para, a poner en el archivo

z.H. (zu Händen) a la atención de; en propia mano

z.T. (zum Teil) en parte

z.tr.H. (zu treuen Händen) a la atención de; para entregar a

z.U. (zur Unterschrift) (destinado) a la firma

z.V. (zur Verfügung) a la disposición

z.Z. (zurzeit) actualmente; en la actualidad; por el momento

zähflüssig 1. viscoso; espeso **2.** ***~er Verkehr*** tráfico *m* que apenas fluye

Zahl *f*, **en** número *m*; cifra *f*; guarismo *m;* ***in runden ~en*** en números redondos; ***zweistellige ~*** número de dos cifras; número, cifra de dos digitos; ***eine große ~ von*** un gran número de; ***in großer ~*** en gran cantidad; en gran número; ***eine ~ abrunden/aufrunden*** redondear una cifra, un número; ***~ der offen gebliebenen Stellen*** ofertas *pl* de empleo que todavía están vacantes; puestos *pl* de trabajo aún sin cubrir; ***ohne ~*** sin número; ***in die roten ~en kommen*** incurrir en déficit; registrar numeros rojos; ***zehn an der ~*** en número de diez

Zählapparat *m*, **e** contador *m* automático

zählbar numerable; computable; contadero; contable

zahlbar pagadero; abonable; a abonar; ***~ an den Inhaber*** (Überbringer) pagadero al portador; ***~ zum 1.d.M.*** pagadero el primer día de este mes; ***~ bei der Bank*** pagadero en el banco; ***~ bei Bestellung*** pagadero al pasar el pedido; ***~ bei Empfang*** pagadero a la recepción; ***~ bei Lieferung*** pagadero a la entrega; ***~ bei Sicht*** pagadero a la vista; ***~ bei Verfall*** pagadero al vencimiento; ***~ binnen zwei Wochen*** pagadero en quince días; ***~ in Monatsraten*** a abonar por mensualidades; ***~ netto gegen Kasse*** abonable al contado sin descuento

zahlbarstellen 1. hacer pagadero **2.** ***einen Wechsel ~*** domiciliar una letra

Zahlbarstellung *f*, **en 1.** exigibilidad *f* (de una prima) **2.** domiciliación *f* (de una letra)

Zählblatt *n*, **¨er** → Zahlkarte

zählen 1. ***er zählt zu meinen Kunden*** figura, cuenta entre mis clientes **2.** ***Einwohner ~*** hacer censo de la población **3.** ***Stimmen ~*** hacer el escrutinio; escrutar **4.** ***20 Jahre ~*** contar, tener 20 años de edad **5.** ***das zählt nicht*** eso no cuenta

zahlen pagar; abonar; satisfacer; ***bar ~*** pagar al contado; pagar en efectivo; ***~ bitte*** ¡la cuenta, por favor!; ***gegen Quittung ~*** pagar contra recibo; ***in Raten ~*** pagar a plazos; pagar a crédito; ***per Scheck ~*** pagar con *od.* por medio de talón *bzw.* cheque; ***im Voraus ~*** pagar por adelantado; ***was habe ich zu ~*** ¿qué le debo? ¿cuánto es?; ***nicht ~ können*** no poder pagar; verse imposibilitado para pagar; no estar en condiciones de pagar

Zahlenangabe *f*, **n** indicación *f* numérica; dato *m* numérico

Zahlenbeispiel *n*, **e** ejemplo *m* numérico

zahlend, ***~es Mitglied*** miembro *m* de pago; miembro *m* que paga una cuota fija; ***der zu ~e Preis*** el precio a abonar, a pagar, a hacer efectivo, a desembolsar

Zahlenfolge *f*, **n** serie *f* de números; serie *f* numérica

Zahlengröße *f*, **n** cantidad *f* numérica

zahlenmäßig numérico; ***~ überlegen sein*** ser superior numéricamente; sobrepasar en número; ***~es Verhältnis*** relación *f*, proporción *f* numérica; ***~ feststellen*** determinar en cifras, determinar numéricamente

Zahlenmaterial *n*, **(ien)** datos *pl* numéricos; material *m* numérico; material *m* estadístico

Zahlenreihe *f*, **n** → Zahlenfolge

Zahlenschloss *n*, ¨**er** candado *m* de combinación
Zahlensystem *n*, **e** sistema *m* numérico, aritmético
Zahlenverhältnis *n*, **se** proporción *f*, relación *f* numérica
Zahlenwert *m*, **e** valor *m* numérico
Zähler *m*, - **1.** contador *m* **2.** numerador *m* **3.** totalizador *m*; máquina *f* de sumar **4.** punto *m* (porcentual)
Zahler *m*, - pagador *m*; ***ein pünktlicher ~ sein*** ser un buen pagador; ser un pagador puntual; pagar puntualmente; ***ein schlechter*** (***säumiger***) ***~ sein*** ser un mal pagador; ser un pagador moroso; no pagar puntualmente
Zählerablesung *f*, **en** lectura *f* del contador
Zahlgrenze *f*, **n** límite *m* de tarificación *od.* de zona *od.* de tarifa (en los medios de transporte)
Zählkarte *f*, **n** tarjeta *f* de empadronamiento, de censo (de la población); hoja *f* estadística
Zahlkarte *f*, **n** tarjeta *f*, impreso *m* para giro postal
Zahlkellner *m*, - camarero *m* cobrador
Zählliste *f*, **n** hoja *f* de anotación
zahllos innumerable; sin número
Zählmaß *n*, Ø unidad *f* de medida (litro, media docena, *etc.*)
Zahlmeister *m*, - **1.** pagador *m*; habilitado *m* **2.** sobrecargo *m*
Zahlmeisterei *f*, **en** pagaduría *f*; habilitación *f*
Zahlpfennig *m*, **e** ficha *f* (de juego)
zahlreich cuantioso; numeroso; en gran número; ***unsere ~e Kundschaft*** nuestra numerosa clientela
Zahlstelle *f*, **n** **1.** oficina *f* de pagos; pagaduría *f*; contaduría *f* **2.** ventanilla *f* de pagos **3.** estación *f* de peaje (en la autopista)
Zahlstellenscheck *m*, **s** cheque *m* domiciliado
Zahlstellenwechsel *m*, - letra *f* domiciliada
Zahltag *m*, **e** **1.** día *m* de pago; día *m* de paga **2.** vencimiento *m* (de una letra)
Zahltisch *m*, **e** mostrador *m* (de pago)
Zählung *f*, **en** **1.** numeración *f*; acto *m* de contar **2.** censo *m* (de la población) **3.** recuento *m* (de votos)
Zahlung *f*, **en** pago *m*; abono *m* **1.** ***als ~ für*** en pago de; ***aufgeschobene ~*** pago diferido; ***einmalige ~*** pago de una sola vez; pago único; ***rückständige ~*** pago atrasado; ***sofortige ~*** pago inmediato; ***an ~s Statt*** a título de pago; en lugar de pago; en pago; ***gegen ~*** mediante pago; contra pago; previo pago; ***~ in Monatsraten*** pago por mensualidades; pago por meses; ***mangels ~*** por falta de pago **2.** ***zur ~ auffordern*** requerir, conminar el pago; ***eine ~ einstellen*** suspender el pago; ***~ erfolgt durch Banküberweisung*** el pago se efectúa por transferencia bancaria; ***eine ~ fordern*** exigir un pago; ***eine ~ leisten*** efectuar un pago; ***etw. in ~ nehmen*** aceptar u/c en pago; ***eine ~ stunden*** conceder una prórroga para el pago; aplazar el pago; ***die ~ verweigern*** negarse a pagar; ***die ~en wieder aufnehmen*** reanudar el pago **3.** ***in ~ geben*** dar en pago; ***in ~ nehmen*** tomar, aceptar en pago
Zahlungs- und Überweisungsverkehr *m* operaciones *pl* de caja y de giro
Zahlungsabkommen *n*, - acuerdo *m* de pagos
Zahlungsangebot *n*, **e** oferta *f* de pago
Zahlungsanweisung *f*, **en** orden *f* de pago
Zahlungsanzeige *f*, **n** aviso *m* de pago
Zahlungsart *f*, **en** modo *m*, forma *f* de pago
Zahlungsaufforderung *f*, **en** requerimiento *m* de pago; invitación *f* a pagar; notificación *f* de pago
Zahlungsaufschub *m*, ¨**e** moratoria *f*; prórroga *f* del pago; ***einen ~ gewähren*** conceder una moratoria; conceder una prórroga del pago
Zahlungsauftrag *m*, ¨**e** orden *f* de pago
Zahlungsausgleich *m*, **e** **1.** compensación *f* de pagos **2.** pago *m*; liquidación *f*
Zahlungsbedingungen *pl* condiciones *pl* de pago; ***unsere ~ lauten*** nuestras condiciones de pago son las siguientes
Zahlungsbefehl *m*, **e** mandamiento *m* de pago
Zahlungsbeleg *m*, **e** justificante *m* del pago; recibo *m*
zahlungsbereit (pre)dispuesto a pagar; con capacidad de pago; con liquidez; con disponibilidad de dinero
Zahlungsbereitschaft (eines Unternehmens) *f*, Ø predisposición *f*, disposición *f* a pagar; liquidez *f*
Zahlungsbescheinigung *f*, **en** → Zahlungsbestätigung
Zahlungsbestätigung *f*, **en** **1.** confirmación *f* del pago **2.** recibo *m*
Zahlungsbilanz *f*, **en** balanza *f* de pagos; ***aktive***, ***passive ~*** balanza de pagos exce-

dentaria, deficitaria; ***die ~ ausgleichen*** equilibrar la balanza de pagos

Zahlungsbilanzdefizit *n*, **e** déficit *m*, saldo *m* deudor, saldo *m* pasivo de la balanza de pagos

Zahlungsbilanzlücke *f*, **n** déficit *m*, agujero *m* en la balanza de pagos

Zahlungsbilanzüberschuss *m*, **¨sse** superávit *m*, saldo *m* acreedor, saldo *m* activo de la balanza de pagos

Zahlungsbilanzungleichgewicht *n*, Ø desequilibrio *m* de la balanza de pagos

Zahlungseingang *m*, **¨e** entrada *f* en caja; entrada *f* de fondos, de pagos

Zahlungseinstellung *f*, **en** suspensión *f* de pagos

Zahlungseintreibung *f*, Ø cobro *m* (de las facturas); recaudación *f* (de los pagos pendientes)

Zahlungsempfänger *m*, - beneficiario *m*, destinatario *m* de un pago

Zahlungserinnerung *f*, **en** recordatorio *m* (de pago)

Zahlungserlass *m*, **e** condonación *f* del pago; exacción *f*, dispensa *f* del pago

Zahlungserleichterungen *pl* facilidades *pl* de pago; ***~ gewähren*** conceder, otorgar, acordar facilidades de pago

Zahlungsermächtigung *f*, **(en)** autorización *f* para pagar; autorización *f* de pago

zahlungsfähig solvente

Zahlungsfähigkeit *f*, Ø solvencia *f*; ***Garantie für ~*** garantía *f* de solvencia

Zahlungsfrist *f*, **en** plazo *m* de pago; plazo *m* de vencimiento

Zahlungsgarantie *f*, **n** garantía *f* de pago; aval *m* de pago

Zahlungsgewohnheiten *pl* hábitos *pl*, usos *pl* de pago

Zahlungsklausel *f*, **n** cláusula *f* de pago, de liquidación

zahlungskräftig (Fam.) que tiene medios, fondos para pagar; económicamente sólido; ***~e Firma*** casa *f* financieramente saneada

Zahlungskreditinstitut *n*, **e** establecimiento *m* de financiación de ventas a plazos

Zahlungsmittel *n*, - medio *m* de pago; fondos *pl* para el pago; ***ausländische ~*** divisas *pl*; ***bargeldloses ~*** medio de pago por transferencia *od.* giro; ***gesetzliches ~*** moneda *f* legal

Zahlungsmittelumlauf *m*, Ø circulación *f* fiduciaria

Zahlungsmodalitäten *pl* modalidades *pl*, formas *pl* de pago

Zahlungsmöglichkeiten *pl* posibilidades *pl* de hacer efectivo el pago; posibilidades *pl* de que se dispone para pagar

Zahlungsmoral *f*, Ø, ***schlechte ~*** mala moral *f* de pago; comportamiento *m* insatisfactorio para pagar

Zahlungsort *m*, **e** lugar *m* de pago; domicilio *m* (de una letra); ***den ~ näher angeben*** especificar el lugar de pago

Zahlungspflicht *f*, **en** obligación *f* de pagar; ***seinen ~en pünktlich nachkommen*** cumplir puntualmente sus obligaciones de pago; respetar puntualmente los compromisos de pago

zahlungspflichtig sujeto a pago; obligado a pagar

Zahlungsplan *m*, **¨e** plan *m* de pago; plan *m* de amortización

Zahlungsregelung *f*, **en** convenio *m* sobre el pago

Zahlungsrückstand *m*, **¨e** pago *m* atrasado

Zahlungsscheck *m*, **s** cheque *m* para pago en efectivo

Zahlungsschwierigkeiten *pl* dificultades *pl* de pago; ***in ~ geraten*** incurrir en dificultades de tesorería

Zahlungssperre *f*, **n 1.** bloqueo *m*, congelación *f* de pagos **2.** suspensión *f* de pagos

Zahlungsstockung *f*, Ø estancamiento *m* de los pagos

Zahlungsstopp *m*, **s** congelación *f* de los pagos

Zahlungsströme *pl* flujos *pl* de pagos

Zahlungsstundung *f*, **(en)** aplazamiento *m* del pago

Zahlungssystem *n*, **e** sistema *m* de pagos

Zahlungstermin *m*, **e** plazo *m*, fecha *f* de pago; ***einen ~ nicht einhalten*** no respetar, no cumplir el plazo de pago

zahlungsunfähig insolvente; ***sich für ~ erklären*** declararse insolvente; declararse en quiebra

Zahlungsunfähige(r) (der/ein) insolvente *m*; quebrado *m*

Zahlungsunfähigkeit *f*, Ø insolvencia *f*; carencia *f* de medios de pago; ruina *f* financiera

Zahlungsunion *f*, Ø, ***Europäische ~*** Unión *f* Europea de Pagos

zahlungsunwillig no dispuesto a pagar; reacio al pago

Zahlungsverbindlichkeit *f*, **en** → Zahlungsverpflichtung

Zahlungsverbot *n*, **e** prohibición *f* de pago
Zahlungsvereinbarung *f*, **en** estipulación *f* de pago
Zahlungsverkehr *m*, Ø operaciones *pl* de pago; transacciones *pl* financieras; servicio *m* de pagos; ***bargeldloser*** ~ pago *m* sin movimiento de numerario; pago *m* con cheque o por giro; ***internationaler*** ~ servicio de pagos internacionales; ***im ~ zulassen*** admitir para pago
Zahlungsverpflichtete(r) (der/ein) persona *f* obligada a pagar
Zahlungsverpflichtung *f*, **en** obligación *f*, compromiso *m* de pago; ***seinen ~en nachkommen*** hacer frente a sus compromisos financieros
Zahlungsversprechen *n*, - promesa *f* de pago
Zahlungsverweigerung *f*, Ø negación *f* de pago; rehuso *m* del pago
Zahlungsverzögerung *f*, **en** demora *f*, retraso *m* del pago
Zahlungsverzug *m*, Ø demora *f*, retraso *m* en el pago
Zahlungsvorschlag *m*, **¨e** propuesta *f*, proposición *f* de pago
Zahlungswährung *f*, **en** moneda *f* de pago
Zahlungsweise *f*, **n** → Zahlungsart
Zahlungswiderruf *m*, Ø revocación *f* del pago
Zahlungswilligkeit *f*, Ø buena voluntad *f* de pago; voluntad *f* para pagar
Zahlungsziel *n*, **e** → Zahlungsfrist
Zahlzeichen *n*, - cifra *f*
Zankapfel *m*, **¨** manzana *f* de la discordia; punto *m* de fricción
Zapfsäule *f*, **n** surtidor *m* (de gasolina)
Zapfstelle *f*, **n** **1.** toma *f* de agua **2.** gasolinera *f* (Syn. ***Tankstelle***)
Zaster *m*, Ø (Fam.) pasta *f*; cuartos *pl*; tela *f*; perras *pl*; monises *pl*
ZDF (Zweites Deutsches Fernsehen) (D) segundo canal *m*, segunda cadena *f* de la televisión alemana
Zeche *f*, **n** **1.** mina *f* **2.** consumición *f* **3.** cuenta *f*; ***die ~ prellen*** irse sin pagar; ***die ~ bezahlen müssen*** ser el pagano; pagar el pato; pagar los platos; pagar los vidrios rotos
Zechenschließung *f*, **en** cierre *m* de una mina
Zechensterben *n*, Ø muerte *f* de la mina; cierre *f* de minas
Zechpreller *m*, - (Fam.) cliente *m* que se va sin haber pagado
Zechprellerei *f*, Ø estafa *f* de consumición
Zedent *m*, **en** **1.** cedente *f* **2.** endosante *m* (de una letra)
zedieren **1.** ceder; hacer cesión **2.** endosar (una letra)
zehn diez; ***etwa*** ~ unos diez; alrededor de una decena
zehneckig decagonal
Zehner *m*, - **1.** decena *f* **2.** (Fam.) moneda *f*, pieza *f*, de diez pfennigs
Zehnerklub *m*, Ø Club *m* de los Diez
zehnerlei diez variedades de algo; de diez clases diferentes
Zehnerpackung *f*, **en** paquete *m* de diez
zehnfach diez veces más; décuplo; ***das ~e*** el décuplo
zehnfältig → zehnfach
Zehnfingersystem *n*, Ø (sistema *m* de) escritura *f* a máquina con todos los dedos
Zehnjahresplan *m*, **¨e** plan *m* decenal
zehnjährig decenal; de diez años
zehnmalig diez veces
Zehnmarkschein *m*, **e** billete *m* de diez marcos
Zehnpfennigstück *n*, **e** → Zehner
zehnprozentig al diez por ciento
zehnstündig de diez horas
zehntägig de diez días
zehntausend diez mil; ***die Oberen*** ~ la alta sociedad; la crema de la sociedad
zehntausendste diezmilésimo
Zehntausendstel *n*, - diezmilésima parte *f*
zehnte décimo
Zehntel *n*, - décimo *m*; décima parte *f*
zehntens en décimo lugar; décimo (en la clasificación)
Zehntonner *m*, - camión *m* de diez toneladas
zehren alimentarse, vivir de; ~ ***an*** consumir; minar
Zehrgeld *n*, **er** (selten) viático *m*; ayuda *f* de viático
Zeichen *n*, - **1.** signo *m*; marca *f*; índice *m* **2.** referencia *f*; ***Ihre***, ***unsere*** ~ su, nuestra referencia **3.** (Inform.) carácter *m* **4.** signos *pl* convencionales
Zeichenblock *m*, **¨e** bloc *m* de dibujo
Zeichenbrett *n*, er tablero *m* de dibujo
Zeichenbüro *n*, **s** oficina *f* de dibujo
Zeichengebung *f*, (**en**) señalización *f*
Zeichengeld *n*, Ø moneda *f* fiduciaria (p.ej. billete de banco)
Zeichengeldwährung *f*, **en** papel moneda *m*
Zeichenlesegerät *n*, **e** (Inform.) lector *m* de caracteres

Zeichenrolle *f*, **n** registro *m* de marcas; registro *m* de fábrica
Zeichenschutz *m*, Ø protección *f* de (las) marcas; protección *f* de etiquetas
Zeichentrickfilm *m*, **e** película *f* de dibujos animados; película *f* de animación
zeichnen **1.** dibujar; bosquejar; esbozar **2.** ***Aktien*** ~ suscribir acciones; ***eine Anleihe*** ~ suscribir un empréstito; ***einen Betrag von 1000 Mark*** ~ suscribir por una suma de 1000 marcos **3.** ***per Prokura*** ~ firmar por poder (p.p.) **4.** trazar una raya o línea
Zeichnen *n*, Ø dibujo *m*; ***technisches*** ~ dibujo industrial; delineación *f*
Zeichner *m*, **-** **1.** suscriptor *m* **2.** dibujante *m* **3.** grafista *m; **technischer*** ~ delineante *m*
zeichnerisch, ***~e Darstellung*** representación *f* gráfica
Zeichnung *f*, **en** **1.** suscripción *f*; ***zur*** ~ ***auflegen*** ofrecer a suscripción **2.** dibujo *m*; croquis *m*; esquema *m* **3.** plano *m* (de construcción) **4.** trazado *m* **5.** firma *f*
Zeichnungsangebot *n*, **e** oferta *f* de suscripción
Zeichnungsanmeldung *f*, **en** declaración *f* de suscripción
Zeichnungsauflegung *f*, **en** → Zeichnungsangebot
Zeichnungsbedingungen *pl* condiciones *pl*, términos *pl* de suscripción
Zeichnungsbefugnis *f*, **se** derecho *m*, autorización *f* para firmar
zeichnungsberechtigt autorizado para firmar; ~ ***sein*** tener autorización para firmar; (Fam.) tener firma
Zeichnungsberechtigte(r) (der/ein) persona *f* autorizada para firmar
Zeichnungsberechtigung *f*, **en** → Zeichnungsvollmacht
Zeichnungsbetrag *m*, **¨e** cantidad *f*, suma *f* suscrita; montante *m* de la suscripción
Zeichnungseinladung *f*, **en** oferta *f* de suscripción; invitación *f* a suscribir
Zeichnungsformular *n*, **e** impreso *m*, modelo *m*, formulario *m* de suscripción
Zeichnungsfrist *f*, **en** plazo *m* de suscripción
Zeichnungskurs *m*, **e** **1.** cotización *f* de emisión **2.** cotización *f* suscrita
Zeichnungsliste *f*, **n** lista *f* de suscriptores
Zeichnungspreis *m*, **e** precio *m* de suscripción
Zeichnungsprospekt *n*, **e** prospecto *m* de emisión
Zeichnungsrecht *n*, **e** derecho *m* de suscripción; ***alle ~e erwerben***, ***abtreten*** adquirir, ceder todos los derechos de suscripción
Zeichnungsschein *m*, **e** boletín *m* de suscripción; certificado *m* de compra (de un título)
Zeichnungsstelle *f*, **n** oficina *f* de suscripción
Zeichnungsvollmacht *f*, **en** poder *m* para firmar; ***die*** ~ ***haben*** tener poder para firmar
Zeichnungswert *m*, **e** valor *m* de emisión
Zeile *f*, **n** línea *f*; ***nach*** ~ ***bezahlen*** pagar por línea
Zeilenabstand *m*, **¨e** espacio *m* entre líneas; espacio *m* interlineal; interlínea *f*; ***mit einfachem***, ***doppeltem*** ~ a un, a doble espacio
Zeilenhonorar *n*, **e** remuneración *f* por línea
zeilenweise por línea
Zeilenzwischenraum *m*, **¨e** → Zeilenabstand
Zeit *f*, **en** tiempo *m*; periodo *m*; plazo *m*; época *f*; hora *f*; temporada *f* **1.** ***auf*** ~ a plazo; a término; ***auf kurze*** ~ a corto plazo; ***außer der*** ~ a deshora; fuera de tiempo; fuera de servicio; fuera de temporada; ***binnen kurzer*** ~ en un plazo breve; (Inform.) ***in echter*** ~ en tiempo real; ***in kürzester*** ~ en el plazo más breve; ***verkehrsarme*** ~ horas muertas; horas de poca actividad **2.** ***viel*** ~ ***in Anspruch nehmen*** requerir, llevar mucho tiempo; ***eine*** ~ ***verabreden mit jdm.*** convenir una hora; acordar una fecha; ~ ***ist Geld*** el tiempo es oro
Zeitabschreibung *f*, **en** (Contab.) amortización *f* pro rata temporis
Zeitabstand *m*, **¨e**, ***in regelmäßigen Zeitabständen*** periódicamente; a (*od.* en) intervalos regulares
Zeitakkord *m*, **e** destajo *m* de salario por tiempo
Zeitangabe *f*, **n** indicación *f* de la hora; indicación *f* del tiempo
Zeitangestellte(r) (der/ein) empleado *m* temporal, interino; (Syn. ***Aushilfs-***, ***Vertretungskraft***)
Zeitansage *f*, **n** (Teléf.) información *f* horaria
Zeitarbeit *f*, **en** trabajo *m* temporal; trabajo *m* interino
Zeitarbeiter *m*, **-** → Zeitarbeitskraft
Zeitarbeitnehmer **m**, **-** → Zeitarbeitskraft
Zeitarbeitskraft *f*, **¨e** personal *m* temporal; personal *m* interino; (Syn. ***Aushilfskraft***)

Zeitarbeitsunternehmen *n*, - empresa *f* de trabajo temporal
Zeitarbeitsvertrag *m*, **¨e** contrato *m* (de trabajo) temporal
Zeitaufwand *m*, Ø tiempo *m* dedicado a hacer u/c; tiempo *m* invertido; inversión *f*, consumo *m* de tiempo; despliegue *m* de tiempo
Zeitausfall *m*, **¨e** pérdida *f* de tiempo de trabajo
zeitbedingt debido a las circunstancias; ***~e Geschäftsflaute*** desaceleración *f* coyuntural
Zeitbegrenzung *f*, **en**, ***ohne*** ~ sin limitación de tiempo; sin plazo (fijo)
Zeitcharter *m*, - flete *m* temporal; flete *m* a plazo (determinado)
Zeitcharterung *f*, Ø fletamento *m* temporal, a plazo (determinado)
Zeitdeckung *f*, **en** (Seg.) cobertura *f* temporal
Zeitdepositen ***pl*** → Termineinlagen
Zeitdiebstahl *m*, **¨e** robo *m* de tiempo (Computerkriminalität)
Zeitdruck *m*, Ø, ***unter ~ stehen*** ir, trabajar contra reloj
Zeiteinheit *f*, **en** unidad *f* de tiempo
Zeiteinsparung *f*, en ahorro *m* de tiempo
Zeiteinteilung *f*, **en** empleo *m* del tiempo
Zeiterfassung *f*, Ø registro *m* de tiempos; (von Arbeitnehmer) control *m* de presencia
Zeitersparnis *f*, **se** ahorro *m*, economía *f* de tiempo; ganancia *f* de tiempo
Zeitfolge *f*, **n** cronología *f*; orden *m* cronológico
Zeitfracht *f*, Ø flete *m* a tiempo
Zeitfrachtvertrag *m*, **¨e** → Zeitcharter
Zeitfranchise *f*, **s** (Seg.) franquicia *f* temporal
Zeitgelder *pl* capital *m*, depósitos *pl* a plazo
Zeitgeschäft *n*, **e** **1.** operación *f* a plazo **2.** mercado *m* a plazo
Zeitgewinn *m*, Ø → Zeitersparnis
Zeithandel *m*, Ø → Terminhandel
Zeitkarte *f*, **n** (tarjeta *f* de) abono *m*
Zeitkarteninhaber *m*, - abonado *m*; titular *m* del abono
Zeitkauf *m*, **¨e** → Terminkauf
Zeitkontrolle *f*, **n** **1.** control *m* (del tiempo necesario para una operación) **2.** control *m* de puntualidad; control *m* de entrada y salida
Zeitkraft *f*, **¨e** → Zeitarbeitskraft
Zeitlohn *m*, **¨e** **1.** salario *m* por unidad de tiempo **2.** tarifa *f* por hora(s)
Zeitlohnarbeit *f*, Ø trabajo *m* por horas
Zeitlohnarbeiter *m*, - trabajador *m* por horas; obrero *m* retribuido por horas; jornalero *m* por horas
Zeitlohner *m*, - → Zeitlohnarbeiter
Zeitmangel *m*, Ø falta *f* de tiempo; ***aus*** ~ por falta de tiempo
Zeitnot *f*, Ø → Zeitdruck
Zeitpacht *f*, Ø arrendamiento *m* a plazo fijo
Zeitpersonal *n*, Ø personal *m* interino, temporal
Zeitplan *m*, **¨e** horario *m*; calendario *m*
Zeitpolice *f*, **n** (Seg.) póliza *f* temporal
Zeitpunkt *m*, **e** momento *m*; fecha *f*; ***zum beabsichtigten*** ~ en el momento deseado; ***einen ~ festlegen*** (vereinbaren) fijar, convenir una fecha
zeitraubend **1.** que requiere mucho tiempo **2.** muy lento **3.** engorroso
Zeitraum *m*, **¨e** período *m*; duración *f*; lapso *m* de tiempo; ***während des entsprechendes ~s im vorigen Jahr*** en el mismo período del año anterior
Zeitrechner *m*, - reloj *m* (cronométrico) para el control del tiempo de trabajo
Zeitrechnung *f*, **en** **1.** cronología *f* **2.** control *m* del tiempo de trabajo
Zeitrente *f*, **n** renta *f* temporal; renta *f* a plazo
Zeitschreiber *m*, - cronómetro *m* registrador
Zeitschrift *f*, **en** revista *f*
Zeitsichtwechsel *m*, - letra *f* a tantos días vista
Zeitspanne *f*, **n** → Zeitraum
zeitsparend que ahorra, que economiza tiempo
Zeitstudie *f*, **n** estudio *m* de tiempos; cronometraje *f* del tiempo necesario para un cierto trabajo
Zeittafel *f*, **n** tabla *f* cronológica
Zeittakt *m*, **e** (Teléf.) paso *m* de contador
Zeitung *f*, **en** periódico *m*; rotativo *m*; diario *m*; ***eine ~ abbestellen*** darse de baja de un periódico; anular, cancelar la suscripción a un periódico; ***eine ~ abonnieren*** suscribirse a un periódico; ***eine ~ beziehen*** (***auf eine ~ abonniert sein***) estar suscrito a un periódico; ***in einer ~ inserieren*** poner un anuncio, insertar en un periódico
Zeitungsabonnement *n*, **s** suscripción *f* a un periódico
Zeitungsannonce *f*, **n** → Zeitungsanzeige
Zeitungsanzeige *f*, **n** anuncio *f* (en un periódico)

Zeitungsartikel *m*, - artículo *m* de periódico; artículo *m* periodístico
Zeitungsausschnitt *m*, **e** recorte *m* de periódico
Zeitungsausträger *m*, - repartidor *m* de periódicos
Zeitungsautomat *m*, **en** expendedor *m*, distribuidor *m* automático de periódicos
Zeitungsbeilage *f*, **n** suplemento *m*
Zeitungshändler *m*, - vendedor *m* de prensa
Zeitungsinserat *n*, **e** → Zeitungsanzeige
Zeitungsjunge *m*, **n** repartidor *m* de periódicos
Zeitungskiosk *m*, **e** quiosco *m*, kiosco *m*, puesto *m* de periódicos
Zeitungskorrespondent *m*, **en** corresponsal *m* de un periódico; corresponsal *m* de prensa
Zeitungsleser *m*, - lector *m* (de prensa, de un periódico)
Zeitungsnummer *f*, **n** ejemplar *m*, número *m* de un periodico
Zeitungspapier *n*, Ø papel *m* de periódico, de prensa
Zeitungsredakteur *m*, **e** redactor *m* de un periódico; redactor *m* de prensa
Zeitungsstand *m*, **¨e** → Zeitungskiosk
Zeitungsständer *m*, - revistero *m*; portarrevistas *m*
Zeitungsverkäufer *m*, - vendedor *m* de prensa, de periódicos
Zeitungsverleger *m*, - editor *m* de periódicos
Zeitungswerbung *f*, Ø publicidad *f* en la prensa, en los periódicos
Zeitungswesen *n*, Ø **1.** periodismo *m* **2.** prensa *f*
Zeitungswissenschaft *f*, Ø ciencia *f* de la información; periodismo *m*
Zeitunterschied *m*, **e** diferencia *f* de (la) hora
Zeitvergeudung *f*, Ø despilfarro *m*, desperdicio *m* de tiempo
Zeitverlust *m*, **e** pérdida *f* de tiempo
Zeitverschwendung *f*, **en** → Zeitvergeudung
Zeitversicherung *f*, **en** seguro *m* limitado en el tiempo
zeitweilig temporal, *~e* ***Beurlaubung*** excedencia *f*
Zeitwert *m*, Ø valor *m* actual
Zeitwertversicherung *f*, **en** seguro *m* (a base) de valor actual
Zeitzeichen *n*, - señal *f* horaria (en la radio)
Zeitzonen-Tarif *m*, **e** (Teléf.) tarifa *f* por zonas
Zelle *f*, **n** **1.** cabina *f* **2.** elemento *m* **3.** celda *f*
Zelt *n*, **e** tienda *f* de campaña; (LA) carpa *f*
Zelt- und Wohnwagenwesen *n*, Ø camping-caravaning *m*
Zeltausrüstung *f*, **en** equipo *m* de camping
Zeltdach *n*, **¨er** toldo *m*
zelten hacer camping; acampar
Zelter *m*, - campista *m*; acampador *m*
Zeltlager *n*, - campamento *m* (de tiendas)
Zeltstadt *f*, **¨e** ciudad-campamento *f*; ciudad *f* de lona
Zementfabrik *f*, **en** fábrica *f* de cemento
Zementindustrie *f*, **n** industria *f* del cemento
zensieren **1.** censurar; someter a censura **2.** juzgar; poner una nota; calificar
Zensur *f*, **en** **1.** censura *f* **2.** calificación *f*; nota *f*
Zensurbehörde *f*, **n** censura *f*
Zensus *m*, Ø → Volkszählung
zentesimal centesimal
Zentigramm *n*, **e** centigramo *m*
Zentiliter *m*, - centilitro
Zentimeter *m*, - centímetro
Zentner *m*, - **1.** cincuenta kilos; quintal *m* (no métrico) **2.** (A, CH) 100 kilos
zentral **1.** central; *~* ***gelegen*** céntrico; situado céntricamente **2.** (Inform.) *~e* ***Recheneinheit*** unidad *f* central de tratamiento *od.* procesamiento (de datos); centro *f* de cálculo
Zentralamerika *n*, Ø América *f* central; Centroamérica *f*
Zentralbank *f*, **en** banco *m* central; banco *m* nacional; banco *m* emisor
zentralbankfähig negociable; bancal; bancable
Zentralbehörde *f*, **n** administración *f*, autoridad *f* central
Zentralcomputer *m*, - (Inform.) terminal *m*
Zentrale *f*, **n** **1.** central *f*; oficina *f* central; *~* ***für Fremdenverkehr*** oficina *f* (central) de turismo **2.** centralita *f* (telefónica)
Zentraleinheit *f*, **en** (Inform.) unidad *f* central de tratamiento de datos; unidad *f* central de proceso (UCP)
Zentraleinheitszeit *f*, Ø tiempo *m* de UCP
Zentralgenossenschaft *f*, **en** agrupación *f* de cooperativas; cooperativa *f* central
Zentralgewalt *f*, Ø (Polit.) poder *m* central
zentralisieren centralizar; ***die Verwaltung*** *~* centralizar la administración
Zentralisierung *f*, Ø centralización *f*

Zentralismus *m*, Ø centralismo *m*
zentralistisch centralista
Zentralkartei *f*, **en** fichero *m* central
Zentralkasse *f*, **n** caja *f* central
Zentralkomitee *n*, **s** (Polit.) comité *m* central
Zentralleitung *f*, **en** dirección *f* central
Zentralnotenbank *f*, **en** → Zentralbank
Zentralprozessor *m*, **en** procesador *m* central; ordenador *m* principal; memoria *f* principal (Syn. ***Zentralrechner***, ***Zentralspeicher***)
Zentralschalter *m*, **-** ventanilla *f*, taquilla *f* central
Zentralspeicher *m*, **-** (Inform.) memoria *f* central
Zentralstelle *f*, **n** oficina *f*, dirección *f*, organismo *m* central
Zentralverband *m*, **¨e** (asociación *f*) central *f*; organización *f* central; confederación *f*; ~ ***der Arbeitnehmer*** central obrera; ~ ***des deutschen Handwerks*** (ZDH) confederación del artesanado alemán
Zentralverwaltung *f*, **en** administración *f* central
Zentralverwaltungswirtschaft *f*, Ø economía *f* dirigida, planificada
Zentr|um *n*, **-en** centro *m*; centro *m* urbano
zerbeulen abollar
zerbrechlich frágil
Zerealien *pl* cereales *pl*
Zerfall *m*, Ø ruina *f*; decadencia *f*; desintegración *f*; disociación *f*
Zerfallsprodukt *n*, **e** producto *m* de descomposición
zerlegen partir en trozos; desmontar
Zermürbungskrieg *m*, **e** guerra *f* de desgaste
Zero-Bond *m*, **s** bono *m* (cupón) cero
zerreißbar poco consistente
Zerreißfestigkeit *f*, Ø resistencia *f* a la rotura
Zerreißprobe *f*, **n** **1.** prueba *f* de rotura **2.** prueba *f* de nervios; dura prueba *f*
zerren, ***jdn. vor Gericht*** ~ llevar a alg. a los tribunales
zerrinnen, ***das Geld zerrinnt ihm unter den Händen*** (***zwischen den Fingern***) el dinero se le escapa, se la va entre los dedos
zerrüttet, ***~e Ehe*** matrimonio *m* deshecho, desunido, desavenido; ***~e Finanzen*** finanzas *pl* en desorden; quiebra *f*, ruina *f* financiera; ***die Ehe ist unheilbar*** ~ el matrimonio está completamente deshecho
Zersetzungsprodukt *n*, **e** producto *m* de descomposición
zersiedeln urbanizar excesivamente
Zersiedlung *f*, **en** urbanización *f* excesiva de las regiones limítrofes de las grandes ciudades; ~ ***des Landes*** urbanización *f* (acelerada) del campo
zersplittern → zerstückeln
Zerstäubungsgerät *n*, **e** atomizador *m*
zerstückeln desmembrar; parcelar; partir en pedazos, en trozos
Zerstück(e)lung *f*, **en** desmembramiento *m*; parcelación *f* (excesiva)
Zertifikat *n*, **e** certificado *m*; título *m* de un fondo de inversiones
Zertifikatsinhaber *m*, **-** titular *m* de un certificado; partícipe *m* (de un fondo de inversiones)
zessibel (selten) cesible
Zession *f*, **en** (selten) cesión *f*; ~ ***von Forderungen*** cesión de créditos
Zessionär, **Zessionar** *m*, **e** (selten) cesionario *m*
Zettel *m*, **-** **1.** papeleta *f*; pedazo *m* de papel **2.** nota *f*; volante *m* **3.** ficha *f* **4.** etiqueta *f*; ***mit einem ~ versehen*** etiquetar
Zettelkartei *f*, **en** fichero *m*; clasificador *m*; archivador *m*
Zettelkasten *m*, **¨** fichero *m*
Zettelkatalog *m*, **e** catálogo *m* de fichas
Zeuge *m*, **n** testigo *m*; ***als ~ anrufen*** poner por testigo; presentar como testigo; ***als ~ aussagen*** declarar como testigo; ***etw. vor ~n erklären*** declarar ante testigos; ~ ***sein von*** presenciar; ser testigo de; ~ ***der Anklage*** testigo de cargo; testigo de la acusación
zeugen dar testimonio; servir de testigo; deponer, declarar como testigo
Zeugenablehnung *f*, **en** tacha *f*, recusación *f* de testigos
Zeugenaufruf *m*, **e** llamamiento *m* de los testigos
Zeugenaussage *f*, **n** declaración *f* testifical; deposición *f* testimonial
Zeugenbank *f*, **¨e** banco *m* de los testigos
Zeugenbeeinflussung *f*, **en** presión *f* (ejercida) sobre los testigos
Zeugenbeweis *m*, **e** prueba *f* testimonial, testifical
Zeugeneid *m*, **e** juramento *m* del testigo
Zeugeneinvernahme *f*, **n** interrogatorio *m* de los testigos
Zeugenentschädigung *f*, **en** indemnización *f* del/de los testigo(s)

Zeugengebühren *pl* dietas *pl* del testigo
Zeugengeld n, **er** → Zeugengebühren
Zeugenladung *f*, **en** citación *f* del testigo
Zeugenvereidigung *f*, Ø toma *f* de juramento al/a los testigo(s)
Zeugenverhör *n*, **e** audición *f* de los testigos; información *f* testifical
Zeugenvernehmung *f*, **en** → Zeugenverhör
Zeugenvorführung *f*, **en** presentación *f* de un testigo/de testigos
Zeugnis *n*, **se 1.** testimonio *m*; ***unparteiisches*** ~ testimonio imparcial; ***zum*** ~ ***dessen*** en testimonio, en fe de lo cual; ***zum*** ~ ***von*** en testimonio de; ~ ***ablegen*** testimoniar; testificar; dar fe; dar testimonio **2.** certificado *m*; ***ärztliches*** ~ certificado médico; ***ein*** ~ ***ausstellen*** expedir, extender un certificado **3.** notas *pl*; calificaciones *pl*; diploma *m*; ***ausgezeichnete ~se haben*** tener notas excelentes **4.** referencias *pl*
ZI → Zollinhaltserklärung
ziehen 1. girar; librar; ***einen Wechsel auf jdn.*** ~ girar, librar una letra a cargo de, contra alg. **2.** ***aus etw. Gewinn*** (***Nutzen***) ~ sacar provecho, beneficio de u/c **3.** ***das große Los*** ~ ganar a (*od.* en) la lotería; sacar el gordo **4.** ***Banknoten aus dem Umlauf*** ~ retirar billetes de la circulación **5.** ***jdn. zu Rate*** ~ consultar a alg. **6.** ***jdn. zur Rechenschaft*** ~ pedir cuentas a alg. **7.** ***die Wurzel aus einer Zahl*** ~ extraer la raíz de un número **8.** ***nach sich*** ~ tener como consecuencia; ocasionar; provocar **9.** ***ein Kraftfahrzeug*** ~ llevar un vehículo a remolque **10.** ***eine Linie*** ~ trazar una línea **11.** ***Pflanzen*** ~ cultivar plantas **12.** ***Vieh*** ~ criar ganado **13.** ***die Ware zieht*** la mercancía tiene mucho éxito; la mercancía atrae mucho público **14.** ***in eine Wohnung*** ~ mudarse a, irse a vivir a, instalarse en una vivienda **15.** ***an etw.*** ~ tirar de u/c
Ziehkind *n*, **er** hijo *m* adoptivo
Ziehmutter *f*, ¨ madre *f* adoptiva
Ziehung *f*, **en 1.** ~ ***eines Wechsels*** libranza *f*, giro *m* de una letra **2.** ~ ***der Lotterie*** sorteo *m* de la lotería
Ziehungsliste *f*, **n** lista *f* del sorteo
Ziehungsrechte *pl* derechos *pl* de giro
Ziehungstag *m*, **e** día *m*, fecha *f* del sorteo
Ziel *n*, **e 1.** objetivo *m*; finalidad *f*; meta *f*; destino *m*; ***ein*** ~ ***erreichen*** lograr, alcanzar un objetivo; ***sich ein*** ~ ***setzen*** fijarse un objetivo **2.** plazo *m*; término *m*; ***auf*** ~ a plazo; ***auf kurzes*** ~ a corto plazo; ***auf zwei Monate*** ~ a dos meses plazo; ***gegen drei Monate*** ~ a tres meses plazo; ***ein*** ~ ***von drei Monaten gewähren*** conceder un plazo de tres meses
Zielbahnhof *m*, ¨**e** estación *f* de destino *bzw.* de llegada
zielbewusst, ***~e Werbung*** publicidad *f* sistemática
Zielgruppe *f*, **n** público *m* objetivo; grupo *m* estratégico; grupo *m* beneficiario; grupo *m* de lanzamiento
Zielkauf *m*, ¨**e** compra *f* a plazo
Zielkonflikt *m*, **e** conflicto *m* de objetivos (de una política económica)
Zielland *n*, ¨**er** país *m* de destino
Zielmarkt *m*, ¨**e** mercado *m* a alcanzar; mercado *m* estratégico; mercado *m* de destino
Zielperson *f*, **en** persona *f* blanco; persona *f* a contactar (por el entrevistador)
Zielpreis *m*, **e** tarifa *f* base; precio *m* a conseguir
Zielprojektion *f*, **en** programación *f* de objetivos
Zielsetzung *f*, **en** objetivo *m*; finalidad *f*; opción *f*; planteamiento *m*; ***wirtschaftliche*** ~ objetivos económicos; opciones económicas
Zielsprache *f*, **n 1.** lengua *f* a la que se traduce **2.** (Inform.) lenguaje *m* de ejecución
Zielüberschreitung *f*, Ø, ***bei*** ~ en el caso de que no se cumpla el plazo de pago
Zielzahlung *f*, **en** pago *m* a plazo
ziemlich, ~ ***gut*** bastante bien; ~ ***oft*** bastante a menudo; con bastante frecuencia; ~ ***viel Geld*** no poco dinero
Ziffer *f*, **n 1.** cifra *f*; número *m*; guarismo *m*; ***in ~n*** en cifras; en números; ***in arabischen***, ***römischen ~n*** en números árabes, romanos **2.** (Aktenzeichen) rúbrica *f*
ziffernmäßig 1. (expresado) en cifras **2.** (Inform.) ~ ***darstellen*** digitalizar; convertir en digital
zig (Fam.) un gran número de; ***es waren*** ~ ***Leute anwesend*** había una gran cantidad de gente
Zigarette *f*, **n** cigarrillo *m*; cigarro *m*; (Pop.) pitillo *m*
Zigarettenautomat *m*, **en** expendedor *m* automático de cigarrillos; (Fam.) máquina *f* de cigarrillos
Zigarettenetui *n*, **s** pitillera *f*
Zigarettenpackung *f*, **en** paquete *m*, cajetilla *f* de cigarrillos
Zigarettenschachtel *f*, **n** → Zigarettenpackung
Zigarillo *m od. n*, **s** purito *m*

Zigarre *f*, **n** puro *m*; cigarro puro *m*
Zigarrenetui *n*, **s** petaca *f*
Zigarrenladen *m*, ¨ (tienda *f* de) tabacos; tabaquería *f*; (alt) estanco *m*
zigmal mil veces; más de una vez
zigste enésimo
zigtausend decenas de miles
Zimmer *n*, - habitación *f*; cuarto *m*; pieza *f*; ***ein ~ reservieren*** reservar una habitación; ***~ mit Bad*** habitación con baño; ***kein ~ frei*** completo; ***~ mit Frühstück*** habitación con desayuno; ***~ zu vermieten*** alquiler de habitaciónes; se alquilan habitaciones
Zimmerarbeit *f*, **en** trabajo *m* de carpintería
Zimmerbestellung *f*, **en** reserva *f* de habitación
Zimmerer *m*, - carpintero *m*
Zimmerflucht *f*, **en** serie *f* de habitaciones
Zimmergenosse *m*, **n** compañero *m* de habitación
Zimmergeselle *m*, **n** oficial *m* carpintero
Zimmerhandwerk *n*, Ø **1.** carpintería *f* **2.** oficio *m* de carpintero
Zimmerherr *m*, **en** realquilado *m*
Zimmerkellner *m*, - camarero *m* de piso
Zimmerlautstärke *f*, Ø, ***auf ~ stellen*** bajar la radio
Zimmermädchen *n*, - camarera *f* de piso
Zimmer|mann *m*, **-leute** carpintero *m*
Zimmernachweis *m*, **e** guía *f*, servicio *m*, oficina *f* de alojamiento
Zimmersuche *f*, Ø, ***auf ~ sein*** andar buscando, estar buscando habitación
Zimmervermittlung *f*, **en** → Zimmernachweis
Zimmerwerkstatt *f*, ¨**en** taller *m* de carpintería
Zink *n*, Ø cinc *m*; zinc *m*
Zinn *n*, Ø estaño *m*
Zins *m*, **e I.** (A, CH) alquiler *m*; arriendo *m* **II.** *m*, **en** interés *m*; intereses *pl*; renta *f*; rédito *m* **1.** ***abzüglich*** (***nach Abzug***) ***der ~en*** tras deducir los intereses; ***aufgelaufene*** (***angefallene***) ***~en*** intereses acumulados, devengados; ***ausstehende*** (***laufende***) ***~en*** intereses pendientes (corrientes); ***nicht erhobene ~en*** intereses no percibidos; ***fällige ~en*** intereses debidos; ***feste ~en*** intereses fijos; ***gestundete ~en*** intereses aplazados, diferidos; ***rückständige ~en*** intereses atrasados; intereses pendientes de pago **2.** ***gegen*** (***auf***) ***~en ausleihen*** prestar a (*od.* con) interés; ***die ~en berechnen*** calcular los intereses; ***~en bringen***, ***tragen*** producir, devengar, arrojar intereses; dar rédito; ***die ~en laufen vom 1. Januar an los*** intereses corren a contar desde el 1 de enero; ***von seinen ~en leben*** vivir de los intereses; vivir de sus rentas; ***die ~en zum Kapital schlagen*** (***kapitalisieren***) capitalizar los intereses
Zinsabbau *m*, Ø reducción *f*, bajada *f* de los tipos (de interés)
zinsabhängig dependiente, en función de los tipos (de interés)
Zinsabrechnung *f*, **en** estado *m* de los intereses
Zinsabschlag *m*, ¨**e** interés *m* provisional; interés *m* a cuenta
Zinsabschnitt *m*, **e** → Zinscoupon
Zinsabzug *m*, ¨**e** descuento *m*, deducción *f* de los intereses
zinsähnlich, ***~e Erträge*** ingresos *pl* similares a los intereses; ingresos *pl* relacionados con los intereses
Zinsanfall *m*, Ø producción *f* de intereses; devengo *m* de intereses
Zinsanhäufung *f*, **en** acumulación *f* de (los) intereses
Zinsanhebung *f*, **en** → Zinsenerhöhung
Zinsanleihe *f*, **n** empréstito *m* reembolsable como un todo en un día fijo
Zinsanpassung *f*, **en** ajuste *m* de los tipos de interés
Zinsansammlung *f*, **en** acumulación *f* de (los) intereses
Zinsanstieg *m*, Ø subida *f*, incremento *m* de los intereses
Zinsarbitrage *f*, Ø operación *f* de arbitraje (aprovechándose del diferencial de interés vigente en distintas plazas)
Zinsaufw|and *m*, **-endungen** costes *pl* financieros (de una empresa); coste *m* del arriendo de dinero
Zinsausfall *m*, ¨**e** pérdida *f* de intereses
Zinsausgleich *m*, Ø igualación *f* de intereses
zinsbar sometido, sujeto al pago de interés
zinsbedingt debido a los tipos; inducido por los tipos (de interés)
Zinsbedingungen *pl* condiciones *pl*, plazo *m* de los intereses
Zinsbelastung *f*, **en** carga *f* en concepto de intereses; anotación *f* de intereses deudores
Zinsberechnung *f*, **en** cálculo *m* del interés
Zinsberichtigung *f*, **en** rectificación *f* de los intereses
Zinsbesteuerung *f*, Ø gravamen *m*, gravación *f*, imposición *f*, tributación *f* de los intereses

zinsbewusst, *~er Anleger* inversor *m* consciente de los intereses; inversionista *m* con gran sentido de los tipos de interés
zinsbillig a baja tasa de interés
Zinsbindung *f*, Ø, *staatliche* ~ control *m* estatal de los tipos (de interés)
Zinsbogen *m*, **¨** hoja *f*, pliego *m* de cupones
zinsbringend que produce, arroja intereses; ~ *anlegen* colocar, invertir a (*bzw.* con) interés
Zinscoupon *m*, **s** cupón *m* de intereses; *einen ~ abtrennen* cortar el cupón de los intereses
Zinseingang *m*, **¨e** interés *m* recibido; entrada *f* de intereses
Zinseinkommen *n*, **-** rédito *m* de intereses; intereses *pl* percibidos, devengados
Zinseinnahmen *pl* ingresos *pl* por intereses; intereses *pl* ingresados, percibidos, devengados
Zinsempfindlichkeit *f*, Ø sensibilidad *f* al interés
Zinserhöhung *f*, **en** aumento *m* de (los) intereses; aumento *m* de los tipos de interés
Zinsermäßigung *f*, **en** reducción *f* de los intereses; reducción *f* de los tipos de interés
zinsen (selten) pagar interés, intereses
Zinsen *pl* → Zins
Zinsenberechnung *f*, **en** → Zinsberechnung
Zinsendienst *m*, Ø servicio *m* del interés; pago *m* de intereses
Zinsenkont|o *n*, **-en** cuenta *f* de intereses
Zinsenstreichung *f*, **en** supresión *f* de intereses
Zinserleichterungen *pl* subvenciones *pl* de intereses
Zinsertrag *m*, **¨e** intereses *pl* devengados; arrojados; rédito *m*; *überrechnungsmäßige ~¨e* réditos *pl* por (*bzw.* sobre) intereses
Zinserwartung *f*, **en** expectativa *f* de tipos (de interés)
Zinseszinsen *pl* interés *m* compuesto; intereses *pl* acumulados
Zinsfälligkeitstermin *m*, **e** fecha *f* en que vencen los intereses
Zinsforderungen *pl* intereses *pl* a percibir, a devengar; intereses *pl* acreedores
zinsfrei sin, exento de interés; libre del pago de interés
Zinsfreigabe *f*, **n** liberalización *f* de los tipos (de interés)
Zinsfuß *m*, **¨e** → Zinssatz
Zinsgarantie *f*, **n** (für Schuldverschreibungen) intereses *pl* garantizados; garantía *f* del pago de los intereses
Zinsgefälle *n*, **-** diferencia *f*, diferencial *m* de intereses; *das ~ vom Ausland zur Bundesrepublik* el diferencial entre la tasa de intereses aplicada en el extranjero y la que está en vigor en la R.F.A.
Zinsgefüge *n*, **-** estructura *f* de tipos (de interés)
Zinsgenuss *m*, Ø disfrute *m* de intereses; *mit ~ ab 1. Juni* con disfrute, abono de intereses a partir del 1 de junio
Zinsgeschäft *n*, **e** (einer Bank) operaciones *pl* de depósitos y préstamos
Zinsgleitklausel *f*, **n** cláusula *f* de reajuste, de escalonamiento de los tipos (de interés)
zinsgünstig, *~es Darlehen* préstamo *m* a interés bajo, a interés favorable
Zinsgutschein *m*, **e** abono *m* de intereses
Zinsgutschrift *f*, **en** → Zinsgutschein
Zinshaus *n*, **¨er** (A, Ch) casa *f* de alquiler
Zinsherabsetzung *f*, **en** reducción *f* de la tasa de interés
Zinshöhe *f*, **n** nivel *m* del interés; importe *m* del interés
zinsinduziert, *~e Wertpapierkäufe* compra *f* de títulos a causa del interés bajo; adquisición *f* de valores inducida por los bajos intereses
Zinskapitalisierung *f*, Ø capitalización *f* de los intereses
Zinsklausel *f*, **n** cláusula *f*, estipulación *f* sobre intereses (a pagar)
Zinskonditionen *pl* condiciones *pl* en materia de intereses
Zinskonversion *f*, **en** → Zinsumwandlung
Zinskosten *pl* coste *m* de los intereses; gastos *pl* por pago de intereses
Zinskupon *m*, **s** → Zinscoupon
Zinslast *f*, **en** → Zinsaufwand
Zinsleiste *f*, **n** listón *m* de intereses
Zinsleistung *f*, Ø pago *m* del interés, de los intereses
zinslos → zinsfrei
Zinsmarge *f*, **n** margen *m* de intereses
zinsmäßig con interés; en condiciones de intereses
Zinsmeldung *f*, **en** informe *m* sobre los tipos de interés
Zinsnachlass *m*, **¨e** reducción *f* de intereses; condonación *f* de intereses
Zinsnachzahlung *f*, **en** pago *m* de los intereses de mora; abono *m* de los intereses moratorios

Zinsniveau *n*, **s**, ***hohes, niedriges*** ~ nivel *m* alto, bajo de los tipos; ***das*** ~ ***anheben*** elevar, subir los tipos (de interés); ***das*** ~ ***sinkt*** baja el nivel de los tipos
zinspflichtig → zinsbar
Zinspolitik *f*, Ø política *f* en materia de tipos (de interés)
zinsreagibel sensible a los tipos (de interés)
Zinsrechnung *f*, **en** cálculo *m*, cómputo *m* de intereses
Zinsreduktion *f*, **en** reducción *f*, bajada *f* de los tipos
Zinsrückgang *m*, **¨e** descenso *m* de los tipos
Zinsrückstand *m*, **¨e** interés *m* atrasado
Zinssatz *m*, **¨e** tipo *m* de interés; ***den*** ~ ***erhöhen, herabsetzen*** elevar, reducir la tasa de intereses
Zinsschein *m*, **e** → Zinscoupon
Zinsscheinbogen *m*, **¨** hoja *f* de cupón
Zinsscheinerneuerung *f*, **en** renovación *f* de la hoja de cupones
Zinsschere *f*, Ø, ***die*** ~ ***öffnet sich weiter*** aumenta la diferencia entre las tasas de interés
Zinsschraube *f*, Ø, ***die*** ~ ***lockern*** flexibilizar la rigidez de los tipos
Zinsschuld *f*, **en** deuda *f*, débito *m* de intereses
Zinssenkung *f*, **en** → Zinsermäßigung
Zinsspanne *f*, **n** → Zinsmarge
Zinsstabilisierung *f*, Ø estabilización *f* de los tipos (de interés)
Zinsstaffel *f*, **n** escala *f* de intereses
Zinssteigerung *f*, Ø subida *f*, aumento *m* de los tipos (de interés)
Zinsstruktur *f*, Ø estructura *f* de los tipos (de interés)
Zinsstundung *f*, **en** aplazamiento *m*, moratoria *f*, prórroga *f* del pago de los intereses
Zinsstützung *f*, Ø subvención *f* de intereses
Zinssubventionen *pl* bonificaciones *pl*, subvenciones *pl* de intereses; ***Darlehen mit*** ~ préstamo *m* con bonificación, subvención de intereses
Zinsswap *m*, **s** permuta *f*, trueque *m* de tipos de interés
Zinstabelle *f*, **n** tabla *f*, baremo *m* de intereses
Zinstage *pl* días *pl* con interés; días *pl* considerados para el cálculo del interés (auf der Basis von 360 Tagen)
Zinstendenz *f*, **en**, ***steigende*** ~ tendencia *f* alcista; tendencia *f* al alza de los tipos (de interés)
Zinstermin *m*, **e** vencimiento *m* de intereses
Zinsterminkontrakt *m*, **e** contrato *m* de tipos futuros
zinstragend → zinsbringend
Zinsüberlegungen *pl* consideraciones *pl* sobre los tipos (de interés)
Zinsumwandlung *f*, **en** conversión *f* por reducción de la tasa de interés
zinsunempfindlich insensible a la evolución de los tipos
Zinsunterschiede *pl* diferenciales *pl* (en cuanto a intereses)
zinsverbilligt, ~***es Darlehen*** préstamo *m* a interés bajo; préstamo *m* con interés reducido
Zinsverbindlichkeiten *pl* intereses *m* a pagar, a abonar; intereses *pl* pagaderos; intereses *pl* deudores
Zinsvereinbarung *f*, **en** acuerdo *m*, estipulación *f* sobre los tipos (de interés)
zinsvergünstigt, ~***es Darlehen*** préstamo *m* con interés bonificado; préstamo *m* a interés muy favorable
Zinsvergütung *f*, **en** bonificación *f*, abono *m* de los intereses
Zinsverlust *m*, **e** pérdida *f* de intereses
Zinsverschlechterung *f*, Ø deterioro *m* de los tipos (de interés)
Zinsverteuerung *f*, **en** encarecimiento *m* de los intereses (a pagar)
Zinsverzicht *m*, Ø renuncia *f* al interés
Zinsvorauszahlung *f*, **en** pago *m* anticipado de los intereses
Zinsvorteil *m*, **e** ventaja *f* en cuanto a los intereses
Zinswettbewerb *m*, Ø (von Banken) competencia *f* en términos de intereses
Zinswucher *m*, Ø interés *m* usurario
Zinszahlung *f*, **en** pago *m* de intereses
Zinszahlungstermin *m*, **e** vencimiento *m* del pago de intereses
Zinszuschuss *m*, **-¨e**, ~ ***zu Krediten*** subvención *f*, bonificación *f* del interés de un crédito
zirka alrededor de; poco más o menos; aproximadamente; rondando; cerca de
Zirkaauftrag *m*, **¨e** (Börse) orden *f* con límite aproximativo
Zirkakurs *m*, **e** (Börse) cotización *f* aproximativa; curso *m*, cambio *m* aproximativo
Zirkular *n*, **e** (selten) circular *f*; (Syn. ***Rundschreiben***)
Zirkularkreditbrief *m*, **e** carta *f* de crédito circular
zirkulieren circular ~ ***lassen*** poner en circulación; hacer circular

Zitat *n*, **e** cita *f*
zitieren citar
Zitieren *n*, Ø citación *f*
Zitrusfrüchte *pl* agrios *pl*, cítricos *pl*
zivil 1. civil; paisano **2.** *~er Preis* precio *m* módico, razonable
Zivilangestellte(**r**) (der/ein) empleado *m* civil
Zivilbehörde *f*, **n** autoridad *f* civil
Zivilberuf *m*, **e** profesión *f* civil; *im* ~ **en** lo civil; en la vida civil; en la vida ordinaria
Zivilbevölkerung *f*, Ø población *f* civil
Zivildienst *m*, **e** servicio *m* civil (en el marco de los objetores de conciencia)
Zivilehe *f*, **n** matrimonio *m* civil
Zivilgericht *n*, **e** tribunal *m* (de lo) civil
Zivilgerichtsbarkeit *f*, Ø jurisdicción *f* (de lo) civil
Zivilgesetzbuch *n*, er código *m* civil
Zivilisationskrankheit *f*, **en** enfermedad *f* de (la) civilización
zivilisatorisch civilizador
zivilisieren civilizar
Zivilist *m*, **en** paisano *m*; civil *m*
Zivilkammer *f*, **n** sala *f* de lo civil
Zivilklage *f*, **n** acción *f* civil
Zivilluftfahrt *f*, Ø aviación *f* civil
Zivilmakler *m*, - corredor *m* agente *m* de derecho civil (Ggs. ***Handelsmakler***)
Zivilprozess *m*, **-e** causa *f* civil
Zivilprozessordnung *f*, **en** ley *f* de enjuiciamiento civil; código *m* procesal civil
Zivilrecht *n*, Ø derecho *m* civil
Zivilrechtler *m*, - civilista *m*
zivilrechtlich civilmente; de derecho civil; ***~e Klage*** acción *f* civil; ***~e Person*** dotado de personalidad civil; ***jdn. ~ verfolgen*** perseguir a alg. civilmente, por via civil, por la jurisdicción civil
Zivilsache *f*, **n** causa *f* civil
Zivilschutz *m*, Ø protección *f* civil
Zivilstand *m*, Ø estado *m* civil
Ziviltrauung *f*, **en** matrimonio *m* civil
Zivilverteidigung *f*, Ø defensa *f* civil
Zivilverwaltung *f*, **en** administración *f*, gobierno *m* civil
Zoll *m*, (-) pulgada *f*
Zoll *m*, **¨e** (derechos *pl* de) aduana *f* **1.** ***Zölle ad valorem*** aduanas ad valorem; ~ ***bezahlt*** derechos pagados; aduanas abonadas; ***einheitlicher*** ~ aduana uniforme, única; ***gebundener*** ~ aduana consolidada; ***gleitender*** ~ aduana móvil; ~ ***zu Ihren Lasten*** derechos de aduana a su cargo **2.** ***beim ~ abfertigen*** arreglar las formalidades, los trámites de aduana; ***für eine Ware ~ bezahlen*** pagar los derechos (de aduana) de una mercancía; ***einen ~ erheben*** recaudar los derechos de aduana; ***die Zölle erhöhen, senken*** subir, bajar los derechos de aduana; ***auf dieser Ware liegt kein*** ~ esta mercancía está exenta del pago de aduana; esta mercancía **se** beneficia de franquicia aduanera; ***den ~ passieren*** pasar la aduana; ***dem ~ unterliegen*** estar sometido a la declaración de aduana
Zoll- und Handelsabkommen *n*, -, ***allgemeines ~ und Handelsabkommen*** acuerdo *m* general sobre aranceles y comercio (GATT)
Zoll- und Passabfertigung *f*, Ø control *m* de aduana y de policía
Zollabandonnierung *f*, **en** abandono *m* de una mercancía (a favor de la aduana si los derechos sobrepasan el valor real del objeto)
Zollabbau *m*, Ø desarme *m* arancelario
Zollabfertigung *f*, **en** despacho *m* aduanero; trámites *pl* aduaneros; ***die ~ erfolgt durch*** las formalidades aduaneras son efectuadas por
Zollabfertigungsantrag *m*, **¨e** solicitud *f* de aduana
Zollabfertigungsformalitäten *pl* formalidades *pl* aduaneras; formalidades *pl* a seguir en el despacho de aduanas
Zollabfertigungspapier *n*, **e** certificado *m* de despacho aduanero
Zollabfertigungsstelle *f*, **n** aduana *f*
Zollabfertigunsschein *m*, **e** certificado *m* de aduana
Zollabgaben *pl* derechos *pl* arancelarios; derechos *pl* de aduana; derechos aduaneros
Zollabkommen *n*, - acuerdo *m* aduanero
Zollagent *m*, **en** agente *m* de aduanas
Zollamt *n*, **¨er** (oficina *f* de) aduana *f*
zollamtlich aduanero; ~ ***abfertigen*** despachar en aduana; cumplir las formalidades aduaneras; ***~e Bescheinigung*** certificado *m* de aduana; ~ ***geöffnet*** abierto por los servicios de aduana; ***~e Untersuchung*** inspección *f* aduanera; ~ ***verschlossen*** precintado; ~ ***versiegeln*** precintar; ***unter ~em Verschluss*** bajo precinto (de aduana)
Zollanfrage *f*, **n** consulta *f* arancelaria
Zollangabe *f*, **n** → Zollanmeldung
Zollanmeldung *f*, **en** declaración *f* de aduana; ***internationale*** ~ declaración aduanera internacional
Zollanschluss *m*, **¨e** enclave *m* aduanero

Zollanschlussvertrag *m*, **¨e** tratado *m* de unión aduanera
Zollantrag *m*, **¨e** solicitud *f* de aduana
Zollanweisung *f*, **en** tránsito *m* aduanero
Zollanweisungsverfahren *n*, **-** procedimiento *m* de tránsito aduanero
Zollaufkommen *n*, Ø ingresos *pl*, recaudación *f* por aduana
Zollaufschlag *m*, **¨e** recargo *m* de derechos (arancelarios)
Zollaufschublager *n*, **-** depósito *m*, almacén *m* de admisión temporal; depósito *m* ficticio
Zollaufsicht *f*, Ø control *m* aduanero; supervisión *f* de la aduana
Zollaufsichtsbehörde *f*, **n** inspección *f* de aduanas
Zollausfuhrerklärung *f*, **en** declaración *f* de aduana para la exportación
Zollausland *n*, Ø → Zollausschluss
Zollausschluss *m*, (**¨e**) exclave *m* aduanero; zona *f* franca
Zollbeamte(r) (der/ein) vista *m*; aduanero *m*; funcionario *m* de aduanas
Zollbefreiung *f*, **en** franquicia *f* aduanera; ***die ~ erlangen*** obtener la exoneración de derechos
Zollbegleitschein *m*, **e** guía *f* de tránsito, de circulación; hoja *f* de acompañamiento
Zollbegleitung *f*, Ø, ***unter ~*** bajo escolta aduanera; con acompañamiento aduanero
Zollbegünstigung *f*, **en** trato *m* aduanero preferencial (p.ej., tarifa más baja)
Zollbehandlung *f*, Ø régimen *m* aduanero
Zollbehörde *f*, **n** administración *f* de aduanas; autoridades *pl* aduaneras; ***Vorführung vor der ~*** presentación *f* en aduana
Zollbelastung *f*, **en** incidencia *f* de los aranceles, de los derechos arancelarios
Zollbereich *m*, **e**, ***im ~*** en el ámbito aduanero, arancelario
Zollbeschau *f*, Ø inspección *f*, visita *f* aduanera; registro *m* aduanero
Zollbestimmungen *pl* reglamento *m* aduanero; disposiciones *pl* aduaneras
Zollbetrag *m*, **¨e** importe *m* de los derechos arancelarios
Zollbindung *f*, **en** consolidación *f* aduanera
Zollbinnenland *n*, Ø territorio *m* aduanero nacional
Zollbürgschaft *f*, **en** fianza *f* aduanera
Zolldeklaration *f*, **en** → Zollerklärung
Zolldienststellen *pl* autoridades *pl* aduaneras
Zolldokumente *pl* documentos *pl* aduaneros; documentos *pl* para la aduana
Zolleigenlager *n*, **-** depósito *m* ficticio
Zolleinfuhrerklärung *f*, **en** declaración *f* de aduana para la importación
Zolleingangsschein *m*, **e** recibo *m* de entrada
Zolleinnahmen *pl* ingresos *pl* (en concepto) de aduanas; recaudación *f* aduanera
Zolleinnehmer *m*, **-** recaudador *m* de aduana
Zólleinschlussgebiet *n*, **e** → Zollanschluss
zollen tributar; ***Achtung ~*** rendir homenaje; ***jdm. Dank ~*** expresar su agradecimiento a alg.
Zollerhebung *f*, **en** recaudación *f* de aduana
Zollerhöhung *f*, **en** aumento *m*, subida *f* de las tarifas aduaneras
Zollerklärung *f*, **en** declaración *f* de aduana
Zollermäßigung *f*, **en** reducción *f* de tarifas aduaneras
Zollfahnder *m*, **-** inspector *m* de aduanas
Zollfahndungsdienst *m*, **e** (servicio *m* de) investigación *f* aduanera
Zollflughafen *m*, **¨** aeropuerto *m* aduanero
Zollformalitäten *pl* formalidades *pl* aduaneras; trámites *pl* aduaneros; ***die ~ erledigen*** cumplir los requisitos aduaneros
zollfrei exento, franco de derechos de aduana; en franquicia aduanera; ***~es Lager*** depósito *m* franco; ***~er Verkauf*** venta *f* libre de derechos; "duty-free-shop" *m*; ***die Waren gehen ~ ein*** las mercancías entran en (régimen de) franquicia
Zollfreigabe *f*, Ø admisión *f* en franquicia
Zollfreigebiet *n*, **e** → Zollfreizone
Zollfreiheit *f*, **en** franquicia *f* aduanera
Zollfreischein *m*, **e** certificado *m* de franquicia aduanera; pase *m* aduanero
Zollfreischreibung *f*, **en** admisión *f* en franquicia; declaración *f* de franquicia aduanera
Zollfreischreibungsverfahren *n*, **-** régimen *m* de franquicia aduanera
Zollfreistellung *f*, **en** → Zollfreigabe
Zollfreizone *f*, **n** zona *f* franca en aduana
Zollgebiet *n*, **e** territorio *m* aduanero
Zollgebühren *pl* derechos *pl* menores; ***die ~ entrichten*** pagar los derechos menores
Zollgesetzgebung *f*, Ø legislación *f* de aduanas
Zollgewicht *n*, Ø peso *m* aduanero; peso *m* gravable; peso *m* sujeto a arancel
Zollgrenzbezirk *m*, **e** zona *f* especial de vigilancia aduanera

Zollgrenze *f*, **n** frontera *f* aduanera; línea *f* de la aduana
Zollgut *n*, **¨er** mercancía *f* sujeta a control aduanero
Zollgutlager *n*, **-** → Zollager
Zollgutlagerung *f*, Ø almacenamiento *m*, depósito *m* aduanero
Zollgutumwandlung *f*, **en** conversión *f* de mercancías sujetas a arancel
Zollgutverkehr *m*, Ø mercancías *pl* en tránsito
Zollgutversand *m*, Ø, ***Beförderung von Waren im ~*** transporte *m* de mercancías bajo tránsito aduanero
Zollhafen *m*, **¨** puerto *m* aduanero; puerto *m* habilitado
Zollharmonisierung *f*, Ø armonización *f* arancelaria
Zollhaus *n*, **¨er** aduana *f*
Zollherabsetzung *f*, **en** reducción *f* de los derechos aduaneros
Zollhinterziehung *f*, **en** defraudación *f* de aduanas
Zollhöhe *f*, **n** importe *m* de los derechos (arancelarios)
Zollhoheit *f*, **en** soberanía *f* aduanera
Zollinhaltserklärung *f*, **en** → Zollerklärung
Zollinland *n*, Ø territorio *m* aduanero interior
Zollinspektor *m*, **en** inspector *m* de aduanas
Zollkod|ex *m*, **-ices** código *m* aduanero
Zollkontingent *n*, **e** cupo *m* arancelario; contingente *m* aduanero
Zollkontrolle *f*, **n** inspección *f* aduanera; control *m* aduanero
Zollkrieg *m*, **e** guerra *f* de tarifas aduaneras
Zollladungsverzeichnis *n*, **se** manifiesto *m* de aduanas
Zolllager *n*, **-** depósito *m*, almacén *m* de aduana
Zolllagergut *n*, **¨er** mercancías *pl* en depósito; mercancías *pl* bajo control aduanero
Zolllagerung *f*, Ø almacenamiento *m*, depósito *m* en aduana
Zollmarke *f*, **n** marchamo *m*; contramarca *f*
Zöllner *m*, **-** aduanero *m*
Zollniederlage *f*, **n** almacenes *pl* de depósito de la aduana; ***öffentliche ~*** almacenes generales de depósito
Zollnomenklatur *f*, **en** nomenclatura *f* aduanera; ***die Brüsseler ~*** la nomenclatura de Bruselas
Zollordnung *f*, **en** ley *f* de aduanas; ley *f*, legislación *f* arancelaria
Zollpapiere *pl* documentos *pl* de aduana
Zollpassierschein *m*, **e** cuaderno *m*, libreta *f* de paso por aduana
Zollpflicht *f*, Ø obligación *f* de pagar aranceles
zollpflichtig sujeto, sometido a aduana; sometido al régimen de aduana
Zollplombe *f*, **n** marchamo *m*; precinto *m* de aduana; contramarca *f*
Zollpolitik *f*, Ø política *f* arancelaria
Zollpolizei *f*, Ø policía *f* de aduanas
Zollposition *f*, **en** posición *f*, partida *f* arancelaria
Zollpräferenz *f*, **en** preferencia *f* aduanera, arancelaria
Zollprotektionismus *m*, Ø proteccionismo *m* aduanero
Zollquittung *f*, **en** recibo *m* de aduana; certificado *m* de adeudo
Zollrechnung *f*, **en** factura *f* de aduana certificada
Zollrecht *n*, Ø derecho *m* arancelario; legislación *f* aduanera; (Col.) ordenanza *f* de aduana
Zollregelung *f*, **en** → Zollvorschriften
Zollrevision *f*, **en** → Zollbeschau
Zollrevisor *m*, **en** revisor *m*, controlador *m* de aduanas
Zollrückstattung *f*, **en** reintegro *m* de derechos de aduana
Zollrückvergütung *f*, **en** devolución *f* de (los) derechos arancelarios
Zollsachen *pl*, ***in ~*** en materia arancelaria, aduanera
Zollsatz *m*, **¨e** tipo *m* arancelario; tipo *m* de aduana; tarifa *f* arancelaria, aduanera; tasa *f* del derecho de aduana; ***die Zollsätze erhöhen, ermäßigen*** elevar, reducir los derechos (arancelarios)
Zollschätzer *m*, **-** aforador *m* de aduana
Zollschein *m*, **e** guía *f*, certificado *m* de aduana
Zollschem|a *n*, **ta** *od.* **-en** nomenclatura *f* (aduanera)
Zollschranken *pl* barreras *pl* arancelarias, aduaneras; ***Abbau der ~*** desarme *m* aduanero; descreste *m* arancelario
Zollschuld *f*, **en** adeudo *m* arancelario; deuda *f* aduanera
Zollschuldner *m*, **-** deudor *m* de derechos (arancelarios)
Zollschuppen *m*, **-** depósito *m* de aduana
Zollschutz *m*, Ø protección *f* arancelaria, aduanera; proteccionismo *m*
Zollsenkung *f*, **en** → Zollermäßigung

Zollspeicher *m*, - depósito *m* de aduana; almacén *m* afianzad; bodega *f* fiscal
Zollstation *f*, **en** aduana *f*
Zollstelle *f*, **n** (oficina *f* de) aduana *f*
Zollstempel *m*, - marchamo *m*; timbre *m* de control aduanero
Zollstrafe *f*, **n** multa *f* (por infracción) aduanera
Zollstraße *f*, **n** ruta *f* aduanera
Zollstraßenzwang *m*, **¨e** obligación *f* de emprender la ruta aduanera
Zollsystem *n*, **e** régimen *m* arancelario; sistema *m* aduanero
Zolltarif *m*, **e** tarifa *f* aduanera, arancelaria; arancel *m* de aduana; ***gemeinsamer*** ~ tarifa aduanera común
Zolltarifangleichung *f*, **en** (re)ajuste *m* de tarifas (aduaneras)
Zolltarifierung *f*, **en** **1.** tarificación *f* aduanera **2.** inclusión *f* en el arancel
zolltariflich arancelario
Zolltarifnummer *f*, **n** número *m* de arancel (aduanero)
Zolltarifposition *f*, **en** posición *f* de la tarifa aduanera
Zolltarifschem|a *n*, **ta** *od.* **-en** → Zollnomenklatur
Zolltransit *m*, Ø tránsito *m* aduanero
Zollübereinkommen n, - convenio *m* aduanero
Zollüberwachung *f*, **en** → Zollkontrolle
Zollunion *f*, **en** unión *f* aduanera, arancelaria
Zollverband *m*, **¨e** → Zollunion
Zollveredelung *f*, **en** admisión *f* temporal
Zollverein *m*, Ø (Hist.) unión *f* aduanera de 1818 a 1870
Zollverfahren *n*, - procedimiento *m*, régimen *m* aduanero; trámites *pl* aduaneros
Zollvergehen *n*, - delito *m* aduanero
Zollvergünstigungen *pl* **1.** ventajas *pl*, facilidades *pl* aduaneras; tolerancia *f* aduanera **2.** prima *f* a la exportación
Zollvergütung *f*, **en** → Zollrückvergütung
Zollverkehr *m*, Ø **1.** régimen *m* aduanero **2.** movimiento *m* de mercancías en aduana
Zollvermerk *m*, **e** marca *f* de control aduanero
Zollversandgut **n**, **¨er** mercancía *f* en tránsito aduanero
Zollversandschein *m*, **e** → Zollbegleitschein
Zollverschluss *m*, **¨e** precinto *m*, sello *m* aduanero; ***einen*** ~ ***anbringen*** precintar; sellar; ***unter*** ~ precintado; bajo precinto (de aduana); ***unter*** ~ ***lassen*** dejar en tránsito; dejar en depósito (de aduana)
Zollverschlusswaren *pl* mercancías *pl* en depósito
Zollvertrag *m*, **¨e** convenio *m*, tratado *m* aduanero
Zollverwahrung *f*, **en** depósito *m* de aduana
Zollverwaltung *f*, **en** **1.** aduana *f* **2.** administración *f* de aduanas
Zollvormerkschein *m*, **e** certificado *m*, declaración *f* de admisión temporal
Zollvormerkverfahren *n*, - régimen *m* de admisión temporal, de importación temporal
Zollvorschriften *pl* reglamento *m* de aduanas
Zollwache *f*, **n** (A) carabineros *pl*
Zollwert *m*, **e** valor *m* en aduana; valor *m* arancelario
(Zoll)wertanmeldung *f*, **en** declaración *f* de aduana
(Zoll)wertermittlung *f*, **en** aforo *m*; valoración *f*, evaluación *f* de las mercancías (en régimen aduanero)
Zollwertfeststellung *f*, **en** determinación *f* del valor a efectos del pago de aranceles
Zollwesen *n*, Ø **1.** aduanas *pl* **2.** régimen *m*, sistema *m* arancelario **3.** servicio *m* de aduanas
Zollzahlung *f*, **en** pago *m* de derechos aduaneros
Zollzeichen *n*, - señal *f* de aduana
Zollzuschlag *m*, **¨e** sobretasa *f* aduanera; recargo *m* arancelario
Zone *f*, **n** zona *f*; territorio *m*; región *f*; ***entmilitarisierte*** ~ zona desmilitarizada; ***freie*** ~ zona franca; ***neutrale*** ~ zona neutral; ***neutralisierte*** ~ zona neutralizada; ***verbotene*** ~ zona prohibida; zona, polígono *m* de prohibición
Zonenabschlag *m*, **¨e** rebaja *f* *bzw.* exoneración *f* por zona
Zoneneinstellung *f*, **en** zonificación *f*; repartición *f* por zonas; distribución *f* zonal
Zonengrenze *f*, (**n**) frontera *f* interzonal
Zonenrandgebiet *n*, **e** (Hist.) zona *f* oeste alemana limítrofe de la R.D.A.
Zonentarif *m*, **e** tarifa *f* por zonas
Zonenübergang *m*, **¨e** (Hist.) punto *m* de paso de la frontera entre las dos Alemanias
Ztr. → Zentner
Zu- und Abwanderungspolitik *f*, Ø política *f* migratoria; política *f* de migraciones

zu viel de más; demasiado; en exceso; en demasía; ~ ***berechnen*** pedir más de la cuenta; ~ ***bezahlte Beträge*** importes *pl* pagados en exceso; ~ ***bezahlte Fracht*** flete *m* pagado de más

zu wenig demasiado poco; ~ ***vereinnahmter Betrag*** cantidad *f* no cobrada; importe *m* cobrado de menos; suma *f* no percibida; ***es sind 5 Mark*** ~ hay 5 marcos de menos; faltan 5 marcos

zu zahlen, ~***der Steuerbetrag*** cuota *f* líquida

Zubehör *n*, (**e**) accesorios *pl*

Zubehörindustrie *f*, **n** → Zuliefererindustrie

Zubehörteil *n*, **e** accesorio *m*

zubilligen acordar; conceder; ***einen Preisnachlass*** ~ conceder una rebaja (Syn. ***gewähren***)

Zubringer *m*, **-** **1.** → Zubringerstraße **2.** vehículo *m* de acceso **3.** contratista *m* de segunda mano **4.** alimentador *m*

Zubringerbetrieb *m*, **e** empresa *f* subsidiaria; servicio *m* de subcontratista

Zubringerbus *m*, **se** autobús *m* de enlace, de comunicación

Zubringerdienst *m*, (**e**) servicio *m* de enlace; servicio *m* de comunicación; servicio *m* de autobuses *bzw.* de autocares; servicio *m* de acceso

Zubringerindustrie *f*, **n** industria *f* auxiliar

Zubringerkosten *pl* gastos *pl* de acarreo; de enlace

Zubringerlinie *f*, **n** **1.** línea *f* secundaria **2.** línea *f* de enlace

Zubringerspeicher *m*, **-** (Inform.) memoria *f* intermedia, complementaria, adicional

Zubringerstraße *f*, **n** vía *f* de acceso; vía *f* de empalme; de enlace

Zubringerverkehr *m*, Ø tráfico *m* tributario; ***mit*** ~ con tráfico tributario; de enlace

Zubrot *n*, Ø (Fam.) sobresueldo *m*; complemento *m*

zubuttern (Fam.) **1.** pagar de su bolsillo **2.** mejorar de situación

Zucht *f*, Ø **1.** cultivo *m* (de plantas; de perlas) **2.** cría *f* (de animales)

Zuchtbuch *n*, **¨er** libro *m* pecuario; árbol *m* genealógico

züchten **1.** cultivar (plantas; perlas) **2.** críar (animales)

Züchter *m*, **-** **1.** cultivador *m* **2.** criador *m*

Zuchtgenossenschaft *f*, **en** cooperativa *f* de ganados

Zuchthaus *n*, **¨er** presidio *m*; penitenciaría *f*; ***lebenslängliches*** ~ cadena *f* perpetua; reclusión *f* a perpetuidad; presidio *m* perpetuo

Zuchthausstrafe *f*, **n** pena *f* de presidio

Zuchtperle *f*, **n** perla *f* cultivada; perla *f* de cultivo

Zuchttier *n*, **e** animal *m* reproductor, semental *m*

Züchtung *f*, **en** **1.** cultivo *m* **2.** cría *f* (de ganado) **3.** selección *f* (de bacterias)

Zuchtvieh *n*, Ø ganado *m* de cría

Zucker *m*, Ø 1. azúcar *m* 2. diabetes *f*

Zuckerbäckerei *f*, **en** pastelería *f*; confitería *f*

Zuckerfabrik *f*, **en** fábrica *f* de azúcar

Zuckerindustrie *f*, Ø industria *f* azucarera

Zuckerraffinerie *f*, **n** refinería *f* de azúcar

Zuckerrohr *n*, **e** caña *f* de azúcar

Zuckerrohrernte *f*, **n** zafra *f*

Zuckersteuer *f*, **n** impuesto *m* sobre el azúcar

Zudrang *m*, Ø muchedumbre *f*; multitud *f* (de personas); ~ ***zur Hannover-Messe*** (gran) afluencia *f* a la Feria de Hannover

zuerkennen **1.** atribuir; otorgar **2.** ***dem Meistbietenden*** ~ adjudicar al mejor postor **3.** imponer (una pena) **4.** conferir (un título)

Zuerkenner *m*, **-** adjudicador *m*

Zuerkennung *f*, **en** **1.** atribución *f*; otorgamiento *m*; concesión *f* **2.** adjudicación *f* **3.** imposición *f*

zuerteilen adjudicar

Zuerteilung *f*, **en** → Zuerkennung

Zuerwerbsbetrieb *m*, **e** explotación *f* agrícola adicional

Zufahrtsstraße *f*, **n** → Zubringerstraße

zufallen **1.** recaer en alg. (una herencia) **2.** ser de la incumbencia de alg.; corresponderle a alg. **3.** ser adjudicado a alg.

zufällig fortuito; aleatorio; accidental; ~ ***auswählen*** sortear; (Fam.) sacar a suerte

Zufälligkeiten *pl* accidentalidades *pl*

Zufalls- (Pref.) aleatorio; al azar

Zufallsauswahl *f*, Ø (Estad.) elección *f* al azar, selección *f* aleatoria; muestra *f* al azar

zufallsbedingt aleatorio; fortuito

Zufallseinnahme *f*, **n** ingresos *pl* imprevistos, inesperados

Zufallsgewinn *m*, **e** beneficio *m* ocasional, fortuito

Zufallsrisik|o *n*, **-en** (Seg.) riesgo *m* aleatorio, casual

Zufallsstichprobe *f*, **n** (Estad.) muestra *f* al azar; muestra *f* aleatoria

Zufallsstreuung *f*, **en 1.** difusión *f* al azar de medios publicitarios **2.** variación *f* aleatoria

Zufallsteilung *f*, **en** (Estad.) casualización *f*

zufließen, ***der Wirtschaft*** ~ fluir al comercio y a la industria

Zufluss *m*, **¨e 1.** afluencia *f*; aflujo *m*; entrada *f*; ~ ***von Kapital*** entrada, afluencia, aflujo de capital(es) **2.** admisión *f*

zufolge conforme a; según

zufrieden satisfecho; contento; complacido

zufrieden stellen satisfacer, contentar; ***die Kunden*** ~ satisfacer, dejar contenta a la clientela

zufrieden stellend satisfactorio; convincente

Zufriedenheit *f*, Ø satisfacción *f*

Zufuhr *f*, **en 1.** abastecimiento *m*; suministro *m*; aprovisionamiento *m*; ***die*** ~ ***abschneiden*** cortar el suministro **2.** aportación *f*; dotación *f*; asignación *f* (a las reservas) **3.** transporte *m*; acarreo *m* **4.** llegada *f*; entrada *f* (de las mercancías) **5.** alimentación *f*

zuführen 1. abastecer; suministrar, aprovisionar **2.** ***einem Posten*** ~ destinar a un asiento, a una partida; ***den Rücklagen*** ~ destinar a la reserva **3.** transportar; acarrear **4.** alimentar

Zug *m*, **¨e 1.** tren *m*; ***gemischter*** ~ tren mixto (viajeros y mercancías); ***mit dem*** ~ por (el) tren; ***der*** ~ ***nach Hamburg*** el tren con destino a Hamburgo; ***zuschlagspflichtiger*** ~ tren con suplemento; ***den*** ~ ***verpassen*** (***verfehlen***) perder el tren **2.** tiro *m*; tracción *f* **3.** tendencia *f*; inclinación *f*; corriente *f* **4.** cortejo *m* **5.** manifestación *f* **6.** convoy *m* (de vehículos, barcos) **7.** ***im ~e der Neugestaltung*** en el curso de la reorganización **8.** ***zum ~e kommen*** entrar en acción; entrar en juego; ***nicht zum ~e kommen lassen*** no dejar entrar en acción **9.** ***in großen Zügen*** a grandes rasgos; en líneas generales; en pocas palabras

Zugabe *f*, **n** suplemento *m*; prima *f*; extra *m*; plus *m*; añadidura *f*

Zugabeangebot *n*, **e** oferta *f* de venta con prima

Zugabewerbung *f*, (**en**) publicidad *f* con primas (Syn. ***Geschenkwerbung***)

Zugang *m*, **¨e 1.** aumento *m*; acrecentamiento *m* **2.** entrada *f*, llegada *f* de mercancías **3.** (camino *m* de) acceso *m*; paso *m*; entrada *f*; ~ ***verboten*** prohibido el paso, el acceso, la entrada; ~ ***zum Eigentum*** acceso a la propiedad; ~ ***finden***, ***haben*** encontrar, tener acceso a; ***freier*** ~ ***zum Meer*** libre acceso al mar **4.** mercancías *pl* recibidas; libros *pl* recibidos (en una librería)

zugänglich, ***allgemein*** ~ asequible a todos; al alcance de todos; ***der Allgemeinheit*** ~ abierto al público; ***der breiten Öffentlichkeit*** ~ ***machen*** poner al alcance de todos, del público; vulgarizar; popularizar

Zugänglichkeit *f*, Ø **1.** accesibilidad *f* **2.** asequibilidad *f*

Zugangscode *m*, **s** código *m* de acceso

Zuganschluss *m*, **¨e** correspondencia *f* (de trenes); enlace *m* por ferrocarril

zugeben 1. admitir; permitir; reconocer; confesar **2.** dar un suplemento; dar de más, de añadidura

zugebracht, ***~e Kinder*** hijos *pl* del primer matrimonio; ***~es Vermögen*** patrimonio *m* aportado; aportaciones *pl* personales

zugegen, ***persönlich*** ~ ***sein*** estar allí *bzw.* aquí en persona; presenciar personalmente

Zugehfrau *f*, **en** asistenta *f*; mujer *f* de la limpieza

Zugehör *n*, (**e**) (A, CH) → Zubehör

Zugehörigkeit *f*, Ø pertenencia *f*; ~ ***zu einer Firma*** antigüedad *f* (de servicio) en una empresa

Zugeständnis *n*, **se** concesión *f*; ***~se machen*** hacer concesiones (Syn. ***Konzession***)

Zugewinn *m*, **e** (Jur.) (bienes *pl*) gananciales *pl*; diferencia *f* entre el valor final y el valor inicial de los bienes de un conyuge; (Navarra) bienes *pl* conquistados

Zugewinngemeinschaft *f*, **en** (Jur.) comunidad *f* de gananciales; régimen *m* de partición de ganancias; (Navarra) sociedad *f* de conquistas; (Aragón) sociedad *f* paccionada

Zugfolge *f*, **n** frecuencia *f* de los trenes

Zugführer *m*, - jefe *m* de tren

zügig, ***~er Verkehr*** tráfico *m* fluido; fluidez *f* de tráfico

zugkräftig, ***~es Produkt*** producto *m* de gran venta; artículo *m* que atrae al público

Zugmaschine *f*, **n** tractor *m*

Zugmeldewesen *n*, Ø sistema *m* servicio *m* de señalización

Zugrecht *n*, (**e**) derecho *m* preferente de compra; derecho *m* de retracto (Syn. ***Vorkaufsrecht***)

Zugriff *m*, (**e**) **1.** (Inform.) acceso *m* **2.** ***sich dem*** ~ ***der Polizei entziehen*** sustraerse, escapar a la detención de la policía **3.** asimiento *m* **4.** golpe *m* inesperado

Zugriffszeit *f*, **en** (Inform.) tiempo *m* de acceso
zugrundegehen (Firma) arruinarse; quebrar
Zugschaffner *m*, - revisor *m*
Zug-um-Zug-Leistung *f*, **en** ejecución *f* simultánea (en el marco de un contrato); (Fam.) de mano a mano; doy para que des
Zugunglück *n*, **e** accidente *m* ferroviario, de tren
zugunsten a, en favor de; ~ ***Dritter*** en beneficio de terceros; ~ ***des Kontos*** a abonar en cuenta
zugute, ***jdm.*** ~ ***kommen*** redundar en beneficio de alg.
Zugverbindung *f*, **en** comunicación *f* ferroviaria, por tren; enlace *m*, correspondencia *f* (de trenes)
Zugverkehr *m*, Ø tráfico *m*, servicio *m* ferroviario
Zugzwang *m*, Ø, ***in*** ~ ***geraten*** incurrir en la obligación de; verse obligado a actuar; ***unter*** ~ ***stehen*** estar obligado y forzado
zuhaben (Fam.) estar cerrado
zuhauf (Fam.) en masa; a montones
Zuhilfenahme *f*, Ø, ***unter*** ~ ***von*** con ayuda de; con el concurso de
Zuhörerschaft *f*, Ø auditorio *m*
Zukauf *m*, **e** compra *f* suplementaria
zukaufen comprar además (de)
Zukunft *f*, Ø futuro *m*; porvenir *m*; ***in absehbarer***, ***ferner*** ~ en un futuro próximo, lejano
(zu)künftig futuro; ***für die ~en Bestellungen*** para (los) futuros pedidos
Zukunftsaussichten *pl* perspectivas *pl* del futuro
Zukunftsforscher *m*, - futurólogo *m*
Zukunftsforschung *f*, Ø futurología *f*
Zukunftsindustrie *f*, **n** industria *f* orientada al futuro
zukunftsorientiert orientado al futuro
Zukunftspapier *n*, **e** (Börse) futuro *m*
Zukunftspläne *pl* planes *pl* para el futuro
zukunftsreich de gran porvenir; prometedor; que tiene un buen futuro
zukunftssicher con futuro asegurado; con porvenir garantizado
Zukunftssicherung *f*, Ø, ~ ***der Arbeitnehmer*** aseguramiento *m*, blindaje *m* del futuro de los trabajadores (especialmente en casos de enfermedad o accidente)
zukunftsträchtig → zukunftsreich
zukunftsweisend indicador del futuro; que señala el camino hacia el futuro
Zulage *f*, **n** plus *m*; puntos *pl*; prima *f*; suplemento *m*; sobrepaga *f*; sobresueldo *m*; ~ ***für Schwerarbeit*** plus por trabajo penoso
Zulagepunkt *m*, **e** punto *m* de aumento
zulassen **1.** autorizar; permitir; ***eine Aktie*** ~ cotizar una acción; admitir a cotización una acción **2.** matricular un vehículo; conceder la patente de circulación; autorizar la circulación
zulässig permitido; autorizado, admitido; ***~e Belastung*** carga *f* admisible; ***~es Höchstgewicht*** peso *m* máximo admisible, autorizado
Zulassung *f*, **en** **1.** acceso *m*; admisión *f*; permiso *m*; ***einstweilige*** ~ admisión provisional; ~ ***zur Börse*** (zur Notierung) admisión a cotización **2.** patente *f* de circulación **3.** matriculación *f*
Zulassungsalter *n*, Ø edad *f* de admisión; ~ ***zur Arbeit*** edad de admisión laboral
Zulassungsantrag *m*, **¨e** solicitud *f* de admisión
Zulassungsausschuss *m*, **¨e** comisión *f* de admisión
Zulassungsbedingungen *pl* condiciones *pl* de admisión
Zulassungsbeschränkung *f*, **en** **1.** numerus clausus *m* **2.** restricciones *pl* de admisión
Zulassungsnummer *f*, **n** número *m* de matrícula
Zulassungspapiere *pl* patente *f* de circulación de un automóvil; documentación *f* de un vehículo
Zulassungsprüfung *f*, **en** examen *m*, prueba *f* de admisión
Zulassungsschein *m*, **e** permiso *m*, patente *f* de circulación
Zulassungsschild *n*, **er** **1.** placa *f* de matriculación **2.** placa *f* mineralógica
Zulassungsstelle *f*, **n** servicio *m* de matrículas; oficina *f* de patentes de circulación
Zulauf *m*, Ø afluencia *f*; aflujo *m*; ***großen*** ~ ***haben*** estar muy frecuentado; tener mucha, una buena clientela
zulegen **1.** registar un ligero aumento **2.** poner de su bolsillo **3.** ***sich etw.*** ~ comprarse u|c
Zulieferabkommen *n*, - subcontrata *f*; acuerdo *m* de subcontratación
Zulieferant *m*, **en** → Zulieferer
Zulieferarbeiten *pl* trabajos *pl* auxiliares
Zulieferaufträge *pl* pedidos *pl* de subcontratación; órdenes *pl* a subcontratistas

Zulieferer *m*, - abastecedor *m*; proveedor *m*; subcontratista *m*; contratista *m* secundario; (Chile) abastero *m*

Zuliefer(er)betrieb *m*, **e** empresa *f* subcontratista

Zuliefer(er)firm|a *f*, **-en** → Zuliefererbetrieb

Zuliefer(er)industrie *f*, **n** industria *f* auxiliar

zuliefern proveer; suministrar; abastecer (piezas de repuesto; de recambio)

Zulieferteil *n*, **e** componente *m* subcontratado

Zulieferung *f*, **en** subcontratación *f*; suministro *m* (de componentes); entrega *f* (por parte) del subcontratista

Zuliefervertrag *m*, **¨e** subcontrata *f*; contrato *m* de suministro de componentes; acuerdo *m* con subcontratista(s)

zum, ***Lieferung ~ 1. Juni*** a suministrar el 1 de junio; ***~ Preis von*** al precio; a los precios de; ***~ Verkauf*** en venta

zumachen (Fam.), ***ein Geschäft ~*** cerrar un negocio *od.* una tienda; ***ein Geschäft für immer ~*** cerrar un negocio *od.* una tienda definitivamente

zumessen 1. medir **2.** fijar; señalar (un plazo) **3.** imponer (una sanción) **4.** ***jdm. seinen Teil ~*** asignar, dar a alg. lo que le corresponde

zumutbar razonable; que se puede exigir (perfectamente); ***es ist nicht ~*** no se puede exigir

Zunahme *f*, **n 1.** aumento *m*; incremento *m*; crecimiento *m*; subida *f*; ***prozentuale, jährliche ~*** porcentaje anual de incremento; ***verlangsamte ~ der Ausfuhren*** aumento desacelerado de las exportaciones; desaceleración *f* en el aumento de las exportaciones; ***in ~ begriffen sein*** estar en fase de aumento **2.** recrudecimiento *m*; agravación *f*

Zuname *m*, **n 1.** apellido *m* **2.** apodo *m*; mote *m* **3.** sobrenombre *m*

Zündwarenmonopol *n*, Ø monopolio *m* de cerillas

Zündwarensteuer *f*, **n** impuesto *m* a las cerillas

zunehmen aumentar; ir en aumento; acrecentarse; incrementarse; ***an Wert ~*** aumentar de valor; ***an Zahl ~*** aumentar de número; ***an Kräften ~*** fortalecerse; ***überproportional ~*** acrecentarse en proporciones desmesuradas; aumentar desproporcionadamente

zunehmend creciente; progresivo; ***mit ~em Alter*** a medida que pasan los años; conforme se avanza en edad; con el paso de los años; ***in ~em Maße*** en medida, en grado creciente; cada vez más; ***~e Nachfrage*** demanda *f* creciente; demanda en ascenso, en aumento

Zunft *f*, **¨e** gremio *m*, corporación *f* (de artesanos); ***er ist Mitglied der ~*** es del oficio (Syn. ***Innung***)

Zunftgeist *m*, Ø espíritu *m* corporativo; espíritu *m* gremial; espíritu *m* de cuerpo; gremialismo *m*

zunftgemäß del gremio; gremial; corporativo

Zunftgenosse *m*, **n** miembro *m* del gremio; gremial *m*

Zunftordnung *f*, **en** estatuto *m* de una corporación; estatutos *pl* gremiales

Zunftrecht *n*, Ø derecho *m* gremial

Zunftwesen *n*, Ø sistema *m*, régimen *m* gremial

Zunftzwang *m*, **¨e** obligación *f* impuesta a un artesano de adherirse a un gremio

Zünglein *n*, - **1.** lengüeta **2.** fiel *m*; ***das ~ an der Waage sein*** ser el fiel de la balanza

zunichte, ***~ machen*** aniquilar; destruir; echar por tierra; desbaratar; frustar

zunutze, ***sich etw. ~ machen*** aprovecharse de u/c; sacar provecho de u/c; utilizar u/c

zuordnen 1. agregar; adjuntar **2.** coordinar **3.** adscribir; atribuir

zupacken (Fam.) ponerse a trabajar; poner manos a la obra

zur Ruhesetzen, ***sich ~*** retirarse; jubilarse; pensionarse

Zurateziehung *f*, Ø consulta *f*

zurechnen 1. (addieren) sumar; añadir; incluir **2.** (zuordnen) contar, considerar entre **3.** (zuschreiben) ***einem Produkt Kosten ~*** atribuir, imputar, adscribir, asignar costes a un producto; ***zuzurechnen sein*** ser atribuible, imputable, adscribible, asignable a

Zurechnung *f*, **en** inclusión *f*; atribución *f*; asignación *f*; ***unter ~ aller Kosten*** incluidos todos los gastos *bzw.* costes

zurechnungsfähig (Jur.) responsable de sus actos; responsable civilmente *bzw.* penalmente ***voll ~ sein*** estar en pleno uso de sus facultades mentales

Zurechnungsfähigkeit *f*, Ø imputabilidad *f*; responsabilidad *f* civil *bzw.* penal; ***verminderte ~*** imputabilidad, responsabilidad disminuida

Zurschaustellung *f*, **en 1.** exhibición *f* **2.** ostentación *f*; alarde *m*

zurück, ~ ***sein*** **1.** estar atrasado; ir retrasado **2.** estar de vuelta, de regreso **3.** ~ ***an den Absender*** devuélvase al remitente; devuélvase a su procedencia; ~ ***an Aussteller*** (Scheckvermerk) cheque *m* protestado por falta de fondos; ~ ***müssen*** tener que volver, regresar, retornar

zurückabtreten hacer retrocesión de; (Syn. ***retrozedieren***)

Zurückbehaltung *f*, Ø, ~ ***des Lohns*** retención *f* del salario

Zurückbehaltungsrecht *n*, Ø derecho *m* de retención

zurückbekommen recuperar; recobrar; ***Sie bekommen noch 5 DM zurück*** todavía le debo 5 marcos; le tengo que devolver todavía 5 marcos; tiene usted 5 marcos de vuelta

zurückberufen 1. llamar a **2.** retirar, separar, revocar de su puesto

zurück(be)zahlen devolver; reintegrar; re(e)mbolsar; ***noch nicht zurückbezahltes Darlehen*** préstamo *m* todavía por pagar; préstamo *m* todavía no reembolsado

Zurückbezahlung *f*, **en** devolución *f*; reintegro *m*; re(e)mbolso *m*

zurückbleiben, ***hinter den Erwartungen*** ~ no corresponder a, defraudar las esperanzas; ***hinter der Konkurrenz*** ~ ir a la zaga de la competencia; quedarse por detrás de la competencia; ***die Löhne bleiben zurück*** los salarios quedan rezagados; los salarios no siguen (el aumento)

zurückbuchen (Wechsel) devolver una letra de cambio al remitente

zurückdatieren antedatar; antefechar

zurückerbitten pedir la devolución

zurückerhalten → zurückbekommen

zurückerobern, ***einen Markt*** ~ reconquistar un mercado

(zu)rückerstatten (Geld) devolver, reintegrar; restituir; (Kosten) re(e)mbolsar; ***die Fahrkosten*** ~ re(e)mbolsar los gastos de desplazamiento

Zurückerstattung *f*, Ø devolución *f*; restitución *f*; re(e)mbolso *m*; reintegro *m*

zurückerwerben readquirir

zurückfahren 1. regresar; volver **2.** hacer marcha atrás

zurückfallen 1. revertir a; recaer sobre **2.** reincidir en

zurückfliegen volver, regresar en avión

zurückfließen refluir

zurückfordern 1. reivindicar, reclamar un derecho **2.** exigir la devolución

Zurückforderung *f*, Ø reclamación *f*, reivindicacion *f*

(zu)rückfragen consultar, pedir, solicitar más detalles sobre u/c

zurückführen 1. atribuir a; explicarse por, ser debido a; ser imputable a **2.** repatriar

Zurückgabe *f*, **n** devolución *f*; restitución *f*; reembolso *m*

zurückgeben devolver; restituir; reembolsar; ***das Wechselgeld*** ~ dar la vuelta

zurückgehen 1. disminuir, ir disminuyendo; ceder, remitir, decaer; bajar; ***die Börsenkurse gehen zurück*** las cotizaciones bursátiles acusan un descenso; las cotizaciones bajan; ***das Defizit geht zurück*** el déficit disminuye; ***die Gewinne gingen zurück*** han bajado, disminuido los beneficios; ***die Preise gingen zurück*** se registró un descenso de los precios; ***von 10% auf 8%*** ~ bajar, descender de 10% a 8% **2.** ***Waren*** ~ ***lassen*** retornar, devolver mercancías **3.** retroceder, ir para atrás **4.** volver al punto de partida **5.** remontarse a

zurückgehend 1. ~***e Preise*** precios *pl* en descenso **2.** ~***e Waren*** mercancías *pl* que han sido devueltas

zurückgreifen, ~ ***auf Ersparnisse*** recurrir a, echar mano de los ahorros

zurückhaben, ~ ***wollen*** reclamar u/c

zurückhalten retener; ***zurückgehaltene Gewinne*** beneficios *pl* retenidos; ***Waren*** ~ retener mercancía *f*

zurückhaltend reservado; vacilante; indeciso; reticente; ***die Börse ist*** ~ la bolsa está vacilante, indecisa; ***das Geschäft ist*** ~ el mercado está en calma; los negocios permanecen a la expectativa

Zurückhaltung *f*, **en** reserva *f*; cautela *f*; reticencia *f*; retención *f*; ~ ***des Lohns*** retención del salario; ***es herrscht große*** ~ ***der Käufer auf dem Markt*** en el mercado se registra una gran reticencia por parte de los compradores

zurückkaufen 1. volver a comprar; readquirir **2.** rescatar (algo dado en prenda)

zurückkehren 1. ***auf seinen Posten*** ~ reintegrarse a su puesto; reanudar sus funciones **2.** regresar; volver, retornar

zurückklappen abatir, replegar

zurückkommen 1. volver **2.** ***wir kommen zurück auf Ihr Angebot vom*** refiriéndonos, haciendo referencia a su oferta de fecha

zurückkriegen (Fam.) → zurückbekommen
zurücklegen 1. ***eine Strecke*** ~ hacer un recorrido; recorrer una distancia **2.** ***Geld*** ~ ahorrar dinero **3.** ***Waren*** ~ reservar mercancía; poner mercancía aparte
zurückleiten devolver
zurückliegen, ***das liegt 5 Jahre zurück*** han pasado ya cinco años desde entonces; data de cinco años
zurückmelden, ***sich*** ~ presentarse de nuevo; volver a tomar el servicio
Zurücknahme *f*, **n 1.** ~ ***von Waren*** admisión *f* de la devolución de las mercancías; ~ ***der beschädigten Ware*** aceptación *f* de la devolución de la mercancía defectuosa; ***von Investmentanteilen*** (durch die Gesellschaft) admisión de la devolución de certificados de inversión **2.** ~ ***einer Kündigung*** revocación *f* del (aviso de) despido **3.** ~ ***eines Angebots*** retirada *f* de una oferta **4.** ~ ***einer Bestellung*** anulación *f* de un pedido **5.** ~ ***einer Klage*** desistimiento *m*, retirada *f* de una demanda **6.** ~ ***einer Äußerung*** retractación *f* de lo afirmado *od.* declarado
zurücknehmen 1. ***ein Angebot*** ~ retirar, revocar una oferta; ***eine Bestellung*** ~ revocar, cancelar, anular un pedido **2.** ***nicht zurückgenommene Verpackung*** embalaje *m* no vuelto a tomar; embalaje *m* cuya devolución no **se** admite; ***die Ware kann nicht zurückgenommen werden*** no **se** admite ni la devolución ni el cambio de la mercancía **3.** ***eine Klage*** ~ desistir de presentar demanda **4.** ***das Gesagte*** ~ retractarse de lo dicho; desdecirse (de lo afirmado)
zurückreichen 1. devolver **2.** remontarse a
zurückreisen retornar; regresar; volver
zurückrufen 1. (fehlerhafte Ware) llamar a fábrica **2.** ***einen Wechsel*** ~ retirar una letra **3.** (Teléf.) volver a llamar
zurückschicken 1. reexpedir; devolver **2.** hacer volver (a una persona)
Zurückschleusen *n*, Ø, ~ ***spekulativer Devisenzuflüsse*** reciclado *m* de flujos en moneda extranjera
zurückschrauben (Fam.) reducir; limitar; ***die Lohnansprüche*** ~ rebajar las reivindicaciones
zurückschreiben contestar por escrito
zurücksenden → zurückschicken
zurücksetzen 1. ***die Preise*** ~ rebajar, reducir los precios **2.** postergar a alg.
Zurücksetzung *f*, **en 1.** rebaja *f*; reducción *f* **2.** postergación *f* (de alg)
zurückstellen diferir; aplazar; dejar para más tarde; posponer; ***einen Auftrag zunächst*** ~ posponer, dejar un pedido para más tarde; ***Ware*** ~ reservar mercancía; poner mercancía aparte
Zurückstellung *f*, **en** aplazamiento *m*; posposición *f*; reserva *f*; puesta *f* aparte
zurückstufen degradar; bajar de rango; hacer perder categoría; bajar de categoría
Zurückstufung *f*, **en** pérdida *f* de categoría; cambio *m* a categoría inferior; degradación *f*
zurücktauschen volver a cambiar a la moneda de origen
zurücktreten 1. ***von seinem Amt*** ~ dimitir de su cargo; presentar la dimisión (de su cargo); dimitir de sus funciones; renunciar al, cesar en el cargo **2.** ***von seiner Bewerbung*** ~ retirar su candidatura **3.** ***von einem Vertrag*** ~ rescindir un contrato **4.** ***von einem Vorhaben*** ~ desistir de un proyecto, proposito **5.** ***die Pläne müssen*** ~ los planes tienen que esperar; los proyectos pasan a segundo término
(zu)rückvergüten reintegrar, reembolsar
Zurückvergütung *f*, **en** reintegro *m*; reembolso *m*
zurückverlangen, ***das Geld*** ~ reclamar la devolución del dinero
zurückweisen 1. ***eine Klage als unberechtigt*** ~ desestimar una demanda por injustificada *bzw.* improcedente **2.** ***einen Vorschlag*** ~ rechazar una propuesta **3.** ***einen Wechsel*** ~ no aceptar una letra **4.** ***ein Geschenk*** ~ rehusar, no aceptar un regalo **5.** ***eine Einladung*** ~ declinar una invitación **6.** ***die Lieferung*** ~ negarse a aceptar el suministro
Zurückweisung *f*, **en** rechazo *m*; desestimación *f*; denegación *f*; recusación *f*
zurückzahlbar, ***die Anleihe ist in 8 Jahresraten*** ~ el empréstito es reembolsable en 8 plazos anuales
zurückzahlen devolver; reembolsar; redimir; pagar; saldar
Zurückzahlung *f*, **en** devolución *f*; reembolso *m*; pago *m*; saldo *m*
zurückziehen retirar; ***ein Angebot***, ***eine Bewerbung*** ~ retirar una oferta, una candidatura; ***aus dem Verkehr*** ~ retirar de la circulación, del mercado; ***sich*** ~ retirarse; ***sich zur Besprechung*** ~ retirarse para de-

liberar; ***sich vom Geschäft*** ~ retirarse del negocio

Zurückziehung *f*, Ø, ~ ***eines Auftrags*** cancelación *f*, revocación *f* de un pedido

Zuruf *m*, **e** aclamación *f*; ***Wahl durch*** ~ elegir por aclamación

zurüsten equipar; preparar

Zurüstung *f*, **en** equipamiento *m*; preparativos *pl*

Zurverfügungstellung *f*, **en** puesta *f* a disposición

Zusage *f*, **n** **1.** promesa *f* **2.** contestación *f* afirmativa **3.** consentimiento *m*; asentimiento *m*; aprobación *f* **4.** aceptación *f*

zusagen **1.** prometer; ***die Lieferung innerhalb einer Frist von 2 Monaten*** ~ prometer el suministro en un plazo de 2 meses **2.** contestar afirmativamente **3.** consentir; asentir; aprobar **4.** aceptar (una invitación) **5.** agradar; gustar; ***Ihr Angebot sagt uns zu*** su oferta nos agrada **6.** convenir; ***sollte unser Vorschlag Ihnen*** ~ si nuestra propuesta les conviniera, fuera de su agrado

zusagend, ~***e Antwort*** contestación *f* afirmativa, positiva

Zusammenarbeit *f*, Ø colaboración *f*; cooperación *f*; ***wirtschaftliche*** ~ cooperación económica; ***innergemeinschaftliche*** ~ cooperación intracomunitaria

zusammenarbeiten cooperar; colaborar; ***mit jdm. geschäftlich*** ~ hacer negocios con alg.

zusammenballen concentrar; aglomerar; amontonar

Zusammenballung *f*, Ø concentración *f*; aglomeración *f*; amontonamiento *m*

Zusammenbau *m*, Ø montaje *m*; ensamblaje *m*

zusammenbauen montar; ensamblar

zusammenbekommen lograr reunir

zusammenbetteln reunir mendigando

zusammenbrechen **1.** venirse abajo; hundirse; ***die Firma bricht zusammen*** la empresa incurre en quiebra **2.** quedar colapsado (el tráfico) **3.** sufrir un colapso (una persona)

zusammenbringen **1.** ***Geld*** ~ reunir, acumular dinero **2.** poner en contacto (a varias personas) **3.** reconciliar; lograr la reconciliación

Zusammenbruch *m*, Ø quiebra *f*; bancarrota *f*; ***finanzieller*** ~ colapso *m* financiero; ***wirtschaftlicher*** ~ ruina *f* económica; ***kurz vor dem*** ~ ***stehen*** estar al borde de la quiebra

zusammenfahren **1.** chocar con **2.** destrozar

zusammenfallen, ~ ***mit*** (zeitlich) coincidir con

zusammenfaltbar plegable

zusammenfalten plegar

zusammenfassen **1.** reunir; concentrar **2.** resumir; recapitular; hacer una síntesis **3.** ***nach Sachgebieten*** ~ reagrupar por materias

zusammenfassend en resumen; resumiendo

Zusammenfassung *f*, **en** **1.** sumario *m*; resumen *m*; recapitulación *f* **2.** → Zusammenschluss

zusammengehen **1.** ir juntos; hacer causa común **2.** encogerse

Zusammengehörigkeit *f*, Ø cohesión *f*; homogeneidad *f*; ***wirtschaftliche*** ~ conexión *f* económica

zusammengesetzt compuesto

zusammenhaben tener reunido

Zusammenhalt *m*, Ø, ***wirtschaftlicher*** ~ cohesión *f* económica

zusammenhalten, ***Geld*** ~ administrar evitando gastos; administrar con tino

Zusammenhang *m*, ¨**e** conexión *f*; relación *f*; ***in wirtschaftlichem*** ~ ***stehen*** estar económicamente conectado; estar en relación económica

zusammenkaufen comprar en bloque; acaparar

zusammenkommen **1.** reunirse; encontrarse; entrevistarse **2.** coincidir **3.** ser recaudado (dinero)

zusammenkoppeln **1.** acoplar **2.** ensamblar (una nave espacial)

zusammenkrachen derrumbarse

zusammenkratzen (Fam.), ***Geld*** ~ rascarse los bolsillos; reunir penosamente los últimos centavos

Zusammenkunft *f*, ¨**e** reunión *f*; entrevista *f*; cita *f*; encuentro *m*; conferencia *f*; ***eine*** ~ ***mit jdm. vereinbaren*** convenir, acordar reunirse con alg.

zusammenläppern (Fam) ir acumulándose poco a poco; ***der Betrag läppert sich allmählich zusammen*** se termina por reunir una buena cantidad

zusammenlegbar plegable; agrupable; concentrable; centralizable

zusammenlegen agrupar; centralizar; concentrar; ***Aktien*** ~ agrupar, consolidar acciones; ***die Produktionen*** ~ amalgamar las

producciones; ***Unternehmen*** ~ fusionar empresas
Zusammenlegung *f*, **en** reunión *f*; concentración *f*; fusión *f*; consolidación *f*; ~ ***von Geschaften*** fusión de negocios
zusammenpacken 1. empaquetar; hacer un paquete (con todo) **2.** reunir
zusammenpassen hacer juego; armonizar
Zusammenprall *m*, Ø choque *m*; encontronazo *m*; colisión *f*
zusammenprallen colisionar; chocar
zusammenrechnen sumar; agregar; totalizar; ***alles zusammengerechnet*** en total
zusammenrufen convocar; reunir
zusammenscharren (Fam.) atesorar, reunir (dinero) penosamente
Zusammenschau *f*, Ø sinopsis *f*; visión *f* de conjunto
zusammenschließen fusionar(se); asociar(se); (re)agrupar(se); ***sich mit einem anderen Unternehmen*** ~ fusionarse con otra empresa; (Syn. ***fusionieren***)
Zusammenschluss *m*, **¨e** concentración *f*; fusión *f*; asociación *f*; ***horizontaler***, ***vertikaler*** ~ concentración horizontal, vertical; ***Zusammenschlüsse auflösen*** disolver concentraciones; ***einen ~ genehmigen*** autorizar una fusión
Zusammenschmelzen *n*, Ø **1.** fusión *f* **2.** disminución *f*; mengua *f*
zusammenschrumpfen disminuir; menguar; venir a menos
zusammensetzen 1. ***sich ~ aus*** componerse de; constituirse de **2.** ensamblar; montar
Zusammensetzung *f*, **en** composición *f*; constitución *f*; ~ ***des Fondsvermögen*** (einer Investmentgesellschaft) composición del patrimonio del fondo; ***die ~ der Ladung*** la composición de la carga
zusammensparen ahorrar poco a poco; hacer dinero ahorrando
Zusammenspiel *n*, Ø cooperación *f*
zusammenstehen ayudarse mutuamente; practicar la solidaridad; ayudarse recíprocamente
zusammenstellen 1. ***eine Liste*** ~ confeccionar, hacer una lista **2.** agrupar **3.** clasificar (según categorías) **4.** compilar (datos, textos, *etc.*) **5.** seleccionar (un equipo de personas) **6.** ordenar; disponer; arreglar; organizar **7.** formar; componer (un tren)
Zusammenstellung *f*, **en 1.** lista *f*; tabla *f*, cuadro *m* sinóptico **2.** agrupación *f* **3.** clasificación *f* **4.** ~ ***eines Wörterbuches*** compilación *f* de un diccionario **5.** selección *f* **6.** organización *f*; ordenación *f*; arreglo *m*; disposición *f* **7.** formación *f*; composición *f*
Zusammenstoß *m*, **¨sse** (von Fahrzeugen) colisión *f*; choque *m*
zusammenstoßen colisionar; chocar
zusammenstreichen reducir; disminuir; abreviar; acortar
zusammentragen reunir; compilar; recopilar (datos)
zusammentreten reunirse; celebrar una asamblea
zusammentun, ***sich*** ~ asociarse; aliarse
zusammenwachsen amalgamarse; fusionarse
zusammenwirken 1. colaborar; cooperar **2.** coincidir con
zusammenzählen → zusammenrechnen
Zusatz *m*, **¨e 1.** añadidura *f*; adición *f* **2.** aditivo *m* **3.** suplemento *m* **4.** apéndice *m* **5.** pos(t)data *f* (en una carta) **6.** codicilo *m* (testamento) **7.** nota *f* adicional
Zusatz- (Pref.) complementario; adicional; suplementario
Zusatzabkommen *n*, - convenio *m* adicional
Zusatzaktien *pl* acciones *pl* nuevas (distribuidas a los accionistas)
Zusatzantrag *m*, **¨e** enmienda *f*; proposición *f* adicional; redactado *m* adicional
Zusatzausrüstung *f*, **en** equipo *m* adicional
Zusatzbatterie *f*, **n** batería *f* auxiliar
Zusatzbedingungen pl condiciones *pl* adicionales, complementarias
Zusatzbelastung *f*, **en** carga *f* suplementaria, adicional; ~ ***für Importe*** recargo *m* sobre las importaciones; sobretasa *f* impuesta a las importaciones
Zusatzbericht *m*, **e** informe *m* suplementario, adicional
Zusatzbescheinigung *f*, **en** certificado *m* de adición
Zusatzbestellung *f*, **en** pedido *m* complementario; orden *f* adicional
Zusatzbestimmung *f*, **en** disposición *f* suplementaria
Zusatzbetrag *m*, **¨e** importe *m*, montante *m*, suma *f* adicional
Zusatzbudget *n*, **s** presupuesto *m* suplementario, adicional
Zusatzdividende *f*, **n** dividendo *m* extraordinario
Zusatzeinkommen n, - renta *f* adicional, complementaria
Zusatzgerät *n*, **e** aparato *m* adicional, suplementario

Zusatzkasse *f*, **n** caja *f* complementaria
Zusatzklausel *f*, **n** cláusula *f* adicional
Zusatzkosten *pl* costes *pl* adicionales
Zusatzkrankenversicherung *f*, Ø seguro *m* de enfermedad adicional
Zusatzkredit *m*, **e** crédito *m* complementario
zusätzlich 1. complementario; suplementario; adicional; auxiliar; *~e Vergütung* remuneración *f* suplementaria, adicional **2.** ~ *berechnen* contar adicionalmente
Zusatzlohn *m*, **¨e** salario *m* complementario, adicional
Zusatzpatent *n*, **e** patente *f* adicional, complementaria
Zusatzpersonal *n*, Ø personal *f* complementario, adicional
Zusatzprämie *f*, **n** sobreprima *f*; prima *f* adicional
Zusatzrente *f*, **n 1.** pensión *f* complementaria **2.** renta *f* adicional
Zusatzspeicher *m*, **-** → Zubringerspeicher
Zusatzsteuer *f*, **n** impuesto *m* complementario; tasa *f* adicional
Zusatzvereinbarung *f*, **en** acuerdo *m* complementario, adicional
Zusatzversicherung *f*, **en** seguro *m* complementario
Zusatzversorgung *f*, **en** aprovisionamiento *m* suplementario
Zusatzversorgungskasse *f*, **n** caja *f* complementaria de retiro
Zusatzvertrag *m*, **¨e** contrato *m* anexo, adicional
Zusatzwerbung *f*, Ø publicidad *f* accesoria
Zusatzzahl *f*, **en** cifra *f* complementaria
Zusatzzoll *m*, **¨e** arancel *m* adicional; aduana *f* complementaria; derecho *m* suplementario
Zuschauerforschung *f*, Ø sondeo *m*, encuesta *f* de audiencia (televisiva)
zuschießen dar dinero; contribuir con dinero
Zuschlag *m*, **¨e 1.** suplemento *m*; recargo *m*; sobretasa *f*; extra *m*; *~ für erste Klasse* suplemento de primera clase **2.** (Post) sobreporte *m* **3.** (auf Auktionen) remate *m*; (bei Ausschreibungen) adjudicación *f*; *den ~ erteilen* adjudicar **4.** *~ für Nachtarbeit* plus *m*, prima *f* por trabajo nocturno
zuschlagen 1. (bei Ausschreibungen) *dem Meistbietenden ~* adjudicar al mejor postor **2.** (Aktionator) rematar **3.** añadir; adicionar; cargar un suplemento
Zuschlaggebühr *f*, **en** recargo *m*; suplemento *m*
Zuschlagsempfänger *m*, **-** adjudicatario *m*
zuschlag(s)frei sin recargo; sin suplemento
Zuschlagskalkulation *f*, **en** cálculo *m* de la imputacion de gastos a los diferentes elementos del precio de coste (material, salarios, etc.)
Zuschlag(s)karte *f*, **n** billete *m* suplementario, complementario
zuschlag(s)pflichtig sujeto a suplemento, a sobretasa
Zuschlag(s)porto *n*, **s** sobreporte *m*
Zuschlag(s)prämie *f*, **n** sobreprima *f*
Zuschnitt *m*, Ø, *internationalen ~s* de dimensión, de talla, de corte internacional
zuschreiben atribuir; afectar; imputar; achacar; *einen Betrag ~* abonar en cuenta; *jdm. ein Grundstück ~* poner un terreno a nombre de alg.
Zuschreibung *f*, **en 1.** imputación *f* **2.** abono *m*, asiento *m* en cuenta
Zuschuss *m*, **¨e** subvención *f*, subsidio *m*; ayuda *f* financiera; prestación *f* económica; *~¨e für den Export* ayudas a la exportación; *verlorener ~* ayuda, subvención a fondo perdido; *~¨e gewähren* (*leisten*) conceder subvenciones, subsidios; (Syn. *Subvention*)
zuschussbedürftig que necesita subvención; necesitado de subsidio; económicamente débil; en dificultades
Zuschussbetrieb *m*, **e** empresa *f* deficitaria; empresa *f* subvencionada
Zuschussempfänger *m*, **-** perceptor *m* de subsidio; beneficiario *m* de subvenciones
Zuschussgebiet *n*, **e** región *f* en dificultades; región *f* deficitaria; región *f* subvencionada
Zuschusswirtschaft *f*, **en** → Zuschussbetrieb
zuschustern (Fam.) proporcionar una contribución financiera
zusenden expedir; enviar; remitir
Zusendung *f*, **en** expedición *f*; envío *m*
zusetzen 1. agregar, añadir; adicionar **2.** *Geld ~* perder, sacrificar dinero **3.** *schwer ~* dar mucho que hacer; afectar gravemente
zusichern asegurar, garantizar; prometer; *die Qualität der verkauften Ware ~* garantizar la calidad de la mercancía
Zusicherung *f*, **en** garantía *f*, promesa *f*
zuspitzen, *sich ~* agravarse; hacerse crítico; agudizarse; endurecerse; *der Konflikt spitzt sich zu* el conflicto se recrudece, se agrava, se agudiza
Zuspitzung *f*, Ø agravación *f*; agudización *f*; endurecimiento *m*; recrudecimiento *m*

Zuspruch *m*, Ø **1.** asistencia *f* **2.** afluencia *f* **3.** ***das Geschäft hat viel*** ~ el negocio tiene mucha clientela, mucha parroquia; el negocio está muy acreditado **4.** ***die Veranstaltung findet viel*** ~ el acto está muy concurrido

Zustand *m*, ¨**e 1.** estado *m; **in betriebsfähigem*** ~ en estado de marcha; en condiciones de funcionamiento; ***in beschädigtem*** ~ en estado defectuoso, averiado, dañado; ***in einwandfreiem*** ~ (Waren) en perfecto estado; en estado impecable; ***in gebrauchsfähigem*** ~ en estado de uso; **en** condiciones para ser usado; ***in gutem*** ~ en buen estado; en buenas condiciones; ***mangelhafter*** ~ ***der Waren*** mercancías en estado defectuoso; estado defectuoso de las mercancías; ***Waren in schlechtem*** ~ mercancías en mal estado **2.** ***der derzeitige*** ~ la situación actual

zustande bringen llevar a cabo, a efecto; efectuar; realizar; ***ein Geschäft*** ~ ***bringen*** realizar un negocio

zustande kommen tener lugar; llevarse a cabo; realizarse; efectuarse; producirse

zuständig competente; responsable; ***~e Behörde*** autoridad *f* competente; ***~es Gericht*** tribunal *m* competente; ***von ~er Stelle erfährt man*** se sabe de buena fuente; se conoce de fuente autorizada; ***dafür ist er nicht*** ~ no es de su competencia, de su incumbencia; ***sich an die ~e Stelle wenden*** dirigirse a la autoridad (*bzw.* instancia) competente

Zuständigkeit *f*, **en** competencia *f*; incumbencia *f*; atribuciones *pl* ***es liegt nicht in meiner*** ~ no es de mi incumbencia; no entra dentro de mi responsabilidad; ***die*** ~ ***einer Behörde ablehnen*** declinar, recusar la competencia de una administración *od.* autoridad; ***die*** ~ ***eines Gerichts anerkennen*** reconocer la jurisdicción *bzw.* competencia de un tribunal

Zuständigkeitsabgrenzung *f*, **en** delimitación *f* de competencia

Zuständigkeitsbereich *m*, **e** área *f* de responsabilidad; ámbito *m* de competencia, de atribuciones; jurisdicción *f*

Zuständigkeitserweiterung *f*, **en** ampliación *f* (del marco) de la competencia; extensión *f* (del ámbito) de las atribuciones

Zuständigkeitsgrenze *f*, **n** límite *m* de responsabilidad, de competencia

zuständigkeitshalber en razón de competencia; por atribuciones

Zustellbereich *m*, **e** → Zustellbezirk

Zustellbezirk *m*, **e** distrito *m*, circunscripción *f* postal; zona *f* de reparto

Zustelldienst *m*, **e** servicio *m* de reparto (a domicilio)

zustellen 1. entregar; hacer entrega de; repartir; ***etw. rechtzeitig*** ~ entregar a tiempo; hacer llegar a tiempo; ***eine Rechnung*** ~ hacer entrega de una factura; ***ein Schriftstück***, ***eine Vorladung*** ~ hacer entrega de un documento, de una citación **2.** enviar, mandar; remitir **3.** bloquear

Zustellgebühr *f*, **en** gastos *pl* de entrega

Zustellpostamt *n*, ¨**er** oficina *f* postal encargada del reparto

Zustellung *f*, **en 1.** ~ ***frei Haus*** reparto *m*, entrega *f* a domicilio **2.** notificación *f*; ~ ***in Person, eigenhändige*** ~ entrega *f* en propia mano; notificación *f* en persona

Zustellungsbescheinigung *f*, **en** recibo *m* de entrega

Zustellungsurkunde *f*, **n 1.** acta *f* de notificación **2.** → Zustellungsbescheinigung

Zustellverfügung *f*, **en** (A) orden *f* de notificación

zustimmen aprobar; consentir; estar conforme con; dar el, su visto bueno; ***einem Projekt*** ~ dar el visto bueno a un proyecto; dar su beneplácito a un proyecto

zustimmend aprobatorio; afirmativo; aprobativo

Zustimmung *f*, **en** aprobación *f*; consentimiento *m*; conformidad *f*; visto *m* bueno; ***ausdrückliche*** ~ aprobación expresa; ***die*** ~ ***erhalten*** obtener el consentimiento; ***seine*** ~ ***erteilen*** dar su aprobación, su visto bueno

Zustrom *m*, Ø afluencia *f*, concurrencia *f*; ~ ***von ausländischen Investitionen*** flujo *m* de inversiones extranjeras

zutage 1. ~ ***bringen*** revelar; sacar a la luz **2.** ~ ***fördern*** extraer **3.** ~ ***kommen*** → zutage treten **4.** ~ ***liegen*** aflorar; estar a flor de tierra; ser patente **5.** ~ ***treten*** evidenciarse; manifestarse

zuteilen 1. atribuir; asignar; ***jdm. eine Arbeit*** ~ adjudicar un trabajo; asignar una función; ***Aktien*** ~ repartir acciones **2.** racionar; contingentar

Zuteilung *f*, **en 1.** ~ ***von Gratisaktien*** asignación *f*, atribución *f*, reparto *m* de acciones gratuitas **2.** adjudicación *f* **3.** contingentación *f*; racionamiento *m*; ración *f*; cupo *m*

Zuteilungsantrag *m*, **¨e** solicitud *f* de adjudicación
Zuteilungskarte *f*, **n** tarjeta *f* de racionamiento
Zuteilungskurs *m*, **e** tipo *m* de repartición
Zuteilungsquote *f*, **n** contingente *m*; cupo *m*
Zuteilungssystem *n*, **e** sistema *m* de repartición; sistema *m* de racionamiento
Zutreffendes, *~ **bitte unterstreichen*** subráyese lo que proceda; ***Nichtzutreffendes bitte streichen*** táchese lo que no proceda
Zutritt *m*, **e** acceso *m*; entrada *f*; admisión *f*; ***freier*** ~ entrada libre, gratuita; ***kein*** ~, ~ ***verboten*** se prohibe la entrada
Zutrittsrecht *n*, Ø derecho *m* de acceso
zuungunsten en perjuicio de; ~ ***des Kaufmanns*** en detrimento del comerciante
zuverlässig 1. *~e **Arbeit*** trabajo *m* hecho a conciencia **2.** *~e **Person*** persona *f* de confianza; persona *f* cumplidora; persona *f* formal; persona *f* consciente de su deber **3.** *~e **Firma*** empresa *f* de buena fama, reputación **4.** (Maschine) fiable; de funcionamiento seguro **5.** ***aus** ~er **Quelle*** de fuente solvente, fidedigna **6.** (erprobt) a toda prueba; probado
Zuverlässigkeit *f*, Ø fiabilidad *f*; seguridad *f* de funcionamiento; formalidad *f*; autenticidad *f*
zuvorkommen, ***der Konkurrenz*** ~ anticiparse a la competencia
zuvorkommend 1. complaciente; atento; cortés **2.** con mucha atención, cortesía
Zuwachs *m*, (**¨e**) aumento *m*; crecimiento *m*; incremento *m*; ***durchschnittlicher jährlicher*** ~ incremento anual medio
Zuwachsrate *f*, **n** tasa *f* de incremento; ***jährliche*** ~ tasa anual de crecimiento
Zuwachsreserve *f*, **n** reserva *f* de crecimiento
Zuwachssteuer *f*, **n** impuesto *m* sobre el aumento de la fortuna; impuesto *m* sobre las plusvalías
Zuwanderer *m*, - inmigrante *m*
zuwandern inmigrar
Zuwanderung *f*, **en** inmigración *f*; afluencia *f*, flujo *m* de mano de obra; (Ggs. ***Abwanderung***)
zuweisen asignar; atribuir; adjudicar, destinar; ***einem Fonds*** ~ ingresar, abonar en un fondo
Zuweisung *f*, **en** asignación *f*, adjudicación *f*; ~ ***an die Rücklagen*** asignación a las reservas
Zuwendung *f*, **en** subvención *f*; subsidio *m*; ayuda *f*; donación *f*; ***Mittel aus unentgeltlichen** ~en* fondos *pl* recibidos a título gratuito
zuwiderhandeln contravenir; transgredir; infringir; ***einem Gesetz*** ~ violar, infringir una ley; ***einem Vertrag*** ~ faltar a un contrato; ***einer Vorschrift*** ~ infringir una disposición
Zuwiderhandelnde(r) (der/ein) contraventor *m*; infractor *m*; transgresor *m*
Zuwiderhandlung *f*, **en** contravención *f*; infracción *f*; transgresión *f*
zuzählen añadir; agregar; incluir
zuzahlen 1. pagar un suplemento, un recargo **2.** pagar de su bolsillo
Zuzahlung *f*, **en** suplemento *m*; pago *m* adicional, suplementario
zuziehen 1. ***einen Sachverständigen*** ~ consultar a un experto; hacer venir a un experto **2.** ***sich einen Tadel*** ~ atraerse una reprobación, censura
Zuziehung *f*, **en** consulta *f*; asistencia *f*; ***unter** ~ **eines Fachmanns*** asistido por un experto; con la asistencia de un experto; consultando a un experto
Zuzug *m*, Ø llegada *f*; inmigración *f*; afluencia *f*
Zuzügler *m*, - el recién llegado; el que acaba de llegar; nuevo residente *m*, vecino *m* de una ciudad
zuzüglich además; aparte; no comprendido; por añadidura; ~ ***der Kosten*** más los gastos; no incluidos, no comprendidos los gastos; ~ ***des Portos*** más el franqueo; franqueo no pagado; franqueo aparte; franqueo no incluido, no comprendido; ~ ***Zinsen*** más los intereses; intereses aparte
Zuzugsgenehmigung *f*, **en** permiso *m* de residencia
Zwang *m*, **¨e** coacción *f*, coerción *f*; fuerza *f*; presión *f*; ***unter*** ~ por la fuerza; ***unter dem** ~ **der Verhältnisse*** obligado por las circunstancias; ***auf jdn.** ~ **ausüben*** ejercer presión sobre alg.; ***mit** ~ **durchsetzen*** conseguir por la fuerza
Zwangs- (Pref.) forzado; forzoso; obligatorio; de oficio; judicial
Zwangsablieferung *f*, **en** suministro *m* forzoso
Zwangsanleihe *f*, **n** empréstito *m* forzoso
Zwangsarbeit *f*, Ø trabajo *m* obligatorio; trabajo *m* forzoso; ***lebenslängliche*** ~ trabajo forzoso a perpetuidad

Zwangsauflösung *f*, **en** (einer Handelsgesellschaft) disolución *f* forzosa
Zwangsbeitrag *m*, **¨e** cotización *f bzw.* contribución *f* obligatoria
Zwangsbeitreibung *f*, Ø cobro *m* ejecutivo
zwangsbewirtschaftet contingentado
Zwangsbewirtschaftung *f*, Ø contingentación *f* obligatoria; racionamiento *m* obligatorio
Zwangseinschreibung *f*, **en** **1.** inscripción *f* de oficio **2.** matriculación *f* obligatoria
Zwangseinziehung *f*, Ø, ~ ***von Aktien*** retirada *f* obligatoria de acciones
Zwangsenteignung *f*, **en** expropiación *f* forzosa
Zwangsgeld *n*, **er** multa *f* coercitiva, administrativa
Zwangsgeldbescheid *m*, **e** aviso *m* de multa administrativa
Zwangshypothek *f*, **en** hipoteca *f* forzosa, judicial, necesaria
Zwangskartell *n*, **e** cártel *m* obligatorio
Zwangskasse *f*, **n** caja *f* (de afiliación) obligatoria
Zwangskauf *m*, **¨e** compra *f* forzosa
Zwangskurs *m*, **e** curso *m* forzoso
Zwangslage *f*, **n** situación *f* embarazosa; dilema *m*; ***in einer ~ sein*** verse en un aprieto; verse en un dilema; verse en la obligación de; verse forzado a
Zwangsliquidation *f*, Ø liquidación *f* forzosa, obligatoria
Zwangslizenz *f*, **en** licencia *f* obligatoria
Zwangsmaßnahme *f*, **n** medida *f* coercitiva
Zwangsmitgliedschaft *f*, Ø afiliación *f* obligatoria, forzosa
Zwangsmittel *pl* medios *pl* coercitivos
Zwangspensionierung *f*, Ø jubilación *f* forzosa
Zwangsräumung *f*, **en** desahucio *m*; lanzamiento *m*; evacuación *f* forzosa
Zwangsregulierung *f*, **en** **1.** regulación *f* forzosa **2.** ejecución *f* en bolsa
Zwangsschlichter *m*, - conciliador *m*, árbitro *m* nombrado de oficio
Zwangsschlichtung *f*, Ø conciliación *f* forzosa; arbitraje *m* necesario, obligatorio
Zwangssparen *n*, Ø ahorro *m* forzoso
Zwangstarif *m*, **e** tarifa *f* obligatoria; arancel *m* obligatorio
Zwangsumlage *f*, **n** contribución *f* especial forzosa
Zwangsumtausch *m*, Ø cambio *m* obligatorio (de divisas)
Zwangsveranlagung *f*, **en** imposición *f* forzosa; tasación *f* de oficio
Zwangsveräußerung *f*, **en** → Zwangsverkauf
Zwangsverfahren *n*, - procedimiento *m* coercitivo; vía *f* de apremio
Zwangsvergleich *m*, **e** convenio *m* forzoso; obligatorio; transacción *f* obligatoria; convenio *m* concursal; (Chile) convenio *m* judicial
Zwangsverkauf *m*, **¨e** venta *f* forzosa
Zwangsversetzung *f*, **en** traslado *m* forzoso
Zwangsversicherte(r) (der/ein) afiliado *m* a un seguro obligatorio
Zwangsversicherung *f*, **en** seguro *m* obligatorio
zwangsversteigern vender en subasta forzosa
Zwangsversteigerung *f*, **en** subasta *f* forzosa
Zwangsversteigerungsverfahren *n*, - procedimieno *m* ejecutivo hipotecario
Zwangsverwalter *m*, - administrador *m* judicial
Zwangsverwaltung *f*, **en** administración *f* (judicial) forzosa; ***die ~ aufheben*** levantar el secuestro; ***unter ~ stellen*** poner bajo depósito judicial
Zwangsvollstreckung *f*, **en** ejecución *f* forzosa
Zwangsvollstreckungsverfahren *n*, - proceso *m* de ejecución expropiativa
Zwangswirtschaft *f*, Ø **1.** economía *f* dirigida, reglamentada **2.** régimen *m* de contingentación; sistema *m* de racionamiento
zwanzig veinte; ***etwa*** ~ una veintena; unos veinte; ***in den ~er Jahren*** en los años veinte
Zwanzigerklub *m*, Ø Club *m* de los Veinte (→ Zehnerklub)
Zwanzigmarkschein *m*, **e** billete *m* de veinte marcos
zwanzigste vigésimo
zwanzigstel veinteavo; vigésima parte
zwanzigstens **1.** en vigésimo lugar **2.** vigésimo
Zweck *m*, **e** propósito *m*; objeto *m*; fin *m*; finalidad *f*; objetivo *m*; ***zu diesem*** ~ a este fin; con este objeto; ***Stiftung für wohltätige ~e*** fundación *f* de beneficencia; ***einen ~ verfolgen*** perseguir un fin
Zweckbau *m*, **ten** edificio *m* funcional
zweckbestimmt funcional; ***nicht ~e Ausgaben*** gastos *pl* no destinados, no aplicados al fin propuesto

Zweckbestimmung *f*, **en** finalidad *f*; aplicación *f*; asignación *f*; afectación *f*; ~ ***von Ausgaben***, ***von Einnahmen*** asignación *f*, destinación *f* de gastos, ingresos
Zweckbindung *f*, **en** → Zweckbestimmung
zweckdienlich apropiado; adecuado; pertinente; oportuno; útil; *~e* ***Informationen*** informaciones *pl* relevantes
Zweckdienlichkeit *f*, Ø utilidad *f*; adecuación *f*; pertinencia *f*
zweckentfremden desviar u/c de su destino primero; ***Gelder*** ~ desviar fondos de su destino; utilizar fondos con fines extraños ***eine Wohnung*** ~ usar la vivienda para fines distintos a los previstos; usar la vivienda inapropiadamente
Zweckentfremdung *f*, Ø cambio *m* de destino; uso *m* inapropiado; uso *m* distinto al pensado originalmente
zweckentsprechend apropiado; en concordancia con su destino
zweckgebunden, *~e* ***Mittel*** fondos *pl* destinados a un fin especial; *~e* ***Rücklagen*** reservas *pl* para fines específicos
zweckgemäß → zweckmäßig
zweckmäßig adecuado; apropiado; funcional; útil; oportuno; procedente
Zweckmäßigkeit *f*, Ø **1.** funcionalidad *f* **2.** conveniencia *f*; utilidad *f*; oportunidad *f*
Zweckmöbel *pl* muebles *pl* funcionales
zweckorientiert → zweckgebunden
Zwecksetzung *f*, **en** objetivo *m*
Zwecksparen *n*, Ø ahorro *m* para un fin específico, determinado; ahorro *m* de previsión
Zwecksteuer *f*, **n** impuesto *m* destinado a un fin específico
Zweckverband *m*, **¨e** mancomunidad *f*; asociación *f* con un fin determinado
Zweckvermögen *n*, - patrimonio *m* de destino
zweckvoll → zweckmäßig
zweckwidrig inadecuado; inapropiado; mal adaptado; contraproducente
Zweibettzimmer *n*, - habitación *f* de dos camas; habitación *f* doble
Zweidrittelmehrheit *f*, Ø mayoría *f* de dos tercios
zweifach, ***in ~er Ausfertigung*** por duplicado
Zweifamilienhaus *n*, **¨er** casa *f* de dos viviendas; dúplex *m*
zweifelhaft, *~e* ***Forderungen*** créditos *pl* de cobro problemático; *~es* ***Geschäft*** transacción *f* dudosa
Zweig *m*, **e** ramo *m*; rama *f* (de actividad); sector *m*
Zweiganstalt *f*, **en** sucursal *f*
Zweigbahn *f*, **en** ramal *m*; vía *f* secundaria
Zweigbank *f*, **en** sucursal *f* (bancaria)
Zweiggeschäft *n*, **e** sucursal *f*
Zweiggesellschaft *f*, **en** sociedad *f*, compañía aflliada
Zweigniederlassung *f*, **en** → Zweiggeschäft
Zweigstelle *f*, **n** **1.** sucursal *f*; agencia *f* (urbana) **2.** delegación *f*
Zweigstellenleiter *m*, - gerente *m*, jefe *m* de sucursal; director *m* de agencia urbana
Zweigstellennetz *n*, **e** red *f* de sucursales
Zweigunternehmen *n*, - casa *f*, empresa *f* afiliada
Zweihundertjahrfeier *f*, **n** bicentenario *m*
Zweijahresplan *m*, **¨e** plan *m* bienal
Zweijahresveranstaltung *f*, **en** acto *m* bienal
zweijährig (alle 2 Jahre) bienal
Zweikammersystem *n*, **e** (Polit.) sistema *m* bicameral; bicameralismo *m*
zweimal, ~ ***jährlich*** dos veces al año; semestral; ~ ***monatlich erscheinend*** que se publica quincenalmente; que aparece dos veces al mes; de aparición bimensual; ~ ***wöchentlich erscheinend*** (de aparición) bisemanal
Zweimanngesellschaft *f*, **en** sociedad *f* compuesta por dos socios
Zweimarkstück *n*, **e** moneda *f* de dos marcos
zweimonatig de dos meses
zweimonatlich (alle 2 Monate) bimestral
Zweiparteiensystem *n*, **e** sistema *m* bipartidista; bipartidismo *m*
Zweischeinsystem *n*, **e** sistema *m* de dos resguardos
zweischichtig, *~er* ***Betrieb*** empresa *f* de dos turnos; empresa *f* que funciona con dos equipos
zweiseitig **1.** bilateral; sinalagmático **2.** de dos caras **3.** reversible
zweisprachig bilingüe
Zweisprachigkeit *f*, Ø bilingüismo *m*
zweispurig, *~e* ***Straße*** vía *f* de dos carriles
zweistöckig, *~es* ***Haus*** casa *f* de dos plantas, de dos pisos
zweistündig de dos horas
zweistündlich cada dos horas
zweitägig de dos días
Zweitausfertigung f, en **1.** ~ ***eines Wechsels*** segunda *f* de cambio **2.** duplicado *m*; copia *f*

Zweitausführung *f*, **en** → Zweitausfertigung
zweitbest segundo (mejor)
Zweitbeste(r) (der/ein) segundo *m* (mejor)
zweite, ***jeden ~n Tag*** un día sí y otro no; cada dos días; ***an ~r Stelle*** en segundo lugar; ***Waren ~r Qualität*** mercancías *pl* de segunda clase; ***~r Direktor*** subdirector *m*; ***~r Vorsitzender*** vicepresidente *m*
zweitgrößte, ***der ~ Hersteller*** el segundo productor (en importancia); el segundo fabricante más importante
zweitklassig, de segunda categoría; de menor valor; ***~e Qualität*** de calidad inferior
Zweitmarke *f*, **n** submarca *f*
zweitrangig → zweitklassig
Zweitschuldner *m*, **-** deudor *m* secundario
Zweitstimme *f*, **n** (D) **1.** segundo voto *m* (el elector dispone de un segundo voto para elegir la lista de un partido político) **2.** segundo voto *m* (del presidente de un consejo de supervisión en una empresa con cogestión)
Zweitwagen *m*, **-** segundo coche *m* (de un hogar)
Zweitwohnsitz *m*, **e** segunda residencia *f*; segundo domicilio *m*
Zweitwohnung *f*, **en** segunda residencia *f*, vivienda *f*
Zweizimmerwohnung *f*, **en** apartamento *m* de dos habitaciones
Zwergbetrieb *m*, **e** mini-explotación *f* (de 5 a 10 empleados)
zwingend 1. obligatorio; forzoso **2.** urgente; apremiante **3.** ***~er Beweis*** prueba *f* irrefutable, concluyente **4.** ***~e Umstände*** fuerza *m* mayor **5.** imperioso; imperativo **6.** (Jur.) coercitivo
Zwischenabkommen *n*, **-** acuerdo *m* interino
Zwischenabrechnung *f*, **en** estado *m* de cuentas provisional
Zwischenabschluss *m*, **¨e** → Zwischenbilanz
Zwischenbericht *m*, **e** informe *m* provisional, parcial
Zwischenbescheid *m*, **e 1.** (Jur.) resolución *f* interlocutoria **2.** respuesta *f* provisional
zwischenbetrieblich, ***~e Zusammenarbeit*** cooperación *f* entre empresas
Zwischenbilanz *f*, **en** balance *m* provisional
Zwischendarlehen *n*, **-** crédito *m* intermedio, interino, provisional; crédito *m* temporal
zwischendeutsch (Hist.), ***~er Handel*** comercio *m* interalemán; (Syn. ***innerdeutsch; deutsch-deutsch***)
Zwischendividende *f*, **n** dividendo *m* interino, provisional
Zwischenentscheidung *f*, **en** auto *m* interlocutorio
Zwischenergebnis *n*, **se** resultado *m* provisional
Zwischenfall *m*, **¨e** incidente *m*; contratiempo *m*; ***ärgerlicher ~*** incidente enojoso
Zwischenfinanzierung *f*, **en** financiación *f* temporal, interina
Zwischenfrucht *f*, **¨e** cultivo *m* intercalado, intermedio
zwischengemeinschaftlich (EU) intracomunitario (UE)
Zwischengericht *n*, **e** entremeses *pl*
Zwischengeschoss *n*, **-e** entresuelo *m*
zwischengesellschaftlich intracompañía; intrasocietario; intrasocial
Zwischengröße *f*, **n** talla *f* intermedia
Zwischengüter *pl* productos *pl* intermedios
Zwischenhafen *m*, **¨** puerto *m* de escala
Zwischenhandel *m*, Ø comercio *m* (de) intermediario; comercio *m* intermedio entre mayoristas y minoristas
Zwischenhändler *m*, **- 1.** intermediario *m* **2.** depositario *m*; almacenista *m*
Zwischenkont|o *m*, **-en** cuenta *f* provisional, interina, transitoria; (Syn. ***Interimskonto***)
Zwischenkredit *m*, **e** crédito *m* interino, temporal
zwischenlagern almacenar provisionalmente
Zwischenlagerung *f*, Ø almacenaje *m* temporal, provisional
zwischenlanden hacer escala
Zwischenlandung *f*, **en** escala *f*
zwischenliegend interpuesto; intercalado; intermedio
Zwischenlösung *f*, **en** solución *f* provisional
Zwischenmahlzeit *f*, **en** comida *f* entre horas
Zwischenmakler *m*, **-** corredor *m*; agente *m* intermediario
Zwischenpause *f*, **n** intervalo *m*; descanso *m* intermedio
Zwischenperson *f*, **en** intermediario *m*; tercero *m*; tercera persona *f*
Zwischenprodukt *n*, **e** producto *m* intermedio
Zwischenprüfung *f*, **en 1.** (Rechnungsprüfung) auditoría *f* interina **2.** examen *m* parcial

Zwischenquittung *f*, **en** resguardo *m*, recibo *m* provisional
Zwischenrechnung *f*, **en** factura *f* provisional, interina
Zwischenregelung *f*, **en** regulación *f* provisional
Zwischensaison *f*, Ø (período *m*) entre temporada; período *m* anterior a la temporada
Zwischenschein *m*, **e 1.** resguardo *m* provisional **2.** certificado *m* de acción; (Méx.) certificado *m* de adeudo
Zwischenspediteur *m*, **e** subcomisionista *m* (de transportes)
zwischenstaatlich internacional; interestatal; intergubernamental; *~e* ***Beziehungen*** relaciones *pl* internacionales; *~er* ***Handel*** comercio *m* entre los países; comercio *m* internacional; *~e* ***Organisation*** organismo *m* intergubernamental; *~es* ***Recht*** derecho *m* internacional
Zwischenstation *f*, **en** estación *f* intermedia
Zwischenstelle *f*, **n** intermediario *m*
Zwischenstock *m*, Ø entresuelo *m*
Zwischenstufe *f*, **n** grado *m*, estado *m* intermedio; etapa *f* intermedia (de producción, fabricación)
Zwischensumme *f*, **n** subtotal *m*; suma *f* parcial
Zwischenurteil *n*, **e** sentencia *f* interlocutoria
Zwischenverfügung *f*, **en** auto *m* interlocutorio; decisión *f* provisional
Zwischenverkauf *m*, Ø, ~ ***vorbehalten*** salvo venta
Zwischenzeit *f*, **en** intervalo *m*; tiempo *m* intermedio
Zwischenzinsen *pl* intereses *m* interinos
zwölffach doce veces tanto; ***das ~e*** el duodécuplo
zwölfmal doce veces
zwölfmalig doce veces repetido
Zwölfsmonatsgeld *n*, **er** crédito *m* para doce meses
zwölfstündig de doce horas
zwölftägig de doce días
zwölfte 1. duodécimo **2.** doce
Zwölftel *n*, **-**, ***provisorisches*** ~ duodécima parte del presupuesto
zwölftens 1. en duodécimo lugar **2.** duodécimo
zyklisch cíclico; periódico; coyuntural *~e* ***Bewegung*** movimiento *m* cíclico
Zykl|us *m*, **-en** ciclo *m*; ***die konjunkturellen Zyklen*** los ciclos coyunturales